Wolfgang Graf Vitzthum, Alexander Proelß (Hrsg.)
Völkerrecht
De Gruyter Studium

Völkerrecht

Herausgegeben von
Wolfgang Graf Vitzthum und Alexander Proelß

Bearbeitet von
Michael Bothe
Rudolf Dolzer
Marcel Kau
Eckart Klein
Charlotte Kreuter-Kirchhof
Philip Kunig
Alexander Proelß
Stefanie Schmahl
Meinhard Schröder
Wolfgang Graf Vitzthum

7., überarbeitete und aktualisierte Auflage

DE GRUYTER

Zitiervorschlag:
zB *Kunig* in Graf Vitzthum/Proelß (Hrsg) Völkerrecht, 7. Aufl, Rn 15

ISBN 978-3-11-044130-7
e-ISBN (PDF) 978-3-11-044162-8
e-ISBN (EPUB) 978-3-11-043327-2

Bibliografische Information der Deutschen Nationalbibliothek
Die Deutsche Nationalbibliothek verzeichnet diese Publikation in der Deutschen
Nationalbibliografie; detaillierte bibliografische Daten sind im Internet
über http://dnb.d-nb.de abrufbar.

© 2016 Walter de Gruyter GmbH, Berlin/Boston
Einbandabbildung: Mariano Sayno/husayno.com/Getty Images
Datenkonvertierung/Satz: jürgen ullrich typosatz, 86720 Nördlingen
Druck und Bindearbeiten: CPI books GmbH, Leck
♾ Gedruckt auf säurefreiem Papier
Printed in Germany

www.degruyter.com

Vorwort zur 7. Auflage

Wie die vorherigen Auflagen hat die 6. Auflage des „Völkerrecht" aus dem Jahr 2013 freundliche Aufnahme gefunden. Zwischenzeitlich haben sich auf zentralen Feldern der normativen Ordnung der inter- und transnationalen Beziehungen faszinierende Veränderungen ergeben. Sie verlangen nach einer aktualisierten, erweiterten Neuauflage. Diese nun bereits 7. Auflage arbeitet die wichtigsten neuen Entwicklungen ein und weist ihnen, wie auch den neueren völkerrechtsrelevanten Judikaten und Publikationen, ihren Platz im so komplexen wie dynamischen System des Völkerrechts zu.

Seit der letzten Auflage galt es insbesondere Schritt zu halten mit aktuellen Entwicklungen im Verhältnis Völkerrecht/Landesrecht, Souveränität/Intervention, Staatlichkeit/Selbstbestimmungsrecht, Einheit/Fragmentierung des ausdifferenzierten Völkerrechts. Zu aktualisieren war auch die Darstellung des Asyl- und Menschenrechtsschutzes, der globalen Handels-, Finanz- und Kulturordnung, der Staatenverantwortlichkeit und der Menschenrechtsverantwortung nichtstaatlicher Akteure. Neuere Bewegungen waren zudem im Recht der Friedenssicherung und des humanitären Völkerrechts nachzuzeichnen, ebenso im See- und Umweltvölkerrecht sowie im immer dichteren Geflecht der Internationalen und der Supranationalen Organisationen. Zuzuordnen und systematisch zu erläutern waren aktuelle Ansätze in der Völkerrechtsgeschichte, nachzutragen zudem Neuerungen in der Lehre von den Rechtsquellen, von den vertraglichen und sonstigen Rechtsinstrumenten, von der Rechtserzeugung sowie vom Kreis der Völkerrechtssubjekte.

Charlotte Kreuter-Kirchhof trat in die Gemeinschaft der Autorinnen und Autoren des Lehrbuchs ein. Die Konzeption des Werkes blieb unverändert. Es stellt in einem einzigen kompakten Band das Völkerrecht in seiner gesamten Breite und Tiefe, Beweglichkeit und Vielfalt dar, verlässlich orientierend, im Zusammenhang vertiefend und gleichwohl die Handlichkeit des Werkes gewährleistend. Normsetzung, Staaten- und Organisationspraxis, Rechtsprechung und das dem geltenden Recht wie der Rechtsentwicklung gelegentlich weit vorauseilende Schrifttum wurden bis Anfang 2016 berücksichtigt. Schlussredaktion und Sachregister bewältigte erneut der Lehrstuhl Proelß.

Immer stärker strahlt das Lehrbuch auch über den deutschen Sprachraum hinaus. So wurde es ein Jahrzehnt nach seiner ersten Publikation auf Chinesisch (2002) Ende 2012 ein zweites Mal veröffentlicht (China Law Press, Peking), diesmal in Übersetzung der 5. Auflage. Im Jahr 2011 erschien das Werk erstmals auch auf Russisch (Infotropic Media, Moskau). Auch diese Übersetzung wurde lebhaft nachgefragt, so dass die 6. Auflage, neu übersetzt, im gleichen Verlag Anfang 2015 publiziert wurde. Erste Schritte zu einer türkischen Ausgabe der 7. Auflage sind eingeleitet.

Frankfurt/M. • Bonn • Konstanz • Potsdam • Düsseldorf • Berlin • Trier • Würzburg • Tübingen

Im April 2016

Michael Bothe • Rudolf Dolzer • Marcel Kau • Eckart Klein • Charlotte Kreuter-Kirchhof • Philip Kunig • Alexander Proelß • Stefanie Schmahl • Meinhard Schröder • Wolfgang Graf Vitzthum

Vorwort zur 1. Auflage

Diese systematische Gesamtdarstellung des Völkerrechts wendet sich in erster Linie an Studierende und Referendare. Ihnen wollen die Autoren ein Hilfsmittel für Studium und Prüfung geben, das mehr ist als eine Einführung oder ein Kurzlehrbuch. In intensiver Auseinandersetzung mit Literatur, Rechtsprechung und Staatenpraxis soll das Werk zur wissenschaftlichen Durchdringung des Völkerrechts in seiner ganzen thematischen Breite und historischen Tiefe beitragen. Zugleich soll das Interesse der Nachbardisziplinen wie der Praxis an den dogmatischen Grundlagen, inneren Zusammenhängen und effektiven Wirkungen dieses Rechtsgebietes befriedigt werden.

Sieben gleichwertige Abschnitte decken die komplizierte, umfangreiche und sich in rascher Bewegung befindende Materie ab: die Geschichte und Geschichtlichkeit des Völkerrechts, seine Begriffe und seine Quellen; das Verhältnis dieses Rechtsgebietes zum nationalen Recht; die Staaten und die Einzelnen sowie die Internationalen und die Supranationalen Organisationen als die wichtigsten Subjekte des Völkerrechts; die internationale Ordnung des Raumes, des Umweltschutzes und der Wirtschaft; die mannigfaltigen Fragen der Verantwortlichkeit, des Völkerstrafrechts, der Streitbeilegung und der Sanktionen; schließlich die Friedenssicherung und das Recht bewaffneter Konflikte. Die Bezüge zum Staats- und Verwaltungsrecht, zum Europa- und Wirtschaftsrecht und zu den angrenzenden sozialwissenschaftlichen Fachgebieten sind den Autoren und dem Herausgeber, die das Völkerrecht seit Jahren an Hochschulen des In- und Auslandes lehren, ein besonderes Anliegen.

Ein weiterer Akzent des Lehrbuchs liegt auf der zuverlässigen, leicht verständlichen Verarbeitung der tiefgreifenden Änderungen des internationalen Systems und seines Rechts seit 1989/90. Die weltpolitischen Umwälzungen haben – vielleicht – einen neuen Abschnitt der Völkerrechtsgeschichte eingeleitet. Mögen seine Konturen und Konsequenzen auch noch undeutlich sein – ein Epochenwandel lädt die Völkerrechtswissenschaft zum Bilanzieren und Systematisieren ein. Das Lehrbuch soll dabei auch die Leistungsfähigkeit dieses in seiner praktischen Bedeutung nach wie vor unterschätzten Rechtsgebietes dokumentieren. Noch immer steht die Pflege des Völkerrechts in Deutschland, allen Globalisierungstrends und Europäisierungsschüben und aller europa- und weltpolitischen Verantwortung zum Trotz, hinter der in vielen Nachbarländern und in Übersee zurück.

Das Buch ist ein Gemeinschaftswerk. Den Autoren war von Anbeginn an klar, daß eine Gesamtdarstellung durch mehrere Bearbeiter wegen der Heterogenität und Fülle des Stoffs Risiken birgt. Im Verlauf der Entstehung des Werkes trat diese Überzeugung freilich gegenüber dem Eindruck in den Hintergrund, daß ein Mehrautorenbuch beim Durchdringen und Darstellen des Völkerrechts erhebliche Vorteile aufweist. Die Spezialisierung der Autoren auf ihre jeweiligen Teilthemen hat, denken wir, ein vertieftes Bearbeiten des Stoffes gefördert. Auf der anderen Seite hat der Diskurs der Autoren untereinander, wie ihn etwa die Querverweise dokumentieren, bei allen Unterschieden in Stil und Standpunkt, so steht zu hoffen, eine gleichmäßige, die Einheit des Völkerrechts als Rechtsordnung betonende Darstellung ermöglicht. Der Übersichtlichkeit und Integration dienen auch die dem Werk vorangestellte Gesamtgliederung, die das Grundgefüge der Einzelbeiträge wiedergibt, sowie das ausführliche Sachverzeichnis.

Herrn Wiss. Ass. Dr. *Jörn Axel Kämmerer* ist für die Unterstützung der herausgeberischen Arbeiten zu danken.

Für Anregungen und Kritik sind Autoren und Herausgeber dankbar.

Frankfurt/M. • Bonn • Konstanz • Potsdam • Berlin • Trier • Tübingen

Im August 1997

Michael Bothe • Kay Hailbronner • Eckart Klein • Philip Kunig • Meinhard Schröder • Wolfgang Graf Vitzthum

Autoren- und Inhaltsübersicht

Dr. Dr. h.c. Wolfgang Graf Vitzthum
Professor an der Universität Tübingen
Begriff, Geschichte und Rechtsquellen des Völkerrechts —— 1

Dr. Dr. h.c. Philip Kunig
Professor an der Freien Universität Berlin
Völkerrecht und staatliches Recht —— 61

Dr. Marcel Kau
Privatdozent an der Universität Konstanz
Der Staat und der Einzelne als Völkerrechtssubjekte —— 133

Dr. Eckart Klein
Professor an der Universität Potsdam
Dr. Stefanie Schmahl
Professorin an der Universität Würzburg
Die Internationalen und die Supranationalen Organisationen —— 247

Dr. Alexander Proelß
Professor an der Universität Trier
Raum und Umwelt im Völkerrecht —— 361

Dr. Dr. Rudolf Dolzer
Professor an der Universität Bonn
Dr. Charlotte Kreuter-Kirchhof
Professorin an der Universität Düsseldorf
Wirtschaft und Kultur im Völkerrecht —— 455

Dr. Meinhard Schröder
Professor an der Universität Trier
Verantwortlichkeit, Völkerstrafrecht, Streitbeilegung und Sanktionen —— 539

Dr. Michael Bothe
Professor an der Universität Frankfurt am Main
Friedenssicherung und Kriegsrecht —— 591

Sachverzeichnis —— 683

Inhaltsverzeichnis

Vorwort zur 7. Auflage —— **V**

Vorwort zur 1. Auflage —— **VII**

Autoren- und Inhaltsübersicht —— **IX**

Abkürzungsverzeichnis —— **XXI**

Erster Abschnitt 1
Begriff, Geschichte und Rechtsquellen des Völkerrechts

Vorbemerkung —— 5
I. Begriff und Geltung des Völkerrechts —— 5
    1. Begriff und Besonderheiten des Völkerrechts —— 5
        a) Ansatzpunkte und Probleme der Begriffsbestimmung —— 5
        b) Begriffsgeschichte und Völkerrechtsentwicklung —— 7
        c) Expansion des Völkerrechts —— 10
        d) Kombinationsdefinition des Völkerrechts —— 13
        e) Abgrenzung zu anderen Rechtsgebieten —— 15
        f) Völkerrecht und Europarecht —— 17
        g) Besonderheiten des Völkerrechts —— 19
    2. Geltung, Grundregeln und Einheit des Völkerrechts —— 23
        a) Die Frage der Geltung —— 23
        b) Die Grundregeln des Völkerrechts —— 26
        c) Die Einheit der Völkerrechtsordnung —— 29
II. Völkerrechtsgeschichte und Völkerrechtswissenschaft —— 32
    1. Geschichte und Geschichtlichkeit des Völkerrechts —— 32
    2. Völkerrechtswissenschaft —— 41
III. Die Rechtsquellen des Völkerrechts —— 42
    1. In Art 38 IGH-Statut genannte Rechtsquellen und Erkenntnismittel —— 42
        a) Internationale Übereinkünfte (das Recht der Verträge) —— 42
        b) Völkergewohnheitsrecht —— 51
        c) Allgemeine Rechtsgrundsätze —— 54
        d) Richterliche Entscheidungen, Lehrmeinung —— 56
    2. Entwicklungen außerhalb von Art 38 IGH-Statut —— 56
    3. Rangverhältnis und Kodifikation der Rechtsquellen —— 58

Zweiter Abschnitt
Völkerrecht und staatliches Recht

I. Einführung in die Grundlagen —— 66
II. Verfassungsrechtliche Grundentscheidungen für die Stellung Deutschlands in der internationalen Ordnung —— 69
    1. Das Bekenntnis zu Frieden und Menschenrechten —— 70
    2. Die „Offenheit" und die „Völkerrechtsfreundlichkeit" —— 72

3. Die Integrationsorientierung —— 73
III. Das Verhältnis des Völkerrechts zur staatlichen Rechtsordnung: Grundbegriffe und Grundpositionen —— 77
   1. Der Theorienstreit —— 77
   2. Die Mechanismen —— 79
   3. Geltung und Anwendbarkeit —— 81
   4. Völkerrechtliche Rechtsfolgen mangelnder Umsetzung —— 81
IV. Völkerrecht und deutsches Recht —— 82
   1. Zur Einführung: Das Verhältnis von Völkerrecht und staatlichem Recht nach den Rechtsordnungen einzelner Staaten —— 82
   2. Die völkerrechtlichen Verträge —— 90
      a) Überblick zu den grundgesetzlichen Vorgaben —— 90
      b) Bund und Länder als Parteien völkerrechtlicher Verträge und als Mitwirkende beim Vertragsschluss —— 90
      c) Repräsentation nach außen: Die Befugnisse des Bundespräsidenten —— 94
      d) Die Rolle der Bundesregierung —— 95
      e) Das Erfordernis der Mitwirkung von Bundestag und Bundesrat —— 98
      f) Die Form des Bundesgesetzes —— 104
      g) Der Rang und die Wirkung völkerrechtlicher Verträge im deutschen Recht —— 107
      h) Die europäischen Gründungsverträge im deutschen Recht —— 108
      i) Die Übertragung von Hoheitsrechten im Übrigen —— 112
   3. Das Völkergewohnheitsrecht —— 113
      a) Völkergewohnheitsrecht und „allgemeine Regeln des Völkerrechts" —— 114
      b) Der Rang und die Wirkung gewohnheitsrechtlich geltender allgemeiner Regeln des Völkerrechts im deutschen Recht —— 117
      c) Die Normverifikation durch das Bundesverfassungsgericht —— 121
   4. Allgemeine Rechtsgrundsätze —— 122
   5. Recht Internationaler Organisationen —— 123
V. Bilanz: Völkerrecht als Maßstab deutscher Staatsgewalt —— 126
   1. Gesetzgebung —— 126
   2. Regierung und Verwaltung —— 126
   3. Gerichte —— 128

Dritter Abschnitt
Der Staat und der Einzelne als Völkerrechtssubjekte

I. Die Rechtsträger im Völkerrecht, ihre Organe und die Regeln des zwischenstaatlichen Verkehrs —— 141
   1. Rechtsträger und Handelnde im Völkerrecht —— 141
      a) Entwicklung —— 141
      b) Einteilung der Völkerrechtssubjekte —— 142
      c) Internationale Organisationen —— 143
      d) Der Einzelne —— 143
      e) Völker —— 147
      f) Minderheiten —— 148
      g) Sonstige —— 148
   2. Organe der Völkerrechtssubjekte und Regeln des zwischenstaatlichen Verkehrs —— 150
      a) Zentrale Organe —— 150

       b) Diplomatische Missionen —— 154
       c) Konsulate —— 157
       d) Sonderbotschafter —— 159
       e) Vertretung bei Internationalen Organisationen —— 159
       f) Diplomatisches Asyl —— 159
II. Der Staat als primäres Völkerrechtssubjekt —— 161
   1. Der Staat —— 161
       a) Die Elemente des Staates —— 161
       b) Die staatliche Souveränität —— 163
       c) Die Gleichheit der Staaten —— 165
   2. Das Staatsvolk —— 172
       a) Die Staatsangehörigkeit —— 173
       b) Diplomatischer Schutz —— 180
       c) Das Selbstbestimmungsrecht der Völker —— 185
   3. Das Staatsgebiet —— 188
       a) Territoriale Souveränität und Gebietshoheit —— 188
       b) Erwerb und Verlust von Staatsgebiet —— 189
       c) Umfang des Staatsgebiets —— 190
   4. Die Staatsgewalt —— 192
       a) Umfang der Staatsgewalt und Neutralität —— 192
       b) Staatsähnliche Völkerrechtssubjekte —— 194
   5. Entstehung und Untergang von Staaten —— 196
       a) Grundlagen —— 196
       b) Die völkerrechtliche Anerkennung —— 197
       c) Die neuen Staaten in Mittel- und Osteuropa —— 199
   6. Die Staatensukzession —— 200
       a) Begriff und Rechtsgrundlage —— 200
       b) Die Nachfolge in völkerrechtliche Verträge —— 201
       c) Die Nachfolge in Staatsvermögen, Staatsarchive, Staatsschulden und Haftungsansprüche —— 202
       d) Staatennachfolge und Staatsangehörigkeit —— 204
   7. Die Rechtslage Deutschlands in Geschichte und Gegenwart —— 205
       a) Die Teilung Deutschlands —— 205
       b) Die Vereinigung Deutschlands —— 207
       c) Die Regelungen über die Staatennachfolge —— 208
III. Der Einzelne im Völkerrecht —— 209
   1. Der Menschenrechtsschutz auf universeller Ebene —— 209
       a) Einführung —— 209
       b) Die Allgemeine Erklärung der Menschenrechte —— 212
       c) Die Menschenrechtspakte v 19.12.1966 —— 213
       d) Spezielle Konventionen zum Schutz der Menschenrechte —— 214
   2. Der Menschenrechtsschutz auf regionaler Ebene —— 216
       a) Der Europarat —— 216
       b) Die Europäische Konvention zum Schutze der Menschenrechte und Grundfreiheiten —— 216
       c) Die Europäische Sozialcharta —— 223
       d) Die Menschenrechte im Rahmen der KSZE/OSZE —— 224
       e) Der Menschenrechtsschutz in Amerika —— 225
       f) Die Menschenrechte in Afrika —— 226
       g) Die Menschenrechte in der Arabischen Liga —— 227

3. Das völkerrechtliche Fremdenrecht —— 227
   a) Einführung —— 227
   b) Die Einreise von Ausländern —— 228
   c) Die Rechtsstellung von Ausländern —— 229
   d) Die Ausweisung von Ausländern —— 230
4. Das Recht auf Asyl —— 232
   a) Der Begriff des Flüchtlings —— 232
   b) Das Recht auf Asyl —— 233
   c) Der Grundsatz des Non-Refoulement —— 234
   d) Maßnahmen im Rahmen des Europarats —— 235
   e) Flüchtlinge in den EU-Mitgliedstaaten —— 236
5. Die Auslieferung —— 240
   a) Einführung —— 240
   b) Grundzüge der Auslieferungsverträge —— 240
   c) Die political offence exception —— 241
   d) Auslieferung und EMRK —— 241
   e) Gewaltsames Verbringen in den Gerichtsstaat —— 242
6. Der völkerrechtliche Minderheitenschutz —— 242
   a) Einführung —— 242
   b) Der Minderheitenschutz auf universeller Ebene —— 244
   c) Regionaler Minderheitenschutz —— 245

Vierter Abschnitt
Die Internationalen und die Supranationalen Organisationen

I. Geschichte und Bedeutung der Internationalen Organisationen —— 254
   1. Die Internationalen Organisationen als unverzichtbare Elemente der internationalen Zusammenarbeit —— 254
   2. Die Wurzeln: Von den Friedenskongressen und Verwaltungsunionen zum Völkerbund —— 254
   3. Die Entwicklung nach 1945 —— 256
   4. Definitionen und Abgrenzungen —— 258
   5. Der Einfluss der Internationalen Organisationen auf das Völkerrecht —— 260
II. Das Recht der Internationalen Organisationen —— 264
   1. Entstehung und Untergang Internationaler Organisationen —— 264
      a) Der völkerrechtliche Gründungsakt —— 264
      b) Der Gründungsvertrag als „Verfassung" der Internationalen Organisationen —— 265
      c) Auslegung und Änderung des Gründungsvertrags —— 266
      d) Untergang von Internationalen Organisationen —— 270
      e) Sukzessionsfragen —— 272
   2. Die Mitgliedschaft in Internationalen Organisationen —— 273
      a) Erwerb der Mitgliedschaft —— 273
      b) Mitgliedschaftsrechte und -pflichten —— 277
      c) Beendigung der Mitgliedschaft —— 278
      d) Beeinträchtigungen der Mitgliedschaftsrechte —— 281
      e) Abgestufte Formen der Mitgliedschaft —— 282
      f) Nichtmitglieder —— 284

3. Die Rechtsstellung Internationaler Organisationen —— 285
   a) Völkerrechtsfähigkeit —— 285
   b) Völkerrechtliche Handlungsfähigkeit —— 287
   c) Immunitäten, Privilegien, Verhältnis zum Sitzstaat —— 291
   d) Innerstaatliche Rechts- und Geschäftsfähigkeit —— 294
   e) Qualifikation des internen Organisationsrechts —— 295
4. Die Organe und ihre Willensbildung —— 296
   a) Allgemeine Strukturen —— 296
   b) Die Hauptorgane von UN, Europarat und EU im Vergleich —— 298
   c) Die Hauptorgane der UN —— 299
   d) Wandlungen der Organstrukturen und Zwischen-Organ-Verhältnis —— 324
5. Aufgaben und Befugnisse Internationaler Organisationen —— 326
   a) Allgemeines —— 326
   b) Festlegung der Kompetenzausstattung, Prinzip der begrenzten Ermächtigung, ultra vires-Handeln —— 327
   c) Respektierung der inneren Zuständigkeit der Mitgliedstaaten —— 329
   d) Bindung an menschenrechtliche Mindeststandards —— 330
   e) Handlungsinstrumentarium —— 332
   f) Die wichtigsten Aufgabenfelder der UN —— 333
6. Die Finanzierung Internationaler Organisationen —— 340
   a) Einnahmen —— 340
   b) Ausgaben und Budgetierung —— 343
   c) Rechnungskontrolle und Sanktionen —— 344
III. Die UN-Familie —— 345
   1. Allgemeines —— 345
   2. UN mit Haupt- und Nebenorganen —— 346
   3. Sonderorganisationen —— 346
IV. Europarat —— 349
   1. Allgemeines und Entstehung —— 349
   2. Organe —— 351
   3. Aufgaben, Grundsätze, Aktivitäten —— 352
V. Europäische Union —— 354
   1. Supranationale Organisation —— 354
   2. Völkerrechtssubjektivität und völkerrechtliche Handlungsfähigkeit —— 355
   3. Unionszuständigkeiten und Grundrechtsschutz —— 356
   4. Entwicklungsperspektiven —— 358

Fünfter Abschnitt
Raum und Umwelt im Völkerrecht

Vorbemerkung —— 369
I. Der Raum im Völkerrecht —— 369
   1. Die Raumordnung des Völkerrechts im Überblick —— 369
      a) Territoriale Souveränität und Gebietshoheit —— 369
      b) Staatsgebiet und Nichtstaatsgebiet als Grundkategorien —— 371
      c) Nichtstaatsgebiet: Funktionshoheits- und Staatengemeinschaftsräume —— 372
   2. Staatsgebiet: Raum territorial radizierter, umfassender Hoheitsgewalt —— 374
      a) Wesen und Grenzen: Gebietshoheit im Rahmen des Völkerrechts —— 374
      b) Erwerb und Verlust von Staatsgebiet —— 379

            c) Luftraum: Lufthoheit und Luftfreiheiten —— 380
            d) Maritimes Aquitorium: Innere Gewässer, Archipelgewässer, Küstenmeer —— 384
        3. Nichtstaatsgebiet (1): Küstenstaatliche Funktionshoheitsräume —— 392
            a) Wesen und Grenzen: Räume begrenzter Hoheitsbefugnisse —— 392
            b) Anschlusszone: Raum polizeilicher Kontrollrechte —— 392
            c) Ausschließliche Wirtschaftszone: Ressourcenorientierter Raum sui generis —— 392
            d) Festlandsockel: Erforschungs- und Ausbeutungsmonopol aus Küstenlage —— 396
        4. Nichtstaatsgebiet (2): Globale Staatengemeinschaftsräume —— 399
            a) Wesen und Grenzen: Gemeinschaftsbezogene Forschungs- und Nutzungsfreiheit —— 399
            b) Hohe See: Raum rechtlich geordneter Freiheit —— 401
            c) Tiefseeboden („Gebiet"): Internationalisiertes Menschheitserbe —— 404
            d) Weltraum: Kooperationsverpflichtete Freiheit und Gleichheit —— 406
            e) Antarktis: Eher „Weltpark" als „Klubraum" —— 411
II Die Umwelt im Völkerrecht —— 414
    1. Das Völkerrecht des Umweltschutzes im Überblick —— 414
    2. Die Entwicklung des Umweltvölkerrechts —— 416
        a) Die Ausgangspunkte: Nachbarrecht und Artenschutzabkommen —— 416
        b) Die großen Umweltkonferenzen —— 418
    3. Allgemeine Prinzipien des Umweltvölkerrechts —— 423
        a) Das Trail Smelter-Prinzip und der Präventionsgrundsatz —— 424
        b) Das Gebot der ausgewogenen Mitnutzung grenzübergreifender Ressourcen —— 426
        c) Das Vorsorge- und das Verursacherprinzip —— 427
        d) Das Leitbild der nachhaltigen Entwicklung —— 429
    4. Umweltschutz und Individualrechte —— 431
    5. Bereichsspezifische Instrumente des Umweltvölkerrechts —— 433
        a) Schutz der Binnengewässer —— 434
        b) Schutz des Meeres —— 439
        c) Schutz der Erdatmosphäre und Bekämpfung des Klimawandels —— 444
        d) Arten- und Biodiversitätsschutz —— 450
        e) Schutz vor Abfällen und Schadstoffen —— 454

Sechster Abschnitt
Wirtschaft und Kultur

I. Die Wirtschaft im Völkerrecht —— 461
    1. Das Völkerrecht der wirtschaftlichen Zusammenarbeit im Überblick —— 461
        a) Internationales Wirtschaftsrecht —— 464
        b) Weltwirtschaftsordnung —— 465
    2. Standards des internationalen Wirtschaftsrechts —— 467
        a) Grundsatz der Nichtdiskriminierung —— 467
        b) Meistbegünstigungsgrundsatz —— 469
        c) Grundsatz der Inländergleichbehandlung —— 470
        d) Reziprozität, Fairness —— 472
        e) Recht auf Entwicklung, Nachhaltigkeit —— 474
        f) Rationalität, Transparenz, Good Governance —— 477

3. Schutz fremden Eigentums und Status Multinationaler Unternehmen —— 481
   a) Schutz von Auslandsinvestitionen —— 481
   b) Multinationale Unternehmen —— 486
4. Welthandelsordnung —— 490
   a) Instrumente des freien Welthandels: GATT und WTO —— 490
   b) Handelsbezogene Investitionsmaßnahmen —— 503
   c) Instrumente regionaler wirtschaftlicher Integration —— 504
   d) Verlauf der Doha-Runde —— 507
   e) Weitere handelsbezogene Instrumente —— 507
5. Internationales Steuerrecht —— 509
6. Das Völkerrecht der wirtschaftlichen Entwicklung —— 510
   a) Grundlagen und Entwicklung —— 510
   b) Internationaler Währungsfonds und Weltbankgruppe —— 510
   c) Rohstoffabkommen und Cotonou-Abkommen —— 514

II. Die Kultur im Völkerrecht —— 517
1. Kulturgüterrecht im Überblick —— 517
2. Informationsfreiheit und Kulturordnung —— 518
3. Kulturelle Belange als Schranke der Waren- und Dienstleistungsfreiheiten —— 519
4. Recht auf Sprache —— 522
5. Kulturgüter und ihr Schutz —— 523
   a) Definition des Kulturguts —— 525
   b) Rechtsträger von Kulturgütern —— 527
   c) Kulturgüter in bewaffneten Konflikten —— 529
   d) Regelung für Friedenszeiten —— 532
   e) Rückführung von Kulturgut —— 535
   f) Kulturgüterschutz im Meer —— 537
   g) Archivgut, Archäologie, Architektur —— 538

Siebenter Abschnitt
Verantwortlichkeit, Völkerstrafrecht, Streitbeilegung und Sanktionen

I. Völkerrechtsverletzungen als Hauptthema des Abschnitts —— 545
II. Internationale Verantwortlichkeit —— 545
1. Begriff und Terminologie —— 545
2. Grundlagen und Konzept der Staatenverantwortlichkeit —— 546
   a) Rechtliches Fundament —— 546
   b) Umriss —— 547
   c) Ansätze zur Ausweitung des Konzepts —— 549
3. Einzelfragen —— 552
   a) Zurechnungsprobleme der Staatenverantwortlichkeit —— 552
   b) Ausschluss der Staatenverantwortlichkeit —— 554
   c) Rechtsfolgen der Staatenverantwortlichkeit —— 555
4. Die Verantwortlichkeit Internationaler Organisationen —— 557
   a) Praktische Bedeutung —— 557
   b) Einschlägige Regeln —— 557
III. Völkerstrafrecht —— 558
1. Das Konzept —— 558
   a) Begriff und Kriterien —— 558
   b) Inhaltlicher Bezug zu Frieden und Sicherheit der Menschheit —— 560

2. Grundelemente der Normierung —— 563
   a) Abgrenzung in Bezug auf die staatliche Strafgewalt —— 563
   b) Ausgestaltung der Tatbestände und der Strafbarkeitsvoraussetzungen —— 564
   c) Allgemeine Strafrechtsprinzipien und Strafsanktionen —— 566
   d) Die Strafgewalt internationaler Gerichte, insbesondere des IStGH —— 567
   e) Strafverfahren —— 567
3. Bilanz —— 568

IV. Streitbeilegung —— 569
  1. Die Pflicht zur friedlichen Streitbeilegung —— 569
     a) Rechtliches Fundament —— 569
     b) Rechtssystematischer Standort —— 570
     c) Gegenstand —— 570
     d) Inhalt und Grenzen —— 571
  2. Die Mittel der Streitbeilegung im Überblick —— 571
  3. Diplomatische Verfahren —— 572
     a) Verhandlungen und Konsultationen —— 572
     b) Verfahren mit Drittbeteiligung —— 573
  4. Streiterledigung durch Schiedsgerichte —— 574
     a) Allgemeine Kennzeichnung —— 574
     b) Erscheinungsformen —— 575
     c) Einzelfragen des schiedsgerichtlichen Verfahrens —— 576
     d) Praktische Bedeutung —— 576
  5. Der Internationale Gerichtshof —— 577
     a) Grundlagen —— 577
     b) Zuständigkeit —— 578
     c) Ius standi —— 580
     d) Entscheidungsmaßstab —— 580
     e) Organisation —— 580
     f) Grundzüge des Streitverfahrens —— 582
     g) Bilanz —— 584

V. Sanktionen —— 584
  1. Allgemeine Kennzeichnung —— 584
     a) Begriff und Abgrenzung —— 584
     b) Beschränkung des Begriffs auf Maßnahmen Internationaler Organisationen —— 585
  2. Erscheinungsformen —— 585
  3. Einzelprobleme —— 587
     a) Die Repressalie —— 587
     b) Wirtschaftssanktionen —— 589

Achter Abschnitt
Friedenssicherung und Kriegsrecht

Vorbemerkung —— 596
I. Völkerrechtliche Verhinderung von Gewalt *(ius contra bellum)* —— 596
  1. Das rechtliche Verbot von Gewalt —— 596
     a) Entwicklung —— 596
     b) Verbotene Gewalt —— 599
     c) Rechtfertigungsgründe für Gewalt —— 605

       d) Rechtliche Konsequenzen einer Verletzung und Durchsetzung des Gewaltverbots —— 614
       e) Funktion und Bedeutung des Gewaltverbots —— 616
   2. Rahmenbedingungen des Gewaltverbots —— 618
       a) Friedliche Streitbeilegung und friedlicher Wandel —— 618
       b) Das System der kollektiven Sicherheit —— 619
       c) Rüstungskontrolle und Abrüstung —— 632
II. Völkerrechtliche Eingrenzung von Gewalt – Das Recht bewaffneter Konflikte *(ius in bello)* —— 637
   1. Grundlage und Entwicklung —— 637
   2. Die Beziehungen zwischen den Konfliktparteien —— 641
       a) Der Anwendungsbereich des völkerrechtlichen Kriegsrechts – der internationale bewaffnete Konflikt —— 641
       b) Allgemeine Grundsätze und Landkriegsrecht —— 642
       c) Seekrieg —— 657
       d) Luftkrieg —— 658
       e) Wirtschaftskrieg —— 659
       f) Durchsetzung des *ius in bello* —— 659
   3. Konfliktparteien und dritte Staaten (Neutralitätsrecht) —— 666
       a) Grundlagen —— 666
       b) Unverletzlichkeit des neutralen Gebiets —— 670
       c) Neutralitätspflichten der Nichtteilnehmer —— 670
       d) Landkrieg —— 671
       e) Seekrieg —— 671
       f) Luftkrieg —— 674
   4. Der nichtinternationale bewaffnete Konflikt —— 675
   5. Die Internationalisierung nichtinternationaler Konflikte —— 679
III. Rechtliche Steuerung des Wegs vom bewaffneten Konflikt zur friedlichen Normalität *(ius post bellum)* —— 681

Sachverzeichnis —— 683

Abkürzungsverzeichnis

a	auch
A/	Assembly (Document)
aA	anderer Ansicht
abgedr	abgedruckt
ABISFA	United Nation Interim Security Force for Abyei
abl	ablehnend
ABl/ABl EG/ABl EU	Amtsblatt/Amtsblatt der Europäischen Gemeinschaften/Amtsblatt der Europäischen Union
Abs	Absatz
Abschn	Abschnitt
abw	abweichend
ACABQ	United Nations Advisory Committee on Administrative and Budgetary Questions
ACC	Administrative Committee on Co-ordination
ACT	Accountability, Coherence and Transparency Group
ACTA	Anti-Counterfeiting Trade Agreement
ADIM	Annales de Droit International Médical
ADM	Annuaire de Droit Maritime
aE	am Ende
AEC	African Economic Community
AEMR	Allgemeine Erklärung der Menschenrechte
Änd	Ändung
aF	alte Fassung
AFDI	Annuaire Français de Droit International
Afr J Int'l & Comp L	African Journal of International and Comparative Law
AfrMRK	Afrikanische Charta der Menschenrechte und der Rechte der Völker
AHRLJ	African Human Rights Law Journal
AIDI	Annuaire de l'Institut de Droit International
AIIB	Asiatische Infrastruktur-Investitions-Entwicklung-Bank
Air Force LR	Air Force Law Review
AJIA	Australian Journal of International Affairs
AJIL	American Journal of International Law
AJP	American Journal of Phililogy
AKP-Staaten	afrikanische, karibische und pazifische Staaten
Alberta LR	Alberta Law Review
ALJ	American Law Journal
allg	allgemein
AllgErklMR	Allgemeine Erklärung der Menschenrechte
allgM	allgemeine Meinung
aM	anderer Meinung
AMRK	Amerikanische Menschenrechtskonvention
AMUILR	American University International Law Review
Anh	Anhang
Anm	Anmerkung(en)
AnnIDI	Annuaire de l'Institut de Droit International
Annuaire AAA	Annuaire de l'Association des Auditeurs et Anciens Auditeurs de l'Académie de Droit International
AnwBl	Anwaltsblatt
AöR	Archiv des öffentlichen Rechts
App	Appendix
APS	Allgemeines Präferenzsystem
APZ	Aus Politik und Zeitgeschichte
ArbuR	Arbeit und Recht (Zeitschrift)
ArchVR/AVR	Archiv des Völkerrechts

ARES	Annual Review of Ecology and Systematics
arg(e)	argumentum (e contrario)
ARIA	American Review of International Arbitration
Arizona JICL	Arizona Journal of International and Comparative Law
Art	Artikel
ASEAN	Association of South-East Asian Nations
ASICL	Annual Survey of International & Comparative Law
ASIL (Proc)	American Society of International Law (Proceedings)
AStG	Außensteuergesetz
AU	Afrikanische Union
Aufl	Auflage(n)
AUILR	American University International Law Review
AULR	American University Law Review
ausf	ausführlich
Ausg	Ausgabe
AuslG	Ausländergesetz
Austrian JPIL/ AustrJIL	Austrian Journal of Public International Law
Austr Rev Int'l Europ Law	Austrian Review of International and European Law
AV	Antarktisvertrag
AVR/ArchVR	Archiv des Völkerrechts
AWG	Außenwirtschaftsgesetz
AWR Bull	Vierteljahresschrift für Flüchtlingsfragen
AWZ	Ausschließliche Wirtschaftszone (vgl EEZ)
AYBIL	Australian Year Book of International Law
AYIL	African Yearbook of International Law
Az	Aktenzeichen
BAnz	Bundesanzeiger
Baltic YIL	Baltic Yearbook of International Law
BayGVBl	Gesetz- und Verordnungsblatt für den Freistaat Bayern
BayObLG	Bayerisches Oberstes Landesgericht
BayVBl	Bayerische Verwaltungsblätter
BB	Der Betriebs-Berater (Zeitschrift)
BCICLR	Boston College International and Comparative Law Review
Bd/Bde	Band/Bände
BdiP	Blätter für deutsche und internationale Politik
Bearb	Bearbeiter
Bek	Bekanntmachung
ber	berichtigt
BerDGVR	Berichte der Deutschen Gesellschaft für Völkerrecht
bes	besonders
betr	betreffend
BFHE	Entscheidungen des Bundesfinanzhofs
BGB	Bürgerliches Gesetzbuch
BGBl	Bundesgesetzblatt
BGE	Entscheidungen des schweizerischen Bundesgerichts
BGH (Z/St)	Bundesgerichtshof (Entscheidungen in Zivilsachen/Strafsachen)
BGSG	Gesetz über den Bundesgrenzschutz
BIICL	British Institute of International and Comparative Law
Bio	Billion(en)
BISD	Basic Instruments and Selected Documents
BIT	Bilateral Investment Treaty
BJIL	Berkeley Journal of International Law

BNUB	Bureau des Nations Unies au Burundi
BR(D)	Bundesrepublik (Deutschland)
BR-Drs	Bundesratsdrucksache(n)
BRIL	Belgian Review of International Law
Brooklyn JIL	Brooklyn Journal of International Law
BSG(E)	Bundessozialgericht (Entscheidungen)
Bsp	Beispiel(e)
BSP	Bruttosozialprodukt
bspw	beispielsweise
BT StenBer	Stenographische Berichte des Bundestages
BT-Drs	Bundestagsdrucksache(n)
BUILJ	Boston University International Law Journal
Bull BReg	Bulletin des Presse- und Informationsamtes der Bundesregierung
Bull EG	Bulletin der Europäischen Gemeinschaften
BVerfG(E)	Bundesverfassungsgericht (Entscheidungen)
BVerfGG	Bundesverfassungsgerichtsgesetz
BVerfGK	Kammerentscheidungen des Bundesverfassungsgerichts
BVerwG(E)	Bundesverwaltungsgericht (Entscheidungen)
B-VG	Bundes-Verfassungsgesetz (Österreich)
BVS	Bundesanstalt für vereinigungsbedingte Sonderaufgaben
BYBIL	The British Year Book of International Law
bzgl	bezüglich
bzw	beziehungsweise
C	Court (Urteil des Gerichtshofs der Europäischen Union)/Celsius
ca	circa
Cal LR	California Law Review
Cardozo LR	Cardozo Law Review
Cardozo JICL	Cardozo Journal of International and Comparative Law
CCAMLR	Convention on the Conservation of Antarctic Marine Living Resources
CCAS	Convention for the Conservation of Antarctic Seals
CCLR	Carbon and Climate Law Review
CCS	Carbon Capture and Storage
CD	Conference on Disarmament
CDR	Carbon Dioxide Removal
CEB	United Nations Chief Executives Board for Coordination
CEDAW	Übereinkommen zur Beseitigung jeder Form der Diskriminierung der Frau
CEE	Communauté Economique Européenne
CERN	Organisation européenne pour la recherche nucléaire
CESCR	Committee on Economic, Social and Cultural Rights
CETA	Comprehensive Economic and Trade Agreement
CETS	Council of Europe Treaty Series
chap	chapitre, chapter
Chicago-Kent LR	Chicago-Kent Law Review
Chinese JIL	Chinese Journal of International Law
Chinese YHR	Chinese Yearbook of Human Rights
CILSA	Comparative and International Law Journal of Southern Africa
Cir	Circuit
CISG	Übereinkommen der Vereinten Nationen über Verträge über den internationalen Warenkauf
CITES	Convention on International Trade in Endangered Species of Wild Flora and Fauna
CJIELP	Colorado Journal of International Environmental Law and Policy
CJIL	Chicago Journal of International Law
CLP	Current Legal Problems (Zeitschrift)
CMLR	Common Market Law Reports

CMLRev	Common Market Law Review
CoCoSL	Cologne Commentary on Space Law
Colum JEL	Columbia Journal of European Law
Colum J Transnat'l L	Columbia Journal of Transnational Law
Colum LR	Columbia Law Review
COMECON	Council for Mutual Economic Assistance (vgl RGW)
Connecticut JIL	Connecticut Journal of International Law
CONV(Doc)	Convent (Document)
COP	Conference of the Parties
COPAX	Council for Peace and Security in Central Africa
COPUOS	Committee on the Peaceful Uses of Outer Space
Cornell Int'l LJ	Cornell International Law Journal
CPC	United Nations Committee for Programme and Coordination
CRAMRA	Convention on the Regulation of Antarctic Mineral Resource Activities
Č SFR	Česká a Slovenská Federatívná Republika
Č SSR	Československá Socialistická Republika
CTC	Counter-Terrorism-Committee
CTS	Consolidated Treaty Series
CWILJ	California Western International Law Journal
CWRJIL	Case Western Reserve Journal of International Law
CYIL	Canadian Yearbook of International Law
CYILA	Chinese Yearbook of International Law and Affairs
DARIO	Draft Articles on Responsibility of International Organisations
DDR	Deutsche Demokratische Republik
déc	décision
ders/dies	derselbe/dieselbe
DGVR	Deutsche Gesellschaft für Völkerrecht
dh	das heißt
Diss	Dissertation
DJCIL	Duke Journal of Comparative & International Law
DJT	Deutscher Juristen Tag
doc/Doc (Dok)	document (Dokument)
DocIHL	Documents on International Humanitarian Law
DÖV	Die öffentliche Verwaltung (Zeitschrift)
DokHVR	Dokumente zum humanitären Völkerrecht
DRiZ	Deutsche Richterzeitung
Drs	Drucksache
DSB	Dispute Settlement Body
DSD	(United States) Department of State Dispatch
dt	deutsch(e/er)
DtZ	Deutsch-deutsche Rechts-Zeitschrift
DÜ	Dubliner Übereinkommen
Duke LJ	Duke Law Journal
DVBl	Deutsches Verwaltungsblatt
DVP	Deutsche Verwaltungspraxis
E	Entscheidung(en)
EA	Europa-Archiv
EAC	East African Community (Ostafrikanische Gemeinschaft)
EADS	European Aeronautic Defence and Space Company
EAG(V)	(Vertrag zur Gründung der) Europäische(n) Atomgemeinschaft (Euratom-Vertrag)
ebd	ebenda
ECCAS	Economic Community of Central African States

ECHR	Reports of Judgments and Decisions of the European Court of Human Rights
ECOSOC	Economic and Social Council (vgl WSR)
ECOWAS	Economic Community of West African States
ECU	European Currency Unit
EEA	Einheitliche Europäische Akte
EEC	European Economic Community
EEZ	Exclusive Economic Zone (Ausschließliche Wirtschaftszone)
EFAR	European Foreign Affairs Review
EFTA	European Free Trade Association
EG(V)	(Vertrag zur Gründung der) Europäische(n) Gemeinschaft(en)
EGBGB	Einführungsgesetz zum Bürgerlichen Gesetzbuch
EGKS(V)	(Vertrag zur Gründung der) Europäische(n) Gemeinschaft für Kohle und Stahl
EGMR	Europäischer Gerichtshof für Menschenrechte
EHRLR	European Human Rights Law Review
EHRR	European Human Rights Reports
Einl	Einleitung
EJIL	European Journal of International Law/Journal européen de droit international
EJLR	European Journal of Law Reform
EJM	Europäisches Journal für Minderheitenfragen
EJML	European Journal of Migration and Law
ELJ	European Law Journal
ELR	European Law Review
Emory ILR	Emory International Law Review
Empf	Empfehlung
EMRK	Europäische Menschenrechtskonvention
engl	englisch
ENMOD	Convention on the Prohibition of Military or Any Other Hostile Use of Environmental Modification Techniques
EnzEuR	Enzyklopädie Europarecht
EP	Europäisches Parlament
EPIL	Encyclopedia of Public International Law (Hrsg Bernhardt)
EPL	Environmental Policy and Law (Zeitschrift)
EPZ	Europäische Politische Zusammenarbeit
Erg-Lfg	Ergänzungslieferung
ESA	European Space Agency
ESALQ	European State Aid Law Quarterly
ESC	Europäische Sozialcharta
ESCWA	United Nations Economic and Social Commission for Western Asia
EStG	Einkommensteuergesetz
et al	et alii (und andere)
etc	et cetera (usw)
ETS	European Treaty Series (seit 2004: Council of Europe Treaty Series (vgl CETS))
EU(V)	(Vertrag über die) Europäische Union (Amsterdamer Vertrag)
EuG	Gericht erster Instanz der Europäischen Gemeinschaften
EuGH(E)	Gerichtshof der Europäischen Union (Entscheidungen)
EuGRZ	Europäische Grundrechte-Zeitschrift
EuGVÜ	Europäisches Gerichtsstands- und Vollstreckungsübereinkommen
EuKMR	Europäische Kommission für Menschenrechte
EuR	Europa-Recht (Zeitschrift)
EuStAngÜbk	Europäisches Staatsangehörigkeitsübereinkommen
EuZA	Europäische Zeitschrift für Arbeitsrecht
EuZW	Europäische Zeitschrift für Wirtschaftsrecht
EV	Einigungsvertrag
EWG(V)	(Vertrag zur Gründung der) Europäische(n) Wirtschaftsgemeinschaft (jetzt EG)
EWR	Europäischer Wirtschaftsraum

EWS	Europäisches Währungssystem/Europäisches Wirtschafts- und Steuerrecht (Zeitschrift)
EYIEL	European Yearbook of International Economic Law
EYMI	European Yearbook of Minority Issues
f/ff	folgende/fortfolgende
F.Supp.	Federal Reporter Supplement (Entscheidungssammlung)
F2d	Federal Reporter, second series (Entscheidungssammlung)
FaF	Fish and Fisheries (Zeitschrift)
FamRZ	Zeitschrift für das gesamte Familienrecht
FAO	Food and Agriculture Organization of the United Nations
FAZ	Frankfurter Allgemeine Zeitung
FCKW	Fluorchlorkohlenwasserstoffe
FCommLJ	Federal Communications Law Journal
FG	Festgabe
FGG	Gesetz über die Freiwillige Gerichtsbarkeit
FILJ	Fordham International Law Journal
Fn	Fußnote(n)
Fordham ELR	Fordham Environmental Law Review
Fordham LR	Fordham Law Review
ForPol	Foreign Policy (Zeitschrift)
FR	Frankfurter Rundschau
franz	französisch/e/er/es
FS	Festschrift
FSA	Fish Stocks Agreement
FSB	Finanzstabilitätsrat
FusV	Fusionsvertrag (Vertrag zur Einsetzung eines gemeinsamen Rates und einer gemeinsamen Kommission der Europäischen Gemeinschaften)
FW	Die Friedenswarte (Zeitschrift)
FYIL	Finnish Yearbook of International Law
g	Gramm
G	Gesetz
GA (Res)	General Assembly (Resolution)
GAOR	Official Records of the General Assembly
GASP	Gemeinsame Außen- und Sicherheitspolitik (der EU-Staaten)
GATS	General Agreement on Trade in Services
GATT	General Agreement on Tariffs and Trade (Allgemeines Zoll- und Handelsabkommen)
GBl	Gesetzblatt
geänd	geändert
Gen	Genesis (Bibel)
Geo ILJ	Georgetown Immigration Law Journal
Geo LJ	Georgetown Law Journal
Georgia JICL	Georgia Journal of International and Comparative Law
Ges	Gesetz
GeschO (BT)	Geschäftsordnung (des Deutschen Bundestages)
GESVP	Gemeinsame Europäische Sicherheits- und Verteidigungspolitik
GFK	Genfer Flüchtlingskonvention
GFP	Gemeinsame Fischereipolitik
GG	Grundgesetz für die Bundesrepublik Deutschland
ggf	gegebenenfalls
GJIL	Georgetown Journal of International Law
GK	Genfer Konvention
GLJ	German Law Journal
GMBl	Gemeinsames Ministerialblatt
GoJIL	Göttingen Journal of International Law

GoltdA	Goltdammers Archiv für Strafrecht
GPS	Global Positioning System
GRUR Int	Gewerblicher Rechtsschutz und Urheberrecht, Internationaler Teil (Zeitschrift)
GS	Gedächtnisschrift/Generalsekretär der Vereinten Nationen
GSO	Geosynchronous Orbit (Geostationärer Orbit)
GSVP	Gemeinsame Sicherheits- und Verteidigungspolitik
GTE	von der Groeben/Thiersing/Ehlermann (Hrsg), Kommentar zum EU-/EG-Vertrag
GUS	Gemeinschaft Unabhängiger Staaten
GV	Generalversammlung (der Vereinten Nationen)
GVBl	Gesetz- und Verordnungsblatt
GVG	Gerichtsverfassungsgesetz
GWB	Gesetz gegen Wettbewerbsbeschränkungen
GWILR	George Washington International Law Review
GWUGSLR	George Washington University Global Studies Law Review
GYIL	German Yearbook of International Law (vor 1977: JIR)
Halbs	Halbsatz
Harvard HRJ	Harvard Human Rights Journal
Harvard ILJ	Harvard International Law Journal
Harvard LR	Harvard Law Review
Hastings ICLR	Hastings International and Comparative Law Review
HCJ	High Court of Justice
HdbStR	Handbuch des Staatsrechts (hrsgg v Isensee/Kirchhof)
HHRJ	Harvard Human Rights Journal
Hl	Heilige(n/r)
hL	herrschende Lehre
HLKO	Haager Landkriegsordnung (Abkommen, betreffend die Gesetze und Gebräuche des Landkriegs
hM	herrschende Meinung
Hofstra LRev	Hofstra Law Review
Houston JIL	Houston Journal of International Law
HPCR	Harvard Program on Humanitarian Policy and Conflict Research
HRJ	Human Rights Journal
HRLJ	Human Rights Law Journal
HRLR	Human Rights Law Review
HRQ	Human Rights Quarterly
HRR	Human Rights Review
Hrsg/hrsg (v)	Herausgeber/herausgegeben (von)
HV-I	Humanitäres Völkerrecht-Informationsschriften
HYBIL	Hague Year Book of International Law
IAEA/IAEO	International Atomic Energy Agency/Internationale Atomenergie-Organisation
IAEO	s IAEA
IATA	International Air Transport Association
IBRD	International Bank for Reconstruction and Development (Weltbank)
ICAO	International Civil Aviation Organisation
ICC	International Criminal Court
ICESCR	International Covenant on Economic, Social and Cultural Rights
ICJ	International Court of Justice (vgl IGH)
ICJ Rep	International Court of Justice, Reports of Judgements, Advisory Opinions and Orders
ICLQ	The International and Comparative Law Quarterly
ICO	International Coffee Organisation
ICRC	International Committee of the Red Cross (vgl IKRK)
ICRW	International Convention for the Regulation of Whaling

ICSID	International Centre for the Settlement of Investment Disputes
ICSID R-FILJ	International Centre for Settlement of Investment Disputes Review – Foreign Investment Law Journal
ICTY	International Criminal Tribunal for the former Yugoslavia
IDA	International Development Association
idF/idNF	in der Fassung/in der Neufassung
IDI	Institut de droit international
idR	in der Regel
idS	in diesem (dem) Sinne
iE	im Ergebnis
ieS	im engeren (eigentlichen) Sinn
IFAD	International Fund for Agricultural Development
IFAR	International Foundation for Art Research
IFC	International Finance Corporation
IFOR	Implementation Force
IGH	Internationaler Gerichtshof (vgl ICJ)
IHLS	International Humanitarian Legal Studies
iHv	in Höhe von
IIHLY	International Institute of Humanitarian Law Yearbook
IJCL	International Journal of Constitutional Law
IJCP	International Journal of Cultural Property
IJHR	International Journal of Human Rights
IJIL	Indian Journal of International Law
IJMGR	International Journal on Minority and Group Rights
IJRL	International Journal of Refugee Law
IKRK	Internationales Komitee vom Roten Kreuz
ILA	International Law Association
ILC	International Law Commission
ILM	International Legal Materials
ILO	International Labour Organization
ILQ	International Law Quarterly
ILR	International Law Reports
ILS	International Law Studies
ILSA JICL	ILSA Journal of International and Comparative Law
IMBB	Internationale Meeresbodenbehörde
IMCO	International Maritime Consultative Organization (jetzt IMO)
IMF	International Monetary Fund (vgl IWF)
IMO	International Maritime Organization (vgl IMCO)
IMT	International Military Tribunal
Ind Q	Indian Quarterly (Zeitschrift)
Indiana JGLS	Indiana Journal of Global Legal Studies
INF	Intermediate Nuclear Forces
InfAuslR	Informationsbrief Ausländerrecht
insbes	insbesondere
int	international
Int Affairs	International Affairs
Int Affairs Bull	International Affairs Bulletin
Int'l L FORUM	International Law Forum
Int Peacekeeping	International Peacekeeping (Zeitschrift)
Int Pol	Internationale Politik (Zeitschrift)
Int Rel	International Relations
Int Rev Penal L	International Review of Penal Law
Int Spectator	International Spectator
INTELSAT	International Telecommunications Satellite Organization
INTERFET	International Force in East Timor

I O	International Organization (Zeitschrift)
I. O.	Internationale Organisation(en)
IOLR	International Organizations Law Review
Iowa LR	Iowa Law Review
IPbürgR (IPBPR)	Internationaler Pakt über bürgerliche und politische Rechte
IPCC	Intergovernmental Panel on Climate Change
IPR	Internationales Privatrecht
IPrax	Praxis des Internationalen Privat- und Verfahrensrechts
IPwirtR (IPWSKR)	Internationaler Pakt über wirtschaftliche, soziale und kulturelle Rechte
IRD	Internationales Recht und Diplomatie (Zeitschrift)
IRK	Internationales Rotes Kreuz
IRO	International Refugee Organization
IRRC	International Review of the Red Cross
IS	Islamischer Staat
iS(e)	im Sinne (einer/eines)
Is LR	Israel Law Review
ISGH	Internationaler Seegerichtshof (vgl ITLOS)
IsLR	Israel Law Review
ISO	International Sugar Organisation
ISS	International Space Station
IStGH	Internationaler Strafgerichtshof
iStR	internationales Steuerrecht (Zeitschrift)
iSv	im Sinne von
IsYHR	Israel Yearbook on Human Rights
ITLOS	International Tribunal for the Law of the Sea
ITLOS Rep	International Tribunal for the Law of the Sea, Reports of Judgements and Orders
ITO	International Trade Organization
ITTA	International Tropical Timber Agreement
ITTO	International Tropical Timber Organisation
ITU	International Telecommunication Union
ItYIL	Italian Yearbook of International Law
IUOTO	International Union of Official Travel Organisations
iVm	in Verbindung mit
IVR	Internationales Verwaltungsrecht
IWF	Internationaler Währungsfonds (vgl IMF)
iwS	im weiteren Sinne
IYHR	Israel Yearbook on Human Rights
IYIL	Irish Yearbook of International Law
iZm	im Zusammenhang mit
IZVR	Internationales Zivilverfahrensrecht
J Int'l Inst	Journal of the International Institute
J Int Arbitrat	Journal of International Arbitration
J Strat Stud	Journal of Strategic Studies
JAL	Journal of African Law
JAR	Jahrbuch für Afrikanisches Recht
JCSL	Journal of Conflict and Security Law
JDI	Journal du Droit International
JEL	Journal of Eurasian Law
Jg	Jahrgang
Jh	Jahrhundert(e/en/s)
JHIL	Journal of the History of International Law
JICJ	Journal of International Criminal Justice
JIDS	Journal of International Dispute Settlement
JIEL	Journal of International Environmental Law/Journal of International Economic Law

JIR	Jahrbuch für Internationales Recht (jetzt GYIL)
JIU	Joint Inspection Unit
JMR	Jahrbuch für Migrationsrecht
JöR (NF)	Jahrbuch des öffentlichen Rechts der Gegenwart (Neue Folge)
JR	Juristische Rundschau (Zeitschrift)
JSL	Journal of Space Law
JUFIL	Journal on the Use of Force and International Law
Jura	Jura – Juristische Ausbildung (Zeitschrift)
JurFak	Juristische Fakultät
JuS	Juristische Schulung (Zeitschrift)
JV	Japanische Verfassung
JWIT	Journal of World Investment and Trade
JWT	Journal of World Trade
JWTL	Journal of World Trade Law
JZ	Juristenzeitung
Kap	Kapitel
kgl	königliche(n)
KFOR	NATO-led International Force Responsible for Establishing a Security Presence in Kosovo
KGRE	Kongress der Gemeinden und Regionen Europas
KJ	Kritische Justiz
km	Kilometer
Kön	Buch der Könige (Bibel)
Komm	Kommentar
KPdSU	Kommunistische Partei der Sowjetunion
krit	kritisch
KritV	Kritische Vierteljahresschrift für Gesetzgebung und Rechtswissenschaft
KrWaffG	Gesetz über die Kontrolle von Kriegswaffen
KSE	Konventionelle Streitkräfte in Europa
KSZE	Konferenz über Sicherheit und Zusammenarbeit in Europa (vgl OSZE)
KVAE	Konferenz über Vertrauens- und Sicherheitsbildende Maßnahmen und Abrüstung in Europa
Law & Contemp Probs	Law and Contemporary Problems (Zeitschrift)
lfd	laufend
Lfg	Lieferung
LFGB	Lebensmittel-, Bedarfsgegenstände- und Futtermittelbuch
LG	Landgericht
LGBl	Landesgesetzblatt
LIEC	Legal Issues of Economic Integration
LIT	Law, Technology and Innovation (Zeitschrift)
lit	littera (Buchstabe)
liv	livre
Liverpool LR	Liverpool Law Review
LJ	Law Journal
LJIL	Leiden Journal of International Law
LJR	Law & Justice Review
LNTS	League of Nations Treaty Series
LoN Doc	League of Nations, Document
Loseblattslg	Loseblattsammlung
LR	Law Review (Zeitschriften)
m	Meter
MAI	Multilateral Agreement on Investment

Maine LR	Maine Law Review
MARPOL	International Convention on the Provention of Pollution from Ships
max	maximal
MD(A)	Missile Defence (Agency)
MDGs	Millenium Development Goals
MDR	Monatsschrift für deutsches Recht
Melb JIL	Melbourne Journal of International Law
Mich LR	Michigan Law Review
Michigan JIL	Michigan Journal of International Law
Mich SLR	Michigan State Law Review
Middle East J	Middle East Journal
MIGA	Multilateral Investment Guarantee Agency (Multilaterale Investitions-Garantie-Agentur)
Minnesota LRev	Minnesota Law Review
Minnesota JIL	Minnesota Journal of International Law
MINUGUA	United Nations Verification Mission in Guatemala
MINUSCA	United Nation Multidimensional Integrated Stabilization Mission in the CAR
MINUSMA	United Nations Multidimensional Integrated Stabilization Mission in Mali
MINUSTAH	United Nations Stabilization Mission in Haiti
Mio	Million(en)
MITTLR	Michigan Telecommunications & Technology Law Review
MJECL	Maastricht Journal of European and Comparative Law
MJGT	Minnesota Journal of Global Trade
MK	Ministerkomitee
mN	mit Nachweisen
Mod LR	The Modern Law Review
MONUSCO	UN Stabilization Mission in the DRC
MPEPIL	Max Planck Encyclopedia of Public International Law (Hrsg Wolfrum)
MPYUNL	Max Planck Yearbook of United Nations Law
Mrd	Milliarde(n)
MRM	Menschenrechtsmagazin
ms	noch unveröffentlichtes Manuskript
MV	Mondvertrag/Mustervertrag
mwN	mit weiteren Nachweisen
mWv	mit Wirkung vom
MZV	Marktzugangsverordnung
n Chr	nach Christi Geburt
Nachw	Nachweis(e)
NAFTA	North American Free Trade Association
NASA	National Aeronautics and Space Administration
NATO	North Atlantic Treaty Organization
NCJILCR	North Carolina Journal of International Law and Commerce Regulations
ND	Nachdruck, Neudruck
NDC	National Determined Contribution
NdsVBl	Niedersächsische Verwaltungsblätter
New England ICLA	New England International and Comparative Law Annual
NF	Neue Folge
nF	neue Fassung
NGO	Non Governmental Organization (vgl NRO)
NILR	Netherlands International Law Review
NJ	Neue Justiz (Zeitschrift)
NJW	Neue Juristische Wochenschrift
NLJ	Namibia Law Journal
NN	Normalnull

No/no	number/numéro
NordJIL	Nordic Journal of International Law
NordÖR	Zeitschrift für öffentliches Recht in Norddeutschland
NordTIR	Nordisk Tidsskrift for International Ret
NPT	Nuclear Non-Proliferation Treaty (Nichtverbreitungsvertrag, „Atomwaffensperrvertrag")
NQHR	Netherlands Quarterly of Human Rights
Nr	Nummer(n)
NRdT	Nouveau Recueil de Traités
NRG	Nouveau Recueil Général de Traités
NRJ	Natural Resources Journal
NRO	Nichtregierungsorganisation (vgl NGO)
NStZ	Neue Zeitschrift für Strafrecht
NTIR	Netherlands Tijdschrift voor Internationaal Recht
NuR	Natur und Recht (Zeitschrift)
NV-Vertrag	Vertrag über die Nichtverbreitung von Kernwaffen
NVwZ	Neue Zeitschrift für Verwaltungsrecht
NY Times	New York Times
NYURev LSC	New York University Review of Law and Social Change
NYIL	Netherlands Yearbook of International Law
NYJILP	New York Journal of International Law and Politics
NYUEnvLJ	New York University Environmental Law Journal
NZIR	Niemeyers Zeitschrift für Internationales Recht
NZWehrr	Neue Zeitschrift für Wehrrecht
NZZ	Neue Zürcher Zeitung
o	oben
o ä	oder ähnliches
OAS	Organization of American States
OAU	Organization of African Unity
ÖBGBl	Bundesgesetzblatt für die Republik Österreich
OCMA	Ocean and Coastal Management (Zeitschrift)
ODIL	Ocean Development and International Law (Zeitschrift)
OECD	Organization for Economic Cooperation and Development (Nachfolgeorganisation der OEEC)
OEEC	Organization for European Economic Cooperation (jetzt OECD)
ÖHVR	Österreichisches Handbuch des Völkerrechts
OIML	International Organization of Legal Metrology
OIOS	Office of Internal Oversight Services
ÖJZ	Österreichische Juristenzeitung
OLG	Oberlandesgericht
ONUC	United Nations Operation in the Congo
OPCW	Organization for the Prohibition of Chemical Weapons
OPEC	Organization of Petroleum Exporting Countries
OR	Official Records
ORIL	Oregon Review of International Law
OSCE Yearbook	Yearbook of the Organization for Security and Cooperation in Europe
OSZE	Organisation für Sicherheit und Zusammenarbeit in Europa (vgl KSZE)
OSZE – Jb	OSZE – Jahrbuch
OVG(E)	Oberverwaltungsgericht (Entscheidungen)
ÖZöRV	Österreichische Zeitschrift für öffentliches Recht und Völkerrecht
Pace ILR	Pace International Law Review
para(s)	paragraph(s) (Absatz/Absätze)
parl	parlamentarische
PCIJ	Permanent Court of International Justice (vgl StIGH)

PflSchG	Pflanzenschutzgesetz
PJZ(S)	Polizeiliche und justitielle Zusammenarbeit (in Strafsachen)
PLO	Palestine Liberation Organisation
PostG	Gesetz über das Postwesen
PPBS	Planning-Programming-Budgeting-System
ppm	parts per million
PRIF	Peace Research Institute Frankfurt
Pros	Prosecutor
Prot	Protokoll
RabelsZ	Rabels Zeitschrift für ausländisches und internationales Privatrecht
RBDI	Revue Belge de Droit International
RBÜ	Revidierte Berner Übereinkunft
RdC	Recueil des Cours de l'Académie de Droit International
rd	rund
RDI	Revue de Droit International, des Sciences Diplomatiques, Politiques et Sociales
RDILC	Revue de Droit International et de Législation Comparée
RDIMDG	Revue de Droit International Militaire et Droit de la Guerre
RdJB	Recht der Jugend und des Bildungswesens
RECIEL	Review of European Community and International Environmental Law
REDI	Revista Española de Derecho Internacional
Rep	Report(s)
Res	Resolution(en)
Rev Egypt	Revue Egyptienne de Droit International
Rev Int Studies	Review of International Studies
RevICR	Revue Internationale de la Croix Rouge
RFMO	Regional Fisheries Management Organization
RGBl	Reichsgesetzblatt
RGDIP	Revue Générale de Droit International Public
RGSt	Entscheidungen des Reichsgerichts in Strafsachen
RGW	Rat für gegenseitige Wirtschaftshilfe (vgl COMECON)
RGZ	Entscheidungen des Reichsgerichts in Zivilsachen
RHDI	Revue Hellénique de Droit International
RIAA	Report of International Arbitral Awards
RIDA	Revue internationale de droit africain
RIDP	Revue Internationale de Droit Penal
RivDI	Rivista di Diritto Internazionale
RivDirProc	Rivista di Diritto Processuale
RIW/AWD	Recht der internationalen Wirtschaft, Außenwirtschaftsdienst des Betriebs-Beraters (vgl BB)
RL	Richtlinie
RMC	Revue du Marché Commun
Rn	Randnummer
ROW	Recht in Ost und West (Zeitschrift)
Rs/Verb Rsen	Rechtssache/Verbundene Rechtssachen
RSIStGH	Römisches Statut des Internationalen Strafgerichtshofes
Rspr	Rechtsprechung
RTDH	Revue trimestrielle des droits de l'homme
RtP	Responsibility to Protect
RuP	Recht und Politik (Zeitschrift)
s	siehe
S/	Security Council (Document)
s a	siehe auch
SAARC	South Asian Association for Regional Cooperation (Südasiatische Vereinigung für regionale Zusammenarbeit)

SAGE	Simulation & Gaming (Zeitschrift)
SALT	Strategic-Arms Limitation Talks
San Diego ILJ	San Diego International Law Journal
Sart	Sartorius (I: Verfassungs- und Verwaltungsgesetze; II: Internationale Verträge, Europarecht)
SAYIL	South African Yearbook of International Law
SchlHA	Schleswig-Holsteinische Anzeigen (Zeitschrift)
SchwBGer	Schweizerisches Bundesgericht
Schw Zentrabl für Staats- und Verwaltungsrecht	Schweizerisches Zentralblatt für Staats- und Verwaltungsrecht
SDGs	Sustainable Development Goals
SDI	Strategic Defence Initiative
SDÜ	Schengener Durchführungsübereinkommen
sec	section (Paragraph)
SeeAnlV	Seeanlagenverordnung
sep op	separate opinion
ser/sér	series/série
Sess	Session
SFDI	Société française pour le droit international
SFOR	Stabilization Force
SFRJ	Sozialistische Föderative Republik Jugoslawien
SHIRBRIG	Multi-National Stand-by High Readiness Brigade for United Nations Operations
SIPRI	Stockholm International Peace Research Institute
SJILC	Syracuse Journal of International Law and Commerce
SJIR	Schweizerisches Jahrbuch für Internationales Recht
SJZ	Süddeutsche Juristenzeitung
Slg	Sammlung
sm	Seemeile(n) (1 sm = 1,852 km)
s o	siehe oben
S. O.	Supranationale Organisation
sog	so genannt(er/es)
SORT	Strategic Offensive Reduction Treaty
Southwestern JLTA	Southwestern Journal of Law and Trade in the Americas
Sp	Spalte(n)
spec	special
SR	Sicherheitsrat (der Vereinten Nationen)
SRM	Solar Radiation Management
SRÜ	Seerechtsübereinkommen (der Vereinten Nationen)
st	ständig(e)
StAG	Staatsangehörigkeitsgesetz
Stanford JIL	Stanford Journal of International Law
StAR-VwV	Allgemeine Verwaltungsvorschrift zum Staatsangehörigkeitsrecht
START	Strategic-Arms Reduction Treaty
StAZ	Das Standesamt (Zeitschrift)
Stellenbosch LR	Stellenbosch LR
StGB	Strafgesetzbuch
Stichw	Stichwort
StIGH	Ständiger Internationaler Gerichtshof
StISchH	Ständiger Internationaler Schiedshof
STLR	Suffolk Transnational Law Review
StPO	Strafprozessordnung
str	strittig, streitig
stRspr	ständige Rechtsprechung
StWiss u StPr	Staatswissenschaft und Staatspraxis (Zeitschrift)

s u	siehe unten
Suff ULR	Suffolk University Law Review
Suppl	Supplement (Ergänzungsband)
SWP-Aktuell	Schriftenreihe der Stiftung Wissenschaft und Politik
SYBIL	Singapore Year Book of International Law
SYIL	Spanish Yearbook of International Law
SZIER	Schweizerische Zeitschrift für internationales und europäisches Recht
T-	Tribunal (Urteil des Europäischen Gerichts)
TAC	total allowable catch
TDM	Transnational Dispute Management
Temple ICLJ	Temple International and Comparative Law Journal
Texas ILJ	Texas International Law Journal
TJICL	Tulane Journal of International and Comparative Law
TLCP	Transnational Law & Contemporary Problems
TR	Treuhandrat (der Vereinten Nationen)
TRIMS	Agreement on Trade-Related Investment Measures
TRIPS	Agreement on Trade-Related Aspects of Intellectual Property Rights
TTIP	Transatlantic Trade and Investment Partnership
Tulsa J Comp & Int'l L	Tulsa Journal of Comparative and International Law
TV	Türkische Verfassung
u	unten/und
u a	unter anderem/und andere
u Ä	und Ähnliches
UAbs	Unterabsatz
UBA	Umweltbundesamt
Übers	Übersetzung
UCLA JILFA	UCLA Journal of International Law and Foreign Affairs
UdSSR	Union der Sozialistischen Sowjetrepubliken
UEMOA	Union Économique et Monétaire Ouest Africaine (Westafrikanische Wirtschafts- und Währungsunion)
UK	United Kingdom
UN	United Nations (Vereinte Nationen)
UN Doc	Dokumente der Vereinten Nationen
UN GA	United Nations General Assembly
UNAIDS	Joint United Nations Programme on HIV/AIDS
UNAMID	African Union/United Nations Hybrid Operation in Darfur
UNAT	United Nations Administrative Tribunal
UNAVEM	United Nations Angola Verification Mission
UNCED	United Nations Conference on Environment and Development (1992)
UN-Charta	Satzung der Vereinten Nationen
UNCIO	United Nations Conference on International Organizations
UNCITRAL	United Nations Commission on International Trade Law
UNCLOS	United Nations Conference on the Law of the Sea (1973–82)
UNCOPUOS	United Nations Committee on the Peaceful Uses of Outer Space
UNCTAD	United Nations Conference on Trade and Development
UNDP	United Nations Development Programme
UNECE	United Nations Economic Commission for Europe
UNEF	United Nations Emergency Force
UNEP	United Nations Environment Programme
UNESCO	United Nations Educational, Scientific and Cultural Organization
UNFCCC	United Nations Framework Convention on Climate Change
UNFICYP	United Nations Peace-keeping Force in Cyprus

UNHCR	United Nations High Commissioner for Refugees
UNHSP	United Nations Human Settlement Programme
UNICEF	United Nations International Children's Emergency Fund
UNIDIR	United Nations Institute for Disarmament Research
UNIDO	United Nations Industrial Development Organization
UNIDROIT	Internationales Institut für die Vereinheitlichung des Privatrechts
UNISFA	United Nations Interim Security Force for Abyei
UNITAF	United Task Force
UNITAR	United Nations Institute for Training and Research
UNMIBH	United Nations Mission in Bosnia and Herzegowina
UNMIL	United Nations Mission in Liberia
UNMISET	United Nations Mission of Support in East Timor
UNMISS	United Nations Mission in the Republic of South Sudan
UNO	United Nations Organization
UNOCI	United Nations Operation in Côte d'Ivoire
UNOSOM	United Nations Operation in Somalia
UNPREDEP	United Nations Preventive Deployment Force
UNRWA	United Nations Relief and Works Agency for Palestine Refugees in the Near East
UNSIMIC	United Nations Settlement Implementation Mission in Cyprus
UNSMIS	United Nations Supervision Mission in Syria
UNSSC	United Nations System Staff College
UNST/LEG/SER	United Nations Legislative Series
unstr	unstrittig, unstreitig
UNSWLJ	University of New South Wales Law Journal
UNTAC	United Nations Transitional Authority in Cambodia
UNTS	United Nations Treaty Series
UNU	United Nations University
UNWTO	World Tourism Organization
UNYB	Yearbook of the United Nations
UPennJIEL	University of Pennsylvania Journal of International Economic Law
UPennJIL	University of Pennsylvania Journal of International Law
UPU	Universal Postal Union (Weltpostverein)
US	Entscheidungen des United States Supreme Court
USA	United States of America
Utah LRev	Utah Law Review
UTR	Jahrbuch des Umwelt- und Technikrechts
uU	unter Umständen
u v a	und viele (vieles) andere
v	von/vom/versus
Vanderbilt J Transnat'l L	Vanderbilt Journal of Transnational Law
VBlBW	Verwaltungsblätter Baden-Württemberg
VBS	Völkerbundsatzung
v Chr	vor Christi Geburt
Verb (Rs)	Verbundene (Rechtssachen)
Verf	Verfahren, Verfasser
Verh	Verhandlung
VersR	Versicherungsrecht (Zeitschrift)
VerV	Verwaltungsvorschrift
VG	Verwaltungsgericht
VGH	Verwaltungsgerichtshof
vgl	vergleiche
Victoria ULRev	Victoria University of Wellington Law Review
Villanova LR	Villanova Law Review

VJIL	Virginia Journal of International Law
Vjschr f SozR	Vierteljahresschrift fürSozialrecht
VN	Vereinte Nationen (Zeitschrift)
VO	Verordnung
VOJICL	Vienna Online Journal on International Constitutional Law
Vol	Volume
VRÜ	Verfassung und Recht in Übersee (Zeitschrift)
VULR	Valparaiso University Law Review
VVDStRL	Veröffentlichungen der Vereinigung der Deutschen Staatsrechtslehrer
VwVfG	Verwaltungsverfahrensgesetz
WCED	World Commission on Environment and Development
WCS	World Conservation Strategy
West Virginia LR	West Virginia Law Review
WEU	Western European Union (Westeuropäische Union)
WFC	World Food Council (Welternährungsrat)
WFP	World Food Programme (Welternährungsprogramm)
WHO	World Health Organization
WIPO	World Intellectual Property Organization
Wisconsin ILJ	Wisconsin International Law Journal
WKSV	Wiener Übereinkommen über die Staatennachfolge in Bezug auf Verträge
WLR	Weekly Law Reports
WMO	World Meteorological Organization
wN	weitere Nachweise
WPA	Wirtschaftspartnerschaftsabkommen
WRV	Weltraumvertrag
WRV	Weimarer Reichsverfassung
WSR	Wirtschafts- und Sozialrat (der Vereinten Nationen)
WSSD	World Summit for Sustainable Development
WTO	World Trade Organization
WTR	World Trade Review
WUB	Kommentierende Entscheidungssammlung zum Wirtschafts- und Bankrecht
WÜD	Wiener Übereinkommen über diplomatische Beziehungen
WÜK	Wiener Übereinkommen über konsularische Beziehungen
WVK	Wiener Vertragsrechtskonvention (Wiener Übereinkommen über das Recht der Verträge)
WVKIO	Wiener Konvention (Übereinkommen) über das Recht der Verträge zwischen Staaten und internationalen Organisationen oder zwischen internationalen Organisationen
WWF	World Wildlife Fund
WWU	Wirtschafts- und Währungsunion
www	World Wide Web
Yale JIL	Yale Journal of International Law
Yale LJ	Yale Law Journal
Yb	Yearbook
YBILC	Yearbook of the International Law Commission
YBWA	Yearbook of World Affairs
YEL	Yearbook of European Law
YIEL	Yearbook of International Environmental Law
YIHL	Yearbook of International Humanitarian Law
YIO	Yearbook of International Organizations
YPL	Yearbook of Polar Law
ZaöRV	Zeitschrift für ausländisches öffentliches Recht und Völkerrecht
ZAR	Zeitschrift für Ausländerrecht und Ausländerpolitik
zB	zum Beispiel

ZBJI	Zusammenarbeit (der EU-Staaten) in den Bereichen Justiz und Inneres
ZEuS	Zeitschrift für europarechtliche Studien
ZfP	Zeitschrift für Politik
ZfSE	Zeitschrift für Staats- und Europawissenschaften
ZfV	Zeitschrift für Verwaltung
ZG	Zeitschrift für Gesetzgebung
ZGR	Zeitschrift für Unternehmens- und Gesellschaftsrecht
ZIB	Zeitschrift für Internationale Beziehungen
Ziff	Ziffer
ZIS	Zeitschrift für Internationale Strafrechtsdogmatik
ZLR	Zeitschrift für Luftrecht (jetzt ZLW)
ZLW	Zeitschrift für Luft- und Weltraumrecht (früher ZLR)
ZöR	Zeitschrift für öffentliches Recht
ZP	Zusatzprotokoll
ZParl	Zeitschrift für Parlamentsfragen
ZPO	Zivilprozessordnung
ZRP	Zeitschrift für Rechtspolitik
ZRph	Zeitschrift für Rechtsphilosophie
ZSchwR	Zeitschrift für schweizerisches Recht
ZStW	Zeitschrift für die gesamte Strafrechtswissenschaft
zT	zum Teil
ZUR	Zeitschrift für Umweltrecht
zust	zustimmend
zutr	zutreffend
ZVglRWiss	Zeitschrift für vergleichende Rechtswissenschaft
ZVR	Zeitschrift für Völkerrecht
ZZP	Zeitschrift für Zivilprozess

Erster Abschnitt

Wolfgang Graf Vitzthum
Begriff, Geschichte und Rechtsquellen des Völkerrechts

Gliederung

Vorbemerkung —— 1
I. Begriff und Geltung des Völkerrechts —— 2–87
   1. Begriff und Besonderheiten des Völkerrechts —— 2–60
      a) Ansatzpunkte und Probleme der Begriffsbestimmung —— 2
      b) Begriffsgeschichte und Völkerrechtsentwicklung —— 9
      c) Expansion des Völkerrechts —— 14
      d) Kombinationsdefinition des Völkerrechts —— 22
      e) Abgrenzung zu anderen Rechtsgebieten —— 33
      f) Völkerrecht und Europarecht —— 40
      g) Besonderheiten des Völkerrechts —— 45
   2. Geltung, Grundregeln und Einheit des Völkerrechts —— 61–87
      a) Die Frage der Geltung —— 61
      b) Die Grundregeln des Völkerrechts —— 72
      c) Die Einheit der Völkerrechtsordnung —— 80
II. Völkerrechtsgeschichte und Völkerrechtswissenschaft —— 88–112
   1. Geschichte und Geschichtlichkeit des Völkerrechts —— 88–108
   2. Völkerrechtswissenschaft —— 109–112
III. Die Rechtsquellen des Völkerrechts —— 113–159
   1. In Art 38 IGH-Statut genannte Rechtsquellen und Erkenntnismittel —— 113–147
      a) Internationale Übereinkünfte (das Recht der Verträge) —— 113
      b) Völkergewohnheitsrecht —— 131
      c) Allgemeine Rechtsgrundsätze —— 142
      d) Richterliche Entscheidungen, Lehrmeinung —— 147
   2. Entwicklungen außerhalb von Art 38 IGH-Statut —— 148–153
   3. Rangverhältnis und Kodifikation der Rechtsquellen —— 154–159

Literatur

von Arnauld, Andreas, Völkerrecht, 2. Aufl 2014
Dahm, Georg/Delbrück, Jost/Wolfrum, Rüdiger, Völkerrecht, Bd I/1, 2. Aufl 1989; Bd I/2 u Bd I/3, 2. Aufl 2002 [*Dahm/Delbrück/Wolfrum*, Völkerrecht]
Doehring, Karl, Völkerrecht, 2. Aufl 2004 [*Doehring,* Völkerrecht]
Dörr, Oliver, Kompendium völkerrechtlicher Rechtsprechung, 2. Aufl 2014
Fastenrath, Ulrich, Lücken im Völkerrecht. Zu Rechtscharakter, Quellen, Systemzusammenhang, Methodenlehre und Funktionen des Völkerrechts, 1991 [*Fastenrath,* Lücken]
Grewe, Wilhelm (Hrsg), Fontes Historiae Iuris Gentium, Bd I, 1995; Bd II, 1988; Bd III/1, 1992; Bd III/2, 1992 [Fontes]
ders, Epochen der Völkerrechtsgeschichte, 2. Aufl 1988 [*Grewe,* Epochen]; engl Ausg 2000
Herdegen, Matthias, Völkerrecht, 13. Aufl 2014
Ipsen, Knut (Hrsg), Völkerrecht, 6. Aufl 2014 [Ipsen (Hrsg), Völkerrecht]
Preiser, Wolfgang, Macht und Ohnmacht in der Völkerrechtsgeschichte, 1978 [*Preiser,* Macht]
Schöbener, Burkhard (Hrsg), Völkerrecht: Lexikon zentraler Begriffe und Themen, 2014
Schweisfurth, Theodor, Völkerrecht, 2006
Seidl-Hohenveldern, Ignaz (Hrsg), Lexikon des Rechts. Völkerrecht, 3. Aufl 1992 [Lexikon Völkerrecht]
Simma, Bruno/Khan, Daniel-Erasmus/Nolte, Georg/Paulus, Andreas (Hrsg), The Charter of the United Nations, 2 Bde, 3. Aufl 2012
Strupp, Karl/Schlochauer, Hans-Jürgen (Hrsg), Wörterbuch des Völkerrechts, 4 Bde, 1960–1962
Tomuschat, Christian, Stichwort „Völkerrecht", in: Roman Herzog ua (Hrsg), Evangelisches Staatslexikon, 3. Aufl 1987, Bd II, Sp 3875–3890 [*Tomuschat,* „Völkerrecht"]
ders, International Law: Ensuring the Survival of Mankind on the Eve of a New Century, RdC 281 (1999) 9–438 [*Tomuschat,* International Law]

Verdross, Alfred/Simma, Bruno, Universelles Völkerrecht, 3. Aufl 1984 [*Verdross/Simma*]; Nachdruck 2010
Wolfrum, Rüdiger (Hrsg), Max Planck Encyclopedia of Public International Law, 10 Bde, 2012 [MPEPIL]
Ziegler, Karl-Heinz, Völkerrechtsgeschichte, 2. Aufl 2007 [*Ziegler*, Völkerrechtsgeschichte]

Verträge
Genfer Konvention betreffend die Linderung des Loses der im Felddienst verwundeten Militärpersonen v 22.8.1864 (*Schindler/Toman* [Hrsg], The Laws of Armed Conflicts, 4. Aufl 2004, 365) —— 104
I. Haager Abkommen v 18.10.1907 zur friedlichen Erledigung internationaler Streitfälle (Fontes III/1, 558 bzw RGBl 1910, 5) —— 77
Friedensvertrag mit dem Deutschen Reich v 28.6.1919 (Fontes III/2, 683) [Versailler Vertrag] —— 73, 105
Satzung des Völkerbundes v 28.6.1919 (RGBl 1919, 717) —— 53, 75, 105
Vertrag über die Ächtung des Krieges v 27.8.1928 (RGBl 1929 II, 97) [Briand-Kellogg-Pakt] —— 52, 75
Charta der Vereinten Nationen v 26.6.1945 (BGBl 1973 II, 431), zuletzt geänd durch Bek v 28.8.1980 (BGBl 1980 II, 1252) [UN-Charta] —— 4, 14 f, 18, 20 f, 30, 45, 52 ff, 59, 71 ff, 106 f, 119, 144
Statut des Internationalen Gerichtshofs v 26.6.1945 (BGBl 1973 II, 505) [IGH-Statut] —— 3, 10, 14, 18, 24 f, 110 ff, 131 ff, 142 ff, 148 ff, 154 ff
I. Genfer Abkommen zur Verbesserung des Loses der Verwundeten und Kranken der Streitkräfte im Felde v 12.8.1949 (BGBl 1954 II, 783) —— 19
II. Genfer Abkommen zur Verbesserung des Loses der Verwundeten, Kranken und Schiffbrüchigen der Streitkräfte zur See v 12.8.1949 (BGBl 1954 II, 813) —— 19
III. Genfer Abkommen über die Behandlung der Kriegsgefangenen v 12.8.1949 (BGBl 1954 II, 838) —— 19
IV. Genfer Abkommen zum Schutz von Zivilpersonen in Kriegszeiten v 12.8.1949 (BGBl 1954 II, 917) [Genfer Rotkreuzabkommen I–IV] —— 19
Konvention zum Schutze der Menschenrechte und Grundfreiheiten v 4.11.1950 idF der Neubekanntmachung v 17.5.2002 (BGBl 2002 II, 1054) [EMRK] —— 13, 46, 60, 107, 156
Vertrag zur Gründung der Europäischen Gemeinschaft v 25.3.1957 (BGBl 1957 II, 766), nunmehr gültig als Vertrag über die Arbeitsweise der Europäischen Union (konsolidierte Fassung: ABl EU 2010, Nr C 83/47) [AEUV] —— 40, 41, 42
Europäisches Übereinkommen zur friedlichen Beilegung von Streitigkeiten v 29.4.1957 (BGBl 1961 II, 82) —— 77
Genfer Übereinkommen über die Hohe See v 29.4.1958 (BGBl 1972 II, 1089) —— 125
Genfer Übereinkommen über das Küstenmeer und die Anschlusszone v 29.4.1958 (516 UNTS 205) —— 125
Genfer Übereinkommen über den Festlandsockel v 29.4.1958 (499 UNTS 311) —— 121, 125
Genfer Übereinkommen über die Fischerei und die Erhaltung der biologischen Reichtümer der Hohen See v 29.4.1958 (559 UNTS 285) —— 125
Antarktis-Vertrag v 1.12.1959 (BGBl 1978 II, 1517) —— 20, 107
Internationaler Pakt über bürgerliche und politische Rechte v 19.12.1966 (BGBl 1973 II, 1534) [IPBPR]; 1. Fakultativprotokoll (BGBl 1992 II, 1247); 2. Fakultativprotokoll (BGBl 1992 II, 391) —— 4, 20, 60, 78, 83, 107
Internationaler Pakt über wirtschaftliche, soziale und kulturelle Rechte v 19.12.1966 (BGBl 1973 II, 1570) —— 4, 20, 60, 78, 83, 107
Vertrag über die Grundsätze zur Regelung der Tätigkeiten von Staaten bei der Erforschung und Nutzung des Weltraums einschließlich des Mondes und anderer Himmelskörper v 27.1.1967 (BGBl 1969 II, 1969) [Weltraumvertrag] —— 20, 29, 107, 137–140
Vertrag über die Nichtverbreitung von Kernwaffen v 1.7.1968 (BGBl 1974 II, 786) und Entscheidung gemäß Art X Abs 2 über die Verlängerung des Vertrages auf unbegrenzte Zeit v 11.5.1995 (BGBl 1995 II, 984) [NV-Vertrag] —— 20
Brüsseler EWG-Übereinkommen über die gerichtliche Zuständigkeit und die Vollstreckung gerichtlicher Entscheidungen v 27.9.1968 (BGBl 1972 II, 774), Neufassung v 26.5.1989 (BGBl 1994 II, 519) —— 35
Wiener Übereinkommen über das Recht der Verträge v 23.5.1969 (BGBl 1985 II, 927) [WVK] —— 13, 48, 73, 75, 114–132, 137, 142
Wiener Übereinkommen über die Staatennachfolge in Verträge v 22.8.1978 (ILM 17 [1978] 1488) [WÜSV] —— 114
Übereinkommen über weiträumige grenzüberschreitende Luftverunreinigung v 13.11.1979 (BGBl 1982 II, 373) —— 20
Übereinkommen der Vereinten Nationen über Verträge über den internationalen Warenkauf v 11.4.1980 (BGBl 1989 II, 588; Berichtigung in: BGBl 1990 II, 1699) [CISG] —— 34
Übereinkommen v 19.6.1980 über das auf vertragliche Schuldverhältnisse anwendbare Recht (BGBl 1986 II, 809) —— 34

Afrikanische Charta der Menschen- und Völkerrechte v 27.6.1981 (ILM 21 [1982] 59) —— 11
Seerechtsübereinkommen der Vereinten Nationen v 10.12.1982 (BGBl 1994 II, 1799) [SRÜ] —— 20, 29, 60, 107, 118, 125, 148
Übereinkommen gegen Folter und andere grausame, unmenschliche oder erniedrigende Behandlung oder Strafe v 10.12.1984 (BGBl 1990 II, 246) —— 13
Wiener Übereinkommen zum Schutz der Ozonschicht v 22.3.1985 (BGBl 1988 II, 901) —— 20
Wiener Übereinkommen über das Recht der Verträge zwischen Staaten und internationalen Organisationen oder zwischen internationalen Organisationen v 21.3.1986 (BGBl 1990 II, 1414) [WVKIO] —— 114, 117
Montrealer Protokoll über Stoffe, die zu einem Abbau der Ozonschicht führen, v 16.9.1987 (BGBl 1988 II, 1014; letzte Änd in: BGBl 2002 II, 921) [Montrealer Protokoll] —— 20
Vertrag über die Europäische Union v 7.2.1992 (BGBl 1992 II, 1253) idF v 13.12.2007 (konsolidierte Fassung: ABl EU 2010, Nr C 83/13) [EUV] —— 40, 41, 43, 44, 116
Römisches Statut des Internationalen Strafgerichtshofs v 17.7.1998 (BGBl 2000 II, 1394) —— 36
Charta der Grundrechte der Europäischen Union v 7.12.2000 in der am 12.12.2007 angepassten Fassung (ABl. EU 2010, Nr C 83/389) [GRC] —— 40, 42

Judikatur
Ständiger Internationaler Gerichtshof
S.S. Wimbledon (France, Great Britain, Italy, Japan [with Poland intervening] v Germany), Urteil v 17.8.1923, PCIJ, Ser A, No 1 *[Wimbledon]* —— 73
The Lotus (France v Turkey), Urteil v 7.9.1927, PCIJ, Ser A, No 10 *[Lotus]* —— 49, 50, 111
Serbian Loans (France v Serbia), Urteil v 12.7.1929, PCIJ, Ser A, No 20 *[Serbische Anleihen]* —— 34
Legal Status of Eastern Greenland (Denmark v Norway), Urteil v 5.4.1933, PCIJ, Ser A/B, No 53 *[Ostgrönland]* —— 142

Internationaler Gerichtshof
Reparations for Injuries Suffered in the Service of the United Nations, Gutachten v 11.4.1949, ICJ Rep 1949, 174 *[Bernadotte]* —— 39, 120
Right of Passage over Indian Territory (Preliminary Objections) (Portugal v India), Urteil v 26.11.1957, ICJ Rep 1957, 142 *[Durchgangsrecht über indisches Gebiet]* —— 124
Temple of Préah Vihéar (Merits) (Cambodia v Thailand), Urteil v 15.6.1962, ICJ Rep 1962, 6 *[Tempel von Préah Vihéar]* —— 142
North Sea Continental Shelf (Germany v Denmark; Germany v Netherlands), Urteil v 20.2.1969, ICJ Rep 1969, 3 *[Nordsee-Festlandsockel]* —— 139 ff
Barcelona Traction, Light and Power Co, Ltd (Second Phase) (Belgium v Spain), Urteil v 5.2.1970, ICJ Rep 1970, 3 *[Barcelona Traction]* —— 21, 120
Nuclear Tests (Australia v France; New Zealand v France), Urteile v 20.12.1974, ICJ Rep 1974, 253 u 457 *[Französische Nukleartests]* —— 149
United States Diplomatic and Consular Staff in Tehran (USA v Iran), Urteil v 24.5.1980, ICJ Rep 1980, 3 *[Teheraner Geiseln]* —— 54
Military and Paramilitary Activities in and against Nicaragua (Merits) (Nicaragua v USA), Urteil v 27.6.1986, ICJ Rep 1986, 14 *[Nicaragua]* —— 54, 76, 131
Territorial Dispute (Lybia v Chad), Urteil v 3.2.1994, ICJ Rep 1994, 6 *[Aousou]* —— 123
East Timor (Portugal v Australia), Urteil v 30.6.1995, ICJ Rep 1995, 89 *[East Timor]* —— 120
Request for an Examination of the Situation in Accordance with Paragraph 63 of the Court's Judgment of 20 December 1974 in the Nuclear Tests (New Zealand v France) Case, Beschluss v 22.9.1995, ICJ Rep 1995, 288 *[Französische Nukleartests/Urteilsüberprüfung]* —— 149
Legality of the Threat or Use of Nuclear Weapons, Gutachten v 6.7.1996, ICJ Rep 1996, 226 *[GV-Nuklearwaffen-Gutachten]* —— 50, 150
Application of the Convention and Punishment of the Crime of Genocide (Bosnia-Hercegovina v Yugoslavia), Urteil v 11.7.1996, ICJ Rep 1996, 594 *[Genocide Convention I]* —— 120
Oil Platforms (Preliminary Objections) (Iran v USA), Urteil v 12.12.1996, ICJ Rep 1996, 803 *[Ölplattformen]* —— 123
Kasikili/Sedudu Island (Botswana v Namibia), Urteil v 13.12.1999, ICJ Rep 1999, 1045 *[Kasikili/Sedudu]* —— 123, 155

Legal Consequences of the Construction of a Wall in the Occupied Palestinian Territory, Gutachten v 9.7.2004, ICJ Rep 2004, 136 *[Grenzwall-Gutachten]* —— 120
Application of the Convention on the Prevention and Punishment of the Crime of Genocide (Bosnia and Herzegovina v Serbia and Montenegro), Urteil v 26.2.2007, ICJ Rep 2007, 43 *[Genocide Convention II]* —— 120
Jurisdictional Immunities of the State (Germany v Italy: Greece intervening), Urteil v 3.2.2012, ICJ Rep 2012, 99 *[Staatenimmunität]* —— 45

Ständiger Schiedshof
Russian Indemnity, Schiedsspruch v 11.11.1912, RIAA XI, 421 *[Russisch-Türkischer Streitfall von 1912]* —— 142

Gerichtshof der Europäischen Union
Urteil v 15.7.1964, Rs 6/64, Slg 1964, 1251 *[Costa/ENEL]* —— 40
Urteil v 17.12.1970, Rs 11/70, Slg 1970, 1125 *[Internationale Handelsgesellschaft/Einfuhr- und Vorratsstelle Getreide]* —— 43
Urteil v 31.3.1971, Rs 22/70, Slg 1971, 263 *[AETR]* —— 44
Urteil v 4.12.1974, Rs 41/74, Slg 1974, 1337 *[Van Duyn/Home Office]* —— 42
Urteil v 19.1.1982, Rs 8/81, Slg 1982, 53 *[Becker]* —— 42
Urteil v 19.11.1991, Rs C-6/90 und C-9/90, Slg 1991, I-5357 *[Francovich u a]* —— 42
Urteil v 5.3.1996, Rs C-46/93 und C-48/93, Slg 1996, I-1131 *[Brasserie du pêcheur und Factortame]* —— 42
Urteil v 8.10.1996, Rs C-178/94, C-179/94, C-188/94, C-189/94 und C-190/94, Slg 1996, I-4867 *[Dillenkofer u a]* —— 42
Urteil v 22.10.1998, Rs C-10–22/97, Slg 1998, I-6307 *[Ministerio delle Finanze/IN. CO. GE'90 Srl u a]* —— 43

Bundesverfassungsgericht
Beschluss v 18.10.1967, BVerfGE 22, 293 *[EG-Verordnung]* —— 43
Beschluss v 4.5.1971, BVerfGE 31, 58 *[Spanier]* —— 34
Beschluss v 8.4.1987, BVerfGE 75, 223 *[EWG]* —— 42
Urteil v 12.10.1993, BVerfGE 89, 155 *[Maastricht]* —— 43
Urteil v 30.6.2009, NJW 2009, 2267 *[Lissabon]* —— 43
Beschluss v 15.12.2015, 2 BvR 2735/14 *[Europäischer Haftbefehl]* —— 43

Vorbemerkung

Das Völkerrecht ist ein schwierig zu bestimmendes Rechtsgebiet. Nicht einmal sein Charakter als **1**
Recht[1] blieb unbestritten. Auch wenn unser Lehrbuch die Frage nach der Rechtsqualität des Völkerrechts mit der Praxis und der ganz hL nachdrücklich bejaht,[2] ist damit noch keine Aussage zu den *begrifflichen und strukturellen Besonderheiten* dieser Rechtsordnung getroffen (s u Rn 2ff). Mit der Definition und Qualifizierung des Völkerrechts hängen die Fragen nach seiner *Geltung* und *Relevanz*, nach seinen *Grundregeln* und seiner *Einheit* eng zusammen (s u Rn 61ff). Zur Klärung dieser Grundfragen und zum Verständnis des Völkerrechts der Gegenwart bedarf es auch der Behandlung der *Geschichte* des Völkerrechts und der Rolle der Völkerrechts*wissenschaft* (s u Rn 88ff). Vor allem sind die *Rechtsquellen* des Völkerrechts zum Erfassen seines Wesens und seiner Wirkung zu erläutern (s u Rn 113ff).

I. Begriff und Geltung des Völkerrechts

1. Begriff und Besonderheiten des Völkerrechts
a) Ansatzpunkte und Probleme der Begriffsbestimmung
Obwohl etwa das Grundgesetz für die BR Deutschland den Begriff des Völkerrechts in Art 25, **2**
Art 59 Abs 1 Satz 1 und Art 100 Abs 2 ohne weiteres voraussetzt, gibt es keine allgemein anerkannte Definition des Völkerrechts. Eine Begriffsbestimmung, die *isoliert* jeweils an den Rechtsquellen, an den Subjekten oder an den Gegenständen dieser Rechtsordnung ansetzt, verfehlt die Klärung. Erst in ihrer *Kombination* bieten diese Einzelaspekte hinreichende Ansatzpunkte für die Definition (s u Rn 22ff).

Orientiert man sich, *erstens*, allein an den *Rechtsquellen* des Völkerrechts, liegt die Zirkulari- **3**
tät dieses Ansatzes auf der Hand. Die Bindung an das Völkerrecht setzt die Existenz einer Rechtsordnung voraus, die dessen Rechtsquellen definiert und ihnen die entsprechende Wirkung zuordnet. Auch Art 38 Abs 1 IGH-Statut, der das zwischen den Streitparteien anwendbare Recht (Völkervertragsrecht, Völkergewohnheitsrecht, allgemeine Rechtsgrundsätze) aufführt, löst das Problem nicht, bleibt doch schon die Frage nach der Rechtsquelle dieser Rechtsquelle unbeantwortet.

Entgegen seiner Bezeichnung handelt es sich beim Völkerrecht, setzt man bei der Defini- **4**
tion, *zweitens*, an seinen *Rechtssubjekten* an, nicht um ein „Recht der Völker" (oder der Nationen). In anderen Sprachen kommt das deutlicher zum Ausdruck als in der deutschen. In ihnen sind an die Stelle der überkommenen Bezeichnungen *(law of nations/droit des gens/diritto delle genti)* weitgehend die neueren Termini *public international law, droit international public, diritto internazionale pubblico* getreten. Lediglich in einzelnen Aspekten, zumal beim Selbstbestimmungsrecht der Völker,[3] wendet sich das Völkerrecht unmittelbar an Völker und attestiert ihnen insoweit partielle Völkerrechtssubjektivität (synonym: Völkerrechtspersönlichkeit, Völkerrechtsfähigkeit). Nur der Terminologie, nicht der Sache nach spielen die Völker oder Nationen in den für Wesen und Fortentwicklung dieses Rechts so entscheidenden Internationalen Organisatio-

---

1 In Abrede gestellt etwa von *Austin*, Lectures on Jurisprudence, or the Philosophy of Positive Law, Bd I, 5. Aufl (hrsgg v Campbell) 1911, 182. Vgl aber *Zemanek*, The Legal Foundation of the International System, RdC 266 (1997-IV) 9 (37f); *Steiger*, Völkerrecht, in Brunner/Conze/Koselleck (Hrsg), Geschichtliche Grundbegriffe, Bd 7, 1992, 97ff.
2 Erzwingbarkeit einer Norm bestimmt nicht ihre Qualität als Recht. Für dessen Geltung ist seine Durchsetzung nicht konstitutiv. Auch durchsetzungsschwaches Recht ist Recht.
3 Zurückhaltend Tomuschat (Hrsg), Modern Law of Self-Determination, 1993; Neuhold/Simma (Hrsg), Neues europäisches Völkerrecht nach dem Ende des Ost-West-Konfliktes?, 1996, 16ff bzw 43ff *(Thürer); Heintze*, in Ipsen (Hrsg), Völkerrecht, § 8. Das Selbstbestimmungsrecht ist ein kollektives Recht der Völker, vgl Art 1 der beiden UN-Menschenrechtspakte v 1966.

nen (I.O.) wie dem Völkerbund[4] bzw den Vereinten Nationen (UN) eine Schlüsselrolle.[5] Im Schwerpunkt ist das Völkerrecht staatenorientiert: *Staaten*recht. Als räumlich radizierter, organisatorisch verfestigter, die Interessen der Bevölkerung auch *inter*-national wahrnehmender geschichtlich-konkreter Herrschaftsverband ist nach wie vor der Staat der zentrale Anknüpfungspunkt dieser Rechtsordnung – unentbehrlich für ihre Hervorbringung, Fortbildung, Durchsetzung. Eine global anerkannte *über*staatliche Hoheitsgewalt gibt es nicht. Die Völkerrechtsordnung weist insofern ein *koordinations*-, nicht ein subordinationsrechtliches Gefüge auf, eine „horizontale", keine „vertikale" Struktur.

5   Das Völkerrecht ist primär die Rechtsordnung der *zwischen*staatlichen Beziehungen. Schon das durch die großen europäischen Friedenskonferenzen vom Westfälischen Frieden 1648 bis zum Wiener bzw Berliner Kongress 1815 bzw 1878 geformte „klassische" Völkerrecht war eine zwischen den Staaten geltende Rechtsordnung.[6] Durchbrochen wird diese Staatsorientierung traditionell vom Heiligen Stuhl[7] und dem Souveränen Malteser Ritterorden,[8] in neuerer Zeit u a vom Internationalen Komitee vom Roten Kreuz (IKRK),[9] von Aufständischen, Kriegführenden und stabilisierten de-facto-Regimen,[10] partiell auch vom Individuum (mit der Verpflichtung zur Achtung der Menschenrechte erkennen die Staaten die Menschen als Rechtssubjekte an und geben der Völkerrechtsordnung zunehmend eine individualrechtliche Tönung) sowie von I.O. (zB UNO, NATO, Europarat) und Supranationalen Organisationen (S.O.), wie der EU.

6   Die Definition des Völkerrechts als Zwischen-*Staaten*-Recht bezieht sich auf seine wichtigsten Schöpfer und Geschöpfe. Staaten sind nicht Kunstschöpfungen des Rechts, sondern reale Herrschaftsgebilde. Das für diese Rechtsordnung zentrale Souveränitätsprinzip orientiert sich wirklichkeitsnah an den Staaten als soziologischen und normativen Einheiten, die sich selbst konstituieren (geborene Völkerrechtssubjekte), nicht an den Völkern, den Nationen, den I.O. oder der Menschheit. Die Bedeutung der nichtstaatlichen Völkerrechtssubjekte, insbes der UNO als Weltfriedensorganisation und der EU als Staatenverbund, mag zunehmen. Nach wie vor sind freilich *die Staaten die Herren der Völkerrechtsordnung*. Darin stimmen Positivisten mit den Vertretern naturrechtlicher und idealistischer Völkerrechtslehren überein. Trotz der Fülle internationaler und transnationaler Politikprozesse, trotz neuer Akteure und Aktionstechniken spielt sich der größte Teil von Politik weiterhin in und zwischen den Staaten

---

4 Den Ausdruck „Völkerbund" („Société des Nations") verwendete erstmals *de Vattel*, Le droit des gens ou principes de la loi naturelle, 1758 (dt Übers): „aus dem gesetzlosen Zustande der Wilden hinaus zu gehen, und in einen Völkerbund zu treten; wo jeder, auch der kleinste, Staat seine Sicherheit und Rechte [...] allein von diesem großen Völkerbunde [...], von einer vereinigten Macht [...] erwarten könnte". 1774 folgte *Kant*, Idee zu einer allgemeinen Geschichte in weltbürgerlicher Absicht (in *ders*, Schriften zur Anthropologie etc, 1964, 31 [41 ff]). In „Zum ewigen Frieden", 1795 (ebd 193 ff) postulierte *Kant*: „Das Völkerrecht soll auf einer Föderation freier Staaten gegründet sein", auf einem „Völkerbund". Bei Gründung des Völkerbundes (1919) wurde dann, zurückgehend auf die 14 Punkte des US-amerikanischen Präsidenten *Wilson*, dieser Begriff bewusst gewählt. Er deckte u a die Kolonien mit ab.
5 Vgl die Präambel der UN-Charta: „*We the peoples of the United Nations [...] have resolved to combine our efforts* [...] *Accordingly, our respective Governments [...] have agreed to the present Charter [...]*". Eine Grundlage bildete die am 1.1.1942 von 26 Staaten abgegebene *Joint Declaration by United Nations*, die die Basis der von den USA (auf der Grundlage der Atlantik-Charta v 14.8.1941) zustande gebrachten Kriegsallianz bildete.
6 *Grewe*, Epochen, 323 ff, 499 ff. Das Völkerrecht müsse auf den *Nationen* als den wirklich lebendigen Einheiten aufbauen, hatte demgegenüber zB *Mancini*, Diritto internazionale, 1873, 5 ff gefordert (erstmals 1851).
7 Bereits vor dem Verlust des Kirchenstaates (30.9.1870) war der Heilige Stuhl – trotz des Fehlens zB eines „Staatsvolkes" – als (originäres) Völkerrechtssubjekt anerkannt. Er hat wichtige völkerrechtliche Institute (u a Gesandtschaftswesen, Schiedsgerichtsbarkeit) mit ausgebildet.
8 Vgl *Fischer/Köck*, Allgemeines Völkerrecht, 6. Aufl 2004, 198 ff, 239 ff.
9 Vgl *Epping*, in Ipsen (Hrsg), Völkerrecht, § 9 Rn 11.
10 De-facto-Regime erfüllen staatsähnliche Aufgaben. Dritten gegenüber können sie Achtung ihres territorialen Bestands und ihrer Herrschaft beanspruchen, haben sich aber auch ihrerseits u a an das Gewalt- und das Interventionsverbot zu halten.

ab. Ein Weltstaat ist sowenig in Sicht wie eine Autonomie des Völkerrechts gegenüber den Staaten.¹¹

Orientiert man sich zur Charakterisierung des Völkerrechts, *drittens,* an seinen *Gegenständen,* geht es um *das die hoheitlichen Beziehungen zwischen Völkerrechtssubjekten regelnde Recht.* Das Völkerrecht bestimmt nicht nur seine Rechtsquellen, Rechtssubjekte und Rechtswirkungen selbst, auch in Abgrenzung zum einzelstaatlichen Recht; es regelt vielmehr auch die Zuordnung und Nutzung des Raumes, den Schutz von Menschen, Umwelt, Klima und Ressourcen sowie das Geflecht der grenzüberschreitenden wirtschaftlichen und kulturellen Beziehungen. Die Lehren von den Sanktionen und der Streitbeilegung sind weitere Gegenstände des Völkerrechts, ebenso die Fragen der Staatenverantwortung und des Rechtszwanges insgesamt, einschließlich des Völkerstrafrechts, des Gewalt- und Interventionsverbots sowie des Kriegs- und des Neutralitätsrechts. Dies alles, die Materien der Abschnitte 2–8 unseres Lehrbuches, sind zudem *politische,* nicht selten existentielle Fragen. Insofern ist das Völkerrecht – auch – politisches Recht.¹² 7

Seinem Anspruch und seiner Entwicklung nach ist das Völkerrecht nicht nur ein formaler Rahmen für an Eigeninteressen ausgerichteten Interaktionen, zumal für den Ausgleich unterschiedlicher staatlicher Interessen.¹³ Diese Rechtsordnung enthält vielmehr auch Hinweise dafür, was bzgl des jeweiligen Gegenstandes als gerecht und friedensfördernd angesehen wird: zB das Verbot der Sklaverei, der Piraterie, der Folter, des Angriffskriegs, des Raubbaus an Naturvorkommen, zudem die Verwirklichung der Menschenrechte und die Förderung eines Zustands von Solidarität und Stabilität. Insofern ist das Völkerrecht eine *materiale, wertorientierte Ordnung.* Jede Rechtsordnung muss dies sein. Möglichkeiten und Gefahren des Wertewandels wie der Ideologisierung sind dem inhärent. Die Völkerrechtsgeschichte spiegelt auch den Aufstieg und Niedergang der historisch wirksamen Werte wider. Die Herstellung einer weltweit einheitlichen materiell-rechtlichen Ordnung ist angesichts der Heterogenität der Wertvorstellungen, Kulturen und Religionen nur auf eng begrenzten Gebieten möglich. Mit der Nennung von Zielen und Grundsätzen impliziert die UN-Charta das Bestehen eines *gemeinsamen Interesses* daran, eine diesen Werten förderliche Ordnung zu verwirklichen. 8

b) Begriffsgeschichte und Völkerrechtsentwicklung
Die *Begriffsgeschichte* vertieft unser Wissen von den Quellen, Subjekten und Gegenständen des Völkerrechts. Die Entwicklung¹⁴ führte vom römischen und mittelalterlichen *ius gentium* über das *ius inter gentes* des spanischen Zeitalters (1494–1648) und das ebenfalls noch ganz europäisch dominierte Zwischen*staaten*recht der französischen Epoche (1648–1815) zum heutigen *in-* 9

---

11 Tautologisch ist auch jeder *isoliert* subjektbezogene Ansatz einer Begriffsbestimmung (Völkerrecht als die Summe der Rechtsnormen, die sich auf die Völkerrechtssubjekte beziehen). Denn was Subjekte des Völkerrechts sind, bestimmt wiederum das Völkerrecht, also die Rechtsordnung, um deren Definition es geht.
12 Auch das Ansetzen *allein* am Gegenstand ist zirkulär. Die Definition dessen, was „international" ist, also ein primär nicht innerstaatlicher Sachverhalt, setzt die Existenz eines Rechts voraus, das die Bereiche trennt und zuordnet.
13 Nach *Huber,* Die soziologischen Grundlagen des Völkerrechts, 1928 (Erstdruck 1910), 10 verkörpert das Völkerrecht „den rechtlichen Niederschlag dauernder Kollektivinteressen der Staaten", also deren *gemeinsamen* Vorteil. Zur „ethischen Basis" dieser Ordnung *Kadelbach,* Ethik des Völkerrechts unter den Bedingungen der Globalisierung, ZaöRV 64 (2004) 1 (15 ff). Sie ist auf „gemeinschaftliche Werte und Interessen" ausgerichtet: *Payandeh,* Internationales Gemeinschaftsrecht, 2010, 61 ff; *Cremer,* Völkerrecht – alles nur Rhetorik?, ZaöRV 67 (2007) 695 ff. Skeptisch, aber zu pauschal *Goldsmith/Posner,* The Limits of International Law, 2005.
14 Näher *Grewe,* Epochen; *Steiger* (Fn 1) 100 ff; *Ziegler,* Völkerrechtsgeschichte. Für diese Autoren ist das moderne Völkerrecht ein Resultat des in *Europa* geprägten neuzeitlichen Staaten- und Rechtssystems. Krit gegenüber diesem „Eurocentrism" etwa *Anand,* Origin and Development of the Law of the Sea, 1984.

ternationalen öffentlichen Recht.[15] Dieses war zunächst geprägt vom „Europäischen Konzert" (1815–1918), dann, in der Zwischenkriegszeit und im Zweiten Weltkrieg (1919–1945), vom Völkerbund bzw einer europäisch-amerikanischen Dominanz und schließlich, nach 1945, von dem jahrzehntelangen Ost-West-Gegensatz („Kalter Krieg"), den postkolonialen Süd-Nord-Spannungen, dem Wirken der UNO, dem Erstarken des Islam und Chinas sowie, seit 1989/90, vom postsozialistischen *transition process* in Eurasien. Von „Völkerrecht" sprach man zum ersten Mal im 16. Jh.[16] In der Antike hatte *ius gentium* auch das allen Völkern und Menschen gemeinsame Recht umfasst.[17] Erstmals definierte der spanische Spätscholastiker *Francisco de Vitoria* (1486–1546) den Begriff eingeschränkt als *ius inter gentes*.[18] Endgültig vollzogen war der Begriffswandel zum „Völkerrecht" dann im 18. Jh.[19]

10   Der spätestens seit dem Westfälischen Frieden (1648) aufkommende Terminus *ius publicum Europaeum, droit public de l'Europe*, „europäisches öffentliches Recht" entsprach der Europazentriertheit des damaligen Völkerrechts. Grundlegend war die christlich-europäische Zusammensetzung der Völkerfamilie. Ihre internen Streitigkeiten bildeten den wichtigsten Regelungsgegenstand. Die Idee der Balance war zentral. Zwar wurden weiterhin Mächteinteressen in Kriegen ausgefochten, aber es eröffneten sich doch auch Möglichkeiten, die Beziehungen mit Hilfe des Völkerrechts zu regulieren. Zugehörigkeit zum Kreis der *nations civilisées* (Deklaration gegen den Negerhandel v 1815) bzw zum Kreis der „Kulturvölker" (Art 38 Abs 1 lit c IGH-Statut) sowie die Maßstäbe für ein *modernes* Staats- und Gesellschaftssystem wurden aus europäischer Perspektive[20] bestimmt. „Europäisch" waren die Kriterien für Kultur, Fortschritt, Völkerrechtssubjektivität. Dieser die überseeischen Völker diskriminierende Ansatz – ein „Zivilisierungsrecht" wurde nur Europäern zugeordnet, war also keine Berechtigung auf Gegenseitigkeit – diente auch der „Legitimierung" kolonialer Herrschaft. Seit dem 19. Jh verstärkte sich der durch die Fortschritte von Wissenschaft und Technik bedingte Europa-Bezug im Vordringen des europäisch-nordamerikanischen Staatstyps (mit Volkssouveränität, Gewaltenteilung, Freiheitsrechten).

11   Die für den Beginn des 19. Jh noch zutreffende Gleichsetzung von (europäischer) Zivilisations- und Völkerrechtsgemeinschaft verdeckt den im Laufe des 20./21. Jh wachsenden *außereuropäischen* Anteil an den Rechtsquellen, Rechtssubjekten und Materien des Völkerrechts. So gaben die soziokulturelle Begegnung und der politisch-ökonomische Interessenausgleich mit den „Eingeborenen" sowie die Regelung der Beziehungen zwischen den Kolonialmächten, etwa hinsichtlich der Zuordnung überseeischer Gebiete,[21] der Rechtsentwicklung

---

15 Vgl auch *Preiser*, Macht, 105 ff, 127 ff. Der Universalisierungsprozess begann 1856 mit der Aufnahme der Türkei in das Europäische Konzert. Zuvor waren mit China (1842) und Japan (1854) schon zwei andere nichtchristliche Staaten dem entstehenden Weltkomplex inkorporiert worden.
16 Dieses bildete den Gegensatz zum *ius civile*, dem römischen Recht für Römer. Das *ius gentium* war römisches Recht für Nichtrömer und damit zumal für den internationalen Handel. Nach Abstrahierung der nationalen Besonderheiten verblieb die Vorstellung eines gemein-menschlichen Rechts. Die Bezeichnung des Rechts, das für alle Menschen gilt, als *ius gentium* findet sich zuerst bei *Cicero*.
17 Hintergrund der Gemeinsamkeit: die *naturalis ratio*, die natürliche Vernunft.
18 Vgl *de Vitoria*, De Indis recenter inventis et de jure belli hispanorum in barbaros. Relectiones, 1539, dt 1952, 3. Teil, Nr 2: „Quod naturalis ratio inter omnes *gentes* constituit, vocatur ius gentium" (zur Ersetzung von „homines" durch „gentes" vgl *Soder*, Die Idee der Völkergemeinschaft, 1955, 66 ff). Später legten vor allem der spanische Jesuit *Suarez* (1548–1617), der niederländische Humanist *Hugo Grotius* (1583–1645) sowie der Naturrechtler *Samuel Pufendorf* (1632–1694) Werke vor, mit denen das Völkerrecht ausgeformt wurde; wegweisend die Systematisierung, die *Grotius* in „De jure belli ac pacis libri tres" 1625 vornahm.
19 Vgl *Ipsen*, in ders (Hrsg), Völkerrecht, § 1 Rn 5: Völkerrecht ist die „*Rechtsordnung* der die Völker als Organisationsform ihres politischen Seins erfassenden *Staaten*".
20 Fremde als „Wilde" zu bezeichnen, war seit der Antike Tradition. Im Kolonialkontext „erlaubte" es, im Zeichen des Kreuzes oder des „Fortschritts" zu „bekehren" und zu „zivilisieren", idR also zu unterwerfen und auszubeuten.
21 *Fisch*, Die europäische Expansion und das Völkerrecht, 1984 unterscheidet den Rechtsverkehr „zwischen europäischen und überseeischen Staatswesen" (37 ff) einerseits und den „zwischen den europäischen Mächten in Bezug

Impulse.²² Das Völkerrecht wurde eine Ordnung zwischen Entitäten überwiegend *unterschiedlicher* politischer und ökonomischer, kultureller und religiöser Ausrichtung. Bedenkt man die rechtspolitische Rolle der lateinamerikanischen, arabischen und südostasiatischen Staaten, insbes Indiens, Japans und Chinas, so hat das universelle Völkerrecht nichteuropäisches Denken zunehmend in sich aufgenommen.²³ Ein Bsp ist die Afrikanische Charta der Menschen- und Völkerrechte v 1981,²⁴ die pointiert den *Völkern* die Verfügung über die natürlichen Reichtümer sowie ein Recht auf Entwicklung zuspricht.

Neben Begriff und Natur des Völkerrechts ist seine *Einheit* ein zentrales Thema, die Wahrung seiner Universalität also, die Verhinderung von Abspaltungen. Die Definition dieser Rechtsordnung und die Bestimmung ihrer Rechtsquellen, Beteiligten, Gegenstände und Durchsetzungsverfahren haben das Problem der Fragmentierung, des Auseinanderlaufens ihrer Teilordnungen zu beachten. Der Funktion des Völkerrechts als einer auf Konsens beruhenden weltumspannenden Legitimations- und Ausgleichsordnung widerspräche es, wichtige Grundüberzeugungen, Akteure oder Materien aus diesem Rechtsgebiet hinauszudefinieren. Die Arbeit an den *gemeinsamen* Rechtsideen und ihren realen Grundlagen, an einer Integrationslehre des Völkerrechts also, ist eine rechtspolitische und wissenschaftliche Hauptaufgabe.²⁵ 12

Im Mittelpunkt unserer Darstellung steht, unterteilt man das Völkerrecht nach seinen *Geltungsbereichen,* das *allgemeine* Völkerrecht, also das zwischen allen Völkerrechtssubjekten geltende Recht. Hierzu zählt insbes das *universelle* Völkergewohnheitsrecht. Daneben gibt es *partikuläres* Völkerrecht. Seine Sätze verpflichten nur einen Teil der Völkerrechtssubjekte. *Regionales* Völkerrecht ist partikuläres Völkerrecht; es trifft eine Regelung lediglich innerhalb eines bestimmten geographischen Bereichs (zB: [Europäische]²⁶ Konvention zum Schutze der Menschenrechte und Grundfreiheiten [EMRK]).²⁷ Da ein völkerrechtlicher Vertrag für Dritte ohne deren Zustimmung weder Pflichten noch Rechte begründen kann (vgl Art 34 WVK), sind alle Normen völkerrechtlicher Verträge, soweit sie nicht ausnahmsweise universelle Geltung erlangt haben, partikuläres Völkerrecht. Steht ein völkerrechtlicher Vertrag „im Zeitpunkt seines Abschlusses im Widerspruch zu einer *zwingenden* Norm des allgemeinen Völkerrechts" *(ius cogens),*²⁸ ist er nichtig (Art 53 Satz 1 WVK) – ein str Ansatz zu einer Hierarchisierung und 13

---

auf die überseeischen Gebiete" (45 ff) andererseits. Vgl *Kämmerer,* Das Völkerrecht des Kolonialismus: Genese, Bedeutung und Nachwirkungen, VRÜ 39 (2006) 397 ff.
22 Zur Europazentriertheit *Truyol y Serra,* Die Entstehung der Weltstaatengesellschaft unserer Zeit, 1963, 74 f. Nach *Grewe,* Vom europäischen zum universellen Völkerrecht, ZaöRV 42 (1982) 449 (477) ist das „europazentrische' Bild [...] nur der adäquate Ausdruck der Tatsache, dass Europa der ‚Ursprungskontinent' *(Rivier)* des modernen Völkerrechts war und dass dieses seinen Charakter und seine Inhalte geprägt hat". Ähnlich *Onuma,* A Transcivilizational Perspective on International Law, 2010, 46 ff.
23 Zu heute vertretenen *Third World Approaches to International Law* vgl etwa Fassbender/Aust (Hrsg), Basistexte: Völkerrechtsdenken, 2012, 17.
24 Vgl *Nowak,* Afrikanische Charta der Rechte der Menschen und Völker, EuGRZ 1986, 675 mit dt Übersetzung; *Umozurike,* The African Charter on Human and Peoples' Rights, 1997. Diverse Dritte-Welt-Länder leiden etwa unter den destruktiven Folgen der großflächigen und oft menschenrechtswidrigen Aneignung von Land und Rohstoffen *(Landgrabbing).*
25 „Wertlosigkeit" wäre die Selbstaufgabe der Rechtsordnung. Zum Wertbezug der heutigen internationalen Ordnung *Bothe,* Neue Formen bewaffneter Konflikte, FS Thürer, 2015, 43 (46 f, 51, 54).
26 Gemäß Präambel wurde sie abgeschlossen von „Regierungen *europäischer* Staaten, die vom gleichen Geiste beseelt [...] die ersten Schritte auf dem Wege zu einer kollektiven Garantie gewisser in der *Universellen* Erklärung [v 1948] verkündeter Rechte [...] unternehmen".
27 Sie gilt heute von Reykjavik bis Wladiwostok, von Porto bis Diyarbakir für 800 Mio Menschen. Da geographisch nur partiell zu Europa gehörende Staaten wie Russland und die Türkei mit ihrem gesamten Staatsgebiet an die EMRK gebunden sind (seit 1998 bzw 1954), und da geographisch Zypern zu Asien gehört, reicht der freilich nicht leicht durchsetzbare Schutz der EMRK weit über Europa hinaus. Zur EMRK detailliert Pabel/Schmahl (Hrsg), Internationaler Kommentar zur Europäischen Menschenrechtskonvention, 2012.
28 Zum *ius cogens* zählen die in der Staatengemeinschaft fest verwurzelten Rechtssätze, die für den Bestand der Rechtsordnung unerlässlich sind und deren Beachtung alle Mitglieder der Staatengemeinschaft verlangen können.

„Konstitutionalisierung" der Völkerrechtsordnung und einer Relativierung des Konsensprinzips.

c) Expansion des Völkerrechts

14　Eine für die Definition des Völkerrechts wichtige Ausweitung erfuhr der Kreis seiner *Rechtsquellen*, mag auch die Aufzählung in Art 38 Abs 1 IGH-Statut nach wie vor das Wesentliche treffen. Die Beschlüsse I. O., besonders die Resolutionen der UN-Generalversammlung, die auch „Deklaration" oder „Charta"[29] genannt sein können, gewinnen an Bedeutung – nicht als Akte eines nach wie vor nicht existenten Weltgesetzgebers (vgl Art 10, 14 UN-Charta),[30] wohl aber als Beleg einer dem Völkergewohnheitsrecht zugrunde liegenden Rechtsüberzeugung oder als Hinweis auf eine mögliche rechtspolitische Entwicklung. Sie können Ausdruck von Verhaltensregeln sein, die – zwischen Unverbindlichkeit und Verbindlichkeit angesiedelt *(soft law)*[31] – befolgt werden, obwohl ihnen die Härte positiven Rechts *(hard law)*, also die Qualität einer *Rechts*quelle fehlt. Selbst *einseitigen* Rechtsakten – auch sie im überkommenen Kanon nicht aufgeführt – kann, etwa unter dem Gesichtspunkt des Vertrauensschutzes, normative Kraft zukommen.[32]

15　Der Bereich der Rechtsbildung unterliegt starker Entwicklung. Zu beobachten ist ein zunehmendes *Neben- und Miteinander* von *traditionellen* Rechtsquellen auf der einen Seite und, auf der anderen, von *neuartigen* Formen des Erzeugens von aufeinander abgestimmten Willenserklärungen, von Absprachen und Konsensbildungen in weder streng formalisiertem noch normativ gehärtetem Sinn innerhalb und außerhalb von I. O. Diese neueren, entformalisierenden Entwicklungen nivellieren den qualitativen Unterschied zwischen Recht und Nicht-Recht. Eine Normsetzungsbefugnis kommt den Plenarorganen I. O. zwar grundsätzlich nicht zu; aber die generell nur *politisch* verpflichtenden Akte sind kaum weniger funktionsadäquat iSv verhaltenssteuernd als jene traditionellen positivrechtlichen Regeln.[33] Auch diese Verfahren der Willensverschränkung, ihre Inhalte und ihre faktische Bedeutung sind deshalb nachfolgend zu berücksichtigen.

16　Der Kreis der *Rechtssubjekte* des Völkerrechts expandierte noch weit stärker als der seiner Rechtsquellen.[34] Die bis zum Ersten Weltkrieg weitestgehend zutreffende Definition, wonach Völkerrecht das zwischen den souveränen Staaten geltende Recht war, hielt der zunehmenden Komplexität der über die Staatsgrenzen hinausgreifenden Aktionseinheiten nicht stand. Durch die einst impermeable Außenhülle der Staaten hindurch erfassen diese Beziehungen nun direkt

---

Zu diesen Normen gehören etwa das Verbot der Sklaverei (Art 4 Allgemeine Erklärung der Menschenrechte v 1948; Art 4 EMRK), der Folter (Art 5 jener Allgemeinen Erklärung; Art 3 EMRK; Anti-Folter-Konvention v 1984) und des Angriffskrieges (Art 2 Nr 4 UN-Charta) sowie die grundlegenden Regeln des humanitären Völkerrechts; vgl *Oeter*, Erga omnes-Menschenrechte, in Merten/Papier (Hrsg), Handbuch der Grundrechte, Bd VI/2, 2009, 501 ff; *Paulus*, Jus Cogens in a Time of Hegemony and Fragmentation, NJIL 74 (2005) 297 ff.

29　Von der Allgemeinen Erklärung der Menschenrechte (1948) über die „Declaration on the Granting of Independence to Colonial Countries and Peoples" (1960) und die „Declaration on Principles of International Law concerning Friendly Relations and Cooperation among States in Accordance with the Charter of the United Nations" (1970) bis hin etwa zur „Charter of Economic Rights and Duties of States" (1974). Letzterer sind bezeichnenderweise „Vorbehalte" entgegengesetzt worden, ganz so, als handele es sich bei ihr um *hard law*.

30　Vgl aber *Talmon*, The Security Council as World Legislature, AJIL 99 (2005) 175 ff bzgl *hard law*-Resolutionen des UN-Sicherheitsrates gemäß Art 25 UN-Charta.

31　Vgl die nicht registrierbare (Art 102 UN-Charta) KSZE-Schlussakte v 1.8.1975 (nur „politically binding"), der Prototyp einer *nicht*-rechtlichen, politisch freilich höchst wichtigen Vereinbarung.

32　A A *Fiedler*, Zur Verbindlichkeit einseitiger Versprechen im Völkerrecht, GYIL 19 (1976) 35 ff.

33　Ein Bsp ist die *lex mercatoria*, also das wesentlich von privaten Akteuren ausgeprägte Normen- und Schiedssystem im Bereich des transnationalen Handels; ein anderes die Bildung (str) „faktischer und sozialer Normen" oder gar das eines ebenfalls „jenseits des Staates" angesiedelten (rechtstheoretisch konstruierten) „globalen Rechts", vgl etwa *Diehl/Ku*, The Dynamics of International Law, 2010, 52 ff. Zu informellem Normieren vgl Pauwelyn/Wessel/Wouters (Hrsg), Informal International Lawmaking, 2012.

34　Vgl *Mosler*, Die Erweiterung des Kreises der Völkerrechtssubjekte, ZaöRV 22 (1962) 1 ff.

wichtige Subjekte des staatlichen Rechts. Diese wiederum – Individuen, Medien, politische Parteien und transnationale Parteienbünde, private Verbände, Unternehmen, Terrornetzwerke – wirken, ohne im Schwerpunkt dem Völkerrecht unterworfen zu sein, auf Staaten ein und in diese hinein.[35]

Die Expansion spielte sich zunächst auf der Ebene der *Staaten* ab, im Kreis also der originären Völkerrechtssubjekte. Die Ursache für die Verdreifachung der Zahl der Staaten zwischen 1945 und 2016 liegt vor allem in der Selbstbestimmung der Völker der Dritten und seit der Epochenwende 1989/90 auch der Zweiten, ehemals sozialistischen Welt. Während es 1871 nur 44 und 1914 erst ca 60 unabhängige Staaten gab,[36] beträgt ihre Zahl mittlerweile 196; von diesen sind 194 UN-Mitglieder (Stand: 1.3.2016).[37] 17

Die Globalisierung des internationalen Systems ging Hand in Hand mit Funktionsgewinnen *I.O.* (*international [governmental] organizations*), also *institutionalisierten* Staatenverbindungen. Mittlerweile gibt es gut 260 I.O. Regionale Sicherheitsstrukturen wie die NATO spielen ebenfalls eine wichtige Rolle. Die EU als das am höchsten („supranational") integrierte dieser neuen Völkerrechtssubjekte bildet dabei ein Modell für S.O. Mögen die Staaten damit längst nicht mehr die *exklusiven* Subjekte des Völkerrechts sein, bleiben sie doch die einzigen Träger grundsätzlich *aller* Rechte und Pflichten dieser Rechtsordnung. Anders als Staaten werfen I.O. und S.O. *prinzipielle* Probleme demokratischer Legitimation und Kontrolle auf. Auch der Rechtsquellenkanon des Art 38 Abs 1 IGH-Statut stellt nach wie vor auf die Staaten ab. Die *non-state actors* sind für „die fortschreitende Entwicklung des Völkerrechts sowie seine Kodifizierung" (Art 13 Abs 1 lit a UN-Charta) hilfreich, einschließlich seiner Kontrolle; auch hier sind freilich die Staaten entscheidend. 18

Neben den I.O. und den *Individuen* (diese auch als Adressaten völkerrechtlicher Strafnormen) nehmen staatliche und private Gesellschaften, insbes *transnationale Unternehmen*, zunehmend Positionen im Völkerrecht ein, ja sie gewinnen transnationale politische Handlungsmacht. Die Aufnahme von Direktbeziehungen zwischen Staaten und Unternehmen wurde ein Merkmal der internationalen Wirtschaftsordnung. In verschiedenen Staaten ansässige, miteinander verbundene, einem einheitlichen Willen unterworfene, eben „multinationale" Unternehmen schließen, ohne bereits Völkerrechtssubjekte zu sein, mit Staaten „quasi-völkerrechtliche" bzw „transnationalisierte" Verträge, etwa über Rohstofferschließung.[38] Teils unterstützt, teils 19

---

35 Der Staat ist längst nicht mehr ein „Haus mit nur *einer* Tür"; vgl *Graf Vitzthum*, Der Staat der Staatengemeinschaft, 2006. Die Ansprüche von Personen des Privatrechts werden zwar regelmäßig durch den Heimat- oder Sitzstaat geltend gemacht; soweit völkerrechtliche Normen auf das Individuum unmittelbar anwendbar sind, ist *dieses* jedoch Träger völkerrechtlicher Rechte und Pflichten, also partielles Völkerrechtssubjekt. Vgl zu diesem Bedeutungszuwachs der Menschenrechte *Buergenthal*, Human Rights, MPEPIL IV, 1021ff; Fassbender (Hrsg), Securing Human Rights?, 2011; *Haack*, Staatsangehörigkeit – Unionsbürgerschaft – Völkerrechtssubjektivität, in Isensee/Kirchhof (Hrsg), Handbuch des Staatsrechts, Bd X, 3. Aufl 2012, 33 (62ff); str weitergehend *Peters*, Jenseits der Menschenrechte, 2014.
36 Der am 28.4.1919 gegründete Völkerbund erreichte nie eine universale Mitgliedschaft. Die UNO hat demgegenüber dieses Ziel praktisch erreicht. Nichtmitglieder (mit unterschiedlichem Status) sind: der Vatikan, Taiwan, die Republik Sahara (die ehemalige spanische Kolonie Westsahara, von Marokko 1975 annektiert), „Nordzypern", Kosovo (Europas jüngster Staat, ehemals eine Provinz Serbiens), Palästina.
37 Seit UN-Generalversammlungs-Resolution 67/19 v 29.11.2012 wird Palästina in den UN als Nichtmitglied*staat* mit Beobachterstatus behandelt. Palästina ist zwar auch Mitglied zahlreicher multilateraler Verträge, einschließlich derer etwaiger Berichts- oder Kontrollinstitutionen, eine effektive und unabhängige Staatsgewalt lässt sich bisher aber nicht nachweisen (str).
38 Hintergrund ist Res 1803 (XIII) der UN-Generalversammlung zur ständigen Souveränität über natürliche Ressourcen, mittlerweile zu Gewohnheitsrecht erstarkt. Regelungen in Form eines „Code of Conduct" wurden etwa (ohne Erfolg) im Rahmen der *UN Commission on Transnational Corporations* angestrebt, vgl UN Doc E/C.10/1 v 20.7.1976. Angesichts des wirtschaftlich-politischen Gewichts der „Multis" konstatiert *Wildhaber*, Internationalrechtliche Probleme multinationaler Korporationen, BDGVR 18 (1978) 7 (39) ihre Übernahme von „Aufgaben von funktioneller Staatlichkeit" und fragt (str), ob diese Unternehmen nicht Träger völkerrechtlicher Rechte und Pflichten sind oder sein sollten (vgl ebd, 391: Betonung ihres [str] „Sprungs [...] zur funktionell beschränkten Völkerrechtssubjektivität").

kontrolliert werden die Staaten, I.O. und Unternehmen durch annähernd 20.000 internationale *non-governmental organizations* (NGOs). Bei diesen *nichtstaatlichen* Akteuren, die ebenfalls keine Völkerrechtssubjekte sind, handelt es sich um auf privatrechtlicher Basis autonom organisierte, grenzüberschreitend agierende Idealvereine. Gelegentlich veranlassen sie, trotz ihrer Heterogenität, Konzerne[39] oder Staaten zu Kurskorrekturen.[40]

20   Neben dem Kreis der Rechtsquellen und dem der Subjekte des Völkerrechts expandierte auch der seiner normierten *Gegenstände*. Es erweiterte sich zugleich die Regelungstendenz. Zusätzlich zur formalen Regelung der *Koexistenz* der Staaten, dh zur herkömmlichen Abgrenzung und Zuordnung staatlicher Hoheitsbereiche (etwa Gebiets- und Grenzfragen, zwischenstaatlicher Verkehr, Fremden- und Kriegsrecht, Abrüstung), erfasste das Völkerrecht zunehmend auch das Feld der internationalen Zusammenarbeit.[41] Es entfaltete sich ein Völkerrecht der *Kooperation,* vor allem im Bereich „gemeinschaftlicher" Anliegen, etwa der internationalen Wirtschafts-, Finanz- und Sozialbeziehungen, der Entwicklungshilfe, der Kommunikation und des Natur- und Kulturgüterschutzes. Neu erschlossene Räume (Polargebiete, Weltraum, Tiefseeboden) und Sachgebiete (Auswirkungen des Klimawandels auf die gerechte Verteilung und sichere Verfügbarkeit der natürlichen Rohstoffe; internationale Sicherheit; Atomenergie; Gesundheit; Bevölkerungswachstum; Fernerkundung aus dem Weltall; elektronische Medien; Cyber-„War" und Staatenverantwortlichkeit) kamen als Sachbereiche zu den überkommenen Koordinations- und Ordnungsaufgaben hinzu. Querschnittsthemen wie Industrialisierungshilfe und Menschenrechtsschutz,[42] Welthandelsrecht, Seuchenbekämpfung und Rüstungskontrolle, Nachhaltigkeit, *Good Governance* und Terror- und Korruptionsbekämpfung sowie Kommunikation und Klima- und Umweltschutz bilden so wichtige Regelungsgegenstände, dass die Frage nach ergänzenden „vertikalen", also hierarchischen, verfassungsähnlichen Strukturen und damit nach einer *„Konstitutionalisierung"* des Völkerrechts aufgeworfen wird, jedenfalls in Europa.[43] Zudem ist das Normengefüge in den letzten Jahrzehnten durch eine Vielzahl großer Kollektivverträge[44] präzisiert worden. Mit der Ausdehnung völkerrechtlich normierter Sachbereiche ist die Gefahr der *Fragmentierung*, des „Auseinanderlaufens von völkerrechtlichen Regelwerken" *(Simma)* gestiegen. Ein Bsp ist das spannungsreiche Verhältnis zwischen Immunität und Menschenrechten.

21   *Zusammenfassend:* Das traditionelle Leitprinzip der internationalen Ordnung, die *Staatensouveränität,* ist trotz dieser Expansionsprozesse in seiner Substanz nicht in Frage gestellt. Das

---

39 Vgl insges *Hummer*, Internationale nichtstaatliche Organisationen im Zeitalter der Globalisierung, BDGVR 39 (2000) 45 ff. Die Einflussmöglichkeiten von NGOs haben sich empirisch oft als begrenzt und in ihrer Wirkung als selektiv erwiesen, vgl *Dany*, Ambivalenzen der Partizipation, ZIB 19 (2012) 71 ff.
40 Gemäß Art 71 UN-Charta kann der UN-Wirtschafts- und Sozialrat (ECOSOC) mit NGOs zwecks Beratung Abmachungen treffen. *Insoweit* besitzen NGOs dann beschränkte Völkerrechtsfähigkeit. Die meisten UN-Sonderorganisationen haben zahlreichen NGOs ebenfalls Konsultativstatus verliehen. Einen Sonderfall bildet das Internationale Komitee vom Roten Kreuz (IKRK), ein 1863 gegründeter Verein Schweizer Bürger. Die Genfer Rotkreuzabkommen v 1949 verleihen ihm wichtige Rechte und Pflichten. Insoweit ist das IKRK ein partielles Völkerrechtssubjekt.
41 Grundlegend *Friedmann*, The Changing Structure of International Law, 1964. Die Ausweitung verdeutlicht bereits die gegenüber dem Völkerbund angereicherte Liste der „Ziele und Grundsätze" der UNO, etwa das in Art 1 Nr 3 UN-Charta genannte Ziel umfassender Zusammenarbeit.
42 Dazu gehört auch das str Konzept von „Menschenrechten der *Dritten* Generation" (Rechte auf Entwicklung, Umweltschutz, Frieden, Demokratie, Wasser etc). Vgl *Tomuschat*, Human Rights, 2003, 24 ff.
43 Vgl *Fassbender*, The United Nations Charter as the Constitution of the International Community, 2009; *Frowein*, Konstitutionalisierung des Völkerrechts, BDGVR 39 (2000) 427 ff; zurückhaltend *Simma*, Gestaltwandel im Völkerrecht und in der Organisation der Vereinten Nationen, in Hummer (Hrsg), Paradigmenwechsel im Völkerrecht zur Jahrtausendwende, 2002, 45 ff.
44 Vgl etwa die beiden Menschenrechtspakte v 1966; den Antarktisvertrag v 1959 und den Weltraumvertrag v 1967; den Nichtverbreitungs-Vertrag v 1968; das Genfer Übereinkommen über weiträumige grenzüberschreitende Luftverunreinigung v 1979; das SRÜ v 1982; das Wiener Übereinkommen zum Schutz der Ozonschicht v 1985 nebst nachfolgenden Protokollen.

Völkerrecht bleibt im Kern – von der Entstehung bis zur Durchsetzung – *Zwischenstaatenrecht*.[45] Vor allem beim Einsatz von Gewalt im Innen- und Außenverhältnis sowie bei der Kreation und Durchsetzung des Völkerrechts weisen Staaten durchweg eine andere Qualität auf als die übrigen Akteure des internationalen Systems.[46]

d) Kombinationsdefinition des Völkerrechts

Angesichts der immer größeren Vielfalt der Rechtsquellen, Wirkungseinheiten und Regelungsgegenstände des Völkerrechts verwundert es nicht, dass die Versuche einer generellen Definition bisher zu keiner vollständigen Übereinstimmung geführt haben. Die Unterschiede in der Akzentuierung zeugen von der Schwierigkeit, das Wesen einer Rechtsordnung zu erfassen, deren Bildung, Bestand und Bewegung in hohem Maße mit konkreten Lagen verschränkt sind.[47] Die wichtigsten Definitionsansätze stellen *alternativ* ab auf 22

23

– die *Rechtsquellen* des Völkerrechts; aus dieser Perspektive ist Völkerrecht die Gesamtheit aller Rechtsnormen, die *unmittelbar aus den Rechtsquellen des Völkerrechts hervorgegangen* sind, die ihren Ursprung also nicht in einer einzelstaatlichen Rechtsquelle („Landesrecht") haben, sondern von *mehreren* Völkerrechtssubjekten *gemeinsam*, im Konsens geschaffen werden;
– die *Rechtssubjekte* des Völkerrechts; dieses wird dann verstanden als die Summe der Rechtsnormen, die die *hoheitlichen Rechtsbeziehungen zwischen Völkerrechtssubjekten*, vor allem also zwischen Staaten und zwischen ihnen und I. O., bestimmen;
– die *Gegenstände* des Völkerrechts; aus dieser Sicht ist dieses die Gesamtheit der Rechtsnormen, die die *grenzüberschreitenden öffentlich-rechtlichen Interaktionen von Völkerrechtssubjekten* regeln, ohne deren innerem Recht anzugehören.[48]

Jener *erste* Weg der Begriffsbestimmung setzt vor allem am Kanon des Art 38 Abs 1 IGH-Statut 24 an, der allgemeines Völkerrecht ist.[49] Neben dem IGH bindet dieser auch die sonstigen Völkerrechtssubjekte. Zählt man die einseitigen Rechtsakte mit Vertrauensschutzwirkung hinzu, beschreiben diese Kategorien die wesentlichen Erscheinungs*formen* des Völkerrechts.[50]

„Internationale Übereinkünfte" (Art 38 Abs 1 lit a IGH-Statut) sind Absprachen zwischen 25 Völkerrechtssubjekten zur verbindlichen Regelung ihrer hoheitlichen Beziehungen. Das *„internationale Gewohnheitsrecht* als Ausdruck einer allgemeinen, als Recht anerkannten Übung" (lit b) ist die wichtigste Rechtsquelle. Die „von den Kulturvölkern anerkannten *allgemeinen Rechtsgrundsätze*" (lit c) runden den Kreis der primären Rechtsquellen ab. „Hilfsmittel zur Fest-

---

45 Dieser etatistische Grundzug ändert nichts daran, dass es Rechtspflichten gibt, die ein Staat der Staaten*gemeinschaft* als solcher schuldet, vgl *Barcelona Traction*, ICJ Rep 1970, 3, 32. Insofern haben alle Staaten ein rechtliches Interesse daran, die verletzten Rechte und Gemeinschaftswerte zu schützen. Zu den Normen mit dieser *erga omnes*-Wirkung gehören das Genozidverbot, der Schutz grundlegender Menschenrechte, das Sklaverei- und Rassendiskriminierungsverbot, das Selbstbestimmungsrecht der Völker (str) sowie zentrale Verpflichtungen aus dem humanitären Völkerrecht. Vgl u Rn 72, 126.
46 Prinzipiell können nur Staaten militärische Zwangsmaßnahmen einleiten bzw Krieg iSd Völkerrechts führen. Eine Ausnahme gilt für die UN (vgl Art 42 UN-Charta). Der asymmetrische *War on Terror*, geführt gegen einen transnationalen nicht-staatlichen Akteur, wirft für das tradierte Völkerrecht insofern Probleme der Anpassung und ggf Weiterentwicklung auf.
47 Überblick bei Neuhold/Simma (Fn 3) bzgl der Lage nach 1989/90.
48 Deshalb ist etwa das „transnationale Recht" – zB die Vereinbarung zwischen einem Sitzstaat und einem ausländischen Investor – nicht Völkerrecht, solange der zugrunde liegende grenzüberschreitende Sachverhalt, wie regelmäßig, einer *staatlichen* Rechtsordnung (Landesrecht) unterworfen bleibt.
49 Zu ihm *Pellet*, in Zimmermann/Tomuschat/Oellers-Frahm/Tams (Hrsg), The Statute of the International Court of Justice, 2. Aufl 2012, Art 38.
50 Zu den starken Normtypen *ius cogens* und *erga omnes* u Rn 126; zum rechtskonstruktiven Ansatz *Verdross/Simma*, 262 ff.

stellung von Rechtsnormen" sind *richterliche Entscheidungen* sowie die weltweit führenden *Völkerrechtslehren* (lit d).

26   Völkerrecht ist *eine Ordnung, die von ihren eigenen Subjekten gesetzt wird*.[51] Als Produkt einer gemeinsamen Hervorbringung unterliegt es nicht der Verfügungsmacht eines einzelnen Subjektes. Seine Subjekte, insbes die Staaten, sind seine Schöpfer und Geschöpfe, Verkünder und Vollstrecker. Insofern charakterisieren *reziproke* Handlungsmuster das Völkerrecht. Dieses berücksichtigt in hohem Maße außerrechtliche Faktoren. Neben dem Einfluss ua naturrechtlicher Wertbezüge[52] ist das Anknüpfen an tatsächliche „Lagen" hervorzuheben: „die besondere Wirklichkeitsnähe" des Völkerrechts,[53] der Effektivitätsgrundsatz als sein „eherner Zuchtmeister".

27   Jener *zweite* Definitionsansatz stellt auf den *Adressatenkreis* der Normen ab. Dies führt zu Definitionen wie der von *Charles Rousseau*:[54] *das Völkerrecht regelt die Beziehungen zwischen den Völkerrechtssubjekten*. Auch diese Sicht geht davon aus, dass die Staaten, als reale Herrschaftsgebilde,[55] im Mittelpunkt dieser Rechtsordnung stehen. Das Völkerrecht setzt sich in der Tat in erster Linie aus den Regeln zusammen, die die hoheitlichen Beziehungen zwischen Staaten zum Gegenstand haben.[56]

28   Der Kreis der Wirkungseinheiten, deren Rechtsverhältnisse zumindest *partiell* durch das Völkerrecht geregelt werden, hat sich in den letzten Jahrzehnten dramatisch ausgeweitet. Aufwertung erfuhren vornehmlich Individuen,[57] multinationale Unternehmen[58] sowie NGOs.

29   Die Liste der Subjekte des Völkerrechts kennt keinen Numerus clausus. Eines Tages könnten etwa Völker, Minderheiten und Indigene[59] in einem weniger eingeschränkten Sinne als derzeit zu ihnen zählen. Die Befolgung der völkerrechtlichen Gebote hängt indes weiterhin weitgehend vom Willen der in ihrer Souveränität gleichen Staaten ab.[60]

30   Im Mittelpunkt jenes *dritten* Definitionsansatzes steht der *Regelungsgegenstand*. So ist das Völkerrecht etwa nach *Paul Guggenheim*[61] der „Inbegriff jener Rechtsnormen, welche die zwi-

---

51 Nachweise bei *Verdross*, Völkerrecht, 5. Aufl 1964, 2, im Kern den rechtsquellen- mit dem subjektbetonenden Ansatz verschränkend.
52 Vgl *Huber* (Fn 13) 11 f: Freilich seien „die naturrechtlichen Forderungen selbst der Ausdruck machtvoller sozialer Neubildungen und Umschichtungen" gewesen.
53 *Krüger*, Staat, Wirtschaft, Völkergemeinschaft, 1970, 121 ff: Da das Völkerrecht aus eigener Kraft das bewirken muss, was für das Landesrecht der Staat bewirkt, muss in seinem Bereich die Distanz zwischen Norm und Wirklichkeit besonders klein gehalten werden.
54 Droit international public, 10. Aufl 1984, 93 ff.
55 Zu den *faits sociaux* als Anknüpfungspunkten der Rechtsordnung *Duguit*, Les transformations du droit public, 1913. Zur *école réaliste*, die Recht als Praxis analysiert, *Wüst*, Das völkerrechtliche Werk von Georges Scelle im Frankreich der Zwischenkriegszeit, 2007, 121 ff. Zum Völkerrecht als einer „dem soziologischen Unterbau angepassten und als Sollensordnung zugleich von ihm unabhängigen Ordnung" *Preiser*, Die Epochen der antiken Völkerrechtsgeschichte, JZ 1956, 737.
56 Etwa die Grenzen der Souveränität (u Rn 73) und die Anerkennung von Staaten.
57 Bzgl der *partiellen* Völkerrechtsfähigkeit der Individuen ist zu differenzieren. Rechte und Pflichten werden ihnen durch Völkerrechtsverträge insoweit zugeordnet, als sie auf der *völker*rechtlichen Ebene etwa gegenüber einem Staat oder einer I. O. auftreten. Nicht als Völkerrechtssubjekte agieren sie dagegen, wenn sie auf Grund eines in *inner*staatliches Recht transformierten Völkerrechtssatzes ihren Staat zB vor einem innerstaatlichen Gericht verklagen.
58 Bzgl der str Völker*rechts*qualität der „multinationalen Korporationen" bzw „transnationaler Unternehmen" *Fischer*, Multinationale Unternehmen, in Lexikon Völkerrecht, 219 ff.
59 Belege bei *Schmitz*, Tibet und das Selbstbestimmungsrecht der Völker, 1998; *Langenfeld*, Minderheitenschutz, in Merten/Papier (Fn 28) 599 ff.
60 Untersuchenswert ist auch die Stellung der Menschheit als solcher. Bereits im Weltraumvertrag v 1967 findet sich ein Bezug auf sie (iSv „Sache der Menschheit"). Hier wie im SRÜ v 1982 ist die Menschheit jedoch kein Völkerrechtssubjekt. Ebensowenig ist dies die (Vision einer) Menschheitsgemeinschaft, auch nicht als Verkörperung der Summe der Individuen. Vgl weitergehend *Paulus*, Die internationale Gemeinschaft im Völkerrecht, 2001, 142 ff, 148 ff, 174 ff; *Payandeh* (Fn 13) 446 ff („Die internationale Gemeinschaft als Legitimation vermittelndes Rechtssubjekt") – eine Art „Ableitung" von „Rechtssätzen" aus generellen Völkerrechtsprinzipien.
61 Lehrbuch des Völkerrechts, Bd I, 1948, 1. Ähnlich *Schweisfurth*, Völkerrecht, Definition, in Lexikon Völkerrecht, 514 (516), wonach es beim Völkerrecht um „die Gesamtheit der nicht im Landesrecht der Staaten aufgestellten von

schenstaatlichen Beziehungen regeln". Als die „Rechtsordnung des internationalen Systems" charakterisieren andere das Völkerrecht.[62] Welche Gegenstände in die staatliche Zuständigkeit *(domaine réservé/domestic jurisdiction)*[63] fallen, lässt sich freilich wiederum nur an Hand des Völkerrechts klären.

Alle drei Definitionsansätze treffen Wesentliches. Sie heben unterschiedliche Aspekte hervor, ergänzen und überschneiden sich.[64] Die Rechtsordnung „Völkerrecht" wird freilich plastischer und die Gefahr der Zirkularität geringer, wenn man die Ansätze *kombiniert*. Ein Modell dafür liefert *Hanspeter Neuhold*, wenn er Völkerrecht definiert als die das Gesamt „der rechtlichen Normen, die das Verhalten der Völkerrechtssubjekte regeln", ohne deren inneren Rechtsordnungen anzugehören.[65] Diese Begriffsbestimmung verbindet die Elemente *Rechtsquellen* (nicht aus Landesrecht fließend)[66] und *Rechtssubjekte*, wobei es in *gegenständlicher* Hinsicht offensichtlich um deren grenzüberschreitendes Verhalten geht.[67]   31

Mit diesem begrenzten Erkenntnisziel[68] lässt sich das bisher Skizzierte wie folgt zusammenfassen: *Völkerrecht ist die Summe der Rechtsnormen, die die Beziehungen zwischen Völkerrechtssubjekten regeln, ohne deren internem Recht anzugehören.*   32

e) Abgrenzung zu anderen Rechtsgebieten

Zur Verdeutlichung empfiehlt sich zusätzlich der Weg einer Negativdefinition. In Anlehnung an die Wortwahl anderer Länder ist vielerorts von *Internationalem Recht* die Rede. Im deutschen Sprachgebrauch hat sich dieser Ausdruck nicht durchgesetzt, mit gutem Grund. Viele „international" genannte Materien stellen, obwohl auf grenzüberschreitende Sachverhalte zugeschnitten, im Kern nationales Recht (Landesrecht) dar. Dieses hat die durch das Völkerrecht gezogenen Schranken zu beachten, gehört aber nicht selbst zu ihm. Bei diesen als „international" bezeichneten Rechtsgebieten geht es schwerpunktmäßig um *staatliches Kollisionsrecht*. Es beantwortet jeweils die Frage, welches Staates Recht anzuwenden ist.   33

Das *Internationale Privatrecht (private international law/droit international privé)* ist *staatliches* Recht.[69] Jeder Staat hat sein IPR. Nach Art 3 Abs 1 Satz 1 EGBGB zB beantwortet das IPR die   34

---

diesen als Recht anerkannten Regeln" geht, die das Verhalten der Völkerrechtssubjekte „in ihren internationalen Beziehungen bestimmen sollen".
62 *Dahm/Delbrück/Wolfrum*, Völkerrecht I/1, 1 f, 20 f.
63 Vgl den *staatlichen*, nicht zB menschenrechtlichen Vorbehalt in Art 2 Nr 7 UN-Charta.
64 Ein *vierter* Ansatz, auf die *Durchsetzung* der Normen abhebend, versteht die Rechtsordnung als ein System der Normerzwingung. Typisch für das Völkerrecht ist aber nicht das Vorhandensein einzelner Sanktionsmöglichkeiten (vgl u Rn 45 ff, 51, 61 ff, 65), sondern das Fehlen eines *zentralen* Zwangsapparates. Die Analyse von *Austin* (Fn 1) 182 trifft die generelle Sanktionsschwäche des Völkerrechts; unzutreffend ist freilich seine Folgerung (ebd, Bd II, 1911, 1123): „Positive International Morality (commonly called *International Law*) is a branch of the science of positive morality". Durchsetzungsschwächen gibt es auch in anderen Rechtsgebieten, die dadurch nicht den Charakter von „Recht" verlieren.
65 ÖHVR I, Rn 6.
66 Insofern gehören zB weder das „internationale" Gesellschafts- und Steuerrecht noch das Recht des Außenwirtschaftsverkehrs zum Völkerrecht.
67 Vgl auch *Tomuschat*, „Völkerrecht", Sp 3876.
68 Es geht um das Verhalten der Wirkungseinheiten als *Völkerrechts*subjekte, also um deren *öffentlich*rechtliches Handeln. Im Mittelpunkt stehen damit die immunitätsgeschützten Hoheitsakte *(acta iure imperii)*, nicht die nichthoheitlichen Akte *(acta iure gestionis)*. Bsp für Ersteres sind Amtshandlungen von Diplomaten, für Letzteres schlichte Handelsgeschäfte.
69 Zum IPR als staatlichos Kollisionsrecht vgl PCIJ, 1929, Ser A, No 20 *(Serbische Anleihen)*. Völkerrechtliches IPR gibt es nicht, wohl aber IPR in völkerrechtlichen Verträgen. Das *deutsche* IPR findet sich im EGBGB v 18.8.1896, das idF der Bek v 21.9.1994 (BGBl 1994 I, 2494) gilt (Art 3–49 EGBGB; Art 38–49 eingeführt durch Ges v 21.5.1999), vgl *Ohler*, Grundrechte und Internationales Privatrecht, in Merten/Papier (Fn 28) 643 ff. Das deutsche IPR (und IZVR) und das der anderen Mitgliedstaaten der EU wird schrittweise durch *europäische* Rechtsakte vereinheitlicht.

Frage, welche Rechtsordnung bei „Sachverhalten mit einer Verbindung zum Recht eines ausländischen Staates" anzuwenden ist.[70] Das IPR klärt also die der materiellen Entscheidung *vorgelagerte* Frage. Ein über einen Auslandssachverhalt entscheidendes deutsches Gericht hat, sofern nicht international vereinheitlichte Sachnormen Platz greifen,[71] das deutsche IPR zu konsultieren. Verweist dieses auf eine fremde Rechtsordnung, ist deren IPR heranzuziehen. Dieses kann die Anwendung nationaler Sachnormen vorschreiben, auf das Recht eines dritten Staates weiter- oder auf deutsches Recht zurückverweisen. Es geht beim IPR also um *Recht über die Anwendung von Rechtsordnungen.*[72] *Conflict of laws* trifft dies auch begrifflich.

35 Hinsichtlich des *Internationalen Zivilverfahrensrechts* (IZVR) gilt Ähnliches. Wie im Fall des IPR handelt es sich um *nationales,* in Teilbereichen international vereinheitlichtes Kollisionsrecht. Gegenstände des IZVR sind ua die internationale Zuständigkeit, der Rechtshilfeverkehr und die Zustellung und Beweiserhebung.[73] In den Grenzen des Völkerrechts dient das IZVR der gerichtlichen Durchsetzung (auf nationaler Ebene) eines materiellrechtlichen Anspruchs mit Auslandsbezug. Eine Vielzahl von Staatsverträgen regelt die internationale Zuständigkeit. Auch zur Anerkennung ausländischer Entscheidungen finden sich Vereinbarungen, vor allem auf europäischer Ebene (etwa Art 25 ff EuGVÜ).

36 Das *Internationale Strafrecht (international criminal law/droit pénal international)* regelt die Frage, welches Staates Strafrecht auf einen Sachverhalt anwendbar ist, der im Hinblick auf die Nationalität von Täter oder Opfer oder bzgl des Tatorts einen internationalen Einschlag aufweist. Das deutsche Strafrechtsanwendungsrecht findet sich in §§ 3–7 StGB.[74] Auch das *Internationale Strafverfahrensrecht* ist, wie das Auslieferungsrecht, Teil des internen Rechts. Staatsverträge über die internationale Kriminalpolitik sowie das *Völkerstrafrecht* gehören demgegenüber zum Völkerrecht. Die Errichtung einer ständigen *internationalen Strafgerichtsbarkeit* bedeutet, dass dem nationalen Strafanspruch nun in „makrokriminellen" Konstellationen ein internationaler zur Seite tritt.[75]

37 Das *Internationale Verwaltungsrecht* (IVR) regelt die Anwendbarkeit staatlichen Verwaltungsrechts auf über die Grenzen des Staates hinausreichende Sachverhalte.[76] Es handelt sich ebenfalls um Kollisionsrecht.[77] Zum IVR gehört das *Internationale Steuerrecht.* Es regelt Steuer-

---

70 Die Legaldefinition ist insofern ungenau, als es solche Sachverhalte auch im internationalen öffentlichen Recht gibt.
71 Ein Bsp ist das als dt Kaufrecht geltende UN-Übereinkommen über Verträge über den internationalen Warenkauf v 1980 (geläufig die engl Abkürzung CISG). Die Geltung dieses Einheitskaufrechts, das selbst keine IPR-Vorschriften enthält, ist im Wesentlichen auf den Fall beschränkt, dass Käufer und Verkäufer jeweils in einem anderen Vertragsstaat sitzen (Art 1 Abs 1 lit a CISG).
72 Jeder Staat behält sich die Anwendung des eigenen Rechts vor, wenn das sonst anzuwendende ausländische Recht die inländischen Sitten und Rechtsgrundsätze (den *ordre public*) gröblich verletzen würde, vgl Art 6 EGBGB. Als staatliches Recht sind die Vorschriften des dt IPR an den Grundrechten zu messen, vgl BVerfGE 31, 58, 78 ff (*Spanier*-Beschluss); *Ohler* (Fn 69) 650 f („Vorrang der Grundrechte"), 658 ff („Grundrechte und ordre public").
73 Grundzüge bei *Schack,* Internationales Zivilverfahrensrecht, 4. Aufl 2006; Leible/Ruffert (Hrsg), Völkerrecht und IPR, 2006.
74 Anknüpfungspunkt ist das Territorialitätsprinzip, nach dem ein Staat seiner Staatsgewalt alle Handlungen unterwerfen darf, die auf dem eigenen Staatsgebiet begangen werden, auch dann, wenn der Täter Ausländer ist. Dieses Prinzip wird ergänzt durch das Personalitätsprinzip (Staatsangehörigkeit des Täters oder Opfers), durch das Flaggenprinzip, bei international geschützten Rechtsgütern durch das Weltrechtsprinzip und den Grundsatz der stellvertretenden Strafrechtspflege.
75 Völkerstrafrechtliche Tatbestände begründen *unmittelbar* eine strafrechtliche Verantwortlichkeit von Einzelpersonen nach Völkerrecht: der Einzelne ist *insoweit* Völkerrechtssubjekt. Als Teilgebiet des Völkerrechts kann dieses Strafrecht nur aus Rechtsquellen des Völkerrechts entstehen. Die Gründung des Internationalen Strafgerichtshofs (in Den Haag) durch das Statut von Rom (Text: BGBl 2000 II, 1393), seit 1.7.2002 in Kraft, leitet eine neue, wenn auch keineswegs problemfreie Ära ein. Derzeit (1.3.2016) haben sich 122 Staaten dem IStGH unterworfen, nicht aber zB die USA, China und Russland.
76 Vgl *Vogel,* Internationales Verwaltungsrecht, in Lexikon Völkerrecht, 209 f. Als eigenständige Materie ist das IVR bisher nur rudimentär ausgebildet.
77 Eine Harmonisierung des IVR versuchen sowohl Rechtsakte der EU als auch internationale Abkommen.

fälle mit Auslandsberührung (etwa §§ 49 f EStG und AStG), beantwortet also zB die Frage, ob ausländische Sachverhalte dt Steuerhoheit unterliegen. Seine wichtigsten Instrumente sind Doppelbesteuerungsabkommen, dh bilaterale völkerrechtliche Verträge.[78]

Gesonderter Betrachtung bedarf das *Internationale Wirtschaftsrecht*. Es enthält die Normen für das Verhalten der am grenzüberschreitenden Wirtschaftsverkehr beteiligten Rechtssubjekte. Seine Regeln umfassen solche des staatlichen Rechts, des EU-Rechts sowie des (Wirtschafts-)Völkerrechts.[79] Seinen Rechtsquellen nach handelt es sich also teils um Völker-, teils um Europa-, teils um Landesrecht; zT ist es privat-, zT öffentlichrechtlicher Natur. Gegenstand ist das Recht der internationalen Wirtschaft, nicht das internationale Recht der Wirtschaft.[80] Im Kontext unseres Lehrbuches interessiert demgegenüber primär das Wirtschafts*völkerrecht*.[81] **38**

Das Völkerrecht schließt das Recht der *Internationalen Organisationen (I.O.)* als gekorener, nicht der Hoheitsmacht eines einzelnen Staates unterliegender Entitäten ein. Die auf hoheitliche Gegenstände bezogenen Normen über das Verhältnis zwischen Staaten und I.O. (zB Sitzstaatenabkommen) sowie zwischen I.O. (etwa Kooperationsverträge) gehören dem (partikulären) Völkerrecht an.[82] Das innerhalb einer I.O. geltende Recht (internes Organisationsrecht, etwa Verfahrens-, Haushalts- und Personalregeln) ist ebenfalls Völkerrecht. **39**

f) Völkerrecht und Europarecht

Das Europarecht ieS, das *Recht der Europäischen Union*, hat sich, obschon im Völkerrecht wurzelnd, zu einer *eigenständigen Rechtsordnung* entwickelt. In den Binnenbeziehungen der Mitgliedstaaten und im Verhältnis zwischen ihnen und der EU ersetzt es die Regeln des Völkerrechts, soweit diese nicht zwingend sind, durch eigene Normen.[83] Die zum *primären* Recht zählenden Vereinbarungen[84] sind völkerrechtliche Verträge. Dass der EG-Vertrag seinerzeit zum „Unterschied von gewöhnlichen internationalen Verträgen [...] eine eigene Rechtsordnung geschaffen"[85] hatte, stellt seine völkerrechtliche Wurzel nicht in Frage.[86] Funktional und materiell kommen EU-Vertrag, AEU-Vertrag und GR-Charta zusammen einer „Verfassung der Union" nahe. **40**

Die Eigenständigkeit des Unionsrechts gründet in seinem *supranationalen* Charakter, den unmittelbare Wirkung und Vorrang kennzeichnen.[87] Der AEU-Vertrag, aus dem Vertrag über die Errichtung der EG hervorgegangen, sieht weitgehende Rechtsetzungskompetenzen der EU gegenüber den Mitgliedstaaten (und zT auch deren Bürgern) vor. Diese sind zur unmittelbaren **41**

---

78 Auch hier sind Rechtsakte der EU zu beachten, die eine Harmonisierung der mitgliedstaatlichen Vorschriften anstreben.
79 Vgl Tietje (Hrsg), Internationales Wirtschaftsrecht, 2009.
80 *Fischer*, Das Internationale Wirtschaftsrecht, GYIL 19 (1976) 142 (145 f, 152).
81 An der einschlägigen inernationalen Standardsetzung wirken zunehmend nicht-staatliche Akteure mit.
82 Eine partielle Ausnahme bildet die UN, vgl IGH, *Bernadotte*-Fall, ICJ Rep 1949, 173, 178, 185: Bejahung der Völkerrechtsfähigkeit der UN ihres universellen Charakters wegen; die übertragenen Rechte, Pflichten und Aufgaben insgesamt besäßen ein Ausmaß, das die Völkerrechtspersönlichkeit *(personalité internationale objective)* der UN voraussetze.
83 Europarecht im *weiteren* Sinn bezeichnet das Recht der europäischen I.O. (Europarat, Nordischer Rat, WEU usw). Bei diesem handelt es sich um Völkerrecht.
84 EUV (konsolidierte Fassung: ABl EU 2010, Nr C 83/13); AEUV (konsolidierte Fassung: ABl EU 2010, Nr C 83/47); GRC; zu den Rechtsquellen vgl *Oppermann/Classen/Nettesheim*, Europarecht, 5. Aufl 2011, 103 ff; Schwarze (Hrsg), EU-Kommentar, 3. Aufl 2012. Daneben besteht weiterhin der EAG-Vertrag („Euratom") v 25.3.1957. Die EU schließt ihrerseits mit Drittstaaten (Assoziierungs-, Kooperations- und Handels-) Abkommen (Art 217 f AEUV). Davon zu unterscheiden sind völkerrechtliche Abkommen zwischen den Mitgliedstaaten, etwa das Abkommen über Stabilität, Koordinierung und Steuerung in der WWU („Fiskalpakt") v 2.3.2012.
85 EuGH, Rs 6/64, Slg 1964, 1253 *[Costa/ENEL]*. Der EuGH hat die unionsweit einheitliche Auslegung und Anwendung des Europarechts sicherzustellen.
86 Vgl *Oppermann/Classen/Nettesheim* (Anm 84) 110, 140 ff.
87 Ebd, 22 ff, 107.

Befolgung der ihnen durch die Verträge (oder durch von der EU gesetztes Recht) auferlegten Pflichten angehalten.

42 Der AEU-Vertrag nennt drei Typen verbindlicher Rechtsakte der Unionsorgane: Verordnungen, Richtlinien, Beschlüsse (Art 288 AEUV). Die *Verordnung* (VO) ist „in allen ihren Teilen verbindlich und gilt unmittelbar in jedem Mitgliedstaat", bedarf also keines mitgliedstaatlichen Transformationsaktes. Durch eine VO greift die EU am tiefsten in die Souveränität der Mitgliedstaaten ein, da deren Legislativorgane am Erlass dieser Normen nicht mitwirken. Die *Richtlinie* richtet sich nur an die Mitgliedstaaten; sie ist „hinsichtlich des zu erreichenden Ziels verbindlich, überlässt jedoch den innerstaatlichen Stellen die Wahl der Form und der Mittel" (Art 288 Abs 3 AEUV). Sie bedarf also der *Umsetzung* in staatliches Recht. Die Umsetzungspflicht ergibt sich u a aus dem Grundsatz der Unionstreue (vgl Art 4 Abs 3 EUV). Bleibt der Mitgliedstaat untätig, kann die Richtlinie uU unmittelbare Wirkung in den Mitgliedstaaten entfalten, kann der Unionsbürger sich also direkt auf sie berufen. Der EuGH[88] beruft sich zur Begründung auf den Grundsatz der praktischen Wirksamkeit des Unionsrechts (Effektivitätsgebot) und räumt unter bestimmten Voraussetzungen individuelle Schadenersatzansprüche gegen einen Mitgliedstaat ein, der eine begünstigende Richtlinie nicht rechtzeitig umgesetzt hat.[89] Schadenersatz soll auch bei Verletzung individualbegünstigender Normen des primären Unionsrechts gewährt werden können.[90] „Die *Beschlüsse* sind in allen ihren Teilen verbindlich" (Art 288 Abs 4 AEUV). Die Lockerung des nationalen Souveränitätspanzers kommt auch darin zum Ausdruck, dass viele Rechtsetzungsakte nicht einstimmig getroffen werden müssen.[91]

43 Auch das Sekundärrecht der EU bildet eine vom Völkerrecht abgesonderte Rechtsordnung.[92] Ihm wird im Verhältnis zum Recht der Mitgliedstaaten ebenfalls Vorrang zuerkannt.[93] Gleichwohl ist die *EU kein Staat*. Insbes fehlt es, neben wichtigen vorrechtlichen Voraussetzungen entwickelter Demokratie und Solidarität auf europäischer Ebene, an einem europäischen (Staats-)volk. Die Hoheitsgewalt der EU ist zudem inhaltlich beschränkt (Prinzip der begrenzten Einzelermächtigung). Die Rechtsprechung[94] betrachtete schon das vom EG-Vertrag geschaffene Recht als „aus einer autonomen Rechtsquelle fließend". Die *Kompetenzkompetenz*, also die Rechtsmacht, aus eigenem Recht neue Kompetenzen zu schaffen, *verbleibt bei den Mitgliedstaaten*. Art 352 AEUV (Vertragsabrundungskompetenz) ist eine eng begrenzte Ausnahme. So stellt auch der EU-Vertrag nur „eine neue Stufe bei der Verwirklichung einer immer engeren Union der Völker Europas dar" (Art 1 Abs 2 EUV);[95] verfasst wurde ein Staaten- und Verfassungs*verbund*[96] bzw

---

88 St Rspr seit EuGH, Rs 41/74, Slg 1974, 1337 *[Van Duyn/Home Office]*; Rs 8/81, Slg 1982, 53 *[Becker]*. Diese Rspr ist von BVerfGE 75, 223 gebilligt worden.
89 EuGH, Verb Rs C 6/90 und 9/90, Slg 1991, I-5357 *[Francovich u a]*; bestätigt u a durch Verb Rs C 178/94 u a, Slg 1996, I-4867 *[Dillenkofer u a]*.
90 EuGH, Verb Rs C 46/93 u 48/93, Slg 1996, I-1131 *[Brasserie du pêcheur u a]*.
91 Vgl insbes Art 288 ff AEUV. – Die GR-Charta hat das Potenzial zur Umgestaltung wichtiger Bereiche der europäischen wie der mitgliedstaatlichen Rechtsordnungen.
92 Dies gilt jetzt auch für die justizielle Zusammenarbeit in Zivil- und Strafsachen sowie die polizeiliche Zusammenarbeit (Art 81, 82–86, 87–89 AEUV).
93 Anwendungs-, nicht Geltungsvorrang, vgl EuGH, Rs C-10-22/97, Slg 1998, I-6307 Rn 18 ff *[Ministerio delle Finanze/IN. CO]*. Der Vorrang gilt auch gegenüber dem nationalen Verfassungsrecht, vgl Rs 11/70, Slg 1970, 1125 Rn 3 *[Internationale Handelsgesellschaft/Einfuhr- und Vorratsstelle Getreide]*; einschränkend BVerfG, Beschluss v 15.12.2015 *[Europäischer Haftbefehl]*.
94 BVerfGE 22, 293, 296 mit Verweis u a auf EuGH Bd X, 1251.
95 Vgl auch Art 14 Abs 2 Satz 1 EUV: „Das Europäische Parlament setzt sich aus Vertretern der Unionsbürgerinnen und Unionsbürger zusammen".
96 Vgl BVerfGE 89, 155: „Der Unionsvertrag begründet einen Staatenverbund zur Verwirklichung einer immer engeren Union der – staatlich organisierten – Völker Europas [...], keinen sich auf ein europäisches Staatsvolk stützenden Staat"; vgl auch BVerfG, NJW 2009, 2267 (2271): „Der Begriff des Verbunds erfasst eine enge, auf Dauer angelegte Verbindung souverän bleibender Staaten, die auf vertraglicher Grundlage öffentliche Gewalt ausübt, deren

(bzgl der früheren EG) eine „im Prozess fortschreitender Integration stehende *Gemeinschaft eigener Art*".[97]

Der supranationale Charakter der Union ist bisher im Kern auf die Binnenbeziehungen beschränkt. Aus der Sicht von Drittstaaten ist die EU eine I. O.[98] In der Völkerrechtspraxis spielt sie eine wichtige Rolle. Zwar sind ihr nur Einzelkompetenzen für die Außenbeziehungen eingeräumt; der EuGH hat diesen Kompetenzbereich durch Zuerkennung von *implied powers* jedoch ausgeweitet.[99] Die Mitgliedstaaten haben insoweit zT ihre Vertragsschlussbefugnis verloren.[100] 44

g) Besonderheiten des Völkerrechts
Überkommenes Leitprinzip der Völkerrechtsordnung[101] ist das in der Liste der UN-Grundsätze an *erster* Stelle genannte Prinzip der *souveränen Gleichheit aller Mitglieder* (Art 2 Nr 1 UN-Charta). Die „Grundsätze" bilden den Maßstab, an dem sich das Verhalten der UN-Organe wie der Mitgliedstaaten zu orientieren hat. Sie repräsentieren den Kerninhalt des Völkerrechts.[102] Ihm fehlen weitgehend Regeln, Institutionen und Verfahren, mittels derer das internationale Gemeinwohl „von oben herab" (subordinationsrechtlich), etwa von einem mächtigen Staat allein (unilateral), normativ fixiert und durchgesetzt werden kann. Ungeachtet aller faktischer Unterschiede sind die Staaten vor dem Recht gleich: gleich*berechtigt*. Rechtsbildung wie Rechtsdurchsetzung sind auf den Konsens der gleich souveränen Genossen angewiesen, Mehrheitsentscheide die Ausnahmen. Das Gleichheitsgebot verbietet ein *absolutes* Verständnis der Souveränität, wie etwa das Nachbarrecht verdeutlicht.[103] 45

Äußere Souveränität, Eigenschaft der Staatsgewalt, bedeutet „Zuhöchstsein", nur dem Völkerrecht unterworfen zu sein und Völkerrechts-Unmittelbarkeit zu besitzen.[104] Gleichheit und Souveränität verhindern Fremdbestimmung. So sind die Staaten zB internationaler Gerichtsbarkeit nicht automatisch unterworfen; sie müssen sie akzeptieren.[105] 46

Das Völkerrecht ist *schwach organisiert*. Die Staaten sind nach wie vor „im wesentlichen darauf angewiesen, ihre gegenseitigen Beziehungen im Wege der Selbstregulierung, vor allem durch Vertragsschluss, zu gestalten".[106] Die Rechtserzeuger sind zugleich die Rechtsunterworfenen.[107] Nach wie vor sind *die Staaten die zentralen Subjekte der Bildung und Sanktionierung* des 47

Grundordnung jedoch allein der Verfügung der Mitgliedstaaten unterliegt und in der die Völker – das heißt die staatsangehörigen Bürger – der Mitgliedstaaten die Subjekte demokratischer Legitimation bleiben."
97 BVerfGE 22, 293, 296; vgl auch BVerfGE 75, 223, 242.
98 *Oppermann/Classen/Nettesheim* (Fn 84) 630.
99 EuGH, Rs 22/70, Slg 1971, 263 *[AETR]*.
100 Vgl *Oppermann/Classen/Nettesheim* (Fn 84) 633.
101 Nicht zum Völkerrecht gehören die Regeln der Courtoisie. Sie entstammen der Sitte, der Politik und der Diplomatie, vgl u Rn 66–69.
102 Vgl *Verdross/Simma*, 83ff.
103 Aus der souveränen Gleichheit der Staaten folgt auch ihre Immunität. Diese verletzt ein Staat, wenn er Klagen und Vollstreckungsmaßnahmen gegen einen anderen Staat bzgl dessen *hoheitlichem* Handeln in seinem Staatsgebiet zulässt, vgl IGH-Urteil im *Staatenimmunitäts*-Fall; so bereits EGMR (*Al-Adsani*-Urt). Zustimmend *Talmon*, Ius Cogens after Germany v. Italy, LJIL 25 (2012) 979ff; krit *Kloth/Brunner*, Staatenimmunität im Zivilprozess bei gravierenden Menschenrechtsverletzungen, AVR 50 (2012) 218 (241).
104 Ansätze zu *hierarchischen* Elementen finden sich in Teilbereichen wie der Erhaltung des Weltfriedens und der internationalen Sicherheit. Hier stehen dem SR nach Kap VII UN-Charta besondere Befugnisse zu. Seinen fünf ständigen Mitgliedern sind mit Dauermitgliedschaft (Art 23 Nr 1 Satz 2) und Vetorecht (Art 27 Nr 3) wichtige Vorrechte eingeräumt.
105 Anders im EMRK-Kontext: Der Beitritt zur EMRK ist verkoppelt mit der Unterwerfung unter die Gerichtsbarkeit des EGMR.
106 *Tomuschat*, „Völkerrecht", Sp 3875.
107 Insbes bei Rechtsetzung und -durchsetzung ist den *Staaten* die Schlüsselrolle verblieben. Freilich gibt es auch das Phänomen des „Staatszerfalls", dh ihres Versagens als Herrschaftsverbände. Dazu *Thürer/Herdegen/Hohloch*, Der Wegfall effektiver Staatsgewalt: „The Failed State", BDGVR 34 (1996) 9ff, 49ff, 87ff.

Graf Vitzthum

Völkerrechts. Ihre Souveränität ist gebunden. *Freiheit* genießen die in ihrer Souveränität Gleichen *im Rahmen des Völkerrechts*.[108]

48 Die Rechte und Pflichten der Staaten sind grundsätzlich nur *relative*. Eine spezielle Rechtspflicht besteht im Allgemeinen nur im Verhältnis zu den Rechtssubjekten, denen gegenüber sie übernommen wurde: ein *relativisme fondamental*.[109] Die Verfügungsbefugnis der Parteien eines völkerrechtlichen Rechtsverhältnisses und ebenso die Möglichkeit der *persistent objection* (im Entstehungsprozess von Völkergewohnheitsrecht) finden ihre Grenze im *ius cogens* (vgl Art 53 WVK). Insgesamt existiert ein Geflecht von Beziehungen, deren Regelungen sich wegen unterschiedlicher Vertragsschlüsse oder wegen nur partikulär geltenden Gewohnheitsrechts nicht vollständig decken; dies lässt „ein ‚inneres System' eher vermissen".[110] Häufig besteht ein Missverhältnis zwischen der Bedeutung der normierten Bereiche und der Vollständigkeit der Normierung. Gerade wichtige Gegenstände sind oft nur formelkompromisshaft „geregelt".[111]

49 Dem Souveränitätsprinzip entspringt der *zweite* Grundsatz des Völkerrechts: die *Staatenfreiheit*. Ausgangspunkt ist das den Staatswillen[112] als wichtigste Grundlage der Völkerrechtsordnung betonende, pointiert souveränitätsfreundliche *Lotus*-Urteil des StIGH aus dem Jahre 1927, wonach „*keine Vermutung für eine Einschränkung der Unabhängigkeit der Staaten* [besteht]."[113]

50 Die Vermutung für die Staatenfreiheit wird überwiegend aus Völkergewohnheitsrecht oder einem allgemeinen Rechtsgrundsatz abgeleitet. In dem Maße, in dem es in einer durch gegenseitige Abhängigkeiten gekennzeichneten internationalen Gemeinschaft um das *kooperative* Bewältigen gemeinsamer Aufgaben geht, gelten die Grundsätze der Staatenfreiheit nur noch eingeschränkt.[114] Das Recht zur Abweisung von Fremden zB ist keine vorrechtliche, sondern eine (infra-)rechtliche Position: Freiheit (eine wesentliche Modifikation also der *Lotus*-Lehre) innerhalb des Rechts, Freiheit nicht vom Recht, sondern Freiheit *durch* Recht. Daraus folgt, „dass Völkerrecht nur insoweit besteht, als die Staaten Rechtssätze aufgestellt haben".[115]

51 Völkerrechtsverstöße bleiben *häufig ohne Sanktion*. Nicht zuletzt wegen seiner Durchsetzungsschwäche wurde der Rechtscharakter des Völkerrechts von *Hobbes* über *Spinoza* und *Hegel* bis hin zu *Austin* bezweifelt: „Macht geht vor Recht". Die Sanktionierung völkerrechtlichen Unrechts etwa stößt in der Tat häufig auf Schwierigkeiten. Als Pressionsmittel kommt u a wirtschaftlicher Druck in Betracht, auch die Mobilisierung der öffentlichen Meinung. Freilich existieren die Gewohnheit der Regelbefolgung *(habit of obedience)*[116] und, vor allem, der *Grundsatz der*

---

108 Vgl *Mosler*, Völkerrecht als Rechtsordnung, ZaöRV 36 (1976) 6 (13). Bereits für *Bruns* (Völkerrecht als Rechtsordnung, ZaöRV 1 [1929] 1 ff) war nicht alles erlaubt, was nicht ausdrücklich verboten war.
109 *Reuter*, Droit international public, 6. Aufl 1983. U a aus diesem Relativismus folgt, dass es im Völkerrecht nur ausnahmsweise eine *erga omnes*-Wirkung gibt (vgl u Rn 120, 126). Nach dem Konsensprinzip können Pflichten für Drittstaaten ohne deren Zustimmung nicht begründet werden (vgl Art 34 f WVK).
110 *Fastenrath*, Lücken, 149.
111 Vgl Neuhold/Simma (Fn 3) 19 ff
112 Der Staat wurde als Träger eines *unbeschränkten* Willens gesehen. Die Bändigung des souveränen Staates erschien als *das* Problem des Völkerrechts. Vgl demgegenüber *Talmon*, Die Grenzen der Völkerrechtsrezeption in Deutschland, in ders (Hrsg), Über Grenzen, 2012, 75 ff.
113 PCIJ, Ser A, No 10 (*Lotus*).
114 So der StIGH im *Lotus*-Fall: Fehle es an einer einschränkenden Norm des Völkerrechts (etwa „Ausschluss jeder Ausübung der Macht eines Staates auf dem Gebiet eines anderen"), komme die „ursprüngliche" Souveränität zum Zuge; sie erlaube dem Staat, sich nach Belieben zu verhalten. Diese gleichsam urwüchsige Sicht der Souveränität ist überholt, mag auch das *Nuclear Weapons*-Gutachten des IGH v 1996 (§ 52) daran festhalten, dass sich die Rechtswidrigkeit einer bestimmten Waffenart nur aus dem Vorhandensein einer einschlägigen Verbotsnorm ergebe.
115 *Fastenrath*, Lücken, 246. – Lücken im Recht kann es (anders als Lücken im Gesetz) von der Normlogik her nicht geben.
116 Vgl u Fn 129. Mit der *faktischen* Geltung des Rechts befasst sich die Rechtssoziologie. Gefragt wird etwa nach der Funktionalität bzw „Lage"-Adäquanz einer Norm oder danach, ob die reale Geltung notwendige Eigenschaft ist. Seit den 1980er Jahren wird auch über Rechtspluralismus und Multikulturalität diskutiert, vgl *Nolte*, Kulturelle Vielfalt als Herausforderung für das Völkerrecht, BDGVR 43 (2008) 1 ff; *Keller*, Kulturelle Vielfalt und Staatsvolk, ebd, 39 ff.

Gegenseitigkeit. Wer Recht bricht, muss damit rechnen, dass auch ihm gegenüber das betreffende Recht nicht eingehalten werden wird.[117] Letztlich setzt das Völkerrecht in besonderem Maße auf *freiwillige* Befolgung. Die Quelle des Rechtsgehorsams, etwa bzgl der Freiheit der Hohen See, „bildet die Einsicht der Regierungen, dass langfristig betrachtet den Interessen aller am besten gedient ist, wenn die Regeln [...] eingehalten werden."[118]

Besondere Auslegungs-, Einhaltungs- und Sanktionsprobleme wirft *das allgemeine Gewaltverbot* in Art 2 Nr 4 UN-Charta auf, das *dritte* Charakteristikum des Völkerrechts. In seinem Art 1 hatte der weltweit akzeptierte *Briand-Kellogg-Pakt* v 27.8.1928,[119] ohne die Strukturschwächen des Systems der kollektiven Sicherheit zu beheben, „den *Krieg* als Mittel für die Lösung internationaler Streitfälle" (Art I) geächtet. Eroberung bildet spätestens seither keinen Gebietserwerbstitel mehr. Mit dem Ausbau des allgemeinen *Gewalt*verbots zum Herzstück der UN-Charta[120] und damit des primär von ihr „verfassten" Völkerrechts dürfen internationale Konflikte grundsätzlich nur mehr mit Mitteln unterhalb der Gewaltschwelle gelöst werden. Das Sanktionssystem ist im UN-Sicherheitsrat (SR) zentralisiert. Bis zu dessen jeweiligem Eingreifen besteht das *Recht zur Selbstverteidigung*, Art 51 UN-Charta.

Das allgemeine Gewaltverbot beruht auf der Überlegung, dass die Sicherung des Weltfriedens am Besten im Rahmen einer *organisierten* Staatengemeinschaft erfolgen kann. Auch organisiert erfüllt die internationale Gemeinschaft die Erwartungen bisher freilich nicht. Mangels politischer Substanz konnte der Völkerbund weder die Aggression Japans gegen China (1931) und die Italiens gegen Äthiopien (1935/36) noch den deutschen Überfall auf Polen (1939) und damit den Ausbruch des Zweiten Weltkriegs verhindern. Bis zu einer Weltordnung, in der der Frieden effektiv gesichert wird, ist es noch ein weiter Weg. Dies liegt weniger an konstruktivtechnischen Mängeln der UN-Charta[121] als am Fehlen hinreichend stabiler politisch-gesellschaftlicher Grundlagen. Der vorgesehene *Kollektiv*zwang (vgl Art 25, 39 ff UN-Charta) ist durch Blockade im SR gefährdet.[122] Es fehlen, trotz Art 14 UN-Charta, gesicherte Verfahren für „friedlichen Wandel".[123] Der „Wille zum Völkerrecht" bleibt knappes Gut.

Das für das System kollektiver Sicherheit ebenfalls unentbehrliche *Recht zur Selbstverteidigung* dient, extensiv ausgelegt, als Hintertür, um dessen faktisches Umgehen zu kaschieren. Die wichtigste Einschränkung – gemäß Art 51 Satz 1 UN-Charta ist das Recht nur ausübbar, „bis der Sicherheitsrat die [...] erforderlichen Maßnahmen getroffen hat" – läuft bei Paralyse des SR weitestgehend leer.[124]

---

117 Vgl *Simma*, Das Reziprozitätselement im Zustandekommen des Völkergewohnheitsrechts, 1970; *ders*, Das Reziprozitätselement im Zustandekommen völkerrechtlicher Verträge, 1972.
118 *Tomuschat*, „Völkerrecht", Sp 3878; die Kosten wären – etwa im Bereich des internationalen Handels – für alle Staaten hoch, würden völkerrechtliche Normen allgemein missachtet.
119 Vgl *Grewe*, Epochen, 729; Fontes III/2, 959 ff. Die Beurteilung der Schlüsselfrage, *wann* der Pakt verletzt ist, blieb weiterhin dem einzelnen Staat überlassen, vgl *Roscher*, Der Briand-Kellogg-Pakt von 1928, 2004, 280.
120 Art 2 Nr 4 UN-Charta erfasst über den Krieg hinaus jede *militärische* Gewaltanwendung, ausgenommen solche zu Notwehrzwecken, Art 51 UN-Charta.
121 Wegen der Souveränitätsverhaftetheit der Staaten existiert keine *obligatorische* internationale Gerichtsbarkeit. Kaum ein Drittel der UN-Mitglieder hat sich dem IGH uneingeschränkt unterworfen; vgl *Tomuschat*, in Zimmermann/Tomuschat/Oellers-Frahm/Tams (Fn 49) Art 36 Abs 2.
122 „Verbotsrigorismus ohne Vollzugsautorität" (*Oppermann*) schwächt die normative Kraft des Völkerrechts und relativiert die Relevanz des SR, etwa im Verhältnis zu anderen globalen Foren, zB den G 7- und G 20-Treffen; diese und andere informelle Parallelstrukturen spiegeln die heutigen Machtverhältnisse besser wider. Die Sanktionsbefugnisse des SR bieten immerhin Ansätze zur (zentralisierten) Durchsetzung des Rechts, so dass mittlerweile verstärkt nach den *Bindungen* gefragt wird, die die UN dabei selbst zu beachten haben.
123 In der Praxis des Völkerbundes blieb bereits die stärker ausgestaltete Vorläufernorm, Art 19 Völkerbundsatzung, auf die Deutschland Hoffnungen setzte, weitestgehend wirkungslos.
124 Eine str Ausnahme vom Gewaltverbot bildet die „humanitäre Intervention". Bereits *Francisco de Vitoria* proklamierte ein Interventionsrecht zum Schutz der Religionsfreiheit und anderer Rechte von Menschen, etwa gegen „naturrechtswidrige" Vergehen (Menschenopfer). Während im 19. Jh auch zugunsten Angehöriger dritter Staaten

Zusammenfassend ist zu Begriff und Besonderheiten des Völkerrechts festzuhalten:

55 – Sein *soziales Substrat* ist eine aus vergleichsweise wenigen Subjekten bestehende Gemeinschaft. Ihre *staatlichen* Mitglieder erkennen einander als *vor dem Recht Gleiche* an: *konsensualer, koordinationsrechtlicher* Charakter des Völkerrechts. Diese Ordnung ist ein (dezentrales und „horizontales") *Koexistenz- und Kooperationsrecht. Auf ihrer Grundlage und in ihren Grenzen* besitzen die Völkerrechtssubjekte *Handlungsfreiheit*.

56 – Das Völkerrecht wird von seinen eigenen Subjekten gesetzt: *Identität von Rechtsschöpfern und Rechtsunterworfenen*. Begriff und Besonderheiten des Völkerrechts werden im Kern damit nach wie vor von den *Staaten* bestimmt – ein etatistisches und genossenschaftliches Element. Die Wirksamkeit des Völkerrechts hängt auch vom jeweiligen nationalen Recht ab, mit dem es umgesetzt wird. Das schon aus dem Gedanken des Rechts folgende Gleichheitselement verleiht dem Völkerrecht ein „demokratisches" Gefüge.

57 – Das institutionell defizitäre Völkerrecht benötigt in Form einer Organleihe die *staatlichen* Rechtsordnungen mit ihren Organen zu seiner Durchführung: *dédoublement fonctionnel*.[125] Auch insofern ist das Völkerrecht auf den Kooperationswillen der Staaten und auf *Wirklichkeitsnähe* angewiesen. Die Verhaltenssteuerung erfolgt weitgehend durch die, die „keinem rechtlich übergeordneten Verband eingegliedert sind":[126] die Staaten.

58 – Das Völkerrecht ist Objekt und Gestaltungsmittel der Politik, aber auch ihr Rahmen und ihre Grenze. Hat es sich inhaltlich auch immer wieder gewandelt, so ist seine *Funktion* doch gleich geblieben: Es stiftet Legitimität und löst Konflikte.[127]

59 – In diesem Zusammenhang sind auch Art 2 Nr 3 und 4 UN-Charta zu nennen. Ohne *allgemeines Gewaltverbot* ist dauernde Kooperation so wenig denkbar wie ohne den Grundsatz von *Treu und Glauben;* er durchzieht das gesamte Völkerrecht.

60 – Das *Individuum*, letztlich Ausgangs- und Endpunkt aller Rechtsordnungen, ist im Völkerrecht grundsätzlich staatlich *mediatisiert*. Die hL weist dem Individuum nur eine begrenzte Rolle zu. Als Träger von Menschenrechten besitzt der Einzelne (partielle) Völkerrechtssubjektivität, verfügt also über eine eigenständige, nicht durch einen Verband vermittelte Rechtsstellung. Angesichts der Regelungsbreite und -tiefe der beiden Internationalen Pakte v 1966, der EMRK und der sonstigen Schutzsysteme ist dies nicht wenig. Entscheidend ist die Zugangseröffnung zu internationalen Streitbeilegungsinstanzen.[128] Auch kann das Indi-

---

eingeschritten wurde, erfolgt dies heute primär zum Schutz *eigener* Staatsangehöriger, vgl *Teheraner Geiseln*, ICJ Rep 1980, 3. Die militärische Aktion gegen Serbien (Kosovo-Krieg 1999) wurde von Seiten der NATO als humanitäre Intervention gerechtfertigt (str). Befürworter beriefen sich ua auf Nothilfe als allgemeinen Rechtsgrundsatz, vgl *Doehring*, Völkerrecht, Rn 766 ff, 777, 1015, bzw auf humanitäre Intervention als „a [legal] means of last resort", *Tomuschat* (Fn 42) 226 ff. Im *Nicaragua*-Fall hatte der IGH (ICJ Rep 1986, 14) in § 268 entschieden: „Die Einhaltung der Menschenrechte kann ein einzelner Staat nicht mit militärischer Gewalt durchsetzen. Jedenfalls die Verminung von Häfen und die Unterstützung der ‚Contras' sind keine geeigneten Mittel einer humanitären Intervention." Vgl *Hilpold*, Humanitarian Intervention, EJIL 12 (2001) 437 ff.
125 Vgl *Schweisfurth* (Fn 61) 396: „Funktional sind Organe von Staaten daher gleichzeitig auch Organe der Völkerrechtsgemeinschaft." Der Gedanke der *doppelten* Aufgabenerfüllung staatlicher Organe (für die nationale wie für die internationale zwischenstaatliche Ebene) stammt von *Georges Scelle* (Précis de droit des gens, Bd I, 1932). Dazu *Cassese*, Remarks on Scelle's Theory of „Role Splitting" *(Dédoublement fonctionnel)* in International Law, EJIL 2 (1990) 210 ff.
126 *Mosler* (Fn 108) 10.
127 Dabei besteht zwischen Fakten und Normen, zwischen tatsächlicher Macht und normativer Verhaltenssteuerung ein enger Wechselbezug.
128 Etwa Individualbeschwerden nach Art 34 EMRK, Parteistellung gemäß Art 187 lit c–e SRÜ. Der staatlichen extraterritorialen Rechtsanwendung kommt im noch keineswegs menschenrechtszentrierten Völkerrecht der Gegenwart eine wichtige (Überbrückungs-) Funktion zu. In den USA wegen zivilrechtlicher Ansprüche, zB wegen Menschenrechtsverletzungen durch das südafrikanische Apartheitsregime und dessen ausländische Waffenlieferanten, ua auf den Alien Tort Claim Act gestützt und zT in *unteren* Bundesgerichten „interventionistisch" sanktioniert.

viduum Träger völkerrechtlicher Pflichten sein. Verstößt es gegen völkerrechtliche Normen, die eine Individualhaftung vorsehen, ist es Haftungssubjekt.

2. Geltung, Grundregeln und Einheit des Völkerrechts
a) Die Frage der Geltung

Die Doppelfrage nach der Rechtsqualität des Völkerrechts und nach dem Grund dafür, dass diese Ordnung gilt,[129] hat Wissenschaft und Praxis seit jeher beschäftigt. Die Antworten und die ihnen zugrunde liegenden Unterscheidungen und Wertvorstellungen illustrieren Wesen und Wirklichkeit des Völkerrechts. 61

Historisch betrachtet zerfällt die Völkerrechtsliteratur[130] in eine Handvoll traditioneller „Leugner des Völkerrechts" (etwa *Hobbes, Spinoza, Hegel, Austin*) und in die überwältigend große Zahl seiner „Bejaher". Dass das Völkerrecht *Rechts*qualität und reale Relevanz besitzt, wird heute nicht mehr bestritten. Jedes Völkerrechtssubjekt rechtfertigt sein Handeln mit völkerrechtlichen Argumenten oder versucht es jedenfalls. 62

Im Lager jener, die die Normativität und Geltung des Völkerrechts *bejahen*, finden sich zunächst *voluntaristische* Theorien. Sie betrachten den souveränen Staatswillen als Geltungsgrund dieser Rechtsordnung. Die Willenstheorien[131] zerfallen – erstens – in die positivistische unbeschränkte Selbstbindungslehre von *Georg Jellinek, Carl Bergbohm* und *Julius Hatschek*, wonach Völkerrecht erst durch staatliche Anerkennung verbindlich wird, – zweitens – in die kooperationsfreundlichere Kontraktlehre von *Heinrich Triepel*, die vermeidet, dass auch die Fortgeltung von vereinbarten Normen im Belieben des einzelnen Staates steht,[132] sowie – drittens – in die *common consent-* und Sozialvertragslehren. Daneben finden sich *normativistische (Hans Kelsen, Dionisio Anzilotti, Paul Guggenheim)*[133] oder *naturrechtliche* Theorien der Völkerrechtsgeltung, wie die vom vorgegebenen göttlichen Gebot *(Francisco de Vitoria, Francisco Suárez)* bzw vom Recht der (natürlichen) Vernunft.[134] Danach existieren Normen, die sich aus außerpositiven Grundsätzen und Tatsachen ableiten lassen und die einen verbindlichen Charakter haben. Beispiele sind *Alfred Verdross'* kosmopolitisches „Statisches und dynamisches Naturrecht" (1971)[135] 63

---

129 Völkerrecht wird offenbar sogar in höherem Maße befolgt als Landesrecht, vgl *Neuhold*, The Foreign-Policy „Cost-Benefit-Analysis" Revisited, GYIL 42 (1999) 84 ff.
130 Zu nachfolgender Skizze Belege etwa bei *Fastenrath*, Lücken, 48 ff; *Mosler* (Fn 108) 6 ff.
131 Aus dem menschlichen Willen *allein* lässt sich ein normatives Sollen rechtslogisch ebenso wenig ableiten wie aus sonstigen bloßen Tatsachen. Zu den Geltungslehren eingehend *Ipsen*, in ders (Hrsg), Völkerrecht, § 1 Rn 18 ff, die Bedeutung des Konsensprinzips betonend (Rn 43-49).
132 Diese wirkungsstarke Lehre nimmt einen „überlegenen" Gemeinwillen an, aus dem der einzelne Staat sich nicht einseitig lösen kann. *Triepel*, Völkerrecht und Landesrecht, 1899 arbeitete sie nach Anfängen bei *Bergbohm* und *Binding* aus (seine kategorische Trennung von Völkerrecht und innerstaatlichem Recht hat jenes als eigenständige Rechtsordnung gestärkt). Freilich kann auch jener Bindungswille seine Rechts*verbindlichkeit* nur kraft einer Rechtsnorm erlangen.
133 Diese Richtung verzichtet auf eine Grundlegung des Rechts in einem vorgegebenen Etwas (Gott, Natur, Vernunft). Als letzten rechtsimmanenten Geltungsgrund sieht sie überwiegend eine „Grundnorm" an, aus der sich – „Stufenbau der Rechtsordnung" – alle weiteren Normen ableiten, vgl *von Bernstorff*, Der Glaube an das universelle Recht, 2001.
134 Die naturrechtlich orientierten Ansichten finden den Geltungsgrund in einem menschlicher Disposition entzogenen Axiom, etwa in einer Offenbarung Gottes oder der natürlichen Vernunft *(Thomas von Aquin, de Vitoria). Suárez* sieht das Völkerrecht zwischen Natur- und menschlichem Recht angesiedelt. Für *Grotius* ist die Sorge für die Gemeinschaft, welche mit der menschlichen Vernunft übereinstimmt, eine Quelle des (Natur-)Rechts, vgl *Straumann*, Hugo Grotius und die Antike, 2007, 127 ff.
135 Grundlegend für die sog Wiener Schule: *Verdross*, Die Einheit des rechtlichen Weltbildes auf der Grundlage der Völkerrechtsverfassung, 1923; *Kelsen*, Das Problem der Souveränität, 1928; *Merkl*, Prolegomena einer Theorie des rechtlichen Stufenbaus, FS Kelsen, 1931, 252 ff. Überzeugend *von Bernstorff* (Fn 133).

und *Hans Welzels* „Naturrecht und materiale Gerechtigkeit".[136] Schließlich gibt es anthropologische, soziologische und funktionale Rechtsbegründungen.

64 Weder *power politics*-Vertreter[137] noch Völkerrechtsleugner können beanspruchen, eine *maßgebliche* Begründung für die *Nicht*geltung des Völkerrechts zu liefern.[138] Unter den Bejahern dieser Rechtsordnung ist man sich demgegenüber einig, dass diese auch begründet werden *kann*. Uneinigkeit herrscht über Ansatzpunkt und Pfad der Begründung. Weil Recht sich manifestiert (naturrechtlicher Ansatz) oder geschaffen wird, wenn Menschen sich organisieren (positivistischer Ansatz), entspringt der Geltungsgrund in der jeweiligen Epoche für die jeweiligen Menschen letztlich deren Anschauung.[139] Für die Gegenwart gilt: Recht ist ein Produkt von Menschenhand; es gilt, weil es gelten soll.

65 Insgesamt hat der Streit über Geltungsgrund und Rechtsqualität des Völkerrechts weniger tatsächliche als prinzipielle Bedeutung. Die Staatenpraxis erkennt das Völkerrecht als *Recht* seit Jahrhunderten an, die völkerrechtliche Ordnung wird generell befolgt.[140] Zweifel setzen primär am *Durchsetzungs*aspekt an. Sie fußen damit auf einem am innerstaatlichen Recht orientierten Rechtsbegriff. Dieser sanktionsfixierte Begriff ist freilich erst recht für das Völkerrecht zu eng.[141] *Zwangsweise* Durchsetzung[142] ist nur eine von mehreren Reaktionsmöglichkeiten.[143]

66 Von den lediglich *faktisch* praktizierten Regeln der *Courtoisie* (Völkersitte, *comitas gentium*) hebt sich das Völkerrecht durch seinen rechtlichen Gehalt ab. Bei einer Verletzung der Völkersitte – idR ein „unfreundlicher Akt" – ist mangels *Rechts*verletzung für Sanktionen kein Raum. Ein Beispiel für Courtoisie ist das gegenseitige Grüßen von Schiffen auf Hoher See.

67 Nicht zum Völkerrecht gehören die Regeln der internationalen *Moral*, etwa die moralische Verpflichtung zur Katastrophenhilfe.[144] Gleiches gilt von den *nichtrechtlichen zwischenstaatlichen Vereinbarungen*, zB von der KSZE-Schlussakte v 1.8.1975. Obwohl sie grundlegende Prinzipien des künftigen gegenseitigen Verhaltens niederlegte, sollte es sich nicht um rechtliche Bin-

---

136 Nach *Welzels* „Prolegomena zu einer Rechtsphilosophie" (so der Untertitel seines Ganges durch die 2000-jährige Geschichte des Naturrechtsdenkens), 1951, 52 ist das Naturrecht, so zitiert er den Scholastiker *Fernando Vásquez*, „gut, weil es Gott uns eingeprägt hat." Erst in der Neuzeit trete „an die Stelle des geoffenbarten göttlichen Willens der Staatswille." Nicht in ewigen Wahrheiten, sondern in den Entscheidungen der Staatsgewalt liege für *Hobbes* der Maßstab für Recht: „Auctoritas, non veritas facit legem" (ebd 117).
137 Etwa der Rechtsrealist *Schwarzenberger*, Civitas Maxima?, YBWA 29 (1975) 337 ff. Zu ihm *Steinle*, Völkerrecht und Machtpolitik, 2002.
138 Positivismus wie Naturrecht beruhen letztlich auf unbeweisbaren Axiomen. Spätestens seit dem Positivismus des 19. Jhs ist das Naturrecht *keine* Rechtsquelle mehr, mögen seine Wertungen auch weiter Bildung und Weiterentwicklung völkerrechtlicher Normen beeinflussen.
139 Vgl *Fastenrath*, Lücken, 81: Letztlich könne kein Rechtsbegriff die Rechtsqualität des Völkerrechts in Frage stellen. Zum Geltungsgrund des *ius cogens* (s u Rn 72, 126) *ders*, Relative Normativity in International Law, EJIL 4 (1993) 305 (307 ff); *Koskenniemi*, Hierarchy in International Law, EJIL 8 (1997) 566 ff. Nach *Schmahl*, Überlegungen zur Kategorisierung internationaler Menschenrechte, in Ziebertz (Hrsg), Menschenrechte, Christentum und Islam, 2010, 27 (41) ist der Geltungsgrund „wohl eher soziologisch denn rechtlich erklärbar: es handelt sich um eine Form der *autopoiesis*."
140 So wird das Völkerrecht letztlich von der gemeinsamen Überzeugung der Staaten getragen, dass ihre gegenseitigen Beziehungen einer Regelung bedürfen, die auf gemeinsamen Rechtsanschauungen beruht. Gemäß dem positivistischen Ansatz erfüllt der Staatenkonsens *per se* die Geltungs- und Legitimitätsanforderungen. Zu prozeduralen, institutionellen und inhaltlichen Aspekten *Ruffert/Walter*, Institutionalisiertes Völkerrecht, 2. Aufl 2015, Rn 425 f.
141 Auch nicht oder nur eingeschränkt justiziable und vollstreckbare Normen können Recht sein.
142 Eine Möglichkeit der Rechtsdurchsetzung kann bereits die formlose Feststellung (Behauptung) einer Rechtsverletzung sein – mit der Konsequenz indirekter Sanktionierung etwa durch internationalen Prestigeverlust und dessen Realfolgen.
143 Die „sanction of non-participation" (*Friedmann*, The Changing Structure of International Law, 1964, 88 ff, 369 f), der Ausschluss etwa von den Vorteilen der Mitgliedschaft in einer I. O., ist eine andere Möglichkeit der (mittelbaren) Rechtsdurchsetzung.
144 Vgl *Neuhold*, Die Pflicht zur Zusammenarbeit zwischen den Staaten, FS Verdross, 1980, 575 ff.

dungen handeln; andernfalls hätte man sich nicht einigen können.¹⁴⁵ Gleichwohl vermögen derartige *legally non-binding* Absprachen faktisch ebenso verhaltenslenkende Kraft zu entfalten wie rechtliche oder wie bloße *gentlemen's agreements*.

Mit soft law werden Akte – etwa Resolutionen der UN-Generalversammlung – bezeichnet, die zwar als solche keine Völkerrechtsquelle sind, denen aber als Aussage über das geltende Recht, über Rechtsüberzeugungen oder über Tendenzen zur Weiterentwicklung des Rechts zugestimmt worden ist.¹⁴⁶ Haben sich wichtige Staaten diesen Aussagen versagt, bleibt es bei deren Charakter als *nur politische Forderungen*. So war es etwa bei der kontrovers gebliebenen Charta über die wirtschaftlichen Rechte und Pflichten der Staaten v 12.12.1974.¹⁴⁷

Die Grenze zwischen internationaler Moral (etwa dem Postulat, Entwicklungshilfe zu leisten) und Courtoisie (zB der Einhaltung von Vorschriften des diplomatischen Zeremoniells) einerseits und Völkerrecht andererseits ist nicht immer leicht zu ziehen. Prinzipien der Völkersitte und der Moral können die Schwelle zur Normativität übersteigen, also zur Rechtspflicht werden. So ist ein großer Teil des Diplomatenrechts aus der Courtoisie entstanden. Kriterium für den qualitativen Sprung vom Nichtrecht zum Recht ist die Überzeugung der Völkerrechtsgemeinschaft, dass ein bestimmtes Verhalten *rechtlich* geboten ist.

Vom Geltungsgrund sind die *Rechtsquellen* abzugrenzen. Terminologisch ist hier vieles str.¹⁴⁸ Während „Geltungsgrundlage" den Grund für die Verbindlichkeit dessen darstellt, was wegen dieser Verbindlichkeit „Recht" genannt wird (etwa der Wille der Staaten), dient „Rechtsquelle" als Oberbegriff für all die *Erscheinungsformen,* in denen Recht sich manifestiert (zB als Gewohnheitsrecht).¹⁴⁹ „Erkenntnisquellen" (etwa Gerichtsurteile oder wissenschaftliche Lehrmeinungen) sind demgegenüber Mittel, mit deren Hilfe sich auf Existenz und Inhalt einer Norm schließen lässt.

Aus dem *Rechts*charakter des Völkerrechts ergeben sich dessen primäre *Funktionen*. Es sind die des Rechts überhaupt: Verhaltenslenkung und Legitimitätsstiftung bzw Machtbegrenzung und Machtstützung.¹⁵⁰ Als eine Macht konstituierende, legitimierende und limitierende Ordnung dient das Völkerrecht dem Zusammenleben und dem Schutz seiner Subjekte sowie der Lösung von Konflikten.¹⁵¹ Es dient der Macht effektivierenden Durchsetzung etwa von Gebiets- oder Wiedergutmachungsansprüchen ebenso wie der Delegitimation oder Destruktion derartiger Ansprüche.¹⁵² Das Völkerrecht begrenzt und ermöglicht Handeln. Es ist eine *wert*bestimmte Ordnung.¹⁵³ So listet die UN-Prinzipiendeklaration v 24.10.1970,¹⁵⁴ ähnlich der Präambel der UN-Charta, als Funktionen und Werte auf: „Erhaltung und Stärkung des Weltfriedens auf der Grundlage von Freiheit, Gleichheit, Gerechtigkeit und Achtung der grundlegenden Menschenrechte."

---

145 Zum KSZE-Prozess, einschließlich der Pariser Charta für ein neues Europa v 21.11.1990, *Heintze,* in Ipsen (Hrsg), Völkerrecht, § 30 Rn 11f.
146 Vgl *Thürer,* „Soft Law", ZSchwR 104 (1985) 429ff.
147 Res 3281 (XXIX); vgl auch *Seidl-Hohenveldern,* International Economic Soft Law, RdC 163 (1979-II) 165ff.
148 Vgl u Rn 113ff.
149 Vgl *Verdross/Simma,* § 515 zum Unterschied zwischen jenen „formellen" Rechtsquellen, den Rechtsentstehungsquellen, einerseits und den „materiellen" Rechtsquellen (soziale Normen, juristische Überzeugungen usw) andererseits; Letztere sind die *faits matériels,* die auf das Recht einwirken, auf seine Entstehung, seinen Inhalt.
150 Vgl *K. W. Nörr,* Die Leiden des Privatrechts, 1994, 127.
151 Die Konfliktlösungsmöglichkeiten des Völkerrechts selbst sind nicht absolut, sondern rechtsimmanent begrenzt: Es sind Chancen, Rechte „*within* the law."
152 Neben der Funktion der Legitimierung und Organisation sozialer Herrschaft soll das Recht auch Entfaltung und sozialen Wandel innerhalb der gewährleisteten Freiräume stimulieren.
153 Vgl *Berber,* Lehrbuch des Völkerrechts, Bd I, 2. Aufl 1975, 33; *Verdross,* Die Wertgrundlagen des Völkerrechts, AVR 4 (1953) 128ff. Später stellte sich *Verdross* auf die Seite der universalistischen Tradition von *Suarez, Vitoria, Grotius* und *Wolff* und sah die Völkerrechtsgemeinschaft in einer Ethik verankert, die allen Zivilisationen gemeinsam sei. Heute sind die wesentlichen Elemente des Naturrechts in das positive Völkerrecht integriert.
154 Erläuterung in *Graf zu Dohna,* Die Grundprinzipien des Völkerrechts über die freundschaftlichen Beziehungen und die Zusammenarbeit zwischen den Staaten, 1973 (Text 267ff).

b) Die Grundregeln des Völkerrechts

72 Die Begriffe „Grundregeln", „Grundsätze" oder „Grundprinzipien des Völkerrechts" umreißen den *Kernbereich* der Rechtsregeln für die internationalen Beziehungen.[155] Seiner materiellen Bedeutung wegen hebt sich dieser Katalog von den eher technischen Detailregeln ab. An jenem Kern knüpfte bereits *Verdross'* Begriff der *Verfassung der Völkerrechtsgemeinschaft* an.[156] Die Grundregeln des Völkerrechts sind weitestgehend in der UN-Charta niedergelegt. Sie sind allgemeinverbindlich. Darüber hinaus haben sie, vor allem bzgl des traditionellen Koexistenzrechts, ihren Niederschlag in der *UN-Prinzipiendeklaration 2625 (XXV) (Friendly Relations Declaration)* gefunden. Insgesamt lassen sich *sieben* Grundregeln ausmachen. Zur Klärung von Wesen und Wirkung des Völkerrechts tragen sie entscheidend bei. Vorliegend genügt eine knappe Orientierung. Sie umreißt zugleich Gegenstände einer zeitweise zT in Angriff genommenen „*Konstitutionalisierung" des Völkerrechts*,[157] eines Völkerrechts als einer „objektiven", also nicht rein reziproken Ordnung (str) auf der Basis materieller universeller Werte.

73 Die *erste* „Grundregel" stellt auf die *Staatensouveränität* ab. Die (partielle) Selbstunterwerfung unter die dirigierende Gewalt etwa einer I.O. (zB um günstige Finanzhilfen zu erhalten) gehört heute zu den Selbstverständlichkeiten des Lebens vieler Staaten. Für die Souveränität bedeutet die Unterwerfung so lange keine ernsthafte Herausforderung, als sie freiwillig ist und sich die I.O.[158] nicht zu einem die inneren Belange bestimmenden Machtfaktor entwickelt, also die staatliche Selbstbestimmung prinzipiell bestehen lässt. Gemäß StIGH im *Wimbledon*-Fall im Jahr 1923[159] ist der Abschluss von Verträgen, welche die Handlungsfreiheit eines Staates beschränken, gerade Ausdruck souveräner Entscheidungsmacht.[160] Aus der gegenseitigen Achtung der Souveränität ergibt sich auch das Recht auf Freistellung (Immunität) von der Befehlsmacht anderer, jedenfalls für Akte *hoheitlicher* Natur *(acta iure imperii)*.

74 Das *zweite* Grundprinzip des Völkerrechts, die *Staatengleichheit*, ist das Spiegelbild des ersten.[161] Diese Grundregel ist *formeller* Natur, gilt also unabhängig von „Lagen". Aus dem Gleichheitssatz folgen grundsätzlich keine Leistungsansprüche: kein Recht auf Entwicklungshilfe zB, kein Anspruch also darauf, Gleichheit im *materiellen* Sinne herzustellen. Der Gleichheitssatz verlangt nur, dass alle Staaten unter gleichen Bedingungen gleiche Rechte haben, etwa auf Hoher See gleiche Forschungs- oder Fischereifreiheit genießen. Er verbietet nicht, Präferenzpositionen *vertraglich* zu begründen, etwa einzelnen Mitgliedern des UN-Sicherheitsrates eine Vor-

---

155 Zu Nachfolgendem etwa *Tomuschat*, „Völkerrecht", Sp 3383 ff.
156 Vgl bereits *Verdross*, Zur Konstruktion des Völkerrechts, Zeitschrift für Völkerrecht 8 (1914) 329 ff.
157 Kennzeichnend für diese neuen, str Entwicklungen sind u a die „hierarchisierenden" Konzepte der *erga omnes*-Verpflichtungen, des *ius cogens* (s u Rn 120, 126) und des Völkerstrafrechts; vgl etwa die Nachw in Fn 286. Krit Überblick *Proelß*, Die internationale Gemeinschaft im Völkerrecht, in J. Badura (Hrsg), Mondialisierungen, 2006, 233 ff. Frühzeitig skeptisch *Schwarzenberger*, International Jus Cogens?, Texas LR 43 (1965) 476 ff. Die Möglichkeit der *persistent objection* besteht bei *ius cogens* nicht. Bzgl *erga omnes*-Verpflichtungen fehlt bisher eine *actio popularis* (str). Zu den einschlägigen optimistischen Denkschulen *Schellhaas*, Die „internationale Gemeinschaft" im 21. Jahrhundert, in Tomuschat (Hrsg), Weltordnungsmodelle für das 21. Jahrhundert, 2009, 25 ff; *Fassbender*, UN Security Council Reform and the Right of Veto, 1998, 89 ff („The UN Charter as a Constitution"); *ders* (Fn 43); *Kleinlein*, Konstitutionalisierung im Völkerrecht, 2012.
158 Vgl *Weigelt*, Die Konditionalität des Internationalen Währungsfonds in ihrem Verhältnis zur Staatssouveränität und zu den Menschenrechten, 1999, 93 ff, 143 ff, 156 ff.
159 PCIJ, Ser A, No 1, 6, 25: Die durch den Versailler Friedensvertrag 1919 geschaffene Ordnung genieße Vorrang vor dem allgemeinen Völkerrecht. Die dt These, ein Staat könne nicht durch Vertrag der Mittel beraubt werden, seine Position als *gleiches* Mitglied der Völkerrechtsgemeinschaft wahrzunehmen, blieb erfolglos.
160 Vgl Art 6 WVK: „Jeder Staat besitzt die Fähigkeit, Verträge zu schließen." Vgl o Rn 50.
161 Zum „Anspruch" auf Gleichheit iSv Gleichstellung *Anand*, Sovereign Equality of States in International Law, RdC 197 (1986-II) 1 (126 ff) einerseits und *Ladreit de Lacharrière*, L'influence de l'inégalité de développement des Etats sur le droit international, RdC 139 (1973-II) 227 (253 ff) andererseits. Zum „Prinzip der souveränen Gleichheit der Staaten" *Dohna* (Fn 154) 158 ff.

zugsstellung einzuräumen oder die Stimmengewichte in I.O. primär an den Finanzbeiträgen der Mitgliedsstaaten zu orientieren.[162]

Das *Verbot* einer „gegen die territoriale Unversehrtheit oder die politische Unabhängigkeit eines Staates" gerichteten *Gewaltanwendung*, Art 2 Nr 4 UN-Charta, ist die *dritte* Grundregel.[163] Sie markiert die entscheidende Veränderung gegenüber dem „klassischen" Völkerrecht. Gewaltanwendung ist gemäß Art 51 UN-Charta in *reaktiver* Form zulässig zur Abwehr eines „bewaffneten Angriffs" *(armed attack/aggression armée)*.[164] Auch bei diesem unilateralen „Notanker", der *Selbstverteidigung*, ist der *Grundsatz der Verhältnismäßigkeit* zu beachten.[165] Durch Gewalt erzwungene Verträge sind nichtig, Art 52 WVK. Schon bei der Formulierung des Art 2 Nr 4 UN-Charta im Frühjahr 1945 wurde die Forderung abgelehnt, den Begriff der Gewalt auch auf nichtmilitärische Maßnahmen auszudehnen.[166] Ein Verbot der Anwendung politischen und wirtschaftlichen Drucks ist zwar in der Präambel der UN-Prinzipiendeklaration v 1970 und im Grundsatz der Nichtintervention enthalten;[167] die Deklaration als solche schafft jedoch kein neues Recht.[168]

75

Mit den Prinzipien der Gleichheit und des Gewaltverbots hängt das *Interventionsverbot*, die *vierte* völkerrechtliche Grundregel, eng zusammen. Dieses Verbot der Einmischung in die inneren Angelegenheiten eines Staates (in den *domaine réservé*)[169] geht über das des Gewaltverbots hinaus. Auch subversive Tätigkeiten sowie die Anwendung erheblichen wirtschaftlichen, politischen oder sonstigen Drucks zur Vorteilserlangung werden verboten. Untersagt sind damit alle Versuche, einen anderen Staat unterhalb der Gewaltschwelle *methods of coercion* auszusetzen, um zu erreichen, dass er sein Verhalten fremdem Willen unterordnet.[170] Die Subsumtion unter diesen weit gespannten Obersatz erbringt selten eindeutige Ergebnisse.[171] So ist etwa str, inwieweit das Interventionsverbot in Bürgerkriegen eingeschränkt ist.[172] Das Problem der Unterscheidung zwischen erlaubter Einflussnahme und verbotener Intervention harrt näherer Klärung.[173]

76

---

162 Zu Differenzierungen im Atomwaffenbereich *Graf Vitzthum*, Weltnuklearordnung und Staatengleichheit, FS Grewe, 1981, 609 ff; zur Rolle im Recht der I.O. *Boutros-Ghali*, Le principe d'égalité des Etats et des organisations internationales, RdC 100 (1960-II) 1 ff; zu quantitativen Differenzierungen *Castrén*, La position des grands et petits Etats dans la communauté internationale et particulièrement dans les organisations internationales, FS Schätzel, 1960, 25 ff. Zum Prinzip gemeinsamer, aber unterschiedlicher Verantwortlichkeiten *Kreuter-Kirchhof*, Neue Kooperationsformen im Umweltvölkerrecht, 2005, 515 ff.
163 Die Völkerbundsatzung enthielt in Art 10 und Art 12 Abs 1 mit dem Begriff des „unerlaubten Krieges" bereits ein beschränktes Kriegsverbot. Mit dem Briand-Kellogg-Pakt v 1928 verzichteten die Vertragsparteien dann auf den Krieg als Mittel der Politik überhaupt. Art 2 Nr 4 UN-Charta erweitert dieses Verbot: Nun ist grundsätzlich jede Androhung oder Anwendung von Gewalt in den zwischenstaatlichen Beziehungen untersagt.
164 Eine Aktion nach Kap VII UN-Charta bildet die zweite UN-Charta-Ausnahme vom Gewaltverbot. Diese Kollektivierung der Gewalt setzt ein positives Votum (Mandat) des SR voraus, was selten erfolgt.
165 Das Proportionalitätsprinzip spielt etwa um Recht der Gegenmaßnahmen eine wichtige Rolle.
166 Die Präambel der UN-Charta nimmt ausdrücklich auf *„Waffengewalt" (armed force)* Bezug; lediglich diese wird von Art 44 UN-Charta erfasst. UN-Charta wie allgemeines Völkerrecht verbieten unter dem Aspekt des *Gewalt*verbots demnach nur die *militärische* Gewalt.
167 UN GA Res. 2625 (XXV) Erwägungsgrund 9: „Recalling the duty of States to refrain in their international relations from military, political, economic or any other form of coercion aimed against the political independence [...] of any State [...]".
168 Vgl *Dohna* (Fn 154) 241 ff. Die Deklaration kann zur Auslegung des Gewaltverbots herangezogen werden.
169 Bzgl der UN selbst vgl die Formulierung des Nichteinmischungsprinzips in Art 2 Nr 7 UN-Charta.
170 Freilich kann sich ein Vertrag auch auf „innere Angelegenheiten von Staaten" beziehen. Rechte aus einem solchen Vertrag geltend zu machen, etwa ein menschenrechtsbezogenes *droit de regard*, verletzt nicht das Gebot der Nichteinmischung.
171 *Tomuschat*, „Völkerrecht", Sp 3885: „Selbst der Lieferstopp (Ölembargo 1974) wird [...] als außenpolitische Waffe gehandhabt", ebenso („Hallstein-Doktrin") der Abbruch der diplomatischen Beziehungen.
172 Zur Anerkennung von Aufständischen *Talmon*, Recognition in International Law, 2000, 215 ff; zur Intervention durch Unterstützung der umsturzwilligen Opposition vgl ICJ Rep 1986, 14 §§ 254 ff *(Nicaragua)*.
173 Die in der UN-Deklaration v 1970 verwandte Formulierung, die *jegliche* zwischenstaatliche Einmischung unter das Interventionsverbot fallen lässt, widerspricht dem Völkerrecht.

77　Korrelat zu diesen Grundregeln ist die *Verpflichtung, internationale Streitigkeiten friedlich zu regeln* (Art 1 Nr 1, Art 2 Nr 3, Art 33 Nr 1 UN-Charta). Diese *fünfte* Grundregel, ebenfalls in der Prinzipiendeklaration v 1970 enthalten,[174] ergibt sich auch aus zahlreichen Verträgen. Sie manifestiert sich etwa im Europäischen Übereinkommen zur friedlichen Beilegung von Streitigkeiten v 1957.[175] Freilich gibt es keine generelle Pflicht, Streitfälle einem unparteiischen Dritten zu unterbreiten. Ein korrespondierendes Verfahren zur gewaltfreien Veränderung bestehender Strukturen sieht Art 14 UN-Charta nur ansatzweise vor.[176]

78　Das *Selbstbestimmungsrecht der Völker* stellt das *sechste* Grundprinzip dar.[177] Ursprünglich in Art 1 Nr 2 UN-Charta lediglich als Ziel der Weltorganisation aufgeführt,[178] ist die Selbstbestimmung, (dürftig) legaldefiniert in den übereinstimmenden Art 1 der beiden UN-Menschenrechtspakte v 1966, ein „allen Völkern" zustehendes Recht: „Kraft dieses Rechts entscheiden sie frei über ihren politischen Status und gestalten in Freiheit ihre wirtschaftliche, soziale und kulturelle Entwicklung." Die hM lehnt ein daraus ableitbares Recht von Völkern auf einseitige Loslösung aus einem bestehenden Staatsverband, also ein Recht auf Sezession, grundsätzlich ab.[179] Das in seinen Konturen und Konsequenzen str Selbstbestimmungsrecht sollte stärker als bisher aus seinem Regelungszusammenhang heraus verstanden werden: als ein bloßer *Teil* der völkerrechtlichen Gesamtordnung;[180] zu dieser aber gehört auch die territoriale Integrität der Staaten (sowie das Gewaltverbot). Schon in Art 1 Nr 2 UN-Charta wird die Selbstbestimmung als eine Maßnahme „zur Festigung des Weltfriedens" bezeichnet, also ihr immanent beschränkter, friedens*stabilisierender* Charakter hervorgehoben.

79　Das Prinzip der *Zusammenarbeit der Staaten* (Art 1 Nr 3, Art 11, 13, 55, 56 UN-Charta) bildet den *siebten* Grundsatz des Völkerrechts. Die Kooperationsregel, geprägt vom Gedanken internationaler Solidarität, spielt etwa im Wirtschaftsvölkerrecht eine Rolle, zumal bei der Hilfe für unterindustrialisierte Staaten.[181] Unabhängig von ihren politischen Systemen sind die Staaten zur Zusammenarbeit verpflichtet – zwecks Erhaltung des Weltfriedens, der Achtung der Menschenrechte und der Erfüllung UN-verhängter Maßnahmen.[182] Das internationale System ist eine „als Rechtsgemeinschaft konstituierte Pluralität von Staaten, denen aus der Rechtsbindung gegenseitige Hilfs- und Unterstützungspflichten erwachsen".[183]

174　Näheres bei *Neuhold*, Internationale Konflikte, 1977, 45 ff.
175　Wichtig bereits das I. Haager Abkommen v 18.10.1907 zur friedlichen Erledigung internationaler Streitfälle, Fontes III/1, 558. Auch nach Kap VI der UN-Charta sind die Mitgliedstaaten zur friedlichen Streitbeilegung verpflichtet, nach Treu und Glauben (Art 2 Nr 2 UN-Charta).
176　Die entsprechende UN-Praxis ist denn auch überaus dürftig.
177　Dazu Neuhold/Simma (Fn 3) 16 ff, 43 ff *(Thürer)*. In der UN-Praxis war das Selbstbestimmungsrecht (vgl auch Art 55 UN-Charta) jahrzehntelang auf das Erlangen der Unabhängigkeit von Territorien bzw Völkern gerichtet, die unter Kolonialherrschaft standen; *insofern* war das Subjekt des Selbstbestimmungsrechts eindeutig.
178　UN-Charta wie UN-Deklaration v 1970 klären weder die Frage nach dem Träger des Rechts – dem „Volk" – noch die nach dem bei der Verwirklichung des Rechts zu beobachtenden Verfahren.
179　Vgl *Tomuschat*, „Völkerrecht", Sp 3885. Zur engen Ausnahme *Thürer* (Fn 177) 50: „Macht sich ein Regime einer gezielt gegen ein Volk gerichteten, dessen Existenz oder kulturelle Identität bedrohenden, schwerwiegenden Verletzung von Menschenrechten schuldig, so scheint es heute nicht mehr angängig zu sein, ein Separationsrecht dieses Volkes als ultima ratio eines Grundstandards von Menschenrechten zu leugnen."
180　*Thürer* (Fn 177) 46 ff. Freilich wäre ein „Friede", der auf *gewaltsamer* Verweigerung des Selbstbestimmungsrechts beruhte, kein Frieden.
181　*Konkrete* Hilfspflichten folgen aus dem Kooperationsprinzip nicht.
182　Das von der UN-Charta erstrebte Friedenssystem bedeutet mehr als die Abwesenheit von Gewalt. Ohne internationale Zusammenarbeit ist es nicht zu verwirklichen.
183　*Tomuschat*, „Völkerrecht", Sp 3886; ein Mechanismus der Mehrheitsentscheidung existiert nicht, „so dass es nicht zu einer zwangsweisen Umverteilung kommen kann".

c) Die Einheit der Völkerrechtsordnung

Die Frage[184] nach der Existenz eines „*sozialistischen* Völkerrechts"[185] und die dahinter liegende nach der Einheit der Völkerrechtsordnung,[186] ist auch nach der weltpolitischen Wende v 1989/90, die u a eine „völkerrechtliche Flurbereinigung" in Europa brachte,[187] offen. Sie ist dies nicht nur deswegen, weil marxistisch-leninistisch determinierte Völkerrechtsvorstellungen keineswegs ganz der Vergangenheit angehören. Die Einheit der Völkerrechtsordnung wird vielmehr auch von anderen Ideologien in Frage gestellt, in Kombination mit Auswirkungen oder Instrumentalisierungen einzelner Weltreligionen. 80

Während des 20. Jh sah die *sozialistische* Völkerrechtstheorie lange Zeit die *Staaten* als die (nahezu) exklusiven Völkerrechtssubjekte an.[188] Die Staaten galten als Machtinstrumente der herrschenden Klassen: „Klassencharakter" des Völkerrechts.[189] Das für die Beziehungen im „sozialistischen Lager" geltende Völkerrecht sollte dort dem „allgemeindemokratischen Völkerrecht", das zwischen Staaten mit verschiedenen Gesellschaftssystemen gilt, vorgehen. Dies lief auf eine *Dreiteilung* hinaus: „bürgerliches Völkerrecht" (zwischen den „Kräften der Reaktion"), „sozialistisches Völkerrecht" (zwischen den „fortschrittlichen" Staaten), „allgemeindemokratisches Völkerrecht" (zwischen diesen beiden „Lagern").[190] Die Unterschiede wurden nicht nur beim *Menschenrechts*verständnis deutlich,[191] sondern im Kern bei jedem Grundprinzip des Völkerrechts[192] sowie bei der Rechtsquellenlehre und der Bestimmung der Völkerrechtssubjekte. 81

Hinsichtlich der entscheidenden Frage nach der Geltung entweder „der allgemeinen Grundsätze des Völkerrechts [...], die für die *nationalen* Interessen des einzelnen sozialistischen Staates stehen", einerseits oder der „des Grundsatzes des proletarischen *Internationalismus*", der als prätendierter Völkerrechtssatz mit sowjet-marxistischer Prägung „letztlich für die Subordination der einzelnen sozialistischen Staaten unter die UdSSR und die KPdSU steht", andererseits kam *Schweisfurth*[193] seinerzeit zu dem Ergebnis: Ein „sozialistisches" Völkerrecht mit den von seiner 82

---

184 *Schweisfurth*, Sozialistisches Völkerrecht?, 1979. Zur Gefährdung der Einheit des Völkerrechts nicht durch die Zweite, sondern die Dritte Welt *Ginther*, ÖHVR I, Rn 145 ff.
185 In den 1920er Jahren wurde in der UdSSR, etwa von *Korovin*, Das Völkerrecht der Übergangszeit, 1929, die These aufgestellt, das einheitliche Völkerrecht sei zerfallen, ein gemeinsames Recht könne es nur noch vorübergehend geben. Die Existenz eines eigenen „sozialistischen" Völkerrechts zwischen den „Staaten des sozialistischen Weltsystems" wurde auch 1968 (Einmarsch von Truppen des Warschauer Pakts in der Tschechoslowakei) behauptet, etwa von *Tunkin*, Völkerrechtstheorie, 1972, 487 mwN.
186 „Einheit der Völkerrechtsordnung" wird hier in einem historisch-kulturellen Sinne verstanden, nicht also als Gegenbegriff zur „Fragmentierung des Völkerrechts". Letzterer Terminus bezieht sich auf „difficulties arising from the diversification and expansion of international law" (Titel des IX. Kap des ILC-Berichts der 54. Sitzung, UN Doc A/57/10, Suppl No 10), also auf den Doppelkomplex Normenkollisionen und -hierarchie; vgl UN Doc A/60/10, Suppl No 10, Report of the ILC of its Fifty-seventh Session, § 442. Dazu Zimmermann/Hoffmann (Hrsg), Unity and Diversity of International Law, 2006; *Thiele*, Fragmentierung des Völkerrechts als Herausforderung für die Staatengemeinschaft, AVR 46 (2008) 1 ff; *Koskenniemi*, Fragmentation of International Law (= Bibliographie), 2007.
187 Hierzu und zum Folgenden Neuhold/Simma (Fn 3) 14 ff.
188 Gegenüber einer (auch nur partiellen) Völkerrechtssubjektivität von I. O. oder Individuen wurde eine äußerst restriktive Haltung eingenommen. Offener war man bzgl Völkern und Befreiungsbewegungen.
189 Sog Basis-Überbau-Theorem, das auch für das Recht allgemein galt.
190 Völkerrechtslehrbuch der Sowjetischen Akademie der Wissenschaften, 1960 (dt Übers), 1.
191 Gemäß sozialistischer Theorie bestünde der Gegensatz zwischen den Interessen des Einzelnen und denen der Gemeinschaft in einer klassenlosen Gesellschaft nicht mehr. Vom Staat werden statt eines Nichteingreifens Leistungen gefordert. Den entsprechenden Rechten des Individuums korrespondieren dann Pflichten gegenüber der Gesellschaft.
192 Vgl o Rn 72 ff.
193 (Fn 184) 109, 539, 560 ff: Rechtskonstruktionen zur Legitimation hegemonialer Interventionen. Konkret ging es um die Frage, ob die Souveränität der sozialistischen Staaten untereinander idS beschränkt war, dass sie ihr politisches System (ohne Zustimmung der KPdSU bzw der UdSSR) nicht grundlegend ändern durften. Dabei „gestattete", ja „verpflichtete" das Prinzip des „sozialistischen Internationalismus", zugunsten eines sozialistischen Staates „Hilfe" zu leisten zwecks „Beibehaltung der Errungenschaften des Sozialismus". Bsp sind die Niederschlagung der „Konterrevolutionen" in Budapest 1956 und Prag 1968 gemäß dieser „Breschnew-Doktrin".

Theorie behaupteten Inhalten habe es nie gegeben. Die Erfolglosigkeit sozialistisch geführter Aufstandsbewegungen in der Dritten Welt, schließlich der Sturz der kommunistischen Regime in Europa seit 1989 und die Aufnahme der weitaus meisten mittel- und osteuropäischen Staaten in den Europarat, in die NATO, in die EU – all dies hat bewirkt, dass vom verklungenen Postulat eines „sozialistischen Völkerrechts"[194] Spaltungsgefahren nicht mehr ausgehen.[195]

83 Die Frage nach der Einheit des Völkerrechts wird heute u a vom *islamischen* Rechts- und Staatsverständnis aufgeworfen.[196] Die Einheitsfrage besitzt insofern eine auch religiös-politische Dimension. Herausgefordert sieht sich die überkommene *Staats*orientierung des Völkerrechts sowie seine bereits von *Grotius* ins Auge gefasste *Nichtidentifikation mit religiösen Autoritäten*. Das islamische Recht basiert auf der Maxime, dass Gottes Wille, ausgedrückt im Koran und in der authentischen Überlieferung und normativen Praxis des Propheten, der *sunna,* die höchste Regel ist. Alles Recht unterliegt insofern den Prinzipien (nicht: der wörtlichen Auslegung) der *scharia,* der Hauptquelle der Gesetzgebung, die alle Handlungen einer rechtlich-moralischen Wertung (welches Tun ist gut, welches verwerflich) zu unterziehen beansprucht. Wer das Recht auf den geoffenbarten Willen Gottes als des Inhabers der Souveränität zurückführt, dem müssen Menschenrechte, die religiös motiviertem Zugriff entzogen sind, problematisch erscheinen, zumindest soweit sie in Differenz zu den (freilich interpretierbaren, insbes im kulturell-historischen Kontext zu verstehenden) Lehren und Prinzipien „des" Islam stehen.[197] Diese Zusammenhänge führen zu Schwierigkeiten sowohl mit den UN-Menschenrechtspakten v 1966, an die sich praktisch alle muslimischen Staaten gebunden haben, als auch mit der Vorstellung, dass das Individuum als Träger der Menschenrechte (partielles) Völkerrechtssubjekt ist. Unvereinbarkeiten können zudem aus der Rolle des *djihad* folgen, des Glaubensgrundsatzes vom Kampf (gegen die eigenen inneren Schwächen, aber wohl auch gegen Andersgläubige). Für den Islam[198] mag spätestens seit dem 19. Jh der Kampf gegen Ungläubige *de facto* eine Art *bellum iustum* sein.[199]

84 Die konzeptionellen Besonderheiten beruhen u a darauf, dass das klassische, nach wie vor prägende islamische Recht auf ein *Universal*gemeinwesen hin orientiert ist, dem im Laufe der

---

194 Bzgl der Rechtsquellen lag der Schwerpunkt auf Verträgen. Gewohnheitsrecht wurde als *pactum tacitum* konstruiert. Die „allgemeinen Rechtsgrundsätze" wurden abgelehnt. Vgl *Schweisfurth,* The Science of Public International Law in the German Democratic Republic, GYIL 50 (2007) 149 ff.
195 Kubanische, nordkoreanische, vietnamesische oder chinesische Völkerrechtsvorstellungen (zu Letzteren *Kaminski,* Chinesische Positionen zum Völkerrecht, 1973) werfen mangels eines eigenständigen sozialistischen Staaten*systems* und mangels einer korrespondierenden gemeinsamen Völkerrechtstheorie keine fundamentalen rechts*systematischen* Probleme auf.
196 Literatur u a *Salem,* Islam und Völkerrecht, 1984; *Pohl,* Islam und Friedensvölkerrechtsordnung, 1988; *Mikunda Franco,* Das Menschenrechtsverständnis in den islamischen Staaten, JöR (NF) 44 (1996) 205 ff; *Fadel,* International Law, Regional Developments: Islam, MPEPIL V, 926 ff; *Roeder,* Traditional Islamic Approaches to International Law, ZaöRV 72 (2012) 521 ff. – Auch andere Weltreligionen verdienten in diesem Kontext nähere Untersuchung, etwa der Konfuzianismus, *Iriye,* The Principles of International Law in the Light of the Confucian Doctrine, RdC 120 (1967), und der Buddhismus. Im Unterschied zum Islam ist ihr Einfluss auf Einheit und Entwicklung des Völkerrechts freilich bisher begrenzt.
197 Jedenfalls das *klassische* islamische Recht trennt die geistlichen Angelegenheiten nicht deutlich von den weltlichen. Originäre Regelungsgegenstände sind der Glaube, das religiös-soziale Zusammenleben der Muslime sowie die (aus dieser Sicht prinzipiell untergeordnete) Stellung der Angehörigen der anderen (älteren) Buchreligionen, also der Juden und der Christen. Der Islam ist freilich eine Religion mit *vielfältigen* Konfessionen und Richtungen.
198 Vgl *Krämer,* Gottes Staat als Republik, 1999, 49 ff; *Noth,* in Rotter (Hrsg), Die Welten des Islam, 1993, 22 ff; *Rohe,* Das islamische Recht, 2009; *van Ess,* Dschihad gestern und heute, 2012. Zwischen den Kernelementen der Demokratie zB und den Werten des Islam besteht kein prinzipieller Gegensatz, wohl aber zwischen Aufklärung, einschließlich des Konzepts des *zivilen,* säkularen Staates (im Unterschied zu einem „koranischen *Gottes*staat"), und der Aufklärungsverweigerung mit der verbreiteten Ablehnung einer *zeitgenössischen* Auslegung der Heiligen Schriften.
199 Gemäß *mittelalterlicher* islamischer Lehre ist die Welt zweigeteilt: in das Territorium des Islam, in dem Friede herrscht, und in das von den Ungläubigen bewohnte „Gebiet des Krieges". *Eine* Ausprägung des Islam ist der Fundamentalismus, die wörtliche Auslegung einer Heiligen Schrift. Islamismus ist ein politischer, meist fundamentalistischer Islam. Die Schnittmenge zwischen Islamismus und Terrorismus ist groß.

Zeit alle Mitglieder der Menschheitsfamilie einzugliedern sind. Als Ideal anerkannt wird die *umma*, die politisch-religiöse Einheit aller Muslime.[200] Die Gesamtheit der *Gläubigen* wird geschützt, die politisch organisierte transnationale Religions*gruppe* also, weniger der Staat als juristische Person, noch gar das Individuum als solches. Da das Völkerrecht primär ein Zwischen*staaten*recht ist, führt jenes Fernziel einer „globalen *umma*" zu Gegensätzen zwischen ihm, dem Staatenrecht, auf der einen Seite und, auf der anderen, dem Konzept eines Rechts, bei dem die Beziehungen zwischen religiös homogenen, *nicht*staatlichen Personenkörperschaften im Vordergrund stehen. An der Herausbildung des modernen Staatsbegriffs in den konfessionellen Bürgerkriegen des 16. und 17. Jh in Europa war der Islam nicht beteiligt. An der am Ende dieser von der Aufklärung geprägten Entwicklung stehenden grundsätzlichen Trennung des Religiösen von Staat und Politik sowie an der prinzipiellen Differenz von Staat und Gesellschaft und von Individuum und Gemeinschaft fehlt es jedenfalls im *traditionellen* islamischen Denken. Damit wird die strukturelle Vereinbarkeit des klassischen islamischen Rechts mit dem modernen Völkerrecht zum Problem.[201] Als die theoretische Verkörperung der *Gemeinschaft* der Muslime besitzt das islamische Gemeinwesen, der vormodernen Idee eines religiösen Herrschaftsverbandes verbunden, eine *besondere* Qualität – ein Problem auch für die Staatengleichheit.[202]

Das Gebiet des Islam hat freilich von Anfang an in regem Kontakt mit der Außenwelt gestanden. Das Zusammenleben von Muslimen mit Nichtmuslimen wurde frühzeitig geregelt. Die sich dann in der Neuzeit herausbildenden muslimisch geprägten *Staaten* nehmen heute überwiegend am internationalen Menschenrechtsdiskurs[203] sowie an der Entwicklung des Völkerrechts teil. Abgesehen von den Gruppierungen und Herrschaftsverbänden, die, *selektiv* auf einzelne zum Kampf aufrufende Koranverse „gestützt", extrem gewalttätig hervortreten, zeichnet sich die Haltung der islamischen Staaten überwiegend durch *Pragmatismus* aus. Mit der Existenz nichtmuslimischer Staaten hat sich der Islam faktisch ebenso abgefunden wie mit der der muslimischen *Einzel*staaten. Die optimistische These, wonach die Verrechtlichung der Beziehungen zwischen „dem Islam" und dem „Rest der Welt" auf einer *gemeinsamen* Grundlage bereits irreversibel ist, mag zwar nicht überzeugen;[204] je weniger Vorbehalte aber der Islam der Rechtsfigur des *Staates* als dem modernen, überwiegend säkularen Gemeinwesen entgegenbringt, desto größer könnten die Schnittmengen zwischen den islamischen Rechtsvorstellungen und dem bisher vor allem westeuropäisch-nordamerikanisch geprägten Völkerrecht werden.[205]

85

---

200 Zur Autorität der *umma Krämer* (Fn 198) 99 ff, 116 ff.
201 Vgl *Krämer* (Fn 198) 262: Grundprinzipien einer demokratischen Ordnung werden bejaht, „nicht aber eine liberale Grundhaltung, die auch religiöse Indifferenz zulässt. Pluralismus gilt nur in den Grenzen des Islam." Die islamischen Gemeinwesen akzeptieren „angemessen eingeordnete" Nichtmuslime; entscheidend ist, dass das Gemeinwesen als solches vom Islam bestimmt ist.
202 Die islamischen Völker bilden der klassischen Theorie nach eine Einheit. Der real existierende Islam folgt diesem Schema nicht; man denke nur an die Differenzen, ja Kämpfe zwischen Schiiten und Sunniten. Die Verfassungen islamischer Staaten, die sich zur außenpolitischen Einbindung äußern, gehen vom Nebeneinander der Staaten aus.
203 Vgl Mahoney/Mahoney (Hrsg), Human Rights in the Twenty-first Century, 1993; *Abu-Sahlieh*, Les Musulmans face aux droits de l'homme, 1994 (mit Dokumentation); *A. E. Mayer*, Islam und Human Rights, 3. Aufl 1999; *Forstner*, Inhalt und Begründung der Allgemeinen Islamischen Menschenrechtserklärung, in Hoffmann (Hrsg), Begründung von Menschenrechten aus der Sicht unterschiedlicher Kulturen, Bd I, 1991, 249 ff; Ende/Steinbach (Hrsg), Der Islam in der Gegenwart, 4. Aufl 1996; *L. Müller*, Islam und Menschenrechte, 1996.
204 Vgl *Salem* (Fn 196) 141 ff, 179 ff; *Pohl* (Fn 196) 87 ff. Vgl auch die Welle wachsender Bedrängung, ja religiösen Terrors, der sich Christen vor allem in islamisch geprägten Ländern ausgesetzt sehen. Auf einem anderen Blatt steht der innerislamische Großkonflikt; alle Toleranztraditionen ignorierend wird er derzeit insbes im syrischen Bürgerkrieg, der inzwischen viele Anzeichen eines Religionskriegs angenommen hat (mit überregionaler Ausstrahlung und Beteiligung), sowie im Irak, in Afghanistan und im Jemen ausgetragen.
205 *Krämer* (Fn 198) 282: der islamische *Einzel*staat wird „als Ausgangspunkt anerkannt, jedoch nicht als Endziel angestrebt".

86 Bei näherer Betrachtung mag sich beim islamischen Rechtsdenken[206] ein ähnlicher Befund wie in der Zwischen- und Nachkriegszeit beim sozialistischen abzeichnen. In der „realen Existenz" agieren gewöhnlich auch jene Entitäten *innerhalb* des Rahmens des allgemeinen Völkerrechts, die in ihrer Theorie und Ideologie einem fremden Hintergrund verhaftet sind. *Anerkannte* ideologisch oder religiös geprägte Völkerrechtskreise, die sich qualitativ vom universellen Völkerrecht unterscheiden, haben sich bisher jedenfalls *nicht* herausgebildet. Die Völkerrechtsordnung bleibt existenziell herausgefordert, gewiss. Um ihre relative Einheit zu wahren, ist sie zur Zurückhaltung angehalten, auch im Menschenrechtsbereich; die einschlägigen Vorbehalte muslimischer Staaten sprechen eine überaus deutliche Sprache.[207] Bei entsprechender Geduld müsste eine allmähliche „Einhausung" der dynamischen islamischen Welt, die ja auch ihrerseits Ansätze zu einer universellen Menschenrechtsidee aufweist, in das überwiegend auf säkularer Basis entstandene System des Menschenrechtsschutzes möglich sein. Dies gilt umso mehr, als nicht nur die sich konfrontativ entwickelnden Hauptströmungen im Islam, sondern auch die Charaktere der muslimischen Staaten keineswegs einheitlich sind.[208] Die einander bei abstrakter und statischer Betrachtung entgegen gesetzten Systeme Völkerrecht/islamisches Recht[209] lassen sich pragmatisch aufeinander abstimmen, ohne dass dabei ein muslimisches Gemeinwesen seine Identität oder das universelle Völkerrecht seine Integrität verliert.[210]

87 Die Aufgabe, eine *detaillierte* planetarische Ordnung iSe *materieller* Gerechtigkeit herzustellen, würde das Völkerrecht überfordern.[211] Das Völkerrecht bleibt, auch in der Ära des Schrumpfens von Raum und Zeit, eine im Schwerpunkt *zwischenstaatliche Koexistenz- und Kooperationsordnung:* kein harmonisches, gar „konstitutionell" strukturiertes Ganzes, sondern eines voller Dissonanzen und Brüche, aber immerhin ein fester Rahmen, ein Ganzes.

II. Völkerrechtsgeschichte und Völkerrechtswissenschaft

1. Geschichte und Geschichtlichkeit des Völkerrechts

88 Vorstehenden Ausführungen zu Begriff und Geltung des Völkerrechts ist zu entnehmen, dass es „Völkerrecht" nicht erst seit dem für seine Kontinuität so wichtigen 17./18. Jh gibt. Nachfolgende Skizze der Geschichte und Geschichtlichkeit (iSv historischer Prägung) dieser Rechtsordnung, einschließlich der darin enthaltenen Erfahrung von vielen Jahrhunderten, hat in Anlehnung an *Wilhelm G. Grewe,* Epochen der Völkerrechtsgeschichte (1988) und *Karl-Heinz Ziegler,* Völker-

---

206 Mit der Stellung der Frau, dem Status der Nichtmuslime und dem Strafensystem handelt es sich um Fragen, bei denen die völkerrechtliche Verpflichtung, staatliche Transformationsnormen zu schaffen, auf ein traditionell „funktionierendes" islamisches Rechtssystem stößt.
207 Vgl *Tomuschat,* Human Rights in a Worldwide Framework, ZaöRV 45 (1985) 547 ff; *Meyer,* Islamic Reservations to Human Rights Conventions, 1998; *Petersohn,* Islamisches Menschenrechtsverständnis unter Berücksichtigung der Vorbehalte muslimischer Staaten zu den UN-Menschenrechtsverträgen, 1999.
208 Von den „Resten" der sozialistischen Staatenwelt gilt nichts anderes. Diesbezüglich besteht ebenfalls keine bruchlose Einheit, wenn auch Probleme des kriegerischen Fundamentalismus geringer sind als die der islamischen Staatenwelt, also der eines mittels *Offenbarungs*religion verbundenen Systems.
209 Die islamischen Staaten haben bislang nicht versucht, ein islamisches Staaten*system* zu konstruieren.
210 *Pohl* (Fn 196) 155 f ist diesbezüglich zurückhaltender als etwa *Krämer* (Fn 198), die, zeitlich freilich vor der Ära der militanten Formen des Islamismus und Dschihadismus, die zT die Rechtsgemeinschaft als solche negieren, die Chance der Neuinterpretation und Weiterentwicklung überkommener islamischer Einstellungen und Normen betont.
211 Der bisher durchgehaltene pragmatische *self-restraint* der großen Dogmen dürfte letztlich friedenswahrender sein als die aus systematischer Sicht näher liegende Forderung nach Einebnung fremder Rechtsstrukturen und -kulturen. Letztlich dürfte sich die Erkenntnis durchsetzen, dass *jede* (religiöse, ideologische, nationale etc) Gemeinschaft Teil eines größeren interdependenten Ganzen ist.

rechtsgeschichte (2007) weit früher und weit breiter anzusetzen. Ein „Recht" für die Beziehungen zwischen Wirkungseinheiten („Entitäten"), die ein gewisses Maß an „Staatlichkeit" aufwiesen[212] – ein Recht zudem, das vom Gedanken prinzipieller Gleichordnung der Mächte und reziproker Handlungsmuster bestimmt war –, gab es bereits wesentlich früher, mochte man damals auch die Fragen nach Geltungsgrund, Rechtsquellen und Rechtssubjekten zT anders beantworten als heute. In *frühen Kulturen,* etwa in Indien, aber auch in Vorderasien, fand sich als Geltungsgrund das Göttliche. Neben religiösen Schriften und nicht formalisierten Gewohnheiten waren *Verträge* die vorrangigen Rechtsquellen. Als womöglich ältestes Bsp gilt der zwischen den mesopotamischen Stadtstaaten Lagasch und Umma im Jahre 3100 v Chr geschlossene Vertrag.[213]

Verträge waren es auch, mit denen die (Verteidigungs-) Bündnisse zwischen den *griechischen Stadtstaaten* und die damaligen völkerrechtlichen Normen fixiert wurden.[214] Es existierte bereits ein Recht der Gesandten oder der den heutigen Konsuln verwandten „Proxenoi". Ebenso amtierten schon Schiedsgerichte. Im wirkmächtigen griechischen Rechtsdenken findet sich eine später oft wiederkehrende Erscheinung: der Wandel vom Recht als göttlicher oder kosmischer Ordnung (zB bei *Homer, Anaximander, Heraklit*) zum *Recht als säkularer Ordnung*[215] – mit dem entsprechenden Wandel des Geltungsgrunds, etwa bei den Sophisten aus dem Gedanken der natürlich vorgegebenen polis-übergreifenden Rechtsgemeinschaft. Dies reichte bis hin zur Annahme eines Naturrechts des Stärkeren und Besseren, ähnlich der vom platonischen *Kallikles* oder *Thrasymachos* vertretenen Position.[216] Kriege gegen Barbaren – gegen Völker, die oft nicht einmal ein Stammesrecht besaßen – galten als gerecht. Über Kriegsgründe wie über Vertrags- und Gewohnheitsrecht wurde reflektiert.

Nach der Auflösung des *Alexander*-Reiches und den Diadochenkämpfen im 3. Jh v Chr bildete sich ein rechtliches Gefüge zwischen den hellenisierten Nachfolgestaaten heraus, das sich seit der Ausdehnung *Roms* mit dessen „völkerrechtlicher" Ordnung berührte.[217] Zunehmend wirkte Rom als Schiedsrichter zwischen fremden Mächten. Aus dem ehemaligen Stadtstaat mit vielfältigen Rechtsbeziehungen zu seinen Nachbarn wurde seit dem 2. Jh v Chr die mediterrane Großmacht, schließlich die Weltmacht des *Imperium Romanum*. Die Normen, die die Beziehungen zu Nicht-Römern regelten, wurden im *ius gentium* zusammengefasst, welches Funktionen des IPR und des Völkerrechts erfüllte. Schon in der Republik waren Vertragsschlüsse, Gesandtschafts-

---

212 Diese Beziehungen entwickeln sich im Spannungsfeld zwischen dem Bedürfnis nach exklusiver räumlicher Herrschaft und der wirtschaftlichen Notwendigkeit, mit anderen Entitäten (Herrschaftsverbänden) in Kontakt zu treten; Manthe (Hrsg), Die Rechtskulturen der Antike, 2003.
213 Sog Geierstele des Eannatum. Vgl *Bederman,* International Law in Antiquity, 2001, 11 ff, 16 ff (zu Methodenfragen), 51 ff, 154 ff (zu Staatsverträgen); *Barta/Rollinger/Lang,* Staatsverträge, Völkerrecht und Diplomatie im Alten Orient sowie in der griechisch-römischen Antike, 2010; *Preiser* (Fn 55).
214 Hierzu und zum Folgenden *Preiser,* Macht, 115 ff; H. H. Schmitt (Bearb), Die Staatsverträge des Altertums, Bd III, 1969; *Klose,* Die völkerrechtliche Ordnung der hellenistischen Staatenwelt in der Zeit von 280 bis 168 v Chr, 1972. Die Bündnisverträge hatten oft die Struktur einer hegemonialen *symmachia,* vgl *Baltrusch,* Symmachie und Spondai, 1994; daneben gab es *spondai* (Waffenstillstandsverträge); *Sheets,* Conceptualizing International Law in Thucydides, AJP 115 (1994) 51 ff. Zu den Rechtsquellen: *Bengtson,* Die Staatsverträge des Altertums, Bd II, 2. Aufl 1975; *Ténékidès,* Droit international et communautés fédérales dans le Grèce des Cités, RdC 90 (1956-II) 469 ff; Baltrusch/Wendt (Hrsg), Ein Besitz für immer?, 2011.
215 Die Vorstellung vom Recht als einer nicht-säkularen Ordnung war noch bei *Platon* und den Stoikern gegeben, einschließlich der Beschwörung von Göttern bei Verträgen (und der Rolle von Weissagungen).
216 Vgl *E. Wolf,* Das Problem der Naturrechtslehre, 3. Aufl 1964, 50, 119.
217 Vgl *Ziegler,* Völkerrechtsgeschichte, Rn 35 ff; *ders,* Fata juris gentium, 2008. Zum str Begriff vgl *D. Nörr,* Aspekte des römischen Völkerrechts, 1989, 15: das *ius gentium* „ist das Recht, das nach römischer Auffassung bei allen Völkern gilt, es ist zugleich Bestandteil der römischen Rechtsordnung. [Die] Begriffsbildung selbst ist ein Zeugnis für die grundsätzliche Anerkennung einer gleichsam ‚übernationalen' Rechtsordnung, in der die ‚internationalen' Beziehungen eingebettet sind". Zum *ius gentium* gehörten auch Grundsätze, die dem Völkerrecht ieS einzuordnen sind, wie die Unverletzlichkeit der Gesandten. Dieser Teil band auch die Römer selbst. Vgl *Kaser,* Ius Gentium, 1993, 6, 19 f. *Ius pacis et belli* war dann der Begriff der hoch- und spätklassischen römischen Juristen für Völkerrecht.

und Kriegsrecht Elemente eines werdenden *römischen Völkerrechts*. Der Grundsatz *pacta sunt servanda* wurde in den Außenbeziehungen nicht durchgängig angewendet. War Rom stark genug, brach es Verträge.[218] Die außerhalb seines Rechtskreises lebenden „Barbaren" wurden nicht als *Rechts*genossen angesehen.[219] Aus der Tatsache, dass das *ius gentium* nur für den Rechtsverkehr zwischen Römern und Nichtrömern galt sowie das bei allen Völkern gemeinsame Recht war, also auch bei den Barbaren selbst galt, lässt sich nicht schließen, dass es ein „römisches Völkerrecht" nicht gegeben habe.[220] Auch im römischen Recht finden sich Elemente älterer Rechtsordnungen.[221] Deutlich ist dies etwa im Seerecht, das Rom vom griechischen Rhodos rezipierte. Über die Stoa mit der Vorstellung von der Universalität des Rechtsprinzips floss der Gedanke des Naturrechts ein, wobei das Göttliche (*nomos* bzw *nous* = [Welt-]Vernunft) nach wie vor eine Rolle spielte.[222] Das (komplexe) Naturrecht, der vieldeutige *Begriff* des *ius gentium* sowie die Idee einer rechtssichernden *pax romana*[223] – das alles wirkte bis in jüngere Epochen hinein.

91 In den großen Völkerwanderungen zerbrach das Römische Reich. Die *Germanen* übernahmen Teile der rechtspolitischen Ideen Roms. Die *Slawen* unterlagen ebenfalls diesen Einflüssen, zT via Byzanz (Ostrom). Gedanklich weitgehend eigenständig blieben die *Araber*, sieht man von einigen naturrechtlichen und philosophischen Einflüssen ab. Zwischen *400* und *800 n Chr* bildeten sich dann die ersten Elemente der mittelalterlichen Welt heraus. Es entstand ein internationales „System" mit zahlreichen Beteiligten. War das frühe Mittelalter von landorientierten Mächten geprägt, setzte im Spätmittelalter das überseeische Ausgreifen europäischer Mächte ein. Das *Christentum* hatte sich mit dem Toleranzedikt von Mailand (313 n Chr) und der Verschmelzung von Christen- und Kaisertum zur universellen Reichsidee behauptet. Im *Judentum* und im Christentum wie dann auch in dem im 7. Jh entstandenen *Islam*, also in den drei abrahamitischen (Offenbarungs-)Religionen, leitete sich das Recht von Gott ab. Christentum und Islam wurden (expansionistische) Weltreligionen.

92 Die Bücher der Schrift hatten schon im alten Israel als Rechtsquelle (etwa 5. Mose 20) gedient. Grundzüge einer pointiert *christlichen* Völkerrechtslehre finden sich dann bei den Kirchenvätern, etwa die Lehre vom *bellum iustum* (auf römischer Grundlage) bei *Augustinus* (354-430). Ihm zufolge waren besonders grausame Methoden der Kriegsführung unchristlich. Die str Rechtfertigungslehre vom „gerechten", später „legalen" Krieg wurde von den Scholastikern ausgebaut und begrifflich dann von *Vitoria* und *Suárez* präzisiert. Grundelemente eines „gerechten Krieges" waren die Notwendigkeit einer staatlichen Autorität und eines gerechten Grundes (*iusta causa*).[224]

---

218 *Grotkamp*, Völkerrecht im Prinzipat, 2009, 207 betont die „Selbstverständlichkeit von Recht als Beurteilungskategorie außenpolitischer Handlungen", etwa bei *Livius* und *Tacitus*. *Ziegler*, Die Beziehungen zwischen Rom und dem Partherreich, 1964, 93 betont, Römer wie Parther hätten aus einem Gefühl *rechtlicher* Verpflichtung heraus Verträge meist eingehalten. Differenzierend *Nörr* (Fn 217) 103: „Sicherlich sind Heuchelei und Treubruch häufig anzutreffende Ingredienzien römischen Verhaltens […]. Trotzdem ist es der […] Anspruch der Römer, dass sie sich stärker als andere Völker an die *iura belli et pacis* hielten." Zu den Freundschafts- und Friedensverträgen *Ziegler* (Fn 217 [Fata]) 93 ff, 119 ff.
219 Hier lassen sich Parallelen zu jenen Völkerrechtstheorien ziehen, die im 16. Jh in Anknüpfung an antike Rechtsideen Völkerrecht nur den „Kulturstaaten" zuschrieben.
220 Die Römer anerkannten keine andere Macht als ebenrangig (was sie gegenüber den iranischen Parthern und den Sassaniden faktisch freilich nicht durchhalten konnten).
221 Hinsichtlich der Verträge vgl etwa *Wieacker*, Römische Rechtsgeschichte, 1988, 349 ff.
222 Unklar ist, inwieweit die Römer selbst ein abweichendes Verständnis der Rechtsquellen zugrunde legten, *Kaser*, Römische Rechtsquellen und angewandte Juristenmethode, 1986, 10 ff.
223 Vgl *Ziegler*, Das Völkerrecht der römischen Republik, in Temporini (Hrsg), Aufstieg und Niedergang der Römischen Welt, Teil I, 2. Bd, 1972, 68 (108 ff).
224 Vgl *Ziegler*, Völkerrechtsgeschichte, 59 ff, 83 f, 89, 127 f; *Grewe*, Epochen, 131 ff, 240 ff (277 ff zum Widerspruch zwischen [spanischer] Staatsräson und den Geboten der Menschlichkeit, die gerade den christlichen Herrscher

Wenngleich sich mancher *Germanen*fürst als Erbe, gar Bewahrer römischer Traditionen ver- 93
stand, handelte es sich doch bei Verträgen zwischen ihnen um *persönliche* Rechtsbeziehungen.
Über diese Treueverhältnisse wirkte sich das Rechtsband auf die Gefolgsleute aus.[225] Noch im
Heiligen Römischen Reich Deutscher Nation, ja bis ins 17. Jh hinein, blieb diese Personalisierung – verkörpert an der Spitze durch einen König, unentbehrlich für den Staat als Rechtskörper
– erhalten.[226]

Wie im Judentum und Christentum Jahrhunderte hindurch die Bibel, so war die überragen- 94
de Rechtsquelle im *Islam* der Koran. Er ist es weitgehend geblieben. Aus dem Koran, dessen
Sprache nach dem Dogma Gott selbst verwandte, und der Überlieferung über Taten und Erklärungen des Propheten *Mohammed,* festgehalten in den *Hadith*-Sammlungen, ergibt sich das
Recht, das als *scharia* Geltung beansprucht.[227] Innerhalb der islamischen Gemeinschaft, der
umma, lässt sich zunächst nur von *de facto*-souveränen Staaten reden. Für ihre Beziehungen
untereinander galten andere Regeln als für ihr Verhalten gegenüber den Staaten der „Ungläubigen".[228] Während im Jahre 678 ein Friedensvertrag auf 30 Jahre mit Konstantinopel geschlossen
wurde, herrschte bald eine Doktrin, die zwischen dem „Haus" des Islam *(Dar al-Islam)* und dem
des Krieges *(Dar al-Harb),* dh dem außer-muslimischen Bereich, schied. Die Expansion des Islam
blieb in Regeln der Kriegsführung gebunden.[229] Befristete, tributpflichtige „Sicherheitszusagen"
erlaubten nicht-kriegerische Beziehungen mit nichtislamischen Staaten.[230] Auf dieser Grundlage
entwickelte sich das Gesandtschaftsrecht. Der Grundsatz der Vertragstreue, bezogen auf Verträge unter Muslimen, findet sich bereits im Koran (Sure 9, 4). Die islamische Welt zerfiel nach und
nach in unabhängige Staaten. Die innerislamischen Beziehungen folgten nun tendenziell dem
Muster, das gegenüber nichtislamischen Staaten galt. Auch dauerhafte Beziehungen mit diesen
wurden möglich.[231] Trotz der Kreuzzüge vom 11. bis 13. Jh verhalf nicht zuletzt der Handel zum
Abschluss von Verträgen mit „Ungläubigen" sowie zur Erkenntnis, dass Koexistenz möglich, gar
rentabel war. Die entsprechende Vertrags*form* hieß „Kapitulation", etwa der Vertrag zwischen
Frankreich und dem Osmanischen Reich v 1536.[232]

Eine Synthese römischer und germanischer Traditionen kennzeichnete bereits begrifflich 95
das *Heilige Römische Reich Deutscher Nation.* Seit der Reichserneuerung von 800 kam es zur

---

binden); zu *Grewes* str Ansatz *Fassbender,* Stories of War and Peace, EJIL 13 (2002) 479 ff. Der Friedensgedanke durchdrang das Mittelalter. Aus ihm entwickelte sich u a das Institut der Schiedsgerichtsbarkeit.
225 Zu den Personenverbänden des Mittelalters *Willoweit,* Deutsche Verfassungsgeschichte, 5. Aufl 2004, 56 f; *Tellenbach,* Vom Zusammenleben der abendländischen Völker im Mittelalter, FS Ritter, 1950, 40: „Die Ebenbürtigkeit der zugehörigen Völker [bildete] eine auszeichnende Eigentümlichkeit des europäischen Kulturkreises". Zum frühen Mittelalter *Steiger,* Die Ordnung der Welt, 2010.
226 Die Rechtspraxis war insofern flexibel, als sie auch transpersonale Elemente kannte.
227 Die *scharia* blieb grundlegender Bestandteil des islamischen Gemeinwesens.
228 Vgl *Kruse,* Islamische Völkerrechtslehre, 2. Aufl 1979, 5. Freilich standen den Muslimen Juden und Christen näher als arabische Heiden. Derzeit indes werden die Schiiten von radikalen Sunniten als „Erzketzer" angesehen, „schlimmer als Christen und Juden". Insbes Salafisten und andere Sunniten militanter Couleur haben mit dem sog „Islamischen Staat" (IS) einen quasi-staatlichen Herrschaftsverband errichtet, der auch über eine territoriale Basis verfügt; andere Herrschaftsverbände erkennt der IS nicht an, mit ihnen befindet er sich in einem asymmetrischen bewaffneten Konflikt.
229 Vgl *Khaddouri,* War and Peace in the Law of Islam, 1955.
230 Ein Mittel war der (oft nur hypothetische) *vorläufige* Friedensvertrag, weshalb sich für derartige Gebiete der Ausdruck *Dar al-Sulh* (Haus des Friedens) einbürgerte.
231 Im 10./11. Jh kam es zur „Schließung der Tür der unabhängigen Rechtsfindung", also der nicht an strengste Regeln gebundenen Ableitung. Das schränkte eine begriffliche Weiterentwicklung der *scharia* ebenso ein wie ihre inhaltliche „Modernisierung".
232 Völkerrechtlich bedeuteten die Verträge mehr oder weniger Unterwerfungen der Nichtmuslime bzw temporäre Duldungszusagen der Muslime. Auf einer anderen Ebene (der der „Gleichberechtigung") befanden sich möglicherweise die früheren, freilich schlecht dokumentierten, fränkisch-islamischen „Staatsverträge". Vgl *Kamatsu,* Die Türkei und das europäische Staatensystem im 16. Jahrhundert, FS Rabe, 1996, 121 (132 ff).

Ausübung des Kaisertums durch germanische Geschlechter. Wenngleich das Kaisertum der Konzeption nach die *höchste* weltliche Würde des Westens verkörperte, begriff sich der französische König diesem als weitestgehend gleichberechtigt; auch die Herrscher über die iberischen Staaten wollten kaisergleich sein;[233] Franzosen und Spanier standen überwiegend außerhalb des Reichsverbands. Die Befugnis zur Kriegsführung und das Recht zum Bündnis- oder Friedensschluss hingen nach mittelalterlicher Auffassung nicht vom höchsten Rang ab.[234] Die These, dass es innerhalb des Reiches keine *völker*rechtlichen Beziehungen geben konnte, lässt sich mit der faktischen Selbständigkeit vieler Herrscher schwerlich vereinbaren. Um diese Verhältnisse juristisch auf den Begriff zu bringen, unterschieden schon *Bartolus* und *Baldus* zwischen Universal- und Partikularherrschern, schrieben aber auch Letzteren Handlungsfähigkeit zu.[235] Trennen lässt sich allenfalls das „innerchristliche" Völkerrecht einerseits und das im Verhältnis zu nichtchristlichen Gemeinschaften geltende Völkerrecht andererseits. Die These, dass gegenüber letzterem Bereich die naturrechtlichen Grundsätze der *comitas gentium* gegolten hätten, bedarf der Präzisierung. Die kirchliche Lehre versuchte durchaus, Verträge mit muslimischen Herrschern als „ruchlose Bündnisse" zu verhindern, konnte aber die sich herausbildende Praxis nicht aufhalten. Das Reich selbst ging selten Verpflichtungen ein. Die Staufer suchten die Kaiseridee, die nicht mehr überall Anerkennung fand, mit naturrechtlichen und christlich-theoretischen Elementen, an denen auch *Dante* („De monarchia") mitwirkte, zu steigern. Die vorherrschende Auffassung vom Staat als einem natürlichen Organismus wurde vom mittelalterlichen Aristotelismus erneuert, was einzelstaatlicher Selbständigkeit Raum schuf.

96   Die *byzantinisch-orthodoxe Christenheit* bildete eine im Prinzip eigene, hierarchisierte Rechts- und Staatengemeinschaft.[236] An ihrer Spitze stand der (oströmische) Kaiser. Er behauptete sich gegenüber „theokratischen" Vorstellungen zwar stärker als der „weströmische" Kaiser; seine tatsächliche, cäsaro-papistische Macht entsprach jedoch nicht der Vorstellung von einem Universalkaisertum.[237] Während im Vertrags- und Gesandtschaftswesen keine nennenswerten Unterschiede zu verzeichnen waren, blieb das praktisch schrankenlose Kriegsrecht hinter dem bereits gemilderten des Westens zurück. Im 14./15. Jh verlor das Byzantinische Reich, im Mittelalter eine Großmacht, die Überlebensfähigkeit. 1453 fiel Konstantinopel, schon jahrzehntelang nur noch eine christliche Enklave im aufstrebenden Osmanischen Reich.

97   Das *Spätmittelalter im Westen* erlebte die Aushöhlung der Reichsgewalt. Der Universalismus von Kaiser und Papst zerbrach. Dies gab dem Gedanken einer *säkularen* Begründung der staatlichen Gewalt und damit auch des Rechts der zwischenstaatlichen Beziehungen Raum. Die Lehre von der Staatsraison[238] konnte sich nun ausbreiten. Es kam – die Kurie hatte das Kaisertum ge-

---

233 Seit *Philipp dem Schönen* führte der französische König den Titel *Rex christianissimus*, Frankreich verstand sich als „älteste Tochter der Kirche". Der erste „spanische König" (Karl I.) war zugleich Kaiser des Heiligen Römischen Reiches Deutscher Nation *(Karl V.)*.
234 Vgl *Ziegler*, Völkerrechtsgeschichte, 100 f, schon unter dem Gesichtspunkt der „Souveränität".
235 Näher *Grewe*, Epochen, 30 ff. Der Lenker des Imperiums hieß *Rex Romanorum*, als der er (obwohl Deutscher) gewählt wurde. Die *Kaiser*krönung erfolgte dann durch den Papst.
236 Zur Vertragspolitik Konstantinopels *Schulz*, Die Entwicklung römischen Völkerrechts im vierten und fünften Jahrhundert n Chr, 1993, 15, 101 ff, 110 ff, 129 f.
237 Vgl *Ziegler*, Deutschland und das Osmanische Reich in ihren völkerrechtlichen Beziehungen, AVR 35 (1997) 255 ff. In Ungarn und in Russland trafen westliche und byzantinische Missionstendenzen aufeinander.
238 Dieser Leitbegriff frühneuzeitlicher, noch an feudalen Strukturen orientierter Politik findet sich schon 1523 bei *Francesco Guicciardini*. In dieser Lehre manifestierte sich das Streben nach Rationalisierung der Politik. Im Interesse des *bonum commune* kann sich der Herrscher über Recht und Moral hinwegsetzen, vgl *Münckler*, Im Namen des Staates, 1987, 165 ff. Das *Kriegs*problem stand noch bei *Grotius* im Zentrum seines Hauptwerkes „De iure belli ac pacis", 1625. Nach *Grewe*, Epochen, 231 beginnt die „systematische Völkerrechtswissenschaft" schon bei *Vitoria* und *Suárez*, nach anderer Auffassung erst bei *Hobbes* (1588-1679) oder in der Frühaufklärung *(Pufendorf, Christian Wolff)*. Russland gehörte (noch) nicht dazu.

schwächt und zugleich ihre eigene wesensmäßige politische Schwäche nicht verbergen können – zum Aufstieg der späteren *Nationalstaaten,* gekennzeichnet durch Souveränität, territoriale Ausschließlichkeit der Herrschaftsausübung und eine jeweils eigene Rechtsordnung. Die grundsätzliche *Gleichberechtigung* seiner christlichen Glieder wurde nicht bestritten. Gleichheit und Souveränität hingen in ihrem Werden über weite Strecken miteinander zusammen. Wichtig wurden ua die Städtebünde, besonders die vom 13.–17. Jh bestehende Hanse.[239] Weitere souveräne Verbände waren im Osten bis hinauf in das Baltikum der Deutsche Orden und auf Rhodos der Johanniterorden, später als Malteserorden auf Malta.

Spanien stand mit seinen Glaubensgenossen – Portugal, Frankreich, Italien – den von der Reformation geprägten Gemeinwesen gegenüber. Gleichwohl begriff man sich weiterhin als eine *christliche* Völkerrechtsgemeinschaft, als eine christlich-abendländische Kulturgemeinschaft.[240]

Die Eroberung neuer Länder in *Übersee,* die älteste Form der Globalisierung, führte zu einer Aufteilung in Herrschaftszonen zwischen Portugal und Spanien, vollzogen mittels der päpstlich bestätigten Verträge von Alcáçovas (1479), Tordesillas (1494) und Saragossa (1529).[241] Gegenüber den unterworfenen Bewohnern hätte sich das Recht als christlich erweisen können. Stattdessen wurden Gräuel im Zeichen des Goldes verübt, kaum kaschiert durch den Mantel der Mission. Der Dominikaner *Las Casas* und einige Herrscher bekundeten zwar Bedenken;[242] der Gedanke einer religiösen, gar politischen Eigenständigkeit der „Naturvölker" setzte sich aber nicht durch. Das von *Suárez* (1548-1617) unterstrichene Gebot der „gegenseitigen Liebe, die sich auch auf die Fremden erstrecken soll",[243] schlug sich noch weitgehend in der Vorstellung nieder, zur Mission verpflichtet zu sein. Erst wenn alle Völker christlich geworden und christlichen Herrschern unterstellt seien, wäre der „Himmel einer weltumspannenden Gemeinschaft" *(Vitoria)* verwirklicht,[244] mit dem Völkerrecht als dem gemeinsamen Gesetz. Allerdings war man angesichts der Stärke einzelner *asiatischer* Gemeinwesen alsbald gezwungen, diese als nicht-christliche zu akzeptieren und zum Instrument des Vertrages zu greifen, im Horizont einer sich in Europa beschleunigenden Säkularisierung.[245]

Innerhalb Europas sah sich die alte Ordnung mit neuen Staaten konfrontiert, so mit den Vereinigten Niederlanden, die nach ihrem Abfall von der Herrschaft der spanischen Habsburger erfolgreich um ihre Souveränität kämpften.[246] 1648 wurde diese anerkannt, zusammen mit der der Schweiz. Der Gedanke der *Souveränität* (als maßgebliche Eigenschaft des Fürsten), im ausgehenden Mittelalter entwickelt, hatte sich nun endgültig als Fundament des „klassischen" Völkerrechts durchgesetzt (ebenso der der Neutralität). Ausgeprägt fand sich der Souveränitätsansatz im Zusammenhang mit Vorstellungen, zwischen Staaten herrsche der Naturzustand („Krieg aller gegen alle") und das Völkerrecht entspringe freiwilliger Selbstbindung. Demgegenüber konnte *Samuel Pufendorf* (1632–1694) in Verfeinerung des Werkes des Holländers *Hugo Grotius,*

---

239 Zu ihr *Reibstein,* Das Völkerrecht der deutschen Hanse, ZaöRV 17 (1956/57) 38 ff. *Preiser,* Die Völkerrechtsgeschichte, 1964, 61 f datiert die Anfänge des *„europäischen* Völkerrechts" auf das späte Mittelalter.
240 Zum „spanischen Zeitalter" *Grewe,* Epochen, 163 ff.
241 Zum Ganzen *Grewe,* Epochen, 269 ff; zu Entsprechungen im folgenden Jh („Freundschafts- und Bündnislinien") ebd 181 ff.
242 Vgl *Stadtmüller,* Geschichte des Völkerrechts, Teil 1, 1951, 99 ff.
243 *Suárez,* De legibus ac de legislatore, 1612 (hrsgg v J. B. Scott, 1964), 19.
244 *Vitoria* (1483-1546) sah immerhin im bloßen Sich-Nicht-Bekehren-Lassen keinen Kriegsgrund. Zentral war für ihn die Vorstellung, der einzelne Staat sei nur ein Teil der ganzen Menschheit *(totius orbis).*
245 Vgl *Grewe,* Epochen, 179 f.
246 Die Katholiken stritten für die Krone, die Protestanten für die „Souveränität" des Volkes. Zur Souveränität *Bodin,* Six livres de la république, 1576 (dt Übers 2 Bde, 1981, 1986): Nach innen wird der Monarch (auch gegenüber der Aristokratie), nach außen der Staat als höchste Autorität angesehen, freilich gebunden an das Naturrecht; zu diesem gehört auch das Völkerrecht. Naturrecht kann, wie etwa *de Vattel* ([Fn 4] § 18) darlegte, durch vereinbartes Recht verdrängt werden.

der Naturrechtsidee, deren theologische Fundierung er kritisierte, neue Stärke geben.[247] Natur- und Völkerrecht lautete nun überwiegend die Formel: *ius naturale et gentium*.

101   Die Verträge von Münster und Osnabrück (1648), Symbol auch der steigenden Bedeutung des Vertragswesens,[248] errichteten eine positivrechtliche, von kurialer Autorität losgelöste horizontale Völkerrechts- und Friedensordnung.[249] In diesem System schlugen sich Ideen nieder, die *Grotius* in „De iure belli ac pacis" dargelegt hatte. In dieser umfassenden Systematik baute *Grotius* einerseits auf Vorgängern (etwa *Bartolus, Vitoria, Bodin*) auf, löste sich andererseits zugleich überwiegend von der politischen Theologie und bewegte sich hin zu einem neueren säkularen Natur- oder Vernunftrecht.[250]

102   *Nach dem Westfälischen Frieden* genossen die größeren Fürstentümer des Reiches endgültig praktische und alle, auch die kleinen, theoretische Souveränität. Bis zum Wiener Kongress (1815) gelangte Frankreich in eine Vormachtposition, das Französische wurde bis ins 20. Jh zur Sprache der Diplomatie.[251] Der Erfolg Frankreichs wurde überschattet von entmenschlichenden Rückschritten in der Kriegsführung. Unter der Idee vom *Gleichgewicht der Mächte* traten die anderen europäischen Staaten Frankreich entgegen, nicht anders als zuvor schon gegenüber Spanien. Im 18. Jh erweiterte sich der Kreis der Großmächte (Spanien, Frankreich, England, Österreich) um Preußen und Russland, das zu erheblicher Macht gelangte. Im 19. Jh traten die USA hinzu. Die wesentlichen Fragen wurden von den Großmächten entschieden. Ihr übereinstimmender Wille wurde die Hauptquelle des Völkerrechts; Großmächte-Vermittlung ersetzte Schiedsgerichte. Die Niederlegung der Kaiserkrone im Jahre 1806 besiegelt das Ende des *Sacrum Romanum Imperium Nationis Germanicae* – schon die Idee des Reiches mit seiner schweifenden, unabgegrenzten Gestalt passte nicht mehr in die Ära der Nationalstaaten –, nachdem „Europa" im Stolz auf die Zurückschlagung der Türken vor Wien 1683 ein letztes Mal geeint gewesen war. Der Universalismus des Reiches hatte den *Abbé de Saint-Pierre* im Anschluss an den Utrechter Frieden v 1713 zum Friedensplan einer *Société Européenne* inspiriert. Der Herzog *von Sully* hatte in seinem *grand projet* hypothetisch-utopischen Charakters Frankreich an der Spitze eines europäischen Staatenbunds gesehen. *Napoleon*, auf die Einhaltung des Völkerrechts sonst weniger bedacht, hegte ähnliche Gedanken.[252] Der Friedensgedanke, der sich auch im Vorschlag zur Entwicklung einer Weltrepublik über das Zwischenstadium eines zunächst von den Staaten zu bildenden Friedensbundes (*Kant*, Zum ewigen Frieden, 1795) niederschlug, wurde von der Aufklärung gespeist *(Voltaire, Montesquieu, Rousseau).* Sie bahnte dem Gedanken der Volkssouveränität den Weg. Im Gefolge der Französischen Revolution rückte mit der Deklaration der Menschen- und der Bürgerrechte 1789 die Idee der Menschenrechte in den Vordergrund – in der Tradition der englischen

---

247 Die neuzeitliche Natur- oder Vernunftsrechtslehre bemühte sich dann um rationale Herleitung. So behandelten *Hobbes* und *Pufendorf* etwa die Gleichheit der Staaten erstmals pointiert als *Rechts*frage. *Grotius* hatte die *Unabhängigkeit* der Völkerrechtswissenschaft begründet, vgl *Preiser*, Macht, 67.
248 Vgl die naturrechtlich fundierte Theorie der Verträge bei *Grotius*, De iure belli ac pacis libri tres. Drei Bücher vom Recht des Krieges und des Friedens, 1625, nebst einer Vorrede von Christian Thomasius zur ersten deutschen Ausgabe des Grotius vom Jahre 1707. Neuer dt Text mit Einleitung v *Schätzel*, 1950.
249 Vgl *Randelzhofer*, Völkerrechtliche Aspekte des Heiligen Römischen Reiches nach 1648, 1967, 61f: Die Friedensbestimmungen beziehen sich nun auf „Rechtssubjekte, die [...] als Gebietskörperschaften mit unabhängiger Staatsgewalt, also als Völkerrechtssubjekte, anerkannt werden."
250 Vgl *Ziegler*, Völkerrechtsgeschichte, 135f.
251 Hierzu *Grewe*, Epochen, 323ff, 334ff. *Reinhard*, Geschichte der Staatsgewalt, 1999, 370: Die Entwicklung der Diplomatie „verlief parallel zu derjenigen des modernen Staates."
252 Zu derartigen Friedensplänen (seit *Augustinus*, De civitate Dei, aus dem Jahr 398) *Schlochauer*, Die Idee des ewigen Friedens, 1953. Vgl auch Delbrück (Hrsg), Friedensdokumente aus fünf Jahrhunderten, 2 Teilbde, 1984. Skeptisch *Schilling*, Formung und Gestalt des internationalen Systems in der werdenden Neuzeit, in Krüger (Hrsg), Kontinuität und Wandel in der Staatenordnung der Neuzeit, 1991, 19 (25f): „In einem Zeitalter, als die geistigen Grundlagen der Universitas Christiana zerbrachen [...], war eine solche Idee der Einheitlichkeit zutiefst anachronistisch und letztlich nicht mehr zu realisieren."

Habeas-Corpus-Akte v 1679 und der amerikanischen Unabhängigkeitserklärung v 1776. Seit dem 18. Jh, mit Vorläufern bereits im späten 16. Jh (zB das Edikt von Nantes v 1598), wurden religiöse Minderheiten zT über Friedensverträge geschützt. Der Wiener Kongress verurteilte den Sklavenhandel; die Engländer verboten ihn als erste (sein Unterdrücken wurde auch ein Instrument der britischen Seeherrschaft).

Vom Wiener Kongress des Jahres 1815 erhoffte man sich Frieden und die Restitution des Völkerrechts. Die napoleonischen Flurbereinigungen und die Territorialverschiebungen infolge des Kongresses, als viele Fürstentümer in größeren Staaten aufgingen, hatten die Landkarte Europas verändert. Die Verbannung *Napoleons* lässt die späteren Ansätze anklingen, Kriegsverbrechern den Prozess zu machen. Nun herrschte die mit der Kongress-Akte 1815 begründete, seit dem Krimkrieg 1856 allmählich zerfallende internationale Ordnung, das „Europäische Konzert" aus den fünf Hauptmächten England, Frankreich, Preußen, Österreich und Russland[253] – bis die Reste dieser weder formalisierten noch institutionalisierten Ordnung im Ersten Weltkrieg untergingen. Der Krieg v 1914/18 machte die mit den Haager Friedenskonferenzen v 1899 und 1907 erfolgten Bemühungen um die friedliche Erledigung internationaler Streitfälle weitgehend zunichte. Die bisher christliche, europäische Völkerrechtsgemeinschaft erweiterte sich um nichtchristliche Staaten (Osmanisches Reich, Japan, Siam, Persien). Die USA und Russland konsolidierten ihren Platz im internationalen System. Der Nationalstaat als solcher gewann weiter an Bedeutung. Imperialistische Staaten kämpften um ihren „Platz an der Sonne" und „europäisierten" ihre Kolonien auf traurige Weise. Trotz partiell entgegen gerichteter Tendenzen (Monroe-Doktrin 1823)[254] blieb das Völkerrecht eine relativ einheitliche Rechtsordnung.

103

Nach 1815 finden sich erste Vorläufer moderner *I.O.* (zB Deutscher Zollverein v 1833/34,[255] Weltpostverein v 1874). Das Kriegsrecht verzeichnet die Ablösung der Traditionen des *bellum iustum* und des „freien Kriegsführungsrechts" *(ius ad bellum).*[256] Das Institut der Neutralität wurde gestärkt, die Kriegsführung humanisiert (etwa mittels der Genfer Konvention v 1864 über die Verbesserung des Loses der Verwundeten im Felde). Beschleunigt wurden diese Entwicklungen durch eine erstarkende politische Öffentlichkeit. Die Völkerrechtswissenschaft wurde zu einem pointiert juristisch dominierten Fach, die sich intensivierende Weltwirtschaft zur Triebfeder der Völkerrechtsentwicklung, insbesondere durch Handelsverträge, das Völkerrecht zum *Welt*völkerrecht. Am Ersten Weltkrieg zerbrach dann manche Illusion vom „ewigen Frieden". Der Krieg veranlasste gar die Frage: „Haben wir noch ein Völkerrecht".[257]

104

Die Pariser Vorortfriedensverträge, insbes der von Versailles,[258] boten den Verlierern des Weltkriegs keine dauerhafte neue Orientierung. Bezeichnenderweise bildete die Satzung des *Völkerbundes,* der seit dem 10.1.1920 bestand, jeweils den ersten Teil dieser Verträge. Dass die USA dem Völkerbund fernblieben, schwächte seine Kraft weiter. Deutschland und Japan traten 1933 aus, die UdSSR wurde 1939 ausgeschlossen. Unter den Schlägen dieser Staaten, in denen ebenso wie in Spanien, Portugal, Italien und auf dem Balkan schließlich autoritäre, zT totalitäre

105

---

253 Die großen, die Ordnung nun konstituierenden Verträge in Fontes III/1, 1992, 3 ff, 100 ff. Vgl *Scupin,* History of International Law: 1815 to World War I, MPEPIL IV, 843 ff, mit Vertragsregister; *Steiger,* Die Wiener Congressakte – Diskontinuität des Europäischen Völkerrechts 1789-1818, AVR 53 (2015) 167 ff.
254 Fontes III/1, 212. Zum Imperialismus *Kämmerer,* Das Völkerrecht des Kolonialismus, in Talmon (Hrsg), Über Grenzen, 2012, 35 ff.
255 Fontes III/1, 512.
256 Vgl *Grewe,* Epochen, 623 ff mwN. Zur Epoche 1870-1960 *Koskenniemi,* The Gentle Civilizer of Nations, 2001; *Röben,* Johann Caspar Bluntschli, Francis Lieber und das moderne Völkerrecht 1861-1881, 2003. Das 19. Jh war eine Ära pointierter Positivierung des Völkerrechts, auf Kosten seiner überpositiven Elemente.
257 Die Schrift *Zitelmanns* v 1914 fragte: „Hat es überhaupt je ein Völkerrecht gegeben? ist das, was wir Völkerrecht nennen, ein wahres Recht? und sodann: gibt es *jetzt* noch ein Völkerrecht?"
258 Hierzu und zum Folgenden *Grewe,* Epochen, 677 ff, 685 ff; Dokumente in Fontes III/2, 683 ff; *Koskenniemi* (Fn 256) 210 ff; *ders,* History of International Law, World War I to World War II, MPEPIL IV, 925 (926): „an extraordinary active period of legal innovation."

Bewegungen an die Macht gelangt waren, zerbrach die ohnehin fragile Zwischenkriegsordnung. Mit ihr ging auch der Völkerbund unter. Er hatte weder den Ausbruch des Zweiten Weltkriegs noch eine völkerrechtswidrige Kriegsführung (Neutralitätsverletzungen; Bombardements ziviler Ziele; Völkermord) oder gar den Holocaust verhindern können[259] – das krasseste neuzeitliche Bsp dafür, dass Regelwerke ihren Zweck verfehlen, wenn der Charakter der Machthaber und das Wesen ihrer Herrschaft den Grundlagen des Rechts nicht entsprechen und ein effektives System kollektiver Sicherheit nicht zustande kommt.

106   Auf diesen Erfahrungen konnten die *Vereinten Nationen* aufbauen.[260] Sie entstanden, wie der Völkerbund nach dem Ersten Weltkrieg, aus einer Kriegskoalition.[261] Das belegen etwa die obsolet gewordenen Feindstaatenklauseln der Art 53, 107 UN-Charta. Die Nachkriegszeit war geprägt durch große Gegensätze, die zur Formung von Allianzen und „Staatenverbünden" führten: NATO und Warschauer Pakt, EWG und RGW. Diese Gruppierungen fanden sich zusammen mit den „Blockfreien" – meist entstanden in der Dekolonialisierung – in den UN wieder.

107   Neben der Fortentwicklung und der Kodifizierung des bisherigen Rechts wurden dem Völkerrecht neue Bereiche erschlossen, früh schon zB mit dem Antarktisvertrag v 1959. Die Meeresfreiheit wurde durch die Ausformung von Zonen küstenstaatlicher Hoheitsrechte, zuletzt im Kontext der 3. UN-Seerechtskonferenz (1973–1982), zurückgedrängt; die neue Ordnung wurde im UN-Seerechtsübereinkommen v 1982 fixiert. Die Regelungsbemühungen stießen bis in den Weltraum vor, erstmals 1967 mit dem Weltraumvertrag. Die Menschenrechte (EMRK, Menschenrechtspakte) – sie gelten zwar auch neben den Regeln des humanitären Völkerrechts, sind aber idR weit gefasst und weit einschränkbar – und der internationale Arten-, Umwelt- und Klimaschutz wurden immer wichtiger. Die Epochenwende v 1989/90 brachte Deutschland die historische Chance zur nationalstaatlichen Wiedervereinigung ohne Krieg. Die Staaten Mittel-, Ost- und Südosteuropas befreiten sich aus der Vorherrschaft der sich in „Russland" transformierenden Sowjetunion und wurden in UN, OSZE, Europarat, NATO und/oder EU aufgenommen. Transnational ansetzende islamistische Bewegungen gefährden erste Konsolidierungserfolge. Der Irakkrieg 2003 stürzte mit den UN auch das Völkerrecht in eine Krise, der „arabische Frühling" (seit 2010) hat bisher zu keiner Stabilisierung geführt. Auch völkerrechtspolitisch spielen die sog BRICS-Staaten (Brasilien, Russland, Indien, China, Südafrika) eine Rolle. Das internationale System wird vielfältiger, multipolar, gefährdet auch durch neue imperialistische Ambitionen (China, Russland ua) sowie durch den global ausstrahlenden innerislamischen Religions- und Bürgerkrieg, der seinerseits von anderen Akteuren instrumentalisiert wird.

108   *Zusammenfassend:* Allen Defiziten, Brüchen und Krisen zum Trotz ist die *Völkerrechtsordnung in ihrem Kern unbestritten*. Sie wird immer wieder herausgefordert und gebrochen, aber sie gilt. Sie erlebt Rückschläge, aber sie entwickelt sich fort. Universalisierung und Kodifizierung des Völkerrechts haben Fortschritte gemacht, mag dessen Durchsetzung auch weiterhin defizitär sein. Historisch geprägt und kulturell gebunden, in hohem Maße auf die Erkenntnisse und Erfahrungen vieler Epochen zurückgreifend, ruht diese Ordnung auf der souveränen Gleichheit der Staaten, mag auch der Zwang zur Kooperation zunehmend zur Relativierung einzelstaatlicher Souveränität führen. Das europäische Staatensystem ist nur noch eines von mehreren Subsystemen. Dessen unentbehrliche Bausteine sind die Staaten, auch in ihrer Handlungsverantwortung für ihr Volk und für die internationale Gemeinschaft. Die Stabilität der Staaten,

---

[259] Dennoch erfüllte er wichtige Funktionen. Dass erstmals Staaten aus allen Teilen der Erde *in praxi* einen umfassenden Bund mit dem Ziel der Friedenssicherung gegründet hatten, war trotz dessen nachlassender Rechtswirksamkeit die entscheidende Neuheit.
[260] Die UN-Charta betraut nun den SR damit, den Aggressionsfall verbindlich für alle festzustellen und Gegenmaßnahmen einzuleiten.
[261] Vgl „Erklärung der Vereinten Nationen" v 1.1.1942. Vgl auch Art 3 UN-Charta. Vgl insgesamt *Koskenniemi*, History of International Law, since World War II, MPEPIL IV, 902 ff, zusammenfassend „fluidity of the moment" (922) konstatierend.

herausgefordert u a durch nicht- oder vorstaatliche Herrschaftsverbände, ist damit ein Aspekt der Friedenssicherung, des zentralen Anliegens des Völkerrechts. Ein Weltstaat, gar ein gewaltmonopolistischer, zeichnet sich nicht ab. Ein geschlossenes globales System, in dem politisch Verfolgte nirgends Asyl fänden, wäre keineswegs wünschenswert *(Isensee)*. Die Epoche der Staatlichkeit ist nicht zu Ende.

2. Völkerrechtswissenschaft

Zwischen dem Völkerrecht und seiner Wissenschaft bestehen intensive *Wechselwirkungen*. Nicht nur sind die Normen des Völkerrechts Gegenstand wissenschaftlicher Betrachtung.[262] Vielmehr wirkt diese auch ihrerseits beim Erkennen, Weiterentwickeln und Hervorbringen von Völkerrecht mit. Zwar kann die Wissenschaft ebenso wenig im formellen Sinn Völkerrecht setzen wie dies etwa die Staatsrechtswissenschaft in Bezug auf das Staatsrecht vermag. Sie trägt aber zur Klärung und zumindest mittelbaren Fortentwicklung des Völkerrechts bei, indem sie die Existenz von Rechtsnormen und Staatenpraxis feststellt, Interpretationstechniken entwickelt, Auslegungsinhalte umreißt, wiederkehrende Argumentationsstrukturen freilegt und Rechtsideen formuliert, beschreibt, hinterfragt und systematisiert.[263] Damit liefert die Wissenschaft nicht nur der Rechtsprechung, sondern auch den für die Außenbeziehungen zuständigen Organen der Völkerrechtssubjekte rechtsdogmatische Anstöße sowie Muster zum Argumentieren „mit Gründen", zumal die Wissenschaft selbst ja vielfältige Vorverständnisse, Methoden und Sichtweisen aufweist, die dann auf ganz unterschiedliche Weise die Rechtsentwicklung und -durchsetzung beeinflussen (können). Erinnert sei nur an die Denkschule des Rechtspositivismus im Unterschied zu der des Naturrechts.

109

Die *Rechtsprechung des IGH* zitiert selten einzelne Völkerrechtler und lässt insofern die Rolle der Wissenschaft nur schwach erkennen. Zwar rekrutiert sich das 15-köpfige Haager Richtergremium traditionellerweise (und so auch derzeit) u a aus Lehrern des Völkerrechts. Deren wissenschaftliche Auffassungen finden auch auf diesem Wege Eingang in die Arbeit des Gerichts.[264] Die IGH-Rechtsprechung, in ihrem Umfang ohnehin eher schmal,[265] trägt kasuistischen Charakter. Ihre Wirkung im formellen Sinne ist begrenzt (vgl Art 59 IGH-Statut). Die Wissenschaft entwickelt aber aus dieser Judikatur und im Hinblick auf sie fallübergreifende Regeln. Die für neue Gedankenwege prinzipiell offenere Wissenschaft relativiert zudem das Beharrungsvermögen der eher traditionsgeneigteren, ja „konservativen" IGH-Rechtsprechung.

110

Art 38 Abs 1 lit d IGH-Statut qualifiziert *„die Lehrmeinung der fähigsten Völkerrechtler der verschiedenen Nationen"* konsequenterweise „als Hilfsmittel zur Feststellung von Rechtsnormen". Die *Rechtslehre* ist demnach eine *Quelle für die Erkenntnis des Völkerrechts,*[266] etwa für die Feststellung des Bestehens einer Regel des Gewohnheitsrechts. Diese substanzielle Hilfstätigkeit lässt sich in die Grundfunktionen Völkerrechtstheorie, -dogmatik und -politik aufgliedern. Erstere befasst sich primär damit, Völkerrecht als Recht auszuweisen und seine normativen Funktionen – Konfliktlösung, Legitimitätsstiftung – zu ermitteln. Unter Rechtsdogmatik ist die Lehre

111

---

262 Zur Lehre *Kimminich*, Teaching International Law in an Interdisciplinary Context, AVR 24 (1986) 143 ff. Zur Wissenschaftsgeschichte *Koskenniemi* (Fn 256), zu „Denkschulen im Völkerrecht" *Fassbender*, BDGVR 45 (2012) 1 ff; *Mälksoo*, Russian Approaches to International Law, 2015.
263 Vgl *Verdross/Simma*, §§ 9 ff.
264 Hierzu und zum Folgenden *Dahm/Delbrück/Wolfrum*, Völkerrecht I/1, 78 f.
265 Zuständigkeitsbeschränkungen, Streitbeilegung auf diplomatischem Wege, Schiedsgerichtsbarkeit etc sind Gründe für die „Fallarmut" des IGH. Zu res iudicata-, ratio decidendi- und Präzedenzfall-Aspekten, die beim IGH eine besondere Rolle spielen, *Bos*, A Methodology of International Law, 1984, 185 ff, 193 ff, 213 ff.
266 Das *Lotus*-Urteil des StIGH v 1927 etwa argumentiert mit dem, was „alle oder fast alle Schriftsteller lehren" (PCIJ, Ser A, No 10, 98). Seit es Völkerrechtswissenschaft gibt, wird freilich auch versucht, sie zu instrumentalisieren; Bsp etwa bei *Mälksoo* (Fn 262).

von der Rechtsgewinnung im Hinblick auf die Rechtsanwendung zu verstehen.[267] An der Schaffung neuer Normen bzw der Verbesserung bestehender – Aufgabe der Rechtspolitik – ist die Wissenschaft maßgeblich beteiligt: analysierend, informierend, systematisierend, aber auch relativierend, kritisierend, dekonstruierend, delegitimierend.

112 Die Bedeutung der Völkerrechtswissenschaft als *Nachweismittel für Existenz und Inhalt* völkerrechtlicher Regeln schwindet. Waren in der frühen Neuzeit die wissenschaftlichen Traktate und (Lehr-) Bücher großer Völkerrechtler wie *Grotius, Suárez, Gentili, Vitoria* oder *Vattel* maßgebliche Kräfte hinter der Fest- und Fortschreibung des Völkerrechts,[268] so beschränkt sich die Wissenschaft im Zuge stärkerer kodifikatorischer Ansätze und sachgebietsweiser Auffächerung, ja Fragmentierung des Völkerrechts weitgehend auf rechtsanalytische und -kritische Aufgaben. Seinerzeit ging es in erster Linie darum, Völkerrecht zu „finden", also sich mit den Verfahren und Formen zu befassen, in denen Normen des positiven Rechts entstehen und sich manifestieren. Heute dagegen wird das Völkerrecht von den Staaten kraft ihres souveränen Willens gemeinsam und durchweg „sichtbar" und besser dokumentiert gesetzt. Auch ist das Völkerrecht nicht mehr ein *ius publicum Europaeum*. Es hat sich vielmehr zu einer weltumspannenden, *universalen* Ordnung entwickelt, unter deren Dach die verschiedensten Kulturen und Religionen, Nationen und Weltregionen Platz finden.[269] Solche Ausweitung und Vielfalt machen die heutige Völkerrechtslehre heterogener als es etwa die vor dem Ersten Weltkrieg war. Die frühere relative Homogenität ist einem Mix regional und kulturell determinierter Richtungen (und *approaches*) gewichen.[270] Mehr denn je ist dem Resümee von *Wolfgang Friedmann* zuzustimmen, wonach „the bolder advances [...] must remain the work of *individual* scholars".[271]

III. Die Rechtsquellen des Völkerrechts

1. In Art 38 IGH-Statut genannte Rechtsquellen und Erkenntnismittel
a) Internationale Übereinkünfte (das Recht der Verträge)

113 Den entscheidenden Maßstab für die streitentscheidende Tätigkeit des IGH liefert Art 38 Abs 1 IGH-Statut. Er stellt klar, dass die aufgezählten Normerzeugungsarten Rechtsquellen des Völkerrechts (Rechtsentstehungsquellen) sind. An erster Stelle dieser klassischen Kategorien wer-

---

267 Vgl *Ginther*, Systemwandel und Theoriendynamik im Völkerrecht, FS Lipstein, 1980, 31 (47 f).
268 *de Vattel* (Fn 4) zB war bis ins 19. Jh eine autoritative Quelle. Diesen Rang erwarb dann *Martens*, Précis de droit des gens moderne de l'Europe, Bd II, 1831. Zur anschließenden Ära, diverse Argumentationslinien dekonstruierend *Koskenniemi* (Fn 256).
269 Fassbender/Peters (Hrsg), The History of International Law, 2012 entwerfen umfassend eine „global history of international law" („Introduction" der Hrsg), „overcoming eurocentrism" zugunsten einer stärker pluralistisch angelegten Sichtweise. Im Anschluss an Ansätze zu einer „Weltgeschichte" *(Osterhammel)* bzw Global History (vorbereitet etwa von *Wallerstein*) geht es um eine multiperspektive „Welterfassung": eine Geschichte von (Rechts-) Kulturen, (Rechts-) Bewegungen, (Rechts-) Formen zumal der Wirtschaft, im Unterschied zur staatenorientierten „diplomatic history". *Fassbender/Peters* verstärken damit den von *Grewe* und *Koskenniemi* eingeleiteten „historiographical turn" der Völkerrechtswissenschaft. Das Allermeiste der außereuropäischen Quellen und Traditionen dürfte freilich, eine „Enteuropäisierung" des Völkerrechts entscheidend schwächend, verschüttet und nicht mehr zu rekonstruieren sein. Vgl auch *Steiger*, Universalität und Partikularität des Völkerrechts in geschichtlicher Perspektive, 2015, 31 (35 ff).
270 Zur „policy-oriented" Schule *Voss*, Die Schule von New Haven, 2000; zur Wiener Schule *Simma*, Der Beitrag von Alfred Verdross zur Entwicklung der Völkerrechtsgemeinschaft, FS Verdross, 1980, 23 ff.
271 *Friedmann* (Fn 41) 149. Ein solcher neuerer, funktionalistischer (str) Ansatz etwa bei *Slaughter*, A New World Order, 2004 („global governance through a complex global web of ‚government networks'"). Andere Ansätze firmieren als *Law and Economics* (besonders auf das Wirtschafts- und Umweltvölkerrecht zielend) oder als „globaler Konstitutionalismus". Zu neuartigen Normierungen im Zuge der Industrialisierung *Vec*, Recht und Normierung in der industriellen Revolution, 2007. Zu neuen Prozessen des Entstehens und Inkrafttretens völkerrechtlicher Verträge *Hingst*, Auswirkungen der Globalisierung auf das Recht der völkerrechtlichen Verträge, 2001.

den die internationalen Übereinkünfte *(conventions)* genannt. Auch „international bedeutsame *einseitige* Rechtsgeschäfte" darunter fassen zu wollen, widerspricht bereits dem Wortlaut: *conventions* erfordert ein *Zusammen*wirken auf rechtsgeschäftlicher Ebene, ein *„Übereinkommen"* von und zwischen mindestens zwei Völkerrechtssubjekten auf dem Gebiet des Völkerrechts. Vereinzelt wurde vertreten, dass sich unter die Kategorie des Vertrags auch ein Konsens fassen lasse, der mit dem Willen, seinem Inhalt Rechtsgeltung[272] zu verschaffen, einhergeht; als „ursprüngliche Quelle des Völkerrechts" sollte ein derartiger formloser zwischenstaatlicher *Konsens* den internationalen Übereinkünften „überlagernd" zugeordnet sein.[273] Die besondere Bedeutung der Verträge rechtfertigt ihre Nennung in Art 38 Abs 1 lit a IGH-Statut, also an erster Stelle. Dies entspricht auch der Dynamik des Völkerrechts insoweit am ehesten, als sich dieses mittels Übereinkünften am schnellsten, präzisesten und transparentesten fortentwickeln lässt. Im Übrigen folgt aus der Formulierung *(établissant des règles expressément reconnues par les Etats en litige/ establishing rules expressly recognized by the contesting States)* nicht,[274] dass Art 38 Abs 1 lit a IGH-Statut nicht potentiell *alle* Verträge erfasse. Zudem kann auch ein Vertrag, der wegen gleichlautenden Völkergewohnheitsrechts nur deklaratorisch wirkt, Rechtsquelle sein.[275]

Das einschlägige Völkerrecht ist im Wesentlichen *kodifiziert:* in der *Wiener Konvention über* **114** *das Recht der Verträge,* kurz „Wiener Vertragsrechtskonvention", v 23.5.1969 (WVK), in der Wiener Konvention über das Recht der Verträge zwischen Staaten und internationalen Organisationen oder zwischen internationalen Organisationen v 21.3.1986 (WVKIO) und im Wiener Übereinkommen über die Staatennachfolge in Verträge v 23.8.1978 (WÜSV).[276] Die WVK gibt überwiegend bereits gewohnheitsrechtlich geltende Vorschriften wieder. Die folgende Kurzdarstellung des Rechts der Verträge hat sich insofern an der WVK zu orientieren.

Ein völkerrechtlicher Vertrag besteht aus aufeinander bezogenen, sich deckenden Willens- **115** erklärungen zwischen mindestens zwei Völkerrechtssubjekten, gerichtet auf Begründung, Abänderung oder Aufhebung bestimmter völkerrechtlicher Beziehungen.[277] Verträge können bi- oder multilateraler Art sein. Letztere nennt man „Konventionen" oder „Übereinkommen". Nicht auf die Bezeichnung (wie „Abkommen", „Pakt", „Protokoll") oder den Regelungsgegenstand kommt es an, sondern auf den *Rechtsbindungswillen der Parteien* (vgl Art 2 Abs 1 lit b WVK), also auf die (intendierte) Verbindlichkeit der Absprache. In der WVK sind nur die *schriftlich* und zwischen *Staaten* geschlossenen Verträge geregelt (Art 1, Art 2 Abs 1 lit a). Wurde ein Vertrag zB lediglich mündlich oder nur zwischen einem Staat und einem nichtstaatlichen Völkerrechtssubjekt abgeschlossen, kann es sich gleichwohl um einen völkerrechtlichen Vertrag handeln; nur finden auf ihn die Regeln der WVK lediglich insoweit Anwendung, als sie Völkergewohnheitsrecht widerspiegeln. Auch für etwaige „Vertragslücken" finden, wie die Präambel der WVK (deklaratorisch) unterstreicht, „die Regeln des Völkergewohnheitsrechts weiterhin [...] Anwendung". Art 5 WVK stellt klar, dass zu den von ihr erfassten Verträgen auch Gründungsverträge

---

272 Es geht also nicht um *soft law.* Dieses ist keine Rechtsquelle des Völkerrechts. Der Unterschied zwischen Recht und Nichtrecht bleibt weiterhin ähnlich fundamental wie etwa der zwischen Sein und Sollen.
273 So *Verdross/Simma,* §§ 75, 519. Die These setzte sich nicht durch.
274 Das Problem anreißend *Parry,* The Sources and Evidences of International Law, 1965, 28 f.
275 Ändert sich die Gewohnheit, bleibt doch der *Vertrag.* Vgl *Karl,* Vertrag und spätere Praxis im Völkerrecht, 1983, 248 ff, 265 ff.
276 BGBl 1985 II, 926 = Sart II, Nr 320 (WVK); BGBl 1990 II, 1414 (WVKIO); ILM 17 (1978) 1488 (WÜSV). Die WVKIO, die I.O. und Staaten weitgehend gleichstellt, ist noch nicht in Kraft. Das WÜSV ist zwar 1996 in Kraft getreten, hat aber nur knapp zwei Dutzend Parteien. Sein Inhalt ist zum größten Teil str, etwa wegen des dort stipulierten völkerrechtswidrigen *tabula-rasa*-Prinzips (Art 16).
277 Die Unterscheidung zwischen Recht setzenden und bloß rechtsgeschäftlichen Verträgen spielt keine Rolle mehr. Fast jeder Vertrag dürfte Elemente von beiden Vertragstypen aufweisen. Umfassende multilaterale Übereinkommen, zumal sektorale Weltordnungsverträge (zB das SRÜ), fungieren als „Gesetze" der internationalen Gemeinschaft, die ja keinen zentralen Gesetzgeber besitzt. Zum besonderen Charakter der UN-Charta vgl *Köck,* UN-Satzung und allgemeines Völkerrecht, FS Zemanek, 1994, 69 ff.

I.O. rechnen. Die Regeln der WVK gelten unmittelbar nur für die *Vertragsstaaten*. Die USA, Frankreich und andere wichtige Staaten fehlen aus unterschiedlichen Gründen in diesem Kreis; für diese Staaten gilt die WVK nur, soweit sie Gewohnheitsrecht kodifiziert hat oder mittlerweile in Gewohnheitsrecht erwachsen ist (vgl auch Art 38 WVK). Eine weitere Einschränkung ergibt sich daraus, dass die Konventionsregeln gemäß Art 4 WVK nicht zurückwirken; formell findet die WVK also nur auf die Verträge Anwendung, die nach In-Kraft-Treten der Konvention (27.1. 1980) zwischen Vertragsstaaten geschlossen wurden.

116 Zum wirksamen *Abschluss* eines Vertrags gehört die *Vertragsfähigkeit* der Parteien. Art 6 WVK erkennt sie Staaten zu. Deren Vertragsfähigkeit wird für sich genommen nicht überprüft; wohl aber kann die *Staats*qualität einer Partei, etwa eines vor- oder antistaatlichen Herrschaftsverbands, zweifelhaft sein. Mit der *treaty-making capacity* ist nicht das Problem der „offenen" bzw „geschlossenen Verträge" zu verwechseln; kraft politischer Entscheidung kann zB nur ein europäischer Staat Mitglied der EU werden (Art 49 EUV) – ein Bsp für ein *geschlossenes* System; an einem Änderungsvertrag können nur die Vertragsparteien beteiligt sein. Da Staaten als juristische Personen nicht selbst handeln können, bedarf es eines Organs, das die Willenserklärung für den Staat abgibt. Die entsprechende Befugnis liegt dann bei Vorlage einer *Vollmacht* vor (vgl Art 2 Abs 1 lit c WVK) oder nach Maßgabe zwischenstaatlicher Übung (Art 7 Abs 1 WVK). Die Vertretungsbefugnis wird vermutet für den in Art 7 Abs 2 WVK genannten Personenkreis, abgestuft nach dem jeweiligen Amt. Mängel der Vertretungsbefugnis sind gemäß Art 8 WVK heilbar.

117 Das *Verfahren des Vertragsschlusses* ist üblicherweise zweistufig (die Vorbereitung des Abschlusses multilateraler Verträge erfolgt häufig in I.O. oder auf diplomatischen Konferenzen). Das vorläufige Ergebnis wird durch *Paraphierung*, also Unterzeichnung des Vertragstextes mit Namenskürzel, bestätigt. Zwar kann damit bereits der Text endgültig festgelegt sein, doch wird dieser Schritt verbindlich erst auf einer zweiten Stufe: mit der *Unterzeichnung* (vgl Art 10 WVK). Damit sind Nachverhandlungen nicht gänzlich ausgeschlossen – gerade bei multilateralen Verträgen verbleibt eine gewisse Flexibilität. Allerdings kann der unterzeichnende Staat, wenn dies so gewollt ist, nach Maßgabe des Art 12 WVK bereits an den Vertrag gebunden sein. Auch sonst ist der Unterzeichnerstaat insofern gebunden, als er nach Treu und Glauben gehalten ist, den Vertragszweck nicht zu vereiteln (Frustrationsverbot, Art 18 lit a WVK).[278] Die eigentliche Vertragsbindung wird idR durch *Austausch der Urkunden* besiegelt (Art 13 WVK, sog „einfaches Verfahren"). Im regelmäßig durchgeführten „zusammengesetzten" Vertragsabschlussverfahren ist diesem Schritt ein innerstaatliches, meist parlamentarisches Zustimmungsverfahren vorgeschaltet, das mit der *Ratifikation* (Art 14 WVK) endet. Mit dieser erklärt das Staatsoberhaupt gegenüber dem Vertragspartner oder dem Verwahrer, dass der Vertrag für den durch ihn vertretenen Staat bindend ist (vgl Art 2 Abs 1 lit b WVK). Sobald Bindung eingetreten ist, kann sich der Staat grundsätzlich nicht mehr vom Vertrag lösen.[279] Dabei spielt es im Prinzip keine Rolle, ob dieser bereits in Kraft getreten ist oder nicht. Weitere Arten, Bindungswirkung zu begründen, sind in Art 11 und 13ff WVK genannt. Ein Vertrag kann konkludent auch auf die Weise geschlossen werden, dass die Parteien in getrennten Schreiben die Vorschläge eines Drittstaats annehmen. Entscheidend ist letztlich *der zum Ausdruck gebrachte Wille der Parteien, einer bestimmten Handlung Bindungswirkung beizumessen*. Bei I.O.[280] wird die Bindung durch einen „Akt der förmlichen Bestätigung" herbeigeführt (Art 2 WVKIO).

118 Das *Inkrafttreten* des Vertrags erfolgt sofort mit Ratifikation oder zu dem von den Parteien – meist im Vertrag selbst – vereinbarten Zeitpunkt (Art 24 Abs 1 und 2 WVK). Für Staaten, die einem Vertrag *nach* dessen Inkrafttreten beitreten, tritt dieser zum Zeitpunkt ihrer Zustimmung, durch den Vertrag gebunden zu sein, in Kraft (Art 24 Abs 3 WVK). In der Praxis ist für multilate-

---

278 Dies gilt nicht, wenn Paraphierung bzw Unterzeichnung nur Authentifizierungsfunktion haben.
279 Vgl Riesenfeld/Abbott (Hrsg), Parliamentary Participation in the Making and Operation of Treaties, 1994.
280 Der Gründungsvertrag einer I.O. bestimmt den Umfang ihrer Vertragsabschlussfähigkeit.

rale Verträge meist vorgesehen, dass sie nach Ratifikation durch eine festgelegte Zahl von Staaten in Kraft treten.[281] Dies kann, wie das Bsp des SRÜ v 1982 zeigt (Inkrafttreten 1994), längere Zeit in Anspruch nehmen. Sinkt später die Zahl der Vertragsparteien, etwa durch Rücktritt vom Vertrag, unter die für das Inkrafttreten nötige Zahl, führt dies *nicht* zum Außerkrafttreten des Vertrags (Art 55 WVK). Ein in Kraft getretener Vertrag bindet die Parteien endgültig. Sie haben ihre Vertragspflichten zu erfüllen (Art 26 WVK; *pacta sunt servanda*).[282] Eine Berufung auf innerstaatliches Recht, um ein Nichterfüllen zu rechtfertigen, ist ausgeschlossen (Art 27 WVK). Allerdings kann nach Art 46 WVK die Verletzung innerstaatlichen Rechts ausnahmsweise dann beachtlich sein, wenn jene Verletzung offenkundig und sachlich gravierend ist (Evidenztheorie).[283]

Die WVK (Art 76ff) sieht vor, dass Vertragsurkunden und Willenserklärungen bei einem Depositar (einem oder mehreren Staaten, einer I.O. oder deren leitendem Verwaltungsbeamten [UN-Generalsekretär]) hinterlegt und von diesem *verwahrt* werden. Außerdem ist nach Art 102 UN-Charta (vgl Art 80 WVK) der Vertrag dem UN-Sekretariat zur *Registrierung* zu übermitteln. Dies soll Geheimdiplomatie vermeiden (das allgemeine Völkerrecht verbietet Geheimverträge nicht). Missachtung des Registrierungsgebots führt nicht zur Unwirksamkeit des Vertrags, doch können sich die Parteien vor UN-Organen – etwa dem IGH – dann grundsätzlich nicht auf den Vertrag berufen (Art 102 Abs 2 UN-Charta). Die Veröffentlichung des Vertrags erfolgt grundsätzlich in der amtlichen UN-Sammlung (United Nations Treaty Series – UNTS). 119

Ist ein Vertrag bindend geworden, stellt sich die Frage nach der *Reichweite* der Bindung. Grundsätzlich gilt der Vertrag – räumlich – für das gesamte Hoheitsgebiet einer Partei (Art 29 WVK), sein Geltungsbereich verändert sich also bei Gebietsveränderungen (*moving frontiers*-Grundsatz), und – in zeitlicher Hinsicht – *ex nunc* (Art 28 WVK), soweit die Parteien nichts anderes beschließen. Gebunden sind alle Vertragsparteien; Art 17 WVK erlaubt das *opting-out:* eine Abmachung aller Vertragsparteien dahingehend, dass bestimmte Normen für eine Vertragspartei nicht gelten. Anders als im innerstaatlichen Recht können Staaten nicht ohne weiteres Verträge für Dritte (Art 35f WVK) schließen. Art 34 WVK bestimmt, dass ein zwischen anderen Staaten geschlossener Vertrag für den *Drittstaat* mangels Zustimmung „weder Pflichten noch Rechte" begründet. Aus Sicht des Dritten ist der Vertrag *res inter alios acta,* eine unter anderen ausgehandelte Angelegenheit, die ihn nicht bindet. Diese *pacta tertiis*-Regel ist auch Bestandteil des Völkergewohnheitsrechts. Sie hat jedoch eine Relativierung erfahren. So hat der IGH mit Blick auf die verschiedenen Kategorien völkerrechtlicher Pflichten in einem berühmten *obiter dictum* festgestellt, dass „an essential distinction should be drawn between the obligations of a State towards the international community as a whole; and those arising vis-à-vis another State in the field of diplomatic protection. By their very nature the former are the concern of all States. In view of the importance of the rights involved, all States can be held to have a legal interest in their protection; they are obligations *erga omnes.*"[284] Welche völkerrechtlichen Pflichten ausnahmsweise nicht nur *inter partes*-Pflichten sind, sondern auch solche mit *erga omnes*-Wirkung, Pflichten also, die angesichts ihrer fundamentalen Bedeutung schlechthin gelten, also für alle, ist im Einzelnen nicht abschließend geklärt (zum Zusammenhang mit *ius cogens* vgl u Rn 126).[285] 120

---

281 Vgl Art 84 WVK für diese Konvention selbst.
282 Ist ein Rücktritts- und Kündigungsrecht vorgesehen, ist eine Lösung vom Vertrag möglich.
283 Vgl *Verdross/Simma,* §§ 689 ff.
284 *Barcelona Traction,* ICJ Rep 1970, 3, 32.
285 Im *Barcelona Traction*-Urteil erwähnt der IGH beispielhaft das Aggressionsverbot, das Verbot des Völkermordes sowie die Regeln bzgl der grundlegenden Menschenrechte einschließlich des Schutzes vor Sklaverei und Rassendiskriminierung. Vgl auch *East Timor,* ICJ Rep 1995, 89, 102; *Genocide Convention,* ICJ Rep 1996, 594, 616. Zum Selbstbestimmungsrecht der Völker vgl *Grenzwall*-Gutachten, ICJ Rep 2004, 136 (§§ 155 ff). Nachw bei *Tomuschat/Neuhold/Kropholler,* Völkerrechtlicher Vertrag und Drittstaaten, BDGVR 28 (1988) 9 ff; *Oeter* (Fn 28) 507 ff. Von den Verpflichtungen *erga omnes* abgesehen (sie bereits sind eine Relativierung des Konsensprinzips) kann eine objektive, allgemein geltende Ordnung ausnahmsweise auch durch zwischen einer begrenzten Anzahl von Parteien

Voraussetzung für die Annahme einer *erga omnes*-Pflicht ist jedenfalls, dass im Einzelfall tatsächlich ein Interesse „der internationalen Gemeinschaft als Ganzer" festgestellt werden kann, so dass alle Staaten ein rechtliches Interesse an ihrer Erfüllung haben.[286] Die Verletzung einer *erga omnes*-Pflicht dürfte angesichts der Bezugnahme auf die Staatengemeinschaft im Prinzip zur Folge haben, dass *jeder* Staat die Pflichtverletzung sanktionieren – wenn auch wohl nicht vor dem IGH geltend machen[287] – kann, unabhängig davon, ob er von dem Rechtsbruch selbst betroffen bzw dem zugrunde liegenden Vertrag beigetreten ist oder nicht.[288] Die Staatenpraxis ist auch insoweit freilich keineswegs eindeutig. Schon vor dem Hintergrund der Missbrauchsanfälligkeit ist diese Rechtsfolge deshalb allenfalls auf extreme Ausnahmesituationen zu begrenzen und zudem regelmäßig unter den Vorbehalt einer vorangehenden Feststellung der Pflichtverletzung *durch die UN* zu stellen.[289] Die *pacta tertiis*-Regel hat, wie gesagt, auch für I.O. als (nur) „gekorene" Völkerrechtssubjekte Bedeutung. Wegen deren *vertraglichen* Wurzeln kann kein Drittstaat verpflichtet werden, ihre Existenz anzuerkennen (Ausnahme die UN, wegen ihrer „objektiven Rechtspersönlichkeit", wie im *Bernadotte*-Fall bereits 1949 begründet).[290]

121 Auch für die Parteien eines völkerrechtlichen Vertrags kann die Bindungswirkung eine *beschränkte* sein. Dies ist der Fall, wenn eine Partei nur an einen *Teil* des Vertrages gebunden sein will und die anderen Parteien zustimmen, oder wenn der Vertrag selbst eine solche partielle Bindung zulässt (Art 17 WVK), was etwa bei IPR-Verträgen üblich ist.[291] Eine nur partielle Bindung kann auch durch Erklärung eines *Vorbehalts* einer Partei erreicht werden (Art 19 ff WVK). Darunter ist die *schriftlich* abgegebene (Art 23 Abs 1 WVK) *einseitige* Erklärung einer Vertragspartei zu verstehen, die bezweckt, die Rechtswirkung *einzelner* Vertragsbestimmungen in ihrer Anwendung auf sich auszuschließen oder zu ändern (Art 2 Abs 1 lit d WVK).[292] Davon ist eine den Vertrag lediglich auslegende Erklärung zu unterscheiden.[293] Derartige vertragliche Pflichten präzisierende *Interpretationserklärungen* sind häufig (Art 31 Abs 2 WVK). Um die Kohärenz eines Vertrags zu erhalten, wird das Anbringen von Vorbehalten im Vertrag selbst absolut (zB Art 1 Abs 1 Völkerbund-Satzung) oder bzgl bestimmter Vorschriften (zB Art 12 Abs 1 Genfer Festlandsockelkonvention) gelegentlich verboten (Art 19 lit a, b WVK). Vorbehalte, die „mit Ziel und

---

geschlossene Verträge geschaffen werden, etwa durch Verfügungsverträge (zB Gebietsabtretung), während dies schon bei institutionellen Verträgen (zB Gründung einer I. O.) str ist. Vgl *Klein*, Statusverträge im Völkerrecht, 1980, 15 f, 140 ff, 191 ff; *Heintschel von Heinegg*, in Ipsen (Hrsg), Völkerrecht, § 13 Rn 23 ff; *Proelß*, in Dörr/Schmalenbach (Hrsg), Vienna Convention on the Law of Treaties, 2012, Art 34 Rn 31 ff.

286 Zur str, letztlich zu verneinenden Frage nach der Existenz eines Völkerrechts*subjekts* „internationale Gemeinschaft" oder „Staatengemeinschaft" *Paulus* (Fn 60) 9 ff, 385 f; *Tomuschat*, Die internationale Gemeinschaft, AVR 33 (1995) 1 (8 ff).

287 Der ablehnenden Rechtsauffassung Portugals im *East Timor*-Fall, ICJ Rep 1995, 89 (§ 29) ist der IGH nicht gefolgt. Vgl auch *Genocide Convention II*, ICJ Rep 2007, 43 (§ 147).

288 *Tomuschat*, International Law, 84; *Simma*, From Bilateralism to Community Interest in International Law, RdC 250 (1994-VI) 217 (296 f). Krit *Ragazzi*, The Concept of International Obligations Erga Omnes, 1997, 210 ff; *Talmon*, Kollektive Nichtanerkennung illegaler Staaten, 2006, 292 ff.

289 Vgl *Heintschel von Heinegg*, in Ipsen (Hrsg), Völkerrecht, § 13 Rn 28; *Cassese*, International Law, 2001, 210 f. Zum Bsp Meeresumweltschutz *Proelß*, Meeresschutz im Völker- und Europarecht, 2004, 77 ff.

290 Allerdings kann dies implizit geschehen, wenn ein Staat mit Organen einer I. O. in nähere Verbindung tritt.

291 Anders die *opting out*-Klauseln mancher Verträge; dazu *Heintschel von Heinegg*, in Ipsen (Hrsg), Völkerrecht, § 14 Rn 7; *Verdross/Simma*, § 629 Fn 14 *(contracting out)*.

292 Zum Problem der Anwendung auf Menschenrechtsabkommen *Bauer*, Vorbehalte zu Menschenrechtsverträgen, 1994; *Henkin u a*, Human Rights as General Norms and a State's Right to Opt Out, 1997; *Simma*, Reservations to Human Rights Treaties, FS Seidl-Hohenveldern, 1998, 659 ff. Vgl im Übrigen den völkerrechtlich nicht verbindlichen "Guide to Practice on Reservations to Treaties, adopted by the International Law Commission", 2011 (UN Doc A/66/10/Add 1).

293 Näher *Kühner*, Vorbehalte zu multilateralen völkerrechtlichen Verträgen, 1980, 35 ff; dort (41 ff) auch zur Abgrenzung zu weiteren Erscheinungen wie Rechtsverwahrungen, Bedingungen, Protesten und Erklärungen politischen Charakters sowie (109 ff) Darlegung der Differenzen zwischen Art 19 ff WVK und dem (insoweit „unsicheren und diffusen") Völkergewohnheitsrecht. Bsp für „Vorbehalte und Erklärungen" bei *Langenfeld* (Fn 59) 606.

Zweck des Vertrags unvereinbar" sind (Kompatibilitätskriterium), sind unzulässig (Art 19 lit c WVK); unzulässige Vorbehalte sind nichtig und erzeugen keine Rechtswirkung. Insgesamt ist Art 19 WVK trotz dieser Einschränkungen eine vorbehalts*freundliche* Regelung. Wie ein Vorbehalt wirkt, bestimmt sich danach, ob seine *Annahme* durch die anderen Vertragsparteien vorgesehen ist (Art 20 Abs 1 WVK). Ist keine Annahme vorgesehen, entfaltet der Vorbehalt *ohne weiteres* seine Wirkung. Andernfalls kommt es darauf an, ob alle anderen Vertragsparteien die Annahme – ausdrücklich oder konkludent – erklären oder nicht (Art 20 Abs 2, Art 23 Abs 1 WVK). Ersteres wird grundsätzlich vermutet (stillschweigende Annahme), wenn bis zum Ablauf von zwölf Monaten kein Einspruch gegen den Vorbehalt erhoben wird (Art 20 Abs 5 WVK).[294]

Das Erheben eines wirksamen Vorbehalts generiert *relative* vertragsbezogene Rechtsverhältnisse. Zwischen Parteien, die keinen Vorbehalt erhoben haben, gilt der Vertrag vollinhaltlich (Art 21 Abs 2 WVK). Zwischen Parteien, die einen Vorbehalt erklärt, und solchen, die diesen angenommen oder keinen Einspruch eingelegt haben, gilt der Vertrag in dem im Vorbehalt vorgesehenen Ausmaß (vgl Art 20 Abs 4, Art 21 Abs 1 WVK). Erhebt eine Partei *Einspruch* gegen den Vorbehalt, tritt der Vertrag im Verhältnis des Staats, der den Vorbehalt erklärt, und desjenigen, der protestiert, gleichwohl in Kraft (es sei denn, der einsprechende Staat bringt „seine gegenteilige Absicht eindeutig zum Ausdruck", Art 20 Abs 4 lit b WVK); freilich finden die Bestimmungen, auf die sich der Vorbehalt bezieht, in dem im Vorbehalt vorgesehenen Ausmaß keine Anwendung (Art 21 Abs 3 WVK: Ausfluss der „erweiterten relativen Theorie"). Der Umfang der inhaltlichen Bindungswirkung kann bei multilateralen Verträgen für die einzelnen Parteien damit recht unterschiedlich sein. Insgesamt steht die Grundregel für die Annahme von Vorbehalten, Art 20 Abs 4 lit a, c WVK, auf dem Boden des Souveränitätsprinzips. Sie begünstigt die Vorbehaltsstaaten – im Unterschied zum „klassischen" System, welches, Ausfluss der „absoluten Theorie", der Integrität der vertraglichen Regelung Priorität einräumte. Zumindest Art 20 Abs 4 lit b WVK dürfte freilich noch keine gewohnheitsrechtliche Geltung beanspruchen können.[295]

Die *Auslegung* völkerrechtlicher Verträge bestimmt sich nach Art 31 ff WVK. Die auch völkergewohnheitsrechtlich geltende[296] Schlüsselbestimmung Art 31 Abs 1 WVK lautet: „Ein Vertrag ist nach Treu und Glauben in Übereinstimmung mit der gewöhnlichen, seinen Bestimmungen in ihrem Zusammenhang zukommenden Bedeutung und im Lichte seines Zieles und Zweckes auszulegen". In Übereinstimmung mit der *objektiven* Theorie wird in dieser Grundregel (nur) auf den *Text,* auf den authentischen Wortlaut der Vertragsbestimmung abgestellt und dabei auf die „gewöhnliche" Bedeutung der gebrauchten Worte *(ordinary meaning-rule).* Art 31 WVK entscheidet sich somit für den *Wortlaut,* also gegen das, was die Parteien bei Abschluss des Vertrages subjektiv mit den verwendeten Formulierungen meinten. Hinzu kommen – für die Auslegung – Anlagen, Protokolle, auch jede spätere Übereinkunft *(accord interprétatif)* oder Übung sowie sonstige anwendbare Völkerrechtssätze (Art 31 Abs 2, 3 WVK). Letztlich zielt dieses Schema auf den jeweils *aktuellen* Parteienkonsens. Die vorbereitenden Arbeiten zu einem Vertrag *(travaux préparatoires)* sind (nur) als „ergänzendes Auslegungsmittel" heranzuziehen, wenn die Auslegung nach Art 31 WVK entweder „die Bedeutung mehrdeutig oder dunkel lässt" oder „zu einem offensichtlich sinnwidrigen oder unvernünftigen Ergebnis führt" (Art 32 WVK). Während die materiellen Auslegungskriterien (Systematik; Telos – *effet utile,* ein in Art 33 Abs 4 WVK angedeutetes Kriterium) sich nicht wesentlich von denen des einzelstaatlichen Rechts unter-

---

294 Außerhalb der WVK-Regeln ist die Frage des Annahmeerfordernisses str, *Kühner* (Fn 293) 104 ff, 132 ff.
295 Anhand Art 19 bis 23 WVK wird die Wirksamkeit eines Vorbehaltes geprüft in den Schritten Zulässigkeit, Reaktionen der Vertragsparteien, Rechtsfolgen. So schränkt zB Art 20 Abs 3 WVK die Möglichkeit von Vorbehalten für Gründungsverträge von I. O. ein, vgl *Walter,* in Dörr/Schmalenbach (Fn 285) Art 20 Rn 36 ff.
296 Für Art 31 WVK vgl ICJ Rep 1994, 6, 21 *(Aousou);* ICJ Rep 1996, 803, 812 *(Ölplattformen); Kasikili/Sedudu,* ICJ Rep 1999, 1045 (§ 18). Näher bereits *Köck,* Vertragsinterpretation und Vertragskonvention, 1976. Die expandierende internationale Gerichtsbarkeit fördert die Erkenntnis der Auslegungsregeln (und des Völkergewohnheitsrecht), vgl *Weiß,* Die Rechtsquellen des Völkerrechts in der Globalisierung, AVR 53 (2015) 220 (227).

scheiden (wobei der Grundsatz von Treu und Glauben sich nur auf die Anwendung der Kriterien bezieht), ergibt sich vor allem bei multilateralen Übereinkommen das im Landesrecht seltene Problem, dass Textfassungen in verschiedenen *Sprachen* vorliegen. Die im BGBl (Teil 2) abgedruckten deutschsprachigen Fassungen sind meist für den dt Amtsgebrauch angefertigte Übersetzungen von nur fremdsprachig authentischen Texten. Ein *Text* ist *authentisch*, wenn dies im Vertrag festgelegt oder aus ihm ersichtlich ist. Mehrere gleichermaßen authentische Texte sind grundsätzlich gleichermaßen auslegungsrelevant (Art 33 Abs 1 WVK),[297] wobei Art 33 Abs 3 WVK vermutet, „dass die Ausdrücke des Vertrags in jedem authentischen Text dieselbe Bedeutung haben". Weichen zwei gleichermaßen authentische Fassungen voneinander ab, ist die Auslegung zu wählen, welche beide Fassungen miteinander in Einklang bringt (Art 33 Abs 4 WVK).

124   Detailliertere *Auslegungsregeln* wurden in die WVK nicht aufgenommen. Ihre *generelle* Anwendbarkeit erschien zweifelhaft.[298] Sie können aber auch bei dem von der WVK gewählten objektiven Interpretationsansatz herangezogen werden, wenn ein *dahingehender Wille* der Vertragsparteien vorliegt.[299] Es handelt sich um folgende Regeln:
- Unklare Formulierungen gehen zu Lasten desjenigen, der sie vorgeschlagen hat *(contra proferentem)*.
- Zu wählen ist die Auslegungsvariante, welche die Handlungsfreiheit des Schuldners am wenigsten beeinträchtigt *(interpretatio in favorem debitoris, in dubio mitius)*.[300]
- Analogieschlüsse finden im Allgemeinen nicht statt.[301]
- Die Auslegung ist völkerrechtskonform vorzunehmen, dh gemäß der jeweils anwendbaren Völkerrechtsregeln.[302]
- Gründungsverträge einer I.O. sind im Lichte des Organisationszwecks auszulegen; dies schließt eine erweiternde Auslegung idS ein, dass der I.O. über die vertraglich festgelegten Kompetenzen hinaus weitere zustehen, soweit ihre Wahrnehmung zum Erreichen des Vertragszwecks notwendig ist.[303]

125 Die *Änderung* völkerrechtlicher Verträge erfolgt, lässt man des Ausnahmefall derogierenden Gewohnheitsrechts außer Acht, durch völkerrechtlichen Vertrag (Art 39 ff WVK). Wird der Vertrag in umfassender Weise geändert, spricht man von Revision. Kein Staat ist verpflichtet, Änderungen zuzustimmen (vgl Art 40 Abs 4 WVK).[304] Ratifizieren nur einige Parteien den Änderungsvertrag, gilt der Vertrag mit unterschiedlichem Inhalt für den *jeweiligen* Kreis von Staaten: *Relativität* völkerrechtlicher Vertragsverhältnisse. Ähnlich verhält es sich, wenn ein bisheriger Vertrag durch einen neuen abgelöst werden soll (etwa die Genfer Seerechtsübereinkommen v 1958 durch das SRÜ v 1982). Im Verhältnis derartiger Verträge zueinander gilt, wie generell, der Vorrang der späteren bzw der spezielleren Normen, aber eben nur dann, wenn zwei Vertragsparteien durch den alten wie durch den neuen Vertrag und zudem im gleichen Umfang gebunden sind (vgl Art 59, Art 30 Abs 3 WVK).[305] Diese Relativität zwingt dazu, multilaterale Ver-

---

297 Zum Problem *Hilf*, Die Auslegung mehrsprachiger Verträge, 1973, 124 ff, 144 ff.
298 Vgl *Verdross/Simma*, § 781; zum Ganzen *Heintschel von Heinegg*, in Ipsen (Hrsg), Völkerrecht, § 12 Rn 16.
299 Zur Vertragsauslegung vertiefend *Dahm/Delbrück/Wolfrum*, Völkerrecht, Bd I/3, § 153.
300 Insbes *contra proferentem* und *in dubio mitius* sind bloße Vermutungen.
301 Str; vgl *Bleckmann*, Analogie im Völkerrecht, AVR 17 (1977/78) 161 ff.
302 Vgl IGH, ICJ Rep 1957, 142 *(Durchgangsrecht über indisches Gebiet)*.
303 Vgl *Köck*, Die „implied powers" der Europäischen Gemeinschaften als Anwendungsfeld der „implied powers" internationaler Organisationen überhaupt, FS Seidl-Hohenveldern, 1988, 279 ff. Bzgl des Gründungsvertrags einer I.O. kann ebenfalls deren *Praxis* der Vertragsauslegung dienen; gleiches gilt von den Verfahrensordnungen. Das gilt zumal für die Auslegung der UN-Charta, die allen Verträgen vorgeht (Art 103 UN-Charta). Art 2 Nr 6 UN-Charta durchbricht sogar die *pacta tertiis*-Regel (str), vgl *Köck* (Fn 277) 84 ff.
304 Verträge können ein bestimmtes Änderungsverfahren vorsehen, doch sind die Parteien an dieses nicht gebunden, wenn sie sich einstimmig anders entscheiden (arg e Art 54 WVK).
305 Näher *Verdross/Simma*, § 786.

träge ggf in bilaterale Rechtsverhältnisse aufzuspalten und die Anwendbarkeit der jeweiligen Vertragsregeln für jedes einzelne Rechtsverhältnis zu ermitteln.

Völkerrechtliche Verträge können, wie innerstaatliche, *nichtig* oder zumindest *anfechtbar* sein; die WVK verwendet für beide Fallgruppen „Ungültigkeit" als Oberbegriff. Ohne weiteres nichtig sind Verträge, die im Widerspruch zum *ius cogens* stehen (Art 53 WVK), also zu einer *zwingenden* Norm des allgemeinen Völkerrechts. Entsteht neues *ius cogens,* wird jeder zu einer solchen Norm im Widerspruch stehende Vertrag nichtig (Art 64 WVK). Macht eine Partei dies geltend, hat sie dies nach Treu und Glauben zu notifizieren.[306] Einschlägige Streitigkeiten können dem IGH oder einem Schiedsgericht unterbreitet werden.[307] Ist der Vertrag nach Art 53 WVK nichtig, verpflichtet Art 71 Abs 1 WVK zur Folgenbeseitigung. Der Zusammenhang mit der Rechtsfigur der Verpflichtungen *erga omnes* (vgl o Rn 120) besteht darin, dass zwar nicht alle Normen, die *erga omnes*-Wirkung entfalten, auch *zwingendes* Völkerrecht sind, wohl aber alle *ius cogens*-Normen *erga omnes*-Pflichten begründen.[308] Bindung an eine *ius cogens*-Norm können nicht durch steten Widerspruch (*persistent objection,* vgl u Rn 133) verhindern.[309] Freilich ist nicht eindeutig geklärt, welche Normen zu den zwingenden zählen, zusätzlich zum Aggressionsverbot, zum Verbot des Sklavenhandels und des Völkermordes sowie der elementaren Menschenrechte und der Verbotsnormen des humanitären Völkerrechts; das Selbstbestimmungsrecht der Völker gehört nicht zu diesen unabdingbaren Normen des Völkerrechts (str). *Anfechtbar* sind Verträge bei Mängeln des Willens (Irrtum, Betrug, Bestechung, Zwang gegen Staatenvertreter, Androhung oder Anwendung von Gewalt, Art 48–52 WVK) oder der Zuständigkeit (*offenkundige* Verletzung grundlegender innerstaatlicher Regeln oder notifizierter Ermächtigungsbeschränkungen, Art 46f WVK). Wird die Gültigkeit eines Vertrages angefochten, ist dieser im Erfolgsfall der Anfechtung *ex tunc* nichtig (Art 69 Abs 1 WVK). In gutem Glauben vorgenommene Handlungen sind nicht schon aufgrund einer Ungültigkeit des Vertrages rechtswidrig. Anders ist es dann, wenn der handelnden Partei der Ungültigkeitsgrund zuzurechnen ist (Art 69 Abs 2 lit b, Abs 3 WVK).

126

Die WVK enthält Regeln, die gleichsam „regulär" und mit *ex nunc*-Wirkung den Vertrag *aufheben* oder *suspendieren* (Art 54ff), mag auch der Übergang zum Delikt und seinen Rechtsfolgen (vgl Art 60) fließend sein. Art 60–62 WVK kodifizieren im Wesentlichen bestehendes Völkergewohnheitsrecht zur *einseitigen* Vertragsbeendigung. Terminologisch ist manches verwirrend. So werden die Begriffe „Beendigung" *(termination),* „Rücktritt" *(withdrawal)* und „Kündigung" *(denunciation)* nebeneinander gestellt. Den Materialien zufolge ist mit „Kündigung" der Fall gemeint, in dem sich das Recht dazu aus dem Vertrag ergibt, während „Beendigung" auf einen völkergewohnheitsrechtlichen Aufhebungsgrund zurückgeht.[310] Diese Unterscheidung wird bereits in Art 54 lit a WVK durchbrochen, der von Beendigung oder Rücktritt (aber nicht von Kündigung) „nach Maßgabe der Vertragsbestimmungen" spricht. Letztlich erübrigt sich die Dif-

127

---

306 Vgl *Rozakis,* The Concept of Jus Cogens in the Law of Treaties, 1976, 109, 144. Im Einzelnen bleiben viele Fragen ungelöst. So sollen zB Massenvertreibungen nach einer Mindermeinung nicht anders als etwa Völkermord *ius cogens* verletzen. Aber selbst der unstr Kern des *ius cogens*-Prinzips, das Folterverbot, wurde im „Krieg gegen den Terror" vielfältig durchlöchert, vgl *Maguire,* Land and War, 2010, 213f; *Oeter* (Fn 28) 517ff.
307 Diese Bestimmung besitzt keine Entsprechung im Völkergewohnheitsrecht. Zu bedenken ist auch, dass das *Ius cogens*-Prinzip nicht universell akzeptiert ist, zB nicht von Frankreich. Rechtsprechung und Staatenpraxis üben weitestgehend Zurückhaltung gegenüber dem „zwingenden Recht".
308 *Erga omnes*-Verpflichtungen bestehen der internationalen Gemeinschaft als Ganzer gegenüber, so dass alle Staaten ein rechtliches Interesse an ihrer Erfüllung haben. Solche Verpflichtungen ergeben sich aus dem Völkergewohnheitsrecht. Zur Etablierung etwa einer Hierarchie innerhalb der Menschenrechte freilich kann auch der *erga omnes*-Status einer Norm nicht beitragen, vgl *Schmahl* (Fn 139) 44ff; optimistischer *Tomuschat,* International Law – Ensuring the Survival of Mankind on the Eve of a New Century, 2001, 81ff; *Scheyli,* Konstitutionelle Gemeinwohlorientierung im Völkerrecht, 2008, 103ff.
309 *Dahm/Delbrück/Wolfrum,* Völkerrecht I/3, 62; vgl u Rn 133.
310 Vgl *Heintschel von Heinegg,* in Ipsen (Hrsg), Völkerrecht, § 16 Rn 4 ff.

ferenzierung, da die Aufhebungsinstrumente in ihren Rechtsfolgen weitestgehend übereinstimmen (Art 65, 70 WVK).

128 *Rücktritt* und *Kündigung* sind stets möglich nach Maßgabe der im Vertrag getroffenen Regelungen (Art 54 lit a WVK). Außerdem kann eine Beendigung *jederzeit durch Einvernehmen* zwischen allen Vertragsparteien erfolgen (Art 54 lit b WVK).[311] Enthält ein Vertrag keine Bestimmung über Kündigung und Rücktritt, und lässt sich die Möglichkeit hierzu auch nicht aus den Umständen ableiten, sind Kündigung und Rücktritt im Prinzip nicht möglich. Während die Beendigung alle Parteien dauerhaft von der Verpflichtung befreit, den Vertrag zu erfüllen (Art 70 Abs 1 lit a, Abs 2 WVK), tritt diese Wirkung bei der *Suspendierung* des Vertrags *nur vorübergehend* ein (Art 72 Abs 1 WVK); sie ist nach Maßgabe von Art 57 ff WVK möglich. Unter den „besonderen" Beendigungs- und Suspendierungsgründen sind Art 60–62 WVK hervorzuheben. Art 60 WVK enthält eine differenzierende Regelung für den Fall einer *erheblichen* Vertragsverletzung *(material breach)*. Als eine solche definiert Art 60 Abs 3 WVK die Verletzung einer für das Erreichen des Vertragsziels oder -zwecks *wesentlichen* Bestimmung. Art 60 WVK formt insofern die „negativen Gegenseitigkeitsaspekte"[312] des Prinzips *pacta sunt servanda* aus, wonach der Vertragsbruch einer Partei die andere von der Pflicht zur Vertragserfüllung entbindet.[313]

129 Wird ein *zweiseitiger* Vertrag *erheblich verletzt*, so gibt dies der anderen Vertragspartei einen Grund auch für dessen *Suspendierung*. Hier ist die Entscheidung über die Rechtsfolge also dem „betroffenen" Staat überantwortet (Art 60 Abs 1 WVK). Für den Fall der erheblichen Verletzung eines *mehrseitigen* Vertrags bietet Art 60 Abs 2 WVK mehrere Rechtsfolgen zur Auswahl: *Suspendierung oder Beendigung* im Einvernehmen der anderen Vertragsparteien nur im Verhältnis zum vertragsbrüchigen Staat („Hinauskündigung"), oder Suspendierung oder Beendigung zwischen allen Vertragsparteien (lit a). Darüber hinaus kommen in Frage: Suspendierung im Verhältnis zwischen einer „durch die Vertragsverletzung besonders betroffenen" Vertragspartei und dem vertragsbrüchigen Staat (lit b), oder Suspendierung durch Parteien in Bezug auf sie selbst, wenn sich durch die erhebliche Vertragsverletzung ihre Lage hinsichtlich der weiteren Erfüllung ihrer Vertragsverpflichtungen „grundlegend ändert" (lit c).[314] Von der Beendigung oder Suspendierung bleiben Vertragsbestimmungen unberührt, die bei einer Verletzung des Vertrags anwendbar sind (etwa Schadenersatzbestimmungen oder Streitschlichtungsvereinbarungen), Art 60 Abs 4 WVK. Abs 5 verfügt, dass Art 60 Abs 1–3 WVK *auf Verträge „humanitärer Art"* nicht anwendbar sind. Damit soll der Menschenrechtsschutz effektiviert werden: Er soll nicht davon abhängen, ob eine Partei ihren einschlägigen vertraglichen Verpflichtungen nachkommt. Gegenüber dem vertragsbrüchigen Staat stehen den vertragstreuen Staaten die völkergewohnheitsrechtlich anerkannten Gegenmaßnahmen[315] zur Verfügung.[316]

130 Gemäß Art 61 WVK gibt die Unmöglichkeit der Vertragserfüllung, die eine Partei nicht selbst herbeigeführt hat, dieser das Recht zur Beendigung oder zum Rücktritt. In Art 62 WVK findet sich die Kodifizierung der *clausula rebus sic stantibus*, also der Lehre von der Geschäftsgrundlage, der *essential basis* für den Vertragskonsens. Beendigung oder Rücktritt können demnach nur geltend gemacht werden, wenn eine grundlegende, unvorhergesehene Änderung der Umstände vorliegt (Abs 1). Diese müssen eine *wesentliche Grundlage für die Zustimmung* der Parteien zur Vertragsbindung gewesen sein (Abs 1 lit a). Ihre Änderung „würde das Ausmaß der auf Grund des Vertrags noch zu erfüllenden Verpflichtungen tiefgreifend umgestalten" (Abs 1 lit b). Die

---

311 Das Einvernehmen wird idR durch *actus contrarius* (Auflösungsvertrag) hergestellt.
312 *Verdross/Simma*, § 824.
313 Als Bsp kommen Abrüstungsverträge in Frage.
314 Lit c kommt in Betracht, wenn ein Aufspalten in bilaterale Rechtsverhältnisse nicht möglich ist („integrale" Verträge).
315 Sie müssen – natürlich – in angemessenem Verhältnis zum Schaden stehen.
316 Zur Abgrenzung vgl etwa *Yahi*, La violation d'un traité, RBDI 1993, 437 ff.

Partei, die sich auf die *clausula* beruft, darf nicht selbst gegen den Vertrag oder eine sonstige internationale Verpflichtung verstoßen haben (Abs 2 lit b). Auf Verträge, die eine *Grenze* festlegen, findet die *clausula* keine Anwendung (Art 62 Abs 2 lit a WVK); hier gehen Rechtssicherheit und Rechtsfrieden vor.[317] Die *clausula* des Art 62 WVK kann demnach nur unter äußerst strengen Voraussetzungen zur Anwendung kommen.

b) Völkergewohnheitsrecht

Das Völkergewohnheitsrecht *(coutume/custom)* als Ausdruck *(preuve/evidence)* einer allgemeinen,[318] als Recht anerkannten Übung wird von Art 38 Abs 1 lit b IGH-Statut erfasst. Diese in der Praxis dominierende Rechtsquelle umfasst die Summe der Verhaltensregeln, die von Völkerrechtssubjekten in ihrem Verkehr untereinander angewendet worden sind (Praxiselement) und bzgl deren Rechtsgültigkeit eine allgemeine Rechtsüberzeugung besteht (Rechtsüberzeugungselement): *Zwei-Elemente-Lehre* bzw dualistische Theorie des Gewohnheitsrechts. Art 38 Abs 1 lit b IGH-Statut führt damit die Voraussetzungen der Existenz von Völkergewohnheitsrecht selbst auf:[319] *Objektiv* die wiederholte, gefestigte oder regelmäßige,[320] einheitliche *Übung*[321] seitens relevanter Subjekte und Organe, *subjektiv* die *Überzeugung*, zu diesem Verhalten von Rechts wegen verpflichtet zu sein *(opinio iuris sive necessitatis)*.[322] Nach Art 38 Abs 1 lit b IGH-Statut muss die Staatenpraxis die Übung „als Recht angenommen haben" *(acceptée comme étant le droit/accepted as law)*. 131

Hinsichtlich der allgemeinen ständigen *Übung* ist str, ob diese *konstitutive* Voraussetzung ist – so die hL –,[323] oder ob sie das Vorhandensein des Gewohnheitsrechts lediglich bestätigt[324] und zum Ausdruck bringt.[325] Außerdem ist zwischen den Voraussetzungen des Entstehens und dem Beweis der Existenz von Gewohnheitsrecht zu trennen.[326] Gegenüber dem Gewohnheitsrecht stellt ein Vertrag über den gleichen Gegenstand eine *lex specialis* dar. Durch Vertrag kann entgegenstehendes Gewohnheitsrecht, soweit dieses nicht *ius cogens*-Status besitzt, derogiert werden. 132

Das Verhalten *eines* Staats allein kann Gewohnheitsrecht nicht begründen. Ebenso wenig müssen sämtliche Staaten beteiligt sein. Das Fehlen „wichtiger" oder besonders betroffener Staaten kann der Praxis indes die Eigenschaft nehmen, „allgemein" bzw „repräsentativ" oder „qualifiziert" zu sein. Es ist eine Konsequenz des „fundamentalen Relativismus" *(Reuter)* des 133

---

317 Vgl auch Art 11 WVK.
318 Vgl *Seidl-Hohenveldern*, Gewohnheitsrecht, völkerrechtliches, in Lexikon Völkerrecht, 147 ff.
319 Gewohnheitsrecht selbst ist die Quelle, die empirisch erfassbare Praxis (Gewohnheit) bloßer Beweis ihrer Existenz.
320 Vgl aber *Tunkin* (Fn 185) 144 f.
321 Beim *ausschließlichen* Vorliegen nur *dieses* Elementes *(consuetudo)* wird es sich idR um Courtoisie handeln. Der IGH hielt im *Nicaragua*-Fall v 1986 (97) am Element der Praxis fest: „[...] the Court must satisfy itself that the existence of the rule [...] is confirmed by practice [...]". Damit sie eine Norm des Gewohnheitsrechts begründen kann, muss eine Praxis freilich nicht absolut einheitlich sein. Es genügt, wenn das Verhalten im Allgemeinen der behaupteten Rechtsnorm entspricht. Zu den Voraussetzungen *Mendelson*, The Formation of Customary International Law, RdC 272 (1998) 155 ff. Das Bestehen einer solchen Norm wird u a durch Überprüfung einschlägiger internationaler Kodifikationsbemühungen sowie nationaler legislativer und judikativer Tätigkeiten identifiziert.
322 *Jennings*, in Cheng (Hrsg), International Law, 1982, 3 ff kritisierte eine fehlende Bestimmtheit des Völkergewohnheitsrechts.
323 Rechtsüberzeugung allein lässt Völkergewohnheitsrecht nicht entstehen. Schon deshalb können zB Resolutionen der UN-Generalversammlung, gemäß Art 10 UN-Charta nur unverbindliche Empfehlungen, nicht generell als „sofort wirksam werdendes Gewohnheitsrecht" Verbindlichkeit beanspruchen: Sie stellen *per se* keine „Praxis" dar.
324 So zB der Vertreter der französischen soziologischen Völkerrechtsschule *Scelle*, Règles générales du droit de la paix, RdC 46 (1933-IV) 327 (428); vgl auch *Wüst* (Fn 55) 198 ff.
325 Auch für das Element der *opinio iuris* besteht sowohl eine konstitutive als auch eine deklaratorische Sicht.
326 Das gilt für alle Rechtsquellen.

Völkerrechts, einschließlich der souveränen Gleichheit der Staaten, dass sich gegenüber dem *persistent objector* Völkergewohnheitsrecht nicht herausbilden kann: Gegen seinen ständig geäußerten Willen kann ein Völkerrechtssubjekt nicht gebunden werden. Das staatliche Verhalten kann „aktiv" oder „passiv" sein. Im letzteren Fall spricht man von *acquiescence*. Hier ist u a das Problem der Bindung von Neustaaten an das überkommene Völkergewohnheitsrecht angesiedelt; diese Bindung ist grundsätzlich zu bejahen. Da Zustimmung durch Schweigen nicht ohne weiteres angenommen werden darf, kann von ihr nur ausgegangen werden, wenn bei gutem Glauben eine andere Auslegung des Schweigens nicht möglich ist.

134 *Acquiescence* kann *estoppel* begründen. Die betreffende Partei kann sich dann nicht mehr auf sonst gültige Regeln des Völkerrechts oder ihre Nichtexistenz berufen. Gleiches gilt für die „Anerkennung" *(recognition)*.[327]

135 Manche Autoren führen das Gewohnheitsrecht letztlich auf die Quelle des Vertrags zurück, leugnen mithin die Eigenständigkeit des Gewohnheitsrechts als Rechtsquelle.[328] Schon die Existenz von Art 38 Abs 1 lit b IGH-Statut spricht gegen diese These.[329] Im Übrigen führt der Streit in ein Paradox:[330] Führt man als Grund für die *Eigenständigkeit* des Völkergewohnheitsrechts an, die internationale Rechtsordnung kenne und akzeptiere eine solche Rechtsquelle schon seit Jahrhunderten, so liegt darin selbst die Berufung auf Gewohnheitsrecht.[331]

136 Gewohnheitsrecht, etwa der Grundsatz der Staatenimmunität, die Anwendung des humanitären Völkerrechts, die Freiheit der Schifffahrt oder das Interventionsverbot, ist im Allgemeinen *statischer* als Vertragsrecht, schon was den Zeitraum der Entstehung betrifft. Im Übrigen können Verträge Gewohnheitsrecht begründen, modifizieren oder bekräftigen.[332] Die These, Gewohnheitsrecht sei durchweg nachgiebiges Recht, bedarf zumindest insoweit der Einschränkung, als Gewohnheitsrecht sich sogar zu *ius cogens*[333] verfestigen, also als gänzlich unnachgiebig erweisen kann.

137 Als Bsp für Bildung, Bedeutung und Wandel des Gewohnheitsrechts kann das *Weltraumrecht*[334] als eines der neueren Teilgebiete des Völkerrechts dienen.[335] Selbstverständlich sind Staaten, die nicht Partei der für den Weltraum wesentlichen Verträge sind, bei ihren weltraumgerichteten Aktivitäten nur dem Völkergewohnheitsrecht unterworfen.[336] Dieses regelt auch die Beziehungen zwischen den Vertrags- und den Nichtvertragsstaaten. Inhalt des einschlägigen Völkergewohnheitsrechts sind vor allem die Grundprinzipien, die im Weltraumvertrag v 1967 niedergelegt sind, so die Freiheit der Erforschung und Nutzung des Weltraums, das Verbot der staatlichen Aneignung und der Fortbestand der staatlichen Souveränität über Ge-

---

327 Die Bedeutung von *estoppel* ist str, vgl nur Martin, L'estoppel en droit international public, 1979, 71 ff. Str sind auch *acquiescence* sowie der Zusammenhang zwischen beiden Rechtsinstituten einerseits und dem *venire*-Grundsatz andererseits. Nach dem *estoppel*-Prinzip verhält sich ein Staat treuwidrig, wenn er die Anerkennung einer bestimmten Rechtsposition suggeriert hat und ein anderer im Vertrauen darauf seine eigene Position verändert oder einen Nachteil erlitten hat.
328 So *Tunkin* (Fn 185) 153 ff stellvertretend für die damalige sozialistische Doktrin.
329 Ein ähnlicher Streit herrscht bei den allgemeinen Rechtsgrundsätzen, vgl u Rn 142 ff.
330 Könnte man auf „Naturrecht" als Rechtsquelle rekurrieren, ließe sich das Paradox vermeiden.
331 Vgl in diesem Zusammenhang auch die kritischen Bemerkungen von *Ago*, Science juridique et Droit international, RdC 90 (1956-II) 851 (939). Dessen Lehre vom „spontanen Recht" (ebd 897 f) bricht freilich mit der hL, wonach Rechtsnormen nur dann Gültigkeit besitzen, wenn sich ihre normative Qualität aus anderen Rechtsnormen ableitet (vgl o Rn 63).
332 Die Kodifizierung einer gewohnheitsrechtlichen Norm beeinträchtigt nicht ihre (Weiter-) Geltung als Gewohnheitsrecht.
333 Dies wird etwa im Zusammenhang mit dem Selbstbestimmungsrecht der Völker diskutiert.
334 Überblick bei *Doehring*, Völkerrecht, 240 ff.
335 Allgemein dazu *Diederiks-Verschoor*, An Introduction to Space Law, 1993, 10 ff; *Vereshchetin/Danilenko*, Custom as a Source of International Law of Outer Space, JSL 13 (1985) 22 ff.
336 Weitere Bindungen enthalten die allgemeinen Rechtsgrundsätze (s u Rn 142 ff).

genstände und Personen im Weltraum.³³⁷ Insoweit könnte das Weltraumrecht ein Bsp dafür sein, wie *aus Vertragsrecht Gewohnheitsrecht* wird (vgl Art 38 WVK), also für die Umkehrung des gebräuchlicheren Weges, der von der gewohnheitsrechtlichen Norm zu ihrer vertraglichen Kodifizierung führt.³³⁸ Bei großzügiger Ansicht vom Entstehen von Gewohnheitsrecht waren jene weltraumrechtlichen Grundprinzipien aber schon vor In-Kraft-Treten des Weltraumvertrags geltendes Völkergewohnheitsrecht. Setzt man bei den UN-Weltraum-*Resolutionen* v 1963 an,³³⁹ so sind sie ein Bsp dafür, wie bei der Entstehung von Gewohnheitsrecht zuerst eine *Rechtsüberzeugung* bestehen kann (ausgedrückt durch Resolutionen, offizielle Erklärungen, diplomatische Korrespondenz oder Protest), der dann (und im konkreten Fall: sehr bald) eine entsprechende *Staatenpraxis* nachfolgt. Resolutionen der UN-Generalversammlung können ihrerseits aber auch Kristallisationspunkte für eine entsprechende Staatenpraxis sein und neues Recht vorbereiten.

Bedeutung hat das Weltraumgewohnheitsrecht auch für die Parteien der Weltraumverträge **138** in den Bereichen, die diese Verträge *nicht* regeln. Ein Bsp ist das vertraglich ungelöste Problem der Abgrenzung von Luft- und Weltraum; es ist entweder mittels einer Linie (zB in 100 km Höhe) oder funktionell lösbar.³⁴⁰ Auch die Frage der Zulässigkeit der Fernerkundung ohne vorherige Zustimmung des erkundeten Staats beantwortet sich nach Gewohnheitsrecht.³⁴¹

Die Raumfahrt verlangt nach Regelungen, die *neue*, bisher unbekannte Aktivitäten schnell **139** erfassen. Das Völkergewohnheitsrecht kann diese Funktion aufgrund seines (langsamen) Entstehungsprozesses regelmäßig nicht erfüllen.³⁴² Das Element der *Übung* setzt eine *gewisse Dauerhaftigkeit* des in Frage stehenden Verhaltens voraus, so dass jedenfalls die erste, neue Aktivität nicht erfasst werden kann.³⁴³ Der IGH stellt zwar bzgl der Dauer der Übung fest: „the passage of only a short period of time is not necessarily, or of itself, a bar to the formation of a new rule of customary international law";³⁴⁴ das temporale Element als solches wird damit aber nicht fallen gelassen. Da jede Übung einer gewissen Zeit der Ausführung bedarf, kann das Gewohnheitsrecht eine bisher unausgeübte Verhaltensweise nicht antizipierend erfassen.³⁴⁵

Problematisch erscheint das Erfordernis der *Einheitlichkeit und Allgemeinheit der Übung*, **140** wenn man bedenkt, dass nur wenige Staaten die Fähigkeit haben, selbst Weltraumaktivitäten zu betreiben. Dem IGH zufolge liegt „allgemeine Praxis" aber bereits dann vor, wenn sie das Verhalten all der Völkerrechtssubjekte umfasst, deren *Interessen besonders berührt* sind.³⁴⁶

---

337 Vgl *Vereshchetin/Danilenko* (Fn 335) 32.
338 Zu der in der Praxis nicht seltenen Gestaltung, dass aus einer vertraglichen Regelung eine Gewohnheitsrechtsnorm entwickelt wird, *Villinger*, Customary International Law and Treaties, 2. Aufl 1997, 193 ff.
339 Entschließung v 17.10.1963 zur Frage der allgemeinen und vollständigen Abrüstung, Res 1884 (XVIII): Verbot der Stationierung von Massenvernichtungswaffen im Weltraum; Erklärung v 13.10.1963 über Rechtsgrundsätze zur Regelung der Tätigkeiten von Staaten bei der Erforschung und Nutzung der Weltraums, Res 1962 (XVIII), Letztere ohne Gegenstimmen angenommen.
340 Die Staaten, die nicht selbst den Weltraum nutzen (können), haben das Entstehen von neuem Gewohnheitsrecht (zB das notwendige Durchqueren des Luftraums, also des Staatsgebiets, eines anderen Staats beim Raketenstart) hingenommen.
341 Ein Recht auf friedlichen Durchflug als Gewohnheitsrecht propagiert *Lachs*, in Böckstiegel (Hrsg), Environmental Aspects of Activities in Outer Space, 1990, 188. Zur Fernerkundung vgl bereits Declaration on Principles Relating to Remote Sensing of Earth from Space, Annex zu Res 41/65 v 3.12.1986.
342 Zur „Rückwärtsgerichtetheit" von Völkergewohnheitsrecht *Vereshchetin/Danilenko* (Fn 335) 23.
343 Zur Ablehnung „spontanen Völkergewohnheitsrechts" *(instant international customary law) Heintschel von Heinegg*, in Ipsen (Hrsg), Völkerrecht, § 17 Rn 5; *Verdross/Simma*, §§ 566, 571. *Instant* oder *hot house custom* bejaht demgegenüber (der „Erfinder" dieser Rechtsfigur) *Cheng*, United Nations Resolutions on Outer Space, IJIL 5 (1965) 23 ff.
344 ICJ Rep 1969, 43 *(Nordsee-Festlandsockel)*.
345 Gewohnheitsrecht erreicht auch schwerlich die erforderliche normative Detailschärfe.
346 Vgl ICJ Rep 1969, 42 *(Nordsee-Festlandsockel)*. Gegen den Widerstand der Staaten, deren Interessen „specially affected" sind, kann kein Gewohnheitsrecht, ja nicht einmal ein *rough consensus* entstehen.

Auch sind alle Staaten potentielle Opfer von Schädigungen, die von fremden Weltraumaktivitäten herrühren. Außerdem beteiligen sich zunehmend weitere Staaten, zB als Nutzer der Transport- oder Kommunikationskapazität, an einzelnen Projekten.[347] Nicht zuletzt nehmen auch die Nichtweltraumstaaten im UN-Rahmen seit den 1960er Jahren an der intensiven weltraumpolitischen und -rechtlichen Beratung und Entscheidung teil. Die Beispiele der Fernerkundung, des Durchflugs durch fremden Luftraum, der (Absturzort-)Opferrolle und der militärischen Nutzung des Weltraums machen ebenfalls deutlich, dass letztlich die Interessen aller Staaten von den Aktivitäten der wenigen Weltraumnationen betroffen sind. Die Übung ist durch die (zumindest mittelbare) Einbeziehung der gesamten Staatenwelt damit von einheitlicher, allgemeiner Art.

141 Teilweise wird zur Feststellung allgemeinen Weltraumgewohnheitsrechts die Rechtsfigur der *acquiescence* bemüht.[348] Mangels ausdrücklicher Äußerungen wird dabei die bloße Hinnahme der Weltraumaktivitäten einer Minderheit von Staaten unter Berücksichtigung von Vertrauensgrundsätzen den übrigen Staaten als Zustimmung zugerechnet.[349] *Pactum tacitum*-Konstruktionen sind bei derart künstlichen Herleitungen dann nicht mehr fern.

c) Allgemeine Rechtsgrundsätze

142 Die von den „Kulturvölkern" *(nations civilisées/civilized nations)* anerkannten allgemeinen Rechtsgrundsätze *(general principles of law)*,[350] Art 38 Abs 1 lit c IGH-Statut, dienen vornehmlich dem Füllen von Lücken sowie als Legitimations- und Interpretationshilfe. Sie können sich auch in Gewohnheitsrecht oder Resolutionen der UN-Generalversammlung ausdrücken oder durch Verträge erfasst werden. So finden etwa Prinzipien der Haftung und der Verantwortlichkeit[351] zunehmend vertragliche Regelung, mögen sich auch zB die Grundsätze des Weltraumhaftungsübereinkommens (reine Gefährdungshaftung) nicht auf allgemeine Rechtsgrundsätze zurückführen lassen.[352] Auch die WVK hat allgemeine Rechtsgrundsätze kodifiziert.[353] Häufig werden Grundsätze der Rechtslogik (Analogie, *lex posterior*-Regel usw) ebenfalls zu den allgemeinen Rechtsgrundsätzen gerechnet. Zu Letzteren gehören auch solche, die für das Funktionieren eines jeden Rechtssystems unerlässlich sind, wie Treu und Glauben, Billigkeit *(equity)* und *pacta sunt servanda*. Gegenüber dem Völkervertragsrecht und dem Völkergewohnheitsrecht sind die allgemeinen Rechtsgrundsätze idR *subsidiär*. Ihre praktische Bedeutung nahm mit zunehmender Kodifizierung des Völkerrechts ab, doch sind nach wie vor, ja zunehmend Konstellationen denkbar, für die die übrigen Rechtsquellen letztlich keine Entscheidungsgrundlage enthalten, und die allgemeinen Rechtsgrundsätze des Völkerrechts *verstärkt* gebraucht werden. Inhaltlich gesehen finden sich unter den allgemeinen Rechtsgrundsätzen Grundelemente der Völkerrechtsordnung, so das *estoppel*-Prinzip, der Grundsatz des rechtlichen Gehörs, die Einrede der höheren Gewalt, das Verbot des Rechtsmissbrauchs.[354] Auch die verfahrensrechtliche Sicherung

---

347 Str ist die Frage, ob die einschlägige UN-Deklaration (Fn 341), die bloßes *soft law* ist, „normative Bedeutung" (IGH) beanspruchen kann. S u Rn 152.
348 Anriss dieses Problems bei *Diederiks-Verschoor* (Fn 335) 11.
349 Gegen in dieser Weise entstehendes Völkergewohnheitsrecht kann sich ein Staat jedenfalls als *persistent objector* wehren, dazu *Heintschel von Heinegg*, in Ipsen (Hrsg), Völkerrecht, § 17 Rn 26 f.
350 Vgl *Ress*, Rechtsgrundsätze, allgemeine, in Lexikon Völkerrecht, 322 ff.
351 Die Verzinsungspflicht von Geldschuld zB ist noch nicht völkervertraglich geregelt, findet sich aber in den meisten Privatrechtsordnungen (vgl aber das Zinsverbot im islamischen Recht). Ein Schiedsgericht bejahte 1912 deshalb die Pflicht, für eine feststehende völkerrechtliche Schadensersatzforderung Verzugszinsen zu zahlen: *Russisch-Türkischer Streitfall von 1912*, RIAA XI, 421.
352 Vgl *Harndt*, Völkerrechtliche Haftung für die schädlichen Folgen nicht verbotenen Handelns, 1993.
353 Vgl Art 26, 48 WVK. Der IGH beurteilte im *Tempel v Préah-Vihéar*-Fall (ICJ Rep 1962, 26) die Frage, ob sich eine Seite auf Irrtum berufen kann, nach einem allgemeinen Rechtsgrundsatz („an established rule of law").
354 Trotz ihrer Weite besitzen sie verpflichtende Kraft.

der Völkerrechtsordnung ist durch allgemeine Rechtsgrundsätze gewährleistet (zB Beweislast, Rechtskraft des Urteils).[355]

Bei den allgemeinen Rechtsgrundsätzen handelt es sich um die durch (wertende) *Rechtsvergleichung* zu ermittelnden materiellen, verfahrensrechtlichen oder rechtsstrukturellen Prinzipien, die übereinstimmend im *inner*staatlichen Recht der „Kulturvölker" anerkannt sind, also gelten *(recognized by civilized nations)*, und die zur Übertragung auf das Völkerrecht geeignet sind.[356] Beschränkt wird die Rechtsvergleichung meist auf die wichtigsten Rechtskreise.[357] Dem Attribut *civilized* kommt heute keine einschränkende Bedeutung mehr zu.[358] Im Hinblick auf die souveräne Gleichheit der Staaten zählen alle[359] Staaten zu den *civilized nations*.[360] Dies gilt umso mehr, als schon das *recognized*, dh die Akzeptanz von Recht, Zivilisation voraussetzt.[361] 143

Die frühere sowjetische Lehre leugnete, dass es sich bei den allgemeinen Rechtsgrundsätzen um eine eigenständige Rechtsquelle des Völkerrechts handele.[362] Dies war primär durch die Furcht motiviert, dass Grundsätze eines „westeuropäisch-nordamerikanischen Völkerrechts" anderen Staaten durch die Hintertür „allgemeiner Rechtsgrundsätze" aufgezwungen werden könnten.[363] Freilich berücksichtigt diese Auffassung bereits die Wendung in der Präambel der UN-Charta, „Achtung vor den Verpflichtungen aus Verträgen und *anderen* Quellen des Völkerrechts", nicht genügend.[364] 144

Abzulehnen ist ebenfalls die These, in den allgemeinen Rechtsgrundsätzen liege schon deshalb, weil sie alle zugleich Bestandteile des Gewohnheitsrechts seien, keine eigenständige Rechtsquelle.[365] Denn anders als das Gewohnheitsrecht bedürfen die allgemeinen Rechtsgrundsätze keiner Übung. Sie können auch durch formlose Anerkennung der Staatengemeinschaft entstehen, sogar *ad hoc*. Im Übrigen kann sich Gewohnheitsrecht durch Praxisveränderung wandeln. Auch diese Aspekte verdeutlichen die *eigenständige Bedeutung* der allgemeinen Rechtsgrundsätze. Bewahren die betreffenden Staaten in ihrer innerstaatlichen Rechtsordnung die Grundsätze, die sie als Gewohnheitsrecht auf internationaler Ebene beseitigen, bleibt dessen Inhalt als allgemeiner Rechtsgrundsatz im Völkerrecht bestehen. 145

Teilweise wird vertreten, allgemeine Rechtsgrundsätze könnten auch den *Resolutionen* I.O. entnommen werden.[366] Es findet sich sogar die These, allgemeine Rechtsgrundsätze ergäben sich unmittelbar aus den internationalen Beziehungen.[367] Dies ist schon deshalb abzulehnen, weil 146

---

355 Ferner von Bedeutung: Verjährung, Verwirkung, Ersitzung, Notwehr und Nothilfe. Die Ersitzung spielte etwa im *Ostgrönland*-Fall des StIGH v 1935 eine Rolle.
356 Unbeachtlich ist, ob die Aussagen in den nationalen Rechtsordnungen in Verfassungen, Gesetzen, Verordnungen oder Gerichtsentscheidungen verankert sind. „Allgemeinheit" der Rechtsgrundsätze bedeutet auch, dass kein Staat unilateral ihre Gestalt bestimmen kann.
357 Näher *Bleckmann*, Die Aufgabe einer Methodenlehre des Völkerrechts, 1978, 26 ff; *Schachter*, International Law in Theory and Practice, 1991, 50 ff.
358 *Jede* ausgrenzende Bedeutung spricht dem Begriff heute etwa auch *Heintschel von Heinegg*, in Ipsen (Hrsg), Völkerrecht, § 18 Rn 2 ab.
359 In diesem Sinne sind auch „Schurkenstaaten" „Kulturvölker".
360 *Barberis*, Fuentes del derecho internacional, 1973, 22 will demgegenüber hier zwischen Staaten und ihren inneren Rechtsordnungen trennen.
361 So bereits *de Lapradelle*, Procès-verbaux (Cour Permanente de Justice Internationale, Comité consultatif de juristes), 1920, 335.
362 Vgl *Tunkin* (Fn 185) 229 ff: zwischen kapitalistischen und sozialistischen Systemen könne es keine übereinstimmenden materialen Rechtsgrundsätze geben.
363 Dieser Gefahr könnten bereits strenge Anforderungen an die Rechtsvergleichung begegnen.
364 Auch angesichts der Formulierungen in den Amtssprachen *(conformément au droit international/in accordance with international law)* war jene Furcht unbegründet.
365 Vertiefter Diskussion bedürfte demgegenüber wohl einzig die Frage der Subsidiarität dieser Rechtsquelle.
366 Vgl *Verdross/Simma*, §§ 606, 639. Bsp sind die Allgemeine Erklärung der Menschenrechte v 1948 und die *Friendly Relations Declaration* v 1970.
367 Folgte man dieser These, verlöre diese Rechtsquelle jegliche Kontur.

bei jenen Resolutionen die unentbehrliche Anerkennung – das *recognized* als Recht – durch die Staatengemeinschaft nicht angenommen werden kann:[368] Das Abstimmungsverhalten etwa in der UN-Generalversammlung wird regelmäßig weniger von *Rechts*folgewillen bzw *Rechts*überzeugung als von taktisch-politischen Überlegungen bestimmt. Daher beschränkt sich die Bedeutung der Resolutionen im Hinblick auf die allgemeinen Rechtsgrundsätze darauf, dass jene entweder deklaratorisch wirken oder aber Grundlagen für *künftige* Rechtsentwicklungen darstellen.[369]

d) Richterliche Entscheidungen, Lehrmeinung

147 Schon dem Wortlaut nach sind gemäß Art 38 Abs 1 lit d IGH-Statut, auch vorbehaltlich Art 59 IGH-Statut (*inter partes*-Wirkung der IGH-Entscheidungen), richterliche Entscheidungen[370] sowie die Lehrmeinung der fähigsten Völkerrechtslehrer der verschiedenen Nationen[371] nicht Rechts-, sondern bloße (Rechts-) *Erkenntnis*quellen: *Hilfsmittel* zur Feststellung von Rechtsnormen.[372] Vor allem dienen sie dazu, eine für rechtsverbindlich gehaltene Praxis nachzuweisen. Der Rang der *wissenschaftlichen Lehre* ergibt sich schon aus ihrer großen historischen Rolle. Die Völkerrechtskonzeptionen der Lehrer der *verschiedenen* Kulturkreise dürften allerdings *heute* schwerer miteinander zu vereinbaren sein. Nachgelassen hat auch die Bedeutung der Kollektivansichten internationaler Juristen*vereinigungen*. Hier sind vor allem das Institut de Droit International und die International Law Association, beide 1873 gegründet, zu nennen. *Richterliche Entscheidungen* meint nicht nur Judikate des IGH, IStGH oder ISGH – wobei eine starre Bindung an Vorentscheidungen *(stare decisis)* nicht besteht –, sondern auch Urteile internationaler Schiedsgerichte und, ein weit reicheres Reservoir für die Rechtserkenntnis, völkerrechtsbezogene Entscheidungen nationaler Gerichte. Dabei muss man sich freilich davor hüten, der Rechtsprechung des *eigenen* Staats oder des *eigenen* Rechtskulturkreises übermäßige Bedeutung beizumessen.

2. Entwicklungen außerhalb von Art 38 IGH-Statut

148 Für die These, es handele sich bei dem Katalog des Art 38 Abs 1 IGH-Statut um eine *erschöpfende* Aufzählung der Völkerrechtsquellen, ergeben sich Argumente jedenfalls nicht aus dem insoweit neutralen Wortlaut *(applique/shall apply)*.[373] Mit Art 38 Abs 1 StIGH-Statut lässt sich hier erst recht nicht argumentieren, da seinerzeit sogar str war, ob die Aufzählung außer den Gerichtshof auch die Vertragsstaaten verpflichtete.[374] Art 38 IGH-Statut soll dem Gericht die Rechtsfindung

---

368 Vgl *Fastenrath*, Lücken, 104. Allenfalls aus Resolutionen, die „resolut" und klar eine intendiert verbindliche Regel formulieren, ließe sich „normativ Kraftvolles" ableiten (str).
369 Sollen Resolutionen normativ „mehr" sein, gar – trotz fehlender Staatenpraxis – eine neue, eigenständige Rechtsquelle, müsste *darüber* Konsens bestehen (der nicht existiert).
370 Rechtsschöpfung ist notwendiger Bestandteil jeglicher Rechtsprechung. Gerade im Völkerrecht – partiell ein Fallrecht – bildet die Rechtsprechungsanalyse, einschließlich der Untersuchung der richterlichen Rechtserzeugung, eine Kernaufgabe. Mangels einer globalen Legislative beruht das Völkerrecht stärker als andere Rechtsgebiete auf Präzedenzfällen. Zugleich leistet gerade die *internationale* Gerichtsbarkeit einen zunehmenden Beitrag zur Feststellung und Weiterentwicklung des Völkerrechts.
371 Autorität besitzt die Lehre ("the teaching of the most highly qualified publicists of the various nations") nur bei weitgehender Übereinstimmung unter den anerkanntesten Völkerrechtlern.
372 Entscheidungen nationaler Gerichte sind auch Ausdruck der Staatenpraxis. Sie können auf diesem Weg also zur Bildung oder Weiterentwicklung von völkerrechtlichem Gewohnheitsrecht beitragen.
373 Art 38 Abs 1 IGH-Statut regelt die vom Gerichtshof *anwendbaren* Rechtsquellen, nicht die Frage der Rechtsquellen allgemein.
374 Heute ganz hL. Zum Zeitpunkt seiner Entstehung, im Jahr 1920, dürfte der Katalog eine abschließende Aufzählung der damals existierenden Völkerrechtsquellen gewesen sein.

erleichtern. Der IGH kann seine Aufgabe sinnvoll aber nur erfüllen, wenn er nicht am Zugriff auf *zusätzliche Rechtsquellen* gehindert wird,[375] die sich etwa in einem speziellen regionalen oder sachlichen Bereich etabliert haben. Art 38 IGH-Statut kann, selbst wenn er ursprünglich als abschließend konzipiert gewesen sein sollte, vertraglich oder gewohnheitsrechtlich modifiziert werden. Gemeinsam sind die Staaten in der Lage, neue, zusätzliche Formen der Rechtschöpfung zu entwickeln und ggf zu beschließen. Weder vom Positivismus noch von der Willenstheorie her – um nur diese beiden rechtstheoretischen Ansätze zu nennen – spräche etwas gegen eine Erweiterung des Kreises der formellen Rechtsquellen. Es besteht auch kein Grund, formalisierte Verfahren der Rechtserzeugung wie die in Art 38 Abs 1 IGH-Statut genannten Quellen als alleinige auf Dauer zu fixieren.[376] Ein derartiges Beschneiden in seinen Wurzeln würde die Dynamik des Völkerrechts verfehlen. Art 38 Abs 1 IGH-Statut ist insofern *nicht* als *numerus clausus der Völkerrechtsquellen* zu verstehen. Weitere Rechtsquellen sind möglich, und sie gibt es in der Tat.[377]

Einseitige Akte (Deklaration, Notifikation, Anerkennung, Protest, Verzicht, Versprechen, Widerruf), häufig eingesetzte Instrumente im zwischenstaatlichen Verkehr, *können eigenständige Rechtsquellen* sein, soweit sich hinter ihnen in Wahrheit nicht ohnehin ein Vertrag oder eine Norm des Gewohnheitsrechts verbirgt, oder soweit sie (wie Kündigung, Suspendierung, Anerkennung) nicht als bloßes Tatbestandsmerkmal einer völkerrechtlichen Norm auftreten.[378] Die Voraussetzungen für die normative Bindungswirkung einseitiger völkerrechtlicher Akte, wie sie etwa für Anerkennung, Protest und Verzicht heute allgemein anerkannt ist, sind nicht abschließend geklärt. Weitgehende Klarheit besteht aber darüber, dass sie durch einen *Vertrauenstatbestand,* etwa ein Versprechen, begründet werden kann.[379] Die Bindungswirkung wurzelt damit letztlich im *estoppel*-Prinzip oder im Grundsatz von Treu und Glauben. Nach anderer Meinung beruht sie auf gewohnheitsrechtlicher Anerkennung.[380] Diejenigen, die die Rechts*quellen*qualität einseitiger Willenserklärungen verneinen,[381] tun dies aufgrund eines pointiert bildhaften Begriffsverständnisses („Quellen"). Ernstere Schwierigkeiten wirft die Heterogenität der Erscheinungsformen einseitiger Akte auf, ebenso die Uneinheitlichkeit der Kategorisierung. **149**

Ob *Beschlüsse I.O.*[382] Rechtsquellen sind, hängt von der Bedeutung ab, die der Gründungsvertrag der I.O. diesen Akten gibt. Streit herrscht besonders hinsichtlich der *Resolutionen der UN-Generalversammlung.*[383] Mangels Zuständigkeit dieses Organs, das nach Art 11–14 UN-Charta **150**

---

375 Vgl *Fastenrath,* Lücken, 89.
376 Vgl aber *Tomuschat,* Verfassungsgewohnheitsrecht?, 1972, 111 f. Im Übrigen bleibt stets zu untersuchen, inwieweit vorgeblich „neue" Rechtsquellen „genealogisch" nicht doch auf eine der alten Quellen zurückzuführen sind *(genealogical link theory).* Vgl *Virally,* The Sources of International Law, in Sørensen (Hrsg), Manual of Public International Law, 1968, 116 ff.
377 Dem trägt zB Art 293 SRÜ Rechnung, wonach der ISGH sonstige mit dem SRÜ „nicht unvereinbare Regeln des Völkerrechts" anwendet.
378 Vgl *Dupuy,* Droit international public, 4. Aufl 1998, 248 ff.
379 IGH, *Französische Nukleartests*-Fälle, ICJ Rep 1974, 253, 267 u 457, 472: „It is well recognized that declarations made by way of unilateral acts [...] may have the effect of creating legal obligations." Vgl auch *Französische Nukleartests/Urteilsüberprüfungs*-Fall, ICJ Rep 1995, 288, 305. Konkret ging es um ein öffentliches Versprechen Frankreichs im Zusammenhang mit Atomwaffenversuchen im Südpazifik. Den amtlichen, mit eindeutigem Bindungswillen abgegebenen Erklärungen entnahm der IGH die völkerrechtliche Verpflichtung Frankreichs, keine weiteren Tests durchzuführen. Dazu *Müller,* Vertrauensschutz im Völkerrecht, 1971; *Suy,* Les actes juridiques unilatéraux en droit international public, 1962.
380 *Heintschel von Heinegg,* in Ipsen (Hrsg), Völkerrecht, § 19 Rn 6.
381 Vgl *Bos* (Fn 265) 88. Diese zu restriktive Argumentation vermag nicht zu überzeugen.
382 Davon zu unterscheiden sind *auf Grund der Gründungsverträge erlassene Normen.* Sie sind als innerhalb des Regelungsbereiches der jeweiligen I. O. gültige Rechtsquellen anzusehen, soweit sie vom Gegenstand her, wie idR, Völkerrecht betreffen. Vgl *Bernhardt,* Qualifikation und Anwendungsbereich des internen Rechts internationaler Organisationen, BDGVR 12 (1973) 7 ff; *Weiß* (Fn 296) 224.
383 Zu den Beschlüssen von Versammlung und Rat des Völkerbundes differenzierend *Schindler,* Die Verbindlichkeit der Beschlüsse des Völkerbundes, 1927, 7, 87.

grundsätzlich *nur Empfehlungen* abgeben darf, und mangels gewohnheitsrechtlicher Abänderung ist die Qualifizierung dieser Beschlüsse als Völkerrechtsquelle *abzulehnen*.[384] Dies darf nicht darüber hinwegtäuschen, dass auf Grund der oft langwierigen Aushandlung auch der kleinsten Details – die Texterarbeitung kann durchaus an komplexe Vertragsverhandlungen erinnern – viele Resolutionen der UN-Generalversammlung *die Bildung künftigen Völkerrechts*, insbes des Gewohnheitsrechts, *beeinflussen* (sollen). Zudem können sie Hilfsmittel zur Feststellung einer *opinio iuris* sein.[385]

151 *Verträge von Staaten mit transnationalen Unternehmen* wären der Rechtsquelle „völkerrechtlicher Vertrag" zuzuordnen, wenn diese Entitäten als partielle Völkerrechtssubjekte anzuerkennen wären[386] und die betroffenen Verträge inhaltlich völkerrechtliches Gepräge trügen. Beides ist nach hL *nicht* der Fall. Die von diesen Wirkungseinheiten mit Staaten geschlossenen Verträgen sind insofern keine gesondert anzuführende Rechtsquelle. Möglich ist lediglich, dass sich ein Unternehmen *freiwillig den Regeln des Völkerrechts* für seine transnationale Rechtsbeziehung (etwa einen Rohstofflieferervertrag) *unterwirft*.

152 Keine *Recht*squelle des Völkerrechts ist auch das vielgestaltige *soft law*. Recht ist Recht, wenn es von einem zur Rechtsetzung befugten Organ gesetzt wird. Entweder gilt es, oder es gilt nicht, ist also kein Recht. „Stärkere" oder „schwächere" Geltung kann es rechtslogisch nicht geben.[387] Auch soweit *soft law* als *Indikator* für Rechtsüberzeugungen dient, lässt sich der rechtliche Gehalt nur andernorts, im Rahmen anerkannter Rechtsquellen, finden. Stets kann *soft law* zur Auslegung der überkommenen Rechtsquellen und ihren „Erzeugnissen" herangezogen werden. Darüber hinausgehende rechtliche Wirkungen kraft des *Vertrauens*prinzips sind denkbar. Sie sind aber aus *dessen* Gesetzmäßigkeiten ableitbar; die Existenz einer eigenständigen Rechtsquellenkategorie begründen sie nicht.

153 Auch völkerrechtliche *Standards,* etwa im Bereich der Menschenrechte, des Wirtschaftsvölkerrechts, im Arbeits-, Gesundheits- und Erziehungsbereich,[388] sind keine Rechtsquellen. „Standards" kombinieren rechtlich verbindliche Normen mit unverbindlichen Sätzen appellativen Charakters (zB Resolutionen). Gewohnheitsrechtlich rezipiert oder vertraglich vereinbart, also mittels der überkommenen Rechtsquellen, gewinnen Standards freilich Rechtscharakter.

3. Rangverhältnis und Kodifikation der Rechtsquellen

154 Eine sich aus dem Rang der Normen selbst ergebende *Hierarchie* existiert im Völkerrecht grundsätzlich nicht.[389] Die für den Rechtsquellenkanon ursprünglich vorgesehene Wendung *ordre suc-*

---

384 Vgl *Verdross/Simma,* § 635. Die Mitgliedstaaten dürfen die Resolutionen freilich nicht als unbeachtlich abtun, sondern haben sie *bona fide* zu berücksichtigen. Vgl *GV-Nuklearwaffen*-Gutachten, ICJ Rep 1996, 226, 254.
385 Vgl *Schachter* (Fn 357) 87 ff, unter dem Gesichtspunkt „authentischer Interpretation"; *Schreuer,* Recommendations and the Traditional Sources of Law, GYIL 20 (1977) 10 ff.
386 Näheres *Stoll,* Vereinbarungen zwischen Staat und ausländischem Investor, 1982, 42 ff, 51 ff; *Epping,* in Ipsen (Hrsg), Völkerrecht, § 9 Rn 16 ff.
387 Hierzu und zum Folgenden *Thürer* (Fn 146) 429, 441 ff; Shelton (Hrsg), Commitment and Compliance: The Role of Non-Binding Norms in the International Legal System, 2000; *Hillgenberg,* Soft Law im Völkerrecht, ZEuS 1 (1998) 81 ff; *d'Aspremont,* Formalism and the Sources of International Law, 2011. Für *soft law* „als neue Quellenkategorie" demgegenüber *Weiß* (Fn 296) 239 ff.
388 Vgl *Körner-Dammann,* Bedeutung und faktische Wirkung von ILO-Standards, 1991; *Vierheilig,* Die rechtliche Einordnung der von der Weltgesundheitsorganisation beschlossenen Regulations, 1984; *Schwarzenberger,* The Principles and Standards of International Law, RdC 117 (1966-I) 66 ff.
389 Anders noch der ursprüngliche Entwurf des Juristenkomitees des Völkerbundes zum StIGH, vgl *Hudson,* The Permanent Court of International Justice 1920–1942, 1972, 194 f, und Art 7 des nicht ratifizierten XII. Haager Abkommens über den internationalen Prisenhof, abgedr mit Materialien in *B. Schenk Graf von Stauffenberg* (Bearbeiter), Statut et règlement de la Cour permanente de Justice internationale. Eléments d'interprétation, 1934, 272 ff. Zur gegenwärtigen Diskussion: *Koskenniemi,* Hierarchy in International Law, EJIL 8 (1997) 566 ff; *Paulus,* Zur Zukunft der Völkerrechtswissenschaft in Deutschland, ZaöRV 67 (2007) 695 ff; *Zimmermann,* Durchsetzung des Völkerrechts

cessif wurde nicht in die endgültige Fassung des StIGH-Statuts aufgenommen. Ein Verstoß gegen *ius cogens* führt freilich zur Nichtigkeit einer Norm.[390] Auch lassen sich *rechtsgeschäftliche* Vorrangklauseln vereinbaren. Leicht modifiziert sind zudem die *lex posterior-* und *lex specialis-*Sätze anwendbar. Insoweit ist die Reihenfolge in Art 38 IGH-Statut lediglich Ausdruck der Rechtslogik; ein Vertrag zB ist stets als *lex specialis* zu den allgemeinen Rechtsgrundsätzen anzusehen.

Akzeptiert man die relative Eigenständigkeit der einzelnen in Art 38 IGH-Statut genannten **155** Rechtsquellen, bleibt noch die Frage zu beantworten, inwieweit die *Reihenfolge* der Nennung etwas über die *normative* Bedeutung der Quellen aussagt. In der Vergangenheit galt das Gewohnheitsrecht als wichtigste Quelle. Mit zunehmender Kodifizierung wuchs die Zahl der Verträge. Unabhängig davon lässt sich eine *exponierte Stellung des Vertragsrechts* dadurch rechtfertigen, dass der IGH nicht nur auf der Basis von Völkerrecht allgemein, sondern speziell auf der des zwischen den Parteien geltenden Völkerrechts zu entscheiden hat;[391] im Kollisionsfall derogiert dieses spezielle Recht jenes generelle. Derartiges *relatives* Recht aber manifestiert sich eher im Vertrags- als im Gewohnheitsrecht. Soweit die Parteien dem IGH eine Streitigkeit nach Art 36 Abs 1 IGH-Statut unterbreiten, können sie zudem auch die der Entscheidung zugrunde zu legende Rechtsquelle (idR ist dies ein Vertrag) bestimmen.[392]

Trotz seiner großen Ausstrahlung[393] vermochte Art 38 IGH-Statut diverse dogmatische Strei- **156** tigkeiten nicht zu bereinigen. Dies war allerdings auch nicht zu erwarten. Für eine Rechtsquellen*lehre* kann Art 38 IGH-Statut schwerlich die entscheidende Basis bilden. In einer der in ihm genannten Rechtsquellen selbst enthalten, kann er zumindest diese nicht begründen.[394] Daraus folgt freilich nicht, dass sich eine Rechtsquellenlehre nur auf die Praxis gründen ließe.[395] Wie etwa schon die Frage nach dem Naturrecht als (früher valider) Rechtsquelle zeigt, muss eine Rechtsquellenlehre immer auch im Zusammenhang mit dem jeweiligen Verständnis des Geltungsgrunds von Recht entwickelt werden.

Art 38 IGH-Statut bietet dem IGH einen von allen Streitparteien zu akzeptierenden und so- **157** mit zumindest in den Grundlagen unstr Maßstab der Rechtsfindung. Den Parteien gibt er eine gewisse Sicherheit, nach welchen *Haupt*grundlagen der Gerichtshof entscheidet. Dass die Aufzählung nicht vollständig ist, braucht kein Nachteil zu sein, solange man sie als ein bloßes Werkzeug betrachtet.[396] Die Nennung der traditionellen (und damit zugleich der überragend wichtigen) Quellen in Art 38 IGH-Statut zwingt stets zunächst zur Überprüfung, ob nicht in Wahrheit eine vorgeblich „neue" Quelle doch auf eine jener überkommenen Quellen zurückzuführen ist.

Vor allem die wachsende Zahl und Bedeutung der auf der Grundlage von Gründungsverträ- **158** gen I.O. erlassenen Normen (Sekundäres Vertragsrecht) könnte es rechtfertigen, eine formelle *Erweiterung des Art 38 IGH-Statut* zu fordern; Gleiches gilt etwa von einseitigen Rechtsakten mit Schutzwirkung für betätigtes Vertrauen. *Kodifizierung* und Weiterentwicklung bedeuten freilich immer auch Systematisierung. Sie setzen daher eine – meist langwierige und womöglich des-

---

zwischen Fragmentierung, Multilateralisierung und Individualisierung, FS Bothe 2008, 1077 ff. Zudem ist nicht nur auf Rechtsnormkonflikte zu blicken, sondern umfassender nach „Reibungen" zu suchen, die aufgrund unterschiedlicher Wertungen und Zielsetzungen zwischen Teilordnungen und „Regimen" des Völkerrechts entstehen können. Die „ideologischen" Fragmentierungen des Völkerrechts sind gegenwärtig noch problematischer als die normtheoretischen.

390 Vgl Art 53, 64 WVK, die heute Völkergewohnheitsrecht darstellen.
391 Vgl *Fitzmaurice*, Some Problems Regarding the Formal Sources of International Law, Symbolae Verzijl, 1958, 153 (174).
392 Vgl IGH, *Kasikili/Sedudu*-Fall, ICJ Rep 1999, 1045, § 18 f.
393 Vgl etwa Art 7 Abs 2 EMRK.
394 Vgl trotz zT abweichenden Begriffsverständnisses *Ross*, Lehrbuch des Völkerrechts, 1951, 81.
395 So aber *Ross* (Fn 394) 295.
396 Vgl *Kearny*, Sources of Law and the International Court of Justice, in Gross (Hrsg), The Future of the International Court of Justice, Bd II, 1976, 610 (696).

integrierende – Kristallisation des zu Kodifizierenden oder eine Erprobung des Weiterzuentwickelnden voraus. Kodifizierung kann zudem die Rechtsentwicklung hemmen.[397] Solange starke Bewegung in einem bestimmten Bereich herrscht – und das gilt etwa auch für das Sekundärrecht I.O. –, erscheint es angezeigt, die Rechtsregeln für diesen Bereich jedenfalls nicht in Texten zu kodifizieren, die den *Grundlagen* der einschlägigen Rechtsordnung zuzuordnen sind.

159   Dies zusammengenommen rechtfertigt bis auf weiteres ein *Votum gegen* eine entsprechende formelle, vom Staatenkonsens getragene Ausweitung der in Art 38 IGH-Statut genannten Rechtsquellen. Kodifikationstechnisch, inhaltlich und völkerrechtspolitisch ist dieser Katalog nach wie vor funktionsadäquat. Auch im Hinblick auf die Bewältigung der vorstehend unternommenen Aufgabe, Begriff, Geschichte und Rechtsquellen des Völkerrechts darzustellen, erweist sich die Schlüsselbestimmung des Art 38 IGH-Statut als hinreichend aussagestark, ja auch in dieser Form als weiterhin unentbehrlich.

---

397 Vgl *Shearer*, Starke's International Law, 11. Aufl 1994, 31.

Graf Vitzthum

Zweiter Abschnitt

Philip Kunig
Völkerrecht und staatliches Recht

Gliederung

I. Einführung in die Grundlagen —— 1–8
II. Verfassungsrechtliche Grundentscheidungen für die Stellung Deutschlands in der internationalen Ordnung —— 9–27
    1. Das Bekenntnis zu Frieden und Menschenrechten —— 12–17
    2. Die „Offenheit" und die „Völkerrechtsfreundlichkeit" —— 18–20
    3. Die Integrationsorientierung —— 21–27
III. Das Verhältnis des Völkerrechts zur staatlichen Rechtsordnung: Grundbegriffe und Grundpositionen —— 28–45
    1. Der Theorienstreit —— 28–36
    2. Die Mechanismen —— 37–40
    3. Geltung und Anwendbarkeit —— 41, 42
    4. Völkerrechtliche Rechtsfolgen mangelnder Umsetzung —— 43–45
IV. Völkerrecht und deutsches Recht —— 46–174
    1. Zur Einführung: Das Verhältnis von Völkerrecht und staatlichem Recht nach den Rechtsordnungen einzelner Staaten —— 46–61
    2. Die völkerrechtlichen Verträge —— 62–134
        a) Überblick zu den grundgesetzlichen Vorgaben —— 62
        b) Bund und Länder als Parteien völkerrechtlicher Verträge und als Mitwirkende beim Vertragsschluss —— 67
        c) Repräsentation nach außen: Die Befugnisse des Bundespräsidenten —— 76
        d) Die Rolle der Bundesregierung —— 80
        e) Das Erfordernis der Mitwirkung von Bundestag und Bundesrat —— 86
        f) Die Form des Bundesgesetzes —— 104
        g) Der Rang und die Wirkung völkerrechtlicher Verträge im deutschen Recht —— 115
        h) Die europäischen Gründungsverträge im deutschen Recht —— 120
        i) Die Übertragung von Hoheitsrechten im Übrigen —— 131
    3. Das Völkergewohnheitsrecht —— 135–162
        a) Völkergewohnheitsrecht und „allgemeine Regeln des Völkerrechts" —— 137
        b) Der Rang und die Wirkung gewohnheitsrechtlich geltender allgemeiner Regeln des Völkerrechts im deutschen Recht —— 148
        c) Die Normverifikation durch das Bundesverfassungsgericht —— 159
    4. Allgemeine Rechtsgrundsätze —— 163–165
    5. Recht Internationaler Organisationen —— 166–174
V. Bilanz: Völkerrecht als Maßstab deutscher Staatsgewalt —— 175–187
    1. Gesetzgebung —— 176
    2. Regierung und Verwaltung —— 177–184
    3. Gerichte —— 185–187

Literatur

Bleckmann, Albert, Grundgesetz und Völkerrecht, 1975
Dahm, Georg/Delbrück, Jost/Wolfrum, Rüdiger, Völkerrecht, Bd I/1, 2. Aufl 1989 (2. Kap)
Doehring, Karl, Völkerrecht, 2. Aufl 2004 (§ 13)
Fastenrath, Ulrich, Kompetenzverteilung im Bereich der auswärtigen Gewalt, 1986
Geiger, Rudolf, Grundgesetz und Völkerrecht, 6. Aufl 2013
Geiger, Rudolf (Hrsg), Völkerrechtlicher Vertrag und staatliches Recht vor dem Hintergrund zunehmender Verdichtung der internationalen Beziehungen, 2000
Hailbronner, Kay/Wolfrum, Rüdiger/Wildhaber, Luzius/Öhlinger, Theo, Kontrolle der Auswärtigen Gewalt, VVDStRL 56 (1997)
Hobe, Stefan, Einführung in das Völkerrecht, 10. Aufl 2013 (6. Kap)
Isensee, Josef/Kirchhof, Paul (Hrsg), Handbuch des Staatsrechts, Bd VII, 3. Aufl 2007 [HdbStR VII]
Rudolf, Walter, Völkerrecht und deutsches Recht, 1967
Sauer, Heiko, Staatsrecht III. Auswärtige Gewalt, Bezüge des Grundgesetzes zu Völker- und Europarecht, 3. Aufl 2015

Schweisfurth, Theodor, Völkerrecht, 2006 (5. Kap)
Schweitzer, Michael, Staatsrecht III. Staatsrecht, Völkerrecht, Europarecht, 10. Aufl 2010
Seidel, Gerd, Verhältnis von Völkerrecht und innerstaatlichem Recht, 1985

Verträge
Revidierte Rheinschifffahrtsakte v 17.10.1886 id NF v 11.3.1969 (BGBl 1969 II, 597), zuletzt geänd durch Zusatzprotokoll Nr 7 v 27.11.2002 (BGBl 2003 II, 1912) [Mannheimer Akte] —— 132
Charta der Vereinten Nationen v 26.6.1945 (BGBl 1973 II, 431), zuletzt geänd durch Bek v 28.8.1980 (BGBl 1980 II, 1252) [UN-Charta] —— 12, 58, 85, 89, 103, 134, 171
Statut des Internationalen Gerichtshofs v 26.6.1945 (BGBl 1973 II, 505), zuletzt geänd durch Res RC/Res.6 v 11.6.2010 (BGBl 2013 II, 139 iVm Bek v 12.6.2013 (BGBl 2013 II, 1042) [IGH-Statut] —— 60, 61, 66, 139, 163
Satzung des Europarates v 5.5.1949 (BGBl 1950 II, 263), zuletzt geänd durch Bek v 18.1.2008 (BGBl 2008 II, 129) —— 23
Abmachung zwischen den Alliierten Hohen Kommissaren und dem Deutschen Bundeskanzler v 22.11.1949 (BVerfGE 1, 1) [Petersberger-Abkommen] —— 98
Deutsch-Französisches Wirtschaftsabkommen v 10.2.1950 (BAnz v 14.2.1950, Nr 31) —— 98
Konvention zum Schutze der Menschenrechte und Grundfreiheiten v 4.11.1950 (BGBl 1952 II, 685, 953), zuletzt geänd durch Prot Nr 15 v 24.6.2013 (BGBl 2014, 1034) [EMRK] —— 119, 186
Vertrag über die Gründung der Europäischen Gemeinschaft für Kohle und Stahl v 18.4.1951 (BGBl 1952 II, 447) idF v 7.2.1992 (BGBl 1992 II, 1053/1282), zuletzt geänd durch den Vertrag von Nizza v 26.2.2001 (BGBl 2001 II, 1667) [EGKS-Vertrag] —— 120
Vertrag zwischen dem Land Baden und dem Port Autonome de Strasbourg v 19.10.1951 (BVerfGE 2, 358) [Kehler Hafenabkommen] —— 98
Vertrag zur Gründung der Europäischen Gemeinschaft v 25.3.1957 (BGBl 1957 II, 766), nach In-Kraft-Treten des Vertrags von Lissabon v 13.12.2007 (BGBl 2008 II, 1038) nunmehr gültig als Vertrag über die Arbeitsweise der Europäischen Union (konsolidierte Fassung: ABl EU 2010, Nr C 83/47), zuletzt geänd durch Art 2 ÄndBeschl 2012/419/EU v 11.7.2012 (ABl EU 2012, Nr L 204/131) [AEUV] —— 120, 130, 173, 174
Übereinkommen über die Errichtung einer Sicherheitskontrolle auf dem Gebiet der Kernenergie v 20.12.1957 (BGBl 1959 II, 586) —— 132
Haager Übereinkommen über die Zustellung gerichtlicher und außergerichtlicher Schriftstücke im Ausland in Zivil- und Handelssachen v 15.11.1965 (BGBl 1977 II, 1452), zuletzt geänd durch Bek v 6.2.2008 (BGBl 2008 II, 166) —— 119
Übereinkommen zur Beseitigung jeder Form der Rassendiskriminierung v 7.3.1966 (BGBl 1969 II, 961) —— 184
Wiener Übereinkommen über das Recht der Verträge v 23.5.1969 (BGBl 1985 II, 927) [WVK] —— 63, 78, 86, 87, 109, 119, 130, 139, 157
Vertrag zwischen der Bundesrepublik Deutschland und der Union der Sozialistischen Sowjetrepubliken v 12.8.1970 (BGBl 1972 I, 354) [Moskauer Vertrag 1970] —— 95
Vertrag über die Auslieferung zwischen der Sozialistischen Föderativen Republik Jugoslawien und der Bundesrepublik Deutschland v 26.11.1970 (BGBl 1974 II, 1257) —— 117
Vertrag zwischen der Bundesrepublik Deutschland und der Volksrepublik Polen über die Grundlagen der Normalisierung ihrer gegenseitigen Beziehungen v 7.12.1970 (BGBl 1972 II, 362) —— 95
Abkommen zwischen der Regierung der Bundesrepublik Deutschland und der Regierung der Deutschen Demokratischen Republik über den Transitverkehr von zivilen Personen und Gütern zwischen der Bundesrepublik Deutschland und Berlin (West) v 17.12.1971 (Beilage BAnz Nr 174 v 15.9.1972, 7) [Transitabkommen] —— 113
Übereinkommen über die Rechte des Kindes v 20.11.1989 (BGBl 1992 II, 122) —— 184
Abkommen über die kulturelle Zusammenarbeit zwischen der Bundesrepublik Deutschland und Vietnam v 6.3.1991 (BGBl 1991 II, 1050) —— 68
Vertrag über die Europäische Union v 7.2.1992 (BGBl 1992 II, 1253) idF des Vertrags von Lissabon v 13.12.2007 (BGBl 2008 II, 1038), zuletzt geänd durch Art 13 und Art 14 Abs. 1 EU-Beitrittsakte 2013 v 9.12.2011 (ABl EU 2012, Nr L 112/21) [EUV] —— 24, 99, 120, 125, 129
Übereinkommen über die handelsbezogenen Aspekte des Rechts des geistigen Eigentums v 15.4.1994 (BGBl 1994 II, 1565 bzw 1729) [TRIPS] —— 130
Vertrag über eine Verfassung für Europa v 29.10.2004 (ABl EU 2004, Nr C 310/1) —— 27, 120

Judikatur
Deutsche Gerichte

RG, Urteil v 2.6.1881, RGSt 4, 271 *[Staatsvertrag zwischen dem Großherzogtum Baden und den Vereinigten Staaten von Amerika]* —— 59
RG, Urteil v 26.10.1914, RGZ 85, 374 *[Prioritätsrecht]* —— 59
RG, Urteil v 9.2.1931, JW 1932, 582 *[deutsch-polnisches Aufwertungsabkommen I]* —— 117
BVerfG, Urteil v 29.7.1952, BVerfGE 1, 351 *[Petersberger Abkommen]* —— 67, 92, 98
BVerfG, Urteil v 29.7.1952, BVerfGE 1, 372 *[deutsch-französisches Wirtschaftsabkommen]* —— 80, 95, 98, 102, 110
BVerfG, Urteil v 30.7.1952, BVerfGE 1, 396 *[Europäische Verteidigungsgemeinschaft]* —— 116
BVerfG, Urteil v 30.6.1953, BVerfGE 2, 347 *[Kehler Hafenabkommen]* —— 67, 98
BVerfG, Urteil v 4.5.1955, BVerfGE 4, 157 *[Saar-Statut]* —— 119
BVerfG, Urteil v 17.8.1956, BVerfGE 5, 85 *[KPD-Verbot]* —— 14
BVerfG, Urteil v 26.3.1957, BVerfGE 6, 309 *[Konkordat]* —— 67
BVerfG, Beschluss v 30.10.1962, BVerfGE 15, 25 *[Jugoslawische Militärmission]* —— 152, 160
BVerfG, Beschluss v 30.4.1963, BVerfGE 16, 27 *[Iranische Botschaft]* —— 161
BVerfG, Beschluss v 7.4.1965, BVerfGE 18, 441 *[Lastenausgleichsabgabe I]* —— 135, 138
BVerfG, Beschluss v 14.5.1968, BVerfGE 23, 288 *[Lastenausgleichsabgabe II]* —— 158, 160
BVerwG, Urteil v 12.6.1970, BVerwGE 35, 262 *[Londoner Schuldenabkommen]* —— 116
BVerfG, Beschluss v 9.12.1970, BVerfGE 29, 348 *[deutsch-niederländischer Ausgleichsvertrag]* —— 116
BVerwG, Urteil v 22.1.1971, BVerwGE 37, 116 *[Parkverbot]* —— 152
BVerfG, Beschluss v 4.5.1971, BVerfGE 31, 58 *[Spanische Doppelehe]* —— 19
BVerfG, Beschluss v 9.6.1971, BVerfGE 31, 145 *[Lütticke]* —— 158
BGH, Urteil v 22.6.1972, BGHZ 59, 82 *[Bronzefiguren]* —— 184, 185
BVerfG, Urteil v 31.7.1973, BVerfGE 36, 1 *[Grundlagenvertrag]* —— 14
BVerfG, Beschluss v 29.5.1974, BVerfGE 37, 271 *[Solange I]* —— 133
BVerfG, Beschluss v 25.6.1974, BVerfGE 37, 363 *[Viertes Rentenversicherungs-Änderungsgesetz]* —— 91
BVerfG, Beschluss v 7.7.1975, BVerfGE 40, 141 *[Ostvertrag]* —— 95
BVerfG, Beschluss v 13.12.1977, BVerfGE 46, 342 *[Philippinisches Botschaftskonto]* —— 135, 150, 152
BVerwG, Urteil v 23.6.1981, DÖV 1983, 118 *[Spendenerlös zur Bekämpfung der Regierung Chiles]* —— 12
BVerfG, Urteil v 18.12.1984, BVerfGE 68, 1 *[Pershing]* —— 78, 80, 133, 134
BFH, Urteil v 25.4.1985, BFHE 143, 383 *[Kloppenburg II]* —— 174
BVerfG, Beschluss v 26.3.1987, BVerfGE 74, 358 *[Privatklageverfahren]* —— 119, 186
BVerfG, Beschluss v 31.3.1987, BVerfGE 75, 1 *[ne bis in idem]* —— 144, 159, 161
BVerfG, Beschluss v 8.4.1987, BVerfGE 75, 223 *[Kloppenburg]* —— 174
BVerfG, Beschluss v 29.10.1987, BVerfGE 77, 170 *[C-Waffen]* —— 134
BGH, Urteil v 3.11.1987, BGHZ 102, 118 *[valley gutter]* —— 134
VG Frankfurt, Beschluss v 19.7.1988, NJW 1988, 3032 *[Kindervermittlung zur Adoption]* —— 184
BSG, Urteil v 26.10.1989, BSGE 66, 28 *[deutsch-israelisches Sozialversicherungsabkommen]* —— 119
BVerwG, Urteil v 16.10.1990, BVerwGE 87, 11 *[Reiseausweis an Staatenlose]* —— 116
BVerwG, Urteil v 4.6.1991, BVerwGE 88, 254 *[unmittelbarer Anspruch aus Genfer Flüchtlingskonvention]* —— 41, 119
BVerfG, Beschluss v 21.2.1992, DtZ 1992, 216 *[Stoph]* —— 119
VG Frankfurt, Beschluss v 22.2.1993, NJW 1993, 2067 *[Ausschluss von Massendrucksachen von der Postbeförderung]* —— 184
BVerwG, Urteil v 23.2.1993, NVwZ 1993, 782 *[Einbürgerung von Staatenlosen]* —— 116
BVerfG, Urteil v 8.4.1993, BVerfGE 88, 173 *[AWACS]* —— 81
BVerfG, Urteil v 23.6.1993, BVerfGE 89, 38 *[UNOSOM II]* —— 81
BVerfG, Urteil v 12.10.1993, BVerfGE 89, 155 *[Maastricht]* —— 26, 85, 129, 173, 186
VG Frankfurt, Urteil v 24.11.1993, NVwZ 1994, 1137 *[familiäre Bindungen als Abschiebungshindernis]* —— 184
OLG Düsseldorf, Beschluss v 9.12.1993, NJW 1994, 1486 *[deutsch-jugoslawisches Auslieferungsabkommen]* —— 117, 135
OVG Saarlouis, Beschluss v 25.3.1994, NVwZ 1995, 97 *[Velsen]* —— 1
BVerfG, Urteil v 12.7.1994, BVerfGE 90, 286 *[Auslandseinsätze der Bundeswehr]* —— 81 ff, 91 f, 95, 116
BVerfG, Beschluss v 19.10.1994, NJW 1995, 651 *[V-Mann]* —— 135
BVerfG, Beschluss v 7.12.1994, BVerfGE 91, 335 *[punitive damages]* —— 119
BVerfG, Beschluss v 15.5.1995, BVerfGE 92, 277 *[DDR-Spionage]* —— 154

BVerfG, Beschluss v 31.5.1995, NJW 1995, 2216 *[Sitzverteilung im Europäischen Parlament]* —— 26
BGH, Urteil v 14.11.1996, BGHZ 134, 67 *[Globalentschädigungsabkommen DDR/Schweden]* —— 119
BVerwG, Urteil v 15.4.1997, BVerwGE 104, 265 *[Abschiebungsschutz durch EMRK]* —— 119, 186
BVerfG, Beschluss v 10.6.1997, BVerfGE 96, 68 *[Immunität von Botschaftern]* —— 163
BVerfG, Beschluss v 18.6.1997, NJW 1997, 3013 *[Rechtsschutz bei Strafvollstreckung im Ausland]* —— 1
BayObLG, Beschluss v 10.11.1997, RIW 1998, 322 *[Wirtschaftsembargo]* —— 169
VG Stuttgart, Beschluss v 28.11.1997, NVwZ Beilage 4/1998, 36 *[Bindungswirkung durch Dayton-Abkommen]* —— 184
BVerfG, Beschluss v 31.3.1998, BVerfGE 97, 350 *[Währungsunion]* —— 26
BVerwG, Urteil v 4.6.1998, NJW 1999, 1649 *[Wiederaufnahme nach EGMR-Entscheidung]* —— 186
BVerfG, Beschluss v 29.10.1998, BVerfGE 99, 145 *[Kindesentführung]* —— 119
BVerfG, Beschluss v 2.2.1999, BVerfGE 100, 209 *[Vereinbarkeit von Atomwaffen mit Völkergewohnheitsrecht]* —— 161
BVerfG, Urteil v 14.7.1999, BVerfGE 100, 313 *[Fernmeldeüberwachung, G 10-Entscheidung]* —— 1
BVerwG, Urteil v 16.12.1999, BVerwGE 110, 203 *[EMRK und verwaltungsgerichtliche Normenkontrolle]* —— 119, 186
BVerfG, Urteil v 22.11.2001, BVerfGE 104, 151 *[Strategisches Konzept der NATO]* —— 82
BVerfG, Beschluss v 13.2.2003, DVBl 2003, 661 *[Staatsnotstand Argentinien]* —— 162
BVerfG, Beschluss v 25.3.2003, BVerfGE 108, 34 *[AWACS – Irak-Krieg]* —— 81
BVerfG, Beschluss v 5.11.2003, BVerfGE 109, 13 *[Auslieferung an USA wegen Verdachts der Unterstützung von Al-Qaida]* —— 159
BVerfG, Beschluss v 14.10.2004, BVerfGE 111, 307 *[Görgülü]* —— 119, 186
BVerfG, Beschluss v 26.10.2004, BVerfGE 112, 1 *[Ostenteignungen]* —— 158
KG, Urteil v 29.10.2004, NJW 2005, 605 *[Veröffentlichung von Fotos der Begleiterin einer absoluten Person der Zeitgeschichte]* —— 186
BVerwG, Urteil v 21.6.2005, BVerwGE 127, 302 *[Soldaten – Gewissensfreiheit]* —— 12
BVerfG, Urteil v 6.7.2005, BVerfGE 113, 154 *[Auslieferung bei drohender lebenslanger Freiheitsstrafe]* —— 1
BVerfG, Urteil v 18.7.2005, BVerfGE 113, 273 *[Europäischer Haftbefehl]* —— 1
BVerfG, Beschluss v 19.9.2006, NJW 2007, 499 *[Konsularrechtsübereinkommen]* —— 186
BVerfG, Beschluss v 6.12.2006, BVerfGE 117, 141 *[Argentinische Staatsanleihen/Immunität]* —— 161
BVerfG, Urteil v 12.3.2007, BVerfGE 117, 359 *[Tornado-Einsatz I]* —— 82
BVerfG, Beschluss v 8.5.2007, BVerfGE 118, 124 *[Argentinische Staatsanleihen/Notstand]* —— 144
BVerfG, Urteil v 3.7.2007, BVerfGE 118, 244 *[Tornado-Einsatz II]* —— 82, 116
BVerfG, Urteil v 7.5.2008, BVerfGE 121, 135 *[AWACS – Türkei]* —— 81, 84
BVerwG, Urteil v 29.4.2009, BVerwGE 134, 1 *[Studienbeitragserhebung NRW]* —— 116
BVerfG, Urteil v 30.6.2009, NJW 2009, 2267 *[Lissabon]* —— 26, 75, 186
BVerfG, Beschluss v 13.10.2009, BVerfGE 124, 267 *[NATO – Kosovo]* —— 81, 82
BVerfG, Urteil v 6.7.2010, BVerfGE 126, 286 *[Honeywell]* —— 186
BVerfG, Beschluss v 8.12.2010, EuGRZ 2011, 90 *[Auslieferungshaft]* —— 1
BVerwG, Beschluss v 13.12.2010, NVwZ 2011, 752 *[Art 31 GG]* —— 68
BVerfG, Urteil v 4.5.2011, BVerfGE 128, 326 *[Sicherungsverwahrung]* —— 116, 119, 186
OLG Karlsruhe, Beschluss v 5.3.2012, NJW-RR 2012, 705 *[Vormund für minderjährigen unbegleiteten Flüchtling]* —— 101
BVerfG, Urteil v 19.6.2012, EWS 2012, 276 *[ESM/Euro-Plus-Pakt]* —— 26
BVerfG, Beschluss v 20.11.2014, wistra 2015, 96 *[Auslieferungsverfahren]* —— 1
BVerfG, Urteil v 23.9.2015, JZ 2016, 37 *[Libyen-Einsatz]* —— 84, 85
BGH, Urteil v 6.10.2015, NJW 2016, 91 *[Rechtsstaatswidrige Tatprovokation]* —— 5
BVerfG, Beschluss v 15.12.2015, 2 BvL 1/12 *[Treaty Override]* —— 118, 176

Gerichtshof der Europäischen Union

Urteil v 15.7.1964, EuGHE 1964, 1251 *[Costa/ENEL]* —— 122
Urteil v 17.12.1970, EuGHE 1970, 1213 *[Spa SACE]* —— 174
Urteil v 12.12.1972, EuGHE 1972, 1219 *[International Fruit Company]* —— 130
Urteil v 19.1.1982, EuGHE 1982, 53 *[Becker]* —— 174
Urteil v 14.7.1994, EuGHE 1994 I, 3325 *[Faccini Dori]* —— 174
Urteil v 16.6.1998, EuGHE 1998 I, 3603 *[Hermès]* —— 130
Urteil v 14.12.2000, EuGHE 2000 I, 11307 *[Christian Dior]* —— 130
Urteil v 16.6.2005, EuGHE 2005 I, 5285 *[Pupino]* —— 173

Urteil v 22.11.2005, EuGHE 2005 I, 9981 *[Mangold]* —— 186
Urteil v 3.9.2008, EuGRZ 2008, 480 *[Kadi]* —— 186
Urteil v 21.12.2011, EuGRZ 2012, 17 *[PMOI]* —— 186

Europäischer Gerichtshof für Menschenrechte
Urteil v 30.6.2005, Beschwerde Nr 45036/98, EuGRZ 2007, 662 *[Bosphorus Airways gegen Irland]* —— 186
Urteil v 12.1.2006, Beschwerde Nr 26111/02, EuGRZ 2006, 129 *[Mizzi gegen Malta]* —— 186
Urteil v 8.6.2006, Beschwerde Nr 75529/01, NJW 2006, 2389 *[Sürmeli gegen Deutschland]* —— 186
Urteil v 31.5.2007, Beschwerde Nr 71412/01 und 781566/01, EuGRZ 2007, 522 *[Behrami und Saramati gegen Frankreich ua]* —— 186
Urteil v 17.12.2009, Beschwerde Nr 19359/04, EuGRZ 2010, 25 *[M. gegen Deutschland]* —— 5
Urteil v 23.10.2014, Beschwerde Nr 54648/09, NJW 2015, 3631 *[Furcht gegen Deutschland]* —— 5
Urteil v 28.10.2014, Beschwerde Nr 25018/10, NJW 2015, 3771 *[Demirtas gegen Türkei]* —— 6

Internationaler Strafgerichtshof
Trial Chamber I, Urteil v 14.3.2012, ICC-01/04-01/06-2842, abrufbar unter <http://www.icc-cpi.int> *[Lubanga]* —— 61

Französische Gerichte
Conseil d'Etat, Entscheidung v 20.10.1989, Nr 108243, EuGRZ 1990, 99 *[Nicolo]* —— 50
Conseil d'Etat, Entscheidung v 24.9.1990, Nr 58657, DVBl 1991, 324 *[Vorrang sekundären Gemeinschaftsrechts]* —— 173
Conseil constitutionnel, Entscheidung n°2010-4/17 QPC v 22.7.2010, Recueil 156 *[Alain C. et autre]* —— 50
Conseil d'Etat, Assemblée, Entscheidung n 322326 v 11.4.2012, RFDA 2012, 547 *[GISTI et FAPIL]* —— 50

Russische Gerichte
Verfassungsgericht der Russischen Föderation, Urteil v 14.7.2015, No 21-Π/2015 —— 56

Schweizerische Gerichte
Bundesgericht (BGer), Lausanne, Urteil v 22.12.1997, EuGRZ 1998, 675 *[Kinderrechte-Konvention]* —— 101

US-amerikanische Gerichte
US Supreme Court, Chae Chan Ping v United States, 130 US 581 (1889) —— 49

Türkische Gerichte
AYM, E. 1986/18, K. 1986/24, Resmi Gazete v 31.1.1987 – 19358 —— 53
AYM E. 1995/20, K. 1996/4, Resmi Gazete v 31.7.1996 – 22713 —— 53

I. Einführung in die Grundlagen

1 Vorliegender Abschnitt hat die Frage zum Gegenstand, in welchem *Verhältnis* das *Völkerrecht zum staatlichen Recht*, das heißt – wie auch gesagt wird – zu den nationalen Rechtsordnungen steht. Gemeint sind damit die Rechtsordnungen, die die Staaten jeweils allein, also ohne ein Zusammenwirken mit anderen unabhängigen Staaten oder anderen Völkerrechtssubjekten in Geltung setzen. Einzelne Bestandteile einer nationalen Rechtsordnung können völkerrechtlich veranlasst oder sogar geboten sein; sie bleiben dennoch (mindestens auch) „nationales" Recht. Sie können sich auch auf Sachverhalte beziehen, die sich außerhalb des eigenen Staatsgebiets abspielen. Ein Teil solcher Vorschriften, nämlich das sog Kollisionsrecht, wird mitunter zwar als „international" bezeichnet (so das „Internationale Privatrecht"); dies darf aber über ihre Zugehörigkeit zum nationalen Recht nicht hinwegtäuschen.[1] Dabei sind idS „international" – grob gesagt: wegen einer Bezüglichkeit auf Sachverhalte mit Auslandselement – längst nicht mehr nur gewisse Vorschriften des Zivil- und Strafrechts, sondern (denkt man etwa an das Umweltrecht)[2] auch ganze Teile des Verwaltungsrechts.[3] Grundrechte des Grundgesetzes, also verfassungsrechtliche Vorschriften, vermögen die rechtliche Beurteilung internationaler Sachverhalte ebenfalls mitzubestimmen.[4] Auch wenn die Grundrechte sich an vom Grundgesetz verfasste, also hiesige innerstaatliche Gewalt richten, heißt dies nicht, dass ihnen Akte ausländischer Staatsgewalt unter allen Umständen gleichgültig wären: Solche Akte können auch für die grundrechtliche Beurteilung eines inländischen Hoheitsakts bedeutsam sein. Die Auslieferung eines Straftäters, dem hierdurch die Todesstrafe droht, bietet dafür das vielleicht augenfälligste Beispiel.[5]

2 Für die Unterscheidung zwischen Völkerrecht und staatlichem Recht ist *maßgebend, wer den Rechtssatz erzeugt hat*. Staatliches Recht schafft der Staat *allein*. Völkerrecht – als wahrhaft „internationales" Recht – wird von Völkerrechtssubjekten erzeugt. Dies erfolgt herkömmlich und noch immer regelmäßig durch *zwischenstaatliche Interaktion*, also kooperativ, oder aber kraft einseitiger Entscheidung aufgrund einer Ermächtigung als Ergebnis vorausgehender Ko-

---

1 Hierzu und zur weiteren Abgrenzung *Graf Vitzthum*, 1. Abschn Rn 4 ff, 33 ff; anschaulich ferner *Neuhaus*, Der Beitrag des Völkerrechts zum Internationalen Privatrecht, GYIL 21 (1978) 60 ff.
2 Dazu beispielhaft aus der Rspr – betr die Beurteilung der Zulassung einer Anlage mit potentiell grenzüberschreitender Umweltauswirkung – OVG Saarlouis, NVwZ 1995, 97; vgl ferner *Brandt*, Grenzüberschreitender Nachbarschutz im deutschen Umweltrecht, DVBl 1995, 779 ff. Zur völkerrechtlichen Einordnung *Kunig*, Nachbarrechtliche Staatenverpflichtungen bei Gefährdungen und Schädigungen der Umwelt, BDGVR 32 (1992) 9 (35 ff); *Durner*, Internationales Umweltverwaltungsrecht, in Möllers/Vosskuhle/Walter (Hrsg), Internationales Verwaltungsrecht, 2007, 121 ff, *Epiney*, Nachbarrechtliche Pflichten im internationalen Wasserrecht und Implikationen von Drittstaaten, AVR 39 (2001) 1 ff.
3 *Möllers*, Internationales Verwaltungsrecht, in ders/Vosskuhle/Walter (Hrsg), Internationales Verwaltungsrecht, 2007, 1 ff; *Ohler*, Die Entwicklung eines Internationalen Verwaltungsrechts als Aufgabe der Rechtswissenschaft, DVBl 2007, 1083 (1085 ff).
4 Eine frühe theoretische Grundlegung dazu bei *Bernstein*, Ein Kollisionsrecht für die Verfassung, NJW 1965, 2273 ff, dies mit dem die Nähe des dogmatischen Gedankens zum IPR bezeugenden Begriff vom „Verfassungskollisionsrecht"; aus grundrechtsdogmatischer Sicht vgl *Menzel*, Internationales Öffentliches Recht, 2011, 550 ff; *Schröder*, Zur Wirkkraft der Grundrechte bei Sachverhalten mit grenzüberschreitenden Elementen, FS Schlochauer, 1981, 137 ff; *Oppermann*, Transnationale Ausstrahlungen deutscher Grundrechte?, FS Grewe, 1981, 521 ff; ferner *Kunig*, in v. Münch/Kunig (Hrsg), Grundgesetz-Kommentar, Bd I, 6. Aufl 2012, Art 1 Rn 52 ff; *Giegerich*, Grund- und Menschenrechte im globalen Zeitalter: Neubewertung ihrer territorialen, personalen und internationalen Dimension in Deutschland, Europa und den USA, EuGRZ 2004, 758 ff; aus der Rspr vgl die sog G 10-Entscheidung BVerfGE 100, 313, 362 f.
5 Dazu *Kunig*, in v. Münch/Kunig (Fn 4), Bd II, 6. Aufl 2012, Art 102 Rn 13 ff mwN; zur Gegenposition etwa *Vogler*, Auslieferung bei drohender Todesstrafe und Europäische Menschenrechtskonvention, GS Meyer, 1990, 477 ff. Aus der Judikatur zB BVerfG, NJW 1997, 3013 ff; für den Fall drohender lebenslanger Freiheitsstrafe ohne Möglichkeit der Strafaussetzung BVerfGE 113, 154; zur Verletzung von Art 2 Abs 2 Satz 2 GG iVm Art 104 Abs 1–3 GG wegen mangelnder Prüfung eines Auslieferungshindernisses aufgrund drohender politischer Verfolgung BVerfG, EuGRZ 2011, 90. Vgl auch Art 16 Abs 2 Satz 2 GG sowie das Urteil zum Europäischen Haftbefehl, BVerfGE 113, 273; dazu etwa *Tomuschat*, Ungereimtes – Zum Urteil des Bundesverfassungsgerichts vom 18. Juli 2005 über den Europäischen Haftbefehl, EuGRZ 2005, 453 ff; zum Willkürverbot nach Art 3 Abs 1 GG bei Auslieferungsverfahren BVerfG, wistra 2015, 96 ff.

operation. Von den Völkerrechtssubjekten sind nur (einige) I. O. in der Lage, durch einen einseitigen Akt eine Norm des Völkerrechts hervorzubringen. Das einseitige Handeln von Staaten (oder anderen Völkerrechtssubjekten) ist zwar an Normen des Völkerrechts zu messen und kann auch zur Normentstehung und Normveränderung beitragen; für sich genommen lässt es aber eine Völkerrechtsnorm nicht zur Entstehung gelangen.[6]

Von staatlichem oder nationalem (oder inländischem, innerstaatlichem) Recht ist hier die 3 Rede in Weiterverwendung üblicher Terminologie – auch wenn es nicht um die Rechtserzeugung durch „Nationen" geht. Nationen sind teils staatlich verfasst, sei es einzeln, sei es gemeinsam mit anderen, sei es verteilt auf mehrere Staaten. Sie sind dessen ungeachtet auch „als" Nationen Völkerrechtssubjekte, soweit ihnen das Recht der Selbstbestimmung zusteht, das auf die Bildung eigener Staatlichkeit zielen kann, aber auch innerhalb solcher Staatlichkeit iSe Minderheitenschutzes Wirkungen zeitigt. Nationen als solche setzen aber kein Recht. Umgekehrt dürfte von „nationalem" Recht auch in Bezug auf das Recht solcher Staaten gesprochen werden, bei denen zweifelhaft sein mag, ob sich in ihnen überhaupt eine Nation (oder „nur" ein Staatsvolk) konstituiert. Der Sache nach geht es also um einzelstaatlich gesetztes, eben „staatliches" Recht.

Ob eine Rechtsvorschrift dem Völkerrecht oder dem staatlichen Recht angehört, ist danach 4 leicht zu bestimmen: Es kommt darauf an, wer die Norm in Geltung gesetzt hat. Vorschriften des Völkerrechts und des staatlichen Rechts können denselben Sachverhalt betreffen, sie können ihn gleichsinnig oder unterschiedlich erfassen, von den ohnehin je unterschiedlichen Rechtsfolgen abgesehen, die sie verlangen. Auch weil das Völkerrecht sich an die Staaten als Völkerrechtssubjekte richtet und ihr gesamtes Verhalten mindestens potentiell betrifft, sie also auch als Rechtserzeuger anspricht, *bedarf das Verhältnis des staatlichen Rechts zum Völkerrecht der Klärung*. Dieses Verhältnis ist ungleich schwieriger zu erkennen als die Abgrenzung der beiden Rechtsmassen. Von ihm hängt die Bedeutung des Völkerrechts als Rechtsordnung entscheidend ab. Das ist offensichtlich etwa für den völkerrechtlichen Menschenrechtsschutz, dessen Konsequenzen in der Sache sich nur „innerhalb" der Staaten zeigen können, gilt aber auch für Bereiche, die unmittelbar nur die Staaten in ihrem Verhältnis zueinander ansprechen, wie zB das Gesandtschaftsrecht (das etwa Regeln für das Handeln und den Rechtsschutz einzelner Amtsträger enthält, auf die das staatliche Recht reagieren muss). Gerade auch wegen der strukturellen Besonderheiten der Völkerrechtsordnung, der es an den Rechtssubjekten übergeordneten Durchsetzungsmechanismen weithin mangelt, muss sie sich als Rechtsordnung auch dadurch erweisen, dass die staatlichen Rechte ihr Bedeutung verschaffen.

Das führt zu einer *wechselseitigen Beeinflussung von Völkerrecht und staatlichem Recht*. Sie 5 hat nach dem derzeitigen Entwicklungsstand eine Vielzahl von Rechtsgebieten erreicht, wobei das Recht wirtschaftlicher Betätigung eine Vorreiterrolle einnimmt[7] und das auf völkerrechtlichen Grundlagen ruhende europäische Integrationswerk sogar zu einer (regional beschränkten) Internationalisierung („Europäisierung") der gesamten Rechtsordnungen der beteiligten Staaten geführt hat.[8] Je mehr das Völkerrecht, ausgehend von seinen Vorgaben zu innerstaatlich zu gewährleistenden Menschenrechten und in Fortführung dieses Ansatzes, sich dazu versteht, Vorgaben für das innerstaatliche Gefüge zu entwickeln – etwa: Anforderungen an Grade von Demokratie, weitere Verdichtung des internationalen Menschenrechtsschutzes –, gerät auch das Verfassungsrecht der Staaten in den Blickwinkel der internationalen Ordnung.[9]

---

6 *Kunig*, Sinn, Stand und Grenzen einer Rechtsgeschäftslehre für das Völkerrecht, FS Leenen, 2012, 131 ff.
7 *Petersmann*, Welthandelsrecht als Freiheits- und Verfassungsordnung, ZaöRV 65 (2005) 543 ff. Zur Anpassung von Völkerrecht und Verwaltungsrecht *Biaggini*, Die Entwicklung eines Internationalen Verwaltungsrechts als Aufgabe der Rechtswissenschaft, VVDStRL 67 (2008) 413 ff.
8 *Menzel* (Fn 4) 352 ff; *Kadelbach/Kleinlein*, Überstaatliches Verfassungsrecht, AVR 44 (2006) 235 ff.
9 Dazu allgemein *Uerpmann*, Internationales Verfassungsrecht, JZ 2001, 565 ff; *Kunig*, Das Völkerrecht als Recht der Weltbevölkerung, AVR 41 (2003) 327 ff; *Bryde*, Konstitutionalisierung des Völkerrechts und Internationalisierung des Verfassungsrechts, Der Staat 42 (2003) 61 ff; *Peters*, The Globalization of State Constitutions, in Nijman/

6   Man mag sagen, dass das Völkerrecht und die staatlichen Rechtsordnungen einzelne *Rechtskreise* bilden, und dass der völkerrechtliche und ein einzelstaatlicher solcher Kreise sich je „überschneiden". Mit solchen Bildern ist allerdings noch nicht viel gewonnen. Es ist offensichtlich, dass Völkerrecht und staatliches Recht einander nicht gleichgültig sind und nicht gleichgültig sein können. Eindeutig ist ebenfalls, dass staatliches Recht und Völkerrecht in Widerspruch zueinander geraten können. Der Staat ist als Völkerrechtssubjekt an das Völkerrecht gebunden, so dass staatliche Rechtssetzung auf völkerrechtliche Grenzen stoßen kann. Umgekehrt interessiert sich auch das innerstaatliche Recht für den völkerrechtlichen Normbildungsprozess, soweit der betreffende Staat an ihm mitwirkt. Das staatliche Recht muss dann Zuständigkeiten ordnen (zB im Zusammenhang mit dem Abschluss von Verträgen). Faktisch und praktisch ist darüber hinaus auch eindeutig, dass das Völkerrecht einzelne Subjekte des innerstaatlichen Rechts regelmäßig nur über dessen Vermittlung und in dem von ihm gezogenen Rahmen erreichen kann.[10]

7   Es verbietet sich deshalb, das Verhältnis von Völkerrecht und staatlichem Recht zu betrachten, ohne dabei die jeweilige staatliche Rechtsordnung daraufhin zu befragen, wie *gerade sie* ihr Verhältnis zum Völkerrecht ordnet. Das schließt noch nicht die Möglichkeit aus, insoweit verallgemeinerbare Aussagen zu finden und – theoretisch – auch nicht, dass das Völkerrecht selbst nach einer bestimmten innerstaatlichen Ausgestaltung dieses Verhältnisses verlangt. Allerdings enthält das Vertragsvölkerrecht keine allgemeinen Aussagen zu der Frage, in welches prinzipielle Verhältnis sich eine innerstaatliche Rechtsmasse zu derjenigen des Völkerrechts zu stellen hat. Solche könnten sich mithin nur aus Völkergewohnheitsrecht, also aus der von Rechtsüberzeugung getragenen Staatenpraxis (zu der auch die Verfassungsgebung beiträgt) herausbilden; auch dieser Umstand legt es nahe, *einzelne Rechtsordnungen differenziert zu betrachten.*

8   Für das vorliegende Lehrbuch, das das universelle Völkerrecht zur Anschauung bringt, dabei aber vor allem dem am deutschen Recht interessierten Leser dienen möchte, hat dies zur Konsequenz, dass zum Verhältnis des Völkerrechts und des staatlichen Rechts auch ein – knapper – Überblick über die Rechtslage in einigen anderen Staaten gegeben wird, ehe im Einzelnen darzustellen ist, wie sich das Völkerrecht gerade zum deutschen Recht verhält (Rn 46 ff). Die letztere Schilderung gliedert sich dann nach den einzelnen Quellen des Völkerrechts und weiteren Akten internationalen Ursprungs, die für das deutsche Recht von Bedeutung sein können. Das so aus innerstaatlicher Perspektive in den Blick genommene Recht wird schließlich – bilanzierend – vor allem daraufhin untersucht, inwiefern es als Maßstab für das Handeln der drei innerstaatlichen Staatsgewalten dienen kann (Rn 175 ff). Diese Kapitel werden zunächst durch eine Schilderung des in der Völkerrechtswissenschaft zu dem Problem „Völkerrecht und staatliches Recht" geführten Theorienstreits vorbereitet. Sodann erfolgt die Klärung einiger für die Verhältnisbestimmung zentraler Begriffe und – im Vorgriff auf die Darstellung

---

Nollkaemper (Hrsg), New Perspectives on the Divide Between National and International Law, 2007, 251 ff; *Dursun*, Konstitutionalisierung der Rechtsordnung, Annales de la Faculté de Droit d'Istanbul 43 (2011) 75 ff; *Grupp/Stelkens*, Zur Berücksichtigung der Gewährleistungen der Europäischen Menschenrechtskonvention bei der Auslegung deutschen Rechts, DVBl 2005, 133 ff; *Uerpmann*, Völkerrechtliche Verfassungselemente, in von Bogdandy/Bast, Europäisches Verfassungsrecht, 2. Aufl 2009, 177 ff. Bspw gab der BGH erst jüngst seine bisherige Rechtsprechung infolge eines Urteils des EGMR (s NJW 2015, 3631 ff) auf, wonach eine rechtsstaatswidrige Tatprovokation durch Strafverfolgungsbehörden lediglich auf Strafzumessungsebene zu berücksichtigen sei; nunmehr begründet eine solche Einwirkung ein Verfahrenshindernis, BGH, NJW 2016, 91 ff. Ferner erachtet der EGMR zT auch innerstaatliche Entscheidungen für menschenrechtswidrig, obwohl gegen diese gerichtete Verfassungsbeschwerden in Karlsruhe erfolglos blieben. S hierzu zB EGMR, EuGRZ 2010, 25 ff – Sicherungsverwahrung. S ferner *Uerpmann-Wittzack*, Die Grundrechtskontrolle durch den EGMR nach dem Beitritt der EU, ZÖR 68 (2013) 519 (524 ff).
10 S aber EGMR, NJW 2015, 3771 ff – Schlag ins Gesicht bei Streit zwischen Privatpersonen begründet Verstoß gegen das Folterverbot nach Art 3 EMRK.

des völkerrechtlichen Unrechts (im 7. Abschn dieses Lehrbuchs) – eine kurze Vergewisserung über die völkerrechtlichen Rechtsfolgen innerstaatlich mangelhafter Umsetzung von Völkerrecht (Rn 28 ff). Am Beginn steht jedoch die Darlegung der verfassungsrechtlichen Weichenstellungen für den angestrebten Ort des deutschen Staats in Völkerrecht und auswärtiger Politik (Rn 9 ff). So ergibt sich der Rahmen für alles Folgende. Die Frage nach dem Verhältnis von Völkerrecht und staatlichem Recht ist nicht nur eine solche technischer Koordination; jedenfalls das Grundgesetz gibt auch materielle Antworten.

II. Verfassungsrechtliche Grundentscheidungen für die Stellung Deutschlands in der internationalen Ordnung

Im Völkerrecht stehen die Staaten zunächst souverän nebeneinander. Ihre Souveränität im Inneren schirmt die nationale Rechtsordnung von anderen Rechtsordnungen einschließlich derer des Völkerrechts grundsätzlich ab. Die Staaten bestimmen daher im Ausgangspunkt selbst, ob, wieweit und in welcher Weise sie sich dem Völkerrecht öffnen. Das geschieht vornehmlich durch Normen, die systematisch dem *Staatsorganisationsrecht* zugehörig sind: Organisiert werden die Bedeutung außerstaatlicher Rechtssätze für das innerstaatliche Rechtsleben, ferner das Zusammenspiel innerstaatlicher Organe im Umgang mit den genannten Rechtssätzen, schließlich – darüber hinaus, denn die internationalen Beziehungen erschöpfen sich nicht in der Reaktion auf Völkerrecht und seinen Vollzug sowie die Mitwirkung bei seiner Entstehung und Wandlung – die Zuständigkeiten für die Wahrnehmung der Staatsaufgabe Außenpolitik. 9

Das Grundgesetz gibt aber noch mehr als den organisatorischen Rahmen zur Bewältigung der Probleme, welche sich daraus ergeben, dass Deutschland ein souveräner Staat unter vielen ist. Es *positioniert den deutschen Staat innerhalb der Völkerrechtsgemeinschaft* und *programmiert sein Verhalten nach außen.* Es beinhaltet ein Bekenntnis zum äußeren Frieden (Rn 12 ff), richtet die BR Deutschland – wie häufig gesagt wird – „offen" und „völkerrechtsfreundlich" ein (Rn 18 ff), und öffnet sich – darauf aufbauend und es speziell konkretisierend – für (europäische) Integration (Rn 21 ff). Wie die Versuche zur kategorialen Erfassung des Vorbehaltsbereichs gegenüber verbotener Einmischung oder Intervention im Grunde seit ihrem Beginn gezeigt haben, sind „innere" und „äußere" Angelegenheiten nicht trennscharf voneinander zu unterscheiden.[11] Daher haben diese „außenbezogenen" Programmierungen auch Konsequenzen für die Rechtslage „im Inneren". 10

Solche Positionierung ist historisch erklärbar. Verfassungsgebung gibt im Versuch zur Zukunftsbewältigung auch Antworten auf durch die Vergangenheit bzw historische „Lagen" *(Herbert Krüger)* aufgegebene Fragen. Die das Völkerrecht gering achtende, durch Aggression und Völkermord die Zertrümmerung von Grundnormen der internationalen Rechtsgemeinschaft in Kauf nehmende Politik des Nationalsozialismus gab mit den Nürnberger und Tokioter Kriegsverbrecherprozessen Anlass für eine nach bisheriger Völkerrechtsentwicklung neuartige Gegenreaktion.[12] Es lag bei der Neuorganisation deutscher Staatlichkeit nahe, mit den Mitteln des Verfassungsrechts Vorkehrung zu versuchen (wobei nachfolgend allein auf das Verfassungsrecht des Gesamtstaats – das Grundgesetz – eingegangen wird; auch Landesverfassungen, insbes die ältesten, aber auch jüngere enthalten Aussagen zur Position in der Staatengemeinschaft).[13] 11

---

11 Dazu *Kunig*, Das Nichteinmischungsprinzip. Zur Praxis der Organisation der afrikanischen Einheit (OAU) und des afrikanischen Staatenverkehrs, 1981, 17 ff, 240 ff.
12 Dazu *Grewe*, Rückblick auf Nürnberg, FS Doehring, 1989, 229 ff; *K. Ipsen*, Das „Tokyo Trial" im Licht des seinerzeit geltenden Völkerrechts, FS Oehler, 1985, 505 ff.
13 Vgl Art 2 Abs 1 der Verfassung des Landes Brandenburg zur „Zusammenarbeit mit anderen Völkern, insbesondere mit den polnischen Nachbarn".

1. Das Bekenntnis zu Frieden und Menschenrechten

12 Der augenfälligste Ausdruck des zuvor Gesagten ist *Art 26 GG*. Sein *Abs 1 Satz 1* erklärt die Vorbereitung der Führung eines Angriffskrieges für verfassungswidrig und darüber hinaus noch alle Handlungen, die „geeignet sind und in der Absicht vorgenommen werden, das friedliche Zusammenleben der Völker zu stören".[14] Art 26 Abs 1 Satz 2 GG verlangt die Strafbarkeit solcher Handlungen. Innerstaatlich bildet Art 26 Abs 1 GG damit eine völkerrechtliche Verbotsnorm, die zur zentralen Bestimmung des Systems der Vereinten Nationen geworden ist, in der Verfassung ab, noch weit ehe die BR Deutschland – und seinerzeit auch die DDR – im Jahre 1973 als Mitglieder dieses Systems akzeptiert worden waren: Art 2 Nr 4 UN-Charta verbietet die Führung von Angriffskriegen und ihre Vorbereitung soweit, als sie sich als Drohung militärischer Gewalt realisiert. Diese Schlüsselbestimmung der UN-Charta verlangt möglicherweise nicht auch die innerstaatliche Pönalisierung.[15] Jedenfalls verbietet sie die absichtliche Störung des „friedlichen Zusammenlebens der Völker" in einem Sinne, den der Tatbestand des Art 2 Nr 4 UN-Charta mit anderen Begriffen umreißt. Das wirft die Frage nach der Reichweite des Begriffs einer Störung des friedlichen Zusammenlebens auf. Gerade das Gebot strafrechtlicher Sanktionierung in Art 26 GG (umgesetzt durch § 80 StGB) deutet dabei – systematisch und wegen des in Art 103 Abs 2 GG verankerten Bestimmtheitsgebots – auf eine enge Interpretation. Es zeigt an, dass Art 26 Abs 1 Satz 1 GG sich nicht etwa in einer programmatischen Aussage erschöpft. Das Regelbsp „Angriffskrieg" wird zum Leitbegriff; sonst noch erfasste Handlungen müssen ihm qualitativ vergleichbar sein. Soweit etwa der *NATO-Einsatz des Jahres 1999* im ehemaligen Jugoslawien als mit dem Völkerrecht vereinbar angesehen werden kann, stand er auch mit deutschem Verfassungsrecht in Einklang. Die mit ihm verbundene „Absicht" war jedenfalls auf die Abwendung ihrerseits zweifellos rechtswidriger Unterdrückung und Vertreibung der Volksgruppe der Kosovo-Albaner gerichtet, nicht also auf die Störung des friedlichen Zusammenlebens der Völker, sondern auf die Beseitigung einer solchen Störung. Eine Beteiligung der Bundeswehr am *Irak-Krieg des Jahres 2003* in einer Weise, wie sie zB das Vereinigte Königreich, Spanien und Polen unternommen haben, würde sich angesichts von Art 26 Abs 1 GG als verfassungswidrig dargestellt haben.[16]

13 Auch *Art 26 Abs 2 GG* ist eine ungewöhnliche Vorkehrung. Von Verfassung wegen wird hier eine sonst dem Verwaltungsrecht vorbehaltene Regelung getroffen, nämlich ein Genehmigungsvorbehalt für die Herstellung, die Beförderung und das Inverkehrbringen zur Kriegsführung bestimmter Waffen errichtet. Die Regelung des Näheren wird freilich einem Gesetz vorbehalten. Dieser Regelungsauftrag ist durch das *Kriegswaffenkontrollgesetz* erfüllt worden,[17] die Handhabung der Regelung allerdings durchweg von Zweifeln begleitet geblieben, was die grundsätzliche Orientierung[18] und die Effektivität der Durchsetzung betrifft. Art 26 Abs 2 GG zeigt übrigens

---

14 Zu hiervon auch erfassten Handlungen von Privatpersonen s BVerwG, DÖV 1983, 118 ff: Kein Verstoß gegen Art 26 Abs 1 Satz 1 GG durch Verwendung von Spendenerlös zur Bekämpfung der Regierung Chiles.
15 So *Doehring*, in HdbStR VII, 1992, § 178 Rn 35; zum Inhalt des Gewaltverbots *Kunig*, Das völkerrechtliche Gewaltverbot, Jura 1998, 664 ff mwN.
16 Zur Unvereinbarkeit des militärischen Vorgehens gegen den Irak mit dem völkerrechtlichen Gewaltverbot s *Bothe*, Der Irakkrieg und das völkerrechtliche Gewaltverbot, AVR 41 (2003) 255 ff; *Dörr*, Staats- und völkerrechtliche Aspekte des Irak-Krieges 2003, Humanitäres Völkerrecht 2003, 181 ff. S a die Entscheidung des BVerwG hinsichtlich eines Soldaten, der sich aus Gewissensgründen weigerte, einem Befehl nachzukommen, dessen Befolgung eine seiner Ansicht nach „rechtswidrige Beteiligung der Bundesrepublik Deutschland an dem rechtswidrigen Angriff gegen den Irak" hätte darstellen können (BVerwGE 127, 302 ff); dazu *Kotzur*, Gewissensfreiheit contra Gehorsamspflicht oder: der Irak-Krieg auf dem verwaltungsgerichtlichen Prüfstand, JZ 2006, 25 ff.
17 KrWaffG idF v 22.11.1990, BGBl I 2506. Vgl im Einzelnen *Hernekamp*, in v. Münch/Kunig (Fn 4) Art 26 Rn 31 ff; eingehend *Epping*, Grundgesetz und Kriegswaffenkontrolle, 1993.
18 Vgl dazu die „Politischen Grundsätze der Bundesregierung für den Export von Kriegswaffen und sonstigen Rüstungsgütern" v 19.1.2000 (<www.bafa.de>), welche sich an den Verhaltenskodex der EU für Waffenausfuhren v 8.6.1998 und die OSZE-Prinzipien zur Regelung des Transfers konventioneller Waffen v 25.11.1993 anlehnen, aber

an, dass Art 26 Abs 1 GG eine Lieferung von Kriegswaffen ins Ausland nicht per se als Handlung betrachtet, welche Störungsqualität für „friedliches Zusammenleben" aufwiese: Das Grundgesetz zeigt sich (auch hier) nicht pazifistisch, sondern zu Differenzierung bereit. Es geht auch nicht so weit, die Waffenlieferung etwa nur an Opfer von Aggressionen zuzulassen.

Einen verfassungsrechtlichen Beitrag zur Friedenswahrung möchte bereits die *Präambel* 14 leisten. Die Wendung der Präambel aF – „in einem vereinten Europa dem Frieden der Welt zu dienen", dies als „gleichberechtigtes Glied" – ist auch in der Neuformulierung v 1990 im Kontext der Einigung Deutschlands erhalten geblieben. Die internationalen Rahmenbedingungen freilich unterschieden sich 1949 und 1990 grundlegend, und sie unterliegen weiter dem Wandel. So war die Redeweise vom „gleichberechtigten Glied" zunächst auch Anspruch, Erheischung von Akzeptanz. Auch in der Bezugnahme auf das „vereinte Europa" drückten sich sowohl eine Weichenstellung wie auch eine Zielorientierung aus, ein zunächst in Art 24 GG, seit 1992 darüber hinausgehend in Art 23 GG nF weiter ausgeformter Integrationswille. „Dienen" verpflichtete und *verpflichtet zu aktiver Teilnahme an Friedenspolitik*.[19] Jedenfalls diese Vorgabe macht es unausweichlich, den verfassungsrechtlichen Friedensbegriff zu bestimmen, dies auch vor dem Hintergrund, dass das Gebot, als ein Mitglied der internationalen Gemeinschaft dem Frieden zu dienen, wie die normativen Inhalte der Präambel insgesamt, sich als Rechtspflicht darstellt.[20] Diese Pflicht ist gewiss von begrenzter Justiziabilität, doch sind dogmatisch der Rechtscharakter einer Norm, die Frage, wem die Konkretisierungskompetenz im Blick auf eine Norm zugewiesen ist, und schließlich die damit in Zusammenhang stehende weitere Frage, ob und ggf welchem Organ eine Kontrollkompetenz zusteht, voneinander zu trennen. Die Präambel ist einerseits politisches Signal – nach innen wie außen –, enthält andererseits und zugleich Handlungsanweisungen an Verfassungsorgane, und sie ist im Übrigen Leitlinie für die Auslegung anderer Verfassungsbestimmungen. Soweit es um Außenpolitik geht, folgt die geringe Justiziabilität der Präambel aus dem für Akte Auswärtiger Gewalt grundsätzlich eröffneten Handlungsspielraum der zur Aufgabenwahrnehmung primär berufenen Regierung (s u Rn 80).

Sähe man den Friedensbegriff der Präambel allein im Zusammenhang mit Art 26 Abs 1 GG, 15 so läge es nahe, unter „Frieden" allein die Abwesenheit von Krieg zu verstehen.[21] Doch ist aussagekräftiger ein weiteres und außerhalb der Präambel, nämlich in Art 1 Abs 2 GG, formuliertes „Bekenntnis", dasjenige zu den Menschenrechten, welche dort ausdrücklich „als Grundlage jeder menschlichen Gemeinschaft, des Friedens und der Gerechtigkeit in der Welt" angesprochen sind. Der hier erkannte *Zusammenhang zwischen Frieden* (als Zustand der Gewaltlosigkeit) *und Menschenrechten* (als zunächst den individuellen Freiheitsrechten, aber in Offenheit für die Fortentwicklung des Menschenrechtsschutzes)[22] ist auch der Präambel zugrunde zu legen. Sie erweist sich – gemeinsam mit Art 1 Abs 2 GG selbst – als eine Zielbestimmung, welche die BR Deutschland zu zielbezogener Kooperation in der Völkerrechtsgemeinschaft verpflichtet.[23] Völkerrechtliche Ansprüche können (andere) Mitglieder der Völkerrechtsgemeinschaft daraus nicht herleiten. Den auf Friedenswahrung und Menschenrechtsschutz zielenden Normen des allgemeinen Völkerrechts wird aber eine Stützung in dem Sinne gegeben, als es für ihren Fortbestand

---

auf größere Restriktion zielen; wesentliches Kriterium für eine Genehmigung soll die Einschätzung der Menschenrechtslage sein.
19 *Starck*, in v. Mangoldt/Klein/Starck (Hrsg), Grundgesetz, Bd 1, 6. Aufl 2010, Präambel Rn 44; *Kunig* (Fn 4), Präambel Rn 28.
20 BVerfGE 5, 85, 127; 36, 1, 17; jeweils zur Präambel aF.
21 *Proelß*, in HdbStR XI, 3. Aufl 2013, § 227 Rn 12.
22 Näher *Kunig* (Fn 4) Art 1 Rn 45 ff; zust *Hodenberg*, Das Bekenntnis des deutschen Volkes zu den Menschenrechten in Art 1 Abs 2 GG, 1997, 71 f; ähnlich bereits *Denninger*, in Wassermann (Hrsg), Kommentar zum Grundgesetz für die Bundesrepublik Deutschland, 2. Aufl 1989, Art 1 II, III Rn 11; ablehnend *Doehring*, Die undifferenzierte Berufung auf Menschenrechte, FS Bernhardt, 1995, 355 (359).
23 Vgl *Stern*, Staatsrecht, Bd I, 2. Aufl 1984, 509.

und ihre Fortentwicklung der Rechtsüberzeugung der Rechtsunterworfenen normtheoretisch bedarf. So dokumentiert das Verfassungsrecht die diesbezügliche *opinio iuris* des Völkerrechtssubjekts BR Deutschland ein für allemal.

16   Dass die Präambel einerseits von „Europa", andererseits von der „Welt" spricht, bedeutet keine Rangfolge, sondern nimmt Kenntnis von Naheliegendem. Sie beruht auch auf der Einsicht, dass ausweislich geschichtlicher Erfahrung bis in die Mitte des 20. Jh die Konfliktvermeidung im konfliktträchtigen Europa eine Voraussetzung universellen Friedens war. Die außenpolitische Programmatik der Verfassung wäre überinterpretiert, wollte man hier etwa ein Friedensengagement in anderen Regionen – wie auf dem Balkan, in Georgien, Afghanistan oder in Afrika – zurückgestuft sehen. In welchen Formen solches Engagement an welchem Ort entfaltet werden darf, entscheidet sich anhand anderer Bestimmungen (s u Rn 81 ff).

17   Schließlich gehört in diesen Zusammenhang auch, dass *Art 9 Abs 2 GG* (nicht nur einen Kriminalvorbehalt und einen solchen zum Schutz der Verfassungssubstanz enthält, sondern auch) Vereinigungen, die sich „gegen den Gedanken der Völkerverständigung richten", für verfassungswidrig erklärt und damit die Vereinigungsfreiheit begrenzt. Entgegen dem Eindruck, den der Wortlaut der Vorschrift vermittelt, bedarf das Verbot im Einzelfall eines konstitutiven (behördlichen) Feststellungsaktes.[24]

2. Die „Offenheit" und die „Völkerrechtsfreundlichkeit"

18 Die bisher behandelten grundgesetzlichen Aussagen weisen einen inneren Zusammenhang auch zu *Art 25 GG* auf. Wenn und soweit dort, wie im Einzelnen zu zeigen sein wird (Rn 137 ff), allgemeines Völkergewohnheitsrecht zum Bestandteil innerstaatlichen Rechts mit Vorrang vor Gesetzesrecht erklärt wird, zeigt dies eine besonders bemerkenswerte Hinwendung zur internationalen Rechtsordnung. In Gesamtschau auf die Vorschriften zur außenpolitischen Grundorientierung, aber speziell auch im Blick auf Art 25 GG, wird deshalb von der „Offenheit" des Grundgesetzes gesprochen.[25] Eine derartige Kategorienbildung ist angemessen zunächst iSe charakterisierenden Befundes, im Blickwinkel also etwa der Allgemeinen Staatslehre oder der Rechtsvergleichung. Sie ist auch nützlich, um auf gleichsinnige oder verwandte Einzelaussagen der Verfassung zu verweisen und auf diese Weise deren systematische Interpretation anzuleiten.

19   Wie bei den weiteren, als Leitprinzipien des Grundgesetzes anzusprechenden (und an Art 20 Abs 1 GG ablesbaren, in Art 28 Abs 1 GG angeführten) Prinzipien auf hoher Abstraktionsebene stellt sich auch hier noch die weitere Frage nach ihrer Tauglichkeit, eigenständig und in Loslösung von Einzelausprägungen als Rechtsnormen zur Beurteilung von Sachverhalten herangezogen zu werden.[26] Diese Frage ist für ein „Prinzip internationaler Offenheit" in dem Sinne zu beantworten, dass ihm zwar die Entscheidung für den Verzicht auf die Ausschließlichkeit einzelstaatlich-souveräner Rechtsmacht entnommen werden kann, es sich im Übrigen aber *allein in thematisch einschlägigen Einzelnormen entfaltet*. Dieser Befund lässt sich durchaus auch dahingehend beschreiben, dass das Grundgesetz eine „völkerrechtsfreundliche Grundhaltung" einnehme.[27] Ein der Subsumtion im Einzelfall unmittelbar zugängliches Prinzip ist aber auch damit nicht gefunden. Es wäre zudem nicht angängig, im Blick auf die sich auf Öffnung einlassenden Aussagen des Grundgesetzes dessen organisationsrechtliche und grundrechtliche Vorgaben

---

24 Vgl *Kunig*, Vereinsverbot, Parteiverbot, Jura 1995, 384 ff mwN.
25 Dazu mwN und im Bemühen um begriffliche Abgrenzungen *Tomuschat*, in HdbStR XI, 3. Aufl 2013, § 226 Rn 9 ff; grundlegend *Vogel*, Die Entscheidung des Grundgesetzes für eine internationale Zusammenarbeit, 1964; *Bleckmann*, Die Völkerrechtsfreundlichkeit der deutschen Rechtsordnung, DÖV 1979, 309 ff.
26 *Kunig*, Das Rechtsstaatsprinzip, 1986, 457 ff.
27 Vgl BVerfGE 31, 58, 75 ff; *Rojahn*, in v. Münch/Kunig (Fn 4) Art 24 Rn 2 mwN; *Lovric*, A Constitution Friendly to International Law: Germany and its *Völkerrechtsfreundlichkeit*, AYBIL 25 (2007) 75 ff; *Proelß*, Bundesverfassungsgericht und überstaatliche Gerichtsbarkeit, 2014, 43 ff; ebd 107 ff, 204 ff zu den sich daraus ergebenden Rechtsfolgen.

„abwägend" zu relativieren. Dass etwa deutsche Staatsorgane im Einzelfall Pflichten aus einem völkerrechtlichen Vertrag zu beachten haben, welcher die BR Deutschland bindet, mindert den Grundrechtsschutz nicht.[28]

Von „Völkerrechtsfreundlichkeit" sollte schließlich auch nicht gesprochen werden, soweit 20 es um internationale Normen unterhalb der Schwelle rechtlicher Qualität geht. Denn die Nutzung gerade vom Völkerrecht belassener Spielräume im innerstaatlichen Recht ist dann nicht „völker*rechts*freundlich", wenn sie in einer Weise erfolgt, die international geäußerten oder in nicht rechtsverbindlichen Dokumenten manifestierten Wünschen nachfolgt. „Freundlichkeit" ist auch im Übrigen ein missverständlicher Begriff, wenn er auf das Recht bezogen ist; das Recht verlangt die Einhaltung seiner Gebote – oder es belässt Freiheit.[29] Dass von dieser Freiheit auch über das rechtlich Verlangte hinaus iS internationaler Offenheit Gebrauch gemacht werden kann, steht auf einem anderen Blatt: Dies ist nicht verfassungsrechtlich aufgegeben, sondern bemisst sich nach einfachem Recht (su Rn 184).

3. Die Integrationsorientierung

Während das Grundgesetz die deutsche Rechtsordnung in Art 25 GG für einen Teil des völker- 21 rechtlichen Normenbestands unmittelbar „öffnet", betreffen seine Aussagen zur europäischen Integration (Art 23, Art 24 Abs 1 GG) nicht nur schon existentes bzw künftig als „allgemeine Regeln des Völkerrechts" anzusprechendes Recht. Hier geht es nicht nur um Recht, sondern – wie bei den zuvor behandelten „Bekenntnissen" (so Rn 12ff) – auch um Politik, vor allem um die Übertragung von hoheitlichen Befugnissen auf außerhalb der hiesigen Staatlichkeit angesiedelte Gewalt, damit um die Substanz dieser Staatlichkeit und – in letzter Konsequenz – um ihren Fortbestand.

Bereits die Präambel – hier im Zusammenwirken mit den „alten" und den „neuen" Integra- 22 tionshebeln in Art 23, 24 GG – impliziert eine *Rechtspflicht zum Bemühen um europäische Integration*, auch dies allerdings ohne Vorgabe, welche Schritte im Einzelnen zu ergreifen sind – und auch insofern in einer gewissen Zieloffenheit. Das Ziel der europäischen Integration, wie sie das Grundgesetz will und ermöglicht, ist die Herstellung einer Freiheit und Gleichheit verpflichteten, innerlich befriedeten Ordnung in Europa, welche insbesondere auch den Fortbestand kultureller Vielfältigkeit sichert.

Dass gerade „Europa" zum Bezugspunkt genommen wird, will dem Umstand Rechnung 23 tragen, dass gewisse Zwecke und Ordnungsprinzipien sich als für europäische Staaten „gemeinsames Erbe" ansprechen lassen (vgl auch Art 1 der Satzung des Europarats).[30] Dies trotz zwischenzeitlicher jahrzehntelangen Isolierung seines östlichen Teils unter einem vor allem den rechtsstaatlichen Gehalt dieses Erbes herabstufenden System. Auch in den dortigen europäischen Staaten hat sich die Bereitschaft herausgebildet, an einer den bezeichneten Ordnungsvorstellungen verpflichteten gesamteuropäischen Integration mitzuwirken. Die europabezogenen Aussagen des Grundgesetzes sind auch dieser Entwicklung gegenüber offen, mag sie auch bei der Verfassungsgebung 1949 kaum absehbar gewesen sein. Dabei ist nicht zu verkennen, dass der Fixierung der Integration auf Europa, also unter Verwendung eines einerseits geographischen, andererseits historisch, auch ideengeschichtlich einsetzbaren Begriffs, ein Element der Willkür anhaftet. Einsichten über die politische Angemessenheit rechtlicher Ordnung sind nicht lozierbar bzw geographischen Räumen reserviert. Zudem sind kontinentale Abgrenzungen nicht trennscharf, wie Russland und die ihm westlich vorgelagerten Staaten,

---

[28] So aber offenbar *Waitz v. Eschen*, Grundgesetz und internationale Zusammenarbeit, BayVBl 1991, 321 (324).
[29] Treffend *Doehring* (Fn 15) Rn 14: „Die jeweils völkerrechtsfreundlichste Verhaltensweise ist diejenige, die von den internationalen Rechtsregeln vorgeschrieben wird".
[30] BGBl 1950, 263; letzte Änd in BGBl 2008 II, 129.

aber auch der über Europa im geographischen Sinne hinausreichende mediterrane Raum erweisen,[31] letzterer seit vielen Jahrhunderten. Als verfassungsrechtlicher Rechtsbegriff muss „Europäische Union" oder „vereintes Europa", wie Art 23 GG es nennt, auch deswegen *pragmatisch verstanden* werden. Die diesbezüglichen Verfassungsentscheidungen gehen in Übereinstimmung mit einem in zunächst einigen Staaten der Region seit sechs Jahrzehnten bemerkbaren Gestaltungswillen davon aus, dass die Erhaltung als bewahrenswert empfundener Strukturen unter sich wandelnden Bedingungen ein Integrationswerk untereinander prinzipiell homogener Einheiten voraussetze. Der Kreis der Kooperierenden muss dabei nicht ein für alle Mal festliegen.

24   Welche Form das Vereinte Europa annehmen kann und aus deutscher Sicht darf, sagt das Grundgesetz nicht ausdrücklich und hält sich auch insoweit entwicklungsoffen. Spricht es von „der" Union, meint es nicht – Namen sind Schall – notwendigerweise das in Maastricht begründete, in Amsterdam, Nizza und Lissabon umgeformte Gebilde, dies womöglich als Ende einer Entwicklung.[32] Eine Fülle unterschiedlicher Organisationsformen war und ist in Europa zu bemerken oder denkbar: klassische I.O. wie der Europarat; „zwischenstaatliche" Einrichtungen wie die EWG/EG, ein Völkerrechtssubjekt mit gegenüber ihren Mitgliedstaaten bisher ungekannt weit reichenden Rechten; ferner die EU als ein nichtstaatliches[33] Phänomen, über deren treffende Kategorisierung bis zum Inkrafttreten des Vertrags von Lissabon begrifflicher Streit geführt wurde, welcher Meinungsverschiedenheiten über geltendes Recht und rechtspolitischen Fortgang indizierte,[34] und in der mittlerweile die EG aufgegangen ist (vgl Art 1 EUV).

25   Auf „zwischenstaatliche Einrichtungen" kann der Bund nach Art 24 Abs 1 GG Hoheitsrechte übertragen, was man als Absage an die Herausbildung europäischer Staatlichkeit verstehen könnte. Denn es ist gerade nicht von der Übertragung solcher Rechte auf einen anderen Staat die Rede. Ähnlich klingt es in Art 23 Abs 1 Satz 2 GG, der sich für die „Verwirklichung eines vereinten Europa" (Abs 1 Satz 1) als Spezialvorschrift[35] darstellt. Dieses soll „demokratischen, rechtsstaatlichen, sozialen und föderativen Grundsätzen und dem Grundsatz der Subsidiarität"[36] verpflichtet sein. Darüber hinaus soll es „einen diesem Grundgesetz im wesentlichen vergleichbaren Grundrechtsschutz" gewährleisten – ein „Maßgabevorbehalt"[37] für das politische Gestaltungsermessen der innerstaatlichen Organe, der hinsichtlich der genannten Strukturprinzipien (anders als für den Grundrechtsschutz) nicht das spezielle Modell des

---

31 Historische Reflexionen von bleibender Aktualität bei *Schulze*, Wie weit reicht Europa?, StWiss und StPr 1998, 305 ff; zur Diskussion über einen Beitritt der Türkei zur EU *Yenal*, EU-Mitgliedschaft der Türkei. Thesen zur aktuellen Debatte, RuP 2005, 114 ff; *v. Hippel*, Beitritt der Türkei zur Europäischen Union?, RuP 2004, 13 ff; *Solmaz*, Die türkische Verfassung unter dem Einfluss des EU-Reformprozesses, Der Staat 54 (2015) 159 ff. Zum Stand der Verhandlungen vgl <http://ec.europa.eu/enlargement/pdf/key_documents/2015/20151110_report_turkey.pdf>.
32 Vgl *Everling*, Überlegungen zur Struktur der Europäischen Union und zum neuen Europa-Artikel des Grundgesetzes, DVBl 1993, 936 (944); enger *Rojahn* (Fn 27) Art 23 Rn 6.
33 *Herdegen*, Die Belastbarkeit des Verfassungsgefüges auf dem Weg zur Europäischen Union, EuGRZ 1992, 590 f; *Schwarze*, Das Staatsrecht in Europa, JZ 1993, 585 (588); *Kirchhof*, in HdbST X, 3. Aufl. 2012, § 214 Rn 10 ff.
34 Vgl nur *Ossenbühl*, Maastricht und das Grundgesetz – eine verfassungsrechtliche Wende, DVBl 1993, 629 (631): „supranationale Staatlichkeit"; *Di Fabio*, Der neue Art 23 des Grundgesetzes, Der Staat 32 (1993) 197: „Prästaatlichkeit"; *Murswiek*, Maastricht und der Pouvoir Constituant, Der Staat 32 (1993) 179: „sehr staatsähnlich"; *Schilling*, Die deutsche Verfassung und die europäische Einigung, AöR 116 (1991) 32 (52): „Quasi-Staat". Aktueller *Wagner*, Die Rechtsnatur der EU, ZEuS 2006, 287 ff.
35 Zum Verhältnis beider Vorschriften zueinander *Sommermann*, Staatsziel „Europäische Union", DÖV 1994, 596 ff; *Geiger*, Die Mitwirkung des deutschen Gesetzgebers an der Entwicklung der Europäischen Union, JZ 1996, 1093 (1094).
36 Zum Subsidiaritätsprinzip *Lecheler*, Subsidiarität – Strukturprinzip der Europäischen Union, 1993; *ders*, Einheitsbildung und Subsidiarität, in Nettesheim/Schiera (Hrsg), Der integrierte Staat, 1999, 95 ff; *Estella di Noriega*, The EU Principle of Subsidiarity and its Critique, 2002.
37 *Breuer*, Die Sackgasse des neuen Europaartikels (Art 23 GG), NVwZ 1994, 421 ff.

Grundgesetzes zum Leitbild erhebt,[38] sondern sich entsprechend den oben in Rn 23 bezeichneten Ausgangspunkten auf einen gemeineuropäischen Erfahrungsschatz bezieht. Da dieser im Rahmen staatlicher Strukturen gewonnen und nun für zwischenstaatliche Gefüge fruchtbar gemacht werden soll, verbleiben vielfältige Unklarheiten, dies insbes im Blick auf das Demokratieprinzip.[39]

„Hierzu", nämlich zur angesprochenen „Verwirklichung" (Abs 1 Satz 2), wird die Übertragung von Hoheitsrechten ermöglicht. Auch das könnte Zweifel wecken, ob der Endgestalt Europas dahingehend Grenzen gezogen sind, dass sie „zwischenstaatlich" bleiben müsse. Wegen Art 23 Abs 1 Satz 3 GG verlagert sich das Problem auf Art 79 Abs 3 GG: Bedeutet die dortige Fixierung eines (verfassungs-)änderungsfesten Minimums (vom Grundgesetz verstanden als sein Optimum), dass die BR Deutschland nicht in einen europäischen Staat dergestalt aufgehen darf, dass sie hierdurch ihre eigene Staatlichkeit einbüßte?[40] Dies auch dann, wenn der denkbare, gegenwärtig nicht existierende europäische Staat den Ansprüchen genügen würde, die Art 23 Abs 1 Satz 1 im Auge hat? Besagt bereits der – insoweit änderungsfeste – Art 20 Abs 1 GG, der die BR Deutschland einen „Bundesstaat" nennt, dass diese nicht Staat im Bundesstaat sein darf? Diese Fragen können im vorliegenden Zusammenhang nicht umfassend beantwortet werden. Sie haben die politische Öffentlichkeit und die Staatsrechtswissenschaft vor allem im Zuge der Ratifizierung der Verträge von Maastricht,[41] Amsterdam, Nizza und Lissabon[42] bewegt, stehen aber weiter auf der Tagesordnung, wenn der Integrationsprozess seine Dynamik behält. Das Bundesverfassungsgericht hat in seiner Entscheidung zum Vertrag von Lissabon[43] – ungeachtet seiner Billigung des Vertragswerks im Ergebnis – Antworten aus Art 79 Abs 3 „in Verbindung mit" Art 23 Abs 1 Satz 3 GG hergeleitet, die teilweise über den Streitgegenstand des Verfahrens hinausführen. Es hat versucht, einen – von ihm für durch weitere Integration unbetretbar gehaltenen – Raum zur allein innerstaatlichen politischen Gestaltung zu beschreiben, und sich selbst die Aufgabe der Bewachung dieses Raums am Maßstab deutschen Verfassungsrechts zugeschrieben. Die so postulierte „integrationsfeste Verfassungsidentität" könnte das Bundesverfassungsgericht ggf auch gegenüber einem angesichts weiterer Integrationsschritte Anlass zu Verfassungsänderungen sehenden Gesetzgeber auf den Plan rufen. Die im Ergebnis auf ein mit der Verfassungsbeschwerde einforderbares Individualrecht auf den Fortbestand gewisser mitgliedstaatlicher Entscheidungskompetenzen hinauslaufende Konstruktion[44] ist geeignet, dem Gericht

---
38 *Ossenbühl* (Fn 34) 633.
39 Vgl *Randelzhofer*, Zum behaupteten Demokratiedefizit der Europäischen Gemeinschaft, in Hommelhoff/Kirchhof (Hrsg), Der Staatenverbund der Europäischen Union, 1994, 39 ff; vgl auch *Brosius-Gersdorf*, Die doppelte Legitimationsbasis der Europäischen Union, EuR 1999, 133 ff; *Bryde*, Demokratisches Europa und Europäische Demokratie, FS Zuleeg, 2005, 131. – Eingehend *Kluth*, Die demokratische Legitimation der Europäischen Union, 1995; *Tiedtke*, Demokratie in der Europäischen Union, 2005. Zur Frage der Übertragbarkeit im Rahmen staatlicher Strukturen gebildeter Begriffe allg *Wahl*, Erklären staatstheoretische Leitbegriffe die Europäische Union?, JZ 2005, 916 ff.
40 So *Kirchhof* (Fn 33) Rn 52.
41 Dazu BVerfGE 89, 155, 181, 184 mit der Prägung des Begriffs „Staatenverbund"; danach BVerfG, NJW 1995, 2216; BVerfGE 97, 350 ff *(Währungsunion)*; s zum Begriff auch *Kirchhof*, in HdbStR VII, 1992, § 183 Rn 50 ff, Rn 69; krit oder ablehnend zu dieser Begriffsprägung etwa *Frowein*, Das Maastricht-Urteil und die Grenzen der Verfassungsgerichtsbarkeit, ZaöRV 54 (1994) 6 f; s ferner *Walter*, Grundrechtsschutz gegen Hoheitsakte internationaler Organisationen, AöR 129 (2004) 39 ff; auch mit Blick auf die Diskussion in anderen Mitgliedstaaten *Streinz*, Verfassungsvorbehalte gegen Gemeinschaftsrecht – eine deutsche Besonderheit, FS Steinberger, 2002, 1437 ff; eingehend *König*, Die Übertragung von Hoheitsrechten im Rahmen des europäischen Integrationsprozesses, 2000.
42 Krit *Murswiek*, Die heimliche Entwicklung des Unionsvertrages zur europäischen Oberverfassung, NVwZ 2009, 481 ff.
43 BVerfG, NJW 2009, 2267 ff.
44 Dazu krit schon im Blick auf die Maastricht-Entscheidung *Meessen*, Maastricht und Karlsruhe, NJW 1994, 549 (551): „kompetenzrechtliche Popularklage"; s auch *Steinberger*, Anmerkungen zum Maastricht-Urteil des Bundesverfassungsgerichts, in Hommelhoff/Kirchhof (Fn 39) 25 (27); *Cremer*, Rügbarkeit demokratiewidriger Kompetenzverschiebungen im Wege der Verfassungsbeschwerde?, NJ 1995, 5 ff.

auch hinsichtlich kleinteiliger künftiger Integrationsschritte die Möglichkeit des letzten Wortes zu geben.[45]

27 Davon unabhängig lässt sich feststellen: Zwar ermächtigen Art 23, 24 Abs 1 GG und die Präambel des Grundgesetzes Träger deutscher Staatsgewalt nicht dazu, durch Vertragsschluss die „Entstaatlichung" *(Paul Kirchhof)* der BR Deutschland herbeizuführen. Dennoch sind ihre Organe verfassungsrechtlich nicht gehindert, politisch am Fortgang eines Integrationsprozesses mitzuwirken, der eben dies zu realisieren sucht oder ihm Vorschub leistet. Art 79 Abs 3 GG ist – ungeachtet der Üblichkeit dieser Bezeichnung – nicht „Ewigkeitsgarantie", dem Recht ist die Fixierung von Zuständen für die Ewigkeit ohnehin versagt. Dass ein europäisches Volk, so es einst bemerkbar sein sollte, oder aber europäische Völker unter Einschluss aller Deutschen sich eine Verfassung geben, wollen wir nicht ausschließen, wichtiger: Das Grundgesetz stellt sich einer solchen Entwicklung nicht ein für allemal in den Weg.[46] Die Frage bleibt politischer Entwicklung und Entscheidung überlassen. Hatte das Wiedervereinigungsgebot der früheren Präambel das Bemühen um die (Wieder-)Herstellung *einer* deutschen Staatlichkeit vorgegeben, so will das Bekenntnis zur Einigung Europas demgegenüber nicht in vergleichbarer Weise dessen *staatliche* Verfassung. Die BR Deutschland ist kein Provisorium (mehr). Das Grundgesetz schließt andererseits nicht aus, dass sie sich dereinst – dann im Rückblick – als eine der Vorstufen zu einem europäischen Staatswesen[47] darstellen würde. So sind auch sonst in der europäischen Geschichte kleinere staatliche Einheiten in größeren aufgegangen oder bestehen in solchen, wie heute die deutschen Länder, als Staaten im Bundesstaat fort. Der (mangels allseitiger Ratifikation politisch gescheiterte) Vertrag über eine Verfassung für Europa[48] stand im Übrigen noch nicht für eine solche Entwicklung. Einen Verfassungsstaat Europa hätte auch er nicht hervorgebracht. Ob er politisch jemals ernsthaft gewollt werden wird, wissen wir nicht – auch ganz unabhängig von derzeitigen sog Flüchtlingskrisen und anderen tiefgreifende Dissense offenbarenden Phänomenen.

---

45 S zu der Entscheidung krit etwa *Nettesheim*, Ein Individualrecht auf Staatlichkeit? Die Lissabon-Entscheidung des BVerfG, NJW 2009, 2867 ff; *Ruffert*, An den Grenzen des Integrationsverfassungsrechts: Das Urteil des Bundesverfassungsgerichts zum Vertrag von Lissabon, DVBl 2009, 1197 ff; *Schönberger*, Lisbon in Karlsruhe: Maastricht's Epigones At Sea, GLJ 10 (2009) 1201 ff; *Halberstam/Möllers*, The German Constitutional Court Says „Ja zu Deutschland!", GLJ 10 (2009) 1241 ff; *Kottmann/Wohlfahrt*, Der gespaltene Wächter? Demokratie, Verfassungsidentität und Integrationsverantwortung im Lissabon-Urteil, ZaöRV 69 (2009) 443 ff; eher zust demgegenüber zB *Gärditz/Hillgruber*, Volkssouveränität und Demokratie ernst genommen – zum Lissabon-Urteil des BVerfG, JZ 2009, 872 ff. Zur Integrationsverantwortung des Bundestags im Zuge des Lissabon-Urteils s *Hölscheidt*, Die Verantwortung des Bundestags für die europäische Integration, DÖV 2012, 105 ff; *Engels*, Die Integrationsverantwortung des Deutschen Bundestags, JuS 2012, 210 ff. Zum Zustimmungs- und Mitwirkungserfordernis *Wollenschläger*, Völkerrechtliche Flankierung des EU-Integrationsprogramms als Herausforderung für den Europa-Artikel des Grundgesetzes (Art 23 GG) am Beispiel von ESM-Vertrag und Fiskalpakt, NVwZ 2012, 713 ff. S a BVerfG, EWS 2012, 276 ff *(ESM/Euro-Plus-Pakt)*.
46 IE ebenso *Bryde*, Das Maastricht-Urteil des Bundesverfassungsgerichts, 1993, 16; *Hilf*, Die Europäische Union und die Eigenstaatlichkeit ihrer Mitgliedsstaaten, in Hommelhoff/Kirchhof (Fn 39) 83; *Rojahn* (Fn 32) Rn 12; *Schwarze*, Ist das Grundgesetz ein Hindernis auf dem Weg nach Europa?, JZ 1999, 637 ff; anders etwa *Kirchhof* (Fn 33) Rn 52; *Murswiek* (Fn 34) 175 f; *Kottmann/Wohlfahrt* (Fn 45) 450 – Den Verfahrensweg dorthin lässt das GG offen, vgl dazu Hinweise bei *Rojahn* (Fn 26) Rn 16. S auch *Möllers*, Verfassungsgebende Gewalt – Verfassung – Konstitutionalisierung, in von Bogdandy/Bast (Fn 9) 227 (250 ff); *Walter*, Integrationsgrenze Verfassungsidentität – Konzept und Kontrolle aus europäischer, deutscher und französischer Perspektive, ZaöRV 72 (2012) 177 ff; zur Europäisierung des Grundgesetzes *Huber*, Das europäisierte Grundgesetz, DVBl 2009, 574 ff.
47 Dazu *Schwarze*, Auf dem Weg zu einer europäischen Verfassung, DVBl 1999, 1677 ff; *Schuppert*, On the Evolution of a European State, in Hesse/Johnston (Hrsg), Constitutional Policy and Change in Europe, 1995, 329 ff; *Everling*, Von den Europäischen Gemeinschaften zur Europäischen Union, FS Oppermann, 2001, 163 ff; *Schwarze*, Europäische Verfassungsperspektiven nach Nizza, NJW 2002, 993 ff; *Petersen*, Europäische Verfassung und europäische Integration – Ein Beitrag zum kontraktualistischen Argument in der Verfassungstheorie, ZaöRV 64 (2004) 429 ff; *Kirchhof* (Fn 33) Rn 128 ff.
48 ABl EU 2004, Nr C 310/1. Überblick über Entstehung und Inhalt des Verfassungsvertrags s *Streinz*, Europarecht, 9. Aufl 2012, Rn 56 ff; s ferner *Mayer*, Wer soll Hüter der europäischen Verfassung sein?, AöR 129 (2004) 411 ff; *Sack*, Die Staatswerdung Europas – Kaum eine Spur von Stern und Stunde, Der Staat 44 (2005) 67 ff; *Geerlings*, Der Fortgang des europäischen Verfassungsprozesses, RuP 2006, 23 ff.

III. Das Verhältnis des Völkerrechts zur staatlichen Rechtsordnung: Grundbegriffe und Grundpositionen

1. Der Theorienstreit

„Theorien", die in der Rechtswissenschaft vorgetragen werden, haben eine dienende Funktion, sind nicht Selbstzweck. In einer Lehrdarstellung sollte von ihnen nur soweit die Rede sein, als sie zur Lösung praktischer Probleme beizutragen vermögen. Das können sie durch die Vermittlung von Einsichten, die für die Beurteilung von Einzelfragen hilfreich sind. Es kommt allerdings auch vor, dass die Komplexität von Rechtslagen ihrer Erfassung durch eine in sich geschlossene Theorie entgegensteht. Darauf deutet nicht selten hin, dass die Rechtspraxis sich solchen Streitigkeiten entzieht, weil deren Würdigung jedenfalls iE dahinstehen könne, und ebenso, dass die Literatur die Theoriengebäude durch „vermittelnde" Ansätze zu bereichern unternimmt. So liegen die Dinge hier.[49] Die „Theorien" zum Verhältnis von Völkerrecht und staatlichem Recht dürfen dennoch auch bei einer praktischen Orientierung nicht beiseitegelassen werden. Immerhin weisen sie in ihrer begrenzten Aussagekraft auf Probleme und bereiten deren Lösung damit jedenfalls vor. 28

Frühe grundsätzliche Aussagen zum Verhältnis von Völkerrecht und staatlichem Recht wurden in England formuliert. Lord Chancellor *Talbot* sprach das Völkerrecht 1737 als „Teil" des Common Law an,[50] man mag sagen: als diesem „sogleich" und „natürlich" inkorporiert. Dieser Ausgangspunkt blieb lange prägend für den im Einzelnen aber eher pragmatischen Umgang mit dem Problem in England. „Theoretisch" hingegen wurde vor allem in der deutschen und romanischen Wissenschaft angesetzt. Sie bildete den auch heute noch prägenden *Antagonismus dualistischer und monistischer Lehren* heraus und nahm für sich in Anspruch, das Problem allgemein, also *nicht* nur in Bezug auf *eine* nationale Rechtsordnung zu erklären. 29

Die *dualistische* Auffassung geht davon aus, dass das Völkerrecht einerseits, die nationalen Rechtsordnungen andererseits getrennt nebeneinander bestünden.[51] Die Konsequenz dieser Sicht ist, dass es eines Rechtsakts im innerstaatlichen Recht bedarf, um eine völkerrechtliche Norm in eine innerstaatliche zu verwandeln und sie auf diese Weise innerstaatlich in Geltung zu bringen. Diese innerstaatliche Anordnung zur Geltung von außerstaatlichem im innerstaatlichen Recht entscheidet auch über die Fälle des inhaltlichen Widerspruchs von Normen beider Sphären (Normenkollision): Sie gibt dem innerstaatlichen Recht den Vorrang, wenn es ihn in Anspruch nehmen will. 30

Monistische Auffassungen gehen demgegenüber von einer einheitlichen Gesamtrechtsordnung aus, die auf einem gemeinsamen Geltungsgrund beruhen soll. Das Völkerrecht und die staatlichen Rechtsordnungen erscheinen als Einzelelemente dieser Gesamtrechtsordnung,[52] eines gesonderten Befehls für die innerstaatliche Geltung von Völkerrecht bedarf es bei dieser Sichtweise nicht. 31

---

49 Dazu *Sperduti*, Dualism and Monism: A Confrontation to be Overcome, in Estudios de Derecho Internacional, Hom. al Miaja de la Muela, Bd I, 1979, 459 ff; ausführliche Darstellung des Theorienstreits etwa bei *Guggenheim*, Lehrbuch des Völkerrechts, Bd I, 1948, 19 ff; vgl auch *Shaw*, International Law, 6. Aufl 2008, 131 ff; Hinweise zu mittlerweile klassischen Stellen aus der dogmatischen Diskussion bei *Oppenheim/Lauterpacht*, International Law, Bd I, 8. Aufl 1955, Vor § 20. – Eingehende Darstellung bei *Rudolf*, Völkerrecht und deutsches Recht, 1967, 128 ff; *Amrhein-Hofmann*, Monismus und Dualismus in den Völkerrechtslehren, 2003.
50 Dazu mwN *Dahm/Delbrück/Wolfrum*, Völkerrecht, Bd I/1, 2. Aufl 1989, 107; ferner *Mann*, Völkerrecht im Prozess, SJZ 1950, 546, der von einem „den meisten Kulturstaaten bekannten Prinzip" sprach, wonach „das allgemeine Völkerrecht Teil des innerstaatlichen Rechts ist, ohne dass es einer Transformation bedarf" – eine auch zeitbedingte, vom Wunsch geprägte Bemerkung.
51 Grundlegend *Triepel*, Völkerrecht und Landesrecht, 1899.
52 Vgl *Kelsen*, Das Problem der Souveränität und die Theorie des Völkerrechts, 1920; *Verdross*, Die Einheit des Weltbildes auf Grundlage der Völkerrechtsverfassung, 1923; in jüngerer Zeit mit Blick auf die EMRK *Pfeffer*, Das Verhältnis von Völkerrecht und Landesrecht, 2009.

32 Für den Umgang mit *Normenkollisionen* stehen sich innerhalb der Lehre des Monismus zwei Spielarten gegenüber: Überwiegend wird vom sog Primat (Geltungsvorrang) des Völkerrechts im Rahmen der Gesamtrechtsordnung ausgegangen, teilweise aber auch vom Primat des innerstaatlichen Rechts. Für die letztgenannte Auffassung steht die Geltung des Völkerrechts also unter dem Vorbehalt entgegenstehenden innerstaatlichen Rechts. Nimmt man den Primat des Völkerrechts ernst, so zeigen sich dem Völkerrecht widersprechende innerstaatliche Normativakte ohne weiteres als rechtswidrig. Nach beiden monistischen Auffassungen müssten völkerrechtliche Vorschriften ohne weiteres innerstaatlich anwendbar sein, wenn es an solchem Widerspruch fehlt. Für den Dualismus hingegen spielt Völkerrecht innerstaatlich nur eine Rolle, wenn und soweit das nationale Recht reagiert hat.

33 Die genannten dogmatischen Erklärungen des Verhältnisses von Völkerrecht und staatlichem Recht geraten in ihrer Rigidität in *Widerspruch zur Realität des Rechts*.[53] Zum einen verlangen die Staaten voneinander nicht ein Verhalten iSe dieser Theorien; sie verlangen voneinander die Einhaltung einzelner völkerrechtlicher Vorschriften. Sie gestatten nicht den Einwand, die jeweilige innerstaatliche Ordnung habe sich dualistisch eingerichtet oder gehe vom Monismus mit Primat staatlichen Rechts aus. Sie verlangen nicht den unbedingten Geltungsvorrang „des" Völkerrechts iSe Monismus mit Völkerrechtsprimat. Sie behaupten auch nicht, dass Völkerrecht staatliches Recht „bricht",[54] wie es – mit zahlreichen Zweifelsfragen verbunden – Art 31 GG für den Vorrang des Bundesrechts gegenüber dem Landesrecht vorsieht und wie es auch für den Vorrang des Gemeinschaftsrechts gegenüber mitgliedstaatlichem Recht früher vertreten worden ist.[55] Sie erkennen aber an, dass staatliches Recht nicht von der Erfüllung völkerrechtlicher Verpflichtungen dispensiert. Sie räumen auch ein, dass die Staaten über Spielräume bei der Schaffung einer solchen innerstaatlichen Rechtsstruktur verfügen, wie sie – im Einzelfall – für die Erfüllung einer völkerrechtlichen Verpflichtung vorausgesetzt sein kann. Jedenfalls schulden die Staaten einander ein Ergebnis, sind aber frei auf den Wegen dorthin.

34 Des Weiteren ist zu beachten, dass die einzelstaatlichen Rechtsordnungen seit jeher und bis heute auf unterschiedliche Weise mit völkerrechtlichen Normenbefehlen umgehen. Sie öffnen sich in ihren Verfassungsordnungen unter Verwendung verschiedener Mechanismen explizit oder implizit völkerrechtlichen Vorgaben, nehmen auch unmittelbar durch Rechtsnormen unterhalb der Verfassung auf Völkerrecht Bezug. Sie unterscheiden dabei zumeist zwischen einzelnen Bereichen des Völkerrechts, etwa nach seinen Quellen,[56] seinem räumlichen Geltungsbereich,[57] aber auch – unausgesprochen – nach dem Inhalt von Normen.[58] Offensichtlich muss im vorliegenden Zusammenhang eine Rolle spielen, dass es auch völkerrechtliche Normen gibt, die ihrer Beschaffenheit und ihrem Sinn nach einzelne Individuen unmittelbar berechtigen, teilweise sogar verpflichten, andererseits solche, die sich („staatsgerichtet") nur für den Umgang der Staaten als solche interessieren.

---

53 Dazu *Rousseau*, Droit international public, Bd I, 1970, 44; auch *Crawford*, Brownlie's Principles of Public International Law, 8. Aufl 2012, 50; *Shearer*, Starke's International Law, 11. Aufl 1994, 77 f; *von Bogdandy*, Pluralism, Direct effect, and the Ultimate Say: On the Relationship Between International and Domestic Constitutional Law, IJCL 6 (2008) 397 (399 ff); *Petersen*, Determining the Domestic Effect of International Law through the Prism of Legitimacy, ZaöRV 72 (2012) 223 ff.
54 Was aber teilweise – monistisch – aus der „Natur" des Völkerrechts zu begründen versucht wurde, s etwa *Jacot-Guillarmod*, Fondements juridiques internationaux de la primauté du droit international dans l'ordre juridique suisse, Zeitschrift des Bernischen Juristenvereins 120 (1984) 227 (233 f): „La primauté comme corrélat de la nature du droit international".
55 Vgl *Grabitz*, Gemeinschaftsrecht bricht nationales Recht, 1966.
56 Vgl für die Bezugnahme auf bestimmte Verträge §§ 18, 19 GVG.
57 Vgl Art 25 GG: „allgemeine" Regeln, dazu u Rn 137 ff.
58 Dazu u Rn 41 f.

Die Vielfalt der völkerrechtlichen Normarten und innerstaatlichen Reaktionsmechanismen schließt es aus, von einem einheitlichen theoretischen Ansatz her das Verhältnis von Völkerrecht und innerstaatlichem Recht zu bestimmen. Der Dualismus leugnet nicht, dass das Unterbleiben der von einer Norm des Völkerrechts verlangten innerstaatlichen Reaktion Rechtsfolgen hat. Der Monismus akzeptiert, dass völkerrechtliche Vorgaben innerstaatlicher Umsetzung bedürfen können. Beide betrachten die Normenwelt lediglich aus unterschiedlichen Blickwinkeln, ohne dass sie allein hieraus für die Beurteilung *aller* sich stellenden Einzelfragen ein tragfähiges Fundament gewinnen könnten. Schon vorab sei deshalb hier festgestellt, dass sich jedenfalls die in diesem Abschnitt des Lehrbuchs im Vordergrund stehende Rechtslage in Deutschland sowohl aus dualistischem wie auch aus monistischem Blickwinkel erklären lässt.[59] 35

Im Ergebnis reduziert sich also die Bedeutung des Theorienstreits in der Tat erheblich. Um die vorletzte Jahrhundertwende konnte *Triepel*[60] noch von weitgehender faktischer Trennung zwischen dem völkerrechtlichen und dem innerstaatlichen Rechtsbereich ausgehen – und vor diesem Hintergrund seinerzeit dogmatisch schlüssig einem strengen Dualismus das Wort reden. Hingegen haben die Rechtnormen staatlichen oder internationalen Ursprungs heute einen derartigen Vernetzungsgrad bei gleichzeitiger Binnendifferenzierung iS je unterschiedlicher Reaktionen aufeinander erreicht, dass abstrakt-dogmatische Theorienbildung unergiebig erscheint. Die „Entscheidung" für eine der beiden Grundlehren legt nur noch Zeugnis ab von der jeweiligen rechtstheoretischen Prämisse: Sie steht für die Alternative der Vorstellung von einer umgreifenden Gesamtrechtsordnung einerseits, der Vorstellung – interdependenter – Teilrechtsordnungen andererseits. Wünscht man weitere Verrechtlichung, sieht die Staatenwelt auf dem Weg zum Weltstaat oder möchte dem durch Theorienbildung Vorschub leisten, mag die zweitgenannte Alternative rückständig erscheinen. Für die Vorstellung vom Monismus spricht ebenfalls die Umbildung des Nachkriegsvölkerrechts (auch) zur Menschenrechtsordnung, die aber bekanntlich noch erheblicher Verfeinerung bedarf.[61] Auch die Option für den Monismus kann dazu aber nur begrenzt Beiträge leisten – zumal, wie gesagt, bereits auf dem Boden des Dualismus erklärt werden kann, dass ein Staat, der Menschenrechte verletzt, sich völkerrechtswidrig verhält. Die menschenrechtliche Nagelprobe – Anerkennung einer internationalen prozessualen Konsequenz aus dem Menschenrechtsschutz, nämlich Rechtssubjektivität und Klagebefugnis des Einzelnen vor internationalen Institutionen – verlangt das allgemeine Völkerrecht den Staaten bisher gerade nicht ab. 36

2. Die Mechanismen

Durchaus verschiedene Mechanismen werden in den einzelnen Staaten verwendet, um völkerrechtliche Normen innerstaatlich zur Wirkung zu bringen. Im Wesentlichen lassen sich drei Grundansätze unterscheiden und begrifflich grob voneinander absetzen.[62] Die dabei zentralen Begriffe sind vorzustellen und den oben geschilderten Lehren zuzuordnen. Es handelt sich sämtlich um Mechanismen der *Umsetzung* in den innerstaatlichen Rechtsbereich. Auch die zur Ein- 37

---

59 In der Lehre wird in Deutschland wohl überwiegend auf dem Boden des Dualismus argumentiert, s etwa *Berber*, Lehrbuch des Völkerrechts, Bd I, 2. Aufl 1975, 94 ff; *Rudolf* (Fn 49) 141 ff; für „gemäßigten" Monismus s beispielhaft *Verdross/Simma*, Universelles Völkerrecht, 3. Aufl 1984, §§ 73 f; für gemäßigten Dualismus *Doehring*, Völkerrecht, 2. Aufl 2004, Rn 702 f. – Die Rspr schwankt, jedenfalls terminologisch, s noch u Rn 116. – Bilanz des Theorienstreits für die Schweiz bei *Thürer*, Völkerrecht und Landesrecht. Thesen zu einer theoretischen Problemumschreibung, SZIER 1999, 217 ff.
60 *Triepel* (Fn 51) 245.
61 Vgl aber zum neuerlichen Aufleben von Argumenten aus der Debatte über Monismus und Dualismus angesichts der Globalisierung des Rechts *Viellechner*, Verfassung als Chiffre, ZaöRV 75 (2015) 231 (234 f).
62 Dazu *Dahm/Delbrück/Wolfrum* (Fn 50) 104 ff mwN.

ordnung und Unterscheidung von Umsetzungsmechanismen gebildeten „Theorien", die jeweils mitgeprägt sind durch die im vorigen Abschnitt umrissenen dualistischen und monistischen Konzepte, vermögen für sich genommen noch nicht über die Bedeutung eines völkerrechtlichen Normativaktes in den innerstaatlichen Räumen zu befinden.[63]

38 Von *Transformation* (des Völkerrechts in das innerstaatliche Recht) wird gesprochen, um zu beschreiben, dass ein innerstaatlicher Normsetzungsakt eine völkerrechtliche Vorgabe aufnimmt und zum Bestandteil der staatlichen Rechtsordnung erklärt. Die Transformationslehre gründet auf der dualistischen Sichtweise. Das Transformationsergebnis ist eine Norm des nationalen Rechts. Die den Ausgangspunkt bildende Völkerrechtsnorm behält ihren völkerrechtlichen Geltungsgrund und ihre völkerrechtliche Wirkung. Ihr innerstaatliches Pendant wird davon unterschieden. Das müsste bedeuten, dass für die innerstaatliche Norm das Geltungsschicksal der Völkerrechtsnorm unbeachtlich ist, also etwa das Transformationsgesetz zu einem völkerrechtlichen Vertrag dessen Inhalte weiterhin in das nationale Recht transportiert, auch wenn dieser inzwischen außer Kraft getreten ist. Ebenso kann dies bedeuten, dass die innerstaatliche Norm ggf schon innerstaatlich zur Anwendung des sachlichen Gehalts des Vertrages verpflichtet, ehe dieser in Kraft getreten ist. Diese Konsequenzen werden jedenfalls in Deutschland kaum gezogen (su Rn 117). Problematisch ist auch, nimmt man das Grundanliegen der Transformationslehre ernst, ob die Auslegung des innerstaatlichen Transformationsakts den transformierten völkerrechtlichen Vertrag – etwa seine Entstehungsgeschichte, den Wortlaut seiner authentischen, von derjenigen des transformierenden Staats vielleicht verschiedenen Vertragssprache – berücksichtigen darf oder muss. Eigentlich müsste dies verneint werden, wenn nicht eine – innerstaatliche – Auslegungsregel besteht, die es zulässt oder gebietet (s dazu u Rn 119).

39 Von *Inkorporation*, Adoption, Absorption oder Rezeption (des Völkerrechts) wird – teils mit Unterschieden im Einzelnen[64] – gesprochen, um einen innerstaatlichen Anwendungsbefehl für völkerrechtliche Normen zu beschreiben. Er kann sich theoretisch auf die gesamte Völkerrechtsordnung beziehen (wie es dem monistischen Modell entspräche), er mag auch das inkorporierte Völkerrecht einem Qualifikationsfilter unterwerfen, also die Inkorporation im Einzelfall vom Vorliegen einzelner Voraussetzungen abhängig machen (und nähert sich so wiederum dualistischem Denken). Die Inkorporation mag ungeschriebenem Verfassungsrecht entnommen werden, sich in geschriebenem Verfassungsrecht aus einer Generalklausel ergeben oder aufgrund Verfassungsrechts durch Einzelakt bewirkt werden. Im Gegensatz zu transformiertem Recht hat inkorporiertes Recht weiterhin Völkerrechtscharakter.

40 Weniger geprägt von einem entweder dualistischen oder monistischen Vorverständnis ist die Lehre vom *Vollzug* (des Völkerrechts durch das staatliche Recht).[65] Auch hier wird ein innerstaatlicher Anwendungsbefehl gefordert, seine Befolgung soll jedoch nicht die Entstehung einer Norm nationalen Rechts zur Folge haben (wie bei der Transformation). Er soll auch nicht unmittelbar die Geltung von Völkerrecht im innerstaatlichen Rechtsraum bewirken (wie bei der Inkorporation). Vielmehr gebiete der Anwendungsbefehl die Anwendung von Völkerrecht durch den innerstaatlichen Rechtsanwender.

---

63 Zutr *Mann*, Zur Wirkung des Zustimmungsgesetzes nach Art 59 Abs 2 des Grundgesetzes, GYIL 18 (1975) 373; s auch *Wildhaber/Breitenmoser*, The Relationship Between Customary International Law and Municipal Law in Western European Countries, ZaöRV 48 (1988) 163 (173): „In any case, to answer the question whether a country follows the monistic or dualistic conception in one or another moderated way, it will be necessary to examine pragmatically its actual constitutional position, its jurisprudence, as well as its doctrine."
64 Dazu *Rudolf* (Fn 49) 151 ff.
65 Vgl *Partsch*, Die Anwendung des Völkerrechts im innerstaatlichen Recht, BDGVR 6 (1964) 13 ff.

3. Geltung und Anwendbarkeit

Die vorstehend benannten Theorien (Rn 28 ff) und vorgestellten Mechanismen (Rn 37 ff) betreffen 41
die Frage der Geltung völkerrechtlicher Normen im innerstaatlichen Rechtsraum. Nicht jede Völkerrechtsnorm, mag sie sich in einer Vorschrift nationalen Rechts verwirklicht (transformiert) sehen oder als Völkerrechtsnorm inkorporiert sein, weist auch die innerstaatliche *Anwendbarkeit* auf, wie sie auch für den „Vollzug" des Völkerrechts vorausgesetzt ist. Anwendbarkeit wird nicht schon durch den die Geltung bewirkenden Vorgang herbeigeführt, sondern setzt ihn voraus.[66] Anwendbarkeit ist andererseits nicht notwendige Voraussetzung innerstaatlicher Geltung,[67] weil andernfalls die verfassungsunmittelbare Verpflichtung des Gesetzgebers auf das Völkerrecht nicht erklärt werden könnte. Für die innerstaatliche Anwendbarkeit ist der Norm*inhalt* entscheidend. Die Norm muss für ihre Anwendung sachlich und ihrer Struktur nach geeignet sein, insbes ein ausreichendes Maß an Bestimmtheit aufweisen (wie etwa die Vorschriften des 1. Abschnitts der EMRK).[68] Dabei ist oft auch innerhalb eines völkerrechtlichen Vertrags zu differenzieren. So fehlt es zB solchen Vertragsbestimmungen an Anwendbarkeit, die zwar Pflichten der Bürger zum Gegenstand haben, diese aber nicht konkret ausprägen, sondern erkennbar eine Konkretisierung etwa durch den innerstaatlichen Gesetzgeber noch voraussetzen.[69] Das schließt nicht aus, dass dasselbe Vertragswerk auch innerstaatlich ohne weiteres anwendbare Vorschriften beinhaltet.

Zu differenzieren ist entscheidend aus der Sicht der das Recht jeweils anwendenden staatli- 42
chen Gewalt. Ein innerstaatlich geltender Vertrag kann hinreichend bestimmt für den Vollzug durch die Verwaltung sein (etwa wenn sie ihn heranzieht, um ihr eröffnete Handlungsspielräume zu konkretisieren), ohne notwendigerweise auch geeignet für die richterliche Anwendung zu sein.[70] Über die Anwendbarkeit innerstaatlich geltenden bzw transformierten Völkerrechts entscheidet die konkret in Rede stehende Norm des Völkerrechts also zunächst selbst. Erweist sie sich als anwendungswillig, ist in Deutschland am Maßstab des innerstaatlichen Rechts zu entscheiden, ob diesem Willen Rechnung getragen werden darf (s u Rn 175 ff, 183).

4. Völkerrechtliche Rechtsfolgen mangelnder Umsetzung

Von einer mangelnden Umsetzung von Völkerrecht in das staatliche Recht lässt sich nur in Be- 43
zug auf solche völkerrechtlichen Vorschriften sprechen, die von der staatlichen Rechtsordnung eine Reaktion verlangen, ohne welche die betreffende völkerrechtliche Verpflichtung gegenüber anderen Völkerrechtssubjekten ganz oder teilweise unerfüllt bliebe. Aus dem Vorstehenden folgt, dass die *innerstaatlichen Rechtsfolgen* mangelnder Umsetzung nicht verallgemeinernd beschrieben werden können. So mag es sein, dass eine innerstaatliche Rechtsordnung ihren Rechtssubjekten die Berufung auch auf eine nicht adäquat umgesetzte Völkerrechtsnorm gestattet. Ebenso kann es aber sein, dass diese ohne Umsetzung überhaupt keine Bedeutung im innerstaatlichen Rechtsraum entfaltet. Theoretisch denkbar wäre auch, dass das Völkerrecht entgegenstehendes staatliches Recht „bricht" – so wie es für das Verhältnis von Bundesrecht und Landesrecht Art 31 GG anordnet. Es ist den einzelstaatlichen Verfassungsordnungen unbenom-

---

66 Dazu *Bleckmann*, Begriff und Kriterien der innerstaatlichen Anwendbarkeit völkerrechtlicher Verträge, 1970, 59 ff; *Geiger*, Grundgesetz und Völkerrecht, 6. Aufl 2013, 165 f.
67 Vgl – für Art 25 GG – *Rojahn* (Fn 27) Art 25 Rn 17; aus der Rspr etwa BVerwGE 88, 254, 257; aA zB *Rudolf* (Fn 49) 258 ff; *Partsch* (Fn 65) 20 ff.
68 S demgegenüber mit Blick auf den IPwirtR *Payandeh*, Die Internationalisierung der Rechtsordnung als Herausforderung für die Gesetzesbindung, Rechtswissenschaft 2013, 397 (404 ff).
69 Ein Teil der deutschen Rechtslehre geht demgegenüber davon aus, dass solchen Vorschriften bereits die innerstaatliche Geltung fehle, weil sie von dem – hier gemäß Art 59 Abs 2 GG erfolgenden (vgl u Rn 115 ff) – Transformationsakt unberührt blieben; etwa *Rudolf* (Fn 49) 173 ff.
70 Für diese Differenzierung findet die in Fn 63 genannte Ansicht kaum eine Erklärung.

men, diesen Weg zu gehen,[71] doch verlangt ihn das Völkerrecht weder in der Breite noch bereichsspezifisch (und auch nicht für den Menschenrechtsschutz).[72]

44 Verallgemeinerbar sind nur die *völkerrechtlichen Folgen mangelnder Umsetzung*. Die Unterschreitung einer völkerrechtlich gebotenen Umsetzung ist völkerrechtliches Unrecht. Sie löst damit die typischen Unrechtsfolgen aus.[73] Es besteht ein Primäranspruch auf Erfüllung der Umsetzungspflicht. Die Umsetzung kann, geht es um Verträge, grundsätzlich von den Vertragspartnern verlangt werden. Bei multilateralen Verträgen, insbesondere solchen zur Errichtung einer I.O., können auch durch den Vertrag geschaffene Organe befugt sein, die Befolgung des Vertrags zu verlangen. Denkbar ist dies etwa auch für vertragsgemäß entstandene verbindliche Entscheidungen oder Normen, die auf eine Umsetzung gerichtet sind und sie erfordern. Es bestehen auch (zunächst) objektive Verpflichtungen zu völkerrechtsgemäßer Einrichtung der innerstaatlichen Rechtsordnung, insbes aufgrund des Völkergewohnheitsrechts. So existiert etwa die Verpflichtung, (auch) mit Mitteln des Rechts zu verhindern, dass Personen oder Sachen auf fremdem Territorium durch auf dem eigenen Territorium bewirkte Umweltbelastungen schwerwiegend geschädigt werden.[74] Hier wird besonders deutlich, dass der Schutzzweck der Norm über die Aktivlegitimation befindet: Nicht jedes Völkerrechtssubjekt, sondern nur ein solches, das die Gebietshoheit über einen insoweit gefährdeten Raum innehat, kann die Erfüllung der genannten völkerrechtlichen Verpflichtung verlangen.

45 Des Weiteren kann die mangelnde Umsetzung von Völkerrecht sekundäre, also Haftungs- bzw deliktische Ansprüche auslösen, also *Schadensersatzansprüche*, wenn einem anderen Völkerrechtssubjekt durch die mangelnde Umsetzung ein Schaden entstanden ist. Das setzt voraus, dass alle Voraussetzungen des jeweiligen Haftungstatbestands erfüllt sind.

IV. Völkerrecht und deutsches Recht

1. Zur Einführung: Das Verhältnis von Völkerrecht und staatlichem Recht nach den Rechtsordnungen einzelner Staaten

46 Der folgende Überblick hat den Sinn, das Verständnis der anschließend im Schwerpunkt darzustellenden Rechtslage nach deutschem Recht zu erleichtern und die deutschen Wege einordnen zu helfen. Schon aus diesem Grunde bleibt der Überblick im folgenden Text selektiv.[75]

---

71 Vgl für die Schweiz *Kälin*, Der Geltungsgrund des Grundsatzes „Völkerrecht bricht Landesrecht", FG Schweizerischer Juristentag, 1988, 45 ff.
72 S schon o Rn 7, 33.
73 Vgl *Schröder*, 7. Abschn Rn 4 ff.
74 Vgl *Proelß*, 5. Abschn Rn 106 ff.
75 Zu historischen Hintergründen vgl die Beiträge in Schneider/Simon (Hrsg), Verfassung und Völkerrecht in der Verfassungsgeschichte, Der Staat, Beiheft 23/2015. – Zu weiteren, im Text nicht angesprochenen Staaten: ÖSTERREICH: Neuhold/Hummer/Schreuer (Hrsg), Österreichisches Handbuch des Völkerrechts, Bd I, 4. Aufl 2004, 116 ff; *Loebenstein*, Die allgemein anerkannten Regeln des Völkerrechts und das staatliche Verfassungsrecht, FS Kirchschläger, 1990, 143 ff; *Grabenwarter*, Die Verteilung völkerrechtsbezogener Zuständigkeiten nach der österreichischen Bundesverfassung, AustrJIL 48 (1995) 79 ff; *Balthasar*, „Pacta sunt servanda" – Zur innerstaatlichen Relevanz von durch Staatsverträge eingegangenen Verpflichtungen Österreichs, ZöR 50 (1996) 161 ff. SCHWEIZ: *Häfelin/Haller/Keller*, Schweizerisches Bundesstaatsrecht, 7. Aufl 2008, § 63; *Thürer*, Verfassungsrecht und Völkerrecht, in ders/Aubert/Müller (Hrsg), Verfassungsrecht der Schweiz, 2001, § 11. NIEDERLANDE: *Fleuren*, The Application of Public International Law by Dutch Courts, NILR 57 (2010) 245 ff. BELGIEN: *Ergec*, La troisième phase de la réforme de l'Etat et les compétences internationales, Revue de droit de l'ULB 1990, 51 ff. POLEN: *Banaszak/Milej*, Polnisches Staatsrecht, 2009, Rn 60 ff. ESTLAND: *Vallikivi*, Status of International Law in the Estonian Legal System under the 1992 Constitution, Juridica International VI (2001) 222 ff; *ders*, Domestic Applicability of Customary International Law in Estonia, Juridica International VII (2002) 28 ff. UKRAINE: *Vovk*, Die Offenheit der ukrainischen Verfassung für das Völkerrecht und die europäische Integration, 2013. SPANIEN: *Lopez Pina*, Die spanische Verfassung und das Völkerrecht, AVR 32 (1994) 178 ff; *Remiro Brotóns*, The Spanish Constitution and International Law, SYIL IX (2003) 27 ff. PORTUGAL:

Das Verhältnis, in das sich die nationalen Rechtsordnungen zur Völkerrechtsordnung set- 47
zen, wird üblicherweise – bezogen auf einzelne Staaten – entwicklungsgeschichtlich geschildert. Demgegenüber soll hier zunächst eine rechtsvergleichende Perspektive, bezogen auf die aktuelle Rechtslage, eingenommen werden. Ein solcher Vergleich illustriert, wie unterschiedlich sich die Verfassungsordnungen zum Völkerrecht erklären und welche spezifischen Aussagen sie zu den klassischen *Quellen* des Völkerrechts (völkerrechtliche Verträge, Völkergewohnheitsrecht, allgemeine Rechtsgrundsätze)[76] treffen.[77] Dabei ist jeweils zu beachten, welchen *Rang* die betreffende staatliche Ordnung völkerrechtlichen Vorschriften innerhalb der von ihr eingerichteten oder vorausgesetzten Normenhierarchie beimisst, für Bundesstaaten auch ihre Einordnung in das föderale Gefüge. Soweit Völkerrecht als nationales Recht (oder in dessen Gewande) auch Entscheidungsmaßstab innerstaatlicher Gerichte sein kann – auch dies unterliegt der näheren Ausgestaltung im nationalen Recht –, stärkt dies im Übrigen grundsätzlich das Völkerrecht und bedeutet ein potenzielles Gegengewicht angesichts der ja typischerweise schwachen Justiziabilität des Völkerrechts auf zwischenstaatlicher Ebene.[78]

Großbritannien[79] kennt keine geschriebene Verfassung. Sein (materielles) Verfassungsrecht 48
sieht vor, dass nationales Recht entweder Common Law oder Statute Law ist. Im Ausgangspunkt wird das Völkerrecht als vom Common Law umschlossen (monistisch) verstanden, doch unter dem Vorbehalt, dass die einzelne Vorschrift inländischer Rechtsüberzeugung entspricht. Dafür verlangen die über den Bestand des Common Law wachenden Gerichte einen Rezeptionsakt, dessen Existenz auch aus Stillschweigen abgeleitet wird. Dieser Mechanismus hat Bedeutung nur für das Völker*gewohnheitsrecht* (und für allgemeine Rechtsgrundsätze) und auch hier nur im eingeschränkten Sinne: Jeglicher Parlamentsakt geht nach dem britischen Verfassungsrecht dem in das Common Law inkorporierten Völkerrecht vor, denn im Fall der Normkollision weicht Common Law dem Statute Law. Völkerrechtliche *Verträge* bedürfen der Transformation durch

---

Gomes Canotilho, Offenheit vor dem Völkerrecht und Völkerrechtsfreundlichkeit des portugiesischen Rechts, AVR 34 (1996) 47 ff; *Miranda*, La constitution portugaise et la protection internationale des droits de l'homme, AVR 34 (1996) 72 ff. ISRAEL: *Lapidoth*, International Law within the Israel Legal System, IsLR 24 (1990) 451 ff; *Navot*, Constitutional Law of Israel, 2007, 31 ff. BRASILIEN: *Mesquita Ceia*, Die verfassungsrechtliche Kontrolle völkerrechtlicher Verträge, 2011. INDIEN: *Hedge*, Indian Courts and International Law, LJIL 23 (2010) 53 ff. MALAYSIA/SINGAPUR: *Lim*, Public International Law before the Singapore and Malaysian Courts, SYBIL 8 (2004) 243 ff. AUSTRALIEN: *Anton/Mathew/Morgan*, International Law, 2005, 406 ff. NAMIBIA: *Tshosa*, The Status of International Law in Namibian National Law: A Critical Appraisal of the Constitutional Strategy, NLJ 2 (2010) 3 ff. NIGERIA: *Okeke*, International Law in the Nigerian Legal System, CWILJ 27 (1997) 311 ff. TANSANIA, KENIA, UGANDA: *Kabudi*, Human Rights Jurisprudence in East Africa, 1995, 25 ff; *Oppong*, Re-Imagining International Law: An Examination of Recent Trends in the Reception of International Law Into National Legal Systems in Africa, FILJ 30 (2006) 296 ff. Weitere rechtsvergleichende Darstellungen bei *Cassese*, Modern Constitutions and International Law, RdC 192 (1985-III) 331 ff; *Jennings/Watts*, Oppenheim's International Law, Vol I, 9. Aufl 1992, § 19; *Franck/Thiruvengadam*, International Law and Constitution-Making, Chinese JIL 2 (2003) 467 ff; *Peters*, Supremacy Lost: International Law Meets Domestic Constitutional Law, VOJICL 3 (2009) 170 ff; Shelton (Hrsg), International Law and Domestic Legal Systems, 2011; *Classen*, Nationales Verfassungsrecht in der Europäischen Union, 2013, § 12; Novaković (Hrsg), Basic Concepts of International Law, 2013. Vgl mit Blick auf das Unionsrecht und die EMRK die Beiträge in von Bogdandy/Cruz Villalón/Huber (Hrsg), Handbuch Ius Publicum Europaeum, Bd II, 2008.
76 Von allgemeinen Rechtsgrundsätzen muss dabei allerdings gesondert nur die Rede sein, wenn eine nationale Rechtsordnung auf diese Rechtsquellenkategorie spezifisch reagiert; regelhaft gilt für sie weithin gleiches wie für das Völkergewohnheitsrecht.
77 Eine Einbeziehung weiterer Normen und Entscheidungen internationalen Ursprungs (verbindliche und unverbindliche Entscheidungen und Entschließungen zwischenstaatlicher Einrichtungen und I. O.), wie sie für das deutsche Recht erfolgt (s u Rn 166 ff), muss hier unterbleiben.
78 Zu diesem Zusammenhang *Kunig*, Über Schwächen und Stärken des Völkerrechts, Annales de la Faculté de Droit d'Istanbul XLVI 63 (2014) 85 (95 ff); vgl auch *Weiß*, Die Rechtsquellen des Völkerrechts in der Globalisierung, AVR 53 (2015) 220 (227 ff).
79 Überblick *Shearer* (Fn 53) 68 ff; *Crawford* (Fn 53) 62 ff; *Neff*, in Shelton (Hrsg), International Law and Domestic Legal Systems, 2011, 620 ff.

einen Akt des Parlaments, wenn sie bisheriges Statute Law oder Common Law ändern oder die Rechte Privater berühren. Diese Verträge werden zwar monarchisch ratifiziert, erlangen hierdurch jedoch noch nicht die für ihre innerstaatliche Geltung vorausgesetzte Qualität. Die *Rangbestimmung* macht bei diesem Bild geringe Schwierigkeiten. Völkerrecht gilt innerstaatlich in Großbritannien in Gestalt inländischer Rechtsnormen. Handelt es sich um Common Law, stehen sie unter dem Vorbehalt des Statute Law, also des Parlamentsrechts (allerdings nicht des durch die Administration gesetzten Rechts). Ist Völkerrecht durch Statute Law transformiert, teilt es den Rang des sonstigen Statute Law.

49   Die Verfassung der *Vereinigten Staaten von Amerika*[80] äußert sich explizit nur zu völkerrechtlichen *Verträgen*. Sie sieht die Beteiligung des Senats schon bei deren Abschluss vor, wenn es sich nicht um sog Executive Agreements handelt. Ein nachfolgender Inkorporations- oder Transformationsakt wird nicht gefordert, ist aber möglich. Verfassungsmäßig zustande gekommene Verträge sind Bestandteil amerikanischen Rechts. Sie stehen Gesetzgebungsakten des Kongresses gleich (was die Verfassung nicht ausdrücklich besagt, aber allgemein anerkannt ist). Das entspricht der Vorstellung, dass die Gesetzgebung des Kongresses einerseits und die gemeinsam von dem Präsidenten und dem Senat ausgeübte Vertragsschlussbefugnis andererseits gleichrangig nebeneinander bestehen. Folgerichtig ist, dass im Konfliktfall die Regel des Vorrangs der zeitlich später entstandenen Norm zur Anwendung gebracht wird. Die Verfassung der Vereinigten Staaten regelt die Bedeutung des Völker*gewohnheitsrechts* für die amerikanische Rechtsordnung nicht, doch wird die Vorstellung von der Entbehrlichkeit eines speziellen Inkorporations- oder Transformationsakts auch auf das Völkergewohnheitsrecht bezogen. Es ist damit ebenfalls ein Teil des amerikanischen Rechts auf Bundesebene. Ungeachtet der der Verfassung zu entnehmenden Bedeutungszuweisung für das Völkerrecht hat dieses selbst keinen Verfassungsrang, steht also unter dem Vorbehalt seiner Vereinbarkeit mit der amerikanischen Verfassung, geht aber – als Bundesrecht – dem gliedstaatlichen Recht vor. Insbesondere durch Transformationsgesetzgebung bzgl eines völkerrechtlichen Vertrages kann dies in den Vereinigten Staaten die gliedstaatliche Gesetzgebungsbefugnis einschränken, weil der Gesamtstaat über das fast unbegrenzte Recht verfügt, auf Feldern gliedstaatlicher Gesetzgebungskompetenz völkerrechtliche Verträge zu schließen.

50   Das *französische* Verfassungsrecht wird als in besonderem Maße „völkerrechtsfreundlich" bezeichnet.[81] Die Präambel der (geltenden) Verfassung (v 1958) bekennt sich zur Befolgung allgemeiner Regeln des Völkerrechts durch die Französische Republik (bewirkt durch eine Verweisung in dieser Präambel auf diejenige der Verfassung v 1946). Durch ein Menschenrechtsbekenntnis wird der Ideenstrom der Französischen Revolution fortgeführt, was konkret für das Verhältnis des Völkerrechts zum französischen Recht freilich noch nicht viel besagen muss. Immerhin wird dieser Vorschrift eine Inkorporation des Völker*gewohnheitsrechts* entnommen. Ordnungsgemäß zustande gekommenen und veröffentlichten völkerrechtlichen *Verträgen* räumt die Verfassung den Vorrang vor dem nationalen Gesetzesrecht[82] (nicht vor der Verfassung) ein.

---

80 Vgl *Paust*, International Law as Law of the United States, 2. Aufl 2003; *Carter/Trimble/Weiner*, International Law, 2007, 159 ff; *Bradley*, International Law in the U.S. Legal System, 2013; zu der in einigen US-Bundesstaaten zu beobachtenden Tendenz, Gerichten die Berücksichtigung von Völkerrecht zu untersagen, vgl *Fink/Gillich*, Der Einfluss des Völkerrechts auf die US-amerikanische Verfassung, JöR (NF) 61 (2013) 725 ff; rechtsvergleichend aus deutscher Sicht *Bungert*, Einwirkung und Rang von Völkerrecht im innerstaatlichen Rechtsraum, DÖV 1995, 797 ff. Grundlegend aus der Rspr *Chae Chan Ping v United States*, 130 US 581 (1889).
81 Dazu etwa *Sur*, Application dans l'ordre interne, in Combacau/Sur (Hrsg), Droit international public, 9. Aufl 2010, 181 ff, 188 ff; *Pfeiffer*, Zur Verfassungsmäßigkeit des Gemeinschaftsrechts in der aktuellen Rechtsprechung des französischen Conseil constitutionnel, ZaöRV 67 (2007) 469 ff; zur weniger völkerrechtsfreundlichen Haltung in früherer Zeit *Decaux*, in Shelton (Fn 79) 207 ff. – S auch zu ungeschriebenem Völkerrecht in seiner Bedeutung für das französische Verwaltungsrecht *Teboul*, Le droit international non écrit devant le juge administratif, RGDIP 95 (1991) 321 ff.
82 Dazu Conseil d'Etat, EuGRZ 1990, 99 ff *(Nicolo)*; eingehend *Ludet/Stotz*, Die neue Rechtsprechung des französischen Conseil d'Etat zum Vorrang völkerrechtlicher Verträge, EuGRZ 1990, 93 ff; *Gundel*, Der Status des Völkerrechts

Sie gebietet allerdings die parlamentarische Zustimmung zu verschiedenen Verträgen von besonderer Bedeutung. Der Vorrang besteht nicht, wenn der Vertrag von anderer Seite nicht erfüllt wird[83] – womit Zweifelsfragen verbunden sind.

Die *italienische* Verfassung v 1948 transformiert „allgemein anerkannte" Normen des Völ- 51 kerrechts, damit das Völker*gewohnheitsrecht* meinend, in die italienische Rechtsordnung. Str ist, ob sie damit Verfassungsrang erhalten; jedenfalls gehen sie einfachem Gesetzesrecht vor, besonders nachdem der im Jahre 2001 geänderte Art 117 die ausdrückliche Schranke der „Achtung der aus der internationalen Rechtsordnung herkommenden Pflichten" eingefügt hat. Völkerrechtliche *Verträge* bedürfen einer innerstaatlichen Geltungsanordnung durch – regelmäßig – Legislative oder Exekutive. Das italienische Recht bietet unter den europäischen Staaten – nach der Erosion der sozialistischen Staatsmodelle – das markanteste Bsp der dualistischen Umsetzungskonzeption.[84]

In der *griechischen* Verfassungsentwicklung zeichnet sich die nach der Wiederherstellung der 52 Demokratie zustande gekommene Verfassung von 1975 als besonders völkerrechtsfreundlich aus.[85] Nach Art 2 Abs 2 ist Griechenland bestrebt, unter Beachtung der allgemein anerkannten Regeln des Völkerrechts den Frieden, die Gerechtigkeit und die Entwicklung freundschaftlicher Beziehungen zwischen den Völkern und Staaten zu fördern. Die „allgemein anerkannten Regeln des Völkerrechts sowie die internationalen Verträge nach ihrer gesetzlichen Ratifizierung und ihrer in ihnen geregelten Inkraftsetzung" werden als „Bestandteil des innerstaatlichen griechischen Rechts" qualifiziert und gehen jeder entgegenstehenden Gesetzesbestimmung vor (Art 28 Abs 1).[86] Vor diesem Hintergrund geht die überwiegende Meinung im Schrifttum von einem monistischen Ansatz mit Blick auf das Völker*gewohnheitsrecht* aus. Obgleich kein Konsens hinsichtlich der Frage besteht, inwieweit die gesetzliche „Ratifizierung" völkerrechtlicher *Verträge* sie in die innerstaatliche Rechtsordnung transformiert, wird insoweit von einer gemäßigten Variante des dualistischen Modells ausgegangen.[87] Es wird ein Vorrang des Völkerrechts vor den einfachen Gesetzen angenommen, nicht jedoch vor der Verfassung.[88] Während das Postulat völkerrechtskonformer Auslegung der Verfassung zunehmend anerkannt wird, tendieren die griechischen Gerichte allerdings häufig dazu, völkerrechtliche Verträge für nicht unmittelbar anwendbar zu erklären.[89]

---

in der französischen Rechtsordnung nach der neuen Rechtsprechung des Conseil d'Etat, AVR 37 (1999) 438 ff. Die Kontrolle der nationalen Gesetze am Maßstab der völkerrechtlichen Verträge obliegt auch nach der Einführung des verfassungsrechtlichen Vorlageverfahrens (question prioritaire de constitutionnalité) den Fachgerichten; s Conseil constitutionnel, 22.7.2010, déc n°2010-4/17 QPC *(Alain C. et autre)*, Recueil 156 cons 11. Zu den Bedingungen, unter denen sich der Einzelne direkt auf ein völkerrechtliches Abkommen berufen kann, jüngst wieder Conseil d'Etat, Assemblée, 11.4.2012, n°322326, RFDA 2012, 547 *(GISTI et FAPIL)*.
83 Vgl Art 55 der Verfassung v 4.10.1958.
84 Allgemein dazu *Cataldi*, in Shelton (Fn 79) 328 ff; *Conforti*, Diritto internazionale, 8. Aufl 2010, 276 ff; *Tanzi*, Introduzione al diritto internazionale contemporaneo, 3. Aufl 2010, 28 ff; *Treves*, Diritto internazionale, 2005, 646 ff.
85 Überblick bei *Fatouros*, International Law in the New Greek Constitution, AJIL 70 (1976) 492 ff; *Yokaris*, in Shelton (Fn 79) 249 ff.
86 Für Ausländer gilt Völkerrecht unter dem Vorbehalt der Gegenseitigkeit, der allerdings nach hM auf menschenrechtliche Verträge und Abkommen keine Anwendung findet. Vgl etwa *Briolas*, L'application de la Convention Européenne des Droits de l'Homme dans l'ordre juridique des Etats contractants: Théorie et pratique helléniques, in Iliopoulos-Strangas (Hrsg), Grundrechtsschutz im europäischen Raum, 1993, 82 (94).
87 *Kaboğlu/Koutnatzis*, The Reception Process in Greece and Turkey, in Keller/Stone/Sweet (Hrsg), A Europe of Rights, 2008, 451 (462).
88 Statt vieler *Iliopoulos-Strangas*, Offene Staatlichkeit: Griechenland, in von Bogdandy/Cruz Villalón/Huber (Fn 75) § 16 Rn 48 ff.
89 Etwa im Bereich der sozialen Grundrechte. Dazu ausführlich *Iliopoulos-Strangas/Leventis*, Der Schutz der sozialen Grundrechte in der Rechtsordnung Griechenlands, in Iliopoulos-Strangas (Hrsg), Soziale Grundrechte in Europa nach Lissabon, 2010, 249 (268 f). – S auch zur Umsetzung von EGMR-Entscheidungen *Micha*, Issues of Res Judicata with Reference to the Execution of Judgments of the European Court of Human Rights: The Case of Greece, in Nováković (Fn 75) 505 ff.

53 Auch die *türkische* Verfassung äußert sich, was das Verhältnis von Völkerrecht und nationalem Recht angeht, explizit nur zu den völkerrechtlichen *Verträgen*. Gemäß Art 90 Abs 5 Satz 1 TV haben die verfahrensgemäß in Kraft gesetzten völkerrechtlichen Verträge Gesetzeskraft, stehen also grundsätzlich auf einer Stufe mit den einfachen Gesetzen. Allerdings wird auf Grund des nachfolgenden Satzes, demgemäß das Verfassungsgericht nicht mit der Behauptung der Verfassungswidrigkeit völkerrechtlicher Verträge befasst werden kann, über das Rangverhältnis von völkerrechtlichen Verträgen und einfachen Gesetzen diskutiert.[90] Die völkerrechtlichen Verträge stehen trotz der erwähnten Immunisierung auf einer Ebene mit den einfachen Gesetzen, so dass bei Normwidersprüchen die allgemeinen Prinzipien „lex posteriori derogat legi anteriori" und „lex specialis derogat legi generali" zum Tragen kommen.[91] Durch eine Verfassungsänderung im Jahre 2004 wurde die Diskussion über die Stellung der völkerrechtlichen Verträge hinsichtlich von Grundrechten und -freiheiten betreffender Verträge beendet. Gemäß dem um einen dritten Satz ergänzten Art 90 Abs 5 TV finden die Bestimmungen dieser Verträge vorrangig Anwendung, soweit diese mit nationalen Bestimmungen mit gleichem Regelungsgehalt nicht übereinstimmen. Laut der ständigen Rechtsprechung des türkischen Verfassungsgerichts müssen bei einem Konfliktfall die Gesetzesbestimmungen übergangen und die entsprechenden Bestimmungen insbes der EMRK und weiterer völkerrechtlichen Verträge angewendet werden.[92] Hinsichtlich des Völker*gewohnheitsrechts* und der allgemeinen Rechtsgrundsätze enthalten verschiedene Bestimmungen der TV Hinweise auf deren innerstaatliche Bedeutung.[93] Nach der Rechtsprechung sollen allgemeine Rechtsgrundsätze der TV vorgehen.[94]

54 Die Verfassung von *Japan* sieht vor, das Völker*vertragsrecht* und die anerkannten Regeln des Völkerrechts (gemeint ist das Völker*gewohnheitsrecht*) „gewissenhaft zu befolgen" (Art 98 Abs 2 JV). Das Verfahren zur Bindung an Völkervertragsrecht wird im Einzelnen bestimmt (Art 7 Satz 1 u 8, Art 61, Art 73 Satz 3 JV),[95] das Verhältnis zwischen Verfassungsrecht und Völkerrecht hingegen nicht. In der Theorie wird über einen Vorrang des Völkerrechts in Anlehnung an deutschsprachige Diskussionen kontrovers diskutiert.[96] Überwiegend wird angenommen, die japanische Verfassung habe keinen Vorrang vor dem Völkerrecht.[97] In der gerichtlichen Praxis spielt der theoretische Streit selten eine Rolle. So vermied das Oberste Gericht beispielsweise im Sunagawa-Fall (1959), in welchem ein japanisch-amerikanischer Sicherheitsvertrag einschlägig war, die Prüfung der Verfassungsmäßigkeit dieses Vertrags, weil die Beurteilung allein Regierung und Parlament obliege.[98] Daher liege „ein solches Urteil [...] außerhalb der Prüfungskompetenz des ordentlichen Gerichts, solange ein solcher Vertrag nicht auf den ersten Blick offensichtlich verfassungswidrig und nichtig ist".[99]

---

90 S *Gönenç/Esen*, The Problem of the Application of Less Protective International Agreements in Domestic Legal Systems: Article 90 of the Turkish Constitution, EJLR 8 (2006) 485 (487 ff) sowie *Başlar*, The Fifty Years of the Constitutional Court of Turkey (1962-2012), LJR 4 (2012) 13 (41); *Rumpf*, Einführung in das türkische Recht, 2004, 79; *ders*, Höchstrichterliche Anwendung von Menschenrechtsverträgen im türkischen Recht, EuGRZ 1995, 147 f.
91 Vgl *Özbudun*, Democratization Reforms in Turkey 1993-2004, Turkish Studies 8 (2007) 179 (189); *Gönenç/Esen* (Fn 90); *Başlar* (Fn 90) 56.
92 Vgl AYM E. 2013/2187, Resmi Gazete v 7.1.2014 – 28874, 57 (62); dazu *Göztepe*, Die Einführung der Verfassungsbeschwerde in der Türkei, JöR (2015) 485 (522)..
93 Art 15 Abs 1 TV (Grundrechtsbeschränkungen im Notstand nur bei Vereinbarkeit mit dem Völkerrecht); Art 16 TV (Grundrechtsbeschränkungen für Ausländer nur in völkerrechtlich zulässiger Weise); Art 92 Abs 1 (Ausrufung des Kriegsfalles nur in den nach dem Völkerrecht erlaubten Fällen).
94 AYM E. 1985/31, K. 1986/11, Resmi Gazete v 9.5.1986 – 19102, 39 (42); AYM E. 1986/18, K. 1986/24, Resmi Gazete v 31.1.1987 –19358, 7 (18); AYM E. 1995/20, K. 1996/4, Resmi Gazete v 31.7.1996 – 22713, 9 (13).
95 Dazu *Miyazawa*, Verfassungsrecht, 1986, 286.
96 S *Miyazawa* (Fn 95) 286 ff; *Takano*, Einführung in das Völkerrecht, Bd 1, 1979, 83 ff; zur einschlägigen Rechtsprechung vgl *Shin*, in Shelton (Fn 79) 360 (375 ff).
97 Typisch *Miyazawa* (Fn 95); *Takano* (Fn 96) 95 ff.
98 Eisenhardt u a (Hrsg), Japanische Entscheidungen zum Verfassungsrecht in deutscher Sprache, 1998, 500 ff.
99 *Miyazawa* (Fn 95) 288 sieht hierin eine Anerkennung des Vorrangs des Völkerrechts vor dem nationalen Recht.

Sich am *Marxismus-Leninismus* orientierende Staaten wie die seinerzeitige Sowjetunion 55
und die DDR akzeptierten generelle Vollzugsbefehle für das Völkerrecht im innerstaatlichen
Rechtsraum nicht. Das war wegen der vorausgesetzten Unterscheidbarkeit sozialistischen und
nichtsozialistischen Rechts folgerichtig: Galt die innerstaatliche Ordnung als sozialistisch und
war in dieser Reinheit zu bewahren, so war (und ist) das Völkerrecht mindestens auch von
nichtsozialistischen Normen infiziert; innerstaatlichem Infekt kann dann nur der Filter einer
Umsetzung durch Einzelakt oder aber eine qualifizierende Transformationsnorm vorbeugen.[100]

Die *russische* Verfassung aus dem Jahre 1993 gibt sich völkerrechtsfreundlich.[101] Bereits 56
die Präambel spricht von dem russischen Volk als einem Teil der Weltgemeinschaft. Art 15
Abs 4 Satz 1 dieser Verfassung erklärt das gesamte Völkerrecht zum Bestandteil der russischen Rechtsordnung. Hinsichtlich der Stellung der völkerrechtlichen Normen in der Normenhierarchie differenziert Art 15 Abs 4 Satz 2 zwischen völkerrechtlichen Verträgen und
sonstigem Völkerrecht. Völkerrechtliche *Verträge*, die grundsätzlich der Ratifikation in Form
eines Bundesgesetzes bedürfen, genießen im Konfliktfall einen verfassungsrechtlich gewährleisteten Anwendungsvorrang vor den innerstaatlichen einfachen Gesetzen. Hingegen bleibt
den „allgemein anerkannten Prinzipien und Normen des Völkerrechts", also dem Völker*gewohnheitsrecht* und den allgemeinen Rechtsgrundsätzen, nach überwiegender Auffassung ein
solcher Vorrang versagt. Umstritten erscheint der Rang der völkerrechtlichen Normen, die
Menschenrechte statuieren. Nach Art 17 Abs 1 der russischen Verfassung werden Rechte und
Freiheiten der Menschen und Bürger in Übereinstimmung mit den allgemein anerkannten
Prinzipien und Normen des Völkerrechts sowie in Übereinstimmung mit der Verfassung anerkannt und garantiert. Die wohl überwiegende Auffassung sieht einen Vorrang entsprechender
völkerrechtlicher Normen vor der Verfassung und versteht Art 17 Abs 1 als *lex specialis* im
Verhältnis zu Art 15 Abs 4. Nach anderen handelt es sich lediglich um eine allgemeine politische
Deklaration.[102]

Die *chinesische* Verfassung von 1982 regelt lediglich das innerstaatliche Zustimmungs- und 57
Ratifizierungsverfahren völkerrechtlicher *Verträge*, trifft aber keine Aussage bezüglich der Bedeutung des Völkerrechts für das innerstaatliche Recht.[103] Das Verhältnis zwischen Völkerrecht und
Landesrecht ist theoretisch umstritten[104] und wird als weder monistisch noch dualistisch beschrie-

---

100 Folgerichtig wurden Ausnahmen vom Transformationsdogma für „innerhalb" der sog sozialistischen Staatengemeinschaft entstandene Völkerrechtsnormen postuliert, vgl bei *de Fiumel*, Die Gültigkeit der völkerrechtlichen Normen in der nationalen Rechtsordnung, in Graefrath (Hrsg), Probleme des Völkerrechts, 1985, 79 mN. Zur verfassungsrechtlichen Neuorientierung nach dem politischen Umbruch *Vereshchetin*, New Constitutions and the Old Problem of the Relationship Between International Law and National Law, EJIL 7 (1996) 29 ff; *Schweisfurth/ Alleweldt*, The Position of International Law in the Domestic Legal Orders of Central and Eastern European Countries, GYIL 40 (1997) 164 ff.
101 Zu Spannungen im Verhältnis zwischen dem EGMR und dem russischen Verfassungsgericht *Levin/Schwarz*, At a Crossroads: Russia and the ECHR in the Aftermath of Markin, Beitrag auf Verfassungsblog v 30.1.2015, abrufbar unter <http://www.verfassungsblog.de/en/crossroads-russia-echr-aftermath-markin/#.VXbikKOBiEo>. Zum jüngst bekräftigten Vorrang der Verfassung gegenüber Entscheidungen des EGMR s die Entscheidung des Verfassungsgerichts der Russischen Föderation v 14.7.2015, No 21-II/2015 sowie die diesbzgl Kompetenzerweiterung durch G v 14.12.2015.
102 Dazu *Mälksoo*, Russian Approaches to International Law, 2015; *Nußberger/Safoklov*, in Wieser (Hrsg), Handbuch der russischen Verfassung, 2014, Art 15 Rn 20 ff; *Abashidze*, The Relationship between International Law and Municipal Law: Significance of Monism and Dualism Concepts, in Novaković (Fn 74) 23 ff; *Tikhomirov*, in Shelton (Fn 78) 517 ff. Vgl zu früheren Einschätzungen *Danilenko*, The New Russian Constitution and International Law, AJIL 88 (1994) 451 ff; *Beknazar*, Das neue Recht der völkerrechtlichen Verträge in Russland, ZaöRV 56 (1996) 406 ff; *Lukaschtuk*, Treaties in the Legal System of Russia, GYIL 40 (1997) 141 ff.
103 S *Ahl*, Die Anwendung völkerrechtlicher Verträge in China, 2009, 185 ff.
104 Im Fachschrifttum werden unmittelbare Geltung und Anwendbarkeit völkerrechtlicher Verträge sowohl vertreten (*Ahl* [Fn 103] 279; *Li/Guo*, in Shelton [Fn 79] 158 [169 f]) wie auch abgelehnt (*Clarke*, China's Legal System and the WTO: Prospects for Compliance, GWUGSLR 97 [2003] 97 [102 f]).

ben.¹⁰⁵ In der Praxis bestehen unterschiedliche Weisen der Umsetzung von Vertragsrecht, etwa durch hierauf bezogene inkorporierende Gesetzgebung¹⁰⁶ oder durch sog Verweisungsnormen, die die Anwendung von Verträgen in bestimmten Rechtsbereichen anordnen.¹⁰⁷ Neben dem relativ unbestrittenen Vorrang der chinesischen Verfassung gegenüber dem Völkervertragsrecht¹⁰⁸ ist ein genereller Vorrang des Völkerrechts vor anderem nationalen Recht im chinesischen Rechtssystem nicht gegeben. Allerdings wird im Fall eines Normenkonflikts die Aufrechterhaltung völkerrechtlicher Verpflichtungen, die China eingegangen ist, teilweise angesichts der genannten Verweisungsnormen,¹⁰⁹ teils auch im Blick auf Interpretationen des Obersten Volksgerichts¹¹⁰ postuliert. Die Frage der Anwendbarkeit von Völker*gewohnheitsrecht* in China erscheint unklar, teilweise ist von seiner Anwendbarkeit die Rede, solange eine Materie nicht anderweitig geregelt sei.¹¹¹

58   Die Verfassung *Taiwans*, Teil Chinas, aber außerhalb der auf dem Festland gewählten Rechtstradition stehend („Verfassung der Republik China von 1947"), spricht von der „Achtung völkerrechtlicher Verträge und der Charta der Vereinten Nationen" (Art 141), sagt aber nichts zur Aufnahme von Völker*vertragsrecht* in innerstaatliches Recht und dessen Rang in der Normenhierarchie, oder zum Völker*gewohnheitsrecht*. Durch das Höchste Gericht¹¹² wurde insoweit Klarheit geschaffen, als völkerrechtliche Verträge dann den Rang innerstaatlicher Gesetze¹¹³ erlangen, wenn das Parlament ihrem Abschluss zugestimmt hat und sie durch den Staatspräsidenten unterzeichnet worden sind. So wird der betroffene Vertrag automatisch zum Teil des innerstaatlichen Rechts, ein Umsetzungsakt in Gesetzesform ist nicht generell erforderlich.¹¹⁴ In der Praxis werden auch völkerrechtliche Verträge, an denen Taiwan nicht beteiligt ist, sowie allgemeine Rechtsgrundsätze des Völkerrechts durch die Verfassungs- und die ordentliche Gerichtsbarkeit vereinzelt zur Entscheidungsbegründung herangezogen, was eine unmittelbare Anwendbarkeit auch des Völkergewohnheitsrechts nahelegen könnte.

59   Die nachfolgende Darstellung ist der aktuellen Rechtslage in *Deutschland* gewidmet, erörtert also nicht die historische Entwicklung des Verhältnisses von Völkerrecht und deutschem Recht. Die Rechtsordnung des deutschen *Kaiserreichs* war einem strikten Dualismus verpflichtet gewesen. Völkerrechtliche Verträge bedurften der Transformation in Reichsrecht, Völkergewohnheitsrecht galt innerstaatlich nur, wenn und soweit ein Reichsgesetz seine Inhalte ausformte. Reichsgesetze hatten Vorrang vor Vertrags- oder Gewohnheitsrecht, was in der Rechtsprechung des Reichsgerichts mehrfach deutlich wurde.¹¹⁵ Die *Weimarer Reichsverfassung* hingegen erklärte in Art 4 „die allgemein anerkannten Regeln des Völkerrechts" zu „Bestandteilen" des Reichsrechts. Sie meinte damit nur Regeln, die auch von Deutschland anerkannt waren. Die Nichtaner-

---

105   *Li/Guo* (Fn 104) 170; *Xue/Jin*, International Treaties in the Chinese Legal System, Chinese JIL 8 (2009) 299 (305).
106   *Xue/Jin* (Fn 105) 306 ff.
107   Manche Autoren sehen in der durch solche Normen bewirkten Anwendbarkeit von Verträgen einen im Wesentlichen der Adoption statt der Transformation angenäherten Akt und bezeichnen sie als direkte Anwendbarkeit der Verträge, s *Xue/Jin* (Fn 105) 310.
108   *Ahl* (Fn 103) 288 ff.
109   Wie etwa in zivilrechtlichen Fällen durch den genannten § 142 der Allgemeinen Zivilrechtsgrundsätze sowie § 236 des Zivilprozessgesetzes. S *Li/Guo* (Fn 104) 175 ff.
110   Wie etwa in Fällen des geistigen Eigentums durch eine Interpretation des Obersten Volksgerichts v 24.12.1993; vgl *Xue/Jin* (Fn 105) 315. Nach Chinas WTO-Beitritt hat das Gericht auch eine Interpretation verkündet, die in Fällen des internationalen Handelsrechts eine völkervertragsrechtskonforme Auslegung verlangt; vgl. *Zou*, International Law in the Chinese Domestic Context, VULR 44 (2010) 935 (941 f).
111   *Zou* (Fn 110) 939; *Li/Guo* (Fn 104) 183 ff.
112   Auslegung Nr 329 v 24.12.1993.
113   S die Studie „Praxis der Aufnahme völkerrechtlicher Verträge im innerstaatlichen Recht", beauftragt vom Ministry of Justice Taiwans und durchgeführt von der Taiwanese Society of International Law, abrufbar unter <http://www.moj.gov.tw/public/Attachment/912310451980.pdf>, 29 f.
114   S die MOJ-Studie (Fn 113) 28 f; *Chang*, The Convergence of Constitutions and International Human Rights: Taiwan and South Korea in Comparison, NCJILCR 36 (2011) 600 f.
115   Vgl beispielhaft RGSt 4, 271, 274; RGZ 85, 374.

kennung einer Regel durch ein deutsches Gesetz, auch die Entziehung vorher verliehener Anerkennung, schlugen Art 4 WRV aus dem Felde.[116] Verträge bedurften der Transformation, die innerstaatliche Geltung umgesetzten Rechts konnte jederzeit wieder beseitigt werden. Die Verfassungen der DDR standen der Weimarer Konzeption insoweit nahe.[117]

Die *nachfolgende Darstellung* orientiert sich *an den verschiedenen Rechtsquellen*, wie sie sich – aus dem Blickwinkel des Völkerrechts – etwa in Art 38 IGH-Statut abgebildet finden und wie sie im 1. Abschn dieses Buches, ebenfalls jener Vorgabe folgend, systematisch entfaltet worden sind. Doch bedarf es in unserem Zusammenhang – aus der Perspektive nunmehr des deutschen Rechts – einer Erweiterung des Blickfelds. Hinzuzudenken ist, angesichts der praktischen Bedeutung und des aktuellen Entwicklungsstandes der internationalen Ordnung unabdingbar, das *durch die EU gesetzte Recht*. Seine Relevanz für den deutschen Rechtsraum hat zwar völkerrechtliche Grundlagen, kann aber in Kategorien der völkerrechtlichen Rechtsquellenlehre nicht (mehr) erklärt werden (s aber Rn 173 f). 60

Internationale Gerichte und Streit schlichtende Instanzen können herkömmlich nur Entscheidungen treffen, welche auf völkerrechtlicher Ebene zu binden vermögen. Soweit die Rechtskraft inter partes reicht, können völkerrechtliche Befolgungspflichten entstehen (vgl Art 59 IGH-Statut). „Rechtsquelle" ist die *internationale Spruchpraxis* also nicht, wohl aber Hilfsmittel für die Feststellung von – einer anderen Völkerrechtsquelle zuzuordnenden – Rechtsnormen des Völkerrechts. Der Ausspruch eines internationalen Gerichts als solcher entfaltet daher für das deutsche Recht keine Wirkung, von dem insoweit einzigartigen Europäischen Gerichtshof sowie dem Europäischen Gerichtshof für Menschenrechte allerdings abgesehen. Zu letzteren lassen sich zur Bewältigung in räumlicher und zeitlicher Hinsicht abgrenzbarer Unrechtshandlungen der Internationale Strafgerichtshof für das ehemalige Jugoslawien und der Internationale Strafgerichtshof nach dem Statut von Rom hinzuzählen. Auch die besonderen Befugnisse[118] der beiden zunächst genannten Institutionen geben indes keinen Anlass, den Stellenwert internationaler Spruchpraxis verallgemeinernd neu zu bestimmen. Sie bieten jeweils einen Sonderfall im Hinblick auf das Unionsrecht bzw Völkerrecht als Maßstab für das Wirken der innerstaatlichen Gerichte (s u Rn 185 f). Konstruktiv erschiene es im Übrigen durchaus nicht ausgeschlossen, Regierung, Verwaltung, auch Gerichte auf Entscheidungen weiterer internationaler Gerichte zu verpflichten. Nicht zuletzt lassen Rolle und Stand der internationalen Spruchpraxis davon Abstand nehmen, dieses Problem hier zu erörtern.[119] 61

---

116 Dazu *Anschütz*, Die Verfassung des deutschen Reiches, 14. Aufl 1933, Art 4 Rn 4; *Fleischmann*, in Anschütz/Thoma (Hrsg), HdbStR I, 1930, 209 (220).
117 Vgl im Einzelnen die auch wegen ihrer theoretischen Fundierung ergiebige Schrift von *Seidel*, Verhältnis von Völkerrecht und innerstaatlichem Recht, 1985; vgl ferner *Becker*, Die Umsetzung von Völkerrecht in innerstaatliches Recht, NJ 1985, 392 ff; *de Fiumel* (Fn 100) 69 ff; im Blick auch auf die Sowjetunion *Uibopuu*, International Law and Municipal Law in Soviet Doctrine and Practice, FS Verdross, 1980, 661 ff.
118 Zur Rolle des EuGH *Knauff*, Integration durch Richterrecht, JA 2002, 719 ff; *Calliess*, Grundlagen, Grenzen und Perspektiven europäischen Richterrechts, NJW 2005, 929 ff. Zum EGMR *Bernhardt*, Rechtsfortbildung durch internationale Richter, insbesondere im Bereich der Menschenrechte, FS Jur Fak zur 600-Jahr-Feier der Universität Heidelberg, 1986, 527 ff; *Gusy*, Wirkungen der Rechtsprechung des Europäischen Gerichtshofs für Menschenrechte in Deutschland, JA 2009, 406 ff sowie u Rn 186. Zum „Jugoslawien-Tribunal" GA Res 827 (1993); *Ackerman/O'Sullivan*, Practice and Procedure of the International Criminal Tribunal for the Former Yugoslavia, 2000; deutsches Zustimmungsgesetz in BGBl 1995 II, 485, dazu *Schmalenbach*, Die Auslieferung mutmaßlicher deutscher Kriegsverbrecher an das Jugoslawientribunal in Den Haag, AVR 36 (1998) 285 ff.
119 Zu dem am 17.7.1998 angenommenen Statut des Internationalen Strafgerichtshofs vgl etwa *Fastenrath*, Der Internationale Strafgerichtshof, JuS 1999, 632 ff; *Blanke/Molitor*, Der Internationale Strafgerichtshof, AVR 39 (2001) 142 ff; zum ersten Urteil des IStGH v 14.3.2012 s *Ambos*, Das erste Urteil des Internationalen Strafgerichtshofs (Prosecutor v Lubanga), ZIS 2012, 313 ff; allg zum Gerichtshof *Schabas*, An Introduction to the International Criminal Court, 4. Aufl 2011. Zum (deutschen) Völkerstrafgesetzbuch (in Kraft getreten am 29.6.2002, BGBl 2002 I, 2254) *Werle*, Völkerstrafrecht und deutsches Völkerstrafgesetzbuch, JZ 2012, 373 ff; *Engelhart*, Der Weg zum Völkerstrafgesetzbuch – Eine kurze Geschichte des Völkerstrafrechts, Jura 2004, 734 ff; eingehend *Schröder*, 7. Abschn Rn 38 ff.

2. Die völkerrechtlichen Verträge
a) Überblick zu den grundgesetzlichen Vorgaben

62 Völkerrechtliche Verträge sind Regelungsgegenstand des Grundgesetzes namentlich in Art 59, Art 32, Art 24 und Art 23 GG. Diese Vorschriften verteilen und begründen Zuständigkeiten, regeln das Verfahren des Vertragsabschlusses und beinhalten auch programmatische Vorgaben. Für die innerstaatliche Bedeutung völkerrechtlicher Verträge, die nicht im Zuge der Beteiligung an Integrationsgemeinschaften abgeschlossen werden oder im übrigen Hoheitsrechte übertragen, ist Art 59 Abs 2 GG allein maßgeblich.

63 Der *Begriff des "völkerrechtlichen Vertrags"* ist als Verfassungsbegriff identisch mit demjenigen des völkerrechtlichen Rechtsquellenbestands, also nicht etwa beschränkt auf denjenigen des Wiener Übereinkommens über das Recht der Verträge v 1969 (welches sich nur auf schriftlich fixierte Verträge bezieht).[120] Zwischenstaatliche Absprachen ohne Vertragscharakter interessieren Art 59 Abs 2 GG nicht.[121] Er entscheidet über die Voraussetzungen für die innerstaatliche Geltung völkerrechtlicher Verträge (nicht über ihre Anwendbarkeit) und über ihren Rang in der innerstaatlichen Rechtsordnung.

64 Art 59 GG und Art 32 GG haben formelle Inhalte, Art 23 und 24 GG treffen auch materielle Aussagen. Ob und inwieweit Art 24 Abs 1 GG (und spezieller Art 23 GG) über die Ermächtigung hinaus, Hoheitsrechte auf zwischenstaatliche Einrichtungen zu übertragen, den Bund auch anhält, (außen-)politische Voraussetzungen zu schaffen, unter denen der Sinn dieser Ermächtigung – ihre Inanspruchnahme zur Herausbildung supranationaler Strukturen – erfüllt werden kann, ist bereits angesprochen worden (o Rn 21ff).

65 *Art 24 Abs 2 GG* scheint betreffend die Wahrung des Friedens in einem System kollektiver Sicherheit zu einem Vertragsschluss – bestimmten Inhalts – zu verpflichten. Der Wortlaut seines 2. Teilsatzes deutet darauf, dass der Bund zur Beschränkung gewisser Hoheitsrechte verpflichtet sei, wenn die Entscheidung über die Einordnung in ein solches System einmal gefallen bzw diese Einordnung vollzogen worden ist.[122] Doch stünde eine solche Interpretation in Widerspruch zum Beitrittsermessen nach Teilsatz 1. Man wird von einer schlichten Deklaration ausgehen dürfen.

66 Lediglich *Art 24 Abs 3 GG* verpflichtet zu einem Vertragsschluss bestimmten Inhalts, nämlich zum Beitritt zu Vereinbarungen über eine (allgemeine, nicht lediglich regionale), alle Sachgebiete einschließende, obligatorische internationale Schiedsgerichtsbarkeit. Das hindert nicht den Beitritt zu Streitschlichtungssystemen, die die genannten Voraussetzungen nicht erfüllen. Bisher bestehen keine Vereinbarungen über eine internationale Schiedsgerichtsbarkeit, die die Anforderungen des Art 24 Abs 3 GG erfüllen. Auch der IGH bietet eine solche Gerichtsbarkeit nicht. Sie ist zwar „allgemein" und „umfassend", aber nicht „obligatorisch". Demzufolge war die BR Deutschland auch nicht verfassungsrechtlich verpflichtet, eine Unterwerfungserklärung nach Art 36 Abs 2 IGH-Statut abzugeben,[123] wie sie im Jahr 2008 erfolgt ist.[124]

b) Bund und Länder als Parteien völkerrechtlicher Verträge und als Mitwirkende beim Vertragsschluss

67 Staaten sind fähig, völkerrechtliche Verträge abzuschließen. Auch Gliedstaaten weisen die Elemente der Staatlichkeit auf – unabhängig davon, dass es ihnen an äußerer Souveränität ge-

---

120 Näher *Graf Vitzthum*, 1. Abschn Rn 114.
121 Dazu *Wengler*, „Nichtrechtliche" Staatenverträge in der Sicht des Völkerrechts und des Verfassungsrechts, JZ 1995, 21 ff.
122 *Rojahn* (Fn 27) Rn 103 mN zum Streitstand.
123 Ebenso *Randelzhofer*, in Maunz/Dürig (Hrsg), Grundgesetz, Art 24 III Rn 18; *Wolfrum*, in HdbStR XI, 3. Aufl 2013, § 242 Rn 7; weitergehend zB *Mosler*, in HdbStR VII, 2. Aufl 1992, § 179 Rn 36.
124 Dazu *Schröder*, 7. Abschn Rn 92.

bricht. Die Verfassungsordnung jedes Bundesstaats bemisst die Handlungsfähigkeit der Gliedstaaten nach außen. Das Grundgesetz belässt den deutschen *Ländern* eine *partikulare Vertragsschlussfähigkeit.*[125] Es erklärt zwar die „Pflege der Beziehungen zu auswärtigen Staaten" (gemeint ist: zu allen anderen Völkerrechtssubjekten, also insbesondere auch zu I.O. oder auch völkerrechtsfähigen Gliedstaaten ausländischer Bundesstaaten)[126] zur „Sache des Bundes" (Art 32 Abs 1 GG; wobei vor dem Abschluss eines Vertrages, der die „besonderen Verhältnisse" eines Landes berührt, dieses rechtzeitig anzuhören ist, Art 32 Abs 2 GG). Das Grundgesetz ermöglicht aber den Ländern[127] den völkerrechtlichen Vertragsschluss in denjenigen Bereichen, für die ihnen die Gesetzgebungszuständigkeit überlassen bleibt (vgl Art 32 Abs 3 GG), also im Ausgangspunkt überall dort, wo das Grundgesetz – gesetzestechnisch: ausnahmsweise, quantitativ und qualitativ dennoch iSe Regel, die nur Ausnahmen zulässt – dem Bund diese Zuständigkeit nicht zuweist, Art 70 GG.[128] Dabei geht es nicht (nur) um Verträge, welche unmittelbar die Gesetzgebung betreffen, also Verpflichtungen zum Erlass oder zur Änderung von Gesetzen beinhalten (vgl dazu Art 59 Abs 2 2. Alt GG und u Rn 99 ff), sondern um eine *Anknüpfung an Sachbereiche.* Demzufolge können die Länder Verträge mit anderen Völkerrechtssubjekten abschließen, wenn deren Gegenstand nicht der ausschließlichen Gesetzgebungsbefugnis des Bundes nach Art 73 GG, einer expliziten Kompetenzzuweisung an anderer Stelle des Grundgesetzes oder einer ungeschriebenen Zuweisung an den Bund unterliegt oder aber den Bereichen der konkurrierenden Gesetzgebungsbefugnis (Art 74 GG) – die früher bestehende Rahmengesetzgebung ist im Zuge der Föderalismusreform 2006 abgeschafft worden – zugehört und die Länder durch Art 72 Abs 1 GG nicht an der Gesetzgebung gehindert sind. Daran wird zugleich deutlich, dass das Grundgesetz die Vertragsschlussfähigkeit der Länder nicht ein für allemal festlegt, sondern, soweit es um den Bereich des Art 74 GG geht, in Abhängigkeit von der Aktivität des Bundes belässt. Wenn dieser also durch Gesetzgebung (oder im Bereich paralleler Vertragsschlusszuständigkeit, su Rn 68) die von ihm abgeleitete Vertragsschlussfähigkeit der Länder nachträglich beseitigt, nimmt dies zuvor abgeschlossenen Verträgen der Länder die völkerrechtliche Gültigkeit ex nunc.[129]

Im Ergebnis bleiben den Ländern für den Vertragsschluss vor allem die Bereiche der Kulturpolitik,[130] kommunale Angelegenheiten, Sport, Polizei. Die Vertragsschlusskompetenz der Länder steht – wie sich an der auf „Gesetzgebung" bezogenen Ausnahme zu Art 32 Abs 1 GG in dessen Abs 3 erweist – unter dem Vorbehalt, dass es sich nicht um (auf Vollzug durch Gesetzgebung angelegte) Verträge über ihre „politischen Beziehungen" (vgl Art 59 Abs 2 Satz 1 GG u dazu u Rn 95 ff) handelt. Ob der Bund in Bereichen, die ausschließlich der Gesetzgebung der Länder unterliegen, neben den Ländern über eine Vertragsschlusskompetenz verfügt, ist seit jeher umstritten und Gegenstand der sog Lindauer Absprache,[131] deren Rechtsnatur und Verfassungsmä- 68

---

125 Hierzu ausführlich mit rechtsvergleichenden und historischen Bezügen *Fassbender,* Der offene Bundesstaat, 2007.
126 Vgl dazu BVerfGE 1, 351, 366; 2, 347, 374; *Mosler,* Die Auswärtige Gewalt im Verfassungssystem der Bundesrepublik Deutschland, FS Bilfinger, 1954, 261; *Calliess,* in HdbStR IV, 3. Aufl 2006, § 83 Rn 54; zur Ausklammerung des Heiligen Stuhls BVerfGE 6, 309, 362.
127 Nicht den Gemeinden; sie können öffentlich-rechtliche Verträge mit ausländischen Pendants schließen, wenn Rechtsvorschriften gleich welcher Quelle nicht entgegenstehen, s § 54 VwVfG und für den vorliegenden Zusammenhang *Beyerlin,* Rechtsprobleme der lokalen grenzüberschreitenden Zusammenarbeit, 1988.
128 Anders jedoch *Fassbender,* „Staatliche Befugnisse und Aufgaben" im Sinne von Art. 30 GG als innere und auswärtige Kompetenzen des Bundes und der Länder, DÖV 2011, 714 ff, der den Ländern eine auswärtige Kompetenz direkt aus Art 30 GG zusprechen will.
129 Ebenso *Rojahn* (Fn 27) Art 32 Rn 33; aA *Maunz,* in Maunz/Dürig (Fn 123) Art 32 (Erstbearbeitung) Rn 51 f; *Magiera,* Außenkompetenzen der deutschen Länder, in Lüder (Hrsg), Staat und Verwaltung, 1997, 97 (101).
130 Soweit sie nicht „auswärtige" Kulturpolitik ist, s dazu *Köstlin,* Die Kulturhoheit des Bundes, 1989, 62 ff.
131 Verständigung zwischen Bundesregierung und den Staatskanzleien der Länder über das Vertragsschließungsrecht des Bundes v 14.11.1957, ZaöRV 20 (1959/60) 116 ff.

ßigkeit ebenfalls umstritten sind.[132] Soweit der Bund in Kulturabkommen mit auswärtigen Staaten Vereinbarungen trifft, die sich auf den Bereich der Länderzuständigkeit erstrecken, pflegt er „Rücksicht" zu nehmen durch Klauseln, die die völkerrechtliche Verpflichtung der BR Deutschland begrenzen auf dasjenige, was innerstaatlich kompetenziell erreichbar ist.[133] Die Länder ihrerseits gelten hinsichtlich der Ausführung solcher Verträge als durch den allgemeinen Grundsatz der „Bundestreue" in die Pflicht genommen.[134]

69   Für jeden danach materiell zulässigen Vertragsschluss bedürfen die Länder der Zustimmung der Bundesregierung; erst diese Zustimmung bringt die völkerrechtliche Vertragsschlussfähigkeit hervor. Ein Rechtsanspruch auf Erteilung der Zustimmung mag ihnen theoretisch unter dem Gesichtspunkt vom Prinzip der Bundesstaatlichkeit allgemein gebotener Verhaltenspflichten des Bundes erwachsen, wenn die Weigerung gleichsam willkürlich wäre; praktische Bedeutung hat das nicht.

70   Dass (auch, so Rn 67) Art 32 Abs 3 GG ausdrücklich nur von auswärtigen Staaten spricht, ermächtigt die Länder nicht etwa, mit anderen Völkerrechtssubjekten über außerhalb der Landesgesetzgebungsbefugnis angesiedelte Materien zu kontrahieren. Eine etwaige Zustimmung der Bundesregierung zum Vertragsschluss der Länder über Materien, die der Bundesgesetzgebung unterliegen, würde daran nichts ändern. Das Zustimmungserfordernis besteht insofern unabhängig von der Vertragsschlussbefugnis; sie kann nicht durch eine Disposition der Bundesregierung hervorgebracht werden – auf Kompetenzen kann nicht „verzichtet" werden.

71   Sind die Länder zum Vertragsschluss befugt und stimmt die Bundesregierung dem zu, so richten sich die weiteren Verfahrens- sowie Sachanforderungen an die Gültigkeit und Wirkung solcher Verträge für den Rechtsraum des jeweiligen Landes nach dessen Verfassungsrecht. Ausdrückliche Regelungen zur Umsetzung von Völkervertragsrecht finden sich dort allerdings nirgends.

72   Die Präponderanz des Bundes bei dem Abschluss völkerrechtlicher Verträge wird verfahrensrechtlich abgefedert durch Art 32 Abs 2 GG. Danach ist vor dem Abschluss eines völkerrechtlichen Vertrags (durch den Bund), der die besonderen Verhältnisse eines Landes berührt, das Land „rechtzeitig zu hören". Die Vorschrift ist recht strikt. Sie stellt auf den „Abschluss" des Vertrags ab und meint damit den zeitlich letzten Akt der Bundesgewalt, der zum völkerrechtlichen Inkrafttreten des Vertrags vorausgesetzt ist, regelmäßig also die Ratifikation als Erklärung gegenüber dem Vertragspartner, die innerstaatlichen Voraussetzungen des Vertragsschlusses seien erfüllt. Es kommt also nicht etwa auf den (vorherigen) Erlass eines ggf gebotenen Zustimmungsgesetzes (s u Rn 104 ff) an. Im bundesstaatlichen Kontext kann und wird regelmäßig eine frühe Gewähr der Anhörungschance geboten sein. Sie darf – das belegt die Wendung „rechtzeitig" – nicht zur bloßen Förmlichkeit entarten; das betroffene Land muss Gelegenheit erhalten, seine Interessen hinreichend substantiell zur Geltung zu bringen.

73   Die „besondere" Berührung kann, der Wortlaut des Art 32 Abs 2 GG lässt das etwas offen, durchaus auch mehrere Bundesländer zugleich betreffen (Bsp: diejenigen der nordostdeutschen

---

132 Zum Ganzen eingehend *Rojahn* (Fn 129) Rn 49 ff mwN; sa *Papier*, Abschluss völkerrechtlicher Verträge und Föderalismus – Lindauer Abkommen, DÖV 2003, 265 ff; *Bücker/Köster*, Die ständige Vertragskommission der Länder, JuS 2005, 976 ff. Zum Problem der Behandlung völkerrechtlicher Verträge im Bereich der EU s *Clostermeyer/Lehr*, Ländermitwirkung bei völkervertraglichem Handeln auf EU-Ebene, DÖV 1998, 148 ff; *Melin*, Die Rolle der Bundesländer im Europäischen Rechtsetzungsverfahren nach Lissabon, EuR 2011, 655 ff.
133 „Bemühensklauseln", s beispielhaft im mit Vietnam abgeschlossenem Abkommen über kulturelle Zusammenarbeit v 6.3.1991, BGBl 1991 II, 1050.
134 Vgl *Mosler*, Kulturabkommen des Bundesstaats, ZaöRV 16 (1955/56) 33 f. Soweit der Bund jedoch kompetenzwidrig in den Bereich der Länderzuständigkeit eingegriffen hat, kann auch das Zustimmungsgesetz gemäß Art 59 Abs 2 Satz 1 GG nicht nachträglich diesen Fehler beseitigen, selbst wenn die Länder nach der erwähnten Lindauer Absprache zugestimmt haben. Vgl dazu BVerwG, NVwZ 2011, 752.

Küstenregion). Keine besondere Berührung liegt aber vor, wenn alle Bundesländer gleichermaßen betroffen sind; ihre Belange werden dann allein vom Bundesrat wahrgenommen, wenn und soweit Art 59 Abs 2 GG dessen Beteiligung gebietet.

Soweit ein Vertragsschluss eines Landes den Beitritt zu einer I.O. betrifft, ist zu unterscheiden – dies schon deshalb, weil der Begriff der I.O. unterschiedliche Strukturen erfasst.[135] Die Übertragung von Hoheitsbefugnissen auf I.O. ist in Art 24 Abs 1 GG dem Bund ermöglicht und den Ländern damit verschlossen, wobei ihnen aber Art 24 Abs 1a GG seit 1992 eine Ausnahme für „grenznachbarschaftliche Einrichtungen" eröffnet. Dieser Begriff hat erkennbar einen regionallokalen Bezug.[136] Völkerrechtlich wie innerstaatlich ist die Zustimmung der Bundesregierung Wirksamkeitsvoraussetzung. 74

Misst Art 32 GG die Vertragsschlusskompetenzen von Bund und Ländern in einer Weise zu, die iE die Formulierung erlaubt, die Auswärtige Gewalt[137] liege im Schwerpunkt beim Bund (woran Art 24 Abs 1a GG Wesentliches nicht ändert), so versucht *Art 23 GG* seit 1992 für den Fortgang der europäischen Integration, die nach außen hin den Bund, nicht die Länder betrifft, dem inneren Zusammenspiel von Bund und Ländern einen neuen Rahmen zu geben. Hier geht es um die Willensbildung im Bund, nach außen nicht allein und nicht im Schwerpunkt um Vertragsschlüsse (s aber Art 23 Abs 1 Satz 3: „Änderungen [der] vertraglichen Grundlagen und vergleichbare Regelungen"), sondern um die deutsche „Mitwirkung" bei der Verwirklichung der Integration (s schon o Rn 21ff).[138] Der vielfach diagnostizierten Erosion der vom Grundgesetz vorgesehenen Rolle der Länder in ihrem Verhältnis zum Bund sollte verfassungspolitisch dadurch begegnet werden, dass der *Bundesrat* in Art 23 Abs 2, 4 bis 6 GG[139] je nach der Intensität einer Berührung von Länderinteressen stärkere Einwirkungschancen auf die Willensbildung des Bundes bei der Mitwirkung seiner Organe an der weiteren Integration erhielt. Der Verfassungsgesetzgeber hat dabei ein wenig übersichtliches, von unbestimmten Begriffen geprägtes Regelwerk vorgelegt. Seine dirigierende Kraft und seine Justiziabilität sind ebenso bezweifelt worden wie seine Vereinbarkeit mit dem früheren Gemeinschafts- bzw jetzigem Unionsrecht und mit dem Grundgesetz im Übrigen.[140] Als wenig eindeutig erscheint dabei zB auch Art 23 Abs 6 GG,[141] welcher die Wahrnehmung von mitgliedsstaatlichen Rechten der Bundesrepublik durch „einen vom Bundesrat benannten Vertreter der Länder", „unter Beteiligung und in Abstimmung mit der Bundesregierung", „dabei" in „gesamtstaatlicher Verantwortung des Bundes", ins Auge fasst; einem solchen Ländervertreter „soll" die Rechtswahrnehmung vom Bund übertragen werden, „wenn im Schwerpunkt ausschließliche Gesetzgebungsbefugnisse der Länder betroffen" sind. 75

---

135 S *Klein/Schmahl*, 4. Abschn Rn 12ff.
136 Eingehend *Schwarze*, Die Übertragung von Hoheitsrechten auf grenznachbarschaftliche Einrichtungen im Sinne des Art 24 Abs 1a GG, FS Benda, 1995, 311ff; *Grotefels*, Die Novellierung des Art 24 GG, DVBl 1994, 785ff.
137 Zum Begriff s sogleich in Rn 76 Fn 143.
138 Zu diesem Aspekt ferner *Melin* (Fn 132) 655ff.
139 Vgl auch den Regelungsauftrag in Abs 7 und das G über die Zusammenarbeit von Bund und Ländern in Angelegenheiten der EU v 12.3.1993 (BGBl 1993 I, 313), zuletzt geänd durch G v 22.9.2009 (BGBl 2009 I, 3031) sowie das G über die Wahrnehmung der Integrationsverantwortung des Bundestages und des Bundesrates in Angelegenheiten der Europäischen Union v 22.9.2009 (BGBl 2009 I, 3022), mit welchen der Gesetzgeber auf die *Lissabon*-Entscheidung des BVerfG reagierte.
140 Vgl für Hinweise und eine Einordnung dieser Kritik *Kunig*, Mitwirkung der Länder bei der europäischen Integration, FS C. Heymanns Verlag, 1995, 591ff; *Hrbek*, Der deutsche Bundesstaat in der EU. Die Mitwirkung der deutschen Länder in EU-Angelegenheiten als Gegenstand der Föderalismus-Reform, FS Zuleeg, 2005, 256ff; *Isensee*, Bundesland in Europa, NdsVBl 2015, 1 (3f).
141 Auch dazu *Kunig* (Fn 140); mit anderem Akzent etwa *Breuer* (Fn 37) 428; *Herdegen* (Fn 33) 593; rechtsvergleichend *Stumpf*, Mitglieder von Regionalregierungen im EU-Ministerrat – Ein Vergleich zwischen den Rahmenbedingungen nach europäischem, deutschem und britischem Recht, EuR 2002, 275ff.

c) Repräsentation nach außen: Die Befugnisse des Bundespräsidenten

76 Diejenige Bestimmung des Grundgesetzes, die die Voraussetzungen für eine innerstaatliche Bedeutung völkerrechtlicher Verträge regelt und für das Maß dieser Bedeutung die Weiche stellt, nämlich *Art 59 Abs 2 GG*, ist systematisch im Abschnitt über den Bundespräsidenten angesiedelt. Verständlich wird dies vor dem Hintergrund der Verfassungsgeschichte: Im monarchischen System war auch in Deutschland das Staatsoberhaupt der „eigentliche"[142] Träger der Auswärtigen Gewalt,[143] was sich fortgeführt sah in der Weimarer Verfassung, deren Art 45 wiederum das Vorbild abgab für Art 59 GG. Dass die Rolle des Bundespräsidenten unter dem Grundgesetz völlig anders umrissen ist als diejenige des Reichspräsidenten (was mit zu den gewichtigsten, bewusst gesetzten Unterschieden zwischen beiden Verfassungen gehört),[144] gilt auch für den vorliegenden Zusammenhang. Die Vorschrift räumt – zunächst – dem Bundespräsidenten die Befugnis ein, den Bund völkerrechtlich zu „vertreten", in seinem Namen die Verträge des Bundes mit auswärtigen Staaten abzuschließen, schließlich „die Gesandten" zu „beglaubigen" und zu „empfangen" (Art 59 Abs 1 Sätze 1 bis 3 GG). Dem angeschlossen ist in Abs 2 das Mitwirkungserfordernis betreffend die gesetzgebenden Körperschaften (des Bundes) für gewisse Verträge, das man sich besser an anderer Stelle im Grundgesetz geregelt denken möchte, denn es geht um das Verhältnis der Bundesregierung zu den gesetzgebenden Körperschaften. Dieses Mitwirkungserfordernis ist demzufolge hier gesondert zu behandeln (su Rn 86 ff), ebenso die mit ihm notwendigerweise verbundenen Rechtsfolgen (su Rn 115 ff).

77 Völkerrechtliche Vertretungsbefugnis bedeutet die Zuständigkeit zur Abgabe und Entgegennahme von staatlichen Erklärungen im Außenverhältnis, also gegenüber anderen Subjekten des Völkerrechts (erneut auch hier, wie bei Art 32 GG:[145] nicht nur gegenüber Staaten). Gemessen an der Begrifflichkeit des Zivilrechts ist der Terminus „Vertretung" missverständlich, sofern er an „Bevollmächtigung" zur Abgabe von Erklärungen in fremdem Namen (vgl §§ 164 ff BGB) denken lässt. Der Bundespräsident handelt vielmehr als Organ des sich erklärenden und Erklärungen entgegennehmenden Bundes. Die völkerrechtliche Vertretungsbefugnis des Bundespräsidenten umgreift alle unmittelbar rechtserheblichen Erklärungen (nicht also zB: Reden)[146] in den internationalen Beziehungen, von denen aber Art 59 Abs 1 Satz 2, 3 GG nur einen Ausschnitt anspricht, nämlich Erklärungen im Zusammenhang mit dem Vertragsschluss und solche, welche diplomatisches Personal betreffen. Damit wird Art 59 Abs 1 Satz 1 GG nicht etwa eingeschränkt, vielmehr handelt es sich um eine beispielhafte Hervorhebung der wichtigsten Anwendungsfälle.[147]

78 *Jede* völkerrechtliche Vertretung der BR Deutschland muss auf den Bundespräsidenten wenigstens rückführbar sein – was andererseits nicht bedeutet, dass er solche Erklärungen in Person abgeben müsste. Vielmehr besteht die *Befugnis zur Delegation*, die der Bundespräsident – verbreiteter Ansicht nach[148] – auch stillschweigend und (nicht unbedenklich) iSe Generalvollmacht vornehmen kann. Die Staatspraxis ist hierzu etwas unübersichtlich; etwa die Aussprache der Anerkennung eines Staates[149] haben Bundespräsidenten selbst vorgenommen oder die Bun-

---

142 So *Grewe*, Auswärtige Gewalt, in HdbStR III, 2. Aufl 1996, § 77 Rn 40.
143 Zum Begriff *Calliess* (Fn 126) Rn 1 ff; krit zu der Begriffsprägung etwa *Tomuschat*, Der Verfassungsstaat im Geflecht der internationalen Beziehungen, VVDStRL 36 (1978) 23; *Pernice*, Aussprache und Schlussworte zum ersten Beratungsgegenstand: Kontrolle der auswärtigen Gewalt, VVDStRL 56 (1996) 117: „eigentlich überholt"; einführend *Kunig*, Auswärtige Gewalt, Jura 1993, 554 ff; umfassend die Berichte zum ersten Beratungsgegenstand („Kontrolle der auswärtigen Gewalt") von *Hailbronner* u *Wolfrum*, VVDStRL 56 (1996) 7 ff u 38 ff.
144 Dazu *Kunig*, Der Bundespräsident, Jura 1994, 217 ff.
145 Vgl o Rn 67, 70.
146 Dazu zB *Fastenrath*, Kompetenzverteilung im Bereich der Auswärtigen Gewalt, 1986, 202 ff; aA *Maunz* (Fn 129) Art 59 (Erstbearbeitung) Rn 5.
147 Vgl nur *Seidel*, Der Bundespräsident als Träger der auswärtigen Gewalt, 1972, 63.
148 Vgl etwa BVerfGE 68, 1, 82.
149 Zur Anerkennung von Staaten vgl *Kau*, 3. Abschn Rn 178 ff.

desregierung dazu für den Einzelfall ermächtigt. Es ist durchaus zweifelhaft, ob es der Konstruktion einer stillschweigenden Ermächtigung überhaupt bedarf, noch zweifelhafter, ob in diesem Zusammenhang die problematische Kategorie des Verfassungsgewohnheitsrechts bemüht werden sollte. Andererseits sind in der Praxis des auswärtigen Verkehrs eine Vielzahl von rechtserheblichen Erklärungen nach außen abzugeben, so dass es verständlich erscheint, Recht und Tatsachen durch derartige dogmatische Erklärungsversuche in Übereinstimmung bringen zu wollen.[150]

Eine Befugnis zur politischen (Mit-)Gestaltung von Außenpolitik gibt Art 59 Abs 1 GG dem – parlamentarisch nicht verantwortlichen – Bundespräsidenten nicht. Insofern beschneiden die allgemeinen Grundsätze (Art 65 Satz 1, 2, Art 58 Satz 1 GG – Erfordernis der *Gegenzeichnung*) staatsrechtlich seinen Handlungsspielraum erheblich. „Materielle auswärtige Gewalt" steht dem Bundespräsidenten nicht zu.[151] Er hat im Anwendungsfeld des Art 59 Abs 1 GG *kein „politisches Vetorecht"*,[152] ein Prüfungsrecht besitzt er im Übrigen nur insoweit, als er nicht verpflichtet ist, evidenten Verfassungs-[153] und Völkerrechtsverstößen die Hand zu reichen.[154]   79

d) Die Rolle der Bundesregierung

Das Grundgesetz umschreibt den Aufgabenbereich der Bundesregierung nicht, er kann (unvollständig) nur aus organisatorischen Vorschriften erschlossen werden. Obwohl die Bundesregierung in dem auswärtige Angelegenheiten betreffenden Organisationsrecht kaum erwähnt wird (abgesehen von dem neuen Art 23 GG), scheint weitgehende Übereinstimmung zu bestehen, dass das *„Schwergewicht" der Auswärtigen Gewalt bei der Bundesregierung* liegt.[155] Uneinigkeit herrscht aber darüber, ob gleichsam eine nur im Einzelfall anhand positiven Verfassungsrechts widerlegbare Vermutung für die Ausschließlichkeit der in Art 65 GG angesprochenen Befugnisse von Bundeskanzler bzw Bundesregierung streite.[156]   80

Diese über einen längeren Zeitraum eher theoretisch diskutierte Frage[157] hat im Zusammenhang mit den politischen Auseinandersetzungen um *Auslandseinsätze der Bundeswehr*[158] ab 1993 an Aktualität gewonnen und war in diesem Zusammenhang Gegenstand des solche Einsätze im Rahmen von NATO-, WEU- und UN-Militäraktionen betreffenden Urteils des Bundesverfassungsgerichts v 12.7.1994.[159] Zu Recht hielt das Gericht daran fest, dass Akte der Auswärtigen   81

---

150 Dazu auch *Kimminich*, Das Staatsoberhaupt im Völkerrecht, AVR 26 (1988) 153 ff, der im Übrigen (ebd 157) zu Recht darauf hinweist, dass Art 59 Abs 1 GG insoweit im Zusammenhang mit Art 7 Nr 2 a, Art 46 WVK zu sehen ist.
151 Vgl dazu *Mosler* (Fn 126) 250; *Grewe* (Fn 142) Rn 40 mit Fn 37.
152 *Schlaich*, in HdbStR II, 2. Aufl 1998, § 49 Rn 49; anders früher etwa *Mosler* (Fn 126) 281 f.
153 Dazu mwN zum Streitstand *Kunig* (Fn 144) 219 ff.
154 Weitergehend *Nettesheim*, in HdbStR III, 3. Aufl 2005, § 62 Rn 44 f; restriktiver *Calliess* (Fn 126) Rn 16 f.
155 So *Fastenrath* (Fn 146) 215 f, der im Übrigen von einer „Querschnittsfunktion" spricht; vgl auch *Menzel*, Die auswärtige Gewalt der Bundesrepublik in der Deutung des Bundesverfassungsgerichts, AöR 79 (1953/54) 349 f: „kombinierte" Gewalt; den seither eingetretenen „Trend zur Parlamentarisierung der auswärtigen Gewalt" zeichnet *Wolfrum* (Fn 143) 62 f nach.
156 So die Rspr seit BVerfGE 1, 372, 394; s ferner E 68, 1, 87; zu in den 1950er Jahren begonnenen Auseinandersetzungen in der Lehre darüber, ob dies dem grundgesetzlichen Demokratieprinzip entspreche, gibt *Calliess* (Fn 126) Rn 35 ff einen – kritischen – Überblick.
157 Für einen verfassungsvergleichenden Eindruck s die Beiträge in Chicago-Kent LR 67 (1991) 293 ff (Symposium on Parliamentary Participation in the Making and Operation of Treaties).
158 Vgl zur Bundespolizei die Regelung in § 8 BPolG, BGBl 1994 I, 2978, zuletzt geänd durch Art 4 des G v 20.6.2013, BGBl I, 1602. S ferner *Pudlas*, Der Schutz deutscher Staatsbürger im Ausland als verfassungsrechtliche Aufgabe der Streitkräfte im Rahmen der Personalverteidigung, Jura 2012, 426 ff.
159 BVerfGE 90, 286 ff; dazu eingehend zB *Stein/Kröninger*, Bundeswehreinsatz im Rahmen von NATO-, WEU- bzw UN-Militäraktionen, Jura 1995, 254 ff; *Riedel*, Die Entscheidung des Bundesverfassungsgerichts zum Bundeswehreinsatz im Rahmen von NATO-, WEU- bzw UN-Militäraktionen, DÖV 1995, 135 ff; *Depenheuer*, Der verfassungsrechtliche Verteidigungsauftrag der Bundeswehr, DVBl 1997, 685 ff; *Limpert*, Auslandseinsatz der Bundeswehr,

Gewalt nach dem von Art 20 Abs 2 GG umrissenen Modell grundsätzlich dem Kompetenzbereich der Regierung zugeordnet sind, wenn und soweit nicht andere Vorschriften etwas anderes bestimmen, wie für „politische Verträge" in Art 59 Abs 2 Satz 1 GG geschehen. Andere völkerrechtliche Verträge und nichtvertragliche Akte der Außenpolitik (auch solche, die „politische" Beziehungen regeln) unterliegen allein der Kompetenz der Bundesregierung.[160] Art 59 Abs 2 Satz 1 GG beinhaltet auch *kein Vertragsformgebot*. Er bezieht sich allein auf neue vertragliche Regelungen bzw auf Änderungen bestehender Verträge, dies auch in der Form konkludenter Änderung, soweit das Völkervertragsrecht dafür Raum gibt. Parlamentarische Zustimmungsbedürftigkeit kann sich nicht aus den das Verhältnis des Völkerrechts zum deutschen Recht allgemein betreffenden Vorschriften, wohl aber aus solchen ergeben, die hiervon unabhängig einen Parlamentsvorbehalt beinhalten, wie bei Grundrechten, im Haushaltsrecht, aber auch bei der Übertragung von Hoheitsrechten nach Art 24 Abs 1 GG. Im Übrigen ist das Parlament auf politische Kontrolle beschränkt.

82 Unpraktikabel und mit den Methoden der Verfassungsinterpretation nicht begründbar ist demgegenüber die Auffassung, auf „fließende" Übergänge zwischen der inhaltlichen Umbildung von Völkervertragsrecht durch Staatenpraxis, insbes auch das als „authentische" Auslegung bezeichnete Phänomen[161] einerseits, der förmlichen Vertragsänderung andererseits, müsse durch eine Erstreckung parlamentarischer Zustimmungsbedürftigkeit auch auf den erstgenannten Bereich reagiert werden.[162] Die parlamentarische Zustimmung umgreift nicht die „Vertragsfortentwicklung" unterhalb der Schwelle förmlicher Änderung. Nur so ist eine trennscharfe Abgrenzung möglich. Sollte sich herausstellen, dass die Völkerrechtsentwicklung in einem Maße zu materieller Änderung von Verhaltenspflichten „innerhalb" bestehender völkerrechtlicher Verträge gelangt, die zu einem bestimmten, in der Vergangenheit liegenden Zeitpunkt erteilte Zustimmungsakte partiell ins Leere laufen ließe, so wäre dies zunächst ein rechtspolitischer Befund. Art 59 Abs 2 GG in gegenwärtiger Gestalt schützt das Parlament davor nicht.[163]

83 Der Tatbestand des Art 59 Abs 2 GG erfasst im Übrigen auch die mit dem Beitritt zu Systemen kollektiver Sicherheit nach *Art 24 Abs 2 GG* verbundenen „Beschränkungen" von Hoheitsrechten (die von deren „Übertragung" nach Art 24 Abs 1, Art 23 GG, vgl schon o Rn 25 ff sowie weiterhin u Rn 129, zu unterscheiden sind). Zu solchen Systemen gehören auch Bündnisse kollektiver Selbstverteidigung und also nicht nur Systeme zur Friedenswahrung unter den jeweili-

---

2002, 20 ff, 45 ff. – Zuvor (Eilverfahren): BVerfGE 88, 173; 89, 38. Später: BVerfGE 100, 266 *(Kosovo-Einsätze)*; BVerfGE 108, 34 *(AWACS – Irak-Krieg)*; dazu *Krajewski*, Das „Parlamentsheer" als Kollateralschaden des Irak-Krieges, AVR 41 (2003) 419 ff; neben den verfassungsrechtlichen auch völkerrechtliche Aspekte beleuchtend *Dreist*, AWACS-Einsatz ohne Parlamentsbeschluss? Aktuelle Fragestellungen zur Zulässigkeit von Einsätzen bewaffneter Streitkräfte unter besonderer Berücksichtigung der NATO-AWACS-Einsätze in den USA 2001 und der Türkei 2003, ZaöRV 64 (2004) 1001 ff; BVerfGE 121, 135 *(AWACS – Türkei)*; dazu *Sachs*, Auslandseinsätze der Bundeswehr und Parlamentsvorbehalt, JuS 2008, 829 ff; BVerfGE 124, 267 *(NATO – Kosovo)*. Ferner *Fischbach*, Die verfassungsgerichtliche Kontrolle der Bundesregierung bei der Ausübung der Auswärtigen Gewalt, 2011.
160 Vgl BVerfGE 90, 286, 358.
161 Vgl zur Auslegung völkerrechtlicher Verträge *Graf Vitzthum*, 1. Abschn Rn 123 f.
162 So vier Richter in BVerfGE 90, 286, 372 ff, die aufgrund dieser Sichtweise das Verhalten der Bundesregierung im Bosnien-Konflikt für verfassungswidrig hielten. Vorsichtig zust *Rojahn* (Fn 27) Art 59 Rn 65 f; zust und generell gegen eine restriktive Auslegung von Art 59 Abs 2 Satz 1 GG *Zivier*, Demontage einer Verfassungsvorschrift? Art 59 Abs 2 S 1 GG in der Rechtsprechung des Bundesverfassungsgerichts, RuP 2003, 20 ff. Vgl auch *Baumbach*, Vertragswandel und demokratische Legitimation, 2008.
163 BVerfGE 104, 151, 206 ff *(Strategisches Konzept der NATO)*; dazu einführend *Rux*, Zur Beteiligung des Bundestages bei der Fortentwicklung eines Systems gegenseitiger kollektiver Sicherheit, JA 2002, 461 ff; s ferner *Sauer*, Die NATO und das Verfassungsrecht, ZaöRV 62 (2002) 317 ff. Angesichts ihrer Unbestimmtheit ist die als differenzierend gedachte Formel *Wolfrums* (Fn 143) 55, wonach es darauf ankomme, ob beim Vertragsschluss sich die generelle Linie der weiteren Entwicklung habe erkennen lassen, wohl nicht weiterführend; zutreffend krit etwa *Tomuschat*, ebd 114 f. S auch BVerfGE 117, 359 u 118, 244 *(Tornado-Einsatz I u II)* sowie 124, 267 ff *(NATO – Kosovo)*.

gen Mitgliedern, mithin trotz aller Unterschiede in Zielrichtung und Struktur etwa NATO und UNO gleichermaßen. Aus der Ermächtigung des Art 24 Abs 2 GG, die zugleich als Grundlage für die Übernahme der mit der Systemzugehörigkeit typischerweise verbundenen Aufgaben zu verstehen ist, ergibt sich auch die verfassungsrechtliche Zulässigkeit von Auslandseinsätzen der Bundeswehr in dem jeweils systembestimmten Rahmen.[164] Art 87a GG steht dem zutreffender Ansicht nach nicht entgegen[165] – übrigens auch nicht anderweitigen Auslandseinsätzen.[166]

Das Bundesverfassungsgericht sah darüber hinaus bereits 1994 auf der Grundlage einer Zusammenschau verschiedener, teils aufgehobener (Art 59a GG),[167] teils ersichtlich im vorliegenden Zusammenhang unergiebiger (Art 45b GG über die Bestellung eines Wehrbeauftragten) Vorschriften, Prinzipien und Postulate einen wehrverfassungsrechtlichen *Parlamentsvorbehalt* betreffend die Entscheidung über Auslandseinsätze im Einzelfall in Geltung.[168] Daraus folgerte es, grundsätzlich (Ausnahmen bei Gefahr im Verzug) sei bei jedem Einsatz bewaffneter Streitkräfte (einschließlich jeder Form von UN-Friedenstruppen)[169] die vorherige Zustimmung (nicht durch Gesetz, sondern durch sog schlichten Parlamentsbeschluss)[170] erforderlich (allerdings keine entsprechende Initiativbefugnis eingeräumt).[171] Genehmigungswirkung kommt der parlamentarischen Entscheidung jedoch nicht zu: Zwar hat die Bundesregierung, sofern sie qua Eilzuständigkeit zur alleinigen Entscheidung berechtigt ist, die nachträgliche Parlamentsbefassung frühestmöglich nachzuholen; ist der Einsatz aber, wie im Fall der Evakuierung deutscher Staatsangehöriger aus Libyen, bereits beendet, so hat es mit der Pflicht zur (unverzüglichen und qualifizierten) Unterrichtung des Bundestags, der dadurch in die Lage versetzt wird, von seinen allgemeinen Kontrollinstrumenten gegenüber der Bundesregierung Gebrauch zu machen, sein Bewenden.[172]

84

Wie auch für die Maastricht-Entscheidung[173] lässt sich erkennen, dass das Bundesverfassungsgericht hier – teilweise in Strapazierung der ihm durch das Prozessrecht gesetzlich überantworteten, dadurch aber auch begrenzten Entscheidungszuständigkeit – auf dogmatisch schwierigen Wegen nach einem Ausgleich zwischen außenpolitischen Erwartungen an die BR Deutschland im Zuschnitt nach der Wiedervereinigung und innenpolitischen Bestrebungen in Skepsis gegenüber (hier: militärischer) Integration gesucht hat. Man mag das für iE „ausnahmsweise gerechtfertigt"[174] halten. Doch überforderte das Gericht hier das Verfassungsrecht. Wurde in diesem Unterabschnitt eingangs die im Bereich der Auswärtigen Gewalt leitende Rolle der Bundesregierung gegenüber der Legislative betont, so ist dies auch für ihren verfassungsrechtlich gewollten Vorrang vor dem Bundesverfassungsgericht zu un-

85

---

164 Dazu unter Würdigung des Streitstandes BVerfGE 90, 286, 345 ff; ferner etwa *Randelzhofer* (Fn 123) Art 24 II Rn 11.
165 BVerfGE 90, 286, 355 ff.
166 Zum Streitstand *Randelzhofer* (Fn 164) Rn 43 ff mwN zur Gegenauffassung; ausführlich auch *Fassbender*, in HdbStR XI, 3. Aufl 2013, § 244 Rn 60 ff. Der derzeitige Bundeswehreinsatz im Nordirak zur Unterstützung irakischer Sicherheitskräfte im Kampf gegen die Terrororganisation „Islamischer Staat" findet mangels bindender SR-Res nicht auf Grundlage von Art 24 Abs 2 GG statt; weder genügt insoweit die Feststellung einer „Bedrohung für den Weltfrieden und die internationale Sicherheit", noch entspricht das Zusammenwirken von derzeit rd sechzig Staaten („Koalition der Willigen") den Anforderungen an ein System kollektiver Sicherheit. Die Verfassungsmäßigkeit der Mission im Irak hängt daher von der Auslegung des Art 87a Abs 2 GG ab, dazu *Ladiges*, Verfassungsrechtliche Grundlagen für den Einsatz der Streitkräfte, JuS 2015, 598 (602).
167 S die Fassung v 19.3.1956, BGBl I, 111, aufgehoben durch G v 24.6.1968, BGBl I, 709.
168 BVerfGE 90, 286, 381 ff.
169 *Klein/Schmahl*, 4. Abschn Rn 205.
170 Dazu *v. Münch/Mager*, Staatsrecht I, 7. Aufl 2009, 144 f.
171 Vgl auch BVerfGE 121, 135 ff; BVerfGE 124, 267 ff. S zum Ganzen ferner *Fischbach* (Fn 159).
172 BVerfG, JZ 2016, 37 ff (Rn 87, 95 ff); dazu *Sauer*, ebd 46 ff.
173 Vgl o Rn 26.
174 So *Nolte*, Bundeswehreinsätze in kollektiven Sicherheitssystemen, ZaöRV 54 (1994) 652 (683 f).

terstreichen.[175] Mit dem am 24.3.2005 in Kraft getretenen Gesetz über die parlamentarische Beteiligung bei der Entscheidung über den Einsatz bewaffneter Streitkräfte im Ausland (Parlamentsbeteiligungsgesetz)[176] hat der Gesetzgeber allerdings dem Hinweis des Gerichts, jenseits der in seinem Urteil dargelegten Mindestanforderungen und Grenzen des Parlamentsvorbehalts für den Einsatz bewaffneter Streitkräfte sei es Aufgabe des Gesetzgebers, Form und Ausmaß der parlamentarischen Mitwirkung näher auszugestalten,[177] entsprochen und für diese Rechtsprechung eine gesetzliche Grundlage geschaffen.[178] Deren Bedeutung relativiert sich allerdings insofern, als das Bundesverfassungsgericht die genuin verfassungsrechtliche Qualität des Gebots parlamentarischer Beteiligung betont.[179] Nicht geklärt ist weiterhin, welche Spielräume dem Bundestag bleiben, wenn sich die BR Deutschland entschlösse, mit der UNO einen Vertrag gemäß Art 43 UN-Charta[180] abzuschließen. Richtiger Ansicht nach wäre dann für eine Ablehnung des Einsatzes in concreto kein Raum.[181]

e) Das Erfordernis der Mitwirkung von Bundestag und Bundesrat

86 Der Bundespräsident und die Bundesregierung können im – völkerrechtlichen – Außenverhältnis auch dann vertragliche Bindungen der BR Deutschland herbeiführen, wenn der Wille des Parlaments dem entgegensteht, und ungeachtet der Frage, ob innerstaatliches Recht, selbst Verfassungsrecht, der Einhaltung des Vertrags entgegensteht: Nach allgemeinem Völkerrecht kann innerstaatliches Recht dem Anspruch auf Erfüllung eines Vertrags oder aus einer Vertragsverletzung resultierender sekundärer Folgen nicht entgegengehalten werden (vgl Art 27 WVK). Verletzungen innerstaatlicher Zuständigkeitsregelungen berechtigen dazu nur bei „Offenkundigkeit" und auch nur dann, wenn es sich um eine Vorschrift von „grundlegender Bedeutung" handelt (vgl Art 46 WVK).[182]

87 Auch vor diesem Hintergrund ist *Art 59 Abs 2 GG* zu sehen. Er verlangt die Beteiligung von Verfassungsorganen, insbes und zunächst des Bundestags als Parlament, ggf des Bundesrats als des die Länderinteressen wahrnehmenden Bundesorgans. Diese Beteiligung erfolgt nicht bereits bei dem Abschluss des Vertrags (wie in einigen anderen Staaten), ist aber Voraussetzung des Inkrafttretens des Vertragsgesetzes – und damit der innerstaatlichen Geltung des umgesetzten Vertragsinhalts. Das veranlasst die Bundesregierung zur Suche nach dem Konsens mit dem Parlament und beugt der Entstehung von innerstaatlichen Normkonflikten vor, kann freilich die Möglichkeit eines Auseinanderklaffens zwischen völkerrechtlich Geschuldetem und innerstaatlich Zulässigem nicht verhindern, ja leistet ihm geradezu Vorschub, sofern nämlich bei dem Vertragsschluss nicht Vorkehrungen dagegen getroffen werden, dass der Vertrag ohne die Erfüllung der Voraussetzungen des Art 59 Abs 2 GG in Kraft tritt. Solche Vorkehrungen, nämlich die Vereinbarung des Erfordernisses der Ratifikation, werden deshalb für Verträge, die dem Anwendungsbereich des Art 59 Abs 2 GG unterfallen, regelmäßig getroffen. Ratifikation bedeutet dabei

---

175 Vgl in diesem Zusammenhang – als Beispiel für (verfassungs-)gerichtliche Zurückhaltung – für die USA *Franck/Glennon*, Foreign Relations and National Security Law, 4. Aufl 2011.
176 BGBl 2005 I, 775 f.
177 BVerfGE 90, 286, 381 ff.
178 S dazu *Rau*, Auslandseinsatz der Bundeswehr: Was bringt das Parlamentsbeteiligungsgesetz?, AVR 44 (2006) 93 ff; *Schröder*, Das neue Parlamentsbeteiligungsgesetz, NJW 2005, 1401 ff; zu Hintergründen und Gesetzgebungsverfahren: *Burkiczak*, Ein Entsendegesetz für die Bundeswehr?, ZRP 2003, 82 ff.
179 BVerfG, JZ 2016, 33 ff (Rn 71).
180 Zum Kontext *Kunig*, Völkerrecht als Öffentliches Recht, GS Grabitz, 1995, 325 ff.
181 Ähnliche Wertung wie hier bei *Hailbronner* (Fn 142) 33 f. Vgl in diesem Zusammenhang die knappe Bemerkung in BVerfGE 90, 286, 388: „Freilich ist der Bundestag bei seiner Beschlussfassung an die mit seiner Zustimmung zustande gekommenen Festlegungen über den Einsatz bewaffneter Streitkräfte gebunden."
182 Vgl *Graf Vitzthum*, 1. Abschn Rn 126.

die nach außen hin abgegebene Erklärung, dass die innerstaatlichen Voraussetzungen an die Beteiligung erfüllt sind, um damit die Zustimmung zur Vertragsbindung zu bekunden. Diese Erklärung hat gemäß Art 59 Abs 1 Satz 1, 2 GG regelmäßig der Bundespräsident abzugeben. Nicht der Bundestag ratifiziert also, vielmehr schafft er die (ggf: eine) Voraussetzung für die Ratifikation. In der Staatspraxis wird dennoch – unscharf – nicht selten vom „Ratifikationsgesetz" gesprochen. Da viele Staaten, im Grunde alle, die sich infolge ihres Demokratieverständnisses oder auch aus föderalen Gründen hierzu veranlasst sehen, innerstaatliche Mitwirkungsrechte im Vertragsabschlussverfahren vorsehen, werden völkerrechtliche Verträge von Belang regelmäßig und unproblematisch unter das *Ratifikationserfordernis* gestellt. Auch das allgemeine Völkerrecht, wie es die *Wiener Vertragsrechtskonvention* niederlegt, trägt dem Rechnung (vgl Art 14 WVK).[183]

Art 59 Abs 2 GG spricht von „Verträgen" und bezieht sich damit, wie die systematische Zusammenschau mit Art 59 Abs 1 Satz 2 GG erweist, auf „Verträge mit auswärtigen Staaten", was aber heißt: solche mit anderen Völkerrechtssubjekten, wenn diese Verträge nicht ausnahmsweise privatrechtlich zu qualifizieren sind. Es befremdet etwas, die systematisch veranlasste Einschränkung auf Verträge mit *„auswärtigen Staaten"* – unter Dehnung des Wortlauts – auf *„alle Völkerrechtssubjekte"* erweitert zu sehen; dies ist indes teleologisch zwingend geboten. Zur Zeit der Verfassungsgebung kannte die Völkerrechtsordnung im Wesentlichen nur Staaten als ihre Berechtigten und Verpflichteten, mithin als vorstellbare Vertragsparteien. Die seither eingetretene Erweiterung des Kreises der Völkerrechtssubjekte (insbes auf I.O., jedoch auch etwa auf sog Befreiungsbewegungen) gebietet es aus innerstaatlicher Sicht zwingend, auch den völkerrechtlichen Vertragsschluss mit solchen Subjekten dem Art 59 Abs 2 GG zu unterwerfen.[184] 88

Nur der Vertragsschluss bedarf der Beteiligung, damit nach dem eindeutigen Wortlaut also nicht die eine rechtliche Verpflichtung herbeiführende einseitige Erklärung (wie zB ein völkerrechtliches Versprechen). *Einseitige Erklärungen* können sich allerdings auf den Beitritt zu einem (multilateralen) Vertrag, insbes auch den Beitritt zu I.O. richten. Es muss dann kein (neuerlicher) Vertragsschluss der Mitglieder dieser Organisation mit dem aufzunehmenden Staat erfolgen, vielmehr kann eine Organisation die Aufnahme durch Beschluss vorsehen. Ein Bsp bietet Art 4 Abs 2 UN-Charta, wonach die Beschlüsse von Generalversammlung und Sicherheitsrat iVm dem Ansuchen um Mitgliedschaft die vertraglichen Bindungen unter den Mitgliedern, nicht nur solche im Verhältnis der Organisation zum neuen Mitglied, herbeiführen. Die Beitrittserklärung substituiert hier die völkerrechtliche Handlung „Ratifikation"; verfassungsrechtlich steht sie dem Vertragsschluss iSv Art 59 Abs 2 GG gleich.[185] 89

Die Erklärung von *Vorbehalten* zu einem Vertrag bedarf hingegen der Mitwirkung nicht, ebenso wenig die *Kündigung* oder etwa die einseitige Übernahme besonderer Pflichten im Rahmen eines Vertragsverhältnisses (wie die Unterwerfung unter die Gerichtsbarkeit eines vertraglich errichteten streitentscheidenden Organs). Hier bewendet es bei der Zustimmung zum zugrunde liegenden Vertrag. Sieht ein in Kraft befindlicher Vertrag den Abschluss weiterer Verträge vor, so kommen sie hingegen für eine Mitwirkung der gesetzgebenden Körperschaften in Betracht. Insbes hinsichtlich der Vorbehalte und der Kündigung, die in ihren Auswirkungen der Neubegründung einer Rechtslage durch Vertragsschluss nahe kommen können, ist die fehlende Mitwirkungsbedürftigkeit rechtspolitisch kritisierbar,[186] dennoch an- 90

---

[183] *Dahm/Delbrück/Wolfrum* (Fn 50) 123 sprechen in diesem Zusammenhang von einer „Rezeption" des Verfassungsrechts durch Völkerrecht.
[184] Vgl schon o Rn 67 im Zusammenhang mit Art 32 Abs 1 GG.
[185] Ebenso iE etwa *Bernhardt*, Bundesverfassungsgericht und völkerrechtliche Verträge, in Bundesverfassungsgericht und Grundgesetz, FG BVerfG, Bd II, 1976, 154 (163); ausdrücklich für analoge Anwendung des Art 59 Abs 2 GG *Zuleeg*, in Wassermann (Fn 22) Art 59 Rn 45.
[186] Vgl dazu *Kokott*, Art 59 Abs 2 GG und einseitige völkerrechtliche Akte, FS Doehring, 1989, 512 ff; *Schweisfurth*, Vorbehalte und Erklärungen beim Abschluss völkerrechtlicher Verträge, in Geiger (Hrsg), Völkerrechtlicher Vertrag

gesichts des Wortlauts von Art 59 Abs 2 GG eindeutig nicht eingeführt. Hier wurden Linien der deutschen Verfassungstradition fortgeführt, die von der Rechtslage in einigen anderen Staaten durchaus abweichen. Die darin liegende Eröffnung außenpolitischen Handlungsspielraums für die Bundesregierung kann mit Mitteln der Verfassungsinterpretation nicht beseitigt werden.[187]

91 Wie der Abschluss, so bedarf die förmliche *Änderung* mitwirkungsbedürftiger Verträge ihrerseits der Mitwirkung.[188] Für mitwirkungsbedürftige vertragliche Änderungsbestimmungen ist das selbstverständlich, gilt jedoch grundsätzlich auch für Änderungen, die ihrem Inhalt nach nicht mitwirkungsbedürftig sind oder vertragliche Bestimmungen ändern, für die eine Mitwirkungsbedürftigkeit nicht anzunehmen war. Diese Konstellation lässt an die Rechtslage bei der Änderung von Bundesgesetzen denken, welche der Zustimmung des Bundesrates bedürfen.[189] Dort wird nach unterschiedlichen Kriterien differenziert, was vorliegend eine Parallele findet. So soll es darauf ankommen, ob die nicht ausdrücklich geänderten Bestimmungen eine „wesentlich andere Bedeutung und Tragweite" erhalten.[190] Derartige Formeln sind allerdings recht unscharf und im Einzelfall nur schwer in einer den Anforderungen der Rechtssicherheit genügenden Weise zu handhaben. Die Kontrollfunktion des Vertragsgesetzes kann am besten erfüllt werden, wenn die gesetzgebenden Körperschaften selbst die Möglichkeit der Entscheidung darüber erhalten, ob die beabsichtigte Änderung den Vertrag in einer Weise umformt, die eine frühere Billigung in Frage stellt. Andererseits ist zu bedenken (aber hinzunehmen), dass dann ein ursprünglich gebilligter Vertrag iE durchaus häufig (nämlich bei jeder noch so geringfügigen Änderung, die die Vertragsparteien für geboten halten) auf den parlamentarischen Prüfstand geraten kann. Das mag die Bundesregierung (bzw die Vertragspartner) dazu anhalten können, bei politisch umstrittenen Verträgen sich auch gegen unproblematische Änderungen zu sperren bzw aus „taktischen" Gründen auf das Zustimmungserfordernis zu verweisen.

92 Nicht alle völkerrechtlichen Verträge der Bundesrepublik mit Völkerrechtssubjekten bedürfen parlamentarischer Mitwirkung. Die *Einschränkung* ergibt sich aus Art 59 Abs 2 Satz 1 GG selbst: Nur Verträge, „welche die politischen Beziehungen des Bundes regeln oder sich auf Gegenstände der Bundesgesetzgebung beziehen", sind erfasst. Damit sind zwei Gruppen völkerrechtlicher Verträge besonders angesprochen. Die Abgrenzung dieser beiden Gruppen unterliegt den unterschiedlichen Sichtweisen im Ausgangspunkt, wie sie schon oben (Rn 76) betreffend das Grundverständnis von der Auswärtigen Gewalt angesprochen wurden. Die Unterwerfung völkerrechtlicher Verträge unter eine parlamentarische Mitwirkung erschien nämlich der früher allgemeinen Meinung nach als die Ausnahme von einer Regel. Gemäß dem gern verwendeten, in seiner Allgemeinheit aber oft zu kurz greifenden Argument, „Ausnahmen" seien „eng" auszulegen, deutete dies auf eine eher restriktive Abgrenzung – was dann die parlamentarische Mitwirkung als den besondere Anforderungen an die Begründung stellenden Ausnahmefall erscheinen ließe. Den Hintergrund dieser Auffassung bildet ein Verständnis von der Auswärtigen Gewalt als zwar von anderen exekutiven Aufgaben unterscheidbare, aber dennoch primär von der exekutiven Gewalt wahrzunehmende Funktion des Staats: Gesetzgebung erschiene dann als genuine Aufgabe der ersten Gewalt, Verwaltung als solche der zweiten – und Außenpolitik im Ausgangspunkt als Verwaltungstätigkeit. Art 59 Abs 2 GG stellt sich dieser Sicht als „Durchbrechung" des Systems der geteilten und getrennten Gewalten[191] dar.

---

und staatliches Recht vor dem Hintergrund zunehmender Verdichtung der internationalen Beziehungen, 2000, 71 ff. Zur Abgrenzung bloßer „Vertragsentwicklung" s bereits o Rn 82.
187 AA *Wolfrum* (Fn 143) 50.
188 BVerfGE 90, 286, 361; *Rudolf* (Fn 49) 211.
189 Dazu BVerfGE 37, 363, 382.
190 *Fastenrath* (Fn 146) 236 f; einschränkend *Bleckmann*, Grundgesetz und Völkerrecht, 1975, 225.
191 BVerfGE 1, 351, 369: „Art 59 II GG durchbricht das Gewaltenteilungssystem insofern, als hier die Legislative in den Bereich der Exekutive übergreift"; zust zitiert in BVerfGE 90, 286, 357.

Zutreffend ist, dass die Vorstellung, ein Vorrang der Exekutive bei der Wahrnehmung Aus- 93
wärtiger Gewalt sei geboten, sich aus dem Konstitutionalismus herleitet, aus Verfassungslagen also, die einen Monarchen an der Staatsspitze kannten, welcher prärogativ die Außenpolitik einschließlich der Gestaltung der auswärtigen Beziehungen durch das Instrument des völkerrechtlichen Vertrags bestimmte. Dass das Grundgesetz solche Linien nicht bruchlos fortführt, hat sich schon im Zusammenhang mit der Rolle des Bundespräsidenten bzw der Bundesregierung in auswärtigen Angelegenheiten gezeigt (so Rn 76, 80). Betrachtet man es systematisch, so finden sich parlamentarische Mitwirkungen bei der Gestaltung des Auswärtigen nicht nur in Art 59 Abs 2 GG, sondern auch in Art 24 Abs 1 GG, ferner – seit Einführung der „Notstandsverfassung" – in Art 115a ff GG. Selbst wenn man angesichts dieses Gesamtbilds die rechtliche Gestaltung der Außenpolitik dem Bereich der „Staatsleitung" zuordnet, die sowohl der Regierung wie dem Parlament anvertraut ist, lässt sich aus dieser Erkenntnis noch nichts gewinnen für eine auf „Regelmäßigkeit" abstellende Interpretation der konkreten Vorschrift des Art 59 Abs 2 GG. Vielmehr muss bei dem Verständnis beider Umschreibungen, die die Vorschrift den der parlamentarischen Mitwirkung unterfallenden Vertragsgruppen gibt, dem Gedanken demokratischer Legitimation und parlamentarischer Kontrolle Rechnung getragen werden, *ohne* dass dabei die Regierung auf die Funktion einer Erfüllungsgehilfin des Parlaments reduziert werden darf.

Alle völkerrechtlichen Verträge der BR Deutschland *außerhalb* des Anwendungsfeldes von 94
Art 59 Abs 2 Satz 1 GG werden nach den Vorschriften über die Bundesverwaltung vereinbart und ausgeführt – dies ist die Aussage des missverständlich formulierten Art 59 Abs 2 Satz 2 GG. Er präsentiert – neben den „politischen" und den auf Gegenstände der Gesetzgebung bezogenen Verträgen – als dritte Kategorie die *Verwaltungsabkommen* und drängt damit den Schluss auf, es gebe noch eine weitere (vierte) Kategorie völkerrechtlicher Verträge. Dieses Ergebnis wäre aber sinnwidrig, weil es hinsichtlich solcher Verträge zu einer Umsetzungslücke führte.[192] Erfasst sind also alle Verträge, die nicht dem Art 59 Abs 2 Satz 1 GG unterfallen.

Die Kategorie des *Vertrags, der „die politischen Beziehungen" regelt,* findet keinen Vorläu- 95
fer im deutschen Verfassungsrecht. Der Begriff hat auch auf völkerrechtlicher Ebene keine Entsprechung, die für sein Verständnis hilfreich sein könnte. Es reicht nicht aus, so hat das Bundesverfassungsgericht schon früh ausgesprochen, dass sich ein Vertrag „mit öffentlichen Angelegenheiten, dem Gemeinwohl oder den Staatsgeschäften"[193] beschäftige. Der allgemeine Begriff des „Politischen" ist wenig trennscharf. Art 59 Abs 2 GG will gewiss nicht erreichen, dass praktisch jeder völkerrechtliche Vertrag der parlamentarischen Mitwirkung unterliegt; bei zu enger Begriffsbildung – man denke an die Wendung vom „hochpolitischen" Charakter bestimmter Akte[194] – droht andererseits eine unsachgemäße Ausblendung des Parlaments. Angesichts dessen kann eine subsumtionsfähige Definition des politischen Vertrags, die ein für allemal Gültigkeit beanspruchen könnte, kaum gefunden werden. Vielmehr bedarf es der Entscheidung im Einzelfall und unter Berücksichtigung aller Umstände. Maßgeblich sind dabei die *objektiven Interessen der BR Deutschland* (nicht ihrer Vertragspartner), denn das Erfordernis parlamentarischer Mitwirkung ist seinerseits im innerstaatlichen Interesse eingerichtet, dient nicht übernationalen Interessen – dies ungeachtet der Tatsache, dass sich das deutsche Verfassungsrecht allgemein auch auf solche Interessen ausrichtet (so Rn 12 ff). Als derartige Interessen hat das Bundesverfassungsgericht „die Existenz des Staates, seine territoriale Integrität, seine Unabhängigkeit, seine Stellung", auch „sein maßgebliches Gewicht"

---

192 Vgl dazu *Härle*, Die völkerrechtlichen Verwaltungsabkommen der Bundesrepublik, JIR 12 (1965) 63 (95). Aktuell zur Problematik der Verwaltungsabkommen *Fastenrath*, Zur Abgrenzung des Gesetzgebungsvertrags vom Verwaltungsabkommen iSd Art 59 Abs 2 GG am Beispiel der UNESCO-Welterbekonvention, DÖV 2008, 697 ff.
193 BVerfGE 1, 372, 381.
194 Vgl BVerfGE 40, 141, 164 bezogen auf die sog Ostverträge v 1970 mit der Sowjetunion und mit Polen.

genannt[195] und – in vielleicht heute nicht recht zeitgerecht erscheinendem Vokabular – davon gesprochen, dass ein Vertrag „politischen" Charakter aufweise, wenn er darauf gerichtet sei, „die Machtstellung der Bundesrepublik Deutschland anderen Staaten gegenüber zu behaupten, zu befestigen oder zu erweitern".[196] Hieran wird immerhin deutlich, dass auch das Tatbestandsmerkmal „regeln" in Art 59 Abs 2 GG der Interpretation einen Hinweis bietet: Der Vertrag muss eine Gestaltung bezwecken, die die genannten Interessen unmittelbar betrifft, sie also nicht lediglich iSe Nebenfolge berührt oder berühren kann. Letzteres nämlich würde sich wiederum von wohl jedem mit einem anderen Völkerrechtssubjekt abgeschlossenen völkerrechtlichen Vertrag sagen lassen.

96   Im Sinne einer Fallgruppenbildung wird oft gesagt, dass jedenfalls Friedensverträge, solche militärischen Charakters und solche über (wesentliche) Änderungen des Staatsgebiets gleichsam unbesehen politischen Charakters seien.[197] Derartige Verträge hat die BR Deutschland nur wenige abgeschlossen. Auch Verträge über die Bestätigung von Grenzen, über den Gewaltverzicht und über friedlich-kooperative Beziehungen, wie sie zunächst im Zuge der Ostpolitik der frühen 1970er Jahre, später dann erneut und mit teils anderen Staaten nach der Herstellung der deutschen Einheit zu Beginn der 1990er Jahre abgeschlossen wurden, sind gewiss „politischer" Natur. Sie haben die Rechtsverhältnisse zwischen Deutschland und den Vertragspartnern im Grundsätzlichen gestaltet – ungeachtet des Umstandes, dass sie in größeren Teilen auch rein deklaratorischen Inhalts waren; denn insbes die Pflicht, Gewalt nicht gegenüber anderen Staaten einzusetzen, ergibt sich schon aus allgemeinem Völkerrecht, gilt vertraglich auch bei Mitgliedschaft in den Vereinten Nationen und unabhängig hiervon kraft universellen Völkergewohnheitsrechts.[198]

97   Abkommen über die Lieferung von Waffen werden – vom allgemeinen Sprachgebrauch her paradox – regelmäßig keinen „politischen" Charakter tragen, weil es ihnen an Relevanz für die Interessen der BR Deutschland mangelt. Allerdings haben Entwicklungen gezeigt, dass ein Auftreten des Staats als Waffenexporteur über die Berührung zunächst fremder Interessen unmittelbar zurückwirkt auf die eigene politische Stellung, sofern nämlich diese Waffen für den Einsatz gegenüber dritten Völkerrechtssubjekten (also in zwischenstaatlichen Konflikten oder im Einsatz gegenüber einem de facto-Regime im Bürgerkrieg) bestimmt sind. Erhebliche politische Bedeutung kommt entsprechenden Verträgen so gesehen zu, es fehlt ihnen andererseits an dem Element einer Gestaltung („Regelung") der Beziehungen Deutschlands im internationalen Verkehr.

98   Im Bereich wirtschafts- und entwicklungspolitischer Verträge können sich Verträge auf Maßgaben etwa für den Warenaustausch beschränken, können einen rein verwaltungstechnischen Inhalt haben; regelmäßig gestalten sie das Rechtsverhältnis zum Vertragspartner aber umfassender und gewinnen damit eine Bedeutung, die das Attest politischer Natur iSv Art 59 Abs 2 GG rechtfertigen kann. Gleiches gilt auch für Verträge im Menschenrechtsbereich und zum Minderheitenschutz, schließlich auch für die Gründung von und den Beitritt zu I. O., sofern diese nicht wiederum nur eine begrenzte, als technisch zu umschreibende Zielstellung verfolgen. Das Bundesverfassungsgericht hat bisher erst in drei Fällen einem völkerrechtlichen Vertrag die politische Natur abgesprochen, dies durchweg zu Beginn der 1950er Jahre.[199]

99   Als weitere Vertragsgruppe, für die eine Mitwirkung der gesetzgebenden Körperschaften erforderlich ist, benennt Art 59 Abs 2 GG solche *Verträge, die „sich auf Gegenstände der Bun-*

---

195 BVerfGE 1, 372, 380.
196 BVerfGE 1, 372, 380 f; etwas relativierend zitiert in BVerfGE 90, 286, 359.
197 Vgl zB *Maunz* (Fn 146) Rn 15; *Geck*, Die völkerrechtlichen Wirkungen verfassungswidriger Verträge, 1963, 122 ff. – Zum „Friedensschluss" s Art 115 l Abs 3 GG. – Als Beispiel für einen als „politisch" behandelten Grenzberichtigungsvertrag s etwa den deutsch-niederländischen Vertrag v 20.10.1992, BTDrucks 13/1936, 7 ff.
198 Vgl *Bothe*, 8. Abschn Rn 3 ff.
199 BVerfGE 1, 351 *(Petersberger Abkommen);* BVerfGE 1, 372 *(deutsch-französisches Wirtschaftsabkommen);* BVerfGE 2, 347 *(Kehler Hafenabkommen)*.

desgesetzgebung beziehen". Beide Gruppen können dabei Teilmengen aufweisen, die sich beiden Kriterien für die Mitwirkungsbedürftigkeit gleichermaßen zurechnen lassen, wie es zB bei dem Maastricht-Vertrag offenkundig der Fall ist (für den allerdings spezieller Art 23 Abs 1 Satz 3 GG einschlägig war). Für die 2. Alternative des Art 59 Abs 2 Satz 1 GG ist die Reichweite des allgemeinen Parlamentsvorbehalts maßgeblich.[200] Der Sinn dieser Regelung liegt darin, der Begründung völkerrechtlicher Verpflichtungen gegenüber anderen Völkerrechtssubjekten die Kontrolle durch die gesetzgebenden Körperschaften vorzuschalten, wenn die Vertragserfüllung ein Tätigwerden dieser Körperschaften voraussetzt. Bundespräsident und Bundesregierung werden also gehindert, rechtsverbindliche Verpflichtungen einzugehen, die sie aufgrund ihrer organschaftlichen Stellung nicht von sich aus einlösen können. Den *Gegenbegriff* zur „Bundesgesetzgebung" bildet demzufolge die *„Bundesverwaltung"*, nicht etwa die „Landesgesetzgebung".

Für Verträge, die sich auf Gegenstände der Landesgesetzgebung beziehen, verlangt Art 59 Abs 2 GG die Mitwirkung der gesetzgebenden Körperschaften des Bundes nur, wenn sich diese Verträge – zugleich – als „politische" Verträge darstellen. Die Zuständigkeit des Bundes für den Abschluss solcher Verträge setzt im Übrigen Art 32 Abs 3 GG voraus; Art 32 Abs 2 GG kann insoweit ein Anhörungsrecht einzelner Länder begründen. Die Aufteilung der Zuständigkeiten nach Art 70 ff GG und weiteren Bestimmungen des Grundgesetzes ist für die 2. Alternative des Art 59 Abs 2 GG ohne Interesse. **100**

Das Musterbeispiel für Verträge, welche sich „auf die Gesetzgebung" beziehen, sind solche, welche die BR Deutschland sektoral zu einer bestimmten Gesetzgebung verpflichten bzw als Vertragsziel eine faktische Lage oder eine Rechtslage anstreben, deren Herbeiführung den Erlass von Gesetzen bzw Gesetzesänderungen voraussetzt. Das gilt gleichermaßen für Verträge, die – Spielräume belassend – noch nicht hinreichend konkret für die innerstaatliche Anwendung sind (wie regelmäßig etwa solche mit Zielvorgaben für Umweltpolitik und -recht), also ohnehin einen konkretisierenden Gesetzgebungsakt verlangen, wie auch für solche Verträge, deren Normenmaterial – wie im Bereich des Menschenrechtsschutzes – sich für die innerstaatliche Anwendung unmittelbar eignet.[201] **101**

Für das Mitwirkungserfordernis ist unerheblich, ob sich der Vertrag auf Pflichten richtet, die bereits zum Zeitpunkt des Vertragsabschlusses durch eine entsprechende Gestaltung der innerstaatlichen Rechtslage „erfüllt" sind. Die Wendung des Bundesverfassungsgerichts, es komme darauf an, ob „im konkreten Fall ein Vollzugsakt" erforderlich sei,[202] ist insofern missverständlich. Zum einen mag im Einzelfall nicht sogleich sicher sein, dass das jeweils aktuelle Recht dem fraglichen Vertrage vollen Umfangs entspricht. Zum anderen verlangt die mit der völkerrechtlichen Festlegung verbundene Eingrenzung des Handlungsspielraums (für zukünftige Rechtsgestaltung) eine *Präventivkontrolle durch die gesetzgebenden Körperschaften.* Sie sähen sich sonst bei erwogener Änderungsgesetzgebung vor Grenzen gestellt, welche sie zwar mit innerstaatlicher Wirkung überwinden könnten, dies aber nur um den Preis völkerrechtswidrigen Verhaltens der BR Deutschland. Schließlich ist zu bedenken, dass die Entwicklung paralleler Normenbestände im Völkerrecht und im innerstaatlichen Recht durchaus unterschiedliche Wege gehen kann, etwa veranlasst durch – eventuell sogar iS authentischer Interpretation verbindliche – **102**

---

200 Ebenso *Geiger* (Fn 66) 128 f; Probleme völkerrechtlicher Verträge, welche eine Verfassungsänderung erfordern, erörtert *Vogel*, Gesetzesvorbehalt, Parlamentsvorbehalt und völkerrechtliche Verträge, FS Lerche, 1993, 95 ff. Bsp dafür: Art 16 Abs 2 Satz 2 GG als Reaktion insbes auf das Statut zur Errichtung eines Internationalen Strafgerichtshofes.
201 Vgl zur Anwendung der UN-Kinderrechtskonvention im deutschen Recht zB OLG Karlsruhe, NJW-RR 2012, 705 ff; *Cremer*, Die UN-Kinderrechtskonvention: Geltung und Anwendbarkeit in Deutschland nach der Rücknahme der Vorbehalte, 2011; *Schmahl*, Auswirkungen der UN-Kinderrechtskonvention auf die deutsche Rechtsordnung, RdJB 2015, 125 ff.
202 BVerfGE 1, 372, 388.

Normanwendung durch hierfür eingerichtete Organe. Ein Bsp bietet die Interpretation dem Wortlaut nach gleicher Individualrechte. Sie kann sich in der innerstaatlichen richterlichen Anwendung anderen Inhalts verfestigen als etwa im Rahmen eines von der universellen Völkerrechtsgemeinschaft installierten Organs. Auch dieses Kollisionspotential spricht für die Einschaltung der gesetzgebenden Körperschaften beim Vertragsschluss.[203]

103 Sofern Verträge dem Mitwirkungserfordernis unterfallen, verbietet Art 59 Abs 2 GG ihren Abschluss im Geheimen. Unabhängig von Art 102 UN-Charta errichtet Art 59 Abs 2 GG ein verfassungsrechtliches *Verbot* für den Abschluss *von Geheimverträgen.*

f) Die Form des Bundesgesetzes

104 Das Erfordernis eines Vertragsgesetzes hat den Zweck, eine *parlamentarische Kontrolle des Vertragsabschlusses* zu ermöglichen. Die Kontrolle des Parlaments bezieht sich auf die Bundesregierung, nicht auf den verfassungsrechtlich mit der völkerrechtlichen Vertretungsbefugnis ausgestatteten Bundespräsidenten (vgl o Rn 76ff), auch wenn ihn das Vertragsgesetz zum (endgültigen) Abschluss des Vertragsschlussverfahrens ermächtigt.

105 Die parlamentarische Kontrolle dient zwei Zwecken. Soweit es um Verträge über Materien der Gesetzgebung geht, *wahrt sie das Gesetzgebungsmonopol des Parlaments,* ohne insoweit bei rein formaler Betrachtung zwingend gefordert zu sein. Denn würden die gesetzgebenden Körperschaften mit einem bereits völkerrechtlich in Kraft befindlichen Vertrag konfrontiert, so begrenzte das innerstaatlich nicht den Spielraum gesetzlicher Gestaltung. Bei abweichender Gesetzgebung müsste andererseits eine völkerrechtliche Rechtsfolgen auslösende Vertragsverletzung in Kauf genommen werden (vgl o Rn 44f), was jedenfalls faktisch das Gesetzgebungsmonopol erheblich beeinträchtigen würde. Verträge mit Inhalten, deren Regelungen eines innerstaatlichen Vollzugs durch Gesetzgebung nicht bedürfen oder ihm gar nicht zugänglich sind, unterliegen der *präventiven Regierungskontrolle.* In diesem Zusammenhang wird mitunter gesagt, dass die Regierung für die Gestaltung der auswärtigen Beziehungen (auch) durch Vertrag über einen erheblichen Ermessensspielraum verfüge. Die Verwendung dieser Rechtsfigur ist aber missverständlich. Die Vorstellung vom Ermessen impliziert einen Spielraum desjenigen, der das Ermessen betätigt; eine Ermessensentscheidung darf nicht durch eine andere „ersetzt" werden, sie erscheint nur bei Vorliegen besonderer Mängel als „fehlerhaft". Demgegenüber steht den gesetzgebenden Körperschaften der Umgang mit dem von der Bundesregierung präsentierten Vertragswerk frei. Sie können sich durchaus dafür entscheiden, Bewertungen in Abweichung von der Regierung vorzunehmen. Selbst wenn es ihnen – vielleicht – an Sachkunde und Erfahrungshintergründen fehlt, kann hiergegen verfassungsrechtlich nichts erinnert werden. Es liegt an der Regierung, durch überzeugende Erfüllung ihrer Darlegungslast die Zustimmung der gesetzgebenden Körperschaften herbeizuführen. Außenpolitisches „Ermessen" begrenzt nur die gerichtliche, nicht die parlamentarische Kontrolldichte.

106 Die dem Art 59 Abs 2 GG unterfallenden Verträge bedürfen „der Zustimmung oder der Mitwirkung der jeweils für die Bundesgesetzgebung zuständigen Körperschaften in der Form eines Bundesgesetzes". Die *Beteiligung* erfolgt also nach den Vorschriften über das Gesetzgebungsverfahren, Art 76ff GG. So erklären sich auch die Begriffe „Zustimmung" und „Mitwirkung". Diese Begriffswahl war nötig, weil im Gesetzgebungsverfahren die Zustimmung des Bundesrats nur teilweise (nach der Gesetzessystematik nur ausnahmsweise, in der Praxis vor Abschluss der Föderalismusreform iE in etwa der Hälfte der Fälle und seit der Föderalismusreform in etwa 40% der Fälle)[204] erforderlich ist, nämlich nicht bei den Einspruchsgesetzen. Auf sie bezieht sich der

---

203 IE ebenso zB *Rudolf* (Fn 49) 218; *Fastenrath* (Fn 146) 222f; aA *Maunz* (Fn 146) Rn 44.
204 Vgl auch <http://www.bundesrat.de/SharedDocs/downloads/DE/statistik/gesamtstatistik.pdf?__blob=publicationFile&v=3>.

Terminus „Mitwirkung". Ohne die „Zustimmung" des Bundestags kann ein Gesetz ohnehin niemals zustande kommen.

Die genannte Alternativität der Beteiligungsformen macht selbstverständlichen Sinn für Verträge, die sich auf Gegenstände der Bundesgesetzgebung beziehen. Zweifelhaft ist, ob sie darüber hinaus auch für Verträge Bedeutung hat, welche die politischen Beziehungen des Bundes regeln. Hierüber besteht etwas Streit. Während teilweise angenommen wird, bei derartigen Verträgen könne der Bundesrat lediglich Einspruch erheben (der dann in jedem Fall nach dem Verfahren des Art 77 Abs 2 bis 4 GG vom Bundestag zurückgewiesen werden könnte),[205] verlangen andere bei politischen Verträgen stets die Zustimmung des Bundesrats,[206] um auf diese Weise ein Gegengewicht zu der vom Grundgesetz im Übrigen bewirkten Reduktion des außenpolitischen Handlungsspielraums der Länder (dazu o Rn 67ff) zu schaffen. Der Wortlaut des Art 59 Abs 2 GG spricht für die erstgenannte Auffassung, ebenso die Systematik des Grundgesetzes, das die Zustimmung des Bundesrats stets nur erfordert, wenn es dies ausdrücklich verlangt. Angesichts des o Rn 106 erwähnten sprachlichen „Dilemmas" kann Art 59 Abs 2 GG eine solche Aussage nicht entnommen werden.

107

Das Beteiligungsrecht von Bundestag und Bundesrat bezieht sich jeweils auf einen bereits fixierten Text in seiner Gesamtheit. Die innerstaatlichen Organe können ihn billigen oder verwerfen. Seine Änderung in einem bestimmten Sinne können sie nicht durchsetzen. Abänderungsanträge zu einem ausgehandelten Vertragstext gehen insoweit ins Leere; sie sind nach § 82 Abs 2 GeschO BT sogar unzulässig. Bundestag und Bundesrat sind allerdings nicht gehindert, etwa die Nichtzustimmung zu einem Vertrag in der je vorliegenden Form zu erklären und sodann im Beschlusswege auszusprechen, mit welchem Inhalt der Vertrag ihre Zustimmung erhielte.[207] Insbes der Bundestag hat dazu nicht selten für das Feld der Außenpolitik Anlass gesehen, übrigens auch zum Inhalt von ihm gebilligter Verträge Stellung genommen. Völkerrechtlich erheblich ist das nicht, denn einseitig kann die Auslegung eines Vertrags nicht verbindlich festgelegt werden.[208]

108

Zu einer differenzierten Willensbekundung gegenüber einem von der Bundesregierung vorgelegten Aushandlungsergebnis sind Bundestag und Bundesrat allerdings in der Lage, soweit es um die Erklärung von Vorbehalten zu völkerrechtlichen Verträgen geht. Vorbehalte sind einseitige Willenserklärungen, mit denen ein Vertragspartner seine vertragliche Verpflichtung modifiziert, konkretisiert, regelmäßig reduziert.[209] Ob hiervon Gebrauch gemacht wird, entscheiden die Vertragspartner also – und im Gegensatz zur Festlegung des Vertragsinhalts als solchem – nicht einvernehmlich. Sie können allerdings einvernehmlich festlegen, ob und mit welchem Umfang und Inhalt Vorbehalte zu einem konkreten Vertrag erklärt werden dürfen. Unterlassen sie eine solche Festlegung, befinden Regeln des allgemeinen Völkerrechts (vgl die Kodifizierung in Art 19 WVK) über die – völkerrechtliche – Zulässigkeit von Vorbehalten. Vor diesem Bild kann das Beteiligungsrecht nach Art 59 Abs 2 Satz 1 GG idS ausgeübt werden, dass einer Ratifikation unter der Bedingung zugestimmt werde, die BR Deutschland bringe einen bestimmten Vorbehalt an. Unterlässt dies die Bundesregierung in der Folge und wird der Vertrag ratifiziert, so steht dies seinem völkerrechtlichen Inkrafttreten nicht entgegen, wenn nicht der in Art 46 WVK niedergelegte allgemeine Grundsatz eine Ausnahme gebietet; innerstaatlich ist die Umsetzung dann aber unvollkommen. Nicht anders liegt es, wenn das Völkerrecht die Erklärung

109

---

205 Vgl etwa *Kewenig*, Bundesrat und Auswärtige Gewalt, ZRP 1971, 238.
206 Etwa *Maunz* (Fn 146) Rn 20.
207 Vgl eingehend *Grupp*, Die parlamentarische Kontrolle der auswärtigen Gewalt in Form von Entschließungen, 1975.
208 Vgl *Fastenrath* (Fn 146) 237 f. – Zum Streit um eine – ebenfalls abzulehnende – innerstaatliche Verbindlichkeit s die Hinweise bei *Rojahn* (Fn 162) Rn 77.
209 Vgl *Graf Vitzthum*, 1. Abschn Rn 121 f.

des Vorbehalts gar nicht zulässt, mag das bei der bedingten Zustimmung erkannt worden sein oder nicht.

110   Gesetze im materiellen Sinne sind auch Rechtsverordnungen, welche aufgrund parlamentsgesetzlicher, den Anforderungen des Art 80 GG genügender Weise von der Regierung oder einer von ihr hierzu im Wege der Subdelegation ermächtigten Stelle erlassen werden. Das wirft die Frage auf, ob die gesetzgebenden Körperschaften die Regierung (oder einen Minister) ermächtigen können, einen völkerrechtlichen Vertrag abzuschließen und durch Rechtsverordnung in Geltung zu bringen bzw zu vollziehen. Dafür sprechen Gründe der Vereinfachung und des Zeitgewinns, denkt man etwa an Verträge auf dem Gebiet des Wirtschaftsverkehrs, die nicht selten inhaltlich fast identisch mit verschiedenen Staaten abgeschlossen werden. Die Kontrollfunktion des Art 59 Abs 2 GG lässt eine derartige Verfahrensweise jedoch nicht zu; sie verlangt die Kontrolle im Einzelfall, die Art 80 Abs 1 Satz 2 GG hier nicht hinreichend gewährleistet. Insofern liegt es anders als bei sonstiger Gesetzgebung. Die Beteiligung nach Art 59 Abs 2 GG hat nicht nur den Erlass eines Gesetzes zur Konsequenz, sondern ist bezogen auf einen Regierungsakt. Delegation würde die Kontrolle in die Hand des zu Kontrollierenden legen.[210]

111   Das Vertragsgesetz muss beschlossen, nicht notwendigerweise auch innerstaatlich in Kraft getreten sein, ehe das Vertragsschlussverfahren durch Ratifikation beendet wird. Im Übrigen können auch lediglich paraphierte Vertragstexte, wie die Erfahrung lehrt, erheblichen faktischen Zustimmungsdruck auf die gesetzgebenden Körperschaften ausüben. Hiervor kann das Verfassungsrecht nicht schützen. Die Körperschaften müssen sich die Kraft nehmen, die Entscheidungen im Mitwirkungsverfahren auch in solchen Situationen sachgerecht zu treffen.

112   Völkerrechtliche Verträge, die nicht Art 59 Abs 2 Satz 1 GG unterfallen, sind gemäß Satz 2 der Bestimmung nach den Vorschriften über die *Bundesverwaltung* zu behandeln (vgl o Rn 94). Sie gelten im innerstaatlichen Recht ohne Vollzugsakt, sind dort anwendbar, wenn sie dafür geeignet sind, gewinnen diese Fähigkeit im Übrigen durch (Verwaltungs-)Vollzugsakt, sei es durch Rechtsverordnung, Verwaltungsvorschrift oder Einzelakt. Völkerrechtlich gilt die Verwaltung zu entsprechendem Vertragsabschluss als durch den Bundespräsidenten generell ermächtigt.[211] Innerstaatlich bedarf es weiterer Kontrollen bzw der Schaffung von Geltungsvoraussetzungen nicht, wenn und soweit die Verwaltung den ihr zur eigenverantwortlichen Gestaltung überwiesenen Raum nicht verlässt. Dass sie für die BR Deutschland Bindungen gegenüber fremden Exekutiven eingeht, berührt das innerstaatliche Recht für sich genommen noch nicht mit Außenwirkung.

113   Über die Qualifizierung entscheidet nicht die dem Vertrag gegebene Bezeichnung oder gar die Einschätzung der vertragsschließenden Stelle. Das einer parlamentarischen Mitwirkung nicht zugeführte *Transitabkommen* zwischen der Bundesrepublik Deutschland und der Deutschen Demokratischen Republik v 17.12.1971 – von höchst „politischer" Natur trotz des für sich genommen technischen Regelungsgegenstandes – war daher innerstaatlich in der BR Deutschland in Wahrheit ohne Geltung; seiner völkerrechtlichen Verbindlichkeit stand das nicht entgegen.[212]

114   Verwaltungsabkommen (des Bundes) sind entweder Regierungsabkommen oder solche einzelner Ressorts (soweit der Gegenstand iSd Art 65 Satz 2 GG in eine Ressortzuständigkeit fällt). Auch wenn ein derartiges Abkommen als Vertragspartei ein Staatsorgan aufführt, bleibt es dabei, dass der Staat Vertragspartner ist.

---

210 Vgl BVerfGE 1, 372, 395; s aber auch *Jarass*, Die Erklärung von Vorbehalten zu völkerrechtlichen Verträgen, DÖV 1975, 117 ff; zur „Vorwegnahme" einer Zustimmung durch ein ermächtigendes Gesetz *Geiger* (Fn 66) 127. S ferner *Treviranus*, Inkraftsetzen völkerrechtlicher Vereinbarungen durch Rechtsverordnungen, NJW 1983, 1948 f.
211 Dazu *Magis*, Die Mitwirkungsrechte des Bundespräsidenten im Bereich der auswärtigen Gewalt, 1978, 160 ff; *Rojahn* (Fn 162) Rn 80; vgl im Übrigen o Rn 78.
212 Dazu *Regehr*, Die völkerrechtliche Vertragspraxis in der BR Deutschland, 1974, 217.

g) Der Rang und die Wirkung völkerrechtlicher Verträge im deutschen Recht

Vertragsgesetze nach Art 59 Abs 2 GG sind das Resultat eines Kontrollakts. Sie bieten regelmäßig die Voraussetzung für die Auslösung der völkerrechtlichen Rechtsfolge des Inkrafttretens des Vertrags durch die Ratifikation (vgl o Rn 87), welche dessen Bindungswirkung nach außen hervorbringt. Für Verträge über Materien der Gesetzgebung haben sie zugleich die innerstaatliche normative Wirkung der Geltungsbegründung. Diese Geltung wird unmittelbar durch Art 59 Abs 2 GG veranlasst, nicht durch Art 77 ff GG. Zur dogmatischen Erklärung der Geltung konkurrieren unterschiedliche Lehren. 115

In den Theorienstreit zum Verhältnis des Völkerrechts zum innerstaatlichen Recht wurde o (Rn 28 ff) allgemein eingeführt. Dieser Streit setzte sich auch unter dem Grundgesetz fort. Der von ihm vorgesehene Mechanismus für die Vertragsumsetzung folgt ersichtlich nicht einem monistischen Modell, sondern der dualistischen Vorstellung von der Notwendigkeit eines innerstaatlichen Akts, welcher dem einzelnen Vertrag die innerstaatliche Geltung verschafft. Überwiegend wird gemeint, dieser Akt – als Vertragsgesetz – erfolge transformatorisch,[213] verwandele also das Vertragswerk in eine innerstaatliche Rechtsquelle, besser: verschaffe ihm so eine zweite Natur, die neben der Eigenschaft als Völkerrechtsquelle besteht. Es wird aber auch gesagt, das Vertragsgesetz bewirke (man mag sagen: lediglich) den „Vollzug" des Vertrags,[214] verschaffe also der völkerrechtlichen Norm innerstaatliche Geltung, *ohne* dass „zugleich" eine innerstaatliche Rechtsquelle entsteht. Schon oben (Rn 41 f) wurde begründet, warum jedenfalls die Eigenschaft unmittelbarer Anwendbarkeit eines Vertrags oder Vertragsteils für die Geltungsfrage nicht entscheidend ist. Beide Erklärungen der Art und Weise, wie Art 59 Abs 2 GG die innerstaatliche Geltung eines völkerrechtlichen Vertrages herbeiführt, sowohl die Transformationsthese wie die Vollzugslehre, sind mit dem Wortlaut der Vorschrift vereinbar. Es bedarf einer Besinnung auf sie nur, soweit sie für Einzelfragen unterschiedliche rechtliche Beurteilungen gebieten. Das ist teilweise der Fall. 116

Nach beiden Lehren beginnt die innerstaatliche Geltung des Vertragsinhalts mit dem Eintritt der völkerrechtlichen Wirksamkeit des Vertrags, denn diese Geltung ist unabhängig von der Rechtsnatur der in den innerstaatlichen Rechtsraum hinein geführten Norm. Selbst wenn ein Vertragsgesetz die Frage des Geltungsbeginns offen ließe, ergäbe sich aus seinem Sinn, dass es seine rechtsetzende Bedeutung frühestens zu dem Zeitpunkt entfaltet, zu dem die völkerrechtliche Rechtslage dies gebietet.[215] Das gilt auch umgekehrt: Endet das völkerrechtliche Vertragsverhältnis (durch Befristung des Vertrags, durch Kündigung,[216] durch Wegfall des Vertragspartners),[217] so ist dem innerstaatlichen Umsetzungsakt insoweit der Boden entzogen. 117

Zu unterschiedlichen Sichtweisen führen die beiden Theorien jedenfalls potentiell, soweit es um den innerstaatlichen Rang der im Vertrag niedergelegten Normen geht. Nach der Transformationslehre ist eindeutig, dass der Rang des transformierten Rechts denjenigen des Transformators teilt. Demzufolge gelten für das Verhältnis zu anderen Normen auf gleicher oder anderen Ebenen der Normenhierarchie die allgemeinen Regeln der innerstaatlichen Rechtsquellenlehre, 118

---

213 Vgl *Rudolf* (Fn 49) 205 ff; idS früher durchweg die Rspr, s BVerfGE 1, 396, 410; 29, 348, 360; BVerwGE 35, 262, 265; 87, 11 ff; NVwZ 1993, 782 f; vom „Rechtsanwendungsbefehl" spricht – neutral gegenüber Theorienstreit – BVerfGE 90, 286, 364; außerdem BVerfGE 118, 244, 259; BVerfGE 128, 326, 367; vgl dazu auch *Geiger* (Fn 66) 162 ff; *Schmahl*, Das Verhältnis der deutsche Rechtsordnung zu Regeln des Völkerrechts, JuS 2013, 961 ff. Ohne begriffliche Festlegung ferner BVerwGE 134, 1, 46.
214 Vgl *Partsch* (Fn 65) 19 ff.
215 Dazu RG, JW 1932, 582; anders *Burghart*, Wann treten unmittelbar anwendbare völkerrechtliche Vertragsregeln innerstaatlich in Kraft? DÖV 1993, 1038 ff.
216 Die nicht der Zustimmung der gesetzgebenden Körperschaften bedarf, vgl o Rn 90.
217 Dazu jedenfalls unklar OLG Düsseldorf, NJW 1994, 1486 (zur Geltung des deutsch-jugoslawischen Auslieferungsabkommens zwischen Deutschland und Serbien/Montenegro): der Fortbestand hänge nicht von der Rechtsnachfolge ab, weil der Vertrag jedenfalls weder aufgehoben noch gekündigt worden sei.

bei Verträgen insbes diejenige des Vorrangs der spezielleren vor der allgemeinen, der jüngeren vor der älteren Vorschrift. Die Vollzugslehre muss demgegenüber – eine Norm des innerstaatlichen Rechts sieht sie ja nicht als entstanden an – das Verhältnis des durch das Vertragsgesetz (oder den anderweitigen Zustimmungsakt) für den innerstaatlichen Vollzug freigegebenen Völkerrechts gesondert bestimmen. Das eröffnet die Möglichkeit inhaltlicher Qualifizierung, könnte zB völkerrechtlich vereinbarten Menschenrechten höheren Rang beimessen als einfachem Gesetzesrecht oder selbst als Verfassungsrecht (dem dürfte systematisch freilich Art 79 Abs 3 GG zwingend entgegenstehen). Die inhaltliche Qualifizierung könnte auch die Kollisionsregeln modifizieren, etwa dem für das innerstaatliche Recht freigegebenen Vertrag im Falle seiner unmittelbaren Anwendbarkeit den Vorrang auch vor später erlassenem, widersprechenden Gesetzesrecht verschaffen – was es vermiede, in solchen Fällen einen völkerrechtswidrigen Normverstoß anzunehmen. Unbenommen bliebe dem Gesetzgeber aber auch dann, die Gültigkeit des Vertrags im innerstaatlichen Raum durch actus contrarius ausdrücklich aufzuheben.[218]

119 Auch auf dem Boden der Vollzugstheorie werden diese Konsequenzen aber kaum gezogen.[219] Es entspricht dem Bild des Art 59 Abs 2 GG besser und dient der Rechtssicherheit, den völkerrechtlichen Vertrag als transformiert, das Gesetz oder den sonstigen, innerstaatliche Geltung bewirkenden Akt als Entstehungsgrund dem Vertrag entsprechenden deutschen Rechts anzusehen und dieses zu behandeln wie sonstiges Recht auch.[220] Das hindert nicht, wie geboten, für die im Zusammenhang mit der Anwendung eines Vertrags aufgrund des seine Transformation leistenden Akts erforderliche Vertragsauslegung die Regeln über die Auslegung völkerrechtlicher Verträge heranzuziehen,[221] insbes also Art 31 ff WVK.[222] In dieser Gestalt findet der Vertrag Einlass in die „verfassungsmäßige Ordnung" iSd Art 2 Abs 1 GG und wird so deren Bestandteil.[223]

h) Die europäischen Gründungsverträge im deutschen Recht

120 Europäisches Unionsrecht ist ein Recht völkerrechtlichen Ursprungs. Sowohl die ursprünglichen Gemeinschaftsverträge wie auch der die Gemeinschaften in eine Europäische Union (EU) umbildende sog Maastricht-Vertrag v 1992 und die diese fortentwickelnden Verträge von Amsterdam v 1997, von Nizza v 2001 und von Lissabon v 2007 sind *völkerrechtliche Verträge,* nicht anders als der nach seinem Scheitern durch den Vertrag von Lissabon ersetzte Vertrag über eine Verfassung für Europa. Die Union schließt überdies ihrerseits im Rahmen ihrer Außenkompetenz (vgl Art 218 AEUV) Verträge mit anderen Völkerrechtssubjekten ab, oft als sog gemischte Abkommen unter Beteiligung auch der Mitgliedstaaten, was komplexe Fragen hinsichtlich der Wirkung und des Rangs solcher Verträge im Unionsrecht und im mitgliedstaatlichen Recht aufwirft (vgl u

---

218 Jüngst auch BVerfG, Beschl v 15.12.2015 – 2 BvL 1/12, Rn 50.
219 Vgl zu Versuchen, immerhin den Vorrang der in der EMRK enthaltenen Menschenrechte vor einfachem Gesetzesrecht zu begründen, *Kleeberger,* Die Stellung der Rechte der Europäischen Menschenrechtskonvention in der Rechtsordnung der Bundesrepublik Deutschland, 1992; *Bleckmann,* Verfassungsrang der Europäischen Menschenrechtskonvention?, EuGRZ 1994, 149 ff; zur Einführung der EMRK als (einfaches) Bundesgesetz s BVerfGE 74, 358, 370; zur Berücksichtigung der Entscheidungen des EGMR: BVerfGE 111, 307, 322 ff *(Görgülü);* zur „verfassungsrechtlichen Bedeutung": BVerfGE 128, 326, 366 f *(Sicherungsverwahrung).* Zum Ganzen *Uerpmann,* Die Europäische Menschenrechtskonvention und die deutsche Rechtsprechung, 1993, 71 ff; s dazu noch u Rn 186.
220 Vgl etwa BVerwGE 88, 254 ff; auch BVerwGE 104, 265 ff; 110, 203 ff. Dazu *Buß,* Grenzen der dynamischen Vertragsauslegung im Rahmen der EMRK, DÖV 1998, 323 ff. Eine instruktive Analyse bietet *Rojahn,* Die Auslegung völkerrechtlicher Verträge in der Entscheidungspraxis des Bundesverwaltungsgerichts, in Geiger (Fn 186) 123 ff.
221 Vgl BVerfGE 4, 157, 168; BSGE 66, 28 f; BGHZ 134, 67; *Mann* (Fn 63) 378 f; *Steinberger,* Entwicklungslinien in der neueren Rechtsprechung des Bundesverfassungsgerichts zu völkerrechtlichen Fragen, ZaöRV 48 (1988) 4 f.
222 Vgl *Graf Vitzthum,* 1. Abschn Rn 123 f.
223 Als Bsp daraus resultierender verfassungsgerichtlicher Kontrolle s BVerfGE 91, 335, 338 ff zum Übereinkommen über die Zustellung gerichtlicher und außergerichtlicher Schriftstücke im Ausland in Zivil- oder Handelssachen v 15.11.1965, BGBl 1977 II, 1452; s ferner zB BVerfG, DtZ 1992, 216 und BVerfGE 99, 145 ff.

Rn 130). Das *Unionsrecht*, von dem angesichts des Umstands, dass die Union mit Inkrafttreten des Vertrags von Lissabon am 1.12.2009 als Rechtsnachfolgerin der Gemeinschaft an deren Stelle getreten ist (vgl Art 1 EUV), nunmehr zu sprechen ist, besteht aus „primärem" Recht (gemeint: die Unionsverträge sowie ungeschriebenes Primärrecht, zu dem Unionsgewohnheitsrecht und allgemeine Rechtsgrundsätze, darunter auch Individualrechte, gezählt werden) und „sekundärem" Recht (in verschiedenen Formen, insbes Verordnungen und Richtlinien). Es unterscheidet sich aber grundlegend von allem bisher bekannten Völkerrecht. Diese Unterschiede machen es notwendig, das Verhältnis von Unionsrecht und deutschem Recht gesondert zu betrachten. Das kann in einem Lehrbuch, das dem „Völkerrecht" gewidmet ist, nicht eingehend geschehen, sondern nur iSd Hinweises auf die bestehenden Unterschiede und unter Betonung verbliebener Gemeinsamkeiten.

Dabei ist auch zu bedenken, dass systematisch das frühere Gemeinschaftsrecht, seiner Genese **121** entsprechend, zunächst von der Völkerrechtswissenschaft (mit-)betrachtet wurde, es sich schon bald aber zum eigenen „Rechtsgebiet" auswuchs. Seit es als heutiges Unionsrecht auch quantitativ nachhaltig die Rechtslage in nahezu allen herkömmlichen Bereichen des innerstaatlichen Rechts mitgestaltet, steht der Sinn solcher Abscheidung aus einem anderen Grund in Frage. Völkerrecht und Unionsrecht haben aus dem Blickwinkel des innerstaatlichen Rechts gemeinsam, dass sie diesem – in teils verschiedenen Techniken – rechtsverbindlich Wege weisen können. Für die innerstaatliche Anwendung geeignetes Völkerrecht und Unionsrecht stehen sich aus diesem Blickwinkel näher als allein die Beziehungen von Staaten zueinander betreffendes Völkerrecht und anderes Recht. Die Lage wird komplexer dadurch, dass auch Unionsrecht rein zwischenstaatliche Belange regelt. Es mag angesichts dessen dahin kommen, dass künftig Teile des Unionsrechts, aber auch des Völkerrechts, systematisch (und also auch in Lehrdarstellungen) im Zusammenhang – „in Integration" – mit Sachbereichen des Rechts zu behandeln sind, die Grundlagen und Wirkungsweisen des Unionsrechts als Aspekte allgemeiner Lehren von den Rechtsquellen und der Rechtsanwendung darstellen[224] – und weiteres, dann Völkerrecht und Unionsrecht vereinend, als ieS zwischenstaatliches Recht (oder dereinst sogar Verfassungsrecht, vgl schon o Rn 27).

Die Eigenartigkeit des Unionsrechts im Vergleich mit dem herkömmlichen Völkerrecht, aus **122** dem es aber herrührt, hat naturgemäß Anlass zu verschiedenen Begriffsprägungen gegeben. So wurde das frühere Gemeinschaftsrecht alsbald als „supra"-nationales Recht bezeichnet, auch als „wesensmäßig nationalem Recht an[ge]näher[t]",[225] in Fortführung dieses Gedankens dann

---

224 Vgl instruktiv *Schmidt-Aßmann*, Verwaltungsrechtliche Dogmatik, 2013, 42 ff. Zur Europäisierung des Verwaltungsrechts *Schoch*, Die Europäisierung des Allgemeinen Verwaltungsrechts, JZ 1995, 109 ff; *Kahl*, Hat die EG die Kompetenz zur Regelung des Allgemeinen Verwaltungsrechts?, NVwZ 1996, 865 ff; s ferner *von Danwitz*, Die Eigenverantwortung der Mitgliedstaaten für die Durchführung von Gemeinschaftsrecht, DVBl 1998, 421 ff; *Sommermann*, Gemeineuropäische Verwaltungskultur als Gelingensbedingung europäischer Integration?, DÖV 2015, 449 ff; *Schwarze*, Europäisches Verwaltungsrecht, 2. Aufl. 2005; *von Danwitz*, Europäisches Verwaltungsrecht, 2008; vgl auch *Schwarze*, Die Entwicklung der französischen Verwaltungsgerichtsbarkeit aus deutscher Sicht, DVBl 1999, 261 ff. Grundsätzliche und bereichsspezifische Beiträge finden sich in Schmidt-Aßmann/Hoffmann-Riem (Hrsg), Strukturen des Europäischen Verwaltungsrechts, 1999. – Als Bsp nachhaltig europäisch durchdrungener Rechtsgebiete seien hier genannt das Umwelt(verwaltungs-)recht, dazu etwa *Scherer*, Grenzen und Schwächen der legislatorischen Rechtsvereinheitlichung im europäischen Umweltrecht, KritV 78 (1995) 187 ff; zum Kommunalrecht *Schmahl*, Europäisierung der kommunalen Selbstverwaltung, DÖV 1999, 852 ff; zum Verwaltungsprozessrecht *Dünchheim*, Verwaltungsprozessrecht unter europäischem Einfluss, 2003; *Gärditz*, Europäisches Verwaltungsprozessrecht, JuS 2009, 385 ff. Zum Strafrecht *Beukelmann*, Europäisierung des Strafrechts – Die neue strafrechtliche Ordnung nach dem Vertrag von Lissabon, NJW 2010, 2081 ff; *Landau*, Strafrecht in seinen europäischen Bezügen – Gemeinsamkeiten, Diskrepanzen, Entscheidungen und Impulse, NStZ 2013, 194 ff; *Calliess*, Auf dem Weg zu einem einheitlichen europäischen Strafrecht, ZEuS 2008, 3 ff; *Frau*, Völkerrechtlich determiniertes deutsches Strafrecht, Der Staat 53 (2014) 533 ff. Zum „internationalen" (zur Begrifflichkeit o Rn 1) Privatrecht s *Brödermann/Iversen*, Europäisches Gemeinschaftsrecht und Internationales Privatrecht, 1994; *Martens*, Ein Europa, ein Privatrecht – Die Bestrebungen zur Vereinheitlichung des Europäischen Privatrechts, EuZW 2010, 527 ff.

225 Vgl *Oppermann*, Europarecht, 3. Aufl 2005, § 6 Rn 5.

das Primärrecht als „Verfassungsrecht", das Sekundärrecht als „Gesetzesrecht". So anschaulich solche Vergleiche sind: wie auch aus der begrifflichen Neuschöpfung vom „Staatenverbund"[226] lässt sich aus ihnen konkreter Aufschluss über die Rechtslage nicht gewinnen. Das zeigt sich auch daran, dass dem innerstaatlichen Recht entstammende Denkmuster oder Mechanismen – etwa zum Verhältnis des Bundes und der Länder im deutschen Verfassungsrecht – sich für eine Übertragung auf das nichtstaatliche Integrationsgebilde nicht ohne weiteres eignen.[227] Die Besonderheiten des Unionsrechts – angesichts seiner ihm von den Mitgliedstaaten beigegebenen und von den Organen der EU beförderten Integrationsdynamik: im je aktuellen Zustand – können nur aus sich heraus bestimmt werden. Es ist „autonome" Rechtsordnung[228] auch idS, dass es autonome Strukturen aufweist.

123 Aus dem hier eingenommenen völkerrechtlichen – und also diesbezüglich die Unterschiede markierenden – Blickwinkel ist zunächst festzuhalten, dass das Primärrecht und das Sekundärrecht unterschiedlicher Einordnung bedürfen, dies ungeachtet des Umstands, dass sie beide den Vorrang vor dem mitgliedstaatlich gesetzten Recht beanspruchen. Sekundärrecht ist abgeleitetes, von den Organen der Union gesetztes Recht, Primärrecht hingegen unmittelbar von den Mitgliedstaaten geschaffen, nämlich durch die Verträge kreiert bzw – das ungeschriebene Primärrecht – wegen dieser Vertragsschlüsse auf die Unionsebene gelangt. Aus diesem Grund wird hier auf das Sekundärrecht erst zurückgekommen, wenn die völkerrechtliche Bedeutung der Entscheidungen (herkömmlicher) I.O. für das deutsche Recht angesprochen worden sein wird (vgl u Rn 166ff). Das Primärrecht gehört hingegen in den Zusammenhang des Vertragsrechts.

124 Wie gesagt, sind die (früheren) Gemeinschaften und die heutige Union durch völkerrechtliche Verträge (und durch deren Änderung) begründet und fortentwickelt worden. Soweit solche Fortentwicklung durch Organe, insbes den Europäischen Gerichtshof, erfolgte,[229] geschah dies im Rahmen dieser Verträge, dies ungeachtet des Umstands, dass hier nicht allein Vertragsauslegung im hergebrachten, einem aufgrund Völkerrechts judizierenden internationalen Gericht eröffneten Sinne betrieben wurde. Die Ermächtigung dazu, seinerseits eigenständig die Integration voranzutreiben, hat der Gerichtshof den vertraglichen Grundlagen entnommen.

125 Hinsichtlich der innerstaatlichen Anforderungen an den Abschluss von Gemeinschafts- und Unionsverträgen sind Besonderheiten schon im Zusammenhang mit dem Prototyp des völkerrechtlichen Vertrags bezeichnet worden (vgl o Rn 74f). Sie erklären sich im Blick auf die besonderen Konsequenzen solchen Vertragsschlusses für das innerstaatliche Recht. Abgesehen davon, dass sie die Grundlage für das Phänomen des Sekundärrechts schaffen (vgl u Rn 173f), verändern die Verträge aber auch die Handlungsspielräume der Mitgliedstaaten in ihrem Verhältnis zueinander sowie zu anderen Völkerrechtssubjekten, und sie nehmen selbst eine besondere Rolle im innerstaatlichen Recht ein bzw verändern dieses.

126 Das Unionsrecht nimmt einen (nicht: „den") Vorrang vor mitgliedstaatlichem Recht in Anspruch. Das deutsche Recht nimmt ihn weitgehend hin.[230] Dabei konkurrieren Begründungen und auch unterschiedliche Vorstellungen über die Rechtsfolgen.[231] Problematisch ist hierbei, dass der Begriff des „Vorrangs" Vereinfachungen Vorschub leistet: Über einen Vorrang zu befinden, hat nur Sinn bei einander widersprechenden normativen Befehlen, im Fall der Normenkollision. Ob es überhaupt zu einer Kollision kommt, ist immer dann zweifelhaft, wenn allge-

---

226 Vgl o Rn 26.
227 Vgl in diesem Zusammenhang *Grabitz* (Fn 55).
228 Vgl EuGHE 1964, 1251, 1269.
229 Dazu etwa *Zuleeg*, Die Europäische Gemeinschaft als Rechtsgemeinschaft, NJW 1994, 545 ff.
230 Dazu *Jarass/Beljin*, Die Bedeutung von Vorrang und Durchführung des EG-Rechts für die nationale Rechtsetzung und Rechtsanwendung, NVwZ 2004, 1 ff; zur Rechtslage in anderen Mitgliedstaaten *Oppermann/Classen/Nettesheim*, Europarecht, 6. Aufl 2014, § 10 Rn 28 ff.
231 Einführend *Streinz* (Fn 48) Rn 203 ff; s auch *Proelß* (Fn 27) 58 ff.

meine, prinziphafte Bestimmungen miteinander in (Anwendungs-)Konkurrenz treten. Wichtiger als die Frage „was gilt", kann dann die Frage werden „wer entscheidet".

Aus der völkerrechtlichen Entstehung der früheren Gemeinschaften und der Union folgt jedenfalls, dass der Anspruch des Unionsrechts auf seinen Vorrang in Widerspruch geraten kann zu dem, was innerstaatlich verfassungsrechtlich zulässig ist, also die Satisfaktionsfähigkeit des Verfassungsrechts gegenüber dem (insoweit) völkerrechtlich Geschuldeten überfordert. Andererseits kann das Unionsrecht nur fordern, nicht selbst bewirken, was es fordert; es richtet die Mitgliedstaaten nicht verfassungsrechtlich ein, kann daher insbes einen Geltungsvorrang (mit der Folge der Nichtigkeit widerspenstigen staatlichen Rechts) nicht herbeiführen. Aus Dogmen über angeblich eingeschränkte mitgliedstaatliche Souveränität oder eine „dingliche" Deutung des Hoheitsrechte betreffenden Übertragungsakts bei Gründung oder Beitritt kann derartiges nicht hergeleitet werden. 127

Die Verwirklichung des unionsrechtlichen Vorranganspruchs ist im Übrigen zutreffender Ansicht nach von vornherein nicht auf Geltungsvorrang gerichtet, sondern auf Anwendungsvorrang im Einzelfall – dies schon deshalb, weil der tragende Grund für den Vorrang, die Sicherstellung effektiver und umfassender Verwirklichung der Integrationsziele, die Nichtigkeit kollidierenden innerstaatlichen Rechts vernünftigerweise nicht umfassen kann, wenn es am Unionsbezug fehlt – was etwa bei der Maßstäblichkeit solchen Rechts im Verhältnis zu Drittstaaten der Fall sein kann. Um diesen Anwendungsvorrang zu erreichen, bedarf das Unionsrecht der Hilfe des innerstaatlichen Rechts. Unterlässt dieses die Hilfeleistung, so liegt hierin rechtswidriges Ungenügen im Blick auf die aus der Mitgliedschaft erwachsenen Verpflichtungen. Das deutsche Recht genügt der Verpflichtung (auch) für das Primärrecht noch nicht allein über die von Art 59 Abs 2 GG dem Zustimmungsgesetz (und den Änderungsgesetzen) verschaffte Qualität, weil sich hieraus kein Vorrang gegenüber dem Grundgesetz ergibt und das Zustimmungsgesetz sich insoweit – und ohnehin nur hinsichtlich der inhaltlich für eine Anwendung geeigneten Bestimmungen der Verträge – in die einfachgesetzliche Gesamtrechtsordnung eingeordnet findet (vgl o Rn 115 ff). 128

Hinzu treten allerdings *Art 24 Abs 1, Art 23 GG*. Sie ermächtigen zur Übertragung von Hoheitsrechten auf die bzw zur Mitwirkung in der Union. Jedenfalls die Schaffung des Art 23 GG – mag das iE bedacht worden sein oder nicht – lässt objektiv eine verfassungsrechtliche Ermächtigung erkennen, den Anwendungsvorrang des Unionsrechts in dem Umfang gegenüber der gesamten innerstaatlichen Rechtsordnung hinzunehmen, wie er aus den Verträgen im Zeitpunkt der – zuletzt nach Art 23 Abs 1 GG iVm Art 59 Abs 2 GG erfolgten – Zustimmung hervorgeht. Diese Zustimmung war verfassungsgemäß, wie auch das Bundesverfassungsgericht befunden hat.[232] Sie kann nicht nachträglich verfassungswidrig werden, etwa für den Fall, dass das Unionsrecht ohne Vertragsänderung künftig eine Wendung nimmt, die aus deutscher Sicht den in Art 23 Abs 1 GG genannten Strukturprinzipien widerspricht. Davon zu unterscheiden ist die Möglichkeit, dass die Unionsorgane ihrerseits vertragswidrig handeln. Rechtsschutz dagegen eröffnet die Union selbst. Notfalls bleibt der Austritt.[233] Die vom Bundesverfassungsgericht für sich reservierte Rolle eines Wächters über das mit Anwendungsvorrang ausgestaltete *künftige* Unionsrecht anhand des Grundgesetzes ist prekär, wie bereits argumentiert (o Rn 26). Auf sie wird noch ein- 129

---

[232] Vgl BVerfGE 89, 155 ff und die in Rn 26 f gegebenen Hinweise; zur Verwirklichung der Währungsunion s *Hölscheidt/Schotten*, Zur Rolle des Deutschen Bundestags beim Eintritt in die dritte Stufe der Währungsunion, ZRP 1997, 479 ff; *Puttler*, Das BVerfG und das Recht des Deutschen Bundestages bei der Einführung des Euro, ZRP 1998, 168 ff.

[233] Vgl BVerfGE 89, 155, 190, 205; der Austritt ist nunmehr in Art 50 EUV ausdrücklich geregelt *Wieduwilt*, Article 50 TEU – The Legal Framework of a Withdrawal from the European Union, ZEuS 2015, 169 ff; zum Verhältnis Art 50 EUV und allgemeines Völkerrecht *Dörr*, in Grabitz/Hilf/Nettesheim (Hrsg), Das Recht der Europäischen Union, Art 50 EUV Rn 11 ff. – EU-Vertrag und EG-Vertrag sahen ein Kündigungsrecht zuvor nicht ausdrücklich vor; vgl *Doehring*, Einseitiger Austritt aus der EG, FS Schiedermair, 2001, 695 ff; *Streinz* (Fn 48) Rn 105 f.

mal zurückzukommen sein, wenn es um das Zusammenspiel dieses Gerichts mit internationalen Gerichten bei der Gewährleistung des Individualrechtsschutzes geht (u Rn 186).

130   Die Unionsverträge begründen auch Befugnisse zur Teilnahme der Union am Völkerrechtsverkehr, einschließlich einer Kompetenz zum Abschluss völkerrechtlicher Verträge.[234] Angesichts der besonderen Vernetzung von europäischer und mitgliedstaatlicher Rechtsordnung stellt sich die Frage nach Rang und Wirkung dieser Verträge im innerstaatlichen Rechtsraum, aber auch nach ihrem Verhältnis zu von einem Mitgliedstaat mit dritten Völkerrechtssubjekten geschlossenen Verträgen.[235] Soweit diese vor dem ursprünglichen gemeinschaftlichen Gründungsvertrag in Kraft getreten sind, bleiben sie im Außenverhältnis unberührt (vgl Art 26, Art 30 Abs 4 lit b WVK; s auch Art 351 Abs 1 AEUV). Unionsrechtlich besteht dann die Verpflichtung des Mitgliedstaats, eventuelle Unvereinbarkeiten des Vertrags mit dem Unionsrecht zu beheben (Art 351 Abs 2 AEUV). Schließt die Union völkerrechtliche Verträge mit Nichtmitgliedstaaten (Unionsabkommen), so sind diese auch für die Mitgliedstaaten verbindlich (Art 216 Abs 2 AEUV), was sich aber allein als eine unionsrechtliche Verbindlichkeit darstellt, nicht als eine solche gegenüber dem Drittstaat. Diesem erwächst also kein (weiterer) völkerrechtlicher Anspruch gegenüber dem Mitgliedstaat auf Einhaltung des mit der Union abgeschlossenen Vertrags. Hinsichtlich einer etwaigen unmittelbaren Berechtigung von Individuen aus solchen Verträgen gelten im Ausgangspunkt die allgemeinen Regeln.[236] Als Bestandteil der Unionsrechtsordnung stehen solche Verträge im Rang zwischen primärem und sekundärem (abgeleitetem) Unionsrecht.[237] Fragen stellen sich bei den sog gemischten Verträgen als solchen, welche neben der Union auch Mitgliedstaaten zu Vertragspartnern haben (diese also, anders als bei den Unionsabkommen, auch völkerrechtlich, nicht nur unionsrechtlich, binden).[238] Hier lässt sich unterschiedlich sehen, ob sich Art 216 Abs 2 AEUV auch auf solche Teile des Vertrags erstreckt, welche nach der unionsinternen Kompetenzverteilung der mitgliedstaatlichen Zuständigkeit unterliegen. Zutreffend dürfte es demgegenüber sein, die innerstaatliche Bedeutung solcher Vertragsteile allein nach innerstaatlichem (Verfassungs-)Recht, hier also nach Art 59 Abs 2 GG, zu bestimmen.

i) Die Übertragung von Hoheitsrechten im Übrigen

131 Es wurde schon deutlich gemacht, dass Art 24 Abs 1 GG, welcher die bundesgesetzliche Übertragung von Hoheitsrechten auf zwischenstaatliche Einrichtungen ermöglicht, einerseits allgemein Aufschluss über die Grundkonzeption des Grundgesetzes hinsichtlich der Stellung Deutschlands

---

234 Dem in Art 6 Abs 2 EUV des Vertrags von Lissabon avisierten Beitritt der EU zur EMRK hat der EuGH Grenzen gezogen, vgl Gutachten C-2/94 v 18.12.2014. Dazu *Wendel*, Der EMRK-Beitritt als Unionsrechtsverstoß, NJW 2015, 921 ff; *Thym*, Das EMRK-Gutachten des EuGH, EuZW 2015, 180 ff; *Streinz*, Europarecht: EuGH blockiert den Beitritt der EU zur EMRK, JuS 2015, 567 ff.
235 *Thym*, Die völkerrechtlichen Verträge der Europäischen Union, ZaöRV 66 (2006) 863 (900 ff).
236 Vgl o Rn 41 f, s auch Rn 152 ff sowie Rn 174; vgl ferner *von Bogdandy*, Rechtsgleichheit, Rechtssicherheit und Subsidiarität im transnationalen Wirtschaftsrecht, EuZW 2001, 357 ff; *Uerpmann-Wittzack*, Völkerrechtliche Nebenverfassungen, in von Bogdandy (Hrsg), Europäisches Verfassungsrecht, 2. Aufl 2009, 177 ff.
237 St Rspr seit EuGH, Slg 1972, 1219, 1227 – *International Fruit Co*; s *Krajewski*, Verfassungsperspektiven und Legitimation des Rechts der Welthandelsorganisation (WTO), 2001, 71.
238 Vgl dazu EuGH, Slg 2000, I-11307, Rn 35, 37 f – *Christian Dior*; Slg 1998, I-3603, Rn 32 – *Hèrmes International*. Umfassend *Wünschmann*, Geltung und gerichtliche Geltendmachung völkerrechtlicher Verträge im Europäischen Gemeinschaftsrecht, 2003, 80 ff. Überblick bei *Oppermann/Classen/Nettesheim* (Fn 230) § 38 Rn 20 f, 27. S ferner EuGH, NJW 1999, 2103 ff zur Auslegung des TRIPS-Abkommens sowie EuGH, EuZW 2000, 276 ff zur Wirkung der WTO-Übereinkommen im Gemeinschaftsrecht, dazu *von Bogdandy*, Die Überlagerung der ZPO durch WTO-Recht, NJW 1999, 2088 ff; s auch *Geiger*, External Competences of the European Union and the Treaty Making Power of its Member States, AJICL 14 (1997) 319 ff; *Weber*, Wirtschaftsabkommen im System der Europäischen Gemeinschaft, AVR 35 (1997) 295 ff.

in der internationalen Ordnung vermittelt (o Rn 21ff), anderseits speziell der deutschen Mitwirkung an der (bisherigen) europäischen Integration die verfassungsrechtliche Grundlage gegeben hat. Im Zuge der Konstruktion der EU hat dies nun in Art 23 GG eine eigene Grundlage gefunden. Damit ist die praktische Bedeutung des Art 24 Abs 1 GG geringer geworden. Sie dauert aber fort für das deutsche Verhältnis zu anderen zwischenstaatlichen Einrichtungen.

Der *Begriff der zwischenstaatlichen Einrichtung* bezieht sich auf I.O.,[239] darüber hinaus auf völkerrechtliche Organe,[240] wobei die BR Deutschland jeweils Mitglied sein muss. Die Gründung kann durch Staaten, aber auch durch I.O. erfolgt sein.[241] Nicht möglich ist die Übertragung auf nichtstaatliche (non-governmental) I.O.[242] oder auf Staaten. 132

Für „Hoheitsrechte" ist im vorliegenden Zusammenhang kennzeichnend, dass sie den Übertragungsempfängern einen „Durchgriff in den staatlichen Herrschaftsbereich" ermöglichen, dies unmittelbar und also an die innerstaatlichen Rechtssubjekte bzw die dortigen rechtsanwendenden Organe gerichtet.[243] Solche Rechte können einzeln, nicht in ihrer Summe als „Staatsgewalt", übertragen werden. Der „Einrichtung" ist die Wahrnehmung von Hoheitsbefugnissen eröffnet, wenn zu einem entsprechenden völkerrechtlichen Vertrag innerstaatlich das Übertragungsgesetz tritt.[244] 133

Derzeit sind iSd Art 24 Abs 1 GG Hoheitsrechte übertragen etwa auf Eurocontrol[245] und die Europäische Patentorganisation,[246] *nicht* aber auf die Vereinten Nationen, soweit es um deren Befugnisse nach Art 25, Art 41 UN-Charta geht;[247] iE streitig ist insoweit das Rechtsverhältnis zur NATO.[248] 134

3. Das Völkergewohnheitsrecht

Das Völkergewohnheitsrecht steht als Rechtsquelle gleichrangig neben dem Völkervertragsrecht. Das deutsche Recht behandelt beide höchst unterschiedlich. Das Völkergewohnheitsrecht besteht aus ungeschriebenen Normen, die sich in den internationalen Beziehungen durch eine bestimmten Anforderungen genügende Interaktion der Völkerrechtssubjekte (die „Staatenpraxis") herausgebildet haben.[249] Das Grundgesetz erklärt das Völkergewohnheitsrecht, soweit es sich um „allgemeine Regeln des Völkerrechts" handelt, durch *Art 25 Satz 1 GG* zum „Bestandteil des Bundesrechts", wählt aber eine erkennbar andere Regelungstechnik als in Art 59 Abs 2 GG hinsichtlich der Verträge. Diese allgemeinen Regeln „gehen den Gesetzen vor", und sie „erzeu- 135

---

239 Zum Begriff *Klein/Schmahl*, 4. Abschn Rn 12ff.
240 Wie die Europäische Kernenergie-Agentur, die nach Art 3ff des Übereinkommens über die Errichtung einer Sicherheitskontrolle auf dem Gebiet der Kernenergie v 20.12.1957 (BGBl 1959 II, 586) zu Kontrollen gegenüber Unternehmen und Einrichtungen berechtigt ist, die spaltbares Material verwenden; die Zentralkommission für die Rheinschifffahrt aufgrund der revidierten Rheinschifffahrtsakte v 17.10.1869 (sog Mannheimer Akte), s jetzt BGBl 1969 II, 597.
241 *Randelzhofer* (Fn 123) Art 24 Abs I Rn 44.
242 Vgl *Müller-Terpitz*, Beteiligungs- und Handlungsmöglichkeiten nichtstaatlicher Organisationen im aktuellen Völker- und Gemeinschaftsrecht, AVR 43 (2005) 466ff.
243 S BVerfGE 37, 271, 280; *Mosler*, in HdbStR VII, 2. Aufl 1992 § 175 Rn 19ff; s aber auch – möglicherweise erweiternd – BVerfGE 68, 1, 84; dazu *Bryde*, Sicherheitspolitik zwischen Regierung und Parlament, Jura 1986, 368ff. Zu Grenzen der Übertragung von Hoheitsrechten BVerfGE 123, 267, 349f *(Lissabon)*.
244 Vgl nur *H.P. Ipsen*, Europäisches Gemeinschaftsrecht, 1972, 60.
245 Eingehend und mit Hinweisen auf zahlreiche Streitfragen dazu *Rojahn* (Fn 27) Rn 43, Stichw „Eurocontrol".
246 Dazu BGHZ 102, 118, 122.
247 Dazu noch u Rn 169; zu den „supranationalen" Befugnissen der Meeresbodenbehörde *Proelß*, 5. Abschn Rn 69f.
248 Vgl BVerfGE 68, 1, 93ff; 77, 170, 232; Überblick bei *Rojahn* (Fn 27) Rn 53 Stichw „NATO".
249 Vgl BVerfGE 46, 342, 367; BVerfG, NJW 1995, 651 u näher *Graf Vitzthum*, 1. Abschn Rn 131ff. – Missverständnisse weckt OLG Düsseldorf, NJW 1994, 1486f mit der Formel „von allen Rechtsstaaten anerkannten Grundsätze" (zur „Anerkennung" noch u Rn 146).

gen Rechte und Pflichten unmittelbar für die Bewohner des Bundesgebietes" (Art 25 Satz 2 GG). Es ist dies nicht etwa eine Bezugnahme auf einen im Zeitpunkt der Verfassungsgebung vorhandenen Bestand an völkerrechtlichen Normen. Art 25 GG aktualisiert sich fortdauernd als ein Scharnier: Er verweist auf das je aktuelle Recht, so dass das Erlöschen, die Modifizierung bestehenden Rechts wie auch die Herausbildung neuer Normen zu berücksichtigen sind.[250]

136   Art 25 GG ist sowohl für die dualistischen wie für die monistischen Lehren[251] zum Verhältnis von Völkerrecht und staatlichem Recht erklärbar, trifft also zwischen ihnen keine „Entscheidung"; dem Monismus erscheint er als deklaratorisch. Wie Art 59 Abs 2 GG lässt sich auch Art 25 GG seinem Wortlaut nach iSd Transformationslehre deuten (die erfassten allgemeinen Regeln des Völkerrechts erscheinen dann innerstaatlich in Gestalt paralleler – ungeschriebener – Normen des nationalen Rechts), aber auch iSd Vollzugslehre (sie sind dann Normen des Völkerrechts mit innerstaatlicher Geltung).

a) Völkergewohnheitsrecht und „allgemeine Regeln des Völkerrechts"

137   Der Begriff „allgemeine Regeln des Völkerrechts" liegt etwas verschoben zu den Quellen des Völkerrechts. Sicherlich erfasst er völkerrechtliche Verträge als solche nicht. Bei zweiseitigen, aber auch bei der Mehrzahl der mehrseitigen Verträge versteht sich dies von selbst, weil sie die in ihnen enthaltenen Regeln nicht zu „allgemeinen" erheben können. Selbst ein Vertrag, dem alle oder die weit überwiegende Mehrzahl der Staaten sich angeschlossen haben, entfaltet im deutschen Recht seine Wirkung nicht über Art 25 GG, weil insoweit Art 59 Abs 2 GG eine Spezialregelung darstellt.[252] Zu beachten ist aber, dass das Völkervertragsrecht und das Völkergewohnheitsrecht in Überschneidungsverhältnissen und im Verhältnis gegenseitiger Beeinflussung stehen. Eine vertragliche Vorschrift, die eine geltende allgemeine Regel wiedergibt, entzieht Letztere nicht etwa dem Anwendungsbereich des Art 25 GG. Der materielle Inhalt des Vertrags ist (bereits) „Bestandteil des Bundesrechts", für seine Geltung bedarf es des Vertragsgesetzes nicht. Dessen Erlass erbringt der Norm einen weiteren Geltungsgrund, der Wirkung nach verschafft es ihr Gesetzesrang (vgl o Rn 110 ff), damit einen Rang „unterhalb" dessen, was Art 25 GG für allgemeine Regeln des Völkerrechts vorsieht. Wenn aus völkerrechtlicher Vertragsschlusspraxis Völkergewohnheitsrecht iS allgemeiner Regeln entsteht,[253] hat das innerstaatlich – soweit solchen Verträgen durch Vertragsgesetze Geltung verschafft worden ist – ebenfalls die Entstehung eines weiteren Geltungsgrunds zur Folge, hier aber mit qualitativer Aufwertung: Was zuvor mit Gesetzesrang galt, geht nun den Gesetzen vor.

138   Nicht selten vereinbaren die Staaten vertraglich, dass zwischen ihnen eine Norm des Völkergewohnheitsrechts nicht oder nur mit modifiziertem Inhalt zur Anwendung kommen soll.[254] Sie können damit an der gewohnheitsrechtlichen (Weiter-)Geltung der Norm nicht rühren, schieben sie nur beiseite für ein konkretes Rechtsverhältnis – was das Völkergewohnheitsrecht (mit der im grundsätzlichen und iE strittigen Ausnahme zwingenden Rechts)[255] durchaus erträgt. Nach Erlass des Vertragsgesetzes scheint dann Art 59 Abs 2 GG die Geltung und Anwendung des Vertrags zu gebieten, während Art 25 GG weiterhin (denn der Bestand des Gewohnheitsrechts hat sich nicht geändert) bestimmt, dass die betreffende Regel „den Gesetzen", also auch dem Vertragsgesetz, vorgeht – und also dem Vertrag die Anwendbarkeit genommen wäre. Dieses

---

250 Dazu BVerfGE 18, 441, 448; *Mosler*, Das Völkerrecht in der Praxis der deutschen Gerichte, 1957, 40.
251 Vgl o Rn 37 ff.
252 Vgl dazu *Papadimitriu*, Die Stellung der allgemeinen Regeln des Völkerrechts im innerstaatlichen Recht, 1972, 79 ff.
253 Vgl *Graf Vitzthum*, 1. Abschn Rn 136 ff.
254 Vgl dazu BVerfGE 18, 441, 448.
255 Dazu *Verdross*, Jus Dispositivum and Jus Cogens in International Law, AJIL 60 (1966) 5 ff; eingehend *Kadelbach*, Zwingendes Völkerrecht, 1992.

offenbar widersinnige Ergebnis kann durch das Nebeneinander von Art 25 GG und Art 59 Abs 2 GG nicht bezweckt sein. Der Verfassungsgeber hat beide Normen in Kenntnis des Umstands geschaffen, dass die Staaten vertraglich ihre Beziehungen in Abweichung von allgemeinem Völkerrecht gestalten können. Art 25 GG steht deshalb unter dem immanenten Vorbehalt solcher vertraglichen Gestaltung, unterliegt also teleologischer Reduktion, so dass auch innerstaatlich dem Vertragsgesetz der Vorrang zukommt; korrespondierend der völkerrechtlichen Rechtslage kann aber auch innerstaatlich das Gewohnheitsrecht weiterhin zur Ergänzung, also zur Lückenfüllung und zur Auslegung herangezogen werden. Für das Verhältnis zu den Völkerrechtssubjekten, die nicht Vertragspartner eines derartigen Vertrags sind, findet es hingegen uneingeschränkt Anwendung.

Ist eine Norm materiell im Völkergewohnheitsrecht enthalten und zusätzlich als allgemeiner 139 Rechtsgrundsatz iSv Art 38 Abs 1 c IGH-Statut in Geltung oder gar darüber hinaus noch völkervertraglich vereinbart – wie es für den Grundsatz gilt, dass Verträge nach Treu und Glauben auszulegen sind, vgl Art 31 Abs 1 WVK –, so steht auch das ihrer Einbeziehung in Art 25 GG nicht entgegen. Allgemeine Rechtsgrundsätze sind nach der hier befolgten Systematik, die von den völkerrechtlichen Quellen her die Reaktion des innerstaatlichen Rechts zeigen möchte, noch gesondert anzusprechen (vgl u Rn 163 ff).

Nicht alles Völkergewohnheitsrecht ist nach Art 25 GG Bestandteil des Bundesrechts, sondern 140 – lediglich – seine „allgemeinen Regeln". Die Interpretation dieser Einschränkung hat Schwierigkeiten bereitet. Nicht vertretbar ist die Auffassung, die Prädizierung „allgemein" sei auf den Inhalt einer in Betracht kommenden Norm zu beziehen. Angesprochen ist vielmehr die Gegenüberstellung des „allgemeinen" im Verhältnis zum partikularen Völkergewohnheitsrecht, also die Problematik des Kreises der einer Norm verpflichteten Völkerrechtssubjekte. Nicht alles Völkergewohnheitsrecht, wenn auch der weit überwiegende Teil seines Normenbestands, gilt für alle Staaten.

Wohl unstreitig ist heute, dass einzelne Staaten, insbes eine regional definierbare Staaten- 141 gruppe, für ihre Rechtsverhältnisse partikulares (regionales) Gewohnheitsrecht hervorbringen können.[256] Solches Recht hat nicht „territoriale" Geltung in dem Sinne, dass die territoriale Zugehörigkeit eines Staats zu einem Raum (etwa zu einem Kontinent; gemeinsame Anrainerschaft an einem Meer) den Verpflichtungsgrund böte. Vielmehr kommt es auf die Beteiligung an entsprechender Staatenpraxis an – für die eine regionale Zusammengehörigkeit aber den Anlass oder Bezugspunkt geben kann. Mindestens theoretisch ist auch denkbar, dass sich die Gewohnheiten nur zweier Staaten, etwa bei der Nutzung eines beiderseitiger territorialer Souveränität teils unterliegenden Gewässers oder bei der Zugangsgewähr zu einem Gebiet, zu ungeschriebenem Recht verfestigen, ohne dass dem eine vergleichbare allgemeine Norm für entsprechende Interessengeflechte anderer Staaten korrespondierte.

Die Feststellung allgemeinen Völkergewohnheitsrechts bereitet Schwierigkeiten, die auch 142 für das Verständnis des Art 25 GG berücksichtigt werden müssen. Ihre Ursache ist zum einen, dass regelmäßig nicht alle Staaten an einer Gewohnheitsrecht bildenden Praxis beteiligt waren. Nicht alle Staaten haben Veranlassung zu entscheiden, ob sie einer Praxis folgen wollen oder nicht, dies iS tatsächlichen Handelns oder Unterlassens oder entsprechender rechtserheblicher Argumentation: Nur eine Minderzahl von Staaten trieb Schifffahrt, als das gewohnheitsrechtliche Seevölkerrecht entstand, nicht alle Staaten treiben heute Weltraumfahrt oder bemühen sich um die Ausbeutung des Meeresgrunds. Einzelne Staaten haben sich überdies der Entstehung von anderen praktizierter gewohnheitsrechtlicher Regeln beharrlich widersetzt. In einigen Be-

---

256 Dazu *Schindler*, Regional International Law, EPIL IV (2000) 161 ff. Man könnte versucht sein, auch das europäische Unionsgewohnheitsrecht als regionales Völkergewohnheitsrecht kategorial zu erfassen. Solches Recht ist jedoch primäres Unionsrecht. Seine Herausbildung hat völkerrechtliche Hintergründe; seine Qualität übersteigt indes diejenige des Völkerrechts. Seine innerstaatliche Bedeutung richtet sich daher nach den Regeln für das Verhältnis von Unionsrecht und mitgliedsstaatlichem Recht, dazu o Rn 120 ff.

reichen stehen sich verschiedene Gruppen von Staaten mit fundamentalem Dissens gegenüber, wie lange Zeit zu Fragen des Ausmaßes der für eine Enteignung ausländischen Eigentums zu gewährenden Entschädigung. Die Beurteilung solcher Lagen führt zu Grundfragen der Entstehungs- und Geltungsgründe des Völkergewohnheitsrechts, wobei die Entstehung neuer Staaten im Zuge der Entkolonisierung vor allem in den 1960er Jahren das Problem des Eintritts in eine schon bestehende, von anderen Staaten gestaltete Völkerrechtsordnung besonders augenfällig machte;[257] für die Phase der Entstehung neuer Staaten in Europa und Asien zu Beginn der 1990er Jahre hat dies hingegen nicht in vergleichbarer Weise zu einer Infragestellung des Überkommenen geführt. Im Ausgangspunkt entscheidet – zutreffender Auffassung nach – jeder Staat (insofern der Lage beim Vertragsschluss vergleichbar) „frei" darüber, ob ihn eine Norm des Völkergewohnheitsrechts bindet. Für seine Bindung ist andererseits die – positive – Beteiligung bereits an der Normentstehung nicht vorausgesetzt. Sie kann durch Stillschweigen ebenso eintreten wie durch pauschale Akzeptanz eines vorgefundenen Normenbestands. Widersetzlichkeit muss rechtserheblich und gegebenenfalls beharrlich dokumentiert werden. Dass die Staaten gegen bestimmte Regeln des allgemeinen Völkerrechts verstoßen, lässt dabei noch nicht an der Geltung der betroffenen Regel zweifeln. Hinzukommen muss prinzipiell der subjektive Faktor. Wenn die Staaten „lediglich" bestreiten, einen Tatbestand verwirklicht zu haben oder auch – bei dem genannten Bsp freilich nicht denkbar – rechtfertigende Ausnahmebestimmungen ins Feld führen, dann kann dies gerade für eine normstützende Rechtsüberzeugung sprechen.

143   So „entscheidet" der Staat zwar über seine potentielle Bindung, doch trifft ihn die Obliegenheit, sein Fernbleiben von vorhandenem oder sich abzeichnendem Konsens außer Zweifel zu stellen. Das gilt grundsätzlich auch für den „neuen" Staat, wobei Bekenntnisse zu den Normen des Völkerrechts anlässlich der Erlangung der Unabhängigkeit, auch der Beitritt zu den Vereinten Nationen, schon darauf deuten können, dass die weit überwiegende Normenmasse des allgemeinen Völkerrechts als akzeptiert zu gelten hat. Solche Akzeptanz kann dann nicht nachträglich oder gar erst im Streit um den Einzelfall wieder beseitigt werden. Es kann also universales Völkergewohnheitsrecht geben, ebenso solches, das nur für einen Teil, also auch einen erheblichen, die Universalität „knapp" verfehlenden Teil der Völkerrechtsgemeinschaft verbindlich ist.

144   Für die Geltung als Bestandteil des Völkergewohnheitsrechts verlangt Art 25 Satz 1 GG ersichtlich nicht die *Universalität*, lässt aber *Regionalität* oder gar *Bilateralität* nicht genügen.[258] Naheliegen könnte ferner, dass als „allgemein" nur eine Regel zu erachten ist, auf die jedenfalls auch die BR Deutschland selbst verpflichtet ist. In Rechtsprechung und Lehre wird betont, dass die BR eine Norm jedenfalls nicht ausdrücklich im Völkerrechtsverkehr anerkannt haben müsse, ihre Behörden und Gerichte sie nicht angewandt haben müssen, ehe sie als *allgemein* über Art 25 GG in das Bundesrecht gelangt.[259] Das wird aus einem Vergleich mit Art 4 WRV, der von „allgemein anerkannten Regeln des Völkerrechts" gesprochen hatte, hergeleitet und durch die Entstehungsgeschichte gestützt.[260]

145   Die innerstaatliche Rechtsordnung rezipiert in dieser Sicht Völkergewohnheitsrecht, ohne vorauszusetzen, dass deutsche Organe zu seiner Geltung beigetragen haben. Diese Sichtweise

---

257 Dazu *Kunig* (Fn 9) 209 ff mwN; *Schweitzer*, Das Völkergewohnheitsrecht und seine Geltung für neu entstehende Staaten, 1969; *Bokor-Szegö*, New States and International Law, 1970; *Kunig*, Völkerrecht und Übersee, VRÜ 30 (1997) 465 (468 ff).
258 Vgl BVerfGE 75, 1, 26: „erforderliche weltweite Schlüsse"; BVerfGE 118, 124, 134: „von der überwiegenden Mehrheit der Staaten anerkannt"; vgl ferner *Rojahn* (Fn 27) Art 25 Rn 9; *Geck*, Das Bundesverfassungsgericht und die allgemeinen Regeln des Völkerrechts, FG BVerfG II, 1976, 126 (128); *Rudolf* (Fn 49) 240; *Pernice*, in Dreier (Hrsg), GG, Bd 2, 3. Aufl 2006, Art 25 Rn 20; *Streinz*, in Sachs (Hrsg), GG, 7. Aufl 2014, Art 25 Rn 26, die mit verschiedenen Gründen regionales Recht in Art 25 GG einbeziehen wollen.
259 Vgl zB BVerfGE 15, 24 f; *Herdegen*, in Maunz/Dürig (Fn 123) Art 25 Rn 24; *Papadimitriu* (Fn 252) 79 ff.
260 Vgl den Bericht in JöR nF 1 (1951) 232 ff.

war ursprünglich sicher auch getragen von dem die Ausgestaltung des Grundgesetzes in weiten Bereichen prägenden Bemühen, Deutschland nach der Phase der Unrechtsordnung erkennbar in die Rechtsgemeinschaft zurückzuführen, hier: durch eine im Vergleich zur Ersten Republik weitere Öffnung gegenüber dem internationalen Rechtsraum (vgl o Rn 10f). Art 25 GG wurde allerdings zu einer Zeit konzipiert, die für die Bindung an Völkergewohnheitsrecht überwiegend nicht den Konsens verlangte, sondern stärker von Repräsentationsvorstellungen geprägt war. Für die Verpflichtung eines Staats auf Völkergewohnheitsrecht wurde nicht nur seine individuelle Beteiligung an der die Norm hervorbringenden Staatenpraxis nicht vorausgesetzt; auch die Erforderlichkeit einer entsprechenden Konsensbekundung – und sei es iS qualifizierten Unterlassens – wurde allgemein verneint. Das wird auch heute noch weithin so gesehen und prägt konsequent dann auch den Umgang mit Art 25 GG.[261]

Zutreffend ist auch nach der hier vertretenen Auffassung, dass es der ausdrücklichen „Anerkennung" einer Norm durch die BR Deutschland oder gar vorgängiger innerstaatlicher Anwendung nicht bedarf, um die völkerrechtliche Verpflichtung auf die Einhaltung der Norm zu begründen. Andererseits muss feststehen, dass die Bundesrepublik die Verbindlichkeit einer neu entstehenden oder nur von einigen, vielen oder nahezu allen Staaten praktizierten Norm für sich selbst nicht in völkerrechtlich zulässiger Weise verhindert hat. Art 25 GG gebietet nicht, eine solche Norm innerstaatlich gleichwohl anzuwenden. IdS sind allgemeine Regeln des Völkerrechts nur solche, die auch die BR Deutschland im Völkerrechtsverhältnis verpflichten. Dass damit bestimmte Regeln des aktuellen Völkerrechts, von deren allgemeiner, zwischenstaatlicher Geltung ernsthaft die Rede sein kann, aus dem Anwendungsfeld des Art 25 GG ausgeschlossen wären, ist nicht ersichtlich. Wichtig ist dennoch, dass *Art 25 GG keinen Automatismus* bewirkt, wonach künftig entstehendes, aber von der Bundesrepublik nicht konsentiertes Recht, so sich eine über eine Region hinausreichende Mehrzahl der Staaten zu seiner Etablierung durch Staatenpraxis verstehen sollte, unbesehen in das innerstaatliche Recht – und dies mit Vorrang vor den Gesetzen – hineindrängen würde. Dieser „Vorbehalt" mag theoretisch bleiben, bewirkt auch nicht die Abschottung deutschen Rechts von der Völkerrechtsentwicklung; vielmehr zieht er die Konsequenz aus der Struktur des Völkergewohnheitsrechts und hält das Außen- und das Innenverhältnis in Übereinstimmung. 146

Partikulares Völkergewohnheitsrecht im eigentlichen Sinne, also regionales oder bilaterales Völkergewohnheitsrecht, wird von Art 25 Satz 1 GG von vornherein nicht erfasst. Die Vorschrift kann insofern auch nicht analog angewendet werden.[262] Auch der These vom ungeschriebenen verfassungsrechtlichen Normanwendungsbefehl, reichsgerichtlich in vorkonstitutioneller Zeit anerkannt und dann trotz des begrenzenden Art 4 WRV bzw Art 25 GG weiterhin und also auch unter dem Grundgesetz noch in Geltung gesehen,[263] kann nicht überzeugen. Art 25 GG regelt das Verhältnis des deutschen Rechts zum Völkergewohnheitsrecht abschließend. Sähen die Gesetzgeber Regelungsbedarf, um die innerstaatliche Rechtslage in Konformität zu nicht allgemeinem Gewohnheitsrecht zu bringen, wären sie am Erlass entsprechender Gesetze nicht gehindert; des vorgängigen Abschlusses entsprechender Verträge bedürfte es dafür nicht. 147

b) Der Rang und die Wirkung gewohnheitsrechtlich geltender allgemeiner Regeln des Völkerrechts im deutschen Recht

Art 25 GG legt in zwei Aussagen die Bedeutung der allgemeinen Regeln des Völkerrechts für das Bundesrecht fest. Sie sollen dessen „Bestandteil" sein (Satz 1), und ferner: „Sie gehen den Geset- 148

---

261 Vgl etwa *Dahm/Delbrück/Wolfrum* (Fn 50) 118; s auch *Heintschel von Heinegg*, in Ipsen (Hrsg), Völkerrecht, 6. Aufl 2014, § 17 Rn 11.
262 Vgl dazu *Rudolf* (Fn 49) 276 f mN abweichender Stimmen.
263 Vgl *Rudolf* (Fn 49) 277 ff.

zen vor und erzeugen Rechte und Pflichten unmittelbar für die Bewohner des Bundesgebietes" (Satz 2). Art 25 Satz 1 GG trifft die allgemeinere Aussage, er bewirkt die innerstaatliche Geltung des erfassten Völkerrechts. Die erste Teilaussage des Satz 2 bestimmt den (Vor-)Rang *„vor den Gesetzen"*, die zweite stellt klar, dass innerstaatliche Rechtssubjekte durch allgemeine Regeln des Völkerrechts berechtigt und verpflichtet sein können.

149 Der Begriff *„Bewohner des Bundesgebiets"* ist etwas ungenau. Er soll verdeutlichen, dass es auf das Band der Staatszugehörigkeit (vgl Art 116 GG) nicht ankommt, sondern auf die territoriale Reichweite des deutschen Rechts. Nicht entscheidend ist die Erfüllung von Erfordernissen des Melderechts. „Bewohner" sind deshalb auch „Durchreisende" (und Asylsuchende), auch juristische Personen, soweit sie deutschem Recht unterworfen sind, also nicht nur natürliche Personen. Art 25 Satz 2 GG (wie im Übrigen auch Satz 1) entfaltet sich im Übrigen nicht nur für Sachverhalte, die sich auf dem deutschen Staatsgebiet ereignen; entscheidend ist, ob auf einen Sachverhalt überhaupt deutsches Recht Anwendung findet.[264]

150 Das Völkerrecht ist im Ausgangspunkt eine zwischenstaatliche Ordnung. Es enthält demgemäß weit überwiegend Rechtssätze, die nur die herkömmlichen Völkerrechtssubjekte erfüllen und in Anspruch nehmen können, nämlich die Staaten, darüber hinaus teilweise die I. O., jedenfalls also Rechtspersonen, die entweder selbst völkerrechtlich die Zuständigkeit für ein Territorium innehaben oder die sich als körperschaftliche Zusammenfassung solcher Personen darstellen. Völkerrechtsnormen, die sich inhaltlich nicht an Einzelne (die „Bewohner des Bundesgebiets", Art 25 Satz 2 GG) richten, sondern „staatsgerichtet" sind (zB solche über die Vornahme hoheitlicher Akte im Ausland), vermögen keine Rechte und Pflichten für Einzelne zu erzeugen. Für solche Normen hat also nur Art 25 Satz 1 GG Bedeutung: Weil sie Bestandteil des Bundesrechts sind, müssen sie von den Organen eingehalten werden, die innerstaatlich für den betreffenden Sachbereich zuständig sind (etwa ein Gericht für die Beachtung der allgemeinen Regeln über die Immunität). Staatsgerichtetes allgemeines Völkerrecht kann aber auch als Vorfrage zu beachten sein und somit mittelbar Bedeutung für den Einzelnen gewinnen (etwa wenn für einen vermögensrechtlichen Anspruch bedeutsam ist, ob eine Enteignung in mit allgemeinem Völkerrecht vereinbarer Weise erfolgt ist). Insofern sind auch *staats*gerichtete Normen des Völkerrechts innerstaatlich berufbar, auch wenn sie *subjektive Rechte nicht* hervorzubringen vermögen.[265]

151 Lässt sich sagen, dass Art 25 Satz 2 2. Halbs GG für staatsgerichtete allgemeine Regeln des Völkerrechts keine Bedeutung hat, weil sie der von der verfassungsrechtlichen Normaussage vorgesehenen Rechtsfolge nicht zugänglich sind, so ist er für eine andere Gruppe der allgemeinen Regeln deshalb gegenstandslos (man mag auch sagen: deklaratorisch), weil diese bereits aufgrund der Geltungsanordnung in Art 25 Satz 1 GG den Einzelnen unmittelbar berechtigen bzw verpflichten. Es sind dies die Regeln des Völkerrechts, welche bereits auf *völker*rechtlicher Ebene das *Individuum* zum *Rechtsträger* erklären oder es als solches in die Pflicht nehmen. Hierher gehören einerseits die gewohnheitsrechtlich anerkannten allgemeinen Menschenrechte, was innerstaatlich angesichts des Ausbaus des Individualrechtsschutzes durch das Grundgesetz allerdings wenig Bedeutung hat. Auch ist zu beachten, dass die Verbürgung der vertraglichen Menschenrechtsschutzinstrumente, die für die BR Deutschland verbindlich sind, kraft Vertragsgesetzes innerstaatlich gelten (wenn auch nur mit dem Rang eines einfachen Gesetzes, vgl o Rn 115 ff), ebenso den Tatbeständen individuellen Unrechts, die das allgemeine Völkerrecht herausgebildet hat (zB Piraterieverbot, Verbot des Menschenhandels, vielleicht auch das Verbot der Flugzeugentführung) strafgesetzlich entsprochen ist. Für die letzteren Normen ist zu beachten,

---

264 Worüber das „Kollisionsrecht" befindet, vgl begrifflich o Rn 1.
265 Vgl BVerfGE 46, 342, 363: „Der private Einzelne – wie der fremde Staat – kann sich im Hoheitsbereich der Bundesrepublik Deutschland im Rahmen des jeweiligen Verfahrensrechts auch auf (die) allgemeinen Regeln des Völkerrechts ebenso berufen wie auf sonstiges objektives Recht, wiewohl sie in diesem Rahmen auch ohne solche Berufung von Amts wegen zu beachten sind."

dass die spezifische Unrechtsfolge „Bestrafung" dabei völkerrechtlich nicht in einer Weise determiniert ist, die eine Bestrafung allein aufgrund der Verwirklichung des völkerrechtlich vorgegebenen, durch Art 25 Satz 1 GG innerstaatlich für gültig erklärten Tatbestands zuließe. Das Ausmaß des Strafens ist völkerrechtlich der Entscheidung des nationalen Gesetzgebers überlassen, wie es innerstaatlich auch Art 103 Abs 2 GG fordert.[266] Dass legislatives Unterlassen in diesen Bereichen völkerrechtswidrig sein kann, steht auf einem anderen Blatt. Das Völkerrecht allein verlangt oder gestattet nicht die innerstaatliche Bestrafung.

Bedeutung hat die „Erzeugungsregel" des Art 25 Satz 2 2. Halbs GG für staatsgerichtete Normen, die ihrem Inhalt nach für eine individuelle Inanspruchnahme geeignet sind, *ohne* dass sie bereits völkerrechtlich den Individuen eine Rechtsposition zuerkennen, etwa: das Recht, ein fremdes Küstenmeer „friedlich" oder „unschädlich" zu durchfahren. Es ist str, ob auch in Ansehung derartiger Rechte Art 25 Satz 2 2. Halbs GG im Blick auf Art 25 Satz 1 GG lediglich deklaratorische Bedeutung zukomme.[267] Bejaht man dies, dann entscheidet sich jedenfalls nicht nach Art 25 Satz 2 2. Halbs GG, ob einem Teil – nämlich den hierzu inhaltlich geeigneten Normen – der staatsgerichteten allgemeinen Regeln des Völkerrechts innerstaatlich die Bedeutung eines Individualrechts zukommt.[268]

152

Die Annahme, der 2. Halbs des Art 25 Satz 2 GG bringe auch im vorliegenden Zusammenhang lediglich eine Klarstellung zum Ausdruck, nähme dieser Normaussage allerdings jedes eigenständige Gewicht. Auch wenn das Grundgesetz durchaus einige bloße Deklarationen enthalten mag, so dürfte es die Norminterpretation bei einem derartigen Ergebnis nur bewenden lassen, wenn zwingende (insbes teleologische und systematische) Gründe jeder anderen, mit dem Wortlaut zu vereinbarenden Auslegung zuwiderliefen. Das ist hier nicht der Fall: Zutreffender Ansicht nach veranlasst Art 25 Satz 2 2. Halbs GG für alle die allgemeinen Regeln des Völkerrechts einen (in seiner Wirkung auf das deutsche Recht beschränkten) *Adressaten- und inhaltlichen Wechsel*, welche dies nach ihrer völkerrechtlichen Zweckbestimmung ertragen, ohne also sich völkerrechtlich schon selbst an den Einzelnen zu wenden; Art 25 Satz 1 GG verschafft ihnen objektive Geltung, erst Art 25 Satz 2 2. Halbs GG dann subjektive Wirkung.[269] Diese Sichtweise hat den Vorzug, den beiden Aussagen des Art 25 GG einen je eigenen Sinn zu geben. Sie kann wohl nicht noch zusätzlich durch das Argument gestützt werden, eine „völkerrechtsfreundliche" Auslegung des Rechts verdiene den Vorrang vor anderen Auslegungsergebnissen. Der Grad an Völkerrechtsfreundlichkeit, den das Grundgesetz erreicht, hängt von seinen Einzelaussagen im Zusammenspiel ab; er ist nicht allgemein vorgeordnet.

153

Gefragt werden muss danach, welche Kriterien eine völkerrechtliche Norm zu erfüllen hat, um von Art 25 Satz 2 GG zum *subjektiven Recht* (oder zur Pflicht) des Einzelnen umgemünzt zu werden. Es könnte auf das Regelungsinteresse ankommen, also darauf, ob eine allgemeine Regel gerade auch den Interessen Einzelner zu dienen bestimmt sei. Eine derartige Feststellung ist schwierig: Staatsgerichtete, also nicht von vornherein auf die Rechtsstellung der Individuen zielende, Normen des Völkergewohnheitsrechts entstehen aus staatlicher Interaktion im Abgleich der jeweiligen Interessen. Sie haben keinen „Wortlaut" und kaum eine für die Ermittlung einer „Schutzrichtung" ergiebige Entstehungsgeschichte (um die Kriterien zu nennen, die im innerstaatlichen Recht für die Lösung vergleichbarer Problemstellungen herangezogen werden). Die abstrakte Eignung einer allgemeinen Regel muss daher prinzipiell ausreichen, um Art 25 Satz 2 2. Halbs GG einen Sinn zu bewahren, wenn nicht umgekehrt aus dem Völkerrecht selbst

154

---

266 Zum Einfluss des Völkerrechts auf das deutsche Strafrecht *Frau* (Fn 224) 533 ff; *Talmon*, Die Grenzen der Anwendung des Völkerrechts im deutschen Recht, JZ 2013, 12 (18).
267 So BVerfGE 15, 25, 33 f; s auch BVerwGE 37, 116, 126; s a *Hillgruber*, in HdbStR II, 3. Aufl 2004, § 32 Rn 119.
268 Konsequent – und die Frage ausdrücklich offenlassend – BVerfGE 46, 342, 362 f.
269 IdS grundlegend *Doehring*, Die allgemeinen Regeln des völkerrechtlichen Fremdenrechts, 1963, 54 ff; ebenso u mit ausf Nachw zum Streitstand *Rojahn* (Fn 258) Rn 31 ff.

zu entnehmen ist, dass die in Rede stehende allgemeine Regel ausschließlich von Staaten in Anspruch genommen werden soll. In diesem letzteren Fall bewirkt – teleologisch zwingend – Art 25 Satz 2 GG die Umprägung nicht; sein Regelungsziel ist es, dem Völkerrecht Raum zu verschaffen, nicht – umgekehrt – seinen Intentionen widersprechende innerstaatliche Rechtslagen herbeizuführen. Das als Bsp verwendete Recht der Staaten, fremde Küstenmeere friedlich zu passieren, erscheint demzufolge im deutschen Recht als Recht des Einzelnen. Die Berechtigung zur Repressalie hingegen kann in der Sache zwar – etwa von einem Handelsunternehmen – durchaus effektiv von Einzelnen wahrgenommen werden, doch ist dies ein Recht, das die Staaten sich exklusiv „als Staaten" eingeräumt haben. Der Umstand, dass Spionage nach allgemeinem Völkerrecht als „erlaubt" gilt (was besagt: regelmäßig können an sie keine Unrechtsfolgen im zwischenstaatlichen Verhältnis geknüpft werden), bedeutet nicht, dass ein Spion sich auf einen entsprechenden (dem Völkerrecht entstammenden) Rechtfertigungsgrund berufen könnte.[270]

155 Geltung und Wirkung allgemeiner Regeln des Völkerrechts nach Art 25 Satz 1 GG bzw Art 25 Satz 2 2. Halbs GG besagen – das sei in Erinnerung gerufen (vgl o Rn 41f) – noch nichts für die Anwendbarkeit im innerstaatlichen Rechtsraum. Über sie entscheiden Erfordernisse, die sich wesentlich nach der Rolle des in Betracht kommenden Rechtsanwenders im innerstaatlichen System der Gewalten bemessen. Trotz durch Art 25 GG herbeigeführter Wirkung und ggf innerstaatlicher Umformung einer Regel zum Recht (oder zur Pflicht) eines Einzelnen kann es zu unmittelbarer Anwendung nicht kommen, wenn dem sonstiges Verfassungsrecht entgegensteht. Art 25 GG überspielt solches Recht nicht, sondern findet sich in seinen Zusammenhang eingebunden. Dabei ist wichtig, in welcher Weise sich Art 25 Satz 2 1. Halbs GG zur innerstaatlichen Normenhierarchie erklärt. Als Verfassungsrecht nimmt das GG für seinen Normenbestand den Vorrang vor allem sonstigen Recht ein, wie es in Art 20 Abs 3 GG zum Ausdruck kommt. An der Spitze der unterverfassungsrechtlichen Normenhierarchie stehen die Gesetze im förmlichen Sinne. Art 25 Satz 2 GG ordnet von ihm erfasstes Völkerrecht aber noch oberhalb der Gesetze ein. Sie erhalten damit freilich nicht selbst verfassungsrechtlichen Rang.

156 Dass allgemeine Regeln des Völkerrechts *rangmäßig „zwischen" dem Verfassungs- und dem Gesetzesrecht angesiedelt* sind, stellt allerdings der Wortlaut des Art 25 Satz 2 GG nicht vollkommen klar, denn mit „den Gesetzen" könnten alle Gesetze, also einschließlich des Grundgesetzes als Verfassungsgesetz gemeint sein. Es gibt jedoch keinen Anhaltspunkt dafür, dass das Grundgesetz sich selbst unter den Vorbehalt seiner Nichtkollision mit allgemeinem Völkerrecht stellen würde. Auch wenn eine solche Möglichkeit theoretisch erschiene (bisher ist nicht zu erkennen, dass einzelne Bestimmungen des Grundgesetzes im Widerspruch zum Völkerrecht stünden)[271] – die Völkerrechtsentwicklung ist nicht absehbar, vor allem aber die Normfeststellung bzgl des ungeschriebenen Völkerrechts mit Unsicherheiten befrachtet. Es kann nicht davon ausgegangen werden, dass das Grundgesetz seine eigene Abänderung einer solchen Entwicklung überantwortet, zumal es in Art 79 Abs 1 GG für Verfassungsänderungen auch Textänderungen im Grundgesetz selbst verlangt. Ob sich Art 25 GG selbst gänzlich oder in Teilen einer Änderung entzieht, also von Art 79 Abs 3 GG erfasst ist, ist eine andere (zu verneinende) Frage.

157 Innerhalb der allgemeinen Regeln des Völkerrechts kann in Bezug auf die Rangfrage nicht differenziert werden. Traditionell hatten alle Normen des Völkerrechts – auf völkerrechtlicher Ebene – gleichen Rang. Nach heute verbreiteter, etwa in Art 53 WVK auch kodifikatorisch zum Ausdruck gebrachter Auffassung kennt das Völkerrecht auch die Sonderkategorie des sog *zwin-*

---

270 Dazu BVerfGE 92, 277, 328 ff; *Doehring*, Zur Ratio der Spionenbestrafung – Völkerrecht und nationales Recht, ZRP 1995, 293 ff; *Aust*, Spionage im Zeitalter von Big Data, AVR 52 (2014) 375 ff.
271 Für die Präambel aF war dies freilich im Blick auf das in ihr enthaltene Verfassungsgebot, das Ziel der Wiedervereinigung Deutschlands nicht aus den Augen zu verlieren, früher teilweise behauptet worden, ebenso für Art 116 GG, soweit er auf Bürger der DDR erstreckt worden war.

genden Rechts (ius cogens). Wenn solches Recht sich im Kollisionsfall anderem Völkerrecht gegenüber durchsetzt bzw die Entstehung kollidierenden Völkerrechts verhindert, so könnte dem auch innerstaatlich durch eine differenzierte Rangzuweisung Rechnung zu tragen sein. Das würde bedeuten, dass zwingenden Völkerrechtssätzen auch innerstaatlich Verfassungsrang einzuräumen wäre. Dagegen richten sich Bedenken, denn eine kategoriale und materielle Verfeinerung auf völkerrechtlicher Ebene allein vermag nicht unmittelbar eine innerstaatliche Entsprechung herbeizuführen. Art 25 Satz 2 GG pauschaliert. Nicht interpretatorisch, nur durch ausdrückliche Änderung könnte zwingenden Normen des Völkerrechts innerstaatlich verfassungsgleiche Kraft gegeben werden.

Der übergesetzliche Rang durch Art 25 Satz 2 GG erzeugter individueller Rechte kann niemals unmittelbar – und also auch unabhängig von der gegebenenfalls „zwingenden" Natur der völkerrechtlichen Vorgabe – mit der Verfassungsbeschwerde geltend gemacht werden: Es handelt sich weder um „Grundrechte" noch um grundrechtsgleiche Rechte iSd Art 93 Abs 1 Nr 4a GG. Davon unabhängig bleibt die Möglichkeit, hinsichtlich grundrechtsbeschränkender Normen des innerstaatlichen Rechts ihre Vereinbarkeit mit dem von Art 25 GG in Bezug genommenen Völkerrecht zu überprüfen.[272] **158**

c) Die Normverifikation durch das Bundesverfassungsgericht

Die Art und Weise, in der Art 25 GG die deutsche Rechtsordnung dem Völkergewohnheitsrecht **159** „öffnet", ist als Ausdruck von „Vertrauen"[273] beschrieben worden. Dazu schafft Art 100 Abs 2 GG ein dem Bundesverfassungsgericht Kontrolle ermöglichendes Gegengewicht, indem er die Entscheidung darüber, ob eine Regel des Völkerrechts Bestandteil des Bundesrechts ist, und ob sie unmittelbar Rechte und Pflichten für den Einzelnen erzeugt, dem Bundesverfassungsgericht überantwortet, dies für den Fall, dass die Frage „in einem Rechtsstreite zweifelhaft" ist. Damit entsteht ein Entscheidungsmonopol in Ansehung von Art 25 GG veranlasster „Zweifel" in einem fachgerichtlichen Prozess. Eine Nichtvorlage kann das grundrechtsgleiche Recht auf den gesetzlichen Richter verletzen, Art 101 Abs 1 Satz 2 GG, und demzufolge mit der Verfassungsbeschwerde gerügt werden. Das Bundesverfassungsgericht prüft dann ggf im Verfahren nach §§ 90 ff BVerfGG, ob eine allgemeine Regel des Völkerrechts besteht, um zu klären, ob angesichts der Nichtvorlage die angegriffene Entscheidung auf einem Verstoß gegen Art 101 Abs 1 Satz 2 GG beruht.[274] Die Anforderungen an die Zulässigkeit der Vorlage ergeben sich aus Art 100 Abs 2 GG, §§ 83, 84 BVerfGG. Es geht hierbei nicht um eine Normenkontrolle, sondern um die Feststellung der Existenz und des Inhalts von Normen. „Rechtsstreit" iSd Art 100 Abs 2 GG ist jedes gerichtliche Verfahren.[275] Zu klären sind der Inhalt und der Bestand sowie die Allgemeinheit der Regel, was sich regelmäßig nicht trennen lassen wird. Denkbar ist aber auch, dass zweifelhaft allein der Inhalt im Einzelnen ist.

„Zweifel" sind im vorliegenden Zusammenhang „objektive" Zweifel.[276] Nach der Rechtspre- **160** chung müssen es „ernsthafte" Zweifel in dem Sinne sein, dass „das Gericht abweichen würde

---

272 Vgl etwa BVerfGE 23, 288, 300; 31, 145, 177; für den Fall grundrechtseinschränkender Urteile BVerfGE 112, 1: „Eine den Einzelnen belastende gerichtliche Entscheidung, die auf einer den allgemeinen Regeln des Völkerrechts widersprechenden Vorschrift des innerstaatlichen Rechts oder auch einer mit dem allgemeinen Völkerrecht unvereinbaren Auslegung und Anwendung einer Vorschrift innerstaatlichen Rechts beruht, kann gegen das durch Art 2 Abs 1 GG geschützte Recht der freien Entfaltung der Persönlichkeit verstoßen." Dazu *Schweisfurth*, Die verfassungsrechtlich eingetrübte Völkerrechtsfreundlichkeit des Grundgesetzes, NVwZ 2005, 1261 ff.
273 Vgl *Pestalozza*, Verfassungsprozessrecht, 3. Aufl 1991, § 14 Rn 1; vgl dazu ferner *Geck* (Fn 258) 142 ff; *Ruffert*, Der Entscheidungsmaßstab im Normenverifikationsverfahren nach Art 100 II GG, JZ 2001, 633 ff.
274 So die Konstellation in BVerfGE 109, 13; zu dieser Entscheidung *Dickersbach*, Auslieferung eines durch List aus seinem Heimatstaat Gelockten, StV 2004, 435.
275 Vgl BVerfGE 75, 1, 11.
276 Vgl BVerfGE 15, 25, 33.

von der Meinung eines Verfassungsorgans oder von den Entscheidungen ausländischer oder internationaler Gerichte oder von den Lehren anerkannter Autoren der Völkerrechtswissenschaft".[277] Es kommt danach nicht darauf an, dass das Gericht des Ausgangsverfahrens selbst Zweifel hegt, ob die in Rede stehende Norm von Art 25 GG erfasst wird, was sich zwanglos aus einem Vergleich des Art 100 Abs 2 GG mit Art 100 Abs 1 GG (konkrete Normenkontrolle) erschließt sowie dem Sinn des Normverifikationsverfahrens, eine einheitliche Rechtspraxis zu erreichen, entspricht. „Zweifelt" allerdings – umgekehrt – allein das Fachgericht, so hat es ebenfalls vorzulegen.[278]

161 Die Vorlage ist nur zulässig, wenn die Zweifel entscheidungserheblich sind, die Entscheidung des Fachgerichts also wirklich von der Klärung der Vorlagefrage abhängt. Diese Entscheidungserheblichkeit ist vom Fachgericht darzulegen (vgl § 84 BVerfGG iVm § 80 Abs 2 BVerfGG). Das Bundesverfassungsgericht prüft in diesem Zusammenhang nach, ob die Entscheidungserheblichkeit nachvollziehbar dargetan ist.[279]

162 Der Entscheidungsinhalt ergibt sich aus § 83 Abs 1 BVerfGG. Die Entscheidung ist verbindlich und gesetzeskräftig und demzufolge im Bundesgesetzblatt zu veröffentlichen, § 31 Abs 1, Abs 2 Satz 1, 4 BVerfGG. Ein im Eilverfahren (§ 32 BVerfGG) gestellter Antrag, ein Fachgericht im Blick auf ein anhängiges Verfahren zur Vorlage zum Zweck der Normenverifikation „anzuhalten", ist unstatthaft.[280]

4. Allgemeine Rechtsgrundsätze

163 Die völkerrechtliche Rechtsquellenlehre kennt – neben dem Vertragsrecht und dem Völkergewohnheitsrecht – „allgemeine Rechtsgrundsätze". Diese unterfallen ebenfalls dem Begriff der „allgemeinen Regeln" iSd Art 25 GG (und des Art 100 Abs 2 GG), auch wenn sie der deutschen Rechtsordnung ohnehin immanent sein dürften.[281] Immerhin erhalten sie so einen erhöhten Rang (vgl o Rn 155 ff). Art 38 Abs 1 lit c IGH-Statut bezeichnet sie als *„von den Kulturvölkern anerkannt"* – was eine zeitgebunden-unglückliche Differenzierung (nämlich zwischen Kulturvölkern und „anderen" Völkern), aber auch eine dogmatisch missverständliche Wendung darstellt: „Anerkennung" kann hier nicht ein einseitiges völkerrechtliches Rechtsgeschäft iSd Abgabe einer Erklärung im Außenverhältnis meinen, sondern bezieht sich auf den Umstand, dass ein Rechtssatz in innerstaatlichen Rechtsordnungen nachweisbar ist. Regelmäßig wird die Feststellung eines allgemeinen Rechtsgrundsatzes – nimmt man das Erfordernis des Nachweises in den einzelstaatlichen Rechtsordnungen ernst – deshalb erheblichen Aufwand bedeuten, sofern der gesuchte Satz hinreichend konkret und subsumtionsfähig sein soll. Das muss hier auf sich beruhen.

164 Als allgemeine Rechtsgrundsätze kommen darüber hinaus auch solche in Betracht, die der durch Verträge und Gewohnheitsrecht konstituierten Ordnung unausgesprochen zugrunde liegen. Es gibt einige solcher Rechtssätze.[282] Auch wenn ihnen oft zugleich durch entsprechende Staatenpraxis Geltung als Völkergewohnheitsrecht verschafft sein wird (was sie sogleich als „allgemeine Regeln" iSv Art 25 Satz 1 GG erscheinen ließe), mag ihre Identifizierung als allgemeiner Rechtsgrundsatz im Einzelfall sogar leichter sein als die Auswertung der Staatenpraxis.

---

277 Vgl BVerfGE 23, 288, 319.
278 So auch *Pestalozza* (Fn 273) § 14 Rn 11.
279 Vgl etwa BVerfGE 16, 27, 32; 75, 1, 12 ff; 100, 209 ff. – Die Notwendigkeit einer Auslegung und Präzisierung der Vorlagefrage aus der Begründung des Vorlagebeschlusses heraus steht der Zulässigkeit des Vorlageverfahrens nicht entgegen; vgl BVerfGE 117, 141 *(Argentinische Staatsanleihen/Immunität)*.
280 Vgl BVerfG, DVBl 2003, 661 (662) *(Staatsnotstand Argentinien)*.
281 Vgl BVerfGE 96, 68, 86; s auch *Rojahn* (Fn 258) Rn 13; *Doehring* (Fn 59) Rn 739 f; *Weiß*, Allgemeine Rechtsgrundsätze des Völkerrechts, AVR 39 (2001) 394 ff.
282 Vgl *Graf Vitzthum*, 1. Abschn Rn 142; näher *Weiß* (Fn 281) 394 ff.

Kaum noch der Erwähnung bedarf, dass allgemeine Rechtsgrundsätze des europäischen (In- 165
tegrations-)Rechts hierher nicht gehören. Da sie dem primären Unionsrecht zuzuordnen sind,
richtet sich ihre innerstaatliche Bedeutung nach den oben (Rn 126 ff) beschriebenen Grundsätzen.

5. Recht Internationaler Organisationen

I.O. können mit der Fähigkeit ausgestattet sein, gegenüber ihren Mitgliedstaaten rechtsverbind- 166
liche Entscheidungen zu treffen. Es kann dies die Regelung von Einzelfällen betreffen oder sich
als „abstrakt-generelle" Normsetzung darstellen. Aus völkerrechtlicher Warte kann prinzipiell
unterschieden werden zwischen I.O. des klassischen Typs (als Rechtspersönlichkeiten, denen die
Fähigkeit zukommen kann, völkerrechtliche Verpflichtungen der Mitgliedstaaten zu begründen)
und solchen Organisationen, die befugt sind, Rechtsakte zu erlassen, welche ohne Zutun der Mitgliedstaaten innerhalb von deren Rechtsräumen Wirkungen entfalten. Das deutsche Recht überweist beide dem Mechanismus des Art 59 Abs 2 GG, weil die Entstehung einer Verpflichtung der
BR Deutschland gegenüber einer I.O. die vertraglich begründete Mitgliedschaft oder – bei Nichtmitgliedschaft – gleichfalls einen Vertragsschluss voraussetzt. Die zweitgenannten Einrichtungen sind hingegen – darüber hinaus – ein Thema von Art 23, Art 24 Abs 1 GG.

Für „klassische" I.O. ist die *Schaffung bindenden Rechts* nicht typisch. Ihre Organe können 167
allerdings gemäß der jeweiligen Satzung befugt sein, über die Veränderung von Vertragsinhalten zu beschließen. Ein dermaßen veränderter Vertragsinhalt war dann nicht Gegenstand des für
den Beitritt zu der Organisation erforderlichen Vertragsgesetzes: Dieses beinhaltet nicht etwa
eine dynamische Verweisung auf den jeweiligen Vertrag mit je aktuellem Inhalt (vgl o Rn 91).
Auch wenn die völkerrechtliche Beseitigung einer vertraglichen Verpflichtung ihr zugleich die
durch Art 59 Abs 2 GG zunächst herbeigeführte innerstaatliche Geltung nimmt, bedarf daher die
durch die Organisation nunmehr beschlossene Änderung erneut des Zustimmungsakts. Anders
als bei der Änderung von völkerrechtlichen Verträgen im Allgemeinen handelt die Bundesregierung hier allerdings nicht verfassungswidrig, wenn sie vor einer solchen Zustimmung die Veränderung der völkerrechtlichen Rechtslage hinnimmt. Die Zuständigkeiten der gesetzgebenden
Körperschaft sind durch die (ursprüngliche) Mitwirkung bei dem Vertrag, sofern er eine organschaftlich beschlossene Änderung ermöglicht, gewahrt; ihre (erneute) Mitwirkung ist nur relevant für die innerstaatliche Geltung der Änderung.

Sind Organe I.O. ermächtigt, durch Beschluss Satzungsbestimmungen zu konkretisieren, 168
indem sie derartige *Konkretisierungen* einseitig aussprechen oder sie denjenigen Mitgliedstaaten
auferlegen, die dem nicht widersprechen, bedarf es der neuerlichen Zustimmung bzw Mitwirkung der für die Gesetzgebung zuständigen Körperschaften nicht, sofern die Konkretisierung
den Rahmen der ohnehin begründeten völkerrechtlichen Verpflichtung nicht verlässt (so Rn 82).
Derartige Vorgaben erlangen daher ohne weiteres innerstaatliche Geltung. Eignen sie sich für
die unmittelbare Anwendbarkeit, sind die Rechtsanwender dazu verpflichtet, derartige Norminhalte im Rahmen des innerstaatlichen Rechts zur Anwendung zu bringen, soweit dieses sich
nicht (etwa durch speziellere Vorschriften gleichen Rangs) hiergegen sperrt.

Entscheidungen I.O. sind einer innerstaatlichen Umsetzung oft bereits aus inhaltlichen Grün- 169
den von vornherein nicht zugänglich, können ihrer dann auch nicht bedürfen. Rechte und Pflichten Einzelner können sie niemals unmittelbar begründen. Ist ihre Befolgung völkerrechtlich vorgegeben – wie vor allem denkbar für bindende (auch iS abstrakt-genereller Regelung erfolgende)
Beschlüsse des Sicherheitsrats der Vereinten Nationen auf dem Gebiet der Friedenssicherung[283] –,

---

[283] Vgl dazu – resolutionskonforme Auslegung des deutschen Außenwirtschaftsrechts – BayObLG, RIW 1998, 322 ff;
s ferner *Biehler*, Individuelle Sanktionen der Vereinten Nationen und Grundrechte, AVR 41 (2003) 1 ff.

so erfolgt die Umsetzung (etwa: Sicherstellung der Einhaltung eines Boykotts) im Rahmen der Anwendung vorhandener, ggf zu ändernder Gesetze. Ob diese die Umsetzung ermöglichen, ob sie etwa auch auf verfassungsrechtliche Grenzen stößt, ist unabhängig von der völkerrechtlichen Rechtslage zu entscheiden. Anders als bei sekundärer (durch Organe verbindlich vorgenommener) Normkonkretisierung durch Normsetzung finden die Entscheidungen der Organe einer I. O. – auch wenn sie ebenfalls auf Vertragsauslegung beruhen – *als solche keinen Eingang in das innerstaatliche Recht*. Sie kann lediglich Ursache für innerstaatliche Normsetzung sein; für die Auslegung so gesetzter Normen mag dann die international gesetzte Ursache Bedeutung gewinnen.

170   Die *Trennlinie zwischen Recht und Nichtrecht* verläuft auch im Völkerrecht definitorisch scharf. Ein Reden vom „weichen Recht"[284] – so interessant diesbezüglich die Anlässe und Inhalte teilweise sind – ändert daran nichts. Skepsis gegenüber dem Begriff des „soft law" bedeutet nicht ein Leugnen oder Ablehnen des Phänomens, dass die Völkerrechtssubjekte die Existenz gewisser Normen offenbar unterstellen, auf deren Einhaltung regelmäßig dringen, ohne aber die Nichteinhaltung als Bruch des Völker*rechts* zu behandeln. Nicht zu verkennen ist auch, dass die Grenzen zwischen einem den Rechtscharakter einer Norm indizierenden Staatenverhalten und einem solchen, das auf die Annahme einer nichtrechtlichen Norm schließen lässt, manchmal flüssig sind. Zur Verflüssigung auch der dogmatischen Erfassung darf das kein Anlass sein.

171   Internationale Verhaltensnormen ohne Rechtscharakter können gleichsam umstandslos aus tatsächlichem Verhalten entstehen, auf Zustimmung oder jedenfalls Beachtung findende Proklamationen einzelner Akteure zurückzuführen sein (wie es etwa für die sog Doktrinen – überwiegend – des 19. Jh typisch war)[285] oder aus dem internationalen Konferenzgeschehen hervorgehen. Zunehmend drücken sie sich in *„Empfehlungen" Internationaler Organisationen* (auch Konferenzen) aus. Gegenstand rechtlichen Interesses sind sie zunächst durchaus auch aus völkerrechtlicher Sicht, dies ungeachtet ihres unverbindlichen Charakters. Dabei ist an dieser Stelle nicht zu erörtern, unter welchen Voraussetzungen Empfehlungen in Rechtsverbindlichkeit erwachsen, insbes die Herausbildung von Völkergewohnheitsrecht inspirieren und stärken können; es ist dies eine Schlüsselfrage der Rechtsquellenlehre.[286] Gegenstand des Rechts der I. O. – genauer: des jeweils einschlägigen Satzungsrechts – ist, zu welchen Gegenständen und in welcher Form sich welches Organ einer I. O. im Wege der Empfehlung äußern darf. Die Überschreitung dieser Befugnis, insbes auch der Verstoß gegen eine kollidierende Vorschrift des Satzungsrechts (etwa eines Verbots, sich mit den inneren Angelegenheiten eines Mitgliedsstaats zu befassen, Art 2 Nr 7 der UN-Charta), oder ein Eingriff in Rechte unbeteiligter Völkerrechtssubjekte können sich durchaus als Völkerrechtsverstoß darstellen.

172   Für das innerstaatliche Recht sind unverbindliche Empfehlungen normativen oder einzelfallbezogenen Inhalts unter anderen Gesichtspunkten von Interesse. Das deutsche Verfassungsrecht nimmt von ihnen nicht ausdrücklich Kenntnis, das Gesetzesrecht nur höchst vereinzelt (vgl § 15 II LFGB). Von innerstaatlicher Geltung unverbindlicher Empfehlungen kann nicht die Rede sein. Eine *innerstaatliche Bedeutung* kann ihnen dennoch zukommen, dies hier – und anders als bei völkerrechtlichen Verträgen, Völkergewohnheitsrecht, allgemeinen Rechtsgrundsätzen und verbindlichen normativen Entscheidungen I. O. – aber nicht iSe innerstaatlichen Be-

---

284 Vgl dazu Graf *Vitzthum*, 1. Abschn Rn 14, 68, 152; anschaulich *Hilgenberg*, Soft Law im Völkerrecht, ZEuS 1998, 81 ff.
285 Vgl dazu etwa *Krakau*, Lateinamerikanische Doktrinen zur Realisierung staatlicher Unabhängigkeit und Integrität, VRÜ 8 (1975) 17 ff.
286 Vgl dazu Graf *Vitzthum*, 1. Abschn Rn 146 im Zusammenhang mit allgemeinen Rechtsgrundsätzen; s ferner *Wehser*, Die Bindungswirkung der Empfehlungen der Vollversammlung der Vereinten Nationen, Thesaurus Acroasium 2 (1976) 69 ff; *v. Grüningen*, Die Resolutionen der Generalversammlung der Vereinten Nationen und ihr Einfluss auf die Fortbildung des Völkerrechts, FS Bindschedler, 1980, 187 ff.

rücksichtigungsverpflichtung (wenn dies nicht, wie im genannten Bsp, ausdrücklich vorgesehen ist), sondern iSd Berücksichtigungsfähigkeit, also einer Eignung, der deutschen Staatsgewalt als Maßstab für Entscheidungen zu dienen.[287]

Gänzlich anders liegen die Dinge bezüglich des *sekundären Unionsrechts*. Es wurde o Rn 120 ff geschildert, wie das Grundgesetz den Anwendungsvorrang des unionsrechtlichen Primärrechts hinnimmt und die innerstaatliche Rechtsordnung die Voraussetzungen dafür geschaffen hat. Hieraus ergibt sich auch die Weichenstellung für den Anwendungsvorrang des sekundären Unionrechts.[288] Diesen beanspruchen Verordnungen des Rates (ggf gemeinsam mit dem Europäischen Parlament) und der Kommission iSv Art 288 Abs 2 AEUV, welche entgegenstehendes deutsches Recht verdrängen und sich auch von später erlassenem solchen Recht nicht ihrerseits verdrängen lassen.[289]

173

Richtlinien des Rates und der Kommission (Art 288 Abs 3 AEUV) sind an alle (oder einzelne) Mitgliedstaaten adressiert, diesen ist aber die Wahl der Form und der Mittel zur Erreichung des verbindlich vorgegebenen Regelungsziels überlassen. Die Rechtsprechung des EuGH hat allerdings Fälle *„unmittelbarer"* Richtlinienwirkung umrissen,[290] was iE zur Berechtigung, nicht aber der Inpflichtnahme einzelner Rechtssubjekte durch eine Richtlinie führen kann.[291] Ist die Richtlinie angemessen umgesetzt, entfaltet sie weiterhin sperrende Wirkung gegenüber dem Erlass entgegenstehenden deutschen Rechts. Dieser stellt sich als Vertragsverletzung dar, ohne dass aber exekutive oder judikative Organe dem richtlinienwidrigen Recht ohne weiteres die Gefolgschaft versagen dürften. Andernfalls wäre der Unterschied zwischen Verordnung und Richtlinie aufgehoben.[292]

174

---

287 Dazu *Kunig*, Deutsches Verwaltungshandeln und Empfehlungen internationaler Organisationen, FS Doehring, 1989, 529 ff; *Dieckert*, Die Bedeutung unverbindlicher Entschließungen internationaler Organisationen für das innerstaatliche Recht der Bundesrepublik Deutschland, Diss Hamburg, 1993; vgl auch *Doehring* (Fn 59) Rn 744. Zum Einfluss transnationaler Behördennetzwerke auf das innerstaatliche Verwaltungsrecht *Ladeur*, Globales Verwaltungsrecht und seine Verknüpfung mit innerstaatlichem Recht, DÖV 2012, 369 ff.
288 Dazu BVerfGE 89, 155, 175; *Hirsch*, Europäischer Gerichtshof und Bundesverfassungsgericht – Kooperation oder Konfrontation?, NJW 1996, 2457 (2458 ff); *Kirchhof*, Nationale Grundrechte und Unionsgrundrechte, NVwZ 2014, 1537 ff; zum Verhältnis des Unionsrechts zum nationalen Recht s *Haratsch/Koenig/Pechstein*, Europarecht, 9. Aufl 2014, Rn 179 ff; speziell zur Wirkung europäischer Rahmenbeschlüsse im nationalen Recht EuGH, EuZW 2005, 433 ff mit Anm *Herrmann*, ebd 436 ff; s ferner *Gärditz/Gusy*, Zur Wirkung europäischer Rahmenbeschlüsse im innerstaatlichen Recht. Zugleich Besprechung von EuGH, Urteil vom 16.6.2005, GA 153 (2006) 193 ff; *Fetzer/Groß*, Die Pupino-Entscheidung des EuGH – Abkehr vom intergouvernementalen Charakter der EU? – Erwiderung auf Herrmann, EuZW 2005, 550; *Adam*, Die Wirkung von EU-Rahmenbeschlüssen im mitgliedstaatlichen Recht, ebd 558 ff; *Egger*, Die Bindung der Mitgliedstaaten an die Grundrechte in der III. Säule, ebd 652. Zur Wirkung der Rahmenbeschlüsse nach dem Vertrag von Lissabon *Wohlfahrt*, Veränderungen des Lissabon-Vertrages im Hinblick auf die Doktrin der unmittelbaren Wirkung, ZaöRV 70 (2010) 523 (527 f).
289 Vgl nur *Oppermann/Classen/Nettesheim* (Fn 230) § 9 Rn 78; für Frankreich vgl Conseil d'Etat, DVBl 1991, 324 mit Anm *Streinz*, 325 ff.
290 S früh EuGH, Slg 1970, 1213 ff; später zB EuGH, Slg 1982, 53 ff; dazu *Oppermann/Classen/Nettesheim* (Fn 230) § 9 Rn 100. Zur Frage einer „Horizontalwirkung" (Berechtigung eines Privaten bei gleichzeitiger Belastung/Verpflichtung eines anderen) s zunächst EuGH, Slg 1986, 732; später dann EuGH, Slg 1994, I-3325, 3355; dazu *Oppermann/Classen/Nettesheim* (Fn 230) § 9 Rn 112; s ferner etwa *Gundel*, Neue Grenzlinien für die Direktwirkung nicht umgesetzter EG-Richtlinien unter Privaten, EuZW 2001, 143 ff; *Steinbarth*, Unmittelbare Wirkung von EG-Richtlinien und richtlinienkonforme Auslegung des innerstaatlichen Rechts in der Rechtsprechung des EuGH, Jura 2005, 607 ff. Zum Ganzen Überblick bei *Streinz* (Fn 48) Rn 489; s zudem *Säcker*, Die Einwirkungen europäischen Rechts auf das nationale Privatrecht – Methode und Prinzipien, FS Scholz, 2007, 150 ff. Insbes die „Überschneidungszone" (*Wahl*, Materiell-integrative Anforderungen an die Vorhabenzulassung – Anwendung und Umsetzung der IVU-Richtlinie, NVwZ 2000, 502 [508]) von begünstigenden und belastenden Richtlinienbestimmungen ist str.
291 Grundsätzlich akzeptiert durch BVerfGE 75, 223 ff; bestätigt in BVerfGE 186, 226 ff *(Honeywell);* ablehnend BFHE 143, 383 ff; das Problem einordnend *Magiera*, Die Rechtsakte der EG-Organe, Jura 1995, 595 ff.
292 Vgl zu den zahlreichen Zweifelsfragen: *E. Klein*, Objektive Wirkungen von Richtlinien, FS Everling, 1995, 641 ff mwN; *Himmelmann*, Gemeinschaftsrechtliche Vorgaben für die Umsetzung von EG-Recht, DÖV 1996, 145 ff. Zum Rechtsschutz: *Heck*, Rechtsschutz gegen durch EG-Richtlinien determiniertes Gesetzesrecht, NVwZ 2008, 523 ff.

V. Bilanz: Völkerrecht als Maßstab deutscher Staatsgewalt

175 Wurde bis hierher aus dem Blickwinkel völkerrechtlicher Normkategorien erwogen, in welchem Verhältnis sich das Völkerrecht und das deutsche Recht zueinander befinden, und dabei dargestellt, in welcher Weise völkerrechtliche Vorgaben (und auch unverbindliche Normen internationalen Ursprungs) sich in der staatlichen Normenordnung Raum verschaffen, geht es nunmehr – bilanzierend – aus der Perspektive der dem Recht unterworfenen Staatsgewalten um jenes Verhältnis.

1. Gesetzgebung

176 Die (Parlaments-)Gesetzgebung ist dem Verfassungsrecht unterworfen, ihre Gestaltungsfreiheit im Übrigen nicht eingeschränkt. Das Grundgesetz setzt für die innerstaatliche Geltung von Völkerrecht den ausdrücklichen Akt des Vertragsgesetzes voraus bzw lässt über den Mechanismus des Art 25 GG Gewohnheitsrecht und allgemeine Rechtsgrundsätze einfließen, über Art 23, 24 Abs 1 GG iVm den einschlägigen Vertragsgesetzen das Unionsrecht bzw weiteres Recht aufgrund übertragener Befugnis. Verfassungsrang kommt dem so einfließenden Recht in keinem Fall zu, dem erfassten Völkergewohnheitsrecht (bzw allgemeinen Rechtsgrundsätzen) aber ein höherer Rang als Gesetzesrang und dem auf übertragener Befugnis beruhenden Recht ggf ein Anwendungsvorrang. Daraus ergibt sich: Ungeachtet des Völkerrechts und unberührt von ihm für den Fall des Rechtsverstoßes vorgesehener Rechtsfolgen ist der (Bundes-)Gesetzgeber verfassungsrechtlich nicht gehindert, Bundesgesetze zu erlassen, die in Widerspruch zu völkerrechtlichen Verträgen stehen (soweit diese nicht zugleich Völkergewohnheitsrecht wiedergeben).[293] Die Landesgesetzgeber vermögen dies nicht, soweit transformiertes Vertragsrecht – wie regelmäßig – durch Bundesvertragsgesetz transformiert ist; derartige Gesetze wären nichtig, Art 31 GG. Von allgemeinen Regeln des Völkerrechts abzuweichen, befugt das deutsche Recht die innerstaatlichen Gesetzgeber nicht. Art 25 Satz 2 1. Halbs GG selbst bewirkt dann die Verfassungswidrigkeit. Unionsrechtswidriges innerstaatliches Recht ist nicht nichtig, bleibt aber ggf außer Anwendung.

2. Regierung und Verwaltung

177 Die Regierung (im organisatorischen Sinne) bildet die Spitze der Verwaltung, ist im System der Gewaltenteilung von ihr nicht horizontal getrennt, sondern ihr vertikal vorgeordnet. Die Verwaltung vollzieht Gesetze und konkretisiert von Gesetzen belassene Handlungsspielräume nach den Vorgaben der Regierung. Für die Frage nach der Maßstäblichkeit des Völkerrechts bzgl des Handelns der Gewalten bedürfen Regierung und Verwaltung daher keiner Trennung. Zu unterscheiden ist aber das nach außen gerichtete Handeln – als Handeln insbes gegenüber einem anderen Staat – vom Verwaltungsvollzug im Innern. Eine gewisse Zwischenstellung kommt dabei dem Handeln der diplomatischen und konsularischen Vertretungen im Ausland zu. Es kann außen-

---

[293] So die hM, vgl etwa *Nettesheim*, in Maunz/Dürig (Fn 123) Art 59 Rn 181 ff sowie *Rojahn* (Fn 129) Rn 44; dies bestätigend BVerfG, Beschl v 15.12.2015, 2 BvL 1/12, Rn 50 sowie Rn 79 (zum nicht überzeugenden Rekurs auf allgemein-rechtsstaatliche Überlegungen in diesem Zusammenhang), s aber das Sondervotum *König* und BFH 236, 304 sowie *Becker*, Völkerrechtliche Verträge und parlamentarische Gesetzgebungskompetenz, NVwZ 2005, 289 ff; wohl differenzierend *Lehner*, Treaty Override im Anwendungsbereich des § 50d EStG, iStR 2012, 389 (402); *ders*, Keine Verfügung des Parlaments über seine Normsetzungsautorität, IStR 2014, 189 ff. Das BVerwG forderte den Gesetzgeber auf, dass er „für die Beamten außerhalb der genuin hoheitlichen Verwaltung nach dem Grundsatz der praktischen Konkordanz einen Ausgleich der sich gegenseitig ausschließenden Rechtspositionen aus Art 33 Abs 5 GG und Art 11 EMRK herbeiführen" müsse, BVerwGE 149, 117 ff. Hierzu kritisch: *Kees*, Bricht Völkerrecht Landesrecht?, Der Staat 54 (2015) 63 ff; *Krumm*, Legislativer Völkervertragsbruch im demokratischen Rechtsstaat, AöR 138 (2013) 364 ff.

politisch gestaltenden, aber auch – hier liegt jedenfalls heute wohl der Schwerpunkt – rein administrativen Charakter tragen.

In diesem Zusammenhang ist daran zu erinnern, dass die Auswärtige Gewalt nicht eine „vierte" Gewalt darstellt, sondern die Zuständigkeiten meint, über die auswärtigen Angelegenheiten zu entscheiden. Sie wird von Exekutive *und* Legislative im Zusammenspiel wahrgenommen, wie es sich auch bei der Untersuchung des Verhältnisses von Vertragsvölkerrecht und deutschem Recht gezeigt hat (o Rn 76, 80 ff). Vorliegend geht es jedoch nicht um Normkreation, sondern um die Beachtlichkeit vorhandener Normen. IdS ist die Wahrnehmung, jedenfalls Anleitung, der Auswärtigen Gewalt durch die Regierung angesprochen. Regierungstätigkeit kann andererseits auch einen nach innen gerichteten „Verwaltungsvollzug" bedeuten – wenn etwa nach Außenwirtschaftsrecht oder Kriegswaffenkontrollrecht eine ministerielle Entscheidung für ein innerstaatliches Verwaltungsrechtsverhältnis ergeht. **178**

Auch in auswärtigen Angelegenheiten handeln Regierung und Verwaltung verfassungs- und gesetzesgebunden. Von kompetenziellen Fragen abgesehen betrifft dies materiell-rechtlich auch die Grundrechtsordnung. Art 1 Abs 3 GG verpflichtet die Auswärtige Gewalt auf die Grundrechte. Diese können auch die Berücksichtigung von auf fremdem Staatsgebiet eintretenden Folgen des Handelns oder Unterlassens deutscher Staatsgewalt verlangen (vgl o Rn 1).[294] **179**

Das Völkerrecht ist adressiert an seine Subjekte, also auch an die BR Deutschland. Eine Beachtung durch einzelne Organe setzt es voraus, spricht diese aber nicht unmittelbar an. Deshalb muss das innerstaatliche Recht die Voraussetzungen dafür schaffen, dass die – hier: exekutiven – Organe zur Wahrnehmung der auswärtigen Beziehungen auf das Völkerrecht verpflichtet werden. Art 25 GG bewirkt dies pauschal für die allgemeinen Regeln des Völkerrechts. Art 59 Abs 2 GG sieht die Möglichkeit einer solchen Verpflichtung durch ein Vertragsgesetz vor. Auch aus innerstaatlicher Sicht handelt ein Organ daher rechtswidrig, wenn es so erfassten völkerrechtlichen Verpflichtungen zuwider handelt. Hält es indessen weiteres Völkerrecht (etwa: regionales Völkergewohnheitsrecht; nicht ratifizierte Verträge, deren vorläufige Anwendbarkeit völkerrechtlich vereinbart ist)[295] nicht ein, so ist hiergegen aus innerstaatlicher Sicht rechtlich nichts zu erinnern. Das staatliche Recht hindert allerdings auch nicht, derartiges Völkerrecht zu beachten, solange sich nicht etwa deutsche Normen dem in den Weg stellen. Gleiches gilt für die Befolgung völkerrechtlich verbindlicher, aber innerstaatlich nicht umgesetzter oder unmittelbar wirkender bzw völkerrechtlich unverbindlicher Entscheidungen I.O. außerhalb des Integrationsrechts oder des von Art 24 Abs 1 GG erfassten Bereichs. **180**

Die Frage der Anwendungsfähigkeit (vgl o Rn 41f) einer völkerrechtlichen Norm ist, was den auswärtigen Vollzug anlangt, ohne Brisanz. Sie kann Bedeutung nur im staatlichen Innenverhältnis haben, denn nur dort können die Rechtsbereiche des Völkerrechts einerseits, des staatlichen Rechts andererseits kollidierend aneinander stoßen. Fehlen der völkerrechtlichen Norm die Voraussetzungen der Anwendbarkeit, so fehlt es ihr zugleich an verhaltensdirigierender Kraft, was ggf dazu führt, dass ihre Nichtbeachtung Rechtsfolgen nicht auslösen kann. **181**

Im nach innen gerichteten Vollzug, also bei Verwaltungshandeln, das auf die Begründung rechtlicher oder auch nur tatsächlicher Folgen im innerstaatlichen Rechtsraum bzw auf dem eigenen Staatsgebiet gerichtet ist (sich aber nicht notwendigerweise an einen dort befindlichen Adressaten richten muss), gelten allgemeine Regeln des Völkerrechts nach Maßgabe des Art 25 GG mit Vorrang vor dem Gesetzesrecht bzw gilt Völkervertragsrecht mit Gesetzesrang. Hier stellt sich die *Frage der Anwendbarkeit* nachhaltig. Ist die Anwendbarkeit zu bejahen, besteht Anwendungspflicht. Ist sie zu verneinen, kommt eine Anwendung nicht in Betracht – was die Geltung (und den Rang) unberührt lässt und nicht etwa der innerstaatlichen Umsetzung eines Vertrags **182**

---

294 Zur Geltung von Grundrechten bei Auslandseinsätzen *Zimmermann*, Grundrechtseingriffe durch deutsche Streitkräfte im Ausland und das Grundgesetz, ZRP 2012, 116 ff.
295 Vgl Art 25 WVK; dazu *Montag*, Völkerrechtliche Verträge mit vorläufigen Wirkungen, 1986.

den Sinn nimmt, denn die Beachtung bleibt möglich (o Rn 180). Auch kann der Gesetzgeber derartige Normen konkretisieren und damit völkerrechtlich veranlasstes anwendbares Recht schaffen.

183 Über die Anwendbarkeit einer umgesetzten völkerrechtlichen Norm durch die Verwaltung ist in Betrachtung zunächst der Norm selbst zu befinden, also die Frage aufzuwerfen, ob sie die unmittelbare Anwendung erheischt. Ihrer Eignung dazu ziehen sodann die verfassungsrechtlichen Anforderungen an das Verwaltungshandeln, die sich insbes aus dem Grundsatz des Vorbehalts des Gesetzes ergeben, Grenzen. Dieser Grundsatz erstreckt sich allerdings nicht auf sämtliches Verwaltungshandeln, wobei die Unterscheidung zwischen der gewährenden (Leistungs-)Verwaltung und der Eingriffsverwaltung einen ersten Ordnungsgesichtspunkt bietet. Jede Belastung, die als Eingriff jedenfalls in die von Art 2 Abs 1 GG verbürgte – umfassend verstandene – allgemeine Handlungsfreiheit zu qualifizieren ist, bedarf eines ermächtigenden Rechtssatzes.[296] Für die Leistungsgewähr gilt dies nicht kategorisch, doch kann auch hier eine normative Ermächtigung gefordert sein. Die Bedeutung einer Verwaltungsentscheidung für die Grundrechtsausübung kann darüber hinaus Anforderungen an die formale Qualität der ermächtigenden Norm stellen (Parlamentsvorbehalt). Die Grundrechte befinden schließlich auch über die von einem derartigen Rechtssatz zu fordernde inhaltliche Bestimmtheit. Diese verfassungsrechtlichen Anforderungen filtern das in das deutsche Recht übernommene Völkerrecht. Da sie sämtlich auf Verfassungsrecht gründen, übernommenes Völkerrecht jedoch niemals den Verfassungsrang erreicht, kann an diesem Ergebnis nicht gezweifelt werden.

184 Für *unverbindliche Entscheidungen I.O.* stellt sich die Frage ihrer Anwendungstauglichkeit anders. Geht es bei der Anwendung transformierten Völkerrechts darum, ob Verfassungsrecht trotz innerstaatlicher Geltung des transformierten Rechts dessen Anwendbarkeit dennoch hindert, so stellt sich bei unverbindlichen Entscheidungen die Frage, ob trotz fehlender innerstaatlicher Geltung die Anwendung möglich ist. Das Fehlen eines Geltungsbefehls steht dem noch nicht entgegen. Zwar wendet die Verwaltung Recht an und nicht außerrechtliche Normen. Sie berücksichtigt bei der Rechtsanwendung aber auch Fakten. Die Empfehlung einer I.O. ist jedenfalls ein solches Faktum. Eine solche Empfehlung ist also grundsätzlich geeignet, eine Berücksichtigung zu finden, die sich iE durchaus als Normbefolgung darstellen kann – wenn und soweit entgegenstehendes Recht das nicht verbietet, wobei Recht jeglicher Qualität in Betracht kommt. Für eine solche Berücksichtigung öffnen sich daher vor allem die Bereiche gesetzesfreier Verwaltung, ferner die gesetzlich programmierte Verwaltung dort, wo unbestimmte Rechtsbegriffe zu konkretisieren oder Ermessensnormen in Anspruch zu nehmen sind.[297] Derartiges kommt auch in Betracht, wenn etwa ein völkerrechtlicher Vertrag noch nicht in Kraft getreten oder umgesetzt ist oder er lediglich Staatenverpflichtungen, nicht aber Individualrechte beinhaltet.[298]

3. Gerichte

185 Deutsche Gerichte, wie die vollziehende Gewalt an „Gesetz und Recht" gebunden (Art 20 Abs 3 GG), sind zur Anwendung von Völkerrecht berechtigt und verpflichtet, soweit dieses innerstaat-

---

296 Vgl *Kunig* (Fn 4) Art 2 Rn 9 ff, 22 ff.
297 Näher *Kunig* (Fn 287). – Bsp aus der Rspr: BGHZ 59, 82, 85 ff; VG Frankfurt, NJW 1988, 3032; dazu krit *Heusel*, Resolutionen der Generalversammlung als Auslegungsmaßstab im deutschen Polizeirecht, NJW 1989, 2174 f; unentschieden, eher zurückhaltend, VG Stuttgart, NVwZ Beilage 4/1998, 36 f.
298 Beispielhaft VG Frankfurt, NVwZ 1994, 1137 f, wo dem Übereinkommen über die Rechte des Kindes v 20.11.1989 (BGBl 1992 II, 121) Gesichtspunkte für die Auslegung der §§ 30, 53 AuslG entnommen werden; VG Frankfurt, NJW 1993, 2067 ff zu § 8 PostG im Blick auf das Übereinkommen v 7.3.1966 zur Beseitigung jeder Form von Rassendiskriminierung (BGBl 1969 II, 961).

lich gilt und anwendungsgeeignet ist (vgl o Rn 41f, 115ff, 150ff). Während der Inhalt von Vertragsvölkerrecht der eigenständigen Klärung der Fachgerichtsbarkeit überwiesen ist, muss die Feststellung der Geltung und Gerichtetheit allgemeiner Regeln des Völkerrechts bereits bei „Zweifeln" durch Vorlage an das Bundesverfassungsgericht geklärt werden (vgl o Rn 159ff). Unmittelbare Anwendbarkeit kommt für Menschenrechte ebenso in Betracht wie für solches Völkerrecht, das nicht die Rechtsstellung des Einzelnen als solche betrifft, sondern allein im staatlichen Interesse gründet (wie im Diplomatenrecht) oder etwa den Status (zB die Staatsqualität) eines Völkerrechtssubjekts betrifft. Soweit es um die gerichtliche Klärung völkerrechtlicher Fragen geht, kommen dabei – selbstverständlich – auch hier die Auslegungsregeln des Völkerrechts zur Anwendung. Internationale Normativakte unterhalb der Schwelle rechtlicher Verbindlichkeit kann ein Gericht nur in dem Rahmen berücksichtigen, der oben insoweit für die Verwaltung geschildert wurde (Rn 177ff).[299]

Das Nebeneinander grund- und menschenrechtlicher Individualrechtsverfolgung im innerstaatlichen (Verfassungsbeschwerde, Art 93 Abs 1 Nr 4 a GG) und europäisch-zwischenstaatlichen (EMRK, Europarat)[300] sowie (wenn nicht in vergleichbaren Verfahren, aber materiell sich fortentwickelnd) im europäischen (Integrations-)Rahmen[301] wirft Fragen der Rechtsprechungskonkurrenz auf: Im Blick auf die EMRK und zu ihr von den durch sie geschaffenen Organen ergehende Spruchpraxis ergibt sich für deutsche Gerichte – jenseits der unmittelbaren Maßstäblichkeit dieses Vertrags – die Frage nach ihrer mittelbaren Bedeutung, bis hin zur Verwendbarkeit von Entscheidungen namentlich des EGMR als Auslegungshilfe bei der Erkenntnis innerstaatlichen Rechts.[302] Speziell für das Bundesverfassungsgericht ergibt sich – ungeachtet des

186

---

299 Vgl beispielhaft erneut BGHZ 59, 82ff u dazu *Bleckmann*, Sittenwidrigkeit wegen Verstoßes gegen den ordre public international, ZaöRV 34 (1974) 112ff.
300 Vgl hierzu *Schlette*, Das neue Rechtsschutzsystem der Europäischen Menschenrechtskonvention, ZaöRV 56 (1996) 705ff; *Egli*, Zur Reform des Rechtsschutzsystems der Europäischen Menschenrechtskonvention, ZaöRV 64 (2004) 759ff. Hinzu kommt das Verhältnis zwischen EGMR und EuGH – s nur EGMR, EuGRZ 2007, 662ff *(Bosphorus)* – und bei zunehmender Individualbetroffenheit von Sanktionen des Sicherheitsrats auch das jeweilige Verhältnis zum (kaum vorhandenen) Rechtsschutz auf der Ebene der Vereinten Nationen, s EuGH, EuGRZ 2008, 480ff *(Kadi)*. Dazu *Fremuth*, Ein Prozess..., DÖV 2012, 81ff; *Germelmann*, Konstitutionalisierung des Prozessrechts innerhalb der Europäischen Union, Annales de la Faculté des Droit d'Istanbul 43 (2011) 55ff; *Sauer*, Rechtsschutz gegen völkerrechtsdeterminiertes Gemeinschaftsrecht, NJW 2008, 3685ff. Bestätigend: EuGH, Rs C-27/09 P (PMOI), EuGRZ 2012, 17ff. Die Überprüfbarkeit den Vereinten Nationen zurechenbarer möglicher Verletzungen der EMRK verneint EGMR, EuGRZ 2007, 522ff *(Behrami und Saramati)*.
301 Zu den mit der vom Europäischen Rat am 7.12.2000 beschlossenen Grundrechtecharta der EU (EuGRZ 2000, 554ff) verbundenen Rechtsfragen im Überblick *Magiera*, Die Grundrechtecharta der EU, DÖV 2000, 1017ff sowie – mit gleichem Titel – *Mahlmann*, ZEuS 2000, 419ff; zudem *Schmitz*, Die Grundrechtscharta als Teil der Verfassung der Europäischen Union, EuR 2004, 691ff; *Calliess*, Europäische Gesetzgebung und nationale Grundrechte – Divergenzen in der aktuellen Rechtsprechung von EuGH und BVerfG?, JZ 2009, 113ff. Nach Rechtsverbindlichkeit der Grundrechtecharta für die EU: *Ludwig*, Zum Verhältnis zwischen Grundrechtecharta und allgemeinen Grundsätzen. Die Binnenstruktur des Art 6 EUV nF, EuR 2011, 715ff; *Griebel*, Doppelstandards des Bundesverfassungsgerichts beim Schutz europäischer Grundrechte, Der Staat 52 (2013) 371ff; *Masing*, Einheit und Vielfalt des Europäischen Grundrechtsschutzes, JZ 2015, 477ff.
302 Eingehend *Uerpmann* (Fn 219) 217ff; *Weiss*, The Impact of the European Convention on Human Rights on German Jurisprudence, in Örücü (Hrsg), Judicial Comparativism in Human Rights Cases, 2003; *Proelß* (Fn 27) 105ff; aus der Rspr: BVerwGE 104, 265ff: keine Bindung an Rechtsauffassung des EGMR; anders BVerwGE 110, 203ff zur Bedeutung des Art 6 Abs 1 Satz 1 EMRK im verwaltungsgerichtlichen Normenkontrollverfahren. Vgl ferner BVerwG, NJW 1999, 1649ff; s aber nunmehr § 359 Nr 6 StPO und dazu *Maur*, Verletzung der EMRK als neuer Wiederaufnahmegrund im Strafverfahren, NJW 2000, 338; *Pache/Bielitz*, Verwaltungsprozessuale Wiederaufnahmepflicht kraft Völker- oder Gemeinschaftsrecht?, DVBl 2006, 325ff; *Selbmann*, Anpassungsbedarf der Regelungen zur Wiederaufnahme des Verfahrens an die Vorgaben der EMRK, ZRP 2006, 124ff. S auch *Gundel*, Neue Ausgestaltung des nationalen Rechtsschutzsystems, DVBl 2004, 17ff sowie in diesem Zusammenhang das Urteil des EGMR v 8.6.2006 *(Sürmeli gegen Deutschland)*, NJW 2006, 2389; BVerfGE 128, 326 *(Sicherungsverwahrung)* u dazu *Windoffer*, Die Maßregel der Sicherheitsverwahrung im Spannungsfeld von Europäischer Menschenrechtskonvention und Grundgesetz, DÖV 2011, 590 (595ff).

Umstands, dass eine Verfassungsbeschwerde auf die Rüge einer Verletzung der EMRK nicht unmittelbar gestützt werden kann, weil diese „grundrechtsgleiche" Rechte iSv § 90 Abs 1 BVerfGG nicht beinhaltet – die Frage nach der Ergiebigkeit europäischer Menschenrechte für die innerstaatliche Grundrechtsinterpretation.[303] Und für das Nebeneinander subjektiver Rechte unionsrechtlicher Natur und innerstaatlicher Grundrechte ist zu beachten, dass jedenfalls das Bundesverfassungsgericht sich insoweit in einer Reserverolle sieht,[304] welche es angesichts womöglich als ungenügend – oder „ausbrechend"[305] – erachteter Rechtsschutzleistung des EuGH in Anspruch nehmen kann – ein „Vorbehalt", den bruchlos in die dogmatische Erfassung des Integrationsprozesses zu fügen schwer fallen muss.[306] Nach dem Bundesverfassungsgericht[307] dürfen sich deutsche Gerichte nicht unter Berufung auf eine Entscheidung des EGMR von der rechtsstaatlichen Kompetenzordnung und der Bindung an Gesetz und Recht (Art 20 Abs 3 GG) lösen. Zur Bindung an Gesetz und Recht gehöre allerdings auch die Berücksichtigung der Gewährleistungen der EMRK sowie der Entscheidungen des Gerichtshofs im Rahmen methodisch vertretbarer Gesetzesauslegung. Entscheidungen des EGMR seien danach „zu berücksichtigen, dh die [...] Gerichte müssen sich mit der Entscheidung erkennbar auseinandersetzen und gegebenenfalls nachvollziehbar begründen, warum sie der völkerrechtlichen Rechtsauffassung gleichwohl nicht folgen".[308] Abweichungen bleiben also möglich, wenn das verfassungsrechtlich geboten erscheinen sollte.[309] Das Verhalten der deutschen Fachgerichte ist damit nicht mehr sicher prognostizierbar. Einzuräumen ist, dass eine verfassungsrechtliche Verpflichtung deutscher Gerichte zu einer Interpretation deutscher Grundrechte anhand seitens des EGMR zu Parallelverbürgungen der EMRK entwickelter Obersätze schwerlich begründbar ist. Andererseits beansprucht die EMRK die innerstaatliche Maßstäblichkeit ihrer Verbürgungen gerade in der Gestalt, welche die Spruchpraxis des EGMR ihr prätorisch verschafft. Ob sich hieraus im Einzelfall eine Unverträglichkeit mit deutschen Grundrechten ergibt, sollte – mit Wirkung allein für den innerstaatlichen Raum – der Beurteilung des Bundesverfassungsgerichts unterliegen, nicht der Fachgerichts-

---

303 Dazu BVerfGE 74, 358, 370; *Ress*, Wirkung und Beachtung der Urteile und Entscheidungen der Straßburger Konventionsorgane, EuGRZ 1996, 350 ff.
304 BVerfGE 89, 155, 175 u 188; nunmehr BVerfG, NJW 2009, 2267 ff.
305 Zur Auseinandersetzung mit der dahingehenden, anlässlich EuGHE 2005 I, 9981 *(Mangold)* geäußerten Kritik vgl *Steiner*, Das Spannungsfeld zwischen europäischem Gemeinschaftsrecht und deutschem Verfassungsrecht, EuZA 2009, 140; BVerfGE 126, 286 ff *(Honeywell)*.
306 Dazu etwa *Gersdorf*, Das Kooperationsverhältnis zwischen deutscher Gerichtsbarkeit und EuGH, DVBl 1994, 674 ff; *Britz*, Grundrechtsschutz durch das Bundesverfassungsgericht und den Europäischen Gerichtshof, EuGRZ 2015, 275 ff; *Horn*, „Grundrechtsschutz in Deutschland", DVBl 1995, 89 ff; *Zuck/Lenz*, Verfassungsrechtlicher Rechtsschutz gegen Europa, NJW 1997, 1193 ff; *Stein*, „Bananen-Split"?, EuZW 1998, 261 ff; *Kirchhof*, Grundrechtsschutz durch europäische und deutsche Gerichte, NJW 2011, 3681 ff; *Franzius*, Grundrechtsschutz in Europa, ZaöRV 2015, 383 ff; *Frenz*, Vorrang, Grenzen und Verstärkungseffekt der EU-Grundrechte, DVBl 2015, 741 ff.
307 BVerfGE 111, 307 ff *(Görgülü)*; zu dieser Entscheidung etwa *Meyer-Ladewig/Petzold*, Die Bindung deutscher Gericht an Urteile des EGMR – Neues aus Straßburg und Karlsruhe, NJW 2005, 15 ff; *Kadelbach*, Der Status der Europäischen Menschenrechtskonvention im deutschen Recht. Anmerkungen zur neuesten Rechtsprechung des Bundesverfassungsgerichts, Jura 2005, 480 ff; *Sauer*, Die neue Schlagkraft der gemeineuropäischen Grundrechtsjudikatur. Zur Bindung deutscher Gerichte an die Entscheidungen des Europäischen Gerichtshofs für Menschenrechte, ZaöRV 65 (2005) 35 ff; *Proelß* (Fn 27) 108 ff; s ferner *Mückl*, Kooperation oder Konfrontation – Das Verhältnis zwischen Bundesverfassungsgericht und Europäischem Gerichtshof für Menschenrechte, Der Staat 44 (2005) 403 ff; *Bergmann*, Diener dreier Herren? – Der Instanzrichter zwischen BVerfG, EuGH und EGMR, EuR 2006, 101 ff.
308 BVerfGE 111, 307 (324). Für die Berücksichtigung von Entscheidungen des IGH BVerfG, NJW 2007, 499 ff *(Konsularrechtsübereinkommen)*; s dazu *Payandeh*, Die verfassungsrechtliche Stärkung der internationalen Gerichtsbarkeit: Zur Bindung deutscher Gerichte an Entscheidungen des Internationalen Gerichtshofs, AVR 45 (2007) 244 ff; *Proelß* (Fn 27) 120 ff.
309 BVerfGE 111, 307 (329): „[...], wenn die Beachtung der Entscheidung des Gerichtshofs etwa wegen einer geänderten Tatsachenbasis gegen eindeutig entgegenstehendes Gesetzesrecht oder deutsche Verfassungsbestimmungen, namentlich gegen Grundrechte Dritter verstößt."

barkeit; und auch dem Bundesverfassungsgericht ist dabei äußerste Behutsamkeit anzuraten.[310]

Alle drei genannten Fragen würden befriedigend beantwortet sein, wenn der Anlass ihrer Fragwürdigkeit dereinst entfiele: Durch das Zusammenfügen noch teils unterschiedlicher Vorstellungen über Grundrechtsschutz im gesamteuropäischen Raum unter Freilegung hierfür wenigstens teilweise früher gemeineuropäischen Rechtsstaats- bzw Aufklärungserbes. Das Nebeneinander verschiedener Spruchkörper zur Anwendung teilidentischer und sich überschneidender Maßstäbe würde dann reduziert zum bloßen Kompetenzproblem, wie derzeit im Bundesstaat.[311] Es liegt in der Natur der Sache, dass das Verhältnis von Völkerrecht und staatlichem Recht, das den vorstehenden Abschnitt dieses Lehrbuchs beschäftigt hat, sich in verändertem Licht darstellt, wenn und soweit Staatswesen sich zu ihrer Integration anschicken bzw jedenfalls in Teilbereichen ihrer Rechtsordnungen zu gleichen Orientierungen finden.

---

310 Vgl *Kunig*, Die Medien und das Persönlichkeitsrecht – einige Gedanken aus europäischer Veranlassung, FS Raue, 2006, 191 (200 f). Das KG (NJW 2005, 605 ff) etwa ist der Rechtsprechung des EGMR teilweise gefolgt, teilweise davon abgewichen. S auch EGMR, EuGRZ 2006, 129 ff *(Mizzi gegen Malta)* mit erheblichen Zweifeln an der Vereinbarkeit der Rechtsprechung des BGH zur Vaterschaftsanfechtung mit der EMRK; *Brosius-Gersdorf*, Vaterschaftsanfechtung und Europäische Menschenrechtskonvention. Zum Jurisdiktionskonflikt zwischen Bundesgerichtshof und dem Europäischen Gerichtshof für Menschenrechte, EuGRZ 2006, 123 ff; zusammenfassend zum Vaterschaftsrecht *Hähnchen*, Vergangenheit und Zukunft der Rechte des nichtehelichen Vaters, JZ 2015, 708 ff.
311 Dazu – dies vergleichend – *Kunig*, Verfassungsrecht und einfaches Recht. Verfassungsgerichtsbarkeit und Fachgerichtsbarkeit, VVDStRL 61 (2002) 34 (56 ff); zum Verhältnis der Verfassungsgerichtsbarkeiten in Bund und Ländern zueinander vgl *ders*, Die rechtsprechende Gewalt in den Ländern und die Grundrechte des Landesverfassungsrechts, NJW 1994, 687 ff; *Jaeger/Broß*, Die Beziehungen zwischen dem Bundesverfassungsgericht und den übrigen einzelstaatlichen Rechtsprechungsorganen – einschließlich der diesbezüglichen Interferenz des Handelns der europäischen Rechtsprechungsorgane, EuGRZ 2004, 1 ff.

Dritter Abschnitt

Marcel Kau
Der Staat und der Einzelne als Völkerrechtssubjekte

Gliederung

I. Die Rechtsträger im Völkerrecht, ihre Organe und die Regeln des zwischenstaatlichen Verkehrs —— 1–75
   1. Rechtsträger und Handelnde im Völkerrecht —— 1–42
      a) Entwicklung —— 4
      b) Einteilung der Völkerrechtssubjekte —— 7
      c) Internationale Organisationen —— 12
      d) Der Einzelne —— 14
      e) Völker —— 32
      f) Minderheiten —— 34
      g) Sonstige —— 37
   2. Organe der Völkerrechtssubjekte und Regeln des zwischenstaatlichen Verkehrs —— 43–75
      a) Zentrale Organe —— 44
      b) Diplomatische Missionen —— 51
      c) Konsulate —— 65
      d) Sonderbotschafter —— 70
      e) Vertretung bei Internationalen Organisationen —— 73
      f) Diplomatisches Asyl —— 74

II. Der Staat als primäres Völkerrechtssubjekt —— 76–228
   1. Der Staat —— 76–99
      a) Die Elemente des Staates —— 76
      b) Die staatliche Souveränität —— 83
      c) Die Gleichheit der Staaten —— 87
   2. Das Staatsvolk —— 100–130
      a) Die Staatsangehörigkeit —— 101
      b) Diplomatischer Schutz —— 117
      c) Das Selbstbestimmungsrecht der Völker —— 125
   3. Das Staatsgebiet —— 131–153
      a) Territoriale Souveränität und Gebietshoheit —— 131
      b) Erwerb und Verlust von Staatsgebiet —— 136
      c) Umfang des Staatsgebiets —— 146
   4. Die Staatsgewalt —— 154–170
      a) Umfang der Staatsgewalt und Neutralität —— 154
      b) Staatsähnliche Völkerrechtssubjekte —— 160
   5. Entstehung und Untergang von Staaten —— 171–187
      a) Grundlagen —— 171
      b) Die völkerrechtliche Anerkennung —— 178
      c) Die neuen Staaten in Mittel- und Osteuropa —— 183
   6. Die Staatensukzession —— 188–206
      a) Begriff und Rechtsgrundlage —— 188
      b) Die Nachfolge in völkerrechtliche Verträge —— 191
      c) Die Nachfolge in Staatsvermögen, Staatsarchive, Staatsschulden und Haftungsansprüche —— 196
      d) Staatennachfolge und Staatsangehörigkeit —— 204
   7. Die Rechtslage Deutschlands in Geschichte und Gegenwart —— 207–228
      a) Die Teilung Deutschlands —— 208
      b) Die Vereinigung Deutschlands —— 216
      c) Die Regelungen über die Staatennachfolge —— 223

III. Der Einzelne im Völkerrecht —— 229–341
   1. Der Menschenrechtsschutz auf universeller Ebene —— 229–247
      a) Einführung —— 229
      b) Die Allgemeine Erklärung der Menschenrechte —— 234
      c) Die Menschenrechtspakte v 19.12.1966 —— 236
      d) Spezielle Konventionen zum Schutz der Menschenrechte —— 242
   2. Der Menschenrechtsschutz auf regionaler Ebene —— 248–279
      a) Der Europarat —— 248
      b) Die Europäische Konvention zum Schutze der Menschenrechte und Grundfreiheiten —— 250
      c) Die Europäische Sozialcharta —— 267
      d) Die Menschenrechte im Rahmen der KSZE/OSZE —— 270
      e) Der Menschenrechtsschutz in Amerika —— 273
      f) Die Menschenrechte in Afrika —— 277

g) Die Menschenrechte in der Arabischen Liga —— 279
3. Das völkerrechtliche Fremdenrecht —— 280–296
   a) Einführung —— 280
   b) Die Einreise von Ausländern —— 284
   c) Die Rechtsstellung von Ausländern —— 287
   d) Die Ausweisung von Ausländern —— 291
4. Das Recht auf Asyl —— 297–317
   a) Der Begriff des Flüchtlings —— 298
   b) Das Recht auf Asyl —— 301
   c) Der Grundsatz des Non-Refoulement —— 304
   d) Maßnahmen im Rahmen des Europarats —— 307
   e) Flüchtlinge in den EU-Mitgliedstaaten —— 309
5. Die Auslieferung —— 318–329
   a) Einführung —— 318
   b) Grundzüge der Auslieferungsverträge —— 321
   c) Die political offence exception —— 325
   d) Auslieferung und EMRK —— 326
   e) Gewaltsames Verbringen in den Gerichtsstaat —— 327
6. Der völkerrechtliche Minderheitenschutz —— 328–333
   a) Einführung —— 328
   b) Der Minderheitenschutz auf universeller Ebene —— 332
   c) Regionaler Minderheitenschutz —— 333

Literatur

Arden, Mary, Human Rights and European Law. Building New Legal Orders, 2015
Bothe, Michael, Die Anwendung der Europäischen Menschenrechtskonvention in bewaffneten Konflikten – eine Überforderung?, ZaöRV 65 (2005) 615 ff
Cassese, Antonio (Hrsg), Realizing Utopia – The Future of International Law, 2012
Crawford, James, The Creation of States in International Law, 2. Aufl 2006
Cruft, Rowan/Liao, S. Matthew/Renzo, Massimo (Hrsg), Philosophical Foundations of Human Rights, 2015
Doehring, Karl, Völkerrecht, 2. Aufl 2004
Dörr, Oliver, Staatliche Immunität auf dem Rückzug?, AVR 41 (2003) 201 ff
Fox, Hazel/Webb, Philippa, The Law of State Immunity, 3. Aufl 2013 [*Fox/Webb*, State Immunity]
Frowein, Jochen Abr.//Hofmann, Rainer/Oeter, Stefan, Das Minderheitenrecht europäischer Staaten, Teil I, 1993; Teil II, 1994
Goodwin-Gill, Guy, The Refugee in International Law, 2. Aufl 1996
Grzeszick, Bernd, Rechte des Einzelnen im Völkerrecht, AVR 43 (2005) 312 ff
Hailbronner, Kay, Asylrecht und Völkerrecht, in Beitz, Wolfgang G./Wollenschläger, Michael (Hrsg), Handbuch des Asylrechts, Bd I, 1980, 69 ff [*Hailbronner*, Asylrecht]
ders, Der Schutz der Minderheiten im Völkerrecht, FS Schindler, 1989, 75 ff [*Hailbronner*, Minderheiten]
ders, Die Rechtsstellung der De-facto-Flüchtlinge in den EG-Staaten. Rechtsvergleichung und Harmonisierung, 1992 [*Hailbronner*, De-facto-Flüchtlinge]
ders, Refoulement-Verbote und Drittstaatenregelung (Art 33 GK und Art 3 EMRK), FS Bernhardt, 1995, 365 ff [*Hailbronner*, Refoulement]
ders (Hrsg), Die allgemeinen Regeln des völkerrechtlichen Fremdenrechts, Bilanz und Ausblick an der Jahrtausendwende, 2000 [*Hailbronner*, Fremdenrecht]
ders/*Renner/Maaßen, Günter*, Staatsangehörigkeitsrecht, 5. Aufl 2010 [*Hailbronner/Renner/Maaßen*]
Hansen, Randall/Weil, Patrick (Hrsg), Towards a European Nationality – Citizenship, Immigration and Nationality Law in the European Union, 2001 [*Hansen/Weil*, European Nationality]
dies (Hrsg), Dual Nationality, Social Rights and Federal Citizenship, 2002 [*Hansen/Weil*, Dual Nationality]
Herdegen, Matthias, The Abuse of Diplomatic Privileges and Countermeasures not Covered by the Vienna Convention on Diplomatic Relations, ZaöRV 46 (1986) 734 ff
Hofmann, Rainer, Die Ausreisefreiheit nach Völkerrecht und staatlichem Recht, 1988
Institut de Droit International (Hrsg), La succession d'Etats en matière de biens et de dettes, Septième Commission, Rapporteur: Georg Ress, Résolution adoptée lors de la Session de Vancouver, Août 2001, AVR 40 (2002) 355 ff
Kimminich, Otto, Der Aufenthalt von Ausländern in der Bundesrepublik Deutschland, 1980 [*Kimminich*, Aufenthalt]
Klein, Eckart, Überlegungen zum Schutz von Minderheiten und Volksgruppen im Rahmen der Europäischen Union, FS Bernhardt, 1995, 1211 ff
ders, Menschenrechte und ius cogens, FS Ress, 2005, 151 ff

Kokott, Juliane, Das interamerikanische System zum Schutz der Menschenrechte, 1986
Kugelmann, Dieter, Minderheitenschutz und Menschenrechtsschutz, AVR 39 (2001) 233 ff
Nußberger, Angelika, Menschenrechtsschutz im Ausländerrecht, NVwZ 2013, 1305 ff
Martin, David A./Hailbronner, Kay (Hrsg), Rights and Duties of Dual Nationals – Evolution and Prospects, 2003 [*Martin/Hailbronner,* Dual Nationals]
Morano-Foadi, Sonia/Vickers, Lucy (Hrsg), Fundamental Rights in the EU – A Matter of Two Courts, 2015
Mosler, Hermann, Die Erweiterung des Kreises der Völkerrechtssubjekte, ZaöRV 22 (1962) 1 ff
Nolte, Georg (Hrsg), Der Mensch und seine Rechte, 2004
Oeter, Stefan, Selbstbestimmungsrecht im Wandel, ZaöRV 52 (1992) 741 ff
O'Keefe, Roger/Tams, Christian (Hrsg), The United Nations Convention on Jurisdictional Immunities of States and their Property – A Commentary, 2013 [O'Keefe/Tams (Hrsg), Jurisdictional Immunities]
Paulus, Andreas/Dethloff, Nina/Giegerich, Thomas/Schwenzer, Ingeborg/Krieger, Heike/Ziegler, Andreas R./ Talmon, Stefan/Schack, Haimo, Internationales, nationales und privates Rechts: Hybridisierung der Rechtsordnung?, 2014
Payandeh, Mehrdad, Staatenimmunität und Menschenrechte, JZ 2012, 949 ff
Peters, Anne, Jenseits der Menschenrechte. Die Rechtsstellung des Individuums im Völkerrecht, 2014
Ress, Georg, Supranationaler Menschenrechtsschutz und der Wandel der Staatlichkeit, ZaöRV 64 (2004) 621 ff
ders/Stein, Torsten (Hrsg), Der diplomatische Schutz im Völker- und Europarecht, 1996
Richter, Dagmar, Dynamik und Potential der Menschenrechte, GS Brugger, 2013, 693 ff
Rudolf, Walter, Der Staat als Völkerrechtssubjekt zwischen Globalisierung und Partikularismus, Staatsrecht und Politik, 2009, 407 ff
Schweisfurth, Theodor, Ausgewählte Fragen der Staatensukzession im Kontext der Auflösung der UdSSR, AVR 32 (1994) 99 ff
Schweitzer, Michael/Weber, Albrecht, Handbuch der Völkerrechtspraxis der Bundesrepublik Deutschland, 2004
Simma, Bruno (Hrsg), Charta der Vereinten Nationen, Kommentar, 1991 [Charta VN]; engl Ausg 2012 (3. Aufl, hrsgg v Simma, Bruno/Khan, Daniel-Erasmus/Nolte, Georg/Paulus, Andreas)
Talmon, Stefan, Jus Cogens after Germany v. Italy: Substantive and Procedural Rules Distinguished, LJIL 25 (2012) 979 ff
Thürer, Daniel, Grundrechtsschutz in Europa – Globale Perspektive, ZSchwR 124 (2005) 51 ff
Tomuschat, Christian, Jurisdictional Immunities of States and their Property, FS Seidl-Hohenveldern, 1988, 603 ff
ders (Hrsg), Modern Law of Self-Determination, 1993
Uerpmann-Wittzak, Robert, Immunität vor internationalen Strafgerichten, AVR 44 (2006) 33 ff
Wolfrum, Rüdiger, Das Verbot der Diskriminierung gemäß den internationalen Menschenrechtsabkommen, FS Zuleeg, 2005, 385 ff
ders (Hrsg), Max Planck Encyclopedia of Public International Law, 10 Bde, 2012 [MPEPIL]
Zimmermann, Andreas, Staatennachfolge in völkerrechtlichen Verträgen; zugleich ein Beitrag zu den Möglichkeiten und Grenzen völkerrechtlicher Kodifikation, 2000 [*Zimmermann,* Staatennachfolge]

Verträge und Resolutionen
Haager Übereinkommen über gewisse Fragen der Kollision von Staatsangehörigkeitsgesetzen v 12.4.1930 (179 LNTS 89) —— 102, 109, 113
Montevideo Convention on Rights and Duties of States v 26.12.1933 (165 LNTS 19) —— 76
Allgemeine Erklärung der Menschenrechte v 10.12.1948 (GAOR, 3rd Sess, 1st Part [Doc A/810] 71) —— 234, 235, 259, 285, 301
Satzung des Europarates v 5.5.1949 (87 UNTS 103; BGBl 1950, 263; 1953 II, 558; 1968 II, 1926) —— 248
I. Genfer Abkommen zur Verbesserung des Loses der Verwundeten und Kranken der Streitkräfte im Felde v 12.8. 1949 (BGBl 1954 II, 783) —— 14
II. Genfer Abkommen zur Verbesserung des Loses der Verwundeten, Kranken und Schiffbrüchigen der Streitkräfte zur See v 12.8.1949 (BGBl 1954 II, 813) —— 14
III. Genfer Abkommen über die Behandlung der Kriegsgefangenen v 12.8.1949 (BGBl 1954 II, 838) —— 14
IV. Genfer Abkommen zum Schutz von Zivilpersonen in Kriegszeiten v 12.8.1949 (BGBl 1954 II, 917) [I–IV: Genfer Rotkreuzabkommen] —— 14
Konvention zum Schutze der Menschenrechte und Grundfreiheiten v 4.11.1950 (213 UNTS 221; BGBl 1952 II, 685, 953) [EMRK] —— 17, 19, 20, 233, 235, 243, 250 ff

Abkommen über die Rechtsstellung der Flüchtlinge v 28.7.1951 (BGBl 1953 II, 560) [Genfer Flüchtlingskonvention] und Protokoll über die Rechtsstellung der Flüchtlinge v 31.1.1967 (BGBl 1969 II, 1294) —— 18, 74, 298

Vertrag über die Beziehungen zwischen der DDR und der Union der Sozialistischen Sowjetrepubliken v 20.9.1955 (GBl DDR 1955 II, 918) —— 211

Europäisches Niederlassungsabkommen v 13.12.1955 (BGBl 1959 II, 998) —— 282

Übereinkommen über die Staatsangehörigkeit verheirateter Frauen v 20.2.1957 (BGBl 1973 II, 1249) —— 109

Vertrag zur Gründung der Europäischen Gemeinschaft v 25.3.1957 (BGBl 1957 II, 766), nach Inkrafttreten des Vertrags von Lissabon v 13.12.2007 (BGBl 2008 II, 1038) nunmehr gültig als Vertrag über die Arbeitsweise der Europäischen Union (konsolidierte Fassung: ABl EU 2010, Nr C 83/47) [AEUV] —— 11, 103ff, 122, 155, 268, 282, 288, 309

Europäisches Auslieferungsübereinkommen v 13.12.1957 (BGBl 1964 II, 1369) und Zweites Zusatzprotokoll v 17.3.1978 (BGBl 1990 II, 118) —— 318, 319, 321, 323, 324

Declaration on the Granting of Independence to Colonial Countries and Peoples v 14.12.1960 (A/RES/1514 [XV]; UNYB 1960, 49) —— 125

Wiener Übereinkommen über diplomatische Beziehungen v 18.4.1961 (BGBl 1964 II, 959) [WÜD] —— 51ff, 64f, 67f, 70, 75a, 117

Europäische Sozialcharta v 18.10.1961 (BGBl 1964 II, 1262) —— 267ff

Wiener Übereinkommen über konsularische Beziehungen v 24.4.1963 (BGBl 1969 II, 1585) [WÜK] —— 65ff, 117

Vertrag über Freundschaft, gegenseitigen Beistand und Zusammenarbeit zwischen der DDR und der Union der Sozialistischen Sowjetrepubliken v 12.6.1964 (GBl DDR 1964 II, 132) —— 211

Internationaler Pakt über bürgerliche und politische Rechte v 19.12.1966 (BGBl 1973 II, 1534) [IPBPR bzw IPBürgR] und Erstes Fakultativprotokoll v 19.12.1966 (BGBl 1992 II, 1247) —— 35, 236ff, 289, 332

Internationaler Pakt über wirtschaftliche, soziale und kulturelle Rechte v 19.12.1966 (BGBl 1973 II, 1570) [IPwirtR] —— 236, 238, 239

Wiener Übereinkommen über das Recht der Verträge v 23.5.1969 (1155 UNTS 331; BGBl 1985 II, 927) [WVK] —— 44

Amerikanische Menschenrechtskonvention v 22.11.1969 (ILM 9 [1970] 99) —— 20

Erklärung über völkerrechtliche Grundsätze für freundschaftliche Beziehungen und Zusammenarbeit zwischen den Staaten im Sinne der Charta der Vereinten Nationen v 24.10.1970 (GA Res 2625 [XXV]) [Friendly Relations Declaration] —— 125, 127

Europäisches Übereinkommen über Staatenimmunität v 16.5.1972 (BGBl 1990 II, 34ff) —— 92, 94

Vertrag über Freundschaft, Zusammenarbeit und gegenseitigen Beistand zwischen der DDR und der Union der Sozialistischen Sowjetrepubliken v 7.10.1975 (GBl DDR 1975 II, 238) —— 211

Wiener Übereinkommen über die Staatennachfolge in Verträge v 22.8.1978 (ILM 17 [1978] 1488) [WKSV] —— 188ff

Seerechtsübereinkommen der Vereinten Nationen v 10.12.1982 (BGBl 1994 II, 1799) [SRÜ] —— 150ff

Wiener Übereinkommen über die Staatennachfolge in Staatsvermögen, Staatsschulden und Staatsarchive v 8.4.1983 (ILM 22 [1983] 306) —— 188ff, 196ff

Übereinkommen gegen Folter und andere grausame, unmenschliche oder erniedrigende Behandlung oder Strafe v 10.12.1984 (BGBl 1990 II, 246) [UN-Folterkonvention] —— 243

Europäisches Übereinkommen zur Verhütung von Folter und unmenschlicher oder erniedrigender Behandlung oder Strafe v 26.11.1987 (BGBl 1989 II, 946) —— 255

Übereinkommen über die Rechte des Kindes v 20.11.1989 (BGBl 1992 II, 122) [UN-Kinderkonvention] —— 245

Vertrag zwischen der Bundesrepublik Deutschland und der Deutschen Demokratischen Republik über die Herstellung der Einheit Deutschlands v 31.8.1990 (BGBl 1990 II, 889) [Einigungsvertrag bzw EV] —— 207, 217, 224, 225, 227, 228

Vertrag über die abschließende Regelung in bezug auf Deutschland v 12.9.1990 (BGBl 1990 II, 1318) [Zwei-plus-Vier-Vertrag] —— 145, 218

Vertrag über die Europäische Union v 7.2.1992 (BGBl 1992 II, 1253) idF des Vertrags von Lissabon v 13.12.2007 (BGBl 2008 II, 1038) (konsolidierte Fassung: ABl EU 2010, Nr C 83/13) [EU-Vertrag] —— 170, 252, 319

Rahmenübereinkommen zum Schutz nationaler Minderheiten v 10.11.1994 (EuGRZ 1995, 269) —— 36, 333, 335

United Nations Convention on Jurisdictional Immunity of States and their Property v 17.1.2005 <http://un-treaty.un.org/English/notpubl/English_3_13.pdf> —— 92

Judikatur
Ständiger Internationaler Gerichtshof
Nationality Decrees Issued in Tunis and Morocco (French Zone) on November 8th, 1921, Gutachten v 7.2.1923, PCIJ, Ser B, No 4, 7 *[Nationality Decrees]* —— 102

Mavrommatis Palestine Concessions (Greece v United Kingdom), Urteil v 30.8.1924, PCIJ, Ser A, No 2, 12 *[Mavrommatis-Konzessionen]* —— 117, 118
Factory at Chorzów (Germany v Poland), Urteil v 25.5.1926, PCIJ, Ser A, No 7 *[Chorzów]* —— 142
Lotus (France v Turkey), Urteil v 7.9.1927, PCIJ, Ser A, No 10 *[Lotus]* —— 4
Legal Status of Eastern Greenland (Denmark v Norway), Urteil v 5.4.1933, PCIJ, Ser A/B, No 53 *[Ostgrönland]* —— 139
Panevezys-Saldutiskis Railway (Estonia v Lithuania), Urteil v 28.2.1939, PCIJ, Ser A/B, No 76 *[Panevezys-Saldutiskis Eisenbahn]* —— 117

Internationaler Gerichtshof
Reparations for Injuries Suffered in the Service of the United Nations, Gutachten v 11.4.1949, ICJ Rep 1949, 174 *[Bernadotte]* —— 9, 12, 120
Asylum (Columbia v Peru), Urteil v 20.11.1950, ICJ Rep 1950, 266 *[Asyl]* —— 74
Nottebohm (Liechtenstein v Guatemala), Urteil v 6.4.1955, ICJ Rep 1955, 4 *[Nottebohm]* —— 101, 102, 107, 117, 119
North Sea Continental Shelf (Germany v Denmark; Germany v Netherlands), Urteil v 20.2.1969, ICJ Rep 1969, 3 *[Nordsee-Festlandsockel]* —— 79, 153
Barcelona Traction, Light and Power Co, Ltd (Second Phase) (Belgium v Spain), Urteil v 5.2.1970, ICJ Rep 1970, 3 *[Barcelona Traction]* —— 49, 116, 123, 124
Legal Consequences for States of the Continued Presence of South Africa in Namibia (South West Africa) Notwithstanding Security Council Resolution 276 (1970), Gutachten v 21.6.1971, ICJ Rep 1971, 16 *[Namibia]* —— 125
Western Sahara, Gutachten v 16.10.1975, ICJ Rep 1975, 12 *[Western Sahara]* —— 125
United States Diplomatic and Consular Staff in Tehran (USA v Iran), Urteil v 24.5.1980, ICJ Rep 1980, 2 *[Teheraner Geiseln]* —— 53, 56
Interpretation of the Agreement of 25 March 1951 between the WHO and Egypt, Gutachten v 20.12.1980, ICJ Rep 1980, 73 *[Übereinkommen WHO-Ägypten]* —— 12
Military and Paramilitary Activities in and against Nicaragua (Merits) (Nicaragua v USA), Urteil v 27.6.1986, ICJ Rep 1986, 14 *[Nicaragua (Merits)]* —— 125
Elettronica Sicual S.p.A (USA v Italy), Urteil v 20.7.1989, ICJ Rep 1989, 15 *[ELSI]* —— 124
Application of the Convention on the Prevention and Punishment of the Crime of Genocide (Provisional Measures) (Bosnia and Herzegovina v Serbia and Montenegro), Verfügung v 8.4.1993, ICJ Rep 1993, 3 *[Völkermordkonvention I]* —— 184
East Timor (Portugal v Australia), Urteil v 30.6.1995, ICJ Rep 1995, 89 *[East Timor]* —— 125
LaGrand (Germany v USA), Urteil v 27.6.2001, ICJ Rep 2001, 466 *[LaGrand]* —— 16
Arrest Warrant of 11 April 2000 (Congo v Belgium), Urteil v 14.2.2002, ICJ Rep 2002, 11 *[Arrest Warrant]* —— 48, 50a, 63
Armed Activities on the Territory of the Congo (Congo v Uganda), Urteil v 19.12.2005, ICJ Rep 2005, 168 *[Armed Activities]* —— 56
Application of the Convention on the Prevention and Punishment of the Crime of Genocide (Merits) (Bosnia and Herzegovina v Serbia and Montenegro), Urteil v 26.2.2007, ICJ Rep 2007, 43 *[Völkermordkonvention II]* —— 184
Ahmadou Sadio Diallo [Preliminary Objections] (Guinea v Congo), Urteil v 24.5.2007, ICJ Rep 2007, 582 *[Diallo]* —— 124
Jurisdictional Immunities (Germany v Italy), Urteil v 3.2.2012, <http://ww.icj-cij.org/docket/files/143/16883.pdf> *[Jurisdictional Immunities]* —— 98, 99
Obligation to Prosecute or Extradite (Belgium v Senegal), Urteil v 20.7.2012, <http://www.icj-cij.org/docket/files/144/17064.pdf> *[Belgium v Senegal]* —— 50a

Ständiger Schiedshof
Island of Palmas Arbitration (Netherlands v USA), Schiedsspruch v 4.4.1928, RIAA II, 829 *[Palmas]* —— 131, 138

Internationale Schiedsgerichte
Britisch-Mexikanische Claims Commission, Schiedsspruch v 8.11.1929, RIAA V, 17 *[Lynch v United Mexican States]* —— 101
Robert E. Brown (United States) v Great Britain, British-US Claims Commission, Urteil v 23.11.1923, RIAA VI, 120 —— 203
F. H. Redward and Others (Great Britain) v United States, British-US Claims Commission, Urteil v 10.11.1925, RIAA VI, 157 *[Hawaiian Claims]* —— 203

Europäischer Gerichtshof für Menschenrechte
Urteil v 26.4.1979, Nr 6538/74, [1979] ECHR 1; EuGRZ 1979, 386 *[Sunday Times v United Kingdom]* —— 259
Urteil v 1.7.1985, Nr 11278/84, DR 43 (1985) 216 *[K and W v Netherlands]* —— 260
Urteil v 7.7.1989, Nr 1/1989/161/217, Ser A, Nr 161; EuGRZ 1989, 314; NJW 1990, 2183 *[Soering v United Kingdom]* —— 326
Urteil v 18.2.1991, Nr 12313/86, EHRR 13 (1991) 802; EuGRZ 1991, 149 *[Moustaquim v Belgium]* —— 294, 295
Urteil v 20.3.1991, Nr 46/1990/237/307, Ser A, Nr 201 *[Cruz Varas v Sweden]* —— 326
Urteil v 30.10.1991, Nr 13163/87, Ser A, Nr 215; NVwZ 1992, 869 *[Vilvarajah and others v United Kingdom]* —— 306
Urteil v 26.11.1991, Nr 13585/88, [1991] ECHR 49 *[Observer and others v United Kingdom]* —— 259
Urteil v 22.9.1994, Nr 23/1993/418/497, Ser A, Nr 296; EuGRZ 1996, 593 *[Hentrich v France]* —— 258
Urteil v 27.4.1995, Nr 5/1994/452/531-532, Ser A, Nr 314; InfAuslR 1996, 45 *[Piermont v France]* —— 290
Urteil v 8.2.1996, Nr 60/1995/566/652, ECHR 1996-I; EuGRZ 1996, 692 *[A. and others v Denmark]* —— 257
Urteil v 19.2.1996, Nr 23218/94, ECHR 1996-I, 160 *[Gül v Switzerland]* —— 286
Urteil v 25.6.1996, Nr 19776/92, ECHR 1996-III *[Amuur v France]* —— 256
Urteil v 16.9.1996, Nr 57/1995/563/649, ECHR 1996-IV; EuGRZ 1996, 514 *[Süßmann v Germany]* —— 257
Urteil v 15.11.1996, Nr 45/1995/551/637, ECHR 1996-V; EuGRZ 1999, 193 *[Cantoni v France]* —— 252
Urteil v 15.11.1996, Nr 22414/93, ECHR 1996-V; NVwZ 1997, 1093 *[Chahal v United Kingdom]* —— 255
Urteil v 18.12.1996, Nr 15318/89, EuGRZ 1997, 555 *[Loizidou v Türkei]* —— 252a
Urteil v 9.6.1998, Nr 44/1997/828/1034, ECHR 1998-IV *[Teixeira de Castro v Portugal]* —— 257
Urteil v 12.1.1999, Nr 31314/96, ECHR 1999-II; InfAuslR 1999, 321 *[Karassev v Finland]* —— 260
Urteil v 19.1.1999, Nr 44911/98, EuGRZ 2002, 144 *[Allaoui and others v Germany]* —— 262
Urteil v 18.2.1999, Nr 33158/96, ECHR 1999-I; EuGRZ 1999, 215 *[Laino v Italy]* —— 257
Urteil v 18.2.1999, Nr 24833/94, EuGRZ 1999, 200 *[Matthews v United Kingdom]* —— 252
Urteil v 25.3.1999, Nr 25444/94, ECHR 1999-II *[Pélissier and Sassi v France]* —— 257
Urteil v 25.3.1999, Nr 31107/96, ECHR 2000-XI *[Iatridis v Greece]* —— 258
Urteil v 28.7.1999, Nr 25803/94, NJW 2001, 56 *[Selmouni v France]* —— 243
Urteil v 28.10.1999, Nr 28396/95, ECHR 1999-VII; EuGRZ 2001, 475 *[Wille v Liechtenstein]* —— 258
Urteil v 20.1.2000, Nr 44770/98 *[Mekjah Shkelzen v Germany]* —— 326
Urteil v 5.4.2000, Nr 34382/97, EuGRZ 2000, 619 *[Denmark v Turkey]* —— 262
Urteil v 27.6.2000, Nr 22277/93, ECHR 2000-VII *[Ilhan v Turkey]* —— 243
Urteil v 11.7.2000, Nr 29192/95, ECHR 2000-VIII; InfAuslR 2000, 473 *[Ciliz v Netherlands]* —— 258
Urteil v 15.2.2001, Nr 42393/98, ECHR 2001-V; EuGRZ 2003, 595 *[Dahlab v Switzerland]* —— 258
Urteil v 31.5.2001, Nr 37591/97, ECHR 2001; EuGRZ 2001, 299 *[Metzger v Germany]* —— 257
Urteil v 13.9.2001, Nr 48967/99, EuGRZ 2001, 580 *[Güler v Germany]* —— 255
Urteil v 4.10.2001, Nr 43359/98, NJW 2003, 2595 *[Adam v Germany]* —— 255, 258
Urteil v 11.10.2001, Nr 51342/99, ECHR 2001-X; EuGRZ 2001, 576 *[Kalantari v Germany]* —— 255
Urteil v 11.10.2001, Nr 30943/96, EuGRZ 2002, 25 *[Sahin v Germany]* —— 258
Urteil v 11.10.2001, Nr 31871/96, EuGRZ 2001, 588 *[Sommerfeld v Germany]* —— 258
Urteil v 21.11.2001, Nr 35763/97, HRLJ 23 (2002) 39; AVR 40 (2002) 365 *[Al-Adsani v United Kingdom]* —— 96
Urteil v 12.12.2001, Nr 52207/99, NJW 2003, 413; EuGRZ 2002, 133 *[Banković]* —— 252a
Urteil v 21.12.2001, Nr 31465/96, EHRR 36 (2003) 7; InfAuslR 2002, 334 *[Sen v Netherlands]* —— 258, 286
Urteil v 5.2.2002, Nr 51564/99, ECHR 2002-I *[Conka v Belgium]* —— 292
Urteil v 26.2.2002, Nr 46544/99, ECHR 2001-I; EuGRZ 2002, 244 *[Kutzner v Germany]* —— 258
Urteil v 26.2.2004, Nr 74969/01, ECHR 2004-VI; EuGRZ 2004, 700 *[Görgülü v Germany]* —— 266
Urteil v 7.10.2004, Nr 33743/03, NVwZ 2005, 1043 *[Dragan v Germany]* —— 295
Urteil v 12.5.2005, Nr 46221/99, EuGRZ 2005, 463 *[Öcalan v Turkey]* —— 252a, 257
Urteil v 16.6.2005, Nr 60654/00, InfAuslR 2005, 349 *[Sisojeva v Latvia]* —— 295
Urteil v 30.6.2005, Nr 45036/98, NJW 2006, 197 *[Bosphorus v Ireland]* —— 252
Urteil v 17.1.2006, Nr 51431/99, InfAuslR 2006, 29 *[Aristimuno Mendizabal v France]* —— 295
Urteil v 2.3.2010, Nr 61498/08 *[Al Saadoon and Mufdhi v United Kingdom]* —— 252a
Urteil v 21.1.2011, Nr 30696/09, NVwZ 201, 413 *[M.S.S. v Greece and Belgium]* —— 266a
Urteil v 7.7.2011, Nr 55721/07, NJW 2012, 283 *[Al-Skeini u a v United Kingdom]* —— 252a
Urteil v 7.7.2011, Nr 27021/08 – juris *[Al-Jedda v United Kingdom]* —— 252a
Urteil v 23.2.2012, Nr 27765/09, NVwZ 2012, 809 *[Hirsi Jamaa u a v Italy]* —— 252a, 266a, 284, 301, 317
Urteil v 19.3.2013, Nr 45971/08, FamRZ 2014, 367 *[Savasci v Germany]* —— 286
Urteil v 4.11.2014, Nr 29217/21, NVwZ 2015, 127 *[Tarakhel v Switzerland]* —— 252, 266a, 310b

Gerichtshof der Europäischen Gemeinschaften bzw Europäischen Union
Urteil v 19.1.1988, Rs 292/86, Slg 1988, 111 *[Gullung]* —— 103
Urteil v 7.7.1992, Rs 369/90, Slg 1992, I-4239 *[Micheletti]* —— 103
Gutachten v 28.3.1996, Slg 1996, I-1759 *[Gutachten 2/94]* —— 252
Urteil v 9.3.1999, Rs C-212/97, Slg 1999, I-1484 *[Centros]* —— 116
Urteil v 20.9.2001, Rs C-184/99, Slg 2001, I-6193 *[Grzelczyk]* —— 103
Urteil v 11.7.2002, Rs C-60/00, Slg 2002, I-6279 *[Carpenter]* —— 252
Urteil v 17.9.2002, Rs C-413/99, Slg 2002, I-07091 *[Baumbast]* —— 103
Urteil v 5.11.2002, Rs C-208/00, Slg 2002, I-9919 *[Überseering]* —— 116
Urteil v 26.11.2002, Rs C-100/01, Slg 2002, I-10981 *[Olazabal]* —— 284
Urteil v 12.6.2003, Rs C-112/00, Slg 2003, I-5659 *[Schmidberger/Brenner-Blockade]* —— 252
Urteil v 30.9.2003, Rs C-167/01, Slg 2003, I-10155 *[Inspire Art]* —— 116
Urteil v 13.12.2005, Rs C-411/03, Slg. 2005, I-10805 *[SEVIC]* —— 116
Urteil v 15.2.2007, Rs C-292/05, Slg 2007, I-1519 *[Lechouritou u a]* —— 96
Urteil v 16.12.2008, Rs C-210/06, Slg 2008, I-9641 *[Cartesio]* —— 116
Urteil v 2.3.2010, Rs C-135/08, Slg 2010, I-1449 *[Rottmann]* —— 105, 106
Urteil v 8.3.2011, Rs C-34/09, Slg. 2011, I-1177 *[Ruiz Zambrano]* —— 103a
Urteil v 5.5.2011, Rs C-434/09, Slg. 2011, I- 3375 *[McCarthy]* —— 103a
Urteil v 15.11.2011, Rs C-256/11, EU:C:2011:626 *[Dereci]* —— 103a
Urteil v 21.12.2011, Rs C-411/10 u C-493/10, NVwZ 2012, 417 *[N.S.]* —— 310
Urteil v 6.12.2012, Rs C-356/11, EU:C:2012:776 *[O.S.]* —— 103b
Urteil v 11.11.2014, Rs C-333/13, NJW 2015, 31 *[Dano]* —— 103, 103b
Gutachten v 18.12.2014, juris *[Gutachten 2/2013]* —— 252
Urteil v 15.9.2015, Rs C-67/14, NVwZ 2015, 1517 *[Alimanovic]* —— 103b

Deutsche Gerichte
BGH, Urteil v 4.10.1951, BGHZ 3, 178 *[Deutsche Staatsangehörigkeit/Sonderfall Österreich]* —— 204
BVerfG, Beschluss v 28.5.1952, BVerfGE 1, 322 *[Zwangsverleihungen deutscher Staatsangehörigkeit]* —— 102
BVerwG, Urteil v 30.10.1954, BVerwGE 1, 206 *[deutsche Staatsangehörigkeit gebürtiger Österreicher]* —— 204
BGH, Beschluss v 18.1.1956, BGHSt 9, 53 *[Kohlhauser]* —— 204
BGH, Urteil v 11.7.1957, BGHZ 25, 134 *[Enteignung sudetendeutscher juristischer Person]* —— 116
BayVGH, Beschluss v 20.2.1963, AVR 12 (1964/65) 218 *[acta iure gestionis]* —— 148
BVerfG, Beschluss v 30.4.1963, BVerfGE 16, 27 *[Iranische Botschaft]* —— 91
BGH, Urteil v 30.1.1970, BGHZ 53, 181 *[Liechtensteiner Anstalt]* —— 116
BVerfG, Urteil v 31.7.1973, BVerfGE 36, 1 *[Grundlagenvertrag]* —— 10, 178, 215
BVerfG, Beschluss v 21.5.1974, BVerfGE 37, 217 *[Staatsangehörigkeit ehelicher Kinder]* —— 101, 113
BVerfG, Beschluss v 13.12.1977, BVerfGE 46, 342 *[Philippinisches Botschaftskonto]* —— 93
BVerfG, Beschluss v 12.4.1983, BVerfGE 64, 1 *[National Iranian Oil Company]* —— 95
BGH, Urteil v 27.2.1984, BGHSt 32, 275 *[Tabatabai]* —— 72
BVerfG, Beschluss v 21.10.1987, BVerfGE 77, 137 *[Teso]* —— 215
BVerfG, Urteil v 31.10.1990, BVerfGE 83, 37 *[Wahlrecht für Ausländer]* —— 101
BVerfG, Urteil v 12.10.1993, BVerfGE 89, 155 *[Maastricht]* —— 103
BVerfG, Beschluss v 10.6.1997, BVerfGE 96, 68 *[Immunität von Botschaftern]* —— 60, 61, 64
BVerwG, Urteil v 3.6.2003, BVerwGE 118, 216 *[Vermeidung von Staatenlosigkeit]* —— 114
BGH, Urteil v 26.6.2003, BGHZ 155, 279 *[Distomo]* —— 91, 96
BVerfG, Urteil v 14.10.2004, BVerfGE 111, 307 *[Görgülü]* —— 266
BVerfG, Urteil v 18.7.2005, BVerfGE 113, 273 *[Europäischer Haftbefehl]* —— 103, 319
BGH, Beschluss v 5.10.2005, NJW-RR 2006, 198 *[Staatenimmunität bei Zwangsvollstreckung]* —— 93
BVerfG, Beschluss v 15.2.2006, BVerfGK 7, 303 *[Distomo]* —— 96
BVerfG, Beschluss v 24.5.2006, NVwZ 2006, 807 *[Rücknahme einer erschlichenen Einbürgerung]* —— 110, 114
BVerfG, Beschluss v 19.9.2006, BVerfGK 9, 174 *[Konsularrechtsübereinkommen]* —— 16, 66
BVerfG, Beschluss v 6.12.2006, BVerfGE 117, 141 *[Immunität von Botschaftskonten]* —— 94
BGH, Beschluss v 6.11.2008, WM 2008, 2302 *[Vollstreckung in ein Grundstück]* —— 95
BVerfG, Beschluss v 15.12.2008, 2 BvR 2495/08, juris —— 95
BVerfG, Urteil v 30.6.2009, NJW 2009, 2267 *[Vertrag von Lissabon]* —— 170

BGH, Beschluss v 9.7.2009, BGHZ 182, 10 *[Europäische Schulen]* —— 94
BVerfG, Beschluss v 13.10.2009, NVwZ-RR 2010, 41 *[Kosovo Einsatz der Bundeswehr]* —— 80
BGH, Beschluss v 25.11.2010, NJW-RR 2011, 647 —— 93
BGH, Beschluss v 30.1.2013, NJW 2013, 3184 *[Vollstreckbarerklärung ausl Schiedsspruchs]* —— 92b, 94
BGH, Beschluss v 4.7.2013, BeckRS 2013, 12429 *[Währungsreserven ausl Staates]* —— 95, 95a
BVerfG, Beschluss v 17.3.2014, 2 BvR 736/13, juris *[Griechische Quellensteuer]* —— 91, 94
OLG Schleswig, Urteil v 4.12.2014, BeckRS 2015, 08584 *[Griechische Staatsanleihen]* —— 91, 94
BGH, Urteil v 24.2.2015, NJW 2015, 2328 *[Argentinische Inhaberschuldverschreibungen]* —— 92a
OLG Köln, Urteil v 10.6.2015, BeckRS 2015, 12442 *[Staatenimmunität]* —— 91

Britische Gerichte
Court of Appeal, Al-Adsani v Government of Kuwait and Others, Urteil 12.3.1996, ILR 107, 536 *[Al-Adsani]* —— 96
Regina v Bow Street Metropolitan Stipendiary Magistrate, ex parte Pinochet Ugarte, House of Lords, Urteile v 25.11. 1998 und v 24.3.1999, [1998] 3 WLR 1456; [1999] 2 WLR 827 *[Pinochet]* —— 50
Jones v Ministry of the Interior of the Kingdom of Saudi Arabia, House of Lords, Urteil v 14.6.2006 [2006], 2 WLR 1424 *[Jones]* —— 96

Italienische Gerichte
Luigi Ferrini v BR Deutschland, Corte Suprema di Cassazione, Urteil v 6.11.2003, RivDI 87 (2004) 539 *[Ferrini]* —— 97
Luigi Ferrini v BR Deutschland, Corte Suprema di Cassazione, Beschlüsse v 6.5.2008 —— 97
Corte Suprema di Cassazione, Urteil v 29.5.2008, NVwZ 2008, 1100 *[Distomo]* —— 97
Corte Suprema di Cassazione, Urteil v 21.10.2008, RivDI 92 (2009) 618 *[Milde]* —— 97
Corte d'Apello di Firenze, Urteil v 21.10.2008 —— 97
Corte Constituzionale, Urteil v 22.10.2014, abrufbar unter <http://www.cortecostituzionale.it/actionScheda Pronuncia.do?anno= 2014&numero=238> —— 99a

US-amerikanische und kanadische Gerichte
United States v Noriega, US District Court, Southern District of Florida, Urteil v 8.6.1990, 746 F.Supp. 1506 *[US v Noriega]* —— 45
Bouzari v Islamic Republic of Iran, Court of Appeal for Ontario, Urteil v 30.6.2004, Docket C38295 *[Bouzari]* —— 96

I. Die Rechtsträger im Völkerrecht, ihre Organe und die Regeln des zwischenstaatlichen Verkehrs

1. Rechtsträger und Handelnde im Völkerrecht

Der in anderen Rechtsordnungen für das Völkerrecht geltende Begriff *droit international public* 1 oder *public international law* erscheint im Hinblick auf die Entwicklung der vergangenen Jahrzehnte sachgerechter, da sich das Völkerrecht tatsächlich nicht ausschließlich mit Völkern oder Staaten beschäftigt. Dennoch hat sich im dt Sprachraum seit langem der Begriff „Völkerrecht" durchgesetzt und wird nicht allein aus Gründen der Traditionswahrung beibehalten. Zutreffend an den bisherigen Einwänden ist jedoch, dass neben Völkern und Staaten zunehmend auch andere Wirkungseinheiten und Akteure wie transnationale Wirtschaftsunternehmen, I.O., nationale Befreiungsbewegungen und Individuen in den Blickpunkt völkerrechtlicher Fragestellungen rücken. Allerdings reichen internationale Tätigkeiten allein idR nicht aus, um den Status eines Völkerrechtssubjekts zu erreichen.

Völkerrechtssubjekt ist grundsätzlich nur, wer *Träger völkerrechtlicher Rechte und/oder* 2 *Pflichten* ist, und wessen *Verhalten unmittelbar durch das Völkerrecht geregelt* wird.[1] Art und Umfang der Völkerrechtssubjektivität richten sich nach der Natur des einzelnen Rechtsträgers und seiner Stellung in der Völkerrechtsordnung. So bestimmt sich der Umfang völkerrechtlicher Rechte und Pflichten der I.O. nach der Aufgabenstellung und ihren Funktionen nach Maßgabe der Gründungsverträge.

Kennzeichnend für Völkerrechtssubjektivität sind bspw die Aufnahme diplomatischer Be- 3 ziehungen, der Abschluss völkerrechtlicher Verträge oder die Möglichkeit, eigene Interessen durch Beschwerde oder Klage bei einem internationalen Ausschuss oder Gerichtshof durchzusetzen.[2]

a) Entwicklung

Bis zum Beginn des 20. Jh wurde Völkerrecht im Wesentlichen als zwischenstaatliches Recht 4 verstanden, obgleich bereits damals in geringem Umfang nichtstaatliche Völkerrechtssubjekte wie der Heilige Stuhl existierten.[3] Mit Gründung des Völkerbundes (1919) und der UNO (1945) mit ihren Spezialorganisationen (ILO, UNESCO, WHO, IMF u a) erlangten die I.O. zunehmend völkerrechtliche Bedeutung.[4] Dennoch führte dies zunächst nicht dazu, dass ihnen in der internationalen Rechtsprechung Völkerrechtssubjektivität zuerkannt wurde. Noch 1927 stellte der Ständige Internationale Gerichtshof (StIGH) im *Lotus*-Fall fest, dass das Völkerrecht seiner Natur nach das *zwischen Staaten geltende Recht* sei.[5]

Im Völkerrecht setzte sich mit der Zeit dennoch eine funktionale Betrachtungsweise durch, 5 welche zunehmend auch I.O., Individuen und Gruppen in unterschiedlichem Umfang einbezog. Aus dem Völkerrecht entwickelte sich das *Recht der internationalen Beziehungen*.[6] Richtungweisend für diese Entwicklung war die allmähliche Übertragung von Aufgaben auf I.O. und die bewusste und letzlich auch selbstgewählte Einschränkung staatlicher Souveränität durch die Menschenrechte. Damit war zugleich die Idee einer internationalen Ordnung geboren, die nicht mehr ausschließlich auf der Leistung der einzelnen Staaten beruhte, sondern ihren Geltungs-

---

[1] *Verdross/Simma*, Universelles Völkerrecht, 3. Aufl 1984, 22.
[2] *Crawford*, Brownlie's Principles of Public International Law, 8. Aufl 2012, 126; *Starke*, Introduction to International Law, 10. Aufl 1989, 58 mwN.
[3] Zur Entwicklung des Völkerrechts *Graf Vitzthum*, 1. Abschn Rn 88 ff.
[4] *Klein/Schmahl*, 4. Abschn Rn 1 ff, 8 ff.
[5] PCIJ, Ser A, No 10, 18.
[6] Vgl *Graf Vitzthum*, 1. Abschn Rn 18 f, 30 f.

grund aus der Wohlfahrt der gesamten Menschheit und den unveräußerlichen Menschenrechten ableitete.[7]

6   Die *Erweiterung des Kreises der Völkerrechtssubjekte* im Verlauf des 20. Jh veränderte das überkommene Gefüge des Völkerrechts. Davon unberührt sind jedoch Staaten auch weiterhin die wichtigsten Akteure der Völkerrechtsordnung (vgl u Rn 76 ff), und das Völkerrecht ist unverändert stark von einem zwischenstaatlichen Charakter geprägt.[8] Die Forderung, auch andere Wirkungseinheiten, insbes den Einzelnen (vgl u Rn 229 ff), in größerem Umfang zu internationalen Beteiligten zu machen und sie so den Staaten allmählich gleichzustellen, verkennt, dass die Stabilität der Völkerrechtsordnung im Wesentlichen auf der staatlichen Souveränität beruht. Nicht zuletzt deswegen war den Versuchen, Minderheiten einen völkerrechtlichen Status einzuräumen, bisher kein Erfolg beschieden.

b) Einteilung der Völkerrechtssubjekte

7   Nach Art und Umfang völkerrechtlicher Rechte und Pflichten unterscheidet man zwischen den unbeschränkten und den beschränkten oder partiellen Völkerrechtssubjekten.

8   *Unbeschränkte* Völkerrechtssubjektivität kommt lediglich den *Staaten* zu, weil nur sie Träger sämtlicher völkerrechtlicher Rechte und Pflichten sind. Sie werden auch als *originäre* oder geborene Völkerrechtssubjekte bezeichnet, da sie aufgrund ihrer Eigenschaft als politisch organisierter Personenverband Beteiligte völkerrechtlicher Beziehungen sind.[9]

9   Im Gegensatz hierzu stehen die *derivativen* oder abgeleiteten Völkerrechtssubjekte, deren Rechtssubjektivität auf einer Ermächtigung durch die Staaten zumeist in Form eines Gründungsvertrags beruht. Diese Akteure werden auch als partielle oder *beschränkte* Völkerrechtssubjekte bezeichnet, da ihnen nur bestimmte Rechte und Pflichten zukommen.[10] Je nach Aufgabenbereich und Art der übertragenen Befugnisse unterscheidet sich die Rechtsstellung beschränkt völkerrechtsfähiger Rechtssubjekte. Dies wird deutlich, wenn man so unterschiedliche Akteure wie etwa die als kriegführende Partei anerkannten Aufständischen, die Gliedstaaten von Bundesstaaten oder aber den Weltpostverein gegenüberstellt.

10 Von der völkerrechtlichen Rechtspersönlichkeit ist die *rechtliche Handlungsfähigkeit* zu trennen, auch wenn beide Elemente idR zusammenfallen. So war etwa das Deutsche Reich nicht dadurch untergegangen, dass die Alliierten mit Erklärung v 5.6.1945 die oberste Regierungsgewalt übernahmen.[11] Der Umfang der Handlungsfähigkeit entspricht der Rechtsfähigkeit. Ein Handeln außerhalb dieser Grenzen *(ultra vires)* kann keine völkerrechtliche Bindung herbeiführen.

11 Im Übrigen ist die Rechts- und Handlungsfähigkeit nach Völkerrecht von der nach innerstaatlichem Recht zu trennen. So genießt die UNO nach Art 104 UN-Charta im Hoheitsgebiet jedes Mitgliedstaates die Rechts- und Geschäftsfähigkeit, die zur Wahrnehmung ihrer Aufgaben und Ziele erforderlich ist. In ähnlicher Weise sieht Art 335 AEUV vor, dass die EU „[...] in jedem Mitgliedstaat die weitestgehende Rechts- und Geschäftsfähigkeit [besitzt], die juristischen Personen nach dessen Rechtsvorschriften zuerkannt ist; sie kann insbesondere bewegliches und unbewegliches Vermögen erwerben und veräußern sowie vor Gericht stehen."

---

7 Vgl *Mosler*, Die Erweiterung des Kreises der Völkerrechtssubjekte, ZaöRV 22 (1962) 1 ff; eingehend dazu *Graf Vitzthum*, Der Staat der Staatengemeinschaft, 2006.
8 Vgl *Rudolf*, Der Staat als Völkerrechtssubjekt zwischen Globalisierung und Partikularismus, Staatsrecht und Politik, 2009, 407 ff; *Hillgruber*, Der Staat im Völkerrecht, ZRph 5 (2007) 9 ff; *Reinhard*, Aufstieg und Niedergang des modernen Staates, Zeitschr f Staats- u Europawissenschaften 5 (2007) 8 ff.
9 *Epping*, in Ipsen (Hrsg), Völkerrecht, 6. Aufl 2014, § 5 Rn 1 ff: Staat als „Normalperson" des Völkerrechts.
10 Vgl zur beschränkten Völkerrechtssubjektivität der I. O., insbes der UNO, das IGH-Gutachten im *Bernadotte*-Fall, ICJ Rep 1949, 174, 180.
11 BVerfGE 36, 1; hierzu auch *Gornig*, Der völkerrechtliche Status Deutschlands zwischen 1945 und 1990, 2007, 19 ff.

c) Internationale Organisationen

Den üblicherweise von Staaten gegründeten I.O.[12] kommt unter den beschränkten Völkerrechtssubjekten eine besondere Bedeutung zu. Ihre Völkerrechtssubjektivität wurde vom IGH im *Bernadotte*-Gutachten v 1949 schließlich anerkannt.[13] Eine I.O. liegt vor, wenn sich Staaten auf der Grundlage eines völkerrechtlichen Vertrages auf Dauer oder für eine bestimmte Zeit[14] zu einem gemeinsamen Zweck in der Form zusammenschließen, dass sie Organe selbständig mit der Wahrnehmung der vertraglich vereinbarten Aufgaben betrauen.[15] Das Tätigkeitsfeld kann sich wandeln und über das ursprünglich in den Gründungsverträgen festgelegte hinausgehen, wenn sich dies durch dynamische Auslegung von Sinn und Zweck des Vertrags ergibt *(effet utile)*. Damit einher geht eine Kompetenzerweiterung der zuständigen Organe *(implied powers)*. In der Regel haben I.O. drei Organe: eine Versammlung, ein Organ, das sich aus Delegierten der einzelnen Staaten zusammensetzt und mit Exekutivbefugnissen ausgestattet ist, sowie ein Sekretariat, das Verwaltungsaufgaben wahrnimmt (vgl u Rn 160 ff).

Eine Sonderstellung unter den I.O. nimmt die UNO ein. Ihr Hauptaugenmerk ist auf die Aufrechterhaltung von internationaler Sicherheit und Frieden sowie den Schutz der Menschenrechte gerichtet. Zu diesem Zweck hat die UNO Abkommen in den verschiedensten Bereichen geschlossen, welche von *peace-keeping operations*, speziellen Konferenzen bis hin zu den Abkommen über die Sitze in Genf und New York reichen. Mit dem *Headquarters Agreement* zwischen der UNO und den USA v 26.6.1947[16] wurden der UNO Vorrechte und Immunitäten wie im Gesandtschaftswesen gewährt.

d) Der Einzelne

Neben den I.O. werden auch dem Einzelnen, insbes durch die *Menschenrechtskonventionen*, in zunehmendem Umfang Rechte eingeräumt. Eine Rechtsträgerschaft des Einzelnen wurde früher auf Grund der klassischen, durch die Objekttheorie geprägten Lehre abgelehnt.[17] Grundsätzlich sollte ihn der jeweilige Heimatstaat auf internationaler Ebene vertreten *(Mediatisierung)*. Die Einbindung des Einzelnen erfolgte zunächst in völkerrechtlichen Verträgen, die vorrangig die besonderen Situationen von Einzelnen im Blick hatten und deren Schutz dienen sollten, so etwa das III. Genfer Abkommen über die Behandlung von Kriegsgefangenen und das IV. Genfer Abkommen zum Schutze von Zivilpersonen in Kriegszeiten v 1949. Hierbei wurden bestimmte Rechte für Einzelpersonen vorgesehen.

Die traditionelle völkerrechtliche *Mediatisierung des Einzelnen* findet sich ungeachtet jüngeren Entwicklungen heute noch im Bereich des *diplomatischen Schutzes*.[18] Eine Verletzung der völkerrechtlichen Regeln des fremdenrechtlichen Mindeststandards durch den Gaststaat, in welchem sich der Ausländer aufhält, *berechtigt den Heimatstaat* im Wege des diplomatischen Schutzes zur Geltendmachung eigener (zwischenstaatlicher) Rechte *gegenüber dem Gaststaat*. Der zwischenstaatliche Charakter der sich hieraus ergebenden Rechte und Pflichten zeigt sich daran, dass ein Verzicht auf den diplomatischen Schutz durch den Fremden oder in den Bestimmungen des Gaststaats, wie er zB in den so genannten *Calvo*-Klauseln vorgesehen war, rechtlich nicht an-

---

12 *Klein/Schmahl*, 4. Abschn Rn 32 ff.
13 ICJ Rep 1949, 174, 178 *[Bernadotte]*. Vgl auch ICJ Rep 1980, 73, 89 *[Übereinkommen WHO-Ägypten]*. Vgl auch *Schmalenbach*, International Organizations, General Aspects, MPEPIL V, 1126 ff; *Breuer*, Die Völkerrechtspersönlichkeit Internationaler Organisationen, AVR 49 (2011) 4 ff.
14 Vgl Art 97 EGKSV.
15 Vgl *Epping* (Fn 9) § 6 Rn 7 ff.
16 11 UNTS 11.
17 Vgl *Mosler* (Fn 7) 30; *Grzeszick*, Rechte des Einzelnen im Völkerrecht, AVR 43 (2005) 312 ff.
18 Zum diplomatischen Schutz *Dugard*, Diplomatic Protection, MPEPIL III, 114 ff; *Doehring*, Völkerrecht, 2. Aufl 2004, Rn 868 ff.

erkannt wurde und daher als unbeachtlich angesehen wird. Unabhängig davon ist der Heimatstaat berechtigt, zum Nachteil seines eigenen Staatsangehörigen ohne dessen Zustimmung auf diplomatische Schutzrechte zu verzichten.[19]

16 Dem Schutz von Staatsangehörigen in einem Empfangsstaat sollen auch die Bestimmungen von Art 36 und 37 der *Wiener Konsularrechtskonvention* dienen. Hier sind namentlich Rechte enthalten, die den Kontakt der Konsularbeamten mit den eigenen Staatsangehörigen ermöglichen sollen; im Falle von Freiheitsentziehungen kann der Betroffene verlangen, dass die konsularische Vertretung seines Landes informiert wird. Dies wird ergänzt durch eine Pflicht des Empfangsstaats, den Betroffenen über seine Rechte aus der letztgenannten Verpflichtung zu unterrichten. Der Staat, dessen Staatsangehörigen die Verletzung eines solchen Rechts widerfahren ist, kann die Rechte gegen den verletzenden Staat geltend machen.[20]

17 Die Natur des Schutzes des Einzelnen ändert sich allerdings, sobald es sich um eigene, völkerrechtliche Rechte des Einzelnen handelt, insbes um *Menschenrechte*. Dann ist *der Einzelne materiell Rechtsinhaber* und hat die Möglichkeit, seine Rechte selbständig in einem völkerrechtlichen Verfahren, wie zB der Individualbeschwerde nach der EMRK, geltend zu machen (vgl u Rn 250 ff). Aber auch in den Fällen, in denen er keinen direkten Zugang zu internationalen Instanzen hat, geht die Entwicklung dahin, dass sein Heimatstaat in zunehmendem Maße nicht mehr nur seine eigenen Rechte, sondern in Vertretung seiner Staatsangehörigen zu deren Gunsten Rechte geltend macht. Noch weitergehend wird heute von der *Nationality Rule,* wonach der Staat nur seine eigenen Staatsangehörigen zu schützen befugt ist, eine Ausnahme gemacht, wenn Rechte aus der Verletzung elementarer Menschenrechte, die *erga omnes* verpflichtend sind, geltend gemacht werden. Zudem sind mittlerweile auch zahlreiche subjektive Rechtspositionen von Individuen außerhalb des traditionellen Kanons der Menschenrechte festzustellen.[21]

18 Ein anderes Beispiel für die Weiterentwicklung der Rechtsstellung des Einzelnen findet sich im *Flüchtlingsrecht* (vgl u Rn 297 ff). Menschen, die ihren Heimatstaat verlassen hatten, standen einst weder unter dem Schutz ihres Heimatstaats noch eines anderen Völkerrechtssubjekts. Sie besaßen auch keinen eigenen völkerrechtlichen Status. Zu ihrem Schutz wurde zunächst das Amt des Hochkommissars für Flüchtlinge eingerichtet. Zugleich wurde die Internationale Flüchtlingsorganisation (IRO) gegründet. Beide wurden 1951 durch den Hohen Flüchtlingskommissar der UNO (UNHCR) abgelöst. Die *Genfer Flüchtlingskonvention v 1951,* die zunächst räumlich auf Europa und zeitlich auf die Folgen des Zweiten Weltkriegs beschränkt war, gilt aufgrund des New Yorker Zusatzprotokolls v 31.1.1967 für alle Flüchtlinge.[22] Auch wenn den Flüchtlingen durch die Konvention gewisse Rechte gewährt werden, ergibt sich hieraus keine Anerkennung als Völkerrechtssubjekte.

19 Die *Europäische Menschenrechtskonvention* (EMRK) v 4.11.1950 erkennt auf regionaler Ebene eine partielle Völkerrechtssubjektivität des Einzelnen an, da es diesem erstmals in der Geschichte des Völkerrechts ermöglicht wurde, nach Art 34 EMRK eigene Rechte in einem völkerrechtlichen Verfahren gegen einen Vertragsstaat der EMRK bei der damaligen Menschenrechtskommission durchzusetzen. Die früher bestehende Zweiteilung zwischen Gerichtshof und Kommission ist durch das 11. Zusatzprotokoll zur EMRK aufgehoben worden.[23]

20 Die nach dem Vorbild der EMRK erarbeitete *Amerikanische Menschenrechtskonvention* v 22.11.1969 sieht in Art 44 ebenfalls eine Individualbeschwerde vor und erweitert diese auf Personengruppen und private Organisationen, sofern ihre Heimatstaaten den Gerichtshof anerkannt haben.

---

19 *Orrego Vicuña,* ILA, London Conference 2000, Interim Report on „The Changing Law of Nationality of Claims", Committee on Diplomatic Protection of Persons and Property, 30 f.
20 Vgl das Urteil des IGH im *LaGrand*-Fall, ICJ Rep 2001, 466 ff. S auch BVerfGK 9, 174 *[Konsularrechtsübereinkommen].*
21 Eingehend *Peters,* Jenseits der Menschenrechte, 2014, 153 ff, 257 ff, 307 ff u 343 ff.
22 *Kimminich,* Der Internationale Rechtsstatus des Flüchtlings, 285 ff; Zimmermann (Hrsg), The 1951 Convention Relating to the Status of Refugees and its 1967 Protocol, 2011.
23 Eingehend aus jüngster Zeit Karpenstein/Mayer (Hrsg), EMRK, 2. Aufl 2015; *Meyer-Ladewig,* EMRK, 3. Aufl 2011.

Auf universaler Ebene bestehen deutlich geringere Durchsetzungsmöglichkeiten als auf der 21
Ebene der regionalen Menschenrechtskonventionen. In der Allgemeinen Erklärung der Menschenrechte der UN-Generalversammlung v 10.12.1948 ist kein Durchsetzungsmechanismus vorgesehen; der *Internationale Pakt über bürgerliche und politische Rechte* v 19.12.1966 sieht in einem Zusatzprotokoll eine Individualbeschwerde zum Menschenrechtsausschuss vor, sofern sich der Heimatstaat diesem Verfahren unterworfen hat. Der Ausschuss kann den betreffenden Staat zu einer Stellungnahme auffordern, jedoch kein bindendes Urteil erlassen. Ungeachtet dessen hat die im Anschluss an die Prüfung der von der Einzelperson und dem betroffenen Vertragsstaat unterbreiteten schriftlichen Angaben erarbeitete Stellungnahme eine erhebliche politische Bedeutung, indem sie einen Vertragsstaat, bei dem der Ausschuss eine Vertragsverletzung festgestellt hat, zwingt, sich international und ggf innerstaatlich zu rechtfertigen.

Völkerrechtliche *Pflichten des Einzelnen* sind bisher nur in bestimmten Fällen nachweisbar. 22
Grundsätzlich werden Handlungen, die auf Grund internationalen Rechts strafbar sind,[24] von *innerstaatlichen* Gerichten verfolgt. Der Grund für diese Zurückhaltung liegt darin, dass die staatliche Souveränität durch einen unmittelbaren Zugriff des Völkerrechts auf Handlungen staatlicher Amtsträger, um die es bei der internationalen Strafgerichtsbarkeit regelmäßig geht, durchbrochen würde. Eine völkerrechtliche Inpflichtnahme des Einzelnen erfolgte erstmalig durch die Schaffung des Interalliierten Militärgerichtshofs (des späteren Nürnberger Gerichtshofs) durch das Londoner Viermächteabkommen.[25] Im *Nürnberger Kriegsverbrecherprozess* wurden Verbrechen gegen die Menschlichkeit und Verbrechen gegen den Frieden, wie die Führung eines Angriffskriegs oder die Beteiligung an einem solchen, als völkerrechtliche Delikte von Einzelpersonen verfolgt. Während Verbrechen gegen die Menschlichkeit nach den innerstaatlichen Gesetzen bereits zuvor mit Strafe bedroht waren, stellte die Verfolgung wegen der Verbrechen gegen den Frieden eine Neuerung dar.[26] Versuche, die hier und in den Tokioter Prozessen[27] aufgestellten Grundsätze zu kodifizieren, scheiterten zunächst.

Erst nach dem Bürgerkrieg im ehemaligen Jugoslawien errichtete der Sicherheitsrat auf der 23
Grundlage von Kap VII der UN-Charta einen Gerichtshof,[28] dessen Aufgabe darin besteht, schwere Menschenrechtsverletzungen, die seit 1991 auf dem Gebiet des ehemaligen Jugoslawien begangen wurden, zu verfolgen.[29] Ein weiteres internationales Tribunal wurde auf Grund einer Resolution des Sicherheitsrats für Ruanda errichtet.[30]

Das Jugoslawien- und das Ruanda-Tribunal waren internationale Strafgerichtshöfe mit be- 24
grenzter sachlicher Kompetenz und als solche nicht auf Dauer eingerichtet. Dennoch war die Einsetzung dieser Tribunale ein Meilenstein auf dem Weg zur Errichtung einer permanenten

---

24 *Schröder*, 7. Abschn Rn 38 ff.
25 AJIL Suppl 39 (1945) 357; dazu *Jescheck*, Nuremberg Trials, EPIL III, 1997, 747 f.
26 Vgl das Urteil des IMT, AJIL 41 (1947) 172.
27 AJIL 39 (1945), Suppl, 264.
28 S/RES/808 (1993), VN 41 (1993) 71 ff.
29 Vgl zu den Kriegsverbrechen und dem IStGH *Meron*, War Crimes in Yugoslavia and the Development of International Law, AJIL 88 (1994) 78 ff; *Oellers-Frahm*, Das Statut des Internationalen Strafgerichtshofs zur Verfolgung von Kriegsverbrechern im ehemaligen Jugoslawien, ZaöRV 54 (1994) 416 ff; *Shraga/Zacklin*, The International Criminal Tribunal for the Former Yugoslavia, EJIL 5 (1994) 360 ff; *Thürer*, Vom Nürnberger Tribunal zum Jugoslawien-Tribunal und weiter zu einem Weltstrafgerichtshof?, SZIER 3 (1993) 491 ff; *Tomuschat*, Ein Internationaler Strafgerichtshof als Element einer Weltfriedensordnung, EA 1994, 61 ff. Zur Rechtsprechung des Jugolawien-Tribunals *Rakate*, The Characterisation of Conflicts in International Law, Stellenbosch LR 11 (2000) 277 ff. Zum Konflikt zwischen staatlicher Souveränität und internationaler Strafgerichtsbarkeit *Cryer*, International Criminal Law vs State Sovereignity, EJIL 16 (2005) 979; *Nagan/Hammer*, The Changing Character of Sovereignty in International Law and International Relations, Colum J Transnat'l L 43 (2004) 141 ff; *Akande*, International Law Immunities and the International Criminal Court, AJIL 98 (2004) 407 ff; *Uerpmann-Wittzak*, Immunität vor internationalen Strafgerichten, AVR 44 (2006) 33 ff.
30 Vgl zur Schaffung des Internationalen Strafgerichtshofs für Ruanda die Res des Sicherheitsrats 955 (1994) v 8.11.1994, VN 43 (1995) 39 ff.

internationalen Strafgerichtsbarkeit. Bereits die am 9.12.1948 von der UN-Generalversammlung verabschiedete Völkermordkonvention hatte in Art VI vorgesehen, dass wegen Völkermord angeklagte Personen sich entweder vor einem Gericht des Staates, oder Mitgliedstaats des Begehungsorts oder vor einem internationalen Gericht verantworten sollten. 1994 legte die ILC den Entwurf für das *Statut des Internationalen Strafgerichtshofs* vor, das am 17.7.1998 in Rom angenommen wurde.[31] Das Statut ist am 1.7.2002 in Kraft getreten.[32]

25 Die Jurisdiktion des Internationalen Strafgerichtshofs (IStGH) erstreckt sich auf vier Arten von Verbrechen gegen das Völkerrecht, namentlich Völkermord, Verbrechen gegen die Menschlichkeit, Kriegsverbrechen und Aggression (Art 5 des Statuts des Internationalen Strafgerichtshofs – SIStGH), wobei nur die drei erstgenannten Verbrechen tatbestandlich definiert sind (Art 6 bis 9 SIStGH). Art 11 und 24 des Statuts schließen eine Rückwirkung aus. Die Grundsätze *nullum crimen sine lege* (Art 22 SIStGH) und *nulla poena sine lege* (Art 23 SIStGH) finden ebenso Anwendung wie die Unschuldsvermutung (Art 66 SIStGH).

26 Art 12 Abs 1 SIStGH bindet die Gerichtsbarkeit des IStGH grundsätzlich an den Beitritt der Staaten zum Statut. Die Gerichtsbarkeit erstreckt sich nur auf Verbrechen, die nach In-Kraft-Treten des Statuts begangen wurden. Zuständig ist der Gerichtshof für Taten, die entweder im Hoheitsgebiet eines Vertragsstaats oder durch Staatsangehörige eines Vertragsstaats begangen wurden (Art 12 Abs 2 SIStGH). Art 12 Abs 2 u 3 iVm Art 13 SIStGH ermöglichen ferner die Unterwerfung von Nichtsignataren unter die Gerichtsbarkeit des IStGH für den Einzelfall. Der Sicherheitsrat kann dem Gerichtshof die Durchführung eines Verfahrens untersagen (Art 16 SIStGH). Die Gerichtsbarkeit des Strafgerichtshofs erstreckt sich auf natürliche Personen (Art 25 SIStGH) über 18 Jahren, wobei auf die Tatzeit abgestellt wird (Art 26 SIStGH).

27 *Das anwendbare Recht* ergibt sich nicht allein aus dem Statut, den Verbrechenselementen und den Verfahrensregeln (Art 21 Abs 1 lit a SIStGH). Neben diesen können völkerrechtliche Verträge, Rechtsprinzipien und Regeln einschließlich der anerkannten Grundsätze des Kriegsvölkerrechts Anwendung finden (Art 21 Abs 1 lit a SIStGH). Soweit diese Rechtsquellen nicht zur Sachentscheidung ausreichen, kommt die Anwendung allgemeiner Rechtsprinzipien in Betracht, die der Gerichtshof auf rechtsvergleichender Basis feststellt und die im Einklang mit dem Statut und internationalem Recht stehen müssen (Art 21 Abs1 lit c SIStGH).

28 Das Verfahren besteht aus dem Vorverfahren über die Eröffnung des Ermittlungsverfahrens, dem Hauptverfahren und einem Rechtsmittelverfahren (Art 81 SIStGH). Das Hauptverfahren findet in Anwesenheit des Angeklagten statt (Art 63 Abs 1 SIStGH). Im Falle der Verurteilung kommt ein Strafmaß von bis zu 30 Jahren oder lebenslange Freiheitsstrafe in Betracht. Daneben können Geldstrafen und Verfall der aus dem Verbrechen gewonnenen Gegenstände angeordnet werden (Art 77 SIStGH).

29 Die Signatarstaaten des SIStGH verpflichten sich zur umfassenden Zusammenarbeit mit dem Gerichtshof (Art 86).[33] Der Neunte Teil des Statuts enthält ferner Regeln dafür, wie in Fällen mehrfacher Verfolgung – durch den IStGH und durch nationale Strafverfolgungsbehörden – zu

---

31 Römisches Statut des Internationalen Strafgerichtshofes (BGBl 2000 II, 1394; zur Anpassung des dt Rechts und zur Änderung des Art 16 Abs 2 GG vgl das Einführungsgesetz zum Römischen Statut v 21.6.2002 [BGBl 2002 I, 2254]); vgl auch *Kinkel,* Der Internationale Strafgerichtshof, NJW 1998, 2650 ff; *Roggemann,* Die Internationalen Strafgerichtshöfe, Ergänzungsband, 2. Aufl 1998; *Benzing,* Sovereignty and the Responsibility to Protect International Criminal Law, FS Wolfrum, 2008, 17 ff; *Malone,* International Criminal Justice on the Move, J Int'l Inst 50 (2008) 569 ff; eingehend Triffterer (Hrsg), Commentary on the Rome Statute of the International Criminal Court, 2. Aufl 2008; zu aktuellen Fragen *Schabas,* The International Criminal Court: Struggling to Find its Way, in Cassese (Hrsg), Realizing Utopia, 250 ff.
32 Vgl *Werle,* Völkerstrafrecht und deutsches Völkerstrafgesetzbuch, JZ 2012, 373 ff; *Meyer,* Der Internationale Strafgerichtshof und das deutsche Völkerstrafrecht, DRiZ 2011, 19 ff.
33 *With/Harder,* Die Anpassung des deutschen Rechts an das Römische Statut des Internationalen Strafgerichtshofs aus Sicht deutscher Nichtregierungsorganisationen, ZRP 2000, 144 ff.

verfahren ist. Die Gerichtsbarkeit des Gerichtshofs ergänzt lediglich die nationale Gerichtsbarkeit. Wird ein Verfahren von einer nationalen Behörde anhängig gemacht, kann nicht gleichzeitig ein Verfahren vor dem IStGH anhängig gemacht werden, sofern nicht ausnahmsweise der Staat nicht willens oder in der Lage ist, die Strafverfolgung ernsthaft durchzuführen (Art 17 SIStGH).

Art 27 SIStGH sieht ausdrücklich vor, dass die Berufung auf die Begehung einer Tat in amtlicher Eigenschaft weder eine Freistellung von der Gerichtsbarkeit bewirkt, noch einen Strafmilderungsgrund darstellt. Dies gilt auch für Taten von Staats- oder Regierungschefs oder Regierungs- oder Parlamentsmitgliedern. 30

Auf den Einzelnen bezogene völkerrechtliche Bestrafungspflichten werden für bestimmte *schwerwiegende Menschenrechtsverletzungen* erörtert, besonders in Bezug auf Folter, Verschwindenlassen von Personen und extralegale Hinrichtungen, die in vielen diktatorischen Systemen an der Tagesordnung sind.[34] Völkervertraglich vereinbarte Bestrafungspflichten gibt es insbes für den Völkermord[35] und die Folter.[36] Andere Bestrafungspflichten betreffen entweder spezifisch das Kriegsrecht[37] oder sind nicht auf Regierungskriminalität bezogen (zB Piraterie).[38] Von diesen Regelungen abgesehen kann von der Existenz einer völkerrechtlichen Bestrafungspflicht für schwerwiegende Menschenrechtsverletzungen nicht ausgegangen werden. 31

e) Völker
Obwohl gerade die Bestrafung der Verbrechen gegen die Menschlichkeit sowie das Verbot des Völkermords Anlass geben könnten, Völkern eigene Rechte einzuräumen, steht ihnen *grundsätzlich keine Völkerrechtssubjektivität* zu. Das Selbstbestimmungsrecht der Völker fand nach dem Zweiten Weltkrieg Eingang in die UN-Charta. Es wurde in den Menschenrechtspakten v 19.12.1966 genannt und von der Generalversammlung in Resolutionen anerkannt. 32

In der völkerrechtlichen Literatur ist umstritten, ob das *Selbstbestimmungsrecht* wegen seiner nicht hinreichend juristisch überprüfbaren Konturen nur als politische Leitlinie zu verstehen ist, oder ob es sich ungeachtet seiner Unschärfe zumindest teilweise zu einem völkerrechtlichen Rechtsanspruch etwa auf Autonomie oder Sezession entwickelt hat, der von den Völkern gegenüber den Staaten eingefordert und ggf auch in hierfür vorgesehenen Verfahren durchgesetzt werden kann.[39] Eine eigene völkerrechtliche Rechtsfähigkeit steht den Völkern damit allerdings nicht notwendig zu.[40] Es spricht Vieles dafür, das Selbstbestimmungsrecht als eine, nach deutscher Terminologie, *Rechtsstellung ohne subjektive Rechte* anzusehen. Als maßgeblich hierfür kann die UN-Praxis angesehen werden, die unter bestimmten Voraussetzungen Organisationen das Recht eingeräumt hat, als Befreiungsbewegung bereits vor der Unabhängigkeit Rechte im Rahmen der Vollversammlung und in den UN-Gremien geltend zu machen und an internationalen Vertragsverhandlungen teilzunehmen, so zB an den Verhandlungen zur Weiterentwicklung des humanitären Kriegsrechts in Genf 1977. 33

---

34 Vgl *Ambos*, Völkerrechtliche Bestrafungspflichten bei schweren Menschenrechtsverletzungen, AVR 37 (1999) 318.
35 In Art IV der Konvention zur Verhütung und Bestrafung des Völkermordes (78 UNTS 277; BGBl 1954 II, 730) ist die Strafbarkeit von Personen festgeschrieben worden, die Völkermordhandlungen begehen, „gleichviel ob sie regierende Personen [...] sind".
36 Art 4 des Übereinkommens gegen Folter und andere grausame, unmenschliche oder erniedrigende Behandlung v 10.12.1984 (BGBl II 1990, 246).
37 Art 49 GK I, Art 50 GK II, Art 129 GK III u Art 146 GK IV (BGBl 1954 II, 783, 813, 838, 917; BGBl 1956 II, 1586).
38 *Schmahl*, Die Bekämpfung der Seepiraterie im Spiegel des Völkerrechts, des Europarechts und der deutschen Rechtsordnung, AöR 136 (2011) 44 ff; *Neuhold*, The Return of Piracy, FS Wolfrum, Bd 2, 2011, 1239 ff; *Khan*, Sailing in the Wine-Dark Sea, FS Simma, 2011, 1207 ff.
39 *Crawford* (Fn 2) 646 f.
40 *Kimminich*, Aufenthalt, 139.

f) Minderheiten

34 Während das Selbstbestimmungsrecht nur Völkern zusteht, erwies es sich bald als notwendig, einzelnen Gruppen, die sich wegen ihrer geringen Zahl auf dieses Recht nicht stützen konnten, Rechte einzuräumen. Allerdings hat dies nicht dazu geführt, dass Minderheiten die Eigenschaft eines Völkerrechtssubjekts zugesprochen worden wären.[41]

35   Nach der in Europa verbreiteten Auffassung setzt der *Begriff* der Minderheit voraus, dass es sich um Staatsangehörige des jeweiligen Staates handelt. Bei unklarem Wortlaut von Art 27 IPBPR werden Ausländer in der zwischenstaatlichen Praxis nicht in den Schutz miteinbezogen (vgl u Rn 331f). Eine andere Haltung nimmt der UN-Menschenrechtsausschuss ein und fordert, Minderheitenrechte allen im jeweiligen Staatsgebiet lebenden Minderheiten, unabhängig von der Staatsangehörigkeit, einzuräumen.[42]

36   Das Europäische Rahmenübereinkommen zum Schutze nationaler Minderheiten v 1.2.1995[43] gewährt eine Reihe von Rechten und Schutzpflichten, wie zB das Recht von Angehörigen einer ethnischen, religiösen oder sprachlichen Minderheit, gemeinsam mit anderen Angehörigen ihrer Gruppe ihr eigenes kulturelles Leben zu pflegen, ihre eigene Religion zu bekennen und auszuüben, oder sich ihrer eigenen Sprache zu bedienen. Unklar ist die Definition der geschützten Minderheit. Die Konvention hat im Hinblick auf die unterschiedlichen Auffassungen der Vertragsstaaten bewusst auf eine Definition verzichtet. Daher haben die meisten Vertragsstaaten in einer eigenen Erklärung dargelegt, welche Gruppen nach ihrem Verständnis in den Anwendungsbereich der Konvention fallen. Die Bundesregierung hat in einer Erklärung als nationale Minderheiten die *Dänen* deutscher Staatsangehörigkeit und die Angehörigen des *sorbischen* Volkes mit deutscher Staatsangehörigkeit bezeichnet. Als nationale Minderheit werden hingegen nicht die Friesen und die Sinti und Roma deutscher Staatsangehörigkeit verstanden; dennoch soll nach der Erklärung der BR Deutschland das Europäische Rahmenübereinkommen auf sie angewendet werden.[44] Nicht als Minderheiten iSd Konvention anerkannt werden in der Staatenpraxis zumeist eingewanderte Bevölkerungsgruppen, die als eingebürgerte Personen „mit Migrationshintergrund" durch besondere ethnische oder religiöse Merkmale verbunden sind. Für sie gelten im Allgemeinen besondere Integrationserfordernisse. Ein Minderheitenstatus wird hierfür als eher kontraproduktiv angesehen. Anerkannt als Minderheit iSd internationalen Rechts sind daher lediglich „angestammte" Minderheiten.

g) Sonstige

37 Die übrigen Akteure, die als Völkerrechtssubjekte in Betracht kommen, sind unterschiedlicher Natur. *Aufständischen*[45] kommt zunächst keine völkerrechtliche Stellung zu. Erst wenn sich ihre Position derart verfestigt hat, so dass sie auf einem Teil des Staatsgebiets die effektive Herrschaft ausüben, erlangen sie eine völkerrechtliche Position. Dritte Staaten können die sich in diesem Teil befindlichen eigenen Staatsangehörigen nur schützen, wenn sie zu den Aufständischen Verbindung aufnehmen und sie als kriegführende Partei anerkennen. Das hat zur Folge, dass auf den Konflikt die völkerrechtlichen Gesetze des bewaffneten Konflikts und des humanitären

---

41 Vgl *Brühl-Moser*, Die Entwicklung des Selbstbestimmungsrechts der Völker unter Berücksichtigung seines innerstaatlich-demokratischen Aspekts und seiner Bedeutung für den Minderheitenschutz, 1994; *Haedrich*, Integration durch völkerrechtlichen Minderheitenschutz?, ZAR 2012, 225 ff.
42 Observations Générales 23 (Article 27), HRI/GEN/1/Rev1 v 29.7.1994.
43 BGBl 1997 II, 1408; vgl dazu *R. Hofmann*, Menschenrechte und der Schutz nationaler Minderheiten, ZaöRV 65 (2005) 587 ff.
44 BGBl 1997 II, 1408 (1418).
45 Vgl zu den Aufständischen auch *Stein/von Buttlar*, Völkerrecht, 13. Aufl 2012, Rn 488 ff; *La Rosa/Wuerzner*, Armed Groups, Sanctions and the Implementations of International Humanitarian Law, Int Committee of the Red Cross 90 (2008) 327 ff.

Völkerrechts zu Gunsten von Verwundeten und Kriegsgefangenen angewendet werden.[46] Dritte Staaten, die zuvor die legale Regierung unterstützten, erlangen die Stellung von Neutralen und dürfen nur noch humanitäre Hilfe gewähren.

Die Gründung eines eigenen Staats wird idR auch von *Befreiungsbewegungen* angestrebt. Die UN-Generalversammlung gewährt ihnen Beobachter-Status, sofern sie einen Mindeststandard an Effektivität und Organisation aufweisen und von den Regionalorganisationen ihrer Völker oder der UNO als legitime Vertreter eines Volkes anerkannt sind. Sie können dann ohne Stimmrecht an UN-Konferenzen teilnehmen oder in UN-Gremien mitwirken. 38

Zu den traditionellen Völkerrechtssubjekten zählt der *Heilige Stuhl*,[47] dessen Völkerrechts- 39 subjektivität bereits seit dem Mittelalter anerkannt ist. Nach der Annexion des Kirchenstaats durch Italien 1870 blieb die Völkerrechtssubjektivität des Heiligen Stuhls trotz des Verlusts der Gebietshoheit bestehen. Sie wurde durch den Lateranvertrag zwischen Italien und dem Heiligen Stuhl v 1929 bestätigt. Dieser sicherte dem Vatikanstaat mit dem Papst als Staatsoberhaupt eine territoriale Grundlage.[48] Im Vatikanstaat, dessen Fläche 0,44 km² beträgt, existiert eine eigene Verfassung und eine eigene Staatsangehörigkeit, die allerdings an den Zweck des Staats, die Sicherung der Unabhängigkeit der Katholischen Kirche, gebunden ist, und mit Amtsverlust und Verlassen des Vatikanstaats endet.[49] Der Heilige Stuhl nimmt im Völkerrecht vor allem humanitäre Aufgaben wahr und unterhält mit den meisten Staaten über Botschafter (Nuntien) diplomatische Beziehungen. Mit zahlreichen Staaten ist der Heilige Stuhl über staatskirchenrechtliche Bestimmungen (Konkordate) verbunden.

Beim *Souveränen Malteserorden*[50] handelt es sich um ein historisch gewachsenes Völker- 40 rechtssubjekt,[51] dessen Gründung im Heiligen Land erfolgte, und der sich nach verschiedenen Stationen schließlich 1834 in Rom niederließ. Der Malteserorden zog sich dabei endgültig auf seine karitativen Aufgaben zurück, unterhält jedoch auch heute noch diplomatische Beziehungen zu einigen Staaten.

Ein Völkerrechtssubjekt eigener Art ist das *Internationale Komitee vom Roten Kreuz* (IKRK).[52] 41 Es nimmt Aufgaben nach den Genfer Rotkreuzabkommen v 1949 wahr, wie die Durchführung von Rotkreuztransporten, den Besuch von Kriegsgefangenen und humanitäre Hilfeleistungen in Kriegen, Bürgerkriegen und bei Naturkatastrophen. Vom IKRK zu trennen ist sowohl der Zusammenschluss der nationalen Rotkreuzgesellschaften zur Liga der Gesellschaften des Roten Kreuzes und des Roten Halbmonds als auch die Internationale Konferenz vom Roten Kreuz. Die Liga hat die Tätigkeiten der nationalen Rotkreuzverbände zu koordinieren, während sich die Internationale Konferenz als höchstes beratendes Organ aus Vertretern der nationalen Rotkreuzgesellschaften, des IKRK, der Liga und der Mitgliedstaaten der Genfer Abkommen zusammensetzt. Die Internationale Konferenz fasst Beschlüsse in Form von Resolutionen, die nicht bindend sind.

Transnationale Unternehmen,[53] dh Unternehmen mit Hauptsitz in einem Staat und mehre- 42 ren betrieblichen Einheiten in anderen Staaten unter zentraler, einheitlicher Leitung, Kontrol-

---

46 Vgl *Bothe*, 8. Abschn Rn 66 ff, 77 ff.
47 *Dahm/Delbrück/Wolfrum*, Völkerrecht Bd I/2, 2. Aufl 2002, § 113; *Germelmann*, Heiliger Stuhl und Vatikanstaat in der internationalen Gemeinschaft, AVR 47 (2009) 147 ff; *Martinez Junior*, Sovereign Impunity, Texas ILJ 44 (2008) 123 ff; *Candrian*, Quelques réflexion sur les relations diplomatiques de la Suisse avec le Saint-Siège, FS Caflisch, 2007, 1057 ff.
48 Vgl *Köck*, ÖHVR, Bd I, 2. Aufl 1991, 403.
49 Zur Frage des Verlusts der deutschen Staatsangehörigkeit als Folge des Erwerbs der vatikanischen Staatsangehörigkeit durch Papst Benedikt XVI vgl *Renner*, Ist Papst Benedikt XVI. Deutscher geblieben?, ZAR 2005, 282 ff.
50 Offizieller Name: Souveräner Malteser-Ritter-Orden: Hospital-Orden vom Hl Johannes von Jerusalem genannt von Rhodos genannt von Malta.
51 *Dahm/Delbrück/Wolfrum* (Fn 47) § 114.
52 *Dahm/Delbrück/Wolfrum* (Fn 47) § 115.
53 Vgl *Herdegen*, Völkerrecht, 14. Aufl 2015, § 13.

le und Strategie, gewinnen mit dem Fortschreiten der Globalisierung zunehmend an Bedeutung. Obwohl sie den Staaten beim Abschluss von Konzessions- oder Investitionsverträgen oder in Schiedsverfahren oftmals faktisch als gleichberechtigte Partner gegenüber stehen, genießen sie *keine Völkerrechtssubjektivität*. Multi- oder transnationale Unternehmen werfen dadurch Fragen auf, dass sie sich Zugriffen leichter als Unternehmen unter rein nationaler Kontrolle entziehen können und oft aufgrund ihrer Wirtschaftsmacht und ihrer internationalen Handlungsformen agieren. Die Anerkennung eines allgemein gültigen Verhaltenskodex[54] für derartige Unternehmen hat bisher keine Unterstützung in der Staatenpraxis gefunden. Die völkerrechtlichen Aspekte der Globalisierung erscheinen derzeit noch nicht umfassend gewürdigt.[55]

42a   Es wurden jedoch bereits seit den späten 1970er Jahren Versuche unternommen, durch verschiedene Soft Law-Instrumente (sog Codes of Conduct) Grundsätze einer „corporate social responsibility" zu schaffen, an die sich Transnationale Unternehmen im Rahmen von Selbstverpflichtungen binden sollten.[56] Auch wenn diese Instrumente bis in die Gegenwart hinein nicht unmittelbar rechtsverbindlich geworden sind, können sie doch durch vertragliche Einbeziehungen oder Verweise verbindliche Rechtswirkungen entfalten und internationale Schutzstandards begründen helfen (zB für die Bereiche Umweltschutz, Arbeitnehmerrechte und Arbeitsschutz). Daneben zeigen die vor allem für international agierende börsennotierte Unternehmen bestehenden Compliance-Regelungen, dass auch ohne völkerrechtliche Abkommen oder andere förmliche Vereinbarungen der internationalen Staatengemeinschaft zusehens rechtlich relevante Standards in den Bereichen Korruptionsbekämpfung und unternehmerische Transparenz etabliert werden können.

2. Organe der Völkerrechtssubjekte und Regeln des zwischenstaatlichen Verkehrs

43 Juristische Personen handeln auch auf internationaler Ebene durch Organe. Man unterscheidet zentrale und dezentrale Organe.

a) Zentrale Organe

44 Zu den zentralen Organen des zwischenstaatlichen Verkehrs zählen das *Staatsoberhaupt*, der *Regierungschef* und der *Außenminister* (sog Troika). Sie gelten im Gegensatz zu den einzelnen Ressortministern nach Art 7 Abs 2 lit a des Wiener Vertragsrechtsübereinkommens v 23.5.1969 als zur Vertretung von Staaten befugt. Das Staatsoberhaupt repräsentiert den Staat und kann für Handlungen, die während der Amtsausübung begangen wurden, grundsätzlich nicht der Gerichtsbarkeit oder Zwangsgewalt eines anderen Staats unterstellt werden.

---

54 ILM 22 (1983) 177 ff; ILM 23 (1984) 627 ff; ILM 31 (1992) 1366; vgl auch *Hailbronner*, Völkerrechtliche und staatsrechtliche Überlegungen zu Verhaltenskodizes für transnationale Unternehmen, FS Schlochauer, 1981, 329 ff; *Shaw*, International Law, 7. Aufl 2014, 182.
55 Vgl *Walzer*, Toward a Global Civil Society, 1995, 23 ff; *Thürer*, The Emergence of Non-governmental Organizations and Transnational Enterprises in International Law and the Changing Role of the State, in Hofmann (Hrsg), Non-state Actors as New Subjects of International Law, 1999, 37 u 53 f; vgl ferner *Mosler*, The International Society as a Legal Community, RdC 140 (1974-IV) 17 ff; *Tomuschat*, Obligations Arising for States Without or Against Their Will, RdC 241 (1993-IV) 216 ff; *Frowein*, Reactions by Not Directly Affected States to Breaches of Public International Law, RdC 248 (1994-IV) 355 ff; *Simma*, From Bilateralism to Community Interest in International Law, RdC 250 (1994-VI) 217 (256).
56 ZB OECD-Guidelines for Multinational Enterprises (2011); Draft UN Code of Conduct on Transnational Corporations (1984/1989); ILO-Tripartite Declaration of Principles Concerning Multinational Enterprises and Social Policy (MNE Declaration, zuerst 1977, 4. Aufl 2014); Norms on the Responsibility of Transnational Corporations and Other Business Enterprises with Regard to Human Rights (2003), verabschiedet von der UN-Unterkommission für die Förderung und den Schutz der Menschenrechte (UN Doc 3/CN.4/Sub.2/2003/12/Rev.2).

Anders war die Lage im Fall *Noriega*, als dieser nach seiner Verbringung von Panama in die 45
USA wegen Rauschgifthandels, Erpressung sowie Beteiligung an der Verschleppung und Ermordung panamaischer Oppositioneller angeklagt wurde. General *Noriega* wurde durch Entscheidung v 8.6.1990 die Immunität als Staatsoberhaupt unter Hinweis darauf versagt, dass ein Staatsoberhaupt auch als solches anerkannt sein müsse. *Noriega* hingegen sei weder nach der Verfassung Panamas Staatsoberhaupt, noch sei seine Stellung durch Präsidentschaftswahlen bestätigt worden, noch sei eine Anerkennung als Staatsoberhaupt durch die USA erfolgt (vgl zur Anerkennung Rn 178 ff).[57]

Für den Immunitätsschutz ist zwischen *amtierenden* und *ehemaligen Staatsoberhäuptern* zu 46
differenzieren. Auszugehen ist dabei davon, dass es souveräne Angelegenheit eines jeden Staates ist, seine Organwalter zu bestimmen. Diese Organwalter genießen nach den einschlägigen Regeln des Völkerrechts Immunität.[58] Der Umfang der Immunität ehemaliger Staatsoberhäupter war schon mehrfach Gegenstand gerichtlicher Entscheidungen. 1995 hat das Appellationsgericht von Amsterdam eine Entscheidung der Staatsanwaltschaft bestätigt, die unter Hinweis auf fortwirkende Immunität eine Strafverfolgung des früheren chilenischen Staatspräsidenten und späteren Senators auf Lebenszeit *Pinochet* abgelehnt hatte.[59] Das *House of Lords* hat hingegen in einem von Spanien angestrengten Auslieferungsverfahren den Immunitätseinwand teilweise zurückgewiesen.

Anders als die Immunität der Diplomaten ist diejenige von Staatsoberhäuptern, Regierungs- 47
chefs und Außenministern nicht ausdrücklich geregelt. Nach dem auf das spanische Auslieferungsbegehren anwendbaren englischen Recht (Art 20 Abs 1 des *State Immunity Act* v 1978 iVm dem *Diplomatic Privileges Act* v 1964) genießen Staatsoberhäupter dieselbe Immunität, die Chefs diplomatischer Missionen nach der Wiener Diplomatenrechtskonvention genießen. Diese Regelung kann man als Ausdruck universellen Völkergewohnheitsrechts ansehen. Ein sich im Ausland aufhaltendes amtierendes Staatsoberhaupt hat nach Völkergewohnheitsrecht an der Immunität des Staates teil, den es repräsentiert.[60] Die Immunität schützt hierbei die Person des Staatsoberhaupts als diejenige eines Teilnehmers am internationalen Rechtsverkehr. Sie wird als Immunität *ratione personae* bezeichnet.

Herkömmlich galt die Immunität *ratione personae* ausnahmslos.[61] Rechtssatzförmige Aus- 48
nahmen von diesem Grundsatz sind neueren Datums. Sie konnten auf den Fall *Pinochet* keine Anwendung finden. Zwar schließt Art 27 SIStGH den Immunitätseinwand gegenüber den im Römischen Statut genannten Verbrechen aus. Daraus lassen sich aber noch keine Aussagen für die gewohnheitsrechtliche Geltung eines entsprechenden Ausschlusses für die über die Strafgerichtsbarkeit des IStGH hinausreichende Gerichtsbarkeit nationaler Strafgerichte ableiten. Der Internationale Gerichtshof (IGH) hat im *Arrest Warrant*-Fall den Erlass eines internationalen Haftbefehls durch die belgischen Behörden wegen Verbrechens gegen die Menschlichkeit gegen den amtierenden kongolesischen Außenminister als völkerrechtswidrig qualifiziert und festgestellt, dass derzeit im völkerrechtlichen Gewohnheitsrecht keine Ausnahme vom Grundsatz der absoluten Immunität für amtierende Regierungsmitglieder anerkannt sei.[62] Nach Auffassung des

---

57 *US v Noriega*, 746 F.Supp. 1506, 1519. Dazu *Talmon*, Recognition of Governments in International Law, 1998, 259.
58 *Van Alebeek*, The Immunity of States and their Officials in International Criminal Law and International Human Rights Law, 2008, 103 ff.
59 NYIL 28 (1997) 363 ff; *Sears*, Confronting the „Culture of Impunity", GYIL 42 (1999) 125 ff.
60 Vgl zum Verhältnis von Staatenimmunität und Immunität von Staatsoberhäuptern *Bröhmer*, State Immunity and the Violation of Human Rights, 1997, 29 ff.
61 *Doehring* (Fn 18) Rn 671; *Krieger*, Immunität: Entwicklung und Aktualität als Rechtsinstitut, in Paulus u a (Hrsg), Internationales, nationales und privates Rechts: Hybridisierung der Rechtsordnung?, BDGIR 46 (2014) 231 (238).
62 ICJ Rep 2002, 11; dazu *Summers*, Diplomatic Immunity Ratione Personae, JIL 16 (2007) 459 ff; *Morris*, Constitutional Solutions to the Problem of Diplomatic Crime and Immunity, Hofstra LRev 36 (2007) 601 ff; *Gaeta*, Immunity of States and State Officials: A Major Stumbling Block to Judicial Scrutiny?, in Cassese (Hrsg), Realizing Utopia, 227

Gerichts gilt dies auch für schwerste Kriegsverbrechen oder Verbrechen gegen die Menschlichkeit. Nicht präjudiziert ist damit die Strafgerichtsbarkeit internationaler Gerichte.[63] Für bestimmte Sondersituationen sind jedoch Ausnahmen von der Immunität von Staatsbediensteten anerkannt.[64] Auch die ILC befasst sich seit 2006 mit der Frage der Immunität von Staatsbediensteten vor ausländischer Strafverfolgung.[65] Dabei ist hervorzuheben, dass die ILC ausschließlich Strafverfolgungsmaßnahmen von Staaten, nicht aber von Seiten des IStGH untersucht.[66]

48a In diesem Zusammenhang wird vor allem die Frage erörtert, ob in den Genuss der Immunität von Staatsbediensten nur die sog *Troika* aus Staatspräsident, Regierungschef und Außenminister kommt, oder ob ggf auch andere Kabinettsmitglieder Immunität *ratione materiae* erhalten.[67] Im Zeichen verstärkter Internationalisierung und umfassender Supranationalität in Europa erscheint eine Unterteilung in außen- und innenpolitische Positionen staatlicher Führung gekünstelt und nicht mehr sachgerecht. Anders als früher nehmen heute auch Innen-, Justiz- und Finanzminister ebenso wie sonstige Ressortminister der einzelnen Staaten in wesentlich größerem Umfang an internationalen Konferenzen bzw sonstigen Treffen teil und tragen dadurch substantiell zur diplomatischen Kooperation bei. Ausgehend von der Funktion der Immunität von Staatsbediensteten liegt deren Sinn darin, den internationalen Austausch zu erleichtern und nicht durch Strafverfolgungsmaßnahmen oder vergleichbare Beeinträchtigungen zu behindern. Die Immunität von Staatsbediensteten erstreckt sich daher angesichts durchgreifend geänderter Umstände grundsätzlich auf alle Kabinettsmitglieder und ist nicht länger auf Staatspräsident, Regierungschef und Außenminister beschränkt.[68]

48b Wie der zwischenzeitlich ergangene Haftbefehl des IStGH gegen den sudanesischen Präsidenten *Al-Baschir* (2008) sowie die Anklage und Vorladung des amtierenden kenianischen Präsidenten *Kenyatta* (2010/2014) zeigen, wird die Immunität von Staatsoberhäuptern angesichts *internationaler Strafverfolgungsmaßnahmen* stark eingeschränkt.[69] Hiergegen spricht aus völkerrechtlicher Sicht nicht, dass einzelne Staaten eine Auslieferung *Al-Baschirs* an den IStGH offenbar bewusst unterliefen (zB VR China, Iran, Äthiopien) und die Afrikanische Union (AU) im Jahr 2009 sogar eine Resolution gegen den Haftbefehl beschloss. Anders als die fortbestehende Immunität von Staatsoberhäuptern gegen *staatliche* Strafverfolgungsmaßnahmen deutet sich im Hinblick auf Strafverfolgungsmaßnahmen *durch den IStGH* eine substantielle Einschränkung der Immunität amtierender Staatsoberhäupter an.

49 Nach Beendigung des Amtes besteht die völkerrechtliche Immunität für amtliches Handeln fort. Sie gilt *ratione materiae*.[70] Das frühere Staatsoberhaupt als solches genießt nachfolgend jedoch keinen Immunitätsschutz mehr: Es nimmt nicht mehr als Repräsentant seines Staats am

---

(233ff); *Kolodkin*, Immunity of the State and Officials thereof in Judgments of the International Court of Justice, FS Butler, 2014.
63 Vgl auch die Entscheidung der französischen Cour de Cassation im Fall *Ghaddafi* wegen der Verwicklung in den Terroranschlag auf ein Flugzeug einer französischen Fluggesellschaft im Jahr 1989; vgl hierzu auch *Zappalà*, Do Heads of State in Office Enjoy Immunity from Jurisdiction for International Crimes?, EJIL 12 (2001) 595ff.
64 ZB schwere Verletzungen der Territorialhoheit, Spionageakte, politischen Mordtaten und terroristische bzw subversive Unternehmungen, hierzu *Krieger*, Between Evolution and Stagnation – Immunities in a Globlized World, GoJIL 6 (2014) 177 (187); *Kreicker*, Völkerrechtliche Immunitäten und die Ahndung von Menschenrechtsverletzungen, JR 2015, 298 (299).
65 <http://legal.un.org/docs/?path=../ilc/documentation/english/statements/2015_dc_chairman_statement_immunity.pdf&lang=EF>.
66 Vgl UN Doc A/CN.4/661, §§ 43ff.
67 *Kolb*, Jurisdictional Immunities of Ministers of Defense, SZIER 24 (2014) 179 (182ff); *Pedretti*, Die völkerrechtlichen Immunitäten von Staatsoberhäuptern und anderen Staatsvertretern, Recht 31 (2013) 182ff; *Murphy*, Immunity ratione personae of Foreign Government Officials and Other Topics, AJIL 108 (2014) 41ff.
68 *Fox/Webb*, State Immunity, 560; *Kolb* (Fn 67) 184ff; *Kreicker* (Fn 64) 302f.
69 Vgl *Huang*, On Immunity of State Officials from Foreign Criminal Jurisdiction, Chinese JIL 13 (2014) 1ff; *Kreicker* (Fn 64) 303.
70 Vgl *Talmon*, Immunität von Staatsbediensteten, in Paulus u a (Fn 61) 313ff.

internationalen Rechtsverkehr teil und ist insoweit nicht mehr schutzbedürftig. Die Immunität *ratione materiae* erfasst alle in Ausübung der dienstlichen Tätigkeit vorgenommenen Handlungen. Welche Handlungen eines Staatsoberhaupts so qualifiziert werden können, bestimmt die Verfassung seines Staats. Handelt es sich um hoheitliche Akte, so besteht hierfür Immunität. Von ihr ausgenommen sind kriminelle Handlungen, die lediglich dem Vergnügen bzw Nutzen des früheren Staatsoberhaupts dienten. Neuerdings ist umstritten, ob auch Handlungen, die als Täterschaft oder Teilnahme an einem Verbrechen gegen die Menschlichkeit bzw das Völkerrecht[71] anzusehen sind, Immunität *ratione materiae* genießen.[72] Grundlegende Menschenrechte sind durch das völkerrechtliche *ius cogens* geschützt.[73] Auch das Verbot der Folter ist zwingendes Völkerrecht.[74]

In seinen *Pinochet*-Entscheidungen hatte das *House of Lords* zu der Frage Stellung zu nehmen, in welchem Umfang ein früheres Staatsoberhaupt sich gegen Vorwürfe schwerer Menschenrechtsverletzungen mit dem Einwand, es genieße auf seiner früheren Position beruhende, fortwirkende Immunität, erfolgreich zur Wehr setzen kann. In dem ersten, wegen Befangenheit eines der beteiligten Lordrichter aufgehobenen Urteil[75] war der Immunitätseinwand umfassend zurückgewiesen worden. In der zweiten Entscheidung stellten die Lordrichter darauf ab, dass Signatarstaaten der UN-Folterkonvention sich nicht darauf berufen können, dass nach dem Inkrafttreten der Konvention von ihren Staatsoberhäuptern begangene, angeordnete oder gebilligte Folterungen auch nach dem Ausscheiden dieser Staatsoberhäupter aus ihrem Amt den Schutz völkerrechtlich anerkannter Immunität genießen.[76] Die Mehrheit der Lordrichter hat daher entschieden, dass Senator *Pinochet* wegen der nach dem Inkrafttreten der UN-Folterkonvention für England, Spanien und Chile am 8.12.1988 vorgenommenen Folterhandlungen an Spanien ausgeliefert werden könne. Die Auslieferung ist zwar wegen Prozessunfähigkeit *Pinochets* unterblieben, allerdings haben die zuständigen chilenischen Behörden Strafverfolgungsmaßnahmen eingeleitet. Im Verfahren gegen den ehemaligen liberianischen Staatspräsidenten *Taylor* hat der auf der Grundlage eines Sicherheitsratsbeschlusses eingerichtete Sondergerichtshof für Sierra Leone *Taylor* die Immunität für die während seines Aufenthalts begangenen Kriegsverbrechen und Verbrechen gegen die Menschlichkeit versagt.[77]

Von einer stark eingeschränkten Immunität *ratione materiae* eines ehemaligen Staatsoberhaupts ging auch der IGH in seiner jüngsten Entscheidung im Fall *Belgien v Senegal* aus.[78] Nach Auffassung des Gerichtshofs war Senegal als Vertragsstaat der UN-Folterkonvention seit seinem Beitritt im Jahr 1987 grundsätzlich verpflichtet, entweder selbst Strafverfolgungsmaßnahmen gegen den früheren Präsidenten des Tschad, *Hissène Habré*, einzuleiten oder ihn auszuliefern (*aut dedere aut judicare*). Darüber hinaus sei es den senegalesischen Behörden freigestellt, auch

---

71 Zur Terminologie *Schröder*, 7. Abschn Rn 38 ff.
72 Vgl *Doehring* (Fn 18) Rn 672; *Van Alebeek* (Fn 58) 301 ff; historische Bsp: *Dahm/Delbrück/Wolfrum* (Fn 47), Bd I/1, 2. Aufl 1989, 255 f.
73 IGH-Urteil im *Barcelona Traction*-Fall, ICJ Rep 1970, 4, 32.
74 Vgl nur *Bröhmer* (Fn 60) 147.
75 House of Lords, Urteil v 25.11.1998, aufgehoben durch Entscheidung v 17.12.1998 (ILM 37 [1998] 1302).
76 House of Lords, Urteil v 24.2.1999 (ILM 38 [1999] 581). Ausf *Ahlbrecht* ua (Hrsg), Der Fall Pinochet(s), 1999; Woodhouse (Hrsg), The Pinochet Case, 2000; *Handl*, The Pinochet Case, Foreign State Immunity and the Changing Constitution of the International Community, FS Ginther, 1999, 59 ff; *Paulus*, Triumph und Tragik des Völkerstrafrechts, NJW 1999, 2644 ff.
77 Vgl dazu *Jalloh*, Immunity from Prosecution for International Crimes, ASIL Insights, October 2004; *Stein/von Buttlar* (Fn 45) Rn 1187 f. Zu Fragen der Immunität: *Singerman*, It's Still Good to be the King, Emory ILRev 21 (2007) 413 ff; *Alderton*, Immunity for Heads of State Acting in their Private Capacity, ICLQ 58 (2009) 702 ff; ILC Rep 2008, Chapter X („Immunity of State Officials from Foreign Criminal Justice"); ILC Rep 2006, Annex A (Preliminary Report of Roman A. Kolodkin).
78 *Obligation to Prosecute or Extradite (Belgium v Senegal)*, abrufbar unter <http://www.icj-cij.org/docket/files/144/17064.pdf>.

frühere Vorgänge zu untersuchen und ggf zur Anklage zu bringen. Damit entkräftete der IGH etwaige Bedenken wegen der Rückwirkung von Sanktionsnormen unter Bezugnahme auf Völkergewohnheitsrecht und den dies zulassenden Wortlaut der UN-Folterkonvention.[79] Insgesamt bestätigte er mit seiner Entscheidung die sich schon früher abzeichnende Linie, dass zwar amtierende Staatsoberhäupter unverändert in den Genuss absoluter Immunität vor staatlichen Gerichten kommen,[80] von einer Immunität *ratione materiae* für *ehemalige* Staatsoberhäupter bei Verstößen gegen die UN-Folterkonvention und vergleichbare grundlegende Abkommen (zB UN-Völkermordkonvention) fortan jedoch nicht mehr auszugehen ist.[81]

b) Diplomatische Missionen

51 Bis zum Wiener Übereinkommen über die diplomatischen Beziehungen v 18.4.1961 (WÜD)[82] beruhten die diplomatischen Beziehungen auf Völkergewohnheitsrecht, welches nach der Präambel des WÜD auch weiterhin subsidiär Gültigkeit behält.[83] In Art 14 Abs 1 WÜD findet sich die traditionelle Einteilung der Missionschefs in drei Klassen. Man unterscheidet Botschafter oder Nuntien und sonstige in gleichem Rang stehende Missionschefs, Art 14 Abs 1 lit a WÜD, die zweite Klasse der Gesandten, Minister und Internuntien, Art 14 Abs 1 lit b WÜD, und die dritte der Geschäftsträger *(chargés d'affaires)*, Art 14 Abs 1 lit c WÜD. Die beiden ersten Klassen sind beim Staatsoberhaupt und die dritte ist beim Außenminister des Empfangsstaats beglaubigt. Geschäftsträger nehmen vorübergehend die Funktionen eines Missionschefs wahr, Art 19 WÜD.

52 Grundsätzlich werden die Missionschefs und die Mitglieder der Mission vom Entsendestaat frei bestimmt. Allerdings muss dieser nach Art 4 WÜD für den Missionschef das *Agrément* einholen, das vom Empfangsstaat nach Art 4 Abs 2 WÜD auch ohne Angabe von Gründen verweigert werden kann. Für die Mitglieder der Mission gelten die Einschränkungen der Art 5, 7, 8, 9 u 11 WÜD. Bei Militär-, Marine- und Luftwaffenattachés hat der Empfangsstaat die weitestgehenden Rechte. So kann bereits deren Ernennung von seiner Zustimmung abhängig gemacht werden, Art 7 Satz 2 WÜD.

53 Auf die Mitglieder der Mission kann der Empfangsstaat auch nach der Entsendung Einfluss nehmen. Nach Art 43 WÜD endet die Tätigkeit eines Diplomaten nicht nur, wenn er abberufen wird oder der Entsendestaat untergeht, sondern auch, wenn der Empfangsstaat das Missionsmitglied ablehnt, indem er es zur *persona non grata* erklärt, Art 9 Abs 1 WÜD. Einer Begründung bedarf diese Erklärung nicht. Weitere Sanktionsmöglichkeiten im Diplomatenrecht stehen dem Empfangsstaat nicht zur Verfügung. Es handelt sich um ein *geschlossenes System,* das nicht nur die Verpflichtungen des Empfangsstaats bezüglich der Vorrechte und Immunitäten diplomatischer Missionen regelt, sondern zugleich Maßnahmen vorsieht, mit denen der Empfangsstaat einem möglichen Missbrauch dieser Privilegien begegnen kann.[84] Daraus ergeben sich Folgerungen für die Befugnis der Staaten, auf Völkerrechtsverletzungen anderer Staaten zu reagieren. Zulässig sind danach nur die im Diplomatenrecht selbst vorgesehenen Sanktionen.

54 Die Größe der Mission bleibt dem Entsendestaat überlassen. Ist keine ausdrückliche Vereinbarung über den Personalbestand der Mission getroffen worden, kann der Empfangsstaat verlangen,

---

79 Ebd Rn 99 f.
80 Vgl das Urteil im *Arrest Warrant*-Fall, ICJ Rep 2002, 11.
81 Urteil im Fall *Belgien v Senegal* (Fn 78) Rn 122.
82 BGBl 1964 II, 958.
83 Vgl zum Diplomatenrecht *Blum,* Diplomatic Agents and Missions, EPIL I, 1992, 1034; *Dembinski,* The Modern Law of Diplomacy, 1988; *Denza,* Diplomatic Agents and Missions, Privileges and Immunities, EPIL I, 1992, 1040; *Jara Roncati,* Diplomacy, MPEPIL III, 97 ff; Ress/Stein (Hrsg), Der diplomatische Schutz im Völker- und Europarecht, 1996.
84 Vgl IGH im *Teheraner Geisel*-Fall, ICJ Rep 1980, 3, 40.

dass dieser in Grenzen gehalten wird, die er in Anbetracht der bei ihm vorliegenden Umstände und Verhältnisse sowie der Bedürfnisse der betreffenden Mission für angemessen und normal hält, Art 11 Abs 1 WÜD. Der Missionssitz ist idR am Regierungssitz des Empfangsstaats. Da Missionen, die sich nicht in der Hauptstadt befinden oder gar aus mehreren Büros bestehen, die Kontrolle durch den Empfangsstaat erschweren, hat der Empfangsstaat diesen zuzustimmen, Art 12 WÜD.

Die *Aufgaben der diplomatischen Mission* nennt Art 3 WÜD. Hiernach soll sie den Entsendestaat im Empfangsstaat vertreten, die Interessen des Entsendestaats und seiner Angehörigen dort innerhalb der völkerrechtlich zulässigen Grenzen schützen, mit der Regierung des Empfangsstaats verhandeln, sich mit allen rechtmäßigen Mitteln über Verhältnisse im Empfangsstaat unterrichten und darüber dem Entsendestaat berichten, aber auch die freundschaftlichen Beziehungen zwischen Entsendestaat und Empfangsstaat fördern und ihre wirtschaftlichen, kulturellen und wissenschaftlichen Beziehungen anbahnen bzw ausbauen. 55

Zur ungestörten Wahrnehmung dieser Aufgaben ist es notwendig, dass die Diplomaten frei und unbeeinflusst im Empfangsstaat arbeiten und frei mit dem Entsendestaat kommunizieren können. Zu diesem Zweck haben sich bereits im 16. und 17. Jh *Vorrechte und Immunitäten* der diplomatischen Missionen herausgebildet. Zu ihnen gehört die Unverletzlichkeit der Mission, Art 22 WÜD. Sie bedeutet zunächst, dass Vertreter des Empfangsstaats die Räume der Mission nur mit Zustimmung des Missionschefs betreten dürfen. Dies gilt auch im bewaffneten Konflikt oder bei Abbruch der diplomatischen Beziehungen, sofern der Eingriff nicht zur Gefahrenabwehr erfolgt.[85] Unverletzlichkeit bedeutet nach Art 22 Abs 2 WÜD auch, dass der Empfangsstaat verpflichtet ist, alle geeigneten Maßnahmen zu treffen, um die Räumlichkeiten der Mission vor jedem Eindringen und jeder Beschädigung zu schützen, damit nicht der Friede der Mission gestört oder ihre Würde beeinträchtigt wird. Der Umfang dieses Schutzes richtet sich nach dem Einzelfall.[86] Angesichts dessen ist der Empfangsstaat völkerrechtlich verpflichtet, notfalls auch durch den Einsatz von Polizei- oder Militärkräften für die Sicherheit ausländischer Missionen zu sorgen.[87] Gewalttätige Übergriffe auf ausländische Botschaften wie 1979 im Iran oder 2012 im Sudan und Jemen sowie in Libyen (insbes Benghasi) und Ägypten müssen durch den Einsatz örtlicher Sicherheitskräfte verhindert werden. Nach dem Ende der Mission entfällt dieser umfassende Schutz nach einer angemessenen Zeit und reduziert sich auf die Pflicht des Empfangsstaats, die Räume, das Vermögen und die Archive der Mission zu achten und zu schützen, Art 45 lit a WÜD. 56

Art 27 WÜD gewährleistet das *Recht des freien Verkehrs* zu amtlichen Zwecken. Hiernach können Missionen in jeder Form Kontakt zu anderen Missionen oder Konsulaten des Entsendestaats oder der Regierung im Entsendestaat aufnehmen. Lediglich das Betreiben einer Funksendeanlage bedarf der Zustimmung des Empfangsstaats (Art 27 Abs 1 WÜD). Neben der Unverletzlichkeit der amtlichen Korrespondenz bestimmt Art 27 Abs 3 WÜD, dass diplomatisches Kuriergepäck weder geöffnet noch zurückgehalten werden darf. Obwohl das Durchleuchten nicht vom Wortlaut des Art 27 Abs 3 WÜD erfasst wird, sehen viele Staaten davon ab. Der 1989 verabschiedete Entwurf der ILC über den Status des diplomatischen Kuriers und des nicht von einem diplomatischen Kurier begleiteten Gepäcks hält in Art 28 grundsätzlich an der Unverletzlichkeit fest.[88] Während nach der Diplomatenrechtskonvention keine Ausnahmen vom Grundsatz gelten, dass das diplomatische Kuriergepäck nicht geöffnet oder zurückgehalten werden darf (vgl Art 27 Abs 3), ist für das konsularische Kuriergepäck eine Ausnahme bei Verdacht auf Missbrauch (Art 35 Abs 3) vorgesehen. 57

---

[85] *Armed Activities*-Fall, ICJ Rep 2005, 168; vgl *Herdegen*, The Abuse of Diplomatic Privileges and Countermeasures not Covered by the Vienna Convention on Diplomatic Relations, ZaöRV 46 (1986) 734 ff; *Mann*, Inviolability and other Problems of the Vienna Convention on Diplomatic Relations, FS Doehring, 1984, 553 ff.
[86] Zur diplomatischen Immunität von Botschaftskonten vgl BVerfG, DVBl 2007, 242.
[87] *Teheraner Geiseln*-Fall, ICJ Rep 1980, 2, 86 ff; vgl *Fox/Webb*, State Immunity, 584.
[88] UN Doc A/44/10 (1989). Hierzu auch *D'Aspremont*, Diplomatic Courier and Bag, MPEPIL III, 110 (113).

58 Der Diplomat ist nach Art 23 WÜD von Abgaben im Empfangsstaat befreit, sofern diese nicht als Vergütung für bestimmte Dienstleistungen erhoben werden. Nach Art 34 WÜD ist er bis auf die in dieser Vorschrift genannten Ausnahmen von Steuern befreit.[89] Er genießt im Empfangsstaat nach Art 26 WÜD Freizügigkeit und die in Art 33 ff WÜD genannten Vorrechte. Die Person des Diplomaten ist unverletzlich, Art 29 WÜD.

59 Nach Art 31 Abs 1 WÜD genießt der Diplomat *Immunität* von der Strafgerichtsbarkeit des Empfangsstaats. Die Immunität erstreckt sich grundsätzlich auch auf die Zivil- und Verwaltungsgerichtsbarkeit, sofern nicht ein Fall des Art 31 Abs 1 lit a–c WÜD vorliegt. Soll dennoch ein Verfahren eingeleitet werden, so ist nach Art 32 WÜD ein ausdrücklicher Verzicht des Entsendestaats notwendig, der auch durch den Missionschef erklärt werden kann.[90] Die Immunität beginnt nach Art 39 WÜD, sobald der Diplomat sich in das Hoheitsgebiet des Empfangsstaats begibt, um dort seinen Posten anzutreten oder, wenn er sich bereits im Gebiet befindet, in dem Zeitpunkt, in dem seine Ernennung dem zuständigen Ministerium notifiziert wurde. Sie endet nach einer angemessenen Zeit nach dem Verlassen des Landes, Art 39 Abs 2 WÜD.

60 Eine dienstliche Handlung liegt vor, wenn der Diplomat für seinen Entsendestaat als dessen ausführendes Organ und somit diesem zurechenbar handelt. Unerheblich ist, ob die Handlung gegen das nationale Recht des Empfangsstaats oder sonstige Strafbestimmungen verstößt.[91] Dies folgt aus dem Sinn der diplomatischen Immunität, die nur eingreift, wenn der Diplomat angeblich oder tatsächlich gegen das Recht des Empfangsstaats verstößt. Nach Auffassung des BVerfG[92] bestehen auch für schwerwiegende Straftaten, wie zB die Förderung terroristischer Anschläge, *keine Ausnahmen von der diplomatischen Immunität*. Ein Diplomat kann daher nur zur *persona non grata* erklärt werden.[93] Dies wird damit begründet, dass anderenfalls die Grundlagen der diplomatischen Beziehungen erschüttert würden.[94]

61 Die Regeln des Diplomatenrechts stellen eine in sich geschlossene Ordnung, ein *self-contained regime* dar, das die möglichen Reaktionen auf Missbräuche der diplomatischen Vorrechte und Immunitäten *abschließend* umschreibt.[95] Nur für Präventivmaßnahmen wird in der Rechtsprechung und Literatur angenommen, dass der Empfangsstaat sich gegen gröbsten Missbrauch des diplomatischen Status zur Wehr setzen kann.[96] Ein offensichtlicher Missbrauch braucht allerdings durch den Gaststaat dann nicht hingenommen zu werden, wenn durch die Inspruchnahme diplomatischer Vorrechte eine unmittelbare Gefährdung der öffentlichen Sicherheit oder grundlegender Rechtsgüter (Leben, körperliche Integrität) droht.[97] Im Fall *Dikko* wurde ein ehemaliger nigerianischer Minister in London entführt. Er sollte mittels einer Kiste nach Nigeria verbracht werden. Diese wurde trotz Inspruchnahme diplomatischer Vorrechte durch einen begleitenden Diplomaten auf dem Flughafen Stansted geöffnet.[98] Das Britische Außenministerium vertrat den Standpunkt, dass „the overriding duty to preserve and protect human life" Vorrang vor dem Prinzip der Unverletzlichkeit diplomatischen Gepäcks zukom-

---

89 Vgl *Heintzen,* Die Befreiung ausländischer Diplomaten von deutscher Besteuerung, AVR 45 (2007) 455 ff; *Trimble,* Permanent Mission of India to the United Nations v City of New York, TJICL 16 (2007/2008) 543 ff.
90 Vgl *Fox/Webb,* State Immunity, 587 f.
91 BVerfGE 96, 68, 80 unter Hinweis auf *Salmon,* Manuel de droit diplomatique, 1994, 466; BGHSt 36, 396, 401; vgl ferner *Folz/Soppe,* Zur Frage der Völkerrechtsmäßigkeit von Haftbefehlen gegen Regierungsmitglieder anderer Staaten, NStZ 1996, 576 (578).
92 Ebd.
93 Vgl *Denza,* Diplomatic Law, 3. Aufl 2008, 1043.
94 Vgl *Higgins,* The Abuse of Diplomatic Privileges and Immunities, AJIL 79 (1985) 641 ff; *Fox/Webb,* State Immunity, 585 („immunity *ratione personae* and *materiae*").
95 BVerfGE 96, 68, 110.
96 *Kokott,* Missbrauch und Verwirkung von Souveränitätsrechten bei gravierenden Völkerrechtsverstößen, FS Bernhardt, 1995, 136; *Higgins* (Fn 94) 646 f.
97 *Herdegen* (Fn 85) 734 f, 752 f; *Kokott* (Fn 96) 135 f.
98 Vgl *Shaw* (Fn 54) 552 f.

me.[99] Hinzu kam, dass die Kiste kein offizielles Siegel trug und somit ungeachtet sonstiger Beteuerungen nicht dem diplomatischen Gepäck zugeordnet werden konnte.

Zusätzliche Herausforderungen an den diplomatischen Schutz von Gepäckstücken stellen in jüngerer Zeit *neuartige elektronische Durchleuchtungstechniken,* die auch bei geschlossenen Behältnissen detaillierten Aufschluss über den Inhalt geben können. Wenn es auch Hinweise dafür gibt, dass einzelne Staaten die Verwendung solcher Techniken für grundsätzlich zulässig erachten (zB das Vereinigte Königreich), sprechen neben den Vorbehalten zahlreicher Staaten vor allem Schutzgüterwägungen gegen eine Vereinbarkeit von Durchleuchtungen mit dem generell dem Diplomatengepäck zukommenden Schutz.[100]

62

Umstritten ist allerdings, ob die in der neueren Staatenpraxis[101] vorgesehenen Ausnahmen von der Immunität für bestimmte Fälle von Kriegsverbrechen und Verbrechen gegen die Menschlichkeit auch auf Diplomaten übertragen werden können. Nach Auffassung des BVerfG steht einem Schluss von der Staatenimmunität auf die diplomatische Immunität das personale Element jeder diplomatischen Immunität entgegen, das nicht den Entsendestaat, sondern den Diplomaten als handelndes Organ persönlich schütze. Auch von anderer Seite ist auf die Unterschiedlichkeit des diplomatischen Schutzes und der Staatenimmunität hingewiesen worden.[102] Die Ausnahmen gelten daher nur für die Staatenimmunität und die unmittelbar aus ihr fließende Immunität von staatlichen Organen, insbes von Regierungsmitgliedern, nicht aber für die diplomatische Immunität.[103]

63

Die diplomatische Immunität wirkt allein im Empfangsstaat. Eine Ausnahme gilt lediglich für Diplomaten auf der Durchreise, Art 40 WÜD. Das Diplomatenrecht ist mit seinen Schutz- und Reaktionsmöglichkeiten deshalb grundsätzlich nicht auf das Verhältnis von Diplomaten zu Drittstaaten zugeschnitten: Die diplomatische Immunität hat *keine erga omnes Wirkung* gegenüber Drittstaaten.[104] Es besteht daher keine allgemeine Regel des Völkerrechts, nach der die BR Deutschland verpflichtet wäre, die fortwirkende Immunität eines ehemals in der DDR akkreditierten libyschen Botschafters vor strafrechtlicher Verfolgung zu beachten. Hiergegen wird in der Literatur eingewendet, dass die fortwirkende Immunität nach Art 39 Abs 2 Satz 2 WÜD auch gegenüber Drittstaaten gelten müsse, um einen effektiven Schutz zu gewährleisten. Art 40 Abs 1 WÜD enthalte nur eine Sonderregelung für eine umfassende Immunität des Diplomaten auf der Durchreise, lasse aber keinen Schluss darauf zu, dass die Immunität nicht gegenüber Drittstaaten zu respektieren sei, sofern es um Amtshandlungen gehe.[105]

64

c) Konsulate

Rechtsgrundlage der konsularischen Beziehungen ist das Wiener Übereinkommen über konsularische Beziehungen v 1963 (WÜK), das 1967 in Kraft getreten ist.[106] Es entspricht in Aufbau und Inhalt im Wesentlichen dem WÜD.

65

---

99 Vgl *Shaw* aaO; zu ggf unmittelbar erforderlichen Maßnahmen der Sicherheit und Ordnung *Tölle/Pallek,* Polizeiliche Gefahrenabwehr im Bereich diplomatischer oder konsularischer Vorrechte, DÖV 2001, 547 f.
100 Legal Adviser, FCO, Foreign Affairs Committee, Report, 23; *Shaw* (Fn 54) 553; *Denza* (Fn 93) 238 ff.
101 Vgl Art 7 Abs 2 des Statuts des Internationalen Gerichtshofs für Jugoslawien; Art 6 Abs 2 des Statuts des Internationalen Gerichtshofs für Ruanda.
102 *Fox/Webb,* State Immunity, 582 f.
103 Vgl auch IGH, ICJ Rep 2002, 11.
104 BVerfGE 96, 68, 114.
105 Vgl *Doehring/Ress,* Diplomatische Immunität und Drittstaaten, AVR 37 (1999) 68 ff; *Bardo,* Zum Umfang diplomatischer Immunität in Drittstaaten, NStZ 1998, 144 ff.
106 Vgl *Economidès,* Consular Relations, EPIL I (1992) 765 f; *Lee,* Consular Law and Practice, 3. Aufl 2008; *Perruchoud,* Consular Protection and Assistance, in Cholewinski/Macdonald/Perruchoud (Hrsg), International Migration Law, 2007, 71 ff.

66 Nach Art 5 WÜK sollen Konsulate vor allem die Interessen des Entsendestaats und seiner Staatsangehörigen schützen, Art 5 lit a WÜK, sowie die kommerziellen, wirtschaftlichen, kulturellen und wissenschaftlichen Beziehungen zwischen den Staaten fördern, Art 5 lit b WÜK. Hinzu kommen notarielle, standesamtliche und bestimmte Verwaltungsfunktionen wie das Ausstellen von Pässen, Reiseausweisen und Sichtvermerken, Art 5 lit f und g WÜK. Da die Funktionen aber nicht in allen Einzelheiten fest umrissen sind, schließen einige Staaten ergänzende bilaterale Abkommen. Eine Vereinbarung auf multinationaler Ebene wurde bislang nicht getroffen. Die Verletzung der Pflicht des Empfangsstaats, im Falle einer Inhaftnahme eines Staatsangehörigen den Entsendestaat zu informieren (Art 36 WÜK), war Gegenstand des Verfahrens vor dem IGH im Fall der Brüder (und deutschen Staatsangehörigen) *LaGrand*. Trotz (im Falle von *Walter LaGrand* ergangener) einstweiliger Anordnung durch den IGH vollstreckten die amerikanischen Behörden die Todesurteile gegen *Karl* und *Walter LaGrand* unter Hinweis auf die innerstaatliche Kompetenzverteilung. Der IGH verurteilte die USA wegen Verletzung des Art 36 Abs 1 WÜK.[107] Im Fall *Avena*[108] festigte der IGH seine Grundsätze zur Belehrungspflicht aus Art 36 WÜK, überließ es aber im Übrigen den nationalen Gerichten, die aus einer Verletzung resultierenden Nachteile zu untersuchen und eine angemessene Rechtsfolge für den Gesetzesverstoß vorzusehen.[109]

67 Wie Art 14 WÜD nimmt auch Art 9 WÜK eine Einteilung in drei Klassen vor: Generalkonsul, Vizekonsuln und Konsularagenten. Vor der Ernennung ist die Zustimmung des Empfangsstaats, das *Exequatur,* einzuholen, das wie das *Agrément* ohne Angabe von Gründen verweigert werden kann. Nach Art 23 WÜK besteht die Möglichkeit, einen Konsularbeamten zur *persona non grata* zu erklären. Räume des Konsulats sind unverletzlich, Art 31 WÜK, gleiches gilt für konsularische Archive und Schriftstücke, Art 33 WÜK. Kuriergepäck darf im Gegensatz zum Diplomatengepäck nach Art 35 Abs 3 WÜK bei Vorliegen triftiger Gründe geöffnet und bei Weigerung seitens des Konsularbeamten an den Ursprungsort zurückbefördert werden.

68 Die Stellung des Konsularbeamten ist im Gegensatz zu der des Personals der diplomatischen Mission abgeschwächt. So kann er *keine absolute Immunität* geltend machen. Ein Gerichtsverfahren scheidet nach Art 43 Abs 1 WÜK nur wegen der Handlungen aus, die er in Wahrnehmung konsularischer Aufgaben vorgenommen hat. Anders als ein Diplomat kann ein Konsularbeamter etwa auch als Zeuge geladen werden, Art 44 WÜK. Wie das BVerfG bestätigte, erstreckt sich der personelle Anwendungsbereich von Art 43 WÜK – abweichend von den Regelungen des WÜD – nicht auf Familienmitglieder von Konsularbeamten.[110]

69 Neben den hauptberuflichen Konsuln gibt es auch Wahl- oder Honorarkonsuln. Diese sind nicht Beamte des Entsendestaats, sondern Staatsangehörige des Empfangsstaats oder eines dritten Staats, die konsularische Aufgaben ehrenamtlich wahrnehmen.[111] Regelungen für Wahlkonsularbeamte finden sich in Kap III des WÜK.

---

107 S das Urteil des IGH im *LaGrand*-Fall, ICJ Rep 2001, 466. Vgl dazu *Oellers-Frahm*, Die Entscheidung des IGH im Fall LaGrand, EuGRZ 2001, 265 f; *Karl*, Das Besuchsrecht des Konsuls nach Art 36 des Wiener Konsularrechtsübereinkommens, FG Machacek/Matscher, 2008, 565 ff. Zu den verfassungsrechtlichen Auswirkungen eines Verstoßes gegen Art 36 WÜK s BVerfGK 9, 174 ff *[Konsularrechtsübereinkommen];* vgl auch BGHSt 52, 48 ff; *Weigend*, Festgenommene Ausländer haben ein Recht auf Benachrichtigung ihres Konsulats, StV 2008, 39 ff; *Walter*, Der deutsche Strafprozess und das Völkerrecht, JR 2007, 99 ff.
108 ICJ Rep 2004, 12 *[Avena].*
109 *Esser*, Rechtsfolgen eines Verstoßes gegen die Belehrungspflicht aus Artikel 36 WÜK, JR 2008, 271 ff; *Hoppe*, The Implementation of Consular Rights a Decade After *LaGrand*, FS Simma, 2011, 944 ff; *Sepúlveda-Amor*, Diplomatic and Consular Protection, FS Simma, 2011, 1097 ff.
110 BVerfGK 10, 195 ff.
111 *Bolewski/Pierlings*, Honorarkonsul – Beruf oder Berufung?, AVR 44 (2006) 429 ff.

d) Sonderbotschafter

Rechtsgrundlage für die Entsendung von *Ad-hoc*-Gesandten oder Sonderbotschaftern ist die 70 Konvention über Sondermissionen v 1969,[112] die 1985 in Kraft getreten ist, von Deutschland jedoch bislang nicht ratifiziert wurde. Sie lehnt sich inhaltlich an das WÜD an und sieht bei Streitigkeiten über Auslegung und Anwendung der Konvention nach Art 1 des Fakultativprotokolls über die obligatorische Streiterledigung die Zuständigkeit des IGH vor. Art 1 lit a der Konvention definiert die Sondermission als „a temporary mission, representing the State, which is sent by one State to another with the consent of the latter for the purpose of dealing with it on specific questions or performing in relation to it a specific task."

In den Anwendungsbereich der Konvention fällt insbes die Entsendung von Diplomaten 71 zu Verhandlungen, Konferenzen und Kongressen. Vor der Entsendung soll der Empfangsstaat über Dauer und Umfang der Mission informiert und um sein Einvernehmen ersucht werden, Art 2.

Für Staaten, die die Konvention nicht ratifiziert haben, richtet sich die Rechtsstellung von 72 Sondermissionen nach völkerrechtlichem Gewohnheitsrecht. Der BGH[113] musste sich im *Tabatabai*-Fall mit der Frage auseinandersetzen, ob die Rechte eines Sonderbevollmächtigten auch auf Grund nachträglicher Vereinbarung erlangt werden können. Der Iraner *Tabatabai* berief sich in einem deutschen Ermittlungsverfahren wegen unerlaubter Einfuhr von Betäubungsmitteln auf seine Immunität als Sonderbotschafter, die aber zunächst weder das deutsche Auswärtige Amt noch der Entsendestaat Iran bestätigte. Nach Anklageerhebung teilte der Iran nachträglich die Sondermission mit. Der BGH entschied, dass eine völkergewohnheitsrechtliche Regelung bestehe, wonach der Entsendestaat nach Einzelabsprache mit dem Empfangsstaat einem mit politischen Aufgaben betrauten *Ad-hoc*-Botschafter über diese Mission Immunität verleihen könne. Botschafter in Sondermissionen seien hierin den ständigen Vertretern eines Staates gleichgestellt und könnten sich daher auf ihre Immunität berufen.[114]

e) Vertretung bei Internationalen Organisationen

Die Vertretung bei I.O. regelt die Konvention über die Vertretung von Staaten in Beziehungen 73 mit I.O. v 1975.[115] Ihr Anwendungsbereich erstreckt sich nach ihrem Art 2 Abs 1 auf die Vertretung bei I.O. und bei Konferenzen unter deren Leitung und Schirmherrschaft. Erfasst werden daneben auch die ständigen Beobachter. Für Meinungsverschiedenheiten von zwei oder mehr Staaten sieht Art 84 ein besonderes Streiterledigungsverfahren vor. Die Konvention ist bislang *nicht in Kraft* getreten. Vor allem die Staaten, in denen I.O. ihren Sitz haben, verweigerten eine Ratifikation, da die Notifizierung der Staatenvertreter bei der Organisation erfolgt und dann dem Empfangsstaat lediglich mitgeteilt wird, Art 15 Abs 1 und 3.

f) Diplomatisches Asyl

Personen, die in ihrem Heimatstaat strafrechtlich oder politisch verfolgt wurden und/oder eine 74 Ausreise erzwingen wollten, haben verschiedentlich um Schutz in diplomatischen Vertretungen ersucht.[116] Heute ist anerkannt, dass die diplomatischen Vertretungen nicht exterritorial sind,

---

112 UN Convention on Special Missions v 8.12.1969; vgl zu den Sonderbotschaftern *Przetacznik*, Diplomacy by Special Missions, 1981.
113 BGH, NJW 1984, 2048.
114 Ebd 2049 f; mit strengeren Anforderungen *Kreicker* (Fn 64) 304.
115 AJIL 69 (1975) 730.
116 Vgl *Hofmann*, Völkerrechtliche Aspekte der Übersiedlung von Bürgern der Deutschen Demokratischen Republik über Drittländer in die Bundesrepublik Deutschland, ZaöRV 50 (1990) 1 ff; eingehend hierzu *Klepper*, Diplomatisches Asyl – Zulässigkeit und Grenzen, 2009.

sondern ein Teil des Staatsgebiets des Empfangsstaats sind. Während lateinamerikanische Staaten diplomatisches Asyl idR gewähren, wird ein entsprechender Rechtssatz des Völkergewohnheitsrechts verneint. Eine Kodifizierung dieses Völkergewohnheitsrechts findet sich allerdings im OAS-Übereinkommen über das diplomatische Asyl v 1954 (s auch Rn 298). Anlass für eine entsprechende Entscheidung des IGH war das Ersuchen von *Haya de la Torre* am 3.1.1949 um diplomatisches Asyl in der kolumbianischen Botschaft in Lima, nachdem der Militäraufstand in Peru niedergeschlagen worden war, und er als Anführer versuchte, sich so der Verfolgung zu entziehen.[117] Obwohl der IGH entschieden hat, dass *kein gewohnheitsrechtlicher Anspruch* auf Gewährung diplomatischen Asyls besteht, hat er allerdings zugleich festgestellt, dass die Unverletzlichkeit des Botschaftsgebäudes auch dann gilt, wenn unter Verletzung der Souveränitätsrechte des Gaststaats diplomatisches Asyl gewährt worden sei. Darüber hinaus stellt sich die Frage, ob die *Haya de la Torre*-Entscheidung angesichts einer neueren Staatenpraxis noch in vollem Umfang als maßgeblicher Präzedenzfall für die Feststellung völkerrechtlichen Gewohnheitsrechts angesehen werden kann. In zahlreichen Fällen haben Staaten in einer Situation unmittelbar bevorstehender Gefahr politischer Verfolgung oder unmenschlicher Behandlung Verfolgten Zuflucht im Botschaftsgebäude gewährt, ohne dass diese Befugnis prinzipiell in Frage gestellt worden wäre. Wenn auch das *Refoulement*-Verbot der Genfer Flüchtlingskonvention und der UN-Folterkonvention auf diese Fälle nicht anwendbar ist, da es sich auf territoriales Asyl beschränkt, lassen sich doch aus der Staatenpraxis Anhaltspunkte für die *Entstehung einer gewohnheitsrechtlichen Befugnis* gewinnen, dass zumindest in extremen Notsituationen vorübergehender Schutz vor Verfolgung in Botschaftsgebäuden gewährt werden kann.[118]

75 Diplomatisches Asyl kann nach der einschlägigen Vereinbarung lateinamerikanischer Staaten im Übrigen nur gewährt werden, wenn es sich um eine Verfolgung aus *politischen* Motiven handelt. Der Entsendestaat hat kein Recht, über die Gewährung diplomatischen Asyls in die innerstaatliche Strafverfolgung einzugreifen und den wegen eines unpolitischen Verbrechens Verfolgten dem Zugriff seines Heimatstaats zu entziehen.[119]

75a Die im Hinblick auf Bürgerkriegs- oder vergleichbare Notstandsgebiete teilweise geforderte generelle Asylgewährung durch Auslandsbotschaften (sog Botschaftsasyl) erscheint unter zwei Gesichtspunkten völkerrechtlich problematisch: Zunächst werden hierdurch hoheitliche Handlungen auf fremdem Territorium durchgeführt, die anders als etwa die Visa-Erteilung durch Botschaften und Konsulate nicht bloß eine diplomatische Dienstleistung darstellen. Stattdessen berührt die Gewährung von Botschaftsasyl die Souveränität des Empfangsstaats substantiell und steht zudem auch im Widerspruch zu den diplomatischen Gepflogenheiten, da damit zugleich ein (negatives) Werturteil über den inneren Zustand des Empfangsstaats verbunden ist. Schließlich wird Asyl idR nur bei politischer Verfolgung gewährt, die damit dem Empfangsstaat unmittelbar attestiert wird. Die Gewährung von Botschaftsasyl hat außerdem zur Folge, dass darin eine Einmischung in die inneren Angelegenheiten des Empfangsstaats liegt, womit sich der Entsendestaat in Widerspruch zu Art 41 Abs 1 Satz 2 WÜD setzt. Zudem erfordern alle Amtsgeschäfte einer Mission das Einvernehmen des Empfangsstaats (Art 41 Abs 2 WÜD), was bei der generellen Asylgewährung durch Auslandsbotschaften kaum zu erwarten ist. Etwas anderes kann allenfalls dann gelten, wenn einzelnen Schutzsuchenden aus konkreten Situationen heraus eine unmittelbare Gefahr für Leib oder Leben droht.[120] Die Beurteilung der Notlage des Verfolgten sowie die Qualifikation des Verfolgungsgrunds als politisch oder unpolitisch obliegen

---

117 Vgl ICJ Rep 1950, 266 u *Hailbronner/Pohlmann*, Haya de la Torre Cases, MPEPIL IV, 725.
118 Bsp bei *Dahm/Delbrück/Wolfrum* (Fn 47) § 38 III.3; *Noll*, Seeking Asylum at Embassies, IJRL 17 (2005) 542 ff; *Said*, Political Asylum and Torture, in Falk/Rajagopal/Stevens (Hrsg), International Law and the Third World, 2008, 167 ff.
119 Vgl *Barberis*, Diplomatic Asylum, EPIL I, 1992, 282.
120 Vgl Res des Institut de Droit International v 11.9.1950, AnnIDI 43-II (1950) 388.

dem asylgewährenden Staat. Folgt der Territorialstaat dieser Auffassung nicht, kann er dem Asylsuchenden die Ausreise und die Zusicherung des freien Geleits verweigern, was dazu führt, dass dieser für längere Zeit in der diplomatischen Vertretung verbleibt. Versuche, den diplomatischen Schutz zu kodifizieren, waren bisher auch wegen der damit zusammenhängenden Souveränitätsaspekte nicht erfolgreich.[121] Der Fall des seit Juni 2012 in die ecuadorianische Botschaft in London befindlichen *Julian Assange* fällt auf den ersten Blick nicht unter die Kategorien des diplomatischen Asyls. Denn es steht zunächst nur eine Auslieferung nach Schweden in Rede, weil dort ein strafrechtliches Ermittlungsverfahren eingeleitet wurde. Soweit jedoch nach Abschluss des schwedischen Verfahrens eine Auslieferung an die USA nicht ausgeschlossen werden kann und es belastbare Hinweise auf eine politisch motivierte Verfolgung *Assanges* mit Gefahren für Leib und Leben geben sollte, sind die Voraussetzungen für die Gewährung diplomatischen Asyls gegeben. Bei der Beurteilung dieser Fragen kommt Ecuador als asylgewährendem Staat ein Einschätzungsvorrang zu, zumal zum gegenwärtigen Umfang unklar ist, inwieweit US-amerikanische Strafverfolgungsbehörden entsprechende Verfahren bereits eingeleitet haben, und welche Straftaten *Assange* dabei zur Last gelegt werden. Unabhängig davon, wie die Frage des diplomatischen Asyls letztlich beurteilt wird, ist von der Unverletzlichkeit der ecuadorianischen Mission in London auszugehen (vgl Art 22 WÜD). Soweit im Voraus absehbar ist, dass der Missionschef seine Zustimmung zum Betreten der Mission nicht geben wird, ist auch die Einschließung und „Belagerung" der Mission durch Sicherheitskräfte zur Einschüchterung mit den völkerrechtlichen Bestimmungen über die diplomatische Mission nicht vereinbar.

II. Der Staat als primäres Völkerrechtssubjekt

1. Der Staat
a) Die Elemente des Staates

Ein Staat liegt nach der herrschenden Drei-Elemente-Lehre von *Georg Jellinek* vor, wenn sich auf einem bestimmten *Staatsgebiet* ein *Staatsvolk* unter effektiver *Staatsgewalt* organisiert hat.[122]   76

Das *Staatsvolk* bestimmt sich über das formale Bindeglied der *Staatsangehörigkeit*. Es muss nicht einer einzigen Nation angehören, sondern kann aus verschiedenen ethnischen, sprachlichen oder religiösen Gruppen bestehen, wobei es dem Staat freisteht, die Bedingungen für Erwerb und Verlust der Staatsangehörigkeit im Rahmen des völkerrechtlich Zulässigen nach eigenem Ermessen zu regeln. Die Staaten stützen sich hierbei entweder auf das *Personalitätsprinzip*, nach dem die Abstammung über die Staatsangehörigkeit entscheidet, oder auf das *Territorialitätsprinzip*, wonach die auf ihrem Staatsgebiet geborenen Personen automatisch ihre Staatsangehörigkeit erwerben, oder auf eine Verbindung beider Prinzipien, wonach die Staatsangehörigkeit entweder kraft Abstammung oder kraft Geburt auf dem Territorium, sofern weitere Voraussetzungen erfüllt sind, erworben wird. Eine Mindestgröße ist für das Vorliegen eines Staatsvolks nicht erforderlich, wie das Beispiel Naurus mit weniger als 10.000 Einwohnern zeigt.[123]   77

Notwendig ist ferner ein *Gebiet*, in dem das Staatsvolk seine Herrschaft ausübt. Hier kann ein Staat in Ausübung seiner Gebietsherrschaft alle rechtlichen und tatsächlichen Maßnahmen treffen, während Hoheitsakte auf dem Gebiet anderer Staaten nicht erlaubt sind und abgewehrt werden dürfen. Hoheitsakte fremder Staaten können anerkannt werden, wenn sie nicht gegen   78

---

121 Vgl ILA (Hrsg), Report of the 55th Conference, 1972, 199.
122 *G. Jellinek*, Allgemeine Staatslehre, 3. Aufl 1914, 396. Vgl auch Art 1 der Montevideo Convention on Rights and Duties of States v 26.12.1933 (165 LNTS 19). S auch *Proelß*, 5. Abschn Rn 14 ff.
123 *Kempen/Hillgruber*, Völkerrecht, 2. Aufl 2012, § 5 Rn 4.

die innere öffentliche Ordnung verstoßen (*ordre public*-Vorbehalt). Eine völkerrechtliche Pflicht zur Anerkennung der Hoheitsakte fremder Staaten mit Wirkung für das Territorium fremder Staaten (zB Enteignung) besteht aber nicht. Fremde und Staatenlose unterliegen der Rechtsordnung des Aufenthaltsstaats. Das Staatsgebiet erfasst nicht nur einen Ausschnitt der Erdoberfläche, sondern erstreckt sich auch auf das darunter liegende Erdreich sowie den darüber befindlichen Luftraum. Dem „Fürstentum Sealand", das acht Meilen vor der britischen Küste auf einer ehemaligen Flakstellung gegründet wurde, sprach das VG Köln die Staatsqualität ua mit Hinweis darauf ab, dass die 1.300 m² große Fläche nicht natürlich gewachsen und nur durch Pfeiler mit dem Meeresgrund verbunden sei.[124]

79   Getrennt werden die Gebiete der Staaten durch *Grenzen*. Diese können vertraglich vereinbart werden, auf der geschichtlichen Entwicklung, der Anerkennung durch andere Staaten oder Völkergewohnheitsrecht beruhen. Eine exakte Grenzziehung ist zur Konfliktvermeidung zwar wünschenswert, jedoch nach Völkerrecht nicht Voraussetzung zur Entstehung eines Staats. Es reicht aus, dass die Grenzen des Staatsgebiets im Wesentlichen feststehen.[125] Diese Voraussetzung war nicht erfüllt, als am 15.11.1988 ein Palästinenser-Staat mit der Hauptstadt Ost-Jerusalem ausgerufen wurde, obwohl der Gaza-Streifen und die Westbank noch unter israelischer Besatzung standen und somit hoheitliche Befugnisse seitens der Palästinenser nicht ausgeübt werden konnten.[126]

80   Drittes Element des Staates ist die *Staatsgewalt*. Sie muss effektiv ausgeübt werden, dh innerstaatlich muss der Staat sein Recht durchsetzen können, und auf internationaler Ebene muss er in der Lage sein, seinen völkerrechtlichen Verpflichtungen nachzukommen (Effektivitätsprinzip), da nur eine dauernde Ordnung die Gewähr für die Erfüllung völkerrechtlicher Pflichten bietet.[127] Staaten müssen im Übrigen eine gewisse Stabilität und Aussicht auf Dauer aufweisen, wobei die Beurteilung *ex ante* erfolgt. Von nur kurzer Dauer waren etwa die „Federation of Mali" und „British Somaliland", die beide nur für fünf Tage existierten. Ungeachtet zahlreicher Anerkennung durch dritte Staaten scheitert zB zurzeit auch die Einstufung des Kosovo als Staat am Fehlen einer effektiven Staatsgewalt. Auf Grundlage der Resolution Nr 1244 übte seit 1999 zunächst die UNO durch die UNMIK-Übergangsverwaltung unter der Führung eines Sonderbeauftragten des Generalsekretärs die Staatsgewalt aus, während in Anlehnung an den *Ahtisaari*-Plan[128] nun zusätzlich die von der EU eingesetzte Rechtsstaatlichkeitskommission (EULEX Kosovo) mit exekutiven Befugnissen bei der Strafverfolgung und bei der Aufrechterhaltung der öffentlichen Sicherheit und Ordnung betraut worden ist.[129] Auch das BVerfG geht in seinem Beschluss v 13.10.2009 davon aus, dass die auf der Grundlage der Resolution 1244 (1999) eingesetzte zivile Verwaltung der UNMIK unverändert fortbe-

---

124 DVBl 1978, 510 (511).
125 Vgl Entscheidung des deutsch-polnischen Schiedsgerichts, ZaöRV 2 (1930–32) 23; ICJ Rep 1969, 3, 32 *[Nordsee-Festlandsockel]*.
126 Für einen Staat *Boyle*, The Creation of the State of Palestine, EJIL 1 (1990) 301 ff; anders *Crawford*, The Creation of the State of Palestine, EJIL 1 (1990) 307 ff; aus jüngerer Zeit *Eden*, Palestinian Statehood, ICLQ 62 (2013) 225 ff; *Ash*, Is Palestine a "State"?, Is There a Court for Gaza?, 2012, 441 ff.
127 *Dahm/Delbrück/Wolfrum* (Fn 72) 129; *Aust*, Handbook of International Law, 2005, 136 f.
128 UN Doc S/2007/168/Add 1, Report of the Special Envoy of the Secretary-General on Kosovo's Future Status; hierzu *Woodward*, Does Kosovo's Status Matter?, Südosteuropa 55 (2007) 1 ff.
129 Eingehend hierzu: *de Wet*, The Governance of Kosovo, AJIL 103 (2009) 83 ff; *Vidmar*, International Legal Responses to Kosovo's Declaration of Independence, Vand J Trans'l L 42 (2009) 779 (820 f); *Schaller*, Die Sezession des Kosovo und der völkerrechtliche Status der internationalen Präsenz, AVR 46 (2008) 131 ff; *Parameswaran*, Der Rechtsstatus des Kosovo im Lichte der aktuellen Entwicklung, AVR 46 (2008) 172 (192 ff); *Warbrick*, Kosovo, ICLQ 57 (2008) 675 ff; *Jia*, The Independence of Kosovo, Chinese JIL 8 (2009) 27 ff; *Fleiner*, Prosperous and Vital Autonomy for Kosovo-Metohija or Empty Sovereignity for Kosova?, Rev Int Affairs 58 (2007) 5 ff; *Dukanovic/Gajic*, Determining the Status of Kosovo Within the Post Yugoslav Context, Rev Int Affairs 58 (2007) 21 ff; *Weller*, Kosovo's Final Status, Int Affairs 84 (2008) 1223 ff; *Fierstein*, Kosovo's Declaration of Independence, BUILJ 26 (2008) 417 ff.

steht.¹³⁰ Indessen ist nicht auszuschließen, dass zu einem späteren Zeitpunkt beim Übergang substantieller Regierungs- und Verwaltungsbefugnisse auf kosovarische Hoheitsträger die bestehenden Defizite ausgeglichen werden und effektive Staatsgewalt angenommen werden kann.¹³¹

Von der Anerkennung von Staaten ist die *Anerkennung von Regierungen* zu unterscheiden.¹³² 81 Versuche, das Effektivitätsprinzip durch den Grundsatz der Legitimität (*Tobar*-Doktrin) zu ersetzen, konnten sich nicht durchsetzen. Auf Vorschlag des damaligen Außenministers von Ecuador, *Tobar*, verpflichteten sich die mittelamerikanischen Staaten im Washingtoner Vertrag v 1907, eine durch Staatsstreich oder Revolution zur Macht gelangte Regierung solange nicht anzuerkennen, bis eine demokratische Bestätigung erfolgt sei. Der mexikanische Außenminister *Estrada* sah in dieser Haltung eine Einmischung in innere Angelegenheiten und erklärte 1930, Mexiko werde sich künftig jeder Anerkennung von Regierungen enthalten, da eine solche Anerkennungspraxis beleidigend sei (vgl u Rn 178 ff).

Über die in der Drei-Elemente-Lehre vorgesehenen Merkmale hinaus wurden in jüngerer 82 Zeit von verschiedener Seite *zusätzliche Staats-Merkmale* vorgeschlagen, die sich jedoch bislang nicht haben durchsetzen können (zB demokratische Verfassungsordnung mit Partizipationsmöglichkeiten aller Bevölkerungsteile, keine Diskriminierungen von Minderheiten, keine illegalen Gewaltmaßnahmen des Staats).¹³³ Dennoch zeichnet sich hierin eine Entwicklung ab, wonach die Staats-Qualität auf Dauer nicht mehr nur allein von den drei Elementen Staatsgebiet, Staatsvolk und Staatsgewalt abhängig gemacht werden soll, sondern – jedenfalls im Hinblick auf neu entstehende Staaten – auch bestimmte innerstaatliche Anforderungen aufgestellt werden. Inwieweit sich diese gestiegenen Ansprüche in größeren Umbruchsphasen tatsächlich aufrechterhalten lassen, bleibt jedoch abzuwarten.

b) Die staatliche Souveränität

Grundlage für die zwischenstaatlichen Beziehungen ist die Souveränität der Staaten. Souveräni- 83 tät bedeutet zunächst, dass *Staaten* nur dem Völkerrecht untergeordnet, dh *völkerrechtsunmittelbar* sind. Außerdem besteht die Verpflichtung, die Hoheitsgewalt und Unabhängigkeit anderer Staaten zu achten. Es gilt das *Verbot der Intervention,* die Pflicht zur Achtung der Gebietshoheit sowie zur Friedenswahrung. Die völkerrechtliche Souveränität kann durch völkerrechtliche Verträge beschränkt werden, etwa wenn Hoheitsrechte auf eine Supranationale Organisation oder eine I. O. übertragen werden.

Die zunehmende Kooperation auf internationaler Ebene, die angesichts globaler Probleme 84 wie etwa der Umweltverschmutzung oder der Erderwärmung immer notwendiger wird, könnte Anlass dazu geben, die Souveränität der Staaten als überholt anzusehen. Allein aus der Notwendigkeit einer Kooperation und einer verstärkten Zusammenarbeit kann ein Funktionsverlust jedoch nicht gefolgert werden, da verbleibende souveräne Rechte weiterhin auf staatlicher Ebene angesiedelt sind.¹³⁴

---

130 BVerfG, NVwZ-RR 2010, 41; hierzu *Frowein*, Kosovo and Lotus, FS Simma, 2011, 923 ff.
131 Vgl zu jüngsten Entwicklung *Oeter*, The Kosovo Case, ZaöRV 75 (2015) 51 ff; *Dugard*, The Secession of States and their Recognition in the Wake of Kosovo, RdC 357 (2011) 9 ff; Hilpold (Hrsg), Das Kosovo-Gutachten des IGH vom 22.7.2010, 2012.
132 Dazu *Talmon* (Fn 57).
133 Vgl *Crawford*, Creation of States in International Law, 2. Aufl 2006, 107 ff; *Crawford* (Fn 2) 134 ff („degree of permanence", „willingness to observe international law", „a certain degree of civilization"); *Franck*, The Emerging Right to Democratic Government, AJIL 86 (1992) 212 ff; *Vidmar* (Fn 129) 822 f.
134 Vgl zur Bedeutung der staatlichen Souveränität auch die Unabhängigkeits- und Souveränitätserklärungen der neuen osteuropäischen Staaten; s auch Hensel (Hrsg), Sovereignity of the Global Community, 2004; *Sassen*, The State and Globalization, Michigan JIL 25 (2004) 1141 ff.

85 Probleme treten auf, wenn souveräne Staaten nicht mehr oder vorübergehend nicht in der Lage sind, ihren völkerrechtlichen Rechten und Pflichten nachzukommen (sog *failed* oder *failing states*).[135] Für einen solchen Zusammenbruch kann es unterschiedliche Ursachen geben, wie die Ereignisse in Somalia, Bosnien oder Liberia zeigen oder gezeigt haben.[136] Die Handlungsunfähigkeit und der Zusammenbruch einer Regierung können auf Naturkatastrophen, Armut oder Bürgerkrieg beruhen. Die UNO versucht in diesen Fällen, Stabilität durch das Konzept des *post-conflict peace-building*, wie es in der „Agenda für den Frieden" umschrieben wird, zu erreichen. Dies bedeutet, dass die UNO – wie zB in Kambodscha – Unterstützung vor allem beim Aufbau einer zivilen Verwaltung oder durch Beobachtung und Überwachung von Wahlen gewährt, aber auch die Rückführung von Flüchtlingen unterstützt oder Finanzierungsmöglichkeiten und Hilfsprogramme für den Wiederaufbau anbietet. Weitere Fragen staatlichen (Wieder-)Aufbaus werden im Schrifttum unter dem Begriff des *nation-building* behandelt.[137]

86 Problematisch ist die Vereinbarkeit derartiger Maßnahmen mit Art 2 Nr 7 UN-Charta. Art 2 Nr 7 UN-Charta beruht auf dem Grundsatz der Souveränität der Staaten und stellt ausdrücklich fest, dass die UNO – mit Ausnahme der Zuständigkeit aufgrund von Kap VII UN-Charta – keine Befugnis hat, in „Angelegenheiten, die ihrem Wesen nach zur inneren Zuständigkeit eines Staates gehören", einzugreifen.[138] Der Staatenpraxis ist außerdem nicht zu entnehmen, dass das traditionelle System der zwischenstaatlichen Beziehungen und insbes die hervorragende Bedeutung des Staats als Bauelement der internationalen Ordnung überholt seien.[139] Auch bei *failed states* sind staatliche Grenzen und die Rechtspersönlichkeit als Staaten nicht in Frage gestellt worden (zB Somalia, Timor-Leste). Weder wurde die Mitgliedschaft in I.O. beendet noch die Fortgeltung völkerrechtlicher Verträge in Frage gestellt.[140] Ungeachtet dessen sind Elemente einer dynamischen Fortentwicklung dahingehend zu beobachten, dass die internationale Gemeinschaft eine stärkere Verantwortung durch Errichtung transitorischer Verwaltungsregime übernimmt, und dass die Eingriffsschwelle von Art 39 u Art 2 Nr 7 UN-Charta idS gesenkt worden ist, dass ein *Einschreiten des Sicherheitsrats* in die innerstaatlichen Verhältnisse nunmehr nach dem Konsens der Völkerrechtsgemeinschaft dann gerechtfertigt zu sein scheint, wenn gravierende systematische Verletzungen der Menschenrechte oder eine schwerwiegende Missachtung des Gebots der demokratischen Regierungsform vorliegen.[141]

---

135 Hierzu u a *Barkin/Cronin*, The State and the Nation, I O 48 (1994) 107 ff; *Helman/Ratner*, Saving Failed States, ForPol 1993, 3 ff; *Herdegen*, Der Wegfall der effektiven Staatsgewalt im Völkerrecht, BDGVR 34 (1996) 49 ff; *Geiß*, Failed States, GYIL 47 (2004) 457 ff; *Krasner/Pascual*, Addressing State Failure, Foreign Affairs 84 (2005) 153; *Risse*, Governance in Räumen begrenzter Staatlichkeit, Int Pol 60 (2005) 6; *Zürcher*, Gewollte Schwäche, Int Pol 60 (2005) 13; *Herdegen*, Souveränität heute, FS Herzog, 2009, 117 (125 ff).
136 Vgl *Poore*, Somaliland – Shackled to a Failed State, Stanford JIL 45 (2009) 117 ff; *Eggers*, When is a State a State?, BCICLR 30 (2007) 211 ff.
137 ZB *Berman*, Volunteer Lawyers and Nation-Building, Maine LRev 60 (2008) 533 ff; *Buchheit/Gulati*, Odious Debts and Nation-Building, ebd 477 ff; *Norchi*, The Legal Architecture of Nation-Building, ebd, 281 ff; *Reisman*, Development and Nation-Building, ebd 309 ff; *Wallace/Quiroz*, Refugees and Internally Displaced, ebd 409 ff.
138 Die Frage nach der Bedeutung der Souveränität in der heutigen Zeit wird u a auch gestellt von *Herdegen* (Fn 135) 117 ff; *Boehme-Neßler*, Das Ende des Staates, ZöR 64 (2009) 145 ff; *Harrington*, Policing against the State, San Diego ILJ 10 (2008/2009) 155 ff; *Lienau*, Who is the „Sovereign" in Sovereign Debt?, Yale JIL 33 (2008) 63 ff; *Howse/Nicolaidis*, Democracy without Sovereignty, in Broude/Shany (Hrsg), The Shifting Allocation of Authority in International Law, 2008, 163 ff; *Bartelson*, The Concept of Sovereignty Revisited, EJIL 17 (2006) 463 ff; *Steinberg*, Who is Sovereign?, Stanford JIL 40 (2004) 329 ff; *Kahn*, The Question of Sovereignty, Stanford JIL 40 (2004) 259 ff; *Kuhn Bleimaier*, The Future of Sovereignty in the 21st Century, HYBIL 6 (1993) 17 ff; *Schreuer*, The Waning of the Sovereign State, EJIL 4 (1993) 447 ff.
139 Vgl hierzu *Schreuer* (Fn 138) 447 ff.
140 *Thürer*, Der „zerfallene Staat" und das Völkerrecht, Friedenswarte 74 (1999) 275 (298).
141 So *Thürer* (Fn 140) 298 f; *Cotton*, Timor-Leste and the Discourse of State Failure, AJIA 61 (2007) 455 ff; *Kaye*, Australia and East Timor During the Howard Years, Aus YBIL 27 (2008) 69 ff.

c) Die Gleichheit der Staaten

Der Grundsatz der souveränen Gleichheit aller Staaten findet sich in Art 2 Nr 1 UN-Charta, wonach die Organisation auf der souveränen Gleichheit aller ihrer Mitglieder beruht. Er sichert allen Mitgliedern der Staatengemeinschaft zunächst *Rechtsgleichheit* zu. Dies schließt eine ungleiche Behandlung bei sich nicht unmittelbar aus der Souveränität ergebenden Rechten nicht aus. Die Unterscheidung zwischen der Gleichheit im Recht und der tatsächlichen Gleichbehandlung von Staaten erweist sich in der Praxis jedoch als schwierig.[142]

Gleichheit der Staaten bedeutet zunächst eine *formell* gleiche Rechtsposition. In I.O. stehen jedem Staat grundsätzlich dieselben Stimm- und Beteiligungsrechte zu. Ausnahmsweise erfolgt eine Stimmengewichtung aber bei einigen Finanzinstitutionen (zB IWF) sowie bei S.O. wie zB der EU. Aus dem Prinzip der Gleichheit der Staaten folgt ferner, dass Entscheidungen grundsätzlich einstimmig zu fällen sind, sofern keine anders lautende Vereinbarung getroffen wird. Einen Sonderfall stellen die Entscheidungen des Sicherheitsrats aufgrund der Regelung in Art 27 Abs 3 UN-Charta dar, wonach die nicht verfahrensrechtlichen Entscheidungen die Zustimmung aller fünf ständigen Sicherheitsratsmitglieder erfordern (sog Veto-Recht).

Die Gleichheit der Staaten führt dazu, dass kein Staat über einen anderen zu Gericht sitzen darf *(par in parem non habet iurisdictionem)*. Er ist vor den Gerichten anderer Staaten immun.[143] Der Grundsatz der *Immunität*, der ein nationales Gerichtsverfahren gegen einen anderen Staat als Beklagten verbietet, ist von der im US-amerikanischen Raum entwickelten *Act-of-State*-Doktrin zu unterscheiden. Danach sind Regierungsakte eines Staates durch die Organe eines anderen Staates einschließlich der Gerichte nicht zu überprüfen, sondern als wirksam hinzunehmen. Diese Doktrin ist im Gegensatz zur Immunität der Staaten kein Bestandteil des Völkergewohnheitsrechts.[144]

Bis zum Ende des 19. Jh galt der Grundsatz der absoluten Staatenimmunität, dh gerichtliche Verfahren gegen fremde Staaten waren grundsätzlich unzulässig, da die gesamte Staatstätigkeit eng mit den hoheitlichen Aufgaben des Staates verbunden war. Als die Staaten dann jedoch zunehmend im Bereich privater Wirtschaftsverwaltung tätig wurden, wollte man wirtschaftliches Handeln nicht in der gleichen Weise privilegieren. Denn die Staaten traten hierbei ebenso auf wie private Akteure. Die Beibehaltung einer absoluten Staatenimmunität hätte jedoch nicht nur zu einer schwer zu rechtfertigenden Ungleichbehandlung, sondern wegen der damit verbundenen Risiken bei der Rechtsverfolgung und -durchsetzung für Private letztlich sogar zu einer Benachteiligung staatlicher Wirtschaftsteilnehmer geführt. Daher entwickelte sich im kontinentaleuropäischen Raum die *restriktive Immunitätstheorie,* die von den USA im *Foreign Sovereign Immunities Act* v 1976[145] und von Großbritannien im *State Immunity Act* v 1978[146] rezipiert wurden. Die restriktive Immunitätstheorie unterscheidet zwischen den Hoheitsakten eines Staats *(acta iure imperii)*, die aus sich heraus der Immunität unterfallen, und dem nicht-staatlichen Handeln *(acta iure gestionis)*.[147] Trotz mancher Zweifel an der völkerrechtlichen Zulässigkeit der Qualifikation der staatlichen Handlung nach dem Recht des Gerichtsstaats *(lex fori)* wird die Unterscheidung zwischen beiden Bereichen mangels völkerrechtlicher Regeln von dem jeweils erkennenden nationalen Gericht vorgenommen.

---

142 Vgl hierzu StIGH, PCIJ, Ser A/B, No 64, 19; *Kokott*, Souveräne Gleichheit und Demokratie im Völkerrecht, ZaöRV 64 (2004) 517 ff.
143 Vgl auch *v. Schönfeld*, Staatenimmunität im amerikanischen und englischen Recht, 1983; *Schreuer*, State Immunity, Some Recent Developments, 1988; *Van Alebeek* (Fn 58) 10 ff.
144 *Kimminich*, Aufenthalt, 317; *Pearsall*, Means/Ends Reciprocity in the Act of State Doctrine, Colum J Transnat'l L 43 (2005) 999; *Stern*, Immunités et doctrine de l'Act of State, JDI 133 (2006) 63.
145 ILM 15 (1976) 1388 ff; *Lang/Bales*, Immunity of Foreign Subsidiaries under the Foreign Sovereign Immunity Act, MJGT 13 (2004) 353.
146 ILM 17 (1978) 1123 ff; hierzu *Delaume*, The State Immunity Act of the United Kingdom, AJIL 73 (1979) 185 ff; *Mann*, The State Immunity Act 1978, BYBIL 50 (1979) 43 ff.
147 *Van Alebeek* (Fn 58) 12 ff; *Sarzo*, The Dark Side of Immunity, LJIL 26 (2013) 105 ff.

91 Das BVerfG wertet nur die Akte eines Staates als hoheitlich, die ein öffentlich-rechtliches Rechtsverhältnis zum Gegenstand haben. Dabei kommt es insbes darauf an, welcher Natur die in Frage stehende Maßnahme war. Nicht ausreichend ist hingegen, dass die staatliche Betätigung in einem engen Zusammenhang mit hoheitlichen Aufgaben steht.[148] Weitgehende Übereinstimmung besteht darüber, dass es für die Abgrenzung nicht auf die Auffassung des beklagten Staats ankommen kann. Die Gerichte stellen im Allgemeinen auf die Auffassung des Gerichtsstaats ab, die sich allerdings im Einklang mit den gewohnheitsrechtlich anerkannten Regeln über die Reichweite der Staatenimmunität halten muss. In der angelsächsischen Staatenpraxis wird sowohl bei kommerziellen Akten, als auch bei solchen Akten, die mit einer kommerziellen Aktivität in Zusammenhang stehen, keine Immunität gewährt. Insbes wird dadurch keine Immunität erlangt, dass ein Staat mit hoheitlichen Maßnahmen in den Ablauf eines „gewöhnlichen" kommerziellen Geschäfts eingreift, oder dass Güter, Leistungen oder Geldmittel für öffentliche Zwecke verwendet werden.[149] So hat das BVerfG jüngst entschieden, dass etwa die Erhebung und Einbehaltung von Quellensteuer von einem in Deutschland bei einer Auslandsschule des griechischen Staats Beschäftigten zum Kernbereich völkerrechtlich anerkannter Staatsgewalt zu rechnen ist.[150] Aufgrund dieser Zuordnung als Hoheitsakt stand die Staatenimmunität der Zuständigkeit der deutschen Gerichtsbarkeit entgegen. Soweit eine Privatperson einen Staat wegen einer gesetzgeberischen Maßnahme – zB einem griechischen Gesetz zur Einziehung von Staatsanleihen – im Ausland verklagen möchte, hindert die Einordnung als *actus iure imperii* und die daraus resultierende Staatenimmunität bereits die Zulässigkeit der Klage aufgrund fehlender Gerichtszuständigkeit.[151] Obwohl die restriktive Theorie der Immunität im Zusammenhang mit kommerziellen Aktivitäten von Staaten entwickelt worden ist, ist sie nicht auf Ansprüche im Zusammenhang mit vertraglichen Beziehungen beschränkt. Nach Art 11 des Europäischen Übereinkommens über Staatenimmunität v 1972 kann ein Vertragsstaat vor einem Gericht eines anderen Vertragsstaats Immunität nicht beanspruchen, wenn das Verfahren den Ersatz eines Personen- oder Sachschadens betrifft, das schädigende Ereignis im Gerichtsstaat eingetreten ist und der Schädiger sich bei Eintritt des Ereignisses in diesem Staat aufgehalten hat. Daraus wird man aber – entgegen dem Wortlaut – nicht ableiten können, dass generell schadensstiftende Handlungen im Gerichtsstaat von der Immunität ausgeschlossen sind, gleichgültig, ob es sich um *acta iure imperii* oder *acta iure gestionis* handelt. Zu denken ist eher an schadensstiftende Ereignisse bei Gelegenheit amtlicher Tätigkeit, wie zB Verkehrsunfälle.[152] Jedenfalls dürfte es sich insoweit nicht um Völkergewohnheitsrecht handeln.

92 Eine Vereinheitlichung der Grundsätze der Staatenimmunität wird sowohl auf europäischer Ebene als auch im Rahmen der ILC angestrebt. Im Europarat wurde am 16.5.1972 ein der restriktiven Immunitätstheorie folgendes Europäisches Übereinkommen über Staatenimmunität ausgearbeitet.[153] Der restriktiven Immunitätstheorie folgt auch der Entwurf der ILC über die gerichtliche Immunität von Staaten und ihrem Eigentum, der nach langwieriger Erarbeitungszeit und zahlreichen späten Modifikationen am 2.12.2004 von der UN-Generalversammlung angenommen

---

148 BVerfGE 16, 27, 61 ff: „Maßgebend für die Unterscheidung zwischen Akten iure imperii und iure gestionis kann nur die Natur der staatlichen Handlung oder des entstandenen Rechtsverhältnisses sein, nicht aber Motiv oder Zweck der staatlichen Tätigkeit. Es kommt also darauf an, ob der ausländische Staat in Ausübung der ihm zustehenden Hoheitsgewalt, also öffentlich-rechtlich, oder wie eine Privatperson, also privatrechtlich, tätig geworden ist."; so jüngst auch OLG Köln, BeckRS 2015, 12442, Rn 23. Zweifel an der *lex fori*-Qualifikation äußern *Schauman*, Die Immunität ausländischer Staaten nach Völkerrecht, BDGVR 8 (1968) 5 (21 ff) u *Ress*, Entwicklungstendenzen der Immunität ausländischer Staaten, ZaöRV 40 (1980) 217 (258 ff).
149 Vgl American Law Institute, Third Restatement of the Law, Bd I, 1987, § 453.
150 BVerfG, 2 BvR 736/13, juris, Rn 21 ff.
151 OLG Schleswig, BeckRS 2015, 08584, Rn 49 f; zuvor bereits OLG Frankfurt/M, 16 U 32/14, juris, u 16 U 41/14; anders für die Erstellung einer städtebaulichen „Road Map" und eines „Masterplans" OLG Köln, BeckRS 12442.
152 Vgl BGHZ 155, 279, 280 f.
153 BGBl 1990 II, 34 ff.

wurde *(United Nations Convention on Jurisdictional Immunities of States and their Property)*.[154] Der Grundsatz der Staatenimmunität findet sich hier in Art 5.[155] Keine Immunität wird nach Art 10 ff insbesondere für die *commercial transactions*, die *contracts of employment* und für *personal injuries and damage to property* gewährt.[156] Die Konvention soll in Kraft treten, sobald der 30. Signatarstaat die Ratifikationsurkunde hinterlegt hat. Da insgesamt nur 28 Staaten die Möglichkeit zur Unterzeichnung wahrgenommen haben und bislang nur wenige Ratifikationen erfolgt sind, erscheint die Zukunft der Konvention ungewiss. Die BR Deutschland ist weder Signatarstaat, noch hat sie die Konvention bislang ratifiziert.[157]

Mit Fragen der Staatenimmunität war der BGH auch in seinem Urteil v 24.2.2015 befasst, als er über das Bestehen eines Erfüllungsverweigerungsrechts bei argentinischen Schuldverschreibungen entscheiden musste.[158] Hierzu führte der Gerichtshof aus, dass es keine allgemeine Regel des Völkerrechts (Art 25 GG) gebe, die einen Staat gegenüber einer Privatperson berechtige, die Erfüllung bei rechtlich missbilligtem Verhalten des Gläubigers zu verweigern, um dadurch eine Beteiligung an einer ansonsten mehrheitlich zustande gekommenen Umschuldung herbeizuführen. In Ermangelung eines völkerrechtlich anerkannten Insolvenzrechts von Staaten könnten daher private Gläubiger auch im Falle von wirtschaftlichem oder finanziellem Staatsnotstand nicht durch Grundsätze der Staatenimmunität oder des Völkerrechts insgesamt dazu gezwungen werden, sich an einer Umstrukturierung der Schulden zu beteiligen und dem notleidend gewordenen Staat ein Leistungsverweigerungsrecht einzuräumen.[159] Aus der BGH-Entscheidung lassen sich somit Hinweise ableiten, dass die Staatenimmunität keine allgemeine Freistellung von Staaten im zivilrechtlichen Rechtsverkehr vorsieht und immunitätsbezogene Sonderrechte von Staaten sich ausdrücklich aus Völkervertrags- oder Völkergewohnheitsrecht ergeben müssen. Der Grundsatz der Staatenimmunität unterliegt damit insbes bei privatrechtlichen Aktivitäten von Staaten einem Konkretisierungserfordnis und kann nicht allgemein zur Herleitung von Sonderrechten verwendet werden. 92a

Der Umgang mit der Immunität eines Staats und einem etwaigen Verzicht darauf spielte auch in der BGH-Entscheidung v 30.1.2013 eine wichtige Rolle, die die Vollstreckbarkeitserklärung eines ausländischen Schiedsspruchs gegen einen fremden Staat zum Gegenstand hatte. Nachdem der BGH zunächst klargestellt hatte, dass diese Frage nicht dem Vollstreckungs-, sondern dem Erkenntnisverfahren unterliege, stellte er weiter fest, dass der Abschluss eines Schiedsvertrags – mit der möglichen Folge einer ausländischen Vollstreckbarkeitserklärung – nicht automatisch als Immunitätsverzicht für das im Zusammenhang mit der Vollstreckbarkeitserklärung erforderliche Erkenntnisverfahren anzusehen sei.[160] Etwas anderes gelte beschränkt auf 92b

---

154 YBILC 1986-II, 8 ff bzw ILM 30 (1991) 1563 ff; vgl hierzu *Hafner*, in O'Keefe/Tams (Hrsg), Jurisdictional Immunities, Historical Background of the Convention, 1 ff; aus früherer Zeit: *Greig*, Forum State Jurisdiction and Sovereign Immunity under the International Law Commission's Draft Articles, ICLQ 38 (1989) 243 (260 ff); *Heß*, The International Law Commission's Draft Convention on the Jurisdictional Immunities of States and Their Property, EJIL 4 (1993) 269 ff; *Tomuschat*, Jurisdictional Immunities of States and Their Property, FS Seidl-Hohenveldern, 1988, 603 ff; zu einer möglichen Folgewirkung der bislang nicht in Kraft getretenen Konvention vgl *Webb*, Should the 2004 UN State Immunity Convention Serve as a Model/Starting Point for a Future UN Convention on the Immunity of International Organizations?, IOLR 10 (2014) 319 ff.
155 *Grant*, in O'Keefe/Tams (Hrsg), Jurisdictional Immunities, Art 5 (99 ff) ("Article 5 is the lynchpin of the Convention's provisions on immunity from jurisdiction").
156 Hierzu zB *Wittich*, in O'Keefe/Tams (Hrsg.), Jurisdictional Immunities, Art 10 (167 ff).
157 Zum Ganzen *Stewart*, The UN Convention on Jurisdictional Immunities of States and Their Property, AJIL 99 (2005) 194; *Hall*, UN Convention on State Immunity, ICLQ 55 (2006) 411 ff; *Gardiner*, UN Convention on State Immunity, ICLQ 55 (2006) 407 ff; *Denza*, The 2005 UN Convention on State Immunity in Perspective, ICLQ 55 (2006) 395 ff; *Dickinson*, Status of Forces under the UN Convention on State Immunity, ICLQ 55 (2006) 427 ff.
158 BGH, NJW 2014, 2328.
159 Ebd 2330.
160 BGH, NJW 2013, 3184 (3185).

das konkrete Vertragsverhältnis jedoch, wenn zusätzlich dazu eine Verzichtserklärung für eine „nach innerstaatlichem Recht" erfolgende Vollstreckung abgegeben werde, die so zu verstehen sei, dass das nach deutschem Recht einer Zwangsvollstreckung vorhergehende Erkenntnisverfahren über die Vollstreckbarkeitserklärung mitumfasst sei.[161] Im Ergebnis geht mit dieser Entscheidung eine Einschränkung der Staatenimmunität einher, da bei Verzichtserklärungen die in den jeweiligen nationalen Bestimmungen bestehenden Besonderheiten des Erkenntnis- und Vollstreckungsverfahrens nicht zu unnötigen, allzu formalistischen Hindernissen führen sollen.

93   Aus dem Prinzip der Immunität des fremden Staats vor nationalen Gerichten im Erkenntnisverfahren folgt das *Verbot der Zwangsvollstreckung* in die Güter des fremden Staats, soweit sie *hoheitlichen* Zwecken dienen. Das BVerfG hat hierzu im *Philippinischen Botschaftskonto*-Stellung genommen,[162] als die Vermieterin des Botschaftsbüros der Republik der Philippinen auf Ersatz von Mietzinsen und Instandsetzungskosten klagte. Das Gericht hat zwar angenommen, dass die Immunität der Verurteilung der Philippinen auf Zahlung nicht entgegenstand, da es sich insoweit um ein privatrechtliches Geschäft gehandelt habe, es erachtete aber die Zwangsvollstreckung in das Konto der Botschaft für unzulässig. Es existiere zwar keine allgemeine Regel des Völkerrechts, nach der eine Zwangsvollstreckung gegen einen fremden Staat schlichtweg unzulässig sei. Der Gegenstand der Vollstreckung habe hier jedoch zumindest auch hoheitlichen Aufgaben gedient. Diesen aus dem Prinzip der Staatenimmunität folgenden Grundsatz hat der BGH in seinem Beschluss vom 5.10.2005 bei der Vollstreckung in öffentliche Luftverkehrsrechte eines ausländischen Staates erneut bestätigt.[163]

94   Wie das BVerfG im Fall der *argentinischen Botschafskonten* feststellte, genügt ein lediglich pauschaler Immunitätsverzicht grundsätzlich nicht, um auch den Schutz der Immunität für Vollstreckungsmaßnahmen in solches Vermögen aufzuheben, das zur Aufrechterhaltung der Funktionsfähigkeit einer diplomatischen Mission dient. Insbes ist keine allgemeine Regel des Völkerrechts (Art 25 GG) erkennbar, die das im Völkerrechtsverkehr anerkannte hohe Schutzniveau diplomatischer Belange einschränkt.[164] Damit zeigt das BVerfG erneut, dass Staatenimmunität und diplomatische Immunität unterschiedliche völkerrechtliche Institute sind, die nach jeweils gesonderten Grundsätzen zu behandeln sind.[165] Dem folgte der BGH wenige Jahre später, indem er aus dem Umstand, dass eine Partei kein Rechtsmittel gegen eine zivilgerichtliche Zwischenentscheidung eingelegt und sich im Weiteren auf eine Klage eingelassen hat, nicht auf das Vorliegen eines Immunitätsverzichts im Hinblick auf das Vollstreckungsverfahren schloss. Generell würden für einen Immunitätsverzicht in der vollstreckungsrechtlichen Praxis strenge Anforderungen gelten, da eine „so weitgehende Selbstentäußerung" des ausländischen Staats im Zweifel nicht anzunehmen sei.[166] Wenn auch konkludente Verzichtserklärungen bei deutlichem Hervortreten des Unterwerfungswillens nicht schlechthin ausgeschlossen werden könnten, bedürfe ein Immunitätsverzicht grundsätzlich einer ausdrücklichen und unzweideutigen Erklärung.[167] Soweit unter Verweis auf Art 3 Abs 1 Satz 1 des Europäischen Übereinkommens über

---

161   Ebd.
162   BVerfGE 46, 342 ff; hierzu *Schreuer*, Zur Zulässigkeit von Vollstreckungsmaßnahmen in Bankkonten ausländischer Staaten, FS Neumayer, 1985, 521 ff; *Steinberger*, Immunity Case, EPIL II, 1995, 943 ff; *Ostrander*, The Last Bastion of Sovereign Immunity, BJIL 22 (2004) 541 ff.
163   NJW-RR 2006, 198 ff. Vgl auch BGH, NJW-RR 2003, 1218 f; *Hobe/Griebel*, Zur Pfändung von Gebührenforderungen der Russischen Föderation aus der Gewährung öffentlicher Luftrechte, ZLR 55 (2006) 225 ff; *Hailbronner*, WuB VI D. § 828 ZPO 1.06, 677 ff (Anm); zuletzt zur Vollstreckung in ausländische Steuer- und Zollforderungen BGH, NJW-RR 2011, 647.
164   BVerfGE 117, 141 ff.
165   BVerfGE 117, 141, 152; BVerfGE 96, 68, 85; hierzu auch *Kleinlein*, Anforderungen an den Verzicht auf diplomatische Immunität, NJW 2007, 2591 (2593).
166   BGH, NJW 2013, 3184 (3186).
167   BGHZ 182, 10.

Staatenimmunität[168] die Auffassung vertreten wird, auch in rügelosen Einlassungen eines ausländischen Staats ohne vorherige Beanspruchung der Immunität könne ein konkludenter Immunitätsverzicht gesehen werden,[169] ist dies grundsätzlich restriktiv zu verstehen. Tatsächlich hat das Europäische Übereinkommen v 1972 bis heute lediglich acht Vertragsstaaten zu seiner Ratifikation veranlassen können, so dass außerhalb der Bindung der Vertragsstaaten kaum vom Entstehen eines entsprechenden Völkergewohnheitsrechts ausgegangen werden kann. Zudem bezieht sich die genannten Vorschrift auf das rügelose Einlassen „zur Hauptsache", so dass darin kein konkludenter Immunitätsverzicht im Hinblick *auf das Vollstreckungsverfahren* gesehen werden kann.

Die *Stellung fremder Staatsunternehmen* war Gegenstand des Verfahrens der *National Iranian Oil Company*. Das BVerfG hatte bei der Pfändbarkeit deutscher Konten dieses Unternehmens zu prüfen, ob der Heimatstaat eines Unternehmens als Inhaber der Forderungen aus Konten anzusehen sei. Das Gericht verneinte diese Frage: „Der Gerichtsstaat ist nicht gehindert, das betreffende Unternehmen als Forderungsberechtigten anzusehen und aufgrund eines gegen dieses Unternehmen gerichteten Vollstreckungstitels, der in einem vorläufigen Rechtsschutzverfahren über ein nicht-hoheitliches Verhalten des Unternehmens ergangen ist, zur Sicherung des titulierten Anspruchs die betreffenden Forderungen zu pfänden."[170] Diese Grundsätze hat das BVerfG später bestätigt, als es die Zwangsvollstreckung in ein Grundstück der Russischen Föderation nicht beanstandete, da der Grundsatz der Staatenimmunität sich nicht auch auf Vermögensgegenstände erstrecke, mit denen keine hoheitlichen Aufgaben erfüllt würden.[171] Dabei wurde es für eine mögliche Erstreckung der Staatenimmunität auch nicht als ausreichend angesehen, wenn ein nicht-hoheitlichen Zwecken dienender Vermögensgegenstand einer nach Maßgabe des innerstaatlichen Rechts hoheitlich organisierten Verwaltung unterstellt wird. Andernfalls hätte es jeder Staat durch innerstaatliche Organisationsakte selbst in der Hand, sein gesamtes Vermögen dem Vollstreckungszugriff zu entziehen.[172]

95a Anders entschied der BGH bei Vollstreckungsmaßnahmen in Konten, die der Zentralbank der Mongolei zuzurechnen waren und als deren Währungsreserven eingestuft wurden. Wie der Gerichtshof im Anschluss an die einschlägige Rspr des BVerfG ausführte, war auf den Zweck des Vermögensgegenstands abzustellen, um die Frage der Immunität vor Zwangsvollstreckung feststellen zu können. Da auf ausländischen Konten von der Zentralbank gehaltene Währungsreserven eines Staats dazu dienen, die internationale Handlungsfähigkeit eines Staats als Hoheitsträger zu gewährleisten, ist in solchen Konstellation typischerweise von hoheitlichen Zwecken auszugehen.[173] Auch in diesem Zusammenhang hob der BGH hervor, dass an den Immunitätsverzicht eines Staats hohe Anforderungen zu stellen seien und allein eine Unterwerfung unter die Gerichtsbarkeit oder selbst der Immunitätsverzicht im Hinblick auf das Erkenntnisverfahren nicht zugleich auf einen Immunitätsverzicht im Zwangsvollstreckungsverfahren schließen lasse. Angesichts eines intensiven Eingriffs in die Souveränität eines fremden Staats müsse der Wille

---

168 Vgl Art 3 Abs 1 Satz 1: „Ein Vertragsstaat kann vor einem Gericht eines anderen Vertragsstaats Immunität von der Gerichtsbarkeit nicht beanspruchen, wenn er sich vor Geltendmachung der Immunität zur Hauptsache einlässt."
169 BVerfG, 2 BvR 736/13, juris, Rn 24 (mit der Einschränkung „allenfalls"); OLG Schleswig, BeckRS 2015, 08584, Rn 73; *Dahm/Delbrück/Wolfrum* (Fn 72) 470.
170 BVerfGE 64, 1, 22. Hierzu *Stein*, Zur Immunität fremder Staaten und ihrer im Ausland unterhaltenen Bankkonten, IPrax 1984, 179 ff; *Fischer/v. Hofmann*, Staatsunternehmen im Völkerrecht und im Internationalen Privatrecht, BDGVR 25 (1984) 1 ff.
171 BVerfG, 2 BvR 2495/08 – juris, Rn 17; vorhergehend BGH, WM 2008, 2302.
172 BVerfG, 2 BvR 2495/08 – juris, Rn 19; BGH, BeckRS 2013, 12429, Rn 17; hierzu *Bungenberg*, Vollstreckungsimmunität für ausländische Staatsunternehmen?, IPRax 2011, 356 ff.
173 BGH, BeckRS 2013, 12429, Rn 12 f unter Bezug auf BVerfGE 62, 1 (45 f); eingehend *von Lewinski*, Öffentliche Insolvenz und Staatsbankrott, 2011, 525.

zum Verzicht auf die Vollstreckungsimmunität deutlich zutage treten.[174] Insgesamt zeigen die verschiedenen Entscheidungen von BVerfG und BGH zu Fragen des Immunitätsverzichts, dass die Anforderungen hoch sind und grundsätzlich ausdrückliche Verzichtserklärungen gefordert werden. Selbst wenn entsprechende Erkärungen vorliegen, ist damit noch nicht klar, wie weit diese reichen, und ob sie neben dem Erkenntnis- auch das Vollstreckungsverfahren umfassen. Lediglich bei spezifischen Sonderbestimmungen der Vollstreckung aus ausländischen Schiedssprüchen, die aufgrund einer Eigenart des dt Verfahrensrechts zum Erkenntnisverfahren gezählt wird, lässt der BGH ausnahmsweise eine Vollstreckungsunterwerfung als ebenfalls hierauf gerichtete Immunitätsverzicht genügen.

96   Bestrebungen in neuerer Zeit, den Grundsatz der Staatenimmunität einzuschränken und bei Verstößen gegen zwingende Normen des Völkerrechts nicht anzuwenden,[175] haben sich bisher in der Staatenpraxis nicht durchzusetzen vermocht.[176] Zwar haben griechische Gerichte die BR Deutschland wegen Kriegsverbrechen deutscher Streitkräfte im Zweiten Weltkrieg zur Zahlung von Schadenersatz an verschiedene griechische Staatsangehörige verurteilt. Der BGH hat jedoch in Übereinstimmung mit einem Urteil des Obersten Bundesgerichts Griechenlands die Anerkennung derartiger Urteile als völkerrechtswidrig angesehen.[177] Auch das BVerfG sah in seiner Nichtannahmeentscheidung keine sich aus dem GG ergebende Schadensersatz- oder Entschädigungspflicht der BR Deutschland,[178] da es davon ausging, dass ein Staat nach geltendem Völkerrecht Befreiung von der Gerichtsbarkeit eines anderen Staats beanspruchen kann, wenn und soweit es um die Beurteilung seines hoheitlichen Verhaltens geht *(acta iure imperii)*.[179] In der Folge haben sowohl der EuGH[180] als auch der EGMR[181] diese Entscheidungen bestätigt. Dabei haben sie Beschwerden, die gegen die Ablehnung der Zwangsvollstreckung gerichtet waren, mit der Begründung zurückgewiesen, es sei nicht erwiesen, dass zum jetzigen Zeitpunkt im Völkerrecht akzeptiert sei, dass Staaten in Bezug auf Schadenersatzklagen wegen Verbrechen gegen die Menschlichkeit nicht mehr zur Immunität berechtigt seien.

97   Einen neuen Anstoß erhielt die Debatte über die Reichweite der Staatenimmunität durch verschiedene Entscheidungen italienischer Gerichte. Zunächst entschied der Oberste Kassa-

---

174 BGH, BeckRS 2013, 12429, Rn 24 f.
175 Vgl dazu *Wirth*, Staatenimmunität und völkerrechtliche Verbrechen, Jura 2000, 70; *Ambos*, Der Fall Pinochet und das anwendbare Recht, JZ 1999, 16 (21 ff); *Fox*, State Immunity and the International Crime of Torture, HRLR 6 (2006) 142 ff; *MacGregor*, State Immunity and Jus Cogens, ICLQ 55 (2006) 437 ff; *Gattini*, War Crimes and State Immunity in the Ferrini Decision, JICJ 3 (2005) 224 ff; *De Sena/De Vittor*, State Immunity and Human Rights, EJIL 16 (2005) 89 ff; *Parlett*, Immunity in Civil Proceedings for Torture, HRLR 6 (2006) 49 ff.
176 Court of Appeal for Ontario, *Bouzari v Islamic Republic of Iran*, 30 June 2004, Docket C38295; House of Lords, *Jones v Ministry of the Interior of the Kingdom of Saudi Arabia*, 14 June 2006, UKHL 26 (2006) 2 WLR, 1424; hierzu *Humes-Schulz*, Limiting Sovereign Immunity in the Age of Human Rights, Harvard HRJ 21 (2008), 105 ff; BGHZ 155, 279 ff; vgl *Kämmerer*, Kriegsrepressalie oder Kriegsverbrechen?, AVR 37 (1999) 283 (307); *Epping* (Fn 9) § 5 Rn 273 ff, insbes 276; *Rensmann*, Staatenimmunität und völkerrechtswidrige Hoheitsakte, IPrax 1998, 44 (47); *Hess*, Staatenimmunität bei Menschenrechtsverletzungen, FS Schütze, 1999, 269 (280); *Appelbaum*, Einschränkungen der Staatenimmunität in Fällen schwerer Menschenrechtsverletzung, 2007, 92 ff; vgl aber *Kokott* (Fn 96) 148 f; *Paech*, Staatenimmunität und Kriegsverbrechen, AVR 47 (2009) 36 ff.
177 BGHZ 155, 279. Vgl zum Urteil des Areopag *Dolzer*, Der Areopag im Abseits, NJW 2001, 3525 ff; *Hobe*, Durchbrechung der Staatenimmunität bei schweren Menschenrechtsverletzungen, IPRax 2001, 368 ff; *Schminck-Gustavus*, Nemesis, KJ 2001, 111 ff; *Appelbaum*, Der Fall Distomo, HV-I 17 (2004) 190 ff, *Beys*, Die Zwangsvollstreckung gegen einen ausländischen Staat im hellenischen Recht, FS Schlosser, 2005, 37 ff.
178 BVerfGK 7, 303 ff *[Distomo]*.
179 BVerfGK 7, 303, 307 *[Distomo]* mit Verweis auf BVerfGE 16, 27 (36 ff) u EGMR, Nr 35763/97, AVR 40 (2002) 365 ff *[Al-Adsani v United Kingdom]*.
180 EuGH, Rs C-292/05, Slg 2007, I-1519 *[Lechouritou u a]*.
181 EGMR, Reports of Judgements and Decisions 2002-X, 41, 428 ff *[Kalogeropoulou]*; vgl *Maierhöfer*, Der EGMR als „Modernisierer" des Völkerrechts?, EuGRZ 2002, 391 ff; *Tams*, Schwierigkeiten mit dem Jus Cogens, AVR 40 (2002) 331 ff; *Cremer*, Entschädigungsklagen wegen schwerer Menschenrechtsverletzungen und Staatenimmunität vor nationaler Zivilgerichtsbarkeit, AVR 41 (2003) 137 ff.

tionshof Italiens *(Corte Suprema di Cassazione)* im Verfahren des früheren italienischen Zwangsarbeiters *Luigi Ferrini,* dass sich die BR Deutschland nicht auf ihre Staatenimmunität berufen könne, wenn Ansprüche wegen schwerwiegender Kriegsverbrechen in Rede stünden.[182] Zudem haben der Oberste Kassationsgerichtshof und das Oberlandesgericht Florenz *(Corte d'Appello di Firenze)* die Vollstreckungsanerkennung der erstinstanzlichen griechischen Gerichtsentscheidungen im Fall *Distomo* anerkannt, so dass Vollstreckungsmaßnahmen gegen deutsches Eigentum in Italien erfolgt sind.[183] Diese Rechtsprechungspraxis italienischer Gerichte führte dazu, dass die BR Deutschland Klage vor dem IGH gegen Italien einreichte, mit der u a die Verletzung der Staatenimmunität und das (Nicht-)Bestehen einer hinreichenden Anspruchsgrundlage gerügt wurden.[184]

In seiner Entscheidung v 3.2.2012 stellte der IGH fest, dass Italien durch die Entscheidungen seiner Gerichte gegen den völkergewohnheitsrechtlichen Grundsatz der Staatenimmunität verstoßen habe.[185] Dabei erkannte der Gerichtshof zwar im Grundsatz an, dass die Staatenimmunität Ausnahmen unterliege; die im konkreten Verfahren in Anspruch genommenen Ausnahmen konnten in Ermangelung völkerrechtlicher Anerkennung jedoch nicht überzeugen. So wies der IGH sowohl den Hinweis darauf ab, dass die fraglichen Handlungen auf dem Territorium des Gerichtsstaats erfolgt seien („Inlandsdelikte" bzw „foreign tort exception"), als auch, dass die in Frage stehenden Rechtsverletzungen deutscher Streitkräfte von besonderer Schwere gekennzeichnet gewesen seien und somit einen *ius cogens*-Verstoß darstellten.[186] Ungeachtet der von Teilen des völkerrechtlichen Schrifttums über Jahre befürworteten Einschränkung der Staatenimmunität durch *ius cogens*[187] verwies der IGH darauf, dass Bedenken auf der Grundlage von *ius cogens* die Begründetheit einer Klage beträfen, während die Staatenimmunität sich bereits auf ihre Zulässigkeit beziehe.[188] Folglich könnten Staaten sich auch bei schwerwiegenden Verletzungen des humanitären Völkerrechts auf die Staatenimmunität berufen.[189] Soweit der Einwand vorgebracht wurde, die streitgegenständlichen Klagen seien die letzte Möglichkeit für die Kläger, Entschädigungen für erlittene Schäden zu erlangen, sah der Gerichtshof hierin ebenfalls keine Ausnahme vom Grundsatz der Staatenimmunität. Allerdings verwies er darauf, dass die (prozedurale) Zuerkennung von Immunität die völkerrechtliche Verantwortlichkeit des beklagten Staats grundsätzlich unberührt lasse. Im Ergebnis ist damit eine Beilegung der unverändert bestehenden Situation durch zwischenstaatliche Reparationsregelungen nicht ausgeschlossen.[190]

98

---

182 Oberster Kassationshof, *Luigi Ferrini v BR Deutschland,* Urteil Nr 5055-04 v 6.11.2003, veröffentlicht 30.5.2004, Az 11130/02; bestätigt in den Beschlüssen Nr 14200 bis 14208 v 6.5.2008 sowie im Urteil Nr 1072/2008 v 13.1.2009 *[Milde];* vgl *Orakhelashvili,* State Immunity and International Public Order Revisited, GYIL 49 (2006) 327 (331); *De Sena/De Vittor,* State Immunity and Human Rights, EJIL 16 (2005) 89 ff; *Biachi,* Case-note on *Ferrini,* AJIL 99 (2005) 242 ff; *Stürner,* Staatenimmunität und Brüssel I-Verordnung, IPRax 2008, 197 (201 f); *Cannizzaro/Bonafé,* Of Rights and Remedies, FS Simma, 2011, 825 ff; *Oellers-Frahm,* Judicial Redress of War-related Claims by Individuals, ebd, 1055 ff; vgl auch Überblick bei *Payandeh,* Staatenimmunität und Menschenrechte, JZ 2012, 949 (950).
183 Oberster Kassationshof, Urteil Nr 14199-08 v 29.5.2008, Az 24290/07; OLG Florenz, Urteil Nr 1696/2008 v 21.10. 2008. Vollstreckungsmaßnahmen sind bereits erfolgt im Hinblick auf die Villa Vigoni am Comer See, vgl *Focarelli,* AJIL 103 (2009) 122 (123); *Stürner* (Fn 182) 197 ff.
184 IGH, Pressemitteilung Nr 2008/44 v 23.12.2008.
185 *Jurisdictional Immunities* (Germany v Italy), <http://ww.icj-cij.org/docket/files/143/16883.pdf>.
186 *Cannizzaro,* Is There an Individual Right to Reparation?, FS P-M Dupuy, 2014, 495 ff.
187 Übersicht bei *Payandeh* (Fn 182) 952; zuletzt auch *Gaeta,* Immunity of States and State Officials: A Major Stumbling Block to Judicial Scrutiny?, in Cassese (Hrsg), Realizing Utopia, 227 (230 f); *Fischer-Lescano/Gericke,* Der IGH und das transnationale Recht, KJ 2010, 78 ff; *Thiele,* Das Verhältnis zwischen Staatenverantwortlichkeit und Menschenrechten, AVR 49 (2011) 343 ff.
188 Vgl auch *Kreicker,* Die Entscheidung des IGH zur Staatenimmunität, ZIS 2012, 107 (113); *Hess,* Staatenimmunität und ius cogens im geltenden Völkerrecht, IPRax 2012, 201 (204).
189 Vgl *Stürner,* Staatenimmunität bei Entschädigungsklagen wegen Kriegsverbrechen, IPRax 2011, 600 ff.
190 Vgl *Hess* (Fn 188) 204; *Oellers-Frahm,* State Immunity vs. Human Rights: Observations Concerning the Judgment of the ICJ in the Jurisdictional Immunities of States Case (Germany v. Italy), FS Riedel 2013, 389 ff; *van Alebeek,*

99 Der Grundsatz der Staatenimmunität geht aus dem Verfahren vor dem IGH gefestigt und eingehend begründet hervor.[191] Sofern insbes vom IGH und nationalen Gerichten gegenwärtig eine restriktive Theorie der Staatenimmunität vertreten wird, knüpft diese vor allem an die Unterscheidung zwischen Hoheitsakten *(acta iuris imperii)* und nicht-staatliche Akten *(acta iure gestionis)* an. Aufgrund des prozeduralen Charakters der Staatenimmunität haben materiell-rechtlich begründete Ausnahmen auch zukünftig nur wenig Aussicht auf Anerkennung, es sei denn, die Staaten einigen sich auf entsprechende internationale Abkommen.

99a In nicht erwarteter Weise hatte der Rechtsstreit zwischen der BR Deutschland und Italien vor dem IGH noch ein Nachspiel, indem das vom italienischen Gesetzgeber erlassene Gesetz zur Vollstreckung des IGH-Urteils v 3.2.2012 vom italienischen Verfassungsgericht *(Corte Constituzionale)* am 22.10.2014 für verfassungswidrig erklärt wurde.[192] Diese Entscheidung begegnet vor allem deshalb rechtlicher Kritik, weil die italienische Verfassungsordnung nach Art 10 vorsieht, dass Völkergewohnheitsrecht – also auch die gewohnheitsrechtlichen Bestimmungen über die Staatenimmunität – ohne Umsetzungsakt automatisch zum Teil der italienischen Rechts- und Verfassungsordnung wird. IE spricht vieles dafür, dass das italienische Verfassungsgericht mit seinem Urteil paradoxerweise sowohl gegen Völkerrecht als auch gegen das eigene Verfassungsrecht verstoßen hat.[193] Indes bleibt abzuwarten, wie sich Italien im Hinblick auf seine aus Art 94 UN-Charta resultierenden Verpflichtungen dem IGH und seinen Entscheidungen gegenüber in Zukunft verhalten und fortgesetzte Völkerrechtsverstöße vermeiden wird.

2. Das Staatsvolk

100 Die Abgrenzung der Personalhoheit der Staaten untereinander erfolgt über die Staatsangehörigkeit.[194] In Deutschland ist der Begriff des „Deutschen" in Art 116 GG enthalten; Regeln über Erwerb und Verlust der Staatsangehörigkeit finden sich im *Staatsangehörigkeitsgesetz* (StAG).[195] Danach gelten seit dem 1.1.2000 neue Regeln über den Erwerb der deutschen Staatsangehörigkeit durch Geburt und für die Einbürgerung. So können seither auch in Deutschland geborene Kinder ausländischer Eltern durch Geburt die deutsche Staatsangehörigkeit erwerben, wenn wenigstens ein Elternteil am Tag der Geburt des Kindes sich seit acht Jahren rechtmäßig und gewöhnlich in Deutschland aufhält und eine Niederlassungserlaubnis oder eine EU-Aufenthaltserlaubnis besitzt. Kinder ausländischer Eltern unter 10 Jahren konnten einen auf das Jahr 2000 befristeten Anspruch auf Einbürgerung geltend machen, wenn sie in Deutschland geboren waren. Einen Anspruch auf Einbürgerung besitzen ferner Ausländer, wenn sie sich seit mindestens

---

Jurisdictional Immunities of the State (Germany v. Italy), GYIL 55 (2013) 281 f; *Calisto*, Jurisdictional Immunities of the State, GYIL 55 (2013) 319 ff.
191 *Payandeh* (Fn 182) 958; *Nesi*, The Quest for a „Full" Execution of the ICJ judgment in Germany v. Italy, JICrimJ 11 (2013) 185 ff; *McMenamin*, State Immunity Before the International Court of Justice, Victoria ULRev 44 (2013) 189 ff; *Keitner*, Germany v. Italy and the Limits of Horizontal Enforcement, JICJ 11 (2013) 167 ff; *Katz*, Jurisdictionial Immunities of the State, TJICL 21 (2013) 579 ff; *Dickinson*, Germany v. Italy and the Territorial Tort Exception, JICJJ 11 (2013) 147 ff.
192 *Oellers-Frahm*, Das italienische Verfassungsgericht und das Völkerrecht – eine unerfreuliche Beziehung, EuGRZ 2015, 8 ff.
193 Ebd 10 ff.
194 Vgl zum Staatsangehörigkeitsrecht und zur Personalhoheit: *Dörr*, Nationality, MPEPIL VII, 496 ff; *Bleckmann*, Die Personalhoheit im Völkerrecht, GS Geck, 1989, 79 ff; *Henkin*, „Nationality" at the Turn of the Century, FS Bernhardt, 1995, 89 ff; zum dt Staatsangehörigkeitsrecht: *Hailbronner/Renner/Maaßen*, Staatsangehörigkeitsrecht, 5. Aufl 2010; *Makarov/v. Mangoldt*, Deutsches Staatsangehörigkeitsrecht, Loseblatt; *Weidelener/Ehmann/Stark*, Deutsches Staatsangehörigkeitsrecht, 7. Aufl 2005; *Aláez Corral*, Staatsangehörigkeit und Staatsbürgerschaft vor den Herausforderungen des demokratischen Verfassungsstaates, Der Staat 46 (2007) 349 ff; *Appiah*, Global Citizenship, Fordham LRev 75 (2007) 2375 ff.
195 Vgl Gesetz zur Reform des Staatsangehörigkeitsrechts v 15.7.1999 (StAG, BGBl 1999 I, 1618), zuletzt geänd durch Gesetz v 30.2.2009 (BGBl 2009 I, 158).

acht Jahren rechtmäßig und dauernd in Deutschland aufhalten und bestimmte weitere Voraussetzungen erfüllen.[196]

a) Die Staatsangehörigkeit

Völkerrechtlich umschreibt die Staatsangehörigkeit die rechtliche Beziehung einer Person zu ihrem Heimatstaat. Zu *Begriff und Rechtsnatur* der Staatsangehörigkeit werden unterschiedliche Auffassungen vertreten.[197] Zum einen wird in der Staatsangehörigkeit ein Rechtsverhältnis mit gegenseitigen Rechten und Pflichten gesehen, also ein Verhältnis öffentlich-rechtlicher Natur zwischen dem Einzelnen und dem Staat.[198] Die Auffassung, es handele sich um ein *rechtliches Band,* findet sich auch in der Entscheidung des IGH im *Nottebohm*-Fall: „[...] nationality is a legal bond having at its basis a social fact of attachment, a genuine connection of existence, interests and sentiments, together with the existence of reciprocal rights and duties. It may be said to constitute the juridical expression of the fact that the individual upon whom it is conferred, either directly by the law or as a result of an act of the authorities, is in fact more closely connected with the population of the State conferring nationality than with that of any other State."[199] Andere Autoren vertreten die Auffassung, die Staatsangehörigkeit stelle ein rechtlich relevantes, zumeist auch rechtlich geregeltes *Realverhältnis*[200] dar. Die überwiegende Meinung sieht in der Staatsangehörigkeit eine Eigenschaft, Mitglied einer Gebietskörperschaft zu sein (sog Statustheorie).[201] Das BVerfG ging in seiner Entscheidung v 1974[202] ebenfalls von einem *Status* aus, eine Auffassung, die sich auch in der Entscheidung zum Kommunalwahlrecht für Ausländer wiederfindet.[203] Nach einer vermittelnden Position stellt die Staatsangehörigkeit ein *Rechtsverhältnis* zwischen dem Staat und seinen Angehörigen dar, bei dessen Regelung die Eigenschaft der Person als Subjekt eines Rechtsverhältnisses einen rechtlichen Status dieser Person bildet.[204]

101

---

196 Vgl hierzu *Hailbronner/Renner/Maaßen* (Fn 194) Grundlagen B Rn 4 ff; *Göbel-Zimmermann/Masuch,* Die Neuregelung des Staatsangehörigkeitsrechts, DÖV 2000, 95 ff; *Hailbronner,* Die Reform des deutschen Staatsangehörigkeitsrechts, NVwZ 1999, 1273 ff; *Zimmermann,* Staats- und völkerrechtliche Fragen der Reform des deutschen Staatsangehörigkeitsrechts, IPrax 2000, 180 ff; zu den Auswirkungen der Reform *Hailbronner/Renner/Maaßen* (Fn 194) Grundlagen B Rn 36 ff; *Göbel-Zimmermann,* Erfahrungen mit dem neuen Staatsangehörigkeitsrecht, ZAR 2003, 65 ff; *Hailbronner,* Das neue deutsche Staatsangehörigkeitsrecht, NVwZ 2001, 1329 ff; *Renner,* Erfahrungen mit dem neuen deutschen Staatsangehörigkeitsrecht, ZAR 2002, 265 ff; aus jüngerer Zeit *Berlit,* Rottmann und die Option – schleichende Europäisierung des Staatsangehörigkeitsrechts?, FS Hailbronner, 2013, 283 ff.
197 *Hailbronner/Renner/Maaßen* (Fn 194) Grundlagen C Rn 1 ff.
198 *Berber,* Lehrbuch des Völkerrechts, Bd I, 2. Aufl 1975, 374; *Hatschek,* Das Preußische Staatsrecht, 2. Aufl 1930, 194; *Isay,* Die Staatsangehörigkeit der juristischen Personen, 1907, 30; ähnlich *Kokott,* in Sachs (Hrsg), Grundgesetz, 6. Aufl 2011, Art 16 Rn 10.
199 ICJ Rep 1955, 4, 23. Diese Definition findet sich auch in Art 2 lit a des Europäischen Staatsangehörigkeitsübereinkommens. Vgl ferner die Entscheidung der Britisch-Mexikanischen Claims Commission v 8.11.1929 im Fall *Robert John Lynch v United Mexican States:* „A man's nationality is a continuing legal relationship between the sovereign state on the one hand and the citizen on the other." (RIAA V, 17, 18).
200 *Riege,* Die Staatsbürgerschaft der DDR, 2. Aufl 1986, 18.
201 Vgl hierzu *Badura,* 4. Aufl 2012, 860; *Hailbronner,* Deutsche Staatsangehörigkeit und DDR Staatsbürgerschaft, JuS 1981, 712; *G. Jellinek,* System der subjektiven öffentlichen Rechte, 2. Aufl 1919, 117 f; *von Keller/ Trautmann,* Kommentar zum RuStAG, 1914, 32; *Kämmerer,* in Bonner Kommentar, Loseblatt, Art 16 Rn 3; *Laband,* Das Staatsrecht des Deutschen Reichs, 5. Aufl 1911, 140; *Makarov/v. Mangoldt* (Fn 194) Einl I Rn 2.
202 BVerfGE 37, 217, 239.
203 BVerfGE 83, 37, 51: „Die Zugehörigkeit zum Staatsvolk wird also grundsätzlich durch die Staatsangehörigkeit vermittelt. Die Staatsangehörigkeit ist die rechtliche Voraussetzung für den gleichen staatsbürgerlichen Status, der einerseits gleiche Pflichten, zum anderen und insbesondere aber auch die Rechte begründet, durch deren Ausübung die Staatsgewalt in der Demokratie ihre Legitimation erfährt [...]".
204 *de Groot,* Staatsangehörigkeitsrecht im Wandel, 1989, 12; *Randelzhofer,* in Maunz/Dürig (Hrsg), GG-Kommentar, Loseblatt, Art 16 Rn 8; Nachw auch bei *Hailbronner/Renner/Maaßen* (Fn 194) Grundlagen C Rn 2.

102 Rechte und Pflichten aus diesem gegenseitigen Treueverhältnis können entweder unmittelbar entstehen (diplomatischer Schutz) oder sich erst aus innerstaatlichem Recht ergeben (zB Wehrpflicht, Teilnahme an Wahlen und Abstimmungen). Jeder Staat kann die Voraussetzungen der Verleihung und des Verlusts seiner Staatsangehörigkeit *nach eigenem Ermessen regeln*, wobei er jedoch die sich aus Völkervertrags- und Völkergewohnheitsrecht sowie in zunehmendem Maß aus dem Unionsrecht ergebenden Grenzen zu beachten hat.[205] Auch das Europäische Übereinkommen über die Staatsangehörigkeit v 6.11.1997, das am 1.3.2000 in Kraft getreten ist, gibt grundsätzlich jedem Staat das Recht, nach seinen eigenen Gesetzen die Staatsangehörigkeit festzulegen.[206] Jedoch sollen die Regeln über Staatsangehörigkeit der Vertragsparteien auf folgende *Grundsätze* gestützt sein: Jedermann hat ein Recht auf Staatsangehörigkeit, Staatenlosigkeit ist zu vermeiden; niemand darf willkürlich seiner Staatsangehörigkeit beraubt werden; weder Heirat noch die Auflösung der Ehe zwischen einem Staatsangehörigen einer Vertragspartei und einem Ausländer, noch der Wechsel der Staatsangehörigkeit eines Ehegatten während der Ehe berührt automatisch die Staatsangehörigkeit des anderen Ehegatten.

103 Mit der Einführung einer *Unionsbürgerschaft* in Art 20 bis 25 AEUV wurde keine eigene Staatsangehörigkeit im völkerrechtlichen und staatsrechtlichen Sinn geschaffen.[207] Weitergehende Vorschläge dahingehend, die Unionsbürgerschaft auf autonome Weise und so zu bestimmen, dass sie in Verknüpfung mit der uneingeschränkten Anerkennung und Gewährleistung der in der EMRK verankerten Menschenrechte und Grundfreiheiten einen eigenständigen Status schafft, wurden bislang nicht verwirklicht.[208] Die Unionsbürgerschaft knüpft an das Bestehen der Staatsangehörigkeit eines Mitgliedstaats an. Durch die Unionsbürgerschaft wird „zwischen den Staatsangehörigen der Mitgliedstaaten ein auf Dauer angelegtes rechtliches Band geknüpft, das zwar nicht eine der gemeinsamen Zugehörigkeit zu einem Staat vergleichbare Dichte besitzt, dem bestehenden Maß existentieller Gemeinsamkeit jedoch einen rechtlichen Ausdruck verleiht."[209] Auch Art 20 Abs 1 Satz 2 AEUV stellt ausdrücklich fest, dass die Unionsbürgerschaft die nationale

---

205 Art 1 des Haager Übereinkommens über gewisse Fragen der Kollision von Staatsangehörigkeitsgesetzen v 12.4.1930 (179 LNTS 89); Art 3 des Europäischen Übereinkommens über die Staatsangehörigkeit (ETS Nr 166). Vgl auch das Gutachten des StIGH zu den Staatsangehörigkeitsdekreten in Tunesien und Marokko, PCIJ, Ser B, No 4, 24 ff sowie ICJ Rep 1955, 4, 20 *[Nottebohm]* u BVerfGE 1, 322, 328. Übersicht über die Verträge bei *Hailbronner/Renner/Maaßen* (Fn 194) Grundlagen E Rn 10 ff; *Boll*, Nationality and Obligations of Loyalty in International and Municipal Law, AYBIL 24 (2005) 37 ff; Tan (Hrsg), Challenging Citizenship, 2005.
206 ETS Nr 166; dt Fassung bei *Hailbronner/Renner/Maaßen* (Fn 194) Anh A II.7. Das Übereinkommen ist am 1.3.2000 für Österreich, Moldawien und die Slowakische Republik in Kraft getreten, des Weiteren für die Niederlande (1.7.2001), Schweden (1.10.2001), Portugal (1.2.2002), Ungarn (1.3.2002), Dänemark (1.11.2002), Island (1.7.2003) und Mazedonien (1.10.2003). Es wurde gezeichnet von Albanien, Bulgarien, Finnland, Frankreich, Griechenland, Italien, Lettland, Malta, Norwegen, Polen, Rumänien, Russland, der Tschechischen Republik, der Ukraine sowie am 4.2.2002 von der BR Deutschland; das Zustimmungsgesetz zum Abkommen ist am 19.5.2004 in Kraft getreten: BGBl 2004 III, 578. Vgl zum Übereinkommen *Kreuzer*, Der Entwurf eines Übereinkommens des Europarats zu Fragen der Staatsangehörigkeit, StAZ 1997, 126 ff; zum Recht auf Staatsangehörigkeit ferner *Chan*, The Right to a Nationality as a Human Right, HRLJ 12 (1991) 1 ff.
207 Vgl zum Unions-Vertrag BVerfGE 89, 155, 188; eingehend *Hailbronner/Renner/Maaßen* (Fn 194) Grundlagen I Rn 14 ff; vgl auch *Jiménez Lobeira*, EU Citizenship and Political Identiy: The Demos and the Telos, ELJ 18 (2012) 504 ff; *Schoch*, Europäisierung des Staatsangehörigkeits- und Aufenthaltsrechts, FS Hailbronner, 2013, 355 (362ff); *Wollenschläger*, Keine Sozialleistungen für nichterwerbstätige Unionsbürger?, NVwZ 2014, 1628 ff; *Hilpold*, Die verkaufte Unionsbürgerschaft, NJW 2014, 1071 ff; *Nazik/Ulber*, Die „aufenthaltsrechtliche" Lösung des EuGH in der Rechtssache Dano, NZW 2015, 369 ff; *Thym*, Die Rückkehr des „Marktbürgers" – Zum Ausschluss nichterwerbstätiger EU-Bürger von Hartz IV-Leistungen, NJW 2015, 130 ff.
208 Vgl zu den Harmonisierungsvorschlägen *Evans*, in Rosas/Antola (Hrsg), A Citizens' Europe, 1995, 85 (102f); *Hilf*, in Grabitz/Hilf/Nettesheim (Hrsg), Kommentar zur Europäischen Union, Loseblatt, Art 8 EG Rn 68 mwN; *Castro Oliveira*, in La Torre (Hrsg), European Citizenship, 1998, 185 ff; zur längerfristigen Entwicklung eines Konzepts der „Zivilbürgerschaft" für Drittstaatsangehörige vgl KOM (2000) 757 endg v 22.11.2000, Mitteilung der Kommission an den Rat und das Europäische Parlament über eine Migrationspolitik der Gemeinschaft, 21 f.
209 BVerfGE 89, 155, 184; aA *Bleckmann*, Der Vertrag über die Europäische Union, DVBl 1992, 335 (336).

Staatsangehörigkeit ergänzt, nicht aber ersetzt. Eine Beschränkung nationaler Befugnisse zur Regelung der Staatsangehörigkeit kann der Rechtsprechung des EuGH nicht entnommen werden. Im Fall *Gullung* entschied der EuGH, dass die Mitgliedstaaten zwar die Befugnis zur Regelung staatsangehörigkeitsrechtlicher Angelegenheiten hätten, dass sie aber von dieser Befugnis nicht in einer Weise Gebrauch machen dürften, die die im Vertrag verankerten Freiheiten zunichte macht.[210] In der Rechtssache *Micheletti* führte der EuGH weiterhin aus, dass ein Mitgliedstaat über die Staatsangehörigkeit eines Mitgliedstaats hinaus keine zusätzlichen Anforderungen an die Geltendmachung der Rechte eines Unionsbürgers stellen dürfe: „Die Festlegung der Voraussetzungen für den Erwerb und Verlust der Staatsangehörigkeit unterliegt nach dem internationalen Recht der Zuständigkeit der einzelnen Mitgliedstaaten; von dieser Zuständigkeit ist unter Beachtung des Gemeinschaftsrechts Gebrauch zu machen [...]."[211] In seiner Entscheidung zum europäischen Haftbefehl[212] hat das BVerfG betont, dass die Unionsbürgerschaft ein abgeleiteter und die mitgliedstaatliche Staatsangehörigkeit ergänzender Status (Art 20 Abs 1 Satz 2 u 3 AEUV) sei. Der Gesetzgeber durfte danach zwar vom Verbot der Auslieferung Deutscher entsprechend Art 16 Abs 2 Satz 2 GG im Rahmen einer europäischen Zusammenarbeit im Bereich des Strafrechts abweichen; er muss aber das aus der deutschen Staatsangehörigkeit sich ergebende grundsätzliche Vertrauen in die eigene Rechtsordnung dann respektieren, wenn die dem Auslieferungsersuchen zu Grunde liegende Handlung einen maßgebenden Inlandsbezug aufweist.

In der Rechtssache *Ruiz Zambrano* vertrat der EuGH dann den Grundsatz, dass die Unionsbürgerschaft einen statusbezogenen Kernbereich vorsehe, woraus sich etwa im Verhältnis von minderjährigen Unionsbürgern zu ihren Eltern *auch ohne Ausübung der Freizügigkeit* ein Aufenthaltsrecht ergebe.[213] Damit fand die Unionsbürgerschaft erstmalig – wenn auch in einer besonderen Konstellation – Anwendung auf einen rein innerstaatlichen Sachverhalt. Allerdings begrenzte der EuGH die Auswirkungen dieser Grundsätze in der Rechtssache *McCarthy*, indem er eine vergleichbare Erstreckungswirkung der Unionsbürgerschaft ohne Freizügigkeitsausübung bei Ehegatten ablehnte.[214] Ähnlich restriktiv entschied der Gerichtshof zudem in der Rechtssache *Dereci*, bei der es um Fragen des Familiennachzugs Erwachsener ging. Wenn der EuGH auch im Nachgang der Entscheidungen in der Rechtssache *Ruiz Zambrano* bemüht war, die Konsequenzen der statusrechtlichen Erstarkung der Unionsbürgerschaft nicht ausufern zu lassen, ist doch unverkennbar, dass er mit dieser Entscheidung zumindest angedeutet hat, dass die Rechtswirkung der Unionsbürgerschaft über das bislang bekannte Maß ausgedehnt werden kann und – abhängig vom Entwicklungsstand der europäischen Integration – auch mit großer Wahrscheinlichkeit ausgedehnt werden wird. Insgesamt zeigen sich in den bisherigen Entscheidungen die vertrauten Kennzeichen der *effet utile*-Rechtsprechung. Aus diesem Grund kann erwartet werden, dass der EuGH auch in den nächsten Jahren auf eine Effektuierung der Unionsbürgerschaft und eine moderate Abschwächung mitgliedstaatlicher Regelungskompetenzen in den davon berührten Rechtsbereichen hinwirken wird.[215]

103a

---

210 EuGH, Rs 292/86, Slg 1988, 111 *[Gullung]*; Schmahl, Auf dem Weg zu einer genuinen europäischen Personalhoheit, FS Hailbronner, 2013, 339 (342 f).
211 EuGH, Rs C-369/90, Slg 1992, I-4239 ff *[Micheletti]*. Vgl zur Diskussion gerade dieser letzten Passage in der Literatur *de Groot*, Auf dem Weg zu einer europäischen Staatsangehörigkeit, FS Bleckmann, 1993, 87 (100 ff); *Castro Oliveira*, in La Torre (Fn 208) 115 (126 f); zu Fragen der Entziehung insbes *Hall*, The European Convention on Nationality and the Right to Have Rights, ELR 24 (1999) 586 (589). Vgl zu den Rechten aus dem Unionsbürgerschaftsstatus EuGH, Rs C-184/99 *[Grzelczyk]*, Rs C-413/99 *[Baumbast]* u Rs C-333/13, NJW 2015, 31 *[Dano]*.
212 BVerGE 113, 273 ff.
213 EuGH, Rs C-34/2009, Slg 2011, I-1177; *Hailbronner/Thym*, Ruiz Zambrano – Die Entwicklung des Kernbereichs der Unionsbürgerschaft, NJW 2011, 2008 ff; *Nettesheim*, Der „Kernbereich" der Unionsbürgerschaft – vom Schutz der Mobilität zur Gewährleistung eines Lebensumfelds, JZ 2011, 1030 ff; Schmahl (Fn 210) 339 (346 ff).
214 EuGH, Rs C-256/11, EU:C:211:626.
215 Mit diesem Ansatz auch *Schmahl* (Fn 210) 351 f: „Tendenzen einer originären europäischen Personalhoheit"; *Schoch*, Europäisierung des Staatsangehörigkeits- und Aufenthaltsrechts, FS Hailbronner, 2013, 355 (367): „Unionsbürgerstatus als Türöffner für die unionsrechtliche Erschließung weiterer Rechtsgebiete".

103b Nach dieser auf das Primärrecht der Art 20 ff AEUV gerichteten Rechtsprechung ergab sich im weiteren Verlauf der Entwicklung, dass der EuGH die Unionsbürgerschaft und die sich daraus ableitenden Rechtspositionen insbes im Hinblick auf die Unionsbürger-RL 2004/38 sowie die sozialrechtliche VO (EG) Nr 883/2004 weiterentwickelte.[216] Dabei resultierte aus der Rechtssache *Dano* das weithin sichtbare Signal, dass sich allein aus dem Status als Unionsbürger – ohne Wahrnehmung der Arbeitnehmerfreizügigkeit – kein unmittelbarer Zugang zu einem mitgliedstaatlichen Sozialsystem ableiten lässt (hier: Hartz-IV).[217] Unabhängig vom vorherigen primärrechtlichen Ausgreifen in die Kompetenzen der Mitgliedstaaten wurden hiermit in erster Linie restriktive Ansätze für die Ausgestaltung einer europäischen Sozialstaatlichkeit im Rahmen der Unionsbürgerschaft erkennbar.

104 Nach Auffassung des BVerwG sind unionsrechtliche Schranken im Hinblick auf staatsangehörigkeitsrechtliche Folgen des Verlusts der Unionsbürgerschaft möglich, sofern eine nach dt Recht an sich rechtmäßige Rücknahme einer durch arglistige Täuschung erschlichenen Einbürgerung dazu führt, dass im Zusammenwirken mit dem nationalen Staatsangehörigkeitsrecht eines anderen Mitgliedstaats Staatenlosigkeit eintritt.[218] Dabei hält es das BVerwG für fraglich, ob von dem Vorbehalt, den der EuGH im Hinblick auf eine Beschränkung des nationalen Staatsangehörigkeitsrechts durch das frühere Gemeinschafts- bzw Unionsrecht angedeutet hat, auch Fälle erfasst sind, in denen ein Mitgliedstaat eine von der Intention her ausschließlich die eigene Staatsangehörigkeit betreffende Regelung getroffen hat oder anwendet, die im Ergebnis aber automatisch zum Verlust einer über die frühere Staatsangehörigkeit eines anderen Mitgliedstaats vermittelten unionsrechtlichen Rechtsposition führt.

105 In der Rechtssache *Rottmann* kam der EuGH zu dem Schluss, dass das Unionsrecht dem Verlust der Unionsbürgerschaft auch dann nicht entgegenstehe, wenn die Rücknahme einer durch Täuschung erschlichenen Einbürgerung eines Mitgliedstaats dazu führt, dass infolge des Nichtauflebens der ursprünglichen Staatsangehörigkeit eines anderen Mitgliedstaats Staatenlosigkeit eintrete. Der EuGH betonte bei dieser Gelegenheit, dass die Festlegung der Voraussetzungen für den Erwerb und den Verlust der Staatsangehörigkeit in die Zuständigkeit der einzelnen Mitgliedstaaten falle.[219] Voraussetzung hierfür sei es, dass die Rücknahme der Einbürgerung weder durch die Ausübung der aus dem Vertrag fließenden Rechte und Freiheiten begründet sei, noch auf einen vom Unionsrecht verbotenen Grund gestützt werde. Insbes müsse aber der Grundsatz der Verhältnismäßigkeit berücksichtigt werden.[220]

106 Hervorzuheben ist, dass der EuGH seine Entscheidung in der Rechtssache *Rottmann* in den völkerrechtlichen Kontext einschlägiger Bestimmungen des Übereinkommens zur Vermeindung der Staatenlosigkeit (Art 8 Abs 2) sowie des Europäischen Übereinkommens über die Staatsangehörigkeit (Art 7 Abs 1 u 3) stellte.[221]

107 Nach Völkergewohnheitsrecht ist bei der Ausübung diplomatischen Schutzes eine fremde Staatsangehörigkeit nur beachtlich, wenn die betreffende Person zum Heimatstaat eine *bestimmte Anknüpfung* (genuine link, genuine connection) aufweist.[222]

---

216 Z B EuGH, Rs C-356/11, EU:C:2012:776 *[O.S.]*; EuGH, Rs C-67/14, NVwZ 2015, 1517 *[Alimanovic]*.
217 EuGH, Rs C-333/13, NJW 2015, 31 *[Dano]*; vgl *Nazik/Ulber* (Fn 207) 369 ff; *Thym* (Fn 207) 130 ff.
218 Vorlagebeschluss des BVerwG, NVwZ 2008, 686; eingehend *Hailbronner/Renner/Maaßen* (Fn 194) Grundlagen I Rn 25; aus jüngerer Zeit *Schoch* (Fn 215) 355 ff; *Häußler*, Neuere Rechtsprechung des Bundesverwaltungsgerichts zum Staatsangehörigkeitsrecht, DVBl 2013, 1228 ff.
219 Schon früher EuGH, Rs C-369/90, Slg 1992, I-4239 ff *[Micheletti]*; EuGH, Rs C-179/98, Slg 1999, I-7955 *[Meshab]*; EuGH, Rs C-200/02, Slg 2004, I-9925 *[Zhu u Chen]*; vgl auch das Gutachten des StIGH zu den Staatsangehörigkeitsdekreten in Tunesien und Marokko, PCIJ, Ser B, No 4, 24 ff; Art 3 Abs 1 Europ Übereinkommen über Staatsangehörigkeit.
220 EuGH, Rs C-135/08, Slg 2010, I-1449, Rn 44 ff u 55 ff *[Rottmann]*.
221 Ebd Rn 52; vgl *Berlit* (Fn 196) 283 ff.
222 Vgl ICJ Rep 1955, 423 ff *[Nottebohm]* mit Anm *Makarov*, ZaöRV 16 (1955/56) 407 ff; aus jüngerer Zeit *Sloane*, Breaking the Genuine Link, Harvard ILJ 50 (2009) 1 ff.

Die Staatenpraxis knüpft beim originären gesetzlichen *Erwerb* idR an die Abstammung *(ius* **108** *sanguinis),* die Geburt im Inland *(ius soli)* oder eine Kombination beider Prinzipien an. Nach dem *Ius sanguinis*-Prinzip erwirbt das Kind die Staatsangehörigkeit seiner Eltern; der Geburtsort ist unbeachtlich. Das *Ius soli*-Prinzip gilt in klassischen Einwanderungsländern wie den USA. Hier erwirbt das Kind ohne Rücksicht auf die Nationalität der Eltern die Staatsangehörigkeit des Geburtslands. Allerdings wird in den angelsächsischen Staaten die Staatsangehörigkeit darüber hinaus auch kraft Abstammung erworben. Eine Kombination beider Prinzipien wird in den letzten Jahren im Hinblick auf die Integration von sich länger im Inland aufhaltenden Ausländern auch in den klassischen *Ius sanguinis*-Staaten praktiziert. So wurden etwa in das deutsche StAG durch das Gesetz zur Reform des Staatsangehörigkeitsrechts v 15.7.1999 in § 4 zwei Absätze hinzugefügt, wonach ein Kind ausländischer Eltern durch die Geburt im Inland die deutsche Staatsangehörigkeit erwirbt, wenn ein Elternteil seit acht Jahren rechtmäßig seinen gewöhnlichen Aufenthalt im Inland hat und ein gesichertes Aufenthaltsrechts (nunmehr Niederlassungserlaubnis) besitzt.[223] Zugleich wurde in § 29 Abs 1 eine Optionspflicht bei Erreichen der Volljährigkeit eingeführt.[224]

Der nachträgliche Erwerb der Staatsangehörigkeit erfolgt durch Einbürgerung, Annahme als **109** Kind oder Legitimation. Ein automatischer Wechsel der Staatsangehörigkeit bei Heirat findet heute nicht mehr statt.[225] Im Vordergrund steht jedoch der Erwerb durch *Einbürgerung auf Antrag,* der von verschiedenen Kriterien wie Sprachkenntnissen oder einem längeren Inlandsaufenthalt abhängig gemacht werden kann. Grundbesitz im Inland oder ein nur kurzer Inlandsaufenthalt werden im Allgemeinen nicht als ausreichend angesehen.[226] Die Staatenpraxis lässt jedoch bei Vorliegen besonderer öffentlicher Interessen Einbürgerungserleichterungen zu. So kann bei Einbürgerungen etwa nach § 8 StAG nach Nr 8.1.3.5 Abs 2 der vorläufigen Anwendungshinweise zum Staatsangehörigkeitsgesetz[227] ein besonderes öffentliches Interesse an der Einbürgerung vorliegen, wenn der Einbürgerungsbewerber durch die Einbürgerung für eine Tätigkeit im deutschen Interesse, insbes im Bereich der Wissenschaft, Forschung, Wirtschaft, Kunst, Kultur, Medien, des Sports[228] oder des öffentlichen Diensts gewonnen oder erhalten werden soll.

Anknüpfungspunkte für den *Verlust* der Staatsangehörigkeit aus völkerrechtlicher Sicht **110** sind der Antrag des Einzelnen auf Entlassung, der Erwerb einer fremden Staatsangehörigkeit, das Ableisten des Staats- oder Wehrdienstes in einem fremden Staat, die Heirat mit einem Ausländer, die Legitimation eines nichtehelichen Kindes durch einen Ausländer oder das Ausbleiben einer Registrierung bei längerem Auslandsaufenthalt.[229]

---

223 Vgl zum Geburtserwerb gemäß § 4 Abs 3 StAG *Hailbronner/Renner/Maaßen* (Fn 194) § 4 StAG Rn 71 ff; *Krömer,* Der Ius-Soli-Erwerb der deutschen Staatsangehörigkeit und die Aufgaben des Standesbeamten, StAZ 2000, 363.
224 Vgl zur Optionspflicht die Kommentierung zu § 29 StAG bei *Hailbronner/Renner/Maaßen* (Fn 194); *Dornis,* Ungelöste Probleme des Staatsangehörigkeitsrechts, ZRP 2001, 547 ff; *Martenczuk,* Das Territorialitätsprinzip, die Mehrstaatigkeit und der Gleichheitssatz, KritV 2000, 194 ff.
225 Vgl hierzu Art 10 des Haager Abkommens v 12.4.1930 (179 LNTS 89) u Art 1 der Konvention betreffend die Staatsangehörigkeit verheirateter Frauen v 20.2.1957 (BGBl 1973 II, 1249 ff); vgl ferner Art 4 lit d des Europäischen Staatsangehörigkeitsübereinkommens v 1997, wonach weder die Schließung noch die Auflösung einer Ehe zwischen einem Staatsangehörigen eines Vertragsstaats und einem Fremden, noch die Änderung der Staatsangehörigkeit eines Ehegatten während der Ehe automatisch die Staatsangehörigkeit des anderen Ehegatten berührt.
226 Vgl hierzu Art 2 der Draft Convention on Nationality der Harvard Law School v 1.4.1929 (AJIL 23 [1929], Spec Suppl, 13).
227 Vorläufige Anwendungshinweise des Bundesministeriums des Innern zum Staatsangehörigkeitsgesetz v 17.4.2009 idF des Gesetzes zur Änderung des Staatsangehörigkeitsgesetzes v 5.2.2009 (BGBl 2009 I, 158).
228 *de Groot,* Sports and Unfair Competition via Nationality Law, MJECL 13 (2006) 161 ff.
229 BVerfG, NVwZ 2006, 807 ff; *Becker,* Rückwirkender Wegfall der deutschen Staatsangehörigkeit, NVwZ 2006, 304 ff; *Nettesheim,* Rücknahme und Widerruf von Einbürgerungen, DVBl 2004, 1144 ff; *Ronner,* Denaturalization and Death, Geo ILJ 20 (2005) 101 ff.

111 Der *Zwangsausbürgerung* stehen heute verschiedene Konventionen und Menschenrechtsinstrumente entgegen. So hat sich die UN-Generalversammlung in Art 15 Abs 2 der Allgemeinen Erklärung der Menschenrechte v 10.12.1948 gegen eine willkürliche Entziehung der Staatsangehörigkeit ausgesprochen, und Art 5 lit d des Übereinkommens zur Beseitigung jeder Form der Rassendiskriminierung v 7.3.1966 garantiert u a das Recht jedes Einzelnen auf Staatsangehörigkeit. Schließlich untersagt Art 9 der Konvention über die Verminderung der Staatenlosigkeit v 30.8.1961 den Vertragsstaaten den Entzug der Staatsangehörigkeit aus rassischen, ethnischen, religiösen oder politischen Gründen.[230] Man wird daraus ein gewohnheitsrechtliches Verbot willkürlicher Entziehung der Staatsangehörigkeit ableiten können.

112 Das *Recht des Einzelnen auf Staatsangehörigkeit,* das sich auch in Art 7 des Übereinkommens über die Rechte des Kindes v 20.11.1989 und Art 4 lit a des Europäischen Übereinkommens über die Staatsangehörigkeit (EuStAngÜbk) findet, könnte aufgrund des Wortlauts dazu verleiten, auf ein subjektives Recht des Einzelnen auf Verleihung der Staatsangehörigkeit gegenüber dem Staat des ständigen Aufenthalts zu schließen. Doch sind die Äußerungen hierzu noch sehr vorsichtig und stellen vor allem auf den *zwischenstaatlichen Aspekt* und die Pflicht zur Vermeidung von Staatenlosigkeit ab, zumal es in der Praxis – vom Fall der Staatensukzession abgesehen – schwierig sein dürfte festzulegen, gegen wen sich ein solcher Anspruch auf Staatsangehörigkeit richten soll.[231]

113 Die gleichzeitige Anwendung des *Ius sanguinis-* und des *Ius soli*-Prinzips kann zu Staatenlosigkeit oder Mehrstaatigkeit führen. *Mehrstaatigkeit* kommt u a in Betracht, wenn ein Kind von Eltern abstammt, deren Heimatstaat dem *Ius sanguinis*-Prinzip folgt, der Geburtsort des Kindes aber im Staatsgebiet eines *Ius soli*-Landes liegt. Im umgekehrten Fall kann *Staatenlosigkeit* die Folge sein. Mehrstaatigkeit wird im Allgemeinen als unerwünscht angesehen,[232] da sie zu einer Kollision von Rechten und Pflichten (Wehrpflicht, diplomatischer Schutz) führen kann. Regelungen dieser Fragen finden sich in der Haager Konvention v 12.4.1930[233] und dem Protokoll über den Militärdienst,[234] aber auch im – von der BR Deutschland am 20.12.2001 gekündigten[235] – Übereinkommen über die Verringerung der Mehrstaatigkeit und über die Wehrpflicht von Mehrstaatern des Europarates v 6.5.1963,[236] das durch ein Zweites Zusatzprotokoll, das bislang nur Frankreich, Italien und die Niederlande ratifiziert haben, ergänzt wurde.[237] Ziel dieser Bestimmungen ist es, den im Inland geborenen Ausländern den Erwerb der Staatsangehörigkeit des Aufenthaltsstaats unter bestimmten Voraussetzungen zu ermöglichen. Das EuStAngÜbk sieht mehrfache Staatsangehörigkeit in den Fällen vor, dass Kinder verschiedene Staatsangehörigkeiten von Geburt an erwerben, weil jeder Elternteil eine andere Staatsangehörigkeit besitzt. Darüber hinaus soll ein Ehegatte, der automatisch die Staatsangehörigkeit eines anderen Ehegatten mit der Ehe erwirbt, seine frühere Staatsangehörigkeit beibehalten dürfen. Im Übrigen wird den Vertragsstaaten weitgehend freigestellt, ob sie am Grundsatz der Vermeidung der Mehrstaatigkeit in den Fällen des Erwerbs einer ausländischen Staatsangehörigkeit

---

230 *Gelazis,* An Evaluation of International Instruments that Address the Condition of Statelessness in International Migration Law, 2007, 291 ff.
231 Vgl UN Doc A/CN.4/474, 28 f; vgl auch Ziff 23 u 32 des Explanatory Report zum Entwurf des Übereinkommens des Europarats über die Staatsangehörigkeit.
232 BVerfGE 37, 217, 254; hierzu *Boll,* Multiple Nationality, 2003.
233 179 LNTS 89.
234 Haager Prot v 12.4.1930 über den Militärdienst in gewissen Fällen doppelter Staatsangehörigkeit (LoN Doc C.25.M.14.1931.V).
235 Für die BR Deutschland am 21.12.2002 außer Kraft getreten, vgl BGBl 2002 II, 171; *de Groot/Schneider,* Die zunehmende Akzeptanz von Fällen mehrfacher Staatsangehörigkeit in West-Europa, FS Yamauchi, 2006, 65 ff.
236 BGBl 1969 II, 1953.
237 Second Protocol amending the Convention on the Reduction of Cases of Multiple Nationality and Military Obligations in Cases of Multiple Nationality v 2.11.1993 (ETS Nr 149); *Donner,* Dual Nationality in International Law, Acta Juridica Hungarica 47 (2006) 15 ff.

oder im Falle des Erwerbs der eigenen Staatsangehörigkeit festhalten wollen.[238] Ungeachtet des Prinzips der Vermeidung doppelter Staatsangehörigkeit, das sich in der Staatsangehörigkeitsgesetzgebung zahlreicher Staaten findet, nimmt die *Tendenz zur Akzeptanz doppelter Staatsangehörigkeit* zu. Daraus ergeben sich uU Auslegungsprobleme bei den Fragen der Wehrpflicht, der mehrfachen Wahlrechte und des anwendbaren Rechts in familienrechtlichen Angelegenheiten.[239]

Probleme entstehen auch durch *Staatenlosigkeit*, da Staatenlose im Aufenthaltsstaat allen öffentlich-rechtlichen Pflichten unterliegen, aber weder den Staatsangehörigen noch den Ausländern gleichgestellt sind. Daher ist sie unerwünscht. Man unterscheidet zwischen der *De facto*-Staatenlosigkeit, bei welcher der Heimatstaat nicht willens oder nicht in der Lage ist, diplomatischen Schutz auszuüben, und der *De iure*-Staatenlosigkeit, die dann vorliegt, wenn der Einzelne keinem Staat als Staatsangehöriger zugerechnet werden kann. Das BVerwG entnimmt Art 16 Abs 1 Satz 2 GG die verfassungsrechtliche Wertentscheidung, den Eintritt von Staatenlosigkeit nach Möglichkeit zu verhindern. Diese Wertentscheidung, die sich zugleich in der Ratifikation des Übereinkommens zur Verminderung der Staatenlosigkeit v 30.8.1961 dokumentiert, ist bei Ermessensentscheidungen über die Rücknahme einer Einbürgerung zu berücksichtigen.[240]   **114**

Daher ist man bestrebt, *durch internationale Verträge Staatenlosigkeit zu vermeiden und die Rechtsstellung Staatenloser zu verbessern*. Art 15 Abs 2 der Allgemeinen Erklärung der Menschenrechte wendet sich gegen die willkürliche Entziehung der Staatsangehörigkeit; das Übereinkommen zur Verminderung der Staatenlosigkeit v 30.8.1961[241] sieht vor, dass Personen, die andernfalls staatenlos wären, die Staatsangehörigkeit des Aufenthaltsstaats entweder durch Geburt oder durch Einbürgerung erwerben. Ein Recht des Kindes auf Staatsangehörigkeit enthält Art 7 Abs 1 des Übereinkommens über die Rechte des Kindes v 20.11.1989. Die Rechtsstellung der Staatenlosen regelt Art 7 Abs 1 des Übereinkommens v 28.9.1954,[242] das diese den Ausländern insbes bei der Aufnahme einer Erwerbstätigkeit und bei privaten und öffentlichen Rechten gleichstellt. Mit Resolution 3174 (XXIX) v 10.12.1974 hat die UN-Generalversammlung aufgrund Art 11 der Konvention über die Verminderung der Staatenlosigkeit den Hohen Flüchtlingskommissar der UN als die Stelle bestimmt, an welche sich Personen wenden können, die Ansprüche aus der Konvention geltend machen, um einen besseren Schutz Staatenloser zu gewährleisten.   **115**

Die Staatszugehörigkeit *juristischer Personen* bestimmt sich ebenfalls nach innerstaatlichem Recht. In angelsächsischen Staaten ist die *Gründungstheorie* für die Zuordnung juristischer Personen maßgebend, dh eine juristische Person wird dem Staat zugerechnet, nach dessen Recht sie gegründet wurde. Demgegenüber knüpfen die kontinentaleuropäischen Staaten regelmäßig an den *tatsächlichen Sitz (siège social)* des Unternehmens an.[243] Auch in Deutschland ist für das Personalstatut dasjenige Recht ausschlaggebend, das am Ort des Sitzes der Gesellschaft gilt, wobei als Sitz derjenige Ort gilt, an dem grundlegende Entscheidungen der Unternehmenslei-   **116**

---

238 ETS Nr 166; vgl zur Konvention *Kreuzer* (Fn 206) 126 ff. Die BR Deutschland hat das Übereinkommen am 4.2. 2002 gezeichnet; das Zustimmungsgesetz ist am 19.5.2004 in Kraft getreten, BGBl 2004 III, 578.
239 Umfassend zur Mehrstaatigkeit Martin/Hailbronner (Hrsg), Rights and Duties of Dual Nationals, 2003; Hansen/Weil (Hrsg), Dual Nationality, 2002; *Mole/Fransman*, Multiple Nationality and the European Convention on Human Rights, in Second European Conference on Nationality, Report Nr 6; *Rudko*, Regulation of Multiple Citizenship by Bilateral and Multilateral Agreements, in ebd, Report Nr 5; aus jüngerer Zeit *Kochenov*, Double Nationality in the EU, ELJ 17 (2011) 323 ff.
240 BVerfG, NVwZ 2006, 807 ff; BVerwGE 118, 216 ff; hierzu auch *Weissbrodt/Collins*, The Human Rights of Stateless Persons, HRQ 28 (2006) 245 ff.
241 BGBl 1977 II, 597.
242 BGBl 1976 II, 473.
243 Vgl zur Sitztheorie *Ferid*, Internationales Privatrecht, 3. Aufl 1986, 181 mwN.

tung über die laufenden Geschäftsführungsakte umgesetzt werden.[244] Eine Koppelung von Sitz- und Gründungstheorie findet sich in Art 54 Abs 1 AEUV.[245] Die *Kontrolltheorie*, die auf die Staatsangehörigkeit des Leitungspersonals und/oder der Kapitaleigner der Gesellschaft abstellt, findet im Europarecht keine Anwendung. Der IGH äußerte sich zur Kontrolltheorie in der Entscheidung v 5.2.1970 *(Barcelona Traction)* dahingehend, dass die Kontrolltheorie *keine allgemeine Regel des Völkerrechts* sei.[246]

b) Diplomatischer Schutz

117 Der diplomatische Schutz umfasst zum einen die Möglichkeit, dem Staatsangehörigen im Ausland durch diplomatische und konsularische Organe zu helfen (Art 3 I lit b WÜD, Art 5 lit a und e WÜK), zum anderen das *Recht eines Staates*, zugunsten eines Staatsangehörigen gegenüber fremden Staaten Ansprüche aus der Verletzung völkerrechtlicher Regeln über die Behandlung fremder Staatsangehöriger geltend zu machen. Der Heimatstaat handelt hierbei nach herkömmlicher Theorie nicht als Sachwalter für den Einzelnen, sondern ist selbst Anspruchsträger.[247]

118 Der Einzelne kann daher nicht auf diplomatischen Schutz verzichten. Die von den lateinamerikanischen Staaten mit Ausländern vereinbarten *Calvo-Klauseln*, durch welche diese auf den diplomatischen Schutz verzichten sollten, um im Vergleich zu Inländern nicht besser gestellt zu sein, waren daher völkerrechtlich unbeachtlich.[248] Denkbar ist allenfalls, dass der Einzelne auf ein Recht verzichtet, das andernfalls zu einer Verletzung von Völkerrecht geführt hätte. Bevor der Heimatstaat über den diplomatischen Schutz eingreifen kann, muss der Einzelne den innerstaatlichen Rechtsweg erschöpft sowie alle ihm zur Verfügung stehenden Rechtsbehelfe ausgeschöpft haben *(local remedies rule)*.[249]

119 Ein dritter Staat hat die Ausübung diplomatischen Schutzes nur zu dulden, wenn der Einzelne zu dem ausübenden Staat über eine effektive Staatsangehörigkeit *(genuine link)* verbunden ist. Dieser völkergewohnheitsrechtliche Grundsatz, zunächst in Art 5 der Haager Konvention v 12.4.1930 enthalten, wurde durch die Entscheidung des IGH im Fall *Nottebohm*[250] bestätigt. Der IGH wies die Klage Liechtensteins gegen Guatemala auf Schadensersatz ab, da der Geschädigte zum einbürgernden Staat keine hinreichend enge Beziehung aufgewiesen habe. Er sei unter Verzicht auf das dreijährige Aufenthaltserfordernis und gegen Zahlung einer Geldsumme eingebürgert worden. Abgesehen von Kurzbesuchen bei seinem Bruder in Vaduz seien weitere Beziehungen nicht erkennbar. Demgegenüber habe er 34 Jahre in Guatemala gelebt, entfalte dort wirtschaftliche Aktivitäten und sei nach der Einbürgerung in Liechtenstein auch dorthin zurückgekehrt.[251] Zweifelhaft ist, ob diese Auslegung des *genuine link* durch den IGH von der Staa-

---

244 BGHZ 25, 134, 144; BGHZ 53, 181, 183; BGHZ 97, 269, 271 mwN. Gegen die Vereinbarkeit der Sitztheorie mit europäischem Recht spricht sich *Schümann*, Die Vereinbarkeit der Sitztheorie mit dem europäischen Recht, EuZW 1994, 269 ff aus.
245 Vgl *Hailbronner*, in Hailbronner/Wilms (Hrsg), Recht der Europäischen Union, Loseblatt, Art 43 EG Rn 61 u *Hailbronner/Kau*, in ebd, Art 48 Rn 32 ff; EuGH, Rs C-212/97, Slg 1999, I-1459 *[Centros]*; EuGH, Rs C-208/00, Slg 2002, I-9919 *[Überseering]*; EuGH, Rs C-167/01, Slg 2003, I-10155 *[Inspire Art]*; EuGH, Rs C-411/03, Slg 2005, I-10805 *[SEVIC]*; EuGH, Rs C-210/06, Slg 2008, I-9641 *[Cartesio]*.
246 ICJ Rep 1970, 4 ff *[Barcelona Traction]* mit billigenden Sondervoten von *Bustamente y Rivero* (55 ff), *Fitzmaurice* (64 ff), *Tanaka* (114 ff), *Jessup* (161 ff), *Morelli* (222 ff), *Padilla Nervo* (243 ff), *Gros* (267 ff), *Ammuun* (286 ff); abw Meinung von *Riphagen* (334 ff).
247 StIGH, PCIJ, Ser A, No 2, 12 *[Mavrommatis-Konzessionen]*. Ebenso PCIJ, Ser A/B, No 76, 16 *[Panevezys-Saldutiskis Eisenbahn]*; ICJ Rep 1955, 4, 24 *[Nottebohm]*.
248 Vgl *Juillard*, Calvo Doctrine/Calvo Clause, MPEPIL I, 1086 ff.
249 Vgl statt aller PCIJ, Ser A, No 2, 12 *[Mavrommatis-Konzessionen]*.
250 ICJ Rep 1955, 4, 23 *[Nottebohm]*.
251 Ebd 25.

tenpraxis gedeckt ist. Diese geht davon aus, dass ein Staat auch befugt ist, seine Staatsangehörigkeit an Personen zu verleihen, zu denen eine lockere Anknüpfung besteht. Die Auffassung des IGH, die von einer Trennung zwischen der Verleihung der Staatsangehörigkeit und der sich daraus ergebenden Befugnis zur Ausübung diplomatischen Schutzes ausgeht, führt zu einer völkerrechtlich unerwünschten „hinkenden" Staatsangehörigkeit, die völkerrechtlich durch den Heimatstaat nicht in derselben Weise geschützt werden kann wie bei „echten" Staatsangehörigen.

Die herkömmlichen Regeln über den diplomatischen Schutz von *doppelten Staatsangehörigen* sind in Art 4 u 5 der Haager Konvention über gewisse Fragen beim Konflikt von Staatsangehörigkeitsgesetzen v 12.4.1930[252] niedergelegt. Danach darf ein Staat keinen diplomatischen Schutzanspruch zugunsten eines Staatsangehörigen erheben, wenn diese Person zugleich die Staatsangehörigkeit des Staats, gegen den sich der Anspruch richtet, besitzt. Wird ein Anspruch zugunsten eines eigenen Staatsangehörigen geltend gemacht, der zugleich die Staatsangehörigkeit eines Drittstaats besitzt, so ist nur der Drittstaat zuständig, einen Schutzanspruch zu erheben, wenn er in einer engeren Beziehung zu dem Staatsangehörigen steht. Obwohl diese Regeln weitgehende Anerkennung in der Staatenpraxis gefunden haben,[253] gibt es im Hinblick auf die Entwicklung der neueren Staatenpraxis Anhaltspunkte für eine *größere Flexibilität* und Abweichungen von den erwähnten Grundsätzen.[254] Im Hinblick darauf, dass die Staatsangehörigkeit als Anknüpfungspunkt generell an Bedeutung verloren hat, sind in der Staatenpraxis in verschiedenen Fällen diplomatische Schutzansprüche auch für Doppelstaater und fremde Staatsangehörige, deren gewöhnlicher Aufenthalt sich auf dem Gebiet des anspruchserhebenden Staats befindet, geltend gemacht worden.[255] Nach den Regeln der United Nations Compensation Commission ist eine Regierung auch befugt, neben Ansprüchen zugunsten ihrer Staatsangehörigen Ansprüche zugunsten solcher Personen zu erheben, die auf ihrem Staatsgebiet wohnhaft sind.[256] Auch die Regel, dass diplomatischer Schutz nicht gegenüber einem Heimatstaat eines Doppelstaaters ausgeübt werden kann, wird in der Staatenpraxis nicht durchgehend angewendet. Im *Canevaro*-Fall[257] und später im Fall *Mergé*[258] wurde durch ein Schiedsgericht der Grundsatz bestätigt, dass ein Heimatstaat diplomatischen Schutz gegenüber einem anderen Staat ausüben kann, der diesen Staatsangehörigen ebenfalls als seinen Staatsangehörigen ansieht, sofern die staatsangehörigkeitsrechtliche Verbindung mit dem schutzausübenden Staat als die effektivere angesehen werden kann. Das *Canevaro*-Prinzip[259] hat in die Staatenpraxis als Bestätigung des Prinzips der effektiven Staatsangehörigkeit Eingang gefunden. So sieht zwar auch der ILC Draft über den diplomatischen Schutz im Grundsatz vor, dass Staaten zugunsten von Doppelstaatern keinen diplomatischen Schutz gegen den anderen Heimatstaat ausüben können (Art 7 ILC Draft). Etwas anderes soll jedoch dann gelten, wenn die Staatsangehörigkeit eines Staats deutlich überwiegt.[260] Bei Doppelstaatern ist daher zu prüfen,

120

---

252 Hague Convention Governing Certain Questions Relating to the Conflict of Nationalities v 1930, dt Text bei *Hecker,* Mehrseitige völkerrechtliche Verträge zum Staatsangehörigkeitsrecht, 13 ff; dazu *Dugard* (Fn 18) 120.
253 Vgl die Aussage des IGH, wonach es sich um „ordinary practice" handele (vgl ICJ Rep 1949, 174, 186 *[Bernadotte]*); ILC Report 2006, 43 f, Commentary on Art 7 of the ILC Draft on Diplomatic Protection u a mit Hinweisen auf Art 23 Abs 5 der Harvard Draft Convention v 1960, AJIL 55 (1961) 548 ff.
254 Vgl *Orrego Vicuña* (Fn 19) 28, 38 f; *Forcese,* The Capacity to Protect, EJIL 17 (2006) 369 ff.
255 Vgl zB die Entscheidung der Chile-United States-Kommission im Hinblick auf die Verantwortlichkeit von Chile für den Tod von chilenischen Staatsangehörigen bzw US-chilenischen Doppelstaatern; *Orrego Vicuña* (Fn 19) 33 u ILM 31 (1992) 17 f.
256 United Nations Compensation Commission, Provisional Rules for Claims Procedure, 1992, Art 5, 1.a, zitiert nach *Orrego Vicuña* (Fn 19) 34.
257 RIAA XI, 405; vgl auch *Benedek,* Canevaro Claim Arbitration, MPEPIL I, 1113 ff.
258 RIAA XIV, 236.
259 Vgl *O'Connell,* International Law, 2. Aufl 1970, 685.
260 ILC Rep 2006, 43 ff (Commentary on Art 7 of the ILC Draft on Diplomatic Protection).

zu welchem Staat sie unter Berücksichtigung des gewöhnlichen Aufenthalts, des Mittelpunkts der Lebensführung und der privaten, wirtschaftlichen und politischen Interessen *die engere Beziehung* aufweisen.[261]

121 Als eine *zweite gewohnheitsrechtliche Regel* des diplomatischen Schutzrechts wird im traditionellen Völkerrecht angesehen, dass ein Einzelner nur dann diplomatisch geschützt werden kann, wenn er die Staatsangehörigkeit des einen Anspruch geltend machenden Staats sowohl zur Zeit der Verletzung als auch zur Zeit der Geltendmachung eines Anspruchs besitzt *(nationality rule)*. Die Staatsangehörigkeit muss daher auch noch im Zeitpunkt der Entscheidung über den geltend gemachten Anspruch bestehen. Im Hinblick auf die Entwicklung des Völkerrechts und insbes die *Anerkennung eines eigenen Rechts des Geschädigten auf Wiedergutmachung* wird allerdings zunehmend auch diese Regel in Frage gestellt. Stellt man entscheidend darauf ab, dass es sich im Kern um eine Verletzung eigener Rechte des Geschädigten handelt, die mit der diplomatischen Schutzausübung geltend gemacht werden, könnte argumentiert werden, dass die Situation sich nicht deshalb verändert, weil im Anschluss an die Verletzung die Staatsangehörigkeit des Betroffenen gewechselt hat.[262] Hiergegen lässt sich einwenden, dass aus Gründen der Rechtssicherheit einiges für die Beibehaltung der traditionellen Regel spricht. *De lege ferenda* könnte eine Lösung darin liegen, dass der betroffene Einzelne ein Wahlrecht hat, ob sein früherer oder sein jetziger Heimatstaat diplomatischen Schutz ausübt. Ein neuerer Konventionsentwurf amerikanischer Völkerrechtler sieht vor, dass ein Staat diplomatischen Schutz auch zugunsten seiner unlängst eingebürgerten Staatsangehörigen ausüben kann, ohne Rücksicht darauf, ob diese möglicherweise zur Zeit der Verletzung noch nicht die amerikanische Staatsangehörigkeit besessen hatten. Dementsprechend sieht der *Helms-Burton-Act* v 1996 vor, dass die USA zugunsten von ihren Staatsangehörigen, die in Kuba enteignet wurden, diplomatischen Schutz auch dann ausüben können, wenn es sich um Staatsangehörige handelt, die zum Zeitpunkt der Enteignung noch kubanische Staatsangehörige waren.[263] Nach dem ILC-Entwurf gilt grundsätzlich, dass der Geschädigte zwischen dem Zeitpunkt der Schädigung und der Geltendmachung die Staatsangehörigkeit dauerhaft besessen haben muss (Art 5 Nr 1). Ausnahmsweise soll es aber auch genügen, wenn er die Staatsangehörigkeit im Zeitpunkt der Geldendmachung inne hatte (Art 5 Nr 2). Letztere Ausnahme greift jedoch nicht, wenn Ansprüche gegen den früheren Heimatstaat des Geschädigten geltend gemacht werden sollen (Art 5 Nr 3), oder der Geschädigte nachträglich die Staatsangehörigkeit des schädigenden Staats angenommen hat (Art 5 Nr 4).[264] Auch zugunsten solcher Personen, die niemals die Staatsangehörigkeit des den Schutz ausübenden Staats besessen haben, wird in bestimmten Ausnahmefällen die Ausübung des diplomatischen Schutzes befürwortet, etwa dann, wenn es sich um die Verletzung fundamentaler Menschenrechte handelt.[265] Auch zu Gunsten von Flüchtlingen oder staatenlosen Personen wird in dem ILC-Entwurf über diplomatischen Schutz eine Ausnahme vom Erfordernis der Staatsangehörigkeit zu Gunsten eines ständigen Wohnsitzes gemacht.[266] Die Erosion der herkömmlichen Kriterien wird in der Literatur teilweise als Zeichen dafür gewertet, dass das Rechtsinstitut des

---

261 Vgl hierzu *Hailbronner*, Diplomatischer Schutz bei mehrfacher Staatsangehörigkeit, in Ress/Stein (Fn 83) 27 (32 f).
262 Vgl *Orrego Vicuña* (Fn 19) 36.
263 Vgl *Orrego Vicuña* (Fn 19) 36.
264 ILC Rep 2006, 17 (Art 5 Nr 1 bis 4 des ILC Draft on Diplomatic Protection).
265 Hierzu etwa *Kokott*, Zum Spannungsverhältnis zwischen nationality rule und Menschenrechtsschutz bei der Ausübung diplomatischer Protektion, in Ress/Stein (Fn 83) 45 ff; *Thierry*, L'evolution du droit international public, RdC 222 (1990-III) 9 (105 ff).
266 ILC Rep 2006, 17 f (Art 3 Nr 2 u Art 8 des ILC Draft on Diplomatic Protection); vgl *Künzli*, Exercising Diplomatic Protection, ZaöRV 66 (2006) 321 (342 f). Nach der Entscheidung des High Court von England und Wales in *Al Rawi & Others v Secretary of State for Foreign Affairs*, [2006] EWHC 972 (Admin) 63 stellt die Regelung des Art 8 ILC-Entwurfs lediglich „lex ferenda" dar.

diplomatischen Schutzes in der modernen Völkerrechtsordnung zunehmend obsolet geworden ist.[267] Die Völkerrechtspraxis stützt diesen Befund jedoch nicht, auch wenn durch die Veränderung der internationalen Schutzmechanismen im Bereich der Menschenrechte zum Teil eine gewisse Abschwächung des herkömmlichen diplomatischen Schutzrechts zu beobachten ist.

Darüber hinaus enthält Art 23 AEUV eine Abweichung von der *nationality rule*[268] für diejenigen Unionsbürger, die sich in einem Drittstaat aufhalten, in dem der Heimatstaat keine diplomatische Vertretung unterhält: Sie haben das Recht, den Schutz unter denselben Bedingungen in Anspruch zu nehmen wie ein Staatsangehöriger des ersuchten Staats, sofern der Drittstaat dies anerkennt. In der Praxis erfolgt die Zusammenarbeit auf der Grundlage des Beschlusses 95/553/EG der im Rat vereinigten Vertreter der Mitgliedstaaten v 19.12.1995 über den Schutz der Bürger der Europäischen Union durch die diplomatischen und konsularischen Vertretungen[269] und den Beschluss über die von Konsularbeamten zu ergreifenden praktischen Maßnahmen.[270] Beide Beschlüsse sind rechtsverbindlich, nachdem sie von allen Mitgliedstaaten übernommen worden sind.[271] Allerdings läuft der Beschluss 95/553/EG zum 1.5.2018 aus und wird dann endgültig durch die bereits in Kraft getretene RL 2015/637 v 20.4.2015 über Koordinierungs- und Kooperationsmaßnahmen zur Erleichterung des konsularischen Schutzes von nicht vertretenen Unionsbürgern in Drittländern abgelöst.[272] **122**

Im Hinblick auf den *diplomatischen Schutz von Unternehmen* besteht im Schrifttum noch keine Einigkeit darüber, welche Voraussetzungen für die Annahme einer effektiven Verbindung zwischen Unternehmen und demjenigen Staat erforderlich sind, der diplomatischen Schutz gewähren kann.[273] Der IGH hatte im Fall *Barcelona Traction* eine „*permanent and close connection*" zwischen Unternehmen und dem jeweiligen Staat für erforderlich gehalten, wobei im Grundsatz davon auszugehen ist, dass der Gründungsstaat diese Voraussetzung idR erfüllen wird.[274] Auf dieser Linie liegt auch der ILC-Entwurf, wonach grundsätzlich der Staat, nach dessen Rechtsvorschriften die Gründung des Unternehmens erfolgte, für den diplomatischen Schutz verantwortlich ist.[275] Etwas anderes soll hingegen gelten, wenn ein Unternehmen von Staatsangehörigen eines anderen Staats kontrolliert wird, ohne dass es über substantielle Aktivitäten im Gründungsstaat verfügt, und außerdem die Geschäftsleitung und Anteilseigentümerschaft beide in einem anderen Staat gelegen sind. Sofern diese Voraussetzungen kumulativ erfüllt sind, soll der Staat, in dem sich die Geschäftsleitung und Anteilseigentümerschaft befinden, für die Zugehörigkeit entscheidend sein.[276] Fehlt es an einer der im ILC-Entwurf genannten Bedingungen, bleibt es bei der Zuständigkeit des Gründungsstaats. Ähnlich wie bei natürlichen Personen ist der ursprüngliche Zuordnungsstaat eines Unternehmens zur Geltendmachung von Ansprüchen nicht mehr befugt, wenn – nach einem Wechsel der Zuordnung – der Staat, gegen den Ansprüche geltend gemacht werden, sein neuer Zuordnungsstaat ist (Art 10 Nr 2 ILC-Entwurf). Hierdurch wurden die im Fall *Loewen Group Inc v USA* von einem Schiedsgericht des ICSID entwickelten **123**

---

267 Vgl *Pergantis*, Towards a „Humanization" of Diplomatic Protection?, ZaöRV 66 (2006) 351 f.
268 Hierzu *Doehring*, Staat und Verfassung in einem zusammenwachsenden Europa, ZRP 1993, 98 (101); *Stein*, Die Regelung des diplomatischen Schutzes im Vertrag über die Europäische Union, in Ress/Stein (Fn 83) 97 (103 f); *Cot*, La protection consulaire européenne, FS Charpentier, 2008, 281 ff.
269 ABl EG 1995, Nr L 314/73.
270 KOM(1997) 230. Vgl zum Rückkehrausweis (ETD/Emergency Travel Document) auch Beschluss 96/409/GASP, ABl EG 1996, Nr L 168.
271 KOM(2004) 695 endg v 26.10.2004, Vierter Bericht der Kommission über die Unionsbürgerschaft.
272 ABl EU 2015, Nr L 106/1.
273 *Crawford* (Fn 2) 527 ff.
274 ICJ Rep 1970, 4 ff *[Barcelona Traction]*, 42 (para 71); *Shaw* (Fn 54) 593 („meaningful link").
275 ICJ Rep 1970, 4 ff *[Barcelona Traction]*, 42 (para 70).
276 ILC Rep 2006, 54 (Commentary on Art 9 ILC Draft on Diplomatic Protection, para 5).

Grundsätze in eine allgemeine Bestimmung überführt.[277] Keine Auswirkung auf die Geltendmachung von Ansprüchen hat hingegen der Umstand, dass ein Unternehmen nach dem Recht des Gründungsstaats zwischenzeitlich aufgehört hat zu bestehen, sofern Ansprüche wegen der Rechtsverletzung geltend gemacht werden sollen, die zum Untergang des Unternehmens geführt hat (Art 10 Nr 3 ILC-Entwurf). Obwohl diese Frage in den bisherigen Entscheidungen nicht akut geworden war, gab es Bedenken, welche Folge der durch staatliche Maßnahmen herbeigeführte Untergang eines Unternehmens im Hinblick auf seinen diplomatischen Schutz haben soll.[278] Die in Art 10 des ILC-Entwurfs gefundene Lösung gilt als pragmatisch und auf sehr spezielle Gegebenheiten hin konzipiert, kann aber noch nicht den Anspruch erheben, bereits Bestandteil des Völkergewohnheitsrechts zu sein.

124   Zusätzlich zum Schutz von Unternehmen bestehen Fragen im Hinblick auf den *diplomatischen Schutz von Anteilseignern*. Hierbei herrscht nach den vom IGH im Fall *Barcelona Traction* aufgestellten Grundsätzen die Auffassung vor, dass der Staat, dessen Staatsangehörigkeit die Anteilseigner besitzen, generell nicht befugt ist, diplomatischen Schutz zu gewähren, da es auf den Gründungsstaat des Unternehmens ankommt.[279] Somit sind Anteilseigner grundsätzlich auf den diplomatischen Schutz verwiesen, den das jeweilige Unternehmen genießt.[280] Nach den Bestimmungen des ILC-Entwurfs soll nur dann etwas anderes gelten, wenn (a) das Unternehmen nach dem Recht des Gründungsstaats aufgehört hat zu bestehen, oder (b) das Unternehmen im Zeitpunkt der Schädigung als notwendige Voraussetzung für dortige geschäftliche Tätigkeiten über die Staatszugehörigkeit desjenigen Staats verfügen musste, von dem angenommen wird, dass er für die schädigende Handlung zuständig war (Art 11 ILC-Entwurf). Diese Ausnahmen können dazu führen, dass mehrere Staaten, deren Staatsangehörigkeit Anteilseigner innehaben, sich dazu aufgerufen sehen, diplomatischen Schutz auszuüben. Allerdings sollen nach den Vorstellungen der ILC in diesen Fällen die berechtigten Staaten ihre Aktivitäten koordinieren und darauf achten, dass diejenigen Staaten, in denen sich die Mehrheit oder jedenfalls ein Großteil der Anteile befindet, an der Geltendmachung beteiligt sind.[281] Darüber hinaus ist der Staat, dessen Staatsangehörigkeit die Anteilseigner besitzen, zu diplomatischem Schutz befugt, wenn eine unerlaubte Handlung sich als direkte Verletzung der den Anteilseignern als solchen zustehenden Rechte darstellt, die sich von denen des Unternehmens unterscheiden.[282] Wie der IGH entschied, handelt es bei diesen den Anteilseignern unmittelbar zustehenden Rechten um Befugnisse im Zusammenhang mit der Organisationsgewalt sowie der Aufsicht und Geschäftsleitung des Unternehmens, um Teilnahme- und Stimmrechte in Unternehmensgremien und individuelle Ansprüche auf Auszahlung angemessener Anteile im Falle der Liquidation.[283] Obwohl die Aufzählung nicht abschließend ist, weist der Wortlaut des Art 12 des ILC-Entwurfs darauf hin, dass es vor allem darauf ankommt, dass diese Befugnisse unabhängig von den dem jeweiligen Unternehmen zustehenden Rechtspositionen existieren müssen. Mithin wird eine tendenziell restriktive Auslegung durch die Gerichte vorzunehmen sein.[284] Dies zeigte sich zuletzt in der IGH-Entscheidung im *Diallo*-Fall, mit welcher der Gerichtshof die in *Barcelona Traction* und *ELSI* aufgestellten Grundsätze bestätigte, dabei jedoch betonte, dass der diplomatische Schutz für

---

277 ICSID Rep 7 (2005) 442 (para 220); ILC Rep 2006, 57 (Commentary on Art 10 ILC Draft on Diplomatic Protection, para 5).
278 ILC Rep 2006, 57 (Commentary on Art 10 ILC Draft on Diplomatic Protection, para 6).
279 ICJ Rep 1970, 4 ff *[Barcelona Traction]*, 34 (para 40); *Epping* (Fn 9) Rn 126 f.
280 *Crawford* (Fn 2) 707 f.
281 ILC Rep 2006, 59 f (Commentary on Art 11 ILC Draft on Diplomatic Protection, para 3).
282 ILC Rep 2006, 59 (Commentary on Art 11 ILC Draft on Diplomatic Protection, para 2); so auch schon ICJ Rep 1970, 4, 36 *[Barcelona Traction]*.
283 ICJ Rep 1989, 15 *[ELSI]*; hierzu auch *Kubiatowski*, The Case of Elettronica Sicula SpA, Colum J Transnat'l L 29 (1991) 215 ff; *Murphy*, The ELSI Case, Yale JIL 16 (1991) 391 ff.
284 ILC Rep 2006, 67 (Commentary on Art 12 ILC Draft on Diplomatic Protection, para 3).

Anteilseigner nicht als Ausnahme vom allgemeinen Rechtsregime zu betrachten sei, wenn es denn um Rechtspositionen ginge, die diesem unmittelbar selbst und unabhängig vom jeweiligen Unternehmen zustünden.[285]

c) Das Selbstbestimmungsrecht der Völker

Das Selbstbestimmungsrecht der Völker[286] ist heute grundsätzlich als Teil des geltenden Gewohnheitsrechts anerkannt.[287] Es ist in Art 1 Nr 2 und Art 55 UN-Charta genannt und diente vor allem aufgrund der Resolution 1514 (XV) der UN-Generalversammlung v 14.12.1960 als *Grundlage für den Dekolonisierungsprozess*. 1966 wurde das Selbstbestimmungsrecht der Völker den *Menschenrechten* in den gleichlautenden Art 1 der beiden Menschenrechtspakte vorangestellt. Den Inhalt des Selbstbestimmungsrechts umschreibt die *Friendly Relations Declaration* der UN-Generalversammlung v 14.10.1970 (Res 2625 [XXV]).[288] 125

Außerhalb des Dekolonisierungsprozesses unterscheidet man zwischen innerem und äußerem (offensivem) Selbstbestimmungsrecht. Kraft des *inneren Selbstbestimmungsrechts* kann ein Staatsvolk frei und ohne Einmischung von außen über seinen politischen Status entscheiden und seine wirtschaftliche, soziale und kulturelle Entwicklung frei gestalten. Zusätzlich enthält dieses Recht eine demokratische Komponente dergestalt, dass hierunter auch das Recht eines Volks fällt, seine Eigenarten zu bewahren und zu pflegen. Diese Rechte gleichen denen der Angehörigen von Minderheiten (vgl u Rn 324 ff). Eine Minderheit kann dann als Volk angesehen werden, wenn sie auf einem geschlossenen Territorium lebt, eine zur Staatenbildung geeignete Größe aufweist, auf diesem Territorium die ausschließliche oder doch deutliche Mehrheitsbevölkerung darstellt, und es sich um ein traditionelles Siedlungsgebiet handelt.[289] 126

Während des Dekolonisierungsprozesses war das Selbstbestimmungsrecht gleichbedeutend mit dem Recht auf einen eigenen politischen Status, dh mit einem Recht auf Loslösung aus dem bisherigen Kolonialstaat. Das *äußere* Selbstbestimmungsrecht der Kolonialvölker wurde in erheblichem Maße durch die Verpflichtung zur Respektierung der bestehenden Grenzen (*uti possidetis*-Prinzip) eingeschränkt.[290] Als der Anwendungsbereich des Selbstbestimmungsrechts auf alle Völker ausgedehnt wurde, stellte sich die Frage, ob damit allen Völkern ein Recht auf Sezes- 127

---

285 ICJ Rep 2007, para 64; hierzu auch *Knight/O'Brien*, Ahmadou Sadio Diallo Republic of Guinea v Democratic Republic of The Congo, Melb JIL 9 (2008) 151 ff.
286 Vgl Tomuschat (Hrsg), Modern Law of Self-Determination, 1993.
287 ICJ Rep 1975, 12, 31 ff *[Western Sahara]*; ICJ Rep 1971, 16, 31 *[Namibia]*; ICJ Rep 1986, 14, 100 f *[Nicaragua (Merits)]*; ICJ Rep 1995, 89, 102 *[East Timor]*; *Shaw*, Self-Determination, Human Rights, and the Attribution Territory, FS Simma, 2011, 590 ff; *Clark*, Taking Self-Determination Seriously, Chinese JIL 5 (2005) 737 ff; *Mett*, Das Konzept des Selbstbestimmungsrechts der Völker, 2004; *Franz*, Osttimor und das Recht auf Selbstbestimmung, 2005; *Lagerspetz*, National Self-Determination and Ethnic Minorities, Michigan JIL 25 (2005) 1299 ff; *Summers*, The Status of Self-Determination in International Law, FYIL 14 (2003) 271 ff.
288 *von Arnauld*, Souveränität und responsibility to protect, Friedens-Warte 84 (2009) 11 ff.
289 *Murswiek*, Die Problematik eines Rechts auf Sezession, AVR 31 (1993) 307 (328). Auf dem UNESCO-Expertentreffen v 1989 wurde für den Begriff des „Volkes" folgende Definition vorgeschlagen: „[...] a group of individual human beings who enjoy some or all of the following common features: (a) a common historical tradition, (b) racial or ethnic identity, (c) cultural homogeneity, (d) linguistic unity, (e) religious or ideological affinity, (f) territorial connection, (g) common economic life" (SHS-89/CONF.602.7, para 23); hierzu *Alvstad*, The Quebec Secession Issue, Temple ICLJ 18 (2004) 89 ff; *Malloy*, National Minority Rights in Europe, 2005; *Clark* (Fn 287) 737 ff; *Klabbers*, The Right to be Taken Seriously, HRQ 28 (2006) 186 ff; *Park*, Integration of Peoples and Minorities, IJMGR 13 (2006) 69 ff; *Moore*, Sub-state Nationalism and International Law, Michigan JIL 25 (2004) 1319 ff.
290 GA Res 390 V, UN Doc 1 A/1775 (1950); vgl ICJ Rep 1986, 554, 566; *Luker*, On the Borders of Justice, in Miller/Bratspies (Hrsg), Progress in International Law, 2008, 151 ff; *Abi-Saab*, Le principe de l'uti possidetis, FS Caflisch, 2007, 657 ff; *Abraham*, Lines upon Maps, Afr J Int'l & Comp L 15 (2007) 61 ff; *Ditchev*, Grenzfälle, Osteuropa 59 (2009) 291 ff.

sion zusteht.²⁹¹ Zunächst könnte man meinen, ein solches Sezessionsrecht ließe sich aus der *Friendly Relations Declaration* ableiten. Doch wird das *Recht auf Sezession abgelehnt* und nur in Ausnahmefällen zugelassen, wenn zB die Existenz eines Volkes durch ein Verbleiben im Staatsverband bedroht ist.²⁹²

128 Auch aus der jüngeren Staatenpraxis in Mittel- und Osteuropa lässt sich kein generelles Sezessionsrecht ableiten. Dies mag darauf zurückzuführen sein, dass auch die nunmehr selbständig gewordenen Staaten mit Problemen der Desintegration durch Sezessionsbestrebungen von Minoritäten zu kämpfen haben.²⁹³ Diesen Eindruck unterstreicht auch der Umgang mit der Unabhängigkeitserklärung des Kosovo vom 17.2.2008.²⁹⁴ Zwar wurde der Kosovo mittlerweile von mehr als 110 Staaten anerkannt, dabei wurde jedoch sorgsam vermieden, sich ausdrücklich auf die Grundlage dieser Unabhängigkeit – ein mögliches Recht zur Sezession – zu beziehen.²⁹⁵

129 Ein Auseinanderbrechen von Staaten durch Dismembration oder Sezession (su Rn 176 ff) wird aber jedenfalls dann anerkannt, wenn dies wie bei der Auflösung der CSFR zum 1.10.1993 friedlich erfolgt. Schwieriger ist die Lage dann, wenn die Unabhängigkeit aufgrund des Selbstbestimmungsrechts wie in Berg-Karabach, in Abchasien oder Tschetschenien gewaltsam durchgesetzt werden soll.²⁹⁶ Um solche Konflikte zu vermeiden, muss ein Ausgleich zwischen der territorialen Integrität bestehender Staaten und dem Selbstbestimmungsrecht der Völker gefunden werden. Durch rechtzeitig gewährte Autonomie können Sezessionsbestrebungen vermieden werden.²⁹⁷ Aufgrund des einheitlichen Menschenrechtsstandards und des Ausbaus des Minderheitenschutzes bietet sich diese Möglichkeit gerade im europäischen Raum an. Nur im Ausnahmefall schwerer Diskriminierungen und Menschenrechtsverletzungen würde dann das innere Selbstbestimmungsrecht im Notfall auch zu einem *äußeren Selbstbestimmungsrecht* erstarken.²⁹⁸

---

291 Vgl hierzu: *v. Münch*, Das Recht auf Sezession, in Furkes/Schlarp (Hrsg), Jugoslawien: Ein Staat zerfällt, 1991, 133; *Murswiek* (Fn 289) 307 ff; *Fleiner*, The Unilateral Secession of Kosovo as a Precedent in International Law, FS Simma, 2011, 877 ff; *Dietz/Stark*, Der Kosovo im Spannungsfeld zwischen Sezessionsrecht und internationaler Stabilität, Jura 2012, 282 ff; *Sterio*, Self-determination and Secession unter International Law, ILSA JICL 21 (2015) 293 ff; *Griffith*, Secession and the Invisible Hand of the International System, Rev Int Studies 40 (2014) 559 ff.
292 *Groarke*, Dividing the State, 2004; *Thürer/Burri*, Secession, MPEPIL IX, 53 (55, 57); *Schaller* (Fn 129) 131 (139); *Mancini*, Rethinking the Boundaries of Democatic Secession, IJCL 6 (2008) 553 ff; *Conti*, The Referendum for Self-Determination, African J Int & Comp L 16 (2008) 178 ff. Aus der Praxis des UN-Sicherheitsrates: SR-Res 169 v 24.11. 1961 (Ablehnung der Sezession von Katanga); SR-Res 215 v 12.11.1965 (Ablehnung der Sezession von Südrhodesien); SR-Res 541 v 18.11.1983 (Ablehnung der Sezession von Nordzypern); SR-Res 402 v 22.12.1976 (Ablehnung der Sezession von Transkei/Südafrika).
293 *Murswiek* (Fn 289) 323; *Fleiner* (Fn 291) 877 ff.
294 Hierzu eingehend: *Vidmar* (Fn 129) 779 ff; *Schaller* (Fn 129) 131 ff; *Wirth*, Kosovo am Vorabend der Statusentscheidung, ZaöRV 67 (2007) 1065 ff; *Warbrick* (Fn 129) 675 ff; *de Wet*, The Governance of Kosovo, AJIL 103 (2009) 83 ff; *Jia* (Fn 129) 27 ff; *Orakhelashvili*, Statehood, Recognition and the United Nations System, MPYUNL 12 (2008) 1 ff; *ders*, The Kosovo UDI between Agreed Law and Subjektive Perception, Chinese JIL (2009) 285 ff; *Hilpold*, The Kosovo Case and International Law, Chinese JIL (2009) 27 ff; *Müllerson*, Precedents in the Mountains, Chinese JIL (2009) 2 ff; *Dalahunty/Perez*, The Kosovo Crisis, Vanderbilt J Transnat'l L 42 (2009) 15 ff.
295 *Warbrick* (Fn 129) 679; *Jia* (Fn 129) 35 f; *Schaller* (Fn 129) 139; *Watson*, When in the Course of Human Events, TJICL 17 (2008/2009) 267 ff.
296 Vgl zum georgisch-abchasischen Konflikt und zum Fall Tschetschenien: Osteuropa-Archiv 1993, A 316 ff mit Einleitung von *Gerber* zu Berg-Karabach; *Asenbauer*, Zum Selbstbestimmungsrecht des armenischen Volkes von Berg-Karabach, 1992; *Hasani*, Self-Determination under the Terms of the 2002 Union Agreement between Serbia and Montenegro, Chicago-Kent LR 80 (2005) 305 ff; *Sauer/Wagner*, Der Tschetschenien-Konflikt und das Völkerrecht, AVR 45 (2007) 53 ff.
297 Vgl *Murswiek* (Fn 289) 330 ff; *ders*, The Issue of a Right of Secession, in Tomuschat (Fn 286) 21 (38 f); *Epps*, Resolution of Claims to Self-Determination, ILSA JICL 10 (2004) 377 ff.
298 *Oeter*, Selbstbestimmungsrecht im Wandel, ZaöRV 52 (1992) 741 (772 f); *Doehring*, Self-Determination, in Simma (Hrsg), The Charter of the United Nations, Bd 1, 2. Aufl 2002, Rn 37 ff; *Dahm/Delbrück/Wolfrum* (Fn 47) § 83; *Murswiek* (Fn 289) 307 (328); *Herdegen* (Fn 53) § 36 Rn 6; *Heintze*, Selbstbestimmungsrecht und Minderheiten im Völkerrecht, 1994, 87 ff; *Brandt Ahrens*, Chechnya and the Right of Self-Determination, Colum J Transnat'l L 42

Und selbst dann ist davon auszugehen, dass eine *Sezession* nur als *ultima ratio* zulässig ist, wenn alle anderen Lösungsmöglichkeiten gescheitert sind oder keine Aussicht auf Erfolg haben.[299] Allerdings lässt die Völkerrechtspraxis bislang kein Gewohnheitsrecht dieses Inhalts erkennen, da eine Vielzahl der Staaten, schon um Abspaltungstendenzen innerhalb der eigenen Grenzen entgegenzuwirken, sich ganz grundsätzlich gegen jede Form der Sezession als Folge des Selbstbestimmungsrechts wendet. Der Generalsekretär der UNO hat dem Sicherheitsrat am 17.6.1992 eine *Agenda for Peace* unterbreitet, die zur Konfliktvermeidung das Mittel der vorbeugenden Diplomatie nennt.[300] Trotz der noch durch die Kolonialerfahrung geprägten Aggressionsdefinition, die es nahe legt, den Kampf eines Volkes um das Selbstbestimmungsrecht als Ausnahme vom Gewaltverbot zu deuten, wird in der Staatenpraxis jedenfalls ein Eingreifen von Drittstaaten in nationale Befreiungskriege, die mit dem Anspruch eines Volkes auf Selbstbestimmung geführt werden, als Verstoß gegen das Gewaltverbot angesehen.[301]

Wie das Beispiel des Kosovo zeigt, sind mit der im Schrifttum vertretenen Begründung eines **130** *äußeren Selbstbestimmungsrechts* durch schwere Diskriminierungen oder gravierende Menschenrechtsverletzungen ohnehin weitere Fragen verbunden. So bestehen Zweifel, ob die Unabhängigkeitserklärung des Kosovo v 17.2.2008 noch auf die von serbischer Seite im Jahr 1999 und davor begangenen Menschenrechtsverletzungen gestützt werden konnte.[302] Andere Stimmen im Schrifttum gehen auch bei erheblicher zeitlicher Distanz von einem Fortwirken früherer Gewaltmaßnahmen einerseits bzw einer Verwirkung infolge Souveränitätsmissbrauchs andererseits aus, die einen Verbleib im Staatsverband dauerhaft unzumutbar machen können.[303] Allerdings tritt die einseitige Ausübung des äußeren Selbstbestimmungsrechts hinter Maßnahmen des UN-Sicherheitsrats zurück, wie sie im Fall des Kosovo mit der Resolution 1244 und der Einsetzung eines internationalen Verwaltungsregimes (UNMIK) erfolgt sind.[304]

Das jüngste Bsp für eine völkerrechtlich unzulässige Verknüpfung von Selbstbestimmungs- **130a** und Sezessionsrecht haben die Vorgänge auf der ukrainischen Halbinsel Krim im Jahr 2014 geboten.[305] Abgesehen davon, dass schwere Diskriminierungen oder gravierende Menschenrechtsverletzungen auf der Krim vor Beginn der russischen Intervention nicht zu erkennen waren und auch nicht von neutraler Stelle nachgewiesen wurden, führt das russische Eingreifen zu einem

---

(2004) 575 (584 ff); Supreme Court of Canada, Secession of Quebec [1998] 2 SCR 217, 126 (Can) ("a right to external self-determination [...] arises in only the most extreme cases and even then, under carfully defined circumstances.").
299 Vgl die 2. Kommission der Berichterstatter im *Aaland Insel*-Fall, Report of the International Committee of Jurists entrusted by the Council of the League of Nations with the Task of Giving an Advisory Opinion upon the Legal Aspects of the Aaland Islands Question, League of Nations, OJ, Spec Supp No 3 at 21 (1920); *Sauer/Wagner* (Fn 296) 59.
300 UN Doc A/47/277-S/24111 (1992).
301 Vgl *Stein/von Buttlar* (Fn 45) Rn 687 f.
302 *Schaller* (Fn 129) 139; *Vidmar* (Fn 129) 817 f; früher zu diesen Fragen: *Weber*, Das Sezessionsrecht der Kosovo-Albaner und seine Durchsetzbarkeit, AVR 43 (2005) 494 ff.
303 *Wirth* (Fn 294) 1072 ff; *Vidmar* (Fn 129) 815 ff; ein äußeres Selbstbestimmungsrecht auf das Jahr 1998/1999 beschränkend: *Schaller* (Fn 129) 139.
304 *von Carlowitz*, UNMIK Lawmaking Between Effective Peace Support and International Self-Determination, AVR 41 (2003) 336 (365 f); *Wirth* (Fn 294) 1074.
305 Vgl *Luchterhandt*, Die Krim-Krise von 2014, Osteuropa 64 (2014) 61 ff; *ders*, Der Anschluss der Krim an Russland aus völkerrechtlicher Sicht, AVR 52 (2014) 137 ff; *Czerwonnaja*, Die Krim im „schwarzen Frühling" 2014, EJM 7 (2014) 255 ff; *Hilpold*, Ukraine, Crimea and New International Law, Chinese JIL 14 (2015) 237 ff; *ders*, Die Ukraine-Krise aus völkerrechtlicher Sicht, SZIER 25 (2015) 171 ff; *Marxsen*, The Crimea Crisis, ZaöRV 74 (2014) 267 ff; *ders*, Territorial Integrity in International Law, ZaöRV 75 (2015) 7 ff; *Kranz*, Imperialism, the Highest Stage of Sovereign Democracy, AVR 52 (2014) 205 ff; *Heintze*, Der völkerrechtliche Status der Krim und ihrer Bewohner, FW 89 (2014) 153 ff; *Geistlinger*, Der Beitritt der Republik Krim zur Russländischen Föderation aus der Warte des Selbstbestimmungsrechts der Völker, AVR 52 (2014) 175 ff; *Wildhaber*, Krim, Ostukraine und Völkerrecht, SZIER 25 (2015) 159 ff; *Tolstykh*, Three Ideas of Self-determination in International Law and the Reunification of Crimea with Russia, ZaöRV 75 (2015) 119 ff; *Salenko*, Legal Aspects of the Dissolution of the Soviet Union in 1991 and its Implication for the Reunification of Crimea with Russia in 2014, ZaöRV 75 (2015) 141 ff; *Merezhko*, Crimea's annexation by Russia, ZaöRV 75 (2015) 167 ff.

schwerwiegenden Verstoß gegen das Gewaltverbot und macht darüber hinaus eine effektive Ausübung des Selbstbestimmungsrechts unmöglich.[306] Und selbst wenn eine freie und unbeeinflusste Volksabstimmung auf der Krim stattgefunden hätte, in der sich eine Mehrheit der Stimmberechtigten für eine Abspaltung von der Ukraine ausgesprochen hätte, wäre hieraus in Ermangelung weiterer Voraussetzungen kein Sezessionsrecht resultiert. Durch die Anwesenheit russischer Streitkräfte auf der Krim vor und während der Volksabstimmung wurde deren Ergebnis jedoch von vornherein entwertet und war daher außerstande, einen völkerrechtlich belastbaren Abtrennungsbeschluss zu rechtfertigen.[307]

3. Das Staatsgebiet
a) Territoriale Souveränität und Gebietshoheit

131   Entgegen der früher vertretenen Ansicht wird das Staatsgebiet[308] nicht als Eigentum des Staats betrachtet. Es stellt vielmehr den Bereich dar, in dem ein Staat ausschließlich räumlich zuständig ist (Kompetenztheorie).[309] Der Schiedsrichter *Max Huber* umschrieb die territoriale Souveränität im Fall *Island of Palmas* als „the exclusive competence of the state in regard to its own territory in such a way as to make it the point of departure in settling most questions that concern international relations."[310]

132   In Anlehnung an das Bürgerliche Recht und die dort getroffene Unterscheidung zwischen Eigentum und Besitz wird zwischen der territorialen Souveränität und der Gebietshoheit unterschieden.[311] Unter der Gebietshoheit eines Staates versteht man die tatsächliche Herrschaft, während die territoriale Souveränität über die Gebietshoheit hinaus das Recht des Staats auf das von ihm beherrschte Gebiet erfasst.

133   Territoriale Souveränität und Gebietshoheit können auseinander fallen, wenn ein Staat einem anderen Rechte über sein Gebiet oder einen Teil des Gebiets einräumt, ohne dadurch seine endgültige Verfügungsbefugnis aufzugeben. Hier werden Servituten und Verwaltungszessionen unterschieden. Durch eine *Servitut* erhält ein anderer Staat einzelne Rechte über ein fremdes Staatsgebiet. Sie hat dinglichen Charakter, ist an das jeweilige Gebiet geknüpft und wirkt gegenüber dritten Staaten.[312] Zu den Servituten zählen vor allem Grenzzollämter und Grenzbahnhöfe. Aufgrund einer *Verwaltungszession* kann ein Staat ein Gebiet insgesamt regieren und verwalten, ohne dass der die Rechte einräumende Staat dadurch seine territoriale Souveränität verliert.

134   Ein Bsp für eine Verwaltungszession ist der zwischen den USA und Panama am 18.11.1903 geschlossene, die Herrschaft über den Panama-Kanal betreffende *Hay-Varilla-Vertrag*. Trotz dieser Verwaltungszession blieb Panama territorialer Souverän, was in einem neuen Vertrag v 1974 bestätigt wurde.[313] Am 7.9.1977 wurde die Vereinbarung v 1903 dahingehend geändert, dass den USA bis zum 31.12.1999 nur noch einzelne Rechte zustanden.

135   Üben mehrere Staaten die territoriale Souveränität gemeinsam aus, spricht man von einem *Kondominium*. Ein solches existierte etwa zwischen Österreich und Preußen v 1864 bis 1866 über Schleswig-Holstein. Ein gemeinschaftliches Hoheitsgebiet wurde im Vertrag v 19.12.1984 zwischen der BR Deutschland und dem Großherzogtum Luxemburg über den Verlauf der gemein-

---

306 *Peters*, Das Völkerrecht der Gebietsreferenden, Osteuropa 64 (2014) 101 ff; *Geistlinger* (Fn 305) 175 ff.
307 ZB *Bílková*, The Use of Force by the Russian Federation in Crimea, ZaöRV 75 (2015) 27 (30 ff).
308 Vgl *Proelß*, 5. Abschn Rn 14 ff.
309 Vgl zu den verschiedenen Theorien *Dahm/Delbrück/Wolfrum* (Fn 72) 317.
310 RIAA II, 829, 838; 4 ILR 103, 104.
311 Vgl *Crawford* (Fn 2) 203 f; *Verdross/Simma* (Fn 1) 655; aus jüngerer Zeit *Vidmar*, Teritorial Integrity and the Law of Statehood, GWILR 44 (2012) 697 ff; *D'Aspremont*, The International Law of Statehood, Connecticut JIL 29 (2014) 201 ff.
312 *Marchisio*, Servitudes, MPEPIL IX, 158 ff.
313 AJIL 68 (1974) 516 ff.

samen Grenze für Mosel, Sauer und Our vereinbart.³¹⁴ Als *Koimperium* bezeichnet man die gleichzeitige Ausübung der Gebietshoheit.

b) Erwerb und Verlust von Staatsgebiet

Beim Erwerb und Verlust von Staatsgebiet durch bestehende Staaten orientiert sich das Völkerrecht ebenfalls an zivilrechtlichen Kategorien. Unterschieden wird zwischen der Okkupation, der Eroberung, der Zession, der Ersitzung oder Anschwemmung und der Adjudikation, wobei diese Tatbestände wiederum zwei Gruppen, nämlich dem *originären* und dem *derivativen Erwerb* zugeordnet werden können. Eine eindeutige Zuordnung eines Erwerbs auf völkerrechtlicher Ebene zu einer der Kategorien kann im Einzelfall jedoch schwierig sein, da zB ein Gebietserwerb aufgrund eines Friedensvertrags auch Elemente einer Eroberung oder Zession aufweisen kann. Die Versuche, neue Kategorien zu bilden, haben sich bislang nicht durchsetzen können.³¹⁵ **136**

Ist unklar, wer territorialer Souverän eines bestimmten Gebiets ist, wird in der Staatenpraxis darauf abgestellt, welcher Staat nach einem eventuellen Erwerb die Herrschaft in diesem Gebiet *effektiv* ausübt (Grundsatz der Effektivität). Die Regelungsdichte, die vorliegen muss, richtet sich nach dem Einzelfall. So kann berücksichtigt werden, ob es sich um leicht zugängliches und bewohntes Gebiet oder aber um unzugängliches Gebiet handelt. **137**

Der Grundsatz der Effektivität war auch Gegenstand des Rechtsstreits *Island of Palmas*, als sich die USA und die Niederlande über die Zugehörigkeit einer Insel im philippinischen Archipel stritten. Die USA stützten ihren Anspruch darauf, dass die Insel von Spanien entdeckt worden sei und die Philippinen 1898 von Spanien an die USA abgetreten worden seien. Von dieser Abtretung sei auch die Insel „Island of Palmas" wegen ihrer Nähe zum philippinischen Archipel umfasst gewesen. Die Niederlande verwiesen darauf, dass sie und nicht die USA über einen langen Zeitraum die tatsächliche Herrschaft ausgeübt hätten. Der Schiedsrichter *Max Huber* stellte hier fest, „that the continuous and peaceful display of territorial sovereignty (peaceful in relations to other States) is as good as title."³¹⁶ **138**

Der Erwerb von Staatsgebiet durch *Okkupation* setzt die Inbesitznahme eines Gebiets sowie den Willen des okkupierenden Staats zur effektiven Ausübung der Herrschaft voraus („the intention and will to act as sovereign, and some actual exercise or display of such authority").³¹⁷ Ein Gebietserwerb kommt nur in Betracht, wenn das betreffende Gebiet vom Gebietsvorgänger aufgegeben wurde, oder es sich um ein solches handelt, das zuvor noch keiner territorialen Souveränität unterstand *(terra nullius)*. Ein Gebietserwerb durch Okkupation ist nicht möglich, wenn das Gebiet wie der Weltraum oder die Hohe See als *res communis* von vornherein keiner Aneignung unterliegt. **139**

Neben der Okkupation führte früher auch die *Annexion* eines Staats zum Gebietserwerb. Unter Annexion versteht man den einseitigen Akt eines Staats, durch den dieser fremdes Staatsgebiet gegen den Willen des betroffenen Staats zu seinem eigenen macht. Annexionen verstoßen heute gegen das Gewaltverbot in Art 2 Nr 4 UN-Charta.³¹⁸ Daher wurde zB die Invasion des Irak in Kuwait verurteilt.³¹⁹ Der UN-Sicherheitsrat forderte den Irak zunächst auf, seine Truppen aus **140**

---

314 BGBl 1988 II, 414 ff
315 Überblick über die Ansätze von *Dupuy, Reuter* und *Rousseau* bei *Torres Bernardez*, Territory, Aquisition, EPIL 10, 1987, 496 (497).
316 RIAA II, 829, 839.
317 PCIJ, Ser A/B, No 53, 45 f *[Ostgrönland]*.
318 Vgl *Graf Vitzthum*, 1. Abschn Rn 52 ff, 75.
319 Vgl zum irakisch-kuwaitischen Konflikt *Fink*, Der Konflikt zwischen dem Irak und Kuwait und die internationale Friedensordnung, AVR 29 (1991) 452 ff; *Heintze*, Die vorherige Nichtbefolgung des Völkerrechts als förderndes

Kuwait zurückzuziehen und erklärte die Annexion im August 1990 für null und nichtig.[320] Zugleich wurden die Staaten aufgefordert, die Annexion nicht anzuerkennen und von Handlungen Abstand zu nehmen, die als Anerkennung derselben verstanden werden könnten.

141   Darüber hinaus kann eine *Ersitzung* (Preskription) oder *Anschwemmung* zu Gebietserwerb führen. Erstere erfordert den Willen zum Gebietserwerb sowie die tatsächliche Ausübung der Gebietshoheit über längere Zeit.[321] Voraussetzung ist weiter, dass der erwerbende Staat gutgläubig ist und der Gebietsvorgänger nicht protestiert. Auf Ersitzung stützte Großbritannien auch seinen Gebietsanspruch im Falkland-Konflikt, obwohl Argentinien seine Gebietsansprüche formell nicht aufgegeben hatte.[322]

142   Staatsgebiet kann auch durch *Zession* erworben werden. Diese kann auf einem Kaufvertrag, einem Gebietstausch oder einer Schenkung beruhen. Oftmals dienen Zessionen dazu, Grenzen zu bereinigen. Str ist, zu welchem Zeitpunkt das Gebiet auf den Gebietsnachfolger übergeht. In Betracht kommt ein Übergang mit Ratifikation des der Zession zugrunde liegenden Vertrags oder mit tatsächlicher Inbesitznahme durch den Nachfolgestaat.[323]

143   Gebietserwerb ist schließlich durch *Adjudikation* möglich, dh durch die Entscheidung eines internationalen Gerichtshofs, Schiedsgerichts oder einer Staatenkonferenz.[324]

144   Der *Verlust* von Staatsgebiet kann durch *Dereliktion* erfolgen. Das in Frage stehende Gebiet kann anschließend als *terra nullius* von anderen Staaten besetzt und durch Okkupation erworben werden. Dingliche Belastungen wie Servitute bleiben jedoch bestehen und gehen auf den Gebietsnachfolger über. Gebietsübergang kann auch durch Verzicht erfolgen. So hat zB der philippinische Präsident *Marcos* 1977 während einer ASEAN-Sitzung auf die Republik von Sabah verzichtet (heute Gliedstaat von Malaysia).

145   Keine Gebietsaufgabe wurde im Warschauer Vertrag v 7.12.1970 zwischen der BR Deutschland und Polen vorgenommen. Zwar wird in Art 1 die Oder-Neiße-Linie als Grenze zwischen den Vertragsstaaten festgelegt, ein Verzicht konnte aber nur von einem Vereinten Deutschland erklärt werden.[325] Eine endgültige Regelung der Grenzen wurde nach der Wiedervereinigung aufgrund des Zwei-plus-Vier-Vertrags v 12.9.1990, dem Zustimmungsgesetz zum Zwei-plus-Vier-Vertrag v 11.10.1990 sowie den deutsch-sowjetischen und deutsch-polnischen Vereinbarungen erreicht.[326]

c) Umfang des Staatsgebiets

146   Das Staatsgebiet[327] umfasst ein bestimmtes Gebiet auf der Erdoberfläche, sowie Binnengewässer wie Flüsse und Seen. Es erstreckt sich darüber hinaus auf den unter der Erdoberfläche befindlichen Raum bis zum Erdmittelpunkt und den sich über dem Staatsgebiet befindlichen Luftraum. Die Gebiete der verschiedenen Staaten werden durch Grenzen getrennt. Mit Ausnahme der seewärtigen Grenzen ist kein Staat berechtigt, ohne Anerkennung des Nachbarstaats Grenzen einseitig festzulegen.

Moment für die irakische Aggression gegen Kuwait am 2.8.1990, AVR 29 (1991) 436ff; *Klein*, Völkerrechtliche Aspekte des Golfkonfliktes 1990/91, AVR 29 (1991) 421ff.
320 S/RES/662 (1990) v 9.8.1990. Die Resolutionen des Sicherheitsrats zur Kuwait-Frage v 2.8.1990 bis zum 2.3.1991 finden sich in AVR 28 (1990) 503ff.
321 *Lesaffer*, Argument from Roman Law in Current International Law, EJIL 16 (2005) 25ff.
322 Dokumente zum Falkland-Konflikt finden sich in EA 1982, D 473; vgl auch *Dolzer*, Der völkerrechtliche Status der Falkland-Inseln (Malvinas) im Wandel der Zeit, 1986.
323 Vgl hierzu PCIJ, Ser A, No 7, 29, 37 [*Chorzów*].
324 *Summer*, Territorial Disputes at the International Court of Justice, Duke LJ 53 (2004) 1779ff.
325 Vgl aber Vertrag zwischen der BR Deutschland und der Republik Polen über die Bestätigung der zwischen ihnen herrschenden Grenze, BGBl 1991 II, 1329ff.
326 Vgl hierzu Stern/Schmidt-Bleibtreu (Hrsg), Zwei-plus-Vier-Vertrag, 1991.
327 Vgl *Proelß*, 5. Abschn Rn 14ff.

Die meisten *Staatsgrenzen* auf der Erdoberfläche beruhen auf Grenzverträgen, können aber 147
auch durch ein widerspruchsloses Dulden während eines längeren Zeitraums entstehen. Liegt
weder eine ausdrückliche noch eine stillschweigende *Vereinbarung* über die Grenzen vor, ist nach
dem Effektivitätsprinzip zu prüfen, ob ein Staat aufgrund einer längeren tatsächlichen unbestrittenen Herrschaftsgewalt Grenzen durch unbestrittenen Besitzstand festlegen konnte. Karten sind
als Beweismaterial für die Grenzziehung dann erheblich, wenn sie von beiden Staaten zugrunde
gelegt werden. In Zweifelsfällen ist auf völkergewohnheitsrechtliche Regeln über den üblichen
Grenzverlauf, dh auf natürliche Grenzen wie Gebirge und Wasserscheiden, zurückzugreifen. Bei
nicht-schiffbaren Flüssen verläuft die Grenze entlang der Mittellinie. Ist der Fluss schiffbar, bildet
der Talweg, dh die gedachte Linie entlang der Hauptschifffahrtsrinne, die Grenze. Bei Grenzseen
findet idR eine Realteilung der Uferstaaten längs der Mittellinie bzw des Talwegs statt.[328]

Einen Sonderfall stellen die Rechtsverhältnisse auf dem *Bodensee* dar.[329] Der Überlinger See 148
ist deutsches Staatsgebiet. Für den Konstanzer Trichter wurde zwischen Deutschland und der
Schweiz die Mittellinie vertraglich als Grenze festgelegt. Für den Untersee wurde 1854 ebenfalls
eine vertragliche Regelung getroffen. Problematisch sind die Rechtsverhältnisse auf dem *Obersee*. Die Schweiz hält an einer Realteilung entlang der Mittellinie fest und lehnt die von Österreich vertretene Kondominiumstheorie ab,[330] wonach nur die Halde bis zur 25-Meter-Tiefen-Linie
Staatsgebiet der Anrainer sei und im Übrigen zwischen Deutschland und Österreich ein Kondominium vorliege. Deutschland hat seine Position nicht festgelegt.[331] Vertragliche Vereinbarungen wurden – wie etwa durch das Übereinkommen über die Schifffahrt im Bodensee v 1.6.1973[332]
– nur über einzelne Nutzungen geschlossen. Ein ähnlicher territorialer Streit hat sich über die
Rechtsverhältnisse am *Kaspischen Meer* entzündet, der zusätzliche Brisanz dadurch gewinnt,
dass dort erhebliche Gas- und Erdölvorkommen bestehen.[333]

Neben den sog *Eigengewässern* wie Binnenseen, Flüssen und Kanälen gehören auch die *in-* 149
neren Gewässer zum Staatsgebiet des Küstenstaats. Innere Gewässer sind sämtliche Meeresgebiete zwischen der Küste und der Basislinie wie Einbuchtungen und Einschnitte in der Küste
oder auch Flussmündungen und Deltas.[334]

Die Souveränität erstreckt sich ferner auf das an die Küste angrenzende *Küstenmeer*.[335] Ge- 150
wohnheitsrechtlich hat sich im Küstenmeer zugunsten dritter Staaten das Recht der friedlichen
Durchfahrt entwickelt *(innocent passage)*.[336] Hiernach dürfen Schiffe, die auf der Reise zwischen
zwei Ländern Küstengewässer eines dritten Landes durchfahren, ohne dort in den Hafen einzu-

---

328 Eine solche Realteilung wurde beim Genfer See vorgenommen. Vgl die Convention sur la détermination de la frontière dans le lac Léman v 25.2.1953 (RGDIP 64 [1960] 442 ff); dazu *Pondaven*, Le statut international du Lac Léman, RGDIP 78 (1974) 60 ff.
329 Zum Bodensee *Schweiger*, Staatsgrenzen im Bodensee und IGH-Statut, BayVBl 1995, 65 ff; *Strätz*, Der Bodensee als Rechtsobjekt, DRiZ 1981, 54 ff; *ders*, Bodensee und Juristen, JuS 1991, 900 ff; *Veiter*, Die Rechtsverhältnisse auf dem Bodensee, AVR 28 (1990) 458 ff.
330 Schweizerisches Bundesgericht, Urt v 17.6.1975, BGE 101 I a, 269.
331 Vgl aber BayVGH, AVR 12 (1964/65) 218 ff.
332 BGBl 1975 II, 405 ff.
333 ZB *Kembayev*, Die Rechtslage des Kaspischen Meeres, ZaöRV 68 (2008) 1027 ff; *Hobér*, Ownership of Oil and Gas Resources in the Caspian Sea, JEL 1 (2008) 67 ff; *Kvitsinskaia*, Tehran Convention, EPL 37 (2007) 494 ff; *Klein*, The Law of the Lakes, Mich SLR 5 (2006) 1259 ff; *Gramola*, State Succession and the Delimination of the Caspian Sea, ItYIL 14 (2004) 237 ff; *Dash*, Caspian Debate and Route Options for Energy Transportation, Ind Q 59 (2003) 73 ff; *De Lucca*, Vers la definition du statute juridique de la Mer Caspienne, in Koufa (Hrsg), Protection of the Environment for the New Millennium, 2002, 437 ff; *Cherniavskii*, Azerbaijan: The Caspian Sea Negotiations, Int Affairs 47 (2001) 129 ff.
334 *Degan*, Consolidation of Legal Principles on Maritime Delimitation, Chinese JIL 6 (2007) 601 ff; *Paik*, The Roles of Proportionality in Maritime Delimitation, FS Wolfrum, 2011, Bd 1, 199 ff; *Pawlak*, Some Reflections on Factors Exerting Influence on Maritime Boundary Delimitations, ebd, 223 ff.
335 Vgl zur Definition Art 2 Abs 1 SRÜ. Eingehend *Proelß*, 5. Abschn Rn 43 ff.
336 Vgl auch Art 17 SRÜ; Nordquist (Hrsg), Freedom of Seas, Passage Rights and the 1982 Law of the Sea Convention, 2009.

laufen, die Küstengewässer ohne besondere Genehmigung benutzen. Das Recht der friedlichen Durchfahrt erstreckt sich nicht auf den Luftraum über den Küstengewässern. Traditionell umfasst das Küstenmeer eine Zone von drei Seemeilen (sm). Nach Art 3 SRÜ ist jedoch eine Ausdehnung bis zu 12 sm möglich.

151 Küstenstaaten können ferner eine *Anschlusszone* bis zu 24 sm beanspruchen, die von den Basislinien aus berechnet wird. In dieser an das Küstenmeer angrenzenden Zone, die nicht zum Staatsgebiet gehört, kann der Küstenstaat nach Art 33 SRÜ Kontrollen ausüben, um Verstöße gegen seine Zoll- und Finanzgesetzgebung, Einreise- oder Gesundheitsgesetze und sonstige Vorschriften in seinem Hoheitsgebiet oder seinem Küstenmeer zu verhindern bzw Verstöße gegen diese Gesetze zu ahnden. Schließlich stehen Küstenstaaten zur Wahrnehmung besonderer Interessen an der Erforschung, Ausbeutung, Erhaltung und Bewirtschaftung der lebenden und nicht lebenden Naturschätze des Meeresbodens und Meeresuntergrunds sowie der darüber liegenden Gewässer Hoheitsrechte innerhalb einer *ausschließlichen Wirtschaftszone (exclusive economic zone)* zu, die sich auf eine max Breite von 200 sm von der Basislinie aus erstreckt.[337]

152 Für die Küstenstaaten kann auch der *Festlandsockel* von Interesse sein, um Vorkommen von Erdöl, Erdgas und Kohle im Meeresuntergrund, der an die Küste angrenzt, ausschließlich ausbeuten zu können. Die Regelungen über den Festlandsockel finden sich in Teil VI SRÜ. Art 76 Abs 1 SRÜ definiert den Festlandsockel. Dieser gehört nicht zum Staatsgebiet, der Küstenstaat darf aber „souveräne Rechte" zum Zwecke der Erforschung und der Ausbeutung der natürlichen Ressourcen ausüben. Die Abgrenzung des Festlandsockels zwischen Staaten mit gegenüberliegenden oder aneinander angrenzenden Küsten hat in der Vergangenheit zu einer Reihe von Streitigkeiten geführt. Das SRÜ sieht in Art 83 vor, dass die Abgrenzung durch Übereinkunft auf der Grundlage des Völkerrechts iSd Art 38 IGH-Statut zu erfolgen hat, um eine der Billigkeit entsprechende Lösung zu erzielen.

153 Als problematisch erwies sich insbesondere die Abgrenzung des Festlandsockels in der *Nordsee*, da sich hier das Meer fast vollständig über dem europäischen Festlandsockel befindet.[338] Streit entstand bei der Frage, ob bei der Aufteilung das in Art 6 der Festlandsockel-Konvention v 1958 genannte Äquidistanzprinzip als Teil des Völkergewohnheitsrechts anzuwenden sei. Für Deutschland hätte dies aufgrund der nach innen gewölbten Küste im Vergleich zu den anderen Uferstaaten eine Benachteiligung bedeutet. Der IGH entschied,[339] dass die Anwendung des Äquidistanzprinzips nicht zwingend vorgeschrieben sei. Er wies die Parteien an, die Abgrenzung in Übereinstimmung mit den Prinzipien der Billigkeit durchzuführen, wobei alle wesentlichen Umstände in der Weise zu berücksichtigen seien, dass jeder Partei soweit wie möglich alle Teile des Festlandsockels überlassen werden sollten, die die *natürliche Verlängerung ihres Landgebiets in oder unter der See* darstellten, soweit dies ohne Beeinträchtigung der natürlichen Fortsetzung des Landgebiets einer anderen Partei möglich sei. Die BR Deutschland schloss schließlich ein Abkommen mit Dänemark, Großbritannien und den Niederlanden über die Abgrenzung des Anteils am Festlandsockel.[340]

4. Die Staatsgewalt
a) Umfang der Staatsgewalt und Neutralität

154 Die Staatsgewalt umfasst die *Gebiets- und die Personalhoheit*. Auf dem Hoheitsgebiet eines fremden Staats dürfen ohne dessen Zustimmung keine Hoheitsakte gesetzt werden. Selbst wenn der Heimatstaat aufgrund seiner Personalhoheit Sachverhalte außerhalb des Staatsgebiets zum Ge-

---
337 Vgl Art 56 SRÜ.
338 Hierzu *Wilke*, Abgrenzung des Festlandsockels in der Nordsee, 1980.
339 ICJ Rep 1969, 39 *[Nordsee-Festlandsockel]*.
340 BGBl 1972 II, 881 ff.

genstand gesetzlicher Regelungen macht, kann er eine Beachtung seiner Vorschriften nicht erzwingen. Weist ein Sachverhalt Auslandsbezug auf, kann der Staat diesen nur dann zum Gegenstand innerstaatlicher Gesetzgebung machen, wenn eine vernünftige nahe Beziehung zum Inland gegeben ist. Der Widerstreit zweier Rechtsordnungen aufgrund gleichzeitiger Anwendung von Personalitäts- und Territorialitätsprinzip wird durch das Internationale Strafrecht, das Internationale Privatrecht und das Internationale Verwaltungsrecht, hier insbes das Internationale Steuerrecht, geregelt.

Grundlagen des *Internationalen Strafrechts* sind die Territorialhoheit, die aktive und passive **155** Personalhoheit, der Schutz wichtiger Staatsinteressen sowie das Universalitätsprinzip. Die aktive Personalhoheit berechtigt Staaten, Regelungen für Staatsangehörige im Ausland zu treffen. Aufgrund der passiven Personalhoheit ist es einem Staat möglich, das Verhalten von Ausländern seiner Regelungsgewalt *(jurisdiction)* zu unterstellen, wenn durch jenes Verhalten einer seiner Staatsbürger im Ausland zu Schaden kam (so etwa § 7 Satz 1 lit d StGB). Das Territorialitätsprinzip als Ausfluss der Gebietshoheit ermöglicht es, Inlandstaten und solche, welche sich im Inland auswirken, unter Strafe zu stellen.[341] Nach dem Schutzprinzip darf ein Staat im Ausland von Ausländern begangene Taten unter Strafe stellen, wenn diese innerstaatliche Rechtsgüter betreffen. Eine Erweiterung des Schutzprinzips findet sich vor allem im Wettbewerbsrecht. Hier wird eine Jurisdiktion oftmals bereits dann in Anspruch genommen, wenn eine Kartellabrede zwischen Ausländern im Ausland den Wettbewerb auf dem inländischen Markt beeinflusst.[342] Staaten stellen außerdem vielfach gewisse allgemein für strafwürdig angesehene Delikte unter Strafe *(delicta iuris gentium)*. Hierunter fallen etwa die Fälschung ausländischer Währung und der Rauschgift- und Menschenhandel (vgl § 6 StGB), sowie Verbrechen gegen die Menschlichkeit und schwere Verstöße gegen die Regeln des humanitären Kriegsrechts (vgl zB Zusatzprotokoll zu dem Genfer Abkommen v 8.6.1977). Das Weltstrafrechtsprinzip ermöglicht es, Straftaten, die ein Ausländer im Ausland begangen hat, zu verfolgen, wenn der Täter im Inland verhaftet wird, und der Gewahrsamsstaat nicht bereit ist, einem Auslieferungsbegehren des Staates nachzukommen, in welchem die Tat begangen worden ist.[343]

Aufgrund des völkergewohnheitsrechtlichen Instituts der *Neutralität*[344] können sich Staaten, **156** die nicht in einen Krieg verwickelt werden wollen, für neutral erklären.[345] Bei der Neutralität kann zwischen drei Gruppen unterschieden werden. Mit „gewöhnlicher Neutralität" bezeichnet man den Rechtsstatus eines Staats, der sich an einem bestimmten Krieg zwischen anderen Staaten nicht beteiligt. Handelt es sich um eine „dauernde" oder „immerwährende" Neutralität, ist ein Staat auch in allen künftigen Kriegen zur Neutralität verpflichtet. Demgegenüber ist die „faktisch dauernde" Neutralität eine Maxime der Außenpolitik ohne völkerrechtliche Bindung.

Bestimmungen über die Neutralität finden sich im V. und XIII. Haager Übereinkommen v **157** 1907 über die Neutralität im Land- bzw Seekrieg und für die amerikanischen Staaten in der Konvention von Havanna über die Seeneutralität v 1928.

Ein neutraler Staat ist verpflichtet, sich jeglichen Eingreifens in das Kriegsgeschehen zu **158** enthalten und die Parteien nicht militärisch zu unterstützen. Das Handeln Privater ist hiervon ausgenommen. Militärische Handlungen von Kriegsparteien dürfen auf dem Staatsgebiet des neutralen Staats nicht stattfinden.

Zu den neutralen Staaten zählen u a der Vatikanstaat, Malta, die Schweiz und Laos. Die **159** *Neutralität Österreichs* beruht auf dem Bundesverfassungsgesetz des österreichischen National-

---

341 Vgl zum Ubiquitätsprinzip auch § 9 Abs 1 StGB.
342 Vgl zB Art 101 AEUV.
343 Vgl § 7 Abs 2 Nr 2 StGB.
344 Vgl *Bothe*, 8. Abschn Rn 104 ff.
345 Vgl zur Neutralität Neuhold (Hrsg), The European Neutrals in the 1990s: New Challenges and Opportunities, 1991; *Rotter*, Die dauernde Neutralität, 1981.

rats v 26.10.1955[346] und wurde von den Staaten, mit denen Österreich diplomatische Beziehungen unterhält, anerkannt.[347] Das österreichische Neutralitätsverständnis erfuhr im Laufe der Zeit einen Wandel. Während Österreich sich anfangs eher passiv verhielt, wandelte sich die Außenpolitik während der 1970er Jahre. So war Österreich 1973/74 Mitglied des UN-Sicherheitsrates und ist seit 1995 EU-Mitglied.

b) Staatsähnliche Völkerrechtssubjekte

160 Zu den staatsähnlichen Völkerrechtssubjekten gehören *Staatenverbindungen*[348] unterschiedlicher Art wie Protektorate[349] oder die ehemaligen Treuhands- und Mandatsgebiete.[350] Definiert wird die Staatenverbindung als ein auf eine gewisse Dauer angelegtes Rechtsverhältnis zwischen zwei oder mehreren Staaten, wobei idR ein gewisser Grad an Organisation und eine gewisse institutionelle Verfestigung – wie bei einem Bundesstaat oder einem Staatenbund zu finden – vorausgesetzt wird.

161 Ein *Bundesstaat*[351] ist eine *staats*rechtliche Staatenverbindung, bei der der Bund als Völkerrechtssubjekt am völkerrechtlichen Verkehr teilnimmt. Die Gliedstaaten, in den USA *States*, in der Schweiz Kantone, in Deutschland Länder genannt, besitzen nicht die *völker*rechtliche Rechtsstellung von Staaten; ihnen kommt allenfalls eine potentielle partielle Völkerrechtssubjektivität zu. Dies hängt davon ab, inwieweit ihnen die gesamtstaatliche Verfassung ein unabhängiges Handeln auf völkerrechtlicher Ebene gestattet.

162 Ein einheitliches oder gar allgemeingültiges Modell des Bundesstaats existiert nicht. So können die Funktionen von Gesamtstaat und Gliedstaaten klar voneinander getrennt sein, wie dies in den USA der Fall ist. Es ist aber auch möglich, dass sich die Funktionen wie etwa in Deutschland überschneiden, wo die Länder nach Art 83 GG Gesetze des Bundes im Regelfall als eigene Angelegenheiten ausführen, und Gerichte der Länder auch für die Anwendung von Bundesrecht zuständig sind.

163 Die bundesstaatliche Ordnung Deutschlands ist in Art 20 Abs 1 GG verankert. Art 32 Abs 1 GG bestimmt, dass die Pflege der Beziehungen zu ausländischen Staaten dem Bund obliegt. Die Länder können nach Art 32 Abs 3 GG mit Zustimmung der Bundesregierung Verträge mit auswärtigen Staaten auf Gebieten schließen, auf denen sie gesetzgebungsbefugt sind. Ein Bsp für einen solchen Vertrag ist das Abkommen v 27.10.1969 über den Schutz des Bodensees gegen Verunreinigung, bei dem sowohl Baden-Württemberg als auch Bayern Vertragspartner sind.

164 Beabsichtigt der Bund, sich völkerrechtlich in Bereichen der Länderkompetenzen zu verpflichten, muss er zuvor entsprechend der im sog *Lindauer Abkommen* v 14.11.1957 getroffenen Durchführungsregelung die Zustimmung der Länder einholen.[352]

165 Ein *Staatenbund* ist eine Staatenverbindung auf der Grundlage eines *völker*rechtlichen Vertrags. Die Mitglieder behalten ihre Völkerrechtssubjektivität bei; ihre Beziehungen sind durch

---

346 ÖBGBl 1955, 211 ff.
347 Die BR Deutschland gab am 7.12.1955 eine entsprechende Erklärung ab.
348 Vgl zu den Staatenverbindungen *Morrison*, Confederations of States, MPEPIL II, 601 ff; *von der Heydte*, Großmächte und Staatenverbindungen in dem sich wandelnden Völkerrecht unserer Zeit, FS Verdross, 1980, 445 ff.
349 Ein solches besteht heute noch für das Fürstentum Monaco, das aufgrund des Vertrags v 17.7.1918 ohne vorherige Zustimmung Frankreichs („entente préalable") keine völkerrechtlichen Verträge schließen darf (RGDIP 27 [1920] 217 ff). Vgl hierzu auch *Gallois*, Le régime de Monaco, 1964.
350 Diese sind mittlerweile alle in die Unabhängigkeit entlassen worden.
351 Vgl *Rudolf*, Bundesstaat und Völkerrecht, AVR 27 (1989) 1 ff.
352 ZaöRV 20 (1959) 116 ff. Eine ähnliche Regelung existiert seit der Novelle des Bundesverfassungsgesetzes v 1988 auch für die österreichischen Bundesländer, die nun in Angelegenheiten, die in ihren Wirkungsbereich fallen, Staatsverträge mit an Österreich angrenzenden Staaten oder deren Teilstaaten abschließen können (ÖBGBl 1990, 445). Hierzu *Hammer*, Länderstaatsverträge, 1992; *Rack*, Österreichs Länder und das Völkerrecht, AVR 27 (1989) 31 ff.

Völkerrecht geregelt.[353] Im Gegensatz zum Bundesstaat existiert keine Zentralregierung, doch verfügt der Staatenbund, der selbst Völkerrechtssubjekt ist, über eigene, von den Mitgliedstaaten getrennte Organe zur Erfüllung der gemeinsamen im Bundesvertrag umschriebenen Aufgaben. Ein Bsp für einen Staatenbund ist der Deutsche Bund (1815–1866). Kein Staatenbund ist der *Commonwealth of Nations*.[354]

Eine *zwischenstaatliche I.O.*[355] beruht auf einer Vereinigung von zwei oder mehr Staaten durch einen völkerrechtlichen Gründungsvertrag. Die I.O. wird in diesem Vertrag mit der selbständigen Wahrnehmung von Aufgaben betraut. Neben diesen ausdrücklich genannten Aufgaben kommen der Organisation diejenigen Kompetenzen zu, die zur Erfüllung der vertraglich festgelegten Aufgaben notwendig und mit eingeschlossen sind *(implied powers)*. Außerdem muss die I.O. zumindest ein handlungsbefugtes Organ haben. **166**

Die Völkerrechtssubjektivität der Mitgliedstaaten bleibt erhalten; allerdings kann die völkerrechtliche Handlungsfähigkeit eingeschränkt werden, sofern Aufgaben und Funktionen, die herkömmlicherweise von den Mitgliedstaaten wahrgenommen werden, nunmehr durch die I.O. erfüllt werden. Das Prinzip der Staatengleichheit führt im Allgemeinen zu einer Stimmengleichheit innerhalb der I.O. Eine Sonderstellung unter den I.O. nimmt wegen ihrer umfangreichen Aufgaben die UNO ein.[356] **167**

Nicht in die Gruppe der I.O. gehören die *multilateralen diplomatischen Konferenzen.* Sie können sich jedoch allmählich zu einer Organisation weiterentwickeln, wie das Bsp der OSZE zeigt. Die Schaffung einer Organisation ist im Budapester Dokument v 5./6.12.1994[357] enthalten, das der KSZE neue Dynamik verleihen sollte.[358] Die seit 1.1.1995 bestehende OSZE[359] ist ein Hauptinstrument zur Frühwarnung, Konfliktverhütung sowie Krisenbewältigung in der Region. Daneben wurde zusätzlich zu den bereits bestehenden Einrichtungen wie dem Sekretariat in Prag[360] und dem Hohen Kommissar für Minderheiten ein Vergleichs- und Schiedsgerichtshof in Genf beschlossen, dessen konstituierende Sitzung am 29.5.1995 stattfand.[361] **168**

S.O. wie die EU weisen einen höheren Grad an Integration auf als die übrigen I.O. Sie verfügen über weitergehende Kompetenzen wie etwa die Befugnis, für die Mitgliedstaaten bindende Beschlüsse – auch gegen den Willen einzelner Mitglieder – zu fassen. Beschlüsse gelten in den Mitgliedstaaten unmittelbar ohne staatliche Durchführungsmaßnahmen, und es besteht eine effektive Möglichkeit der Durchsetzung dieser Beschlüsse (zB durch innerstaatliche Gerichte oder Klagen vor einem Gericht der S.O.). Daneben existieren weisungsunabhängige (quasi-)parlamentarische Organe und gerichtliche Organe mit obligatorischer Gerichtsbarkeit. **169**

In Europa wurde im Anschluss an die Einheitliche Europäische Akte v 1.7.1987[362] am 7.2.1992 in Maastricht der Vertrag über die *Europäische Union* unterzeichnet, der durch den Amsterdamer Vertrag v 2.10.1997[363] und den Vertrag von Nizza v 26.2.2001[364] modifiziert wurde. Hinsichtlich **170**

---

353 Vgl zum Staatenbund auch *Hobe*, Einführung in das Völkerrecht, 10. Aufl 2014, 121 f.
354 Vgl *Green*, British Commonwealth, EPIL II, 1992, 495 (498).
355 Vgl *Klein/Schmahl*, 4. Abschn Rn 12 ff.
356 Vgl *Hüfner*, Die Vereinten Nationen und ihre Sonderorganisationen, 1986.
357 Int Pol 1995, 73 ff.
358 Vgl zum Übergang der KSZE zur OSZE *Schweisfurth*, Die juristische Mutation der KSZE, FS Bernhardt, 1995, 213 ff; *Tretter*, Von der KSZE zur OSZE, EuGRZ 1995, 296 ff.
359 Nach Kap 1 Nr 2 sollen alle Bezugnahmen auf die KSZE künftig als Bezugnahme auf die OSZE betrachtet werden.
360 Zusätzlich wurden bestehende Organe umbenannt.
361 EuGRZ 1995, 345 ff.
362 BGBl 1986 II, 1102 ff.
363 Vgl *Karpenstein*, Der Vertrag von Amsterdam im Lichte der Maastricht-Entscheidung des BVerfG, DVBl 1998, 942 ff; *Kluth* (Hrsg), Die Europäische Union nach dem Amsterdamer Vertrag, 2000; *Rossi*, Entwicklung der europäischen Verfassung, DVBl 1999, 529 ff.
364 Vgl *Borchmann*, Der Vertrag von Nizza, EuZW 2001, 170 ff; *Epiney/Freiermuth/Mosters*, Der Vertrag von Nizza, DVBl 2001, 941 ff; *Fischer*, Der Vertrag von Nizza, 2001; *Hatje*, Reform der Europäischen Union, EuR 2001, 143 ff;

der Rechtsqualität der EU stellte das BVerfG fest, dass durch den Unionsvertrag ein Staatenverbund zur Verwirklichung einer immer engeren Union der – staatlich organisierten – Völker Europas (vgl Art 1 Abs 2 EU aF) begründet werde, jedoch kein sich auf ein europäisches Staatsvolk stützender Staat.[365] Nach dem Scheitern des Europäischen Verfassungsvertrags (2004) wurde am 13.12.2007 der *Vertrag von Lissabon* unterzeichnet, der sich seit dem 1.12.2009 in Kraft befindet.[366] Ungeachtet der zwischenzeitlichen Entwicklungen stellt die EU nach Auffassung des BVerfG weiterhin lediglich einen Staatenverbund dar, dessen Befugnisse auf einer Vereinbarung der Mitgliedstaaten und der von diesen enumerativ übertragenen „Zuständigkeiten zur Verwirklichung ihrer gemeinsamen Ziele" beruhen (Art 1 Abs 1 EUV).[367]

5. Entstehung und Untergang von Staaten
a) Grundlagen

171 Staaten wurden früher auf unbesiedeltem Gebiet bzw in Gebieten gegründet, die nach damaliger Vorstellung von nichtzivilisierten Völkern besiedelt waren.[368] Heute entstehen Staaten durch Veränderungen des bisherigen Staatengefüges. Diese können entweder gegen den Willen eines Staates erfolgen oder mit dessen Zustimmung, wie der Beitritt der ehemaligen DDR zur Bundesrepublik Deutschland zeigt (vgl u Rn 216 ff).

172 An Entstehung und Untergang von Staaten werden *hohe Anforderungen* gestellt, um eine größtmögliche Stabilität auf völkerrechtlicher Ebene zu gewährleisten. Territoriale Veränderungen allein haben auf den Bestand eines Staats keinen Einfluss, wie der Grundsatz der beweglichen Vertragsgrenzen zeigt (vgl u Rn 191 ff). Ebenso wirken sich Verfassungsänderungen, Revolutionen oder Regierungswechsel auf Bestand oder Identität eines Staats nicht aus. Notwendig für einen Untergang ist vielmehr, dass das Staatsgebiet oder das Staatsvolk auf Dauer und gänzlich verloren geht.[369]

173 Einen Sonderfall stellen Staaten dar, die gewaltsam einem anderen durch Annexion einverleibt wurden. Erlangen solche Staaten nach einigen Jahren wieder ihre Unabhängigkeit und Souveränität, werden diese *wiederhergestellten Staaten*[370] im Wege der juristischen Fiktion als mit dem früheren Staat identisch angesehen. Zu den wiederhergestellten Staaten zählen Österreich und die baltischen Staaten. Die Annahme, dass die Unabhängigkeit nicht kraft Sezession von der früheren UdSSR erfolgt sei, sondern dass es sich um die Wiederherstellung des früheren annektierten Staates gehandelt habe, wird bei der Staatsangehörigkeitsgesetzgebung deutlich.

174 Bei der Entstehung und dem Untergang von Staaten können Prozesse der *Integration* und der *Desintegration* unterschieden werden.

Oppermann, Vom Nizza-Vertrag 2001 zum Europäischen Verfassungskonvent 2002/2003, DVBl 2003, 1 ff; *Pache/ Schorkopf*, Der Vertrag von Nizza, NJW 2001, 1377 ff; *Wiedmann*, Der Vertrag von Nizza, EuR 2001, 185 ff.
365 Unionsvertrag: BGBl 1992 II, 1251 ff. Vgl zu ihm bzw zur Maastricht-Entscheidung des BVerfG *Oppermann/Classen*, Die EG vor der Europäischen Union, NJW 1993, 5 ff; *Ress*, Die Europäische Union und die neue juristische Qualität der Beziehungen zu den Europäischen Gemeinschaften, JuS 1992, 985 ff; *Steinberger*, Die Europäische Union im Lichte der Entscheidung des Bundesverfassungsgerichts vom 12. Oktober 1993, FS Bernhardt, 1995, 1313 ff.
366 BGBl 2008 II, 1038; *Oppermann*, Die Europäische Union von Lissabon, DVBl 2008, 473 ff; *Murswiek*, Die heimliche Entwicklung des Unionsvertrages zur europäischen Oberverfassung, NVwZ 2009, 481 ff; *Weber*, Vom Verfassungsvertrag zum Vertrag von Lissabon, EuZW 2008, 7 ff; *Steiner*, Deutschland und der Reformvertrag von Lissabon, DVP 2008, 485 ff; *Streinz*, Die „Verfassung" der Europäischen Union nach dem Scheitern des Verfassungsvertrags und dem Vertrag von Lissabon, ZG 2008, 105 ff; *Hatje/Kindt*, Der Vertrag von Lissabon, NJW 2008, 1761 ff; *Pache/ Rösch*, Der Vertrag von Lissabon, NVwZ 2008, 473 ff; *Bergmann*, Bericht aus Europa, DÖV 2008, 305 ff.
367 BVerfGE 123, 267 ff *[Vertrag von Lissabon]*, zB 1. Leitsatz, Rn 229 u Rn 294.
368 So etwa die Gründung der Buren-Staaten, des Kongostaats und Liberias. Allgemein zur Staatenentstehung *Crawford* (Fn 133).
369 *Schiedermair*, Der Untergang von Staaten und das Problem der Staatennachfolge, ZöR 59 (2004) 135 ff
370 Vgl zu ihnen *Dahm/Delbrück/Wolfrum* (Fn 72) 138 und 144 mwN.

Eine Integration kann durch Fusion oder Inkorporation erfolgen. Eine *Fusion* liegt vor, wenn **175**
sich zwei oder mehrere bisher unabhängige Staaten zu einem neuen Bundes- oder Einheitsstaat
auf der Ebene der Gleichberechtigung zusammenschließen. Auf diese Weise sind der Norddeutsche Bund und 1870 das Deutsche Reich entstanden. Bei einer *Inkorporation* tritt ein Staat in
einen bestehenden Staatsverband ein. Um Aufnahme in den US-amerikanischen Staatsverband
ersuchten Texas und Hawaii 1845 bzw 1898.

Ein Auseinanderbrechen bestehender Staaten ist durch Sezession oder durch Dismembra- **176**
tion möglich (zu den neuen mittel- und osteuropäischen Staaten Rn 183 ff). *Dismembration* liegt
vor, wenn ein Staat in zwei oder mehrere Nachfolgestaaten zerfällt und der Vorgängerstaat vollständig untergeht.[371] In der Geschichte fand eine Dismembration beim Auseinanderfall des Heiligen Römischen Reichs Deutscher Nation 1806 – sofern man dieses als Staat bezeichnet – oder
1832 im Fall von Großkolumbien statt, das in die drei Staaten Neugranada, Venezuela und Ecuador zerfiel. Bei einer *Sezession* löst sich ein Teilgebiet aus einem bestehenden Staatsverband, um
sich einem anderen Staat anzuschließen oder um einen eigenen unabhängigen und souveränen
Staat zu gründen.[372]

Bei einer Sezession besteht der Vorgängerstaat auf einem verkleinerten Gebiet im neuen **177**
Rechtsstatus unverändert weiter. Auch wenn die Sezession in Art 72 der Verfassung der Sowjetunion v 7.10.1977 und in der Präambel der Verfassung Jugoslawiens v 21.2.1974 enthalten war,[373]
gibt es dennoch kein allgemeines, aus dem Selbstbestimmungsrecht der Völker resultierendes
Recht auf Sezession (so Rn 125 ff). Die Bsp für Sezessionen sind zahlreich, betrachtet man die
Staatenentstehung in Asien und Afrika. Voraussetzung dafür, dass die neue Einheit einen Staat
bildet, ist eine tatsächliche Unabhängigkeit. Dies bedeutet, dass die *Herrschaftsgewalt* eine *ausreichende Stabilität und Effektivität* aufweisen muss.

b) Die völkerrechtliche Anerkennung

Die Bedeutung der Anerkennung für die Entstehung neuer Staaten hat im Laufe der Geschichte **178**
einen Bedeutungswandel erfahren. Während man früher annahm, dass sie notwendig sei, damit
ein Gebilde als Staat betrachtet werden könne (*konstitutive* Theorie), ist nach heute hM die Existenz eines Staats hiervon unabhängig (*deklaratorische* Theorie).[374] Diese Auffassung vertrat auch
das BVerfG, als es feststellte, dass die DDR ein Staat iSd Völkerrechts und als solcher Völkerrechtssubjekt sei. Diese Feststellung sei unabhängig von ihrer völkerrechtlichen Anerkennung
durch die BR Deutschland.[375] Autoritativer und zugleich konstitutiver Charakter für die staatliche
Anerkennung kommt regelmäßig der Aufnahme als Mitglied in die Vereinten Nationen zu, da
Art 4 UN-Charta voraussetzt, dass es sich beim neuen Mitglied um einen Staat handelt.

Unter Anerkennung versteht man die Willensäußerung eines Staats dahingehend, dass er **179**
einen bestimmten Tatbestand, eine bestimmte Rechtslage oder einen bestimmten Anspruch
als bestehend oder rechtmäßig anerkennt.[376] Bei der Anerkennung handelt es sich um eine einseitige, empfangsbedürftige Willenserklärung, die entweder ausdrücklich oder stillschweigend

---

371 Vgl zur Dismembration *Tancredi*, Dismemberment of States, MEPIL III, 2012, 159 ff.
372 Vgl zur Sezession *Thürer/Burri*, Secession, MPEPIL IX, 53 ff.
373 Die Verfassungen finden sich bei *Brunner/Meissner*, Verfassungen der kommunistischen Staaten, 1980, 374 ff u 398 ff.
374 Vgl *Hillgenberg*, Zur völkerrechtlichen Anerkennung von Staaten, FS Tomuschat, 2006, 947 ff; *Frowein*, Recognition, MPEPIL VIII, 656 ff; für eine konstitutive Wirkung *Hillgruber*, Die Aufnahme neuer Staaten in die Völkerrechtsgemeinschaft, 1998, 743 ff; mit vermittelnder Position *Shaw* (Fn 54) 321 fff.
375 BVerfGE 36, 1, 22. Zur Anerkennung allgemein *Talmon* (Fn 57).
376 Vgl zur Definition *Bindschedler*, Die Anerkennung im Völkerrecht, BDGVR 4 (1961) 1 ff sowie die Resolution des Institut de Droit International v 1936, AJIL 30 (1936), Suppl, 185.

durch konkludentes Handeln wie die Aufnahme diplomatischer Beziehungen oder den Abschluss eines völkerrechtlichen Vertrags erfolgen kann.

180 Nach Inhalt und Rechtswirkung der Anerkennungen unterscheidet man *de iure-* und *de facto-*Anerkennungen. Während Erstere endgültig und vollständig erfolgt, kommt Letzterer vorläufiger Charakter zu; es ist daher möglich, sie bei einer späteren Änderung der politischen Verhältnisse zurückzunehmen.[377] Im anglo-amerikanischen Rechtskreis existiert daneben die *Anerkennung von Regierungen.* Diese bedeutet die förmliche Feststellung, dass ein bestimmtes Regime die effektive Regierung eines Staats ist, und beinhaltet eine Verpflichtung, dieses Regime als die Regierung des betreffenden Staats zu behandeln. Die Anerkennung als Regierung beinhaltet zwangsläufig die Anerkennung der Staatseigenschaft derjenigen Einheit, die von der Regierung vertreten wird. Im Völkerrecht besteht keine Verpflichtung, ein Regime als die Regierung anzuerkennen, wenn die Herrschaft durch völkerrechtswidrige Anwendung von Gewalt erlangt worden ist. Darüber hinaus wird zwischen der Anerkennung von Regierungen und der Begründung diplomatischer Beziehungen unterschieden.[378]

181 Eine Änderung der bisherigen Anerkennungspraxis kann seit der *Entstehung der neuen südosteuropäischen Staaten* in Europa festgestellt werden. Als sich hier die einzelnen Teilrepubliken nach und nach für unabhängig und souverän erklärten,[379] legte der EG-Ministerrat am 16.12.1991 diejenigen Bedingungen fest, die die neu entstandenen Staaten für ihre Anerkennung zu erfüllen hatten.[380] Inhaltlich gehen die hier beschlossenen Anerkennungsrichtlinien über die bisherige völkerrechtliche Praxis hinaus. So hängt die Anerkennung als Staat davon ab, ob Bestimmungen der UN-Charta sowie der Schlussakte von Helsinki und der Charta von Paris, insbes die Verpflichtungen hinsichtlich Rechtsstaatlichkeit, Demokratie und Menschenrechte, eingehalten wurden. Ferner wurden die Achtung der Unverletzlichkeit territorialer Grenzen sowie die Verpflichtung, alle Fragen im Zusammenhang mit der Staatennachfolge einvernehmlich, insbes durch ein Schlichtungsverfahren, zu regeln, zur Bedingung gemacht. Bei diesem umfangreichen Katalog lag die Annahme nahe, es handle sich nicht um Kriterien für eine Anerkennung, sondern um politische Voraussetzungen für die Aufnahme diplomatischer Beziehungen.[381]

182 Die Entscheidung darüber, ob die neuen Staaten diese Kriterien erfüllten, wurde von einer Schiedskommission (der sog *Badinter-*Kommission), die im Rahmen der Haager Jugoslawienkonferenz durch die EPZ errichtet wurde, getroffen. Während die Anerkennung Sloweniens uneingeschränkt befürwortet wurde,[382] stand die Kommission der Anerkennung Kroatiens zunächst skeptisch gegenüber, da sie der Auffassung war, der Schutz der serbischen Minderheit in der Krajina sei nicht ausreichend gewährleistet. Zweifel konnten durch eine Erklärung des Präsidenten *Tudjman* beigelegt werden. Bosnien-Herzegowina wurde trotz der 1992 beginnenden Kämpfe und trotz Zweifeln der Kommission[383] anerkannt und am 22.5.1992 in die UNO aufgenommen. Eine

---

377 Vgl zur Anerkennung auch *Hobe* (Fn 353) 71 ff; *Talmon* (Fn 57) 21 ff.
378 Hierzu American Law Institute (Fn 149) § 203; vgl auch *Talmon,* Luftverkehr mit nicht anerkannten Staaten – Der Fall Nordzypern, AVR 43 (2005) 1 ff.
379 Als erste erklärten Slowenien und Kroatien am 25.6.1991 den Austritt aus der SFRJ und am 10.10.1991 ihre Unabhängigkeit (EA 46 [1991] D 528 ff).
380 EA 1992, D 120 ff = ILM 31 (1992) 1486 ff. Vgl zur neuen Anerkennungspraxis auch *Rich,* Recognition of States, EJIL 4 (1993) 36 ff; *Türk,* Recognition of States, EJIL 4 (1993) 66 (68 f).
381 *Hummer,* Probleme der Staatennachfolge am Beispiel Jugoslawien, SZIER 3 (1993) 425 (440). Vgl auch *Weller,* The International Response to the Dissolution of the Socialist Federal Republic of Yugoslavia, AJIL 86 (1992) 569 (588): „This exclusive catalogue of criteria, far in excess of traditional standards for recognition of statehood, confirms that the community was not applying general international law in the determination of its position."
382 ILM 31 (1992) 1512.
383 Die *Badinter*-Kommission stellte fest, „[...] that the will of the people of Bosnia-Herzegovina to constitute the Socialist Republic of Bosnia-Herzegovina (SRBH) as a sovereign and independent State cannot be held to have been fully established."

Anerkennung Mazedoniens wurde zunächst trotz Befürwortung durch die Kommission nicht vorgenommen, da Griechenland Gebietsansprüche auf den griechischen Teil Mazedoniens befürchtete. Mazedonien ergänzte daraufhin seine Verfassung dahingehend, dass es keine Territorialforderungen gegen Nachbarstaaten erheben und sich weder in deren souveräne Rechte noch in ihre inneren Angelegenheiten einmischen werde. Mazedonien wurde schließlich am 8.4.1993 als „Frühere/Ehemalige Jugoslawische Republik Mazedonien" in die UNO aufgenommen.[384] Ein offener Konflikt entstand nach der Unabhängigkeitserklärung des Kosovo v 17.2.2008. Während mittlerweile mehr als 90 Staaten einschließlich der USA, Großbritanniens, Frankreichs und Deutschlands das Kosovo anerkannt haben, äußerten sich China, Indonesien und Vietnam kritisch. Serbien und Russland verurteilten die Unabhängigkeitserklärung und vertraten die Auffassung, dass es sich dabei um einen Bruch des geltenden Völkerrechts handele.[385]

c) Die neuen Staaten in Mittel- und Osteuropa
Bei der Entwicklung in Mittel- und Osteuropa stellte sich vor allem die Frage, wie das Auseinanderbrechen der Bundesstaaten rechtlich qualifiziert werden sollte. Während die Teilung der *Tschechoslowakei* zum 1.1.1993 dazu führte, dass die alte CSFR untergegangen war,[386] musste im Hinblick auf die Ereignisse im ehemaligen Jugoslawien und in der ehemaligen UdSSR entschieden werden, ob die neuen Staaten aufgrund einer Reihe von Sezessionen oder aber durch Dismembration entstanden waren.

Im ehemaligen *Jugoslawien* schien zunächst alles dafür zu sprechen, dass aufgrund der nacheinander erfolgten Unabhängigkeitserklärungen Sezessionen der Teilrepubliken vorlagen. Diese These wurde insbes von Rest-Jugoslawien, der Föderativen Republik Jugoslawien, vertreten, die nach ihrer Umgründung in Anspruch nahm, für ganz Jugoslawien zu handeln und gegenüber dem UN-Generalsekretär die Bereitschaft erklärte, alle Rechte und Verpflichtungen Jugoslawiens wahrzunehmen und zu erfüllen.[387] Die *Badinter*-Kommission hingegen entschied sich für eine Auflösung Jugoslawiens durch *Dismembration*, was von der Staatengemeinschaft im Wesentlichen übernommen wurde. So verwendete der UN-Sicherheitsrat am 15.5.1992 erstmals den Ausdruck „ehemalige Sozialistische Föderative Republik Jugoslawien" und wies den Anspruch des Reststaats, die Mitgliedschaft in der Organisation automatisch fortzusetzen, zurück.[388] In der Resolution 777 (1992) stellte der UN-Sicherheitsrat schließlich fest, „that the state formerly known as the Socialist Federal Republic of Yugoslavia has ceased to exist."[389] Der IGH nahm zu dieser Frage im Verfahren Bosnien-Herzegowinas gegen Jugoslawien keine Stellung.[390] Im Falle des Kosovo wurde eine offizielle Festlegung hierüber sorgsam vermieden, wenn auch im Schrifttum meist ohne größere Erörterung von einer Sezession des Kosovo von Serbien ausgegangen wird.[391]

---

384 Die BR Jugoslawien ist nach acht Jahren ohne Stimm- und Rederecht seit November 2000 wieder vollberechtigtes UN-Mitglied (Beschluss der UN-Generalversammlung v 1.11.2000, Res A/RES/55/12); am 4.2.2003 Namensänderung in „Serbien und Montenegro". Nachdem sich Montenegro für unabhängig erklärt hat, lautet der Name nunmehr „Republik Serbien".
385 *Schaller* (Fn 129) 131 ff.
386 Vgl *Hosková*, Die Selbstauflösung der CSFR, ZaöRV 53 (1993) 689 ff.
387 Kontinuität seitens der FRJ wird insbes von *Blum*, UN Membership of the „New" Yugoslavia, AJIL 86 (1992) 830 (833) befürwortet. Ähnlich *Hummer*, Probleme der Staatennachfolge am Beispiel Jugoslawien, SZIER 3 (1993) 425 (436).
388 S/RES/752 (1992), VN 40 (1992) 109; ebenso auch S/RES/757, VN 40 (1992) 110.
389 Für Untergang spricht sich auch aus: *Kristan*, Verfassungsentwicklung und Verfassungsordnung Sloweniens, ZaöRV 53 (1992) 322 (329).
390 ICJ Rep 1993, 3, 12 *[Völkermordkonvention I]* mit Anm *Oellers-Frahm*, ZaöRV 53 (1993) 638 ff; vgl nunmehr das Urteil in der Hauptsache *[Völkermordkonvention II]*, ICJ Rep 2007, 43 ff.
391 ZB *Schaller* (Fn 129) 131 ff; *Warbrick* (Fn 129) 675 ff.

185   Bei den Ereignissen in der ehemaligen *UdSSR* sprachen sowohl Gründe für die Annahme, die Russische Föderation setze den Sowjetstaat fort, als auch für einen Untergang der UdSSR durch Dismembration.[392]

186   Nachdem die baltischen Staaten im Februar und März 1990 die Wiederherstellung ihrer Unabhängigkeit und Souveränität erklärt hatten, unterzeichneten die drei slawischen Staaten Russland, Weißrussland und die Ukraine in Minsk am 8.12.1991 ein Übereinkommen, dessen Präambel feststellt, dass die UdSSR als geopolitische Realität ihre Existenz beendet habe. Eine Auflösung zum damaligen Zeitpunkt fand jedoch nicht statt, da es an der Mitwirkung der anderen Unionsrepubliken fehlte.[393] Art 13 Abs 2 des Minsker Abkommens eröffnete daher den anderen Republiken den Beitritt, der mit der Vereinbarung von Alma-Ata am 21.12.1991 vollzogen wurde. Erst jetzt konnte der Unionsvertrag v 30.12.1922 wirksam durch actus contrarius aufgehoben werden.[394]

187   Obgleich diese Dismembration zu einer gleichberechtigten Nachfolge aller neuen Staaten hätte führen müssen, übernahm die *Russische Föderation als Fortsetzerstaat* Rechte und Pflichten der ehemaligen UdSSR auf völkerrechtlicher Ebene. Deutlich wird dies insbes an Russlands Fortsetzung der Mitgliedschaft der früheren UdSSR im UN-Sicherheitsrat.[395] Dieses Einrücken der Russischen Föderation an die Stelle der ehemaligen UdSSR fand seine Grundlage darin, dass Russland insoweit als „Fortsetzer" der ehemaligen UdSSR *akzeptiert* wurde,[396] was auch in einer entsprechenden Erklärung der GUS-Staaten seinen Niederschlag fand.[397]

6. Die Staatensukzession
a) Begriff und Rechtsgrundlage

188   Bei der Entstehung neuer Staaten oder dem Untergang eines Staats stellt sich u a die Frage, an welche völkerrechtlichen Verträge der Nachfolgestaat gebunden sein soll, bzw in welche vermögenswerten Rechte er eintreten kann. Allgemeine Regeln des Völkerrechts haben sich in diesem Bereich nur zT entwickelt. Eine erste Kodifikation wurde mit der *Wiener Konvention über die Staatennachfolge in Verträge* v 23.8.1978 (in Kraft seit 1996) und der *Wiener Konvention über die Staatennachfolge in Staatsvermögen, Staatsschulden und Staatsarchive* v 8.4.1983 (noch nicht in Kraft) versucht. Parteien der erstgenannten Konvention sind zahlreiche Staaten aus Mittel- und Osteuropa, die zum Teil selbst an Staatensukzessionen beteiligt waren (zB Tschechische Republik, Slowakei, Slowenien, Kroatien, Serbien, Montenegro, Bosnien-Herzegowina, Moldowia).

---

392 Für Untergang *Blum*, Russia Takes over the Soviet Union's Seat at the United Nations, EJIL 3 (1992) 354 (359); *Schweisfurth*, Ausgewählte Fragen der Staatensukzession im Kontext der Auflösung der UdSSR, AVR 32 (1994) 99 (102 f); *Seiffert*, Von der Sowjetunion (UdSSR) zur Gemeinschaft Unabhängiger Staaten (GUS), Osteuroparecht 38 (1992) 79 (87 f). Vgl aber *Bothe/Schmidt*, Sur quelques questions de succession posées par la dissolution de l'URSS et celle de la Yougoslavie, RGDIP 96 (1992) 811 (824); *Weyer*, Die Mitgliedschaftsrechte der ehemaligen Sowjetunion in den Vereinten Nationen, ROW 36 (1992) 167 (177).
393 So auch *Schweisfurth*, Vom Einheitsstaat (UdSSR) zum Staatenbund (GUS), ZaöRV 52 (1992) 541 (637); *Weyer* (Fn 392) 169.
394 So auch die Vereinbarung von Alma-Ata: „With the establishment of the Commonwealth of Independent States, the Union of Soviet Socialist Republics ceases to exist" (ILM 31 [1992] 149).
395 Vgl die Erklärung des damaligen russischen Außenministers v 26.12.1991: „[...] the participation of the Union of the Soviet Socialist Republics [...] in all conventions, agreements and other legal instruments, concluded in the framework of the United Nations shall be continued by the Russian Federation and in this connection the name Russian Federation shall be used instead of the name Union of the Soviet Socialist Republics in the United Nations."
396 Eine Feststellung dahingehend, dass alle Teilnehmerstaaten der GUS Rechtsnachfolger bzgl der ehemaligen UdSSR sind, wurde vom Rat der Staatschefs bei seinem Treffen in Kiew am 20.3.1992 nach Prüfung von Fragen der Rechtsnachfolge in Verträge von gegenseitigem Interesse und im Hinblick auf Staatseigentum, Aktiva und Schulden der ehemaligen UdSSR getroffen.
397 „The States of the Commonwealth support Russia's continuance of the membership of the Union of Soviet Socialist Republics in the United Nations, including permanent membership of the Security Council, and other international organizations." (ILM 31 [1992] 151).

Eine *Definition* der Staatensukzession ist in beiden Wiener Konventionen enthalten: 189
„,Succession of States' means the replacement of one state by another in the responsibility for the international relations of territory."[398]

Die Frage nach dem Übergang von Rechten und Pflichten stellt sich also nur, wenn ein tatsächlicher Wechsel stattgefunden hat, und es sich nicht nur um rein staatsinterne Vorgänge wie etwa einen Regierungswechsel handelt. Im Gegensatz zum Zivilrecht geht man nicht davon aus, dass der Nachfolgestaat in die Gesamtheit der Rechte und Pflichten des Vorgängerstaats eintritt, sondern es gilt der Grundsatz der *Spezialsukzession*. 190

b) Die Nachfolge in völkerrechtliche Verträge

Die Konvention über die Nachfolge in völkerrechtliche Verträge[399] geht vom Grundsatz der *Kontinuität vertraglicher Pflichten* aus. Hiervon ausgenommen sind die *newly independent states*, die unabhängig von den durch den Kolonialstaat geschlossenen Verträgen *with a clean slate (tabula rasa)* ihre Existenz beginnen sollten. Art 17 räumt ihnen jedoch die Möglichkeit ein, multilateralen Verträgen beizutreten *(free choice doctrine)*.[400] 191

Für den Fall einer Zession enthält Art 15 in Übereinstimmung mit dem allgemeinen Völkerrecht den *Grundsatz der beweglichen Vertragsgrenzen (moving treaty frontiers)*. Hiernach erstrecken sich Verträge des Gebietserwerbers automatisch auf das neue Gebiet, und Verträge des Vorgängerstaats sind nicht mehr anwendbar. Unberührt von der Staatensukzession bleiben Grenzverträge, Verträge, die ein Grenzregime betreffen, sowie die sog *radizierten Verträge* wie etwa solche über Transitrechte.[401] 192

Der Grundsatz der Kontinuität vertraglicher Pflichten fand Eingang in Art 153 des Verfassungsgesetzes Nr 4 des tschechischen Nationalrats über die Maßnahmen im Zusammenhang mit dem Untergang der *CSFR* und in entsprechenden Bestimmungen der slowakischen Verfassung. 193

Die Nachfolgestaaten der ehemaligen *Sowjetunion* garantierten in Art 12 des Minsker GUS-Gründungsabkommens die Erfüllung internationaler Verpflichtungen. Dies wurde in der Erklärung von Alma-Ata mit dem Zusatz „entsprechend ihrer Verfassungsprozeduren" übernommen. Am 6.7.1992 einigten sich die GUS-Staaten darauf, dass bei multilateralen Verträgen von allgemeinem Interesse keine gemeinsamen Beschlüsse gefasst werden sollten, sondern dass jeder GUS-Staat selbständig über die Fortgeltung entscheiden könne. Bei bilateralen Verträgen, die für mindestens zwei Staaten von Interesse sind, sollte eine zwischenstaatliche Einigung gesucht werden. Sondervereinbarungen wurden für Rüstungskontroll- und Abrüstungsverträge getroffen. 194

Bei der *Nachfolge in Mitgliedschaftsrechte in I.O.* findet keine automatische Nachfolge statt. Neue Staaten müssen vielmehr um Aufnahme ersuchen.[402] So behielt etwa nach der Sezession Pakistans von Indien 1947 und der Loslösung Bangladeschs von Pakistan 1971 der ursprüngliche 195

---
398 Vgl Art 2 Abs 1 der Wiener Konvention v 1978 sowie die entsprechende Vorschrift in der Konvention v 1983. Hierzu *Richardson*, Breaking Up Doesn't Have to Be So Hard, Chicago JIL 9 (2009) 685 ff; *Pippan/Karl*, Selbstbestimmungsrecht, Sezession und Anerkennung, EJM 1 (2008) 211 ff; *Craven*, The Decolonisation of International Law, 2007; *Dumberry*, State Succession to International Responsibility, 2007.
399 Vgl zur Wiener Konvention *Menon*, Vienna Convention of 1978 on Sucession of States in Respect of Treaties, RDI 59 (1981) 1 ff; *Treviranus*, Die Konvention der Vereinten Nationen über Staatensukzession bei Verträgen, ZaöRV 39 (1979) 259 ff; *Zemanek*, Die Wiener Konvention über die Staatennachfolge in Verträge, FS Verdross, 1980, 719 ff; aus jüngerer Zeit *Dumberry/Turp*, State Succession with Respect to Multilateral Treaties in the Context of Secession, Baltic YIL 13 (2014) 27 ff.
400 Hierzu ausf *Zimmermann*, Staatennachfolge.
401 *Zimmermann*, Staatennachfolge; *ders*, Europäischer Gerichtshof und Staatennachfolge in völkerrechtliche Verträge, FS Ress, 2005, 357 ff; *Alimi*, Die Staatensukzession in völkerrechtlichen Verträgen und die Einigung Deutschlands, 2004.
402 Vgl hierzu UN Doc A/CN.4/140, 8; im Übrigen vgl *Klein/Schmahl*, 4. Abschn Rn 71.

Staat seine mitgliedschaftlichen Rechte bei, während die sezessionierten Staaten um Aufnahme ersuchen mussten. Nach dem Zerfall der UdSSR setzte die Russische Föderation die Mitgliedschaft der UdSSR in den UN-Organen fort,[403] während die neuen GUS-Staaten, mit Ausnahme der bisherigen UN-Mitglieder Ukraine und Weißrussland, als neue Mitglieder aufgenommen wurden.

c) Die Nachfolge in Staatsvermögen, Staatsarchive, Staatsschulden und Haftungsansprüche

196 Die Nachfolge in Staatsvermögen, Staatsarchive und Staatsschulden ist Gegenstand der Wiener Konvention v 8.3.1983.[404] Der Aufbau entspricht der Konvention v 1978. Zusätzlich wird zwischen dem Vermögen, den Archiven und den Schulden getrennt.

197 Das *Staatsvermögen* des Vorgängerstaats wird in Art 8 als Vermögen, Rechte und Interessen definiert, die im Zeitpunkt der Staatennachfolge gemäß innerstaatlichem Recht des Vorgängerstaats diesem gehörten. Eine Unterscheidung zwischen dem Verwaltungsvermögen und dem nicht unmittelbar zur Aufgabenerfüllung benötigten Finanzvermögen trifft die Konvention nicht.

198 Grundsätzlich geht das gesamte Vermögen auf den Nachfolgestaat über, sofern keine anders lautende Vereinbarung getroffen wurde. Liegt eine Zession oder Separation vor, geht das gesamte auf dem betreffenden Gebiet belegene unbewegliche Vermögen auf den Gebietsnachfolger über. Dasselbe gilt für das bewegliche Vermögen, das mit einer Aktivität des Vorgängerstaats in Bezug auf das abgetretene oder abgetrennte Territorium in Zusammenhang steht.

199 *Staatsarchive,* die für die Verwaltung des betreffenden Gebiets notwendig sind, gehen unabhängig von der Art und Weise des Gebietswechsels auf den Nachfolgestaat über (sog Betreffprinzip). Dies gilt auch für den Teil der Staatsarchive, der ausschließlich oder hauptsächlich das Staatennachfolgegebiet betrifft.[405]

200 Zu den *Staatsschulden* gehören nach Art 33 die in Übereinstimmung mit dem Völkerrecht entstandenen finanziellen Verpflichtungen. Grundsätzlich führt ein Übergang von Staatsschulden dazu, dass Verpflichtungen des Vorgängerstaats erlöschen und Verpflichtungen des Nachfolgestaats entstehen.[406] Hinsichtlich des Umfangs bestimmt Art 37 für die Zession und Art 40 für die Dismembration, dass ein Übergang der zwischenstaatlichen Schulden in einem angemessenen Verhältnis stattfindet.

201 Bei der Auflösung der *Tschechoslowakei* wurde bereits am 13.11.1992, dh noch vor dem Auflösungsgesetz, ein Verfassungsgesetz über die Aufteilung des Vermögens zwischen der Tschechischen Republik und der Slowakischen Republik verabschiedet. Nach diesem Gesetz gingen das unbewegliche Vermögen sowie das bewegliche Vermögen, das in Zusammenhang mit der Zweckbestimmung des unbeweglichen Vermögens stand, auf die Teilrepublik über, in der es sich befand. Eine Aufteilung nach dem Anteil an der Gesamtbevölkerung fand in allen übrigen Fällen statt.

202 Ausgenommen vom Übergang sind Schulden, deren Übernahme dem Nachfolgestaat nicht zugemutet werden kann, weil sie in Widerspruch zu dessen wesentlichen Interessen stehen, etwa Kriegsanleihen zur Niederschlagung eines Aufstands (sog *dettes odieuses* oder *odious*

---

403 *Schweisfurth* (Fn 392) 119 sieht hier eine „neuere spätere Übung" für den Fall der Dismembration eines ständigen Mitglieds des Sicherheitsrats.
404 Vgl Institut de Droit International, La succession d'Etats en matière de biens et de dettes, Septième Commission, Rapporteur: *M. Georg Ress*, Résolution adoptée lors de la Session de Vancouver, Août 2001, AVR 40 (2002) 355; hierzu *Ruffert*, Probleme der Staatensukzession im Hinblick auf Vermögen und Schulden, NJW 2001, 2235.
405 *Fitschen*, Das rechtliche Schicksal von staatlichen Akten und Archiven bei einem Wechsel der Herrschaft über das Staatsgebiet, 2004.
406 *Reina*, Iraq's Delictual and Contractual Liabilities, BJIL 22 (2004) 583 ff; *Anderson*, International Law and State Succession, Utah LRev 2005, 401 ff.

debts).⁴⁰⁷ Als Merkmale solcher nicht im Einklang mit dem Völkerrecht stehender Schulden werden genannt, dass sie von einem diktatorischen Regime (1) zu Zwecken aufgenommen wurden, die dem Gemeinwohl und den Interessen der Bevölkerung zuwiderlaufen (2). Schließlich müssen diese Umstände dem Kreditgeber bewusst gewesen sein (3).⁴⁰⁸ Bspw hat die US-Regierung nach der Besetzung des Iraks die Auffassung vertreten, dass der neu konstituierte irakische Staat nach den Grundsätzen der „*odious debts*-Doktrin" nicht für die Schulden haftbar sein soll, die in der Herrschaftszeit Saddam Husseins (1979–2003) aufgenommen wurden.⁴⁰⁹ Allerdings werfen die genannten Merkmale auch Fragen auf. So hängt es von wertenden Einschätzungen ab, ob zugewendete Finanzmittel tatsächlich „interessenwidrig" verwendet wurden. Ferner ist ungeklärt, welche Beweisanforderungen an Kenntnisse des Kreditgebers um belastende Umstände und interessenwidrige Verwendung im Schuldnerstaat anzulegen sind. Beides zeigt, dass die *odious debts*-Doktrin in der praktischen Anwendung großen Schwierigkeiten begegnet, die dazu geführt haben, dass sich noch kein Staat in einem Gerichtsverfahren erfolgreich hierauf berufen konnte.⁴¹⁰

Besonders schwierige Rechtsfragen ergeben sich bei der Staatensukzession im Hinblick auf *Haftungsansprüche* aus deliktischem Handeln (obligations arising from an internationally wrongful act), die Drittstaaten gegenüber dem ursprünglichen Staat inne haben. Nach dem Bericht der ILC besteht in dieser Frage bislang noch keine hinreichende Klarheit, was auch durch die jüngere Staatenpraxis bestätigt wird.⁴¹¹ Dabei sind grundsätzlich drei Möglichkeiten für eine rechtliche Behandlung denkbar: (1) Die Haftungsansprüche gehen mit dem ursprünglichen Staat unter, so dass der nachfolgende Staat hierfür nicht haftet (*clean slate-/tabula rasa*-Theorie). (2) Nach einer anderen Auffassung gehen etwaige deliktische Ansprüche vollständig auf den fortbestehenden (Rest-)Staat über (*universal succession*) und können ihm gegenüber geltend gemacht werden. (3) Schließlich werden Haftungsansprüche nach einer weiteren Theorie nur teilweise auf den durch Sukzession entstandenen Staat übertragen (*partial succession*).⁴¹² Während in Anschluss an einschlägiges Case Law des frühen 20. Jhs und den Grundgedanken persönlicher Verantwortung in der Völkerrechtswissenschaft lange Zeit vor allem die *clean slate*- oder *tabula rasa*-Theorie vertreten wurde,⁴¹³ führte das Auseinanderbrechen der Sowjetunion, Jugoslawiens und der Tschechoslowakei in jüngerer Zeit zu differenzierteren Ansätzen.⁴¹⁴ Dabei

---

407 *Verdross/Simma* (Fn 1) 629 f; *Reinisch*, A History of the Doctrine of Odious Debts: Serving Individual/Bilateral or Community Interest, FS Simma, 2011, 1225 ff.
408 *Adams*, Odious Debts, 1991; *Buchheit/Gulati/Thompson*, The Dilemma of Odious Debts, Duke LJ 56 (2007) 1201 ff; *Stephan*, The Institutionalist Implications of an Odious Debt Doctrine, Law & Contemp Probs 70 (2007) 213 ff; *Dickerson*, Insolvency Principles and the Odious Debt Doctrine, Law & Contemp Probs 70 (2007) 53 ff; *Feinerman*, Odious Debt, Old and New, ebd 193 ff. Krit *Choi/Posner*, A Critique of the Odious Debt Doctrine, ebd, 33 ff; *Kleinlein*, Rechtsfragen staatlicher Auslandsanleihen, AVR 44 (2006) 405 (406 ff).
409 *Cheng*, Renegotiating the Odious Debt Doctrine, Law & Contemp Probs 70 (2007) 7 ff; hierzu auch der nicht in Kraft getretene Iraqi Freedom from Debt Act, HR 2482, 108th Cong, § 3 (2003).
410 ZB *Jackson v People's Republic of China*, 794 F2d 1490, 1495; *Gelpern*, Odious, Not Debt, Law & Contemp Probs 70 (2007) 81 ff; *Reinisch* (Fn 407). Zu Bsp von Staaten, die sich möglicherweise nach einem Regimewechsel künftig hierauf berufen könnten: *Cheng* (Fn 409) 9; zu früheren Bsp: *Ginsburg/Ulen*, Odious Debt, Odious Credit, Economic Development, and Democratization, Law & Contemp Probs 70 (2007) 115 ff.
411 ILC Draft Articles on the Responsibility of States for Internationally Wrongful Acts, GAOR, 56th Sess, Suppl 10, 59 (119 Ziff 3), Stellungnahme des Special Rapporteur *James Crawford*.
412 *Carter/Trimble/Weiner*, International Law, 5. Aufl 2007, 478; *Shaw* (Fn 54) 714 f; *Crawford* (Fn 2) 442; *Schachter*, State Succession, VJIL 33 (1993) 253 ff.
413 ZB *Verdross/Simma* (Fn 1) 633 (Wiedergutmachungsansprüche); *Hurst*, State Succession in Matters of Torts, BYBIL 5 (1924) 163 ff; British-US Claims Commission, *R.E. Brown* case (US v Great Britain) (1923), RIAA VI, 120 (129); *F.H. Redward and Others* case (Great Britain v US) (1925), RIAA VI, 157 (Hawaiin Claims).
414 ZB *Dumberry*, State Succession to Rights and Obligations Arising from the Commission of Internationally Wrongful Acts in International Law, 2007; *Dumbury*, The Controversial Issue of State Succession to International Responsibility Revisited in Light of Recent State Practice, GYIL 49 (2006) 413 ff; *Vokovitsch*, Righting Wrongs, CLRev 92 (1992) 2162 ff; früher hierzu *Monnier*, La succession d'Etats en matière de responsibilité internationale, AFDI 8 (1962) 65 ff.

spielen die Natur der infrage stehenden Ansprüche, der Verlauf der Staatensukzession sowie seine Begleitumstände eine entscheidende Rolle. Im Hinblick auf die „Nachfolge" der früheren Sozialistischen BR Jugoslawien wurden Fragen der Staatensukzession zwischen den selbständig gewordenen Republiken Serbien und Montenegro (bis 2006), Kroatien, Slowenien und Bosnien-Herzegowina zB im Rahmen einer umfassenden völkerrechtlichen Vereinbarung (2001) geregelt.[415] Zur Frage von Haftungsansprüchen Dritter hieß es darin, ein Gemeinsames Komitee der beteiligten Vertragsparteien werde solche Ansprüche „berücksichtigen". Wenn damit auch das Schicksal der einzelnen Ansprüche nicht geklärt ist, zeigt sich hierin eine zumindest ansatzweise Abkehr von der *clean slate*-Theorie.[416]

d) Staatennachfolge und Staatsangehörigkeit

204 Die Frage, ob und ggf welche Regeln des allgemeinen Völkerrechts über den *Wechsel der Staatsangehörigkeit bei einem Gebietsübergang* bestehen, ist umstritten. Nach einer vor allem nach dem Zweiten Weltkrieg verbreiteten Auffassung folgt die Staatsangehörigkeit der Bevölkerung dem Wechsel der territorialen Souveränität, dh die Bevölkerung eines Gebiets, das von der Herrschaft eines Staats in die eines anderen übergeht, verliert automatisch ihre bisherige Staatsangehörigkeit und erwirbt die des neuen Staats.[417] Die hM in Literatur und Rechtsprechung lehnt diese Auffassung zu Recht ab.[418] Die Staatenpraxis zeigt bis in die neueste Zeit zu starke Schwankungen und Ungleichmäßigkeiten, um als Basis für eine entsprechende Regel des Völkergewohnheitsrechts herangezogen werden zu können.[419] Der Praxis der Staaten der ehemaligen Sowjetunion, der Tschechoslowakei und der beim Auseinanderbrechen Jugoslawiens lässt sich entnehmen, dass die meisten Staaten dem Grundsatz folgen, dass der Wechsel der Souveränität über ein Gebiet auch den Wechsel der Staatsangehörigkeit der dort lebenden Personen zur Folge hat, wobei allerdings in einigen Staaten die Staatsangehörigkeit des Vorgängerstaats oder eine bestimmte Aufenthaltsdauer im Staatsgebiet Voraussetzung waren. Bei Vorliegen bestimmter Voraussetzungen wurden vom Erwerb auch sich im Ausland befindliche Personen erfasst, sofern sie eine bestimmte Beziehung zum Inland, zB die Geburt eines Elternteils im Hoheitsgebiet des neuen Staats, vorweisen konnten, oder eine Zwangsausbürgerung vorausgegangen war. Der Wille des Einzelnen wurde in vielen der neuen Staaten berücksichtigt, jedoch lässt sich eine einheitliche Praxis hinsichtlich Einräumung eines Optionsrechts nicht nachweisen.

205 Sowohl der Vorschlag der ILC[420] als auch die *Draft Declaration on the Consequences of State Succession for the Nationality of Natural Persons* v 14.9.1996[421] der European Commission for Democracy Through Law des Europarats bestätigen diese Staatenpraxis im Wesentlichen.[422] Art 1 des Entwurfs enthält ein *Recht des Einzelnen auf Staatsangehörigkeit*.[423] In Art 5 ist die Vermutung enthalten, dass die Personen, die ihren gewöhnlichen Aufenthalt in dem von der Staatensukzession betroffenen Gebiet haben, mit dem Übergang die Staatsangehörigkeit des Nach-

---

415 Vereinbarung über Fragen der Staatensukzession v 29.6.2001; vgl *Stahn*, The Agreement on Succession Issues of the Former Socialist Federal Republic of Yugoslavia, AJIL 29 (2002) 379 ff; *Piotrowicz*, Status of Yugoslavia: Agreement at Last, ALJ 77 (2001) 95 ff. Zu den Hintergründen *Oeter*, The Dismemberment of Yugoslavia, GYIL 50 (2007) 457 ff.
416 *Dumbury* (Fn 414) 431.
417 *v. Münch*, Staatsangehörigkeit und Gebietswechsel, FS Scupin, 1983, 441 (447 ff).
418 BVerwGE 1, 206; BGHZ 3, 178, 186; BGHSt 9, 53, 57; *Weis*, Nationality and Statelessness in International Law, 1979, 135, 137 ff; *Randelzhofer*, in Maunz/Dürig (Fn 204) Art 16 Abs 1 GG Rn 29 mwN.
419 Hierzu ausf *Hailbronner/Renner/Maaßen* (Fn 194) Grundlagen E Rn 44 ff.
420 UN Doc A/CN.4/4/474: „Draft Articles on Nationality of Natural Persons in Relation to the Succession of States".
421 CDL-NAT (96) 7; vgl ferner den Report der Venice Commission, Consequences of State Succession for Nationality, 1998; Citizenship and State Succession, Proceedings, 1998.
422 Hierzu ausf *Hailbronner/Renner/Maaßen* (Fn 194) Grundlagen E Rn 64 ff.
423 Vgl auch *Zimmermann*, State Succession and the Nationality of Natural Persons, in Eisemann/Koskenniemi (Hrsg), State Succession, 2000, 611 (643 ff).

folgestaats erwerben. Der Wille des Einzelnen findet in Art 11 Berücksichtigung. Weitere Bestimmungen betreffen ua die Einheit der Familie und die Staatsangehörigkeit von Kindern. Art 15 enthält den Grundsatz der Nichtdiskriminierung; Art 16 verbietet willkürliche Entscheidungen, Art 17 enthält verfahrensrechtliche Vorgaben. Im Rahmen seines zweiten Teils orientiert sich der Entwurf der ILC an den Wiener Konventionen v 1978 und 1983 und unterscheidet zwischen verschiedenen Tatbeständen der Staatennachfolge.[424]

In Art 18 Abs 1 EuStAngÜbk findet sich die Verpflichtung der Staaten, in Staatsangehörigkeitsangelegenheiten in Fällen der Staatennachfolge, insbes um Staatenlosigkeit zu vermeiden, die Grundsätze der Rechtsstaatlichkeit, die Vorschriften der Menschenrechte und die in Art 4 u 5 des Übereinkommens und in Art 18 Abs 2 enthaltenen Grundsätze, zu denen die echte und tatsächliche Beziehung des Betroffenen zum Staat, der gewöhnliche Aufenthalt des Betroffenen zur Zeit der Staatennachfolge, der Wille des Betroffenen und die territoriale Herkunft des Betroffenen gehören, zu beachten.

7. Die Rechtslage Deutschlands in Geschichte und Gegenwart
Mit dem Vertrag der BR Deutschland und der DDR über die Herstellung der Einheit Deutschlands (Einigungsvertrag – EV) und den damit in Zusammenhang stehenden völkerrechtlichen Verträgen änderte sich die Rechtslage Deutschlands.[425]

a) Die Teilung Deutschlands
Nach der Kapitulation durch das Oberkommando der deutschen Wehrmacht am 8./9.5.1945 und der Auflösung der letzten deutschen Regierung beschlossen die vier Siegermächte am 5.6.1945 in der Berliner Erklärung die *Übernahme der Regierungsgewalt in Deutschland* einschließlich aller Befugnisse der deutschen Regierung, des Oberkommandos der Wehrmacht und der Regierungen, Verwaltungen und Behörden der Länder, Städte und Gemeinden.[426] Deutschland wurde in den Grenzen v 31.12.1937 in vier Besatzungszonen aufgeteilt, während Groß-Berlin einer Alliierten Kommandantur der vier Siegermächte unterstellt wurde, und die früheren deutschen Ostgebiete unter russische bzw polnische Verwaltung kamen. Als Völkerrechtssubjekt wurde Deutschland zu diesem Zeitpunkt durch den Kontrollrat vertreten, während die höchste Regierungsgewalt in der jeweiligen Besatzungszone von den Oberbefehlshabern der Streitkräfte ausgeübt wurde.[427] Im Potsdamer Abkommen v 2.8.1945 wurde beschlossen, einen Rat der Außenminister einzurichten, um eine Friedensregelung vorzubereiten.

Nachdem bis Juli 1947 alle Länder der Besatzungszone der Westmächte Regierungen aufwiesen und auf der Londoner Konferenz v 1947 keine Einigung der Siegermächte über die Zukunft Deutschlands erzielt werden konnte, beschlossen die Westmächte die Errichtung eines westdeutschen Teilstaats. Der Parlamentarische Rat nahm am 8.5.1949 das *Grundgesetz* an, das nach der Genehmigung durch die Besatzungsmächte zum 24.5.1949 in Kraft trat. Das Besatzungsregime der Westalliierten auf dem Gebiet der BR Deutschland wurde durch die Pariser Verträge v 23.10.1954 beendet.[428]

Im *Deutschland- oder Grundlagenvertrag*[429] wurde der BR Deutschland zwar in Art 1 Abs 2 die Vollmacht eines souveränen Staates über die inneren und äußeren Angelegenheiten einge-

---
424 Vgl wiederum *Hailbronner/Renner/Maaßen* (Fn 194) Grundlagen E Rn 70 ff.
425 Zum größeren historischen Hintergrund vgl *Graf Vitzthum*, 1. Abschn Rn 95 ff.
426 ABl des Kontrollrats, Ergänzungsblatt Nr 1, 7.
427 Proklamation Nr 2 des Kontrollrats v 20.9.1945, ABl des Kontrollrats Nr 1, 180 f.
428 BGBl 1955 II, 215; 1955 II, 253; 1955 II, 305; 1955 II, 321; 1955 II, 381; 1955 II, 405; 1955 II, 469.
429 BGBl 1955 II, 305.

räumt, zugleich enthielt der Vertrag aber Vorbehalte der Alliierten im Hinblick auf Berlin und *Deutschland als Ganzes*. Die Alliierten behielten sich die Mitbestimmung in Fragen der Wiedervereinigung und territorialer Grenzen vor und vereinbarten ein Zusammenwirken im Hinblick auf ein freiheitlich-demokratisches Deutschland und eine abschließende friedensvertragliche Regelung. Auch für die Ausübung von Notstandsrechten blieben bis zur Ergänzung des Grundgesetzes im Jahre 1968/1969 alliierte Vorbehaltsrechte bestehen.

211   Die Entwicklung im Gebiet der ehemaligen *DDR* verlief formal betrachtet ähnlich. Nachdem 1945 eine deutsche Zentralverwaltung eingesetzt worden war, trat im Dezember 1947 der *Deutsche Volkskongress für Einheit und gerechten Frieden* zusammen. Dieser wählte den Volksrat, der am 19.3.1949 die Verfassung der DDR verabschiedete. Am 25.3.1954 gab die Sowjetunion eine Erklärung über die Herstellung der Souveränität der DDR ab.[430] Hiernach besaß die DDR die Freiheit, nach eigenem Ermessen über ihre inneren und äußeren Angelegenheiten einschließlich der Frage der Beziehungen zu Westdeutschland zu entscheiden. In Nr 2 wurde jedoch festgestellt, dass die UdSSR in der DDR die Funktionen, die mit der Gewährleistung der Sicherheit in Zusammenhang stehen, und die sich aus den Verpflichtungen ergeben, die der UdSSR aus dem Viermächte-Abkommen erwachsen, behält. Das Verhältnis der DDR zur Sowjetunion wurde im Übrigen durch drei weitere Verträge geregelt.[431]

212   Angesichts dieser Entwicklung stellte sich die Frage, ob das Deutsche Reich durch die Kapitulation oder die Entstehung zweier deutscher Staaten untergegangen war.[432] Es wurden sowohl Untergangs- als auch Fortbestandstheorien vertreten.

213   Die These vom *Untergang des Deutschen Reichs* vertrat zum einen die *Debellationstheorie*, nach der dieses nach der Kapitulation am 8.5.1945, spätestens jedoch mit der Berliner Erklärung v 5.6.1945, untergegangen sei. Nach der *Dismembrationslehre* ging das Deutsche Reich durch Zerfall in zwei deutsche Staaten unter.

214   Diesen Untergangstheorien standen die *Fortbestandstheorien* gegenüber, wonach Deutschland weder mit der Kapitulation noch zu einem späteren Zeitpunkt untergegangen sei, sondern als handlungsunfähiges Völkerrechtssubjekt weiter existierte. Nach der *Staatskerntheorie* war die BR Deutschland mit dem Deutschen Reich identisch, nicht jedoch das Verfassungsgebiet des Grundgesetzes und das Staatsgebiet in den Grenzen v 31.12.1937. Die DDR wurde als lokales *De facto*-Regime oder als ein Gebiet betrachtet, das unter militärischer Fremdbesetzung stand. Demgegenüber waren die Vertreter der *Schrumpfstaats- oder Kernstaatstheorie* der Ansicht, dass das Staatsgebiet Deutschlands auf das Bundesgebiet geschrumpft und auf dem Gebiet der DDR ein neuer Staat durch Sezession entstanden sei. Die *Dachstaatstheorie* oder *Teilordnungslehre* sah das Deutsche Reich als handlungsunfähig an, akzeptierte jedoch die BR Deutschland und die DDR als Teilordnungen unter einem gemeinsamen Dach.

215   In der DDR ging man zunächst vom Fortbestand des Deutschen Reichs aus,[433] neigte jedoch später zur Debellationstheorie.[434] Die BR Deutschland ging zunächst davon aus, dass sie *Alleinvertreterin* ganz Deutschlands sei (Kernstaatstheorie). Im *Urteil zum Grundlagenvertrag* v 21.12.1976[435]

---

430 Dokumente zur Außenpolitik der Regierung der Deutschen Demokratischen Republik, Bd I, 1954, 303 ff.
431 Vertrag über die Beziehungen zwischen der DDR und der Union der Sozialistischen Sowjetrepubliken v 20.9. 1955, GBl DDR 1955 II, 918; Vertrag über Freundschaft, gegenseitigen Beistand und Zusammenarbeit zwischen der DDR und der Union der Sozialistischen Sowjetrepubliken v 12.6.1964, GBl DDR 1964 II, 132; Vertrag über Freundschaft, Zusammenarbeit und gegenseitigen Beistand zwischen der DDR und der Union der Sozialistischen Sowjetrepubliken v 7.10.1975, GBl DDR 1975 II, 238.
432 Vgl zur Rechtslage *Blumenwitz*, Was ist Deutschland?, 1982; ders/Meissner (Hrsg), Die deutsche Frage, 1984; *v. Münch*, Deutschland: gestern – heute – morgen, NJW 1991, 865 ff.
433 Vgl die erste Verfassung v 7.10.1949.
434 Vgl *Hecker*, Der Rechtsstatus Deutschlands aus der Sicht der DDR, 1974, 137, 154.
435 BVerfGE 36, 1 ff.

bezog das BVerfG Aspekte der Dachstaatstheorie mit ein, was im sog *Teso*-Beschluss bestätigt wurde.[436]

b) Die Vereinigung Deutschlands

Die Friedliche Revolution v 1989 führte zur Wiedervereinigung am 3.10.1990. Man entschied sich bei der Vereinigung für einen Beitritt der DDR zur BR Deutschland nach Art 23 Satz 2 (aF) GG. Der Vorbereitung des Beitritts diente der *Vertrag über die Schaffung einer Währungs-, Wirtschafts- und Sozialunion* v 18.5.1990,[437] der am 1.7.1990 in Kraft trat. **216**

Nach dem Beschluss der Volkskammer der DDR v 23.8.1990 über den Beitritt der DDR zum Geltungsbereich des Grundgesetzes der BR Deutschland wurde kurz darauf, am 31.8.1990, der *Einigungsvertrag* (EV) unterzeichnet, der am 29.9.1990 in Kraft trat.[438] **217**

Es galt aber, bei dem Beitritt der ehemaligen DDR die Verantwortung der Vier Mächte für Deutschland als Ganzes zu berücksichtigen. Nachdem zunächst in Ottawa die sog „Zwei-plus-vier-Formel" am 13.2.1990 verabschiedet worden war, wurde am 12.9.1990 der *Vertrag über die abschließende Regelung in bezug auf Deutschland* (sog Zwei-plus-Vier-Vertrag) geschlossen.[439] Vertragspartner waren die vier Siegermächte sowie die beiden deutschen Staaten. **218**

Art 1 Abs 1 Satz 1 des Vertrags hat die Vereinigung der beiden deutschen Staaten in den Gebieten der BR Deutschland, der DDR und ganz Berlin zum Gegenstand. Art 1 Abs 2 u Abs 3 sieht die *Verbindlichkeit der Grenze zu Polen* und den *Verzicht Deutschlands auf Gebietsansprüche gegenüber anderen Staaten* vor. In Art 7 Abs 1 erklären die Siegermächte, dass ihre Verantwortlichkeiten in Bezug auf Berlin und Deutschland als Ganzes beendet seien. Dem vereinten Deutschland komme daher volle Souveränität über seine inneren und äußeren Angelegenheiten zu (Art 7 Abs 2). Regelungen über den Truppenabzug sind in Art 4 enthalten. **219**

Zwischen Deutschland und Polen wurde am 14.11.1990 der *Vertrag über die Bestätigung der zwischen ihnen bestehenden Grenzen* geschlossen, der die Oder-Neiße-Linie als endgültige Grenze festlegt.[440] Damit verzichtete Deutschland endgültig auf die territoriale Souveränität über diese Gebiete. Neben diesem Grenzvertrag wurde am 17.6.1991 ein Nachbarschaftsvertrag mit Polen geschlossen, der in den Art 20 ff Minderheitenrechte der deutschsprachigen Bevölkerung Polens enthält.[441] **220**

Der *Abzug der sowjetischen Truppen* ist Gegenstand des Abkommens v 12.10.1990 zwischen der BR Deutschland und der Sowjetunion über die Bedingungen des befristeten Aufenthalts und die Modalitäten des planmäßigen Abzugs der sowjetischen Truppen aus dem Gebiet der BR Deutschland.[442] Dieser erfolgte fristgerecht bis Ende 1994. **221**

Dem EV und den nachfolgenden völkerrechtlichen Verträgen liegt die Auffassung zugrunde, dass die DDR mit dem Beitritt zur BR Deutschland als Völkerrechtssubjekt untergegangen ist und die BR Deutschland auf erweitertem Territorium fortbesteht.[443] **222**

---

436 BVerfGE 77, 137, 155, 160.
437 BGBl 1990 II, 537.
438 Ergänzt wird der EV durch die Vereinbarung v 18.9.1990 zur Durchführung und Auslegung des EV am 31.8.1990, BGBl 1990 II, 1239.
439 BGBl 1990 II, 1318. Vgl *Albrecht*, Die Abwicklung der DDR: Die Zwei-plus-Vier-Verhandlungen, 1992; *Blumenwitz*, Der Vertrag vom 12.9.1990 über die abschließende Regelung in bezug auf Deutschland, NJW 1990, 3041 ff; *Fiedler*, Die Wiedererlangung der Souveränität Deutschlands und die Einigung Europas, JZ 1991, 685 ff; *Rauschning*, Die Beendigung der Nachkriegszeit mit dem Vertrag über die abschließende Regelung in bezug auf Deutschland, DVBl 1990, 1275 (1280 ff); *Stern*, Der Zwei-plus-Vier-Vertrag, BayVBl 1991, 523 ff.
440 Vgl *Czaplinski*, The New Polish-German Treaties and the Changing Political Structure of Europe, AJIL 86 (1992) 163 ff; *Zuck*, Die polnische Westgrenze, MDR 1990, 406 ff.
441 BGBl 1991 II, 1315.
442 BGBl 1991 II, 256.
443 Vgl *Degenhart*, Verfassungsfragen der Deutschen Einheit, DVBl 1990, 973 (981); *Frowein*, Die Verfassungslage Deutschlands im Rahmen des Völkerrechts, VVDStRL 49 (1990) 8 (25); *Isensee*, Verfassungsrechtliche Wege zur

c) Die Regelungen über die Staatennachfolge

223 Bei der Vereinigung stellte sich zunächst die Frage, welche Nachfolgeregelungen für die völkerrechtlichen *Verträge* gelten sollten.[444] Da die Inkorporation in der Wiener Konvention über die Nachfolge in Verträge v 1978 nicht erwähnt wird, kam sowohl Art 15, der den Übergang eines Teils des Territoriums regelt, als auch Art 31, der im Fall einer Fusion die Weitergeltung der völkerrechtlichen Verträge für das jeweilige Gebiet vorsieht, in Betracht.

224 Praktisch gelöst wurde diese Frage in Art 11 u Art 12 EV. Diese Bestimmungen sehen vor, dass das vereinte Deutschland seine Haltung über die Fortgeltung völkerrechtlicher Verträge festlegt. Das Einverständnis der Vertragspartner wurde dadurch herbeigeführt, dass die Bestimmungen des EV allen Staaten, mit denen Deutschland diplomatische Beziehungen unterhält, sowie allen I.O., in denen Deutschland Mitglied ist, notifiziert wurden, und diese gegen eine solche Vorgehensweise nicht protestierten.[445]

225 Die von der *BR Deutschland* abgeschlossenen Verträge gelten nach Art 11 EV mit Ausnahme des Abkommens im Zusammenhang mit Stationierung und Aufenthalt ausländischer Truppen auf deutschem Boden grundsätzlich für das gesamte Staatsgebiet des vereinten Deutschlands fort.[446] Gleiches gilt nach dem Grundsatz der beweglichen Vertragsgrenzen auch für das europäische Gemeinschaftsrecht,[447] wobei hier jedoch Ausnahmen und Übergangsfristen für nicht mit dem Gemeinschaftsrecht vereinbares Recht im Beitrittsgebiet vorgesehen sind.[448]

226 Verpflichtungen aus mehrseitigen Verträgen, bei denen nur die *DDR*, nicht aber die BR Deutschland Vertragspartner war, erlöschen nach Art 12 Abs 3 EV. Ein Eintritt auf Initiative der deutschen Regierung im Einvernehmen mit den jeweiligen Vertragspartnern und der EG war jedoch, in Abweichung zum allgemeinen Völkerrecht, das nur die Fortgeltung oder das Erlöschen kennt, möglich. Grenzverträge waren von einem Vorgehen nach Art 12 EV ausgenommen.

227 Die Regelungen des EV über das *Staatsvermögen* und die Nachfolge in *Verbindlichkeiten* entsprechen im Wesentlichen Völkergewohnheitsrecht, gehen aber in einigen Punkten darüber hinaus (zB bei Schulden inländischer Gläubiger: kein Ausschluss des Übergangs der *odious debts*).

228 Der Übergang des *DDR-Vermögens,* auch des Finanzvermögens, auf Bund, Länder und Kommunen oder sonstige Träger öffentlicher Verwaltung ist Gegenstand von Art 21f EV. Die Durchführung der Privatisierung oblag der Treuhandanstalt (Art 25 Abs 1 EV).[449] Die *Verwaltungs- und Finanzschulden* der DDR wurden gemäß Art 23 EV von einem nicht rechtsfähigen Sondervermögen des Bundes übernommen.

Deutschen Einheit, ZParl 1990, 309 ff; *Streinz,* Die völkerrechtliche Situation der DDR vor und nach der Wiedervereinigung, EWS 1990, 171 (174).
444 Vgl *Blumenwitz,* Staatennachfolge und die Einigung Deutschlands, 1992; *Fastenrath,* Der deutsche Einigungsvertrag im Lichte des Rechts der Staatennachfolge, ÖZöRV 44 (1993) 1 ff; *Gornig,* Staatennachfolge und Einigung Deutschlands, Teil II, 1992; *Grabitz/v. Bogdandy,* Deutsche Einheit und europäische Integration, NJW 1990, 1073 ff; *Hailbronner,* Legal Aspects of the Unification of the Two German States, EJIL 2 (1991) 18 ff; *ders,* Das Vereinte Deutschland in der Europäischen Gemeinschaft, DtZ 1991, 321 ff; *Randelzhofer,* Deutsche Einheit und Europäische Integration, VVDStRL 49 (1990) 102 ff; *Tomuschat,* A United Germany within the European Community, CMLR 27 (1990) 415 ff; *Wittkowski,* Die Staatensukzession in völkerrechtliche Verträge unter besonderer Berücksichtigung der Herstellung der staatlichen Einheit Deutschlands, 1992.
445 *Fastenrath,* Die Regelungen über die Staatennachfolge bei der Vereinigung der beiden deutschen Staaten, VRÜ 25 (1992) 72 ff.
446 Vgl zu den Ausnahmen Anlage I zum EV.
447 *Hailbronner* (Fn 444) 455.
448 Vgl Beschluss des Rates v 4.12.1990 (ABl EG 1990, Nr L 353) und die EG-Rechtsüberleitungsverordnung v 28.9.1990 (BGBl 1990 I, 2117).
449 Nach Beendigung ihrer Tätigkeit wurden noch übrige Aufgaben durch die BVS (Bundesanstalt für vereinigungsbedingte Sonderaufgaben) wahrgenommen.

III. Der Einzelne im Völkerrecht

1. Der Menschenrechtsschutz auf universeller Ebene
a) Einführung

Die historische Grundlegung universeller Menschenrechte im Völkerrecht[450] ist untrennbar mit dem Vordringen von Grund- und Menschenrechten auf staatlicher Ebene verbunden. Gemeinsam ist dem völkerrechtlichen und dem staatsrechtlichen Konzept die Idee, dass jedem Individuum allein kraft seines Menschseins Würde zukommt, die sich in zahlreichen weiteren und unveräußerlichen Rechten konkretisiert.[451] Ihrem naturrechtlichen Ursprung nach vor allem der Philosophie der Aufklärung verbunden, liegt die Idee der Menschenrechte allen positivrechtlichen Verbürgungen voraus. Sie ist aber zu ihrem tatsächlichen Durchbruch und Erfolg auf Positivierung angewiesen – sei es in nationalstaatlichen Verfassungsordnungen (im 18. Jh in den Vereinigten Staaten und in Frankreich),[452] sei es in spezifischen Völkerrechtsverträgen.

Dass das Individuum anfangs überhaupt in den Kreis der Völkerrechtssubjekte vordringen konnte, hing im frühen 20. Jh auch mit den Gewährleistungen des damaligen Kriegsvölkerrechts zusammen.[453] Obwohl Staaten kaum je so unmittelbar aus ihrer eigenen Souveränität schöpfen wie in bewaffneten Konflikten, führten der völkervertragliche Umgang mit Verwundeten, Kriegsgefangenen und der Zivilbevölkerung sowie die vorgesehene, letztlich aber nicht realisierte Einrichtung eines Prisenhofs in den Haager Konventionen v 1907 zu ersten individualisierten Rechtspositionen im Völkerrecht moderner Prägung.[454] Hinzu kamen die als Folge der territorialen Neuordnung Europas nach dem Ersten Weltkrieg verabschiedeten Vorschriften über den Minderheitenschutz.[455] Der letztlich entscheidende Grund für die bis in die Gegenwart reichende völkerrechtliche Verankerung von Menschenrechten hängt mit den bitteren Lektionen der verschiedenen europäischen Totalitarismen des 20. Jh zusammen.[456] Dabei zeigte sich, dass der Schutz von Menschenrechten nicht allein den Nationalstaaten anvertraut werden konnte, da innerstaatliche Rechts- und Verfassungsordnungen nicht nur leicht geändert, sondern auch außer Acht gelassen und sogar in ihr Gegenteil verkehrt werden konnten. Nicht zuletzt die Gewalt- und Gräueltaten des Nationalsozialismus zunächst in Deutschland, später in vielen Teilen Europas offenbarten die Notwendigkeit einer *internationalen Gewährleistung* von Menschenrechten, die der Verfügbarkeit einzelner Staaten entzogen ist.[457] Ein wesentliches Merkmal der nach 1945 auf völkerrechtlicher Grundlage verankerten Menschenrechte ist ihre Universalität und die da-

---

450 Vgl *Graf Vitzthum*, 1. Abschn Rn 16 f; *Peters* (Fn 21) 7 ff; Cruft/Liao/Renzo (Hrsg), Philosophical Foundations of Human Rights, 2015; *Kanstantsin*, European Consensus and the Legitimacy of the European Court of Human Rights, 2015; *Arden*, Human Rights and European law: Building New Legal Orders, 2015; *Fastenrath*, Vom Rechte, das mit uns geboren …, FS Riedel 2013, 17 ff; *Cremer*, Fünf Thesen zur subjektiven Rechtsqualität völkerrechtlich gewährleisteter Menschenrechte, FS Riedel 2013, 33 ff.
451 Vgl *Klein*, Universeller Menschenrechtsschutz – Utopie oder Realität, EuGRZ 1999, 109 ff; *ders*, Universalität der Menschenrechte, FS Kirchhof, Bd 1, 2013, 475 (477 ff); *Isensee*, Die heikle Weltherrschaft der Menschenrechte, FS Klein, 2013, 1085 ff; *Sandkühler*, Menschewürde und Menschenrechte: Über die Verletzbarkeit und den Schutz der Menschen, 2014.
452 Vgl *Kriele*, Einführung in die Staatslehre, 6. Aufl. 2003, § 33 („Menschenrechte: angelsächsisches Recht oder naturrechtliche Aufklärung?"); *Richter*, Dynamik und Potential der Menschenrechte, GS Brugger, 693 f.
453 Vgl eingehend *Oesterreich*, Geschichte der Menschenrechte und Grundfreiheiten im Umriss, 2. Aufl 1978; *Haratsch*, Die Geschichte der Menschenrechte, 4. Aufl 2010; aus früherer Zeit: *Verdross*, Völkerrecht, 1937, 236 f; *von der Heydte*, Völkerrecht, Bd 1, 1958, 268 ff (Abkommen gegen Sklavenhandel u gegen Frauen- und Kinderhandel im 19. und frühen 20. Jh).
454 Vgl *Berber* (Fn 198) 172; *Peters* (Fn 21) 13 unter Verweis auf Walther Schücking.
455 *Mandelstam*, Der internationale Schutz der Menschenrechte und die New Yorker Erklärung des Instituts für Völkerrecht, ZaöRV 2 (1931) 335 ff.
456 *Isensee* (Fn 451) 1091 f.
457 *Lauterpacht*, An International Bill of Rights of Man, 1945; *Crawford* (Fn 2) 634; *Mandelstam* (Fn 455) 346 ff zu den Minderheitenverträgen von 1919 und 1920.

mit verbundene Nichtrelativierbarkeit, die heute insbes in globaler Auseinandersetzung mit anderen Rechts- und Wertordnungen zu zahlreichen Konflikten führen können.[458] Letztlich mag eine Verabsolutierung von Rechtspositionen – insbes in außen- und sicherheitspolitischen Zusammenhängen – zu Schwierigkeiten und bisweilen sogar zu gravierenden Einschränkungen führen. Bedeutung und Rang der Menschenrechte als elementare Bestandteile der internationalen Rechtsordnung lassen jedoch weder argumentatives Zurückweichen noch Nachlässigkeit im Umgang mit Rechtsverstößen zu.[459]

229b Seitdem sich die Staatengemeinschaft im Jahre 1948 in einer Deklaration der UN-Generalversammlung feierlich zur Achtung der Menschenrechte bekannt hat, bilden diese einen wesentlichen Bestandteil der Völkerrechtsordnung. Seither sind in zahlreichen Deklarationen, Resolutionen, Verträgen und Erklärungen die Rechte des Individuums in vielen Bereichen bestätigt worden. Allerdings wird in diesem Zusammenhang häufig zu recht bemängelt, dass es immer noch nicht gelungen ist, eine umfassende rechtsverbindliche Charta der Menschenrechte zu verabschieden, deren Gewährleistungen durch ein universell geltendes und effektives internationales System zu ihrer Überwachung und Durchsetzung sichergestellt ist. Zu unterschiedlich war bislang nicht nur das Verständnis der Menschenrechte in den verschiedenen Rechtskreisen. Nicht selten verhindern in jüngerer Zeit erstarkte *Souveränitätsvorstellungen* die Konkretisierung und Verwirklichung menschenrechtlicher Prinzipien im innerstaatlichen Recht. Der Universalitätsanspruch der Menschenrechte kann auf diese Weise nicht vollständig eingelöst werden. So fällt die Bilanz etwa im Hinblick auf die Beachtung des Folterverbots in weiten Teilen der Welt nicht so positiv aus, wie es angesichts langjähriger Geltung entsprechender völkerrechtlicher Vorschriften eigentlich hätte erwartet werden können. Obwohl in den letzten Jahrzehnten unverkennbar wesentliche Fortschritte bei der rechtlichen Verankerung der Menschenrechte in der Völkerrechtsordnung zu verzeichnen waren,[460] ist der Schutz der Menschenrechte in besonderem Umfang von den mit dem „Krieg gegen den Terror"[461] verbundenen Herausforderungen beeinflusst. Dies gilt etwa für die teilweise zu beobachtende Relativierung des Folterverbots[462] und die eingeschränkte Geltung der Menschenrechte durch Berücksichtigung unterschiedlicher religiöser bzw kultureller Auffassungen der Betroffenen.[463] Auch der sich in jüngerer Zeit verstärkt

---

458 Vgl *Hitchcock*, The Rise and Fall of Human Rights? HRQ 37 (2015) 80 ff.
459 *Simma*, Human Rights in the International Court of Justice – Are We Witnessing a Sea Change?, FS P-M Dupuy, 2014, 711 ff; *E. Klein*, Universalität der Menschenrechte, FS Kirchhof, Bd 1, 2013, 475 (480 f); *Thiele*, Der Schutz der Menschenrechte durch den IGH, AVR 51 (2013) 1 ff; *Richter* (Fn 452) 709 ff; *Simmons*, The Future of the Human Rights Movement, Ethics & International Affairs 28 (2014) 183 ff; mit Blick in die nahe Zukunft: *Cassese*, A Plea for a Global Community Grounded in a Core of Human Rights, in ders (Hrsg), Realizing Utopia, 136 ff (insbes 143).
460 Vgl *Klein*, Menschenrechte, Stille Revolution des Völkerrechts und Auswirkungen auf die innerstaatliche Rechtsanwendung, 1997; *ders*, Menschenrechte im Spiegel der Globalisierung, MRM 10 (2005) 125 ff; Nolte (Hrsg), Der Mensch und seine Rechte, 2004; *Freeman/Ert*, International Human Rights Law, 2004; *Delbrück*, Safeguarding Internationally Protected Human Rights in National Emergencies, FS Ress, 2005, 35 ff; *Bernhardt*, Der völkerrechtliche Schutz der Menschenrechte, FS Delbrück, 2005, 37 ff; *Brems*, Reconciling Universality and Diversity in International Human Rights, HRR 5 (2004) 5 ff; *Evans*, Internationial Human Rights Law as Power/Knowledge, HRQ 27 (2005) 1046 ff.
461 Vgl *Stein*, European and German Security Policy, IYHR 35 (2005) 231 ff; *Arnold*, Human Rights in the Times of Terror, ZaöRV 66 (2006) 297 ff; *Hoffman*, Human Rights and Terrorism, HRQ 26 (2004) 932 ff; *Gearty*, Human Rights in an Age of Counter-Terrorism, Current Legal Problems 58 (2005) 25 ff; *Olivier*, Human Rights Law and the International Fight against Terrorism, NordJIL 73 (2004) 399 ff; *Roth*, Human Rights as a Response to Terrorism, ORIL 6 (2004) 37 ff; *Stewart*, Human Rights, Terrorism and International Law, Villanova LR 50 (2005) 685 ff.
462 *Thienel*, The Admissibility of Evidence Obtained by Torture und International Law, EJIL 17 (2006) 349 ff; *Assheha*, Islamic Concepts of Human Rights, 2004; *Baderin*, Human Rights and Islamic Law, EHRLR 2005, 165 ff; *Baehr/Castermans-Holleman*, The Role of Human Rights in Foreign Policy, 2004; *Carle*, Revealing and Concealing, HRR 6 (2005) 122 ff.
463 *Gebauer*, Zur Grundlage des absoluten Folterverbots, NVwZ 2004, 1405 ff; *Schmahl/Steiger*, Völkerrechtliche Implikationen des Falls Daschner, AVR 43 (2005) 358 ff; *Bielefeldt*, Die Absolutheit des Folterverbots, Jahrbuch Menschenrechte 2006, 49 ff; *Jahn*, Gute Folter – schlechte Folter, KritV 87 (2004) 24 ff; *Ramsay*, Can the Torture of Terror-

zeigende Antagonismus zwischen einem vor allem in Europa und Nordamerika geprägten Menschenrechtsverständnis und eher relativistischen Vorstellungen in China, Russland, der islamischen Welt sowie neuerdings in Ansätzen auch in Japan stellen unter Beweis, dass der überbordene menschenrechtliche Optimismus der 1990er Jahre in den letzten Jahren einige Dämpfer hat hinnehmen müssen.

Im Grundsatz besteht jedoch kein Zweifel, dass der internationale Menschenrechtsschutz **230** die Entwicklung des Völkerrechts tiefgreifend beeinflusst hat. Während nach herkömmlichem Völkerrechtsverständnis ausschließlich die Staaten und gegebenenfalls I. O. eigene Rechte geltend machen konnten, wird hierdurch auch Individuen das Recht zuerkannt, vor völkerrechtlichen Instanzen und Gerichten die Verletzung ihrer Rechte, ggf auch *gegen ihren eigenen oder einen fremden Staat*, geltend zu machen.[464] Damit wurde gleichzeitig die Theorie der Mediatisierung des Einzelnen durch den Staat, wonach der Einzelne nur mittels seines Heimatstaats Gegenstand völkerrechtlicher Rechte und Pflichten sein kann, nachdrücklich relativiert. Ein Staat kann sich auch in Bezug auf die Behandlung seiner eigenen Staatsangehörigen nicht mehr auf den Grundsatz der Nichteinmischung in innere Angelegenheiten berufen, wenn er deren Menschenrechte verletzt. Die internationale Gemeinschaft, verkörpert durch die UNO oder regionale Organisationen, hat in der Vergangenheit ein *Recht auf humanitäre Intervention* in Anspruch genommen, um massiven Menschenrechtsverletzungen eines Staats in seinem eigenen Hoheitsgebiet zu begegnen. Allerdings muss auch im Zeichen des Menschenrechtsschutzes hierbei Vorsicht walten, damit nicht gleichzeitig andere Fundamentalprinzipien des Völkerrechts, namentlich des Gewalt- und Interventionsverbots, ausgehebelt oder ihrerseits mit nur schwer absehbaren Folgen relativiert werden.[465]

Staatliche Befugnisse, herkömmlich als typischer Ausfluss staatlicher Souveränität ver- **231** standen, wie zB das Recht, über die Einreise und den Aufenthalt von Ausländern und deren Aufnahme in den eigenen Staatsverband zu entscheiden, werden in zunehmendem Maße menschenrechtlich beeinflusst. Die diplomatische Schutzausübung, ursprünglich als bloße Geltendmachung eigener staatlicher Ansprüche verstanden, löst sich partiell von ihrem Ursprung einer geordneten Bereinigung zwischenstaatlicher Konflikte und wird zum Instrument der stellvertretenden Ausübung individueller Rechte zu Gunsten der eigenen Staatsangehörigen und der auf dem eigenen Staatsgebiet lebenden Bevölkerung. *Der Einzelne*, in Weiterentwicklung seiner völkerrechtlichen Individualrechte, tritt nun auch als *unmittelbares Pflichtensubjekt auf der Ebene des Völkerrechts* in Erscheinung, das für gravierende Menschenrechtsverletzungen vor internationalen Strafgerichten auf der Grundlage völkerrechtlicher Strafrechtsnormen haftbar gemacht werden kann.[466] Die Verfahren gegen die Präsidenten des Sudans und Kenias vor dem IStGH unterstreichen dies eindrucksvoll.[467]

Der Schutz der Menschenrechte dokumentiert sich heute im Wesentlichen in einer Vielzahl **232** völkerrechtlicher Verträge, Deklarationen und Resolutionen der UN-Generalversammlung und ihrer Sonderorganisationen. Die *Menschenrechtsverträge* weisen ungeachtet einer häufig einheitlichen Grundstruktur, soweit sie im Rahmen der Vereinten Nationen entstanden sind, Unterschiede bzgl des materiellen Schutzgehalts und ihrer Durchsetzungsmechanismen auf.

---

ist Suspects Be Justified?, IJHR 10 (2006) 103 ff; *Rodley/Pollard*, Criminalisation of Torture, EHRLR 2006, 115 ff; *Decker*, Is the United States Bound by the Customary International Law of Torture?, Chinese JIL 6 (2006) 803 ff; *Cassese*, Are International Human Rights Treaties and Customary Rules on Torture Binding upon US Troops in Iraq?, JICJ 2 (2004) 872 ff.
464 Vgl den Hinweis auf „völkerrechtliche Individualrechte außerhalb des Rechtsrahmens der Menschenrechte" bei *Peters* (Fn 21) 2.
465 Krit *Epping* (Fn 9) Rn 143
466 *Tomuschat*, Human Rights – Tensions between Negative and Positive Duties of States, Austr Rev Int'l Europ Law 14 (2013) 19 ff
467 Vgl oben Rn 48.

233 Zwischen den Verträgen zum Schutz der Menschenrechte kann in die universellen Menschenrechtsverträge wie den beiden Menschenrechtspakten v 1966 und in regionale Verträge wie die Europäischen Menschenrechtskonvention (EMRK) unterschieden werden. Weiter ist darauf hinzuweisen, dass einige Verträge einen ausführlichen Katalog von Menschenrechten enthalten, während sich andere auf einzelne Gegenstände wie das Verbot des Völkermords, der Folter oder Formen der Diskriminierung beschränken. Eine Differenzierung ist ferner im Hinblick auf den Charakter und die Zielrichtung der einzelnen Rechte festzustellen. Hier können die *Freiheits- und Abwehrrechte* wie das Recht auf Leben oder auf persönliche Freiheit in einer Gruppe zusammengefasst werden. In einer zweiten Gruppe finden sich *wirtschaftliche, soziale und kulturelle Rechte* wie das Recht auf Arbeit. In einer dritten Gruppe werden Rechte zusammengefasst wie das *Recht auf Entwicklung, auf lebenswerte Umwelt, auf Frieden, Solidarität und Abrüstung, auf Teilhabe am gemeinsamen Erbe der Menschheit, sowie das Recht, über natürliche Ressourcen zu verfügen*.[468] Unterschiede bestehen schließlich bei den verschiedenen Durchsetzungs- und Überwachungsmöglichkeiten. Zumeist sind Staatenberichtsverfahren vorgesehen, bei denen unabhängige Expertengremien periodisch Länderberichte prüfen. Darüber hinaus gibt es Staaten- und Individualbeschwerdeverfahren, die mit einem unverbindlichen Bericht oder durch eine gerichtliche Entscheidung abgeschlossen werden können.

b) Die Allgemeine Erklärung der Menschenrechte

234 Die Allgemeine Erklärung der Menschenrechte (AEMR) der UN-Generalversammlung v 10.12.1948 enthält einen *Katalog von bürgerlichen und politischen Rechten* wie das Recht auf Leben, die Freiheit von Sklaverei und Folter, den Anspruch auf gleichen Schutz durch das Gesetz, auf Rechtsschutz und ein ordentliches Verfahren, die Meinungs- und Versammlungsfreiheit, das Recht auf Eigentum sowie wirtschaftliche und kulturelle Rechte. Sie enthält auch Schranken, wonach jeder Mensch in Ausübung seiner Rechte und Freiheiten nur den Beschränkungen unterworfen ist, die das Gesetz ausschließlich zu dem Zwecke vorsieht, die Anerkennung der Rechte und Freiheiten anderer zu gewährleisten und den gerechten Anforderungen der Moral, der öffentlichen Ordnung und der allgemeinen Wohlfahrt in einer demokratischen Gesellschaft zu genügen.[469]

235 Die politisch-moralische Autorität der AEMR steht außer Frage.[470] Einigkeit besteht jedoch nicht hinsichtlich der rechtlichen Bindungswirkung. Hier reicht das Meinungsspektrum von völkerrechtlicher Unverbindlichkeit über Völkergewohnheitsrecht bis hin zur Annahme von *ius cogens*.[471] Zunächst kam der Erklärung keine völkerrechtliche Verbindlichkeit zu, da sie in Form einer Resolution erging, die nicht bindend war. Später wurde die AEMR als Definition und Auslegung der Rechte anerkannt, die die UN und deren Mitgliedstaaten nach Art 55 und 56 UN-Charta fördern wollten.[472] In zahlreichen Erklärungen und Entscheidungen wurde auf die AEMR Bezug genommen. Sie wird etwa in der Präambel der EMRK und in der Interamerikanischen Deklaration v

---

468 Vgl hierzu *Riedel*, Menschenrechte der dritten Dimension, EuGRZ 1989, 9 ff; vgl auch *Proelß*, 5. Abschn Rn 118 ff.
469 Vgl Alfredsson/Eide (Hrsg), The Universal Declaration of Human Rights, 1999; *Kotzur*, 60 Jahre Allgemeine Erklärung der Menschenrechte, MRM 13 (2008) 184 ff; *von Bernstorff*, The Changing Fortunes of the Universal Declaration of Human Rights, EJIL 19 (2008) 903 ff; *Cheng*, The Universal Declaration of Human Rights at Sixty, Cornell Int'l LJ 41 (2008) 251 ff; *Rinceanu*, Norm- und Systementwicklung zum Schutz der Menschenrechte, Humanitäres Völkerrecht 21 (2008) 220 ff; *Weckel*, La justice internationale et le soixantième anniversaire de la Déclaration universelle des droits de l'homme, RGDIP 113 (2009) 5 ff.
470 *Crawford* (Fn 2) 636 („notably influential").
471 Gegen rechtliche Bindungswirkung: *Epping* (Fn 9) § 7 Rn 11; *Humphrey*, The Universal Declaration of Human Rights, in Ramcharan (Hrsg), Human Rights, 1979, 29 ff; *Isensee* (Fn 451) 1085 (1100) „bloße Empfehlung"; aA *Gros Espiell*, The Envolving Concept of Human Rights, in ebd 46 ff; für gewohnheitsrechtliche Geltung etlicher der in der AEMR enthaltenen Rechte *Hobe* (Fn 353) 424 f.
472 *Kokott/Doehring/Buergenthal*, Grundzüge des Völkerrechts, 3. Aufl 2003, Rn 251.

7.4.1951 genannt und findet sich ausdrücklich oder mittelbar in Formulierungen nationaler Verfassungen.[473] Hieraus kann jedoch nicht auf eine völkerrechtliche Bindungswirkung der gesamten Erklärung geschlossen werden. Allerdings können *einige Bestimmungen* der AEMR wie das Verbot der Sklaverei *völkergewohnheitsrechtliche Geltung* beanspruchen.[474] Die AEMR stellt einen Standard dar, an dem Fortschritte im Bereich des Menschenrechtsschutzes gemessen werden können.[475] Das Verfahren vor der bereits seit 1946 bestehenden Menschenrechtskommission richtete sich wesentlich nach der vom Wirtschafts- und Sozialausschuss der UNO erlassenen Resolution 1503 (1970). Schließlich wurde die Menschenrechtskommission durch Resolution der Generalversammlung v 15.3.2006 durch einen Menschenrechtsrat abgelöst. Die Menschenrechtskommission sollte im Fall von Hinweisen auf systematische und schwerwiegende Menschenrechtsverletzungen Untersuchungen gegen Staaten durchführen und dem Wirtschafts- und Sozialrat darüber Bericht erstatten sowie Empfehlungen geben. Da sie aber zu einem nicht unerheblichen Teil aus Staaten bestand, in denen systematisch Menschenrechtsverletzungen begangen wurden, wurde sie als weitgehend ineffektiv von einem Teil der Staaten abgelehnt. Der nunmehr eingerichtete Menschenrechtsrat besteht aus 47 Mitgliedern, die von der Generalversammlung mit absoluter Mehrheit aller Mitgliedstaaten gewählt werden müssen. Der Menschenrechtsrat tagt mehrmals jährlich und soll nunmehr auch im Vorfeld von Menschenrechtsverletzungen präventiv tätig werden. Die Effektivität des Menschenrechtsrats wird bezweifelt, weil wiederum auch Staaten, denen systematische Menschenrechtsverletzungen vorgeworfen werden, in den Rat gewählt worden sind.

c) Die Menschenrechtspakte v 19.12.1966

Die Generalversammlung der UNO nahm 1966 den Internationalen Pakt über bürgerliche und politische Rechte (IPbürgR)[476] sowie den Internationalen Pakt über wirtschaftliche, soziale und kulturelle Rechte (IPwirtR)[477] an. Diese völkerrechtlichen Verträge traten 1976 nach den erforderlichen Ratifikationen in Kraft. Deutschland hat beide Pakte ratifiziert.[478]

Der *IPbürgR* enthält in Art 1 das Recht der Völker auf Selbstbestimmung. Grundlegende Rechte und Freiheiten finden sich in Teil III des Pakts. Hier werden u a das Recht auf Leben, die Freiheit von Folter und Sklaverei, das Recht auf persönliche Freiheit und Sicherheit und auf ein faires Gerichtsverfahren sowie das Verbot rückwirkender Gesetze und Strafen genannt. Ferner werden das Recht auf Heirat und Familie, die Rechte des Kindes und das Recht auf Beteiligung an der Staatswillensbildung garantiert, nicht hingegen das Recht auf Eigentum. Erweitert wurde der Schutz des IPbürgR durch das Zweite Fakultativprotokoll zur Abschaffung der Todesstrafe v 15.12.1989, für Deutschland seit 1992 in Kraft.[479] Die genannten Rechte können, sofern nicht notstandsfest, unter den Voraussetzungen des Art 4 Abs 2 suspendiert werden.

In Zusammenhang mit dem *IPwirtR* wurde im Jahr 2008 ein Fakultativprotokoll verabschiedet, das sich stark am Fakultativprotokoll zum IPbürgR orientiert und 2014 in Kraft getreten ist. Da der *IPwirtR* keine unmittelbar anwendbaren Rechtspflichten enthält, sondern bei den wirt-

---

473 *Wilms*, Ausländische Einwirkungen auf die Entstehung des Grundgesetzes, 1999, 133 ff, insbes 135 f.
474 *Crawford* (Fn 2) 636.
475 *Partsch*, in Charta VN, Art 55 Rn 33; vgl zur Bedeutung der AEMR auch *Klein* (Fn 451) 109 ff.
476 BGBl 1973 II, 1534.
477 BGBl 1973 II, 1570.
478 Vgl *Sun*, The Understanding and Interpretation of the ICCPR in the Context of China's possible Ratification, Chinese JIL 6 (2007) 17 ff; *Jihong*, Two Approaches towards the Ratification of the International Covenant on Civil and Political Rights, Chinese YHR 4 (2006) 103 ff; *Ando*, The Development of the Human Rights Committee's Procedure to Consider States Parties' Reports under Article 40 of the ICCPR, FS Caflisch, 2007, 17 ff; *Simmons*, Civil Rights in International Law, Indiana JGLS 16 (2009) 437 ff; *Ghandhi*, The Human Rights Committee of the ICCPR, IJIL 48 (2008) 208 ff.
479 BGBl 1992 II, 391; *Crawford* (Fn 2) 638 f.

schaftlichen, sozialen und kulturellen Rechten an die Verfügbarkeit der Ressourcen anknüpft, wird vielfach in Zweifel gezogen, dass von den darin niedergelegten Rechten eine unmittelbare Rechtswirkung ausgeht.[480] Deutlich wird dies in Art 2 Abs 1, wo sich die Vertragsstaaten verpflichten, einzeln und durch internationale Hilfe und Zusammenarbeit, Maßnahmen zu treffen, um nach und nach mit allen geeigneten Mitteln die volle Verwirklichung der in diesem Pakt anerkannten Rechte zu erreichen.[481]

239   Der *Durchsetzung* der Rechte dient zum einen ein periodisches, obligatorisches Berichtssystem (Artikel 40 Abs 1 IPbürgR u Art 16 Abs 1 IPwirtR). Geprüft werden die Berichte des IPwirtR durch einen aus achtzehn unabhängigen Experten bestehenden Ausschuss für wirtschaftliche und kulturelle Rechte, der als Hilfsorgan des Wirtschafts- und Sozialrats nach Art 68 UN-Charta durch den Sicherheitsrat 1985 errichtet wurde. Berichte auf Grund des IPbürgR werden vom UN-Menschenrechtsausschuss geprüft. Er besteht ebenfalls aus achtzehn unabhängigen Mitgliedern und gibt nach Beendigung der Prüfung *general comments* zu einzelnen Bestimmungen ab, um eine einheitliche Anwendung des Pakts sicherzustellen.[482]

240   Daneben sieht Art 41 IPbürgR eine *Staatenbeschwerde* für diejenigen Staaten vor, die erklärt haben, dass sie die Zuständigkeit des Menschenrechtsausschusses zur Entgegennahme und Prüfung von Mitteilungen anerkennen, mit denen ein Vertragsstaat geltend macht, ein anderer Vertragsstaat komme seinen Verpflichtungen aus dem Pakt nicht nach. Nach einer nichtöffentlichen Beratung erstellt der Menschenrechtsausschuss innerhalb einer Frist von zwölf Monaten einen Bericht, der den Beteiligten übermittelt wird. Der Bericht enthält eine Darstellung des Sachverhalts, eine schriftliche Stellungnahme sowie ein Protokoll über die mündlichen Stellungnahmen der beteiligten Vertragsparteien. Ob eine Vertragsverletzung vorliegt, wird nicht entschieden. Deutschland erkannte die Staatenbeschwerde am 22.10.1997 für einen weiteren Zeitraum von fünf Jahren an.[483]

241   Eine *Individualbeschwerde* enthält das Fakultativprotokoll zum IPbürgR v 19.12.1966,[484] das gesonderter Unterzeichnung und Ratifikation bedarf. Das Protokoll gibt Einzelpersonen das Recht, bzgl Verletzungen ihrer Rechte aus dem IPbürgR eine Mitteilung an einen Ausschuss zur Prüfung einzureichen (vgl Art 2). Wie bei der Staatenbeschwerde berät auch hier der Menschenrechtsausschuss in einer nichtöffentlichen Sitzung ohne Zuziehung einer Partei. Das Ergebnis wird dem betroffenen Vertragsstaat und dem Einzelnen mitgeteilt.

d) Spezielle Konventionen zum Schutz der Menschenrechte

242   Spezielle Konventionen auf universeller Ebene betreffen insbesondere das Verbot von Folter, Sklaverei und Zwangsarbeit, die Verhütung und Bestrafung von Völkermord, den Frauen- und Kinderhandel, das Verbot von Rassendiskriminierung und Apartheid sowie die Diskriminierung von Frauen.[485]

---

480 ZB *Kirchhof*, Verfassungsrechtlicher Schutz und internationaler Schutz der Menschenrechte: Konkurrenz oder Ergänzung?, EuGRZ 1994, 16 (18); Denkschrift der BReg zum IPwirtR v 19.12.1966, BT-Drs 7/658, 18; zurückhaltend auch *Tomuschat*, Die Bundesrepublik Deutschland und die Menschenrechtspakte der Vereinten Nationen, Vereinte Nationen 1978, 1 (2f); *Simma/Benningsen*, Wirtschaftliche, soziale und kulturelle Rechte im Völkerrecht, FS Steinhoff, 1990, 1477 (1488).
481 Vgl zur Umsetzung der Rechte *Türk*, The United Nations and the Realization of Economic, Social and Cultural Rights, in Matscher (Hrsg), Die Durchsetzung wirtschaftlicher und sozialer Grundrechte, 1991, 95 ff.
482 Vgl *Wense*, Der UN-Menschenrechtsausschuß und sein Beitrag zum universellen Schutz der Menschenrechte, 1999; Klein (Hrsg), The Monitoring System of Human Rights Treaty Obligations, 1998.
483 BGBl 1997 II, 1355.
484 BGBl 1992 II, 1247.
485 Ein Überblick über die verschiedenen Übereinkommen findet sich bei *Ipsen*, in ders (Fn 9) § 36 Rn 1 ff sowie in VN 42 (1994) 118 ff.

Die *UN-Konvention gegen Folter* und andere grausame und unmenschliche oder erniedri- 243
gende Behandlung oder Strafe v 10.12.1984[486] ist 1987 in Kraft getreten.[487] Art 1 Abs 1 enthält
die Definition des Begriffs „Folter". Art 2 verpflichtet die Vertragsstaaten, wirksame Maßnahmen zu treffen, um Folterungen in allen ihrer Hoheitsgewalt unterstehenden Gebieten zu verhindern. Diese Definition dient auch anderen Menschenrechtsinstrumenten, namentlich der
EMRK, als Anknüpfungspunkt.[488] Außergewöhnliche Umstände wie Krieg, Kriegsgefahr, innenpolitische Instabilität oder ein öffentlicher Notstand können nicht als Rechtfertigungsgründe
geltend gemacht werden. Darüber hinaus verpflichten sich die Vertragsstaaten, mutmaßliche
Folterer strafrechtlich zu verfolgen. Die Konvention enthält ferner das Verbot der Abschiebung
bei drohender Folter und Bestimmungen über zwischenstaatliche Rechtshilfe und Auslieferung.

Der Durchsetzung dient eine allgemeine Berichtspflicht, ein vertrauliches Prüfungsverfah- 244
ren, eine fakultative Staatenbeschwerde sowie eine fakultative Individualbeschwerde, die von
einem aus zehn unabhängigen Experten bestehenden „Ausschuss gegen Folter" geprüft werden.
Eine Konventionsverletzung kann der Ausschuss nicht feststellen. Seine Kompetenz ist darauf
beschränkt, dem betreffenden Staat seine Auffassung mitzuteilen. Allerdings haben verschiedene Vertragsstaaten die Zuständigkeit des Ausschusses nicht anerkannt.[489] Geplant ist zudem die
Einführung eines generellen präventiven Besuchersystems, wie es in einzelnen Konventionsstaaten bereits geschehen ist.

Das *Übereinkommen über die Rechte des Kindes* v 20.11.1989, 1990 in Kraft getreten, gilt für 245
Deutschland seit 1992.[490] Anzuwenden ist es auf jeden Menschen, der das 18. Lebensjahr noch
nicht vollendet hat, soweit die Volljährigkeit nach dem auf das Kind anzuwendenden Recht
nicht früher eintritt. Das Übereinkommen verpflichtet die Vertragsstaaten u a, die Konventionsrechte diskriminierungsfrei zu gewährleisten. Den Interessen des Kindes und dem Kindeswohl
ist bei allem staatlichen Handeln Vorrang einzuräumen. Rechte und Pflichten von Eltern und
anderen Personen mit rechtlicher Verantwortung für das Kind sind zu respektieren. Ferner wurden spezifische Rechte wie das Recht auf Leben, auf Namen oder auf Staatsangehörigkeit, auf
Schutz vor körperlicher und geistiger Schädigung, vor sexuellem Missbrauch und vor Ausbeutung in die Konvention aufgenommen.

Deutschland gab bei der Ratifizierung Erklärungen zur Auslegung mehrerer Konventions- 246
bestimmungen ab und bekräftigte u a die Auffassung, dass die Konvention völkerrechtliche
Pflichten zur Rechtsanpassung begründe, aber Bestimmungen wie die zur elterlichen Sorge innerstaatlich nicht unmittelbar anwendbar seien. Außerdem dürfe keine Bestimmung der Konvention so ausgelegt werden, dass sie die illegale Einreise oder den illegalen Aufenthalt eines
Ausländers gestatte.[491] Im Jahre 2010 wurde die Vorbehaltserklärung zu Art 3 der UN-Kinderrechtskonvention von der Bundesregierung zurückgenommen, sodass nun auch im Flüchtlings-

---

[486] BGBl 1990 II, 247.
[487] Vgl *Kau*, in Pabel/Schmahl (Hrsg), EMRK, 2014, Art 3 Rn 97 ff; *Hailbronner/Randelzhofer*, Zur Zeichnung der UN-Folterkonvention durch die Bundesrepublik Deutschland, EuGRZ 1986, 641; *Edwards*, The Optional Protocol to the Convention against Torture and the Detention of Refugees, ICLQ 57 (2008) 789 ff; *Nowak/McArthur*, The United Nations Convention against Torture, 2008.
[488] EGMR, NJW 2001, 56 ff *[Selmouni v France]*; EGMR, ECHR 2000-VII, *[Ilhan v Turkey]*; zum Ganzen *Kau* (Fn 487) Rn 16 ff.
[489] *Kau* (Fn 487) Rn 99.
[490] Vgl *Alen*, The UN Children's Rights Convention, 2007; *Shmueli*, The Influence of the United Nations Convention on the Rights of the Child on Corporal Punishment, ORIL 10 (2008) 189 ff; *Baer*, Übereinkommen der Vereinten Nationen über die Rechte des Kindes, NJW 1993, 2209 ff; *Dorsch*, Konvention über die Rechte des Kindes, 1994; *Finger*, Das Übereinkommen über die Rechte des Kindes und sein Einfluß auf das deutsche Kindschafts- und Familienrecht, JR 1992, 177 ff; eingehende Kommentierung bei *Schmahl*, Kinderrechtskonvention mit Zusatzprotokollen, 2013.
[491] Vgl jedoch VG Frankfurt, NVwZ 1994, 1137 ff; vgl auch *Tomuschat*, Verwirrung über die Kinderrechte-Konvention der Vereinten Nationen, FS Zacher, 1998, 1143 ff.

und Asylrecht – etwa bei der Verhängung von Abschiebehaft – das Wohl des Kindes vorrangig zu berücksichtigen ist.[492]

247 Der Durchsetzung dient ein *Berichtsverfahren* (Art 44). Zuständig für die Prüfung der Fortschritte, die die Vertragsstaaten bei der Erfüllung der im Übereinkommen eingegangenen Verpflichtungen gemacht haben, ist ein aus zehn Sachverständigen bestehender Ausschuss für die Rechte des Kindes.[493]

247a Das *Übereinkommen über die Rechte von Menschen mit Behinderung* v 13.12.2006 ist im Jahr 2008 in Kraft getreten und gilt seitdem auch für Deutschland.[494] Nach dem Übereinkommen werden die Vertragsstaaten verpflichtet, für Menschen mit Behinderung den vollständigen und gleichberechtigten Genuss aller Menschenrechte und Grundfreiheiten zu gewährleisten. Diese schließen neben der Achtung der Menschenwürde insbes die Rechte auf Nichtdiskriminierung (Art 5, 12), wirksame gesellschaftliche Teilhabe (Art 19, 29, 30), Chancengleichheit (Art 24, 27) und Barrierefreiheit (Art 9, 20) ein. Im Rahmen eines Fakultativprotokolls aus dem Jahr 2007 besteht die Möglichkeit, dem Ausschuss für die Rechte von Menschen mit Behinderung wegen einer Verletzung des Übereinkommens eine Individualbeschwerde vorzulegen. Ferner kann der Ausschuss im Rahmen des Untersuchungsverfahrens bei zuverlässigen Hinweisen auf schwerwiegende oder systematische Verstöße gegen das Übereinkommen auch auf eigene Veranlassung tätig werden. Durch die Ratifikation sind die Bestimmungen der Behindertenrechtskonvention nicht nur Bestandteil der innerstaatlichen Rechtsordnung geworden,[495] die Vertragsstaaten sind vielmehr zu entsprechenden gesetzgeberischen Umsetzungen und konventionskonformen Interpretationen bestehender Rechtsvorschriften verpflichtet.

2. Der Menschenrechtsschutz auf regionaler Ebene
a) Der Europarat

248 Die Satzung des Europarats wurde am 5.5.1949 von zehn westeuropäischen Staaten unterzeichnet. Deutschland wurde am 13.7.1950 assoziiertes Mitglied und am 2.5.1951 Vollmitglied. Zwischenzeitlich sind auch die Staaten Mittel- und Osteuropas dem Europarat beigetreten.

249 Der Europarat hat die Aufgabe, zwischen seinen Mitgliedern zum Schutz und zur Förderung der idealen Grundsätze eine engere Verbindung herzustellen und ihren wirtschaftlichen und sozialen Fortschritt zu fördern. Fragen der nationalen Verteidigung sind ausgenommen. Das wirksamste Instrument im Rahmen des Europarats ist die Ausarbeitung völkerrechtlicher Verträge, die für die Mitglieder der I. O. und bei manchen Verträgen auch für Nicht-Mitglieder zur Unterzeichnung ausgelegt werden.[496]

b) Die Europäische Konvention zum Schutze der Menschenrechte und Grundfreiheiten

250 Das zentrale völkerrechtliche Übereinkommen im Rahmen des Europarats, welches dem Einzelnen durch die Verbürgung von Menschenrechten und die Einrichtung entsprechender Durchset-

---

492 Vgl hierzu *Krieger*, Die UN-Kinderrechtskonvention und die Handlungsfähigkeit unbegleiteter Minderjähriger im deutschen Asyl- und Ausländerrecht, RdJB 2012, 206 ff; *Löhr*, Kinderrechtskonvention, RdJB 2012, 191 ff.
493 Vgl zur 6. und 7. Tagung des Ausschusses *Rudolf*, VN 43 (1995) 72 ff.
494 BGBl 2008 II, 1419; vgl *Kreutz/Lachwitz/Trenk-Hinterberger*, Die UN-Behindertenrechtskonvention in der Praxis, 2013; *Rothfritz*, Die Konvention der Vereinten Nationen zum Schutz der Rechte von Menschen mit Behinderung, 2010; *Engels*, Herausforderungen an schulische Inklusion, ZG 2015, 128 ff; *Welti*, Reformbedarf zur Gleichstellung und Barrierefreiheit, ZRP 2015, 184 ff.
495 *Engels* (Fn 494) 128 f.
496 Holtz (Hrsg), 50 Jahre Europarat, 2000; *Uerpmann-Wittzack*, Europarat, in Hatje/Müller-Graff (Hrsg.), Europäisches Organisations- und Verfassungsrecht, Bd 1, 2016, § 25 Rn 1 ff; *Klein*, 50 Jahre Europarat, AVR 39 (2001) 121 ff; *Kau*, Rechtsharmonisierung, 2016, 128 ff; aus der Anfangsphase *Carstens*, Das Recht des Europarates, 1956.

zungsmöglichkeiten Rechte gewährleistet, ist die Konvention zum Schutze der Menschenrechte und Grundfreiheiten (EMRK) mit ihren Zusatzprotokollen. Die EMRK wurde am 4.11.1950 in Rom unterzeichnet und trat am 3.9.1953 in Kraft.[497] Deutschland ratifizierte sie am 5.12.1952. Die EMRK war die erste regionale und rechtsverbindliche Menschenrechtskodifikation. Die Beachtung der Rechte des Einzelnen aus dem EMRK-Vertragswerk wird durch den *Europäischen Gerichtshof für Menschenrechte* (EGMR) mit Sitz in Straßburg gewährleistet, an den sich betroffene Einzelne oder auch Staaten wenden können (s u Rn 261 ff).

Die EMRK hat in den Mitgliedstaaten einen spezifischen rechtlichen Rang.[498] Für Deutschland ist sie durch das Zustimmungsgesetz als einfaches Gesetz in das nationale Recht überführt worden. Bei möglicherweise entgegenstehenden nationalen Bestimmungen, die später als das Zustimmungsgesetz erlassen wurden, sind diese Bestimmungen EMRK-konform auszulegen, da davon auszugehen ist, dass sich der deutsche Gesetzgeber in Übereinstimmung mit dem Völkerrecht verhalten will.[499]

251

Die EMRK hat darüber hinaus Ausstrahlungswirkung auf das EU-Recht. Zum einen verweist Art 6 Abs 2 EUV auf die Grundrechte der EMRK, zum anderen achtet der Gerichtshof der Europäischen Gemeinschaften (EuGH) in seiner Rechtsprechung gemeinschafts-europäische Grundrechte, die er u a aus den Rechten der EMRK zieht.[500] Darüber hinaus lässt die Grundrechte-Charta der Europäischen Union,[501] die durch den Vertrag von Lissabon unmittelbar verbindlich geworden ist,[502] einen starken Bezug zu den Rechten der EMRK erkennen. Der nach Art 6 Abs 2 EUV vorgesehen Beitritt der Europäischen Union zur EMRK wird sich nach einem ablehnenden Gutachten des EuGH v 18.12.2014[503] jedoch nicht so schnell realisieren lassen, wie es ursprünglich geplant war.[504] Im Ganzen ist gegenwärtig weitgehend offen, inwieweit ein konsolidierter „europäischer Grundrechtsraum", bestehend aus EU-Grundrechtecharta und EMKR, überhaupt möglich ist.[505] Der Gerichtsbarkeit des EGMR unterliegen allerdings nur Handlungen der Mitgliedstaaten, nicht dagegen Handlungen der EU-Orga-

252

---

497 Vgl *Frowein/Peukert*, EMRK, 2. Aufl 2009; Karpenstein/Mayer (Fn 23); *Meyer-Ladewig* (Fn 23); Karl (Hrsg), Internationaler Kommentar zur EMRK, Loseblatt; *Jacobs/White/Ovey*, The European Convention on Human Rights, 5. Aufl 2010; *Peters/Altwicker*, Einführung in die Europäische Menschenrechtskonvention, 2. Aufl 2012; *Ehlers*, Europäische Grundrechte und Grundfreiheiten, 3. Aufl 2009; *Grabenwarter/Pabel*, Europäische Menschenrechtskonvention, 6. Aufl 2015; *Wolfrum*, Aspekte des Schutzes von Minderheiten unter dem Europäischen Menschenrechtsschutzsystem, FS Ress, 2005, 1109 ff; *Thürer*, Grundrechtsschutz in Europa – Globale Perspektive, ZSchR 124 (2005) 51 ff; *Ress*, Menschenbild – Staatsbild: Gedanken zur Konzeption des Staates und zur Stellung des Menschen in der Europäischen Menschenrechtskonvention, GS Burmeister, 2004, 309 ff; *Bothe*, Die Anwendung der Europäischen Menschenrechtskonvention in bewaffneten Konflikten, ZaöRV 65 (2005) 615 ff; *Kau* (Fn 496) 133 ff; *Partsch*, Die Entstehung der Europäischen Menschenrechtskonvention, ZaöRV 15 (1953/1954), 631 ff.
498 Vgl *Peters/Altwicker* (Fn 497) § 1 II.
499 BVerfGE 111, 307 ff mit Anm von *Klein*, JZ 2004, 1176 ff; *Tettinger*, Steine aus dem Glashaus, JZ 2004, 1144 ff; *Papier*, Koordination des Grundrechtsschutzes in Europa, ZSchR 2005, 113 ff; *Ruffert*, Die Europäische Menschenrechtskonvention und innerstaatliches Recht, EuGRZ 2007, 245 ff.
500 ZB EuGH, Rs C-112/00, Slg 2003, I-5659, Rn 71 ff *[Schmidberger]*; Rs C-60/00, Slg 2002, I-6279 *[Carpenter]*; Gutachten 2/94, EuGRZ 1996, 197 (206, Rn 33).
501 Vom Europäischen Rat am 7.12.2000 in Nizza feierlich proklamiert (ABl EG 2000, Nr C 364/1).
502 *Klein*, Dogmatische und methodische Überlegungen zur Einordnung der Europäischen Menschenrechtskonvention in den Grundrechtsfundus der Europäischen Union, GS Bleckmann, 2007, 257 ff; *Pache/Rösch*, Europäischer Grundrechtsschutz nach Lissabon, EuZW 2008, 519 ff; *Lindner*, Grundrechtsschutz im europäischen Mehrebenensystem, Jura 2008, 401 ff; *Brummer*, Konkurrenz um Menschenrechte in Europa, Integration 31 (2008) 65 ff; *Britz*, Europäisierung des grundrechtlichen Datenschutzes?, EuGRZ 2009, 1 ff.
503 Vgl EuGH, Gutachten 2/2013.
504 Vgl *Grabenwarter*, Das EMRK-Gutachten des EuGH, EuZW 2015, 180 ff; *Tomuschat*, Der Streit um die Auslegungshoheit: Die Autonomie der EU als Heiliger Gral, EuGRZ 2015, 133 ff; *Wendel*, Der EMRK-Beitritt als Unionsrechtsverstoß, NJW 2015, 921 ff.
505 Vgl *Arden*, Human Rights and European Law: Building New Legal Orders, 2015; Morano-Foadi/Vickers (Hrsg), Fundamental Rights in the EU: A Matter of Two Courts, 2015.

ne.⁵⁰⁶ Jedoch sind die Mitgliedstaaten auch beim Vollzug des Unionsrechts an die EMRK gebunden.⁵⁰⁷ Dies gilt auch dann, wenn das Verhalten eines Mitgliedstaats der Erfüllung internationaler Verpflichtungen aus einer UN-Sicherheitsratsresolution dient. In diesem Fall gilt jedoch eine Vermutung, dass ein Konventionsstaat bei der Erfüllung seiner internationalen Verpflichtungen die EMRK nicht verletzt hat, wenn das jeweilige, internationale System einen der EMRK vergleichbaren, nicht identischen Grundrechtsschutz sicherstellt.⁵⁰⁸ Wesentlich krit hat sich der EGMR jedoch im Fall *Tarakhel* zu der Frage geäußert, inwieweit sich ein Konventionsstaat bei der Durchführung von Rückführungsentscheidungen im Rahmen des Dublin-Systems auf die Erfüllung flüchtlingsrechtlicher Verpflichtungen durch einen anderen Konventionsstaat verlassen darf.⁵⁰⁹

252a   Die Hoheitsgewalt der Mitgliedstaaten iSv Art 1 EMRK wird vom EGMR grundsätzlich als *territorial, auf das Hoheitsgebiet der Vertragsstaaten begrenzt,* verstanden.⁵¹⁰ Eine Beschwerde, die sich zB gegen die Durchführung von Luftangriffen von Vertragsstaaten im Jugoslawien-Krieg richtete, war daher unzulässig. Nur ausnahmsweise kann eine *extraterritoriale Handlung* eines Vertragsstaats die Zuständigkeit des EGMR begründen, wenn bspw die Kontrolle über ein außerhalb seiner Grenzen gelegenes Gebiet durch militärische Besetzung oder kraft Zustimmung, Aufforderung oder Einwilligung der Regierung des Gebiets ausübt wird. Nach Auffassung des Gerichtshofs hatte die Luftherrschaft der NATO über Jugoslawien eine derartige Hoheitsgewalt nicht begründet.⁵¹¹ Von einer tatsächlichen Kontrolle über ein Gebiet außerhalb des eigenen Staatsgebiets ging der EGMR indessen bei der Besetzung des Iraks durch Streitkräfte des Vereinigten Königreichs aus.⁵¹² In den Fällen *Al-Skeini u a v Vereinigtes Königreich* und *Al-Jedda v Vereinigtes Königreich* entschied der Gerichtshof, dass die EMRK auch auf die Tötung von Zivilpersonen im Irak bzw die Internierung von irakischen Staatsangehörigen aufgrund der dort im fraglichen Zeitraum vom Vereinigten Königreich ausgeübten Gebietskontrolle anwendbar sei.⁵¹³ Soweit sich das Vereinigte Königreich im *Al-Jedda*-Fall darauf berief, die tatsächliche Kontrolle über den Irak habe nach einem Beschluss des UN-Sicherheitsrats im fraglichen Zeitraum bei der UNO gelegen, wurde dieses Vorbringen vom EGMR unter Hinweis auf die fehlende Effektivität der Kontrolle durch den Sicherheitsrat zurückgewiesen. Angesichts dieser Entscheidungen wurden Überlegungen angestellt, ob damit der mit dem *Banković*-Urteil verbundene Grundsatz territorialer Begrenzung vertragsstaatlicher Hoheitsgewalt eingeschränkt wurde.⁵¹⁴ Zudem wurde kritisiert, dass der EGMR

---

506 EGMR, EuGRZ 1999, 2000 *[Matthews v United Kingdom]*; vgl dazu *Hailbronner/Jochum,* Europarecht I, 2005, Rn 62 f; *Ress,* Konkordanz in der Interpretation von Kompetenzbegriffen durch EuGH und EGMR, FS Hirsch, 2008, 155 ff; *Petersmann,* Human Rights, International Economic Law and „Constitutional Justice", EJIL 19 (2008) 769 ff; *Berka,* Europäischer Grundrechtsschutz zwischen Konflikt, Kooperation und Koordination, FG Machacek/Matscher, 2008, 505 ff; *De Schutter,* The Two Europes of Human Rights, Colum JEL 14 (2008) 509 ff; *Baier,* Der Schutz der Menschenrechte durch Strafpflichten auf der Basis der Europäischen Menschenrechtskonvention, Iustitia et pax, 2008, 293 ff; *Daiber,* Durchsetzung des Gemeinschaftsrechts durch den EGMR?, EuR 2007, 406 ff; *Greer/Williams,* Human Rights in the Council of Europe and the EU, ELJ 15 (2009) 462 ff; *Karl,* Die Rolle des Staatsverhaltens bei der Auslegung und Anwendung der Europäischen Menschenrechtskonvention, FS Wildhaber, 2007, 379 ff.
507 EuGH, Rs C-583/13 P, EuZW 2015, 718 ff [Art 8 EMRK]; Rs C-243/12 P, NZKart 2014, 321 ff [Art 6 Abs 2 EMRK]; EGMR, EuGRZ 1999, 193 *[Cantoni v France]; Hailbronner/Jochum* (Fn 506) Rn 62.
508 Vgl EGMR, NJW 2006, 197 *[Bosphorus];* dazu *Hailbronner,* Immunity of International Organizations from National Jurisdiction with Particular Reference to Germany, in de Cooker (Hrsg), International Administration, 2005, III.3.
509 EGMR, NVwZ 2015, 127 (128 f) *[Tarakhel v Switzerland].*
510 Vgl *Johann,* in Karpenstein/Mayer (Fn 23) Art 1 Rn 20 („Vermutung gegen extraterritoriale Geltung").
511 EGMR, NJW 2003, 413 *[Banković];* hierzu auch *O'Boyle,* The European Convention on Human Rights and Extraterritorial Jurisdiction, in Coomanns/Kamminga (Hrsg), Extraterritorial Application of Human Rights Treaties, 2004, 130 ff; *Miller,* Revisting Extraterritorial Jurisdiction, EJIL 20 (2010) 1226 ff.
512 EGMR v 2.3.2010, Nr 61498/08 *[Al Saadoon u Mufdhi].*
513 EGMR, NJW 2012, 283 *[Al-Skeini u a v United Kingdom];* juris *[Al-Jedda v United Kingdom].*
514 Vgl *Jankowska-Gilberg,* Das Al-Skeini-Urteil des Europäischen Gerichtshofs für Menschenrechte, AVR 50 (2012) 61 ff; *Johann* (Fn 510) Rn 30.

menschenrechtliche Gewährleistungen mit territorialen Gegebenheiten verknüpfe.[515] Indes hatte der EGMR eine extraterritoriale Anwendung der EMRK auch schon früher nicht ausgeschlossen, diese aber von unterschiedlichen Formen hoheitlicher Kontrolle abhängig gemacht. Im Grundsatz ist deshalb auch nach der jüngeren Rspr des EGMR davon auszugehen, dass die Vertragsstaaten der EMRK ihre menschenrechtlichen Verpflichtungen bei der Ausübung effektiver Staatsgewalt nicht abstreifen können. Unabhängig davon, ob es zu hoheitlichen Handlungen auf ihrem Botschaftsgelände,[516] zur Ergreifung von Personen durch eigene Hoheitsträger im Ausland,[517] zur Besetzung fremden Staatsgebiets[518] oder zur Kontrolle internationaler Gewässer durch eigene Hoheitsträger[519] kommt – die Gewährleistungen der EMRK bleiben anwendbar. Allerdings darf die Ausübung hoheitlicher Gewalt in diesen Fällen nicht bloß punktueller, temporärer oder akzidentieller Natur sein.

Soweit der EGMR in der *Al-Skeini*-Entscheidung andeutete, dass der Umfang menschen- **252b** rechtlicher Gewährleistungen abhängig von Umfang und Effektivität der jeweiligen hoheitlichen Kontrolle auch abgestuft gewährleistet werden könne,[520] ist darin ein sehr problematischer Ansatz zu sehen. Denn mit einer solchen Anwendung der EMRK ginge eine Relativierung der bisherigen Standards einher, die der EGMR im *Banković*-Urteil noch absichtsvoll ausgeschlossen hatte. Aber auch wenn sich der EGMR in der *Al-Skeini*-Entscheidung an den tatsächlichen Gegebenheiten orientierte und infolgedessen eine abgestufte Anwendung der EMRK im Grundsatz ermöglichte, blieben die an das Verhalten des Vereinigte Königreichs gestellten Anforderungen im Hinblick auf die Gewährleistung von Art 2 EMRK ungemindert. Im Ergebnis schloss der Gerichtshof eine Abstufung der menschenrechtlichen Anforderung damit zwar nicht grundsätzlich aus, machte davon jedoch im Hinblick auf die Besatzungsherrschaft des Vereinigten Königreichs keinen Gebrauch. Langfristig erscheint es zur Sicherstellung einheitlicher Schutzstandards allerdings nicht sinnvoll, bei formaler Anwendung der EMRK nur einen abgestuften und damit geringeren Menschenrechtsschutz zu gewährleisten.[521] Vorzugswürdig erscheint es, in diesen Konstellationen die Anforderungen an das Vorliegen der effektiven Personen- oder Gebietskontrolle eines Vertragsstaats zu lockern.[522]

Die EMRK enthält einen Katalog bürgerlicher und politischer Rechte, der durch verschiede- **253** ne Zusatzprotokolle erweitert und ergänzt wurde.[523] Der EGMR hat diesen Rechten und deren Beschränkungsmöglichkeiten in dynamischer Auslegung feste Konturen gegeben.[524]

In Abschnitt I der EMRK finden sich grundlegende Rechte und Freiheiten wie das Recht auf **254** Leben oder das Verbot der Folter (s u Rn 328 zur Anwendung bei der Auslieferung). Die gesetzlich geregelte und von einem Gericht ausgesprochene Todesstrafe wird vom Anwendungsbereich ausgeschlossen. Diese Lücke wurde durch das 6. Zusatzprotokoll[525] geschlossen.

---

515 S etwa *von Arnauld*, Völkerrecht, 2. Aufl 2014, Rn 634.
516 EKMR, Beschluss v 14.10.1992 *[W.M. v Dänemark]*.
517 EGMR, EuGRZ 2005, 463 *[Öcalan v Turkey]*; EKMR, Beschluss v 24.6.1996, DR 86, 162 *[Ilich Ramirez Sanchez v Frankreich]*.
518 EGMR, EuGRZ 1997, 555 *[Loizidou v Turkey]*; EGMR, NJW 2012, 283 *[Al-Skeini u a v United Kingdom]*; EGMR, juris *[Al-Jedda v United Kingdom]*.
519 EGMR, NVwZ 2012, 809 ff *[Hirsi Jamaa et al v Italy]*.
520 EGMR, NJW 2012, 283 (Rn 137).
521 AA *Jankowska-Gilberg* (Fn 514) 64 f u 67.
522 Vgl *Johann* (Fn 510) Rn 30 f; zum Kriterium der „effektiven Kontrolle" *Jankowska-Gilberg* (Fn 514) 68 ff.
523 Vgl *Ehlers*, Die Europäische Menschenrechtskonvention, Jura 2000, 372 ff.
524 Vgl *Herdegen* (Fn 53) § 49 Rn 4; *Hoppe*, Neuere Tendenzen in der Rechtsprechung zur Aufenthaltsbeendigung, ZAR 2008, 251 ff; *Deibel*, Die Ausweisung von Ausländern unter Berücksichtigung der Rechtsprechung des Europäischen Gerichtshofs für Menschenrechte, ZAR 2009, 121 ff; *Caroni*, Die Praxis des Europäischen Gerichtshofes für Menschenrechte im Bereich des Ausländer- und Asylrechts, JMR 2007/2008, 265 ff.
525 Prot Nr 6 zur Konvention zum Schutze der Menschenrechte und Grundfreiheiten über die Abschaffung der Todesstrafe v 28.4.1983.

255   Das notstandsfeste Verbot der Folter und der unmenschlichen oder erniedrigenden Strafe oder Behandlung in Art 3 EMRK[526] wird durch die Europäische Konvention zur Verhütung der Folter und unmenschlicher oder erniedrigender Behandlung oder Strafe v 26.11.1987[527] ergänzt. Im Gegensatz zur einschlägigen UN-Konvention v 10.12.1984[528] sieht sie zur Durchsetzung ein *präventives Besuchssystem* vor. Ein unabhängiger Ausschuss[529] prüft, inwieweit die Insassen von Gefängnissen und anderen Anstalten der Mitgliedstaaten vor unmenschlicher Behandlung sicher sind. Das am 4.11.1993 zur Unterzeichnung ausgelegte Protokoll[530] sieht vor, dass nicht mehr nur Mitgliedstaaten des Europarats, sondern auch andere Staaten zur Ratifikation eingeladen werden können.

256   Die Art 4 und 5 EMRK enthalten das Verbot der Zwangsarbeit und Sklaverei sowie das Recht auf Freiheit und Sicherheit.[531] Der Schutz der Freizügigkeit findet sich in Art 2 des 4. Zusatzprotokolls.[532]

257   Am häufigsten wird die Verletzung des in Art 6 EMRK genannten *Rechts auf ein faires Gerichtsverfahren* gerügt. Art 6 garantiert dem Einzelnen als institutionelle Garantie eine ganze Reihe von Verfahrensrechten,[533] so etwa eine Entscheidung durch ein auf einem Gesetz beruhendes, unabhängiges und unbefangenes Gericht und den Zugang zum Gericht. Das Verfahren soll öffentlich und innerhalb angemessener Frist durchgeführt werden. Eine Regierung kann sich bei einer zu langen Verfahrensdauer nicht darauf berufen, dass sie nicht in der Lage gewesen sei, Einfluss auf unabhängige Gerichte zu nehmen, da ihr die Möglichkeit offen steht, u a durch die Einstellung von zusätzlichem Personal Abhilfe zu schaffen.[534] Art 7 EMRK enthält das Verbot der Bestrafung ohne ein die Strafbarkeit bestimmendes Gesetz: *nulla poena sine lege*.

258   Die Art 8 bis 12 EMRK enthalten weiter *spezielle Freiheitsgrundrechte*. Erfasst werden das Gebot der Achtung der privaten Sphäre, das Recht auf Achtung des Familienlebens,[535] die Gedanken-, Gewissens- und Religionsfreiheit,[536] das Recht auf freie Meinungsäußerung[537] sowie die Versammlungs- und Vereinigungsfreiheit. Das Recht der Eltern, ihre Kinder entsprechend ihrer religiösen und weltanschaulichen Überzeugung zu erziehen, findet sich in Art 2 des 1. Zusatzprotokolls.[538] Das Eigentumsrecht ist mit Art 1 des 1. Zusatzprotokolls[539] garantiert.

259   Der auf Art 2 Abs 1 AEMR zurückgehende Art 14 EMRK enthält ein *Diskriminierungsverbot*. Aufgrund seines Wortlauts war zunächst davon ausgegangen worden, dass eine Verletzung von

---

526 EGMR, EuGRZ 2001, 576 ff *[Kalantari v Germany]*; EGMR, EuGRZ 2001, 580 ff *[Güler v Germany]*; EGMR, EuGRZ 2001, 582 ff *[Adam v Germany]*; EGMR, NVwZ 1997, 1093 *[Chahal v United Kingdom]*; vgl auch Hailbronner, Art 3 EMRK, DÖV 1999, 617 ff; eingehend Kau (Fn 487) Rn 1 ff.
527 BGBl 1989 II, 946.
528 BGBl 1990 II, 247.
529 Vgl Rules of Procedure of the European Committee for Preventing of Torture and Inhuman or Degrading Treatment or Punishment v 16.11.1989.
530 ETS Nr 151; das Prot Nr 2 (ETS Nr 152) ist technischer Natur.
531 EGMR, ECHR 1996-III *[Amuur v France]*.
532 Prot Nr 4 zur Konvention zum Schutze der Menschenrechte und Grundfreiheiten, durch das gewisse Rechte und Freiheiten gewährleistet werden, die nicht bereits in der Konvention oder im ersten ZusatzProt enthalten sind, v 16.9.1963.
533 Vgl EGMR, EuGRZ 2005, 463 ff *[Öcalan v Turkey]*; EGMR, EuGRZ 1999, 323 *[Pélissier and Sassi v France]*; EGMR, EuGRZ 1999, 660 *[Teixeira de Castro v Portugal]*.
534 Vgl EGMR, EuGRZ 2001, 299 ff *[Metzger v Germany]*; EGMR, EuGRZ 1999, 323 *[Pélissier and Sassi v France]*; EGMR, EuGRZ 1999, 215 *[Laino v Italy]*; EGMR, EuGRZ 1996, 192 *[A. and others v Denmark]*; EGMR, EuGRZ 1996, 514 *[Süßmann v Germany]*.
535 EGMR, EuGRZ 2002, 244 ff *[Kutzner v Germany]*; EGMR, InfAuslR 2002, 334 *[Sen v Netherlands]*; EGMR, EuGRZ 2002, 25 ff *[Sahin v Germany]*; EGMR, EuGRZ 2001, 588 ff *[Sommerfeld v Germany]*; EGMR, NJW 2003, 2595 f *[Adam v Germany]*; EGMR, InfAuslR 2000, 474 ff *[Ciliz v Netherlands]*.
536 EGMR, EuGRZ 2003, 595 ff *[Dahlab v Switzerland]*.
537 EGMR, EuGRZ 2001, 475 ff *[Wille v Liechtenstein]*.
538 ZusatzProt zur Konvention zum Schutze der Menschenrechte und Grundfreiheiten v 20.3.1952.
539 Vgl EGMR, EuGRZ 1999, 316 *[Iatridis v Greece]*; EGMR, EuGRZ 1996, 593 *[Hentrich v France]*; Fiedler, Die Europäische Menschenkonvention und der Schutz des Eigentums, EuGRZ 1996, 354 ff.

Art 14 nur iVm anderen materiellen Konventionsrechten in Frage kommt. Der EGMR bestätigte, dass Art 14 keine selbständige, von den übrigen normativen Vorschriften der EMRK losgelöste Bedeutung habe, doch mache dies seine Anwendung nicht von der Verletzung einer entsprechenden Konventionsgarantie abhängig. Eine Maßnahme, die für sich betrachtet den Erfordernissen einer bestimmten Konventionsnorm entspreche, könne dennoch gegen dieses Konventionsrecht iVm Art 14 verstoßen, weil sie im Ganzen gesehen diskriminierend sei.[540] Art 14 sei in der Praxis gleichsam als integraler Bestandteil aller anderen Konventionsrechte und Freiheiten zu verstehen.[541] Ein allgemeines Diskriminierungsverbot hinsichtlich jedes Rechts *set forth by law* ist nunmehr im 12. Zusatzprotokoll[542] enthalten.

Das Recht auf Staatsangehörigkeit ist in der EMRK nicht enthalten.[543] Der EGMR[544] ist jedoch **260** der Ansicht, dass ein willkürliches Vorenthalten der Staatsangehörigkeit wegen der Auswirkungen auf das Privatleben des Einzelnen unter bestimmten Umständen eine Frage unter Art 8 EMRK aufwerfen kann, wobei sich hier allerdings die Frage nach der Reichweite einer solchen Überprüfungsbefugnis stellt.[545]

Die *Durchsetzung der EMRK-Rechte* wird aufgrund des 11. Zusatzprotokolls[546] dem *EGMR* **261** übertragen.[547] Dieser löste die Zweiteilung der Organe in Kommission und Gerichtshof ab. Die Ausführung der Urteile wird weiterhin vom Ministerkomitee überwacht. Eine Reform war vor allem deswegen notwendig geworden, weil sich die Zahl der Vertragsstaaten seit dem Inkrafttreten der Konvention verdreifacht hatte. Zudem sind weitere mittel- und osteuropäische Staaten dem Europarat beigetreten und nunmehr Vertragsstaat der EMRK.

Die Verfahrensarten sind auch nach der Schaffung eines einheitlichen EGMR beibehalten **262** worden. So kann nach Art 34 EMRK jede natürliche Person, nichtstaatliche Organisation oder Personengruppe eine Individualbeschwerde[548] mit der Behauptung erheben, durch eine Vertragspartei in einem ihrer in der EMRK oder in den Zusatzprotokollen anerkannten Rechte verletzt zu sein. Eine besondere Unterwerfungserklärung des Vertragsstaats ist nicht erforderlich. Zur Zulässigkeit einer Individualbeschwerde ist insbesondere gemäß Art 35 EMRK notwendig, dass alle innerstaatlichen Rechtsbehelfe erschöpft sind.[549] Staatenbeschwerden[550] sind nach Art 33 EMRK möglich.[551]

---

540 EGMR, HRLJ 1992, 7 *[Observer and others v United Kingdom]*; EGMR, EuGRZ 1979, 386 *[Sunday Times v United Kingdom]*.
541 *Frowein/Peukert* (Fn 497) Art 14 Rn 2.
542 Prot Nr 12 zur Konvention zum Schutze von Menschenrechten und Grundfreiheiten v 4.11.2000 (ETS Nr 177); vgl *Wolfrum*, Das Verbot der Diskriminierung gemäß den internationalen Menschenrechtsabkommen, FS Zuleeg, 2005, 385 ff.
543 Vgl EGMR, DR 43 (1985) 216 *[K. and W. v Netherlands]*.
544 EGMR, NVwZ 2000, 301 *[Karassev v Finland]*.
545 Vgl *Ress*, Die Rechtsstellung des Fremden im Rahmen der Europäischen Konvention zum Schutz der Menschenrechte und Grundfreiheiten, in Hailbronner (Hrsg), Die allgemeinen Regeln des völkerrechtlichen Fremdenrechts, 2000, 105 (113 ff).
546 Prot Nr 11 zur Konvention zum Schutze der Menschenrechte und Grundfreiheiten, die Einrichtung der Umgestaltung des Kontrollmechanismus betreffend v 11.5.1994 (ETS Nr 155).
547 Vgl *Tomuschat*, Individueller Rechtsschutz, EuGRZ 2003, 95 ff; *Siess-Scherz*, Der EGMR nach der Erweiterung des Europarates, EuGRZ 2003, 100 ff; *Engel*, Status, Ausstattung und Personalhoheit des Inter-Amerikanischen Gerichtshofs und des EGMR, EuGRZ 2003, 122 ff; *Schokkenbroeck*, Die Arbeit des Europarates betreffend die Reform des Gerichtshofes, EuGRZ 2003, 134 ff; *Stoltenberg*, Neuere Vorschläge zur Reform des EGMR aus dem Kreise der Mitgliedstaaten, EuGRZ 2003, 139 ff; *Ohms*, Bewertung des Diskussionsstandes über die Entlastung des EGMR, EuGRZ 2003, 141 ff; *Peukert*, Zur Reform des Europäischen Systems des Menschenrechtsschutzes, NJW 2000, 49 ff; *Wildhaber*, Der vollamtliche Europäische Gerichtshof für Menschenrechte nach seinem ersten Jahr, ZSR 119 (2000) 123 ff.
548 Vgl *Peters/Altwicker* (Fn 497) § 35.
549 EGMR, EuGRZ 2002, 144 ff *[Allaoui and others v Germany]*.
550 Vgl *Peters/Altwicker* (Fn 497) § 36.
551 Vgl zB EGMR, EuGRZ 2000, 619 *[Denmark v Turkey]*.

263 Der EGMR entscheidet entweder als Ausschuss mit drei Richtern, als Kammer mit sieben Richtern oder als Große Kammer mit siebzehn Richtern. Die Filterfunktion, die früher von der Kommission übernommen wurde, obliegt jetzt den Ausschüssen, die Individualbeschwerden für unzulässig erklären oder im Register streichen können.

264 Einstweilige Anordnungen können nach Regel 39 der Verfahrensordnung des EGMR erlassen werden. Der Erlass einer einstweiligen Anordnung kommt insbesondere bei der drohenden Verletzung von Art 3 EMRK in Betracht.[552]

265 Für den Fall, dass die bei einer Kammer anhängige Rechtssache schwerwiegende, die Auslegung der Konvention oder der Zusatzprotokolle berührende Fragen aufwirft oder die Kammerentscheidung möglicherweise zu einer Abweichung von früherer Rechtsprechung führt, kann die Rechtssache jederzeit von der Kammer an die *Große Kammer* verwiesen werden, sofern nicht eine der Vertragsparteien widerspricht. Eine zweite Instanz gibt es nicht. In Ausnahmefällen ist es einer Partei möglich, innerhalb von drei Monaten nach Bekanntgabe des Urteils der Kammer die Verweisung der Sache nach Art 43 EMRK an die Große Kammer zu beantragen. Dies setzt aber voraus, dass der Fall eine schwerwiegende, die Auslegung oder Anwendung der Konvention oder der Protokolle berührende Frage oder aber eine Frage von allgemeiner Bedeutung aufwirft. Nach Annahme der Sache entscheidet die Große Kammer. Bei dieser Kontrolle handelt es sich jedoch nicht um ein echtes Rechtsmittel, da die Richter der großen Kammer teilweise identisch sind mit denen, die in der zuvor entscheidenden Kammer sind.[553]

266 Artikel 46 Abs 1 EMRK verpflichtet die Vertragsparteien, im Falle einer Beteiligung am Rechtsstreit das endgültige Urteil des Gerichtshofs anzuerkennen. Dieser ist befugt, im Verletzungsfall einen *Entschädigungsanspruch* zuzusprechen. Die Durchführung der Entscheidung überwacht das Ministerkomitee, Art 46 Abs 2 EMRK.[554] Nach Art 47 bis 49 EMRK kann der Gerichtshof Gutachten erstellen. Das BVerfG hat im *Görgülü*-Beschluss[555] aus Art 41 EMRK die Verpflichtung der Vertragspartei, gegen die ein bindendes Urteil ergangen ist, abgeleitet, in Bezug auf den Streitgegenstand den ohne die festgestellte Konventionsverletzung bestehenden Zustand nach Möglichkeit wiederherzustellen. Jedoch könne aus der völkerrechtlichen Verpflichtung zur Beachtung eines Urteils des EGMR keine absolute Bindungswirkung der Gerichte und Behörden ohne Rücksicht auf die rechtsstaatliche Kompetenzordnung und die Bindung an Gesetz und Recht abgeleitet werden. Zwar gehöre zur Bindung an Gesetz und Recht auch die Berücksichtigung der EMRK-Gewährleistungen und der bindenden Entscheidungen des EGMR im Rahmen methodisch vertretbarer Gesetzesauslegung. Daraus könne jedoch keine schematische Vollstreckung einer Entscheidung des EGMR abgeleitet werden. Vielmehr seien insoweit auch verfassungsrechtliche Aspekte abzuwägen. Das Gericht hat sich daher mit dem vom EGMR gefällten Urteil in einem Abwägungsprozess auseinanderzusetzen, wenn die Umsetzung des Urteils verfassungsrechtliche Fragen aufwirft. Die Abwägung kann auch dazu führen, dass aus verfassungsrechtlichen Gründen der Entscheidung des EGMR nicht Folge geleistet werden kann. Das BVerfG hält insbesondere bei „mehrpoligen" Grundrechtsverhältnissen eine Grundrechtsbeeinträchtigung für möglich. So hatte der EGMR im zu Grunde liegenden Fall die Vorenthaltung eines Umgangsrechts für den Vater eines Kindes als Verletzung des Art 8 EMRK qualifiziert, ohne auch nur die Mutter im Verfahren anzuhören.[556] Ungeachtet dessen muss das nationale Gericht bei der Berücksichtigung nationalen Verfassungsrechts auch der völkerrechtlichen Verpflichtung, die Entscheidung des EGMR zu beachten, Rechnung tragen. Die Entscheidung des

---

552 Vgl *Nußberger*, Menschenrechtsschutz im Ausländerrecht, NVwZ 2013, 1305 (1306) mit Hinweis auf „Rule 39"; *Peters/Altwicker* (Fn 497) § 35 II. 2. lit a.
553 Vgl *Peters/Altwicker* (Fn 497) § 35 II. 2. lit b.
554 Vgl *Okresek*, Die Umsetzung der EGMR-Urteile und ihre Überwachung, EuGRZ 2003, 168 ff.
555 BVerfGE 111, 307 *[Görgülü]*.
556 Vgl EGMR, EuGRZ 2004, 700 *[Görgülü]*.

OLG, das sich bei der Versagung des Umgangsrechts nicht an das Urteil des EGMR für gebunden hielt, wurde daher aufgehoben, da das Gericht seine Pflicht verletzt habe, sich mit der Entscheidung des EGMR und dem auf Grund des Art 8 EMRK zugestandenen Umgangsrechts hinreichend auseinanderzusetzen. Die Entscheidung hat zu einer kontroversen Diskussion über die bindende Wirkung von EGMR-Entscheidungen geführt.[557]

Zudem gibt es einerseits Hinweise auf eine Verknüpfung der Gewährleistungen von EMRK und EU-Recht, indem der EGMR bei der Auslegung und Anwendung der EMRK bspw aus den Vorschriften einzelner EU-Richtlinien sowie der EU-Grundrechtecharta rechtliche Schutzstandards ableitet.[558] Hierin können Ansätze für einen aus einer Kombination von EMRK und EU-Recht entstehenden „europäischen Rechtsraum" gesehen werden. Demgegenüber zeichnet sich bspw in der EGMR-Entscheidung *Tarakhel* im Hinblick auf die Voraussetzungen des Dublin-Systems ein Gewährleistungskonflikt zwischen EuGH und EGMR jedenfalls in den Fällen ab, in denen der EuGH aus strukturellen, judikativen Gründen keine Gelegenheit hatte, vorher über einen Fall zu entscheiden, der das auf sekundärrechtlicher Grundlage errichtete Zuordnungs- und Rückführungssystem betraf.[559]

266a

c) Die Europäische Sozialcharta
Die EMRK wird durch die am 18.10.1961 unterzeichnete Europäische Sozialcharta (ESC)[560] ergänzt, die 1965 in Kraft trat.[561] Das Zusatzprotokoll zur ESC v 5.5.1988[562] garantiert vier weitere wirtschaftliche und soziale Rechte. Ein weiteres Protokoll v 21.10.1991[563] dient der Verbesserung der Kontrollmechanismen. Nach dem Zusatzprotokoll v 1995[564] können auch internationale Arbeitnehmerorganisationen und Gewerkschaften wie auch andere internationale Nicht-Regierungsorganisationen und auch repräsentative nationale Organisationen von Arbeitgebern und Gewerkschaften eine Beschwerde erheben. Die *revidierte ESC*[565] v 3.5.1996 ist am 1.7.1999 in Kraft getreten.[566] Sie enthält nicht nur die bisherigen Rechte der ESC und des genannten Zusatzproto-

267

---

557 Vgl *Bergmann*, Diener dreier Herren?, EuR 2006, 101 f; *Mückel*, Kooperation oder Konfrontation, Der Staat 44 (2005) 403 ff; *Buschle*, Ein neues Solange?, VBlBW 2005, 293 f; *Papier*, Umsetzung und Wirkung der Entscheidungen des Europäischen Gerichtshofs für Menschenrechte aus der Perspektive der nationalen deutschen Gerichte, EuGRZ 2006, 1 f; *Alber/Widmaier*, Mögliche Konflikte und Divergenzen im europäischen Grundrechtsschutz, EuGRZ 2006, 113 ff; *Sauer*, Die neue Schlagkraft der gemeineuropäischen Grundrechtsjudikatur, ZaöRV 65 (2005) 35 ff; *Frowein*, Die traurigen Missverständnisse, FS Delbrück, 2005, 279 ff; *Meyer-Ladewig/Petzold*, Die Bindung deutscher Gerichte an Urteile des EGMR, NJW 2005, 15 ff; *Schaffarzik*, Europäische Menschenrechte unter der Ägide des BVerfG, DÖV 2005, 860 ff; *Pache/Bielitz*, Verwaltungsprozessuale Wiederaufnahmepflicht kraft Völker- und Gemeinschaftsrecht?, DVBl 2006, 325 ff.
558 ZB Verweis in EGMR, NVwZ 2015, 127 (129) *[Tarakhel v Switzerland]* u in EGMR, NVwZ 2011, 413, 4. Leitsatz *[M.S.S. v Greece and Belgium]* auf RL 2003/09/EG sowie in EGMR, NVwZ 2012, 809 (813) *[Hirsi Jamaa et al]* auf Art 19 EU-GRC.
559 EGMR, NVwZ 2015, 127 (128) *[Tarakhel v Switzerland]*.
560 ETS Nr 35.
561 Vgl *Eichenhofer*, Menschenrechte auf soziale Sicherheit, Vjschr f SozR 2007, 87 ff; *Fortunato*, Internationaler Schutz der Familie am Beispiel der Europäischen Sozialcharta, EuR 2008, 27 ff; *Akandji-Kombé*, Actualité de la Charte sociale européenne, RTDH 19 (2008) 507 ff; *Öhlinger*, Die Europäische Sozialcharta, FS Ermacora, 1988, 213 ff; *Becker*, European Social Charter, MPEPIL III, 969 ff; *Samuel*, Fundamental Social Rights, 1997.
562 ETS Nr 128.
563 ETS Nr 142.
564 Additional Protocol to the European Social Charter Providing for a System of Collective Complaints v 9.11.1995 (ETS Nr 158).
565 ETS Nr 163.
566 Während die ESC v 1961 von Belgien, Dänemark, Deutschland, Finnland, Frankreich, Griechenland, Irland, Island, Italien, Kroatien, Lettland, Luxemburg, Malta, Mazedonien, den Niederlanden, Norwegen, Österreich, Polen, Portugal, Schweden, der Slowakei, Spanien, Tschechien, der Türkei, Ungarn, dem Vereinigten Königreich und Zypern ratifiziert wurde, gilt die revidierte ESC nur für Albanien, Andorra, Armenien, Aserbaidschan, Belgien, Bulgarien, Estland, Finnland, Frankreich, Georgien, Irland, Italien, Litauen, Malta, Moldawien, die Niederlande, Nor-

kolls, sondern nimmt darüber hinaus auch neue Rechte wie das Recht auf Schutz gegen Armut und soziale Ausgrenzung, das Recht auf Unterbringung, auf Schutz bei Beendigung des Arbeitsverhältnisses, ferner das Recht auf Schutz gegenüber sexueller und anderer Formen der Belästigung am Arbeitsplatz, das Recht auf gleiche Möglichkeiten und Gleichbehandlung von Arbeitnehmern mit Verantwortung für die Familie wie auch Rechte von Arbeitnehmervertretern in Unternehmen auf. Daneben wurden Veränderungen im Bereich bestehender Rechte wie eine Verstärkung des Grundsatzes der Nichtdiskriminierung, der Gleichstellung der Geschlechter, ein besserer Mutterschutz sowie Verbesserungen für beschäftigte Kinder und Behinderte aufgenommen.

268   In Teil I der ESC v 1961, auf die auch in Art 151 Abs 1 AEUV Bezug genommen wird,[567] bekunden die Vertragsparteien ihren Willen, mit allen zweckdienlichen Mitteln staatlicher und zwischenstaatlicher Art geeignete Voraussetzungen zu schaffen, um die tatsächliche Ausübung der in Teil II ausformulierten neunzehn Rechte und Ziele zu gewährleisten. Nicht alle der genannten Rechte sind verbindlich. Dies gilt nur für die sieben grundlegenden Art 1, 5, 6, 12, 13, 16 u 19. Daneben muss jeder Vertragsstaat nach Art 20 Abs 1 lit c so viele weitere Artikel oder Absätze als für sich verbindlich anerkennen, dass eine Gesamtzahl von zehn Artikeln oder 45 Absätzen erreicht ist. Deutschland erkannte die Art 2, 3, 4 (ohne Abs 4), 7 (ohne Abs 1), 8 (ohne Abs 2 und 4), 10 (ohne Abs 4), 11, 14, 15, 17 u 18 an.[568] Ein ähnliches Verfahren sieht das Zusatzprotokoll v 1988 vor, das vier weitere Rechte wie das Recht auf Information und Anhörung im Betrieb und Rechte älterer Menschen enthält.

269   Zur Kontrolle sieht die Sozialcharta ein *Berichtsverfahren* vor. Art 21 ESC bestimmt, dass die Vertragsparteien alle zwei Jahre einen Bericht über die Anwendung der in Teil II der Charta angenommenen Bestimmungen erstellen. In bestimmten Zeitabständen sind Berichte zu den in Teil II nicht angenommenen Bestimmungen vorzulegen. Beide Berichte werden den nationalen Arbeitgeber- und Arbeitnehmerorganisationen zugeleitet, die hierzu Stellung nehmen können. Berichte und Stellungnahmen werden einem Sachverständigenausschuss zugeleitet, an dessen Sitzungen auch ein Vertreter der ILO mit beratender Stimme teilnimmt. Anschließend werden die Beratungsergebnisse zusammen mit den Berichten der Vertragsparteien dem Unterausschuss des Regierungssozialausschusses des Europarats vorgelegt. Dieser erstellt wiederum einen Bericht und legt diesen zusammen mit dem des Sachverständigenausschusses dem Ministerkomitee vor. Die Ergebnisse des Sachverständigenausschusses werden an die Beratende Versammlung übermittelt, die dem Ministerkomitee ihre Stellungnahme mitteilt. In einem letzten Schritt kann sich das Ministerkomitee mit Zweidrittelmehrheit entschließen, notwendige Empfehlungen an eine Vertragspartei zu richten. Einen weiteren Kontrollmechanismus sieht das Zusatzprotokoll zur ESC über das *kollektive Beschwerdeverfahren* vor. Nach dessen Art 1 können internationale Arbeitgeber- und Arbeitnehmerorganisationen Beschwerde wegen unzureichender Anwendung der ESC erheben. Mit der Beschwerde befasst sich zunächst ein Ausschuss unabhängiger Sachverständiger (Art 5ff). Aufgrund seines Berichts entscheidet das Ministerkomitee, indem es eine Empfehlung an den betroffenen Vertragsstaat ausspricht (Art 8ff).

d) Die Menschenrechte im Rahmen der KSZE/OSZE

270   Auch die Konferenz bzw Organisation für Sicherheit und Zusammenarbeit in Europa (KSZE bzw OSZE) hat sich des Schutzes der Menschenrechte angenommen. Bereits in der *Schlussakte von*

---

wegen, Portugal, Rumänien, Schweden, Slowenien und Zypern; gezeichnet wurde sie allerdings von Bosnien-Herzegowina, Dänemark, Griechenland, Island, Luxemburg, Monaco, Österreich, Polen, Russland, San Marino, Serbien, der Slowakei, Spanien, Tschechien, der Türkei, dem Vereinigten Königreich und der Ukraine.
567 Vgl *Steinmeyer*, Der Vertrag von Amsterdam und seine Bedeutung für das Arbeits- und Sozialrecht, RdA 2001, 10 (12).
568 BGBl 1965 II, 1122.

Helsinki v 1.8.1975 wurde die Achtung der Menschenrechte als selbständiger Grundsatz verankert, und Korb III enthielt Vereinbarungen über den Bereich „Menschliche Kontakte". In das Abschlussdokument des Wiener KSZE-Folgetreffens[569] wurden etwa der Grundsatz der Gleichberechtigung von Mann und Frau, der Ausbau der Religionsfreiheit und der Minderheitenschutz aufgenommen sowie die Frage der Flüchtlinge, der Todesstrafe und der Folter angesprochen.

Besondere Beachtung fanden die Grundsätze von Demokratie und Rechtsstaatlichkeit sowie die Menschenrechte und Grundfreiheiten in dem am 29.6.1990 in Kopenhagen angenommenen Dokument.[570] In Teil I finden sich Prinzipien der Rechtsstaatlichkeit und Demokratie wie auch der Grundsatz der freien Wahlen, die Trennung von Staat und Partei, oder das Legalitätsprinzip. Daneben wurden justizielle Grundsätze wie die richterliche Unabhängigkeit, der wirksame Rechtsschutz gegen Entscheidungen der Verwaltung und die Garantie eines fairen Verfahrens genannt. In Teil II fanden Menschenrechte wie die Meinungsfreiheit, die Versammlungs- und Vereinigungsfreiheit einschließlich des Streikrechts, die Gedanken-, Gewissens- und Religionsfreiheit und das Recht auf Freizügigkeit Eingang. Wirtschaftliche, soziale und kulturelle Rechte sind nicht erwähnt. Dieses Bekenntnis zu den Menschenrechten bekräftigt die *Charta von Paris*.[571]

Daneben wurden insbes im Dokument über die weitere Entwicklung der OSZE-Institutionen und -Strukturen v 30.1.1992 in Prag[572] Maßnahmen beschlossen, um die bislang schwach ausgebildeten *Kontrollmechanismen* zu stärken. Neben einer Erweiterung der Zusammenarbeit zwischen den Teilnehmerstaaten im Bereich der menschlichen Dimension wurden insbes dem Büro für demokratische Institutionen und Menschenrechte zusätzliche Funktionen übertragen. In Fällen von eindeutigen groben Verletzungen der OSZE-Verpflichtungen ist es dem Ausschuss Hoher Beamter bzw dem Rat möglich, Maßnahmen notfalls auch ohne Zustimmung des betroffenen Staats zu treffen. Im Budapester Dokument[573] wird festgestellt, dass trotz „beträchtlicher Fortschritte" eine „ernste Verschlechterung" in bestimmten Gebieten eingetreten sei.

e) Der Menschenrechtsschutz in Amerika

Der Schutz der Menschenrechte innerhalb der Organisation Amerikanischer Staaten (OAS), die 35 amerikanische Staaten umfasst, hat zwei Grundlagen.[574] Zum einen stützt er sich auf die *Charta der OAS* v 30.4.1948[575] und zum anderen auf die *Amerikanische Konvention der Menschenrechte* v 22.11.1969 (AMRK).[576] Die Charta enthält einige allgemein gehaltene Bestimmungen zum Schutze der Menschenrechte. Auf Grundlage dieser Bestimmungen wurde 1960 die *Interamerikanische Menschenrechtskommission*[577] errichtet. Sie wurde mit der Förderung der in der Ameri-

---

569 EuGRZ 1989, 85.
570 Dokument des Kopenhagener Treffens der Konferenz über die menschliche Dimension der KSZE, EuGRZ 1990, 239 ff.
571 Erklärung des Pariser KSZE-Treffens der Staats- und Regierungschefs v 21.11.1990 („Charta von Paris für ein neues Europa").
572 EuGRZ 1992, 124 ff.
573 Beschlüsse des Gipfeltreffens der KSZE in Budapest v 6.12.1994, IPol 1995, D 73.
574 Vgl *Glendon*, The Forgotten Crucible, HarvHRJ 16 (2006) 27 ff; *Buergenthal*, Menschenrechtsschutz im interamerikanischen System, EuGRZ 1984, 169 ff; *Neuman*, American Convention on Human Rights (1969), MPEPIL I, 327; *Kokott*, Das interamerikanische System zum Schutz der Menschenrechte, 1986; *Farer*, The Rise of the Inter-American Human Rights Regime, HRQ 19 (1997) 510 ff; Harris/Livingstone (Hrsg), The Inter-American System of Human Rights, 1998.
575 OAS Treaty Series Nr 1-C und 61.
576 OAS Treaty Series Nr 36.
577 *Buergenthal* (Fn 574) 174 ff, 182; *Gravdal*, The Inter-American Commission on Human Rights' Quixotic and Unjustified Expansion of its Authority, Southwestern JLTA 11 (2005) 257 ff.

kanischen Erklärung über die Rechte und Pflichten des Menschen[578] verkündeten Menschenrechte beauftragt.[579] Diese Erklärung wurde 1948 als nicht bindender Konferenzbeschluss der OAS angenommen. Mit der Änderung der Charta der OAS 1970 wurde die Kommission zum Organ der OAS[580] und mit der Wahrnehmung von Befugnissen aus der Charta betraut.[581] Die mit dieser Änderung verstärkte Stellung und Erweiterung der Befugnisse führte dazu, dass auch Mitgliedstaaten der OAS, die nicht durch die AMRK gebunden sind, jedenfalls den aus der Charta der OAS resultierenden Verpflichtungen unterliegen. Hierzu zählen auch die in der Amerikanischen Erklärung über die Rechte und Pflichten des Menschen proklamierten Menschenrechte.[582] Die Kommission hat sowohl Aufgaben als Konventionsorgan als auch Aufgaben als Charta-Organ.[583]

274   Die *AMRK*[584] trat 1978 in Kraft. Sie wurde bislang von 25 amerikanischen Staaten ratifiziert. Zu den größeren Staaten Amerikas, für die die AMRK keine Anwendung findet, gehören auch die USA, die nicht ratifiziert haben, und Kanada, das die Konvention nicht unterzeichnet hat. Die AMRK sieht die Einrichtung der Inter-Amerikanischen Menschenrechtskonvention und des Inter-Amerikanischen Gerichtshofs für Menschenrechte vor.[585] Beide setzen sich aus jeweils sieben Mitgliedern zusammen. Die Mitglieder der Kommission werden von der Generalversammlung der OAS (Art 36 AMRK), die des Gerichtshofs von den Mitgliedstaaten (Art 53 AMRK) gewählt.

275   Die AMRK enthält bürgerliche und politische Rechte. Zudem werden soziale, wirtschaftliche und kulturelle Rechte in einem Zusatzprotokoll v 1988[586] erfasst, das in Art 19 zur Durchsetzung auf eine periodische Berichterstattung an den Generalsekretär der OAS verweist.

276   Der *Durchsetzung* dient eine fakultative Staatenbeschwerde sowie eine obligatorische Individualbeschwerde, die auch von Personengruppen oder Personen, die nicht selbst Opfer der Konventionsverletzung sind, erhoben werden kann. Zuständig sind die Interamerikanische Kommission für Menschenrechte und der Interamerikanische Gerichtshof für Menschenrechte, wobei eine Fusion beider Organe diskutiert wird.[587]

f) Die Menschenrechte in Afrika

277 In Afrika nahmen die Mitgliedstaaten der Organisation der Afrikanischen Einheit (OAU) 1981 die *Afrikanische Charta der Menschen- und Völkerrechte (AfrMVRK)* an, die 1986 in Kraft trat.[588] Alle Mitgliedstaaten der AU haben die Charta ratifiziert. In Teil I, den materiellen Rechten gewidmet, finden sich das Recht auf Freizügigkeit, auf Asyl und der Schutz vor Ausweisung. Ferner werden das Recht auf Gesundheit, Familie und Gleichheit der Menschen genannt. Neben diesen indivi-

---

578 Gebilligt durch die 9. Internationale Konferenz der Amerikanischen Staaten, Bogota, 1948.
579 *Kokott/Doehring/Buergenthal* (Fn 472) Rn 270.
580 *Buergenthal* (Fn 574) 183.
581 Vgl Statute of the Inter-American Commission on Human Rights, gebilligt durch Res Nr 447 der Generalversammlung der OAS in La Paz, Bolivien, Oktober 1979.
582 *Kokott/Doehring/Buergenthal* (Fn 472) Rn 271f.
583 *Buergenthal* (Fn 574) 184.
584 EuGRZ 1980, 435.
585 *Stirling-Zanda*, Obtaining Judicial Enforcement of Individual Convention Rights, AVR 42 (2004) 184ff; *Alam*, Enforcement of International Human Rights Law by Domestic Courts of the US, ASICL 10 (2004) 27ff; *Lyon*, The Inter-Amercan Court of Human Rights Defines Unauthorized Migrant Workers' Rights for the Hemisphere, NYURev LSC 28 (2004) 547ff
586 ILM 28 (1989) 156ff.
587 *Medina*, The Inter-American Commission on Human Rights and the Inter-American Court of Human Rights: Reflections on a Joint Venture, HRQ 12 (1990) 439ff.
588 Vgl *Udombana*, Between Promise and Performance, Stanford JIL 40 (2004) 105ff; *Stefiszyn*, The African Union, AHRLJ 5 (2005) 358ff; *Nmehielle*, The African Human Rights System, 2001; *Benedek*, Durchsetzung von Rechten des Menschen und der Völker in Afrika auf regionaler und nationaler Ebene, ZaöRV 54 (1994) 150ff; *Nguéma*, Perspektiven der Menschenrechte in Afrika, EuGRZ 1990, 301ff; *Tonndorf*, Menschenrechte in Afrika, 1997.

duellen Rechten wurden auch kollektive Rechte wie das Selbstbestimmungsrecht der Völker, die Souveränität über natürliche Reichtümer, das Recht der Völker auf eine eigene Entwicklung, das Recht auf Frieden und das auf eine zufriedenstellende Umwelt aufgenommen.[589]

Die Durchsetzung obliegt einer aus elf Mitgliedern bestehenden *Afrikanischen Kommission der Menschenrechte und Rechte der Völker*[590] mit Sitz in Banjul (Gambia). Die Kommission nimmt Mitteilungen von Staaten, Einzelnen und öffentlichen oder privaten Einrichtungen zur Prüfung entgegen. Die Veröffentlichung der Berichte ist von der Zustimmung der Versammlung der Staats- und Regierungschefs abhängig. Überdies darf die Kommission die Generalversammlung der OAU nur auf häufig auftretende schwer wiegende oder massive Verletzungen der Menschenrechte und der Rechte der Völker aufmerksam machen, Art 58 Abs 1 AfrMRK. Die Kommission hat jedoch die Möglichkeit, auf Anforderung eines Mitgliedstaats Gutachten zu allen Bestimmungen der AfrMRK zu erstellen, Art 45 Nr 3 AfrMRK. Der *Afrikanische Gerichtshof für die Rechte der Menschen und Völker* wurde im Juni 2004 auf der Grundlage eines Zusatzprotokolls zur AfrMRK gegründet und trat erstmals im Juli 2006 an seinem Sitz in Arusha (Tansania) zusammen.[591] Er besteht wie die Kommission aus elf Mitgliedern.

278

g) Die Menschenrechte in der Arabischen Liga

Im Rahmen der Arabischen Liga gab es zunächst seit 1994 eine Arabische Charta der Menschenrechte,[592] die als Resolution des Rates der Arabischen Liga angenommen wurde. Diese Charta wurde 2004 nach Vorgaben der Vereinten Nationen überarbeitet und befindet sich seit 2008 in Kraft.

279

3. Das völkerrechtliche Fremdenrecht
a) Einführung

Unter völkerrechtlichem Fremdenrecht[593] versteht man Regelungen über die *Rechtsstellung von Ausländern,* dh denjenigen Personen, die nicht die Staatsangehörigkeit des Aufenthaltsstaats besitzen. Die Staaten sind bei der Ausgestaltung der innerstaatlichen Rechtslage grundsätzlich frei. Allerdings müssen sie die Grenzen beachten, die sich aus zwischenstaatlichen Verträgen wie etwa Freundschafts-, Handels- oder Schifffahrtsverträgen oder aus Völkergewohnheitsrecht ergeben, wonach dem Ausländer ein *Mindeststandard an Rechten* zu gewähren ist.

280

Sonderregelungen gelten auf zwischenstaatlicher Ebene für *Wanderarbeitnehmer.*[594] Neben Empfehlungen der ILC wurde hier im Rahmen der UNO die Internationale Konvention zum Schutz der Rechte aller Wanderarbeitnehmer v 18.12.1990[595] erarbeitet, die ua menschliche Arbeitsbedingungen und einen arbeitsrechtlichen Mindeststandard fordert. Seit dem 1.7.2003 ist die UN-Wanderarbeitnehmer-Konvention in Kraft getreten; sie verfügt über 46 Vertragspar-

281

---

589 Vgl *Wittinger,* Die drei regionalen Menschenrechtssysteme, Jura 1999, 405.
590 Vgl *Odinkalu/Christensen,* The African Commission on Human and Peoples' Rights, HRQ 20 (1998) 235 ff.
591 Vgl *Magliveras/Naldi,* The African Court of Justice, ZaöRV 66 (2006) 187 ff; *Viljoen,* A Human Rights Court for Africa and Africans, Brooklyn JIL 30 (2004) 1 ff; zu den Vorarbeiten *Krisch,* The Establishment of an African Court on Human and Peoples' Rights, ZaöRV 58 (1998) 713 ff.
592 Engl Übersetzung abgedruckt in HRLJ 18 (1997) 151.
593 Vgl *Dahm/Delbrück/Wolfrum* (Fn 47) §§ 95 ff; *Kotzur,* „Fremd bin ich eingezogen" – Überlegungen zu den Wurzeln universellen Menschenrechtsschutzes im völkerrechtlichen Fremdenrecht, FS Hailbronner, 2013, 585 ff.
594 Die wichtigsten Dokumente finden sich bei *Plender,* Basic Documents on International Migration, 1988. Vgl auch *Sohn/Buergenthal,* The Movement of Persons Across Borders, 1992; *Cholewinski,* Migrant Workers, MPEPIL VII, 139 ff; *Trebilcock,* Migrant Workers, in Frowein/Stein (Hrsg), Rechtsstellung von Ausländern, Bd II, 1987, 1827 ff.
595 VN 1991, 175; vgl *Hildner,* Die Vereinten Nationen und die Rechte der Ausländer, VN 38 (1990) 47 ff; *ders,* Sozialfragen und Menschenrechte, VN 39 (1991) 173 ff.

teien, vorzugsweise Entsendestaaten, jedoch nur wenige Empfangsstaaten. Die BR Deutschland ist bislang weder Signatar- noch Vertragsstaat der UN-Wanderarbeitnehmer-Konvention geworden.

282 Im europäischen Raum sind das Europäische Niederlassungsabkommen v 1955,[596] die EMRK und die ESC zu beachten. Ein weitergehender Schutz der Wanderarbeitnehmer wurde 1977 mit der 1983 in Kraft getretenen Europäischen Konvention über die Rechtsstellung der Wanderarbeitnehmer[597] ausgearbeitet. Ferner finden sich Vorschriften über die Freizügigkeit und die Niederlassungsfreiheit in Art 45ff und 49ff AEUV.[598]

283 Die Rechtsstellung der *Staatenlosen* ist Gegenstand des Übereinkommens v 28.9.1954, das Deutschland 1976 ratifizierte. Art 7 verpflichtet jeden Vertragsstaat, den Staatenlosen die gleiche Behandlung zukommen zu lassen, wie er sie Ausländern allgemein gewährt. Art 31 schränkt die Befugnis des Aufenthaltsstaats bei Ausweisungen ein.

b) Die Einreise von Ausländern

284 Es besteht keine völkergewohnheitsrechtliche Pflicht, Ausländern die Einreise in das eigene Hoheitsgebiet zu gestatten. Dies gilt unabhängig davon, ob es sich um einen befristeten oder unbefristeten Aufenthalt im Hoheitsgebiet handelt, oder ob lediglich eine Durchreise beabsichtigt ist.[599] Noch nicht hinreichend geklärt ist die Frage, inwieweit nach der Einreise das Recht eines Aufenthaltsstaats zur Beschränkung oder Beendigung des Aufenthalts völkerrechtlichen Schranken unterliegt.[600] Aus der Rspr des EGMR ergeben sich jedoch Hinweise darauf, dass diese souveränen Rechte der Staaten Einschränkungen etwa durch die EMRK unterliegen. Denn je nachdrücklicher in der Entscheidungspraxis des EGMR auf „allgemein anerkannte Grundsätze des Völkerrechts" verwiesen wird, wonach die Konventionsstaaten weiterhin „das Recht haben, Einreise, Aufenthalt und Ausweisung von Ausländern zu regeln", desto stärker fallen die insbes aus Art 3 EMRK abgeleiteten, zT bereits sehr konkreten Vorgaben und Bedingungen für Rückführungs- oder Abschiebungsentscheidungen ins Auge.[601] Tatsächlich ist davon auszugehen, dass die völker- und unionsrechtliche Regulierung sowie die seit dem *Soering*-Urteil des Jahres 1989 immer weiter entwickelte Rechtsprechungspraxis des EGMR diesen gedanklichen Ausgangspunkt staatlicher Souveränitätsrechte bereits stärker eingeschränkt hat, als es die formelhaft wiederholten Feststellungen vermuten lassen.[602] Die Befugnis, den Aufenthalt eines Ausländers räumlich zu beschränken, hat der EuGH selbst im Falle von Unionsbürgern aus Gründen der öffentlichen Sicherheit und Ordnung anerkannt, wenn anderenfalls eine Ausweisung zur Gefahrenabwehr zulässig wäre.[603] Anerkannt ist, dass aus Gründen der öffentlichen Ordnung, der nationalen Sicherheit, der öffentlichen Gesundheit und Moral der weitere Aufenthalt eines Ausländers eingeschränkt werden kann.

285 Im Völkerrecht nachweisbar ist das korrelierende *Recht* eines Staatsangehörigen, *sein Heimatland verlassen zu dürfen*.[604] Es findet sich in Art 13 der AEMR v 1948, in Art 2 Abs 2 des 4. Zusatzprotokolls zur EMRK, in Art 18 Nr 4 der ESC, in der Straßburger Erklärung über das

---

596 BGBl 1959 II, 997.
597 ETS Nr 93.
598 *Moranchek Hussain*, Enforcing the Treaty Rights of Aliens, Yale LJ 117 (2008) 681ff.
599 Vgl *Higgins*, Open Borders and the Right to Immigration, HRRev 9 (2008) 525ff.
600 Hierzu zB *Sutter*, Mixed-Status Families and Broken Homes, TLCP 15 (2006) 783ff; *Miluso*, Family „De-Unification" in the United States, GWILR 36 (2004) 915ff; *Trinh*, The Impact of New Policies adopted after September 11 on Lawful Permanent Residents Facing Deportation under the AEDOA and IIRIRA, Georgia JICL 33 (2005) 543ff.
601 ZB EGMR, NVwZ 2008, 1330 (1331) *[Saadi v Italy]*; EGMR, NVwZ 2012, 809 (812) *[Hirsi Jamaa et al]*.
602 *Kau* (Fn 487) Rn 91: „Art 3 als quasi-universelles Abwehrrecht".
603 EuGH, Rs C-100/01, Slg 2002, I-10981 *[Olazabal]*.
604 Vgl *Hofmann*, Die Ausreisefreiheit nach Völkerrecht und staatlichem Recht, 1980, 80.

Recht auf freie Ausreise und Rückkehr v 26.11.1986[605] sowie in Art 4 Abs 1 des Europäischen Abkommens über die Rechtsstellung der Wanderarbeitnehmer. Nr 9.5 des Kopenhagener Abschlussdokuments des OSZE-Folgetreffens v 29.6.1990 bestimmt ebenfalls, dass Beschränkungen der Ausreise den Charakter von seltenen Ausnahmen haben müssen und nur dann als notwendig angesehen werden können, wenn sie einem öffentlichen Bedürfnis und der Erreichung eines legitimen Ziels dienen.

Der in zahlreichen Verträgen niedergelegte *Familienschutz* gewährt kein allgemeines Zuzugsrecht für Ehegatten oder andere Familienmitglieder. Beim Familiennachzug ist der EGMR bislang davon ausgegangen, dass Art 8 EMRK keinen Anspruch enthält, im Ausland lebende Ehegatten und minderjährige Kinder nachzuholen, wenn die Möglichkeit besteht, die Familieneinheit in einem anderen Staat herzustellen.[606] Er hat jedoch unter bestimmten Voraussetzungen auch ein Nachzugsrecht minderjähriger Kinder bejaht, wenn eine Rückkehr der Familie als unzumutbar anzusehen ist und der Nachzug eines im Herkunftsstaat zurückgelassenen minderjährigen Kindes zur Integration in die Familieneinheit erforderlich erscheint.[607]

286

c) Die Rechtsstellung von Ausländern

Fremde, die sich auf dem Hoheitsgebiet eines Staats aufhalten, unterliegen grundsätzlich in vollem Umfang der dort geltenden Rechtsordnung, sofern es sich nicht um Diplomaten, Staatsoberhäupter oder Angehörige der Streitkräfte fremder Staaten handelt (so Rn 43 ff).

287

Das Völkergewohnheitsrecht gebietet, Ausländern einen Mindeststandard zu gewähren, sofern sich aus Vertragsrecht wie etwa Art 18 AEUV keine darüber hinausgehenden Rechte ergeben. Die Theorie der Inländergleichbehandlung, wie sie sich im lateinamerikanischen Bereich entwickelte, um eine bevorzugte Behandlung fremder Staatsangehöriger zu vermeiden, konnte im allgemeinen Völkerrecht nicht Fuß fassen.

288

Der *völkerrechtliche Mindeststandard* umfasst einen Grundbestand an Rechten, den jeder zivilisierte Staat dem Einzelnen zuerkennen muss. Hierzu gehört das Recht auf Rechtsfähigkeit und Rechtssubjektivität, das Recht auf Teilnahme am Wirtschaftsleben, das Recht auf Leben, körperliche Unversehrtheit und Sicherheit der Person, auf Gleichheit vor dem Gesetz und vor Gericht, sowie das Recht auf ein geordnetes Verfahren.[608] Ein Recht auf Freizügigkeit ist auch nach rechtmäßiger Einreise in das Hoheitsgebiet des Aufenthaltsstaats nicht nachweisbar, auch wenn es in einigen Verträgen wie Art 12 IPbürgR oder Art 20 EMRK enthalten ist. Zwar besteht noch weitgehende Unklarheit über den tatsächlichen Umfang von Rechten, die unrechtmäßig aufhältigen

289

---

605 EuGRZ 1987, 64 ff.
606 Vgl EGMR, ECHR 1996-I, 160 *[Gül v Switzerland]*; Hoppe, Verwurzelungen von Ausländern ohne Aufenthaltstiteln, ZAR 2006, 125 ff aus jüngerer Zeit EGMR, juris, Rn 51 *[Savasci v Germany]*.
607 EGMR, ECHR 36 (2003) 7 *[Sen v Netherlands]*. Vgl Hailbronner, Asyl- und Ausländerrecht, 3. Aufl 2014, Rn 640 ff (Aufenthalt aus familiären Gründen); ders, Die Richtlinie zur Familienzusammenführung, FamRZ 2005, 1 ff; Herzog-Schmidt, Zuwanderung Hochqualifizierter, 2014, 230 ff; Walter, Die ungeliebte Einwanderungsquote – Neue Fronten im Kampf um den Familiennachzug?, ZAR 2014, 52 ff; Welte, Die neue Kindernachzugsregelung, ZAR 2014, 19 ff; ders, Der Familienschutz im Spektrum des Ausländerrechts, 2012, Thym, Sprachkenntnisse und Ehegattennachzug: Bewegung beim Stillstand für türkische Staatsangehörige, ZAR 2014, 301 ff; Langenfeld/Mohsen, Die neue EG-Richtlinie zum Familiennachzug und ihre Einordnung in das Völkerrecht, ZAR 2003, 398 ff; Hillgruber, Mindeststandard und Integrationsvorleistungen, ZAR 2006, 304 ff; Markard/Truchseß, Neuregelung des Ehegattennachzug im Aufenthaltsgesetz, NVwZ 2007, 1025 ff; Kingreen, Verfassungsfragen des Ehegatten- und Familiennachzugs im Aufenthaltsrecht, ZAR 2007, 13 ff; Thiele, Das Integrationserfordernis für Drittstaatenangehörige nach dem Zuwanderungsgesetz, DÖV 2007, 58 ff; Epiney, Von Akrich über Jia bis Metock, EuR 2008, 840 ff; Hailbronner, Die Neuregelung des Ehegattennachzugs im Kreuzfeuer des Verfassungs- und Europarechts, FamRZ 2008, 1583 ff; Weber/Walter, Der gemeinschaftsrechtliche Schutz der Familie für Flüchtlinge, WAR Bull 45 (2007) 196 ff.
608 Vgl Motomura, The Rule of Law in Immigration Law, Tulsa J Comp & Int'l L 15 (2007/2008) 139 ff; Davy, Aufenthaltssicherheit, ZAR 2007, 169 ff u 233 ff.

Ausländern eingeräumt werden müssen. Unbestritten ist jedoch, dass auch diese ungeachtet ihres rechtswidrigen Aufenthaltsstatus über ein Mindestmaß individueller Rechte verfügen.[609]

290 Grundsätzlich ist auch Ausländern ein Recht auf Meinungsfreiheit, Versammlungs- und Vereinigungsfreiheit zuzugestehen. Allerdings kann die *politische Betätigung* von Ausländern auch bei der Ausübung dieser Rechte *eingeschränkt* werden (vgl Art 16 EMRK). Ausländer haben auf Grund ihrer Nichtzugehörigkeit zum politischen Staatsverband kein Recht, sich an der politischen Willensbildung in gleicher Weise zu beteiligen wie Inländer. In der Praxis spielen die in nationalen Rechtsvorschriften niedergelegten besonderen Schranken für die politische Betätigung von Ausländern nur eine relativ geringe Rolle. Für Staatsangehörige der EU entfallen derartige Beschränkungen auf Grund ihrer unionsrechtlich gewährleisteten Unionsbürgerschaft jedenfalls in dem Bereich, in dem es sich nicht um den nur Inländern vorbehaltenen Bereich der internen politischen Willensbildung handelt.[610]

d) Die Ausweisung von Ausländern

291 Es steht den Staaten frei, den Aufenthalt von Ausländern auf ihrem Hoheitsgebiet zu beenden. Die Aufforderung zum Verlassen kann mit der Androhung verbunden werden, die Ausweisung notfalls zwangsweise durch Abschiebung vorzunehmen.[611]

292 Völkergewohnheitsrechtliche *Beschränkungen der Ausweisung* sind nicht nachweisbar, insbes gibt es kein Verbot der Ausweisung, sofern es sich nicht um Kollektivausweisungen handelt (vgl zB Art 4 des 4. Zusatzprotokolls zur EMRK).[612] Der EGMR definiert die Kollektivausweisung als Maßnahme einer Behörde, durch die Ausländer als Gruppe zur Ausreise gezwungen werden, außer wenn eine solche Maßnahme nach und nach auf der Grundlage einer angemessenen und objektiven Prüfung des Einzelfalls erfolgt. Im Fall der gleichzeitigen Ausweisung zahlreicher Angehöriger der Volksgruppe der Roma durch die belgischen Ausländerbehörden hat der EGMR trotz individueller Ausweisungsentscheidungen eine Verletzung von Art 4 des 4. Zusatzprotokolls mit dem Argument angenommen, es habe sich um ein gleichartiges Verfahren auf Grund der Gruppenzugehörigkeit gehandelt.[613]

293 In formeller Hinsicht fordert etwa die UN-*Wanderarbeitnehmer*-Konvention v 1990 das Vorliegen einer Ausweisungsentscheidung in Übereinstimmung mit der Rechtslage. Die Entscheidung müsse in einer dem Betroffenen verständlichen Sprache und auf Verlangen schriftlich ergehen und mit einer Begründung versehen werden. Es müsse danach eine Möglichkeit zur Überprüfung bestehen, während der die Aufschiebung der Ausweisungsvollstreckung beantragt werden könne.

294 Im europäischen Raum bestimmen Art 1 u 2 des Europäischen Abkommens über die Befreiung vom Visumszwang v 13.12.1957, dass Staatsangehörige der Vertragsstaaten in einen anderen Staat einreisen und in diesem bis zu einer Dauer von sechs Monaten verbleiben können, ohne dass sie einen Reisepass oder ein Visum benötigen. Diese Bestimmung ist nach Art 1 Abs 3 auch anwendbar bei Personen, die einer Erwerbstätigkeit unter drei Monaten nachgehen wollen. In der Konvention über die Rechtsstellung der Wanderarbeitnehmer ist darüber hinaus vorgesehen, dass die Aufenthaltserlaubnis für die Dauer der gültigen Arbeitserlaubnis, bei unbefristeter

---

609 ZB *Langenfeld*, Menschenrecht auf Aufenthalt?, FS Herzog, 2009, 247 ff; *Ivakhnyuk*, New Answers to Irregular Migration Challenges in Russia, ZAR 2008, 12 ff; *Bergmann*, Aufenthaltserlaubnis auf Grund von Verwurzelung, ZAR 2007, 128 ff.
610 Vgl zur Beteiligung einer Abgeordneten des Europäischen Parlaments EGMR, Ser A, 314, 24 *[Piermont v France]*.
611 Vgl *Palmer*, AIDS, Expulsion and Article 3 of the European Convention on Human Rights, EHRLR 2005, 533 ff; *Czapla*, Removal of Judicial Review under the Illegal Immigration Reform and Immigration Responsibility Act, Suff ULR 38 (2005) 603 ff; *Homicz*, Private Enforcement of Immigration Law, Suff ULR 38 (2005) 621 ff.
612 Vgl *Geiger*, Grundgesetz und Völkerrecht, 5. Aufl 2010, 343 f.
613 EGMR, ECHR 2002-I *[Conka v Belgium]*; *Hoppe* (Fn 524) 251 ff; *Deibel* (Fn 524) 121 ff; *Caroni* (Fn 524) 265 ff.

Arbeitserlaubnis um mindestens ein Jahr, verlängert werden soll. Beschränkungen der Möglichkeit zur Ausweisung wurden ferner vom EGMR anhand von Art 3 u 8 EMRK entwickelt. Er entschied,[614] dass ein Vertragsstaat einen jungen Ausländer, der zusammen mit seiner Familie im Aufenthaltsstaat lebt und den größten Teil seiner Jugend im Aufenthaltsstaat verbracht hat, selbst bei Begehung zahlreicher Straftaten nicht ausweisen dürfe.

Der in Art 8 EMRK garantierte Schutz des Privatlebens und der Familie gewährleistet nach der Rechtsprechung des EGMR *kein allgemeines Recht auf Nachzug von Familienangehörigen* eines in einem fremden Staat wohnhaften ausländischen Staatsangehörigen. Art 8 EMRK gewährt weder ein Recht darauf, den Ort zu wählen, der am Besten geeignet ist, ein Familienleben aufzubauen, noch verpflichtet er einen Vertragsstaat dazu, die von einem Ehegatten getroffene Wahl des gemeinsamen Wohnsitzes zu achten und den Aufenthalt von ausländischen Paaren zu dulden. Der Vorschrift kann auch nicht ein allgemeines Verbot entnommen werden, einen ausländischen Staatsangehörigen abzuschieben, weil er sich seit einer geraumen Zeit im Hoheitsgebiet des Vertragsstaats aufhält.[615] Nur ausnahmsweise kann ein sehr langer geduldeter Aufenthalt, ohne dass ein gesichertes Aufenthaltsrecht ausgestellt worden wäre, dazu führen, dass die Vorenthaltung eines Aufenthaltstitels Art 8 verletzt.[616] Art 8 EMRK kann aber durch aufenthaltsbeendende Maßnahmen, die eine bestehende Familieneinheit zerstören (Auslieferung, Ausweisung, Abschiebung, Nichtverlängerung des Aufenthaltsrechts), verletzt sein. Auch das Recht des Staats, über Einreise und Aufenthalt von Ausländern zu entscheiden, wird deshalb durch das Gebot, die Familie zu schützen, eingeschränkt. Aufenthaltsbeendende Maßnahmen müssen daher auf einer gerechten Abwägung der öffentlichen Interessen an der Aufenthaltsbeendigung (zB Verhinderung von Straftaten) und den privaten Interessen an der Führung eines Familienlebens beruhen. Der EGMR geht in st Rspr davon aus, dass die Abschiebung, Auslieferung oder Ausweisung von Ausländern, die im Gaststaat aufgewachsen oder dort geboren sind, und die keine Verbindungen mehr zu ihrem Herkunftsstaat haben, nur unter engen Voraussetzungen zulässig ist.[617] Danach kann Art 8 EMRK sogar in Fällen einer Ausweisung wegen zahlreicher gravierender Straftaten verletzt sein, wenn ein Ausländer der zweiten oder dritten Generation die Sprache seines Herkunftsstaats nicht mehr spricht und dort keine Verwandten mehr hat.[618]

Die ILC hat im Jahre 2012 die erste Lesung eines Konventionsentwurfs über die Ausweisung von Ausländern behandelt, der einen generellen Rechtsrahmen für diese Fragen vorsieht.[619] So wird in Art 3 des Entwurfs zwar das grundsätzliche Recht von Staaten zur Ausweisung anerkannt, gleichzeitig werden jedoch Konstellationen genannt, in denen eine Ausweisung verboten ist. Dies gilt etwa für Ausweisungen aus Gründen der nationalen Sicherheit (Art 6 No 1 ILC-Entwurf) oder für den Zeitraum nach Beantragung einer Anerkennung als Flüchtling (Art 6 No 2 ILC-Entwurf). Außerdem wird ein umfangreiches Refoulement-Verbot statuiert, sofern im Falle einer Ausweisung Gefahren für Leben und Freiheit der betroffenen Person wegen ihrer Rasse, Religion, Staatsangehörigkeit, Zugehörigkeit zu einer bestimmten gesellschaftlichen oder sozialen Gruppe oder wegen ihrer politischen Anschauungen bestehen (Art 6 No 3 ILC-Entwurf). Diese Einschränkungen gelten allerdings dann nicht, wenn die betreffende Person eine Gefahr für die Sicherheit des jeweiligen Staats darstellt, oder wenn sie infolge einer rechtskräftigen Verurteilung für ein besonders schweres Verbrechen eine Gefahr für die jeweilige Gesellschaft darstellt. Staatenlose sollen grundsätzlich nicht aus Gründen der nationalen Sicherheit oder im

---

614 EGMR, EuGRZ 1991, 149 *[Moustaquim v Belgium]*.
615 EGMR, NVwZ 2005, 1043 *[Dragan v Germany]*.
616 Vgl EGMR, InfAuslR 2006, 29 *[Aristimuno Mendizabal v France]*; Bergmann (Fn 609) 128 ff; eingehend *Sander*, Der Schutz des Aufenthalts durch Artikel 8 der Europäischen Menschenrechtskonvention, 2008.
617 Vgl *Frowein*, Der Europäische Grundrechtsschutz und die deutsche Rechtsprechung, NVwZ 2002, 29 ff.
618 Vgl zB EGMR, EuGRZ 1991, 149 *[Moustaquim v Belgium]*; EGMR, InfAuslR 2005, 349 *[Sisojeva v Latvia]*.
619 UN Doc A/67/10, Text of the Draft Articles on the Expulsion of Aliens Adopted by the Commission on First Reading, ILC Rep 2012, 11.

Hinblick auf die öffentliche Ordnung ausgewiesen werden (Art 7 ILC-Entwurf). Ferner sind auch Kollektivausweisungen, mittelbare Ausweisungen und Ausweisungen zur Beschlagnahmung von Vermögenswerten untersagt (Art 10 ff ILC-Entwurf). Im Weiteren werden umfangreiche Rechtspositionen der betroffenen Personen (Art 14 bis 16 ILC-Entwurf) wie auch Rechtspflichten der ausweisenden und aufnehmenden Staaten (Art 17-20 sowie Art 21-25 ILC-Entwurf) statuiert. Hervorzuheben sind ausführliche Bestimmungen über die Unterbringung von Ausländern, die ausgewiesen werden sollen (Art 19 ILC-Entwurf), in denen der nicht-strafende Charakter der Ausweisungshaft hervorhoben wird. Abgeschlossen wird der ILC-Entwurf durch prozessuale Gewährleistungen bis hin zum Suspensiveffekt von Rechtsmitteln (Art 27 ILC-Entwurf). In unverkennbarer Anlehnung etwa an Rechtsakte der EU (zB RL 2008/115) hat die ILC damit zahlreiche flüchtlingsrechtliche Desiderate der Gegenwart zusammengefasst. Offen bleibt indessen, ob die Staaten sich bereit finden werden, diese über die bisherigen völkerrechtlichen Verpflichtungen hinausgehenden Bestimmungen im Rahmen einer Konvention verbindlich zu machen.

4. Das Recht auf Asyl

297 Die Rechtsstellung des Einzelnen kommt insbes im *Flüchtlingsrecht* zum Ausdruck. Durch neuere Entwicklungen in diesem Bereich haben die Rechte der Flüchtlinge eine Stärkung und zunehmende institutionelle Ausgestaltung erfahren. Diese Feststellungen gelten auch angesichts der sog *Flüchtlingskrise* des Jahres 2015. Allerdings birgt allein der zahlenmäßige Umfang des gegenwärtigen Flüchtlingsstroms die Gefahr, dass die bereits detailliert ausgestalteten Verfahren des europäischen Flüchtlings- und Asylrechts zugunsten einfacher, aber noch durchführbarer Verfahrensformen abgelöst werden. Im Sinne einer europäischen „rule of law" ist aber eine Absenkung verfahrensrechtlicher Schutzstandards bei gleichzeitiger Anhebung inhaltlicher Anforderung für die Gewährung von Aufenthaltstiteln als Rückschritt zu bewerten.

a) Der Begriff des Flüchtlings

298 Der Begriff des Flüchtlings ist für die Anwendung von Flüchtlingskonventionen definiert.[620] Bedeutende völkervertragliche Übereinkommen über Flüchtlingsfragen sind etwa die Genfer Flüchtlingskonvention (GFK),[621] die Afrikanische Flüchtlingskonvention,[622] die Konventionen im Rahmen der Organisation der amerikanischen Staaten über das diplomatische[623] und das territoriale Asyl,[624] beide v 23.3.1954, und die Vereinbarung über Flüchtlingsseeleute.[625] Diese Konventionen enthalten zT unterschiedlich weite Bestimmungen dieses Begriffs. Grundsätzlich bestimmt die GFK den Begriff des Flüchtlings in Art 1 Abschn A Nr 2 als jede Person, die „aus

---

[620] *Hathaway*, The Law of Refugee Status, 1991, 19; *ders*, Why Refugee Law Still Matters, Mebourne JIL 8 (2007) 89 ff; *Goodwin-Gill*, Non-Refoulement and the New Asylum Seekers, VJIL 26 (1985/86) 897 ff; Handbuch des UNHCR über Verfahren und Kriterien der Flüchtlingseigenschaft gemäß dem Abkommen von 1951 und dem Protokoll von 1967 über die Rechtsstellung der Flüchtlinge, 1979; *Hailbronner*, Der Flüchtlingsbegriff der Genfer Flüchtlingskonvention und die Rechtsstellung von De-Facto-Flüchtlingen, ZAR 1993, 3 ff; *Kälin*, Refugees and Civil War, IJRL 3 (1991) 445 ff; *Martin*, Asylum Seekers in the Western Democracies, in Kälin (Hrsg), Droit des réfugiés, 1991, 11 (13 ff).
[621] Abkommen über die Rechtsstellung der Flüchtlinge v 28.7.1951 (189 UNTS 150) und Prot über die Rechtsstellung der Flüchtlinge v 31.1.1967 (606 UNTS 267); *Dem*, The Coming of a „Blank Cheque", IJRL 16 (2004) 609 ff; *Hathaway/Hicks*, Is there a Subjective Element in the Refugee Convention's Requirement of „Well-Founded Fear"?, Michigan JIL 26 (2005) 505 ff.
[622] Convention Governing the Specific Aspects of Refugee Problems in Africa v 10.9.1969 (1001 UNTS 45).
[623] Convention on Diplomatic Asylum (OAS Treaty Series No 18).
[624] Convention on Territorial Asylum (OAS Treaty Series No 19).
[625] Vereinbarung über Flüchtlingsseeleute v 23.11.1957 (BGBl 1961 II, 828, in der Bek v 28.10.1982 [BGBl 1982 II, 975], abgedr in *Hailbronner*, Ausländerrecht, B 6).

begründeter Furcht vor Verfolgung wegen ihrer Rasse, Religion, Nationalität, Zugehörigkeit zu einer bestimmten sozialen Gruppe oder wegen ihrer politischen Überzeugung sich außerhalb des Landes befindet, dessen Staatsangehörigkeit sie besitzt, und den Schutz dieses Landes nicht in Anspruch nehmen kann oder wegen dieser Befürchtungen nicht in Anspruch nehmen will [...]." In den Anwendungsbereich der GFK fallen daher *alle politischen Flüchtlinge,* nicht hingegen Personen, die allein vor Bürgerkriegen, Naturkatastrophen und wirtschaftlichen Krisen fliehen.[626] Die Afrikanische Flüchtlingskonvention wiederholt in Art 1 Nr 1 die Definition der GFK, erweitert den Flüchtlingsbegriff jedoch in Art 1 Nr 2 auf eine Person, welche „owing to external aggression, occupation, foreign domination or events seriously disturbing public order in either part or the whole of his country of origin or nationality, is compelled to leave his place of habitual residence [...]." Auf den Grund der Verfolgung kommt es durch diese Erweiterung nicht in erster Linie an.

In der Staatenpraxis wird über die GFK hinaus auch *De-facto*-Flüchtlingen häufig ein gewisser Schutz gewährt.[627] Das sind insbes sog Gewaltflüchtlinge oder auch subsidiär Schutzbedürftige, dh Personen, die vor Krieg oder Kriegsfolgen wie Hungersnot und ethnischer Gewalt fliehen.[628] Mit Zustimmung der Vertragsstaaten ist das Mandat des UNHCR auf sonstige als schutzbedürftig angesehene Personen erweitert worden. So fällt nunmehr jede geflohene Person in die Zuständigkeit des UNHCR, die ihr Heimatland als Folge von Unruhen, bewaffneten Konflikten oder schweren systematischen Menschenrechtsverletzungen verlassen hat *(displaced persons in a refugee-like situation).* Erfasst werden seit 1985 auch „persons who are compelled to leave their homeland because of man-created disasters, e.g. armed conflict or other political and social upheavels."

Die Erweiterung der Zuständigkeit des UNHCR führte jedoch *nicht* zu einer völkergewohnheitsrechtlichen *Pflicht zur Aufnahme.*[629] Vielmehr ergeben sich aus der Staatenpraxis eher Anhaltspunkte dafür, dass es sich um eine Hilfeleistung handelt, die ein Staat nach seinen Erfordernissen einschränken oder von Bedingungen wie finanzieller Unterstützung durch dritte Staaten oder Übernahmeerklärungen abhängig machen kann. Gleiches gilt für das Konzept der vorübergehenden Aufnahme *(temporary protection)* zum Schutz von Gewaltflüchtlingen.

b) Das Recht auf Asyl

Obgleich Art 14 Nr 1 AEMR bestimmt, dass jeder Mensch das Recht habe, in anderen Ländern vor Verfolgung Asyl zu suchen und zu genießen, gibt es im Völkerrecht weder ein Recht des Einzelnen auf Asyl noch eine Pflicht der Staaten, Flüchtlinge aufzunehmen. Dies hat auch der EGMR in seiner Rspr immer wieder bestätigt.[630] Es handelt sich hier vielmehr um ein *zwischenstaatliches*

---

626 Vgl *Boswell/Crisp,* Poverty, International Migration and Asylum, 2004; *Benhabib,* The Law of Peoples, Distributive Justice, and Migrations, Fordham LR 72 (2004) 1761ff; *Gabor/Rosenquest,* The Unsettled Status of Economic Refugees from the American and International Legal Perspectives, Texas ILJ 41 (2006) 275ff.
627 Vgl zB Gesetz über Maßnahmen für im Rahmen humanitärer Hilfsaktionen aufgenommene Flüchtlinge v 22.7.1980 (BGBl 1980 I, 1057), zuletzt geänd durch Gesetz v 29.10.1997 (BGBl 1997 I, 2584); zum Aufenthaltsgesetz *Göbel-Zimmermann,* Die Erteilung eines Aufenthaltstitels aus humanitären Gründen nach § 25 IV und V AufenthG, ZAR 2005, 275ff.
628 Vgl *Hailbronner,* Rechtsfragen der Aufnahme von „Gewaltflüchtlingen" in Westeuropa, SZIER 3 (1993) 517ff; *Bugnion,* Refugees, Internally Displaced Persons, and International Humanitarian Law, Fordham ILJ 28 (2005) 1397ff; *Hulme,* Armed Conflict and the Displaced, IJRL 17 (2005) 91ff. Die Definition des UNHCR für Gewaltflüchtlinge lautet: „Persons who have fled from areas affected by conflicts and violence; persons who have been or would be exposed to human rights abuses, including persons belonging to groups compelled to leave their homes by campaigns of ethnic or religious persecution; and persons who owing to their specific situation have felt compelled to flee as a result of conflict" (background note des UNHCR v 25.3.1992).
629 Vgl *Hailbronner,* Das Refoulement-Verbot und die humanitären Flüchtlinge im Völkerrecht, ZAR 1987, 3 (7); *Kagan,* The Beleaguered Gatekeeper, IJRL 18 (2006) 1ff.

Recht zur Asylgewährung, das seinen Grund in Völkervertrags-[631] oder Völkergewohnheitsrecht haben kann.[632] Die Gewährung von Asyl stellt weder einen feindlichen Akt gegenüber dem Heimatstaat noch eine unzulässige Einmischung in dessen innere Angelegenheiten dar.[633]

302 Bei Gewährung und Ausgestaltung des Asyls ist der gewährende Staat frei, sofern er völkerrechtliche Mindestanforderungen wie die Gewährung von Menschenrechten, den in der GFK enthaltenen Mindeststandard für Flüchtlinge und das Verbot der Rückschiebung in den Verfolgerstaat (Prinzip des *Non-Refoulement*) beachtet.

303 Asylverweigerungsgründe können sich aus Auslieferungsverträgen oder aus Verträgen zur Bekämpfung terroristischer Straftaten ergeben, deren Bekämpfung im Interesse der internationalen oder regionalen Gemeinschaft liegt.[634] Nach Art 1 Nr 2 der Erklärung über das territoriale Asyl der UN-Generalversammlung[635] kann sich derjenige nicht auf das Recht auf Asyl berufen, bei dem schwerwiegende Gründe dafür vorliegen, dass er ein Verbrechen gegen den Frieden, ein Kriegsverbrechen oder ein Verbrechen gegen die Menschlichkeit begangen hat. Oftmals wird von der Asylgewährung auch dann abgesehen, wenn der Bewerber über ein Drittland einreist, in dem er bereits vor Verfolgung sicher war.[636]

c) Der Grundsatz des *Non-Refoulement*

304 Der Grundsatz des *Non-Refoulement* in Art 33 GFK, der sowohl auf die Auslieferung und Abschiebung als auch – nach überwiegender Auffassung – auf die Zurückweisung an der Grenze angewendet wird, verpflichtet die Staaten zur Zufluchtgewährung vor dem unmittelbaren Zugriff des Verfolgerstaats, enthält aber weder einen subjektiven Asylanspruch noch eine zwischenstaatlich verbindliche Aufnahmepflicht.[637] Diese Auslegung findet sich auch in Empfehlungen des Europarats und der UN-Generalversammlung. So empfiehlt eine Resolution des Europarats,[638] den Vertragsstaaten „zu gewährleisten, dass niemand an der Grenze abgewiesen, zurückgeschickt, abgeschoben oder in anderer Weise so behandelt wird, dass er gezwungen wäre, in das Staatsgebiet zurückzukehren oder dort zu verbleiben, wo er aufgrund seiner Rasse, seiner Religion, seiner Staatszugehörigkeit oder seiner Zugehörigkeit zu einer bestimmten sozialen

---

630 ZB EGMR, NVwZ 2012, 809 (812) *[Hirsi Jamaa et al v Italy]*.
631 Art II Nr 2 der Afrikanischen Flüchtlingskonvention v 10.9.1969; Art 1 der Konvention von Caracas über territoriales Asyl v 28.3.1954; hierzu auch *Emmert*, Die Bedeutung menschenrechtlicher Verträge für den Flüchtlingsschutz, AWR Bull 52 (2005) 121 ff.
632 Vgl *Hailbronner*, Asylrecht und Völkerrecht, in Beitz/Wollenschläger (Hrsg), Handbuch des Asylrechts, Bd I, 1980, 75 ff.
633 Vgl aber abweichende Einschätzung beim sog „Botschaftsasyl", s o Rn 75a.
634 Vgl etwa Europäisches Übereinkommen zur Bekämpfung des Terrorismus v 27.1.1977; Übereinkommen zur Bekämpfung der widerrechtlichen Inbesitznahme von Luftfahrzeugen v 16.12.1970; Montrealer Übereinkommen zur Bekämpfung widerrechtlicher Handlungen gegen die Sicherheit der Zivilluftfahrt v 23.9.1971; Übereinkommen über die Verhütung, Verfolgung und Bestrafung von Straftaten gegen völkerrechtlich geschützte Personen, einschließlich Diplomaten v 14.12.1973.
635 Res der UN-Generalversammlung 2312 (XXII) v 14.12.1967. Dazu vgl auch *Weis*, The United Nations' Declaration of Territorial Asylum, CYIL 7 (1969) 143 ff.
636 Vgl *Hailbronner*, The Right to Asylum and the Future of Asylum Procedures in the European Community, IJRL 5 (1993) 31 ff; *ders*, Refoulement-Verbote und Drittstaatenregelung (Art 33 GFK und Art 3 EMRK), FS Bernhardt, 1995, 365 ff; *Kjaerum*, The Concept of Country of First Asylum, IJRL 4 (1992) 514 ff.
637 Vgl *Hailbronner* (Fn 629) 5; *Kälin* (Fn 620) 445 ff; vgl auch *Goodwin-Gill*, The Refugee in International Law, 1983, 149 ff; *Gornig*, Das „non-refoulement"-Prinzip, EuGRZ 1986, 521 ff; *Freshwater*, The Obligation of Non-Refoulement under the Convention Against Torture, Geo ILJ 19 (2005) 585 ff; *D'Angelo*, Non-Refoulement, Vanderbilt J Transnat'l L 42 (2009) 279 ff; *Duffy*, Expulsion to Face Torture?, IJRL 20 (2008) 373 ff; *Dröge*, Tranfer of Detainees, ICRC 90 (2008) 669 ff; *Zimmermann*, Bedeutung und Wirkung der Ausschlusstatbestände der Artikel 1 F und 33 Abs 2 der Genfer Flüchtlingskonvention für das deutsche Ausländerrecht, DVBl 2006, 1478 ff.
638 Asyl für Personen, denen Verfolgung droht (Res [67] 14 des Ministerkomitees des Europarats v 29.6.1967).

Gruppe oder wegen seiner politischen Meinung von Verfolgung bedroht ist." Ebenso bestimmt Art 3 der Erklärung der UN-Generalversammlung über das territoriale Asyl, dass niemand „Maßnahmen wie einer Zurückweisung an der Grenze oder, wenn er das Gebiet, in dem er Asyl sucht, bereits betreten hat, der Ausweisung oder einer zwangsweisen Rückstellung in einen Staat, in dem er einer Verfolgung ausgesetzt sein könnte, unterworfen werden soll."

Das *Refoulement*-Verbot steht daher einer Zurückweisung oder Abschiebung von Schutzsuchenden in sichere Drittstaaten nicht entgegen. In diesem Fall muss allerdings gewährleistet sein, dass der Schutzsuchende nicht in den Verfolgerstaat weiter geschoben wird. Ein Anspruch darauf, nur in einen Staat zurückgewiesen oder zurückgeschoben zu werden, in dem ein Recht auf Zugang zum Asylverfahren besteht, existiert hingegen nicht. Art 33 GFK gewährleistet lediglich einen Mindestschutz vor Verfolgung, aber *kein Recht auf Asyl* oder andere Vergünstigungen. 305

Nach Art 3 EMRK gilt bei drohender Foltergefahr oder bei Gefahr unmenschlicher oder entwürdigender Behandlung oder Strafe ein ähnliches Verbot der Aus- oder Zurückweisung wie bei Art 33 Abs 1 GFK.[639] Eine Zurückweisung oder *Zurückschiebung in Folterstaaten* ist daher *unzulässig*. Erforderlich ist jedoch eine latente Gefahr durch Folter oder unmenschliche Behandlung. Solange Ausländer, die vor einem Bürgerkrieg, schweren inneren Unruhen oder einem Klima allgemeiner Gewalt fliehen, jedoch nicht Opfer einer persönlich gegen sie gerichteten Gewalt sind, können sie sich nicht auf Art 3 EMRK berufen.[640] 306

d) Maßnahmen im Rahmen des Europarats

Im Rahmen des Europarats wurden zahlreiche Übereinkommen oder Erklärungen und Empfehlungen zum Schutz oder zur Verbesserung der Stellung von Flüchtlingen getroffen. Hierzu zählen das Europäische Übereinkommen über die Aufhebung des Sichtvermerkszwangs für Flüchtlinge v 20.4.1959,[641] die Resolution des Ministerkomitees über Asyl für Personen, denen Verfolgung droht,[642] die Erklärung über das territoriale Asyl,[643] das Europäische Übereinkommen über den Übergang der Verantwortung für Flüchtlinge v 16.10.1980,[644] die Empfehlung des Ministerkomitees des Europarats an die Mitgliedstaaten über die Angleichung von staatlichen Asylverfahren,[645] die Empfehlung zur Rechtsstellung der De-facto-Flüchtlinge,[646] die Empfehlung des Ministerkomitees über die Familienzusammenführung von Flüchtlingen und anderen Personen, die des internationalen Schutzes bedürfen,[647] sowie die Empfehlung über die vorübergehende Schutzgewährung.[648] 307

Das Übereinkommen über den Übergang der Verantwortung für Flüchtlinge soll Regelungslücken bei der Zuständigkeit der GFK beseitigen. Die unterschiedliche Übernahmepraxis der einzelnen Staaten führte häufig dazu, dass Flüchtlinge nach der GFK von dem Staat, in dem sie anerkannt wurden, nicht wieder zugelassen, andererseits aber von dem Staat, in den sie eingereist waren, nicht aufgenommen wurden. Bzgl der Angleichung der staatlichen Asylverfahren ist ua die Durchführung eines formalisierten Verfahrens vor einer zentralen Behörde mit verfah- 308

---

639 *Battjes*, In Search of a Fair Balance, Leiden JIL 22 (2009) 583 ff; *Evans Cameron*, Risk Theory and „Subjective Fear", IJRL 20 (2008) 567 ff.
640 EGMR, NVwZ 1992, 869 *[Vilvarajah and others v United Kingdom]*.
641 376 UNTS 85; BGBl 1961 II, 1097.
642 Res (67) 14 des Ministerkomitees des Europarates v 29.6.1967.
643 Erklärung des Ministerkomitees des Europarates v 18.11.1977.
644 BGBl 1994 II, 2646; hierzu *Clark/Crépeau*, Human Rights in Asylum Sharing and other Human Transfer Agreements, NQHR 22 (2004) 217 ff.
645 Empf Nr R (81) 16 v 5.11.1981.
646 Empf (1976) 773.
647 Empf Nr R (99) 23.
648 Empf Nr R (2000) 9 v 3.5.2000.

rensrechtlichen Garantien für den Asylbewerber vorgesehen sowie die Bereitstellung eines effektiven Beschwerdeverfahrens und eines vorläufigen Aufenthaltsrechts für die gesamte Verfahrensdauer, sofern die zentrale Überprüfungsbehörde nicht festgestellt hat, dass ein Asylantrag offensichtlich nicht auf die Verfolgungsgründe der GFK gestützt werden kann oder aus sonstigen Gründen missbräuchlich ist.

e) Flüchtlinge in den EU-Mitgliedstaaten

309 Seit der Einfügung der Art 67 bis 89 AEUV (früher: Art 61 bis 69 EG), vor allem Art 78 AEUV, in das europäische Vertragswerk gibt es europarechtliche Kompetenztitel für eine gemeinsame Asylpolitik.[649] Zudem nimmt Art 18 der EU-Grundrechtecharta Bezug auf das Asylrecht. Ziel des Unionshandelns ist die *Schaffung einer europaeinheitlichen Asylkonzeption*. Geplant ist eine schrittweise Einführung und Erweiterung eines gemeinsamen Europäischen Asylsystems, das zu einem gemeinsamen Asylverfahren und einem unionsweit geltenden einheitlichen Status für die Personen führen soll, denen nach der GFK Asyl zu gewähren ist. Beabsichtigt ist das Erreichen dieses Ziels in zwei Harmonisierungsschritten.[650]

310 Ein wichtiger Anfangsbaustein der ersten Harmonisierungsstufe war die Überführung der *Dublin-Regelungen* in das Unionsrecht. Hierunter sind Bestimmungen zu verstehen, die es ermöglichen, einen Mitgliedstaat zu ermitteln, der für die Prüfung eines Asylantrags zuständig ist. Das Konzept ist getragen von dem Gedanken, dass jedenfalls *ein* Mitgliedstaat der EU für die Prüfung eines Asylantrags zuständig ist, und gleichzeitig von der Erwägung, dass ein Asylbegehren innerhalb der EU nur einmal geprüft wird. Hierbei soll über die Zuständigkeit des Asylprüfungsstaats zügig Gewissheit geschaffen werden. Die Dublin-Regeln gehen zurück auf Art 28 bis 38 des Schengener Durchführungsübereinkommens (SDÜ).[651] Im Rahmen dieses Abkommens, das bis 31.8.1997 anzuwenden war,[652] existierten auf völkerrechtlicher Basis zum ersten Mal derartige Zuständigkeitsregeln.[653] Diese wurden vom Dubliner Übereinkommen (DÜ),[654] das für den Zeitraum v 1.9.1997 bis 1.9.2003 anzuwenden war, abgelöst,[655] daher auch die Bezeichnung „Dublin-Regeln". Dem DÜ als völkervertraglicher Regelung gehörten alle Mit-

---

649 Vgl zur europäischen Asylpolitik nach Amsterdam: *Guild*, Seeking Asylum, ELR 29 (2004) 198 ff; *Klug*, Harmonization of Asylum in the European Union, GYIL 47 (2004) 594 ff; *Wollenschläger*, Das Asyl- und Einwanderungsrecht der EU, EuGRZ 2001, 354 ff; *Weber*, Ansätze zu einem gemeineuropäischen Asylrecht, EuGRZ 1999, 301 ff; *Hailbronner*, The Treaty of Amsterdam and Migration Law, EJML 1999, 9 ff; *Zimmermann*, Der Vertrag von Amsterdam und das deutsche Asylrecht, NVwZ 1998, 450 ff.
650 Nr 14 und 15 der Schlussfolgerungen des Vorsitzes des Europäischen Rates von Tampere v 15./16.10.1999; vgl Abs 5 der Erwägungsgründe der VO (EG) Nr 343/2003 des Rates v 18.2.2003 zur Festlegung der Kriterien und Verfahren zur Bestimmung des Mitgliedstaats, der für die Prüfung eines von einem Drittstaatsangehörigen in einem Mitgliedstaat gestellten Asylantrags zuständig ist, ABl EG 2003, Nr L 50/1.
651 Übereinkommen zur Durchführung des Übereinkommens von Schengen vom 14. Juni 1985 zwischen den Regierungen der Staaten der Benelux-Wirtschaftsunion, der BR Deutschland und der Französischen Republik betreffend den schrittweisen Abbau der Kontrollen an den gemeinsamen Grenzen v 19.6.1990 (BGBl 1993 II, 1010, auch abgedr bei *Hailbronner*, Ausländerrecht, Bd 5, D 8).
652 Vgl Prot v 26.4.1994 zu den Konsequenzen des Inkrafttretens des Dubliner Übereinkommens für einige Bestimmungen des Durchführungsübereinkommens zum Schengener Übereinkommen (Bonner Prot) und Gesetz zum Bonner Prot v 11.9.1995 (BGBl 1995 II, 738, auch abgedr bei *Hailbronner*, Ausländerrecht, Bd 5, D 8.1).
653 Vgl zur Bedeutung des SDÜ für das Asylrecht *Hailbronner*, Die europäische Asylrechtsharmonisierung nach dem Vertrag von Maastricht, ZAR 1995, 3 ff; *Weber*, Einwanderungs- und Asylpolitik nach Maastricht, ZAR 1993, 11 ff.
654 Übereinkommen über die Bestimmung des zuständigen Staates für die Prüfung eines in einem Mitgliedstaat der Europäischen Gemeinschaften gestellten Asylantrages v 15.6.1990 (abgedr bei *Hailbronner*, Ausländerrecht, Bd 4, B 11).
655 *Schmid/Bartels*, Handbuch zum Dubliner Übereinkommen, 2001; *Löper*, Das Dubliner Übereinkommen über die Zuständigkeit für Asylverfahren, ZAR 2000, 16 ff; *Hurwitz*, The 1990 Dublin Convention, IJRL 11 (1999) 646 ff; *Huber*, Das Dubliner Übereinkommen, NVwZ 1998, 150 f; *Hailbronner/Thiery*, Schengen II und Dublin, ZAR 1997, 55 ff.

gliedstaaten der EU sowie Norwegen und Island[656] an. Im September 2003 wurde das DÜ von der Dublin-II-VO[657] verdrängt, die für längere Zeit das maßgebliche Regelungswerk für Asylzuständigkeitsfragen innerhalb der EU-Staaten bildete. Zudem wurden Dublin-Assoziationsverträge mit Norwegen, Island und der Schweiz geschlossen. Die Zuständigkeit für das Asylverfahren bestimmt sich nach einem Katalog von Kriterien, die entsprechend ihrer Reihenfolge die Zuständigkeit eines Staats für die Durchführung der inhaltlichen Prüfung eines Asylbegehrens festlegen. Im Jahr 2013 wurde die Dublin-III-VO[658] verabschiedet, die die Bestimmungen des Dublin-Systems an die veränderten Anforderungen anpassen sollte, nachdem teilweise gravierende Vollzugsprobleme sichtbar geworden waren. Auslöser war hierfür ua die krisenhaften Situation in Griechenland, wie sie in Entscheidungen des EGMR[659] und des EuGH[660] dokumentiert worden war.

Allerdings sind im Verlauf der europäischen Flüchtlingskrise (2015) verschiedene Schwierigkeiten aufgetreten, die den Fortbestand der gegenwärtigen normativen Grundlagen ebenso in Zweifel ziehen, wie sie das auch im Hinblick auf notwendige zukünftige Entwicklungsschritte tun: Zunächst erwiesen sich die verfahrensrechtlichen Anforderungen des Dublin-Systems für einen so großen Flüchtlingsstrom als weitgehend ungeeignet, was sich – gemessen an der Zahl der Asylbewerber – in zu langen Verfahren niederschlug. Zudem setzten einzelne EU-Mitgliedstaaten, darunter die BR Deutschland, die Dublin-Regeln aus humanitären Gründen zeitweilig außer Kraft. Obwohl es im Hinblick auf eine drohende „humanitäre Katastrophe" in mehreren Balkanstaaten gute Gründe für dieses Vorgehen gab, entstand verschiedentlich der Eindruck, dass die Entwicklung durch diesen Schritt vielleicht sogar unwillentlich verschärft worden sei. Welche rechtlichen Schlüsse aus den Vorkommnissen des Jahres 2015 gezogen werden, ist bislang noch unklar. Zunächst stehen wohl die tatsächlichen Verfahrens- und Verteilungsfragen innerhalb der EU sowie die Einrichtung von Verteilungszentren (sog Hotspots) im Zentrum der derzeitigen Überlegungen und erster eingeleiteter Maßnahmen. Hinzu kommen Bemühungen, die Anzahl der in die EU drängende Asylbewerber durch internationale Übereinkünfte (zB mit der Türkei und anderen Anrainerstaaten) sowie die Bekämpfung von Fluchtursachen zu senken. Danach wird es im Rahmen der EU zentral um die Frage gehen, ob es überhaupt ein rechtliches Instrumentarium geben kann, das dazu befähigt, mit einem Flüchtlingsstrom umzugehen, der annähernd so groß ist wie der des Jahres 2015. Denn die EU-Mitgliedstaaten müssen sich darauf einstellen, dass die Anzahl der Asylbewerber wahrscheinlich deutlich größer sein wird, als sie es aus den letzten Jahren gewohnt waren.

310a

Verschärfend kommt hinzu, dass der Entscheidung des EGMR im Fall *Tarakhel* Hinweise zu entnehmen sind, die eine schon länger befürchtete „Konkurrenzsituation" zwischen EGMR und EuGH bzw der EU auf dem Gebiet des Asylrechts nach sich ziehen könnte.[661] Indem der EGMR nicht nur eine Dublin-Rückführung am Maßstab der EMRK überprüfte, sondern auch substantielle inhaltliche Anforderungen für die bei solchen Überstellungen zu gewährleistenden verfah-

310b

---

656 Übereinkommen zwischen der Europäischen Gemeinschaft und der Republik Island und dem Königreich Norwegen über die Kriterien und Regelungen zur Bestimmung des zuständigen Staates für die Prüfung eines in einem Mitgliedstaat oder in Island oder Norwegen gestellten Asylantrags, ABl EG 2001, Nr L 93/38.
657 VO (EG) Nr 343/2003 des Rates v 18.2.2003 zur Festlegung der Kriterien und Verfahren zur Bestimmung des Mitgliedstaats, der für die Prüfung eines von einem Drittstaatsangehörigen in einem Mitgliedstaat gestellten Asylantrags zuständig ist, ABl EG 2003, Nr L 50/1; *Piotrowicz,* Dublin II und zukünftige Perspektiven eines gemeinsamen europäischen Asylsystems, ZAR 2003, 383 ff; *Schröder,* Die EU-Verordnung zur Bestimmung des zuständigen Asylstaates, ZAR 2003, 126 ff; *Schmid/Filzwieser,* Dublin II-Verordnung, 2004; *Hailbronner* (Fn 607), Rn 109 ff; *Hermann,* Das Dublin-System, 2008; *Hruschka/Maiani,* in Hailbronner/Thym (Hrsg), EU Immigration and Asylum Law, 2. Aufl 2016, Council Regulation (EU) No 604/2013.
658 VO (EU) Nr 604/2013 (Dublin-III-VO), ABl EU 2013, Nr L 180/31.
659 EGMR, NVwZ 2011, 413 *[MSS v Greece and Belgium].*
660 EuGH, Rs. C-411/10 u C-493/10, juris *[N.S. et al v United Kingdom].*
661 EGMR, NVwZ 2015, 127 (128 f) *[Tarakhel v Switzerland].*

rensrechtlichen Anforderungen aufstellte, bleibt bis auf Weiteres fraglich, inwieweit das unionsrechtliche Dublin-System im Einklang mit der EMRK bleiben kann. Es muss daher abgewartet werden, ob die Entscheidung *Tarakhel* – wie zuvor schon der Fall *MSS*[662] – als weiterer „Sargnagel"[663] des Dublin-Systems einzustufen ist, oder ob es ungeachtet der flüchtlingsrechtlichen Ereignisse des Jahres 2015 gelingen wird, EMRK-konforme Rücküberführungen sicherzustellen.

311   Zur Durchsetzung der Ziele einer unionsweiten Asylpolitik dient auch die neue EURODAC-Verordnung aus dem Jahr 2013.[664] Sie hat die Aufgabe, der Dublin-III-VO zur besseren Durchsetzung zu verhelfen. Auf diese Weise wird die Effektivität der Dublin-Regeln durch Gewinnung von Beweismitteln zur Feststellung der Zuständigkeit eines Staates gestärkt. Das EURODAC-System[665] arbeitet bereits seit Januar 2003. Dabei werden Fingerabdrücke von allen Asylantragstellern und von allen bei einem illegalen Grenzübertritt festgestellten Personen aufgenommen und in eine zentrale Datenbank eingespeist.

312   Durch die RL 2013/33 zur Festlegung von Normen für die Aufnahme von Personen, die internationalen Schutz beantragen („Aufnahme-RL")[666] wurde die bisherige RL 2003/9[667] abgelöst. Während mit der Vorgänger-RL der Standard der Aufnahmebedingungen während des Asylverfahrens angeglichen werden sollte, wurde die gemeinsamen Standards mit der RL 2013/33 weiterentwickelt und der betroffene Personenkreis ausgeweitet. Im Ergebnis soll es nicht darauf ankommen, in welchem EU-Staat ein Antragsteller um Aufnahme ersucht. Es soll aber auch ein Ausgleich dafür erreicht werden, dass sich Asylantragsteller nach den Dublin-Regeln nicht aussuchen können, in welchem Staat ihr Antrag geprüft wird.

313   Ein weiterer Bestandteil des europäischen Regelwerks im Bereich des Flüchtlingsschutzes ist bis auf weiteres die RL 2001/55 über Mindestnormen für die Gewährung vorübergehenden Schutzes im Falle eines Massenzustroms.[668]

314   Danach wurden weitere wichtige Richtlinien verabschiedet, um die erste Harmonisierungsstufe im Bereich des Asyls im Wesentlichen abzuschließen. Diese wurde mittlerweile durch überarbeitete und erweiterte Richtlinien abgelöst. So trat die RL 2011/95 über Normen für die Anerkennung von Drittstaatsangehörigen oder Staatenlosen als Personen mit Anspruch auf internationalen Schutz („Qualifikations-RL")[669] an die Stelle der „alten" Qualifikationsrichtlinie 2004/83.[670] Außerdem wurde die frühere RL 2005/85 über Mindestnormen für das Asylverfahren

---

662 EGMR, NVwZ 2011, 413 *[MSS v Greece and Belgium]*.
663 So zB *Tiedemann*, Rückführung von Asylbewerbern nach Italien, NVwZ 2015, 121 (124).
664 VO (EU) Nr 603/2013 des Rates und des Euopäischen Parlaments v 26.6.2013 über die Einrichtung von Eurodac für den Abgleich von Fingerabdruckdaten, ABl EU 2013, Nr L 180/1; zuvor VO (EG) Nr 2725/2000 des Rates v 11.12. 2000 über die Einrichtung von „Eurodac" für den Vergleich von Fingerabdrücken zum Zwecke der effektiven Anwendung des Dubliner Übereinkommens, ABl EG 2000, Nr L 316/1.
665 *Schröder*, Das Fingerabdruckvergleichssystem EURODAC, ZAR 2001, 71 ff; *Brouwer*, Eurodac: Its Limitations and Temptations, EJML 2002, 231 ff.
666 ABl EU 2013, Nr L 180/96.
667 Richtlinie 2003/9/EG des Rates v 27.1.2003 zur Festlegung von Mindestnormen für die Aufnahme von Asylbewerbern in den Mitgliedstaaten, ABl EG 2003, L 31/18; *Peek/Tsourdi*, in Hailbronner/Thym (Fn 657) Council Directive 2013/33.
668 Richtlinie 2001/55/EG des Rates v 20.7.2001 über Mindestnormen für die Gewährung vorübergehenden Schutzes im Falle eines Massenzustroms von Vertriebenen und Maßnahmen zur Förderung einer ausgewogenen Verteilung der Belastungen, die mit der Aufnahme dieser Personen und den Folgen dieser Aufnahme verbunden sind, auf die Mitgliedstaaten, ABl EG 2001, Nr L 212/12; vgl auch *Durieux/Hurwitz*, How Many is Too Many?, GYIL 47 (2004) 104 ff; *Skordas*, in Hailbronner/Thym (Fn 657) Council Directive 2001/55.
669 ABl EU 2011, Nr L 337/9.
670 Richtlinie 2004/83/EG des Rates v 29.4.2004 über Mindestnormen für die Anerkennung und den Status von Drittstaatsangehörigen oder Staatenlosen als Flüchtlinge oder als Personen, die anderweitig internationalen Schutz benötigen, und über den Inhalt des zu gewährenden Schutzes, ABl EU 2004, Nr L 304/12; hierzu *Dörig/Kraft/Stofey/ Battjes*, in Hailbronner/Thym (Fn 657) Council Directive 2011/95.

(Verfahrens-RL)⁶⁷¹ durch die RL 2013/32 zu gemeinsamen Verfahren für die Zuerkennung und Aberkennung internationalen Schutzes („Verfahrens-RL")⁶⁷² abgelöst.

Die in der RL 2011/95 enthaltene Definition des Flüchtlings ist weitgehend identisch mit Art 1 Abschn A GFK. Die RL enthält darüber hinaus Auslegungsregeln zu einzelnen Elementen des Flüchtlingsbegriffs, etwa zu den Akteuren der Verfolgung, den Verfolgungshandlungen, den Verfolgungsgründen, dem Konzept der inländischen Fluchtalternative und den Nachfluchtgründen. Ferner werden statusrechtliche Folgen der Flüchtlingsanerkennung und des subsidiären Schutzes festgelegt. 315

Die GFK enthält als das wesentliche Instrument des völkerrechtlichen Flüchtlingsschutzes keine ausdrücklichen verfahrensrechtlichen Regelungen. Solche sind nur aus dem Ziel und Zweck der GFK zu ziehen und Resultat der Bestimmungen der GFK. Hierbei spielen die völkerrechtlichen Auslegungsmethoden und die Staatenpraxis eine entscheidende Rolle. Der generelle Standard der Verfahrensregeln wird in der überarbeiteten *Verfahrensrichtlinie* RL 2013/32 vorgesehen.⁶⁷³ Hierbei handelt es sich insbes um Fragen des Zugangs des einzelnen Asylantragstellers zum Asylverfahren, eines Bleiberechts bis zum Abschluss des Verfahrens, der Rechte des Einzelnen im Verfahren und der Anwendung der Prinzipien der sicheren Dritt- oder Herkunftsstaaten. Die RL sieht besondere Bestimmungen für ein Folgeverfahren, das Verfahren an der Grenze und das der Rücknahme des Flüchtlingsstatus vor.⁶⁷⁴ Auch in der RL 2013/32 wurde noch keine abschließende Regelung für den Umgang mit Flüchtlingen gefunden, die sich den Mitgliedstaaten der EU auf dem Seeweg nähern.⁶⁷⁵ 316

Die Frage von geflohenen Personen, die auf dem Seeweg in die EU kommen wollen, wurde vom EGMR im *Hirsi*-Urteil behandelt. Darin stellte der EGMR fest, dass Italien gegen Art 3 EMRK verstoßen habe, indem es im Jahr 2009 Schiffe mit Flüchtlingen aufgebracht und nach Libyen zurückgeschoben hat.⁶⁷⁶ Zwar erkannte der Gerichtshof zunächst an, dass auch Konventionsstaaten der EMRK wie Italien „vorbehaltlich ihrer Verpflichtungen aus dem Völkerrecht" unverändert das Recht hätten, den Aufenthalt und die Ausweisung von Personen zu regeln, die nicht ihre Staatsangehörigkeit besäßen. Dies hinderte ihn jedoch nicht daran, das Verhalten der italienischen Staatsorgane als konventionswidrig einzustufen. Unabhängig von der konkreten Situation steht nach dem *Hirsi*-Urteil fest, dass ein Flüchtlinge zurückschiebender Staat sich aufgrund der Gewährleistungen der EMKR vergewissern muss, dass es in einem Durchgangsstaat ausreichende Garantien gegen eine Rückführung in das Herkunftsland ohne Prüfung der damit verbundenen Gefahren gibt. Im Hinblick auf das Aufbringen von Schiffen auf Hoher See entschied der EGMR weiterhin, dass auch die extraterritoriale Ausübung von Staatsgewalt durch die Zurückschiebung als Kollektivausweisung gewertet werden kann. Dies gilt für Schiffe unter der Hoheitsgewalt des betreffenden Staats ebenso wie für dort registrierte Flugzeuge. In diesen Fällen gilt Art 4 Prot Nr 4 zur EMRK mit dem Verbot dieser Praxis auch dann, wenn die Betroffenen die Grenzen des Staats tatsächlich gar nicht erreicht haben. Tatsächlich hätte eine restriktive Interpretation auf das Staatsgebiet zu einer in dieser Hinsicht empfindlichen Verkürzung der EMRK-Gewährleistungen führen können. 317

---

671 Richtlinie 2005/85/EG des Rates v 1.12.2005 über Mindestnormen für Verfahren in den Mitgliedstaaten zur Zuerkennung und Aberkennung der Flüchtlingseigenschaft, ABl EU 2005, Nr L 326/13.
672 ABl EU 2013, Nr L 180/60.
673 Ebd.
674 Vgl *Selm*, Return seen from the European Perspective, Fordham ILJ 28 (2005) 1504 ff; *Grimm*, Rückführung von Flüchtlingen, AWR Bull 52 (2005) 258 ff.
675 Zu den völkerrechtlichen Fragen: *Jaguttis*, Freier Hafenzugang für Flüchtlingsschiffe?, AVR 43 (2005) 90 ff; *Rah*, Kein Flüchtlingsschutz auf See?, HR-I 18 (2005) 276 ff; *Barnes*, Refugee Law at Sea, ICLQ 53 (2004) 47 ff; *Kapur*, Travel Plans, HHRJ 18 (2005) 107 ff.
676 EGMR, Nr 27765/09, NVwZ 2012, 809 ff [Hirsi Jamaa et al v Italy]; hierzu *Lehnert/Markard*, Mittelmeerroulette, ZAR 2012, 194 ff.

5. Die Auslieferung
a) Einführung

318 Die Auslieferung[677] ist die *amtliche Überstellung* einer im Verdacht einer strafbaren Handlung stehenden oder ihrer überführten und verurteilten Person durch den Aufenthaltsstaat an einen anderen Staat ohne deren Zustimmung.[678] Die Auslieferung ist ein Mittel der Rechtshilfe. Eine gewohnheitsrechtliche Pflicht zur Auslieferung besteht nicht, vielmehr werden Fragen der Auslieferung vor allem durch völkerrechtliche Verträge wie das Europäische Auslieferungsabkommen v 13.12.1957, die Interamerikanische Konvention von 1981,[679] das Auslieferungsabkommen der Arabischen Liga v 1952 oder durch bilaterale Verträge geregelt. Das Europäische Auslieferungsabkommen wurde 1978 durch ein 2. Zusatzprotokoll ergänzt, das 1985 in Kraft getreten ist und vor allem den Geschäftsweg für die Übermittlung von Auslieferungsersuchen vereinfachen soll.[680]

319 Der Wegfall der Binnengrenzen innerhalb der EU führte im Rahmen der Zusammenarbeit in den Bereichen Justiz und Inneres dazu, ein Übereinkommen auf Grund des damaligen Art K EUV über das *vereinfachte Auslieferungsverfahren zwischen den Mitgliedstaaten der EU* am 10.3.1995 zu unterzeichnen.[681] Die Anwendung des Verfahrens war jedoch an die Zustimmung der betroffenen Person gebunden. Am 27.9.1996 wurde das Übereinkommen aufgrund von Art K.3 des Vertrags über die Europäische Union über die Auslieferung zwischen den Mitgliedstaaten der Europäischen Union gezeichnet. Es sah eine Auslieferung auch bei bestimmten Steuerstraftaten und politischen Handlungen vor. Zudem sollten auch eigene Staatsangehörige ausgeliefert werden können. Die Einführung eines *Europäischen Haftbefehls*[682] zieht weitreichende Auswirkungen auf das Auslieferungsrecht in den Mitgliedstaaten der Europäischen Union nach sich. Nachdem das BVerfG das Gesetz zur Umsetzung des Rahmenbeschlusses über den Europäischen Haftbefehl für verfassungswidrig erklärt hat,[683] hat der Bundesgesetzgeber den Rahmenbeschluss durch ein modifiziertes Gesetz v 20.7.2006[684] umgesetzt.

320 Im Auslieferungsrecht werden nicht nur völkerrechtliche Vereinbarungen durchgeführt. Es werden darüber hinaus auch *Individualrechte des Auszuliefernden* berücksichtigt. Derartige Individualrechte stellen vor allem die grundlegenden Menschenrechte dar. Zunehmend wird daher vertreten, dass die Stellung des Einzelnen nicht nur als Reflex einer völkerrechtlich verbindlichen Bestimmung geschützt wird. Der Auszuliefernde soll vielmehr als Rechtssubjekt eigene Rechte geltend machen können, da in dem Zugriff des ersuchten Staates auf den Auszuliefernden stets ein Grundrechtseingriff zu erblicken ist, der einer Rechtfertigung bedarf.[685]

b) Grundzüge der Auslieferungsverträge

321 Die Auslieferung wird oftmals wie in Art 2 Abs 7 des Europäischen Auslieferungsabkommens vom *Erfordernis der Gegenseitigkeit* abhängig gemacht. Die für eine Auslieferung relevanten

---

677 *Dahm/Delbrück/Wolfrum* (Fn 47) §§ 100 ff; vgl *Gilbert*, Aspects of Extradition Law, 1991, 9; *Shearer*, Extradition in International Law, 1971; *Stein*, Extradition, MPEPIL III, 1057 ff; *Weigend*, Grundsätze und Probleme des deutschen Auslieferungsrechts, JuS 2000, 105 ff.
678 *Dahm/Delbrück/Wolfrum* (Fn 47) § 100, I. 1.
679 ILM 20 (1981) 723.
680 BGBl 1990 II, 117.
681 ABl EG 1995, Nr C 78.
682 Rahmenbeschluss des Rates v 13.6.2002 über den Europäischen Haftbefehl und die Übergabeverfahren zwischen den Mitgliedstaaten – Stellungnahmen bestimmter Mitgliedstaaten zur Annahme des Rahmenbeschlusses, ABl EG 2002, Nr L 190/1.
683 BVerfGE 113, 273; hierzu *Klink/Proelß*, Zur verfassungsgerichtlichen Kontrolldichte bei der Umsetzung von Rahmenbeschlüssen der Europäischen Union, DÖV 2006, 469 ff; *Schünemann*, Die Entscheidung des BVerfG zum europäischen Haftbefehl, StV 2005, 681 ff.
684 Europäisches Haftbefehlsgesetz, BGBl 2006 I, 1721.
685 Vgl *Weigend* (Fn 677) 110 ff.

Straftatbestände sind entweder im Vertrag ausdrücklich genannt oder können sich nach dem Umfang der Strafandrohung richten (so Art 2 Abs 1 Europäisches Auslieferungsabkommen). Des Weiteren müssen die Handlungen sowohl im ersuchenden als auch im ausliefernden Staat strafbar sein (Artikel 2 Abs 1 Europäisches Auslieferungsabkommen).

Auf Grund des neu angefügten Art 16 Abs 2 Satz 2 GG[686] können auch Deutsche an einen Mitgliedstaat der EU oder an einen internationalen Gerichtshof ausgeliefert werden, soweit rechtsstaatliche Grundsätze gewahrt sind. 322

Für den Fall, dass eigene Staatsangehörige nicht ausgeliefert werden, wurde der Grundsatz des *aut dedere aut iudicare* entwickelt, wonach bei Verweigerung der Auslieferung die Strafverfolgung im Heimatstaat stattfinden soll. Von Auslieferung kann abgesehen werden, wenn dem Beschuldigten die Todesstrafe droht (Art 11 Europäisches Auslieferungsübereinkommen), es sich um Militärstraftaten handelt oder Immunität vorliegt. 323

Zu beachten ist der Grundsatz der Spezialität,[687] wonach eine Person nur wegen derjenigen Verbrechen verurteilt werden darf, wegen derer die Auslieferung erfolgte, Art 14 Europäisches Auslieferungsübereinkommen. Ein Verzicht hierauf steht nicht dem Einzelnen, sondern dem ersuchten Staat zu. 324

c) Die political offence exception
Ein Auslieferungsverlangen kann auf Grund entsprechender Klauseln in Auslieferungsverträgen dann abgelehnt werden, wenn es sich um politische Verbrechen handelt *(political offenders)*.[688] Diese Ausnahme kommt nicht zum Tragen, wenn es sich um Straftaten handelt, die dem Drogenhandel, dem Terrorismus oder den Kriegsverbrechen zuzuordnen sind.[689] 325

d) Auslieferung und EMRK
Die Freiheit des einzelnen Staats, Personen an andere Staaten zum Zwecke der Strafverfolgung oder Strafvollstreckung zu überstellen, wird durch Bindungen in menschenrechtlichen Verträgen begrenzt.[690] Der EGMR nahm zur Anwendbarkeit von Art 3 EMRK im Fall *Soering* Stellung, als der Beschwerdeführer, der in Großbritannien festgenommen worden war, wegen Mords an die USA ausgeliefert werden sollte.[691] Das Gericht folgte in seiner Entscheidung nicht der Auffassung, dass die Verhängung der *Todesstrafe* in jedem Fall auf Grund der in Westeuropa entwickelten Standards als ein unmenschliches und erniedrigendes Strafmittel angesehen werden müsse, sondern stellte darauf ab, dass die *death-row*-Situation einen Verstoß gegen Art 3 EMRK darstelle. Großbritannien gab dem Auslieferungsersuchen daher erst statt, nachdem die USA zugesichert hatten, von der Verhängung der Todesstrafe abzusehen. In der unterschiedlichen Behandlung von eigenen und fremden Staatsangehörigen im Bereich der Auslieferung sah der EGMR[692] keinen Verstoß gegen das Diskriminierungsverbot. 326

---

686 Gesetz v 29.11.2000 (BGBl 2000 I, 1633).
687 Vgl *Stein*, Die Auslieferungsausnahme bei politischen Delikten, 1983.
688 Ebd.
689 Vgl etwa das Europäische Übereinkommen zur Bekämpfung des Terrorismus v 27.1.1977 (BGBl 1978 II, 321).
690 Vgl *Breitenmoser/Wilms*, Human Rights v Extradition, Michigan JIL 11 (1989/1990) 845 ff; *Vogler*, The Scope of Extradition in the Light of the European Convention of Human Rights, FS Wiarda, 1988, 663 ff; *van den Wyngaert*, Applying the European Convention of Human Rights to Extradition, ICLQ 39 (1990) 757 ff.
691 EGMR, NJW 1990, 2183 *[Soering v United Kingdom]* mit Anm *Lagodny*, ebd 2189 ff; *Lillich*, The Soering Case, AJIL 85 (1991) 128 ff; *Quigley/Shank*, Death Row as a Violation of Human Rights, VJIL 30 (1990) 241 ff; *Shea*, Expanding Judicial Scrutiny of Human Rights in Extradition Cases after Soering, VJIL 17 (1992) 85 ff; vgl auch EGMR, NJW 1991, 3079 *[Cruz Varas v Sweden]*; *Gilbert* (Fn 677) 136, 231.
692 EGMR, Nr 44770/98 *[Mehkaj Shkelzen v Germany]*.

e) Gewaltsames Verbringen in den Gerichtsstaat

327 Gelegentlich wird nicht der Weg über ein Auslieferungsersuchen an den Aufenthaltsstaat gewählt, sondern nationale Behörden versuchen, des mutmaßlichen Täters selbst im Ausland habhaft zu werden, um ihn vor ein nationales Gericht stellen zu können. Die rechtswidrige Ergreifung hat nach überwiegender Auffassung nicht die Unzulässigkeit eines innerstaatlichen Verfahrens zur Folge *(male captus, bene detentus)*. So stellte das BVerfG etwa fest, dass keine allgemeine Regel des Völkerrechts dahingehend bestehe, „dass die Durchführung eines Strafverfahrens gegen eine Person, die unter Verletzung der Gebietshoheit eines fremden Staates in den Gerichtsstaat verbracht worden sei, ausgeschlossen sei, weil der völkerrechtliche Anspruch des verletzten Staates auf ihre unverzügliche Übergabe bereits entstanden oder schon durch die Verbringung als solche ein völkerrechtlicher Unrechtstatbestand verwirklicht worden sei."[693]

6. Der völkerrechtliche Minderheitenschutz
a) Einführung

328 Nachdem das öffentliche Interesse sich nach dem Zweiten Weltkrieg schwerpunktmäßig auf den Schutz der Menschenrechte verlagert hatte, da man damals davon ausging, durch einen wirksamen Menschenrechtsschutz würden die Belange von Minderheiten ausreichend geschützt,[694] erfolgten Mitte der 1970er Jahre die ersten ausführlichen Arbeiten zum Minderheitenschutz, die sich nach dem Zusammenbruch des Ostblocks und dem Aufbrechen ethnischer Konflikte in den postkommunistischen Ländern vor allem Südosteuropas intensivierten.[695] Die blutigen Konflikte u a in Bosnien-Herzegowina, im Kosovo, in Tschetschenien und gegenwärtig in der Ukraine und auf der Krim zeigen, dass der Minderheitenschutz bis heute von hoher Relevanz ist,[696] wobei Einigkeit besteht, dass trotz verschiedener einschlägiger Übereinkommen Minderheitengruppen noch nicht ausreichend bzw effektiv geschützt sind.[697]

---

693 BVerfG, NJW 1986, 3021 ff; vgl auch *Herdegen*, Die völkerrechtswidrige Entführung eines Beschuldigten als Strafverfolgungshindernis, EuGRZ 1986, 1 ff; *Mann*, Strafverfahren gegen einen völkerrechtswidrig Entführten, NJW 1986, 2167 ff; *Trechsel*, Grundrechtsschutz bei der internationalen Zusammenarbeit in Strafsachen, EuGRZ 1987, 69 ff; *Vogler*, Strafprozessuale Wirkungen völkerrechtswidriger Entführungen von Straftätern aus dem Ausland, FS Oechsler, 1985, 379 ff.

694 Vgl *Kimminich*, Towards a European Charter for the Protection of Ethnic Groups, in Alfredsson/Macalister-Smith (Hrsg), The Living Law of Nations, 1996, 249 (252f); *Blumenwitz*, Internationale Schutzmechanismen zur Durchsetzung von Minderheiten- und Volksgruppenrechten, 1997, 80; *Liebich*, Minority as Inferiority, Rev Int Studies 34 (2008) 243 ff.

695 Vgl *Brunner*, Nationalitätenprobleme und Minderheitenkonflikte in Osteuropa, 1996; Frowein/Hofmann/Oeter (Hrsg), Das Minderheitenrecht europäischer Staaten (2 Bde), 1993 u 1994; *Hailbronner*, Der Schutz der Minderheiten im Völkerrecht, FS Schindler, 1989; *Klein*, Überlegungen zum Schutz von Minderheiten und Volksgruppen im Rahmen der Europäischen Union, FS Bernhardt, 1995, 1211 ff; *Marko*, Minderheitenschutz im östlichen Europa, 1992; *Partsch*, Minderheitenschutz, FS Bernhardt, 1995, 537 ff; *Thürer*, Region und Minderheitenschutz, ebd, 1995, 1337 ff; *Hofmann*, Political Participation of Minorities, EYMI 6 (2006/2007) 5 ff; *Kugelmann*, The Protection of Minorities and Indigenous Peoples Respecting Cultural Diversity, MPYUNL 11 (2007) 233 ff; *Grote*, The Struggle for Minority Rights and Human Rights, FS Wolfrum, 2008, 221 ff; *Halbach*, Eingefrorene Konflikte im Südkaukasus, Osteuropa 57 (2007) 83 ff.

696 Vgl *Niewerth*, Der kollektive und der positive Schutz von Minderheiten und ihre Durchsetzung im Völkerrecht, 1996, 179 ff; vgl auch *Thürer*, Minorities, in Durham (Hrsg), The Changing Face of Conflict and the Efficacy of International Humanitarian Law, 1999, 45 (51); *Coppieters*, Gerechte Separation?, Osteuropa 57 (2007) 121 ff; *Wolfrum*, Kosovo, FS McWhinney, 2009, 561 ff.

697 Vgl *Hofmann*, Menschenrechte und der Schutz nationaler Minderheiten, ZaöRV 65 (2005) 587 f; *Rauert*, Das Kosovo, 1999, 118; *Malenovski*, Vers un régime cohérent de protection des minorités nationales en droit international?, in Decaux/Pellet (Hrsg), Nationalité, minorités et succession d'états en europe de l'est, 1996, 87 (90); *Kopal*, Quelques remarques sur l'évolution du droit international vers un système général de protection des minorités, ebd, 107 ff.

Als problematisch bei der Verrechtlichung des Minderheitenschutzes erweist sich die Definition des Begriffs „Minderheit".[698] Mangels eines allseits akzeptierten Minderheitenbegriffs orientiert man sich auf universeller Ebene an einer von *Capotorti* 1979 entwickelten *Definition*: „A minority is a group which is numerically inferior to the rest of the population of a State and in a non-dominant position, whose members possess ethnic, religious or linguistic characteristics which differ from those of the rest of the population and who, if only implicitly, maintain a sense of solidarity directed towards preserving their culture, traditions, religion or language."[699]

329

Bedingt durch die großen Migrationsbewegungen unserer Zeit tauchte die Frage auf, ob auch die sog neuen Minderheiten unter den Minderheitenbegriff fallen.[700] Diese Frage wird regelmäßig mit der Frage verknüpft, ob Minderheiten die Staatsangehörigkeit des Landes besitzen müssen, in dem sie leben, um dort als Minderheit anerkannt zu werden.[701] Dass letzteres Erfordernis für sich allein bedenklich ist, zeigt das Bsp Estlands, wo Angehörige von Minderheiten um ihre Minderheitenschutzrechte gebracht wurden, indem ihnen die Staatsangehörigkeit vorenthalten wurde.[702] Besser sollte in diesem Zusammenhang unterschieden werden, welche *Schutzrechte* welcher Personengruppe zukommen sollen: Menschen, die seit vielen Generationen in einem bestimmten Gebiet wohnen und zu diesem eine lang dauernde Bindung haben, sollen Minderheitenrechte gewährt werden,[703] da sie andernfalls Gefahr laufen, von der Mehrheit im Staat assimiliert zu werden. Wanderarbeitnehmer werden dagegen in der Staatenpraxis auch dann keine Minderheitenrechte zuerkannt, wenn es sich um die zweite oder dritte Generation handelt, die die Staatsangehörigkeit des Aufenthaltsstaats erworben haben. Einwanderungsländer sind bestrebt, neue Immigranten so schnell wie möglich zu integrieren.[704] Asylsuchende, Flüchtlinge und Wanderarbeitnehmer können sich daher nur auf die ihnen zustehenden Schutzrechte berufen und bedürfen eines Schutzes als Minderheit idS nicht.[705] Die völkerrechtliche Literatur ist allerdings nicht einheitlich. Teilweise werden auch die „neuen Minderheiten" in den Anwendungsbereich der Konvention als „nationale Minderheiten" einbezogen.[706] Der EGMR hat sich bislang im Wesentlichen im Zusammenhang mit der Versammlungs- und Vereinigungsfreiheit (Art 8 EMR) mit Rechten von Minderheitsangehörigen auf Registrierung beschäftigt.[707]

330

Die Entwicklung des Minderheitenschutzes in den letzten Jahrzehnten zeigt verschiedene Dimensionen auf. Auf der einen Seite hat sich das Verständnis des Minderheitenschutzes als reines *Diskriminierungsverbot* – parallel zur Einsicht, dass die Menschenrechte allein den Schutz von Minderheiten nicht bewirken[708] – dahingehend entwickelt, dass *Minderheiten speziellen*

331

---

698 Vgl *Barsh*, Minorities, in Alfredsson/Macalister-Smith (Fn 694) 143 ff.
699 Vgl *Capotorti*, Minorities, EPIL III, 1997, 410 ff; vgl auch *Packer*, On the Definition of Minorities, in ders/Myntti (Hrsg), The Protection of Ethnic and Linguistic Minorities in Europe, 1993, 23 ff.
700 Vgl *Murray*, Should Immigrants or Roma and Sinti be Regarded as Minorities?, in Matscher (Hrsg), Wiener Internationale Begegnung zu aktuellen Fragen nationaler Minderheiten, 1997, 219 ff; *Oeter*, Überlegungen zum Minderheitenbegriff und zur Frage der „neuen Minderheiten", ebd 229 ff.
701 Vgl *Ranke/Hofmann*, Nationale Minderheiten, EuGRZ 1992, 401 (402) mwN.
702 Vgl *Rauert* (Fn 697) 88; *Geistlinger/Kirch*, Estonia, 1995.
703 Vgl auch *Klein* (Fn 695) 1216.
704 *Murray* (Fn 700) 228.
705 Vgl *Oeter* (Fn 700) 255 ff; *Murray* (Fn 700) 228.
706 Für einen differenzierenden „right-by-right"-Ansatz vgl *Langenfeld*, Der staatliche Schutz kultureller Besonderheiten von zugewanderten (neuen) Minderheiten und die Freiheit der Minderheitsangehörigen, 2008, 451 ff.
707 Vgl *Hofmann*, Nationale Minderheiten und der Europäische Gerichtshof für Menschenrechte, FS Ress, 2005, 1011 f; *Van Bussuyt*, Is there an Effective European Legal Framework for the Protection of Minority Languages?, ELR 32 (2007) 860 ff; *Stix-Hackl/Moser*, Minderheitenschutz in der Rechtsprechung des Gerichtshofs der Europäischen Gemeinschaften, FG Machacek/Matscher, 2008, 685 ff; *von Bogdandy*, Die Minderheitenpolitik der Europäischen Union, KJ 40 (2007) 224 ff; *Burri*, Breaking the Taboo, YEL 27 (2009) 321 ff.
708 Vgl *Pernthaler*, Der Schutz der ethnischen Gemeinschaften durch individuelle Rechte, 1964; *Heun*, Minderheitenschutz der Roma in der EU, 2011.

Schutz und besondere Förderung brauchen.⁷⁰⁹ Dieses Ergebnis wird ebenfalls aus dem Diskriminierungsverbot hergeleitet: Eine rein formelle Gleichheit vor dem Gesetz zB beim Wahlrecht kann gerade in den Fällen von (zerstreut lebenden) Minderheiten dazu führen, dass sie in den gesetzgebenden Körperschaften unterrepräsentiert sind.⁷¹⁰ Daher wird eine materielle Gleichbehandlungspolitik gefordert, die eine spezielle Förderung von Minderheiten beinhaltet, um bestehende Ungerechtigkeiten zu beseitigen⁷¹¹ und ihnen eine gleichberechtigte Teilhabe an der Macht zu ermöglichen. Auf der anderen Seite verschiebt sich die Diskussion über die Schutzrichtung internationaler Übereinkommen *vom individuellen zum kollektiven Schutz der Minderheiten*, dh nicht nur dem einzelnen Angehörigen einer Minderheit werden eigene Rechte zugestanden, sondern auch der Minderheit als solcher kollektive Rechte.⁷¹² Der Grund für diesen Wandel ist darin zu sehen, dass ein individueller Schutz ohne kollektive Flanke oft als ungenügend angesehen wird, da der Minderheitenstatus notwendigerweise die Zugehörigkeit zu einer Gruppe impliziert und es einem einzelnen Angehörigen einer Minderheit als Einzelperson schwer fällt, sich dem Assimilierungsdruck zu widersetzen.⁷¹³ Des Weiteren macht es bei manchen Rechten, die zum Schutz von Minderheiten erforderlich sind, keinen Sinn, sie individualrechtlich zu gewähren, da sie typische Gruppenrechte sind wie zB das Recht auf Anbringung von Orts- und Hinweisschildern oder das Recht auf eigene Verwaltungseinheiten.⁷¹⁴

b) Der Minderheitenschutz auf universeller Ebene

332 Auf universeller Ebene gewährt Art 27 IPbürgR Schutz für die Angehörigen von Minderheiten. Er garantiert ein Recht auf kulturelles Leben, Religionsausübung und die eigene Sprache. Strittig ist nicht nur, ob Art 27 IPbürgR auch ein kollektivrechtliches Element innewohnt,⁷¹⁵ sondern auch – aufgrund der negatorischen Formulierung⁷¹⁶ – die Frage, ob die Staaten zu einer positiven Förderung der Minderheiten verpflichtet sind.⁷¹⁷ An *Durchsetzungsmechanismen*⁷¹⁸ muss gemäß Art 2 Abs 3 IPbürgR ein innerstaatliches Überprüfungsverfahren zur effektiven Behandlung von Beschwerden mit der Behauptung, in den Rechten aus Art 27 verletzt zu sein, im Unter-

---

709 Vgl *Eide*, Equality, Nationalism and the Protection of Minorities, in Alfredsson/Macalister-Smith (Fn 694) 157 (164 f); *Eddison*, The Protection of Minorities at the Conference on Security and Co-operation in Europe, 1993, 10 f.
710 Vgl *Eddison* (Fn 709) 11; *Barsh* (Fn 698) 145; *Eide* (Fn 709) 165; *Niewerth* (Fn 696) 180 f.
711 *Barsh* (Fn 698) 145 stellt fest: „Formal equality does not necessarily result in an equal distribution of power in actual fact [...]"; *Eide* (Fn 709) 158 spricht sich für positive Diskriminierung von Minderheiten aus, um frühere Ungleichbehandlungen rückgängig zu machen. Für beide Autoren hängt diese materielle Gleichheit eng mit dem Demokratieprinzip zusammen. Solche Förderungsmaßnahmen können u a in der Gewährung regionaler Autonomie, einer föderalistischen Staatsverfassung, verwaltungstechnischer Dezentralisierung und besonderen Vorschriften zur Sicherstellung der Repräsentation von Splittergruppen bei Wahlen der Legislativkörperschaft liegen, vgl *Barsh* (Fn 698) 165.
712 Vgl *Kimminich* (Fn 694) 253 f; zu den Berichtsentwürfen im EP 1992/93 für eine Charta der Volksgruppenrechte *Klein* (Fn 695) 1219 ff; zur Entwicklung bei der KSZE (heute OSZE) *Eddison* (Fn 709) 15 ff; zu kollektiven und individuellen Rechten: *Despeux*, Die Anwendung des völkerrechtlichen Minderheitenrechts in Frankreich, 1999, 102 ff, 124 ff; gegen eine Entwicklung hin zum kollektiven Schutz: *Malenovski* (Fn 697) 105.
713 So *Klein* (Fn 695) 1217 f.
714 So der Entwurf von *Alber* für eine Charta der Volksgruppenrechte in Art 9 u 20, Doc PE 204.838.
715 Für eine kollektivrechtliche Komponente: *Rauert* (Fn 697) 90; zur Diskussion: *Akermark*, Justifications of Minority Protection in International Law, 1997, 46 f.
716 „[...] darf [...] nicht das Recht vorenthalten werden, [...]."
717 Vgl *Akermark* (Fn 715) 127 ff; *Rauert* (Fn 697) 92; *Henrard*, The Protection of Minorities Through the Equality Provisions in the UN Human Rights Treaties, IJMGR 14 (2007) 141 ff; *Hilpold*, UN Standard-Setting in the Field of Minority Rights, IJMGR 14 (2007) 181 ff; *Pentassuglia*, Reforming the UN Human Rights Machinery, IJMGR 14 (2007) 127 ff.
718 Zu den einzelnen Durchsetzungsmechanismen: *Niewerth* (Fn 696) 193 ff; zu den Rechtsschutzmechanismen der UNO: *Blumenwitz*, Internationale Schutzmechanismen zur Durchsetzung von Minderheiten- und Volksgruppenrechten, 1997, 81 ff.

zeichnerstaat zur Verfügung stehen. Des Weiteren ist ein Staatenberichtsverfahren nach Art 40 IPbürgR und ein Staatenbeschwerdeverfahren nach Art 41 IPbürgR vorgesehen. Letzteres setzt voraus, dass beide Staaten die Zuständigkeit des Ausschusses für Staatenbeschwerden anerkannt haben, was bisher nur wenige Staaten getan haben.[719] Daran krankt auch das Individualbeschwerdeverfahren gemäß Art 1 des 1. Fakultativprotokolls zum IPbürgR. Darüber hinaus wurden die Rechte der Angehörigen von Minderheiten in einer aus neun Artikeln bestehenden Deklaration zum Schutz der Minderheiten und einer allgemeinen Erklärung über die Rechte der autochthonen Völker zusammengefasst.[720] Zudem besteht im Rahmen der OSZE seit 1992 ein Hoher Kommissar für Nationale Minderheiten sowie innerhalb der UNO eine Unabhängige Expertengruppe für Minderheitenfragen, die für eine zusätzliche institutionelle Absicherung des Minderheitenschutzes sorgen sollen.[721]

c) Regionaler Minderheitenschutz

Zum Schutz der Rechte von Angehörigen der Minderheiten wurden im Rahmen des Europarats zwei Dokumente ausgearbeitet. Zum einen legte der Europarat am 5.11.1992 eine *Charta der Regional- und Minderheitensprachen* zur Unterzeichnung auf,[722] zum anderen wurde ein *Rahmenübereinkommen zum Schutz nationaler Minderheiten*[723] (statt eines Zusatzprotokolls zur EMRK)[724] ausgearbeitet[725] und am 1.2.1995 zur Zeichnung aufgelegt.[726] Im Gegensatz zu anderen Abkommen des Europarates handelt es sich bei ihm um ein offenes Abkommen, dem Nichtmitgliedstaaten des Europarates beitreten können, sollte eine entsprechende Einladung durch das Ministerkomitee erfolgt sein.

Über eine Definition des Begriffs Minderheit konnte bei Erarbeitung des Rahmenübereinkommens keine Einigung erzielt werden. Abs 12 des Erläuternden Berichts betont daher, dass hier eine pragmatische Lösung gewählt wurde, „die auf der Erkenntnis beruht, dass es gegenwärtig unmöglich ist, zu einer Definition zu gelangen, die die voll umfängliche Unterstützung aller Mitgliedstaaten des Europarats genießt."[727] Das Übereinkommen enthält darüber hinaus Grundsätze und Individualrechte, die nur schwach formuliert sind und zT Einschränkungen unterliegen.

333

334

---

719 Vgl *Niewerth* (Fn 696) 197.
720 Declaration on the Rights of Persons Belonging to National or Ethnic, Religious and Linguistic Minorities 46/135, ILM 32 (1993) 912 ff; vgl hierzu *Ermacora*, Späte Einsichten, VN 1992, 149 ff; *Thornberry*, The UN Declaration on the Right of Persons Belonging to National or Ethnic, Religious and Linguistic Minorities, in Phillips/Rosas (Hrsg), The UN Minority Rights Declaration, 1993, 11 ff; zum Schutz autochthoner Völker vgl *Alfredsson*, Zwischen Unterdrückung, Selbstverwaltung und Unabhängigkeit, VN 41 (1993) 17 ff.
721 Vgl *Vollebaek*, Fifteen Years of Conflict Prevention by the High Commissioner on National Minorities, OSCE Yearbook 14 (2008) 325 ff; *Ghebali*, The High Commissioner on National Minorities after 15 Years, Security and Human Rights 20 (2009) 111 ff; *Aurescu*, The 2006 Venice Commission Report on Non-Citizens and Minority Rights, Helsinki Monitor 18 (2007) 150 ff; zur Rolle der UNO *Friberg/Fox*, The Activities of the United Nations Independent Expert on Minority Issues, EYMI 6 (2007) 461 ff; *Hadden*, The United Nations Working Group on Minorities, IJMGR 14 (2007) 285 ff; *Jurado/Korkeakivi*, Completing the First Decade of Monitoring, EYMI 6 (2006/2007) 373 ff; krit *Riedel*, Ambivalenzen des Minderheitenschutzes, Osteuropa 57 (2007) 47 ff.
722 European Charter for Regional or Minority Languages v 5.11.1992, nach fünf Ratifikationen am 1.3.1998 in Kraft getreten, ETS Nr 148.
723 Framework Convention for the Protection of National Minorities v 1.2.1995, nach 12 Ratifikationen am 1.2.1998 in Kraft getreten, ETS Nr 157.
724 Die Staatschefs entschieden sich auf dem Wiener Gipfel gegen ein ZP zur EMRK und einigten sich als Kompromiss darauf, dass eine Rahmenkonvention und ein ZP über individuelle kulturelle Rechte zur EMRK entworfen werden sollte, vgl *Akermark* (Fn 715) 224 ff.
725 Vgl hierzu *Klebes*, Rahmenübereinkommen des Europarats zum Schutz nationaler Minderheiten, EuGRZ 1995, 262 ff; *Rosskopf*, Europäische Regelungen des Minderheitenschutzes, AWR Bull 54 (2007) 3, 174 ff.
726 Es ist mittlerweile für 39 Staaten, darunter die BR Deutschland, in Kraft getreten (Stand 1.10.2012).
727 EuGRZ 1995, 272.

335   Neben Feststellungen grundsätzlicher Bedeutung hält Art 3 fest, dass jeder Angehörige einer nationalen Minderheit das Recht hat, frei zu entscheiden, ob er als solcher behandelt werden möchte oder nicht. Art 4 enthält das Recht auf Gleichheit vor dem Gesetz und auf gleichen Schutz durch das Gesetz. Art 7 garantiert die Versammlungs- und Vereinigungsfreiheit, jedoch nicht das Recht, eigene Parteien zu gründen. Art 8 schützt die Freiheit der Religion und Weltanschauung, Art 9 hat die freie Meinungsäußerung zum Gegenstand, Art 10 das Recht auf Benutzung der Minderheitensprache in einer abgeschwächten Form.

336   Das Übereinkommen enthält ferner Bestimmungen über die Benutzung von Familiennamen, über Orts- und Straßennamen sowie die Errichtung und den Unterhalt von Bildungs- und Ausbildungseinrichtungen. Das *Recht auf Unterricht in der Minderheitensprache* ist nach Art 14 Abs 2 davon abhängig, ob es sich um Gebiete handelt, die von Angehörigen nationaler Minderheiten traditionell oder in beträchtlicher Zahl bewohnt werden, und ob ausreichende Nachfrage besteht.

337   Zur Kontrolle sieht das Rahmenübereinkommen in Art 24 ff ein Berichtsverfahren mit der Möglichkeit vor, Empfehlungen an die betreffenden Staaten auszusprechen. Eine gerichtliche Überprüfung findet nicht statt.

338   Prinzipien und Grundsätze zum Schutz von Minderheitsangehörigen sind auch in den *Abschlussdokumenten der OSZE* enthalten.[728] So enthält das Kopenhagener Abschlussdokument v 29.6.1990 u a das Recht der Angehörigen von nationalen Minderheiten, ihre Menschenrechte und Grundfreiheiten in voller Gleichheit vor dem Gesetz auszuüben. Jedermann habe das Recht, über seine Zugehörigkeit zu einer nationalen Minderheit selbst zu entscheiden. Nachteile dürften ihm hieraus nicht erwachsen (Nr 32). Des Weiteren werden das Recht auf Gebrauch der Minderheitensprache, das Recht auf Unterricht in der Muttersprache sowie das Recht auf angemessene Teilnahme am politischen Prozess genannt.[729] Im Moskauer Abschlussdokument v 3.10.1992[730] wird zur Umsetzung dieser Ziele aufgefordert.

339   Auf der Nachfolgekonferenz von Helsinki wurde am 10.7.1992[731] das *Amt des Hohen Kommissars* für nationale Minderheiten eingerichtet, der nicht nur einschlägige Informationen zusammenstellt, sondern auch durch Frühwarnung präventiv tätig werden kann.[732] Der Hohe Kommissar ist zur Beschaffung von Informationen befugt, sich sämtlicher verfügbarer Quellen wie Mitteilungen der Regierungen der Teilnehmerstaaten, Nicht-Regierungsorganisationen und der direkt betroffenen nationalen Minderheiten zu bedienen.

---

728 Vgl *Tretter* (Fn 358) 296 ff; *Eddison* (Fn 709) 15 ff; *Akermark* (Fn 715) 259 ff.
729 EuGRZ 1990, 239 ff.
730 EuGRZ 1991, 495.
731 EuGRZ 1992, 372 u 376.
732 Zur Tätigkeit des Hohen Kommissars zu nationalen Minderheiten: *Blumenwitz* (Fn 694) 137 ff; *Akermark* (Fn 715) 285 ff.

Vierter Abschnitt

Eckart Klein/Stefanie Schmahl
Die Internationalen und die Supranationalen Organisationen

Gliederung

I. Geschichte und Bedeutung der Internationalen Organisationen —— 1–31
  1. Die Internationalen Organisationen als unverzichtbare Elemente der internationalen Zusammenarbeit —— 1–2
  2. Die Wurzeln: Von den Friedenskongressen und Verwaltungsunionen zum Völkerbund —— 3–7
  3. Die Entwicklung nach 1945 —— 8–11
  4. Definitionen und Abgrenzungen —— 12–18
  5. Der Einfluss der Internationalen Organisationen auf das Völkerrecht —— 19–31

II. Das Recht der Internationalen Organisationen —— 32–224
  1. Entstehung und Untergang Internationaler Organisationen —— 32–60
    a) Der völkerrechtliche Gründungsakt —— 32
    b) Der Gründungsvertrag als „Verfassung" der Internationalen Organisationen —— 37
    c) Auslegung und Änderung des Gründungsvertrags —— 39
    d) Untergang von Internationalen Organisationen —— 51
    e) Sukzessionsfragen —— 57
  2. Die Mitgliedschaft in Internationalen Organisationen —— 61–92
    a) Erwerb der Mitgliedschaft —— 61
    b) Mitgliedschaftsrechte und -pflichten —— 74
    c) Beendigung der Mitgliedschaft —— 76
    d) Beeinträchtigungen der Mitgliedschaftsrechte —— 84
    e) Abgestufte Formen der Mitgliedschaft —— 88
    f) Nichtmitglieder —— 91
  3. Die Rechtsstellung Internationaler Organisationen —— 93–117
    a) Völkerrechtsfähigkeit —— 93
    b) Völkerrechtliche Handlungsfähigkeit —— 97
    c) Immunitäten, Privilegien, Verhältnis zum Sitzstaat —— 106
    d) Innerstaatliche Rechts- und Geschäftsfähigkeit —— 112
    e) Qualifikation des internen Organisationsrechts —— 114
  4. Die Organe und ihre Willensbildung —— 118–187
    a) Allgemeine Strukturen —— 118
    b) Die Hauptorgane von UN, Europarat und EG/EU im Vergleich —— 124
    c) Die Hauptorgane der UN —— 126–181
      aa) Die Generalversammlung der UN —— 127
      bb) Der Sicherheitsrat der UN —— 140
      cc) Der Wirtschafts- und Sozialrat der UN —— 155
      dd) Der Treuhandrat der UN —— 163
      ee) Das Sekretariat der UN —— 165
      ff) Der Internationale Gerichtshof —— 177
    d) Wandlungen der Organstrukturen und Zwischen-Organ-Verhältnis —— 182
  5. Aufgaben und Befugnisse Internationaler Organisationen —— 188–211
    a) Allgemeines —— 188
    b) Festlegung der Kompetenzausstattung, Prinzip der begrenzten Ermächtigung, ultra vires-Handeln —— 189
    c) Respektierung der inneren Zuständigkeit der Mitgliedstaaten —— 195
    d) Bindung an menschenrechtliche Mindeststandards —— 197
    e) Handlungsinstrumentarium —— 200
    f) Die wichtigsten Aufgabenfelder der UN —— 204
  6. Die Finanzierung Internationaler Organisationen —— 212–224
    a) Einnahmen —— 213
    b) Ausgaben und Budgetierung —— 220
    c) Rechnungskontrolle und Sanktionen —— 223

III. Die UN-Familie —— 225–237
  1. Allgemeines —— 225, 226
  2. UN mit Haupt- und Nebenorganen —— 227, 228
  3. Sonderorganisationen —— 229–237

IV. Europarat —— 238–248
  1. Allgemeines und Entstehung —— 238, 239
  2. Organe —— 240–243
  3. Aufgaben, Grundsätze, Aktivitäten —— 244–248
V. Europäische Union —— 249–256
  1. Supranationale Organisation —— 249–251
  2. Völkerrechtssubjektivität und völkerrechtliche Handlungsfähigkeit —— 252
  3. Unionszuständigkeiten und Grundrechtsschutz —— 253–254
  4. Entwicklungsperspektiven —— 255–256

Literatur

Amerasinghe, Chittarian Felix, Principles of the Institutional Law of International Organizations, 2. Aufl 2005
Bennett, Alvin LeRoy/Oliver, James K., International Organizations, Principles and Issues, 7. Aufl 2002 [*Bennett/Oliver*, International Organisations]
Dupuy, René Jean (Hrsg), Manuel sur les organisations internationales. A Handbook on International Organizations, 2. Aufl 1998 [*Dupuy* (Hrsg), Handbook]
Gareis, Sven Bernhard/Varwick, Johannes, Die Vereinten Nationen. Aufgaben, Instrumente und Reformen, 5. Aufl 2014 [*Gareis/Varwick*, Vereinte Nationen]
Hatje, Armin/Müller-Graff, Peter, Enzyklopädie Europarecht, 10 Bde, 2016 [EnzEuR]
Hurd, Ian, International Organizations. Politics, Law, Practice, 2. Aufl 2014
Jordan, Robert S., International Organizations, 4. Aufl 2001 [*Jordan*, International Organizations]
Kirgis, Frederic L., International Organizations in their Legal Setting, 2. Aufl 1993 [*Kirgis*, International Organizations]
Klabbers, Jan/Wallendahl, Ása (Hrsg,), Research Handbook on the Law of International Organizations, 2011 [*Klabbers/Wallendahl* (Hrsg), Research Handbook]
Knipping, Franz/von Mangoldt, Hans/Rittberger, Volker (Hrsg), Das System der Vereinten Nationen und seine Vorläufer Band I/1: Vereinte Nationen, 1995; Band I/2: Sonderorganisationen und andere Institutionen, 1995; Band II: 19. Jahrhundert und Völkerbundszeit, 1996
Köck, Heribert Franz/Fischer, Peter, Das Recht der Internationalen Organisationen, 3. Aufl 1997 [*Köck/Fischer*, Internationale Organisationen]
Lagrange, Evelyne/Sorel, Jean-Marc, Droit des organisations internationales, 2013
Opitz, Peter J. (Hrsg), Die Vereinten Nationen: Geschichte, Struktur, Perspektiven, 5. Aufl 2007 [*Opitz* (Hrsg), Vereinte Nationen]
Ruffert, Matthias/Walter, Christian, Institutionalisiertes Völkerrecht, 2. Aufl 2015 [*Ruffert/Walter*, Institutionalisiertes Völkerrecht]
Sands, Philippe/Klein, Pierre, Bowett's Law of International Institutions, 9. Aufl 2009 [*Sands/Klein*, Bowett's Law of International Institutions]
Schachter, Oscar/Joyner, Christopher C. (Hrsg), United Nations Legal Order, 2 Bde, 1995
Schermers, Henry G./Blokker, Niels M., International Institutional Law, 5. Aufl 2011 [*Schermers/Blokker*, International Institutional Law]
von Schorlemer, Sabine (Hrsg), Praxishandbuch UNO, 2003 [Praxishandbuch UNO]
Seidl-Hohenveldern, Ignaz/Loibl, Gerhard, Das Recht der Internationalen Organisationen einschließlich der Supranationalen Gemeinschaften, 7. Aufl 2000 [*Seidl-Hohenveldern/Loibl*, Internationale Organisationen]
Simma, Bruno (Hrsg), Charta der Vereinten Nationen, Kommentar, 1991 [Charta VN]
ders (Hrsg), The Charter of the United Nations: A Commentary, 2. Aufl 2002 [Charter UN[2]]
ders/*Khan, Daniel-Erasmus/Nolte, Georg/Paulus, Andreas* (Hrsg), The Charter of the United Nations: A Commentary, 3. Aufl 2012 [Charter UN[3]]
Volger (Hrsg), A Concise Encyclopedia of the United Nations, 2. Aufl 2009
ders (Hrsg), Grundlagen und Strukturen der Vereinten Nationen, 2007 [*Volger* (Hrsg), Grundlagen]
Weiß, Norman, Kompetenzlehre Internationaler Organisationen, 2009 [*Weiß*, Kompetenzlehre]
White, N. D., The Law of International Organisations, 2. Aufl 2005
Wolfrum, Rüdiger (Hrsg), Handbuch Vereinte Nationen, 2. Aufl 1991 [Handbuch VN]
ders (Hrsg), United Nations: Law, Policies and Practice, 1995
ders (Hrsg), Max Planck Encyclopedia of Public International Law, 10 Bde, 2012 [MPEPIL]

Verträge

Satzung des Völkerbundes [Völkerbundsatzung] v 28.6.1919 (RGBl 1919, 717) —— 6, 30, 59, 82, 92, 163, 231
Abkommen über die Internationale Zivilluftfahrt (ICAO) v 7.12.1944 (15 UNTS 295; BGBl 1956 II, 411) —— 46, 201

Charta der Vereinten Nationen [UN-Charta] v 26.6.1945 (UNCIO Documents, Bd XV [1945] 335 ff; 557 UNTS 143; BGBl 1973 II, 431) —— 8, 9, 16, 18, 27, 30, 34, 40, 41, 42, 44, 49, 59, 62–64, 68, 74, 75, 79, 82, 85, 88, 90, 92, 98, 106, 107, 112, 121, 124, 126–135, 137, 138, 140–144, 146, 148, 150–152, 155–161, 163–167, 169, 172, 174–179, 184, 185, 187, 188, 195, 196, 199, 200, 204–209, 211, 215, 216, 221, 224, 227, 229, 230, 232–237

Statut des Internationalen Gerichtshofs [IGH-Statut] v 26.6.1945 (UNCIO Documents, Bd XV [1945] 335 ff; 557 UNTS 143; BGBl 1973 II, 431) —— 90, 105, 116, 127, 134, 146, 152, 177, 178, 179, 180, 210

Satzung der Ernährungs- und Landwirtschafts-Organisation der Vereinten Nationen v 16.10.1945 (UNYB 1946–1947, 693; BGBl 1971 II, 1033) [FAO-Satzung] —— 9, 18, 65, 88, 110, 208, 224

Satzung der Organisation der Vereinten Nationen für Erziehung, Wissenschaft und Kultur v 16.11.1945 (4 UNTS 275; BGBl 1971 II, 471) [UNESCO-Satzung] —— 18, 63, 81, 88, 202, 208, 224, 237, 239

Abkommen über den Internationalen Währungsfonds v 27.12.1945 (2 UNTS 39, 134; 606 UNTS 295; 726 UNTS 266; BGBl 1952 II, 638; 1978 II, 13) [IWF-Abkommen] —— 123, 137

Übereinkommen über die Vorrechte und Immunitäten der Vereinten Nationen v 13.2.1946 (1 UNTS 15; BGBl 1980 II, 941) —— 107, 176

Satzung der Weltgesundheits-Organisation v 22.7.1946 (14 UNTS 186; BGBl 1974 II, 43) [WHO-Satzung] —— 88, 110, 201, 208, 229, 233

Verfassung der Internationalen Arbeitsorganisation v 9.10.1946 (15 UNTS 40; BGBl 1957 II, 317) [ILO-Verfassung] —— 5, 12, 203, 208, 224, 229, 231

Headquarters of the United Nations, Agreement between the United States of America and the United Nations v 26.6.1947 (11 UNTS 11) —— 110

Übereinkommen über die Weltorganisation für Meteorologie v 11.10.1947 (77 UNTS 143; BAnz Nr 82/56; 104/56; BGBl 1990 II, 171) [WMO-Übereinkommen] —— 201, 214

Allgemeines Zoll- und Handelsabkommen v 30.10.1947 (UNTS Bde 55–64; Bde 142–147; BGBl 1951 II, 173) —— 230

Abkommen über die Vorrechte und Befreiungen der Sonderorganisationen der Vereinten Nationen v 21.11.1947 (33 UNTS 261; BGBl 1954 II, 639) —— 107

Übereinkommen über die Internationale Seeschifffahrts-Organisation v 6.3.1948 (289 UNTS 3; BGBl 1965 II, 313; 1986 II, 423) [IMCO/IMO-Übereinkommen] —— 34, 81, 214, 224, 229

Treaty of Economic, Social and Cultural Collaboration and Collective Self-Defence v 17.3.1948 (19 UNTS 51); Änd v 23.10.1954 (BGBl 1955 II, 256) [Brüsseler Pakt; seit 1954 WEU-Vertrag] —— 9, 214, 241, 244

Charter of the Organization of American States v 30.4.1948 (119 UNTS 48) [OAS-Charter] —— 9, 63, 67, 72, 77, 83, 89, 107, 181, 239

Allgemeine Erklärung der Menschenrechte v 10.12.1948 (GAOR, 3rd Sess, 1st Part [Doc A/810] 71) —— 206

Nordatlantikvertrag v 4.4.1949 (34 UNTS 243; BGBl 1955 II, 256, 289) [NATO-Vertrag] —— 9, 145, 205, 228, 244

Satzung des Europarats v 5.5.1949 (87 UNTS 103; BGBl 1950, 263; 1953 II, 558; 1968 II, 1926) —— 34, 44, 45, 61, 63, 67, 70, 77, 82, 85, 88, 110, 124, 188, 239–241, 243, 244, 247, 248

Allgemeines Abkommen über die Vorrechte und Befreiungen des Europarates v 2.9.1949 (CETS No 2, BGBl 1954 II, 493) —— 112

Konvention zum Schutze der Menschenrechte und Grundfreiheiten v 4.11.1950 (213 UNTS 221; BGBl 1952 II, 685, 953, idF des Prot Nr 11, BGBl 2002 II, 1954) [EMRK] —— 47, 65, 181, 198, 202, 203, 245–247

Vertrag über die Gründung der Europäischen Gemeinschaft für Kohle und Stahl v 18.4.1951 (261 UNTS 140; BGBl 1952 II, 445, 978) [EGKS-Vertrag] —— 47, 51, 59, 62, 191, 249

Abkommen über die Internationale Finanz-Corporation v 11.4.1955 (264 UNTS 117; BGBl 1956 II, 747, 901) [IFC-Abkommen] —— 30, 108, 137, 229

Satzung der Internationalen Atomenergie-Organisation v 26.10.1956 (276 UNTS 3; BGBl 1957 II, 1357; 1958 II, 2) [IAEO-Satzung] —— 230

Vertrag zur Gründung der Europäischen Wirtschaftsgemeinschaft v 25.3.1957 (298 UNTS 11; BGBl 1957 II, 753, 1678; 1958 II, 64) [EWG-Vertrag; seit Änd mit Vertrag von Amsterdam: EG-Vertrag/EG] —— 37, 48, 96, 188, 250, 253

Vertrag zur Gründung der Europäischen Atomgemeinschaft v 25.3.1957 (298 UNTS 167; BGBl 1957 II, 753, 1014, 1678) [Euratom-Vertrag] —— 59, 62, 191, 249, 253

Übereinkommen zur Errichtung der Europäischen Freihandelsassoziation v 4.1.1960 (370 UNTS 3) [EFTA-Übereinkommen] —— 9, 45

Abkommen über die Internationale Entwicklungsorganisation v 26.1.1960 (439 UNTS 249; BGBl 1960 II, 2137) [IDA-Übereinkommen] —— 30, 108, 137, 229

Übereinkommen über die Organisation für Wirtschaftliche Zusammenarbeit und Entwicklung v 14.12.1960 (BGBl 1961 II, 1150) [OECD-Übereinkommen] —— 50, 56, 58, 100, 208

Charta der Organisation der Afrikanischen Einheit v 25.5.1963 (AJIL 58 [1964] 873; EA 18 [1963] D 314) [OAU-Charta] —— 9, 89, 94, 239

Satzung des Weltpostvereins v 10.7.1964 (UNTS Bde 611–613; Bde 809, 810; BGBl 1965 II, 1633; BGBl 1998 II, 2085) [UPU-Satzung] —— 229, 231, 237

Protokoll über die Vorrechte und Befreiungen der EG v 8.4.1965 (ABl EG 1967, Nr L 152/13) —— 100, 107

Vertrag über die Grundsätze zur Regelung der Tätigkeiten von Staaten bei der Erforschung und Nutzung des Weltraums einschließlich des Mondes und anderer Himmelskörper v 27.1.1967 (610 UNTS 205; BGBl 1969 II, 1969) [Weltraumvertrag] —— 102

Übereinkommen zur Errichtung der Weltorganisation für geistiges Eigentum v 14.7.1967 (828 UNTS 3; BGBl 1970 II, 293, 1070) [WIPO-Übereinkommen] —— 214, 229

Wiener Übereinkommen über das Recht der Verträge v 23.5.1969 (1155 UNTS 331; BGBl 1985 II, 927) [WVK] —— 25, 34, 39, 41, 46, 47, 52, 63, 78, 80, 83, 87, 91, 98, 109, 116, 190, 211

Satzung der Weltorganisation für Tourismus v 27.9.1970 (BGBl 1976 II, 23) [UNWTO-Satzung] —— 225, 229, 233

Wiener Konvention über die Vertretung der Staaten in ihren Beziehungen zu Internationalen Organisationen universellen Charakters v 14.3.1975 (AJIL 69 [1975] 52) —— 90, 100, 107, 209

Übereinkommen zur Errichtung des Internationalen Fonds für landwirtschaftliche Entwicklung v 13.6.1976 (BGBl 1978 II, 1405) [IFAD-Übereinkommen] —— 137, 229

Wiener Übereinkommen über die Staatennachfolge in Verträge v 23.8.1978 (1946 UNTS 3) —— 25, 71

Satzung der Organisation der Vereinten Nationen für industrielle Entwicklung v 8.4.1979 (BGBl 1985 II, 1215; 1987 II, 290) [UNIDO-Satzung] —— 16, 208, 229, 236

Einheitliche Europäische Akte v 28.2.1986 (BGBl 1986 II, 1102) [EEA] —— 50, 122

Wiener Übereinkommen über das Recht der Verträge zwischen Staaten und internationalen Organisationen oder zwischen internationalen Organisationen v 21.3.1986 (BGBl 1990 II, 1414) [WVKIO] —— 193, 211

Vertrag über die Europäische Union v 7.2.1992 (BGBl 1992 II, 1253) [EU-Vertrag/EU] —— 34, 44, 47, 48, 50, 53, 63, 64, 67, 70, 80, 85, 117, 122, 153, 188, 190, 223, 246, 250

Abkommen über den Europäischen Wirtschaftsraum v 2.5.1992 (BGBl 1993 II, 267) [EWR-Abkommen] —— 48, 74, 94

Übereinkommen zur Errichtung der Welthandelsorganisation v 15.4.1994 (BGBl 1994 II, 1625) [WTO-Übereinkommen] —— 65, 230

Vertrag von Amsterdam zur Änderung des Vertrags über die Europäische Union, der Verträge zur Gründung der Europäischen Gemeinschaften sowie einiger damit zusammenhängender Rechtsakte v 2.10.1997 (BGBl 1998 II, 387) —— 15, 35, 50, 85, 87

Statut des Internationalen Strafgerichtshofs zur Ahndung von Völkermord, von Verbrechen gegen die Menschlichkeit und Kriegsverbrechen v 17.7.1998 (BGBl 2000 II, 1393) —— 21

Gründungsakte der Afrikanischen Union v 11.7.2000 (OAU Doc CAB/LEG/23.15; AYIL 8 [2000] 479) —— 9, 63, 67, 77, 83, 89, 181, 239

Vertrag von Nizza zur Änderung des Vertrags über die Europäische Union, der Verträge zur Gründung der Europäischen Gemeinschaften sowie einiger damit zusammenhängender Rechtsakte v 26.2.2001 (BGBl 2001 II, 1667) —— 15, 50, 59, 107, 182

Übereinkommen zwischen den UN und der sierra-leonischen Regierung v 16.1.2002 über die Errichtung eines Spezialgerichtshofs für Sierra Leone (UN Doc S/2000/915, Annex) —— 205

Beziehungsabkommen zwischen den Vereinten Nationen und der Welttourismusorganisation v 23.12.2003 (UN Doc A/RES/58/232, Annex) —— 233

Protokoll Nr 14 zur Konvention zum Schutze der Menschenrechte und Grundfreiheiten über die Ergänzung des durch die Konvention eingeführten Kontrollmechanismus v 13.5.2004 (CETS No 194, BGBl 2006 II, 138) —— 65, 245, 246, 253

Vertrag über eine Verfassung für Europa in der am 29.10.2004 unterzeichneten Fassung (ABl EU 2004, Nr C 310/1) [VVE] —— 78, 80

Vertrag über die Europäische Union v 7.2.1992 (BGBl 1992 II, 1253) nach der Änderung durch den Vertrag von Lissabon v 13.12.2007 (ABl EU 2007, Nr C 306/1) [EUV] —— 15, 29, 34, 44, 48–50, 53, 59, 64, 65, 70, 74, 78, 80, 85, 94, 117, 118, 121, 122, 124, 125, 137, 153, 188, 205, 223, 246, 249-256

Vertrag über die Arbeitsweise der Europäischen Union idF des Vertrags über die Europäische Union v 7.2.1992 (BGBl 1992 II, 1253) nach der Änderung durch den Vertrag von Lissabon v 13.12.2007 (ABl EU 2007, Nr C 306/1) [AEUV] —— 15, 34, 44, 47, 48, 50, 53, 75, 80, 85, 88, 94, 98, 103, 108, 112, 117, 125, 137, 144, 151, 181, 185, 188, 190, 191, 194, 201-203, 218, 219, 222-224, 245, 249-256

Klein/Schmahl

Protokoll über die Anwendung der Grundsätze der Subsidiarität und der Verhältnismäßigkeit v 13.12.2007 (ABl EU 2007, Nr C 306/150) —— 253
Protokoll Nr 14 *bis* zur Konvention zum Schutze der Menschenrechte und Grundfreiheiten v 27.5.2009 (CETS No 204) —— 245
Vertrag zur Errichtung des Europäischen Stabilitätsmechanismus (ESM) v 2.2.2012 (BGBl. 2012 II, 983) —— 117, 256
Vertrag über die Stabilität, Koordinierung und Steuerung in der Wirtschafts- und Währungsunion (Fiskalpakt) v 2.3.2012 (BGBl. 2012 II, 1008) —— 117, 256

Judikatur
Ständiger Internationaler Gerichtshof
Status of Eastern Carelia, Gutachten v 23.7.1923, PCIJ, Ser B, No 5, 27 *[Ostkarelien]* —— 92
Factory at Chorzów (Germany v Poland), Urteil v 13.9.1928, PCIJ, Ser A, Nos 17, 29 (Interpretation of Judgements No 7 and 8) *[Chorzów]* —— 101
Free City of Danzig and International Labour Organization, Gutachten v 26.8.1930, PCIJ, Ser B, No 18.4 *[ILO-Beitritt]* —— 66

Internationaler Gerichtshof
Admission of a State to Membership in the United Nations, Gutachten v 28.5.1948, ICJ Rep 1948, 57 *[Mitgliedschaft in den UN]* —— 68
Reparations for Injuries Suffered in the Service of the United Nations, Gutachten v 11.4.1949, ICJ Rep 1949, 174 *[Bernadotte]* —— 39, 94, 96, 97, 98, 104, 105, 191, 225
Competence of Assembly Regarding Admission to the United Nations, Gutachten v 3.3.1950, ICJ Rep 1950, 4 *[Mitgliedschaft in den UN II]* —— 64
International Status of South-West Africa, Gutachten v 11.7.1950, ICJ Rep 1950, 128 *[Südwestafrika-Gutachten]* —— 59, 163
Effect of Awards of Compensation Made by the UN Administrative Tribunal, Gutachten v 13.7.1954, ICJ Rep 1954, 47 *[Administrative Tribunal Compensation Awards]* —— 191
Case Concerning the Aerial Incident of July 27th, 1955 (Israel v Bulgaria), Urteil v 26.5.1959, ICJ Rep 1959, 127 *[Aerial Incident]* —— 40
Certain Expenses of the United Nations (Article 17, paragraph 2, of the Charter), Gutachten v 20.7.1962, ICJ Rep 1962, 151 *[Certain Expenses]* —— 42, 129, 170, 194, 215
South West Africa (Second Phase) (Ethiopia v South Africa; Liberia v South Africa), Urteil v 18.7.1966, ICJ Rep 1966, 6 *[Südwestafrika]* —— 138
Legal Consequences for States of the Continued Presence of South Africa in Namibia (South West Africa) notwithstanding Security Council Resolution 276 (1970), Gutachten v 21.6.1971, ICJ Rep 1971, 16 *[Namibia-Gutachten]* —— 41, 144, 150
Appeal Relating to the Jurisdiction of the ICAO Council (India v Pakistan), Urteil v 18.8.1972, ICJ Rep 1972, 46 *[ICAO Council]* —— 194
Interpretation of the Agreement of 25 March 1951 between the WHO and Egypt, Anordnung v 6.6.1980, ICJ Rep 1980, 67 *[Übereinkommen WHO-Ägypten]* —— 74, 111, 194, 235
Military and Paramilitary Activities in and against Nicaragua (Jurisdiction of the Court and Admissibility of the Application) (Nicaragua v USA), Urteil v 26.11.1984, ICJ Rep 1984, 392 *[Nicaragua]* —— 179, 211
Military and Paramilitary Activities in and against Nicaragua (Merits) (Nicaragua v USA), Urteil v 27.6.1986, ICJ Rep 1986, 14 *[Nicaragua (Merits)]* —— 9, 22, 205
Application for Review of Judgment No 333 of the United Nations Administrative Tribunal, Gutachten v 25.7.1987, ICJ Rep 1987, 18 *[Adminstrative Tribunal Judgment No 333]* —— 175
Application of the Obligation to Arbitrate under Section 21 of the United Nations Headquarters Agreement of 26 June 1947, Gutachten v 26.4.1988, ICJ Rep 1988, 12 *[Headquarters Agreement-Gutachten]* —— 90, 111
Applicability of Article VI, Section 22, of the Convention on the Privileges and Immunities of the United Nations, Gutachten v 15.12.1989, ICJ Rep 1989, 177 *[Mazilu-Gutachten]* —— 106, 108, 235
Questions of Interpretation and Application of the 1971 Montreal Convention arising from the Aerial Incident at Lockerbie (Libyan Arab Jamahiriya v United Kingdom and USA), Anordnung v 14.4.1992, ICJ Rep 1992, 3, 114 *[Lockerbie]* —— 152, 194
Legality of the Use by a State of Nuclear Weapons in Armed Conflict, Gutachten v 8.7.1996, ICJ Rep 1996, 66 *[WHO-Nuklearwaffen-Gutachten]* —— 39, 189

Application of the Convention on the Prevention and Punishment of the Crime of Genocide (Preliminary Objections) (Bosnia and Herzegovina v Yugoslavia), Urteil v 11.7.1996, ICJ Rep 1996, 595 *[Völkermordkonvention I]* —— 71

Difference Relating to Immunity from Legal Process of a Special Rapporteur of the Commission on Human Rights, Gutachten v 29.4.1999, ICJ Rep 1999, 62 *[Immunitäts-Gutachten]* —— 106, 108

Case concerning Armed Activities on the Territory of the Congo (Request for the Indication of Provisional Measures) (Democratic Republic of the Congo v Uganda), Anordnung v 1.7.2000, ICJ Rep 2000, 111 *[Kongo/Uganda]* —— 179

Application for Revision of the Judgment of 11 July 1996 in the Case Concerning *Application of the Convention on the Prevention and Punishment of the Crime of Genocide (Bosnia and Herzegovina v Yugoslavia)* (Preliminary Objections) (Yugoslavia v Bosnia and Herzegovina), Urteil v 3.2.2003, ICJ Rep 2003, 7 *[Völkermordkonvention II]* —— 71

Legal Consequences of the Construction of a Wall in the Occupied Palestinian Territory, Gutachten v 9.7.2004, ILM 43 (2004) 1009 *[Mauer-Gutachten]* —— 22, 129

Legality of Use of Force (Serbia and Montenegro v Belgium), Urteil v 15.12.2004, ILM 44 (2005) 299 *[Kosovo-Einsatz]* —— 71

Status vis-a-vis the Host State of a Diplomatic Envoy to the United Nations (Commonwealth of Dominica v Switzerland), Anordnung v 9.6.2006, <http://www.icj-cij.org/docket/files/134/11039.pdf> —— 110

Application of the Convention on the Prevention and Punishment of the Crime of Genocide (Preliminary Objections) (Croatia v Serbia), Urteil v 18.11.2008, <http://www.icj-cij.org/docket/files/118/14891.pdf> *[Kroatien/Serbien]* —— 71

Accordance with International Law of the Unilateral Declaration of Independence in Respect of Kosovo, Gutachten v 22.7.2010 *[Kosovo-Gutachten]* <http://www.icj-cij.org/docket/files/141/15987.pdf> —— 184

Jurisdictional Immunities of the State (Germany v. Italy), Urteil v 3.2.2012, <http://www.icj-cij.org/docket/files/143/16883.pdf> *[Jurisdictional Immunities of the State]* —— 106, 196

Verwaltungsgericht (heute: Dienstgericht) der Vereinten Nationen
Urteil v 8.6.1984, AT/DEC/333 *[Yakimetz v SG]* —— 175
Urteil v 11.11.2011, UNDT/2011/193 *[Payman v SG]* —— 175

Internationaler Seegerichtshof
Request for an Advisory Opinion Submitted by the Sub-Regional Fisheries Commission, Gutachten v 2.4.2015, Case No 21, <https://www.itlos.org/fileadmin/itlos/documents/cases/case_no.21/advisory_opinion/C21_AdvOp_02.04.pdf> —— 103

Internationales Kriegsverbrechertribunal für das ehemalige Jugoslawien
Entscheidung v 6.5.2003, IT-99-37-PT *[Prosecutor v Milutinovic et al]* —— 71

Europäischer Gerichtshof für Menschenrechte
Urteil v 18.2.1999, Nr 26083/94, ECHR Reports 1999-I *[Waite u Kennedy]* —— 103, 108
Urteil v 18.2.1999, Nr 28934/95 *[Beer u Regan]* —— 108
Urteil v 16.4.2002, Nr 36677/97, ECHR Reports 2002-III *[Dangeville]* —— 254
Urteil v 12.3.2003, Nr 46221/99, EuGRZ 2003, 472 *[Öcalan I]* —— 47
Urteil v 12.5.2005, Nr 46221/99, ECHR Reports 2005-IV; EuGRZ 2005, 463 *[Öcalan II]* —— 47
Urteil v 30.6.2005, Nr 45036/98, ECHR Reports 2005-VI *[Bosphorus]* —— 103, 198
Entsch v 2.5.2007, Nr. 71412/01, EuGRZ 2007, 522 *[Behrami/Saramati]* —— 102, 199
Entsch v 16.10.2007, Nr 36357/04 *[Beric u a]* —— 199
Entsch v 11.06.2013, Nr 65542/12 *[Mothers of Srebrenica]* —— 211

Gerichtshof der Europäischen Union
Urteil v 29.11.1956, Rs 8/55, Slg 1955/56, 297 *[Fédération Charbonnière de Belgique/Hohe Behörde]* —— 191
Urteil v 16.12.1960, Rs 44/59, Slg 1960, 1115 *[Fieddelaar]* —— 112
Urteil v 5.2.1963, Rs 26/62, Slg 1963, 1 *[Van Gend & Loos]* —— 14, 38, 117, 197, 250
Urteil v 15.7.1964, Rs 6/64, Slg 1964, 1251 *[Costa/ENEL]* —— 38, 117, 197
Urteil v 12.11.1969, Rs 29/69, Slg 1969, 419 *[Stauder]* —— 198
Urteil v 6.10.1970, Rs 9/70, Slg 1970, 825 *[Leberpfennig]* —— 40
Urteil v 17.12.1970, Rs 25/70, Slg 1970, 1161 *[Einfuhr- und Vorratsstelle Getreide/Köster]* —— 183

Urteil v 31.3.1971, Rs 22/70, Slg 1971, 263 *[AETR]* —— 98
Urteil v 8.4.1976, Rs 43/75, Slg 1976, 455 *[Defrenne II]* —— 47
Urteil v 5.4.1979, Rs 148/78, Slg 1979, 1629 *[Ratti]* —— 40, 250
Urteil v 19.1.1982, Rs 8/81, Slg 1982, 53 *[Becker/Finanzamt Münster-Innenstadt]* —— 197, 250
Gutachten v 14.12.1991, Slg 1991, I-6079 *[1. Gutachten zum EWR-Vertrag]* —— 37, 48
Urteil v 19.3.1996, Rs C-25/94, Slg 1996, I-1469 *[Kommission/Rat]* —— 65
Urteil v 23.11.1999, Rs C-149/96, Slg 1999, I-8395 *[Portugal/Rat]* —— 74
Urteil v 5.10.2000, Rs C-376/98, Slg 2000, I-8419 *[Tabakwerbung]* —— 253
Urteil v 5.11.2002, Rs C-476/98, Slg 2002, I-9855 *[Kommission/Deutschland]* —— 98
Urteil v 21.9.2005, Rs T-306/01, Slg 2005, II-3533 *[Yusuf]* —— 152, 211
Urteil v 21.9.2005, Rs T-315/01, Slg 2005, II-3549 *[Kadi]* —— 152, 211
Urteil v 3.9.2008, verb Rs C-402/05 P u C-415/05 P, Slg 2008, I-271 *[Kadi und Al Barakaat]* —— 152, 211
Urteil v 10.2.2009, Rs C-301/06, Slg 2009, I-593 *[Vorratsdatenspeicherung]* —— 253
Urteil v 30.9.2010, Rs T-85/09, Slg 2010, II-5177 *[Kadi II]* —— 152
Urteil v 18.7.2013, Rs C-584/10 P u a, Slg 2013, I-518 *[Kadi II P]* —— 152
Gutachten v 18.12.2014, Gutachten 2/13, EuGRZ 2015, 56 *[Beitrittsabkommen EU-EMRK]* —— 65, 250, 254

Deutsche Gerichte
BVerfG, Beschluss v 18.10.1967, BVerfGE 22, 293 *[Verfassungsbeschwerde gegen EG-Verordnung]* —— 117
BVerfG, Beschluss v 9.6.1971, BVerfGE 31, 145 *[Anwendungsvorrang des Gemeinschaftsrechts]* —— 117
BVerfG, Beschluss v 23.6.1981, BVerfGE 58, 1 *[Eurocontrol]* —— 108
BVerfG, Beschluss v 22.10.1986, BVerfGE 73, 339 *[Solange II]* —— 254
BVerfG, Beschluss v 26.3.1987, BVerfGE 74, 358 *[Unschuldsvermutung]* —— 246
BVerfG, Beschluss v 8.4.1987, BVerfGE 75, 223 *[Vorabentscheidungen des EuGH]* —— 15, 27
BVerfG, Urteil v 12.10.1993, BVerfGE 89, 155 *[Maastricht]* —— 40, 53, 117, 190, 194, 252, 253
BVerfG, Beschluss v 7.6.2000, BVerfGE 102, 147 *[Bananenmarktordnung]* —— 198, 254
BVerfG, Beschluss v 14.10.2004, BVerfGE 111, 307 *[Görgülü]* —— 246
BVerfG, Beschluss v 26.2.2008, BVerfGE 120, 180 *[Caroline IV]* —— 246
BVerfG, Urteil v 30.6.2009, BVerfGE 123, 267 *[Vertrag von Lissabon]* —— 53, 117, 190, 194, 252, 256
BVerfG, Beschluss v 6.7.2010, BVerfGE 126, 286 *[Honeywell]* —— 194
BVerfG, Urteil v 4.5.2011, BVerfGE 128, 326 *[Sicherungsverwahrung]* —— 246
BVerfG, Urteil v 7.9.2011, BVerfGE 129, 124 *[EFS]* —— 256
BVerfG, Urteil v 12.9.2012, BVerfGE 132, 195 *[ESM]* —— 256
BVerfG, Beschluss v 14.1.2014, BVerfGE 134, 366 *[OMT]* —— 194

Italienische Gerichte
Corte Costituzionale, Urteil v 22.10.2014, No 238, G.U. 1, Serie Speciale 2014, Anno 155, No 45 —— 196

Niederländische Gerichte
District Court of The Hague (Rechtbank Den Haag), Urteil v 10.7.2008, Case No 295247/HA ZA 07-2973, NILR 2008, 428 *[Mothers of Screbrenica v State of the Netherlands and the UN I]* —— 108
Supreme Court (Hoge Raad), Urteil v 13.4.2012, Case No 10/04437 *[Mothers of Srebrenica v State of the Netherlands and the UN II]* —— 108
District Court of The Hague (Rechtbank Den Haag), Urteil v 16.7.2014, ECLI:NL:RBDHA:2014:8748 *[Mothers of Srebrenica v State of the Netherlands III]* —— 101

US-amerikanische Gerichte
United States v Palestine Liberation Organization, US District Court, Southern District of New York, Urteil v 29.6.1988, AJIL 82 (1988) 833 *[US v PLO]* —— 111
Delama Georges et al v United Nations, US District Court, Southern District of New York, Urteil v 9.1.2015, 13-CV-7146 *[Delama Georges et al v United Nations]* —— 108

I. Geschichte und Bedeutung der Internationalen Organisationen

1. Die Internationalen Organisationen als unverzichtbare Elemente der internationalen Zusammenarbeit

1   Auf der internationalen Szene agieren heute längst nicht mehr allein die Staaten und – historisch bedingt – einige andere Völkerrechtssubjekte wie der Heilige Stuhl oder der Souveräne Malteser Ritterorden.[1] An ihre Seite sind seit Beginn des 20. Jh in ständig wachsender Zahl die *Internationalen Organisationen* (I.O.) getreten, die nicht nur den Kreis der Völkerrechtssubjekte erheblich erweitern,[2] sondern die auch auf die Entwicklung des materiellen Völkerrechts in fast allen Bereichen maßgeblichen Einfluss genommen haben (vgl u Rn 19ff). Es ist durchaus zutreffend, wenn der bekannte italienische Völkerrechtler *Roberto Ago* meint, dass die I.O. das wohl bedeutsamste Phänomen in der modernen Völkerrechtsentwicklung darstellen.[3]

2   Der Grund für den kometenhaften *Aufstieg der I.O.* liegt darin, dass der internationale Verkehr ohne institutionalisierte Formen der Zusammenarbeit immer weniger vorstellbar ist.[4] Die I.O. sind deshalb die entscheidenden Elemente dieser Institutionalisierung, weil sie von ihren sie tragenden Mitgliedern zu nahezu beliebigen Zwecken geschaffen und mit funktionsadäquaten Kompetenzen ausgestattet werden können. Angesichts einer verfestigten inneren Struktur und eigenen Willensbildung kann eine kontinuierliche Aufgabenerledigung weitgehend gesichert werden. Das Ausmaß der Effizienz hängt freilich auch, wie noch zu zeigen ist, vom Umfang der übertragenen Aufgaben und davon ab, ob diese Aufgaben mehr spezieller oder eher allgemeinpolitischer Natur sind.

2. Die Wurzeln: Von den Friedenskongressen und Verwaltungsunionen zum Völkerbund

3   Die Wurzeln der I.O. reichen tief in das 19. Jh zurück.[5] Sie gründen einmal in den von den führenden europäischen Staaten *(Europäisches Konzert)* dominierten Friedenskongressen, deren Ziel es war, durch die Erhaltung oder Festlegung des Gleichgewichts und den Ausschluss hegemonialer Bestrebungen den Frieden in Europa zu sichern.[6] Dadurch erhielt auch der schon in vielen philosophischen Entwürfen ausgebreitete Gemeinschaftsgedanke[7] politische Aktualität. 1867 soll der Begriff „International Organization" von *Lorimer* erstmals auf die europäische Staatengemeinschaft angewandt worden sein.[8] Neben diese prinzipielle Vision einer organisierten europäischen Staatengemeinschaft schob sich ein zweiter Wurzelstrang, aus dem die heutige Form der I.O. erwachsen ist. Es handelt sich dabei um die sog *Verwaltungsunionen*,[9] mit denen auf den gewaltigen technischen Fortschritt in der zweiten Hälfte des 19. Jh reagiert wurde. Erste Bsp sind die Internationale Fernmeldeunion (1865), der Weltpostverein (1874) und der Pariser

---

1 Zu diesen Völkerrechtssubjekten vgl *Kau*, 3. Abschn Rn 39 ff.
2 *Mosler*, Die Erweiterung des Kreises der Völkerrechtssubjekte, ZaöRV 22 (1962) 1 ff.
3 *Ago*, International Law in a Changing World, 1965, 20.
4 *Mosler*, The International Society as a Legal Community, 1980, 175 ff.
5 Dazu mwN *Seidl-Hohenveldern/Loibl*, Internationale Organisationen, Rn 207 ff; *Kirgis*, International Organizations, 1 ff; *Wehberg*, Entwicklungsstufen der internationalen Organisationen, Friedens-Warte 52 (1954) 193 ff; *Klabbers*, The Life and Times of the Law of International Organizations, NJIL 70 (2001) 287 ff.
6 Vgl *Baumgart*, Vom Europäischen Konzert zum Völkerbund, 2. Aufl 1987, der für die Zeit von 1814/15 bis 1914 immerhin drei Kongresse und 24 Konferenzen aufführt.
7 Zu denken ist dabei vor allem an die Konzeptionen des Naturrechts *(Pufendorf)* und der Aufklärung *(Kant)*. Von großer Bedeutung *Kant*, Zum ewigen Frieden, 1795.
8 Nach *Potter*, Origin of the Term International Organization, AJIL 39 (1945) 803 ff soll der Ausdruck am 18.5.1867 in einem Vortrag vor der kgl Akademie in Edinburgh gebraucht worden sein.
9 *Reinsch*, Public International Unions, 1911; *Rapisardi-Mirabelli*, Théorie générale des unions internationales, RdC 7 (1925-II) 344 ff; *Wolfrum*, International Administrative Unions, MPEPIL V, 335 ff.

Verband zum Schutz des gewerblichen Eigentums (1883).[10] Im Gegensatz zu den sich ad hoc zusammenfindenden Friedenskongressen beruhten diese Verwaltungsunionen auf einem zwischenstaatlichen Vertrag, waren also normativ verfestigt. Sie waren auf Dauer angelegt und konnten die laufenden Geschäfte durch ein ständiges Büro erledigen, ohne dass es der dauernden Präsenz von Vertretern der Mitglieder bedurfte. Die Aufgaben waren strikt zweckgebunden. Die Idee des *Funktionalismus* erlaubte es, einzelne Sachbereiche aus der allgemeinen Politik und ihren gegenläufigen nationalen Interessen herauszunehmen und sie einer adäquaten Lösung im allgemeinen Interesse zuzuführen.[11]

Eine rechtliche Verselbständigung dieser Verwaltungsunionen oder Büros von ihren Mitgliedern erfolgte in diesem Stadium noch nicht. Zu stark war die Vorstellung prägend, die die Völkerrechtsfähigkeit an das Element gebietlich umgrenzter Herrschaft band. Immerhin zeigten bereits die verschiedenen *Flusskommissionen* (Rhein, Donau) an, deren Befugnisse freilich territorial gebunden waren, dass der Gedanke einer funktional-beschränkten Rechtsfähigkeit – im Unterschied zu der umfassenden Rechtsfähigkeit der Staaten – durchaus möglich war.[12] Damit bestand für die Entwicklung der I.O. ein weiterer Anknüpfungspunkt.

Der entscheidende Durchbruch für eine von den Mitgliedstaaten getrennte, rechtlich selbständig handlungsfähige I.O. wurde mit dem Völkerbund (League of Nations, Société des Nations) und der gleichzeitig ins Leben gerufenen Internationalen Arbeitsorganisation (ILO) erzielt.[13] Hier wurden auch die bis heute geltenden *Grundstrukturen* (Organe, Willensbildung, Mitgliedschaft) festgelegt. Beide Institutionen zeigen auch, dass einerseits die Idee der Organisation der Staatengemeinschaft mit allgemeinem politischen Aufgabenbereich (internationale Zusammenarbeit und Friedenswahrung) aufgenommen und andererseits die am Funktionalismus orientierte Aufgabenzuteilung (Herstellung sozialer Gerechtigkeit durch Gestaltung entsprechender Arbeitsbedingungen) weiter praktiziert wurde.

Der *Völkerbund*[14] ging auf eine Anregung des amerikanischen Präsidenten *Woodrow Wilson* zurück und fand angesichts der Erschütterung, die der Erste Weltkrieg dem bestehenden Staatensystem und den klassischen Vorstellungen von Krieg und Frieden zugefügt hatte, breite Zustimmung. Freilich erwies es sich als politischer Geburtsfehler, die Völkerbundsatzung den Pariser Vorortfriedensverträgen v 1919/20 einzugliedern und damit zumindest den Anschein zu erwecken, man wolle sie als Instrument zur Disziplinierung der besiegten Mittelmächte benutzen. Der Eindruck von einer Siegerorganisation wurde zumindest hierzulande auch dadurch gefördert, dass Deutschland erst 1926 in die I.O. aufgenommen wurde.[15] Zum politischen Misserfolg des Völkerbundes trug aber vor allem seine fehlende Universalität bei. Die USA ratifizierten trotz der maßgeblichen Rolle, die ihr Präsident bei der Ausarbeitung der Völkerbundsatzung gespielt hatte, die Friedensverträge nicht und traten der Satzung auch später nicht bei. Die Sowjetunion wurde erst 1934 aufgenommen, aber bereits fünf Jahre später nach dem Überfall auf Finnland wieder ausgeschlossen. Zu diesem Zeitpunkt hatten die Achsenmächte (Deutschland 1933, Japan 1935, Italien 1939) den Völkerbund bereits freiwillig wieder verlassen.[16] Dem Völkerbund fehlte

---

10 Näher *Bülck*, Strukturwandel der internationalen Verwaltung, 1962, 4 ff.
11 Dazu *Ballreich*, Die Interdependenz Internationaler Organisationen, AVR 19 (1981) 121 (124 ff). Insgesamt können für den Beginn des 20. Jh 30 „Organisationen" gezählt werden; *Wallace/Singer*, Intergovernmental Organization in a Global System, 1815–1964: A Quantitative Description, International Organization 24 (1970) 239 ff.
12 Vgl *Mosler* (Fn 2) 9 f; *Tomuschat*, Die Internationale Gemeinschaft, AVR 33 (1995) 1 (13 f); *Weiß*, Kompetenzlehre, 70 ff.
13 Zur Entwicklung dieser Jahre *ter Meulen*, Der Gedanke der Internationalen Organisation in seiner Entwicklung, 3 Bde, 1917/1929/1940.
14 Ausführlich *Walters*, A History of a League of Nations, 2 Bde, 1952; *Schücking/Wehberg*, Die Satzung des Völkerbundes, Kommentar, 3. Aufl 1931; *Tams*, League of Nations, MPEPIL VI, 760 ff.
15 Eingehend *Wintzer*, Deutschland und der Völkerbund 1918–1926, 2006.
16 Insgesamt sind 16 Staaten aus dem Völkerbund ausgetreten.

damit die politische Kraft, die vorgesehenen Sanktionen gegen Friedensbrecher durchzuführen oder auch nur zu verhängen (Abessinien-Konflikt 1935/36).

7 Gleichwohl wäre es unrichtig, dem Völkerbund ein völliges Versagen zu bescheinigen. Im sozialen und menschenrechtlichen Bereich gelangen ihm *wichtige Anfangserfolge,* ohne die die spätere Entwicklung im Rahmen der UN nicht denkbar gewesen wäre; dazu gehören auch, trotz aller Mängel und Zeitgebundenheiten im Einzelnen, das Mandats- und das Minderheitenschutzsystem. Das Wichtigste aber war wohl, dass mit dem Völkerbund zum ersten Mal der Schritt von philosophischen Weltbundentwürfen zu einer vertraglich begründeten Institution praktisch vollzogen und wichtige Erfahrungen für ihre interne Organisation (Mitgliederversammlung/Bundesversammlung, kleineres Lenkungsgremium/Völkerbundsrat und ein ständiges Sekretariat) gesammelt wurden.[17] Besonders wichtig wurde auch die im Rahmen dieser I. O. erstmals verwirklichte Idee einer institutionalisierten Gerichtsbarkeit (Ständiger Internationaler Gerichtshof), die ergänzend neben die traditionelle Schiedsgerichtsbarkeit trat.[18] Insgesamt jedenfalls hatte sich ungeachtet aller offenbar gewordenen Schwächen die Idee einer Weltorganisation so durchgesetzt, dass an einen Neuanfang nach dem Zweiten Weltkrieg ohne eine entsprechende Organisation nicht zu denken war. Die Mission des Völkerbundes war erst erfüllt (1946), nachdem die UN ihre Arbeit aufgenommen hatten (1945).

3. Die Entwicklung nach 1945

8 Auch die *UN*[19] gingen aus der Siegerkoalition des Zweiten Weltkriegs hervor; noch heute weist der Wortlaut der UN-Charta (inzwischen freilich obsolet gewordene)[20] Spuren dieser Herkunft auf (Art 53, 107; sog Feindstaatenklauseln). Entscheidend geworden sind jedoch einerseits der bis an die Schwelle der 1990er Jahre die weltpolitische Lage prägende Ost-West-Konflikt, der die Rehabilitierung der besiegten Staaten erheblich beschleunigte, andererseits der Prozess der Dekolonisierung und die damit verbundene Akzentuierung eines Nord-Süd-Gegensatzes, dessen zwingender Ausgleich je länger er andauert, umso mehr Energie und Kosten in Anspruch nehmen wird.[21]

9 So viele Schwächen die UN immer aufweisen mögen, mit ihnen hat sich die Vorstellung einer die ganze Erde umspannenden *organisierten Staatengemeinschaft* endgültig durchgesetzt. Dies kommt auch in der ihre universelle Aufgabe spiegelnden Mitgliederzahl zum Ausdruck (2015: 193). Die UN gelten als der *Prototyp der I. O.* schlechthin. In ihrem Umfeld, aber auch außerhalb haben sich die I.O. geradezu explosionsartig vermehrt. Dabei handelt es sich einmal um – regionale – Organisationen, die der allgemeinen politischen Zusammenarbeit gewidmet sind (zB Europarat, Organisation Amerikanischer Staaten/OAS, Afrikanische Union/AU als Nachfolgerin der Organisation Afrikanische Einheit/OAU). Daneben gibt es *universelle* oder jedenfalls interkontinentale Organisationen, die einen begrenzten Zweck verfolgen und in der Tradition der Idee des Funktionalismus stehen, der – zumindest prinzipiell – die Entpolitisie-

---

17 Näher *Weiß*, Kompetenzlehre, 96 ff.
18 Vgl *Schröder*, 7. Abschn Rn 77 ff, 87 ff.
19 *Russell/Muther*, A History of the United Nations, 1958; Roberts/Kingsbury (Hrsg), United Nations, Divided World, 2. Aufl 1994; *Bertrand*, UNO. Geschichte und Bilanz, 1995; DGVN (Hrsg), Die Vereinten Nationen in ihren nächsten 50 Jahren – Ein Bericht der unabhängigen Arbeitsgruppe über die Zukunft der Vereinten Nationen, 1995; *Schlesinger*, Act of Creation: The Founding of the United Nations, 2003; *Ziring/Riggs/Plano*, The United Nations: International Organization and World Politics, 4. Aufl 2005; *Gareis/Varwick*, Vereinte Nationen; *Volger*, Geschichte der Vereinten Nationen, 2. Aufl 2008; Simma/Khan/Nolte/Paulus (Hrsg), Charter UN³.
20 Der Vorschlag *Kofi Annans* aus dem Jahr 2005, die Feindstaatenklausel auch formal zu streichen (vgl UN Doc A/59/2005 v 21.3.2005, § 217), ist – wie die meisten seiner Reformvorschläge – nicht in die Tat umgesetzt worden, vgl World Summit Outcome, A/RES/60/1 v 16.9.2005, § 177.
21 *Schrijver*, The Future of the Charter of the United Nations, MPYUNL 20 (2006) 1 (8 ff).

rung einzelner Sachbereiche erlaubt.[22] An diese Erfahrung hatte man bereits in den letzten Kriegsjahren mit der Gründung der Welternährungsorganisation/FAO, des Internationalen Währungsfonds/IMF und der Weltbank/IBRD sowie der Zivilluftfahrtorganisation/ICAO angeknüpft; diese Entwicklung wurde mit weiteren Schöpfungen später fortgeführt, deren wichtigste heute Sonderorganisationen der UN sind und damit zur UN-Familie gehören (vgl u Rn 229 ff). Der (neo-)funktionalistische Ansatz erwies sich aber auch auf regionaler Ebene als äußerst fruchtbar. Es entstanden eine Vielzahl *regionaler Organisationen* mit beschränkten, meist technisch oder wirtschaftlich determinierten Zwecken (zB Gemeinsamer Markt Südamerikas/Mercosur, Europäische Freihandelszone/EFTA, Europäische Wirtschaftsgemeinschaft/EWG), aber auch Verteidigungsorganisationen (Nordatlantikpakt/NATO, Warschauer Pakt), die trotz des generellen Gewaltverbots angesichts des von der UN-Charta und dem allgemeinen Völkerrecht unangetastet gebliebenen Rechts zur individuellen und kollektiven Selbstverteidigung gegen bewaffnete Angriffe zulässig bleiben.[23]

Es ist nicht verwunderlich, dass der Organisationsgrad, dh die Intensität der Institutionalisierung, der Integration, auf regionaler Ebene wegen der dort häufig vorhandenen stärkeren Homogenität der Interessen und Rechtsvorstellungen höher ist als auf der globalen Ebene. Vor allem im *europäischen* Bereich sind Verfestigungen erreicht worden, die es notwendig machen, die EU als *Integrationsgemeinschaft* als besondere Kategorie der I.O. zu verstehen (sog Supranationale Organisationen). Vom Aufgabenumfang und von der Kompetenzausstattung her nähern sich diese Organisationen (vgl u Rn 249 ff), vor allem aus der Sicht von Drittstaaten, staatlichen Formen an.[24] 10

Die *Zahl* der I.O. liegt erheblich höher als die der Staaten. Eine Übersicht der Union of International Associations[25] weist 266 (auf vertraglicher Absprache beruhende) I.O. für das Jahr 2013 (1960: 154) aus (vgl Übersicht 1); die BR Deutschland ist danach Mitglied in 93 völkervertraglich begründeten I.O.[26] Aufgeführt werden weitere ebenfalls von Staaten getragene internationale Einheiten *(international bodies)*, deren Zahl mit 1.773 angegeben wird; dabei ist nicht alles völlig transparent. Dennoch geben diese Zahlen einen eindrucksvollen Hinweis auf die zunehmende institutionelle Vernetzung der Staaten. 11

Übersicht 1

	Conventional international bodies	
A	Federations of international organizations	1
B	Universal membership organizations	37
C	Intercontinental membership organizations	35
D	Regionally orientated membership organizations	193
		266

---

22 *Mitrany*, A Working Peace-System, 1943.
23 ICJ Rep 1986, 14, 45 *(Nicaragua [Merits])*.
24 Vgl *Tomuschat*, Völkerrechtliche Grundlagen der Drittlandsbeziehungen der EG, in Hilf/Tomuschat (Hrsg), EG und Drittstaatsbeziehungen nach 1992, 1991, 141.
25 YIO 51 (2014/15), Vol 5, 25.
26 Ebd 51.

Other international bodies		
E	Organizations emanating from places, persons or other bodies	914
F	Organizations of special form	710
G	Internationally oriented national organizations	149
		1.773

Quelle: YIO 52 (2014/15), Vol 5, 25.

4. Definitionen und Abgrenzungen

12 Trotz unterschiedlicher Umschreibungen in der Literatur gibt es einen weitgehenden Konsens über die Voraussetzungen, die gegeben sein müssen, will man von einer I. O. sprechen. Dabei orientiert man sich weitgehend an den den wichtigsten oben erwähnten Institutionen (zB Völkerbund, UN, ILO, Europarat) gemeinsamen Merkmalen. Danach kann eine *I. O. definiert* werden als ein auf völkerrechtlichem Vertrag beruhender mitgliedschaftlich strukturierter Zusammenschluss von zwei oder mehreren Völkerrechtssubjekten (meist Staaten), der mit eigenen Organen Angelegenheiten von gemeinsamem Interesse besorgt.[27] Die I. O. ist somit eine Rechtsfigur des Völkerrechts.

13 *Gründer und Mitglieder* von I.O. werden idR *Staaten* sein, doch ist die Beteiligung anderer Völkerrechtssubjekte nicht grundsätzlich ausgeschlossen.[28] I.O. können Mitglieder anderer I.O. sein, sofern sie nach ihrem Gründungsvertrag diese Mitgliedsfähigkeit haben, die ihrerseits Völkerrechtssubjektivität voraussetzt. Aus dem Begriff der I.O. allein lässt sich allerdings auf die Völkerrechtspersönlichkeit nicht schließen; der I.O. muss vielmehr diese Eigenschaft von ihren Mitgliedern verliehen werden (s u Rn 93f).

14 *Supranationale Organisationen* (S.O.) unterscheiden sich von I.O. dadurch, dass sie unmittelbare rechtliche Wirkungen nicht nur zwischen ihren Mitgliedern entfalten können, sondern auch innerhalb der Mitgliedstaaten, dh also, dass ihre Rechtsakte ohne irgendwie geartete Umsetzung direkt im Rechtsraum der Mitglieder angewendet werden können.[29] Rechtsakte der S.O. (etwa die Verordnungen der früheren EG und heutigen EU) sind somit fähig, den „Souveränitätspanzer" *(Bleckmann)* der Mitgliedstaaten zu durchschlagen, während die Rechtsakte (normaler) I.O. nur die Staaten verpflichten können, die diese Verpflichtung ihrerseits innerstaatlich an die ihrer Hoheitsgewalt unterliegenden Personen weitergeben müssen (zB Umsetzung von Embargobeschlüssen des UN-Sicherheitsrats durch innerstaatliches Recht). Damit erscheint die Souveränität der Mitgliedstaaten einer S.O. in einem neuen Licht;[30] das Problem verschärft sich noch beträchtlich, wenn diese die Souveränitätssperre durchstoßenden Rechtsakte auch ohne oder gegen den ausdrücklichen Willen des Mitglieds beschlossen werden können (Mehrheitsbeschlüsse). Dies bedingt aber wieder einen für S.O. charakteristischen (hohen) Rechtsschutzstandard. Überhaupt kommt dem Recht als Integrationsinstrument eine besondere Bedeutung zu.

---

27 Vgl zB *Schermers/Blokker*, International Institutional Law, §§ 32 ff; *Charpentier*, Institutions internationales, 17. Aufl 2009, 49 f; *Epping*, in Ipsen (Hrsg), Völkerrecht, 6. Aufl 2014, § 6 Rn 2; *Doehring*, Völkerrecht, 2. Aufl 2004, Rn 202. Vgl auch The American Law Institute, Restatement of the Law, The Foreign Relations Law of the United States, Bd I, 1987, 221.
28 Zutr *Köck/Fischer*, Internationale Organisationen, 3. Aufl. 1997, 57 f.
29 Dies ist das entscheidende Kriterium der Supranationalität, das die Angehörigen der Mitgliedstaaten neben diesen zu Rechtssubjekten dieser Ordnung macht, vgl EuGH, Slg 1963, 1, 24 f *[van Gend & Loos]*; auf die Weisungsunabhängigkeit der Mitglieder des rechtsetzenden Organs von den Mitgliedstaaten kommt es dabei nicht an. Näher *H.P. Ipsen*, Über Supranationalität, FS Scheuner, 1973, 211 ff; *Capotorti*, Supranational Organizations, EPIL IV (2000) 737 ff; *von Bogdandy*, Supranationale Union als neuer Herrschaftstypus, Integration 1993, 210 ff; s u Rn 250.
30 *Mosler*, Der Vertrag über die Europäische Gemeinschaft für Kohle und Stahl, ZaöRV 14 (1951) 1 (27).

Für I.O. wie für S.O. gilt gleichermaßen, dass ihnen nur die von dem sie tragenden Gründungsstatut zugewiesenen Aufgaben zur Erledigung übertragen sind, wie breit dieser Funktionsbereich auch immer definiert sein mag. Beide haben *keine Aufgabenerfindungszuständigkeit;* ihnen fehlt die souveränen Staaten zukommende Fülle der Hoheitsgewalt und die darin mitumschlossene Kompetenz-Kompetenz.[31] Auch S.O. fehlt daher das entscheidende Merkmal der Staatlichkeit. Hieran halten auch der Maastrichter Vertrag über die Europäische Union (1992) und die Verträge von Amsterdam (1997), Nizza (2001) und Lissabon (2007) ausdrücklich fest.[32]

15

Die gegebenen Definitionen erlauben *Abgrenzungen* in verschiedenen Richtungen. So unterscheiden sich I.O. von anderen Formen vertraglicher Zusammenarbeit zwischen Völkerrechtssubjekten durch den höheren Grad an institutioneller Verfestigung und die grundsätzliche Verselbständigung (Differenzierung) des Willens der Organisation, ohne dass dies notwendig (freilich meistens) zu einer eigenen Völkerrechtssubjektivität führt.[33] Ein interessantes Bsp für einen sich beschleunigenden Institutionalisierungsprozess bietet die Konferenz für Sicherheit und Zusammenarbeit in Europa (KSZE), die allmählich aus dem Bereich bloß politischer Absprache in eine vertraglich verfestigte regionale Abmachung *(regional arrangement)* iSv Kap VIII UN-Charta und in eine einer veritablen I.O. jedenfalls sehr nahe kommende Struktur überführt wurde (OSZE).[34]

16

Ähnlichkeiten weisen I.O. zweifellos mit *Staatenbünden* auf, deren Mitglieder auch souveräne Staaten sind; wörtlich genommen kann man die meisten I.O. durchaus als „Staatenbünde" bezeichnen. Der Begriff ist heute jedoch in den Hintergrund getreten.[35] Auch der Sache nach hat die I.O. den Staatenbund weitgehend verdrängt. Ein Unterschied zu den klassischen Staatenbünden besteht wohl darin, dass diese ihre Zwecke nicht definieren mussten, während dies für die I.O. wesentlich ist.[36]

17

Eine Abgrenzung ist auch gegenüber den *nichtstaatlichen* I.O. vorzunehmen (Non-Governmental Organizations/NGOs bzw Nichtregierungsorganisationen/NROs).[37] Sie sind errichtet von Individuen oder privaten Verbänden, die sich mit gleich gesinnten Gruppen oder Verbänden aus anderen Staaten zusammenschließen. Entscheidend ist jedoch nicht die Mitgliedschaft, sondern die Funktion.[38] Die *NGOs* üben keine Hoheitsgewalt aus; sie unterstehen auch nicht dem Völker-

18

---

31 Vgl BVerfGE 75, 223, 242.
32 Vgl Art 5 Abs 1 Satz 1, Abs 2 EUV; s auch u Rn 250.
33 Keine Verselbständigung haben Unter- oder Hilfsorgane von Organen I.O. erreicht (zB UNCTAD als Organ der UN-GV). Einen interessanten Wandel vom UN-Organ zur eigenständigen Organisation hat die UNIDO durchlaufen; vgl *Szasz*, United Nations Industrial Development Organization, EPIL IV (2000) 1132 ff.
34 Vgl Helsinki-Dokument 1992, Nr 25, Bull BReg 1992, 777 ff. Zur Umbenennung durch die Gipfelerklärung in Budapest vgl Bull BReg 1994, 1097; *Schweisfurth*, Völkerrecht, 2006, 390 f.; zur Institutionalisierung vgl *Fastenrath/Weigelt*, OSCE, MPEPIL VII, 1041 (Rn 5).
35 Ein neueres Bsp dürfte jedoch die 1991 gegründete „Gemeinschaft Unabhängiger Staaten" sein, in der sich derzeit 11 Republiken der ehemaligen Sowjetunion zusammengefunden haben; Gründungsdokumente in ILM 31 (1992) 142 ff; ferner EA 1992, D 302 ff.
36 So *Doehring*, Allgemeine Staatslehre, 3. Aufl 2004, Rn 174. Nach *Hobe*, Einführung in das Völkerrecht, 10. Aufl 2014, 123 ff ist der Zweck I.O. weniger umfassend als der von Staatenverbindungen herkömmlicher Art. Zur Abgrenzung von internationalen Regimen *Wesel*, Internationale Regime und Organisationen, 2012, 76 ff.
37 *Lador-Lederer*, Nichtstaatliche Organisationen und die Frage der Erweiterung des Kreises der Völkerrechtssubjekte, ZaöRV 23 (1963) 657 ff; *Rechenberg*, Non-Governmental Organizations, EPIL III (1997) 612 ff; *Otto*, Nongovernmental Organizations in the United Nations System, HRQ 18 (1996) 107 ff; Hofmann (Hrsg), Non-State Actors as New Subjects of International Law, 1999; *Hummer*, Internationale nichtstaatliche Organisationen im Zeitalter der Globalisierung, BDGVR 39 (2000) 45 ff; *Müller-Terpitz*, Beteiligungs- und Handlungsmöglichkeiten nichtstaatlicher Organisationen im aktuellen Völker- und Gemeinschaftsrecht, AVR 43 (2004) 466 ff; *Fitschen*, Vereinte Nationen und nichtstaatliche Organisationen, in: Volger (Hrsg), Grundlagen, 309 ff; *Rossi*, Legal Status of NGOs in International Law, 2010.
38 *Schermers/Blokker*, International Institutional Law, § 47.

recht,[39] sondern sie *unterliegen einer staatlichen Rechtsordnung*. Dies bedeutet keineswegs, dass sie auf die internationalen Beziehungen ohne Einfluss sind.[40] Die in ihnen gebündelten Interessen und der dort vorhandene Sachverstand machen sie oft zu gesuchten Gesprächspartnern. So ist der UN-Wirtschafts- und Sozialrat (ECOSOC) ermächtigt, NGOs zu konsultieren, die sich mit Angelegenheiten seiner Zuständigkeit befassen (Art 71 UN-Charta). Auch Satzungen von anderen I. O. kennen entsprechende Vorschriften.[41] NGOs gibt es in fast allen Bereichen (Politik: Interparlamentarische Union; Recht: Internationale Juristenkommission, International Law Association/ILA, Institut de Droit International/IDI; Arbeitsrecht: Internationale Föderation der Gewerkschaften bzw der Arbeitgeber; Kirche: Lutherischer Weltbund, Innere Mission; humanitär: Amnesty International; Literatur: Internationaler PEN-Club; Sport: Internationales Olympisches Komitee/IOC; Umwelt: Greenpeace). Für das Jahr 2013 wurden allein unter der Rubrik „Conventional international bodies" 8.626 NGOs gezählt (1960: 1255).[42] So sind auch die NGOs ein wichtiger Beleg für die Zunahme internationaler Aktivitäten. Sie sind aber keine I. O. im hier behandelten Sinn.

5. Der Einfluss der Internationalen Organisationen auf das Völkerrecht

19 Erscheinung und Tätigkeit der I. O. sind über die Erweiterung des Kreises der Völkerrechtssubjekte hinaus für die *Weiterentwicklung des Völkerrechts* von maßgeblicher Bedeutung geworden.[43] Dies kann hier nicht umfassend und im Detail dargestellt werden; zu vielfältig und zu funktionsspezifisch sind die Beiträge der einzelnen I. O. So sollen nur die wichtigsten generellen Einflüsse angesprochen werden.[44]

20 (1) Mit den I. O. haben sich die Möglichkeiten der internationalen *Kooperation* erheblich erweitert und intensiviert, was sich pazifizierend auf das Verhalten der Staaten auswirkt. Die mit der rechtlichen Verselbständigung der I. O. einhergehende Distanzierung vom (einzel-)mitgliedstaatlichen Willen gibt der Zusammenarbeit einen neuen Charakter und stärkt ihre Effektivität. Freilich haben die I. O. die zwischenstaatliche Kooperation nicht monopolisiert; sie vollzieht sich daneben in zahlreichen anderen Formen.[45] Die Zunahme der Zahl I. O. weist jedoch auf das Bedürfnis nach gerade dieser besonders verfestigten Kooperationsform hin.

21 (2) Von nicht zu überschätzender Bedeutung ist der Beitrag, den I. O. speziell zur Ausprägung der *Menschenrechte* und des Selbstbestimmungsrechts geleistet haben.[46] Es kann ohne weiteres

---

39 Für eine partielle Völkerrechtssubjektivität von NGOs allerdings *Hobe*, Der Rechtsstatus der Nichtregierungsorganisationen, AVR 37 (1999) 152 (171 f); *Epping* (Fn 27) § 6 Rn 22.
40 Vgl A/58/817 v 11.6.2004 (Cardoso Report); ferner *Seidl-Hohenveldern/Loibl*, Internationale Organisationen, Rn 103; s auch u Rn 160.
41 Vgl etwa Art 12 UNESCO; Art 12 ILO; Art 13 FAO. – Auf der Grundlage von Beschlüssen des Ministerkomitees des Europarats ist eine Kooperation mit NGOs aufgenommen worden. Auch der UN-Sicherheitsrat nimmt seit dem Jahre 2006 verstärkt (informellen) Kontakt mit NGOs im Rahmen der sog „Arria-Formula" auf, vgl UN Doc S/2006/507.
42 YIO 51 (2014/15), Vol 5, 25. – Zum Teil entstehen I. O. aus NGOs; Bsp: World Tourism Organization (1970/75); näher dazu u Rn 233.
43 Das Lehrbuch von *Verdross/Simma*, Universelles Völkerrecht, 3. Aufl 1984 legt sogar der allgemeinen Darstellung des Völkerrechts die „Verfassung der Vereinten Nationen" zugrunde und unterstreicht so den Aspekt der verfassten Staatengemeinschaft. Vgl auch *Schreuer*, The Waning of the Sovereign State: Towards a New Paradigm for International Law, EJIL 4 (1993) 447 ff, der auch einen Einfluss der I. O. auf die Rechtsquellenlehre konstatiert. S u Rn 209.
44 Vgl *Frowein*, Der Beitrag der Internationalen Organisationen zur Entwicklung des Völkerrechts, ZaöRV 36 (1976) 147 ff; *Schreuer*, Die Bedeutung Internationaler Organisationen im heutigen Völkerrecht, AVR 22 (1984) 363 ff. Vgl schon *Jenks*, The Common Law of Mankind, 1958, 190 ff; *Bennett/Oliver*, International Organizations, 2 ff.
45 Für die Etablierung grenzüberschreitend zusammenarbeitender Regionen empfiehlt *Lang*, Die normative Qualität grenzüberschreitender Regionen, AVR 27 (1989) 253 ff den Begriff der *soft institution*.
46 Vgl *Kau*, 3. Abschn Rn 125 ff, 229 ff. – Ferner *O'Flaherty*, Human Rights and the UN, 2. Aufl 2002; *Gareis/Varwick*, Vereinte Nationen, 177 ff; *Klein*, Vereinte Nationen und Selbstbestimmungsrecht, in Blumenwitz/Meissner (Hrsg),

das Urteil gewagt werden, dass diese das „klassische" Völkerrecht revolutionierenden Entwicklungen ohne das – gewiss nicht immer konzise – Drängen der UN kaum das Stadium politischer Maximen verlassen hätten und zu bindenden, den Handlungsspielraum der Staaten einschränkenden Völkerrechtsnormen erstarkt wären. Eine insoweit wichtige neuere Entwicklung ist die Etablierung der Strafgerichtshöfe zur Ahndung von Kriegsverbrechen und Verbrechen gegen die Menschlichkeit im ehemaligen Jugoslawien (1993) und in Ruanda (1994) durch den UN-Sicherheitsrat[47] und die Verabschiedung des Statuts eines Internationalen Strafgerichtshofs in Rom (1998).[48]

(3) Ganz unübersehbar ist die Leistung, wieder vor allem der UN, im Hinblick auf die Etablierung des *Gewaltverbots*, das heute unbestritten nicht nur als vertragliche Satzungspflicht, sondern als zwingende Norm des allgemeinen Völkerrechts gilt.[49] Militärische Gewaltanwendung ist kein zulässiges Mittel mehr zur Lösung internationaler Konflikte. Ungeachtet der offenkundigen Schwierigkeiten, diesen Völkerrechtssatz tatbestandlich zu konturieren und überall durchzusetzen, ist das der klassischen Souveränitätsvorstellung immanente *ius ad bellum* aus dem Völkerrecht eliminiert. Die klare Verurteilung des Angriffskriegs wirkt sich zunehmend auch auf das völkerrechtliche Institut der Neutralität aus, da aus dieser Perspektive eine Äquidistanz zu Angreifer und Angriffsopfer kaum mehr vertretbar erscheint.[50] Hinzuweisen ist jedoch auf die freilich nicht unbestrittene Konsequenz, dass die verstärkte Bedeutung der Menschenrechte unter bestimmten Voraussetzungen den Einsatz auch militärischer Mittel zu ihrem Schutz zu rechtfertigen vermag.[51] Eine damit zusammenhängende (subsidiäre) Schutzverantwortung der Staatengemeinschaft verfolgt auch das Konzept der „Responsibility to Protect" (R2P).[52] Danach soll der Einsatz militärischer Gewalt als *ultimum remedium* zum Schutz elementarer Menschenrechte zulässig sein, wenn der Staat nicht fähig oder willens ist, deren Einhaltung zu garantieren. Die R2P ist allerdings noch kein völkerrechtlich verbindliches Prinzip; insbes der SR hat das Konzept in der Resolution 1973 (2011) zum Einsatz in Libyen nur implizit angesprochen und ihm bislang im Rahmen des Syrien-Konflikts seit 2012 keine Beachtung geschenkt.[53]

(4) Maßgeblichen Einfluss haben I.O. auf das Recht der *wirtschaftlichen und sozialen Entwicklung und Zusammenarbeit* genommen. Insoweit ist stichwortartig auf Begriffe und Konzepte wie Freihandelszone, Zollunion, multilaterale Entwicklungshilfe, Solidaritätsrechte und Schutz arbeitender Personen vor Ausbeutung hinzuweisen.[54]

(5) Eine entscheidende Errungenschaft der I.O. ist die damit möglich gewordene institutionalisierte *Durchsetzung völkerrechtlicher Verpflichtungen*, mit der gegen Völkerrechtsverstöße konzentriert vorgegangen, die Durchsetzungschance also erhöht werden kann. Fast noch

---

Das Selbstbestimmungsrecht der Völker und die deutsche Frage, 1984, 107 ff.; *Hilpold*, Von der Utopie zur Realität – das Selbstbestimmungsrecht der Völker in Europa, JZ 2013, 1061 (1063 ff).
47 Vgl S/RES/827 v 25.5.1993 u S/RES/1166 v 13.5.1998 (Jugoslawien); S/RES/955 v 8.11.1994 (Ruanda). – Vgl auch Fn 636.
48 Statut des Internationalen Strafgerichtshofs zur Ahndung von Völkermord, von Verbrechen gegen die Menschlichkeit und Kriegsverbrechen v 17.7.1998 (Text: BGBl 2000 II, 1393); vgl *Macke*, UN-Sicherheitsrat und Strafrecht, 2010 sowie *Schröder*, 7. Abschn Rn 46 f, 52.
49 Vgl *Bothe*, 8. Abschn Rn 3 ff. – Vgl ICJ Rep 1986, 14, 99 [Nicaragua (Merits)], wo das satzungsrechtliche mit dem gewohnheitsrechtlichen Gewaltverbot gleichgesetzt wird; vgl auch das *Mauer*-Gutachten des IGH, ILM 43 (2004) 1009 mit § 87. Vgl auch *Frowein* (Fn 44) 156 ff.
50 Vgl *Hobe* (Fn 36) 579; vgl *Bothe*, 8. Abschn Rn 104 ff.
51 Zur sog humanitären Intervention vgl *Doehring* (Fn 27) Rn 1010 ff, 1048 mwN; krit *Bothe*, 8. Abschn Rn 22.
52 Vgl A/RES/60/1 v 16.5.2005, Ziff 138 f. Umfassend *Verlage*, Responsibility to Protect, 2009; *Rausch*, Responsibility to Protect, 2011; vgl auch die Beiträge im Themenheft 1-2 der Friedenswarte 88 (2013).
53 Vgl *Schmahl*, Responsibility to Protect, humanitäres Völkerrecht und internationale Strafgerichtsbarkeit, in Hilpold (Hrsg), Die Schutzverantwortung (R2P), 2013, 245 (254 ff); aA *Geiß/Kashgar*, UN-Maßnahmen gegen Libyen, VN 2011, 99 (100); wohl auch *Verlage*, Die Sicherheitsratsresolution 1973 zum Fall Libyen, Die Friedenswarte 88 (2013) 63 (73 ff).
54 Vgl *Bennett/Oliver*, International Organizations, 297 ff, 358 ff; *Wolfrum*, Ursprüngliche Aufgabenzuweisung und jetzige Aktivitäten der Vereinten Nationen, in ders (Hrsg), Die Reform der Vereinten Nationen, 1989, 129 (141 ff); vgl *Dolzer/Kreuter-Kirchhof*, 6. Abschn Rn 106 ff.

wichtiger aber ist, dass damit die Möglichkeit gegeben ist, die Bejahung des Unrechtscharakters der zu bekämpfenden Maßnahme auf eine breit konsentierte Grundlage zu stellen und die Durchsetzung von der Beurteilung einzelner Staaten unabhängig und dadurch glaubwürdiger zu machen, als es den traditionellen völkerrechtlichen Durchsetzungsmechanismen entspricht, bei denen der sich verletzt fühlende Staat zwangsläufig mit dem Ergreifen von Repressalien zum „Richter in eigener Sache" wird.[55]

25 (6) Weite Bereiche der zuvor auf ungeschriebenen Völkerrechtsnormen beruhenden Rechtsgebiete sind auf Initiative von Organen oder Hilfsorganen I.O. schriftlich fixiert worden. Die mit der *Kodifikation*[56] einhergehende Präzisierung des Normbestands erleichtert seine Anwendung und Auslegung. Der allmähliche Wandel des Völkerrechts zu einem immer mehr geschriebenen Recht führt zu einer stärkeren Juridifizierung des Völkerrechts und macht es damit der richterlichen Anwendung leichter zugänglich.[57]

26 (7) Es ist kein Zufall, dass die Diskussion über internationalen *ordre public* und *ius cogens* erst nach 1945 in Gang gekommen ist. Die *Identifizierung von Allgemeininteressen* hat eine institutionell verfestigte, auf Dauer angelegte Zusammenarbeit zur Voraussetzung, wird jedenfalls von ihr in erheblichem Maße begünstigt.[58] Dabei bedarf es freilich stets der weiteren Prüfung, auf welchem Wege und unter welchen Umständen die Gemeinwohldefinition normative Bedeutung erlangt; als Weltlegislative ist die UN-Generalversammlung keinesfalls zu qualifizieren. Aber es kann doch Konsens über Rechtswerte erzielt werden, deren Infragestellung nach einmal erfolgter Zustimmung schwierig ist und zumindest in Argumentationsnot führt. Die zunehmende Werthaftigkeit des Völkerrechts gibt Hinweise auf eine neue – nicht nur unproblematische – Entwicklungsstufe des Völkerrechts.[59]

27 (8) Eine charakteristische, mit den erwähnten Entwicklungen zusammenhängende Erscheinung des modernen Völkerrechts ist die (quantitative) Einschränkung des interventionsfreien Raumes *(domaine réservé)*. Die vielfache – gewiss zunächst freiwillig eingegangene – Bindung gewinnt mit der Einordnung in eine verfestigte, sich bei ihrer Willensbildung vom Willen des einzelnen Mitgliedstaats lösenden Institution aber auch eine andere Qualität. Dies wird bei S.O., bei denen man schon offen die *Souveränitätsfrage* stellt,[60] besonders deutlich, ist aber auch im Hinblick auf die UN immer klarer erkennbar. Belege dafür sind nicht nur die Zwangsmaßnahmen des Sicherheitsrats zur Abwehr von Aggressionen, sondern die weitergehenden Resolutionen des Sicherheitsrats bzgl der Einrichtung von Schutzzonen für die Kurden im Norden des Irak und das an Libyen gerichtete Verlangen, eigene, des Terrorismus beschuldigte Staatsangehörige zur strafrechtlichen Aburteilung an andere UN-Mitglieder auszuliefern.[61] Noch weiter gehen Si-

---

55 Näher *Klein*, Sanctions by International Organizations and Economic Communities, AVR 30 (1992) 101 ff; s *Schröder*, 7. Abschn Rn 108 ff.
56 Als Bsp solcher auf die Arbeit der ILC, eines UN-Hilfsorgans, zurückgehender Kodifikationen seien nur genannt: die Wiener Übereinkommen über diplomatische und konsularische Beziehungen (1961/1963), die Wiener Konvention über das Vertragsrecht (1969) und die Wiener Konvention über die Staatennachfolge in Verträge (1978). Vgl näher *Geck*, Völkerrechtliche Verträge und Kodifikation, ZaöRV 36 (1976) 96 ff. S auch u Rn 209.
57 Vgl *Graf Vitzthum*, 1. Abschn Rn 147.
58 Vgl *Klein*, Statusverträge im Völkerrecht, 1980, 52 ff; *ders* (Fn 55) 102; *Frowein*, Das Staatengemeinschaftsinteresse, FS Doehring, 1989, 219 (222 f); *Brunnée*, Entwicklungen im Umweltvölkerrecht am Beispiel des sauren Regens und der Ozonschichtzerstörung, 1989, 125 ff; *Tomuschat*, International Law: Ensuring the Survival of Mankind in the Eve of a New Century, 2001, 78 ff; *Paulus*, Die internationale Gemeinschaft im Völkerrecht, 2001, 250 ff.
59 Vgl demgegenüber *Hobe* (Fn 36) 42 zur „Wertneutralität" des „klassischen" Völkerrechts.
60 Vgl Ress (Hrsg), Souveränitätsverständnis in den Europäischen Gemeinschaften, 1980; *Randelzhofer*, Staatsgewalt und Souveränität, in Isensee/Kirchhof (Hrsg), HdbStR II, 3. Aufl 2004, 143 (157 f).
61 Dazu mN *K. Ipsen*, Auf dem Weg zur Relativierung der inneren Souveränität bei Friedensbedrohung, VN 1992, 41 ff; *T. Stein*, International Measures against Terrorism as Sanctions by and against Third States, AVR 30 (1992) 38 ff; *ders*, Das Attentat von Lockerbie vor dem Sicherheitsrat der Vereinten Nationen und dem Internationalen Gerichtshof, AVR 31 (1993) 206 ff.

cherheitsratsresolutionen, die zur Abwehr terroristischer Aktivitäten die Beschränkung der Freiheitsrechte und das Einfrieren des Vermögens namentlich aufgeführter Individuen verlangen (sog *targeted sanctions;* vgl u Rn 152). Auch das Konzept der Schutzverantwortung (R2P) zielt auf eine Einschränkung des interventionsfreien Raumes (vgl o Rn 22). Ungeachtet dieses Qualitätswandels der staatlichen Souveränität beruhen die UN ausdrücklich auf dem Prinzip der souveränen Gleichheit der Staaten (Art 2 Nr 1 UN-Charta), und die Staaten pflegen nach Erlangung ihrer Unabhängigkeit als Erstes den Antrag auf Aufnahme in die UN zu stellen, um damit „Brief und Siegel" auf ihre Souveränität zu erhalten.

Dies zeigt, dass es nicht um Entgegensetzung von Bindung und Souveränität, sondern um 28 eine Synthese gehen muss. Ihr Gelingen, und das ist vielleicht das Wichtigste, was mit der Idee der I. O. erreicht wurde, setzt eine Rationalisierung, eine *„Versachlichung" des Staates*[62] voraus, keineswegs aber seine Auflösung und Verabschiedung. Wo die Entmythologisierung des Staats hingegen nicht gelingt, scheitert die (internationale) Gemeinschaftsidee oder muss zwangsweise durchgesetzt werden. I.O. und Staaten sind daher sich wechselseitig beeinflussende Größen.

(9) Die hier sichtbare, zunehmende Verdichtung des Gesamtsystems (ergänzt durch viele 29 Subsysteme), der Wandel von einer Staatengesellschaft zu einer Staatengemeinschaft[63] hat die UN – die als einzige Organisation dafür in Betracht käme – gleichwohl nicht zur *civitas maxima* werden lassen. Nach wie vor sind es die Staaten, die über Fortbestand oder Untergang der I.O. entscheiden. Ein *Weltstaat* ist mit den UN *nicht* errichtet worden,[64] und seine Errichtung wäre auch schwerlich wünschenswert. Selbst in S.O. bleiben die Mitgliedstaaten jedenfalls gemeinsam die „Herren der Verträge", und solange der einzelne Mitgliedstaat faktisch (und auch rechtlich wirksam) eine solche Gemeinschaft verlassen kann, dürfte dies als Probe auf seine ihm Völkerrechtsunmittelbarkeit garantierende Souveränität immer noch genügen.[65]

Eine *Hierarchisierung* der Staatengemeinschaft hat durch die UN daher *nicht* stattgefunden; 30 die Staaten nutzen dieses Forum zwar, sind aber die wesentlichen Akteure geblieben.[66] Es ist auch zu keiner Hierarchisierung der I.O. durch die UN gekommen; der misslungene Ein- und Untergliederungsversuch des Völkerbundes ist nicht wiederholt worden.[67] Allerdings können sich Einwirkungsmöglichkeiten der UN auf der Grundlage besonderer Abkommen ergeben, mit denen diese Partnerorganisationen den Status von „Sonderorganisationen" der UN erhalten (Art 57, 63). Ausübung und Abwehr solcher Einflussnahmen sind ein wichtiges Thema innerhalb der sog UN-Familie.[68] Wegen der Universalität der Mitgliedschaft in den UN kommt auch im Hinblick auf weitere I.O. der Wille der UN in den Fällen zum Tragen, in denen für die Mitglieder verbindliche Entscheidungen getroffen werden. Nach Art 103 UN-Charta gehen die aus ihr folgenden Verpflichtungen anderen übernommenen Vertragspflichten vor. Da die Mitgliedstaaten anderer I.O. in aller Regel auch UN-Mitglieder sind, müssen sie dafür Sorge tragen, dass diese (anderen) Organisationen keine Beschlüsse fassen, welche die ihre Mitglieder bindenden (Si-

---

62 *Doehring,* Internationale Organisationen und staatliche Souveränität, FS Forsthoff, 1967, 105 (131).
63 *Mosler* (Fn 4) 11 ff; *Tomuschat* (Fn 58) 88 ff. Ausführlich *Paulus* (Fn 58).
64 Insgesamt ist nach Wegfall des Ost-West-Konflikts die Rolle des UN-Sicherheitsrats zumindest prinzipiell gestärkt. Insoweit ist das – freilich einmalige – Treffen der Staats- und Regierungschefs der Sicherheitsratsmitglieder vom 31.12.1992 bezeichnend; vgl UN Doc S/23500.
65 *Randelzhofer* (Fn 60) 158. In Art 50 EUV ist das Austrittsrecht jetzt ausdrücklich garantiert; vgl dazu näher u Rn 80.
66 *Schreuer* (Fn 44) 403. Allerdings gibt es I.O., die durchaus Einfluss auf die Politik von Staaten ausüben, wozu vor allem die Weltbankgruppe (IFC, IBRD, IDA, MIGA und ICSID; die beiden letztgenannten Organisationen werden zT nicht zur Weltbankgruppe gezählt) und der IMF gehören; *Fatouros,* On the Hegemonic Role of International Functional Organization, GYIL 23 (1980) 9 ff; *Suchsland-Maser,* Menschenrechte und die Politik multilateraler Finanzinstitute, 1999.
67 Grundlage hierfür bot Art 24 der Völkerbundsatzung.
68 Vgl u Rn 237.

cherheitsrats-) Entscheidungen konterkarieren. Die Organisationen ihrerseits werden auf diese für ihre Mitglieder verbindlichen Entscheidungen Rücksicht nehmen müssen.[69]

31 Angesichts der großen Anzahl I.O. kommt eine auch nur den Versuch einer umfassenden Bestandsaufnahme unternehmende Darstellung nicht in Betracht. Im Folgenden werden daher zwar die allgemeinen, für alle I.O. wesentlichen Grundfragen erörtert; ihre systematische Diskussion orientiert sich hierbei jedoch überwiegend an den *UN* als der wichtigsten I.O. auf globaler Ebene und dem *Europarat* als der für Gesamteuropa wichtigsten I.O. mit generellem Aufgabenbereich. Auch das Bsp der *EU* als Prototyp einer S.O. ist stets präsent. Dies schließt die Heranziehung interessanter anderer Bsp nicht aus, wo dies zum besseren Verständnis des Problems angezeigt erscheint. In ergänzenden Abschnitten (Rn 225 ff) wird dann nochmals unter verschiedenen Aspekten über die UN-Familie, den Europarat und die EU informiert.

II. Das Recht der Internationalen Organisationen

1. Entstehung und Untergang Internationaler Organisationen
a) Der völkerrechtliche Gründungsakt

32 Die Grundlage einer I.O. ist immer ein *völkerrechtlicher Vertrag*, durch den sich die Vertragspartner verpflichten, eine Organisation zu schaffen, die gemäß den weiteren Vertragsbestimmungen funktionieren soll.[70] Die Zuständigkeit der Staaten, solche Institutionen zu errichten, folgt aus dem allgemeinen Völkerrecht; die Zuständigkeit bereits bestehender, am Gründungsvorgang beteiligter I.O. muss sich hingegen aus deren eigenem Gründungsvertrag ergeben. Die Entstehung der Organisation wird im gemeinsamen Zusammenwirken der beteiligten Völkerrechtssubjekte bewirkt (sog Gesamtakt).[71]

33 Die Motivationen, die zur Gründung einer I.O. führen, sind so vielfältig wie die Aufgaben, die I.O. wahrnehmen können.[72] Ein *Gleichklang der Interessen* muss allerdings vorhanden sein, der die Identifizierung eines entsprechenden Gemeinschaftszwecks voraussetzt. Je umfassendere Kompetenzen der I.O. eingeräumt werden sollen, desto höhere Anforderungen sind an die Homogenität der Interessen zu richten.[73]

34 Der *Abschluss* des Gründungsvertrags richtet sich nach dem allgemeinen Völkervertragsrecht; die Regeln der WVK finden Anwendung (Art 5).[74] Die gewählte Bezeichnung (zB Satzung, Charta, Konvention) ist ohne rechtliche Bedeutung (vgl Art 2 Nr 1 lit a WVK). Der Wille zur völkerrechtlichen Bindung wird regelmäßig durch Ratifikation zum Ausdruck gebracht werden. Im Einzelnen wird dies im Vertrag selbst festgelegt, wo auch der Depositar, bei dem die Ratifikationsurkunden zu hinterlegen sind, benannt wird.[75] Auch die Regelung des *Inkrafttretens* erfolgt durch den Vertrag selbst. Hierbei sind verschiedene Varianten denkbar. Voraussetzung kann die Ratifikation durch alle Gründungsmitglieder sein; dies ist vor allem dort der Fall, wo eine enge Integrationsgemeinschaft angestrebt wird und der anvisierte Gemeinschaftszweck nur durch die

---

69 *Klein* (Fn 55) 109. Zum Problem des Grundrechtsschutzes gegenüber Sanktionsmaßnahmen aufgrund bindender SR-Res u Rn 152.
70 Allg Ansicht; statt aller *Bindschedler*, International Organizations, General Aspects, EPIL II (1995) 1289; *P. Klein*, International Organizations or Institutions, Internal Law and Rules, MPEPIL VI, 27 (Rn 1 f).
71 *Mosler*, Die Aufnahme in internationale Organisationen, ZaöRV 19 (1958) 275 (305).
72 *Jordan*, International Organizations, 45 ff.
73 *Schermers/Blokker*, International Institutional Law, § 1617.
74 Verträge zur Gründung I.O. werden regelmäßig in intensiven diplomatischen Gesprächen und Staatenkonferenzen ausgehandelt. Zur Gründungsgeschichte der UN vgl etwa *Khan*, Drafting History, in Charter UN³, Rn 1 ff; *Weber*, Entstehungsgeschichte der UN, in Handbuch VN, 110 ff.
75 ZB Art 110 UN-Charta: Regierung der USA; Art 42 lit a Europaratssatzung: Regierung des Vereinigten Königreichs; Art 54 Abs 1 EUV, Art 357 Abs 1 AEUV: Regierung Italiens.

Mitwirkung aller Beteiligten erreicht werden kann (zB Art 357 AEUV; Art 54 EUV). Der Vertrag kann sich aber auch mit der Ratifikation durch eine geringere Anzahl von (Gründungs-)Staaten begnügen (Art 42 lit b Europaratssatzung: 7 Staaten). ZT gibt es qualifizierte Anforderungen, wenn die Teilnahme einzelner Staaten als unabdingbar betrachtet wird. So mussten zum Inkrafttreten der UN-Charta die fünf ständigen Sicherheitsratsmächte (China, Frankreich, Sowjetunion, Vereinigtes Königreich und USA) neben der Mehrheit der übrigen Unterzeichnerstaaten ihre Ratifikationsurkunden hinterlegt haben (Art 110 Abs 3). Bei finanzaufwendigen Institutionen wird das Inkrafttreten meist zusätzlich vom Vorliegen einer ausreichenden Finanzausstattung abhängig gemacht.[76] Der Eintritt solcher Voraussetzungen kann lange Zeit in Anspruch nehmen.[77]

Vom Inkrafttreten des Vertrags streng zu unterscheiden ist das erst allmähliche, stufenweise Wirksamwerden einzelner Vertragsvorschriften.[78] Die damit eingeräumte *Übergangszeit* dient den Mitgliedstaaten und der I.O. dazu, sich auf die neuen Verhältnisse einzustellen; idS war etwa die in Art 7 EGV aF (aufgehoben durch den Vertrag von Amsterdam) angesprochene Übergangszeit von 12 Jahren (ab 1958) konzipiert. 35

Mit dem Inkrafttreten des Gründungsvertrags ist die rechtliche Grundlage dafür gegeben, dass ein gemeinsamer rechtserheblicher, der Gemeinschaft zurechenbarer Wille gebildet werden kann. Es ist die *Geburtsstunde* der I.O. Die tatsächliche Aufnahme der Organisationstätigkeit setzt aber noch die Konstituierung der Organe, die Rekrutierung des Personals etc voraus. In diesem Stadium werden häufig Vorbereitungskommissionen tätig, um diese vorrangigen Aufbauarbeiten durchzuführen.[79] 36

b) Der Gründungsvertrag als „Verfassung" der Internationalen Organisationen
Freilich wäre es zu kurz gegriffen, allein den vertraglichen Charakter des Gründungsstatuts hervorzuheben. Es enthält neben der gegenseitigen Verpflichtung der Vertragsparteien, eine I.O. zu schaffen, vor allem Regelungen über das Verbandsleben selbst, über die Rechtsbeziehungen in der I.O., also zwischen Organisation und Mitgliedstaaten, zwischen den Mitgliedstaaten als solchen und zwischen den Organen. Nach der Entstehung tritt naturgemäß gerade dieser Gesichtspunkt in den Vordergrund und bleibt bis zur Auflösung dominant. Die vertraglichen-rechtsgeschäftlichen Aspekte sind daher von den satzungsrechtlichen-normativen zu trennen. Die *satzungsrechtlichen Vorschriften* bilden die „Verfassung" der I.O.[80] Sie stellen innerhalb der Rechtsordnung der I.O. die oberste Normstufe dar (Primärrecht). 37

So anerkannt die Differenzierung zwischen vertrags- und verfassungsrechtlichen Elementen auch ist, besteht doch keine völlige Einigkeit über die daraus zu ziehenden rechtlichen *Konsequenzen*. Zu weit geht es, den „verfassungsrechtlichen" Teil dem Völkerrecht zu entziehen und 38

---

76 Vgl Art 13 Abschn 3 IFAD. In Art 74 des Gründungsvertrags der IMO (früher IMCO) wird etwa zusätzlich auf die Schiffstonnagekapazität abgestellt.
77 Im Fall der IMCO dauerte dies 10 Jahre (1948–1958).
78 Nicht klar getrennt bei *Seidl-Hohenveldern/Loibl*, Internationale Organisationen, Rn 409.
79 *Schermers/Blokker*, International Institutional Law, § 1620.
80 Vgl *Rosenne*, Is the Constitution of an International Organization an International Treaty?, Communicazioni e Studi 12 (1966) 21 ff; *Monaco*, Le caractère constitutionnel des actes institutifs d'organisations internationales, Mélanges Rousseau, 1974, 153 ff; *Fassbender*, The United Nations Charter as Constitution of the International Community, Colum J Transnat'l L 36 (1998) 529 ff; *Dupuy*, The Constitutional Dimension of the Charter of the United Nations Revisited, MPYUNL 1 (1997) 1 ff; *Franck*, Is the U.N. Charter a Constitution?, FS Eitel, 2003, 95 ff; *Peters*, Das Gründungsdokument internationaler Organisationen als Verfassungsvertrag, ZÖR 68 (2013) 1 ff. Vgl auch EuGH, Gutachten 1/91: „Dagegen stellt der EWG-Vertrag, obwohl er in der Form einer völkerrechtlichen Übereinkunft geschlossen wurde, nichtsdestoweniger die grundlegende Verfassungsurkunde einer Rechtsgemeinschaft dar" (Slg 1991, I-6079, 6102 *[1. Gutachten zum EWR-Vertrag]*).

einer davon vollständig emanzipierten Rechtsordnung zuzuordnen.[81] Diese Auffassung übersieht, dass letztlich auch das Organisationsverfassungsrecht auf der völkerrechtlichen Vereinbarung beruht, die die Existenz der I. O. von dem gemeinsamen Willen der Mitgliedstaaten abhängig macht.[82] Wichtige Auswirkungen kann die Unterscheidung aber für die *Auslegung* der verschiedenen Teile des Gründungsvertrags haben.

c) Auslegung und Änderung des Gründungsvertrags

39 Als völkerrechtliche Verträge unterliegen die Gründungsverträge zwar in allen ihren Teilen den *Interpretationsregeln*, wie sie gewohnheitsrechtlich gelten und in Art 31 ff WVK kodifiziert sind. Die Regeln sind jedoch sehr abstrakt gefasst und lassen Raum für ganz unterschiedliche Akzentuierung. Vor allem gilt, dass ein Vertrag auch im Lichte seines Gegenstands und Zwecks *(object and purpose)* auszulegen ist; hieraus ergibt sich geradezu das Gebot, die Auslegung am Vertragsgegenstand und Vertragstyp zu orientieren.[83] Die satzungsrechtlichen und die rechtsgeschäftlichen Vertragsteile des Gründungsvertrags dürfen daher ihrer Natur entsprechend nicht über einen Interpretationsleisten geschlagen werden. Bei den „verfassungsrechtlichen" Bestimmungen des Gründungsvertrags, in denen das Gemeinschaftsinteresse, der Verbandszweck, im Vordergrund steht, kommt die teleologisch-funktionale Auslegung verstärkt zur Anwendung.[84] Dabei ist, bieten sich mehrere Möglichkeiten an, eine Interpretation zu wählen, die dem Vertragszweck am besten gerecht wird. Vor allem ist eine Auslegung zu wählen, die einer Vorschrift praktische Wirkung gibt *(effet utile-Regel)*.[85] Auf derselben Ebene liegt die Heranziehung der *implied powers*-Regel; danach werden der Organisation diejenigen Befugnisse zuerkannt, die sie zur Erfüllung ihrer Aufgaben benötigt.[86]

40 Im Rahmen einer besonders stark integrierten Gemeinschaft (zB EU) schlagen diese Auslegungsprinzipien besonders deutlich zu Buche. Der EuGH hat den teleologischen *(effet utile)* Ansatz daher noch deutlicher als der IGH (bezogen auf die UN) akzentuiert.[87] Das wird auch in der ohnehin stark an den Rand gerückten Berücksichtigung der *travaux préparatoires* deutlich; während der IGH diesen Rückgriff jedoch bei der Auslegung der UN-Charta keineswegs völlig verschmäht,[88] haben die Mitgliedstaaten die Vorarbeiten der Römischen Verträge unter Verschluss genommen und so bewusst einer dynamisch-evolutiven Interpretation den Weg geebnet.[89]

---

81 So aber *Miehsler*, Qualifikation und Anwendungsbereich des internen Rechts internationaler Organisationen, BDGVR 12 (1973) 47 (65); anders *Bernhardt*, ebd 7 ff; *Skubiszewski*, Remarks on the Interpretation of the United Nations Charter, FS Mosler, 1983, 891 ff. – Der EuGH (Slg 1963, 1, 25 *[van Gend & Loos]*) hat die Gemeinschaft (heute: Union) als „eine neue Rechtsordnung des *Völkerrechts*" bezeichnet hat (Hervorhebung nur hier); vgl aber auch EuGH, Slg 1964, 1251, 1269 *[Costa/ENEL]*. Vgl u Rn 114 ff.
82 *Mosler* (Fn 71) 306: „Die Basis für die Existenz der Organisation bleibt der Vertrag"; *Klein*, Der Verfassungsstaat als Glied einer europäischen Gemeinschaft, VVDStRL 50 (1991) 56 (70, 165).
83 Vgl *Ress*, Wechselwirkung zwischen Völkerrecht und Verfassung bei der Auslegung völkerrechtlicher Verträge, BDGVR 23 (1982) 7 (13 f).
84 *Skubiszewski* (Fn 81) 893 f; *Ress*, The Interpretation of the Charter, in Charter UN², Rn 34. Dazu auch ICJ Rep 1996, 66, 74 f.
85 Vgl abw Meinung des Richters *de Visscher*, ICJ Rep 1950, 187.
86 Vgl ICJ Rep 1949, 174, 182; 1954, 46, 56. – Enthält der Gründungsvertrag eine Regelung wie Art 352 AEUV, nach der in weitem Umfang Ersatzzuständigkeiten zur Bewältigung der Aufgaben bei Bedarf zur Verfügung gestellt werden, bedarf es des Rückgriffs auf die *implied powers*-Lehre praktisch nicht; vgl *Oppermann/Classen/Nettesheim*, Europarecht. 6. Aufl 2014, § 11 Rn 11; *Haratsch/Koenig/Pechstein*, Europarecht, 9. Aufl 2014, Rn 163. – Vgl u Rn 190 f.
87 EuGH, Slg 1970, 825, 838 *[Leberpfennig]*; Slg 1979, 1629, 1642 *[Ratti]* – stRspr. Vgl *Oppermann/Classen/Nettesheim* (Fn 86) § 9 Rn 176 ff. Krit BVerfGE 89, 155, 210.
88 Vgl ICJ Rep 1959, 127, 140 f; dazu *Ress* (Fn 84) Rn 24 f.
89 Vgl *Bleckmann*, Europarecht. 6. Aufl 1997, Rn 554. – Von besonderer Bedeutung ist bei I. O. die rechtsvergleichende Auslegung, die vor allem das öffentliche Recht der Mitgliedstaaten einbezieht; ausf *Ress*, Die Bedeutung der

Schwierige Fragen treten bzgl der *Interpretationskompetenz von Organen* der I.O. auf.[90] ZT **41** ist eine solche Kompetenz einzelnen Organen ausdrücklich im Vertrag zugewiesen. Dies gilt für die im Rahmen der Organisation etablierten richterlichen Organe, wobei über die Verbindlichkeit des Richterspruchs damit noch nicht gleichzeitig entschieden ist; IGH und EuGH unterscheiden sich insofern beträchtlich.[91] Bekannt sind auch die im IMF-Vertrag enthaltenen bindenden Interpretationskompetenzen für das Board of Governors.[92] Aber auch ohne derartige vertragliche Verankerung ist zu berücksichtigen, dass es gerade die Organe der I.O. sind, die die Bestimmungen des Vertrags anzuwenden haben; die tägliche Arbeit unter dem Vertrag führt zwangsläufig dazu, dass sie ihre eigenen Kompetenzen zu definieren und damit Auslegungsarbeit zu leisten haben.[93] Mit der Anerkennung dieser faktischen Einwirkung der Organpraxis auf den Gründungsvertrag ist allerdings ihre rechtliche Beachtlichkeit noch nicht gesichert. Hier kann Art 31 Abs 3 lit b WVK eine wichtige Brückenfunktion übernehmen. Um von der Organpraxis auf den – nach dieser Vorschrift notwendigen – Konsens der Vertragsstaaten schließen zu können, bedarf die Praxis der Konsistenz und Dauer und darf nicht auf den ausdrücklichen oder schlüssigen Widerstand eines der Mitgliedstaaten gestoßen sein.[94] Die die Organpraxis einerseits, das Verhalten der Mitgliedstaaten andererseits in Rechnung stellende Auslegung des Art 27 Abs 3 UN-Charta durch den IGH bietet hierfür ein Bsp.[95]

Aber auch dann, wenn der *Organpraxis* nicht über ein Auslegungs-*Agreement* der Mitgliedstaa- **42** ten Einfluss auf die Interpretation des Gründungsvertrags verschafft werden kann, darf die Organpraxis bei der Auslegung nicht völlig unberücksichtigt bleiben.[96] Sie gibt zumindest einen wichtigen Hinweis auf die Vertragsrealität, die der Interpret zur Kenntnis zu nehmen hat. Handelt es sich um die Auslegung einer „offenen" Vertragsnorm und bleibt die (ständige) Organpraxis im Rahmen des Wortlauts, so kommt ihr eine eigene Bedeutung zu. IdS hat der IGH zu Recht die seit Anfang an stets geübte Praxis der Generalversammlung berücksichtigt, im „Budget" gemäß Art 17 Abs 1 UN-Charta sowohl die administrativen als auch operationellen Aufgaben gemeinsam auszuweisen.[97]

Die *Änderung der Gründungsverträge* erfolgt nach den dort jeweils festgelegten Vorschriften. **43** Dabei gibt es eine beträchtlich variierende Vielfalt der im Einzelfall zu erfüllenden verfahrensmäßigen Voraussetzungen.[98] Im Wesentlichen kann man unterscheiden zwischen Änderungen, die von Organen der I.O. zusammen mit den Mitgliedstaaten durchgeführt werden müssen, und Änderungen, die allein den Organen der I.O. obliegen.

Zur *ersten* Gruppe gehört Art 108 UN-Charta. Eine Änderung muss von $2/3$ der Mitglieder **44** der Generalversammlung[99] akzeptiert und von $2/3$ der Mitgliedstaaten, darunter den fünf stän-

---

Rechtsvergleichung für das Recht Internationaler Organisationen, ZaöRV 36 (1976) 227 ff; *Sommermann*, Die Bedeutung der Rechtsvergleichung für die Fortentwicklung des Staats- und Verwaltungsrechts in Europa, DÖV 1999, 1017 ff.
90 Allg dazu *Schermers/Blokker*, International Institutional Law, §§ 1355 ff; *Sato*, Evolving Constitutions of International Organizations, 1996, 232 ff.
91 Während die Entscheidungen des EuGH grundsätzlich verbindlich sind, sind gerade die im internen Organisationsverhältnis dem IGH allein möglichen Gutachten unverbindlich.
92 Dazu *Simon*, L'interprétation judiciaire des traités d'organisations internationales, 1981, 33 ff.
93 *Miehsler* (Fn 81) 69; *Peters* (Fn 80) 16.
94 *Klein*, Vertragsauslegung und „spätere Praxis" Internationaler Organisationen, in Bieber/Ress (Hrsg), Die Dynamik des Europäischen Gemeinschaftsrechts, 1987, 101 (104 f); *Ress* (Fn 84) Rn 27 ff; *Karl*, Vertrag und spätere Praxis im Völkerrecht, 1983, 190 ff; *Fassbender* (Fn 80) 598.
95 ICJ Rep 1971, 16, 22 *[Namibia-Gutachten]*.
96 *Karl* (Fn 94) 169. – Dh nicht, dass sie nicht rechts*widrige* Praxis sein kann; so etwa ist die jahrzehntelange Verweigerung der Teilnahme südafrikanischer Regierungsvertreter an den Sitzungen der GV zu werten, vgl *Klein*, Zur Beschränkung von Mitgliedschaftsrechten in den Vereinten Nationen, VN 1975, 51 ff.
97 ICJ Rep 1962, 151 f *[Certain Expenses]*; *Ress* (Fn 84) Rn 31; *Skubiszewski* (Fn 81) 896 ff.
98 Ausf *Schermers/Blokker*, International Institutional Law, §§ 1159 ff; *Zacklin*, The Amendment of the Constitutive Instruments of the United Nations and Specialized Agencies, 1968 (Wiederveröffentlichung 2005).
99 Abzustellen ist auf den aktuellen Stand; *Witschel*, in Charter UN³, Art 108 Rn 32; *Schrijver*, The Future of the Charter of the United Nations, MPYUNL 10 (2006) 1 ff.

digen Mitgliedern des Sicherheitsrats, ratifiziert worden sein, um für alle Mitgliedstaaten in Kraft treten zu können. Vorgeschlagene Änderungen von Vorschriften der Europaratssatzung müssen zunächst vom Ministerkomitee akzeptiert und in ein Änderungsprotokoll aufgenommen werden, wobei je nachdem, um welche Vorschriften es sich handelt, das Komitee einstimmig oder mit $^2/_3$-Mehrheit entscheidet (Art 20). Das Inkrafttreten (für alle Mitgliedstaaten) bedarf auch hier der Ratifikation durch $^2/_3$ der Mitglieder.[100] Auch Art 48 EUV sieht ein Verfahren vor, das die politischen Organe der Union und die Mitgliedstaaten einbezieht.[101] Entscheidend ist zunächst, dass nach Anhörung des Europäischen Parlaments und der Kommission zu den vorgeschlagenen Änderungen der Europäische Rat (mit einfacher Mehrheit) über den Zusammentritt eines Konvents von Vertretendern der nationalen Parlamente, der Staats- und Regierungschefs der Mitgliedstaaten, des Europäischen Parlaments und der Kommission (vgl Art 48 Abs 3 UAbs 1 EUV) oder nach Maßgabe des Art 48 Abs 3 UA 2 EUV über den Zusammentritt einer Konferenz der Mitgliedstaaten zu beschließen hat. Die Vereinbarung der Vertragsänderung ist dann ausschließlich Sache der Konferenz der Mitgliedstaaten (Art 48 Abs 4 UAbs 1 EUV). Jede Vertragsänderung bedarf zu ihrem Inkrafttreten der Ratifikation durch alle Mitgliedstaaten.[102]

45   In der *zweiten* Gruppe führt die Entscheidung des die Mitgliedstaaten umfassenden Organs der I.O. unmittelbar zur Vertragsänderung. Wir finden Bsp etwa bei Sonderorganisationen der UN, aber auch bzgl bestimmter Vertragsvorschriften beim Europarat und der EFTA.[103] Werden allerdings Vorschriften geändert, die die Stellung der Mitgliedstaaten betreffen, kommt hier das normale, auch die Mitgliedstaaten einbeziehende Änderungsverfahren zum Zuge.[104]

46   Treten Änderungen des Gründungsvertrags für alle Mitgliedstaaten in Kraft, obgleich hierzu nur die Ratifikation einer Mehrheit erforderlich war, stellt sich die Frage nach der *Position der in Ablehnung verharrenden Mitglieder*. Die zugrunde liegende Überlegung in solchen Fällen ist offenbar die, dass die Fortentwicklung der I.O. nicht an die Zustimmung aller Mitglieder gebunden sein soll;[105] zu leicht könnte es andernfalls zu einer Zementierung des bestehenden Zustands kommen.[106] Auf der anderen Seite ist nicht davon auszugehen, dass die Staaten bei der Gründung oder bei einem späteren Beitritt ihre Bereitschaft zum Ausdruck bringen wollen, der Organisation auf Dauer anzugehören, ganz unabhängig davon, welchen Weg sie nimmt. Nicht akzeptierten Vertragsänderungen können sich die einzelnen Staaten daher durch *Austritt* entziehen. Für die UN ist dies in einer interpretativen Erklärung ausdrücklich festgehalten.[107] Jedenfalls insoweit ist es nicht notwendig, von unabänderbaren Inhalten eines Gründungsvertrags auszugehen, um die einer Vertragsänderung widersprechende Mitgliedstaatenminderheit vor ungewollten und beim Beitritt unvorhergesehenen grundlegenden Veränderungen zu schützen.[108]

---

100 *Schermers/Blokker*, International Institutional Law, § 1173.
101 Art 48 EUV sieht drei verschiedene Verfahren vor, wobei das Konventsverfahren nach Art 48 Abs 2 bis 5 EUV als ordentliches Änderungsverfahren gilt, während Art 48 Abs 6 bis 7 EUV zwei Varianten eines vereinfachten Änderungsverfahrens vorsieht, vgl *Oppermann/Classen/Nettesheim* (Fn 86) § 9 Rn 52ff.
102 Vgl Art 48 Abs 4 UAbs 2 EUV. Auch Art 54 EUV geht von der Ratifikation durch alle Mitgliedstaaten aus.
103 ZB Art 7 lit a IMF; Art 41 lit d Europarat; Art 3 Abs 5, Art 4 Abs 5, Art 5 Abs 7 EFTA.
104 Vgl *E. Klein*, United Nations, Specialized Agencies, MPEPIL X, 489 (Rn 15f).
105 Vgl *Fassbender* (Fn 80) 578f.
106 Es bliebe dann nur die Gründung einer neuen I.O. durch einige der Mitgliedstaaten mit allen schwierigen rechtlichen und faktischen Folgen des Nebeneinanderbestehens beider Organisationen, vgl Art 30 WVK.
107 Vgl Committee I/2: UNCIO VII, 267: Keinem Mitgliedstaat werde der Austritt verwehrt, „if its rights or obligations [...] were changed by Charter amendment in which it has not concurred and which it finds itself unable to accept"; näher *Witschel*, in Charter UN³, Art 108 Rn 41f. – In einzelnen Sonderorganisationen (ICAO, Art 94) kann das Plenarorgan festlegen, dass Mitgliedstaaten, die innerhalb einer bestimmten Frist nicht ratifizieren, aus der I.O. ausscheiden. Eine Sonderregelung trifft Art 48 Abs 5 EUV.
108 So aber *Frowein*, Are there Limits to the Amendment Procedures in Treaties Constituting International Organisations?, FS Seidl-Hohenveldern, 1998, 201 (215ff); ihm folgend *Ruffert/Walter*, Institutionalisiertes Völkerrecht, Rn 134.

Eine schwierige Frage ist, ob sich die *Mitgliedstaaten gemeinsam über* die im Gründungs- 47
vertrag vorgesehenen *Änderungsregeln hinwegsetzen* können. Dafür spricht die allgemeine, in
Art 39 WVK enthaltene Regel, wonach die Vertragsstaaten durch völkerrechtliche (auch nichtförmliche!)[109] Übereinkunft einen Vertrag ändern können, sowie das in Art 54 WVK verbürgte
Kündigungsrecht.[110] Demgegenüber wird für das Europäische Unionsrecht überwiegend die
Einhaltung der Vertragsvorschriften (Art 48 EUV) als zwingende Voraussetzung einer Änderung gefordert.[111] Dieser Auffassung dürfte auch der EuGH sein,[112] der im Verfahren der Aufsichtsklage (Art 258 AEUV) oder der Vorabentscheidung (Art 267 AEUV) Gelegenheit haben
könnte, die (Unions-) Rechtmäßigkeit der von den Mitgliedstaaten beschlossenen Änderung zu
überprüfen. Das Grundproblem ist jedoch, ob die EU eine solche Gemeinschaft bildet, in der
ihre Mitglieder (bereits) die völkerrechtliche Dispositionsbefugnis über ihre Schöpfung verloren haben.[113] Dies dürfte so lange zu verneinen sein, als die Europäische Union kein Staat
ist.[114] Die verbliebene Handlungsfähigkeit der Mitgliedstaaten müsste daher auch der EuGH in
Rechnung stellen. Hinzuzufügen ist allerdings, dass für die Mitgliedstaaten die hier erörterte
Frage wenig praktisch ist, da sie auch in dem von Art 48 EUV vorgesehenen Verfahren eindeutig dominieren und der Unterschied zum freien „völkerrechtlichen" Verfahren gemäß Art 39
WVK gering ist. Immerhin ist der EGKS-Vertrag zweimal (1956 u 1957) unter Verstoß gegen
seine Vorschriften (Art 96) geändert worden, wenngleich unter besonderen Umständen. Man
hat dies, was problematisch ist, mit der Akquieszenz der beteiligten Gemeinschaftsorgane rechtfertigen wollen.[115]

Inhaltliche Grenzen der Vertragsänderung haben Gründungsverträge bislang nicht aufge- 48
stellt; differenziert wird zuweilen nur, wie erwähnt, zwischen einzelnen Vertragsbestimmungen
im Hinblick auf das Änderungsverfahren.[116] Der EuGH hat aber in Rn 69–72 seines Gutachtens
1/91 zur Vereinbarkeit des EWR-Vertrags mit dem EWG-Vertrag ausgeführt, dass die Mitgliedstaaten auch durch eine Art 236 EWGV (Art 48 EUV) berücksichtigende Vertragsänderung (hier
des Art 238 EWGV; Art 217 AEUV) die Reichweite des Art 164 EWGV (Art 19 Abs 1 EUV), die dem
EuGH die Wahrung des Rechts der Gemeinschaft überträgt, nicht beeinträchtigen könnten.[117]
Dieser Hinweis schränkt die Vertragsänderungskapazität der Mitgliedstaaten in einer nicht mehr
begründbaren Weise ein.[118]

---

109 Vgl das (Kammer-)Urteil des EGMR im Fall *Öcalan* v 12.3.2003 (dt Übersetzung in EuGRZ 2003, 472ff), wo der
EGMR davon ausging, dass die Praxis der Konventionsstaaten im Bereich der Todesstrafe zu einer Übereinkunft
führen könne, durch welche die Todesstrafe – entgegen den ausdrücklichen Bestimmungen der EMRK (vgl Art 2
Abs 1 Satz) – als abgeschafft zu betrachten sei (§ 191); hierzu *Breuer*, Völkerrechtliche Implikationen des Falles Öcalan, EuGRZ 2003, 449 (453); die Große Kammer hat die diesbezüglichen Ausführungen der Kammer gebilligt, vgl
Urteil v 12.5.2005, § 163 (dt Übersetzung in EuGRZ 2005, 463).
110 *Seidl-Hohenveldern/Loibl*, Internationale Organisationen, Rn 1538ff; zurückhaltender *Schermers/Blokker*, International Institutional Law, § 1163; *Ruffert/Walter*, Institutionalisiertes Völkerrecht, Rn 133.
111 *Meng*, in von der Groeben/Schwarze (Hrsg), Europäisches Unionsrecht, 7. Aufl 2015, Art 48 EU Rn 4; *Everling*,
Sind die Mitgliedstaaten der EG noch Herren der Verträge?, FS Mosler, 1983, 173 (183); *Bernhardt*, Europäisches
Gemeinschaftsrecht und das Recht Internationaler Organisationen, FS Seidl-Hohenveldern, 1998, 25 (33f); wN bei
Vedder/Folz, in Grabitz/Hilf (Hrsg), Das Recht der Europäischen Union, 14. Lfg 1999, Art 48 EUV Rn 47f; auch
Oppermann/Classen/Nettesheim (Fn 86) § 9 Rn 58.
112 Vgl EuGH, Slg 1976, 455, 478 *[Defrenne II]*.
113 Vgl auch mN *Vedder/Folz* (Fn 111) Rn 49f.
114 Allg dazu *Meng*, Das Recht der Internationalen Organisationen – Eine Entwicklungsstufe des Völkerrechts, 1979.
115 *Karl* (Fn 94) 349; einschränkend *Oppermann/Classen/Nettesheim* (Fn 86) § 9 Rn 59.
116 Vgl Rn 43ff.
117 EuGH, Slg 1991, I-6079, 6111f.
118 Vgl *Brandtner*, The „Drama" of the EEA, EJIL 3 (1992) 300 (315); *da Cruz Vilaça*, Are There Material Limits to the
Revision of the Treaties on the European Union?, 1995; vgl auch *Haratsch/Koenig/Pechstein* (Fn 86) Rn 96; *Ruffert/
Walter*, Institutionalisiertes Völkerrecht, Rn 126.

49 Nur kurz hinzuweisen ist darauf, dass verschiedentlich neben dem eigentlichen Vertragsänderungsverfahren die Durchführung von *Revisionskonferenzen* vorgesehen ist. Sie sollen eine umfassende Überprüfung der Funktionsbedingungen der I.O. ermöglichen.[119]

50 Im Hinblick auf die meisten I.O. sind durch Vertragsänderungen keine wesentlichen *Innovationsschübe* erfolgt.[120] Neuorientierungen sind eher durch die Gründung neuer I.O. als durch Vertragsänderung der alten Organisationen vorgenommen worden.[121] Eine Ausnahme bietet die Europäische Union. Hier ist durch die EEA, den Maastrichter und den Amsterdamer Vertrag sowie durch die Verträge von Nizza und Lissabon erheblichen Weiterentwicklungen der schon bestehenden Europäischen Gemeinschaften der Weg geebnet worden.[122] – Neue Wege der Vertragsänderung beschritt zunächst der durch die Erklärung von Laeken[123] eingesetzte „Konvent für die Zukunft Europas" (Europäischer Konvent); die Konventsmethode ist aufgrund des Vertrags von Lissabon nunmehr primärrechtlich in Art 48 EUV verankert.[124] Ziel der *Konventsmethode*[125] ist es, durch die Einbeziehung der nationalen Parlamente und des EP (neben Vertretern der Kommission sowie der nationalen Regierungen) der Vertragsänderung eine breitere demokratische Legitimation zu verleihen;[126] die Verhandlungen sind zudem öffentlich, was zu einem höheren Maß an Transparenz führen soll.

d) Untergang von Internationalen Organisationen

51 Der Untergang I.O. kann *vertraglich geregelt* sein. Dies gilt vor allem da, wo der Gründungsvertrag eine zeitliche Begrenzung enthält (Art 97 EGKSV: 50 Jahre).[127] Andere Verträge verknüpfen den Fortbestand der I.O. mit einer Mindestzahl von Mitgliedern (zB Art 25 Europäische Weltraumorganisation/ESA); zT wird dem Hauptorgan die freie Entscheidung über die Auflösung eingeräumt, wobei bestimmte Mehrheitserfordernisse zu beachten sind (zB Art 27 IMF).[128]

52 Meistens sehen jedoch die Gründungsverträge *Bestimmungen für ihre Auflösung* nicht vor; grundsätzlich werden I.O. ja auch zur dauerhaften Aufgabenerledigung errichtet. In diesen Fällen können die Mitgliedstaaten unter Rückgriff auf die Regeln des allgemeinen Vertragsrechts gemeinsam den Vertrag beenden und damit der I.O. ihre Basis entziehen (Art 54 lit b WVK). Die Vorschriften eines Vertrags über seine Änderung sind dabei nicht einzuhalten.[129] Bsp für die Auflösung I.O. bieten die IRO (1952), der Warschauer Pakt (1991) und der Rat für gegenseitige Wirtschaftshilfe/COMECON (1991) sowie die WEU (2011). Die Auflösung des Völkerbunds am 19.4.1946 erfolgte hingegen durch Beschluss der Versammlung (Mitgliederorgan), an dem sogar nicht einmal alle Mitglieder mitwirkten. Da kein Staat protestierte, kann man gleichwohl von einem Konsens ausgehen.[130] Nach diesen Grundsätzen könnten die Mitgliedstaaten auch die UN

---

119 Vgl Art 109 UN-Charta.
120 *Schreuer* (Fn 44) 363 ff; *Phillips*, Constitutional Revision in the Specialized Agencies, AJIL 62 (1968) 654 ff.
121 ZB Gründung der OECD (statt Änderung des OEEC-Vertrages).
122 Sowohl die EEA und der Maastrichter Vertrag als auch der Vertrag von Lissabon enthalten allerdings über die Änderung der Gemeinschafts- und Unionsverträge hinausgehende Vorschriften.
123 EU-Ratsdokument SN 273/01 v 15.12.2001.
124 Vgl Fn 101.
125 Sie fand erstmalig beim sog Grundrechte-Konvent Anwendung, der die Grundrechte-Charta (s u Rn 254) erarbeitete. Näher *Meyer/Hartleif*, Die Konventsidee, ZParl 2002, 368 ff; *Göler/Marhold*, Die Konventsmethode, integration 4/2003, 317 ff.
126 Hierzu *Fischer*, Die Legitimation von supranationalen Organisationen, ZÖR 62 (2007) 323 (343 f).
127 *Obwexer*, Das Ende der Europäischen Gemeinschaft für Kohle und Stahl, EuZW 2002, 517 ff; *Grunwald*, Das Ende einer Epoche – das Erbe der EGKS, EuZW 2003, 193.
128 *Schermers/Blokker*, International Institutional Law, §§ 1629 f.
129 *Seidl-Hohenveldern*, Der Rückgriff auf Mitgliedstaaten in Internationalen Organisationen, FS Mosler, 1983, 881 (884 f); *Köck/Fischer*, Internationale Organisationen, 602.
130 *Kelsen*, The Law of the United Nations, 1951, 595.

und den Europarat auflösen. Die zwingende Notwendigkeit eines Forums wie der UN für die Staatengemeinschaft führt freilich dazu, dass politisch eine Auflösung nur bei gleichzeitiger oder vorangegangener Gründung einer Ersatzorganisation denkbar ist – so wie die UN (seit 1945) bereits existierten, als der Völkerbund aufgelöst wurde.

Es ist eine viel diskutierte Streitfrage, ob die Mitgliedstaaten auch die *europäischen Integrationsverträge* einvernehmlich beenden können. Schon von Anbeginn an galten EG-Vertrag (Art 312), EAG-Vertrag (Art 208) und der Vertrag über die Europäische Union (Art 51 EU) „auf unbegrenzte Zeit". Dasselbe gilt auch für die Union nach Lissabon (Art 53 EUV, Art 356 AEUV). Verschiedentlich wurde daraus die rechtliche Unauflöslichkeit der supranationalen europäischen Organisation abgeleitet.[131] Dieser Auffassung stand und steht jedoch entgegen, dass die Mitgliedstaaten nach wie vor die tragenden Kräfte der Organisation und deshalb jedenfalls gemeinsam die „Herren der Verträge" geblieben sind.[132] Auch die EU ist nicht als Verband konzipiert, der eine neue verfassunggebende Gewalt geschaffen hätte, deren Inhaber nur – in Ablösung der Völker der Mitgliedstaaten – das europäische Volk sein könnte; denn dieses gibt es nicht.[133] Im Übrigen ist jetzt ein Austrittsrecht in Art 50 EUV garantiert.[134]

Der *vollständige Wegfall des Mitgliederbestands*[135] führt ebenfalls zum Untergang der I.O. Anders als im innerstaatlichen Recht, wo die rechtliche Beendigung einer juristischen Person des öffentlichen Rechts stets des gesetzlichen *actus contrarius* bedarf, ist die Existenz einer I.O. ohne Mitglieder nicht denkbar. Dies ist die Folge der Ableitung des Existenzrechts der I.O. aus dem Willen der Mitgliedstaaten. Hingegen führt die Inaktivität einer I.O. auch über längere Zeit nicht zu ihrem Untergang.

Der *finanzielle Zusammenbruch* einer I.O., wie er etwa den Internationalen Zinnrat im Jahr 1985 betraf,[136] wirft wichtige Fragen der Haftung der Organisation und des Haftungsdurchgriffs auf die Mitgliedstaaten auf.[137] Eine Zwangsauflösung der I.O. erfolgt damit aber nicht; ihre Existenz ist allein vom Willen ihrer Mitglieder abhängig.[138]

Da sich die sachlichen Aufgaben mit dem Untergang einer I.O. nicht erledigen, werden oft *neue, aus der Sicht der Gründer verbesserte Organisationen* gegründet, die diese Aufgaben mitübernehmen (Völkerbund/UN; OEEC/OECD),[139] oder es werden sonstige Einrichtungen oder (Hilfs-)Organe mit entsprechender Zweckbestimmung geschaffen (an die Stelle der IRO trat der UN Hochkommissar für Flüchtlinge).[140] In allen Fällen der Auflösung stellt sich die Frage nach dem Schicksal der mit der Organisation verbundenen Rechte und Pflichten.

---

[131] H.P. *Ipsen*, Europäisches Gemeinschaftsrecht, 1972, 211; *Oppermann/Classen/Nettesheim*, 4. Aufl 2009, § 6 Rn 40 ff.
[132] *Dagtoglou*, Recht auf Rücktritt von den Europäischen Verträgen?, FS Forsthoff, 1972, 77 ff; *Hofstötter*, in von der Groeben/Schwarze (Fn 111), Art 53 EUV Rn 4; *Schmalenbach*, in Calliess/Ruffert (Hrsg), EUV/AEUV, 4. Aufl 2011, Art 356 AEUV Rn 2.
[133] Vgl dazu BVerfGE 89, 155, 188 sowie erneut BVerfGE 123, 267, 404. S auch – mit anderem Akzent – *Everling* (Fn 111) 188 ff.
[134] Hierzu BVerfGE 123, 267, 400 ff; *Ludewig*, Beendigungstatbestände als notwendige und dynamische Elemente der Mitgliedschaft in internationalen Organisationen unter besonderer Berücksichtigung von Art. 50 EUV, 2015, 184 ff.
[135] Durch Ausschluss, Austritt (dazu u Rn 77 ff) oder Untergang der Mitglieder. Entsprechendes gilt, wenn die Organisation nur noch ein einziges Mitglied hat, vgl *Ruffert/Walter*, Institutionalisiertes Völkerrecht, Rn 143.
[136] Vgl *Eisemann*, Crise du conseil international de l'etain et insolvabilité d'une organisation intergouvernementale, AFDI 31 (1985) 730 ff; *McFadden*, The Collapse of Tin, AJIL 80 (1986) 81 ff; *Kullmann*, Collapse of the 6th International Tin Agreement, GYIL 30 (1987) 205 ff.
[137] Dazu u Rn 101 ff.
[138] Die Auflösung des Internationalen Zinnrats erfolgte erst im Sommer 1990 (FAZ v 2.8.1990, 9).
[139] Vgl *Sands/Klein*, Bowett's Law of International Institutions, 532 ff.
[140] *Melander*, International Refugee Organization, MPEPIL VI, 125 ff; *Feller/Klug*, Refugees, United Nations High Commissioner (UNHCR), MPEPIL VIII, 720 ff; *Schmahl*, in Zimmermann (Hrsg), The 1951 Convention Relating to the Status of Refugees and its 1967 Protocol, 2011, Art 1A Rn 72.

e) Sukzessionsfragen

57 Die *Rechtsfolgen der Auflösung* einer I. O. werden in den Gründungsverträgen selten behandelt. Eine Ausnahme bilden finanzwirksame Institutionen wie die Weltbank (IBRD), die Vorkehrungen für die Vermögensliquidierung bei Auflösung treffen.[141] Bei Nichtregelung ergibt sich aus allgemeinen Rechtsgrundsätzen, dass nach Abzug der Verbindlichkeiten das Restvermögen an die Mitgliedstaaten entsprechend ihren Beteiligungen zu verteilen ist. Die Rechte der I. O. und ihre Rechtsakte erlöschen bei Auflösung,[142] es sei denn, eine andere Institution rückt in die bisherige Rechtsstellung ein.

58 Dies war etwa der Fall im Verhältnis von *OEEC und OECD*. Art 15 OECD-Vertrag sieht die Kontinuität der Rechtspersönlichkeit der OEEC vor. Eine Rechtsidentität besteht jedoch nicht. Die OECD behielt sich vor, die Rechtsakte der OEEC im Einzelnen auf ihre Übernahme zu prüfen, und auch die Verträge mit den Bediensteten der alten Organisation wurden als aufgelöst betrachtet, konnten jedoch neu abgeschlossen werden.[143]

59 Im Verhältnis zwischen *Völkerbund und UN* kam es zu keiner derartigen Regelung. Allgemein politisch gesehen sind die UN zwar an die Stelle des Völkerbunds getreten. Die Charta knüpft jedoch an keiner Stelle an die Völkerbundsatzung an, und die Generalversammlung hat es auch ausdrücklich abgelehnt, die politischen Funktionen des Völkerbunds zu übernehmen.[144] Nur im Einzelfall sind die UN in die Rechtsstellung des Völkerbunds eingerückt (partielle Funktionsnachfolge). Wichtig wurde insoweit zB die Fortführung des Mandatsvertrags, den Südafrika mit dem Völkerbund über Südwestafrika (Namibia) abgeschlossen hatte. Ausschlaggebend für die maßgebliche Entscheidung des IGH war, dass nach Art 80 UN-Charta die Generalversammlung die Aufgabe der Mandatsüberwachung wahrnehmen konnte und dazu offenbar gewillt war; eine wichtige Rolle spielte auch das statusrechtliche Element des Mandatsvertrags.[145] Im Übrigen führten die UN weder die Arbeitsverträge mit den Bediensteten des Völkerbunds fort, noch übernahmen sie die Verbindlichkeiten. Der Vermögensübergang (insbes Immobilien) des Völkerbunds wurde durch Abkommen zwischen beiden Organisationen geregelt.[146] – Für die am 23.7.2002 durch Zeitablauf untergegangene EGKS[147] wurde in einem Protokoll zum Vertrag von Nizza der Übergang des gesamten Vermögens sowie aller Verbindlichkeiten auf die EG vorgesehen.[148] Da der Vertrag von Nizza jedoch erst am 1.2.2003 in Kraft trat, wurde für die Übergangszeit durch Beschluss v 27.2.2002[149] eine Regelung getroffen, nach der das ehemalige Vermögen der EGKS, das mit Ablauf des EGKS-Vertrags an die Mitgliedstaaten zurückgefallen war, einstweilen von der Kommission verwaltet wurde. Mit Inkrafttreten des Vertrags von Lissabon am 1.12.2009 ging die EG unter, die EU trat ihre Rechtsnachfolge an (Art 1 Abs 3 Satz 3 EUV).[150]

60 Aus den bisherigen Vorgängen sind *nur recht grobe gewohnheitsrechtliche Vorgaben* zu gewinnen.[151] Wie die Staatensukzession bleibt auch das Sukzessionsrecht I. O. ein weithin unge-

---

141 Art 6 Abs 5 IBRD. Bei CERN finden sich Regelungen über Pensionszahlungen im Fall der Auflösung der Organisation in den Statuts et règlements de la caisse de pensions de l'Organisation européenne pour la recherche nucléaire (Art I 3.03 Abs 3), hierzu *Conforti/Dominicé/Ress*, Les obligations des Etats membres d'une organisation internationale à l'égard du système de pensions du personnel notamment en cas de dissolution de l'organisation ou de retrait d'un Etat membre – le cas du CERN, RGDIP 107 (2003) 801ff.
142 Vgl *Schmalenbach*, International Organizations or Institutions, Succession, MPEPIL VI, 89ff.
143 *Hahn*, Die Organisation für Wirtschaftliche Zusammenarbeit und Entwicklung (OECD), ZaöRV 22 (1962) 49 (53ff); *Sands/Klein*, Bowett's Law of International Institutions, 534f.
144 A/RES/24 (I) v 12.2.1946.
145 ICJ Rep, 1950, 128ff *[Südwestafrika-Gutachten]*; vgl auch *Klein* (Fn 58 [Statusverträge]) 33ff.
146 *Schermers/Blokker*, International Institutional Law, § 1673.
147 Vgl o Rn 51.
148 ABl EG 2001, Nr C 80/67.
149 ABl EG 2002, Nr L 79/42; berichtigt ABl EG 2002, Nr L 196/64.
150 Die EAG bleibt indes bestehen, vgl Protokoll zur Änderung des Euratom-Vertrags (ABl EU 2007, Nr C 306/197), dort auch zum Fortbestand der Rechtsakte.
151 *Sands/Klein*, Bowett's Law of International Institutions, 535f.

klärtes Kapitel. Die recht verschiedenartigen Verhältnisse verlangen auf den Einzelfall abgestellte Regelungen. Je stärker diese aber dem Prinzip der Kontinuität Rechnung tragen, desto eher wird dem allgemeinen Gerechtigkeitsgedanken genügt.[152]

2. Die Mitgliedschaft in Internationalen Organisationen
a) Erwerb der Mitgliedschaft

Art 2 Europaratssatzung drückt aus, was für alle I.O. gilt: Wer Mitglied sein will, muss zugleich *Vertragspartner des Gründungsvertrags* sein.[153] Diese Rechtsstellung kann von Anfang an gegeben sein oder später erworben werden.

Gründungsmitglieder sind diejenigen Vertragsparteien, die bei den Gründungsverhandlungen mitgewirkt haben, so zB für EGKS, E(W)G und EAG Deutschland, Frankreich, Italien und die drei Benelux-Staaten. In Übernahme der Begrifflichkeit des Völkerbunds (Art 1) bezeichnet Art 3 UN-Charta einen etwas weiteren Kreis von Staaten als „ursprüngliche Mitglieder".[154] Eine rechtlich hervorgehobene Position ist damit nicht verbunden. Freilich können die Staaten, die an den Vertragsverhandlungen teilnehmen, ihre Vorstellungen unmittelbar einbringen, während spätere Mitglieder auf das meist schwierige Änderungsverfahren verwiesen sind.

Der *spätere Erwerb der Mitgliedschaft* wird nach Maßgabe des Gründungsvertrags ermöglicht. Es gibt nur wenige I.O., deren Satzungen eine „geschlossene Gesellschaft" vorsehen.[155] IdR enthalten die Verträge eine *Beitritts- oder Aufnahmeklausel*, da der Organisationszweck meist besser mit einem größeren als kleineren Mitgliederkreis zu erreichen ist. Je nach Aufgabenstellung ist die Organisation global oder regional ausgerichtet. Zu den ganz offenen Organisationen gehören vor allem die UN und ihre Sonderorganisationen, zu den regional (beschränkt) offenen etwa der Europarat, die EU, Arabische Liga, OAS und AU. In beiden Fällen ist damit noch nicht gesagt, dass ein mitgliedswilliger Staat ohne Weiteres auch Mitglied wird. Die Organisation und ihre bisherigen Mitglieder möchten nämlich regelmäßig die *Kontrolle über den Mitgliederkreis* behalten. Die Aufnahme hängt daher von der Entscheidung über das Beitrittsgesuch ab, wobei bestimmte verfahrens- und meist auch materiellrechtliche Voraussetzungen aufgestellt werden (Art 4 Abs 2 UN-Charta, Art 49 EUV). Die Beitrittsklauseln sind also nicht iSe echten Vertrags zugunsten Dritter (vgl Art 36 WVK) gefasst.[156] Dies gilt auch im Fall des Europarats, wo erst die Einladung des Ministerkomitees ein vom beitrittswilligen Staat aktualisierbares Recht begründet (Art 4). Verschiedentlich ergibt sich allerdings aus der Mitgliedschaft in den UN ein Recht auf Mitgliedschaft in Sonderorganisationen (zB Art II.1 UNESCO).

Die *Aufnahmeprozedur in die UN*[157] wird eingeleitet durch ein Schreiben des Staatsoberhaupts oder Regierungschefs an den Generalsekretär, dem die Erklärung beigefügt ist, dass der Staat seine Pflichten aus der Charta erfüllen wird.[158] Die Aufnahme setzt voraus (Art 4 Abs 2), dass sowohl der Sicherheitsrat, wobei das Veto-Recht Anwendung findet (Art 27 Abs 3), als auch die Generalversammlung (²/₃-Mehrheit, Art 18 Abs 2) zustimmen müssen. Kommt die zustimmende Empfehlung des Sicherheitsrats nicht zustande, kann die Generalversammlung nicht

---

152 Vgl *Lauterpacht*, The Development of International Law by the International Court, 1958, 293.
153 *Ginther*, Grundfragen der Mitgliedschaft in Internationalen Organisationen, BDGVR 17 (1975) 7 ff.
154 Zu den Gründen *Fastenrath*, in Charter UN³, Art 3 Rn 2 ff.
155 So zB der Vertrag zur Gründung der Benelux-Wirtschaftsunion v 1958 (Text in Berber [Hrsg], Dokumente I, 1967, 591). Hieran ändert auch der am 17.6.2008 unterzeichnete neue Benelux-Vertrag nichts.
156 Dies ergibt sich auch da, wo zunächst „das Tor geöffnet" wird, aus den weiteren Vorschriften, vgl zB Art 1 Abs 2 Arabische Liga (Text in Berber [Fn 155] 816). Zum Ganzen *Mosler* (Fn 71) 275 ff. – Zum „Universalitätsprinzip" als Grundlage eines Beitrittsrechts s u Rn 68.
157 Grundsätzlich *Jaenicke*, Die Aufnahme neuer Mitglieder in die Organisation der Vereinten Nationen, ZaöRV 13 (1950) 291 ff; *Fastenrath*, in Charter UN³, Art 4.
158 Vgl das Aufnahmegesuch der BR Deutschland v 15.6.1973, in Bull BReg 1973, 738.

darüber hinweggehen und gleichwohl die Aufnahme beschließen; dh der vorgängige positive Beschluss des Sicherheitsrats ist unabdingbar.[159] Im Fall des *EU-Vertrags* (Art 49 EUV) sind in die Entscheidung über das Aufnahmegesuch alle drei politischen Unionsorgane eingebunden: nach Anhörung der Kommission und Zustimmung des Europäischen Parlaments entscheidet der Rat (Art 49 Abs 1 EUV). Zusätzlich bedarf es noch eines Vertragsabschlusses des Bewerberstaats mit den bisherigen Mitgliedern (Art 49 Abs 2 EUV). In allen Fällen behalten daher die Mitgliedstaaten unmittelbar oder durch das Mitgliederorgan der Organisation das entscheidende Wort.

65   Neben den verfahrensrechtlichen werden regelmäßig auch *materielle Voraussetzungen* der Aufnahme aufgestellt. So können häufig nur *Staaten* aufgenommen werden (UN, Europarat, EU). Ein allgemeiner Grundsatz, dass nur Staaten Mitglieder I. O. sein können, ergibt sich daraus aber nicht.[160] Es gibt durchaus Fälle, in denen *I. O.* Mitglieder anderer I. O. sind, so zB die EU im Internationalen Weizenrat, in der Nordwestatlantischen Fischereiorganisation, in der FAO und in der Welthandelsorganisation (WTO).[161] Mitglied des Europarats oder der UN kann die EU, da sie kein Staat ist, hingegen nicht sein.[162] Der Beitritt der EU zur EMRK wurde aber im Jahr 2010 durch Ergänzung des Art 59 EMRK ermöglicht,[163] und mit dem Vertrag von Lissabon hat die EU auch die verpflichtende Kompetenz zum Beitritt zur EMRK erhalten (Art 6 Abs 2 EUV). Der Entwurf eines Beitrittsabkommens ist vom EuGH allerdings jüngst für unionsrechtswidrig erklärt worden.[164]

66   Ist die Staatsqualität Voraussetzung der Mitgliedschaft, so muss es sich dabei um einen *unabhängigen, souveränen Staat* handeln.[165] Vorstufen der Staatlichkeit (Stadien vor der Unabhängigkeit) werden nicht akzeptiert; Befreiungsbewegungen, die verschiedentlich als Repräsentanten des Territoriums angesehen werden, können jedoch bestimmte Mitwirkungsrechte eingeräumt werden, die in manchen Unterorganen sogar zu voller Teilnahme berechtigen.[166] Prinzipiell nicht aufnahmefähig ist auch ein *Staatsteil* (Gliedstaat eines Bundesstaats). Es war ein politischer Kompromiss, der bei der Gründung der UN dazu führte, Weißrussland und die Ukraine neben der Sowjetunion als Gründungsmitglieder zu akzeptieren;[167] ein späterer Beitritt wäre schwerlich in Betracht gekommen. Das Auseinanderbrechen der Sowjetunion hat den Mitgliedstatus dieser beiden jetzt unabhängigen Staaten unberührt gelassen.

67   Während die UN auf Universalität angelegt sind, beschränken Europarat (Art 4) und EU (Art 49 EUV) die Aufnahme neuer Mitglieder auf *„europäische* Staaten". Beide Organisationen verstehen diesen Begriff nicht nur geographisch, sondern auch unter historischem und kulturellem Aspekt.[168] Ein Beitrittsantrag Marokkos wurde von der EG unter Hinweis auf diese Sachlage

---

159 ICJ Rep 1950, 4, 8 ff.
160 *Schermers,* International Organizations as Members of Other International Organizations, FS Mosler, 1983, 823 ff.
161 *Wolfrum,* Internationale Organisationen, in Seidl-Hohenveldern (Hrsg), Lexikon des Rechts/Völkerrecht, 3. Aufl 2001, 189 (192); *Oppermann,* Die Europäische Gemeinschaft und Union in der Welthandelsorganisation (WTO), RIW 1995, 919 (922). Neben der I. O. sind zugleich oft auch deren Mitgliedstaaten selbst Mitglieder der anderen I. O., woraus sich zahlreiche Probleme der Mitwirkung ergeben können; vgl EuGH, Slg 1996, I-1469, 1497 ff.
162 Zum Problem *Pernice,* Die EG als Mitglied der Organisationen im System der Vereinten Nationen, EuR 1991, 273 ff. Vgl auch o Rn 13 sowie u Rn 250.
163 Vgl Art 17 des Protokolls Nr 14 v 14.5.2004, das nach langjährigem Widerstand Russlands am 1.6.2010 in Kraft trat.
164 EuGH, Gutachten 2/13 v 18.12.2014, EuGRZ 2015, 56 (73 ff); dazu vgl u Rn 254 mit Fn 827.
165 Vgl dazu auch das Gutachten des StIGH, Ser B, No 18 (1930) zum gewollten Beitritt Danzigs zur ILO. Mit der Begründung fehlender Unabhängigkeit (wegen der Anwesenheit kubanischer Truppen) verhinderten die USA 1976 den ersten UN-Aufnahmeversuch Angolas.
166 Dazu u Rn 89 f.
167 *Hazard,* Soviet Republics in International Law, EPIL IV (2000) 525 (527).
168 Vgl dazu Beschluss der Parlamentarischen Versammlung Europarat v 22.4.1992, HRLJ 1992, 230 u Bull EG, Beilage 3/92, 11.

abgelehnt.[169] Die Türkei wird als europäischer Staat angesehen. In den Europarat sind mittlerweile neben Russland und der Ukraine auch Armenien und Aserbaidschan als Mitgliedstaaten aufgenommen worden, deren Eigenschaft als „europäische Staaten" bisweilen angezweifelt wurde; klare Ablehnung besteht jedoch im Hinblick auf die fünf asiatischen Nachfolgerepubliken der Sowjetunion.[170] In ähnlicher Weise stellt die OAS (Art 2) auf amerikanische, die AU (Art 29 Abs 1) auf afrikanische, die Arabische Liga (Art 1) auf arabische Staaten ab.

Verschiedentlich werden *weitere materielle Voraussetzungen* der Aufnahme gefordert. Nach Art 4 UN-Charta können nur *friedliebende* Staaten UN-Mitglieder werden. Die damit verbundene Einschätzung obliegt den zuständigen Gremien (Sicherheitsrat, Generalversammlung) bzw den darin vertretenen Mitgliedern. In der Phase des Ost-West-Konflikts kam es mit dieser Begründung mehrfach zu entsprechenden Aufnahmeblockaden.[171] Zwar hat der IGH in einem Gutachten klargestellt, dass die Aufnahme von keinen anderen als von den in der UN-Charta selbst aufgeführten Voraussetzungen abhängig gemacht werden darf, also zB nicht von der gleichzeitigen Aufnahme eines weiteren Staates,[172] aber die Einschätzung, ob ein Staat in concreto friedliebend und die Pflichten aus der Charta zu erfüllen bereit ist, entzieht sich seiner Beurteilung. Die Ablehnung der Aufnahme wegen des Vetos eines ständigen Sicherheitsratsmitglieds oder fehlender Mehrheit ist daher rechtlich nicht zu überwinden. Dazu kann auch nicht auf das Universalitätsprinzip zurückgegriffen werden. Die grundsätzliche, von den Organisationszielen her anzustrebende Mitgliedschaft aller Staaten gibt kein Recht zum Beitritt.[173] Richtig bleibt freilich die Erkenntnis, dass die Aufgaben einer Organisation wie der UN nur bei einer mindestens quasi-universellen Mitgliedschaft realisiert werden können. Im Gegensatz zum Völkerbund erfüllen die UN mit derzeit 193 Mitgliedern jedenfalls diese Voraussetzung.[174] **68**

Ganz allgemein gilt, dass die beitrittswilligen Staaten bereit und in der Lage sein müssen, die *Satzungspflichten* zu übernehmen. Da die USA die entsprechende Bereitschaft des wieder vereinigten Vietnams nicht erkennen konnten, verhinderten sie zunächst die Aufnahme.[175] Die Fähigkeit zur Erfüllung der Mitgliedspflichten könnte bei sehr kleinen und wirtschaftlich sehr schwachen Staaten in Frage stehen. So hat der Völkerbund zB 1920 die Aufnahme Liechtensteins mit eben dieser Begründung abgelehnt. Die UN sind in dieser Hinsicht sehr viel großzügiger verfahren. Insbes die Dekolonisierung hat zur Entstehung zahlreicher *Mikrostaaten* geführt, die, soweit beantragt, Mitglieder der UN geworden sind.[176] Auch Liechtenstein gehört seit 1990 den UN an.[177] **69**

---

169 EA 1987, Z 207.
170 Kasachstan, Kirgisistan, Tadschikistan, Turkmenistan, Usbekistan.
171 Zur Blockade in den Jahren 1946–1955, die einerseits damalige Ostblockstaaten wie Albanien, Bulgarien, Rumänien und Ungarn, andererseits etwa Irland, Portugal und Spanien betraf und erst 1955 durch eine en bloc-Lösung (16 Aufnahmen) beendet wurde, vgl *Jaenicke* (Fn 157) 352 ff; *Magliveras*, Membership in International Organizations, in Klabbers/Wallendahl (Hrsg), Research Handbook, 84 (87 f). Zur zunächst durch die Aufnahmeanträge Vietnams und Südkoreas ausgelösten Blockade *Kirgis*, International Organizations, 140 ff; *Klein*, Tätigkeit der Vereinten Nationen in völkerrechtlichen Fragen, AVR 17 (1978) 371 (376 f); *ders*, Tätigkeit der Vereinten Nationen in völkerrechtlichen Fragen, AVR 18 (1979) 182 (187).
172 ICJ Rep 1948, 57.
173 Anders *Czerwinski*, Das Universalitätsprinzip und die Mitgliedschaft in internationalen universalen Verträgen und Organisationen, 1974, 140 ff. Die These wurde vor allem von DDR Völkerrechtlern vertreten, etwa *Graefrath*, Das Recht der DDR auf Mitgliedschaft in der UNO, Deutsche Außenpolitik 1966, 664 ff. *Oppermann*, Grundfragen der Mitgliedschaft in Internationalen Organisation, BDGVR 17 (1975) 53 (71 f) spricht immerhin von „wohl fundierten Anrechten" auf Beitritt.
174 Zuletzt trat der Südsudan nach seiner Sezession vom Sudan am 14.7.2011 den UN bei. Taiwan definiert sich (noch) selbst als Teil Chinas.
175 *Kirgis*, International Organizations, 146.
176 Vgl *Ginther* (Fn 153) 25 ff; *Kokott*, Micro-States, EPIL III (1997) 362 ff. Kleinster Mitgliedstaat ist seit 1993 Monaco (1 qkm).
177 Eine Übersicht über den Mitgliederstand der UN findet sich ua jeweils im ersten Heft eines neuen Jahrgangs der Zeitschrift Vereinte Nationen.

70   Bemerkenswert ist, dass verschiedentlich Satzungen regionaler Organisationen über die vom allgemeinen Völkerrecht ohnehin geforderte Friedensbereitschaft hinaus weitere Bedingungen aufstellen, die das *innerstaatliche System* betreffen. Die regionalen Verbindungen sind meist integrationspolitisch stärker entwickelt; dies erfordert zumindest einen bestimmten Grad an übereinstimmenden Rechtsvorstellungen. So muss nach Art 3 Europaratssatzung jedes Mitglied den Grundsatz der Vorherrschaft des Rechts anerkennen und die Menschenrechte und Grundfreiheiten sichern.[178] Für die EU gelten diese Voraussetzungen in erhöhtem Maß (Art 2 u 7 EUV).[179] Ein Staat, der keine pluralistische rechtsstaatliche Demokratie ist, ist als Mitglied nicht denkbar.[180]

71   Ein Erwerb der Mitgliedschaft in einer I.O. durch *Staatennachfolge* findet idR nicht statt, da es sich bei der Mitgliedschaft um ein „höchstpersönliches" Recht handelt, in das andere Staaten nicht automatisch sukzedieren können.[181] Bricht ein Staat auseinander und wird seine Rechtspersönlichkeit nicht fortgeführt *(Dismembration)*, so können auch seine Mitgliedschaften von den Nachfolgestaaten nicht weitergeführt werden; diese müssen vielmehr neu aufgenommen werden. Dies gilt etwa für den Fall der ehemaligen *Tschechoslowakei;* die am 1.1.1993 neu entstandenen Staaten Tschechien und Slowakei mussten das Aufnahmeverfahren in UN und Europarat neu durchlaufen.[182] Entsprechendes gilt für das ehemalige *Jugoslawien.* Die UN haben sich zu Recht auf den Standpunkt gestellt, dass der Staat Jugoslawien untergegangen ist und alle neu entstandenen (Nachfolge-) Staaten die Aufnahme in die Organisation beantragen müssen; demgemäß wurde es der BR Jugoslawien (Serbien und Montenegro) verwehrt, weiter den Sitz Jugoslawiens einzunehmen.[183] Serbien/Montenegro ist aufgrund eines Gesuchs vom 27.10.2000 in die UN im regulären Verfahren aufgenommen worden.[184] Nach seiner Unabhängigkeitserklärung von Serbien ist Montenegro den UN am 28.6.2006 als eigenständiger Staat beigetreten. Schwieriger ist die Situation im Hinblick auf die ehemalige *Sowjetunion* zu beurteilen. Die verschiedenen unabhängig gewordenen Republiken (zB Armenien und Georgien) sind – mit Ausnahme Weißrusslands und der Ukraine, die Gründungsmitglieder der UN sind – als neue Mitglieder in die UN aufgenommen worden. Nicht war dies jedoch der Fall für die Russische Föderation, deren Prä-

---

178 Zu den Beitrittskriterien vgl auch die Wiener Erklärung der Staats- und Regierungschefs v 9.10.1993, EuGRZ 1993, 484 ff.
179 Sie finden eine Konkretisierung in den sog Kopenhagener Kriterien, Bull BReg 1993, 629, 632. Auf diese Kriterien wird in Art 49 Abs 1 Satz 4 EUV Bezug genommen.
180 Vgl *H.P. Ipsen,* Über Verfassungs-Homogenität in der EG, FS Dürig, 1990, 159 ff; *Frowein,* Die rechtliche Bedeutung des Verfassungsprinzips der parlamentarischen Demokratie für den europäischen Integrationsprozeß, EuR 1983, 301 ff.
181 Allgemein *Zimmermann,* Staatennachfolge in völkerrechtliche Verträge, 2000, 589 ff; *Dahm/Delbrück/Wolfrum,* Völkerrecht, Bd I/1, 2. Aufl 1989, 168; *Schermers,* Succession of States and International Organizations, NYIL 6 (1975) 103 ff. Die am 6.11.1996 in Kraft getretene, in vielen Teilen problematische Wiener Konvention über Staatssukzession bei Verträgen v 1978 (Text: ZaöRV 39 [1979] 259 ff) bezieht sich auch auf Gründungsverträge (Art 4).
182 Vgl die Res der GV v 19.1.1993, A/RES/47/221 u A/RES/47/222.
183 A/RES/47/1 v 22.9.1992; dazu *Partsch,* Belgrads leerer Stuhl im Glaspalast, VN 1992, 181 ff; *Hummer/Mayr-Singer,* Die Bundesrepublik Jugoslawien, AVR 38 (2000) 298 ff; *Wood,* Participation of Former Yugoslav States in the United Nations and in Multilateral Treaties, MPYUNL 1 (1997) 231 ff. Ein weiteres Bsp ist der Zerfall der Mali-Föderation 1960.
184 S/RES/1326 (2000); A/RES/55/12. Die Rechtsauffassung der UN-Organe ist widersprüchlich. Der IGH (ICJ Rep 1996, 595, 610 u ICJ Rep 2003, 7, 31) ging von einer *sui generis*-Situation in der Zeit zwischen 1992 und 2000 aus; idS auch das Jugoslawien-Kriegsverbrecher-Tribunal im Fall *Milutinovic* (Az IT-99-37-PT), Entscheidung v 6.5.2003, § 44. Später stellte der IGH allerdings klar, dass die Charakterisierung als *sui generis*-Situation in einem rein deskriptiven Sinne gemeint gewesen sei, und entschied, dass der Staat Serbien und Montenegro im Jahre 1999 nicht Mitglied der Vereinten Nationen gewesen sei, vgl ILM 44 (2005) 299 ff *[Kosovo-Einsatz].* In seiner Entscheidung zum kroatischen Völkermord-Verfahren judizierte der IGH indes, dass die Klage Kroatiens zwar zum Zeitpunkt der Klageerhebung im Jahre 1999 wegen der fehlenden UN-Mitgliedschaft Serbiens unzulässig gewesen sei, der serbische UN-Beitritt am 1.11.2000 dieses Problem jedoch nachträglich und rückwirkend geheilt habe; vgl Urteil v 18.11.2008, Preliminary Objections *[Kroatien/Serbien].*

sident dem UN-Generalsekretär mit Schreiben vom 24.12.1991 mitteilte, dass Russland die Mitgliedschaft der Sowjetunion im Sicherheitsrat und allen anderen Organen der UN mit Unterstützung der 11 Mitgliedstaaten der GUS aufrechterhalte und alle Rechte und Pflichten der Sowjetunion gemäß der UN-Charta beibehalte. Die UN und ihre Mitgliedstaaten haben dagegen nicht protestiert.[185] Man kann dies als (problematischen) Verzicht der Organisation und ihrer Mitglieder auf das Aufnahmeverfahren sehen, der politisch freilich wegen der prekären Vakanz eines ständigen Sicherheitsratssitzes sinnvoll war.[186] Einfacher, aber rechtlich nicht überzeugend ist die Annahme einer rechtlichen Identität zwischen Sowjetunion und Russischer Föderation; die Fortführung der Mitgliedschaft wäre dann selbstverständlich.[187] Insoweit wäre der Zerfall der Sowjetunion nicht iSe Dismembration, sondern iS verschiedener Sezessionen zu erklären, wobei der Kernstaat (bei gleichzeitiger Namensänderung) erhalten blieb. Entsprechend führte die Sezession Pakistans von Indien (1947), Bangladeshs von Pakistan (1974) und die des Südsudans vom Sudan (2011) jeweils nur zur Aufnahme des abgespaltenen Neustaats, während die Mitgliedschaft des Altstaats unberührt blieb.[188]

Vereinigen sich Staaten, die den UN angehören, zu einem gemeinsamen Staat, so setzt dieser 72 ohne Neuaufnahme die Mitgliedschaft fort.[189] Bsp sind die Vereinigung Ägyptens und Syriens zur Vereinigten Arabischen Republik (1958–1961), die Tanganjikas und Sansibars zu Tansania (1964) und die der beiden Jemen zur Republik Jemen (1990). Entsteht durch die Vereinigung ein neues Rechtssubjekt, das nicht identisch mit einem der Vorgängerstaaten ist, ist das Unterbleiben der (Neu-)Aufnahme nicht logisch, in einer auf Universalität angelegten Organisation allerdings verständlich. In Regionalorganisationen könnte sich allerdings durch die Vereinigung von Mitgliedstaaten zu einem neuen Staat eine für die übrigen Mitglieder nicht ohne Weiteres akzeptable Gewichtsverschiebung ergeben. Art 3 OAS verlangt immerhin die erneute Ratifikation des Gründungsvertrags durch den neu entstandenen Staat, lässt ihn dann aber automatisch zum Mitglied werden.

Die *Wiedervereinigung Deutschlands* vollzog sich 1990 als Beitritt der DDR zum Grundgesetz 73 der BR Deutschland (Art 23 GG aF). Damit ging die DDR als Staat unter; die (vergrößerte) BR Deutschland setzte ihre Mitgliedschaft in den UN (seit 1973) und in allen anderen I. O., denen sie angehörte, ununterbrochen fort. Hingegen rückte sie in die Mitgliedschaften der DDR nicht ein, da diese mit deren Untergang erloschen sind.[190]

b) Mitgliedschaftsrechte und -pflichten

Mit dem Wirksamwerden der Mitgliedschaft tritt das Mitglied, sind keine besonderen Vereinba- 74 rungen getroffen, in vollem Umfang in den vom jeweiligen Gründungsvertrag vorgesehenen *Rechten- und Pflichtenkreis* ein. Dazu gehört auch die von den Organen der I. O. bereits gestaltete

---

185 Die BR Deutschland hat das Schreiben *Jelzins* sogar ausdrücklich zur Kenntnis genommen; Antwort der Bundesregierung v 30.1.1992 auf eine schriftliche Parlamentarierfrage, BT-Drucks 12/2052, Frage 15.
186 Da nach Art 23 Abs 1 UN-Charta die Sowjetunion als eines der ständigen Sicherheitsratsmitglieder ausdrücklich benannt ist, hätte die Ersetzung durch einen anderen Staat einer Satzungsänderung gemäß Art 108 bedurft.
187 So *Weyer,* Die Mitgliedschaftsrechte der ehemaligen Sowjetunion in den Vereinten Nationen, ROW 1992, 166 ff; vgl *Zimmermann* (Fn 181) 594 ff.
188 Problematischer ist die 1961 erfolgte Abspaltung Syriens von der erst drei Jahre zuvor zusammen mit Ägypten gegründeten Vereinigten Arabischen Republik. Syrien, Gründungsmitglied der UN, setzte seine Einzelmitgliedschaft ohne Neuaufnahme fort; die UN gingen pragmatisch, aber dogmatisch kaum vertretbar, von einem „Ruhen" der Mitgliedschaft Syriens während der Zeit der Vereinigung aus; andere erklären den Vorgang als „formlose Aufnahme", was ebenso wenig überzeugt; vgl *Dahm/Delbrück/Wolfrum* (Fn 181).
189 *Fastenrath,* in Charter UN³, Art 4 Rn 37.
190 Zum Problem *Blumenwitz,* Staatennachfolge und die Einigung Deutschlands, 1992; *Fastenrath,* Der deutsche Einigungsvertrag im Lichte des Rechts der Staatennachfolge, AustrJIL 44 (1992) 1 ff. Vgl auch Art 10–12 Einigungsvertrag (BGBl 1990 II, 889).

Ordnung, soweit sie für die Mitglieder verbindlich ist. Bindende Sicherheitsratsresolutionen (Art 25 UN-Charta) müssen neue UN-Mitglieder daher ebenso beachten wie neue EU-Mitglieder die bislang ergangenen Rechtsakte der Union *(acquis communautaire)*.[191] Außer diesen speziellen Pflichten erzeugt die Mitgliedschaft weitere gegenseitige Verpflichtungen der vertrauensvollen Zusammenarbeit.[192] Ohne *Loyalität* der I. O. zu ihren Mitgliedern und der Mitglieder untereinander ist jeder organisatorische Zusammenschluss gefährdet.[193] Dies gilt in besonderem Maß für sich entwickelnde Integrationsgemeinschaften; Art 4 Abs 3 EUV hebt diesen Gedanken zutreffend hervor.[194] Mit der gemeinsamen Mitgliedschaft in einer Organisation ist allerdings weder die Pflicht zur völkerrechtlichen Anerkennung noch die Pflicht zur Aufnahme diplomatischer Beziehungen verbunden.[195] Verpflichtet sind die Mitgliedstaaten aber zur Einhaltung aller Pflichten aus der Satzung; soweit diese die gegenseitige Behandlung als Staat voraussetzen, muss dem ungeachtet fehlender Anerkennung entsprochen werden.

75 Für die Mitglieder gilt der *Grundsatz der Gleichheit*, unabhängig davon, ob sie ursprüngliche oder spätere Mitglieder sind.[196] Anderes gilt nur, soweit die Satzung eine unterschiedliche Behandlung der Mitglieder vorschreibt oder zulässt, etwa bei der Stimmabgabe oder bzgl der Beitragspflichten.[197] So privilegiert die UN-Charta die fünf ständigen Sicherheitsratsmitglieder (Art 23 Abs 1 iVm Art 27 Abs 3, Art 108, Art 109 Abs 2, Art 110 Abs 3). In verschiedenen Organisationen, auch in der EU gemäß Art 238 Abs 2 und 3 AEUV, wird das Stimmpotential der Mitglieder „gewogen" und damit vom Prinzip des *one state, one vote* abgegangen.[198]

c) Beendigung der Mitgliedschaft

76 Die Mitgliedschaft endet sowohl bei *Auflösung der Organisation* (vgl o Rn 51ff) als auch bei *Untergang des Mitgliedstaats*.[199] So wurde 1938, nach dem Anschluss Österreichs an das Deutsche Reich, Österreich aus der Liste der Völkerbundmitglieder gestrichen. Die Mitgliedschaft der DDR in I. O. endete mit ihrem Beitritt zur BR Deutschland am 3.10.1990.[200] Entsprechendes gilt für die Tschechoslowakei[201] und Jugoslawien. Wird ein Staat hingegen durch Aggression und Annexion faktisch beseitigt, wirken sich die Stimson-Doktrin und aus heutiger Sicht das Selbstbestimmungsrecht der Völker staatserhaltend aus.[202] Demgemäß wurden weder Äthiopien noch die Tschechoslowakei noch die baltischen Staaten aus der Liste der Völkerbundmitglieder gestri-

---

191 Zur Übernahme des *acquis communautaire* vgl *Hermfeld*, in Schwarze (Hrsg), EU-Kommentar, 3. Aufl 2012 Art 49 EUV Rn 11ff, sowie eingehend *Ohler*, in Grabitz/Hilf/Nettesheim (Hrsg), Das Recht der EU, Bd 1, 55. Lfg 2015, Art 49 EUV Rn 44ff.
192 ICJ Rep 1980, 67, 93ff.
193 Hervorgehoben von *Ginther* (Fn 153) 18ff, 40.
194 Dazu *Bleckmann* (Fn 89) Rn 677ff; EuGH, Slg 1999, I-8395, 8442ff.
195 Das Problem besteht noch heute im Verhältnis zahlreicher arabischer Staaten zu Israel. Es stellte sich längere Zeit auch mit dem EU-Beitritt Tschechiens und der Slowakei, da die Länder gemeinsam mit Liechtenstein Mitglieder des EWR waren und bis Ende 2009 untereinander keine diplomatischen Beziehungen unterhielten.
196 *Mosler* (Fn 71) 307; *Oppermann* (Fn 173) 75ff; näher *Fassbender*, Die souveräne Gleichheit der Staaten, APZ 43/2004, 7ff.
197 Vgl *Seidl-Hohenveldern/Loibl*, Internationale Organisationen, Rn 1146ff. Zu Entstehungsgründen und Modi der unterschiedlichen Behandlung von Mitgliedern vgl *Cogan*, Representation and Power in International Organization, AJIL 103 (2009) 209ff.
198 Vgl dazu u Rn 132.
199 *Schermers/Blokker*, International Institutional Law, §§ 149–154.
200 Vgl die Briefe der letzten Regierung der DDR und der Bundesregierung v 3.10.1990 an den UN-Generalsekretär (Text: VN 1990, 157).
201 Dismembration am 1.1.1993.
202 Zur daraus folgenden Pflicht der Nichtanerkennung *Klein*, Die Nichtanerkennungspolitik der Vereinten Nationen gegenüber den in die Unabhängigkeit entlassenen südafrikanischen Homelands, ZaöRV 39 (1979) 469 (485ff); ferner *Hillgruber*, Die Aufnahme neuer Staaten in die Völkerrechtsgemeinschaft, 1998, 733ff.

chen;[203] Erstere nahmen am Auflösungsbeschluss des Völkerbunds teil. Durch seine völkerrechtswidrige Eingliederung in den Irak (1990/91) verlor Kuwait ebenfalls nicht seine Mitgliedschaft in I.O.

Die Mitgliedschaft endet durch wirksamen *Austritt* aus der I.O.[204] Vertragsrechtlich bedeutet Austritt die einseitige Beendigung der Vertragsparteistellung durch Kündigung des Gründungsvertrags. In vielen Organisationen ist dieser Weg ausdrücklich vorgesehen. Die einschlägigen Bestimmungen verlangen idR die Einhaltung einer Kündigungsfrist und die volle Erfüllung der bereits entstandenen Vertragspflichten (zB Beitragszahlung). Ein wichtiges Bsp einer Organisation mit Austrittsklausel (Art 1 Abs 3, Art 26 Abs 2) war der Völkerbund; in der Tat haben zahlreiche wichtige Staaten davon Gebrauch gemacht (insgesamt 16 Staaten; auch o Rn 6).[205] Den Austritt regeln auch Europarat (Art 7), OAS (Art 112) und AU (Art 31). Alle Sonderorganisationen außer der WHO lassen heute den Austritt ausdrücklich zu.[206]

Schwierige Probleme treten bei *Fehlen einer Austrittsklausel* auf.[207] Dies gilt insbes für die UN. Hier wollte man angesichts erhoffter Universalität durch Bereitstellung einer entsprechenden Klausel nicht zum Austritt ermutigen. Vergleichbares galt über lange Zeit für die EU, bei der man annahm, dass ein möglicher Austritt nicht in das Konzept einer sich verfestigenden Integrationsgemeinschaft passt. Gleichwohl war fraglich, ob nicht die allgemeinen völkerrechtlichen Regeln (Art 56, 60 WVK) hätten zum Zuge kommen können. Seit Inkrafttreten des Vertrags von Lissabon sieht Art 50 EUV die Möglichkeit eines einseitigen, materiell voraussetzungslosen Austrittsrechts vor, welches das außerordentliche Beendigungsrecht nach völkerrechtlichen Grundsätzen praktisch bedeutungslos macht.[208]

Was die *UN* angeht,[209] ist der Universalitätsgedanke zur Abwehr des Austritts nicht ausreichend. Dies ergibt sich schon daraus, dass auch keine Beitrittspflicht besteht, vor allem aber aus dem Bestehen eines Ausschlussrechts (Art 6). Wesentlich ist ferner, dass Änderungen der UN-Charta auch gegen den Willen eines Mitglieds für dieses verbindlich werden können (Art 108, 109). Schließlich gibt es keinen effektiven Rechtsschutz von Mitgliedern gegen Kompetenzüberschreitungen der Organe.[210] Sollen die Staaten der Organisation bzw den dort herrschenden Mehrheiten nicht hilflos ausgeliefert sein, muss ihnen der Austritt möglich sein. Dieser Erkenntnis konnte sich auch die Gründungskonferenz letztlich nicht entziehen; sie hat daher in einer Interpretationserklärung den Austritt zugelassen, wenn ein Mitglied sich „in außergewöhnlichen Umständen" *(exceptional circumstances)* dazu gezwungen fühlt. Ausdrücklich wurde dabei der Fall der nicht konsentierten Charta-Änderung einbezogen.[211] Eine angemessene Kündigungsfrist wird man aus Loyalitätsgründen aber auch hier verlangen müssen.[212] In der Praxis hat bisher nur ein Staat, Indonesien, seinen Austritt erklärt (1965). Die Umstände waren freilich keineswegs „außergewöhnlich" (Wahl Malaysias zum Sicherheitsratsmitglied). Ein Jahr später erklärte Indonesien sich zur „Wiederaufnahme der Zusammenarbeit" bereit. Ex post wurde die

---

203 Hintergründe waren: Besetzung (1935 bis 1936) und Annexion (1936 bis 1941) Äthiopiens durch das Königreich Italien; Besetzung der Tschechoslowakei durch das Deutsche Reich von 1939 bis 1945 („Protektorat Böhmen und Mähren"); Annexion der baltischen Staaten durch die Sowjetunion im Jahre 1940.
204 Dazu allg *Singh*, Termination of Membership of International Organizations, 1958, 14 ff; *Feinberg*, Unilateral Withdrawal from an International Organization, BYBIL 39 (1963) 189 ff; *Oppermann* (Fn 173) 83 ff.
205 *Noël-Baker*, Termination of Membership of the League of Nations, BYBIL 16 (1935) 153 ff.
206 Ausf dazu *Zeidler*, Der Austritt und Ausschluss von Mitgliedern aus den Sonderorganisationen der Vereinten Nationen, 1990, 17, 48 ff; ebd 107 ff zu den Austritten aus der WHO.
207 Vgl allg *Schermers/Blokker*, International Institutional Law, §§ 123 ff; *Ludewig* (Fn 134) 41 ff.
208 Vgl *Streinz/Ohler/Herrmann*, Der Vertrag von Lissabon zur Reform der EU, 3. Aufl 2010, 38 ff sowie u Rn 80. Auch im Verfassungsvertrag war bereits ein Austrittsrecht in Art I-60 VVE festgeschrieben.
209 *Ohse*, Der Austritt aus den Vereinten Nationen, VN 1972, 16 ff, 59 ff.
210 Dazu u Rn 179.
211 Text der am 17.6.1945 beschlossenen Erklärung bei *Kirgis*, International Organizations, 240.
212 Anders *Witschel*, in Charter UN³, Art 108 Rn 41.

Angelegenheit – rechtlich zweifelhaft – nicht als Austritt, sondern als ruhende Mitgliedschaft gewertet, für die Indonesien nur ein Zehntel seines Finanzbeitrags zu zahlen hatte. Ein förmliches Wiederaufnahmeverfahren entfiel damit.[213]

80 Bei der *EU* liegt der Fall anders. Eine Vertragsänderung, Erweiterung oder Reduzierung des Mitgliederkreises kann gegen den Willen der Mitgliedstaaten prinzipiell nicht erfolgen (Art 48, 49 EUV). Die Unionsverträge sehen eine Vielzahl von Regelungsvorbehalten und Schutzklauseln vor, mit deren Hilfe eine Überforderung der Mitglieder vermieden wird (zB Art 347, 348, Art 36, Art 39 Abs 4, Art 52 AEUV). Vor allem aber wird den Mitgliedstaaten gegen Rechtsverletzungen der Unionsorgane und der anderen Mitglieder umfassender Rechtsschutz durch den EuGH gewährt (Art 259, 263, 268 AEUV). Nur bei ständiger Missachtung der Entscheidungen des EuGH durch die Verpflichteten könnte die Aufrechterhaltung der Mitgliedschaft unzumutbar werden (vgl Art 60 Abs 2 lit b WVK, sowie Rn 81). Diese Möglichkeit berührt allerdings nicht das mit dem Vertrag von Lissabon in Art 50 EUV ausdrücklich garantierte Austrittsrecht aus der EU; im Übrigen wurde ein solches Austrittsrecht zT bereits für die frühere Rechtslage angenommen.[214]

81 Der *Ausschluss* aus der I.O. ist in vielen Fällen als Mittel gegen ein seine Vertragspflichten grob verletzendes Mitglied vorgesehen.[215] Im Rahmen der EU ist die Möglichkeit eines Ausschlusses gegen den Willen des betreffenden Mitgliedstaats umstritten; einig ist man sich aber darin, dass ein Ausschluss die erfolglose Durchführung des in Art 7 EUV vorgesehenen Sanktionsverfahrens zwingend voraussetzt.[216] Obgleich ohnehin nur als *ultima ratio* in Betracht gezogen, ist der Ausschluss aus einer I.O. nicht unproblematisch, da er das Mitglied gerade von seinen Satzungspflichten, gegen die es verstoßen hat, freistellt; er verträgt sich auch schlecht mit dem Grundgedanken der Universalität, der vielen I.O. zugrunde liegt.[217] Gleichwohl kann ein Punkt erreicht sein, an dem die Trennung von einem Mitglied die Organisation weniger belastet als seine weitere Zugehörigkeit. Andernfalls würde man uU den Austritt anderer, vertragstreuer Mitglieder in Kauf nehmen müssen, die eine weitere eigene Mitwirkung unter diesen Umständen als nicht mehr zumutbar ansehen. Die bestehenden Regelungen zeigen, dass – wie die Aufnahme neuer Mitglieder – auch der Ausschlusstatbestand letztlich von einer dem jeweiligen Organ obliegenden Einschätzung abhängt, die grundsätzlich nicht justitiabel ist.[218] Nur in seltenen Fällen ist der Ausschluss zwingende Folge eines bestimmten Ereignisses.[219]

82 Wie der Völkerbund (Art 16 Abs 4), aus dem nur die Sowjetunion wegen ihres Überfalls auf Finnland ausgeschlossen wurde (1940),[220] ermöglicht auch die *UN-Charta* (Art 6) einen Ausschluss.[221] Notwendig ist, dass das Mitglied beharrlich die der Charta zugrunde liegenden Prinzi-

---

213 Insgesamt zum indonesischen Rückzug *Schwelb*, Withdrawal from the UN, AJIL 61 (1967) 661 ff; *Blum*, Indonesia's Return to the UN, ICLQ 16 (1967) 522 ff; *Kirgis*, International Organizations, 241 ff.
214 Zur Rechtslage nach dem Vertrag von Nizza *Klein*, in Hailbronner/Klein/Magiera/Müller-Graff (Hrsg), Handkommentar zum Vertrag über die Europäische Union (EUV/EGV), 3. Lieferung 1994, Art 240 EG Rn 27 ff. ZT anders *Dagtoglou* (Fn 132) 77 ff. Zum Austrittsrecht bei *ultra vires*-Handeln *Doehring*, Einseitiger Austritt aus der Europäischen Gemeinschaft, FS Schiedermair, 2001, 695 ff. Zu Art I-60 VVE *Bruha/Nowak*, Recht auf Austritt aus der Europäischen Union?, AVR 42 (2004) 1 ff; *Friel*, Providing a Constitutional Framework for Withdrawal from the EU, ICLQ 53 (2004) 407 ff.
215 Vgl *Makarczyk*, Legal Basis for Suspension and Expulsion of a State from an International Organization, GYIL 25 (1982) 476 ff. Allgemein vgl *Magliveras*, Exclusion from Participation in International Organisations, 1999.
216 *Becker*, in Schwarze (Fn 191), Art 7 EUV Rn 3; *Ruffert*, in Calliess/Ruffert (Fn 132) Art 7 EUV Rn 31; *Pechstein*, in Streinz (Hrsg), EUV/AEUV, 2. Aufl 2012, Art 7 EUV Rn 23; *Schmahl*, Die Reaktionen auf den Einzug der Freiheitlichen Partei Österreichs in das österreichische Regierungskabinett, EuR 2000, 819 (829 ff); vgl auch Rn 85.
217 Vgl *Oppermann* (Fn 173) 86 ff.
218 Anders Art 258, 259 AEUV; im Übrigen s o Rn 68.
219 Der Verlust der Mitgliedschaft in den UN zieht automatisch den Verlust der Mitgliedschaft in manchen Sonderorganisationen nach sich (Art 10 IMO; Art II UNESCO).
220 Dazu *Feinberg*, Studies in International Law, 1979, 3 ff.
221 *Ohse*, Ausschluß und Suspension der Mitgliedschaftsrechte in der UNO, VN 1971, 103 ff.

pien verletzt hat.²²² Die Entscheidung hierüber obliegt – analog der Aufnahme – der Generalversammlung (²/₃-Mehrheit), die aber nur auf eine den Ausschluss befürwortende Empfehlung des Sicherheitsrats handeln kann. Alle bisherigen Versuche, einen Staat (Israel, Südafrika) auszuschließen, sind bereits am Veto eines ständigen Ratsmitglieds gescheitert. Im Fall Taiwan (1971) handelte es sich nicht um Ausschluss, vielmehr setzte sich die Auffassung durch, das Gründungsmitglied China werde durch die Regierung in Peking, nicht (mehr) durch die in Taipeh vertreten.²²³ Auch im Fall Jugoslawien lag kein Ausschluss von Serbien/Montenegro vor, da vom Untergang Jugoslawiens auszugehen war.²²⁴ Anders als in den UN selbst kam es in den Sonderorganisationen zu zahlreichen Ausschlüssen, von denen vor allem Südafrika seiner Apartheidpolitik wegen betroffen war.²²⁵ Auch der *Europarat* (Art 8) und die *Arabische Liga* (Art 18 Abs 2, Einstimmigkeitserfordernis ohne betroffenen Staat) sehen den Ausschluss vor.

Keine Ausschlussregelung enthalten die Verträge zur Gründung der AU, OAS und EU. Ob die Feststellung der Außenminister der *OAS-Staaten* aus dem Jahr 1962, die Unvereinbarkeit des marxistisch-leninistischen Systems in Kuba mit den Prinzipien der OAS schließe eine Teilnahme der gegenwärtigen Regierung an dem Interamerikanischen System aus, als Ausschluss aus der Organisation zu beurteilen ist, ist zweifelhaft.²²⁶ Mehr spricht für eine Suspension, für die allerdings keine ausdrückliche Rechtsgrundlage vorhanden ist. Denkbar ist freilich auch hier der Rückgriff auf das allgemeine Völkervertragsrecht (Art 60 WVK). Auf dieser Argumentationsebene dürfte auch der *Ausschluss eines EU-Mitglieds* in Betracht kommen; dies setzt allerdings voraus, dass alle Möglichkeiten des Unionsrechts, das Mitglied zu unionstreuem Verhalten zu bewegen, erfolglos geblieben sind.²²⁷

83

d) Beeinträchtigungen der Mitgliedschaftsrechte

Zahlreiche Satzungen I.O. sehen Maßnahmen unterhalb der Schwelle des Ausschlusses vor, um Druck auf Mitglieder ausüben zu können, die ihre Verpflichtungen verletzen. Es handelt sich dabei um eine Art organisationsrechtlicher Repressalie (Sanktion), die das Mitglied auf den Pfad der Organisationstreue zurückzwingen möchte. Die Maßnahmen haben daher vorläufigen Charakter.²²⁸

84

Die *UN-Charta* regelt die *Suspension von Mitgliedsrechten* in zweifacher Weise. Nach Art 19 tritt der Verlust des Stimmrechts in der Generalversammlung automatisch ein, wenn ein Mitgliedstaat mit seinen finanziellen Verpflichtungen mehr als zwei Jahresbeiträge im Rückstand ist.²²⁹ Abgesehen davon, dass die Generalversammlung hiervon Ausnahmen zulassen kann,²³⁰ hat sie darüber hinaus zahlreiche Wege entwickelt (zB Verzicht auf Abstimmung), um Art 19 leer laufen zu lassen, da davon auch ständige Sicherheitsratsmächte betroffen wären.²³¹ Art 5 sieht

85

---

222 Näher *Tams*, in Charter UN³, Art 6 Rn 10 f.
223 A/RES/2758 (XXVI).
224 So Rn 71.
225 Übersicht bei *Zeidler* (Fn 206) 142 ff, 180 ff.
226 So aber *Kutzner*, Die Organisation der Amerikanischen Staaten (OAS), 1970, 175; wie hier *Schermers/Blokker*, International Institutional Law, § 147.
227 Vgl *Zuleeg*, Der Bestand der EG, GS Sasse, Bd I, 1981, 55 (63) sowie die Nachw in Fn 216; zurückhaltend jedoch *Weber*, in von der Groeben/Schwarze, Kommentar zum Vertrag über die Europäische Union und zur Gründung der Europäischen Gemeinschaft, Bd 4, 6. Aufl 2003, Art 312 EG Rn 11.
228 Vgl *Schermers/Blokker*, International Institutional Law, §§ 1455 ff; *Magliveras* (Fn 215) 103 ff.
229 *Ohse*, Die Suspension des Stimmrechts in der Generalversammlung der UNO, VN 1973, 155 ff. – Derzeit (Stand September 2015, vgl UN Doc A/70/374 v 10.9.2015) erfüllen fünf Staaten (die Komoren, Guinea-Bissau, São Tomé und Príncipe, Somalia und Jemen) die Tatbestandsvoraussetzungen des Art 19; keiner hiervon ist aber tatsächlich vom Stimmrecht ausgeschlossen.
230 Vgl zB Res v 11.10.2004 (A/RES/59/1A), v 23.12.2005 (A/RES/60/237), v 12.10.2006 (A/RES/61/2); s auch u Rn 224.
231 Vgl *Tomuschat*, in Charter UN³, Art 19 Rn 23 ff.

vor, dass in Fällen, in denen der Sicherheitsrat gegen ein Mitglied vorläufige Maßnahmen (Art 40) oder Zwangsmaßnahmen (Art 41, 42, 94 Abs 2) erlassen hat, diesem Rechte aus der Mitgliedschaft von der Generalversammlung auf Empfehlung des Sicherheitsrats zeitweilig entzogen werden können. Ein Anwendungsfall hätte der Irak nach dem Überfall auf Kuwait sein können; tatsächlich ist Art 5 aber noch nie angewendet worden. Auch *das Unionsrecht* sieht die Möglichkeit vor, die Stimmrechte im Rat sowie weitere Mitgliedschaftsrechte eines Mitgliedstaats zu suspendieren (Art 7 EUV, Art 354 AEUV), sofern dieser beharrlich und schwerwiegend die Grundsätze der Freiheit, der Demokratie, der Rechtsstaatlichkeit sowie die Grund- und Menschenrechte (Art 2 EUV) verletzt.[232] Die Suspension betrifft sowohl im Rahmen der UN als auch im Rahmen der EU nur die Rechte, nicht die Pflichten.[233] Entsprechende Möglichkeiten sehen Sonderorganisationen der UN und der Europarat (Art 8) vor. In der AU können die Mitgliedschaftsrechte suspendiert werden, wenn eine Regierung auf nicht verfassungsmäßige Weise an die Macht gekommen ist (Art 30).

86   Man wird nicht davon ausgehen können, dass neben den vorgesehenen Maßnahmen *weitere Suspendierungen* zulässig sind. Ganz überwiegend wird es deshalb für rechtswidrig gehalten, dass die Generalversammlung – nach entsprechendem Beschluss des Beglaubigungsausschusses – zwischen 1974 und 1994 die Beglaubigungsschreiben der Regierung Südafrikas für ihre Vertretung in der Generalversammlung nicht anerkannt und damit eine Mitarbeit (einschließlich Stimmrechtsausübung) dieses Staats verhindert hat.[234] Da Südafrika gegen diesen Schritt keinen Rechtsschutz erhalten konnte, blieb ihm – außer dem Austritt – nur die Beitragsverweigerung.[235]

87   Enthält die Satzung *keine Suspensionsvorschrift,* stellt sich erneut die Frage, ob nicht unter Rückgriff auf die allgemeinen Vertragsregeln (Art 60 WVK) eine verhältnismäßige Suspendierung von Mitgliedsrechten zulässig ist, die einerseits effektiven Druck auf das Mitglied ausübt, andererseits dessen Entfernung aus der Organisation vermeidet.[236] Eine Einzelfallbetrachtung ist insofern unvermeidlich.[237]

e) Abgestufte Formen der Mitgliedschaft

88   Neben die Vollmitgliedschaft können in vielen I.O. dahinter zurückbleibende Beteiligungsformen treten. Wichtig sind vor allem der Status des assoziierten Mitglieds und des Beobachters, wobei die Unterschiede in der Praxis oft nur graduell sind.[238] Deutlich ausgeprägt ist die *assozi-*

---

232 Dies galt bereits seit dem Inkrafttreten des Vertrags von Amsterdam. Vgl *Ruffert,* in Calliess/Ruffert (Fn 132) Art 7 EUV und Art 354 AEUV; *Stein,* Die rechtlichen Reaktionsmöglichkeiten der Europäischen Union bei schwerwiegender und anhaltender Verletzung der demokratischen und rechtsstaatlichen Grundsätze in einem Mitgliedstaat, FS Jaenicke, 1998, 871 ff; *Schorkopf,* Homogenität in der Europäischen Union – Ausgestaltung und Gewährleistung durch Art 6 Abs 1 und Art 7 EUV, 2000; *ders,* Die Maßnahmen der 14 EU-Mitgliedstaaten gegen Österreich, 2002; *Hummer/Obwexer,* Die Wahrung der „Verfassungsgrundsätze" der EU, EuZW 2000, 485 ff; *Schmahl* (Fn 216) 819 ff.
233 *Tams,* in Charter UN³, Art 5 Rn 20; vgl Art 7 Abs 3 UAbs 2 EUV, Art 354 AEUV. Um die Aussetzung von Stimmrechten nach Möglichkeit zu vermeiden, hat die EU-Kommission am 11.3.2014 den „EU-Rahmen zur Stärkung des Rechtsstaatsprinzips" erlassen, mit dem sie ein Kontrollverfahren zum Umgang mit rechtsstaatlichen Defiziten einführt, das als dialogische Vorfeldmaßnahme dem Sanktionsmechanismus des Art 7 EUV vorgeschaltet ist, dazu *Schmahl,* Filling a Legal Gap?: Das neue EU-Monitoring-Verfahren bei Rechtsstaatsdefiziten, FS Stein, 2015, 834 ff.
234 *Klein* (Fn 96) 51 ff; *Suttner,* Has South Africa Been Illegaly Excluded from the United Nations General Assembly?, CILSA 17 (1984) 279 ff. – Erfolglos ist die Ausgrenzung von Israel und Chile versucht worden; vgl *Halberstam,* Excluding Israel from the General Assembly by a Rejection of its Credentials, AJIL 78 (1984) 179 ff.
235 Vgl *Tomuschat,* Die Beitragsverweigerung in Internationalen Organisationen, FS Mann, 1977, 439 ff; *Klein,* Beitragspflichten und Stimmrecht, in Wolfrum (Fn 54) 69 (76 f). Vgl auch Rn 216.
236 Vgl dazu die Überlegungen zur „inaktiven Mitgliedschaft" von *Ginther* (Fn 153) 14 ff.
237 Zur Rechtslage in der EU vor Inkrafttreten des Amsterdamer Vertrags (1.5.1999) vgl *Frowein* (Fn 180) 312 ff; *Klein* (Fn 82) 77.
238 *Schermers,* International Organizations, Membership, EPIL II (1995) 1320 (1326).

ierte Mitgliedschaft im Europarat (Art 5). Sie setzt die Annahme der Satzung durch den Staat voraus und gibt ihm weitgehend die gleiche Rechtsstellung wie den Vollmitgliedern, berechtigt allerdings nicht zur Mitwirkung im maßgeblichen politischen Organ, dem Ministerkomitee. Sie dient der Vorbereitung der Vollmitgliedschaft.[239] In den UN (wie schon im Völkerbund) hat sich ein förmlicher assoziierter Mitgliedschaftsstatus nicht entwickelt; Überlegungen im Hinblick auf Mikrostaaten waren aus Gründen der gleichen Souveränität der Staaten (Art 2 Nr 1 UN-Charta) nicht realisierbar. Verschiedene *Sonderorganisationen* kennen diese Form der Mitgliedschaft jedoch (zB WHO, FAO, UNESCO).[240] Die Assoziationsverträge (Art 217 AEUV), die die *EU* mit Drittstaaten abschließt, liegen auf anderer Ebene. Sie dienen entweder der Entwicklungshilfe (zB die Abkommen von Lomé und Cotonou mit den AKP-Staaten), sollen einen Beitritt vorbereiten (so das Abkommen mit der Türkei) oder liegen dazwischen (so die sog Europaabkommen mit mittel- und osteuropäischen Staaten nach 1990). Sie berechtigen die Vertragspartner nicht zur Mitarbeit in der EU.[241] Mittelbar wirkt sich das Gewicht der Partner, insbes bei Beitrittsassoziationen, auf die Politik der Union hingegen gewiss aus.[242] Der Russland und anderen osteuropäischen Staaten eingeräumte Status einer „Partnerschaft für den Frieden" im Verhältnis zur NATO ist keine Vorstufe einer Mitgliedschaft, sondern räumt besondere Informationsrechte zum Zwecke des Abbaus von Misstrauen ein.[243]

Die *Rechtsstellung des Beobachters* hat sich aus dem vernünftigen Bestreben entwickelt, auch Nichtmitglieder in die Kooperation mit der Organisation einzubeziehen.[244] Satzungsrechtliche Grundlagen gibt es kaum; die einschlägigen Regeln haben sich organisationsintern entwickelt und sind zT in den Geschäftsordnungen der jeweiligen Organe festgehalten. In den *UN*[245] bot die Beobachterstellung geteilten Staaten (Deutschland, Korea) längere Zeit eine Möglichkeit, die politisch nicht mögliche Mitgliedschaft in gewissem Rahmen zu kompensieren.[246] Auch der Heilige Stuhl (nicht der Staat der Vatikanstadt) hat einen Beobachterstatus.[247] Diese Rechtsstellung war als Möglichkeit der politischen Darstellung besonders für *nationale Befreiungsbewegungen* von großer Bedeutung. Im Vorgriff auf einen werdenden (Namibia/SWAPO) oder einen stark zu verändernden Staat (Südafrika/ANC und PAC) wurde den jeweiligen nationalen Befreiungsbewegungen, vor allem wenn sie von der OAU anerkannt waren, als „authentischen Vertre-

89

---

239 So wurde die BR Deutschland vor ihrer Vollmitgliedschaft, die sie am 2.5.1951 erlangte, am 13.7.1950 assoziiertes Mitglied des Europarats (BGBl 1953 II, 558).
240 Näher *Schermers/Blokker*, International Institutional Law, §§ 166 ff. Eine besondere Form der *affiliate membership* findet sich bei der UNWTO (Art 7).
241 *Weber* (Fn 227) Art 310 EG Rn 1; *Bleckmann* (Fn 89) Rn 1365 ff.
242 Vgl etwa *Hummer*, Der EWR und seine Auswirkungen auf Österreich, EuZW 1992, 361 (368); *Epiney*, Der Stellenwert des europäischen Gemeinschaftsrechts in Integrationsverträgen, 1992, 88 ff. - Art 198 ff AEUV behandeln unter dem Begriff Assoziierung wieder einen ganz anderen Fall, der die außereuropäischen Länder und Hoheitsgebiete der Mitgliedstaaten betrifft.
243 Bull BReg 1994, 20 ff, 23 f; *Wenger/Breitenmoser/Lehmann*, Die NATO-Partnerschaft für den Frieden im Wandel, 1998; North Atlantic Treaty Organisation (NATO)-Russian Federation: Declaration by Heads of State and Government of NATO Member States and the Russian Federation, ILM 41 (2002) 773 ff. Vgl auch den Gästestatus im Europarat (u Rn 239).
244 *Suy*, The Status of Observers in International Organizations, RdC 160 (1978-II) 74 ff; *Schermers*, International Organizations, Observer Status, EPIL II (1995) 1324 f; vgl auch *Rensmann*, International Organizations and Institutions, Observer Status, MPEPIL VI, 43 ff.
245 *Sybesma-Khol*, The Status of Observers in the United Nations, 1981; *Fastenrath*, in Charter UN³, Art 4 Rn 42 ff.
246 Zum Beobachterstatus, den die beiden deutschen Staaten bis 1973 in den UN innehatten, vgl *Schmahl*, Deutschland und die Vereinten Nationen: Zwischen staatlicher Souveränität und multilateraler Kooperation, FS E. Klein, 2013, 861 (863 f).
247 Vgl *Germelmann*, Heiliger Stuhl und Vatikanstaat in der internationalen Gemeinschaft, AVR 47 (2009) 147 (177 f). Mit A/RES/58/314 v 1.7.2004 hat die GV diese Rechtsposition noch einmal gestärkt, indem sie dem Heiligen Stuhl besondere Rede- und Teilnahmerechte an ihren Sitzungen einräumt, die über die Rechte der anderen ständigen Beobachter hinausgehen; näher *Kalbusch*, Die römisch-katholische Kirche im System der Vereinten Nationen, 2012, 255 ff.

tern" ihrer Völker über die Beobachterstellung eine politisch höchst wirksame Artikulationsmöglichkeit eingeräumt.[248] Der PLO wurde 1974 ebenfalls ein Beobachterstatus zugestanden.[249] „Palästina", bereits 1988 Beobachter,[250] wurde 2012 der Status eines „staatlichen Beobachters" gewährt.[251] Aber auch I. O. können Beobachterstatus haben; dies gilt bezogen auf die UN etwa für EU, OAS, AU und Arabische Liga.[252]

90 Der Beobachter verfügt nur über *beschränkte Mitwirkungsrechte*, auch wenn die Ausgestaltung unterschiedlich ist. Häufig hat er Rederecht und – in der UN-Generalversammlung – sogar das Recht auf Erwiderung. Antrags- und Stimmrecht stehen ihm jedoch nicht zu. Eine nähere Ausgestaltung von Funktion und Status des Beobachters enthält die Wiener Konvention über die Vertretung von Staaten in ihren Beziehungen zu I. O. universellen Charakters v 1975.[253] Da die Konvention vor allem von den westlichen Sitzstaaten strikt abgelehnt wird, wird sie schwerlich in Kraft treten. Jedenfalls in dem hier interessierenden Bereich hat sie auch keine Sätze des allgemeinen Völkerrechts zum Inhalt.[254] Die Stellung als Beobachter schließt die gleichzeitige volle Mitarbeit in einzelnen Organen oder Unterorganen der UN nicht aus. So war die Schweiz trotz ihres früheren Beobachterstatus Mitglied des IGH-Statuts (Art 93 Abs 2 UN-Charta) und ist Palästina heute Mitglied der Wirtschafts- und Sozialkommission für Westasien (ESCWA), der UNESCO sowie darüber hinaus Vertragspartei des Römischen Statuts zum Internationalen Strafgerichtshof.[255]

f) Nichtmitglieder

91 Grundsätzlich ist unbestritten, dass ein Nichtmitglied an den Rechten und Pflichten eines Mitglieds, wird es nicht in besonderer Weise in die Organisation einbezogen (zB als Beobachter), keinen Anteil hat; vertragsrechtlich ist das Nichtmitglied *Dritter* iSd Satzes *pacta tertiis nec nocent nec prosunt* (Art 34 WVK). Als außerrechtliches Phänomen ist allerdings einzukalkulieren, dass eine mächtige Organisation zweifellos faktisch auf das Verhalten Dritter einwirken wird. So richten zahlreiche Drittstaaten ihre rechtlichen Bestimmungen freiwillig nach EU-Vorschriften

---

248 Dazu *Klein*, Nationale Befreiungskämpfe und Dekolonisierungspolitik der Vereinten Nationen, ZaöRV 36 (1976) 618 ff.
249 UN Doc A/RES/3210 (XXIX) v 14.10.1974.
250 UN Doc A/RES/43/177 v 15.12.1988.
251 UN Doc A/RES/67/19 v 29.11.2012: "non-member observer State status". Näher zum Status Palästinas in den VN *Mißling*, Der Status Palästinas in internationalen Organisationen, VN 2012, 147 (148 ff); *Breuer*, Von der UNESCO in die Generalversammlung: Palästina und die Vereinten Nationen, 2013; vgl auch u Fn 255.
252 A/RES/65/276 v 3.5.2011 wertet den bisherigen Beobachterstatus der EU bei der Generalversammlung deutlich auf und orientiert sich nunmehr an den entsprechenden Beteiligungsrechten des Heiligen Stuhls und Palästinas; näher *Mayr-Singer/Villotti*, Die Europäische Union als neuer „Big Player" in den Vereinten Nationen?, VN 2012, 154 (156 f). Allgemein zum Verhältnis EU/UN *Scheffler*, Die Europäische Union als rechtlich-institutioneller Akteur im System der Vereinten Nationen, 2010, 373 ff.
253 AVR 16 (1974/75) 410 ff; AJIL 69 (1975) 52 ff; vgl *Fennessy*, The 1975 Vienna Convention on the Representation of States in their Relations with International Organizations of a Universal Character, AJIL 70 (1976) 62 ff; *Lang*, Das Wiener Übereinkommen über die Vertretung von Staaten in ihren Beziehungen zu internationalen Organisationen universellen Charakters, ZaöRV 37 (1977) 43 ff; *El-Erian/Lentz*, Vienna Convention on the Representation of States in their Relations with International Organizations of a Universal Character, EPIL IV (2000) 1317 ff.
254 Streitigkeiten über Rechte und Privilegien des Beobachters müssen daher nach den konkreten Bestimmungen für die Organisation (Sitzabkommen) beigelegt werden; zum Streit zwischen UN und USA über die Rechte der PLO am Sitz der UN *Fitschen*, Closing the PLO Observer Mission to the United Nations in New York, GYIL 31 (1988) 595 ff; ICJ Rep 1988, 12 ff.
255 Dazu allgem *Kirgis*, International Organizations, 143 ff u 175. – Der Aufnahmeantrag Palästinas bei den UN (UN Doc A/66/371-S/2011/592 v 23.9.2011) blieb erfolglos; in die UNESCO wurde Palästina aber am 31.10.2011 aufgenommen, vgl UNESCO Records of the General Conference, 36th Sess, Vol 1, 79, para 76. Am 31.12.2014 hat der „Staat Palästina" das IStGH-Statut ratifiziert, wirksam wurde die Aufnahme am 1.4.2015. Zum Ganzen *Zimmermann*, Palestine and the International Criminal Court: Quo Vadis?, JICJ 11 (2013) 303 ff.

aus, um auf diese Weise die Voraussetzungen für die Aufnahme oder Erweiterung des Handelsverkehrs oder gar eines späteren Beitritts zu schaffen.[256]

Darüber hinaus ist aber nicht zu übersehen, dass die UN-Charta Nichtmitgliedstaaten insoweit adressiert, als es um die Wahrung des Weltfriedens und der internationalen Sicherheit geht (Art 2 Nr 6). Schon der *Völkerbund* (Art 17) enthielt die Aufforderung an Nichtmitglieder, sich seinen Streitbeilegungsregeln zu unterwerfen. Allerdings hat der StIGH daraus nicht den Schluss einer rechtlichen Verpflichtung gezogen.[257] Auch Art 2 Nr 6 UN-Charta enthält zwar eine über die Grenzen der Organisation hinausreichende Ordnungsbehauptung, begründet aber nicht als solche Rechtspflichten Dritter.[258] Gehen die *UN* gegen einen Friedensbrecher-Drittstaat selbst mit Sanktionen (Art 41, 42) vor, sind sie dazu auf der Grundlage des von diesem Staat verletzten, *erga omnes* wirkenden Völkerrechtssatzes (Gewaltverbot) ermächtigt,[259] auf die Inpflichtnahme Dritter durch die Charta kommt es gar nicht an.[260] Was die Frage einer Verpflichtung Dritter betrifft, sich an den vom Sicherheitsrat verhängten Sanktionen gegen einen Friedensbrecher zu beteiligen, so besteht weitgehende Einigkeit darüber, dass die Frage zu verneinen ist. Jedenfalls haben Drittstaaten immer, auch wenn sie sich den Maßnahmen angeschlossen haben, die *Freiwilligkeit* dieser Teilnahme aufgrund eigener Entscheidung betont.[261] In Art 2 Nr 6 UN-Charta kann man zwar eine „aspiration vers un ordre juridique général" sehen.[262] Die UN-Charta ist aber nach wie vor keine für alle Mitglieder der Völkerrechtsgemeinschaft *ipso iure* bindende „Verfassung"; daran ist ungeachtet ihrer Quasi-Universalität und der damit verbundenen vertraglichen Inpflichtnahme fast aller Staaten festzuhalten.[263]

3. Die Rechtsstellung Internationaler Organisationen
a) Völkerrechtsfähigkeit

I. O. sind mitgliedschaftlich strukturierte Verbände, die weder im Völkerrecht noch im internen Recht der Staaten automatisch *Rechtssubjektivität* besitzen.[264] Die Fähigkeit, Zuordnungsadressat von Rechten, Pflichten oder Zuständigkeiten der jeweiligen Rechtsordnung zu sein, ist den I. O. *nicht angeboren*. Dem Völkerrecht sind nur die Staaten vorgegeben. Sie sind daher originäre Völkerrechtssubjekte,[265] so wie im staatlichen Recht die Menschen die Gestalter der Rechtsordnung sind. Dies schließt nicht aus, dass die originären Rechtsträger weitere, von ihnen *abgeleitete* Rechtssubjekte schaffen.[266]

---

256 Zu diesen Wirkungen *Hummer/Schweitzer*, Österreich und die EWG, 1987, 262.
257 PCIJ, Ser B, No 5, 27 *[Ostkarelien]*: „[...] States not members of the League [...] are not bound by the Covenant."
258 Anders *Kelsen*, The Law of the United Nations, 1951, 107 ff; vgl *Scheuner*, Die Vereinten Nationen und die Stellung der Nichtmitglieder, FS Bilfinger, 1954, 371 ff; *Soder*, Die Vereinten Nationen und die Nichtmitglieder, 1956; *Falk*, The Authority of the United Nations to Control Non-Members, 1965; *Frowein*, Die Vereinten Nationen und die Nichtmitgliedstaaten, EA 1970, 256 ff.
259 Krit *Fink*, Kollektive Friedenssicherung, 1999, 905 ff.
260 Entsprechendes gilt für die völkerrechtliche Befugnis der EU, sich als solche an Sanktionen der UN zu beteiligen; *Klein* (Fn 55) 107 ff; *Brandl*, Die Umsetzung der Sanktionsresolutionen des Sicherheitsrates in der EU, AVR 38 (2000) 376 ff; s auch *H.-K. Ress*, Das Handelsembargo, 2000, 72 ff.
261 *Bindschedler*, Das Problem der Beteiligung der Schweiz an Sanktionen der Vereinigten Nationen, ZaöRV 28 (1968) 1 (5 ff); *v. Schenck*, Das Problem der Beteiligung der Bundesrepublik Deutschland an Sanktionen der Vereinten Nationen, ZaöRV 29 (1969) 257 ff. Zu neueren Entwicklungen in der Staatenpraxis vgl *Talmon*, in Charter UN³, Art 2(6) Rn 55-67.
262 *Cahier*, Le problème des effets des traités à l'égard des Etats tiers, RdC 143 (1974-III) 589 (707).
263 Vgl insgesamt dazu *Klein* (Fn 58 [Statusverträge]) 198 ff.
264 Ablehnend *Pechstein/Koenig*, Die Europäische Union, 3. Aufl 2000, Rn 62 f, für die eine I. O. stets Völkerrechtsfähigkeit hat oder eben keine I. O. ist.
265 Zur Rolle des Individuums *Mosler*, Völkerrecht als Rechtsordnung, ZaöRV 36 (1976) 30 f sowie *Kau*, 3. Abschn Rn 14 ff.
266 *Mosler* (Fn 2) 25 f.

94 Ob eine I.O. Völkerrechtssubjekt ist, hängt also vom *Willen ihrer Mitglieder* ab, wie er sich normativ im Gründungsvertrag niedergeschlagen hat. Dies ergibt sich zT recht eindeutig aus seinem Wortlaut (zB Art 47 EUV),[267] zT kann diese Erkenntnis nur durch Interpretation des Vertrags unter Einbeziehung von Zweck und Aufgaben der Organisation gewonnen werden.[268] IdS hat der IGH den UN Völkerrechtsfähigkeit zuerkannt, da sie anders ihre Funktionen nicht erfüllen könnten; die UN-Charta enthält keine ausdrückliche Regelung der Frage.[269] Für die Sonderorganisationen und den Europarat gilt Entsprechendes. In anderen Fällen ergibt die Auslegung indes ein negatives Ergebnis. So geht man etwa übereinstimmend davon aus, dass die Benelux-Wirtschaftsunion keine eigene Völkerrechtssubjektivität hat;[270] auch für die OAU wurde diese Eigenschaft überwiegend verneint.[271] Die Organisation des EWR ist ebenfalls nicht als Völkerrechtsperson geschaffen worden.[272]

95 Mit der *Verleihung der Rechtsfähigkeit* an I.O. entstehen neue, „künstliche" Völkerrechtssubjekte, gewissermaßen juristische Personen des Völkerrechts.[273] Von den juristischen Personen des innerstaatlichen Rechts unterscheiden sie sich allerdings durch ihre vom Organisationszweck her definierte Rechtsfähigkeit; diese ist also nicht umfassend, sondern stets – funktionsadäquat – *partiell*.[274]

96 Begaben die Mitglieder ihre I.O. mit Völkerrechtssubjektivität, so wirkt sich das zunächst nur im internen Verhältnis aus. Da der *Gründungsvertrag für Dritte* eine *res inter alios acta* (vgl Art 34 WVK) ist, brauchen diese sich die Völkerrechtspersönlichkeit nicht entgegenhalten zu lassen. Sie wird ihnen gegenüber nur durch ausdrückliche oder implizite Anerkennung relevant. Im Hinblick auf die *UN* hat der IGH allerdings in seinem berühmten *Bernadotte*-Gutachten festgestellt, dass die Gründungsstaaten, die die überwiegende Mehrheit der internationalen Gemeinschaft repräsentierten, die Rechtsmacht besessen hätten, eine Einheit mit *objektiver Völkerrechtspersönlichkeit* zu schaffen, die also auch gegenüber Dritten ohne deren Anerkennung wirke.[275] Diese speziell auf die UN ausgerichtete Argumentation ist jedoch auf andere I.O., auch UN-Sonderorganisationen, nicht übertragbar.[276] Die früheren Ostblockstaaten handelten daher nicht rechtswidrig, wenn sie über Jahrzehnte hinweg die EWG/EG ignorierten und auf direktem Verkehr mit den Mitgliedstaaten bestanden. Auf der anderen Seite hat die Gründung einer völkerrechtsfähigen I.O. immer eine objektive Rechtsfolge, da sie einen jederzeit aktualisierbaren Anknüpfungspunkt für Dritte darstellt. Erkennen diese die Organisation als Völkerrechtssubjekt an, erweitern sie nur deren Wirkungskreis und gründen sie nicht etwa im Verhältnis zu sich neu.[277]

---

267 Das folgt vor allem aus einem Vergleich mit Art 282 EG/Art 335 AEUV; vgl ferner *Tomuschat*, in von der Groeben/Schwarze (Fn 227) Art 282 Rn 1. – Näher zur EU vgl u Rn 252 ff.
268 Zur Auslegung o Rn 39 f.
269 ICJ Rep 1949, 174, 179 *[Bernadotte]: implied-powers*-Lehre.
270 *Bleckmann*, Die Benelux-Wirtschaftsunion, ZaöRV 22 (1962) 239 (293 f). Hieran ändert auch der am 17.6.2008 unterzeichnete neue Benelux-Vertrag nichts, mit dem die beteiligten Staaten den im Jahre 1960 erarbeiteten Benelux-Vertrag ersetzt haben.
271 Vgl *Kunig*, Die Organisation der afrikanischen Einheit und die Fortentwicklung des Völkerrechts, JAR 4 (1983) 81 ff mwN.
272 *Krenzler*, Der Europäische Wirtschaftsraum als Teil einer gesamteuropäischen Architektur, Integration 2/92, 61 ff.
273 Vgl *Seidl-Hohenveldern/Loibl*, Internationale Organisationen, Rn 309.
274 *Mosler* (Fn 265) 23 f.
275 ICJ Rep 1949, 174, 185; *Weissberg*, The International Status of the United Nations, 1961, 170 ff.
276 Ebenso *Tomuschat* (Fn 24) 140; *Seidl-Hohenveldern*, The Legal Personality of International and Supranational Organizations, in ders, Collected Essays on International Investments and on International Organizations, 1998, 3 (18 f); anders *Ruffert/Walter*, Institutionalisiertes Völkerrecht, Rn 161; *Breuer*, Die Völkerrechtspersönlichkeit Internationaler Organisationen, AVR 49 (2011) 4 (28 ff).
277 *Mosler* (Fn 2) 32.

b) Völkerrechtliche Handlungsfähigkeit

Da die Völkerrechtssubjektivität Voraussetzung der *völkerrechtlichen Handlungsfähigkeit* ist, musste sich der IGH im *Bernadotte*-Fall erst der Völkerrechtsfähigkeit der UN vergewissern, bevor er in einem zweiten Schritt die Fähigkeit der UN, völkerrechtliche Ersatzansprüche wegen eines in ihrem Dienst ermordeten Diplomaten geltend zu machen, prüfen konnte.[278] Man kann die Handlungsfähigkeit, vor allem die Fähigkeit zum Vertragsabschluss und diplomatischen Verkehr sowie die aktive und passive Deliktsfähigkeit, einer I.O. aber nicht pauschal ihrer Rechtsfähigkeit entnehmen.[279] Dies bedarf vielmehr der Begründung aus dem jeweiligen Organisationsrecht.[280] 97

Demgemäß beantwortet sich die Frage nach der Grundlage der *Vertragsabschlussfähigkeit* I.O. aus den Bestimmungen des Gründungsvertrags, soweit sie konkrete Hinweise hierauf enthalten (zB Art 207, 216 ff AEUV), oder aus seiner auf den Gesichtspunkt der Funktionsfähigkeit der Organisation gestützten Interpretation; so hat der IGH den *implied powers*-Gedanken auf die UN-Charta angewendet,[281] der EuGH im *AETR*-Urteil, über die genannten Bestimmungen des EG-Vertrags hinaus, vom Vorliegen von Innenkompetenzen auf parallele Außenkompetenzen geschlossen.[282] Das Rechtsregime, dem die Verträge unterliegen, an denen I.O. beteiligt sind, ist heute in der II. Wiener Vertragsrechtskonvention v 1986 kodifiziert,[283] die sich stark, häufig sogar wörtlich, an der Wiener Vertragsrechtskonvention v 1969 orientiert. Eine nähere Darstellung muss hier unterbleiben.[284] Interessant ist jedoch, dass diese Konvention (Art 46 Abs 2) eine Abkehr von der traditionellen Lehre vornimmt, wonach Rechtsakte von I.O., wozu auch Vertragsabschlüsse zählen, bei Überschreitung des Zuständigkeitskreises *(ultra vires)* null und nichtig sind.[285] Die Konvention stärkt mit ihrer Konzeption nicht nur die Rechtsstellung der Vertragspartner, deren Vertrauen sie schützt, sondern gleicht die Rechtsstellung I.O. der Sache nach der für Staaten geltenden an. Hier spiegelt sich die gewachsene Bedeutung I.O. als Akteure auf der völkerrechtlichen Ebene und gerade als Vertragspartner wider.[286] Völkerrechtsdogmatisch ist diese Konzeption freilich nicht unproblematisch, und sie wird auch von der Konvention an wichtigen Punkten nicht durchgehalten.[287] 98

Soweit die I.O. für einzelne Bereiche nicht zuständig ist, ist an den Abschluss eines *gemischten Vertrags* zu denken, an dem neben dem Vertragspartner und der I.O. auch deren Mitglieder 99

---

[278] ICJ Rep 1949, 174, 179 f.
[279] So aber der Ansatz von *Seyersted*, Objective International Personality of International Organizations, 1963; *Doehring* (Fn 27) Rn 215. Wie hier *Zemanek*, International Organizations, Treaty-Making Power, EPIL II (1995) 1343 ff; *Tomuschat* (Fn 24) 142 f.
[280] So die ganz hL, vgl *Verdross/Simma* (Fn 43) 438. – Art 6 des noch nicht in Kraft getretenen Wiener Übereinkommens über das Recht der Verträge zwischen Staaten und Internationalen Organisationen oder zwischen Internationalen Organisationen v 21.3.1986 (BGBl 1990 II, 1414) bringt keine Aufklärung, da er offen lässt, ob die Vertragsschlussfähigkeit I.O. aus dem Völkergewohnheitsrecht oder dem Gründungsvertrag abzuleiten ist; vgl *Klein/Pechstein*, Das Vertragsrecht internationaler Organisationen, 1985, 23 ff.
[281] ICJ Rep 1949, 174, 180. S u Rn 191.
[282] EuGH, Slg 1971, 263, 275 *[AETR]*; vgl auch EuGH, Slg 2002, I-9855 *[Kommission/Deutschland]*. Die AETR-Rspr ist nunmehr in Art 3 Abs 2, Art 216 Abs 1 AEUV kodifiziert.
[283] So Fn 280.
[284] Näher *Klein/Pechstein* (Fn 280) *passim*; *Schröder*, Die Kodifikation des Vertragsrechts internationaler Organisationen, AVR 23 (1985) 385 ff; *Nascimento e Silva*, The 1986 Vienna Convention and the Treaty-Making Power of International Organizations, GYIL 29 (1986) 68 ff; *Bothe*, Die Wiener Konvention über das Recht der Verträge zwischen Staaten und internationalen Organisationen und zwischen internationalen Organisationen, NJW 1991, 2169 ff.
[285] *Tomuschat* (Fn 24) 144 f; *Klein/Pechstein* (Fn 280) 25 f. – Dies entspricht auch einer zunehmenden Ansicht in der Literatur. S u Rn 192 ff.
[286] Schon 1970 wurden fast 2.000 Verträge unter Beteiligung von I.O. gezählt.
[287] *Klein/Pechstein* (Fn 280) 64 f.

beteiligt sind. Sie spielen vor allem für die EU eine wichtige Rolle.[288] Diese Verträge sind in ihrer Struktur kompliziert und werfen schwierige Haftungsfragen auf. Politisch sind sie aber hilfreich, weil so Fragen geregelt werden können, die bei unklarer Kompetenzlage andernfalls unerledigt blieben.

100   Auch für die Frage, ob den I.O. *aktives und passives Gesandtschaftsrecht* zukommt, ist ihre Völkerrechtsfähigkeit notwendige, aber keine ausreichende Bedingung. Die konkrete Ermächtigung gründet letztlich auf dem Willen der Mitgliedstaaten.[289] Die Akkreditierung ständiger diplomatischer Vertretungen von *Mitgliedern* am Sitz ihrer I.O. begann schon zu Zeiten des Völkerbunds. Heute ist sie bei allen wichtigen Organisationen eine gängige Erscheinung.[290] Aber auch *Nichtmitglieder* halten auf diese Weise Kontakt mit einer I.O. So sind bei den UN die Beobachter durch ständige Missionen vertreten.[291] Bei der EU haben derzeit rd 170 Nichtmitglieder ihre Vertretungen akkreditiert; mit der Aufnahme diplomatischer Beziehungen wird zugleich die Anerkennung der Union als Völkerrechtssubjekt zum Ausdruck gebracht.[292] In Ausübung ihres aktiven Gesandtschaftsrechts unterhalten I.O. ihrerseits Vertretungen bei anderen I.O. (zB EU bei UN oder OECD) oder entsenden auch Spezialmissionen zu Mitgliedern oder Nichtmitgliedern. Ungeachtet verschiedentlicher Aufforderung durch das Europäische Parlament (EP) unterhält freilich die Union selbst keine Ständigen Vertretungen bei Staaten; die bestehenden Delegationen (zB in Südamerika) fungieren vielmehr als Vertretungen der Kommission, die derzeit mit 136 Staaten und I.O. diplomatische Beziehungen unterhält.[293]

101   Mit der starken Ausweitung der Tätigkeiten I.O. gewinnt auch die Frage ihrer *Deliktsfähigkeit* – als Täter oder Opfer – an Bedeutung.[294] Dies veranlasste die ILC im Jahr 2000 dazu, das Thema *Responsibility of International Organizations* auf ihre Agenda zu setzen,[295] und führte 2009 schließlich zur Verabschiedung der Draft Articles on Responsibility of International Organisations (DARIO).[296] Soweit eine I.O. völkerrechtlich handeln kann, vermag sie auch völ-

---

288 K.D. *Stein*, Der gemischte Vertrag im Recht der Außenbeziehungen der Europäischen Wirtschaftsgemeinschaft, 1986; *Kumin/Bittner*, Die „gemischten" Abkommen zwischen der Europäischen Union und ihren Mitgliedstaaten einerseits und dritten Völkerrechtssubjekten andererseits, EuR 2012, Beih 2, 75 ff; *Haratsch/Koenig/Pechstein* (Fn 86) Rn 448.
289 Vgl etwa zu den Rechtsgrundlagen der EU-Außenkompetenz *Oppermann/Classen/Nettesheim* (Fn 86) § 38.
290 *Schermers/Blokker*, International Institutional Law, § 1804.
291 Hierzu wichtig Art 5 u 7 der Wiener Konvention über die Vertretung von Staaten in ihren Beziehungen zu Internationalen Organisationen universellen Charakters v 1975 (so Fn 253).
292 Bedeutsam insoweit Art 17 des Protokolls über die Vorrechte und Befreiungen der EG (ABl EG 1967, Nr L 152/13), wonach der Sitzstaat (Belgien) entsprechende Verpflichtungen gegenüber diesen Drittstaatmissionen übernimmt (Zahlen nach: Europäische Gemeinschaften [Hrsg], Corps diplomatique accrédité auprès des Communautés Européennes et représentations auprès de la Commission, 2008/09). Vgl auch *Karalus*, Die diplomatische Vertretung der EU, 2009.
293 *Booß*, in Lenz/Borchardt (Hrsg), EU-Verträge, 6. Aufl 2012, Art 47 EUV Rn 10; *Ruffert*, in Callies/Ruffert (Fn 132), Art 47 EUV Rn 13. Gemäß Art 27 Abs 3 EUV wird ein (eigenständiger) Europäischer Auswärtiger Dienst errichtet, der dem Hohen Vertreter der Union für die Außen- und Sicherheitspolitik unterstellt ist, näher *Sydow*, Der Europäische Auswärtige Dienst, JZ 2011, 6 ff; *Martenczuk*, Der Europäische Auswärtige Dienst, EuR 2012, Beih 2, 189 ff.
294 Vgl *Ginther*, International Organizations, Responsibility, EPIL II (1995) 1336 ff; *Meng*, Internationale Organisationen im völkerrechtlichen Deliktsrecht, ZaöRV 45 (1985) 324 ff; *Conze*, Die völkerrechtliche Haftung der EG, 1987; *Giegerich*, Verantwortlichkeit und Haftung für Akte internationaler und supranationaler Organisationen, ZVglRWiss 104 (2005) 163 ff; *Breuer* (Fn 276) 16 ff. Zum umfassenderen Konzept der „accountability" vgl den Bericht über Accountability of International Organizations, in ILA, Report of the 71st Conference in Berlin, 2004, 164 ff; dazu *Hafner*, Accountability of International Organizations, in Macdonald/Johnston (Hrsg), Towards World Constitutionalism, 2005, 585 ff.
295 Hierzu mN ILC Rep 2002, §§ 458 ff.
296 Vgl A/RES/66/100 v 9.11.2011. Vgl auch ILC Rep 2009, UN Doc A/64/10, §§ 13-178. Hierzu *Hoffmeister*, Litigating against the European Union and its Member States, EJIL 21 (2010) 723 ff; *Schermers/Blokker*, International Institutional Law, §§ 1590 ff. Krit *Hafner*, Is the Topic of Responsibility of I.O. Ripe for Codification?, FS Simma, 2011, 695 ff.

kerrechtswidrig zu handeln, dh die ihr obliegenden Pflichten gegenüber einem anderen Völkerrechtssubjekt zu verletzen.[297] Die beschränkte Rechtsfähigkeit der I.O. zeigt indes, dass der deliktsrechtlich relevante Bereich grundsätzlich variiert; allerdings entfällt bei *ultra vires*-Handeln keineswegs automatisch die Verantwortlichkeit. Die entscheidende Frage hier und allgemein ist daher, welches Subjekt für die Rechtsverletzungen der I.O. haftet: diese selbst, ihre Mitglieder oder beide.[298] Grundlage der Antwort ist die rechtliche Selbständigkeit der I.O. einerseits, das Problem einer Haftungsbegrenzung der Mitgliedstaaten durch bloße Errichtung einer möglicherweise zur Wiedergutmachung nicht fähigen Institution andererseits. Zu bedenken ist ferner die Rechtsstellung Dritter, die die I.O. nicht anerkannt haben.

Aus der Völkerrechtspraxis ergeben sich nicht allzu viele Fixpunkte. Als allgemein anerkannt und akzeptiert erscheint die *exklusive Haftung* der UN, soweit es um das rechtswidrige Verhalten von Friedenstruppen geht, für das die UN die alleinige Verantwortung übernommen haben.[299] Vertragliche Regelungen bei gefahrgeneigten Tätigkeiten enthalten etwa der Weltraumvertrag v 1967 (Art VI) und das Übereinkommen über die völkerrechtliche Haftung für Schäden durch Weltraumgegenstände v 1972 (Art XXII).[300] Nach der dort gefundenen Lösung besteht eine *gemeinsame Verantwortlichkeit* der I.O. und ihrer Mitglieder, wobei der Weltraumhaftungsvertrag dies in Richtung auf eine subsidiäre Haftung der Mitglieder konkretisiert – unter der Voraussetzung allerdings, dass die Organisation die Pflichten aus dem Vertrag überhaupt übernommen hat;[301] andernfalls haften die Mitglieder allein. 102

Ob diese für besonders risikoträchtiges Handeln entwickelten Grundsätze generalisierbar sind, ob es also allgemeine Völkerrechtsregeln dieses Inhalts gibt, ist wenig klar. Richtig dürfte sein, dass geschädigte Dritte, die die Organisation anerkennen, diese primär als Haftungssubjekt in Anspruch zu nehmen haben.[302] Eine subsidiäre, den „Schleier der Organisation" lüftende *Durchgriffshaftung der Mitgliedstaaten* wird man aber *nicht grundsätzlich ausschließen* können.[303] Es wäre sehr zweifelhaft, wenn Dritte sich auf die möglicherweise beschränkten Ressourcen der I.O. verweisen lassen müssten, die Mitglieder ihre Haftung entsprechend begrenzen könnten. Gewiss kann die Haftung der Mitglieder gegenüber Dritten aus Vertragsverletzung nicht aus ei- 103

Zu Entwicklung und Auswirkung der DARIO vgl auch die Beiträge in Ragazzi (Hrsg), Responsibility of International Organizations: Essays in Memory of Sir Ian Brownlie, 2013.
297 So bereits PCIJ, Ser A, No 17, 29 *[Chorzów]*.
298 Hierzu im Allgemeinen: Bericht der ILC, UN Doc A/66/10, 83. In Bezug auf Rechtbank Den Haag, Urt v 16.7.2014, *Mothers of Srebrenica*, ECLI:NL:RBDHA:2014:8748 vgl *Condorelli*, De la responsabilité internationale de l'ONU et/ou l'Etat d'envoi lors d'actions de Forces de Maintien de la Paix: l'écheveau de l'attribution (double?) devant le juge néerlandais, Questions of International Law 1 (2014), 3 ff; *Palchetti*, Attributing the Conduct of Dutchbat in Srebrenica: The 2014 Judgment of the District Court in the Mothers of Srebrenica Case, NILR 62 (2015) 279 (289 ff). Zur Immunität der VN (auch) in diesem Verfahren s u Rn 108.
299 *Schermers/Blokker*, International Institutional Law, § 1858; differenzierend *Lüder*, Völkerrechtliche Verantwortlichkeit bei Teilnahme an „Peace-keeping"-Missionen der Vereinten Nationen, 2004; *Kranz*, Die völkerrechtliche Verantwortlichkeit für die Anwendung militärischer Gewalt, AVR 38 (2010) 281 (331 f); grundlegend *Schmalenbach*, Die Haftung Internationaler Organisationen im Rahmen von Militäreinsätzen und Territorialverwaltungen, 2004. Zwischen Peacekeeping-Operationen und Einsätzen mit einem sog robusten Mandat unterscheidend EGMR, EuGRZ 2007, 522 Rn 128 ff *[Behrami/Saramati]*; s u Fn 620; krit *Schmalenbach*, Der Schutz der Zivilbevölkerung durch UN-Friedensmissionen und die Rechtsfolgen bei Mandatsversagen, AVR 51 (2013) 170 (195 ff).
300 BGBl 1969 II, 1969; BGBl 1975 II, 1210.
301 Dies ist – soweit ersichtlich – bisher nur durch die ESA geschehen.
302 *Meng* (Fn 294) 338; *Hartwig*, International Organizations or Institutions, Responsibility and Liability, MPEPIL VI, 64 (Rn 13 ff).
303 *Seidl-Hohenveldern*, Responsibility of Member States of an International Organization for Acts of that Organization, in ders (Fn 276) 63 ff; *Geslin*, Réflexions sur la répartition de la responsabilité entre l'organisation internationale et ses Etats membres, RGDIP 109 (2005) 539 ff; *Ahlborn*, To Share or Not to Share?, The Allocation of Responsibility between International Organizations and their Member States, Die Friedenswarte 88 (2013) 45 (61 ff). Siehe aber Art 6 des Übereinkommens zur Gründung des Gemeinsamen Fonds für Rohstoffe (BGBl 1985 II, 714), wonach ein Mitglied nicht allein aufgrund seiner Mitgliedschaft für Handlungen oder Verbindlichkeiten des Fonds haftet.

ner Vorschrift wie Art 216 Abs 2 AEUV entnommen werden, da dieser eine rein unionsinterne Bedeutung hat.[304] Andererseits dürfte es zu weit gehen, allein in der vereinbarten Zuerkennung der Vertragsschlussfähigkeit der I. O. bereits den konkludenten Haftungsausschluss der Mitglieder zu sehen.[305] Dritten als Vertragsparteien allein das Risiko mangelnder Wiedergutmachungsfähigkeit der Organisation aufzubürden, ist wenig überzeugend. Die Durchgriffshaftung kommt also durchaus in Betracht, wenn – etwa bei Unterkapitalisierung – die Organisation selbst zur Wiedergutmachung des Schadens außerstande ist. Eine ganz andere Frage ist, ob das schädigende Ereignis nicht auf einer (auch) den Mitgliedstaaten unmittelbar zurechenbaren Verhaltensweise beruht *(Direkthaftung)*. Insofern ist an die Verletzung von Kontroll- und Aufsichtspflichten zu denken, etwa im Fall eines *ultra vires*-Handelns der I. O.[306] Die Verantwortlichkeit von Organisation und Mitgliedern steht dann iSe Gesamtschuldnerschaft nebeneinander. Art 62 DARIO möchte die subsidiäre Haftung der Mitglieder für einen völkerrechtswidrigen Akt der I. O. grundsätzlich auf den Fall reduzieren, dass das Mitglied seine Verantwortlichkeit akzeptiert oder bei der verletzten Seite eine entsprechende Erwartung geweckt hat.[307]

104   Soweit Dritte geschädigt sind, die die I.O. nicht anerkennen, brauchen sie sich nicht an die Organisation verweisen zu lassen.[308] Hiervon gibt es nur eine Ausnahme: Aufgrund der allgemein akzeptierten Aussage des IGH im *Bernadotte*-Gutachten haben die UN eine objektive Völkerrechtspersönlichkeit, die ungeachtet einer Anerkennung für alle anderen Völkerrechtssubjekte verbindlich ist.[309] Im Übrigen aber ist die Errichtung einer I.O. für Dritte eine *res inter alios acta*, die sie nicht zur Kenntnis nehmen müssen. Sie sind daher berechtigt, sich an die Mitglieder zu halten, die hinter der für sie unbeachtlichen Organisation stehen. Eine gegenüber den anderen Mitgliedstaaten hervorgehobene Verantwortlichkeit des Sitzstaates wird sich normalerweise nicht begründen lassen.[310] Der Dritte kann daher frei entscheiden, von welchem Mitglied er Wiedergutmachung verlangt. Auf der anderen Seite kann der geschädigte Dritte jederzeit von der I. O. selbst die Wiedergutmachung verlangen, weil er an ihre vorhandene Existenz anknüpfen kann.[311]

105   I. O. können auch *Opfer* völkerrechtswidriger Handlungen nach Maßgabe der ihnen gegenüber bestehenden Rechtspflichten sein. Sie sind dann berechtigt, ihrerseits *Wiedergutmachung* zu verlangen, und können die Durchsetzungsmöglichkeiten des allgemeinen Völkerrechts in Anwendung bringen. Allerdings scheidet eine Klage vor dem IGH aus.[312] Auch hier gilt aber, dass

---

304 Vgl bereits *Klein/Pechstein* (Fn 280) 39.
305 So aber *Herdegen*, Bemerkungen zur Zwangsliquidation und zum Haftungsdurchgriff bei internationalen Organisationen, ZaöRV 47 (1987) 537 (549), der bereits mit dieser Überlegung die Haftung der Mitglieder des zahlungsunfähig gewordenen Internationalen Zinnrats verneint. Im konkreten Fall haben die Mitgliedstaaten im Vergleichsweg einen Teil des Schadens ohne Anerkennung einer Rechtspflicht ersetzt. Vgl auch *Seidl-Hohenveldern*, Piercing the Corporate Veil of International Organizations, GYIL 32 (1989) 43 ff. Nach ISGH, Gutachten v 2.4.2015, Rn 156 ff haftet die EU aufgrund ihrer exklusiven Kompetenz zum Vertragsabschluss (Fischereiabkommen) allein für Verletzungen des Vertrags durch die Flagge von Mitgliedstaaten tragende Schiffe. Zum Immunitätsproblem s u Rn 106 ff.
306 *Meng* (Fn 294) 342.
307 Art 58–61 DARIO sehen weitere Haftungsgründe für die Mitgliedstaaten vor. Von besonderer Bedeutung ist Art 61, wonach die Mitgliedstaaten für Akte der I. O. haften, wenn sie durch Kompetenzverlagerung auf die I. O. ihre eigenen völkerrechtlichen Pflichten umgehen und die Handlung der I. O., wäre sie vom Staat begangen, eine Verletzung von dessen Pflichten wäre; nicht erforderlich ist dabei, dass die Handlung für die I. O. selbst ein völkerrechtswidriger Akt ist. Die ILC verweist zur Unterstützung ihrer Ansicht auf die EGMR-Urteile in den Fällen *Waite u Kennedy* (1999) und *Bosphorus* (2005).
308 Anders *Köck/Fischer*, Internationale Organisationen, 592; *Ginther* (Fn 294) 1340. – Wer mit der Organisation Verträge schließt, erkennt sie jedenfalls implizit an.
309 ICJ Rep 1949, 174 ff.
310 Vgl auch Art 13 ILC-Entwurf zur Staatenverantwortlichkeit v 1980 (Text: ZaöRV 45 [1985] 357 ff).
311 *Mosler*, Subjects of International Law, EPIL IV (2000) 710 (714); *Tomuschat* (Fn 267) Rn 30.
312 Vgl Art 34 Abs 1 IGH-Statut („Staatenklausel"). Der Streit kann jedoch vor ein Schiedsgericht gebracht werden.

grundsätzlich nur Dritte, die die Organisation anerkannt haben, von deren Ansprüchen Kenntnis nehmen müssen. Allein die UN sind in der Lage, unabhängig von jeder Anerkennung, völkerrechtliche Wiedergutmachungsansprüche gegen Dritte zu erheben oder diesen gegenüber für ihre Bediensteten ein funktionelles Schutzrecht auszuüben.[313] Eine Übertragung dieses Ergebnisses auf andere I.O. ist nicht möglich.

c) Immunitäten, Privilegien, Verhältnis zum Sitzstaat

Während die Immunität von Staaten auf ihrer souveränen Gleichheit beruht *(par in parem non habet iurisdictionem)*,[314] kann eine Immunität für I.O. nur aus der Notwendigkeit effektiver Erfüllung der ihr übertragenen Aufgaben hergeleitet werden.[315] Dieser *funktionelle Ansatz* kommt etwa in Art 105 UN-Charta zum Ausdruck. Wegen der erheblichen Ausweitung des Aufgabenbereichs I.O. spielen auch Fragen ihrer Immunitäten und Privilegien eine zunehmende Rolle.[316]

106

Die Grundlagen finden sich häufig schon im Gründungsvertrag selbst,[317] wenngleich nur sehr prinzipiell. Sie sind durch nähere Regelungen zu ergänzen. Die bereits 1946 von der Generalversammlung vorgeschlagene (Art 105 Abs 3 UN-Charta) *Konvention über die Privilegien und Immunitäten der UN*[318] ist zum Prototyp entsprechender Übereinkünfte für andere I.O. geworden, zunächst für die Konvention über die Privilegien und Immunitäten der Sonderorganisationen der UN v 1947,[319] dann für zahlreiche regionale Organisationen.[320] Als Verträge binden sie freilich nur die Vertragsparteien, die idR die Mitglieder der Organisation sind. Zusätzliche Regelungen sind in den Abkommen mit den Sitzstaaten (u Rn 110f) und mit solchen Staaten enthalten, in denen die I.O. eine besondere Tätigkeit entfaltet, etwa Staaten, in denen friedenserhaltende Streitkräfte der UN („Blauhelme") stationiert werden.[321] Der Versuch einer allgemeinen (lückenfüllenden) Regelung wurde mit der Wiener Konvention über die Vertretung von Staaten in ihren Beziehungen zu I.O. universellen Charakters v 1975 unternommen, die aber aller Voraussicht nach wegen der Opposition der meisten Sitzstaaten nicht in Kraft treten wird.[322]

107

Zu den wichtigsten Vorschriften der geltenden Verträge gehört die *Befreiung der I.O. von allen nationalen Gerichtsverfahren*,[323] es sei denn, die I.O. verzichtet auf ihre Immunität, die ein

108

---

313 ICJ Rep 1949, 174, 184.
314 Dazu etwa IGH, Urt v 3.2.2012 *[Jurisdictional Immunities of the State]*, Rn 57.
315 ICJ Rep 1989, 177, 192 ff *[Mazilu-Gutachten]*; ICJ Rep 1999, 62, 83 *(Immunitäts-Gutachten;* dazu *Wickremasinghe,* Difference Relating to Immunity from Legal Process of a Special Rapporteur of the Commission on Human Rights, ICLQ 49 [2000] 724 ff). Vgl *Szasz,* International Organizations, Privileges and Immunities, EPIL II (1995) 1325 ff; *Gaillard/Pingel-Lenuzza,* International Organisations and Immunity from Jurisdiction, ICLQ 51 (2002) 1 ff; *Hailbronner,* Immunity of International Organizations from German National Jurisdiction, AVR 42 (2004) 329 ff; *Sato,* Immunität internationaler Organisationen, 2004; *Tauchmann,* Die Immunität internationaler Organisationen gegenüber Zwangsvollstreckungsmaßnahmen, 2005; *Wickremasinghe,* Immunities Enjoyed by Officials of States and International Organizations, in Evans (Hrsg), International Law, 4. Aufl 2014, 399 ff; *Kunz-Hallstein,* Die Gerichtsbefreiung Internationaler Organisationen in der deutschen Praxis, FS Hailbronner, 2013, 597 (600 f); Reinisch (Hrsg), The Privileges and Immunities of International Organizations in Domestic Courts, 2013.
316 Zu Privilegien und Immunitäten speziell für UN-Bedienstete *Miller,* Privileges and Immunities of United Nations Officials, IOLR 4 (2008) 169 ff.
317 Vgl UN: Art 105; OAS: Art 103, 104.
318 1 UNTS 15; BGBl 1980 II, 941.
319 33 UNTS 261; BGBl 1954 II, 639; 1964 II, 187. – Dazu *Ahluwalia,* The Legal Status, Privileges and Immunities of the Specialized Agencies of the United Nations and Certain Other International Organizations, 1964.
320 Vgl Protokoll über die Vorrechte und Befreiungen der EG v 8.4.1965 (ABl EG 1967, Nr L 152/13). Zum Protokoll vgl Art 6 des Vertrags von Nizza sowie ABl EU 2006, Nr C 321 E/18; dazu auch *Petersen,* Europäisierung der Diplomatie, 2011, 59 ff.
321 Vgl *Bothe,* Streitkräfte internationaler Organisationen, 1968, 143 ff; s auch *ders,* 8. Abschn Rn 34 ff.
322 Vgl o Fn 253 sowie *Klabbers,* An Introduction to International Institutional Law, 2. Aufl 2009, 149 ff.
323 *Möldner,* International Organisations or Institutions, Privileges and Immunities, MPEPIL VI, 47 (Rn 16); *Reinisch,* Privileges and Immunities, in Klabbers/Wallendahl (Hrsg), Research Handbook, 132 ff. Deshalb scheiterte auch die

von Amts wegen zu beachtendes Verfahrenshindernis darstellt.[324] Daher sind auch Klagen von Beamten/Funktionären gegen ihre I.O. vor nationalen Gerichten grundsätzlich nicht zulässig.[325] Die funktionelle Begründung der Immunität I.O. lässt – anders als bei Staaten – eine Trennung zwischen *acta iure imperii* und *acta iure gestionis* nicht zu, da auch Letztere zu den Aufgaben der Organisation zählen können.[326] Als etwa die Immunität eines Special Rapporteur der ehemaligen UN-Menschenrechtskommission in Streit stand, war es nach Auffassung des IGH Aufgabe des Generalsekretärs, nicht der Organe des Mitgliedstaats, die Reichweite der für die Erfüllung der Mission erforderlichen Immunität zu bestimmen.[327] Weil sich die *Mitgliedstaaten* ihrer Haftung aber nicht auf diese Weise entziehen können, bleibt ihre ggf bestehende eigene Verantwortung unberührt.[328] Verschiedentlich wird die Immunität bereits durch den Gründungsvertrag eingeschränkt (Klagemöglichkeit Privater gegenüber IBRD, IFC und IDA) oder gar nicht gewährt; so hat die EU keine Immunität vor den Gerichten ihrer Mitgliedstaaten,[329] wobei freilich deren Zuständigkeit durch die weitreichende Kompetenz des EuGH begrenzt ist. Art 1 des Protokolls über Vorrechte und Befreiungen der EU gewährt jedoch umfassende, nur vom EuGH zu beseitigende Vollstreckungsimmunität. Andere wichtige Vorschriften der einschlägigen Verträge befassen sich mit fiskalischen (steuerrechtlichen) Privilegien der Organisation, der Rechtsstellung ihrer Bediensteten, denen zT diplomatischer Status zuerkannt wird, der Stellung der Vertreter von Mitgliedern und Nichtmitgliedern (Beobachtern) und anderem mehr.[330]

109   Dritte – weder am Gründungsvertrag noch an den betreffenden Konventionen beteiligte – Staaten könnten nur aufgrund *allgemeinen Völkerrechts* zur Respektierung der Immunität einer

---

Schadensersatzklage der „Mütter von Srebrenica" vor niederländischen Gerichten gegen die UN, mit der geltend gemacht wurde, dass die (holländischen) UN-Blauhelme die muslimische männliche Bevölkerung in Srebrenica im Juli 1995 nicht ausreichend vor dem Völkermord durch serbische Truppen geschützt hätten; vgl Entscheid des District Court of The Hague (Rechtbank Den Haag) v 10.7.2008, Case No 295247/HA ZA 07-2973, NILR 2008, 428 ff; bestätigt vom Obersten Gerichtshof (Hoge Raad), Urt v 13.4.2012, 10/04437; dazu auch EGMR, Entscheidung v 11.6. 2013, Nr 65542/12. In diesen Entscheidungen wird deutlich gemacht, dass sogar die Geltendmachung der Verletzung einer zwingenden Norm des Völkerrechts (Genozidverbot) die Immunität der UN nicht verdrängt, dazu krit *Schmalenbach*, Preserving the Gordian Knot: UN Legal Accountability in the Aftermath of Srebrenica, NILR 62 (2015) 313 ff. Auch die Klage einer NGO gegen die UN, wonach UN-Soldaten für den Ausbruch einer Cholera-Epidemie in Haiti verantwortlich seien, hatte vor dem District Court for the Southern District of New York (Urt v 9.1.2015, *Delama Georges et al v United Nations*, 13-CV-7146) keinen Erfolg; näher *Lundahl*, The United Nations and the Remedy Gap: The Haiti Cholera Dispute, Friedenswarte 88 (2013) 77 ff; *Freedman/Lemay-Hebert*, UN Immunity and the Haiti Cholera Case, QIL Zoom-in 19 (2015) 5 ff; *Garcin*, The Haitian Cholera Victims' Complaints Against the United Nations, ZaöRV 75 (2015) 671 (679 ff, insbes 685 ff).
324 Zu den verfassungsrechtlichen Grenzen vgl BVerfGE 58, 1 ff. Der Immunitätsschutz der IO wird nicht dadurch obsolet, dass *ius cogens* verletzt ist, so Fn 323.
325 *Seidl-Hohenveldern*, Die Immunität internationaler Organisationen in Dienstrechtsstreitfällen, 1981; vgl auch *Bleckmann*, Internationale Beamtenstreitigkeiten vor nationalen Gerichten, 1981; *Bernhardt* (Fn 81) 37 ff; *Ullrich*, Die Immunität internationaler Organisationen vor der einzelstaatlichen Gerichtsbarkeit, ZaöRV 71 (2011) 157 ff. – Zum innerorganisatorischen Rechtsschutz der Beamten s *Möldner* (Fn 323) sowie u Rn 174 f. Vgl auch die Urteile des EGMR v 18.2.1999, Nr 26083/94, ECHR Reports 1999-I, 393 *[Waite u Kennedy]* u Nr 28934/95 *[Beer u Regan]*.
326 So zutr der Schiedsspruch über die Auslegung des Sitzabkommens über das Europäische Laboratorium für Molekularbiologie v 29.6.1960; dazu *Kunz-Hallstein*, Privilegien und Immunitäten internationaler Organisationen im Bereich nicht hoheitlicher Privatrechtsgeschäfte, NJW 1992, 3069 (3072 f); ebenso *Seidl-Hohenveldern/Loibl*, Internationale Organisationen, Rn 1907 f; krit *Rensmann*, Internationale Organisationen im Privatrechtsverkehr, AVR 36 (1998) 305 (316 ff); *Habscheid*, Die Immunität internationaler Organisationen im Zivilprozess, ZZP 110 (1997) 269 ff.
327 ICJ Rep 1999, 62, 84 ff *[Immunitäts-Gutachten]*; auch bereits ICJ Rep 1989, 177, 197 f *[Mazilu-Gutachten]*; vgl *Blokker/Schermers*, Mission Impossible?, FS Seidl-Hohenveldern, 1998, 37 ff.
328 Die Mitglieder des Internationalen Zinnrats konnten sich daher nicht auf dessen Immunität berufen; dazu o Fn 305. Vgl auch *Heller*, Der Haftungsdurchgriff im Völkerrecht, 1993.
329 Vgl Art 274 AEUV.
330 Ein Überblick bei *Ziegler*, in Charter UN³, Art 105 Rn 16 ff. Vgl *Nascimento e Silva*, Privileges and Immunities of Permanent Missions to International Organizations, GYIL 21 (1978) 9 ff; *Ingadóttir*, The UN and the ICC, LJIL 14 (2001) 867 ff.

I.O. verpflichtet sein. Solche Regeln sind indes nicht festzustellen.³³¹ Der Versuch der ILC, eine entsprechende Regel zu kodifizieren, ist bisher nicht in eine von den Staaten akzeptierte Konvention eingegangen, aus der sich – möglicherweise – Gewohnheitsrecht entwickeln könnte (Art 38 WVK).³³² Ob für die EU im Ergebnis etwas anderes gilt, ist zweifelhaft.

Eine besonders enge Beziehung besteht im Verhältnis zu dem Staat, in dem die I.O. ihren Sitz (Sekretariat) hat;³³³ zT unterhält die Organisation zusätzlich Regionalbüros (FAO, WHO). In der Auswahl ist die I.O. frei, soweit die Sitzfrage nicht im Gründungsvertrag geregelt ist (zB Art 11 Europaratssatzung: Straßburg). Die nähere Ausgestaltung muss in dem *Sitzabkommen (headquarters agreement)* erfolgen, das zwischen I.O. und Sitzstaat geschlossen wird.³³⁴ Seine Bestimmungen betreffen die Sicherung der Arbeit der I.O., was den Schutz ihrer Anlagen und Bediensteten ebenso umfasst wie das Anreise- und Abreiserecht der Vertretungen der Mitglieder und zur Mitarbeit eingeladenen Nichtmitglieder (Beobachter), die Anwendbarkeit des nationalen Rechts und die Zuständigkeit von Behörden und Gerichten des Sitzstaats. Die Abkommen müssen eine prekäre Balance halten zwischen den Anforderungen, die die I.O. stellen muss, und dem, was dem Gastgeberland noch zumutbar ist.³³⁵ Dieser Interessenausgleich ist in der Wiener Konvention v 1975, die freilich die speziellen Regelungen unberührt lässt, offenbar nicht gelungen.³³⁶

Die Sitzabkommen sind von den gleichberechtigten Vertragsparteien im guten Glauben und bei gegenseitiger Verpflichtung zur Zusammenarbeit zu handhaben. Eine überstürzte Verlegung des Sitzes wäre also unzulässig.³³⁷ Die Sitzabkommen pflegen sinnvollerweise *Streitbeilegungsvorschriften* zu enthalten, die im Einzelnen recht verschiedene Verfahren vorsehen, aber doch zuletzt meist in eine *schiedsgerichtliche* Erledigung münden. Dass diesen sich die Parteien nicht entziehen dürfen, hat der IGH in einem Gutachten v 1988 festgestellt: Aufgrund des vom amerikanischen Kongress erlassenen *Anti-Terrorism-Act* wurde von den US-Behörden die Schließung der PLO-Mission am Sitz der UN verfügt, was nach zutreffender Ansicht der UN gegen das Sitzabkommen verstieß. Der IGH war der Ansicht, dass offenbar über die Anwendung des Abkommens Streit bestehe und die USA deshalb nach Ausschöpfung aller anderen Verständigungsmöglichkeiten sich dem vorgesehenen Schiedsverfahren zu unterwerfen hätten.³³⁸ Bevor es aber dazu kam, gab der zuständige US District Court in völkerrechtskonformer Auslegung dem nationalen Gesetz einen Inhalt dahin, dass es die UN-Mission der PLO nicht erfasse.³³⁹ In bemerkenswerter Weise sind die Pflichten des Sitzstaats auch durch den Schiedsspruch v 1990 über die

---

331 *Seidl-Hohenveldern/Loibl*, Internationale Organisationen, Rn 1905 ff; *Tomuschat* (Fn 267) Rn 27; anders etwa *Bothe*, Die Stellung der Europäischen Gemeinschaften im Völkerrecht, ZaöRV 37 (1977) 122 ff; *Schermers/Blokker*, International Institutional Law, § 1611; The American Law Institute, Restatement of the Law Third, 1987, § 467.
332 Vgl Art 7 des ILC-Entwurfs v 1989, UN Doc A/CN. 4/424 („Beziehungen zwischen Staaten und Internationalen Organisationen"). – Die ILC hat 1992 beschlossen, die Thematik nicht weiter zu bearbeiten.
333 Vgl *Jenks*, The Headquarters of International Institutions, 1945; *Wolfrum*, International Organizations, Headquarters, EPIL II (1995) 1309 ff; *Muller*, International Organizations and Their Host States, 1995. Mit A/RES/100 (I) v 1946 hat die GV New York als ständigen Amtssitz bestimmt. Zum Sitz der EU-Organe vgl das Protokoll über die Festlegung der Sitze der Organe v 1997, ABl EG 1997, Nr C 340/112, geänd mWv 1.12.2009 durch Prot v 13.12.2007, ABl EU Nr C 306/163.
334 UN Headquarters Agreement v 26.6.1947 (11 UNTS 11) zwischen UN und USA. Zu den Abkommen mit der Schweiz und Österreich *Ziegler*, in Charter UN³, Art 105 Rn 14 f. S auch den (2006 erledigten) IGH-Fall *Status vis-à-vis the Host State of a Diplomatic Envoy to the United Nations* (Commonwealth of Dominica v Switzerland), Verfügung v 9.6.2006.
335 Die Sitzstaaten profitieren zT aber auch erheblich von ihren I.O. So beschäftigen die in Genf lokalisierten I.O. 11% der Erwerbstätigen; vgl NZZ v 8.9.1992, 37.
336 Vgl o Fn 253.
337 ICJ Rep 1980, 67, 93 ff *[Übereinkommen WHO-Ägypten]*.
338 ICJ Rep 1988, 12, 30 ff *[Headquarters Agreement-Gutachten]*.
339 *United States v Palestine Liberation Organization*, No 88 Civ 1962 (ELP), US District Court, SDNY, June 29, 1988, AJIL 82 (1988) 833 ff; vgl auch o Fn 249. Ferner *Reisman*, The Arafat Visa Affair: Exceeding the Bounds of Host State Discretion, AJIL 83 (1989) 519 ff.

Reichweite der Steuerbefreiung des Europäischen Laboratoriums für Molekularbiologie ausgelegt worden, wie sie im Sitzabkommen zwischen dieser Organisation und Deutschland vereinbart ist.[340]

d) Innerstaatliche Rechts- und Geschäftsfähigkeit

112 Häufiger als die Völkerrechtsfähigkeit gewähren die Gründungsverträge oder zusätzliche Abkommen ausdrücklich den I.O. *Rechts- und Geschäftsfähigkeit im Recht der Mitglieder.*[341] Motiv ist auch hier die möglichst effektive Durchführung der Aufgaben.[342] Man kann mit guten Gründen bereits eine gewohnheitsrechtliche Verpflichtung der Mitgliedstaaten annehmen, ihrer Organisation Rechtsfähigkeit einzuräumen, allerdings nur beschränkt auf die Erledigung ihrer Aufgaben.[343] Vertraglich kann hingegen selbst für die Durchführung von *ultra vires*-Akten Rechts- und Geschäftsfähigkeit zugestanden sein; dies dürfte sich zB aus Art 335 AEUV ergeben, wenn er für die Union die „weitestgehende" Rechts- und Geschäftsfähigkeit anordnet, die nach den Rechtsvorschriften des Mitglieds juristischen Personen zuerkannt ist.[344] Aufgrund der innerstaatlichen Rechtsfähigkeit kann die I.O. Trägerin privat- und öffentlich-rechtlicher Rechte und Pflichten sein. Sie hat den Status einer juristischen Person des öffentlichen Rechts.[345] Sie kann in vollem Umfang am Rechtsverkehr teilnehmen, private und öffentlich-rechtliche Verträge abschließen, Eigentum erwerben und veräußern, Klägerin und Beklagte sein. Auf die von ihr vorgenommenen Rechtsgeschäfte findet das nationale Recht des Mitgliedstaats Anwendung, unter Berücksichtigung freilich der der I.O. eingeräumten Immunitäten und Privilegien.[346] Die Mitglieder setzen die vertragliche Verpflichtung zur Einräumung der innerstaatlichen Rechts- und Geschäftsfähigkeit rechtstechnisch unterschiedlich um. IdR wird der Erlass einer gesetzlichen Norm notwendig sein.[347]

113 Auch wenn die genannten vertraglichen Vorschriften nur die Mitglieder der Organisation verpflichten, ergibt sich daraus nicht, dass nicht auch *Drittstaaten* einer „fremden" I.O. Rechtsfähigkeit einräumen können. Eine Verpflichtung dazu besteht aber auch aus Völkergewohnheitsrecht nicht. Drittstaaten können jedoch selbst entsprechende vertragliche Verpflichtungen eingehen oder autonom durch eigenen Rechtsakt der I.O. diese Rechtsstellung einräumen.[348] IdR ergibt sich bereits aus dem IPR eines Staats, dass bzgl der Frage der Rechtspersönlichkeit auf das eigene Recht der Institution verwiesen wird; soweit danach das Recht der I.O. dieser Völkerrechtsfähigkeit verleiht, kann hieran das nationale Recht anknüpfen, weil zur sinnvollen Aufgabenerfüllung die innerstaatliche Rechtsfähigkeit intendiert sein wird.[349]

---

340 Sitzabkommen v 10.12.1974 (BGBl 1975 II, 933). So Fn 326 sowie *Hailbronner*, Völkerrechtliche und staatsrechtliche Aspekte fiskalischer Immunität in Sitzstaatsabkommen des Europäischen Laboratoriums für Molekularbiologie, GYIL 22 (1979) 313 ff.
341 ZB Art 104 UN-Charta, Art 335 AEUV einerseits, Art 1 des Allgemeinen Abkommens über die Vorrechte und Befreiungen des Europarats v 1949 (BGBl 1954 II, 493) andererseits. Näher *Schlüter*, Die innerstaatliche Rechtsstellung Internationaler Organisationen, 1972; *Rensmann* (Fn 326) 305 ff.
342 *Ziegler*, in Charter UN³, Art 104 Rn 18.
343 *Seidl-Hohenveldern/Loibl*, Internationale Organisationen, Rn 327.
344 *Becker*, in Schwarze (Fn 191) Art 335 AEUV Rn 7.
345 Für die EU: EuGH, Slg 1960, 1115, 1133 *[Fieddelaar]*; *Ipsen* (Fn 131) 204; *Grunwald*, Die nicht-völkerrechtlichen Verträge der EG, EuR 1984, 227 ff.
346 *Schermers/Blokker*, International Institutional Law, §§ 1606 ff; vgl auch *Seyersted*, Applicable Law in Relations between Intergovernmental Organizations and Private Parties, RdC (1967-III) 433 ff.
347 *Ziegler*, in Charter UN³, Art 104 Rn 6.
348 So haben vor ihrem Beitritt die Schweiz durch Abschluss des Sitzabkommens mit den UN v 1946 (1 UNTS 164) und die BR Deutschland durch Verordnung v 16.6.1970 (BGBl 1970 II, 669) den UN Rechtspersönlichkeit in ihrem Recht eingeräumt.
349 Vgl *Ziegler*, in Charter UN³, Art 104 Rn 41 ff; *Herdegen* (Fn 305) 543 f; *Rensmann* (Fn 326) 308 ff.

e) Qualifikation des internen Organisationsrechts

Es ist eine sehr umstrittene Frage, ob das innere Recht einer I.O. *als Völkerrecht* qualifiziert werden kann.[350] Das Problem rührt daher, dass das interne Organisationsrecht nicht zwischen Völkerrechtssubjekten gilt, sondern in seiner Geltung nach innen gerichtet ist. Die Schwierigkeiten beginnen bereits mit der Definition der dem internen Recht zuzuordnenden Regeln. Nicht hilfreich wäre eine Trennung zwischen Gründungsvertrag (Primärrecht) einerseits und den von den Organen aufgrund des Gründungsvertrags erlassenen Akten andererseits (Sekundärrecht), da zahlreiche Bestimmungen des Gründungsvertrags selbst „Verfassungs"-Charakter haben (zB Vorschriften über die Organe und ihre Willensbildung, Kompetenzverteilung, Finanzierung), also intern wirken, hingegen manche Maßnahmen der Organisation über den inneren Bereich hinausreichen und sich (auch) an Dritte wenden.[351] Abzustellen ist daher konkret auf die der jeweiligen Regel oder Maßnahme zukommende Wirkung.[352]

Eine gewichtige Ansicht *bestreitet* die Völkerrechtsqualität des internen Organisationsrechts und definiert es als eigenes Rechtssystem (Recht *sui generis*).[353] Dieses Recht, so wird gesagt, unterscheide sich strukturell so erheblich vom Völkerrecht, dass es diesem nicht mehr zugeordnet werden könne. Das interne Recht einer I.O. sei überwiegend nicht koordinierender, sondern organisatorischer Natur; es habe seine eigenen Rechtserzeugungsmechanismen, eine größere inhaltliche Bestimmtheit der Rechtsakte, es gebe nicht nur eine Teilung, sondern eine Hierarchie der Gewalten; damit sei eine starke Ähnlichkeit zum öffentlichen Recht eines Staates gegeben. Trotz zutreffender Erkenntnisse spricht gegen diese Ansicht, dass sie nicht klar zu machen weiß, an welcher Stelle die Verbindungslinie zum Gründungsvertrag, der zunächst ja ein völkerrechtlicher Vertrag ist, durchtrennt ist. Es ist nicht zu bestreiten, dass das Organisationsrecht vertragsabhängig, dh eben völkerrechtsabhängig ist.[354] Warum und wie sich trotz dieser Abhängigkeit das interne Organisationsrecht aus dem Völkerrecht emanzipiert haben soll, ist nicht verständlich. Es ist deshalb davon auszugehen, dass *das interne Organisationsrecht zum Völkerrecht gehört*.[355] Es weist zwar Besonderheiten auf, die aber seine Ausgliederung nicht rechtfertigen. Seine Autonomie bedeutet nicht Unabhängigkeit vom Völkerrecht, sondern relative Selbstständigkeit. Dies steht mit dem Wesen des modernen Völkerrechts nicht in Widerspruch. Das Völkerrecht hat sich von einer bloßen Koordinationsordnung der Staaten zu einer Ordnung institutioneller Kooperation gewandelt, in der die I.O. und ihr Recht wesentliche Faktoren sind.[356] Wie im innerstaatlichen Bereich das interne Gesellschafts- oder Verbandsrecht dem nationalen Recht zugeordnet bleibt, so ist auch das Recht der I.O. einschließlich ihrer internen Rechtsordnung dem Völkerrecht zuzurechnen.

Die Qualifikationsfrage ist kein bloßes formales Definitionsproblem, das nur systematische Bedeutung hätte.[357] Handelt es sich nämlich beim internen Organisationsrecht nicht um Völkerrecht, könnte der IGH es gar nicht anwenden; denn wenn Art 38 IGH-Statut auch keinen abschließenden Völkerrechtsquellenkanon bereitstellt, so umschreibt er doch das für den IGH anwendbare Recht. Die Zuordnung zum Völkerrecht bringt auch die völkerrechtlichen Auslegungsregeln (Art 31 WVK) ins Spiel, die freilich nicht so eng sind, dass man nicht der Besonderheit des Gründungsvertrags und des internen Organisationsrechts in adäquater Weise gerecht werden könnte *(effet utile, implied powers)*.

---

350 *Bernhardt* (Fn 81) 7 ff; *Miehsler* (Fn 81) 47 ff; *Meng* (Fn 114) 149 ff; *Bernhardt*, International Organizations, Internal Law and Rules, EPIL II (1995) 1314 ff.
351 So zutr *Schermers/Blokker*, International Institutional Law, § 1200.
352 Vgl *Bernhardt* (Fn 81) 9 ff; *Miehsler* (Fn 81) 68 ff.
353 So *Miehsler* (Fn 81) 70 ff; *Schermers/Blokker*, International Institutional Law, § 1196: „separate legal order", „independent of any other legal order"; *Rudolf*, Völkerrecht und deutsches Recht, 1967, 43 f.
354 Vgl *Mosler*, Diskussionsbeitrag, BDGVR 12 (1973) 103 f; *ders* (Fn 2) 21 ff.
355 *Bernhardt* (Fn 81) 21 ff; *P. Klein*, International Organizations, Internal Law and Rules, MPEPIL VI, 27 (Rn 4).
356 *Bernhardt* (Fn 81) 39 ff; *Meng* (Fn 114) 180 ff; *Epping* (Fn 27) § 6 Rn 56.
357 Zutr *Jaenicke*, Diskussionsbeitrag, BDGVR 12 (1973) 98 f.

117   Das Qualifikationsproblem spitzt sich beim *EU-Recht* zu. Es ist nicht zu übersehen, dass seine Besonderheiten oft nur noch schwer mit den Kategorien des allgemeinen Völkerrechts zu erfassen sind. Nachdem der EuGH zunächst noch die Rechtsordnung der (damaligen) EG als „eine neue Rechtsordnung des Völkerrechts" charakterisiert hatte,[358] hob er später die Eigenständigkeit des Gemeinschaftsrechts („eigene Rechtsordnung") hervor.[359] Dennoch ist daran festzuhalten, dass auch beim heutigen EU-Recht die Nabelschnur zu seinen völkerrechtlichen Ursprüngen nicht durchschnitten ist; es ist *kein self-contained regime*.[360] Die rechtliche Verselbständigung würde den Umschlag in staatsrechtliche Kategorien voraussetzen. Davon gehen aber die ehemaligen Gemeinschaftsverträge ebenso wenig aus wie der Vertrag von Lissabon; auch dort bleiben die Mitgliedstaaten die maßgeblichen, die Union letztlich tragenden Machtfaktoren.[361] Trotz aller Eigenarten des Unionsrechts ist als *ultima ratio* der Rückgriff auf die allgemeinen Regeln des Völkerrechts daher nicht gänzlich verschlossen, etwa bei der Durchsetzung von Vertragspflichten, dem Ausschluss eines Mitglieds oder der Auflösung der Organisation.[362] Auch die zur sog „Euro-Rettung" vereinbarten völkerrechtlichen Nebenverträge (ESM; Fiskalpakt) belegen, dass die EU ihre völkerrechtliche Einbettung nicht verloren hat.[363]

4. Die Organe und ihre Willensbildung
a) Allgemeine Strukturen

118   Ungeachtet der Vielfalt bestehender I. O. und ihrer Organe hat sich ein *organisatorisches Grundmuster* herausgebildet, das dem Aufbau fast aller I. O. zugrunde liegt. Festzustellen ist jedenfalls, dass regelmäßig *mindestens zwei Organe* vorgesehen sind: das Organ, in dem sämtliche Mitglieder vertreten sind (Versammlung), und das, das die laufende Verwaltungsarbeit erledigt (Sekretariat). Häufig wird die Organstruktur erweitert durch ein Organ, dem ein kleinerer Kreis von Mitgliedern angehört und dem besonders wichtige Aufgaben anvertraut sind (Rat). Daneben können parlamentarische Gremien (Vertretungen der Bevölkerungen der Mitgliedstaaten)[364] und richterliche Organe treten. Es gibt auch Organe, aus denen bewusst das mitgliedstaatliche Element ausgeschaltet ist, um eine allein am Organisationswohl ausgerichtete Entscheidung zu ermöglichen.[365]

119   Die wichtigste Aufgabe der Organe ist es, die I. O. handlungsfähig zu machen. In welche Richtung das Handeln der Organisation aber geht, hängt entscheidend von den Interessen ab, die in ihrem Rahmen verfolgt und durchgesetzt werden können. Obwohl der *Organisationszweck* die gemeinsame Basis der Mitgliedschaft ist, können die Vorstellungen der Mitglieder über die sinnvolle und bestmögliche Erreichung des Organisationszwecks im Einzelfall divergieren. Es ist daher von wesentlicher Bedeutung, wie es gelingt, trotz dieser Divergenzen zu einem umsetzbaren, Handlungsfähigkeit gewährleistenden Ergebnis zu kommen. Die Zusammensetzung der

---

358 EuGH, Slg 1963, 1, 24 *[van Gend & Loos]*.
359 EuGH, Slg 1964, 1251, 1256 *[Costa/ENEL]*. Vgl auch BVerfGE 22, 293, 296; 31, 145, 174. Aus der Lit insbes *Ipsen* (Fn 131) 6 ff; *Nicolaysen*, Europarecht, 2. Aufl 2002, 72 ff; *Everling* (Fn 111) 173 ff (s aber 180: von der völkerrechtlichen Grundlage „in einem erheblichen Ausmaß" gelöst).
360 Vgl *Simma*, Self-contained Regimes, NYIL 16 (1985) 111 (123 ff); *Marschick*, Subsysteme im Völkerrecht, 1997; *Conway*, Breaches of EC Law and the International Responsibility of Member States, EJIL 13 (2002) 679 ff; *Klein*, Self-Contained Regime, MPEPIL IX, 97 ff; iE auch *Meng* (Fn 114) 167 f.
361 Vgl etwa Art 5 EUV; der später im Wortlaut abgemilderte Art 3 Abs 6 EUV gibt der Union keine Kompetenz-Kompetenz; dazu BVerfGE 89, 155, 192 ff; 123, 267, 348 f. Andere Akzentuierung bei *Ruffert/Walter*, Institutionalisiertes Völkerrecht, Rn 99.
362 Vgl o Rn 77 ff.
363 Näher u Rn 256.
364 Damit wird das wichtige Problem der demokratischen Kontrolle von I. O. angesprochen; hierzu etwa *Kissling*, Die Interparlamentarische Union im Wandel, 2006, 341 ff.
365 Bsp: EU-Kommission (Art 17 EUV/Art 244 f AEUV).

Organe, die (fehlende) Weisungsabhängigkeit der Organmitglieder (Organwalter) von den Regierungen der Mitgliedstaaten, die (fehlende) Bindung der Organwalter an die Rechtsordnung ihrer Staaten, der Willensbildungs- und Entscheidungsprozess sind daher maßgebliche Faktoren. Mitgliedstaatlicher Wille setzt sich am intensivsten dort durch, wo das Organ mit weisungsgebundenen Regierungsvertretern besetzt ist und nur einstimmig handeln kann. Sind die Organwalter aber unabhängig oder wird in den Organen nach Mehrheiten abgestimmt, treten Wille und Interesse des einzelnen Mitglieds zwangsläufig zurück.[366]

Auch in den dem Universalitätsprinzip verpflichteten I.O. zeigt sich, dass geographische Nähe oder politisch-ideologische Übereinstimmung zu einer *gruppenmäßigen Gliederung* der Mitgliedstaaten führen kann, der sich das Organisationsrecht zur besseren Strukturierung des Entscheidungsprozesses häufig bedient. Das wirkt sich zT bei der Zusammensetzung solcher Organe aus, in denen nicht alle Mitglieder vertreten sind (zB UN-Sicherheitsrat), zT aber auch bei der Stimmabgabe innerhalb eines Organs (Fall der Stimmwägung). Die Bsp weisen auf die Bedeutung des *Regionalismus* für den Organisationsprozess der Völkerrechtsgemeinschaft hin.[367] 120

Organisationsrechtlich kann zwischen *Organen dreier verschiedener Stufen* differenziert werden:[368] Auf der Primärstufe stehen die im Gründungsvertrag benannten Haupt- oder Nebenorgane (zB Art 7 UN-Charta, Art 13 EUV); auf der Sekundärstufe sind die Hilfsorgane angesiedelt, die aufgrund einer Ermächtigung im Gründungsvertrag von einem Primärorgan, soz als dessen Verwaltungsunterbau, geschaffen werden können (vgl Art 7 Abs 2 UN-Charta); auf der dritten Stufe stehen die gleichfalls aufgrund einer satzungsrechtlichen Ermächtigung geschaffenen Einrichtungen, bei denen es zu einer mehr oder weniger starken rechtlichen Verselbstständigung gegenüber dem kreierenden Organ kommt. Die Stufung führt zu einer organisationsrechtlichen Hierarchisierung, die jedoch nicht überschätzt werden darf. Für das Verhältnis zwischen den Organen bleibt letztlich der ihre Existenz und Funktion regelnde Rechtssatz bestimmend. 121

Einen Anhaltspunkt für einen *hierarchisch* gegliederten Aufbau bildet es stets, wenn als Organ der I.O. neben einem Gremium, in dem weisungsabhängige Regierungsvertreter zusammentreten, ein *Rat der Staats- und Regierungschefs* vorgesehen wird. Ein solches „Spitzenorgan" findet sich häufig in Organisationen, die der Ausübung der mitgliedstaatlichen Kompetenzen nur schwache Grenzen ziehen.[369] Insoweit war das Fehlen eines solchen Organs im Bereich der ehemaligen EG nicht überraschend. Es zeigte sich jedoch, dass die Intensivierung der Integration auf die Impulse eines die oberste politische Ebene der Mitgliedstaaten repräsentierenden Gremiums nicht verzichten konnte. Der „Europäische Rat", zunächst informell geschaffen, 1986 durch die EEA in Gemeinschaftskontext gestellt[370] und in Art 15 EUV/Art 235 f AEUV zu einem Organ der EU bestimmt, ist dafür ein wichtiger Beleg. Auch die Zusammenkunft der Staats- und Regie- 122

---

366 Zum Problem *Jaenicke*, Die Sicherung des übernationalen Charakters der Organe internationaler Organisationen, ZaöRV 14 (1951) 46 ff; *Mosler*, National- und Gemeinschaftsinteressen im Verfahren des EWG-Ministerrats, ZaöRV 26 (1966) 1 ff.
367 Vgl *Lang*, Der internationale Regionalismus, 1982, 44 ff; *Bennett/Oliver*, International Organisations, 236 ff. – Die in den UN maßgebliche, durch die Entwicklung seit 1989 ins Wanken geratene Einteilung kennt fünf Gruppen: afrikanische, asiatische, osteuropäische, lateinamerikanische und karibische sowie westeuropäische und andere Staaten (*von Schorlemer*, „Gemeinsam stärker?", in Dicke/Fröhlich [Hrsg], Wege multilateraler Diplomatie, 2005, 26 ff). Trotz der geänderten weltpolitischen Situation und der die Regionalgruppen überschreitenden EU-Erweiterung besteht in den UN kein Interesse an einer die Einteilung tangierenden Reform.
368 *Hilf*, Die Organisationsstruktur der Europäischen Gemeinschaften, 1982, 229 ff; *Uerpmann*, Mittelbare Gemeinschaftsverwaltung durch gemeinschaftsgeschaffene juristische Personen des öffentlichen Rechts, AöR 125 (2000) 552 ff. Vgl allg *Torres Bernárdez*, Subsidiary Organs, in Dupuy (Hrsg), Handbook, 109 ff.
369 ZB Art 6–9 AU; Art 7–10 Afrikanische Wirtschaftsgemeinschaft (Text: ILM 30 [1991] 1245); Art 5 ECOWAS (Text: ILM 14 [1975] 1200); Art 9 Southern Africa Development Community (Text: ILM 32 [1993] 126).
370 Vgl *Oppermann/Classen/Nettesheim* (Fn 86) § 5 Rn 57 ff; *Geiger/Khan/Kotzur*, EUV/AEUV, 5. Aufl 2010, Art 15 EUV Rn 1.

rungschefs der Mitglieder des Sicherheitsrats Anfang 1992 weist für die UN-Ebene auf ein ähnliches, einstweilen aber wohl gescheitertes Bemühen hin.[371]

123 Die wichtigste *Rechtsquelle* für die Zusammensetzung und Willensbildung der Organe ist der Gründungsvertrag/die Satzung der I.O.; daneben wirken sich auch die Geschäftsordnungen der Organe erheblich aus.[372] Nicht zu vergessen ist in diesem Zusammenhang die Organpraxis, die etwa zur Konkretisierung „offener" Abstimmungsregeln beizutragen vermag.[373] Darüber hinaus entfaltet die I.O. durch die Anstöße, die ihre Organe geben, ein Eigenleben,[374] das in einem dynamischen Prozess über den Ausgangspunkt der Gründung weit hinausführen kann. Je nach Organisationsziel und Einstellung der Mitglieder ist dies entweder Bestätigung des Erfolgs der I.O. oder Ausdruck einer krisenhaften Entwicklung.

b) Die Hauptorgane von UN, Europarat und EU im Vergleich

124 Die *Hauptorgane* von UN (Art 7), Europarat (Art 10) und EU (Art 13 EUV) sind im Gründungsvertrag ausdrücklich aufgeführt. Eine an den aufgeführten Strukturelementen orientierte synoptische Darstellung bietet das folgende Bild:

Übersicht 2

Charakterisierung	UN	Europarat	EU
Mitgliederorgan (MO)	Generalversammlung	Ministerkomitee	Europäischer Rat und Rat
Beschränktes MO	Sicherheitsrat	–	–
Beschränktes MO	Wirtschafts- u. Sozialrat	–	–
Beschränktes MO	Treuhandrat	–	–
Ständiges Verwaltungsorgan	Sekretariat	Sekretariat	Europäische Kommission
Parlamentarisches Organ	–	Parlamentarische Versammlung	Europäisches Parlament
Richterliches Organ	IGH	–	Gerichtshof der EU
Rechnungskontrolle	–	–	Rechnungshof
Zentralbank	–	–	Europäische Zentralbank

125 Diese Übersicht ist nicht dahin misszuverstehen, dass die Funktionen prinzipiell gleichstrukturierter Organe gleicher Art wären. Insoweit unterscheiden sich etwa UN-Generalversammlung und EU-Rat oder IGH und EuGH fundamental. Zu beachten ist auch, dass von Hauptorganen einer I.O. wahrgenommene Aufgaben bei einer anderen I.O. von Neben- oder Hilfsorganen ausgeübt werden können. So steht zB dem – nach Inkrafttreten des Maastricher Vertrags (1993) – in

---

371 Dokument des Gipfels: ILM 31 (1992) 759.
372 Vgl *Conforti*, The Legal Effect of Non-compliance with Rules of Procedure in the UN General Assembly and Security Council, AJIL 63 (1969) 479f.
373 Vgl o Rn 41. Im Internationalen Währungsfonds finden einige zuvor von der Organpraxis geprägte Abstimmungsregelungen nunmehr ihren schriftlichen Niederschlag, vgl die Änderung des Übereinkommens über den IWF zur Stärkung der Mitspracherechte und der Beteiligung am Internationalen Währungsfonds, BGBl 2009 II, 206; zur jüngsten Änderung des IWF-Übereinkommens vgl BGBl 2012 II, 522.
374 *Mosler* (Fn 265) 28.

den Rang eines Hauptorgans erhobenen Rechnungshof ein von der Generalversammlung (GV) geschaffenes Hilfsorgan zur Rechnungskontrolle gegenüber.[375] Die Dienstgerichte der UN[376] nehmen Aufgaben wahr, die zunächst im Rahmen der EG der EuGH durchführte und die heute von dem auf der Grundlage der Art 257, 281 AEUV errichteten[377] Gericht für den öffentlichen Dienst der EU erfüllt werden.

c) Die Hauptorgane der UN

Die *UN* haben relativ viele Hauptorgane (Art 7); dabei fallen die drei Organe auf, in denen nur ein kleinerer Mitgliederkreis vertreten ist (Sicherheitsrat/SR; Wirtschafts- und Sozialrat/WSR; Treuhandrat/TR), und das richterliche Organ (IGH). Alle Hauptorgane können Neben- oder Hilfsorgane einsetzen.[378] Davon wird in vielfältiger Weise von GV, SR, WSR Gebrauch gemacht; zT werden die vorhandenen Ermächtigungen aber auch nicht wahrgenommen.[379] Die nachfolgende Skizze (Übersicht 3) gibt einen Überblick über die Haupt- und Nebenorgane der UN und die zwischen ihnen bestehenden Rechtsbeziehungen.[380] Die Sonderorganisationen und autonomen Organisationen innerhalb des UN-Verbands sind trotz zahlreicher Verbindungen verselbständigt und werden weiter unten behandelt.[381]

---

[375] Näher *Wolfrum*, Haushalt, in Handbuch VN, 268 ff; s auch u Rn 223. – Art 13 EUV ordnet die Unionsorgane neu; hinzu kommt die Europäische Zentralbank.
[376] Die UN-Dienstgerichte (United Nations Dispute Tribunal; United Nations Appeals Tribunal) sind durch A/RES/62/228 v 22.12.2007 gegründet worden und haben zum 1.1.2009 ihre Arbeit aufgenommen. Sie lösen das im Jahre 1949 (vgl A/RES/251/IV v 24.11.1949) errichtete Verwaltungsgericht der UN (UNAT) ab. Dazu näher *Fitschen/Münch*, Besserer Rechtsschutz für UN-Bedienstete, VN 2010, 69 ff.; *Gulati*, The International Dispute Resolution Regime of the United Nations, MPYUNL 15 (2011) 489 ff.
[377] Die ursprüngliche Errichtung erfolgte auf der Grundlage von Art 225a EGV durch Beschl des Rates v 2.11.2004, ABl EU 2004, Nr L 333/7.
[378] Vgl Art 7 Abs 2, Art 22, Art 29, Art 68 UN-Charta.
[379] Vgl Art 47 UN-Charta (Generalstabsausschuss).
[380] Vgl auch die Skizze in VN 1991, 37; ferner *Hüfner*, Die Vereinten Nationen und ihre Sonderorganisationen, Teil 1: Die Haupt- und Spezialorgane, 2. Aufl 1995 sowie den Organization Chart unter <http://www.un.org/en/aboutun/structure/pdfs/UN%20system%20chart_lettercolor_2013.pdf>.
[381] S u Rn 225 ff.

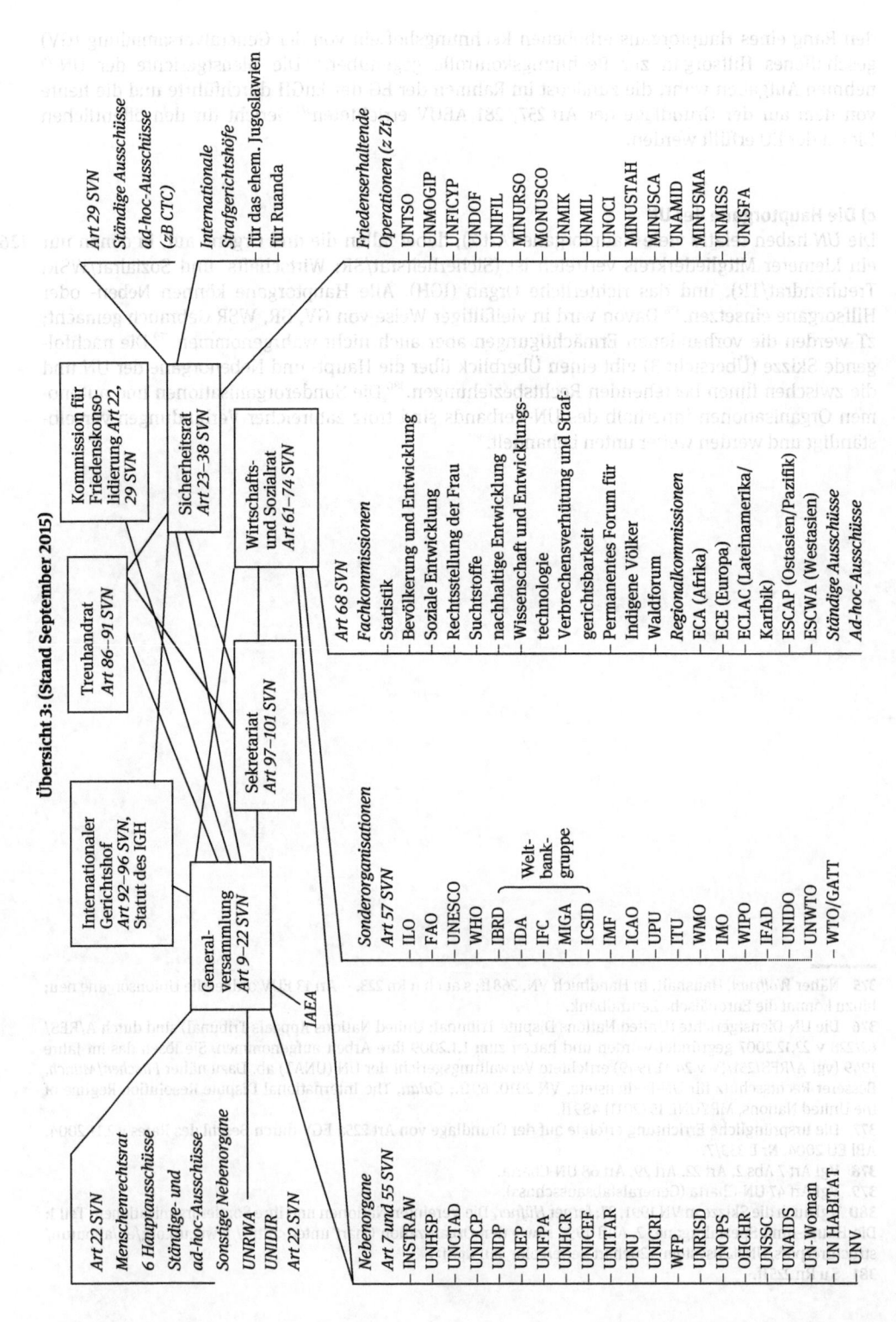

Übersicht 3: (Stand September 2015)

Generalversammlung Art 9–22 SVN

Internationaler Gerichtshof Art 92–96 SVN, Statut des IGH

Treuhandrat Art 86–91 SVN

Kommission für Friedenskonsolidierung Art 22, 29 SVN

Sicherheitsrat Art 23–38 SVN

Wirtschafts- und Sozialrat Art 61–74 SVN

Sekretariat Art 97–101 SVN

- Art 22 SVN
  - Menschenrechtsrat
  - 6 Hauptausschüsse
  - Ständige- und ad-hoc-Ausschüsse
  - Sonstige Nebenorgane
    - UNRWA
    - UNIDIR
  - Art 22 SVN

- Art 29 SVN
  - Ständige Ausschüsse
  - ad-hoc-Ausschüsse (zB CTC)
  - Internationale Strafgerichtshöfe
    - für das ehem. Jugoslawien
    - für Ruanda
  - Friedenserhaltende Operationen (z Zt)
    - UNTSO
    - UNMOGIP
    - UNFICYP
    - UNDOF
    - UNIFIL
    - MINURSO
    - MONUSCO
    - UNMIK
    - UNMIL
    - UNOCI
    - MINUSTAH
    - MINUSCA
    - UNAMID
    - MINUSMA
    - UNMISS
    - UNISFA

- Art 68 SVN
  - Fachkommissionen
    - Statistik
    - Bevölkerung und Entwicklung
    - Soziale Entwicklung
    - Rechtstellung der Frau
    - Suchtstoffe
    - nachhaltige Entwicklung
    - Wissenschaft und Entwicklungstechnologie
    - Verbrechensverhütung und Strafgerichtsbarkeit
    - Permanentes Forum für Indigene Völker
    - Waldforum
  - Regionalkommissionen
    - ECA (Afrika)
    - ECE (Europa)
    - ECLAC (Lateinamerika/Karibik)
    - ESCAP (Ostasien/Pazifik)
    - ESCWA (Westasien)
  - Ständige Ausschüsse
  - Ad-hoc-Ausschüsse

- Nebenorgane Art 7 und 55 SVN
  - INSTRAW
  - UNHSP
  - UNCTAD
  - UNDCP
  - UNDP
  - UNEP
  - UNFPA
  - UNHCR
  - UNICEF
  - UNITAR
  - UNU
  - UNICRI
  - WFP
  - UNRISD
  - UNOPS
  - OHCHR
  - UNSSC
  - UNAIDS
  - UN-Woman
  - UN HABITAT
  - UNV

- Sonderorganisationen Art 57 SVN
  - ILO
  - FAO
  - UNESCO
  - WHO
  - IBRD ⎫
  - IDA   ⎬ Weltbankgruppe
  - IFC   ⎪
  - MIGA ⎪
  - ICSID ⎭
  - IMF
  - ICAO
  - UPU
  - ITU
  - WMO
  - IMO
  - WIPO
  - IFAD
  - UNIDO
  - UNWTO
  - WTO/GATT

IAEA

Klein/Schmahl

aa) Die Generalversammlung der UN. Die Generalversammlung (GV)[382] ist das einzige Organ, 127
in dem *alle Mitgliedstaaten vertreten* sind (Art 9). Dies sichert ihr eine besondere Stellung, ohne
ihr jedoch generell eine den anderen Organen hierarchisch übergeordnete Position zu geben,
wenn dies nicht in der UN-Charta ausdrücklich vorgesehen ist; so stehen WSR und TR „unter der
Autorität" der GV (Art 60, 87). Immerhin ist die GV Adressat der Jahresberichte der anderen Organe (Art 15), zu denen sie Stellung nehmen kann. Sie ist nicht nur zusammen mit dem SR für
die Aufnahme, den Ausschluss von Mitgliedern und die Suspension ihrer Rechte zuständig
(Art 4–6), sondern wählt auch dessen nichtständige Mitglieder (Art 23 Abs 1), die Mitglieder des
WSR (Art 61 Abs 1) und einen Teil der Mitglieder des TR (Art 86 Abs 1) sowie – gemeinsam mit
dem SR – die Mitglieder des IGH (Art 8, 10 IGH-Statut). Vor allem beschließt die GV den Haushalt
und ermöglicht oder begrenzt damit auch die Aktivitäten der anderen Organe. Ein Weisungsrecht folgt daraus aber nicht.[383]

Neben diesen organisationsrechtlichen Funktionen ist die GV durch Art 10 mit einer *allge-* 128
meinen Diskussions- und Empfehlungsbefugnis ausgestattet, die sich auf „alle Fragen und Angelegenheiten", mit denen sich die UN befassen können, bezieht. Insoweit hat man die GV zu
Recht als *townmeeting of the world* bezeichnet.[384] Die allgemeine Vorschrift des Art 10 wird für
den Bereich internationale Sicherheit, Friedenswahrung und Abrüstung durch Art 11 und 14
konkretisiert;[385] Art 13 hebt die Funktion der GV hervor, zur Entwicklung des Völkerrechts und
seiner Kodifikation beizutragen und insbes auch den Schutz der Menschenrechte zu fördern.[386]
Zur Durchführung dieser Aufgaben ist der GV die Befugnis zur Befassung, Diskussion und Empfehlung eingeräumt. Davon macht die GV, wie der Umfang ihrer jährlichen Sitzungsordnung
verdeutlicht, einen sehr weitgehenden Gebrauch. Sie hat dabei zwar wegen Art 2 Nr 7 UN-Charta
den *domaine réservé* der Staaten zu beachten, doch ist insbes wegen der Bedeutung der Menschenrechte der interventionsfreie Raum erheblich geschrumpft.[387]

Die sachlich nahezu unbegrenzte, auch Nichtmitglieder und andere I.O. betreffende Befas- 129
sungs- und Empfehlungsbefugnis der GV ist idR unproblematisch, weil die GV grundsätzlich
keine verbindlichen Beschlüsse fassen kann. Soweit sie Angelegenheiten der internationalen Sicherheit und des Weltfriedens aufgreift, hat sie darüber hinaus die primäre – nicht ausschließliche[388] – Zuständigkeit des SR (Art 24) zu beachten; damit wird aber nur ihre Empfehlungs-, nicht
ihre Erörterungsbefugnis beschränkt. Aus den beiden maßgeblichen Vorschriften ergeben sich
keine materiellen Schranken. Art 11 Abs 2 Satz 2 UN-Charta schließt eine Empfehlung der GV,
Zwangsmaßnahmen (einschließlich militärischen Vorgehens) gegen einen Staat zu verhängen,
nicht aus.[389] Die GV ist nur gehalten, die Frage an den SR zu verweisen, wenn sie der Auffassung
ist, dass die Staaten verbindlich aufgefordert werden sollen, solche Zwangsmaßnahmen durchzuführen; denn dazu ist allein der SR in der Lage (Art 25, 48). Art 12 Abs 1 UN-Charta seinerseits
entfaltet eine prozedurale Sperrwirkung, solange der SR, uU aufgrund einer vorangegangenen
Verweisung der GV, mit der Streitigkeit befasst ist.[390] Damit sollen divergierende Äußerungen
der beiden wichtigsten politischen Organe vermieden werden.

---

382 *Bailey*, The General Assembly of the United Nations, 2. Aufl 1978; *Vallat*, United Nations General Assembly,
EPIL IV (2000) 1119 ff; *Peterson*, The UN General Assembly, 2006.
383 *Jaenicke*, in Charter UN², Art 7 Rn 3; *Ruffert/Walter*, Institutionalisiertes Völkerrecht, Rn 297.
384 *Vallat* (Fn 382) 1120.
385 Näher zum Verhältnis dieser Bestimmungen zueinander *Zöckler/Riznik*, in Charter UN³, Art 14 Rn 7, 9.
386 Dazu u Rn 206.
387 Näher *Klein/Schmahl*, in Charter UN³, Art 10 Rn 11 ff.
388 ICJ Rep 1962, 151, 163 *[Certain Expenses]*. Krit in Bezug auf die Ukraine-Krise 2014/15: *Douhan*, International Organizations and Settlement of the Conflict in Ukraine, ZaöRV 75 (2015) 195 (201 f).
389 Näher *Klein/Schmahl*, in Charter UN³, Art 10 Rn 31 ff, Art 11 Rn 35.
390 Gleichwohl ist es wiederholt zu parallelen Befassungen von SR und GV gekommen; der IGH hat diese Praxis in seinem *Mauer*-Gutachten (ILM 43 [2004] 1009, Rn 27 f) gebilligt.

130 Die unmittelbar aus Art 10 u 11 UN-Charta gewonnene Interpretation, dass auch die GV Zwangsmaßnahmen empfehlen kann, spiegelt sich in der *Uniting for Peace*-Resolution v 3.11. 1950 wider.[391] Die GV fasste diese Resolution im Zusammenhang mit dem Ausbruch des Koreakriegs. Es sollte der Gefahr einer Lähmung des SR durch das Veto eines ständigen Ratsmitglieds trotz Vorliegens einer Angriffshandlung, eines Friedensbruchs oder einer Friedensbedrohung begegnet werden. Die rechtliche Bedeutung der Resolution liegt nun nicht, wie gezeigt, in der Erschließung der Möglichkeit, Zwangsmaßnahmen zu empfehlen, sondern darin, dass die GV sich von der Pflicht, den SR mit der Frage zu befassen, dispensiert, wenn wegen dessen Lähmung eine Entscheidung dieses Organs nicht erfolgen kann. Unter diesen Umständen wird auch die Empfehlungssperre des Art 12 Abs 1 UN-Charta von der GV negiert; die GV versteht die Veto-Einlegung als Nichtausübung der dem SR übertragenen Funktionen, was nicht unproblematisch ist, weil das Veto ja auch von sachlichen Überlegungen, etwa von der Überzeugung getragen sein kann, dass eine Friedensgefährdung (noch) nicht vorliegt oder andere Streitbeilegungsmechanismen vorzuziehen sind.[392] Unabhängig davon hat sich das dieser Resolution zugrunde liegende Sicherheitskonzept in der Praxis nicht durchgesetzt.[393] Wichtig ist die Resolution aber als Grundlage der Einberufung von Notstandssondertagungen der GV geworden, mit denen ein durchaus nicht gering zu schätzendes Instrument geschaffen ist, um die Handlungsfähigkeit der GV in Krisenzeiten zu erhöhen.

131 Die GV tritt jährlich zu ihrer *ordentlichen Jahrestagung* (Art 20 UN-Charta) in New York zusammen, die sich von September bis in das neue Jahr, heute idR bis zum Beginn der nächsten Session, hinzieht. Außerhalb dieser ordentlichen Sitzungen kann die GV auf Antrag des Sicherheitsrats oder der Mehrheit der UN-Mitglieder zu außerordentlichen Tagungen zusammenkommen. Die *Uniting for Peace*-Resolution hat die zusätzliche Form der *Notstandssondertagung* geschaffen.[394] Die GV prozediert nach einer von ihr beschlossenen Geschäftsordnung (GeschO);[395] ihre Sitzung leitet der Präsident (Art 21), der jährlich von den Delegierten gewählt wird, seit längerer Zeit per Akklamation. Unter Verzicht der ständigen Ratsmächte werden prominente Politiker oder Diplomaten der Mitgliedstaaten auf Vorschlag ihrer Regionalgruppen (o Rn 120) zur Wahl gestellt.[396] Bedeutsam für die Vorbereitung der vom Plenum zu fassenden Beschlüsse sind die *Ausschüsse*.[397] Eine besondere Rolle spielen dabei die 6 Hauptausschüsse, in denen alle Mitglieder vertreten sein können: der Ausschuss für Abrüstung und internationale Sicherheit (1.); der Wirtschafts- und Finanzausschuss (2.); der Ausschuss für soziale, humanitäre und kulturelle Angelegenheiten (3.); der besondere politische und Dekolonialisierungsausschuss (4.); der Verwaltungs- und Budgetausschuss (5.); der Rechtsausschuss (6.). Es gibt ferner zwei Ständige Ausschüsse, die sich mit Haushaltsfragen bzw der Verteilung der Beitragsquoten befassen, sowie zwei Verfahrensausschüsse: den Präsidialausschuss, bestehend aus dem Präsidenten, 21 Vizepräsidenten und den Vorsitzenden der Hauptausschüsse, und den Beglaubigungsausschuss (*credentials committee*). Dieser prüft die Beglaubigungsschreiben der Staatenvertreter und bereitet die Entscheidung der GV vor, wenn die Vertretungsberechtigung bestritten wird. Diese Funktion ist dann unverzichtbar, wenn rivalisierende Regierungen eines Staats Vertreter entsenden

---

391 A/RES/377 (V) v 3.11.1950. Dazu *Binder*, Uniting for Peace Resolution (1950), MPEPIL X, 559 ff.
392 *Klein/Schmahl*, in Charter UN³, Art 12 Rn 12 f.
393 Auch im Zusammenhang mit dem Irak-Krieg 2003, dem Syrien-Konflikt 2012 und dem Ukraine-Konflikt (seit 2014) ist keine Reaktivierung der *Uniting for Peace*-Resolution erfolgt.
394 *Schäfer*, Notstandssondertagungen der Generalversammlung, VN 1983, 78 ff. Bisher haben 10 Notstandssondertagungen stattgefunden, die sich mit politischen Fragen wie Naher Osten, Ungarn, Kongo, Afghanistan und Namibia befassten; vgl <http://www.un.org/Depts/german/gv/gv_1.html>.
395 Rules of Procedure of the General Assembly, UN Doc A/520/Rev 17. Näher *Fitschen*, in Charter UN³, Art 21 Rn 2 ff.
396 Bisher haben zwei Deutsche (1980/81: BR Deutschland, 1987/88: DDR) dieses Amt bekleidet.
397 Näher *Khan*, in Charter UN³, Art 22 Rn 8 ff.

(Fall: Kambodscha)³⁹⁸ oder ein Neustaat zu Unrecht die Fortsetzung der Mitgliedschaft eines untergegangenen Staats beansprucht und sich damit der Aufnahmeprozedur entziehen möchte (Fall: Serbien/Montenegro).³⁹⁹ Missbräuchlich ist die Beglaubigungsprüfung hingegen, wenn sie dazu benutzt wird, einen Mitgliedstaat von der Arbeit der GV fern zu halten (Fall: Südafrika).⁴⁰⁰ Zu erwähnen ist ferner eine große Zahl *sonstiger Nebenorgane*,⁴⁰¹ die meist als ständige Einrichtungen konzipiert sind; hierzu gehören zB die Völkerrechtskommission (ILC), die Kommission für Internationales Handelsrecht (UNCITRAL) und die UN-Dienstgerichte (United Nations Dispute Tribunal [UNDT]; United Nations Appeals Tribunal [UNAT]).⁴⁰² Schließlich existieren derzeit etwa 20 teilautonome *Sonderorgane*, wie zB das UN-Kinderhilfswerk (UNICEF), das UN-Umweltprogramm (UNEP) oder die UN-Universität (UNU). Es ist schwer, sich einen genauen Überblick zu verschaffen, was zugleich ein bedenkliches Licht auf die sich ausbreitende Bürokratie und zunehmende Aufgabenüberschneidung wirft, die im Zentrum der Kritik und der Reformbemühungen steht.⁴⁰³ Anstelle der dem WSR zugeordneten Menschenrechtskommission ist 2006 der Menschenrechtsrat als Hilfsorgan der GV (Art 22) geschaffen worden.⁴⁰⁴

Die *Abstimmung in der GV* erfolgt auf der Basis der Gleichheit aller Mitglieder; jeder Staat hat eine Stimme (Art 18 Abs 1 UN-Charta: *one state, one vote*).⁴⁰⁵ Vom Stimmrecht kann freilich kein Gebrauch gemacht werden, wo es wegen Zahlungsverzugs (Art 19) oder aus den in Art 5 genannten Gründen suspendiert ist; faktisch gilt dies auch, wenn einem Mitgliedstaat der Zugang zur GV verweigert wird.⁴⁰⁶ 132

Ausschlaggebend ist grundsätzlich die *Mehrheit der anwesenden und abstimmenden Mitglieder* (Art 18 Abs 3);⁴⁰⁷ Enthaltungen werden nicht gezählt (Regel 86 GeschO). Diese auch in den Hauptausschüssen geltende Mehrheitsregel gibt den zahlenmäßig weit überlegenen Staaten der sog Dritten Welt eine erhebliche politische Macht, die häufig in umgekehrtem Verhältnis zu ihren Möglichkeiten effektiver Verantwortungsübernahme, nicht zuletzt im finanziellen Bereich, steht.⁴⁰⁸ Daher wird verständlich, dass die großen Staaten, die auch die maßgeblichen Beitragszahler sind,⁴⁰⁹ immer wieder Kritik an der „Abstimmungswalze" der Mehrheit üben. Interessant ist immerhin die langfristige Beobachtung, dass die Staaten der Dritten Welt in der Zeit des Ost-West-Konflikts keineswegs stets ihr Stimmgewicht auf die eine oder andere Seite legten, sondern zT erstaunlich differenziert reagierten und damit insgesamt auf beide Seiten mäßigend einwirkten. 133

In „wichtigen Fragen" bedarf es allerdings einer ²/₃-*Mehrheit*, die aber von den Staaten der Dritten Welt ebenfalls erreicht wird.⁴¹⁰ Diese Fragen sind in Art 18 Abs 2 UN-Charta benannt. 134

---

398 Dazu *Magiera*, in Charter UN³, Art 9 Rn 25 ff, 28.
399 Vgl o Rn 71.
400 Vgl o Rn 86.
401 Näher *Khan*, in Charter UN³, Art 22 Rn 19 ff. Eine Kategorisierung nach „Umlaufbahnen" nimmt vor *Göthel*, Die Vereinten Nationen – Eine Innenansicht, 2. Aufl 2002, 10 ff.
402 Die UN-Dienstgerichte (vgl Fn 376) haben seit dem 1.1.2009 das ehemalige UN-Verwaltungsgericht (UNAT) abgelöst. Hierzu *Reinisch/Knahr*, From the United Nations Administrative Tribunal to the United Nations Appeals Tribunal, MPYUNL 12 (2008) 447 ff.
403 Einzubeziehen sind natürlich noch der Unterbau der anderen UN-Organe sowie die Sonderorganisationen. Vgl dazu den sog Bertrand-Bericht, UN Doc A/40/988 v 6.12.1985.
404 Dazu *B. Rudolf*, United Nations Commission on Human Rights/United Nations Human Rights Council, MPEPIL X, 281 ff; *Geiß*, Der Menschenrechtsrat der Vereinten Nationen, FS E. Klein, 2013, 783 ff. S auch u Rn 206.
405 Zu Reformüberlegungen *Bienen/Rittberger/Wagner*, Democracy in the United Nations System, in Archibugi/Held/Köhler (Hrsg), Re-imaging Political Community, 1998, 287 ff. Zum Phänomen des zunehmenden „Stimmenhandels" in der GV *Eldar*, Vote-trading in International Institutions, EJIL 19 (2008) 3 (22 ff).
406 Vgl o Rn 86.
407 Vgl *Brinkmann*, Majoritätsprinzip und Einstimmigkeit in den Vereinten Nationen, 1978; Kritik an der demokratischen Konzeption der Mehrheitsregel in I. O. bei *Klein* (Fn 235) 82 ff.
408 Zu dieser Disparität von Stimmrecht und Verantwortung *Klein* (Fn 235) 80 ff.
409 Näher u Rn 216.
410 Die 2/3-Mehrheit wird von Staaten erreicht, die zusammen kaum 2% der Ausgaben tragen.

Dazu gehören Aufnahme und Ausschluss von Mitgliedern (Art 4, 6), Suspension von Mitgliedschaftsrechten (Art 5), die Wahl der nicht ständigen SR-Mitglieder, die Wahl der WSR- und TR-Mitglieder,[411] Haushaltsfragen und Empfehlungen zur Wahrung des Weltfriedens und der internationalen Sicherheit. Mit einfacher Mehrheit kann die GV weitere Fragen der $2/3$-Mehrheit unterstellen (Art 18 Abs 3), ohne dass diese damit zu wichtigen Fragen iSd Abs 2 würden; die Entscheidung gilt nur für die jeweilige Session. Ferner nennt die GeschO der GV noch einige prozedurale Fragen, die mit $2/3$-Mehrheit zu entscheiden sind.[412]

135 In vielen Fällen werden formelle Abstimmungen aber überhaupt vermieden und Beschlüsse im sog *consensus*-Verfahren herbeigeführt.[413] Dieses ist zu einem allgemein etablierten Instrument im internationalen Verhandlungsprozess geworden. Es verlegt den Akzent von der Sachabstimmung auf die Prozedur, mit der versucht wird, alle erheblichen Einwände im Voraus auszuräumen,[414] so dass die Staaten den Beschluss passieren lassen, auch wenn er ihrer Auffassung nicht vollständig entspricht. Der Präsident, dem dieses Verfahren besondere Einflussmöglichkeiten gibt, stellt schließlich das Vorliegen der Übereinstimmung der teilnehmenden Staaten fest, womit der Beschluss als zustande gekommen gilt *(non-voting consensus)*.[415] In der GV wurde dieses Verfahren erstmals im Verlauf der 19. GV (1964/65) praktiziert. Wegen der Verweigerung ihrer finanziellen Beiträge waren mehrere Staaten, darunter die Sowjetunion und Frankreich, unter die ihr Stimmrecht tangierende Grenze des Art 19 UN-Charta geraten. Da die USA drohten, hieraus die Konsequenzen zu ziehen, wurde der Eklat dadurch vermieden, dass man in diesem Jahr auf formelle Abstimmungen völlig verzichtete und die anstehenden Beschlüsse im consensus-Verfahren gefasst wurden. Die so zustande gekommenen Entschließungen (heute ca 60% der GV-Resolutionen) können freilich oft nur den kleinsten gemeinsamen Nenner zum Ausdruck bringen, da sie weglassen müssen, was auf erklärten Widerstand stößt. Eine Bereinigung der Situation findet daher häufig nicht statt. Das Verfahren wird im Übrigen gerade von den Staaten der zahlenmäßigen Mehrheit kritisiert, gewinnt jedoch durch seinen Zwang zum Kompromiss an Realitätsnähe.[416] Das macht es zu einem recht flexiblen Instrument, das die eigentliche Entscheidung in die Zukunft – nämlich auf die praktische Umsetzung – verlagert.

136 Wegen der erwähnten Kritik am consensus-Verfahren wird verschiedentlich noch ein anderer Weg praktiziert, der nicht nur auf die förmliche Abstimmung, sondern sogar auf die ausdrückliche Feststellung des erzielten Konsenses verzichtet, gleichwohl aber zur Annahme einer Entschließung führt. Diese *Annahme ohne Abstimmung (adoption without a vote)* hat sich zB im 6. Hauptausschuss (Recht) vollständig durchgesetzt; sie findet aber auch in der GV Anwendung.[417]

---

411 Die IGH-Richter werden hingegen mit absoluter Mehrheit gewählt, vgl Art 10 IGH-Statut.
412 *Wolfrum*, in Charter UN³, Art 18 Rn 14.
413 Vgl *Suy*, Consensus, EPIL I (1992) 759 ff; *ders*, Rôle et signification du consensus dans l'élaboration du droit international, FS Ago I, 1987, 521 ff; *Wolfrum*, Konsens, in Handbuch VN, 529 ff; *Zemanek*, Majority Rule and Consensus Technique in Law-Making Diplomacy, in Macdonald/Johnston (Hrsg), The Structure and Process of International Law, 1983, 857 ff; *Schermers/Blokker*, International Organizations or Institutions, Voting Rules and Procedures, MPEPIL VI, 103 ff.
414 Vgl *Ballreich*, Wesen und Wirkung des „Konsens" im Völkerrecht, FS Mosler, 1983, 1 (8f).
415 *Schaefer*, in Charta VN, Art 21 Rn 77. – Das US-Department of State gab 1978 folgende Definition: „In practice, consensus means that the decision is substantially acceptable to delegations and that those which have difficulties with certain aspects of the resolution are willing to state their reservations for the record rather than vote against it or record a formal abstention. Consensus must be distinguished from unanimity, which requires the affirmative support of all participants. Essentially, consensus is a way of proceeding without formal objection. Yet the result is virtually the same: A resolution is adopted with the support of all states present, albeit frequently with recorded statements of reservation or interpretation"; zit nach *Schwebel*, The Effect of the UN General Assembly on Customary International Law, ASIL Proc 1979, 301 (308).
416 Zu seiner Bedeutung im Haushaltsverfahren der UN vgl *Klein* (Fn 235) 87 ff. – Die Auswirkung des consensus auf die politische Bindungswirkung der Resolution wird verschieden gedeutet; vgl *Wolfrum*, in Charter UN³, Art 18 Rn 31 ff; *ders/Pichon*, Consensus, MPEPIL II, 673 (Rn 22 ff) einerseits, *Schaefer*, in Charta VN, Art 21 Rn 77 andererseits. Insgesamt krit *Goldmann*, Internationale öffentliche Gewalt, 2015, 507 f.
417 Vgl *Fitschen*, in Charter UN³, Art 21 Rn 76 f.

Angesichts der klaren Aussage des Art 18 Abs 1 UN-Charta bedürfte die Einführung gestaffel- **137** ter Stimmgewichte einer politisch kaum vorstellbaren Charta-Änderung (Art 108), obwohl die Vorstellung nicht abwegig ist, dass im Wege der *Stimmwägung (weighted voting)*[418] etwa bei der Haushaltsaufstellung den Hauptbeitragszahlern ein größeres Stimmgewicht eingeräumt wird.[419] In verschiedenen Sonderorganisationen, in denen ohne eine klare Zuordnung von Stimmrecht und Verantwortung Erfolge von Anfang an nicht zu erzielen waren, hat sich diese Konzeption auch durchgesetzt, ohne am Prinzip der Staatengleichheit zu scheitern.[420] Insoweit ist auch auf das unterschiedliche Stimmgewicht der Mitgliedstaaten der EU im Rat gemäß Art 16 Abs 4 EUV, Art 238 Abs 2 u 3 AEUV aufmerksam zu machen.[421] Richtig ist jedoch, dass die Stimmwägung als Abstimmungsmodus in funktional-begrenzten Organisationen eher denkbar erscheint als in solchen mit umfassenden politischen Zuständigkeiten wie den UN.

Die *Entschließungen (Resolutionen)* der GV haben idR *empfehlenden Charakter*, sind also **138** rechtlich nicht bindend; dies gilt auch, wenn die GV in der feierlichen Form der Deklaration einen Beschluss fasst.[422] Man muss allerdings sehen, dass in einer Reihe von Fällen der GV von der UN-Charta selbst rechtsverbindliche Entscheidungsbefugnis zuerkannt ist; sie beziehen sich allerdings sämtlich auf den organisationsinternen Bereich (Art 4–6, 17, 23, 61, 97, 108, 109).[423] Ist die GV organisationsintern für die UN handlungsbefugt, kann sie auch einen Vertrag rechtswirksam kündigen.[424] Im Übrigen verbleibt es aber, auch gegen den Widerspruch renommierter Autoren vor allem der Dritten Welt,[425] bei dem Empfehlungscharakter der Entschließungen. Der GV ist auf der Gründungskonferenz in San Francisco eine Rechtsetzungsbefugnis eindeutig verweigert worden; diese Ablehnung war umgekehrt Voraussetzung ihrer umfassenden Diskussions- und Empfehlungsbefugnis. Entsprechend fehlt ihr das Recht zur verbindlichen Interpretation der UN-Charta.[426] Auch das Stimmverhalten der Mitglieder kann automatisch weder als Staatenpraxis noch als Ausdruck der Rechtsüberzeugung verstanden werden, so dass die *Resolutionen* der GV jedenfalls *nicht unmittelbar* als *Ausdruck von Völkergewohnheitsrecht* Verbindlichkeit haben können.[427] Allenfalls lässt sich sagen, dass in Einzelfällen bei einstimmig (dh auch unter Beteiligung der besonders betroffenen Staaten) gefassten Entschließungen ein formloser zwi-

---

418 Dazu *Schermers*, Weighted Voting, EPIL IV (2000) 1446 f; *Gold*, Weighted Voting Power, AJIL 68 (1974) 687 ff; *Strand/Rapkin*, Weighted Voting in the UNSC: A Simulation, SAGE 41 (2010) 1 ff.
419 Dazu *Klein* (Fn 235) 84 ff. – Vgl aber den Präsidenten der 28. GV *Benites* (Ecuador): „The idea of weighted voting would spell the final overthrow of the organization"; zit nach *Scheuner*, Aufgaben und Strukturwandlungen im Aufbau der Vereinten Nationen, in Kewenig (Hrsg), Die Vereinten Nationen im Wandel, 1975, 189 (227).
420 Vgl die Weltbankgruppe (IFC, IBRD, IDA, MIGA, ICSID), den Internationalen Währungsfonds (dazu die Tabelle in ILM 31 [1992] 1311) und den Fonds für landwirtschaftliche Entwicklung (IFAD); vgl *Wolfrum*, Neue Elemente im Willensbildungsprozess internationaler Wirtschaftsorganisationen, VN 1981, 50 ff. *Bülck*, Der Strukturwandel der internationalen Verwaltung, 1962, 29 spricht von der Reduktion der Staaten „auf ihren sozial-ökonomischen Funktionswert"; vgl auch *Bernhardt*, Betrachtungen zur Stimmverteilung und Stimmwägung in internationalen Organisationen, FS Hahn, 1997, 531 ff.
421 Näher *Oppermann/Classen/Nettesheim* (Fn 86) § 5 Rn 75 ff, auch zum sog Luxemburger Kompromiss, der über lange Zeit in der EU Anwendung fand, nach den neueren Regelungen in Art 16 Abs 4 EUV aber hinfällig geworden ist (ebd Rn 78 f). Wo mit einfacher Mehrheit abgestimmt werden kann (Ausnahme!), führt jeder Staat eine Stimme.
422 ICJ Rep 1966, 6, 50: „Resolutions of the United Nations General Assembly are not binding, but only recommendatory in character"; ebenso *Tomuschat*, Die Charta der wirtschaftlichen Rechte und Pflichten der Staaten, ZaöRV 36 (1976) 444 ff.
423 *Verdross/Simma* (Fn 43) 404 f, 407 f.
424 ICJ Rep 1971, 50 zu A/RES/2145 (XXI), mit der die GV den Mandatsvertrag mit Südafrika für beendet erklärt hat.
425 *Elias*, The International Court of Justice and some Contemporary Problems, 1983, 214 f; *Asamoah*, The Legal Significance of the Declarations of the General Assembly of the United Nations, 1966, 35; *Castañeda*, Legal Effects of United Nations Resolutions, 1969, 123.
426 *Klein/Schmahl*, in Charter UN³, Art 10 Rn 50.
427 Verkörpern sie jedoch Völkergewohnheitsrecht, so folgt die Rechtsverbindlichkeit aus dieser Rechtsqualität. – Vgl auch *Skubiszewski*, Resolutions of the UN General Assembly and Evidence of Custom, FS Ago I, 1987, 503 ff.

schenstaatlicher Konsens entsteht, der freilich noch durch das nachfolgende Verhalten der Staaten zu bestätigen wäre, bevor er selbst Rechtsquelle würde.[428]

139   Aber auch unabhängig hiervon sind Resolutionen der GV *nicht rechtlich bedeutungslos*,[429] da sie Hinweise auf rechtliche Entwicklungen, Trends geben können, jedenfalls Auffassungen postulieren, die zur rechtlichen Erörterung Anlass geben können.[430] Auch wenn wegen der grundsätzlich fehlenden Rechtsverbindlichkeit die Resolutionen keine Rechtsgrundlage geben, mit der die Staaten ihr Verhalten rechtfertigen können,[431] ist doch nicht zu übersehen, dass diejenigen, die im Einklang mit der Resolution handeln, einen besseren Ausgangspunkt in der juristischen Auseinandersetzung haben. Man mag durchaus sagen, dass die Argumentationslast auf denjenigen übergeht, der die Rechtmäßigkeit der in der Resolution zum Ausdruck gekommenen Auffassung bestreitet. Die Mitgliedstaaten tun jedenfalls gut daran, die auf längere Frist angelegte Wirkung von GV-Resolutionen nicht zu unterschätzen. Andererseits ist ein allgemeiner Bedeutungsverlust der GV erkennbar. Der Versuch einer Restrukturierung und Revitalisierung der GV ist daher im Gange,[432] ohne dass wirkliche Erfolge bereits sichtbar sind. Immerhin wurde im Jahr 2006 beschlossen, dass die GV die Möglichkeit erhält, informelle Debatten über aktuelle Fragen durchzuführen; hiervon wird in der Praxis durchaus Gebrauch gemacht.[433]

140   **bb) Der Sicherheitsrat der UN.** Der SR ist das politisch herausragende Organ der UN.[434] Ihm ist die *vorrangige Verantwortung für die Wahrung des Weltfriedens* und der internationalen Sicherheit übertragen (Art 24 Abs 1 UN-Charta). Besondere Befugnisse zur Durchführung dieser Aufgaben ergeben sich aus den Kap VI–VIII u XII sowie aus weiteren speziellen Befugnisnormen (zB Art 94 Abs 2). Art 12 dient der prozeduralen Absicherung des materiellen Vorrangs des SR bei dieser Aufgabenerledigung gegenüber der GV. Art 26 gibt dem SR auch ein Mandat zu Fragen der Rüstungsregelung, das jedoch bislang nicht wahrgenommen wurde. Man wird aber auch in Art 24 Abs 1 iVm Abs 2 Satz 1 selbst eine eigene allgemeine Befugnisnorm sehen können, die den SR zur Durchführung der dort vorgesehenen Aufgaben ermächtigt.[435] Die zentrale Rolle, die dem SR bei der Friedenswahrung zugewiesen ist, setzt die Gewährleistung einer schnellen und effektiven Reaktion voraus. Hiervon geht auch die UN-Charta aus, wie sich aus den Vorschriften über die Mitgliedschaft und Arbeitsweise ergibt (Art 23, 28, 29). Gleichwohl haben die geltenden Abstimmungsregeln, aber auch die in der Substanz unterschiedlichen Beurteilungen politischer

---

428 Vgl *Simma*, Zur völkerrechtlichen Bedeutung von Resolutionen der UN-Generalversammlung, in Bernhardt/Delbrück/v. Münch/Rudolf (Hrsg), Fünftes Deutsch-Polnisches Juristen-Kolloquium, Bd II, 1981, 45 ff. Zu denken ist etwa an die Weltraumdeklaration v 13.12.1963, A/RES/1962 (XVIII).
429 Näher *Skubiszewski*, The Elaboration of General Multilateral Conventions and of Non-Contractual Instruments Having a Normative Function or Objective, AIDI 61 (1985) 305 ff; *Klein/Schmahl*, in Charter UN³, Art 10 Rn 51 ff.
430 Vgl das Diktum von Richter *Lauterpacht*, ICJ Rep 1955, 90, 119, wonach die Staaten verpflichtet seien, den GV-Resolutionen „due consideration in good faith" zu geben.
431 So aber *Brownlie*, Principles of Public International Law, 7. Aufl 2008, 691 ff.
432 Vgl exemplarisch A/RES/56/509 v 8.7.2002; A/RES/59/313 v 12.9.2005; A/RES/61/292 v 2.8.2007 sowie A/RES/65/315 v 12.9.2011.
433 Vgl zB A/RES/60/286 v 8.9.2006. Eine Übersicht zu jüngeren Debatten findet sich unter <http://www.un.org/en/ga/about/revitalization.shtml>.
434 *Wood*, United Nations Security Council, MPEPIL X, 475 ff; *Bailey/Daws*, The Procedure of the UN Security Council, 3. Aufl 1998; *Bedjaoui*, Nouvel ordre mondial et contrôle de la légalité des actes du Conseil de Sécurité, 1994; *Kirgis*, The Security Council's First Fifty Years, AJIL 89 (1995) 506 ff; Malone (Hrsg), The UN Security Council, 2004; *Luck*, The UN Security Council, 2006; *Abi-Saab*, The Security Council legibus solutus?, in Gowlland-Debbas (Hrsg), International Law and the Quest for its Implementation, 2010, 20 ff.
435 *Delbrück*, in Charter UN², Art 24 Rn 10; *Lailach*, Die Wahrung des Weltfriedens und der internationalen Sicherheit als Aufgabe des Sicherheitsrates der Vereinten Nationen, 1998, 37 ff; krit *Martenczuk*, Rechtsbindung und Rechtskontrolle des Weltsicherheitsrats, 1996, 37 ff; *Troost*, Die Autorisierung von UN-Mitgliedstaaten zur Durchführung militärischer Zwangsmaßnahmen des Sicherheitsrates in Recht und Praxis der Vereinten Nationen, 1997, 115 ff.

Lagen durch die Mitglieder dazu geführt, dass der SR seiner Aufgabe in vielen Fällen nicht gerecht wurde.[436]

Der SR besteht aus *15 UN-Mitgliedern*, die je einen Vertreter entsenden (Art 23). *Fünf* ausdrücklich benannte Mitgliedstaaten gehören kraft Satzungsrecht diesem Gremium auf Dauer an *(ständige Mitglieder)*, wobei allerdings vorausgesetzt ist, dass sie auch Mitglieder der UN bleiben. Dabei handelt es sich um China,[437] Frankreich, Russland,[438] das Vereinigte Königreich und die USA. Die *zehn nichtständigen Mitglieder* werden für einen Zeitraum von zwei Jahren von der GV gewählt; dabei sollen sowohl die Verdienste um die Aufrechterhaltung des Friedens als auch das Prinzip der gleichmäßigen geographischen Verteilung Berücksichtigung finden.[439] Zur Sicherung der Kontinuität ist die Wahlzeit versetzt, so dass jedes Jahr fünf neue Mitglieder in den SR einziehen. Die in der GV notwendige 2/3 Mehrheit (Art 18 Abs 2) kann dazu führen, dass die Wahlen nicht termingerecht durchgeführt werden. Solange durch die damit eintretenden Vakanzen die Grenze zur Beschlussunfähigkeit nicht überschritten wird (9 Mitglieder: Art 27 Abs 2), bleibt die Handlungsfähigkeit des SR gleichwohl gewahrt.[440] Durchaus überlegenswert wäre freilich eine Chartaänderung dahin, dass sich in diesen Fällen die Wahldauer der alten Mitglieder so lange verlängert, bis die Neuwahl stattgefunden hat.

141

Die Unterscheidung zwischen ständigen und nichtständigen Mitgliedern wird vor allem bei den *Abstimmungen im SR* bedeutsam. Zwar verfügt jeder Staat nur über eine Stimme, und für alle Entscheidungen sind neun Ja-Stimmen erforderlich (Art 27 Abs 1 u 2). Handelt es sich aber um Entscheidungen über nicht-prozedurale Angelegenheiten, bedarf es auch der Zustimmung der fünf ständigen Mitglieder. Oder anders: bei materiellen Fragen können die fünf ständigen Mitglieder durch Ablehnung *(Veto)* das Zustandekommen einer Entscheidung verhindern (Art 27 Abs 3). Die Entstehungsgeschichte macht deutlich, dass ohne diese Privilegierung der fünf Staaten, auf die sich die USA, Großbritannien und die Sowjetunion auf der Konferenz von Jalta (Februar 1945) geeinigt hatten, die UN-Charta nicht zustande gekommen wäre.[441] Die Großmächte waren unter keinen Umständen bereit, das Instrument bindender Sicherheitsratsbeschlüsse gegen ihren Willen und gegen sich selbst in Stellung bringen zu lassen.

142

Bzgl der *Unterscheidung zwischen Verfahrensfragen und sonstigen Fragen* hat sich in gewissem Umfang eine Praxis des SR etabliert. Danach werden Beschlüsse über die Anwendung der Art 28–32 UN-Charta, über Tagesordnung und Sitzungsablauf, Einladung zur Sitzungsteilnahme,

143

---

436 Dies führte in den 1950er Jahren zu einem etwa durch die *Uniting for Peace*-Resolution (o Rn 130) und die Einsetzung von UNEF I illustrierten politischen Handlungsvorrang der GV, der aber später wieder zurückgenommen wurde. Auch heute ist der im Text konstatierte Befund wieder zu vermerken (zB Kosovo 1999, Irak-Krieg 2003, Syrien-Konflikt 2012; Ukraine-Konflikt seit 2014). Allg zu der Thematik *Freuding*, Entscheidungsfindung im UN-Sicherheitsrat, in Dicke/Fröhlich (Fn 367) 64 ff; vgl auch *Kotzur*, Die Rolle des UN-Sicherheitsrates in aktuellen Krisenszenarien, FS Stein, 2015, 196 ff.
437 Bis 1971 war China durch die nationalchinesische Regierung (Taiwan) repräsentiert. Erst der Kurswechsel der USA machte den Weg frei für die Anerkennung der Regierung der Volksrepublik China als Repräsentantin Chinas; vgl A/RES/2758 (XXVI) v 25.10.1971; näher *Neukirchen*, Die Vertretung Chinas und der Status Taiwans im Völkerrecht, 2004, 212 ff; *Gareis*, Taiwans UN-Mitgliedschaft: richtiges Ziel, falscher Weg, VN 2008, 59 ff; *Burnay/Wouters*, China in the UN Security Council, BRIL 2013/4, 343 ff.
438 Zum Auftreten der Russischen Föderation anstelle der Sowjetunion vgl o Rn 71.
439 Die BR Deutschland war bereits mehrfach nichtständiges Mitglied: 1977/78, 1987/88, 1995/96, 2003/2004, 2011/2012 (DDR: 1980/81). Hierzu *Pleuger*, Konflikte werden nicht à la carte serviert. Deutschlands neue Amtszeit im Sicherheitsrat der Vereinten Nationen, VN 2002, 209 ff; *Wittig*, Deutschland im UN-Sicherheitsrat, VN 2011, 3 ff.
440 Dazu *Suy*, Some Legal Questions Concerning the Security Council, FS Schlochauer, 1981, 677 ff; *Schweisfurth*, in Charter UN², Art 28 Rn 9.
441 Zur sog Jalta-Formel *Russell/Muther*, A History of the United Nations Charter, 1958, 457 ff, 531 ff; *Khan*, Drafting History, in Charter UN³, Rn 42 ff. Das bestehende Einzelvetorecht weist den SR als Relikt der Nachkriegszeit aus; dies macht ihn unter heutigen Bedingungen sehr problematisch, vgl hierzu *Köchler*, The United Nations Organization and Global Power Politics, Chinese JIL 5 (2006) 323 ff; *Binder/Heupel*, Das Legitimitätsdefizit des UN-Sicherheitsrats, VN 2014, 202 ff.

die Einberufung zu Sonder- oder Notstandssondertagungen der GV als Verfahrensfragen behandelt. Entsprechendes gilt aufgrund ausdrücklicher Vorschrift für die Einberufung einer Revisionskonferenz nach Art 109 Abs 1 UN-Charta.[442] Für Fälle, deren Einordnung bestritten wird, sah bereits die Erklärung von San Francisco v 7.6.1945 vor, dass diese Vorfrage nach Maßgabe von Art 27 Abs 3 UN-Charta entschieden werden muss.[443] Das damit etablierte „Doppelveto" darf allerdings nicht missbraucht werden, indem der prozedurale Charakter eindeutiger Verfahrensfragen geleugnet wird. Verschiedentlich hat sich denn auch der SR solchem Ansinnen entzogen. In der Praxis kommt dabei viel auf die Persönlichkeit des jeweiligen Präsidenten des SR an. Das Doppelveto-Verfahren ist denn auch seit langem nicht mehr zur Anwendung gekommen; man einigt sich im Vorfeld.[444]

144   Das in Art 27 Abs 3 UN-Charta vorgesehene *Vetorecht* in allen *materiellen* Fragen räumt jedem ständigen Mitglied die Möglichkeit ein, das Zustandekommen eines Ratsbeschlusses zu verhindern.[445] Hierzu gehören vor allem alle Entschließungen im Bereich der Friedenswahrung oder -wiederherstellung, aber auch die Aufnahme neuer Mitglieder. Problematisch ist der Fall des sog *reverse veto*, durch das die Beendigung von Zwangsmaßnahmen, die nicht für eine bestimmte Frist terminiert waren, verhindert wird.[446] Für die Ausübung des Vetorechts ist es unerheblich, ob der verhinderte Beschluss rechtlich verbindlich wäre oder nur empfehlenden Charakter hätte. Dabei ist es jedoch erforderlich, dass *ausdrücklich* gegen die Annahme des Beschlusses gestimmt wird. Die bloße (freiwillige) Nichtteilnahme an der Sitzung oder Abstimmung oder auch die Enthaltung reichen hierzu nicht aus. Dies ist ungeachtet des nicht eindeutigen Wortlauts von Art 27 Abs 3 UN-Charta heute in der Praxis des SR geklärt und durch die Rechtsprechung des IGH bestätigt.[447]

145   In der Vergangenheit ist von dem Vetorecht *häufig Gebrauch* gemacht worden, insbes – in den Zeiten des Ost-West-Konflikts – von der Sowjetunion, seit den 1970er Jahren aber auch zunehmend von den USA. Nach dem Zusammenbruch der Sowjetunion konnte stärker als früher auf Verständigung gesetzt werden; es kam daher nur noch vereinzelt zur Vetoausübung (Übersicht 4).[448] Eine sich weiter verschärfende Situation in der Entwicklung Russlands (insbes seit dem Ukraine-Konflikt 2014/15) oder zunehmende Aggressivität Chinas könnte diese Zurückhaltung aber sehr schnell wieder Geschichte werden lassen. Zwei Syrien-Resolutionen scheiterten 2012 und 2014 im SR am Veto eben dieser Staaten. Manches Mal mag es sogar vorzugswürdig sein, wenn mit der Vetoausübung auch die öffentliche Verantwortung für das Nichtzustandekommen eines SR-Beschlusses zu übernehmen ist. Möglicherweise ist der Versuch, eher eine Konfrontation zu vermeiden, indem gar kein Beschluss zur Abstimmung ge-

---

442 Vgl *Zimmermann*, in Charter UN³, Art 27 Rn 49 f.
443 Text der Erklärung in Charter UN³, Art 27 Annex, Rn 1 ff.
444 *Zimmermann*, in Charter UN³, Art 27 Rn 159 f; zur Entwicklung des Doppelvetos eingehend *Sievers/Daws*, The Procedure of the UN Security Council, 4. Aufl 2014, 318 ff; sa *Demme*, Hegemonialstellung im Völkerrecht: Der ständige Sitz im Sicherheitsrat der Vereinten Nationen, 2006, 72 ff.
445 Es handelt sich um ein Vetorecht iwS, während das Vetorecht ieS die Möglichkeit eines Organs beschreibt, das Wirksamwerden des Beschlusses eines anderen Organs zu verhindern; vgl *Münch*, Veto, EPIL IV (2000) 1283 ff.
446 Dazu *Caron*, The Legitimacy of the Collective Authority of the Security Council, AJIL 87 (1994) 552 (577 ff).
447 ICJ Rep 1971, 16, 22 *[Namibia-Gutachten]*. Dogmatisch ist nicht geklärt, ob dieses Ergebnis durch einfache Interpretation gewonnen ist oder eine rechtsfortbildende, von den Mitgliedern akzeptierte Organpraxis (Art 31 Abs 3 lit b WVK) oder eine gemeinsam konsentierte Vertragsänderung darstellt; ausf *Zimmermann*, in Charter UN³, Art 27 Rn 175 ff. Eine sog „konstruktive Stimmenthaltung", wie sie Art 235 Abs 1 UAbs 3 AEUV vorsieht, kennt die UN-Charta nicht.
448 Zu vorsichtiger Interpretation solcher Statistiken raten zu Recht *Simma/Brunner/Kaul*, in Charter UN², Art 27 Rn 125; gleichwohl sind die Zahlen in ihrer allgemeinen Tendenz aufschlussreich. Weitere statistische Informationen bei Foreign and Commonwealth Office (Hrsg), Tables of Vetoed Draft Resolutions in the United Nations Security Council 1946–1998, 1999; *Patil*, The Veto: A Historical Necessity, 2001; *Höne*, Die Vetos im Sicherheitsrat der Vereinten Nationen 1991-2010, VN 2011, 72 ff.

stellt wird, als eine offene Ablehnung zu riskieren, der Autorität des SR abträglicher.[449] Ein insoweit alarmierender Vorgang war die relative Untätigkeit der UN im Hinblick auf den Konflikt im früheren Jugoslawien,[450] die zum verspäteten Eingreifen der UN in Bosnien-Herzegowina (1996) und zur militärischen Intervention der NATO-Staaten im Kosovo (1999) ohne Mandat des SR führte.[451] Ein ähnliches Bild der Zerrissenheit bot der SR im Irak-Konflikt 2003: Die USA intervenierten militärisch, ohne dass der SR in der Lage gewesen wäre, einen befürwortenden (Vetodrohung Chinas, Frankreichs, Russlands) oder ablehnenden (Vetodrohung der USA und des Vereinigten Königreichs) Beschluss zu fassen.[452] Schwächen zeigte der SR auch in Bezug auf den konfliktbehafteten „Arabischen Frühling": Während im Libyen-Konflikt die Res 1970 (2011) noch einstimmig verabschiedet wurde, verbuchte die wesentlich weiterreichende Res 1973 (2011) fünf Enthaltungen, darunter auch von Deutschland.[453] SR-Sanktionen betreffend den Syrien-Konflikt 2012 und 2014 scheiterten am Veto von China und Russland.[454] Ist eine Vetomacht selbst betroffen, wie dies bei Russland im Ukraine-Konflikt 2014/15 der Fall ist, bleiben die Entscheidungsmechanismen des SR ohnehin strukturell defizitär.[455]

Übersicht 4

Vetos ständiger Mitglieder des Sicherheitsrats

Zeitraum	China	Frankreich	Großbritannien	Sowjetunion/Russland	USA
1946–70	1	4	4	105	1
1970–82	1	11	16	8	34
1983–90	0	3	10	2	34
1991–2010	4	0	0	6	14
2011-2014	4	0	0	5	1
insges	10	18	30	126	84

Quellen: *Löwe*, Die Vetos im Sicherheitsrat der Vereinten Nationen (1983–1990), VN 1991, 11; *Höne*, Die Vetos im Sicherheitsrat der Vereinten Nationen (1991–2010), VN 2011, 72; <http://de.statista.com/statistik/daten/studie/322711/umfrage/vetos-der-staendigen-mitglieder-des-sicherheitsrates-der-vereinten-nationen/>.

---

[449] *Eitel*, Bewährungsproben für den Sicherheitsrat der Vereinten Nationen, Friedens-Warte 74 (1999) 126 (135 f) spricht von einem „latenten" Veto.
[450] Zu den insgesamt hilflosen Versuchen der UN in diesem Bereich vgl *Weller*, The International Response to the Dissolution of the Socialist Federal Republic of Yugoslavia, AJIL 86 (1992) 596 ff; *Trautmann*, Das hilflose Europa, in Furkes/Schlarp (Hrsg), Jugoslawien, 1991, 177 ff.
[451] Vgl *Wilms*, Der Kosovo-Einsatz und das Völkerrecht, ZRP 1999, 227 ff; *Lange*, Zu Fragen der Rechtmäßigkeit des NATO-Einsatzes im Kosovo, EuGRZ 1999, 313 ff; *K. Ipsen*, Der Kosovo-Einsatz, Friedens-Warte 74 (1999) 19 ff; *Kreß*, Staat und Individuum in Krieg und Bürgerkrieg, NJW 1999, 3077 ff. Ablehnend *Simma*, NATO, the UN and the Use of Force, EJIL 10 (1999) 1 ff; *Deiseroth*, „Humanitäre Intervention" und Völkerrecht, NJW 1999, 3084 ff. Krit auch *Cassese*, Ex iniuria ius oritur, EJIL 10 (1999) 23 ff.
[452] Die deutsche Bundesregierung hat sich frühzeitig (September 2002) gegen eine militärische Aktion und eine diese legitimierende SR-Resolution festgelegt.
[453] Hierzu *Geiß/Kashgar* (Fn 53) 99 ff; zu den Konsequenzen von Enthaltungen nichtständiger SR-Mitglieder *Fröhlich/Langehenke*, Enthaltsamkeit bei Enthaltungen, VN 2011, 159 (164 ff).
[454] *Payandeh*, Einführung in das Recht der Vereinten Nationen, JuS 2012, 506 (508); vgl auch *Vashakmadze*, Responsibility to Protect, Charter UN³, Rn 47 f.
[455] Vgl *Milano*, Russia's Veto in the Security Council: Whither the Duty to Abstain under Art. 27(3) of the UN Charter?, ZaöRV 75 (2015) 215 ff; *Kotzur* (Fn 436) 207

Zeitraum	China	Frankreich	Großbritannien	Russland	USA
1991	–	–	–	–	–
1992	–	–	–	–	–
1993	–	–	–	1^1	–
1994	–	–	–	1^2	–
1995	–	–	–	–	1^3
1996	–	–	–	–	1^4
1997	1^5	–	–	–	2^6
1998	–	–	–	–	–
1999	1^7	–	–	–	–
2000	–	–	–	–	–
2001	–	–	–	–	2^8
2002	–	–	–	–	2^9
2003	–	–	–	–	2^{10}
2004	–	–	–	1^{11}	2^{12}
2005	–	–	–	–	–
2006	–	–	–	–	2^{13}
2007	1^{14}	–	–	1^{14}	–
2008	1^{15}	–	–	1^{15}	–
2009	–	–	–	1^{16}	–
2010	–	–	–	–	–
2011	1^{18}	–	–	1^{18}	1^{17}
2012	2^{19}	–	–	2^{19}	–
2013	–	–	–	–	–
2014	1^{20}	–	–	2^{21}	–
insges	8	0	0	11	15

Quelle: VN 1996, 108 (für 1993–1995); VN 1999, 112 (für 1996–1998); <http://research.un.org/en/docs/sc/quick> (für 1994-2014).

1. betr Finanzierung UNFICYP, bzgl derer aber kurze Zeit später eine Einigung erzielt wurde (S/25693)
2. betr Durchsetzung bestehender Beschränkungen des Güterverkehrs zwischen der Bundesrepublik Jugoslawien (Serbien und Montenegro) und serbisch kontrollierten Gebieten in Bosnien-Herzegowina und Kroatien (S/1994/1358)
3. betr Enteignungsmaßnahmen in Ost-Jerusalem (S/1995/394)
4. betr Ernennung des Generalsekretärs der Vereinten Nationen (S/1996/952)
5. betr Zuteilung von Militärbeobachtern zu MINUGUA (S/1997/18)
6. betr israelische Siedlungstätigkeit in Ost-Jerusalem (S/1997/199 u S/1997/241)
7. betr Verlängerung des Mandats von UNPREDEP (S/1999/201)
8. betr Lage in den von Israel besetzten Gebieten (S/2001/270 u S/2001/1199)
9. betr UNMIBH/SFOR in Bosnien-Herzegowina und Lage in den von Israel besetzten Gebieten (S/2002/712 u S/2002/1385)
10. betr Lage in den von Israel besetzten Gebieten (S/2003/891 u S/2003/980)
11. betr Beendigung von UNFICYP und Mandatierung von UNSIMIC (S/2004/313)
12. betr Lage in den von Israel besetzten Gebieten (S/2004/240 u S/2004/783)
13. betr Lage in den von Israel besetzten Gebieten (S/2006/508 u S/2006/878)
14. betr das Militärregime in Birma (S/2007/14)
15. betr Sanktionen gegen Simbabwe (S/2008/447)
16. betr Verlängerung des Mandats von UNOMIG (Georgien) (S/2009/310)
17. betr Situation im Nahen Osten, einschließlich der Palästina-Frage (S/2011/24)
18. betr Verurteilung der Repressionsmaßnahmen Syriens (S/2011/612)

19 betr Unterstützung des Friedensplans für Syrien (S/2012/77 u S/2012/538)
20 betr Brief des Ständigen Vertreters der Ukraine bei den Vereinten Nationen v 28.2.2014, adressiert an den Präsidenten des Sicherheitsrats (S/2014/136)
21 betr Brief des Ständigen Vertreters der Ukraine bei den Vereinten Nationen v 28.2.2014, adressiert an den Präsidenten des Sicherheitsrats (S/2014/136) und betr Friedensplan für Syrien (S/2014/348)

In einem wichtigen Fall ist das Vetorecht, obgleich es sich um die Entscheidung einer substantiellen Frage handelt, ausdrücklich ausgeschlossen. Dabei handelt es sich um die *Wahl der Richter des IGH*,[456] die in GV und SR jeweils eine absolute Mehrheit erfordert (Art 10 IGH-Statut). Daraus ergibt sich übrigens auch eine Abweichung von der üblichen Regel, dass neun Ratsmitglieder zustimmen müssen (Art 27 Abs 2); denn die absolute Mehrheit bei 15 Mitgliedern beträgt acht. Einen anderen Weg geht Art 27 Abs 3 Halbs 2 UN-Charta für den Fall, dass ein ständiges Ratsmitglied Partei eines Streits[457] ist, mit dem der Rat nach Kap VI oder Art 52 Abs 3 befasst ist. Die hier dem involvierten ständigen Mitglied auferlegte Enthaltungspflicht soll den Grundsatz, dass niemand Richter in eigenen Angelegenheiten sein soll, verwirklichen. Ist dieser Grundsatz aus politischen Gründen, nämlich im Bereich des Kap VII, nicht realisierbar, sollte er doch so weit wie möglich auf die friedliche Beilegung von Streitigkeiten Anwendung finden. 146

Im Übrigen ist darauf hinzuweisen, dass auch Entschließungen des SR *ohne förmliche Abstimmung* angenommen werden können,[458] wenn sich ein Konsens abzeichnet und auf einer Abstimmung von keiner Seite bestanden wird. Meinungsäußerungen des SR, die zT Erläuterungen zu Beschlussfassungen sind, zT aber auch Mahnungen und Appelle enthalten, finden sich ferner in Erklärungen seines Präsidenten. Die (nicht-rechtliche) Beachtlichkeit solcher Erklärungen[459] hängt von der Autorität des Rats ab, die desto geringer ist, je eher eine solche Erklärung nur die Uneinigkeit seiner Mitglieder verdecken soll. 147

Die wichtigen Aufgaben des SR machen die *ständige Präsenz* der Vertretungen der Ratsmitglieder in New York notwendig (Art 28 Abs 1), so dass sie jederzeit zu Sitzungen zusammentreten können. Die *Sitzungen* werden vom Präsidenten des SR einberufen. Grundsätzlich schreibt Regel 1 der auf Art 30 UN-Charta beruhenden (noch immer) vorläufigen Geschäftsordnung (GeschO)[460] vor, dass spätestens alle 14 Tage eine Sitzung stattzufinden hat; idR tritt er aber häufiger zusammen (2014: 267).[461] Im Übrigen setzt der Präsident die Sitzungen nach Konsultationen mit den Mitgliedern nach Ermessen fest. Verpflichtet zur Einberufung ist er, wenn ein Mitglied des SR dies wünscht (Regel 2), auf Ersuchen des Generalsekretärs gemäß Art 99 UN-Charta oder der GV gemäß Art 11 Abs 2 u 3, oder wenn der SR gemäß Art 35 mit einem Streit oder einer friedensgefährdenden Situation befasst wird (Regel 3). Die Sitzungen sind öffentlich, können aber auch unter Ausschluss der Öffentlichkeit stattfinden (Regel 48). Nach Art 31 u 32 UN-Charta können an den Sitzungen auch *Nichtmitglieder* des SR und sogar Nichtmitglieder der UN teilnehmen, wenn sie Partei eines Streits sind, der vom SR behandelt wird. Einen Rechtsanspruch auf Teilnahme haben insoweit aber nur die UN-Mitglieder, die nicht im SR vertreten sind.[462] Für 148

---

456 Vgl hierzu *Amerasinghe*, Judges of the International Court of Justice – Election and Qualifications, LJIL 14 (2001) 335 ff.
457 Hierzu eingehend *Zimmermann*, in Charter UN³, Art 27 Rn 203 ff. Anders wieder, wo der SR nicht mit einem „Streit", sondern mit einer „Situation" oder einer „Frage" befasst ist; zur Definition vgl *Klein/Schmahl*, in Charter UN³, Art 12 Rn 6 f.
458 Näher *Simma/Brunner/Kaul*, in Charter UN², Rn 111 ff; *Sievers/Daws* (Fn 444) 335 ff.
459 Ebenso *Talmon*, The Statements by the President of the Security Council, Chinese JIL 2 (2003) 419 (452).
460 UN Doc S/96/Rev 7 (1983). Vgl auch *Sievers/Daws* (Fn 444) 9 ff.
461 In seinen Arbeitsmethoden bemüht sich der SR um größere Transparenz. Ihrer Förderung dient seit 2013 auch die Accountability, Coherence and Transparency Group (ACT), die aus 27 kleineren und mittelgroßen Staaten unter der Führung der Schweiz besteht.
462 Zutr sprechen *Dolzer/Kreuter-Kirchhof*, in Charter UN³, Art 31 Rn 17 insoweit von einer „Kompensationsnorm" *(compensatory rule)*.

die Nichtmitglieder der UN legt der SR die Bedingungen fest; letztlich handelt es sich also um eine Ermessensentscheidung des Rats. Entsprechendes gilt für die Teilnahme von Mitgliedern der UN, die nicht im SR vertreten sind, wenn Fragen behandelt werden, von denen der Rat meint, dass sie deren Interessen besonders berühren (Art 31).

149   Die *Präsidentschaft* des SR wechselt monatlich in der durch das englische Alphabet bestimmten Reihenfolge der 15 Mitglieder (Regel 18 GeschO). Jeder Mitgliedstaat übernimmt daher in dem Zweijahres-Wahlzeitraum der nichtständigen Mitglieder mindestens einmal die Präsidentschaft. Der Präsident leitet die Sitzungen (Regel 19) und bereitet zusammen mit dem Generalsekretär die vorläufige Tagesordnung vor (Regel 7). Bei der Durchführung seiner Tätigkeit wird der SR durch ständige Ausschüsse (vor allem den Ausschuss für die Aufnahme neuer Mitglieder) und durch ad hoc-Ausschüsse unterstützt.[463] Der SR kann solche Hilfsorgane nach Bedarf einrichten (Art 29). Hierzu gehört u a die von SR und GV (Art 22) 2005/2006 gemeinsam geschaffene Kommission für Friedenskonsolidierung (Peacebuilding Commission)[464] oder das durch SR-Res 1904 (2009) gegründete und 2011 erweiterte Büro der Ombudsperson (Office of the Ombudsperson).

150   Die zentrale Rolle des SR wird vor allem durch *Art 25* UN-Charta unterstrichen, der die Mitgliedstaaten verpflichtet, die *Entscheidungen (decisions)* des SR „anzunehmen und durchzuführen". Die Reichweite dieser Bestimmung ist nicht völlig geklärt.[465] Zum richtigen Verständnis ist zunächst einmal darauf hinzuweisen, dass zahlreiche Entschließungen des SR lediglich *Empfehlungen (recommendations)* enthalten, die als solche nicht bindend sind; dies gilt auch im Bereich von Kap VII und VIII. Wenn freilich in diesem Bereich *Beschlüsse* gefasst werden, die keine bloßen Empfehlungen darstellen, ist von ihrer *Verbindlichkeit* auszugehen.[466] Entschließungen auf der Grundlage von Kap VI werden hingegen keine Verbindlichkeit beanspruchen können;[467] dies ergibt sich auch aus Art 27 Abs 3 Halbs 2 UN-Charta, der den ständigen Ratsmächten in diesem Bereich (o Rn 146) die Enthaltung bei der Abstimmung, also den Verzicht auf das Veto auferlegt. Andererseits kann der SR die Durchsetzung von Urteilen des IGH mit bindenden Entscheidungen (aber auch nur mit Empfehlungen) unterstützen (Art 94 Abs 2 UN-Charta). Im *Namibia*-Gutachten hat der IGH die Auffassung bekräftigt, dass die Verbindlichkeit von Ratsbeschlüssen nicht notwendig auf Fälle des Kap VII beschränkt sein muss,[468] doch ist diese Ansicht zweifelhaft.

151   Die sich aus Art 25 UN-Charta ergebende Verbindlichkeit von SR-Entscheidungen richtet sich an die Mitgliedstaaten als solche, hat also *keine unmittelbare Wirkung innerhalb der staatlichen Rechtsordnung*.[469] Die UN sind keine Supranationale Organisation, deren Rechtsakte von den staatlichen Rechtsanwendungsorganen ohne Weiteres anzuwenden wäre.[470] Die Mitglied-

---

463 Ausf *Sievers/Daws* (Fn 444) 460 ff.
464 S u Rn 205.
465 *Krökel*, Die Bindungswirkung von Resolutionen des Sicherheitsrats der Vereinten Nationen gegenüber Mitgliedstaaten, 1977; *de Wet*, The Chapter VII Powers of the United Nations Security Council, 2004; *von Arnauld*, Völkerrecht, 2. Aufl 2014, Rn 151.
466 *Peters*, in Charter UN³, Art 25 Rn 11. Vgl auch Art 48 UN-Charta.
467 Anders *Peters*, ebd Rn 13 f.
468 ICJ Rep 1971, 16, 53 *[Namibia-Gutachten]*. Näher *Higgins*, The Advisory Opinion on Namibia: Which Resolutions are Binding under Article 25 of the Charter, ICLQ 21 (1972) 270 ff.
469 Zum Problem *Frowein*, United Nations, EPIL IV (2000) 1029 (1036); *Denis*, Le pouvoir normatif du Conseil de sécurité des Nations unies, 2004; *Zimmermann/Elberling*, Grenzen der Legislativbefugnisse des Sicherheitsrats, VN 2004, 71 ff; *Akram/Shah*, The Legislative Powers of the United Nations Security Council, in Macdonald/Johnston (Fn 294) 431 ff; *Alvarez*, International Organizations as Law-Makers, 2005, insbes 184 ff; *Elberling*, The Ultra Vires Character of Legislative Action by the Security Council, IOLR 2 (2005) 337 ff; *Marschik*, Legislative Powers of the Security Council, in Macdonald/Johnston (Fn 294) 457 ff; *Talmon*, The Security Council as World Legislature, AJIL 99 (2005) 175 ff; *Mebiama*, Le pouvoir normatif du Conseil de sécurité de l'Organisation des Nations Unies, RIDA 2010, 29 ff.
470 Vgl hingegen die EU-Verordnungen gemäß Art 288 AEUV.

staaten sind vielmehr verpflichtet, diese Anwendung – idR durch die Schaffung einschlägiger Rechtsgrundlagen – zu gewährleisten. So legt etwa ein verbindlicher Beschluss des SR, gegen einen Staat ein Wirtschaftsembargo zu verhängen (Art 41), den Bürgern der Mitgliedstaaten keine eigene Verpflichtung auf; sie handeln nicht rechtswidrig, wenn sie gleichwohl Handel treiben. Eine entsprechende intern wirkende Rechtsnorm muss erst von dem Mitgliedstaat geschaffen werden,[471] der seinerseits bei Unterlassen völkerrechtlich verantwortlich wird.

Gerade die weitreichende Verbindlichkeit von Entscheidungen des SR – zusammen mit der in Art 103 UN-Charta enthaltenen Pflicht der Mitglieder, den Verpflichtungen aus der Charta Vorrang vor kollidierenden anderen völkerrechtlichen Verträgen einzuräumen – wirft notwendig die Frage nach ihren *normativen Grenzen* und ihrer *Kontrolle* auf.[472] Dies gilt insbes dann, wenn – wie es vor allem bei der Bekämpfung des internationalen Terrorismus der Fall ist – die Entscheidungen des SR von den Mitgliedstaaten ein unmittelbares Vorgehen gegen Verdächtige verlangen (zB Freizügigkeitsbeschränkungen, Vermögensbeschlagnahme).[473] Soweit sich Handlungsbefugnisse des SR aus bestimmten Rechtsnormen ergeben, sind deren Voraussetzungen zu beachten, also zB Art 39 für Maßnahmen im Bereich von Kap VII. Auch das Gebrauchmachen von der allgemeinen Handlungsnorm des Art 24 Abs 1 steht, wie Abs 2 ausdrücklich sagt, selbstverständlich unter dem Vorbehalt der Ziele und Grundsätze der UN (Art 1 und 2 UN-Charta). Der SR verfügt auch im Bereich der Friedenswahrung und -wiederherstellung nicht über unumschränkte Gewalt.[474] Diese Feststellung wird in der Praxis allerdings dadurch relativiert, dass eine Rechtskontrolle der Maßnahmen des SR nur unvollkommen vorgesehen ist. Organisationsintern können Akte der Organe, also auch des SR, von den Mitgliedstaaten (oder anderen Staaten) nicht gerichtlich angefochten werden.[475] Nur auf Umwegen kann eine verbindliche Nachprüfung durch den IGH dadurch erfolgen, dass der von einer Entscheidung des SR belastete Staat eine Rechtsverletzung gegen einen anderen Staat geltend macht, der sein Verhalten auf die

152

---

471 ZB § 7 AWG (BGBl 1961 I, 481); dazu *Brandl* (Fn 260). Zu (auf SR-Resolutionen basierenden) Handelsembargos der EU vgl Art 215 AEUV und *Streinz*, Europarecht, 9. Aufl 2012, Rn 1251 ff.
472 Dieses Problem wird nach dem Ende des Ost-West-Konflikts und anhand der Aktionen des SR gegen den Irak zugunsten der Kurden und gegen Libyen wegen der Auslieferung von Staatsangehörigen (Fall Lockerbie) und im Zusammenhang mit dem Vorgehen des SR gegen Personen, die des internationalen Terrorismus verdächtigt werden (*targeted sanctions*), zunehmend artikuliert: vgl *Franck*, „The Power of Appreciation", AJIL 86 (1992) 519 ff u 638 ff; *Reisman*, The Constitutional Crisis in the United Nations, AJIL 87 (1993) 83 ff; *Reinisch*, Developing Human Rights and Humanitarian Law Accountability of the Security Council for the Imposition of Economic Sanctions, AJIL 95 (2001) 851 ff; *Biehler*, Individuelle Sanktionen der Vereinten Nationen und Grundrechte, AVR 41 (2003) 169 ff; *Schilling*, Der Schutz der Menschenrechte gegen Beschlüsse des Sicherheitsrats, ZaöRV 64 (2004) 343 ff; *Orakhelashvili*, The Impact of Peremptory Norms on the Interpretation and Application of United Nations Security Council Resolutions, EJIL 16 (2005) 59 ff; *Giegerich*, Verantwortlichkeit und Haftung für Akte internationaler und supranationaler Organisationen, ZvglRWiss 104 (2005) 163 (178 ff); *Payandeh*, Rechtskontrolle des UN-Sicherheitsrates durch staatliche und überstaatliche Gerichte, ZaöRV 66 (2006) 41 ff; *Willis*, Security Council Targeted Sanctions, Due Process and the 1267 Ombudsperson, GJIL 42 (2011) 675 ff; *Witte*, Gewaltenteilung im Völkerrecht?, AöR 137 (2012) 223 ff. Allgemein zum Problem der Legitimität I. O. vgl Coicaud/Heiskanen (Hrsg), The Legitimacy of International Organizations, 2001; *Janik*, Die Bindung internationaler Organisationen an internationale Menschenrechtsstandards, 2012; vgl auch u Rn 197.
473 Vgl zB S/RES/1267 v 15.10.1999; S/RES/1521 v 22.12.2003; S/RES/1636 v 31.10.2005; S/RES/1988 v 17.6.2011. Jüngst etwa S/RES/2195 v 19.12.2014; S/RES/2199 v 12.2.2015.
474 So darf der SR sich nicht über das Selbstbestimmungsrecht der Völker hinwegsetzen. Zweifelhaft ist es, gegen ein Angriffsopfer ein Waffenembargo (Fall: Bosnien-Herzegowina) zu verhängen, ohne selbst ausreichend Schutz zu gewähren (vgl Art 51 UN-Charta). Der SR verfügt auch über keine Zuständigkeit zu definitiver territorialer Ordnung und Zuordnung, um einen gewaltsamen Konflikt auf Dauer zu beenden; ebenso *Virally*, L'organisation mondiale, 1972, 418; *Bernstein*, The Limitation of International Boundaries, 1974, 111; *Krökel* (Fn 465) 76 ff. Offenbar anders *Delbrück*, in Charter UN², Art 24 Rn 9.
475 Es fehlt an einer entsprechenden Zuständigkeit des IGH; vgl u Rn 179 f. Zur Frage der Überprüfbarkeit bindender Res des SR durch innerstaatliche Gerichte vgl allgemein *de Wet/Nollkaemper*, Review of Security Council Decisions by National Courts, GYIL 45 (2002) 166 (184 ff). Zur Rechtsprechung der Unionsgerichtsbarkeit u Fn 478.

SR-Entscheidung gestützt hat. In diesem Fall kann der IGH inzident und für die Streitparteien verbindlich die Rechtmäßigkeit der Maßnahme des SR nachprüfen – vorausgesetzt, die Streitparteien haben sich seiner Gerichtsbarkeit unterworfen.[476] Auch das Gutachtenverfahren gewährleistet eine gewisse rechtliche Kontrolle. Doch kann der IGH insoweit nur von anderen UN-Organen (oder Sonderorganisationen) angerufen werden; außerdem ist das Gutachtenergebnis nicht verbindlich.[477] Damit wird die Frage der (indirekten) Rechtskontrolle der SR-Entscheidungen auf die Ebene der Mitgliedstaaten oder ihrer für die Umsetzung dieser Entscheidungen zuständigen I. O. (zB EU) verlagert, was wieder schwierige Fragen im Verhältnis zu den UN aufwerfen kann.[478] Diese Erkenntnis lässt das Vetorecht in einem anderen Licht erscheinen. Es ist eben nicht nur Privileg bestimmter Mächte, sondern kann auch die Funktion einer Intraorgankontrolle haben, auch wenn dabei weniger rechtliche als politische Erwägungen maßgeblich sein werden.

153   Gleichwohl und zu Recht ist das Vetorecht seit langem Gegenstand der *Reformdiskussion*, ohne dass konkret absehbar wäre, dass die fünf ständigen Ratsmitglieder insoweit zu einer Chartaänderung bereit wären.[479] Gerade die Erweiterung der Zahl der SR-Mitglieder wird immer wieder erörtert, wobei vor allem die ständige Ratsmitgliedschaft interessant ist. Insbes Deutschland und Japan haben ihr Interesse bekundet, aber auch Brasilien/Argentinien, Nigeria/Südafrika/Ägypten und Indien/Pakistan streben eine solche Stellung an.[480] Obgleich die Reaktion der Staatengemeinschaft nicht grundsätzlich ablehnend ist, dürfte eine schnelle Änderung der Charta

---

476 Dies war die Situation des Streitverfahrens im *Lockerbie*-Fall zwischen Libyen gegen USA und Großbritannien. Die Hauptsache hat sich durch Rücknahme der Anträge erledigt (2003), den Antrag Libyens auf Erlass einer einstweiligen Anordnung hat der IGH abgelehnt, ICJ Rep 1992, 3; dazu *T. Stein*, Das Attentat von Lockerbie vor dem Sicherheitsrat der Vereinten Nationen und dem Internationalen Gerichtshof, AVR 31 (1993) 206 ff; *Gowlland-Debbas*, The Relationship between the International Court of Justice and the Security Council in the Light of the Lockerbie Case, AJIL 88 (1994) 643 ff; *Martenczuk*, The Security Council, the International Court and Judicial Review: What Lessons from Lockerbie?, EJIL 10 (1999) 517 ff; *Marschang*, „UN-Gewaltenteilung" und die Lockerbie-Affäre, KJ 1993, 62 ff; *Plachta*, The Lockerbie Case: The Role of the Security Council in Enforcing the Principle Aut Dedere Aut Judicare, EJIL 12 (2001) 125 ff; *Schmahl*, Die „Rule of Law" in den Vereinten Nationen, RuP 2001, 219 ff; *Farrall*, United Nations Sanctions and the Rule of Law, 2009.
477 Art 96 UN-Charta, Art 65 ff IGH-Statut; vgl auch *Thirlway*, Advisory Opinions, MPEPIL I, 97 (Rn 26 ff). Keineswegs ist der SR prinzipiell der Rechtskontrolle durch den IGH entzogen. Zum Verhältnis beider Organe vgl u Rn 184.
478 *Tzanakopoulos*, Disobeying the Security Council, 2011, 112 ff, 154 ff. – Der EuGH hat europäischen Rechtsschutz gegen völkerrechtsdeterminiertes Gemeinschaftsrecht bejaht, nachdem auf der Ebene der UN das derzeitige Überprüfungsverfahren „offenkundig nicht die Garantien eines gerichtlichen Rechtsschutzes" biete, vgl EuGH, Slg 2008, I-271 *[Kadi u Al Barakaat]*. Das EuG als Vorinstanz verneinte eine Überprüfbarkeit UN-determinierten Gemeinschaftsrechts mit Gemeinschaftsgrundrechten aufgrund der vorrangigen innergemeinschaftlichen Bindung an Resolutionen des Sicherheitsrats (Art 103 UN-Charta). Es überprüfte die betreffende Gemeinschaftsverordnung aber am Maßstab zwingender Völkerrechtsnormen *(ius cogens)*, an die auch der SR gebunden sei, vgl EuG, Slg 2005, II-3533 u II-3549 *[Yusuf u Kadi]*. Auf das Rechtsschutzersuchen gegen die neuerliche Listung des Klägers *Kadi* erkannten sowohl das EuG als auch der EuGH jüngst auf eine Verletzung der (europäischen) Verteidigungsrechte und des Grundsatzes des effektiven gerichtlichen Rechtsschutzes, vgl EuG, Slg 2010, II-5177 *[Kadi II]*; EuGH, Slg 2013, I-518, Rn 119 ff *[Kadi II P]*. Zur Thematik vgl etwa *von Arnauld*, UN-Sanktionen und gemeinschaftsrechtlicher Grundrechtsschutz, AVR 44 (2006) 201 ff; *Kotzur*, Eine Bewährungsprobe für die Europäische Grundrechtsgemeinschaft, EuGRZ 2006, 19 ff; *Schmahl*, Effektiver Rechtsschutz gegen „targeted sanctions" des UN-Sicherheitsrats?, EuR 2006, 566 ff; *Kämmerer*, Das Urteil des Europäischen Gerichtshofs im Fall „Kadi", EuR 2009, 114 ff; *Schmalenbach*, Bedingt kooperationsbereit: Der Kontrollanspruch des EuGH bei gezielten Sanktionen der Vereinten Nationen, JZ 2009, 35 ff; *Kunoy/Dawes*, Plate Tectonics in Luxembourg, CMLRev 46 (2009) 73 ff; *Neudorfer*, Antiterrormaßnahmen der Vereinten Nationen und Grundrechtsschutz der Union, ZaöRV 69 (2009) 979 ff; *von Arnauld*, Der Weg zu einem „Solange 1½"*, EuR 2013, 236 ff; *Weiß*, Praktische Konsequenzen der Kadi-Rechtsprechung, EuR 2014, 231 ff.
479 *Klein/Breuer*, (Un-)Vollendete Reformschritte in den Vereinten Nationen: die Beispiele Sicherheitsrat und Menschenrechtsrat, in Münk (Hrsg), Die Vereinten Nationen sechs Jahrzehnte nach ihrer Gründung, 2008, 75 (92 ff). Allgem *Fassbender*, UN Security Council Reform and the Right to Veto, 1998.
480 *Sucharipa-Behrmann*, The Enlargement of the Security Council, AustrJIL 47 (1994) 1 ff; *Knapp*, Die gewachsene Rolle Deutschlands und Japans in den Vereinten Nationen, Friedens-Warte 73 (1998) 465 (477 ff).

nicht zu erwarten sein. Ganz offen ist dabei auch noch, ob neue ständige Mitglieder ebenfalls über das Vetorecht verfügen sollen oder eine *eigene Kategorie* zwischen den alten ständigen und den nichtständigen Mitglieder bilden werden. Es ist anzunehmen, dass jedenfalls die Ausweitung der Vetoberechtigung keine Realisierungschance hat; sie ist auch nicht wünschbar.[481] Für die nächste Zukunft ist eine Änderung ohnedies nicht zu erwarten.[482]

Soweit *Nichtmitglieder* von Entscheidungen des SR betroffen sind, entfällt eine rechtliche Bindungswirkung. Daraus folgt aber weder ein Verbot für den SR, sich an diese zu wenden, noch das Fehlen jeder politischen Konsequenz (näher Rn 91f). 154

cc) Der Wirtschafts- und Sozialrat der UN. Ein wichtiger Tätigkeitsbereich der UN ist im Kap IX UN-Charta mit der Überschrift „Internationale wirtschaftliche und soziale Zusammenarbeit" versehen.[483] Art 55 zählt die Aufgaben im Einzelnen auf; dazu gehören etwa die Förderung höheren Lebensstandards und des wirtschaftlichen und sozialen Fortschritts; die Lösung internationaler wirtschaftlicher und sozialer Probleme; die Zusammenarbeit in Fragen der Gesundheit und Kultur sowie die Sicherung der Achtung für die Menschenrechte ohne Diskriminierung. Art 60 überträgt die Durchführung dieser Aufgaben neben der GV dem WSR.[484] 155

Der WSR ist, wie der SR, ein *beschränktes Mitgliederorgan,* in dem 54 Staaten vertreten sind (Art 61 Abs 1 UN-Charta).[485] Sie werden von der GV mit $^2/_3$-Mehrheit (Art 18 Abs 2) auf drei Jahre gewählt, wobei jedes Jahr 18 Mitglieder neu bestimmt werden (Art 61 Abs 2). In der Praxis werden die ständigen Mitglieder des SR stets (wieder-)gewählt, auch zahlreiche andere wichtige Staaten sind häufig vertreten.[486] Im Übrigen wird auch hier vom Grundsatz der gleichmäßigen geographischen Vertretung ausgegangen. 156

Die *Aufgaben und Befugnisse* des WSR sind sowohl selbstgestaltender als auch koordinierender Art. Was die erstgenannten betrifft, so weist Art 62 Abs 1 u 2 UN-Charta dem WSR die *Befassungs- und Empfehlungskompetenz* für den gesamten in Art 55 aufgeführten Bereich der internationalen wirtschaftlichen und sozialen Zusammenarbeit zu; verbindliche Beschlüsse für andere Organe, Organisationen oder Mitgliedstaaten kann er aber nicht fassen. Art 62 Abs 3 u 4 erteilen dem WSR die Befugnis zur Ausarbeitung einschlägiger Konventionsentwürfe und zur Einberufung internationaler Konferenzen (zB Weltbevölkerungskonferenz).[487] Im Bereich seines Aktionsfelds bestehen ferner Kooperationspflichten mit dem SR (Art 65) und der GV (Art 66). Während die Beziehungen zum SR nicht sehr ausgeprägt sind,[488] ist das Verhältnis zur *GV* nicht spannungsfrei.[489] Das rührt 157

---
[481] Zum aktuellen Stand der Reformdiskussion vgl *Blum,* Proposals for UN Security Council Reform, AJIL 99 (2006) 632 ff; *Fassbender,* On the Boulevard of Broken Dreams, IOLR 2 (2005) 391 ff; *Giegerich,* „A Fork in the Road" – Constitutional Challenges, Chances and *Lacunae* of UN Reform, GYIL 47 (2005) 29 ff; *Hofstötter,* Einige Anmerkungen zur Reform des Sicherheitsrates der Vereinten Nationen, ZaöRV 66 (2006) 143 ff; *Varwick/Zimmermann* (Hrsg), Die Reform der Vereinten Nationen, 2006; *Volger,* Die Reform der Vereinten Nationen, in ders (Hrsg), Grundlagen, 487 ff; *Fréchette,* Die Reform der Vereinten Nationen: eine Innenansicht, VN 2007, 1 ff; *Bullmann,* Der VN Sicherheitsrat und seine Reform: Zum Scheitern verurteilt?, 2014, 58 ff.
[482] Da Frankreich und Großbritannien auf ihr Vetorecht nicht verzichten werden, ist auch der Gedanke an eine treuhänderische Wahrnehmung für die EU-Staaten derzeit nicht realistisch. Vgl aber Art 34 EUV.
[483] Näher zu diesem Tätigkeitsbereich vgl u Rn 208.
[484] *Sharp,* The United Nations Economic and Social Council, 1969; *Kirgis,* United Nations Economic and Social Council, EPIL IV (2000) 1089 ff; *Breen,* The Necessity of a Role for the ECOSOC in the Maintenance of International Peace and Security, JCSL 12 (2007) 261 ff.
[485] Bis 1965 bestand der WSR aus 18, dann bis 1973 aus 24 Mitgliedern. Die Erweiterung wurde mit dem starken Anwachsen der Mitgliederzahl in den UN gerechtfertigt. Die Entwicklungsländer fordern weitere Vergrößerung.
[486] Die BR Deutschland ist seit 1973 fast immer – mit Ausnahme der Jahre 2008 und 2013 – Mitglied des WSR gewesen; die derzeitige Mitgliedschaft endet am 31.12.2017.
[487] Allg *Schechter,* United Nations Global Conferences, 2005. Zunehmend befasst sich der WSR auch mit *post conflict issues,* vor allem in Afrika (zB Guinea-Bissau).
[488] Vgl *Kunig/Tietje,* in Charter UN³, Art 65 Rn 7 ff.
[489] *Kirgis* (Fn 484) 1092.

einmal von dem sowohl in Art 60 („unter der Autorität der Generalversammlung") als auch in Art 66 deutlich zum Ausdruck kommenden Vorrang der GV, zum anderen aber vor allem aus den zahlreichen Überschneidungen bei der praktischen Arbeit, aus denen sich erhebliche Reibungsverluste und auch gegenläufige Ansätze ergeben. Zu berücksichtigen ist dabei auch, dass es vor allem Aufgabe des WSR ist, die Arbeit der Sonderorganisationen zu koordinieren (Art 63 Abs 2), die ihrerseits eine eigenständige Politik verfolgen, die nicht stets mit der politischen Programmatik der GV übereinstimmt. Zudem sind die Sonderorganisationen dem WSR in ihrer Verwaltungskapazität weit überlegen. In dieser Situation ist der WSR oft überfordert; man hat ihn als den „ewigen Kranken" der UN apostrophiert.[490] All dies hat zu einem hohen Grad an Undurchsichtigkeit, Ressourcenvergeudung und *Ineffizienz* geführt und hat Anlass zur Forderung nach einschneidenden Reformen des WSR und des Gesamtsystems gegeben.[491] In der Tat stellt sich die Frage, ob der WSR bei einer fälligen grundlegenden Strukturreform der UN nicht völlig anders geformt oder gar ganz entfallen sollte. Seine Aufgaben und Befugnisse könnten von der GV und ihren eigenen Nebenorganen übernommen werden.[492]

158   Wie bereits erwähnt, ist dem WSR die Koordinierung der Tätigkeiten der (derzeit 15) *Sonderorganisationen* übertragen.[493] Er stellt das Verbindungsglied zwischen den UN und diesen rechtlich selbständigen Organisationen her, deren Besonderheit darin besteht, dass sie in eine vertragliche Beziehung zu den UN gebracht werden (Art 57) und daher mit dieser zusammen die „UN-Familie" bilden.[494] Die Verträge werden vom WSR für die UN abgeschlossen, bedürfen aber der Zustimmung der GV (Art 63). Die Sonderorganisationen legen ihre Berichte dem WSR vor (Art 64).

159   Im WSR verfügen die 54 Mitglieder über je einen (weisungsgebundenen) Vertreter; alle haben eine Stimme. Eine Differenzierung des Stimmgewichts gibt es nicht (Art 61 Abs 4, Art 67 Abs 1). Die *Arbeitsweise und der Willensbildungsprozess* werden von der GeschO geregelt (vgl Art 72).[495] Die wichtigsten Fragen sind aber auch in der Charta angesprochen. So fasst der WSR nach Art 67 Abs 2 seine Beschlüsse mit der Mehrheit der anwesenden und abstimmenden Mitglieder, wobei Enthaltungen nicht mitgerechnet werden (Regel 60 Abs 2 GeschO). Das Quorum für die Beschlussfähigkeit liegt bei der Mehrheit der Mitglieder, dh 28 (Regel 41). Der *Präsident* wird von den Mitgliedern des WSR zu Beginn der jeweiligen ersten Jahressitzung gewählt; das Amt rotiert unter den fünf regionalen Gruppen der UN.[496]

160   An den Sitzungen können auch *Nichtmitglieder* des WSR ohne Stimmrecht teilnehmen. Dazu zählen neben den Einheiten, denen offizieller Beobachterstatus verliehen ist,[497] UN-Mitglieder, wenn Angelegenheiten ihres besonderen Interesses erörtert werden (Art 69), und Vertreter von Sonderorganisationen, die mit den entsprechenden Fragen befasst sind (Art 70). Um den Sachverstand der in weiten Tätigkeitsgebieten des WSR aktiven *NGOs* nutzen zu können, sieht Art 71 die Möglichkeit vor, dass der WSR Vereinbarungen über einen Konsultativstatus treffen kann. In der Praxis haben sich dabei drei Formen entwickelt;[498] die Mitwirkungsrechte bei den Beratun-

---

490 *Lagoni*, ECOSOC – Wirtschafts- und Sozialrat, in Handbuch VN, 90, Rn 19.
491 Sog Bertrand-Bericht: vgl UN Doc A/40/988, Some Reflections on Reform of the United Nations; *Bertrand*, Für eine Weltorganisation der Dritten Generation, 1988. Ferner die Beiträge in Wolfrum (Fn 54).
492 Vgl auch *Lagoni* (Fn 490) Rn 20; zurückhaltend *Röben*, in Charter UN³, Art 61 Rn 5. Umgekehrt will *Suy*, Strukturwandel der Vereinten Nationen, in Wolfrum (Fn 54) 189 (193 f) den WSR auf Kosten der GV gestärkt sehen. S auch Reformbericht GS (Fn 20) §§ 171 ff.
493 Vgl Übersicht bei Rn 126.
494 Näher u Rn 225 ff.
495 UN Doc E/5715/Rev 2. Vgl auch *Kaufmann*, United Nations Decision Making, 3. Aufl 1980, 53 ff.
496 *Chaitidou*, in Charter UN³, Art 72 Rn 16 u o Rn 120.
497 ZB anerkannte Befreiungsbewegungen; vgl auch o Rn 89.
498 UN Doc E/RES/1996/31 hat die bisherige Res 1296 (XLIV) v 1968 ersetzt und dabei die Einbeziehung nationaler und regionaler NGOs erleichtert. Derzeit (Stand 1.9.2014) haben 4.045 NGOs Konsultativstatus, vgl UN Doc E/2014/INF/5 v 3.12.2014.

gen des WSR sind entsprechend dieser Kategorisierung abgestuft. *Kategorie I* besteht aus relativ wenigen NGOs; sie müssen sich mit den meisten Tätigkeiten des Rats befassen, eine große Mitgliederzahl in vielen UN-Mitgliedstaaten haben und zur Arbeit des WSR erheblich beitragen können (genereller Konsultativstatus). Hierzu zählen etwa: International Council on Social Welfare, International Confederation of Free Trade Unions, International Organization of Employers, International Council of Women, Greenpeace International, Muslim World League, Hope International u a. Zur *Kategorie II* gehören solche NGOs, die besondere Sachkunde in einzelnen Tätigkeitsgebieten des WSR haben (spezieller Konsultativstatus). Hierunter fallen zB so bekannte Organisationen wie Amnesty International, Human Rights Watch, International Federation of Journalists, International Law Association und Minority Rights Group. In die *Kategorie III* werden solche NGOs aufgenommen, die zur Arbeit des WSR gelegentlich nützliche Beiträge leisten können; sie werden in einem vom GS geführten Register *(Roster)* auf Benennung durch den WSR, den GS oder aufgrund ihres Konsultativstatus bei anderen Organen der UN oder bei Sonderorganisationen eingetragen. Als Bsp seien genannt: Deutscher Naturschutzring, Friedrich-Ebert-Stiftung, Friedrich-Naumann-Stiftung, Heinrich-Böll-Stiftung u v a. Obgleich mit der Einbeziehung der NGOs in die Arbeit der UN zT weitergehende Hoffnungen verbunden wurden und manche Kritik an der Auswahl der mit einem Konsultativstatus versehenen NGOs geübt wurde, hat sich doch gezeigt, dass aus ihren Reihen Anstöße für die Tätigkeit des WSR gekommen sind. Dies gilt vor allem für die Bereiche Menschenrechte und Umweltschutz.[499]

Zur Vorbereitung und Durchführung seiner Aufgaben ist der WSR nicht nur nach der allgemeinen Vorschrift des Art 7 Abs 2 UN-Charta berechtigt, sondern sogar nach Art 68 verpflichtet, für wirtschaftliche und soziale Fragen und für die Förderung der Menschenrechte die notwendigen *Unterorgane* einzusetzen.[500] Insgesamt sind dabei sechs Kategorien zu unterscheiden:[501] (1) Fachkommissionen, zB für Bevölkerungsfragen und die Rechtsstellung der Frau;[502] (2) Regionale Wirtschaftskommissionen für Europa, West- und Ostasien/Pazifik, Lateinamerika und Afrika; (3) Ständige Ausschüsse, etwa für NGOs, natürliche Ressourcen und transnationale Unternehmen; (4) Ad hoc-Ausschüsse, etwa zu Fragen der Informationstechnologie oder zur Entwicklung des ländlichen Raums; (5) Sachverständigengremien, zB für neue und erneuerbare Energiequellen und für wirtschaftliche, soziale und kulturelle Rechte;[503] (6) Berichtsorgane betr Sonderorganisationen und andere Einheiten/Fonds, deren Kontrolle dem WSR obliegt. **161**

Jenseits dieses Unterbaus gibt es eine große Anzahl weiterer (rechtlich nicht selbständiger) *Einheiten,* mit denen der WSR in Kontakt tritt und seine Arbeiten zu koordinieren und durchzuführen sucht. Hierzu gehören u a UNDP, UNHCR, UNCTAD, WFC, aber auch UNRWA und UNU (vgl Übersicht 3).[504] Insgesamt besteht ein kaum durchschaubares Geflecht von Haupt-, Neben- und Hilfsorganen, Fonds und Programmen,[505] deren Restrukturierung zwar dringend erforderlich ist, aber trotz punktueller Verbesserungen immer wieder an den unterschiedlichen Inte- **162**

---

499 Ebenso *Lagoni* (Fn 490) Rn 18 f; *Pleuger/Fitschen,* „Giving greater opportunities to civil society to contribute to the goals and programmes of the United Nations", FS Eitel, 2003, 193 ff; *Nuscheler,* Die Rolle von Nichtregierungsorganisationen für den internationalen Schutz der Umwelt und der Global Common Goods, in von Schorlemer (Hrsg), „Wir, die Völker (...)", 2005, 45 ff; *Varella,* Le rôle des organisations non-gouvernementales dans le développement du droit international de l'environnement, JDI 132 (2005) 41 ff. Vgl auch o Rn 20. Zum Ganzen jüngst *Bayko,* Die Rolle der Nichtregierungsorganisationen (NGOs) im internationalen Minderheitenschutz, 2011; *Dany,* Global Governance and NGO Participation: Shaping the Information Society in the United Nations, 2012.
500 Vgl dazu *Riedel/Giacca,* in Charter UN³, Art 68 Rn 8 f.
501 Guter Überblick bei *Riedel/Giacca,* in Charter UN³, Art 68 Rn 14 f.
502 Die früher dem WSR unterstellte Menschenrechtskommission ist mittlerweile aufgelöst und durch den Menschenrechtsrat ersetzt worden, der der GV untersteht, hierzu u Rn 206.
503 Daher ressortiert der Ausschuss für wirtschaftliche, soziale und kulturelle Rechte beim WSR, die – unabhängigen – Mitglieder werden von ihm gewählt.
504 Näher *Köck/Fischer,* Internationale Organisationen, 249 f.
505 *Szasz,* The Complexification of the United Nations System, MPYUNL 3 (1999) 1 ff.

ressen der Entwicklungs- und Industrieländer, aber auch an mangelndem Reformwillen scheitert.

163 **dd) Der Treuhandrat der UN.** Im Rahmen der Verantwortung, die die UN für alle Hoheitsgebiete, „deren Völker noch nicht die volle Selbstregierung erreicht haben" (Art 73), übernommen haben, wurde dem TR als einem der Hauptorgane der UN eine besondere Aufgabe zugeteilt.[506] Ihm wurde, freilich zusammen mit der GV (vgl Art 85 u 87) und dem SR (Art 83), die *Durchführung des Treuhandsystems* (Art 75 bis 85) übertragen. Diesem System unterstanden die Gebiete, die durch ein (Treuhand-)Abkommen zwischen dem völkerrechtlich verantwortlichen Staat und den UN in dieses System einbezogen wurden.[507] Dabei handelte es sich ganz überwiegend um ehemalige Mandatsgebiete nach dem Recht des Völkerbunds. Allerdings begründeten die Art 75ff keine Verpflichtung für die Mandatsmächte, ein Treuhandabkommen mit den UN abzuschließen. So konnte die entsprechende Weigerung Südafrikas in Bezug auf Südwestafrika/Namibia nicht überwunden werden.[508] Insoweit ging man von der Fortdauer der Mandatsverpflichtung Südafrikas aus, bis die GV unter Zustimmung des SR den Mandatsvertrag wegen permanenter Verletzung der Mandatarpflichten kündigte.[509] Einziges dem Treuhandsystem unterstelltes Gebiet, das nicht früheres Mandatgebiet war, war (die italienische Kolonie) Somalia.[510]

164 Die *Zusammensetzung* des TR ist in Art 86 UN-Charta geregelt. Sie folgt dem Prinzip des Gleichgewichts von Verwaltungs- und Nichtverwaltungsmächten.[511] Nachdem seit 1975 nur noch die USA Verwaltungsmacht für die Pazifischen Inseln waren, bestand der TR nur noch aus den ständigen Mitgliedern des SR, wobei China an der Arbeit grundsätzlich nicht teilnahm. Mit SR Res 683 (1990) wurde zunächst der Treuhandstatus für die Pazifischen Inseln mit Ausnahme Palaus, schließlich mit SR Res 956 (1994) auch für Palau aufgehoben.[512] Daraufhin hat der TR seine Tätigkeit am 1.11.1994 eingestellt und durch Abänderung seiner GeschO (vgl Art 90) von weiteren Zusammenkünften abgesehen.[513] Obsolet ist die Institution gleichwohl nicht geworden: Rechtlich nicht, weil der TR nicht selbst über seine Existenz, die von der UN-Charta vorgegeben ist, verfügen kann; faktisch nicht, weil es denkbar, wenngleich unwahrscheinlich ist, dass noch bestehende Gebiete ohne Selbstregierung[514] dem Treuhandsystem unterstellt werden. Der TR kann daher, wenn nötig, stets wieder zusammentreten.[515]

165 **ee) Das Sekretariat der UN.** Das Sekretariat gehört als *ständiges Verwaltungsorgan* zu den notwendigen Organen einer I.O.[516] Durch die mit ihm gewährleistete dauernde Präsenz und Verfüg-

---

506 Vgl *Rauschning*, United Nations Trusteeship System, EPIL IV (2000) 1193ff; *Ermacora*, Treuhandsystem/Treuhandrat, in Handbuch VN, 862ff.
507 Auf Seiten der UN ist grds die GV (Art 85), im Fall sog „strategischer Gebiete" (Art 82) der SR zum Abschluss des Abkommens zuständig (Art 83).
508 ICJ Rep 1950, 128ff *[Südwestafrika-Gutachten]*.
509 Vgl näher *Klein*, Namibia, EPIL III (1997) 485ff.
510 Gesamtübersicht bei *Rauschning*, in Charter UN³, Art 75, Appendix.
511 *Meron*, The Question of the Composition of the Trusteeship Council, BYBIL 36 (1960) 250ff.
512 Die Zuständigkeit des SR ergibt sich aus Art 83 („strategische Zone").
513 Res des SR v 10.11.1994 (S/RES/956); dazu auch Res des TR v 25.5.1994 (T/RES/2200 [LXI]).
514 ZB Falkland Inseln, Gibraltar, St. Helena, Amerikanisch-Samoa, Neukaledonien, Westsahara. S auch u Rn 207. Denkbar ist auch, einen reformierten TR mit der Verantwortung für den Wiederaufbau von *failed States* zu betrauen oder als Übergangsregierung einzusetzen. Allgemein zur Rolle der UN in derartigen Fällen vgl *Frowein*, Die Notstandsverwaltung von Gebieten durch die Vereinten Nationen, FS Rudolf, 2001, 43ff; *Wilde*, From Danzig to East Timor and Beyond, AJIL 95 (2001) 583ff; *de Wet*, The Direct Administration of Territories by the United Nations and its Member States in the Post Cold War Era, MPYUNL 8 (2004) 291ff.
515 Die von GS *Annan* vorgeschlagene (Fn 20) Abschaffung des TR ist bislang nicht erfolgt, vgl World Summit Outcome, ebd § 176.
516 *Meron*, International Secretariat, EPIL II (1995) 1376ff; *Gordenker*, The UN Secretary-General and Secretariat, 2005. Krit zur Organstellung des Sekretariats *Conrady*, Wandel der Funktionen des UN-Generalsekretärs, 2009, 26ff.

barkeit von Personal und Information ist es in der Lage, neben der laufenden Verwaltungsarbeit die Sachaufgaben der Organisation vorbereitend und inhaltlich Einfluss nehmend zu begleiten und die Durchführung der Organbeschlüsse zu übernehmen. Dies kommt ua darin zum Ausdruck, dass es dem GS obliegt, den jährlichen Gesamtbericht über die Tätigkeit der Organisation zu erstatten (Art 98 Satz 2).

Das Sekretariat besteht aus dem GS[517] und den sonstigen von der Organisation benötigten Bediensteten (Art 97 Satz 1). Der GS ist Teil des Hauptorgans und zugleich der höchste Verwaltungsbeamte der Organisation. Hieraus ergibt sich auch die Einteilung seiner Aufgaben in zwei Gruppen.[518] Es handelt sich zunächst um *Aufgaben administrativer Art*. Dazu gehören vor allem die verwaltungsmäßige Betreuung und Einberufung der anderen Hauptorgane[519] (außer IGH) und zahlreicher anderer Gremien, die Vorbereitung des Haushaltsplans und die Finanzverwaltung sowie die rechtliche Vertretung der UN nach außen. Der GS ist Vorsitzender des UN Chief Executives Board for Coordination (CEB)[520] und hat damit wesentlichen Einfluss auf die Entwicklung und Koordination des gesamten UN-Systems, einschließlich Sonderorganisationen, Fonds, Programmen. Er trägt damit auch die Hauptlast für die Reform. Befähigt wird er zu diesen umfangreichen Aufgaben durch seine Stellung als Chef der Administration. Das Sekretariat ist eine hierarchisch gegliederte, auf den GS ausgerichtete Behörde. Seit Beginn des Jahres 1998 existiert zur Unterstützung des GS das Amt des Stellvertretenden GS (Deputy Secretary-General).[521]

Die *politischen Funktionen* des GS ergeben sich aus Art 98 Satz 1 u Art 99 UN-Charta. Ihm können von den vier anderen politischen Organen Aufgaben aus deren Tätigkeitsfeld zur Vorbereitung und Durchführung übertragen werden. Da hiervon umfassend Gebrauch gemacht wird, ist der GS in fast alle Organaktivitäten mit eingebunden und kontrolliert damit weitgehend deren Durchführung. Dies sichert ihm vor allem eine wesentliche Mitwirkung an den Maßnahmen zur Sicherung und Wiederherstellung des Weltfriedens und der internationalen Sicherheit.[522] So kann der GS etwa beauftragt werden, seine „guten Dienste" zum Zweck der friedlichen Erledigung einer Streitfrage einzusetzen,[523] er kann aber auch beauftragt werden, unter der Autorität des SR die beschlossene Aufstellung von friedenserhaltenden Streitkräften zu organisieren, den Verlauf der Aktion zu kontrollieren und Vorschläge für die weitere Durchführung zu machen.[524] Ein politisches Initiativrecht ergibt sich ausdrücklich aus Art 99. Danach kann der GS jede Angelegenheit, die die internationale Sicherheit und den Frieden gefährden

---

517 *U Thant*, Die Rolle des Generalsekretärs der Vereinten Nationen, VN 1971, 154 ff; *Schwebel*, United Nations Secretary-General, EPIL IV (2000) 1164 ff; *Pérez de Cuéllar*, The Role of the UN Secretary-General, in Roberts/Kingsbury (Fn 19) 125 ff; *Franck*, The Secretary-General's Role in Conflict Resolution, EJIL 6 (1995) 360 ff; *Kanninen*, Leadership and Reform, 1995; *Burgess*, The Maintenance of International Peace and Security by the UN and the Role of the Secretary General, International Peacekeeping 12 (2008) 39 ff; *Crawford*, The Term of Office of the United Nations Secretary-General, in Bastid-Burdeau (Hrsg), Le 90e anniversaire de Boutros Boutros-Ghali, 2012, 59 ff.
518 Näher dazu *Chesterman*, in Charter UN³, Art 97 Rn 32 ff u Art 98 Rn 12 ff; *Conrady* (Fn 516); *Fröhlich*, Zwischen Verwaltung und Politik: Die Arbeit des UN-Sekretariats, in Dicke/Fröhlich (Fn 367) 41 ff.
519 Damit wird der GS aber nicht zum „Hilfsorgan" dieser Organe, sondern er wird tätig in der ihm nach Art 97 zustehenden Eigenschaft (*in that capacity*, Art 98 Satz 1); anders Verdross/Simma (Fn 43) § 211.
520 Seit 2000 an die Stelle des Administrative Committee on Co-ordination (ACC) getreten.
521 Vgl A/RES/52/12B v 19.12.1997. – Derzeitiger Amtsinhaber ist der Schwede *Jan Kenneth Eliasson*. Hinzuweisen ist auch auf das seit 1994 bestehende Amt für interne Aufsichtsdienste (OIOS), vgl A/RES/48/218B v 29.7.1994, und das 2005 beschlossene Ethik-Büro im Sekretariat (vgl World Summit Outcome, A/RES/60/1 v 16.9.2005, §§ 161 ff).
522 *Gordenker*, The UN Secretary-General and the Maintenance of Peace, 1967; *Conrady* (Fn 516) 68 ff; *Ramcharan*, The Human Rights Diplomacy of the UN Secretary General, in O'Flaherty ua (Hrsg), Human Rights Diplomacy, 2011, 173 ff.
523 *Franck*, The Good Offices of the UN Secretary-General, in Roberts/Kingsbury (Fn 19) 143 ff; *Fröhlich/Melber*, Die Hammarskjöld-Tradition in der internationalen Politik, VN 2011, 262 ff. Bsp bei *Chesterman*, in Charter UN³, Art 99 Rn 13 u 20 ff.
524 Bsp ist die Res des SR zum UNMIK-Einsatz im Kosovo v 10.6.1999 (S/RES/1244).

kann, dem SR vorlegen, der nach Regel 3 seiner GeschO daraufhin einzuberufen ist.[525] Die GS haben von dieser Möglichkeit mehrfach ausdrücklich oder implizit Gebrauch gemacht, und sie haben dabei zugleich von sich aus Vorschläge zur Problemlösung unterbreitet. Die sinnvolle Durchführung dieser Kompetenz setzt ein umfassendes Informationsrecht voraus, das den GS im Verhältnis zu den anderen Organen zur Aufnahme einschlägiger Untersuchungen und Nachforschungen berechtigt.[526] Da der GS das einzige Organ ist, das jeweils bei den Beratungen auch der anderen politischen Organe präsent ist, kommt ihm auch eine wichtige Verklammerungs- oder Scharnierfunktion *(vital link)*[527] zu, die nicht nur administrative Aspekte hat, sondern politisch nutzbar ist.

168   Offenkundig hängt die Ausgestaltung dieser Funktion auch von der *Persönlichkeit* des jeweiligen GS ab.[528] Die bisherigen GS haben in sehr unterschiedlicher Weise ihr Amt geprägt, zT mehr politisch-aktiv, zT mehr hintergründig-diplomatisch. Dabei ist natürlich stets das politische Gesamtklima, insbes zwischen den ständigen Ratsmächten, zu berücksichtigen. Auch die finanzielle, meist prekäre Lage[529] nimmt notwendig Einfluss auf die Reichweite und Intensität der dem GS möglichen Aktionen. Amtsinhaber waren bisher *Trygve Lie* (1946–53/Norwegen), *Dag Hammarskjöld* (1953–61/Schweden), *U Thant* (1961–71/Burma), *Kurt Waldheim* (1972–81/Österreich), *Javier Pérez de Cuéllar* (1982–91/Peru), *Boutros Boutros Ghali* (1992–96/Ägypten), *Kofi A. Annan* (1997–2006/Ghana) und *Ban Ki-moon* (2007-16/Südkorea).[530]

169   Die *Bestellung des GS* erfolgt auf „Empfehlung" des SR durch die GV. Beide Organe müssen zu einer übereinstimmenden Lösung kommen; die GV kann ohne Empfehlung des SR keine Ernennung aussprechen, der SR kann einen von ihm vorgeschlagenen Kandidaten gegen den Willen der GV nicht durchsetzen. Das Zustandekommen der Empfehlung des SR unterliegt als nichtprozedurale Frage dem Vetorecht (Art 27 Abs 3). Der Beschluss der GV kommt nach Art 18 Abs 3 zustande. In beiden Gremien wird geheim abgestimmt. Wiederwahl ist möglich.[531]

170   Die *Dauer der Amtszeit* ist in der Charta nicht geregelt. Obwohl die GV schon früh (1946) die Amtszeit auf fünf Jahre festgelegt hatte,[532] enthielt die Empfehlung des SR für die Ernennung des ersten GS keine zeitliche Begrenzung. Als nach Ablauf von fünf Jahren wegen der durch den Korea-Krieg entstandenen politischen Spannungen eine Einigung und Empfehlung des SR auf eine neue Amtszeit oder einen neuen Kandidaten nicht möglich war, verlängerte die GV von sich aus die Amtsdauer *Lies* bis zum 1.2.1953.[533] Stillschweigend erfolgte eine weitere Amtsverlängerung bis zum 7.4.1953, als der Nachfolger, *Hammarskjöld*, ernannt wurde. Die rechtliche Beurteilung dieser Vorgehensweise war naturgemäß umstritten. Vor allem die Sowjetunion hielt ihr entgegen, dass die GV ohne Empfehlung des SR nicht hätte handeln dürfen.[534] Demgegenüber ist darauf aufmerksam zu machen, dass die Empfehlung des SR keinen zeitlichen Rahmen enthielt, so dass die GV sich nicht außerhalb der Empfehlung bewegte. Da

---

525 S auch die Res des SR v 14.9.2005 (S/RES/1625), Ziff 2 lit a. Vgl auch Regel 7 GeschO SR u Regel 12 GeschO GV zur Aufgabe des GS, die provisorische Tagesordnung beider Organe festzulegen. Entsprechendes gilt für andere Gremien.
526 ZB Reisen in Krisengebiete, Durchführung von Gesprächen und Entsendung von *fact finding missions* (vor allem im menschenrechtlichen Bereich).
527 Vgl *Fiedler*, in Charter UN[2], Art 99 Rn 11.
528 Dies gilt auch für die Verwaltungschefs anderer I. O., etwa den Kommissionspräsidenten der EU oder die Generaldirektoren der Sonderorganisationen.
529 Näher u Rn 212ff.
530 *Ban Ki-moon* wurde am 21.6.2011 im Amt bis 31.12.2016 bestätigt. Zu seiner bisherigen Amtszeit vgl *Haack*, Zwischen Visionen, Stabilität und Krisenmanagement: Ban Ki-moons erste Amtszeit als UN-Generalsekretär, VN 2012, 165 ff.
531 Vgl A/RES/11 (I) v 24.1.1946.
532 Ebd.
533 A/RES/492 (V) v 1.11.1950. Näher dargestellt bei *Chesterman*, in Charter UN[3], Art 97 Rn 15 ff.
534 Krit auch *Köck/Fischer*, Internationale Organisationen, 260.

jedoch seit 1962 in der Empfehlung des SR die Fünfjahresfrist ausdrücklich genannt wird, wäre heute eine entsprechende Argumentation nicht mehr zulässig. Es müsste bei Blockade des SR vielmehr auf das noch wenig bearbeitete Gebiet des *Notstandsrechts* I.O. zurückgegriffen werden,[535] mit dem Ziel, die Funktionsfähigkeit der UN aufrechtzuerhalten. Eine Ersatzfunktion der GV gegenüber dem SR kann insoweit durchaus in Betracht gezogen werden. Hinzuweisen ist auf Überlegungen zu Organloyalität und *implied powers*.[536] Die *Uniting for Peace-Resolution* der GV steht in einem entsprechenden Kontext.[537] Das Gutachten des IGH im *Certain Expenses*-Fall gibt ebenfalls Hinweise.[538]

In seine schwerste Krise geriet das Amt des GS 1960 während der Kongo-Krise, als die Sowjetunion dem GS *Hammarskjöld* parteiische Amtsführung vorwarf und ultimativ forderte, das Amt des GS durch eine sog Troika-Lösung (Dreiergremium), bestehend aus Personen aus dem westlichen, östlichen und blockfreien Lager, zu ersetzen.[539] Dieses Ansinnen, das auf den Verlust jeder politischen Eigendynamik dieser Position abzielte, fand jedoch keine Unterstützung. Die Krise konnte nach dem tödlichen Flugzeugabsturz *Hammarskjölds*[540] durch die Bestellung *U Thants* zunächst zum amtierenden, dann zum ordentlichen GS (1962) beigelegt werden. Es ist allerdings nicht zu übersehen, dass die Angriffe auf den GS nachgewirkt und die Nachfolger *Hammarskjölds* zur Zurücknahme ihrer politischen Dynamik und zur Bereitschaft geführt haben, ihre politischen Schritte mit den ständigen Ratsmächten stärker zu koordinieren; dies gilt insbes im Bereich friedenserhaltender Maßnahmen. 171

Das zweite Element des Sekretariats (neben dem GS) sind die „sonstigen von der Organisation benötigten *Bediensteten*" (Art 97).[541] Eine bestimmte Personalausstattung wird damit nicht vorgeschrieben, sondern ist entsprechend den sachlichen Notwendigkeiten vorzunehmen. Von daher kam es zwischen 1946 und 1992 zu einer erheblichen Personalvermehrung (1.546/11.423). Unbestritten aber ist, dass dabei auch das „Parkinson'sche Gesetz" der sich ständig selbst vermehrenden Bürokratie eine erhebliche Rolle spielt; man versucht immer wieder, diesen Entwicklungen entgegenzuwirken. Die finanziellen Probleme der UN haben diese Einsicht gefördert und zeitweise zu einem Abbau der Beschäftigtenzahl geführt. Allerdings sind wegen zahlreicher friedenserhaltender Missionen die Zahlen zunächst gestiegen, doch ist die Tendenz in den letzten Jahren wieder leicht rückläufig. Mitte 2014 beschäftigte das Sekretariat 41.426 Personen (2008: 39.500 Personen, 2010: 44.100 Personen).[542] GS *Annan* hatte sich seit Beginn seiner Amtszeit um eine Verschlankung und Effektuierung des Sekretariats bemüht, ist dabei aber weitgehend gescheitert.[543] 172

Die *Arbeitsebenen* unter dem GS[544] bestehen aus ihrerseits in Büros und Abteilungen gliederte Büros und Hauptabteilungen, die von Untergeneralsekretären, Generaldirektoren und Beigeordneten Generalsekretären geleitet werden. Die Verwaltung hat ihren Sitz in New York, weitere Sitze gibt es in Genf und Wien. 173

---

535 Für den Bereich der EU vgl *Pechstein*, Die Mitgliedstaaten der EG als „Sachwalter des gemeinsamen Interesses", 1987, 152 ff.
536 *Skubiszewski*, Implied Powers of the International Organization, in Dinstein (Hrsg), International Law at a Time of Perplexity, 1989.
537 Dazu o Rn 130.
538 ICJ Rep 1962, 151.
539 *Schwebel* (Fn 415) 344; *von Morr*, Generalsekretär, in Handbuch VN, 220 (223 f). Zum politischen Vermächtnis Hammarskjölds vgl *Fröhlich/Melber* (Fn 523) 262 ff.
540 Hierzu jüngst *Melber*, Neue Untersuchung zum Tod von Dag Hammarskjöld, VN 2014, 28 ff.
541 Dazu allg *Beigbeder*, Civil Service, International, MPEPIL II, 167 ff; *Pellet/Ruzié*, Les fonctionnaires internationaux, 1993; *Paschke*, UNO von innen, in Praxishandbuch UNO, 553 ff; *Göthel*, Personal, in Volger (Hrsg), Grundlagen, 439 ff; *Ullrich*, Das Dienstrecht der Internationalen Organisationen, 2009; *Fitschen/Münch* (Fn 376) 69 ff.
542 UN Doc A/69/292 v 29.8.2014.
543 S zuletzt den Bericht „Investing in People", A/61/255 (samt Add 1 u Add 1/Corr 1); zur Reformperspektive vgl Bericht GS „Investing in the United Nations: For a Stronger Organization Worldwide" (A/60/692).
544 Zum Stellvertretenden GS vgl o Rn 166.

174 Die *Bediensteten* werden vom GS aufgrund der von der GV beschlossenen Statuten *(staff regulations)* ernannt (Art 101 Abs 1).[545] Wichtige Grundsätze enthält jedoch die Charta selbst, so das Prinzip der Gleichberechtigung von Mann und Frau (Art 8), das Erfordernis von Effizienz, Leistung und Integrität; ferner ist auf das Prinzip möglichst breiter geographischer Herkunft zu achten (Art 101 Abs 3). Ungeachtet dessen haben sich über die Jahrzehnte hinweg „Erbhöfe" gebildet, auf deren (Wieder-)Besetzung durch eigene Staatsangehörige gerade die ständigen Mitglieder des SR beharren. Die nähere Ausgestaltung des Dienstverhältnisses erfolgt auf der Grundlage von Regelungen *(staff rules)*, zu deren Erlass der GS durch die *staff regulations* ermächtigt ist. In den vergangenen Jahren ist das Sekretariat verstärkt dazu übergegangen, Dienstverträge auf temporärer Basis zu schließen; so betrug der Prozentsatz der fest Angestellten Mitte 2014 nur knapp 17% (2004: rund 37%).[546] Rechtsschutz wird durch die *Dienstgerichte der UN* gewährt.[547]

175 Ein wesentliches Erfordernis für die Arbeit eines internationalen Sekretariats, das in den Dienst der gemeinsamen Sache gestellt ist, ist seine *Unabhängigkeit* von nationalen Interessen und der Verzicht auf Einflussnahmen durch die Mitgliedstaaten, denen die Bediensteten angehören. Dieser Grundsatz der *Unparteilichkeit* und Unabhängigkeit ist in Art 100 Abs 1 verankert; Abs 2 statuiert eine entsprechende Verpflichtung der Mitgliedstaaten. Die Bediensteten sollen in ungeteilter Loyalität zur Organisation ihre Aufgaben verrichten. Gleichwohl sind sie in der Praxis häufig erheblichem Druck ausgesetzt,[548] entweder um durch ungesetzliche Maßnahmen ihre Stellung auszunutzen, zB durch Spionage zugunsten ihres Heimatstaats, oder in anderer Weise bei der Amtsausübung die Interessen ihres Staats zu vertreten. Erleichtert wird diese Beeinflussung durch die weitgehend geübte Praxis, dass Personen aus dem öffentlichen Dienst der Mitgliedstaaten vorübergehend in den Dienst der UN abgeordnet und die Bedingungen hierfür zwischen Sekretariat und Heimatstaat abgesprochen werden (sog *secondment*).[549] In diesen Fällen verliert der GS nicht nur die freie Entscheidung über die Einstellung, es ist ihm sogar auch nicht möglich, den Bediensteten gegen den Willen des Heimatstaats weiterzubeschäftigen, sei es nach Ablauf der vereinbarten Zeit, sei es schon früher, etwa weil sich der Betroffene von seinem Staat abgewandt und im Sitzstaat um Asyl nachgesucht hat. Obgleich der Verstoß gegen Art 100 Abs 2 offenkundig ist, hat in einer solchen Konstellation das (ehemalige) UN-Verwaltungsgericht (UNAT) die Handlungsweise des dem Verlangen des Heimatstaats (Sowjetunion) Rechnung tragenden GS gerechtfertigt.[550] Der gleichfalls befasste IGH ging auf die Kernfrage nicht ein, wohl aber bejahten mehrere abweichende Meinungen zu Recht eine Verletzung von Art 100 Abs 2.[551]

176 Die Bediensteten der UN genießen *Immunität* nach Maßgabe des Art 105 Abs 2 UN-Charta und des Übereinkommens v 13.2.1946 über die Vorrechte und Immunitäten der UN (Art V/17–21), dh für in amtlicher Funktion vorgenommene Handlungen und Äußerungen. Der GS und ein bestimmter Kreis höherer Beamter genießen darüber hinausgehend diplomatische Immunität (Art V/19). Die UN kann zugunsten ihrer Bediensteten ein funktionelles Schutzrecht ausüben.[552]

---

545 Übersicht zu den *staff regulations* in UN Doc ST/SGB/2014/2 v 1.1.2014.
546 UN Doc A/69/292 v 29.8.2014, 16, Table 3.
547 Vgl Fn 376. Zum aktuellen Rechtsschutz *Reinisch/Knahr* (Fn 402) 447 ff; *Ullrich* (Fn 541) 385 ff. Zum Vorgängergericht UNAT *Bastid*, United Nations Administrative Tribunal, EPIL IV (2000) 1043 ff; *Amerasinghe*, Problems Relating to Promotion in the Law of the International Civil Service, ZaöRV 51 (1991) 923 ff. Eine Überprüfungskompetenz durch den IGH ist bereits mit A/RES/50/54 beseitigt worden.
548 Beklagt etwa in A/RES/35/210. Vgl auch *Meron*, Status and Independence of the International Civil Servant, RdC 167 (1980-II) 285 ff.
549 Ausf *Ebner*, in Charter UN³, Art 100 Rn 36 ff; *Schreuer*, Secondment of United Nations Officials from National Civil Service, GYIL 34 (1991) 307 ff.
550 UNAT-Urt Nr 333 (AT/DEC/333 v 8.6.1984) *[Yakimetz v SG]*. Zum Thema jüngst auch UNDT-Urt Nr 193 (UNDT/2011/193 v 11.11.2011) *[Payman v SG]*.
551 ICJ Rep 1987, 18 ff.
552 Vgl o Rn 105 u 107.

ff) Der Internationale Gerichtshof. Der IGH[553] in Den Haag ist nicht nur Hauptorgan (Art 7), 177
sondern wird ausdrücklich als das *Hauptrechtsprechungsorgan (principal judicial organ)* der UN
bezeichnet (Art 92 Satz 1 UN-Charta). Damit wird einmal auf den besonderen richterlichen Charakter dieses Organs mit allen Folgen für seinen Status und sein Verfahren, zum anderen auf die
zentrale Rolle des IGH, die er im Bereich der friedlichen Streitbeilegung zwischen den Staaten
einnehmen soll, hingewiesen.[554] Hervorgehoben wird mit dieser Bezeichnung ferner seine Geeignetheit, seiner breiten Entscheidungsgrundlagen wegen (Art 38 Abs 1 IGH-Statut) auf die
Feststellung, Konkretisierung und Fortbildung des Völkerrechts Einfluss zu nehmen.[555] Schließlich enthält dieses Attribut auch den Hinweis darauf, dass der IGH gegenüber anderen richterlichen Instanzen im UN-Bereich entsprechend seinen Zuständigkeiten Vorrang genießt.[556]

Die *Grundlagen* für Organisation, Status, Zuständigkeit und Verfahren des IGH finden sich 178
in der UN-Charta (Art 92–96) und im *Statut des IGH,* das ein integraler Bestandteil der Charta
und in diesem Zusammenhang zu interpretieren ist.[557]

Mangels Zuständigkeit blieb es dem IGH bisher *versagt,* die Rolle einer effektiven *Rechts-* 179
schutzinstanz innerhalb der UN zu übernehmen. Als verbindliche Streitschlichtungsinstanz
steht der Gerichtshof nur bei Streitigkeiten zwischen Staaten zur Verfügung (Art 34 Abs 1 IGH-
Statut); er kann von den Mitgliedstaaten *nicht gegen* aus ihrer Sicht *rechtswidrige Maßnahmen
der Organisation angerufen* werden. Zwar verfügen GV und SR selbst über die Möglichkeit, den
IGH um ein (nicht rechtsverbindliches) Gutachten über die Streitfrage zu ersuchen (Art 96 UN-
Charta, Art 65 IGH-Statut); sie werden hiervon aber keinen Gebrauch machen, wenn sie von
der Rechtmäßigkeit ihrer Handlungsweise nicht überzeugt sind. Auf diese Weise konnte der
(rechtswidrige) Ausschluss Südafrikas aus der GV nie einer rechtlichen Klärung zugeführt werden.[558] Die notwendige Folge hiervon ist, dass dem Mitgliedstaat einseitige Konsequenzen (zB
Beitragsverweigerung, Austritt) eröffnet werden müssen, soll er nicht schutzlos der immerhin
denkbaren Willkür eines Organs ausgeliefert sein.[559] Das Problem stellt sich massiv natürlich
vor allem im Hinblick auf für die Mitglieder verbindliche Entscheidungen des SR, insbes wenn
die Entscheidungen Individuen betreffen.[560] Es kann zwar keineswegs davon ausgegangen
werden, dass die Tätigkeit des SR den IGH in seiner Zuständigkeit einschränkt;[561] eine direkte
„Anfechtung" der Maßnahmen des SR vor dem IGH durch die Staaten ist indes nicht möglich.
Diese *faktische Rechtsschutzlosstellung der Mitgliedstaaten,* die nur unvollkommen und mittelbar im Rahmen zwischenstaatlicher Streitigkeiten aufgefangen werden kann, ist höchst unbefriedigend und stellt einen wesentlichen Mangel in der Verfasstheit der Staatengemeinschaft
dar.[562]

---

553 Vgl *Rosenne,* International Court of Justice (ICJ), MPEPIL V, 459 ff; *Elias,* The ICJ and the UN, 1984; *Frowein,*
The International Court of Justice, in Dupuy (Hrsg), Handbook, 153 ff; *Gill,* Rosenne's The World Court, 6. Aufl 2003;
Eyffinger, The International Court of Justice, 1996; *Jennings,* The Role of the International Court of Justice, BYBIL 68
(1997) 1 ff; *Fleischhauer,* Der Internationale Gerichtshof und die Staatengemeinschaft am Ende des Jahrhunderts,
Friedens-Warte 74 (1999) 113 ff.
554 Vgl auch die Manila-Erklärung zur friedlichen Streitbeilegung, A/RES/37/10, Annex.
555 *Oellers-Frahm,* in Charter UN³, Art 92 Rn 31.
556 Etwa gegenüber den UN-Dienstgerichten (o Rn 174); zum Internationalen Seegerichtshof vgl Art 287 SRÜ.
557 Näher Zimmermann/Tomuschat/Oellers-Frahm/Tams (Hrsg), The Statute of the International Court of Justice,
2. Aufl 2012. Ergänzend hinzuweisen ist auf die Tatsache, dass Deutschland bisher drei IGH-Richter gestellt hat:
Mosler (1976–85), *Fleischhauer* (1994–2003), *Simma* (2003-2012).
558 Vgl o Rn 86.
559 Vgl o Rn 79.
560 Vgl o Rn 152; vgl dazu auch *Doehring,* Unlawful Resolutions of the Security Council and their Legal Consequences, MPYUNL 1 (1997) 91 ff; *Wellens,* Remedies Against International Organizations, 2002.
561 Vgl ICJ Rep 1984, 392, 434 *[Nicaragua];* bestätigt in ICJ Rep 2000, 111, 126 *[Kongo/Uganda].*
562 Vgl auch *Sohn,* Broadening the Advisory Jurisdiction of the International Court of Justice, AJIL 77 (1983) 124 ff;
de Wet, Judicial Review as an Emerging General Principle of Law and its Implications for the International Court of
Justice, NILR 47 (2000) 181 ff; *dies,* Judicial Review of the United Nations Security Council and General Assembly

180 Entsprechendes gilt für das Fehlen der prozessualen Möglichkeit, eine verbindliche Entscheidung bei rechtlichen *Auseinandersetzungen zwischen Organen* über die Abgrenzung und die sonstige Rechtmäßigkeit ihres Handelns herbeizuführen. Auf die Möglichkeit, den IGH um ein *Rechtsgutachten* zu ersuchen, wurde bereits hingewiesen,[563] doch ist die fehlende Verbindlichkeit der Gutachtenaussage in Rechnung zu stellen.

181 In stärker integrierten Gemeinschaften ist ein ausgebauter Rechtsschutz im horizontalen und vertikalen Bereich unabdingbar. Hinzuweisen ist hier auf die EU und die Rolle des *EuGH*, der kraft seiner Zuständigkeit die Einhaltung des Rechts im Verhältnis Union/Mitgliedstaaten, im Verhältnis der Mitglieder untereinander und im Verhältnis der Organe untereinander umfassend überprüfen kann.[564] Im System des Europarats haben sich gerichtliche Instanzen nur im Hinblick auf die Gewährleistung von Menschenrechten (EMRK) gebildet; Entsprechendes gilt für den Bereich der OAS und AU.

d) Wandlungen der Organstrukturen und Zwischen-Organ-Verhältnis

182 Neue Aufgaben und steigende Erwartungen, der Zuwachs an Neben- und Hilfsorganen, Fonds und Programmen, die Vergrößerung der Mitgliederzahl: all dies bringt nahezu zwangsläufig die Notwendigkeit *organisatorischer Anpassungen* mit sich. Bei den UN führt dies in erster Linie zu der Forderung nach Reduzierung und besserer Koordinierung des aufgeblähten Systems an Unter- und Sonderorganisationen;[565] auch auf die Debatte um eine Reform des SR ist hier zu verweisen.[566] Für die *EU* ergeben sich aus der Verbreiterung und der Vertiefung der Integration sowie der Erweiterung des Mitgliederbestands institutionelle Herausforderungen. Die Aufgabe, Organstrukturen und Willensbildungsprozesse in Rat, Kommission und EP den neuen Lagen anzupassen, um die EU weiter funktionsfähig zu erhalten, ist vom Vertrag von Nizza (in Kraft seit 1.2.2003) nur ansatzweise gelöst worden. Nachdem die Annahme des Verfassungsvertrags v 2004 durch die negativen Referenden in Frankreich und in den Niederlanden gescheitert ist, ist die dringend erforderliche institutionelle Reform nunmehr durch den Vertrag von Lissabon (2009) erfolgt.

183 Die Gründungsverträge ordnen die Aufgaben und Befugnisse ihrer Organisationen meist sehr bewusst den verschiedenen Organen zu. Die *Kompetenzverteilung zwischen den Organen* ist maßgeblich von der Überlegung beeinflusst, wie intensiv jeweils die mitgliedstaatliche Mitwirkung bei der Aufgabenerledigung sein soll. Es ist offenkundig, dass in SR oder GV, Europäischem Rat, EU-Rat, Kommission oder Parlament, Parlamentarischer Versammlung oder Ministerkomitee des Europarats unterschiedliche Interessen dominieren. Dazu kommt das unterschiedliche Verfahren der Beschlussfassung. Es macht einen erheblichen Unterschied, ob einstimmig oder mit (welcher?) Mehrheit zu entscheiden ist, ob einzelne Staaten ein stärkeres Stimmgewicht als andere haben *(weighted voting)*, ob einzelne Staaten auch bei Mehrheitsentscheidungen unentbehrlich sind, ob die Entscheidungsgremien mit weisungsgebundenen Regierungsvertretern oder nur dem Gesamtwohl verpflichteten Personen besetzt sind. Jedenfalls müssen die Organe untereinander

---

through Advisory Opinions to the International Court of Justice, SZIER 10 (2000) 237 ff; *Cançado Trindade*, The Relevance of International Adjudication Revisited, in Macdonald/Johnston (Fn 294) 515 ff.
563 Vgl o Rn 179. Vgl auch Art 34 Abs 2 u 3 IGH-Statut.
564 Vgl etwa *Oppermann/Classen/Nettesheim* (Fn 86) § 13 Rn 29 ff, 41 ff. – Hier wird in bestimmtem Umfang, entsprechend den Befugnissen der EU, auch Rechtsschutz für Individuen gewährt (Art 263 Abs 4 AEUV). Auch in anderen I. O. gibt es Ansätze für einen individuellen Rechtsschutz, so etwa das Inspection Panel der Weltbank; vgl *Schlemmer-Schulte*, The World Bank's Experience With Its Inspection Panel, ZaöRV 58 (1998) 353 ff.
565 Vgl o Rn 157.
566 Vgl o Rn 153. Vgl hierzu auch UN Doc A/59/565 v 2004 („A More Secure World: Our Shared Responsibility") und den Bericht des GS „In Larger Freedom" (Fn 20); *Schmitt*, Neuere Entwicklungen bei der Reform des UN-Sicherheitsrats, VN 2013, 202 ff.

eine vom jeweiligen speziellen Organisationszweck her zu definierende Ausgewogenheit haben, um die gemeinsame Zielsetzung möglichst reibungsfrei erfüllen zu können.[567] Der für das Unionsrecht geprägte Begriff des „institutionellen Gleichgewichts" bezeichnet diesen wichtigen Sachverhalt für alle I.O. zutreffend.[568]

Wo Kompetenzen nicht ausschließlich einem Organ zugeteilt sind, sind *Vorkehrungen für* **184** *Kompetenzüberschneidungen* zu treffen. Solche *Kollisionsregeln* ergeben sich etwa im Verhältnis von SR und GV aus Art 24, woraus Art 10 bis 12 u 14 UN-Charta Konsequenzen ziehen.[569] Kein solcher Vorrang ist hingegen im Verhältnis von SR und IGH angeordnet. Beide Organe können daher gleichzeitig mit einem Streitfall befasst sein.[570] Allerdings gebietet es der Grundsatz der Organtreue (s u Rn 186), dass die Entscheidungen des einen Organs von dem anderen zu berücksichtigen sind – im Rahmen ihrer allgemeinen Aufgabenstellung und konkreten Zuständigkeiten.[571] Es darf nicht ausgeschlossen sein, dass der IGH eine staatliche Maßnahme oder auch eine Maßnahme des SR einer anderen rechtlichen Bewertung als der SR selbst unterzieht, so wie umgekehrt der SR frei sein muss, von der Tatsache einer fehlenden pazifizierenden Wirkung von IGH-Entscheidungen bei seinem Friedenssicherungsauftrag auszugehen.

Die Kompetenzverteilung zwischen den Organen ist nicht immer fixiert, vielmehr ist häufig **185** die Möglichkeit der *Kompetenzübertragung* zugelassen. So können nach der UN-Charta etwa dem WSR und dem GS Aufgaben zu eigenverantwortlicher Durchführung übertragen werden (Art 66, 98). Eine solche Delegationsbefugnis sieht auch der AEU-Vertrag im Verhältnis von Rat und Kommission vor (Art 291 AEUV). Dabei kann der Rat bestimmte Modalitäten bei der Ausübung dieser übertragenen Befugnisse vorsehen, die ihm (bzw den Mitgliedstaaten) einen fortdauernden Einfluss sichern.[572]

Ein wesentliches Prinzip jeder (nationalen, internationalen oder supranationalen) Organisa- **186** tion ist die wechselseitige, auf das Ganze bezogene Loyalitätspflicht der Gesamtorganisation und ihrer Glieder („Unionstreue", „Bundestreue"), aber auch die Loyalität, die sich die Organe wechselseitig schulden. Diese *Organtreue* bedeutet eine am Organisationszweck und -gefüge orientierte gegenseitige Rücksichtnahme bei der Ausübung der Organkompetenzen.[573] Hieraus ergeben sich nicht nur Anforderungen an den Stil im gegenseitigen Umgang, sondern auch die Verpflichtung, die Handlungen der anderen Organe bei der eigenen Entscheidungsfindung zu berücksichtigen, Funktionsunfähigkeit der Organisation zu vermeiden und Rechtssicherheit zu gewährleisten.

Es hängt mit dieser Organisations- und Organverantwortung zusammen, dass bei *Wegfall* **187** *der Funktionsfähigkeit* eines Organs (sei es wegen defizitärer Zusammensetzung, sei es wegen

---

567 Dazu *Chaumont*, L'équilibre des organes politiques des Nations Unies et la crise de l'organisation, AFDI 1 (1955) 428 ff; *Seidl-Hohenveldern/Loibl*, Internationale Organisationen, Rn 1401 ff.
568 Vgl EuGH, Slg 1970, 1161, 1173.
569 Zur Konkretisierung dieses Verhältnisses IGH, Gutachten v 22.7.2010 *[Kosovo-Gutachten]*, Rn 24; dazu *Klein/Schmahl*, in Charter UN³, Art 10 Rn 33.
570 *Klein*, Paralleles Tätigwerden von Sicherheitsrat und Internationalem Gerichtshof bei friedensbedrohenden Streitigkeiten, FS Mosler, 1983, 467 ff; *Gowlland-Dehhas*, The Relationship between the International Court of Justice and the Security Council in the Light of the Lockerbie Case, AJIL 88 (1994) 643 ff; *Gunawardana*, The Security Council and the International Court of Justice, Thesaurus Acroasium 26 (1997) 153 ff; *Fraas*, Sicherheitsrat der Vereinten Nationen und Internationaler Gerichtshof, 1998, 139.
571 *Delbrück*, in Charter UN², Art 24 Rn 8 f; *Mosler/Oellers-Frahm*, ebd Art 92 Rn 88. Bsp bei *Peters*, in Charter UN³, Art 24 Rn 25 ff.
572 Vgl *Streinz* (Fn 471) Rn 562 ff; *Haratsch/Koenig/Pechstein* (Fn 86) Rn 344 ff (sog Komitologie-Beschluss, ABl EU 2011, Nr L 55/13). Vgl in diesem Zusammenhang auch Art 290 AEUV, der die Möglichkeit sog delegierter Rechtsakte vorsieht; dazu *Daiber*, EU-Durchführungsrechtsetzung nach Inkrafttreten der neuen Komitologie-Verordnung, EuR 2012, 240 ff.
573 *Klein* (Fn 570) 482.

Blockade im Entscheidungsprozess) über innerorganisatorische Ersatzzuständigkeiten nachzudenken ist. Hier handelt es sich freilich um ein höchst problematisches Gebiet,[574] da – wie erwähnt – die Kompetenzverteilung bewusst an bestimmte Organe bestimmter Struktur anknüpft. In der Tat würde ein Ausfall des IGH nicht durch ein anderes Organ substituierbar sein. Im Verhältnis der politischen Organe hingegen wird man durchaus, allgemein wegen ihres Status als Mitgliederorgan, speziell wegen der umfassenden Aufgabenzuweisung durch Art 10 UN-Charta, eine allgemeine Behandlungs- und Empfehlungsbefugnis der GV annehmen können, mit der allerdings nicht die Verbindlichkeit von Entscheidungen des SR usurpiert werden könnte.[575]

5. Aufgaben und Befugnisse Internationaler Organisationen
a) Allgemeines

188 Die *Aufgaben* I.O. und die ihnen zu deren Bewältigung eingeräumten Befugnisse sind *außerordentlich vielgestaltig*. Einen numerus clausus solcher Aufgaben gibt es ebenso wenig wie für I.O. selbst. Es kann sich um politisch-umfassende Beauftragung handeln, es können einer I.O. aber auch sehr spezielle Aufgaben übertragen sein. Alles hängt vom Gründungsvertrag (und seiner Auslegung) ab. Die wohl umfassendste Aufgabenumschreibung einer I.O. enthält Art 1 UN-Charta. In der Tat ist wohl kaum ein Handlungsbereich vorstellbar, der diesem Zielkatalog nicht subsumierbar wäre. Entsprechend weit gespannt sind auch die Agenden der UN-Organe. Ähnliches gilt für den Europarat, aus dessen Zuständigkeit allerdings ausdrücklich „Fragen der nationalen Verteidigung" herausgenommen sind (Art 1 Satzung). Für die UN gilt dieser Vorbehalt dagegen nicht, wie der Wortlaut von Art 51 UN-Charta belegt.[576] Viel spezieller sind die zahlreichen auf eine stärkere wirtschaftliche Kooperation oder sogar Integration angelegten Organisationen, die es heute auf allen Kontinenten gibt,[577] da bei dem internationalen Wirtschaftswettbewerb die Sicherung eines möglichst großen Markts von entscheidender Bedeutung ist. Je stärker aber die wirtschaftliche Verflechtung ist, desto stärker wird auch der Drang zu einer Intensivierung der Kooperation auf den übrigen Politikfeldern sein, da die Wirtschaft alle diese Bereiche einerseits mitbeeinflusst, andererseits von ihnen abhängt und stabile Rahmenbedingungen benötigt. Die Entwicklung der EWG zur EG, die damit verbundene Erweiterung der Gemeinschaftskompetenzen weit über den wirtschaftlichen Sektor hinaus, sowie die Einbeziehung der ehemals drei, dann zwei Europäischen Gemeinschaften unter das Dach der EU, unter das auch die beiden neuen Kooperationsfelder „Gemeinsame Außen- und Sicherheitspolitik" (Art 23ff EUV) und „Polizeiliche und justitielle Zusammenarbeit in Strafsachen" (Art 82ff AEUV) gestellt wurden, sowie schließlich das Aufgehen der EG in der EU zeigen diesen Vorgang recht anschaulich. Zahlreiche I.O. bleiben jedoch ihren ursprünglichen, eng definierten und zT ganz technischen Zwecken verhaftet. Bsp bieten die UN-Sonderorganisationen,[578] Eurocontrol mit Aufgaben für die Flugsicherung,[579] die Organisation Erdölexportieren-

---

574 Analoge Sachverhalte bezeichnet das innerstaatliche Recht als „Verfassungsstörung" oder „Verfassungsnotstand"; vgl *Klein*, Funktionsstörungen in der Staatsorganisation, in Isensee/Kirchhof (Hrsg), HdbStR XII, 3. Aufl 2014, § 279. Die dort angestellten Erwägungen zu Ersatzkompetenzen sind zweifellos nicht unbesehen auf I.O. übertragbar, doch bleibt ein Erkenntnisgewinn im Einzelnen zu prüfen.
575 Vgl hierzu die die schon mehrfach erwähnte *Uniting for Peace*-Resolution v 1950, vgl o Rn 130 u 170.
576 Eine ganz andere Frage ist, unter welchen Umständen der SR das „naturgegebene Recht auf individuelle und kollektive Selbstverteidigung" eines Aggressionsopfers ausschließen darf; dazu *Klein*, Völkerrechtliche Aspekte des Golfkonflikts 1990/91, AVR 29 (1991) 421 (425).
577 Einen Überblick über die zahlreichen Wirtschaftsorganisationen bietet *Fabbricotti*, Economic Organizations and Groups, International, MPEPIL III, 310ff; vgl auch *Herdegen*, Internationales Wirtschaftsrecht, 10. Aufl 2014; *Krajewski*, Wirtschaftsvölkerrecht, 3. Aufl 2012; Tietje (Hrsg), Internationales Wirtschaftsrecht, 2. Aufl 2015.
578 Näher u Rn 225ff.
579 *Seidl-Hohenveldern/Loibl*, Internationale Organisationen, Rn 3902.

der Staaten (OPEC)[580] uva. Vielfältig wie die Aufgaben sind auch die zur Verfügung gestellten Handlungsinstrumente, abgestuft nach Organisationszweck und Integrationsbereitschaft der Mitgliedstaaten.

b) Festlegung der Kompetenzausstattung, Prinzip der begrenzten Ermächtigung, ultra vires-Handeln

Während es einen umgrenzten Aufgabenkatalog für Staaten nicht gibt, diese vielmehr grundsätzlich in der Lage sind, sich die von ihnen für notwendig erachteten Aufgaben kraft ihrer Souveränität selbst zu stellen, sind I.O. einem *bestimmten Organisationszweck* gewidmet; auf diesen ausgerichtet werden ihnen Kompetenzen (Aufgaben und Handlungsbefugnisse) vom Gründungsvertrag eingeräumt. Anders als Staaten verfügen I.O. über *keine Kompetenz-Kompetenz*.[581] Das hier maßgebliche Prinzip ist vielmehr das der *begrenzten Ermächtigung*.[582] Nur für ihren Organisationszweck ist die I.O. geschaffen. Sie darf ihren Aufgabenbereich und die Befugnisse nicht selbst (zu Lasten ihrer Mitglieder) erweitern. Dies erklärt auch ihre nur partielle Rechtssubjektivität (vgl o Rn 95). 189

Das Prinzip der begrenzten Ermächtigung schließt eine an Gegenstand und Ziel orientierte *Auslegung* der Kompetenzvorschriften nicht aus (vgl o Rn 39). Gerade bei I.O. ist die *teleologische Auslegung* verständlich,[583] da es sich bei ihnen um einen lebenden, sich durch die Organtätigkeit entwickelnden Organismus handelt, der auf effektive Aufgabenbewältigung ausgerichtet ist.[584] In diesen Zusammenhang gehört das Interpretationsprinzip des *effet utile,* wonach den Vertragsbestimmungen die Auslegung zu geben ist, mit der der Vertragszweck tatsächlich erreicht werden kann.[585] Dies gilt umso mehr, je stärker zukunftsorientiert eine I.O. ist.[586] Von daher ist die Ablehnung des BVerfG[587] einer den *effet utile* berücksichtigenden Auslegung des europäischen Primärrechts nicht berechtigt. Zutreffend ist freilich, dass mit diesem Auslegungsprinzip der Unterschied zur Vertragsänderung nicht überspielt werden darf. 190

Auch die dem amerikanischen Verfassungsrecht entstammende Theorie der *implied powers*[588] ist im Recht der I.O. heimisch geworden. Sie besagt, dass die Organisation die Rechte und Befugnisse haben muss, die sie zur Erfüllung ihrer Aufgaben benötigt. So hat der IGH im *Bernadotte*-Gutachten von den umfassenden Aufgaben der UN auf ihre Völkerrechtspersönlichkeit geschlossen und daraus weiter ihre völkerrechtliche Handlungsfähigkeit abgeleitet.[589] Auch 191

---

580 *Shihata*, Organization of the Petroleum Exporting Countries, EPIL III (1997) 828 ff.
581 Sie ist mit der Souveränität verknüpft und steht daher nicht einmal S.O. zu; vgl o Rn 15.
582 Speziell herausgearbeitet für die EU (vgl *Oppermann/Classen/Nettesheim* [Fn 86] § 11 Rn 3), gilt das Prinzip doch für alle I.O.; vgl ICJ Rep 1996, 66, 74 ff. Vgl auch *Ruffert*, Zuständigkeitsgrenzen internationaler Organisationen im institutionellen Rahmen der internationalen Gemeinschaft, AVR 38 (2000) 129 ff.
583 Vgl Art 31 iVm Art 5 WVK. Vgl auch *Bindschedler*, La délimitation des compétences des Nations Unies, RdC 108 (1963-I) 307 ff; *Weiß*, Kompetenzlehre, 359 ff.
584 Ein sehr weites Verständnis praktiziert zB der Europarat, vgl *Arnold*, Europarat, in Staatslexikon, 7. Aufl 1986, 470 sowie die Beiträge in Kleinsorge (Hrsg), Council of Europe, 2010.
585 *Oppermann/Classen/Nettesheim* (Fn 86) § 12 Rn 36; *Seyr*, Der effet utile in der Rechtsprechung des EuGH, 2008; *Mayer*, in Grabitz/Hilf/Nettesheim (Hrsg), Das Recht der EU, Bd 1 (Stand 1.1.2015), Art 19 EUV Rn 57 f.
586 Vgl Präambel und Art 1 EUV.
587 BVerfGE 89, 155, 210 *[Maastricht]* u BVerfGE 123, 267, 344 ff *[Vertrag von Lissabon]*.
588 „Wherever a general power to do a thing is given, every particular power necessary for doing it is included", so *Madison* im „Federalist", zitiert nach *Zuleeg*, International Organizations, Implied Powers, EPIL II (1995) 1312 ff. Vgl ferner *Schermers/Blokker*, International Institutional Law, §§ 232 ff; *Köck*, Die „implied powers" der Europäischen Gemeinschaften als Anwendungsfall der „implied powers" internationaler Organisationen überhaupt, FS Seidl-Hohenveldern, 1988, 279 ff. Vgl o Rn 98.
589 ICJ Rep 1949, 174, 182: „[…] the Organization must be deemed to have those powers which, though not expressely provided in the Charter, are conferred upon it by necessary implication as being essential to the performance of its duties."

die Errichtung des (ehemaligen) UN-Verwaltungsgerichts (UNAT) durch die GV ist mit dieser Begründung gebilligt worden.[590] Der EuGH hat für den EGKS-Vertrag ähnlich argumentiert.[591] Hingegen hat der weite Wortlaut der in den beiden anderen Gemeinschaftsverträgen enthaltenen „Vertragsabrundungsklauseln" (Art 352 AEUV, Art 203 EAG) den Rückgriff auf die *implied powers* in diesen Bereichen weitgehend unnötig gemacht.[592] Jedenfalls von ihrem Ansatz her bedeutet die *implied powers*-Theorie keine Vertragsänderung, da sie nur die dem Vertrag inhärenten oder impliziten Rechte und Befugnisse ans Licht bringt. Freilich sind die Grenzen nicht immer ganz klar zu ziehen. Vor allem muss berücksichtigt werden, dass die *implied powers* nicht dazu dienen können, der I.O. neue Aufgaben zuzuordnen; es kann sich vielmehr nur um die Ergänzung der Befugnisse hinsichtlich der vertraglich übertragenen Aufgaben handeln. Das eigentliche Problem besteht oft darin, dass unklar ist, welches Organ diese Rechte auszuüben hat.[593] Hier spricht einiges für das kompetenznächste Organ; subsidiär dürfte das Mitgliederorgan zuständig sein. Insgesamt empfiehlt sich Zurückhaltung, um nicht das innerorganisatorische Kräftegleichgewicht zu gefährden.

192 Schwierige Probleme ergeben sich, wenn die Organe jenseits ihrer Befugnisse handeln, sei es, dass sie damit in den Kompetenzbereich eines anderen Organs eingreifen, sei es, dass sie dabei den Aufgabenbereich der I.O. insgesamt (auch unter Berücksichtigung der eben erörterten Auslegungsmöglichkeiten) überschreiten. Die verschiedenen Fälle des *Handelns ultra vires* können nicht alle über einen Kamm geschoren werden.[594] Vielmehr muss differenziert werden.

193 Im *Verhältnis zu Drittstaaten* oder anderen I.O. ist vor allem der Vertrauensschutz in Betracht zu ziehen. Dieser Gesichtspunkt kommt deutlich in Art 46 Abs 2 WVKIO zum Ausdruck, der es I.O. verwehrt, sich auf die Ungültigkeit eines Vertrags wegen Unzuständigkeit zum Vertragsabschluss zu berufen, „sofern nicht die Verletzung offenkundig war und eine Vorschrift von grundlegender Bedeutung betraf". Je festgefügter und kompetenzstärker eine I.O. ist (wie etwa die EU), desto weniger ist dem Vertragspartner das Durchschauen der oft schwierigen Kompetenzverteilung im Hinblick auf den Vertragsabschluss zuzumuten.[595]

194 Schwieriger sind die Rechtsfolgen eines ultra vires-Handelns im *Verhältnis zu den Mitgliedstaaten* zu fassen. Der Theorie der begrenzten Ermächtigung entspräche die rechtliche Unwirksamkeit eines *ultra vires*-Akts durchaus. Das ist aber ein sehr theoretischer Ansatz, da es idR Streit über diesen Tatbestand geben wird. Das Problem ist lösbar, wo eine Instanz zur Entscheidung solcher Fragen vorgesehen ist, wie es etwa im Unionsrecht der Fall ist; rechtswidrige Akte der Union bzw ihrer Organe werden vom EuGH auf Klage für nichtig erklärt (Art 263f AEUV). Wo dies nicht geschieht, müssen die Mitgliedstaaten von der Rechtmäßigkeit des Akts ausgehen, auch wenn der EuGH dieses Ergebnis fehlerhaft erzielt hat.[596] Im Rahmen der UN fehlt eine sol-

---

590 ICJ Rep 1954, 47, 56f.
591 ZB EuGH, Slg 1955/56, 297, 312.
592 Näher zu diesem Verhältnis *Hilf* (Fn 368) 301; *Stadlmeier*, Implied Powers der Europäischen Gemeinschaften im Lichte der jüngeren EuGH-Judikatur, ZöR 52 (1997) 353ff.
593 *Schermers/Blokker*, International Institutional Law, §§ 232ff; Lösungsmodelle bei *Weiß*, Kompetenzlehre, 391ff.
594 Näher *Osieke*, The Legal Validity of Ultra Vires Decisions of International Organizations, AJIL 77 (1983) 239ff; *Bernhardt*, Ultra Vires Activities of International Organizations, in Makarczyk (Hrsg), Theory of International Law at the Threshold of the 21st Century, 1996, 599ff; *Annacker*, Der fehlerhafte Rechtsakt im Gemeinschafts- und Unionsrecht, 1998, 79ff, 239ff; *Schroeder*, Zu eingebildeten und realen Gefahren durch kompetenzüberschreitende Rechtsakte der Europäischen Gemeinschaft, EuR 1999, 452ff. Vgl o Rn 98.
595 Vgl *Tomuschat* (Fn 24) 144f; *Klein/Pechstein* (Fn 280) 24ff.
596 *Klein* (Fn 82) 66f. Vgl aber BVerfGE 89, 155, 188; 123, 267, 352f, 398ff. BVerfGE 126, 286, 307 gesteht dem EuGH einen „Anspruch auf Fehlertoleranz" zu; zusammenfassend BVerfGE 134, 366, 382ff. Krit *Frowein*, Das Maastricht-Urteil und die Grenzen der Verfassungsgerichtsbarkeit, ZaöRV 54 (1994) 1ff; *Tomuschat*, Die Europäische Union unter der Aufsicht des Bundesverfassungsgerichts, EuGRZ 1993, 489ff; *Ruffert/Walter*, Institutionalisiertes Völkerrecht, Rn 207; *Mayer*, Kompetenzüberschreitung und Letztentscheidung, 2000; *Proelß*, Bundesverfassungsgericht und überstaatliche Gerichtsbarkeit, 2014.

che Instanz. In einem berühmten Gutachten vertrat der IGH die Auffassung, dass, solange die beschlossene Maßnahme insgesamt in den Aufgabenbereich der Organisation falle, die bloße Überschreitung der speziellen Organzuständigkeit nicht zur Unbeachtlichkeit der Maßnahme führe.[597] Entsprechendes soll gelten, wenn zwar Verfahrensfehler gemacht wurden, das Ergebnis als solches aber rechtmäßig ist.[598] Problematischer ist es noch, wenn str ist, ob ein Rechtsakt sich insgesamt außerhalb des Aufgabenbereichs der I.O. bewegt. Insoweit stehen sich zwei völlig kontroverse, nicht vereinbare Positionen gegenüber. Die einen vertreten die Ansicht, dass es bei Fehlen einer autoritativen Instanz jedem Staat selbst obliege, die Rechtmäßigkeit des umstrittenen Akts zu beurteilen.[599] Diesem *Prinzip der Selbstbeurteilung* wird von anderen entgegengehalten, dass es auf diese Weise möglich sei, sich den Organisationspflichten jederzeit durch einseitige Behauptung eines *ultra vires*-Handelns zu entziehen.[600] Daher sei *von der rechtlichen Wirksamkeit* solcher Akte (ungeachtet möglicher Fehler) *auszugehen*.[601] Der Versuch, die Evidenz der Zuständigkeitsüberschreitung zum maßgeblichen Kriterium zu machen, führt schwerlich weiter, da hierüber ebenso wenig Einigung zu erzielen sein wird.[602] An dieser Stelle wird die Unvollkommenheit der völkerrechtlichen Ordnung, speziell auch der UN, einmal mehr sichtbar. Einerseits werden den Mitgliedern gegenüber verbindliche Organmaßnahmen zugelassen, andererseits ist die rechtliche Kontrolle der Organe nicht vorgesehen. Bevor diese Haltung nicht revidiert wird, ist das Dilemma der *ultra vires*-Akte nicht wirklich lösbar.[603]

c) Respektierung der inneren Zuständigkeit der Mitgliedstaaten

Die Übertragung von Aufgaben und Befugnissen an I.O. durch den Gründungsvertrag geht von dem Fortbestand wesentlicher den Mitgliedstaaten verbliebener Kompetenzen aus, die der I.O. bzw ihren Organen vorenthalten sind. Die Absicherung eines solchen *Interventionsverbots* erfolgt am besten durch klar gezogene Ermächtigungen für die I.O., doch ist dies nicht immer möglich. Es bietet sich daher die Formulierung eines ausdrücklichen Interventionsverbots „in Angelegenheiten, die ihrem Wesen nach zur inneren Zuständigkeit eines Staates gehören" *(domestic jurisdiction, domaine réservé)* an, wie in Art 2 Nr 7 UN-Charta geschehen.[604] Bedeutsam wird eine solche Klausel vor allem dann, wenn die I.O. verbindliche Beschlüsse fassen kann; aber auch durch Empfehlungen darf sie in diesen inneren Zuständigkeitsbereich der Staaten nicht intervenieren.[605]

---

597 ICJ Rep 1962, 151, 168 *[Certain Expenses]*; im Fall ging es um die Rechtmäßigkeit der Aufstellung von friedenserhaltenden Streitkräften durch die GV statt durch den SR.
598 ICJ Rep 1972, 46, 69 f *[ICAO Council]*.
599 Vgl Richter *Winiarski* (diss op) ICJ Rep 1962, 227, 232; Richter *Gros* (sep op) ICJ Rep 1980, 99, 104 *[Übereinkommen WHO-Ägypten]*: „Numbers cannot cure a lack of constitutional competence."
600 Das würde vor allem bei verbindlichen Maßnahmen des SR zu Buche schlagen. Vgl auch ICJ Rep 1992, 3, 17 ff *[Lockerbie]*, Declaration of Acting President *Oda*.
601 Vgl Richter *Morelli* (sep op) ICJ Rep 1962, 216, 224: „It must, on the contrary, be supposed that the Charter confers finality on the Assembly's resolution irrespective of the reasons, whether they are correct or not, on which the resolution is based [...]". S auch *Ziemele*, International Courts and Ultra Vires Acts, in Caflisch u a (Hrsg), Human Rights – Strasbourg Views, FS Wildhaber, 2007, 537 (540 ff).
602 Positiv: *Bernhardt* (Fn 81) 33 f; *Fraas* (Fn 570) 92 f; negativ: *Frowein*, The Internal and External Effects of Resolutions by International Organizations, ZaöRV 49 (1989) 778 ff.
603 Zwischen normativem Anspruch und Durchsetzungsfähigkeit klafft beim Völkerrecht ein besonders breiter Spalt; die *rule of law* ist prozedural noch nicht komplettiert. Vgl auch *Bernhardt* (Fn 350 [International Organizations]) 1316 f; *Schmahl* (Fn 476) 223 ff.
604 Vgl auch schon Art 15 Abs 8 VBS. – Allg *Cançado Trindade*, The Domestic Jurisdiction of States in the Practice of the United Nations and Regional Organizations, ICLQ 25 (1976) 715 ff; *Nolte*, in Charter UN[3], Art 2(7) Rn 23 ff.
605 *Seidl-Hohenveldern/Loibl*, Internationale Organisationen, Rn 1507 ff; *Heintschel von Heinegg*, in Ipsen (Fn 27), § 51 Rn 43. – Auch hier stellt sich das Problem der Rechtsfolge eines Verstoßes gegen das Interventionsverbot vor allem unter dem Aspekt, dass die Frage unterschiedlich beurteilt werden wird; dazu o Rn 194.

196 Ob eine Angelegenheit in den *domaine réservé* eines Staats fällt, ergibt sich aus völkerrechtlicher Beurteilung.[606] Insgesamt verkleinert sich der interventionsfreie Raum zunehmend. Dies hängt einmal mit der sehr extensiven Vertragstätigkeit der Staaten zusammen; was die Staaten zum Gegenstand vertraglicher Absprache gemacht haben, ist ihrem einseitigen Bestimmungsrecht (im Verhältnis zu den Vertragspartnern) entzogen.[607] Ein gewichtiges Bsp für eine solche freiwillige Einschränkung enthält Art 2 Nr 7 UN-Charta selbst, wenn dort bestimmt wird, dass die Anwendung von Zwangsmaßnahmen nach Kap VII durch das allgemeine Interventionsverbot nicht berührt wird.[608] Darüber hinaus hat die Entwicklung des allgemeinen Völkerrechts – hinzuweisen ist hier auf das zwingende Völkerrecht und den internationalen *ordre public* – die Berufung auf das Verbot der Intervention in eigene Angelegenheiten erheblich eingeschränkt.[609] Vor allem gehören heute schwere und systematische Menschenrechtsverletzungen (gerade auch gegenüber eigenen Staatsangehörigen), Genozid, Rassendiskriminierung, Missachtung des Selbstbestimmungsrechts der Völker und intensive Umweltschädigungen zu den Handlungen, die die Völkerrechtsgemeinschaft insgesamt betreffen, auf die daher von außen reagiert werden kann, ohne dass dem der *Einwand der Intervention in den domaine réservé* entgegengehalten werden darf.[610] Entsprechendes gilt ungeachtet des Gewaltverbots für die Möglichkeit von Drittstaaten oder nach Maßgabe ihrer Satzung von I. O., dem Opfer eines bewaffneten Angriffs durch (nichtmilitärische) Repressalien (zB Embargo, Wirtschaftsboykott) beizustehen oder ihm gar militärische Hilfe zu leisten (kollektive Selbstverteidigung, Art 51 UN-Charta).[611]

d) Bindung an menschenrechtliche Mindeststandards
197 Die zunehmende Beschränkung des *domaine réservé* der Staaten bewirkt zugleich, dass I.O. immer stärker *staatsähnliche Hoheitsfunktionen* innerhalb ihrer Mitgliedstaaten ausüben. Sehr deutlich wird dies in Bezug auf die EU, deren Primär- und Sekundärrecht vom EuGH vielfach für in den Mitgliedstaaten unmittelbar anwendbar erklärt[612] und generell mit einem Anwendungsvorrang vor dem nationalen Recht versehen wird.[613] Aber nicht nur S.O. wie die EU, sondern auch die UN üben mittlerweile verstärkt Hoheitsfunktionen aus, indem sie friedenserhaltende

---

606 Vgl PCIJ, Ser B, No 4 (1923) 24 *[Staatsangehörigkeitsdekrete in Tunis und Marokko]*.
607 Vgl *Hobe* (Fn 36) 291 f.
608 Die genannte Einschränkung wird mit der Ausweitung der Begriffe „Bedrohung oder Bruch des Friedens" gemäß Art 39 UN-Charta immer brisanter. Vgl etwa die Maßnahmen des SR in Bezug auf Irak (Schutz der Kurden), Libyen (Lockerbie), Haiti (Sturz der gewählten Regierung), Afghanistan *(Bin Laden)* und Libyen *(Gaddafi)*; dazu *Kirgis*, The Degrees of Self-Determination in the United Nations Era, AJIL 88 (1994) 304ff; *Ipsen* (Fn 61) 41ff; *Harfensteller*, Der Wandel der UN im Spiegel eines neuen Friedensverständnisses, VN 2012, 71 (73).
609 Zu den *erga omnes* bestehenden Völkerrechtspflichten vgl *Klein* (Fn 58 [Statusverträge]) 55ff; *Frowein* (Fn 58) 241ff; und die Beiträge in Tomuschat/Thouvenin (Hrsg), The Fundamental Rules of the International Legal Order. Jus Cogens and Obligations Erga Omnes, 2006.
610 Vgl *Nolte*, in Charter UN³, Art 2(7) Rn 38ff; *Klein*, Menschenrechte, 1997, 23. Allerdings hat die Anerkennung des *erga omnes* wirkenden menschenrechtlichen Mindeststandards keine Auswirkungen auf das Prinzip der Staatenimmunität. Nach Ansicht des IGH gibt es keine Regel, wonach der Anspruch eines Staats auf Immunität vor fremder staatlicher Gerichtsbarkeit von der Schwere des begangenen Unrechts abhängt, vgl IGH, Urt. v 3.2.2012, *Jurisdictional Immunities of the State*, Rn 85, 92ff.; ebenso *Tomuschat*, The International Law of State Immunity and Its Development by National Institutions, Vanderbilt J Transnat'l L 44 (2011) 1105 (1119ff); differenzierend *Payandeh*, Staatenimmunität und Menschenrechte, JZ 2012, 949 (957ff); zweifelhaft Corte Costituzionale, Urt v 22.10.2014, No 238, G.U. 1, Serie Speciale 2014, Anno 155, No 45. S auch o Rn 108.
611 *Klein* (Fn 55) 101ff. S dazu *Schröder*, 7. Abschn Rn 29ff, 115. Zur humanitären Intervention vgl die Nachw in Fn 51.
612 Zum Unionsprimärrecht vgl EuGH, Slg 1963, 1, 25 *[Van Gend & Loos]*; zur unmittelbaren Anwendbarkeit von inhaltlich unbedingten und hinreichend genauen Richtlinien vgl EuGH, Slg 1982, 53, Rn 17ff *[Becker]*. S auch o Rn 14 sowie u Rn 250.
613 EuGH, Slg 1964, 1251, 1269f *[Costa/ENEL]*.

und friedensschaffende Blauhelmtruppen in verschiedene Krisengebiete der Welt entsenden.[614] Die sog targeted sanctions, die der SR seit einigen Jahren gegen mutmaßliche Terroristen verhängt,[615] zielen sogar unmittelbar auf die Beschränkung von Freizügigkeits- und Eigentumsrechten von Privatpersonen.

Als Korrelat zu dieser rechtlichen wie faktischen Vermehrung der von I.O. ausgehenden Hoheitsgewalt muss auch die *Bindung an Menschenrechte* Kontur gewinnen. Der *EuGH* hat früh erkannt, dass der von ihm geforderte Vorrang des Unionsrechts vor dem mitgliedstaatlichen Recht nur haltbar ist, wenn das Unionsrecht trotz des Fehlens von Grundrechtsnormierungen im Vertragsrecht seinerseits als grundrechtsunterworfen und grundrechtsschützend zu verstehen ist.[616] Seit den Fällen „Stauder" (1969) und „Nold" (1974)[617] hat der EuGH deshalb in st Rspr einen gemeinschaftlichen Grundrechtsstandard entwickelt, der dem nationalen Grundrechtsschutz und den Standards der EMRK im Wesentlichen gleichzuachten ist.[618]

198

Eine Bindung von Organhandeln an eigenständige und ausdifferenzierte Menschenrechtsstandards ist freilich für andere („normale") I.O. – wie die *UN* – in absehbarer Zeit nicht zu erwarten. Wiewohl die Beschlüsse des UN-Sicherheitsrats weitreichende Verpflichtungen auferlegen und an dem in Art 103 UN-Charta normierten Vorrang teilhaben, bleiben die UN auf die Umsetzung und Durchführung ihrer Beschlüsse durch die Mitgliedstaaten angewiesen;[619] dies gilt auch, wenn sie auf der Grundlage des Kap VII UN-Charta Friedenstruppen entsenden oder nichtmilitärische Sanktionen gegen Einzelne verhängen. Deshalb ist es konsequent, wenn der *nationale Grundrechtsschutz* gegen solche mitgliedstaatlichen Akte, die Recht von I.O. vollziehen, nach wie vor prinzipiell im Vordergrund steht. Problematisch wird dies aber etwa dann, wenn Schäden, die Zivilpersonen im Rahmen einer UN-Friedensmission erleiden, nicht dem mit der Durchführung der SR-Resolution betrauten Staat, sondern ausschließlich den UN zugerechnet werden, für die die Truppen auf der Grundlage des Kap VII UN-Charta tätig waren.[620] In diesen Fällen bedarf es dringend einer Klärung, ob und in welchem Umfang die UN auf die Achtung von Menschenrechten materiell und prozessual verpflichtet sind. Eine gewisse materiell-rechtliche Bindung lässt sich über *Art 1 Nr 3, Art 24 Abs 2 u Art 55 lit c UN-Charta* vergleichsweise unproblematisch annehmen,[621] wobei man insoweit, als der UN-Sicherheitsrat im Rahmen von Kap VII handelt, wohl nur den *menschenrechtlichen Mindeststandard* wird in Bezug nehmen kön-

199

---

614 Vgl etwa die Stationierung von UNMIK- und KFOR-Truppen im Kosovo. Näher *Ratner*, Foreign Occupation and International Territorial Administration, EJIL 16 (2005) 695 (696 ff); *Wilde*, International Territorial Administration, 2008; *Tielsch*, UN-Verwaltung und Menschenrechte, 2010. S auch u Rn 205.
615 So Rn 152.
616 Hierzu *Weiler*, The Constitution of Europe, 1999, 107 f; *Scheuing*, Zur Grundrechtsbindung der EU-Mitgliedstaaten, EuR 2005, 162 (163); *Jarass*, Die Bindung der Mitgliedstaaten an die EU-Grundrechte, NVwZ 2012, 457 ff.
617 EuGH, Slg 1969, 419 *[Stauder]*; Slg 1974, 491 *[Nold]*.
618 Vgl nur BVerfGE 102, 147 (165 f) sowie EGMR, ECHR Reports 2005-VI, Rn 55 *[Bosphorus]*. Hierzu eingehend *Haratsch*, Die Solange-Rechtsprechung des Europäischen Gerichtshofs für Menschenrechte, ZaöRV 66 (2006) 945 ff; *Schmahl*, Grundrechtsschutz im Dreieck von EU, EMRK und nationalem Verfassungsrecht, EuR 2008, Beiheft 1, 7 (26 ff). Näher u Rn 254.
619 So Rn 151.
620 Zur exklusiven Haftung der UN s o Rn 102. Im Fall *Behrami/Saramati* hat der EGMR (EuGRZ 2007, 522, Rn 133 ff) genau diese Erwägung herangezogen, um die Unzulässigkeit *ratione personae* der erhobenen Individualbeschwerde von Zivilpersonen aus dem Kosovo zu begründen. Krit *Sari*, Jurisdiction and International Responsibility in Peace Support Operations, HRLR 8 (2008) 151 ff; *Bodeau-Livinex/Buzzini/Villalpando*, International Decisions: Agim Behrami & Bekir Behrami v France; Ruzhdi Saramati v France, Germany & Norway, AJIL 102 (2008) 323 ff; *Janik*, Die EMRK und internationale Organisationen, ZaöRV 70 (2010) 127 ff; *Schütze*, Die Zurechenbarkeit von Völkerrechtsverstößen im Rahmen mandatierter Friedensmissionen der Vereinten Nationen, 2011. Aus entsprechenden Gründen soll auch die Überprüfung von Maßnahmen des Hohen Repräsentanten für Bosnien-Herzegowina ausgeschlossen sein, vgl EGMR Entsch v 16.10.2007, Nr 36357/04 *[Beric u a]*.
621 S auch u Rn 206.

nen.⁶²² Schwieriger zu beantworten ist hingegen die Frage, wie das Fehlen unmittelbarer Rechtsschutzmechanismen gegen Beschlüsse des UN-Sicherheitsrats aufgefangen werden kann.⁶²³ Die derzeitige Rechtslage, wo weder auf der Ebene der UN noch auf der mitgliedstaatlichen Ebene entsprechender Rechtsschutz gewährt wird,⁶²⁴ ist im Blick auf die „Rule of Law" äußerst unbefriedigend.

e) Handlungsinstrumentarium

200 I.O. können über ein weites Spektrum tatsächlicher und rechtlicher Handlungsmöglichkeiten verfügen.⁶²⁵ Die *UN* und ihre Sonderorganisationen handeln regelmäßig durch die Verabschiedung von *Entschließungen* (Resolutionen, Deklarationen), die meist (im Verhältnis zu den Mitgliedern oder Drittstaaten) als unverbindliche Empfehlungen, zT aber auch als verbindliche Entscheidungen gegenüber den Mitgliedstaaten ergehen (vgl Art 25, Art 48 Abs 2 UN-Charta).⁶²⁶

201 *Rechtsetzungsbefugnis* im eigentlichen Sinn haben nur wenige I.O. Über eine schon recht weitreichende Legislativkompetenz verfügen einzelne Sonderorganisationen dadurch, dass die von ihnen erarbeiteten Konventionen nicht der Ratifikation durch die Mitgliedstaaten bedürfen, sondern für diese verbindlich werden, wenn die Staaten die Bindung nicht durch Widerspruch verhindern (*opting out-/contracting out*-Verfahren).⁶²⁷ Diese Verfahren markieren den Übergang von vertraglicher zu einseitiger Gesetzgebung. Viel intensiver und direkter geschieht Rechtsetzung in der *EU*. Art 288 AEUV stellt insofern als Rechtsformen die unmittelbar im innerstaatlichen Rechtsraum wirksame *Verordnung,* die der Umsetzung bedürftige *Richtlinie* und den *Beschluss* als individuell-konkrete Anordnung zur Verfügung. Als nicht verbindliche Handlungsformen werden dort Empfehlungen und Stellungnahmen genannt.⁶²⁸

202 Entsprechend der im Gründungsvertrag eingeräumten Vertragsabschlussbefugnis⁶²⁹ können I.O. durch den Abschluss von *Verträgen* Recht für sich und ihre Vertragspartner (Staaten oder andere I.O.) setzen. Ob die von der Organisation geschlossenen Verträge auch für ihre Mitglieder verbindlich sind, hängt gleichfalls von einer entsprechenden Regel des Gründungsvertrags ab. Ein Bsp bietet Art 216 Abs 2 AEUV. Allerdings hat diese Vorschrift nur Bedeutung für das interne Verhältnis EU/Mitgliedstaaten. Der Rechtsgrund für das Entstehen völkerrechtlicher Verpflichtungen zwischen den Mitgliedstaaten und dem Vertragspartner der EU liegt in ihrer (im Grün-

---

622 Hierzu *Halberstam/E. Stein*, The United Nations, The European Union, and the King of Sweden, CMLRev 46 (2009) 13 (16 ff). Weitergehend *Bothe*, Security Council's Targeted Sanctions against Presumed Terrorists, JICJ 6 (2008) 541 ff.
623 Krit auch *Nolte*, Zusammenarbeit der Staaten bei der Friedenssicherung, in Breuer u a (Hrsg), Im Dienste des Menschen: Recht, Staat und Staatengemeinschaft, 2009, 21 (27 ff); *Ruffert/Walter*, Institutionalisiertes Völkerrecht, Rn 226 ff, 439.
624 Vgl Rn 152. Dies gilt unbeschadet der Existenz verschiedener UN-eigener Streibeilegungsverfahren für konkrete Peacekeeping-Operationen. Gegen Klagen von Individuen und deren Heimatstaaten vor nationalen Gerichten sind die UN immun, so Rn 108.
625 *Bindschedler*, Rechtsakte der Internationalen Organisationen, Berner FG zum Schweizerischen Juristentag 1979, 361 ff.
626 Vgl o Rn 138, 151.
627 Betroffen sind ICAO, WHO, WMO und IMO; näher *Alexandrowicz*, The Law-Making Functions of the Specialized Agencies of the United Nations, 1973; *Brunnée*, International Legislation, MPEPIL V, 986 (Rn 20 ff); *Anderson*, Law Making Processes in the UN System, MPYUNL 2 (1998) 23 ff; *Frenzel*, Sekundärrechtsetzungsakte internationaler Organisationen, 2011, 39 ff.
628 Überblick bei *Oppermann/Classen/Nettesheim* (Fn 86) § 9 Rn 123. – Für den Bereich der GASP und PJZS sind eigene Handlungsformen aus Vereinfachungs- und Vereinheitlichungsgründen nach dem Vertrag von Lissabon entfallen. Die in Art 288 AEUV aufgeführten Handlungsformen gelten einheitlich für alle Politikbereiche, vgl *Streinz/Ohler/Herrmann* (Fn 208) 77 ff. Diese Rechtsakte können entweder als Gesetzgebungsakte im ordentlichen Gesetzgebungsverfahren (Art 289 AEUV) oder als Akte ohne Gesetzescharakter mit allgemeiner Geltung (Art 290 AEUV) erlassen werden.
629 Vgl o Rn 98.

dungsvertrag antizipierten) Zustimmung.[630] Von diesem Verfahren vertraglicher Rechtsetzung zu unterscheiden sind die Fälle, in denen im Schoße I.O. völkerrechtliche *Verträge vorbereitet* und den Staaten zur Beschlussfassung auf einer internationalen diplomatischen Konferenz unterbreitet werden. Auf diesem Wege sind zahlreiche wichtige Konventionen entstanden. So wurden etwa die Wiener Konventionen über diplomatische und konsularische Beziehungen und die beiden Wiener Konventionen über das Vertragsrecht von der ILC in Rückkopplung mit den UN-Mitgliedern entworfen, vom Rechtsausschuss der GV gebilligt, auf einer Staatenkonferenz in der endgültigen Fassung beschlossen und der Ratifizierung bzw dem Beitritt der interessierten Staaten zugänglich gemacht.[631] Die Genozidkonvention, die beiden Menschenrechtspakte und die anderen universellen Menschenrechtsverträge wurden von der GV selbst beschlossen, bevor sie den Staaten zur Unterzeichnung und Ratifizierung freigegeben wurden. Im Rahmen des *Europarats* sind über 215 Übereinkommen ausgearbeitet worden, darunter so bedeutsame wie die EMRK samt Zusatzprotokollen, die Europäische Sozialcharta, die Europäische Konvention zu Bekämpfung des Terrorismus, die Europäische Anti-Folterkonvention und das Europäische Auslieferungsabkommen.

Rechtlich erhebliches Handeln kann auch durch *judizielle Akte* erfolgen. Verschiedentlich bestehen innerhalb einer I.O. Gerichte mit Zuständigkeiten für verbindliche Streitentscheidung (Urteil, Beschluss) oder für Rechtsgutachten.[632] Im Rahmen der UN ist auf den IGH und die UN-Dienstgerichte hinzuweisen.[633] Die ILO, eine Sonderorganisation, verfügt ebenfalls über ein Verwaltungsgericht, das den Rechtsschutz der Bediensteten wahrnimmt.[634] Im System des Europarats ist der auf die rechtliche Gewährleistung der EMRK spezialisierte Europäische Gerichtshof für Menschenrechte (EGMR) in Straßburg zu nennen.[635] Entsprechende Institutionen anderer Regionalorganisationen sind der Amerikanische Menschenrechtsgerichtshof und der Afrikanische Gerichtshof für Menschenrechte und Rechte der Völker.[636] In der EU ist, der weit fortgeschrittenen Integration entsprechend, die Gerichtsbarkeit stark ausgebaut; sie wird vom Gerichtshof (EuGH), dem Gericht und dem Gericht für den öffentlichen Dienst der EU (Luxemburg) wahrgenommen.[637]

f) Die wichtigsten Aufgabenfelder der UN

Die Aufgaben der UN werden in Art 1 iVm der Präambel der UN-Charta genannt. Im Zentrum stehen die Erhaltung und Wiederherstellung des Weltfriedens und der internationalen Sicherheit. In engem Zusammenhang mit dieser Zielbestimmung stehen auch die anderen Hauptaufgabenfelder:[638] Schutz der Menschenrechte, Entkolonisierung, wirtschaftliche und soziale Entwicklung, Entwicklung des Völkerrechts.

---

630 Näher *Klein/Pechstein* (Fn 280) 39 ff.
631 Vgl auch u Rn 209. ZT enthalten die Gründungsverträge auch die Verpflichtung, diese innerhalb einer bestimmten Frist den zuständigen staatlichen Organen zur Billigung vorzulegen; vgl zB Art 19 Nr 5 b ILO, Art 4 Abs 4 UNESCO; dazu *Seidl-Hohenveldern/Loibl*, Internationale Organisationen, Rn 1552.
632 Eine Übersicht bei *Schermers/Blokker*, International Institutional Law, §§ 605 ff.
633 Vgl o Rn 174 u 177.
634 *Knapp*, International Labour Organisation Administrative Tribunal, EPIL II (1995) 1156 ff.
635 *Klein/Stender/Petzold/Liddell* (Hrsg), The European Court of Human Rights, 1997; *Merrills*, Human Rights in Europe, 4. Aufl 2001; *Grabenwarter/Pabel*, Europäische Menschenrechtskonvention, 5. Aufl 2012, 38 ff.
636 *Kokott*, Das interamerikanische System zum Schutz der Menschenrechte, 1986; *Krisch*, The Establishment of an African Court on Human and Peoples' Rights, ZaöRV 58 (1998) 713 ff; *van der Mei*, The New African Court on Human and Peoples' Rights, LJIL 18 (2005) 113 ff.
637 *Kirschner/Klüpfel*, Das Gericht erster Instanz der Europäischen Gemeinschaften, 2. Aufl 1998; *Arnull*, The European Union and its Court of Justice, 2. Aufl 2006; *Everling*, Rechtsschutz in der Europäischen Union nach dem Vertrag von Lissabon, EuR 2009, Beiheft 1, 71 ff. Art 257 AEUV ermöglicht für Entscheidungen im ersten Rechtszug die Bildung weiterer Fachgerichte.
638 Vgl *Seidl-Hohenveldern/Loibl*, Internationale Organisationen, Rn 2101 ff; *Pallek*, Die Aufgaben der Vereinten Nationen nach der Charta, in Volger (Hrsg), Grundlagen, 67 ff; *Wolfrum* (Fn 54) 129 ff; *Zemanek*, Basic Principles of the UN Charter Law, in Macdonald/Johnston (Fn 294) 401 ff.

205 (1) Erhaltung und Wiederherstellung des Weltfriedens und der internationalen Sicherheit.
Die *raison d'être* der UN besteht in der Wahrung des Friedens und der internationalen Sicherheit oder, wo diese Rechtsgüter verletzt sind, in ihrer Wiederherstellung (Art 1 Nr 1 UN-Charta).[639] Im Vergleich mit dem Völkerbund sind die Handlungsmöglichkeiten der UN erweitert. Normativ gestützt wird diese zentrale Aufgabe durch das *Gewaltverbot* (Art 2 Nr 4 UN-Charta), das über die vertragliche, nur die Mitgliedstaaten betreffende Verpflichtung hinaus als Norm des allgemeinen (zwingenden) Völkerrechts alle Staaten bindet.[640] Obgleich gegen bewaffnete Angriffe (individuelle und kollektive) Selbstverteidigung zulässig ist (Art 51), legt die UN-Charta doch ersichtlich den Schwerpunkt auf eine von der Organisation selbst getragene Aktion. Hierbei stehen den maßgeblichen Organen, primär dem SR (Art 24), eine Fülle von Handlungsmöglichkeiten zur Verfügung, die von unverbindlicher Empfehlung, die Waffen ruhen zu lassen und den ausgebrochenen Streit friedlich beizulegen, bis zur verbindlichen Anordnung des Rückzugs und deren zwangsweiser Durchsetzung mit außermilitärischen oder auch militärischen Mitteln reichen. Während das von der Konzeption der UN-Charta her zentrale Kap VII im Zeichen des Ost-West-Konflikts selten zur Anwendung kam, vielmehr sich der Ersatzmechanismus der friedenserhaltenden Streitkräfte (*peace keeping forces*, „Blauhelme") etablierte,[641] wurden nach der weltpolitischen Wende 1989/90 nicht nur die herkömmlichen friedenswahrenden Aktionen erheblich, quantitativ und qualitativ, ausgeweitet, sondern auch Kap VII wurde zunehmend in Anspruch genommen, wobei durch eine weite Interpretation des Friedens- und Sicherheitsbegriffs in Art 39 UN-Charta[642] der Handlungsspielraum des SR erweitert und zugleich der denkbare Einwand einer unzulässigen Intervention in eigene Angelegenheiten abgeschnitten wird (Art 2 Nr 7).[643] Nach den Terrorangriffen des 11.9.2001 gelang der Staatengemeinschaft zunächst eine Antwort im Rahmen und unter Einbeziehung der UN.[644] Die Ereignisse des Irak-Kriegs 2003, der bewaffneten Auseinandersetzungen in Georgien 2008, in Syrien 2012, auf der Krim und in der Ostukraine 2014/15 lassen jedoch Zweifel an der Leistungsfähigkeit des UN-Systems aufkom-

---

[639] *Gareis/Varwick*, Vereinte Nationen, 79 ff; *Slaughter*, Security, Solidarity, and Sovereignty, AJIL 99 (2005) 619 ff; *Eisele*, Friedenssicherung, in Volger (Hrsg), Grundlagen, 131 ff; *Lowe/Roberts/Welsh/Zaum*, The United Nations Security Council and War, 2008. Vgl auch die vom GS 1992 vorgelegte „Agenda für den Frieden", UN Doc S/24728 sowie die in Fn 566 genannten Berichte. Näher *Bothe*, 8. Abschn Rn 31 ff. Umfassend zu den Aufgabenfeldern Schachter/Joyner (Hrsg), United Nations Legal Order, 2 Bde, 1995; Blokker/Schrijver (Hrsg), The Security Council and the Use of Force, 2005.
[640] ICJ Rep 1986, 14, 99 [Nicaragua (Merits)].
[641] Dazu *McCoubrey/White*, The Blue Helmets: Legal Regulations of United Nations Military Operations, 1996; *Hillen*, Blue Helmets, 2. Aufl 2000.
[642] *Österdahl*, Threat to the Peace: The Interpretation by the Security Council of Article 39 of the UN Charter, 1998; *Stein* (Fn 476) 209 ff; *Witte* (Fn 472) 225.
[643] Vgl Dupuy (Hrsg), Le développement du rôle du Conseil de Sécurité, 1993. *Randelzhofer*, Neue Weltordnung durch Intervention?, FS Lerche, 1993, 51 ff macht darauf aufmerksam, dass es der Idee einer „neuen Weltordnung" nicht bedarf, um die Konzeption der UN-Charta zu realisieren; entscheidend sei der politische Wille. Vgl ferner *van Well*, Die Vereinten Nationen als Friedensstifter, EA 1992, 703 ff; *Freudenschuß*, Between Unilateralism and Collective Security, EJIL 5 (1994) 492 ff; *Zemanek*, Peace-keeping or Peace-making?, in Blokker/Muller (Hrsg), Towards More Effective Supervision by International Organizations, Bd I, 1994, 29 ff; *Fink* (Fn 259) 875 ff. – Auf der Grundlage des Kap VII hat der SR das Internationale Kriegsverbrechertribunal für das ehemalige Jugoslawien, S/RES/827 (1993), sowie dasjenige für Ruanda, S/RES/955 (1994), errichtet; s *Schröder*, 7. Abschn Rn 44, 47. Im Gegensatz dazu beruht der Spezialgerichtshof für Sierra Leone auf einem völkerrechtlichen Übereinkommen zwischen den UN und der sierra-leonischen Regierung v 16.1.2002 (wiedergegeben im Anhang zum Bericht des GS über die Errichtung dieses Spezialgerichtshofs v 4.10.2000: UN Doc S/2000/915).
[644] Vgl die Res des SR v 12.9.2001 (S/RES/1368) u v 28.9.2001 (S/RES/1373). Mit Letzterer hat der SR ua die Einrichtung des Counter-Terrorism Committee (CTC) beschlossen; hierzu *Happold*, Security Council Resolution 1373 and the Constitution of the United Nations, LJIL 16 (2003) 593 ff; *Rosand*, Security Council Resolution 1373, the Counter-Terrorism Committee, and the Fight Against Terrorism, AJIL 97 (2003) 333 ff; *ders*, The Security Council's Efforts to Monitor the Implementation of Al Quaeda/Taliban Sanctions, AJIL 98 (2004) 745 ff.

men.⁶⁴⁵ Es droht die „Nationalisierung" der kollektiven Sicherheitsidee – und damit deren Scheitern. Die sich abzeichnende Überforderung des SR dürfte in Zukunft die „Regionalen Abmachungen" iSd Kap VIII UN-Charta⁶⁴⁶ in den Vordergrund rücken und ungeachtet der auch in diesem Rahmen bestehenden Verantwortung des SR eine gewisse Dezentralisierung des Systems der Friedenswahrung und -wiederherstellung zur Folge haben. So hat im Kosovo-Konflikt (1999) die Handlungsunfähigkeit des SR⁶⁴⁷ dazu geführt, dass die NATO eine humanitäre Intervention ohne vorherige ausdrückliche Ermächtigung durch den SR durchgeführt hat.⁶⁴⁸ Einer Forderung des Weltgipfels 2005 entsprechend haben GV und SR gemeinsam die Kommission für Friedenskonsolidierung (Peacebuilding Commission) errichtet, die im Juni 2006 zu ihrer ersten Sitzung zusammengetreten ist. Aufgabe dieser Kommission ist es, Staaten in einer *post-conflict*-Situation zu unterstützen. Dies geschieht durch Maßnahmen der Friedenskonsolidierung oder durch Koordinierung der internationalen Akteure bei der Entwicklung von Wiederaufbaustrategien.⁶⁴⁹

(2) Schutz der Menschenrechte. Obwohl eingebunden in die allgemeinere Aufgabe, die internationale wirtschaftliche und soziale Zusammenarbeit zu fördern (Art 1 Nr 3, Art 55 lit c UN-Charta), ist der Schutz der Menschenrechte zu einem eigenständigen und profilierten, zugleich – alles in allem – relativ erfolgreichen Tätigkeitsfeld der UN geworden.⁶⁵⁰ Die beispiellose Herabwürdigung von Menschen durch das NS-Regime hatte das Bewusstsein für die Notwendigkeit internationaler Schutzmaßnahmen geweckt. Bereits am 9.12.1948 wurde die im Rahmen des WSR erarbeitete Konvention über die Verhütung und Bestrafung des Völkermordes von der GV einstimmig angenommen;⁶⁵¹ am Tage darauf verabschiedete die GV die *Allgemeine Erklärung der Menschenrechte*.⁶⁵² Die normativ-vertragliche Umsetzung des in der Erklärung enthaltenen Programms erwies sich allerdings als langwierig und schwierig; erst im Dezember 1966 nahm die GV die beiden Internationalen Pakte für bürgerliche und politische Rechte und für wirtschaftliche, soziale und kulturelle Rechte an, die 1976 in Kraft traten.⁶⁵³ Zusätzlich sind eine Fülle weite-

206

---

⁶⁴⁵ Vgl *Luchterhandt*, Völkerrechtliche Aspekte des Georgienkrieges, AVR 46 (2008) 453 ff; *König*, Gescheiterte Vermittlungsbemühungen in Georgien, VN 2009, 154 ff; *Griep*, Syrien, Annan und ein Optionen-Mix, VN 2012, 59; *Luchterhandt*, Der Anschluss der Krim an Russland aus völkerrechtlicher Sicht, AVR 52 (2014) 137 ff; *Benner*, Hilflos und irrelevant? Die Krisendiplomatie der Vereinten Nationen, VN 2015, 10 (11); *Grant*, Annexation of Crimea, AJIL 109 (2015) 68 ff.
⁶⁴⁶ *Wolfrum*, Der Beitrag regionaler Abmachungen zur Friedenssicherung, ZaöRV 53 (1993) 576 ff; *Walter*, Vereinte Nationen und Regionalorganisationen, 1996.
⁶⁴⁷ Vgl die Res betr die massiven Menschenrechtsverletzungen im Kosovo: des SR v 31.3.1998 (S/RES/1160), v 23.9.1998 (S/RES/1199), v 24.10.1998 (S/RES/1203), v 14.5.1999 (S/RES/1239), v 10.6.1999 (S/RES/1244) sowie der GV v 5.3.1997 (A/RES/51/111) u v 12.12.1997 (A/RES/52/139). Dazu *Tomuschat*, Kosovo under Scrutiny by the United Nations, Friedens-Warte 73 (1998) 512 ff.
⁶⁴⁸ Vgl *Delbrück*, Effektivität des UN-Gewaltverbots, Friedens-Warte 74 (1999) 139 (148 ff). *Debiel*, Handlungsfähige Weltautorität oder Legitimationsbeschaffer à la carte?, Friedens-Warte 73 (1998) 443 (459 f) geht von einem „Gewaltlegitimationsmonopol" der UN aus; s o Fn 451. Auch die EU positioniert sich zusehends iSd sog „Petersberg-Aufgaben", vgl Art 42 f EUV.
⁶⁴⁹ Vgl World Summit Outcome (Fn 20) §§ 97 ff; Gründungsdokumente: A/RES/60/180 v 20.12.2005; S/RES/1645 (2005) v 20.12.2005; hierzu *Gareis*, Neue Perspektiven in der Friedenssicherung?, in Varwick/Zimmermann (Fn 481) 187 ff; *Franke/Heinze*, Aus Fehlern lernen? Fazit nach 18 Monaten Peacebuilding Commission der Vereinten Nationen, Friedens-Warte 23 (2008) 97 ff. Derzeit gibt es 11 UN Political and Peacebuilding Missions (Afrika, Naher Osten, Asien).
⁶⁵⁰ Vgl etwa *Kirgis*, International Organizations, 892 ff; *Klein*, Human Rights, Activities of International Organizations, MPEPIL IV, 1031 ff; Baum/Riedel/Schaefer (Hrsg), Menschenrechtsschutz in der Praxis der Vereinten Nationen, 1998; *Mertus*, United Nations and Human Rights, 2005; *Weiß*, Menschenrechtsschutz, in Volger (Hrsg), Grundlagen, 163 ff; *Buergenthal/Thürer*, Menschenrechte, 2010, 23 ff; Fassbender (Hrsg), Securing Human Rights?, 2011; *Verdirame*, The UN and Human Rights, 2011; *Kau*, 3. Abschn Rn 229 ff.
⁶⁵¹ In Kraft seit 1951; BGBl 1954 II, 730.
⁶⁵² A/RES/217 (III).
⁶⁵³ BGBl 1973 II, 1534 und 1570; dazu *Cohen Jonathan*, Human Rights Covenants, EPIL II (1995) 915 ff; *Buergenthal*, Human Rights, MPEPIL IV, 1021 (Rn 9).

rer Konventionen (zB das Übereinkommen über die politischen Rechte der Frau v 1953, das Übereinkommen zur Beseitigung jeder Form der Rassendiskriminierung v 1966, das Übereinkommen zur Beseitigung jeder Form von Diskriminierung der Frau v 1979, die Charta zum Schutz der Rechte des Kindes v 1989, die 2003 in Kraft getretene Internationale Konvention zum Schutz der Rechte aller Wanderarbeitnehmer und ihrer Familienangehörigen v 1990 sowie die 2008 in Kraft getretene Konvention über die Rechte von Menschen mit Behinderungen)[654] erarbeitet worden. Neben der GV und ihrem Hilfsorgan, dem Menschenrechtsrat, der 2006 die Menschenrechtskommission ablöste,[655] ist auch der WSR zuständig. Seit Anfang 1994 existiert zudem der Posten eines UN-Hochkommissars für Menschenrechte im Range eines Unter-Generalsekretärs.[656] Die zahlreichen, von Vertrag zu Vertrag stark variierenden Überwachungsmechanismen (Ausschüsse, treaty bodies) haben schwerwiegende systematische Verletzungen nicht verhindern können, aber doch insgesamt zu einem erheblich gesteigerten menschenrechtlichen Bewusstsein der Staaten beigetragen und damit auch die Entstehung eines vertragsunabhängigen, alle Völkerrechtssubjekte verpflichtenden harten Kerns menschenrechtlicher Garantien ermöglicht.[657]

207 **(3) Entkolonisierung.** Wohl entgegen den Erwartungen der Kolonialmächte erhielt die in Kap XI UN-Charta enthaltene Erklärung über Hoheitsgebiete ohne Selbstregierung bald große praktische Bedeutung. Aus dem Jahr 1960 datiert die von der GV beschlossene „Deklaration über die Gewährung der Unabhängigkeit an koloniale Länder und Völker",[658] ein Jahr später wurde der Dekolonisierungs-Ausschuss von der GV als Hilfsorgan geschaffen,[659] der eine politisch sehr aktive Entkolonisierungspolitik betrieb. In ihrem Gefolge stieg die Mitgliederzahl in den UN in den 1960er und 1970er, aber auch noch in den 1980er Jahren stark an.[660] Juristische Grundlage der Dekolonisierungsforderung war das Prinzip der *Selbstbestimmung der Völker* (Art 1 Nr 2, Art 55 UN-Charta), das in diesen Jahren von einem bloß politischen Prinzip zu einem zwingenden Völkerrechtssatz wurde.[661] Vieles freilich ist in diesem Zusammenhang umstritten, insbes die Frage, wie sich das Selbstbestimmungsrecht zur staatlichen Souveränität verhält.[662] Weitgehend übereinstimmende Ansicht heute ist jedenfalls, dass das Selbstbestimmungsrecht nicht auf den Dekolonisierungsvorgang beschränkt ist.[663] Die Verurteilung des fortgesetzten vietnamesischen Eingreifens in Kambodscha und der Intervention der Sowjetunion in Afghanistan

---

654 Übereinkommen über die politischen Rechte der Frau v 1953 (BGBl 1969 II, 1929; 1970 II, 46); Übereinkommen zur Beseitigung jeder Form der Rassendiskriminierung v 1966 (BGBl 1969 II, 2211); Übereinkommen zur Beseitigung jeder Form von Diskriminierung der Frau v 1979 (BGBl 1985 II, 647); Charta zum Schutz der Rechte des Kindes v 1989 (BGBl 1992 II, 122); Internationale Konvention zum Schutz der Rechte aller Wanderarbeitnehmer und ihrer Familienangehörigen (A/RES/45/158, Annex); Konvention über die Rechte von Menschen mit Behinderungen v 2006 (BGBl 2008 II, 1419).
655 A/RES/60/251 v 15.3.2006; hierzu zB *Ghanea*, From UN Commission on Human Rights to UN Human Rights Council, ICLQ 55 (2006) 695 ff; *Rahmani-Ocora*, Giving the Emperor Real Clothes: The UN Human Rights Council, Global Governance 12 (2006) 15 ff; *Klein/Breuer* (Fn 479) 95 ff; *Karpenstein*, Der Menschenrechtsrat der Vereinten Nationen, 2011; *Rathgeber*, Verharren auf dem Unfertigen, VN 2011, 215 ff. Vgl auch die Nachw in Fn 404.
656 Vgl A/RES/48/141 v 20.12.1993. Derzeitiger Amtsinhaber ist der Jordanier *Said al-Hussein* (seit 1.9.2014).
657 Vgl *Klein* (Fn 650) Rn 16, 27; *Tomuschat*, Human Rights. Between Idealism and Realism, 3. Aufl 2014, 42 ff.
658 A/RES/1514 (XV) v 14.12.1960.
659 Mit der Res A/RES/47/233 v 17.8.1993 hat die GV den Dekolonisierungsausschuss mit dem besonderen politischen Ausschuss fusioniert.
660 Einer der wichtigsten Erfolge war nach jahrzehntelangen Bemühungen die Unabhängigkeit und UN-Mitgliedschaft Namibias 1990; vgl *Vergau*, Verhandeln um die Freiheit Namibias, 2006.
661 Dies gilt unabhängig von der vertragsrechtlichen Verbürgung in den jeweiligen Art 1 der Internationalen Menschenrechtspakte; vgl *Doehring*, Self-Determination, in Charter UN², Appendix Art 1 Rn 1, 57 ff.
662 Der springende Punkt dabei ist das Sezessionsrecht; vgl *Oeter*, Self-Determination, in Charter UN³, Rn 35 ff; *Murswiek*, The Issue of the Right of Secession – Reconsidered, in Tomuschat (Hrsg), Modern Law of Self-Determination, 1993, 21 ff; *Ott*, Das Recht auf Sezession als Ausfluss des Selbstbestimmungsrechts der Völker, 2008.
663 *Tomuschat*, Self-Determination in a Post-Colonial World, in ders (Fn 662) 1 ff.

erwiesen seine darüber hinausgehende Bedeutung.[664] Die Wiedervereinigung Deutschlands ist ein weiterer Anwendungsfall.[665] Entsprechendes gilt für den Zerfall des sowjetischen Imperiums, der Tschechoslowakei und Jugoslawiens.[666] Die hiermit verbundene Entstehung zahlreicher neuer Staaten hat zu einem weiteren starken Anstieg der Zahl der Mitgliedstaaten der UN geführt. Aber auch heute noch werden zahlreiche Territorien als Gebiete ohne volle Selbstverwaltung geführt und bleiben in der Diskussion der UN-Gremien.[667]

(4) Wirtschaftliche und soziale Zusammenarbeit und Entwicklung, Umweltfragen. Die 208 wachsende wirtschaftliche Interdependenz der Staaten, die globalen Probleme der Armut, des Bevölkerungswachstums und der Umwelt sowie der nicht zu leugnende Zusammenhang dieser Fragen mit der Hauptaufgabe der Friedenswahrung haben dazu geführt, dass die UN einen deutlichen Schwerpunkt ihrer Tätigkeit in diesen Bereichen gesetzt haben.[668] Die zentrale Norm hierfür ist Art 55 UN-Charta. In ihrer Umsetzung sind zahlreiche Nebenorgane geschaffen, eine Fülle von Empfehlungen ergangen, Konferenzen einberufen sowie Prinzipien, Programme und Vertragstexte formuliert und Institutionen zur technischen Hilfeleistung[669] aufgebaut worden. Hinzuweisen ist vor allem auf UNCITRAL, UNCTAD, UNDP und UNEP sowie die vom WSR geschaffenen regionalen Wirtschaftskommissionen. Bekannt sind das UN-Kinderhilfswerk (UNICEF) und der UN-Hochkommissar für Flüchtlinge (UNHCR). Eine besondere Rolle spielen die Sonderorganisationen (zB ILO, FAO, UNESCO, WHO, UNIDO).[670] Das bei dieser Vielzahl von Einheiten fast zwangsläufig auftretende Problem der Koordinierung und des effizienten Einsatzes der zur Verfügung stehenden Ressourcen ist bislang nicht zufriedenstellend gelöst worden.[671] Gleichwohl ist festzuhalten, dass es den UN im Verbund mit anderen I.O. (zB OECD, Europarat, EU) gelungen ist, Akzente zu setzen und *Problembewusstsein* zu schaffen oder ihm Ausdruck zu verleihen. Dies ist deshalb bemerkenswert, weil sich auf diesen Feldern der Nord-Süd-Gegensatz zwischen den Mitgliedstaaten mit besonderer Deutlichkeit, zT mit Heftigkeit artikuliert.[672] Als Bsp solcher Akzentsetzung seien – bei aller kontroversen Einschätzung – die Stockholmer Konferenz über menschliche Umwelt v 1972,[673] die Charta der wirtschaftlichen Rechte und Pflichten der Staaten v 1974[674] sowie die Konferenz über soziale Entwicklung in Kopenhagen v 1995[675] ge-

---

664 *Klein* (Fn 46) 109.
665 *Klein*, Das Selbstbestimmungsrecht der Völker und die deutsche Frage, 1990, 64 ff.
666 *Klein*, Völker und Grenzen im 20. Jahrhundert, Der Staat 32 (1993) 357 ff.
667 *Fastenrath*, in Charter UN³, Art 73 Rn 17 ff. Derzeit existieren noch 17 non-self-governing territories; aktuelle Übersicht unter <http://www.un.org/en/decolonization/nonselfgovterritories.shtml>; s auch o Rn 164.
668 *Meng*, Wirtschaftliche Zusammenarbeit unter dem UN-System, in Handbuch VN, 1133 ff; *Seidl-Hohenveldern/ Loibl*, Internationale Organisationen, Rn 2104 ff; *Haquani*, L'action des Nations Unies dans la promotion du développement économique et social, in Dupuy (Hrsg), Handbook, 705 ff; *Zamora*, Economic Relations and Development, in Joyner (Hrsg), The United Nations and International Law, 1997, 232 ff; *Nanda*, Environment, ebd 287 ff; *Gareis/ Varwick*, Vereinte Nationen, 217 ff; *Maier*, Umweltschutz, in Volger (Hrsg), Grundlagen, 189 ff; *Fues/Klingebiel*, Multilaterale Entwicklungspolitik: die Rolle der Vereinten Nationen, ebd 291 ff. – S auch *Dolzer/Kreuter-Kirchhof*, 6. Abschn Rn 106 ff.
669 *Gündling*, Economic and Technical Aid, EPIL II (1995) 9 ff.
670 Zu Nebenorganen und Sonderorganisationen vgl Rn 225 ff.
671 Vgl o bei Rn 157.
672 *Petersmann*, Die Dritte Welt und das Wirtschaftsvölkerrecht, ZaöRV 36 (1976) 492 ff; *Betz*, Nord-Süd-Beziehungen, in Handbuch VN, 631 ff; *von Schorlemer*, Die Vereinten Nationen und die wirtschaftliche Entwicklung der Länder des „Südens", in Opitz (Hrsg), Vereinte Nationen, 209 ff. Unter dem Vorsitz des UNDP hat sich eine Gruppe der UN für Entwicklung gebildet, der auch mehrere Sonderorganisationen angehören; vgl Bericht des GS für 2001, UN Doc A/56/1, § 131.
673 UN Doc A/Conf.48/14.
674 A/RES/3281 (XXIX) v 12.12.1974.
675 UN Doc A/Conf.166/9; dazu *Charvin*, La déclaration de Copenhague sur le développement social, RGDIP 101 (1997) 635 ff. Vgl auch An Agenda for Development (hrsgg v Boutros Boutros Ghali), 1995 u A/RES/47/181 v 22.12.1992; A/RES/48/166 v 21.12.1993; A/RES/49/126 v 19.12.1994.

nannt. Der GS hat 1999/2000 den Global Compact ins Leben gerufen. Mit dieser Initiative soll auf die Globalisierung der Wirtschaft und die gestiegene Verantwortung der großen Privatunternehmen reagiert werden.[676] Derzeit engagieren sich über 4.700 Unternehmen in 120 Ländern auf freiwilliger Basis für mehr Nachhaltigkeit durch Einhaltung sozialer und ökologischer Mindeststandards. Die Bedeutung des *sustainable development* fand nicht zuletzt seinen Ausdruck auf der Rio+20-Konferenz der Staats- und Regierungschefs im Juni 2012.[677]

209 **(5) Entwicklung des Völkerrechts.** Art 13 Abs 1 lit a UN-Charta weist der GV die Zuständigkeit zu, Untersuchungen zu veranlassen oder Empfehlungen abzugeben, um „die fortschreitende Entwicklung des Völkerrechts sowie seine Kodifizierung zu begünstigen".[678] Die GV erfüllt diese Aufgabe in differenzierter Weise. So wurde bereits 1947 die *Völkerrechtskommission (ILC)* geschaffen,[679] die derzeit aus 34 Mitgliedern, zT sehr bekannten Völkerrechtlern, besteht, die als weisungsfreie Experten von der GV auf fünf Jahre gewählt werden; Wiederwahl ist möglich. In intensiven Beratungen, vorbereitet durch von der Kommission selbst bestimmte Berichterstatter, werden Entwürfe erstellt, sei es, um weitgehend ungeklärte Rechtsgebiete fortschreitend zu entwickeln, sei es, um im allgemeinen Völkerrecht bereits geklärte Rechtsgebiete schriftlich zu fixieren (Kodifikation).[680] Diese Arbeiten erstrecken sich meist über viele Jahre, sogar Jahrzehnte und erfolgen in ständiger Rückkopplung mit dem Rechtsausschuss der GV und den Mitgliedstaaten. Erfährt die endgültige Vorlage der ILC die Billigung des Rechtsausschusses, so beruft die GV in der Regel eine Staatenkonferenz ein, auf der der Entwurf seine endgültige (Vertrags-)Fassung erhält, unterzeichnet und zur Ratifikation aufgelegt wird.[681] Auf diese Weise sind zahlreiche Konventionen entstanden, mit denen wichtige Gebiete des Völkerrechts kodifiziert wurden, zB die Genfer Seerechtsabkommen v 1958, die Wiener Übereinkünfte über diplomatische (1961) und konsularische Beziehungen (1963), die Wiener Übereinkommen über das Recht der Verträge v 1969 und über das Recht der Verträge zwischen Staaten und I. O. bzw zwischen I. O. v 1986, das Wiener Übereinkommen über die Vertretung von Staaten in ihren Beziehungen mit I. O. universellen Charakters v 1975 und die Wiener Übereinkommen über die Staatennachfolge v 1978 u 1983. Für den Bereich des Internationalen Handelsrechts hat die GV 1966 die *UNCITRAL* geschaffen,[682] die sich aus 60 weisungsgebundenen Regierungsvertretern zusammensetzt. Sie ist insbes erfolgreich bei der Erarbeitung von Modellregelungen für die Handelsschiedsgerichtsbarkeit gewesen; sie hat auch die UN-Konvention über Verträge über den internationalen Warenkauf (1980) vorbereitet.[683] In einem Fall hat der *Rechtsausschuss der GV* selbst eine wichtige Konvention ausgear-

---

676 *Annan*, Ein menschliches Antlitz für den globalen Markt der Zukunft, in Jahrbuch Menschenrechte 2000, 1999, 148 ff; nähere Informationen unter <http://www.unglobalcompact.org>. Vgl auch den GS-Bericht „In Larger Freedom" (Fn 20) §§ 25 ff. Ferner *Ruggie*, Report of the Special Representative of the Secretary-General on the Issue of Human Rights and Transnational Corporations and Other Business Enterprises, UN Doc A/HRC/17/31 v 21.3.2011.
677 *Unmüßig*, Grüne Ökonomie – die neue Zauberformel?, VN 2012, 3 ff; *Bauer*, Welche Zukunft wollen wir?, VN 2012, 10 ff.
678 Vgl den Überblick von *Schröder*, Völkerrechtsentwicklung im Rahmen der UN, in Handbuch VN, 1020 ff; *Hafner*, Kodifikation und Weiterentwicklung des Völkerrechts, in Cede/Sucharipa-Behrmann (Hrsg), Die Vereinten Nationen, 1999, 131 ff; *von Schorlemer*, Die Vereinten Nationen und die Entwicklung des Völkerrechts, in Opitz (Hrsg), Vereinte Nationen, 261 ff; *Klein*, Die Vereinten Nationen und die Entwicklung des Völkerrechts, in Volger (Hrsg), Grundlagen, 21 ff; s auch o Rn 19.
679 A/RES/174 (II) v 1947; ebd auch das Statut der ILC. Vgl *Rao*, International Law Commission (ILC), MPEPIL V, 875 ff; United Nations (Hrsg), Making better International Law: The International Law Commission at 50, 1998; *McRae*, The Work of the International Law Commission 2007–2011, AJIL 106 (2012) 322 ff.
680 *Geck* (Fn 56) 96 ff.
681 Nicht stets ist das Ergebnis ein Vertragsentwurf, wie etwa die von der ILC verabschiedeten Artikel zur Staatenverantwortlichkeit (Responsibility of States for Internationally Wrongful Acts) zeigen, die von der GV „zur Kenntnis" genommen wurden, vgl UN Doc A/RES/56/83 v 2001. Vgl auch *Schröder*, 7. Abschn Rn 6 ff.
682 A/RES/2205 (XXI) v 1966.
683 *Käde*, UNCITRAL, in Handbuch VN, 881 ff.

beitet (Genozid-Konvention 1948); verschiedentlich hat er Sonderausschüsse mit einer entsprechenden Aufgabe betraut, bevor die GV den Entwurf gebilligt hat.[684] Entsprechend sind die Menschenrechtspakte v 1966 vom 3. Ausschuss formuliert und von der GV angenommen worden. In dem von der GV eingesetzten *Weltraumausschuss*[685] bzw dessen Rechtsunterausschuss sind wichtige weltraumrechtliche Konventionen ausgearbeitet worden und haben die Billigung der GV gefunden, bevor sie den Staaten (ohne Kodifikationskonferenz) zu Unterzeichnung und Ratifikation vorgelegt wurden. Bei der Vorbereitung der Dritten UN-Seerechtskonferenz spielte ein von der GV eingesetzter ad hoc-Ausschuss (Meeresbodenausschuss) eine wichtige Rolle. All dies belegt die starke Einbeziehung der GV in die Kodifikationstätigkeit iSv Art 13 Abs 1 lit a UN-Charta. Als Gesetzgeber tritt die GV dabei jedoch nicht auf, da die Staaten frei bleiben, eine entsprechende vertragliche Bindung (uU mit Vorbehalten) einzugehen. Dies ist auch dann nicht anders, wenn die GV den fertigen Vertragstext annimmt und den Staaten unterbreitet. Gleichwohl wird ein institutionelles Element bei der Völkerrechtsentstehung erkennbar.

Von dieser eben erörterten, auf unmittelbare Normproduktion abzielenden Tätigkeit sind die **210** Handlungsweisen von UN-Organen zu unterscheiden, die eher mittelbar und auf längere Sicht zur Völkerrechtsbildung beitragen. Was die *politischen Organe* betrifft, so gestalten sie nicht nur durch ihre Praxis das UN-Recht mit, sondern nehmen auch Einfluss auf die Entwicklung des allgemeinen Völkerrechts.[686] Dies gilt in erster Linie – aber keineswegs ausschließlich – für die *GV*, deren Entschließungen häufig einen völkerrechtlichen Argumentationsrahmen abstecken, in dem sich Rechtsbildung vollzieht. So gibt es keinen Zweifel, dass das heutige Verständnis vom Selbstbestimmungsrecht, von den Menschenrechten, dem Gewaltverbot und der Rechtsfigur eines *common heritage of mankind* maßgeblich von den ständig wiederholten Rechtsauffassungen der UN-Organe, insbes der GV, geprägt ist. Die *Friendly Relations*-Deklaration der GV v 1970, die eine Summe aus den bisherigen Tätigkeiten zu ziehen sucht,[687] hat zB, ohne dass die GV die Befugnis zur authentischen Interpretation der UN-Charta hätte,[688] viel zur Klärung von Rechtsbegriffen beigetragen, die sich in der UN-Charta finden; sie hat damit zugleich einen Beitrag für die Auslegung dieser Begriffe im allgemeinen Völkerrecht geleistet. Es wäre heute jedenfalls ein Kunstfehler, über Gewalt- und Interventionsverbot, souveräne Gleichheit der Staaten, Menschenrechte und Selbstbestimmungsrecht zu handeln, ohne dabei die Aussagen der Deklaration argumentativ zu berücksichtigen.[689] Auf anderer Linie liegt der Beitrag des richterlichen Hauptorgans der UN, des *IGH*. Er interpretiert bestehendes Völkerrecht iSd Art 38 IGH-Statut, wobei, wie heute allgemein anerkannt ist, auch der internationale Richter nicht bloß Recht erkennt; vielmehr steckt in jeder Rechtserkenntnis auch ein Stück Rechtsschöpfung.[690] Ob sich die seinen Gutachten und Urteilen zugrunde liegende Rechtsauffassung über die Bindung der Streitparteien (Staaten) hinaus auswirken kann,[691] hängt von der Überzeugungskraft seiner Rechtsfindung, seiner *persuasive authority* ab. Auch hier wäre allerdings die Außerachtlassung einschlägiger IGH-Entscheidungen bei der völkerrechtlichen Diskussion mehr als ein Schönheitsfehler.

---

684 *Fleischhauer/Simma*, in Charter UN³, Art 13 Rn 51ff.
685 A/RES/1472 A (XIV) v 1959.
686 Vgl *Higgins*, The Development of International Law Through the Political Organs of the United Nations, 1963; *Simma*, Methodik und Bedeutung der Arbeit der Vereinten Nationen für die Fortentwicklung des Völkerrechts, in Kewenig (Fn 419) 79ff; *Frowein* (Fn 44) 147ff; *Singh*, The United Nations and the Development of International Law, in Roberts/Kingsbury (Fn 19) 384ff.
687 A/RES/2625 (XXV); dazu *Arangio Ruiz*, Friendly Relations Resolution, EPIL II (1995) 485ff; *Graf zu Dohna*, Die Grundprinzipien des Völkerrechts über die freundschaftlichen Beziehungen und die Zusammenarbeit zwischen den Staaten, 1973.
688 Zum Problem *Scheuner*, Zur Auslegung der Charta durch die Generalversammlung, VN 1978, 111ff. Vgl bereits o Rn 41f.
689 Vgl o Rn 138f.
690 *Kriele*, Theorie der Rechtsgewinnung, 2. Aufl 1976.
691 Vgl Art 94 Abs 1 UN-Charta; Art 59 IGH-Statut.

211   Einen wichtigen Beitrag leisten die UN (wie bereits der Völkerbund) für das Völkerrecht auch durch die *Registrierung und Veröffentlichung* der internationalen Verträge, da hierdurch Sicherheit und Klarheit des internationalen Rechtsverkehrs gestärkt werden. Soweit an den Verträgen Mitgliedstaaten beteiligt sind, unterliegen sie einer Registrierpflicht (Art 102 UN-Charta); Nichtmitglieder können ihre Verträge registrieren lassen. Bei Verletzung der Registrierpflicht entfällt die Fähigkeit, sich vor den UN-Organen, insbes dem IGH, auf den Vertrag zu berufen.[692] Publiziert werden die Verträge in einer eigenen UN-Vertragssammlung (UNTS), die vom Sekretariat betreut wird. Die Verträge werden in den Originalsprachen sowie in englischer und französischer Übersetzung veröffentlicht (derzeitiger Stand 2015). Art 103 stellt als vertragliche Kollisionsnorm klar, dass die *Charta Vorrang* vor den anderen vertraglichen Verpflichtungen der Mitgliedstaaten beansprucht.[693]

6. Die Finanzierung Internationaler Organisationen

212   Zur Wahrnehmung der ihnen obliegenden Aufgaben bedürfen die I. O. einer *finanziellen Ausstattung*. Hierzu stehen je nach Organisation unterschiedliche Einnahmequellen zur Verfügung. Einnahmen und Ausgaben werden in einem Haushalt (Budget) veranschlagt, der in einem bestimmten Verfahren von den zuständigen Organen beschlossen und dessen Durchführung regelmäßiger Prüfung unterzogen wird.

a) Einnahmen

213   Im Wesentlichen können *drei Einnahmearten* unterschieden werden: die Finanzierung durch Beiträge, durch Kreditaufnahme und durch Eigenmittel.[694]

214   Die meisten I. O. finanzieren sich durch obligatorische und freiwillige Beiträge ihrer Mitglieder. Soweit es sich um *obligatorische Beiträge* handelt, stellt sich die Frage nach der Verteilung der Beitragslast. Die einfachste, aber nicht weit verbreitete Methode besteht darin, allen Mitgliedern den gleichen Beitragssatz aufzuerlegen. So wird etwa bei der OPEC und wurde bis 1990 bei der WEU verfahren.[695] In diesen Fällen wird mit dem Grundsatz der souveränen Gleichheit Ernst gemacht, doch schränkt die I.O. damit ihre finanziellen Möglichkeiten, die sie am finanzschwächsten Mitglied ausrichten muss, stark ein. Überwiegend sind die Mitglieder daher in Beitragsklassen eingestuft oder stufen sich – wie im Fall der ITU und WIPO – selbst ein. Entscheidend sind die Kriterien dieser Einordnung. In seltenen Fällen wird an die bloße Bevölkerungszahl angeknüpft, wie etwa bei der International Organization of Legal Metrology (OIML). Neben der Einwohnerzahl wird als Kalkulationsgrundlage für die Beiträge zum Europarat auch das BIP herangezogen. ZT richten sich die Beiträge nach dem Interesse, das die einzelnen Staaten an der Tätigkeit der I. O. haben. So bestimmt sich die Beitragshöhe für die Mitglieder in I. O. auf dem Gebiet des Eisenbahnverkehrs u a nach der Länge der jeweiligen Bahnstrecken. Die Finanzierung der Interamerikanischen Thunfisch-Organisation orientiert sich an den Fangmengen, die der IMO an der registrierten Schiffstonnage, was zu einer relativ hohen Beitragsquote der Billigflaggenstaaten (zB Liberia, Panama) führt. Bei WMO und ICAO wird das Kriterium des Interesses des Mitglieds an der Arbeit der Organisation mit seiner Leistungsfähigkeit kombiniert.[696]

---

692 Näher *Martens*, in Charter UN³, Art 102 Rn 43 ff.
693 Vgl dazu Art 30 Abs 1 WVK u Art 30 Abs 6 WVKIO; ferner ICJ Rep 1984, 392, 440 *[Nicaragua]*; EuG, Slg 2005, II-3533, Rn 233 *[Yusuf]* u Slg 2005, II-3533, Rn 183 *[Kadi]*; EGMR, Entsch v 11.6.2013, Nr 65542/12, Rn 145 *[Mothers of Srebrenica]*. Aber vgl auch EuG, Slg 2010, II-5177 *[Kadi II]*; EuGH, Slg 2013, I-518 *[Kadi II P]*. Zur „Kadi"-Rspr näher o Fn 478.
694 Umfassend dazu *Meermagen*, Beitrags- und Eigenmittelsystem, 2002.
695 *Schermers/Blokker*, International Institutional Law, § 967.
696 Zu Vorstehendem *Schermers/Blokker*, International Institutional Law, §§ 980 ff.

In den *UN* setzt die GV gemäß Art 17 Abs 2 UN-Charta die Beitragshöhe verbindlich fest.[697] **215**
Maßgeblich für den Verteilungsschlüssel ist seit 1997 nicht mehr das Volkseinkommen, sondern das Bruttonationaleinkommen (BNE) der Mitgliedstaaten.[698] Korrekturen erfolgen ua durch die Bestimmung von Höchst- und Mindestgrenzen. Aufgrund der zunächst nur verfügbaren Vorkriegsstatistiken hätten die USA zu Beginn 49,89% der Ausgaben zu tragen gehabt.[699] Das Argument der USA, eine solche Beitragshöhe mache die Organisation zu stark von einem Mitglied abhängig, ist durchaus plausibel. Der Beitragssatz wurde daher auf 39,89% herabgesetzt und später weiter ermäßigt. 1972/73 (zeitgleich mit dem finanzielle Entlastung bedeutenden Beitritt der beiden deutschen Staaten) wurde der Höchstsatz auf 25% festgelegt. Bei den Haushaltsverhandlungen im Jahr 2000 ist es den USA gelungen, eine weitere Absenkung auf 22% zu erreichen.[700] Auch der Mindestsatz wurde im Lauf der Zeit von zunächst 0,04% auf derzeit 0,001% abgesenkt. Derzeit zahlen 35 Mitglieder diesen niedrigsten Beitragssatz.[701] Die BR Deutschland war für die Jahre vor der Wiedervereinigung auf einen Satz von 8,08% (DDR: 1,28%), von 1992–94 auf 8,93% festgesetzt. Bis 2000 ist der Beitrag auf 9,857% gestiegen und ab 2004 wieder leicht gesunken (8,62%).[702] Seither fällt die Beitragslast Deutschlands kontinuierlich; so beliefen sich die Beitragssätze der Bundesrepublik für den Haushalt der UN von 2007 bis 2009 auf 8,577% und von 2010 bis 2012 auf 8,018%, während der Beitragssatz für den Haushalt von 2013 bis 2015 nur noch 7,141% beträgt.[703] Deutschland ist gleichwohl nach wie vor nach den USA (22%) und Japan (10,833%) und vor Frankreich (5,593%) der drittgrößte Beitragszahler.[704] Die 28 EU-Staaten tragen 35,015% der gesamten Beitragslast, zusammen mit den USA also 67,015%. Insgesamt zahlen nur 17 von 193 Staaten jeweils mehr als 1%; gemeinsam bringen sie über 82% des Budgets auf.[705] Der reguläre Zweijahreshaushalt 2012/13 erteilte eine Ausgabenermächtigung von 5,152 Mrd US $;[706] der Programmhaushaltsplan für 2014/2015 sieht die Summe von 5,530 Mrd US $ vor.[707]

Auch wenn nicht zu bestreiten ist, dass die reicheren Staaten aufgrund der in der UN-Charta **216**
angestrebten Gemeinwohlzwecke zu Recht finanziell stärker als die ärmeren Staaten belastet werden, fällt doch die *Disparität von Stimmrecht und finanzieller Verantwortung* ins Auge.[708] Die Ausgaben werden von der GV mit ²/₃-Mehrheit festgelegt (Art 17 Abs 1, Art 18 Abs 2 UN-Charta). Die weitgehende finanzielle Folgenlosigkeit der Ausgabenentscheidungen für die ganz überwiegende Mitgliederzahl führte in der Vergangenheit zu einer oft nicht mehr zu rechtfertigenden Aufblähung von Institutionen, Programmen und Aktionen, gegen die die eigentlichen Zahler sich nicht durchsetzen konnten. Auch aus diesem Grunde sind manche Staaten die Entrichtung ihrer Beiträge über Jahre, manchmal sogar Jahrzehnte partiell schuldig geblieben. Vor allem die USA haben ihr Missbehagen mehrfach deutlich artikuliert und durch die *Zurückbehaltung ihrer Beiträge* die UN immer

---

697 ICJ Rep 1962, 151, 164 *[Certain Expenses]*.
698 Näher *Hüfner*, Die Finanzierung des VN-Systems 1971–2003/2005, 2005; *ders*, Finanzierung, in Volger (Hrsg), Grundlagen, 417 ff. – Bis 1999 wurde das BNE als Bruttosozialprodukt (BSP) bezeichnet.
699 *Koschorreck*, Beitragssystem, in Handbuch VN, 49.
700 A/RES/55/5 B-F v 2000; hierzu *Hüfner*, in Praxishandbuch UNO, 624 f.
701 UN Doc A/RES/67/238 v 2012.
702 Vgl UN Doc A/RES/43/223 v 1988; A/RES/46/221 v 1991.
703 Überblick bei *Hüfner*, Deutsche Leistungen an den Verband der Vereinten Nationen 2010–2013, VN 2014, 86 ff.
704 In den vergangenen Jahren sind alle Beitragssätze der traditionellen Geber – mit Ausnahme der USA – gesunken, während die Beiträge der großen Schwellenländer Brasilien, Russland, Indien und China gestiegen sind, vgl *Kammer/Spahl*, Verwaltung und Haushalt, VN 2014, 80 (81).
705 Vgl UN Doc A/RES/67/238 v 2012. S auch *Lehmann/Papenfuß*, Beitragsschlüssel für den Haushalt der Vereinten Nationen 2013 bis 2015, VN 2013, 126 f.
706 Vgl UN Doc A/RES/66/248 A-C v 2011. Zum zweiten Mal in der Geschichte beschlossen die Mitglieder 2011 einen kleineren Haushalt als für den vorangegangenen Zeitraum; näher *Brunner/Warning*, Verwaltung und Haushalt, VN 2012, 133 f.
707 Vgl UN Doc A/RES/68/248 A-C v 2013.
708 Dazu *Klein*, Beitragspflichten und Stimmrecht, in Wolfrum (Fn 54) 69 (80 ff); *Ingadóttir*, Financing International Institutions, in Klabbers/Wallendahl (Hrsg), Research Handbook, 108 (114 ff).

wieder in Finanzkrisen gestürzt.⁷⁰⁹ Hinzu treten zahlreiche Vorwürfe an die Organisation, rechtswidrige Aktionen durchzuführen. Insoweit stehen die USA keineswegs allein. So haben sich etwa die Sowjetunion und Frankreich in den 1960er Jahren geweigert, die anteilsmäßigen Kosten für die Nahost (UNEF-) und Kongo (ONUC-) Friedensmissionen zu tragen, die die GV als „Kosten der Organisation" iSv Art 17 Abs 2 UN-Charta veranschlagt und auf die Mitglieder umgelegt hatte. Ein von der GV erbetenes Gutachten des IGH stellte fest, dass die bloße Organkompetenzüberschreitung nicht notwendig dazu führen müsse, dass die damit verbundenen Kosten nicht solche der Organisation seien; es komme vielmehr auf den Aufgabenbereich der Organisation insgesamt an. Im Übrigen müsse jedes Organ seine eigene Zuständigkeit zunächst selbst bestimmen. Wenn es sich um Organisationszwecke (wie Friedenswahrung) handele, bestehe eine Vermutung, dass es sich auch um Ausgaben der Organisation handele.⁷¹⁰ Trotz dieses (nicht verbindlichen) Gutachtens, das die Schwierigkeiten der *ultra vires*-Problematik widerspiegelt,⁷¹¹ blieben Frankreich und die Sowjetunion bei ihrer Verweigerungshaltung. Ende 2008 betrug die Schuldenlast gegenüber den UN ca 3,33 Mrd US $.⁷¹² Inzwischen sind nicht zuletzt durch den Druck der USA einige wichtige Rationalisierungen, die zu Einsparungen geführt haben, vorgenommen worden. Außerdem sind ausgehend von der GV-Res 41/213 Verbesserungen im Budgetprozess vorgenommen worden, die mehr auf Verständigung als auf Mehrheitsentscheidung setzen.⁷¹³ Die Beendigung der finanziellen Dauerkrise ist damit aber nicht erreicht worden. Darunter leiden vor allem die Möglichkeiten der UN, an den Krisenherden der Welt effektiv präsent zu sein.

217   Verschiedene Organisationen und zahlreiche Einzelaktivitäten werden durch freiwillige *Beiträge/Spenden* finanziert. Hierzu gehören etwa das UN-Entwicklungsprogramm (UNDP), das Kinderhilfswerk (UNICEF), der Hohe Kommissar für Flüchtlingsfragen (UNHCR) und die UN-Universität (UNU).⁷¹⁴ Die meisten friedenswahrenden Aktivitäten werden zwar als „Ausgaben der Organisation" behandelt, doch gibt es Ausnahmen. So wurde die Friedensmission auf Zypern (UNFICYP) seit 1964 auf freiwilliger Grundlage finanziert. Da die Spenden nicht ausreichten, blieben die Kosten weitgehend an den die Truppenkontingente stellenden Mitgliedstaaten hängen. Bis 1993 hatte sich ein Defizit allein bei dieser Mission von 200 Mio US $ angesammelt. Nach Überwindung russischer Bedenken, die zunächst zu einem Veto geführt hatten, hat der SR beschlossen, die nicht durch freiwillige Beiträge gedeckten zukünftigen Kosten der Aktion als „Ausgaben der Organisation" zu behandeln.⁷¹⁵ Mit der Anzahl der Friedensoperationen *(peacekeeping operations)* ist in den letzten Jahren auch der Finanzbedarf für deren Durchführung gestiegen. Die Finanzierung erfolgt über eigens eingerichtete Sonderkonten, in welche die Beiträge

---

709   Vgl *Woeste/Thomma*, in Charter UN³, Art 17 Rn 140; *Zoller*, The „Corporate Will" of the United Nations and the Rights of the Minority, AJIL 81 (1987) 610 ff; *Münch*, Beitragszahlungsmoral der Mitgliedstaaten internationaler Organisationen im UNO-System, FS Jaenicke, 1998, 239 ff; *Seidl-Hohenveldern*, Die missliche Finanzlage der Vereinten Nationen, FS Hahn, 1997, 555 ff; *Hüfner*, Die Finanzierung des UN-Systems in der Dauerkrise, in Praxishandbuch UNO, 615 ff; *ders*, Financing the United Nations, in Dijkzeul/Bigbeder (Hrsg), Rethinking International Organizations, 2002, 29 ff; s auch *Müller/Münch*, Die neue Finanzordnung der Vereinten Nationen, VN 2003, 78 ff.
710   ICJ Rep 1962, 150, 178 f.
711   So Rn 192 ff.
712   Davon waren 417 Mio US $ Schulden an das reguläre Budget, 2,88 Mrd US $ fehlten an Beiträgen für friedenserhaltende Maßnahmen und 26 Mio US $ an Beiträgen für internationale Tribunale (Zahlen nach Press Release GA/AB/3904 v 15.5.2008). Im November 2010 beglichen die USA rund ⅓ ihrer Schulden gegenüber den UN; dennoch fehlten dem regulären UN-Budget Ende 2011 erneut insgesamt ca 454 Mio US $, vgl Press Release GA/AB/4030 v 14.5.2012. Entsprechende Defizite sind für Ende 2014 zu verzeichnen; hier fehlten dem regulären Budget ca 535 Mio US $, da 49 Mitgliedstaaten ihren Beitragspflichten nicht nachgekommen sind, vgl Bericht des GS, UN Doc A/69/520/Add.1 v 11.5.2015, Ziff 6 f.
713   Vgl u Rn 221.
714   Weitere Bsp bei *Hüfner*, Die freiwilligen Finanzleistungen an das UN-System, GYIL 26 (1983) 299 ff.
715   S/RES/831 (1993); UN Chronicle 1993/3, 46 f.

der Mitgliedstaaten *(Pflichtbeitragsumlagen)* nach einem bestimmten Beitragsschlüssel (10-Stufen-Modell) einfließen.[716]

Bei den meisten I.O. spielen *eigene Einkünfte* (Eigenmittel) keine entscheidende Rolle, wenn man von der Weltbankgruppe und den regionalen Entwicklungsbanken absieht, die sich vor allem aus den Erträgen zu finanzieren haben. Die Erträge werden zum einen aus den beim Beitritt der Mitglieder zu erbringenden Einzahlungen erwirtschaftet, zum anderen resultieren sie daraus, dass finanzielle Leistungen gegen Entgelt (Zinsen) zur Verfügung gestellt werden. In geringerem Umfang werden durch Publikationen, die Vermietung von Räumen und den Verkauf von Briefmarken, Grußkarten und Souvenirs ebenfalls Einnahmen erzielt.[717] Nach Art 311 AEUV wird heute der *EU-Haushalt* unbeschadet sonstiger Einnahmen[718] vollständig aus Eigenmitteln finanziert. Hierzu gehören 1. Abschöpfungen, Prämien, Zusatz- oder Ausgleichsbeträge; 2. Zölle, die im Außenhandel aufgrund des Gemeinsamen Zolltarifs erhoben werden; 3. Einnahmen, die sich aus der Anwendung eines für alle Mitgliedstaaten einheitlichen Satzes auf die nach Unionsvorschriften bestimmte einheitliche Mehrwertsteuer-Eigenmittelbemessungsgrundlage jedes Mitgliedstaats ergeben; 4. Abführungssätze der Mitgliedstaaten auf ihr BNE (früher: BSP), die im Haushaltsverfahren festgelegt werden.[719] Dabei ist eine Gesamtobergrenze der Eigenmittel festgelegt, die derzeit 1,23% der Summe der BNE der Mitgliedstaaten beträgt. Die Einziehung der Mittel erfolgt durch die Behörden der Mitgliedstaaten; sie werden direkt an die Gemeinschaft weitergeleitet. Die verfügbaren Eigenmittel der EU waren im Gesamthaushaltsplan 2015 mit ca 139,6 Mrd Euro veranschlagt.[720]

Eine weitere Form der Finanzierung besteht in der *Geldaufnahme am Kapitalmarkt* durch die I.O.[721] Die Kompetenzgrundlage wird entweder in besonderen Ermächtigungen der Gründungsverträge gefunden (zB Art 352 AEUV)[722] oder in der Pflicht zur Aufgabenerfüllung impliziert gesehen *(implied powers).* Wohl nur auf dieser Basis lassen sich die verschiedentlichen Kreditaufnahmen der UN (zB zum Bau des Hauptgebäudes in New York oder zur Überwindung der durch Beitragsverweigerung entstandenen finanziellen Krisensituation) erklären.[723] Der Gesamthaushaltsplan der EU für 2015 sah Einnahmen iHv 6,89 Mio Euro durch Anleihen und Darlehen vor.[724]

b) Ausgaben und Budgetierung

Die Ausgaben der Organisationen ergeben sich aus ihren Aufgaben und können administrativer und operationeller Art sein.[725] Sie werden im Rahmen des Haushaltsverfahrens beschlossen. Re-

---

716 Zur gegenwärtigen Finanzierung vgl *Hüfner,* Alternative Mechanismen zur Finanzierung von Friedensoperationen der VN, in DGVN (Hrsg), Blaue Reihe Nr 100, 2007, 5 ff; *Griep,* Neue Entwicklungen in der UN-Friedenssicherung, in Volger/Weiß (Hrsg), Die VN vor globalen Herausforderungen, 2011, 213 (217); *Lachenmann/Wolfrum,* United Nations Budget, MPEPIL online (2013), Rn 25 ff. Ende Januar 2015 schuldeten die Mitgliedstaaten ca 2,17 Mrd US $ für friedenserhaltende Maßnahmen, vgl <http://www.un.org/en/peacekeeping/resources/statistics/factsheet.shtml>.
717 *Seidl-Hohenveldern/Loibl,* Internationale Organisationen, Rn 1807.
718 Dazu zählen nicht unter die Eigenmittel fallende Abgaben und Gebühren, Einnahmen aus laufender Verwaltungstätigkeit, Beiträge zu Gemeinschaftsprogrammen, Verzugszinsen und Geldbußen, Anleihen und Darlehen, näher *Oppermann/Classen/Nettesheim* (Fn 86) § 8 Rn 46 ff.
719 Ausführlich *Meermagen* (Fn 694) 141 ff. Derzeitige Grundlage: Beschluss 2007/436/EG, Euratom des Rates v 7.6.2007 über das System der Eigenmittel der Europäischen Gemeinschaften, Euratom, ABl EU 2007, Nr L 163/17 sowie VO 1150/2000 des Rates v 22.5.2000 zur Durchführung des Eigenmittelbeschlusses, ABl EU 2004, Nr L 130/1 (zuletzt geänd durch VO 105/2009 v 26.1.2009, ABl EU 2009, Nr L 36/1).
720 ABl EU 2015, Nr L 69/I/21.
721 Vgl *Schermers/Blokker,* International Institutional Law, § 1064 f.
722 Näher zur Verschuldungskompetenz der EU *Oppermann/Classen/Nettesheim* (Fn 86) § 8 Rn 50 ff; krit *Häde,* Das Finanzsystem der Europäischen Union, in Härtel (Hrsg), Handbuch Föderalismus, Bd IV, 2012, § 190 Rn 24 ff.
723 Vgl UN Doc A/RES/1739 (XVI); A/32/6, Vol II, 457 (Doppelhaushalt 1978/79).
724 ABl EU 2015, Nr L 69/I/21. Zum Vergleich: Anleihen für 2012 iHv 130 Mio Euro (ABl EU 2012, Nr L 56/I/21).
725 Im ordentlichen Haushalt der UN werden nur ca 40% der Gesamtausgaben der Organisationen erfasst (meist Verwaltungskosten), während die Kosten der Sachaufgaben überwiegend in besonderen Fonds verwaltet werden; vgl zuletzt UN Doc A/RES/67/238 v 2012 für den Zweijahreshaushalt 2013-2015.

gelmäßig wird das *Budget* vom Sekretariat vorbereitet und an andere ggf beteiligte Organe zur Stellungnahme weitergeleitet. Abschließend wird der ein- oder zweijährige Haushalt vom Plenarorgan der I.O. beschlossen.

221 Nach Art 17 Abs 1 u Art 18 Abs 2 UN-Charta beschließt die GV mit $^2/_3$-Mehrheit den Haushalt.[726] Um den großen Beitragszahlern, insbes den USA, die in der GV ja über kein herausgehobenes Stimmrecht verfügen, entgegenzukommen, wurde 1986 ein zweistufiges Haushaltsverfahren eingeführt.[727] Vor dem Jahr der Beschlussfassung über den *Doppelhaushalt* legt der GS einen ersten Überblick über diesen Haushalt vor, der insbes eine vorläufige Schätzung der zu veranschlagenden Mittel und eine Prioritätenfestlegung enthalten soll. Der Programm- und Koordinierungsausschuss (CPC), ein Nebenorgan der GV, behandelt diesen Überblick und legt der GV über den Finanzausschuss (5. Ausschuss) seine Schlussfolgerungen und Empfehlungen vor. Auf der Grundlage des danach gefassten GV-Beschlusses stellt der GS nun den eigentlichen Haushaltsentwurf auf und legt ihn dem CPC und dem Beratenden Ausschuss für Verwaltungs- und Haushaltsfragen (ACABQ) vor, die ihre Empfehlungen der GV zuleiten, die endgültig zu entscheiden hat.[728]

222 Erhebliche Besonderheiten weist das Haushaltsverfahren der *EU* auf. Art 314 AEUV versucht, die hinter den beteiligten Organen (Rat, Parlament, Kommission) stehenden Interessen in ein ausbalanciertes Verhältnis zu bringen und führt dadurch zu einem sehr komplizierten Procedere, das hier nicht näher dargestellt werden kann.[729]

c) Rechnungskontrolle und Sanktionen

223 Meistens wird die Durchführung des Haushalts organisationsintern durch bestimmte Kontrollinstanzen geprüft, die nicht immer sehr effektiv sind. In den *UN* ist es Aufgabe einer vom GS eingesetzten internen *Rechnungskontrolle,* die Übereinstimmung der finanziellen Transaktionen mit den Resolutionen zu überprüfen. Ein dreiköpfiger Rechnungsprüfungsausschuss *(board of auditors)* prüft die Jahresabschlüsse.[730] Die Joint Inspection Unit (JIU) hilft bei der Überprüfung von Wirtschaftlichkeit und Effizienz der Aufgabenerledigung.[731] In der *EU* wird die Aufgabe der Rechnungsprüfung seit 1975 durch einen *Rechnungshof* wahrgenommen, der mit Inkrafttreten des EU-Vertrags (1.11.1993) Hauptorganqualität erhalten hat (Art 13 EUV). Aufgaben und Rechtsstellung sind in Art 285 bis 287 AEUV geregelt.

224 Zahlreiche Gründungsverträge sehen für die Verletzung der Zahlungsverpflichtungen der Mitgliedstaaten besondere *Sanktionen* vor. Sie bestehen ab einem bestimmten Rückstand im Verlust des Stimmrechts in einzelnen (zB FAO, ICAO) oder allen Organen (zB ILO, Europarat); diese Rechtsfolge kann automatisch (zB UNESCO, IMO) oder aufgrund einer Ermessensentscheidung des zuständigen Organs (zB Europarat) eintreten.[732] In den UN entfällt das Stimm-

---

726 Dazu *Dicke,* Deciding upon the Budget of the United Nations, in Wolfrum (Hrsg), Law of the Sea at the Crossroads, 1991, 189 ff. – Art 17 Abs 3 UN-Charta räumt der GV auch maßgeblichen Einfluss auf die Haushalte der Sonderorganisationen ein.
727 Vgl A/RES/41/213 v 1986; näher *Woeste/Thomma,* in Charter UN³, Art 17 Rn 163 ff.
728 Trotz dieser formalen Entscheidungsbefugnis der GV besteht in den maßgeblichen Gremien ein gentlemen's agreement dahingehend, dass budgetäre Entscheidungen nicht gegen den Willen der Hauptbeitragszahler gefasst werden, vgl *Klein* (Fn 708) 78 f. Krit wegen der Kompetenz der GV *Zoller* (Fn 709) 633 f.
729 Vgl das Schaubild bei *Streinz* (Fn 471) Rn 727.
730 *Paschke,* Externe und interne Kontrolle, in Volger (Hrsg), Grundlagen, 467 ff.
731 *Schermers/Blokker,* International Institutional Law, § 1126; *Münch,* The Joint Inspection Unit of the United Nations and the Specialized Agencies, MPYUNL 2 (1998) 287 ff. Eine interne Kontrollfunktion nimmt auch das OIOS (Fn 521) wahr, an dessen Spitze der Generalinspektor im Rang eines Unter-GS steht. Seit 2010 bekleidet die Kanadierin *Carman L. Lapointe* dieses Amt.
732 Vgl *Schermers/Blokker,* International Institutional Law, §§ 1455 ff.

recht in der GV (Plenum und Ausschüsse)[733] ipso iure, wenn der Beitragsrückstand die Summe der Verpflichtungen der letzten beiden vorausgegangenen Jahre erreicht oder übersteigt (Art 19 UN-Charta). Allerdings kann die GV die Ausübung zulassen, wenn die Nichterfüllung auf von Mitgliedstaaten nicht zu kontrollierende Umstände zurückzuführen ist.[734] Faktisch ist diese Sanktion bislang nahezu völlig leer gelaufen,[735] da entweder geringe Zahlungen akzeptiert werden, mit denen die kritische Grenze unterschritten wird, oder man von Abstimmungen ieS absieht und die notwendigen Entscheidungen im Konsens-, *non objection-* oder Akklamationsverfahren vornimmt.[736] Derzeit (Stand September 2015) ist kein Staat gemäß Art 19 UN-Charta seines Stimmrechts verlustig. Fünf Mitgliedstaaten hat die GV trotz Beitragsrückstands das Stimmrecht vorübergehend ausnahmsweise zugestanden.[737] Gegen die Verweigerung der Mitarbeit eines *EU*-Staats bei der Einziehung der Eigenmittel der Union kann die Kommission beim EuGH ein Vertragsverletzungsverfahren (Art 258, 260 AEUV) einleiten.

III. Die UN-Familie

1. Allgemeines

Mit dem Begriff der „UN-Familie" wird die *Gesamtheit der Organisation der UN*, dh sowohl die Hauptorganisation selbst mit ihren Organen, Unter- und Nebengliederungen als auch die Sonderorganisationen erfasst.[738] Das weitverzweigte Netz, von dem Übersicht 3 einen guten, aber keineswegs vollständigen Eindruck vermittelt,[739] stellt so etwas wie das Gerüst der Staatengemeinschaft dar, das den institutionellen Rahmen für Koordination und Kooperation auf der universellen Ebene bereitstellt. Natürlich darf man die Vielzahl anderer Organisationseinheiten, vor allem auf regionaler Ebene, nicht vergessen, in denen sich die immer dichter werdende Zusammenarbeit zwischen den Staaten vollzieht. Vom globalen Anspruch der UN her gesehen[740] ist der Organisationsverbund UN-Familie aber besonders wichtig.

Stärker noch als „UN-Familie" weist der für diesen Zusammenhang gleichfalls gebräuchliche Begriff *UN-System*[741] auf die Institutionalisierung der Beziehungen zwischen den dort angesiedelten verschiedenen Organisationseinheiten hin. Dies ist vor allem im Hinblick auf die Sonderorganisationen bedeutsam, die gerade dadurch charakterisiert sind, dass sie trotz rechtlicher Selbständigkeit in enge Verbindung mit den UN gebracht sind. Die sich aus dieser Situation ergebende Spannungslage ebenso wie die Schwierigkeit, die im Lauf der Zeit erheblich gewachsene Zahl organisatorischer Einheiten zu koordinieren, markieren die eigentlichen Problempunkte des Systems.

---

733 Nicht darunter fallen die gemäß Art 22 UN-Charta geschaffenen Nebenorgane oder die anderen UN-Organe; *Tomuschat*, in Charter UN³, Art 19 Rn 32 f.
734 Vgl zB A/RES/66/4 v 11.11.2011.
735 Zur vereinzelten Anwendung gegen kleine Staaten vgl *Tomuschat*, in Charter UN³, Art 19 Rn 25.
736 Vgl o Rn 85, 135 f.
737 Vgl <http://www.un.org/ga/ art19.shtml>, auch zur entsprechenden Praxis vorangegangener Jahre; s bereits o Rn 85.
738 Vgl *Schermers/Blokker*, International Institutional Law, §§ 1692 ff. – ZT werden auch solche Organisationen hinzugezählt, die, ohne Sonderorganisation geworden zu sein, in enger Kooperation mit den UN stehen, wie zB bis Ende 2003 die UNWTO; vgl *Vrancken*, Tourism, MPEPIL IX, 964 (Rn 1, 6 ff); *Seidl-Hohenveldern/Loibl*, Internationale Organisationen, Rn 813 ff.
739 Einen wohl weitgehend vollständigen Überblick gibt das UNYB 59 (2005).
740 Vgl *Bernadotte*-Gutachten, ICJ Rep 1949, 174 ff.
741 *Hüfner*, UN-System, in Handbuch VN, 966 ff.

2. UN mit Haupt- und Nebenorganen

227 Der zentrale Teil des UN-Systems sind die UN selbst als die *Hauptorganisation*. Ihre Struktur und ihre Organe (Art 7 UN-Charta) sind bereits ausführlich behandelt worden.[742] Im Kontext des Gesamtsystems ist vor allem die Rolle von *GV* und *WSR* hervorzuheben, da aus diesen Organen heraus die Verbindung zu den Sonderorganisationen gestaltet wird. Die GV hat darüber hinaus *Nebenorgane* geschaffen, die Übersicht 3 aufweist. Das älteste dieser ständigen Nebenorgane ist das Kinderhilfswerk (United Nations International Children's Emergency Fund/ UNICEF) v 1946. Die Infrastruktur ist unterschiedlich geregelt, aber meist gibt es einen Exekutivrat, an dessen Spitze ein Exekutivdirektor steht, der die laufenden Verwaltungsgeschäfte führt. Die Finanzierung erfolgt überwiegend auf freiwilliger Basis. Mit Ausnahme von UNRWA (United Nations Relief and Works Agency for Palestine Refugees in the Near East), UNIDIR (United Nations Institute for Disarmament Research) und UNICRI (United Nations Interregional Crime and Justice Research Institute),[743] die direkt an die GV berichten, legen die Nebenorgane ihre Jahresberichte über den WSR der GV vor. Auf die Fülle der Ausschüsse (ständige und ad hoc) und Arbeitsgruppen, die GV und WSR geschaffen haben, kann nur pauschal hingewiesen werden.

228 Im Rahmen seiner primären Verantwortung für die Wahrung des Weltfriedens hat der *SR* eine große Anzahl *friedenssichernder Operationen* ins Leben gerufen, die seiner direkten Verantwortung unterstanden oder unterstehen.[744] In neuerer Zeit zeichnet sich jedoch eine Tendenz zur Dezentralisierung ab; während der SR die grundlegende Ermächtigung erteilt, übernehmen Mitgliedstaaten selbst oder andere Organisationen (zB NATO, EU, AU) die Durchführung der Aktion.[745] Auch derartige Aktionseinheiten können dem UN-System zugeordnet werden.

3. Sonderorganisationen

229 Sonderorganisationen *(specialized agencies)*[746] sind solche I.O., die nach ihrem Gründungsinstrument Aufgaben in dem weiten von Art 1 Nr 3 u Art 55 UN-Charta definierten Sinn erfüllen und durch Vertrag in Verbindung mit den UN gebracht worden sind (Art 57, 63 UN-Charta). Derzeit bestehen *15 Sonderorganisationen:*[747] ILO (International Labour Organization, 1946); FAO (Food and Agriculture Organization, 1946); UNESCO (UN Educational, Scientific and Cultural Organization, 1946); ICAO (International Civil Aviation Organization, 1947); Weltbankgruppe (World Bank Group, 1947);[748] IMF (International Monetary Fund, 1947); UPU (Universal Postal Union, 1947); WHO (World Health Organization, 1948); ITU (International Telecommunication Union, 1949; 1992/1994); WMO (World Metereological Organization, 1951); IMO (International Maritime Organization, 1948); WIPO (World Intellectual Property Organization, 1967); IFAD (In-

---

742 Vgl o Rn 124 ff.
743 Näher *Schmahl*, United Nations, Autonomous Research Institutes, MPEPIL X, 229 (Rn 20 ff).
744 Ein Überblick über die gegenwärtigen 16 Friedensmissionen der VN findet sich in Übersicht 3.
745 Näher *Bothe*, 8. Abschn Rn 35, 49 f; *Deen-Racsmány*, A Redistribution of Authority Between the UN and Regional Organizations in the Field of Maintenance of Peace and Security, LJIL 13 (2000) 297 ff; *de Wet*, The Relationship of the Security Council and Regional Organizations during Enforcement Action under Chapter VII of the United Nations Charter, NJIL 71 (2002) 1 ff; *Villani*, The Security Council's Authorization of Enforcement Action by Regional Organizations, MPYUNL 6 (2002) 535 ff. Vgl auch o Fn 451.
746 Eingehende Darstellung bei *Klein*, United Nations, Specialized Agencies, MPEPIL X, 489 ff; *Williams*, The Specialized Agencies and the United Nations, 1987; *Meng*, in Charter UN³, Art 57.
747 Die im Folgenden angegebenen Daten beziehen sich auf das Inkrafttreten der Abkommen iSv Art 63 UN-Charta. Vgl o Übersicht 3 sowie den inhaltlichen Überblick bei *Meng*, in Charter UN³, Art 57 Rn 48 ff.
748 Die Weltbankgruppe umfasst fünf Organisationen mit jeweils eigener Rechtspersönlichkeit: IBRD (International Bank for Reconstruction and Development, 1944/1947); IDA (International Development Association, 1960); IFC (International Finance Corporation, 1955); MIGA (Multilateral Investment Guarantee Agency, 1988); ICSID (International Centre for Settlement of Investment Disputes, 1966).

ternational Fund for Agricultural Development, 1977); UNIDO (UN Industrial Development Organization, 1986); UNWTO (World Tourism Organization, 2003).

Die IAEO (Internationale Atomenergie-Organisation) hat de facto den Status einer Sonderorganisation, formal rechnet sie nicht zu dieser Kategorie, da das Abkommen mit den UN nicht nach Maßgabe der Art 57 u 63 UN-Charta abgeschlossen wurde. Entsprechendes gilt für den ICC.[749] Auch das GATT (Allgemeines Zoll- und Handelsabkommen) war und die in seiner Nachfolge 1995 ins Leben getretene Welthandelsorganisation (World Trade Organization/WTO) ist ungeachtet aller UN-Nähe keine Sonderorganisation.[750] Die bisher einzige Sonderorganisation, die erloschen ist (1952), war die Internationale Flüchtlingsorganisation (IRO); sie war von Anfang an zeitlich limitiert. Ihre Aufgaben werden vom UNHCR fortgeführt. **230**

Während die Gründungsverträge der meisten Sonderorganisationen später als die UN-Charta abgeschlossen wurden, sind einige Organisationen, nämlich vor allem ILO (1919), FAO (1943), IBRD (1944) und IMF (1944) schon vor den UN geschaffen und erst später mit diesen gemäß Art 63 UN-Charta in Beziehung gebracht worden. Andere (zB ITU, UPU, WIPO) haben Vorgängerorganisationen, die sogar noch in die Vor-Völkerbundzeit zurückreichen („Verwaltungsunionen").[751] Zur Zeit der Gründung des Völkerbunds gab es bereits mehr als 20 derartige Einheiten. Art 24 VBS unternahm den Versuch, diese internationalen Büros der Leitung des Völkerbunds zu unterstellen. Der Versuch scheiterte vor allem an dem Autonomiestreben dieser Einheiten und der Tatsache, dass die USA einem wesentlichen Einfluss des Völkerbunds, dem sie nicht angehörten, auf die anderen Organisationen, in denen sie Mitglied waren, ablehnend gegenüberstanden. Untermauert wurde diese Entwicklung durch die Theorie des *Funktionalismus,* nach der einzelne geeignete Politikbereiche in internationalen Zweckverbänden im Interesse aller beteiligten Mitglieder gestaltet werden können;[752] dies setzt zugleich die Notwendigkeit voraus, die einbezogenen Sachbereiche zu entpolitisieren, sie also auch dem Einfluss der politischen Organisationen zu entziehen. Eine Ausnahme machte allein die *ILO,* aber nur deshalb, weil sie durch die Art 387 bis 427 des Versailler Friedensvertrages (1919) ganz „als Teil der Völkerbundorganisation" (Art 392) integriert und auch in ihrer Finanzausstattung vom Völkerbund abhängig war. Freilich gelang es ihr, sich dem Niedergang des Völkerbunds zu entziehen und sich als eigenständige Organisation zu etablieren. Den neu gegründeten Vereinten Nationen traten daher selbstbewusste Organisationen, zu denen neben der ILO vor allem auch die FAO zählte, gegenüber. **231**

Andererseits war es angesichts der gesteigerten Bedeutung der sozialen und ökonomischen Fragen von Anfang an klar, dass die neue Weltorganisation über Handlungsmöglichkeiten verfügen sollte, diese Probleme anzugehen. *Kap IX u X UN-Charta* eröffnen den UN daher die entsprechenden Spielräume. Im Verhältnis zu den Organisationen, die sich mit wirtschaftlichen, sozialen und verwandten Angelegenheiten befassen, verfolgt die UN-Charta ein Dezentralisierungskonzept, das es der freien Entscheidung der jeweiligen Organisation überlässt, ein ihren Status als Sonderorganisation begründendes Abkommen mit den UN abzuschließen, um auf diese Weise Kooperation und Koordination zu sichern. Nach Art 59 können die UN aber auch selbst Verhandlungen zur Gründung einer neuen Sonderorganisation initiieren.[753] **232**

Alle Sonderorganisationen ruhen auf einer *doppelten Rechtsgrundlage:* ihrem Gründungsvertrag (Statut/„Verfassung") und dem Abkommen, das aus der I.O. eine Sonderorganisation der UN macht. Häufig sieht der *Gründungsvertrag* bereits den Status als Sonderorganisation vor **233**

---

749 Das Beziehungsabkommen (Art 2 ICC-Statut) datiert v 7.6.2004, ICC-ASP/3/Res 1.
750 Vgl *von Schorlemer,* Zwischen Abgrenzung und Kooperation. Die Rechtsnatur der WTO und ihr Verhältnis zum UN-System, VN 2001, 101 ff; *Krajewski* (Fn 577) Rn 219. Zurzeit (Stand 15.9.2015) zählt die WTO 161 Mitglieder.
751 Dazu o Rn 3.
752 Vgl *Mitrany* (Fn 22); *Rittberger,* Internationale Organisationen, Theorie der, in Handbuch VN, 363 (367).
753 Die Initiative kann sowohl vom WSR als auch von der GV ausgehen, Art 60 UN-Charta.

(zB Art 69 WHO), der dann durch Abschluss des entsprechenden Abkommens auch schnell geschaffen wird. Verschiedentlich verläuft die Entwicklung aber sehr viel komplizierter. Das Hauptbsp bietet die jüngste Sonderorganisation, die World Tourism Organization (UNWTO): 1925 als „International Congress of Official Tourist Traffic Associations" gegründet, erfolgte nach dem Zweiten Weltkrieg ihre Umbenennung in „International Union of Official Travel Organisations" (IUOTO). Nach einer Empfehlung durch die UN-GV wurden dann 1970 die Gründungsstatuten der WTO von einer Außerordentlichen GV der IUOTO verabschiedet, welches am 2.1.1975 in Kraft trat. Der Abschluss des Abkommens mit den UN gemäß Art 57 u 63 UN-Charta erfolgte dagegen erst im Jahr 2003.[754]

234 Der Abschluss dieser *Beziehungsabkommen (relationship agreements)* folgt einem in der Praxis erprobten Muster. Der WSR, das von Seiten der UN zum Vertragsschluss ermächtigte Organ, beauftragt mit einer Resolution seinen Verhandlungsausschuss, Gespräche mit der jeweiligen Organisation aufzunehmen. Der Abkommensentwurf wird zunächst dem WSR, dann der UN-GV und dem Plenarorgan der Organisation vorgelegt; er tritt mit Billigung der beiden zuletzt genannten Organe oder zu einem festgesetzten Zeitpunkt in Kraft. Es handelt sich bei dem Abkommen um einen Vertrag zwischen zwei I. O.,[755] der analog Art 102 UN-Charta beim UN-Sekretariat registriert und veröffentlicht wird.

235 Der *Inhalt der Abkommen* entspricht formal einem allgemeinen Muster. Im ersten Artikel ist die Anerkennung der I. O. als Sonderorganisation durch die UN festgehalten, in den nachfolgenden Artikeln wird dann jedoch in einer den individuellen Gegebenheiten Rechnung tragenden Weise geregelt, wie sich die Zusammenarbeit vollziehen soll. Zu diesem Zweck werden Fragen wie die gegenseitige Repräsentation in den Organen, der Informationsaustausch, statistische Dienste, budgetäre Fragen und solche des öffentlichen Dienstes ebenso wie Jurisdiktionsmöglichkeiten des IGH geregelt. Während die Gründungsverträge der Sonderorganisationen häufig die Mitglieder der Organisation berechtigen, den IGH bei Streitigkeiten über Auslegung und Anwendung des Statuts anzurufen, erlauben die Beziehungsabkommen den Sonderorganisationen gemäß Art 96 Abs 2 UN-Charta, Gutachten des IGH zu Rechtsfragen anzufordern, die sich in ihrem Tätigkeitsbereich stellen;[756] ausgeschlossen ist allerdings die Anrufung des IGH in Fragen, die die Beziehungen zwischen UN und Sonderorganisationen oder zwischen Sonderorganisationen betreffen. Antragsberechtigt sind außer SR und GV insoweit aber aufgrund genereller Ermächtigung auch der WSR.[757]

236 Das entscheidende Problem angesichts der großen Zahl der zur UN-Familie gehörenden Einheiten ist die *Koordination* der vielfältigen und sich häufig überlappenden Aktivitäten. Dem WSR kommt dabei eine zentrale Rolle zu, der er jedoch bislang nicht ausreichend nachgekommen ist.[758] Dies liegt auch an seinen beschränkten, freilich der rechtlichen Selbständigkeit der Sonderorganisationen entsprechenden Kompetenzen diesen Organisationen gegenüber. Ein wichtiger Ansatz zur Koordinierung hätte Art 17 Abs 3 UN-Charta werden können, auch wenn sein Ziel keineswegs war, der GV eine Finanzkontrolle über die Sonderorganisationen einzuräumen. In der Praxis beschränkt sich die GV jedoch darauf, die Prüfungsberichte des ACABQ anzunehmen, die von den Sonderorganisationen freilich kaum beachtet werden.[759] Nicht viel erfolgreicher in dieser Hinsicht ist iE bislang auch das vom WSR 1962 geschaffene, derzeit 31 Mitglieder umfassende CPC (Committee for Programme and Coordination)[760] und der UN Chief

---

754 A/RES/58/232; der Annex enthält das Abkommen.
755 Vgl o Rn 98.
756 ZB ICJ Rep 1980, 73 *[Übereinkommen WHO-Ägypten]*.
757 Vgl ICJ Rep 1989, 177 *[Mazilu-Gutachten]*.
758 S auch o Rn 157.
759 Dazu *Woeste/Thomma*, in Charter UN³, Art 17 Rn 158.
760 Vgl UN Doc E/AC.51/2012/INF/1 v 2012.

Executives Board (CEB) gewesen, in dem sich zwei- oder dreimal pro Jahr die Leiter (Generaldirektoren) der Sonderorganisationen mit dem GS der UN treffen.[761] Eine Lösung dieser Fragen ist nicht in Sicht, was die Erbitterung vor allem der USA als des größten Geldgebers für die UN ebenso wie für die Sonderorganisationen steigert. So sind sie aus der UNIDO ausgetreten;[762] auch andere Sonderorganisationen haben sie verlassen.[763]

Das der Schaffung der Sonderorganisationen zugrunde liegende Konzept des Funktionalismus geht von der Überlegung aus, für bestimmte Politikbereiche deshalb gemeinsame Lösungen finden zu können, weil hieran alle Staaten, unabhängig von ihrem politischen System, ihrer Entwicklungsstufe und ihren gegenseitigen Beziehungen Interesse haben. Nähere Betrachtung zeigt indes, dass *Entpolitisierung* allenfalls bei den technischen Organisationen gelingen kann (zB ITU, UPU).[764] Bereiche der Erziehung und Wissenschaft, der Menschenrechte und der finanziellen Hilfe sind hingegen erheblich ideologie- und politikanfällig. Hinzu tritt die Frage, inwieweit die Sonderorganisationen verpflichtet werden können, die allgemeine Politik der UN mitzutragen. Relativ eindeutig, wenn auch im Einzelnen abgestuft, enthalten die Beziehungsabkommen die Verpflichtung der Sonderorganisationen, dem SR Informationen zu geben und ihn bei seiner Aufgabe, den Weltfrieden und die internationale Sicherheit zu wahren oder wiederherzustellen, zu unterstützen. Dies reicht weiter als die indirekte Verpflichtung der Organisationen aus Art 48 Abs 2 UN-Charta.[765] Weniger eindeutig ist, ob eine solche Verpflichtung auch gegenüber den von der GV verfolgten Politiken besteht. Insoweit ist darauf hinzuweisen, dass die meisten Beziehungsabkommen die Sonderorganisationen verpflichten, die Empfehlungen von GV und WSR zu prüfen und nach Möglichkeit zu beachten.[766] Darüber hinausgehende Rechtspflichten können aber nicht aus dem allgemeinen Verhältnis von UN und Sonderorganisationen hergeleitet werden, da eine *Hierarchisierung des Gesamtsystems* gerade *nicht* vollzogen wurde, die UN also nicht das „Oberhaupt" der UN-Familie sind. Gleichwohl waren Sonderorganisationen verschiedentlich starkem politischen Druck ausgesetzt und haben ihm auch zT nachgegeben; die Pressionen betrafen vor allem die Dekolonisierung, Apartheid und die israelisch besetzten Gebiete. Viele Sonderorganisationen haben allerdings Verfahrenstechniken entwickelt, um ihre Arbeit in der Substanz unbeeinträchtigt durchführen zu können, ohne sich dabei von der allgemeinen politischen Mehrheitshaltung der GV distanzieren zu müssen.[767]

IV. Europarat

1. Allgemeines und Entstehung
Die Gründung des Europarats[768] ist die Frucht einer spezifisch europäischen und einer universellen Entwicklung. Die *politische Idee Europa*, die sich ungeachtet aller politischen und kulturel-

---

761 Siehe auch o Rn 166.
762 FAZ v 5.12.1995, 2.
763 UNESCO (1984) und ILO (1977); in letztere Organisation sind sie aber wieder 1980, in erstere 2003 zurückgekehrt; vgl o Rn 77. Nach Aufnahme Palästinas in die UNESCO (vgl Fn 255) haben die USA allerdings ihre Beitragszahlungen zu dieser Organisation umgehend ausgesetzt.
764 Daher übernehmen ITU und UPU – anders als die UN – eine wesentliche Rolle im Bereich der Internetregulierung, vgl *Schmahl*, The UN Facing the Challenges of the „Information Society", MPYUNL 11 (2007) 197 (206 ff).
765 Näher *Reinisch/Novak*, in Charter UN³, Art 48 Rn 9 ff.
766 Vgl *Meng*, in Charter UN³, Art 63 Rn 18 f, dort auch zur gewissen Sonderrolle der Weltbankgruppe.
767 Vgl *Ballreich*, Die Interdependenz internationaler Organisationen, AVR 19 (1981) 121 ff; *v. Hanstein*, Der Einfluss der Vereinten Nationen auf die Sonderorganisationen, 1988.
768 *Sørensen*, Le Conseil de l'Europe, RdC 81 (1952-II) 120 ff; *Carstens*, Das Recht des Europarats, 1956; *Robertson*, Council of Europe, EPIL I (1992) 843 ff; *Klein*, 50 Jahre Europarat, AVR 39 (2001) 121 ff; *Wittinger*, Der Europarat, 2005; Benoît-Rohmer/Klebes (Hrsg), Das Recht des Europarats, 2006; *Brummer*, Der Europarat, 2008; *Kleinsorge* (Fn 584); Schmahl/Breuer (Hrsg), The Council of Europe: Its Law and Policies, 2016.

len Vielgestaltigkeit der neuzeitlichen europäischen Staatenwelt herausgebildet hat, brachte im Lauf der Zeiten eine Fülle von Entwürfen und Konzeptionen zur politischen Einigung Europas hervor.[769] Mit dem Ende des vor allem für Europa desaströsen Ersten Weltkriegs erhielten diese Pläne neuen Auftrieb. 1923 setzte sich *Graf Coudenhove-Kalergi* in seiner Schrift „Paneuropa" für die Schaffung der „Vereinigten Staaten von Europa" ein. In seiner berühmten Züricher Rede v 19.9.1946 nahm *Winston S. Churchill* das Wort auf: „We must build a kind of United States of Europe".[770]

239 Der zweite Entwicklungsstrang wurzelt in der in den letzten Jahren des Zweiten Weltkriegs sich abzeichnenden Gründung einer neuen Weltorganisation (UN) und der heute wieder sehr aktuellen Einsicht, dass es sinnvoll sei, die Hauptorganisation zu entlasten und ihr regionale allgemein-politische Organisationen zur Seite zu stellen. IdS plädierte *Churchill* bereits 1943 in einer Rundfunkansprache: „One can imagine that under a world institution embodying or representing the United Nations there should come into being a Council of Europe".[771] Ähnlich[772] wie die Organisation Amerikanischer Staaten (*OAS*/1948)[773] und die Afrikanische Union (*AU*, hervorgegangen aus der 1963 gegründeten Organisation Afrikanische Einheit – *OAU*)[774] ist der Europarat eine mit weiten Kompetenzen ausgestattete geographisch beschränkte *Regionalorganisation*,[775] die ausdrücklich den Vorrang der Verpflichtungen aus der UN-Charta respektiert (Art 1 lit c Europaratssatzung). Der Europarat ist die aktivste und effektivste dieser Regionalorganisationen. Der Gründungsvertrag (Satzung) wurde am 5.5.1949 in London von 10 Staaten unterzeichnet;[776] die BR Deutschland trat 1950 bei. Heute hat der Europarat 47 *Mitglieder* (einschließlich Russland) und repräsentiert eine Bevölkerung von ca 800 Mio Europäern. Beobachterstatus bei der Organisation und im Ministerkomitee haben Japan, Kanada, Mexiko, die USA sowie der Heilige Stuhl; Beobachter in der Parlamentarischen Versammlung (parliamentary observers) sind Vertreter der Parlamente von Israel, Kanada und Mexiko. Nach dem Zusammenbruch der kommunistischen Regime 1989/90 ist ein besonderer Gästestatus geschaffen worden, der eine Vorstufe zum Beitritt darstellt, aufgrund des enormen Zuwachses an Mitgliedern heute aber fast keine Rolle mehr spielt. Weißrussland ist neben dem Kosovo, dessen rechtlicher Status umstritten ist, der einzige europäische Staat, der dem Europarat derzeit nicht angehört,[777] nachdem 2004 Monaco und 2007 Montenegro[778] aufgenommen wurden.[779] Sitz der Organisation ist Straßburg.

---

769 *Foerster*, Europa, Geschichte einer politischen Idee, 1967, 325 ff mit einer Bibliographie von 182 Einigungsplänen aus den Jahren 1306 bis 1945.
770 *Churchill*, The Times of Peace, Post-War Speeches, 1948, 198 ff. Schon zuvor hatte *Konrad Adenauer* am 24.3.1946 in der Universität zu Köln die „Vereinigten Staaten von Europa unter Einschluss Deutschlands" gefordert, in *ders*, Reden 1917-1967, 1975, 82 (105).
771 Zit nach Council of Europe (Hrsg), Manual of the Council of Europe, 1980, 3.
772 Beim Europarat handelt es sich allerdings nicht um ein Regionalsystem kollektiver Sicherheit.
773 *Sheinin*, The Organization of American States, 1996; *Arrighi*, Organization of American States (OAS), MPEPIL VII, 1059 ff; *Thomas*, The Organization of American States in its 50th Year, 1998; *Epping* (Fn 27) 287 ff.
774 *Cisse*, Naissance de l'Union africaine, International Forum 3 (2001) 151; *Packer/Rukare*, The New African Union and Its Constitutive Act, AJIL 96 (2002) 365 ff; *Magliveras/Naldi*, The African Union, ICLQ 51 (2002) 415 ff; *Heyns/Baimu/Killander*, The African Union, GYIL 46 (2003) 252 ff; *Maluwa*, The Constitutive Act of the African Union and Institution-Building in Postcolonial Africa, LJIL 16 (2003) 157 ff.
775 Nach Art 4 kann „jeder europäische Staat" zum Beitritt eingeladen werden.
776 87 UNTS 103; BGBl 1950 II, 263.
777 Der Gästestatus von Belarus (Weißrussland) wurde 1997 aufgrund demokratischer Defizite des Landes suspendiert, vgl die Res der Parlamentarischen Versammlung 1441 (2000) v 26.1.2000 u 1306 (2002) v 27.9.2002. Auf der Plenarsitzung am 26.6.2009 hat die Parlamentarische Versammlung beschlossen, Weißrussland den ausgesetzten Sondergaststatus wieder einzuräumen. Die Gewährung dieses Status ist gekoppelt an den Erlass eines Moratoriums für die Anwendung der Todesstrafe, vgl Res 1671 (2009) der Parlamentarischen Versammlung v 23.6.2009. Bis heute fehlt es freilich an einem solchen Moratorium.
778 Nach seiner Abspaltung von Serbien-Montenegro 2006.
779 Zum Vorstehenden näher *Klein*, Membership and Observer Status, in Schmahl/Breuer (Fn 768) § 3.

2. Organe

Da die Struktur des Europarats weitgehend der anderer I.O. entspricht, ist hier nur auf Beson- **240** derheiten einzugehen. Art 10 Europaratsatzung benennt die Parlamentarische Versammlung (bis 1974: Beratende Versammlung) und das Ministerkomitee als Organe, die von einem Sekretariat unterstützt werden. Im *Ministerkomitee* (Art 13 ff) sind die Außenminister vertreten, die außerhalb ihrer Zusammenkünfte von Ständigen Vertretern repräsentiert werden; dies sichert die Arbeitskontinuität. Zusätzlich kommen, dem breiten Aktionsfeld des Europarats entsprechend, zahlreiche weitere Fachminister oder Regierungsbeamte und Experten zu Konferenzen zusammen, die Übereinkommen und gemeinsame Politiken vorbereiten. Die Stimmerfordernisse sind je nach Materie von einfacher Mehrheit bis zur Einstimmigkeit abgestuft (Art 20).

Die *Parlamentarische Versammlung* (Art 22 ff) ist deshalb hervorzuheben, weil mit ihr erst- **241** mals das parlamentarische Prinzip in eine I.O. eingeführt wurde. Damit tritt neben die Versammlung der Mitgliedstaaten (Regierungsvertreter) eine Repräsentation der Völker der Mitgliedstaaten. Die derzeit 318 Mitglieder der Versammlung, denen eine ebensolche Anzahl von Vertretern zur Seite stehen, werden von den nationalen Parlamenten aus ihren Reihen gewählt; je nach Größe des Mitgliedstaats schwankt die Zahl der Vertreter zwischen zwei (Liechtenstein, San Marino, Andorra, Monaco) und achtzehn (Deutschland, Frankreich, Großbritannien, Italien, Russland).[780] Die Abgeordneten haben sich politisch, nicht nach Ländern, gruppiert; derzeit gibt es fünf Fraktionen und einige fraktionslose Abgeordnete. Dieser parlamentarische Ansatz ist später von anderen Organisationen übernommen worden, vor allem von der Europäischen Union, der WEU[781] und dem Nordischen Rat.[782] Die der Versammlung eigene Zusammensetzung aus unabhängigen Abgeordneten hat sicher ihre Bereitschaft gefördert, sich aller möglichen (auch außereuropäischen) Themen anzunehmen;[783] auch dies ist eine Parallele zum Europäischen Parlament (EU).

Auf Initiative der Parlamentarischen Versammlung ist 1994 vom Ministerkomitee ein zusätz- **242** liches beratendes (Sekundär-)Organ geschaffen worden, der *Kongress der Gemeinden und Regionen Europas* (KGRE); er ersetzt die 1961 gegründete „Ständige Konferenz der Gemeinden und Regionen Europas". Die Hauptaufgabe des aus zwei Kammern (Gemeinden und Regionen) bestehenden Kongresses besteht darin, die Teilhabe der Gemeinden und Regionen am europäischen Einigungsprozess und an den Aktivitäten des Europarats zu garantieren. Hierzu gehören die Förderung der Demokratie auf regionaler und kommunaler Ebene und die Stärkung der grenzüberschreitenden und überregionalen Zusammenarbeit in Europa.[784] Seit 1999 existiert zudem das Amt eines *Kommissars für Menschenrechte*. Seine Aufgaben bestehen in der Stärkung des öffentlichen Bewusstseins für Menschenrechte, der Aufdeckung möglicher menschenrechtlicher Defizite in den nationalen Rechtsordnungen der Mitgliedstaaten sowie allgemein in der Förderung effektiver Einhaltung der Menschenrechte. Er ist kein justizielles Organ und kann daher keine Individualbeschwerden entgegennehmen. Vielmehr arbeitet er mit den nationalen wie internationalen Menschenrechts-Institutionen zusammen.[785]

---

[780] Allerdings ist das Stimmrecht Russlands in der Parlamentarischen Versammlung wegen Verstoßes gegen die Satzung des Europarats durch die Annexion der Krim v 10.4.2014 bis 26.1.2015 suspendiert worden, vgl Res 1990 (2014), Ziff 15. Für die Sitzungsperiode 2015 sind Russland nur noch bestimmte Annexrechte der Mitgliedschaft entzogen, vgl Res 2034 (2015) v 28.1.2015, Ziff 14.
[781] 19 UNTS 51; *Macallister-Smith*, Western European Union, EPIL IV (2000) 1450 ff.
[782] *Berg*, Nordic Council and Nordic Council of Ministers, EPIL III (1997) 639 ff.
[783] Der Zuständigkeitsbereich ist in Art 23 freilich ohnedies weit gefasst.
[784] *Rabe/Semmelrogge*, Der Kongress der Gemeinden und Regionen des Europarates und seine „Europäische Charta der regionalen Selbstverwaltung", NdsVBl 1998, 105 ff.
[785] Vgl Res 99 (50) des Ministerkomitees v 7.5.1999. Weitere Informationen unter <http://www.coe.int/t/D/commissioner/default_De.asp>. Derzeitiger Kommissar (seit 2012) ist der Lette *Nils Muižnieks*.

243 Die laufenden Verwaltungsgeschäfte werden vom *Sekretariat* (Art 36, 37) wahrgenommen, an dessen Spitze der auf fünf Jahre von der Parlamentarischen Versammlung auf Empfehlung des Ministerkomitees ernannte Generalsekretär steht. Er nimmt mit beratender Stimme an den Sitzungen des Ministerkomitees, der Parlamentarischen Versammlung und ihrer Ausschüsse teil. Derzeitiger Amtsinhaber (seit 1.10.2009) ist der Norweger *Thorbjørn Jagland.* Im Sekretariat sind derzeit ca 2.200 Personen beschäftigt. Der ordentliche Haushalt des Europarats beläuft sich in den Jahren 2014 und 2015 jeweils auf ca 245 Mio Euro.[786]

3. Aufgaben, Grundsätze, Aktivitäten

244 Nach Art 1 lit a seiner Satzung hat der Europarat die Aufgabe, „eine engere Verbindung zwischen seinen Mitgliedern zum Schutze und zur Förderung der Ideale und Grundsätze, die ihr gemeinsames Erbe bilden, herzustellen und ihren wirtschaftlichen und sozialen Fortschritt zu fördern"; lit b benennt als Tätigkeitsfelder ausdrücklich den wirtschaftlichen, sozialen, kulturellen und wissenschaftlichen Bereich, die Gebiete des Rechts und der Verwaltung sowie den Schutz und die Fortentwicklung der Menschenrechte und Grundfreiheiten. Damit ist ein *politisch umfassender Aufgabenbereich* beschrieben, aus dem nach Maßgabe von lit d nur „Fragen der nationalen Verteidigung" herausfallen. Dies ist verständlich, da dieses Gebiet bereits durch den Brüsseler Pakt (ehemalige WEU) v 1948 und den gerade einen Monat früher (4.4.1949) unterzeichneten Nordatlantikpakt (NATO)[787] abgedeckt war.[788]

245 Während der Anfangsjahre stand das Bestreben nach politischer und wirtschaftlicher Einigung Europas im Vordergrund der Tätigkeit des Europarats. Doch zeigte sich bald, dass nur ein kleiner Teil der beteiligten Staaten zur Übertragung von Hoheitsrechten auf zwischenstaatliche Einrichtungen bereit war. Mit der Gründung der drei Europäischen Gemeinschaften (u Rn 249) verlagerte sich der Integrationsprozess stärker auf diese Institutionen. Der Europarat hat aber diese Entwicklung nicht behindert, und auch von Seiten der Gemeinschaften/Union ist die Zusammenarbeit mit dem Europarat immer gesucht und aufrechterhalten worden (vgl Art 220 AEUV).[789] Der Europarat verlagerte den Schwerpunkt seiner Tätigkeit auf vielfältige *Förderung der Zusammenarbeit* seiner Mitglieder. Initiativen hierzu kommen von einzelnen Mitgliedstaaten, vom Ministerkomitee oder von der Parlamentarischen Versammlung. Die Ergebnisse dieser Arbeit sind außerordentlich reichhaltig. Von erheblicher praktischer Bedeutung sind vor allem die mehr als *215 Konventionen,* die in der Organisation erarbeitet und vom Ministerkomitee beschlossen wurden sowie, sollen sie verbindlich werden, von den Mitgliedstaaten ratifiziert werden müssen.[790] Als besonders wichtige Bsp können hier nur genannt werden die Europäische Menschenrechtskonvention *(EMRK)* mit ihren 14 Zusatzprotokollen,[791] die Europäische Sozialcharta, die Konvention zum Schutz des Wildlebens und der natürlichen Lebensräume, die Konvention zum Schutz vor Folter, die Konvention zur Terrorismusbekämpfung, die Europäische Charta der kommunalen Selbstverwaltung, die Konvention zum Datenschutz, die Europäische Charta für Regional- und Minderheitensprachen und die Rahmenkonvention zum Minderheiten-

---

786 CM/Res (2014)1E v 18.12.2013 u CM/Res (2015)1E v 19.12.2014.
787 34 UNTS 243; *Ignarski,* North Atlantic Treaty Organization, EPIL III (1997) 646 ff; *Klein/Schmahl,* Die neue NATO-Strategie und ihre völkerrechtlichen und verfassungsrechtlichen Implikationen, RuP 1999, 198 ff.
788 Eingehend zu Aufgaben, Handlungsformen und Tätigkeitsbereichen des Europarats *Uerpmann-Wittzack,* Europarat, EnzEuR I, § 25 Rn 38 ff.
789 Zu früheren Rechtslage *Karasek,* Der Europarat, die Europäischen Gemeinschaften und die gesamteuropäische Zusammenarbeit, EA 1980, 1 ff. Zur gegenwärtigen Rechtslage *Schmahl,* in dies/Breuer (Fn 768) § 32 Rn 22 ff.
790 *Jaah/Schaerer,* Die Konventionen des Europarates, SZIER 12 (2002) 103 ff.
791 Zu erwähnen ist auch das Zusatzprotokoll 14*bis* v 27.5.2009, das am 1.10.2009 in Kraft trat. Dieses Protokoll sollte den EGMR bis zum mittlerweile (1.6.2010) erfolgten Inkrafttreten des 14. Zusatzprotokolls entlasten. Zwei weitere Protokolle sind noch nicht in Kraft getreten.

schutz sowie die Konvention gegen Menschenhandel, die Konvention über die Vermeidung der Staatenlosigkeit bei Staatennachfolge und die Konvention über den Zugang zu amtlichen Dokumenten.

Unbestrittene Spitzenleistung des Europarats ist der ausgefeilte Schutz gegenüber Verletzungen der *Menschenrechte* und Grundfreiheiten durch die Hoheitsgewalt der 47 Vertragsstaaten[792] der EMRK. Der Schutz wird durch die Verfahren der Staaten- und Individualbeschwerde realisiert und vom Europäischen Gerichtshof für Menschenrechte (EGMR) wahrgenommen.[793] Die materiellen Rechtsgarantien und die inzwischen sehr umfangreiche Spruchpraxis haben nicht nur Einfluss auf die nationale Grundrechtsauslegung gehabt,[794] sondern haben sich in dieser Verbindung und in ihrer Einwirkung auf das Recht der Europäischen Union (vgl Art 6 Abs 3 EUV) als über allgemeine Prinzipien hinausreichende europäische „Verfassungssätze" etabliert.[795] Art 6 Abs 2 EUV verpflichtet die EU nunmehr sogar, der EMRK beizutreten. Von Seiten der EMRK wird diese Entwicklung durch das 14. Zusatzprotokoll eröffnet (vgl auch o Rn 65 sowie u Rn 254). 246

Auf diesen Standard verpflichtet die Mitgliedstaaten auch *Art 3* der Satzung. Die Herrschaft des Rechts (Rechtsstaatsprinzip) und die Anerkennung der Menschenrechte und Grundfreiheiten sind Voraussetzungen der Mitgliedschaft im Europarat.[796] Schon darum konnten vor den politischen Umwälzungen 1989/90 die *osteuropäischen Staaten* nicht Mitglieder werden. Inzwischen sind fast alle Staaten dieser Region Mitglieder geworden.[797] Der Beitritt zum Europarat gilt auch als Vorbereitungshandlung des Beitritts zur EU. Das *Dilemma,* in das der Europarat durch diese Entwicklung geraten ist, ist allerdings unübersehbar. Einerseits ist evident, dass viele dieser Staaten bisher dem entwickelten rechtsstaatlichen, menschenrechtlichen Standard nicht entsprechen;[798] ihre Aufnahme birgt die Gefahr, dass der Standard abgesenkt oder ein „gespal- 247

---

[792] Montenegro hat eine Sukzessionserklärung hinsichtlich der von Serbien-Montenegro geschlossenen Europaratsabkommen abgegeben. Das Ministerkomitee hat diese Erklärung zunächst nur hinsichtlich „offener" Konventionen – dh von Konventionen, die auch Nichtmitgliedern des Europarates offenstehen – akzeptiert (vgl CM/Del/ Dec (2006) 967/2.3 bE), später auch hinsichtlich „geschlossener" Konventionen, darunter die EMRK und ihre Zusatzprotokolle (vgl CM/Del/Dec (2007) 994 bis/2.1 aE).
[793] Näher vgl *Kau,* 3. Abschn Rn 250 ff. – Bis zum 1.11.1999 ist neben dem EGMR auch die Europäische Menschenrechtskommission tätig gewesen (vgl Art 5 Abs 2 Protokoll Nr 11; BGBl 1995 II, 578).
[794] Vgl etwa BVerfGE 74, 358, 370; 111, 307, 329; 120, 180, 200; zuletzt BVerfGE 128, 326, 366 ff; außerdem *Frowein,* Das Bundesverfassungsgericht und die Europäische Menschenrechtskonvention, FS Zeidler, Bd II, 1987, 1763 ff; *Uerpmann,* Die Europäische Menschenrechtskonvention und die deutsche Rechtsprechung, 1993; *Schmahl,* Die Verzahnung der deutschen, europäischen und internationalen Rechtsebenen bei der Gewährleistung von Grund- und Menschenrechten, in Bauschke u a (Hrsg), Pluralität des Rechts, 2003, 163 (181 ff); *Ruffert,* Die Europäische Menschenrechtskonvention und innerstaatliches Recht, EuGRZ 2007, 245 ff; *Benda/Klein/Klein,* Verfassungsprozessrecht, 3. Aufl 2012, Rn 79 ff.
[795] *Frowein,* Die Herausbildung europäischer Verfassungsprinzipien, FS Maihofer, 1988, 149 ff; *Klein* (Fn 82) 76 f. – Die Grundrechtecharta, die nach Art 6 Abs 1 EUV rechtliche Verbindlichkeit erlangt hat, erkennt ebenfalls den Grundrechtsschutz der EMRK als „Mindeststandard" an, vgl Art 52 Abs 3, Art 53 GrCh. Zur Beziehung EGMR und EuGH *Klein,* Das Verhältnis des Gerichtshofs der Europäischen Gemeinschaften zum Europäischen Gerichtshof für Menschenrechte, in Merten/Papier (Hrsg), Handbuch der Grundrechte in Deutschland und Europa, Bd VI/1, 2010, § 167.
[796] Vgl Art 4 (Beitritt) u Art 8 (Ausschluss). – Hierauf drängt vor allem auch die Parlamentarische Versammlung, deren Wort bei der Einladung zum Beitritt heute nicht mehr überhört wird.
[797] *Flauss,* Les conditions d'admission des pays d'Europe centrale et orientale au sein du Conseil de l'Europe, EJIL 5 (1994) 401 ff; *Djerić,* Admission to Membership of the Council of Europe and Legal Significance of Commitments Entered into by New Member States, ZaöRV 60 (2000) 605 ff.
[798] Vgl etwa die Berichte von *Bernhardt/Ermacora/Weitzel/Trechsel* zur „Europaratsreife" Rußlands, HRLJ 1994, 250 ff. Das Vorgehen Russlands im Tschetschenienkonflikt (1999/2000) ist ein weiterer Beleg. Aus diesem Grund suspendierte die Parlamentarische Versammlung das Teilnahmerecht Russlands im April 2000, stellte es aber im Januar 2001 wieder her. Der Georgienkonflikt im August 2008 zog dagegen keine Suspendierung der Mitwirkungsrechte der russischen Delegation in der Parlamentarischen Versammlung nach sich. Eine dahingehende Abgeordneteninitiative konnte sich nicht durchsetzen, vgl EuGRZ 2008, 556; vgl auch Res 1631 (2008) der Parlamentarischen Versammlung v 1.10.2008.

tenes" Recht geschaffen wird.⁷⁹⁹ Die Schaffung eines differenzierten Beratungs- und Überwachungsmechanismus (Monitoring) auch für die Zeit nach dem Beitritt durch Parlamentarische Versammlung und Ministerkomitee hat diese Entwicklung nicht verhindern können.⁸⁰⁰ Auf der anderen Seite gibt ihr Beitritt, der nach neuerer Praxis mit der Zusage der möglichst schnellen Inkraftsetzung der EMRK gekoppelt ist, die Chance, politisch intensiver auf diese Staaten in der Menschenrechtsfrage einzuwirken und einem denkbaren Rückfall in totalitäre Verhaltensweisen entgegenzuwirken. Zugleich kann der Europarat zu einer gesamteuropäischen Organisation ausgebaut werden. Der politische Druck zugunsten der Aufnahme dieser Staaten, insbes Russlands,⁸⁰¹ ist jedenfalls groß gewesen, nicht nur von Seiten der Beitrittskandidaten, sondern auch von Seiten etablierter Mitgliedstaaten wie vor allem der BR Deutschland, die dadurch einen Stabilisierungseffekt in Europa herbeiführen wollten. Ob sich diese Erwartung realisieren wird, ist offen. Einen herben Dämpfer hat sie jedenfalls durch den andauernden Ukraine-Konflikt erfahren, in dessen Folge Russland auch vom Europarat sanktioniert worden ist (vgl o Rn 241).

248   Der Europarat erfüllt seine Aufgaben durch Beratung von Fragen gemeinsamen Interesses, durch den Abschluss von Abkommen und gemeinschaftliches Vorgehen (Art 1 lit b). Das *Handlungsinstrumentarium* ist *intergouvernemental;* es geht über die klassischen Verfahren der internationalen Kooperation nicht hinaus. Gemessen an den ursprünglichen weitreichenden Vorstellungen der Gründergeneration hat der Europarat seine Ziele daher bislang nicht erreicht. Aber er hat einen rechtlich fest gegründeten, verlässlichen Rahmen vielfältiger praktischer Zusammenarbeit zwischen den europäischen Staaten geschaffen, der seit nunmehr 65 Jahren einen wesentlichen Beitrag zu Frieden und Stabilität in dieser Region geleistet hat.

V. Europäische Union

1. Supranationale Organisation

249 Die Europäische Union (EU) und die beiden (zT früheren) Gemeinschaften⁸⁰² – Europäische Gemeinschaft (EG) und Europäische Atomgemeinschaft (EAG) – bedürfen in einem den I.O. gewidmeten Kapitel ungeachtet ihrer schon bislang erfolgten Berücksichtigung besonderer Hervorhebung. Der Grund hierfür ist, dass sie mit dem Begriff der I.O. nicht (mehr) vollständig zu erfassen sind. Ihre Besonderheiten erlauben es nicht, sie kommentarlos in die Kategorie der I.O. einzuordnen.

250   Von anderen I.O. unterscheidet die EU nicht ihre völkerrechtliche Grundlegung (Gründungsvertrag/Satzung).⁸⁰³ Aber es ist nicht zu bestreiten, dass bereits die *Fülle der Hoheitsrechte,* die die Mitgliedstaaten auf die Union übertragen haben, in der Geschichte der I.O. keine Parallele hat. Noch entscheidender jedoch ist die *Intensität der Unionsrechtsetzung.*⁸⁰⁴ Die Verträge verleihen den Unionsorganen die Befugnis, nicht nur *gegenüber* den Mitgliedstaaten, sondern

---

799 Vgl *Hagedorn,* Gleiche Maßstäbe für Ost und West? Die Staaten Ost- und Mitteleuropas vor dem EGMR unter besonderer Berücksichtigung des Art 5 EMRK, 2004, die allerdings iE eine unterschiedliche Maßstabsbildung verneint.
800 Näher *Wittinger* (Fn 768) 463 ff; *Klein* (Fn 779).
801 Russland wurde im Februar 1996 als 39. Mitglied aufgenommen.
802 Die EGKS ist nach Ablauf des auf 50 Jahre begrenzten Vertrags untergegangen; vgl o Rn 51. Der Vertrag von Lissabon sieht nur noch eine einheitliche EU als Rechtsnachfolgerin der EG und daneben das Fortbestehen der EAG vor (vgl Art 1 Abs 3 Satz 3 EUV). Hierzu u Rn 252.
803 Vertrag zur Gründung der Europäischen Wirtschaftsgemeinschaft v 25.3.1957: BGBl 1957 II, 766; Vertrag zur Gründung der Europäischen Atomgemeinschaft v 25.3.1957: BGBl 1957 II, 1014; Vertrag über die Europäische Union v 7.2.1992: BGBl 1992 II, 1253; zuletzt idF des Vertrags von Lissabon v 13.12.2007: BGBl 2008 II, 1038 (Bek des Inkrafttretens zum 1.12.2009 v 13.11.2009: BGBl 2009 II, 1223).
804 Etwa *Oppermann/Classen/Nettesheim* (Fn 86) § 4 Rn 12.

auch *in* den mitgliedstaatlichen Rechtsordnungen eigenes Recht zu setzen, das für die nationalen Rechtsanwendungsorgane (Behörden, Gerichte) verbindlich ist, und auf das sich die Individuen ggf unmittelbar berufen können.[805] Der Europäische Gerichtshof (EuGH) konnte daher schon in einer frühen grundlegenden Entscheidung sagen, dass die frühere Gemeinschaft „eine neue Rechtsordnung des Völkerrechts" darstelle, „eine Rechtsordnung, deren Rechtssubjekte nicht nur die Mitgliedstaaten, sondern auch die einzelnen sind".[806] Hinzu kommt, dass bei Kollisionen zwischen Unionsrecht und nationalem Recht Ersteres Anwendungsvorrang genießt und sich also gegenüber Letzterem im konkret zu entscheidenden Fall durchsetzt, ohne es generell seiner Geltungskraft zu berauben.[807] Auch die Eigenständigkeit der freilich unterschiedlich stark auf das Gemeinschaftsinteresse ausgerichteten Unionsorgane (Art 13 EUV) ist einzubeziehen. Alles dies, also der Verzicht auf das nationale Rechtsetzungsmonopol verbunden mit dem Umfang der den Unionsorganen übertragenen Regelungskompetenzen und dem Anwendungsvorrang des Unionsrechts, haben einen bislang präzedenzlosen „Staatenverbund" geschaffen, der selbst kein Staat ist,[808] aber zahlreiche staatsähnliche Züge nach innen und außen aufweist. Gewöhnlich werden diese Besonderheiten mit dem Begriff der *Supranationalität* erfasst.[809]

Es wäre nicht sinnvoll, das Recht der EU an dieser Stelle auch nur überblicksweise darzustellen. Es hat sich zu einer das nationale Recht in fast allen Bereichen durchdringenden Spezialmaterie entwickelt. Auf die zahlreichen Lehrbücher und Kommentare, die weiterführende Hinweise enthalten, muss daher verwiesen werden.[810] Zu behandeln sind im Folgenden nur wenige grundsätzliche Fragen, vor allem solche, die die völkerrechtliche Handlungsfähigkeit, den Grundrechtsschutz und die Entwicklungsperspektive der EU berühren.

2. Völkerrechtssubjektivität und völkerrechtliche Handlungsfähigkeit

Nach gängiger Ansicht handelt es sich bei der EU um einen „*Staatenverbund*",[811] der mit Inkrafttreten des Lissabon-Vertrags am 1.12.2009 als Rechtsnachfolger der bisherigen EG (Art 1 EUV) eigene Völkerrechtssubjektivität erhalten hat (Art 47 EUV), wobei freilich die Zusammenarbeit im Bereich der GASP nach wie vor intergouvernemental und nicht supranational strukturiert ist. Ob die bis zum Inkrafttreten des Lissabon-Vertrags auf vier „Säulen" – den zwei Gemeinschaften (EG, EAG) und den beiden Bereichen intergouvernementaler Zusammenarbeit (Gemeinsame Außen- und Sicherheitspolitik/GASP; Polizeiliche und justitielle Zusammenarbeit in Strafsachen/PJZS) – beruhende EU neben der unbestrittenen Völkerrechtspersönlichkeit der beiden Gemeinschaften selbst Völkerrechtssubjektivität hatte, blieb str, wurde aber wohl überwiegend

---

805 Vgl Art 288 AEUV. Der EuGH hat in ständiger Rechtsprechung ausgeführt, dass nicht nur die VO und die an Individuen gerichteten Entscheidungen für diese Rechte und Pflichten begründen, sondern dass unter bestimmten Voraussetzungen auch aus nicht oder fehlerhaft umgesetzten Richtlinien individuelle Rechtsansprüche entstehen können; EuGH, Slg 1979, 1629 *[Ratti]*; 1982, 53 *[Becker]*.
806 EuGH, Slg 1963, 1, 24 f *[van Gend & Loos]*.
807 Zum Vorrang des Unionsrechts *Oppermann/Classen/Nettesheim* (Fn 86) § 10 Rn 4 ff; vgl *Kunig*, 2. Abschn Rn 122 ff.
808 Sehr deutlich hervorgehoben von EuGH, Gutachten 2/13 v 18.12.2014, EuGRZ 2015, 56, Rn 156 u 193.
809 Vgl *Ipsen* (Fn 131) 67 ff; *ders*, Über Supranationalität, in Europäische Gemeinschaftsrecht in Einzelstudien, 1984, 97 ff; *Zuleeg*, Wandlungen des Begriffs der Supranationalität, Integration 1988, 103 ff.
810 Aus der deutschsprachigen Literatur: *Bieber/Epiney/Haag*, Die Europäische Union, 11. Aufl 2015; *Bleckmann* (Fn 89); *Schweitzer/Hummer/Obwexer*, Europarecht, 2007; *Oppermann/Classen/Nettesheim* (Fn 86); *Streinz* (Fn 471); *Haratsch/Koenig/Pechstein* (Fn 86); *Geiger/Khan/Kotzur* (Fn 370); Grabitz/Hilf/Nettesheim (Fn 191); von der Groeben/Schwarze (Fn 111); Calliess/Ruffert (Fn 132); Lenz/Borchardt (Fn 293); Schwarze (Fn 191); Mayer/Stöger (Hrsg), Kommentar zu EU- und AEUV, Loseblatt (Stand 183. Lieferung); Streinz (Hrsg), EUV/AEUV, 2. Aufl 2012. Spezifisch zum Vertrag von Lissabon: *Streinz/Ohler/Herrmann* (Fn 208); *Hellmann*, Der Vertrag von Lissabon, 2009; Schwarze/Hatje (Hrsg), Der Reformvertrag von Lissabon, EuR 2009, Beiheft 1.
811 BVerfGE 89, 155, 184; 123, 267, 348; s hierzu *Kirchhof*, Die rechtliche Struktur der Europäischen Union als Staatenverbund, in von Bogdandy/Bast (Hrsg), Europäisches Verfassungsrecht, 2. Aufl 2009, 1009 ff.

verneint.⁸¹² Die heute geltende Regelung hat nicht nur diese Streitfrage obsolet werden lassen, sondern klar gestellt, dass die jetzige EU weder mit der durch den Vertrag von Maastricht geschaffenen EU noch mit der EG, deren Rechtsnachfolgerin sie ja ist, identisch sein kann. Wir haben es also seit Lissabon mit einer *neuen EU* zu tun, die allerdings die Tätigkeit der früheren EU und ihrer Gemeinschaften fortführt.⁸¹³

3. Unionszuständigkeiten und Grundrechtsschutz

253 Die der EU bzw früher den Gemeinschaften von den Mitgliedstaaten übertragenen Zuständigkeiten⁸¹⁴ erfassen einen Großteil der normalerweise von Staaten ausgeübten hoheitlichen Aufgaben. Während die frühere EGKS und die EAG ihren ursprünglichen Zuständigkeitsbereich beibehielten, ist der zunächst rein wirtschaftsbezogene Zweckverband „Europäische Wirtschaftsgemeinschaft" (EWG) nachträglich mit vielen weiteren Aufgaben bedacht worden, die schließlich korrekterweise durch den Maastrichter Vertrag zu einer Namensänderung („EG") führte. Dieser Vertrag hat aber – wie nicht anders der von Lissabon – an der für I.O. und eben auch S.O. typischen prinzipiellen vertraglichen Aufgabenbeschränkung nichts geändert. Deutlich wird vielmehr auch für die heutige EU das *Prinzip der begrenzten Ermächtigung* hervorgehoben (Art 5 EUV, Art 7 AEUV):⁸¹⁵ Es erlaubt ihr nur, Zuständigkeiten im Verhältnis zu den Mitgliedstaaten in Anspruch zu nehmen, die ihr übertragen sind (Verbandskompetenz);⁸¹⁶ es lässt ferner, was unter dem Gesichtspunkt des institutionellen Gleichgewichts wichtig ist, nur das nach Maßgabe des Vertrags zuständige Organ tätig werden (Organkompetenz); es ermöglicht schließlich nur ein Vorgehen des zuständigen Organs im Wege des vertraglich für diesen Fall vorgesehenen Handlungsinstruments (Wahl des Rechtsakts). Ausdrücklich wurde ferner der *Subsidiaritätsgrundsatz* verankert (Art 5 Abs 3 EUV), der für alle nicht in die ausschließliche Zuständigkeit der Gemeinschaft bzw Union fallenden Bereiche die Überprüfung verlangt, ob die in Aussicht genommene Maßnahme auf der Ebene der Mitgliedstaaten nicht ausreichend und daher wegen ihres Umfangs oder ihrer Wirkungen besser auf Unionsebene erreicht werden kann.⁸¹⁷ Die Regelung wirkt sich durchaus dämpfend auf den Regelungseifer der Organisation aus.⁸¹⁸ Auch die Rechtsprechung des EuGH zeigt Wirkung. Im hier interessierenden Zusammenhang betrifft dies vor allem die Korrektur, die der Gerichtshof im Hinblick auf die Binnenmarktkompetenz (Art 114 AEUV) vorgenommen hat.⁸¹⁹ Der Vertrag von Lissabon versucht, zu einer Stärkung

---

812 BVerfGE 89, 155, 195. Ferner *Streinz* (Fn 471) Rn 134; *Breitenmoser*, Die Europäische Union zwischen Völkerrecht und Staatsrecht, ZaöRV 55 (1995) 951 ff. Anders etwa *Ress*, Ist die Europäische Union eine juristische Person?, EuR 1995, Beiheft 2, 27 ff; *von Bogdandy/Nettesheim*, Die Verschmelzung der Europäischen Gemeinschaften in der Europäischen Union, NJW 1995, 2324 ff; *Ruffert/Walter*, Institutionalisiertes Völkerrecht, Rn 158 f.
813 Klar hierzu *Haratsch/Koenig/Pechstein* (Fn 86) Rn 52 ff.
814 *Jarass*, Die Kompetenzverteilung zwischen der Europäischen Gemeinschaft und den Mitgliedstaaten, AöR 121 (1996) 173 ff; *von Bogdandy/Bast*, Die vertikale Kompetenzordnung der Europäischen Union, EuGRZ 2001, 441 ff; *Mayer*, Die drei Dimensionen der Europäischen Kompetenzdebatte, ZaöRV 61 (2001) 577 ff; *ter Steeg*, Eine neue Kompetenzordnung für die EU, EuZW 2003, 325 ff; *Streinz* (Fn 471) Rn 146 ff.
815 *Kraußer*, Das Prinzip der begrenzten Ermächtigung im Gemeinschaftsrecht als Strukturprinzip des EWG-Vertrages, 1991; *Haratsch/Koenig/Pechstein* (Fn 86) Rn 155 ff.
816 Zum Problem der Kompetenzüberschreitung *(ultra vires)* vgl o Rn 194.
817 *Lecheler*, Das Subsidiaritätsprinzip. Strukturprinzip der Europäischen Union, 1993; *Moersch*, Leistungsfähigkeit und Grenzen des Subsidiaritätsprinzips, 2001; *Böttcher/Krawczynski*, Subsidiarität für Europa, 2002; *Skouris*, Das Subsidiaritätsprinzip und seine Bedeutung in der Rechtsprechung des Gerichtshofs der Europäischen Gemeinschaften, FS Wildhaber, 2007, 1547 ff.
818 Vgl auch die – freilich etwas überzogene – Mahnung in BVerfGE 89, 155, 210.
819 EuGH, Slg 2000, I-8419 *[Tabakwerbung]*; hierzu statt vieler *Callies*, Nach dem „Tabakwerbung-Urteil" des EuGH, Jura 2001, 311 ff; *Stein*, Keine Europäische „Verbots"-Gemeinschaft, EWS 2001, 12 ff. Eine andere Akzentuierung findet sich in der jüngeren Judikatur, vgl EuGH, Slg 2006, I-11573 *[Tabakwerbung II]*; EuGH, Slg 2009, I-593 *[Vorratsdatenspeicherung]*.

des Subsidiaritätsprinzips zu gelangen, insbes durch die frühzeitige Befassung der nationalen Parlamente mit Rechtsakten der EU sowie die Einräumung eines Klagerechts vor dem EuGH.[820]

Die Fülle hoheitlicher Befugnisse, über die die Union verfügt und die ihr mittelbar (durch generelle Rechtsetzung) oder unmittelbar (durch Entscheidung/Beschluss oder Vollzug) Eingriffe in die Individualsphäre ermöglichen (Supranationalität), machen einen materiellen Grundrechtsschutz und verfahrensrechtliche Vorkehrungen erforderlich, für die gegenüber („normalen") I. O. keine vergleichbare Notwendigkeit besteht.[821] Da schon wegen des Vorranganspruchs des Unionsrechts, aber auch wegen der im Einzelnen recht unterschiedlichen Ausgestaltung auf die nationalen Grundrechtsgewährleistungen nicht zurückgegriffen werden kann und die (früheren) Gemeinschaftsverträge keinen eigenen Grundrechtskatalog enthielten,[822] musste auf Unionsebene ein adäquater *Grundrechtsschutz* etabliert werden. Diese Aufgabe hat der EuGH in langjähriger Falljurisprudenz in grundsätzlich zufriedenstellender Weise gelöst.[823] Methodisch ist ihm dies durch die Entwicklung allgemeiner Rechtsgrundsätze aus den gemeinsamen Verfassungsüberlieferungen der Mitgliedstaaten und den für alle Mitgliedstaaten verbindlichen völkerrechtlichen Menschenrechtsverträgen, insbes der EMRK, gelungen.[824] Diese gemeinsamen Grundrechtssätze bilden unmittelbar anwendbare Maßstäbe, denen Unionsakte, aber auch nationale Vollzugsakte zu entsprechen haben. Prozessual können Einzelpersonen Rechtsschutz gegen sie unmittelbar und individuell betreffende europäische Rechtsakte vor dem EuGH oder dem Gericht (Art 263 Abs 4 AEUV), im Übrigen vor nationalen Gerichten gegen nationale Vollzugsakte erlangen. Nationale und europäische Gerichtsbarkeit stehen in einem *kooperativen Rechtsschutzverbund,* dessen wichtigstes Scharnier das Vorabentscheidungsverfahren gemäß Art 267 AEUV ist.[825] Es führt zu einer gemeinsamen Verantwortung in der Durchsetzung des Unionsrechts, belässt aber dem EuGH die Kompetenz zu dessen verbindlicher Auslegung, ohne welche die für die Integration essentielle Rechtseinheit nicht zu wahren ist. Die im Jahr 2000 zunächst als unverbindliche Deklaration feierlich verkündete *Grundrechtecharta*[826] hat mit dem Inkrafttreten des Lissabonner Vertrags über den Verweis in Art 6 Abs 1 EUV Rechtsverbindlichkeit erlangt; damit ist eine seit langem gestellte Forderung erfüllt. Zugleich gebietet Art 6 Abs 2 EUV der EU, der EMRK beizutreten.[827]

---

[820] Vgl Art 12 lit b EUV u Art 8 des Protokolls über die Anwendung der Grundsätze der Subsidiarität und der Verhältnismäßigkeit, ABl EU 2007, Nr C 306/150 sowie *Hailbronner,* Die Justiziabilität des Subsidiaritätsprinzips im Lichte der Subsidiaritätskontrolle, in Pernice (Hrsg), Der Vertrag von Lissabon, 2008, 135ff; *Uerpmann-Wittzack,* Frühwarnsystem und Subsidiaritätsklage im deutschen Verfassungssystem, EuGRZ 2009, 461ff; *Callies,* Nach dem Lissabon-Urteil des Bundesverfassungsgerichts: Parlamentarische Integrationsverantwortung auf europäischer und nationaler Ebene, ZG 2010, 1ff.
[821] Hierzu o Rn 197ff. Eine Ausnahme insoweit bietet der Rechtsschutz für den öffentlichen Dienst einer I. O., vgl o Rn 174.
[822] Allerdings haben sich die Grundfreiheiten des AEU-Vertrags (Freiheit des Waren-, Personen-, Dienstleistungs-, Zahlungs- und Kapitalverkehrs) und das Diskriminierungsverbot durch die Rechtsprechung des EuGH zu grundrechtsgleichen subjektiv-öffentlichen Rechten entwickelt, auf die sich Einzelne gegenüber der Union und den Mitgliedstaaten berufen können; *Frenz,* Grundfreiheiten und Grundrechte, EuR 2002, 603ff.
[823] Statt vieler *Schmahl,* Grundrechtsschutz im föderalen Europa, in Härtel (Fn 722) § 88 Rn 3ff; Ehlers (Hrsg), Europäische Grundrechte und Grundfreiheiten, 4. Aufl 2015; vgl auch BVerfGE 73, 339, 378ff; 102, 147, 165f; 118, 79, 95.
[824] Vgl Art 6 Abs 3 EUV; *Klein,* Dogmatische und methodische Überlegungen zur Einordnung der Europäischen Menschenrechtskonvention in den Grundrechtsfundus der Europäischen Union, GS Bleckmann 2007, 257ff.
[825] Probleme können hier immer dann auftreten, wenn letztinstanzliche Gerichte ihrer Vorlageverpflichtung nicht nachkommen. In diesen Fällen kann ggf der EGMR die entstandene Rechtsschutzlücke schließen, vgl dazu EGMR, Urt v 16.4.2002, Nr 36677/97 *[Dangeville]* mit Bespr *Breuer,* Der Europäische Gerichtshof für Menschenrechte als Wächter des europäischen Gemeinschaftsrechts, JZ 2003, 433ff. Allgemein vgl hierzu *Mayer,* Europäische Verfassungsgerichtsbarkeit, in von Bogdandy/Bast (Fn 811) 559ff und *Benda/Klein/Klein* (Fn 794) Rn 92ff.
[826] Charta der Grundrechte der Europäischen Union v 7.12.2000, ABl EG 2000, Nr C 364/1. Hierzu statt vieler Meyer (Hrsg), Charta der Grundrechte der Europäischen Union, 4. Aufl 2014; Stern/Sachs (Hrsg), Europäische Grundrechte-Charta, 2015.
[827] Der über mehrere Jahre erarbeitete Entwurf eines Beitrittsabkommens (dazu etwa *Polakiewicz,* EuGRZ 2013, 472ff) ist vom EuGH jüngst für unionsrechtswidrig erklärt worden (vgl EuGH, Gutachten 2/13 v 18.12.2014, EuGRZ

4. Entwicklungsperspektiven

255 Die EU steht vor großen *Herausforderungen*. Sie muss für weitere Integrationsschritte gewappnet sein. Bereits am 1.5.2004 sind 10 mittel- und osteuropäische Staaten der EU beigetreten, mit Rumänien und Bulgarien (am 1.1.2007) und mit Kroatien (am 1.7.2013) sind drei neue Staaten hinzugekommen; mit weiteren Staaten werden Beitrittsverhandlungen geführt oder vorbereitet.[828] Die Vertragswerke mussten mit jedem Beitritt vor allem im Blick auf die Zusammensetzung der Organe und die Entscheidungsfindung an die neue Situation angepasst werden. Nach dem Scheitern des Verfassungsvertrags v 2004 soll der 2009 in Kraft getretene Vertrag von Lissabon die Handlungsfähigkeit der EU sichern und zugleich zu einer erhöhten Transparenz, Effizienz und demokratischen Legitimation führen. Bedingt durch verschiedene nationale Interessen, konnten diese Ziele allerdings nicht vollständig verwirklicht werden.[829]

256 Überdies offenbart die seit 2008 anhaltende *Finanz- und Staatsschuldenkrise* zunehmend Konstruktionsfehler der Wirtschafts- und Währungsunion (Art 119ff AEUV) und wirft einmal mehr die grundsätzliche Frage nach der Intensität der angestrebten politischen Integration auf.[830] Die Errichtung von intergouvernementalen, völkervertraglichen Rettungsschirmen, die rechtsdogmatisch neben der Unionsrechtsordnung stehen, kann keine dauerhafte Lösung für strukturelle Defizite der Währungsunion darstellen.[831] Letztlich wird es darauf ankommen, welche Gestalt die EU schließlich annehmen soll und welche Rolle die Mitgliedstaaten in ihr spielen werden. Zwar wird von der EU schon seit dem Maastrichter, dem Amsterdamer und dem Vertrag von Nizza beständig als einer „neuen Stufe bei der Verwirklichung einer immer engeren Union der Völker Europas" gesprochen (Art 1 EU), und es wird die europäische Identität (Art 2) beschworen. Auch der Vertrag von Lissabon greift diese Tradition auf (Art 1 Abs 1, Art 3 EUV). Doch die *politische Finalität der EU* ist nach wie vor offen, was wiederum die Akzeptanz weiterer Fortschritts – wohin? – beschränkt.[832] Dringend zu entwickelnde und zu präzisierende Konzeptionen sollten sich freilich nicht an herkömmlich-etatistischen Denkmustern orientieren (zB „Bundesstaat Europa").[833] Die Ersetzung der Mitgliedstaaten durch einen auch föderalistisch aufgelockerten europäischen Staat würde nur die nationalstaatlichen Probleme auf höherer Ebene reproduzieren.[834] Was Not tut, ist ein *flexibles Gerüst* unterschiedlich strukturierter Politikbereiche, die von mitgliedstaatlicher Alleinverantwortung über geteilte Verantwortung zu fester, demokra-

---

2015, 56, 73, Rn 179 ff) Diese – insbes im Blick auf Art 6 Abs 2 EUV problematische – EuGH-Entscheidung dürfte den Beitrittsprozess bis auf weiteres nachhaltig hemmen, zu Recht krit *Tomuschat*, Der Streit um die Auslegungshoheit: Die Autonomie der EU als Heiliger Gral, EuGRZ 2015, 133 ff; *Breuer*, „Wasch mir den Pelz, aber mach mich nicht nass!", EuR 2015, 330 ff. Vgl auch o Rn 65.

828 Aktuelle Beitrittskandidaten sind Mazedonien, Island, Serbien, Montenegro, Albanien und die Türkei.
829 *Oppermann/Classen/Nettesheim* (Fn 86) § 3 Rn 14 f.
830 Dazu *Klein*, Integrationsgedanken, FS Müller-Graff, 2015, 961 ff.
831 Vgl jüngst BVerfGE 129, 124, 177; 132, 195, 239 f. Ferner vgl *Kube/Reimer*, Grenzen des Europäischen Stabilisierungsmechanismus, NJW 2010, 1911 ff; *Lorz/Sauer*, Ersatzunionsrecht und Grundgesetz, DÖV 2012, 573 ff; *Calliess*, Der Kampf um den Euro, NVwZ 2012, 1 ff. Die Defizite in der Währungsunion und die neuen hybriden Rechtsaktformen zur „Euro-Rettung" (ESM, Fiskalpakt) beeinträchtigen auch die Rechtsstaatlichkeit der Union, vgl *Schmahl*, Rechtsstaatlichkeit, in Schulze/Zuleeg/Kadelbach (Hrsg), Europarecht, 3. Aufl 2015, § 6 Rn 7, 16.
832 Vgl hierzu *Haltern*, Gestalt und Finalität, in von Bogdandy/Bast (Fn 811) 279 ff. Ob die Zuflucht zu einem Europa der verschiedenen Geschwindigkeiten ein sinnvoller Weg ist, erscheint eher fraglich, weil dadurch Gräben zwischen den Mitgliedstaaten aufgerissen werden; vgl hierzu *Grieser*, Flexible Integration in der Europäischen Union: Neue Dynamik oder Gefährdung der Rechtseinheit?, 2003.
833 Vgl hierzu *Oeter*, Föderalismus und Demokratie, in von Bogdandy/Bast (Fn 811) 73 ff. Das BVerfG schließt eine Beteiligung der BR Deutschland an einem „europäischen Bundesstaat" nicht kategorisch aus, verlangt aber im Blick auf das Selbstbestimmungsrecht des Deutschen Volkes eine Volksabstimmung, vgl BVerfGE 123, 267, 350. Ob hierin eine Verfügung über die nichtdisponible Verfassungsidentität iSd Art 79 Abs 3 GG zu sehen wäre (so *Hillgruber/Goerditz*, Volkssouveränität und Demokratie ernst genommen, JZ 2009, 872 [875]), ist damit aber nicht geklärt.
834 *Müller-Graff*, Verfassungsziele der EG/EU, in Handbuch des EU-Wirtschaftsrechts, Loseblatt (Stand 2011), A I Rn 66; vgl auch Graf Vitzthum (Hrsg), Europäischer Föderalismus, 2000.

tisch legitimierter und rechtsstaatlich kontrollierter Vergemeinschaftung reichen und damit Frieden und Sicherheit nach außen garantieren und zugleich Mitgliedstaaten und Union in eine die individuelle Freiheit, die wirtschaftliche Leistungskraft und die soziale Sicherheit garantierende Balance bringen. Die aktuelle Herausforderung der EU durch den Flüchtlingsansturm aus Bürgerkriegsgebieten im Nahen Osten, aus Afghanistan und afrikanischen Staaten zwingt zu verstärkter koordinierter Zusammenarbeit der Mitgliedstaaten und unionsinterner Solidarität. Der Vertrag von Lissabon hält nicht für alle diese Fragen – zumal im Bereich der Wirtschafts- und Währungsunion – befriedigende Antworten bereit. Die präzedenzlose Erscheinung der EU hat noch kein überzeugendes juristisches Gewand erhalten. Im Buch der Staatenverbindungen ist ein neues Kapitel aufzuschlagen.[835]

---

835 Dazu Überlegungen bei *Wahl*, Erklären staatstheoretische Leitbegriffe die Europäische Union?, in H. Dreier (Hrsg), Rechts- und staatstheoretische Schlüsselbegriffe: Legitimität – Repräsentation – Freiheit, 2005, 113 ff.

Fünfter Abschnitt

Alexander Proelß
Raum und Umwelt im Völkerrecht

Gliederung

Vorbemerkung —— 1
I. Der Raum im Völkerrecht —— 2–87
  1. Die Raumordnung des Völkerrechts im Überblick —— 2–13
     a) Territoriale Souveränität und Gebietshoheit —— 2–6
     b) Staatsgebiet und Nichtstaatsgebiet als Grundkategorien —— 7–9
     c) Nichtstaatsgebiet: Funktionshoheits- und Staatengemeinschaftsräume —— 10–13
  2. Staatsgebiet: Raum territorial radizierter, umfassender Hoheitsgewalt —— 14–48
     a) Wesen und Grenzen: Gebietshoheit im Rahmen des Völkerrechts —— 14–21
     b) Erwerb und Verlust von Staatsgebiet —— 22–27
     c) Luftraum: Lufthoheit und Luftfreiheiten —— 28–35
     d) Maritimes Aquitorium: Innere Gewässer, Archipelgewässer, Küstenmeer —— 36–48
  3. Nichtstaatsgebiet (1): Küstenstaatliche Funktionshoheitsräume —— 49–60
     a) Wesen und Grenzen: Räume begrenzter Hoheitsbefugnisse —— 49
     b) Anschlusszone: Raum polizeilicher Kontrollrechte —— 50
     c) Ausschließliche Wirtschaftszone: Ressourcenorientierter Raum sui generis —— 51–54
     d) Festlandsockel: Erforschungs- und Ausbeutungsmonopol aus Küstenlage —— 55–60
  4. Nichtstaatsgebiet (2) Globale Staatengemeinschaftsräume —— 61–87
     a) Wesen und Grenzen: Gemeinschaftsbezogene Forschungs- und Nutzungsfreiheit —— 61–63
     b) Hohe See: Raum rechtlich geordneter Freiheit —— 64–67
     c) Tiefseeboden („Gebiet"): Internationalisiertes Menschheitserbe —— 68–73
     d) Weltraum: Kooperationsverpflichtete Freiheit und Gleichheit —— 74–82
     e) Antarktis: Eher „Weltpark" als Clubraum" —— 83–87
II. Die Umwelt im Völkerrecht —— 88–166
  1. Das Völkerrecht des Umweltschutzes im Überblick —— 88–90
  2. Die Entwicklung des Umweltvölkerrechts —— 91–104
     a) Die Ausgangspunkte: Nachbarrecht und Artenschutzabkommen —— 92–95
     b) Die großen Umweltkonferenzen —— 96–104
  3. Allgemeine Prinzipien des Umweltvölkerrechts —— 105–117
     a) Das Trail Smelter-Prinzip und der Präventionsgrundsatz —— 106–110
     b) Das Gebot der ausgewogenen Mitnutzung grenzübergreifender Ressourcen —— 111
     c) Das Vorsorge- und das Verursacherprinzip —— 112–113
     d) Das Leitbild der nachhaltigen Entwicklung —— 114–117
  4. Umweltschutz und Individualrechte —— 118–123
  5. Bereichsspezifische Instrumente des Umweltvölkerrechts —— 124–166
     a) Schutz der Binnengewässer —— 125–135
     b) Schutz des Meeres —— 136–144
     c) Schutz der Erdatmosphäre und Bekämpfung des Klimawandels —— 145–158
     d) Arten- und Biodiversitätsschutz —— 159–164
     e) Schutz vor Abfällen und Schadstoffen —— 165–166

Literatur

Beaucamp, Guy, Das Konzept der zukunftsfähigen Entwicklung im Recht, 2002
Beyerlin, Ulrich/Marauhn, Thilo, International Environmental Law, 2012 [*Beyerlin/Marauhn,* International Environmental Law]

Birnie, Patricia/Boyle, Alan E./Redgwell, C., International Law and the Environment, 3. Aufl 2009 [*Birnie/Boyle/ Redgwell*, International Law and the Environment]
Bodansky, Daniel/Brunnée, Jutta/Hey, Ellen (Hrsg), The Oxford Handbook of International Environmental Law, 2007 [Oxford Handbook]
Böckstiegel, Karl-Heinz (Hrsg), Handbuch des Weltraumrechts, 1991 [Weltraumrecht]
Bowman, Michael/Davies, Peter G./Redgwell, Catherine, Lyster's International Wildlife Law, 2. Aufl 2010 [*Bowman/ Davies/Redgwell*, Wildlife Law]
Dahm, Georg/Delbrück, Jost/Wolfrum, Rüdiger, Völkerrecht, Bde I/1, I/2 u I/3, 2. Aufl 1989/2002/2002 [*Dahm/ Delbrück/Wolfrum*, Völkerrecht I/1, I/2, I/3]
Epiney, Astrid/Scheyli, Martin, Umweltvölkerrecht, 2000
Giegerich, Thomas/Proelß, Alexander (Hrsg), Bewahrung des ökologischen Gleichgewichts durch Völker- und Europarecht, 2010 [Bewahrung]
Hafner, Gerhard, Die seerechtliche Verteilung von Nutzungsrechten, 1987 [*Hafner*, Verteilung]
Hobe, Stephan/Schmidt-Tedd, Bernhard/Schrogl, Kai-Uwe (Hrsg), Cologne Commentary on Space Law, Bd 1, 2009 [CoCoSL]
Khan, Daniel-Erasmus, Die deutschen Staatsgrenzen, 2004 [*Khan*, Staatsgrenzen]
Kreuter-Kirchhof, Charlotte, Neue Kooperationsformen im Umweltvölkerrecht, 2004 [*Kreuter-Kirchhof*, Kooperationsformen]
Odendahl, Kerstin, Die Umweltpflichtigkeit der Souveränität, 1998 [*Odendahl*, Umweltpflichtigkeit]
Ott, Hermann, Umweltregime im Völkerrecht, 1998 [*Ott*, Umweltregime]
Proelß, Alexander, Meeresschutz im Völker- und Europarecht, 2004 [*Proelß*, Meeresschutz]
ders (Hrsg), United Nations Convention on the Law of the Sea – A Commentary, 2016 [UNCLOS Commentary]
Reichert, Götz, Der nachhaltige Schutz grenzübergreifender Gewässer in Europa, 2004 [*Reichert*, Gewässerschutz]
Rothwell, Donald R./Oude Elferink, Alex G./Scott, Karen N./Stephens, Tim (Hrsg), The Oxford Handbook of the Law of the Sea, 2015 [Rothwell et al (Hrsg), Handbook]
Sands, Philippe/Peel, Jacqueline, Principles of International Environmental Law, 3. Aufl 2012 [*Sands/Peel*, Principles]
Schladebach, Marcus, Luftrecht, 2007 [*Schladebach*, Luftrecht]
Schröter, Jessica, Strukturprinzipien des Umweltvölkerrechts und ihr Beitrag zur Eindämmung des Klimawandels, 2015 [*Schröter*, Strukturprinzipien]
Schult, Henning, Das völkerrechtliche Schiffssicherheitsregime, 2005 [*Schult*, Schiffssicherheit]
Verschuuren, Jonathan, Principles of Environmental Law, 2003 [*Verschuuren*, Principles]
Graf Vitzthum, Wolfgang (Hrsg), Handbuch des Seerechts, 2006 [Seerecht]
Wolfrum, Rüdiger, Die Internationalisierung staatsfreier Räume, 1982 [*Wolfrum*, Internationalisierung]
ders (Hrsg), Max Planck Encyclopedia of Public International Law, 10 Bde, 2012 [MPEPIL]

Verträge
Grenzvertrag zwischen Österreich und Venedig v 17.8.1754 (40 CTS 215) —— 91
Freundschafts-, Handels- und Schifffahrtsvertrag zwischen Großbritannien und den Vereinigten Staaten von Amerika v 19.11.1794 (Martens [2. Serie], Bd V, 640) [Jay-Vertrag] —— 91, 127
Schlussakte des Wiener Kongresses v 9.6.1815 (Hauff [Hrsg], Die Verträge von 1815 und die Grundlagen der Verfassung Deutschlands, 1864, 4) —— 127
Rheinschifffahrtsakte (Mainzer Akte) v 31.3.1831 —— 127
Vertrag von Den Haag zwischen den Niederlanden und Belgien zur Regelung der Ableitung von Wasser aus der Maas v 12.5.1863 (Robb [Hrsg], International Environmental Law Rep, Bd I, 1999, 572) —— 129
Vertrag von Bayonne zwischen Frankreich und Spanien v 26.5.1866 (132 CTS 359) —— 129
Revidierte Rheinschifffahrtsakte (Mannheimer Akte) v 17.10.1868 idF v 11.3.1969 (BGBl 1969 II, 597), zuletzt geändert durch Zusatzprotokolle Nr 2 u 3 v 17.10.1979 (BGBl 1980 II, 870, 875) [Mannheimer Akte] —— 18, 127, 132
Vertrag betreffend die Regelung der Lachsfischerei im Stromgebiet des Rheins v 30.6.1885 (RGBl 1886, 192) —— 94
Convention Designed to Ensure the Conservation of Various Species of Wild Animals in Africa which are Useful to Man or Inoffensive v 19.5.1900 (188 CTS 418) —— 94
Vertrag über den Schutz der für die Landwirtschaft nützlichen Vögel v 19.3.1902 (RGBl 1906, 89) —— 94
Treaty between the United States and Great Britain Respecting Boundary Waters between the United States and Canada v 11.1.1909 (AJIL 4 [1910], Suppl, 239) —— 129
Versailler Vertrag v 28.6.1919 (RGBl 1919, 687) —— 11, 18, 127

Pariser Luftfahrtkonvention v 13.10.1919 (Hudson [Hrsg], International Legislation, Bd I, 1931, 359) —— 29
Vertrag über Spitzbergen v 9.2.1920 (RGBl 1925 II, 763; Bekanntgabe über Wiederanwendung in BGBl 1953 II, 117) [Spitzbergen-Vertrag] —— 19
Convention for the Regulation of Whaling v 24.9.1931 (155 LNTS 349) —— 94
Convention Relative to the Preservation of Flora and Fauna in their Natural State v 8.11.1933 (172 LNTS 241) —— 94
International Agreement for the Regulation of Whaling v 8.6.1937 (190 LNTS 79) —— 94
Convention on Nature Protection and Wild-Life Preservation in the Western Hemisphere v 12.10.1940 (161 UNTS 193) —— 94
(Chicagoer) Abkommen über die Internationale Zivilluftfahrt v 7.12.1944 (BGBl 1956 II, 411; 15 UNTS 295) —— 29, 31, 32
Vereinbarung über den Durchflug im Internationalen Fluglinienverkehr v 7.12.1944 (BGBl 1956 II, 442) —— 29
Charta der Vereinten Nationen v 26.6.1945 (BGBl 1973 II, 431), zuletzt geänd durch Bek v 28.8.1980 (BGBl 1980 II, 1252) [UN-Charta] —— 51, 65, 66
Statut des Internationalen Gerichtshofs v 26.6.1945 (BGBl 1973 II, 505) [IGH-Statut] —— 17, 106
Potsdamer Abkommen v 2.8.1945 (Huber [Hrsg], Quellen zum Staatsrecht der Neuzeit, Bd II, 1951, 197) —— 20, 21
Konvention über die Regelung der Maschen der Fischnetze und der Größenbegrenzungen der Fische v 5.4.1946 (BGBl 1959 II, 1513) —— 94
Internationales Übereinkommen zur Regelung des Walfangs v 2.12.1946 (BGBl 1982 II, 559) —— 94
Internationales Übereinkommen über die Fischerei auf Hoher See im Nordpazifik v 9.5.1952 (205 UNTS 65) —— 94
Internationales Übereinkommen zur Verhütung der Verschmutzung der See durch Öl v 12.5.1954 (BGBl 1956 II, 379; außer Kraft mit BGBl 1989 II, 74) [OILPOL] —— 137
Vertrag zur Gründung der Europäischen Gemeinschaft v 25.3.1957 (BGBl 1957 II, 766), nach Inkrafttreten des Vertrags von Lissabon v 13.12.2007 (BGBl 2008 II, 1038) nunmehr gültig als Vertrag über die Arbeitsweise der Europäischen Union (konsolidierte Fassung: ABl EU 2010, Nr C 83/47) [AEUV] —— 18, 19, 31, 32, 38, 52, 86, 112, 114, 155
(Genfer) Übereinkommen über die Hohe See v 29.4.1958 (BGBl 1972 II, 1089) —— 9, 37, 65
(Genfer) Übereinkommen über das Küstenmeer und die Anschlusszone v 29.4.1958 (516 UNTS 205) —— 37, 45, 46, 50
(Genfer) Übereinkommen über den Festlandsockel v 29.4.1958 (499 UNTS 311) —— 37, 55, 57
(Genfer) Übereinkommen über die Fischerei und die Erhaltung der biologischen Reichtümer der Hohen See v 29.4.1958 (559 UNTS 285) —— 37, 65
Antarktis-Vertrag v 1.12.1959 (BGBl 1978 II, 1517) [AV] —— 75, 83–87
Übereinkommen über den Schutz des Bodensees gegen Verunreinigungen v 27.10.1960 (BayGVBl 1961, 237) —— 17, 132
Protokoll zwischen den Regierungen der BR Deutschland, der Französischen Republik und des Großherzogtums Luxemburg über die Errichtung einer Internationalen Kommission zum Schutz der Mosel gegen Verunreinigung v 20.12.1961 (BGBl 1962 II, 1103) —— 131
Protokoll zwischen den Regierungen der BR Deutschland und der Französischen Republik über die Errichtung einer Internationalen Kommission zum Schutz der Saar gegen Verunreinigung v 20.12.1961 (BGBl 1962 II, 1106) —— 131
(Osteuropäische) Vereinbarung über die Zusammenarbeit auf dem Gebiet der Meeresfischerei v 28.7.1962 (460 UNTS 220) —— 94
(Berner) Vereinbarung über die Internationale Kommission zum Schutz des Rheins gegen Verunreinigung v 29.4.1963 mit Unterzeichnungsprotokoll (BGBl 1965 II, 1433); Zusatzvereinbarung v 3.12.1976 (BGBl 1979 II, 87) —— 130
Treaty Banning Nuclear Weapons Tests in the Atmosphere, in Outer Space and Under Water v 5.8.1963 (480 UNTS 43) —— 79
(Europäisches) Fischerei-Übereinkommen v 9.3.1964 (BGBl 1969 II, 1898) —— 94
Deutsch-schweizerischer Vertrag über die Einbeziehung der Gemeinde Büsingen am Hochrhein in das schweizerische Zollgebiet v 23.11.1964 (BGBl 1967 II, 2029) —— 20
Übereinkommen über Wasserentnahmen aus dem Bodensee nebst Schlussprotokoll v 30.4.1966 (BGBl 1967 II, 2314) —— 132
Internationaler Pakt über bürgerliche und politische Rechte v 19.12.1966 (BGBl 1973 II, 1534) [IPBPR] —— 119
Internationaler Pakt über wirtschaftliche, soziale und kulturelle Rechte v 19.12.1966 (BGBl 1973 II, 1570) [IPWSKR] —— 119

Vertrag über die Grundsätze zur Regelung der Tätigkeiten von Staaten bei der Erforschung und Nutzung des Weltraums einschließlich des Mondes und anderer Himmelskörper v 27.1.1967 (BGBl 1969 II, 1969) [Weltraumvertrag] —— 28, 74, 75, 77–80, 165

Wiener Übereinkommen über das Recht der Verträge v 23.5.1969 (BGBl 1985 II, 927) [WVK] —— 18, 26, 90, 151

Übereinkommen zur Zusammenarbeit bei der Bekämpfung von Ölverschmutzungen der Nordsee v 9.6.1969 (BGBl 1969 II, 2066) —— 143

Übereinkommen zur Erhaltung der lebenden Schätze des Südostatlantiks v 23.10.1969 (BGBl 1976 II, 1545) —— 94

Internationales Übereinkommen über Maßnahmen auf Hoher See bei Ölverschmutzungs-Unfällen v 29.11.1969 (BGBl 1975 II, 137); Protokoll v 2.11.1973 (BGBl 1985 II, 593) —— 137

Internationales Übereinkommen über die zivilrechtliche Haftung für Ölverschmutzungsschäden v 29.11.1969 (BGBl 1975 II, 305; Neufassung: BGBl 1996 II, 670); Protokoll v 25.5.1984 (BGBl 1988 II, 705, 824); Protokoll v 27.11.1992 (BGBl 1994 II, 1152) —— 137

Übereinkommen über Feuchtgebiete, insbesondere als Lebensraum für Wasser- und Wattvögel, von internationaler Bedeutung v 2.2.1971 (BGBl 1976 II, 1265) [Ramsar Übereinkommen] —— 95, 160

Übereinkommen und Betriebsübereinkommen über die Internationale Fernmeldesatellitenorganisation „INTELSAT" v 20.8.1971 (BGBl 1973 II, 249, 308) —— 81

Internationales Übereinkommen über die Errichtung eines Internationalen Fonds zur Entschädigung für Ölverschmutzungsschäden v 18.12.1971 (BGBl 1975 II, 320; Neufassung: BGBl 1996 II, 685) —— 137

Übereinkommen über die Haftung für Schäden durch Weltraumgegenstände v 29.3.1972 (BGBl 1975 II, 1209) [Weltraumhaftungsübereinkommen] —— 80

Übereinkommen zum Schutze der antarktischen Robben v 1.6.1972 (BGBl 1987 II, 90) —— 86

Übereinkommen zum Schutz des Kultur- und Naturerbes der Welt v 26.11.1972 (BGBl 1977 II, 215; ILM 11 [1972] 1358) [UNESCO Kulturschutz-Übereinkommen] —— 15

Übereinkommen über die Verhütung der Meeresverschmutzung durch das Einbringen von Abfällen und anderen Stoffen v 29.12.1972 mit Änd v 12.10.1978 (BGBl 1977 II, 180 und 1987 II, 118) [London Convention bzw LC] —— 141

Übereinkommen über den internationalen Handel mit gefährdeten Arten freilebender Tiere und Pflanzen v 3.3.1973 (BGBl 1975 II, 773) [Washingtoner Artenschutzübereinkommen] —— 95, 124, 159, 164

Übereinkommen über die Schifffahrt auf dem Bodensee (Obersee einschließlich Überlinger See) zwischen Deutschland, Österreich und der Schweiz nebst Zusatzprotokoll v 1.6.1973 (BGBl 1975 II, 1406, 1411) —— 132

Internationales Übereinkommen zur Verhütung der Meeresverschmutzung durch Schiffe v 2.11.1973 mit Prot v 17.2.1978 (BGBl 1982 II, 4; 1984 II, 230) [MARPOL] —— 51, 137, 139, 140, 165

Internationales Übereinkommen zum Schutz des menschlichen Lebens auf See v 1.11.1974 (BGBl 1979 II, 141) [SOLAS] —— 51

Übereinkommen zur Gründung einer Europäischen Weltraumorganisation v 30.5.1975 (BGBl 1976 II, 1861) [ESA-Übereinkommen] —— 81

Übereinkommen zum Schutz des Rheins gegen chemische Verunreinigung v 3.12.1976 (BGBl 1978 II, 1054) —— 130

Übereinkommen zum Schutz des Rheins gegen Verunreinigung durch Chloride v 3.12.1976 (BGBl 1978 II, 1065); Zusatzprotokoll v 25.9.1991 (BGBl 1994 II, 1303) —— 130

Übereinkommen über das Verbot der militärischen oder einer sonstigen feindseligen Nutzung umweltverändernder Techniken v 18.5.1977 (BGBl 1983 II, 125) [ENMOD-Übereinkommen] —— 79, 89

Zusatzprotokoll zu den Genfer Abkommen v 12.8.1949 über den Schutz der Opfer internationaler bewaffneter Konflikte (Protokoll I) v 8.6.1977 (BGBl 1990 II, 1550) [ZP I] —— 89

Panama-Kanal-Verträge v 7.9.1977 (ILM 16 [1977] 1022) —— 18

Vertrag über die Zusammenarbeit am Amazonas v 3.7.1978 (ILM 17 [1978] 1045) —— 129

Great Lakes Water Quality Agreement v 22.11.1978 (1153 UNTS 187) —— 129

Bonner Übereinkommen zur Erhaltung der wandernden wildlebenden Tierarten v 23.6.1979 (BGBl 1984 II, 569; ILM 19 [1980] 15) —— 95, 124, 159

Übereinkommen über die Erhaltung der europäischen wildlebenden Pflanzen und Tiere und ihrer natürlichen Lebensräume v 19.9.1979 (BGBl 1984 II, 618) —— 95, 160

Regierungsabkommen über den Bau gemeinsamer Wasserkraftwerke am Paraná v 19.10.1979 (ILM 19 [1980] 615) —— 129

Genfer Übereinkommen über weiträumige grenzüberschreitende Luftverunreinigung v 13.11.1979 (BGBl 1982 II, 373; ILM 18 [1979] 1442) [CLRTAP]; Protokoll v 24.6.1998 betreffend persistente organische Schadstoffe (ILM 37 [1998] 505) —— 148

Übereinkommen zur Regelung der Tätigkeiten von Staaten auf dem Mond und anderen Himmelskörpern des Sonnensystems v 5.12.1979 (ILM 18 [1979] 1434) [Mondvertrag] —— 74, 82
Übereinkommen über die Erhaltung der lebenden Meeresschätze der Antarktis v 20.5.1980 (BGBl 1982 II, 420) —— 86
African Charter on Human and Peoples' Rights v 27.6.1981 (1520 UNTS 217) —— 118
Internationaler Fernmeldevertrag v 6.11.1982 (BGBl 1985 II, 425) —— 34
Seerechtsübereinkommen der Vereinten Nationen v 10.12.1982 (BGBl 1994 II, 1799) [SRÜ] —— 3, 6, 9–13, 16, 19, 27, 29, 36–47, 49–61, 63, 65–73, 75, 111, 112, 136, 138–143
Übereinkommen über die Zusammenarbeit bei der Bekämpfung der Verschmutzung der Nordsee durch Öl und andere Schadstoffe v 13.9.1983 (BGBl 1990 II, 71; Änd in BGBl 1990 II, 71 u 1995 II, 179) —— 143
Wiener Übereinkommen zum Schutz der Ozonschicht v 22.3.1985 (BGBl 1988 II, 901; ILM 26 [1987] 1516) [Ozonschicht-Übereinkommen] —— 149, 150
Schengener Abkommen über den schrittweisen Abbau der Kontrollen an den gemeinsamen Grenzen v 14.6.1985 (GMBl 1986, 79) [Schengener Abkommen] —— 15
Übereinkommen der Vereinten Nationen über Bedingungen für die Registrierung von Schiffen v 7.2.1986 (ILM 26 [1987] 1236) —— 66
Agreement on the Action Plan for the Environmentally Sound Management of the Common Zambezi River System v 28.5.1987 (ILM 27 [1988] 1109) —— 129
Montrealer Protokoll über Stoffe, die zu einem Abbau der Ozonschicht führen, v 16.9.1987 (BGBl 1988 II, 1014; ILM 26 [1987] 1541; letzte Änd in BGBl 2002 II, 921) [Montrealer Protokoll] —— 124, 150, 151
Übereinkommen zur Bekämpfung widerrechtlicher Handlungen gegen die Sicherheit der Seeschifffahrt v 10.3.1988 (ILM 27 [1988] 672; BGBl 1990 II, 496) [SUA-Konvention]; Protokoll v 10.3.1988 (ebd); Protokolle v 14.10.2005 (IMO Doc LEG/CONF.15/21 u 22) —— 66
Convention on the Regulation of Antarctic Mineral Resource Activities v 2.6.1988 (ILM 27 [1988] 868) —— 84
Basler Übereinkommen über die Kontrolle der grenzüberschreitenden Verbringung gefährlicher Abfälle und ihrer Entsorgung v 22.3.1989 (BGBl 1994 II, 2703; ILM 28 [1989] 657) —— 166
Konstitution und Konvention der Internationalen Fernmeldeunion v 30.6.1989 (BGBl 1994 II, 147) —— 34, 35, 76
Vertrag zwischen der Bundesrepublik Deutschland und der Deutschen Demokratischen Republik über die Herstellung der Einheit Deutschlands v 31.8.1990 (BGBl 1990 II, 889) [Einigungsvertrag] —— 24
Vertrag über die abschließende Regelung in Bezug auf Deutschland v 12.9.1990 (BGBl 1990 II, 1318) [Zwei-plus-Vier-Vertrag] —— 5
Vereinbarung über die Internationale Kommission zum Schutz der Elbe v 8.10.1990 (BGBl 1992 II, 943) [Elbe-Übereinkommen] —— 133
Vertrag zwischen der Bundesrepublik Deutschland und der Republik Polen über die Bestätigung der zwischen ihnen bestehenden Grenze v 14.11.1990 (BGBl 1991 II, 1329) —— 21
Übereinkommen über die Umweltverträglichkeitsprüfung im grenzüberschreitenden Zusammenhang v 25.2.1991 (BGBl 2002 II, 1406; ILM 30 [1991] 802) [Espoo Übereinkommen] —— 90, 109
Umweltschutzprotokoll zum Antarktis-Vertrag v 4.10.1991 (BGBl 1994 II, 2478) [USP] —— 83
Vertrag über die Europäische Union v 7.2.1992 (BGBl 1992 II, 1253) idF des Vertrags von Lissabon v 13.12.2007 (BGBl 2008 II, 1038) (konsolidierte Fassung: ABl EU 2010, Nr C 83/13) [EUV] —— 114
Übereinkommen über Schutz und zur Nutzung grenzüberschreitender Wasserläufe und internationaler Seen v 17.3.1992 (BGBl 1994 II, 2333; ILM 31 [1992] 1392) [UN/ECE-Gewässerübereinkommen]; Protokoll v 17.6.1999 (<http://www.unece.org/env/documents/2000/wat/mp.wat.2000.1.e.pdf>) —— 97, 112, 113, 133–135
Übereinkommen über den Schutz der Meeresumwelt des Ostseegebiets v 9.4.1992 (BGBl 1994 II, 1397) [Helsinki Übereinkommen] —— 144
Convention on the Protection of the Black Sea Against Pollution v 21.4.1992 (ILM 32 [1993] 1110) —— 135
Rahmenübereinkommen der Vereinten Nationen über Klimaänderungen v 9.5.1992 (BGBl 1993 II, 1783) [Klimarahmenkonvention] —— 105, 112, 121, 154–156
Vertrag zwischen der BR Deutschland und der Republik Polen über die Zusammenarbeit auf dem Gebiet der Wasserwirtschaft an den Grenzgewässern v 19.5.1992 (BGBl 1994 II, 60) —— 133
Übereinkommen über die biologische Vielfalt v 5.6.1992 (BGBl 1993 II, 1742) [CBD] —— 158, 160–163
Übereinkommen zum Schutz der Meeresumwelt des Nordostatlantik v 22.9.1992 (BGBl 1994 II, 1360) [OSPAR-Übereinkommen] —— 112, 113, 144
Agreement on the Protection of the River Meuse v 26.4.1994 (ILM 34 [1995] 851), außer Kraft mit Inkrafttreten des Internationalen Maas-Übereinkommens v 3.12.2002 —— 133

Agreement on the Protection of the River Scheldt v 26.4.1994 (ILM 34 [1995] 859) —— 133
Übereinkommen über die Zusammenarbeit zum Schutz und zur verträglichen Nutzung der Donau v 29.6.1994 (BGBl 1996 II, 874) [Donauschutzübereinkommen] —— 133, 135
Übereinkommen zur Durchführung des Teiles XI des Seerechtsübereinkommens der Vereinten Nationen vom 10. Dezember 1982 v 28.7.1994 (BGBl 1994 II, 2566; ILM 33 [1994] 1309) [DÜ] —— 72
Vertrag zwischen der BR Deutschland und der Tschechischen Republik über die gemeinsame Staatsgrenze v 3.11.1994 (BGBl 1997 II, 566) —— 21
Agreement on the Cooperation for the Sustainable Development of the Mekong River Basin (with Protocol) v 5.4.1995 (2069 UNTS 35844) —— 129
Übereinkommen zur Durchführung der Bestimmungen des Seerechtsübereinkommens der Vereinten Nationen v 10.12.1982 über die Erhaltung und Bewirtschaftung von gebietsübergreifenden Fischbeständen und weit wandernden Fischbeständen v 4.12.1995 (BGBl 2000 II, 1023) [Fish Stocks Agreement–FSA] —— 53, 63, 67
Vertrag zwischen der BR Deutschland und der Tschechischen Republik über die Zusammenarbeit auf dem Gebiet der Wasserwirtschaft an den Grenzgewässern v 12.12.1995 (BGBl 1997 II, 925) —— 133
Vertrag über die Internationale Kommission zum Schutz der Oder gegen Verunreinigung v 11.4.1996 (BGBl 1997 II, 1708) [Oder-Übereinkommen] —— 133
Internationales Übereinkommen über die Haftung und Entschädigung für Schäden bei der Beförderung gefährlicher und schädlicher Stoffe auf See v 3.5.1996 (ABl EG 2002, Nr L 337/57) [HNS-Übereinkommen] —— 137
Ergänzendes Protokoll v 22.8.1996 zu dem am 8.4.1960 unterzeichneten Vertrag zwischen der BR Deutschland und dem Königreich der Niederlande über die Regelung der Zusammenarbeit in der Emsmündung (Ems-Dollart-Vertrag) zur Regelung der Zusammenarbeit zum Gewässer- und Naturschutz in der Emsmündung (BGBl 1997 II, 1703) [Ems-Dollart-Umweltprotokoll] —— 133
Comprehensive Nuclear Test Ban Treaty v 24.9.1996 (ILM 34 [1997] 1439) —— 79
Protokoll zur Londoner Dumping-Konvention v 7.11.1996 (ILM 36 [1997] 4) [London Protocol bzw LP] —— 141
Treaty on Sharing of the Ganges Waters at Farakka v 2.12.1996 (ILM 36 [1997] 519) —— 129
United Nations Convention on the Non-Navigational Uses of International Watercourses v 21.5.1997 (ILM 36 [1997] 700) —— 111, 126, 128
Kyoto Protokoll zum Rahmenübereinkommen der Vereinten Nationen über Klimaänderungen v 11.12.1997 (BGBl 2002 II, 967) —— 105, 153–157
Aarhus Convention on Access to Information, Public Participation in Decision-Making and Access to Justice in Environmental Matters v 25.6.1998 (ILM 38 [1999] 517) [Aarhus Übereinkommen] —— 90, 122, 123, 157
Rotterdamer Übereinkommen über das Verfahren der vorherigen Zustimmung nach Inkenntnissetzung für bestimmte gefährliche Chemikalien sowie Pflanzenschutz- und Schädlingsbekämpfungsmittel im internationalen Handel v 11.9.1998 (ILM 38 [1999] 1) —— 165
Convention on Cooperation for the Protection and Sustainable Use of the Waters of the Luso-Spanish River Basins v 30.11.1998 (Luso-American Foundation [Hrsg], Shared Watersystems and Transboundary Issues, 2000, 429) —— 133
Übereinkommen zum Schutz des Rheins v 12.4.1999 (BGBl 2001 II, 850) [Rhein-Übereinkommen] —— 133–135
Vertrag zwischen der BR Deutschland und der Tschechischen Republik über das Grenzurkundenwerk der gemeinsamen Staatsgrenze v 3.6.1999 (BGBl 2001 II, 558) —— 21
Cartagena Protokoll über biologische Sicherheit zum Übereinkommen der Vereinten Nationen über die biologische Vielfalt v 29.1.2000 (ILM 39 [2002] 1027) —— 162
Internationales Übereinkommen über die zivilrechtliche Haftung für Schäden durch Bunkerölverschmutzung v 23.3.2001 (BGBl 2006 II, 579) —— 137
Stockholm Convention on Persistent Organic Pollutants v 23.5.2001 (ILM 40 [2001] 532) [Stockholm Übereinkommen] —— 165
Convention on Cybercrime v 23.22.2001 (<http://conventions.coe.int/Treaty/en/Treaties/Html/185.htm>); Additional Protocol, Concerning the Criminalisation of Acts of a Racist and Xenophobic Nature Committed through Computer Systems v 28.1.2003 (<http://conventions.coe.int/Treaty/EN/Treaties/HTML/189.htm>) —— 35
Internationales Maasübereinkommen v 3.12.2002 (<http://www.cipm-icbm.be/files/files/FR1.pdf>) —— 133
Luftverkehrsabkommen zwischen den USA einerseits und den EU-Mitgliedstaaten sowie der EU andererseits v 30.4.2007 (ABl EU 2007, Nr L 134/4); Zusatzabkommen v 16.6.2011(ABl EU 2011, Nr L 283/16) —— 31
Nagoya Protocol on Access to Genetic Resources and the Fair and Equitable Sharing of Benefits Arising From their Utilization v 29.10.2010 (UNEP/CBD/COP/DEC/X/1) —— 15, 95, 112, 160–163

Deutsch-niederländischer Vertrag über die Nutzung und Verwaltung des Küstenmeers zwischen 3 und 12 Seemeilen v 24.10.2014 (BT-Drs 637/15) —— 21
Paris Agreement v 12.12.2015 (FCCC/CP/2015/L.9/Rev.1) —— 157

Judikatur
Ständiger Internationaler Gerichtshof
The Lotus (France v Turkey), Urteil v 7.9.1927, PCIJ, Ser A, No 10 *[Lotus]* —— 3, 8, 66
Territorial Jurisdiction of the International Commission of the River Oder (Czechoslovakia, Denmark, France, Germany, Great Britain, Sveden v Poland), Urteil v 10.9.1929, PCIJ, Ser A, No 23 *[Oder-Kommission]* —— 127
Diversion of Water from the Meuse (Netherlands v Belgium), Urteil v 28.6.1937, PCIJ, Ser A/B, No 70 *[Diversion of Water]* —— 128
Legal Status of Eastern Greenland (Denmark v Norway), Urteil v 5.4.1933, PCIJ, Ser A/B, No 53 *[Ostgrönland]* —— 19

Internationaler Gerichtshof
Corfu Channel (United Kingdom v Albania), Urteil v 9.4.1949, ICJ Rep 1949, 4 *[Korfu Kanal]* —— 46, 93
Anglo-Norwegian Fisheries (United Kingdom v Norway), Urteil v 18.12.1951, ICJ Rep 1951, 116 *[Britisch-norwegischer Fischereistreit]* —— 40
North Sea Continental Shelf (Federal Republic of Germany v Denmark; Federal Republic of Germany v Netherlands), Urteil v 20.2.1969, ICJ Rep 1969, 3 *[Nordsee-Festlandsockel]* —— 55, 57, 60
Barcelona Traction, Light and Power Co, Ltd (Second Phase) (Belgium v Spain), Urteil v 5.2.1970, ICJ Rep 1970, 3 *[Barcelona Traction]* —— 118
Aegean Sea Continental Shelf (Greece v Turkey), Urteil v 19.12.1978, ICJ Rep 1978, 5 *[Festlandsockel in der Ägäis]* —— 55, 60
Continental Shelf (Tunisia v Libyan Arab Jamahiriya), Urteil v 24.2.1982, ICJ Rep 1982, 18 *[Tunesisch-Libyscher Festlandsockel]* —— 57
Land, Island and Maritime Frontier Dispute (El Salvador v Honduras; Nicaragua intervening), Urteil v 11.9. 1992, ICJ Rep 1992, 351 *[Maritime Frontier]* —— 12
Request for an Examination of the Situation in Accordance with Paragraph 63 of the Court's Judgment of 20 December 1974 in the Nuclear Tests (New Zealand v France) Case, Verfügung v 22.9.1995, ICJ Rep 1995, 287 *[Request for Examination]* —— 112
Legality of the Threat or Use of Nuclear Weapons, Gutachten v 8.7.1996, ICJ Rep 1996, 226 *[Nuklearwaffen]* —— 106
Gabcíkovo-Nagymaros Project (Hungary v Slovakia), Urteil v 25.9.1997, ICJ Rep 1997, 92 *[Gabcíkovo-Nagymaros]* —— 111, 117, 119, 128
Territorial and Maritime Dispute between Nicaragua and Honduras in the Caribbean Sea (Nicaragua v Honduras), Urteil v 8.10.2007, ICJ Rep 2007, 659 *[Nicaragua/Honduras]* —— 39
Pulp Mills on the River Uruguay (Argentina v Uruguay), Urteil v 20.4.2010, ICJ Rep 2010, 14 *[Pulp Mills]* —— 106, 108–112, 116
Accordance with International Law of the Unilateral Declaration of Independence in Respect of Kosovo, Gutachten v 22.7.2010, ICJ Rep 2010, 403 *[Kosovo]* —— 3, 26
Questions Relating to the Obligation to Prosecute or Extradite (Belgium v Senegal), Urteil v 20.7.2012, ICJ Rep 2012, 422 *[Prosecute or Extradite]* —— 53
Whaling in the Antarctic (Australia v Japan: New Zealand intervening), Urteil v 31.3.2014, ICJ Rep 2014, 226 *[Antarctic Whaling]* —— 53, 94

Internationaler Seegerichtshof
The M/V „Saiga" (St. Vincent and the Grenadines v Guinea), Urteil v 4.12.1997 (No 1), ITLOS Rep 1997, 16 *[M/V Saiga 1]* —— 53
The M/V „Saiga" (St. Vincent and the Grenadines v Guinea), Urteil v 1.7.1999 (No 2), ITLOS Rep 1999, 10 *[M/V Saiga 2]* —— 66
Southern Bluefin Tuna (New Zealand v Japan; Australia v Japan), Einstweilige Anordnung v 27.8.1999 (No 3 and 4), ITLOS Rep 1999, 280 *[Blauflossen-Thunfisch]* —— 65, 136
The „Camouco" (Panama v France), Urteil v 7.2.2000 (No 5), ITLOS Rep 2000, 10 *[Camouco]* —— 53
The „Monte Confurco" (Seychelles v France), Urteil v 18.12.2000 (No 6), ITLOS Rep 2000, 86 *[Monte Confurco]* —— 53

The „Grand Prince" (Belize v France), Urteil v 20.4.2001 (No 8), ITLOS Rep 2001, 17 *[Grand Prince]* —— 53
The „Volga" (Russian Federation v Australia), Urteil v 23.12.2002 (No 11), ITLOS Rep 2002, 10 *[Volga]* —— 53
Land Reclamation by Singapore in and around the Straits of Johor (Malaysia v Singapore), Einstweilige Anordnung v 8.10.2003 (No 12), ITLOS Rep 2003, 10 *[Land Reclamation]* —— 136
The „Juno Trader" (St. Vincent and the Grenadines v Guinea-Bissau), Urteil v 18.12.2004 (No 13), ITLOS Rep 2004, 17 *[Juno Trader]* —— 53
The „Hoshinmaru" (Japan v Russia), Urteil v 6.8.2007 (No 14), ITLOS Rep 2005-2007, 18 *[Hoshinmaru]* —— 53
The „Tomimaru" (Japan v Russia), Urteil v 6.8.2007 (No 15), ITLOS Rep 2005-2007, 74 *[Tomimaru]* —— 53
Responsibilities and Obligations of States Sponsoring Persons and Entities with Respect to Activities in the Area, Gutachten der Kammer für Meeresbodenstreitigkeiten v 1.2.2011 (No 17), ITLOS Rep 2011, 10 —— 37, 70, 109, 112
Delimitation of the Maritime Boundary between Bangladesh and Myanmar in the Bay of Bengal (Bangladesh v Myanmar), Urteil v 14.3.2012 (No 16), ITLOS Rep 2012, 4 —— 37 *[Maritime Boundary]*
Request for Advisory Opinion Submitted by the Sub-Regional Fisheries Commission (SRFC), Gutachten v 2.4.2015 (No 21), ITLOS Rep 2015 *[SRFC-Gutachten]* —— 37, 53, 66, 136

Ständiger Schiedshof
Island of Palmas Arbitration (Netherlands v USA), Schiedsspruch v 4.4.1928, RIAA II, 829 *[Palmas]* —— 2
Iron Rhine Arbitration (Belgium v Netherlands), Schiedsspruch v 24.5.2005, RIAA XXVII, 35 *[Iron Rhine]* —— 88, 108
Indus Waters Kishenganga Arbitration (Pakistan v India), Schiedsspruch v 20.12.2013, <http://www.pcacases.com/web/allcases/> *[Indus Waters]* —— 106, 109, 111, 112, 117, 128
Chagos Marine Protected Area Arbitration (Mauritius v United Kingdom), Schiedsspruch v 18.3.2015, <http://www.pcacases.com/web/allcases/> *[Chagos MPA]* —— 136

Internationale Schiedsgerichte
Trail Smelter Arbitration (USA v Canada), Schiedssprüche v 16.4.1938 bzw 11.3.1941, RIAA III, 1905, 1938 *[Trail Smelter]* —— 93, 106-108
Abu Dhabi Arbitration, Schiedsspruch v 28.8.1951, ICLQ 1 (1952) 247 *[Abu Dhabi]* —— 55
Lac Lanoux Arbitration (Spain v France), Schiedsspruch v 16.11.1957, RIAA XII, 281 *[Lac Lanoux]* —— 107, 128

Europäischer Gerichtshof für Menschenrechte
Urteil v 9.12.1994, Nr 16798/90, Ser A, Nr 303-C; EuGRZ 1995, 530 *[López Ostra v Spain]* —— 120
Urteil v 22.5.2003, Nr 41666/98 *[Kyrtatos v Greece]* —— 119

Gerichtshof der Europäischen Gemeinschaften
Urteil v 14.7.1976, Verb Rsen 3, 4, 6/76, Slg 1976, 1279 *[Kramer]* —— 3
Urteile v 5.11.2002, Rsen C-466-472, 475-476/98, Slg 2002, I-9427, 9519, 9575, 9627, 9681, 9741, 9797, 9855 *[Open Skies]* —— 31
Urteil v 3.2.2012, Rs C-366/10 *[Handel mit Treibhausgasemissionszertifikaten]* —— 155

Deutsche Gerichte
Staatsgerichtshof, Urteil (Zwischen-E) v 17./18.6.1927, RGZ 116, Anh 18 —— 93, 128
VGH Baden-Württemberg, Urteil v 24.1.2003, VBlBW 2003, 389 *[Flughafen]* —— 29
BGH, Beschluss v 7.4.2009, NJW 2009, 3735 *[Gerichtsstand]* —— 66
BVerfG, Urteil v 30.6.2009, BVerfGE 123, 267 *[Lissabon]* —— 66

Schweizerische Gerichte (Bundesgericht)
Urteil v 12.1.1878 *(Zürich gegen Aargau)* —— 128
Urteil v 9.12.1892 *(Aargau gegen Solothurn)* —— 128

US-amerikanische Gerichte (US Supreme Court)
Kansas v Colorado, 206 US 46 (1907) —— 128
Mali v Keeper of the Common Jail (Wildenhus's Case), 120 US 1 (1887) —— 38
Spector v Norwegian Cruise Line Ltd, 545 US 119 (2005) —— 38

Proelß

Vorbemerkung

Die Themenkreise Raum und Umwelt gehören nicht von Natur aus zusammen. Während die Frage nach der staatlichen Herrschaft über den *Raum* und in ihm mit der Entstehung und Entwicklung des Völkerrechts Hand in Hand ging,[1] weckte die *Umwelt* als solche erst seit Beginn der 1970er Jahre ein intensiveres Interesse der völkerrechtlichen Wissenschaft und Praxis.[2] Heute sind der Schutz und die Bewahrung der Umwelt so zentrale Gegenstände des Völkerrechts, dass dieses vergleichsweise junge Teilgebiet allgemein als „Umweltvölkerrecht" bezeichnet wird. Die mittlerweile zu konstatierende Breite und Intensität der völkerrechtlichen *Wechselbeziehungen* zwischen Raum und Umwelt[3] legen es nahe, den Themenbereichen einen *gemeinsamen* Abschnitt zu widmen. Nach einem Überblick über die völkerrechtliche Raumordnung (Rn 2ff) wird vor diesem Hintergrund die Umwelt im Völkerrecht (Rn 88ff) behandelt. Besonders interessieren die Interdependenzen der beiden Teilordnungen sowie ihre Bedeutung für die Gesamtordnung des Völkerrechts und ihre Entwicklung. Technizität und Dichte der Regelungen nehmen gerade im Umweltvölkerrecht, nicht zuletzt angesichts der epochalen Herausforderung des Klimawandels, rasch zu. Dies hilft, „das Klischee des rudimentären, aus eher allgemeinen Normen bestehenden Völkerrechts zu widerlegen".[4]

1

I. Der Raum im Völkerrecht

1. Die Raumordnung des Völkerrechts im Überblick
a) Territoriale Souveränität und Gebietshoheit

Die Raumordnung des Völkerrechts regelt die Zuordnung der Gebiete der Erde, des Weltraums und der Himmelskörper zu Hoheitsträgern. Letztere sind Einzelstaaten, mehrere Staaten gemeinsam („Kondominien", „Koimperien") oder sonstige Völkerrechtssubjekte. Erstere sind die Land- und die Meeresgebiete einschließlich der Polargebiete sowie der Luft- und der Weltraum mit dem Mond und den anderen Himmelskörpern. Diese Objekte können jenen Subjekten in unterschiedlicher Intensität positiv zugeordnet oder, wie etwa der Weltraum einschließlich des Monds und der Himmelskörper, von der Zuordnung (negativ) ausgenommen sein. Die höchste Intensität der Zuordnung liegt im Unterstellen eines Raumes unter die *territoriale Souveränität*[5] eines oder mehrerer Staaten. Dem Inhaber dieses dem *Eigentum* vergleichbaren Vollrechts ist die Ausübung umfassender Rechte in Bezug auf diesen Raum erlaubt, zB auch seine Abtretung.[6]

2

---

1 Grewe, Epochen der Völkerrechtsgeschichte, 2. Aufl 1988, verfolgt u a die „Rechtsformen der Raumordnung" (148 ff) und die „Rechtsordnung der Meere" (157 ff) durch zwei Jahrtausende (269 ff etc), um an ihnen „den Geist, die Baugesetze und das Werden der völkerrechtlichen Ordnung sichtbar zu machen" (15).
2 Initialzündung: Stockholmer UN-Konferenz über die Umwelt des Menschen v 5.–16.6.1972, besonders ihre Abschlussdeklaration (UN Doc A/CONF. 48/14). Vgl u Rn 96.
3 Etwa im Hinblick auf den Schutz spezifischer Räume in ihrer Gesamtheit (Bsp Weltraum).
4 Vorbemerkung der Hrsg in ÖHVR, 4. Aufl 2004, Bd I, Rn 2091.
5 Im *Innen*verhältnis bedeutet Souveränität Ausschließlichkeit der Staatsgewalt: Monopol der legitimen Gewaltanwendung und der Entscheidung in politischen Existenzfragen. Im *Außen*verhältnis ist Souveränität zu verstehen als Zuhöchstsein im Rahmen des völkerrechtlich Zulässigen. Ob Souveränität konzeptionell der Abstufung fähig ist, etwa durch freiwillige Übertragung einzelner souveräner Rechte auf eine Supranationale Organisationen (S. O.), ist str; bejahend *Dahm/Delbrück/Wolfrum*, Völkerrecht I/1, 223 f.
6 Vgl Richter *Max Huber* im *Palmas*-Schiedsspruch v 4.4.1928, RIAA II, 829, 838: "Sovereignty in the relations between States signifies independence. Independence in regard to a portion of the globe is the right to exercise therein, to the exclusion of any other State, the functions of a State. The development of the national organization of States during the last few centuries and, as a corollary, the development of international law, have established this principle of the exclusive competence of the State in regard to its own territory in such a way as to make it the point of departure in settling most questions that concern international relations."

Diese Folge findet ihren Ausdruck u a im Grundsatz der dauerhaften Souveränität über natürliche Ressourcen *(permanent sovereignty over natural resources)*, dessen Relevanz sich insbes auf dem Gebiet des Umweltvölkerrechts manifestiert.[7]

3   Ist ein Gebiet einem Staat, etwa als Besatzungsmacht[8] oder im Wege einer Pachtvereinbarung, insoweit zugeordnet, dass dieser in ihm *de facto*-Hoheitsgewalt ausübt, ohne aber Inhaber der territorialen Souveränität zu sein, hat er die *Gebietshoheit* inne. Diese staatliche Herrschaft *im* Raum ohne Verfügungsbefugnis *über* den Raum ist dem Rechtsinstitut *Besitz* vergleichbar. Anders als der Inhaber der territorialen Souveränität (der „Eigentümer") kann der Inhaber der Gebietshoheit (der „Besitzer") das Gebiet zB nicht zedieren. Regelmäßig sind beide Rechtspositionen in *einer* Hand vereinigt. Der Inhaber der Gebietshoheit ist im betroffenen Gebiet zur unabhängigen, umfassenden Hoheitsentfaltung befugt. Seine *Alleinzuständigkeit* erstreckt sich im Prinzip auf sämtliche Personen[9] und Sachen, die sich dort befinden. In einem fremder Gebietshoheit unterstehenden Raum dürfen andere Staaten prinzipiell keine Hoheitsrechte wahrnehmen. Über sein Staatsgebiet hinaus kann ein Staat nur insoweit Hoheitsgewalt *(jurisdiction)* ausüben, als nicht die ausschließliche Zuständigkeit eines anderen Hoheitsträgers begründet ist oder eine andere völkerrechtliche Norm die Jurisdiktionserstreckung verbietet.[10] Soweit ein Raum der Gebietshoheit untersteht, ist das staatliche Zuordnungssubjekt, im Rahmen des Völkerrechts, zur Rechtsetzung befugt, etwa bzgl der Ausbeutung der dort lagernden Ressourcen und des Schutzes der Umwelt.

4   Die *territoriale Souveränität* über ein Gebiet kann *mehreren Staaten gemeinsam* zustehen: *Kondominium*. Im Kolonialzeitalter nicht unüblich, sind Kondominien äußerst selten geworden. Ein Bsp waren die nordöstlich von Australien gelegenen Neuen Hebriden, über die Frankreich und Großbritannien seit 1909 gemeinsam die Souveränität ausübten; 1980 wurde die Inselgruppe als „Vanuatu" ein souveräner Staat. Ein anderes Bsp ist nach Auffassung Österreichs das Gros des Bodensees (Obersee ohne Überlinger See), eines ausgedehnten Binnengewässers mit mehreren Anrainerstaaten („Grenzsee").[11]

5   Ein Bsp für die *gemeinsame Wahrnehmung der Gebietshoheit (Koimperium)* war die gemeinschaftliche Herrschaft u a von Spanien, Großbritannien und Frankreich über das Gebiet von Tanger zwischen 1923 und 1956. Das Paradigma dieser Zuordnung war die Vier-Mächte-Verwaltung über Nachkriegs-Deutschland.[12] Zur Wahrnehmung gemeinsamer Interessen bedient sich das moderne Völkerrecht anderer Instrumente, etwa der Einräumung von Kontrollrechten

---

7 S u Rn 159. Vgl UN Doc A Res 1803 (XVII) v 14.12.1962, Permanent Sovereignty over Natural Resources. Dazu *Schrijver*, Natural Resources, Permanent Sovereignty over, MPEPIL VII, 535 ff mwN.
8 Zur kriegerischen Besetzung *Bothe*, 8. Abschn, Rn 82.
9 Die Wirkung der Gebietshoheit eines Staats auf Angehörige eines anderen Staats, die sich in seinem Gebiet aufhalten, wird durch die Personalhoheit dieses Heimat- oder Herkunftsstaats beschränkt. Vgl *Kau*, 3. Abschn Rn 100 ff, 154 f.
10 Vgl das *Kosovo*-Gutachten des IGH, ICJ Rep 2010, 403, 438 f (§ 84). Anders noch der StIGH im *Lotus*-Fall, PCIJ, Ser A, No 10, 1927, 4, 19 f. Eingehend zum Ganzen *Epping*, in Ipsen (Hrsg), Völkerrecht, 6. Aufl 2014, § 5 Rn 69 ff. – Eine Grenze der zulässigen Ausübung extraterritorialer Jurisdiktion folgt etwa aus dem Grundsatz der Flaggenhoheit, s u Rn 66. Das UN-Seerechtsübereinkommen (SRÜ) v 10.12.1982 (BGBl 1994 II, 1799) überträgt den Küstenstaaten bzgl diverser Meereszonen außerhalb ihrer Staatsgebiete Hoheitsbefugnisse; vgl u Rn 51 ff. Auch die EU kann außerhalb der mitgliedstaatlichen Staatsgebiete Hoheitsbefugnisse beanspruchen, wenn und soweit die Mitgliedstaaten diese Befugnisse vor deren Übertragung auf die EU in völkerrechtlich zulässiger Weise ausüben durften, vgl EuGH, Verb Rsen 3, 4, 6/76, Slg 1976, 1279 Rn 30/33 *[Kramer]*.
11 Auch der zwischen Bolivien und Peru gelegene Titicacasee ist durch eine Vereinbarung aus dem Jahre 1956 zwischen den beiden Anrainerstaaten ein Kondominium; vgl *Ranjbar*, Das Rechtsregime des Kaspischen Meeres und die Praxis der Anrainerstaaten, 2004, 69. Zum Rechtsstatus des Bodensees s u Rn 17.
12 Nach der bedingungslosen Kapitulation der Wehrmacht übernahmen die alliierten Militärgouverneure am 6.6. 1945 die „oberste Regierungsgewalt hinsichtlich Deutschlands". Das Dt Reich war als Völkerrechtssubjekt nicht untergegangen; vgl *Kau*, 3. Abschn Rn 207 ff. Spätestens im Zwei-plus-Vier-Vertrag v 12.9.1990 (BGBl 1990 II, 1318) gaben die Vier Mächte ihre letzten Rechte und Verantwortlichkeiten auf.

(zB in Fragen des Minderheitenschutzes)¹³ oder, zugunsten von Internationalen Organisationen (I. O.), der Übertragung von Hoheitsrechten.

Ein Kondominium oder Koimperium über *Nichtstaatsgebiet*, eine staatliche Hoheitsgemeinschaft also über einen Raum, der keinem Staat zugeordnet ist, ist bereits begrifflich undenkbar; wird Nichtstaatsgebiet in völkerrechtlich zulässiger Weise okkupiert, wird es zu einem Gebiet, das der territorialen Souveränität eines Staats oder mehrerer Staaten (dann Kondominium) unterliegt. Möglich ist zwar die Unterstellung von „Niemandsland" bzw staatenlosem Gebiet unter internationale Verwaltung (etwa mittels einer I. O.), d h seine *Internationalisierung*;¹⁴ sie erfasst aber lediglich die *Nutzung* des betroffenen Gebiets, lässt seinen territorialen Status also unberührt. 6

b) Staatsgebiet und Nichtstaatsgebiet als Grundkategorien

Das *Staatsgebiet* ist der Raum, in dessen Grenzen der Staat seine territoriale Souveränität ausübt, über den er frei verfügt, dessen Entwicklung er organisiert und in dem er vorrangig seine Rechtsordnung geltend macht. Das Vorhandensein eines Gebiets ist notwendiges Staatselement: ohne Gebiet kein Staat. Das Gebiet ist Kompetenzbereich, Gegenstand und Grundlage staatlicher Herrschaft. Beim Staatsgebiet handelt es sich um einen Teil der Erdoberfläche, des Grunds darunter und des Luftraums darüber, also um einen *Raum*. Wegen dieser Dreidimensionalität wäre „Staats*raum*" treffender als der eingeführte, nachfolgend beibehaltene Begriff „Staats*gebiet*". 7

Gebiete, die nicht unter der territorialen Souveränität eines Staats (oder, als Kondominium, mehrerer Staaten gemeinsam) stehen, sind *Nichtstaatsgebiete*. Ihre Erforschung und Nutzung, die Ausbeutung und Bewahrung ihrer Ressourcen, der Schutz der Umwelt, die Nutzung zu Kommunikations- oder zu Verteidigungszwecken usw – das alles kann nicht auf *gebiets*rechtlicher Basis durch einen dafür allein zuständigen Hoheitsträger geordnet werden. Die Ordnung der Nichtstaatsgebiete erfolgt vielmehr unmittelbar durch das Völkerrecht, etwa durch multilaterale Fischereiverträge bzgl der Nutzung von natürlichen Ressourcen der Hohen See,¹⁵ sowie, auf der Grundlage der Personal- und – als dritter Form originärer Hoheitsgewalt¹⁶ – der Flaggenhoheit, durch Regelungen der einzelnen Staaten (nur) für ihre jeweiligen Angehörigen (zB nationale Schifffahrtsgesetze). 8

Die *Transformation* von *Nichtstaatsgebiet in Staatsgebiet*, etwa durch Okkupation von „Niemandsland", ist prinzipiell möglich. Ebenso könnte – theoretisch – Staatsgebiet aufgegeben („derelinquiert") werden und damit aneignungsfähiges Nichtstaatsgebiet entstehen. Die Völkerrechtsgemeinschaft hat alle verbliebenen Nichtstaatsgebiete – mit Ausnahme aufgrund vulkanischer Aktivitäten neu entstehender Inseln – staatlicher Aneignung *entzogen*. So bestimmt etwa Art 89 SRÜ für das traditionsreichste Nichtstaatsgebiet Hohe See: „Kein Staat darf den Anspruch erheben, irgendeinen Teil der Hohen See seiner Souveränität zu unterstellen".¹⁷ Die aneignungsunfähigen Teile des Meeres (etwa die Hohe See und das „Gebiet"), die Antarktis (str) und der Weltraum weisen als Nichtstaatsgebiete allesamt den gleichen *gebiets*rechtlichen Status auf. In *nutzungs*rechtlicher Hinsicht zerfallen die (maritimen) Nichtstaatsgebiete dagegen in zwei Gruppen: in „Funktionshoheitszonen" und in „Staatengemeinschaftsräume",¹⁸ und so unterscheidet 9

---

13 Zur österreichischen Schutzmachtfunktion bzgl der deutschsprachigen Volksgruppe in Südtirol *Hummer*, in ÖHVR, 4. Aufl 2004, Bd I, Rn 3284 ff. Allgemein zum Minderheitenschutz *Kau*, 3. Abschn Rn 330 ff.
14 Ein Bsp ist die Internationale Meeresbodenbehörde (IMBB). Sie handelt im Namen „der gesamten Menschheit", der „alle Rechte" an den Ressourcen des „Gebiets" zustehen, Art 137 Abs 2 Satz 1 SRÜ. Vgl u Rn 68 ff.
15 Insofern ist die Hohe See (vgl u Rn 64 ff) zwar ein zwingend souveränitäts- und gebietshoheitsfreier, nicht aber ein rechtsfreier Raum.
16 Insoweit noch aA StIGH im *Lotus*-Fall, PCIJ, Ser A, No 10, 1927, 4, 25: Schiff als schwimmendes Staatsgebiet.
17 Parallele Regelung existieren für den küstenfernen Tiefseeboden (das „Gebiet") und den Weltraum. S u Rn 70 u 75.
18 Die Terminologie wurde von *Graf Vitzthum* in der 1. Aufl dieses Lehrbuchs entwickelt. Sie wird, schon ihrer Anschaulichkeit wegen, im Folgenden beibehalten, vgl u Rn 10 ff, 49 ff, 61 ff.

sich etwa die Nutzungsordnung der Ausschließlichen Wirtschaftszone (AWZ) deutlich von der der Hohen See[19] oder der des Weltraums.

c) Nichtstaatsgebiet: Funktionshoheits- und Staatengemeinschaftsräume

10 In den *Funktionshoheitsräumen* sind einzelnen Staaten „souveräne Rechte", „Hoheitsbefugnisse" oder sonstige hoheitliche Rechte zugeordnet. Trotz ihres zT beträchtlichen normativen Umfangs bleiben diese Zuordnungen jeweils unterhalb der Schwelle der Übertragung der Gebietshoheit.[20] So übt zwar der Küstenstaat über den Festlandsockel „souveräne Rechte zum Zweck seiner Erforschung und der Ausbeutung seiner natürlichen Ressourcen aus"; sie „sind insoweit ausschließlich, als niemand ohne ausdrückliche Zustimmung des Küstenstaats den Festlandsockel erforschen oder seine natürlichen Ressourcen ausbeuten darf" (Art 77 Abs 1 u 2 SRÜ). Dies ist freilich, da etwa der Rechtsstatus der epikontinentalen Gewässer und des Luftraums darüber von den Festlandsockel-Rechten des Küstenstaats nicht „berührt" wird (Art 79 Abs 1 SRÜ), *weniger* als Gebietshoheit. Es handelt sich um ausschließliche *Nutzungs*hoheit. Die Rechtsstellung der begünstigten Staaten ist nicht territorial, sondern *funktional* begründet und entsprechend *beschränkt;* der Küstenstaat hat kein umfassendes, sondern nur ein *partielles* Nutzungsmonopol – beschränkt auf *einige* (wenn auch ökonomisch wichtige) Nutzungsarten. Am Verbot der Gebietshoheitsausübung ändert die Einräumung der (partiellen) Funktionshoheit nichts.[21]

11 Die übrigen – riesigen – Nichtstaatsgebiete sind, was ihre Nutzung anbelangt, der Staatengemeinschaft insgesamt zugeordnet: *Staatengemeinschaftsräume (global commons)*. Ihre Erforschung und Nutzung sowie die Ausbeutung ihrer Ressourcen „steht" (bezogen auf die Hohe See) „allen Staaten […] offen" (Art 87 Abs 1 Satz 1 SRÜ). Einer dieser globalen Staatengemeinschaftsräume, der Meeresboden und der Meeresuntergrund „jenseits der Grenzen des Bereichs nationaler Hoheitsbefugnisse" (Art 1 Abs 1 Nr 1 SRÜ) – „das Gebiet" (Teil XI SRÜ) –, wurde hinsichtlich der Ressourcengewinnung gar einer I.O., der Internationalen Meeresbodenbehörde, zur Verwaltung unterstellt (Art 156 ff SRÜ). Insoweit wurde dieser küstenferne Meeresboden *internationalisiert*.[22] In den anderen Staatengemeinschaftsräumen finden sich entsprechende Ansätze; sie bleiben freilich unterhalb der Schwelle einer internationalen Verwaltung.[23] Zum Teil finden sich Ansätze, die auf eine „sektorale Internationalisierung" abzielen; bei ihr steht – anders als in

---

19 Sieht man, wie nachfolgend, die *gebiets*rechtliche Zuordnung als das dominierende Ordnungsprinzip an, sind letztlich alle maritimen Nichtstaatsgebiete (von der Anschlusszone bis zum „Gebiet") Hohe See; für die AWZ vgl *Proelß*, in Seerecht, Kap 3 Rn 216 ff; eingehend *ders*, The Law on the Exclusive Economic Zone in Perspective, Ocean Yearbook 26 (2012) 87 (88 ff). Wegen der unterschiedlichen *nutzungs*rechtlichen Zuordnung ist dann zwischen „Hoher See im weiteren Sinne" (den küstenstaatlichen Funktionshoheitsräumen, der Hohen See und dem internationalisierten „Gebiet") und „Hoher See im engeren Sinne" (der von nationalen Hoheitsbefugnissen freien Hohen See) zu differenzieren. Wenn nachfolgend von „Hoher See" die Rede ist, ist Letztere gemeint, also der in Teil VII SRÜ geregelte Raum.
20 Schon die Truman-Proklamation v 1945 bzgl des Festlandsockels wies dieses Doppelziel auf: Ressourcen*nutzungs*monopol (des Küstenstaats) ohne Änderung des (von Hoheitsbefugnissen freien) *Gebiets*status.
21 „Funktionelle *Souveränität*" (*Riphagen*, Some Reflections on „Functional Sovereignty", NYIL 6 [1975] 121 ff) führt deshalb begrifflich in die Irre.
22 Zum Terminus *Beck*, Die Internationalisierung von Territorien, 1962; *Hennes*, Externe Hoheitsgewalt in Krisengebieten, 2006, 64 ff.
23 Den Umfang der Unterstellung eines Raums unter internationale Verwaltung regelt der jeweilige Vertrag. Es geht dabei nur um *funktionale* Internationalisierung. Unter Aufrechterhaltung der bis dahin bestehenden *gebiets*rechtlichen Zuordnung (Staatsgebiet des Staates A; Kondominium der Staaten B und C; Nichtstaatsgebiet) wird ein Gebiet zur Sicherung einer bestimmten Ordnung der Kontrolle einer I.O. unterworfen. Ein Bsp war der Völkerbund bzgl des Saargebiets (1920–1935) gemäß Versailler Vertrag v 1919. Frühe UN-Versuche scheiterten, den drei betroffenen Weltreligionen den gleichberechtigten Zugang zu den heiligen Stätten Jerusalems zu sichern, diese Stadt insofern also partiell zu „internationalisieren".

vorliegendem Zusammenhang – nicht die Kategorie des Raums im Vordergrund, sondern die gemeinsame raumübergreifende Bewirtschaftung bestimmter Ressourcen.[24]

Zur Verdeutlichung der Unterschiede zwischen diesen beiden Typen von Nichtstaatsgebieten sei der funktional „internationalisierte" Meeresboden (Teil XI SRÜ) mit dem funktional „nationalisierten" Festlandsockel (Teil VI SRÜ) verglichen. Die exklusive Zuständigkeit für die Regelung der Erforschung des Festlandsockels und der Ausbeutung seiner natürlichen Ressourcen gründet weder auf der Personalhoheit des angrenzenden Staats noch auf dem Institut einer funktionellen Hoheit über die Schiffe (bzw Flugzeuge und Förderplattformen) unter seiner Flagge. Sie basiert vielmehr auf der Zuordnung einer – letztlich *räumlich*-politisch legitimierten – Hoheit über die Erforschung und Ausbeutung selbst. Die entsprechende Zuordnungsentscheidung ist das Resultat einer nach 1945 umgesetzten Entwicklung des Völkerrechts. In den Vordergrund des Zugriffsinteresses und damit der Wahl von Anknüpfungspunkten für meeresvölkerrechtliche Regelungen traten zunehmend Ressourcen- und Raumfragen.[25] Die Institute der Personal- und Flaggenhoheit sowie die Prinzipien des Wettbewerbs und der Priorität (also des Vorrangs des „Erstkommenden") wurden als nicht mehr ausreichend angesehen, um die sich intensivierenden Ressourcen- und Raumkonflikte, die häufig auch sicherheitspolitische Dimensionen aufwiesen, zu entschärfen. Es kam zur Etablierung von geographisch und funktional determinierten Hoheitsrechten, mit den Küstenstaaten als Zuordnungssubjekten. Insofern ersetzte ein „System der sachlichen Kompetenzzuweisung für bestimmte *Nutzungen* ein durch die Verteilung der *Gebietshoheit* geschaffenes System."[26]

12

Aus der Perspektive der Raumordnung des Völkerrechts zeichnet sich hier, *zusammenfassend* betrachtet, ein Strukturwandel ab. Das traditionelle Staatensystem war hinsichtlich seiner territorialen Dimension ursprünglich „*vertikal*" ausgerichtet; im Vordergrund stand die Aufteilung der Erde zwischen den einzelnen Staaten durch Ziehung von auch in die Höhe und Tiefe reichenden Grenzen. Akzeptanz und Ausgestaltung der küstenstaatlichen Funktionshoheitszonen und der globalen Staatengemeinschaftsräume drücken demgegenüber eine alternative Rechtsentwicklung aus; sie läuft auf komplexe „*horizontale*", dh primär nicht territorial, sondern funktional geprägte Regime hinaus.[27] Die mit den Stichworten „funktionelle Hoheit" und „horizontale Regime" bezeichneten Entwicklungen sind indes keineswegs abgeschlossen. Bislang haben sie an den traditionellen Grundkategorien der Raumordnung des Völkerrechts – Staatsgebiet/Nichtstaatsgebiet – auch nichts zu ändern vermocht. Mögen in verschiedenen Zonen etwa des Meeresraums auch verschiedene Nutzungsregime nebeneinander (oder „in-" bzw „übereinander") bestehen, mag etwa bei der Pluralität der im Regime der AWZ zusammengeführten Teilordnungen der sachlich-funktionale Regelungsansatz den gebietsbezogenen relativieren,[28] mögen die Zuordnungs- und Nutzungsfragen je nach Raum, Ressource, Nutzungsart und Interessenkonstellation also differieren – letztlich dominiert zumeist nach wie vor der Raumbezug, der territoriale Reflex. Auch bei final begrenzten funktionalen Hoheitsbefugnissen (etwa bzgl des Festlandsockels) droht der Umschlag in territorial bestimmte, funktionell entgrenzte Hoheitsbefugnisse und -zonen *(creeping jurisdiction)*. Dies verdeutlicht etwa der in seiner Symbolik am Vorgang einer Okkupation anknüpfende Akt des „Flagge-Hissens" auf dem

13

---

24 Bsp *Straddling Stocks*, vgl u Rn 53, 67.
25 Diese Entwicklung zeichnete sich bereits vor den 1940er Jahren ab, zB an bestimmten „historischen" Rechten für die Fischerei jenseits des Küstenmeers. Dergleichen Rechte, die noch immer (wenn auch in erheblich geringerem Ausmaß) relevant sei können, sind spezielles Gewohnheitsrecht; sie müssen für jeden einzelnen Komplex selbständig ermittelt werden. Vgl die IGH-Fälle *Continental Shelf* (1982), 17, 74; *Maritime Frontier* (1992), 351, 589.
26 *Hafner*, Verteilung, 166 f.
27 Zu den dargestellten Entwicklungen treten funktionale Entgrenzungen, etwa solche durch „globale" kommunikations- und verkehrstechnische Entwicklungen.
28 Hinsichtlich der *nicht* ressourcenorientierten Nutzungsarten ist es eher umgekehrt: Hier hat sich das Hohe See-Gefüge weitgehend erhalten.

Meeresboden des geographischen Nordpols, mit dem Russland im August 2007 seinen Anspruch auf einen äußeren, dh über 200 sm hinausgehenden Festlandsockel bekräftigte. Bereits in den 1970er Jahren standen hinter der – letztlich erfolgreichen – Forderung nach Einschränkung (zugunsten der Küstenstaaten) der Freiheit der Fischerei im größeren Küstenvorfeld weniger Zwecke des Bestands- und Artenschutzes als kaum kaschiertes wirtschafts- und gebietspolitisches Monopolisierungsdenken der Küstenstaaten bzgl eines bisherigen Gemeinguts. So orientiert sich die AWZ in ihrer räumlichen Ausdehnung nicht an den in ihr ausübbaren *Funktionen* (insbes bzgl der Bewirtschaftung der lebenden Ressourcen), sondern an der insoweit überwiegend dysfunktionalen Breitenbestimmung „200 Seemeilen von den Basislinien" (Art 57 SRÜ). Das räumlich starre AWZ-Institut hat fischereibiologisch und -wirtschaftlich eigentlich gebotene flexible Lösungen daher keineswegs entbehrlich gemacht.[29] Insofern ist bei der nachfolgenden Darstellung der Details der völkerrechtlichen Raum- und Nutzungsordnung primär – gerade bei der jeweils möglichen Hervorhebung der „raum*über*greifenden", insofern „horizontalen" Rechtsregime – an den Kategorien des Raums anzusetzen.

Übersicht: Raum im Völkerrecht

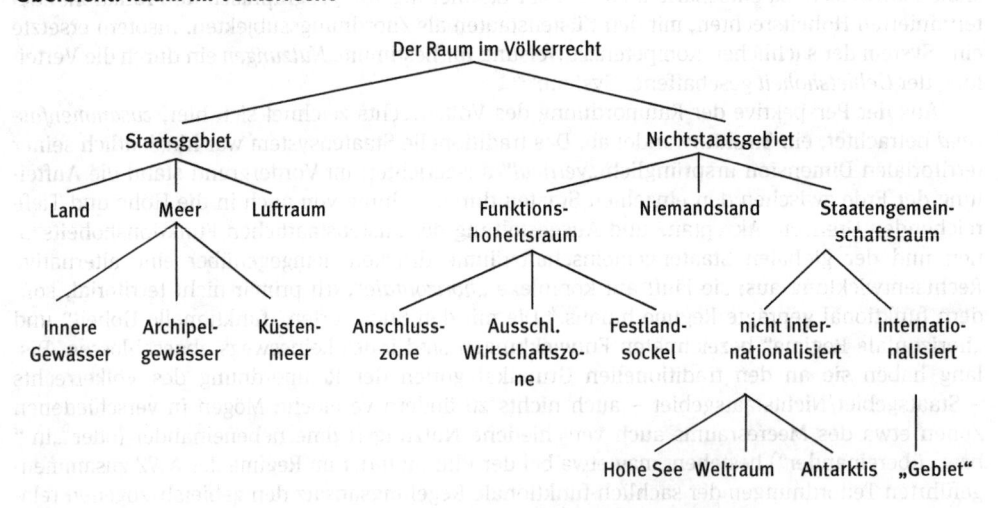

```
                        Der Raum im Völkerrecht
                       /                       \
              Staatsgebiet                    Nichtstaatsgebiet
             /     |      \                  /        |          \
          Land    Meer   Luftraum      Funktions-  Niemandsland  Staatengemein-
                /  |  \               hoheitsraum                 schaftsraum
         Innere Archipel- Küsten-   /        |          \              |
         Gewässer gewässer meer   Anschluss- Ausschl.  Festland-   nicht inter-  internatio-
                                  zone   Wirtschaftszo- sockel    nationalisiert  nalisiert
                                          ne
                                                    /    |    \         |
                                              Hohe See Weltraum Antarktis „Gebiet"
```

2. Staatsgebiet: Raum territorial radizierter, umfassender Hoheitsgewalt
a) Wesen und Grenzen: Gebietshoheit im Rahmen des Völkerrechts

14 Die Dimensionen des Staatsgebiets sind das Landgebiet (*terra firma*, daraus abgeleitet: „Territorium"), das Wassergebiet (Binnengewässer; innere Gewässer, Archipelgewässer und Küstenmeer: „maritimes Aquitorium"[30]) sowie die Luftsäule über diesen Gebieten.[31] Der Raum unter ihnen ist ebenfalls Teil des Staatsgebiets. Eine generelle Tiefenbegrenzung existiert nicht. Poten-

---

29 Gerade mit Blick auf den Schutz wandernder Tierarten *(migratory species)* erschiene etwa die Ausweisung „mobiler" Schutzgebiete, die sich mit den zu schützenden Spezies fortbewegen, sinnvoll – ein theoretischer Ansatz, dessen völkerrechtliche Umsetzung sich angesichts des dominierenden territorialen Reflexes der Raumordnung als problematisch erweist.
30 Begriff von *Graf Vitzthum*, an dem hier festgehalten wird, vgl u Rn 36 ff. Nicht zum *maritimen* Aquitorium gehören Binnenmeere oder -seen, also Wasserflächen ohne Zugang zum Meer (Genfer See, Bodensee, wohl auch Kaspisches Meer). Auf diese nichtmaritimen Aquitorien ist deshalb das Seerecht grundsätzlich nicht anwendbar. Vgl *Ranjbar* (Fn 11) 61 ff.
31 *Graf Vitzthum*, Staatsgebiet, in Isensee/Kirchhof (Hrsg), HbdStR II, 3. Aufl 2004, § 16 Rn 7 ff.

tiell reicht das Staatsgebiet daher bis zum Erdmittelpunkt, real bis zur Grenze der effektiven Beherrschbarkeit. Staatsgebiet ist vor allem *Landgebiet*. Bei diesem handelt es sich um jenen Teil der Erdoberfläche, der von den Landgrenzen (Binnenstaat), von seinen Land- und Seegrenzen (Küstenstaat) oder allein von Seegrenzen (Insel- und Archipelstaat) umschlossen wird. Jeder souveräne Staat ist mit einem Staatsgebiet verbunden. Unpräzise ist es, zu sagen, der Staat *habe* ein Staatsgebiet. Das Staatsgebiet *ist* vielmehr, zusammen mit Staatsvolk und Staatsgewalt, der Staat: Gebiet als existenznotwendiges Staatselement. Mit dem effektiven, dauerhaften Verlust seines Gebiets geht ein Staat unter.[32]

Der Inhaber der territorialen Souveränität oder der Gebietshoheit hat grundsätzlich die ausschließliche Befugnis, in seinem Gebiet Hoheitsakte zu setzen. Allerdings kann die Nutzung des Staatsgebiets auf der Grundlage entsprechender Vereinbarungen auch im Interesse anderer oder im gemeinsamen Interesse mit ihnen erfolgen.[33] Staaten, selbst Großmächte, standen stets in einem gewissen Abhängigkeitsverhältnis zueinander und willigten zwecks Interessenausgleichs daher in Beschränkungen ihrer Staatsmacht ein. Diese völkerrechtlich begründeten und damit gerade in Ausübung der staatlichen Souveränität herbeigeführten Beschränkungen bereiteten zugleich den Boden für eine *Relativierung der Souveränität*, einschließlich einer partiellen *Funktionalisierung* des Staatsgebiets, ggf einschließlich seiner Ressourcen.[34] Ein Bsp für eine über einzelstaatliche Partikularinteressen hinausgehende freiwillige Selbstverpflichtung ist das UNESCO-Kulturschutzübereinkommen v 16.11.1972.[35] Bestimmten Objekten spricht es einen so hohen Wert zu, dass ihre Bewahrung im Interesse der gesamten Menschheit zu erfolgen hat. Schutzpflichtig ist der Staat, auf dessen Gebiet sich die Objekte befinden. Das Übereinkommen über die biologische Vielfalt v 15.6.1992 (CBD)[36] geht über diesen *public interest*-Ansatz noch hinaus. Es weist auch den übrigen Staaten Schutzpflichten zu,[37] unterstreicht freilich in Art 3 zugleich „das souveräne Recht" der Staaten, „ihre eigenen Ressourcen gemäß ihrer eigenen Umweltpolitik zu nutzen".

Das Staatsgebiet weist *Grenzen* (gegenüber anderen Staatsgebieten) und *Begrenzungen* (gegenüber Nichtstaatsgebieten) auf. Wegen seiner Raumnatur sind diese genau genommen nicht Linien, sondern Flächen. *Völker*rechtlich relevant sind die Grenzen zwischen souveränen Staaten, nicht die zwischen innerstaatlichen Gebietskörperschaften. Grenzen werden idR vertraglich festgelegt (Delimitation),[38] im Gelände markiert (Demarkation) und durch Grenzzeichen verdeut-

---

32 Ob dies auch dann gilt (bzw gelten sollte), wenn das Gebiet eines Inselstaats infolge des klimawandelbedingten Meeresspiegelanstiegs vollständig „untergeht", wird nicht einheitlich beurteilt; dazu etwa *Grote Stoutenburg*, When Do States Disappear? Thresholds of Effective Statehood and the Continued Recognition of 'Deterritorialized' Island States, in Gerrard/Wannier (Hrsg), Threatened Island Nations: Legal Implications of Rising Seas and a Changing Climate, 2013, 57 ff; *Rayfuse/E. Crawford*, Climate Change and Statehood, in Rayfuse/Scott (Hrsg), International Law in the Era of Climate Change, 2012, 243 ff.
33 Ein Bsp ist der 1985 zwischen den ursprünglichen Parteien des *Schengener Abkommens* v 1985 (GMBl 1986, 79) vereinbarte wechselseitige Verzicht auf die Ausübung des aus der Souveränität bzw Gebietshoheit fließenden Rechts auf Durchführung von Grenzkontrollen. Zum heutigen Schengen-Acquis vgl Kau, 3. Abschn Rn 310 ff.
34 Vgl *Schwarze/von Simson*, Völkerrechtliche Verfügungsbeschränkungen gegen Missbrauch von Rohstoffen, AVR 30 (1992) 153 (166).
35 BGBl 1977 II, 215.
36 BGBl 1993 II, 1742. S u Rn 160 ff.
37 Die Anerkennung einer *common responsibility* unterstreicht die Verpflichtung *aller* Staaten, dem gemeinsamen Betroffensein Rechnung zu tragen. „Gemeinsame Verantwortung" bedeutet zwar nicht, dass Staaten auf ihren Gebieten bestimmte Nutzungen im Interesse der Völkerrechtsgemeinschaft ausüben (etwa ein ökologisch wertvolles Gebiet zu schützen) oder unterlassen (etwa die Abholzung von tropischem Regenwald) müssen. Gleichwohl verdankt das Umweltvölkerrecht der Idee, dass ein Staat mit den auf seinem Gebiet belegenen Ressourcen nicht nach Belieben verfahren darf, wichtige Anstöße.
38 Nach Art 15, 74 u 83 SRÜ erfolgt die Abgrenzung von Küstenmeer, AWZ und Festlandsockel von Staaten mit gegenüberliegenden (Bsp Frankreich/Großbritannien) oder aneinander angrenzenden Küsten (Bsp Deutschland/Niederlande) prinzipiell durch völkerrechtlichen Vertrag. Der Begriff „Delimitation" ist von der einseitigen Festle-

licht. Viele Grenzziehungen orientieren sich an topographischen Gegebenheiten: an Gebirgskämmen, Wasserscheiden, Gewässern („natürliche Grenzen"). Neuere Grenzen, zumal in Afrika und den beiden Amerika, sind vielfach, insbes wenn sie aus der Kolonialzeit stammen, „künstlich". Sie verlaufen entlang gedachter Linien (etwa Breiten- und Längengraden). Die Grenze zwischen Kanada und den USA zB wurde überwiegend entlang dem 49. Grad nördlicher Breite gezogen, ohne dass diese Linie besonderen Gegebenheiten in der Natur korrespondierte. Denkbar sind auch funktionell bestimmte Grenzen, etwa – soweit auf die Tragfähigkeit der Luft abgestellt wird (s u Rn 28) – die zwischen Luft- und Weltraum.

17 Soweit nicht vertraglich anders geregelt werden *Grenzflüsse* zwischen den durch sie getrennten Uferstaaten mittels der geographischen Mittellinie des Wasserlaufs geteilt; sind sie schiffbar und fehlt eine abweichende Vereinbarung, erfolgt die Teilung durch die Hauptfahrrinne, den T(h)alweg. Für *Binnenseen,* die vom Landgebiet mehrerer Staaten umschlossen sind (sog „Grenzseen"), existieren keine allgemein anerkannten völkerrechtlichen Regeln. Gewöhnlich werden die Grenzseen zwischen den Anliegern vertraglich aufgeteilt, wobei dann die Mittellinie als übliche Methode der Teilung angewandt wird. Für den *Bodensee* zB sind Status und Grenzverlauf bis heute str. Während die Schweiz bzgl des Obersees die Grenze in der Mitte zwischen den jeweiligen Ufern zieht (im Bereich des Konstanzer Trichters ist dies die Praxis seit 1878, während der „Überlinger See" genannte Teil der territorialen Souveränität Deutschlands unterliegt), hält Österreich den Obersee für ein Gemeinschaftsgebiet (Kondominium) der Anrainerstaaten; Deutschland hat sich nicht festgelegt. In der Praxis hat der Streit zwischen jener Totteilungs- und dieser Kondominiums-These kaum Bedeutung; Vereinbarungen der Anliegerstaaten[39] haben die praktisch wichtigen Nutzungsfragen, ohne damit den Verlauf der Staatsgrenzen zu berühren, detailliert geregelt.[40] Auch hier ist das vertragliche Regime der Nutzung also deutlich von dem der räumlichen Zuordnung unterschieden. Soweit Grenzseen *Kondominien* sind (neben dem Titicacasee nach Ansicht des Iran auch das Kaspische „Meer"), müssen sich die Anrainer erst recht auf ein Nutzungsregime einigen.

18 Für einzelne Flüsse und Kanäle existieren völkerrechtliche *Schifffahrtsregime.* Rhein und Mosel sind, obschon territorialer Souveränität unterliegend, „internationalisiert" bzw „Schifffahrtswege von internationaler Bedeutung", dh sie sind für die Handelsschiffe aller Staaten geöffnet. Einige Flüsse werden teilweise seit nahezu zwei Jh von internationalen Kommissionen verwaltet (Europäische Donaukommission [seit 1856]; Mannheimer revidierte Rheinschifffahrtsakte 1868 usw). Gemäß Art 1 der Mannheimer Akte[41] steht die Schifffahrt von Basel bis zur Mündung allen Staaten offen (freie Schifffahrt). Demgegenüber sollte nach Art 4 der Transport von Waren und Personen den Uferstaaten vorbehalten bleiben (Kabotagevorbehalt), was u a vor dem Hintergrund des sich aus den primärvertraglichen Grundfreiheiten bzw Art 18 AEUV ergebenden Diskriminierungsverbots problematisch war. Diese Bedenken sind zwischenzeitlich hinfällig: Mit Zusatzprotokoll Nr 2 v 17.10.1979 wurde der Kabotagevorbehalt auf alle Schiffe ausgedehnt, welche die Flagge eines EU-Mitgliedstaats führen; Drittstaatsschiffen kann per Beschluss der Zentralkommission für die Rheinschifffahrt (ZKR) dieselbe Behandlung eingeräumt werden.[42] Im dt Donau-Bereich[43]

---

gung der Außengrenzen der dem Küstenstaat als Staatsgebiet oder als Funktionshoheitsraum zugeordneten Meereszonen („Delineation") zu unterscheiden; zum Festlandsockel s u Rn 58.

39 Vgl etwa das Übereinkommen über den Schutz des Bodensees gegen Verunreinigungen v 27.10.1960, abgeschlossen von den (Bundes-) Ländern Baden-Württemberg und Bayern mit der Republik Österreich und der Schweizerischen Eidgenossenschaft, BayGVBl 1961, 237. Auch Schifffahrts- und Fischereifragen wurden vertraglich geregelt.

40 Vgl *Veiter,* Die Rechtsverhältnisse auf dem Bodensee, AVR 28 (1990) 458 ff; *Schweiger,* Staatsgrenzen im Bodensee und IGH-Statut, BayVBl 1995, 65 ff; *Khan,* Staatsgrenzen, 233 ff.

41 BGBl 1969 II, 597; zuletzt geänd durch Zusatzprot Nr 7 v 27.11.2002 (BGBl 2003 II, 1912).

42 Vgl § 3 des Zeichnungsprotokolls zum Zusatzprotokoll Nr 2 v 17.10.1979 (BGBl 1980 II, 870).

43 Vgl *Schlochauer,* Rechtsfragen grenzüberschreitender Wasserstraßen, am Beispiel des Rhein-Main-Donau-Schifffahrtsweges, FS Mosler, 1983, 839 ff.

und auf dem 1895 eröffneten Nord-Ostsee-Kanal wird die Schifffahrtsfreiheit aufgrund dt Normen gewährt.[44] Der Suez- und der Panama-Kanal, 1869 bzw 1914 eröffnet, unterliegen der Souveränität Ägyptens bzw Panamas. Ein zwischen den USA und Panama, als dem *territorial sovereign*, geschlossenes Vertragswerk v 7.9.1977[45] sieht vor, dass der Kanal „dauernd neutral" sein soll; die seit dem 11. September 2001 bzgl ihrer Friedlichkeit (von den USA, mit Billigung Panamas) überwachte Durchfahrt wird allen Staaten gewährt.[46]

Das Staatsgebiet braucht *nicht* ein *zusammenhängender* Raum zu sein. Dies belegen die Bsp **19** West- und Ost-Pakistans (Letzteres seit 1971 als „Bangladesh" ein souveräner Staat), die kurzzeitige Verschmelzung Ägyptens und Syriens zur Vereinigten Arabischen Republik (1958–1961), aber auch die Existenz von Archipelstaaten wie Indonesien, den Philippinen oder Malaysia.[47] Zum Staatsgebiet gehörende *Inseln* liegen, wie die überseeischen Gebiete Frankreichs und Großbritanniens belegen, bisweilen weit vom Mutterland entfernt. Nach Art 121 Abs 2 SRÜ verfügen Inseln unabhängig davon, ob sie einen unabhängigen Staat konstituieren oder Teil des Gebiets eines anderen Staats sind, über ein Küstenmeer, eine Anschlusszone, eine AWZ (falls beansprucht) und einen Festlandsockel.[48] Die Zuordnung einer oder mehrerer Insel(n) zum Territorium eines Staats entscheidet demnach mittelbar über den Zugriff auf die in den umliegenden Meeresgebieten vorhandenen (lebenden und nichtlebenden) Ressourcen. Hierin liegt eine der normativen Ursachen für die sich zunehmend verschärfenden Spannungen im südchinesischen Meer hinsichtlich des territorialen Status der Spratly- und Paracel-Inseln sowie weiterer Strukturen, deren Status als Inseln iS des Seevölkerrechts str ist. Die *arktischen Inseln* sind sämtlich den jeweiligen Anrainerstaaten zugeordnet. So gehört etwa Spitzbergen (Svalbard), mit erheblichen Einschränkungen der Souveränität,[49] seit dem Pariser Vertrag v 9.2.1920 ebenso wie die Insel Jan Mayen zu Norwegen. Der Archipel Nowaja Semlja, die Neusibirischen Inseln sowie die Inselgruppen Sewernaja Semlja und Franz-Joseph-Land gehören zu Russland. Bzgl Grönland bejahte der StIGH im Jahr 1933 ungeachtet der weitgehenden faktischen Vergleichbarkeit der Insel mit der Antarktis das Bestehen der dänischen Souveränität, wies also norwegische Souveränitätsbehauptungen hinsichtlich Ostgrönlands zurück.[50]

---

44 Für den Nord-Ostsee-Kanal ist dies str. Nach aA gilt die mit Art 380 des Versailler Vertrags begründete Internationalisierung des Kanals fort. Dazu *Lagoni*, Kiel Canal, MPEPIL VI, 584 ff.
45 ILM 16 (1977) 1022. In Art I Abs 2 des Panama Canal Treaty räumt der Kanalstaat den USA „the rights necessary to regulate the transit of ships through the Panama Canal, and to manage, operate, maintain, improve, protect and defend the Canal" ein. Gleichzeitig wurde der Treaty Concerning the Permanent Neutrality and Operation of the Panama Canal (Neutrality Treaty) geschlossen. Die Verwaltung des Kanals übernahm die US-Regierungsagentur *Panama Canal Commission*. Dazu *Arcari*, Panama Canal, MPEPIL VIII, 36 ff.
46 Beim Neutrality Treaty handelt es sich um einen Vertrag zugunsten Dritter iSv Art 36 der Wiener Vertragsrechtskonvention (WVK); vgl *Proelss*, in Dörr/Schmalenbach (Hrsg), Commentary on the VCLT, 2012, Art 34 Rn 48.
47 Dazu s u Rn 41 f.
48 Demgegenüber haben nach Art 121 Abs 3 SRÜ „Felsen, die für die menschliche Besiedlung nicht geeignet sind oder ein wirtschaftliches Eigenleben nicht zulassen, [...] keine ausschließliche Wirtschaftszone und keinen Festlandsockel." Zur str Frage, wann eine Insel als Felsen idS einzuordnen ist, etwa *Van Dyke*, Disputes Over Islands and Maritime Boundaries in East Asia, in Hong/Van Dyke (Hrsg), Maritime Boundary Disputes, Settlement Processes, and the Law of the Sea, 2009, 39 (46 ff); *Symmons*, When is an 'Island' not an 'Island' in International Law?, Maritime Briefing II/6, 1999.
49 Vgl *Kempen*, Der völkerrechtliche Status der Inselgruppe Spitzbergen, 1995. Nach Art 3 des Spitzbergen-Vertrags v 9.2.1920 (RGBl 1925 II, 763) stehen Gründung und Betrieb von Schifffahrts-, Industrie-, Bergwerks- und Handelsunternehmen prinzipiell den Angehörigen aller Vertragsparteien frei, und zwar sowohl zu Lande als auch in den (freilich nicht näher definierten) Küstengewässern. Gemäß Art 8 des Vertrags ist Norwegen verpflichtet, die Vertragsparteien bzw deren Angehörige im Hinblick auf bergbaubezogene Steuern, Gebühren und Abgaben gleich zu behandeln; die betreffenden Leistungen müssen der Inselgruppe Spitzbergen zugute kommen. Die Anwendbarkeit des Vertrags auf eine AWZ um diese Inselgruppe sowie auf den Festlandsockel ist deshalb str; denn Abgaben aus einem künftigen marinen Rohstoffabbau in diesen Gebieten könnten nicht in den norwegischen Steuerhaushalt einfließen.
50 PCIJ, Ser A/B, No 53, 4, 62. – Mit dem EWG-Beitritt Dänemarks im Jahr 1973 vom Geltungsbereich des Gemeinschafts- bzw (heute) Unionsrechts erfasst, schied Grönland zum 1.2.1985 aus dem EU-Verbund aus, vgl Art 204

20   *Enklaven* sind Einsprengsel eines Staats in fremdem Staatsgebiet. Aus der Sicht des sie umgebenden Staats handelt es sich um *Exklaven*. Ein Bsp ist die vom schweizerischen Grenzkanton Schaffhausen eingeschlossene deutsche Gemeinde *Büsingen* am Hochrhein.[51] Das vom russischen Territorium nach der Auflösung der Sowjetunion abgeschnittene *Gebiet Kaliningrad* (Königsberg), im Norden Ostpreußens – mit Zugang zur Ostsee – gelegen, ist eine von polnischem und litauischem Gebiet umgebene Exklave Russlands. Seit der Aufnahme Polens und Litauens in die EU am 1.5.2004 ist sie eine EU-Enklave.[52]

21   Die meisten *Grenzen Deutschlands* beruhen auf *Vereinbarungen* – getroffen häufig nach kriegerischen Auseinandersetzungen, insbes im 18./19. Jh sowie nach den beiden Weltkriegen.[53] Teilweise beruhen die Grenzen auch, etwa im dt-niederländischen Raum, auf Verträgen aus noch älteren Zeiten. Die Anforderungen an grenzüberschreitende Kommunikations- und Verkehrswege sowie der Wunsch nach Arrondierung des Staatsgebiets im Detail veranlassten die BR Deutschland in den 1950er und 1960er Jahren zum Abschluss von Verträgen mit ihren westlichen und südlichen Nachbarn über den Verlauf von Grenzen, einschließlich des Austauschs kleinerer Gebiete, sowie über die Einrichtung von Grenzkommissionen. Das seit 1990 durch Beitritt der östlichen (Bundes-) Länder wiedervereinigte Deutschland „bestätigte" die im Potsdamer Abkommen (1945) vorläufig bestimmte *Oder-Neiße-Linie*, die das Gebiet der SBZ/DDR von den unter polnischer Verwaltung stehenden Gebieten (Hinterpommern, Westpreußen sowie die größten Teile Ostpreußens und Schlesiens) trennte, als die endgültige Ostgrenze Deutschlands im Vertrag zwischen der BR Deutschland und der Republik Polen über die Bestätigung der zwischen ihnen bestehenden Grenze v 14.11.1990.[54] Die Grenze zwischen Deutschland und Tschechien wurde durch den Vertrag zwischen der BR Deutschland und der Tschechischen Republik über die gemeinsame Staatsgrenze v 3.11.1994,[55] bestätigt durch Vertrag v 3.6.1999 zwischen Berlin und Prag über das Grenzurkundenwerk der gemeinsamen Staatsgrenze,[56] festgelegt. Anlässlich der Erteilung einer Anlagengenehmigung für das Offshore-Windenergieprojekt „Riffgat"[57] durch das zuständige staatliche Gewerbeaufsichtsamt Oldenburg im September 2010 gelangte der seit Jh str Grenzverlauf der Küstenmeere der BR Deutschland und der Niederlande wieder auf die Tagesordnung.[58] Nach längeren Verhandlungen schlossen Deutschland und die Niederlande am 24.10.2014 einen Vertrag über die Nutzung und Verwaltung des Küstenmeers zwischen 3 und 12 Seemeilen, der bislang aber noch nicht ratifiziert wurde.[59] Mit Bezug auf Anlagen (u a zur Gewinnung erneuerbarer Energien), Kabel und Rohrleitungen sowie nichtlebende natürliche Ressourcen verständigten sich die Vertragsparteien auf eine Linie, mittels derer festgelegt wurde,

---

AEUV iVm Protokoll über die Sonderregelung für Grönland v 1.2.1985. Die Insel besitzt seit 1979 im dänischen Staatsverband umfassende Autonomie.
51 „Sezessionsbestrebungen" der Gemeinde nach 1945 schlugen fehl. Verwaltungstechnisch gehört sie zum Landkreis Konstanz. Zahlungsmittel ist der Schweizer Franken. Das etwa 7 qkm große Gebiet ist dem schweizerischen Zollgebiet angeschlossen. Vgl deutsch-schweizerischer Vertrag v 23.11.1964 (BGBl 1967 II, 2029).
52 Zum Status dieses Gebiets *Frowein*, Deutschlands aktuelle Verfassungslage, VVDStRL 49 (1990) 19 ff. Im Potsdamer Abkommen v 2.8.1945 hatte die Sowjetunion „die Stadt Königsberg und das anliegende Gebiet" endgültig in Anspruch genommen.
53 Eingehend *Khan*, Staatsgrenzen, 55 ff.
54 BGBl 1991 II, 1329. Kernpunkt des Vertrags über die abschließende Regelung in Bezug auf Deutschland v 12.9.1990 (BGBl 1990 II, 1318) war die Festlegung der Grenzen des vereinten Deutschlands gegenüber der Sowjetunion und Polen. Nach Auffassung der BR Deutschland war vor 1990 die *endgültige* territoriale Regelung nicht erfolgt. Der *Zeitpunkt* des Gebietsübergangs sowie die Wahrung des Selbstbestimmungsrechts der in den Ostgebieten verbliebenen Deutschen bleiben str. Vgl *Khan*, Staatsgrenzen, 309 ff.
55 BGBl 1997 II, 566.
56 BGBl 2001 II, 558. Eingehend *Khan*, Staatsgrenzen, 269 ff.
57 Der Park wurde in einer Entfernung von ca 15 km nordwestlich der Insel Borkum (d h in einer Entfernung von weniger als 12 sm von der deutsch-niederländischen Küste) im sog Ems-Dollart-Gebiet errichtet.
58 Dazu *Hertel*, Vergessene Grenzen in der Nordsee, in Talmon (Hrsg), Über Grenzen, 2012, 117 ff.
59 BT-Drs 637/15 v 18.12.2015 (Entwurf des Vertragsgesetzes) mit Abdruck des Vertragswortlauts (ebd 11 ff).

welche nationale Rechtsordnung wo anwendbar ist. Der Vertrag hält ausdrücklich fest, dass seine Bestimmungen nicht den str Verlauf der Staatsgrenze im Küstenmeer berühren; die Vertragsparteien gaben ihre voneinander abweichenden Rechtsstandpunkte insofern nicht auf (vgl Art 4 des Vertrags). Der Vertrag sieht ferner die Einrichtung eines gemeinsamen Schiffsverkehrsmanagementsystems (vgl Art 7 ff) und die Einsetzung einer Ständigen Kommission für Schifffahrtsangelegenheiten im Fahrwasser (sog Westeremskommission, vgl Art 19 ff) vor. Der Windenergiepark „Riffgat" ging bereits im Februar 2014 in Betrieb.

b) Erwerb und Verlust von Staatsgebiet

Das Völkerrecht kennt eine Reihe von *Gründen* für den Erwerb und den Verlust von Staatsgebiet. 22
Die *Annexion* ist die gegen den Willen des Inhabers der territorialen Souveränität vollzogene Einverleibung des fremden Staatsgebiets (Vollannexion) oder von Teilen desselben (Teilannexion) in den Herrschaftsbereich des annektierenden Staats. Angesichts des *ius cogens*-Charakters des Gewaltverbots[60] sind Annexionen rechtlich unwirksam, führen also nicht zum Souveränitätsübergang.[61] So berief sich Österreich nach dem Zweiten Weltkrieg auf die Ungültigkeit des „Anschlusses" an *Deutschland* im Jahr 1938.[62] Wiens staatliche Existenz habe fortbestanden. Dieser Auffassung folgt der Österreichische Staatsvertrag v 15.5.1955: als „Annexion" sei der „Anschluss" „null und nichtig" (Präambel).[63] Die *baltischen Republiken* wurden im Jahre 1940 gewaltsam der Sowjetunion einverleibt; die Wiedererlangung ihrer staatlichen Funktionen im Jahr 1989 ging nicht mit einer Neugründung, sondern mit der Wiederbelebung der Staatswesen einher.[64] Schon wegen des Annexionsverbots konnten der Irak im Golfkrieg v 1991 *Kuwait* sowie *Russland* im März 2014 die *Krim* ihren Staatsgebieten nicht rechtswirksam einverleiben.

Dismembration ist der Zerfall eines Staates *(in toto)* in mehrere Staatswesen. Dieser Vorgang 23
wirkt konstitutiv sowohl gegenüber dem zerfallenen Staat, weil er ihm die Staatsqualität nimmt, als auch bzgl der neu entstehenden Staaten, welche damit Staatsqualität erlangen. Aktuelle Bsp sind nach hL das Auseinanderbrechen *Jugoslawiens* in den Jahren 1991/92[65] sowie die vertragliche Zweiteilung der *Tschechoslowakei* unter Entstehung der Tschechischen und der Slowakischen Republik.

Vereinigen sich mehrere Staaten unter Aufgabe ihrer jeweiligen souveränen Staatlichkeit zu 24
einem neuen Staat, liegt eine Verschmelzung *(Fusion)* vor, das Gegenstück zur Dismembration. Klassische Bsp sind die *Einigungen Italiens* und *Deutschlands* im 19. Jh. Die Verschmelzung kann auch in der Weise erfolgen, dass nicht alle beteiligten Staaten ihre Staatlichkeit aufgeben, sondern der eine Staat sich mit dem anderen vereinigt *(Inkorporation)*. Dies tat die DDR im Jahr 1990, indem sie (genauer: die Gruppe der „neuen" Länder) der BR Deutschland beitrat. Die Einigung Deutschlands war zugleich der Untergang der DDR.[66]

---

60 *Hofmann*, Annexation, MPEPIL I, 408 (Rn 21).
61 *Dahm/Delbrück/Wolfrum*, Völkerrecht I/1, 359 f. Zum Gewaltverbot s u *Bothe*, 8. Abschn Rn 9 ff. Zur völkerrechtswidrigen Annexion der Krim s o *Kau*, 3. Abschn Rn 130a.
62 Vgl Reichsgesetz über die Wiedervereinigung Österreichs mit dem Deutschen Reich v 31.3.1938 (RGBl 1938 I, 982); *Hummer*, in ÖHVR, 4. Aufl 2004, Bd I, Rn 3052 ff, 3071 ff.
63 ÖBGBl 1955, 725; dazu *Hummer*, in ÖHVR, 4. Aufl 2004, Bd I, Rn 3119 ff; vgl bereits *Verosta*, Die internationale Stellung Österreichs 1938-1947, 1947.
64 *Hofmann* (Fn 60) Rn 32 ff.
65 „Serbien und Montenegro" (d h Restjugoslawien) behauptete demgegenüber seine Kontinuität mit dem Jugoslawien von vor 1990; Slowenien, Kroatien, Bosnien-Herzegowina und Mazedonien seien aus Sezessionen hervorgegangen. 2006 wurde auch Montenegro unabhängig. Dazu *Kau*, 3. Abschn Rn 184.
66 Der Einigungsvertrag v 31.8.1990 (BGBl 1990 II, 889) erwähnt dies nicht ausdrücklich. Die vertragsschließenden Parteien waren sich jedoch darüber einig, dass die Wiedervereinigung Deutschlands durch Beitritt der durch das Ländereinführungsgesetz v 22.6.1990 gebildeten ostdeutschen Länder zur BR Deutschland (gemäß dem früheren Art 23 Satz 2 GG) vollzogen werden sollte; dieser wurde am 3.10.1990 wirksam.

25 Das Unabhängigwerden einer Kolonie, die *Dekolonisation,* war in den 1950er und 1960er Jahren die häufigste Form der Entstehung von Staaten. Mittlerweile ist die Entkolonisierung, einschließlich des Selbständigwerdens der Mandats- und Treuhandgebiete, nahezu abgeschlossen.

26 Bzgl des Erwerbs und Verlusts von Staatsgebiet *in parte* ist zunächst die *Sezession* zu nennen, die Abspaltung eines bloßen Teils. Im Gegensatz zur Dismembration lässt diese Veränderung die Existenz des „abgebenden" Staates unberührt. Das abgespaltene Gebiet kann sich als neuer Staat konstituieren (zB Bangladesh; Südsudan) oder sich einem anderen Staat anschließen (ihm beitreten). Bestand und Reichweite eines Sezessionsrechts der Völker sind im Einzelnen str.[67] Die *Abtretung* unterscheidet sich von der Sezession dadurch, dass sie vom zedierenden Staat gewollt ist (zB der Verkauf Alaskas an die USA seitens Russlands im Jahre 1867). Oft erfolgt eine Gebietsabtretung unter militärischem Druck (etwa seitens der USA gegenüber Mexiko im Hinblick auf Gebiete im heutigen Südwesten der USA); der Übergang zur Annexion wird dann fließend. Im Extremfall können Abtretungsverträge wegen Drohung bzw als „ungleiche Verträge" nichtig sein (Art 51f WVK).

27 Der nicht vermittelte Erwerb von Gebieten, die *Okkupation,* ist nur bei staatenlosem Gebiet („Niemandsland") zulässig. Mittlerweile gibt es auf der Erde wohl kein Gebiet mehr, das insofern noch als okkupationsfähig angesehen werden kann.[68] Mit der Bildung von Inseln durch vulkanische Aktivität im Untergrund von Ozeanen mag sich dies ausnahmsweise ändern. Wo Konflikte um die territoriale Souveränität bestehen (zB im Südchinesischen Meer), ist die Frage des *ursprünglichen* Erwerbs noch heute – als Vorfrage zum gegenwärtigen Status – bedeutsam. Originärer Erwerb von Gebiet kann auch durch *Anschwemmung* eines Flusses oder Landgewinn an der Küste (durch Eindeichung und Trockenlegen) erfolgen. Ersitzung als Gebietserwerbstitel ist heute praktisch bedeutungslos. *Abtragung,* Gegenbegriff zur Anschwemmung, führt zu (originärem) Gebietsverlust (etwa durch starke Meeresströmung oder klimawandelinduzierten Meeresspiegelanstieg). Einen rechtlich begründeten Sonderfall bildet der „aquitoriale" Gebietserwerb. So wuchsen den Küstenstaaten mit der – mittlerweile vertraglich (SRÜ v 1982) sanktionierten – Erweiterung des *Küstenmeers* auf max 12 Seemeilen (sm) Räume zu, die bis dahin Nichtstaatsgebiet, Hohe See, gewesen waren.[69] Anders als bei Okkupation und Anschwemmung erfolgte dieser Gebietszuwachs durch den vertraglich konsentierten Wandel der Umfangs-Definition eines traditionsreichen Rechtsinstituts, des Küstenmeers.

c) Luftraum: Lufthoheit und Luftfreiheiten

28 Die weltraumwärtige *Begrenzung* des Staatsgebiets, die „Linie" also zwischen Luft- und Weltraum, ist vertraglich nicht geregelt.[70] Einzelne Begrenzungstheorien setzen an physikalischen Gegebenheiten bzw funktionalen Gesichtspunkten an.[71] Die nach flugdynamischen Kriterien entwickelte *von Kármán*-Linie zB liegt bei 83 km Höhe. Oberhalb dieser Höhe müsste ein Flug-

---

67 Dazu *Kau,* 3. Abschn Rn 127 ff. Im *Kosovo*-Gutachten ließ der IGH die Frage, ob das äußere Selbstbestimmungsrecht ein Recht auf Sezession beinhalten könne, unter formeller Bezugnahme auf die ihm unterbreitete (begrenzte) Auslegungsfrage unbeantwortet, vgl ICJ Rep 2010, 403, 438 (§ 82 f).
68 Der „pazifische Sektor" der Antarktis, das einzige unbestritten staatsfreie *Land*gebiet der Erde, bildet, jedenfalls aus der Sicht der Parteien des Antarktisvertrags, keine Ausnahme, s u Rn 84.
69 Dieser Umstand legt es nahe, im Hinblick auf das Küstenmeer von „aquitorialer", d h abgeleiteter und räumlich dispositiver Souveränität zu sprechen; vgl *Graf Vitzthum,* Aquitoriale Souveränität, FS Tomuschat, 2006, 1078 ff. An den dt Küsten erfolgte die Ausweitung des Küstenmeeres auf 12 sm, soweit dies nicht schon zuvor geschehen war, am 19.10.1994 (BGBl 1994 I, 3444).
70 Im Jahre 1983 schlug die UdSSR eine vertragliche Begrenzung bei max 110 km vor, was mangels Zustimmung allerdings nicht weiterverfolgt wurde. Vgl *Vitt,* in Weltraumrecht, 45.
71 Zusammenstellung der Abgrenzungstheorien ebd 37 ff.

zeug, um genügend Auftrieb zu erhalten, so schnell fliegen, dass die Reibungshitze es schmelzen ließe. Zieht man die Grenze aus physikalischer Sicht „von oben" her, verläuft sie entlang der untersten möglichen Satellitenumlaufbahn, etwa bei 120–100 km Höhe; unterhalb dieser Linie ließe die Erdanziehungskraft die Satelliten abstürzen.[72] Diese letztgenannte Grenze soll nach einer Meinung bereits völkergewohnheitsrechtlich gelten. Für diese These könnte die bisherige Duldung der Satellitenüberflüge sprechen.[73] Anders als im Luftraum über dem Staatsgebiet herrscht im gebietshoheitsfreien Weltraum (s u Rn 74 ff) „Überflugfreiheit". In dieser Tolerierung liegt allerdings noch nicht der zweifelsfreie Nachweis einer gewohnheits*rechtlichen* Gültigkeit dieser oder jener Begrenzung. Mangels Festlegung auf eine bestimmte Linie entscheidet die funktionelle Theorie je nach Wesen des zu beurteilenden Sachverhalts über die Anwendung des Luft- oder des Weltraumregimes und verlagert damit das Problem der Definition der Begrenzung auf das der Bestimmung des Wesens der Regime. Die Staatenpraxis kommt ohne eindeutige Klärung aus. Dass nach allen wichtigen Theorien oberhalb von 120 km der Weltraum und unterhalb von 80 km Höhe der Luftraum liegt, ist bisher ausreichende Orientierung.

Das Überfliegen fremden Staatsgebiets durch Staatsluftfahrzeuge sowie durch Zivilflugzeuge **29** der meisten Beförderungsarten[74] *bedarf der Erlaubnis* des jeweiligen überflogenen Staats. Unerlaubtes Eindringen in fremden Luftraum kann letztlich, bei Wahrung der Verhältnismäßigkeit der Mittel, sogar gewaltsam unterbunden werden. Die zu Beginn des Zeitalters der Luftfahrt kurzzeitig vertretene Auffassung von einer umfassenden, erlaubnisfreien „Freiheit der Luft" – analog zur Freiheit der Meere – setzte sich schon vor dem Ersten Weltkrieg nicht durch.[75] Es siegte das Konzept der *Lufthoheit*, der staatlichen Hoheit über den Luftraum als Derivat der territorialen Souveränität.[76] Mit dem Chicagoer *Abkommen über die Internationale Zivilluftfahrt* v 7.12. 1944,[77] „Magna Charta des internationalen Luftrechts",[78] und der gleichzeitig abgeschlossenen Vereinbarung über den Durchflug im Internationalen Fluglinienverkehr[79] einigte sich die Staatengemeinschaft immerhin auf einen Katalog der *Luftfreiheiten*. Sie sind Rechte der Staaten, nicht der Bürger.[80] Für Geltungsbereich und Tragweite der jeweiligen Freiheit ist zwischen planmäßigem Linienverkehr einerseits und sonstiger Zivilluftfahrt andererseits zu unterscheiden, innerhalb Letzterer wiederum zwischen entgeltlicher und unentgeltlicher Luftfahrt. Militär-, Zoll- und Polizeiflugzeuge sind vom Geltungsbereich der Abkommen ausgeschlossen; die entsprechenden Regelungen sind damit einzelstaatlicher Natur. Relevant wurde die Unterscheidung zwischen Privat- und Staatsluftfahrzeugen zB im Jahre 2005 im Zusammenhang mit der

---

72 Dazu *Bueckling*, Der Weltraumvertrag, 1980, 32 ff; *Diederiks-Verschoor*, An Introduction into Space Law, 1993, 18. Die US-Weltraumbehörde NASA hat die 100-km-Grenze als Beginn des Weltraums festgelegt.
73 Nachw bei *Wins*, Weltraumhaftung im Völkerrecht, 2000, 35 f. Davon zu unterscheiden ist die Frage nach der völkergewohnheitsrechtlichen Zulässigkeit des Durchflugs von Weltraumgegenständen durch fremden Luftraum.
74 Näheres bei *Schladebach*, Luftrecht, 26 ff; zum dt Recht *Schwenk*, Handbuch des Luftverkehrsrechts, 2. Aufl 1995. Nicht genehmigungsbedürftig ist das Überfliegen von *Nicht*staatsgebieten, etwa der Hohen See, vgl Art 87 SRÜ. Die entsprechenden Regeln erlässt der ICAO-Rat.
75 Bereits die Pariser Luftschifffahrt-Konferenz v 1910 forderte, den Luftraum der Souveränität und Gebietshoheit des darunter liegenden Staats zu unterstellen.
76 Vgl *Khan*, Staatsgrenzen, 618 ff. Die Erstreckung der staatlichen Souveränität auf den Luftraum wurde in der Pariser Luftfahrtkonvention v 13.10.1919 fixiert. Sie schränkte die Lufthoheit nur durch ein dem Seerecht nachgebildetes Recht des friedlichen Durchflugs ein. Dieses galt allerdings nicht für den gewerblichen Lufttransport. Art 1 Chicagoer Abkommen v 7.12.1944 betonte dann, „dass jeder Staat über seinem Hoheitsgebiet volle und ausschließliche Lufthoheit besitzt." Anderes gilt für den nichtgewerblichen privaten Luftverkehr: er ist nach Art 5 Chicagoer Abkommen grundsätzlich nicht erlaubnispflichtig.
77 BGBl 1956 II, 412.
78 *Schladebach*, Luftrecht, 25.
79 BGBl 1956 II, 442.
80 Vgl VGH Baden-Württemberg, VBlBW 2003, 389 (392): Es gebe keinen Anhaltspunkt dafür, „dass einzelne Flughafen- [und Luftverkehrs-] Gesellschaften sich auf diese Freiheiten als eigene (von ihnen selbst ohne Vermittlung durch ihren Heimatstaat [...] durchsetzbare) Rechte berufen könnten".

Affäre um sog Gefangenenflüge des US-Geheimdienstes CIA, die als private Flüge angemeldet worden waren.

30 Folgende *fünf Freiheiten* haben sich im Kontext des gewerblichen internationalen Fluglinienverkehrs herausgebildet:[81]
- das Recht zum Überflug ohne Landung,
- das Recht zur Landung zu nicht-gewerblichen Zwecken,
- das Recht, Fluggäste, Gepäck, Fracht und Post mit einem Reiseziel im Heimatstaat des Luftfahrzeuges abzusetzen,
- das Recht, Fluggäste, Gepäck, Fracht und Post mit einem Reiseziel im Heimatstaat des Luftfahrzeugs an Bord zu nehmen, sowie
- das Recht, Fluggäste, Gepäck, Fracht und Post aus einem Drittstaat in den Vertragspartnerstaat oder aus dem Vertragspartnerstaat in einen Drittstaat zu transportieren.

31 Gemäß Art 6 Chicagoer Abkommen darf der planmäßige Linienverkehr *nur mit Erlaubnis* der über- oder angeflogenen Staaten betrieben werden. Diese restriktive Ausprägung der Lufthoheit – trotz der Luftfreiheiten behalten die Staaten zudem das Recht, Routen vorzuschreiben oder zu sperren – hat die Bedeutung des Abkommens erheblich verringert. Erforderlich wurden *bilaterale* Abkommen zur Gewährleistung der Luftfreiheiten, idR auf der Basis der Gegenseitigkeit.[82] Modellcharakter hatte das zwischen Großbritannien und den USA geschlossene Bermuda-Abkommen I v 1946,[83] das im Bermuda-Abkommen II v 1977 deregulierend weiterentwickelt wurde. Nachdem sich die Parteien bereits auf eine Änderung des Bermuda-Abkommens II verständigt hatten, stellte der EuGH im Jahr 2002 einen Verstoß Großbritanniens gegen Art 43 EG (Art 49 AEUV) wegen Abschlusses des Bermuda-Abkommens II fest.[84] Nach zähen Verhandlungen schlossen die EU und ihre Mitgliedstaaten einerseits und die USA andererseits am 30.4.2007 ein Luftverkehrsabkommen,[85] das seit dem 30.3.2008 mehr Wettbewerb auf dem transatlantischen Luftverkehrsmarkt sichert. Europäische Fluggesellschaften können seither aus jedem EU-Mitgliedstaat in die USA fliegen und Weiterflüge in andere Länder, etwa nach Kanada oder Südamerika, anbieten. Im Gegenzug können US-Fluglinien ihre Zielflughäfen in Europa frei wählen. Die früheren bilateralen Vereinbarungen der europäischen Staaten mit den USA für Start- und Landerechte *(slots)* wurden damit hinfällig.

32 Art 7 Chicagoer Abkommen behält den Staaten das Recht zur *Kabotage* vor, also das Recht zur entgeltlichen Beförderung von Fluggästen, Gepäck, Fracht und Post zwischen Orten innerhalb des eigenen Staatsgebiets.[86] Die wichtigste Bedeutung des Chicagoer Abkommens liegt heu-

---

[81] Zum europäischen Recht *Schladebach*, Luftrecht, 67 ff; *Baumann*, Die Luftverkehrspolitik der Europäischen Union, 1995; *Balfour*, European Community Air Law, 1995.
[82] Vor diesem Hintergrund kann von einer umfassenden gewohnheitsrechtlichen Geltung der Luftfreiheiten keine Rede sein, vgl *Schladebach*, Luftrecht, 42 ff. – Auch Staatsluftfahrzeuge dürfen das Hoheitsgebiet eines anderen Staats nur überfliegen oder dort landen, wenn sie eine Bewilligung erhalten haben (vgl Art 3 lit c Chicagoer Abkommen).
[83] 3 UNTS 253.
[84] Vgl EuGH, Rs C-466/98, Slg 2002, I-9427 Rn 52 *[Open Skies]*. Der EuGH nahm u a Stellung zur („vertikalen") Verteilung der Außenkompetenzen zwischen Union und Mitgliedstaaten auf dem Gebiet des Luftverkehrsrechts. Neben Großbritannien verurteilte der EuGH sieben weitere Mitgliedstaaten im Zusammenhang mit dem Abschluss ähnlicher bilateraler Abkommen (vgl Rsen C-467–469, 471, 472, 475, 476/98).
[85] ABl EU 2007, Nr L 134/4. Zusatzabkommen v 16.6.2011: ABl EU 2011, Nr L 283/16.
[86] Innerhalb der EU ist dieses Kabotagerecht vor dem Hintergrund der Dienstleistungsfreiheit (Art 56 AEUV) problematisch. Der Konflikt zwischen völker- und unionsrechtlichen Verpflichtungen bildet den Gegenstand von Art 351 AEUV, wonach die Rechte und Pflichten der Mitgliedstaaten aus völkerrechtlichen Verträgen durch den AEUV grundsätzlich „nicht berührt" werden (Abs 1). Da Abs 2 jedoch verlangt, dass die Mitgliedstaaten die „festgestellten Unvereinbarkeiten" beheben müssen, ist innerhalb der EU von einem Verzicht auf das Kabotagerecht auszugehen. Vgl Art 3 f der VO (EG) Nr 1008/2008 über gemeinsame Vorschriften für die Durchführung von Luftverkehrsdiensten in der Gemeinschaft (ABl EU 2008, Nr L 293/3). Zum Ganzen *Proelß*, Grenzen der Zuständigkeit der Unionsorgane am Beispiel von „Erika III", in Talmon (Fn 58) 135 (154 ff).

te in seiner politischen Signalwirkung; es relativiert letztlich die einzelstaatliche Lufthoheit im Interesse internationaler Kommunikation und Kooperation. Teil II des Abkommens ist zudem das Gründungsinstrument der *ICAO (International Civil Aviation Organization)*. Dieser UN-Sonderorganisation mit Sitz in Montreal wurden wichtige Überwachungsrechte übertragen. Außerdem hilft die ICAO mit, das Luftrecht dem wissenschaftlich-technischen Fortschritt und den sicherheits- und verkehrspolitischen Vorgaben der Vertragsparteien anzupassen, in Zusammenarbeit mit dem Dachverband der Fluggesellschaften, der International Air Transport Association (IATA).

Dass die Luftsäule zum Staatsgebiet gehört, ist ohne Bedeutung sowohl für den *Ätherraum,* 33 dh für die Gesamtheit des elektromagnetischen Wellenspektrums, als auch für den internationalen Fernmeldeverkehr. Jeder Staat darf grenzüberschreitende Funkwellen ausstrahlen. Es herrscht *Ätherfreiheit,* auch in menschenrechtlicher Hinsicht: Jedermann darf, ohne Rücksicht auf Staatsgrenzen, Informationen austauschen. Der „angefunkte" Staat braucht auf solche ggf „intervenierende" Nutzung „seines" Ätherraumes keine Rücksicht zu nehmen. Er darf den Empfang ausländischer Sendungen, etwa durch Störsender, unterbinden *(jamming)*.[87] Die Kehrseite dieser Freiheit ist die prinzipiell gegebene Völkerrechtmäßigkeit von Spionagetätigkeiten unter Einsatz von Mitteln der Fernmeldeaufklärung.[88] Das Spannungsverhältnis zwischen der Meinungsfreiheit einschließlich aktiver und passiver Informationsfreiheit einerseits und dem Einmischungsverbot *(domaine réservé)* andererseits versuchten die sozialistischen Staaten und viele Länder der Dritten Welt in den 1970er Jahren – letztlich vergeblich – zu Lasten der Freiheit aufzulösen.[89]

Der *Internationale Fernmeldevertrag* v 6.11.1982 regelt den grenzüberschreitenden Fernmel- 34 deverkehr.[90] Der 1992 grundsätzlich überarbeitete und 1994 in Kyoto abgeänderte Vertrag umfasst auch Vollzugsordnungen für die einzelnen Materien: Telegrafen-, Telefon- und Funkdienst samt Zusatz-Vollzugsordnungen.[91] Institutionelles Zentrum ist die mit Übereinkommen v 1989 gegründete *Internationale Fernmeldeunion* (ITU), eine Genfer UN-Sonderorganisation.[92] Ihr *Frequenzregistrierungsausschuss* „verwaltet" die Zuteilung und Benutzung von Frequenzen, entscheidet also über die Verteilung einer begrenzten natürlichen Ressource (Art 12 ff ITU-Konstitution v 1989). Lange Zeit herrschte hier ein letztlich auf das Recht des Erstkommenden zugeschnittenes System.[93]

Neuerdings fragt sich, ob und inwieweit das Völkerrecht den Gefahren wirtschaftlich-tech- 35 nischer sowie macht- und sicherheitspolitischer (Zugangs-, Verteilungs- und Nutzungs-) Konflikte im *„Cyberspace"* angemessen Rechnung zu tragen vermag.[94] Nicht zu bestreiten ist, *dass* das

---

87 Einzelheiten bei *Frowein,* Das Problem des grenzüberschreitenden Informationsflusses und des domaine réservé, BDGVR 19 (1979) 1 ff u *Simma,* Grenzüberschreitender Informationsfluss und domaine réservé der Staaten, ebd 39 ff.
88 Dazu etwa *Talmon,* Sachverständigengutachten gemäß Beweisbeschluss SV-4 des ersten Untersuchungsausschusses des Deutschen Bundestages der 18. Wahlperiode v 2.6.2014, abrufbar unter <https://www.bundestag.de/blob/282872/2b7b605da4c13cc2bc512c9c899953c1/mat_a_sv-4-2_talmon-pdf-data.pdf>.
89 Vgl die Mediendeklaration der UNESCO v 1978, die den Eckstein einer restriktiven „neuen Weltinformationsordnung" bilden sollte.
90 BGBl 1985 II, 425.
91 Die Vertragsparteien erkennen jedermann das Recht zu, ihre Einrichtungen zum internationalen Nachrichtenaustausch zu benutzen. Sie verpflichten sich zu Errichtung, Betrieb und Schutz der Übertragungswege und -einrichtungen.
92 Konstitution und Konvention der Internationalen Fernmeldeunion v 30.6.1989 (BGBl 1994 II, 147).
93 Mittlerweile weist die ITU „die Frequenzbereiche des Funkfrequenzspektrums zu, verteilt die Frequenzen und registriert die Frequenzzuteilungen und alle zugehörigen Orbitalpositionen in der Umlaufbahn der geostationären Satelliten" (Art 1 Nr 2 a ITU-Konstitution).
94 Vgl *Kaiser,* Das Recht im Cyberspace, FS Winkler, 1997, 397 (399 ff); *von Arnauld,* Völkerrecht, 2. Aufl. 2014, Rn 846 ff.

Völkerrecht, insbes im Wege der in den anerkannten Jurisdiktionsprinzipien verkörperten Anknüpfungspunkte für die Ausübung von Hoheitsgewalt, grundsätzlich auch auf Sachverhalte im Cyberspace anwendbar ist.[95] IdS sind etwa Staaten zurechenbare Cyber-Angriffe an den Vorgaben des *ius contra bellum* und des *ius in bello* zu messen.[96] Im vorliegend relevanten Zusammenhang harrt freilich vor allem die Einordnung in die völkerrechtliche Raumordnung der Klärung. Da der Cyberspace selbst kein physikalischer, sondern ein virtueller (Kommunikations-) Raum ist (anderes gilt für die regelmäßig auf staatlichem Territorium befindliche und also räumlich gebundene Cyberinfrastruktur),[97] dürfte die Forderung nach Schaffung eines spezifischen, an den tradierten Kategorien der völkerrechtlichen Raumordnung anknüpfenden Regelungsrahmens ebensowenig zielführend sein wie die Qualifizierung des Cyberspace als gemeinsames Menschheitserbe *(common heritage of mankind)*.[98] In erster Linie hat vielmehr im Vordergrund zu stehen, den Cyberspace in den Rahmen des bestehenden Völkerrechts der Information und Sicherheit einzupassen.[99] Eine etwaige künftige internationale Regulierung könnte Spannungen mit menschenrechtlichen Gewährleistungen hervorrufen.[100] Die Diskussion der Probleme, die mit der Entgrenzung des Staats infolge globaler kommunikationstechnischer Entwicklungen einhergehen, hat auch aus sicherheits- und kriminalpolitischer Perspektive erst begonnen.[101] Derzeit harmonisiert und koordiniert ICANN, die Internet Corporation for the Assigned Numbers and Names, eine nach kalifornischem Recht gebildete Gesellschaft, das Internet.[102] *Datenhighways, Social Media* und *Web 2.0* werfen zB Fragen des anwendbaren Rechts, der Beschränkungen im öffentlichen Interesse, der Urheberrechte und des Patentschutzes auf – Rechtsfragen eines sich entwickelnden internationalen (derzeit überwiegend privaten) Medien- bzw. Internetrechts.[103]

d) Maritimes Aquitorium: Innere Gewässer, Archipelgewässer, Küstenmeer

36 Innere Gewässer, Archipelgewässer und Küstenmeer[104] bilden die *maritimen Teile des Staatsgebiets*. An diese hier unter dem Begriff „maritimes Aquitorium" *(Wolfgang Graf Vitzthum)* zusam-

---

95 *Wilske/Schiller*, International Jurisdiction in Cyberspace, FCommLJ 50 (1997) 117 ff; *Schmahl*, Zwischenstaatliche Kompetenzabgrenzung im Cyberspace, AVR 47 (2009) 284 ff. – Näher zu den Jurisdiktionsgrundsätzen *Crawford*, Brownlie's Principles of Public International Law, 8. Aufl 2013, 456 ff.
96 Dazu su *Bothe*, 8. Abschn Rn 10 f, 76 mwN. Eingehend M. *Schmitt* (Hrsg), Talinn Manual on the International Law Applicable to Cyber Warfare, 2013; *Schulze*, Cyber „War" – Testfall der Staatenverantwortlichkeit, 2015.
97 Vgl *Grewlich*, Konstitutionalisierung des „Cyberspace", 2001, 15: Cyberspace als „eine unseren Planeten umschließende, fortlaufend an ‚Dichte' gewinnende ‚elektronisch-ätherische Hülle'". Der Cyberspace erweitert den Ätherraum um die digitalen Signale.
98 So auch *von Arnauld* (Fn 94) Rn 850. S aber die Position der BR Deutschland in UN Doc A/68/156/Add.1 v 9.9. 2013: „Cyberspace is a public good and a public space." Dem liegt letztlich das Verständnis des Cyberspace als eines Staatengemeinschaftsraums zugrunde.
99 *Grewlich* (Fn 97) 47 f.
100 Versuche der Internationalen Fernmeldeunion (ITU), unter Hinweis auf den Kampf gegen die Kriminalität „im Netz" die *Regulierung des Internet* an sich zu ziehen, schlugen bislang fehl, etwa auf der Weltinternetkonferenz in Dubai im Dezember 2012. Kritiker befürchten, dass im Falle einer Übertragung der Regulierungsaufgabe auf diese traditionelle I.O. deren Mitgliedstaaten dominierenden Einfluss auf die Verwaltung des Internets erlangen und infolgedessen Zensur und andere staatliche Formen der Einflussnahme zunehmen könnten.
101 Vgl nur die am 1.7.2004 in Kraft getretene Convention on Cybercrime v 23.11.2001, gemäß ihrer Präambel geschlossen im Bewusstsein der „profound changes brought about by the digitalisation, convergence and continuing globalisation of computer networks". Sie verpflichtet die Vertragsparteien, bestimmte Computerdelikte innerstaatlich unter Strafe zu stellen. Vgl auch das Additional Protocol v 28.1.2003. Zum Ganzen *Schaller*, Internationale Sicherheit und Völkerrecht im Cyberspace, SWP 2014.
102 *Kleinwächter*, ICANN als United Nations der Informationsgesellschaft?, MuR 2 (1999) 452 ff.
103 Vgl *Uerpmann-Wittzack*, Internetvölkerrecht, AVR 47 (2009) 261 (263). Zum Ganzen *von Arnauld* (Fn 94) Rn 853 ff.
104 Die Meerengen iSv Teil III SRÜ haben *gebiets*rechtlich keinen eigenständigen Status (vgl Art 34 Abs 1 SRÜ); *nutzungs*rechtlich werden sie einem eigenen Regime unterstellt: einer besonderen Durchfahrtsordnung („Recht der Transitdurchfahrt", Art 38 SRÜ). Vgl u Rn 47 f.

mengefassten Teile des Staatsgebiets schließen sich seewärts Nichtstaatsgebiets-Zonen (Anschlusszone, AWZ, Festlandsockel) an, bzgl derer der Küstenstaat *funktional begrenzte* Hoheitsbefugnisse innehat. Im Unterschied zu jener Zonen-Trias sind diese nur der Nutzungs-, nicht aber der Gebietshoheit des Küstenstaats unterworfen, und die Nutzungshoheit ist ihrerseits inhaltlich detailliert bestimmt und damit beschränkt. Auf diese Funktionshoheitsräume folgen seewärts die (Nichtstaats-) Gebiete, die von küstenstaatlichen Hoheitsbefugnissen gänzlich frei sind: die Hohe See sowie der Meeresboden und -untergrund „jenseits der Grenzen des Bereichs nationaler Hoheitsbefugnisse" (Art 1 Abs 1 Nr 1 SRÜ). Die beiden letztgenannten Nichtstaatsgebiete sind, wie auch der Weltraum und die Antarktis,[105] Staatengemeinschaftsräume, mag die jeweilige materiell- und organisationsrechtliche Ausgestaltung auch große Unterschiede aufweisen.

Die wichtigsten *Grundlagen für die Rechtsordnung des maritimen Aquitoriums* finden sich in den (Genfer) Seerechtsübereinkommen v 1958[106] und vor allem im *UN-Seerechtsübereinkommen* v 1982 (SRÜ). Jene Genfer Übereinkommen schreiben Gebiets- und Nutzungsordnungen fest, die seinerzeit überwiegend bereits gewohnheitsrechtlich galten. Das SRÜ v 1982, in Montego Bay (Jamaica) von 117 Staaten unterzeichnet und 1994 in Kraft getreten, inkorporierte wesentliche Teile der vier Übereinkommen v 1958. Insofern ist auf die Genfer Übereinkommen, die zwischen 1962 und 1966 in Kraft getreten sind und fortgelten (vgl Art 311 Abs 1 SRÜ), nur noch in Ausnahmefällen zurückzugreifen, etwa zur Erläuterung der Genese einer Norm oder zur Bekräftigung ihrer etwaigen auch gewohnheitsrechtlichen Geltung gegenüber Staaten, die nicht Parteien des SRÜ sind.[107] Art 311 SRÜ regelt das Verhältnis dieser „Verfassung der Meere" zu „anderen Übereinkommen und internationalen Übereinkünften". Sie galt am 1.3.2016 für 165 Staaten (und die EU), unter ihnen seit dem 14.10.1994 die BR Deutschland.[108] An ihrer Begrifflichkeit hat sich jede Seerechtsdarstellung zu orientieren.[109] Weitere Anstöße enthält das Seerecht durch die *Judikate des Internationalen Seegerichtshofs* (ISGH) in Hamburg,[110] dessen Errichtung auf Art 286 ff SRÜ iVm Anlage VI SRÜ beruht. Nachdem sich der ISGH zunächst überwiegend mit Schiffsfreigabeverfahren gemäß Art 292 SRÜ zu befassen hatte, die durch ihren auf die Frage der Freigabe begrenzten Verfahrensgegenstand geprägt sind, sind zwischenzeitlich auch Verfahren mit erheblicher materiell-rechtlicher Tragweite (etwa zu Gebietsstreitigkeiten, Haftungsfragen und zum Umfang der flaggen- und küstenstaatlichen Pflichten in der AWZ) anhängig gemacht wor-

37

---

105 Im Unterschied zur Antarktis (s u Rn 83 ff) unterliegt der *Arktische Ozean*, einschließlich seiner eisbedeckten Teile, den für das *Meer* geltenden Regeln. Der Versuch Kanadas im Jahr 1925, durch Festlegung eines „arktischen Sektors" weite Teile des Polarmeers unter seine Kontrolle zu bringen, wurde von den übrigen Anrainerstaaten nicht aufgegriffen und später auch von Kanada selbst nicht mehr weiterverfolgt (trotz gewisser sowjetischer bzw russischer Sympathien für den Sektorenansatz). Kontiguität als solche, also räumliche Nachbarschaft und Nähe, begründet für sich betrachtet keine Hoheitsbefugnisse, erst recht nicht die Inanspruchnahme riesiger „Sektoren". Grundlegend *Schenk*, Kontiguität als Erwerbstitel im Völkerrecht, 1978.
106 Hierbei handelt es sich um einen aus vier Übereinkommen v 29.4.1958 bestehenden Komplex, betr: das Küstenmeer und die Anschlusszone (516 UNTS 205); die Hohe See (BGBl 1972 II, 1089); die Fischerei und die Erhaltung der biologischen Reichtümer der Hohen See (59 UNTS 285); den Festlandsockel (499 UNTS 311). Dokumentation bei *Hoog*, Die Genfer Seerechtskonferenzen von 1958 und 1960, 1961.
107 Die Fortentwicklung der Übereinkommen v 1958 betraf vor allem Küstenmeer, Meerengen, Hohe See und Festlandsockel. In wichtigen Bereichen schuf das SRÜ gänzlich neues Recht, zB hinsichtlich der Transitdurchfahrt durch internationale Meerengen, der Archipelgewässer, der AWZ, der Außengrenze des Festlandsockels sowie der Regelung bzgl der Ausbeutung des Festlandsockels jenseits der 200-sm-Zone. Neuerungen beziehen sich auch auf das Recht des Tiefseebergbaus, die obligatorischen Streitbeilegungsverfahren sowie die Teilnahme I. O. am SRÜ.
108 Keine Vertragsparteien sind bisher u a Iran, Israel, Libyen, Türkei, USA, Venezuela.
109 Zu dem Normenkomplex gehört das Durchführungs-Übereinkommen (DÜ) v 29.7.1994 (BGBl 1994 II, 2566). Es passt zentrale Bestimmungen des str Tiefseebergbauregimes teils durch Änderung, teils durch einvernehmliche Interpretation den Neubewertungen an, die seit Abschluss des SRÜ eingetreten sind. SRÜ und DÜ bilden ein einheitliches Instrument. Am 1.3.2016 galt das DÜ für 145 Staaten (und die EU). Vgl u Rn 72 ff.
110 Geschäftsordnung des Gerichtshofs abgedr in ITLOS (Hrsg), Basic Texts, 1998, 15 ff.

den¹¹¹ – Beleg für die zunehmende Akzeptanz des ISGH als eigenständiges, spezialisiertes Streitbeilegungsorgan und für seine Daseinsberechtigung neben dem auch weiterhin für Fragen des Seevölkerrechts sachlich zuständigen IGH.[112]

Innere Gewässer

38   Die inneren Gewässer sind die *Meeresgebiete zwischen dem trockenen Land und der Basislinie* eines Küstenstaats (vgl Art 8 Abs 1 SRÜ). Einschließlich des dazugehörenden Bodens, Untergrunds und Luftraums sind sie Bestandteile des Staatsgebiets. Insoweit unterstehen sie, ebenso wie das Landgebiet, der *vollen territorialen Souveränität des Küstenstaats*[113] – ein Umstand, der sie nutzungsrechtlich vom Küstenmeer unterscheidet.[114] So gibt es in den inneren Gewässern grundsätzlich *kein Recht der friedlichen Durchfahrt* (s u Rn 45).[115] Vorbehaltlich anderweitiger vertraglicher Verpflichtungen ist der Küstenstaat nicht verpflichtet, Schiffen anderer Staaten Einfahrt in seine inneren Gewässer zu gestatten. Ein gewohnheitsrechtliches Nothafenrecht von havarierten Schiffen dürfte *allgemein* nur insoweit anerkannt sein, als Seenot bzw höhere Gewalt eine Gefährdung der Schiffsbesatzungen nach sich ziehen.[116] Etwas anderes gilt in dergleichen Situationen dann, wenn die Gewährung des Nothafenrechts die territoriale Integrität des Küstenstaats bedrohen würde. Ein Schiff, das sich in fremden inneren Gewässern aufhält, untersteht – im Prinzip auch bzgl schiffsinterner Angelegenheiten[117] – der Jurisdiktion des Küsten- bzw Hafenstaats. Zahlreiche bilaterale Verträge konkretisieren, unter welchen Umständen der Küstenstaat Hoheitsgewalt über fremde Schiffe, die sich in seinen Häfen befinden, zwecks Strafverfolgung ausüben darf. Bzgl seiner inneren Gewässer darf ein Staat Fischerei und Kabotage (Personen- und Güterverkehr zwischen Inlandshäfen) seinen Angehörigen vorbehalten; für EU-Staaten untereinander sind insoweit die Grundfreiheiten des AEU-Vertrags und, subsidiär, das Verbot der Diskriminierung nach Art 18 AEUV zu beachten.[118]

39   Die *Basislinie (baseline)* bildet die äußere Grenze der inneren Gewässer. Von ihr aus wird die Breite sämtlicher sich seewärts an die inneren Gewässer anschließenden Meereszonen (Küstenmeer, Anschlusszone, AWZ, Festlandsockel) gemessen. Dies erklärt ihre enorme praktische Re-

---

111   Vgl nur die Entscheidung im Fall *Maritime Boundary*, das Gutachten der Kammer für Meeresbodenstreitigkeiten (vgl Art 186ff SRÜ) zu Art 139 SRÜ sowie das im Auftrag der Sub-Regional Fisheries Commission erstattete Gutachten zu den flaggenstaatlichen Pflichten hinsichtlich der Bekämpfung der illegalen, ungemeldeten und ungeregelten Fischerei *(illegal, unreported, and unregulated [IUU] fishing)* in der AWZ.
112   Nach Art 287 Abs 1 SRÜ sind die Vertragsparteien verpflichtet, hinsichtlich von künftigen Streitigkeiten über die Auslegung und Anwendung des Übereinkommens eines von mehreren Streitbeilegungsorganen zu benennen. Zur Auswahl stehen der IGH, der ISGH oder ein im Einklang mit Anlage VII SRÜ gebildetes Schiedsgericht. Hat ein Staat keine entsprechende Erklärung abgegeben, oder haben die streitenden Parteien für unterschiedliche Organe optiert, ist die Gerichtsbarkeit des Anlage VII-Schiedsgerichts eröffnet (vgl Art 287 Abs 3 u 5 SRÜ).
113   Die landwärtige Grenze ergibt sich aus dem Verlauf der Küstenlinie, bei der es sich in Deutschland aufgrund der unterschiedlichen Gegebenheiten von Nord- und Ostsee um die Linie des mittleren Wasserstandes (Ostsee) bzw des mittleren Tidehochwasserstandes (Nordsee) handelt. Vgl *Petersen*, Deutsches Küstenrecht, 1989, 32f, 39ff. Ihren Namen verdanken die inneren Gewässer dem Umstand, dass sie *landeinwärts* der Basislinie liegen. Von den Binnengewässern unterscheiden sie sich durch ihren salinen Charakter sowie dadurch, dass sie zum Meer hin offen, idS also maritim sind.
114   Vgl *Graf Vitzthum*, in Seerecht, Kap 2 Rn 42, 102ff.
115   Soweit innere Gewässer durch Ziehung gerader Basislinien nach Art 7 SRÜ *erstmals* entstehen, werden sie hinsichtlich des Rechts auf friedliche Durchfahrt jedoch wie ein Teil des Küstenmeers angesehen, Art 8 Abs 2 SRÜ.
116   Vgl *Graf Vitzthum*, in Seerecht, Kap 2 Rn 49; *Churchill/Lowe*, The Law of the Sea, 3. Aufl 1999, 62f; *Schult*, Schiffssicherheit, 220ff zu Notliegeplatzrichtlinien der IMO.
117   *Mali v Keeper of the Common Jail (Wildenhus's Case)*, 120 US 1 (1887); vgl aber *Spector v Norwegian Cruise Line Ltd*, 545 US 119 (2005). Zum Ganzen *Yang*, Jurisdiction of the Coastal State over Foreign Merchant Ships in Internal Waters and the Territorial Sea, 2015, 90ff; *Tanaka*, The International Law of the Sea, 2. Aufl 2015, 79ff.
118   Dazu *Milbradt*, Liberalisierung der Seekabotage unter völkerrechtlichen und europarechtlichen Aspekten, 1999, 107.

levanz. Normalerweise fungiert die in den vom Küstenstaat amtlich anerkannten Seekarten eingetragene *Niedrigwasserlinie* (Linie des durchschnittlichen Ebbestandes) als Basislinie, vgl Art 5 SRÜ. Problematisch ist, dass auf internationaler Ebene kein allgemein anerkanntes vertikales Datum als geodätische Grundlage für die Festlegung der Niedrigwasserlinie existiert; die von den Küstenstaaten der verschiedenen Meeresregionen insoweit zugrunde gelegten Daten variieren zT erheblich. Darüber hinaus stellt sich die Frage, ob im Falle eines Abweichens *des tatsächlichen Verlaufs* der Niedrigwasserlinie von der in den *offiziell anerkannten Seekarten* vermerkten Linie, bedingt etwa durch Sedimentabtragungen oder den Meeresspiegelanstieg, die tatsächliche oder die in der Karte vermerkte Linie entscheidet.[119] Im Fall *Nicaragua/Honduras* sprach sich der IGH – letztlich überzeugend – für den Vorrang der tatsächlichen Niedrigwasserlinie aus.[120] Auch wenn die Basislinie für die Bemessung der sich seewärts an die inneren Gewässer anschließenden Meereszonen (und indirekt damit auch für die Ausdehnung der Staatengemeinschaftsräume Hohe See und „Gebiet", vgl Art 1 Abs 1 Nr 1 bzw Art 86 SRÜ) maßgeblich ist, hat jene (wohl noch nicht allgemein akzeptierte) Vorrangregel zugunsten der tatsächlichen Zustände nicht automatisch zur Folge, dass sich mit den sich infolge natürlicher Gegebenheiten verschiebenden Basislinien auch die dem Küstenstaat als maritimes Aquitorium (Küstenmeer, Archipelgewässer) bzw Funktionshoheitszonen (Anschlusszone, AWZ, Festlandsockel) zugeordneten Räume verlagern. Würden die vom *klimawandelinduzierten Meeresspiegelanstieg* besonders betroffenen Entwicklungsländer infolge der landwärtigen Verlagerung der Basislinien Teile der ihnen von Völkerrechts wegen zugeordneten Meereszonen (einschließlich der dort vorhandenen Ressourcen) verlieren, hätte dies letztlich eine mehrfache Benachteiligung der betreffenden Staaten zur Folge.[121] Vor dem Hintergrund des Umstands, dass die Erderwärmung vor allem von den Industriestaaten hervorgerufen wurde, wird zT vorgeschlagen, dass die küstenstaatlichen Meereszonen in ihrer heutigen Ausdehnung „eingefroren" werden sollten.[122] Dieses wichtige Problem harrt bis auf weiteres einer Lösung.

Ausnahmsweise dürfen gemäß Art 7 u 9 SRÜ über Flussmündungen und bei vorgelagerten Inseln (Bsp: ostfriesische Inseln), bei zerklüfteten Küsten (zB Westküste Chiles, Westküste Norwegens) oder veränderlicher Küstenlinie *gerade Basislinien* über die äußersten natürlichen Punkte (Landzungen bzw Inselketten, Leuchttürme, Riffe u a) gezogen werden, bei Häfen entlang der äußersten Punkte ihrer Anlagen (Art 11 SRÜ).[123] Auslegung und Anwendung der in Art 7 SRÜ genannten Voraussetzungen, unter denen ein Küstenstaat gerade Basislinien ziehen darf, sind im Einzelnen str.[124] In jedem Fall dürfen gerade Basislinien vom generellen Küstenverlauf

40

---

119 Eingehend dazu ILA (Hrsg), Baselines under the International Law of the Sea, 2012, abrufbar unter <http://www.ila-hq.org/en/committees/index.cfm/cid/1028>.
120 ICJ Rep 2007, 659, 743.
121 Anders herum wird diskutiert, ob Küstenstaaten durch Landgewinnungsmaßnahmen oder die Errichtung von Molen und anderen künstlichen Strukturen (wie etwa die „The World"- und „Jumeirah Palm"-Projekte vor der Küste Dubais) die Basispunkte ihrer Basislinien seewärts verschieben und infolgedessen „ihre" Meereszonen ausdehnen können sollen. Art 11 SRÜ und die Staatenpraxis legen nahe, dass von einer solchen Verlagerung der Basislinien nur im Falle von ständigen (und hinreichend *beständigen*), unmittelbar mit dem Festland verbundenen Strukturen ausgegangen werden kann; vgl *Carleton*, Problems Relating to Man-made Basepoints under UNCLOS, in Symmons (Hrsg), Selected Contemporary Issues in the Law of the Sea, 2011, 32 ff.
122 Vgl etwa *Jesus*, Rocks, New-born Islands, Sea Level Rise and Maritime Space, FS Eitel, 2003, 599 (601); *Soons*, The Effects of a Rising Sea Level on Maritime Limits and Boundaries, NILR 37 (1990) 207 (231); *Caron*, Climate Change, Sea Level Rise and the Coming Uncertainty in Oceanic Boundaries, in Hong/Van Dyke (Fn 48) 1 (14). Zum Ganzen auch *Grote Stoutenburg*, Implementing a New Regime of Stable Maritime Zones to Ensure the (Economic) Survival of Small Island States Threatened by Sea-Level Rise, IJMCL 23 (2011) 263 ff.
123 Die Anerkennung des Prinzips gerader Basislinien erfolgte im *britisch-norwegischen Fischereistreit*-Fall, ICJ Rep 1951, 116.
124 Einzelheiten bei *Trümpler*, in UNCLOS Commentary, Art 7; *ders*, Grenzen und Abgrenzungen des Küstenmeeres, 2007, 112 ff; *Graf Vitzthum*, in Seerecht, Kap 2 Rn 16 ff; *Scovazzi*, The Establishment of Straight Baselines Systems, in Vidas/Østreng (Hrsg), Order for the Oceans at the Turn of the Century, 1999, 445 ff.

nicht erheblich abweichen (Art 7 Abs 3 SRÜ). Sieht man von Besonderheiten (wie Flüssen, historischen Buchten) ab, entstehen innere Gewässer eigentlich erst durch das Ziehen solcher – gerader – Basislinien, da ansonsten, wie gesagt, die Niedrigwasserlinie als Basislinie fungiert. Der Küstenstaat kann sein Staatsgebiet auf diese Weise signifikant vergrößern. Von einem Staat allein umschlossene *Buchten,* deren Eingang (Öffnungsbreite) nicht breiter als 24 sm ist, zählen ebenfalls zu den inneren Gewässern (Art 10 SRÜ). Bei ihnen dürfen besondere Basislinien gezogen werden.[125]

Archipelgewässer

41 Anders als die inneren Gewässer sind die Archipelgewässer ein *neues Institut des Seerechts.*[126] Mehrere im 20. Jh neu entstandene Staaten sind Archipelstaaten bzw beanspruchen diesen Status (zB die Philippinen, Indonesien, Fiji und die Seychellen). Sie bestehen „vollständig aus einem oder mehreren Archipelen und gegebenenfalls anderen Inseln" (Art 46 lit a SRÜ). Ein Archipel ist eine *Gruppe von Inseln* (einschließlich dazwischen liegender Gewässer), die „eine wirkliche geographische, wirtschaftliche und politische *Einheit bilden,* oder die von alters her als solche angesehen worden sind" (Art 46 lit b SRÜ). Gemäß Art 47 Abs 1 SRÜ kann der Archipelstaat durch das Ziehen gerader Archipelbasislinien, deren Länge 100 sm generell nicht überschreiten darf (Art 47 Abs 2, 3 SRÜ), größere Seebereiche seiner Hoheitsgewalt unterstellen. Die so umgrenzten interinsularen Gewässer sind gemäß Art 49 Abs 1 SRÜ „Archipelgewässer".

42 Die Archipelgewässer werden der *Souveränität des Archipelstaats* zugerechnet.[127] Nach dem Grundsatz der vertikalen Rechtseinheit im Raum erstreckt sich diese Souveränität „sowohl auf den Luftraum über den Archipelgewässern als auch auf deren Meeresboden und Meeresuntergrund und die darin enthaltenen Ressourcen" (Art 49 Abs 2 SRÜ). Im Unterschied zu den inneren Gewässern besteht in den Archipelgewässern ein Recht der friedlichen Durchfahrt (Art 52 SRÜ) bzw, wenn der Archipelstaat sog Archipelschifffahrtswege und darüber liegende Flugstrecken festgelegt hat, ein *Recht der ununterbrochenen und zügigen Durchfahrt* sowie ein entsprechendes Überflugrecht (Art 53 SRÜ).[128] Aus drittstaatlicher Perspektive stellen die Archipelgewässer ein die Meeresfreiheit beschränkendes Negativum dar; weite Meeresräume fallen nun unter nationale Hoheit.

Küstenmeer

43 Gemäß Art 2 Abs 1 u 2 SRÜ erstreckt sich die *„Souveränität* eines Küstenstaats" jenseits seines Landgebiets und seiner inneren Gewässer „auf einen angrenzenden Meeresstreifen. [Sie] erstreckt sich sowohl auf den Luftraum über dem Küstenmeer als auch auf den Meeresboden und

---

125 Zum Regime der Einzelstaatenbucht *Allmendinger,* Buchten im Völkerrecht, 2006, 30 ff. Die Basislinien können als gerade Buchtabschlusslinie gebildet werden, sofern ihre Länge 24 sm nicht überschreitet. Andernfalls kann eine gerade Basislinie nur *innerhalb* der Bucht gezogen werden, und zwar nur dort, wo die max Entfernung von 24 sm zwischen zwei Uferpunkten dies ermöglicht. Diese Begrenzung entfällt, wenn es sich um Buchten handelt, die in ständiger Praxis als innere Gewässer anerkannt werden, Art 10 Abs 6 SRÜ. Solche „historischen" Buchten sind etwa (in Australien) die Sharks Bay bzw (in den USA) die Hudson und die Delaware Bay. Zum Ganzen s *Heintschel von Heinegg,* in Ipsen (Fn 10) § 40 Rn 8 ff.
126 Eingehend *Markus,* in UNCLOS Commentary, Art 46; *Graf Vitzthum,* in Seerecht, Kap 2 Rn 133 ff; *Rajan,* The Legal Regime of Archipelagos, GYIL 29 (1986) 13 ff. Das Archipelstaatenregime des SRÜ, einer der Streitpunkte auf der 3. UN-Seerechtskonferenz (1973–1982) und Bestandteil des abschließenden *package deal,* ist bisher nur in seinem Kern zu Völkergewohnheitsrecht erstarkt.
127 Zum Status der Archipelgewässer *Graf Vitzthum* (Fn 69) 1083 ff.
128 Das „Recht der Durchfahrt auf Archipelschifffahrtswegen" (Art 53 Abs 2, 3 SRÜ) korrespondiert dem Transitrecht in internationalen Meerengen (vgl Art 38 Abs 2 SRÜ). Vgl u Rn 47.

Meeresuntergrund des Küstenmeers": *vertikale Rechtseinheit*.[129] Landseitig wird das Küstenmeer durch die Basislinien (Art 3, 5 ff SRÜ) begrenzt. Zum offenen Meer hin bilden die Anschlusszone, soweit erklärt, sowie die AWZ bzw der Festlandsockel die Begrenzung. Wurden Anschlusszone und AWZ proklamiert, gibt es jenseits des max 12 sm breiten Küstenmeers somit einen 12 sm breiten Bereich, in dem sich die Rechtsordnungen von Anschlusszone, AWZ und Festlandsockel überlagern. Die küstenstaatlichen Hoheitsbefugnisse sind im Hinblick auf das Küstenmeer stärker eingeschränkt als hinsichtlich der archipelagischen und erst recht der inneren Gewässer: Mit zunehmender Entfernung von der Küste nehmen also die Befugnisse des Küstenstaats ab.

Die *Breite* des Küstenmeers bildete bis zur Mitte der 1970er Jahre eine seerechtsdogmatische 44 und -politische Hauptfrage. Die Theorien und Lösungen reichten ursprünglich von der *tatsächlichen* Herrschaftsausübung („Kanonenschussweite") über die Sichtweiten-Regel bis zur 3-sm-Begrenzung. Ab Mitte des 18. Jh fand Letztere weitestgehende Anerkennung. Das SRÜ v 1982 legt nun, nachdem sich die Staatenpraxis im Anschluss an die Genfer Seerechtskonferenzen v 1958 und 1960 mehrheitlich bereits in diese Richtung bewegt hatte, *12 sm* als *max Breite* fest.[130] Diese Ausweitung hat in engen Gewässern zur Folge, dass zahlreiche wichtige Schifffahrtswege (zB der Ärmelkanal und die Straße von Gibraltar) erstmals in den Bereich von Küstenmeeren einbezogen werden. Es entstanden mehr als 120 derartige neue *Meerengen;* Art 34–45 SRÜ unterstellen sie einem nutzungs-, nicht aber einem gebietsrechtlichen Sonderregime.[131]

Der Küstenstaat hat seine Souveränität in Übereinstimmung mit dem Völkerrecht auszu- 45 üben (Art 2 Abs 3, Art 17 ff SRÜ), insbes die Rechte anderer Staaten zu achten. Hierzu gehört vor allem deren *Recht der friedlichen Durchfahrt* (Art 17 SRÜ).[132] Dieses Durchfahrtsrecht besitzen neben Handelsschiffen und Fischereifahrzeugen auch Kriegsschiffe, solange ihre Durchfahrt nicht kriegerischen Zwecken dient, sowie Schiffe, die mit Kernenergie angetrieben werden oder Gefahrstoffe befördern (vgl Art 23 SRÜ). Erlaubnisvorbehalte oder Benachrichtigungspflichten für die unschädliche Durchfahrt sind hiernach selbst bei diesen Kategorien fremder Schiffe nicht begründet – ein bei den Beratungen der 3. UN-Seerechtskonferenz und bis heute str, letztlich aber immer wieder (auch bei der Zeichnung des SRÜ im Rahmen von rechtswahrenden Erklärungen) bekräftigter Rechtsstandpunkt. Art 32 SRÜ unterstreicht die Immunität der Staatsschiffe. U-Boote müssen im Küstenmeer über Wasser fahren und ihre Flagge zeigen (Art 20 SRÜ).[133] Zugunsten aller fremden Schiffe wird vermutet, dass ihre Durchfahrt friedlich ist, „solange sie nicht den Frieden, die Ordnung oder die Sicherheit des Küstenstaats beeinträchtigt" (Art 19 Abs 1 SRÜ). Wann Letzteres der Fall ist, definiert wiederum Art 19 Abs 2 SRÜ.[134]

Dem Recht der friedlichen Durchfahrt, traditioneller Ausdruck der (insofern gegen- 46 über der *territorialen* Souveränität über die inneren Gewässer eingeschränkteren) *aquitorialen*

---

129 Zu diesem Konzept *Kehden,* Die Vereinten Nationen und die Nutzung des Bodens und Untergrundes des Hohen Meeres, VRÜ 2 (1969) 131 ff.
130 Zur Ausdehnung des dt Küstenmeers so Fn 69; weitere Nachw bei *Schweitzer/Weber,* Handbuch der Völkerrechtspraxis der Bundesrepublik Deutschland, 2004, Rn 527 ff; *Khan,* Staatsgrenzen, 603 ff. Einige Staaten beanspruchen breitere Küstenmeere, zB Ecuador, El Salvador, Liberia, Peru, Somalia (je 200 sm, zT eingeschränkt oder begrifflich unklar), Togo (30 sm). Diverse Staaten sind bisher bei 3 sm geblieben, andere bei 6 sm. Nachw ‹www.un.org/ Depts/los/LEGISLATIONANDTREATIES/PDFFILES/table_summary_of_claims.pdf›.
131 Vgl u Rn 47.
132 Dieses Recht war bereits in Art 14–20 des (Genfer) Übereinkommens über das Küstenmeer und die Anschlusszone v 29.4.1958 kodifiziert worden. Es wird nun ausgestaltet (Art 17 f, 20, 24–28 SRÜ). Einzelheiten bei *Graf Vitzthum,* in Seerecht, Kap 2 Rn 119 ff.
133 Meerengen gemäß Teil III SRÜ dürfen, strategisch bedeutsam, in *getauchtem* Zustand durchquert werden. Für U-Boote ist die Unterwasserfahrt „normaler" Transit iSv Art 39 Abs 1 lit c SRÜ.
134 Art 19 Abs 2 SRÜ legt die Begriffe Frieden, Ordnung, Sicherheit verbindlich aus. So sind „unfriedlich", über das bisherige Recht hinaus, etwa auch vorsätzliche schwere Meeresverschmutzungen, Fischereitätigkeiten und Forschungs- und Vermessungsarbeiten. Eingehend *Barnes,* in UNCLOS Commentary, Art 19.

Souveränität über das Küstenmeer, steht ein *abschließender* Katalog der küstenstaatlichen Regelungsbefugnisse gegenüber. So darf der Küstenstaat ua Umweltschutzbestimmungen erlassen.[135] Ein Verstoß gegen die in Art 21 Abs 1 SRÜ genannten Maßnahmen macht die Durchfahrt des fremden Schiffes nicht unfriedlich, sondern berechtigt den Küstenstaat lediglich zur Verfolgung nach innerstaatlichem Recht. Ferner gelten zB alle allgemein anerkannten internationalen Vorschriften über die Verhütung von Zusammenstößen auf See, Art 21 Abs 4 SRÜ.[136] Gemäß Art 22 SRÜ kann der Küstenstaat, soweit die Sicherheit der Schifffahrt es erfordert,[137] auch fremde Schiffe auf bestimmte *Schifffahrtswege* und Verkehrstrennungsgebiete verweisen. Art 24 Abs 1 SRÜ verbietet küstenstaatliche Behinderungen, die im SRÜ nicht ausdrücklich vorgesehen sind. Aber auch in Übereinstimmung mit dem Übereinkommen erlassene küstenstaatliche Vorschriften werden nach der Ratio der Bestimmung einer *Vernünftigkeits- bzw Angemessenheitskontrolle* unterworfen, die in jedem Einzelfall eine Abwägung zwischen Schifffahrtsfreiheit, Schiffssicherheit und Umweltschutz erforderlich macht.[138] Art 25 SRÜ erkennt dem Küstenstaat gegenüber fremden Schiffen bestimmte *Eingriffsrechte* zu, insbes um eine nichtfriedliche Durchfahrt zu verhindern. So kann er die „erforderlichen Maßnahmen" ergreifen, um die Einhaltung der von ihm aufgestellten Bedingungen für das Einlaufen in seine inneren Gewässer zu gewährleisten. Demgegenüber erscheint vor dem Hintergrund von Art 26 Abs 2 SRÜ zweifelhaft, ob der Küstenstaat Entgelte für die bloße Nutzung der Meeresumwelt des Küstenmeers durch Schiffe von Drittstaaten erheben kann, soweit es sich nicht um Gebühren „als Vergütung für bestimmte, dem Schiff geleistete Dienste" (etwa Schleppdienste) handelt. Art 27 SRÜ beschränkt die küstenstaatliche Ausübung der *Strafgerichtsbarkeit*.[139]

Meerengen

47 Für die *von der internationalen Schifffahrt benutzten Meerengen* (Art 37 SRÜ) schafft Teil III SRÜ eine *besondere Durchfahrt- und Überflugsordnung*.[140] Den *gebiets*rechtlichen Status der solche

---

135 Fremde Schiffe darf er nur bei Verdacht eines Zuwiderhandelns gegen seine Umweltschutzbestimmungen inspizieren. Erst bei Bestätigung des Verdachts dürfen weitere Verfahren eingeleitet werden.
136 Mit Wirkung für fremde Schiffe darf der Küstenstaat nur solche Regelungen über Konstruktion, Bemannung oder Ausrüstung erlassen, die allgemein anerkannten internationalen Regeln Wirksamkeit verleihen, Art 21 Abs 2 SRÜ.
137 In Art 22 SRÜ ist nur von der Sicherheit der Schifffahrt die Rede. Schiffssicherheit und Umweltschutz sind freilich untrennbar miteinander verbunden, was sich schon daran zeigt, dass Art 22 Abs 2 SRÜ explizit auf bestimmte, für die Umwelt besonders risikoreiche Schiffe Bezug nimmt. Auch die IMO setzt seit einiger Zeit Schiffswegeführungen ein, die *mittelbar* dem Schutz der Umwelt in ökologisch sensiblen Gebieten dienen. Keinesfalls kann der Küstenstaat aber Meeresschutzgebiete einrichten, durch welche die Durchfahrt durch sein Küstenmeer *insgesamt* ausgeschlossen wird. Unter ökologischen Gesichtspunkten ist er nur ausnahmsweise zur Unterbindung der Durchfahrt berechtigt, Art 220 Abs 2 bzw Art 19 Abs 2 lit h SRÜ.
138 Eingehend *Schult*, Schiffssicherheit, 114 ff. Nach Art 24 Abs 2 SRÜ hat der Küstenstaat vor Gefahren für die Schifffahrt zu warnen. Im *Korfu Kanal*-Fall, ICJ Rep 1949, 4, 22 leitete der IGH aus dem Umstand, dass der Kanal zum Hoheitsgebiet Albaniens gehört, dessen Warnverpflichtung ab.
139 Für Schiffe, die lediglich das Küstenmeer durchfahren, ohne einen Hafen des Küstenstaats anzulaufen bzw aus dessen inneren Gewässern auszulaufen, ist die Reichweite der küstenstaatlichen Jurisdiktion zur Bekämpfung von Straftaten str. Dies gilt insbes für die Frage, ob der Küstenstaat generell berechtigt ist, verdächtige fremde Schiffe in seinem Küstenmeer aufzubringen. Verneinend *Wolfrum*, Freedom of Navigation: New Challenges, in Nordquist/Koh/Moore (Hrsg), Freedoms of the Sea, Passage Rights and the 1982 Law of the Sea Convention, 2008, 79 (91); *N. Klein*, Maritime Security and the Law of the Sea, 2011, 75; dagegen *Guilfoyle*, Shipping Interdiction and the Law of the Sea, 2009, 12; *Proelß/Hofmann*, Law of the Sea and Transnational Organized Crime, in Hauck/Peterke (Hrsg), International Law and Transnational Organized Crime, 2016, Kap 20.
140 Nach Art 16 Abs 4 des Küstenmeer-Übereinkommens v 1958 durfte die friedliche Meerengen-Durchfahrt nicht ausgesetzt werden. Das SRÜ geht – transitfreundlich – über jenes bloße Verbot der *Suspendierung* des Durchfahrtsrechts hinaus. Zum Begriff der Meerenge, die der internationalen Schifffahrt dient, vgl den *Korfu Kanal*-Fall, ICJ Rep

Meerengen bildenden Gewässer sowie die Ausübung der nicht durchfahrts- und überflugbezogenen Hoheitsbefugnisse durch die Anliegerstaaten berührt dieses Sonderregime, wie Art 34 SRÜ klarstellt, nicht.[141] Das *Recht der unbehinderten Transitdurchfahrt* für zivile und militärische Schiffe und Luftfahrzeuge, eine Neuerung des SRÜ, bildet den in Art 38 SRÜ geregelten Kern dieses speziellen *Nutzungs*regimes. Verhandlungspolitisch war das Transitrecht mit dem Recht auf Ausdehnung des Küstenmeers verschränkt: ohne Meerengen-Transitdurchfahrt (und Transitüberflug) kein 12 sm-Küstenmeer. Das Recht der Transitdurchfahrt (und des Transitüberflugs) lässt den Zusammenhang mit der Freiheit der Hohen See (Art 87 SRÜ) erkennen. Räumlich greift es weiter als das bisherige Recht. Grundsätzlich wird nun auch das Küstenmeer in das Meerengenregime einbezogen – eine (vor allem militärstrategisch motivierte) Abweichung vom verbreiteten (primär ressourcenwirtschaftlich motivierten) Verzonungs- bzw Territorialisierungstrend der neueren Seerechtsentwicklung. Transitdurchfahrt wird in Art 38 Abs 2 SRÜ definiert als „Ausübung der Freiheit der Schifffahrt und des Überflugs lediglich zum Zwecke des ununterbrochenen und zügigen Transits", Tauchfahrten eingeschlossen. Unzulässig wäre ua die Erhebung von Transitgebühren. Art 39 SRÜ konkretisiert die Pflichten während der Durchfahrt. Bei der Bestimmung der Wegeführung ist – wie bei der Festlegung der Archipelschifffahrtswege, Art 53 Abs 9 SRÜ – mit der Internationalen Seeschifffahrtsorganisation (IMO) zusammenzuarbeiten, vgl Art 41 SRÜ.[142] Der Küstenstaat kann über den Erlass von Regelungen, die für *alle* Schiffe verbindlich sind, daher nicht nach freiem Ermessen entschieden.[143] Insgesamt sind die küstenstaatlichen Rechte[144] bzgl der „unbehinderten Transitdurchfahrt", die wohl noch kein Gewohnheitsrecht verkörpert,[145] deutlich stärker eingeschränkt als bzgl der „friedlichen Durchfahrt".

Wissenschaftliche, technische, infrastrukturelle und wirtschaftliche Notwendigkeiten gebieten, *zusammenfassend* betrachtet, auch meeresbezogen eine immer *engere internationale Zusammenarbeit*. Dem steht das Streben vieler Küstenstaaten entgegen, sich so viele Nutzungen wie möglich vorzubehalten, d h die Nutzungschancen zu Gunsten der eigenen Staatsangehörigen zu monopolisieren, und sich die küstennahen Meeresräume auch gebietsrechtlich zuzuordnen. Dieses Verlangen hat bisher die Ansätze überschattet, die grenzüberschreitende Kommunikation und Kooperation auf völkervertraglicher Basis effektiver und verteilungsgerechter zu gestalten. U a der Versuch, ein ordnungspolitisch problematisches internationales Regime für den küstenfernen Meeresboden bzw seine ressourcenwirtschaftliche Nutzung zu errichten, führte seit Ende der 1960er Jahre zu einer erheblichen Ausweitung der Zonen küstenstaatlicher Hoheitsbefugnisse. 48

1949, 4, 29; *Jia*, in UNCLOS Commentary, Art 37; *Graf Vitzthum*, in Seerecht, Kap 2 Rn 158 ff. – Die arktischen Meerengen (NW- und NO-Passage) unterstehen nicht dem SRÜ-Meerengenregime (str), weil sie (noch) nicht von der internationalen Schifffahrt benutzt werden. Zur NW-Passage *Pharand*, The Arctic Waters and the Northwest Passage, ODIL 38 (2007) 3 ff; *Byers/Lalonde*, Who Controls the Northwest Passage?, Vanderbilt J Transnat'l L 42 (2009) 1133 ff.
141 Unberührt bleibt gemäß Art 35 lit c SRÜ die Rechtsordnung in den Meerengen, für die die Durchfahrt bereits durch ein international vereinbartes, allgemein angewendetes Regime geregelt ist (zB das Meerengenabkommen von Montreux v 1936 für Bosporus und Dardanellen; der Vertrag von Kopenhagen v 1857 über die Abschaffung der Sund- und Beltzölle [str]; die Regelungen für die Straßen von Gibraltar und Malakka).
142 Diese traditionsreiche I.O., „zuständig" iSv Art 211 ff SRÜ, befasst sich vor allem mit Maßnahmen der Schiffssicherheit. Diese Form der Zusammenarbeit – Vorschlag entsprechender Regelungen durch die Küstenstaaten, Annahme duch die IMO – bezeichnet *Oxman*, Environmental Protection in Archipelagic Seas and International Straits, Law of the Sea Institute Proceedings 29 (1997) 281 ff als *kooperative Rechtssetzungskompetenz*.
143 Der *abschließende* Katalog zulässiger Bestimmungen in Art 42 SRÜ umfasst die Sicherheit der Schifffahrt, die internationalen Einleitensvorschriften, Fischereiverbote usw.
144 Vgl Art 44 SRÜ einerseits, Art 24 f SRÜ andererseits.
145 Dazu *Jia*, The Regime of Straits in International Law, 1997, 168 ff; *López Martín*, International Straits, 2010, 192 ff; differenzierend *Graf Vitzthum*, in Seerecht, Kap 2 Rn 179.

3. Nichtstaatsgebiet (1): Küstenstaatliche Funktionshoheitsräume
a) Wesen und Grenzen: Räume begrenzter Hoheitsbefugnisse

49 *Nicht zum Staatsgebiet* gehören die Anschlusszone, die AWZ sowie der Festlandsockel. Im SRÜ werden dem Küstenstaat bzgl dieser *gebiets*hoheitsfreien Räume Befugnisse für „die erforderliche Kontrolle" (Art 33), „souveräne Rechte", „Hoheitsbefugnisse" sowie „andere [...] Rechte" (Art 56 Abs 1 lit a, b, c; Art 77 Abs 1; Art 246), „ausschließliche Rechte" und „ausschließliche Hoheitsbefugnisse" (Art 60 Abs 1, 2) bzw „Rechte und Hoheitsbefugnisse" (Art 55) zuerkannt. So unterschiedlich die Begriffe und so differenziert die Regelungen im Einzelnen sind – stets geht es um die ausschließlich küstenstaatliche Ausübung einzelner Rechte und Befugnisse für bestimmte Zwecke (vgl Art 56 SRÜ). Diese Rechte und Befugnisse sind *final begründet und begrenzt*, also keineswegs umfassend. Dem Küstenstaat ist eine Kontroll-, Vorrang- oder Monopolstellung gegenüber anderen Staaten und deren Angehörigen jeweils nur für ein bestimmtes Zuständigkeitssegment eingeräumt. Schon deshalb unterscheidet sich diese Zuordnung qualitativ von der Zuweisung der prinzipiell umfassenden, zudem territorial bzw aquitorial radizierten Souveränität.[146] Daher werden die gebietshoheitsfreien Räume mit begrenzten funktionellen Rechten und Befugnissen hier mit „küstenstaatliche Funktionshoheitsräume" auf den Begriff gebracht.

b) Anschlusszone: Raum polizeilicher Kontrollrechte

50 Die Anschlusszone gehört zu den überkommenen Instituten des Seerechts.[147] Diese an das Küstenmeer angrenzende Meereszone, in Art 24 der (Genfer) Küstenmeer-Konvention v 1958 noch ausdrücklich als „Teil der Hohen See" bezeichnet, können die Küstenstaaten proklamieren. In diesem Küstenvorfeld sind ihnen die *Kontrollrechte* zugestanden, die zur Verhinderung und Ahndung von Verstößen gegen ihre Finanz-, Einreise- oder Gesundheitsvorschriften auf dem Staatsgebiet (einschließlich innere Gewässer und Küstenmeer) notwendig sind (Art 33f SRÜ).[148] Es handelt sich der Sache nach um *polizeiliche* Rechte, um die Zuordnung räumlich und inhaltlich begrenzter Polizeigewalt.[149] Über Regelungsjurisdiktion, dh die Befugnis zum Regelungserlass, verfügen die Küstenstaaten in der Anschlusszone hingegen nicht. Die *Außengrenze* der Anschlusszone darf nicht weiter als 24 sm von der Basislinie entfernt sein. Die Zone selbst kann also höchstens *12 sm breit* sein, es sei denn, der Küstenstaat nimmt, was die Ausnahme geblieben ist, ein Küstenmeer von weniger als 12 sm in Anspruch.[150]

c) Ausschließliche Wirtschaftszone: Ressourcenorientierter Raum sui generis

51 In der an das Küstenmeer angrenzenden AWZ, ein Institut der neueren Seerechtsentwicklung,[151] übt der *Küstenstaat einzelne Rechte und Hoheitsbefugnisse ausschließlich* aus. Diese Zone, deren

---

146 Die Ordnungen in diesen Nichtstaatsgebieten (wie auch in den Staatengemeinschaftsräumen, vgl u Rn 61ff) können deshalb nicht auf Grundlage des Territorialitätsprinzips erlassen werden.
147 Vgl *Graf Vitzthum*, in Seerecht, Kap 2 Rn 181ff. Fast jeder dritte Küstenstaat (u a Deutschland) bedient sich nicht des Instituts „Anschlusszone".
148 Nach Art 303 SRÜ kann dort auch der Verkehr von historischen und archäologischen Gegenständen kontrolliert werden. Dazu *Graf Vitzthum/Talmon*, Alles fließt, 1998, 23ff, 33ff.
149 Auch die einzelstaatliche Sicherheit oder die Erhaltung der Fischbestände unter die erlaubten Kontrollzwecke aufzunehmen, hatten bereits die ILC 1956 und die Seerechtskonferenz v 1958 abgelehnt, vgl *Hoog* (Fn 106) 30.
150 Im (Genfer) Küstenmeer-Übereinkommen v 1958 war die max Breite der Zone, einschließlich Küstenmeer, auf 12 sm festgesetzt worden; insoweit kam es seither also zu einer horizontalen *creeping jurisdiction*.
151 Die primär in Teil V SRÜ enthaltene Ordnung ist ein Kompromiss zwischen den Staaten, die an 200-sm-Küstenmeer befürworteten und denen, die weiterhin ein schmales Küstenmeer (mit allenfalls einer anschließenden Fischereizone) bevorzugten; vgl *Proelß*, in Seerecht, Kap 3 Rn 203ff. Mittlerweile haben mehr als 120 Staaten eine AWZ in Anspruch genommen. Insofern ist die AWZ das Paradigma eines schnell wachsenden Völkergewohnheitsrechts.

Breite auf max 200 sm (gemessen ab der Basislinie) festgelegt ist (vgl Art 57 SRÜ),[152] und die sich wie Anschlusszone und Festlandsockel nicht auch auf den Luftraum erstreckt (er bleibt frei wie der Raum über der Hohen See), gehört weder zum Gebiet des Küstenstaats noch zur Hohen See ieS. Wie in dieser gelten dort wichtige *Rechte dritter Staaten:* Freiheit der Schifffahrt, des Überflugs und der Verlegung unterseeischer Kabel und Rohrleitungen sowie „andere völkerrechtlich zulässige, mit diesen Freiheiten zusammenhängende Nutzungen des Meeres" (Art 58 Abs 1 SRÜ).[153] Demgegenüber hat der Küstenstaat „souveräne Rechte zum Zwecke der Erforschung und Ausbeutung, Erhaltung und Bewirtschaftung der lebenden und nicht lebenden natürlichen Ressourcen [...] sowie hinsichtlich anderer Tätigkeiten zur wirtschaftlichen Erforschung und Ausbeutung der Zone wie der Energieerzeugung" (Art 56 Abs 1 lit a SRÜ).[154] Allgemeine, umfassende Rechte aus Gebietshoheit oder gar aquitorialer Souveränität stehen ihm in der AWZ nicht zu. Die Rechtsstellung des Küstenstaats schließt etwa nicht die Befugnis ein, militärische Aktivitäten anderer Staaten einem Genehmigungsvorbehalt zu unterwerfen (str). Auch bei der Ausübung seiner souveränen Rechte und Hoheitsbefugnisse muss er stets *gebührende Rücksicht (due regard)* auf die in der AWZ fortgeltenden Kommunikationsfreiheiten anderer Staaten nehmen.[155] Will der Küstenstaat für seine AWZ Vorschriften zur Verhütung, Verringerung und Überwachung der Umweltverschmutzung durch Handelsschiffe erlassen, müssen diese Bestimmungen den internationalen Regeln und Normen entsprechen, vgl Art 56 Abs 1 lit b iii) iVm Art 211 Abs 5 SRÜ. Verstöße gegen solche Vorschriften können idR lediglich im Hafen durchgesetzt werden. Nur im Fall *erheblicher Einleitungen* besteht nach Art 220 Abs 5 u 6 SRÜ eine eingeschränkte küstenstaatliche Durchsetzungsbefugnis in der AWZ. Eine Einschränkung der Meeresfreiheit anderer Staaten folgt aus Art 234 SRÜ. Danach dürfen Küstenstaaten für ihre AWZ „Vorschriften zur Verhütung, Verringerung und Überwachung der Meeresverschmutzung durch Schiffe *in eisbedeckten Gebieten*" erlassen und durchsetzen. Diese Norm spricht den Anrainerstaaten des Nordpolarmeers als den „Interessiertesten" eine Art Treuhänderstellung für die Erhaltung der dortigen Meeresumwelt zu; für eisbedeckte AWZ-Gebiete treten sie hinsichtlich der Verschmutzung durch Schiffe gleichsam an die Stelle der IMO.[156]

---

[152] Die Breite der AWZ erreicht die zulässigen 200 sm insbes dann nicht, wenn das zwischen zwei einander gegenüberliegenden Staaten befindliche Meeresgebiet, wie etwa in der Ostsee, weniger als 400 sm breit ist. Die Abgrenzung soll dann gemäß Art 74 SRÜ vertraglich vereinbart werden, vgl *Lagoni*, in Seerecht, Kap 3 Rn 280 ff sowie u Rn 57.
[153] Sog *Kommunikationsfreiheiten*. Diese Nutzungen müssen mit anderen SRÜ-Bestimmungen wie dem Vorbehalt der Friedlichkeit vereinbar sein, vgl Art 88, 301 SRÜ. Von der UN-Charta gedeckte militärische Handlungen sind nicht „unfriedlich"; dazu *Proelss*, Peaceful Purposes, MPEPIL VIII, 193 (Rn 12 ff).
[154] Art 56 SRÜ differenziert zwischen „souveränen Rechten" und „Hoheitsbefugnissen". Der Begriff der Hoheitsbefugnisse ist, wie Art 56 Abs 1 lit b SRÜ („wie in den diesbezüglichen Bestimmungen dieses Übereinkommens vorgesehen") verdeutlicht, lediglich ein Platzhalter für die Konkretisierung der jeweiligen Materie durch andere Bestimmungen des SRÜ. IdS wird Art 56 Abs 1 lit b (i) SRÜ (bzgl der Errichtung von Anlagen etc) durch Art 60 SRÜ konkretisiert, während die Hoheitsbefugnisse des Küstenstaats bzgl der wissenschaftlichen Meeresforschung in Übereinstimmung mit Art 246 SRÜ (grundsätzlich Zustimmungsbedürftigkeit von Forschungsaktivitäten anderer Staaten) ausgeübt werden müssen; die Hoheitsbefugnisse in Bezug auf den Schutz und die Bewahrung der Meeresumwelt schließlich sind in Übereinstimmung mit Teil XII SRÜ auszuüben. Zur Staatenpraxis Franckx/Gautier (Hrsg), The Exclusive Economic Zone and the United Nations Convention on the Law of the Sea, 2003; dort (31 ff) Hinweise auf die Schifffahrtsfreiheit gefährdende Tendenzen, die Rechte der Küstenstaaten (Art 56, 62 SRÜ) auch auf Hilfsschiffe und -tätigkeiten (Versorgungsfahrzeuge etc) zu erstrecken, einschließlich Tankschiffe für die Fischereifahrzeuge.
[155] Zur Lösung von Nutzungskonflikten *Proelss* (Fn 19 [Law of the EEZ]) 91 ff, der sich im Anschluss an *Attard* (The Exclusive Economic Zone in International Law, 1987, 75) für eine widerlegbare Vermutung zugunsten der küstenstaatlichen Rechtsposition ausspricht.
[156] Die USA schickten 1968 den Öltanker *Manhattan* von Alaska aus probeweise durch die NW-Passage, die von zahlreichen kanadischen Inseln gesäumt ist. Die Proteste und unilateralen rechtspolitischen Schritte Kanadas trugen zu Art 234 SRÜ bei. Wegen der großen Umweltrisiken arbeiten die Polarstaaten seit 1989 zum Schutz dieses Gebiets zusammen, derzeit auf der Basis des *Arctic Monitoring and Assessment Program*. Im Jahre 2014 verabschie-

52 Legitimationspolitisch im Vordergrund steht auch bei der AWZ der *Raum*bezug. Die „souveränen Rechte" hinsichtlich der nicht ressourcenwirtschaftlichen Tätigkeiten (zB Gezeiten- und Windenergiegewinnung usw, Art 56 Abs 1 lit a SRÜ) illustrieren den raumbezogenen Ansatz. Letztlich werden nahezu *alle wirtschaftlich relevanten Nutzungen* dieses (riesigen) Küstenvorfelds dem Küstenstaat[157] vorbehalten. Damit ist nicht gesagt, dass das aus dem nationalen Recht bekannte und u a der Vermeidung von Nutzungskonflikten dienende Konzept einer überörtlichen und fachübergreifenden Raumordnung als *marine spatial planning* undifferenziert auf die AWZ übertragen werden könnte.[158] Ein solches Vorgehen missachtete die funktionale Begrenztheit (s o Rn 51) der dem Küstenstaat zugeordnete Rechte und Hoheitsbefugnisse. Sieht man von der Offshore-Windenergiegewinnung (vgl Art 60 SRÜ) ab,[159] sind die souveränen Rechte des Küstenstaats zum Zweck der *Bewirtschaftung der lebenden natürlichen Ressourcen* – auch entstehungsgeschichtlich – besonders bedeutsam.[160] Die küstenstaatlichen Maßnahmen müssen auf die optimale Nutzung der in der AWZ vorkommenden Fischbestände abzielen (Art 62 SRÜ). Dazu legt der Küstenstaat die zulässige Fangmenge *(total allowable catch – TAC)* fest, Art 61 Abs 1 SRÜ, und gewährt Drittstaaten zum etwaigen Überschuss *(surplus/excédent)*, also zu der nicht vom Küstenstaat selbst ausgeschöpften Fangmenge, in einer bestimmten Reihenfolge Zugang, Art 62 Abs 2 SRÜ. Die AWZ ist damit vor allem eine küstenstaatliche Fischereimonopolzone. Konsequenterweise verpflichtet Art 61 SRÜ zur Erhaltung der lebenden Ressourcen; die vom Küstenstaat zu treffenden Bestandserhaltungsmaßnahmen müssen gemäß Art 61 Abs 3 SRÜ insbes darauf gerichtet sein, die Bestände auf einem Stand zu erhalten oder auf diesen zurückzuführen, der den *größtmöglich erreichbaren Dauerertrag (maximum sustainable yield – MSY)* sichert. Mit welchen Mitteln der Küstenstaat die Umsetzung dieser Pflicht gewährleistet, steht in seinem Ermessen (vgl die beispielhafte Auflistung in Art 62 Abs 4 SRÜ). In der BR Deutschland werden im Rahmen der von der (für die Bestandsbewirtschaftung ausschließlich zuständigen, vgl Art 3 Abs. 1 lit d AEUV) EU für jeden europäischen Bestand festgelegten TAC einzelnen Fischern oder Fischereigenossenschaften Fangquoten durch auf Grundlage des Seefischereigesetzes (SeeFischG)[161] bewilligte Fangerlaubnisse zugeteilt; *völkerrechtlich* wäre auch die Einführung eines nationalen Systems des Handels mit Fangquoten zulässig.[162] Überschreiten die TACs dauerhaft und signifikant die Fanggrößen, die im Lichte der jeweils vorhandenen Biomassen den MSY ge-

---

dete die IMO den International Code for Ships Operating in Polar Waters *(Polar Code)*, der mittels Änderung des Internationalen Übereinkommens zur Verhütung der Meeresverschmutzung durch Schiffe (MARPOL) v 2.11.1973 (BGBl 1982 II, 2 [mit Prot v 17.2.1978, BGBl 1984 II, 230]) und des Internationalen Übereinkommens zum Schutz des menschlichen Lebens auf See (SOLAS) v 1.11.1974 (BGBl 1979 II, 141) im Jahre 2017 verbindlich werden wird.
157 Auch die EU ist dem SRÜ, gemäß Art 305 Abs 1 lit f SRÜ, beigetreten. Soweit die betreffende Materie (etwa die Erhaltung der biologischen Meeresschätze, vgl Art 3 Abs. 1 lit d AEUV) in die Zuständigkeit der Union fällt, werden die Rechte und Hoheitsbefugnisse in der AWZ daher von „Brüssel" wahrgenommen. Zur Gemeinsamen Fischereipolitik (GFP) der EU *Churchill/Owen*, The EU Common Fisheries Policy, 2009; *Markus*, European Fisheries Law, 2009; *Wolff*, Fisheries and the Environment, 2002, 144 ff.
158 Dazu *Proelß*, Der Beitrag des Völkerrechts zu einem maritimen Infrastrukturrecht, in Ehlers/Erbguth (Hrsg), Infrastrukturrecht zur See, 2009, 13 ff. Vgl auch § 1 Abs 4 u § 17 Abs 3 des Raumordnungsgesetzes v 22.12.2008 (BGBl 2008 I, 2986 – ROG).
159 Seit November 2001 hat das für die AWZ zuständige Bundesamt für Seeschifffahrt und Hydrographie auf der Grundlage des in der Seeanlagenverordnung (BGBl 1997 I, 57; letzte Änd BGBl 2008 I, 1296 – SeeAnlV) normierten Verfahrens eine Vielzahl von Genehmigungen zur Errichtung und zum Betrieb von Offshore-Windparks erteilt. Zu völkerrechtlichen Rahmenbedingungen *Keller*, Das Planungs- und Zulassungsverfahren für Offshore-Windenergieanlagen in der deutschen Ausschließlichen Wirtschaftszone (AWZ), 2006, 37 ff; *Pestke*, Offshore-Windfarmen in der Ausschließlichen Wirtschaftszone, 2008, 55 ff.
160 Dazu *Markowski*, The International Law of EEZ Fisheries, 2010; *de Yturriaga*, The International Regime of Fisheries, 1997; *Burke*, The New International Law of Fisheries, 1994.
161 BGBl 1998 I, 1791 (letzte Änd: BGBl 2006 I, 2407).
162 Vgl *Serdy*, Trading of Fishery Commission Quota under International Law, Ocean Yearbook 21 (2007) 265 ff.

währleisten würden, hat dies einen Verstoß gegen das SRÜ und das europäische Primärrecht zur Folge.[163]

Bei der generellen Erhaltungspflicht könnte es sich um eine *erga omnes*-Verpflichtung handeln, mit dem Küstenstaat als Treuhänder eines allgemeinen Erhaltungsinteresses.[164] Allerdings steht die Vorstellung einer Sachwalterschaft des Küstenstaats für die Erhaltung der in der AWZ lebenden Fischbestände[165] nicht mit der Genesis der Regelung in Einklang, dies unabhängig davon, dass ein derartiges *public interest*- oder *custodianship*-Konzept völkerrechtlich bisher weder ausgereift noch gar allgemein akzeptiert ist.[166] Entstehungsgeschichtlich beruht die Akzeptanz des Regimes der AWZ auf eigennützigen Interessen der Küstenstaaten, mögen die relevanten Vorschriften auch den Anschein treuhänderischer Motive erwecken. Das SRÜ enthält denn auch kein Instrument, mittels dessen ein Staatengemeinschaftsinteresse gegenüber einem seine Pflichten ignorierenden Küstenstaat durchgesetzt werden könnte.[167] Dies gilt gerade auch für die kommerziell besonders bedeutsamen *gebietsübergreifenden Fischbestände* (zB Kabeljau, dh für Bestände, die zwischen der AWZ und dem angrenzenden Hohe See-Gebiet migrieren. Der diesbezüglich einschlägige, normativ schwache („bemühen sich") Art 63 Abs 2 SRÜ konnte die Überfischung dieser Bestände nicht beenden. Nutzungs- und „hegepolitisch" ist das 2001 in Kraft getretene, dem Schutz und der nachhaltigen Bewirtschaftung der gebietsübergreifenden Bestände und der weit wandernden Arten gewidmete *Fish Stocks Agreement (FSA)*, das der Konkretisierung der Art 63 Abs. 2 und Art 64 SRÜ dient, ein Fortschritt.[168] Art 65–68 SRÜ enthalten Sonderregeln zum Schutz der Meeressäugetiere sowie für besondere Fischarten.[169] Gemäß Art 73 SRÜ dürfen die Küstenstaaten in der AWZ ihre „souveränen Rechte" bzgl der lebenden Ressourcen auch gegenüber Drittstaaten *durchsetzen* und etwa fremde Schiffe festhalten.[170] Der ISGH weitete diese Befugnis durch Annahme einer *Verantwortlichkeit der Küstenstaaten* aus, die letztlich in einer Pflicht zur Bekämpfung der sog IUU-Fischerei resultiert.[171] Im Einklang mit der jüngeren Rechtsprechung des IGH[172] relativierte der Gerichtshof damit in erheblichem Maße den dem Re-

53

---

163 Vgl *Proelss/Houghton*, The EU Common Fisheries Policy in Light of the Precautionary Principle, OCMA 70 (2012) 22 ff; *Markus* (Fn 157) 74 f, 78 f.
164 Vgl *König*, Durchsetzung internationaler Bestands- und Umweltschutzvorschriften auf Hoher See im Interesse der Staatengemeinschaft, 1990, 237 f; *Ziemer*, Das gemeinsame Interesse an einer Regelung der Hochseefischerei, 2000, 215 ff; *Wolfrum*, Internationalisierung, 646.
165 Vgl *Hafner*, Verteilung, 89 ff („Repräsentationstheorie").
166 Krit bereits *Proelß*, Meeresschutz, 158 ff.
167 Freilich akzeptierte der IGH im Fall *Antarctic Whaling* (ICJ Rep 2014, 226) eine Klagebefugnis *(ius standi)* von Australien, obwohl sich die japanischen Walfangaktivitäten nicht auf die australische AWZ erstreckten und damit keine hinreichend spezifische Verletzung Australiens in eigenen Rechten erkennbar war. Dies legt den Schluss nahe, dass der Gerichtshof in den artenschutzbezogenen Bestimmungen des SRÜ iVm Art 192 SRÜ Verpflichtungen *erga omnes partes* iS seiner Entscheidung im Fall *Prosecute or Extradite* (ICJ Rep 2012, 422, 450 [§ 69]) erblickte. Vgl die Urteilskritik bei *Hofmann*, Walfang in der Antarktis, EurUP 2014, 325 (326 f).
168 Näher zum Übereinkommen s u Rn 67.
169 Überblick bei *Proelß*, in Seerecht, Kap 3, Rn 232 ff, 243 ff; siehe auch *ders*, Marine Mammals, MPEPIL VI, 1036 (Rn 12 ff).
170 Zu den küstenstaatlichen Rechten und Pflichten nach Art 73 u 292 SRÜ vgl den ISGH in *M/V Saiga 1*, ITLOS Rep 1997, 16, 28 ff; hier war zu entscheiden, ob die Freigabeverpflichtung des Art 73 Abs 2 u Art 292 SRÜ anwendbar war, obwohl zu den in Abs 1 genannten „souveränen Rechten" kein unmittelbarer Bezug bestand. Um Art 73 Abs 2 u Art 292 SRÜ ging es dann ebenfalls u a in den Fällen *Camouco* (ITLOS Rep 2000, 10), *Monte Confurco* (ITLOS Rep 2000, 86), *Grand Prince* (ITLOS Rep 2001, 17), *Volga* (ITLOS Rep 2002, 10), *Juno Trader* (ITLOS Rep 2004, 17), *Hoshinmaru* (ITLOS Rep 2005-2007, 18) und *Tomimaru* (ITLOS Rep 2005-2007, 74). Den Fällen lagen jeweils Schiffsfreigabeverfahren gemäß Art 292 SRÜ zugrunde, wobei in erster Linie über die Angemessenheit von Kautionen und küstenstaatlichen Strafen gestritten wurde.
171 *SRFC-Gutachten*, ITLOS Rep 2015, § 106. Die primäre Verantwortlichkeit der Küstenstaaten wird nach Ansicht des ISGH ergänzt von flaggenstaatlichen Pflichten zur Überwachung und Durchsetzung der Befolgung der küstenstaatlichen Bestandserhaltungsmaßnahmen durch die unter eigener Flagge fahrenden Schiffe; vgl ebd §§ 127, 134 ff.
172 S wiederum das *Antarctic Whaling*-Urteil (Fn 167).

gime der AWZ zumindest ursprünglich zugrunde liegenden *special interest*-Ansatz zugunsten eines *treuhänderischen Gemeinwohlverständnisses*. Insofern lässt sich nicht von der Hand weisen, dass die Rechtsentwicklung in Richtung einer Sachwalterschaft des Küstenstaats für die Erhaltung der in der AWZ lebenden Fischbestände deutet.

54 Die Rechte der Küstenstaaten in Bezug auf den *Grund und Untergrund der AWZ* sind gemäß Teil VI des SRÜ (Festlandsockel) auszuüben, Art 56 Abs 3 SRÜ. Hat der Küstenstaat über seinem Festlandsockel eine AWZ errichtet (wozu er nicht verpflichtet, sondern nur berechtigt ist), ist dieser ein integraler Teil der AWZ-Rechtsordnung (vgl Art 56 Abs 1, 3 SRÜ); andernfalls bleiben die epikontinentalen Gewässer (die Luftsäule ohnehin) Teil der Hohen See.

d) Festlandsockel: Erforschungs- und Ausbeutungsmonopol aus Küstenlage

55 *„Souveräne Rechte"* des Küstenstaats zum Zwecke der Erforschung des Festlandsockels *(continental shelf/plateau continental)* und der Ausbeutung seiner natürlichen Ressourcen haben sich erst nach dem Zweiten Weltkrieg herausgebildet. So betrachteten die USA gemäß Truman-Proklamation v 28.9.1945 die natürlichen Schätze des Grunds und Untergrunds des Festlandsockels als zu den USA gehörig, ihrer „jurisdiction and control" unterworfen.[173] Während noch 1951, obwohl zwischenzeitlich weitere Proklamationen erfolgt waren, der Abu Dhabi-Schiedsspruch ein besonderes (Monopol-) Recht der Küstenstaaten auf den Festlandsockel nicht als allgemein gesichert ansah,[174] konsolidierten die folgende Staatenpraxis, Judikatur und Lehre sowie das Genfer Übereinkommen über den Festlandsockel v 1958 dieses Rechtsinstitut. Als solches (Konzept, Status, küstenstaatliche Rechte und Hoheitsbefugnisse) gilt es seit Mitte der 1950er Jahre auch gewohnheitsrechtlich.[175] Von Anfang an ging es um den Wunsch der Küstenstaaten, die Erforschung „ihres" jeweiligen Festlandsockels und die Ausbeutung seiner natürlichen Schätze ausschließlich ihnen vorzubehalten (Erforschungs- und Ausbeutungsmonopol). In den Nordsee Festlandsockel-Fällen v 1969 qualifizierte der IGH den Festlandsockel als „natural prolongation of the land territory"; die einschlägigen „souveränen Rechte" stünden den jeweiligen Küstenstaaten *ipso iure* zu.[176] Das SRÜ klärt die wesentlichen räumlichen (Art 76) und nutzungsrechtlichen Aspekte des Regimes (Art 77 ff SRÜ).

56 Art 76 SRÜ definiert[177] den Festlandsockel iSd SRÜ. Hinsichtlich der Festlegung der Außengrenze *(delineation)* durch den Küstenstaat erstreckt er sich – entsprechend dem Regime der AWZ – zunächst bis zu einer Entfernung von 200 sm ab der Basislinie („innerer Festlandsockel"). Darüber hinaus *kann* der Festlandsockel unter gewissen geologisch-hydrographischen Voraussetzungen bis *max 350 sm von der Basis-* oder *bis 100 sm jenseits der 2.500-m-Tiefenlinie* reichen (Art 76 Abs 1 SRÜ).[178] Dass jene Voraussetzungen im Einzelfall erfüllt sind, hat der Küs-

---

173 ST/LEG/SER.B/1, 38. Zur Konfiguration *Graf Vitzthum*, Der Rechtsstatus des Meeresbodens, 1972, 54 ff; zur Rechtsentwicklung *Lagoni*, in Seerecht, Kap 3 Rn 29 ff.
174 Spruch des Einzelschiedsrichters abgedr in ICLQ 1 (1952) 247.
175 Schon 1953 einigte sich die ILC darauf, dass die Festlandsockelrechte nicht nur Ordnungszwecken dienten, sondern auch „the right to *reserve* exploitation and exploration *for the coastal State or its nationals*" einschlössen (YBILC 1953/I, 91 ff).
176 ICJ Rep 1969, 4 (§§ 19, 39, 43). Diese Grundaussagen wurden 1978 bekräftigt im IGH-Urteil *Festlandsockel in der Ägäis*, ICJ Rep 1978, 5 (§ 86). Sie stärkten den Trend, die Küstenlage bzw die Kontiguität als legitimierende Begründung anzusehen.
177 Weniger ausgreifend noch die Definition in Art 1 des Festlandsockel-Übereinkommens v 1958. Zu ihr *Hoog* (Fn 106) 42 ff; *Smith/Taft*, Legal Aspects of the Continental Shelf, in Cook/Carleton (Hrsg), Continental Shelf Limits, 2000, 17 ff.
178 Festlandsockel idS ist der Meeresboden, der sich über die gesamte natürliche Verlängerung des Landgebiets bis zur äußeren Kante des Festlandrands *(continental margin)* erstreckt. Der Festlandrand besteht aus Sockel *(shelf)*, Abhang *(slope)* und Anstieg *(rise)*, Art 76 Abs 3 SRÜ. Die (expansionistischen) Neuerungen des Art 76 Abs 4 u 5 SRÜ spiegeln wohl noch kein Völkergewohnheitsrecht wider. Eingehend *Lagoni*, in Seerecht, Kap 3 Rn 74 ff.

tenstaat gegenüber der *United Nations Commission on the Limits of the Continental Shelf (CLCS)* nachzuweisen, vgl Art 76 Abs 8 iVm Anlage II SRÜ. Die Befugnisse dieses wissenschaftlich besetzten Beratungsgremiums sind im Einzelnen str, ebenso wie die Rechtswirkungen der von ihm getroffenen Empfehlungen *(recommendations)*.[179] In mehr als nur symbolischer Annäherung an das Prinzip des gemeinsamen Erbes der Menschheit (Art 136 SRÜ), das für den seewärts von AWZ und Festlandsockel gelegenen Meeresboden und Meeresuntergrund (das „Gebiet") und ihre Ressourcen gilt (s u Rn 68ff), und als Ausgleich für die von Art 76 SRÜ sanktionierte enorme räumliche Ausweitung des Festlandsockel-Regimes[180] sind die Küstenstaaten gemäß Art 82 SRÜ zu Leistungen aus der Ausbeutung des („äußeren") *Festlandsockels jenseits von 200 sm* verpflichtet (soweit sie als Entwicklungsstaaten nicht Nettoimporteure der dort gewonnenen Ressourcen sind), und zwar über die Internationale Meeresbodenbehörde (Art 82 Abs 4 SRÜ); auch ist das küstenstaatliche Ermessen bzgl der Untersagung von Meeresforschung jenseits der 200 sm eingeschränkt (Art 246 Abs 6 SRÜ).

Die *Abgrenzung (delimitation) des Festlandsockels zwischen Staaten mit gegenüberliegenden oder aneinander angrenzenden Küsten* sollte nach Art 6 des (Genfer) Festlandsockelübereinkommens v 1958 durch besondere Abkommen oder die *Äquidistanzlinie* (Mittellinie)[181] bestimmt werden. Ebenso wie Art 74 Abs 1 SRÜ bzgl der AWZ verpflichtet Art 83 Abs 1 SRÜ nun dazu, zur Abgrenzung von Festlandsockel wie AWZ Übereinkommen mit dem Ziel einer der Billigkeit entsprechenden Lösung abzuschließen. Art 74 Abs 2 u Art 83 Abs 2 SRÜ sehen vor, dass dann, wenn innerhalb einer angemessenen Frist keine Übereinkunft über die Abgrenzung zwischen den gegenüberliegenden oder aneinander angrenzenden Küstenstaaten zustande kommt, die in Teil XV SRÜ vorgesehenen Mechanismen der friedlichen Streitbeilegung in Anspruch genommen werden sollen. Dies erklärt die vergleichsweise hohe Relevanz von *delimitation disputes* in der Praxis insbes des IGH. Diesbezüglich hat die jüngere Judikatur einen *corrective-equity approach* entwickelt, nach dem zunächst die für die Abgrenzungsfrage relevanten Küstenabschnitte und Basispunkte identifiziert werden müssen (Schritt 1), bevor auf dieser Grundlage eine vorläufige Equidistanzlinie gezogen wird (Schritt 2); diese vorläufige Linie wird sodann unter Berücksichtigung der im konkreten Fall relevanten Umstände und der Billigkeit angepasst (Schritt 3).[182] Zu diesen Umständen gehören etwa der Küstenverlauf, das Land/Küste-Verhältnis der Küstenstaaten, die Existenz von Inseln und von dritten Staaten, der Bestand historischer Rechte sowie Sicherheitsinteressen. Art 74 Abs 3, Art 83 Abs 3 SRÜ sehen vor, dass sich die betroffenen Staaten bis zum Abschluss von Abrgenzungsübereinkommen bemühen, „vorläufige Vereinbarungen praktischer Art zu treffen und während dieser Übergangszeit die Erzielung der endgültigen Übereinkunft nicht zu gefährden oder zu verhindern." Denkbar ist etwa, wie früh vom IGH (ohne größeren Erfolg) vorgezeichnet,[183] eine *gemeinsame Ressourcenbewirtschaftung* im umstrittenen

---

179 *Lagoni*, in Seerecht, Kap 3 Rn 100ff; *Suarez*, The Outer Limits of the Continental Shelf, 2008, 75ff. –Staaten, die dem SRÜ vor dem 13.5.1999 beigetreten sind, mussten der CLCS ihren äußeren Festlandsockel bis zum 13.5.2009 notifizieren. Für Staaten, die erst danach Vertragspartei geworden sind oder noch werden, läuft die Notifizierungsfrist zehn Jahre nach dem Beitritt ab. Im Rahmen des 18. Vertragsstaatentreffens stellten die Vertragsparteien des SRÜ klar, dass „the time period [...] may be satisfied by submitting to the Secretary-General preliminary information indicative of the outer limits of the continental shelf beyond 200 nautical miles and a description of the status of preparation and intended date of making a submission in accordance with the requirements of article 76 of the Convention [...]" (SPLOS/183 v 20.6.2008, § 1a).
180 Die seit den 1950er Jahren erfolgte massive „Landnahme unter Wasser" basiert auf dem Legitimations- und Definitionselement „natürliche Verlängerung" des küstenstaatlichen „Landgebiets" (Art 76 Abs 1 SRÜ), auf Kosten des Rechtsinstituts des „gemeinsamen Erbes der Menschheit" (Art 136 SRÜ).
181 Die Mittellinienabgrenzung sah der IGH in den *Nordsee Festlandsockel*-Fällen nicht als allgemeines Völkerrecht an, ICJ Rep 1969, 3 (§ 69). Auf Billigkeit und Proportionalität verwies er sodann u a im *Tunesisch-Libyschen Festlandsockel*-Fall, ICJ Rep 1982, 18 (§§ 44, 109ff). Weitere Nachw bei *Lagoni*, in Seerecht, Kap 3 Rn 294ff.
182 Eingehend *Tanaka* (Fn 117) 201ff mwN zur Rechtsprechung.
183 Vgl *Nordsee Festlandsockel*-Fälle, ICJ Rep 1969, 3, 53.

Gebiet, wie sie ua im Timor Gap-Vertrag v 11.12.1989 zwischen Australien und Indonesien vereinbart wurde.[184]

58 Praktisch relevant wird die Abgrenzung des Festlandsockels zwischen Staaten mit gegenüberliegenden oder aneinander angrenzenden Küsten, hinsichtlich derer es der CLCS an einer Zuständigkeit gebricht (vgl Art 76 Abs 10 SRÜ), künftig ua im Hinblick auf den *Arktischen Ozean* werden.[185] In Nordpolarmeer werden wertvolle Bodenschätze vermutet, die vor dem Hintergrund der klimawandelbedingten Eisschmelze zunehmend erreichbar erscheinen. Der arktische Festlandsockel, vor allem an Russlands Nordküste, ist ungewöhnlich flach und breit. Es gibt markante, für den Verlauf der Außengrenze des Festlandsockels uU relevante unterseeische Gebirge, deren Einordnung als „ozeanische Bergrücken" (Art 76 Abs. 3 SRÜ), „unterseeische Bergrücken" (Art 76 Abs 6 SRÜ) oder „unterseeische Erhebungen" (Art 76 Abs 6 SRÜ) jeweils str ist: das von Kanada ausgehende Alpha-Mendeleev Ridge und das von Russland bis Kanada reichende Lomonosov Ridge.[186] Der CLCS übermittelte (überzogene) Angaben Russlands vom Dezember 2001 bzgl der Außengrenze seines Festlandsockels im Nordpolarmeer und in der Beringstraße riefen scharf ablehnende Stellungnahmen Dänemarks, Norwegens, Kanadas, Japans und der USA hervor. Derzeit berät die Festlandsockelkommission über revidierte russische Angaben, die im März 2015 bei der Kommission eingereicht wurden. In der *Ilulissat-Erklärung* v 28.5.2008 bekannten sich die fünf zentralen Anrainerstaaten Kanada, Dänemark (für Grönland), Norwegen, Russland und USA zwar dazu, alle etwaigen künftigen gebiets- und nutzungspolitischen Konflikte friedlich und auf der Grundlage des internationalen Seerechts zu lösen.[187] Zur Entwicklung *gemeinsamer, spezifisch arktisbezogener* Rechtsnormen, gar der gemeinsamen Wahrnehmung von Nutzungsrechten ist es bislang jedoch trotz gravierender zonenübergreifender Probleme (atomare Verseuchung, Erdölverschmutzung, Klimawandel) nicht gekommen. Erst seit wenigen Jahren versuchen die Anrainerstaaten, mit Umweltschutzkonferenzen und -programmen, vor allem im Rahmen des *Arktischen Rats*, dessen Rolle gestärkt werden soll, einzelne Probleme gemeinsam zu lösen.[188]

59 Die *Gewässer über dem Festlandsockel* bleiben Hohe See, oder sie sind nun, soweit vom Küstenstaat erklärt,[189] bis max zur 200-sm-Breitenlinie AWZ mit entsprechenden Rechten und Pflichten des Küstenstaats. Auch den Rechtsstatus des *Luftraums* über diesen „epikontinentalen" Gewässern berühren die küstenstaatlichen Rechte nicht. Art 78 SRÜ stellt zudem sicher, dass die in den Gewässern über dem Festlandsockel geltenden Rechte und Freiheiten anderer Staaten, insbes bzgl der *Schifffahrt* (vgl Art 58, 87 SRÜ), nicht unter Berufung auf Rechte am Festlandsockel beeinträchtigt werden dürfen. Alle Staaten behalten auch, einge-

---

184 Während im nördlichen Abschnitt des vom Timor Gap-Vertrag erfassten Gebiets Indonesien zuständig war, im südlichen, weitaus größeren Australien, erfolgte im zentralen, besonders ressourcenreichen Abschnitt eine gemeinsame Bewirtschaftung. Der neue *Timor Sea-Vertrag* v 20.5.2002 (United Nations [Hrsg], Law of the Sea Bulletin No 51, 96 ff), unmittelbar nach der Unabhängigkeit Osttimors geschlossen, nimmt ebenfalls keine abschließende Grenzziehung vor. Zum Problem allgemein *Lagoni*, Oil and Gas Deposits Across National Frontiers, AJIL 73 (1979) 215 ff; *ders*, in Seerecht, Kap 3 Rn 309 ff.
185 Vgl *Golitsyn*, Continental Shelf Claims in the Arctic Ocean, IJMCL 24 (2009) 401 ff; *Matz-Lück*, Planting the Flag in Arctic Waters, GoJIL 1 (2009) 235 (243 ff); *Weber*, Defining the Outer Limits of the Continental Shelf Across the Arctic Basin, IJMCL 24 (2009) 653 ff; *Colsen*, The Delimitation of the Outer Continental Shelf Between Neighboring States, AJIL 92 (2003) 91 (97 ff).
186 Dazu *Proelss/Müller*, The Legal Regime of the Arctic Ocean, ZaöRV 68 (2008) 651 (664 ff).
187 ILM 48 (2009) 382. Für eine Bezugnahme auf die Sektorentheorie (so Fn 105) bleibt schon deshalb kein Raum mehr.
188 Zum Schutz der arktischen Umwelt *Stokke*, Protecting the Arctic Environment, YPL 1 (2009) 349 ff; *Rothwell*, International Law and the Protection of the Arctic Environment, ICLQ 44 (1995) 280 ff. Insbes für die Klimabildung und -forschung ist der Arktische Ozean von hohem Interesse. Für eine ganzheitliche Betrachtungsweise daher *de La Fayette*, Oceans Governance in the Arctic, IJMCL 23 (2008) 531 ff.
189 Die Rechte am *Festlandsockel* bestehen demgegenüber unabhängig von küstenstaatlicher Besitzergreifung oder Proklamation, vgl Art 77 Abs 3 SRÜ.

schränkt, das Recht, unterseeische Kabel und Rohrleitungen auf fremdem Festlandsockel zu legen, Art 79 SRÜ.[190] Demgegenüber hat der Küstenstaat nach Art 81 SRÜ „das ausschließliche Recht, Bohrarbeiten auf dem Festlandsockel für alle Zwecke zu genehmigen und zu regeln". Die Anerkennung der ausschließlichen Hoheitsbefugnisse des Küstenstaates zur Errichtung und Nutzung künstlicher Inseln, Anlagen und Bauwerke auf dem Festlandsockel (Art 80, 60 SRÜ) macht aus der küstenstaatlichen „Ressourcennahme" ansatzweise bereits eine „Raumnahme".

Zusammenfassend: Mit *Terraneisierung der Meere* wurde frühzeitig eine Tendenz beschrieben, nach der bei den küstenstaatlichen Funktionshoheitsräumen die gebietsbezogenen Aspekte die nutzungsorientierten dominieren.[191] Die Räume küstenstaatlicher Nutzungshoheit nahmen an Zahl, Umfang und Bedeutung zu – auf Kosten seeorientierter Nutzungs- und Zuordnungskonzepte. Das Resultat, fixiert im SRÜ, besteht zwar nicht in der Transformation jener (Funktionshoheits-) Räume in solche der Gebietshoheit; die Gefahr eines derartigen Umschlagens von Quantität in Qualität ist aber nicht auf Dauer gebannt. Insbes das *Festlandsockelregime* des SRÜ ist Ausweis dieses Territorialisierungstrends. Belege sind Art 80 iVm Art 60 SRÜ (künstliche Inseln, Anlagen und Bauwerke) sowie Art 81 (Bohrarbeiten auf dem Festlandsockel) und Art 85 SRÜ (Recht des Küstenstaats, auf dem Festlandsockel Tunnel anzulegen). Die Rechtsordnungen des Festlandsockels und der AWZ wandeln sich strukturell von Zonen für die monopolisierte Ausbeutung spezieller Ressourcen zu Räumen, die dem Küstenstaat für zahlreiche weitere Zwecke ausschließlich zugeordnet sind, zB für die großflächige Errichtung von Windparks. Diese Zuordnung fließt letztlich – Konsequenz des Kontiguitätsgedankens („the land domitates the sea")[192] – aus der Souveränität des Staats über seine Küste. In der *200-sm-Zone* überlagern und verdichten sich zudem die Regime des Festlandsockels und der AWZ (sowie der Anschlusszone, soweit sie bzw die AWZ proklamiert wurden) zu einem Bündel von ausschließlichen Befugnissen. In der Summe liegt darin, was *de facto* die wissenschaftliche Meeresforschung bereits ernsthaft behindert, eine tendenzielle Annäherung an den Status des Küstenmeers. Solange die Völkerrechtsentwicklung im Küstenvorfeld dergestalt letztlich vom Denken in den Kategorien der Raum-, nicht der Funktionshoheit bestimmt ist, bewegt sie sich in der Tendenz hin zu einer *räumlich* legitimierten Hoheitsgewalt. Am Ende dieses Trends, begünstigt womöglich auch durch den technischen Fortschritt und die Erderwärmung, wäre die Raumordnung des Völkerrechts um eine Unterkategorie der Grundkategorie „Nichtstaatsgebiet" verkürzt: um die der küstenstaatlichen *Funktions*hoheitsräume. Abzuwarten bleibt, ob nach dem Territorialisierungs- und Verzonungsschub in der 2. Hälfte des 20. Jh rechtspolitisch nun, im 21. Jh, eine stärker funktionsbezogene Gegenentwicklung zur Wirkung kommt. Eine derartige Bewegung, die bereits erste Anstöße erfahren hat durch die jüngste Rechtsprechung von IGH und ISGH,[193] könnte ihren Ausgangspunkt im Regime der globalen Staatengemeinschaftsräume nehmen.

4. Nichtstaatsgebiet (2): Globale Staatengemeinschaftsräume
a) Wesen und Grenzen: Gemeinschaftsbezogene Forschungs- und Nutzungsfreiheit
Nichtstaatsgebiete, die funktionell nicht einem einzelnen Staat, sondern *der Staatengemeinschaft insgesamt* zugeordnet sind, werden als Staatengemeinschaftsräume bezeichnet. Bsp sind

---

190 Dazu *Wolf*, Unterseeische Rohrleitungen und Meeresumweltschutz, 2011, 98 ff, 187 ff; zur Reichweite naturschutzrechtlicher Befugnisse des Küstenstaats *Proelß*, Völkerrechtliche Rahmenbedingungen der Anwendung naturschutzrechtlicher Instrumente in der AWZ, ZUR 2010, 359 (361 ff).
191 *Graf Vitzthum*, Terraneisierung des Meeres, EA 31 (1976) 129 ff.
192 *Nordsee Festlandsockel*-Fälle, ICJ Rep 1969, 3, 51; *Festlandsockel in der Ägäis*-Fall, ICJ Rep 1978, 4, 36.
193 Nachw in Fn 167 u 171.

die Hohe See, der Meeresboden seewärts von AWZ und Festlandsockel, der Weltraum sowie, trotz ihres Sonderstatus, die Antarktis. Für diese riesigen Räume – allein der küstenferne Meeresboden („das Gebiet" iSd SRÜ) umfasst nahezu 50% der Erdoberfläche – empfiehlt sich, auch im Kontrast zu den „küstenstaatlichen" Hoheitszonen, der Begriff *globale* Staatengemeinschaftsräume. Soweit sie der Verwaltung der Staatengemeinschaft, konkret: der einer I.O., unterstellt sind, bedeutet das ihre *Internationalisierung*. Bei den nachfolgend behandelten Räumen geht es um eine lediglich *funktionale* Internationalisierung: Unter Beibehaltung der gebietsrechtlichen Zuordnung (Nichtstaatsgebiet)[194] wird ein Raum zur Gewährleistung einer bestimmten *Nutzungs*ordnung[195] einer I.O. unterstellt.[196]

62 Die Qualifizierung eines Raumes als *globales Staatengemeinschaftsgebiet* hat als solche keine bestimmte Verteilungswirkung. Als Kriterien der Verteilung für die Rechtsordnung dieser Räume kommen in Frage: Verteilung nach Solidaritäts- oder Billigkeitsgesichtspunkten *(equitable principles)*, angewandt primär bei internationalisierten Räumen;[197] Verteilung nach geographischer Lage (räumliche Nähe), dh zu Gunsten des „nächstgelegenen" Küstenstaats; Verteilung nach zeitlicher Priorität bzw nach dem Wettbewerbsprinzip, das traditionelle Schema etwa im Recht der Hochseefischerei.

63 Für Letzteres ist die *Freiheit der Meere* das Schlüsselbeispiel. Das an jeden Staat gerichtete Verbot, „irgendeinen Teil der Hohen See seiner Souveränität zu unterstellen" (Art 89 SRÜ), bedeutet: „Die Hohe See steht allen Staaten [...] offen" (Art 87 Abs 1 Satz 1 SRÜ). Es herrschen *keine* Forschungs- oder Nutzungs*monopole*, keine sonstigen, das freie Zutrittsrecht verdrängenden Regeln, sondern Forschungs- und Nutzungsfreiheit, gleichberechtigt für jeden Interessenten, „unter gebührender Berücksichtigung der Interessen anderer Staaten" (Art 87 Abs 2 SRÜ). Konkret bedeutet das, bezogen etwa auf die Freiheit der Fischerei (Art 87 Abs 1 Satz 3 lit e SRÜ): Alle Staaten und alle Fischer dürfen, soweit nicht besondere (etwa im Rahmen regionaler Fischereiorganisationen für ihre Mitgliedstaaten angenommene) Regeln vorliegen, auf gleicher Basis überall auf Hoher See Fischfang treiben – erlaubnis- und genehmigungsfrei.[198] Bei Konkurrenz ist der Erstkommende geschützt: *Priorität* als Regel der Konfliktentscheidung. In der zweiten Hälfte des 20. Jh geriet diese liberale Distributionsregel aus der Epoche des Ressourcenreichtums unter Rechtfertigungsdruck. Freies, gleichberechtigtes Zutrittsrecht für alle führt bei technisch und finanziell besonders aufwändigen Nutzungsarten und begrenzten Ressourcen zur faktischen Monopolisierung durch wenige, uU gar zum Raubbau auf Kosten künftiger Generationen. Daher die bereits vor Annahme des SRÜ erhobene Forderung, derartige Räume und Ressourcen *internationalen*, „positiv diskriminierenden" und Nachhaltigkeit sichernden *Regimen* zu unterwerfen. Nicht mehr das Wettbewerbs- bzw Leistungsprinzip soll vorherrschen, sondern eine Verteilung, die „vor allem die besonderen Interessen und Bedürfnisse der Entwicklungsländer berücksichtigt" (Präambel SRÜ).[199]

---

194 Insofern handelt es sich bei den Staatengemeinschaftsräumen nicht um Kondominien (so Rn 4).
195 „Nutzung" dient hier als übergeordneter Begriff für wissenschaftliche Forschung, Schutz, Erschließung der Ressourcen (Prospektion) sowie deren Erforschung (bzw Exploration) und Ausbeutung (Exploitation).
196 Undeutlich *Dahm/Delbrück/Wolfrum*, Völkerrecht I/1, 346, die mit Blick auf die Internationale Meeresbodenbehörde von der Übertragung „eine[r] Art von Gebietshoheit" sprechen. Art 137 Abs 2 SRÜ ordnet dieser I.O. keine territorialen, sondern nur *ressourcen*bezogene Hoheitsbefugnisse zu; an ihnen hat das DÜ v 1994 zudem drastische Abstriche gemacht. I.O. „als Inhaber territorialer Souveränität" verwirft zu Recht auch *Beck* (Fn 22) 87 ff.
197 Eine Internationalisierung wurde früher vor allem für Teile von *Staatsgebieten* (zB bestimmte Flüsse, das Saargebiet, Danzig, Tanger, Triest, Jerusalem) erwogen, zT auch kurzzeitig realisiert. Sie eignet sich prinzipiell auch für *Nicht*staatsgebiete. Zu frühen Vorschlägen *Beck* (Fn 22) 53 ff.
198 Vgl aber die Modifikationen durch das Fish Stocks Agreement (s u Rn 67).
199 Auch beim Umweltvölkerrecht spielt dieses Element einer gegenleistungsfreien Bevorzugung der Entwicklungsländer eine Rolle. S u Rn 96, 155.

Proelß

b) Hohe See: Raum rechtlich geordneter Freiheit

Ob Ozeane und Meere angesichts ihrer natürlichen Beschaffenheit *überhaupt* staatlicher Herrschaft zugerechnet, insbes okkupiert werden können, war lange str. Bejaht wurde die Beherrschbarkeit im 15. Jh von den damaligen maritimen Großmächten Spanien und Portugal. Päpstlicherseits dazu legitimiert, teilten sie die Neue Welt (Entdeckung Amerikas durch Kolumbus 1492) einschließlich der Ozeane entlang einer von Pol zu Pol verlaufenden Linie unter sich auf (Vertrag von Tordesillas, 1494).[200] Die Möglichkeit der staatlichen Kontrolle des Meeres, zumindest seines küstennahen Bereichs, bejahte der Engländer *John Selden* in seiner Schrift „Mare clausum" (1635). Bereits 1609 hatte der Niederländer *Hugo Grotius* die Gegenthese von der Freiheit des – küstenfernen, nicht okkupierbaren – Meeres *(Mare liberum)* begründet.[201] Die von diesem humanistischen Juristen ausgebreiteten theologischen, naturrechtlichen, moralphilosophischen und faktischen Argumente für die Souveränitätsfreiheit der Meere bzw für das Recht, sich erlaubnisfrei am weltweiten Seehandel zu beteiligen, lassen sich heute nicht mehr anführen.[202] Der Status der Hohen See als Staatengemeinschaftsraum, allen Staaten zur gleichberechtigten Nutzung offenstehend und schon deshalb aneignungsunfähig, folgt nicht vorgeblichen „Vorgaben der Natur". Er ist das Ergebnis interessengeleiteter normativer Entscheidung – Folge der in Jahrhunderten erarbeiteten Erkenntnis, dass das Freiheitsprinzip, wie es sich dann normativ im 19. Jh durchsetzte, dem langfristigen Interesse aller Staaten am Ehesten entspricht.[203]

64

Art 86 Satz 1 SRÜ beschränkt den räumlichen *Anwendungsbereich* des Regimes der Hohen See auf diejenigen „Teile des Meeres, die nicht zur ausschließlichen Wirtschaftszone, zum Küstenmeer oder zu den inneren Gewässern eines Staates oder zu den Archipelgewässern eines Archipelstaats gehören". Den Staaten ist es verwehrt, die Hohe See oder Teile von ihr ihrer „Souveränität zu unterstellen" (Art 89 SRÜ). Gemäß Art 87 SRÜ steht sie „allen Staaten", also auch den Binnenstaaten, „offen": *Freiheit der Hohen See*. In diesem Kontext sind neben den traditionellen Freiheiten der Schifffahrt (Art 87 Abs 1 lit a, Art 90 SRÜ) und der Fischerei (vgl Art 87 Abs 1 lit e, Art 116 SRÜ) auch die neueren des Überflugs und des Verlegens von Kabeln und Rohrleitungen (Art 112 ff SRÜ)[204] gewährleistet sowie das Errichten künstlicher Inseln etc und die wissenschaftliche Forschung (Art 87 Abs 1 SRÜ).[205] Bei der Ausübung dieser nicht abschließend aufgezählten Rechte ist Rücksicht zu nehmen auf die „Interessen anderer Staaten" sowie „auf die Tätigkeiten im Gebiet", also auf den küstenfernen Meeresbodenbergbau (Art 87 Abs 2 SRÜ): Gebot der Rücksichtnahme *(due regard)*. Die Staaten haben „zur Erhaltung der lebenden Ressourcen der Hohen See" beizutragen (Art 117 ff

65

---

200 Vgl *Graf Vitzthum*, 1. Abschn Rn 99; *Grewe* (Fn 1) 175, 273 ff, 293.
201 Nachw bei *Ziegler*, Völkerrechtsgeschichte, 1995, 129, 153 f, 168 f; *Fahl*, Der Grundsatz der Freiheit der Meere in der Staatenpraxis von 1493–1648, 1967; *Straumann*, Hugo Grotius und die Antike, 2007, 47 ff, 55 ff. Das Ergebnis der zunächst anonym publizierten Studie deckte sich mit dem Interesse der niederländischen Ost-Indischen Handelskompanie. *Grotius* bekämpfte, im Kern säkularisiert-naturrechtlich argumentierend, den Versuch Portugals, die Niederlande vom lukrativen Gewürzhandel mit Indien und Südostasien auszuschließen.
202 Nicht weiterführend sind letztlich auch die römisch- und sachenrechtlichen Termini res nullius bzw res communis omnium. Dass die Hohe See staatsfrei ist und der Grundsatz des *laissez-faire* gilt – diese Elemente einer liberalen materiell-rechtlichen Ordnung lassen sich freilich unter dem Begriff einer *res communis omnium* zusammenfassen; vgl *Wolfrum*, in Seerecht, Kap 4 Rn 5 ff. Näher dazu *Proelß/Haake*, Gemeinschaftsräume in der Entwicklung: Von der *res communis omnium* zum „common heritage of mankind", in von Arnauld (Hrsg), Gemeinschaftsräume in der Entwicklung, 2016, im Erscheinen.
203 Die Meeresfreiheit zählt nach hM zum *ius cogens;* dazu *Graf Vitzthum*, 1. Abschn Rn 120, 126.
204 Diese vier Freiheiten korrespondieren denen des (Genfer) Hohe See-Übereinkommens v 1958. Auch damals ging es um eine nur beispielhafte Aufzählung. Vgl *Wolfrum*, in Seerecht, Kap 4 Rn 25 ff (Schifffahrt), 94 ff (Überflug, Verlegung von Rohrleitungen etc), 100 ff (Fischerei), 126 ff (Meeresforschung).
205 Allerdings werden mit Ausnahme der Freiheiten der Schifffahrt und des Überflugs die anderen genannten Freiheiten bereits durch einzelne Bestimmungen des SRÜ eingeschränkt (Teile VI u XIII, Art 116–120). Für die Fischerei wird auf die Bedingungen des Abschnitts 2 (Art 116 ff) verwiesen.

SRÜ).²⁰⁶ Wie auch AWZ und „Gebiet" ist die Hohe See für *„friedliche Zwecke"* reserviert (Art 88 SRÜ). Da bereits das allgemeine Völkerrecht die Androhung und Anwendung von Gewalt verbietet, liegt die Bedeutung des Art 88 SRÜ in einer Verdeutlichung der Zielsetzung des SRÜ, „world peace through world law" zu induzieren; eine darüber hinausgehende normative Verpflichtung enthält Art 88 SRÜ nicht.²⁰⁷

66 Die staatliche Souveränität erscheint auf Hoher See im Gewande der *Flaggenhoheit*. Schiffe, welche die Flagge eines Staates führen, unterstehen dessen „Staatszugehörigkeit" (Art 91 SRÜ), auf Hoher See grundsätzlich seiner ausschließlichen Hoheitsgewalt (Art 92 SRÜ).²⁰⁸ Hiermit sind für den Flaggenstaat auch Pflichten zur Registrierung und Kontrolle sowie zu Sicherheitsmaßnahmen verbunden (Art 94 SRÜ).²⁰⁹ Einige „Billigflaggen"- oder „Offene Register"-Staaten werben mit günstigen Bedingungen und niedrigen Standards. Das Übereinkommen über Bedingungen für die Registrierung von Schiffen v 1986²¹⁰ schreibt vor, dass dafür nationales Eigentum, eine überwiegend nationale Mannschaft oder ein sonstiger *genuine link* zum Registerstaat erforderlich ist. Auch Art 91 Abs 1 Satz 3 SRÜ hält daran fest, dass zwischen Flaggenstaat und Schiff eine „echte Verbindung" bestehen muss; Satz 1 betont indes Recht und Pflicht eines Staats, die Bedingungen festzulegen, „zu denen er Schiffen seine Staatszugehörigkeit gewährt".²¹¹ Die Flaggenhoheit erschwert die *internationale* Verfolgung von Rechtsverstößen auf Hoher See, etwa solchen gegen Sicherheits-, Umweltschutz- oder Fischereischutzbestimmungen. Andererseits darf jeder Staat auf Hoher See (ebenso wie in fremder AWZ, vgl Art 58 Abs 2 SRÜ)²¹² Maßnahmen gegen Schiffe ergreifen, die Seeräuberei oder Sklaverei betreiben oder ihre Flagge missbrauchen, Art 110 SRÜ. Art 100 SRÜ verpflichtet alle Staaten dazu, in größtmöglichem Maße bei der *Bekämpfung der Seeräuberei* – diese erfasst keine politisch motivierte Gewalt, sondern Gewalttaten, Freiheitsberaubungen und Plünderungen zu *privaten* Zwecken (vgl Art 101 lit a SRÜ)²¹³ – in Meeresgebieten außerhalb der Zonen unter staatlicher Hoheitsgewalt zusammenzuarbeiten. Eine Pflicht zur aktiven Beteiligung an Anti-Piraterie-Operationen ist damit nicht verbunden.²¹⁴ Seeräuberschiffe und -luftfahrzeuge dürfen gemäß Art 105 SRÜ aufgebracht werden *(Interdiktionsrecht)*.²¹⁵ Mangels Vorliegens eines bewaffneten Konflikts sind im Rahmen der Bekämpfung der Seeräuberei zwar nicht die Regeln

---

206 Vgl ISGH im *Blauflossen-Thunfisch*-Fall, ITLOS Rep 1999, 280, 295 ff. Die ökonomisch wertvollsten lebenden Schätze sind die „Straddling Stocks" und weit wandernden Arten. Neuerdings interessieren auch die sog genetischen Ressourcen der Tiefsee. Ob sie dem Regime der Hohen See oder dem des Tiefseebodens unterfallen, ist str; vgl *Proelß*, Marine Genetic Resources under UNCLOS and the CBD, GYIL 51 (2008) 417 ff; *König*, Genetic Resources of the Deep Sea, FS Wolfrum, 2008, 141 ff.
207 Verboten ist (nur) jede gemäß UN-Charta unzulässige Androhung oder Anwendung von Gewalt (Art 301 SRÜ), nicht dagegen zB die Waffenerprobung.
208 S bereits den *Lotus*-Fall, vgl *Graf Vitzthum*, 1. Abschn Rn 49 f.
209 Dazu vgl das *SRFC-Gutachten* des ISGH, ITLOS Rep 2015, § 111, 116 ff, 137 ff.
210 ILM 26 (1987) 1236 ff. Zum Erfordernis eines *genuine link* im Hinblick auf Art 91 Abs 1 SRÜ vgl den ISGH im Fall *M/V Saiga 2*, ITLOS Rep 1999, 10, 39 ff; *Graf Vitzthum*, Die Organisation der Welt, in Ruffert (Hrsg), Recht und Organisation, 2003, 135 (149 ff).
211 Die UN-Generalversammlung hat die IMO wiederholt aufgefordert, die Rolle des *genuine link*-Erfordernisses im Zusammenhang mit der Pflicht der Flaggenstaaten, die unter ihrer Flagge fahrenden Schiffe effektiv zu beaufsichtigen, zu untersuchen. Vgl nur UN Doc A/RES/59/24 v 4.2.2005, § 41.
212 Nicht aber in fremdem Küstenmeer oder fremden inneren Gewässern: Diesbezüglich ist stets das Einverständnis des Küstenstaats oder eine Ermächtigung des UN-Sicherheitsrats auf der Grundlage von Kapitel VII UN-Charta erforderlich. Zum Fall Somalia *Proelß*, Piracy and the Use of Force, in Koutrakos/Skordas (Hrsg), The Law and Practice of Piracy at Sea, 2014, 53 ff.
213 Dazu *Trésoret*, Seepiraterie, 2011, 196 ff; *Guilfoyle* (Fn 139) 29 ff.
214 *Wolfrum*, in Seerecht, Kap 4 Rn 47; *Allmendinger/Kees*, „Störtebekers Erben", NZWehrr 2008, 60 (62 f).
215 Zur Lage nach dt Recht *Braun/Plate*, Rechtsfragen der Bekämpfung der Piraterie im Golf von Aden durch die Bundesmarine, DÖV 2010, 203 ff; *Jenisch*, Pirateriebekämpfung vor Somalia auf dem Prüfstand, NordÖR 2009, 385 ff. Zum Gerichtsstand bei Pirateriedelikten gegen deutsche Schiffe BGH, NJW 2009, 3735 f.

des humanitären Völkerrechts,[216] wohl aber die allgemeinen menschenrechtlichen Gewährleistungen zu beachten.[217] Ob jenseits des Anwendungsbereichs des Rechts auf Selbstverteidigung und Nothilfe die Anwendung von Waffengewalt gegenüber Piraten zulässig sein kann, ist vor diesem Hintergrund str.[218] Keinesfalls darf ein – vermeintliches – Piratenschiff auf bloßen Verdacht hin versenkt werden. Den vorbezeichneten Anforderungen müssen auch Anti-Piraterie-Operationen genügen, die im Rahmen von regionalen Systemen gegenseitiger kollektiver Sicherheit durchgeführt werden.[219] Art 108 f SRÜ enthalten Vorschriften zur Verhinderung und Verfolgung von Drogenhandel und Piratensendern. Gegen alle übrigen Schiffe darf, außer in vertraglich begründeten (vgl Art 110 Abs 1 SRÜ) Sonderfällen, außerhalb des maritimen Aquitoriums nur der Flaggenstaat Maßnahmen ergreifen.[220] Nichts anderes ergibt sich aus dem Übereinkommen zur Bekämpfung widerrechtlicher Handlungen gegen die Sicherheit der Seeschifffahrt v 10.3.1988 (SUA-Konvention),[221] das neben der Piraterie auch politisch motivierte Gewalt – sog *maritimen Terrorismus* – erfasst.[222] Das Legal Committee der IMO erarbeitete zwei Protokolle zu diesem Übereinkommen,[223] die am 28.7.2010 in Kraft getreten sind und die SUA-Konvention den neuen Bedrohungen der Schifffahrt anpassen. Gemäß Art 8*bis* SUA-Konvention können verdächtige fremde Schiffe auf Hoher See angehalten und inspiziert werden, allerdings grundsätzlich nur mit Einverständnis des Flaggenstaats.

Die traditionelle *Freiheit der Fischerei* auf Hoher See wurde durch eine Vielzahl völkerrechtlicher Verträge für zahlreiche Meeresregionen rechtlich geordnet. Die ansatzweise Entwicklung in Richtung auf eine gewisse gemeinsame „Verwaltung" besonders wichtiger Fischereiressourcen der Hohen See und der Antarktis – unter Einbindung der Flaggen- wie der Küstenstaaten, unter Berücksichtigung des Vorsorgeansatzes und unter Stärkung der regionalen Fischereibewirtschaftungsorganisationen *(Regional Fisheries Management Organizations – RFMOs)* – intensivierte das *Fish Stocks Agreement* v 1995 (FSA).[224] Es schränkt für die Vertragsparteien die Fischereifreiheit bzgl weit wandernder Fischarten und solcher, die sowohl innerhalb als auch außerhalb der AWZ vorkommen (sog Straddling Stocks) ein. Im Mittelpunkt des Übereinkommens steht die konkretisierte Zusammenarbeitspflicht der Küstenstaaten und der Staaten, deren Angehörige diese Ressourcen auf Hoher See befischen.[225] Die von diesen Staaten getroffenen

67

---

216 Dazu *König*, Der Einsatz von Seestreitkräften zur Verhinderung von Terrorismus und Verbreitung von Massenvernichtungswaffen sowie zur Bekämpfung der Piraterie, BDGVR 44 (2010) 203 ff; *Marauhn*, Streitkräfte zur Friedenssicherung im Ausland, ebd 249 ff.
217 *Fischer-Lescano/Kreck*, Piraterie und Menschenrechte, AVR 47 (2009) 481 ff; *von Arnauld*, Die moderne Piraterie und das Völkerrecht, AVR 47 (2009) 454 (471 ff).
218 Bejahend *Treves*, Piracy, Law of the Sea, and Use of Force, EJIL 20 (2009) 399 (412 ff); *von Arnauld* (Fn 217) 466 ff; *Proelss* (Fn 212) 63 ff.
219 Zur EU-Operation „Atalanta" vor der Küste Somalias vgl die Gemeinsame Aktion 2008/851/GASP des Rates v 10.11.2008 (ABl EU 2008, Nr L 301/33). – Das BVerfG hat in seiner *Lissabon*-Entscheidung deutlich gemacht, dass es die EU noch nicht als regionales System gegenseitiger kollektiver Sicherheit iSv Art 24 Abs 2 GG betrachtet; vgl BVerfGE 123, 267, 361 u 425.
220 Zum Ganzen vgl *Heintschel von Heinegg*, in Ipsen (Fn 10) § 46 Rn 11 ff; *Proelss/Hofmann* (Fn 139).
221 BGBl 1990 II, 469.
222 Dazu *Wolfrum*, in Seerecht, Kap 4 Rn 58 ff. Zur von den USA initiierten Proliferation Security Initiative (PSI) vgl *Malirsch/Prill*, The Proliferation Security Initiative and the 2005 Protocol to the SUA Convention, ZaöRV 67 (2007) 229 ff.
223 IMO Doc LEG/CONF.15/21 u 22 v 1.11.2005.
224 BGBl 2000 II, 1023. Dazu *Davies/Redgwell*, The International Legal Regulation of Straddling Fish Stocks, BYBIL 67 (1996) 199 ff; *Ziemer* (Fn 164) 84 ff, 187 ff; *Proelß*, Meeresschutz, 149 ff. – Das Übereinkommen ist von 59 Staaten unterzeichnet (BR Deutschland: 28.8.1996) und von 82 ratifiziert worden (Stand 1.3.2016); es ist am 11.12.2001 in Kraft getreten. Eingedenk der ausschließlichen Unionskompetenz für die Erhaltung der lebenden Ressourcen des Meeres werden in Europa die meisten Vorgaben des FSA auf supranationaler Ebene implementiert.
225 Zur Durchsetzung durch Küsten- und Hafenstaaten *Rayfuse*, Non-Flag State Enforcement in High Seas Fisheries, 2004, 327 ff.

Maßnahmen „müssen miteinander vereinbar sein, um die Erhaltung und Bewirtschaftung [dieser] Fischbestände in ihrer Gesamtheit sicherzustellen" (Art 7 Abs 2); sie sollen im Rahmen der einschlägigen Verträge und I. O. getroffen werden. Der Zugang zu den RFMOs wird beschränkt auf Staaten, die ein „tatsächliches Interesse" *(real interest)* an der einschlägigen Fischerei haben, Art 8 Abs 3. Die mit dem FSA erzielten Fortschritte werden zT durch den strukturellen Widerspruch relativiert, dass es einerseits als Durchführungsübereinkommen *(implementation agreement)* die allzu „weichen" Art 63 Abs 2, Art 64 SRÜ konkretisieren soll, andererseits aber gemäß Art 4 Satz 2 FSA „im Zusammenhang und in Übereinstimmung mit" dem SRÜ auszulegen und anzuwenden ist.[226]

c) Tiefseeboden („Gebiet"): Internationalisiertes Menschheitserbe

68 Während sich für die Hohe See frühzeitig die Rechtsüberzeugung durchgesetzt hatte, dass Wassersäule, im Unterschied zu den natürlichen Ressourcen, und Luftraum aneignungsunfähig sind, verhalf das Ziel, die seewärts der Grenzen des Festlandsockels gelegenen Manganknollenvorkommen des Meeresbodens effektiv zu bewirtschaften und gerecht zu verteilen, in den 1970er Jahren einem ehrgeizigen Internationalisierungsansatz zum Durchbruch. Sowohl der Grund und Untergrund des Meeres jenseits der Grenzen des Bereichs nationaler Hoheitsbefugnisse (also das „Gebiet") als auch seine Naturvorkommen wurden als *gemeinsames Erbe der Menschheit* (Art 136 SRÜ) qualifiziert.[227] Dies war eine Konsequenz des Ansatzes, wonach Erforschung, Nutzung und Ausbeutung dieses Nichtstaatsgebiets und seiner Ressourcen *allen* dienen sollen, auch den nichtindustrialisierten Staaten, auch den künftigen Generationen, und dass Tätigkeiten im „Gebiet" deshalb umwelt-, ressourcen- und marktschonend erfolgen sollen. Auf dem Ansatz, die einschlägigen Erlöse der gesamten Menschheit zuzuordnen, beharrten besonders die Staaten, die nicht über die technischen Mittel verfügten, um in absehbarer Zeit selbst Tiefseebergbau betreiben zu können.[228] Dabei kam ihnen verhandlungspolitisch zugute, dass für das „Gebiet", anders als für die Wassersäule (Fischerei, Schifffahrt) und den Luftraum darüber (Luftfahrt), noch keine nennenswerte Nutzungspraxis und dementsprechend weder bevorrechtigte Staaten noch eine implementierte Nutzungsordnung bestanden.

69 Zur Konkretisierung und praktischen Verwirklichung des neuartigen Menschheitserbe-Konzepts wurden die *Internationale Meeresbodenbehörde (IMBB)*, Art 156 ff SRÜ, und ihr operativer Arm, „das *Unternehmen" (Enterprise)*, Art 170 SRÜ, geschaffen.[229] „Die Behörde ist die Organisation, durch welche die Vertragsstaaten [...] die Tätigkeiten im Gebiet organisieren und überwachen, insbes im Hinblick auf die Verwaltung der Ressourcen des Gebiets" (Art 157 Abs 1 SRÜ), „im Namen der gesamten Menschheit" (Art 153 Abs 1 SRÜ), der auch die Rechte an den Ressourcen zustehen (Art 137 Abs 2 SRÜ). Entscheidender Baustein des Menschheitserbe-Konzepts ist hiernach, dass die aus Tätigkeiten im Gebiet stammenden finanziellen und sonstigen wirtschaftlichen Vorteile gerecht verteilt werden müssen (sog *benefit sharing*); auch hierfür ist die IMBB zuständig (vgl Art 140 Abs 2 SRÜ).

---

226 *Proelß*, Meeresschutz, 154 ff.
227 Zu Hintergründen, Zielen und Zielverfehlungen *Graf Vitzthum*, Die Bemühungen um ein Regime des Tiefseebodens, ZaöRV 38 (1978) 745 ff. Zum Entstehungshintergrund des Menschheitserbe-Konzepts *Proelß/Haake* (Fn 202).
228 Die Meeresbodengrundsätze-Deklaration der UN-Generalversammlung (Res 2749 [XXV]) hatte bereits 1970 festgelegt, dass alle Aktivitäten im „Gebiet" zum Nutzen der Menschheit durchgeführt werden sollen, unter besonderer Berücksichtigung der Bedürfnisse der Entwicklungsländer. Dabei ging es auch um die Interessen der unterindustrialisierten Staaten, die gleiche Mineralien (Mangan, Eisen, Kupfer, Zink, Kobalt und Nickel) an Land fördern und wegen der von einem künftigen Meeresbodenbergbau erwarteten Konkurrenz Einkommensverluste befürchteten.
229 Nach Art 153 Abs 2 lit a und Art 170 SRÜ soll das Unternehmen als Organ der Behörde selbst unmittelbar (und vor allem zugunsten der Entwicklungsstaaten) Tiefseebodenbergbau betreiben.

Teil XI des SRÜ errichtet ein *internationales Regime* für das „Gebiet", dessen räumliche 70
Ausdehnung durch die Außengrenzen der Festlandsockelgebiete definiert wird (Art 1 Abs 1
Nr 1 SRÜ). Kein Staat darf diesbezüglich „Souveränität oder [anders als bzgl des Festlandsockels] souveräne Rechte beanspruchen oder ausüben" (Art 137 Abs 1 SRÜ). Über dieses Aneignungsverbot hinaus ist das „Gebiet" ausschließlich „friedlichen Zwecken" vorbehalten
(Art 141 SRÜ). Anders als hinsichtlich der Hohen See gibt es bzgl des „Gebiets" und seiner
mineralischen Ressourcen (vgl Art 133 lit a SRÜ)[230] *keine erlaubnisfreie Nutzung*.[231] Grundlage
des Regimes des Tiefseebodenbergbaus ist vielmehr die Genehmigungspflichtigkeit aller Tätigkeiten im Gebiet, dh der Erforschung und Ausbeutung der nichtlebenden Ressourcen. Als
Vorstufe der Erforschung *(exploration)* ist allein die allgemeine Suche nach mineralischen
Ressourcen *(prospecting)* nicht genehmigungsbedürftig; sie ist gemäß Art 2 Anlage III SRÜ
gegenüber der IMBB lediglich anzuzeigen. Die Genehmigungen für Erforschungs- und Ausbeutungsvorhaben werden im Wege des Abschlusses von Verträgen auf der Grundlage von Arbeitplänen erteilt, die von den Antragstellern vorzulegen sind. Die IMBB[232] regelt auch die
Durchführung des Meeresbodenbergbaus durch die Staaten oder das Behördenunternehmen.
So dürfen die Ressourcen „nur in Übereinstimmung mit [...] den Regeln, Vorschriften und
Verfahren der Internationalen Meeresbodenbehörde veräußert werden" (Art 137 Abs 2 Satz 3
SRÜ). Auf der Grundlage von Art 162 Abs 2 lit o (ii) SRÜ nahm ihr Rat im Juli 2000 mit den
Regulations on Prospecting and Exploration for Polymetallic Nodules in the Area den ersten
Teil des sog *Mining Codes* an, der als Sammlung sämtlicher von der IMBB verabschiedeten
Verordnungen, Empfehlungen und Beschlüsse bzgl der Prospektion, Exploration und Ausbeutung der mineralischen Ressourcen des Gebiets die allgemeinen Vorgaben des SRÜ konkretisiert.[233] Einzelstaatliche Befugnisse bleiben auf wissenschaftliche Meeresforschung (Art 143
SRÜ) und den Schutz der Meeresumwelt (Art 145 SRÜ) beschränkt, unterliegen dem Wortlaut der
betreffenden Normen nach aber ebenfalls einem – hinsichtlich seiner Reichweite im Einzelnen
str – Gemeinwohlvorbehalt.

Der im Detail zT planwirtschaftlich ausgerichtete Teil XI des SRÜ[234] und seinetwegen das 71
SRÜ insgesamt wurden jahrelang von großen Industrieländern abgelehnt. Schon infolge des
Widerstands der USA, Großbritanniens und der BR Deutschland konnte von einem gewohnheitsrechtlichen Inkrafttreten der Vorschriften des Teils XI des SRÜ keine Rede sein. Zahlreiche *Meeresbodenbergbaugesetze*[235] sahen als Ausdruck eines strikt *unilateralen* Ansatzes eine rein nationale Lizenzvergabe vor; sie verletzten insoweit das Völkerrecht nicht (str).[236] Die Ansprüche
Frankreichs, Indiens, Japans und der UdSSR („Pionierstaaten" aufgrund frühzeitiger Investitio-

---

230 Ob auch die *lebenden* Ressourcen des Tiefseebodens erfasst sind, ist str (Nachw in Fn 206).
231 Näheres bei *Wolfrum*, in Seerecht, Kap 4 Rn 155 ff; *Graf Vitzthum*, International Seabed Area, MPEPIL VI, 137 ff.
232 Alle Vertragsstaaten des SRÜ sind gemäß Art 156 Abs 2 SRÜ *ipso facto* Mitglieder. Zur IMBB *Nandan*, Legislative and Executive Powers of the International Seabed Authority for the Implementation of the Law of the Sea Convention, in Vidas/Østreng (Fn 124) 73 ff. Die bzgl des „Gebiets" anfallenden Streitigkeiten unterliegen der obligatorischen Gerichtsbarkeit der „Kammer für Meeresbodenstreitigkeiten" des ISGH (Art 187 SRÜ). Am 1.2.2011 erstattete sie ihr erstes Gutachten (bzgl Verantwortlichkeits- und Haftungsfragen). Streitigkeiten über Ausbeutungsverträge sind einem bindenden (Handels-) Schiedsverfahren unterworfen.
233 ISBA/6/A/18 v 13.7.2000. Am 7.5.2010 wurde das zweite Regelungspaket des Mining Code, die Regulations on Prospecting and Exploration for Polymetallic Sulphides, am 27.7.2012 das dritte Paket, bestehend aus den Regulations on Prospecting and Exploration for Cobalt-Rich Crusts, angenommen. Die einzelnen Bestandteile des Mining Code sind abrufbar unter <https://www.isa.org.jm/mining-code>.
234 Vgl die Bestimmungen bzgl Technologietransfer, Abgaben, Überprüfungskonferenz, Produktionsplanung. Letztere erlauben etwa zu Gunsten der terrestrischen Produzenten (vgl o Fn 228) eine Beschränkung des Meeresbodenbergbaus.
235 Vgl etwa United States Deep Seabed Hard Mineral Resources Act v 1980; Gesetz zur vorläufigen Regelung des Tiefseebergbaus v 16.8.1980 (BGBl 1980 I, 1457; geänd durch Ges v 10.2.1982, BGBl 1982 I, 136).
236 Dazu *Churchill/Lowe* (Fn 116) 232 ff.

nen) auf bestimmte Felder wurden bei der UNO registriert (multilateraler Ansatz). Die Staaten, die bereits Gesetze zur Ausbeutung des „Gebiets" erlassen hatten, regelten Überlappungskonflikte.

72   Das *Übereinkommen zur Durchführung des Teiles XI des Seerechtsübereinkommens der Vereinten Nationen* v 1994 (DÜ) räumte viele ordnungspolitische Bedenken gegen das Meeresbergbauregime des SRÜ aus.[237] Es trat am 28.7.1996 in Kraft,[238] nachdem 67 Staaten (darunter sieben Pionierinvestoren, einschließlich der BR Deutschland) ihre Zustimmung bekundet hatten, an das DÜ gebunden zu sein. Auch wenn im DÜ von einer „Änderung" des internationalen Regimes nicht die Rede ist, greift es doch deregulierend in dessen Substanz ein. Die zentrale und ursprünglich nach Art 144 iVm Art 5 Anlage III SRÜ bestehende Pflicht der Antragsteller, der IMBB und den Entwicklungsstaaten die für den Tiefseebodenbergbau erforderliche Technologie verfügbar zu machen, wurde mit Abschnitt 5 Anlage DÜ außer Kraft gesetzt bzw durch eine äußerst weiche Bemühenszusage ersetzt. Gleiches gilt für das ursprünglich von Art 151 Abs 10 u Art 164 Abs 2 lit d SRÜ vorgesehene System der Ausgleichszahlungen für Exporteure von terrestrischen Ressourcen (insbes Entwicklungsländer), vgl Abschnitt 7 Anlage DÜ.[239] Im Fall eines Widerspruchs zwischen DÜ und Teil XI SRÜ ist Ersteres maßgebend (Art 2 Abs 1 DÜ). Dies eröffnete u a der BR Deutschland im Jahre 1994 den Weg zur Vertragsmitgliedschaft.[240]

73   Zweifel an der praktischen Bedeutung des so modifizierten Meeresbodenregimes und Bedenken bzgl seiner partiell nach wie vor dirigistischen Tönung sowie seiner verteilungspolitischen Konsequenzen ändern nichts an der *zusammenfassenden* Feststellung: Die auf dem normativen Prinzip des Menschheitserbes aufbauende, die Staaten zur Kooperation verpflichtende Ordnung für das „Gebiet", die bisher nur in ihren Grundzügen zu allgemeinem Völkerrecht erstarkt ist,[241] kann uU Präzedenzwirkung für andere Staatengemeinschaftsräume entfalten.[242] Das internationale Regime für den Meeresboden seewärts von Festlandsockel und AWZ mag dereinst sogar die Rechtsordnung der küstenstaatlichen Funktionshoheitsräume beeinflussen. Die Zahl der Regelungsalternativen für die globalen Staatengemeinschaftsräume wurde durch das Menschheitserbe-Regime für das „Gebiet" vergrößert, ein Regime, das gemäß Art 138 SRÜ *erga omnes*-Wirkung beansprucht und durch die Bezugnahme auf die Interessen und Rechte zukünftiger Generationen bereits das Leitbild der nachhaltigen Entwicklung (vgl u Rn 114) widerspiegelt.

d) Weltraum: Kooperationsverpflichtete Freiheit und Gleichheit

74   Der Weltraum ist der Bereich, der jenseits des Luftraums liegt. Der die Rechtsverhältnisse an diesem Nichtstaatsgebiet (Universum nebst Himmelskörpern) abstrakt regelnde *Weltraumvertrag* (WRV) v 27.1.1967, v 103 Staaten ratifiziert (Stand 1.3.2016),[243] lässt die Abgrenzung zum

---

237 *Jaenicke*, The United Nations Convention on the Law of the Sea and the Agreement Relating to the Implementation of the Convention, FS Bernhardt, 1995, 121 ff; *Oxman*, The 1994 Agreement Relating to the Implementation of Part XI of the UN Convention on the Law of the Sea, in Vidas/Østreng (Fn 124) 15 ff.
238 BGBl 1996 II, 2511. – Staaten, die bereits vor Abschluss des DÜ das SRÜ ratifiziert hatten (und das waren mehr als fünf Dutzend, so dass das SRÜ mit dem 60. Vertragsstaat im Jahr 1993 in Kraft trat), können, soweit sie das DÜ nicht akzeptieren, durch dieses nicht gebunden werden.
239 Das DÜ sieht ferner – jeweils zu Lasten der Entwicklungsstaaten – Veränderungen bei den Mehrheiten für Sachentscheidungen des Rats sowie im Verhältnis zwischen Versammlung und Rat vor.
240 Zustimmungsgesetz v 2.9.1994 (BGBl 1994 II, 1798).
241 *Wolfrum*, in Seerecht, Kap 4 Rn 172 ff.
242 Weltraum und Antarktis, vgl u Rn 74 ff u Rn 83 ff.
243 BGBl 1969 II, 1969. – Das Übereinkommen zur Regelung der Tätigkeiten von Staaten auf dem Mond und anderen Himmelskörpern des Sonnensystems v 5.12.1979 (ILM 18 [1979] 1434 [Mondvertrag]) blieb angesichts der geringen Zahl der Vertragsparteien (16 Staaten, per 1.3.2016, darunter keine Weltraummacht) bislang ohne Bedeutung.

staatlicher Hoheitsgewalt unterliegenden Luftraum offen.[244] Konsens herrscht dahingehend, dass jedenfalls der Raum oberhalb von 120 km zum Weltraum zählt; die Wissenschaftler haben sich auf die Abgrenzung „100 km über der Erdoberfläche" geeinigt.

Gemäß der *Kommunklausel* des Art I WRV wird die Erforschung und Nutzung des Weltraums „im Interesse aller Länder ohne Ansehen ihres wirtschaftlichen und wissenschaftlichen Entwicklungsstandes durchgeführt", als „Sache der gesamten Menschheit". Letztere, auf Vorteilsteilhabe zugunsten der Nicht-Weltraummächte abzielende Formulierung *(province of all mankind)*, ist ein Vorläufer der späteren „Menschheitserbe"-Formel für den küstenfernen Meeresboden.[245] „Nutzung" im Sinne des WRV umfasst nach zutreffender Ansicht die ökonomische als auch die nicht-ökonomische Nutzung des Weltalls.[246] Art II WRV ergänzt den nutzungsrechtlichen Gemeinwohlbezug um ein *umfassendes Aneignungsverbot*, dessen auch gewohnheitsrechtliche Geltung seit GA Res 1348 (XIII) v 13.12.1958 sowie der zentralen Res 1962 (XVIII) v 1963[247] außer Streit steht.[248] Es untersagt indes nur die Unterwerfung von Teilen des Weltraums und seiner Himmelskörper unter nationale Hoheitsgewalt,[249] nicht aber die Aneignung natürlicher Ressourcen zu wissenschaftlichen oder kommerziellen (str) Zwecken. Insoweit steht der WRV einer künftigen ökonomischen Nutzung der Himmelskörper, etwa in Gestalt des *lunaren Bergbaus* oder des *asteroid mining*, nicht grundsätzlich entgegen.[250] Der Weltraum ist damit ein Beispiel für einen *hoheitsfreien Staatengemeinschaftsraum*. 75

Völkerrechtlich besteht kein Unterschied zwischen dem Erdorbit (als dem relativ erdnahen Raum des Sonnensystems) und dem tieferen Weltraum. In den 1970er Jahren versuchten einige äquatornahe Entwicklungsländer, ein Sonderregime für den *Geostationären Orbit* (GSO) durchzusetzen, also für die Satelliten-Umlaufbahn in 35.787 km Höhe über dem Äquator. Nach allen Theorien der Abgrenzung zwischen Luft- und Weltraum liegt der GSO tief im Inneren des Weltraums. Im GSO positionierte Satelliten bewegen sich synchron mit der Erddrehung, eine zumal für Kommunikationssatelliten günstige Lage. In der *Erklärung von Bogotá* v 1976[251] statuierte die Gruppe der Äquatorialstaaten, der GSO sei „part of the territory over which Equatorial States exercise their national sovereignty"; die Stationierung von Satelliten im GSO sowie der Erwerb von Rechten zur Nutzung solcher Orbitalsegmente sollte deshalb ihrer (gebührenpflichtigen) 76

Sein Art XI Abs 1 erklärt den Erdtrabanten und seine Naturschätze zum „gemeinsamen Erbe der Menschheit", keiner nationalen Aneignung unterliegend. Der Mondvertrag enthält zudem bzgl der Himmelskörper ein vollständiges Waffenverbot.
244 Sie bleibt, da der Übergang von der Erdatmosphäre in den Weltraum fließend ist, str. Diese Streitfrage ist bis auf weiteres von geringer praktischer Bedeutung, so Rn 28.
245 So Rn 68 ff. Der Weltraumvertrag war zT vom Antarktis-Vertrag v 1.12.1959 (BGBl 1978 II, 1517) inspiriert worden und beeinflusste seinerseits wiederum die Meeresbodengrundsätze-Deklaration der UN-Generalversammlung v 17.12.1970 (Res 2749 [XXV]), die sich ihrerseits dann in Teil XI des SRÜ v 1982 niederschlug. Vgl dazu *Proelß/Haake* (Fn 202); zur str Bedeutung der *province of all mankind*-Formel *Wolfrum*, Internationalisierung, 284.
246 Vgl *Hobe*, in CoCoSL, Art I Rn 36.
247 Declaration on the Legal Principles Governing the Activities of States in the Exploration and Use of Outer Space v 13.10.1963 (A/RES 1962 [XVIII]).
248 Die Nutzung des Weltraums selbst ist keine Okkupation. Jede punktuelle Nutzung von Nichtstaatsgebiet (etwa auch Schifffahrt oder Fischfang auf Hoher See) schließt zwar eine gleichzeitige konkurrierende Nutzung Anderer aus; selbst wenn jene „verdrängende Nutzung" über einen längeren Zeitraum hinweg erfolgt, wird aus ihr indes keine Aneignung.
249 Nach ganz hM gilt das Aneignungsverbot des Art II WRV auch für natürliche und juristische Personen des Privatrechts; vgl *Freeland/Jakhu*, in CoCoSL, Art II Rn 32 u *Tronchetti*, The Exploitation of Natural Resources of the Moon and Other Celestial Bodies, 2009, 204 ff, jeweils mN zur Unzulässigkeit der Geltendmachung privater Eigentumsrechte am Mond und anderen Himmelskörpern.
250 Dazu jüngst *Wick*, Ein internationales Übereinkommen zur Regelung des Abbaus der natürlichen Ressourcen des Mondes und anderer Himmelskörper, Diss Trier 2016, ms 14 ff, 26 ff. Freilich sind die sich u a aus den Vorgaben der Umweltverträglichkeitsklausel des Art IX Satz 2 WRV ergebenden Schranken zu berücksichtigen (ebd 40 ff).
251 Abgedr in v. Welck/Platzöder (Hrsg), Weltraumrecht, 1987, 731.

Zustimmung bedürfen. Die Äquatorialstaaten suchten diese Behauptung u a auf die These zu stützen, die Position der geosynchronen Satelliten werde durch die Anziehungskraft der darunterliegenden Landfläche bestimmt. Auch mit dieser (pseudo-) „naturrechtlich-geopolitischen" Begründung lässt sich eine entsprechende „Orbitnahme" nicht rechtfertigen. Nicht das Staatsgebiet der Äquatorialstaaten, sondern die Anziehungskraft der *gesamten* Erde wirkt auf den GSO ein. Das in diesem Bereich schnell wachsende Gewohnheitsrecht hatte den GSO denn auch von Anfang an dem staatsfreien Weltraum zugeordnet; Sonderregime für irgendwelche Zonen, Umlaufbahnen, Weltraumkörper wurden nie ernsthaft ins Auge gefasst. Insofern drangen die Äquatorialstaaten mit ihrer raumpolitischen Forderung nicht durch. Mit dem Hinweis, die Segmente des GSO seien eine „scarce natural resource", die Zahl der verfügbaren, ökonomisch nutzbaren Positionen sei also begrenzt (vgl Punkt 1 der Bogotá-Erklärung), hatten sie allerdings recht. Der GSO, einschließlich des Spektrums der Frequenzen, wirft in der Tat Probleme der *Verteilung* der Nutzungschancen auf.[252] Die Vereinbarung eines internationalen GSO-Regimes, das bzgl der Nutzung dieser Ressourcen Billigkeitsgesichtspunkte berücksichtigt,[253] hat mittlerweile die Gefahr weltraum- bzw industriestaatlicher Monopolisierung gebannt.[254]

77   In der Erforschung und Nutzung des Weltraums und der Himmelskörper sowie im Zugang zu allen Teilen des Weltraums und der Himmelskörper sind die Staaten nach alledem gleichberechtigt und frei (Art I Abs 2, 3 WRV). Es herrscht *Weltraumfreiheit* und damit – normativ – *Weltraumgleichheit*. Bei ihren Weltraumaktivitäten lassen sich die Staaten vom „Grundsatz der Zusammenarbeit und gegenseitigen Hilfe leiten", Art IX Abs 1 WRV. Insbes bzgl der wissenschaftlichen Forschung im Weltraum „erleichtern und fördern [sie] die internationale Zusammenarbeit", Art I Abs 3 WRV.[255] Die Weltraumfreiheit wird begrenzt durch Art IV Abs 2 WRV, wonach der Mond und die anderen Himmelskörper *ausschließlich zu friedlichen Zwecken* genutzt werden dürfen; Abs 1 der Norm verbietet die Stationierung von Massenvernichtungswaffen auf Himmelskörpern und im Weltraum. Reichweite und Bedeutung dieser Nutzungsschranke sind im Detail str.[256] Die satellitengestützte Fernerkundung der Erde *(remote sensing)*[257] kann als systematische Ausforschung uU die Souveränität des erkundeten Staates beeinträchtigen. Der Streit um die Zulässigkeit der „Erdbeobachtung" wurde mit den relativ pragmatischen *Fernerkundungsprinzipien* der UN-Generalversammlung v 1986[258] entschärft: Konsultationen sind ausreichend. Die Nutzung von Satelliten für nichtaggressive Zwecke bleibt erlaubt.

---

252 Das in Nichtstaatsgebieten übliche Vorrecht des Erstnutzers („first come, first served") würde hier zu einer unfairen Verteilung führen: Die Satellitenplätze wären von den Weltraummächten besetzt, bevor weitere Länder ihrerseits zur Nutzung wissenschaftlich-technisch befähigt wären.
253 Vgl etwa Art 12 Abs 5 der ITU-Konstitution (Fn 92): „die *gerechte*, wirksame und wirtschaftliche Nutzung der Umlaufbahn der geostationären Satelliten"; Art 33 Abs 2 verpflichtet die Vertragsstaaten, diese Ressourcen so zu nutzen, dass damit der Zugang zu dieser Umlaufbahn und zu diesen Frequenzen den einzelnen Ländern oder Ländergruppen in *gerechter* Weise möglich ist; dabei werden die *besonderen* Bedürfnisse der *Entwicklungsländer* und die *geographische Lage* bestimmter Länder berücksichtigt." Vgl auch *Will*, Solar Power Satellites und Völkerrecht, 2000, 160 ff.
254 Vgl Res 41/65 v 3.12.1986 („Principles Relating to Remote Sensing of the Earth from Space").
255 Versuche im UN-Weltraumausschuss, die Kooperationspflichten iSe Hilfe für Entwicklungsländer zu effektivieren, drangen nicht durch. Nur bzgl des GSO ist die generelle Nutzungsfreiheit durch die spezielle, auf materielle Gleichberechtigung abzielende Zugangsregelung eingeschränkt. Die Rechtsverhältnisse von Raumfahrern und Raumobjekten sind gemäß dem Flaggenstaatsprinzip geregelt (Art V, VIII WRV).
256 *Proelss* (Fn 153) Rn 5 ff; *Wolter*, Grundlagen „Gemeinsamer Sicherheit" im Weltraum nach universellem Völkerrecht, 2003; *Grossmann*, Weapons in Space, 2001; zum GSO vgl *Petersmann/Coenen/Grünwald*, Aufrüstung im All, 2003, 145 f.
257 Vgl etwa *Klinner*, Satellitenfernerkundung in Völkerrecht, 1989; *Classen*, Fernerkundung und Völkerrecht, 1987; *de Graaff/Reijnen*, Remote Sensing by Satellites, in Benkö/de Graaff/Reijnen (Hrsg), Space Law in the United Nations, 1985, 1 ff.
258 Res 41/65 (v 3.12.1986). Dazu *Christol*, Space Law, 1991, 469 ff; *Gorove*, Developments in Space Law, 1991, 294 ff, 311.

Obwohl im *Weltraum* keine Ökosysteme vorhanden sind, ist auch diese Raumkategorie 78 schutzbedürftig.[259] Zum einen werden durch den Menschen die natürlichen Konstellationen verändert, was möglicherweise weitere Aktivitäten behindert. Zum anderen können Weltraumaktivitäten auch die Umwelt der Erde gefährden. *Space debris* stellt die größte Belastung dar, Weltraumschrott also, der aus ausgebrannten Raketenstufen oder inaktiven Satelliten besteht, vor allem aber aus von diesen Objekten herrührenden Klein- und Kleinstteilen, die sich aufgrund von Kollisionen untereinander noch vermehren.[260] Es gibt kein Abkommen, das umfassend die Fragen des „kosmischen Umweltschutzes" beantwortet. Einzelregelungen finden sich in verschiedenen Verträgen. Das *Grundprinzip* formuliert bereits Art I WRV: Jede Weltraumtätigkeit muss „zum Vorteil und im Interesse aller Staaten durchgeführt" werden. Eine mittelbare Schutzpflicht bzgl des Weltraums ergibt sich aus der gemäß Art IX bestehenden Pflicht jedes Staates, auf die Aktivitäten der anderen Staaten Rücksicht zu nehmen.[261]

Jenes in Art I WRV niedergelegte Grundprinzip wird durch Art IX WRV konkretisiert. Der 79 Weltraum, der Mond und die anderen Himmelskörper (sowie die einschlägigen Aktivitäten) sollen nach Art IX Satz 2 Halbsatz 1 WRV *vor Kontamination geschützt* werden. Eine erweiternde Auslegung unter Berücksichtigung von Art IX Satz 1 WRV ergibt, dass jede Art von Veränderung des Weltraums zu vermeiden ist.[262] Nur dann kann das Ziel, den Freiheit und Chancengleichheit sichernden Status quo zu erhalten, erreicht werden. Allerdings ist nur die *schädliche* Kontamination verboten. Die irdische Umwelt wird durch Art IX Satz 2 Halbsatz 2 WRV vor jeder „ungünstigen" Veränderung durch das Einbringen extraterrestrischer Stoffe *(back contamination)* geschützt. Im Übrigen verpflichtet Art IX WRV zur Konsultation bei möglicherweise umweltgefährdenden Aktivitäten. Mittelbar umweltschützenden Charakter haben auch die Vorschriften über das Verbot militärischer Nutzung des Weltraums.[263] Nicht nur ist jede nukleare Versuchsexplosion im Weltraum verboten (Art I PTBT), sondern auch der Einsatz umweltverändernder Techniken zu militärischen Zwecken (Art II ENMOD). Den nicht verbindlichen UN-Prinzipien v 1992 über nuklear betriebene Satelliten kommt keine bedeutende Schutzwirkung zu. Verbesserungsvorschläge für den weltraumbezogenen Umweltschutz konzentrieren sich derzeit auf die Vermeidung und Beseitigung von Weltraummüll.[264] Die Unvollkommenheit des weltraumbe-

---

259 Allgemein Böckstiegel (Hrsg), Environmental Aspects of Activities in Outer Space, 1990; *Hintz*, Weltraumrechtlicher Umweltschutz im völkerrechtlichen Regelungszusammenhang, 1995.
260 Mitunter könnten durch kettenartige Kollisionen ganze Umlaufbahnen für eine Nutzung unbrauchbar werden. Die Zunahme des Weltraumschrotts erhöht die Gefahr der Kollision mit aktiv genutzten Weltraumgegenständen. Daneben behindert solcher *space debris* auch die Astronomie. Die durch Weltraumaktivitäten wohl größte Gefahr für die Erde hat sich bereits einmal realisiert: durch den Absturz des nuklear betriebenen sowjetischen Satelliten Kosmos-954. Dazu *Hurwitz*, State Liability for Outer Space Activities, 1992, 113 ff.
261 Zutreffend erkennt *Marchisio*, in CoCoSL, Art IX Rn 25 im *due regard*-Gebot eine Pflicht zur Einhaltung gewisser Sorgfalts- und Beobachtungsstandards bei der Ausführung von Weltraumaktivitäten. Der Staat müsse beweisen, dass er alles getan habe, um eine Beeinträchtigung der Interessen der anderen Vertragsstaaten zu verhindern. Die Verwandtschaft dieses Verständnisses mit dem gewohnheitsrechtlichen Präventionsprinzip ist unverkennbar. Dazu s u Rn 108 ff.
262 Vgl *Marchisio*, in CoCoSL, Art IX Rn 29. Bsp sind das Einbringen nuklearer, biologischer oder chemischer Substanzen. Kontrovers diskutiert werden Vorschläge zur Reduktion der Sonneneinstrahlung durch das Einbringung von Reflektoren, Spiegeln oder Staubpartikeln als Reaktion auf die Erderwärmung *(solar radiation management)*. Vgl u Rn 158.
263 Vgl die Konvention über ein Verbot von militärischer oder anderweitig feindseliger Anwendung von Techniken zur Veränderung der Umwelt (ENMOD) v 18.5.1977 (BGBl 1983 II, 125), die auch bzgl des Weltraums gilt. Älter noch ist der Vertrag über das Verbot von Kernwaffenversuchen in der Atmosphäre, im Weltraum und unter Wasser v 1963, das sog begrenzte Teststopp-Abkommen für Nuklearwaffen (PTBT, Partial Test Ban Treaty). Der Vertrag über das umfassende Verbot von Nuklearwaffen (CTBT, Comprehensive Test Ban Treaty) v 1996 scheiterte 1999. Zum Ganzen *Heintze*, in Ipsen (Fn 10) § 48 Rn 41 f.
264 Vgl den ILA-Entwurf „Buenos Aires International Instrument on the Protection of the Environment from Damage Caused by Space Debris", ILA Report of the Sixty-sixth Conference, 1994, 7, 9 ff. Umfassend *Wins* (Fn 73) 255 ff.

zogenen Umweltschutzes beruht darauf, dass wichtige Staaten weiterhin vorrangig an der *Nutzung* des Weltraums, auch zu Kommunikationszwecken sowie zur Raketenabwehr, interessiert sind.

80   Die Staaten sind für ihre und ihrer Staatsangehörigen Tätigkeiten im Weltraum verantwortlich (Art VI WRV). Sie haften für Schäden, die durch in den Weltraum entsandte Gegenstände zugefügt werden (Art VII WRV). Die Haftungsfrage, durch Probleme bei der Definition von „Startstaaten" bzw „Haftungsstaaten" *(launching States)* kompliziert, gewinnt mit der Anhäufung von *space debris* in der Erdumlaufbahn und dem Absturz ausgebrannter Satelliten an Bedeutung. In Ausführung des Art VII WRV wurde am 29.3.1972 das *Übereinkommen über die völkerrechtliche Haftung für Schäden durch Weltraumgegenstände (Weltraumhaftungsübereinkommen)*[265] geschlossen. Es stipuliert eine unbedingte Schadensersatzpflicht des „Startstaats"[266] bzw des Besitzers von Weltraumobjekten für durch sie auf der Erdoberfläche oder an Luftfahrzeugen verursachte Schäden. Schäden an Nichtstaatsgebieten und an der Umwelt als solcher erfasst das Übereinkommen nicht.[267] Selbst wenn man mit der hL annimmt, dass sich das Übereinkommen auch auf *space debris* erstreckt, löst das nicht bereits das Schutzproblem: Bei „kosmischen Kollisionen" müsste, um die Haftung zu begründen, ein Verschulden des Startstaats hinsichtlich des Belassens des Mülls im Weltraum festgestellt werden (Art III Weltraumhaftungsübereinkommen). Den Nachweis zu erbringen, von welchem Staat ein ggf schadensverursachendes Partikel herrührt (Kausalität), wird idR äußerst schwierig sein.

81   Wichtigste *institutionelle Einrichtung* bzgl der Entwicklung des Weltraumrechts ist seit den 1960er Jahren das *UN Committee on the Peaceful Uses of Outer Space* (UNCOPUOS). Sein juristischer Unterausschuss hat alle bisherigen universellen Weltraumverträge ausgearbeitet. Ferner behandeln diverse I.O. weltraumbezogene Fragen unter ihren jeweiligen speziellen Aufgabenstellungen. Dabei kommt der ITU eine besondere Rolle zu.[268] Eine Institution für die Nachrichtenübermittlung durch Satellit ist INTELSAT (International Telecommunication Satellite Union).[269] Sie stellt ihr „Weltraumsegment" (Fernmeldesatellit plus zugehörige Einrichtungen) auf kommerzieller Basis zur Verfügung. Hinsichtlich der mobilen Kommunikation gilt Vergleichbares von INMARSAT, die seit 1983 eigene Satelliten betreibt und 1999 privatisiert wurde.[270] Als regionaler Organisation obliegt der European Space Agency (ESA) die Doppelaufgabe,[271] eine europäische Weltraumpolitik (politischer Auftrag) auszuarbeiten sowie Weltraumtätigkeiten und -programme (Managementaufgabe) durchzuführen.[272] die Ariane-Trägerrakete gewährleistet seit längerem autonomen europäischen Zugang zum All. Die institutionelle Vielzahl darf nicht

---

265 BGBl 1975 II, 1209, v 92 Staaten ratifiziert (Stand 1.3.2016).
266 Die Haftung des Startstaats wurde u a deshalb vereinbart, weil die damalige UdSSR aufgrund ihres staatskonzentrierten Völkerrechtsverständnisses die Haftung von I.O., die Satelliten ins All bringen ließen, ablehnte. Hierzu und zum Folgenden *Wins* (Fn 73); *Pedrazzi*, Outer Space, Liability for Damage, MPEPIL VII, 1109 (Rn 5ff). Für bestimmte Schäden begründet das Übereinkommen eine Gefährdungshaftung.
267 Das Übereinkommen bot eine Grundlage für die gegenüber Kanada (schließlich *ex gratia*) erfolgte Leistung von Schadensersatz für die durch den sowjetischen Satelliten Kosmos-954 verursachten Schäden.
268 S bereits Rn 34 f. Zum Direktfernsehen via Satellit *Fisher*, Prior Consent to International Direct Satellite Broadcasting, 1990; *Achilleas*, La télévision par satellite, 1995.
269 Übereinkommen über INTELSAT und Betriebsübereinkommen (BGBl 1973 II, 249, 308). Benutzer des INTELSAT-Weltraumsegments zahlen Gebühren.
270 Dazu *Kanz*, Inmarsat, 2008.
271 Art II lit a und b ESA-Übereinkommen (BGBl 1976 II, 1861). Während die EU 28 Mitglieder hat, hat die ESA 22, davon zwei Nicht-EU-Mitglieder. Es bedarf schon insofern klarer Rollenverteilung EU-ESA. Vgl KOM (2003) 673 v 11.11.2003 (Weißbuch).
272 Erfindungen und technische Daten werden Eigentum der anwendungsorientierten ESA und kommen ihren Mitgliedstaaten zugute (Art III ESA-Übereinkommen). Mittlerweile erfasst Europa auch die militärische Dimension der Raumfahrt: ohne Kommunikationssatelliten keine vernetzte Operationsführung. Die meisten Raumfahrtanwendungen sind sowohl zivil als auch militärisch einsetzbar *(dual use)*.

darüber hinwegtäuschen, dass die Weltraumfreiheit und die einschlägigen Kooperationspflichten letztlich *ohne institutionellen Vogt* sind: Eine Internationale Weltraumbehörde gibt es nicht.

Im Lichte der zunehmenden Verknappung der terrestrischen Ressourcen und des technologischen Fortschritts, zumal nach der Landung der Raumsonde Philae auf dem Kometen Tschurjumow-Gerassimenko im November 2014, sind die rechtlichen Rahmenbedingungen der Nutzung des Weltraums, vor allem hinsichtlich des *Abbaus der Bodenschätze* des Monds und anderer Himmelskörper, wieder in den Vordergrund des Interesses gerückt. Neben die in den vergangenen Jahren von verschiedenen Raumfahrtnationen formulierten Pläne, permanent bemannte Stationen auf Mond und Mars zu gründen und zu unterhalten, treten zu Beginn des 21. Jh die Aktivitäten *privater* Raumfahrtunternehmen.[273] Diese Entwicklungen stellen das internationale Weltraumrecht vor neue Herausforderungen: Solange es an rechtlichen Regelungen über die Exploration und den Abbau natürlicher Ressourcen auf dem Mond und anderer Himmelskörper fehlt, besteht insbes im Hinblick auf die Frage nach der Aneignungsfähigkeit der Bodenschätze und die nach der Art und Weise eines künftigen Ressourcenabbaus unter dem derzeitigen Weltraumrecht Rechtsunsicherheit, die private Raumfahrtinvestitionen hemmt. Auch zwecks Gewährleistung von Verteilungsgerechtigkeit sprechen gewichtige Gründe für eine baldige Weiterentwicklung des Weltraumrechts durch Ergänzung der bestehenden Verträge um ein zeitgemäßes, den Anforderungen nachhaltigen Ressourcenabbaus im All ebenso wie den Interessen sämtlicher Staatengruppen Rechnung tragendes Normengerüst.[274] 82

e) Antarktis: Eher „Weltpark" als „Klubraum"

Die faktische Nichtbeherrschbarkeit spielt in der Antarktis,[275] anders als mittlerweile beim Meer, normativ nach wie vor eine Rolle. So ist str, ob die extreme Kälte und die lebensabweisende Eisbedeckung – vielerorts ist der Eispanzer bis zu 4 km dick – die effektive Beherrschung des antarktischen Kontinents und somit auch den potentiellen Erwerb von Gebietshoheit bisher auszuschließen vermochten. Sieben Staaten (die *claimants*: Argentinien, Australien, Chile, Frankreich, Großbritannien, Neuseeland und Norwegen) beanspruchen, ohne effektive Kontrolle auszuüben, Souveränität in Bezug auf große Teile des Kontinents. Sie haben *Sektoren* definiert, deren Spitze der Südpol und deren Basis der 60. Breitengrad ist. Teilweise überschneiden sich die Sektoren. Die anderen ebenfalls an den *Antarktis-Vertrag* v 1959 (AV)[276] gebundenen Staaten (die USA, Russland, Deutschland, Italien, Spanien und fast drei Dutzend weitere Staaten, die *non-claimants*) lehnen diese Hoheitsbehauptungen ab. Sie qualifizieren den Kontinent als *dauerhaft aneignungsunfähiges Nichtstaatsgebiet*. Art IV AV legt diese Streitfrage „auf Eis". Er hält den Status quo in Bezug auf die gebietsrechtlichen Positionen der *claimants* einerseits und ihre Negierung durch die *non-claimants* andererseits aufrecht und untersagt zugleich das Erheben neuer oder erweiterter Gebietsansprüche.[277] Antarktisbezogene Rechtsnormen werden dement- 83

---

[273] So hatten Budgetkürzungen bei der US-Raumfahrbehörde NASA zur Folge, dass verschiedene Projekte an Privatunternehmen vergeben wurden; derzeit arbeitet die Behörde gemeinsam mit drei Privatfirmen an der Entwicklung vollautomatisierter Roboter zur Erforschung des Monds, um genauere Kenntnisse über die dort lagernden Ressourcenvorkommen zu gewinnen.

[274] Nach Art 11 Abs 5 des Mondvertrags sollen sich die Vertragsparteien um Schaffung eines internationalen Regimes „to govern the exploitation of the natural resources of the moon" bemühen, sobald ein Ressourcenabbau möglich erscheint. Einen umfassenden Vorschlag für ein Internationales Übereinkommen zur Regelung des Abbaus der natürlichen Ressourcen des Mondes und anderer Himmelskörper entwirft *Wick* (Fn 250) ms 139 ff.

[275] Grundlegend *Auburn*, Antarctic Law and Politics, 1982; *Bush*, Antarctica and International Law, Bde I–III, 1982-1988, u Loseblattslg; *Orrego Vicuña*, Antarctic Mineral Exploitation, 1988.

[276] BGBl 1978 II, 1517.

[277] Vgl Art IV Abs 2 Satz 2 AV. Diese Norm steht der Ausweisung einer AWZ durch einen *claimant* hinsichtlich des von ihm beanspruchten Sektors angesichts des funktionalen, nicht mit Gebietshoheit verbundenen Charakters der AWZ (s o Rn 51, 53) nicht zwangsläufig entgegen.

sprechend so gestaltet, dass ihnen die Richtigkeit jeder der beiden entgegengesetzten Thesen (Vorliegen oder Nichtvorliegen von wirksamen Gebietsansprüchen) gleichermaßen zugrunde gelegt werden kann (sog *Bifokalismus*).[278] Gänzlich frei von Hoheitsbehauptungen ist nur der Sektor zwischen 90° und 150° westlicher Breite. Nach allen Auffassungen ist jedenfalls er Nichtstaatsgebiet. Das in Art 7 (u 25) des mit breiter Zustimmung angenommenen (Madrider) *Umweltschutzprotokolls zum Antarktis-Vertrag v 4.10.1991* (USP) vereinbarte Bergbauverbot[279] verringert den Anreiz, die bisherigen hoheitsrechtlichen Positionen zu aktivieren oder neue aufzubauen. Aus völkerrechtlicher Sicht gebührt der These der *non-claimants,* wonach die Antarktis, einschließlich des zT eisfreien Küstensaums, zwingend gebietshoheitsfrei ist, der Vorzug.[280]

84   Unter „Antarktis" sind im Einklang mit Art VI AV alles Land und Meer sowie alle Eisschelfe südlich von 60° südlicher Breite zu verstehen. Dieser Raum (Art I AV) ist „im Interesse der gesamten Menschheit" vorwiegend der *wissenschaftlichen Forschung* vorbehalten (Art II, III AV). Konsequenterweise bilden reale Forschungsaktivitäten, also die Manifestation substantiellen Interesses, das Kriterium für die Aufnahme in den (bevorrechtigten) Kreis der *Konsultativstaaten* (Art IX Abs 2 AV). Derzeit (Stand 1.3.2016) verfügen von den 53 Vertragsparteien des AV 29 Staaten über Konsultativstatus (darunter die BR Deutschland). Am Entscheidungsmechanismus nehmen nur sie teil („Klubcharakter"). Maßnahmen militärischer Art wie die Einrichtung militärischer Stützpunkte (Art I Abs 1 AV) sind in der Antarktis ebenso verboten wie „Kernexplosionen und die Beseitigung radioaktiven Abfalls" (Art V Abs 1 AV).[281] Der Versuch einer Rohstoffnutzungsregelung scheiterte: Australien und Frankreich lehnten die Unterzeichnung der Convention on the Regulation of Antarctic Mineral Resource Activities v 2.6.1988 (CRAMRA)[282] im Jahr 1989 ab; insofern bleibt die Bergbaukonvention eine Konventionsruine (17 Staaten hatten die CRAMRA bereits unterzeichnet).

85   Als Kältekammer der Erde ist die Antarktis für das Weltklima von großer Bedeutung.[283] Der sich zumal in den Empfehlungen der Konsultativtagungen zunehmend ausdrückende Wandel des Systems in Richtung auf ein *sowohl der Forschung als auch dem Umweltschutz gewidmetes Regime* schlug sich 1991 im *USP* nieder, zu dem bislang sechs Anlagen existieren.[284] Mit seinem Inkrafttreten am 14.1.1998 wurde die Forderung von NGOs, die Antarktis zum „Weltpark" zu erklären,[285] teilweise erfüllt. Die Vorgaben des USP stellen sich insgesamt als vergleichsweise fortschrittlich dar. Sie sind, auch wenn es an einer expliziten Bezugnahme auf das Vorsorgeprinzip fehlt,[286] von einem *„Geist der Vorsorge"* geprägt. Nach Art 3 Abs 2 USP müssen Tätigkeiten auf der Grundlage von Informationen, die vorherige Prüfungen im Hinblick auf ihre

---

278 Vgl *Kämmerer,* Die Antarktis in der Raum- und Umweltschutzordnung des Völkerrechts, 1994, 86 ff.
279 BGBl 1994 II, 2478. Dazu *Podehl,* Das Umweltschutzprotokoll zum Antarktisvertrag als Ergebnis der Verhandlungen über die Rohstoffnutzung in der Antarktis, 1993; *Pannatier,* L'Antarctique et la protection de l'environnement, 1994.
280 Vgl auch *Wolfrum,* Internationalisierung, 36 ff.
281 Zur Reichweite dieser Vorgaben *Proelß* (Fn 153) Rn 3 f.
282 ILM 27 (1988) 868. Zu ihr *Wolfrum,* The Convention on the Regulation of Antarctic Mineral Ressource Activities, 1991.
283 Temperaturerhöhungen werden die Mächtigkeit des antarktischen Eises verringern und den Meeresspiegel weltweit ansteigen lassen.
284 Sie orientieren sich an zuvor erlassenen Empfehlungen oder passen internationale Schutzvereinbarungen den besonderen Verhältnissen der Antarktis an. Zum Haftungsannex (= Anlage VI USP) *Vöneky,* The Liability Annex to the Protocol on Environmental Protection to the Antarctic Treaty, FS Wolfrum, 2008, 165 ff.
285 Vgl *Barnes,* Legal Approach of Environmental Protection in Antarctica, in Joyner/Chopra (Hrsg), The Antarctic Legal Regime, 1988, 241 ff.
286 Im Schrifttum wird die Frage, ob das Vorsorgeprinzip im USP enthalten ist, mitunter umstandslos bejaht, vgl etwa *Podehl* (Fn 279) 56; *Krüger,* Anwendbarkeit von Umweltschutzverträgen in der Antarktis, 2000, 22. Mit *Bastmeijer,* The Antarctic Environmental Protocol and its Domestic Legal Implementation, 2003, 293 f ist demgegenüber darauf zu bestehen, dass die fehlende explizite Normierung des Vorsorgeprinzips zumindest eine genauere Auseinandersetzung mit jener Frage erfordert. Die CRAMRA, deren Scheitern als Geburtsstunde des USP verstanden wird, hatte in Art 4 Abs 1 noch explizit auf das Vorsorgeprinzip abgestellt.

Auswirkungen ermöglichen, und in einer Weise geplant und durchgeführt werden, dass nachteilige Auswirkungen auf die antarktische Umwelt begrenzt werden. Dies entspricht dem in Prinzip 15 der Rio-Deklaration v 1992 zum Ausdruck kommenden Kerngehalt des Vorsorgeprinzips.[287] In der deutschen Rechtsordnung wurden die Vorgaben des USP mit Ausführungsgesetz v 22.9.1994 (AUG)[288] konkretisiert und anwendbar gemacht. Mit Ausnahme von Forschungstätigkeiten, die weniger als geringfügige oder vorübergehende Auswirkungen auf die Umwelt haben (bloße Anzeigepflicht, vgl § 6 Abs 1 AUG), sieht dieses Gesetz ein Genehmigungserfordernis für alle von deutschen Staatsangehörigen bzw unter deutscher Hoheitsgewalt durchgeführten Aktivitäten in der Antarktis vor (vgl § 3 Abs 1 AUG). Wird das Umweltbundesamt als in Deutschland zuständige Genehmigungsbehörde mit einem Vorhaben konfrontiert, dessen Auswirkungen auf die Umwelt wissenschaftlich unklar sind, darf es weder die Erteilung der Genehmigung umstandslos ablehnen noch – unter Hinweis auf die infolge Unkenntnis vermeintlich fehlende Besorgnis einer Umweltschädigung – erteilen. Vielmehr muss im Einzelfall geprüft werden, was angesichts des konkreten Unwissens zu veranlassen ist, um sowohl den Anforderungen des Vorsorgeprinzips als auch denen der Forschungsfreiheit angemessen Rechnung zu tragen. Im Detail stellt sich das Regime des AUG als überkomplex und zT in sich widersprüchlich dar.[289]

Die auf AV und USP fußende, mittlerweile relativ detailliert ausgestaltete Rechtsordnung wird *Antarktisches System* genannt.[290] Mit ihm wurde eine embryonale *gemeinschaftliche Verwaltung* durch die Vertragsstaaten geschaffen. Sie schließt den Erlass von Empfehlungen (Art IX Abs 1 AV) und normkonkretisierenden Anlagen zum USP im Rahmen der alljährlichen Konsultativtagungen ein. Daneben bestehen rechtlich selbständige, mit den übrigen antarktisbezogenen Normen freilich vielfach verschränkte multilaterale Verträge, insbes das Übereinkommen zum Schutz der antarktischen Robben v 1.6.1972 (CCAS)[291] und das zur Erhaltung der lebenden Meeresschätze der Antarktis v 20.5.1980 (CCAMLR).[292] Gemäß Art 4 Abs 2 USP sollen die in den beiden genannten Verträgen sowie die in der ICRW[293] enthaltenen Rechte und Pflichten vom USP unberührt bleiben. Diese Klausel wurde in der BR Deutschland mit § 17 Abs 7, 8 AUG umgesetzt, der darauf abzielt, eine „Verdoppelung" des Genehmigungsverfahrens zu vermeiden. Die Gefahr einer solchen Verdoppelung besteht freilich nur insoweit, als sich der Regelungsbereich des AUG mit denen der in innerstaatliches Recht umgesetzten CCAS, CCAMLR und ICRW überlagert. Deshalb bleibt das Regime des § 17 AUG (und damit das USP) anwendbar, soweit die Spezialverträge keine abschließende Regelung treffen.

86

Nimmt man die Zahl der am Antarktischen System beteiligten Staaten als Maßstab, ist die Qualifizierung der Antarktis als *globaler* Staatengemeinschaftsraum nicht unproblematisch. Die „gemeinschaftliche Verwaltung" ist, anders als etwa beim Meeresbodenregime,[294] weder universell noch institutionell näher ausgeformt. Der Umstand, dass die Parteien des AV rund 80% der

87

---

287 Dazu s u Rn 112.
288 BGBl 1994 I, 2593.
289 Eingehend *Proelß/Blitza/Oliva*, Die Genehmigung wissenschaftlicher Forschung in der Antarktis im Lichte von Umweltschutz und Forschungsfreiheit, 2013, 27 ff.
290 Vgl *Kämmerer* (Fn 278) 75 ff.
291 BGBl 1987 II, 90 (17 Vertragsstaaten, Stand 1.3.2016).
292 BGBl 1982 II, 420 (25 Vertragsparteien; Stand 1.3.2016). Die EU ist der CCAMLR im Jahre 1981 beigetreten (vgl Beschluss 81/691/EWG v 4.9.1981, ABl EG 1981, Nr L 252/26). Angesichts der Parallelität von Innen- und Außenkompetenzen sowie vor dem Hintergrund der Ausschließlichkeit der Unionszuständigkeit auf dem Gebiet der Erhaltung der lebenden Meeresressourcen (vgl Art 3 Abs 1 lit d, Abs 2 iVm Art 216 AEUV) sind die EU-Mitgliedstaaten von Unionsrechts wegen verpflichtet, sich bei der Beschlussfassung im Rahmen der mit der CCAMLR gegründeten Fischereikommission der Position der EU anzuschließen. Die Unionsorgane haben mit VO (EG) Nr 601/2004 v 22.3.2004 (ABl EG 2004, Nr L 97/16) allgemeine Grundsätze für die Umsetzung der CCAMLR auf Unionsebene etabliert.
293 Vgl Art 7 Anlage II USP. Nachw in Fn 169, 330.
294 Vgl o Rn 68 ff.

Weltbevölkerung repräsentieren, verleiht dieser Staatengruppe und ihrem „System" ungeachtet der *pacta tertiis*-Regel freilich „repräsentatives" Gewicht.[295] Auch wenn nicht von einem objektiven, Drittstaaten aufgrund einer wie auch immer gearteten besonderen Rechtsnatur des AV bindenden Regime ausgegangen werden kann,[296] wird sich die Legitimität des „Klubs" mit der weiteren Optimierung der Wahrnehmung wissenschaftlicher und ökologischer Verantwortung für die Antarktis und einer Vergrößerung des Kreises der systembeteiligten Staaten iSe Art *Treuhänderschaft für die „commons"* und die Legitimität des Antarktischen Systems insgesamt iSe allgemein respektierten, gültigen Regimes erhöhen.

II. Die Umwelt im Völkerrecht

1. Das Völkerrecht des Umweltschutzes im Überblick

88   Zu Beginn des 21. Jh steht die Menschheit besonderen Gefährdungen ihrer natürlichen Lebensgrundlagen gegenüber. Angesichts der Verschmutzung von Luft, Wasser und Boden, angesichts der Schwächung der biologischen Artenvielfalt und angesichts der epochalen Herausforderung des Klimawandels gewinnt der Umweltschutz in erheblichem Umfang an Bedeutung. Diese Entwicklung ist Ausdruck eines wachsenden Umwelt- und Gefahrenbewusstseins, das u a durch spektakuläre Tanker-, Chemie- und Atomunfälle geschärft wurde. So wurde der Umweltschutz Gegenstand zahlreicher nationaler, supranationaler und völkerrechtlicher Normen. Eine allgemein anerkannte *Definition* von „Umwelt" existiert nicht.[297] Für unseren Überblick lässt sich „Umwelt" verstehen als die vom Menschen beeinflussbaren Räume der Erde und des Weltraums, die in ihrer Gesamtheit ein komplexes Gefüge interdependenter Wirkungsbereiche bilden, bestehend aus Geosphäre, Hydrosphäre, Biosphäre und Atmosphäre einschließlich ihrer Ökosysteme. Es geht dabei um unterschiedliche Größen: um einzelne Raumkategorien (Land, Meer, Atmosphäre, Weltraum), um die Umweltmedien und -güter sowie um deren Beziehungen zueinander und zum Menschen. Das Gesamtgefüge erfüllt vielfältige Funktionen. Aufgrund ihrer Regenerationsfähigkeit kann die Umwelt Belastungen bis zu einem gewissen Grad bewältigen und ihr ökologisches Gleichgewicht wiederherstellen. Bei Überschreitung kritischer Schwellen wird diese Balance jedoch zerstört, zT irreversibel. Nachdem *Thomas Robert Malthus* (1766–1834) bereits Grenzen des Bevölkerungswachstums thematisiert hatte,[298] schärfte im Jahre 1972 der Club of Rome[299] das Bewusstsein für die *Endlichkeit der ökologischen Tragfähigkeit der Erde*. Viele Umweltprobleme sind *grenzüberschreitender* Natur. Sie erfordern entsprechend *kooperative*, internationale Lösungen. Diese bilden den Gegenstand des Völkerrechts des Umweltschutzes.

89   Umweltvölkerrecht umfasst die Normen des Völkerrechts, die den Umgang der Völkerrechtssubjekte mit der Umwelt betreffen. Gespeist wird es zwar primär aus den Quellen des allgemeinen Völkerrechts.[300] Rechtlich nicht verbindliche Instrumente des *soft law*,[301] etwa Codes, Standards, Leitlinien, verfügen in seinem Rahmen aber über besondere Bedeutung. „Umweltvölkerrecht" signalisiert eine Geschlossenheit der Materie, die in Wirklichkeit nicht besteht.[302] Der internationale Umweltschutz lässt sich nicht isoliert von den einschlägigen ökonomischen

---

295 Dazu *Klein*, Statusverträge im Völkerrecht, 1980, 250 f.
296 *Proelss* (Fn 46) Rn 54.
297 S aber den Schiedsspruch im Fall *Iron Rhine*, RIAA XXVII, 35, 66 (§ 58).
298 *Malthus*, Das Bevölkerungsgesetz (nach der 1. Aufl v 1798 hrsgg und übers v Barth), 1977.
299 Meadows (Hrsg), Die Grenzen des Wachstums, 1972.
300 Zu potentiellen Rückwirkungen auf das allgemeine Völkerrecht *Dolzer/Kreuter-Kirchhof*, in Bewahrung, 91 ff.
301 Vgl *Graf Vitzthum*, 1. Abschn Rn 152.
302 Vgl *Proelß*, in Bewahrung, 7 (9): das internationale Umweltrecht zeige „prototypische Symptome der [...] Fragmentierung des Völkerrechts".

(Verkehr, Handel, Rohstoff- und Energiegewinnung, Tourismus) und sozialen (Armut, Hunger, Migration, indigene Völker, Religion) Fragen betrachten. Querverbindungen bestehen auch zu den Menschenrechten (der „3. Generation"). Ein „Recht auf Umwelt" bzw eines „auf Gesundheit" oder „auf Wasser" ist nur dort gewährleistbar, wo sich ohne gesundheitliche Schädigung die Luft atmen und das Wasser trinken lässt.[303] Umweltschutz spielt ferner im Recht der bewaffneten Konflikte und des Kulturgüterschutzes eine Rolle,[304] vom Spannungsverhältnis zum internationalen Handels- und Verkehrsrecht ganz zu schweigen.[305] So erweist sich das Umweltvölkerrecht mit seiner Vielzahl an Akteuren, Normen und Regelungsbereichen, zumal im Hinblick auf Fragen der Haftung für Umweltschäden,[306] als *systematisierungsbedürftige Querschnittmaterie*.

Regelungen zum Schutz der Umwelt setzen häufig auf globaler Ebene an. Die zunächst eher 90 abstrakten Konzepte (etwa die Belange der Staatengemeinschaft insgesamt), Standards und Prinzipien (zB das Gebot der Rücksichtnahme oder das Vorsorgeprinzip) erfahren idR durch regionale, subregionale oder bilaterale Vereinbarungen eine erste Konkretisierung; die weitere Detaillierung erfolgt dann ggf im nationalen Recht. In der Bedeutung der *allgemeinen Prinzipien* des Umweltvölkerrechts (s u Rn 105 ff) und der hohen (und weiter steigenden) Relevanz des *soft law* offenbart sich ein *struktureller Unterschied* zum allgemeinen, überwiegend auf den überkommenen Kategorien des Verbots und Gebots basierenden Völkerrecht. Neue Formen einer institutionalisierten *Umwelt-Governance* (Weltklimarat, Weltrat für biologische Vielfalt, Technology Facilitation Mechanism) spielen eine immer größere Rolle. Mit anderen Gebieten des Völkerrechts teilt das Umweltrecht zwar die *Schwäche der Implementierungs- und Kontrollmechanismen*;[307] Relevanz und Modellcharakter neuartiger Befolgungsorgane (*compliance* und *implementation committees*), wie sie etwa im Rahmen der Espoo und Aarhus Konventionen eingerichtet wurden,[308] wurden im wissenschaftlichen Schrifttum bislang indes nicht hinreichend beachtet. Akteursbezogene Besonderheiten ergeben sich ferner daraus, dass eine große Zahl von national und international agierenden Nichtregierungsorganisationen (NGOs), etwa Greenpeace, die World Conservation Union (IUCN) oder der World Wide Fund for Nature (WWF), an

---

303 Zum Ganzen s u Rn 118 ff.
304 Vgl zum einen das ENMOD-Übereinkommen (Fn 263), zum anderen, bzgl umweltschädigender Nebenwirkungen, Art 35 Abs 3, Art 55 Abs 1 ZP I v 1977 (BGBl 1990 II, 1550). Zum Schutz der Umwelt im Krieg *Bothe*, 8. Abschn Rn 70 sowie *Vöneky*, Die Fortgeltung des Umweltvölkerrechts in internationalen bewaffneten Konflikten, 2001.
305 *Herrmann/Weiß/Ohler*, Welthandelsrecht, 2. Aufl 2007, Rn 522 ff; *Krajewski*, Wirtschaftsvölkerrecht, 3. Aufl 2012, Rn 352 ff; *Herdegen*, Internationales Wirtschaftsrecht, 10. Aufl 2014, 90 ff. Zum Ganzen auch *Dolzer/Kreuter-Kirchhof*, 6. Abschn Rn 30 ff u 83 ff.
306 Insoweit finden prinzipiell die allgemeinen Grundsätze Anwendung, vgl *Schröder*, 7. Abschn Rn 4 ff. Konkret zur Haftung für Umweltschäden *Dederer*, Staatenverantwortlichkeit („State responsibility") und Haftung („liability") im Bereich der „ultrahzardous activities", in Hecker/Hendler/Proelß/Reiff (Hrsg), Verantwortlichkeit und Haftung für Umweltschäden, 2013, 13 ff; *Douhan*, Liability for Environmental Damage, MPEPIL VI, 830 ff; *de La Fayette*, International Liability for Damage to the Environment, in Fitzmaurice/Ong/Merkouris (Hrsg), Research Handbook on International Environmental Law, 2010, 320 ff.
307 Vgl *Ehrmann*, Erfüllungskontrolle im Umweltvölkerrecht, 2000; *Fitzmaurice*, Compliance with Multilateral Environmental Agreements, HYBIL 20 (2007) 19 ff; zur Rolle internationaler Gerichte *Stephens*, International Courts and Environmental Protection, 2009.
308 S u Rn 109, 122 f. Auf Grundlage von Art 15 Aarhus Konvention wurde mit Beschluss des ersten Vertragsstaatentreffens 2002 (Decision I/7) das Aarhus Compliance Committee geschaffen. Ihm wurden bereits mehr als 130 Mitteilungen über behauptete Verstöße gegen die Vorgaben der Aarhus Konvention vorgelegt. Vgl etwa *Koester*, The Aarhus Convention Compliance Mechanism and Proceedings Before its Compliance Committee, in Banner (Hrsg), The Aarhus Convention, 2015, 199 (201 ff). Bzgl seiner Erkenntnisse *(findings)* und Empfehlungen *(recommendations)* stellt sich u a die Frage, ob diese – ggf vorbehaltlich ihrer idR einstimmig erfolgenden Annahme durch das Vertragsstaatentreffen (Meeting of the Parties – MOP) – trotz der an sich nicht bestehenden Bindungswirkung als *subsequent legal practice* iSv Art. 31 Abs 3 lit b WVK herangezogen werden können. Dazu *Tanzi/Pitea*, The Interplay Between EU Law and International Law Procedures in Controlling Compliance with the Aarhus Conventon by the EU Member States, in Pallemaerts (Hrsg), The Aarhus Convention at Ten, 2011, 367 (380).

der Entwicklung umweltrechtlicher Instrumente und der Kontrolle ihrer Wirksamkeit beteiligt sind.[309] Nicht zuletzt zeichnet sich das internationale Umweltrecht dadurch aus, dass sich an seinem Beispiel Entwicklung, Ausprägungen und Folgen von Mehr-Ebenen-Modellen musterhaft aufzeigen lassen: Rechtsprinzipien und -institute, im nationalen Recht entwickelt, befruchten ihrerseits die völkerrechtliche Entwicklung, und vom EU-Recht gehen starke Impulse aus, auf das internationale wie auf das nationale Umweltrecht.[310]

2. Die Entwicklung des Umweltvölkerrechts

91 Steigende Produktion und zunehmender Pro-Kopf-Verbrauch in den meisten Industriestaaten sowie Bevölkerungsexplosion und Industrialisierungsfortschritte in vielen Entwicklungsländern tragen zur Intensivierung der Umweltbelastungen bei. Dies spiegelt sich in der *Geschichte* des Umweltvölkerrechts wider. In seiner heutigen Gestalt ist es das Ergebnis einer relativ kurzen, heterogenen, dynamischen Entwicklung. Erste Regelungen, die Elemente der Umwelt zum Gegenstand hatten, reichen zwar bis ins 18. Jh zurück; sie betrafen vor allem die Nutzung und den Schutz grenzübergreifender Gewässer.[311] Die entscheidenden rechtspolitischen Anstöße gaben aber erst die UN-Konferenzen in Stockholm (1972) und Rio de Janeiro (1992). Mittlerweile weist insbes der *vertragliche* Umweltschutz eine erhebliche Regelungsdichte auf; im Vergleich zum gewohnheitsrechtlichen Nachbarrecht ist er konkreter und differenzierter.[312]

a) Die Ausgangspunkte: Nachbarrecht und Artenschutzabkommen

92 Das Bedürfnis nach Lösung *zwischenstaatlicher, dh grenznachbarschaftlicher Interessenkonflikte* bildet den *ersten* Ausgangspunkt für die Entstehung des Umweltvölkerrechts. Dergleichen Konflikte entstehen, wenn Aktivitäten auf dem Hoheitsgebiet eines Staats („Ursprungsstaat") schädliche Auswirkungen auf die Umwelt eines anderen Staats („Opferstaat")[313] haben. In solchen Situationen widerstreitet die territoriale Souveränität des Ursprungsstaats dem nicht weniger souveränitätsfundierten Integritätsinteresse des betroffenen Staats. Aus Anlass eines Streits mit Mexiko um die Wasserentnahme US-amerikanischer Farmer aus dem Grenzfluss Rio Grande vertrat US Attorney General *Harmon* ausgangs des 19. Jh die Auffassung, die Souveränität verleihe einem Staat das Recht, sein Staatsgebiet nach Belieben zu nutzen.[314] Diese *Harmon-Doktrin* fußte auf der schon damals kaum vertretbaren Prämisse, Souveränität könne unilateral, ohne Rücksichtnahme, definiert und durchgesetzt werden. Die Gegenposition der absoluten territorialen Integrität (des Opferstaats) nahm im Jahr 1907 mit Blick auf einen interkontinentalen Wassernutzungskonflikt *Max Huber* ein.[315] Beide Auffassungen sind mit der Existenz einer Vielzahl glei-

---

309 Zu den NGOs eingeräumten Beteiligungsmöglichkeiten (als Beobachter bei Vertragsverhandlungen, im Rahmen von Kontroll- und Beratungsgremien etc) vgl *Oberthür*, Participation of Non-Governmental Organisations in International Environmental Co-operation, 2002.
310 Das *europäische* Umweltrecht bleibt in vorliegender Darstellung ausgeklammert. Dazu *Messerschmidt*, Europäisches Umweltrecht, 2011; *Epiney*, Umweltrecht in der Europäischen Union, 3. Aufl 2013; *Krämer*, EC Environmental Law, 5. Aufl 2003.
311 Vgl zB Grenzvertrag v 17.8.1754 zwischen Österreich und Venedig, 40 CTS 215; Treaty of Amity, Commerce and Navigation v 19.11.1794 zwischen Großbritannien und den USA (sog Jay-Vertrag), 52 CTS 243.
312 Zum Problem *Ong*, International Environmental Law's 'Customary' Dilemma: Betwixt General Principles and Treaty Rules, IYIL 1 (2006) 3ff.
313 Terminologie nach *Beyerlin*, Umweltvölkerrecht, 2000, Rn 116.
314 Official Opinions of the Attorney-General of the United States, Bd XXI, 1898, 281.
315 Vgl *Berber*, Die Rechtsquellen des internationalen Wassernutzungsrechts, 1955, 19.

chermaßen souveräner Staaten nicht vereinbar.[316] So rückten auch die USA bald von der Harmon-Doktrin ab.[317] Das sich nun herausbildende völkerrechtliche Nachbarrecht zielte darauf ab, eine möglichst konfliktfreie Koexistenz der Staaten zu ermöglichen. Dazu entwickelten sich gewohnheitsrechtlich zwei bis heute überaus relevante Prinzipien: das Verbot erheblicher grenzüberschreitender Umweltbelastungen sowie das Gebot ausgewogener Mitnutzung grenzübergreifender Ressourcen.

Das *Verbot erheblicher grenzüberschreitender Umweltbelastungen* findet sich bereits in den zivilrechtlichen Kodifikationen des 19. Jh.[318] Wegweisend für seine internationale Anerkennung war der *Trail Smelter-Schiedsspruch* v 1938. Schadstoffemissionen einer im kanadischen Ort Trail ansässigen Zinnschmelze hatten im benachbarten US-Bundesstaat Washington Schäden verursacht. Nach Völkerrecht, befand das Schiedsgericht, habe kein Staat das Recht, „to use or permit the use of its territory in such a manner as to cause injury by fumes in or to the territory of another [...], when the case is of serious consequence [...]."[319] Wenig später (1949) unterstrich der IGH, ein Staat sei ganz allgemein verpflichtet, „not to allow knowingly its territory to be used for acts contrary to the rights of other States".[320] Der zweite Grundsatz, das *Gebot ausgewogener Mitnutzung grenzübergreifender Ressourcen,* erfuhr seine wesentliche Ausprägung im internationalen Wasserrecht.[321] Bereits im sog *Donauversinkungs*-Streit v 1927 zwischen den Ländern Württemberg und Preußen einerseits und Baden andererseits urteilte der dt Staatsgerichtshof unter Bezugnahme auf das Völkerrecht, „die berechtigten Interessen der beteiligten Staaten [müssen] in billiger Weise gegeneinander abgewogen werden."[322]

93

Neben jenem gewohnheitsrechtlichen Nachbarrecht bildet die seit Beginn des 20. Jh wachsende Zahl von *Artenschutzabkommen* den *zweiten* Ausgangspunkt der Entwicklungen des völkerrechtlichen Umweltschutzes. Frühe Bsp sind die mehrheitlich auf einem rein anthropozentrischen Ansatz (Reduzierung der Bestandszahlen bestimmter Tierarten als „effective preservation measure") basierenden Übereinkommen über die Lachsfischerei im Rhein v 1885,[323] die Erhaltung wildlebender Tiere in Afrika v 1900,[324] den Schutz der für die Landwirtschaft nützlichen Vögel v 1902,[325] die Erhaltung von Fauna und Flora v 1933[326] sowie die Erhaltung von wildlebenden Tieren in der westlichen Hemisphäre v 1940.[327] Die auch ökonomisch negativen Folgen der weitgehenden Vernichtung der Walbestände Spitzbergens und des Südatlantiks führte 1931 zum Abschluss einer ersten *Walfangkonvention,*[328] die zunächst 1937 durch ein zweites[329] und 1946

94

---

316 *Fröhler/Zehetner,* Rechtsschutzprobleme bei grenzüberschreitenden Umweltbeeinträchtigungen, Bd I, 1979, 70. Konkurrierende Absolutheitsansprüche reduzieren einander notwendigerweise auf ein Verhältnis der Relativität.
317 *McCaffrey,* The Harmon Doctrine One Hundred Years Later, NRJ 36 (1996) 965 (997).
318 §§ 906, 823, 1004 BGB gegen § 903 BGB.
319 *Trail Smelter Arbitration,* RIAA III, 1938, 1965, gestützt u a auf *Eagleton,* Responsibility of States in International Law, 1928, 80: "A State owes at all times the duty to protect other States against injurious acts by individuals from within its jurisdiction."
320 *Korfu Kanal*-Fall, ICJ Rep 1949, 4, 22.
321 Hierzu *Reichert,* Gewässerschutz, 119 ff.
322 RGZ 116, Anhang, 18 (31 f).
323 Vertrag betreffend die Regelung der Lachsfischerei im Stromgebiet des Rheins v 30.6.1885 (RGBl 1886, 192).
324 Convention Designed to Ensure the Conservation of Various Species of Wild Animals in Africa which are Useful to Man or Inoffensive v 19.5.1900 (188 CTS 418).
325 RGBl 1906, 89.
326 Convention Relative to the Preservation of Flora and Fauna in their Natural State v 8.11.1933 (172 LNTS 241).
327 Convention on Nature Protection and Wild-Life Preservation in the Western Hemisphere v 12.10.1940 (161 UNTS 193).
328 Convention for the Regulation of Whaling v 24.9.1931 (155 LNTS 349).
329 International Agreement for the Regulation of Whaling v 8.6.1937 (190 LNTS 79). Das Übereinkommen scheiterte am Fernbleiben wichtiger Walfangnationen. Dazu *Birnie,* International Regulation of Whaling: From Conservation of Whaling to Conservation of Whales and Regulation of Whale-Watching, Vol I, 1985, 128 ff.

schließlich durch ein noch heute in Kraft befindliches, erfolgreicheres Übereinkommen ersetzt wurde.[330] Analog dazu entstanden zahlreiche spezielle Fischereiabkommen.[331]

95   Die Vielfalt dieser Artenschutzabkommen berücksichtigte bereits den Umstand, dass das Erhalten von Tier- oder Pflanzenarten, die in einer bestimmten Region unter ganz bestimmten Bedingungen leben, entsprechend abgestimmte Instrumente erfordert; die wenigen, eher formelhaften Prinzipien des Gewohnheitsrechts waren (und sind auch heute) nicht ausreichend passgenau. Zudem bot das Gewohnheitsrecht bzgl Nichtstaatsgebieten keine sichere Rechtsgrundlage. Die Artenschutzabkommen zielten auf dauerhafte Sicherstellung der Nutzbarkeit von Tier- und Pflanzenarten. Diesen vom nationalen Jagd-, Fischerei- und Wasserrecht her vertrauten Hegeansatz greift das seit den 1990er Jahren vordringende, mittlerweile ubiquitär anzutreffende Konzept der *nachhaltigen Entwicklung* auf. Wie das Ramsar Übereinkommen v 1971,[332] das Washingtoner Artenschutzabkommen v 1973,[333] das Bonner Übereinkommen zur Erhaltung wandernder Arten wildlebender Tiere v 1979[334] sowie das Berner Übereinkommen über die Erhaltung der europäischen wildlebenden Pflanzen und Tiere und ihrer natürlichen Lebensräume v 19.9.1979[335] zeigen, begann sich das Bewusstsein für die Bedeutung der ökologischen Rahmenbedingungen des Artenschutzes in den 1970er Jahren auszubilden. Jüngstes, wichtigstes Glied dieser Kette ist die Biodiversitätskonvention v 1992 (CBD).[336]

b) Die großen Umweltkonferenzen

96   Trotz der vorstehend erwähnten Verträge und Judikate gewann die Umwelt als Gegenstand des Völkerrechts erst ab den 1960er Jahren *allgemeinpolitische Bedeutung*. Eine 1962 erschienene Studie zu den schädlichen Wirkungen von Pestiziden[337] löste ebenso Befürchtungen aus wie 1967 die durch die Havarie der „Torrey Canyon" verursachte Ölpest an westeuropäischen Küsten.[338] Die Folgen des „sauren Regens" für Wälder und Seen in Skandinavien verstärkten den Ruf nach effektiver Abhilfe. So berief die UN-Generalversammlung die *UN Conference on the Human Environment* für den 5.–16.6.1972 nach Stockholm ein. Die Konferenz verabschiedete die *Stockholm Declaration*,[339] deren rechtlich unverbindlicher Prinzipienkatalog wichtige rechtspolitische

---

330   Internationales Übereinkommen zur Regelung des Walfangs (ICRW) v 2.12.1946 (BGBl 1982 II, 559). Zur Arbeit der mit dem Übereinkommen gegründeten Internationalen Walfangkommission *Bowman/Davies/Redgwell*, Wildlife Law, 157 ff; *Proelß*, Meeresschutz, 177 ff. Die Kommission hat im Jahre 1982 ein Moratorium bzgl kommerzieller Fangaktivitäten beschlossen, das sämtliche Großwalbestände erfasst und noch heute in Kraft ist. Zur str Frage, wie die in der ICRW enthaltene Ausnahmevorschrift zugunsten des wissenschaftlichen Walfangs *(scientific whaling)* auszulegen ist, vgl (bzgl japanischer Walfangaktivitäten im südpazifischen Ozean) das Urteil des IGH im Fall *Antarctic Whaling*, ICJ Rep 2014, 226, 249 ff (§§ 51 ff). Umfassender und aktueller Überblick jetzt bei *Fitzmaurice*, Whaling and International Law, 2015.
331   Unter den frühen Versuchen, eine Übernutzung von Fischbeständen abzuwenden, sind besonders zu nennen: Konvention über die Regelung der Maschen der Fischnetze und der Größenbegrenzungen der Fische v 5.4.1946 (BGBl 1959 II, 1513); Internationales Übereinkommen über die Fischerei auf Hoher See im Nordpazifik v 9.5.1952 (205 UNTS 65); (Osteuropäische) Vereinbarung über die Zusammenarbeit auf dem Gebiet der Meeresfischerei v 28.7.1962 (460 UNTS 220); (Europäisches) Fischerei-Übereinkommen v 9.3.1964 (BGBl 1969 II, 1898); Übereinkommen zur Erhaltung der lebenden Schätze des Südostatlantiks v 23.10.1969 (BGBl 1976 II, 1545).
332   Convention on Wetlands of International Importance Especially as Waterfowl Habitat v 2.2.1971 (996 UNTS 245; BGBl 1976 II, 1265). S u Rn 160.
333   Convention on International Trade in Endangered Species of Wild Fauna and Flora (CITES) v 3.3.1973 (993 UNTS 243; BGBl 1975 II, 773). S u Rn 159.
334   Convention on the Conservation of Migratory Species of Wild Animals (CMS) v 23.6.1979 (ILM 19 [1980] 15). S u Rn 159.
335   BGBl 1984 II, 618.
336   BGBl 1993 II, 1742. S u Rn 160 ff.
337   *Carson*, Silent Spring, 1962.
338   Vgl *Pfeil*, Torrey Canyon, MPEPIL IX, 948 ff.
339   Declaration of the UN Conference on the Human Environment (ILM 11 [1972] 1416).

Impulse setzte. Prinzip 21 weitete das Verbot grenzüberschreitender Umweltbelastungen auf Nichtstaatsgebiete aus. Dieses Schädigungsverbot wurde durch die Betonung des souveränitätsgestützten Rechts auf Ressourcennutzung – ein Ausdruck des Nord-Süd-Gefälles[340] – freilich wieder relativiert. Die unterindustrialisierten Länder fürchteten, der von den Industriestaaten forcierte Umweltschutz könnte sie an der Verwirklichung ihrer eigenen sozioökonomischen Entwicklungsprojekte hindern.[341] Folgerichtig fordert Prinzip 11: "The environmental policies of all States should enhance and not adversely affect the present or future potential of developing countries, nor should they hamper the attainment of better living conditions for all". Indem die Stockholm Deklaration damit den Umweltschutz in enge Beziehung zur Entwicklung setzt,[342] wurde eine Grundlage für das zwei Jahrzehnte später in den Vordergrund gestellte Konzept der nachhaltigen Entwicklung gelegt.[343] Eine Folge von „Stockholm" war die Gründung des *United Nations Environment Programme (UNEP)*, mit Sitz in Nairobi.[344] UNEP bildet den institutionellen Rahmen für die Koordination der Umweltaktivitäten im UN-System und darüber hinaus[345] den Mentor und Motor für die Entwicklung des Umweltvölkerrechts.

In den nachfolgenden Jahrzehnten erfuhr das Umweltvölkerrecht eine deutliche Belebung. Zahlreiche bilaterale, regionale und globale Abkommen wurden abgeschlossen. Sie verfolgten überwiegend einen *sektoralen* Ansatz, indem sie dem Schutz spezifischer Umweltbereiche (Meer, Luft, Binnengewässer, bestimmte Tier- und Pflanzenarten) dienten. Neben diesen Instrumenten trug eine Vielzahl nicht rechtsverbindlicher Erklärungen staatlicher wie nichtstaatlicher Akteure zur Weiterentwicklung des Rechts bei. Zu nennen sind hier vor allem die Arbeiten von: UNEP,[346] der Wirtschaftskommission der Vereinten Nationen für Europa (UN/ECE),[347] der OECD, der International Law Association (ILA) und des Institut de Droit International (IDI) sowie von IUCN und WWF.[348] Zehn Jahre nach der Stockholmer UN-Umweltschutzkonferenz verabschiedete die UN-Generalversammlung die *World Charter for Nature*.[349] Sie stipulierte, rechtlich unverbindlich, den Schutz der Natur als solcher, in ihrer Gesamtheit – ein ökozentrischer, integraler Ansatz. Im Verlauf der 1980er Jahre zeigte sich immer deutlicher die Lückenhaftigkeit des bestehenden Instrumentariums. Die Um- und Durchsetzung diverser Abkommen blieb defizitär. Darüber hinaus erwies sich jener sektorale Ansatz zT als zu eng, gemessen an dem übergreifenden Wesen vieler Probleme. Zudem traten neue Herausforderungen auf, die – wie Ozonloch und Erderwärmung – aufgrund ihrer unbestreitbar globalen Dimension mehr universelle Kooperation sowie eine umfassender angelegte Herangehensweise erforderlich machten.

97

---

340 Zum Nord-Süd-Gefälle und -konflikt vgl *Dolzer/Kreuter-Kirchhof*, 6. Abschn Rn 106 ff.
341 Bereits im Vorfeld von „Stockholm" hatten die Entwicklungsländer in der UN-Generalversammlung eine Erklärung durchgesetzt, die den Industriestaaten die Hauptverantwortung für die Umweltprobleme und deren Lösung zuwies, vgl Res 2849 (XXVI) v 17.1.1972.
342 *Hunter/Salzman/Zaelke*, International Environmental Law and Policy, 1998, 286 f.
343 S u Rn 114 ff. Da zugleich die besonderen wirtschaftlichen und sozialen Entwicklungsrechte der unterindustrialisierten Länder angesprochen werden, klingt überdies der Leitgedanke der gemeinsamen, aber unterschiedlichen Verantwortungen an.
344 UN-Generalversammlung, Res 2997 (XXVIII) v 15.12.1972.
345 Zu Status, Aufbau und Agenda von UNEP, das nicht über Völkerrechtspersönlichkeit verfügt, *Kiss/Shelton*, International Environmental Law, 2000, 86 ff.
346 Vgl insbes UNEP Draft Principles of Conduct in the Field of the Environment for the Guidance of States in the Conservation and Harmonious Utilization of Natural Resources Shared by Two or More States v 19.5.1978 (ILM 17 [1978] 1091).
347 Vgl Erklärungen und Empfehlungen der UN/ECE bzgl Gewässerschutz, Abfallvermeidung und Artenschutz. Die ECE war federführend bei der Erarbeitung der Übereinkommen über weiträumige grenzüberschreitende Luftverunreinigung (s u Rn 148), über die Umweltverträglichkeitsprüfung im grenzüberschreitenden Rahmen (s u Rn 109) sowie über den Schutz und die Nutzung grenzüberschreitender Wasserläufe und internationaler Seen (s u Rn 133 f).
348 Vgl etwa die 1980 von UNEP, IUCN und WWF gemeinsam erarbeitete World Conservation Strategy.
349 Res 37/7 v 28.10.1982 (ILM 22 [1983] 455); dazu *Kiss/Shelton* (Fn 345) 64 f.

98   Vor diesem Horizont kreierte die UN-Generalversammlung 1983 die World Commission on Environment and Development, die 1987 mit ihrem Abschlussbericht („Brundtland-Report")[350] das *Konzept der nachhaltigen Entwicklung* auf die internationale Agenda setzte. Bald darauf wurde die *UN Conference on Environment and Development (UNCED)* mit dem Auftrag einberufen, „[t]o promote the further development of international environmental law, taking into account [...] the special needs and concerns of the developing countries".[351] Nach intensiver Vorbereitung[352] fand vom 3.–14.6.1992 in *Rio de Janeiro* der *Erd-Gipfel* statt.[353] Die Interessengegensätze, insbes im Nord-Süd-Dauerkonflikt, waren groß.[354] Die Industriestaaten waren an der Lösung globaler Umweltprobleme unter Einbindung der Entwicklungsländer interessiert, überwiegend jedoch selbst zu einer entscheidenden Senkung ihres hohen Produktions- und Konsumniveaus nicht bereit. Die unterindustrialisierten Länder ihrerseits befürchteten einmal mehr, sich durch verbindliche Verpflichtungen zum Umweltschutz in ihrer Entwicklungsfähigkeit zu sehr einzuschränken. So forderten sie, der „Norden" solle dem „Süden" dessen etwaige Kooperationsbereitschaft mit Schuldenerlass und Finanz- und Technologietransfers honorieren. Die auf dem Rio-Gipfel verabschiedeten Dokumente spiegeln diesen letztlich nicht gelösten Konflikt zwischen Umweltschutz und Entwicklung wider.[355] Neben den Übereinkommen zum Klimaschutz (su Rn 153 ff) und zum Schutz der Biodiversität (su Rn 160 ff) sowie einer rechtlich unverbindlichen Erklärung zum Schutz der Wälder[356] sind die Rio Deklaration und die „Agenda 21" hervorzuheben.

99   Die *Rio Deklaration*,[357] „the most significant universally endorsed statement of general rights and obligations of states affecting the environment",[358] besteht aus 27 (für sich betrachtet) unverbindlichen[359] Prinzipien, die das Leitbild des *sustainable development* konkretisieren. Gemäß dessen anthropozentrischem Ansatz, verdeutlicht in Prinzip 1, ist das „Recht auf Entwicklung" so zu verwirklichen, dass auch künftige Generationen ihre Bedürfnisse befriedigen können (Prinzip 3). Nachhaltige Entwicklung erfordert, Umweltschutz als integralen Bestandteil des Entwicklungsprozesses zu verstehen (Prinzip 4). Der nationalen Umweltgesetzgebung dienen Zugang der Öffentlichkeit zu umweltrelevanten Informationen und Beteiligung der Bürger an einschlägigen Verwaltungs- und Gerichtsverfahren (Prinzip 10), darüber hinaus das Vorsorge- und das Verursacherprinzip[360] sowie die Umweltverträglichkeitsprüfung (Prinzipien 15–17). Angesichts ihrer unterschiedlichen Beiträge zu den Umweltproblemen und ihrer Lösung tragen die Staaten *common but differentiated responsibilities* (Prinzip 7): Jedenfalls im Klimaschutz bricht dieses „normdirigierende Prinzip" letztlich „mit dem klassischen völkerrechtlichen Prinzip der Gleichheit der Staaten und begründet eine neue Offenheit zur internationalen Zusammenarbeit."[361]

---

350 World Commission on Environment and Development (Hrsg), Our Common Future, 1987.
351 UN-Generalversammlung, Res 228 (XLIV) v 22.12.1989 (Conference on Environment and Development).
352 Zur Arbeit des Preparatory Committee *Johnson*, The Earth Summit, 1993, 19 ff.
353 Überblick bei *Malanczuk*, Die Konferenz der Vereinten Nationen über Umwelt und Entwicklung (UNCED) und das internationale Umweltrecht, FS Bernhardt, 1996, 985 ff.
354 Dazu auch *Beyerlin*, in Bewahrung, 213 ff.
355 Dokumentation bei Robinson (Hrsg), Agenda 21 and the UNCED Proceedings, 6 Bde, 1992.
356 Statement of Principles for a Global Consensus on the Management, Conservation and Sustainable Development of all Types of Forests v 13.6.1992 (ILM 31 [1992] 881). Dazu *Schulte zu Sodingen*, Der völkerrechtliche Schutz der Wälder, 2002, 185 ff; *Krohn*, Die Bewahrung tropischer Regenwälder durch völkerrechtliche Kooperationsmechanismen, 2002, 168 ff.
357 Declaration on Environment and Development v 13.6.1992 (ILM 31 [1992] 876). Zu ihren Bestimmungen im Einzelnen Viñuales (Hrsg), The Rio Declaration on Environment and Development: A Commentary, 2015.
358 *Birnie/Boyle/Redgwell*, International Law and the Environment, 112.
359 Dies gilt unabhängig davon, dass die meisten Prinzipien in einer Rechtsverbindlichkeit nahelegenden Weise („States shall") formuliert sind.
360 Dazu su Rn 112 f.
361 *Kreuter-Kirchhof*, Kooperationsformen, 557. Vgl auch *Kellersmann*, Die gemeinsame, aber differenzierte Verantwortlichkeit von Industriestaaten und Entwicklungsländern für den Schutz der globalen Umwelt, 2000, 35 ff; *Stone*, Common But Differentiated Responsibilities in International Law, AJIL 98 (2004) 276 ff.

Die *Agenda 21*,[362] ein voluminöses Aktionsprogramm, enthält zur Realisierung der Nachhal- 100
tigkeits-Zielbestimmung detaillierte umwelt- und entwicklungspolitische Handlungsanweisungen. Die Umsetzung der Agenda, in erster Linie Aufgabe der Staaten und der I.O., soll durch Beteiligung von NGOs sowie der Öffentlichkeit gefördert werden. Von spezifisch entwicklungspolitischen Aufgaben über die verschiedensten Aspekte des Umweltschutzes reicht der Katalog bis zur Stärkung der Rechte der Frau und der indigenen Völker sowie zu Fragen der finanziellen, technischen, institutionellen und rechtlichen Umsetzung der Vorhaben.

Die Aufbruchstimmung, die vom Rio-Gipfel ausgegangen war, wich im Laufe der 1990er Jah- 101
re der Ernüchterung, nicht nur beim Klimaschutz. Um den Rio-Folgeprozess insgesamt zu begleiten, wurde die – dem Wirtschafts- und Sozialrat der UNO (ECOSOC) zugeordnete – *Commission on Sustainable Development* (CSD) gegründet.[363] Auf der Grundlage von Berichten dieser Kommission konstatierte die UN-Generalversammlung im Juni 1997 („Rio+5"), dass sich der Zustand der Umwelt insgesamt verschlechtert und der Handlungsbedarf in vielen Bereichen erhöht habe. Ua wurde, einmal mehr, eine verbesserte Koordination im zerklüfteten UN-System gefordert.[364]

Im CSD-Rahmen wurde der *World Summit on Sustainable Development* vorbereitet, der im 102
Jahr 2002 in *Johannesburg* mit dem Ziel abgehalten wurde, zehn Jahre nach „Rio" dem Gesamtprozess neuen Elan und dem offenen Begriff der Nachhaltigkeit schärfere Konturen zu geben.[365] Bereits im Vorfeld des Gipfels hatte die UN-Milleniums-Deklaration v 2000 zur Ratifikation bzw Umsetzung diverser Übereinkommen aufgerufen und die Grundlage gelegt für die Formulierung von acht Entwicklungszielen für das Jahr 2015 (sog *Millenium Development Goals* – MDGs).[366] Der Gipfel, wieder ein weltweit beachtetes Großereignis,[367] verabschiedete die *Johannesburg Declaration* und einen umfangreichen *Plan of Implementation*[368] – beide als politische Absichtserklärungen rechtlich unverbindlich. Die Deklaration begnügt sich im Wesentlichen mit einem allgemein gehaltenen Bekenntnis zum Nachhaltigkeits-Leitbild und zur zwischenstaatlichen Solidarität; über die Rio Deklaration geht sie in der Sache nicht hinaus. Der Implementierungsplan, der Umsetzung der Deklaration dienend, enthält neben Kapiteln ua zur Armutsbekämpfung, zur nachhaltigen Bewirtschaftung natürlicher Ressourcen, zum Verhältnis Gesundheit/nachhaltige Entwicklung, zu regionalen Ansätzen und institutionellen Rahmenbedingungen nachhaltiger Entwicklung die Initiative, den Privatsektor stärker einzubinden, durch Bildung von Public-Private-Partnerships zwischen I. O., staatlichen Stellen, NGOs, Wirtschaftsunternehmen und Individuen.

Die Bilanz der *UN Conference on Sustainable Development (UNCSD)*, zwanzig Jahre nach dem 103
Erd-Gipfel von Rio im Juni 2012 erneut in Rio de Janeiro veranstaltet („Rio+20"), ist str. Auch das Abschlussdokument („The Future We Want")[369] dieser vorerst letzten „großen" Umweltkonferenz ist nicht rechtsverbindlich. Gegenüber den im Rahmen der Vorgängerveranstaltungen ver-

---

362 UN Doc A/CONF.151/26/Rev.1 (1992), abgedr in Robinson (Fn 355), Vol IV, 1 ff.
363 UN Doc A/RES/47/191 v 22.12.1992.
364 UN-Generalversammlung, Res S/19-2 (Programme for the Further Implementation of Agenda 21) v 28.6.1997.
365 UN Doc A/RES/55/199 v 20.12.2000.
366 UN Doc A/RES/55/2 (United Nations Millenium Declaration) v 8.9.2000. Im Hinblick auf den Umweltschutz war vor allem das 7. MDG, der umweltspezifischen Nachhaltigkeit gewidmet, bedeutsam. Nach ihm sollten (1) die Grundsätze der nachhaltigen Entwicklung in der Politik und den Programmen einzelner Staaten verankert und die Vernichtung von Umweltressourcen eingedämmt, (2) der Verlust der Biodiversität reduziert und bis 2010 eine erhebliche Reduzierung der Verlustrate erreicht, (3) bis 2015 der Anteil der Weltbevölkerung ohne dauerhaftem Zugang zu hygienisch einwandfreiem Trinkwasser und grundlegender sanitärer Versorgung halbiert, und (4) bis 2020 eine erhebliche Verbesserung der Lebensbedingungen von mindestens 100 Mio Slumbewohnern erzielt werden. – Die Überprüfung der Ziel*erreichung* bereitet bei solchermaßen allgemeinen Vorgaben naturgemäß Probleme.
367 Vgl *Beyerlin/Reichard*, The Johannesburg Summit, ZaöRV 63 (2003) 213 ff.
368 UN Doc A/CONF.199/20, Report of the World Summit on Sustainable Development, 1 ff, 6 ff.
369 UN Doc A/RES/66/288 v 11.9.2012, Annex.

abschiedeten Dokumenten enthält es in der Sache keine wesentlichen Neuerungen, sieht man von einigen vorsichtig optimistisch stimmenden Erwägungen bzgl des Themenkomplexes „Ozeane und Meere" (etwa die fischereipolitische Zielvorgabe des größtmöglich erreichbaren Dauerertrags und die Erhaltung der biologischen Vielfalt der Staatengemeinschaftsräume Hohe See und Tiefseeboden betreffend) ab. Vor allem konnten angesichts der wirtschafts- und entwicklungspolitischen Interessen der sog *BRICS-Staaten* (Brasilien, Russland, Indien, China, Südafrika) kaum Fortschritte hinsichtlich des klimapolitisch erforderlichen Rückbaus von Subventionen für fossile Brennstoffe und der Förderung erneuerbarer Energien erzielt werden. Auch die ursprünglich geplante institutionelle Aufwertung des UNEP scheiterte; anstelle dessen wurde vereinbart, die CSD, deren Einrichtung 1992 noch von großen Hoffnungen begleitet worden war, aufzulösen und durch ein zunächst nicht näher spezifiziertes „universal, intergovernmental high-level political forum" zu ersetzen.[370] Nicht zuletzt stand offenbar die Weltfinanzkrise der Annahme ehrgeizigerer Vereinbarungen entgegen.

104 Als für die künftige Entwicklung des Umweltvölkerrechts nicht zu unterschätzender Faktor könnte sich hingegen die mit dem Abschlussdokument des Rio+20-Gipfels erfolgte Einigung der UN-Mitgliedstaaten, *Ziele nachhaltiger Entwicklung* zu entwerfen, erweisen. Sie sollen nach dem Auslaufen der von der UN-Milleniums-Deklaration v 2000 angestoßenen MDGs (so Rn 102) Ende 2015 verfolgt werden, um die drei Dimensionen des Nachhaltigkeitskonzepts und deren Wechselbezüge weiter zu konkretisieren.[371] Zu diesem Zweck wurde von der UN-Generalversammlung eine offene Arbeitsgruppe ins Leben gerufen,[372] die im Anschluss an einen sämtliche interessierte Gruppen (Staaten, UN-Institutionen, NGOs, Wissenschaftsorganisationen, private Unternehmen etc) einbeziehenden Konsulationsprozess am 19.7.2014 einen Entwurf von 17 Oberzielen vorlegte.[373] Diese sog *Sustainable Development Goals (SDGs)* wurden auf dem Weltgipfel für nachhaltige Entwicklung im September 2015 einstimmig von der UN-Generalversammlung verabschiedet.[374] Sie traten am 1.1.2016 mit einer Laufzeit von 30 Jahren in Kraft und wurden zwecks Operationalisierung durch einen Katalog von 169 Unterzielen ergänzt. Als mit Blick auf das Thema vorliegenden Abschnitts besonders relevant stellen sich die Ziele 6 (bzgl nachhaltiger Wasserbewirtschaftung), 7 (bzgl nachhaltiger Energieversorgung), 13 (mit der Aufforderung „to take urgent action to combat climate change and its impacts"), 14 (bzgl Erhaltung und nachhaltiger Nutzung der Ozeane und ihrer Ressourcen) u 15 (bzgl Schutz, Wiederherstellung und nachhaltiger Nutzung terrestrischer Ökosysteme, nachhaltiger Waldbewirtschaftung, Bekämpfung der Wüstenausbreitung sowie Beendigung von Devastierung und Biodiversitätsverlust) dar. Inwieweit die SDGs imstande sind, einen Paradigmenwechsel in der internationalen Umweltpolitik herbeizuführen oder zumindest der Kontroll- und Implementierungsschwäche des Umweltvölkerrechts wirksam zu begegnen, bleibt abzuwarten. Manche Ziele wirken überambitioniert, andere sind, trotz des Versuchs ihrer Konkretisierung mittels Verabschiedung von Unterzielen, allzu vage und abstrakt formuliert; das gilt nicht zuletzt für die politisch heikle Frage nach dem Umfang der Verantwortung der industrialisierten Staaten für die Bereitstellung von Mitteln zwecks Umsetzung der SDGs in den Entwicklungsstaaten.[375] Hinzu tritt, dass die SDGs völker-

---

370 Ebd § 84.
371 Ebd § 246. S auch ebd § 247: "[...] SDGs should be action-oriented, concise and easy to communicate, limited in number, aspirational, global in nature and universally applicable to all countries while taking into account different national realities, capacities and levels of development and respecting national policies and priorities."
372 UN Doc A/67/L.48/Rev.1 v 15.1.2013, Open Working Group of the General Assembly on Sustainable Development Goals.
373 UN Doc A/RES/68/970 v 12.8.2014, Report of the Open Working Group of the General Assembly on Sustainable Development Goals.
374 UN Doc A/RES/70/1 v 21.10.2015, Transforming Our World: The 2013 Agenda for Sustainable Development, §§ 54 ff.
375 Vgl etwa Unterziel 17.3: "Mobilize additional financial resources for developing countries from multiple sources".

rechtlich nicht verbindlich sind und ihre Missachtung damit nicht einklagbar ist (sie gründen freilich ganz überwiegend auf bestehenden völkervertraglichen Pflichten). Auch die von der UN-Generalversammlung vorgesehene Überwachung beruht letztlich auf freiwilligen, zumal von den Staaten selbst anzustoßenden Initiativen; die für die Durchführung von Monitoring und die Überprüfung erforderlichen Indikatoren müssen erst noch verabschiedet werden, und zwar jeweils für die globale, regionale und nationale Ebene.[376] Von diesen künftigen Herausforderungen abgesehen, lässt sich der SDG-Prozess, zumal unter Berücksichtigung der offen-partizipativen, netzwerkartigen Struktur des von der UN-Generalversammlung zwecks Unterstützung der Implementierung der Nachhaltigkeitsziele neu geschaffenen *Technology Facilitation Mechanism,*[377] als weiterer Beleg für die in den vergangenen Jahren zu beobachtende Tendenz einer Entformalisierung des Umweltvölkerrechts begreifen.

3. Allgemeine Prinzipien des Umweltvölkerrechts

Wie die Deklarationen von Stockholm und Rio, wie zahlreiche Umweltschutzübereinkommen, 105 Verlautbarungen zB von CSD und UNEP[378] sowie wissenschaftliche Veröffentlichungen[379] erkennen lassen, geht es im Völkerrecht in den letzten Jahrzehnten u a um die Formulierung allgemeiner Prinzipien für den Umgang mit der Umwelt. Neben den überkommenen, praktisch noch immer besonders relevanten Grundsätzen des gewohnheitsrechtlichen Nachbarrechts sowie neueren, normativ noch ungefestigten Konzeptionen – *common heritage of mankind,*[380] *common concern of mankind,*[381] *common but differentiated responsibilities*[382] – konzentriert man sich auf das Leitbild der nachhaltigen Entwicklung sowie – vor allem – auf das Vorsorge- und das Verursacherprinzip. Obgleich ihre rechtliche Einordnung im Einzelnen str und jeweils gesondert vorzunehmen ist, werden sie nachfolgend allesamt unter dem Begriff *Prinzipien* behandelt. Als Optimierungsgebote fordern sie die möglichst weitgehende Verwirklichung eines bestimmten „idealen Sollens".[383] Demnach ist zwischen den sich aus ihnen ergebenden materiellen oder prozeduralen Rechts*wirkungen* einerseits und der formellen *(soft* oder *hard law)* Rechts*natur* der Prinzipien andererseits zu differenzieren: Unabhängig von der formellen Frage ihrer allgemeinen Bindungswirkung entfalten sie in der Sache erheblichen Einfluss auf die Rechtswirklichkeit, mag die Anwendung der in den Prinzipien enthaltenen abstrakten Aussagen auf den konkreten Einzelfall auch oft Probleme bereiten. Dies und die immer weiter wachsende Bedeutung des *soft*

---

376 UN Doc A/RES/70/1 (Fn 374) §§ 74 ff.
377 Vgl ebd § 70: "The Technology Facilitation Mechanism will be based on a multi-stakeholder collaboration between Member States, civil society, the private sector, the scientific community, United Nations entities and other stakeholders and will be composed of a United Nations inter-agency task team on science, technology and innovation for the Sustainable Development Goals, a collaborative multi-stakeholder forum on science, technology and innovation for the Sustainable Development Goals and an online platform." Mit den Begriffen und Kategorien der tradierten Lehre von den I. O. lassen sich Grundlagen und Struktur dieses neuen Mechanismus nicht erfassen.
378 Vgl etwa die UN Docs E/CN.17/1996/17/Add 1 v 1.3.1996 u UNEP/IEL/WS/3/2 v 4.10.1996.
379 Vgl *Epiney/Scheyli,* Strukturprinzipien; *Sands/Peel,* Principles; *Verschuuren,* Principles. Krit *Beyerlin,* „Prinzipien" im Umweltvölkerrecht, FS Steinberger, 2002, 31 ff. Überblick bei *Epiney,* Zur Einführung – Umweltvölkerrecht, JuS 2003, 1066 (1067 f).
380 Vgl *Wolfrum,* The Principle of the Common Heritage of Mankind, ZaöRV 43 (1983) 312 ff.
381 Vgl *Hunter/Salzman/Zaelke* (Fn 342) 343 ff; Abgrenzung der verschiedenen Konzepte bei *Proelß/Haake* (Fn 202). In der Klimarahmenkonvention v 1992 und im Kyoto Protokoll v 1997 ist der Schutz der Erdatmosphäre als „gemeinsames Anliegen der Menschheit" Sorge und Aufgabe aller Staaten.
382 Vgl *Hey,* Common But Differentiated Responsibilities, MPEPIL II, 444 ff. Die besondere Verantwortlichkeit der Industriestaaten folgt aus ihrer größeren Schutzfähigkeit und Schadensverantwortlichkeit; vgl *Kreuter-Kirchhof,* Kooperationsformen, 515 ff.
383 Vgl *Alexy,* Recht, Vernunft, Diskurs, 1995, 177 ff. Rechtstheoretisch handelt es sich bei den Prinzipien des Umweltvölkerrechts daher eigentlich um Regeln (und gerade nicht um Prinzipien ieS). Sie sind selbst nicht abwägungsfähig, sondern strukturieren den Abwägungsprozess. Eingehend dazu *Schröter,* Strukturprinzipien, 250 ff.

law stellen die überkommene Rechtsquellenlehre im Kontext der internationalen Bemühungen zum Schutz der Umwelt vor neue Herausforderungen.

a) Das Trail Smelter-Prinzip und der Präventionsgrundsatz

106 Auszugehen ist zunächst von der gewohnheitsrechtlichen Geltung des Verbots erheblicher grenzüberschreitender Umweltbelastungen (obligation not to cause significant harm),[384] das in in die Worte sic utere tuo ut alienam non laedas gefasst wird: „Gehe mit deinen Dingen so um, dass du einen anderen nicht schädigst."[385] Bis heute bereitet indes die Feststellung Schwierigkeiten, wann der Anwendungsbereich dieses sog Trail Smelter-Grundsatzes im Einzelfall wegen Vorliegens einer erheblichen grenzüberschreitenden Umweltschädigung betroffen ist.[386] Die 1974 von der OECD erarbeitete, allgemein akzeptierte Definition des Begriffs „Umweltverschmutzung"[387] stellt ab auf „the introduction by man [...] of substances or energy into the environment resulting in deleterious effects of such a nature as to endanger human health, harm living resources and ecosystems, and impair or interfere with amenities and other legitimate uses of the environment."[388] Ob die Umwelt belastet ist, bleibt freilich oftmals eine Wertungsfrage.[389] Grenzüberschreitend sind Belastungen zunächst dann, wenn ihre Auswirkungen das Hoheitsgebiet eines anderen Staats betreffen. Für den Begriff des Nachbarn folgt daraus: Nicht geographische Nähe oder gar eine gemeinsame Grenze sind maßgeblich, sondern der Kausalzusammenhang zwischen schädlicher Tätigkeit und Umweltbelastung.[390] Der IGH geht mittlerweile von der allgemeinen, auch räumlich unbeschränkten Geltung des Verbots erheblicher grenzüberschreitender Umweltbelastungen aus. So heißt es in seinem Nuklearwaffen-Gutachten v 1996: "The existence of the general obligation of States to ensure that activities within their jurisdiction and control respect the environment of other States or of areas beyond the national control is now part of the corpus of international law relating to the environment."[391]

107 Das Verbot grenzüberschreitender Umweltbelastungen gilt nicht absolut. Bereits der *Trail Smelter*-Schiedsspruch enthielt das einschränkende Kriterium der *Erheblichkeit* der Belastung, auf das sich 1957 dann auch der *Lac Lanoux*-Schiedsspruch bezog. Ohne das Verbot grenzüberschreitender Umweltbelastungen explizit zu erwähnen, billigte das Gericht hier das Vorhaben

---

384 *Epiney*, Das „Verbot erheblicher grenzüberschreitender Umweltbeeinträchtigungen", AVR 33 (1995) 309 (318). S zuletzt den endg Schiedsspruch im Fall *Indus Waters*, § 110 (mit Verweis auf Teilschiedsspruch v 18.2.2013): "There is no doubt that States are required under contemporary customary international law to take environmental protection into consideration when planning and developing projects that may cause injury to a bordering State."
385 Abgrenzungen bei *Hinds*, Das Prinzip „sic utere tu out alienam non laedas" und seine Bedeutung im internationalen Umweltrecht, AVR 30 (1992) 298 (301 ff).
386 Zu dieser und weiteren Fragen bzgl Relevanz, Reichweite und Rechtsfolgen der *Trail Smelter*-Entscheidung vgl Bratspies/Miller (Hrsg), Transboundary Harm in International Law, 2006.
387 Vgl *Kiss*, The International Protection of the Environment, in Macdonald/Johnston (Hrsg), The Structure and Process of International Law, 1983, 1069 (1072); *ders/Shelton* (Fn 345) 268 ff.
388 OECD, Recommendation C(74)224 of the Council on Principles Concerning Transfrontier Pollution v 14.11.1974, Teil A (Introduction).
389 Vgl IGH im *Pulp Mills*-Fall, ICJ Rep 2010, 14, 92 (§ 236): "[...] the Court will principally weigh and evaluate the data". Der Gerichtshof verzichtete auf die gemäß Art 50 IGH-Statut bestehende Möglichkeit, wissenschaftliche Gutachten zu den potentiell umweltschädlichen Wirkungen der durch den Betrieb eines Zellstoffwerks freigesetzten Stoffe einzuholen. Insoweit krit die abw Meinung der Richter *Al-Khasawneh* u *Simma*, ebd 108, 109 ff (§§ 2 ff).
390 *Kunig*, Nachbarschaftliche Staatsverpflichtungen bei Gefährdungen und Schädigungen der Umwelt, BDGVR 32 (1992) 9 (12 f). *Schröder*, Waldschäden als Problem des internationalen und des europäischen Rechts, DVBl 1986, 1173 (1176 f) bezweifelt die Einbeziehung *weiträumiger* Schädigungen in den *sic utere tuo*-Grundsatz. Das Gewohnheitsrecht hält auch keinen effizienten Mechanismus für den Umgang mit den Folgen *kumulierter* Immissionen bereit, also bzgl Einwirkungen, die ihren Ursprung in mehreren Staaten haben und jede für sich betrachtet unerheblich sind. Dazu vgl auch das *Pulp Mills*-Urteil des IGH, ICJ Rep 2010, 14, 94 ff.
391 ICJ Rep 1996, 226 ff (§ 29); s auch das Urteil im *Pulp Mills*-Fall, ICJ Rep 2010, 14, 55 f.

Frankreichs, Wasser des Flusses Font-Vive, der den französischen Pyrenäensee Lanoux mit dem französisch-spanischen Grenzfluss Carol verbindet, zur Elektrizitätsgewinnung umzuleiten. Nicht nur werde das zunächst entzogene Wasser später wieder dem Grenzfluss zugeführt; es gehe vielmehr auch nicht um eine *erhebliche* Veränderung der Wassereigenschaften.[392] Unwesentliche Einwirkungen seien aber als gewohnheitsrechtliche Ausnahme vom Schädigungsverbot hinzunehmen, wobei die Wesentlichkeit vom Opferstaat aus zu beurteilen ist.[393]

Die Entwicklung des Verbots der grenzüberschreitenden erheblichen Umweltbeeinträchtigung zu einem *allgemeinen Präventionsgrundsatz* und dessen Bestätigung als bindendes Gewohnheitsrecht durch den IGH[394] werfen die Frage auf nach der fortbestehenden Relevanz des erstgenannten Grundsatzes. Diesbezügliche Zweifel ergeben sich aus der Zielrichtung des jüngeren Präventionsgrundsatzes. Dieser statuiert eine bloße Verhaltenspflicht *(obligation of conduct)* des Staats, unter Berücksichtigung der gebührenden Sorgfalt *(due diligence)* zu handeln, indem im Vorhinein alle möglichen und zumutbaren Maßnahmen zur Vermeidung wahrscheinlicher grenzüberschreitender Umweltschäden getroffen werden.[395] Die Einhaltung technischer Standards wie der „besten verfügbaren Technologien" oder der „besten Umweltpraxis" ist hierfür ein relevanter Faktor. Kann aber ein Staat unter Bezugnahme auf den prohibitiven („erfolgsbezogenen") *Trail Smelter*-Grundsatz (Verbot der erheblichen grenzüberschreitenden Umweltbeeinträchtigung als *obligation of result)*[396] auch dann noch zur Verantwortung für eingetretene grenzüberschreitende Umweltschäden zur Verantwortung gezogen werden, wenn er zuvor im Lichte des Maßstabs der gebotenen Sorgfalt alle Maßnahmen getroffen hat, um jene Schäden zu verhindern? Diese Frage harrt einer umfassenden Klärung.[397] Soweit erkennbar bietet die Staatenpraxis für eine bejahende Antwort keine tragfähige Grundlage; IGH und Rio Deklaration[398] verhalten sich zum Verbot der erheblichen grenzüberschreitenden Umweltbeeinträchtigung nicht. Dies legt es nahe, von der Fortgeltung dieses Verbots (und damit der parallelen Anwendbarkeit *neben* dem Präventionsgrundsatz) allenfalls in Fällen auszugehen, in denen ein Staat eine *in höchstem Maße risikogeneigte Technologie* zugelassen hat.[399]

108

Um die Einhaltung des Präventionsgrundsatzes zu gewährleisten, bedarf es jeweils intensiver Kommunikation. Aus den *materiellen* Regeln werden deshalb, gleichsam als ihr Annex, *prozedurale* Pflichten abgeleitet.[400] Im Vordergrund steht die Verpflichtung, potentielle Opferstaaten über die Vorfälle bzw die Vorhaben frühzeitig zu *informieren,* die erhebliche grenzüberschreitende Umweltbelastungen mit sich bringen können, und insoweit in Konsultationen einzutreten. Unter Bezugnahme auf Prinzip 19 der Rio Deklaration, zahlreiche einschlägige Normen

109

---

392 *Lac Lanoux Arbitration*, RIAA XII, 281, 303.
393 So *Sachariew*, The Definition of Thresholds of Tolerance for Transboundary Environmental Injury under International Law, NILR 37 (1990) 193 ff.
394 *Pulp Mills*, ICJ Rep 2010, 14, 55 f (§ 101); s auch den Schiedsspruch im *Iron Rhine*-Fall, § 59. Zweifelnd hingegen *Heintschel von Heinegg*, in Ipsen (Fn 10) § 50 Rn 21.
395 Ebd; vgl auch den Kommentar der ILC zu Art 3 der Draft Articles on Prevention of Transboundary Harm from Hazardous Activities (YBILC 2001/II-2, 154).
396 Vgl RIAA III, 1905 bzw 1938, 1965
397 *Beyerlin/Marauhn*, International Environmental Law, 40 f gehen von zwei Dimensionen eines allgemeinen Nichtschädigungsgebots *(no harm rule)* aus: "In its prohibitive function, it [das Nichtschädigungsgebot] forbids any state from causing significant transboundary environmental harm. In its preventive function, 'no harm' obliges every state of origin 'to take adequate measures to control and regulate in advance sources of potential significant transboundary harm'."
398 Die Rio Deklaration spricht in Prinzip 2 lediglich davon, dass "States have [...] the responsibility to ensure that activities within their jurisdiction or control do not cause damage to the environment of other States or of areas beyond the limits of national jurisdiction."
399 Eingehend *Proelß*, Das Urteil des IGH im Pulp Mills-Fall und seine Bedeutung für die Entwicklung des Umweltvölkerrechts, FS Schröder, 2012, 611 (620 ff); vgl auch *Birnie/Boyle/Redgwell*, International Law and the Environment, 147 ff, insbes 150 f.
400 Vgl *Birnie/Boyle/Redgwell*, International Law and the Environment, 177 ff.

im Rahmen diverser multilateraler Umweltschutzabkommen sowie Art 8 u 9 des Artikelentwurfs der ILC zu Prevention of Transboundary Harm from Hazardous Activities[401] wird heute überwiegend und zutreffend von der gewohnheitsrechtlichen Geltung dieser prozeduralen Pflichten ausgegangen.[402] Gleiches gilt für die Pflicht zur Durchführung einer *Umweltverträglichkeitsprüfung (UVP)* vor Initiierung eines potentiell umweltgefährdenden Projekts. Für Projekte, deren Umweltauswirkungen grenzüberschreitender Natur sind (Bsp: grenzüberschreitende Pipelines), regelt das Verfahren das Übereinkommen über Umweltverträglichkeitsprüfungen im grenzübergreifenden Kontext v 1991 (Espoo Übereinkommen).[403] Im *Pulp Mills*-Fall stellte der IGH fest: "[I]t may now be considered a requirement under general international law to undertake an environmental impact assessment where there is a risk that the proposed industrial activity may have a significant adverse impact in a transboundary context, in particular, on a shared resource."[404] Die genauen Anforderungen, die im Einzelfall an eine UVP zu stellen sind, lassen sich dem allgemeinen Völkerrecht freilich nicht entnehmen.[405] Sie ergeben sich aus dem Völkervertragsrecht, europäischen Unionsrecht und/oder nationalen Recht.

110 Probleme wirft das *Verhältnis der materiellen Grundsätze und der prozeduralen Pflichten* auf. In seinem *Pulp Mills*-Urteil betonte der IGH zwar den zwischen den beiden Kategorien bestehenden „functional link", lehnte es aber ab, aus der Verletzung der prozeduralen Informationspflicht automatisch eine Verletzung der in casu einschlägigen materiell-rechtlichen Grundsätze, insbes des Präventionsprinzips, abzuleiten.[406] Überdies erblickte er in der bloßen gerichtlichen Feststellung eines Verstoßes Uruguays gegen die Informationspflicht eine ausreichende Wiedergutmachung.[407] Die hierin zum Ausdruck kommende Relativierung der prozeduralen umweltrechtlichen Anforderungen begegnet Bedenken;[408] Informations- und Konsultationspflichten leisten einen wesentlichen Beitrag zur Implementierung und Operationalisierung des materiellen Rechts (Umweltschutz durch Verfahren), ja gewährleisten überhaupt erst dessen Wirkmächtigkeit.[409]

b) Das Gebot der ausgewogenen Mitnutzung grenzübergreifender Ressourcen

111 Kern des Grundsatzes *ausgewogener Mitnutzung grenzübergreifender Ressourcen* ist die staatliche Verpflichtung, bei der Ressourcennutzung auch die Interessen anderer Staaten, auf deren Hoheitsgebiet sich die Ressourcen ebenfalls erstrecken, zu berücksichtigen.[410] Obgleich seine Anwendbarkeit seit den 1970er Jahren im Zusammenhang mit den UNEP-Leitlinien für den Umgang mit den unterschiedlichsten *shared natural resources* (Mineralien, Erdöl- und Erdgasvorkommen,

---

401 Nachw in Fn 395.
402 Vgl nur *Odendahl*, Umweltpflichtigkeit, 139 ff; *Beyerlin/Marauhn*, International Environmental Law, 227 ff. Im *Pulp Mills*-Fall betonte der IGH den engen Zusammenhang zwischen Informationspflichten und Präventionsprinzip, s ICJ Rep 2010, 14, 56 (§ 102).
403 Per 1.3.2016 45 Vertragsparteien, darunter die BR Deutschland und die EU.
404 *Pulp Mills*, ICJ Rep 2010, 14, 83 (§ 204). S auch das Gutachten der Kammer für Meeresbodenstreitigkeiten des ISGH, ITLOS Rep 2011, 10 (§§ 145).
405 Ebd 83 f (§ 205). S aber den endg Schiedsspruch im Fall *Indus Waters*, mit der Klarstellung, dass die UVP von Völkerrechts wegen aufgrund aktueller wissenschaftlicher Erkenntnisse und in Anbetracht der spezifischen Besonderheiten des betreffenden Projekts durchgeführt werden müsse (§ 101).
406 Ebd 47 ff (§ 71 ff).
407 Ebd 102 ff (§§ 269, 272 ff). Zur Genugtuung als Rechtsfolge der Staatenverantwortlichkeit *Schröder*, 7. Abschn Rn 32.
408 Zu Recht krit die abw Meinung der Richter *Al-Khasawneh* u *Simma*, ICJ Rep 2010, 14, 108, 120 (§ 26 f).
409 Darstellung und Kritik bei *Proelß* (Fn 399) 616 ff.
410 Terminologisch findet es sich in verschiedenen, inhaltlich aber gleichbedeutende Varianten: angemessene/ausgewogene/faire/billige/gerechte/gleichmäßige (Mit-)Nutzung grenzübergreifender/geteilter/gemeinsamer Ressourcen.

Wälder, Gebirge, Luft) diskutiert wurde,[411] erfuhr es seine wesentliche Ausprägung im internationalen Wasserrecht.[412] Ziel des *Equitable Utilization*-Prinzips ist nicht die schematische Gleichbehandlung aller Betroffenen, sondern der differenzierte, dem konkreten Einzelfall gerecht werdende, insofern „billige" Interessenausgleich zwischen wirtschaftlichen und ökologischen Belangen.[413] Kriterien hierfür hat die ILA im Rahmen ihrer – rechtlich unverbindlichen – *Berlin Rules on Water Resources* entwickelt, die an die Stelle eines früheren Entwurfs getreten sind.[414] Danach sind u a die Bevölkerungsgröße der Anrainerstaaten, ihre sozioökonomischen Bedürfnisse sowie die Verfügbarkeit zusätzlicher Wasserressourcen zu berücksichtigen. In der Praxis ist das Gebot der ausgewogenen Mitnutzung zwischenzeitlich in zahlreichen bi- und multilateralen Verträgen zu spezifischen Gewässern[415] sowie in Art 5 Abs 1 Satz 1 des *UN-Übereinkommens über das Recht der nicht-navigatorischen Nutzungen internationaler Wasserläufe* v 21.3.1997[416] kodifiziert. Der IGH hat die Geltung dieses Gebots, zumindest in Bezug auf Binnengewässer, bestätigt.[417] Trotz dieser rechtlichen Anerkennung ist es wegen seiner Unbestimmtheit wenig effektiv. Letztlich dürften, wie im *Gabčíkovo-Nagymaros*-Fall, nur grobe Verletzungen des Gebots eindeutig feststellbar sein. Insofern spricht vieles dafür, das Mitnutzungsgebot primär als eine staatengerichtete Anweisung zu verstehen, einen fairen Interessenausgleich zu suchen. Auch im Seerecht ist in speziellen Abgrenzungsfragen „eine der Billigkeit entsprechende Lösung" *(equitable solution)* anzustreben.[418]

c) Das Vorsorge- und das Verursacherprinzip

Kern des aus dem dt Umweltrecht stammenden, mittlerweile auch im EU-Recht verankerten[419] *Vorsorgeprinzips (precautionary principle)* ist der Gedanke, dass die Umwelt am effektivsten geschützt wird, wenn bereits die Entstehung von Belastungen vermieden wird. Nachdem der Vorsorgegedanke international im Rahmen der Konferenzen zum Nordseeschutz in den 1980er Jahren erstmals größere Beachtung fand, ist er mittlerweile in Abkommen zum Schutz des Meeres,[420] der Binnengewässer,[421] der Arten[422] sowie des Klimas[423] aufgegriffen und in seiner Bedeutung durch Prinzip 15 der Rio Deklaration anerkannt worden.[424] Gleichwohl herrscht noch

112

---

411 Hierzu *Odendahl*, Umweltpflichtigkeit, 163 ff; *Durner*, Common Goods, 2001, 74 ff. Zum Hintergrund *Reinicke*, Die angemessene Nutzung gemeinsamer Naturgüter, 1991, 8 ff.
412 Hierzu und zum Folgenden *Reichert*, Gewässerschutz, 119 ff.
413 Vgl auch *Pulp Mills*, ICJ Rep 2010, 14, 74 f (§§ 175, 177).
414 Abrufbar unter <http://www.cawater-info.net/library/eng/l/berlin_rules.pdf>; die früheren Helsinki Rules sind abgedr in ILA (Hrsg), Report of the Fifty-second Conference Held at Helsinki, 1966-7, 484 ff.
415 Nachweise bei *Reinicke* (Fn 411) 37 ff; *Ule*, Das Recht am Wasser, 1998, 165 f. Im Fall *Indus Waters* schloss sich das Schiedsgericht der str Ansicht an, dass die Normen des einschlägigen bilateralen Vertrags im Lichte des Völkergewohnheitsrechts auszulegen seien, und zwar selbst dann, wenn die betreffenden gewohnheitsrechtlichen Normen erst *nach* Abschluss des Vertrags entstanden seien. Vgl endg Schiedsspruch, § 111 (mit Verweis auf Teilschiedsspruch v 18.2.2013).
416 Convention on the Law of the Non-navigational Uses of International Watercourses, ILM 36 (1997) 700.
417 *Gabčíkovo-Nagymaros*, ICJ Rep 1997, 7, 56 (§ 85).
418 Vgl Art 74 Abs 1 u Art 83 Abs 1 SRÜ; vgl o Rn 57.
419 Vgl Art 191 Abs 2 AEUV.
420 Vgl Art 2 Abs 2 lit a des Übereinkommens zum Schutz der Meeresumwelt des Nordostatlantiks (OSPAR-Übereinkommen) v 22.9.1992 (BGBl 1994 II, 1360); vgl auch die Definition von „Verschmutzung" in Art 1 Abs 1 Nr 4 SRÜ („abträgliche Wirkungen [...] ergeben oder ergeben *können*").
421 Vgl Art 2 Abs 5 lit a des Übereinkommens zum Schutz und zur Nutzung grenzüberschreitender Wasserläufe und internationaler Seen v 17.3.1992 (BGBl 1994 II, 2334).
422 Vgl 9. Erwägungsgrund der Präambel des Übereinkommens über die biologische Vielfalt (CBD) v 22.6.1992 (BGBl 1993 II, 1742).
423 Vgl Art 3 Abs 3 des Rahmenübereinkommens der Vereinten Nationen über Klimaveränderung (UNFCCC) v 29.5.1992 (BGBl 1993 II, 1784).
424 Prinzip 15 lautet: "In order to protect the environment, the precautionary approach shall be widely applied by all States according to their capabilities. Where there are threats of serious or irreversible damage, lack of full scien-

immer Streit darüber, ob das Vorsorgeprinzip bereits zu Völkergewohnheitsrecht erstarkt ist.[425] Der Ertrag dieser Kontroverse war und ist begrenzt; sie sollte von Überlegungen flankiert bzw ersetzt werden, auf welche Weise der Vorsorgegedanke in der Rechtspraxis *effektiv operationalisiert* werden kann.[426] Das Quellenproblem steht in engem Zusammenhang mit dem Umstand, dass das Vorsorgeprinzip je nach betroffenem Vertrag unterschiedlich ausgestaltet ist.[427] Stets geht es zwar im Kern um die Handhabung von Umweltrisiken, hinsichtlich deren Eintrittswahrscheinlichkeit wissenschaftliche Unsicherheit besteht: Vorsorge als *Risikomanagement* und *-abwägung*.[428] Welche Rechtsfolgen sich aus der Anwendung des Prinzips ergeben – zu denken ist etwa an eine Beweislastumkehr zulasten des Staats, der sich auf die Harmlosigkeit eines potentiell umweltschädlichen Verhaltens beruft,[429] oder an eine staatliche Pflicht zum Handeln, sobald die Möglichkeit einer Umweltgefährdung besteht[430] –, kann aber nicht allgemein beantwortet werden.[431] Nicht bestreiten lässt sich freilich, *dass* das Vorsorgeprinzip seit Mitte der 1980er Jahre Widerhall in der Staatenpraxis und Erwähnung in einer Vielzahl umweltvölkerrechtlicher, sich teilweise überlagernder Verträge gefunden hat. Verbunden mit seiner Ausgestaltung als Optimierungsverbot sowie der in dem Element des Verzichts auf wissenschaftliche Gewissheit zum Ausdruck kommenden Bedeutung als Grundsatz des Risikomanagements legt dies nahe, das Vorsorgeprinzip, zumal eingedenk der Herausforderung des Klimawandels, künftig iSe *prozeduralen Abwägungsmechanismus* zu operationalisieren, mittels dessen Zielkonflikte zwischen verschiedenen Schutzgütern des Umweltvölkerrechts (etwa Biodiversitätsschutz einerseits, Bekämpfung des Klimawandels andererseits)[432] bewältigt werden können.[433]

---

tific certainty shall not be used as a reason for postponing cost-effective measures to prevent environmental degradations."
425 Zu Recht differenzierend *Birnie/Boyle/Redgwell*, International Law and the Environment, 159 ff; *Beyerlin/ Marauhn*, International Environmental Law, 55 f. Zum Ganzen auch *Trouwborst*, Evolution and Status of the Precautionary Principle in International Law, 2002. Vorsichtig bejahend die Kammer für Meeresbodenstreitigkeiten des ISGH, ITLOS Rep 2011, 10 (§§ 131, 135).
426 Dazu *Proelß*, Das Umweltrecht vor den Herausforderungen des Klimawandels, JZ 2011, 495 ff; umfassend *Schröter*, Strukturprinzipien, 321 ff.
427 Vgl auch *Böckenförde*, The Operationalization of the Precautionary Approach in International Environmental Law Treaties, ZaöRV 63 (2003) 313 (314); *Epiney/Scheyli*, Strukturprinzipien, 45: „Zur Frage, ob ein Prinzip/eine Verhaltensregel Völkergewohnheitsrecht darstellt, gesellt sich daher immer diejenige nach dem normativen Gehalt dieser Regel."
428 *Epiney/Scheyli*, Strukturprinzipien, 91 f; *Beyerlin/Marauhn*, International Environmental Law, 55. – Der Unterschied zum Präventionsprinzip liegt darin, dass der Kausalzusammenhang zwischen Verhalten und Umweltbelastung nicht feststehen muss; vgl *Cameron/Abouchar*, The Status of the Precautionary Principle in International Law, in Freestone/Hey (Hrsg), The Precautionary Principle and International Law, 1996, 29 (45). Im Kontext des Vorsorgeprinzips sind die Anforderungen an die Wahrscheinlichkeit eines Schadenseintrittes umso niedriger, je höher die potentiellen Schadensfolgen sind.
429 Allgemein bejahend *Request for Examination*, Diss Op *Weeramantry*, ICJ Rep 317, 343; ähnlich *Verschuuren*, Principles, 87; ablehnend der IGH im *Pulp Mills*-Fall, ICJ Rep 2010, 14, 71 (§ 164); *Birnie/Boyle/Redgwell*, International Law and the Environment, 158 f. Explizit ergibt sich eine Beweislastumkehr lediglich aus Art 3 Abs 3 lit c Anlage II OSPAR-Übereinkommen; für Art 2 Abs 2 lit a OSPAR-Übereinkommen nimmt Entsprechendes an *Proelß*, Meeresschutz, 203 f.
430 Vgl etwa Art 2 Abs 2 lit a OSPAR-Übereinkommen.
431 Deutlich *Birnie/Boyle/Redgwell*, International Law and the Environment, 160 ff. Zu den verschiedenen „Versionen" des Vorsorgeprinzips auch *Wiener*, Sustainable Development, in Oxford Handbook, 597 (602 ff). Dies erklärt auch die unterschiedliche Terminologie: In manchen Verträgen wird vom Vorsorgeansatz *(precautionary approach)*, in anderen vom Vorsorgeprinzip *(precautionary principle)* gesprochen.
432 *Wolfrum/Matz*, Conflicts in International Environmental Law, 2003, 78 ff.
433 *Proelß* (Fn 426) 499 ff; *Wiener*, Sustainable Development, in Oxford Handbook, 597 (609 f); zum Bsp Klimaschutz *Güssow*, Sekundärer maritimer Klimaschutz, 2012, 227 ff (ebd 321 ff mit Anwendungsbeispielen). Aus unionsrechtlicher Perspektive KOM(2000) 1 endg v 2.2.2000, 3 ff, 9; vgl auch *Arndt*, Das Risikoverständnis der Europäischen Union unter besonderer Berücksichtigung des Vorsorgeprinzips, in Jaeckel/Janssen (Hrsg), Risikodogmatik im Umwelt-

Nach ersten Definitionen zu Beginn der 1970er Jahre durch OECD[434] und EG[435] wurde das 113 *Verursacherprinzip (polluter pays principle)* auf universeller Ebene in Prinzip 16 der Rio Deklaration verankert: "National authorities should endeavour to promote the internalization of environmental costs [...] taking into account the approach that the polluter should, in principle, bear the cost of pollution, with due regard to the public interest and without distorting international trade and investment." Als (auch) *Kostenverteilungsprinzip* ordnet das Verursacherprinzip dem Urheber einer Belastung die Verantwortung für die Kosten ihrer Vermeidung oder Beseitigung zu. Dies beruht auf der Vorstellung, dass Verursachern dann der wirtschaftliche Anreiz zu verträglichem Verhalten fehlt, wenn sie die Umweltkosten auf Dritte abwälzen, die Kosten somit aus ihrer Kalkulation heraushalten können. Der Zwang zur „internalisierenden" Einbeziehung der „externen Effekte" soll zur umweltschonenden Verhaltensänderung führen.[436] Insgesamt ist bzgl des Verursacherprinzips im Einzelnen noch vieles str. Von seiner universellen völkergewohnheitsrechtlichen Geltung kann bislang nicht ausgegangen werden,[437] ungeachtet seiner Rezeption in verschiedenen umweltvölkerrechtlichen Verträgen.[438]

d) Das Leitbild der nachhaltigen Entwicklung
Seit dem Rio-Gipfel v 1992 dominiert das Konzept der „nachhaltigen Entwicklung" *(sustainable* 114 *development)* auf nationaler,[439] supranationaler[440] und internationaler Ebene.[441] Obgleich mittlerweile alle Gebiete des Umweltrechts durchziehend, sind Inhalt wie Status dieser Zielbestimmung bis heute str. Ein Symptom ist die terminologische Blässe des dt Begriffs; er wird daher zuweilen auch, kaum weniger konturenlos, durch „Bestandsfähigkeit", „Dauerhaftigkeit" oder „Zukunftsfähigkeit" ersetzt. Mit Blick auf seine Ausbreitung in diverse andere Politikbereiche hinein ist der Vorwurf, es handele sich – überspitzt formuliert – um eine „Zauberformel",[442] kaum von der Hand zu weisen.

„Nachhaltigkeit" lässt sich im dt Forstrecht bis ins 18. Jh zurückverfolgen – als Bezeichnung 115 für den Grundsatz, dass Wäldern im Interesse stetiger Erträge nicht mehr Holz entnommen werden darf als nachwachsen kann. Dieser *Hege*ansatz, der Nutzung und Bewahrung miteinander

---

und Technikrecht, 2012, 35 (45 ff); Darstellung der einschlägigen EuGH-Judikatur bei *Proelss*, Principles of EU Environmental Law: An Appraisal, in Nakanishi (Hrsg), Contemporary Issues in Environmental Law, 2016, 29 ff. S zuletzt die schiedsgerichtliche Entscheidung im Fall *Indus Waters*, wonach die Bezugnahme auf das Vorsorgeprinzip zur Folge habe, „to [...] assume the role of policymaker in determining the balance between acceptable environmental change and other priorities, or to permit environmental considerations to override the balance of other rights and obligations expressly identified in the Treaty [...]" (§ 112).
434 Guiding Principles Concerning International Economic Aspects of Environmental Policies (ILM 11 [1972] 1172 f). Zur Rolle der OECD *Brown Weiss et al*, International Environmental Law and Policy, 1998, 523 ff.
435 Erklärung des Rates der Europäischen Gemeinschaften und der im Rat vereinigten Vertreter der Regierungen der Mitgliedstaaten v 22.11.1973 über ein Aktionsprogramm der Europäischen Gemeinschaften für den Umweltschutz (ABl EG 1973, Nr C 112/1).
436 *Feess*, Umweltökonomie und Umweltpolitik, 1995, 18 f.
437 Vgl *Epiney/Scheyli*, Strukturprinzipien, 154 ff.
438 Vgl etwa Art 2 Abs 5 lit b des UN/ECE-Gewässerübereinkommens; Art 2 Abs 2 lit b des OSPAR-Übereinkommens.
439 Zur Umsetzung in Deutschland *Rehbinder*, Das deutsche Umweltrecht auf dem Weg zur Nachhaltigkeit, NVwZ 2002, 657 ff.
440 Vgl die Präambel u Art 3 Abs 3 EUV, Art 11 AEUV sowie Art 37 der Charta der Grundrechte. Hierzu *Epiney*, Zum Konzept der Nachhaltigen Entwicklung in der EU, in Lang/Hohmann/Epiney (Hrsg), Das Konzept der Nachhaltigen Entwicklung, 1999, 43 (47 ff); *Frenz/Unnerstall*, Nachhaltige Entwicklung im Europarecht, 1999.
441 Vgl *Rest*, Die rechtliche Umsetzung der Rio-Vorgaben in der Staatenpraxis, AVR 34 (1996) 145 (151 ff); *Bartholomäi*, Sustainable Development und Völkerrecht, 1997.
442 *Kahl*, Der Nachhaltigkeitsgrundsatz im System der Prinzipien des Umweltrechts, Festschrift Schmidt, 2002, 111 (113 f).

verbindet, ist nicht neu, sondern fand sich ansatzweise schon in den ersten Artenschutzverträgen wieder.[443] In den frühen 1970er Jahren war das Verhältnis zwischen sozioökonomischer Entwicklung einerseits und steigender Umweltbelastung andererseits zunächst als unauflösbarer Konflikt wahrgenommen worden. Diesen Antagonismus suchte der Brundtland-Bericht v 1987 zu überwinden.[444] Nachhaltigkeit sei ein Konzept, „that meets the needs of the present without compromising the ability of future generations to meet their own needs. [Es handele sich um] a type of development that integrates production with resource conservation and enhancement, and that links both to the provision for all of an adequate livelihood base and equitable access to resources."[445] Bald darauf wurde das Konzept als zentrales Leitbild in Prinzip 4 der Rio Deklaration anerkannt.

116　Nachhaltige bzw umweltverträgliche Entwicklung ist grundsätzlich *anthropozentrisch ausgerichtet*. Sie zielt auf die dauerhafte Befriedigung der sozioökonomischen Bedürfnisse aller Menschen, auf menschengerechte Lebensbedingungen für die gesamte derzeitige Weltbevölkerung *(intragenerational equity)*, und dies keineswegs auf Kosten künftiger Generationen *(intergenerational equity)*.[446] Zentral ist der Ansatz, dass die einschlägigen *ökologischen, ökonomischen* und *sozialen* Ziele wegen ihrer engen wechselseitigen Verknüpfung nur durch eine *ganzheitliche Herangehensweise* dauerhaft verwirklicht werden können.[447] Damit sind wirtschaftliche Entwicklung und Armutsbekämpfung zentrale Themen der internationalen Bemühungen zum Schutz der Umwelt geworden. Mit diesem *integrativen* Ansatz unvereinbar sind Forderungen, den Nachhaltigkeitsbegriff auf seinen umweltschützenden Aspekt zu reduzieren.[448] Das Nachhaltigkeitskonzept postuliert nicht den Vorrang des einen oder anderen Guts, sondern gebietet in Abhängigkeit von Risikograden und konkreten Umständen differenzierte Lösungen. Integration von Umwelt und Wirtschaft, zumal unter Einbeziehung der Interessen künftiger Generationen, impliziert daher nicht, dass in jedem Einzelfall sowohl der Umweltschutz als auch die Wirtschaft im bestmöglichen Umfang realisiert werden können. Entscheidend ist vielmehr, dass den kollidierenden und im Ausgangspunkt gleichrangigen Gütern gleichermaßen zur Geltung verholfen wird, indem die nachteiligen Wirkungen auf das im Rahmen einer einzelfallbezogenen Abwägung „unterlegene" Gut minimiert werden. Das Nachhaltigkeitskonzept gebietet also eine *mittels Güterabwägung zu vollziehende Integration* der in ihm zusammengefassten Schutzgüter,[449] gibt aber die für die Abwägung maßgeblichen Kriterien nicht allgemein vor. Wie das Vorsorgeprinzip ist *sustainable development* im rechtstheoretischen Sinne mithin als Prinzip zu qualifizieren (womit indes noch nichts über die Frage seiner gewohnheitsrechtlichen Geltung gesagt ist).

117　Aufgrund seiner hohen Konkretisierungsbedürftigkeit ist *sustainable development* weder eine Norm des Gewohnheitsrechts, noch lassen sich aus seiner Erwähnung in nahezu allen seit 1992 abgeschlossenen umweltvölkerrechtlichen Verträgen verbindliche und einklagbare Pflichten ableiten.[450] Im *Gabcíkovo-Nagymaros*-Urteil hat der IGH „nachhaltige Entwicklung" als

---

443　Vgl o Rn 95.
444　Zur Entstehungsgeschichte *Schröder*, Sustainable Development, AVR 34 (1996) 251 ff; *Beaucamp*, Das Konzept der zukunftsfähigen Entwicklung im Recht, 2002, 15 ff.
445　WCED (Fn 350) 39 f; ebd 43 der voranstehende Satz.
446　Hierzu *Brown Weiss*, Our Rights and Obligations to Future Generations for the Environment, AJIL 84 (1990) 198 ff.
447　World Bank (Hrsg), World Development Report 2003, 14; vgl auch IGH im *Pulp Mills*-Fall, ICJ Rep 2010, 14, 75 (§ 177). Fallstudien in Schrijver/Weiss (Hrsg), International Law and Sustainable Development, 2004.
448　So aber *Kahl* (Fn 442) 126 ff; *Epiney*, Sustainable Use of Freshwater Resources, ZaöRV 63 (2003) 377 (379).
449　Im Schrifttum wird insoweit von einem *principle of integration* gesprochen; vgl *Magraw/Hawke*, Sustainable Development, in Oxford Handbook, 613 (628 ff); *Tladi*, Sustainable Development and International Law, 2007, 74 ff; *Voigt*, Sustainable Development as a Principle of International Law, 2009, 35 ff.
450　So auch *Beyerlin/Marauhn*, International Environmental Law, 79 ff; *Birnie/Boyle/Redgwell*, International Law and the Environment, 125 ff; *Beaucamp* (Fn 444) 79 ff; aA für den Bereich des Klimaschutzes *Kreuter-Kirchhof*, Kooperationsformen, 555.

"Konzept" bezeichnet: "[The] need to reconcile economic development with protection of the environment is aptly expressed in the concept of sustainable development".[451] Die Qualifizierung als *soft law* sagt freilich nichts über seine Strahlkraft in der Rechtswirklichkeit und Rechtspolitik aus. Wie im Falle des Vorsorgeprinzips sollte das Augenmerk künftig daher auf Wege der Operationalisierung des Nachhaltigkeitskonzepts gerichtet werden, zumal mit der Anerkennung einer völkergewohnheitsrechtlichen Geltung insoweit wenig gewonnen wäre, als eine Durchsetzung angeblicher Rechtsverletzungen regelmäßig an dem den Staaten hinsichtlich der Durchführung der Güterabwägung zustehenden weiten Beurteilungsspielraum scheitern würde.[452] Diese Operationalisierung soll nun mittels der 2015 auf dem Weltgipfel für nachhaltige Entwicklung angenommenen *Sustainable Development Goals (SDGs)* erfolgen.[453]

4. Umweltschutz und Individualrechte

Mit der Ausbildung eines ausdifferenzierten umweltvölkerrechtlichen Systems seit den 1970er Jahren rücken auch die *Querverbindungen zu anderen Teilbereichen* des Völkerrechts in den Vordergrund des Interesses. Die zunehmende Relevanz der individualrechtlichen Perspektive, die Frage also nach dem Verhältnis von Umweltschutz und Menschenrechten,[454] bringt den auch allgemein zu konstatierenden Wandel des Völkerrechts von einem formellen Zwischenstaatenrecht zu einer wertbestimmten Ordnung zum Ausdruck. Wie die Anerkennung des *erga omnes*-Charakters der zentralen menschenrechtlichen Gewährleistungen unterstreicht,[455] wird die Legitimation dieser Ordnung gerade auch über die Rechte des Einzelnen vermittelt.[456] Wird nach der Existenz eines speziellen *Menschenrechts auf eine saubere Umwelt* gefragt,[457] ist freilich festzustellen, dass es auf universeller Ebene bislang an einer entsprechenden Gewährleistung fehlt. Obwohl bereits Prinzip 1 der Stockholm Declaration darauf abhebt, dass "[m]an has the fundamental right to freedom, equality and adequate conditions of life, in an environment of a quality that permits a life of dignity and well-being, and he bears a solemn responsibility to protect and improve the environment for present and future generations", ist hieraus kein allgemeines (Umwelt-) Menschenrecht hervorgegangen.[458] Eine entsprechende Gewährleistung findet sich lediglich auf regionaler Ebene in Art 24 der African Charter on Human and Peoples' Rights.[459]

Mittelbar wird die individualrechtliche Dimension des Umweltschutzes von den Menschenrechten der ersten und zweiten Generation, wie sie in den Internationalen Pakten v 1966 über bürgerliche und politische Rechte (IPBPR)[460] und über wirtschaftliche, soziale und kulturelle

---

451 ICJ Rep 1997, 7, 77 f (§ 140).
452 Vgl insoweit auch die vom Schiedsgericht im Fall *Indus Waters* gegen die Anwendung des Vorsorgeprinzips in Stellung gebrachte Argumentation (so Fn 433).
453 Dazu so Rn 104.
454 Allgemein *Boyle*, Environment and Human Rights, MPEPIL III, 446 ff; *ders*, Human Rights and the Environment: Where Next?, EJIL 23 (2012) 613 ff; *Merrills*, Environmental Rights, in Oxford Handbook, 663 ff; *Beyerlin/Marauhn*, International Environmental Law, 391 ff; *Birnie/Boyle/Redgwell*, International Law and the Environment, 268 ff.
455 Vgl nur IGH in *Barcelona Traction*, ICJ Rep 1970, 3, 32.
456 Dazu *Graf Vitzthum*, 1. Abschn Rn 8, 71; *Kau*, 3. Abschn Rn 14 ff, 229 ff.
457 Etwa *Riedel*, Menschenrechte der dritten Dimension, EuGRZ 1989, 9 ff; *Fitzmaurice*, The Human Right to Water, Fordham ELR 18 (2007) 537 ff
458 Vgl auch Prinzip 2 der „UN Declaration of Principles on Human Rights and the Environment" (<http://fletcher.tufts.edu/multi/www/1994-decl.html>): "All persons have the right to a secure, healthy and ecologically sound environment." Der Vorschlag stieß auf den Widerstand zahlreicher Staaten und wurde nicht weiterverfolgt, vgl *Birnie/Boyle/Redgwell*, International Law and the Environment, 278 ff.
459 African Charter on Human and Peoples' Rights v 27.6.1981 (1520 UNTS 217). Zur Auslegung von Art 24 vgl Bericht der Afrikanischen Menschenrechtskommission v 27.10.2001, Application No 155/96, *SERAC v Nigeria*, § 52, abrufbar unter <http://www.achpr.org/files/sessions/30th/comunications/155.96/achpr30_155_96_eng.pdf>.
460 BGBl 1973 II, 1534.

Rechte (IPWSKR)⁴⁶¹ kodifiziert wurden, erfasst. Dies gilt vor allem für das Recht auf Leben (Art 6 IPBPR), aber auch für das Recht, sich in seinem Heimatstaat frei zu bewegen und seinen Wohnsitz frei zu wählen (Art 12 IPBPR), das Recht auf Gesundheit (Art 12 IPWSKR) sowie das Recht auf einen angemessenen Lebensstandard (Art 11 IPWSKR).[462] In einem Sondervotum zum *Gabčíkovo-Nagymaros*-Urteil des IGH wurde der Schutz der Umwelt gar als *„sine qua non* for numerous human rights"* bezeichnet.[463] Auch wenn die Menschenrechte der ersten und zweiten Generation nicht „specifically designed to provide general protection of the environment as such"[464] sind, herrscht an tatsächlich oder potentiell betroffenen Schutznormen demnach kein Mangel.

120 Weitaus problematischer ist die *effektive Durchsetzung* der Menschenrechte.[465] Die internationale Spruchpraxis ist bislang zurückhaltend. So ging die *Inter-Amerikanischen Menschenrechtskommission (IACHR)* bislang lediglich in Situationen von einer Verletzung des Rechts auf Leben aus, in denen Staaten durch individuell zurechenbares Handeln (etwa die Erteilung von Konzessionen für den Ressourcenabbau) oder durch völlige Untätigkeit zu einer *erheblichen Verschlechterung des Zustands der Umwelt* beigetragen hatten. Als in ihren Menschenrechten betroffen wurden dabei nur die auf dem Staatsgebiet lebenden Staatsangehörigen, vor allem Mitglieder indigener Gemeinschaften, qualifiziert.[466] Ein im Jahre 2005 von den Inuit Alaskas und Kanadas gestellter Antrag, die IACHR möge feststellen, dass die Inuit durch die Erderwärmung infolge US-amerikanischer Treibhausgasemissionen in ihren Menschenrechten verletzt würden, wurde von der Kommission unter Hinweis auf Beweisschwierigkeiten abgelehnt.[467] Vor allem aufgrund des Kausalitätsproblems betrifft die allgemeine Durchsetzungsschwäche der Menschenrechte den Bereich des Schutzes der Umwelt in besonderem Maße.

121 Die Rolle der Menschenrechte bleibt im Kontext des Umweltvölkerrechts nach alledem bis auf weiteres begrenzt. Künftig könnte, zumal mit Blick auf den Klimawandel,[468] eine *menschenrechtliche Aufladung* der vorstehend dargestellten *umweltvölkerrechtlichen Grundsätze* erwogen werden.[469] Die in diesen Grundsätzen verankerten Billigkeits- und Fairnessaspekte stehen der Einbeziehung individualrechtlicher Standards theoretisch offen. Ob und ggf inwieweit die internationale Gemeinschaft deren Berücksichtigung als legitim, ggf sogar als geboten betrachtet wird (allgemein akzeptiert ist dies bislang nur in grenznachbarschaftlichen Verhältnissen), wird freilich erst die Zukunft erweisen.

122 Einen *zweiten* individualrechtlichen Ansatz verkörpert das Übereinkommen über den Zugang zu Informationen, die Öffentlichkeitsbeteiligung an Entscheidungsverfahren und den Zugang zu Gerichten in Umweltangelegenheiten v 25.6.1998 (sog *Aarhus Konvention*).[470] Durch die

---

461 BGBl 1973 II, 1570.
462 Zum Klimawandel vgl die rechtlich unverbindliche „Male Declaration on the Human Dimension of Global Climate Change" v 14.11.2007 (<http://www.ciel.org/Publications/Male_Declaration_Nov07.pdf>).
463 Sondervotum *Weeramantry* in *Gabčíkovo-Nagymaros*, ICJ Rep 1997, 7, 88, 91.
464 EGMR in *Kyrtatos v Greece*, § 52.
465 Zur Verletzung von Art 8 EMRK durch Umweltverschmutzung vgl EGMR, EuGRZ 1995, 530 ff *(López Ostra v Spain)*.
466 Vgl Bericht zur Menschenrechtslage in Ecuador v 1997, OEA/Ser.L/V/II.96, doc 10, rev 1, chap VIII, abrufbar unter <http://www.cidh.oas.org/countryrep/ecuador-eng/chaper-8.htm>.
467 Schreiben des stellv Geschäftsführers der IACHR v 16 November 2006, abrufbar unter <http://graphics8.nytimes.com/packages/pdf/science/16commissionletter.pdf>.
468 Insbes das Problem der sog *Klimaflüchtlinge* harrt einer internationalen Lösung. Diesbezüglich ließe sich an die Aushandlung eines konkret dem Umgang mit Klimaflüchtlingen gewidmeten Zusatzprotokolls zur UN-Klimarahmenkonvention denken, vgl *Biermann/Boas*, Für ein Protokoll zum Schutz von Klimaflüchtlingen, VN 1/2008, 10 ff. Die 1998 von der früheren UN-Menschenrechtskommission und der Generalversammlung zur Kenntnis genommenen Guiding Principles on Internal Displacement (<http://www.unhcr.org/protect/PROTECTION/43ce1cff2.pdf>) könnten insoweit als Ausgangspunkt dienen.
469 *Birnie/Boyle/Redgwell*, International Law and the Environment, 299 f; *Shelton*, Equitable Utilization of the Atmosphere, in Humphreys (Hrsg), Human Rights and Climate Change, 2010, 91 ff.
470 ILM 38 (1999) 517. Dazu etwa *Beyerlin/Marauhn*, International Environmental Law, 234 ff; *Ebbesson*, Environmental Rights, in Oxford Handbook, 681 ff, jeweils mwN.

Fixierung allgemeiner weitgehender Ingerenzrechte der Öffentlichkeit und Mitwirkungsrechte bei bestimmten Entscheidungsprozessen befördert sie indirekt den Zusammenhang zwischen Umweltschutz und Menschenrechten. Nach Art 6 der Konvention sind die in der Vorschrift näher konkretisierten Vorgaben zur *Öffentlichkeitsbeteiligung* prinzipiell für alle Tätigkeiten iSv Anhang I anzuwenden.[471] Das Übereinkommen sieht eine umfassende, frühzeitige, effektive und gebührenfreie Öffentlichkeitsbeteiligung vor. Die zuständigen Behörden der Vertragsparteien sind an das Ergebnis dieser Beteiligung zwar nicht gebunden, müssen es aber bei der Entscheidungsfindung „angemessen berücksichtigen" (Art 6 Abs 8 Aarhus Konvention), dh zur Kenntnis nehmen und sich damit auseinandersetzen. Die Behörde muss ferner die Gründe für ein etwaiges Abweichen vom Ergebnis der Öffentlichkeitsbeteiligung angeben (vgl Art 6 Abs 9 Aarhus-Konvention). Für umweltbezogene Pläne und Programme verlangt Art 7 Aarhus Konvention überdies, dass „angemessene praktische und/oder sonstige Vorkehrungen dafür [getroffen werden], dass die Öffentlichkeit, nachdem ihr zuvor die erforderlichen Informationen zur Verfügung gestellt worden sind, in einem transparenten und fairen Rahmen während der Vorbereitung" solcher Maßnahmen beteiligt wird. Zu diesem Zweck muss die zuständige Behörde die Öffentlichkeit ermitteln, die sich beteiligen kann, wobei die Ziele der Aarhus Konvention zu berücksichtigen sind.

Hinsichtlich des *Zugangs zu den Gerichten* fordert Art 9 Abs 2 Aarhus Konvention, dass die Vertragsparteien im Rahmen des nationalen Rechts sicherstellen, dass „Mitglieder der betroffenen Öffentlichkeit, a) die ein ausreichendes Interesse haben oder alternativ b) eine Rechtsverletzung geltend machen, sofern das Verwaltungsprozessrecht einer Vertragspartei dies als Voraussetzung erfordert, Zugang zu einem Überprüfungsverfahren vor einem Gericht (…) haben, um die materiell-rechtliche und verfahrensrechtliche Rechtmäßigkeit von Entscheidungen, Handlungen oder Unterlassungen anzufechten (…)." Aus der zweitgenannten Alternative ergibt sich, dass die Vertragsparteien völkerrechtlich nicht zur Einführung einer allgemeinen Umweltverbandsklage verpflichtet sind, sondern an der Sachentscheidungsvoraussetzung der Klagebefugnis (Möglichkeit der Betroffenheit in *eigenen* Rechten) festhalten können. Dies wird dadurch wieder relativiert, dass nach Art 9 Abs 2 UAbs 3 Satz 2 Aarhus Konvention das Interesse jeder nichtstaatlichen Organisation, die die in Art 2 Nr 5 Aarhus Konvention genannten Voraussetzungen erfüllt, automatisch als ausreichend gilt; überdies gelten die betreffenden Organisationen als Träger von Rechten, die iSv Art 9 Abs 2 UAbs 1 Aarhus Konvention verletzt werden können. Als Sachwalter eines öffentlichen Interesses verfügen Umweltverbände insofern über eine gegenüber Individuen privilegierte Stellung.

5. Bereichsspezifische Instrumente des Umweltvölkerrechts

Die auf der Grundlage der allgemeinen Prinzipien nachfolgend darzustellenden bereichsspezifischen Instrumente des Umweltvölkerrechts beruhen im Wesentlichen auf zwei unterschiedlichen Regelungsstrategien: dem *piecemeal approach* einerseits und dem *framework convention and protocol approach* andererseits.[472] Nach Ersterem werden einzelne Umweltaspekte aus einem größeren Problemkomplex herausgelöst und isoliert geregelt. Der Vorteil dieser Methode liegt darin, dass ein spezifisches Umweltproblem idR rasch und effektiv einer rechtlichen Regelung zugeführt werden kann. Die hierzu erforderliche Interessenübereinstimmung der betroffe-

---

471 Zahlreiche der dort genannten Tätigkeiten werden auf Grundlage nationalen Rechts nur vorbehaltlich der im Vorhinein erfolgten Durchführung einer UVP erfolgen können. Bei Vorliegen einer Gefahr grenzüberschreitender Auswirkungen resultiert die Pflicht zur Durchführung unmittelbar aus dem Völkerrecht (so Rn 109). Aus dieser Verknüpfung kann die Pflicht zur Durchführung einer UVP im Einzelfall den Charakter einer *prozeduralen individualrechtlichen Gewährleistung* annehmen.
472 Zum Folgenden *Beyerlin/Marauhn*, International Environmental Law, 269 ff.

nen Staaten ist am ehesten im regionalen Rahmen zu erreichen. Allerdings besteht die Gefahr, dass die so geschaffenen Instrumente die komplexen faktischen Wechselwirkungen missachten. Dem trägt der *framework convention and protocol approach* Rechnung, der insbes im Zusammenhang mit globalen Umweltproblemen (Klima, Ozonschicht, Artenschutz) zur Anwendung gelangt. Sein Kennzeichen ist, dass ein bestimmter Problemkomplex umfassend geregelt werden soll, und zwar in einem mehrstufigen Verfahren: Während das Rahmenübereinkommen allgemeine Prinzipien und Grundsätze zur friedlichen Streitbeilegung usw enthält, werden die konkreten Rechte und Pflichten erst in später angenommenen Protokollen normiert. Dies ermöglicht es, die einschlägigen Vertragswerke, ggf auch im Wege eines vereinfachten Vertragsänderungsverfahrens *(tacit acceptance)*,[473] hinsichtlich neuer Herausforderungen und Erkenntnisse anzupassen. Im Bereich des Artenschutzes, teilweise auch auf dem Gebiet des Schutzes bestimmter Umweltmedien vor stofflicher Verschmutzung, wird vielfach ein damit verwandter Ansatz, der *convention and annexes approach*, verfolgt, bei dem die zu schützenden Tierarten (bzw die zu vermeidenden gefährlichen Stoffe) je nach Bestandsgefährdung (bzw Schädlichkeit der Stoffe) in verschiedenen Anhängen zur Konvention aufgeführt sind, sog *listing*.[474] Je nach betroffenem Anhang gelangt dann ein unterschiedlich strenges Regime zur Anwendung. Für Änderungen der Anhänge (sog Listenüberführungen) gilt vielfach ein vereinfachtes Vertragsänderungsverfahren.[475]

a) Schutz der Binnengewässer

125 Zu Beginn des 21. Jh nehmen Gewässerverschmutzung, Überschwemmungen und Wassermangel in vielen Regionen dramatisch zu. Ein Sechstel der Weltbevölkerung – über eine Mrd Menschen – hat keinen Zugang zu sauberem Wasser. Auseinandersetzungen um Wasserressourcen spielen bei vielen internationalen Konflikten eine Rolle.[476] Völkerrechtliche Regelungen bzgl der mehr als 500 weltweit existierenden *grenzüberschreitenden* Binnengewässer spiegeln die vielfältigen Funktionen, die Wasser und Süßwasserökosysteme erfüllen, wider.[477] Zugleich verdeutlichen sie die Belastungen, denen diese Systeme ausgesetzt sind.

126 Das Binnengewässerrecht gehört zu den ältesten, am dichtesten geregelten Bereichen des internationalen Umweltrechts. Die Entstehung der ersten Hochkulturen war eng mit den großen Strömen (Indus, Ganges, Nil, Euphrat und Tigris) verbunden; insofern sind Konflikte um die Nutzung knapper Wasserressourcen bereits aus dem Altertum überliefert.[478] Als in Europa und Nordamerika ab dem 18. Jh Wirtschaft und Handel aufblühten, führte dies auch zur intensivierten Gewässernutzung. Auf den großen Flüssen nahm die Schifffahrt zu. Mit fortschreitender Industrialisierung und wachsender Bevölkerung kam es ab Mitte des 19. Jh zu weiteren Formen der Wassernutzung. Für die industrielle Massenproduktion wie für die Energieerzeugung wurde die Möglichkeit des Zugriffs auf Wasser wesentlich. Die infolgedessen ausgelösten zwischenstaat-

---

[473] Am weitesten geht insoweit das Montrealer Protokoll über Stoffe, die zu einem Abbau der Ozonschicht führen (s u Rn 150 ff): Änderungen der Anhänge sollen gemäß Art 2 Abs 9 lit c zwar „möglichst" im Konsens, jedenfalls aber mit 2/3-Mehrheit getroffen werden. Zudem muss die Entscheidung jeweils von der Mehrheit der Industriestaaten und Entwicklungsländern befürwortet werden. Es besteht aber keine *opting out*-Möglichkeit, durch welche die Bindung an die angenommenen Regelungen verhindert werden könnte (vgl Art 2 Abs 9 lit d).
[474] Bsp CITES und CMS (s u Rn 159).
[475] In den meisten Fällen müssen Listenüberführungen im Rahmen einer Konferenz der Vertragsstaaten (Conference of the Parties – COP) von einer 2/3-Mehrheit der Vertragsparteien befürwortet werden. Dergleichen Beschlüsse binden dann diejenigen Vertragsparteien, die nicht innerhalb einer bestimmten Frist widersprochen haben.
[476] Zum Zusammenhang Umweltvölkerrecht/internationale Sicherheit *Matz-Lück*, The Benefits of Positivism, in Nolte (Hrsg), Peace through International Law, 2009, 125 (126 ff).
[477] Vgl *Reimann*, Die nicht-navigatorische Nutzung internationaler Süßwasserressourcen im Umweltvölkerrecht, 1999, 312 ff.
[478] *Bruhác*, The Law of Non-navigational Uses of International Watercourses, 1993, 9.

lichen Konflikte bildeten den Gegenstand zahlreicher völkerrechtlicher Verträge und (schieds-) gerichtlicher Entscheidungen.[479]

Im Bereich der *navigatorischen* Nutzung war es bereits 1794 zwischen Großbritannien und den USA zu einem ersten Vertrag über Schifffahrtsfragen, den *Jay-Vertrag*, gekommen.[480] Das gemeinsame Interesse der Staaten an ungehindertem Handel führte ab dem frühen 19. Jh zur Durchsetzung der Schifffahrtsfreiheit auf den wichtigsten europäischen Flüssen, zu deren funktional begrenzter Internationalisierung – im Anschluss an die Schlussakte des Wiener Kongresses v 1815[481] für Elbe,[482] Rhein[483] und Donau,[484] dann erneut durch den Vertrag von Versailles v 1919.[485] Im Jahr 1929 erklärte der StIGH in seinem *Oder-Kommissions*-Urteil das gemeinsame Schifffahrtsinteresse der Anrainerstaaten eines grenzübergreifenden Binnengewässers zur "basis of a common legal right, the essential features of which are the perfect equality of all riparian States in the use of the whole course of the river and the exclusion of any preferential privilege of any one riparian State in relation to the others."[486] Heute ist die Freiheit der Schifffahrt auf allen großen europäischen Flüssen völkervertraglich gewährleistet.

Im Gegensatz dazu bergen *nicht-navigatorische* Nutzungen grenzüberschreitender Binnengewässer großes Konfliktpotential. Je nach den klimatischen Gegebenheiten und sozioökonomischen Lagen einer Region stehen dabei entweder *quantitative* (Wasserentnahme) oder *qualitative* (Wasserverschmutzung) Fragen im Vordergrund. Zu den anwendbaren allgemeinen Prinzipien,[487] die auf einen Ausgleich divergierender Nutzungs- und Schutzinteressen zielen, gehören vor allem das Verbot erheblicher grenzüberschreitender Belastungen, Gegenstand des *Maas*-Urteils des StIGH v 1937,[488] des *Lac Lanoux*-Schiedsspruchs v 1957[489] und des *Indus Waters*-Schiedsspruchs v 2013, sowie das Gebot ausgewogener Mitnutzung grenzübergreifender Ressourcen, dessen Wurzeln sich auch in Gerichtsurteilen zu Konflikten in föderal verfassten Staaten wie der Schweiz,[490] den USA[491] und Deutschland[492] finden. Die völkerrechtliche Anerkennung dieses Gebots beförderte die Verankerung in den nicht rechtsverbindlichen *Helsinki Rules on the Uses of the Waters of International Rivers* der ILA v 1966.[493] Jenes Belastungsverbot und dieses Mitbenutzungsgebot wurden im *UN-Übereinkommen über das Recht der nicht-navigatorischen Nutzungen internationaler Wasserläufe*[494] kodifiziert und im *Gabčíkovo-Nagymaros*-Fall vom IGH bestätigt.[495]

127

128

---

479 Zusammenstellung bei *Sohnle*, Le droit international des ressources en eau douce, 2002, 469 ff.
480 Treaty of Amity, Commerce and Navigation v 19.11.1794 (52 CTS 243).
481 Teil VII (Schifffahrt auf den Strömen) der Schlussakte v 9.6.1815 (Hauff [Hrsg], Die Verträge von 1815 und die Grundlagen der Verfassung Deutschlands, 1864, 4 ff).
482 Elbschifffahrtsakte v 23.6.1821 und Additional-Akte v 13.4.1844. Vgl *Hannsmann*, Elbe, in Kimminich/von Lersner/Storm (Hrsg), Handbuch des Umweltrechts, Bd I, 1994, Sp 476 ff mwN.
483 Mainzer Rheinschifffahrtsakte v 31.3.1831 und Mannheimer Akte v 17.10.1868 (so Rn 18).
484 Vgl *Beyerlin*, Donau, in Kimminich/von Lersner/Storm (Fn 482) Sp 401 f mwN.
485 Teil XII (Häfen, Wasserstraßen und Eisenbahnen) des Versailler Vertrages v 28.6.1919 (Sonderdruck der Nr 140 des RGBl v 1919, 687).
486 PCIJ, Ser A, No 23, 5, 27.
487 *Brown Weiss*, The Evolution of International Water Law, RdC 331 (2007-VI) 163 (184 ff); zu neueren Ansätzen („Gemeinschaft an Gewässern") vgl *Lorenzmeier*, Wasser als Ware, 2008, 73 ff.
488 PCIJ, Ser A/B, No 70, 1937, 4, 26.
489 Vgl o Rn 107.
490 Zu den Urteilen des Bundesgerichts v 1878 bzw 1892 *Schindler*, The Administration of Justice in the Swiss Federal Court in Intercantonal Disputes, AJIL 23 (1929) 149 (169 ff).
491 206 US 46 (1907) 100 *(Kansas v Colorado).*
492 *Donauversinkungs*-Urteil des Staatsgerichtshofs v 1927, RGZ 116, Anhang, 18 (31 f).
493 ILA (Hrsg), Report of the Fifty-second Conference Held at Helsinki, 1966, 484 ff.
494 Convention on the Law of the Non-navigational Uses of International Watercourses v 21.5.1997 (ILM 36 [1997] 700). Dazu *McCaffrey*, The UN Convention on the Law of the Non-Navigational Uses of International Watercourses, in Salman/Boisson de Chazournes (Hrsg), International Watercourses, 1998, 17 ff; *Tanzi/Arcari*, The United Nations Convention on the Law of International Watercourses, 2001.
495 ICJ Rep 1997, 7, 41 u 56 (§§ 53, 85).

Das Übereinkommen, nach jahrzehntelangen Verhandlungen im Rahmen der ILC[496] am 21.5.1997 angenommen, ist erst am 17.8.2014 in Kraft getreten. Es bleibt einem eher kompetenzwahrenden Schema verhaftet, erfasst aber – eine signifikante Neuerung – iSd Konzepts der hydrographischen Einheit auch das Grundwasser. Das Hauptinteresse gilt dem Verhältnis zwischen dem Mitnutzungsgebot einerseits und dem nachbarrechtlichen Schädigungsverbot andererseits. Am 21.2.2008 nahm die ILC die *Draft Articles on the Law of Transboundary Aquifers* an.[497] Deren normativer (primär prozeduraler) Gehalt entspricht überwiegend den Regelungen des Übereinkommens v 1997, ist aber unabhängig davon anwendbar, ob grenzüberschreitende Grundwasserschichten *(transboundary aquifers)* mit Oberflächengewässern verbunden sind oder nicht.[498] Am allgemeinen Grundsatz der territorialen Souveränität über die auf dem Staatsgebiet gelegenen natürlichen Ressourcen, seien sie auch grenzüberschreitender Natur, halten die *Draft Articles* fest. Bislang haben sie keinen Eingang in ein rechtsverbindliches Instrument gefunden.

129   Insgesamt haben sich die überkommenen gewohnheitsrechtlichen Prinzipien des Nachbarrechts im Vergleich zu den vertraglichen Regelungen als zu wenig konkret erwiesen. Im Vordergrund stand daher zunehmend die Schaffung *bilateraler und regionaler Gewässerschutzregime*. Nachdem bereits im 19. Jh einzelne zwischenstaatliche Vereinbarungen hinsichtlich quantitativer[499] und qualitativer[500] Schutzaspekte getroffen worden waren, war seit dem frühen 20. Jh eine Zunahme völkerrechtlicher Verträge festzustellen. In Nordamerika schuf der Boundary Waters Treaty v 11.1.1909[501] mit der Errichtung der International Joint Commission einen institutionellen Rahmen für die Zusammenarbeit USA/Kanada bzgl der Grenzgewässer.[502]

130   Innerhalb *Europas* gingen die wichtigsten Impulse von der Kooperation der Anrainerstaaten des *Rheins* aus, jedenfalls seit Ende des Zweiten Weltkriegs. Um der starken Schadstoffbelastung Mitte des 20. Jh entgegenzuwirken, wurde im Jahr 1950 die *Internationale Kommission zum Schutz des Rheins gegen Verunreinigung* gebildet. Dieses zunächst informelle Gremium der Anliegerstaaten Schweiz, Frankreich, Deutschland, Luxemburg und Niederlande erhielt 1963 eine verbindliche Grundlage.[503] Das 1979 in Kraft getretene *Übereinkommen zum Schutz des Rheins gegen chemische Verunreinigung*[504] bezweckte die Verbesserung der Wasserqualität durch Ver-

---

496 Vgl *McCaffrey/Rosenstock*, The International Law Commissions Draft Articles on International Watercourses, RECIEL 5 (1996) 89 ff.
497 UN Doc A/CN.4/591.
498 Dazu *Matz-Lück* (Fn 476) 133; ebd 141 ff zu Hintergründen des von der ILC gewählten Ansatzes.
499 Vgl den Vertrag von Den Haag zwischen den Niederlanden und Belgien zur Regelung der Ableitung von Wasser aus der Maas v 12.5.1863 (Robb [Hrsg], International Environmental Law Rep, Bd I, 1999, 572 ff).
500 Vgl Grenzvertrag von Bayonne zwischen Frankreich und Spanien v 26.5.1866 (132 CTS 359).
501 Treaty between the United States and Great Britain Respecting Boundary Waters between the United States and Canada v 11.1.1909 (AJIL 4 [1910], Suppl, 239).
502 Vgl *Huber*, Internationales Wasserrecht, 1911, 6 ff; *Utton*, Canadian International Waters, in Beck (Hrsg), Waters and Water Rights, Vol V, 1991, 51 ff. – Außerhalb Europas sind daneben u a zu erwähnen: Great Lakes Water Quality Agreement v 22.11.1978 zwischen den USA und Kanada (1153 UNTS 187); Vertrag über die Zusammenarbeit am Amazonas v 3.7.1978 zwischen Bolivien, Brasilien, Kolumbien, Ekuador, Guyana, Peru, Surinam und Venezuela (ILM 17 [1978] 1045); Regierungsabkommen über den Bau gemeinsamer Wasserkraftwerke am Paraná v 19.10.1979 zwischen Argentinien, Paraguay und Brasilien (ILM 19 [1980] 615); Agreement on the Action Plan for the Environmentally Sound Management of the Common Zambezi River System v 28.5.1987 zwischen Botswana, Mozambique, Sambia, Tansania und Zimbabwe (ILM 27 [1988] 1109); Treaty on Sharing of the Ganges Waters at Farakka v 2.12.1996 zwischen Bangladesh und Indien (ILM 36 [1997] 519); Vereinbarung über die Zusammenarbeit bei der nachhaltigen Entwicklung des Mekong-Beckens v 5.4.1995 (mit Prot) zwischen Kambodscha, Laos, Thailand und Vietnam (2069 UNTS 35844).
503 (Berner) Vereinbarung über die Internationale Kommission zum Schutz des Rheins gegen Verunreinigung v 29.4.1963 mit Unterzeichnungsprotokoll (BGBl 1965 II, 1433). Später trat aufgrund einer am 1.2.1979 in Kraft getretenen Zusatzvereinbarung (BGBl 1979 II, 87) die EWG als weitere Vertragspartei hinzu. Die Kommission ist für Untersuchungen zur Ermittlung der Verunreinigung des Flusses, die Ausarbeitung von Schutzvorschlägen sowie die Vorbereitung völkerrechtlicher Vereinbarungen zuständig. Bindende Maßnahmen kann sie nicht erlassen.
504 Übereinkommen v 3.12.1976 (BGBl 1978 II, 1054).

minderung der Ableitung bestimmter Schadstoffe. Als problematisch erwies sich vor allem die Festsetzung von Grenzwerten für Schadstoffe, die als besonders schädigend (und deshalb als, schrittweise, vollständig zu beseitigen) eingestuft wurden.[505] Die Versuche, die ua durch elsässische Kaligruben verursachte Salzbelastung des Rheins einzudämmen, mündeten 1976 in das *Übereinkommen zum Schutz des Rheins gegen Verunreinigung durch Chloride*,[506] das 1985 in Kraft trat. Das Übereinkommen zielte ursprünglich darauf ab, die Güte des Wassers stufenweise so zu verbessern, dass an der dt-niederländischen Grenze ein bestimmter Grenzwert bzgl Chlorid-Ionen nicht überschritten wird. Im Rahmen eines Zusatzprotokolls einigten sich die Parteien 1991 schließlich auf eine veränderte Konzeption.[507] Zuvor, am 1.11.1986, war es in der Nähe von Basel zu einem Brand in einem Chemikalienlager gekommen. Mit dem Löschwasser gelangten tonnenweise toxische Stoffe in den Rhein; das Ökosystem des Flusses wurde auf einer Länge von über 200 km zerstört. Das im Anschluss an diesen Unfall entwickelte, am 1.10.1987 verabschiedete *Aktionsprogramm Rhein*[508] setzte den Anliegerstaaten konkrete Ziele. So sollte das Ökosystem in einen Zustand versetzt werden, der es früher vorhandenen Arten wie dem Lachs ermöglichen sollte, dort wieder heimisch zu werden. Darüber hinaus sollte der Fluss künftig auch der Trinkwasserversorgung dienen. Außerdem wurde die Verringerung der Schadstoffbelastung der Sedimente angestrebt. Der Konkretisierung diente ua das Programm *Lachs 2000*.[509] Die Aktionsprogramme haben die angestrebten Ziele erreicht, ja zT übertroffen. Von ihnen ging ein so starker politischer Druck aus, dass er den Mangel an Verbindlichkeit kompensieren und eine Neuorientierung der internationalen Gewässer-Kooperation einleiten konnte.[510]

Die Zusammenarbeit im Einzugsgebiet des Rheins beschränkt sich nicht auf seinen **131** Hauptwasserlauf. Vielmehr wurden bereits in den frühen 1960er Jahren auch für den *Bodensee* sowie für *Mosel* und *Saar* internationale *Kommissionen* gebildet. In ihrem Rahmen wird seither der Gewässerschutz sowohl zwischen den jeweiligen Anrainerstaaten als auch mit den anderen Schutzkommissionen des Rhein-Einzugsgebiets koordiniert. Deutschland, Frankreich und Luxemburg gründeten als Anrainerstaaten 1961 die *Internationale Kommission zum Schutz der Mosel gegen Verunreinigung*.[511] Gleichzeitig unterzeichneten Deutschland und Frankreich das nahezu identische *Saar-Protokoll*[512] zur Gründung der korrespondierenden Kommission. Um ihre Aktivitäten, auch mit anderen Gewässerschutzeinrichtungen, besser zu koordinieren, verfügen die beiden Kommissionen seit Januar 1991 über ein gemeinsames Sekretariat in Trier.[513]

Ungeachtet seiner bislang fehlenden umfassenden gebietsrechtlichen Zuordnung[514] haben **132** die Anrainerstaaten des *Bodensees* mittels einer Kaskade von Übereinkommen ein umfangreiches Nutzungsregime geschaffen, das auch den Gewässerschutz umfasst. Die 1959 gegründete *Internationale Gewässerschutzkommission für den Bodensee* wurde durch das *Übereinkommen zum Schutz des Bodensees gegen Verunreinigung*, das 1961 in Kraft trat,[515] auf eine völkerrechtliche Grundlage gestellt. 1967 verabschiedete die Kommission rechtlich unverbindliche „Richtli-

---

505 *Nollkaemper*, The River Rhine, RECIEL 5 (1996) 152 (155).
506 Übereinkommen v 3.12.1976 (BGBl 1978 II, 1065).
507 Zusatzprotokoll v 25.9.1991 (BGBl 1994 II, 1303).
508 Internationale Kommission zum Schutz des Rheins (Hrsg), Das Aktionsprogramm Rhein, 1987.
509 Internationale Kommission zum Schutz des Rheins (Hrsg), Ökologisches Gesamtkonzept für den Rhein „Lachs 2000", 1991; dies (Hrsg), Programm für die Rückkehr von Langdistanz-Wanderfischen in den Rhein (Lachs 2000), 1994; dies (Hrsg), Hochwasservorsorge, 2002.
510 *Reichert*, Gewässerschutz, 156 ff.
511 Protokoll v 20.12.1961 (BGBl 1962 II, 1103).
512 Protokoll v 20.12.1961 (BGBl 1962 II, 1106).
513 Vgl *Beyerlin*, Mosel, in Kimminich/von Lersner/Storm (Fn 482), Bd II, 1994, Sp 1408 (1409 ff).
514 Vgl o Rn 17.
515 Übereinkommen v 27.10.1960 (GBl BW 1962, 1).

nien für die Reinhaltung des Bodensees", die wiederholt aktualisiert wurden.[516] Quantitative Aspekte regelten Deutschland, Österreich und die Schweiz 1966 im *Übereinkommen über Wasserentnahmen aus dem Bodensee*.[517] Einer zusätzlichen Belastungsquelle widmen sich das *Übereinkommen über die Schifffahrt auf dem Bodensee* (Obersee einschließlich Überlinger See) zwischen Deutschland, Österreich und der Schweiz v 1973,[518] mit dem die Internationale Schifffahrtskommission für den Bodensee gegründet wurde, sowie der gleichzeitig abgeschlossene dt-schweizerische *Vertrag über die Schifffahrt auf dem Untersee und dem Rhein zwischen Konstanz und Schaffhausen*.[519]

133   Nachdem die Defizite jener lediglich *partiellen* Regelungsansätzen folgenden Gewässerschutzpolitik deutlich geworden waren, wandte man sich auf UN-Ebene umfassenderen Konzeptionen zu. So entstand unter der Ägide der UN/ECE das *Übereinkommen zum Schutz und zur Nutzung grenzüberschreitender Wasserläufe und internationaler Seen v 1992 (UN/ECE-Gewässerübereinkommen)*.[520] Diese regionale Rahmenkonvention verpflichtet die Vertragsparteien, im Umgang mit grenzübergreifenden Gewässern (einschließlich Grundwasser) bestimmte Prinzipien und Maßnahmen zu verwirklichen, welche allesamt dem *Leitbild nachhaltigen Gewässerschutzes* folgen. Auf dieser Grundlage wurden auf subregionaler Ebene innerhalb eines Jahrzehnts Übereinkommen u a bzgl Maas (1994 bzw 2002),[521] Schelde (1994),[522] Donau (1994),[523] Oder (1996),[524] der portugiesisch-spanischen Grenzgewässer (1998)[525] und des Rheins (1999)[526] abgeschlossen. In diesen Zusammenhang gehören ferner die Vereinbarung über die Internationale Kommission zum Schutz der Elbe[527] sowie die von der BR Deutschland mit den Niederlanden,[528] Polen[529] und Tschechien[530] abgeschlossenen Grenzgewässerübereinkommen.

134   Das UN/ECE-Gewässerübereinkommen differenziert zwischen Verpflichtungen, die *jede* Vertragspartei beim Umgang mit grenzüberschreitenden Gewässern zu beachten hat (Art 2–8), und solchen, die von Vertragsparteien einzuhalten sind, die *gemeinsame Anrainerstaaten* eines grenzüberschreitenden Gewässers sind (Art 9–16).[531] Bereits die Agenda 21 forderte angesichts

---

516 Vgl Internationale Gewässerschutzkommission für den Bodensee (Hrsg), Richtlinien für die Reinhaltung des Bodensees, 2001.
517 Übereinkommen nebst Schlussprotokoll v 30.4.1966 (BGBl 1967 II, 2314).
518 Übereinkommen nebst Zusatzprotokoll v 1.6.1973 (BGBl 1975 II, 1406, 1411).
519 Vertrag v 1.6.1973 (BGBl 1975 II, 1412).
520 Übereinkommen v 17.3.1992 (BGBl 1994 II, 2334), in Kraft 6.10.1996.
521 Agreement on the Protection of the River Meuse v 26.4.1994 (ILM 34 [1995] 851), in Kraft 1.1.1998, abgelöst durch das Internationale Maas-Übereinkommen v 3.12.2002, am 1.12.2006 in Kraft getreten.
522 Agreement on the Protection of the River Scheldt v 26.4.1994 (ILM 34 [1995] 859), in Kraft 1.1.1998.
523 Übereinkommen über die Zusammenarbeit zum Schutz und zur verträglichen Nutzung der Donau (Donauschutzübereinkommen) v 29.6.1994 (BGBl 1996 II, 874), in Kraft 22.10.1998.
524 Vertrag über die Internationale Kommission zum Schutz der Oder gegen Verunreinigung (Oder-Übereinkommen) v 11.4.1996 (BGBl 1997 II, 1708), in Kraft 28.4.1999.
525 Convention on Cooperation for the Protection and Sustainable Use of the Waters of the Luso-Spanish River Basins v 30.11.1998 (Luso-American Foundation [Hrsg], Shared Watersystems and Transboundary Issues, 2000, 429 ff).
526 Übereinkommen zum Schutz des Rheins (Rhein-Übereinkommen) v 12.4.1999 (BGBl 2001 II, 850), in Kraft 1.1.2003.
527 Vereinbarung über die Internationale Kommission zum Schutz der Elbe (Elbe-Übereinkommen) v 8.10.1990 (BGBl 1992 II, 943), in Kraft 30.10.1993.
528 Ergänzendes Protokoll v 22.8.1996 zur Regelung der Zusammenarbeit zum Gewässer- und Naturschutz in der Emsmündung (Ems-Dollart-Umweltprotokoll): BGBl 1997 II, 1703, in Kraft 24.9.1997.
529 Vertrag zwischen der BR Deutschland und der Republik Polen über die Zusammenarbeit auf dem Gebiet der Wasserwirtschaft an den Grenzgewässern v 19.5.1992 (BGBl 1994 II, 60), in Kraft 26.9.1996.
530 Vertrag zwischen der BR Deutschland und der Tschechischen Republik über die Zusammenarbeit auf dem Gebiet der Wasserwirtschaft an den Grenzgewässern v 12.12.1995 (BGBl 1997 II, 925).
531 Vgl die Legaldefinitionen in Art 1 Abs 3 u 4 des UN/ECE-Gewässerübereinkommens. Anrainerstaaten haben bi- oder multilaterale Übereinkommen bzgl spezifischer Gewässer dahingehend abzuschließen bzw bereits bestehende Verträge so anzupassen, dass sie nicht im Widerspruch zum UN/ECE-Gewässerübereinkommen stehen.

der anthropogenen Belastungen der Binnengewässer eine ganzheitliche, ökosystemorientierte Bewirtschaftung. „Integrated water ressources management" soll bezogen auf das gesamte Einzugsgebiet eines Gewässers erfolgen.[532] Dieser ganzheitliche Ansatz verlangt in räumlicher Hinsicht die Anwendung des *Drainage Basin*-Konzepts, das die ILA bereits in ihren Resolutionen von Dubrovnik 1956 und New York 1958[533] formuliert und das Institut de droit international in seiner Salzburger Resolution v 1961[534] aufgegriffen hatte. Die ILA Helsinki Rules v 1966 definierten „international drainage basin" als „geographical area extending over two or more States determined by the watershed limits of the system of waters including surface and underground waters, flowing into a common terminus". Seit den *Seoul Rules on International Groundwaters* v 1986 bezieht die ILA in das „relevante Einzugsgebiet" auch Grundwasservorkommen mit ein, die in keiner hydrologischen Verbindung zu Oberflächengewässern stehen.[535] Insgesamt dehnte die ILA den Anwendungsbereich des zunächst rein nutzungsorientierten Drainage Basin-Konzepts auf den ökologischen Schutz aus. Die ILC ist diesem Ansatz mit den Draft Articles on the Law of Transboundary Aquifers gefolgt.[536]

Dem ganzheitlichen Ansatz entsprechend zielen das UN/ECE-Rahmenabkommen und die auf ihm beruhenden spezifischen Schutzabkommen auf die Regelung *verschiedener anthropogener Gewässerbelastungen*. Durch die Verbesserung der Wasserqualität sollen auch die Meeresumwelt und insbes die Küstengebiete, in die die Binnengewässer münden, vor der Verschmutzung vom Land aus geschützt werden.[537] So nehmen das Donauschutz- und das Rhein-Übereinkommen auf die Abkommen zum Schutz des Schwarzen Meeres[538] bzw der Meeresumwelt des Nordostatlantiks Bezug.[539] Sie behandeln auch *quantitative Aspekte*, indem sie zur rationellen Wassernutzung sowie zum Erhalt der Wasservorkommen verpflichten.[540]

135

b) Schutz des Meeres

Die Mehrzahl der einschlägigen umweltvölkerrechtlichen Verträge bezieht sich auf Einzelaspekte des Schutzes der Meere. *Umfassend* ist nur Art 192 SRÜ: „Die Staaten sind verpflichtet, die Meeresumwelt zu schützen und zu bewahren." Diese auch gewohnheitsrechtlich geltende Grundverpflichtung, der zT *erga omnes*-Qualität zuerkannt wird,[541] bezweckt den Schutz der Meere an sich. Sie ändert freilich nichts am Fortbestand des „souveränen Rechts" der Staaten, „ihre" natürlichen Ressourcen „im Rahmen ihrer Umweltpolitik und in Übereinstimmung mit ihrer Pflicht zum Schutz und zur Bewahrung der Meeresumwelt auszubeuten" (Art 193 SRÜ). Eingedenk der Ausweitung der küstenstaatlichen Rechte zeichnet sich damit eine *Zweiteilung des Meeresschutzes* ab: Zum einen unterliegen innere Gewässer, Archipelgewässer und Küstenmeer als (maritime) Teile des Staatsgebiets dem Nachbarrecht; auch die sich seewärts anschließenden Funktionshoheitsräume (Anschlusszone, AWZ, Festlandsockel) stehen in vielfältiger

136

---

532 Diesen ökosystemaren Ansatz betont das Rhein-Übereinkommen v 1999 (vgl Art 3 Abs 1).
533 ILA (Hrsg), Report of the Forty-seventh Conference, 1957, 241 ff; dies (Hrsg), Report of the Forty-eight Conference, 1959, VIII ff.
534 IDI (Hrsg), Tableau des Résolutions adoptées (1957–1991), 28 ff.
535 ILA (Hrsg), Report of the Sixty-second Conference held at Seoul, 1986, 251 ff.
536 S o Rn 128.
537 Vgl den 3. Erwägungsgrund der Präambel des UN/ECE-Gewässerübereinkommens.
538 Convention on the Protection of the Black Sea Against Pollution v 21.4.1992 (ILM 32 [1993] 1110).
539 Zu Wechselwirkungen zwischen der Arbeit der Gewässerschutzkommissionen und der EU-Wasserrahmenrichtlinie (ABl EG 2000, Nr L 327/1) Reichert, Gewässerschutz, 327 ff.
540 Vgl Art 2 Abs 2 lit b UN/ECE-Gewässerübereinkommen; Art 2 Abs 1 Satz 1 Donauschutzübereinkommen; Art 3 Abs 1 lit e Rhein-Übereinkommen.
541 Tendenziell für *erga omnes*-Qualität *Ragazzi*, The Concept of International Obligations *Erga Omnes*, 1997, 158 ff; *Lagoni*, Die Abwehr von Gefahren für die marine Umwelt, BDGVR 32 (1991) 87 (147 f); *Proelß*, Meeresschutz, 77 ff; differenzierend *Hafner*, in Seerecht, Kap 5 Rn 39 ff.

Weise unter der Kontrolle der Küstenstaaten, die insoweit Sonderrechte, aber auch spezielle Schutzpflichten haben. So sind Erhaltung und Bewirtschaftung der lebenden natürlichen Ressourcen in der AWZ Sache des Küstenstaats. Ihm stehen entsprechende „souveräne Rechte" zu, Art 56 Abs 1 lit a SRÜ.[542] Dabei sind freilich die im *zonenübergreifenden* Teil XII SRÜ enthaltenen Prinzipien des Meeresschutzes, insbes das Vorsorgeprinzip,[543] zu berücksichtigen.[544] Zum anderen bestehen Regeln zum Schutz der Hohen See, des Meeresbodens seewärts von AWZ und Festlandsockel sowie der Ressourcen dieser globalen Staatengemeinschaftsräume.[545] Die Spannungslage zwischen Nutzung und Schutz des Meeres in seiner Eigenschaft als Träger von Nahrungs-, Energie- und Rohstoffreserven wird in Teil XII SRÜ letztlich nicht zu Gunsten des einen oder des anderen Zielwerts aufgelöst.

137   Bis in die 1960er Jahre hinein dominierten im Seerecht Fischereiabkommen sowie Vereinbarungen zur Zuordnung und Abgrenzung von Hoheitsbereichen. Der Schutz des Meeres und die Bewahrung der Meeresumwelt wurden erst zum Objekt des Vertragsrechts, als sich im Zuge der Verwendung von Supertankern, aber auch mit der zunehmenden Umweltschädlichkeit der im Meer „verklappten" Stoffe (radioaktiver Abfall, Plastikmüll, Chemikalien) die Gefahr von Unfällen und weiträumigen, lang anhaltenden Verschmutzungen, verbunden auch mit Gesundheitsgefahren für die Menschen, häufte. Schlüsselereignisse waren die Havarien der Öltanker *Torrey Canyon* (1967) und *Amoco Cádiz* (1978). Auf die *Torrey Canyon*-Katastrophe reagierte die Staatengemeinschaft mit dem Abschluss mehrerer Übereinkommen zur Bekämpfung von Ölverschmutzungsschäden.[546] So sieht das *Internationalen Übereinkommen über die zivilrechtliche Haftung für Ölverschmutzungsschäden* v 29.11.1969[547] eine Haftung des Schiffseigentümers für Ölverschmutzungsschäden in Küstenmeer und AWZ vor, hält aber die Möglichkeit einer Haftungsbegrenzung durch Sicherheitsleistung des Eigentümers offen (Ausnahme: Vorsatz oder grobe Fahrlässigkeit).[548] Zur Entschädigung für Ölverschmutzungsschäden wurde mit dem *Internationalen Übereinkommen über die Errichtung eines Internationalen Fonds zur Entschädigung für Ölverschmutzungsschäden* v 18.12.1971[549] ein internationaler Fonds eingerichtet. Beiträge zu diesem Fonds, der im Falle der nicht ausreichenden Entschädigung der von einer Verschmutzung Betroffenen einspringt, werden für jeden Vertragsstaat von allen Personen geleistet, die pro Jahr insgesamt mehr als 150.000 t beitragspflichtiges Öl, das auf dem Seeweg befördert worden ist, erhalten haben (Art 10); die Vertragsparteien können die Beitragszahlungen für ihre Staatsan-

---

542 S o Rn 52 f.
543 Der ISGH hat im *Southern Bluefin Tuna*-Fall den Zusammenhang zwischen Meeresschutz und Vorsorgeprinzip betont, das SRÜ insoweit also konkretisiert, ITLOS Rep 1999, 280, 296 (§§ 70, 77); vgl auch den *Land Reclamation*-Fall, ITLOS Rep 2003, 10, 26 (§ 99). In seinem jüngst ergangenen *SRFC*-Gutachten verknüpfte der ISGH die der Erhaltung und Nutzung der lebenden Ressourcen der AWZ gewidmeten Art 61 u 62 SRÜ unmittelbar und ausdrücklich mit dem Vorsorgeprinzip; vgl ITLOS Reports 2015, § 206. Aus der Literatur *Marr*, The Precautionary Principle in the Law of the Sea, 2003, 52; *Sage-Fuller*, The Precautionary Principle in Marine Environmental Law, 2013, 68.
544 Grundlage der Anwendbarkeit der Prinzipien in Räumen unter staatlicher Hoheitsgewalt ist Art 194 Abs 5 SRÜ (str); vgl nunmehr die Entscheidung des Schiedsgerichts im *Chagos MPA*-Fall, §§ 320, 538. Allgemein zum Zusammenhang Fischerei und Umwelt *Wolff* (Fn 157) 48 ff, 93 ff, 117 ff; *Proelss/Houghton*, Protecting Marine Species, in Rayfuse (Hrsg), Research Handbook on International Marine Environmental Law, 2015, 229 ff.
545 Zum Schutz der Meeresumwelt in Gebieten jenseits der Grenzen des Bereichs nationaler Hoheitsbefugnisse (Hohe See und Tiefseeboden) *Warner*, Protecting the Oceans Beyond National Jurisdiction, 2009, 27 ff, 67 ff.
546 Grundlegend das Internationale Übereinkommen über Maßnahmen auf Hoher See bei Ölverschmutzungs-Unfällen v 29.11.1969 (BGBl 1975 II, 137). Zum Ganzen Tomuschat (Hrsg), Schutz der Weltmeere gegen Öltankerunfälle, 2005.
547 BGBl 1975 II, 305; Neufassung: BGBl 1996 II, 670.
548 Aus jüngerer Zeit treten hinzu: Internationales Übereinkommen über die Haftung und Entschädigung für Schäden bei der Beförderung gefährlicher und schädlicher Stoffe auf See v 3.5.1996 (ABl EG 2002, Nr L 337/57); Internationales Übereinkommen über die zivilrechtliche Haftung für Schäden durch Bunkerölverschmutzung v 23.3.2001 (BGBl 2006 II, 579).
549 BGBl 1975 II, 320; Neufassung: BGBl 1996 II, 685.

gehörigen übernehmen (Art 14). Materiell-rechtliche Ansätze zu einem Schutzkonzept für die Meere, das stets die Flaggenstaaten im Zentrum sah, fanden sich bereits in früheren Konventionen. Zu erwähnen ist besonders das *Internationale Übereinkommen zur Verhütung der Verschmutzung der See durch Öl* v 12.5.1954 (OILPOL),[550] das später vom *Internationalen Übereinkommen zur Verhütung der Meeresverschmutzung durch Schiffe v 1973 (MARPOL)* ersetzt wurde.[551]

Heute bildet *Teil XII SRÜ* das Herzstück des *globalen maritimen Umweltschutzes*. Auch über Art 192f SRÜ hinaus enthält er hauptsächlich Rahmenbestimmungen. Sie sind entweder ausfüllungsbedürftig oder greifen bereits bestehende Regeln auf und schreiben sie fort, ohne sie zu derogieren (vgl Art 237 SRÜ). In welcher Weise die Staaten zu Schutz und Bewahrung der Meeresumwelt beitragen, wird in Art 194ff SRÜ zunächst allgemein ausgeführt[552] und anschließend für die verschiedenen Arten der Meeresverschmutzung präzisiert.[553] Die insoweit einschlägigen Bestimmungen betreffen neben der Verschmutzung vom Lande aus (Art 207 SRÜ) die Verschmutzung durch Einbringen (Art 210 SRÜ), durch Schiffe (Art 211 SRÜ), durch Tätigkeiten auf dem Meeresboden (Art 208 SRÜ) und im „Gebiet" (Art 209 SRÜ) sowie die Verschmutzung aus der oder durch die Luft (Art 212 SRÜ). Sie alle sind konkretisierungsbedürftig.[554]

138

Das im SRÜ angelegte „Mehr-Ebenen-Modell" kann exemplarisch am Bsp der Verschmutzung durch Schiffe verdeutlicht werden.[555] Auch der diesbezüglich einschlägige Art 211 SRÜ setzt eine weitere Konkretisierung voraus; in Abs 1 verweist er konkret auf die IMO („im Rahmen der zuständigen internationalen Organisation").[556] Die Vertragsparteien haben also *im Rahmen der IMO* Schutzmaßnahmen zu erlassen. Sind diese allgemein anerkannt – Abs 5 spricht von *generally accepted international rules and standards* –,[557] können die Küstenstaaten diese Vorschriften nach Art 211 Abs 5 SRÜ sogar für Schiffe unter Drittflagge in ihrer AWZ verbindlich machen, ungeachtet der dort grundsätzlich bestehenden Schifffahrtsfreiheit (vgl Art 58 Abs 1 SRÜ). Relevant sind insoweit vor allem die Vorgaben des *MARPOL-Übereinkommens*, das bereits in den 1970er Jahren zu einer Intensivierung des Schutzes vor schiffsverursachter Verschmutzung beigetragen hat. Es handelt sich um ein seit 1.1.1983 in Kraft befindliches Rahmenabkommen, dessen Bedeutung sich nur in Zusammenschau mit seinen sechs Anlagen erfassen lässt.[558] Ziel ist es, die Verschmutzung des Meeres durch „betriebsbedingte" Einleitungen zu verhindern.[559]

139

---

550 BGBl 1956 II, 379.
551 So Fn 156.
552 Gemäß Art 194 Abs 1 SRÜ ergreifen die Staaten die notwendigen Maßnahmen, „um die Verschmutzung der Meeresumwelt ungeachtet ihrer Ursache zu verhüten, zu verringern und zu überwachen"; dabei bemühen sie sich, „ihre diesbezügliche Politik aufeinander abzustimmen". Art 194 Abs 2 SRÜ reflektiert den heute gewohnheitsrechtlich geltenden Präventionsgrundsatz.
553 Zu aktuellen Herausforderungen *Hakapää*, in Bewahrung, 237 (242ff).
554 „Die Staaten ergreifen andere Maßnahmen, die zur Verhütung, Verringerung und Überwachung einer solchen Verschmutzung *notwendig* sein können" (Art 207 Abs 2; Art 208 Abs 2; Art 210 Abs 2; Art 212 Abs 2 SRÜ). Zum Ganzen *Hafner*, in Seerecht, Kap 5 Rn 103ff.
555 Zur Entwicklung *Tan*, Vessel-Source Marine Pollution, 2006, 107ff.
556 Vgl UN Doc A/52/491 v 20.10.1997, § 9.
557 Dazu *Schult*, Schiffssicherheit, 72ff; *Molenaar*, Coastal State Jurisdiction over Vessel-Source Pollution, 1998, 140ff.
558 Außer auf Öl (Anlage I) findet MARPOL auch Anwendung auf schädliche flüssige Massengut-Substanzen, Schadstoffe in verpackter Form, Schiffsabwässer sowie Schiffsmüll (Anlagen II–V). Anlagen III-VI sind fakultativ (vgl Art 14 MARPOL). Anlage VI (Luftverschmutzung), in Kraft seit 19.5.2005, wurde mit Blick auf die darin enthaltenen Grenzwerte für Schadstoffemissionen (CO_2 ist bislang nicht erfasst) im Oktober 2008 verschärft; die betreffenden Normen traten für die Vertragsparteien der Anlage VI zum 1.7.2010 in Kraft. Dazu *Proelß/O'Brien*, Völker- und europarechtliche Anforderungen an Abgasemissionen von Seeschiffen, NordÖR 2011, 97ff; zu den abfallbezogenen Vorschriften nunmehr *Stoefen-O'Brien*, The International and European Legal Regime Regulating Marine Litter in the EU, 2015, 124ff.
559 Der Flaggenstaat hat gegen Verletzungen von MARPOL-Bestimmungen vorzugehen und dies der IMO mitzuteilen (vgl Art 8). Ausgenommen sind „Staatsschiffe" (Art 3). Die Nichtbegünstigungsklausel (Art 5 Abs 4) führt nicht zur automatischen Drittwirkung, sondern dürfte vor dem Hintergrund der *pacta tertiis*-Regel einschränkend auszu-

140 Art 211 Abs 6 SRÜ eröffnet den Küstenstaaten darüber hinaus die Möglichkeit, unter bestimmten Bedingungen in „genau bezeichneten" Gebieten ihrer AWZ „besondere obligatorische Maßnahmen zur Verhütung der Verschmutzung durch Schiffe" zu ergreifen. Voraussetzung ist die Anerkennung des Sondergebietscharakters durch die *IMO*. Auch müssen die Maßnahmen entweder mit den von der IMO für Sondergebiete zugelassenen internationalen Regeln und Normen oder Schifffahrtsgebräuchen übereinstimmen oder von ihr gesondert angenommen werden. Bislang ist die IMO allerdings nicht auf Grundlage von Art 211 Abs 6 SRÜ tätig geworden.[560] In der AWZ können mithin nur solche *Meeresschutzgebiete* mit Wirkung *erga omnes partes* ausgewiesen werden, die der funktionalen Begrenztheit der dem Küstenstaat zugewiesenen Rechte und Hoheitsbefugnisse Rechnung tragen.[561] Gleichwohl wurden die Hafen- und Küstenstaaten in diesem Funktionshoheitsraum auch zu „Herren des Umweltschutzes": Art 218, 220 SRÜ begründen zum *Schutz der Meeresumwelt* raumübergreifend besondere Durchsetzungsrechte des Hafen- und des Küstenstaats. Während Art 220 SRÜ die seewärts abnehmenden Durchsetzungsbefugnisse des Küstenstaats innerhalb der Meereszonen regelt, gestattet die umweltschutzrechtliche Neuregelung des Art 218 Abs 1 SRÜ, deren *gewohnheits*rechtliche Geltung noch nicht anerkannt sein dürfte,[562] dem Hafenstaat, wegen unerlaubter Einleitungen aus einem Schiff Untersuchungen durchzuführen und, falls die Beweislage es rechtfertigt, ein Verfahren zu eröffnen, wenn das betreffende Schiff die Meeresumwelt *außerhalb* des küstenstaatlichen maritimen Aquitoriums oder seiner AWZ durch Einleitungen verschmutzt hat. Das den anderen meeresschutzbezogenen SRÜ-Bestimmungen zugrunde liegende Konzept des Einsatzes des „Interessiertesten" erfährt hier insoweit eine Modifikation, als der Hafenstaat zum Sachwalter des umweltpolitischen Allgemeininteresses wird.[563] Treuhandkonzepte, aber auch *dédoublement fonctionnel*-Vorstellungen finden hier einen Ansatzpunkt.[564] Dies ändert nichts an der sowohl nach IMO-Konventionen als auch gemäß SRÜ (Art 211 Abs 2, Art 217 SRÜ) bestehenden primären *Verantwortung der Flaggenstaaten* für den Schutz der Meeresumwelt.

141 Schlüsselinstrument zur Ausgestaltung von Art 210 SRÜ bzgl der Verschmutzung durch Einbringen ist das *Übereinkommen über die Verhütung der Meeresverschmutzung durch das Einbringen von Abfällen und anderen Stoffen* v 29.12.1972 (London Convention [LC]).[565] Art III Abs 1 lit b LC klammert betriebsbedingte Einleitungen aus; Gleiches gilt gemäß lit c für die Beseitigung von Abfällen aus dem Meeresbergbau (vgl Art 145, 209 SRÜ). Die in Anlage I aufgeführten Stoffe (ua bestimmte Schwermetalle und radioaktive Substanzen) dürfen gar nicht, die in Anlage II genannten (bestimmte andere Schwer-, Edel- und Buntmetalle sowie sperrige Gegenstände) nur mit Sondererlaubnis versenkt werden. Das Einbringen aller sonstigen Abfälle ist nur mit allgemeiner Genehmigung erlaubt: Verbot mit Erlaubnisvorbehalt als traditionelles technik- und umweltrechtliches Regelungsschema. Die LC wird ergänzt bzw (für die Vertragsparteien beider

---

legen sein (str). Dazu vgl *Wolfrum*, Recht der Flagge und „Billige Flaggen", BDGVR 31 (1990) 121 (139f); *Nuñez-Müller*, Die Staatszugehörigkeit von Handelsschiffen im Völkerrecht, 1994, 261; *Proelß*, Meeresschutz, 129ff; *Thienel*, Drittstaaten und die Jurisdiktion des Internationalen Gerichtshofs, 2016, 162f, 185ff.
560 Die mit IMO Doc A 22/Res 927 v 15.1.2002 ("Guidelines for the Designation of Special Areas under MARPOL 73/78 and Guidelines for the Identification and Designation of Particularly Sensitive Sea Areas") festgelegten Kriterien beziehen sich nicht auf „Sondergebiete" iSv Art 211 Abs 6 lit a SRÜ, sondern auf die *Special Areas* und *Particularly Sensitive Sea Areas*. Zu Unterschieden *Kachel*, Particularly Sensitive Sea Areas, 2008, 250ff.
561 Vgl *Lagoni*, Die Errichtung von Schutzgebieten in der ausschließlichen Wirtschaftszone aus völkerrechtlicher Sicht, NuR 24 (2002) 121 (127); *Jarass*, Naturschutz in der Ausschließlichen Wirtschaftszone, 2002, 29ff, 35; *Proelß*, in Seerecht, Kap 3 Rn 266ff.
562 Vgl *Lagoni* (Fn 541); *Graf Vitzthum/Talmon* (Fn 148) 137; aA *Hafner*, in Seerecht, Kap 5 Rn 185f.
563 *König* (Fn 164) 227ff; *Molenaar* (Fn 557) 135ff.
564 Der Begriff geht zurück auf *Scelle* (Le phénomène du dédoublement fonctionnel, FS Wehberg, 1956, 324ff). Nach ihm handeln die staatlichen Organe bei Wahrnehmung der jeweiligen Zuständigkeiten funktional gleichsam als Sachwalter der – nicht über eigene Völkerrechtspersönlichkeit verfügenden – internationalen Gemeinschaft.
565 BGBl 1977 II, 180 (mit Änd v 11.10.1978 [BGBl 1987 II, 118]).

Instrumente) ersetzt durch das *London Protocol (LP) v 7.11.1996*,[566] das jenes Modell eines Erlaubnisvorbehalts zugunsten eines grundsätzlichen Dumpingverbots mit der Möglichkeit von Ausnahmebewilligungen hinsichtlich der in Anlage 1 genannten Stoffe aufgibt (*reverse listing*-Ansatz).[567] Daneben beinhaltet „Einbringen" nun auch die Lagerung von Abfällen bzw Stoffen auf dem Meeresboden und im Meeresuntergrund sowie die Versenkung und Aufgabe ausgedienter Ölbohrplattformen (Art 1 Abs 4).

Die Bekämpfung der *vom Land ausgehenden Meeresverschmutzung* weist weiterhin erhebliche Defizite auf. Dies ist auch darauf zurückzuführen, dass die erforderlichen Maßnahmen mit Kosten-, Standort-, Beschäftigungs- und Infrastrukturaspekten zusammenhängen. Auf universeller Ebene existiert bislang kein Übereinkommen, das sich ausschließlich mit dieser größten Verschmutzungsquelle beschäftigt. Das SRÜ begnügt sich mit Bemühensklauseln (vgl Art 207). 142

Regionalkonzepte verkörpern nach dem SRÜ und dem konkretisierenden universellen Völkerrecht die *dritte* Ebene des internationalen Meeresumweltschutzrechts. Die Existenz umschlossener und halbumschlossener Meere mit einer Mehrzahl industriell und umweltpolitisch annähernd homogener Anrainerstaaten fördert den Abschluss regionaler Abkommen, die ihrerseits für spätere weltweite Übereinkommen Modellcharakter gewinnen können. Ein frühes Bsp ist das *Übereinkommen zur Zusammenarbeit bei der Bekämpfung von Ölverschmutzungen der Nordsee* v 9.6.1969.[568] Andere Übereinkommen beschränken sich nicht auf bestimmte Substanzen. Solche umfassendere Konventionen wurden für den Nordostatlantik und die europäischen Randmeere, für den Persischen Golf, die Karibik, die zentral- und westafrikanischen Küstengewässer sowie den Süd- und Südostpazifik geschlossen.[569] Diese strukturverwandten Abkommen sind größtenteils Frucht des *UNEP-Regionalmeerprogramms*.[570] 143

Von den bestehenden Regionalmeerabkommen seien das *Übereinkommen zum Schutz der Meeresumwelt des Nordostatlantiks* v 22.9.1992 (OSPAR-Übereinkommen)[571] und das *Übereinkommen über den Schutz der Meeresumwelt des Ostseegebiets* v 9.4.1992 (Helsinki Übereinkommen) hervorgehoben.[572] Wegen ihrer dynamisch-vorsorgeorientierten Ansätze und ihrer verschärften Mechanismen bzgl institutioneller Zusammenarbeit, Streitbeilegung und Anpassungsfähigkeit sind sie fortschrittlich.[573] Mit beiden Übereinkommen wurde jeweils eine I.O. eingerichtet.[574] Die beiden Übereinkommen zielen nicht mehr allein auf die Verringerung bzw Verhütung der Meeresverschmutzung (Gefahrenabwehr), sondern auf „Meeresschutz": auf ein 144

---

566 ILM 36 (1997) 4.
567 Seit November 2006 (vgl Res LP.1(1) v 2.11.2006) sind in Anlage 1 auch "carbon dioxide streams derived from carbon dioxide capture processes for sequestration" genannt. Die Deponierung von sequestriertem CO_2 im Meeresboden kann völkerrechtlich daher zulässig sein; vgl dazu *Friedrich*, Carbon Capture and Storage, ZaöRV 67 (2007) 211ff; *Proelss/Güssow*, Carbon Capture and Storage from the Perspective of International Law, EYIEL 2 (2011) 151ff.
568 BGBl 1969 II, 2066. Weitergehend das Übereinkommen zu Zusammenarbeit bei der Bekämpfung der Verschmutzung der Nordsee durch Öl und andere Schadstoffe v 13.9.1983 (BGBl 1990 II, 70; 1995 II, 179).
569 Nachw für das Mittelmeer: *Zoller*, Völker- und europarechtliche Aspekte des Mittelmeerumweltschutzes, 1996. Ostsee: *Dieter*, Das Umweltregime der Ostsee, 1993. Nordsee: *Kersandt*, Rechtliche Vorgaben und Defizite bei Schutz und Nutzung der Nordsee, Diss 2013; *Cron*, Das Umweltregime der Nordsee, 1995. Nordostatlantik: *Lagoni*, Regional Protection of the Marine Environment in the Northeast Atlantic under the OSPAR Convention of 1992, in Nordquist/Moore/Mahmoudi (Hrsg), The Stockholm Declaration and Law of the Marine Environment, 2003, 183ff; *Proelß*, Meeresschutz, 191ff.
570 Das Programm deckt insgesamt 18 Meeresregionen ab. Für einige hat UNEP Aktionspläne erarbeitet, die überwiegend in regionale Meeresschutzübereinkommen mündeten. Überblick *Hafner*, in Seerecht, Kap 5 Rn 213ff.
571 So Fn 420.
572 BGBl 1994 II, 1397.
573 Vgl *Proelß*, Meeresschutz, 201ff; *Lagoni* (Fn 569) 184 für OSPAR. Zum Helsinki-Übereinkommen etwa *Ehlers*, Der Schutz der Ostsee, NuR 23 (2001) 661ff.
574 Anders als im Falle des Helsinki-Übereinkommens sind die von der OSPAR-Kommission erlassenen Beschlüsse für die Mitgliedstaaten verbindlich; sie müssen deshalb innerstaatlich umgesetzt werden, vgl Art 10 Abs 3, Art 13 Abs 5 OSPAR-Übereinkommen.

aktives, *ganzheitliches* Eintreten zum Schutz der Meeresumwelt, auch gegenüber der Verschmutzung vom Lande, unter Berücksichtigung der Zusammenhänge mit dem Natur- und dem Bestandsschutz.

c) Schutz der Erdatmosphäre und Bekämpfung des Klimawandels

145 Die Regelungsdichte zum Schutz der Erdatmosphäre (inkl des durch die unteren und mittleren Schichten der Erdatmosphäre gebildeten Luftraums) ist geringer als die bzgl anderer Umweltgüter. Jenes Medium trat erst in neuerer Zeit, vermittelt über die Bemühungen der Staatengemeinschaft zur Bekämpfung des Klimawandels (die freilich nicht, ja nicht einmal primär auf den Schutz der Atmosphäre gerichtet sind), in den Vordergrund. Anders als das Wasser, das, auch als Quelle wichtiger Nahrungsressourcen, für die Welternährung unentbehrlich ist, stellt die Luft keinen wesentlichen Träger solcher Güter dar. Zur ökonomischen Nutzung ist die Luft, sieht man von Transportzwecken ab, nur begrenzt geeignet. Andererseits ist die Luft ein *grenzüberschreitendes Medium par excellence*,[575] auch bzgl des Transports schädigender Wirkungen.[576] Heute steht funktional der Schutz des Klimas, befördert durch die Arbeit des *Intergovernmental Panel on Climate Change (IPCC)*,[577] im Vordergrund der internationalen Umweltpolitik. Es geht um die epochale Aufgabe, die Erderwärmung auf einem für Mensch und Umwelt gleichermaßen erträglichen Niveau zu stabilisieren.[578]

Schutz der Erdatmosphäre

146 Der Luftraum mit den darin befindlichen Luftpartikeln zählt, soweit über einem Staat befindlich, zum *Staatsgebiet*.[579] Er unterliegt in geringerem Ausmaß als andere Umweltmedien den expansiven Ambitionen der Staaten. An die Stelle bloß nachbarrechtlicher Konzepte können deshalb Schutzvereinbarungen mit zT weitreichenden Wirkbereichen treten, in die der Luftraum über Nichtstaatsgebieten häufig eingeschlossen wird. Im Vordergrund stehen nicht raum-, sondern *funktions*bezogene Konzepte. Sie setzen an den komplexen Wirkungszusammenhängen an: an Emission, Transport, Kumulation und Distribution von Partikeln. Diese Vereinbarungen sind relativ fortschrittliche Instrumente.

147 Die meisten luftschützenden Vereinbarungen zeichnen sich durch ihren *regionalen* Charakter aus. Angesichts des unterschiedlichen Industrialisierungsstands, Problemdrucks und Umweltbewusstseins vieler Staaten und Regionen ist dieser Regionalansatz folgerichtig. Häufig ist ein weltweiter Konsens nicht erreichbar. Die Entwicklungsländer emittieren insgesamt weit weniger Schadstoffe als die Industriestaaten. An *globalen* Instrumenten besteht insofern vorerst wenig Interesse – es sei denn, sie enthalten Ausnahmeregelungen für die Entwicklungsländer. Industriestaaten hingegen befürchten, Wettbewerbsnachteile zu erleiden, wenn sie sich vertrag-

---

575 *Barberis*, Los recursos naturales compartidos entre estados y el derecho internacional, 1979 zählt deshalb die Atmosphäre zu den „gemeinsamen Ressourcen". Zum Rechtsbegriff „Atmosphäre" *Wustlich*, Die Atmosphäre als globales Umweltgut, 2003, 59 ff; ebd 79 ff zu Fragen der terminologischen Abgrenzung.
576 Vgl bereits *Brunnée*, Entwicklungen im Umweltvölkerrecht am Beispiel des sauren Regens und der Ozonschichtzerstörung, 1988.
577 Das IPCC beruht nicht auf einem völkerrechtlichen Vertrag, sondern auf einer Vereinbarung zwischen der World Meteorological Organization und dem UNEP. Eine Einordnung dieses hybriden Gebildes in das Recht der I. O. und eine erste Analyse der Wirkungen seiner Publikationen unternimmt *Bolle*, Das Intergovernmental Panel on Climate Change (IPCC), 2011, 25 ff, 108 ff.
578 Wissenschaftliche Erkenntnisse belegen, dass bis zum Ende des Jh bei Zugrundelegung der optimistischen Szenarien ein Anstieg der globalen Oberflächentemperatur der Erde um mehr als 1,5°C, verglichen mit der Periode 1850-1900, wahrscheinlich ist; vgl IPCC, Climate Change 2014: Synthesis Report, 58 ff.
579 Vgl o Rn 28 ff.

lich zur Reduktion von Schadstoffemissionen in Bereichen verpflichten, die für ihre Wirtschaftstätigkeit, weniger aber für die ihrer Konkurrenten, zentral sind.

Das im Rahmen der UNECE ausgehandelte *Übereinkommen über weiträumige grenzüberschreitende Luftverunreinigung* v 1979 (CLRTAP), in Kraft seit 1983, ist der wichtigste einschlägige Regionalvertrag.[580] Diese Rahmenvereinbarung, die Bestimmungen besonders zur Forschungs- und Entwicklungskooperation und zum Informationsaustausch aufweist, zeichnet weitgehend den Stand des Völkergewohnheitsrechts nach. Sie beruft sich in ihrer Präambel auf das (über den Stand des damaligen Gewohnheitsrechts hinausgehende) Prinzip 21 der Stockholmer Deklaration v 1972. Danach haben Staaten zwar auch dafür zu sorgen, dass die Umwelt in Gebieten außerhalb nationaler Hoheitsbereiche nicht geschädigt wird; eine „weiträumige grenzüberschreitende Luftverunreinigung" (Art 1 lit b) ist jedoch nur eine solche, die sich *kausal* auf den Hoheitsbereich eines *Staats* auswirkt. Damit bleibt das Übereinkommen dem überkommenen, letztlich nachbarrechtlichen Ansatz verhaftet. Es ist bzgl des Kreises seiner Vertragsparteien europa- und atlantikzentriert. Orientierungsgrundlage ist das Programm über die Zusammenarbeit bei der Messung und Bewertung der weiträumigen Übertragung von luftverunreinigenden Stoffen in Europa.[581]

148

Auch die in der Stratosphäre gelegene *Ozonschicht* zählt zur Erdatmosphäre. Sie absorbiert Wellenlängen der ultravioletten Strahlung der Sonne (UV-B-Strahlung). Halogenierte Kohlenwasserstoffe bzw Halone zerstören diesen Schutzschild, so dass die Strahlung vermehrt und potentiell gesundheitsschädigend auf die Erdoberfläche trifft.[582] Im Mittelpunkt des Schutzes des Gemeinguts Ozonschicht stehen die *Ozonverträge*. Ihr Regelungsumfang hat sich schrittweise vergrößert, parallel zur Zunahme der Erkenntnis über Ursache, Ausmaß und Wirkung der Schädigung. Das *Wiener Übereinkommen zum Schutz der Ozonschicht* v 1985[583] lässt noch die Ungewissheit erkennen, die seinerzeit bzgl der faktischen Zusammenhänge herrschte. Dieser Rahmenvertrag begründet die abstrakte Verpflichtung, vor Gefahren durch die Veränderung der Ozonschicht zu schützen. Darüber hinaus verpflichtet es zur weiteren Erforschung der Ozonzerstörung (Art 3) sowie zu Zusammenarbeit und Informationsaustausch. Auch in seiner organisatorischen Ausgestaltung ist es darauf angelegt, später präzisere Normen hervorzubringen.

149

Während das Wiener Übereinkommen primär verfahrensrechtliche Bestimmungen enthält, trifft das auf seiner Grundlage beschlossene *Protokoll von Montreal* v 16.9.1987,[584] in Kraft seit 1989, Regelungen für eine stufenweise Reduzierung des Ausstoßes von Stoffen, die für die Zerstörung der atmosphärischen Ozonschicht verantwortlich gemacht werden. Das Protokoll, ein selbständiges Übereinkommen, ist ein detaillierter vertraglicher Abbaukalender für Halogenkohlenwasserstoffe. Erstmals konnte so auf weltweiter Ebene ein Übereinkommen geschlossen werden, das für umweltschädliche Substanzen qualifizierte Abbauziele mit exakten Terminen vorgibt. Allerdings sind für unterindustrialisierte Länder Ausnahmen vorgesehen.[585] Für die EU gilt ein Sonderregime.[586] Gemäß der Dynamisierungsklausel des Art 2 Abs 9 lit c können die Ver-

150

---

580 BGBl 1982 II, 373.
581 Vgl dazu Prot v 28.9.1984 (Burhenne, 979:84/A). Krit *Beurier/Kiss*, Droit international de l'environnement, 2004, 206 ff.
582 Die durch verstärkte UV-Strahlung ausgelösten Schadenswirkungen sind vor allem in Australien, aber auch in Neuseeland, in der Antarktis und im südlichen Chile spürbar.
583 BGBl 1988 II, 901. Diskussion bei *Ott*, Umweltregime, 47 ff, 111 ff.
584 BGBl 1988 II, 1014 (per 1.3.2016: 197 Vertragsparteien). Es handelt sich um den ersten Vertrag in der Geschichte der UN, der universelle Geltung erlangt hat. Zu den *Non-Compliance*-Mechanismen des Montrealer Protokolls *Ohlhoff*, Methoden der Konfliktbewältigung bei grenzüberschreitenden Umweltproblemen im Wandel, 2003, 309 ff.
585 Unter bestimmten Umständen können Entwicklungsstaaten alle Maßnahmen um bis zu 10 Jahre aufschieben (Art 5 Abs 1 Montrealer Protokoll). Zu den Differenzierungen der Rechtspflichten *Bloch*, Technologietransfer zum internationalen Umweltschutz, 2007, 134 ff, 149 ff.
586 Die EU wird als Gesamtheit angesehen. Einzelne Mitgliedstaaten erhalten so die Möglichkeit, Stoffe langsamer abzubauen, soweit andere den verlangten Standard bereits früher erreicht haben.

tragsstaaten mit 2/3-Mehrheit Anpassungen des Abbaukalenders beschließen, die dann unmittelbar, ohne Ratifizierung, in allen Vertragsstaaten wirksam werden. Das *Meeting of the Parties* verfügt insofern über Legislativbefugnisse.[587]

151   Da die Reduzierung von FCKW und anderen Halonen durch das Montrealer Protokoll noch nicht als ausreichend erachtet wurde, kam es zu *Anpassungen und Änderungen*.[588] „Anpassungen" *(adjustments)* straffen den Abbaukalender, „Änderungen" *(amendments)* novellieren das Protokoll nach dem traditionellen völkerrechtlichen Verfahren.[589] In institutioneller Hinsicht führte die *Londoner Revision 1990* einen *Ozonfonds* ein, aus dem Entwicklungsländern Mittel zur Umstellung zur Verfügung gestellt werden können. Des Weiteren wurde das Protokoll um ein Streitbeilegungsverfahren ergänzt, das durch die *Kopenhager Revision 1992* konkretisiert wurde. Weitere Revisionen erfolgten im Zweijahres-Rhythmus. Seit dem 16.9.2009 verfügen sämtliche Revisionen über 197 Vertragsparteien und gelten damit universell.

152   In ihrer Gesamtheit markieren die Ozonverträge eine *sukzessive Verbesserung* des Umweltschutzes. Die Dynamik, die einem internationalen Vertragswerk innewohnen kann, fällt hier ebenso auf wie die (vorsichtige) Relativierung des Prinzips der Staatengleichheit. Den Entwicklungsländern werden Begünstigungen eingeräumt; aber auch die EU als Staatenverbund erstreitet sich eine Sonderbehandlung. Langfristig könnten diese taktischen Relativierungen der Strategie der Universalität und damit der Effektivität des völkerrechtlichen Umweltschutzes förderlich sein.

Bekämpfung des Klimawandels

153   Das auf dem Erdgipfel in Rio angenommene *Rahmenübereinkommen der Vereinten Nationen über Klimaänderungen (UNFCCC)* v 15.5.1992,[590] in Kraft seit 1994, ist auch heute noch das für die Bekämpfung des Klimawandels zentrale völkerrechtliche Instrument.[591] Angesichts von Unsicherheiten über Diagnose und Therapie der „Klimakrankheit" sowie wegen politischer Differenzen wurde es nur als Rahmenübereinkommen ausgestaltet; materielle Durchschlagskraft kann die UN-Klimakonvention daher nur mittels detaillierter Zusatzregelungen entwickeln. Theoretisch erlaubt dies, mit zunehmendem Problemwissen das Instrumentarium anzupassen. Maßgeblich für die Entscheidung zugunsten eines schrittweisen Ansatzes war dabei die – positive – Erfahrung im Bereich „Ozonschicht" (so Rn 149 ff). Die ersten beiden Konferenzen der Vertragsparteien blieben indes ohne substantielle Ergebnisse, zumal ohne quantifizierte Emissionsreduktionsverpflichtungen. In Kyoto 1997 wurde jedoch, zweiter Schritt dieses mehrstufigen Klimaschutzverfahrens, ein Protokoll ausgearbeitet, wonach der Ausstoß von sechs klimaschädlichen Gasen im Durchschnitt der Jahre 2008 bis 2012 gegenüber dem Referenzjahr 1990 um durchschnittlich 5,2% verringert werden soll. Damit dieses *Kyoto Protokoll* v 10.12.1997[592] mit seinen konkreten

---

587 Vgl auch *Schuppert*, Neue Steuerungsinstrumente im Umweltvölkerrecht am Beispiel des Montrealer Protokolls und des Klimaschutzrahmenübereinkommens, 1998.
588 BGBl 1991 II, 1332 (= Londoner Revision v 29.6.1990), in Kraft 10.8.1992; BGBl 1993 II, 2183 (= Kopenhagener Revision v 25.11.1992), in Kraft 14.6.1994; BGBl 1998 II, 2690 (= Montrealer Revision v 17.9.1997), in Kraft 10.11.1999; BGBl 2002 II, 921 (= Pekinger Revision v 3.12.1999), in Kraft 25.2.2002.
589 Vgl dazu Art 39 ff WVK.
590 BGBl 1993 II, 1784. Das Übereinkommen beruht auf dem Leitbild der nachhaltigen Entwicklung (Art 3 Abs 1 u 4 UNFCCC), auf dem Vorsorgeprinzip (Art 3 Abs 2 UNFCCC) und auf dem Gedanken der *common but differentiated responsibilities* (Art 3 Abs 1 UNFCCC). Zu regelungstechnischen Details *Dolzer*, Die internationale Konvention zum Schutz des Klimas und das allgemeine Völkerrecht, FS Bernhardt, 1995, 957 ff. Als neue Institution hat die UNFCCC das Klimasekretariat mit Sitz in Bonn geschaffen.
591 Vgl nur die Ziel 13 der mit UN Doc A/RES/70/1 (Fn 374) im September 2015 angenommenen SDGs angefügte Fußnote: "Acknowledging that the United Nations Framework Convention on Climate Change is the primary international, intergovernmental forum for negotiating the global response to climate change."
592 BGBl 2002 II, 967. Vgl *Bail*, Das Klimaschutzregime nach Kyoto, EuZW 1998, 457 ff; *Oberthur/Ott*, Das Kyoto-Protokoll, 2000; *Brunnée*, The Kyoto Protocol, ZaöRV 63 (2003) 255 ff.

Pflichten am 16.2.2005 in Kraft treten konnte, musste es von mindestens 55 Staaten ratifiziert werden, darunter von Industrieländern, auf die mindestens 55% der im Jahr 1990 verursachten Kohlendioxidemissionen entfielen. Die EU und Deutschland ratifizierten das Protokoll am 31.5.2002, nachdem die siebte Vertragsstaatenkonferenz des Klimarahmenübereinkommens ein Paket von 15 Entscheidungen zur Ausgestaltung und Umsetzung der Kyoto-Mechanismen verabschiedet hatte *(Marrakesh Accords).*[593] Sie bejahte ua die zuvor str und im Kyoto Protokoll nicht abschließend geregelte Frage, ob die Bindung von Kohlendioxid durch Wälder und Böden auf die Reduktionsverpflichtung der Vertragsparteien angerechnet werden kann: *Einbezug von Speichern und Senken.*[594] Auch Russland, ein Industriestaat im Übergang zur Marktwirtschaft, trat nach längerem Zögern am 18.11.2004 dem Protokoll bei. Die USA, *per capita* weltweit größter Verursacher von Treibhausgasemissionen, ratifizierten das Protokoll nicht; allerdings haben mehr als 400 US-amerikanische Großstädte sowie mehrere US-Bundesstaaten regionale Initiativen ergriffen und sich freiwillig den Kyoto-Vorgaben unterworfen.

Klimarahmenkonvention und Kyoto Protokoll beruhen in exemplarischer Weise auf dem Grundsatz der *common but differentiated responsibilities.* So sind nach Art 4 Abs 2 UNFCCC nur die Industriestaaten (sog Anlage I-Staaten) zur Festlegung nationaler Politiken und Maßnahmen zum Klimaschutz verpflichtet, um durch eine Begrenzung der anthropogenen Treibhausgasemissionen sowie durch den Schutz und die Erweiterung der Treibhausgassenken und -speicher eine Abschwächung der Klimaänderung zu erreichen. Anlage B des Kyoto Protokolls legt *nur* für diese Staaten (und damit zB nicht für China und Indien) individuelle Reduktionspflichten fest; für Staaten im Übergang zur Marktwirtschaft (Bsp Russland) kann ein anderes Basisjahr als 1990 oder ein anderer Basiszeitraum gelten (vgl Art 3 Abs 5 Kyoto Protokoll). Bzgl der Erfüllung der *individuellen Reduktionsverpflichtungen* sind gemäß Art 3 Abs 3 Kyoto Protokoll die *Netto-Änderungen der Treibhausgasemissionen,* dh die Quellen unter Abzug der durch Senken gebundenen Emissionen, zu Grunde zu legen. 154

Die unterschiedlichen Interessen von Industriestaaten und Entwicklungsländern sollen im Rahmen des Kyoto Protokolls überdies mittels *flexibler ökonomischer Instrumente* zum Ausgleich gebracht werden.[595] Nach dem in Art 12 Kyoto Protokoll vorgesehenen *clean development mechanism* können die Industriestaaten mit der Durchführung emissionsmindernder Projekte in Entwicklungsländern einen Teil ihrer Reduktionspflichten erfüllen. Auch der inner- oder zwischenstaatliche Handel mit Emissionszertifikaten *(emissions trading)* stellt ein Instrument dar;[596] er darf die nationalen Reduktionsaktionen jedoch nur ergänzen. Am 25.10.2003 trat die Richtlinie 2003/87/EG über ein System für den *Handel mit Treibhausgasemissionszertifikaten in der EG* in Kraft. Mit ihr wurde zum 1.1.2005 ein EU-weites Emissionshandelssystem eingeführt. Umsetzungs- und Durchführungsprobleme resultieren aus den mit der Einführung einhergehenden enormen legislatorischen und administrativen Anstrengungen und hohen Umstellungskosten.[597] 155

---

593 Vgl UN Doc FCCC/CP/2001/13/Add.1–3 v 21.1.2002.
594 Dazu *Kreuter-Kirchhof,* Kooperationsformen, 54 ff; *Wustlich* (Fn 575) 279 ff. Sonstige Maßnahmen in den Bereichen Forst-, Land- und Weidewirtschaft können als Senken in Ansatz gebracht werden, soweit nicht die bloße Existenz von Kohlenstoffbeständen (Biomasse) zur Anrechnung führen soll. Darüber hinaus muss die erneute Freisetzung von CO_2 aus der Biomasse zeitnah berücksichtigt werden. Schließlich müssen die Aktivitäten zur Förderung der Biodiversität und nachhaltigen Nutzung der natürlichen Ressourcen beitragen. – Str ist, ob die Abscheidung und Deponierung *(carbon capture and storage)* von CO_2 in geologischen Formationen als Emissionsreduktion an der Quelle oder als Senke zu betrachten ist.
595 Krit *Winter,* in Bewahrung, 49 ff.
596 Dazu etwa *Jochem,* Rahmenbedingungen für ein internationales System handelbarer Emissionsrechte im Kyoto-Protokoll, ZfU 1999, 349 ff; *Giesberts/Hilf,* Handel mit Emissionszertifikaten, 2002, 57 ff. Das Protokoll selbst etabliert kein globales System des Handels mit Emissionszertifikaten.
597 Zentrales Element ist die Einführung eines *Cap-and-trade*-Mechanismus. Das Gesamtvolumen der CO_2-Emissionen wird zwar absolut begrenzt; die Adressaten der Bestimmungen können aber durch Zukauf von Emissionszertifikaten ihren Verpflichtungen entsprechen. Der Handel findet nicht zwischen Staaten, sondern zwischen Anlagebetreibern

Seit 2012 ist auch der (europäische und außereuropäische) *Luftverkehr* in den Emissionshandel einbezogen.[598] Nachdem die betroffenen außereuropäischen Fluglinien, unterstützt von ihren Heimatstaaten, damit gedroht hatten, künftig keine europäischen Flughäfen mehr anzufliegen,[599] beschloss die EU „to stop the clock". Den Ausschlag hatte diesbezüglich die Ankündigung der global zuständigen ICAO gegeben,[600] Verhandlungen über eine global gültige marktbasierte Maßnahme für die Regulierung der internationalen Luftverkehremissionen zu eröffnen. Die Entscheidung, die Einbeziehung der außereuropäischen Fluglinien in das europäische System auszusetzen, wurde bis zum 1.1.2017 verlängert, nachdem die Mitgliedstaaten der ICAO 2013 überein gekommen waren, bis zum Herbst 2016 ein globales marktbasiertes Klimaschutzinstrument zu entwickeln, auf dessen Grundlage die Luftfahrzeugbetreiber ab dem Jahr 2020 ihre CO_2-Emissionen reduzieren sollen. Im Februar 2016 verabschiedete der Umweltausschuss der ICAO einen Vorschlag zur schrittweisen Einführung verbindlicher Emissionswerte, die in Abhängigkeit von Zertifizierungsjahr und Alter der Flugzeuge ab 2020 zur Anwendung gelangen sollen. Geplant ist, dass die Generalversammlung der ICAO im September 2016 über den Vorschlag befindet; im Falle seines Zustandekommens muss dieser Beschluss von den Mitgliedstaaten der ICAO noch ratifiziert werden.

156 Die im Vergleich zu anderen Stoffen ungleich größeren ökonomischen Auswirkungen der Reduktion von CO_2-Emissionen haben die *Bemühungen um Aushandlung eines Kyoto-Nachfolgevertrags*, mit dem strengere Emissionsreduktionspflichten für den Zeitraum ab 2013 vereinbart werden sollten, zunächst scheitern lassen. Zwar bestand zwischen den Anlage I-Staaten alsbald Einigkeit hinsichtlich der Erforderlichkeit strengerer verbindlicher Zielvorgaben, um eine Erderwärmung von mehr als 2°C zu verhindern. Insbes vor dem Hintergrund des Widerstands von Schwellenländern wie China[601] und Indien, die sich auf die primäre Verantwortlichkeit der westlichen Industriestaaten beriefen, konnte auf den Vertragsstaatenkonferenzen der Klimarahmenkonvention jedoch kein Konsens hinsichtlich konkreter Emissionsreduktionspflichten erreicht werden. So spricht etwa das Abschlussdokument der Kopenhagen Konferenz v 2009 *(Copenhagen Accord)* lediglich in allgemeiner Form davon, dass Maßnahmen getroffen werden sollen, um die Erderwärmung auf weniger als 2°C zu begrenzen.[602] Hinsichtlich der Mechanismen zur Erreichung dieses Ziels tritt seit Kopenhagen zunehmend das in seiner Effektivität fragwürdige *pledge and review*-Verfahren an die Stelle des in Europa mit dem Emissionshandel implementierten *cap-and-trade*-Mechanismus. Nach jenem Ansatz teilen die einzelnen Staaten der zuständigen Stelle (dem UN-Klimasekretariat) mit, in welcher Höhe sie ihre Emissionen senken wollen *(pledge)*;[603] anschließend wird im Rahmen der Klimakonferenzen geprüft, ob diese freiwilligen Emissionsreduktionen reichen, um das Zwei-Grad-Ziel zu erreichen *(review)*. Da bis zum Ende der ersten Kyoto-Verpflichtungsperiode (31.12.2012) keine Verständigung auf einen neuen Klimaver-

---

statt. Sie haben die Wahl, entweder im Bereich ihrer Anlage Emissionen zu reduzieren oder aber Berechtigungen zuzukaufen. In Deutschland wurde die Richtlinie durch das Treibhausgas-Emissionshandelsgesetz (BGBl 2004 I, 1578) umgesetzt. Vgl *Kobes*, Grundzüge des Emissionshandels in Deutschland, NVwZ 2004, 513 ff.
598 Vgl Richtlinie 2008/101/EG v 19.11.2008 über die Einbeziehung des Luftverkehrs in das System für den Handel mit Treibhausgasemissionszertifikaten in der Gemeinschaft (ABl EU 2009, Nr L 8/3).
599 Zuvor hatte der EuGH in der Einbeziehung der *außer*europäischen Streckenanteile für die Berechnung der jeweils für Flüge von bzw nach Europa einzustellenden Emissionszertifikate weder einen Verstoß gegen das die Union bindende Völkerrecht noch eine Verletzung der Pflicht zur Respektierung der Bindungen der Mitgliedstaaten gemäß Art 351 Abs 1 AEUV erkannt, vgl EuGH, Rs C-366/10, Rn 49 ff *[Handel mit Treibhausgasemissionszertifikaten]*. Krit hierzu *Proelß* (Fn 86) 154 ff.
600 So Rn 32.
601 In absoluten Zahlen (nicht aber *per capita*) hat China mittlerweile die USA als weltweit größter CO_2-Emittent abgelöst.
602 Vgl FCCC/CP/2009/L.7 v 18.12.2009, § 1.
603 Vgl nur ebd § 4. Der Ansatz stößt auch deshalb auf Bedenken, weil die Benennung des für die Einsparungen maßgeblichen Referenzjahrs im Ermessen der Einzelstaaten steht.

trag gelang, wurde auf der Klimakonferenz in Doha (2012) schließlich beschlossen, das Kyoto Protokoll bis 2020 zu verlängern. An dieses „Kyoto II"-Protokoll sind freilich nur diejenigen Staten gebunden, welche die für die Verlängerung erforderliche Änderung des ursprünglichen Kyoto Protokolls akzeptiert haben.[604] Parallel sollte bis 2015 ein neues, nach Möglichkeit global gültiges Klimaschutzabkommen ausgehandelt werden, das im Jahre 2020 in Kraft treten soll.

Ungeachtet der kaum Anlass zu Optimismus gebenden negativen Bilanz der internationalen Klimapolitik seit Kopenhagen gelang im Rahmen der 21. Vertragsstaatenkonferenz der UNFCCC in Paris im Dezember 2015 zur Überraschung vieler eine Einigung auf einen neuen Weltklimavertrag (sog *Paris Agreement*).[605] Sein Art 2 Abs 1 lit a formuliert das ehrgeizige, über den Copenhagen Accord hinausgehende Ziel, die globale Durchschnittstemperatur auf deutlich unter 2°C gegenüber den vorindustriellen Werten zu begrenzen. Den zentralen Mechanismus zur Erreichung dieses Ziels bilden gemäß Art 4 die *National Determined Contributions (NDCs)*. Die Vertragsparteien sind hiernach verpflichtet, in regelmäßigen Abständen (mindestens alle 5 Jahre) die im Rahmen ihrer jeweiligen Möglichkeiten höchsterreichbaren Reduktionsziele zu melden. Ggf können die NDCs im Verbund mit anderen Staaten (etwa im EU-Rahmen) verfolgt werden, wobei jeweils auch die in diesem Rahmen individuell zugeteilten NDCs zu berichten sind (Art 4 Nr 16-18). Die Ergebnisse der nach Art 14 regelmäßig durchzuführenden globalen Bestandsaufnahmen *(global stocktake)* sollen den Vertragsparteien helfen, ihre Pflicht zu erfüllen, die nationalen Zielvorgaben kontinuierlich zu aktualisieren und zu steigern. Der zentrale Unterschied zum Kyoto Protokoll besteht bei alledem darin, dass das Paris Agreement *keine* individuellen Reduktionsverpflichtungen statuiert. Dieses Festhalten am *pledge and review*-Verfahren liegt einerseits in der Konsequenz der zuvor gescheiterten Bemühungen um Aushandlung strenger Emissionsreduktionsverpflichtungen, gibt andererseits aber Anlass zu einer zurückhaltenden Würdigung des mit dem Paris Agreement (vermeintlich) erreichten Durchbruchs in der internationalen Klimapolitik. Weitere, zT in zahlreiche Einzelheiten gehende, überwiegend aber recht vage Vorgaben[606] stipulierende Vorschriften des Übereinkommens sind der Anpassung an den Klimawandel (Art 7), der finanziellen Unterstützung der Entwicklungsstaaten (Art 9), der Technologieentwicklung und dem Technologietransfer (Art 10), dem Kapazitätsaufbau (Art 11) sowie der Einrichtung eines Compliance Committees nach dem Vorbild der Aarhus Konvention (Art 15) gewidmet. Das Übereinkommen soll in der Zeit vom 22.4.2016 bis 21.4.2017 zur Unterschrift aufgelegt werden und bis April 2020 in Kraft treten; ähnlich wie im Falle des Kyoto Protokolls setzt dies freilich die Ratifikation durch mindestens 55 Staaten, die auf Grundlage der zuletzt berichteten Angaben für mindestens 55% der weltweiten Treibhausgasemissionen verantwortlich sind, voraus.

Auf die Frage, wie man Staaten einschlägig motivieren kann, effektive Klimaschutzmaßnahmen zu treffen, gibt es nach wie vor keine einheitliche Antwort. Gleiches gilt für die Frage nach der Überwachung der Einhaltung der Reduktionsverpflichtungen *(compliance)*.[607] Auch die etwaige Ahndung der Verletzung diesbezüglicher völkerrechtlicher Verpflichtungen *(enforcement)* sowie die Verantwortlichkeit und Haftung für klimawandelbedingte Schäden sind noch weitgehend ungeklärt.[608] So stellt sich der Klimaschutz insgesamt und auch auf EU-Ebene nach

---

604 Mehrere Staaten, darunter Russland, Kanada, Japan und Neuseeland, haben sich gegen „Kyoto II" ausgesprochen.
605 FCCC/CP/2015/L.9/Rev.1 v 12. Dezember 2015, Adoption of the Paris Agreement, Annex. In dem Beschluss der Vertragsstaatenkonferenz über die Annahme des Übereinkommens wird der Klimawandel ausdrücklich als „common concern of humankind" anerkannt.
606 Bspw Art 5 bzgl Speichern und Senken: "Parties should take action to conserve and enhance, as appropriate, sinks and reservoirs of greenhouse gases [...]."
607 Vgl *Holtwisch*, Das Nichteinhaltungsverfahren des Kyoto-Protokolls, 2006.
608 Dazu *Verheyen*, Climate Change Damage and International Law, 2005; *Kehrer*, Staatenverantwortlichkeit und Meeresspiegelanstieg, 2009; Faure/Peeters (Hrsg), Climate Change Liability, 2011; zur Haftung für Schäden infolge

wie vor als ein *zentrales Experimentierfeld* dar, das die Dynamik und Reformbedürftigkeit des Umweltvölkerrechts ebenso veranschaulicht wie – illustriert etwa am Prinzip der gemeinsamen, aber unterschiedlichen Verantwortlichkeiten von Industriestaaten und Entwicklungsländern (Art 3 Abs 1 Klimarahmenkonvention) – seine hochpolitische, wahrhaft globale Natur. Die jüngsten Entwicklungen ändern nichts daran, dass es großer Anstrengungen bedarf, um das Ziel des Paris Agreement, die globale Durchschnittstemperatur auf deutlich unter 2°C gegenüber den vorindustriellen Werten zu begrenzen, zu erreichen. Implementierungsschwierigkeiten und sonstige etwaige Rückschläge könnten zur Folge haben, dass parallel zu den im Vordergrund stehenden Bemühungen um signifikante Emissionsreduktionen *(Mitigation)* einerseits und Maßnahmen der Anpassung (durch Anlage von Überschwemmungsgebieten, Deichen usw) an den Klimawandel *(Adaptation)* andererseits Anstrengungen unternommen werden könnten, bereits in die Atmosphäre gelangtes CO_2 wieder einzufangen und zu deponieren (Bsp: CCS) oder gar in natürliche Prozesse einzugreifen, um die CO_2-Speicherkapazität der Ökosysteme zu erhöhen *(Carbon Dioxide Removal – CDR)* bzw durch Veränderung der Strahlungsbildanz der Erde zu einer Verlangsamung des Treibhausprozesses in der Atmosphäre zu gelangen *(Solar Radiation Management – SRM)*.[609] Die Diskussion über die Zulässigkeit und völkerrechtlichen Rahmenbedingungen dieser mit dem Schlagwort *Climate Engineering* auf den Begriff gebrachten Maßnahmen hat erst begonnen.[610] Erstes Ergebnis ist eine im Oktober 2013 verabschiedete (freilich noch nicht in Kraft getretene) Änderung des London Protocols,[611] mit der Climate Engineering erstmals einer rechtsverbindlichen Regelung unterworfen wurde.[612] Die Anwendbarkeit der neu eingefügten Vorschriften, die u a ein ausdifferenziertes, das Vorsorgeprinzip umsetzendes Verfahren für die Bewertung und (von den auf nationaler Ebene zuständigen Behörden vorzunehmende) Bewilligung von Forschungsexperimenten und ein Verbot kommerzieller Aktivitäten vorsehen, hängt davon ab, ob die betreffende Kategorie des *marine geoengineering* per Beschluss der Vertragsstaaten in den neuen Anhang 4 des Protokolls aufgenommen wurde.[613]

d) Arten- und Biodiversitätsschutz

159 Während sich der Schutz von Binnengewässern, Meer und Erdatmosphäre jeweils auf eine bestimmte Raumkategorie bezieht, geht es bei dem der Pflanzen- und Tierwelt zunächst um *spezielle Schutzobjekte*.[614] Gleichwohl lassen sich Flora und Fauna dem Kreis der Welt- oder Gemeingüter insofern zurechnen, als sie nur partiell ortsgebunden sind. Auf *wandernde* wildlebende Tierarten – Schutzobjekte der Übereinkommen v 1979 (CMS bzw Bonner Übereinkom-

---

des Einsatzes von Climate Engineering-Maßnahmen s *Saxler/Siegfried/Proelss*, International Liability for Transboundary Damage Arising from Stratospheric Aerosol Injections, LIT 7 (2015) 112 ff.
609 Grundlegende Berichte: The Royal Society, Geoengineering the Climate (RS Policy Document 10/09), 2009; *Rickels et al*, Gezielte Eingriffe in das Klima?, 2011; *Schäfer et al*, The European Transdisciplinary Assessment of Climate Engineering (EuTRACE): Removing Greenhouse Gases from the Atmosphere and Reflecting Sunlight Away from Earth, 2015; *Bodle et al*, The Regulatory Framework for Climate-Related Geoengineering Relevant to the Convention on Biological Diversity (CBD Technical Series No 66), 2012.
610 Vgl *Rayfuse/Laurence/Gjerde*, Ocean Fertilisation and Climate Change, IJMCL 23 (2008) 297 ff; *Bodansky*, May We Engineer the Climate?, Climatic Change 33 (1996) 309 ff; *Bodle*, Climate Law and Geoengineering, in Hollo et al (Hrsg), Climate Change and the Law, 2013, 447 ff; *Kuokkanen/Yamineva*, Regulating Geoengineering in International Law, CCLR 2013, 161 ff; *Lin*, International Legal Regimes and Principles Relevant to Geoengineering, in Burns/Strauss (Hrsg), Climate Change Geoengineering, 2013, 182 ff; *Proelss*, Geoengineering and International Law, Security and Peace 30 (2012) 205 ff; *Redgwell*, Geoengineering the Climate: Technological Solutions to Mitigation, CCLR 2011, 178 ff; *Reynolds*, The Regulation of Climate Engineering, LIT 3 (2011) 113 ff.
611 So Rn 141.
612 Vgl Resolution LP.4(8) v 18.10.2013.
613 Bislang ist nur die Eisendüngung des Meeres erfasst.
614 Vgl dazu *Bowman/Davies/Redgwell*, Wildlife Law.

men)[615] und v 1995 (FSA)[616] – können einzelne Staaten naturgemäß nur begrenzt zugreifen. Der Entschluss, bestimmte Tierarten zu schützen, gründet auf der Einsicht, dass das einzelstaatliche Nutzungs- hinter dem gemeinsamen Schutzinteresse zurückzutreten hat. Soweit Naturgüter dauerhaft einem einzigen Staat zugeordnet sind (zB ein Wald), unterliegen sie seiner territorialen Souveränität. Bzgl solcher Güter kommt die völkerrechtliche (Schutz-) Regelung bis heute kaum voran. Konventionen wie das Washingtoner Artenschutzübereinkommen v 1973 (CITES)[617] bilden nur teilweise eine Ausnahme. Der internationale Schutz der Arten dient hier zugleich dem wirtschaftlichen Interesse einzelner Staaten; für sie sind Tiere auch Kapital, das über Tourismus und Handel Zinsen bringt. Im Hinblick auf die Erhaltung einzelner Tierarten (afrikanischer Elefant, Leopard etc) hat sich CITES überwiegend bewährt. In den Anlagen zum Übereinkommen, in welche die zu schützenden Tier- und Pflanzenarten je nach Status aufgenommen werden, sind mittlerweile rd 8.000 Tier- und 40.000 Pflanzenarten aufgelistet.[618]

Zu den Artenschutzabkommen, denen eine stärker ökologische Betrachtung zugrunde liegt, zählen das (Ramsar-) Übereinkommen über Feuchtgebiete v 1971 sowie das (Berner) Übereinkommen über die Erhaltung der europäischen wildlebenden Pflanzen und Tiere v 1979.[619] Stellvertretend für einen neuen Typus völkerrechtlicher Abkommen, die im Hinblick auf den Eigenwert der biologischen Vielfalt (intrinsic value-Konzept) auf den Schutz der Biodiversität insgesamt abzielen (und deshalb keinem Listenansatz folgen), verdient das Übereinkommen über die biologische Vielfalt (CBD) v 5.6.1992[620] besondere Beachtung. Räumlich ist es auf Bestandteile der biologischen Vielfalt in Gebieten anwendbar, die innerhalb der nationalen Hoheitsbereiche der Vertragsparteien liegen, und auf Verfahren und Tätigkeiten, die unter der Hoheitsgewalt oder Kontrolle der Vertragsparteien entweder innerhalb ihres nationalen Hoheitsbereichs oder außerhalb der nationalen Hoheitsbereiche durchgeführt werden (Art 3). Damit sind grundsätzlich auch die staatsfreien Räume Hohe See und „Gebiet" erfasst.[621] In sachlicher Hinsicht schützt das Übereinkommen Arten in ihrer natürlichen Umgebung (in situ) ebenso wie ex situ, also außerhalb dieses Bereichs (dh in Zoologischen Gärten, mittels Gen-Datenbanken usw). Es erkennt an, dass genetische Ressourcen, Gegenstände nationaler Souveränität, als common concern of humankind[622] bzgl des Erhalts ihrer Vielfalt alle Staaten verbindet. Allen Staaten werden diesbezügliche, wenngleich nach Sachnähe und Entwicklungsstand differenzierte Pflichten auferlegt. Neben dem Biotopschutz geht es der Konvention um die nachhaltige Nutzung der Arten (vgl Art 3) und die faire Aufteilung der Gewinne aus der Nutzung genetischer Ressourcen.

Diesbezüglich zentral ist das mit Art 15f CBD für die Erhaltung und Nutzung der genetischen Ressourcen eingeführte, partiell nach dem Vorbild des Regimes des internationalisierten Tiefseebodens modellierte Zugangs- und Verteilungsregime *(access and benefit sharing)*.[623] Hiernach sollen diejenigen Vertragsparteien, auf deren Territorien sich der Großteil der weltweit vorhandenen genetischen Ressourcen befindet (in erster Linie sind dies die biodiversitätsreichen Ent-

---

615 Übereinkommen zur Erhaltung der wandernden wildlebenden Tierarten v 23.6.1979 (BGBl 1984 II, 569); vgl *Proelss*, Migratory Species, International Protection, MPEPIL VII 160 (Rn 9 ff). Zur Umsetzung in Deutschland *ders*, Internationaler Arten- und Naturschutz im nationalen Recht, EurUP 2015, 314 ff.
616 Vgl o Rn 67.
617 BGBl 1975 II, 773. Vgl *Sand*, Endangered Species, International Protection, MPEPIL III, 423 (Rn 6 ff).
618 Anlage I listet die von der Ausrottung bedrohten Arten auf; mit ihnen darf Handel nur in Ausnahmefällen betrieben werden. Anlage II enthält die Arten, die bedroht sein können, wenn der Handel nicht streng reglementiert wird. Anlage III führt alle Arten auf, die innerstaatlichen Handelsbeschränkungen unterliegen.
619 BGBl 1976 II, 1265 (Feuchtgebiete); BGBl 1984 II, 618 (wildlebende Pflanzen und Tiere).
620 BGBl 1993 II, 1742.
621 S *Wolfrum/Matz* (Fn 432) 125; *Proelss* (Fn 206) 420 f.
622 Dazu *Krohn* (Fn 356) 277.
623 Vgl die Darstellung bei *Stoll*, in Bewahrung, 159 ff.

wicklungsländer),[624] anderen Staaten nach Maßgabe des nationalen Rechts (vgl Art 15 Abs 1 CBD) den Zugang zu diesen Ressourcen *(access)* eröffnen; im Gegenzug sollen sie von den aus der Ressourcenbewirtschaftung resultierenden Vorteilen profitieren *(benefit sharing)*. Dergleichen Vorteile können in der Beteiligung an wissenschaftlicher Forschung und deren Ergebnissen, aber auch in Technologie- und Finanztransfers liegen (vgl Art 15 Abs 6 u 7, Art 16 CBD). Entscheidend ist, dass der Zugang zu Bedingungen erfolgt, die zwischen dem ressourcenreichen Staat (Ursprungsstaat) und dem Staat, der die betreffenden Ressourcen nutzen will (Nutzerstaat), einvernehmlich (dh in Form eines Vertrags) festzulegen sind, vgl Art 15 Abs 4 CBD. Den *Grundsatz der dauerhaften Souveränität* über die auf dem Territorium gelegenen Ressourcen lässt das ABS-Regime der CBD mithin unberührt.

162   Die vage Formulierung der Art 15 f CBD, die maßgeblich auf Initiativen der Entwicklungsstaaten zurückgeht, hat dazu geführt, dass bislang nur wenige Vertragsparteien die erforderlichen einschlägigen Normen erlassen haben; zu Verträgen zwischen Ursprungs- und Nutzerstaaten ist es nur selten gekommen. Die zum Zwecke der Implementierung des ABS-Regimes im Rahmen der 6. Vertragsstaatenkonferenz (COP 6) im Jahre 2002 verabschiedeten *Bonn Guidelines on Access to Genetic Resources and Fair and Equitable Sharing of the Benefits Arising out of their Utilization* sind rechtlich unverbindlich und konnten keine Zugangsverbesserung schaffen. Nach schwierigen Verhandlungen gelang im Rahmen von COP 10 (2010) die Annahme des der Konkretisierung von Art 15 f u Art 8 lit j (bzgl traditionellem Wissen indigener Gemeinschaften) dienenden *Nagoya Protocol*.[625] Es statuiert verfahrensrechtliche Anforderungen hinsichtlich der Durchführung des Vorteilsausgleichs und enthält im Anhang eine ausführliche Liste von „monetary and non-monetary benefits" (u a ist die „joint ownership of relevant intellectual property rights" als möglicher Vorteil aufgeführt). Darüber hinaus sieht es die Einrichtung nationaler Kontaktstellen *(focal points)* und einer internationalen Sammelstelle *(access and benefit-sharing clearing-house)* vor, die vor allem der Informationsvermittlung und Transparenz dienen sollen. Derzeit verhandeln die Vertragsparteien um die von Art 10 des Protokolls in den Blick genommene Schaffung eines globalen multilateralen *benefit sharing*-Mechanismus. – Das *Cartagena Protokoll über biologische Sicherheit* v 29.1.2000[626] bietet weiteren Zündstoff. Dieser Vertrag wurde zB von den USA, dem wichtigsten Exporteur gentechnisch veränderter Erzeugnisse, nicht unterzeichnet. Außerdem versuchen die USA, ihn über den Umweg internationaler Handelsvereinbarungen zu unterlaufen.

163   *Zusammenfassend* ist zu konstatieren: Naturgüter, deren Bedeutung für das weltumspannende Ökosystem erwiesen ist, die jedoch in enger Verbindung mit territorialer Souveränität und Gebietshoheit stehen – wie etwa die tropischen Regenwälder –, avancierten trotz ihrer Gefährdung noch nicht zum Kerngegenstand verbindlicher Schutzvereinbarungen.[627] Der Weg von globaler Umweltrelevanz zu effektiver und nachhaltiger Umsetzung der konkretisierungsbedürftigen universellen Schutzregelungen ist noch weit. Der *Strategic Plan for Biodiversity for the Period 2011-2020*, angenommen im Rahmen der 10. Vertragsstaatenkonferenz der CBD in Nagoya (2010), stellt ernüchtert fest, dass „[t]he 2010 biodiversity target has not been achieved, at least not at the global level".[628] Zu diesem Zweck statuiert er zwanzig bis zum Jahre 2020 zu errei-

---

624 Art 2 CBD definiert „genetische Ressourcen" als „genetisches Material von tatsächlichem oder potentiellem Wert".
625 UNEP/CBD/COP/DEC/X/1 v 29.10.2010, Protocol on Access to Genetic Resources and the Fair and Equitable Sharing of Benefits Arising From their Utilization. Das Protokoll ist am 12.10.2014 in Kraft getreten (per 1.3.2016 70 Vertragsparteien).
626 ILM 39 (2002) 1027; seit 11.9.2003 in Kraft (per 1.3.2016 170 Vertragsparteien). Vgl *Böckenförde* (Fn 427) 313 ff; *Herrmann/Weiß/Ohler* (Fn 305) Rn 599 f.
627 Zum UN-Übereinkommen zur Bekämpfung der Wüstenbildung *Kellersmann* (Fn 361) 253 ff.
628 Vgl CBD Decision X/2, Strategic Plan for Biodiversity 2011-2020, § 7, <http://www.cbd.int/decision/cop/?id=12268>.

chende, rechtlich allerdings unverbindliche Zielvorgaben *(Aichi Biodiversity Targets)*. Gemäß *Target 11* sollen mindestens 17% der Landökosysteme der Erde und 10% der Küsten- und Meeresgebiete unter Schutz gestellt werden, laut *Target 12* muss bis 2020 der Artenschwund gestoppt und der Status der gefährdeten Arten verbessert werden. *Target 14*, der nachhaltigen Nutzung der Biodiversität gewidmet, unterstreicht die zentrale Bedeutung der sog *ecosystem services* als Mechanismus zur Abschätzung der Vorteilhaftigkeit von Bestandteilen der Biodiversität für den Menschen.[629] Über die jeweils erzielten Fortschritte müssen die Vertragsparteien regelmäßig berichten. Konzeptionell stehen die Aichi Targets in engem Zusammenhang mit den allgemeineren NDGs bzw SDGs (so Rn 102, 104).

Die in den Aichi Targets verkörperte Entscheidung der Staatengemeinschaft, in der internationalen Umweltpolitik künftig eher auf politische Zielvorgaben zu setzen, ist wesentliche Ausprägung der bereits angesprochenen Enformalisierung des Umweltvölkerrechts.[630] Sie ist ua der verbreiteten Frustration über den mangelnden Willen vieler Staaten, sich verbindlichen und ggf durchsetzbaren Pflichten zu unterwerfen, sowie der unterschiedlichen Leistungsfähigkeit der Staaten geschuldet. Als erfolgversprechend wird sich dieser Weg wohl nur dann erweisen können, wenn die allgemeinen Zielvorgaben mittels einer im Rahmen der jeweils zuständigen Vertragsorgane sowie auf nationaler und regionaler Ebene erfolgenden Konkretisierung operationalisiert und die mit den politischen Zielen einhergehenden Berichtspflichten ordnungsgemäß befolgt werden. Zu diesem Zweck soll auf dem Gebiet des Schutzes und der nachhaltigen Nutzung der Biodiversität der im Jahre 2012 eingerichtete Weltbiodiversitätsrat *(Intergovernmental Science-Policy Platform on Biodiversity and Ecosystem Services – IPBES)*, eine neuartige und dem IPCC ähnliche institutionelle Ausprägung der *environmental governance*, den Stand der Wissenschaft zusammenfassen und die Politik beraten. Andererseits verfügt der Ansatz, auf die drängendsten globalen Umweltprobleme mittels soft law und politischer Zielvorgaben zu reagieren, über den Vorteil der diese Maßnahmen charakterisierenden Flexibilität. Nicht zu Unrecht wurde im jüngsten Schrifttum darauf hingewiesen, dass es nicht möglich sei, die Entwicklung der Ökosysteme und die Folgen schutzbezogener Interventionen mit Sicherheit vorherzusehen; dem werde der starre Charakter des auf den traditionellen Rechtsquellen beruhenden umweltrechtlichen Instrumentariums nicht gerecht. Um künftig resiliente Ökosysteme zu gewährleisten, Ökosysteme also, die in der Lage sind, internem oder externem Änderungsdruck (etwa durch veränderte Landnutzungsanforderungen) ohne Änderung des zugrundeliegenden Managementregimes zu widerstehen,[631] sei daher die Anpassungsfähigkeit des Umweltrechts insgesamt, insbes durch Stärkung der grundlegenden, flexible politische Entscheidungen ermöglichenden Prinzipien, zu verbessern.[632] Die wissenschaftliche Diskussion um Etablierung und konzeptionelle Ausgestaltung eines künftigen *adaptive environmental law* hat so ihren Ausgangspunkt in der Schnittmenge von Klimaschutz und Schutz sowie nachhaltiger Nutzung der Biodiversität, steckt aber noch in den Anfängen.

---

629 Das Konzept der *ecosystem services* bildet mittlerweile ein eigenständiges interdisziplinäres Forschungsfeld; zur Einführung vgl die Beiträge in Grundewald/Bastian (Hrsg), Ecosystem Services, 2015; aus rechtswissenschaftlicher Perspektive *Ruhl/Kraft/Lant*, The Law and Policy of Ecosystem Services, 2007. Die 2010 verabschiedete EU-Biodiversitätsstrategie für 2020 setzte erstmals nicht nur die Eindämmung des Biodiversitätsverlusts, sondern auch den Wert der Ökosystemleistungen auf die politische Agenda, und wies auf die Notwendigkeit hin, diese zum Wohle der Natur und der Gesellschaft zu bewahren und wiederherzustellen. Maßnahme 5 des zweiten Ziels dieser Strategie rief die Mitgliedsstaaten bis zum Jahr 2020 dazu auf, den Zustand ihrer Ökosysteme und deren Leistungen zu kartieren und zu bewerten. Bis heute fehlt es indes an einem grundlegenden, wissenschaftlich fundierten konzeptionellen Rahmen zur Umsetzung dieser Maßnahmen. Eine erste Kategorisierung der Ökosystemdienstleistungen wurde im Rahmen des von den UN im Jahre 2000 in Auftrag gegebenen *Millenium Ecosystem Assessment* vorgenommen; vgl Millennium Ecosystem Assessment, Ecosystems and Human Well-being: Synthesis, 2005, 40 ff.
630 So Rn 89 f, 104, 112.
631 Grundlegend *Holling*, Resilience and Stability of Ecological Systems, ARES 4 (1973) 1 ff.
632 Vgl dazu die Beiträge in Garmestani/Allen (Hrsg), Social-Ecological Resilience and Law, 2014.

e) Schutz vor Abfällen und Schadstoffen

165 *Funktionale* Ansätze ergänzen die skizzierten raum- bzw objektbezogenen Umweltschutzregeln. Als neutrale Informations- und Schaltstellen dienen häufig I.O., etwa die Internationale Seeschifffahrtsorganisation (IMO) bzgl des MARPOL-Abkommens. Zwischen den Vertragsparteien besteht ein vertragliches Netz von Kooperations- und Informationspflichten, die über die prozeduralen Vorgaben des Gewohnheitsrechts (so Rn 109f) hinausgehen. Neuerdings räumen Vertragsparteien einander auch die Befugnis zum Überwachen *(monitoring)* ein, vergleichbar den Visitationsrechten im Antarktis- und im Weltraumvertrag. Bemerkenswert sind insoweit Entwicklungen im spezifischen Bereich der *Gefahrstoffe*. Kernstück des *Rotterdamer Übereinkommens über das Verfahren der vorherigen Zustimmung nach Inkenntnissetzung für bestimmte gefährliche Chemikalien sowie Pflanzenschutz- und Schädlingsbekämpfungsmittel im internationalen Handel* v 11.9.1998[633] ist etwa ein *prior consent*-Schema. Im Jahr 2001 wurde in Stockholm ferner die globale, auf dem Vorsorgeprinzip beruhende *Convention on Persistent Organic Pollutants* angenommen. Sie zielt auf ein weltweites Verbot bestimmter besonders gesundheitsschädlicher Stoffe *(persistent organic pollutants)*.[634]

166 Angesichts des dringenden Problems der *Abfallentsorgung* ist auf Vereinbarungen hinzuweisen, die den grenzüberschreitenden Verkehr mit Abfällen zum Gegenstand haben. Der „Müllnotstand" in Industriestaaten hat zum Ansteigen der Abfallexporte in Entwicklungsländer („Mülltourismus") geführt.[635] Um den einschlägigen Gefahren zu begegnen, formuliert das unter der Schirmherrschaft des UNEP ausgehandelte *Basler Übereinkommen über die Kontrolle der grenzüberschreitenden Verbringung gefährlicher Abfälle und ihrer Entsorgung* v 22.5.1989[636] eine Reihe prozeduraler Voraussetzungen; ihre Erfüllung steht freilich überwiegend im Ermessen der Parteien. Auch hier ist das *prior consent*-Schema gewählt worden: Jeder Export wird von der Zustimmung des potentiellen Importstaats abhängig gemacht. Das Verbringen in Nichtstaatsgebiete unterfällt dem Übereinkommen dann, wenn an dem Vorgang mindestens zwei Staaten beteiligt sind. Ferner werden mehrere absolute Exportverbote statuiert. Angesichts der zahlreichen Ausnahmen konnte das Übereinkommen die geweckten Erwartungen bisher nicht erfüllen.[637]

---

633 ILM 38 (1999) 1.
634 ILM 40 (2001) 532 (v 22.5.2001). Ähnlich wie bei CITES listen die Anlagen dieses am 17.5.2004 in Kraft getretenen Übereinkommens, dem per 1.3.2016 179 Staaten beigetreten sind, Stoffgruppen auf, deren Produktion und/oder Handel zu verbieten oder zu beschränken ist. Einmal freigesetzt, bauen sich diese Stoffe nur äußerst schwer wieder ab.
635 Zum Problem bereits *Rublack*, Der grenzüberscheitende Transfer von Umweltrisiken im Völkerrecht, 1993, 28ff.
636 BGBl 1994 II, 2703 (per 1.3.2016 183 Vertragsparteien). Dazu *Ott*, Umweltregime, 71ff, 122ff; *Ehrmann* (Fn 307) 357ff.
637 Am 12.12.1999 wurde ein Zusatzprotokoll vereinbart, das bei grenzüberschreitenden Transporten von gefährlichem Abfall eine finanzielle Entschädigung regelt, sofern Personen zu Schaden kommen oder Boden und Wasser verseucht werden.

Sechster Abschnitt

Rudolf Dolzer/Charlotte Kreuter-Kirchhof
Wirtschaft und Kultur

Gliederung

I. Die Wirtschaft im Völkerrecht —— 1–118
 1. Das Völkerrecht der wirtschaftlichen Zusammenarbeit im Überblick —— 1–14
  a) Internationales Wirtschaftsrecht —— 10
  b) Weltwirtschaftsordnung —— 12
 2. Standards des internationalen Wirtschaftsrechts —— 15–41
  a) Grundsatz der Nichtdiskriminierung —— 16
  b) Meistbegünstigungsgrundsatz —— 19
  c) Grundsatz der Inländergleichbehandlung —— 23
  d) Reziprozität, Fairness —— 26
  e) Recht auf Entwicklung, Nachhaltigkeit —— 30
  f) Rationalität, Transparenz, Good Governance —— 37
 3. Schutz fremden Eigentums und Status Multinationaler Unternehmen —— 42–62
  a) Schutz von Auslandsinvestitionen —— 42
  b) Multinationale Unternehmen —— 53
 4. Welthandelsordnung —— 63–99
  a) Instrumente des freien Welthandels: GATT und WTO —— 63
  b) Handelsbezogene Investitionsmaßnahmen —— 90
  c) Instrumente regionaler wirtschaftlicher Integration —— 93
  d) Verlauf der Doha-Runde —— 97a
  e) Weitere handelsbezogene Instrumente —— 98
 5. Internationales Steuerrecht —— 100–105
 6. Das Völkerrecht der wirtschaftlichen Entwicklung —— 106–118
  a) Grundlagen und Entwicklung —— 106
  b) Internationaler Währungsfonds und Weltbankgruppe —— 109
  c) Rohstoffabkommen und Cotonou-Abkommen —— 114

II. Die Kultur im Völkerrecht —— 119–164
 1. Kulturgüterrecht im Überblick —— 119–121
 2. Informationsfreiheit und Kulturordnung —— 122–123
 3. Kulturelle Belange als Schranke der Waren- und Dienstleistungsfreiheiten —— 124–127
 4. Recht auf Sprache —— 128, 129
 5. Kulturgüter und ihr Schutz —— 130–164
  a) Definition des Kulturguts —— 136
  b) Rechtsträger von Kulturgütern —— 140
  c) Kulturgüter in bewaffneten Konflikten —— 145
  d) Regelung für Friedenszeiten —— 150
  e) Rückführung von Kulturgut —— 157
  f) Kulturgüterschutz im Meer —— 160
  g) Archivgut, Archäologie, Architektur —— 162

Literatur
Bishop, R. Doak/Crawford, James/Reisman, W. Michael, Foreign Investment Disputes, Cases Materials and Commentary, 2005
Carreau, Dominique/Juillard, Patrick, Droit international économique, 5. Aufl 2013
Dolzer, Rudolf, New Foundations of the Law of Expropriation of Alien Property, AJIL 75 (1981) 553 f
ders, Eigentum, Enteignung und Entschädigung im geltenden Völkerrecht, 1985
ders, Formen der Streitbeilegung im multilateralen Wirtschaftsrecht, FS Doehring, 1989, 143 ff
ders/Jayme, Erik/Mußgnug, Reinhard (Hrsg), Rechtsfragen des internationalen Kulturgüterschutzes, 1994
ders/Stevens, Margrete, Bilateral Investment Treaties, 1995
ders, The Notion of Investment in Recent Practice, FS Feliciano, 2005, 261 ff
ders, Meistbegünstigungsklauseln in Investitionsschutzverträgen, FS Ress, 2005, 47 ff
ders, Fair and Equitable Treatment: A Key Standard in Investment Treaties, The International Lawyer 2005, 87 ff
ders, Schirmklauseln in Investitionsschutzverträgen, FS Tomuschat, 2006, 281 ff
ders, Neuverhandlungsklauseln im aktuellen Recht der Auslandsinvestitionen, FS Bothe, 2008, 595 ff

ders, Fair and Equitable Treatment: Judicially Manageable Criteria, FS Carreau/Juillard, 2009, 83 ff
ders, Contemporary Law of Foreign Investment: Revisiting the Status of International Law, FS Schreuer, 2009, 818 ff
ders/Schreuer, Christoph, Principles of International Investment Law, 2. Aufl 2012 [*Dolzer/Schreuer*, Principles]
Eitel, Tono, Beutekunst – Die letzten deutschen Kriegsgefangenen, FS Delbrück, 2005, 192 ff
Fechner, Frank/Oppermann, Thomas/Prott, Lyndel V. (Hrsg), Prinzipien des Kulturgüterschutzes, 1996
Francioni, Francesco, Beyond State Sovereignty: The Protection of Cultural Heritage as a Shared Interest of Humanity, Michigan JIL 25 (2004) 1209 ff
Hahn, Michael, Die einseitige Aussetzung von GATT-Verpflichtungen als Repressalie, 1996
Hauser, Heinz/Schanz, Kai-Uwe, Das neue GATT: Die Welthandelsorganisation nach Abschluss der Uruguay-Runde, 1995
Herdegen, Matthias, Internationales Wirtschaftsrecht, 10. Aufl 2014 [*Herdegen*, Internationales Wirtschaftsrecht]
ders, Principles of International Economic Law, 2013
Herrmann, Christoph/Weiß, Wolfgang/Ohler, Christoph, Welthandelsrecht, 2. Aufl 2007 [*Herrmann/Weiß/Ohler*, Welthandelsrecht]
Hilf, Meinhard/Oeter, Stefan (Hrsg), WTO-Recht, 2. Aufl 2010 [Hilf/Oeter (Hrsg), WTO-Recht]
Kowalski, Wojciech W., Restitution of Works of Art Pursuant to Private and Public International Law, RdC 288 (2001) 19 ff
Langer, Stefan, Grundlagen einer internationalen Wirtschaftsverfassung, 1995
Matsushita, Mitsuo/Schoenbaum Thomas J./Mavroidis, Petros C., The World Trade Organization, Law, Practice and Policy, 4. Aufl 2015
Meng, Werner, Gedanken zur Frage der unmittelbaren Anwendung von WTO-Recht in der EG, FS Bernhardt, 1995, 1063 ff
Pallas, Nadine, Maritimer Kulturgüterschutz, 2004
Permanent Court of Arbitration (Hrsg), Resolution of Cultural Property Disputes, 2004
Petersmann, Ernst-Ulrich, International Trade Law and the GATT/WTO Dispute Settlement System, 1997
Prieß, Hans-Joachim/Berrisch, Georg M. (Hrsg), WTO-Handbuch, 2003
Reichelt, Gerte (Hrsg), Neues Recht zum Schutz von Kulturgut, 1997
Scott, Hal S., International Finance: Law and Regulation, 3. Aufl 2012
Seidl-Hohenveldern, Ignaz, International Economic Law, 3. Aufl 1999
Senti, Richard, WTO, 2000
ders, Welthandelsorganisation (WTO) in a Nutshell, 2009
Shihata, Ibrahim, The World Bank in a Changing World: Selected Essays and Lectures, Bd I (1991), Bd II (1995)
Siehr, Kurt, International Art Trade and the Law, RdC 243 (1993-VI) 13 ff
Stoll, Peter-Tobias/Schorkopf, Frank, WTO – Welthandelsordnung und Welthandelsrecht, 2002
dies, WTO – World Economic Order, World Trade Law, 2006
Streinz, Rudolf, Internationaler Schutz von Museumsgut, 1998
Tietje, Christian, Normative Grundstrukturen der Behandlung nichttarifärer Handelshemmnisse in der WTO/GATT-Rechtsordnung, 1998
ders (Hrsg), Internationales Wirtschaftsrecht, 2009 [Tietje (Hrsg), Internationales Wirtschaftsrecht]
Vogel, Klaus/Lehner, Moris, Doppelbesteuerungsabkommen der Bundesrepublik Deutschland auf dem Gebiet der Steuern vom Einkommen und Vermögen: Kommentar auf der Grundlage der Musterabkommen, 6. Aufl 2015 [Doppelbesteuerungsabkommen]
Wolfrum, Rüdiger (Hrsg), Max Planck Encyclopedia of Public International Law, 10 Bde, 2012 [MPEPIL]
Wyss, Martin Philipp, Kultur als eine Dimension der Völkerrechtsordnung, 1992

Verträge und Resolutionen
Vertrag über den Allgemeinen Postverein v 9.10.1874 idF v 10.9.1981 (BGBl 1981 II, 674) —— 98
Abkommen betreffend die Gesetze und Gebräuche des Landkriegs, IV. Haager Abkommen v 18.10.1907 [Haager Landkriegsordnung als Anhang] (RGBl 1910, 107) —— 137, 146
Treaty on the Protection of Artistic and Scientific Institutions and Historic Monuments v 15.4.1935 (ZaöRV 16 [1955/56] 78) [„Roerich-Pakt"] —— 121, 147
Abkommen über die Internationale Zivilluftfahrt v 7.12.1944 (BGBl 1956 II, 411, letzte Änd in BGBl 1999 II, 307) —— 98

Übereinkommen über den Internationalen Währungsfonds v 1./22.7.1944 (BGBl 1952 II, 638), Neufassung 1976 (BGBl 1978 II, 13, letzte Änd in BGBl 2012 II, 522) [IWF-Übereinkommen] —— 109

Abkommen über die Internationale Bank für Wiederaufbau und Entwicklung v 1./22.7.1944 (BGBl 1952 II, 664, letzte Änd in BGBl 1965 II, 1089) [IBRD-Abkommen] —— 112

Allgemeines Zoll- und Handelsabkommen v 30.10.1947 (BGBl 1951 II, 173; Anlage I, 4) [GATT 1947] —— 5, 14, 16 ff, 63 ff, 124 f

Konvention zum Schutze der Menschenrechte und Grundfreiheiten v 4.11.1950 (BGBl 1952 II, 685, 953) [EMRK]; 1. Zusatzprotokoll v 20.3.1952 (BGBl 1956 II, 1879); 12. Zusatzprotokoll v 4.11.2000 (<http://conventions.coe.int/Treaty/GER/Treaties/Html/177.htm>) —— 43, 142 f

Konvention zum Schutz von Kulturgut bei bewaffneten Konflikten v 14.5.1954 (BGBl 1967 II, 1235) —— 137, 144, 147

Europäisches Kulturabkommen v 19.12.1954 (BGBl 1955 II, 1128) —— 156, 163

Abkommen über die Internationale Finanz-Corporation (IFC) v 12.7.1956 (BGBl 1956 II, 749, letzte Änd in BGBl 2013 II, 1122) —— 113

Vertrag zur Gründung der Europäischen Gemeinschaft v 25.3.1957 (BGBl 1957 II, 766), nach Inkrafttreten des Vertrags von Lissabon v 13.12.2007 (BGBl 2008 II, 1038) nunmehr gültig als Vertrag über die Arbeitsweise der Europäischen Union (konsolidierte Fassung: ABl EU 2012, Nr C 326/01) [AEUV] —— 88, 96, 118, 125, 127, 129, 139

Abkommen über die Internationale Entwicklungsorganisation (IDA) v 26.1.1960 (BGBl 1960 II, 2137) —— 113

Declaration on the Permanent Sovereignty over Natural Resources v 14.12.1962 (A/RES/1803 [XVII]; ILM 1/2 [1962/1963] 223) —— 106

Übereinkommen zur Beilegung von Investitionsstreitigkeiten zwischen Staaten und Angehörigen anderer Staaten v 18.3.1965 (BGBl 1969 II, 371) [ICSID-Abkommen] —— 51

Internationales Übereinkommen zur Beseitigung jeder Form der Rassendiskriminierung v 7.3.1966 (BGBl 1969 II, 961) —— 142

Internationaler Pakt über bürgerliche und politische Rechte v 19.12.1966 (BGBl 1973 II, 1533) [IPBPR] —— 123, 128, 142 f

Internationaler Pakt über wirtschaftliche, soziale und kulturelle Rechte v 19.12.1966 (BGBl 1973 II, 1570) [IPWSKR] —— 143

Europäisches Übereinkommen zum Schutz archäologischen Kulturguts v 6.5.1969 (BGBl 1974 II, 1285) —— 163

Treaty of Cooperation between the United States of America and the United Mexican States Providing for the Recovery and Return of Stolen Archeological, Historical and Cultural Properties v 17.7.1970 (ILM 9 [1970] 1028) —— 156

Übereinkommen über Maßnahmen zum Verbot und zur Verhütung der unzulässigen Einfuhr, Ausfuhr und Übereignung von Kulturgut v 14.11.1970 (ILM 10 [1971] 289) [UNESCO Convention on the Illicit Movement of Art Treasures] —— 138, 144, 150 f

Übereinkunft zum Schutze von Werken der Literatur und Kunst v 24.7.1971 (BGBl 1973 II, 1071, letzte Änd in BGBl 1985 II, 81) [Berner Übereinkunft] —— 28, 89

Übereinkommen zum Schutz des Kultur- und Naturerbes der Welt v 16.11.1972 (BGBl 1977 II, 215) [Welterbekonvention] —— 144, 151

Declaration on the Permanent Sovereignty over Natural Resources v 17.12.1973 (A/RES/3171 [XXVIII]; AJIL 68 [1974] 381) —— 44

Vereinbarung über den internationalen Handel mit Textilien v 20.12.1973 (ABl EG 1974, Nr L 118/1) [Multifaserabkommen] —— 82

Declaration on the Establishment of a New International Economic World Order v 1.5.1974 (A/RES/3201 [S-XV]; ILM 13 [1974] 715) —— 107

Charter of the Economic Rights and Duties of States v 12.12.1974 (A/RES/3281 [XXIX]; ILM 14 [1975] 251) —— 30, 44

Übereinkommen v 13.6.1976 zur Errichtung des Internationalen Fonds für landwirtschaftliche Entwicklung (BGBl 1978 II, 1405) —— 113

Convention on the Protection of the Archaeological, Historical and Artistic Heritage of the American Nations v 16.6.1976 (ILM 15 [1976] 1350) —— 156

OECD-Declaration on International Investment and Multinational Enterprises v 21.6.1976 (ILM 15 [1976] 967) —— 49

(Wiener) UN-Übereinkommen über den internationalen Warenkauf v 11.4.1980 (BGBl 1989 II, 588, Berichtigung in BGBl 1990 II, 1699) —— 98

EWG-Übereinkommen über das auf vertragliche Schuldverhältnisse anzuwendende Recht v 19.6.1980 (BGBl 1986 II, 810) —— 98

Übereinkommen zur Gründung des Gemeinsamen Fonds für Rohstoffe v 27.6.1980 (BGBl 1985 II, 715) —— 117

Banjul Charta der Menschenrechte und Rechte der Völker v 27.6.1981 (Simma/Fastenrath [Hrsg], Menschenrechte, 6. Aufl 2010, 707) —— 142
Seerechtsübereinkommen der Vereinten Nationen v 10.12.1982 (BGBl 1994 II, 1799) [SRÜ] —— 160 f
Übereinkommen zum Schutz des architektonischen Erbes Europas v 3.10.1985 (BGBl 1987 II, 623) —— 164
Übereinkommen zur Errichtung der Multilateralen Investitions-Garantie-Agentur v 11.10 1985 (BGBl 1987 II, 455, letzte Änd in BGBl 2011 II, 1261) [MIGA-Übereinkommen] —— 50
Übereinkommen von Cartagena v 26.7.1988 (ILM 28 [1989] 1165) [Andenpakt] —— 96
Europäisches Übereinkommen über das grenzüberschreitende Fernsehen v 5.5.1989 (BGBl 1994 II, 639) —— 125
Konstitution und Konvention der Internationalen Fernmeldeunion v 30.6.1989 (BGBl 1994 II, 147, letzte Änd in BGBl 2010 II, 397) —— 98
Treaty Establishing a Common Market Between the Argentine Republic, the Federative Republic of Brazil, the Republic of Paraguay and the Eastern Republic of Uruguay v 26.3.1991 (ILM 30 [1991] 1041) [Mercosur-Vertrag] —— 96
Europäischen Übereinkommen zum Schutz des archäologischen Erbes v 16.1.1992 (BGBl 2002 II, 2709) [Malta-Konvention] —— 163
Europäische Charta der Regional- oder Minderheitensprachen v 5.11.1992 (BGBl 1998 II, 1314) —— 128
Nordamerikanisches Freihandelsabkommen (North American Free Trade Agreement) v 17.12.1992 (ILM 32 [1993] 296) [NAFTA-Agreement] —— 97
Internationales Tropenholzübereinkommen v 1.2.2006 (ABl EG 2007, Nr L 262/6) —— 98
Übereinkommen zur Errichtung der Welthandelsorganisation v 15.4.1994 (BGBl 1994 II, 1441, 1625) [WTO-Übereinkommen] —— 20, 27, 70
Allgemeines Übereinkommen über den Handel mit Dienstleistungen v 15.4.1994 (BGBl 1994 II, 1473 bzw 1643) [GATS] —— 88, 125
Übereinkommen über handelsbezogene Aspekte der Rechte des geistigen Eigentums v 15.4.1994 (BGBl 1994 II, 1565 bzw 1730, letzte Änd in ABl EU 2007, Nr L 311/35) [TRIPS] —— 89
Übereinkommen über Subventionen und Ausgleichsmaßnahmen v 15.4.1994 (*Tietje*, WTO, 2009, 174) —— 77
Übereinkommen über handelsbezogene Investitionsmaßnahmen v 15.4.1994 (*Tietje*, WTO, 2009, 145) [TRIMS] —— 92
Übereinkommen zur Durchführung des Art VI GATT aus dem Jahre 1994 v 15.4.1994 (*Tietje*, WTO, 2009, 149) [Antidumping-Übereinkommen] —— 72 f
Übereinkommen über Textilwaren und Bekleidung v 15.4.1994 (ABl EG 1994, Nr L 336/50) —— 82
Übereinkommen über die Landwirtschaft v 15.4.1994 (ABl EG 1994, Nr L 336/22) —— 82
Vertrag über die Energie-Charta und Energiechartaprotokoll v 17.12.1994 (BGBl 1997 II, 4, 102; BGBl 1998 II, 3009) —— 98
Additional Protocol to the Treaty of Asunción on the Institutional Structure of Mercosur v 17.12.1994 (ILM 34 [1995] 1244) —— 96
Rahmenübereinkommen zum Schutz nationaler Minderheiten v 1.2.1995 (BGBl 1997 II, 1408) —— 128
Internationales Naturkautschuk-Übereinkommen v 17.2.1995 (BGBl 1997 II, 576) —— 116
UNIDROIT-Konvention über gestohlene oder illegal exportierte Kulturgüter v 24.6.1995 (ZVglRWiss 95 [1996] 214) —— 153, 162
Statut des Internationalen Strafgerichtshofs zur Ahndung von Völkermord, von Verbrechen gegen die Menschlichkeit und Kriegsverbrechen v 17.7.1998 (BGBl 2000 II, 1393) —— 148
Second Protocol to the Hague Convention of 1954 for the Protection of Cultural Property in the Event of Armed Conflict v 26.3.1999 (ILM 38 [1999] 769) —— 148
Partnerschaftsabkommen zwischen den Mitgliedern der Gruppe der Staaten in Afrika, im Karibischen Raum und im Pazifischen Ozean einerseits und der Europäischen Gemeinschaft und ihren Mitgliedstaaten andererseits v 23.6.2000 (BGBl 2002 II, 325) [Cotonou-Abkommen] —— 30, 39, 118
UNESCO-Übereinkommen zum Schutz des Unterwasserkulturerbes v 2.11.2001 (ILM 41 [2002] 40) —— 161
Allgemeine Erklärung der UNESCO zur kulturellen Vielfalt v 2.11.2001 (ILM 41 [2002] 57) [UNESCO Diversity Declaration] —— 121
Übereinkommen zum Schutz des immateriellen Kulturerbes v 17.10.2003 (<www.unesco.org/culture/ich/index.php>) —— 121
UNESCO-Übereinkommen über Schutz und Förderung der Vielfalt kultureller Ausdrucksformen v 20.10.2005 (BGBl 2007 II, 234) [UNESCO Diversity Convention] —— 121, 126, 134
Rahmenkonvention des Europarats über den Wert des Kulturerbes für die Gesellschaft v 27.10.2005 (CETS Nr 199) [Council of Europe Framework Convention on Cultural Heritage] —— 156

United Nations General Assembly Declaration on the Rights of Indigenous Peoples (ILM 46 [2007] 1013) —— 142
Internationales Kaffee-Übereinkommen v 2007 (ABl EU 2008, Nr L 186/13) —— 116

Judikatur
Ständiger Internationaler Gerichtshof
Serbian Loans, Urteil v 12.7.1929, PCIJ, Ser A, No 20 *[Serbische Anleihen]* —— 55

Internationaler Gerichtshof
North Sea Continental Shelf (Germany v Denmark; Germany v Netherlands), Urteil v 20.2.1969, ICJ Rep 1969, 3 *[Nordsee-Festlandsockel]* —— 29
Barcelona Traction, Light and Power Co, Ltd (Second Phase) (Belgium v Spain), Urteil v 5.2.1970, ICJ Rep 1970, 3 *[Barcelona Traction]* —— 54
Military and Paramilitary Activities in and against Nicaragua (Merits) (Nicaragua v USA), Urteil v 27.6.1986, ICJ Rep 1986, 14 *[Nicaragua]* —— 2, 31
Gabcikovo-Nagymaros Project (Hungary v Slovakia), Urteil v 25.9.1997, ICJ Rep 1997, 7 *[Gabcikovo-Nagymaros]* —— 36
Request for Interpretation of the Judgment of 15 June 1962 in the Case concerning the Temple of Preah Vihear (Cambodia v Thailand), Anordnung v 18.7.2011, <http://www.icj-cij.org/docket/files/151/16564.pdf> *[Preah Vihear]* —— 151

Internationale Schiedsgerichte
Texas Overseas Petroleum Co & California Asiatic Oil Co v Libyan Arab Republic, Schiedsspruch v 19.1.1977, ILM 17 (1978) 1 *[Libyscher Erdölstreit]* —— 58
The Government of the State of Kuwait v American Independent Oil Company, Schiedsspruch v 24.3.1982, ILM 21 (1982) 976 *[Aminoil]* —— 59
Técnicas Medioambientales SA v United Mexican States, Schiedsspruch v 29.5.2003, ILM 43 (2004) 133 *[Tecmed]* —— 22
Siemens v Argentina, Schiedsspruch v 3.8.2004, ICSID Case No ARB 02/8 *[Siemens]* —— 22
Plama Consortium Limited v Bulgaria, Schiedsspruch v 8.2.2005, ILM 44 (2005) 721 *[Plama]* —— 22
Suez, Sociedad General de Aguas de Barcelona S.A., and Vivendi Universal S.A. v Argentina, Schiedsspruch v 3.8.2006, ICSID Case No ARB/03/19 *[Suez/Vivendi]* —— 22
Sempra Energy International v Argentine Republic v 29.6.2010, ICSID Case No ARB/02/16 *[Sempra]* —— 29

GATT-Panels und WTO Appellate Body
Canada – Administration of the Foreign Investment Review Act, Bericht des GATT-Panel v 7.2.1984, GATT BISD 30th Suppl (1984) 140 *[FIRA-Fall]* —— 91
United States – Restrictions on Imports of Tuna, Bericht des GATT-Panel v 16.8.1991, ILM 30 (1991) 1598 *[1. Thunfischfall]* —— 84
United States – Restrictions on Imports of Tuna, Bericht des GATT-Panel v 16.6.1994, ILM 33 (1994) 839 *[2. Thunfischfall]* —— 84
EC – Measures Concerning Meat and Meat Products (Hormones), Bericht des WTO Appellate Body v 16.1.1998, WT/DS 26/AB/R u WT/DS 48/AB/R, angenommen am 13.2.1998, EuZW 1998, 157 (Auszug) *[Hormonstreit]* —— 37
United States – Import Prohibition of Certain Shrimp and Shrimp Products, Bericht des WTO-Panel v 15.5.1998, WT/DS 58/R, ILM 37 (1998) 834; Bericht des WTO Appellate Body v 12.10.1998, WT/DS 58/AB/R, ILM 38 (1999) 118 *[Garnelen-Schildkrötenfall]* —— 84
EC – Regime for Importation, Sale, and Distribution of Bananas – Recourse to Article 21.5 by Ecuador v 12.4.1999, WT/DS 27/RW/ECU, EuZW 1999, 431 (Auszug) *[Bananenmarktordnung]* —— 17
EC – Measures Affecting Asbestos and Asbestos-Containing Products, Bericht des WTO Appellate Body v 12.3.2001, WT/DS 135/AB/R, ILM 40 (2001) 1193 *[Asbestfall]* —— 84
United States – Tax Treatment For „Foreign Sales Corporations", Bericht des WTO Appellate Body v 30.8.2002, WT/DS 108/ARB *[Foreign Sales Corporations]* —— 77
China – Publications and Audiovisual Products, Bericht des WTO Panel v 12.8.2009, WT/DS363/R; Bericht des WTO Appellate Body v 21.12.2009, WT/DS363/AB/R *[China – Audiovisuals]* —— 81, 124

European Communities and Certain Member States Measures Affecting Trade in Large Civil Aircraft, Bericht des WTO Panel v 30.6.2010, WT/DS316/R; Bericht des WTO Appellate Body v 18.5.2011, WT/DS316/AB/R *[EC and Certain Member States – Large Civil Aircraft]* —— 75

Philippines – Taxes on Distilled Spirits, Bericht des WTO Appellate Body v 21.12.2011, WT/DS396/AB/R, WT/DS403/AB/R *[Philippines – Distilled Spirits]* —— 24

United States – Measures Affecting Trade in Large Civil Aircraft (Second Complaint), Bericht des WTO Panel v 31.3.2011, WT/DS353/R; Bericht des WTO Appellate Body v 12.03.2012, WT/DS353/AB/R *[US – Large Civil Aircraft (2nd complaint)]* —— 75

China – Measures Related to the Exportation of Various Raw Materials, Bericht des WTO Panel v 5.7.2011, WT/DS394/R, WT/DS395/R, WT/DS398/R; Bericht des Appellate Body v 30.1.2012, WT/DS394/AB/R, WT/DS395/AB/R, WT/DS398/AB/R *[China – Raw Materials]* —— 84

European Union – Anti-Dumping Measures on Certain Footwear from China, Bericht des WTO Panel v 28.10.2011, WT/DS405/R —— 74

China – Measures Related to the Exportation of Rare Earth, Tungsten and Molybdenum, Bericht des WTO Appellate Body v 7.8.2014, WT/DS431/AB/R, WT/DS432/AB/R, WT/DS433/AB/R —— 84

Europäischer Gerichtshof für Menschenrechte

Urteil v 5.1.2000, Nr 33202/96 *[Beyeler v Italy]*, Reports of Judgments and Decisions 2000-I —— 138

Gerichtshof der Europäischen Union

EuGH, Rs C-212/97, Urteil v 9.3.1999, Centros Ltd/Erhvervs- og Selskabsstyrelsen, Slg 1999, I-1459 *[Centros]* —— 54
EuGH, Rs C-149/96, Urteil v 23.11.1999, Portugal/Rat, Slg 1999, I-8395 *[Portugal v Rat]* —— 27, 65
EuGH, Rs C-307/99, Beschluss v 2.5.2001, OGT Fruchthandelsgesellschaft mbH, Slg 2001, I-3159 *[Fruchthandelsgesellschaft]* —— 65
EuG, Rs T-174/00, Urteil v 2.5.2001, Biret International SA, Slg 2002, II-17 *[Biret]* —— 65
EuGH, Rs C-208/00, Urteil v 5.11.2002, Überseering BV/Nordic Construction Company Baumanagement GmbH (NCC), Slg 2002, I-9919 *[Überseering]* —— 54
EuGH, Rs C-93/02 P, Urteil v 30.9.2003, Biret International SA, Slg 2003, I-10497 *[Biret II]* —— 65
EuG, Rs T-19/01, Urteil v 3.2.2005, Chiquita Brands u a, Slg 2005, II-315 *[Chiquita]* —— 65
EuGH, Rs C-377/02, Urteil v 1.3.2005, Van Parys, Slg 2005, I-1465 *[Van Parys]* —— 65
EuG, Rs T-69/00, Urteil v 14.12.2005, FIAMM, ABl EU 2006, Nr C 48/22 *[FIAMM]* —— 65
EuGH, Rs C-531/07, Urteil v 30.4.2009, LIBRO, ABl EU 2009, Nr C 153/9 *[LIBRO]* —— 127

Deutsche Gerichte

BGH (Großer Senat für Zivilsachen), Beschluss v 21.5.1974, BGHZ 62, 340 *[Spalt-Gesellschaft]* —— 46
BGH, Urteil v 21.3.1986, BGHZ 97, 269 *[Sitztheorie]* —— 54
BVerfG, Urteil v 22.3.1995, BVerfGE 92, 203 *[EWG-Fernsehrichtlinie]* —— 125
BVerfG, Beschluss v 28.1.1998, IPrax 1998, 482 *[Gemälde des Fürsten von Liechtenstein]* —— 133
BGH, Urteil v 13.3.2003, BGHZ 154, 185 —— 54

Britische Gerichte

Kingdom of Spain v Christie, Manson & Woods Ltd (1986) 1 WLR 1120 (ChD) *[La Marquesa de Santa Cruz]* —— 133

Italienische Gerichte

Republica dell' Ecuador v Danusso, Tribunale di Torino, RivDirProc 1982, 625 *[Präkolumbianische Artefakte]* —— 133

Neuseeländische Gerichte

Attorney General of New Zealand v Ortiz and Others, 78 ILR 591 *[Holztür von einem Schatzhaus des Volks der Maori]* —— 133

US-amerikanische Gerichte

Kunstsammlungen zu Weimar v Elicofon, 678 F2 d 1150 (2 d Cir 1982) *[Dürer-Porträts]* —— 133
Autocephalous-Greek Orthodox Church v Goldberg, 717 F.Supp. 1374 (SD Ind 1989); bestätigt: 917 F2 d 278 (7th Cir 1990) *[Vier byzantinische Mosaike aus dem 16. Jh]* —— 133

I. Die Wirtschaft im Völkerrecht

1. Das Völkerrecht der wirtschaftlichen Zusammenarbeit im Überblick

Der Welthandel mit Waren und Dienstleistungen ist seit 1985 deutlich stärker als das Weltbruttosozialprodukt gestiegen, zeitweise mit mehr als 10% pro Jahr. Mehr noch sind die internationalen Kapitalströme expandiert; pro Tag erreichen die Umsätze auf den Devisenmärkten Volumina zwischen 1 u 3 Bio US-Dollar.[1] Noch stärker als der Handel haben sich die Auslandsinvestitionen entwickelt. Im Jahr 2007 beliefen sich diese weltweit auf etwa 1,979 Bio US-Dollar. Nachdem sie infolge der Weltwirtschaftskrise im Jahr 2008 um 14% auf 1,697 Bio US-Dollar gefallen waren, sind sie im Jahr 2014 auf 1,2 Bio US-Dollar gesunken.[2] Dabei haben im Jahr 2009 zum ersten Mal die Investitionen in Schwellenländer diejenigen in Industriestaaten überstiegen.[3] Diese Zunahme der Auslandsinvestitionen dürfte sich in Richtung auf eine Entgrenzung und Globalisierung von Märkten fortsetzen und verstärken, nachdem nach dem Zusammenbruch der Planwirtschaften in Mittel- und Osteuropa etwa auch China und andere Schwellenländer[4] immer weiter in die Weltwirtschaft einbezogen werden und zugleich der Fortschritt der Informations- und Kommunikationstechnik die Kosten der Mobilität der heute schon mehr als 65.000 multi- oder transnationalen Unternehmen weiter verringert. Die Zahl und die Bedeutung solcher Unternehmen aus den Schwellenländern nimmt zu; dies gilt insbes auch für staatliche Unternehmen aus diesen Staaten. 1

Die völkerrechtliche Ordnung der zwischenstaatlichen Wirtschaftsbeziehungen befindet sich im Spannungsfeld zwischen der herkömmlichen nationalen Ordnung der Wirtschaft („*Volks*wirtschaft") und der faktischen internationalen Verflechtung der Wirtschaftsbeziehungen („*Welt*wirtschaft"). Der wirtschaftlichen Globalisierung, dh der zunehmenden grenz-, ja regionenübergreifenden Integration und Interdependenz, steht völkerrechtlich die staatliche Souveränität gegenüber.[5] Das *Souveränitätsprinzip,* verstanden als die rechtliche Unabhängigkeit der einzelnen Staaten nach innen wie nach außen, und das *Territorialitätsprinzip,* demzufolge alle im Gebiet eines Staates befindlichen Personen und Sachen seiner Herrschaft unterworfen sind, berechtigen jeden Staat dazu, seine Handels- und Wirtschaftsbeziehungen frei zu regeln.[6] Grundsätzlich besteht keine Verpflichtung, mit anderen Staaten Handel zu treiben.[7] Exportbeschränkungen sind im Grundsatz zulässig.[8] Das allgemeine Völkerrecht kennt auch kein Rechtsprinzip der „offenen Tür": *open door policy* ist eine Maxime der Handelspolitik und des Handelsrechts.[9] Territoriale Souveränität und Gebietshoheit grenzen die Wirtschaftsräume gegeneinander ab. Zugleich ermöglichen sie das Überwinden der Grenzen, wie die Bsp Europa (EG/EU) und Nordamerika (NAFTA) zeigen. Klare, unbestrittene Grenzen sind eine Bedingung grenzüberschreitender Wirtschaftsbeziehungen. Unschärfen bei der territorialen Reichweite und insbes die Überdehnung des Anwendungsbereichs nationaler Gesetze führen gerade in einer Welt immer dichterer interna- 2

---

1 Das entspricht einem Drittel des jährlichen Bruttosozialprodukts Deutschlands.
2 UNCTAD (Hrsg), World Investment Report 2015, 2 ff.
3 *Laza Kekic,* The Global Economic Crisis and FDI Flows to Emerging Markets, Columbia FDI Perspectives, 2009.
4 Nach langwierigen Verhandlungen wurden China im Dezember 2001 und Taiwan im Januar 2002 als Mitglieder in die WTO aufgenommen; 2012 folgte Russland.
5 Dazu *Dolzer,* Wirtschaftliche Souveränität im Zeitalter der Globalisierung, FS Steinberger, 2002, 137 ff; *Jackson,* Sovereignty-Modern: A New Approach to an Outdated Concept, AJIL 97 (2003) 782 ff.
6 Vgl *Proelß,* 5. Abschn Rn 2.
7 Vgl die Ausführungen des IGH im *Nicaragua*-Fall, ICJ Rep 1986, 14, 138: "A State is not bound to continue particular trade relations longer than it sees fit to do so, in the absence of a treaty commitment or other specific legal obligation [...]"; vgl auch *Mosler,* The International Society as a Legal Community, 1980, 151.
8 Vgl *Puttler,* Völkerrechtliche Grenzen von Export- und Reexportverboten, 1989.
9 Aber vgl auch die Friendly Relations-Deklaration (1970). Erläuterungen in *Graf zu Dohna,* Die Grundprinzipien des Völkerrechts über die freundschaftlichen Beziehungen und die Zusammenarbeit zwischen den Staaten, 1973 (Text: 267 ff).

tionaler Wirtschaftsbeziehungen zu potentiell scharfen Spannungen zwischen den betroffenen Staaten; der Streit um die Anwendbarkeit des 1996 verabschiedeten *Cuban Liberty and Democratic Solidarity Act* der USA auf europäische Firmen und ihre Repräsentanten illustriert das entstehende Konfliktpotential.[10] Die extraterritoriale Anwendung nationalen Rechts stellt gerade für das internationale Wirtschaftsrecht ein heikles Problemfeld dar.[11]

3   Prinzipiell dürfen die Staaten den zwischenstaatlichen Handels- und Wirtschaftsverkehr durch Schutz- und Ausfuhrzölle oder durch Warenkontingentierung erschweren. Eine „Renationalisierung" des Außenhandelsrechts stünde heute in der Praxis allerdings schon wegen der Dominanz der Normen der Welthandelsorganisation (WTO)[12] vor hohen Schranken. Leichter erschien es bisher umgekehrt, die Kooperation durch weitere Handelsliberalisierung, Vorzugszölle und Meistbegünstigung[13] zu verbessern. Exportorientierte und rohstoffabhängige Staaten wie die BR Deutschland treten für Letzteres ein: für eine *Liberalisierung* der Handelsbeziehungen und eine Stärkung der entsprechenden Internationalen Organisationen (I.O.), einschließlich verrechtlichter und institutionalisierter Streitschlichtungssysteme.

4   Die Rechtsordnung der wirtschaftlichen Zusammenarbeit weist u a eine *entwicklungs-*, eine *menschenrechts-* und eine *umweltpolitische* Dimension auf. Die Liberalisierung des internationalen Handels kann an Fortschritte beim Umweltschutz oder im Menschenrechtsbereich gekoppelt werden. Auch bei der *Entwicklungshilfe* kommt es zu derartigen Verschränkungen.[14] Hilfe für unterindustrialisierte Staaten kann in Art und Umfang mit wirtschaftsordnungs-, menschenrechts- oder umweltpolitischen Zielsetzungen verbunden werden; so können im Gegenzug für den Erlass der Schulden umweltbezogene Maßnahmen des Schuldnerstaats vereinbart werden *(debt for nature)*. Bei der Konferenz über Umwelt und Entwicklung in Rio de Janeiro (1992) wurde mit der Formel *common but differentiated responsibilities* freilich ein anderer Ansatz gewählt.[15] „Interventionen" von Nachbarstaaten oder seitens der Weltgemeinschaft insgesamt zugunsten der Umwelt, etwa zum Erhalt der tropischen Regenwälder oder zum Schutz unentbehrlicher Lagerstätten, kollidieren ihrerseits mit dem Gebietshoheits- und Souveränitätsprinzip.

5   Als Stützpfeiler der bestehenden Weltwirtschaftsordnung ist vor allem die WTO zu nennen. Hinzu kommen spezielle Verträge und weitere I.O., insbes die UN und ihre Sonderorganisationen. Die WTO mit ihrem Teil „GATT 1994" dient dem Abbau von *Handels*hemmnissen. Zur Sicherung und weltweiten Verbreitung der Liberalisierung enthalten GATT/WTO mit ihren Welthandelsprinzipien u a die Meistbegünstigungs- und die Reziprozitätsklauseln.[16] Im institutionell verstärkten Mittelpunkt[17] stehen damit Vorschriften mit freihändlerischer Tendenz. Der internationalen Zusammenarbeit auf dem Gebiet des Güteraustausches und der Währung wurde das Ziel eines *freien Markts* zu Grunde gelegt. Die Entbindung der Entwicklungsländer von der Reziprozitätsklausel modifiziert diese Konzeption.

6   Für den Bereich der Auslandsinvestitionen enthält das allgemeine Völkerrecht nur wenige Regelungen.[18] Befreundete Staaten haben bilaterale Vereinbarungen getroffen; vor dem Zweiten

---

10 Vgl zum WTO-Verfahren *Harck-Oluff,* Der Helms-Burton Act vor der WTO, RIW 1999, 350 ff; ferner hierzu die Beiträge von *Lowenfeld* u *Clagett* in AJIL 90 (1996) 419 ff bzw 434 ff.
11 Vgl *Dolzer,* Extraterritoriale Anwendung von nationalem Recht aus der Sicht des Völkerrechts, in Globale Wirtschaft – nationales Recht, 41. Bitburger Gespräche, 2003, 71 ff. Zur Frage der extraterritorialen Wirkung von Enteignungen vgl u Rn 46.
12 Vgl u Rn 64.
13 Zur Meistbegünstigungsklausel vgl Rn 19 ff u 67 f.
14 *Vonessen,* Europäische Entwicklungshilfe und Umweltschutz, 1996, 31 ff.
15 Vgl *Proelß,* 5. Abschn Rn 99, 105, 148. Dazu *Kellersmann,* Die gemeinsame, aber differenzierte Verantwortlichkeit von Industriestaaten und Entwicklungsländern für den Schutz der globalen Umwelt, 2000.
16 Vgl u Rn 19 ff, 26 ff.
17 Zum WTO-Vertragskomplex vgl u Rn 70 f.
18 Hierzu *Dolzer/Schreuer,* Principles, 17 ff.

Weltkrieg waren diese eingebunden in sog Freundschafts-, Handels- und Schifffahrtsverträge, seither immer mehr in spezifisch auf Investitionsfragen zugeschnittene *bilaterale Investitionsschutzverträge*. Der Erfolg dieses letzteren Vertragstypus – die Zahl der Verträge ist 2014 weltweit auf über 3.270 gestiegen[19] – hat die Frage nach dem Bedarf für eine Vereinheitlichung mittels eines multilateralen Investitionsschutzabkommens aufgeworfen, welches neben dem GATT als zweiter großer Pfeiler einer Ordnung eines globalen freiheitlichen Markts stehen könnte.[20] Der ehrgeizige Versuch der OECD zur Aushandlung eines solchen Vertragswerks ist 1998 aber gescheitert. Ob es gelingen wird, einen neuen multilateralen Konsens zu schaffen, bleibt offen. Vorerst bleibt es bis auf weiteres für den Bereich der Investitionen im Gegensatz zum Handel beim bilateralen Regelwerk.

Von den Begriffen des Welthandels und der internationalen Investitionen unterscheidet sich der der *Weltwirtschaft* dadurch, dass er die über den Austausch von Gütern, kommerziellen Dienstleistungen und geistigem Eigentum hinausgehenden Gebiete, etwa die Währungs- und die Sozialpolitik, einbezieht. Diese Politiken beeinflussen Form und Umfang der internationalen Güterströme. Mit der zunehmenden Teilnahme der Entwicklungsländer am weltwirtschaftlichen Kreislauf wird deren Konjunkturverlauf auch für die Industriestaaten wichtig. Schon aus Eigeninteresse müssen diese für die wirtschaftliche und politische Stabilisierung jener Länder Sorge tragen.[21]

Eine Welt, in der das wirtschaftliche Geschehen, aber auch Fragen der Menschenrechte, des Umwelt-, Arten-, Ressourcen- und Kulturgüterschutzes, der Medien und der Informations- und Bevölkerungspolitik alle Völker zunehmend miteinander verknüpfen, stellt den völkerrechtlichen Grundsatz der Freiheit zur wirtschaftlichen Abschottung der Staaten voneinander in Frage. Solidarität und Interdependenz der Menschen, Gruppen und Völker rücken in den Vordergrund, etwa bei der Verfolgung von Umweltschutzzielen; die überkommenen Prinzipien der Abgrenzung, der nur formalen Kooperation der Staaten, werden relativiert. Der *one world*-Gedanke, der sich schon 1944 in Bretton Woods bei der Beratung und Beschlussfassung über IWF, IBRD und einer zu gründenden Internationalen Handelsorganisation (ITO) zu regen begann, schlug sich in den 1960er und 1970er Jahren in Forderungen nach einer entwicklungsländerorientierten *neuen internationalen Wirtschaftsordnung* nieder. Letztere hat sich zwar nicht durchsetzen können,[22] der *one world*-Ansatz dürfte aber auch auf der Agenda des 21. Jh stehen, weniger iSe Weltregierung als in Richtung auf global geregelte sektorale Prinzipien und Elemente der Ordnung.

Offen bleibt zurzeit, welche rechtlichen Instrumentarien als Regelwerk für die vorausschreitende wirtschaftliche Globalisierung geeignet sind; im Ganzen hinkt die Internationalisierung des Rechts bisher deutlich hinter der weltwirtschaftlichen Integration her. Dies zeigten nicht zuletzt die Auswirkungen der schweren internationalen Finanzkrise seit dem Jahr 2007. Vom Instrumentarium her sind bisher eine Vielzahl von Formen und Typen erkennbar, die in der einen oder anderen Weise eine rechtliche Antwort auf die wirtschaftliche Globalisierung geben. Als umfassendes universal-sektorales Regelwerk findet sich bisher nur das Recht der WTO. Im Finanzsektor sind eine Fülle von unverbindlichen Kodizes ergangen, während der Investitionsbereich immer noch durch bilaterale Abkommen geprägt ist. Teilweise finden sich sogar unilaterale Ansätze – iS verstärkt extraterritorialer Anwendung nationalen Rechts – zur Steuerung globalen Wirtschaftens. Im Übrigen ergibt sich ein vielschichtiges, wenig geordnetes Bild, in dem verstärkt informelle Kooperation, Verhaltenskodizes (anders als in den 1970er Jahren oft von der Wirtschaft selbst gewünscht und verabschiedet), neue I.O., die Vereinheitlichung und Harmoni-

---

19 UNCTAD (Hrsg), World Investment Report 2015, 106.
20 Vgl u Rn 49. S auch UNCTAD (Hrsg), World Investment Report 2010, 100.
21 Zum Völkerrecht der wirtschaftlichen Entwicklung vgl u Rn 106 ff.
22 Vgl u Rn 107.

sierung nationalen Rechts, eine verstärkte Privatisierung iSd Selbstregulierung der Wirtschaft sowie auch eine gewisse Regionalisierung nebeneinander wirksam sind. Hier spricht manches dafür, dass die Logik der wirtschaftlichen Globalisierung doch mittelfristig verstärkte global verbindliche Regeln erfordert, welche die Vorteile wirtschaftlicher Globalisierung nutzen und sie gleichzeitig kanalisieren und einbetten in international akzeptierte Zielsetzungen zur Erreichung sozialer und umweltorientierter Werte.

Die wirtschaftliche Globalisierung, die heute eher noch am Anfang steht – nach einer frühen Phase in den Jahrzehnten nach 1860 –, wird sich nur durchsetzen, wenn ihre Akzeptanz im Lichte ihrer Folgen für die innerstaatliche und die internationale Mehrung und Verteilung des Wohlstands nicht überwiegend in Frage gestellt wird. Trotz der Finanz- und Wirtschaftskrise aus dem Jahr 2008 setzt sich die wirtschaftliche Globalisierung fort. Ihre Prägungen haben sich indes weiter verändert.

Eine erste Phase der neueren Globalisierung bestand einseitig in einer Erweiterung der Märkte westlicher internationaler Unternehmen. Danach folgte ein zweiter Abschnitt, in dem – räumlich gegenläufig – zunehmende wirtschaftliche Aktivitäten von Unternehmen aus Schwellenländern (meist Staatsunternehmen und Staatsfonds) in Industriestaaten neuartig waren. Eine dritte Konsequenz war, dass die zunehmende Vernetzung auch – über nationale Grenzen hinweg – eine erhebliche internationale Krisenanfälligkeit mit sich brachte. Viertens schließlich haben die Schubkräfte der Globalisierung zu einer Verringerung der wirtschaftlichen Macht von Industriestaaten und Schwellenländern geführt; dieser Abbau der Asymmetrien lag und liegt in der Binnenlogik globalen Wirtschaftens.

Es ist kaum zu vermuten, dass es in Folge neuer Schubkräfte mittelfristig zu einer prinzipiellen Umkehr der wirtschaftlichen Globalisierung kommt. In der Folge der neuesten Veränderungen liegen Forderungen der Schwellenländer nach einem korrespondierenden Umbau der weltweiten Institutionen, insbes auch des Internationalen Währungsfonds und der Weltbank sowie der informellen Entscheidungsprozesse in Bezug auf die G8. Erste Veränderungen in diese Richtung zeichnen sich nunmehr ab. Das Gremium der G8-Staaten hat gegenüber der G20 an Einfluss verloren. Auf Drängen Chinas ist 2015 die Asiatische Infrastruktur-Investitions-Entwicklungsbank *(Asian Infrastructure Investment Bank)* entstanden, welche neben den bestehenden Institutionen (Weltbank, Asiatische Entwicklungsbank) steht, aber durch neue Entscheidungsmechanismen iSd Schwellenländer geprägt ist. Die Wirtschaftskrise aus dem Jahr 2008 selbst hat bisher nicht zu einer tiefgreifenden Reform der Regeln der Weltwirtschaft zur Vermeidung neuer Krisen geführt. Nach wie vor unterschiedliche Konzepte ökonomischer Freiheit und eine ebenso verbleibende Skepsis im angloamerikanischen Raum gegenüber der Notwendigkeit und des Wirkens I.O. liegen diesem Zögern zu Grunde. Hinzu kommt, dass sich kein fester Konsens über die Ursachen der Krise herausgebildet hat.

a) Internationales Wirtschaftsrecht

10 Rechtsregeln für die wirtschaftliche Zusammenarbeit finden sich vor allem im internationalen Wirtschaftsrecht. Geht es beim nationalen Wirtschaftsrecht um die Ordnungsgesichtspunkte „öffentliches Recht" (Verfassungs- und Verwaltungsrecht, zB Erlaubnisse und Zulassungen, Lenkungsauflagen und Missbrauchsaufsicht) einerseits und „privates Recht" (Handelsrecht, Gesellschaftsrecht usw, etwa Formvorschriften bzgl Gesellschaftsgründungen) andererseits, steht im Mittelpunkt des Rechtsgebiets „internationales Wirtschaftsrecht" die Frage: Ist es *nur Völkerrecht* (dh internationales öffentliches Recht der Regelung der internationalen Wirtschaft), oder ist es *auch staatliches Recht* (also auch einzelstaatliches Recht der Regelung der internationalen Wirtschaft)? Von Ersterem geht die anglo-amerikanische Lehre aus, die allein die durch völkerrechtliche Verfahren erzeugten Normen – einschließlich des Sekundärrechts I.O. – diesem Rechtsgebiet zuordnet *(international economic law)*. Letzteres ist überwiegend die kontinental-

europäische Auffassung. Nach ihr regelt das internationale Wirtschaftsrecht das Verhalten der am grenzüberschreitenden Wirtschaftsverkehr beteiligten Rechtssubjekte.[23]

Auf wichtigen Sektoren, etwa bei Investitionen von Bergbauunternehmen in Entwicklungsländern, kann jene auf das Völkerrecht beschränkte Betrachtungsweise Schlüsselprobleme nicht erfassen. Hier wie vielerorts im wirtschaftlichen Bereich ist das Verhalten der Beteiligten, etwa das Multinationaler Unternehmen,[24] nicht primär durch Völkerrecht bestimmt. Entscheidend sind vielfach einzelstaatliche Regeln und Praktiken, vor allem das staatliche Außenwirtschaftsrecht im weitesten Sinne sowie das Konzessions- und das Gesellschaftsrecht; hierher gehört zudem das Steuerrecht, das freilich auch Gegenstand einer Fülle bilateraler Vereinbarungen ist.[25] Beide Normengruppen, schon aus praktischer Sicht eng miteinander verzahnt, bilden einen materiell und funktionell nicht ohne weiteres teilbaren Zusammenhang der normativen Bewältigung eines *einheitlichen Lebensvorgangs*.[26] Insofern gehören zum internationalen Wirtschaftsrecht auch die einzelstaatlichen Regelungen, die sich auf das grenzüberschreitende Wirtschaftsleben beziehen. Quelle dieses Rechtsgebiets ist daher auch das staatliche Recht. Diesen Regeln[27] und auch dem Recht der EU[28] wird nachfolgend gleichwohl nicht nachgegangen. Im Vordergrund hat in unserem Kontext vielmehr die Perspektive des Völkerrechts zu stehen: derjenige Anteil des internationalen Wirtschaftsrechts, der von Normen des Völkerrechts geprägt wird. Beim nachfolgenden Entfalten dieser engeren Fragestellung bleibt demnach zu beachten, dass *nur ein Ausschnitt*, ja nur der kleinere Teil des Rechts der internationalen Handels- und Wirtschaftsbeziehungen behandelt wird.

b) Weltwirtschaftsordnung

Die internationale Wirtschaft wird heute durch das System eines überwiegend *freien* Wirtschaftsverkehrs bestimmt. Die Herausbildung dieser im Wesentlichen offenen Ordnung erfolgte mehr nach Gesichtspunkten der Praktikabilität als der inneren Geschlossenheit. Das System ist nach wie vor durch eine größere Zahl interventionistischer Eingriffe, historischer Zufälligkeiten und unterlassener Reformen gekennzeichnet. Der UN-Charta, ebenfalls unter maßgeblichem Einfluss der westlichen Industriestaaten entstanden, liegt das Konzept eines freien Wirtschaftsverkehrs zugrunde. Zwar kam es zunächst nicht zur Errichtung einer International Trade Organization (ITO), die nach dem Zweiten Weltkrieg den institutionellen Rahmen für die Liberalisierung des Welthandels bilden sollte – die Gründung der WTO im Jahre 1994 holte dieses Versäumnis zT nach[29] –, und die *Havanna-Charta* v 1948[30] wurde von den USA nicht ratifiziert.[31] Aber es gelang, einen anderen wesentlichen Teil des materiell- und verfahrensrechtlichen Ordnungsrahmens institutionell abzustützen: durch den *Internationalen Währungsfonds* und die *Weltbankgruppe*;[32] sie sollen die Währungen stabilisieren und die wirtschaftliche Entwicklung

---

23 So auch der Ansatz von *Herdegen*, Internationales Wirtschaftsrecht, § 1 Rn 10 ff. – Insoweit wird auch die *lex mercatoria* umfasst: ein Bestand an oft nicht näher definierten Regeln, die sich die Wirtschaft selbst gegeben hat. Dazu *Fortier*, New Trends in Governing Law: The New, New Lex Mercatoria, or, Back to the Future, ICSID R-FILJ 16 (2001) 10 ff; s auch *Charnovitz*, What Is International Economic Law?, JIEL 14 (2011) 3 ff; *ders*, The Field of International Economic Law, JIEL 17 (2014) 607 ff.
24 Vgl u Rn 53 ff.
25 Vgl u Rn 100 ff.
26 Vgl *Herdegen*, International Economic Law, MPEPIL V, 777 (778).
27 Grundlegend etwa: *Schmidt*, Öffentliches Wirtschaftsrecht, Allgemeiner Teil, 1990.
28 Zum Europarecht s *Herdegen*, Europarecht, 17. Aufl 2015; *Oppermann/Classen/Nettesheim*, Europarecht, 6. Aufl 2014.
29 Vgl u Rn 64.
30 Die Charta scheiterte u a an ihrem eigenen Perfektionismus. Zu ihr vgl u Rn 63.
31 *Wilcox*, A Charter for World Trade, 1949.
32 Vgl u Rn 109 ff.

fördern. Den Prozess regionaler staatengemeinschaftlicher, in ihrem Fall immer engerer Zusammenarbeit führt die *EU* an. Sie übernahm immer mehr Aufgaben und Befugnisse von den Einzelstaaten, beschränkte sich also nicht auf die Befreiung von staatlicher Reglementierung.[33] Die gegenseitige Abstimmung der marktwirtschaftlich orientierten Länder erfolgte in erster Linie im Rahmen der OECD.[34]

13   Die nach dem Zweiten Weltkrieg rekonstruierte internationale Wirtschaftsordnung baut auf verschiedenen *Grundlagen* auf. Außer der generellen Übereinstimmung von ökonomischer und völkerrechtlicher Ordnung und außer der prinzipiell privatrechtlichen – also nicht staatsmonopolistischen – Steuerung der zwischenstaatlichen Handelsströme gehören zu dieser Basis vor allem
- ein geregeltes internationales Währungssystem einschließlich der Konvertibilität der Währungen,
- die freiwillige internationale Kooperation auf offenen Märkten,
- die Selbstregulierung durch Angebot und Nachfrage (dh weitgehende Lenkung des Handelsaustausches durch den Preismechanismus),
- die Meistbegünstigung und die Nichtdiskriminierung im Zusammenhang mit der Ein- oder Ausfuhr von Gütern (Freihandelszonen und Zollunionen werden bedingt gebilligt) sowie
- eine zunehmende Verrechtlichung, wobei allerdings die Mechanismen der Streitbeilegung sektorspezifisch für die Sachbereiche der Auslandsinvestitionen, des internationalen Handels und für die I.O. wie Weltbank oder IWF ganz unterschiedlich ausgestaltet sind.[35] Im privatrechtlichen Bereich sind die Schiedsverfahren der Internationalen Handelskammer (ICC) oder Verfahren nach den Regeln der Kommission für Internationales Handelsrecht der Vereinten Nationen (UNCITRAL) von besonderer Bedeutung.[36]

14 Dieses System ist wesentlich von den Ordnungsformeln, Wertvorstellungen und Bedürfnissen der industriellen Demokratien des Westens geprägt, was auch die frühere Opposition Moskaus gegen das Bretton Woods-System erklärt. Von Anfang an war klar, dass die internationalen Handelsregeln des GATT zwar Freihandel anstrebten, dass sich dieses Ziel jedoch nicht *uno actu* erreichen ließ. Vielmehr hat sich die Welthandelsordnung mit der Zeit im Wege wiederholter mehrjähriger Verhandlungsrunden entwickelt; außerdem gab es immer wieder Regelverletzungen und -umgehungen, und die verfügbaren Rechtsmittel wurden nicht in Anspruch genommen. Die diversen Handelsrunden kulminierten in der Uruguay-Runde (1986–93), die mit dem GATT 1994 und der Gründung der WTO der internationalen Handelsordnung einen aktualisierten, verdichteten, organisatorisch abgestützten Rahmen gab. Ein neuer Akzent zugunsten der Entwicklungsländer soll mit der Doha-Runde gesetzt werden, wobei indes konkrete Absprachen bisher weitgehend auf sich warten lassen.[37] Hinter dem Freihandelskonzept stand die Überzeugung, die ökonomische Freiheit und Entwicklungsmöglichkeit aller, auch der bisher nicht Erfolgreichen, werde durch die Chance der Freiheit am Markt am besten gefördert.[38] Die Staaten mit hohem Industrie- und Konkurrenzpotenzial sahen in dem weltweiten *free for all* die beste Entwicklungschance gerade für die unterindustrialisierte Welt *(aid by trade):* je freier der Ordnungsrahmen, desto größer der Wohlstandseffekt für jeden Handelspartner. Dieser Grundauf-

---

33 Vgl u Rn 96 f.
34 *Trüe*, Organization for Economic Co-operation and Development, International Energy Agency (IEA), MPEPIL VII, 1028 ff.
35 Hierzu *Dolzer*, Formen der Streitbeilegung im multilateralen Wirtschaftsrecht, FS Doehring, 1989, 143 (157 ff). S auch *Dolzer/Schreuer*, Principles, 211 ff mwN.
36 *Herdegen*, Internationales Wirtschaftsrect, § 9 Rn 7 ff.
37 S u Rn 64, 97a.
38 Ein ähnlich „liberalistischer" Ansatz liegt dem Prinzip der Freiheit der Meere zugrunde, vgl *Proelß*, 5. Abschn Rn 66 ff.

fassung, die zurückgeht auf die historischen Arbeiten von *Adam Smith* und *David Ricardo*,[39] steht nicht entgegen, dass es sich bei den internationalen Handelsregeln von Anfang an nicht um ein primär entwicklungspolitisches Instrument handelte. Die neue WTO hat hieran im Kern nichts geändert.[40]

2. Standards des internationalen Wirtschaftsrechts

Innerhalb des internationalen Wirtschaftsrechts haben sich in unterschiedlicher Weise Prinzipien herausgebildet, die nicht nur in einzelnen Teilbereichen von Bedeutung sind, sondern für mehrere oder alle Sektoren gelten und teils sogar prägend sind; ihre konkrete Bedeutung ist stets im Einzelfall der jeweiligen Norm zu entnehmen. Diese Leitbilder werden hier als *Standards* bezeichnet.[41] Als eine Art Allgemeiner Teil stehen sie im Folgenden vor der Erörterung des Rechts der Investitionen und des Handels. 15

a) Grundsatz der Nichtdiskriminierung

Diskriminierung ist allgemein zu definieren als die ungleiche Behandlung vergleichbarer Objekte oder Sachverhalte und ein hieraus folgender Nachteil für den Betroffenen.[42] Im Einzelnen bestehen bei der Anwendung und Auslegung dieses Standards auch heute erhebliche Unsicherheiten.[43] Zwar kennt das Völkerrecht gerade kein allgemeines Gebot des Inhalts, dass Staaten einander gleich zu behandeln haben; speziell im internationalen Wirtschaftsrecht stellt das Diskriminierungsverbot indessen ein wesentliches Element multilateraler und bilateraler Verträge dar.[44] Aus völkerrechtlicher Sicht weist es eine zwischen- und eine innerstaatliche Wirkungsebene auf. Das *zwischenstaatliche* Diskriminierungsverbot ist dabei nicht zu verwechseln mit dem Prinzip der souveränen Gleichheit der Staaten. Anders als dieses, das sich nur auf eine Gleichheit „vor dem Völkerrecht" bezieht, verlangt das Diskriminierungsverbot im materiellen Sinne eine „Gleichheit im Recht". Neben dieser äußeren Komponente kann sich der Grundsatz der Nichtdiskriminierung auch durch ein nach *innen* gerichtetes Diskriminierungsverbot auswirken, sowohl auf dem Feld der Wirtschaftsbeziehungen als auch auf anderen Gebieten. Bsp für ein nach innen gerichtetes Gleichbehandlungsgebot sind neben dem völkerrechtlichen Verbot der Rassendiskriminierung die fremdenrechtlichen Mindeststandards und die Inländergleichbehandlungsregel des GATT.[45] 16

Im internationalen Wirtschaftsrecht stellt das Diskriminierungsverbot als *freiheitsverbürgende Rechtsgarantie* einen notwendigen Faktor des ökonomischen Wettbewerbs dar, zumal durch Einfuhrregelungen oder Inländervorzugsbehandlungen diskriminierende Maßnahmen auf beiden Wirkungsebenen – also zwischen- wie innerstaatlich – getroffen werden können. So ist im Handel zwischen den GATT-Mitgliedern jede Diskriminierung untersagt. Der Grundsatz 17

---

[39] *Smith,* An Inquiry into the Nature and Causes of the Wealth of Nations, 1776; *Ricardo,* On the Principles of Political Economy and Taxation, 1817.
[40] Vgl u Rn 64, 97a.
[41] Dazu *Schwarzenberger,* The Principles and Standards of International Economic Law, RdC 117 (1966) 1 (66 ff); s auch *Herdegen,* Principles of International Economic Law, 2013, 53 ff.
[42] *Kewenig,* Der Grundsatz der Nichtdiskriminierung im Völkerrecht der internationalen Handelsbeziehungen, Bd 1, 1972, 196.
[43] *Dolzer,* Generalklauseln in Investitionsschutzverträgen, FS Eitel, 2003, 291 ff. Dazu auch *Diebold,* Standards of Non-Discrimination in International Economic Law, ICLQ 60 (2011) 831 (832 ff); *Tietje,* in ders (Hrsg), Internationales Wirtschaftsrecht, § 1 Rn 89 ff.
[44] Zum Ganzen *Cullet,* Differential Treatment in International Law, EJIL 10 (1999) 549 ff.
[45] Vgl *Tietje,* Normative Grundstrukturen der Behandlung nichttarifärer Handelshemmnisse in der WTO/GATT-Rechtsordnung, 1998, 190 f; *ders* (Fn 43) Rn 94.

der Nichtdiskriminierung, bereits in der Präambel des GATT als instrumentales Ziel im Dienste der Handelsliberalisierung erwähnt, wird sowohl durch die nach außen wirkende allgemeine Meistbegünstigungsverpflichtung (vgl Art I Abs 1 GATT) als auch durch den nach innen wirkenden Inländergleichbehandlungsgrundsatz (zB Art III Abs 4 GATT) konkretisiert; diese Nichtdiskriminierungsregeln werden nachfolgend noch im Einzelnen behandelt. Der Grundsatz der *Nichtdiskriminierung* stellt somit das *zentrale Strukturprinzip des GATT*[46] und anderer WTO-Verträge dar.[47] Fragen der Diskriminierung standen auch im Mittelpunkt des langjährigen Streits um die „Bananenmarktordnung" der EG.[48] Nicht nur in der WTO/GATT-Rechtsordnung, sondern auch in zahlreichen anderen Gebieten des Völkerrechts und des supranationalen Rechts, wie etwa im Rahmen des EU-Rechts, des internationalen Menschenrechtsschutzes und des über das GATT hinausgehenden internationalen Wirtschaftsrechts, nimmt das Diskriminierungsverbot eine bedeutende Stellung ein.

18 Der Grundsatz der Nichtdiskriminierung findet seinen Ausdruck auch in Regelungen des *Investitionsschutzes*.[49] So enthält Art 2 Abs 3 des Mustervertrags (MV) zu den Investitionsförderungsverträgen der BR Deutschland v 2008 das weitreichende Verbot der Diskriminierung der Kapitalanlage. In engem Bezug zu diesem Grundsatz stehen die nachfolgenden Artikel. In Art 3 Abs 1 MV ist die Inländergleichbehandlung verankert; Kapitalanlagen von Investoren des Vertragsstaats dürfen demnach nicht weniger günstig behandelt werden als Kapitalanlagen der eigenen Investoren. Art 3 Abs 1 MV normiert des Weiteren die Meistbegünstigungsklausel. Hiernach wird der Vertragsstaat verpflichtet, dieselben Vergünstigungen den Kapitalanlagen von Investoren des anderen Vertragsstaats zu gewähren, wie sie für Kapitalanlagen von Investoren dritter Staaten gelten. Art 3 Abs 2 MV erstreckt das Diskriminierungsverbot auf alle Betätigungen der Investoren, die im Zusammenhang mit Kapitalanlagen stehen. Ausgeschlossen bleiben davon allerdings die Vergünstigungen, die speziell für Mitglieder besonderer Wirtschaftsräume – wie zB der EU – gelten (Art 3 Abs 3 MV)[50] und ebenso Vergünstigungen aufgrund eines Doppelbesteuerungsabkommens oder sonstiger Vereinbarungen über Steuerfragen (Art 3 Abs 4 MV). Im Vergleich bilateraler Verträge finden sich Unterschiede bzgl der Geltung der Diskriminierungsgrundsätze in den verschiedenen Investitionsphasen. Die Vertragspraxis der Europäer und der USA unterscheidet sich bspw dahingehend, dass die US-Verträge die Grundsätze der Meistbegünstigung und der Inländergleichbehandlung bereits bei der Zulassung der Investition festlegen und damit ein Recht auf Zulassung etablieren, während europäische Verträge die Zulassung der Investition nur bei Vereinbarkeit mit dem innerstaatlichen Recht vorsehen.[51] In der Vertragspraxis bestehen auch hinsichtlich der zugelassenen Ausnahmen bei der Nichtdiskriminierung noch große Differenzen.[52]

---

46 *Benedek,* Die Rechtsordnung des GATT aus völkerrechtlicher Sicht, 1990, 53. Vgl zu den Nichtdiskriminierungsgrundsätzen des GATT: *Stoll/Schorkopf,* WTO, 2002, Rn 112 ff. S auch *DiMascio/Pauwelyn,* Nondiscrimination in Trade and Investment Treaties, AJIL 100 (2008) 48 ff; *Berrisch,* in Prieß/Berrisch (Hrsg), WTO Handbuch, Kap B.I.1 Rn 14.
47 S auch *Göttsche,* in Hilf/Oeter (Hrsg), WTO-Recht, § 5 Rn 40.
48 Vgl hierzu verschiedene Entscheidungen der WTO-Streitschlichtungsgremien, wonach die revidierte Bananenmarktordnung der EG wiederholt für unvereinbar mit WTO-Recht erklärt worden ist. Dazu *Cascante/Sander,* Der Streit um die EG-Bananenmarktordnung, 1999. Vgl nunmehr die Einigung EG/USA, WT/DS27/58 v 2.7.2001. Die besondere Schwierigkeit besteht aus Sicht der EU darin, traditionelle Präferenzbeziehungen zu den AKP-Staaten in diesem Bereich und gleichzeitig die Interessen lateinamerikanischer Exporteure und der USA zu berücksichtigen. Vgl zuletzt Appellate Body, WT/DS27/AB/RW2/ECU u WT/DS27/AB/RW/US.
49 Vgl *Dolzer* (Fn 43) 296 ff; *Dolzer/Schreuer,* Principles, 176 ff.
50 Vgl u Rn 96 f.
51 Auch das bis Ende 1998 im Rahmen der OECD erfolglos verhandelte MAI (Multilateral Agreement on Investment) sah die Grundsätze der Inländergleichbehandlung und der Meistbegünstigung bereits im Hinblick auf die Zulassung von Investoren vor. Zugleich räumte es ausländischen Investoren ein einklagbares Recht auf Nichtdiskriminierung bei der Investitionszulassung ein. Bisher sehen die meisten bilateralen Investitionsschutzverträge nur ein Klagerecht im Hinblick auf die Nachinvestitionsphase vor. Vgl u Rn 49.
52 *Canner,* The Multilateral Agreement on Investment, Cornell Int'l LJ 31 (1998) 657 (661).

b) Meistbegünstigungsgrundsatz

Eine wichtige Ausprägung des Diskriminierungsverbots stellt das Prinzip der Meistbegünstigung dar. Darunter wird allgemein verstanden, dass ein Staat einem anderen Staat bei der Anwendung seiner Rechtsetzungs- oder Verwaltungsmaßnahmen diejenigen Vorteile gewährt, die er auch einem dritten Staat unter gleichen Bedingungen zukommen lässt. Maßstab ist also die günstigste Behandlung, die irgendeinem Staat gewährt wird.[53] Der englische Begriff der *most-favoured-nation clause* bringt dies treffend zum Ausdruck. Die Meistbegünstigung begründet Abwehransprüche gegenüber einer Behandlung, die schlechter ist als gegenüber dem Staat, dem die weitestreichende Vergünstigung eingeräumt wurde. Die Verpflichtung zur Meistbegünstigung legt insofern *lediglich Standards* fest für die zu gewährende Gleichbehandlung. Hierüber kann allenfalls mittelbar ein Anspruch auf Gleichbehandlung hergeleitet werden. Der sich auf das Meistbegünstigungsprinzip berufende Staat kann also nicht unmittelbar die einem Dritten zugestandenen (weiterreichenden) Vorteile einfordern; eine neue originäre Verpflichtung des gewährenden Staats entsteht nicht.[54] Die Meistbegünstigungsklausel tritt besonders in Handelsverträgen auf, findet aber auch auf anderen Gebieten Anwendung, zB im Diplomaten- und Konsularrecht oder im Fremdenrecht. IdR beruht die Meistbegünstigung heute auf einer gegenseitigen und unbedingten Gewährung.[55] Jedoch werden von der Verpflichtung zur Meistbegünstigung üblicherweise Vergünstigungen im Rahmen der Bildung von Zollunionen und Freihandelszonen sowie zur Erleichterung des Grenzverkehrs ausgenommen; Ausnahmen vom Prinzip finden sich auch für Präferenzsysteme auf der Basis einer engeren nationalen, kulturellen oder wirtschaftlichen Verbindung.[56]

Die wichtigste Verpflichtung zur Meistbegünstigung im internationalen Wirtschaftsrecht findet sich heute in *Art I Abs 1 GATT*.[57] Das Abkommen zur Errichtung der Welthandelsorganisation hat diesen Mechanismus 1994 auch in die neue Handelsordnung für Dienstleistungen (Art II Abs 1; XVI Abs 1 GATS) und das Übereinkommen über die handelsrelevanten Aspekte des geistigen Eigentums (Art 4 Satz 1 TRIPS) übernommen. Der Grundsatz der Meistbegünstigung ist damit zum *Bestandteil des harten Kerns der Weltwirtschaftsverfassung*[58] erhoben worden. Er kann nur mit den Stimmen aller Mitgliedstaaten verändert werden (Art X Abs 2 WTO-Übereinkommen). Der Anwendungsbereich der Meistbegünstigungsklausel des GATT erstreckt sich auf sämtliche öffentlich-rechtliche Vorschriften, die auf die Ein- und Ausfuhr von Waren Bezug nehmen und umfasst insbes das Gebiet der fiskalischen Belastung (Steuern, Zölle, sonstige Abgaben). Inhaltlich bewirkt die Meistbegünstigungsverpflichtung, dass Handelsvergünstigungen, die einem Staat für bestimmte Produkte gewährt werden, auch allen anderen (nicht notwendigerweise Vertrags-)Staaten für gleichartige Produkte zugute kommen müssen; ausländische Waren sind also untereinander gleich zu behandeln. Insgesamt zeichnet sich der Meistbegünstigungsgrundsatz des Art I Abs 1 GATT durch einen *umfassenden Anwendungsbereich* aus, der in der Praxis aber erhebliche Interpretationsprobleme aufwirft, da immer wieder Unklarheiten über die Tatbestandsmerkmale der Vorschrift bestehen.[59]

Auch im GATT/WTO-Vertragswerk wird die Pflicht zur unbedingten Meistbegünstigung durch zahlreiche *Ausnahmebestimmungen* unterbrochen. Die Abs 2 u 3 in Art I GATT sehen Ausnahmen im Zusammenhang mit historischen Präferenzabkommen vor, die zwischenzeitlich ihre handelspoli-

---

53 Vgl *Hilf/Geiß*, Most-Favoured-Nation Clause, MPEPIL VII, 384 ff.
54 *Tietje* (Fn 45 [Grundstrukturen]) 195.
55 Zu den Erscheinungsformen der Meistbegünstigung näher *Kramer*, Die Meistbegünstigung, RIW 1989, 473 (474 f).
56 *Dolzer/Schreuer*, Principles, 207 f.
57 Vgl zum Wortlaut der Vorschrift Fn 206.
58 *Langer*, Grundlagen einer internationalen Wirtschaftsverfassung, 1995, 108.
59 S *Goco*, Non-discrimination, „Likeness", and Market Definition in World Trade Organization Jurisprudence, JWT 40 (2006) 315 ff.

tische Bedeutung freilich eingebüßt haben. Von größerer Relevanz ist die Durchbrechung des Grundsatzes der Meistbegünstigung in Art XXIV Abs 4–10 GATT, wonach Ausnahmen zugunsten von Zollunionen und Freihandelszonen bzw zum Aufbau derartiger Unionen möglich sind. Die Begünstigungen werden nur den Mitgliedern dieser Unionen bzw Zonen, nicht aber dritten Staaten gewährt. Eine Ausnahmebestimmung ist auch in der Verzichtsklausel in Art XXV Abs 5 GATT *(waiver clause)* enthalten, wonach unter „außergewöhnlichen Umständen" die Einräumung allgemeiner Zollpräferenzen gegenüber bestimmten Ländern möglich ist. Hierauf stützt sich auch die im Jahre 1979 am Ende der Tokio-Runde vereinbarte *enabling clause* (Befähigungsklausel), welche die Vorzugsbehandlung von Waren aus Entwicklungsländern gegenüber Waren anderen Ursprungs zulässt.[60] Dahinter steht der Gedanke, dass wirtschaftlich benachteiligten Staaten, formal betrachtet, Wettbewerbsvorteile eingeräumt werden sollten, um ihnen überhaupt erst eine Basis zur Wahrnehmung von Marktchancen zu geben. Dieses entwicklungspolitische Konzept wurzelt in der Idee einer Gleichheitsförderung durch Ungleichbehandlung *(inégalité compensatrice)*.[61]

22 Bilaterale Investitionsschutzverträge sehen bzgl der Behandlung des Investors ebenfalls das Prinzip der Meistbegünstigung vor.[62] Danach verpflichten sich die Vertragsparteien, Investitionen von Angehörigen oder Gesellschaften des anderen Staats und die Investoren selbst nicht weniger günstig zu behandeln als solche dritter Staaten. Der Meistbegünstigungsgrundsatz wird in einigen Verträgen *ausgeschlossen* für Vergünstigungen, die aufgrund einer Mitgliedschaft in oder einer Assoziierung mit einer Zoll-, Wirtschafts- oder Finanzunion, einem Gemeinsamen Markt oder einer Freihandelszone gewährt werden. Eine wichtige Ausnahme vom Prinzip der Meistbegünstigung besteht nach vielen Vereinbarungen auch für bestimmte sensitive wirtschaftliche Sektoren des Gaststaats.[63]

c) Grundsatz der Inländergleichbehandlung

23 Das Diskriminierungsverbot enthält neben dem Prinzip der Meistbegünstigung als zweiten Pfeiler die Verpflichtung zur Inländergleichbehandlung.[64] Nach diesem Prinzip muss ausländischen Staatsangehörigen die gleiche Behandlung zuteil werden wie den eigenen. Dieser Grundsatz war im „klassischen Völkerrecht" noch nicht anerkannt: kein Verbot der Diskriminierung zwischen Ausländern und Staatsangehörigen im Bereich wirtschaftlicher Aktivitäten. In Konkurrenz zum fremdenrechtlichen Mindeststandard war vor allem in Lateinamerika lange Zeit das Konzept der Inländergleichbehandlung verfochten worden, wonach Ausländer, die sich in einem Gastland niedergelassen haben, bestenfalls eine Gleichstellung mit dem Inländer, keinesfalls aber eine Besserstellung unter Berufung auf völkerrechtliche Mindeststandards verlangen können (*Calvo*-Doktrin).[65] Als allgemeine Norm des Völkerrechts hat sich der Grund-

---

60 Abdruck in BISD 26 (1980), Suppl, 203 ff sowie bei *Hummer/Weiß*, Vom GATT 47 zur WTO 94, 1997, 259 ff; krit zum Erfolg der enabling clauses *Choi/Lee*, Facilitating Preferential Trade Agreements between Developed and Developing Countries: A Case for "Enabling" the Enabling Clause, Minnesota JIL 21 (2011) 1 ff.
61 Zum Komplex vgl *Häberli*, Das GATT und die Entwicklungsländer, in Cottier (Hrsg), GATT – Uruguay Round, 1995, 135 ff.
62 Hierzu *Dolzer*, Meistbegünstigungsklauseln in Investitionsschutzverträgen, FS Ress, 2005, 47 ff; *Dolzer/Schreuer*, Principles, 206.
63 *Dolzer/Schreuer*, Principles, 207. Nicht abschließend geklärt ist, inwieweit sich die Verpflichtung zur Meistbegünstigung auch auf Fragen der Streitbeilegung erstreckt (vgl etwa die Schiedssprüche *Maffezini v Spain*, ICSID Case No ARB/97/7, ICSID R-FILJ 16 [2001] 212; *Tecmed v Mexico*, ICSID Case No ARB [AF]/00/2, ILM 43 [2004] 133; *Plama v Bulgaria*, ICSID Case No ARB 02/34, ILM 44 [2005] 721; *Siemens v Argentina*, ICSID Case No ARB 02/8; *Suez/Vivendi v Argentina*, ICSID Case No ARB 03/19); auch im Übrigen bestehen Unsicherheiten bei der Auslegung des Grundsatzes.
64 Zur Inländergleichbehandlung vgl auch *Vinuesa*, National Treatment, Principle, MPEPIL VII, 486 ff.
65 Vgl *Herdegen*, Internationales Wirtschaftsrecht, § 7 Rn 24; s auch *Juillard*, Calvo Doctrine/Calvo Clause, MPEPIL I, 1086 ff.

satz der Inländergleichbehandlung hinsichtlich des *Fremdenrechts* aber nicht durchsetzen können. Demgegenüber kommt der Inländergleichbehandlungsregel des *Art III GATT* neben der Meistbegünstigungsverpflichtung aus Art I Abs 1 GATT nun entscheidende Bedeutung als Ausgestaltung des Nichtdiskriminierungsprinzips in der WTO/GATT-Rechtsordnung zu: ausländische Produkte sollen nicht nur untereinander, sondern auch gegenüber inländischen Produkten keine Diskriminierung erfahren.[66] Genauso wie Art I Abs 1 GATT schützt der Grundsatz der Inländergleichbehandlung des Art III GATT sowohl vor *de jure* als auch vor *de facto* Diskriminierungen.

Art III GATT verbietet die unterschiedliche Behandlung von eingeführten und inländischen **24** Waren im Hinblick auf eine Reihe von in den einzelnen Absätzen der Vorschrift näher bezeichneten Maßnahmen. Während Art III Abs 1 als Generalklausel wirkt, beinhalten Art III Abs 2 u 3 GATT das Gebot der Nichtdiskriminierung importierter Waren in Hinblick auf die Steuer- und Abgabenbelastung. Der Grundsatz der Inländergleichbehandlung gewährleistet somit die Nichtdiskriminierung ausländischer Waren durch staatliche Maßnahmen nach dem Zeitpunkt, zu dem die Waren die Grenze überschritten haben und Teil des inländischen Warenkreislaufs geworden sind.[67] Die zentrale einschlägige Bestimmung im GATT-Vertrag stellt freilich *Art III Abs 4* dar. Danach darf ein Staat importierten Waren hinsichtlich absatzrelevanter Rechts- und Verwaltungsvorschriften über „den Verkauf, das Angebot, den Einkauf, die Beförderung, Verteilung oder Verwendung im Inland" keine schlechtere Behandlung zuteil werden lassen als gleichartigen inländischen Produkten. Die Vergleichbarkeit der zu beurteilenden Produkte ist danach (ebenso wie bei Art I Abs 1 GATT) zu bejahen, wenn es sich bei den inländischen und ausländischen Waren um „gleichartige Waren" *(like products)* handelt.[68] Im Jahr 2011 hatte der Appellate Body zu entscheiden, ob eine Steuer der Philippinen auf Importspirituosen eine Diskriminierung nach Art III Abs 2 GATT darstellt. Entscheidend war, ob die aus unterschiedlichen Rohstoffen hergestellten inländischen sowie im Ausland hergestellten Spirituosen als *like products* zu qualifizieren sind; dies bejahte der Appellate Body, da die verglichenen Spirituosen trotz unterschiedlicher Rohstoffbasis im Wettbewerb standen und auf dem relevanten Markt austauschbar waren.[69]

Im Bereich der *bilateralen* Investitionsschutzverträge ist die Inländergleichbehandlung in **25** vielen Verträgen festgeschrieben. Danach dürfen die Vertragsparteien den Kapitalanlagen ausländischer Investoren keine weniger günstige Behandlung zukommen lassen, als sie den Anlagen ihrer eigenen Staatsangehörigen zubilligen. Gleiches gilt für die Behandlung von Staatsangehörigen und Unternehmen bei ihrer Betätigung im Zusammenhang mit Investitionen im Gaststaat, insbes hinsichtlich der Verwaltung, des Gebrauchs und der Nutzung der Kapitalanlage. Das Gebot der Inländergleichbehandlung wird indes zumeist vom Vorliegen gleicher Umstände (*identical* oder *similar situations*) für den in- und ausländischen Investor abhängig gemacht.[70] Problematisch ist, dass oftmals weder der Vertrag an sich noch seine Anhänge eine Definition der für erforderlich gehaltenen „gleichen Umstände" enthalten; diesbezüglich ist keine einheitliche Praxis erkennbar, und die im Rahmen des WTO-Rechts entwickelten Kriterien lassen sich nicht immer problemlos auf das Recht der Auslandsinvestitionen übertragen. Im

---

66 Der Inländergleichbehandlungsgrundsatz ist auch in Art XVII Abs 1 GATS u Art 3 TRIPS festgelegt.
67 *Tietje* (Fn 45 [Grundstrukturen]) 221 ff. Weitere Einzelheiten zum Inländergleichbehandlungsprinzip im GATT bei *Herrmann/Weiß/Ohler*, Welthandelsrecht, Rn 509 ff.
68 Zur Gleichartigkeit von Waren s insbes den Asbestfall (EC-Measures Affecting Asbestos and Asbestos-Containing Products, Panel-Bericht v 18.9.2000, WT/DS 135/R) sowie u Rn 84; s auch *Diebold*, Non-Dicrimination in International Trade in Services: „Likeness" in WTO/GATS, 2010.
69 Philippines-Taxes on Distilled Spirits, Appellate Body-Bericht v 21.12.2011, WT/DS396/AB/R, WT/DS403/AB/R, Rn 125, 148 f; s dazu *Neven/Trachtmann*, Philippines – Taxes on Distilled Spirits: Like Products and Market Definition, WTR 12 (2013) 297 ff.
70 *Dolzer/Schreuer*, Principles, 198 ff.

Hinblick auf unterschiedliche nationale Standards für Investitionen besteht zudem die rechtspolitische Schwierigkeit, dass das Schutzgefälle zwischen einzelnen Staaten stark ist und die Gefahr von „Trittbrettfahrern" besteht, die für ihre eigenen Staatsangehörigen den hohen Schutz im Ausland beanspruchen, ohne aber ihrerseits den Bürgern des Schutzlandes entsprechende Gewährleistungen zu bieten.[71] Das Problem ist freilich dem Prinzip der Inländergleichbehandlung generell inhärent.

d) Reziprozität, Fairness

26 Der Grundsatz der *Gegenseitigkeit* (Reziprozität) stellt sich als eigene Säule des Völkerrechts dar.[72] Er ordnet sich ein neben dem Prinzip des *bona fides* und steht inhaltlich auch in der Nähe des Verbots des Rechtsmissbrauchs. Reziprozität bezeichnet das Verhältnis von zwei oder mehr Staaten, die sich gegenseitig eine gleiche oder zumindest ähnliche Behandlung zukommen lassen. Als *allgemeiner Grundsatz des Völkerrechts* ist es strikt von soziologischen Kategorien, insbes von faktischen Erwartungen der Gegenseitigkeit, zu unterscheiden. Seine rechtliche Relevanz wird durch das Fehlen effektiver Durchsetzungsmechanimen in der Völkerrechtsordnung bedingt[73] und ist vor allem darin zu sehen, dass ein Staat, der einen Anspruch auf einer spezifischen Völkerrechtsnorm zu begründen sucht, diese Norm auch als bindend gegenüber sich selbst zu akzeptieren hat. Besonders im Recht des bewaffneten Konflikts, im Diplomaten- und Konsularrecht sowie im Fremdenrecht ist die Reziprozität geeignet, die Befolgung des Rechts zu sichern und zur Effektivität des Völkerrechts beizutragen. Der Gegenseitigkeitsgedanke liegt auch der Fakultativklausel des Art 36 Abs 2 IGH-Statut zugrunde. Schon beim Zustandekommen völkervertrags- und völkergewohnheitsrechtlicher Normen wirkt sich der Grundsatz der Reziprozität aus.[74] Er verleiht schließlich auch dem völkerrechtlichen Sanktionsrecht sein Gepräge.[75] Dort hat er sich in Form von Sanktionsmechanismen wie der Retorsion, der Repressalie und der Beendigung oder Suspendierung eines Vertrags bei Vertragsverletzung (vgl Art 60 WVK) niedergeschlagen.

27 Im Bereich des *internationalen Handelsrechts* fordert der Grundsatz der Gegenseitigkeit, dass die gewährten Handelsvorteile der Staaten untereinander im Gleichgewicht bleiben und den Zugeständnissen für einen Staat jeweils gleichwertige Handelsvorteile der anderen Staaten gegenüberstehen sollen.[76] Im WTO-Übereinkommen ist dieser Grundsatz nicht ausdrücklich und allgemeingültig festgehalten; er ist aber in der Präambel angesprochen und liegt insoweit als ein tragendes Prinzip der „Welthandelsverfassung" zugrunde. Zur Anwendung kommt der Reziprozitätsgrundsatz, der auch in Art XIX Abs 3 GATT zum Ausdruck kommt, indes weniger im geltenden Recht als vor allem in Verhandlungen, die im Rahmen von Zollabsenkungsrunden geführt werden (Art XXVIIIbis GATT) sowie bei Neubeitritten (Art XII WTO). Innerhalb der Rechtsbeziehungen zwischen den Vertragspartnern kommt ihm im Rahmen von einseitigen Gegenmaßnahmen nach Art XXIII GATT Bedeutung zu; dort war er bereits auch Gegenstand von Kontroversen.[77] Ausgenommen vom Grundsatz der Reziprozität sind im Rahmen des GATT die

---

71 Zur Auslegung des Standards durch die Schiedsgerichte: *Dolzer/Schreuer*, Principles, 199 ff.
72 Dazu sowie zum Folgenden *Simma*, Reciprocity, MPEPIL VIII, 651 ff; s auch *Paulus*, Reciprocity Revisited, in Fastenrath et al (Hrsg), From Bilateralism to Community Interest, 2011, 113 ff; *Stoll*, The World Trade Organization as a Club: Rethinking Reciprocity and Common Interest, in ebd 172 ff.
73 *Simma* (Fn 72) Rn 1.
74 Dazu ausf *Simma*, Das Reziprozitätselement in der Entstehung des Völkergewohnheitsrechts, 1970.
75 Vgl *Schröder*, 7. Abschn Rn 108 ff.
76 Vgl ausf *Brösskamp*, Meistbegünstigung und Gegenseitigkeit im GATT, 1990; *Langer* (Fn 57) 85 ff. Vgl auch die Argumentation des EuGH im Fall *Portugal v Rat* bei der Frage der unmittelbaren Anwendbarkeit von WTO Recht im innerstaatlichen Recht, u Fn 204.
77 Vgl zB Withdrawal of Tariff Concessions under Article XXVIII:3 GATT 1947, L/4636, GATT BISD 25 (1979), Suppl, 42 ff.

Entwicklungsländer, von denen nach Art XXXVI Abs 8 GATT keine Zugeständnisse erwartet werden, die mit ihren besonderen Bedürfnissen nicht vereinbar sind.

Im Rahmen einer multilateralen Ordnung der unbedingten Meistbegünstigung ist der Grundsatz der Reziprozität allerdings ein *Fremdkörper*.[78] Nach der liberalen Wirtschaftstheorie dient jede Liberalisierungsmaßnahme gesamtwirtschaftlich betrachtet auch dem jeweiligen Land, das die Maßnahme tätigt. Zu bedenken ist zudem, dass sich das Ziel der Reziprozität in der Praxis der internationalen Wirtschaftsbeziehungen ohnehin nicht gänzlich verwirklichen lässt, streben die Handelspartner doch oft nach einseitigen Vorteilen. Insofern muss der Gegenseitigkeitsgrundsatz in diesem Bereich eher als „politische Vorgabe" für Verhandlungen verstanden werden.[79] Dabei fungiert er als Korrektiv, das letztlich auf dem Gedanken der *Fairness* in den internationalen Wirtschaftsbeziehungen beruht. *Im internationalen Investitionsschutzrecht* liegt die Hauptbedeutung des Grundsatzes der Reziprozität darin, einen Gegenpol zum Grundsatz der Inländergleichbehandlung[80] aufzustellen. Die in den meisten bilateralen Investitionsschutzverträgen vorgesehenen Klauseln zur Inländergleichbehandlung[81] würden bei strikter und isolierter Anwendung oftmals zu unangemessenen Ergebnissen führen, dann nämlich, wenn der materielle Standard in den beiden betroffenen Staaten unterschiedlich hoch ist. Während nun einige dieser Verträge versuchen, solche Ungereimtheiten durch das Aufstellen materieller Standards zu beseitigen, wird etwa in den klassischen internationalen Urheberrechtsverträgen der Inländergleichbehandlungsgrundsatz durch Gegenseitigkeitsvorschriften durchbrochen.[82]

28

Wie auch die nationalen Rechtsordnungen kann das Völkerrecht auf den Rückgriff auf abstrakte Rechtsprinzipien und Generalklauseln nicht ganz verzichten. Die Notwendigkeit der Lückenfüllung und allgemein gehaltener Interpretationsprinzipien hat insoweit Vorrang vor einer strikt auf Rechtssicherheit ausgerichteten Betrachtungsweise. Kennt das allgemeine Völkerrecht etwa das Prinzip des guten Glaubens und – laut einer Entscheidung des IGH – auch der Billigkeit *(equity)*,[83] so findet sich speziell in wirtschaftsrechtlichen Bezügen häufig das *Prinzip der Fairness:* Investitionsschutzverträge etwa enthalten regelmäßig eine Fairnessklausel *(fair and equitable treatment)*, deren Anwendung im Einzelfall freilich schwierig sein kann.[84] Das GATT spricht von der notwendigen Berücksichtigung eines fairen Anteils am Welthandel, der in der

29

---

78 Vgl *Dolzer,* Reziprozität als Standard der EG-Drittlandsbeziehungen, in Hilf/Tomuschat (Hrsg), EG und Drittlandsbeziehungen nach 1992, 1991, 111 (116); *Wolfrum,* Das internationale Recht für den Austausch von Waren und Dienstleistungen, in Schmidt (Hrsg), Öffentliches Wirtschaftsrecht, Besonderer Teil 2, 1996, § 15 Rn 43.
79 So in Bezug auf Art XXVIIIbis GATT *Wolfrum* (Fn 78), der darauf hinweist, dass bei den Verhandlungen letztlich jede Partei selber bestimmt, ob ein für sie ausgewogenes Ergebnis erreicht ist. Vgl auch *Beise/Oppermann/Sander,* Grauzonen im Welthandel, 1998, 39, nach denen dem Gegenseitigkeitsgrundsatz heute vor allem handelspolitische Bedeutung bei Absprachen zukommen soll, da er in einer Welt flexibler Wechselkurse ökonomisch nur noch von geringem Wert sei.
80 Vgl o Rn 23 ff.
81 Dazu *Dolzer/Schreuer,* Principles, 198 ff; *Dolzer/Stevens,* Bilateral Investment Treaties, 1995, 63 ff.
82 Vgl etwa Art 2 Abs 7, Art 7 Abs 8 der revidierten Berner Übereinkunft zum Schutze von Werken der Literatur und Kunst v 24.7.1971 (BGBl 1973 II, 1071 ff, letzte Änd in BGBl. 1985 II, 81). Dieser Ansatz ist bei den Verhandlungen zu einem Multilateralen Investitionsschutzabkommen (MAI) zumindest teilweise übernommen worden. So sollte die Inländergleichbehandlung etwa in Bezug auf den Bereich des Urheberrechts ieS durch das Gegenseitigkeitserfordernis eingeschränkt werden, indem die Ausnahmen der älteren urheberrechtlichen Abkommen unberührt bleiben sollten. Dazu *Haedicke,* Urheberrecht als Investitionsschutz?, GRUR Int 1998, 631 (634).
83 IGH im Fall *North Sea Continental Shelf,* ICJ Rep 1969, 3, 53; vgl zum Prinzip der *equity Francioni,* Equity in International Law, MPEPIL III, 632 ff.
84 Hierzu *Dolzer/Schreuer,* Principles 130 ff; *Dolzer,* Fair and Equitable Treatment, FS Carreau/Juillard, 2009, 83 ff; *ders,* Fair and Equitable Treatment: A Key Standard in Investment Treaties, The International Lawyer 2005, 87 ff; *Kläger,* Fair and Equitable Treatment in International Investment Law, 2011; *Schreuer,* Fair and Equitable Treatment in Arbitral Practice, JWIT 2005, 357 ff; *Orakhelashvili,* The Normative Basis of "Fair and Equitable Treatment", AVR 46 (2008) 74 ff; *Tudor,* The Fair and Equitable Treatment Standard in the International Law of Foreign Investment, 2008.

Praxis anhand der Entwicklung der zurückliegenden Jahre ermittelt wird (Präambel Abs 2 WTO, Art XVIII GATT).[85] Im TRIPS schließlich heißt es, dass die Durchsetzung der Rechte am geistigen Eigentum „gerecht und objektiv" (Art 41) zu geschehen hat. Die Frage nach dem rechtlichen Gehalt der Fairnessklausel wird im Einzelfall situationsbezogen beantwortet werden müssen.[86] Vieles spricht im Übrigen dafür, Fairness auch allgemein im Wirtschaftsrecht als *besondere Ausprägung der Prinzipien des guten Glaubens und der Billigkeit* anzuerkennen.[87] Der Grundsatz der gerechten und billigen Behandlung hat in jüngerer Zeit immer wieder im Mittelpunkt schiedsrichterlich entschiedener Investitionsfälle gestanden und dabei auch die Vorschriften über die indirekte Enteignung in ihrer Bedeutung eingeschränkt. Oft wird der Grundsatz konkretisiert mittels des Topos der „legitimate expectations". Erhebliche Divergenzen ergeben sich in der Rechtsprechung zur Frage der Auslegung des Mindeststandards. Ein Vergleich etwa der Entscheidung im Fall *Glamis Gold v USA* (2009) mit dem Urteil im Fall *Merrill & Ring v Canada* (2010) macht dies deutlich: Während ersterer Schiedsspruch den heute geltenden Mindeststandard auf das Niveau der Neer-Entscheidung aus dem Jahr 1927 drücken will, geht letzterer davon aus, dass sich der Mindeststandard heute nicht wesentlich unterscheidet vom Grundsatz der fairen und gerechten Behandlung. Methodisch zu Recht verweist das Urteil im Falle Merrill & Ring auf die Bedeutung der allgemeinen Rechtsprinzipien und der schiedsrichterlichen Praxis spezifisch im Bereich der Auslandsinvestitionen.[88] In jüngster Zeit freilich mehren sich die Stimmen, die das Prinzip der Fairness eng ausgestalten und auslegen wollen.

e) Recht auf Entwicklung, Nachhaltigkeit

30 So unbestritten die innere Souveränität eines jeden Staates ist, so unklar sind auch heute noch die rechtlichen Konturen eines Rechts auf Entwicklung. Die bestehenden wirtschaftlichen Ungleichgewichte haben die Entwicklungsländer schon bald nach der Phase der Dekolonisierung veranlasst, ein Recht auf wirtschaftliche Entwicklung zu postulieren. Ihre politische Strategie bestand darin, solche Forderungen in den von Entwicklungsländern dominierten Gremien vorzutragen. Die UNCTAD formulierte immer wieder neue, oft auch radikale Konzepte. In der UN-Generalversammlung erreichte das Streben nach einer Veränderung der Weltwirtschaftsordnung in der Verabschiedung der rechtlich unverbindlichen *Charta der wirtschaftlichen Rechte und Pflichten der Staaten*[89] ihren Höhepunkt: sie wurde ohne Zustimmung der Industrieländer verabschiedet. Zuvor schon hatte die Generalversammlung in den Jahren 1961 und 1971 sog Entwicklungsdekaden ausgerufen. Erste rechtlich greifbare Erfolge waren zum einen im Bereich des Handelsrechts die Freistellung der Entwicklungsländer vom Grundsatz der Reziprozität im Rahmen des GATT (Art XXXVI Abs 8), die Gewährung von Zollpräferenzen gemäß Art XXV Abs 5 GATT, im Jahre 1979 dann auch eine allgemeinere Freistellung vom Gleichheitssatz *(differential and more favourable treatment)*. Die EG gewährte einer großen Zahl ehemaliger Kolonien Frankreichs und Großbritanniens – früher im Rahmen der Lomé-Abkommen, seit 2000 im Cotonou-Abkommen – Sonderrechte insbes im Handel mit Agrarerzeugnissen und bei der Unterstützung von Bergbaubetrieben, wobei jeweils die Zustimmung des GATT erforderlich war.[90] Im November 2001 gelang es den Entwicklungsländern, zahlreiche entwicklungspolitische Anliegen auf die

---

85 In der handelspolitischen Debatte der vergangenen Jahrzehnte haben die Entwicklungsländer von den Industriestaaten mehr Fairness verlangt. Angesichts der Lohnunterschiede und der zunehmenden Mobilität des Kapitals könnte sich dies künftig umkehren, insbes in den bisher vom GATT weitgehend ausgenommenen Bereichen der Landwirtschaft und der Textilwirtschaft.
86 Hierzu ausf *Franck*, Fairness in International Law and Institutions, 1995.
87 *Sempra Energy International v Argentine Republic*, ICSID Case No ARB/02/16.
88 Hierzu *Dolzer/Schreuer*, Principles, 138.
89 Charter of the Economic Rights and Duties of States v 12.12.1974, UN GA Res 3281 (XXIX), ILM 14 (1975) 251.
90 Vgl u Rn 118.

Agenda der *Doha-Verhandlungsrunde* zu setzen.[91] Diese Verhandlungsrunde ist allerdings nach wie vor nicht abgeschlossen und hat so bislang noch nicht zu den damals erhofften Erfolgen geführt.[92]

Im Bereich des *Investitionsrechts* war das Anliegen der Entwicklungsländer lange Zeit auf wirtschaftliche Unabhängigkeit gerichtet, mit besonderer Betonung des Rechts auf Enteignung einerseits und der Forderung nach speziellen Regeln für Multinationale Unternehmen anderseits, ohne dass diese Anliegen aber rechtlich verbindliche Gestalt angenommen hätten. Was die *finanzielle und technische Unterstützung* der Entwicklungsländer durch die Industriestaaten betrifft, so haben die Entwicklungsländer aus verständlichen Gründen immer wieder klare Zusagen gefordert. Immerhin ist es ihnen verschiedentlich gelungen, nicht verbindliche Erklärungen dahingehend zu erlangen, dass die öffentliche Entwicklungshilfe 0,7% des Bruttosozialprodukts des jeweiligen Industriestaats erreichen sollte.[93] Dieses Ziel wurde bislang weit verfehlt; die Zahl liegt in den letzten Jahren insgesamt bei etwa 0,3%. Eine Pflicht zur Zahlung von Entwicklungshilfe lässt sich aus dem allgemeinen Völkerrecht nicht ableiten.[94] Ebenso wenig besteht eine Pflicht, Schulden zu erlassen.[95] Aus Gründen der Moral und der Solidarität ist ein dramatischer Rückgang der Entwicklungshilfe gleichwohl beschämend, auch wenn die notwendige Hilfe an die Staaten in Mittel- und Osteuropa einbezogen wird und Erfolge und Misserfolge der Entwicklungshilfe umstritten sind. 31

Einen neuen Akzent hat das Recht auf Entwicklung 1977 erhalten, als es von der UN-Menschenrechts-Kommission als „*Menschenrecht*" bezeichnet wurde. 1981 sprach die UN-Generalversammlung sogar von einem „unveräußerlichen Menschenrecht", welches dann 1986 in einer weiteren Resolution *(Declaration on the Right to Development)* konkretisiert wurde.[96] Resolutionen der UN-Menschenrechtskommission haben vom Recht auf Entwicklung als „integralem Bestandteil der fundamentalen Menschenrechte" gesprochen.[97] Auch der UN-Menschenrechtsrat hat sich wiederholt mit dem Recht auf Entwicklung befasst.[98] Aus rechtlicher Sicht waren von Anfang an die Fragen nach Träger, Adressat und Inhalt eines etwaigen Menschenrechts auf Entwicklung offen geblieben. 32

Im Kontext des Rechts auf Entwicklung haben sich neuartige Fragestellungen ergeben. Für die Präzisierung der entwicklungsbezogenen Arbeit von I.O., insbes der Weltbank und des IWF, hat sich das Problem gestellt, inwieweit Hilfen gewährt werden sollen, wenn die Regierung des Entwicklungslands selbst keine praktische Politik betreibt, welche der Entwicklung des Landes nach allgemeinem Verständnis förderlich ist. Die Antwort bestand in der Formulierung von Mindestanforderungen an *good governance*, an die gute Führung der Regierungsgeschäfte. In- 33

---

91 Vgl Ministererklärung v 14.11.2001, WT/MIN(01)/DEC/1.
92 S u Rn 64.
93 Vgl Kap 33 Ziff 33.13 der Agenda 21 (1992); Ziff 79 des Plan of Implementation des Weltgipfels für Nachhaltige Entwicklung, Johannesburg (2002) und Monterrey Consensus of the International Conference on Financing for Development v 22.3.2002 (A/CONF.198/11). Jetzt Doha Declaration on Financing for Development v 2.12.2008 (A/CONF.212/7). S auch Brüsseler Erklärung der Third UN Conference on the Least Developed Countries v 2.7.2001 (A/CONF.191.12). S auch A/Res/63/178 v 26.3.2009.
94 Vgl auch IGH, *Nicaragua*, ICJ Rep 1986, 14, 138.
95 Hierzu *Dolzer*, Staatliche Zahlungsunfähigkeit: Zum Begriff und zu den Rechtsfolgen im Völkerrecht, FS Partsch, 1989, 531 ff; *Kämmerer*, State Bankruptcy, MPEPIL IX (2012) 489 (490).
96 Res 41/128 v 4.12.1986. Ausdrücklich bestätigt wurde dies 1993 in der Wiener Menschenrechtserklärung v 25.6.1993, ILM 32 (1993) 1663. S auch A/Res/63/178 v 26.3.2009; A/Res/64/172 v 18.12.2009 u A/Res/65/219 v 31.3.2011. Zu der Erklärung *Kunig/Uerpmann*, Die Wiener Menschenrechtserklärung von 1993, VRÜ 27 (1994) 32 ff.
97 Vgl Res 1998/72 v 22.4.1998; Res 1999/79 v 28.4.1999; Res 2000/5 v 13.4.2000; s auch Ziff 11 der „Millenium Declaration" der UN-Generalversammlung, Res 55/2 v 18.9.2000.
98 S etwa A/HRC/RES/12/23 v 12.12.2009; A/HRC/12/L.6 v 25.9.2009; A/HRC/19/52 v 19.11.2011. Zum Ganzen *Scharpenack*, Das „Recht auf Entwicklung", 1996; *von Schorlemer*, Recht auf Entwicklung – Quo vadis?, Friedens-Warte 72 (1997) 121 ff; *Tietje*, Internationales Wirtschaftsrecht und Recht auf Entwicklung als Elemente einer konstitutionalisierten globalen Friedensordnung, FS Delbrück, 2005, 783 ff.

soweit hat sich in der Abgrenzung zum Verbot der Einmischung in die inneren Angelegenheiten eine das Recht auf Entwicklung betonende neue Ausrichtung ergeben, die auch den Kampf gegen die Korruption einbezieht.[99]

34 Das Recht auf Entwicklung war auch unmittelbar betroffen, soweit es um die Frage nach einer Einbeziehung der Entwicklungsländer in rechtliche Instrumente zum Schutze jener Umweltgüter ging, die globaler Art sind (Klima, Ozonschicht, Artenvielfalt, internationale Gewässer).[100] Die Entwicklungsländer waren, was ihren eigenen Beitrag betrifft, in den diesbezüglichen Verhandlungen zögerlich, weil sie Hemmnisse für ihre Strategie zur wirtschaftlichen Entwicklung befürchteten. Auf der anderen Seite war klar, dass eine effektive Regelung langfristig nur möglich ist, wenn auch die Entwicklungsländer einbezogen sind, die im Übrigen auch selbst stark von dem jeweiligen Problem betroffen sind. Der Kompromiss bestand in der Einigung auf das Konzept der *common but differentiated responsibilities*. Danach sind die Entwicklungsländer grundsätzlich bereit, bei der Durchführung dieser Vertragswerke als Mitglieder der Konvention mitzuwirken, freilich nur mit im Vergleich zu den Industriestaaten mehr oder weniger reduzierten Pflichten. Auch bei der Übernahme dieses besonderen Status haben die Entwicklungsländer in den Verträgen selbst in der einen oder anderen Weise klargestellt, dass sie bei der Umsetzung mit finanzieller und technologischer Hilfestellung durch die Industrieländer rechnen.[101]

35 Schädliche Einwirkungen auf die Umwelt machen sich in vielen Bereichen weder hier und jetzt, noch von heute auf morgen bemerkbar, sondern entfalten sich graduell, prozessartig und staatenübergreifend. Die Langzeitwirkung und die Internationalität stellen die größten Herausforderungen der Umweltpolitik dar. Im alltäglichen Geschäft der internationalen Politik treten sie bisher allerdings hinter den brennenden Problemen des Alltags, insbes auch hinter die Armutsbekämpfung in der Dritten Welt, zurück. In der Gestaltung der internationalen Wirtschaftsbeziehungen bedarf es deshalb ebenfalls der strukturellen präventiven Ausrichtung zum dauerhaften Schutz der Umwelt.[102] Das *Prinzip der Nachhaltigkeit* ist keineswegs neu, auch wenn es erst neuerdings zum Schlagwort geworden ist. Zuerst hat wohl die deutsche Forstwissenschaft auf die damit verbundenen praktischen Forderungen im Umgang mit dem Wald aufmerksam gemacht. In neuerer Zeit hat das Prinzip 1980 internationale Anerkennung gefunden – bemerkenswerterweise auf Drängen von NGOs, wie der International Union for the Conservation of Nature (IUCN) und dem WWF, deren Arbeit auf diesem Feld weniger kurzfristig am Alltag ausgerichtet war und ist als dies für Regierungen gilt. Im Kontext des Völkerrechts hat das Prinzip erstmals 1985 in einem Abkommen der ASEAN Ausdruck gefunden.

Seine nunmehr schon klassische Definition gab ihm die *Brundtland*-Kommission (1987): Sie versteht darunter eine „Entwicklung, welche die Bedürfnisse der Gegenwart befriedigt, ohne damit die Möglichkeit künftiger Generationen zu beeinträchtigen, ihre eigenen Bedürfnisse zu befriedigen". Seine stärkste Prominenz hat das Prinzip in der vielzitierten Arbeit der Rio-Konferenz (1992) gefunden. Zu deren Umsetzung hat der ECOSOC der UN im Jahre 1993 die *Commission on Sustainable Development* eingesetzt, ohne ihr aber praktisch wirksame Befugnisse zuzuweisen. Im geschriebenen Völkerrecht wird das Prinzip der nachhaltigen Entwicklung bereits in der Präambel des GATT und der Europäischen Bank für Wiederaufbau und Entwicklung (EBRD) sowie in Art 3 EUV anerkannt. Die Konferenz von Johannesburg (2002) hat zu keinem neuen Impuls im Verständnis der Nachhaltigkeit und ihrer operativen Bedeutung führen können. Bun-

---

99 Vgl u Rn 39 f.
100 Vgl *Proelß*, 5. Abschn Rn 136 ff, 145 ff, 159 ff; *Alam/Karim*, Linkages of Development and Environment: In Search of an Integrated Approach through Sustainable Development, Georgetown JIL 43 (2011/2012) 345 ff.
101 Dazu *Dolzer*, Technologische Zusammenarbeit zur Förderung nachhaltiger Entwicklung, FS Hahn, 1997, 353 ff; *Kellersmann* (Fn 15); *Timmermann*, Der Transfer von Umwelttechnologien in Entwicklungsländer, VRÜ 32 (1999) 314 ff; *Bloch*, Technologietransfer zum internationalen Umweltschutz, 2007.
102 *Dolzer*, Structural Obstacles Confronting the Formulation and Implementation of an Effective International Environmental Policy, in Dolzer/Thesing (Hrsg), Protecting our Environment, 2000, 347.

deskanzlerin *Merkel* hat eine Charta für nachhaltiges Wirtschaften vorgeschlagen, die auf internationaler Ebene (vorab der G-20) Grundprinzipien des internationalen Wirtschaftens festhalten soll; in diesem Vorschlag finden sich Elemente einer weltweiten Ordnung iSe ökologischen und sozialen Marktwirtschaft.[103] Auf dem Rio+20-Gipfel im Jahr 2012 konnten keine verbindlichen Regelungen zur Umsetzung des Ziels des nachhaltigen Wirtschaftens sowie des Modells der *Green Economy* verabschiedet werden.[104]

Keine Klarheit herrscht über den Status des Nachhaltigkeitsprinzips im allgemeinen Völkerrecht.[105] Während es teilweise nur als grobe Leitlinie für künftige Umweltnormen, also als bloßes politisches Postulat verstanden wird, geht die Gegenansicht davon aus, dass es sich bereits um einen völkergewohnheitsrechtlich verankerten Grundsatz handelt, aus dem konkrete normative Folgerungen abgeleitet werden können. Bedeutsam ist dies etwa für die Frage, ob die Weltbank, die in ihrem Gründungsübereinkommen keinerlei expliziten Umweltbezug enthält, über den allgemeinen Entwicklungsbegriff in Art I des Statuts auch rechtlich ein Mandat zur Achtung der Nachhaltigkeit hat; iSe evolutiven Interpretation ist dies zu bejahen.[106] Unabhängig davon erscheint eine nähere, *jeweils bereichsspezifische Konkretisierung des Prinzips* der nachhaltigen Entwicklung, wie sie etwa in der Klimarahmenkonvention oder im Übereinkommen über die biologische Vielfalt erfolgt ist, jedenfalls sinnvoll.[107] Mittlerweile hat der Nachhaltigkeitsbegriff auch Eingang in die Rechtsprechung des *IGH* gefunden. Im *Gabcikovo-Nagymaros*-Fall befürwortete die Mehrheit der Richter dabei aber einen recht zurückhaltenden Umgang mit dem Grundsatz, indem sie vom *concept of sustainable development* sprach.[108] Damit deutete der Gerichtshof an, dass er im Nachhaltigkeitsgrundsatz *lediglich ein politisches Postulat* sieht, nicht aber ein rechtlich fassbares Prinzip. In seinem Sondervotum kritisierte Richter *Weeramantry* die Haltung der Mehrheit und betonte den normativen Charakter des Prinzips, das schon jetzt Bestandteil des modernen Völkerrechts sei.[109] Der Mehrheit des Gerichts ist darin zu folgen, dass aus dem Prinzip *in vacuo* im internationalen Wirtschaftsrecht heute noch keine konkreten Folgerungen gezogen werden können. Dennoch erscheint die Auffassung der Mehrheit zu restriktiv: Bei der Füllung von Lücken im Recht und im Rahmen der Auslegung wird man dem Prinzip schon heute rechtliche Bedeutung zumessen können.

36

f) Rationalität, Transparenz, Good Governance

Der *Rationalität* kommt als einem Maßstab für Entscheidungen im internationalen Wirtschaftsrecht zunehmend Bedeutung zu.[110] Der Rationalitätsstandard soll absichern, dass sich international wirksame Maßnahmen an den Grundsätzen der wissenschaftlichen Erkenntnis oder der Plausibilität orientieren und damit insbes protektionistische Maßnahmen – unter dem Vorwand, an sich zulässigen Kriterien wie dem Schutz der Gesundheit oder der Abwehr von Gefahren zu

37

---

103 *Merkel/Balkenende*, FAZ v 17.3.2009.
104 Report of the United Nations Conference on Sustainable Development, A/CONF.216/16.
105 Dazu *Barral*, Sustainable Development in International Law: Nature and Operation of an Evolutive Legal Norm, EJIL 23 (2012) 377 ff; *Beyerlin*, Umweltvölkerrecht, 2000, Rn 37 mwN; *ders*, Sustainable Development, MPEPIL IX, 716 (719 f); *Gehne*, Nachhaltige Entwicklung als Rechtsprinzip, 2011; *Lang/Hohmann/Epiney*, Das Konzept der Nachhaltigen Entwicklung, 1999; *Schröder*, Sustainable Development, AVR 34 (1996) 251 (271 ff); *Kotzur*, Nachhaltigkeit im Völkerrecht, JöR (NF) 57 (2009) 503 ff; *Voigt*, Sustainable Development as a Principle of International Law, 2009; vgl *Proelß*, 5. Abschn Rn 114 ff.
106 Vgl dazu *Dolzer*, The World Bank and the Global Environment: Novel Frontiers?, FS Shihata, 2001, 141 ff. S hierzu auch u Fn 122.
107 Vgl *Schröder* (Fn 105) 273 f.
108 IGH, *Gabcikovo-Nagymaros*, ICJ Rep 1997, 7, 78.
109 Ebd, Sep Op *Weeramantry*, 95.
110 S dazu *Herdegen*, Der Beitrag des Internationalen Wirtschaftsrechts zu Good Governance und Rationalität des Staatshandelns, in Giegerich (Hrsg), Internationales Wirtschafts- und Finanzrecht in der Krise, 2011, 229 ff.

genügen – den freien Handel oder auch andere international anerkannte Prinzipien des freien Wirtschaftsaustauschs nicht behindern. Mit der fortschreitenden Einwirkung wissenschaftlicher Erkenntnisse auf wirtschaftliche Produkte einerseits und einer ständigen Anfälligkeit nationaler Gruppen und Regierungen für nichttarifär-protektionistische Versuchungen andererseits tritt das Problem der Rationalität immer stärker in den Vordergrund. Fragen der Wirkung des Einsatzes hormoneller Stoffe bei der Rinderzucht exemplifizieren das allgemeine Problem.[111] Der einschlägige Streit zwischen der EU und den USA (und Kanada) schwelt seit nunmehr zwei Jahrzehnten. Auf Drängen der Verbraucher hatte die EWG im Jahre 1988 ein weitgehendes Importverbot für hormonbehandelte Fleischwaren eingeführt.[112] Gemäß einem Übereinkommen, welches im Rahmen der WTO über die Anwendung gesundheitspolizeilicher und pflanzenschutzrechtlicher Maßnahmen[113] abgeschlossen worden war, musste sich die europäische Maßnahme daran messen lassen, ob sie sich auf internationale Normen der FAO und der WHO (Codex Alimentarius) sowie auf „verfügbares wissenschaftliches Beweismaterial" stützen konnte. Das von den USA angerufene WTO-Panel stellte fest, dass das hormonbehandelte Fleisch aus den USA den Wertmaßstäben jenes Kodex entspreche.[114] Die Risikoschätzung sei wissenschaftlicher Art; für politisch gefasste sozio-ökonomische Erwägungen subjektiver Natur bestehe kein Raum. Diese Sichtweise warf unter den Gesichtspunkten nationaler Souveränität, der Verantwortung im demokratischen Rechtsstaat und der Bedeutung des Vorsorgeprinzips weitreichende Fragen auf. Die Entscheidung des *Appellate Body* im Berufungsverfahren hat dann die staatliche Entscheidungsbefugnis wieder erweitert. Zum einen wurde den Staaten grundsätzlich ein gewisser Bewertungsspielraum zugesprochen, zum anderen wurde jetzt auch die rechtliche Relevanz von Minderheitsmeinungen anerkannt, soweit sie von qualifizierten und respektierten Wissenschaftlern geäußert werden.[115] Im Ganzen wurde damit die rechtliche Bedeutung rationaler Fundierung von Außenhandelsentscheidungen nicht aufgehoben, doch wurde – abweichend vom Ideal einer einzigen richtigen wissenschaftlichen Position – eine Bandbreite vertretbarer Entscheidungen zugrunde gelegt.

38 Ist Rationalität eine Frage der nachvollziehbaren wissenschaftlichen Fundierung, so bezieht sich die *Transparenz* auf die Überschaubarkeit des Handelns und der rechtlichen Gebote.[116] Dieser Standard hat damit einen viel weiteren Anwendungsbereich als der der Rationalität. Für die Gestaltung der internationalen Wirtschaftsbeziehungen kommt der Transparenz auf unterschiedlichen Ebenen wesentliche Bedeutung zu. So werden die Regeln des freien Wettbewerbs und des Freihandels außer Kraft gesetzt, wenn Transaktionen außerhalb der Regeln des Markts ohne Kenntnis der Öffentlichkeit vollzogen werden. Die Weltbank etwa und die OECD haben aus

---

111 Ein weiteres Problem stellen Maßnahmen der EG gegen die Einfuhr gentechnisch veränderter Agrarprodukte dar. S dazu das Verfahren EC–Approval and Marketing of Biotech Products, WT/DS291, WT/DS292 u WT/DS293.
112 RL 88/196/EWG v 7.3.1988, ABl EG 1988, Nr L 70/16.
113 Abgedr in *Tietje*, WTO, 2009, 109.
114 Hierzu *Hilf/Eggers*, Der WTO-Panelbericht im EG/USA-Hormonstreit, EuZW 1997, 559 ff.
115 EC-Measures Concerning Meat and Meat Products (Hormones), Rep of the Appellate Body v 16.1.1998, WT/DS 26/AB/R u WT/DS 48/AB/R. Dazu *Thomas*, Where's the Beef? Mad Cows and the Blight of the SPS Agreement, Vanderbilt J Transnat'l L 32 (1999) 487 ff; *Walker*, Keeping the WTO from Becoming the „World Trans-Science Organization": Scientific Uncertainty, Science Policy, and Factfinding in the Growth Hormones Dispute, Cornell Int'l LJ 31 (1998) 251 ff. Nach 2003 wurde der Streit über die Frage geführt, ob die EU trotz zwischenzeitlicher Änderungen ihrer Regelungen (RL 2003/74/EG v 22.9.2003, ABl EG 2003, Nr L 262/17) weiterhin gegen die Bestimmungen des SPS Übereinkommens verstößt und inwieweit die USA gleichwohl ihre Vergeltungsmaßnahmen gegen europäische Produkte fortführen dürfen (dazu Panel und Appellate Body in US – Continued Suspension of Obligations, WT/DS 320). Im Mai 2009 haben sich die Parteien vorläufig geeinigt, dabei aber die Hauptstreitfrage offen gelassen. Danach reduziert die USA die Höhe der Vergeltungsmaßnahmen und die EU erweitert im Gegenzug den Marktzugang für hormon*freies* Rindfleisch. Offen ist, ob es sich bei dieser Einigung um eine „mutually agreed solution" iSd DSU handelt.
116 *Hilpold*, Das Transparenzprinzip im internationalen Wirtschaftsrecht, EuR 1999, 597 ff.

diesem Grunde neue Konzepte im Kampf gegen die Korruption entwickelt. Das Prinzip der Transparenz ist aber auch von Bedeutung, wenn es darum geht, dass die wirtschaftlich relevanten Regeln der einzelnen Staaten und ihre Handhabung in der Praxis öffentlich ohne weiteres zugänglich sind und ein einschlägiger Wissensvorsprung einzelner Marktteilnehmer verhindert wird. Schließlich kann das Transparenzprinzip auch auf die Entscheidungsprozesse auf internationaler Ebene bezogen werden. Gegen die Arbeitsweise der WTO etwa ist in der Vergangenheit immer wieder der Vorwurf erhoben worden, dass nach außen nicht klar erkennbar werde, welche Entscheidungen in welchen Gremien nach welchen Kriterien getroffen würden.[117]

Der Begriff der *good governance* ist weder leicht zu übersetzen noch leicht zu definieren.[118] 39 Dennoch gehört er heute schon zu den Standards des internationalen Wirtschaftsrechts, weil er nicht nur im Zentrum neuen Nachdenkens über Armutsbekämpfung steht, sondern auch bereits der Praxis der Entwicklungspolitik in den vergangenen Jahren eine neue Ausrichtung verliehen hat. Übersetzen ließe sich der Ausdruck mit „guter Führung der Regierungsgeschäfte". Dabei meint *good governance* jene Festlegung und Durchführung staatlicher Aufgaben, welche in praktischer Weise die nachhaltige wirtschaftliche und soziale Entwicklung eines Landes fördert und daher allen Schichten des Volks in angemessener Weise zugutekommt.[119] Mag diese Begriffsbestimmung auf den ersten Blick eher banal erscheinen, so hat die Beschäftigung mit ihrer praktisch-operationalisierten Bedeutung im vergangenen Jahrzehnt doch zu neuen Antworten auf die Kritik an der Ineffizienz herkömmlicher Entwicklungspolitik geführt.

Lange Zeit war diese Politik punktuell auf einzelne Projekte (bei der Weltbank)[120] oder sektorell (wie etwa beim IWF für Währungsfragen) zugeschnitten. *Good governance* steht nun zu Recht im Mittelpunkt der Überlegungen, welche über punktuelle oder sektorelle Aspekte hinaus den Blick auf die erforderlichen allgemeinen Rahmenbedingungen effizienter Entwicklungspolitik und -kooperation geöffnet haben.[121] Der Erfolg der Politik wird damit nicht mehr an den kurzfristigen Wirkungen eines einzelnen Projekts oder einer einzelnen Maßnahme, sondern an ihrem langfristigen Beitrag zur Entwicklung des Landes gemessen. Insbes Weltbank und Währungsfonds haben die damit verbundenen praktischen Forderungen aufgegriffen und versucht, sie in ihrer Arbeit vor Ort fruchtbar zu machen. Auch andere I.O. und die nationalen Entwicklungspolitiken sind in gewissem Umfang gefolgt. Für Weltbank und Währungsfonds haben sich damit auch Rechtsfragen für die Bestimmung und Eingrenzung ihres Mandats und die völker-

---

117 Vgl dazu *Marceau/Pedersen*, Is the WTO Open and Transparent?, JWT 33 (1999) 5 ff; *Weiss/Steiner*, Transparency as an Element of Good Governance in the Practice of the EU and the WTO, FILJ 2006/2007, 1545 ff; *Collins-Williams/Wolfe*, Transparency as a Trade Policy Tool: The WTO's Cloudy Windows, WTR 9 (2010) 551 ff.
118 Vgl *Brown Weiss/Sornarajah*, Good Governance, MPEPIL IV, 516 (Rn 3); *Maldonado*, Good Governance: Begriff, Inhalt und Stellung zwischen allgemeinem Völkerrecht und Souveränität, 2013. Zu *good governance* in der WTO vgl *Esty*, Good Governance at the World Trade Organization, JIEL 10 (2007) 509 ff.
119 Vgl *Dolzer/Herdegen/Vogel*, Good Governance, 2007. Eine Definition von *good governance* enthält das Cotonou-Abkommen zwischen der EU und den AKP-Staaten (vgl u Rn 118) in Art 9 Abs 3: „In einem politischen und institutionellen Umfeld, in dem die Menschenrechte, die demokratischen Grundsätze und das Rechtsstaatsprinzip geachtet werden, ist verantwortungsvolle Staatsführung die transparente und verantwortungsbewusste Verwaltung der menschlichen, natürlichen, wirtschaftlichen und finanziellen Ressourcen und ihr Einsatz für eine ausgewogene und nachhaltige Entwicklung. Sie beinhaltet klare Beschlussfassungsverfahren für Behörden, transparente und verantwortungsvolle Institutionen, den Vorrang des Gesetzes bei der Verwaltung und Verteilung der Ressourcen und Qualifizierung zur Ausarbeitung und Durchführung von Maßnahmen insbes zur Verhinderung und Bekämpfung der Korruption". Vgl auch Sano/Alfredsson (Hrsg), Human Rights and Good Governance, 2002; *Brown Weiss/Sornarajah* (Fn 118) 516 ff.
120 Vgl *Theobald*, Die Weltbank: Good Governance und die Neue Institutionenökonomie, Verwaltungsarchiv 89 (1998) 467 ff. Vgl auch *Kingsbury*, Operational Policies of International Institutions as Part of the Law-Making Process: The World Bank and Indigenous Peoples, FS Brownlie, 1999, 323 ff.
121 Hierzu *Dolzer*, Die Relevanz rechtsstaatlicher Normen und Institutionen für den Aufbau und den Bestand von Demokratien, in Konrad-Adenauer-Stiftung (Hrsg), Demokratiereport – Demokratie und Rechtsstaat, 2006; *Maldonado*, Good Governance: Begriff, Inhalt und Stellung zwischen allgemeinem Völkerrecht und Souveränität, 2013.

rechtliche Zulässigkeit der Neuausrichtung ihrer Arbeit im Lichte dieses Mandats ergeben.[122] Beiden Organisationen ist es nach ihren Satzungen verwehrt, in die inneren politischen Angelegenheiten eines Empfängerlands einzugreifen; sie müssen sich auf die „Hebung der Produktivität, des Lebensstandards und der Arbeitsbedingungen" (Art 1 [iii] des Weltbank-Statuts) und die Förderung der „Stabilität der Währungen" bzw die Aufrechterhaltung „geordneter Währungsbeziehungen" (Art 1 [iii] des IWF-Statuts) beschränken. Zu Recht haben die Organisationen dennoch den Begriff der *good governance* in ihre Leitlinien aufgenommen: Die Empirie hat gezeigt, dass die Durchführung ihres jeweils in der Satzung niedergelegten Auftrags die Beachtung der *good governance* nicht nur fördert, sondern auch fordert.

40   Die *Weltbank* bewertet seit 1998 im Rahmen von *Country Policy and Institutional Assessments* nicht nur ökonomische Zielsetzungen, sondern auch die Existenz und Effizienz staatlicher Institute, mittels derer diese Zielsetzungen umzusetzen sind.[123] In diesen Zusammenhang gehört auch, dass bei der Vergabe von IDA-Geldern berücksichtigt wird, als wie effizient sich Projekte erwiesen haben. Staaten, in denen ernsthafte Probleme im Bereich der *good governance* diagnostiziert werden, erhalten weniger Hilfe. Nachhaltiges Wachstum und nachhaltige Entwicklungspolitik beziehen sich in der Arbeit der Bank also nicht mehr nur auf makroökonomische Elemente, auf Armutsbekämpfung und soziale Faktoren, sondern auch auf staatliche Institutionen. Damit ist der Kreis der einzubeziehenden Faktoren für die juristische Definition der effizienten Nutzung der Mittel der Bank deutlich erweitert worden. Zu diesem Zweck hat die Bank ein Raster von Kriterien entwickelt, die sich auf wirtschaftliches Management, strukturelle Politiken, die Einbeziehung sozialer Aspekte und die Effizienz staatlicher Institutionen beziehen. Die Bekämpfung der Korruption („Missbrauch eines öffentlichen Amts zum privaten Gewinn") gehört zu den wichtigsten Anliegen. Kernfragen der *governance* beziehen sich auf die nachprüfbare Verantwortlichkeit der Entscheidungsträger, auf die Transparenz des Entscheidungsprozesses, auf das Schaffen einer fairen vorhersehbaren und stabilen Rechtsordnung und auf die Möglichkeit der Partizipation jener Schichten der Bevölkerung, die von den jeweiligen Entscheidungen besonders betroffen sind. Unter dem Gesichtspunkt der ökonomisch sinnvollen Verwendung vorhandener Ressourcen und der Vermeidung unproduktiver staatlicher Aufgaben zieht die Bank auch Konsequenzen, wenn ein Staat einen außergewöhnlich hohen Anteil seines Budgets für militärische Zwecke verwendet. Umgekehrt hilft die Bank, wenn sich ein Staat in dieser Situation zum Abbau der militärischen Ausgaben entschließt. Das Exekutivdirektorium des Währungsfonds hat 1997 Leitlinien zur Rolle des IWF bei Fragen der *governance* erlassen.[124] Auch der Fonds stellt klar, dass ihm dabei nur Kompetenzen im Rahmen seines satzungsmäßigen Mandats zukommen, und dass er keine Konditionen in Bezug auf politische Aspekte ohne Bezug zu seinem Mandat aufstellen darf. Zur *good governance* gehören danach auch für den Fonds allgemeine Prinzipien wie Transparenz, Rechtsstaatlichkeit, Fairness. Speziell zum währungsrechtlichen Bezug gehört der Aufbau effizienter Institutionen im Bereich der Finanzen, der Steuern, der Zentralbanken, der Rechnungshöfe und der Statistik; auf dem Feld der Gesetzgebung und der Verwaltung geht es in erster Linie um ein effizientes Steuerrecht und die Errichtung eines funktionsfähigen Bankensystems. Die so angestrebte effektive Nutzung öffentlicher Mittel und die Stärkung des Privatsektors soll bei den regelmäßigen Konsultationen mit den Mitgliedstaaten und der Vergabe der Mittel ebenso wie bei der aktiven Beratung der Länder durch den Fonds ihren Ausdruck finden.

---

122 Zur Bindung von Weltbank und IWF speziell an die Menschenrechte vgl *Suchsland-Maser,* Menschenrechte und die Politik multilateraler Finanzinstitute, 1999; zum Inspection Panel der Weltbank *Alfredsson,* The Inspection Panel of the World Bank, 2001; *Buß,* Zwischen Immunität und Rechtsschutz: Das Inspection Panel innerhalb der Weltbankgruppe, RIW 1998, 352. – Über eine entsprechende Einrichtung des IWF wird noch beraten.
123 World Bank (Hrsg), Country Assessments and IDA Allocations, 1999; dies (Hrsg), Governance, The World Bank's Experience, 1994; hierzu auch *Maldonado* (Fn 118).
124 Vgl IMF (Hrsg), Good Governance – The IMF's Role, 1997. Das Exekutivdirektorium bestätigte die Leitlinien erneut im Februar 2001.

Im Ganzen können sich die sich fortentwickelnden Regeln zu *good governance* aus der Sicht 41
der Empfängerstaaten als fühlbare Einschränkung ihrer Souveränität erweisen; es ist nicht verwunderlich, dass die Regeln deswegen auch als unangebracht ausgeweitete Konditionalität kritisiert werden. Letztlich erweisen sie sich im Kern aber als die Kehrseite eines ernstgenommenen Rechts auf Entwicklung, welches auf den langfristigen Wohlstand aller Schichten der Bevölkerung ausgerichtet ist. Die Regeln zu *good governance* reflektieren die Erkenntnis, dass die wichtigsten Voraussetzungen zur Entwicklung vom betroffenen Staat selbst herzustellen sind, und dass er bei der ernsthaften Umsetzung dieser Aufgabe – und nur dabei – die Unterstützung der Staatengemeinschaft verdient.

3. Schutz fremden Eigentums und Status Multinationaler Unternehmen
a) Schutz von Auslandsinvestitionen

Ohne Schutz fremden Eigentums und ausländischer Investitionen ist eine ersprießliche interna- 42
tionale wirtschaftliche Zusammenarbeit nicht möglich. Der Schutz von Auslandsinvestitionen und -eigentum spielt im Wirtschaftsvölkerrecht und damit im Völkerrecht allgemein seit jeher eine Schlüsselrolle. Traditionell erfolgt er über das gewohnheitsrechtliche *Fremdenrecht*, speziell durch die auf Enteignung anwendbaren Regeln.[125] Daneben schließen Staaten bilaterale und multilaterale Abkommen ab, um einen erhöhten Grad des Schutzes zu erreichen.[126] Auch regionale Abkommen wie NAFTA, ASEAN und das Cotonou-Abkommen sowie der sektorspezifische Energiecharta-Vertrag v 1994 enthalten Vorschriften über Auslandsinvestitionen. Versicherungen (staatlicher oder privater, nationaler oder multinationaler Art) können ebenfalls die mit Auslandsinvestitionen verbundenen Risiken minimieren.[127] Multinationale Unternehmen versuchen auch, ihre Investitionen durch „internationalisierte Verträge" mit ihren Gaststaaten zu schützen.[128] Zu erwähnen ist zudem, dass vorübergehende Beschränkungen des Kapitaltransfers mit den Vorschriften des IWF vereinbar sein müssen.

Enteignung ist jede Entziehung von Vermögenswerten durch Hoheitsakt oder Gesetz.[129] Eine 43
Enteignung kann auch in einer rechtlichen oder faktischen Beschränkung der Eigentumsnutzung liegen, die einer Entziehung gleichkommt (schleichende Enteignung).[130] Unter *Nationalisierung* versteht man die Enteignung der Vermögensobjekte einzelner oder aller Produktionszweige einer Volkswirtschaft. Die *Konfiskation* ist eine entschädigungslose Enteignung. Grundsätzlich ist die Enteignung im Völkerrecht (wie im Verfassungsrecht, vgl etwa Art 14 Abs 3 GG) zulässig. Sie ist Ausdruck der territorialen Souveränität und Gebietshoheit. Ein menschenrechtliches Enteignungsverbot gibt es nicht.[131] Allerdings ist die völkerrechtliche Zulässigkeit einer Enteignung konditioniert. Sie hängt vom Vorliegen bestimmter Voraussetzungen (sog Mindeststandards) ab, deren Umfang im Einzelnen umstritten ist. Die sog *Calvo*-Doktrin, die die Bindung der Enteignung an Mindeststandards gänzlich verneinte und den Fremdenschutz darauf reduzierte, dass der Ausländer nur eine Inländergleichbehandlung verlangen könne,[132] konnte sich nicht durchsetzen.

---

125 Vgl insgesamt die Darstellungen bei *Dolzer/Schreuer*, Principles, 17 ff; *Dolzer*, Eigentum, Enteignung und Entschädigung im geltenden Völkerrecht, 1985; *Karl*, Internationaler Investitionsschutz – Quo vadis?, ZVglRWiss 99 (2000) 143 ff; *Seidl-Hohenveldern*, International Economic Law, 3. Aufl 1999, 133 ff; *Ohler*, Der Schutz privaten Eigentums als Grundlage der internationalen Wirtschaftsordnung, JZ 2006, 875 ff; *Kläger*, Einführung in das internationale Enteignungs- und Investitionsrecht, JuS 2008, 969 ff; *Reinisch*, in Tietje (Hrsg), Internationales Wirtschaftsrecht, § 8.
126 Dazu *Dolzer/Schreuer*, Principles, 13; *Dolzer/Stevens* (Fn 81).
127 Vgl etwa die Hermes-Versicherungsprogramme einerseits und die Arbeit der MIGA andererseits, s u Rn 50.
128 Vgl u Rn 53 ff.
129 *Dolzer/Schreuer*, Principles, 101 ff.
130 Ebd, 101 ff.
131 Vgl Art 1 des Ersten Zusatzprotokolls zur Europäischen Menschenrechtskonvention (1952).
132 Vgl o Rn 23 ff.

44 Die anerkannten *Mindeststandards* einer zulässigen Enteignung stellen sich wie folgt dar. Die Enteignung muss überwiegend einem öffentlichen Zweck dienen; rein fiskalische Gründe reichen nicht aus. Die Enteignung darf nicht gegen vertragliche Verpflichtungen des enteignenden Staats verstoßen. Sie darf weder willkürlich noch diskriminierend sein. Zum Mindeststandard gehört auch die *staatliche Entschädigungspflicht*. Die im Zuge der Auseinandersetzung um eine „neue Weltwirtschaftsordnung" von Entwicklungsländern vertretene Auffassung, die Entschädigung sei nur „möglich" und damit keine Verpflichtung,[133] stieß auf nachdrückliche Ablehnung der Industrieländer;[134] sie wird erkennbar nicht mehr vertreten. Der Integration der Entwicklungsländer in die Weltwirtschaft ist sie abträglich. Über das „Wie" und „Wie viel" der Entschädigung wird freilich weiterhin gestritten, insbes zwischen Industrie- und Entwicklungsländern. Die Auffassung westlicher Völkerrechtler findet in der *Hull*-Doktrin nach wie vor ihren am weitesten verbreiteten Ausdruck. Danach muss die Entschädigung *prompt, adequate, and effective* sein.[135] Die Entschädigung soll sofort erfolgen, Hand in Hand mit der Enteignung. Sie hat grundsätzlich den *vollen Marktwert* des Unternehmens zu umfassen („Adäquanz"). Sie muss in einer *frei konvertierbaren Währung* erfolgen, idS also „effektiv" sein. Bzgl der Höhe der Entschädigung spricht ua die rechtlich nicht verbindliche Charta der wirtschaftlichen Rechte und Pflichten der Staaten v 12.12.1974 in Art 2 Nr 2 lit c nicht von einer adäquaten, sondern anders von einer „angemessenen" Entschädigung.[136] Auch die Rechtsprechung des Iranisch-amerikanischen Schiedsgerichts in Den Haag hat letztlich keine Klarheit darüber gebracht, ob das Völkergewohnheitsrecht vom Grundsatz der vollen Entschädigung ausgeht.[137] Die Globalentschädigungsabkommen *(lump sum agreements)*, die komplexe Entschädigungslagen, bei denen über das Bestehen einer völkerrechtlichen Entschädigungspflicht gestritten wird, abwickeln sollen, widersprechen dem Gebot voller Entschädigung nicht. Zwar werden mit derartigen Abkommen pauschal zahlreiche Enteignungen deutlich unter dem behaupteten Wert abgegolten. Diese Abkommen haben freilich den Charakter eines Vergleichs; regelmäßig sind sie zudem in einen größeren politischen Kontext eingebettet. Die Staatenpraxis kennt die Ratenzahlung. Neuerdings hat sich die Brisanz der Frage nach dem „Wie" bzw „Wie viel" der Entschädigung freilich verringert. Die Entwicklungsstaaten bemühen sich viel mehr als früher, das stets scheue, weltweit operierende Investivkapital zu gewinnen und im Lande zu halten. Schon deshalb gehen sie mit Enteignungen vorsichtiger um als in den 1950er und 1960er Jahren.[138] Dennoch bleiben Unsicherheiten im internationalen Enteignungsrecht.[139] Schwierige Fragen sind im Jahr 2008 in diesem Zusammenhang entstanden, als Island nach Auffassung europäischer Banken die inländischen Gläubiger zum Nachteil von Ausländern bevorzugt behandelt hat.

---

133 UN GA Res 3171 (XXVIII) v 17.12.1973.
134 Vgl auch u Rn 106 f.
135 *Herdegen*, Internationales Wirtschaftsrecht, § 20 Rn 10.
136 "Each State has the right: (...) To nationalize, expropriate or transfer ownership of foreign property, in which case appropriate compensation should be paid by the State adopting such measures, taking into account its relevant laws and regulations and all circumstances that the State considers pertinent". Vgl Charter of the Economic Rights and Duties of States v 12.12.1974, UN GA Res 3281 (XXIX), ILM 14 (1975) 251; dazu *Sternberg*, Die Charta der wirtschaftlichen Rechte und Pflichten der Staaten, 1983, 74 ff. – Die Charta statuiert auch die „volle und ständige Souveränität jedes Staates über alle seine Reichtümer und Naturschätze" (Kap II, Art 2 Abs 1). Von einer bloßen „Angemessenheit" der Entschädigung war schon in früheren UN GA-Res die Rede, etwa bereits im Jahre 1962 (damals mit den Stimmen der Industriestaaten).
137 Vgl *Herdegen*, Internationales Wirtschaftsrecht, § 20 Rn 12.
138 Damals ließ sich ein „Standortwechsel" der Investitionen beobachten. Rohstofflieferländer wie Australien und Kanada erhielten Zulauf, während manche afrikanische und lateinamerikanische Länder von den Investoren zeitweise gemieden wurden.
139 Vgl etwa die im Sommer 2006 vorgenommenen bolivianischen Nationalisierungsmaßnahmen im Bereich der Erdgasförderung; seither haben auch Venezuela und Argentinien direkte Enteignungen vorgenommen.

Nach überkommener Auffassung ist der *Entschädigungsanspruch* völkerrechtlicher Natur. **45** Grundsätzlich kann er nur auf diplomatischem Wege durch den Heimatstaat des Betroffenen geltend gemacht werden.[140] Der Enteignete ist mithin abhängig vom diplomatischen Schutz. Dessen Effektivität wiederum hängt u a von dem allgemeinen Verhältnis seines Heimat- und Schutzstaats zu dem enteignenden Staat ab. Vom Schutzrecht des Staats für seine Staatsangehörigen zu unterscheiden ist ein mögliches, in der Praxis kaum anerkanntes innerstaatliches Recht des Einzelnen gegenüber seinem Heimatstaat, die Ausübung dieses Schutzrechts zu verlangen.[141]

Die extraterritoriale Wirkung von Enteignungen bildet ein auch gerichtlich relevantes Son- **46** derproblem des internationalen Enteignungsrechts.[142] Hier geht es darum, dass eine natürliche oder juristische Person, die in einem Staat enteignet wird, außerhalb dieses Staates weitere Vermögenswerte hat. Konkret handelt es sich dann um die Frage, ob der enteignende Staat auch auf diese ausländischen Vermögenswerte zugreifen kann. Wird die Enteignung von dem Staat, in dem das Vermögen gelegen ist, anerkannt, ist der Zugriff möglich. Wegen des Territorialitätsprinzips besteht freilich keine Pflicht zur Anerkennung der Enteignung.[143] Wird die Anerkennung versagt, hat der enteignende Staat keinen Erfolg. Bei Gesellschaften wird deshalb u a folgender Ausweg versucht: Enteignet wird nicht die Gesellschaft, enteignet werden „nur" die Mitgliedschaftsrechte der einzelnen Gesellschafter. Damit wird das Unternehmen vom enteignenden Staat kontrolliert, der nun über die fortbestehende juristische Person auf das ausländische Vermögen zugreift. Der BGH hält dies für eine unzulässige Umgehung („rechtskonstruktiver Kunstgriff") des Territorialitätsprinzips. Er ordnet das im Ausland belegene Vermögen einer „Spalt-Gesellschaft" zu, die von der weiterhin im enteignenden Staat bestehenden Gesellschaft abgespalten ist und aus den enteigneten ursprünglichen Mitgliedern besteht.[144]

Die Enteignung von Vermögen, das sich auf dem Gebiet des enteignenden Staates befindet, **47** bestimmt sich – im Rahmen des Völkerrechts – nach dessen nationaler Rechtsordnung.[145] Bestenfalls wird eine Wirksamkeitsprüfung anhand des *ordre public* (Art 6 EGBGB) durchgeführt, zumal wenn das enteignete Vermögen später ins Ausland gelangt.[146] Nach der *Act of State*-Doktrin können ausländische Hoheitsakte nicht auf ihre Rechtmäßigkeit hin überprüft werden.[147] Gerade Enteignungen, Konfiskationen und Nationalisierungen unterliegen freilich einer Ausnahme.[148]

Zum Schutz von Auslandsinvestitionen werden bilaterale und multilaterale zwischenstaat- **48** liche Abkommen abgeschlossen. *Bilaterale* Investitionsschutzabkommen haben gegenüber den traditionellen Verträgen über Freundschaft, Handel und Schifffahrt den Vorteil größerer Detailschärfe. Die BR Deutschland verwendet einen Mustervertrag.[149] Der Typus des bilateralen Investitionsvertrags findet sich erstmals im Abkommen zwischen der BR Deutschland und Pakistan

---

140 Hierzu im Einzelnen *Dolzer/Schreuer*, Principles, 232.
141 Dazu grundlegend *Doehring*, Die Pflicht des Staates zur Gewährung diplomatischen Schutzes, 1959.
142 Vgl dazu *Herdegen*, Die extraterritoriale Wirkung der Enteignung von Mitgliedschaftsrechten, 1989; *Lederer*, Die internationale Enteignung von Mitgliedschaftsrechten, 1989.
143 *Herdegen*, Internationales Wirtschaftsrecht, § 20 Rn 15 ff.
144 BGHZ 62, 340, 343. Die Spaltungstheorie missachtet die Gebietshoheit des enteigneten Staats über die Anteilsrechte, vgl *Herdegen*, Die extraterritoriale Wirkung der Enteignung von Mitgliedschaftsrechten an Gesellschaften in der Bundesrepublik Deutschland, ZGR 1991, 547 (551). Der BGH hat die Spaltungstheorie bisher nur bei Konfiskationen und der Enteignung von Anteilsrechten ausländischer Gesellschafter angewendet.
145 Davon unabhängig ist u a die vorstehend behandelte Frage nach einer völkerrechtlich gebotenen Entschädigung wegen der Enteignung von Ausländern.
146 Darstellung der in diesem Zusammenhang u a relevanten Fälle des *Indonesischen Tabakstreits* und des *Chilenischen Kupferstreits* bei *Herdegen*, Internationales Wirtschaftsrecht, § 20 Rn 18.
147 Diese Doktrin ist völkerrechtlich nicht vorgeschrieben; sie wird aber insbes in den USA praktiziert; *Fonteyne*, Acts of State, EPIL I (1992) 17 ff.
148 American Law Institute, Restatement (Third) of the Foreign Relations Law of the United States, Bd 1, 1987, § 444; vgl *Herdegen*, Internationales Wirtschaftsrecht, § 20 Rn 20.
149 Nach dem Stand v 2008 abgedr bei: *Dolzer/Schreuer*, Principles, 363 ff.

v 1959; seither hat die Bundesrepublik mehr als 135 solcher Verträge unterzeichnet.[150] Andere Industriestaaten sind dieser Praxis gefolgt. Seit Beginn der 1980er Jahre haben sich auch die USA angeschlossen, allerdings mit einem breiteren Konzept, das im Prinzip auch den Marktzugang für den US-Investor regelt.[151] Seit Dezember 2009 liegt in der EU die Kompetenz nicht mehr bei den Mitgliedstaaten, sondern bei der Union. Einzelfragen des Übergangs sind noch offen. Im Allgemeinen beruhen die Verträge auf einem einheitlichen Regelungsmuster. Eingangs finden sich Bestimmungen über den Begriff der Investitionen,[152] den Kreis der Individuen und Gesellschaften, die sich auf das Abkommen berufen können, sowie über die zeitliche Anwendbarkeit. Ein weiterer Komplex enthält Vorschriften über die vereinbarte Behandlung der geschützten Investitionen; hier finden sich Vorschriften etwa über eine faire Behandlung, über vollen Schutz und volle Sicherheit sowie die Inländergleichbehandlung und die Meistbegünstigung.[153] Häufig wird festgelegt, dass ein Verstoß gegen eine Vereinbarung des Gastlands mit dem Investor zugleich als Verstoß gegen den bilateralen Investitionsschutzvertrag angesehen wird („Schirmklausel").[154] Der Zugang zu den nationalen Gerichten gehört ebenso wie etwa die Behandlung in Kriegszeiten zu diesem Abschnitt. Ausführlicher sind Fragen des Transfers von Zahlungen des Unternehmens vom Gastland in das Heimatland geregelt, einschließlich der Konvertierbarkeit der Währungen. Im Mittelpunkt stehen detaillierte Vorschriften über Begriff, Zulässigkeit und Rechtsfolgen der Enteignung; vereinbart wird generell die Pflicht zur Entschädigung des Marktwerts. Erhebliche Bedeutung – auch im präventiven Sinn – kommt den Vorschriften über die Streitschlichtung zu.[155] Insoweit werden sowohl Verfahren zwischen Investor und Gaststaat als auch solche zwischen Heimatstaat des Investors und Gaststaat vorgesehen.

49   Die Verhandlungen um ein *multilaterales* Investitionsschutzabkommen *(MAI)* wurden 1995 im Rahmen der OECD eingeleitet, um den bestehenden Flickenteppich bilateraler Abkommen durch ein einheitliches internationales Regelwerk zu ersetzen, welches Auslandsinvestitionen in umfassender Art schützt.[156] Geschützt werden sollten Vermögenswerte jeder Art (auch mittelbar kontrollierte), die als Investitionen angesehen werden können; die USA versuchten, auch geistiges Eigentum einzubeziehen. Das MAI sollte nicht nur die Behandlung bereits getätigter Investitionen (wie in den früheren Abkommen europäischer Staaten), sondern auch die Zulassung von Investitionen nach dem Vorbild US-amerikanischer Abkommen erfassen; auch dafür sollten die Gebote der Meistbegünstigung und insbes der Inländergleichbehandlung gelten. Die Einführung neuer investitionshinderlicher Vorschriften sollte untersagt sein *(standstill)*. Für den Fall von Enteignungen war die Entschädigung nach der *Hull*-Formel vorgesehen. Umstritten blieb u a, in welcher Weise das MAI auf soziale und ökologische Belange eingehen sollte. Strittig war auch, ob ganze Sektoren

---

150 S zur Auflistung der aktuellen Investitionsschutzverträge vieler Staaten die Homepage des International Investment Agreements Forum (<www.unctad.org>).
151 Zur Entwicklung der Praxis *Dolzer/Schreuer*, Principles, 17 ff.
152 Hierzu *Dolzer*, The Notion of Investment in Recent Practice, FS Feliciano, 2005, 261 ff.
153 Zu diesen Komplexen s o Rn 19 ff, 23 ff, 26 ff.
154 Hierzu *Dolzer*, Schirmklauseln in Investitionsschutzverträgen, FS Tomuschat, 2006, 281 ff; *v. Walter*, Die Reichweite von Schirmklauseln in Investitionsschutzabkommen nach der jüngsten ICSID-Spruchpraxis, RIW 2006, 815 ff; *Dolzer/Schreuer*, Principles, 153 ff.
155 Hierzu *Dolzer/Schreuer*, Principles, 232.
156 Vgl dazu *Karl*, Das Multilaterale Investitionsabkommen, RIW 1998, 432; *Malanczuk*, State-State and Investor-State Dispute Settlement in the OECD Draft Multilateral Investment Agreement, JIEL 3 (2000) 417 ff. – Die OECD konnte insoweit an ihre unverbindlichen Richtlinien aus dem Jahre 1961 (Codes of Liberalisation of Current Invisible Operations and of Capital Movements), aus dem Jahre 1976 (Declaration on International Investment and Multinational Enterprises, ILM 15 [1976] 967 ff; als Annex 1: Guidelines for Multinational Enterprises; eine Überarbeitung der Leitsätze erfolgte im Jahr 2000) sowie auch an die Guidelines on the Treatment of Foreign Direct Investment der Weltbank (ICSID R-FILJ 7 [1992] 297 ff) anknüpfen. Vgl hierzu *Tschofen*, Multilateral Approaches to the Treatment of Foreign Investment, ICSID R-FILJ 7 (1992) 384 ff; *Petersmann*, Codes of Conduct, EPIL I (1992) 627 ff; *Buxbaum/Riesenfeld*, Investment Codes, EPIL II (1995) 1439 ff; *Friedrich*, Codes of Conduct, MPEPIL I, 264 ff. Dokumente zu den Verhandlungen des MAI sind zu finden unter <www.oecd.org/daf/mai>.

ausgenommen werden konnten, wie dies etwa Frankreich und Kanada entsprechend dem Vorbild des GATT für die Kulturindustrie forderten. Im Ganzen erwies sich das MAI als ein allzu ehrgeiziger Versuch einer Globalregelung zur Öffnung der Märkte für Auslandsinvestitionen analog den handelsbezogenen Regeln der WTO. Auch zwischen den Industriestaaten bestand in wesentlichen Fragen keine Einigkeit, so dass die Verhandlungen 1998 schließlich scheiterten.

Das wichtigste bestehende *multilaterale* Abkommen ist das über die Errichtung der *Multilateralen Investitions-Garantie-Agentur (MIGA)* v 11.10.1985.[157] Auf eine Initiative des Gouverneursrats der Weltbank zurückgehend versichert die MIGA nichtkommerzielle Investitionsrisiken in Entwicklungsländern und fördert den Kapitaltransfer in diese Staaten. Versicherungsfähig sind das Transferrisiko (Behinderungen beim Umtausch/Transfer einer Währung), das Enteignungsrisiko sowie das Risiko einer Vertragsverletzung und einer militärischen Auseinandersetzung. Praktische Bedeutung hat die Weltbanktochter vor allem bei schleichenden Enteignungen und bei Devisenbeschränkungen.[158]

Das *ICSID-Abkommen*[159] führt im Streitfall – wenn sich die Parteien darauf einigen – ein Schiedsverfahren zwischen dem Gaststaat und dem Unternehmen durch, an dessen Ende eine völkerrechtlich bindende Entscheidung steht;[160] die Unwägbarkeiten eines rein (einzel-)staatlichen Verfahrens werden damit vermieden. Art 42 des ICSID-Statuts legt fest, dass im Zweifel das Recht des Gastlands anwendbar ist und Völkerrecht insoweit zur Geltung kommt, als es einschlägig ist *(those rules of international law as may be applicable)*. In der Praxis haben mehrere Gerichte diese Norm in einer – den Anwendungsbereich nationalen Rechts erheblich einengenden Betrachtungsweise – so ausgelegt, dass völkerrechtliche Normen nicht nur Lücken des nationalen Rechts füllen, sondern insbes auch noch iSe hierarchischen Ordnung im Falle eines inhaltlichen Konflikts den Vorrang vor dem nationalen Recht zugewiesen bekommen.[161] Im Ganzen erweitert ICSID die Rechte der Unternehmen weit hinaus über deren Status im allgemeinen Völkerrecht. ICSID wird zunehmend in der Praxis akzeptiert und angerufen. 151 Staaten sind derzeit Mitglieder (Stand: 3.8.2015); im August 2015 waren 336 Fälle abgeschlossen; 202 weitere Fälle waren anhängig.[162] Internationale Streitschlichtungsmechanismen erlangen somit im Bereich der Investitionen wie auch dem des Handels zunehmend praktische Bedeutung.

Außerhalb des Völkerrechts bestehen *staatliche* Investitionssicherungsprogramme.[163] Neben dem Schutz des Investors (durch Garantievertrag) können sie auch der Umwelt- und der Entwicklungshilfepolitik dienen. In Deutschland („Hermes Versicherungen") finden sie ihre formelle Grundlage in den Haushaltsgesetzen des Bundes.[164] Für den *privaten* Versicherungsmarkt der Auslandsinvestitionen sei etwa an „Lloyds" (London) erinnert.

Derzeit spricht viel dafür, dass sich das künftige Regelwerk an wichtigen Punkten ändern wird. Abkommen der EU werden Schritt für Schritt an die Stelle der bestehenden Vereinbarungen der Mitgliedstaaten treten. Mehr als 1.000 Verträge werden damit außer Kraft gesetzt werden; damit geht auch die Ära erfolgreicher deutscher Vertragspolitik zu Ende. Auch inhaltlich

---

157 BGBl 1987 II, 455 ff, letzte Änd in BGBl 2011 II, 1261. Dazu *Ebenroth/Karl*, Die Multilaterale Investitions-Garantie-Agentur, 1989; *Rindler*, Der Schutz von Auslandsinvestitionen durch die MIGA, 1999; *Schaufelberger*, La protection juridique des investissements dans les pays en voie de développement, 1993; *Shihata*, MIGA and Foreign Investment, 1988; *Stern*, Die Multilaterale Investitions-Garantie-Agentur (MIGA), 1990.
158 Die MIGA verfügt über 181 Mitgliedsländer (Stand: 2.8.2015).
159 ICSID (International Centre for Settlement of Investment Disputes) wurde 1965 unter dem Dach der Weltbank errichtet; umfassend hierzu *Schreuer et al*, The ICSID Convention, 2009.
160 Vgl Art 53 der ICSID-Konvention.
161 *Dolzer*, in Binder et al (Hrsg), International Investment Law for the 21st Century, 2009, 818 ff.
162 S die Homepage von ICSID (<http://icsid.worldbank.org>).
163 Hierzu *Herdegen*, Internationales Wirtschaftsrecht, § 23 Rn 35 ff.
164 Offiziell werden „Hermes"-Bürgschaften als „Bundesgarantien für Kapitalanlagen im Ausland" bezeichnet. Zur Frage des Verwaltungsrechtsschutzes: *Sellner/Külpmann*, Rechtsschutz bei der Gewährung von Hermes-Bürgschaften, RIW 2003, 410 ff.

zeichnen sich wichtige Änderungen ab, insbes bei der Streitbeilegung, aber auch bei der Ausgestaltung des „fair and equitable treatment" oder der Meistbegünstigung. Anders als bei der Übernahme der Kompetenzen durch die EU 2009 angenommen wird der Schutz der Investoren durch die neuen Verträge im Vergleich zur früheren deutschen Vertragspraxis geschwächt werden. Dem Unternehmen bleibt es künftig unbenommen, in Investitionsverträge mit den Gaststaaten Regeln aufzunehmen, die mehr Garantien als die neuen Verträge vorsehen.

b) Multinationale Unternehmen

53 Träger des internationalen Waren-, Dienstleistungs- und Zahlungsverkehrs sind in erster Linie private Unternehmen. Eine entscheidende Rolle spielen dabei die im Allgemeinen mit beachtlicher Wirtschaftskraft ausgestatteten Multinationalen Unternehmen, neuerdings auch solche aus Schwellenländern.[165] Bei diesen handelt es sich um private oder öffentliche *Unternehmen, die Einrichtungen außerhalb des Staates, in dem sie ihren Sitz haben, besitzen oder kontrollieren*.[166] Im vorliegenden Kontext werfen Multinationale Unternehmen vor allem Fragen nach der Ausübung des diplomatischen Schutzes und nach der Charakterisierung ihrer Verträge mit Staaten auf.

54 *Der diplomatische Schutz* eines Multinationalen Unternehmens bestimmt sich nach dessen Staatszugehörigkeit.[167] Das Völkerrecht verweist im Rahmen des *genuine link*-Erfordernisses[168] auf die staatlichen Rechtsordnungen. Diese halten jeweils eigene Anknüpfungskriterien bereit. Nach der auch „Inkorporationstheorie" genannten *Gründungstheorie*, die im angelsächsischen Raum vorherrscht, ist auf den Staat abzustellen, nach dessen Recht das Unternehmen gegründet worden ist. Dieser Ansatz hat den Vorteil eindeutiger Feststellbarkeit der Staatszugehörigkeit. Das Unternehmen kann sich qua Standortentscheidung den Staat des diplomatischen Schutzes selbst aussuchen. Darin kann gleichzeitig ein Nachteil liegen, wird doch vom Völkerrecht ein genuiner Bezug zum Schutzstaat verlangt. Diesem Problem entgeht die in der Vergangenheit in Kontinentaleuropa verbreitete *Sitztheorie*.[169] Für sie ist der tatsächliche Geschäftssitz entscheidend, also der Ort, „wo die Geschäftsführungsakte umgesetzt werden".[170] Dieser Ansatz bereitet Schwierigkeiten etwa bei einer Verlegung des Sitzes. Die *Kontrolltheorie* schließlich löst sich von der Rechtspersönlichkeit des Unternehmens und fragt danach, welche Staatsangehörigkeit die Mehrheit der Kapitaleigner besitzt. Diese Theorie erweist sich meist als Korrektiv zum Nachteil des Unternehmens.[171] Sie wird insoweit noch u a in Kriegszeiten angewendet.[172]

---

165 Allgemein dazu *Wildhaber*, Internationalrechtliche Probleme multinationaler Korporationen, BDGVR 18 (1978) 7 ff; *Schwartmann*, Beteiligung privater Unternehmen im Wirtschaftsvölkerrecht, ZVglRWiss 102 (2003) 75 ff.
166 *Epping*, in Ipsen (Hrsg), Völkerrecht, 6. Aufl 2014, § 9 Rn 16.
167 Ähnliche Fragen treten bei der Staatsangehörigkeit (natürlicher Personen) auf; dazu *Kau*, 3. Abschn Rn 101 ff.
168 Zum *genuine link*-Erfordernis im Völkerrecht ausf *Ziegenhain*, Extraterritoriale Rechtsanwendung und die Bedeutung des Genuine-Link-Erfordernisses, 1992; *Sloane*, Breaking the Genuine Link, Harvard ILJ 51 (2009) 1 ff; s *Kau*, 3. Abschn Rn 107, 119 ff.
169 Vgl zur Auseinandersetzung zwischen der Sitz- und der Gründungstheorie im Kontext der Niederlassungsfreiheit in der EU auch die *Centros-*, die *Überseering-* und die *Inspire Art*-Entscheidungen des EuGH (Slg 1999, I-1459; Slg 2002, I-9919; Slg 2003, I-10155) sowie BGHZ 154, 185; BGHZ 164, 148. Zum Diskussionsstand *Leible/Hoffmann*, „Überseering" und das (vermeintliche) Ende der Sitztheorie, RIW 2002, 925; *Roth*, Internationales Gesellschaftsrecht nach *Überseering*, IPRax 2003, 117.
170 BGHZ 97, 269, 272 unter Berufung auf *Sandrock* und *Großfeld*.
171 Im *Barcelona Traction*-Fall, ICJ Rep 1970, 3, 39 wurde sie vom IGH zu Lasten der Gesellschafter abgelehnt: Eine Klagebefugnis Belgiens wurde unter Hinweis auf die Eintragung der Gesellschaft in Kanada verneint, obwohl deren Anteile mehrheitlich in den Händen belgischer Staatsangehöriger lagen. IE anders indes IGH, *Elettronica Sicula (ELSI)*, ICJ Rep 1989, 15. Vgl hierzu *Dolzer*, Zur Bedeutung der ELSI-Entscheidung des Internationalen Gerichtshofs, IPRax 3 (1992) 137 f.
172 Die dargestellten unterschiedlichen Anknüpfungspunkte der nationalen Rechtsordnungen können zu mehreren Staatszugehörigkeiten eines Unternehmens führen. In diesem Fall entscheidet das Völkerrecht nach der effektiven Staatszugehörigkeit.

Multinationale Unternehmen schließen oft selbst *mit Staaten Verträge* ab, um die Besonderheiten ihrer Arbeit nicht dem allgemeinen Recht des jeweiligen Gastlands unterwerfen zu müssen. Besonderheiten bestehen etwa bei langfristig angelegten Vorhaben, welche auf die gesamtwirtschaftliche Entwicklung des Gastlands Einfluss nehmen *(economic development agreements)*. Rechtlicher Ausgangspunkt der Überlegungen zur Ausgestaltung der einschlägigen Verträge ist der Grundsatz der territorialen Souveränität. Schon der StIGH hatte im Fall *Serbische Anleihen* klargestellt, dass bei Fehlen besonderer Absprachen zwischen dem Staat und dem ausländischen Unternehmen das Recht des Gastlands auf die gegenseitigen Rechtsbeziehungen Anwendung findet.[173] Ebenso hatte dieses Gericht freilich festgestellt, dass die staatliche Souveränität auch die Befugnis umfasst, vertragliche Sonderregelungen zu schaffen, auch im Verhältnis zu ausländischen Unternehmen.

55

Dies öffnet rechtlich den Weg zu einer Vielzahl denkbarer Regelungsmuster: von der vollständigen Unterwerfung unter die allgemeine Gesetzgebung des Gastlands – wie in den Industriestaaten üblich – bis hin zur umfassenden Einigung auf die Anwendbarkeit völkerrechtlicher Normen.[174] In der internationalen *Rechtspraxis* der vergangenen Jahrzehnte hat sich vor diesem Hintergrund eine Metamorphose der einschlägigen Rechtsbeziehungen zwischen den Entwicklungsländern und den Multinationalen Unternehmen vollzogen.[175] Die Schubkräfte dieses fortdauernden wandelhaften Prozesses hatten ihren Ausgangspunkt im Anliegen der Multinationalen Unternehmen, möglichst viel *Rechtssicherheit* für die gesamte Laufzeit des Vorhabens zu gewinnen; wechseln Regierungen und mit ihnen das Recht häufig, so wird damit auch die Kalkulierbarkeit des wirtschaftlichen Handelns in Frage gestellt. Bestimmte diese Sicht der ausländischen Unternehmen die Rechtspraxis weitgehend in den ersten Jahrzehnten der Zeit nach 1945, so änderte sich die Lage mit der zunehmenden Betonung staatlicher Souveränität in den Entwicklungsländern. Deren *Forderung nach „permanenter Souveränität über Naturreichtümer"* fand ihren Ausdruck gerade auch in der Ausgestaltung der langfristigen Rechtsbeziehungen mit Multinationalen Unternehmen. Speziell im Ölgeschäft verstärkte sich das Bewusstsein dieser Souveränität in den 1970er Jahren, nachdem es der OPEC gelungen war, den Ölpreis in kurzer Zeit massiv zu erhöhen. Wurden die Verhandlungen in diesem Abschnitt oft fixiert auf die fundamentale Betonung staatlicher Souveränität, so wurde in einer nächsten Phase – etwa ab Beginn der 1980er Jahre – dieser Standpunkt nicht grundsätzlich revidiert, aber doch oft modifiziert zugunsten einer verstärkten *Anerkennung der Notwendigkeit praktischer Kooperation*, der legitimen Interessen der Multinationalen Unternehmen und der Notwendigkeit der Flexibilität in der Ausgestaltung gerade langfristiger gegenseitiger Beziehungen, begleitet von einer oft differenziert sich entfaltenden einschlägigen innerstaatlichen Gesetzgebung.

56

In der *konkreten Ausgestaltung der Verträge* haben diese unterschiedlichen Ansatzpunkte in der Vergangenheit zu einer Fülle verschiedener Vertragsmuster geführt, die freilich strukturell einigen wenigen Grundtypen zugeordnet werden können. Kennzeichnend war zunächst – auch angesichts des Fehlens sachbezogener Regelungen im innerstaatlichen Recht der Entwicklungsländer – oft eine Rechtswahlklausel, welche die Verträge den „allgemeinen Rechtsprinzipien"

57

---

173 *Serbian Loans*-Fall, PCIJ, Ser A, No 20, 41: „Any contract which is not a contract between States in their capacity as subjects of international law is based on the municipal law of some country." Haftungsfragen hat das Gericht hier nicht angesprochen.
174 Gerade auf diesem Feld zeigt sich also, dass eine strikte Abtrennung des Völkerrechts vom nationalen Recht für den Bereich des internationalen Wirtschaftsrechts aus der Sicht der Rechtspraxis als künstlich und unzulänglich erscheinen muss.
175 Vgl hierzu näher *El-Kosheri*, The Particularity of the Conflict Avoidance Methods Pertaining to Petroleum Agreements, ICSID R-FILJ 11 (1996) 272ff; *Delaume*, The Proper Law of State Contracts Revisited, ICSID R-FILJ 12 (1997) 1ff; *Bernardini*, The Renegotiation of Investment Contracts, ICSID R-FILJ 13 (1998) 411ff; *Leben*, La théorie du contrat d'Etat et l'évolution du droit des investissements, RdC 302 (2003) 197ff; *Dolzer/Schreuer*, Principles, 72ff.

unterwarf, die aber nicht näher definiert wurden. Schon frühzeitig kam dann der Wunsch der Unternehmen nach einer expliziten Referenz auf das Völkerrecht: Mittels der Verweisung auf das Völkerrecht und der Einigung auf eine internationale Schiedsgerichtsbarkeit im Streitfall sollten die Abkommen den Unwägbarkeiten künftiger Entwicklungen des nationalen Rechts entzogen werden. Entsprechende Klauseln wurden teils für den Gesamtbereich eines Vertrags, teils für Einzelaspekte vereinbart, insbes für die Höhe der Entschädigung im Falle der Enteignung.

58 Die *dogmatische Einordnung solcher Verträge* ist immer schwer gefallen. Sie als völkerrechtliche Verträge zu qualifizieren, wäre insoweit systemwidrig, als das Völkerrecht allgemein Private als Vertragspartner nicht kennt. Um dieses Problem zu umgehen, wurde versucht, eine begrenzte Völkerrechtsfähigkeit der Privaten, zugeschnitten auf solche Fälle, zu konstruieren.[176] Daran wird kritisiert, dass das Einverständnis eines einzelnen Staates nicht die (wenn auch nur partielle) Völkerrechtssubjektivität seines privaten Vertragspartners begründen kann;[177] immerhin lässt sich die analoge Anwendung der Regeln des Völkerrechts auf der Basis des Parteiwillens gut begründen.[178] Das Grundproblem ist damit allerdings nicht gelöst. Der *Verweis* auf das Völkerrecht unterliegt als Vertragsbestandteil nationalem Recht und ist so weiterhin der Gefahr einseitiger Änderung durch den Vertragsstaat unterworfen. Freilich bleibt insoweit der Grundsatz des guten Glaubens zu beachten.

59 Auf der Suche nach alternativen, funktional äquivalenten Regelungskonzepten wurde vor diesem Hintergrund danach verstärkt auf *Stabilisierungsklauseln* zurückgegriffen.[179] Im Grundsatz wurde damit zwar der Schritt zur Anerkennung der staatlichen Hoheit des Gastlands getan, gleichzeitig wurde aber, was die Vertragspartner betrifft, Rechtssicherheit durch die „Einfrierung der Rechtsordnung" angestrebt: Das zum Zeitpunkt des Vertragsabschlusses geltende Recht soll für die gesamte Laufzeit des Vertrags gelten. In der Praxis kam es zu einer Reihe von Varianten solcher Klauseln. Teilweise wurden sie nur auf das Steuerrecht, seltener auf den Bereich des Arbeits- und des Sozialrechts erstreckt. Auch in Bezug auf die zeitliche Geltung sowie in der Differenzierung zwischen dem Unternehmen und seinen ausländischen Angestellten hinsichtlich des freien Währungstransfers kam es zu unterschiedlichen Regelungen. Alle diese Ansätze werfen indes gleichfalls die Frage nach ihrer rechtlichen Effizienz auf: Inwiefern hindern sie das Gastland an einer späteren Rechtsänderung?[180] Gemäß dem Grundsatz von Treu und Glauben kann sich ein Gastland nicht auf seine Souveränität berufen, wenn es eine Stabilisierungsklausel ignoriert oder gar außer Kraft setzt.

60 Die Phase verstärkter gegenseitiger Rücksichtnahme zwischen Staaten und Privaten und der damit verbundenen Abschwächung der Souveränitätsbetonung hat sich in den vergangenen zwei Jahrzehnten in der Vertragspraxis der Multinationalen Unternehmen darin ausgedrückt, dass *völkerrechtliche Regeln* in verschiedenen Varianten *als Ergänzung* und Korrektiv des Grundsatzes der Anwendbarkeit des nationalen Rechts des Gastlands anerkannt worden

---

176 *Böckstiegel*, Der Staat als Vertragspartner ausländischer Privatunternehmen, 1971; Schiedsrichter *R. Dupuy* im Libyschen Erdölstreit, Texas Overseas Petroleum Co. & California Asiatic Oil Co. v Libyan Arab Republic, ILM 17 (1978) 1ff. Die eindeutige Anerkennung einer Internationalisierung iSe umfassenden Derogation der Hoheit des staatlichen Vertragspartners in dieser Entscheidung fand keine allseitige Zustimmung. Zu den Schiedssprüchen im Libyschen Erdölstreit auch *Greenwood*, State Contracts in International Law, BYBIL 53 (1982) 27ff.
177 Zu verschiedenen Argumenten *Epping* (Fn 166) Rn 18. – Weniger stichhaltig sind Argumente, die auf die Gebietshoheit des Heimatstaats oder den Grundsatz *pacta sunt servanda* abstellen.
178 Vgl *Dolzer/Schreuer*, Principles, 74.
179 Hierzu *Weil*, Les clauses de stabilisation ou d'intangibilité insérées dans les accords de développement économique, FS Rousseau, 1974, 301ff; *Paasivirta*, Internationalization and Stabilization of Contracts versus State Sovereignty, BYBIL (1989) 315ff; *Faruque*, Validity and Efficacity of Stabilization Clauses, J Int Arbitrat 23 (2006) 317ff.
180 Vgl hierzu auch die *Aminoil*-Entscheidung, abgedr in ILM 21 (1982) 976ff; dazu *Redfern*, The Arbitration between the Government of Kuwait and Aminoil, BYBIL 55 (1984) 65ff.

sind.¹⁸¹ Die Begründung dieses Ansatzes lässt sich je nach Lage aus der innerstaatlichen Anwendbarkeit des Völkerrechts auf der Grundlage der Verfassung des Gastlands, aber auch aus dem Parteiwillen ableiten. In der Vertragspraxis können sich die Parteien oft nicht entschließen, eine Regelung zur Hierarchie im Falle eines direkten Konflikts zwischen innerstaatlichem Recht und Völkerrecht ausdrücklich festzulegen. Trotz der damit verbundenen Unsicherheit scheinen erste Erfahrungen im praktischen Umgang mit solchen Klauseln für beide Seiten akzeptabel zu sein, ohne dass bisher alle Facetten eines so ausgestalteten Kompromisses ausgeleuchtet worden sind.

Ein ganz anderer Ansatz der neueren Praxis besteht in der Akzeptanz von *Neuverhandlungsklauseln (renegotiation clauses)*. Danach kommen die Parteien bereits im Investitionsabkommen überein, bei einer späteren Änderung der Lage im wirtschaftlichen, finanziellen oder rechtlichen Bereich im guten Glauben Neuverhandlungen zu führen und den Vertrag der veränderten Lage anzupassen. Die Festlegung der spezifischen Umstände, welche die Pflicht zur Neuverhandlung auslösen, die genaue Zielsetzung dieser Verhandlungen sowie auch die Rolle der Vertragsparteien in Abgrenzung von Gerichten oder Schlichtern bei der Anpassung lassen sich je nach dem Willen der Vertragsparteien variieren; eine feste Praxis ist noch nicht erkennbar. Oft legen die Verträge fest, dass Ziel der Anpassung die Wahrung des „ökonomischen Equilibrium zwischen den Parteien" ist. Die damit geschaffene Flexibilität erkennt die Souveränität des Gastlands an, akzeptiert die Möglichkeit des Wandels im politischen, wirtschaftlichen und finanziellen Umfeld des Vertrags und beinhaltet zugleich die rechtliche Anerkennung der legitimen Interessen des Multinationalen Unternehmens bei der Durchführung des Vertrags im Falle des Eintritts eines solchen Wandels; das Konzept der legitimen Erwartungen *(legitimate expectations)*¹⁸² vermittelt damit zwischen der einseitigen Betonung der Hoheit des Gastlands und der ausschließlichen Absolutierung der stabilitätsorientierten Interessen des Unternehmens, letztlich zwischen *Souveränität und Rechtssicherheit*. Die praktischen Erfahrungen mit solchen neueren Klauseln werden in den kommenden Jahrzehnten zeigen, ob den Mindestanforderungen an die Rechtssicherheit Genüge getan und wirklich eine allseits tragfähige rechtliche Basis für langfristige Vertragsbeziehungen gefunden worden ist. Der Nutzen völkerrechtlicher Investitionsschutzverträge bleibt jedenfalls bestehen. 61

Aus der Sicht der Entwicklungsländer besitzen die Multinationalen Unternehmen einen ambivalenten Charakter, wobei neuerdings weit mehr als früher die Vorteile gesehen werden. Einerseits bringen ihre Investitionen potentiellen Fortschritt: Arbeitsplätze, Infrastrukturverbesserungen, Know-how, Konzessionsgebühren. Andererseits lassen sich ihnen gegenüber angesichts ihres wirtschaftlichen und politischen Gewichts staatliche Regelungen und Politiken nicht immer ohne weiteres durchsetzen. Mitunter versuchen Multinationale Unternehmen, in die Innenpolitik ihres Gastlands einzugreifen.¹⁸³ So überrascht nicht, dass der – bisher erfolglose – *Entwurf eines Verhaltenskodex* einen Interessenausgleich zwischen Gaststaaten und Unternehmen formulieren wollte;¹⁸⁴ im Rahmen der OECD haben die Industriestaaten in den Jahren 2001 und 2011 ihre Richtlinien für Multinationalen Unternehmen aus dem Jahr 1976 reformiert und ausgeweitet.¹⁸⁵ Insofern bleibt die Rechtsstellung der Multinationalen Unternehmen auch in diesem Jh auf der völkerrechtspolitischen Agenda. Umstritten ist insbes auch, ob global eine Eini- 62

---

181 Vgl o Rn 51.
182 *Dolzer*, New Foundations of the Law of Expropriation of Alien Property, AJIL 75 (1981) 553 (579 f); *Dolzer/Schreuer*, Principles, 133 ff.
183 Ein bekanntes Bsp ist die Situation in Chile kurz vor dem Sturz von Staatschef *Allende*.
184 S hierzu *Murphy*, Taking Multinational Corporate Codes of Conduct to the Next Level, Colum J Transnat'l L 43 (2005) 389 ff; *Strohscheidt*, UN-Normen zur Unternehmensverantwortung?, VN 53 (2005) 138 ff; *Stiglitz*, Regulating Multinational Corporations, AMUILR 2008, 451 ff.
185 Richtlinien abgedr in ILM 40 (2001) 237 ff; OECD (Hrsg), OECD Guidelines for Multinational Enterprises, 2011; s auch *Heinemann*, Business Enterprises in Public International Law, in Fastenrath et al (Fn 72) 718 ff.

gung auf völkerrechtlich verbindliche soziale[186] und umweltbezogene[187] Standards angestrebt werden sollte.

4. Welthandelsordnung
a) Instrumente des freien Welthandels: GATT und WTO

63 Das *Allgemeine Zoll- und Handelsabkommen* GATT (General Agreement on Tariffs and Trade) war die Frucht einer Serie internationaler Konferenzen am Ende des Zweiten Weltkriegs, die eine Reorganisation des Welthandels- und des internationalen Währungssystems zum Ziel hatten. Während die *Havanna-Charta* v 1948,[188] die umfängliche Regeln betreffend Handel, Wettbewerb, Entwicklungspolitik und Arbeitsmarkt vorsah, u a am Widerstand des US-Kongresses scheiterte, konnte 1947 mit der Unterzeichnung des GATT zumindest ein materiellrechtlicher Teilaspekt geregelt werden. Die Vertragsstaaten trugen später der wachsenden Notwendigkeit einer Liberalisierung Rechnung, indem sie den vom GATT vorgegebenen Spielraum weitestgehend ausschöpften und durch zusätzliche Regelungen erweiterten. Das institutionell an sich höchst dürftig ausgestattete GATT wurde immer mehr einer I.O. angenähert. Internationale Handelsrunden trieben die Bemühungen um einen Abbau von Zöllen und später auch von Handelsbarrieren voran.

64 Zu den Erfahrungen mit dem GATT Regime gehörte lange Zeit, dass seine Handelsregeln nur eingeschränkt beachtet und durchgesetzt wurden.[189] Im Jahre 1994 wurde im Zuge der Uruguay-Runde[190] das nach dem Weltkrieg verfehlte Ziel, eine Welthandels*organisation* zu errichten[191] und den internationalen Handel in *allen* seinen Aspekten umfänglichen Regelungskodizes und einem wirksamen Streitschlichtungssystem zu unterwerfen, erreicht: In Marrakesch (Marokko) wurden das *Übereinkommen zur Errichtung der Welthandelsorganisation* (World Trade Organization – WTO) sowie zwanzig internationale Verträge verabschiedet, von denen sechzehn (GATT, GATS, TRIPS sowie Zusatzabkommen zu speziellen Sachfragen) für alle Mitglieder der WTO („multilateral") und vier nur für die jeweiligen Signatare („plurilateral") gelten. Von Letzteren sind heute noch das Abkommen über den Handel mit zivilen Luftfahrzeugen und das Abkommen über das öffentliche Beschaffungswesen in Kraft.[192] Das GATT wurde in revidierter Fassung („GATT 1994") in diesen Vertragskorpus integriert, der am 1.1.1995 in Kraft trat.[193] Im Unterschied

---

186 Ein Unterausschuss der UN-Menschenrechtskommission nahm am 13.8.2003 die „Norms on Responsibilities of Transnational Corporations and other Business Enterprises with Regard to Human Rights" an. Hierbei handelt es sich um rechtlich unverbindliche Verhaltensstandards für Multinationale Unternehmen, vgl Doc E/CN.4/Sub.2/2003/12/Rev.1. Hierzu *Fastenrath*, Die Verantwortlichkeiten transnationaler Unternehmen und anderer Wirtschaftsunternehmen im Hinblick auf die Menschenrechte, in von Schorlemer (Hrsg), „Wir, die Völker (...)" – Strukturwandel in der Weltorganisation, 2006, 69 ff. 2011 hat der Sonderbeauftragte der UN einen Bericht vorgelegt zu Guiding Principles on Business and Human Rights.
187 Dazu *Böttger*, Die Umweltpflichtigkeit von Auslandsdirektinvestitionen im Völkerrecht, 2002.
188 Abdr in Deutsches Handels-Archiv 1949. Dazu *Wilcox*, A Charter for World Trade, 1949; *v. Mickwitz*, Die Welthandels-Charta, EA 1948, 1547 ff.
189 Vgl *Kopke*, Rechtsbeachtung und -durchsetzung in GATT und WTO, 1997.
190 So benannt nach dem Seebad Punta del Este in Uruguay, wo im Jahre 1986 mit einer Ministertagung die 8. GATT-Verhandlungsrunde eingeleitet worden war. Sie wurde 1993 abgeschlossen. Zum schwierigen Verlauf *May*, Die Uruguay-Runde, 1994, 16 ff.
191 Vgl *Senti*, WTO, 2000, 15 ff; *Benedek* (Fn 46) 69 ff.
192 Die überarbeitete Fassung des Abkommens über das öffentliche Beschaffungswesen trat im April 2014 in Kraft. S insbes zur Korruptionsbekämpfung im überarbeiteten GPA *Schefer/Woldesenbet*, The Revised Agreement on Government Procurement and Corruption, JWT 47 (2013) 1129 ff.
193 BGBl 1994 II, 1438 (ZustimmungsG); WTO-Übereinkommen: BGBl 1994 II, 1625. Slg der wichtigsten Vorschriften bei *Tietje*, WTO, 2009. Einführend zur WTO: *Senti*, Welthandelsorganisation (WTO) in a Nutshell, 2009. Umfassender Überblick zum Welthandelsrecht: *Hilf/Oeter* (Hrsg), WTO-Recht; *Senti* (Fn 191); *Stoll/Schorkopf* (Fn 46); Bethlehem/McRae/Neufeld/v. Damme (Hrsg), International Trade Law, 2009; *Matsushita/Schoenbaum/Mavroidis*, The World

zu GATT 1947 folgt der WTO-Komplex dem Ansatz des „Einheitsabkommens" *(single undertaking approach)*. Die Vertragsstaaten haben nur die Wahl, die grundlegenden Verträge *en bloc* anzunehmen oder der WTO fernzubleiben.[194] Nach einer gescheiterten WTO-Ministertagung in Seattle (USA) im November 1999 wurde schließlich im Jahr 2001 in Doha (Katar) die Aufnahme von Verhandlungen zu einer weiteren umfassenden Handelsrunde vereinbart. Ziel der Doha-Runde ist es, die Märkte zu öffnen und die Entwicklungsländer besser in das Welthandelssystem einzubinden.[195] Nachdem diese Verhandlungsrunde zwischenzeitlich schon für gescheitert erklärt worden war,[196] wurden die Verhandlungen mit der Erklärung von Bali im Jahr 2014 wieder intensiviert.[197] Gleichzeitig treiben indes die großen Handelsblöcke mit regionalen Absprachen *de facto* eine Schwächung des GATT voran.

GATT/WTO und die Welthandelsprinzipien

Der Umfang des Welthandels hat sich seit dem Zweiten Weltkrieg vervielfacht. Dies lässt sich schon an der Zahl der GATT-Vertragsstaaten ablesen. Zählte das Übereinkommen von Bretton Woods im Jahre 1948 nur 23 Parteien, waren es demgegenüber 111 Staaten, die in Marrakesch den Signaturakt vollzogen.[198] Heute sind 160 Staaten Mitglied der WTO (Stand: 1.3.2016).[199] Die Welthandelsordnung ruht auf den drei Säulen GATT, GATS und TRIPS; sie wird ergänzt durch plurilaterale Verträge und wird verklammert durch die WTO. Ihr Kernstück ist der *GATT/WTO-Komplex*.[200] Dieser umfasst gemäß Anhang 1 A zum WTO-Vertrag außer dem Text des „GATT 1947" in der zuletzt geltenden Fassung[201] und hiermit verbundener internationaler Vereinbarungen eine Reihe von *understandings* der Uruguay-Runde zur Interpretation verschiedener GATT-Normen sowie das Protokoll von Marrakesch. Der Welthandel wird so einer Reihe von Prinzipien unterworfen. Ihr Ziel ist es, zur Öffnung eines nach wie vor nicht gänzlich freien Welthandels und zur Gewährleistung von Chancengleichheit für die Handelspartner beizutragen. Die Prinzipien binden nur die Mitgliedstaaten; der Einzelne kann ihnen grundsätzlich keine Rechtsposition entnehmen.[202] Umstritten ist jedoch immer noch die *unmittelbare* Geltung der GATT-Prinzi-

65

Trade Organization, 4. Aufl 2015; *Herrmann/Weiß/Ohler*, Welthandelsrecht; *Krajewski*, Wirtschaftsvölkerrecht, 3. Aufl 2012, 46 ff; Narlikar/Daunton/Stern (Hrsg), The Oxford Handbook on the Word Trade Organization, 2012; *Schöbener*, Völkerrecht, 2014, 569 ff. Zur Entstehung vgl *Hudec*, Enforcing International Trade Law, 1993. Vgl im Übrigen *Hauser/Schanz*, Das neue GATT, 1995; *Petersmann*, Towards the „Constitutionalization" of the Bretton Woods System Fifty Years after its Foundation, FS Bernhardt, 1995, 1087 (1107 ff); *Beise*, Vom alten zum neuen GATT, in Graf Vitzthum (Hrsg), Europäische und Internationale Wirtschaftsordnung aus der Sicht der Bundesrepublik Deutschland, 1994, 179 ff.
194 Vgl *Oppermann*, Die Europäische Gemeinschaft und Union in der Welthandelsorganisation (WTO), RIW 1995, 919 ff.
195 Doha Deklaration v 14.11.2001, WT/MIN(01)/DEC/1, Präambel.
196 Handelsblatt v 22.6.2007, Welthandelsrunde offenbar am Ende, 7; zur Frage, ob die schleppenden Verhandlungen Ausdruck einer Legitimationskrise sind, s *Herwig*, The WTO und the Doha Negotiation in Crisis?, NYIL 44 (2014) 161 (170 ff).
197 Ausf zur Entwicklung der Verhandlungen *Meng*, Die Doha-Runde – eine unendliche Geschichte, in Giegerich (Fn 110) 155 ff; *Rieck*, Die Doha Development Agenda – ein Turmbau zu Babel?, in Meng/Ress/Stein (Hrsg), Europäische Integration und Globalisierung, 2011, 459 ff; *Kessie*, The Doha Development Agenda at a Crossroad: What Are the Remaining Obstacles to the Conclusion of the Round – Part III, EYIEL 3 (2012) 549 ff; *ders*, The Future of the Doha Development Agenda, EYIEL 4 (2013) 481 ff. S zur Entwicklung des internationalen Handels nach der Doha-Runde *Gantz*, Liberalizing International Trade after Doha, 2013. S u Rn 97a.
198 Vgl *Senti*, GATT-WTO. Die neue Welthandelsordnung nach der Uruguay-Runde, 1994, 21 ff.
199 Der Jemen ist als jüngstes Mitglied im Juni 2014 beigetreten.
200 Vgl o Fn 193.
201 Vgl *Moore*, The Decisions Bridging the GATT 1947 and the WTO Agreement, AJIL 90 (1996) 317 ff.
202 Allerdings sieht die *Trade Barriers Regulation* der EG ein Antragsverfahren bei der Kommission zur Überprüfung einer möglichen Verletzung internationaler Handelsregeln vor (VO [EG] Nr 3286/94 des Rates v 22.12.1994, ABl EG 1994, Nr L 349/71, zuletzt geänd durch VO [EU] Nr 654/2014 des EP u des Rates v 15.5.2014, ABl EU 2014, Nr L 189/50); vgl *Cascante*, Rechtsschutz von Privatrechtssubjekten gegen WTO-widrige Maßnahmen in den USA und in der EG, 2003.

pien in der EU und in den Mitgliedstaaten.[203] Der EuGH lehnt eine unmittelbare Geltung der GATT-Prinzipien ab.[204]

66 Im Ganzen lassen sich in der Rechtsordnung des GATT sieben explizit oder implizit enthaltene *Prinzipien* unterscheiden: die Grundsätze der Meistbegünstigung und Nichtdiskriminierung, der Gegenseitigkeit (Reziprozität), der besonderen Berücksichtigung der wirtschaftlichen Bedürfnisse der Entwicklungsländer (Solidarität), des Gleichgewichts der Rechte und Verpflichtungen, der staatlichen Verantwortlichkeit für Schäden aus rechtmäßigem wirtschaftlichen Handeln, des fairen Handels (*fair trade*, insbes gegen Dumping und Subventionen gerichtet) sowie der friedlichen Streitbeilegung.[205]

67 Zentrale Bedeutung hat das bereits erläuterte Prinzip der *Meistbegünstigung* (Art I).[206] Räumt ein Staat einem anderen Staat – WTO-Mitgliedstaat oder nicht – Handelsvorteile ein, hat er diese grundsätzlich „sofort und bedingungslos" auch allen anderen Vertragsstaaten zu gewähren. Damit sollen für alle Staaten gleiche Wettbewerbsbedingungen auf den internationalen Märkten gewährleistet werden, wobei *Ausnahmen* für wirtschaftlich schwache Länder zulässig sind.[207] Eine andere, bedeutsamere Ausnahme bilden die *Zollunionen und Freihandelsabkommen* (Art XXIV Abs 5),[208] auf die sich die Meistbegünstigungsklausel gerade nicht bezieht. Mit den GATT/WTO-Zielen steht dieses Schema insoweit in einem Spannungsverhältnis, als Zollunionen und Freihandelszonen zwar den Wegfall von Handelshemmnissen im Inneren bewirken, zugleich aber zur Verfestigung von Handelsbarrieren „nach außen" beitragen; „Festung Europa" lautet das bekannteste Stichwort.[209] Die Zunahme neuer Abschlüsse von bilateralen und regionalen Handelsabkommen birgt eine Gefahr für die durch das GATT weltweit erreichte Liberalisierung[210] sowie

---

203 Vgl zum Ganzen *Meng*, Gedanken zur Frage der unmittelbaren Anwendung von WTO-Recht in der EG, FS Bernhardt, 1995, 1063 ff; *Petersmann*, Darf die EG das Völkerrecht ignorieren?, EuZW 1997, 325 ff; *Cottier*, A Theory of Direct Effect in Global Law, FS Ehlermann, 2002, 99 ff; *Griller*, Europarechtliche Grundfragen der Mitgliedschaft in der WTO, FS Fischer, 2004, 53 ff; *Mögele*, Die Rechtswirkungen von WTO-Bestimmungen in der Gemeinschaftsrechtsordnung, FS Schmidt, 2006, 129 ff; *Antoniadis*, The European Union and WTO Law, WTR 2007, 45 ff; *Proelß*, WTO Regulations and European Community Law, in Chirathivat/Knipping/Ryan/Welfens (Hrsg), The EU and ASEAN Facing Economic Globalization, 2007, 193 ff; *Hilpold*, Die EU im GATT/WTO System, 2009; *Thies*, EU Membership of the WTO – International Trade Disputes and Judicial Protections of Individuals by EU Courts, Global Constitutionalism 2 (2013) 237 ff; *Ruiz Fabri*, Is There a Case – Legally and Politically – for Direct Effect of WTO Obligations?, EJIL 25 (2014) 151 ff; zur unmittelbaren Geltung von Entscheidungen des DSB in der europäischen Union s *Tancredi*, On the Absence of Direct Effect of the WTO Dispute Settlement Body's Decisions in the EU Legal Order, in Cannizzaro/Palchetti/Wessel (Hrsg), International Law as Law of the European Union, 2012, 249 ff; zur dezentralen Durchsetzung des WTO-Rechts in der EU s *Heidfeld*, Die dezentrale Durchsetzung des WTO-Rechts in der Europäischen Union, 2012.
204 Vgl dazu EuGH-Urteil v 23.11.1999 zur direkten Wirkung des GATT (Rs C-149/96, *Portugal v Rat*); dazu Anm *Egli/Kokott*, AJIL 94 (2000) 740 ff; außerdem Beschluss des EuGH v 2.5.2001 (Rs C-307/99, *Fruchthandelsgesellschaft*) u EuGH v 1.3.2005 (Rs C-377/02, *Van Parys*). Zur Frage der Haftung der damals noch EG für WTO-Rechtsverletzungen s die Urteile des Gerichts erster Instanz v 11.1.2002 (Rs T-174/00, *Biret*) v 3.2.2005 (Rs T-19/01, *Chiquita*) und v 14.12.2005 (Rs T-69/01, *FIAMM*) sowie das Rechtsmittelurteil des EuGH v 30.9.2003 (Rs C-93/02, *Biret II*); dazu s auch *Bronckers/Goelen*, Financial Liability of the EU for Violations of WTO Law, in Cremona/Hilpold/Lavranos/Schneider/Ziegler (Hrsg), Reflections on the Constitutionalisation of International Ecnomic Law, 2014, 173 ff.
205 Vgl *Benedek* (Fn 46) 51 ff.
206 Art I Abs 1 GATT: „Bei Zöllen und Belastungen aller Art, die anlässlich oder im Zusammenhang mit der Einfuhr oder Ausfuhr oder bei der internationalen Überweisung von Zahlungen für Einfuhren oder Ausfuhren auferlegt werden, bei dem Erhebungsverfahren für solche Zölle und Belastungen, bei allen Vorschriften und Förmlichkeiten im Zusammenhang mit der Einfuhr oder Ausfuhr und bei allen in Art III Absätze 2 und 4 behandelten Angelegenheiten werden alle Vorteile, Vergünstigungen, Vorrechte oder Befreiungen, die eine Vertragspartei für eine Ware gewährt, welche aus einem anderen Land stammt oder für dieses bestimmt ist, unverzüglich und bedingungslos für alle gleichartigen Waren gewährt, die aus Gebieten der anderen Vertragsparteien stammen oder für diese bestimmt sind."
207 Vgl dazu bereits die Ausführungen in o Rn 20 f.
208 Vgl u Rn 93 ff.
209 *Senti*, Regional Trade Agreements: 'Stepping Stones' or 'Stumbling Blocks' of the WTO, in Cremona/Hilpold/Lavranos/Schneider/Ziegler (Fn 204) 441 ff.
210 Vgl *Meng* (Fn 197) 165 f.

einer weiteren Ausdifferenzierung handelsrechtlicher Regelungen *(spaghetti bowl effect)*.[211] Dadurch droht eine Fragmentierung und Schwächung des internationalen Handelsrechts.[212] So können die Streitbeilegungsmechanismen der sog *Preferential Trade Agreements* (PTA) zu Entscheidungen führen, die denjenigen im Rahmen der WTO widersprechen.[213] Es ist fraglich, ob die GATT-Vereinbarungen aus dem Jahr 2015 den bestehenden Trend aufhalten können.

Der Meistbegünstigungsgrundsatz wird durch den der *Inländergleichbehandlung* (Art III Abs 4) ergänzt.[214] Ausgestaltungen dieser Prinzipien finden sich neben den Art I Abs 1 u III GATT ua auch in Art XIII.[215] Danach sollen Import- oder Exportrestriktionen, etwa mengenmäßige Beschränkungen im Handelsverkehr (vgl Art XI), nur in dem Umfang zulässig sein, wie sie gegenüber dritten Staaten gelten. Das in der GATT/WTO-Präambel ausdrücklich angesprochene Prinzip der *Gegenseitigkeit*[216] lässt sich in der Praxis kaum je wirklich erreichen, streben die Handelspartner doch gerade danach, Handels- und Wettbewerbsvorteile zu erlangen. Insofern kann man aus dem Reziprozitätsprinzip kaum mehr ableiten als ein Gebot zu *fair play* als einer Ausprägung des Grundsatzes von Treu und Glauben. 68

Die *Tariffs only-Maxime* hat die Beschränkung handelspolitischer Schutzmaßnahmen auf Zölle und den grundsätzlichen Ausschluss nichttarifärer Handelsbeschränkungen zum Gegenstand. Infolge der erreichten Zollsenkungen während der GATT-Runden haben nichttarifäre Handelshemmnisse im Welthandel an Bedeutung gewonnen. Aufgrund ihrer unterschiedlichen Erscheinungsformen sind sie schwer zu überwachen.[217] Sie können sich im Einzelfall als Schikanemaßnahmen erweisen; dies gilt besonders für Verfahrensregeln und technische Normen. Allerdings gilt der Ausschluss nichttarifärer Handelshemmnisse nicht unbegrenzt. So sind – grundsätzlich – nur mengenmäßige Beschränkungen der Ein- und Ausfuhr verboten (Art XI Abs 1). Der Grundsatz des *fair trade* richtet sich gegen Wettbewerbsverzerrungen aller Art, insbes gegen solche, die durch staatliche Subventionen oder Dumping, das vornehmlich seitens privater Unternehmer angewandt wird, verursacht werden. Dies gilt auch in Bezug auf entsprechende Gegenmaßnahmen in Form von Antidumping- und Antisubventionsmaßnahmen.[218] 69

Der WTO-Vertragskomplex

Die *Welthandelsorganisation* (WTO) „bildet den gemeinsamen institutionellen Rahmen für die Wahrnehmung der Handelsbeziehungen zwischen ihren Mitgliedern in Angelegenheiten im Zusammenhang mit den in den Anlagen dieses [WTO-]Übereinkommens enthaltenen Übereinkommen und dazugehörigen Rechtsinstrumenten" (Art II Abs 1 WTO-Übereinkommen). Die WTO ist 70

---

211 Vgl *Sutherland et al*, The Future of the WTO – Report to the Consultative Board to the Director-General Supachai Panitchpakdi, 2004, Rn 60; zum Begriff „spaghetti bowl effect" *Bhagwati*, US Trade Policy: The Infatuation with Free Trade Agreements, in ders/Krueger (Hrsg), The Dangerous Drift to Preferential Trade Agreements, 1995; zur Ausdifferenzierung handelsrechtlicher Regelungen *Leal-Arcas*, Proliferation of Regional Trade Agreements: Complementing or Supplanting Multilateralism?, Connecticut JIL 11 (2010-11) 597 ff.
212 Dazu *Delimatis*, The Fragmentation of International Trade Law, JWT 45 (2011) 87 ff. Hierzu näher u Rn 90 ff.
213 S dazu *Kwak/Marceau*, Overlaps and Conflicts of Jurisdiction between the World Trade Organization and Regional Trade Agreements, in Bartels/Ortino (Hrsg), Regional Trade Agreements and the WTO Legal System, 2006, 465 ff; *De Mestral*, Dispute Settlement under the WTO and RTAs: An Uneasy Relationship, JIEL 16 (2013) 777 ff; *Apaza Lanyi/Steinbach*, Limiting Jurisdictional Fragmentation in International Trade Disputes, JIDS 2014, 372 ff. In jüngerer Zeit lässt sich auch das Phänomen beobachten, dass andere international Streitbeilegungsorgane auf Regeln des WTO-Vertragswerks oder aber die Rechtsprechung des WTO Dispute Settlement Body Bezug nehmen, s dazu ausf *Marceau/Izaguerri/Lanovoy*, The WTO's Influence on Other Dispute Settlement Mechanisms, JWT 47 (2013) 481 ff.
214 Dazu bereits o Rn 23 ff.
215 Ausf *Tietje* (Fn 45 [Grundstrukturen]) 263 ff.
216 Vgl bereits o Rn 26 ff.
217 Auflistung bei *Senti* (Fn 191) 236 ff. Vgl *Malacrida*, Towards Sounder and Fairer WTO Retaliation, JWT 42 (2008) 3 ff.
218 Näher hierzu *Stoll/Schorkopf* (Fn 46) Rn 220 ff; *Tietje* (Fn 45 [Grundstrukturen]) 287 ff; *Herrmann/Weiß/Ohler*, Welthandelsrecht, Rn 507 ff.

zugleich Handelsorganisation und internationales Verhandlungsforum. Anders als es das GATT 1947 war, ist die WTO eine *I. O.* mit eigener Rechtspersönlichkeit (Art VIII Abs 1). Mit dem Beitritt zur WTO akzeptieren die Mitgliedstaaten die unter ihrem Dach vereinigten Abkommen und Vereinbarungen, die als Annexe einen integralen Bestandteil des WTO-Übereinkommens darstellen. Damit ist die institutionelle Schwäche des GATT 1947 überwunden. Die Aufgaben der WTO liegen maßgeblich im Bereich der Durchführung und Weiterentwicklung des Vertragskomplexes (vgl Art III).[219]

71 Im Rahmen des WTO-Vertragskomplexes wird der *Streitschlichtung* gesteigerte Bedeutung beigemessen. Das GATT 1947 enthielt insoweit nur rudimentäre Bestimmungen; Streitschlichtung war Sache der Vertragsparteien (Art XXIII), wobei in der Praxis zunächst die Stellungnahme eines Expertengremiums *(panel)* zu der Streitfrage eingeholt wurde. Da vor 1994 zur Wirksamkeit eines Panelberichts seine Annahme auch durch beide Streitparteien erforderlich war, blieb das GATT-Streitschlichtungsverfahren ein stumpfes Schwert; Vertragsbrüche, -verletzungen und -umgehungen waren ebenso zu beobachten wie das Unterlassen der Inanspruchnahme verfügbarer Rechtsmittel.[220] Nach dem Recht der WTO (Vereinbarungen über Regeln und Verfahren zur Beilegung von Streitigkeiten)[221] ist eine Annahme durch die Streitparteien nicht mehr erforderlich. Der Panelbericht entfaltet nunmehr nur dann keine Wirkung, wenn sich die Vertragsparteien des GATT im Konsensus-Verfahren geschlossen gegen ihn aussprechen: Die Streitparteien haben nur noch das Recht, im Wege der *Berufung* gegen den Panelbericht vorzugehen (Art 16 Abs 4 der Vereinbarungen). Die Entscheidung durch ein Berufungsgremium (*Appellate Body,* Art 17) verleiht dem Verfahren bereits *schiedsgerichtlichen* Charakter. Auch Dienstleistungen und geistiges Eigentum sind nun in den Schutz des WTO-Streitschlichtungssystems einbezogen. Das WTO-Streitbeilegungssystem hat in kurzer Zeit eine hohe Akzeptanz gefunden und sich – trotz verbleibender Schwächen – als Konfliktlösungsforum etabliert.[222] Dabei wird eine Vielzahl von Streitigkeiten, die vor die WTO-Streitschlichtungsinstanzen gebracht werden, einvernehmlich gelöst *(mutually agreed solution).*[223]

Dumping/Anti-Dumping

72 Die zentrale Bestimmung des GATT zu *Dumping*[224] ist Art VI Abs 1 GATT. Nach dieser Vorschrift liegt Dumping vor, wenn der Preis einer exportierten Ware unter demjenigen Preis liegt, der im

---

219 Strukturschema der WTO bei *Petersmann* (Fn 193) 1114; zur rechtlichen Einordnung *Stoll,* Die WTO: Neue Welthandelsorganisation, neue Welthandelsordnung, ZaöRV 54 (1994) 257 ff.
220 Vgl *Kopke,* Rechtsbeachtung und -durchsetzung in GATT und WTO, 1997, 243 ff.
221 BGBl 1994 II, 1598 f (engl) bzw 1749 (dt). Zu verfahrensrechtlichen Einzelheiten *Pescatore/Davey/Lowenfeld,* Handbook of GATT/WTO Dispute Settlement (2 Bde, Loseblattslg), 1995; *Petersmann,* International Trade Law and the GATT/WTO Dispute Settlement System, 1997; *Sittmann,* Das Streitbeilegungsverfahren der World Trade Organization, RIW 1997, 749 ff; *Schloemann/Ohlhoff,* „Constitutionalization" and Dispute Settlement in the WTO, AJIL 93 (1999) 424 ff; *Vermulst/Mavroidis/Waer,* The Functioning of the Appellate Body after Four Years, JWT 33 (1999) Nr 2, 1 ff; *Ruffert,* Der Entscheidungsmaßstab im WTO-Streitbeilegungsverfahren, ZVglRWiss 100 (2001) 304 ff; *Oesch,* Standards of Review in WTO Dispute Resolution, JIEL 6 (2003) 635 ff; *Schollendorf,* Die Auslegung völkerrechtlicher Verträge in der Spruchpraxis des Appellate Body der Welthandelsorganisation (WTO), 2005; *Herrmann/Weiß/Ohler,* Welthandelsrecht, § 10; Wolfrum/Stoll/Kaiser (Hrsg), WTO-Institutions and Dispute Settlement, 2006; *Distefano,* The WTO Dispute Settlement Understanding Review, in Boschiero/Treves (Hrsg), International Courts and the Development of International Law, 2013, 701 ff; *Davey,* The WTO and Rules-Based Dispute Settlement, JIEL 17 (2014) 679 ff; s zu aktuellen Fällen im WTO Streitbeilegungsverfahren *Krallmann,* WTO Dispute Settlement – Current Cases, EYIEL 3 (2012) 577 ff.
222 Zur verspäteten Umsetzung durch die Staaten *Davey* (Fn 221) 679 ff.
223 S dazu *Alschner,* Amicable Settlements of WTO Disputes, WTR 13 (2014) 65 ff.
224 Vgl einführend: *Nettesheim,* Ziele des Antidumping- und Antisubventionsrechts, 1994; *Hoekman/Mavroidis,* Dumping, Antidumping and Antitrust, JWT 30 (1996) 27 (31 ff); *Vermulst/Driessen,* New Battle Lines in the Anti-Dumping War, JWT 31 (1997) 135 ff; *Herrmann/Weiß/Ohler,* Welthandelsrecht, Rn 645 ff; zum Verhältnis zwischen Meistbegünstigungsgrundsatz und dem Anti-Dumpingrecht der WTO s *Mahncke,* Applying the MFN Principle to WTO Antidumping Law, LIEC 41 (2014) 169 ff.

normalen Handelsverkehr für eine gleichartige Ware auf dem Inlandsmarkt des Exporteurs berechnet wird, und dadurch eine bedeutende wirtschaftliche Schädigung eines Industriezwigs im Importland verursacht wird. Für die Feststellung eines Dumpings ist also grundsätzlich ein Preisvergleich anzustellen; zu bilden ist die Differenz aus dem Inlands- und dem Exportpreis einer Ware. Nicht geregelt ist allerdings in Art VI GATT, wie die zu vergleichenden Preise zu berechnen und welche Waren konkret in den Vergleich mit einzubeziehen sind bzw mit einbezogen werden können.[225] Nähere Anhaltspunkte liefert hierzu das Übereinkommen zur Durchführung des Art VI GATT aus dem Jahre 1994,[226] das den Spielraum für Dumping-Maßnahmen deutlich einengt.

Das GATT schafft einen rechtlich verbindlichen Rahmen für die auf nationaler bzw supranationaler Ebene durchzuführenden *Antidumping*-Verfahren. Die einschlägigen Vorschriften regeln in erster Linie die Dumpingabwehr. Sie hat für den Welthandel erhebliche Bedeutung und kann in der Praxis ihrerseits stark protektionistische Züge aufweisen.

Nach dem GATT werden Dumpingmaßnahmen ebenso wenig wie Subventionen per se untersagt. Gemäß Art VI Abs 1 GATT kann Dumping als „unfairer Wettbewerb" abgewehrt werden.[227] Hierfür werden den Staaten Mechanismen zur Dumpingabwehr als Eingriffsmöglichkeiten zur Verfügung gestellt. Auf die eventuelle Wettbewerbsverzerrung durch Dumpingmaßnahmen reagiert das GATT mit der *Ermächtigung, Antidumpingzölle zu erheben*, welche bis zur Höhe der „Dumpingspanne" reichen können (Art VI Abs 2 GATT). Die Voraussetzungen für die Verhängung solcher Maßnahmen sind durch die Vereinbarungen in der Uruguay-Runde weiter konkretisiert und verschärft worden. Zusammengefasst besteht nach Art VI Abs 1 GATT keine Verpflichtung der Mitgliedstaaten, den Export von Waren unterhalb ihres Marktwerts zu verbieten; es ist aber mit Gegenmaßnahmen in Form von Antidumpingzöllen zu rechnen, wenn es zu einem Schaden auf dem ausländischen Markt kommt. – Nicht abschließend geklärt ist das Verhältnis zwischen Antidumpingmaßnahmen und dem Meistbegünstigungsgrundsatz des GATT.[228] Auch wenn das WTO-Sekretariat ausdrücklich davon ausgeht, dass die Meistbegünstigung und Art VI GATT in einem strengen Regel-Ausnahme-Verhältnis zueinander stehen, gelang es China, sich in dem Rechtsstreit EU – Footwear vor dem Panel erfolgreich darauf zu berufen, dass eine EU-Antidumping Maßnahme das Meistbegünstigungsprinzip verletze.[229]

Subventionsproblem im GATT
Die Vergabe staatlicher Subventionen wirft im Hinblick auf ihre potentielle wettbewerbsverzerrende Wirkung Probleme auf.[230] Anders als das privatwirtschaftlich ausgestaltete Dumping stellen Subventionen *staatliche Zuwendungen* und damit *hoheitliche Eingriffe in den Wirtschaftsprozess* dar. Nach dem GATT sind sie grundsätzlich verboten. Dieses Verbot ist für Exportsubventionen in Art XVI Abs 4 festgelegt. Art VI Abs 3 GATT erlaubt als zulässige Abwehrmaßnahme gegen Subventionen die Erhebung von Ausgleichszöllen, für die Dauer von max 5 Jahren. In der

---

225 *Schoch*, Unbestimmte Rechtsbegriffe im Rahmen des GATT, 1994, 114 f.
226 Übereinkommen zur Durchführung des Art VI GATT v 15.4.1994 (Antidumping-Übereinkommen), abgedr in *Tietje*, WTO, 2009, 149. Näher: *Palmeter*, A Commentary on the WTO-Anti-Dumping Code, JWT 30 (1996) 43 ff.
227 In Art VI Abs 1 heißt es, dass „Dumping [...] zu verurteilen ist, wenn es eine bedeutende Schädigung eines im Gebiet einer Vertragspartei bestehenden Wirtschaftszweiges verursacht oder zu verursachen droht oder wenn es die Errichtung eines inländischen Wirtschaftszweiges erheblich verzögert".
228 S dazu *Mahncke* (Fn 224) 169 ff.
229 European Union–Anti-Dumping Measures on Certain Footwear from China, Panel-Bericht v 28.10.2011, WT/DS405/R, 7.105. Die EU legte keine Berufung zum Appellate Body ein.
230 Zur Subventionsproblematik im GATT s *Scheffler*, Juristische Aspekte der Subventionsproblematik im GATT, RIW 1993, 401 (402); *Stoler*, The Evolution of Subsidies Disciplines in GATT and the WTO, JWT 44 (2010) 797 ff.

Praxis nehmen die staatlichen Ausfuhrunterstützungen ständig zu. In den 1990er Jahren wurde etwa der Schiffsbau weniger von normalen Marktkräften als durch miteinander konkurrierende Exportsubventionen verschiedener Staaten bestimmt.[231] Auch im Flugzeugbau spielen staatliche Fördergelder eine Rolle, deren WTO-Konformität auf dem Prüfstand steht. Seit Jahren streiten die EU und die USA über staatliche Subventionen für die Konkurrenzkonzerne Airbus und Boeing. Der Appellate Body entschied 2011, dass Airbus unzulässige staatliche Subventionen von der EU sowie von vier EU-Mitgliedstaaten erhalten habe.[232] Ein Jahr später bestätigte der Appellate Body im Kern eine Panel-Entscheidung aus dem Jahr 2011, wonach Boeing unzulässig durch die US-Regierung staatlich subventioniert worden und dem Konkurrtenten Airbus dadurch ein gravierender Nachteil entstanden war.[233] Voraussichtlich folgen weitere Streitbeilegungsverfahren über die WTO-rechtskonforme Implementierung der jeweiligen Urteile.[234]

76   Die für Subventionen maßgebliche Vorschrift des Art XVI GATT sieht für Grundstoffsubventionen im *Agrarbereich* eine *Sonderbehandlung* vor; nach Abs 3 soll die Subventionsgewährung bei der Ausfuhr von Grundstoffen (Erzeugnisse der Land- und Forstwirtschaft, der Fischerei sowie alle mineralischen Erzeugnisse) *lediglich vermieden* werden. Soweit Subventionen auf Grundstoffe gewährt werden, dürfen diese aber nicht dazu führen, dass die subventionierende Vertragspartei „mehr als einen angemessenen Anteil am Welthandel" erhält. Die WTO Abkommen über Landwirtschaft und über Subventionen[235] enthalten insoweit spezifische Bestimmungen über Agrarsubventionen. Die Sonderbehandlung des Agrarsektors, der zu den am stärksten staatlich beeinflussten Märkten zählt, ist auf eine intensive Unterstützung einzelner Staaten für die Agrarwirtschaft ihres Landes zurückzuführen.[236]

77   Das *WTO-Subventionsübereinkommen*[237] konkretisiert den Problemkomplex der Zulässigkeit von Subventionen und entsprechender Gegenmaßnahmen. Bis zum Abschluss der Uruguay-Runde bestand das Problem, dass keine international verbindliche Definition des Subventionsbegriffs existierte; nunmehr enthält erstmals Art 1 Abs 1 des Übereinkommens über Subventionen und Ausgleichsmaßnahmen eine ausführliche zweistufige *Definition des Subventionsbegriffs*.[238] Von einer Subvention kann danach gesprochen werden, wenn entweder ein finanzieller Beitrag oder eine andere Form der Einkommens- oder Preisstützung durch die öffentliche Hand geleistet und hierdurch ein Vorteil gewährt wird. Das Subventionsübereinkommen unterscheidet im Hinblick auf die Zulässigkeit von Subventionen generell zwischen verbotenen Subventionen, dem Verbot des schädigenden Einsatzes nicht verbotener Subventionen und ausnahmsweise zulässigen Subventionen. Nach Art 3 sind Subventionen verboten, wenn sie sich entweder auf die Ex-

---

231 Hierzu ausf *Bandtel*, Dumping in der Seeschiffahrt, 1999.
232 European Communities and Certain Members-Measures Affecting Trade in Large Civil Aircraft, Appellate Body-Bericht v 18.5.2011, WT/DS316/AB/R; Panel-Bericht v 30.6.2010, WT/DS316/R; s zum Rechtsstreit *Chianale*, The WTO Airbus Dispute, ESALQ 12 (2013) 290 ff.
233 United States-Measures Affecting Trade in Large Civil Aircraft – Second Complaint, Panel-Bericht v 31.3.2011, WT/DS353/R; Appellate Body-Bericht v 12.3.2012, WT/DS353/AB/R; s zu dem Streit *Kendler*, Delayed Fight: The World Trade Organization Dispute Settlement Mechanism, Negotiation, and the Transatlantic Conflict over Commercial Aircraft, BCICLR 35 (2012) 253 ff; *Knorr/Bellmann/Schomaker*, Subsidies in Civil Aircraft Manufacturing: The World Trade Organization (WTO) and the Boeing-Airbus Dispute, ESALQ 11 (2012) 585 ff.
234 Die EU beantragte im Jahr 2012 die Einrichtung eines Panels gemäß Art 21 Abs 5 Dispute Settlement Understanding (DSU), das die Ausführung der Entscheidung überwacht. Das Verfahren dauert noch mindestens bis Mitte 2016 an.
235 Abgedr in *Tietje*, WTO, 2009, 84; s ausf dazu *Herdegen* (Fn 41) 252 ff.
236 S zu EU-Zuckersubventionen: *Reithmann*, Welthandelsrecht und europäische Agrarpolitik, ZEuS 2006, 99 ff. S auch *Ehlers/Wolffgang/Schröder*, Subventionen im WTO- und EG-Recht, 2006; s allg zum Agreement on Agriculture McMahon/Geboye Desta (Hrsg), Research Handbook on the WTO Agriculture Agreement, 2012.
237 Agreement on Subsidies and Countervailing Measures (SCM-Agreement); abgedr in *Tietje*, WTO, 2009, 174; s ausf dazu *Herdegen* (Fn 41) 245 ff.
238 *Grave*, Der Begriff der Subvention im WTO-Übereinkommen über Subventionen und Ausgleichsmaßnahmen, 2002, 82 ff; *Herrmann/Weiß/Ohler*, Welthandelsrecht, Rn 683 ff.

porttätigkeit[239] oder auf den Gebrauch einheimischer anstelle importierter Güter auswirken. Ausgenommen von der Verbotsregelung sind ausdrücklich die im WTO-Übereinkommen über die Landwirtschaft vorgesehenen Subventionen.[240] Die zweite Kategorie der „anfechtbaren" und damit durch ein Streitbeilegungsverfahren überprüfbaren Subventionen (Art 5) knüpft an bestimmte nachteilige Auswirkungen *(adverse effects)* an, die vermieden werden sollen, wie etwa die Schädigung der Industrie eines Mitgliedstaats, die Gefährdung der aus dem GATT erwachsenen Vorteile oder die ernsthafte Schädigung der Interessen eines anderen Mitgliedstaats; Letzteres wird u a vermutet, wenn die Subvention 5% des Produktwerts übersteigt (Art 6 Abs 1 lit a). Zur Gruppe der nach Art 8 grundsätzlich zulässigen Subventionen zählen Unterstützungen von Forschungsaktivitäten, Subventionen für benachteiligte Gebiete in Entwicklungsregionen und Subventionen für eine umweltverträgliche Aus- oder Umrüstung von Unternehmen.

Ausnahmeklauseln

Die Aufnahme von besonderen Ausnahmebestimmungen für einzelne Regelungen und weitreichenden allgemeinen Ausnahmevorschriften stellte für die Vertragsstaaten eine wichtige Voraussetzung für die Akzeptanz der GATT-Verpflichtungen dar.[241] Nach der Verzichtsklausel des Art XXV Abs 5 GATT[242] können die Vertragsparteien mit $^2/_3$-Mehrheit „unter außergewöhnlichen Umständen" die Verpflichtungen aus dem Abkommen für einzelne Mitglieder aufheben *(waiver clause)* und sie zu einseitigen Schutzmaßnahmen ermächtigen.[243] Das GATT 1994 hat diese Klausel beibehalten, doch bedarf es nunmehr nach Art IX Abs 3 des WTO-Übereinkommens einer $^3/_4$-Mehrheit und einer besonderen Rechtfertigung. Alle bestehenden *waiver* müssen innerhalb von zwei Jahren erneuert werden.[244] Obwohl die Ausnahmegenehmigungen nach Art XXV Abs 5 GATT temporärer Natur sein sollen, wurde das Instrument des *waivers* in der GATT-Praxis auch dazu benutzt, eine grundsätzliche Ausnahmeregelung für Entwicklungsländer *(Generalized System of Preferences)* zu schaffen, indem ihnen gewisse Zollpräferenzen eingeräumt wurden.[245]

78

Eine weitere Ausnahme bildet die Schutzklausel *(escape clause)* nach Art XIX GATT. Sie berechtigt die Vertragsparteien zum Ergreifen von *Maßnahmen zum Schutz heimischer Wirtschaftszweige,* soweit diese ernsthaft gefährdet sind. Die Anwendung dieser Ermächtigung ist an besondere Verfahrensvoraussetzungen gebunden. Die WTO-Schutzklauselverordnung[246] sieht eine strengere Fassung der Voraussetzungen und des Untersuchungsverfahrens vor. In dem Streit, ob Schutzmaßnahmen allgemein oder auch selektiv gegen einzelne Exportländer ergriffen werden dürfen, gelangte man zu einer Kompromisslösung: Selektive Maßnahmen gegen einzelne Ex-

79

---

239 Anh I des Übereinkommens über Subventionen und Ausgleichmaßnahmen enthält eine Beispielliste von verbotenen Ausfuhrsubventionen (zB Zuteilung direkter Beihilfen, Befreiung von Steuern und Sozialabgaben, Übernahme von Bürgschaften). Nachdem der DSB im Jahr 2000 durch WTO-Panel und Appellate Body Berichte angenommen hatte, nach denen US-amerikanische Steuervergünstigungen für bestimmte Unternehmen im Exportgeschäft als unzulässige Exportsubvention qualifiziert werden („Foreign Sales Corporations" – FSC), wurde die EG autorisiert, als Gegenmaßnahme – die bis dahin höchste – Handelskonzessionen iHv über 4 Mrd USD jährlich zu Lasten der USA zurückzunehmen (s WT/DS 108/ARB v 30.8.2002). Am 1.3.2004 verhängte die EG graduell ansteigende Strafzölle auf bestimmte Waren aus den USA (VO [EG] 2193/2003, ABl EU 2003, Nr L 328/3). Zu diesem Komplex insgesamt *Carmichael,* Foreign Sales Corporations, Vanderbilt J Transnat'l L 35 (2002) 151 ff.
240 S hierzu bereits Rn 76.
241 Vgl *Benedek* (Fn 46) 160 ff; *Herrmann/Weiß/Ohler,* Welthandelsrecht, Rn 741 ff.
242 Vgl hierzu bereits Rn 21.
243 *Herdegen,* Internationales Wirtschaftsrecht, § 10 Rn 37 f.
244 Vgl hierzu die „Vereinbarung über Befreiungen von den Verpflichtungen nach dem Allgemeinen Zoll- und Handelsabkommen 1994", Nr 2 (Abdruck in *Hummer/Weiß* [Fn 60] 801). Der Antrag zur Gewährung einer Sondergenehmigung sieht strenge Verfahrensregeln vor; so müssen insbes die Gründe angeben werden, die den Mitgliedstaat daran hindern, seine politischen Zielsetzungen mit GATT-konformen Mitteln zu erreichen.
245 Vgl dazu bereits o Rn 21.
246 Übereinkommen über Schutzmaßnahmen v 15.4.1994, abgedr in *Tietje,* WTO, 2009, 220.

portländer sind nunmehr grundsätzlich untersagt; nur unter strengen Voraussetzungen ist die Zuteilung von Quoten an andere Vertragsparteien zulässig.[247] Die Dauer der Schutzmaßnahmen ist auf 4 Jahre beschränkt. Durch die strengen Voraussetzungen sind die vom GATT nicht ausdrücklich erfassten „Grauzonenmaßnahmen" zurückgedrängt worden, deren Ansteigen zunehmend kritisch beurteilt worden war.[248]

80 Die in Art XXI GATT angeführten Ausnahmen beziehen sich auf wesentliche *Sicherheitsinteressen (security exception)*.[249] Einschlägige Maßnahmen dürfen nur in Bezug auf spaltbare Stoffe bzw deren Rohstoffe, den Handel mit Waffen, Munition und Kriegsmaterial sowie in Kriegszeiten oder bei sonstigen ernsten Krisen in den internationalen Beziehungen getroffen werden. Gerade der letzte Tatbestand bietet sehr weitreichende Anknüpfungs- und Interpretationsmöglichkeiten.[250]

81 Neben den Ausnahmen zur Wahrung der Sicherheit kennt das GATT weitere *allgemeine Ausnahmen,* die in *Art XX a–j* aufgeführt sind und denen eine einleitende Bestimmung *(chapeau)* vorangestellt ist, die Ausdruck des Grundsatzes von Treu und Glauben ist.[251] Statistisch gesehen stellt Art XX die wichtigste Vorschrift dar, auf die Staaten zur Rechtfertigung des Einsatzes nichttarifärer Handelshemmnisse zurückgreifen. Diese Bestimmung enthält – anders etwa als Art XXV GATT – keine spezifischen Verfahrensvorschriften, die schon eine Kontrollmöglichkeit der ergriffenen Maßnahmen eröffnen könnten, so dass die Anwendung und Interpretation in erster Linie den GATT-Streitbeilegungspanels vorbehalten ist. Nach Art XX GATT können die Mitgliedstaaten handelsbeschränkende Maßnahmen trotz entgegenstehender vertraglicher Verpflichtungen unter bestimmten Voraussetzungen ergreifen. Hierzu zählen Maßnahmen zum Schutz der öffentlichen Sicherheit sowie des Lebens und der Gesundheit von Menschen, Tieren und Pflanzen, Maßnahmen zum Schutz nationalen Kulturguts oder zur Erhaltung erschöpfbarer Naturschätze sowie Maßnahmen zum Schutze der öffentlichen Sittlichkeit *(public morals)*, sofern solche Maßnahmen im Zusammenhang mit Beschränkungen der inländischen Produktion oder des inländischen Verbrauchs angewendet werden.[252] Für alle einschlägigen Handelsbeschränkungen gilt zudem, dass sie nicht zu einer willkürlichen oder ungerechtfertigten Diskriminierung zwischen Ländern, in denen gleiche Verhältnisse bestehen, oder zu einer verschleierten Beschränkung des internationalen Handels führen dürfen.

82 Neben den genannten Ausnahmevorschriften enthält das GATT/WTO-Vertragswerk auch *warenbezogene* Sonderregelungen. Für den früher von der Geltung des GATT ausgenommenen Textil- und Bekleidungshandel wurde im Rahmen der WTO durch das Übereinkommen über Textilwaren und Bekleidung eine Rückführung dieses Bereichs in den Rahmen des GATT vorgesehen. Waren im Multifaserabkommen v 1974 in weitem Umfang noch Quotenregelungen und Selbstbeschränkungsverpflichtungen zugelassen, wurden durch das WTO-Textilabkommen alle

---

247 *Heselhaus,* Die Welthandelsorganisation, JA 1999, 76 (78).
248 Vgl zu Rechtsfragen der Grauzonenmaßnahmen *Beise/Oppermann/Sander* (Fn 79) sowie *Benedek* (Fn 46) 181 ff; *Hilpold,* Die Neuregelung der Schutzmaßnahmen im GATT/WTO-Recht und ihr Einfluss auf „Grauzonenmaßnahmen", ZaöRV 55 (1995) 89 ff.
249 Dazu *Giardina,* The Economic Sanctions of the United States Against Iran and Libya and the GATT Security Exception, FS Seidl-Hohenveldern, 1998, 219 ff; *Hahn,* Vital Interests and the Law of GATT, Michigan JIL 12 (1991) 558 ff; *ders,* Die einseitige Aussetzung von GATT-Verpflichtungen als Repressalie, 1996, 285 ff; *Kuilwijk,* Castro's Cuba and the US Helms-Burton Act, JWT 31 (1997) 49 ff.
250 Vgl hierzu noch u Rn 87.
251 S ausf zu den allgemeinen Ausnahmen des GATT sowie des GATS: *Ayres/Mitchell,* General and Security Exceptions under the GATT and the GATS, in Carr/Bhuiyan/Alam (Hrsg), International Trade Law and the WTO, 2012; *Herdegen* (Fn 41) 203 ff.
252 Zur *ordre public*-Ausnahme des Art XX s *Feddersen,* Der ordre public in der WTO, 2002. Mit dem Beitritt Chinas zur WTO hat die Ausnahme der public morals an Bedeutung gewonnen, s dazu etwa China-Measures Affecting Trading Rights and Distribution Services for Certain Publications and Audiovisual Entertainment Products, Panel-Bericht v 12.8.2009, WT/DS363/R; Appellate Body-Bericht v 21.12.2009, WT/DS363/AB/R.

Handelsrestriktionen schrittweise bis zum Jahr 2005 abgebaut.[253] Durch das *Landwirtschaftsübereinkommen* kam es neben der Umwandlung zahlreicher nichttarifärer Handelsbeschränkungen in Zölle im Bereich der Landwirtschaft auch zu einer Reduktion der Zölle.[254]

GATT/WTO und Umweltschutz

Der „potentielle Widerspruch zwischen Handel und Umweltschutz"[255] bleibt auch nach der Uruguay-Runde bestehen. Forderungen nach einem „Öko-GATT"[256] haben sich nicht durchgesetzt. Der Begriff der „Umwelt" wird in Art XX GATT nicht explizit als Ausnahme genannt, bedeutsam für den Umweltschutz sind jedoch Art XX (b) und (g) GATT.[257] Nach Art XX (b) werden staatliche Maßnahmen zugelassen, welche für den Schutz von Leben oder Gesundheit von Menschen, Tieren oder Pflanzen notwendig sind. Art XX (g) GATT sieht allgemeine *Ausnahmen im Umweltinteresse* nur vor „zur Erhaltung erschöpflicher Naturschätze, sofern solche Maßnahmen im Zusammenhang mit Beschränkungen der inländischen Produktion oder des inländischen Verbrauchs angewendet werden". Entsprechende Maßnahmen müssen primär auf den Umweltschutz ausgerichtet bzw für ihn notwendig sein. Umstritten ist in all diesen Fällen, ob Importwaren „nur" deswegen im Inland eine nachteiligere Behandlung erfahren dürfen, weil sie in ihrem Herkunftsstaat unter möglicherweise umweltgefährdenden Bedingungen produziert worden sind.[258] Umweltnützige Handelsbeschränkungen, die nicht der Volksgesundheit oder der Erhaltung knapper Ressourcen dienen – etwa die Erhebung von Steuern auf Importprodukte mit langem Transportweg, Einfuhrverbote für Tierprodukte, die unter Verletzung nationaler Schutzstandards gewonnen wurden, oder für Getränkedosen[259] –, lassen sich somit nur selten unter Art XX GATT subsumieren.

83

In einer ersten Phase haben GATT-Panel gerade die umweltspezifischen Tatbestände des Art XX (b) u (g) GATT restriktiv ausgelegt.[260] Dem Prinzip des Freihandels ist gegenüber Umweltschutzbelangen stets der Vorrang eingeräumt worden. Ein Bsp hierfür sind die Thunfischfälle – dh US-amerikanische Importverbote für Thunfisch, der auf umweltschädliche Weise gefangen wurde.[261] Ähnliche Probleme warf auch ein seitens der USA verhängtes Importverbot für

84

---

253 Vgl hierzu das Übereinkommen über Textilwaren und Bekleidung, abgedr in *Hummer/Weiß* (Fn 60) 907 ff; *Stoll/Schorkopf* (Fn 46) Rn 253 ff. Von 2005 bis Ende 2007 bestanden allerdings weiterhin vereinbarte Handelsrestriktionen für Textilwaren in den Beziehungen zwischen der EU und China.
254 *Prieß/Pitschas*, in Prieß/Berrisch (Hrsg), WTO-Handbuch, 2003, Kap B.I.2; *Stoll/Schorkopf* (Fn 46) Rn 243; O'Connor (Hrsg), Agriculture in WTO-Law, 2005.
255 Schon die Präambel des Übereinkommens zur Errichtung der Welthandelsorganisation stellt die handelsbezogenen Ziele und das Ziel der nachhaltigen Entwicklung sowie des Schutzes und der Erhaltung der Umwelt gegenüber.
256 Vgl *Esty*, Greening the GATT, 1994; näher zum Verhältnis von Handel und Umweltschutz *Beyerlin/Marauhn*, International Environmental Law, 2011, 423 ff; *Epiney*, Welthandel und Umwelt, DVBl 2000, 77 ff; *Puth*, WTO und Umwelt, 2003; *ders*, WTO und Umwelt, in Hilf/Oeter (Hrsg), WTO-Recht, 549 ff; *Trüeb*, Umweltrecht in der WTO, 2001.
257 Vgl näher zu den umweltspezifischen Ausnahmeklauseln in Art XX GATT: *Diem*, Freihandel und Umweltschutz in GATT und WTO, 1996; *Schoenbaum*, International Trade and Protection of the Environment, AJIL 91 (1997) 268 (273 ff).
258 Auch die Rechtsprechung der WTO-Streitbeilegungsorgane ist in Bezug auf solche Maßnahmen aufgrund umweltunverträglicher Produktherstellungsprozesse nicht gefestigt. S dazu *Hunter/Salzmann/Zaelke*, International Environmental Law and Policy, 4. Aufl 2011, 1236 ff.
259 Beispiele bei *Diem* (Fn 257) 24 ff.
260 S zur Auslegung von Art XX durch den Appellate Body *Quick*, Do We Need Trade and Environment Negotiations or Has the Appellate Body Done the Job?, JWT 47 (2013) 957 ff.
261 Vgl zum US-amerikanischen Importverbot für Thunfisch gegenüber Mexiko: US-Restrictions on Imports of Tuna, Panel-Bericht v 16.8.1991, ILM 30 (1991) 1598 ff; zum diesbezüglichen Streit zwischen der EG und den USA: US-Restrictions on Imports of Tuna, Panel-Bericht v 16.6. 1994, ILM 33 (1994) 839 ff. Ausf zu den „Thunfischfällen": *von Bogdandy*, Internationaler Handel und nationaler Umweltschutz, EuZW 1992, 243 ff; *Kingsbury*, The Tuna-Dolphin Controversy, YIEL 5 (1994) 1 (11 ff); *Diem* (Fn 257) 112 ff.

Garnelen auf, das zum Schutz bestimmter Schildkrötenarten erhoben worden war.[262] In einer zweiten Phase haben GATT-Panel den Belangen des Umwelt- und Gesundheitsschutzes stärkeres Gewicht zugemessen als in dieser ersten Phase. So beurteilte ein Panel im September 2000 eine französische Regelung, die die Verwendung bestimmter Asbestphasern verbot, als mit Art XX (b) vereinbar.[263] Der Appellate Body ging noch weiter und setzte bereits bei der Definition des *like product* bei Art III (4) GATT an: Bei der Frage, ob zwei Produkte „gleich" seien und daher eines nicht „weniger günstig" behandelt werden dürfe, müssten auch Gesundheitsrisiken (hier: kanzerogene Eigenschaften) als Aspekt der physischen Eigenschaften eines Produkts berücksichtigt werden. IE lag damit schon kein Verstoß gegen Art III (4) GATT vor, gleichzeitig wurde allerdings auch die Feststellung des Panels zu Art XX (b) aufrechterhalten.[264] Die Auslegung von Art XX (g) GATT war auch in dem Streit zwischen den USA, Mexiko und der EU gegen China um verschiedene Exportzölle und Ausfuhrquoten für seltene Rohstoffe (darunter Zink, Magnesium, Koks und Bauxit) von Bedeutung. Die Kläger machten eine Verletzung des GATT durch die Exportrestriktionen Chinas geltend, doch China berief sich ua auf Gründe des Umwelt- und Gesundheitsschutzes zur Rechtfertigung seiner Maßnahmen. China verwies darauf, dass die umstrittenen Exportrestriktionen auf energie-, ressourcen-, und verschmutzungsintensive Produkte angewendet würden und eine Ausfuhrbeschränkung die Produktion in China verringere und somit die Verschmutzung reduziere. Das Panel lehnte eine Rechtfertigung der Maßnahmen aus Art XX (b) u (g) sowie Art XI Abs 2 (a) GATT mit der Begründung ab, dass ein Staat sich nicht auf die Ausnahme des Umweltschutzes berufen könne, ohne wirkungsvolle Maßnahmen zur nachhaltigen und umweltschonenden Nutzung seiner natürlichen Ressourcen im eigenen Land zu ergreifen.[265] Der Appellate Body bestätigte zwar, dass Chinas Exportbeschränkungen nicht mit dem GATT vereinbar seien, revidierte indes die Interpretation von Art XX (g) durch das Panel mit der Feststellung, die Formel „made effective in conjunction with" des Art XX (g) enthalte keinen Hinweis darauf, dass Handelsbeschränkungen die Effektivität einer nationaler Maßnahmen sicherstellen müssen.[266] Auch in einem weiteren Streitschlichtungsverfahren berief sich China erneut erfolglos auf eine Ausnahme nach Art XX (b) u Art XX (g) zur Rechtfertigung seiner Restriktionen zum Export verschiedener Rohstoffe (u a Seltener Erden). Der Appellate Body entschied, dass umweltbezogene Exportbeschränkungen nicht damit gerechtfertigt werden können, knappe Ressourcen zu erhalten, wenn gleichzeitig die Gewinnung und Nutzung dieser Rohstoffe im Inland keinen Beschränkungen unterliegt.[267]

---

262 US-Import Prohibition of Certain Shrimp and Shrimp Products, Panel-Bericht v 15.5.1998, WT/DS/58/R; Appellate Body-Bericht v 12.10.1998, WT/DS/58/AB/R. Näher hierzu *Cone*, The Appellate Body, the Protection of Sea Turtles and the Technique of „Completing the Analysis", JWT 33 (1999) 51ff; *Howse*, The Turtles Panel, JWT 32 (1998) 73ff; *Hohmann*, Der Konflikt zwischen freiem Handel und Umweltschutz in WTO und EG, RIW 2000, 88 (93ff); *Mavroidis*, Trade and Environment after the Shrimps-Turtles Litigation, JWT 34 (2000) 73ff.
263 EC-Measures Affecting Asbestos and Asbestos-Containing Products, Panel-Bericht v 18.9.2000, WT/DS/135/R.
264 EC-Measures Affecting Asbestos and Asbestos-Containing Products, Appellate Body-Bericht v 12.3.2001, WT/DS/135/AB/R. Dazu *Marceau/Trachtman*, The Technical Barriers to Trade Agreement, the Sanitary and Phytosanitary Measures Agreement, and the General Agreement on Tariffs and Trade, JWT 36 (2002) 811ff; *Regan*, Regulatory Purpose and „Like Products" in Article III:4 of the GATT, JWT 36 (2002) 443ff; *Sander*, The EC-Asbestos Case, MPEPIL online (abrufbar unter <http://opil.ouplaw.com/view/10.1093/law:epil/9780199231690/law-9780199231690-e2105?rskey=VORFlR&result=1&prd=EPIL>).
265 China-Measures Related to the Exportation of Various Raw Materials, Panel-Bericht v 5.7.2011, WT/DS394/R, WT/DS395/R, WT/DS398/R; s ausf *Franke*, WTO, China – Raw Materials: Ein Beitrag zu fairem Rohstoffhandel?, 2012; *Bronckers/Maskus*, China-Raw Materials, WTR 13 (2014) 393ff; *Ying*, The Applicability of Environmental Protection Exceptions to WTO-Plus Obligations: In View of the *China-Raw Materials* and *China-Rare Earths* Cases, LJIL 27 (2014) 113ff.
266 China-Measures Related to the Exportation of Various Raw Materials, Appellate Body-Bericht v 30.1.2012, WT/DS394/AB/R, WT/DS395/AB/R, WT/DS398/AB/R.
267 China-Measures Related to the Exportation of Rare Earth, Tungsten and Molybdenum, Appellate Body-Bericht v 7.8.2014, WT/DS431/AB/R, WT/DS432/AB/R, WT/DS433/AB/R.

Probleme ergeben sich auch im Hinblick auf multilaterale Umweltschutzvereinbarungen, 85
für die zT eigene Mechanismen zur Streitbeilegung geschaffen worden sind; so drohen kollidierende Entscheidungen.[268] So ist etwa zweifelhaft, ob die Beschränkung der Ein- und Ausfuhr halogenierter Kohlenwasserstoffe gemäß dem Montrealer Protokoll[269] mit den GATT-Bestimmungen vereinbar ist.[270] Diese Frage erhält zusätzliche Brisanz dadurch, dass das GATT 1994 (anders als das GATT 1947) gegenüber dem Montrealer Protokoll eine vorrangige *lex posterior* ist. Sollte sich die Unvereinbarkeit bestimmter Umweltschutzmaßnahmen mit dem GATT herausstellen, bestünde immer noch die, allerdings umständliche, Möglichkeit, einen *waiver* gemäß Art XXV Abs 5 zu beantragen. Sinnvoller erscheint eine Änderung des Art XX mit dem Ziel, die in der Uruguay-Runde verpasste Chance einer Annäherung handels- und umweltpolitischer Ziele nun nachzuholen.[271] Denkbar wäre auch eine Sondervereinbarung zu Art XX (Kohärenzklausel), welche Kriterien und Prinzipien iSe schonenden gegenseitigen Ausgleichs kollidierender Normen erstellen könnte.

GATT/WTO und Menschenrechte
Zunehmend wird erörtert, ob und unter welchen Umständen es zulässig ist, die Erfüllung von 86
Pflichten im Rahmen der WTO gegenüber einem Vertragspartner auszusetzen, der in schwerer Weise gegen die Menschenrechte verstößt.[272] In der Vergangenheit stand eher die Frage im Vordergrund, ob solche Maßnahmen nicht das allgemeine Interventionsverbot verletzen.[273] Im innerstaatlichen Recht der USA etwa findet sich schon seit Jahren das Instrumentarium, welches handelsbezogene Maßnahmen zum Schutz der Menschenrechte erlaubt. Für das GATT ist unstreitig, dass jene Maßnahmen zum Schutz der Menschenrechte zulässig sind, welche lediglich solche Rechte beschränken, die im Einzelfall über die allgemeinen GATT-Pflichten hinaus Sonderrechte gewähren und somit nicht vom Meistbegünstigungsprinzip erfasst sind.[274] So sieht das Allgemeine Präferenzsystem (APS) der EU für Entwicklungsländer vor, dass im Falle von Sklaverei, Zwangsarbeit oder auch bei Verstößen gegen Vorschriften der ILO die eingeräumten Rechte

---

268 Dazu *Marceau*, Conflicts of Norms and Conflicts of Jurisdictions, JWT 35 (2001) 1081 ff; *Neumann*, Die Koordination des WTO-Rechts mit anderen völkerrechtlichen Ordnungen, 2002.
269 Vgl *Proelß*, 5. Abschn Rn 149 ff.
270 Vgl OECD (Hrsg), Trade Measures in Multilateral Environmental Agreements, 1999.
271 Ein *WTO Committee on Trade and the Environment*, 1995 eingesetzt, hat das Verhältnis zwischen handels- und umweltbezogenen Maßnahmen im Lichte des Nachhaltigkeits-Konzepts untersucht, ohne dass dabei wirkliche Fortschritte erzielt worden wären. Dabei hat sich – nicht überraschend – gezeigt, dass sich die WTO in erster Linie als Repräsentant des Freihandels (und nicht der Umwelt) versteht. In der Praxis entstehen Konflikte zwischen Handels- und Umweltnormen weitgehend dadurch, dass innerhalb der nationalen Regierung kein Konsens zwischen den zuständigen Ministerien hergestellt wird. Insgesamt wäre es wohl sachgerechter, das Themenfeld nicht nur der WTO, sondern auch UNEP als dem primären Sachwalter der Umwelt auf internationaler Ebene zuzuordnen.
272 Zum Fragenkomplex *Petersmann*, Human Rights and the Law of the World Trade Organization, JWT 37 (2003) 241 ff; *Cottier/Pauwelyn/Burgi* (Hrsg), Human Rights and International Trade, 2005; *Hilpold*, Human Rights and WTO Law, AVR 45 (2007) 484 ff; *Petersmann*, Human Rights, International Economic Law and Constitutional Justice, EJIL 19 (2008) 955 ff; *Konstantinov*, Human Rights and the WTO: Are They Really Oil and Water?, JWT 43 (2009) 317 ff; *Cottier*, Handel und Menschenrechte – Humanisierung des WTO-Rechts, in Giegerich (Fn 110) 203 ff; *Hilpold*, WTO Law and Human Rights: Bringing Together Two Autopoietic Orders, Chinese JIL 10 (2011) 323 ff. Zur Frage der Integration von Arbeitsschutzvorschriften in die WTO *Wolffgang/Feuerhake*, Core Labour Standards in World Trade Law, JWT (2002) 883 ff; *Razavi*, Labour Standards and WTO, JWIT 11 (2010) 880 ff; *Kagan*, Making Free Trade Fair: How the WTO Could Incorporate Labor Rights and Why It Should, Georgetown JIL 43 (2011) 195 ff.
273 Vgl *Graf Vitzthum*, 1. Abschn Rn 15, 76 f.
274 Vgl zur Einräumung von Sonderrechten auf der Grundlage eines *waivers* Art XXV Abs 5 GATT. Vgl dazu o Rn 21, 78.

einseitig zurückgenommen werden können;[275] eine vergleichbare Regelung findet sich im Cotonou-Abkommen v 2000 (Art 9).[276]

87 Soweit es um allgemeine Verpflichtungen aus dem GATT geht, tritt die Frage auf, ob ein Vertragsstaat im Falle von schweren Menschenrechtsverletzungen eines anderen Vertragsstaats aufgrund der *security exception* des Art XXI GATT[277] einseitig tätig werden darf. Im Lichte der hervorragenden Bedeutung der Menschenrechte wird ein solches Handeln noch durch die Annahme einer „ernsten Krise in den internationalen Beziehungen" (Art XXI [b] [iii] GATT) gerechtfertigt werden können.[278] Dies lässt sich auch darauf stützen, dass nach allgemeinem Völkerrecht eine Drittstaatenrepressalie bei Verletzung von *erga omnes* wirkenden Menschenrechten mittlerweile vielfach für zulässig gehalten wird.[279] Dem steht dann auch nicht entgegen, dass Art XXI wohl als abschließende Regelung des Rechts zur Ausübung von Repressalien im Anwendungsbereich des GATT verstanden werden muss.[280] Die hier vertretene weite Auslegung der *security exception* eröffnet freilich die Möglichkeit des Missbrauchs. Daraus ergibt sich, dass im Falle eines Streits über das Vorliegen der Voraussetzungen des Art XXI die jeweilige Beurteilung des einzelnen Staats vom GATT im Hinblick auf die Plausibilität der Behauptung der Überprüfung zugänglich sein muss.[281]

GATS und TRIPS

88 Neben dem GATT 1994 besitzen die folgenden zum Vertragspaket von Marrakesch gehörenden WTO-Übereinkommen besonderen Stellenwert:
- das *Allgemeine Übereinkommen über den Handel mit Dienstleistungen* (General Agreement on Trade in Services – GATS).[282] Das GATS erweitert die für das GATT 1947 allein für Waren geschaffenen Regeln auf eine Vielzahl von Dienstleistungen. So verpflichtet etwa Art II Abs 1 GATS die Vertragsparteien zur Beachtung des Meistbegünstigungsgrundsatzes auch im Hinblick auf Dienstleistungen und Dienstleistungserbringer.[283] Art III GATS verpflichtet zur Transparenz hinsichtlich rechtlicher Regelungen. Die wirtschaftliche Integration im Hinblick auf Dienstleistungen, wie im EU-Rahmen bereits betrieben (Art 56 ff AEUV), wird durch Art V GATS für zulässig erklärt. Allgemeine Ausnahmen und solche zur Wahrung der

---

275 VO (EU) Nr 978/2012 v 25.10.2012 (ABl EU 2012, Nr L 303/1).
276 Zum Ganzen *Hoffmeister*, Menschenrechts- und Demokratieklauseln in den vertraglichen Außenbeziehungen der Europäischen Gemeinschaft, 1998.
277 Vgl dazu bereits o Rn 80.
278 So auch *Hahn* (Fn 249 [Aussetzung]) 360. Ähnlich *Kuilwijk*, Castro's Cuba and the US Helms-Burton Act, JWT 31 (1997) 49 (54).
279 Vgl dazu *Frowein*, Reactions by Not Directly Affected States to Breaches of Public International Law, RdC 248 (1994-IV) 345 (405 ff); *ders*, Obligations erga omnes, MPEPIL VII, 916 ff; *Herdegen* (Fn 41) 211 f.
280 Vgl o Rn 80. Hierzu *Hahn* (Fn 249 [Aussetzung]) 365 ff. Anders aber offensichtlich die Auffassung der BR Deutschland, wie sie in der Stellungnahme im Streit mit Island im Jahre 1974 zum Ausdruck kam, vgl GATT Doc C/M/103, 15 f.
281 In einer interpretativen Entscheidung aus dem Jahre 1982 haben die Vertragsparteien des (alten) GATT die grundsätzliche Anwendbarkeit des Streitbeilegungsmechanismus auf Art XXI GATT bestätigt, vgl GATT BISD 29 (1983), Suppl, 23.
282 BGBl 1994 II, 1473 (engl) bzw 1643 (dt); ausf zum GATS *Berr*, L'accord général sur le commerce des services, AFDI 40 (1994) 748 ff; *Koehler*, Das Allgemeine Übereinkommen über den Handel mit Dienstleistungen, 1999; *Krancke*, Liberalisierung des internationalen Dienstleistungshandels, 1999; *Pitschas*, Die Liberalisierung des internationalen Dienstleistungshandels im Rahmen des GATS, RIW 2003, 676 ff; *Welf*, Das WTO-Finanzdienstleistungsabkommen, 1999; *Sapir*, The General Agreement on Trade in Services, JWT 33 (1999) 51 ff; *Footer/George*, The General Agreement on Trade in Service, in Macrory/Appleton/Plummer (Hrsg), The World Trade Organization: Legal, Economic and Political Analysis, Bd 1, 2005, 799 ff; Wolfrum (Hrsg), WTO – Trade in Services, 2008; *Munin*, Legal Guide to GATS, 2010.
283 Die „unverzüglich und bedingungslos"-Formel (vgl o Rn 67) findet sich auch hier. Ausnahmen zu diesem Prinzip sind im Annex zu Art II aufgeführt.

Sicherheit sind gemäß Art IV und XIV*bis* möglich. Unter den in Teil III genannten spezifischen Verpflichtungen der Mitgliedstaaten sind besonders diejenigen zur Gewährleistung des Marktzugangs (Art XVI GATS) und zur Inländerbehandlung von Dienstleistungen und Dienstleistungserbringern (Art XVII GATS) hervorzuheben.

- das *Übereinkommen über die handelsbezogenen Aspekte der Rechte des geistigen Eigentums* 89 (Agreement on Trade-Related Aspects of Intellectual Property Rights – TRIPS).[284] Schon heute nähert sich die Wertschöpfung über geistiges Eigentum derjenigen über herkömmliches produktives Eigentum. Die Auseinandersetzungen um die Rechte am geistigen Eigentum dürften in Zukunft noch stärkere Bedeutung erhalten. Das TRIPS trägt diesem wichtigen Aspekt des internationalen Handels Rechnung, indem es Mindeststandards für den Schutz geistiger Eigentumsrechte begründet. Damit soll der immer häufigeren Nichtanerkennung und Verletzung solcher Rechte auf internationaler Ebene entgegengewirkt werden, wenn auch unter Beschränkung auf handelspolitische Aspekte.[285] Das TRIPS begründet die Prinzipien der Inländergleichbehandlung (Art 3) und der Meistbegünstigung (Art 4) auch für das geistige Eigentum. Wesentliche Teile der (revidierten) Berner Übereinkunft v 1971 zum Schutz der Werke der Literatur und Kunst werden für entsprechend anwendbar erklärt (Art 9).[286] Die Teile III und IV enthalten Regeln für das innerstaatliche gerichtliche Verfahren zur Durchsetzung von Rechten des geistigen Eigentums bzw zur Ersatzleistung für den Fall ihrer Verletzung. Ebenso wie GATT ist TRIPS auf Angleichung der nationalen Schutzmechanismen gerichtet.

b) Handelsbezogene Investitionsmaßnahmen

Zwischen dem internationalen Handel und den internationalen Investitionen bestehen mehr- 90 schichtige *Wechselbeziehungen*.[287] In gewissen Grenzen erscheinen die unternehmerischen Entscheidungen über Handel oder Investitionen als Alternativen, wobei nicht immer eindeutig ist, welche Entscheidung den Vorzug verdient. Je höher die rechtlichen oder tatsächlichen Barrieren für den jeweiligen internationalen Handel sind, desto eher wird die Entscheidung zugunsten einer Investition im Ausland fallen; auch umgekehrt gilt dies im Grundsatz. Im Einzelfall entscheiden oft pragmatische, auf die Einschätzung der konkreten Marktsituation bezogene Erwägungen.

Gegenseitige Auswirkungen können sich auch insoweit ergeben, als sich primär auf Investi- 91 tionen bezogene Maßnahmen auch auf den Handel auswirken können. So sah in den 1980er Jahren in Kanada der *Foreign Investment Review Act* vor, dass ausländische Unternehmen nur dann Investitionen in Kanada tätigen durften, wenn sie bevorzugt kanadische Produkte kauften. Ein GATT-Panel kam damals zu der Auffassung, dass diese Maßnahme gegen den Inländergleichbehandlungsgrundsatz aus Art III Abs 4 GATT verstoße.[288] Generell lassen sich in diesem

---

284 BGBl 1994 II, 1565 (engl) bzw 1730 (dt). Dazu Beier (Hrsg), From GATT to TRIPs, 1996; *Staehelin*, Das TRIPs-Abkommen – Immaterialgüterrechte im Licht der globalisierten Handelspolitik, 1997; *Gervais*, The TRIPs Agreement, 1998; *Geisel*, Das TRIPS-Übereinkommen in der WTO-Rechtsordnung, 2003; *Herrmann/Weiß/Ohler*, Welthandelsrecht, Rn 906ff; *Mitchell/Voon*, TRIPS, in Bethlehem et al (Hrsg), The Oxford Handbook of International Trade Law, 2010, 186ff; *Herdegen* (Fn 41) 232ff.
285 Zum Schutz geistigen Eigentums im Völkerrecht auch jenseits handelsbezogener Aspekte vgl *Buck*, Geistiges Eigentum und Völkerrecht, 1994.
286 Berner Übereinkunft zum Schutze von Werken der Literatur und Kunst v 24.7.1971 (BGBl 1973 II, 1071, letzte Änd in BGBl 1985 II, 81). Besonderen Regelungen unterworfen sind ferner Marken (Art 15ff), geographische Angaben (Art 22ff), gewerbliche Muster und Modelle (Art 25f) sowie Patente (Art 27ff).
287 Hierzu etwa *Markusen*, FDI and Trade, in Bora (Hrsg), Foreign Direct Investment, 2002, 93ff; s auch OECD (Hrsg), Foreign Direct Investment, Trade and Employment, 1995; United Nations Conference on Trade and Development (Hrsg), Assessing the Impact of the Current Financial and Economic Crisis on Global FDI Flows, 2009 (abrufbar unter <www.unctad.org>).
288 Canada–Administration of the Foreign Investment Review Act, Panel-Bericht v 1.2.1984, GATT BISD 30 (1984), Suppl, 140ff. Vgl zum FIRA-Fall auch *Tietje* (Fn 45 [Grundstrukturen]) 227, 233.

Kontext sowohl für den Import als auch für den Export Investitionsregelungen denken, die den Handel behindern – für externe Bereiche etwa „Mindestinlandsanteilvorschriften", wonach ein Mindestvolumen der Vorprodukte oder ein Prozentsatz der lokalen Produktionen aus Ressourcen des Gastlands beschafft werden muss *(local content requirement);* Produktionsbeschreibungsauflagen, Erfordernisse zum Technologietransfer, Handelsbilanz- oder Beteiligungsauflagen sowie Vorschriften über die Nationalität der Beschäftigten gehören ebenfalls hierher. Auf den Export können sich investitionsbezogene Maßnahmen etwa auswirken, wenn sie den Investor zwingen, einen gewissen Prozentsatz der Produktion im Ausland abzusetzen oder ihm vorschreiben, der Tochtergesellschaft eines multinationalen Unternehmens im Gastland gegenüber der Konzernzentrale ein exklusives Vertriebsrecht zukommen zu lassen. Ein anderes Bsp betrifft den Fall, dass ausländischen Angestellten des Investors vorgeschrieben wird, einen Teil ihres Einkommens im Inland zu konsumieren oder zu investieren.

92   Im GATT 1994 wurden mit dem *Übereinkommen über handelsbezogene Investitionsmaßnahmen* (TRIMS) erstmals Regeln vereinbart,[289] welche sich im Lichte eines angestrebten Systems des Freihandels mit der Regelung von Investitionen befassen und den Protektionismus auch auf diesem Felde abbauen sollen. Keinen Erfolg hatte der Versuch der USA, allgemein das Prinzip des freien Marktzugangs einzuführen. Im Einzelnen wird festgelegt, dass Investitionsmaßnahmen, die sich auf den Handel mit Gütern auswirken, unzulässig sind, soweit sie das Gebot der Inländergleichbehandlung und das Verbot mengenmäßiger Beschränkungen verletzen. Im Anhang des Abkommens werden die unzulässigen Typen der Investitionsmaßnahmen beschrieben, so etwa die Auflagen bzgl der Verwendung lokaler Reserven, bestimmte Beschränkungen der Einfuhr von produktionsbestimmten Gütern, Exportbeschränkungen oder die Beschränkung des Zugangs zu ausländischen Devisen im Lichte von Deviseneinnahmen aus Exporten. Ein besonderer Ausschuss überwacht die Durchführung des Abkommens. Subventionen und Steuererleichterungen werden nicht erfasst, ebenso wenig Dienstleistungen und Finanztransaktionen. Mittelfristig wird sich zeigen, ob das TRIMS-Abkommen als ein Schritt in Richtung auf eine grundsätzliche Erweiterung des Mandats der WTO zu werten sein wird.[290] Bejahendenfalls wäre die WTO eine breit angelegte I.O. zur Regelung internationaler wirtschaftlicher Vorgänge geworden und müsste dann auch ihren Namen erweitern. Voraussetzung wäre ein zusätzlicher Souveränitätsverzicht, auch der Entwicklungsländer, der allenfalls schrittweise zu erwarten ist.

c) Instrumente regionaler wirtschaftlicher Integration

93   Das GATT lässt gemäß Art XXIV Abs 5 bis 10 als Ausnahme zum Prinzip der Meistbegünstigung regionale wirtschaftliche Integration durch *Zollunionen und Freihandelszonen*[291] unter der Bedingung zu, dass sie eine dem gesamten Welthandel förderliche Funktion haben, sich nicht zum Nachteil der Nichtmitglieder der Präferenzabkommen auswirken und „im Wesentlichen den gesamten Handel" erfassen, also nicht sektoral begrenzt sind.[292] Regionale Einrichtungen haben sich wie die WTO dem Ziel einer Liberalisierung der Handels- und Dienstleistungsbeziehungen

---

289 Vgl *Brewer/Young,* Investment Issues at the WTO, JIEL 1 (1998) 457 ff; *Koulen,* Foreign Investment in the WTO, in Nieuwenhuys/Brus (Hrsg), Multilateral Regulation of Investment, 2001, 181 ff.
290 Vgl insoweit den Text der Präambel des TRIMS; zur Idee und zur Notwendigkeit eines globalen Investitionsvertrags unter dem Dach der WTO *Collins,* A New Role for the WTO in International Investment Law, Connecticut JIL 25 (2009/10) 1 ff.
291 S allgemein zu Wirtschaftsräumen *Weiß,* Wirtschaftsräume, in Odendahl/Giegerich (Hrsg), Räume im Völker- und Europarecht, 2014, 145 ff
292 In der Praxis hat das GATT jedoch keinen regionalen Zusammenschluss an diesen Voraussetzungen scheitern lassen. Vgl näher hierzu *Borrmann et al,* Regionalisierungstendenzen im Welthandel, 1995; *Benedek* (Fn 46) 63 ff; *Herrmann/Weiß/Ohler,* Welthandelsrecht Rn 601 ff.

verschrieben, versuchen dieses jedoch mit meist erheblich weitergehender Intensität zu verwirklichen.[293] Zunehmend ist zu beobachten, dass auch überregionale Handelsbündnisse geschlossen werden; ihre Zahl ist in den vergangenen Jahrzehnten erheblich gestiegen.[294] Dass sich Zollunionen und Freihandelszonen im Zusammenspiel mit der WTO und ihren Bestandteilen als Katalysatoren eines immer liberaleren Welthandels erweisen werden, erscheint angesichts einer sich möglicherweise abzeichnenden Ausbildung wirtschaftlicher Blöcke nicht gesichert. Nach dem Grad der Integrationstiefe kann wie folgt unterschieden werden:

- *Freihandelszonen* (Definition in Art XXIV Abs 8 lit b GATT) sind wirtschaftliche Verbindungen zwischen Staaten, welche die Beseitigung interner Handelsbarrieren zum Gegenstand haben;[295] idR wird keine wirtschaftliche Integration angestrebt; meist steht der Abbau der Binnenzölle im Vordergrund;[296] 94
- *Zollunionen* (definiert in Art XXIV Abs 8 lit a GATT) verfügen über einen gemeinsamen Außenzoll. Ihre Binnengrenzen sind keine Zollgrenzen mehr; strukturell gesehen sind Zollunionen meistens, Freihandelszonen manchmal an eine I.O. angebunden. Beim *Gemeinsamen Markt* handelt es sich um eine Zollunion mit höherem Integrationsgrad, dh auch Personen-, Dienstleistungs-, Kapital- und Zahlungsverkehr sind liberalisiert. Das Modell der *Wirtschafts- und Währungsunion* der EU (vgl etwa Art 120 ff AEUV) geht weiter; neben der Liberalisierung des Austauschs von Gütern und Dienstleistungen sind die Vereinheitlichung und Integration der wirtschaftlich-politischen Strukturen das Ziel („Finalität"). 95

Die bedeutsamste regionale *Zollunion* ist bisher die Europäischen Union (Art 28 AEUV), die ihrerseits Mitglied der WTO ist.[297]. Zwar sah auch der *Andenpakt* (Übereinkommen von Cartagena v 1969)[298] den Abbau der Außenzölle bis 1975 vor, doch erst seit 1994 besteht zwischen den Mitgliedstaaten eine unvollkommene Zollunion. Durch das Protokoll von Trujillo wurde der Andenpakt im Jahre 1996 zur Andinischen Gemeinschaft u a mit dem Ziel weiterentwickelt, einen gemeinsamen Markt zu schaffen.[299] Der am 1.1.1995 in Kraft getretene *Mercosur-* (oder Mercosul-) Vertrag[300] ist eines der wichtigsten Vorhaben regionaler Integration in Lateinamerika.[301] Auf dem afrikanischen Kontinent waren die praktischen Erfolge der Wirtschaftsgemeinschaft westafrikanischer Staaten (ECOWAS) und der Westafrikanischen Wirtschafts- und Währungsunion (UEMOA) bisher gering.[302] Daneben wurde im November 1999 die Ostafrikanische Gemeinschaft (EAC), 96

---

293 S hierzu o Rn 67.
294 S auch *Trebilcock/Howse/Eliason*, The Regulation of International Trade, 4. Aufl 2013, 86 f.
295 Vgl *Köbele*, Free Trade Areas, MPEPIL IV, 239 ff.
296 Die Anerkennung von Freihandelszonen als Regionaleinrichtung nach Art XXIV ist keineswegs selbstverständlich: Eine lockere Integration kann leicht zur Diskriminierung dritter Staaten führen und als Tarnung für die Nichtanwendung der Meistbegünstigungsklausel dienen.
297 Vgl *Oppermann* (Fn 194) 925 ff; *Hahn*, Die EU als WTO Mitglied: Machtinteressen einer Rechtsgemeinschaft, in Giegerich (Fn 110) 173 (180 ff).
298 ILM 28 (1989) 1165.
299 *Porrata-Doria Jr*, Andean Community of Nations (CAN), MPEPIL I, 385 ff.
300 Vgl Treaty Establishing a Common Market Between the Argentine Republic, the Federative Republic of Brazil, the Republic of Paraguay and the Eastern Republic of Uruguay (Treaty of Asunción) v 26.3.1991, ILM 30 (1991) 1041, sowie das Additional Protocol to the Treaty of Asunción on the Institutional Structure of Mercosur v 17.12.1994, ILM 34 (1995) 1244; s zum Mercosur *Haller*, Mercosur, 2001; Filho/Toscano (Hrsg), The Law of Mercosur, 2010. Der im Dezember 2005 ergangene erste Schiedsspruch des ständigen Revisionsgerichts des Mercosur orientiert sich stark an der Rechtsprechung des EuGH, s hierzu *Piscitello/Schmidt*, Der EuGH als Vorbild: erste Entscheidung des ständigen Mercosur-Gerichts, EuZW 2006, 301 ff.
301 Vgl *Gardini*, MERCOSUR: What You See Is Not (Always) What You Get, ELJ 17 (2011) 683 (684). Mitglieder des Mercosur sind Argentinien, Brasilien, Paraguay, Uruguay und seit 2012 auch Venezuela. Assoziierte Staaten sind Chile, Ecuador, Guyana, Kolumbien, Peru, Suriname und Bolivien. Bolivien befindet sich seit dem Jahr 2012 im offiziellen Aufnahmeprozess.
302 Vgl *van den Boom*, Regionale Kooperation in Westafrika: Politik und Probleme der ECOWAS, 1996; *Ng'ong'ola*, Regional Integration and Trade Liberalisation in Africa, JWT 33 (1999) 145 ff. S für einen Überblick über alle acht

sowie im März 2001 die *Afrikanische Union* (AU) gegründet.[303] Dagegen handelt es sich bei der „Neuen Partnerschaft für Afrikas Entwicklung" (NePAD) um eine im Wesentlichen politische Initiative verschiedener afrikanischer Staaten mit dem Ziel, der wirtschaftlichen Marginalisierung entgegenzutreten und die Armutsbekämpfung auf dem Kontinent zu verstärken.[304]

97   In den letzten Jahren sind zahlreiche regionale *Freihandelszonen* entstanden, von denen manche künftig zur Zollunion ausgebaut werden könnten. Im Jahr 1992 wurde der Europäische Wirtschaftsraum (EWR)[305] als eine Freihandelszone zwischen den nach der EU-Erweiterung im Jahr 1995 noch verbliebenen EFTA-Staaten („Rest-EFTA") und der EU gegründet. Nachdem zunächst die „Euro-Mediterranean Free-Trade Area" nach der Barcelona-Erklärung v 1995 zwischen der EG und südlichen Nachbarländern in Nordafrika und dem Nahen Osten bis 2010 entstehen sollte, wurde im Juli 2008 in Paris die *Union für das Mittelmeer* als eine Gemeinschaft der Mitgliedstaaten der EU sowie weiteren 15 Mittelmeeranrainerstaaten einschließlich Mauretanien und Jordanien gegründet, die ihre Arbeit allerdings erst im März 2010 aufnehmen konnte. Die 1989 gegründete APEC sieht sich als Notar eines „offenen Regionalismus".[306] Im Januar 2004 hat auch die Südasiatische Vereinigung für regionale Zusammenarbeit (SAARC) die Schaffung einer regionalen Freihandelszone, der *South Asian Free Trade Area (SAFTA)* beschlossen. Mit dem im Jahr 2010 in Kraft getretenen Freihandelsabkommen zwischen der *ASEAN* (Association of Southeast Asian Nations) und China entstand die bisher größte Freihandelszone der Welt.[307] In den Mitgliedstaaten leben 1,8 Mrd Menschen; das Handelsvolumen der neuen Zone ist indes geringer als das der EU und der NAFTA. Etwa 90% der bisherigen (ohnehin geringen) Zölle wurden in dem Abkommen gestrichen; nicht berührt sind indes die beträchtlichen nicht-tariffären Hemmnisse. Von großer Bedeutung ist das zwischen den USA, Kanada und Mexiko 1992 abgeschlossene *Nordamerikanische Freihandelsabkommen (North American Free Trade Agreement – NAFTA)*.[308] Die dort vereinbarten Investitionsregeln haben in jüngster Zeit zunehmend Niederschlag in schiedsgerichtlichen Entscheidungen gefunden.[309] Die EU und die USA verhandeln gegenwärtig über den Abschluss der *Transatlantischen Handels- und Investitionsgemeinschaft*

---

regionalen Handelsabkommen in Afrika *Gathii*, The Status of African Regional Trade Agreements, EYIEL 4 (2013) 287 ff; s allgemein zur ECOWAS *Berger/Hamadi*, Economic Community of West African States (ECOWAS), MPEPIL online (abrufbar unter <http://opil.ouplaw.com/view/10.1093/law:epil/9780199231690/law-9780199231690-e610?rskey=dOa1YJ&result=1&prd=EPIL>).

303 Die AU ersetzt nunmehr die OAU, dazu *Packer/Rukare*, The New African Union and its Constitutive Act, AJIL 96 (2002) 365 ff. S allg zur Afrikanischen Union *Barthel*, Die neue Sicherheits- und Verteidigungsarchitektur der Afrikanischen Union, 2011; *Jeng*, Peacebuilding in the African Union, 2012; *Viljoen*, African Union (AU), MPEPIL I, 162 ff.

304 S allg zur NePAD *Marong*, New Partnership for Africa's Development (NEPAD), MPEPIL XI, 668 ff.

305 Dazu *Herdegen*, Internationales Wirtschaftsrecht, § 12 Rn 19 ff.

306 *Grote*, Asia-Pacific Economic Co-operation (APEC), MPEPIL I, 674 ff; *Garnaut*, Open Regionalism and Trade Liberalization: An Asia-Pacific Contribution to the World Trade System, 1996; *Dieter*, Asiatisch-Pazifische Wirtschaftsgemeinschaft und Welthandelsorganisation, Außenpolitik 1996, 275 ff; Aggarwal/Morrison (Hrsg), Asia-Pacific Crossroads: Regime Creation and the Future of APEC, 1998; *Fazzone*, The Trans-Pacific Partnership, Georgetown JIL 43 (2012) 695 ff; *Hsieh*, Reassessing APEC's Role as a Trans-regional Economic Architecture, JIEL 16 (2013) 119 ff.

307 Hierzu *Greenwald*, The Asean-China Free Trade Area (ACFTA): A Legal Response to China's Economic Rise?, DJCIL 15 (2005) 193 ff. Zur Regionalisierung im asiatischen Wirtschaftsraum *Sen*, „New Regionalism" in Asia, JWT 40 (2006) 553 ff; *Roberts*, ASEAN Regionalism, 2011. Zum Verhältnis der EU zur ASEAN s Chirathivat/Knipping/Ryan/Welfens (Hrsg), European Union and ASEAN, 2005.

308 Vgl *Herdegen*, Internationales Wirtschaftsrecht, § 12 Rn 27 ff; *Abott*, North American Free Trade Agreement (1992), MPEPIL VII, 776 ff. Die USA haben zwischenzeitlich Freihandelsabkommen mit 20 Staaten, u a mit Chile (am 1.1.2004 in Kraft getreten), mit zentralamerikanischen Staaten und der Dominikanischen Republik (für El Salvador am 1.3.2006, für Honduras und Nicaragua am 1.4.2006, für Guatemala am 1.7.2006, für die Dominikanische Republik am 1.3.2007 und für Costa Rica am 1.1.2009 in Kraft getreten), mit Peru (am 1.1.2009 in Kraft getreten), mit Kolumbien (am 22.11.2006 unterzeichnet), mit Panama (am 11.7.2007 unterzeichnet) und mit Korea (am 15.3.2012 in Kraft getreten) abgeschlossen. S zum Verhältnis von WTO und NAFTA-Streitigkeiten *Mathieu*, Settling NAFTA and WTO Disputes, EYIEL 5 (2014) 235 ff.

309 Vgl *Dolzer/Schreuer*, Principles, 15.

(TTIP).³¹⁰ Die Verhandlungen zwischen der EU und Kanada zum Abschluss eines umfassenden Wirtschafts- und Handelsabkommens *(Comprehensive Economic and Trade Agreement – CETA)* wurden im September 2014 abgeschlossen.³¹¹ Im Juli 2006 wurden innerhalb der WTO neue Regeln zur Notifizierung von regionalen Handelsabsprachen und zur Überprüfung ihrer Vereinbarkeit mit der WTO ausgearbeitet. Im Ganzen bleibt offen, ob sich die Freihandelszonen und Zollunionen im unauflöslichen Widerspruch zum GATT entwickeln und dieses letztlich sprengen könnten, oder ob sie sich im Zusammenspiel mit der WTO und ihren Bestandteilen als Katalysatoren eines immer liberaleren Welthandels erweisen werden.³¹²

d) Verlauf der Doha-Runde

Die 2002 in Doha angestrebten Ziele einer Neuordnung des internationalen Handels haben sich im Nachhinein als zu ambitioniert erwiesen. Um der Idee des Freihandels doch noch einen neuen Impuls zu geben, haben sich die Parteien im Dezember 2013 nach langwierigen Verhandlungen auf eine Mindestreform („Bali-Pakt") geeinigt.³¹³ Das in Bali verhandelte Abkommen über Handelserleichterungen zielt in erster Linie auf einfachere Zollprozeduren. Für den Bereich der Landwirtschaft wurden Sonderregeln über die Verwaltung von Zollkontingenten verabredet; verpflichtet haben sich die Staaten in Bali auch zur künftigen Abschaffung von Exportsubventionen für landwirtschaftliche Produkte und zur Regelung für ähnlich wirkende Maßnahmen. Im Sinne des Kernanliegens der Doha-Runde wurden für die am wenigsten entwickelten Länder Absprachen für einen verbesserten Marktzugang, für vereinfachte Ursprungsregeln, für Präferenzen im Dienstleistungsbereich sowie speziell für den Baumwollhandel Erleichterungen bei der Durchführung bestehender Regeln vereinbart. Für den viel weiteren Gesamtbereich des in Doha abgesprochenen Verhandlungsprogramms haben sich die Parteien in Bali geeinigt, im Jahre 2015 einen neuen Arbeitsplan zu erstellen; die diesbezüglich zähen Verhandlungen zeigen freilich erneut, dass derzeit das Konzept eines globalen Freihandels nur eine begrenzte Unterstützung der Staaten findet. – Plurinationale laufende Verhandlungen im Rahmen der WTO beziehen sich auf den Handel mit Dienstleistungen, auf das Übereinkommen über Informationstechnologie und auf einen neuen Vertrag über den Handel mit Umweltgütern. 97a

Vergleicht man die vielfältigen Absprachen zum bilateralen und multilateralen Freihandel außerhalb der WTO im vergangenen Jahrzehnt mit dem bescheidenen Fortschritt in der Doha-Runde, so fällt das Ergebnis für den globalen Anspruch der WTO nicht günstig aus. Das Prinzip der Einstimmigkeit in der WTO hindert vielschichtige erfolgreiche Verhandlungen; andererseits ist aber eine Reform in Richtung auf Mehrheitsentscheidungen nicht in Sicht. Unabhängig von theoretischen Konzepten der Vorteile eines weltweiten Freihandels weichen die Staaten deshalb immer wieder neuen Absprachen in der WTO aus und verlassen sich auf bilaterale und multilaterale Vereinbarungen außerhalb des Korsetts der WTO. 97b

e) Weitere handelsbezogene Instrumente

Neben dem WTO-Komplex gibt es auf multilateraler Ebene eine Vielzahl von Verträgen, welche die internationalen Handelsbeziehungen betreffen, aber an unterschiedlichen Punkten anknüp- 98

---

310 Ausf zur Diskussion um TTIP *Treier/Wernicke*, Die Transaltlantische Handels- und Investitionspartnerschaft (TTIP) – Trojanisches Pferd oder steiniger Weg zum Olymp?, EuZW 2015, 334 ff; *Godt*, Wirtschaft und Umwelt im Partnerschaftsabkommen der USA und Europa (TTIP), ZUR 2014, 403 ff.
311 Insbes die Fragen der Vertragsschlusskompetenzen der EU und der Investitionsschutz sind str; s dazu *Mayer/Ermes*, Rechtsfragen zu den EU-Freihandelsabkommen CETA und TTIP, ZRP 2014, 237 ff.
312 Zu der Diskussion s *Bhagwati*, Termites in the Trading System, 2008, 49 ff; *Senti*, Regionale Freihandelsabkommen, 2013, 231 ff. S auch oben u Rn 67.
313 Vgl <https://mc9.wto.org/>.

fen. So zielen zahlreiche, institutionell verfestigte *Rohstoffabkommen* darauf ab, die Preisgestaltung für bestimmte Produkte zu beeinflussen. Mittelbar wirkt sich das auf Produktion, Angebot und Nachfrage aus – und damit auf den Umfang des einschlägigen Welthandels.[314] Die Vereinbarungen zum internationalen *Vertragsrecht* suchen den zwischenstaatlichen Handel durch Rechtsvereinheitlichung zu fördern. Besondere Erwähnung verdienen das (Wiener) UN-Übereinkommen über den internationalen Warenkauf v 11.4.1980[315] sowie – auf regionaler Ebene – die Rom I-VO v 17.6.2008,[316] die (außer im Verhältnis zu Dänemark) das EWG-Übereinkommen über das auf vertragliche Schuldverhältnisse anzuwendende Recht v 19.6.1980[317] ersetzt hat. In jüngster Zeit wird auf europäischer Ebene die Einführung eines Europäischen Vertragsrechts für Verbraucher und Unternehmen diskutiert. Dieses soll es ermöglichen, auf freiwilliger Basis innerhalb des Binnenmarkts Vertragsabschlüsse auf Grundlage von EU-weit gültigen Rechtsvorschriften zu tätigen.[318] Zahlreiche Verträge regeln die einzelnen Bereiche des internationalen *Dienstleistungsverkehrs,* insbes das Transportwesen (Vereinheitlichung der Rechtsbestimmungen und Gebühren, Transport gefährlicher Güter etc)[319] unter Einschluss der internationalen Zivilluftfahrt,[320] das Bank- und Versicherungswesen,[321] den Postverkehr (mit dem Vertrag über den Allgemeinen Postverein „Weltpostverein" v 9.10.1874[322] als Grundlage), die Telekommunikation (Grundlage: Konstitution und Konvention der Internationalen Fernmeldeunion,[323] aber auch die Einbeziehung der Telekommunikation im Rahmen des GATS)[324] sowie den Energiesektor (Energie-Charta Vertrag).[325]

99   Angesichts der zunehmenden Globalisierung der Wirtschaft gewinnt auch die Vereinheitlichung des Rechts der Unternehmensübernahmen an Bedeutung.[326] Im Rahmen der EU konnte nach langjährigen Verhandlungen im Dezember 2003 eine entsprechende Richtlinie verabschiedet werden.[327]

---

314 Vgl dazu u Rn 116. Vgl etwa das Internationale Tropenholzübereinkommen v 2006 (ITTA, revidierte Fassung ABl EG, 2007, Nr L 262/6).
315 BGBl 1989 II, 588; berichtigt BGBl 1990 II, 1699. Vgl zum UN-Kaufrecht etwa *Corvaglia,* Das einheitliche UN-Kaufrecht, 1998; Honsell (Hrsg), Kommentar zum UN-Kaufrecht, 2. Aufl 2010; *Knetsch,* Das UN-Kaufrecht in der Praxis der Schiedsgerichtsbarkeit, 2011; *Piltz,* Neue Entwicklungen im UN-Kaufrecht, NJW 2011, 2261 ff; Schlechtriem/Schwenzer (Hrsg), Kommentar zum Einheitlichen UN-Kaufrecht – CISG, 6. Aufl 2013.
316 VO (EG) Nr 593/2008 des Europäischen Parlaments und des Rates v 17.6.2006 über das auf vertragliche Schuldverhältnisse anzuwendende Recht, ABl EG 2008, Nr L 177/6.
317 BGBl 1986 II, 810.
318 Vorschlag für eine VO des EP und des Rates über ein Gemeinsames Europäisches Kaufrecht v 11.10.2011, KOM(2011) 635 endg; s dazu *Grigoleit,* Die Europäische Kommission und ein Gemeinsames Europäisches Kaufrecht, ZfSE 9 (2011) 560 ff; *Eidenmüller,* Der Vorschlag für eine Verordnung über ein Gemeinsames Europäisches Kaufrecht, JZ 2012, 269 ff; *Ludwigs,* Verwirklichung des Binnenmarktes durch ein „Gemeinsames Europäisches Kaufrecht"?: Das optionale Modell im Kreuzfeuer der Kompetenzkritik, EuZW 2012, 608 ff; *Grigoleit,* Der Entwurf für ein Gemeinsames Europäisches Kaufrecht: Funktionsbedingungen, EU-Kompetenz und Perspektiven, in Remien/Herrler/Limmer (Hrsg), Gemeinsames Europäisches Kaufrecht für die EU, 2012, 67 ff; *Jaeger,* Inhaltliche und methodische Vollständigkeit des Vorschlags für ein gemeinsames Europäisches Kaufrecht, RabelsZ 77 (2013) 465 ff.
319 Einzelheiten bei *Herdegen,* Internationales Wirtschaftsrecht, § 14 Rn 4 ff.
320 ZB Abkommen über die Internationale Zivilluftfahrt v 7.12.1944 (BGBl 1956 II, 411), zuletzt geänd durch Prot v 10.5.1984 (BGBl 1996 II, 2010; BGBl 1999 II, 307); s dazu *Herdegen,* Internationales Wirtschaftsrecht, § 14 Rn 13 ff; *Tomas,* Chicago Convention (1944), MPEPIL II, 117 ff.
321 *Herdegen,* Internationales Wirtschaftsrecht, § 14 Rn 18 ff, 24 ff.
322 IdF v 10.9.1981 (BGBl 1981 II, 674).
323 BGBl 1994 II, 147; Änd in BGBl 1996 II, 1306; Neufassung in BGBl 2001 II, 365.
324 Vgl o Rn 88; dazu *Mathew,* The WTO Agreements on Telekommunications, 2003.
325 Energie-Charta v 17.12.1994, BGBl 1997 II, 4; BGBl 1998 II, 3009; vgl dazu *Waelde,* International Investment under the 1994 Energy Charter Treaty, JWT 29 (1995) 5 ff; *Parish,* An Introduction to the Energy Charter Treaty, ARIA 20 (2009) 191 ff; *Roe/Happold,* Settlement of Investment Disputes under the Energy Charter Treaty, 2011; *Baltag,* The Energy Charter Treaty, 2012; *Dolzer,* International Co-Operation in Energy Affairs, RdC 372 (2014), 369 (436 ff).
326 Vgl *Zschocke/Schuster,* Handbuch zum Übernahmerecht, 2003.
327 Richtlinie 2004/25/EG des Europäischen Parlaments und des Rates v 21.4.2004 betreffend Übernahmeangebote (ABl EG 2004, Nr L 142/12).

5. Internationales Steuerrecht

Das Steuerrecht wird primär vom einzelnen Staat festgelegt. Er bestimmt Steuerpflichtigkeit, Bemessungsgrundlagen, Steuerhöhe. Dennoch enthält auch das Völkerrecht Regeln, welche sich mit dem Steuerrecht befassen, regelt es doch die *territoriale und personelle Reichweite der Besteuerungsgewalt*. Dieser Abgrenzung kommt angesichts der weltweiten Unterschiedlichkeit der Steuervorschriften und der hohen wirtschaftlichen internationalen Vernetzung insbes für multinational tätige Unternehmen erhebliche praktische Bedeutung zu. Auf der Ebene des Vertragsrechts existieren insbes die *Doppelbesteuerungsabkommen,* wovon die BR Deutschland seit 1953 über 130 abgeschlossen hat.[328] Sie folgen weitgehend einem einheitlichen, von der OECD erarbeiteten Muster, wobei im Verhältnis zu Entwicklungsländern aber auch ein *UN-Modellabkommen* Bedeutung erlangt hat.

100

Das Völkerrecht lässt auf der Grundlage der territorialen Hoheit zu, alle wirtschaftlichen Werte und Vorgänge innerhalb des eigenen Landes zu besteuern, auch wenn die betroffenen Personen oder Unternehmen nicht die Staatsangehörigkeit bzw Staatszugehörigkeit des Hoheitsstaats haben. Nach diesem *Quellenprinzip* kommt es auch nicht auf die Ansässigkeit im Land an. Andererseits lässt es das *Welteinkommensprinzip* zu, dass ein Staat von seinen Angehörigen auch Steuern für Wirtschaftsvorgänge und Werte verlangt, wenn diese im Ausland stattfinden. Die völkerrechtliche Zulässigkeit dieser beiden Prinzipien als Grundlage der Besteuerung führt zur Möglichkeit von Überschneidungen, dh dazu, dass der Einzelne uU gegenüber zwei oder gar mehr Staaten steuerpflichtig ist. Das allgemeine Völkerrecht lässt es zu, dass derselbe Vorgang von zwei Staaten besteuert wird. Die nachteiligen Folgen für das doppelt besteuerte Unternehmen können sich auch volkswirtschaftlich negativ auswirken, wenn dadurch Firmen Wettbewerbsnachteile erleiden und evtl sogar zum Wechsel des Standorts veranlasst werden.

101

Gelegentlich werden zur Vermeidung hoher Steuern „Basisgesellschaften" errichtet, deren Gesellschafter in Drittstaaten tätig sind; auf diese Weise können durch Verlagerung von Gewinnen in Staaten mit niedrigen Steuern („Steueroasen") Nachteile für die Heimatstaaten der Gesellschafter entstehen.

102

Doppelbesteuerung lässt sich entweder durch die unilaterale Rücknahme des Steueranspruchs oder durch entsprechende zwischenstaatliche Vereinbarungen vermeiden. Der Wohnsitzstaat kann, wenn die Steuer nicht auf Grund von Vorgängen und Werten auf seinem Territorium anfällt, die im Ausland erhobene Steuer bis zur Höhe seiner eigenen anrechnen.[329] Denkbar ist auch die Freistellung von der Steuerpflicht für Werte und Betriebsstätten im Ausland, wie dies etwa die Schweiz oder die Niederlande tun.

103

Doppelbesteuerungsabkommen beruhen auf dem Grundsatz, dass zwar jeder Staat sein nationales Recht anwendet, dieses aber gemäß den Vertragsbestimmungen eingeschränkt wird. Weder wird also der Staat zu einer Besteuerung ermächtigt, noch wird eine Aufteilung des Steueraufkommens vereinbart. Sinn und Zweck ist vielmehr lediglich, für den Bereich der Überschneidung durch Doppelbesteuerung die Rücknahme des Steueranspruchs eines Staats zu vereinbaren; nur in diesem engen Sinn werden die Steuerquellen aufgeteilt.[330] Zu diesem Zweck können die Staaten auf die Anrechnungs- oder die Freistellungsmethode zurückgreifen. Für „verbundene Unternehmen" werden dabei Regeln vereinbart, welche Abweichungen von vergleichbaren unabhängigen Unternehmen bei der Gewinnsituation steuerrechtlich berichtigt (*arms-length*-Prinzip). Auch diese Klauseln ersetzen aber das einschlägige nationale Recht zu Transferregelungen nicht, sondern beschränken diese nur. Die Methoden des Vergleichs mit unabhängigen Unternehmen werfen dabei unverändert besondere Probleme auf.[331]

104

---

328 Hierzu Vogel/Lehner (Hrsg), Doppelbesteuerungsabkommen.
329 Vgl etwa § 34 c EStG.
330 Hierzu *Vogel*, in Doppelbesteuerungsabkommen, Einl Rn 67 ff.
331 Vgl *Eigelshoven*, in Doppelbesteuerungsabkommen, Art 9 Rn 59 ff.

105 Selbst wenn ein Staat seine Steuerregelungen auf Vorgänge im Ausland erstrecken darf, kann er sie im Ausland nur mit Zustimmung des territorial zuständigen Staates *vollstrecken;* er ist also auf Amts- und Rechtshilfe angewiesen. Internationale Vereinbarungen regeln partiell auch diese Frage, so etwa Vereinbarungen im Rahmen der OECD oder des Europarats.[332]

6. Das Völkerrecht der wirtschaftlichen Entwicklung
a) Grundlagen und Entwicklung

106 Das *Entwicklungsvölkerrecht* hat sich im Prozess der Dekolonisierung herausgebildet. Die neu entstandenen wirtschaftlich schwachen Staaten im afrikanischen und asiatischen Raum suchten nach Wegen, um ihre wirtschaftliche Entwicklung zu sichern, ohne ihre errungene nationale Selbstbestimmung aufgeben zu müssen. Als geeignete Plattform hierfür erwiesen sich die UN, die in den 1960er Jahren diverse Grundsätze für die wirtschaftliche Entwicklung der noch nicht industrialisierten Staaten aufstellten; insbes die UNCTAD hat sich diesem Anliegen gewidmet. Die Entwicklungsländer befürchteten, in die Rolle der billigen Rohstofflieferanten abgedrängt zu werden, und sie beharrten auf der „permanenten nationalen Souveränität" über ihre Naturvorkommen.[333] Sie verwiesen außerdem auf liberalisierungsfeindliche Protektionismen im „Norden", etwa im Agrar-, Textil- und Bekleidungsbereich.

107 Die Forderung nach einer „neuen" Ordnung mündete schließlich in die Deklaration über die Errichtung einer neuen internationalen Wirtschaftsordnung und die Charta der wirtschaftlichen Rechte und Pflichten der Staaten v 1974.[334] Die *neue Weltwirtschaftsordnung* scheiterte jedoch an der Konturlosigkeit des hochgreifenden Konzepts sowie am fortbestehenden Nord-Süd-Dualismus. Auch in den 1980er Jahren wurde kein Durchbruch zugunsten der Entwicklungsländer erzielt. Ehrgeizige Projekte wie das eines Code of Conduct für den Technologietransfer[335] kamen über das Entwurfstadium nicht hinaus.

108 Mittlerweile hat die Staatengemeinschaft begonnen, neue Wege zur Überwindung des Nord-Süd-Konflikts zu gehen. Gemäß dem in mehrere völkerrechtliche Vereinbarungen eingeflossenen Konzept der *common but differentiated responsibilities*[336] unterliegen die Entwicklungsländer im Grundsatz den gleichen Verpflichtungen wie die Industriestaaten, doch haben diese ihrerseits die „Pflicht", jenen bei der Erfüllung ihrer Verpflichtungen mittels finanzieller Hilfe und Transfer von Technologie beizustehen. Allerdings werden zunehmend Mindestanforderungen an die gute Führung der Regierungsgeschäfte *(good governance)*[337] in den Entwicklungsländern gestellt.

b) Internationaler Währungsfonds und Weltbankgruppe

109 Der Internationale Währungsfonds (IWF) – begründet durch das Abkommen von Bretton Woods v 22.7.1944 – ist kein spezifisch entwicklungspolitisches Instrument.[338] Seine Leistungen kom-

---

332 Ausf zum Internationalen Steuerrecht: *Margalioth*, Taxation, International, MPEPIL (IX, 769 ff.
333 Vgl etwa die Declaration on the Permanent Sovereignty over Natural Resources der UN-Generalversammlung, UN GA Res 1803 (XVII) v 14.12.1962. Zur Formel *Chimni*, The Principle of Permanent Sovereignty over Natural Resources, IJIL 38 (1998) 208 ff; *Schrijver*, Sovereignty over Natural Resources, 1997.
334 Erklärung der UN Generalversammlung v 12.12.1974 Nr 3281 (XXIX). Vgl hierzu *Herdegen*, Internationales Wirtschaftsrecht, § 4 Rn 76 ff; *Waelde*, A Requiem for the „New International Economic Order", FS Seidl-Hohenveldern, 1998, 771 ff.
335 Entwurftext und Kommentierung bei *Fikentscher*, The Draft International Code of Conduct on the Transfer of Technology, 1980.
336 Vgl dazu bereits o Rn 34.
337 Dazu bereits ausf Rn 39 ff.
338 S allg zum IWF *Schlemmer-Schulte*, International Monetary Fund (IMF), MPEPIL V, 1037 ff.

men heute indes in erheblichem Umfang den noch nicht industrialisierten Ländern zugute. Seine ursprüngliche Aufgabe war die Wiedererrichtung eines funktionsfähigen internationalen Zahlungssystems nach dem Weltkrieg. Durch Bereitstellung von Devisen[339] sollte er seinen Mitgliedstaaten über zeitweilige Zahlungsbilanzdefizite hinweghelfen.[340] Der Fonds verfügt über einen Gouverneursrat, in den jeder Mitgliedstaat je einen Gouverneur und einen Stellvertreter entsendet, und der die grundlegenden Beschlüsse trifft, während das Exekutivdirektorium für die Geschäftsführung verantwortlich ist (Art XII IWF-Abkommen). Für jeden IWF-Mitgliedstaat wird gemäß seinen wirtschaftlichen Ausgangsdaten eine Quote bestimmt. Nach dieser richtet sich seine Einlageverpflichtung sowie sein Stimmrecht in den IWF-Organen. Es gilt also *nicht* das Prinzip *one state, one vote;* die Stimmen werden vielmehr *„gewogen".*[341] Auch der Umfang der Ziehungsrechte eines Mitgliedstaats, also seine Möglichkeit, die Mittel des Fonds in Anspruch zu nehmen, richtet sich nach seiner Quote. Tritt eine Zahlungsbilanzkrise ein, kann der Mitgliedstaat Sonderziehungsrechte des IWF erwerben. Bei diesen handelt es sich um eine aus den führenden Weltwährungen zusammengesetzte Rechnungseinheit.[342] Die Sonderziehungsrechte ermöglichen es, Devisen vom IWF anzukaufen. Diese Möglichkeit nahmen bisher meist Entwicklungsländer wahr, aber auch in Zahlungsschwierigkeiten geratene ehemals sozialistische Länder.[343] Im Jahr 2010 beschlossen die Mitgliedsländer eine Quoten- und Strukturreform des IWF. Insbes sollten Stimmrechte zugunsten der Schwellenländer verschoben werden, damit ihnen stärkeres Gewicht zukommt.

Der IWF vergibt seine Mittel unter Bedingungen (Konditionalität), etwa derjenigen, bestimmte wirtschaftliche und institutionelle Reformen durchzuführen.[344] Der Empfängerstaat muss sie förmlich akzeptieren *(letter of intent)*.[345] Mit Rücksicht auf die Souveränität der Staaten sind die Auflagen nicht so ausgestaltet, dass ihre Nichterfüllung unmittelbare Folgen zeitigt, doch stellt eine Nichterfüllung die Gewährung weiterer Kredite in Frage.[346] *Wolfgang Friedmanns*[347] These von der Existenz und Effizienz einer *sanction of non-participation* hat hier eine empirische Basis. Manche Entwicklungsländer betrachten den IWF als industriestaatliches Pressionsinstrument. Richtig an diesem Vorwurf ist, dass den Industrieländern wegen der Stimmengewichtung innerhalb des IWF – anders als in der UN-Generalversammlung – eine starke Posi-

---

339 Formal gesehen handelt es sich hierbei um den Ankauf „harter" Währungen gegen die Währung des Empfängerstaats, gekoppelt an eine zeitlich bedingte Rückkaufverpflichtung. Aus wirtschaftlicher Perspektive stellt sich die Transaktion indes meist als Kredit dar. Vgl hierzu *Gold,* The Stand-By Arrangements of the International Monetary Fund, 1970.
340 *Lucke,* Internationaler Währungsfonds: Strukturen, Finanztransaktionen und Konditionalität aus völkerrechtlicher Sicht, 1997; *Tetzlaff,* Weltbank und Währungsfonds, 1996.
341 Hier setzten Forderungen der Entwicklungsländer an, den Fonds (wie auch manche andere Einrichtungen und Verfahren im Bereich der „UN-Familie") zu „demokratisieren".
342 Neben der Mittelvergabe befasst sich der Fonds auch mit der Überwachung der Wechselkurspolitik seiner Mitglieder (Art IV Abschn 3 IWF-Übereinkommen; neueste Fassung: BGBl 2012 II, 522). Die siebte Änderung des Übereinkommens, die bisher noch nicht in Kraft getreten ist (Stand: 1.3.2016), wurde von der BR Deutschland am 24.5.2012 ratifiziert.
343 Neben der Mittelvergabe befasst sich der Fonds auch mit der Überwachung der Wechselkurspolitik seiner Mitglieder (Art IV Abschn 3 IWF-Übereinkommen). Neueste Fassung dieses Übereinkommens in BGBl 1991 II, 814.
344 Im September 2002 wurden überarbeitete Konditionalitäts-Richtlinien verabschiedet. Diese sollen die Effektivität der durch den IWF unterstützten Programme verbessern und betonen mehr als bisher die wichtige Rolle der nationalen Regierungen bei den Wirtschafts- und Finanzreformprogrammen *(ownership).* Im März 2009 richtete der IWF auch angesichts der internationalen Finanzkrise im Rahmen einer grundlegenden Überprüfung seiner Konditionalitätsanforderungen eine neue Darlehensfazilität ein, die „flexible credit line". Diese legt zum ersten Mal in der Geschichte des IWF keine Programmkonditionen unter der Voraussetzung fest, dass ein Land zuvor strenge Qualifikationskriterien erfüllt hat („ex ante conditionality"). Vgl u Rn 112.
345 Formal gesehen unterbreitet der Empfängerstaat im *letter of intent* die geplanten Reformen dem IWF, der auf dieser Grundlage über die Bereitstellung von finanzieller Hilfe entscheidet.
346 Vgl auch *Herdegen,* Internationales Wirtschaftsrecht, § 26 Rn 8.
347 *Friedmann,* The Changing Structure of International Law, 1964.

tion zukommt. Andererseits darf nicht übersehen werden, dass sich die Mittelvergabe des IWF als kurzfristige Zahlungsbilanzhilfe in einer Notsituation darstellt. Konsequenterweise hat die Hilfe auch die Ursachen der Entstehung solcher Notlagen in Betracht zu ziehen. Ein Schema, das den Geberländern eine stärkere Entscheidungsposition gibt als den Nehmerländern, kann daher nicht ohne weiteres als „undemokratisch", unfair oder sachwidrig angesehen werden. Im Jahre 2006 haben sich frühere Diskussionen um eine Reform des IWF verschärft. Ein Grund dafür war, dass große Schuldner (wie Argentinien und Brasilien) bestehende Verbindlichkeiten vorzeitig beglichen haben und sich regionale Absprachen zur Vereinbarung von Finanzreserven in Asien und Lateinamerika zunehmend als Konkurrenz zum IWF auswirkten. Eine wichtige Reform des IWF wurde mit der Verabschiedung der sog *integrated surveillance decision* durch den IWF im Jahr 2012 begonnen. Damit etablierte der IWF einen bi- und multilateralen Überwachungsmechanismus, um das Verhalten aller Mitglieder (nicht nur der Schuldner) mit Blick auf Wechselkurse, Finanzmärkte und makroökonomische Risiken sowie Auswirkungen der Globalisierung zu überwachen.

111 Aufgrund der Finanzkrisen in Asien, Russland und Lateinamerika am Ende der 1990er Jahre haben sich verstärkt Fragen nach den Ursachen und der Eindämmung von Währungsturbulenzen gestellt, nicht zuletzt deshalb, weil derartige Wachstumseinbrüche auch erhebliche politische und soziale Spannungen erzeugen und ein Risiko für die gesamte Weltwirtschaft darstellen. Vor diesem Hintergrund wurde ein verlässliches Schema gefordert, das die Überwachung des internationalen Finanzsystems verstärkt und die Arbeit von Aufsichtsbehörden besser koordiniert. Die sieben führenden Industrieländer (G-7) riefen deshalb zur Vorbeugung von Krisen auf den internationalen Finanzmärkten Anfang 1999 das sog „Stabilitäts-Forum" ins Leben. Dieses *Financial Stability Forum* sollte Probleme und Schwachpunkte auf den Märkten rechtzeitig aufdecken, die Einhaltung von Transparenzregeln überwachen und Konzepte zur Krisenvermeidung unterbreiten.[348] Dabei sollten vor allem die nationalen und internationalen Aufsichtsbehörden zusammenarbeiten, um frühzeitig möglichen Fehlentwicklungen in den Bereichen Banken, Versicherungen und Wertpapierhandel entgegenzuwirken. Auch in Reaktion auf die internationale Finanzkrise, die im Jahr 2007 begann, wurde im April 2009 das *Financial Stability Forum* zum *Financial Stability Board* (Finanzstabilitätsrat – FSB) ausgebaut.[349] Als Teil der globalen Finanzmarktarchitektur erhielt das *Financial Stability Board* ein breiteres Mandat und wurde institutionell verstärkt. Zudem wurde der Kreis der Mitglieder erweitert: Mitglieder des FSB sind insbes Notenbanken, Aufsichtsbehörden und Finanzministerien der G20 Länder und einiger anderer Staaten sowie der IWF, die Weltbank, die Bank für Internationalen Zahlungsausgleich, die OECD, die Europäische Zentralbank, die Europäische Kommission und internationale Standardorganisationen wie zB der Basler Ausschuss für Bankenaufsicht. Um künftig solche Finanzkrisen zu vermeiden, sollte die Risikobereitschaft der Finanzmarktakteure durch die Beseitigung falscher Anreizstrukturen eingeschränkt und durch durchsetzungsfähige Aufsichtsbehörden die globalen Finanzmärkte schärfer reguliert werden. Bei ihrem Gipfel in Pittsburgh im September 2009 einigten sich die Staats- und Regierungschefs der führenden Industrie- und Schwellenländer (G-20) auf schärfere Eigenkapital- und Liquiditätsvorschriften für Banken und andere Finanzinstitute, auf die Beschränkung der Vergütungen von Bankmanagern und auf einen multilateralen Dialog, um künftig gefährliche Ungleichgewichte zwischen den bedeutenden Volkswirtschaften zu beseitigen. Die G-20 wurden zum „obersten Forum für internationale wirtschaftliche Zusammenarbeit" aufgewertet und lösen insoweit die G-8 ab, in der Schwellenländer und aufstrebende Wirtschaftsnationen keine

---

348 Vgl hierzu *Tietmeyer*, Evolving Cooperation and Coordination in Financial Market Surveillance, Finance & Development, Sept 1999, 20 ff.
349 Rechtsgrundlage ist die Financial Stability Board Charter v 2009, modifiziert durch die Charter of the Financial Stability Board v 2012.

Stimme hatten.³⁵⁰ Diese Einigung ist ein wichtiger Schritt auf dem Weg zu einer Neuordnung der globalen Finanzmärkte. Angemahnt wird, dass der Markt „ohne solidarische und von gegenseitigem Vertrauen geprägte Handlungsweisen in seinem Innern (...) die ihm eigene wirtschaftliche Funktion nicht vollkommen erfüllen kann."³⁵¹

Die *Internationale Bank für Wiederaufbau und Entwicklung* („Weltbank") war, wie schon ihr Name erkennen lässt, ebenfalls nicht primär als Organ der Entwicklungshilfe gedacht.³⁵² Wie der IWF ging sie aus dem Abkommen von Bretton Woods v 22.7.1944 hervor; die Mitglieder beider Organisationen sind identisch. Die Bank finanziert sich über Einlagen der Mitgliedstaaten und internationale Kapitalmärkte. Auch ihre Leistungen sollten zunächst dem Wiederaufbau nach dem Weltkrieg zugutekommen. Der Schwerpunkt ihrer Tätigkeit liegt in der Bereitstellung projektgebundener, fest verzinslicher, längerfristiger Kredite sowie in der Organisation von Darlehen oder Kreditbeteiligungen, die nicht projektgebunden sind, zugunsten von Entwicklungsländern, zumeist Schwellenländern. Ein völkerrechtlicher Anspruch auf Gewährung von Entwicklungsdarlehen bzw -krediten besteht nicht; ihre Vergabe ist in das Ermessen der Bank gestellt.³⁵³ Die Institution förderte in der Vergangenheit besonders Projekte, die die Infrastruktur verbessern können. Heute tritt die Beratung durch die Bank, ebenso wie die Bedeutung der Institutionen für die wirtschaftliche Entwicklung, stärker in den Vordergrund. Kritiker warfen der Bank vor, sich zu willfährig gegenüber nicht industrialisierten Ländern gezeigt zu haben, indem kostspielige, technologisch bedenkliche Prestigeobjekte (zB Staudämme) unterstützt wurden, anstatt stärker auf dezentrale, umweltverträgliche, sozial und kulturell „angepasste" Vorhaben mit dem Ziel der nachhaltigen Armutsbekämpfung zu setzen. Die Weltbank hat auf diese Kritik reagiert und neue Akzente gesetzt. Sie verfolgt einen holistischen entwicklungspolitischen Ansatz *(Comprehensive Development Framework)*. Durch dieses umfassende Konzept finden die Prioritäten des Empfängerlands heute stärkere Berücksichtigung als früher (im Jargon wird von *ownership* der Projekte gesprochen). Umweltbelange werden stärker als früher hervorgehoben. Gefördert werden soll ein nachhaltiger wirtschaftlicher und sozialer Fortschritt u a durch soziale und umweltbezogene Standards und die Unterstützung von *good governance*-Strukturen.

Die Weltbankgruppe umfasst auch die 1960 errichtete *Internationale Entwicklungsorganisation* (International Development Association – IDA) und die 1956 gegründete *Internationale Finanz-Corporation* (International Finance Corporation – IFC).³⁵⁴ Während die Kredite der Weltbank grundsätzlich eine Laufzeit von 15 (ausnahmsweise 25) Jahren haben und verzinst werden („harte Kredite"), vergibt die *IDA* an Entwicklungsländer zinslose oder niedrig verzinsliche Kredite mit einer Laufzeit zwischen 25 und 38 Jahren bei fünf bis 10 tilgungsfreien Jahren („weiche Kredite"). Die Errichtung der IDA war erforderlich geworden, als sich gezeigt hatte, dass viele Entwicklungsländer mit der Rückzahlung der Weltbankkredite überfordert waren. IDA-Kredite können grundsätzlich nur die am wenigsten entwickelten Staaten erhalten, um die Lebensbedingungen der Menschen zu verbessern, Ungleichgewichte abzubauen und das wirtschaftliche

---

350 *Smith*, The G8 and the G20: What Relationship Now?, in Bradford/Lim (Hrsg), Global Leadership in Transition – Making the G-20 More Effective and Representative, 2011; *Wouters/Ramopoulos*, The G20 and Global Economic Governance, JIEL 15 (2012) 751 ff; *Buckley*, The G20's Performance in Global Financial Regulation, UNSWLJ 37 (2014) 63 ff.
351 So Papst *Benedikt XVI*, Enzyklika – Caritas in Veritate, 2009, Nr 35.
352 *Shihata*, The World Bank in a Changing World, Bd I, 1991, 8; Kapur/Lewis/Webb (Hrsg), The World Bank, Bd I: History, 1997, 57 ff; *Schlemmer-Schulte*, International Bank for Reconstruction and Development (IBRD), MPEPIL V, 363 ff. Vgl auch das Abkommen über die Internationale Bank für Wiederaufbau und Entwicklung (BGBl 1952 II, 637, 664) idF seiner Änd v 30.7.1965 (BGBl 1965 II, 1089).
353 Vgl nur *Schütz*, Solidarität im Wirtschaftsvölkerrecht, 1994, 172.
354 Gründungsverträge in BGBl 1956 II, 749 (IFC) u 1960 II, 2137 (IDA); neueste Fassung des IFC-Abkommens: BGBl 2013 II, 1122. Zur IFC *Woicke*, Geschäftszweck: Förderung des privaten Sektors. Die Internationale Finanz-Corporation (IFC), VN 1999, 157 ff.

Wachstum anzuregen. Die Mittel für ihre Kredite finanziert die IDA nicht über die Kapitalmärkte, sondern u a über Beiträge ihrer Mitgliedsländer und Zuschüsse aus der IBRD. Aufgabe der IFC ist die *Förderung von Privatinvestitionen in Entwicklungsländern*. Sie vergibt keine Kredite an Staaten. Ihre Einrichtung erwies sich als erforderlich, da die Vergabe von Krediten an private Investoren in den Statuten der Weltbank nicht vorgesehen ist.[355] Die allgemeine Stärkung des Privatsektors hat in den vergangenen Jahren auch die Rolle der IFC innerhalb der Weltbankgruppe gestärkt.

113a   Auf das Ausbleiben einer ernsthaften Reform der Weltbank zur Stärkung der Rolle der Entwicklungsländer antwortete China 2013 mit seiner Initiative zur Gründung der *Asiatischen Infrastruktur-Investitions-Entwicklung-Bank (AIIB)*; anders als in den bestehenden Institutionen ist das Gewicht der Stimme in der neuen Bank am Bruttosozialprodukt der Mitgliedstaaten ausgerichtet mit einem entsprechend hohen Einfluss von China. Nach Unterzeichnung durch 57 Staaten im Jahr 2014 wird der Gründungsvertrag in Kraft treten, wenn er von 10 Staaten mit einem festgelegten Anteil am Gesamtkapital von 50 Mrd ratifiziert worden ist. Insbes die USA hatten sich gegen die Initiative Chinas ausgesprochen, konnten aber die europäischen Staaten nicht von ihrer Teilnahme abhalten.

c) Rohstoffabkommen und Cotonou-Abkommen

114   Rohstoffabkommen[356] wurden in der Vergangenheit in der Überzeugung abgeschlossen, dass der freie Handel eine weltweite Konkurrenz rohstoffliefernder Länder mit sich bringt, dass der Wettbewerb zu Preisverfall bei den angebotenen Rohstoffen führen wird, und dass dies insbes bei (noch) nicht industrialisierten Lieferländern wirtschaftliche Krisen nach sich ziehen kann. UNCTAD hat deshalb auf den Abschluss einer Reihe internationaler Rohstoffabkommen zur *Stabilisierung der Marktpreise* (bzw der Exporterlöse) für solche Güter hingewirkt und damit den Kreis der bereits bestehenden Abkommen deutlich erweitert.[357] Rohstoffabkommen sind nach Art XXXVI Abs 4 u Art XXXVIII Abs 2 GATT als sektorale Sonderregimes des Welthandels und als handelspolitische Instrumente des Art 207 AEUV anerkannt.

115   Unter den einschlägigen Verträgen, die institutionelle Verfestigung aufweisen, lassen sich verschiedene Typen unterscheiden. An Rohstoff*kartellen* sind nur Erzeugerländer beteiligt. Das bekannteste Bsp ist die 1960 gegründete, für die Ölländer erfolgreiche OPEC *(Organisation of Petroleum Exporting Countries)*.[358] Produzentenkartelle streben idR danach, durch Kontingentierung von Produktion und Export der Rohstoffe sowie durch Preisabsprachen die Weltmarktpreise hoch zu halten und auf diese Weise den Gewinn zu maximieren. Die entwicklungspolitische Bedeutung solcher Kartelle ist nicht zu unterschätzen. Immerhin haben die Rohölpreise seit Beginn der 1970er Jahre zum wirtschaftlichen Aufstieg diverser OPEC-Staaten beigetragen. Auf der anderen Seite haben sie die Industrialisierungsperspektiven der energie- und rohstoffarmen Entwicklungsländer verschlechtert.

---

355 Die Weltbankgruppe ist nicht die einzige internationale Instanz, die Entwicklungsländern Kredite vergibt. Entwicklungshilfe durch Kreditvergabe, teilweise auch durch Vergabe verlorener Zuschüsse, ist etwa auch die Aufgabe des am 13.6.1976 gegründeten Internationalen Fonds für landwirtschaftliche Entwicklung (IFAD), BGBl 1978 II, 1405. Ziel des Fonds und seiner Kreditvergabe ist die Verbesserung der Ernährungssituation in besonders armen Ländern. Hierzu *Talbot*, The Four World Food Agencies in Rome: FAO, WFP, WFC, IFAD, 1990.
356 Dazu *Schraven*, Internationale und supranationale Rohstoffverwaltung, 1982; *Pelikahn*, Internationale Rohstoffabkommen, 1990; *Michaelowa/Naini*, Der gemeinsame Fonds und die speziellen Rohstoffabkommen, 1995.
357 Die Stabilisierung der Rohstoffexportpreise auf einem über dem Weltmarktpreis liegenden Niveau ist gleichbedeutend mit dem Gewähren von Hilfe an die Exportländer. *Direkte* Hilfen dürften vom entwicklungspolitischen Standpunkt aus betrachtet größere Vorteile bringen.
358 Gasproduzierende Staaten haben sich zusammengeschlossen. Vermittelnd zwischen Produzenten und Verbrauchern soll im Energiebereich das International Energy Forum wirken.

An Rohstoff*abkommen* sind sowohl Erzeuger- als auch Abnehmerstaaten beteiligt – meist 116
paritätisch, bei Stimmenwägung innerhalb der Gruppen. Die Abkommen sollen den Interessen
beider Seiten dienen: Sicherung ausreichender Rohstoffversorgung zu erschwinglichen Preisen
für die Abnehmerländer, Gewährleistung eines Preisniveaus für die Anbieterländer, das ihnen
angemessene Gewinne ermöglicht. Die meisten derartigen Abkommen verpflichten die Parteien
lediglich zur Weitergabe von Informationen und zu Konsultationen über die Marktlage. Manche
sehen Maßnahmen zur Verbesserung von Marktstrukturen vor (etwa durch Marketing, Forschungs- und Projektförderung).[359] Marktregulierende Interventionsmechanismen (zB Quotensysteme), die noch in den 1970er und 1980er Jahren den Kern der traditionellen Rohstoffabkommen bildeten, finden sich in den neueren Abkommen nicht mehr.[360] Neuere Abkommen sind auf allgemeine oder administrative Kooperation ausgerichtet. Die Rohstoffabkommen können internationale Rohstofforganisationen wie etwa die *International Coffee Organisation (ICO)*, die *International Sugar Organisation (ISO)* oder die *International Tropical Timber Organisation (ITTO)* begründen.[361]

Der gemäß Übereinkommen v 27.6.1980[362] eingerichtete *Gemeinsame Fonds für Rohstoffe* fi- 117
nanziert Ausgleichslager *(Bufferstocks)*, mit denen im Rahmen von Rohstoffabkommen Überschüsse eines Rohstoffs mit dem Ziel der Beeinflussung des Marktangebots angekauft werden können („1. Schalter"). Diese Aufgabe lässt sich mit derjenigen von Notenbanken bei der Stützung von Wechselkursen vergleichen. Dieser vor allem von Industrieländern finanzierte Fonds ist Teil des von der UNCTAD initiierten *Integrierten Rohstoffprogramms*.[363] Die ursprünglich angestrebte, auf eine Vielzahl von Rohstoffen zugeschnittene „Paketlösung" beruht auf der Überlegung, dass Interventionen kaum je für eine Mehrzahl von Rohstoffen gleichzeitig erforderlich werden, dass also Kosten gespart werden, wenn finanzielle Mittel nur ein einziges Mal eingezahlt werden müssen und multifunktional eingesetzt werden können.[364] Allerdings bleiben die Aktionsmöglichkeiten des Fonds beschränkt. So ist es in der Praxis nicht zur Finanzierung von *Bufferstocks* und international koordinierter Lagerhaltung im Kontext von Rohstoffvereinbarungen gekommen. Im Vordergrund steht vielmehr bisher die dem Fonds weiter zugewiesene Aufgabe der Finanzierung von Projekten, etwa zur Produktivitäts- und Qualitätsverbesserung, Diversifikation, Forschung und Entwicklung; die Wahrnehmung dieser Aufgabe soll die Wettbewerbslage von Rohstoffen aus Entwicklungs- und Transformationsländern verbessern („2. Schalter").[365]

Das *Partnerschaftsabkommen von Cotonou*[366] stellt – ebenso wie die von 1975 an jeweils für 118
die Dauer von fünf Jahren abgeschlossenen Lomé-Abkommen – zwischen EU und AKP-Staaten
eine Assoziierung gemäß Art 217 AEUV dar. Es wurde im März 2000 abgeschlossen[367] und im Juni

---

359 Vgl etwa das Internationale Kaffee-Übereinkommen v 2007 (ABl EU 2008, Nr L 186/13).
360 Das Internationale Naturkautschuk-Übereinkommen v 1995 (BGBl 1997 II, 576) welches bis 1999 noch eine Stabilisierung der Naturkautschukpreise mittels eines Ausgleichslagers vorsah (Art 26 ff), wurde im Oktober 1999 vorzeitig beendet; vgl Sechster Bericht der Bundesregierung über die Aktivitäten des Gemeinsamen Fonds für Rohstoffe und der einzelnen Rohstoffabkommen, BT-Drs 14/9875 v 21.8.2002.
361 *Krajewski* (Fn 193) Rn 917.
362 BGBl 1985 II, 715. Das Übereinkommen ist seit 1989 in Kraft.
363 Die USA sind nie beigetreten, Frankreich etwa ist 1998 wie andere Industriestaaten zuvor ausgeschieden.
364 Das Integrierte Rohstoffprogramm sieht auch Elemente eines dritten Typus von Rohstoffabkommen – Liefer- und Abnahmeverpflichtungen – vor, als flankierende Maßnahme. Anders als Quoten und Ausgleichslager zielen die Verpflichtungen nicht auf die Milderung nachteiliger Wirkungen von Extremsituationen, sondern auf das Etablieren „normaler" Mengen zu „normalen" Preisen, um Kontinuität herzustellen.
365 Vgl BT-Drs 14/9875 (Fn 360). Die Projekte des „2. Schalters" wurden nur mit freiwilligen Beiträgen finanziert.
366 Dazu etwa *Arts*, ACP-EU Relations in a New Era: The Cotonou Agreement, CMLRev 40 (2003) 95 ff; *Feuer*, Un nouveau paradigme pour les relations entre l'Union européenne et les etats ACP, RGDIP 106 (2002) 269 ff; *Vincent*, L'entrée en vigueur de la convention de Cotonou, Cahiers de droit européen, 2003, 157 ff.
367 ABl EG 2000, Nr L 317/3.

2005[368] und Mai 2010[369] revidiert. Im Vergleich zu den früheren Lomé-Abkommen setzt es andere Akzente. Das zentrale Ziel des Abkommens, für das eine Laufzeit von 20 Jahren vereinbart worden ist, stellt die *Armutsbekämpfung* dar, welche „in Einklang mit den Zielen der nachhaltigen Entwicklung und der schrittweisen Integration der AKP-Staaten in die Weltwirtschaft" erreicht werden soll. Das Abkommen sieht zugleich einen politischen Dialog vor, der thematisch von der Frage des Menschenrechtsschutzes, der *good governance,* Konfliktprävention bis hin zu Migrationsfragen reicht.[370] Das Abkommen sah vor, die bis dato bestehenden einseitigen Handelspräferenzen – die EU-Staaten garantierten praktisch allen Waren mit Ursprung in den inzwischen 79 AKP-Staaten zollfreien Zugang zum Binnenmarkt – bis Ende 2007 schrittweise durch eine „neue, WTO-konforme Handelsregelung" zu ersetzen.[371] Verhandlungen über diese regional ausgehandelten *Wirtschaftspartnerschaftsabkommen* (WPA), die den gegenseitigen Marktzugang vertraglich vereinbaren, begannen im Jahr 2002, konnten aber bis zum Jahr 2007 nicht wie geplant abgeschlossen werden. Als Zwischenlösung ermöglichte die Marktzugangsverordnung (MZV)[372] bis September 2014 den AKP-Staaten Zugang zum EU-Markt zu Präferenzbedingungen. Auch die Zusammenarbeit bei der Entwicklungsfinanzierung wird durch das Cotonou-Abkommen neu gestaltet. Die Unterstützung wird nunmehr über zwei Hauptinstrumente abgewickelt (Zuschuss- und Investitionsfazilität).[373] Die finanziellen Mittel werden aus dem Europäischen Entwicklungsfonds (EEF) bereitgestellt.[374] Weiterhin kann bei bestimmten Waren im Bereich der Landwirtschaft und des Bergbaus, deren Preise je nach Ertrag und Weltmarktlage stark schwanken können, zusätzliche „angemessene" finanzielle Unterstützung gewährt werden. Im November 2010 entschied der ACP-Ministerrat, einen Botschafterausschuss einzusetzen, um zukünftige Perspektiven der Zusammenarbeit zwischen der EU und den Afrika-, Karibik- und Pazifikstaaten nach Auslaufen des Cotonou-Abkommens im Jahr 2020 zu erarbeiten. Mit der Veröffentlichung des Grünbuchs „EU Entwicklungspolitik zur Förderung eines breiten Wachstums und eine nachhaltige Entwicklung – Für eine EU-Entwicklungspolitik mit einer größeren Wirkung"[375] im November 2010 hat die EU-Kommission ein Konsultationsverfahren über die zukünftige Entwicklungspolitik der EU begonnen, das mit einem umfassenden Vorschlag für eine Revision der Entwicklungspolitik beendet werden soll. Die zukünftige Zusammenarbeit zwischen der EU und den ACP Staaten bleibt also offen.

---

368 Die revidierte Fassung ist am 1.7.2008 in Kraft getreten. Vgl Änderung des Partnerschaftsabkommens zwischen den Mitgliedern der Gruppe der Staaten in Afrika, im karibischen Raum und im Pazifischen Ozean einerseits und der Europäischen Gemeinschaft und ihren Mitgliedstaaten andererseits v 23.6.2000 (ABl EG 2005, Nr L 209/26).
369 Abkommen zur zweiten Änderung des Partnerschaftsabkommens zwischen den Mitgliedern der Gruppe der Staaten in Afrika, im Karibischen Raum und im Pazifischen Ozean einerseits und der Europäischen Gemeinschaft und ihren Mitgliedstaaten andererseits, unterzeichnet in Cotonou am 23. Juni 2000 und erstmals geändert in Luxemburg am 25. Juni 2005 (ABl EU 2010, Nr L 287/3); s dazu *Bartelt*, ACP-EU Development Cooperation at a Crossroads?, EFAR 17 (2012) 1 ff.
370 S *Hilpold*, EU Development Cooperation at a Crossroad, EFAR 7 (2002) 53 ff; *Nwobike*, The Emerging Trade Regime Under the Cotonou Partnership Agreement: Its Human Rights Implications, JWT 40 (2006) 291 ff; krit zu den Wirtschaftspartnerschaftabkommen *Hallaert*, Economic Partnership Agreements: Tariff Cuts, Revenue Losses and Trade Diversion in Sub-Saharan Africa, JWT 44 (2010) 223 ff.
371 Bis dahin beschloss die Ministerkonferenz in Doha am 14.11.2001 einen *waiver*, der es der EG erlaubte, das System der einseitigen Handelspräferenzen bis Ende 2007 beizubehalten, s WT/MIN(01)/15.
372 VO (EG) Nr 1528/2007 des Rates v 20.12.2007 (ABl EU 2007, Nr L 348/1).
373 Im Gegensatz dazu gab es früher acht Finanzinstrumente: Strukturanpassung, STABEX, SYSMIN, Sofort- und Flüchtlingshilfe, regionale Zusammenarbeit, Zinsvergütungen, programmierbare Hilfe und Risikokapital.
374 Der 11. EEF sollte für den Zeitraum 2014–2020 gelten und sah eine Mittelausstattung in Höhe von 30,5 Mrd EUR vor. Zusätzlich sollten 2,6 Mrd EUR von der Europäischen Investitionsbank in Form von Darlehen aus ihren eigenen Mitteln bereitgestellt werden. Da sich die interne Ratifizierung verzögerte, wurden in dem Beschluss 2013/59/EU des Rates v 14.12.2013 (ABl EU 2013, Nr L 335/48) die Übergangsmaßnahmen für die Verwaltung des EEF bis zum Inkrafttreten des 11. EEF festgelegt.
375 KOM(2010) 629 endg.

II. Die Kultur im Völkerrecht

1. Kulturgüterrecht im Überblick

Vom Gegenstand her unterscheidet sich die kulturelle Dimension des Völkerrechts im Grundsatz 119
von dessen wirtschaftsrechtlichen Fragestellungen. Indes hat der Handel mit Gegenständen der
Kultur erhebliche wirtschaftliche Bedeutung erlangt. Parallelitäten zeigen sich auch bei der Betrachtung der rechtlichen Strukturen. Die territoriale Souveränität ist für beide Bereiche rechtlich relevant, auch das Selbstbestimmungsrecht der Völker strahlt in beide Richtungen aus.
Kennzeichnend für den Aufbau sowohl der wirtschaftlichen als auch der kulturellen normativen
Gebäude ist das *Ineinandergreifen verschiedener Rechtsbereiche,* insbes von materiellem nationalen Zivilrecht und Öffentlichem Recht, internationalem Zivilrecht und Völkerrecht.

Der *Rechtsbegriff der Kultur* hat sich im Völkerrecht bereichsspezifisch mit unterschied- 120
lichen Akzentuierungen in den einzelnen Verträgen entwickelt. Die Schwierigkeit, den Begriff
der Kultur zu definieren, ergibt sich aus dem unterschiedlichen Verständnis in verschiedenen
Kulturkreisen.[376] Grundsätzlich wird der Begriff der Kultur im Völkerrecht jedenfalls nicht anders
verstanden werden als der europäische Kulturbegriff, dem insoweit ein universelles Verständnis
zugrunde liegt; *Oppermann* versteht hierunter den besonderen Bereich, der über Bildung und
Forschung hinaus durch die öffentlich-gesellschaftlichen Berührungen mit der Welt des Geistes
gekennzeichnet ist (Literatur, Schöne Künste, Architektur, Massenmedien, Kulturaustausch,
Erhaltung des kulturellen Erbes und der kulturellen Identität u a).[377]

Mit kulturellen Fragen waren bereits die „Väter" des modernen Völkerrechts befasst. So- 121
wohl *Hugo Grotius* (1583–1645) als auch *Emeric de Vattel* (1714–1767) sprachen sich dafür aus,
der barbarischen Kriegssitte der gezielten *Zerstörung kultureller Güter* des Feindes Einhalt zu
gebieten;[378] auch im 19. Jh war dieser Fragenkreis Gegenstand von Auseinandersetzungen.[379] Erst
nach dem Zweiten Weltkrieg traten neue Aspekte in den Vordergrund. Zum einen wurde nunmehr die Hege und Pflege von Kulturgut in Friedenszeiten erörtert; zum anderen ging es um den
Komplex der *Rückführung von Kulturgütern* in ihre Ursprungsländer.[380] Nach 1970 ist schließlich
die Eigenständigkeit nationaler Kultur im Kontext der wirtschaftlichen Globalisierung zum Thema geworden. Zwischen dem Appell nach der Freiheit grenzüberschreitender Wirtschaft – einschließlich der Wahl der Sprache und ohne Rücksicht auf kulturelle Implikationen – einerseits
und der Forderung nach dem fortbestehenden Recht auf *Wahrung kultureller Identität* andererseits kam es immer wieder zu Friktionen. In den 1990er Jahren hat insbes Frankreich iSe Beto-

---

376 Die Brockhaus-Enzyklopädie bezeichnet als Kultur ieS „die Handlungsbereiche, in denen der Mensch auf Dauer angelegte und den kollektiven Sinnzusammenhang gestaltende Produkte, Produktionsformen, Verhaltensweisen und Leitvorstellungen hervorzubringen vermag." Das Oxford English Dictionary versteht unter Kultur „the training and refinement of mind, tastes and manners; the condition of being thus trained and refined; the intellectual side of civilisation." Larousse definiert Kultur als „ensemble des connaissances acquises: ensemble des structures sociales, religieuses, des manifestations intellectuelles, artistiques qui caractérisent une société." Vgl hierzu *Lord Slynn of Hadley,* Law and Culture – A European Setting, in Peterson (Hrsg), The Tanner Lectures on Human Values, 1995, 47 f.
377 *Oppermann/Classen/Nettesheim* (Fn 28) § 34 Rn 40; hierzu auch *Blanke,* Europa auf dem Weg zu einer Bildungs- und Kulturgemeinschaft, 1994, 6; zu unterschiedlichen Definitionsansätzen auf völkerrechtlicher Ebene *O'Keefe,* The „Right to take part in cultural life" under Article 15 of the ICESCR, ICLQ 47 (1998) 905 ff. Zum Begriff der kulturellen Vielfalt s Art 4 Nr 1 UNESCO Konvention (Übereinkommen über den Schutz und die Vielfalt kultureller Ausdrucksformen).
378 *Grotius,* Vom Recht des Krieges und des Friedens, 1625, Ausg Tübingen 1950, 521; *de Vattel,* Le droit des gens ou principes de la loi naturelle, 1758, Ausg Tübingen 1959, 453; zur geschichtlichen Entwicklung *Wyss,* Kultur als eine Dimension der Völkerrechtsordnung, 1992, 86 ff.
379 Hierzu *Fiedler,* Zur Entwicklung des Völkergewohnheitsrechts im Bereich des internationalen Kulturgüterschutzes, FS Doehring, 1989, 203 ff.
380 Zu dieser Entwicklung vgl *Hammer,* Zur Geschichte des rechtlichen Kulturgüter- und Denkmalschutzes, in Fechner/Oppermann/Prott (Hrsg), Prinzipien des Kulturgüterschutzes, 1996, 63 ff.

nung der Kultur als Teil seiner nationalen Identität auf kulturwahrenden internationalen Regelungen bestanden. Im Rahmen der GATT-Verhandlungen und der Debatte um ein multilaterales Vertragswerk für ausländische Investitionen fanden diese auch im Gewand völkerrechtlicher Erörterungen ihren Ausdruck.[381] Die UNESCO verabschiedete 2001 eine Allgemeine Erklärung zur kulturellen Vielfalt[382] und im Oktober 2003 das Übereinkommen zur Erhaltung des immateriellen Kulturerbes.[383] 2005 folgte die UNESCO-Konvention über den Schutz und die Vielfalt kultureller Ausdrucksformen.[384] Die friedenspolitische Ambivalenz der Akzentuierung kultureller Eigenständigkeit konnte bislang nicht entschärft werden; ging es einer Denkschule um „Frieden durch Kultur" (Roerich),[385] hat die andere Sorge vor den Folgen des Zusammenstoßes unterschiedlicher kultureller Wege und Formen der Macht.[386] Offen bleibt heute auch, welchen Spielraum die Staaten angesichts der technologischen Neuerungen im Bereich des Kommunikationswesens künftig in faktischer Hinsicht überhaupt noch haben, um den freien Fluss der Kommunikation zu hindern.

2. Informationsfreiheit und Kulturordnung

122 Die *UN-Charta* nennt die kulturelle Kooperation als ein Ziel der UN-Tätigkeit (Art 1 Abs 3, Art 55); dass sie der Generalversammlung die Ausübung der Kompetenz in Art 13 in einem Atemzug mit der Förderung der Menschenrechte überträgt, hat *Oppermann* zu Recht veranlasst, von einem Konzept einer „grundsätzlich freien und offenen Weltkulturordnung" zu sprechen, welches der Charta zugrunde liegt.[387] Dem Bild des friedlichen Austauschs zwischen einer Vielfalt der Kulturen entsprechen auch *bilaterale* Kulturabkommen, welche dem Austausch im Bereich der Bildung, der Kunst und der Wissenschaft dienen; die BR Deutschland hat eine Vielzahl solcher Vereinbarungen getroffen.[388]

123 Die *UNESCO*, also die Sonderorganisation der UN für Bildung, Wissenschaft, Kultur und Kommunikation, wurde 1945 als I.O. zur Förderung des multilateralen Austauschs auf diesem Feld gegründet und hat gerade im Bereich des Kulturgüterschutzes auch Anstöße zum Abschluss weltweiter Absprachen iSd kultureller Offenheit gegeben.[389] Sie sitzt in Paris und hat 195 Mitgliedstaaten. Im Zeichen der damaligen Mehrheit von Entwicklungsländern und sozialis-

---

381 Hierzu *Hahn*, Eine kulturelle Bereichsausnahme im Recht der WTO?, ZaöRV 56 (1996) 315 ff; *Footer/Graber*, Trade Liberalization and Cultural Policy, JIEL 3 (2000) 115 ff; *Graber*, Trade and Culture, MPEPIL IX, 971 ff; dazu auch o Rn 49.
382 ILM 41 (2002) 57 ff; dt Text abgedr in Deutsche UNESCO-Kommission (Hrsg), Übereinkommen über Schutz und Förderung der Vielfalt kultureller Ausdrucksformen, 2006, 103.
383 Die Konvention trat am 20.4.2006 in Kraft, derzeit hat sie 163 Mitgliedstaaten (Stand: 1.3.2016). Das Übereinkommen trat für die BR Deutschland am 10.7.2013 in Kraft (BGBl 2013 II, 1009); vgl *Francioni*, Beyond State Sovereignty: The Protection of Cultural Heritage as a Shared Interest of Humanity, Michigan JIL 25 (2004) 1209 (1222 ff); *Odendahl*, Die Bewahrung des immateriellen Kulturerbes als neues Thema des Völkerrechts, SZIER 2005, 445 ff; *Lixinski*, Selecting Heritage: The Interplay of Art, Politics and Identiy, EJIL 22 (2011) 81 ff; *Lenzerini*, Intangible Cultural Heritage: The Living Culture of Peoples, EJIL 22 (2011) 101 ff; s zur Durchsetzung des internationalen Rechts des Kulturgüterschutzes Francioni/Gordley (Hrsg), Enforcing International Cultural Heritage Law, 2013.
384 S u Rn 126.
385 Hierzu *Boguslavsky*, Der Begriff des Kulturguts und seine rechtliche Relevanz, in Dolzer/Jayme/Mußgnug (Hrsg), Rechtsfragen des internationalen Kulturgüterschutzes, 1994, 3 ff.
386 Vgl *Huntington*, The Clash of Civilizations and the Remaking of World Order, 1996; dt Übersetzung: Kampf der Kulturen, 1998. S zu Konflikten um Kulturräume *Richter*, Die neuen Konflikte um Kulturräume, in Odendahl/Giegerich (Fn 289) 71 ff.
387 *Oppermann*, Cultural and Intellectual Cooperation, EPIL I (1992) 886 (889).
388 Dazu *Schirmer*, Die klassischen Kulturabkommen der Bundesrepublik Deutschland mit auswärtigen Staaten, 1970.
389 Nach ihrem Austritt aus der UNESCO im Dezember 1984 sind die USA der Organisation zum 1.10.2003 wieder beigetreten. Zur UNESCO vgl *Hüfner*, Durch Bildung zum idealen Menschen, Vereinte Nationen 2006, 194 ff.

tischen Staaten kam es freilich nach 1970 zu einer gegenläufigen Akzentuierung: einerseits zur *Betonung der nationalen Kultur,* etwa im Bereich der Zuordnung der Kulturgüter zu den Ursprungsnationen, andererseits zur Forderung nach einer neuen globalen Informationsordnung, welche die Kontrolle des souveränen Staates über den Informationsfluss zu Lasten der Informations- und Meinungsfreiheit des Art 19 IPBPR stärken wollte und damit auf den Widerstand westlicher Staaten stieß. Der Streit um diese Frage kulminierte 1982 in einer Resolution der UN-Generalversammlung, mittels welcher gegen die Stimmen der westlichen Staaten für den Bereich des Satellitendirektfernsehens die Ausstrahlung vom *prior consent* des Empfängerstaats abhängig gemacht werden sollte.[390] IE hat sich das gewohnheitsrechtliche Prinzip der freien Ausstrahlung nicht verändert, auch wenn dem Empfangsstaat – soweit technisch möglich – das Recht auf Störung *(jamming)* bleibt.[391]

Der Fortschritt der modernen Informationstechnologie in den vergangenen 20 Jahren und deren zentrale Bedeutung für die Integration der nationalen Wirtschaft in die Weltwirtschaft haben das Thema der prinzipiellen nationalen Abschottung zurücktreten lassen.[392] Dass nicht nur die repressive Kontrolle der Meinungsfreiheit, sondern auch die Belange der Wahrung nationaler kultureller Identität auf den internationalen Austausch kultureller Güter iwS Einfluss nehmen, zeigte sich in den 1990er Jahren nicht nur im Verhältnis zwischen Industriestaaten und Entwicklungsländern, sondern insbes auch zwischen den USA und Frankreich. Hinzu kommt das erhebliche wirtschaftliche Potenzial kultureller Güter im Rahmen einer immer enger werdenden Informationsgesellschaft. Die intensiven Diskussionen um ein multilaterales Abkommen gegen Produktpiraterie *(Anti-Counterfeiting Trade Agreement – ACTA),* das zwischen 2008 und 2011 ausgehandelt wurde,[393] spiegeln auch diesen Konflikt wider. Im Jahr 2012 lehnte das Europäische Parlament ACTA ab mit der Folge, dass weder die EU noch einzelne Mitgliedstaaten dem Abkommen beitreten können.[394]

123a

3. Kulturelle Belange als Schranke der Waren- und Dienstleistungsfreiheiten

Im Rahmen des seit 1994 geltenden Rechts der WTO[395] ist der internationale Austausch kulturell definierter Waren und Dienstleistungen in einer komplexen Regelung dreifach gegliedert. Die *„Hochkultur",* etwa die staatliche Förderung der Musik, der Malerei oder der Kunst im Allgemeinen, fällt nicht in den Bereich des GATT. Die Kämpfe um die *cultural exception* betrafen vielmehr die Unterhaltungsindustrie *(entertainment and showbusiness).* IE hat der in der Uruguay-Runde erzielte Kompromiss dazu geführt, dass der *Spielfilm als solcher* (die gegenständlich fixierte Bild- und Tonfrequenz) als Ware angesehen und damit grundsätzlich den Regeln der Meistbegünstigung und der Inländergleichbehandlung unterworfen wird;[396] bei der Festsetzung von

124

---

390 UN GA Res 37/92 (1982).
391 *Malanczuk,* Das Satellitenfernsehen und die Vereinten Nationen, ZaöRV 44 (1984) 257 ff. Vgl *Froehlich,* Verletzung von Menschenrechten durch TV-Satellitenprogramme aufgrund unterschiedlicher kultureller Wertvorstellungen, ZLW 2006, 541 ff.
392 Generell hierzu *Grewlich,* Access to Global Networks – European Telecommunications Law and Policy, GYIL 41 (1999) 9 ff.
393 Vgl hierzu *Uerpmann-Wittzack,* Das Anti-Counterfeiting Trade Agreement (ACTA) als Prüfstein für die Demokratie in Europa, AVR 49 (2011) 103 ff.
394 S zu ACTA *Weatherall,* Three Lessons from ACTA and its Political Aftermath, STLR 35 (2012) 575 ff; *Cremona,* International Regulatory Policy and Democratic Accountability, in dies/Hilpold/Lavranos/Schneider/Ziegler (Fn 204) 155 ff.
395 Auch bilaterale Freihandelsabkommen können natürlich Regelungen für den Austausch kultureller Waren und Dienstleistungen beinhalten; vgl *Mayer-Robitaille,* L'impact des accords de libre-échange américains sur le statut juridique des biens et services culturels, AFDI 50 (2004) 715 ff.
396 So *Hahn* (Fn 381) 328 ff; bestätigt in China–Publications and Audiovisual Products, Appellate Body-Bericht v 21.12.2009, WT/DS363/AB/R, 74 ff.

Quoten bestimmter Filme in Lichtspielhäusern *(screen quote)* wird aber ausdrücklich vom Gebot der Inländergleichbehandlung abgewichen (Art III Abs 10 u Art IV GATT). Einen präventiven Kulturgüterschutz[397] verfolgt die Ausnahmevorschrift[398] des Art XX (f), die den Staaten in Abweichung von den sonstigen Freihandelsregeln Maßnahmen zum *Schutz bestehender nationaler Kulturgüter* von künstlerischem, historischem oder archäologischem Wert erlaubt. Voraussetzung ist allerdings, dass die Maßnahmen nicht diskriminierend sind oder zu einer verschleierten Beschränkung des internationalen Handels führen.[399] Im Fall China – Audiovisuals, in dem es um die Vereinbarkeit der chinesischen Zensurpraxis mit dem GATT und dem GATS ging, konnte China zudem im Prinzip erfolgreich den Schutz der öffentlichen Sittlichkeit nach Art XX (a) geltend machen, scheiterte mit dieser Verteidigung aber im Ergebnis, weil die Maßnahmen nach Ansicht des Appellate Body über das notwendige Maß hinausgingen und mildere Mittel zur Verfügung standen.[400]

125 Die *Vorführung* eines Films wird als Dienstleistung betrachtet und fällt damit unter das GATS, wobei die EU von ihrem Recht Gebrauch gemacht hat, bis auf weiteres die Meistbegünstigungsklausel nicht in Anwendung zu bringen, so dass insoweit keine Regeln der WTO gelten.[401] Der Europarat und die EU haben für das grenzüberschreitende Fernsehen Sonderregelungen geschaffen, wonach in den Mitgliedstaaten der Hauptanteil der Sendezeiten durch europäische Werke gestaltet werden soll.[402] Wäre das GATS anwendbar, könnten nationale Einschränkungen nur zum Schutz der öffentlichen Moral, nicht aber *zur Wahrung kultureller Identität* geltend gemacht werden. Dass kulturelle Vielfalt im Grundsatz Ziel einer globalen Informationsordnung sein sollte, ist nicht strittig zwischen den Industriestaaten.[403] Die EU ist gemäß Art 22 ihrer Grundrechte-Charta hierzu sogar verpflichtet.[404] Für den Bereich von Film- und Fernsehprogrammen dominieren weltweit US-amerikanische Produkte: Nach der Luftfahrtindustrie ist diese Industrie der größte Exportsektor der USA.[405]

126 Am 20.10.2005 verabschiedete die UNESCO ein *Übereinkommen zum Schutz der kulturellen Vielfalt*.[406] Hierin wird die Doppelnatur kultureller Güter als Wirtschaftsgüter einerseits und Ge-

---

397 *Streinz*, Internationaler Schutz von Museumsgut, 1998, 192 f.
398 *Hahn* (Fn 381) 341.
399 Hierzu *von Schorlemer*, Internationaler Kulturgüterschutz, 1992, 467 ff.
400 China–Publications and Audiovisual Products, Appellate Body-Bericht v 21.12.2009, WT/DS363/AB/R, 91 ff; vgl dazu *Pauwelyn*, Squaring Free Trade in Culture with Chinese Censorship: The WTO Appellate Body Report on China – Audiovisuals, Melb JIL 11 (2010) 1 ff.
401 Vgl Dokument GATS/EL/31 v 15.4.1994; vgl auch *Pleitgen*, Von Uruguay über Paris nach Hongkong?, AfP 2005, 1 ff; zur Vereinbarkeit der europäischen Quotenregelungen und finanziellen Fördermaßnahmen mit dem Welthandelsrecht *Döpkens*, Handelsliberalisierung im Bereich audiovisueller Medien, 2010.
402 Europäisches Übereinkommen über das grenzüberschreitende Fernsehen des Europarats, BGBl 1994 II, 639, geänd Fassung in BGBl 2000 II, 1090; RL 2007/65/EG v 11.12.2011 (ABl EU 2007, Nr L 332/27); Entwurf des Europarats zu einer Convention on Transfrontier Audiovisual Media Services; s dazu *Fink*, Medienregulierung im Europarat, ZaöRV 74 (2014) 505 ff. Vgl auch *Keller*, European and International Media Law, 2011.
403 Vgl OECD (Hrsg), Global Information Infrastructure, 1997, 64 ff.
404 Hierzu *Ennuschat*, in Tettinger/Stern (Hrsg), Europäische Grundrechte-Charta, 2006, Art 22.
405 *Pleitgen* (Fn 401) 1; dazu auch *Graber*, Handel und Kultur im Audiovisionsrecht der WTO, 2003; *Grewlich*, Konflikt und Ordnung in der globalen Kommunikation, 1997; Wolfrum (Hrsg), Recht auf Information – Schutz vor Information, 1986.
406 148 von 154 Staaten stimmten dafür, nur die USA und Israel dagegen (Australien, Liberia, Nicaragua und Honduras enthielten sich). Die Konvention ist seit dem 18.3.2007 in Kraft und wurde von der BR Deutschland ratifiziert am 12.3.2007 (BGBl 2007 II, 234); hierzu *Froehlich*, Das Verhältnis von Kultur und WTO, in Hilf/Niebsch (Hrsg), Perspektiven des Internationalen Wirtschaftsrechts, 2006, 97 ff; Steinkamp (Hrsg), Kulturelle Vielfalt – Unser gemeinsamer Reichtum, 2007; *Neuwirth*, United in Divergency, ZaöRV 66 (2006) 819 ff; *Wouters/De Meester*, The UNESCO Convention on Cultural Diversity and WTO Law, JWT 42 (2008) 205 ff; *von Schorlemer*, Cultural Diversity, MPEPIL II, 897 ff; Ruiz Fabri (Hrsg), La Convention de l'UNESCO sur la protection et la promotion de la diversité des expressions culturelles, 2010; von Schorlemer/Stoll (Hrsg), The UNESCO Convention on the Protection and Promotion of the Diversity of Cultural Expressions: Explanatory Notes, 2012; *Burri*, The UNESCO Convention on

genstand der öffentlichen Förderung andererseits anerkannt. Staaten wird gestattet, in Ausübung ihrer Souveränität nationale Maßnahmen zum Schutz der eigenen kulturellen Vielfalt durchzuführen (Art 6). Die Vereinbarkeit solcher Schutzmechanismen etwa mit WTO-Recht ist noch ungeklärt; der einschlägige Art 20 besagt in einer kompromisshaften Formulierung, dass Pflichten aus der Konvention gleichberechtigt neben solchen aus anderen Verträgen stehen sollen *(mutual supportiveness)*.[407] Während manche hier eine wenig versteckte Protektion insbes kanadischer und französischer Industrien im Wege einer faktischen „kulturellen Ausnahme" zu Lasten amerikanischer Exporte sehen, betonen andere die Notwendigkeit des Schutzes der Kultur, insbes derer indigener Völker oder in Entwicklungsländern.[408]

Auf *europäischer* Ebene löst Art 36 AEUV das Spannungsverhältnis von Warenverkehrsfreiheit und Kulturgüterschutz[409] dahingehend, dass nicht-diskriminierende Ein- und Ausfuhrbeschränkungen zum Schutz des nationalen Kulturguts von künstlerischem, geschichtlichem oder archäologischem Wert zulässig sind, soweit sie keine verschleierte Beschränkung des Handels darstellen. Voraussetzung ist, dass es sich um eine Maßnahme nicht-wirtschaftlicher Art handelt, die nicht der Wirtschaftslenkung dient,[410] und dass außerdem keine abschließende Unionsregelung besteht.[411] Die VO über die Ausfuhr von Kulturgütern[412] in Drittländer sowie die Richtlinie über die Rückgabe von unrechtmäßig aus einem Hoheitsgebiet eines Mitgliedstaats verbrachten Kulturgütern[413] stellen keine abschließenden Regelungen dar, da sie nur bestimmte Kulturgüter betreffen.[414] Gerechtfertigt sind Maßnahmen zum Schutz nationalen Kulturguts nach Art 36 AEUV nur, wenn sie geeignet und notwendig sind, die Gefahr insbes der Abwanderung des nationalen Kulturguts abzuwenden und der erforderliche Schutz nicht mit Mitteln erreicht werden kann, die den freien Warenverkehr weniger beeinträchtigen.[415] Als idS *verhältnismäßige Maßnahmen* kommen insbes staatliche Vorkaufsrechte und Ausfuhrverbote mit Genehmigungsvorbehalten in Betracht.[416] Die Ausnahme des Art 36 AEUV zum Schutz des nationalen Kulturguts steht im Kontext von Art 167 Abs 4 AEUV, wonach die EU bei ihrer Tätigkeit allgemein kulturellen Aspekten Rechnung zu tragen hat.[417] Die Preisbindung für Bücher im Recht der EU ist Ausdruck der kulturellen Relevanz des Buchwesens.[418] Der EuGH hat in diesem Zusammenhang entschieden, dass der Schutz der Bücher als Kulturgut zwar keinen Rechtfertigungsgrund für

---

Cultural Diversity, IJCP 20 (2013) 357 ff; *El Zein*, The UNESCO Convention on the Protection and Promotion of the Diversity of Cultural Expressions and Its Operational Guidelines, in Maluwa/Asmal (Hrsg), Law, Politics and Rights, 2014, 340 ff.
407 Hierzu *Hahn*, A Clash of Cultures?, JIEL 9 (2006) 515 ff; *Graber*, The New UNESCO Convention on Cultural Diversity, JIEL 9 (2006) 553 ff; *Burri-Nenova*, Trade and Culture in International Law, JWT 44 (2010) 49 ff.
408 Vgl *von Schorlemer*, Kulturpolitik im Völkerrecht verankert, VN 2005, 217 ff.
409 Dazu *Seidl-Hohenveldern*, Kulturgüterschutz durch die Europäische Union versus Warenverkehrsfreiheit, in Fechner/Oppermann/Prott (Fn 380) 113 ff.
410 *Müller-Graff*, in v. d. Groeben/Schwarze/Hatje (Hrsg), Europäisches Unionsrecht, Bd 1, 7. Aufl 2015, Art 36 Rn 33 ff.
411 Hierzu *Müller-Graff* (Fn 410) Rn 14 ff mwN.
412 VO (EWG) Nr 3911/92 des Rates v 9.12.1992, ABl EG 1992, Nr L 395/1; abgelöst durch VO (EG) Nr 116/2009 des Rates v 18.12.2008, ABl EU 2009, Nr L 39/1.
413 Richtlinie 93/7/EWG, ABl EG 1993, Nr L 74/74; zuletzt geänd durch Richtlinie 2014/60/EU v 14.5.2014, ABl EU 2014, Nr L 159/1; umgesetzt für die BR Deutschland durch das KulturgutsicherungsG v 15.10.1998, BGBl 1998 I, 3162; hierzu *Preuschen*, Kulturgutsicherungsgesetz und EG-Recht, EuZW 1999, 40 ff.
414 Hierzu *Berndt*, Internationaler Kulturgüterschutz, 1998, 142 ff; *Müller-Graff* (Fn 410) Rn 63; s *Streinz* (Fn 397) 117 ff; vgl *Siehr*, Kulturgüterschutz innerhalb der Europäischen Union, ZVglRWiss 95 (1996) 170 ff.
415 Dazu *Berndt* (Fn 414) 140, 146 ff; *Leible/Streinz*, in Grabitz/Hilf/Nettesheim (Hrsg), Das Recht der Europäischen Union, Loseblattslg, Art 36 AEUV Rn 31.
416 Vgl *Berndt* (Fn 414) 147.
417 Dazu *Oppermann/Classen/Nettesheim* (Fn 28) § 22 Rn 39, § 34 Rn 44.
418 Hierzu *Engelmann*, Die Zukunft der Buchpreisbindung im europäischen Binnenmarkt, 2002; *Everling*, Buchpreisbindung im deutschen Sprachraum und Europäisches Gemeinschaftsrecht, 1997.

einfuhrbeschränkende Maßnahmen iSv Art 36 AEUV darstelle, ihn dafür aber als zwingendes Erfordernis des Allgemeininteresses und somit als ungeschriebenen Rechtfertigungsgrund anerkannt.[419]

4. Recht auf Sprache

128 Insbes Angehörige nationaler *Minderheiten* beanspruchen für sich das Recht, als Ausdruck ihrer kulturellen Identität ihre Muttersprache zu pflegen.[420] Das Recht auf den Gebrauch der eigenen Sprache gehört zum Kern der völkerrechtlichen Minderheitenschutzrechte.[421] Grundlegend sichert Art 27 IPBPR Angehörigen ethnischer, religiöser oder sprachlicher Minderheiten das Recht zu, sich ihrer eigenen Sprache zu bedienen. Auch das Kopenhagener Schlussdokument der KSZE v 29.6.1990 will den Gebrauch von Minderheitensprachen schützen. Als Ausdruck ihrer Identität haben Angehörige nationaler Minderheiten u a das Recht, privat und öffentlich ihre Muttersprache zu sprechen und Informationen in ihrer Muttersprache zu verbreiten und auszutauschen. Ungeachtet der Notwendigkeit, die offiziellen Sprachen des jeweiligen Staates zu erlernen, soll Unterricht in der Muttersprache und – soweit notwendig und möglich – der Gebrauch der Muttersprache gegenüber Behörden ermöglicht werden.[422] Die *Europäische Charta der Regional- oder Minderheitensprachen* des Europarats v 1992[423] schafft keine individuellen Rechte für die Angehörigen von Minderheiten, betont aber die allgemeine kulturelle Bedeutung der Sprache.[424] Auch das Rahmenübereinkommen zum Schutz nationaler Minderheiten des Europarats v 1995 respektiert den freien Sprachgebrauch.[425]

129 In der *EU* sind die 24 Staatssprachen der derzeit 28 Mitgliedstaaten als Amtssprachen anerkannt.[426] Dementsprechend sind die Unionsbürger berechtigt, sich im Verkehr mit den Unionseinrichtungen einer Amtssprache ihrer Wahl zu bedienen, und sie haben Anspruch auf Antwort in dieser Sprache.[427] Art 41 Abs 4 der EU-Grundrechte-Charta garantiert diesen Anspruch als Bestandteil eines „Rechts auf eine gute Verwaltung".[428] Während bei offiziellen Ministertreffen und bei den Treffen der Staats- und Regierungschefs der EU in alle Amtssprachen gedolmetscht wird, wird bei Arbeitstreffen unterhalb der Ministerebene aus Praktikabilitäts- und Kostengründen im

---

419 EuGH, Rs C-531/07, *LIBRO*, Rn 32 ff; vgl dazu *Leible/Streinz* (Fn 415) Rn 31.
420 Hierzu *Klein*, Menschenwürde und Sprache, in Grözinger (Hrsg), Sprache und Identität im Judentum, 1998, 59 ff; *Varennes*, Sprachminderheiten, Völkerrecht und Nichtdiskriminierung, HV-I 1999, 241 ff.
421 *Hobe*, Völkerrecht, 10. Aufl 2014, 446; allg hierzu auch die Beiträge von *Schweizer* u *Kahl*, Sprache als Kultur- und Rechtsgut, VVDStRL 65 (2006) 347 ff bzw 386 ff; *Arzoz*, Language Rights as Legal Norms, European Public Law 15 (2009) 541 ff.
422 Vgl Nr 30 ff des KSZE Schlussdokuments v 29.6.1990, Bull BReg 1990, 757 ff.
423 Ratifiziert durch die BR Deutschland am 16.9.1998 (BGBl 1998 II, 1315 ff). S dazu *Boysen et al*, Europäische Charta der Regional- oder Minderheitensprachen, 2011.
424 *Klein* (Fn 420) 66 f.
425 Ratifiziert durch die BR Deutschland am 10.9.1997 (BGBl 1997 II, 1408 ff); vgl auch Thematic Commentary No 3 des Advisory Committee zum Rahmenübereinkommen v 5.7.2012, The Language Rights of Persons Belonging to National Minorities under the Framework Convention, ACFC/44DOC(2012)001 rev.
426 Art 342 AEUV verweist auf VO Nr 1 zur Regelung der Sprachenfrage, ABl 1958, 385; zur Unterscheidung von Amts- und Arbeitssprachen *Bieber*, in v. d. Groeben/Schwarze/Hatje (Fn 410) Art 342 Rn 14 ff. Durch die VO (EG) Nr 920/2005 v 13.6.2005, ABl EU 2005, Nr L 156/3 zur Änderung der VO v 1958 wurde mWv 1.1.2007 das Irische (= Gälische) den anderen nationalen Amtssprachen der EU gleichgestellt. Wegen Schwierigkeiten bei der Einstellung einer ausreichenden Zahl benötigter Dolmetscher und Übersetzer besteht seit 2012 befristet auf fünf Jahre noch ein Sonderstatus, vgl VO (EU) Nr 1257/2010 v 20.12.2010, ABl EU 2010, Nr L 343/5.
427 Vgl Art 24 AEUV. Dazu *Oppermann*, Reform der EU-Sprachenregelung?, NJW 2001, 2663 ff; *Hilpold*, Die europäische Sprachenpolitik – Babel nach Maß?, EuR 2010, 695 ff. Die gleichberechtigte Behandlung aller Unionssprachen dient der Bürgernähe und Transparenz. In der Praxis führt sie allerdings zu einem sehr erheblichen Übersetzungsaufwand, müssen doch alle allgemeingültigen Hoheitsakte und alle offiziellen Publikationen der EU in alle Amtssprachen übersetzt werden.
428 Hierzu *Galetta/Grzeszick*, in Tettinger/Stern (Fn 404) Art 41 Rn 73 ff.

Konsens aller Beteiligten oftmals von diesem Vollsprachenregime abgewichen. Das Bedürfnis für praktikable Lösungen, die an einer Unterscheidung zwischen den verschiedenen sprachlichen Kontexten in der EU (etwa Bürgerkontakt, politische Gremien, Unionsorgane) anknüpfen könnten, hat mit der Erweiterung noch erheblich zugenommen.

5. Kulturgüter und ihr Schutz

Wie für andere Sektoren des Völkerrechts hat sich auch für den Sonderbereich der Kulturgüter und ihren Schutz im 20. Jh ein Bestand völkerrechtlicher Normen entwickelt.[429] Sind die Grundlagen dieser Entwicklung vertragsrechtlicher Natur, so haben sich für einzelne Teilfragen auch gewohnheitsrechtliche Normen herausgebildet. Verglichen etwa mit dem Seerecht oder auch dem Wirtschaftsrecht sind die Regeln betreffend Kulturgüter in ihrer Gesamtheit zwar bisher weniger dicht, doch erlauben sie es im Lichte ihrer kumulativen Wirkung schon heute, von einem *Völkerrecht der Kulturgüter* zu sprechen.[430] Dass die Entwicklungslinien auf diesem Feld nur graduell und zögerlich verlaufen sind, hängt nicht nur mit der Betonung nationaler Souveränität zusammen. Auch der fehlende Konsens über die Fundamente und die Ausrichtung einer internationalen Konzeption für den Bereich der Kulturgüter steht bisher einer breiter angelegten Ordnung im Wege. 130

Die Bemühungen und auch die Kämpfe – die Rede ist von *art wars* – um die rechtliche Behandlung und Zuordnung von Kulturgütern werden auch angesichts des zunehmenden Handels mit wertvoller Kunst eher noch weiter zunehmen. Insbes bestehen Auseinandersetzungen um die *Rückführung von Kulturgütern in ihr Ursprungsland*. Dies gilt für Forderungen etwa Griechenlands oder von Entwicklungsländern bzgl während der Kolonialzeit ins Ausland verbrachter antiker Gegenstände, doch auch die Altlasten des Zweiten Weltkriegs auf diesem Felde sind immer noch nicht abgetragen.[431] Weiterhin können Projekte im Rahmen wirtschaftlicher Entwicklung negative Auswirkungen auf das kulturelle Erbe des betroffenen Staates haben; die Weltbank schließt diesen Aspekt daher in ihre Projektevaluationen mit ein.[432] Schließlich steht allgemein zu vermuten, dass dem *Schutz kultureller nationaler Identität* gerade in einer Welt zunehmend globaler Wirtschaftsstrukturen in der Innen- und Außenpolitik vieler Staaten künftig mehr Bedeutung als bisher zugemessen wird. 131

Die Gesamtheit der bestehenden Kulturgüterordnung erschließt sich nur aus der gemeinsamen Betrachtung der *ineinandergreifenden Regeln* des Völkerrechts (und ggf des Europarechts) und der jeweils einschlägigen nationalen Ordnung.[433] In den innerstaatlichen Regeln findet sich keine in sich geschlossene Regelung, vielmehr ergibt sich das einschlägige Recht aus einer Vielzahl von Vorschriften über den gutgläubigen Erwerb von Kulturgut,[434] die Wahrung gesamtstaat- 132

---

429 S für einen Überblick *Lenski*, Öffentliches Kulturrecht, 2013, 169 ff; *Nafziger/Kirkwood Paterson*, Cultural Heritage Law, in dies (Hrsg), Handbook on the Law of Cultural Heritage and International Trade, 2014, 1 ff.
430 Dazu *Streinz* (Fn 397) 201; *O'Keefe*, Formulating General Principles by Reference to International Standards, in Fechner/Oppermann/Prott (Fn 380) 277 ff; sowie den Beitrag von *Prott*, The International Legal Protection of the Cultural Heritage, ebd 295 ff; vgl auch Nafziger/Paterson/Renteln (Hrsg), Cultural Law: International, Comparative, and Indigenous, 2010.
431 Vgl hierzu *Freytag*, „Cultural Heritage": Rückgabeansprüche von Ursprungsländern auf „ihr" Kulturgut?, in Fechner/Oppermann/Prott (Fn 380) 175 ff; s auch *Wyss*, Rückgabeansprüche für illegal ausgeführte Kulturgüter, ebd 202 ff; *von Schorlemer*, Stolen Art, GYIL 41 (1998) 317 ff; *Weber*, Wem gehört der Schatz des Priamos?, Praxis/Forum 1999, 36 ff; *Eitel*, Beutekunst – Die letzten deutschen Kriegsgefangenen, FS Delbrück, 2005, 192 ff; *Baufeld*, Beutekunst, Osteuropa 2005, 207 ff; vgl *Franz/Hartmann*, Raub- und Beutekunst, Osteuropa 2006, 401 ff.
432 *Francioni*, Thirty Years On: Is the World Heritage Convention Ready for the 21st Century?, ItYIL 12 (2002) 13 ff; s auch o Rn 112.
433 Zusammenfassende Darstellung in *Siehr*, Vereinheitlichung des Rechts der Kulturgüter in Europa?, in Basedow et al (Hrsg), Aufbruch nach Europa, 2001, 811 ff.
434 Vgl zur zivilrechtlichen Seite ausf *Anton*, Rechtshandbuch Kulturgüterschutz und Kunstrestitutionsrecht, Bde 1–3, 2010.

licher Belange durch Exportverbote oder durch das Strafrecht[435] und das Öffentliche Recht.[436] Auch das Verfassungsrecht enthält eigene Vorgaben.[437] Für transnationale Vorgänge legaler oder illegaler Art kommt den Regeln des *Kollisionsrechts* wesentliche Bedeutung zu: Oft kommt es im Einzelfall entscheidend darauf an, welche Rechtsordnung nach dem Recht jenes Staats zur Anwendung kommen soll, in dem sich das Kulturgut gerade befindet.[438] Die nationalen Regelungen sind insoweit in weitem Umfang noch ungebunden von völkerrechtlichen Vorgaben. Hieraus ergeben sich Divergenzen und auch Inkonsistenzen der transnationalen Ordnung. Gelöst werden können die damit verbundenen Fragen nur durch eine völkerrechtliche Einigung der Staaten, sei es in einem multilateralen Vertragswerk oder in einem Geflecht bilateraler Verträge.

133   Grundsätzlich stellt sich dabei die Frage nach einem *Sonderrecht für Kulturgüter* in Abgrenzung vom allgemeinen Recht, welches auf Sachen Anwendung findet.[439] Vielfach hat insoweit der Wandel in Richtung auf ein Sonderrecht bereits stattgefunden, eine umfassende Neuausrichtung freilich steht noch aus. Eng verbunden damit sind die Schwierigkeiten einer allgemein akzeptierten Definition des „Kulturguts". Sollen die Bewahrung und der Schutz des Kulturguts rechtlich weiter ausgebaut werden, so bedarf es der Formulierung jener Sonderregelungen, welche der Eigenart dieser Güter gegenüber sonstigen Sachen gerecht wird. Dabei werden freilich auch noch zwischen den verschiedenen Formen der Kulturgüter weiter differenzierende Regelungen gefunden werden müssen.[440]

134   Wenn soeben auf Spannungen und Inkonsistenzen zwischen den Normen des Kulturgüterschutzes hingewiesen wurde, so erwachsen diese aus der *Pluralität der Ziele*, welche diese Normen zum Ausdruck bringen sollen; die einschlägigen *rationes* decken und verstärken sich zT gegenseitig, zT widerstreiten sie. Kommt es dem internationalen Kulturgüterschutz in erster Linie darauf an, dass diese Güter der Verfügungsgewalt jenes Staats oder jener Nation unterworfen werden, für welche das Gut im Lichte ihrer kulturellen, aber auch historischen oder politischen Identität von besonderer Bedeutung ist, wie es die *„nationale Denkschule"* will? Oder soll der Kulturgüterschutz in erster Linie dafür Sorge tragen, dass Kulturgüter – wo auch immer – möglichst gut erhalten werden und möglichst vielen Menschen zugänglich sind, wie es die *„Internationalisten"* anstreben? Ist kultureller Nationalismus in Zeiten einer sich globalisierenden Kultur

---

435 Zur strafrechtlichen Verfolgung des illegalen Handels mit Kulturgut in den USA *Petr*, Trading Places: Illicit Antiquities, Foreign Cultural Patrimony Laws, and the U.S. National Stolen Property Act after *United States v Schultz*, Hastings ICLR 28 (2005) 503 ff.
436 Hierzu *von Schorlemer* (Fn 399) 402 ff, 518 ff.
437 Hierzu rechtsvergleichend *Häberle*, National-verfassungsstaatlicher und universeller Kulturgüterschutz – ein Textstufenvergleich, in Fechner/Oppermann/Prott (Fn 380) 91 ff.
438 Hierzu *Armbrüster*, Privatrechtliche Ansprüche auf Rückführung von Kulturgütern ins Ausland, NJW 2001, 3581 ff; *Siehr*, The lex originis for Cultural Objects in European Private International Law, FS Fausto Pocar, Bd 2, 2009, 879 ff.
439 Vgl einzelne berühmte Fälle betreffend
–   zwei Dürer-Porträts: Kunstsammlungen zu *Weimar v Elicofon*, 678 F2 d 1150 (2 d Cir 1982);
–   das Bild „La Marquesa de Santa Cruz" von Francisco de Goya: *Kingdom of Spain v Christie, Manson & Woods Ltd* (1986) 1 WLR 1120 (ChD);
–   ein Gemälde des Fürsten von Liechtenstein: BVerfG, Beschluss v 28.1.1998, 2 BvR 1981/97, IPrax 1998, 482 ff;
–   eine Holztüre von einem Schatzhaus des Volkes der Maori: *Attorney General of New Zealand v Ortiz and Others*, 18 ILR 591 ff;
–   präkolumbianische Artefakte: *Republica dell' Ecuador v Danusso*, Tribunale di Torino, RivDirProc 1982, 625;
–   vier byzantinische Mosaike aus dem 16. Jh: *Autocephalous-Greek Orthodox Church v Goldberg*, 717 F.Supp. 1374 (SD Ind 1989); bestätigt: 917 F2 d 278 (7th Cir 1990).
Zum Ganzen auch *Siehr*, International Art Trade and the Law, RdC 243 (1993-VI) 13 ff; *Jayme*, Neue Anknüpfungsmaximen für den Kulturgüterschutz im internationalen Privatrecht, in Dolzer/Jayme/Mußgnug (Fn 385) 35 ff; *Mußgnug*, Museums- und Archivgut als „res extra commercium"?, ebd 199 ff; *Weber*, Unveräußerliches Kulturgut im nationalen und internationalen Rechtsverkehr, 2002; s auch *Freytag* (Fn 431) 186 ff.
440 Vgl *Merryman*, The Free International Movement of Cultural Property, NYJILP 31 (1998) 1 (14); *Wantuch-Thole*, Cultural Property in Crossborder Litigation, 2015.

wirklich als Relikt eines veralteten Denkens zu bewerten?[441] Die Polarität der beiden Ansätze, die zu unterschiedlichen Zielsetzungen führen können, liegt vielen Kontroversen und Debatten zugrunde. Auch das geltende Völkerrecht ist von dieser Spannungslage nicht frei, und die Konventionen der vergangenen 50 Jahre akzentuieren teils diesen, teils jenen Ansatz. Eine Konzeption eher im Sinne ersterer Auffassung kann man uU der Konvention der UNESCO über kulturelle Vielfalt v 2005 entnehmen; in ihren konkreten Ausprägungen – insbes im Verhältnis zu den Grundsätzen des freien Wirtschaftens – ist auch diese jedoch keineswegs eindeutig.[442] Zu den globalen Interessen einer internationalen Gemeinschaft einerseits und den nationalen Interessen der jeweiligen Staaten andererseits treten noch die privaten Rechte der Erschaffer und der Eigentümer kultureller Güter, die Substanzerhaltung der Kunstwerke sowie Marktinteressen als mögliche Schutzzwecke hinzu.[443]

Konzeptionell betonen die „Internationalisten" die Idee des *Kulturguts als eines gemeinsamen Erbes der Menschheit,* was schon Richter *Sir Alexander Croke* im Jahre 1813 zum Ausdruck brachte.[444] Demgegenüber findet die „nationale Richtung" ihr Fundament in der *kulturellen Dimension des Selbstbestimmungsrechts.* Letztere Position liegt auf der Linie historischer Argumentationsmuster, welche Kulturgüter mit der gegenseitigen Achtung der Souveränität des Herrschers oder auch mit dem engen Bezug zum Territorium schützen und an den jeweiligen Staat binden wollen.[445] Speziell für den Krieg wurde betont, dass es keinem erkennbaren Kriegszweck dient, wenn Kulturgüter zerstört werden. In der einen oder anderen Weise sind alle diese Ansätze eng verbunden mit dem moralischen Anspruch jeder zivilisierten Gesellschaft, die Kultur als Ausdruck der Menschlichkeit zu achten und zu pflegen; *Bluntschli* hat 1878 die militärischen Führer aufgefordert, den Krieg „nicht als Barbaren, sondern als civilisierte Männer" zu leiten.[446] 135

a) Definition des Kulturguts

Nimmt man *Kultur als Rechtsbegriff,* ergibt sich die Notwendigkeit der Definition. Der Schutz, aber auch die Pflege der „Kultur" kann rechtlich nur gewährleistet und überwacht werden, wenn man sich über deren Eingrenzung – zumindest im Groben – einig ist. Dies gilt unabhängig davon, dass schon im nationalen Recht etwa der Begriff der Kunst von seiner Natur her rechtlich nur sehr schwer zugänglich ist. Kein zwingendes Argument besteht dafür, den Kulturbegriff einheitlich für alle Normen des internationalen Rechts festzulegen. Dementsprechend hat auch die vertragliche Praxis *bereichsspezifisch* je nach den besonderen Zielen des einzelnen Vertrags[447] unterschiedliche Ansätze entwickelt.[448] 136

Wenig Aufmerksamkeit hat man der begrifflichen Frage noch etwa 1907 im Rahmen der *Haager Landkriegsordnung* geschenkt, die sehr allgemein das Privateigentum – und damit auch 137

---

441 Vgl *Merryman,* The Public Interest in Cultural Property, Cal LR 77 (1989) 339 (361 ff); ähnlich *Siehr,* Die Schweiz und der Kulturgüterschutz in Europa, in Fechner/Oppermann/Prott (Fn 380) 145 ff; vgl auch *Fishman,* Locating the International Interest in Intranational Cultural Property Disputes, Yale JIL 35 (2010) 347 ff.
442 Vgl o Rn 126.
443 Vgl *Jayme,* Globalization in Art Law, Vanderbilt J Transnat'l L 38 (2005) 927 ff; *Fechner,* Wohin gehören Kulturgüter?, FS Mußgnug, 2005, 485 ff.
444 *Sir Alexander Croke,* Richter am Vice Admirality's Court in Halifax im Prisenverfahren um das franz Schiff *Marquis de Somerueles,* welches durch ein engl Schiff aufgebracht wurde und Gemälde von *Salvator Rosa* an Bord hatte, die für die Pennsylvania Academy of Fine Arts bestimmt waren, vgl *Fiedler* (Fn 379) 204.
445 Vgl *Fiedler* (Fn 379) 211 f.
446 *Bluntschli,* Das moderne Völkerrecht, 3. Aufl 1878, 363.
447 Zum Folgenden *Fechner,* Prinzipien des Kulturgüterschutzes, in Fechner/Oppermann/Prott (Fn 380) 11 ff; vgl auch *Siehr,* Kulturgüter in Friedens- und Freundschaftsverträgen, FS Delbrück, 2005, 695 ff.
448 Zu unterschiedlichen Kulturkonzepten s *O'Keefe* (Fn 377) 905. Als Rechtsbegriff kann Kultur jedenfalls nicht im weitesten anthropologischen Sinne verstanden werden als alle einer Gesellschaft zugrunde liegenden Charakteristiken und Gedankenmuster.

in Privateigentum stehendes Kulturgut – und „das Eigentum der Gemeinden und dem Gottesdienste, der Wohltätigkeit, dem Unterricht, der Kunst und der Wissenschaft gewidmeten Anstalten" vor der absichtlichen Zerstörung oder Beschädigung schützt. Die *Haager Konvention zum Schutz von Kulturgut bei bewaffneten Konflikten* aus dem Jahre 1954[449] definiert den Begriff des Kulturguts dann in einem zweigliedrigen Ansatz. Zuerst wird festgestellt, dass dazu alles bewegliche oder unbewegliche Gut gehört, „das für das kulturelle Erbe aller Völker von großer Bedeutung ist"; in einem zweiten Schritt wird diese Formulierung in exemplarischer Weise erläutert: „wie zB Bau-, Kunst- oder geschichtliche Denkmale religiöser oder weltlicher Art, archäologische Stätten, Gebäude, die als ganzes von historischem oder künstlerischem Interesse sind, Kunstwerke, Manuskripte, Bücher und andere Gegenstände von künstlerischem, historischem oder archäologischem Interesse sowie wissenschaftliche Sammlungen von Büchern, Archivalien oder Reproduktionen des oben bezeichneten Kulturguts"; geschützt sind in gewissem Umfange auch die Orte, in denen das Kulturgut untergebracht ist (Art 1 [b] [c]). Die so allgemein umschriebenen Kulturgüter können unilateral vom jeweiligen Staat bezeichnet werden. Ein anderer Ansatz findet sich insoweit für Bergungsorte zur Sicherung von Kulturgut bei bewaffneten Konflikten sowie für Denkmalsorte und „andere unbewegliche Kulturgüter von sehr hoher Bedeutung"; diesbezüglich wird der Sonderschutz bereits in Friedenszeiten durch Eintragung in ein internationales Register vorgesehen, wobei allerdings andere Staaten innerhalb des Verfahrens zur Eintragung geltend machen können, dass „das Gut kein Kulturgut ist".[450]

138 Der Ansatz der *unilateralen* einzelstaatlichen Bestimmung im Rahmen der von den Vertragsparteien festgelegten Vorgaben findet sich pointiert im *Übereinkommen über Maßnahmen zum Verbot und zur Verhütung der unzulässigen Einfuhr, Ausfuhr und Übereignung von Kulturgut* aus dem Jahre 1970.[451] Danach soll als „Kulturgut" all das gelten, was „von jedem Staat aus religiösen oder weltlichen Gründen als für Archäologie, Vorgeschichte, Geschichte, Literatur, Kunst oder Wissenschaft als besonders bedeutungsvoll" bezeichnet wird. Dabei wird dem kulturellen Erbe eines Staats insbes das zugeordnet, was die eigenen Staatsangehörigen oder Ausländer auf dem Hoheitsgebiet des Staats geschaffen haben und was im Staatsgebiet gefunden wurde.[452] Im Ganzen geht es dabei darum, zwischen Scylla und Charybdis die richtige Mitte zu finden: Ein allzu großer Spielraum zur Bezeichnung der Kultur durch jeden einzelnen Staat kann andere Staaten an der Akzeptanz der Entscheidung (und damit auch der Konvention) hindern; eine starke Einengung durch internationale Vorgaben setzt sich dem Vorwurf der Unzulänglichkeit des Schutzumfangs aus. Die zunächst geringe Zahl der Ratifikationen des Übereinkommens hängt in der Tat auch mit der weiten Entscheidungsbefugnis der einzelnen Staaten nach diesem Abkommen zusammen. Inzwischen hat das Abkommen mehr als 125 Mitgliedstaaten (Stand: 1.3.2016); 2015 sind Luxemburg und Österreich beigetreten.

139 Zu einer umfassenden inhaltlichen Einigung über die Definition von Kulturgut konnten sich im Übrigen selbst die Mitgliedstaaten der *EU* trotz des regional-homogenen Rahmens nicht durchringen. Im Kontext des Art 36 AEUV können die Staaten zur Einschränkung der Warenfreiheit zum Schutz von „Kulturgut" besondere Maßnahmen treffen; insoweit kommt den Staaten ein Beurteilungsspielraum zu, dessen Einhaltung von den Organen der EU überwacht wird.[453] Im Kontext der Rückgabe unrechtmäßig aus dem Hoheitsgebiet eines Mitgliedsstaats verbrachter Güter besagt die Richtlinie 93/7/EWG v 15.3.1993, dass die Mitgliedstaaten die dort benannten

---

[449] BGBl 1967 II, 1235.
[450] Vgl im Einzelnen Art 12 der Ausführungsbestimmungen zur Konvention, BGBl 1967 II, 1271 (1279).
[451] ILM 10 (1971) 289 ff. Deutschland ist 2007 beigetreten.
[452] Vgl dazu im Einzelnen Art 4. In diesem Zusammenhang s auch EGMR v 5.1.2000, Beschwerde Nr 33202/96 *(Beyeler v Italien)*, dazu Anm *Rudolf*, AJIL 94 (2000) 736.
[453] Vgl *Müller-Graff* (Fn 410) Rn 66; *Ress*, Kultur und Europäischer Binnenmarkt, 1991.

Kategorien wie „Denkmäler" oder „Sammlung" im Wege der Konkretisierung im Einzelnen festlegen, wobei auch insoweit lediglich ein Missbrauchsverbot gilt.[454]

b) Rechtsträger von Kulturgütern

Die fortdauernde Pluralität rechtlicher Regelungsmuster auf internationaler Ebene spiegelt sich auch in Unterschieden der grundsätzlichen Zuordnung von Kulturgütern zu den völkerrechtlich anerkannten Rechtsträgern. Die internationale Gemeinschaft, der Staat, das Volk und das Individuum werden als Träger kultureller Rechte genannt, ohne dass die verschiedenen Ansätze heute im Einzelnen als bis zum Ende durchdacht und aufeinander abgestimmt gelten könnten. Im Grundsatz ist die *Hoheit des Staats über die Kulturgüter* gemäß den allgemeinen Regeln über die territoriale Souveränität unbestritten. Hierzu gehört das Recht des Staats, Vorschriften über den Verkauf und Erwerb zu erlassen, ebenso wie etwa seine Befugnis, den Export oder den Import von Kulturgütern zu regeln. Der Staat kann zur Hege und Pflege der Kulturgüter die Eigentümer verpflichten, er kann auch selbst Mittel dafür zur Verfügung stellen. Auch wird man dem Staat im Grundsatz das Recht auf Enteignung von Kulturgütern auf seinem Territorium zugestehen müssen, selbst im Falle ausländischer Eigentümer; viel weniger klar ist, ob ein solches Recht etwa auch dann besteht, wenn das jeweilige Gut nur für begrenzte Zeit zum Zwecke der Ausstellung eingeführt worden ist und kein Enteignungsverbot vereinbart wurde.[455] 140

Für all jene Regelungsansätze, welche das Kulturgut primär unter dem Gesichtspunkt der Zuordnung zur staatlichen Souveränität und Identität betrachten, ergeben sich Sonderfragen, nämlich insbes das Kriterium nach der Zuordnung eines Kulturguts zu einem Staat, sowie das Recht auf Rückführung im Falle der früheren illegalen oder auch legalen Ausfuhr. Bzgl der *Zuordnung eines Guts zur nationalen Kulturordnung* lassen sich unterschiedliche Ansätze denken. In erster Linie kann auf das staatliche Territorium abgestellt werden, auf dem das Gut hergestellt worden ist. Auch an die Staatsangehörigkeit des Urhebers kann angeknüpft werden. Schließlich ist denkbar, dass derjenige Staat ein Kunstwerk für sich in Anspruch nimmt, für dessen Identität es besondere Bedeutung erlangt hat, sogar unabhängig vom Ort der Herstellung oder der Nationalität des Urhebers; je nach Lage kann es bei unterschiedlicher Anknüpfung zu kollidierenden staatlichen Ansprüchen kommen.[456] 141

Wie auch in anderen Bezügen ist das Recht des Volks auf *Selbstbestimmung* der wichtigste Ausdruck der Rechtsfähigkeit eines Volks.[457] Obwohl etwa die UN-Charta der kulturellen Dimension des Selbstbestimmungsrechts nicht explizit Bedeutung zumisst, hat die UN-Generalversammlung klargestellt, dass es nicht nur eine politische und wirtschaftliche, sondern auch eine kulturelle Dimension des Selbstbestimmungsrechts gibt.[458] Danach ist es keinem Staat erlaubt, „Völker ihrer nationalen Identität und ihres kulturellen Erbes zu berauben". Dieser Schutz soll insbes auch indigenen Völkern zukommen.[459] Die afrikanische Menschenrechtscharta spricht 142

---

454 Richtlinie 93/7/EWG v 15.3.1993, ABl EG 1993, Nr L 74/74, zuletzt geänd durch Richtlinie 2001/38/EG v 5.6.2001, ABl EG 2001, Nr L 187/43.
455 Einen besonderen Schutz für den Bereich des Ausstellungswesens enthält das dt KulturgutsicherungsG v 1998 (Fn 413). Danach können dt Behörden dem ausländischen Verleiher die Rückgabe verbindlich zusagen mit der Folge, dass Ansprüche Dritter bis zur Rückgabe nicht geltend gemacht werden können. Hierzu *Jayme*, Das Freie Geleit für Kunstwerke, 2001.
456 Hierzu *Jayme*, Rechtsbegriffe und Kunstgeschichte, in Reichelt (Hrsg), Neues Recht zum Schutz von Kulturgut, 1997, 11 (16); *Müller-Katzenburg*, Internationale Standards im Kulturgüterverkehr und ihre Bedeutung für das Sach- und Kollisionsrecht, 1996, 142 ff; *Hanisch*, Der Fall des Liotard und die nationale Zuordnung eines Kunstwerks, in Frank (Hrsg), Recht und Kunst, 1996, 19 ff; *Mußgnug*, Die Staatsangehörigkeit des Kulturguts, FS Ress, 2005, 1531 ff.
457 Vgl *Kau*, 3. Abschn Rn 125 ff.
458 UN GA Res 2131 (XX) v 21.12.1965.
459 Vgl Art 3 der United Nations Declaration on the Rights of Indigenous Peoples, UN GA Res 61/295 v 13.9.2007; vgl dazu *Kuprecht*, Human Rights Aspects of Indigenous Cultural Property Repatriation, FS Siehr, 2010, 191 ff;

vom Recht auf „wirtschaftliche, soziale und kulturelle Entwicklung unter angemessener Berücksichtigung ihrer Freiheit und Individualität sowie auf gleichmäßige Beteiligung an dem gemeinsamen Erbe der Menschheit".[460]

Konkrete Folgerungen sind in der Staatenpraxis auf der kulturellen Seite des Selbstbestimmungsrechts nicht klar erkennbar geworden; es ist aber daran festzuhalten, dass die verschiedenen Aspekte des Selbstbestimmungsrechts in der Praxis unteilbar miteinander verbunden sind und im Extremfall der Verweigerung kultureller Rechte auch ein Sezessionsrecht auslösen könnten. Die moderne Rechtsentwicklung verpflichtet die Staaten auch, die kulturellen Interessen ihrer *Minderheiten* zu schützen.[461] So heißt es in Art 27 IPBPR, dass der Staat den Minderheiten das Recht nicht vorenthalten darf, „gemeinsam mit anderen Angehörigen ihrer Gruppe ihr eigenes kulturelles Leben zu pflegen"; die EMRK enthält ein akzessorisches Schutzrecht gegen Diskriminierungen von Minderheiten (Art 14).[462] Der Umfang der Verpflichtung aus Art 27 IPBPR ist noch nicht abschließend geklärt, insbes im Hinblick auf mögliche positive Handlungspflichten besteht nach wie vor Unsicherheit. Das UN-Übereinkommen zur Beseitigung der Rassendiskriminierung v 1966[463] verpflichtet die Staaten in Art 2 Abs 2, „wenn es die Umstände rechtfertigen", auch auf kulturellem Gebiet Maßnahmen zum Schutz bestimmter Rassengruppen zu treffen.

143 Ob und in welcher Weise die *Individuen* ein Recht auf Kultur *(a right to culture)* haben, kann nicht eindeutig beantwortet werden.[464] Im Anschluss an die Allgemeine Menschenrechtserklärung der UN (Art 22 u 27) bestimmt Art 19 IPBPR, dass jeder die Freiheit hat, ua Informationen und Gedankengut durch Kunstwerke zu beschaffen und weiterzugeben; der Internationale Pakt über wirtschaftliche, soziale und kulturelle Rechte (IPWSKR) postuliert ein Individualrecht auf Teilnahme am kulturellen Leben (Art 15 Abs 1); regionale Menschenrechtspakte enthalten ähnliche Formulierungen.[465] Die EMRK erwähnt den Schutz kultureller Rechte oder Güter nicht ausdrücklich; es ist jedoch anerkannt, dass entsprechende Sachverhalte unter die Schutzbereiche der Art 10 oder Art 8 EMRK bzw Art 1 Abs 1 des 1. Zusatzprotokolls fallen können.[466] Die UNESCO hat in einer Reihe von Empfehlungen versucht, dem Recht auf Kultur Gestalt und Inhalte zu verleihen.[467]

144 In mehreren rechtlichen Dokumenten werden Kulturgüter als *Erbe der Menschheit (common heritage of mankind)* angesprochen.[468] Bereits im Jahre 1813 heißt es in einer Entscheidung

---

Wiessner, The Cultural Rights of Indigenous Peoples: Achievements and Continuing Challenges, EJIL 22 (2011) 121 ff; *Engle*, On Fragile Architecture: The UN Declaration on the Rights of Indigenous Peoples in the Context of Human Rights, EJIL 22 (2011) 141 ff.
460 Art 22 der „Banjul Charta der Menschenrechte und Rechte der Völker" v 27.6.1981, dt Übersetzung in Simma/Fastenrath (Hrsg), Menschenrechte, 6. Aufl 2010, 707 ff. S auch UN GA Res 57/249 (2003) zu „Culture and Development".
461 Vgl *Kau*, 3. Abschn Rn 330 ff.
462 Vgl *Kau*, 3. Abschn Rn 259. Am 1.4.2005 trat das 12. Zusatzprotokoll zur EMRK in Kraft, welches nun auch einen allgemeinen Schutz vor Diskriminierungen vorsieht. Die BR Deutschland hat das 12. Zusatzprotokoll zur EMRK bisher nicht ratifiziert.
463 BGBl 1969 II, 961.
464 Positiv *Prott*, Cultural Rights as Peoples' Rights in International Law, in Crawford (Hrsg), The Rights of Peoples, 1988, 93 ff; *Francioni* (Fn 383) 1212 ff; *ders*, The Human Dimension of International Cultural Heritage Law: An Introduction, EJIL 22 (2011) 9 ff; s auch *O'Keefe*, Cultural Life, Right to Participate in, International Protection, MPEPIL II, 916 ff.
465 Hierzu *Wyss* (Fn 378) 196 ff sowie *O'Keefe* (Fn 377).
466 Hierzu *Ress*, Kulturgüterschutz und EMRK, FS Mußgnug, 2005, 499 ff.
467 *Wyss* (Fn 378) 199 ff.
468 Der Begriff des kulturellen „Erbes" ist rechtlich kaum greifbar. Er wird in der Praxis häufig bewusst in Abgrenzung vom Begriff des kulturellen „Eigentums" gewählt, weil Anliegen der Allgemeinheit leichter darunter zu fassen sind als unter den Begriff des kulturellen „Eigentums", welcher eher das individuelle Bestimmungs- und Ausschließungsrecht betont; vgl auch *Frigo*, Cultural Property v Cultural Heritage: A „Battle of Concepts" in International Law?, IRRC 86 (2004) 367 ff; *Francioni*, Cultural Heritage, MPEPIL II, 906 ff.

eines Richters in Halifax, die Kunst wie die Wissenschaft „are considered not as the peculium of this or of that nation, but as the property of mankind at large and as belonging to the common interests of the whole species".[469] In der zweiten Hälfte des 20. Jh etwa findet sich dieses Konzept in der Haager Konvention v 1954 in der Feststellung, dass der Schaden für das Kulturgut eines Volks zugleich „ein Schaden für das Kulturgut der gesamten Menschheit darstellt, weil jedes Volk seinen Beitrag zur Kultur der Welt leistet". In der Präambel der UNESCO-Konvention v 1970[470] ist die Rede vom Kulturerbe eines jeden Volks „und dem aller Nationen", und in der Präambel des Welterbe-Vertrags v 1972[471] wird festgestellt, dass „der Untergang jedes einzelnen Bestandteils des Kultur- oder Naturerbes eine beklagenswerte Schmälerung des Erbes aller Völker der Welt darstellt" und es „Aufgabe der internationalen Gemeinschaft als Gesamtheit ist, sich am Schutz des Kultur- und Naturerbes von außergewöhnlichem universellen Wert zu beteiligen". – Formeln dieser Art in rechtlich verbindlichen Dokumenten werfen notwendig die Frage nach einem rechtlichen Gehalt des Konzepts des „gemeinsamen Erbes der Menschheit" auf. Wird die „Menschheit" hier – in Abgrenzung zum einzelnen Staat – als neues Subjekt des Völkerrechts verstanden? Für das Seerecht und für staatsfreie Räume im Allgemeinen hat das Konzept des gemeinsamen Erbes in jüngerer Zeit im Kern einen rechtlich greifbaren Inhalt gewonnen: Die Aneignung dieser Räume ist untersagt, ihre Nutzung muss die Interessen der Menschheit unter besonderer Berücksichtigung der Entwicklungsländer einbeziehen.[472] Will man die Idee auch für den Bereich der Kulturgüter in paralleler Weise verstehen, so zeigt sich, dass der rechtliche Kontext eine andersartige Struktur aufweist: Bei den Kulturgütern geht es weder um ein Aneignungsverbot noch um die Verteilung der Vorteile der Nutzung. Auch rechtliche Folgerungen in andere Richtungen werden sich kaum ableiten lassen.[473]

c) Kulturgüter in bewaffneten Konflikten

Der völkerrechtliche *Schutz der Kulturgüter im Krieg*[474] hat sich historisch vor der Einigung über die Regelungen für Friedenszeiten entwickelt. Der Grund dafür lag in der Gefährdung der Güter durch die Kriegshandlungen, aber auch im Zugriff des Kriegsgegners auf Kunstwerke als Ausdruck des lange Zeit noch anerkannten Rechts auf Kriegsbeute. Schon *Grotius* hatte darauf hingewiesen, dass die Mitnahme von Kunstschätzen durch den Eroberer beim Besiegten ein ständiges Gefühl der Erniedrigung und damit ein künftiges Gefahrenpotential mit sich bringt.[475] In großem Stile hatte *Napoleon* bei seinen Eroberungszügen den Raub von Kunstwerken zielstrebig organisiert; in französischen Museen sollten diese „am Beispiel der vereinten Beutegüter die Einheit Europas unter der Vorherrschaft Frankreichs illustrieren".[476] Schon damals indes ließ sich ein solches Vorhaben gegen das Rechtsbewusstsein der europäischen Staatengemeinschaft nicht mehr durchsetzen, und Frankreich musste den Restitutionsforderungen der betroffenen Staaten nachgeben.[477]

---

469 Vgl o Fn 456.
470 Vgl o Rn 138 und u Rn 151.
471 UNESCO Übereinkommen zum Schutz des Kultur- und Naturerbes der Welt v 1972, BGBl 1977 II, 215.
472 Vgl hierzu *Proelß*, 5. Abschn Rn 64 f, 70 ff.
473 Hierzu *Dolzer*, Die Deklaration des Kulturguts zum „common heritage of mankind", in Dolzer/Jayme/Mußgnug (Fn 385) 13 ff; aA *Francioni* (Fn 383) 1209 ff.
474 Zum humanitären Völkerrecht vgl *Bothe*, 8. Abschn Rn 56 ff; *Wolfrum*, Cultural Property, Protection in Armed Conflict, MPEPIL II, 924 ff; *Schreuer*, The Protection of Investments in Armed Conflicts, <www.transnational-dispute-management.com/article.asp?key=1830>.
475 Vgl *Fiedler* (Fn 379) 212. Von demselben Gedanken haben sich nach dem in der Neuzeit einzigartigen NS-Kunstraub sog Kunstschutzoffiziere der alliierten Streitkräfte leiten lassen. Hierzu das Wiesbadener Manifest, zit bei *Wyss* (Fn 378) 88 f; *Nicholas*, Der Raub der Europa, 1995. Vgl auch Der Prozess gegen die Hauptkriegsverbrecher vor dem Internationalen Militärgerichtshof, Bd I, 1947, 267 ff.
476 *Wyss* (Fn 378) 3.
477 Hierzu *Fiedler* (Fn 379) 203 ff; *Wescher*, Kunstraub unter Napoleon, 2. Aufl 1978.

146 Am Beginn der modernen multilateralen Vertragswerke zum Schutz der Kulturgüter in bewaffneten Konflikten steht die *Haager Landkriegsordnung* (HLKO) aus dem Jahre 1907.[478] Auch ohne direkte Bezugnahme zum Kulturgut sind insoweit die Vorschriften über das Verbot der Wegnahme und der Zerstörung feindlichen Eigentums, den Angriff auf unverteidigte Städte oder Gebäude sowie insbes die Ächtung der Plünderung von Bedeutung (Art 22 f). Eng gekoppelt ist der Kulturgüterschutz mit dem Gebot der Achtung privaten Eigentums und dem korrespondierenden Verbot seines Einzugs oder seiner Plünderung (Art 46); dem Privateigentum gleichgestellt werden dabei jene Anstalten, die dem Gottesdienst, der Wohltätigkeit, dem Unterricht, der Kunst und der Wissenschaft gewidmet sind (Art 56). Die HLKO ist heute noch in Kraft. Aus einer Reihe von Gründen hat sie in den beiden Weltkriegen ihre Ziele nur unzulänglich erreicht, auch wegen der fehlenden Konkretisierung der Schutzobjekte.[479] Während des Zweiten Weltkriegs haben deutsche NS-Führer gegen die Bestimmungen der HLKO systematisch den Raub fremden – insbes jüdischen – Kunstguts betrieben und damit ihre Dienst- und Wohnsitze schmücken wollen. Nach dem Zweiten Weltkrieg haben sowjetische Militärs und Privatpersonen etwa 200.000 während Krieg und Besatzung erbeutete deutsche Stücke und Exponate in die Sowjetunion verbracht, später deren Existenz jahrzehntelang verleugnet; im Jahre 1997 hat Russland versucht, diese Güter auf gesetzlicher Grundlage zu konfiszieren. Das sowjetische Verfassungsgericht hat 1999 gemeint, diese Vorgänge trotz der HLKO und zwei einschlägiger deutsch-russischer Verträge in Missachtung des Völkerrechts mittels der Kategorie „kompensatorischer Restitution" rechtfertigen zu können.[480] Im diplomatischen Sprachgebrauch haben sich für den ersten Komplex der Begriff der „Raubkunst" und für den zweiten der der „Beutekunst" verfestigt.[481]

147 Trotz der Erfahrungen des Zweiten Weltkriegs war es in den *Genfer Konventionen* v 1949 noch nicht gelungen, spezielle Regelungen zum Schutz der Kulturgüter zu vereinbaren. Dies erfolgte erst 1954 im *Haager Abkommen für den Schutz von Kulturgütern bei bewaffneten Konflikten*.[482] Dabei konnte auch auf die Regelungsmechanismen des sog Washingtoner Vertrags zurückgegriffen werden, der von Staaten des amerikanischen Kontinents 1935 ausgearbeitet worden war.[483] In Fortentwicklung der Absprachen aus dem Jahre 1907 zeichnen sich die Haager Vereinbarungen aus dem Jahr 1954 zum einen durch die nähere Festlegung der Schutzgüter aus (Art 1). Weiter enthalten Vorschriften über den „allgemeinen Schutz" (Art 2–7) eine Reihe von präventiven Maßnahmen, welche die Parteien bereits zu Friedenszeiten zum Schutz der Kulturgüter treffen, so etwa die sichtbare Kennzeichnung des Kulturguts und den Erlass von

---

478 RGBl 1910, 107 f; genau genommen ist dies die „Ordnung der Gesetze und Gebräuche des Landkrieges" als Anlage zum IV. Haager Abkommen. Zur Haager Konvention v 1899 und zur weiteren Entwicklung *Hönes*, Zum Kulturbegriff der Haager Konventionen von 1899 bis heute, DÖV 1998, 985 ff; *Herdegen*, Der Kulturgüterschutz im Kriegsvölkerrecht, in Dolzer/Jayme/Mußgnug (Fn 385) 161 ff; *Mußgnug*, Der kriegsrechtliche Kulturgüterschutz, FS Jeserich, 1994, 333 ff; *Wolfrum*, Protection of Cultural Property in Armed Conflict, IYHR 32 (2002) 305 ff.
479 Hierzu *Buhse*, Der Schutz von Kulturgut im Krieg, 1959.
480 Das Urteil ist in dt Übersetzung abgedr (mit Anm) bei *Schröder*, Wem gehört die Beutekunst? Zum zweiten Beutekunst-Urteil des russischen Verfassungsgerichts, Osteuropa-Recht 2000, 29 ff; hierzu auch *Dolzer*, „Kompensatorische Restitution"?, NJW 2000, 560 ff; *von Schorlemer* (Fn 431) 317 ff; *Stumpf*, Kulturgüterschutz im internationalen Recht unter besonderer Berücksichtigung der deutsch-russischen Beziehungen, 2003; *Schoen*, Der rechtliche Status von Beutekunst, 2004; *Baufeld*, Beutekunst – Versuch einer neuen juristischen Deutung, Osteuropa-Recht 2005, 207 ff; *Fiedler*, Kulturgüter als Kriegsbeute?, 1995; *ders*, Die Verhandlungen zwischen Deutschland und Russland über die Rückführung der während und nach dem 2. Weltkrieg verlagerten Kulturgüter, JöR (NF) 56 (2008) 217 ff; *Jenschke*, Der völkerrechtliche Rückgabeanspruch auf in Kriegszeiten widerrechtlich verbrachte Kulturgüter, 2005; *ders*, In Kriegen erbeutet, Osteuropa 2006, 361 ff; allgemein zum Zweiten Weltkrieg *Kowalski*, Restitution of Works of Art Pursuant to Private and Public International Law, RdC 288 (2001) 154 ff.
481 *Eitel* (Fn 431) 191.
482 BGBl 1967 II, 1235; hierzu näher *Toman*, Protection of Cultural Property in the Event of Armed Conflict, 1996; *Desch*, Der Schutz von Kulturgut bei bewaffneten Konflikten nach der Konvention von 1954, HV-I 1999, 230 ff.
483 „Roerich-Pakt", ZaöRV 16 (1955/56) 78 f.

Anweisungen an die Mitglieder der Streitkräfte. Für die Zeit des Konflikts selbst schreibt Art 4 die Unterlassung der Nutzung des Kulturguts zu militärischen Zwecken (mit der Ausnahme zwingender Notwendigkeit), das Verbot von Diebstahl, Plünderung, widerrechtlicher Besitznahme oder sinnloser Zerstörung, das Verbot der Beschlagnahme und das Verbot von Repressalien gegen Kulturgut vor; untersagt wird auch ausdrücklich die Beschlagnahme zu Reparationszwecken (Art 4 Abs 3). Besonderer Schutz wird für jene Kulturgüter vorgesehen, die in ein internationales Register eingetragen sind, welches der Generaldirektor der UNESCO führt (Art 8–12); jede feindliche Handlung gegen und jede militärische Nutzung solchen Guts ist untersagt, soweit nicht der Kommandeur auf Divisionsebene entscheidet, dass eine „unausweichliche militärische Notwendigkeit" anzunehmen ist. Die Pflichten eines okkupierenden Staats sind in einem Protokoll[484] v 1954 niedergelegt; danach ist insbes die Ausfuhr von Kulturgut aus den besetzten Gebieten zu verhindern. Die Haager Konvention v 1954 wurde weiter ergänzt durch Art 53 u 85 Abs 4 [d] des *ZP I* sowie Art 16 des *ZP II* v 1977 zu den Genfer Konventionen v 1949, welche feindselige Handlungen gegen Kulturgut und Kultstätten sowie ihre Verwendung zur Unterstützung des militärischen Einsatzes oder im Fall internationaler Konflikte als Gegenstand von Repressalien verbieten.[485] Diese Regeln sind allerdings eng auszulegen, da sie keine Möglichkeit der Rechtfertigung eines Verstoßes durch „unausweichliche militärische Notwendigkeiten" beinhalten.

Den Verstoß gegen die Vorschriften der Haager Konvention v 1954 ahndet jede Partei mit **148** strafrechtlichen oder disziplinarischen Mitteln (Art 28). Dass die Haager Konvention keine unmittelbare Strafbarkeit vorsieht, wurde jedoch kritisiert.[486] Verstärkt wurden diese Mittel zur Durchsetzung der Konvention daher durch das Zweite Protokoll zur Haager Konvention, das 1999 angenommen wurde und 2004 in Kraft trat.[487] Das Zweite Protokoll wurde auch im Lichte der Kriege in Ex-Jugoslawien ausgehandelt. Der Beschuss der Altstadt von Dubrovnik, welche in der Liste des zu erhaltenden Weltkulturerbes aufgeführt ist, sowie die Zerstörungen in Mostar, Vukovar und Sarajevo erfolgten auch vor dem Hintergrund des Versuchs der systematischen Zerstörung des kulturellen Erbes ethnischer Gruppen als Mittel der Kriegsführung. Das Statut des Internationalen Strafgerichtshofs für Ex-Jugoslawien aus dem Jahre 1993 enthält unter dem Titel „Verletzung der Gesetze und der Gebräuche des Krieges" den Tatbestand der Verletzung von bestimmten Kulturgütern (Art 3 [d]).[488] Auch in Art 8 des Rom-Statuts des IStGH v 1998 ist die Verletzung von bestimmten Kulturgütern als Kriegsverbrechen aufgelistet.[489] Die „Außerordentlichen Kammern" für die Aburteilung von Verbrechen während der Herrschaft der Khmer-Rouge in Kambodscha 1975–1979 sind gemäß Art 7 ihres Gründungsgesetzes ausdrücklich für Verstöße gegen die Haager Konvention v 1954 zuständig.[490] Der Verbrechenstatbestand des „kulturellen Genozids" hat sich bisher jedoch nicht durchgesetzt.[491]

---

484 BGBl 1967 II, 1100.
485 BGBl 1990 II, 1551; BGBl 1990 II, 1637.
486 Vgl *Partsch*, in Fleck (Hrsg), Handbook of Humanitarian Law in Armed Conflicts, 1999, 377 (403).
487 ILM 38 (1999) 769; ratifiziert durch die BR Deutschland am 7.7.2009, BGBl 2009 II, 716; hierzu *Henckaerts*, New Rules for the Protection of Cultural Property in Armed Conflict, HV-I 1999, 147 ff; *Penkny*, Der Schutz von Kulturgütern bei bewaffneten Konflikten im Lichte jüngster völkerrechtlicher Entwicklungen, HV-I 2003, 27 ff; *Frulli*, The Criminalization of Offences against Cultural Heritage in Times of Armed Conflict: The Quest for Consistency, EJIL 22 (2011) 203 ff.
488 Vgl *Francioni* (Fn 383) 1215 ff.
489 Zum Völkerstrafrecht generell vgl *Schröder*, 7. Abschn Rn 38 ff.
490 Die Kammern gehen auf ein Abkommen zwischen den UN und Kambodscha zurück, dessen Text als Annex der UN GA 57/228 v 22.5.2003 angehängt ist; dt Übersetzung: HV-I 2005, 59.
491 *Cassese*, International Criminal Law, 2003, 96 f; *O'Keefe*, Protection of Cultural Property under International Criminal Law, Melb JIL 11 (2010) 339 ff; vgl in diesem Kontext auch *Vrdoljak*, Genocide and Restitution: Ensuring Each Group's Contribution to Humanity, EJIL 22 (2011) 17 ff; *Donders*, Old Cultures Never Die?, in Boerefijn/Gaay Fortman (Hrsg), Human Rights and Conflict, 2012, 287 ff.

149   Der Irakkrieg des Jahres 2003 hat schlaglichtartig darauf hingewiesen, dass die einschlägigen Normen in unserer Zeit nicht an Bedeutung verloren haben.[492] 2001 hatte schon die Zerstörung zweier großer Buddha-Statuen im afghanischen Bamiyan durch die Taliban weltweite Empörung ausgelöst und die UNESCO 2003 zur Verabschiedung einer Erklärung gegen die absichtliche Zerstörung des kulturellen Erbes bewegt.[493] Die erneut gezielte Zerstörung von zum Weltkulturerbe zählenden Heiligtümern durch Rebellen in Timbuktu (Mali) im Jahre 2012 konnte das aber nicht verhindern. In jüngster Zeit hat die Zerstörung einzigartiger Kulturgüter aus altorientalischer Zeit u a in der antiken Oasenstadt Palmyra, die zum UNESCO Weltkulturerbe zählt, im Museum der Stadt Mossul und der Grabungsstätte Ninive durch den sog Islamischen Staat (IS) weltweit Aufsehen und Empörung erregt. Was die Geltung der Regelungsgehalte der kriegsrechtlichen Kodifizierungen auf der Ebene des *Gewohnheitsrechts* betrifft, so bedarf es dazu der Untersuchung der Staatspraxis in jedem Einzelfall. Mehr und mehr setzt sich indes die Auffassung durch, dass die zentralen Regelungen auch gewohnheitsrechtliche Geltung erlangt haben.[494]

d) Regelung für Friedenszeiten

150   Es dauerte bis zum Jahr 1970, bis mit dem *Übereinkommen über Maßnahmen zum Verbot und zur Verhütung der unzulässigen Einfuhr, Ausfuhr und Übereignung von Kulturgut*[495] eine erste spezifische Vereinbarung über den Schutz in Friedenszeiten angenommen wurde. Insbes die Staaten der Dritten Welt hatten auf Regelungen gedrängt, um des illegalen Abflusses der Kulturgüter in Zukunft besser Herr werden zu können. Die Konvention verpflichtet alle Mitgliedstaaten zum Verbot des Exports von solchen Kulturgütern, für die kein Exportzertifikat erteilt worden ist (Art 6). Freilich findet sich keine generelle korrespondierende Pflicht zum Importverbot für den Fall der illegalen Ausfuhr; nur im Falle des Diebstahls aus einer staatlichen Einrichtung ist der Importstaat verpflichtet, auf Antrag Maßnahmen zur Wiedererlangung und Rückgabe des Kulturguts zu ergreifen. Dies gilt auch im Falle eines zwischenzeitlich erfolgten gutgläubigen Erwerbs, dann allerdings auf der Grundlage einer Pflicht zur angemessenen Entschädigung durch den Exportstaat (Art 7 [b] Abs 2). Liegt kein Diebstahl im Ursprungsland vor, ergibt sich aus der Konvention selbst keine unbedingte Pflicht zur Rückgabe; vielmehr verweist das Abkommen auf das nationale Recht des Importstaats, der insoweit auch die Anwendbarkeit der Vorschriften auf den Fall des Erwerbs durch staatliche Stellen im Importstaat begrenzen kann, wie es etwa die USA getan haben.[496] Gemäß Art 3 gelten Einfuhr, Ausfuhr und Übereignung von Kulturgut als rechtswidrig, wenn sie gegen solche nationalen Bestimmungen der Vertragsparteien verstoßen, die auf der Grundlage der Konventionen erlassen wurden. Str ist, ob Art 3 unmittelbar anwendbar ist, wie es sein Wortlaut nahe legt.[497] Die BR Deutschland hat der Konvention im Jahre 2007

---

492 Nach Plünderungen des Irakischen Nationalmuseums, der Nationalbibliothek, archäologischer Stätten und anderer irakischer Einrichtungen nach dem Sturz des Regimes *Saddam Husseins* im April 2003 hat der UN-Sicherheitsrat die Staaten aufgefordert, eine sichere Rückführung der Gegenstände zu veranlassen und den Handel mit verdächtigen Gegenständen zu unterbinden, vgl Ziff 7 der Res 1483 (2003) v 22.5.2003; hierzu *Phuong*, The Protection of Iraqi Cultural Property, ICLQ 53 (2004) 985 ff; *Sandholtz*, The Iraqi National Museum and International Law, Colum J Transnat'l L 44 (2005) 185 ff; *Gerstenblith*, From Bamiyan to Baghdad: Warfare and the Preservation of Cultural Heritage at the Beginning of the 21st Century, GJIL 37 (2006) 245 ff; *Weber*, Verbote des Handels mit irakischen Kulturgütern, SZIER 2006, 425 ff; *Patron*, The Looting of Iraqi Archaeological Sites, GWILR 40 (2008) 465 ff.
493 Vgl *Francioni/Lenzerini*, The Destruction of the Buddhas of Bamiyan and International Law, EJIL 14 (2003) 619 ff; *Goy*, La destruction intentionelle du patrimoine culturel en droit international, RGDIP 109 (2005) 273 ff.
494 Hierzu *von Schorlemer* (Fn 399) 297 ff; Henckearts/Doswald-Beck (Hrsg), Customary International Humanitarian Law, Vol I, 2005, 127 ff; vgl auch *Francioni* (Fn 432) 14.
495 Vgl o Rn 138.
496 *Streinz* (Fn 397) 89 f.
497 Dagegen mit Hinweis auf die Entstehungsgeschichte *Streinz* (Fn 397) 88.

zugestimmt, obwohl sie eine Reihe von Schwachstellen festgestellt hat (ua die Weite des Kulturbegriffs, zu weitgehende Auswirkungen auf den Handel mit Kunst und Antiquitäten, hohe Belastungen der Zollbehörden).[498] Dennoch hat der BGH im Jahre 1972 gemeint, die Vereinbarungen im Rahmen der Konkretisierung der guten Sitten nach § 138 BGB berücksichtigen zu können; die Entscheidung ist im Schrifttum auf Kritik gestoßen.[499] Seit dem Inkrafttreten des Kulturgüterrückgabegesetzes[500] führte bis zum Jahr 2013 keines der Rückgabeverlangen – vor allem von lateinamerikanischen Staaten – zu einer Rückgabe an den ersuchenden Staat.[501] In der BR Deutschland soll das Kulturgüterrückgabegesetz durch das Kulturgutschutzgesetz 2016 abgelöst werden. Dieses Gesetz soll durch verbesserte Ein- und Ausfuhrbestimmungen nationales Kulturgut vor Abwanderung ins Ausland schützen und es ermöglichen, unrechtmäßig verbrachtes Kulturgut anderer Staaten an diese zurückzugeben.

Anders als das Abkommen aus dem Jahre 1970 zielt das *UNESCO-Übereinkommen zum* **151** *Schutz des Kultur- und Naturerbes der Welt* v 1972[502] nicht auf Rechtsprobleme,[503] sondern darauf, bestimmte Kulturgüter gegen herkömmliche Verfallsursachen, aber auch gegen sozial und wirtschaftlich begründete Einwirkungen zu schützen; Umwelteinflüsse gefährden Kulturgüter in zunehmenden Maße.[504] Es ist nicht überraschend, dass diese Konvention – anders als etwa die aus dem Jahre 1970 – von mehr als 190 Staaten ratifiziert worden ist. Zum Kulturerbe gehören danach Denkmäler, Ensembles und Stätten mit „außergewöhnlichem universellem Wert" (Art 1). Bemerkenswert ist, dass jeder Staat anerkennt, das Kultur- und Naturerbe auf seinem Gebiet zu erfassen, zu schützen und zu erhalten und dabei nach Möglichkeit erforderliche Maßnahmen zu treffen (Art 5). Einem von der UNESCO eingesetzten „Komitee für das Erbe der Welt" werden von den Mitgliedstaaten Vorschläge für die Aufnahme in die „Liste des Erbes der Welt" vorgelegt, wobei die Entscheidung danach fällt, ob das Objekt repräsentativ für einen bestimmten Typus kultureller Erscheinungsformen ist (Art 11 Abs 2).[505] Über Fördermaßnahmen entscheidet ebenfalls das Komitee, dem ein Fonds zur Verfügung steht, der sich allerdings in seinem Volumen sehr bescheiden ausnimmt (Art 13 Abs 6, Art 15). Die Liste umfasst heute 1.031 Objekte in 163 Vertragsstaaten (darunter 40 in Deutschland; Stand: 1.3.2016); eine weitere „Liste des gefährdeten Erbes der Welt" enthält 48 Denkmäler.[506] – In Deutschland gab es zuletzt Konflikte bzgl lokaler Stadtentwicklungsmaßnahmen, die nach Ansicht des UNESCO-Komitees die Integrität der geschützten Denkmäler gefährden würden. Der Kölner Dom wurde im Juni 2006 wieder von der Liste der gefährdeten Güter gestrichen, nachdem die dortige Verwaltung Bauprojekte in

---

498 Hierzu *Blumenwitz*, Rechtliche Schwierigkeiten bei der Rückgabe rechtswidrig nach Deutschland verbrachter Kunstschätze an die Herkunftsstaaten und künftige Lösungsansätze, FS Ress, 2005, 3 (11 ff).
499 Vgl etwa *Siehr* Nationaler und internationaler Kulturgüterschutz, FS Lorenz, 1991, 525 ff.
500 BGBl 2007 I, 757, berichtigt BGBl 2007 I, 2547.
501 BT-Drs 17/13378 v 29.4.2013, 31.
502 BGBl 1977 II, 215. Dazu *Fitschen*, Internationaler Schutz des kulturellen Erbes der Welt, in Fiedler (Hrsg), Internationaler Kulturgüterschutz und deutsche Frage, 1991, 183 ff; *Francioni* (Fn 432) 13 ff; ders (Hrsg), The 1972 World Heritage Convention, 2008; *von Schorlemer*, Compliance with the UNESCO World Heritage Convention, GYIL 51 (2008) 321 ff.
503 Der IGH hat in seiner Entscheidung aus dem Jahr 2011 über vorläufigen Rechtsschutz in neu aufgeflammten Streit zwischen Kambodscha und Thailand um den Tempel von Preah Vihear den durch die Auseinandersetzungen entstandenen Schaden am zwischenzeitlich in die Liste des Weltkulturerbes aufgenommenen Tempel aber mit berücksichtigt, vgl <http://www.icj-cij.org/docket/files/151/16564.pdf>; s zur Rolle des IGH im Kulturgüterschutz *Polymenopoulou*, Cultural Rights in the Case Law of the International Court of Justice, LJIL 27 (2014) 447 ff.
504 *von Schorlemer*, Der internationale Schutz von Kulturgütern gegen Umwelteinflüsse, in Fechner/Oppermann/Prott (Fn 380) 225 ff; *Gornig*, Schutz der Kulturgüter vor Umwelteinflüssen und natürlichen Gefahren im nationalen und internationalen Recht, FS Fiedler, 2011, 389 ff.
505 Vgl *von Schorlemer* (Fn 399) 135 f; *Starck*, Architektonisches und archäologisches Kulturerbe in europa- und völkerrechtlicher Sicht, FS Eibe, 2013, 181 (187 f).
506 Die deutschen Welterbestätten sowie die Liste der gefährdeten Kulturgüter sind als Anhang abgedr in Sart II Nr 410.

der Umgebung reduzierte.[507] 2009 wurde nach mehrjährigen Diskussionen das Dresdner Elbtal vom Komitee wegen einer neu geplanten Brücke von der Welterbeliste gestrichen.[508] Dabei ist festzuhalten, dass die Aufnahme eines Denkmals auf die Welterbe-Liste der UNESCO rechtlich keinen absoluten Hinderungsgrund für neue Infrastrukturprojekte darstellt. Die in Art 4, 5 niedergelegten Bemühungspflichten der Vertragsstaaten lassen die Eintragung lediglich als Abwägungsfaktor erscheine. Art 6 kann max als eine Kooperationspflicht mit dem Komitee interpretiert werden.[509] Es ist freilich bemerkenswert, dass mit dem Dresdner Elbtal erst zum zweiten Mal ein einmal aufgenommenes Denkmal wieder permanent von der Liste gestrichen wurde.[510]

152 Auffällig ist, welch starkes Gewicht in der Konvention – trotz der Verpflichtung zum Schutz des Kulturguts – der *staatlichen Souveränität* zugewiesen wird (vgl Art 6), obgleich die Präambel vom „Welterbe der gesamten Menschheit" spricht.[511] Ohne Zustimmung des Staats kann das Komitee auch bei unmittelbarer Bedrohung des Kulturguts nicht handeln; der Staat ist nicht verpflichtet, einen Hilfsantrag zu stellen (vgl Art 19). Die Staaten leisten sich gegenseitig Hilfe auf das Ersuchen eines anderen Staats (Art 6); im zwischenstaatlichen Verhältnis werden nur vorsätzliche Maßnahmen untersagt, welche den Schutzobjekten schaden könnten. Aus kultur- und umweltrechtlicher Sicht ist diese Rechtslage unbefriedigend. Klar ist, dass das Kulturerbe nicht etwa treuhänderisch einem Vermögen der Staatengemeinschaft zugewiesen wurde;[512] ob man den Staat gemäß der Konvention als „Treuhänder gemeinsamer kultureller Werte" ansehen kann, muss im Lichte der Betonung starker Souveränität aber auch bezweifelt werden.[513] Das Bild vom Welterbe der gesamten Menschheit verspricht also rechtlich mehr, als es nach dem Inhalt der Konvention hält. Dies gilt im Übrigen auch für das „Gebiet" des Meeresbodens und seiner Naturvorkommen als gemeinsames Erbe der Menschheit.[514]

153 Im Lichte von evidenten, akzeptanzhindernden Defiziten der UNESCO-Konvention v 1970 wurde in den 1990er Jahren erneut der Versuch gemacht, die internationale Rechtsordnung stärker gegen die illegale Ausfuhr von Kulturgütern einzusetzen; der Akzent der sog UNIDROIT-*Konvention über gestohlene oder rechtswidrig ausgeführte Kulturgüter* v 1995[515] liegt darauf, unter den Vertragsstaaten rechtliche Mindeststandards bei der Behandlung von Ersuchen zur Rückgabe und der Rückführung von rechtswidrig entfernten Kulturgütern zu vereinbaren. Bisher erlauben die national anwendbaren Normen für den Erwerb von Kulturgütern in vielen Rechtsordnungen etwa den gutgläubigen Erwerb von gestohlenem Eigentum und behandeln auch widerrechtlich ausgeführte (nicht gestohlene) Güter durchaus unterschiedlich. Im Kern will die UNIDROIT-Konvention v 1995 ein Sonderrecht für den grenzüberschreitenden Verkehr von Kul-

---

507 Hierzu ausf *Zacharias*, Cologne Cathedral versus Skyscrapers, MPYUNL 2006, 273.
508 UNESCO World Heritage Committee, 33rd session, WHC-09/33.COM/20 v 25.6.2009.
509 *Francioni* (Fn 432) 25 f; s auch *Kotzur*, Die Dresdner Waldschlösschenbrücke: rechtlich rundum beleuchtet, Deutscher Verwaltungsgerichtstag 16 (2010) 327 ff; vgl ferner OVG Berlin-Brandenburg, BauR 2010, 1809 zum Schutz von „Sichtbeziehungen" aus einer als Teil des Weltkulturerbes denkmalgeschützten historischen Parkanlage zur Umgebung als Belang der Bauleitplanung.
510 Im Jahr 2007 wurde das Wildschutzgebiet der Arabischen Oryxantilope in Oman von der Liste gestrichen, nachdem der Oryxbestand aufgrund einer signifikanten Reservatsverkleinerung zur Ölförderung erheblich zurückgegangen war.
511 *Francioni* (Fn 432) 18.
512 Hierzu *Streinz* (Fn 397) 79.
513 *Streinz* (Fn 397) 79 mwN. Zur Rechtslage in Deutschland *Fastenrath*, Der Schutz des Weltkulturerbes in Deutschland, DÖV 2006, 1017 ff; v. *Bogdandy/Zacharias*, Zum Status der Weltkulturerbekonvention im deutschen Rechtsraum, NVwZ 2007, 527 ff.
514 Vgl hierzu *Proelß*, 5. Abschn Rn 68 sowie o Rn 144.
515 ZVglRWiss 95 (1996) 214 ff. Die Konvention wurde von Deutschland bis heute nicht unterzeichnet. Zur Konvention s *Prott*, Kulturgüterschutz nach der UNIDROIT-Konvention und nach der UNESCO-Konvention, ZVglRWiss 95 (1996) 188 ff; *dies*, The UNIDROIT Convention on Stolen or Illegally Exported Cultural Objects, Unif L Rev 14 (2009) 215 ff; *Reichelt*, Die UNIDROIT-Konvention 1995 über gestohlene oder unerlaubt ausgeführte Kulturgüter, in ders (Fn 456) 550 ff.

turgütern schaffen; ihre Regeln differenzieren dabei zwischen gestohlenen und „nur" widerrechtlich ausgeführten Gütern (Art 1).

Für den Fall *gestohlener Güter* ist – wie im deutschen Recht – grundsätzlich kein gutgläubiger Erwerb zugelassen; dem herausgabepflichtigen Besitzer wird ein Anspruch auf Entschädigung zugewiesen, sofern er beim Erwerb mit der erforderlichen Sorgfalt vorgegangen ist (Art 4 Abs 1). Die damit geschaffene Umkehr der Beweislast kann den illegalen Handel durchaus erschweren. Drei Jahre ab Kenntnis von Aufenthaltsort und Besitzer verjährt der Rückgabeanspruch (Art 3 Abs 3). Im Falle *widerrechtlich ausgeführter Güter* – hierzu gehört auch vorübergehend ausgeführtes, aber nicht vereinbarungsgemäß zurückgeführtes Kulturgut – kann der Ursprungsstaat nur unter besonderen Voraussetzungen die Rückgabe verlangen. Dieser muss nachweisen, dass der illegale Zustand näher beschriebene Interessen wesentlich beeinträchtigt: die materielle Erhaltung des Guts, die Unversehrtheit eines komplexen Guts, die Erhaltung von Informationen oder den traditionellen oder rituellen Gebrauch durch Eingeborene oder Stammesgemeinschaften (Art 5 Abs 3). 154

Hinter diesem Kompromiss verbirgt sich die grundsätzliche, seit langem diskutierte Frage, ob und unter welchen Umständen ein Staat bei transnationalen Vorgängen das öffentliche Recht eines Drittstaats im Allgemeinen und den Export von Kulturgütern im Besonderen anerkennen und ihm in seiner internen Ordnung Geltung verschaffen sollte. Völkergewohnheitsrechtliche Vorgaben bestehen insoweit nicht. Die herkömmliche Praxis, dass es generell als unangemessen erscheint, speziell das öffentliche Recht eines Drittstaats der eigenen Rechtsordnung zu Grunde zu legen („wir sind kein Büttel eines fremden Staates"),[516] erscheint heute jedenfalls für das Recht der Kulturgüter als Leitlinie nicht mehr zeitgemäß. Anderseits wird ein Staat auch auf diesem Felde zögern, pauschal jedes fremde öffentliche Recht zu übernehmen. Der Mittelweg der UNIDROIT-Konvention spiegelt im Wesentlichen den heutigen internationalen Stand der allgemeinen Debatte. 155

Auf europäischer Ebene wurde 1954 vom Europarat ein *Europäisches Kulturabkommen* geschlossen.[517] Die Vereinbarung basiert auf der Idee „des gemeinsamen kulturellen Erbes Europas", welches sich nicht nur auf die Förderung des Studiums der Sprachen, der Geschichte und der Zivilisation der anderen Vertragsparteien, sondern auch auf die Erleichterung der Bewegungsfreiheit und des Austausches von Kulturgütern bezieht (Art 2, 4). Aus heutiger Sicht erscheinen die damit verbundenen Zielsetzungen so aktuell wie 1954, insbes auch im Kontext der Kooperation zwischen dem Süden, der Mitte und dem Osten Europas.[518] Der Europarat hat am 27.10.2005 zusätzlich eine Rahmenkonvention zum Wert des Kulturerbes für die Gesellschaft verabschiedet.[519] 156

e) Rückführung von Kulturgut

Hinter dem generellen Topos der „Rückführung" von Kulturgut verbergen sich – je nach Verwendung des Begriffs – eine Vielzahl von rechtlichen Konstellationen und Fragestellungen, die sich letztlich in der einen oder der anderen Weise auf das *Rückgaberecht* des Ursprungslands nach der unrechtmäßigen oder auch der rechtmäßigen Verbringung beziehen.[520] Die Antwort 157

---

516 Hierzu *Herdegen*, Internationales Wirtschaftsrecht, § 2 Rn 52, 73 ff.
517 BGBl 1955 II, 1128.
518 Für den amerikanischen Kontinent wurde 1976 in San Salvador – auch im Blick auf postkoloniale kulturstaatliche Forderungen zentral- und südamerikanischer Staaten – eine Konvention vereinbart, vgl ILM 15 (1976) 1350. Dazu *Müller-Katzenburg* (Fn 456) 95 f. Die USA haben bilaterale Verträge abgeschlossen, wobei als Muster der Vertrag mit Mexiko (1970) gegolten hat, vgl ILM 9 (1970) 1028 ff.
519 CETS Nr 199. Die Konvention, die am 1.6.2011 in Kraft getreten ist, wurde von der BR Deutschland bisher weder unterzeichnet noch ratifiziert.
520 Hierzu *Greenfield*, The Return of Cultural Treasures, 3. Aufl 2007; Palmer (Hrsg), The Recovery of Stolen Art, 1998; *Prott/O'Keefe*, Law and the Cultural Heritage, Bd II, 1989, 814 ff; *Freytag* (Fn 431) 175 ff; *Weber* (Fn 431) 357 ff;

darauf hängt im Einzelfall vom IPR des Staats ab, in dem sich der Gegenstand befindet oder, im Falle der Anwendbarkeit völkerrechtlicher Normen (wie etwa bei kriegsrechtlich gebundenen Vorgängen), vom einschlägigen Völkervertrags- oder Gewohnheitsrecht.[521] Ist die Verbringung rechtmäßig – zu beurteilen nach dem Zeitpunkt der Verbringung aus dem Ursprungsland und dessen Recht – erfolgt, so ist nach heutigem Völkerrecht kein Rückgabeanspruch des Ursprungslands gegeben. Dies gilt auch für den Fall, dass das Ursprungsland heute dartun kann, dass das betreffende Gut zum nationalen Kulturgut gehört. Nach diesem Grundsatz bestimmt sich etwa die viel diskutierte Rechtslage der „Elgin Marbles" – so die englische Bezeichnung der Skulpturen des Parthenon-Tempels der Akropolis in Athen.[522]

158   Ganz allgemein werden von dieser Rechtslage alle Fälle der Verbringung im *Kontext früherer kolonialer Situationen* iwS erfasst. Das rechtspolitische Problem, dass damit auf Zufälligkeiten, auf verschiedene Formen des Drucks und auf historisch überwundene rechtliche Strukturen abgestellt wird, kann nach den Grundsätzen des intertemporalen Völkerrechts heute nicht durch Gewährung eines Rückgabeanspruchs bewältigt werden. Das kulturelle Selbstbestimmungsrecht gilt insoweit nicht rückwirkend, selbst wenn man ihm heute den Rang des *ius cogens* einräumt.[523] Daran hält etwa auch im europäischen Kontext die Richtlinie 93/7/EWG des Rats v 15.3.1993 über die Rückgabe von unrechtmäßig aus dem Hoheitsgebiet eines Mitgliedstaats verbrachten Kulturgutes fest;[524] nur für die Zeit nach dem Inkrafttreten der Richtlinie gilt die Regelung des Art 2, wonach unrechtmäßig verbrachtes Kulturgut zurückgegeben werden muss.[525]

159   Unberührt von diesen rechtlichen Grundsätzen bleibt die Frage, ob und unter welchen Umständen eine *freiwillige Rückgabe* von einschlägigem Kulturgut im Lichte der nationalen Interessen des Ursprungsstaats stärker als in der bisherigen Praxis angezeigt erscheint. Dies gilt insbes auch für die Praxis öffentlicher Museen. Diese haben in jüngerer Zeit – allerdings meist nur für die Zukunft – eine Reihe von unterschiedlich ausgestalteten *Kodizes* ausgearbeitet, und dabei für Objekte ungeklärter Herkunft verschärfte Erkundigungspflichten und auch Erwerbsverbote statuiert;[526] hierher gehört auch die Erstellung eines Registers für gestohlene Kulturgüter, einer Datenbank der *International Foundation for Art Research* in New York.[527] Problematisch ist oft, dass insbes die Opfer von Zwangsverkäufen oder Beschlagnahmungen während des „Dritten Reichs" ihr früheres Eigentum bzw die jetzigen Eigentümer – also auch Museen – einen möglicherweise rechtmäßigen Erwerb nicht ausreichend nachweisen können. Hierfür wurde 1998 die *Washingtoner Erklärung* als Abschlussdokument einer Konferenz über Holocaust-Vermögenswerte mit Teilnehmern aus 44 Ländern, darunter die BR Deutschland, ausgearbeitet.[528] Die Erklärung ist zwar rechtlich nicht bindend; dennoch wurde sie durch Bund, Länder und Kommunen in einer Handreichung mit „Richtlinien zur Rückgabe NS-verfolgungsbedingt entzogenen Kulturguts" umgesetzt. Hiernach tragen im Zweifel die staatlichen Museen die Beweislast; sollten diese die Eigentumsverhältnisse eines Kulturguts nicht eindeutig klären können, muß gemäß der

---

Wyss (Fn 378) 201 ff. Vgl auch *Hailbronner*, Frachtgut gesunkener Schiffe und Kulturgüterschutz vor deutschen Gerichten, JZ 2002, 957 ff.
521   Vgl *Siehr*, Internationaler Rechtsschutz von Kulturgütern, SZIER 2005, 53 ff.
522   Hierzu *Frank*, Der Anspruch Griechenlands auf die „Elgin Marbles" im Britischen Museum in London, in Frank (Fn 456) 1 ff; *Rudenstine*, Lord Elgin and the Ottomans: The Question of Permission, Cardozo LR 23 (2002) 449 ff. Im Mai 2015 gab die griechische Regierung bekannt, einen Anspruch auf Skulpturen nicht gerichtlich geltend zu machen.
523   Vgl o Rn 142.
524   Vgl o Rn 139; hierzu im Einzelnen *Streinz* (Fn 397) 120 ff.
525   Hierzu im Einzelnen *Müller-Katzenburg* (Fn 456) 117.
526   Hierzu *Streinz* (Fn 397) 198 f.
527   <http://www.ifar.org/>. Dazu *Radcliffe*, The Work of the International Art and Antiques Loss Register, in Palmer (Fn 520) 189 ff.
528   Abgedr in Permanent Court of Arbitration (Hrsg), Resolution of Cultural Property Disputes, 2004, 431; zur Konferenz *Eitel*, „Nazi-Gold" und andere Holocaust-Vermögenswerte, FS Ipsen, 2000, 57 ff.

Vermutungsregeln zu Gunsten Verfolgter uU restituiert oder eine Entschädigungszahlung geleistet werden, deren Bemessung aber wiederum streitig ist.[529] Zur Schlichtung von Streitfällen gibt es eine Beratende Kommission, die aus acht Wissenschaftlern und Politikern besteht. Für die in der Washingtoner Erklärung vereinbarte Provenienzforschung wurde ebenfalls eine Datenbank eingerichtet.[530] Die Washingtoner Prinzipien wurden in der *Theresienstädter Erklärung* von 2009 unter Beteiligung der BR Deutschland noch einmal bekräftigt.[531] Im Zusammenhang mit dem „Schwabinger Kunstfund" Anfang 2012 hat die Bundesregierung ihr Anliegen, die Provenienzforschung zu NS-Raubkunst zu stärken und voranzutreiben, unterstrichen und zu diesem Zweck im Jahre 2015 gemeinsam mit Ländern und Kommunen das Deutsche Zentrum Kulturgutverluste gegründet.[532]

f) Kulturgüterschutz im Meer

Angesichts neuartiger Techniken zum Bergen von Gegenständen hat die Unterwasser-Archäologie in den vergangenen Jahrzehnten zunehmend Beachtung gefunden. Vor diesem Hintergrund hat das *UN-Seerechtsübereinkommen* v 1982 (SRÜ) zonenspezifische Regelungen getroffen.[533] Allgemein verpflichtet die Konvention die Staaten, archäologische Objekte zu schützen und dabei zusammenzuarbeiten (Art 303). Während innere Gewässer und Küstenmeer der Hoheit des jeweiligen Staats unterstehen und für die Anschlusszone dem Küstenstaat weite Rechte für den Fall der Wegnahme archäologischer Gegenstände zugewiesen werden (vgl Art 303), werden archäologische Objekte auf dem Festlandsockel und der Hohen See zum Vorteil der ganzen Menschheit geschützt. Dem „Ursprungsstaat" oder dem „Staat des archäologischen Ursprungs" wird ein Vorzugsrecht eingeräumt (Art 149).[534]

160

Schwächen der Regelung des SRÜ, insbes im Hinblick auf das Fehlen erforderlicher Definitionen, führten im Jahre 2001 zur Verabschiedung des *UNESCO-Übereinkommens zum Schutz des Unterwasserkulturerbes*.[535] Es schützt alle Spuren menschlicher Existenz mit kulturellem, historischem oder archäologischem Charakter, die sich mindestens 100 Jahre unter Wasser befinden (Art 1, 2). Zentral ist wiederum eine Kompetenzverteilung anknüpfend an die seerechtlichen Zonen; die Regelungen des SRÜ bleiben unberührt (Art 3). Kontrovers waren vor allem die Befugnisse des Küstenstaats in der ausschließlichen Wirtschaftszone und auf dem Festlandsockel. Nach Art 9 u 10 tragen alle Staaten Verantwortung für den Schutz des Kulturguts in diesen Zonen; der Küstenstaat ergreift grundsätzlich Maßnahmen in Konsultation mit anderen interessierten Staaten. Nur unmittelbare Gefahren darf dieser unilateral abwehren.

161

---

529 Zum Streit über die Rückgabe der „Berliner Straßenszene" von Ernst Ludwig Kirchner s *Huttenlauch*, Street Scenes and Other Scenes from Berlin – Legal Issues in the Restitution of Art after the Third Reich, GLJ 7 (2006) 819 ff.
530 <http://www.lostart.de>.
531 Terezín Declaration v 30.6.2009, Prague Holocaust Era Assets Conference, in dt Übersetzung abrufbar unter <http://www.lostart.de>; vgl dazu insgesamt auch *Martinek*, Die Wiedergutmachung NS-bedingter Kulturgutverluste als Soft Law-Problem, FS Fiedler, 2011, 415 ff.
532 Ausf zum Schwabinger Kunstfund *Lange/Oehler*, „Schwabinger Kunstfund" – Erblast des NS-Regimes, ZRP 2014, 86 ff; *Lenski*, Vergangenheitsbewältigung durch Vertrag – die Verfahrensvereinbarung im Fall Gurlitt, JZ 2014, 888 ff.
533 Vgl zur Entwicklung des Rechts *Korthals Altes*, Submarine Antiquities, SJILC 4 (1976) 77 ff; *Prott/O'Keefe*, Maritime Archaeology, EPIL III (1997) 298 ff; vgl *Graf Vitzthum/Talmon*, Alles fließt, 1998; *Pallas*, Maritimer Kulturgüterschutz, 2004, 175 ff; *Lagoni*, Marine Archäologie und sonstige auf dem Meeresboden gefundene Gegenstände, AVR 44 (2006) 328 ff. Zu den Zonen gemäß SRÜ *Proelß*, 5. Abschn Rn 36 ff.
534 Hierzu *Caflisch*, Submarine Antiquities and the International Law of the Sea, NYIL 13 (1982) 3 ff; *Strati*, Deep Seabed Cultural Property and the Common Heritage of Mankind, ICLQ 40 (1991) 859 ff.
535 ILM 41 (2002) 40. Das Übereinkommen ist am 2.1.2009 in Kraft getreten. Deutschland hat bislang nicht ratifiziert. Hierzu *Rau*, Kulturgüterschutz im Meer, ZaöRV 61 (2001) 833 ff; *Pallas* (Fn 533) 360 ff; *Siehr*, Die UN-Konvention über den Schutz des kulturellen Erbes unter Wasser und das Internationale Sachenrecht, FS Fiedler, 2011, 447 ff.

g) Archivgut, Archäologie, Architektur

162 Je nach der Definition des Kulturguts kommen *Archive* von besonderer Bedeutung durchaus in den Genuss der Regeln über den Kulturgüterschutz. Die UNIDROIT-Konvention über gestohlene oder rechtswidrig ausgeführte Kulturgüter v 1995[536] etwa bezieht Archive einschließlich Phono-, Foto- und Filmarchive ausdrücklich in seinen Anwendungsbereich ein.[537] Die Frage der territorialen Zuordnung einzelner Elemente eines größeren Archivs lässt sich unter dem Gesichtspunkt des speziellen Bezugs des einzelnen Teils zu einem Gebiet („geographisches Betriffsprinzip") oder mit Betonung des Archivkörpers als einheitlicher historischer Größe („Provenienzprinzip") entscheiden. In der Wiener Konvention über die Staatennachfolge in Staatsvermögen, Archive und Schulden wurde auf Drängen der Entwicklungsländer die geographische Komponente betont; die Konvention hat sich aber als Ganzes nicht durchsetzen können.[538]

163 Im Anschluss an das eher allgemein gehaltene europäische Kulturabkommen v 1954[539] sollte eine europäische Vereinbarung v 1969 speziell den Schutz des *archäologischen* Kulturguts gewährleisten.[540] Dieses Übereinkommen ist mit dem Europäischen Übereinkommen v 1992 zum Schutz des archäologischen Erbes revidiert worden (Malta-Konvention).[541] Die Vereinbarung zielt auf die Erhaltung der Güter mittels eines speziellen Schutzes, besonderer Vorschriften für Ausgrabungen, der Integration archäologischer Erwägungen in die Raumordnungspolitik und Umweltverträglichkeitsprüfungen sowie der Veröffentlichung des Sachwissens. Zwischenstaatlich vereinbart sind der gegenseitige Informationsaustausch ebenso wie Vorkehrungen zur Bekämpfung des illegalen Handels. Bestimmungen bzgl des Exports und des Imports fehlen in diesen im Ganzen eher schwach ausgestalteten Regelungen.

164 Ein Übereinkommen speziell zum Schutz des *architektonischen* Erbes wurde für europäische Staaten im Jahre 1985 vereinbart (Granada-Konvention).[542] Unter dieses Erbe fallen Denkmäler, Ensembles und Stätten von herausragender Bedeutung. Der Vertrag soll die Vielfalt des europäischen Kulturerbes iSe gemeinsamen Erbes aller Europäer schützen. Die Vertragsparteien führen entsprechende Inventare für ihre Gebiete; sie überwachen und fördern die geschützten Güter. Sorgt der private Eigentümer nicht für sein Gut, so kann er enteignet werden (Art 4). Auf zwischenstaatlicher Ebene sieht der Vertrag die gegenseitige Abstimmung, den gegenseitigen Austausch und die Einsetzung eines Sachverständigenausschusses vor (Art 17–20).

---

536 Vgl o Rn 153 ff.
537 Vgl Anh zu Art 2 lit j.
538 Vgl dazu *von Schorlemer* (Fn 399) 325; vgl *Kau*, 3. Abschn Rn 196 ff.
539 Vgl o Rn 156.
540 BGBl 1974 II, 1285; dazu *von Schorlemer* (Fn 399) 454 ff; allgemein *Fechner*, Rechtlicher Schutz archäologischen Kulturguts, 1991; *Anton*, Neuer Schutz archäologischer Kulturgüter, FS Fiedler, 2011, 319 ff.
541 BGBl 2002 II, 2709; dazu *Hönes*, Das Europäische Übereinkommen zum Schutz des archäologischen Erbes vom 16.1.1992, NuR 2005, 751 ff.
542 BGBl 1987 II, 623; hierzu *Szabó*, The Council of Europe and Historical Preservation, European Integration Studies 4 (2005) 95 ff; vgl außerdem im Rahmen der UNESCO die von der Generalversammlung am 10.11.2011 verabschiedete Recommendation on the Historic Urban Landscape, Records of the General Conference, 36th Session 2011, Vol 1, 50 ff.

Siebenter Abschnitt

Meinhard Schröder
Verantwortlichkeit, Völkerstrafrecht, Streitbeilegung und Sanktionen

Gliederung

I. Völkerrechtsverletzungen als Hauptthema des Abschnitts —— 1–3
II. Internationale Verantwortlichkeit —— 4–37
  1. Begriff und Terminologie —— 4–5
  2. Grundlagen und Konzept der Staatenverantwortlichkeit —— 6–21
    a) Rechtliches Fundament —— 6
    b) Umriss —— 8
    c) Ansätze zur Ausweitung des Konzepts —— 15
  3. Einzelfragen —— 22–34
    a) Zurechnungsprobleme der Staatenverantwortlichkeit —— 22
    b) Ausschluss der Staatenverantwortlichkeit —— 28
    c) Rechtsfolgen der Staatenverantwortlichkeit —— 32
  4. Die Verantwortlichkeit Internationaler Organisationen —— 35–37
    a) Praktische Bedeutung —— 35
    b) Einschlägige Regeln —— 36
III. Völkerstrafrecht —— 38–59
  1. Das Konzept —— 38–47
    a) Begriff und Kriterien —— 38
    b) Inhaltlicher Bezug zu Frieden und Sicherheit der Menschheit —— 43–47
  2. Grundelemente der Normierung —— 48–58
    a) Abgrenzung in Bezug auf die staatliche Strafgewalt —— 48
    b) Ausgestaltung der Tatbestände und der Strafbarkeitsvoraussetzungen —— 51
    c) Allgemeine Strafrechtsprinzipien und Strafsanktionen —— 53
    d) Die Strafgewalt internationaler Gerichte, insbesondere des IStGH —— 54
    e) Strafverfahren —— 57
  3. Bilanz —— 59
IV. Streitbeilegung —— 60–106
  1. Die Pflicht zur friedlichen Streitbeilegung —— 60–67
    a) Rechtliches Fundament —— 60
    b) Rechtssystematischer Standort —— 63
    c) Gegenstand —— 65
    d) Inhalt und Grenzen —— 67
  2. Die Mittel der Streitbeilegung im Überblick —— 68–70
  3. Diplomatische Verfahren —— 71–76
    a) Verhandlungen und Konsultationen —— 71
    b) Verfahren mit Drittbeteiligung —— 73
  4. Streiterledigung durch Schiedsgerichte —— 77–86
    a) Allgemeine Kennzeichnung —— 77
    b) Erscheinungsformen —— 80
    c) Einzelfragen des schiedsgerichtlichen Verfahrens —— 82
    d) Praktische Bedeutung —— 85
  5. Der Internationale Gerichtshof —— 87–106
    a) Grundlagen —— 87
    b) Zuständigkeit —— 90
    c) Ius standi —— 95
    d) Entscheidungsmaßstab —— 96
    e) Organisation —— 97
    f) Grundzüge des Streitverfahrens —— 101
    g) Bilanz —— 107
V. Sanktionen —— 108–123
  1. Allgemeine Kennzeichnung —— 108–110
    a) Begriff und Abgrenzung —— 108
    b) Beschränkung des Begriffs auf Maßnahmen Internationaler Organisationen und Wirtschaftssanktionen —— 110
  2. Erscheinungsformen —— 111–115
  3. Einzelprobleme —— 116–123
    a) Die Repressalie —— 116
    b) Wirtschaftssanktionen —— 120

Literatur

Abi-Saab, Georges/Dominicé, Christian/Gaja, Giorgio/Dupuy, Pierre-Marie/Chinkin, Christine/Gattini, Andrea/Lowe, Vaughan/Gray, Christine/Pellet, Alain/Crawford, James, Symposium: State Responsibility, EJIL 10 (1999) 339 ff [*Autor*, Symposium]
Ambos, Kai, Internationales Strafrecht, 3 Aufl 2014 [*Ambos*, Internationales Strafrecht]

Arangio-Ruiz, Gaetano/Vereshchetin, Vladlen S./Bennouna, Mohammed/Crawford, James/Tomuschat, Christian/ Bowett, Derek/Simma, Bruno/Condorelli, Luigi, Symposium: Countermeasures and Dispute Settlement: The Current Debate Within the ILC, EJIL 5 (1994) 20 ff
Broomhall, Bruce, International Justice and the International Criminal Court: Between Sovereignty and the Rule of Law, 2004
Cassese, Antonio, International Criminal Law, 2008
Combacau, Jean, Sanctions, EPIL IV (2000) 311 ff
Crawford, James, State Responsibility, The General Part, 2013 [*Crawford,* State Responsibility]
Diaconou, Ion, Peaceful Settlement of Disputes Between States, in MacDonald/Johnston (Hrsg), The Structure and Process of International Law, 1983, 1095
Doehring, Karl, Die Selbstdurchsetzung völkerrechtlicher Verpflichtungen. Einige Einzelprobleme der Repressalie, ZaöRV 47 (1987) 44 ff
Fiedler, Wilfried, Gegenmaßnahmen, BDGVR 37 (1997) 9 ff [*Fiedler,* Gegenmaßnahmen]
Frowein, Jochen A., Obligations erga omnes, MPEPIL VII, 916 ff
Fukatsu, Eiichi, Coercion and the Theory of Sanctions in International Law, in MacDonald/Johnston (Hrsg), The Structure and Process of International Law, 1986, 1187 ff [*Fukatsu,* Theory of Sanctions]
Günther, Carsten, Die Klagebefugnis der Staaten in internationalen Streitbeilegungsverfahren, 1999
Harders, J. Enno, Responsibility and Liability of International Organisations, in Wolfrum (Hrsg), United Nations, Law, Policies and Practice, 1995, Vol 2, Sec 114, 1092 ff
Kewenig, Wilhelm A., Die Anwendung wirtschaftlicher Zwangsmaßnahmen im Völkerrecht, BDGVR 22 (1982) 7 ff [*Kewenig,* Zwangsmaßnahmen]
Klein, Eckart, Gegenmaßnahmen, BDGVR 37 (1997) 39 ff [*Klein,* Gegenmaßnahmen]
Kreß, Klaus, International Criminal Law, MPEPIL V, 717 ff
Merrills, John Graham, International Dispute Settlement, 5 Aufl 2011 [*Merrills,* International Dispute Settlement]
Pellet, Alain, Judicial Settlement of International Disputes, MPEPIL VI, 526 ff
Pellet, Alain/Miron, Alina, Sanctions, MPEPIL IX, 1 ff
Ragazzi, Maurizio, The Responsibility of International Organisations, Revue Belge de Droit International 47 (2013) Sonderheft
Randelzhofer, Albrecht, Probleme der völkerrechtlichen Gefährdungshaftung, BDGVR 24 (1984) 35 ff [*Randelzhofer,* Gefährdungshaftung]
Rauschning, Dietrich, Verantwortlichkeit der Staaten für völkerrechtswidriges Verhalten, BDGVR 24 (1984) 13 ff
Rosenne, Shabtai, International Court of Justice (ICJ), MPEPIL V, 459 ff
Schmalenbach, Kirsten, Die Haftung Internationaler Organisationen im Rahmen von Militäreinsätzen und Territorialverwaltungen, 2004 [*Schmalenbach,* Haftung]
Thirlway Hugh, The Law and Procedure of the International Court of Justice, 2 Vol, 2013 [International Court]
Tochilovsky, Vadlimir, The Law and Jurisprudence of the International Criminal Tribunals and Courts, Procedure and Human Rights Aspects, 2013
Triffterer, Otto (Hrsg), Commentary on the Rome Statute of the International Criminal Court, 2 Aufl 2008
Werle, Gerhard, Völkerstrafrecht, 3 Aufl 2012
Zimmermann, Andreas/Tomuschat, Christian/Oellers-Frahm, Karin/Tams, Christian (Hrsg), The Statute of the International Court of Justice, 2 Aufl 2012 [Zimmermann u a (Hrsg), ICJ Statute]

Verträge und Resolutionen
Freundschafts-, Handels-, und Schifffahrtsvertrag zwischen Großbritannien und den Vereinigten Staaten von Amerika v 19.11.1794 (Martens [2. Serie], Bd V, 640) [Jay-Vertrag] —— 78
1. Haager Abkommen zur friedlichen Erledigung internationaler Streitfälle v 29.7.1899 (RGBl 1901, 392, 482) —— 63
2. Haager Abkommen zur friedlichen Erledigung internationaler Streitfälle v 18.10.1907 (RGBl 1910, 5, 375) —— 63, 74, 75, 77, 78, 82, 84
Vertrag über die Ächtung des Krieges v 27.8.1928 (RGBl 1929 II, 97) [Briand-Kellogg-Pakt] —— 63, 64
Generalakte über die friedliche Beilegung von Streitigkeiten v 26.9.1928 (93 LNTS 343) —— 78
Charta der Vereinten Nationen v 26.6.1945 (BGBl 1973 II, 431), zuletzt geänd durch Bek v 28.8.1980 (BGBl 1980 II, 1252) [UN-Charta] —— 21, 29, 34, 44, 47, 52, 58, 60, 61, 62, 64, 65, 66, 68, 70, 87, 88–90, 93, 94, 106, 114–116, 120
Statut des Internationalen Gerichtshofs v 26.6.1945 (BGBl 1973 II, 505) [IGH-Statut] —— 52, 88–94, 96–105

Schröder

Amerikanischer Vertrag über friedliche Streitschlichtung v 30.4.1948 (55 UNTS 30) [Bogotá-Pakt] —— 60
Konvention über die Verhütung und Bestrafung des Völkermordes v 9.12.1948 (BGBl 1954 II, 730) [Völkermordkonvention] —— 52
Europäisches Übereinkommen zur friedlichen Beilegung von Streitigkeiten v 29.4.1957 (BGBl 1961 II, 82) —— 60, 70, 82
(Genfer) Übereinkommen über die Hohe See v 29.4.1958 (BGBl 1972 II, 1089) —— 19
Internationaler Pakt über bürgerliche und politische Rechte v 19.12.1966 (BGBl 1973 II, 1533) [IPBPR] —— 50
Vertrag über die Grundsätze zur Regelung der Tätigkeiten von Staaten bei der Erforschung und Nutzung des Weltraums einschließlich des Mondes und anderer Himmelskörper v 27.1.1967 (BGBl 1969 II, 1969) [Weltraumvertrag] —— 19, 35
Wiener Übereinkommen (Konvention) über das Recht der Verträge v 23.5.1969 (BGBl 1985 II, 927) [WVK] —— 24, 76, 113
Übereinkommen über die Haftung für Schäden durch Weltraumgegenstände v 29.3.1973 (BGBl 1975 II, 1209) [Weltraumhaftungsübereinkommen] —— 19, 35
Charta der wirtschaftlichen Rechte und Pflichten der Staaten v 12.12.1974 (GA Res 3281 [XXIX]) —— 121
Wiener Konvention über die Vertretung der Staaten in ihren Beziehungen zu Internationalen Organisationen mit universellem Charakter v 14.3.1975 (AJIL 69 [1975] 730) —— 76
Schlussakte der Konferenz über Sicherheit und Zusammenarbeit in Europa v 1.8.1975 (EA 1975, D 437) [KSZE-Schlussakte] —— 60
Konvention über die Staatennachfolge in Verträge v 23.8.1978 (ILM 17 [1978] 1488) —— 76
Manila-Erklärung über die friedliche Beilegung internationaler Streitigkeiten v 15.11.1982 (GA Res 37/10, Annex) —— 60, 67
Seerechtsübereinkommen der Vereinten Nationen v 10.12.1982 (BGBl 1994 II, 1799) [SRÜ] —— 19, 34, 35, 44, 60, 76, 78, 81
Protokoll Nr 7 zur Konvention zum Schutze der Menschenrechte und Grundfreiheiten v 22.11.1984 (ÖBGBl 1988/628) [7. ZusProt zur EMRK] —— 50
Wiener Übereinkommen (Konvention) über das Recht der Verträge zwischen Staaten und Internationalen Organisationen oder zwischen Internationalen Organisationen v 21.3.1986 (BGBl 1990 II, 1414) [WVKIO] —— 24
Erklärung über die Verhütung und Beseitigung von Streitigkeiten und Situationen, die den Weltfrieden und die internationale Sicherheit bedrohen können, und die Rolle der Vereinten Nationen auf diesem Gebiet v 5.12.1988 (GA Res 43/51, Annex) —— 60
Vereinbarung über Regeln und Verfahren zur Beilegung von Streitigkeiten, Anlage 2 zum Übereinkommen zur Errichtung der Welthandelsorganisation (WTO) v 15.4.1994 (BGBl 1994 II, 1749) —— 34, 60
Statut des Internationalen Strafgerichtshofs v 17.7.1998 (BGBl 2000 II, 1394; 2187 UNTS 3) [IStGH-Statut] —— 38, 44, 46, 48, 49–58

Judikatur
Ständiger Internationaler Gerichtshof
Mavrommatis Palestine Concessions (Greece v United Kingdom), Urteil v 30.8.1924, PCIJ, Ser A, No 2, 12 [Mavrommatis-Konzessionen] —— 33, 65
Factory at Chorzów (Germany v Poland), Urteil v 13.9.1928, PCIJ, Ser A, No 17, 29 [Chorzów] —— 8, 32

Internationaler Gerichtshof
Admission of a State to Membership in the United Nations, Gutachten v 28.5.1948, ICJ Rep 1948, 57 [Mitgliedschaft in den UN] —— 107
Corfu Channel (United Kingdom v Albania), Urteil v 9.4.1949, ICJ Rep 1949, 4 [Korfu-Kanal] —— 11, 14, 32
Reparations for Injuries Suffered in the Service of the United Nations, Gutachten v 11.4.1949, ICJ Rep 1949, 174 [Bernadotte] —— 35, 36
Anglo-Iranian Oil Co. (UK v Iran), Urteil v 22.7.1952, ICJ Rep 1952, 93 [Anglo-Iranian Oil] —— 91
Nottebohm (Liechtenstein v Guatemala), Urteil v 6.4.1955, ICJ Rep 1955, 4 [Nottebohm] —— 107
Certain Norwegian Loans (France v Norway), Urteil v 6.7.1957, ICJ Rep 1957, 9 [Norwegische Anleihen] —— 92
Right of Passage over Indian Territory (Portugal v India), Urteil v 26.11.1957, ICJ Rep 1957, 146 [Durchgangsrecht über indisches Gebiet] —— 92
South West Africa (Preliminary Objections) (Ethiopia v South Africa; Liberia v South Africa), Urteil v 21.12.1962, ICJ Rep 1962, 328 [Südwestafrika-Einreden] —— 65

Schröder

South West Africa (Second Phase) (Ethiopia v South Africa; Liberia v South Africa), Urteil v 18.7.1966, ICJ Rep 1966, 4 *[Südwestafrika]* —— 14

North Sea Continental Shelf (Germany v Denmark; Germany v Netherlands), Urteil v 20.2.1969, ICJ Rep 1969, 3 *[Nordsee-Festlandsockel]* —— 107

Barcelona Traction, Light and Power Co, Ltd (Second Phase) (Belgium v Spain), Urteil v 5.2.1970, ICJ Rep 1970, 3 *[Barcelona Traction]* —— 16, 33, 107

Nuclear Tests (Interim Protection) (Australia v France; New Zealand v France), Verfügungen v 22.6.1973, ICJ Rep 1973, 99 u 135 *[Französische Nukleartests]* —— 105

Fisheries Jurisdiction (Merits) (Germany v Iceland, United Kingdom v Iceland), Urteil v 25.7.1974, ICJ Rep 1974, 3 u 174 *[Isländischer Fischereistreit]* —— 67, 92

United States Diplomatic and Consular Staff in Tehran (United States v Iran), Urteil v 24.5.1980, ICJ Rep 1980, 2 *[Teheraner Geiseln]* —— 11, 16, 25, 31, 34, 92, 105

Continental Shelf (Tunisia v Libyan Arab Jamahiriya), Urteil v 24.2.1982, ICJ Rep 1982, 18 *[Tunesisch-libyscher Festlandsockel-Streit]* —— 96

Military and Paramilitary Activities in and against Nicaragua (Request for the Indication of Provisional Measures), (Nicaragua v USA), Anordnung v. 1.5.1984, ICJ Rep 1984, 169 *[Nicaragua (Provisional Measures)]* —— 105

Military and Paramilitary Activities in and against Nicaragua (Jurisdiction of the Court and Admissibility of the Application) (Nicaragua v USA), Urteil v 26.11.1984, ICJ Reports 1984, 392 *[Nicaragua]* —— 92

Military and Paramilitary Activities in and against Nicaragua (Merits) (Nicaragua v USA), Urteil v 27.6.1986, ICJ Rep 1986, 14 *[Nicaragua (Merits)]* —— 31, 61, 107, 117, 121.

Land, Island and Maritime Frontier Dispute (El Salvador v Honduras), Verfügung v 29.5.1987, ICJ Rep 1987, 176 *[Grenzstreitigkeiten]* —— 91

Border and Transborder Armed Actions (Nicaragua v Honduras), Urteil v 31.3.1988, ICJ Rep 1988, 91 *[Bewaffnete Grenzzwischenfälle]* —— 92

Diplomatic Protection (USA v Italy), Urteil v 20.7.1989, ICJ Rep 1989, 15 *[ELSI]* —— 107

Passage Through the Great Belt (Provisional Measures) (Finland v Denmark), Verfügung v 29.7.1991, ICJ Rep 1991, 12 *[Großer Belt]* —— 105

Application of the Convention on the Prevention and Punishment of the Crime of Genocide (Provisional Measures) (Bosnia and Herzegovina v Serbia and Montenegro), Verfügung v 8.4.1993, ICJ Rep 1993, 3 *[Völkermordkonvention-Fall]* —— 105

East Timor Case (Portugal v Australia), Urteil v 30.6.1995, ICJ Rep 1995, 90 *[Osttimor]* —— 107

Legality of the Threat or Use of Nuclear Weapons, Gutachten v 8.7.1996, ICJ Rep 1996, 226 *[GV-Nuklearwaffen-Gutachten]* —— 117

Legality of the Use by a State of Nuclear Weapons in Armed Conflict, Gutachten v 8.7.1996, ICJ Rep 1996, 66 *[WHO-Nuklearwaffen-Gutachten]* —— 93

Gabčíkovo-Nagymaros Project (Hungary v Slovakia), Urteil v 25.9.1997, ICJ Rep 1997, 7 *[Gabčíkovo-Nagymaros]* —— 7, 28, 107, 119

Questions of Interpretation and Application of the 1971 Montreal Convention arising from the Aerial Incident at Lockerbie (Preliminary Objections) (Libya v United Kingdom; Libya v USA), Urteil v 27.2.1998, ICJ Rep 1998, 9 u 115 *[Lockerbie]* —— 49

Vienna Convention on Consular Relations (Provisional Measures) (Paraguay v USA), Verfügung v 9.4.1998, ICJ Rep 1998, 248 *[Breard]* —— 91, 105

Land and Maritime Boundary between Cameroon and Nigeria (Preliminary Objections) (Cameroon v Nigeria; Equatorial Guinea intervening), Urteil v 11.6.1998, ICJ Rep 1998, 275 *[Land- und Seegrenze zwischen Kamerun und Nigeria]* —— 92

Fisheries Jurisdiction (Jurisdiction) (Spain v Canada), Urteil v 4.12.1998, ICJ Rep 1998, 432 *[Estai]* —— 92

Vienna Convention on Consular Relations (Provisional Measures) (Germany v USA), Verfügung v 3.3.1999, ICJ Rep 1999-I, 9 *[La Grand I]* —— 91

Vienna Convention on Consular Relations (Germany v USA), Urteil v 27.6.2001, ICJ Rep 2001, 466 *[La Grand II]* —— 105

Legal Consequences of the Construction of a Wall in the Occupied Palestinian Territory, Gutachten v 9.7.2004, ICJ Rep 2004, 136 *[Mauer-Gutachten]* —— 16, 18

Armed Activities on the Territory of the Congo (Congo v Uganda), Urteil v 19.12.2005, ICJ Rep 2005,168 *[Armed Activities]* —— 107

Application of the Convention on the Prevention and Punishment of the Crime of Genocide (Bosnia and Herzegovina v Serbia and Montenegro), Urteil v 26.2.2007, ICJ Rep 2007, 43 *[Genocide]* —— 7, 25

Questions of Mutual Assistance in Criminal Matters, Urteil v 4.6.2008, ICJ Rep 2008, 177 *[Assistance in Criminal Matters]* —— 91
Accordance with International Law of the Unilateral Declaration of Independence in Respect of Kosovo, Gutachten v 22.7.2010, ICJ Rep 2010, 403 *[Kosovo-Gutachten]* —— 107
Pulp Mills on the River Uruguay (Argentina v Uruguay), Urteil v 20.4.2010, ICJ Rep 2010, 14 *[Pulp Mills]* —— 67, 107
Protection of Rights of an Individual (Merits) (Guinea v Congo), Urteil v 30.11.2010, ICJ Rep 2010, 639 *[Diallo]* —— 107
Questions relating to the Obligation to Prosecute or Extradite (Belgium v Senegal), Urteil v 20.7.2012, ICJ Rep 2012, 422 *[Auslieferung]* —— 16, 95
Jurisdictional Immunities (Germany v Italy), Urteil v 3.12.2012, ICJ Rep 2012, 99 *[Ferrini]* —— 107
Whaling in the Antarctic (Australia v Japan), Urteil v 31.3.2014, ICJ Rep 2014, 107 *[Whaling]* —— 95, 107

Ständiger Schiedshof
Island of Palmas Arbitration (Netherlands v USA), Schiedsspruch v 4.4.1928, RIAA II, 829 *[Palmas]* —— 86

Internationale Schiedsgerichte
The „Alabama", Schiedsspruch v 14.9.1872, Martens, NRG, Bd XX, 767 *[Alabama]* —— 78, 86
Thomas H. Youmans (USA) v United Mexican States, Schiedsspruch v 23.11.1926, RIAA IV, 110 *[Youmans]* —— 24, 86
Naulilaa Arbitration, Schiedsspruch v 31.7.1928, RIAA II, 1011 *[Naulilaa]* —— 86, 113, 119
Estate of Jean-Baptiste Caire (France) v United Mexican States, Schiedsspruch v 7.6.1929, RIAA V, 516 *[Caire]* —— 24, 86
The „I'm Alone", Bericht v 5.1.1935, RIAA III, 1616 *[I'm Alone]* —— 86
Trail Smelter Arbitration (USA v Canada), Schiedssprüche v 16.4.1938 u v 11.3.1941, RIAA III, 1903 *[Trail Smelter]* —— 86
Lac Lanoux Arbitration (Spain v France), Schiedsspruch v 16.11.1957, RIAA XII, 281 *[Lac Lanoux]* —— 88
Beagle Channel Arbitration (Argentina v Chile), Schiedsspruch v 18.2.1977, ILM 17 (1978) 623 *[Beagle Channel]* —— 86
Air Service Agreement of 27 March 1946 between the United States of America and France, Schiedsspruch v 9.12.1978, RIAA XVIII, 416 *[Air Service Agreement]* —— 31, 119
Rainbow Warrior (New Zealand v France), Schiedsspruch v 6.7.1986, ILM 26 (1987) 1346 *[Rainbow Warrior]* —— 86

Internationales Tribunal für die Ahndung von Kriegsverbrechen im ehemaligen Jugoslawien
Prosecutor v Dusko Tadić a/k/a „Dule" (Appeal on Jurisdiction), Entscheidung v 2.10.1995, IT-94-1-T, ILM 35 (1996) 35 *[Tadić]* —— 25, 47
Prosecutor v Drazen Erdemović (Sentencing Judgment), Urteil v 5.3.1998, IT-96-22-T*bis*, ILM 37 (1998) 1182 *[Erdemović]* —— 53
Prosecutor v Goran Jelisić, Trial Chamber, Entscheidung v 14.12.1999, IT-95-10-T, <http://www.un.org/icty/jelisic/trialc1/'judgement/jel-tj991214e.pdf> *[Jelisić]* —— 51

Internationales Tribunal für die Ahndung von Kriegsverbrechen in Ruanda
Prosecutor v Ignace Bagilishema, Trial Chamber, Entscheidung v 7.6.2001 ICTR-95-1-T, <http://www.ictr.org> *[Bagilishema]* —— 52

Special Court for Sierra Leone
Prosecutor v Charles Taylor, Urteil v 26.4.2012, SCSL-03-01-T, <http://www.sc-sl.org/Taylor_Trial_Chamber_Decisions.html> *[Charles Taylor]* —— 53

Internationaler Strafgerichtshof
The Prosecutor v Thomas Lubanga Dyilo, Urteil v 14.3.2012, ICC-01/04-01/06-2842, <http://www.icc-cpi.int/iccdocs/doc/doc1379838.pdf> *[Lubanga]* —— 59

Internationaler Seegerichtshof
M/V „Saiga" (Saint Vincent and the Grenadines v Guinea), Urteil v 4.12.1997, ITLOS Rep 1997, 4 *[M/V-Saiga]* —— 33

Europäischer Gerichtshof für Menschenrechte
Behrami u Saramati, Urteil v 2.5.2007, EuGRZ 2007, 522 —— 26

Deutsche Gerichte
BVerfG, Beschluss v 31.3.1987, BVerfGE 75, 1 *[ne bis in idem]* —— 50
BVerfG, Beschluss v 8.5.2007, BVerfGE 118, 124 *[Argentinische Staatsanleihen]* —— 28

Britische Gerichte
Regina v Bow Street Metropolitan Stipendiary Magistrate, ex parte Pinochet Ugarte, House of Lords, Urteile v 25.11. 1998 und 24.3.1999, [1998] 3 WLR 1456, [1999] 2 WLR 827 *[Pinochet]* —— 49

I. Völkerrechtsverletzungen als Hauptthema des Abschnitts

Auf den ersten Blick erscheinen die Teilthemen des siebenten Abschnitts heterogen. Dringt man in die Materie tiefer ein, zeigt sich indessen, dass die Unterabschnitte in einem inneren, durch die *Verletzung von Völkerrecht* hergestellten Zusammenhang stehen. Bei den Regeln über die Verantwortlichkeit von Staaten und I.O. (Rn 4ff) ist dies evident. Da die Verantwortlichkeit letztlich durch ein Verhalten natürlicher Personen ausgelöst wird, stellt sich aus jüngerer Entwicklungsperspektive die Frage, welche Rechtsverletzungen das Völkerrecht infolge ihres schwerwiegenden Charakters auch als kriminelles Unrecht einstuft, für das natürliche Personen von der Völkergemeinschaft strafrechtlich zur Verantwortung gezogen werden können (Rn 38ff). Nicht selten bestreitet ein Staat seine nach Völkerrecht bestehende Verantwortlichkeit dem Grunde nach oder hinsichtlich der Rechtsfolgen. Unter diesem Blickwinkel erweisen sich die Grundsätze und Instrumente der Streitbeilegung (Rn 60ff) als Subsystem der Völkerrechtsordnung, das die materiellen Regeln über die internationale Verantwortlichkeit vervollständigt und ergänzt.[1] Dies umso mehr, als heute bei Völkerrechtsverletzungen die Anwendung *einseitiger* Gegenmaßnahmen eingeschränkt wird. Spätestens dann, wenn der Konflikt nicht friedlich, insbes gerichtlich, zu klären ist oder der verantwortliche Staat ein Gerichtsurteil nicht respektiert, lebt die Frage nach völkerrechtsgemäßen Sanktionen[2] wieder auf. 1

Unbeschadet ihres inneren Zusammenhangs haben die Teilthemen des Abschnitts eigenständiges Gewicht: Völkerrechtsverletzungen berühren keineswegs immer alle behandelten Subsysteme der Völkerrechtsordnung. Die Institutionen und Instrumente der Streitbeilegung sind nicht nur im Kontext des Bruchs völkerrechtlicher Verpflichtungen zu sehen. Als Beleg genügt hier der Hinweis auf die weit darüber hinausgehende Umschreibung der Zuständigkeiten des IGH in Art 36 Abs 2 seines Statuts. 2

Der Abschnitt steht in mehrfacher Hinsicht *in Verbindung mit Grundfragen des Völkerrechts*. Das gilt etwa für die Existenz zwingender Völkerrechtsnormen *(ius cogens)*, die eine sich entwickelnde Staatenverantwortlichkeit „erga omnes" begünstigt.[3] Die Völkerrechtssubjektivität von Individuen ist Voraussetzung eines genuinen Völkerstrafrechts und dessen Abgrenzung zur Gebiets- und Personalhoheit der Staaten. Die friedliche Streitbeilegung gehört zu den Grundprinzipien, die die Staaten in den internationalen Beziehungen beachten müssen. Sanktionen haben das allgemeine Problem der Erzwingbarkeit des Völkerrechts als Hintergrund[4] und dürfen ua das Gewaltverbot nicht verletzen. 3

II. Internationale Verantwortlichkeit

1. Begriff und Terminologie

Das Völkerrecht begründet vielfältige Handlungs- und Unterlassungspflichten, die Völkerrechtssubjekte in ihren internationalen Beziehungen zu beachten haben. Die völkerrechtlichen Regeln der internationalen Verantwortlichkeit setzen diese Pflichten als gegeben voraus. Darum werden sie (nicht unproblematisch) auch als sog „Sekundärnormen" charakterisiert,[5] die 4

---

[1] *Zemanek*, Responsibility of States: General Principles, EPIL IV (2000) 219ff; vgl auch *Riphagen*, Implementation of International Responsibility, YBILC 1986, Teil II/1, 1. Verantwortlichkeit iSd Texts ist nicht zu verwechseln mit der „Verantwortung" der Staaten bzw Staatengemeinschaft (etwa für den Umweltschutz, den Menschenrechtsschutz oder eine gerechte Weltwirtschaftsordnung).
[2] Näher u Rn 108ff.
[3] Näher unten Rn 16ff.
[4] *Combacau*, Sanctions, 311. Vgl *Graf Vitzthum*, 1. Abschn Rn 51.
[5] Krit *Simma*, Grundfragen der Staatenverantwortlichkeit in der Arbeit der International Law Commission, AVR 24 (1986) 357 (362), der hervorhebt, dass spätestens bei der Bestimmung der Rechtsfolgen die Besonderheit der jeweils

ausschließlich darüber Aufschluss geben sollen, unter welchen Voraussetzungen Staaten und I.O. für ihnen zurechenbare Völkerrechtsverletzungen einzustehen haben und welche Rechtsfolgen sich an die Verantwortlichkeit knüpfen. Üblicherweise werden diese Regeln heute unter dem *Begriff der Verantwortlichkeit* (Staatenverantwortlichkeit, Verantwortlichkeit I.O.) behandelt.

5   Im deutschsprachigen Schrifttum finden sich auch die Bezeichnungen völkerrechtliches Delikt[6] oder das *völkerrechtliche Unrecht* und seine Folgen bzw seine Wiedergutmachung.[7] Der zuerst genannte Begriff ist weniger glücklich. Er suggeriert Parallelen zwischen Völkerrecht und dem nationalen Recht der unerlaubten Handlungen, die es nicht gibt.[8]

2. Grundlagen und Konzept der Staatenverantwortlichkeit
a) Rechtliches Fundament

6   Für ihm zurechenbare Verletzungen völkerrechtlicher Pflichten ist der Staat nach internationalem Recht verantwortlich. Über diesen Grundsatz besteht seit langem Einigkeit. Bestrebungen, die Materie zu kodifizieren, bestehen schon seit den 1920er Jahren.[9] Bereits im Jahre 1953 ist die ILC mit der Ausarbeitung eines Kodifikationsentwurfes beauftragt worden.[10] Diese Arbeiten konnten erst im Jahr 2001 und nach schwierigen Verhandlungen mit einem 59 Artikel umfassenden Entwurf zur *Responsibility of States for Internationally Wrongful Acts* abgeschlossen werden.[11] Möglich wurde die Verabschiedung des Entwurfs, weil sehr umstrittene Bereiche ausgespart wurden. So verzichtet er vor allem auf die seit langem diskutierte Unterscheidung zwischen internationalem Delikt und internationalem Verbrechen. Auch wurde die umstrittene Regelung zu einer obligatorischen Streitbeilegung beiseitegelassen.[12]

7   Schließlich wurde der Entwurf nicht, wie ursprünglich geplant, als multilaterale Konvention ausgestaltet, sondern zunächst nur als Anlage in eine *Resolution der Generalversammlung (Staatenverantwortlichkeitsresolution)* aufgenommen.[13] Damit stellen die Regelungen nur insofern bindendes Völkerrecht dar, als sie Völkergewohnheitsrecht kodifizieren. In (freilich ungewisser) Zukunft soll eine Staatenkonferenz einberufen werden, die eine Konvention unter Einschluss der Regelungen über eine obligatorische Streitbeilegung berät und ggf beschließt.[14]

---

verletzten Primärrechtsnormen durchschlägt; vgl auch *Rauschning*, Verantwortlichkeit der Staaten für völkerrechtswidriges Verhalten, BDGVR 24 (1984) 13 ff; *Dahm/Delbrück/Wolfrum*, Völkerrecht, Bd I/3, 2. Aufl 2002, § 173 II.1.
6 v. *Münch*, Das völkerrechtliche Delikt in der Entwicklung der modernen Völkerrechtsgemeinschaft, 1963; *Schlochauer*, Die Entwicklung des völkerrechtlichen Deliktsrechts, AVR 16 (1974/75) 239 ff; *Kunig*, Das völkerrechtliche Delikt, Jura 1986, 344 ff; *von Arnauld*, Völkerrecht, 2. Aufl 2014, § 5 Rn 380 ff.
7 Vgl *Guggenheim*, Lehrbuch des Völkerrechts, Bd I, 1951, 509 ff; *Wengler*, Völkerrecht, Bd I, 1964, 489 ff; *Verdross/Simma*, Universelles Völkerrecht, 3. Aufl 1984, §§ 1262 ff.
8 Dazu *Kunig* (Fn 6) und *Ipsen*, in ders (Hrsg) Völkerrecht, 6. Aufl 2014, § 28 Rn 15; s auch *Brownlie*, Principles of Public International Law, 7. Aufl 2008, 437 f.
9 Conférence pour la codification du droit international, Bases de discussion, Bd III, 1929. Zur geschichtlichen Entwicklung der Staatenverantwortlichkeit *Nolte*, From Dionisio Anzilotti to Roberto Ago – The Classical Law of State Responsibility and the Traditional Primacy of a Bilateral Conception of Inter-State Relations, EJIL 13 (2002) 1083 ff; *Crawford*, State Responsibility, MPEPIL IX, 517 (518 ff).
10 GA Res 799 (VIII) v 7.12.1953.
11 Report of the International Law Commission of its Fifty-third Session, 2001, Kap IV. Der Kommentar der ILC zu den Artikeln ist im Internet abrufbar unter <http://untreaty.un.org/ilc/texts/instruments/commentaries/9_6_2001.pdf>; Printversion: *Crawford*, The International Law Commission's Articles on State Responsibility – Introduction, Text and Commentaries, 2002.
12 Kurze Darstellung der Entwicklung der Regeln bei *Crawford* (Fn 9) 517 ff.
13 GA Res 56/83 v 12. Dezember 2001, im Folgenden zit als ASR (Articles on State Responsibility), abgedr in Sart II Nr 6. Krit zu diesem Verfahren *Dahm/Delbrück/Wolfrum* (Fn 5) § 173 VII. 3.
14 Vgl ILC Rep (Fn 11) para 72 f.

Bemerkenswert ist allerdings schon jetzt der Einfluss der ILC-Regeln auf die Rechtsprechung der internationalen Gerichte.[15]

b) Umriss

Ein Völkerrechtsverstoß eines Staates liegt dann vor, wenn ihm ein Handeln oder Unterlassen zuzurechnen ist und den Bruch einer völkerrechtlichen Verpflichtung darstellt.[16] Herkömmlich entsteht die Staatenverantwortlichkeit nur gegenüber dem oder den verletzten Völkerrechtssubjekt(en). Im Verhältnis zu ihm (ihnen) begründet die zurechenbare Rechtsverletzung eine *besondere Rechtsbeziehung*. Sie soll das Interesse an Wiedergutmachung und Genugtuung, respektive an der Ergreifung einseitiger Maßnahmen, in rechtliche Ordnung bringen.[17] Soweit dabei die Aufgabe dieser Rechtsbeziehungen in erster Linie in der Wiederherstellung der völkerrechtsgemäßen Lage gesehen wird,[18] lässt sich dies mit dem das Völkerrecht prägenden Konsensprinzip und mit der Zurückdrängung einseitiger Aktionen durch das Gewaltverbot und die Grundpflicht zur friedlichen Streitbeilegung begründen.[19]

Beteiligte der Rechtsbeziehung sind Urheber und Betroffene einer Völkerrechtsverletzung. Der Urheber muss rechts- *und* handlungsfähig iSd Völkerrechts sein. Nur unter dieser Voraussetzung kann er Subjekt der verletzten Pflicht sein und für deren Beachtung im Völkerrecht einstehen. Daran fehlt es mangels Handlungsfähigkeit bei den sog failed states. Hingegen kommt es beim Betroffenen allein auf die Rechtsfähigkeit, nicht auf die Handlungsfähigkeit an. Im dt Schrifttum wird teilweise zusätzlich zur Rechts- bzw Handlungsfähigkeit die Deliktsfähigkeit der Beteiligten gefordert. Gemeint ist die spezifische Fähigkeit, Völkerrechtsverletzungen zu begehen oder deren Opfer zu werden.[20] Doch ist fraglich, ob der Deliktsfähigkeit ein zusätzlicher Erkenntniswert zukommt. In den Beratungen der ILC ist dies verneint worden.[21]

Der Betroffene muss Träger eines im Völkerrecht begründeten und durch die Pflichtverletzung missachteten Rechts sein. Deshalb löst zB die Verletzung von Individualrechten die Staatenverantwortlichkeit aus, auch wenn das Individuum das verletzte Recht nicht selbst geltend machen kann.[22] Art 42 u 48 ASR definieren näher, wann ein Staat gegenüber einem anderen die völkerrechtliche Verantwortlichkeit geltend machen kann. Art 42 knüpft daran an, dass ein Staat selber verletzt wurde; Art 48 hingegen lässt das Geltendmachen der völkerrechtlichen Verantwortlichkeit auch dann zu, wenn der betreffende Staat selber nicht verletzt wurde. Dies ist vor allem dann der Fall, wenn die Verpflichtung, die verletzt wurde, gegenüber der gesamten internationalen Gemeinschaft besteht (Art 48 Abs 1 lit b ASR). In diesem Umfang entspricht die Regelung noch nicht dem Völkergewohnheitsrecht.

Die verletzte Pflicht kann ihren Ursprung in jeder Völkerrechtsnorm iSd Art 38 Abs 1 IGH-Statut haben, sofern die Norm zum Zeitpunkt des Handelns oder Unterlassens für den betreffenden Staat in Kraft gewesen ist (Art 3, 12f ASR). Aktivem Zuwiderhandeln steht das Unterlassen gleich, sofern eine (Rechts-)Pflicht zum Handeln bestand.[23] Der Pflichtverstoß indiziert stets den

---

15 IGH-Urteile *Gabčikovo-Nagymaros*, ICJ Rep 1997, 7, §§ 50 ff u *Genocide*, ICJ Rep 2007, 43, §§ 385 ff, 398 ff; dazu Villalpando, Le codificateur et le juge face à la responsabilité internationale de l'État, AFDI 55 (2009) 39 (50 ff).
16 Vgl Art 2 ASR.
17 Zusammenfassend *Ago*, YBILC 1971 II/1, 206.
18 StIGH, *Chorzów*-Fall, Ser A No 17, 29, 47; *Ago* (Fn 17) 210; *Riphagen*, YBILC 1980 II/1, 112 f.
19 Nicht unstr, eingehend *Ipsen* (Fn 8) § 28 Rn 8 ff. Vgl auch *Graf Vitzthum*, 1. Abschn Rn 45 ff.
20 So etwa *Dahm/Delbrück/Wolfrum* (Fn 5) § 173 Vff; *Schlochauer* (Fn 6) 247 f; *Kunig* (Fn 6) 346 f; *von Arnauld* (Fn 6) Rn 382; andererseits *Ipsen* (Fn 8) § 28 Rn 29.
21 YBILC 1971 II/1, 224.
22 Vgl *La-Grand II*-Fall, ICJ Rep 2001, 466, 494 (§ 77).
23 Vgl Art 2 ASR. Dies entspricht auch der internationalen Spruchpraxis: IGH im *Korfu-Kanal*-Fall, ICJ Rep 1949, 22 f u im *Teheraner Geisel*-Fall, ICJ Rep 1980, 30 ff.

(unerlaubten) Eingriff in Rechte anderer Völkerrechtssubjekte.[24] Letzteres ist auf dem Hintergrund des Gegenseitigkeitsprinzips zu sehen, das die Entstehung und Beachtung völkerrechtlicher Normen maßgeblich prägt.[25]

12 Zu den seit langem diskutierten Streitpunkten der Staatenverantwortlichkeit gehört, ob sie eine reine *Erfolgshaftung oder Haftung für schuldhaft begangene Pflichtverletzungen* ist.[26] Die internationale Praxis ist weder in dem einen noch in dem anderen Sinne konsistent. Immerhin lässt sie den vorsichtigen Schluss zu, dass bei aktiven Zuwiderhandlungen gegen völkerrechtliche Pflichten, wenn keine besonderen Umstände vorliegen, idR auf den Schuldnachweis verzichtet wird.[27] Andererseits bedarf die am eingetretenen Erfolg ausgerichtete Rechtswidrigkeitshaftung in jedem Fall eines Korrektivs, wenn die Verletzung von Pflichten, deren Erfüllung im Ermessen des Staates liegt, oder Unterlassen geltend gemacht wird. Zur Vermeidung unangemessener Ergebnisse tritt die Staatenverantwortlichkeit hier nur ein, wenn der Staat bei Anwendung der gebotenen Sorgfalt *(due diligence)*[28] in der Lage gewesen wäre, den Völkerrechtsverstoß zu erkennen und zu vermeiden. Ob man darin ein (objektiviertes) Verschuldenselement[29] oder einen Unrechtsausschließungsgrund sieht,[30] ist eher eine Konstruktionsfrage als von praktischer Bedeutung. Mit dieser Rechtslage stimmt iE auch die Staatenverantwortlichkeitsresolution überein. Sie verlangt zur Begründung völkerrechtlicher Verantwortlichkeit kein schuldhaftes Verhalten, erlaubt aber die Berufung auf höhere Gewalt.[31] Sie erreicht dadurch eine aus der Sicht des verletzten Völkerrechtssubjekts begrüßenswerte Umkehr der Beweislast.[32] Insgesamt wird man davon ausgehen können, dass der Nachweis der Schuld keine zwingende völkergewohnheitsrechtliche Voraussetzung für den Eintritt völkerrechtlicher Verantwortlichkeit ist.[33]

13 Die Staatenverantwortlichkeit lässt sich nicht schon damit begründen, dass die verletzte völkerrechtliche Pflicht den in Anspruch genommenen Staat trifft. Das der Verletzung zugrundeliegende tatsächliche Geschehen muss *dem Staat* auch als sein Verhalten *zurechenbar* sein.[34] Schon im Ansatz geht es dabei nicht um eine Kausalitätsfrage, sondern darum, die (rechtlichen) Beziehungen des Handelnden zum Staat zu klären.[35] Die Beziehung muss so beschaffen sein, dass das Verhalten des Handelnden – jedenfalls iE – als „act of state" erscheint und dementsprechend dem in Anspruch genommenen Staat angelastet werden kann. Unproblematisch ist diese nach völkerrechtlichen Maßstäben vorzunehmende[36] Qualifikation nur, wenn das tatsächliche Geschehen von Staatsorganen oder anderen öffentlichen Funktionsträgern im Rahmen ihrer Zuständigkeit ausgeht (näher u Rn 22ff).

---

24 Vgl Berichterstatter *Ago*, YBILC 1971 II/1, 220.
25 Zum Gegenseitigkeitsprinzip *Simma*, Reciprocity, MPEPIL VII, 651ff; *Knauff*, Reziprozität, in Schöbener (Hrsg), Lexikon des Völkerrechts, 2014, 350ff.
26 *Brownlie*, System of the Law of Nations, Part 1 (State Responsibility), 1983, 40f; *Bedjaoui*, Responsibility of States: Fault and Strict Liability, EPIL IV (2000) 212ff; *Rousseau*, Droit international public, Bd V, 1983, Nr 13ff; *Ipsen* (Fn 8) § 39 Rn 35ff; vgl auch *Dahm/Delbrück/Wolfrum* (Fn 5) § 183.
27 *Dahm/Delbrück/Wolfrum* (Fn 5) 945f; *Verdross/Simma* (Fn 7) § 1266; *Zemanek*, Schuld- und Erfolgshaftung im Entwurf der Völkerrechtskommission über Staatenverantwortlichkeit, FS Bindschedler, 1980, 315 (322); *Brownlie* (Fn 8) 445ff; *Rousseau* (Fn 26) Nr 16ff.
28 Zu dieser *Koivorova*, Due Diligence, MPEPIL II, 236ff; *Horbach*, Liability versus Responsibility under International Law, 1996.
29 So bspw *Verdross/Simma* (Fn 7) § 1267.
30 So *Ipsen* (Fn 8) § 28 Rn 41ff, der deshalb auch das due diligence-Kriterium ablehnt.
31 Vgl Art 2 u Art 23 ASR und ergänzend den Kommentar der ILC zu Art 2 (Fn 11).
32 *Simma* (Fn 5) 340.
33 So auch *Dahm/Delbrück/Wolfrum* (Fn 5) § 183 I.4.
34 Vgl Art 2 ASR. Zum Zurechnungsprinzip auch *Rousseau* (Fn 26) Nr 3; *Christenson*, The Doctrine of Contribution in State Responsibility, in Lillich (Hrsg), The Current Status of the Law of State Responsibility for Injuries to Aliens, 1983, 321ff.
35 *Ipsen* (Fn 8) § 28 Rn 39.
36 Ebd; vgl auch *J. Wolf*, Zurechnungsfragen bei Handlungen von Privatpersonen, ZaöRV 45 (1985) 232 (249).

Die im innerstaatlichen Recht geläufige haftungsbegrenzende Funktion des Schadens gibt 14
es im Recht der Staatenverantwortlichkeit nicht. Als „Schaden" gilt schon die Verletzung einer
Völkerrechtsposition als solche.[37] Deshalb kann, wenn sich nicht aus der verletzten Norm anderes ergibt, *auf das Kriterium des Schadens* als Voraussetzung des Eintritts der Staatenverantwortlichkeit *verzichtet* werden.[38] Bei der Bestimmung der Rechtsfolgen der Verantwortlichkeit (näher
u Rn 32ff) wird es demgegenüber häufiger Bedeutung erlangen.[39]

c) Ansätze zur Ausweitung des Konzepts

In verschiedenen Richtungen zeichnen sich Ansätze zur Ausweitung des Grundkonzepts der 15
Staatenverantwortlichkeit ab. Schon länger wird diskutiert, ob es Völkerrechtsnormen speziellen Charakters gibt, an deren Verletzung besondere Rechtsfolgen zu knüpfen sind. Tradition
besitzt auch die Frage, ob und unter welchen Voraussetzungen die Staaten für erlaubtes, aber
risikobehaftetes Verhalten haften. Demgegenüber wirft die Erstreckung der völkerrechtlichen
Verantwortlichkeit auf Netzwerk-Attacken Probleme auf, die vorerst nur beschrieben werden
können. Angemessene Lösungen zeichnen sich noch nicht ab.

Erga omnes-Pflichten

Im *Barcelona Traction*-Fall differenzierte der IGH zwischen völkerrechtlichen Pflichten, die gegen- 16
über dem einzelnen Staat, und solchen, die gegenüber der internationalen Gemeinschaft als ganzer bestehen. Zu letzteren, den sog erga omnes-Verpflichtungen, rechnet der IGH das Verbot der
Aggression, des Völkermords, der Sklaverei und Rassendiskriminierung sowie die Achtung fundamentaler Rechte des Menschen. An der Beachtung und Durchsetzung der *erga omnes-Pflichten*
hätten alle Staaten ein rechtliches Interesse.[40] Ihre Existenz ist *heute grundsätzlich anerkannt*.[41]

Ein ähnliches Bild hatte sich nach dem ILC-Entwurf in erster Lesung ergeben.[42] Dort hatte 17
die ILC die erga omnes-Pflichten in das Konzept der Staatenverantwortlichkeit eingebaut. Erga
omnes-Pflichten (wie auch das ius cogens) traten hier bei Verletzung im Gewand internationaler
„Verbrechen" auf. Darunter sollten Verstöße gegen solche Völkerrechtsnormen fallen, die für
die Internationale Gemeinschaft von derart fundamentaler Bedeutung sind, dass ihre Verletzung
als Verbrechen angesehen wird. Alle anderen (nur relativ wirkenden) Pflichtverletzungen wurden „Delikte" genannt.[43] Neben Unklarheiten bei der tatbestandlichen Ausformung der internationalen Verbrechen[44] wurde besonders das an die Unterscheidung geknüpfte *Rechtsfolgensys-*

---

37 Dazu IGH im *Korfu-Kanal*-Fall, ICJ Rep 1949, 35 sowie im *Südwestafrika*-Fall, ICJ Rep 1966, 32; *Verdross/Simma* (Fn 7) § 1264.
38 Dazu *Simma* (Fn 5) 365; *Zemanek*, in ÖHVR, Bd I, 2004, Rn 2702ff.
39 Vgl *Zemanek*, in ÖHVR, Bd I, 2004, Rn 2439, 2499ff; *Kunig* (Fn 6) 350.
40 ICJ Rep 1970, 3, 32; im gleichen Sinne für das Gesandtschafts- und Konsularrecht: *Teheraner Geisel*-Fall, ICJ Rep 1980, 2, 42; vgl auch *East-Timor*-Fall, ICJ Rep 1995, 90, 102; *Mauer*-Gutachten, ICJ Rep 2004, 136, 199; *Auslieferungs*-Fall, ICJ Rep 2012, 422, §§ 64ff.
41 Vgl *Dahm/Delbrück/Wolfrum* (Fn 5) Bd I/1, 1989, § 8 II.1.c; *Frowein*, Obligations erga omnes, 919; *Simma*, Does the UN-Charter Provide an Adequate Legal Basis for Individual or Collective Responses to Violations erga omnes?, in Delbrück (Hrsg), The Future of International Law Enforcement, 1993, 125 (126ff); *Ragazzi*, The Concept of International Obligations Erga Omnes, 2000; *Cassese*, International Law, 2. Aufl 2004, 262ff („aggravated state responsibility"); zusammenfassend *Heintschel von Heinegg*, in Ipsen (Fn 8) § 16 Rn 53ff. – Zum Verhältnis der erga omnes-Verpflichtungen zum *ius cogens Schmalenbach*, in Dörr/Schmalenbach (Hrsg), Vienna Convention on the Law of Treaties, 2012, Art 53 Rn 82ff.
42 Abdruck in ILM 37 (1998) 410.
43 Vgl Art 19 Abs 3 des ILC-Entwurfs in erster Lesung 1996 (ILM 37 [1998] 440ff).
44 Vgl *Hofmann*, Zur Unterscheidung von Verbrechen und Delikt im Bereich der Staatenverantwortlichkeit, ZaöRV 45 (1985) 195 (220); *Simma* (Fn 5) 376; zum Folgenden auch die Beiträge in Weiler/Cassese/Spinedi (Hrsg), Interna-

tem kritisiert.⁴⁵ Neben den üblichen Rechtsfolgen sollten rechtstreuen Staaten unter bestimmten Umständen „Solidarpflichten" obliegen. In dritter Lesung hat die ILC auf die Begriffe „Verbrechen" und „Delikt" verzichtet. Sie sind demzufolge auch nicht in der Staatenverantwortlichkeitsresolution enthalten und werden wohl in Zukunft – insbes bei einer eventuellen vertraglichen Regelung auf Basis der Resolution – keine große Rolle mehr spielen.

18 Die Staatenverantwortlichkeitsresolution enthält allerdings in Form der Art 40 u 41 zwei Bestimmungen mit einem ähnlichen Regelungsinhalt: bei schweren Verstößen gegen zwingende Normen des Völkerrechts sollen die rechtstreuen Staaten *zusammenarbeiten,* um den Verstoß zu beenden und die aus dem Verstoß entstandene Situation *weder anerkennen noch* dabei helfen, sie *aufrechtzuerhalten.*⁴⁶ Art 40 Abs 2 ASR regelt hierbei näher, wann ein Verstoß gegen eine zwingende Norm als schwerwiegend anzusehen ist. Art 41 ASR bestimmt die besonderen Rechtsfolgen der schwerwiegenden Verletzung im Sinne von Art 40 ASR. Art 41 Abs 2 ASR enthält der Sache nach das Prinzip *ex iniuria ius non oritur.* Aufgrund des in Art 40 ASR enthaltenen Schwerekriteriums ist damit zu rechnen, dass einige der Probleme, die bisher im Rahmen der Unterscheidung von „Verbrechen" und „Delikten" diskutiert wurden, im Rahmen der Art 40f ASR wieder auftauchen werden.⁴⁷

Haftung für risikobehaftete Tätigkeiten

19 Seit Anfang des 20. Jh wird diskutiert, ob und unter welchen Voraussetzungen Staaten für ihnen zurechenbare *risikobehaftete* Tätigkeiten nach Völkerrecht verantwortlich sind. Den Ausgangspunkt bildeten auch hier zunächst fremdenrechtliche Vorgänge. Bei Schäden, die Ausländern infolge inneren Aufruhrs oder bürgerkriegsähnlicher Situationen entstanden, sollte eine absolute *verschuldensunabhängige Haftung* eintreten.⁴⁸ Heute geht es in erster Linie, wenn auch nicht ausschließlich, um hoch gefährliche Tätigkeiten (sog *ultra-hazardous activities*), die von der friedlichen Nutzung der Kernenergie und des Weltraums, dem Transport von Rohöl oder dem Umgang mit hoch toxischen Chemikalien ausgehen und zu katastrophalen Schäden führen können. Soweit derartige Schäden entstehen, weil dem Staat ein schadensursächliches pflichtwidriges Verhalten bei der Genehmigung oder Überwachung der ultra-hazardous activities zugerechnet werden kann, bedarf es keines besonderen Haftungsregimes. Der normale Begründungstatbestand der Staatenverantwortlichkeit reicht aus.⁴⁹ Fehlt es an einer Pflichtverletzung des Staats, könnte die Rechtsverletzung in den schädigenden Folgen des an sich erlaubten Verhaltens gesehen werden.⁵⁰

Die Einbeziehung von erlaubten, aber mit besonderen Schadensrisiken behafteten Verhaltensweisen in das klassische Konzept der Staatenverantwortlichkeit steht indessen im Widerspruch zur Rechtsüberzeugung der Staaten, die derartige Verhaltensweisen gerade nicht der

---

tional Crimes of State: A Critical Analysis of the ILC's Draft Article 19 on State Responsibility, 1988; *Rosenstock,* Crimes of States, FS Zemanek, 1994, 321 ff. Zum Problem der Terminologie *Hofmann,* aaO, 205; *Simma* (Fn 5) 378.

45 Dazu *Frowein,* Obligations erga omnes, 917; ferner *Hofmann* (Fn 44) 221 ff. Zum Ganzen auch *Starace,* La Responsabilité résultant de la violation des obligations à l'égard de la Communauté Internationale, RdC 153 (1976 V) 267 ff, insbes 289 ff; *de Hoogh,* Obligations erga omnes and International Crimes, 1996.

46 Vgl *Czaplinski,* UN Codification of Law of State Responsibility, AVR 41 (2003) 62 ff; *Paulus,* Die internationale Gemeinschaft im Völkerrecht, 2001, 404 ff mit Ausführungen zum „injured state" gemäß Art 43 ILC-Entwurf; krit *Cassese* (Fn 41) 269: „minimalist approach". Vgl hierzu das *Mauer*-Gutachten des IGH, ICJ Rep 2004, 136.

47 Vgl *Brownlie* (Fn 8) 507 ff.

48 Dazu *Fauchille,* Traité de droit international public, Bd I/1, 1921, 521 f.

49 Näher *Dederer,* Staatenverantwortlichkeit („State Responsibility") und Haftung („Liability") im Bereich der „ultrahazardous activities", in Hebeler/Hendler/Reiff/Proelß (Hrsg), Verantwortlichkeit und Haftung für Umweltschäden, 2013, 13 (18 ff); siehe auch *Herdegen,* Völkerrecht, 14. Aufl 2015, § 58 Rn 12.

50 So *Ipsen* (Fn 8) § 28 Rn 51 ff; dazu *Proelß,* Das Urteil des Internationalen Gerichtshofs im Pulp Mills-Fall und seine Bedeutung für die Entwicklung des Umweltvölkerrechts, FS Schröder, 2012, 611 (620 ff).

Unrechtshaftung, sondern dem besonderen Typus der Gefährdungshaftung[51] unterstellen wollen.[52] Damit wird die Frage nach der *Existenz besonderer Regeln für rechtmäßiges, risikobehaftetes Verhalten* unausweichlich. Das Gewohnheitsrecht liefert in Anbetracht der unergiebigen Rechtsprechung internationaler Gerichte, der nicht aussagekräftigen Staatenpraxis und der kontroversen Haltung des Schrifttums keine Grundlage.[53] Gleiches gilt für das zur Begründung herangezogene Verbot missbräuchlicher Rechtsausübung, weil sein Bestand und Inhalt im Völkerrecht umstritten sind.[54]

Der von der ILC 2001 verabschiedete Entwurf *Draft Articles on Prevention of Transboundary Harm from Hazardous Activities*[55] basiert auf den Pflichten zur Prävention[56] und Kooperation.[57] Bestimmte gefährliche Tätigkeiten müssen von den Staaten genehmigungspflichtig gemacht werden, die Gefahr grenzüberschreitender Schäden ist notifizierungs- und konsultationspflichtig.[58] Der Entwurf sieht auch ein Verfahren zur Streitschlichtung vor, in dessen Rahmen eine Tatsachenermittlungskommission eingesetzt werden kann. Verweigert ein Mitgliedstaat die Benennung von Mitgliedern der Kommission, erhält der UN-Generalsekretär auf Antrag ein Ernennungsrecht.[59] Die ILC empfahl der Generalversammlung, den Entwurf als Rahmenkonvention anzunehmen. Dieser Empfehlung ist die Generalversammlung nicht gefolgt. 2006 nahm sie die von der ILC vorgelegten *Draft Principles on the Allocation of Loss in the Case of Transboundary Harm Arising out of Hazardous Activities*[60] an. Die sechs Prinzipien haben über Prävention und Kooperation hinaus Regelungen insbes zum Schadensausgleich zum Gegenstand, stellen aber keinen Entwurf eines Staatshaftungsregimes für risikobehaftetes, aber erlaubtes Verhalten dar, der als Vorlage für eine völkerrechtliche Konvention dienen könnte.

Cyber-Attacken
Die Abhängigkeit der Staaten von Informations- und Kommunikationstechnologien führt seit einiger Zeit dazu, dass auch Angriffe auf Computernetzwerke als Mittel der Kriegsführung genutzt werden. Angriffsziel ist die Funktionsfähigkeit des jeweiligen Systems, das lahm gelegt werden soll, um staatsbedeutsame Informationen und Daten auszuspähen, zu verfälschen oder den Zugriff des betroffenen Staats darauf zu erschweren. Opfer solcher „Cyber War"-Attacken waren bislang Estland 2007, Georgien und Litauen 2008 sowie der Iran 2010.[61] Für die Einordnung in den Kontext der völkerrechtlichen Verantwortlichkeit ist wesentlich, ob solche Angriffe eine Völkerrechtsnorm verletzen. Das Gewaltverbot (Art 2 Nr 4 UN-Charta) ist nur ausnahmsweise bei netzexternen Auswirkungen berührt, die militärischer Gewalt gleichkommen. Eine Verlet-

---

51 Dazu *Bedjaoui* (Fn 26) 360 f; aus der Vertragspraxis Art 22 Abs 3 Genfer Übereinkommen über die Hohe See v 29.4.1958, Art 110 Abs 1 SRÜ, Art VI Weltraumvertrag v 27.01.1967, Art II Weltraumhaftungsvertrag v 29.3.1972.
52 Vgl aber auch *Dederer* (Fn 49) unter III.1.a) u 2.a).
53 Dazu *Randelzhofer*, Gefährdungshaftung, 65; *Gündling*, Verantwortlichkeit der Staaten für grenzüberschreitende Umweltbeeinträchtigungen, ZaöRV 45(1985) 265 (286 f); *Heintschel von Heinegg* (Fn 41).
54 *Randelzhofer*, Gefährdungshaftung, 45; *Ipsen* (Fn 8) § 28 Rn 44 ff; allgemein *Kiss*, Abuse of Rights, MPEPIL 1, 1 ff.
55 Report of the International Law Commission of its Fifty-third session, 2001, Kap V. Dazu *Dahm/Delbrück/Wolfrum* (Fn 5) § 175 V; *Dolzer*, Völkerrechtliche Verantwortlichkeit und Haftung für Umweltschäden, BDGVR 29 (1992) 195 (228 ff); *Erichsen*, Das Liability Project der ILC, ZaöRV 51 (1991) 94 ff; *Harndt*, Völkerrechtliche Haftung für die schädlichen Folgen nicht verbotenen Verhaltens, 1993, § 1.
56 Art 3 des Entwurfs (Fn 55). Vgl auch *Quentin-Baxter*, YBILC 1981 II/2, 146, 148 (para 177); *Barboza*, YBILC 1986 I, 196 (para 25); *Randelzhofer*, Gefährdungshaftung, 69 f.
57 Art 4 des Entwurfs (Fn 55).
58 Vgl die Art 6 bis 11 des Entwurfs (Fn 55).
59 Vgl Art 19 des Entwurfs (Fn 55).
60 GA/RES/61/36 Annex; vgl auch YBILC 2006 II/1, 101 ff (Kommentar).
61 Darstellung bei *Schulze*, Cyber-„War" – Testfall der Staatenverantwortlichkeit, 2015, Kap 1.

zung des Interventionsverbots ist nur gegeben, wenn die Angriffe Zwang auf die staatliche Souveränität über den virtuellen Raum ausüben.[62] Auch die für die Verantwortlichkeit notwendige Zurechnung der Angriffe an einen staatlichen Urheber bereitet erhebliche Schwierigkeiten.[63] Anregungen, die diesbezüglichen Anforderungen zu modifizieren – etwa im Sinne einer Umkehr der Beweislast – oder die Einbeziehung der Netzwerke in die Gefährdungshaftung sind nur de lege ferenda zu realisieren. Neue Regeln der Verantwortlichkeit sind nach alledem angebracht, aber nicht in Sicht.[64]

3. Einzelfragen
a) Zurechnungsprobleme der Staatenverantwortlichkeit

22 Gewohnheitsrechtlich gesichert erscheint, dass der Staat für alle Völkerrechtsverletzungen einzustehen hat, die durch seine *Organe*, gleich welcher Art und Stufe, entstehen (Art 4 ASR). Handelt es sich dabei um einen Bundesstaat, wird das Organverhalten der Gliedstaaten dem Gesamtstaat idR wie eigenes zugerechnet.[65] Der praktisch häufigste Fall der Organzurechnung betrifft Entscheidungen der Verwaltung unter der Voraussetzung, dass sie mit innerstaatlichen Rechtsmitteln nicht mehr angreifbar sind.[66] In Betracht kommen aber auch Gesetzgebungsakte (klassisch: Enteignungs- und Nationalisierungsgesetze), sofern der Völkerrechtsverstoß bereits in diesen Akten bzw ihrer Unterlassung liegt und nicht erst die Folge einer bestimmten Rechtsanwendung ist.[67] Schließlich besteht die Verantwortlichkeit für völkerrechtswidrige, letztinstanzliche Gerichtsurteile.[68] Besondere Bedeutung haben in der Vergangenheit gravierende Verstöße gegen die Grundsätze ordnungsgemäßer Rechtspflege zu Lasten von Ausländern und Angehörigen bestimmter Staaten *(sog déni de justice, denial of justice)*[69] erlangt.

23 Verantwortlich sind Staaten gleichermaßen für Entscheidungsträger, die außerhalb des Staatsapparats stehen, aber mit der Wahrnehmung öffentlicher Funktionen betraut sind. Dies trifft namentlich auf rechtlich selbständige Verwaltungsträger, wie Körperschaften, Anstalten, Stiftungen oder die „Beliehenen", zu (Art 5 ASR). Die Zurechnung einer bloß *faktischen Ausübung* öffentlicher Funktionen dürfte demgegenüber nur in Extremsituationen (Katastrophen, Krieg) relevant werden.[70] Abgesehen davon bereitet der Nachweis, dass die Ausübung staatlicherseits geduldet wurde, erhebliche Schwierigkeiten.

24 Das Handeln seiner Organe und sonstiger mit der Ausübung öffentlicher Funktionen betrauter Entscheidungsträger wird dem Staat auch im Falle der Kompetenzüberschreitung oder des Verstoßes gegen Weisungen (sog *ultra vires-Handeln*) zugerechnet (vgl Art 7 ASR). Umstritten ist lediglich, ob dies selbst dann gilt, wenn derartige Verhaltensmängel für das geschädigte Völker-

---

62 *von Arnauld* (Fn 6) Rn 1013 u 1058; siehe auch Schmitt (Hrsg), Tallinn Manual on the International Law Applicable to Cyber Warefare, 2013, 33 ff.
63 Schmitt (Fn 62) 35 ff; *von Arnauld* (Fn 6) Rn 1061 mwN.
64 Zum Ganzen auch *Shackelford*, From Nuclear War to Net War: Analogizing Cyber Attacks in International Law, BJIL 27 (2009) 193 ff; *ders/Andres*, State Responsibility for Cyber Attacks: Competing Standards for a Growing Problem, GJIL 42 (2011) 971 ff; *Krieger*, Krieg gegen Anonymus: Völkerrechtliche Regelungsmöglichkeiten bei unsicherer Zurechnung im Cyberwar, AVR 50 (2012) 1 ff; *Heintschel von Heinegg*, Cyberspace – ein völkerrechtliches Niemandsland?, in Schmidt-Radefeldt/Meissler (Hrsg), Automatisierung und Digitalisierung des Krieges, 2012, 159 ff; monographisch *Schulze* (Fn 61).
65 *Dahm/Delbrück/Wolfrum* (Fn 5) § 176 II 4.
66 Bsp bei *Verdross/Simma* (Fn 7) § 1273.
67 *Verdross/Simma* (Fn 7) § 1271; *Dahm/Delbrück/Wolfrum* (Fn 5) § 176 V 1 f.
68 Instruktiv *Schlochauer* (Fn 6) 251 f.
69 Zu Begriff und Inhalt *Focarelli*, Denial of Justice, MPEPIL III, 36 ff.
70 Dazu Art 8 ASR. Bsp bei *Ipsen* (Fn 8) § 29 Rn 16 ff; übereinstimmend *Dahm/Delbrück/Wolfrum* (Fn 5) § 177 II 2; vgl *David*, La responsabilité internationale de l'Etat après l'aff. Bosnie c/Serbie, FS Bothe, 2008, 865 ff; *Epiney*, Zur Rechtsfigur des de facto-Organs im Recht der Staatenverantwortlichkeit, FS Bothe, 2008, 883 ff.

rechtssubjekt offenkundig waren.[71] Gegen die Existenz einer solchen Ausnahme werden einzelne internationale Schiedssprüche[72] sowie u a das Argument geltend gemacht, dass die Kenntnis der Kompetenzüberschreitung idR nicht geeignet sei, den „Schaden" abzuwehren.[73] Doch ist der Nachweis der gewohnheitsrechtlichen Zurechnung auch manifester Kompetenzüberschreitungen schwer zu führen.[74]

Rechtsverletzungen, die *Privatpersonen* begehen, liegen grundsätzlich außerhalb der Staatenverantwortlichkeit. Die Staaten haben für sie nur einzustehen, wenn ihnen diesbezüglich eigenes Fehlverhalten vorgehalten werden kann.[75] Häufig wird es dabei um ein Unterlassen gehen: Der Staat hat nicht die den Umständen nach gebotene Sorgfalt *(due diligence)* aufgewendet, um private Übergriffe auf Rechte von Ausländern und fremden Staaten zu verhindern, oder er unterlässt es, die privaten Rechtsbrecher zu verfolgen und zu bestrafen.[76] Die Staatenpraxis kennt auch die positive Unterstützung und Förderung privater Unrechtstatbestände.[77] Art 8 ASR erfasst diese Fallgruppe, indem er faktisches Handeln einer Person oder Personengruppe im Auftrag oder unter Leitung bzw Kontrolle eines Staates diesem zurechnet. Der IGH hat auch im *Genocide*-Fall für die Zurechnung – nicht unproblematisch – eine effektive Kontrolle verlangt.[78] 25

Beteiligt sich ein Staat bei multilateralen Einsätzen, etwa im Rahmen der UNO oder NATO, mit Waffen oder Verwaltungspersonal, stellt sich die Frage, inwieweit Völkerrechtsverletzungen diesem oder/und der I.O. zuzurechnen sind. Stellt man auf Art 7 der von der ILC erarbeiteten Draft Articles on the Responsibility of International Organizations ab,[79] kommt es für die Zurechnung auf die effektive Kontrolle über das konkrete Verhalten vor Ort an.[80] Für den EGMR reichte in der Rechtssache Behrami u a, die sich mit dem Verhalten französischer, deutscher und norwegischer Soldaten im Kosovo zu befassen hatte, die „ultimate authority and control" des Sicherheitsrats zur *Verneinung der Zurechnung an die Entsendestaaten* aus. Verantwortlich sei allein die UNO.[81] Die Entscheidung wird mit Recht abgelehnt. Sie bietet keine brauchbaren Kriterien für die Abgrenzung der Verantwortlichkeit der Staaten von der der I.O. und weicht ohne überzeugenden Grund vom Maßstab des Art 7 ASR ab.[82] 26

---

71 Bejahend etwa *Dahm/Delbrück/Wolfrum* (Fn 5) § 176 II 2; *Verdross/Simma* (Fn 7) § 1274; *Brownlie* (Fn 8) 434 ff; vgl auch Art 10 ASR; verneinend *Ipsen* (Fn 8) § 29 Rn 28.
72 *Youmans*-Fall, RIAA IV, 110 ff; *Caire*-Fall, RIAA V, 516 ff.
73 Vgl *Verdross/Simma* (Fn 7) § 1274.
74 Dazu auch die Ausnahmen zugunsten manifester Rechtsverletzungen in Art 46 WVK u Art 46 WVKIO.
75 Zurechnung nur über Art 11 ASR. Dazu der IGH im *Teheraner Geiselnahme*-Fall, ICJ Rep 1980, 2, 30 f. Vgl auch *David* (Fn 70); *Wolfrum*, State Responsibility for Private Actors, in Ragazzi (Hrsg), International Responsibility Today, 2005, 423 ff; *Kees*, Responsibility for Private Actors, MPEPIL VIII, 959 ff.
76 Grundlegend der Schiedsspruch von Max Huber betr britisches Eigentum in Spanisch-Marokko v 1.5.1925, RIAA II, 615, 636, 642, 645 f; aus neuerer Zeit der IGH im Falle der Teheraner Geiselnahme, ICJ Rep 1980, 2, 31 f. Im Schrifttum *Verdross/Simma* (Fn 7) § 1281; *Brownlie* (Fn 26) 159 ff; *Rousseau* (Fn 26) Nr 68 ff; *Sperduti*, Responsibility of States for Activities of Private Law Persons, EPIL IV (2000) 216 ff; *Wolf* (Fn 36). Reiches Fallmaterial bei *Ipsen* (Fn 8) § 29 Rn 30 ff.
77 So bei der regierungsamtlichen Billigung der Besetzung der US-Botschaft in Teheran: IGH, ICJ Rep 1980, 2, 34. Das Urteil betrifft insofern auch die völkerrechtliche Verantwortlichkeit durch positives Tun.
78 ICJ Rep 2007, 43, 208 (para 400); für eine *overall control* demgegenüber das *Tadic*-Urteil v 2.10.1995, ILM 35 (1996), 32 (paras 120, 131, 137).
79 Mit Kommentar der ILC abrufbar unter <http://untreaty.org/ilc/texts/inmstruments/english/commentaries/9_11_2011.pdf>.
80 Eingehend zum Folgenden *von Arnauld* (Fn 6) Rn 401 ff mwN; Kriterien bei *Peters*, Die Anwendbarkeit der EMRK in Zeiten komplexer Hoheitsgewalt und das Prinzip der Grundrechtstoleranz, AVR 48 (2010) 1 (37 ff).
81 EuGRZ 2007, 522 (Ziff 146 ff).
82 *P. Klein*, Responsabilité pour les faits commis dans le cadre d'opérations de paix et étendu du pouvoir de contrôle de la Cour Européenne de Droit de l'Homme: Quelques considérations critiques sur l'arret Behrami und Saramati, AFDI 53 (2007) 43 (52 ff) mit Hinweisen auf die richterliche Selbstbeschränkung aus faktischen und politischen Gründen (vgl ebd 56 ff); *Hafner*, The ECHR Torn between the United Nations and the States: The Behrami and Saramati Case, FS Bothe, 2008, 103 ff.

27 Schwierigkeiten bereitet die Beurteilung staatlicher Verhaltensweisen, die geeignet sind, Völkerrechtsverletzungen eines *anderen* Staates zu erleichtern oder zu fördern. Gewiss gibt es Konstellationen, in denen eine Verantwortlichkeit durch „*Beihilfe*"[83] bejaht werden kann. Die Umschreibung des Beihilfetatbestands (vgl Art 16 ASR) steckt noch in den Anfängen. Sie muss vor dem Hintergrund erfolgen, dass die Staaten nach geltendem Recht generell nicht verpflichtet sind, auf fremde Völkerrechtsverletzungen zu reagieren und deshalb ihr eigenes Verhalten nicht ohne weiteres auf mögliche Beihilfehandlungen überprüfen müssen.[84]

b) Ausschluss der Staatenverantwortlichkeit

28 Ein die Staatenverantwortlichkeit begründender völkerrechtswidriger Akt liegt ausnahmsweise dann nicht vor, wenn der betroffene Staat erkennbar mit ihm *einverstanden* war (Art 20 ASR) und die Völkerrechtsverletzung sich nicht auf ius cogens- bzw erga omnes-Verpflichtungen bezog. Auch *höhere Gewalt*, die völkerrechtskonformes Verhalten unmöglich macht, desgleichen Zufallsereignisse können die Verantwortlichkeit im Einzelfall ausschließen, sofern sie unvorhersehbar, unüberwindbar und vom Staat nicht kontrollierbar sind. Eine Berufung auf höhere Gewalt ist ausgeschlossen, wenn der Staat das Ereignis selbst herbeigeführt oder doch das Risiko für dessen Eintritt erhöht hat (Art 23 ASR). Eine Berufung auf den sog *Staatsnotstand ist grundsätzlich ausgeschlossen,* es sei denn, der *Schutz lebenswichtiger Interessen des eingreifenden Staats* macht sie notwendig, wobei wesentliche Interessen anderer Staaten oder der Staatengemeinschaft nicht verletzt werden dürfen. Zudem darf die Berufung auf den Staatsnotstand nicht durch eine besondere völkerrechtliche Verpflichtung ausgeschlossen sein und der Staat nicht zur Entstehung der Notstandssituation beigetragen haben. Schließlich sind auch hier *Eingriffe in ius cogens ausgeschlossen* (vgl Art 25, 26 ASR). Die Staatenpraxis stützt die Regelung.[85] Erfasst ist auch der wirtschaftliche und finanzielle Notstand eines Staates.[86] Letzterer dürfte aber nicht zur Verweigerung der Erfüllung privatrechtlicher Zahlungsansprüche berechtigen, da es an einer völkerrechtlichen Rechtsbeziehung, die im Notstand suspendiert werden könnte, mangelt.[87]

29 Die Verantwortlichkeit kann schließlich entfallen, weil der Akt des Staats Reaktion auf einen vorausgegangenen Völkerrechtsbruch ist. In diesem Fall kann ein Staat sich an *kollektiven Zwangsmaßnahmen einer I.O.* (Rn 114 f) beteiligen, zur *Selbstverteidigung* im Rahmen der UN-Charta befugt sein[88] oder *Gegenmaßnahmen* ergreifen.

30 *Gegenmaßnahmen* bezeichnen den Fall, dass ein Völkerrechtssubjekt auf die vorangegangene Verletzung seiner Rechte reagiert und deren Schutz und Durchsetzung selbst in die Hand nimmt. Der Begriff ist aus zwei Gründen enger als der der Sanktion (Rn 108): zum einen bezeichnet er nur die einseitige Antwort eines Völkerrechtssubjekts auf eine vorangegangene Völker-

---

83 Nicht zu verwechseln mit der heute seltenen und hier nicht behandelten Verantwortlichkeit eines Staats für Völkerrechtsverletzungen von ihm rechtlich oder faktisch abhängiger anderer Staaten, dazu Art 17 ASR und *Verdross/Simma* (Fn 7) § 1286; *Klein*, Beihilfe zum Völkerrechtsdelikt, FS Schlochauer, 1981, 425 (427 f).
84 Eingehend *Klein* (Fn 83) 434, 436; monographisch jetzt *Aust*, Complicity and the Law of State Responsibility, 2011.
85 IGH im *Gabcikovo-Nagymaros*-Fall, ICJ Rep 1997, 7, 39 f (§ 51 f); eingehend *Reinisch*, Sachverständigengutachten zur Frage des Bestehens und der Wirkung des völkerrechtlichen Rechtfertigungsgrundes „Staatsnotstand", ZaöRV 68 (2008) 4 ff.
86 *Reinisch* (Fn 85) 10 ff.
87 Dazu BVerfGE 118, 124, 135 u 139 f *[Argentinische Staatsanleihen]; Reinisch* (Fn 85) 27; *Hobe*, Völkerrechtlicher Notstand im internationalen Investitionsrecht, 2011, 121 ff; krit *Schill*, Der völkerrechtliche Staatsnotstand in der Entscheidung des BVerfG zu Argentinischen Staatsanleihen: Anachronismus oder Avantgarde? ZaöRV 68 (2008) 47 ff; *von Arnauld* (Fn 6) Rn 426.
88 Vgl Art 21 u 22 ASR.

rechtsverletzung. Maßnahmen I.O., etwa der UN, sind nicht gemeint.[89] Zum anderen ist eine Gegenmaßnahme grundsätzlich selbst völkerrechtswidrig, aber als Mittel, einen völkerrechtswidrigen Zustand zu beenden, gerechtfertigt.[90]

Der Begriff der Gegenmaßnahme ist wesentlich durch die Arbeit der ILC in Anlehnung an die Friedensrepressalie geprägt worden,[91] hat aber auch Niederschlag in der internationalen Spruchpraxis gefunden.[92] Die Staatenverantwortlichkeitsresolution beschränkt den Staat, der die Gegenmaßnahmen ergreift, sowohl bzgl der *Ziele,* die er verfolgen darf, als auch bezüglich der gewählten *Mittel.* So dürfen Gegenmaßnahmen nur ergriffen werden, um den rechtswidrig handelnden Staat zu einem rechtmäßigen Handeln zu bestimmen.[93] Dabei darf nicht von fundamentalen Menschenrechten, wie sie in den UN-Menschenrechtspakten enthalten sind, oder zwingendem Völkerrecht abgewichen werden.[94] Bevor Gegenmaßnahmen ergriffen werden, muss der rechtsbrechende Staat zu völkerrechtskonformem Verhalten aufgefordert werden; geplante Gegenmaßnahmen müssen zudem angekündigt werden.[95] Und schließlich müssen Gegenmaßnahmen *verhältnismäßig* sein und dürfen nur so lange ergriffen werden, bis die völkerrechtswidrige Handlung oder der völkerrechtswidrige Zustand beendet ist.[96] Diese Einschränkungen des Rechts auf Gegenmaßnahmen dürften völkergewohnheitsrechtlich abgesichert sein. Der Form nach wird eine Gegenmaßnahme nach wie vor meist eine Repressalie darstellen (zu den Einzelproblemen der Repressalie Rn 116 ff). 31

c) Rechtsfolgen der Staatenverantwortlichkeit

Die besondere Rechtsbeziehung, die durch Verletzung des Völkerrechts entsteht (Rn 8), löst – vorbehaltlich abweichender Vereinbarungen (Rn 34) – die Pflicht des verantwortlichen Staats aus, weitere Verletzungen einzustellen und alle Folgen des rechtswidrigen Akts, soweit möglich, rückgängig zu machen *(Wiedergutmachung).*[97] Je nach den Umständen des Einzelfalls kommt die tatsächliche bzw rechtliche *Wiederherstellung des früheren Zustands* (vgl Art 35 ASR),[98] bei wertmäßig bestimmbaren Völkerrechtsverletzungen auch *Geldersatz* für solche Schäden in Betracht, die mit der Verletzung in einem adäquat-kausalen Zusammenhang stehen (vgl Art 36 ASR).[99] Ob der betroffene Staat zwischen Naturalrestitution oder Schadenersatz wählen darf oder Schadenersatz nur beansprucht werden kann, soweit eine restitutio in integrum nicht oder nicht vollständig möglich ist, wird, insbes im Fall der Verletzung des Fremdenrechts, nicht einheitlich beantwortet.[100] Bei wertmäßig nicht erfassbaren Völkerrechtsverstößen tritt an die Stelle des Schadenersatzes der *Anspruch auf Genugtuung* (vgl Art 37 ASR). Ihm wird etwa durch ausdrückliche Übernahme der Verantwortung für den Völkerrechtsverstoß, Entschuldigung, Bestra- 32

---

89 *Fiedler,* Gegenmaßnahmen, 12 f.
90 Vgl zu dieser Konstruktion Art 22 ASR.
91 Vgl *von Arnauld* (Fn 6) Rn 417; *Stein/von Buttlar,* Völkerrecht, 13. Aufl 2012, Rn 1151.
92 Schiedsspruch im *Air Service Agreement*-Fall, RIAA XVIII, 416 (§§ 81 ff); IGH im *Teheraner Geisel*-Fall, ICJ Rep 1980, 2, 28; *Nicaragua* (Merits), ICJ Rep 1986, 14, 110 (para 210).
93 Art 49 ASR.
94 Art 50 ASR. Vgl zum Ganzen *Dahm/Delbrück/Wolfrum* (Fn 5) § 188 VI 3.; *Crawford,* State Responsibility, 528 f.
95 Art 52 ASR.
96 Art 51 u 52 ASR.
97 Grundlegend StIGH im *Chorzów*-Fall (Fn 18). Zum Prinzip auch Art 34 ff ASR sowie *Brownlie* (Fn 26) 199 f; *Wolfrum,* Reparation for Internationally Wrongful Acts, EPIL IV (2000) 177 ff; *Crawford,* State Responsibility, 526 ff.
98 Zum Unterschied zur Beendigung des völkerrechtswidrigen Zustandes *Dahm/Delbrück/Wolfrum* (Fn 5) § 185; Einzelheiten mit Bsp bei *Verdross/Simma* (Fn 7) § 1295; *Tanzi,* Restitution, MPEPIL VIII, 972 ff.
99 Eingehend dazu *Riedel,* Damages, EPIL I (1992) 929 ff. Zur Entschädigungspraxis („lump-sum-agreements") *Doehring,* Völkerrecht, 2. Aufl 2004, Rn 842.
100 Auch Art 36 ASR gewährt Kompensation nur, sofern der Schaden nicht durch Restitution behoben werden kann.

fung der Verursacher oder durch die Zuerkennung einer Geld-„Buße" entsprochen. Unter Umständen genügt schon die Feststellung der Völkerrechtswidrigkeit durch ein internationales (Schieds-)Gericht.[101]

33   Der Wiedergutmachungsanspruch ist, da er aus einer Rechtsbeziehung zwischen Staaten resultiert, ein *zwischenstaatlicher* Anspruch.[102] Das bedeutet, dass er auch bei Völkerrechtsverletzungen zu Lasten natürlicher oder juristischer Personen nur von Staaten geltend gemacht werden kann. Bei Verletzung natürlicher Personen[103] steht er gewohnheitsrechtlich nur dem Staat zu, dem die Person im Zeitpunkt der Verletzung und Geltendmachung des Anspruchs angehört.[104] Bei juristischen Personen (nicht deren Gesellschafter oder Aktionäre, die wie natürliche Personen behandelt werden)[105] richtet sich die Anspruchsberechtigung danach, ob sie dem Staat nach Maßgabe seiner Rechtsordnung, zB durch ihren Sitz oder ihr Geschäftszentrum, zugeordnet werden kann.[106] In jedem Fall kann der Anspruch erst erhoben werden, wenn die natürliche oder juristische Person alle innerstaatlichen Rechtsmittel gegen die Verletzung erfolglos erschöpft hat.[107]

34   Inwieweit die vorstehend beschriebenen Rechtsfolgen und ihre selbständige Durchsetzung unter Einschaltung internationaler Gerichte und der Anwendung völkerrechtlich zulässiger Sanktionen (insbes Repressalien)[108] gegenüber *spezielleren Regeln* zurücktreten, ist bislang kaum geklärt. So kann man zwar davon ausgehen, dass die Parteien, soweit sie dabei nicht gegen die UN-Charta oder ius cogens verstoßen, besondere Rechtsfolgen für völkerrechtswidrige Akte festlegen dürfen.[109] Entsprechende Regelungen enthalten bspw das *Übereinkommen über die völkerrechtliche Haftung für Schäden durch Weltraumgegenstände,*[110] die *Vereinbarung über Regeln und Verfahren zur Beilegung von Streitigkeiten* (Art 23)[111] und das *UN-Seerechtsübereinkommen*[112] in Art 139. Die Feststellung der grundsätzlichen Zulässigkeit spezieller Regelungen trägt aber wenig zu der viel schwierigeren Frage bei, in welchem Verhältnis die allgemeinen Regeln der Staatenverantwortlichkeit zu besonderen Rechtsschutz- und Sanktionssystemen stehen, wie sie etwa im Menschenrechtsschutz sowie im Diplomaten- und Konsularrecht[113] existieren. Sind diese abschließend („self-contained"), oder bleibt der Rückgriff auf die allgemeinen Regeln unter bestimmten Voraussetzungen zulässig, bspw wenn das Sonderregime unvollständig oder ineffizient ist? Ob eine für den „Regelfall" durch Auslegung ermittelte Exklusivität des Sonderregimes in jeder zwischenstaatlichen Konstellation standhält, erscheint durchaus ungewiss.[114]

---

101 Vgl *Verdross/Simma* (Fn 7) § 1299; *Hoss*, Satisfaction, MPEPIL IX, 25 ff. Zur gerichtlichen Genugtuung IGH im *Korfu-Kanal*-Fall, ICJ Rep 1949, 35 f.
102 Vgl *Verdross/Simma* (Fn 7) § 1304.
103 Dazu O. *Dörr*, Völkerrechtliche Deliktsansprüche Privater, FS E. Klein, 2013, 765 ff.
104 Grundlegend StIGH im Fall der *Mavrommatis-Konzessionen*, Ser A, No 2, 12 ff. Auf Schiffen ist der Anspruch des Flaggenstaats unabhängig von der Nationalität, vgl *M/V-Saiga*-Fall des ISGH, ITLOS Rep 2007, 4, § 105.
105 Grundlegend: IGH im *Barcelona-Traction*-Fall, ICJ Rep 1970, 3, 42.
106 Zu Ausnahmen *Verdross/Simma* (Fn 7) § 1304.
107 Vgl *Crawford/Grant*, Local Remedies, Exhaustion of, MPEPIL VII, 895 ff.
108 Dazu *Zemanek* (Fn 1) 370 f.
109 Vgl *Verdross/Simma* (Fn 7) § 1309.
110 BGBl 1975 II, 1210; Sart II Nr 396.
111 BGBl 1994 II, 1749; Sart II Nr 515. Die Vereinbarung gilt für die in Anlage 1 der Vereinbarung genannten Handelsabkommen, vor allem das WTO-Übereinkommen.
112 BGBl 1994 II, 1799; Sart II Nr 350.
113 Für abschließenden Charakter IGH im *Teheraner Geisel*-Fall, ICJ Rep 1980, 2, 40.
114 Dazu *E. Klein*, Self-Contained Regime, MPEPIL IX, 97; vgl auch die skeptischen Bemerkungen bei *von Arnauld* (Fn 6) Rn 416.

4. Die Verantwortlichkeit Internationaler Organisationen
a) Praktische Bedeutung
Anzahl und Gewicht I.O. nehmen seit 1945 ständig zu. Angesichts damit einhergehender Zustän- 35
digkeitsverlagerungen gewinnt die Frage wachsende Bedeutung, unter welchen Voraussetzungen I.O. für von ihnen begangene Völkerrechtsverletzungen einzustehen haben und welche Regeln für den Fall gelten, dass I.O. selbst Opfer solcher Verletzungen werden. Ihre Relevanz ist freilich im Vergleich zur Staatenverantwortlichkeit nach wie vor geringer. Der Grund liegt darin, dass der Aufgabenbereich I.O. erheblich enger ist als der der Staaten und nicht die gleiche „Verletzungsanfälligkeit" aufweist, weil gebiets- und personenbezogene Pflichten regelmäßig nicht zu ihm gehören.[115] Ausdrückliche Bestimmungen im Völkervertragsrecht sind selten,[116] die Präjudizien spärlich.[117] Im Dezember 2001 hat die Generalversammlung der ILC den Auftrag erteilt,[118] sich nach dem Abschluss der Arbeiten über die Staatenverantwortlichkeit mit dem Regime der Verantwortlichkeit I.O. zu beschäftigen. Ihren Abschlussbericht, der 67 Artikel umfasst,[119] legte die ILC der Generalversammlung 2011 vor. Er wurde am 9.12.2011 angenommen.[120]

b) Einschlägige Regeln
Im Grundsatz stimmt das rechtliche Konzept der Verantwortlichkeit I.O. mit dem bei Staaten 36
überein. Dies zeigt auch die weitreichende Übereinstimmung der von der ILC angenommenen Regeln zu den I.O. mit den Bestimmungen in der Staatenverantwortlichkeitsresolution.[121] Doch gibt es *Besonderheiten*, die, weil verlässliche Anhaltspunkte der Praxis fehlen, im vergleichsweise spärlichen Schrifttum[122] umstritten sind. Eine der Kontroversen betrifft die Frage, ob die *Verantwortlichkeit für Völkerrechtsverletzungen* (über den Sonderfall der UN hinaus) bei allen I.O. ohne weiteres aus der völkerrechtlichen Rechts- und Handlungsfähigkeit abzuleiten ist oder von einer konstitutiven Anerkennung der Organisation abhängt. Für ersteres spricht, dass die Verantwortlichkeit die „Kehrseite" der Rechts- und Handlungsfähigkeit ist[123] und die Mitgliedstaaten mit der Konstituierung einer I.O. dieser idR auch die nach Völkerrecht übliche selbständige Rechtsstellung verschaffen wollen. Unter dem besonderen Blickwinkel der *Haftung* entsteht Drittstaaten daraus kein Nachteil, soweit die subsidiäre Verantwortlichkeit der Mitgliedstaaten (Rn 37) unberührt bleibt.[124] Freilich kann darin eine unerwünschte indirekte Anerkennung der Rechtsfähigkeit der I.O. liegen. Für diesen Fall bleibt nur die Inanspruchnahme der Mitgliedstaaten. Ist die I.O. *Opfer einer Völkerrechtsverletzung*, kann sie die Verantwortlichkeit selbst geltend machen.[125] Ein Klagerecht vor dem IGH steht ihr im Hinblick auf Art 34 IGH-Statut allerdings nicht zu. Doch kann

---
115 *Ipsen* (Fn 8) § 30 Rn 9.
116 Vgl Art VI Weltraumvertrag v 27.1.1967; Art XXII Abs 3 Weltraumhaftungsvertrag v 29.3.1972; Art 263 SRÜ.
117 Sie bezogen sich in der Vergangenheit nur auf die UN, vgl IGH im *Bernadotte*-Fall, ICJ Rep 1949, 174 bzw, bzgl der Wiedergutmachung von Friedenstruppen im Kongo verursachter Schäden, ICJ Rep 1963, 150. Dazu auch die Note des Generalsekretärs zum UN-Abkommen über die Entschädigung belgischer Staatsangehöriger im Kongo, abgedr bei *Meng*, Internationale Organisationen im völkerrechtlichen Deliktsrecht, ZaöRV 45 (1985) 324 (329). Zur Zurechnung von Völkerrechtsverletzungen, die von Friedenstruppen begangen werden, vgl *Ipsen* (Fn 8) § 29 Rn 21.
118 GA (Res) 56/82 v 12.12.2001.
119 Fundstelle: Fn 79.
120 UN Doc A/Res/&66/100.
121 Dazu ILC Kommentar (Fn 79) Ziff 3 f.
122 *Hartwig*, International Organisations, Responsibility and Liability, MPEPIL VI, 64 ff; *Meng* (Fn 117); *Ruffert/Walter*, Institutionalisiertes Völkerrecht, 2. Aufl 2015, § 7.
123 *Ruffert/Walter* (Fn 122) Rn 215; s a Art 2 (a) Draft Articles mit Kommentar (Fn 79).
124 Übereinstimmend *Hoffmann*, Der Durchgriff auf die Mitgliedstaaten internationaler Organisationen für deren Schulden, NJW 1988, 585 (586); *Ruffert/Walter* (Fn 122) Rn 230. Für die gegenteilige Ansicht *Meng* (Fn 117) 328.
125 IGH im *Bernadotte*-Fall, ICJ Rep 1949, 174, 184; vgl auch Art 43 Draft Articles; verallgemeinernd *Ipsen* (Fn 8) § 30 Rn 6 ff; *Meng* (Fn 117) 344; *von Arnauld* (Fn 6) Rn 377.

sie den Anspruch mit Gegenmaßnahmen durchsetzen.[126] Weil die Rechtsfolgen bei Verletzung von erga omnes-Verpflichtungen im allgemeinen Völkerrecht noch strittig sind (Rn 16 ff), bestehen demgegenüber Zweifel, ob I.O. – von Sonderfällen wie dem der UNO abgesehen – generell befugt sind, ihre Mitgliedstaaten ohne eigene Betroffenheit im Falle der Verletzung solcher Pflichten durch Drittstaaten zu unterstützen.[127] Nur organisationsspezifisch wird auch die Berechtigung einer I.O. zu bejahen sein, Völkerrechtsverletzungen zugunsten von Privatpersonen geltend zu machen. Vorstellbar ist dies etwa für den Fall, dass ein Drittstaat einen von ihm mit der I.O. abgeschlossenen Vertrag verletzt und dieser Vertrag subjektive private Rechte begründet.[128]

37   Zu den besonderen Problemfeldern der Verantwortlichkeit I.O. gehören die Voraussetzungen, unter denen die Mitgliedstaaten gegenüber Drittstaaten für Pflichtverletzungen einer I.O. einstehen müssen. Eine *generelle Komplementärhaftung neben der Organisation* lässt sich in der Rechtsüberzeugung der Staaten *nicht nachweisen*.[129] Subsidiär kann die Verantwortlichkeit lediglich für den Fall eintreten, dass die I.O. von den Mitgliedstaaten nicht mit ausreichenden Haftungsmitteln ausgestattet oder bei ultra vires-Handeln nicht genügend kontrolliert wurde. Insoweit liegen eigene Pflichtverletzungen der Mitgliedstaaten vor.[130]

III. Völkerstrafrecht

1. Das Konzept
a) Begriff und Kriterien

38   Das Völkerstrafrecht rechnet zu den Materien des Völkerrechts, deren Entwicklung sich im letzten Jahrzehnt stark beschleunigt hat. Es erfasst *Verstöße von Individuen gegen das Völkerrecht*, die mit Strafsanktionen belegt werden sollen. Dieser Ausgangspunkt ermöglicht eine eindeutige Abgrenzung zur internationalen Verantwortlichkeit sowohl unter dem Gesichtspunkt des „haftenden" Subjekts wie der Rechtsfolgen. Andererseits ist dadurch nicht ausgeschlossen, dass Sachverhalte, die eine Verantwortlichkeit von Staaten oder I.O. auslösen, zugleich Gegenstand der individuellen strafrechtlichen Verantwortlichkeit der handelnden Personen werden, zumal die Tatbestände des Völkerstrafrechts Berührungspunkte mit den internationalen Delikten iSd Staatenverantwortlichkeit aufweisen.[131] Funktionell betrachtet vermag ein effizientes Völkerstrafrecht das Sanktionssystem für Völkerrechtsverletzungen zu verfeinern. Diese Aufgabe kommt ihm insbes dann zu, wenn die Inanspruchnahme eines Staats faktisch nicht durchsetzbar und/oder wenig adäquat wäre, weil letztlich nicht der Staat bzw sein Volk als ganzes, sondern – spezifischer – die politische oder militärische Führung für schwere Völkerrechtsbrüche persönlich verantwortlich ist oder diese staatlich gefördert hat.[132]

39   Uneinheitlich ist die Terminologie.[133] Neben der Bezeichnung „Völkerstrafrecht" finden sich die Begriffe „internationales Strafrecht"[134] (international criminal law; droit pénal international),

---

126 Dazu vgl Art 51 ff Draft Articles.
127 Hierzu vgl Art 14 Draft Articles mit Kommentar; *Meng* (Fn 117) 350 f.
128 So für die EU *Groux/Manin*, Die Europäischen Gemeinschaften in der Völkerrechtsordnung, 1984, 151 f.
129 Eingehende Diskussion zu Art 62 Draft Articles im Kommentar der ILC (Fn 79); ferner *Ruffert/Walter* (Fn 122) Rn 230; aA etwa *Meng* (Fn 117) 332 ff; *Hoffmann* (Fn 124).
130 Vgl *Meng* (Fn 117) 342 f. S auch *Wenckstern*, Die Haftung der Mitgliedstaaten für internationale Organisationen, RabelsZ 61 (1997) 93 ff.
131 Dazu Art 5 ff des Statuts des IStGH (Sart II, Nr 35), das nach seinem Art 25 Abs 4 die Staatenverantwortlichkeit ausdrücklich unberührt lässt.
132 *Oeter*, Kriegsverbrechen in den Konflikten um das Erbe Jugoslawiens, ZaöRV 53 (1993) 1 (4); *Dupuy*, in Cassese/Gaeta/Jones (Hrsg), The Rome Statute of the International Criminal Court, 2002, 1085 ff.
133 *Kreß*, International Criminal Law, MPEPIL V, 717 (720).
134 So zB *Oehler*, Internationales Strafrecht, 2. Aufl 1983, Rn 995 ff; *Dahm/Delbrück/Wolfrum* (Fn 5) § 189.

„Verbrechen gegen das Völkerrecht" (crimes against the law of nations)[135] oder „international crimes".[136] Hinter der uneinheitlichen Terminologie verbirgt sich ein weiteres und engeres Begriffsverständnis.

Im *weiteren* Sinne umfasst das Völkerstrafrecht diejenigen Delikte, die „nach Herkommen 40 und besonderen Abmachungen juristisch derart bestimmt sind, dass sie sich gegen Rechtsgüter richten, an deren Erhaltung die Menschheit ein allgemeines Interesse hat".[137] Unerheblich ist danach, ob die Strafbarkeit nur durch Vermittlung der staatlichen Gesetzgebung, also die Übernahme der Delikte in nationales Recht, oder bereits unmittelbar durch das Völkerrecht begründet wird. Deshalb gehören zum Völkerstrafrecht alle auf das Völkerrecht zurückführbaren Straftatbestände gegen internationale Interessen, sei es, dass sie nur verfolgt werden können, wenn zuvor entsprechende nationale Straftatbestände geschaffen worden sind – insbes Verträge können dazu verpflichten –, sei es, dass die Verfolgbarkeit unabhängig von staatlicher Gesetzgebung und Strafbereitschaft bereits *unmittelbar* durch Völkerrecht begründet wird.[138]

Nach dem *engeren* Begriffsverständnis wären nur die zuletzt genannten Delikte Gegenstand 41 des (materiellen) Völkerstrafrechts und der unmittelbare strafrechtliche Durchgriff auf das Individuum mit Entscheidungszuständigkeit eines internationalen (Straf-)Gerichts ein konstitutives Merkmal des Völkerstrafrechts.[139] Von nachkriegsbedingten Sonderfällen (Rn 44, 47) abgesehen, könnte dann praktisch kein Völkerstrafrecht entstehen. Nach wie vor bestehen nämlich viele Staaten auch bei Straftaten gegen Rechtsgüter der internationalen Gemeinschaft grundsätzlich auf ihrer aus der Gebiets- und Personalhoheit abgeleiteten Primärzuständigkeit für die Verfolgung und Aburteilung und akzeptieren nur, dass diese Zuständigkeit unter genau geregelten Voraussetzungen auf eine internationale Gerichtsinstanz übergeht.[140] Das Völkerstrafrecht ist deshalb *auf staatliche Operationalisierung und Ergänzung angewiesen* und kann nicht völkerrechtsunmittelbar wirksam werden.[141] Vielmehr muss es, wie im Völkerstrafgesetzbuch der BR Deutschland beispielgebend geschehen, für die Organe der Strafrechtspflege in Abstimmung mit dem allgemeinen Strafrecht anwendbar gemacht werden.[142] Soweit internationale Gerichte zuständig sind, muss die Zusammenarbeit mit ihnen geregelt werden.[143]

Auf der Grundlage des vorstehend entwickelten Ansatzes lassen sich die *wesentlichen Krite-* 42 *rien des Völkerstrafrechts* angeben:[144]
1. Die Strafbarkeit muss ihre Grundlage in der Verletzung völkerrechtlich geschützter Rechtsgüter haben.

---

135 *Schindler*, Crimes Against the Law of Nations, EPIL I (1992) 875 ff.
136 Etwa *Jescheck*, International Crimes, EPIL II (1995) 1119 f; *Green*, International Crimes and the Legal Process, ICLQ 29 (1980) 567 ff; *Schabas*, An Introduction to the International Criminal Court, 3. Aufl 2007, 82 ff.
137 Vgl *Oehler* (Fn 134) Rn 3, 395 mit Aufzählung in Rn 1004; *Green* (Fn 136) 568 f.
138 Näher zu dieser Systematisierung *Schindler* (Fn 135).
139 *Jescheck* (Fn 136) 1120; *Vogler*, Völkerstrafrecht, in Staatslexikon der Görres-Gesellschaft, 7. Aufl 1989, Sp 788 f; *Roggemann*, Der internationale Strafgerichtshof der Vereinten Nationen, 1994, 53, 59 spricht insoweit von einem „supranationalen Individualstrafrecht".
140 *Kreß*, Vorbemerkungen zu dem Römischen Statut des Internationalen Strafgerichtshofs, in Grützner/Pötz/Kreß (Hrsg), Internationaler Rechtshilfeverkehr in Strafsachen, Bd 6, 2003, Rn 22 ff; *Fischer*, International and National Prosecution of Crimes under International Law, 2001.
141 *Dahm/Delbrück/Wolfrum* (Fn 5) § 189 I. 2; *von Arnauld* (Fn 6) Rn 1279.
142 VStGB v 21.6.2002 (BGBl 2002 I, 2254); vgl *Lüder/Vormbaum*, Materialien zum Völkerstrafgesetzbuch, 2002. Kommentierung in Münchener Kommentar, Bd 8, 2. Aufl 2013.
143 Gesetz über die Zusammenarbeit mit dem Internationalen Strafgerichtshof (BGBl 2002 I, 2144); vgl auch *Kreß*, Römisches Statut des Internationalen Strafgerichtshofs, in Grützner/Pötz/Kreß (Fn 140) Rn 373; *Meißner*, Die Zusammenarbeit mit dem internationalen Strafgerichtshof nach dem Römischen Statut, 2003.
144 Ansätze zum Folgenden bei *Jescheck* (Fn 136); *Niehoff*, Die von internationalen Strafgerichtshöfen anwendbaren Normen des Völkerstrafrechts, 1999; s auch *Kreß* (Fn 133) 721.

2. Aus der Sicht der Staaten wie betroffener Individuen bedarf es einer klaren Bestimmung und Abgrenzung der Verantwortlichkeit nach Völkerstrafrecht und der staatlichen Strafgewalt, die aus der Gebiets- und Personalhoheit resultiert und mit der internationalen Verantwortlichkeit des Einzelnen konkurrieren oder womöglich von dieser überlagert werden kann (Rn 47 u 52).
3. Über die einzelnen Delikte bzw Verbrechen muss in der Staatengemeinschaft ein breiter Konsens bestehen, der seinen Ausdruck in gewohnheitsrechtlich oder vertraglich fixierten Straftatbeständen gefunden hat (Rn 51).
4. Da die Umschreibung strafwürdiger Tatbestände noch keine abschließende Beurteilung der Strafbarkeit in concreto ermöglicht, wird sich der Konsens auch auf die allgemeinen Voraussetzungen der Strafbarkeit, insbes auf die Geltung des Grundsatzes „nulla poena sine lege", die Kriterien der Rechtswidrigkeit und Schuld sowie die Beteiligungsformen zu beziehen haben (Rn 51/53).
5. Bei der Zuständigkeit eines internationalen Gerichts ist ein besonderes internationales Verfahrensrecht erforderlich (Rn 57).[145] Entspricht das rechtliche Erscheinungsbild diesen Kriterien, lassen sich durchgreifende rechtsphilosophische oder -theoretische Bedenken gegen die Legitimation des Völkerstrafrechts nicht erheben.[146]

b) Inhaltlicher Bezug zu Frieden und Sicherheit der Menschheit

43 Die Entwicklung des (materiellen) Völkerstrafrechts steht seit jeher in einem engen Bezug zu Frieden und Sicherheit der Menschheit. Hieran hat sich bis heute nichts Wesentliches geändert. Allenfalls lassen sich verstärkende Anstöße ausmachen. Sie liegen in der Ausbildung zwingender, jedenfalls erga omnes wirkender völkerrechtlicher Normen und im Menschenrechtsschutz.[147]

44 Schon die Ächtung der *Piraterie auf hoher See,* die lange über das vertragliche Seerecht (Art 100 ff SRÜ) zurückreichende Wurzeln hat, lässt den Bezug zu einer völkerrechtswidrigen Gewaltanwendung erkennen. Die Staatengemeinschaft missbilligt eine irreguläre, kriegsähnliche Handlung, die die internationale Sicherheit (auf See) bedroht.[148] Vergleichbare Motive[149] liegen der *Verurteilung Napoleons durch die alliierten Mächte* auf dem Wiener Kongress im Jahre 1815 zugrunde. Napoleon hatte sich außerhalb der Gesetze gestellt und sich als Feind und Störer der Ruhe der Welt der öffentlichen Vergeltung ausgesetzt. Ein Jh später bestimmten die *Kriegsschuldfrage und die Verletzung elementarer Grundsätze humaner Kriegsführung* Aussagen zur individuellen Verantwortlichkeit vor der Staatengemeinschaft. Art 227 des Versailler Friedensvertrags sah vor, dass gegen Kaiser Wilhelm II Anklage vor einem internationalen Gericht wegen schwerwiegender Verletzungen der internationalen Moral und der Unverletzlichkeit der Verträge erhoben werden sollte und die Niederlande die Auslieferung bewilligen sollten. Dazu ist es aller-

---

145 Vgl dazu die am 30.6.2002 beschlossenen Beweis- und Verfahrensregeln des IStGH, Rules of Procedure and Evidence, Finalized Draft Text of the Rules of Procedure and Evidence, UN Doc PCNICC/2000/NF/3/Add.3, abgedr bei *Cassese/Gaeta/Jones*, The Rome Statute of the International Criminal Court, Materials, Bd 3, 2002.
146 Dazu *Ambos*, Internationales Strafrecht, § 5 Rn 3 mit umfangr Nachw; *Kreß* (Fn 133) 722.
147 *Werle*, Menschenrechtsschutz durch Völkerstrafrecht, ZStW 109 (1997) 808 (821 ff); *Sadat*, The International Criminal Court and the Transformation of International Law, 2002, 269 ff; *Aquaviva/Pocar*, Crimes against Humanity, MPEPIL IV, 855 ff; siehe auch *Fastenrath*, Möglichkeiten und Grenzen repressiven Menschenrechtsschutzes der weltweiten Strafverfolgung, in Schorlemer (Hrsg), Praxishandbuch UNO, 2003, 369 ff.
148 Dazu *Shearer*, Piracy, MPEPIL VIII, 320 ff; zu den Problemen der Strafverfolgung auf der Grundlage des Weltrechtsprinzips vgl die Hinweise bei *von Arnauld* (Fn 6) Rn 818.
149 Zum Folgenden näher *Oehler* (Fn 134) Rn 1007 ff; instruktiv auch *Baade*, Individual Responsibility, in: Black/Falk (Hrsg), The Future of the International Legal Order, Bd 4, 1972, 291 (295 ff). Die im Text erwähnte Ächtung Napoleons ist abgedr in *Ploetz*, Konferenzen und Verträge, Teil II, 1958, 256 f.

dings ebenso wenig gekommen wie zur Aburteilung der für Kriegsgräuel an der armenischen Bevölkerung verantwortlichen Personen nach Art 230 des (nicht ratifizierten) Friedensvertrags von Sèvres mit der Türkei v 10.8.1920. Der eigentliche Aufschwung des Völkerstrafrechts begann nach dem Zweiten Weltkrieg mit der Verfolgung und Verurteilung der Hauptkriegsverbrecher durch die internationalen Militärtribunale von Nürnberg und Tokio 1945–1948. Grundlage waren Verbrechen gegen den Frieden (Planung, Vorbereitung, Einleitung oder Durchführung eines Angriffskriegs), Verletzungen der Kriegsgesetze und -gebräuche sowie Verbrechen gegen die Menschlichkeit (Mord, Ausrottung, Deportationen oder andere unmenschliche Handlungen, die während des Kriegs an der Zivilbevölkerung begangen wurden, sowie damit im Zusammenhang stehende rassische, politische oder religiöse Verfolgungen).[150] Vergleichbare Tatbestände finden sich in den Statuten des Internationalen Tribunals über Kriegsverbrechen im ehemaligen Jugoslawien und des Internationalen Tribunals für Ruanda (Rn 47) wieder, die 1993 bzw 1994 vom Sicherheitsrat auf der Grundlage von Kap VII der UN-Charta errichtet wurden. Sie bestätigen nicht nur den Zusammenhang des Völkerstrafrechts mit Frieden und internationaler Sicherheit, sondern auch, dass die Entwicklung dieser Materie entscheidend von den weltpolitischen Gegebenheiten bestimmt wird: Die Staatengemeinschaft muss prinzipiell bereit sein, für schwerwiegende Verletzungen des Völkerrechts Straftatbestände zu schaffen und einem internationalen Gericht zur Aburteilung zu übertragen. Diese Bereitschaft bestand zwischen den Siegermächten des Zweiten Weltkriegs; nach der weltpolitischen Wende 1989/90 hat sie sich erneut eingestellt und die erwähnten Maßnahmen des Sicherheitsrats ermöglicht. Jüngstes Ergebnis ist das von der strafrechtlichen Bewältigung konkreter Konfliktherde gelöste Statut (von Rom) des Internationalen Strafgerichtshofs (IStGH). Es greift erneut die in Nürnberg und Tokio angewandten Tatbestände auf und entwickelt sie weiter (Rn 51f). Noch darüber hinausgehende Bestrebungen, etwa der Kriminalisierung der Annexion und Interventionen, des Kolonialismus und der Apartheid oder erheblicher Umweltschäden,[151] unterstreichen neuere Erfahrungen, nach denen friedensbedrohende und unmenschliche Verhaltensweisen nicht an Krieg und Kriegshandeln gebunden sind.

Der spezifische Inhalt des (materiellen) Völkerstrafrechts lässt sich danach so charakterisieren: Es geht um die Kriminalisierung gravierender Verstöße gegen das friedliche, insbes gewalt- und aggressionsfreie Zusammenleben der Staaten und Völker sowie gegen elementare Standards für eine menschenwürdige Behandlung und ein menschenwürdiges Dasein. Das ist kein Zufall. Strafwürdig erscheint der „Angriff" auf elementare Grundlagen des gegenwärtigen Völkerrechts.[152]

45

Völkerstrafrecht in dem hier zugrunde gelegten Sinne gibt es gewohnheitsrechtlich am ehesten für Verstöße gegen das Kriegsrecht,[153] obschon auch diesbezüglich nach 1945 in der Staatspraxis dem nationalen Strafrecht der Vorzug gegeben wurde.[154] Bestrebungen für eine *umfassende* Kodifikation setzten frühzeitig ein, haben aber erst 1998 zu einem Vertragswerk ge-

46

---

150 Vgl Art 6 des Statuts des IMT von Nürnberg; Text mit systematischer Aufbereitung der dreizehn Nürnberger Militärtribunale in *Heinze/Schilling*, Die Rechtsprechung der Nürnberger Urteile, 1952; s auch *Jescheck*, War Crimes, EPIL IV (2000) 1349 ff; *Ahlbrecht*, Geschichte der völkerrechtlichen Strafgerichtsbarkeit im 20. Jahrhundert, 1999.
151 Dazu die Aufzählung der Tatbestände in YBILC 1984 II/1, 100. Zu möglichen weiteren Straftatbeständen *Robinson*, in Cassese/Gaeta/Jones (Fn 132) 497 ff. Zum Umweltschutz vgl *Reichart*, Umweltschutz durch völkerrechtliches Strafrecht, 1999, 526 ff.
152 Dazu YBILC 1987 II/2, 13 (Kommentar zu Art 1 Draft Articles of the Draft Code of Crimes against the Peace and Security of Mankind): "It was generally agreed that crimes against the peace and security of mankind had certain specific characteristics. In particular, there seemed to be unanimity on the criterion of seriousness. These are crimes which affect the very foundations of the human society."
153 Allgemein zum Problem gewohnheitsrechtlicher Tatbestände im Völkerstrafrecht: *Ambos*, Internationales Strafrecht, § 5 Rn 6 f; *von Arnauld* (Fn 6) Rn 1288, 1313 f.
154 Vgl *Ipsen* (Fn 8) § 31 Rn 26; *Komarow*, Individual Responsibility and International Law: The Nuremberg Principles in Domestic Legal Systems, ICLQ 29 (1980) 26 ff; *Tomuschat*, YBILC 1988/I, 77 (para 5 f).

führt, dem *Statut (von Rom) des Internationalen Strafgerichtshofs*.[155] Zunächst hat die UN-Generalversammlung in zahlreichen Resolutionen unter Bezugnahme auf die Rechtsprechung des Nürnberger Militärgerichtshofs Prinzipien über die Bestrafung von Kriegsverbrechen und Verbrechen gegen die Menschlichkeit bekräftigt und zu ihrer Ausformulierung in einem Kodex aufgefordert. Im gleichen Zusammenhang ist wiederholt die Forderung nach einem internationalen Strafgerichtshof erhoben worden.[156] Die Arbeiten der ILC, die mit der Ausformulierung des Kodex betraut wurde, sind jedoch erst 1996 mit der Verabschiedung des „Draft Code of Crimes against the Peace and Security of Mankind" zu einem vorläufigen Abschluss gekommen.[157] Ergänzt wurden sie durch den seit 1992 im Auftrag der UN-Generalversammlung erstellten Vorschlag für einen internationalen Strafgerichtshof.[158] Beides mündete in den Entwurf des Statuts für einen Internationalen Strafgerichtshof *(International Criminal Court – ICC)*. Er geht auf einen Vorbereitungsausschuss zurück, den die UN-Generalversammlung Ende 1995 mit dem Ziel der Einberufung einer Staatenkonferenz eingesetzt hatte. Die Konferenz fand vom 15.6.–17.7.1998 in Rom statt.[159] Das Statut trat nach der Ratifikation durch 60 Unterzeichnerstaaten (Art 126 Abs 1) am 1.7.2002 in Kraft. Am 31.12.2014 hatten 122 Staaten das Statut ratifiziert, darunter alle Mitgliedstaaten der EU.[160] Mit Wirkung v 1.4.2015 ist Palästina als „beobachtender Nichtmitgliedstaat" hinzugekommen.[161]

47   Beschleunigt wurde der Weg zum Rom-Statut durch den zweimaligen *ad hoc-Einsatz* des Völkerstrafrechts *im Rahmen friedenssichernder Maßnahmen* der UN. So verdankt das „International Tribunal for the Prosecution of Persons Responsible for Serious Violations of International Humanitarian Law Committed in the Territory of the Former Yugoslavia" (ICTY) Errichtung und Statut[162] den Resolutionen des Sicherheitsrats 808 u 827 (1993). Entsprechendes gilt für das Ende 1994 nach dem Vorbild des Jugoslawien-Tribunals und als dessen „Zwillingsgericht" durch Resolution 955 errichtete „International Tribunal for Rwanda" (ICTR).[163] Möglich waren diese Maßnahmen auf der Grundlage von Kap VII, insbes Art 41 der UN-Charta,[164] unter der Voraussetzung, dass ihre Friedenseignung in einem internationalen Konflikt bejaht und der Einwand

---

155 Zur Geschichte der Verhandlungen Cassese/Gaeta/Jones (Fn 132) 24 ff.
156 S insbes Res 95 (I) u 96 (I) v 11.12.1946; 177 (II) v 21.11.1947; 260 (III) v 9.12.1948; 488 (V) u 489 (V) v 12.12.1950; 687 (VII) v 5.12.1952; 897 u 898 (IX) v 4.12.1954; 1186 u 1187 (XII) v 11.12.1957; 2338 (XXII) v 18.12.1967; 2391 (XXIII) v 26.11.1968 u 2392 (XXIII) v 18.11.1968; 2583 (XXIV) v 15.12.1969; 2712 u 2713 (XXV) v 15.12.1970; 2840 (XXVI) v 18.12.1971; 3074 (XXVIII) v 3.12.1973.
157 Dazu *Bassiouni*, Commentaries on the International Law Commission's 1991 Draft Code of Crimes against the Peace and Security of Mankind, 1993; *Crawford*, in Cassese/Gaeta/Jones (Fn 132) 23 ff; *Schabas* (Fn 136) 9 f.
158 ILM 33 (1994) 253 ff; dazu die Berichte der 1992 in der ILC eingerichteten Working Group on the Question of an International Criminal Jurisdiction, beginnend mit UN GAOR 47th Sess, Suppl No 10 (A/47/10); vgl auch *Ferencz*, An International Criminal Code and Court, Colum J Transnat'l L 30 (1992) 375 ff; *Simbeye*, Internationalised Criminal Court and Tribunals, Int'l L FORUM 4 (2002) 82 ff; *Schlunck u Kaul*, in Fischer/Lüder (Hrsg), Völkerrechtliche Verbrechen vor dem Jugoslawien-Tribunal, nationalen Gerichten und dem Internationalen Strafgerichtshof, 1999, 151 ff u 177 ff. Instruktiv zur verworrenen Entstehungsgeschichte *Cassese*, in Cassese/Gaeta/Jones (Fn 132) 3 ff; *Sadat* (Fn 147) 21; *Schabas* (Fn 136) 13 ff.
159 *Kaul*, Das Römische Statut des Internationalen Gerichtshofs, 1999; *Kirsch/Holmes*, The Rome Conference on an International Criminal Court, AJIL 93 (1999) 2 ff; *Zimmermann*, Strafgerichtshof. Zu den vorbereitenden Tagungen *Bos*, in Cassese/Gaeta/Jones (Fn 132) 35 ff.
160 Aktueller Stand unter <http://www.icc-cpi.int/Menus/ASP/states+parties/>.
161 Dazu A/Res/67/19 v 29.11.2012. Instruktiv zur unterschiedlichen Einschätzung der künftigen Zuständigkeit des ISGH im Hinblick auf die prekäre Staatlichkeit Palästinas *Bubrowski*, Ist Palästina ein Staat?, FAZ v 2.3.2015, 8; *Stegmüller*, Palästinas Aufnahme als „Mitgliedstaat" des Internationalen Strafgerichtshofs, ZaöVR 75 (2015) 435 ff.
162 Dt Text des Statuts in VN 41 (1993) 156 ff; näher *Pocar*, International Criminal Tribunal for Former Yugoslavia, MPEPIL V, 746 ff.
163 Text des Statuts: ILM 33 (1994) 1598 ff; näher *Pocar*, International Criminal Tribunal for Rwanda, MPEPIL V, 732 ff.
164 UN Doc S 7/25704 v 3.5.1993; dt: EA 49 (1994) D 89. Vgl auch neuerdings die am Veto Russlands gescheiterte Einsetzung eines Sondertribunals zur Aufklärung des Flugzeugabsturzes in der Ostukraine.

zurückgewiesen wurde, die Strafgewalt dürfe den Staaten nicht ohne (vertraglichen) Konsens entzogen werden. Obschon nicht unstrittig, lässt sich zugunsten der Resolutionen anführen, dass die Bestrafung im genannten Umfang ein Beitrag zur Herstellung eines gerechten Friedens zwischen den Konfliktparteien ist und darüber hinaus abschreckend auf künftige Täter wirken kann. Souveränitätsbedenken können unter Hinweis darauf entkräftet werden, dass die abzuurteilenden Straftaten ohnehin infolge des sog Weltrechtsprinzips (§ 6 StGB) und ihres Charakters als erga omnes-Verpflichtungen (Rn 16, 95, 118) nicht mehr zum ausschließlichen Kernbereich staatlicher Zuständigkeit rechnen.[165] Die Berufungskammer des Jugoslawientribunals selbst hat die Kompetenz des Sicherheitsrats, durch Einrichtung eines völkerstrafrechtlichen Gerichts als Unterorgan friedenssichernd tätig zu werden, im Zwischenurteil zum Tadić-Verfahren bejaht.[166] Das ist insofern bemerkenswert, als die Beurteilung der Völkerrechtskonformität einer Maßnahme nach Kap VII nicht durch den IGH – schon dies ist problematisch –, sondern durch ein vom Sicherheitsrat selbst eingesetztes Organ erfolgte.[167]

2. Grundelemente der Normierung
a) Abgrenzung in Bezug auf die staatliche Strafgewalt
Zu den Eckpfeilern eines wirksamen Völkerstrafrechts gehört dessen *Autonomie* gegenüber einschränkenden oder abweichenden Festlegungen des nationalen Rechts. Um ihr zu entsprechen, müssen die Tatbestände eigenständig umschrieben sein, und sie dürfen keinen staatlichen Verjährungsbestimmungen unterworfen sein.[168] Die *materielle Abgrenzung zum staatlichen Strafrecht* ist damit prinzipiell gesichert.

48

Solange die Verfolgung und Aburteilung der Straftatbestände allein in der Hand der Staaten liegt, wird die vom Rechtsgüterschutz her gesehen wünschenswerte Einheitlichkeit der Handhabung nur in begrenztem Ausmaß über die Präzision der völkerrechtlich verankerten Tatbestände und deren möglichst punktgenaue Inkorporation in nationales Recht gesteuert.[169] Durch den Erfahrungsaustausch der befassten (nationalen) Gerichte und den Dialog zwischen völkerrechtlichen und strafrechtlichen Sichtweisen kann die Einheitlichkeit damit weiter gefördert werden.[170] Mit durchaus erheblichen Hindernissen für die Anwendung und Durchsetzung des Völkerstrafrechts ist freilich auch dann noch zu rechnen. So ist die Anwendung und Durchsetzung von einem Regime, das für die Straftaten verantwortlich ist, kaum zu erwarten.[171] Es kann auch nach kriegerischen Auseinandersetzungen, die zu größeren politischen Umwälzungen geführt haben, (noch) an unabhängig und rechtsstaatlich arbeitenden Strafverfolgungsorganen fehlen.[172] Einen effektivitätssteigernden Fortschritt bedeutet unter den genannten Gesichtspunkten die Einschränkung der staatlichen Strafgewalt zu Gunsten einer internationalen Gerichtsbarkeit. Insoweit sind erst in jüngster Zeit bei der Einschränkung der staatlichen Strafgewalt, die als Kernbereich staatlicher Souveränität gilt, wie der Verlauf der

49

---

165 *Kaul*, in Cassese/Gaeta/Jones (Fn 132) 583, 584 ff; *Ambos*, Internationales Strafrecht, § 6 Rn 15 mit Fn 72..
166 *Tadić*-Urteil v 2.10.1995, abgedr in ILM 35 (1996) 35 ff. Dazu *Kreß*, Friedenssicherungs- und Konfliktvölkerrecht auf der Schwelle zur Postmoderne, EuGRZ 1996, 638 (640 ff); *Aldrich*, The Jurisdiction of the International Criminal Tribunal for the Former Yugoslavia, AJIL 90 (1996) 64 ff; *Lamb*, Tadic-Case, MPEPIL IX, 732 ff.
167 *Heintschel von Heinegg*, in Fischer/Lüder (Fn 158) 63 ff.
168 Dazu Art 2 u 7 Draft Articles mit Kommentierung, in *Bassiouni* (Fn 157) 107 ff, 163 ff. Ausdrücklich Art 29 IStGH-Statut. S auch *Sadat* (Fn 147) 220; *Schabas* (Fn 136) 115 f.
169 Vgl Fn 142 bzgl des VStGB. S auch das Gesetz zur Ausführung des Statuts des IStGH (BGBl 2002 I, 2144 – RSAG). Dazu *Kreß* (Fn 143) Rn 366 ff; *Satzger*, Das neue Völkerstrafgesetzbuch, NStZ 2002, 125 ff; *Weigend*, Das Völkerstrafgesetzbuch, GS Vogel, 2004, 197 ff.
170 *Zimmermann*, Bestrafung völkerrechtlicher Verbrechen durch deutsche Gerichte nach Inkrafttreten des Völkerstrafgesetzbuchs, NJW 2002, 3068 (3070); *Werle/Jeßberger*, Das Völkerstrafgesetzbuch, JZ 2002, 725 (729 mit Fn 53).
171 *Oeter* (Fn 132) 29.
172 *Roggemann* (Fn 139) 50.

Auseinandersetzung um die Ahndung der für das Luftverkehrsattentat von Lockerbie verantwortlichen Libyer erneut deutlich gemacht hat,[173] Fortschritte erzielt worden.[174] Sie stellen sich in den Statuten der Tribunale für Jugoslawien und Ruanda anders dar als im Statut des IStGH. Nach Art 9 Abs 2 seines Statuts hat das Jugoslawien-Tribunal Vorrang vor der nationalen Gerichtsbarkeit und kann Strafverfahren in jeder Verfahrenslage an sich ziehen, doch bleibt die *Zuständigkeit konkurrierend* (Art 9 Abs 1), so dass das Tribunal entscheiden kann, ein bestimmtes Verfahren durch nationale Gerichte durchführen zu lassen.[175] Für den IStGH gilt hingegen der *Grundsatz der Komplementarität* (vgl Abs 10 der Präambel sowie Art 1 des Statuts): Gemäß Art 17 Abs 1 lit a und b des Statuts ist der IStGH unzuständig, wenn im gleichen Fall ein Verfahren vor einem zuständigen nationalen Gericht anhängig ist, rechtskräftig abgeschlossen oder eingestellt wurde, es sei denn der betreffende Staat hat sich zu einer effektiven Strafverfolgung weder willig noch fähig gezeigt. Mit der Unwilligkeit (Art 17 Abs 2) ist vor allem die Situation angesprochen, in der ein Regime Straftäter aus den eigenen Reihen deckt (Rechtsmissbrauch), während das Kriterium der Unfähigkeit (Art 17 Abs 3) den Zusammenbruch der Staatsgewalt („failed state") in den Blick nimmt.[176] Zur Komplementarität gehört auch, dass nur Verbrechen von erheblichem Gewicht in die Zuständigkeit des Gerichtshofs fallen, der sich nicht mit „gewöhnlicher" Kriminalität befassen soll. Diese Voraussetzung ist in die einzelnen Tatbestände integriert.[177]

50 Bei Übertragung der Verfolgung und Aburteilung auf die Staaten können sich *konkurrierende staatliche Strafansprüche* ergeben, die sich zu Lasten der Straftäter auswirken. Das aus dem staatlichen Recht geläufige Verbot der Doppelbestrafung (ne bis in idem) hilft hier nicht weiter, weil es nur vor dem Mehrfachzugriff *eines* Staats schützt.[178] Es müssen vielmehr Strafanrechnungsregeln geschaffen werden.[179] Dies gilt auch bei Einrichtung einer internationalen Strafinstanz. In Anlehnung an Art 10 des Statuts des Jugoslawien-Tribunals errichtet daher Art 20 IStGH-Statut nicht nur ein Verfahrenshindernis bei vorheriger Entscheidung des IStGH in der gleichen Sache für den IStGH selbst (Abs 1) sowie für nationale Gerichte (Abs 2), sondern verhindert auch die erneute Befassung des IStGH, wenn auf nationaler Ebene ein ordnungsgemäßes Strafverfahren stattgefunden hat (Abs 3).[180]

b) Ausgestaltung der Tatbestände und der Strafbarkeitsvoraussetzungen

51 Die *Ausgestaltung der einzelnen Tatbestände* des Völkerstrafrechts erfordert zunächst den Konsens der Staatengemeinschaft über die Strafbewehrung der einschlägigen internationalen Rechtsgüter. Schwer zu erreichen ist er bei „offenen" bewertungsabhängigen Tatbeständen wie

---

173 Dazu näher *Stein*, Das Attentat von Lockerbie vor dem Sicherheitsrat der UN und dem Internationalen Gerichtshof, AVR 31 (1993) 206 ff sowie IGH in den *Lockerbie*-Fällen, ICJ Rep 1998, 9 bzw 115 ff. Die Angeklagten mussten sich später in Den Haag vor einem schottischen Gericht verantworten. Dazu *Mackarel*, The Lockerbie Trial – A Scottish Court in the Netherlands, RIDP 70 (1999) 777 ff.
174 Vgl in diesem Zusammenhang auch das Verfahren gegen den ehemaligen chilenischen Diktator Pinochet: *Regina v Bow Street Metropolitan Stipendiary Magistrate, ex parte Pinochet Ugarte*, House of Lords, [1998] 3 WLR 1456; [1999] 2 WLR 827; dazu *Rensmann*, Internationale Verbrechen und Befreiung von staatlicher Gerichtsbarkeit, IPRax 1999, 268 ff; *Warbrick*, Extradition Law Aspects of Pinochet 3, ICLQ 48 (1999) 958 ff. Zur Immunität vgl Art 27 IStGH-Statut.
175 *Murphy*, Progress and Jurisprudence of the International Criminal Tribunal for the Former Yugoslavia, AJIL 93 (1999) 57 (64 f); eine ähnliche Regelung trifft Art 8 des Statuts des Ruanda-Tribunals.
176 *Holmes*, in Cassese/Gaeta/Jones (Fn 132) 674 ff.
177 *Sadat* (Fn 147) 132 ff; *Schabas* (Fn 136) 82 ff. S auch Art 17 Abs 1 lit d des Statuts.
178 Vgl Art 14 VII IPBPR; Art 4 Nr 1 des 7. ZusProt zur EMRK; ausdrücklich § 168 Rules of Procedure and Evidence zum IStGH-Statut.
179 Vgl Art 7 Draft Code der ILC (Fn 158) sowie BVerfGE 75, 1, 15 f.
180 Dazu *Van den Wyngaert/Ongena*, in Cassese/Gaeta/Jones (Fn 132) 705 (707 ff).

Aggression, Intervention oder Umweltschädigung, aber auch bei Verbrechen gegen die Menschlichkeit, die – etwa im Gegensatz zu Verstößen gegen das humanitäre Völkerrecht – auf keine traditionelle vertragliche Fixierung bzw hinreichende Staatspraxis zurückblicken können.[181] Darüber hinaus ist das *Legalitätsprinzip* (nulla poena sine lege) zu beachten.[182] Auch wenn seine Anforderungen im internationalen Kontext nicht ohne weiteres mit bestehenden nationalrechtlichen Ausformungen gleichgesetzt werden sollten, ist doch ein Minimum an tatbestandlicher Bestimmtheit, an Festlegungen zur Rechtfertigung und zum Schuldausschluss, zu Täterschaft und Teilnahme sowie zum Strafmaß zu fordern. Ob sie nach Begehung der Tat unter Hinweis auf bestehende nationalrechtliche Vorschriften „nachgeholt" werden können,[183] ist fraglich.

Die in Nürnberg und Tokio formulierten Straftatbestände weiterentwickelnd benennen die 52 Statute des Jugoslawien-Tribunals und des IStGH *vier Deliktstypen:*[184] (1) Völkermord (Art 4/ Art 6), (2) Verbrechen gegen die Menschlichkeit (Art 5/Art 7), (3) Kriegsverbrechen (Art 2 u 3/ Art 8) sowie (4) Aggression (Art 5 Abs 1 lit d IStGH-Statut). Das Statut des IStGH trägt durch detaillierte Deliktsbeschreibungen sowie durch die Formulierung eines „Allgemeinen Teils" dem Legalitätsprinzip in höherem Maße Rechnung als die Statuten der ad hoc-Tribunale. Die Definition des *Völkermords* ist identisch mit derjenigen in der Konvention v 1948.[185] *Verbrechen gegen die Menschlichkeit* sind Delikte wie Mord, Versklavung, Deportation, Sexualverbrechen und Verfolgung, soweit sie im Rahmen eines ausgedehnten oder systematischen Angriffs gegen die Zivilbevölkerung verübt werden,[186] aber auch – insofern unbestimmt – andere unmenschliche Handlungen, die vergleichbares körperliches oder seelisches Leid verursachen (Art 7 Abs 1 lit k).[187] Bei den *Kriegsverbrechen* wird zur Begriffsbestimmung unter anderem auf die Genfer Rotkreuzabkommen v 12.8.1949 zurückgegriffen[188] und zwischen internationalen und internen Konflikten differenziert (Art 8 Abs 2 lit a einerseits, lit c andererseits). Diese Differenzierung gilt auch für Kriegsverbrechen jenseits dieser Abkommen (Art 8 Abs 2 lit b einerseits, lit d andererseits).[189] Durch Beschluss der Versammlung der Vertragsparteien wurden die Tatbestandsmerkmale des Völkermords, der Verbrechen gegen die Menschlichkeit und der Kriegsverbrechen wei-

---

181 Vgl *Jakovljevic*, International Tribunal for Violations of International Humanitarian Law in Former Yugoslavia: Applicable Law, Humanitäres Völkerrecht 6 (1993) 224 (227); Hankel/Stuby (Hrsg), Strafgerichte gegen Menschheitsverbrechen, 1995.
182 Ausdrücklich Art 22 f IStGH-Statut; vgl auch das Jugoslawien-Tribunal im Ausgangsurteil *Jelisić*, Rz 61 sowie *Kreß* (Fn 133) 721.
183 Krit *Roggemann* (Fn 139) 58 f mit allerdings wohl zu weitgehender Bezugnahme auf dt Recht.
184 Der erste Klammerzusatz bezieht sich auf das Jugoslawien-Tribunal, der zweite auf den IStGH. Für das Ruanda-Tribunal vgl Art 2–4 des Statuts. Die Einbeziehung der vertragsgestützten Delikte, insbes des Terrorismus und des Drogenhandels, in das IStGH-Statut scheiterte, vgl *Robinson*, in Cassese/Gaeta/Jones (Fn 132) 497 ff; *Ambos*, Internationales Strafrecht § 7 Rn 275.
185 Vgl Art II der Völkermordkonvention (Sart II, Nr 18; BGBl 1954 II, 730 bzw 78 UNTS 277); hierzu und zu den einzelnen Tatbeständen die umfangreiche und detaillierte Darstellung bei *Ambos*, Internationales Strafrecht, § 7 Rn 122 ff sowie die Kommentierung der §§ 6 ff VStGB (Fn 142).
186 Vgl das Ruanda-Tribunal im *Bagilishema*-Fall, Rz 77 f; durch die Merkmale soll die Abgrenzung zu gewöhnlicher Kriminalität erreicht werden; so bei Rn 49 sowie die Nachweise in der folgenden Fn.
187 Näher *Cassese*, in Cassese/Gaeta/Jones (Fn 132) 353 ff; *Fenrick*, Should Crimes Against Humanity Replace War Crimes, Colum J Transnat'l L 37 (1999) 767 ff; *Chesterman*, An Altogether Different Order: Defining the Elements of Crimes Against Humanity, DJCIL 10 (2000) 307 ff; *Dinstein*, Crimes Against Humanity after Tadic, Leiden JIL 13 (2000) 373 ff; *Gilgil*, Die Tatbestände der Verbrechen gegen die Menschlichkeit und des Völkermords im Römischen Statut des Internationalen Strafgerichtshofs, ZStW 112 (2000) 381 ff; *Sadat* (Fn 147) 148 ff; *Schabas* (Fn 136) 98 ff.
188 Dieser Rückgriff bewirkt eine Akzessorietät der Strafbarkeit in Bezug auf das humanitäre Völkerrecht.
189 Ziel ist die Integration des Kriegsvölkerrechts (vgl u *Bothe*, 8. Abschn Rn 56 ff, 62 ff, 121 ff) in das Abkommen; *Bothe*, in Cassese/Gaeta/Jones (Fn 132) 379 ff; *Schabas* (Fn 136) 112 ff; *Lehmler*, Die Strafbarkeit von Vertreibungen aus ethnischen Gründen im bewaffneten nicht-internationalen Konflikt, 1999. Einen kurzen Überblick gibt *Sadat* (Fn 147) 160 ff.

ter präzisiert (Art 9),¹⁹⁰ wodurch der noch beim Jugoslawien-Tribunal erhebliche Einfluss strafbegründenden Richterrechts weiter vermindert wird.¹⁹¹ Über den Tatbestand der *Aggression* schließlich konnte erst 2010 Einigung erzielt werden.¹⁹² Der noch nicht in Kraft getretene Art 8*bis*¹⁹³ knüpft zur Bestimmung der Angriffshandlung an die Aggressionsresolution 3314 (XXIX) an und reichert sie durch die individuelle Verantwortlichkeit von Personen in Befehls- und Führungspositionen sowie eine Schwellenklausel an, nach der Charakter, Schwere und Umfang eine manifeste Verletzung der UN-Charta ergeben müssen. Zusätzliche Verbrechenselemente und drei Auslegungshilfen sollen einer zu weit gehenden Anwendung des Aggressionstatbestands vorbeugen.¹⁹⁴

c) Allgemeine Strafrechtsprinzipien und Strafsanktionen

53 Unter der Überschrift *Allgemeine Prinzipien des Strafrechts* enthält das Statut Regelungen des „Allgemeinen Teils" (Art 22 ff: Legalitätsprinzip, Rückwirkungsverbot, Teilnahme, Versuch, Strafmündigkeit, Strafbarkeit von Vorgesetzten, Ausschluss der Verjährung, subjektiver Tatbestand, Strafausschlussgründe, Irrtum, Befehlsnotstand),¹⁹⁵ wobei auf praktische Erfahrungen des Jugoslawien-Tribunals zurückgegriffen werden konnte, das diese Prinzipien mangels Festlegung im Statut richterrechtlich erarbeiten musste. Hervorzuheben ist die Überwindung des Verfahrenshindernisses der Staatenimmunität (Art 27).¹⁹⁶ Nach dem Statut des Jugoslawien-Tribunals ist die *Freiheitsstrafe* die einzig mögliche strafrechtliche Sanktion, wobei das Strafmaß an der Gerichtspraxis im ehemaligen Jugoslawien orientiert sein soll (Art 24 Abs 1). Auch das IStGH-Statut sieht die zeitige oder lebenslange Freiheitsstrafe vor (Art 77 Abs 1). Die Forderung nach Einführung der *Todesstrafe* hat sich *nicht durchsetzen* können; Strafrecht in Staaten, welche die Todesstrafe verhängen und vollstrecken, bleibt nach der Kompromissformel in Art 80 unberührt.¹⁹⁷ Bemerkenswert ist darüber hinaus, dass nach Art 75 durch den Gerichtshof Regeln für die *Opferentschädigung* iSe Adhäsionsverfahrens getroffen werden sollen, wobei bereits das Statut selbst zu diesem die Einrichtung eines Treuhandfonds vorsieht (Art 79), in den ua eingezogenes Vermögen der Verurteilten fließen soll.

---

190 Sog Verbrechenselemente, s *Schabas* (Fn 136) 23 f. Die wesentlichen Elemente wurden am 30.6.2002 zusammen mit den Verfahrens- und Beweisregeln (Rules of Procedure and Evidence) gerade noch rechtzeitig vor Inkrafttreten des Statuts verabschiedet. Vgl Report of the Preparatory Commission for the International Criminal Court, Add, Finalized Draft Text of the Elements of Crimes, UN Doc PCNICC/2000/ NF/3/Add 2; abgedr bei *Schabas*, An Introduction to the International Criminal Court, 2. Aufl 2004, 279 ff. Zur inhaltlichen Bewertung der Verbrechenselemente *Kirsch/Oosterveld*, in Cassese/Gaeta/Jones (Fn 132) 93 ff.
191 Allgemein zum anwendbaren Recht vgl Art 21 (Art 38 des IGH-Statuts vergleichbar); Kommentar dazu bei *Sadat* (Fn 147) 175 ff.
192 Dazu *Ambos*, Internationales Strafrecht, § 7 Rn 262 ff; *Barriga/Grover*, A Historic Breakthrough on the Crime of Agression, AJIL 105 (2011) 517 ff; *Schaack*, Negotiating at the Interface of Power and Law: The Crime of Agression, Colum J Transnat'l L 49 (2011) 505 ff; *Kress/Holtzendorff*, The Kampala Compromise on the Crime of Agression, JICJ 8 (2010) 1179 ff; *Schmalenbach*, Das Verbrechen der Aggression vor dem Internationalen Strafgerichtshof, JZ 2010, 745 ff.
193 Text: Sart II Nr 35 Anhang 2.
194 Text: RC/RES 6 Annex II und III.
195 Zurückgehend auf das *Erdemović*-Verfahren des Jugoslawien-Tribunals, ILM 37 (1998) 1182. Dazu *Kreß* (Fn 140) 38 ff; *Gaeta*, The Defence of Superior Orders: The Statute of International Criminal Court versus Customary International Law, EJIL 10 (1999) 172 ff; *Nowrot*, The Activities of the International Criminal Tribunal for the Former Yugoslavia in the Years 1997 and 1998, GYIL 41 (1998) 344 (369 ff); *Patel/King/La Rosa*, The Jurisprudence of the Yugoslavia Tribunal: 1994–1996, EJIL 8 (1997) 123 (172 ff). Grundlegend zum allgemeinen Teil *Ambos*, Internationales Strafrecht, § 7 Rn 1 ff.
196 Vgl in diesem Zusammenhang das Urteil des Special Court for Sierra Leone im Fall *Charles Taylor*, abrufbar unter <www.sc-sl.org/Taylor_Trial_Chamber_Decisions.html>.
197 *Kirsch/Robinson*, in Cassese/Gaeta/Jones (Fn 132) 67 (86 f); *Sadat* (Fn 147) 168 f.

d) Die Strafgewalt internationaler Gerichte, insbesondere des IStGH

Die Durchsetzung des Völkerstrafrechts bleibt ohne internationale Gerichte unvollkommen (Rn 49). Mit der Einsetzung stellt sich die Frage nach dem Umfang ihrer Strafgewalt. Die Strafgewalt beruht entweder auf einem friedenssichernden Mandat des Sicherheitsrats (Rn 47) oder auf vertraglicher Grundlage. Letzteres gilt für die sog Gemischten Tribunale, etwa für Sierra Leone, Kambodscha und Libanon, die auf Grund bilateraler Abkommen der UNO mit diesen Staaten errichtet wurden,[198] und den hier näher behandelten IStGH. 54

Die Strafgewalt des IStGH[199] ist immer durch den *Grundsatz der Komplementarität* limitiert (Art 17; siehe bereits o Rn 49). In diesem Rahmen erstreckt sie sich *ratione materiae* auf den Kern des Völkerstrafrechts, die in Art 5 des Statuts genannten Verbrechen, hinsichtlich des Aggressionstatbestands nur unter den einschränkenden Bedingungen der noch nicht in Kraft getretenen Art 15*bis* u Art 15*ter*.[200] Der Gerichtshof kann über die Verbrechen *ratione temporis* nur entscheiden, wenn sie nach Inkrafttreten des Statuts begangen wurden. Für die Begehung ist grundsätzlich die Verbindung zu einem Vertragsstaat wesentlich: Sie wird durch den Tatort auf dem Hoheitsgebiet des Vertragsstaats (Territorialitätsprinzip), alternativ durch die Staatsangehörigkeit des Beschuldigten hergestellt (Art 12 Abs 2 lit a bzw b). Nicht-Vertragsstaaten können sich dem Statut ad hoc unterwerfen und dadurch die Zuständigkeit des Gerichtshofs erweitern (Art 12 Abs 3). Sie können von der Zuständigkeit auch dadurch erfasst werden, dass der Sicherheitsrat den Gerichtshof im Rahmen friedenssichernder Maßnahmen befasst (Art 13 lit b). 55

Die beschriebene Zuständigkeit des IStGH ermöglicht es, dass Staatsangehörige eines Staats, der dem Statut nicht beigetreten ist oder sich der Gerichtsbarkeit unterworfen hat, einer Strafverfolgung ausgesetzt sind. Rechtliche Bedenken lassen sich dagegen nicht erheben. Das Verfahren vor dem IStGH ist durch den Tatort (das Territorialitätsprinzip) hinreichend legitimiert. Auch kann der Heimatstaat des Beschuldigten das Verfahren im Hinblick auf den Grundsatz der Komplementarität durch eigene Ermittlungen abwenden.[201] Die USA, die dem Statut nach wie vor nicht beigetreten sind, haben für ihre Angehörigen, die an Friedensmissionen der UNO oder von diesen autorisierten Missionen mitwirken, zur Abwendung von Strafverfahren vor dem IStGH einen anderen – problematischen – Weg beschritten.[202] Sie vereinbarten auf der Basis von Art 98 Abs 2 des Statuts bilateral mit Vertragsstaaten und Nicht-Vertragsstaaten, dass keine Überstellung an den IStGH stattfinden darf.[203] 56

e) Strafverfahren

Internationale Strafgerichte, die über völkerrechtliche Delikte zu befinden haben, sind auf ein eigenes Verfahrensrecht angewiesen. Bei dessen Ausgestaltung sind unterschiedliche Vorstellungen vom Strafverfahren (kontradiktorischer Prozess, anglo-amerikanischer und Inquisitionsprozess kontinentaleuropäischer Prägung) miteinander zu harmonisieren.[204] Vor allem aber werden *Vorkehrungen für ein faires Verfahren,* in dem die Rechte des Angeklagten angemessen gesichert sind, und ausdrückliche Bestimmungen darüber notwendig, ob das Verfahren auch in Abwesenheit des Angeklagten durchgeführt und abgeschlossen werden 57

---

198 Einzelheiten zu diesen Tribunalen bei *Ambos,* Internationales Strafrecht, § 6 Rn 41 ff.
199 *Kaul,* International Criminal Court (ICC), MPEPIL V, 667 ff.
200 Eingehend *Ambos,* Internationales Strafrecht, § 7 Rn 268 ff.
201 Dazu *von Arnauld* (Fn 6) Rn 1323.
202 *Ambos,* Internationales Strafrecht, § 8 Rn 79 f.
203 Die wesentlichen Bestimmungen dieser Abkommen werden aus dem American Service Members Protection Act v 2002 erkennbar. Informativ dazu <http://www.iccnow.org>. Zur Vorgeschichte *Stein,* Die Bilateral Immunity Agreements der USA und Art 98 des Romstatuts, FS G. Ress, 2005, 295 ff.
204 Dazu *Ambos,* Internationales Strafrecht, § 8 Rn 60.

kann.²⁰⁵ Das Statut des Jugoslawien-Tribunals beschränkt sich auf die Festschreibung unverzichtbarer Rechte des Angeklagten (Art 21) und überlässt dem Tribunal selbst die Formulierung seiner Prozessordnung (Art 22).²⁰⁶ Demgegenüber enthält das Statut des IStGH – teils unter Rückgriff auf die Praxis jenes Tribunals – ausführliche prozessrechtliche Regelungen (Art 53ff), u a zum Ermittlungsverfahren (Art 53ff), zu den Angeklagtenrechten (Art 67), zum Zeugenschutz (Art 68), zur Beweiserhebung (Art 69), zum Schutz sensibler Informationen zugunsten nationaler Sicherheitsinteressen (Art 72) und zum Rechtsmittelverfahren (Art 81ff). Diese strafprozessualen Bestimmungen bilden zusammen mit den Rules of Procedure and Evidence ein umfassendes, sehr detailliertes Regelwerk. Beide Statuten verbieten Strafprozesse in Abwesenheit der Angeklagten (Art 20 Abs 2, 21 Abs 4 lit d bzw Art 67 Abs 1 lit d). Vor dem Jugoslawien-Tribunal gibt es allerdings ein besonderes Verfahren zur Beweissicherung, das ohne den Beschuldigten stattfinden kann.²⁰⁷

58   Die Durchführung des Strafverfahrens ist ohne *Kooperation der Staaten mit den internationalen Strafgerichten*²⁰⁸ nicht gewährleistet, das Völkerstrafrecht „hinkendes" Recht. Darum verpflichtet Art 86 IStGH-Statut die Parteien des Statuts allgemein zur Zusammenarbeit mit dem Gerichtshof und listet in Art 93 Formen der Zusammenarbeit insbes bei der Beweiserhebung auf. Weil die Beschuldigten sich bei Einleitung des Strafverfahrens idR im staatlichen Zuständigkeitsbereich befinden, müssen die Staaten darüber hinaus auf Ersuchen zur *Auslieferung an das zuständige internationale Gericht* bereit sein. Diese gleichermaßen unverzichtbare Rechtshilfe findet ihren Niederschlag als Konkretisierung des Art 2 Nr 5 UN-Charta in Art 29 des Statuts des Jugoslawien-Tribunals.²⁰⁹ Im IStGH-Statut ist sie wie die allgemeine Kooperationspflicht Bestandteil der vertraglichen Vereinbarung (Art 89 Abs 1 Satz 2). In der BR Deutschland bedurfte es dazu einer Änderung des Art 16 Abs 2 GG, der nach seiner früheren Fassung auch die Überstellung an Straforgane der Staatengemeinschaft verbot.

3. Bilanz

59   Die nicht zuletzt durch das Erfordernis eines wirksamen Schutzes der Menschenrechte legitimierte Entscheidung der Internationalen Gemeinschaft für die individuelle strafrechtliche Ahndung schwerer Verstöße und für den Weg institutionalisierter Verfolgung durch internationale Strafgerichte war zweifellos ein *bedeutender Schritt* der Rechtsentwicklung. Er hat inzwischen eine breite Judikatur hervorgebracht. Zu ihr haben zunächst die UN Ad hoc-Tribunale beigetragen²¹⁰ und die sog hybriden Tribunale, die auf gemischt national-internationaler Rechtsgrundlage beruhen und aus ihr entsprechenden Richtern und Staatsanwälten bestehen.²¹¹ Zunehmend tritt seit dem Urteil *Lubanga* der IStGH ins Blickfeld.²¹² Entstanden ist so ein eigener Bereich des Völkerrechts mit hohem Spezialisierungsgrad. Er wird teils von völkerrechtlichen, teils von strafrechtlichen Erkenntnissen bestimmt. Er konnte hier nur in Umrissen dargestellt werden.

---

205 *Schomburg/Nemitz*, International Criminal Courts and Tribunals, Procedure, MPEPIL V, 702ff.
206 Näher *Pocar* (Fn 162) 756.
207 Verfahren nach Art 61 der Verfahrensregeln, vgl *Murphy*, ICTY, 58f; *Patel/King/La Rosa* (Fn 195) 128ff.
208 Zum Verhältnis IStGH und dt Recht vgl IStGHG v 21.6.2002, BGBl 2002 I, 2144.
209 Dazu *Ambos*, Internationales Strafrecht, § 8 Rn 63ff.
210 Übersicht über die (auslaufende) Judikatur des ICTY und des Ruanda-Tribunals bei *Ambos*, Internationales Strafrecht, 668ff, 671ff.
211 Näher *Ambos*, Internationales Strafrecht, § 6 Rn 41ff; zur Rechtsprechung ebd 678 f.
212 Dazu vgl *Ambos*, Internationales Strafrecht, 673ff.

IV. Streitbeilegung

1. Die Pflicht zur friedlichen Streitbeilegung
a) Rechtliches Fundament

Nach geltendem Völkerrecht dürfen internationale Streitigkeiten nur mit friedlichen Mitteln bei- 60
gelegt werden. Für die Mitgliedstaaten der UN ergibt sich dies bereits aus Art 2 Nr 3 der Charta. Die in dieser Vorschrift kategorisch formulierte und deshalb auf Spezifizierung und Ergänzung angelegte Pflicht zur friedlichen Streitbeilegung[213] ist in Deklarationen der UN-Generalversammlung zu einem *Grundprinzip der zwischenstaatlichen Beziehungen* erhoben worden: so insbes in der Erklärung über die freundschaftlichen Beziehungen und die Zusammenarbeit zwischen den Staaten,[214] in der Manila-Erklärung über die friedliche Beilegung internationaler Streitigkeiten[215] und in der Erklärung über die Verhütung und Beseitigung von Streitigkeiten und Situationen, die den Weltfrieden und die internationale Sicherheit bedrohen können, und die Rolle der UN auf diesem Gebiet.[216] *Regionale* Adaptionen finden sich ua im Bogotá-Pakt der Amerikanischen Staaten v 30.4.1948,[217] im Europäischen Übereinkommen zur friedlichen Beilegung von Streitigkeiten v 29.4.1957[218] und in den KSZE/OSZE-Dokumenten.[219] Eine *materiespezifische* Ausprägung gibt es im internationalen Seerecht (Art 279 ff SRÜ)[220] und im Wirtschaftsrecht.[221] Die Staatenverantwortlichkeitsresolution sieht ein verpflichtendes Streitbeilegungsverfahren nicht vor (so Rn 6).

Die erwähnten Rechtsakte haben zT als solche keine Bindungswirkung (Deklarationen/ 61
Helsinki-Dokumente), oder ihre Bindungswirkung ist wegen des beschränkten Kreises der Vertragspartner begrenzt. Gleichwohl liefern sie Anhaltspunkte für die Auffassung, dass die Pflicht zur friedlichen Streitbeilegung über ihre positiv-rechtliche Verankerung in der UN-Charta hinaus kraft *universellen Völkergewohnheitsrechts* besteht.[222] Hiervon ging auch der IGH im *Nicaragua*-Fall aus.[223] Dementsprechend bindet die Pflicht auch Nicht-Mitgliedstaaten der UN und in begrenztem Umfang die UNO selbst bei der Wahrnehmung ihrer friedenssichernden Maßnahmen.[224]

Nicht einheitlich beantwortet wird die Frage, ob die Pflicht zur friedlichen Streitbeilegung 62
zum *ius cogens* gehört.[225] Ihre praktische Bedeutung wird mit Recht gering veranschlagt, weil Rechtsakte, die gegen das in Art 2 Nr 3 der UN-Charta formulierte Grundprinzip der friedlichen

---

213 Dazu *Schwarzenberger*, International Law as Applied by International Courts and Tribunals, Bd III, 1976, 216 f.
214 Res 2625 (XXV) v 24.10.1970, Annex.
215 Res 37/10 v 15.11.1982, Annex. Zu ihr *Economidès*, La déclaration de Manille sur le règlement pacifique des différends internationaux, AFDI 28 (1982) 613 ff; *Broms*, The Declaration on the Peaceful Settlement of International Disputes (Manila), FS Lachs, 1984, 339 ff; *Sahovic*, La déclaration de Manille sur le règlement pacifique des différends internationaux, in ebd 449 ff.
216 Res 43/51 v 5.12.1988, Annex.
217 30 UNTS 55.
218 BGBl 1961 II, 82 = Sart II Nr 112.
219 Schlussakte Prinzip V (1975); Mechanismus zur friedlichen Beilegung von Streitigkeiten (1991); Stockholmer Beschluss über die friedliche Beilegung von Streitigkeiten mit Übereinkommen über Vergleich und Schiedsverfahren (1992), sämtlich abgedr in Fastenrath (Hrsg), KSZE, 1993; hier auch einführende Bemerkungen und Literaturhinweise von *Oellers-Frahm*, LIII ff; vgl auch *Meyer*, Dispute Settlement Procedures and Crisis Management, in Bothe/Ronzitti/Rosas (Hrsg), The OSCE in the Maintenance of Peace and Security, 1997, 53 ff.
220 *Chandrasekhara*, Law of the Sea, Settlement of Disputes, MPEPIL VI, 738 ff; *Wolfrum*, Friedliche Streitbeilegung, in Graf Vitzthum (Hrsg), Handbuch des Seerechts, 2006, 461 ff.
221 Vereinbarungen über Regeln und Verfahren zur Beilegung von Streitigkeiten im Rahmen der WTO und des GATT (BGBl 1994 II, 1749 = Sart II Nr 515); dazu *Hermann/Weiß/Ohler*, Welthandelsrecht, 2. Aufl 2007, § 10; *Waincymer*, WTO Litigation, 2002; *Cameron/Gray*, Principles of International Law in the WTO Dispute Settlement Body, ICLQ 50 (2001) 248 ff; vgl o *Dolzer/Kreuter-Kirchhof*, 6. Abschn Rn 71.
222 Vgl *Epping*, in Ipsen (Fn 8) § 55 Rn 2; *Tomuschat*, in Simma ua (Hrsg), The Charter of the United Nations, 3. Aufl 2012, Art 2 Nr 3 Rn 19.
223 ICJ Rep 1986, 14, 145.
224 Hierzu *Tomuschat* (Fn 222) Rn 19 ff.
225 Bejahend etwa *Verdross/Simma* (Fn 7) §§ 94 ff; *Frowein*, Ius cogens, MPEPIL VI, 443 ff.

Streitbeilegung verstoßen, heute schwer vorstellbar sind.²²⁶ Davon abgesehen bringt die Bejahung kaum etwas ein, weil Verletzungen der Pflicht im Hinblick auf deren Konkretisierungsbedürftigkeit (Rn 60) nicht leicht festzustellen sind.²²⁷

b) Rechtssystematischer Standort

63 Das Prinzip der friedlichen Streitbeilegung steht *in engstem Zusammenhang mit der Ächtung von Krieg und Gewalt* als Mittel zwischenstaatlicher Durchsetzung von Rechten und Interessen. Entstehungsmotiv ist, die „Anrufung von Gewalt so weit wie möglich zu verhüten". Mit diesem Ziel erklärten sich die Vertragsmächte 1899/1907 in Art 1 des Haager Abkommens zur friedlichen Beilegung internationaler Streitfälle einverstanden, „alle ihre Bemühungen aufwenden zu wollen, um die friedliche Erledigung der internationalen Streitfälle zu sichern".²²⁸ Die zunächst zurückhaltende Formulierung des Prinzips in einer „Bemühenszusage" ist darauf zurückzuführen, dass ein begleitendes Kriegs- oder Gewaltanwendungsverbot, das die Streitbeilegung mit friedlichen Mitteln erst zu einer stringenten Verpflichtung macht, nicht existierte. Mit dem Verzicht auf den Krieg als Mittel zur Lösung internationaler Streitfälle in Art 1 des Briand-Kellogg-Pakts v 1928 war diese Voraussetzung geschaffen, eine verbindlichere Festlegung des Prinzips der friedlichen Streitbeilegung die Konsequenz: „Die Regelung und Entstehung der Streitigkeiten und Konflikte, welcher Art und welchen Ursprungs auch immer, soll niemals anders als durch friedliche Mittel angestrebt werden" (Art 2).²²⁹

64 Der vorstehend beschriebene Zusammenhang ist auch für die *Entwicklung nach 1945* kennzeichnend und in der benachbarten Stellung des Prinzips der friedlichen Streitbeilegung und des Gewaltverbots in Art 2 UN-Charta augenfällig. Die auf den ersten Blick überraschende Umkehrung der Reihenfolge gegenüber den Fixierungen des Briand-Kellogg-Pakts und der UN-Resolutionen bringt zum Ausdruck, dass die Existenz eines funktionsfähigen Systems friedlicher Streitbeilegung eine „wesentliche *Vorbedingung" für die Beachtung des Gewaltverbots* in der Praxis ist.²³⁰ Die zentrale Stellung, die ihr im geltenden Völkerrecht zukommt, zeigt sich auch daran, dass die friedliche Streitbeilegung nicht mehr bloß verpflichtende Alternative zum Krieg, sondern zu jeder Androhung oder Anwendung militärischer Gewalt iSv Art 2 Nr 4 der UN-Charta geworden ist.

c) Gegenstand

65 Die Pflicht zur friedlichen Streitbeilegung bezieht sich nach Art 2 Nr 3 UN-Charta und nach Gewohnheitsrecht auf *Streitigkeiten mit internationalem Charakter*. Dabei schafft der *Begriff* der Streitigkeit eine Relevanzschwelle, die sich an der Eskalationsgefahr orientiert: Eine Streitigkeit liegt nur vor, wenn in einer konkreten zwischenstaatlichen Auseinandersetzung die eine Seite Ansprüche oder Forderungen erhebt und die andere diese ernsthaft bestreitet oder zurückweist.²³¹

66 An derartigen Auseinandersetzungen sind idR nur Staaten beteiligt. Denkbar sind sie aber auch zwischen Staaten und I. O.²³² Bei Auseinandersetzungen eines Staats mit einem de facto-

---

226 *Tomuschat* (Fn 222) Rn 26.
227 Dazu *Heintschel von Heinegg* (Fn 41) § 16 Rn 60.
228 Die Fassung v 1899 (RGBl 1901, 393) stimmt mit der v 18.10.1907 (RGBl 1910, 5) überein. Zum Folgenden eingehend *Diaconou*, Peaceful Settlement of Disputes between States, in MacDonald/Johnston (Hrsg), The Structure and Process of International Law, 1983, 1095 ff.
229 RGBl 1929 II, 97.
230 Zum Gewaltverbot auch *Graf Vitzthum*, 1. Abschn Rn 75; *Bothe*, 8. Abschn Rn 9 ff.
231 Vgl *Diaconou* (Fn 228) 1100 f; *Tomuschat* (Fn 222) Rn 27. Klar idS auch IGH im *Südwestafrika*-Fall, ICJ Rep 1962, 328. Vgl auch StIGH im Fall der *Mavrommatis-Konzessionen* (Fn 104).
232 *Tomuschat* (Fn 222) Rn 31 ff. Speziell zur EU instruktiv *Hilf*, Europäische Gemeinschaften und internationale Streitbeilegung, FS Mosler, 1983, 387 ff.

Regime oder mit einer nationalen Befreiungsbewegung bzw Volksgruppe, die sich auf das Selbstbestimmungsrecht berufen, gewinnt das *Erfordernis der Internationalität des Streits* besondere Bedeutung. Es bezeichnet den Gegensatz zu rein innerstaatlichen Konflikten, die zum Vorbehaltsbereich des Staats (domestic jurisdiction, domaine réservé) gehören und deshalb nicht von der Pflicht zur friedlichen Streitbeilegung erfasst sind.[233] Der Kreis der danach ausgegrenzten, weil internen Konflikte steht nicht absolut fest. Mit einiger Sicherheit lässt sich aber sagen, dass jedenfalls dann keine innerstaatliche Angelegenheit mehr vorliegt, wenn dem Staat als gegnerische Partei ein Völkerrechtssubjekt gegenübersteht. Bei den erwähnten nichtstaatlichen Streitparteien kann dies, je nach Sachlage, angenommen werden, ist indessen nicht unstr. Auf keinen Fall kann die Pflicht zur friedlichen Streitbeilegung weiter greifen als das korrespondierende Gewaltverbot, das gleichfalls nur „in den internationalen Beziehungen" gilt (Art 2 Nr 4 UN-Charta).

d) Inhalt und Grenzen

Friedliche Streitbeilegung bedeutet Verzicht der Parteien auf *gewaltsame* Mittel der Konfliktlösung. Dementsprechend bleiben Gegenmaßnahmen, die der betroffene Staat im Falle einer Völkerrechtsverletzung ergreift, zulässig, solange sie nicht die Schwelle des Gewaltverbots überschreiten.[234] Andererseits verlangt die Pflicht zur friedlichen Streitbeilegung – und darin liegt der Unterschied zum Gewaltverbot – den aktiven Einsatz, *das ernsthafte Bemühen der Parteien zur Beilegung des Konflikts*[235] in „gutem Glauben" und „im Geist der Kooperation".[236] Ein bestimmtes Ergebnis, das auf der Basis nicht nur des Rechts, sondern auch der Gerechtigkeit angestrebt werden soll,[237] liegt allerdings außerhalb der Bindungswirkung der Pflicht. Diese ist erst bei prinzipieller oder beharrlicher Verweigerung, an einem gemeinsamen Ergebnis zu arbeiten, verletzt.[238]

67

2. Die Mittel der Streitbeilegung im Überblick

In der internationalen Praxis haben sich seit langem *unterschiedliche Mittel* der Streitbeilegung herausgebildet. Das Schrifttum bezeichnet sie – sachlich gleichbedeutend – auch als Methoden oder Verfahren,[239] vermutlich um hervorzuheben, dass es um Vorgehensweisen bei der Streitbeilegung geht, die jeweils einen bestimmten Typus verkörpern. An *traditionelle* Vorgehensweisen knüpft die Auflistung Verhandlung, Untersuchung, Vermittlung, Vergleich, Schiedsspruch, gerichtliche Entscheidung in Art 33 Abs 1 UN-Charta an. Gleiches gilt für die hier nicht erwähnten, im Umkreis der Vermittlung angesiedelten „Guten Dienste". Andererseits erfasst die in Art 33 Abs 1 UN-Charta gleichfalls genannte „Inanspruchnahme regionaler Einrichtungen oder Abmachungen" einen vergleichsweise *jüngeren Typ* institutionalisierter Streitbeilegung im Rahmen (regionaler) I.O., der erst nach 1945 größere Bedeutung erlangt hat.[240]

68

---

233 Dazu *Ziegler*, Domaine Réservé, MPEPIL III, 216 ff.
234 Eingehend *Tomuschat* (Fn 222) Rn 36 ff; vgl auch *Zemanek* (Fn 1) 370.
235 Dazu IGH im *Festlandsockel*-Fall, ICJ Rep 1969, 47 f, im *Isländischen Fischereistreit*, ICJ Rep 1974, 32 u 201, sowie im *Pulp Mills*-Fall, ICJ Rep 2010, 67.
236 Diese treffende Hervorhebung in der Manila-Erklärung (Fn 215) I § 5.
237 Zu diesen in Art 1 Nr 1 u Art 2 Nr 3 UN-Charta genannten gewohnheitsrechtlich gleichermaßen relevanten Maßstäben *Randelzhofer*, Purposes and Principles of the United Nations, in Wolfrum (Hrsg), United Nations, 1995, Bd II, Sec 104 Rn 14; *Tomuschat* (Fn 230) Rn 45 ff.
238 Vgl *Tomuschat* (Fn 222) Rn 25; *Diaconou* (Fn 228) 1102.
239 *Verdross/Simma* (Fn 7) § 1312; *Merrills*, International Dispute Settlement, 2.
240 Mit Recht bes hervorgehoben von *Diaconou* (Fn 228) 1104; *Wolfrum*, Peaceful Settlement, in ders (Fn 237) Sec 103 Rn 5.

69 Die *Systematisierung* der einzelnen Streitbeilegungsmittel ist vielfach üblich und auch nützlich, soweit sie prinzipielle Gemeinsamkeiten und Unterschiede der Instrumente verdeutlicht.[241] So lassen sich Verhandlung, Untersuchung, Vermittlung (einschließlich „Guter Dienste") und Vergleich als sog *diplomatische Verfahren* kennzeichnen. Ihre Eigenart besteht darin, dass die Streitparteien die Kontrolle über den Konflikt behalten und deshalb vorgeschlagene Lösungen akzeptieren oder verwerfen können.[242] Obschon einigungsförderlich,[243] sind diplomatische Verfahren der Streitbeilegung ergebnisoffen. Demgegenüber verlangen die *streitabschließenden Entscheidungsverfahren* (Schiedsspruch, Entscheidung eines internationalen Gerichts), dass die Parteien bereit sind, das Ergebnis der streitentscheidenden Instanz im Vorhinein als bindend zu akzeptieren. Organisationsspezifischen Voraussetzungen und Verfahren unterliegt die *Streitbeilegung im Rahmen I.O.*

70 Einen numerus clausus der Streitbeilegungsmittel gibt es nicht. Wie Art 33 Abs 1 UN-Charta bestätigt, können die Parteien auch *andere als die erwähnten Mittel* einsetzen, sofern diese nicht mit der Anwendung von Gewalt verbunden sind. Praktische Bedeutung erlangt diese Offenheit vor allem bei evtl gewünschten Modifikationen oder Kombinationen der einzelnen Mittel.[244] Unbenommen ist es den Parteien auch, zwischen den einzelnen Streitbeilegungsmitteln frei zu wählen. Einen *rechtlichen Vorrang* irgendeines Mittels kennt das allgemeine Völkerrecht nicht. Er widerspräche dem Souveränitätsverständnis der Staaten.[245] Unbeschadet dieser Rechtslage kann es streitimmanente, *sachlogische Gründe* geben, die die Bevorzugung eines bestimmten Streitbeilegungsmittels nahe legen. So erklärt sich die Sonderstellung, die Verhandlungen mit der Begründung eingeräumt wird, dass sie die Chance zu klärender, flexibler Diskussion böten und deshalb zur Streitbeilegung unverzichtbar oder doch besonders geeignet seien.[246] Entsprechendes gilt für die Einschaltung des IGH bei Rechtsstreitigkeiten.[247]

3. Diplomatische Verfahren
a) Verhandlungen und Konsultationen

71 *Verhandlungen* zwischen den Konfliktparteien gehören nach wie vor zu den in der Praxis am häufigsten angewandten „Methoden" der Streitbeilegung. Insofern ist es plausibel, ihnen den ersten Platz unter den diplomatischen Verfahren einzuräumen.[248] Der tiefere Grund für die Bevorzugung lässt sich aus der Manila-Deklaration über die friedliche Beilegung internationaler Streitigkeiten ablesen.[249] Der herausgehobene Platz, den Verhandlungen dort haben (Abschn I § 10), ist *Ausdruck eines besonders souveränitätsfreundlichen Konzepts der Streitbeilegung.*[250] Verhandlungen stellen die klassische Methode dar, mit der souveräne Konfliktparteien ihre Auseinandersetzungen frei von „Einmischungen" zu bewältigen versuchen, denn sie finden unter Ausschluss der Öffentlichkeit statt. Dritte, die auf Gang und Inhalt Einfluss nehmen könnten,

---

241 Vgl die Einteilungen bei *Wolfrum* (Fn 240); *Stone*, Legal Controls of International Conflict, 2. Aufl 1973, 67 f; *Müller/Wildhaber*, Praxis des Völkerrechts, 3. Aufl 2001, 463; *Neuhold*, Internationale Konflikte, 1977, 357 f.
242 *Merrills*, International Dispute Settlement, 80.
243 Vgl dazu *Verdross*, Völkerrecht, 5. Aufl 1964, 416 (allerdings unter Ausklammerung der Verhandlung).
244 *Tomuschat* (Fn 222) Art 33 Rn 34.
245 *Diaconou* (Fn 228) 1102; *Economidès* (Fn 215) 620; *Tomuschat*, Neuformulierung der Grundregeln des Völkerrechts durch die Vereinten Nationen, EA 38 (1983) 729 (734 f).
246 Dazu *Tomuschat* (Fn 244).
247 So bspw Art 1 des Europäischen Übereinkommens zur friedlichen Beilegung von Streitigkeiten (Fn 218); s auch Art 36 Abs 3 UN-Charta.
248 Zum Folgenden *Merrills*, International Dispute Settlement, 1 ff; *Diaconou* (Fn 228) 1103; *Hakapää*, Negotiation, MPEPIL VII, 588 ff.
249 Fundstelle: Fn 215.
250 Hierzu *Tomuschat* (Fn 244). S auch *Malanczuk*, Streitbeilegung, einvernehmliche, in Seidl-Hohenveldern (Hrsg), Lexikon des Rechts/Völkerrecht, 3. Aufl 2001, 409 (412).

sind nicht beteiligt. Es gibt auch keine Bindungen an bestimmte Formen und Verfahren. All dies kann das gemeinsame Bemühen um einen streitbeendenden Konsens fördern und macht die Stärke zwischenstaatlicher Streitbeilegung durch Verhandlungen aus. Je nach den Umständen liegt in den genannten Elementen aber auch die Schwäche: Die stärkere Konfliktpartei gerät leicht in Vorteil;[251] bei Verhärtung der Fronten ist ein Ausweg schwer zu finden. Verhandlungen werden deshalb vielfach ein erster, allein nicht erfolgreicher Schritt der Beilegung des Konflikts sein.[252]

Von Verhandlungen im eigentlichen Sinne sind *zwischenstaatliche Konsultationen* zu unterscheiden.[253] Gewiss weisen auch sie die in Rn 71 genannten Elemente der Verhandlung auf, weshalb sie zT auch mit letzteren identifiziert werden. Doch liegt der Akzent anders. Konsultationen dienen typischerweise dazu, das Entstehen eines Konflikts durch frühzeitigen direkten Kontakt und Information nach Möglichkeit zu verhindern. So gesehen bilden sie eine zweckmäßige, im Allgemeinen aber nicht obligatorische Vorstufe der eigentlichen Verhandlungen. 72

b) Verfahren mit Drittbeteiligung

Untersuchung, Vermittlung einschließlich „Guter Dienste" und *Vergleich* haben gemeinsam, dass es sich jeweils um ein Verfahren der Streitbeilegung unter *Mitwirkung Dritter,* nicht am Konflikt Beteiligter, handelt. Die damit einhergehende „Neutralisierung" des Konflikts soll Bewegung in verhärtete Fronten bringen, den Konflikt entschärfen und womöglich lösen. Da die Konfliktparteien mit der Drittbeteiligung immer, wenn auch in dem von ihnen bestimmten Maße, auf eine alleinige Regelung des Konflikts verzichten, müssen sie mit ihr einverstanden sein. 73

Bemüht sich eine Drittpartei, die Konfliktparteien zu einer friedlichen Beilegung des Streits durch Herstellung von (unterbrochenen) Kontakten oder die (Wieder-)Anbahnung von Verhandlungen zu bewegen, spricht man von *„Guten Diensten".* Dabei handelt es sich durchaus um eine Vermittlertätigkeit. Allerdings greift der Vermittler nicht in die Verhandlungen selbst ein.[254] Geschieht dies, etwa durch Beeinflussung von Gang und Inhalt oder die Unterbreitung von Lösungsvorschlägen, liegt eine Vermittlung im eigentlichen Sinne vor. In der Praxis sind die Grenzen zwischen „Guten Diensten" und der Vermittlung im eigentlichen Sinne oft fließend.[255] Beide Verfahren zeichnen sich im Übrigen dadurch aus, dass sie *verhandlungsbegleitend* sind.[256] Ihr Erfolg hängt wesentlich von Autorität und Ansehen der Drittpartei ab. In der Staatspraxis ist von ihnen immer wieder mit unterschiedlichen Ergebnissen Gebrauch gemacht worden.[257] 74

Nicht selten werden Beginn und Fortgang der Verhandlungen dadurch behindert, dass die dem Konflikt zugrunde liegenden Tatsachen umstritten sind. Hier soll die *Untersuchung* mittels ad hoc eingesetzter, gelegentlich auch ständiger Untersuchungskommissionen Abhilfe schaffen. Ihr ausschließlicher Zweck besteht in der unparteiischen *Klärung strittiger Tatsachen.*[258] In der Staatenpraxis ist von diesem Verfahren wenig Gebrauch gemacht worden.[259] Wenn überhaupt, 75

---

251 Vgl *Tomuschat* (Fn 244) Rn 35; *Merrills,* International Dispute Settlement, 24.
252 *Hakapää* (Fn 248) 588.
253 Zum Folgenden *Dominick,* Consultation, EPIL I (1992) 776 ff; *Merrills,* International Dispute Settlement, 3 ff; *Diaconou* (Fn 228).
254 Insofern ist die Streiteinmischung hier am geringsten: *Neuhold* (Fn 241) 360.
255 *Wehberg,* Kommentar zu dem Haager Abkommen betr die friedliche Erledigung internationaler Streitigkeiten v 18.10.1907, 1911, Art 2, 10; *Epping* (Fn 222) § 55 Rn 9.
256 *Merrills,* International Dispute Settlement, 27.
257 Dazu die Darstellungen bei *Merrills,* International Dispute Settlement, 27–42; *Bindschedler,* Good Offices, EPIL II (1995) 601 ff; *Cot,* Conciliation, MPEPIL II, 576 ff.
258 Vgl Art 9 des Haager Abkommens (Fn 228).
259 Dazu *Merrills,* International Dispute Settlement, 43–58.

bevorzugen die Staaten eine Verbindung von Tatsachenfeststellung und Vermittlungs- oder Vergleichsverfahren. Ein weiterer Grund für den Rückgang des Untersuchungsverfahrens liegt in der satzungsgemäß ausgeübten Untersuchungstätigkeit I.O., namentlich der UN (Art 34).[260]

76   Auch das *Vergleichsverfahren,* das Elemente der Vermittlung und Untersuchung miteinander verbindet,[261] hat keine besondere Attraktivität gewinnen können. Daran ändert seine Verankerung in jüngeren Kodifikationen nichts,[262] weil eine darauf aufbauende Praxis fehlt.[263] Die Ursachen liegen ua in dem erheblichen organisatorischen und finanziellen Aufwand, der mit Vergleichskommissionen verbunden ist, aber wohl auch in der *zT schiedsgerichtsähnlichen Vorgehensweise* der Kommissionen, die nicht erwünscht ist, je mehr der Konflikt politischen Charakter hat.[264]

4. Streiterledigung durch Schiedsgerichte
a) Allgemeine Kennzeichnung

77 Den über den Staaten stehenden Richter mit der prinzipiellen Befugnis und Zuständigkeit, zwischenstaatliche Konflikte durch seinen Spruch abschließend zu entscheiden, gibt es im Völkerrecht nicht. Der Richter muss immer von den Konfliktparteien eingesetzt sein, sei es ad hoc für eine schon entstandene Streitigkeit, sei es im vorhinein für eine bestimmte Materie oder, noch allgemeiner, durch Unterwerfung der Parteien unter die internationale Gerichtsbarkeit. Dementsprechend definiert Art 37 Satz 1 des Haager Abkommens zur friedlichen Streitbeilegung v 1907 die Tätigkeit internationaler Schiedsgerichte als „Erledigung von Streitigkeiten zwischen den Staaten durch Richter ihrer Wahl aufgrund der Achtung vor dem Rechte". In Anlehnung hieran ergeben sich die *typischen Merkmale* der Schiedsgerichtsbarkeit als Mittel zur Beilegung zwischenstaatlicher Streitigkeiten:[265] Schiedsgerichte treten aus Anlass eines konkreten Streitfalls zusammen; im Wesentlichen entscheiden die Parteien über ihre Zusammensetzung; sie bestimmen den Umfang der Zuständigkeit sowie darüber, auf welcher materiell-rechtlichen und verfahrensrechtlichen Grundlage der bindende Schiedsspruch gefällt werden soll.[266]

78   Als Typus zwischenstaatlicher Streitbeilegung durch eine richterliche Instanz hat die Schiedsgerichtsbarkeit eine *weit zurückreichende Tradition.*[267] Ihr heutiges Erscheinungsbild ist zunächst durch den Jay-Vertrag v 19.11.1794 geprägt worden, der ua Grenzfragen zwischen Großbritannien und den USA zum Gegenstand hatte. Eine weitere Etappe der Entwicklung markiert der *Alabama*-Spruch v 1872, der str neutralitätsrechtliche Fragen zwischen den USA und Großbritannien zu klären hatte.[268] U a im Haager Abkommen v 1907 (Art 37 ff), in der Generalakte

---
260 Vgl *Partsch,* Fact-Finding and Inquiry, EPIL II (1995) 343 ff; *Epping* (Fn 222) § 55 Rn 13.
261 *Neuhold* (Fn 241) 362.
262 So in Art 66 WVK mit Anh; Art 85 der Konvention über die Vertretung der Staaten in ihren Beziehungen zu internationalen Organisationen mit universellem Charakter, AJIL 69 (1975) 730 ff; Art 42 der Konvention über die Staatennachfolge in Verträge mit Anhang, ILM 17 (1978) 1488; Art 284 SRÜ mit Anh V.
263 Vgl die Darstellungen bei *Merrills,* International Dispute Settlement, 59 ff; *Epping* (Fn 222) § 55 Rn 16.
264 Dazu *Bowett,* Contemporary Developments in Legal Techniques in the Settlement of Disputes, RdC 180 (1983-II) 169 (185 ff); vgl auch die von der GA der UN empfohlenen Draft Rules zum Vergleichsverfahren, ILM 30 (1991) 229 ff.
265 Als solche umfasst sie nicht die sog gemischten Schiedskommissionen bzw gemischten Schiedsgerichte, die auch Privatpersonen für Ansprüche gegen ausländische Staaten offenstehen (zu ihnen *Dolzer/Wühler,* Mixed Arbitral Tribunals, EPIL III [1997] 433 ff). Gleiches gilt für Schiedsinstanzen, die vermögensrechtliche Ansprüche von Privatpersonen gegen andere Staaten nach dem Muster des Iran-United States-Tribunal behandeln (dazu *Epping* [Fn 222] § 55 Rn 29; *Pinto,* Iran-United States Claims Tribunal, MPEPIL VI, 345 ff).
266 Dazu die Darstellungen *Brower,* Arbitration, MPEPIL I, 531 ff; *Will,* in Schöbener (Fn 25) 357 ff.
267 Hierzu bes *Stone* (Fn 241) 75 ff; *Schwarzenberger,* International Law as Applied by International Courts and Tribunals, Bd IV, 1986, 21–94; *Grewe,* Epochen der Völkerrechtsgeschichte, 2. Aufl 1988, 606 ff.
268 Analyse des Jay-Vertrags bei *Ziegler,* Jay Treaty, MPEPIL VI, 449 ff u des *Alabama*-Falls bei *Seidel,* EPIL I (1992) 97 ff.

über die friedliche Beilegung von Streitigkeiten v 1928/rev 1949 (Art 21 ff)[269] bis hin zum SRÜ (Art 287) ist der besondere Wert des streitabschließenden Schiedsspruchs im System der friedlichen Streitbeilegungsmittel (Rn 65 f) weiter bekräftigt, die Staatspraxis in Regeln aufgezeichnet und zugleich fortentwickelt worden.

Unterschiede zwischen Schiedsgerichten im hier behandelten Sinne und internationalen Gerichten, als deren Prototyp der IGH und sein Vorläufer, der StIGH, gelten können (Rn 87 ff), werden vor allem darin gesehen, dass Letztere ständige Gerichtsinstanzen mit prinzipiell feststehender Zuständigkeit und Verfahrensordnung sind, und dass die Parteien auf ihre Zusammensetzung keinen wesentlichen Einfluss haben.[270] Indessen sollten diese Unterschiede nicht überbetont werden: Bei Vereinbarung eines ständigen Schiedsgerichts etwa mit im Voraus bestimmter Zuständigkeit und Verfahrensordnung, dessen Richter jeweils für eine bestimmte Amtsperiode eingesetzt sind, verwischen sich die Unterschiede.[271] Zutreffend werden daher *Schiedsgerichte und internationale Gerichte* als Basistypen richterlicher Streitbeilegung *mit fließenden Übergängen und Mischformen* bezeichnet.[272]

b) Erscheinungsformen

Schiedsgerichte können *ad hoc vereinbart und gebildet* werden. Sie entscheiden dann ausschließlich über einen zwischen den Parteien bereits entstandenen Konfliktfall. Ein meist schriftlich geschlossener *Schiedsvergleich* (compromis)[273] legt den Streitgegenstand, die Zusammensetzung des Schiedsgerichts, dessen Entscheidungsmaßstab (vielfach Völkerrecht) und das Verfahren fest. Sind Bestimmungen über das anwendbare Recht oder Verfahren im Schiedsvergleich zunächst nicht getroffen worden, ergibt sich aus diesem die Verpflichtung der Parteien, die offen gebliebenen Fragen in einer weiteren Vereinbarung zu klären.[274]

Von den heute selten gewordenen ad hoc-Schiedsgerichten sind die sog *ständigen Schiedsgerichte* zu unterscheiden. Ihnen ist – darin liegt der Grund für die Bezeichnung „ständig" – die *Entscheidung künftiger Streitigkeiten zwischen den Parteien* übertragen. Mit diesem Ziel können *besondere bilaterale oder multilaterale Schiedsverträge* abgeschlossen werden, die Einzelheiten über die Errichtung des Schiedsgerichts, seine Zuständigkeit und Verfahrensweise enthalten.[275] Häufiger sind *Schiedsklauseln in Verträgen* zu beliebigen Sachmaterien, die eine schiedsgerichtliche Entscheidung in näher bestimmten, aus dem jeweiligen Vertrag entstehenden Streitigkeiten vorsehen – zT in Kombination mit anderen Streitbeilegungsmitteln.[276] Schiedsvereinbarungen und Schiedsklauseln können zum Inhalt haben, dass die Parteien die Schiedsgerichtsbarkeit bereits im Vorhinein für entstehende Konflikte akzeptieren *(obligatorische Schiedsgerichtsbarkeit)*. Dann ist jede Partei einseitig befugt, das ständige Schiedsgericht anzurufen. Vielfach be-

---

269 Analyse bei *van der Heydte*, General Act for the Peace Settlement of International Disputes (1928 u 1949), EPIL II (1995) 499 ff.
270 *v. Mangoldt*, Tradition in der zwischenstaatlichen Streitbeilegung, FS Tübinger Juristische Fakultät, 1977, 435 (460).
271 *Tomuschat* (Fn 222) Art 33 Rn 31; *Neuhold*, Die Grundregeln der zwischenstaatlichen Beziehungen, in ÖHVR I, 4. Aufl 2004, Rn 1798 ff.
272 Dazu *Steinberger*, Judicial Settlement of International Disputes, EPIL III (1997) 47 f. Zum Ganzen auch die Übersicht über die richterlichen Streitentscheidungsinstanzen bei *Bernhardt*, Die gerichtliche Durchsetzung völkerrechtlicher Verpflichtungen, ZaöRV 47 (1987) 17 ff.
273 Einzelheiten dazu bei *Thirlway*, Compromis, MPEPIL II, 564 ff.
274 *Will* (Fn 266) 360. Vgl auch Art 2 Model Rules of Arbitral Procedure v 27.6.1958, u a abgedr bei Oellers-Frahm/Zimmermann (Hrsg), Dispute Settlement in Public International Law, 2. Aufl 2001, I 105.
275 Näher *Butler*, Arbitration and Conciliation Treaties, MPEPIL I, 549 ff.
276 Typische Anwendungsfälle früher vor allem in Handels-, Freundschafts- und Investitionsverträgen. Neuerdings auch im Seerecht (Art 287 SRÜ) oder im Umweltrecht. Zum ganzen *Wühler*, Arbitration Clause in Treaties, EPIL I (1992) 236 ff.

darf es jedoch einer ergänzenden Vereinbarung, die die Entscheidungszuständigkeit des Gerichts und seine Zusammensetzung für die konkrete Streitigkeit festlegt.[277]

c) Einzelfragen des schiedsgerichtlichen Verfahrens

82 Schiedsgerichte können aus einem oder mehreren Schiedsrichtern bestehen. Drei bis fünf Mitglieder sind heute die Regel.[278] Bei kollegialer *Zusammensetzung* gehört der Vorsitzende keiner der beiden Streitparteien an. Seine Wahl obliegt, wenn sie nicht einvernehmlich vorgenommen wird, den übrigen (paritätisch benannten) Mitgliedern des Gerichts. In den Vereinbarungen über die Einsetzung und Bildung von Schiedsgerichten kann Vorsorge für den Fall getroffen sein, dass über die personelle Besetzung keine Einigkeit zu erzielen ist.[279]

83 Die von den Streitparteien getroffenen *Festlegungen über die Zuständigkeit, die Entscheidungsgrundlagen und das Verfahren* binden das Schiedsgericht. In allgemeinen Schiedsabkommen oder Schiedsklauseln (Rn 80f) fehlen sie häufig. Dann ist das Gericht befugt, seine Zuständigkeit für die unterbreitete Streitigkeit und das anwendbare Recht selbständig zu prüfen.[280]

84 Der mit der Mehrheit der Stimmen gefällte und zu begründende *Schiedsspruch* ist für die Parteien bindend und macht den Streit zur „res iudicata", sofern nicht ausnahmsweise Rechtsmittel vereinbart sind.[281] Allerdings kann der Spruch nichtig sein, insbes weil das Gericht seine Zuständigkeit überschritten oder wesentliche Verfahrensgrundsätze missachtet hat.[282]

d) Praktische Bedeutung

85 Als Instrument der Streitbeilegung besitzt die Schiedsgerichtsbarkeit eine *ungebrochene Attraktivität* für die Staaten, auch wenn die Häufigkeit der Inanspruchnahme in den letzten 150 Jahren geschwankt hat. Die Gründe liegen vor allem in den souveränitätsfreundlichen und zugleich flexiblen Möglichkeiten der Ausgestaltung. Die Konfliktparteien haben – im Unterschied zu internationalen Gerichten (Rn 87ff) – *entscheidenden Einfluss auf die Besetzung der Richterbank*, die gerichtliche Zuständigkeit und die Entscheidungsgrundlagen; sie können Schiedsgerichte auch anderen (Völker-)Rechtssubjekten, insbes Individuen, öffnen.

86 Was die *Bedeutung für die Entwicklung des Völkerrechts* anlangt, ist zunächst auf den nicht unerheblichen Einfluss zu verweisen, den die Schiedsgerichtsbarkeit als älterer Typ richterlicher Streiterledigung auf die Entstehung und den Ausbau internationaler Gerichte nach 1918, namentlich des StIGH und des IGH, gehabt hat.[283] In materieller Hinsicht verdankt das Völkerrecht der Schiedsgerichtspraxis zahlreiche wegweisende Entscheidungen. Sie betreffen ua das Neutra-

---

277 Kein unmittelbar entscheidungsbefugtes ständiges Schiedsgericht iSd Texts ist der Ständige Schiedshof in Den Haag. Seine missverständliche Bezeichnung verdeckt, dass er lediglich eine (administrative) Einrichtung ist, die dazu dienen soll, die schiedsgerichtliche Tätigkeit in Streitverfahren zu erleichtern, ua durch Vorhaltung einer Liste geeigneter Schiedsrichter. Näheres bei *Ando*, Permanent Court of Arbitration, MPEPIL VII, 251ff.
278 *Merrills*, International Dispute Settlement, 83ff.
279 ZB Art 55 mit 45 Abs 3–5 des Haager Abkommens zur friedlichen Beilegung von Streitigkeiten; Art 21 des Europäischen Übereinkommens zur friedlichen Beilegung von Streitigkeiten; vgl auch Art 3 der Model Rules (Fn 274).
280 *Merrills*, International Dispute Settlement, 86ff.
281 Art 78ff des Haager Abkommens zur friedlichen Beilegung von Streitigkeiten (Fn 228); Art 28ff der Model Rules (Fn 274).
282 Vgl *Oellers-Frahm*, Judicial and Arbitral Decisions: Validity and Nullity, MPEPIL VI, 520ff; vgl auch Art 35ff der Model Rules (Fn 274).
283 Vgl dazu *Schwarzenberger* (Fn 267) 10f.

litätsrecht,[284] die territoriale Souveränität,[285] das Recht zur Ergreifung von Gegenmaßnahmen[286] und den Fragenkreis der Staatenverantwortlichkeit.[287]

5. Der Internationale Gerichtshof
a) Grundlagen

Im Kontext der friedlichen Streitbeilegung wie im Vergleich zu anderen internationalen Gerichten kommt dem IGH eine *besondere Stellung* zu. Ihm sollen prinzipiell die Rechtsstreitigkeiten zwischen Mitgliedstaaten der UN unterbreitet werden (Art 36 Abs 3 UN-Charta).[288] Zusammen mit seinem Vorläufer der Völkerbundzeit, dem StIGH, ist er der Prototyp der internationalen Gerichte.[289] Als einziges dieser Gerichte, das Völkerrecht ohne Beschränkung auf ein bestimmtes Vertragssystem oder auf Spezialmaterien anwendet, ist nur der IGH geeignet, zum Gerichtshof der Staatenwelt schlechthin zu werden.[290] 87

Zum Verständnis der Rechtsstellung und Jurisdiktionsgewalt des IGH ist der *Rückblick auf seinen Vorläufer, den StIGH*, unentbehrlich (vgl auch Art 92 Satz 2 UN-Charta).[291] Der StIGH ist 1922 als permanentes, dh immer zugängliches und auf unbestimmte Zeit bestehendes Gericht[292] errichtet worden. Dem Einfluss der Parteien war er im Hinblick auf Zusammensetzung, anwendbares Recht und Verfahren – wie seither für internationale Gerichte typisch[293] – weitgehend entzogen. Hinzu kam die Erwartung, dass ein Gericht, dessen Zuständigkeit unabhängig von Schiedsvereinbarungen allgemeiner oder spezieller Art ist, durch seine Rechtsprechung wesentlich zur Stabilisierung des Friedens in der Staatenwelt und zur Kontinuität der völkerrechtlichen Entwicklung über den Einzelfall hinaus beitragen werde.[294] Diese Erwartung musste allerdings von vornherein begrenzt bleiben, weil eine vom Willen der Parteien unabhängige Zuständigkeit des StIGH in zwischenstaatlichen Streitigkeiten nicht erreichbar war. Als Ersatzlösung wurde die Möglichkeit geschaffen, die Zuständigkeit freiwillig durch eine besondere Staatenerklärung in allen Rechtsstreitigkeiten gegenüber jedem anderen Staat als obligatorisch anzuerkennen, der dieselbe Erklärung abgegeben hat (Art 36 Abs 2 IGH-Statut). Mit dieser *Fakultativklausel* verband sich die später enttäuschte Hoffnung, dass die „Vervielfachung" staatlicher Unterwerfungserklärungen im Laufe der Zeit einen Zustand herbeiführen werde, der der obligatorischen Gerichtsbarkeit zumindest nahe kommen würde.[295] 88

Die Aufgaben und Zuständigkeiten des IGH – 1946 als eines der sechs Hauptorgane der UN (Art 7 UN-Charta) geschaffen – stimmen weitgehend mit denen des StIGH überein. Die *maßgeblichen Vorschriften* ergeben sich im Wesentlichen (1) aus der *UN-Charta*, (2) aus dem *Statut* des IGH 89

---

284 *Alabama*-Fall (1872); dazu *Moore*, International Arbitrations, Bd I, 1898, 495 ff.
285 *Palmas*-Fall (1928), RIAA II, 829 ff; dazu *Häusler/Hofbauer*, Palmas Island Arbitration, MPEPIL VIII, 34 ff; *Beagle Kanal*-Fall (1977), ILM 17 (1978) 634, 738.
286 *Naulilaa*-Fall (1928), RIAA II, 1011; dazu *Pfeil*, Naulilaa Arbitration (Portugal v Germany), MPEPIL VII, 550 ff.
287 *Caire* u *Youmans*-Fälle (Fn 72); *I'm Alone*-Fall (1935), RIAA III, 1609 ff; dazu *Caminos*, I'm Alone, MPEPIL V, 82 ff; *Trail Smelter*-Fall (1938/41), RIAA III, 1903 ff; dazu *Miller*, Trail Smelter Arbitration, MPEPIL IX, 937 ff; *Lac Lanoux*-Fall (1957), RIAA XII, 281 ff; dazu *Epiney*, Lac Lanoux Arbitration, MPEPIL VI, 626 ff; *Rainbow Warrior*-Fall (1986), ILM 1987, 1346; dazu *Hoss/Morgan-Foster*, Rainbow Warrior MPEPIL VIII, 627 ff.
288 Dazu *Giegerich*, in Simma u a (Fn 222) Art 36 Rn 55 ff.
289 *Tomuschat* (Fn 222) Art 33 Rn 32. Zum Folgenden auch *Bernhardt* (Fn 272) 17 ff.
290 *Oellers-Frahm*, in Simma u a (Fn 222) Art 92 Rn 44.
291 Zum StIGH *Rosenne*, Permanent Court of International Justice, MPEPIL VIII, 259 ff; *Schwarzenberger* (Fn 267) 171 ff; *Spiermann*, in Zimmermann u a (Hrsg), ICJ Statute, Historical Introduction, jeweils mwN.
292 *Schwarzenberger* (Fn 267) 229. Kriegsbedingt stellte der StIGH seine Tätigkeit 1940 ein und wurde 1946 formell aufgelöst.
293 Vgl *Tomuschat*, International Courts and Tribunals, MPEPIL V, 499 (500).
294 *Grewe* (Fn 267) 721; *Oellers-Frahm*, Probleme und Grenzen der obligatorischen Gerichtsbarkeit, AVR 27 (1989) 442 ff.
295 Vgl *Oellers-Frahm* (Fn 290); *Tomuschat*, in Zimmermann u a (Hrsg), ICJ Statute, Art 36 Rn 61 ff.

und der es ergänzenden *Verfahrensordnung*. Bereits nach der Charta obliegt dem IGH die gerichtliche Streiterledigung (Art 92), soweit die Staaten diese Aufgabe nicht anderen internationalen Gerichten, etwa dem ISGH, dem IStGH oder dem EGMR, aber auch speziellen Justizinstanzen innerhalb des UN-Systems übertragen (haben) (Art 95). Des Weiteren enthält die Charta die grundlegenden Aussagen über den Zugang zum Gerichtshof (Art 93), über die rechtlichen Konsequenzen seiner Entscheidungen (Art 94) und die Antragsberechtigung der politischen Organe der UN zur Einholung von Rechtsgutachten (Art 96). Demgegenüber sind die Gerichtsverfassung sowie das Verfahren in Streitsachen und bei Gutachten im Statut und in der Verfahrensordnung v 14.4. 1978[296] geregelt. Das Statut selbst ist integraler Bestandteil der Charta und unterliegt deshalb in Bezug auf Abänderungen und Rang den Regeln der Charta (Art 69 IGH-Statut; Art 103 UN-Charta). Die Verfahrensordnung wird vom Gerichtshof nach Art 30 des Statuts erlassen; sie ist diesem rangmäßig nachgeordnet.

b) Zuständigkeit

90 Die *Zuständigkeit des IGH zur Entscheidung in Streitsachen* erstreckt sich nur auf solche *zwischen Staaten* (Art 34 Abs 1 IGH-Statut). Mitgliedstaaten der UN steht der IGH ohne weiteres offen (Art 93 Abs 1 UN-Charta, 35 Abs 1 IGH-Statut).[297]

91 Aus der Berechtigung, den IGH in zwischenstaatlichen Streitsachen in Anspruch zu nehmen, folgt noch nicht, dass der Staat dessen Gerichtsbarkeit unterworfen ist. Hinzukommen muss ein *besonderer Einwilligungsakt* (vgl schon Rn 73). Er kann auf verschiedene Weise zustande kommen:[298]

(1) ad hoc durch einen *Schiedskompromiss* der Streitparteien, der die Zuständigkeit des IGH für den Einzelfall begründet,[299] oder durch *rügelose Einlassung* zur Sache in einem beim IGH anhängigen Prozess (sog „forum prorogatum");[300]
(2) durch *Unterwerfung* in bilateralen oder multilateralen Abkommen[301] sowie
(3) durch einseitige Staatenerklärung gemäß der sog Fakultativklausel des Art 36 Abs 2 IGH-Statut (vgl Rn 88).

92 Besonderer Betrachtung bedarf die *einseitige Staatenerklärung*. Sie bezieht sich nach Art 36 Abs 2 IGH-Statut auf dort näher bezeichnete Kategorien von Rechtsstreitigkeiten und begründet die Gerichtsbarkeit des IGH im Verhältnis zu jedem anderen Staat, der dieselbe Erklärung abgegeben hat. Dementsprechend überträgt sie dem IGH die Zuständigkeit nur in dem Maße, in dem sich die Erklärungen decken.[302] Maßgebend ist dabei der Zeitpunkt der Klageerhebung.[303] Die

---

296 *Oellers-Frahm/Zimmermann* (Fn 274) I 41 ff; Verfahrensordnung zuletzt geänd mit Wirkung v 14.4.2005 (Sart II Nr 3).
297 Gemäß Art 93 Abs 2 IGH-Statut werden Staaten, die nicht Mitglieder der UN sind, aber dem Statut des IGH beitreten, durch besondere Resolutionen der Generalversammlung zugelassen. Nach Art 35 Abs 2 des IGH-Statuts ist der Zugang zum Gericht auch den Staaten eröffnet, die weder Mitgliedstaaten der UN noch Vertragsparteien des Statuts sind, wenn sie die Zuständigkeit des IGH zu den vom Sicherheitsrat in der Resolution 9 (1946) festgelegten Bedingungen akzeptieren. Diese Regelungen sind jedoch kaum mehr von Bedeutung, weil inzwischen alle 192 Staaten Vertragsparteien des Statuts sind.
298 Umfassend: *Tomuschat* (Fn 295) Rn 33 ff.
299 So das Verfahren zwischen El Salvador und Honduras über Grenzstreitigkeiten: ICJ Rep 1987, 176; dazu *Thirlway*, Compromis, MPEPIL II, 564 ff.
300 Vgl IGH im *Anglo-Iranian Oil*-Fall, ICJ Rep 1952, 93, 113; *Certain Questions of Mutual Assistance in Criminal Matters*, ICJ Rep 2008, 177, 204 (§ 62); dazu vgl *Grote*, Case concerning Certain Questions of Mutual Assistance in Criminal Matters (Djibouti v France), MPEPIL II, 1 ff.
301 Etwa Art I des Fakultativen Zusatzprotokolls zur Wiener Konsularrechtskonvention: IGH, ICJ Rep 1998, 248 [*Breard*]; ICJ Rep 1999-I, 9 [*La Grand I*].
302 Vgl IGH im Falle der *Norwegischen Anleihen*, ICJ Rep 1957, 9, 23 f.
303 Dazu IGH in *Nicaragua*, ICJ Rep 1984, 392, 419 f.

Unterwerfungserklärung wird beim Generalsekretär der UN hinterlegt, der die Parteien des IGH-Statuts und den IGH davon in Kenntnis setzt (Art 36 Abs 4 IGH-Statut). Ihre Kenntnisnahme durch den Prozessgegner ist keine Zulässigkeitsvoraussetzung.[304] Aus der Unterwerfungserklärung folgt keine Verpflichtung, den Gerichtshof bei Streitigkeiten iSd Art 36 Abs 2 IGH-Statut einzuschalten, sondern sich auf entsprechende Klagen einzulassen, wobei dem Beklagten alle Zuständigkeitseinwände offen stehen, die dem Kläger aus dessen Unterwerfungserklärung in einer etwaigen Verteidigungssituation (als Beklagtem) zustünden. Ende 2014 haben 70 der 192 Vertragsparteien des IGH-Statuts den IGH auf diese Weise als obligatorisch anerkannt, darunter auch die BR Deutschland. Diese bescheidene Bilanz wird noch ungünstiger, wenn man hinzunimmt, dass die Staatenerklärungen die Gerichtsbarkeit idR nur *befristet und/oder sachlich eingeschränkt* anerkennen. Derartige *Vorbehalte* sind grundsätzlich zulässig (Art 36 Abs 3 IGH-Statut).[305] In ihrer inhaltlichen Formulierung sind die Staaten weitgehend frei, und sie sind auch nicht restriktiv zu interpretieren.[306] Soweit danach die Reichweite der obligatorischen Zuständigkeit dem Ermessen der Staaten anheimgestellt wird, höhlen die Vorbehalte die Zuständigkeit des IGH zT in bedenklicher Weise aus.[307] Das gilt vor allem für den auch von anderen Staaten übernommenen Vorbehalt der USA, wonach Streitigkeiten über innere Angelegenheiten der Entscheidung des IGH entzogen sind und der Umfang der inneren Angelegenheiten ausschließlich von den USA selbst bestimmt wird (sog *Connally-Vorbehalt*).[308] Seine Wirksamkeit ist umstritten, weil der Umfang staatsinterner Angelegenheiten (schon im Hinblick auf Art 36 Abs 6 IGH-Statut) nicht von den Staaten „authentisch" interpretiert werden kann. Einschränkende Auswirkungen auf die Zuständigkeit des IGH kann auch der ebenfalls auf die USA zurückgehende sog *Vandenberg-Vorbehalt* haben. Danach umfasst die Unterwerfung unter die Gerichtsbarkeit Streitigkeiten, die aus einem multilateralen Vertrag entstehen, nicht, es sei denn, „(1) all parties to the treaty affected by the decision are also parties to the case before the Court or (2) the United States of America specially agree to jurisdiction".[309] Aber auch jenseits der Vorbehaltspraxis sind die Erfahrungen mit der Unterwerfung durch einseitige Staatenerklärungen nicht sonderlich positiv. So haben beklagte Staaten immer wieder unter Berufung auf die angeblich „politische Qualität" des Streits[310] am Verfahren nicht teilgenommen und eine gegen sie ergangene Entscheidung nicht akzeptiert.[311] Manches spricht deshalb dafür, dass erst die Unterwerfung eines Staats im Einzelfall eine vollwirksame Mitwirkung am Verfahren vor dem IGH sicherstellt.

In besonderer Weise Ausdruck der (Justiz-)Organstellung innerhalb der UN[312] ist die *Zuständigkeit des IGH für Gutachten*[313] über jede nach Völkerrecht zu beurteilende abstrakte oder in concreto strittige Rechtsfrage auf Antrag der Generalversammlung oder des Sicherheitsrats (Art 96 Abs 1 UN-Charta). Die Generalversammlung hat diese Antragsberechtigung auf den WSR,

93

---

304 IGH, ICJ Rep 1998, 275 (para 25 ff) *[Land- und Seegrenze zwischen Kamerun und Nigeria]* unter Bekräftigung von IGH, ICJ Rep 1957, 146 ff *[Durchgangsrecht über indisches Gebiet].*
305 Dazu *Tomuschat* (Fn 295) Rn 76 ff.
306 Dazu IGH im *Estai*-Fall, ICJ Rep 1998, 432, 452 f (§§ 44 u 46).
307 Zu Recht krit das Sondervotum des Vizepräsidenten *Weeramantry* im *Estai*-Fall, ICJ Rep 1998, 496 ff.
308 Zu ihm *Stahn*, Connally Reservation, MPEPIL II, 662 ff; *Oellers-Frahm* (Fn 294) 445 f; *Tomuschat* (Fn 295) Rn 88. Die USA haben ihre Unterwerfungserklärung sofort nach der Klage von Nicaragua zurückgezogen.
309 Dazu IGH im *Nicaragua*-Fall, ICJ Rep 1986, 421 ff; vgl auch *Tomuschat* (Fn 295) Rn 89.
310 Zu deren abweisender Behandlung vgl *Isländischer Fischerei*-Streit, ICJ Rep 1974, 34 u 205; *Teheraner Geisel-Fall*, ICJ Rep 1980, 44; *Nicaragua*-Fall (militärische und para-militärische Aktionen), ICJ Rep 1984, 392; Fall der bewaffneten Grenzzwischenfälle, ICJ Rep 1988, 91; *Rosenne*, International Court of Justice (ICJ), MPEPIL V, 475 f.
311 Dazu *Sinclair*, Some Procedural Aspects of Recent International Litigation, ICLQ 30 (1981) 338 ff; *Bowett* (Fn 264) 204 ff; *Oellers-Frahm* (Fn 290) Rn 97.
312 *Oellers-Frahm*, in Simma u a (Fn 222) Art 96 Rn 4; eingehend *Amr*, The Role of the International Court of Justice as the Principal Organ of the United Nations, 2003, 110 ff.
313 *Thirlway*, Advisory Opinion, MPEPIL I, 97 ff.

den Treuhandrat und nahezu alle Sonderorganisationen, begrenzt auf den jeweiligen Tätigkeitsbereich, erweitert (Art 96 Abs 2 UN-Charta).[314] Der IGH ist nicht verpflichtet, das beantragte Gutachten zu erstatten (Art 96 IGH-Statut), hat sich jedoch auf den Standpunkt gestellt, dass er in Anbetracht seiner Kooperationsverpflichtung mit den Organen der UN einen Antrag nur aus zwingenden Gründen ablehnen könne.[315] Die vom IGH erstatteten Gutachten sind nicht bindend. Dies ergibt sich schon daraus, dass es im Bereich der Gutachten eine Art 94 UN-Charta entsprechende Regelung nicht gibt.

94 Ist die Zuständigkeit des IGH einmal begründet, wird sie durch die Anrufung des Sicherheitsrats in derselben Angelegenheit nicht beendet.[316] Grund hierfür sind die unterschiedlichen Zuständigkeitsbereiche von IGH und Sicherheitsrat. Zudem fehlt es an einer Bestimmung, die das parallele Tätigwerden ausdrücklich untersagt, wie dies Art 12 UN-Charta für das parallele Tätigwerden von Sicherheitsrat und Generalversammlung regelt.

c) Ius standi

95 In Streitsachen nimmt der klagende Staat die Zuständigkeit des IGH in der Regel in Anspruch, um die Verletzung eigener Rechtspositionen geltend zu machen. Seine Klagebefugnis, das *ius standi (standing)*, ist dann unproblematisch. Anders verhält es sich, wenn er sich nicht auf eigene Rechte, sondern, insbes als Vertragspartner eines multilateralen Vertrags, auf dessen Verletzung durch den beklagten Staat, der gleichfalls Vertragspartner ist, beruft. Der IGH hat das Interesse an der Einhaltung des Vertrages neuerdings für Bestandteile mit erga omnes-Wirkung (vgl Rn 16) als ius standi akzeptiert, noch weitergehend und ohne Thematisierung der Klagebefugnis zuletzt auch bei Verletzung vertraglicher Schutznormen zugunsten internationaler Räume wie der Antarktis.[317]

d) Entscheidungsmaßstab

96 Nach Art 38 Abs 1 IGH-Statut entscheidet der IGH auf der Grundlage einschlägigen *Vertragsrechts*, sollte es hieran fehlen, auf der Grundlage des *Völkergewohnheitsrechts*. Zusätzlich – insbes zur Lückenfüllung – kann er die von den „zivilisierten Staaten anerkannten *allgemeinen Rechtsgrundsätze*" heranziehen, ferner als Hilfsmittel zur Feststellung des geltenden Völkerrechts völkerrechtliche *Gerichtsentscheidungen* und *Lehrmeinungen* anerkannter Völkerrechtsautoren. Bei der Auslegung und Anwendung des geltenden Völkerrechts sind auch Billigkeitsgesichtspunkte zu berücksichtigen.[318] Die Entscheidung ex aequo et bono, die Art 38 Abs 2 IGH-Statut vorsieht, geht noch darüber hinaus. Hier kann der IGH die Grenzen des positiven Völkerrechts beiseite schieben und die für den Streit „billigste" iSv gerechteste Lösung zugrunde legen.[319] Er wird als individueller Gesetzgeber für die Streitparteien tätig. Darin liegt wohl der Hauptgrund, weshalb das Verfahren nach Art 38 Abs 2 IGH-Statut bisher nicht angewandt worden ist.

e) Organisation

97 Der IGH besteht aus *fünfzehn Richtern verschiedener Staatsangehörigkeit* (Art 3 IGH-Statut). Sie werden von der Generalversammlung und dem Sicherheitsrat in getrennten Wahlen auf neun

---

314 Vgl die Ablehnung des Gutachtens WHO, *Legality of the Threat or Use of Nucear Weapons*, ICJ Rep 1996, 66 ff.
315 Näheres mwN *Oellers-Frahm* (Fn 312) Rn 22 ff.
316 Vgl *Stein/von Buttlar* (Fn 91) Rn 968 ff mwN.
317 S die Urteile in den Fällen *Auslieferung* (ICJ Rep 2012, 422, § 66 f) u *Whaling* (ICJ Rep 2014, 107 ff).
318 Dazu IGH im *Tunesisch-libyschen Festlandsockel*-Streit, ICJ Rep 1982, 18, 60.
319 Näher *Pellet*, in Zimmermann u a (Hrsg), ICJ Statute, Art 38 Rn 152 ff.

Jahre gewählt (Art 4, 8, 13 IGH-Statut). Alle drei Jahre wird ein Drittel der Richter neu gewählt. Wiederwahl ist zulässig (Art 13 IGH-Statut). Gewählt ist, wer in beiden Organen die absolute Mehrheit der Stimmen erhalten hat (Art 10 IGH-Statut). Die Grundlage der Wahl bilden zahlenmäßig begrenzte und alphabetisch geordnete Kandidatenvorschläge nationaler Gruppen iSd Art 44 Haager Abkommen zur friedlichen Beilegung von Streitigkeiten (Art 5 Abs 2, 7 IGH-Statut). Staaten, die an diesem Abkommen nicht beteiligt sind, bilden die nationalen Gruppen in Analogie zu Art 44 (Art 4 Abs 1 u 2 IGH-Statut). Die Auswahl der Richter bestimmt sich weder de iure noch de facto ausschließlich nach der persönlichen Qualifikation. So dringt bereits infolge der Kandidatenbenennung der Gedanke nationaler Repräsentation und Interessen in die Besetzung des Gerichts ein. Ferner verlangt Art 9 IGH-Statut, dass die zu wählenden Richter „die Vertretung der hauptsächlichen Formen der Zivilisation und der hauptsächlich geltenden Rechtssysteme der Welt gewährleisten". Diese Formel verkennt, dass die Welt nicht aus klar abgrenzbaren Regionen und Rechtssystemen besteht. Andererseits wiederum verlangt Art 2 IGH-Statut eine Wahl höchstqualifizierter Bewerber ohne Rücksicht auf ihre Staatsangehörigkeit. Diese *Gemengelage nationaler und internationaler Elemente bei der Besetzung* führt in der Praxis dazu, dass die nationalen Regierungen auf die Nominierung der Kandidaten erheblichen Einfluss nehmen und die *geographische Repräsentation* eine gewichtige *Rolle* spielt. Momentan kommen vier Richter aus den europäischen Staaten, einer aus den USA, zwei aus Südamerika, drei aus Afrika und fünf aus den asiatischen und australischen Staaten.[320] Die fünf ständigen Mitglieder des Sicherheitsrats waren bisher immer vertreten.

Die *Rechtsstellung der Richter* ist durch Unabhängigkeit und Unparteilichkeit, berufliche Inkompatibilitäten und streitbezogene Ausschließungsvorschriften gekennzeichnet (Art 2, 16–18, 24 IGH-Statut). Richter, die Staatsangehörige der im Streit befindlichen Staaten sind (sog nationale Richter), dürfen bei der Entscheidung des Streitfalls mitwirken (Art 31 Abs 1 IGH-Statut). In der Gerichtspraxis hat sich lediglich durchgesetzt, dass das Präsidentenamt nicht von einem nationalen Richter ausgeübt wird. Darin liegt keine Durchbrechung eines allgemeinen Befangenheitsverbots, sondern ein weiterer Einbruch nationalstaatlicher Interessen in die internationale Gerichtsbarkeit. Staaten unterwerfen sich dieser nur, wenn sie ihre Interessen bei den Entscheidungen des Gerichts angemessen berücksichtigt sehen. Dieses Zugeständnis ist auch Grundlage der Einrichtung der *ad hoc Richter* im Streitverfahren.[321] Ist in einem Streit nur eine Partei durch einen ständigen Richter ihrer Staatsangehörigkeit vertreten, so kann die andere Partei einen Richter, der ihr Vertrauen genießt, für den Streit benennen. Dieser wirkt dann mit vollen richterlichen Rechten an der Rechtsfindung mit (Art 31 Abs 2 IGH-Statut). Ist keine der Parteien durch einen Richter ihrer Staatsangehörigkeit vertreten, besitzen beide das Benennungsrecht (Art 31 Abs 3 IGH-Statut). Die ad hoc-Richter sollen wie die ständigen Richter qualifiziert sein und dürfen an dem Streit nicht schon in anderer Eigenschaft beteiligt gewesen sein (Art 31 Abs 6 IGH-Statut). Da für sie die richterlichen Inkompatibilitäten nicht gelten und sie in der Praxis regelmäßig für ihr Land stimmen, ist die Verpflichtung zur unparteiischen Entscheidung problematisch. Ihre Unabhängigkeit ist faktisch geringer als die der nationalen Richter, die teilweise auch gegen ihr Land gestimmt haben. Am Benennungsmodus und der damit verbundenen ungenügenden Unabhängigkeit setzt deshalb die Kritik an der Einrichtung der ad hoc-Richter ein.[322]

Aus dem Kreise der fünfzehn Richter werden der *Präsident und Vizepräsident* gewählt (Art 21 IGH-Statut). Der Präsident leitet die gesamte Tätigkeit des Gerichts und ist für die Gerichtsver-

---

320 Diese Aufteilung ergibt sich, wenn Russland zu Asien gezählt wird.
321 In Gutachtenverfahren besteht das Recht, ad hoc-Richter zu benennen, nach Maßgabe von Art 102 Abs 3 Verfahrensordnung.
322 Dazu *Walter*, Rechtsschutz durch den Internationalen Gerichtshof, in Ehlers/Schoch (Hrsg), Rechtsschutz im öffentlichen Recht, 2009, § 1 Rn 46 u *Epping* (Fn 222) § 49, jeweils mwN.

waltung verantwortlich. Im Übrigen sind ihm im Einzelnen nichtrichterliche Funktionen übertragen. Dem vom Gerichtshof auf sieben Jahre gewählten *Kanzler* (Art 21 IGH-Statut) unterstehen die gesamten „Dienste" der Kanzlei, von denen hier nur die Geschäftsstellen und die Übersetzungsaufgaben sowie die Vorbereitung der Veröffentlichungen des Gerichts genannt seien (Art 26 Verfahrensordnung).

100   Seine richterliche Tätigkeit übt der Gerichtshof regelmäßig als *Plenum* aus, wobei neun Richter zur Beschlussfähigkeit genügen (Art 25 IGH-Statut). Für *Eilentscheidungen* besteht obligatorisch eine aus fünf Richtern gebildete Kammer, die auf Antrag der Parteien tätig wird (Art 29 IGH-Statut). Der Gerichtshof kann ferner fakultativ aus mindestens drei Richtern bestehende *Kammern* zur ständigen Erledigung bestimmter Angelegenheiten einsetzen (Art 26 Abs 1 IGH-Statut). Davon ist kaum Gebrauch gemacht worden. Schließlich kann er, was häufiger geschehen ist, Kammern mit Zuständigkeiten in einem konkreten Streit (ad hoc Kammern) bilden, wobei die Zahl der Richter vom Gerichtshof mit Zustimmung der Parteien festgesetzt (Art 26 Abs 2 IGH-Statut) und in der konkreten Zusammensetzung die Ansicht der Parteien berücksichtigt wird (Art 17 Verfahrensordnung).[323]

f) Grundzüge des Streitverfahrens

101 Das Streitverfahren[324] besteht aus einem *schriftlichen und mündlichen,* idR öffentlichen *Teil* (Art 43 Abs 1, 46 IGH-Statut). Es wird nach Vereinbarung der Parteien in Französisch oder Englisch durchgeführt, bei fehlender Einigung sind beide Sprachen zugelassen. Dann werden auch die Entscheidungen des IGH in beiden Sprachen erlassen, und der Gerichtshof bestimmt, welcher Text maßgebend ist. Ausnahmsweise kann auf Antrag einer Partei dieser die Benutzung einer anderen Sprache gestattet werden (Art 39 IGH-Statut). Die Parteien müssen sich im Verfahren durch einen staatlichen Repräsentanten vertreten lassen. In der Praxis werden vielfach Rechtsberater des Außenministeriums benannt. Zusätzlich können sich die Parteien der Hilfe von Rechtsbeiständen und Anwälten bedienen und setzen dazu meist Völkerrechtsexperten mit Erfahrung in Prozessen vor internationalen Gerichten ein (Art 42 IGH-Statut).

102   Das *schriftliche Verfahren* wird durch Einreichung des speziellen Abkommens, das die Zuständigkeit des IGH begründet und definiert, oder durch eine Klageschrift eingeleitet. Streitgegenstand und Parteien müssen in beiden Fällen genau bezeichnet sein (Art 40 Abs 1 IGH-Statut). Staaten, die nicht Parteien des Streitverfahrens sind, können diesem beitreten, wenn ihre rechtlichen Interessen berührt (Art 62 IGH-Statut) oder sie Vertragsparteien eines im Verfahren umstrittenen internationalen Vertrags sind (Art 63 IGH-Statut). Nur im letzteren Falle besteht ein Rechtsanspruch auf Beitritt. An die Einleitung des Streitverfahrens schließt sich die erschöpfende schriftsätzliche Behandlung des Streitfalls an. Dabei müssen bereits sämtliche prozesshindernde Einwände, insbes gegen die Zuständigkeit des IGH, geltend gemacht werden. Über sie wird idR vorab entschieden (Art 67 Verfahrensordnung). Bei rügeloser Einlassung zur Sache ist die Zuständigkeit, auch wenn sie nicht bestanden haben sollte, „prorogiert" (Rn 92).

103   In der *mündlichen Verhandlung* werden – allerdings selten, weil Beweise meist durch Dokumente geführt werden – Zeugen und Sachverständige gehört.[325] Die Parteien haben ihre

---

323 Dazu *Oellers-Frahm* (Fn 290) Rn 76 ff; *Mackenzie,* International Courts and Tribunals, Chambers, MPEPIL V, 537 ff.
324 Das Gutachtenverfahren stimmt im Wesentlichen mit dem des Streitverfahrens überein; allerdings ist das mündliche Verfahren nicht obligatorisch, und es fehlt die im Streitverfahren übliche Trennung in Prozess- und Sachfragen. Umfangreichere Darstellungen bei *Fitzmaurice,* The Law and Procedure of the International Court of Justice, 2 Bde, 1995; *Rosenne,* The Law and Practice of the International Court, 4 Bde, 4. Aufl 2005; *Thirlway,* International Court.
325 Auch Ortstermine sind möglich, aber äußerst selten: *Tomka/Wordsworth,* The First Site Visit of the ICJ in Fulfilment of its Judicial Function, AJIL 92 (1998) 133 ff.

„Schlussanträge" zu stellen, die eine Zusammenfassung des Streitgegenstands und des Begehrens darstellen (Art 48 IGH-Statut). Ersterer ist damit abschließend bestimmt, der IGH bei seiner Entscheidung an ihn gebunden.

Urteile werden bei geheimer Beratung mit Stimmenmehrheit der anwesenden Richter gefällt. Bei Stimmengleichheit gibt die Stimme des Präsidenten den Ausschlag (Art 55 IGH-Statut). Teilen Richter die Mehrheitsentscheidung in Ergebnis oder Begründung nicht, sind sie berechtigt, dem Urteil ihre persönliche Ansicht schriftlich beizufügen (Art 57 IGH-Statut). Ansichten, die von der Mehrheit nur in der Begründung abweichen, werden „separate opinions", solche, die auch iE abweichen, „dissenting opinions" genannt. Die Einrichtung der persönlichen Ansicht dient institutionell der Stärkung der richterlichen Unabhängigkeit. Für die Tragweite und Überzeugungskraft der Urteile des IGH sind die persönlichen Ansichten der Richter unentbehrlich. Die Urteile sind nur für die Streitparteien bindend und erwachsen in *formelle Rechtskraft*, da es Rechtsmittel gegen sie nicht gibt (Art 59, 60 IGH-Statut). Die Befugnis der Urteilsparteien, den IGH zur streitig gewordenen Auslegung seines Urteils anzurufen (Art 60 IGH-Statut) – über den Antrag wird durch Feststellungsurteil entschieden –, lässt die formelle Rechtskraft des auszulegenden Urteils unberührt. Denn das Auslegungsurteil darf den Inhalt des auszulegenden Urteils in der Sache nicht verändern, sondern nur seine Tragweite bestimmen. Damit ist zugleich gesagt, dass Urteile des IGH auch *materiell rechtskräftig* idS werden, dass der durch sie entschiedene Fall nicht mehr von den Parteien vor den IGH gebracht werden kann (Art 59 IGH-Statut). Die Bestimmung dessen, was in materielle Rechtskraft erwachsen ist, kann im Einzelfall schwierig sein. Ausschlaggebend ist jedenfalls der Urteilstenor, der durch die tragenden Entscheidungsgründe näher bestimmt wird. Nur im Wiederaufnahmeverfahren, das auf neue, im Zeitpunkt des Urteils unverschuldet unbekannt gebliebene Tatsachen gestützt werden muss (Art 61 IGH-Statut), kann die materielle Rechtskraft ausnahmsweise beseitigt und der Streitfall von neuem aufgerollt werden. **104**

In jeder Lage des Verfahrens, aber begrenzt auf dessen Dauer, kann der IGH auf Antrag einer der Parteien oder ausnahmsweise von Amts wegen *vorsorgliche Maßnahmen* erlassen, die ihm notwendig erscheinen, um eine Vereitelung der Rechtsverwirklichung einer der Parteien zu verhindern (Art 41 IGH-Statut). Die Maßnahmen müssen von den Parteien befolgt werden und sind auch zulässig, wenn die Zuständigkeit des IGH noch bestritten, aber prima facie gegeben ist.[326] **105**

Die *Durchführung der Entscheidungen*[327] ist nicht Aufgabe des Gerichts, sondern der Parteien. Diese sind nach Art 94 Abs 1 UN-Charta zur Befolgung verpflichtet. Dies gilt sowohl hinsichtlich der Urteile wie vorläufiger Maßnahmen (Rn 105). Bei *Nichtbefolgung* stehen dem aus der Entscheidung berechtigten Staat die im allgemeinen Völkerrecht zulässigen Sanktionen (Rn 108 ff) zur Verfügung. Zudem kann er nach Art 94 Abs 2 UN-Charta den Sicherheitsrat anrufen, der nach seinem Ermessen über die zur Durchsetzung von Urteilen und – zweifelhafter – vorsorglichen Maßnahmen[328] angemessenen Empfehlungen und Maßnahmen beschließt. Die Effektivität dieser Prozedur wird wesentlich beeinträchtigt, wenn ständige Mitglieder des Sicherheitsrats, die aus einer Entscheidung des IGH verpflichtet sind, über das Veto-Recht iSd Art 27 Abs 3 UN-Charta verfügen.[329] **106**

---

326 Der IGH hat die Verbindlichkeit aller vorläufigen Maßnahmen besonders deutlich in seinem Urteil v 27.6.2001 im *La Grand II*-Fall betont. Aus der Rspr zu Interimsmaßnahmen im übrigen *Nukleartest*-Fälle, ICJ Rep 1973, 99, 135; *Teheraner Geisel*-Fall, ICJ Rep 1980, 2 ff; *Nicaragua*-Fall (Provisional Measures), ICJ Rep 1984, 169, 186; *Großer Belt*-Fall, ICJ Rep 1991, 12 ff; *Völkermordkonvention*-Fall, ICJ Rep 1993, 3 ff; *Breard*-Fall, ICJ Rep 1998, 248 ff. Detaillierte Analyse bei *Kempen/He*, The Practice of the International Court of Justice on Provisional Measures, ZaöVR 69 (2009) 919 ff; zum Ganzen auch *Oellers-Frahm*, in Zimmermann u a (Hrsg), ICJ Statute, Art 41.
327 Zum Folgenden eingehend *Oellers-Frahm*, in Simma u a (Fn 222) Art 94 Rn 3 f; *Bernhardt*, in Zimmermann u a (Hrsg), ICJ Statute, Art 59 Rn 52 ff.
328 *Oellers-Frahm* (Fn 327) Rn 20.
329 Str, vgl *Oellers-Frahm* (Fn 327) Rn 26 ff mwN.

g) Bilanz

107 Bis Ende 2014 sind vor dem IGH 161 Rechtssachen anhängig gemacht worden. Daraus sind bisher insgesamt 25 Rechtsgutachten und 99 Urteile hervorgegangen.[330] Gewiss darf diese Bilanz nicht nur „statistisch" bewertet werden. Der IGH hat durch seine Judikatur maßgeblich zur Inhaltsbestimmung des geltenden Völkerrechts beigetragen und darüber hinaus Anstöße zur Fortentwicklung gegeben.[331] Er ist freilich kein Gerichtshof, der über alle internationalen Streitfälle entscheiden kann. Die Staaten können andere internationale Gerichte damit betrauen (etwa im Seerecht und Völkerstrafrecht). Dafür sprechen bei zunehmender Ausdifferenzierung und Spezialisierung der Völkerrechtsordnung im Einzelfall materiespezifische Gründe,[332] mit dem Ergebnis, dass bei allen Unterschieden im Detail ein allgemeines internationales Verfahrensrecht entsteht. Von materiespezifischen Einschränkungen abgesehen ist die Zuständigkeit des IGH auch dadurch begrenzt, dass es sich nach wie vor um ein Staatengericht handelt – I.O. haben kein Klagerecht[333] – und sich nur etwa ein Drittel der Staaten der Zuständigkeit unterworfen hat (Rn 92).

V. Sanktionen

1. Allgemeine Kennzeichnung
a) Begriff und Abgrenzung

108 Der Begriff der Sanktionen hat keinen festgefügten oder unstr Inhalt.[334] Im Völkerrecht bezeichnet er herkömmlich Maßnahmen, die auf eine Völkerrechtsverletzung reagieren und darauf gerichtet sind, *den verantwortlichen Staat mittels Zufügung von (Rechts-)Nachteilen – etwa dem Entzug von Rechten oder Vergünstigungen oder deren Vorenthaltung – zur Einstellung seines völkerrechtswidrigen Verhaltens zu bewegen.*[335] Sanktionen sind demnach besondere Mittel zur Durchsetzung des Völkerrechts, aber mit diesen nicht identisch. Denn es kann materiespezifisch Mechanismen der Durchsetzung[336] geben, die nicht auf „Repression" des Verletzers gerichtet sind, sondern die Durchsetzung des Völkerrechts in erster Linie mit Mitteln kooperativer Art erreichen sollen. So gibt es im internationalen Umweltrecht, im Begriff „compliance control" zusammengefasst, vielfach ein Vertragsmanagement, dessen Instrumente institutioneller und prozeduraler Art auf partnerschaftliche Verwirklichung des

---

330 Vgl <http://www.icj-cij.org/docket/index.php?p1=3>. Zusammenstellung der wichtigsten Fälle des IGH bei *von Arnauld* (Fn 6) Anhang; *Dörr*, Kompendium völkerrechtlicher Rechtsprechung, 2. Aufl 2014; *Heintschel von Heinegg*, Casebook Völkerrecht, 2004.
331 Das gilt etwa für die *Rechtsquellen* (Gewohnheitsrecht: *Festlandsockel in der Nordsee*, ICJ Rep 1969, 3ff; einseitige Akte: *Nukleartest*-Fall, ICJ Rep 1974, 253 u 457), die *Wahrnehmung diplomatischer Schutzrechte einschließlich des Fremdenrechts* (*Nottebohm*, ICJ Rep 1955, 4ff; *Barcelona-Traction*, ICJ Rep 1970, 3ff; *ELSI*, ICJ Rep 1989, 15), die *Befugnis zur Anwendung von Gewalt* (*Nicaragua*-Fall, ICJ Rep 1986, 14ff; *Armed Activities*, ICJ Rep 2005, 168), das *Selbstbestimmungsrecht der Völker* (*Osttimor*, ICJ Rep 1995, 90; *Kosovo*-Gutachten, ICJ Rep 2010, 403), den *Umweltschutz* (*Gabčikovo-Nagymaros*, ICJ Rep 1997, 7; *Pulp Mills*, ICJ Rep 2010, 14; *Whaling*, ICJ Rep 2014, 107), die *Menschenrechte* (*Diallo*, ICJ Rep 2010, 639), die *Staatenimmunität* (*Ferrini*, ICJ Rep 2012, 99) u *den Status I.O.* (Mitgliedschaft in den UN, ICJ Rep 1948, 57ff; Geltendmachung von Ansprüchen, ICJ Rep 1949, 174ff). Zum Ganzen vgl die aktuelle systematisch angelegte Analyse der Rechtsprechung bei *Thirlway*, International Court.
332 Dazu *Tomuschat* (Fn 293) 561f; *Pellet*, Judicial Settlement of International Disputes, MPEPIL VI, 526 (540); *Shaw*, International Law, 6. Aufl 2008, 1115ff; *Epping* (Fn 222) § 55 Rn 34; krit *Walter* (Fn 322) Rn 64ff; *Gaja*, in: Zimmermann u a (Hrsg), ICJ Statute, vor Art 34.
333 Näher zu den Möglichkeiten I.O., Rechtsfragen zu klären, vgl *Dupuy*, in: Zimmermann u a (Hrsg), ICJ Statute, Art 34 Rn 26 ff.
334 Vgl *Wengler* (Fn 7) 526f; *Combacau* (Fn 4) 311.
335 Das Merkmal der Zufügung von Rechtsnachteilen betont mit Recht *Combacau* (Fn 4) 313.
336 Übersicht bei *Dahm/Delbrück/Wolfrum* (Fn 5) 89ff.

Rechts zielen, etwa durch (konsentierte) Inspektion- und Überwachung oder Erfüllungshilfen.[337]

Ob von der nach Völkerrecht bestehenden Möglichkeit, Sanktionen zu verhängen, Gebrauch gemacht wird, entscheiden der oder die verletzten Staaten grundsätzlich nach freiem Ermessen. Deshalb kann von dem mit einer Sanktion belegten Staat nicht eingewandt werden, bei anderen vergleichbaren Sachverhalten seien Sanktionen unterblieben. Es gibt keine Gleichbehandlung in der Sanktionspraxis. 109

b) Beschränkung des Begriffs auf Maßnahmen Internationaler Organisationen
Vielfach wird der Sanktionsbegriff heute auf kollektive Maßnahmen I. O. und auf (einzelstaatliche) Wirtschaftssanktionen beschränkt[338] und für die einzelstaatliche Rechtsdurchsetzung der Begriff der *Gegenmaßnahme* verwendet. Letzterer gilt als neutraler. Er verdeutlicht, dass auf eine Rechtsverletzung (rechtlich angemessen) reagiert werden soll. Andererseits ändert er am prinzipiellen Sanktionscharakter einer Maßnahme nichts. Auch bei Gegenmaßnahmen bleibt es im Übrigen dabei, dass verletzte Staaten als judex in causa propria handeln. Zudem erfassen sie, an den Regeln der Staatenverantwortlichkeit ausgerichtet (Rn 31), den Variantenreichtum staatlicher Reaktionen nicht vollständig. 110

2. Erscheinungsformen
Die nähere Beschreibung der Sanktionen erfolgt typologisch und zielt darauf ab, sanktionsspezifische Merkmale herauszuarbeiten. Dies geschieht unter Gesichtspunkten, die bei Inkaufnahme partieller Überschneidungen ein Raster für die rechtliche Beurteilung bilden können. 111

Von wesentlicher Bedeutung für ihre Einordnung und Beurteilung ist, ob eine Sanktion auf das völkerrechtswidrige Verhalten eines Staats mit völkerrechtlich erlaubten Maßnahmen reagiert oder ihrerseits in einem Völkerrechtsverstoß besteht, der seine Rechtfertigung aus dem vorangegangenen rechtswidrigen Verhalten beziehen soll. Die Beurteilung des völkerrechtswidrigen Verhaltens eines Staats ist häufig nicht einfach. Die „Beweislast" dafür obliegt dem reagierenden Staat.[339] Die Variante, in der die Sanktion als sog *Retorsion*[340] in Erscheinung tritt,[341] dürfte deshalb in der Staatenpraxis vorherrschen, zumal mit ihr im Allgemeinen *kein legitimationsbedürftiger Rechtseingriff* verbunden ist.[342] Hauptanwendungsgebiete sind neben dem Diplomatenrecht (Ausweisung von Diplomaten, Abbruch der diplomatischen Beziehungen) die internationalen Wirtschaftsbeziehungen. Im Zeitalter wirtschaftlicher Interdependenzen kann die Nachteilszufügung in diesem Bereich besonders empfindliche Auswirkungen haben – etwa das vollständige oder teilweise Verbot bestimmter Außenwirtschaftsgeschäfte mit fremden Wirtschaftsgebieten (Embargomaßnahmen),[343] Importbeschränkungen, Aussetzung oder Beendigung freiwilliger Entwicklungshilfe, Nichtabschluss oder Nichtverlängerung von wirtschaftlich be- 112

---

337 Instruktiv *Zimmermann*, Durchsetzung des Völkerrechts zwischen Fragmentierung, Multilateralisierung und Individualisierung FS Bothe, 2008, 1077 ff; *Beyerlin/Marauhn*, International Environmental Law, 2011, 315 ff.
338 S nur *Pellet/Miron*, Sanctions, MPEPIL IX, 1 ff; *Osteneck*, Die Umsetzung von UN-Wirtschaftssanktionen durch die Europäische Gemeinschaft, 2004, 9 ff.
339 *Klein*, Gegenmaßnahmen, 46 f.
340 Vgl allgem *Giegerich*, Retorsion, MPEPIL VIII, 976 ff.
341 Nicht unstr; zT wird die Retorsion auf Gegenmaßnahmen beschränkt, die auf lediglich unfreundliche (nicht rechtswidrige) Akte eines Staates reagieren, s *Malanczuk*, Zur Repressalie im Entwurf der International Law Commission zur Staatenverantwortlichkeit, ZaöRV 45 (1985) 293 (300 f) mwN.
342 Dazu *Klein*, Gegenmaßnahmen, 44; *Giegerich* (Fn 340) 978 f.
343 Dazu *Joyner*, Boycott, MPEPIL I, 77 ff; *Kausch*, Embargo, EPIL II (1995) 58 ff; *Petersmann*, Internationale Wirtschaftssanktionen als Problem des Völkerrechts und des Europarechts, ZVerglRW 80 (1981) 1 (10 f).

deutsamen Verträgen.[344] Unter diesem Blickwinkel ist auch die Einschätzung der Retorsion als mildestes Mittel der Selbsthilfe problematisch.[345]

113 Reagiert der von einer Völkerrechtsverletzung betroffene Staat *mittels Eingriffs in Rechte des Verletzers,* wird die Sanktion zur Gegenmaßnahme in *Gestalt einer Repressalie.*[346] Ihr Anwendungsbereich hat sich durch rechtliche Bedingungen der Ausübung (Rn 116 ff) stark verengt. Der einzelstaatliche Einsatz ist überdies durch die Bevorzugung multilateralen Vorgehens, namentlich in I.O. rückläufig.[347] Eine Sonderform im Rahmen gegenseitiger Verträge stellt das Recht der vertragstreuen Partei dar, erhebliche Vertragsverletzungen der anderen Seite mit Erfüllungsverweigerung, Suspendierung oder Kündigung des Vertrags zu beantworten (Art 60 WVK).[348]

114 Sanktionen beruhen auf Maßnahmen des durch die vorausgegangene Völkerrechtsverletzung betroffenen Staats oder einer mit dem verletzten Staat „solidarischen" Staatengruppe.[349] Sie können aber auch auf Beschlüsse einer I.O. zurückgehen. Die *Typologie nach dem Urheber der Sanktion* hat Konsequenzen für die Sanktionsgrundlage und -berechtigung: Bei der einzelstaatlichen Sanktion ergeben sich das Recht dazu und die Schranken aus dem allgemeinen Völkerrecht und ggf vertraglichen Bindungen. Solidarisches Sanktionsverhalten einer Staatengruppe wirft zusätzlich die Frage auf, unter welchen Voraussetzungen unmittelbar nicht betroffene Staaten Sanktionen anwenden dürfen (Rn 118). Sanktionsbeschlüsse I.O. richten sich nach deren Satzungsrecht (zB Art 39 ff UN-Charta). Soweit sie sich gegen Drittstaaten wenden, kommt es außerdem auf die Einhaltung der Schranken an, die das Völkerrecht den Sanktionen zieht.[350]

115 Im Blick auf I.O. lassen sich weitere Gesichtspunkte nennen, die für die Beurteilung einer Sanktion von Bedeutung sein können, idR aber wenig Aufmerksamkeit finden. Hierher gehört zunächst der *psychologische Zwang,* der auf den Rechtsbrecher durch die internationale Missbilligung seines Verhaltens ausgeübt wird. Von einem legalistischen Standpunkt aus liegt hier keine Sanktion, sondern bloß eine moralische Verurteilung mit begrenzter Wirksamkeit vor. Über die öffentliche Kundmachung der Rechtsverletzung und deren eventuelle Rechtfertigung durch den Rechtsbrecher geht sie, für sich genommen, nicht hinaus.[351] Indessen sollte die Isolierung innerhalb der internationalen Gemeinschaft, die durch eine Missbilligung des Rechtsbruchs in Organen I.O. erreicht wird, nicht von vornherein als „Banalität" gewertet werden. In einer Rechtsordnung, die mit unterschiedlichen (auch situationsbedingten) Interessen und Wertvorstellungen rechnen muss, ist der Konsens über den Rechtsbruch keineswegs selbstverständlich und darüber hinaus notwendiger Rahmen für rechtliche Sanktionen.[352] Unter dem Gesichtspunkt der Wirksamkeit wie der Verhältnismäßigkeit ist von Interesse, ob *Sanktionen selektiv oder umfassend* angelegt sind. Eine Rolle spielt dies vor allem bei Wirtschaftssanktionen unter Unterbrechung bzw Einschränkung von Kommunikations- und Verkehrsverbindungen (vgl Art 41 Satz 2 UN-Charta).[353] Unter Effizienzgesichtspunkten verdient schließlich hervorgehoben zu werden, dass die Staatengemeinschaft gegen Staaten, die in besonderer Weise auf Solidarität angewiesen sind (u a der Dritten Welt), Mittel in der Hand hat, die gerade diese Staaten empfindlich treffen

---

344 Vgl *Tomuschat,* Repressalie und Retorsion, zu einigen Aspekten ihrer innerstaatlichen Durchsetzung, ZaöRV 33 (1973) 179 (184 f); *Malanczuk* (Fn 341) 300.
345 Zutr *Malanczuk* (Fn 341) 301; *Klein,* Gegenmaßnahmen, 44.
346 Grundlegend der *Naulilaa*-Schiedsspruch (Fn 286); aus dem neueren Schrifttum *Ruffert,* Reprisals, MPEPIL VIII, 927 ff; *Schöbener,* Gegenmaßnahmen (Repressalien), in ders (Fn 25) 120 ff; *Zemanek,* The Unilateral Enforcement of International Obligations, ZaöRV 47 (1987) 32 ff; *Doehring,* Einzelprobleme, 44 ff.
347 *Fiedler,* Gegenmaßnahmen, 15.
348 Dazu *Tomuschat* (Fn 344) 188 f; vgl auch *Graf Vitzthum,* 1. Abschn Rn 129 f.
349 Zum Folgenden *Zimmermann* (Fn 327) 1083 ff.
350 So bei EU-Sanktionen gegen Drittstaaten gemäß Art 215 AEUV.
351 So beispielsweise *Kunz,* Sanctions in International Law, AJIL 54 (1960) 324.
352 Vgl *Fukatsu,* Theory of Sanctions, 1190 f; s auch den Hinw bei *Seidl-Hohenveldern/Loibl,* Das Recht der Internationalen Organisationen einschließlich der Supranationalen Gemeinschaften, 7. Aufl 2000, Rn 2009.
353 Knapper Hinw bei *Petersmann* (Fn 343) 10.

können und deshalb sehr genau gegen das nationale Interesse an der Aufrechterhaltung des Rechtsbruchs abzuwägen sind: die Nichtbeteiligung an wirtschaftlichen oder finanziellen Vergünstigungen, sonstigen Hilfen oder die Verweigerung von Mitgliedschaftsrechten in I.O. und durch diese.[354]

3. Einzelprobleme
a) Die Repressalie

Repressalien haben eine weit zurückreichende Tradition.[355] Neuerdings erscheint ihr Fortbestand durch das Konzept der Gegenmaßnahme (Rn 30) in Frage gestellt.[356] Ihre *spezifische Problematik* als Form der Selbsthilfe liegt darin, dass das verletzte Völkerrechtssubjekt die Sanktion selbst in die Hand nehmen und somit ihre Anwendbarkeit und Durchführung selbst bestimmen darf (Rn 110). Dabei fällt besonders ins Gewicht, dass die „autonome" Sanktionsgewalt typischerweise den Stärkeren begünstigt und normative Aussagen, die die Völkerrechtsverletzung begründen sollen, nicht immer eindeutig sind und deshalb kontrovers beurteilt werden.[357] Dennoch sollte die *Existenzberechtigung der Repressalie* beim derzeitigen Stand des Völkerrechts, das keine obligatorische Gerichtsbarkeit kennt (Rn 74, 88), nicht verneint werden. Allerdings muss sich das Augenmerk mehr denn je auf Differenzierungen und Einschränkungen richten, auch wenn diese im Einzelnen noch strittig sind. Bedeutsam ist die *Unterscheidung zwischen Friedens- und Kriegsrepressalien*. Sie reagiert auf das bestehende Verbot der Gewaltanwendung in Friedenszeiten (Art 2 Nr 4 UN-Charta) und die Besonderheiten des (humanitären) Kriegsvölkerrechts bei der Anwendung von Repressalien. Bei der im Folgenden ausschließlich behandelten Friedensrepressalie geht es darum, ihren Anwendungsbereich einzuschränken (Rn 117) und ihre Voraussetzungen genauer zu präzisieren (Rn 118 f). 116

Nicht jede Norm des Völkerrechts darf in Ausübung des Repressalienrechts verletzt werden. Sog *Repressalienverbote* gelten für zwingende Normen (Art 50 Abs 1 lit d ASR) wie das Gewaltverbot (Art 50 Abs. 1 lit a ASR), Kerngehalte der Menschenrechte (Art 50 Abs 1 lit b ASR) sowie multilaterale Vertragswerke, die nach ihrer Zweckbestimmung oder ihren besonderen Sanktionssystemen den Rückgriff auf die Repressalie ausschließen („self-contained regimes").[358] Da ihre konkrete Reichweite umstritten ist, handelt es sich bisher allerdings eher um Postulate als um feststehende Grenzen des Repressalienrechts. So wird Gewaltanwendung ausnahmsweise dann für zulässig gehalten, wenn das „Delikt" des mit einer Repressalie zu belegenden Staats darin besteht, dass er selbst gewaltsam handelte.[359] Kontrovers geblieben ist das Verbot gewaltsamer Repressalien des Weiteren beim Schutz eigener Staatsangehöriger im Ausland und gegenüber Terror- oder Guerrilla-Akten.[360] Der IGH ist hier sehr zurückhaltend.[361] Auch der Menschenrechtsschutz wird nicht in jedem Falle als unübersteigbare Hürde der Repressalienanwendung angesehen.[362] Schließlich wird das Konzept des self-contained regime vielfach keine eindeutigen Schranken für Repressalien liefern.[363] 117

Die Befugnis zur Ausübung des Repressalienrechts stand herkömmlich *nur dem unmittelbar in seinen Rechten verletzten Völkerrechtssubjekt* zu. Dies gilt im Grundsatz unverändert. Seit der 118

---

354 Dazu *Friedmann*, The Changing Structure of International Law, 1964, 88 ff.
355 Vgl *Grewe* (Fn 267) 429 ff, 616 ff, 733 ff, 794 ff.
356 *Ruffert*, Reprisals, MPEPIL VIII, 927 ff; *von Arnauld* (Fn 20) Rn 416.
357 *Malanczuk* (Fn 341) 296 f.
358 *Zemanek* (Fn 346) 38 ff; *Verdross/Simma* (Fn 7) § 1343; *Klein*, Gegenmaßnahmen, 49 f, 55.
359 *Doehring*, Einzelprobleme, 52 ff, 54; *Klein*, Gegenmaßnahmen, 56 f.
360 Eingehend *Malanczuk* (Fn 341) 293 f.
361 IGH, *Nicaragua* (Merits), ICJ Rep 1986, 110; *Nuklearwaffentest*-Gutachten, ICJ Rep 1996, 246.
362 *Doehring*, Einzelprobleme, 47 ff; *Conlon*, The Humanitarian Mitigation of UN Sanctions, GYIL 36 (1996) 249 ff.
363 Vgl Rn 34.

Anerkennung völkerrechtlicher Verpflichtungen erga omnes (Rn 16) stellt sich bei deren Verletzung jedoch die str Frage nach einer *Erweiterung der Sanktionsberechtigung*[364] auf nicht direkt verletzte Drittstaaten.[365] Mit Hilfe der für die Staatenverantwortlichkeit getroffenen Regelungen – Art 48 u 41 ASR – lässt sie sich nicht beantworten, weil diese keine Gegenmaßnahmen in Gestalt einer Repressalie vorsehen. Man mag die Frage mit der Begründung bejahen, dass die erweiterte Sanktionsberechtigung die logische Konsequenz aus Pflichten ist, deren Einhaltung allen Staaten geschuldet wird.[366] Einwände, die nicht leichtgenommen werden sollten, betreffen um der Vermeidung von Rechtsunsicherheit und Überreaktionen willen die Eindeutigkeit der Verletzung einer erga omnes wirkenden Verpflichtung und den Vorrang kollektiv beschlossener Sanktionen vor Einzelreaktion. So wird im Schrifttum zu Recht hervorgehoben, dass eindeutige und schwerwiegende Verletzungen einer erga omnes-Verpflichtung, von der des Gewaltverbots abgesehen, nur selten vorliegen werden und (deshalb) *kollektive Gegenmaßnahmen vorzuziehen* seien, die Einzelreaktion „ultima ratio" bleiben müsse.[367]

119   Aus den *Regeln über die Anwendung der Repressalie* ist hervorzuheben: Sie setzt eine mindestens begonnene Verletzung des Völkerrechts voraus und kann deshalb nach überwiegender Ansicht nicht „vorbeugend" gegen Verletzungen eingesetzt werden.[368] Darüber hinaus ist sie einzustellen, wenn ihr Zweck erreicht wurde (Art 52 u 53 ASR). Als Mittel steht neben Rechtseingriffen auch die Unterlassung rechtlich gebotener Handlungen zur Verfügung. Andere Rechte als die des mit der Repressalie belegten Völkerrechtssubjekts dürfen dabei nicht beeinträchtigt werden. Faktische negative Auswirkungen einer Repressalie müssen Drittstaaten allerdings hinnehmen.[369] Zulässig wird die Repressalie erst nach Erschöpfung des innerstaatlichen Rechtswegs und nachdem das für die Rechtsverletzung verantwortliche Völkerrechtssubjekt zur Einstellung bzw Beseitigung des völkerrechtswidrigen Verhaltens aufgefordert worden ist (Art 52 Abs 1 lit a ASR). Nach nicht unbestr Ansicht soll es der *Aufforderung* ausnahmsweise nicht bedürfen, wenn diese nach den Umständen des Einzelfalls unzumutbar wäre.[370] Um den Zugriff auf das Repressalienrecht nach Möglichkeit zu zügeln, wird man außerdem fordern müssen, dass vor Anwendung die Wiederherstellung des völkerrechtsgemäßen Zustands mit den Mitteln der friedlichen Streitbeilegung (Rn 60ff) versucht worden ist.[371] Im Grundsatz unstr ist schließlich, dass die Repressalie *verhältnismäßig* sein muss (Art 51 ASR).[372] Die Konkretisierung im Einzelfall kann allerdings Schwierigkeiten bereiten. Mit der Feststellung, dass eine Völkerrechtsverletzung nicht mit „spiegelgleichen" Maßnahmen beantwortet werden muss, ist es nicht getan.[373] Ausschlaggebend ist vielmehr der für die Bewertung der Verhältnismäßigkeit gewählte Bezugspunkt. Zunächst kommt es für den Umfang des Repressalienrechts auf das Ausmaß der zugefügten Rechtsbeeinträchtigung an, mit der Konsequenz, dass dieses über die Verhältnismäßigkeit der Gegenmaß-

---

364 Bejahend etwa *Herdegen* (Fn 49) § 60 Rn 8; verneinend wohl *Ipsen* (Fn 8) § 28 Rn 18f; differenzierend *Hill*, in Tomuschat/Thevenet (Hrsg), The Fundamental Rules of the International Legal Order, 2006, 265ff; vgl *Brown Weiss*, State Responsibility in the Twenty-First Century, AJIL 96 (2002) 748ff.
365 Zur gerichtlichen Geltendmachung von *erga omnes*-Verpflichtungen durch nicht direkt betroffene Staaten vgl Rn 95.
366 *Verdross/Simma* (Fn 7) § 1343.
367 Vgl *Verdross/Simma* (Fn 7) § 1343; *Dahm/Delbrück/Wolfrum* (Fn 5) 92f.
368 IGH, *Gabčíkovo-Nagymaros*-Fall, ICJ Rep 1997, 7, 55f (§ 83); vgl auch *Ruffert* (Fn 362) 928f; weitergehend *Klein*, Gegenmaßnahmen, 47.
369 Dazu *Doehring*, Einzelprobleme, 49f; *Klein*, Gegenmaßnahmen, 52f.
370 Vgl *Doehring*, Einzelprobleme, 50f.
371 Nicht unstr: *Partsch*, Reprisals, EPIL IV (2000) 200 (201f); *Zemanek* (Fn 346) 37; *Fiedler*, Gegenmaßnahmen, 19ff; *Klein*, Gegenmaßnahmen, 59f. Vgl Art 48 Nr 1 und 2 des ILC-Entwurfs zur Staatenverantwortlichkeit in erster Lesung (Fn 43).
372 Vgl den *Naulilaa*-Schiedsspruch (Fn 286) 1019ff; Schiedsspruch im *Air Service Agreement*-Fall (Fn 92) § 83. Näher *Fiedler*, Gegenmaßnahmen, 26; *Klein*, Gegenmaßnahmen, 61ff.
373 Auch deshalb problematisch die bei *Partsch* (Fn 371) 202 wiedergegebene Ansicht.

nahmen entscheidet. Geringfügige Verletzungen dürfen nur mit geringfügigen Gegenmaßnahmen beantwortet werden, weil dem „Rechtsbrecher" nicht mehr Schaden zugefügt werden soll, als er selbst verursacht hat. Nicht ausgeschlossen ist dadurch, dass die Repressalie ihren Zweck (Beseitigung des Unrechts) verfehlt, weil der „Rechtsbrecher" sich von den geringfügigen Gegenmaßnahmen nicht beeindrucken lässt. Stärkere Maßnahmen wären in einem solchen Falle nur gestattet, wenn man sich auf den Standpunkt stellt, dass Unrecht nie hinzunehmen ist und das Repressalienrecht deshalb nicht allein am Ausmaß der Primärrechtsbeeinträchtigung, sondern auch *am Ziel, die Beseitigung des Unrechts zu erreichen, ausgerichtet* werden darf. Letzteres ist nicht unproblematisch, lässt sich aber damit rechtfertigen, dass damit in concreto einhergehende Verschärfungen des Sanktionsrechts ihren Grund ausschließlich im beharrlichen völkerrechtswidrigen Verhalten des für die Primärrechtsverletzung verantwortlichen Völkerrechtssubjekts haben.[374]

b) Wirtschaftssanktionen

Da internationale Konflikte nicht gewaltsam gelöst werden dürfen (Art 2 Nr 4 UN-Charta), andererseits die meisten Staaten auf einen funktionierenden Handels- und Wirtschaftsverkehr angewiesen sind, kann es nicht überraschen, dass die Staatengemeinschaft dazu neigt, auf das rechtswidrige oder missbilligte Verhalten eines Völkerrechtssubjekts durch Eingriffe in bestehende Handels- und Wirtschaftsbeziehungen zu reagieren (Rn 112). Der „Gegner" soll wirtschaftlich und sozial isoliert, an ökonomisch empfindlicher Stelle getroffen werden, in der Erwartung, dass er dies nicht lange durchhalten und deshalb sein Verhalten ändern werde. Mit diesem Ziel werden in der Praxis Export- und Importverbote oder Beschränkungen auf bestimmte Dienstleistungen verhängt, sei es einzelstaatlich, sei es als Kollektivmaßnahmen mehrerer solidarischer Staaten oder im Rahmen I.O. Sie werden als (Handels-)Embargo bezeichnet,[375] erschöpfen aber das Sanktionsarsenal nicht. Zu ihm gehören auch die Beschlagnahme ausländischen Staatsvermögens, Kreditsperren und die Verweigerung oder Unterbrechung finanzieller Hilfe.[376] 120

Die näheren *Voraussetzungen,* unter denen Staaten Wirtschaftssanktionen[377] ergreifen dürfen, sind nicht einfach zu bestimmen. Ein ius commercii, ein Anspruch auf Handels- oder Wirtschaftsbeziehungen, ist dem geltenden Völkerrecht unbekannt. Die *wirtschaftliche Diskriminierung,* die mit den Maßnahmen typischerweise einhergeht, ist prinzipiell nicht verboten.[378] Versuche, die zeitweise von den Staaten der Dritten Welt und sozialistischen Staaten unternommen wurden, Wirtschaftssanktionen als Ausübung „wirtschaftlichen Zwangs" dem *Gewaltverbot* des Art 2 Nr 4 UN Charta zu unterstellen, haben sich nicht durchsetzen können.[379] Resolutionen der UN, die den wirtschaftlichen Zwang als *Unterfall des Interventionsverbots* ächten,[380] haben man- 121

---

374 Vgl *Doehring,* Einzelprobleme, 45 f; *Klein,* Gegenmaßnahmen, 62.
375 Zu diesen *Ress,* Handelsembargo, 2000, 6 f; *Joyner* (Fn 343); *Kausch* (Fn 343) jeweils mwN. Vgl auch *Meng,* Wirtschaftssanktionen und staatliche Jurisdiktion, ZaöRV 57 (1997) 269 ff.
376 Übersicht bei *Schneider,* Wirtschaftssanktionen, 1999, § 2 f; *Schöbener/Herbst/Perkams,* Internationales Wirtschaftsrecht, 2010, Rn 86 ff.
377 Aus dem Schrifttum *Kewenig,* Zwangsmaßnahmen, 7 ff; *Carter,* Economic Coercion, MPEPIL III, 291 ff; *ders,* Economic Sanctions, MPEPIL III, 323 ff; *Tietje,* Außenwirtschaft, in ders (Hrsg), Internationales Wirtschaftsrecht, 2009, § 15 Rn 144 ff
378 *Tietje,* Begriff, Geschichte und Grundlagen des Internationalen Wirtschaftssystems und Wirtschaftsrechts, in ders (Fn 377) § 1 Rn 92; vgl auch *Kewenig,* Der Grundsatz der Nichtdiskriminierung im Völkerrecht der internationalen Handelsbeziehungen, 1972.
379 Dazu *Kewenig,* Zwangsmaßnahmen, 11 ff.
380 Vgl Grundsatz 3 der Deklaration über die Grundsätze des Völkerrechts betreffend die freundschaftlichen Beziehungen und die Zusammenarbeit der Staaten, GA Res 2625 (XXV) v 21.10.1970; Art 32 der Charta der wirtschaftlichen Rechte und Pflichten der Staaten, GA Res 3281 (XXIX) v 12.12.1974.

gels einer entsprechenden Rechtsüberzeugung der Staaten keine Bindungswirkung erlangt.[381] Bis heute ist es auch nicht gelungen, den Tatbestand der unerlaubten Intervention mit wirtschaftlichen Mitteln befriedigend zu präzisieren.[382] Folgt man dem IGH, verstößt ein Embargo grundsätzlich nicht gegen das Interventionsverbot,[383] wenn nicht besondere Umstände hinzutreten. Im kontroversen Schrifttum erscheinen als solche insbes die spürbare Beeinträchtigung der souveränen Entscheidungsfreiheit des mit einer Sanktion belegten Völkerrechtssubjekts, die (Un-)Verhältnismäßigkeit oder das Zwangsmoment. Eindeutige und handhabbare Maßstäbe liefern sie nicht.[384] *Vertragliche Sperren* gegen Wirtschaftssanktionen in multilateralen Verträgen (etwa des GATT) oder in bilateralen Abkommen lassen sich nur selten und nur punktuell ausmachen.[385] Man kann daher nicht davon ausgehen, dass Wirtschaftssanktionen zu den generell unerlaubten Sanktionstypen des geltenden Völkerrechts gehören.

122 Ein besonderes Problem der Wirtschaftssanktionen stellen deren negative Auswirkungen auf Unternehmen im sanktionsbelegten Staat dar. Staatliche Unternehmen oder staatlich beherrschte Unternehmen wird man als „Organe" des Staats behandeln und insofern die Schutzwürdigkeit verneinen können. Sofern Privatunternehmen im eigentlichen Sinn von den Wirtschaftssanktionen erfasst werden, kommt es darauf an, ob sie sich auf völkerrechtliche Schutzpositionen gegenüber dem sanktionierenden Staat berufen können. Dass sie in der Regel nicht an dem durch die Sanktionen missbilligten Verhalten ihres Staats beteiligt waren, reicht als solches nicht aus. Zu denken wäre an den völkerrechtlichen Eigentumsschutz, soweit daraus zumindest Entschädigungspflichten abgeleitet werden können. Vorausgesetzt (und str) ist dabei, ob überhaupt eine rechtlich erhebliche Beeinträchtigung einer Eigentumsposition angenommen werden kann, die überdies wohl auch unzumutbar sein müsste.[386]

123 Wirtschaftssanktionen liefern den Staaten nach wie vor Rechtfertigungsgründe im Rahmen des Selbstschutzes, als Retorsion oder Repressalie. Freilich werden, soweit möglich, kollektive Maßnahmen im Rahmen I.O bevorzugt, weil sie stärker wirken können als einzelstaatliche. Unabhängig davon bleibt die Frage, wie Wirtschaftssanktionen effektiv sind, also ihr Ziel, dem damit belegten Völkerrechtssubjekt einen empfindlichen Nachteil zuzufügen, erreichen. Eine einheitliche Antwort lässt sich nicht geben, weil die Wirksamkeit wesentlich von der eingesetzten Sanktion und der ökonomischen „Empfindlichkeit" des betroffenen Völkerrechtssubjekts abhängt. Zweifel bestehen vor allem bei Embargomaßnahmen. Nach aller Erfahrung können sie, vor allem bei mangelnder Solidarität in der Staatengemeinschaft, leicht unterlaufen werden.[387]

---

381 Vgl *Boon*, Charter of Economic Rights and Duties, MPEPIL II, 87 ff.
382 Dazu *Petersmann* (Fn 343) 8 f; *Kewenig*, Zwangsmaßnahmen, 14 ff; *Schröder*, Non-Intervention, Principle of, EPIL III (1997) 619 ff.
383 *Nicaragua* (Merits), ICJ Rep 1986, 14 § 245
384 Dazu die Monographie von *Dicke*, Die Intervention mit wirtschaftlichen Mitteln, 1978; *Schöbener/Herbst/Perkams* (Fn 376) Rn 111 ff.
385 Vgl etwa Art XXI GATT 94, wonach die vertraglichen Prinzipien der Meistbegünstigung und Nichtdiskriminierung Maßnahmen zum Schutz wesentlicher Sicherheitsinteressen nicht entgegenstehen. Dazu *van den Bosche*, The Law and Policy of the World Trade Organization, 2005, 628 ff; *Herrmann/Weiß/Ohler* (Fn 221) Rn 749 f.
386 Näher dazu *Schöbener/Herbst/Perkams* (Fn 376) Rn 125 ff.
387 Vgl *Kewenig*, Zwangsmaßnahmen, 26 ff; *Fukatsu*, Theory of Sanctions, 1198 f.

Achter Abschnitt

Michael Bothe
Friedenssicherung und Kriegsrecht

Gliederung

Vorbemerkung —— 1–2
I. Völkerrechtliche Verhinderung von Gewalt
   (ius contra bellum) —— 3–55
   1. Das rechtliche Verbot von Gewalt —— 3–30
      a) Entwicklung —— 3
      b) Verbotene Gewalt —— 9
      c) Rechtfertigungsgründe für Gewalt —— 18
      d) Rechtliche Konsequenzen einer Verletzung und Durchsetzung des Gewaltverbots —— 25
      e) Funktion und Bedeutung des Gewaltverbots —— 29
   2. Rahmenbedingungen des Gewaltverbots —— 31–55
      a) Friedliche Streitbeilegung und friedlicher Wandel —— 31
      b) Das System der kollektiven Sicherheit —— 32
      c) Rüstungskontrolle und Abrüstung —— 52
II. Völkerrechtliche Eingrenzung von Gewalt – Das Recht bewaffneter Konflikte
   (ius in bello) —— 56–128
   1. Grundlage und Entwicklung —— 56–61
   2. Die Beziehungen zwischen den Konfliktparteien —— 62–103
      a) Der Anwendungsbereich des völkerrechtlichen Kriegsrechts – der internationale bewaffnete Konflikt —— 62
      b) Allgemeine Grundsätze und Landkriegsrecht —— 64
      c) Seekrieg —— 84
      d) Luftkrieg —— 89
      e) Wirtschaftskrieg —— 90
      f) Durchsetzung des *ius in bello* —— 91
   3. Konfliktparteien und dritte Staaten (Neutralitätsrecht) —— 104–120
      a) Grundlagen —— 104
      b) Unverletzlichkeit des neutralen Gebiets —— 110
      c) Neutralitätspflichten der Nichtteilnehmer —— 111
      d) Landkrieg —— 113
      e) Seekrieg —— 114
      f) Luftkrieg —— 119
   4. Der nichtinternationale bewaffnete Konflikt —— 121–126
   5. Die Internationalisierung nichtinternationaler Konflikte —— 127, 128
III. Rechtliche Steuerung des Wegs vom bewaffneten Konflikt zur friedlichen Normalität
   (ius post bellum) —— 129, 130

Literatur

Arnold, Roberta/Hildbrand, Pierre-Antoine (Hrsg), International Humanitarian Law and the 21st Century's Conflicts, 2005 [Arnold/Hildbrand (Hrsg), IHL]

Auswärtiges Amt/Deutsches Rotes Kreuz/Bundesministerium der Verteidigung (Hrsg), Dokumente zum humanitären Völkerrecht, 2. Aufl 2012 [DokHVR]

Bassiouni, M. Cherif (Hrsg), A Manual on International Humanitarian Law and Arms Control Agreements, 2000

Bellal, Annyssa (Hrsg), The War Report. Armed Conflict in 2014, 2015

Boothby, William, Weapons and the Law of Amed Conflict, 2. Aufl 2016

Bothe, Michael/Partsch, Karl Josef/Solf, Waldemar A., New Rules for Victims of Armed Conflicts. Commentary on the Two 1977 Additional Protocols to the Geneva Conventions of 1949, 1982, 2. Aufl revised reprint 2013 [*Bothe/Partsch/Solf*, New Rules]

Bothe, Michael/Graf Vitzthum, Wolfgang, Rechtsfragen der Rüstungskontrolle im Vertragsvölkerrecht der Gegenwart, BDGVR 30 (1989) [*Bothe/Graf Vitzthum*, Rechtsfragen]

Bothe, Michael/O'Connell, Mary Ellen/Ronzitti, Natalino (Hrsg), Redefining Sovereignty: The Use of Force After the Cold War, 2005 [Bothe et al (Hrsg), Redefining Sovereignty]

Brownlie, Ian, International Law and the Use of Force by States, 1963

Bundesministerium der Verteidigung (Hrsg), Humanitäres Völkerrecht in bewaffneten Konflikten – Handbuch, ZDv 15/2, 2013

Byers, Michael, War Law. Understanding International Law and Armed Conflict, 2005
Cassese, Antonio (Hrsg), The Current Regulation of the Use of Force, 1986 [Cassese (Hrsg), Current Regulation]
Clapham, Andrew/Gaeta, Paola (Hrsg), The Oxford Handbook of International Law in Armed Conflict, 2014
Clapham, Andrew/Gaeta, Paola/Sassòli, Marco (Hrsg), The 1949 Geneva Conventions. A Commentary, 2015
Corten, Olivier, Le droit contre la guerre, 2. Aufl 2014
David, Eric, Principes de droit des conflits armés, 5. Aufl 2012
Department of Defense (Hrsg), Law of War Manual, 2015 [US Manual]
Dinstein, Yoram, The International Law of Belligerent Occupation, 2009
Dinstein, Yoram, The Conduct of Hostilities under the Law of International Armed Conflict, 2. Aufl 2010
Dinstein, Yoram, War, Aggression and Self-Defence, 5. Aufl 2012
Dinstein, Yoram, Non-International Armed Conflicts in International Law, 2014
Durham, Helen/McCormack, Timothy L. H. (Hrsg), The Changing Face of Conflict and the Efficacy of International Humanitarian Law, 1999
Federal Foreign Office/German Red Cross/Federal Ministry of Defense (Hrsg), Documents on International Humanitarian Law, 2. Aufl 2012 [DocIHL]
Fisler Damrosch, Lori/Scheffer, David J. (Hrsg), Law and Force in the New International Order, 1991 [Fisler Damrosch/Scheffer (Hrsg), Law and Force]
Fleck, Dieter (Hrsg), Handbuch des humanitären Völkerrechts in bewaffneten Konflikten, 1994 [Fleck (Hrsg), Handbuch]; engl Ausgabe 3. Aufl 2013 [Fleck (Hrsg), Handbook]
Fleck, Dieter (Hrsg), The Handbook of the Law of Visiting Forces, 2001
Franck, Thomas M., Recourse to Force. State Action Against Threats and Armed Attacks, 2002
Gasser, Hans-Peter/Melzer, Nils, Humanitäres Völkerrecht, 2. Aufl 2012
Gill, Terry D./Fleck, Dieter (Hrsg), The Handbook of the International Law of Military Operations, 2010
Gray, Christine, International Law and the Use of Force, 3. Aufl 2008 [Gray, Use of Force]
Green, Leslie C., The Contemporary Law of Armed Conflict, 3. Aufl 2008
Heintschel von Heinegg, Wolff/Epping, Volker (Hrsg), International Humanitarian Law Facing New Challenges, Symposium in Honour of Knut Ipsen, 2007
Heintze, Hans-Joachim/Ipsen, Knut (Hrsg), Heutige bewaffnete Konflikte als Herausforderungen an das humanitäre Völkerrecht, 2011
Henckaerts, Jean-Marie/Doswald-Beck, Louise (Hrsg), Customary International Humanitarian Law, 2 Bde, 2004 [IKRK-Studie]
ICRC (Hrsg), International Humanitarian Law and the Challenges of Contemporary Armed Conflicts, Report, 32nd International Conference of the Red Cross and Red Crescent, Doc 32IC/15/11 [ICRC Challenges Report 15]
Kalshoven, Frits/Zegveld, Liesbeth, Constraints on the Waging of War, 2010
Kelly, Michael J., Restoring and Maintaining Order in Complex Peace Operations. The Search for a Legal Framework, 1999
Kennedy, David, Of War and Law, 2006
Kolb, Robert, Ius in bello. Le droit international des conflits armés, 2. Aufl 2009 [Kolb, Ius in bello]
Kolb, Robert/Hyde, Richard, An Introduction into the International Law of Armed Conflicts, 2008
Krisch, Nico, Selbstverteidigung und kollektive Sicherheit, 2001
Neuhold, Hanspeter, Internationale Konflikte – verbotene und erlaubte Mittel ihrer Austragung, 1977
Pictet, Jean S., The Geneva Conventions of 12 August 1949, Bd I, 1952; Bd II, 1960; Bd III, 1960; Bd IV, 1958
Quénivet, Noëlle/Shah-Davis, Shilan (Hrsg), International Law and Armed Conflict – Challenges in the 21st Century, 2010
Rogers, A. P. V., Law on the Battlefield, 3. Aufl 2012
Ronzitti, Natalino, Diritto internazionale dei conflitti armati, 5. Aufl 2014
Sandoz, Yves/Swinarski, Christophe/Zimmermann, Bruno (Hrsg), Commentary on the Additional Protocols of 8 June 1977 to the Geneva Conventions of 12 August 1949, 1987 [Sandoz/Swinarski/Zimmermann (Hrsg), Additional Protocols]
Sassòli, Marco/Bouvier, Antoine/Quintin, Anne, How Does Law Protect in War? Cases, Documents and Teaching on Contemporary Practice in International Humanitarian Law, 3. Aufl 2011
Schaumann, Wilfried (Hrsg), Völkerrechtliches Gewaltverbot und Friedenssicherung, 1971 [Schaumann (Hrsg), Gewaltverbot]
Schindler, Dietrich/Hailbronner, Kay, Die Grenzen des völkerrechtlichen Gewaltverbots, BDGVR 26 (1986) 49 ff [Schindler/Hailbronner, Grenzen]

Schindler, Dietrich/Toman, Jiří (Hrsg), The Laws of Armed Conflicts, 4. Aufl 2004 [Schindler/Toman, Armed Conflicts]
Schmitt, Michael (Hrsg), Talinn Manual on the International Law Applicable to Cyber Warfare, 2013
Sharp, Walter G. (Hrsg), Peace Operations. A Collection of Primary Documents and Readings Governing the Conduct of Multilateral Peace Operations, 1995
Sivakumaran, Sandesh, The Law of Non-international Armed Conflict, 2012
Solis, Gary D., The Law of Armed Conflict, 2010
UK Ministry of Defence (Hrsg), The Manual of the Law of Armed Conflict, 2004
Weller, Marc (Hrsg), The Oxford Handbook of the Use of Force in International Law, 2015
White, Nigel D./Henderson, Christian (Hrsg), Research Handbook on International Conflict and Security Law, 2012
Wolfrum, Rüdiger (Hrsg), Max Planck Encyclopedia of Public International Law, 10 Bde, 2012 [MPEPIL]
Zimmermann, Andreas/Hobe, Stephan/Odendahl, Kerstin/Kieninger, Eva-Maria/König, Doris/Marauhn, Thilo/Thorn, Karsten/Schmalenbach, Kirsten, Moderne Konfliktformen – Humanitäres Völkerrecht und privatrechtliche Folgen, BDGVR 44 (2009) 7 ff [*Zimmermann u a,* Konfliktformen]

Verträge
Genfer Konvention betreffend die Linderung des Loses der im Felddienst verwundeten Militärpersonen v 22.8.1864 (DocIHL, 7) —— 56, 79
Konvention zur Verbesserung des Loses der Verwundeten und Kranken bei den im Felde stehenden Heeren v 6.7.1906 (Schindler/Toman [Hrsg], The Laws of Armed Conflicts, 4. Aufl 2004, 383) —— 56
Abkommen betreffend die Gesetze und Gebräuche des Landkriegs v 18.10.1907 (RGBl 1910, 107) [IV. Haager Abkommen; Haager Landkriegsordnung in der Anlage] —— 56, 64, 71, 78, 82
Abkommen betreffend die Rechte und Pflichten der neutralen Mächte und Personen im Falle eines Landkriegs v 18.10.1907 (RGBl 1910, 151) [V. Haager Abkommen] —— 105, 110, 112, 113
Abkommen betreffend die Rechte und Pflichten der Neutralen im Falle eines Seekriegs v 18.10.1907 (RGBl 1910, 343) [XIII. Haager Abkommen] —— 112, 114
Genfer Protokoll v 17.6.1925 über das Verbot der Verwendung von erstickenden, giftigen oder ähnlichen Gasen sowie von bakteriologischen Mitteln im Kriege (DokHVR 103) —— 56, 74, 76
Genfer Abkommen über die Behandlung der Kriegsgefangenen v 27.7.1929 (Schindler/Toman [Hrsg], The Laws of Armed Conflicts, 4. Aufl 2004, 404) —— 56
Genfer Abkommen zur Verbesserung des Loses der Verwundeten und Kranken im Feld v 27.7.1929 (Schindler/Toman [Hrsg], The Laws of Armed Conflicts, 4. Aufl 2004, 421) —— 56
Protokoll über die Regeln für den Unterseebootkrieg v 6.11.1936 (Schindler/Toman [Hrsg], The Laws of Armed Conflicts, 4. Aufl 2004, 1145) —— 116
I. Genfer Abkommen zur Verbesserung des Loses der Verwundeten und Kranken der Streitkräfte im Felde v 12.8.1949 (BGBl 1954 II, 783; 75 UNTS 31) —— 56, 57, 60, 62, 79, 89, 92, 96, 98, 101, 121, 122, 123, 124
II. Genfer Abkommen zur Verbesserung des Loses der Verwundeten, Kranken und Schiffbrüchigen der Streitkräfte zur See v 12.8.1949 (BGBl 1954 II, 813; 75 UNTS 85) —— 56, 57, 60, 62, 87, 92, 96, 101, 121, 122, 123, 124
III. Genfer Abkommen über die Behandlung der Kriegsgefangenen v 12.8.1949 (BGBl 1954 II, 838; 75 UNTS 135) —— 56, 57, 60, 62, 77, 80, 81, 92, 96, 97, 101, 121, 122, 123, 124, 125
IV. Genfer Abkommen zum Schutz von Zivilpersonen in Kriegszeiten v 12.8.1949 (BGBl 1954 II, 917; 75 UNTS 287) —— 56, 57, 60, 62, 64, 66, 67, 81, 82, 92, 96, 101, 121, 122, 123, 124
Haager Konvention zum Schutz von Kulturgut bei bewaffneten Konflikten v 12.5.1954 (DokHVR, 375); (Zweites) Prot v 26.3.1999 (ILM 38 [1999] 769; BGBl 2009 II, 716) —— 56, 122, 124, 125
Vertrag über das Verbot von Kernwaffenversuchen in der Atmosphäre, im Weltraum und unter Wasser v 5.8.1963 (BGBl 1964 II, 907; 480 UNTS 43) —— 53
Internationaler Pakt über bürgerliche und politische Rechte v 19.12.1966 (BGBl 1973 II, 1533) —— 83, 122
Vertrag über die Grundsätze zur Regelung der Tätigkeiten von Staaten bei der Erforschung und Nutzung des Weltraums einschließlich des Mondes und anderer Himmelskörper v 27.1.1967 (BGBl 1969 II, 1968) [Weltraumvertrag] —— 53
Treaty for the Prohibition of Nuclear Weapons in Latin America v 14.2.1967 (634 UNTS 281) [Vertrag von Tlatelolco] —— 55

Vertrag über die Nichtverbreitung von Kernwaffen v 1.7.1968 (BGBl 1974 II, 786; ILM 7 [1968] 809 [NV-Vertrag]) und Entscheidung gemäß Art X Abs 2 über die Verlängerung des Vertrags auf unbegrenzte Zeit v 11.5.1995 (BGBl 1995 II, 984; ILM 34 [1995] 959) —— 54, 55

Übereinkommen über das Verbot der Entwicklung, Herstellung und Lagerung bakteriologischer (biologischer) Waffen und von Toxinwaffen sowie der Vernichtung solcher Waffen v 10.4.1972 (BGBl 1983 II, 133) —— 53, 54

Interim Agreement between the United States of America and the Union of Soviet Socialist Republics on Certain Measures with Respect to the Limitation of Strategic Offensive Arms v 26.5.1972 (ILM 11 [1972] 791) [SALT I-Vertrag] —— 53, 56

Zusatzprotokoll zu den Genfer Abkommen v 12.8.1949 über den Schutz der Opfer internationaler bewaffneter Konflikte (Protokoll I) v 8.6./12.12.1977 (BGBl 1990 II, 1551) [ZP I] —— 27, 56, 57, 60, 63, 64, 65, 66, 68, 69, 70, 71, 75, 76, 77, 78, 79, 80, 81, 82, 83, 84, 87, 89, 92, 93, 94, 100, 103, 106, 110, 112, 121

Zusatzprotokoll zu den Genfer Abkommen v 12.8.1949 über den Schutz der Opfer nicht internationaler bewaffneter Konflikte (Protokoll II) v 8.6./12.12.1977 (BGBl 1990 II, 1637) [ZP II] —— 56, 57, 63, 93, 122, 123, 124, 125

Treaty between the United States of America and the Union of Soviet Socialist Republics on the Limitation of Strategic Offensive Arms v 18.6.1979 (ILM 18 [1979] 1138) [SALT II-Vertrag] —— 53

Übereinkommen zur Regelung der Tätigkeiten von Staaten auf dem Mond und anderen Himmelskörpern des Sonnensystems v 5.12.1979 (ILM 18 [1979] 1434) [Mondvertrag] —— 53

Übereinkommen über das Verbot oder die Beschränkung des Einsatzes bestimmter konventioneller Waffen, die übermäßig Leiden verursachen oder unterschiedslos wirken können v 10.10.1980 (mit Prot) (ILM 19 [1980] 1524; BGBl II, 1992, 959); Änd u Zusatzprotokoll IV v 26.5.1996 (CCW/CONF. I/16 [Part I]); Zusatzprotokoll V on Explosive Remnants of War v 27.11.2003 (CCW/MSP/2003/2) [UN-Waffenkonvention] —— 55, 56, 73

South Pacific Nuclear Free Zone Treaty v 6.8.1985 (1445 UNTS 178) [Vertrag von Rarotonga] —— 55

Vertrag über konventionelle Streitkräfte in Europa v 19.11.1990 (BGBl. 1991 II, 1155) —— 55

Treaty between the United States of America and the Union of Soviet Socialist Republics on the Reduction and Limitation of Strategic Offensive Arms v 4.10.1991 (DSD 2 [1991], Suppl; ILM 31 [1992] 246) [START I-Vertrag] —— 53

Treaty between the United States of America and the Russian Federation on Further Reduction and Limitation of Strategic Offensive Arms v 3.1.1993 (SIPRI Yb 1993, 576) [START II-Vertrag] —— 53

Übereinkommen über das Verbot der Entwicklung, Herstellung, Lagerung und des Einsatzes chemischer Waffen und über die Vernichtung solcher Waffen v 13.1.1993 (BGBl 1994 II, 807; ILM 29 [1990] 800) [C-Waffen-Übereinkommen] —— 54, 74

Treaty on the Southeast Asia Nuclear Weapon-Free Zone v 15.12.1995 <http://www.aseansec.org/2503.htm> [Vertrag von Bangkok] —— 55

African Nuclear-Weapon-Free Zone Treaty v 11.4.1996 (UN Doc A/50/426) [Treaty of Pelindaba] —— 55

Vertrag über das umfassende Verbot von Nuklearversuchen (Comprehensive Test Ban Treaty) v 24.9.1996 (BGBl 1998 II, 1210; ILM 35 [1996] 1439) —— 54

Übereinkommen über das Verbot des Einsatzes, der Lagerung, der Herstellung und der Weitergabe von Antipersonenminen und deren Vernichtung v 18.9.1997 (BGBl 1998 II, 778; ILM 36 [1997] 1503) [Ottawa-Abkommen] —— 55, 73, 124

Statut des Internationalen Strafgerichtshofs v 17.7.1998 (BGBl 2000 II, 1393) —— 10, 28, 36, 102

Übereinkommen über die Anpassung des Vertrags über konventionelle Streitkräfte in Europa v 19.11.1999 (CFE.DOC/1/99, auch abrufbar unter <http://auswaertiges-amt.de/cae/servlet/contentblob/349220/publication File/4112/KSE-UE-Anpassung.pdf>) —— 55

Protocol relatif au Conseil de Paix et de Sécurité de l'Afrique Central v 24.2.2002, <www.lab-ceeac.com> —— 51

Vertrag über die Reduzierung der strategischen Offensivwaffen (Moskauer Vertrag) v 24.5.2002 (ILM 41 [2002] 799) —— 54, 55

Zusatzprotokoll v 8.12.2005 zu den Genfer Abkommen v 12.8.1949 über die Annahme eines neuen Schutzzeichens (Protokoll III) [ZP III] (BGBl 2009 II, 222) —— 56, 70, 79

Treaty on a Nuclear-Free-Zone in Central Asia v 8.9.2006, <http://cns.miis.edu/pubs/week/pdf_support/060905_canwfz.pdf> [Vertrag von Semipalatinsk] —— 55

Convention on Cluster Munitions/Übereinkommen über Streumunition v 30.5/3.12.2008 (BGBl 2009 II, 502, 504) —— 68, 73

Treaty between the US and the Russian Federation on Measures for the Further Reduction and Limitation of Strategic Offensive Arms v 8.4.2010 (ILM 50 [2011] 340) —— 54

Arms Trade Treaty v 2.4.2013 (UN Doc A/CONF.217/2013/L.3; A/RES 67/234B; BGBl 2013 II, 1426) [ATT] —— 55

Judikatur
Internationaler Gerichtshof
Corfu Channel (United Kingdom v Albania), Urteil v 9.4.1949, ICJ Rep 1949, 4 *[Korfu Kanal]* —— 118
Reparations for Injuries Suffered in the Service of the United Nations, Gutachten v 11.4.1949, ICJ Rep 1949, 174 *[Bernadotte]* —— 50
Legal Consequences for States of the Continued Presence of South Africa in Namibia (South West Africa) notwithstanding Security Council Resolution 276 (1970), Gutachten v 21.6.1971, ICJ Rep 1971, 16 *[Namibia]* —— 40
Military and Paramilitary Activities in and against Nicaragua (Merits) (Nicaragua v USA), Urteil v 27.6.1986, ICJ Rep 1986, 14 *[Nicaragua]* —— 8, 10, 12, 17, 19, 27, 43, 99
Legality of the Use by a State of Nuclear Weapons in Armed Conflict, Gutachten v 8.7.1996, ICJ Rep 1996, 66 *[WHO-Nuklearwaffen-Gutachten]* —— 54
Legality of the Threat or Use of Nuclear Weapons, Gutachten v 8.7.1996, ICJ Rep 1996, 226 *[GV-Nuklearwaffen-Gutachten]* —— 10, 17, 18, 19, 54, 60, 76
Oil Platforms (Merits) (Iran v USA), Urteil v 6.11.2003, ICJ Rep 2003, 161 *[Oil Platforms]* —— 19, 27
Legal Consequences of the Construction of a Wall in the Occupied Palestinian Territory, Gutachten v 9.7.2004, ICJ Rep 2004, 136 *[Mauer-Gutachten]* —— 11, 26, 60, 81, 82
Armed Activities on the Territory of the Congo (Democratic Republic of Congo v Uganda), Urteil v 19.12.2005, ICJ Rep 2005, 168 *[Kongo/Uganda]* —— 11, 27, 82, 99
Application of the Convention on the Prevention and Punishment of the Crime of Genocide (Bosnia and Herzegovina v Serbia and Montenegro), Urteil v 26.2.2007, ICJ Rep 2007, 43 *[Genocide Convention 1]* —— 99
Application of the Convention on the Prevention and Punishment of the Crime of Genocide (Croatia v Servia), Urteil v 3.2.2015, <http://www.icj-cij.org/docket/files/118/18422.pdf> *[Genocide Convention 2]* —— 99

Ständiger Schiedshof
Eritrea-Ethiopia Claims Commission, Schiedssprüche v 1.7.2003, v 28.4.2004, v 17.12.2004 und v 29.12.2004 (Partial Awards) sowie v 29.12.2005 und v 27.8.2009 (Final Awards), <http://www.pca-cpa.org/showpage.asp?pag_id=1151> —— 27, 99

Internationales Tribunal für die Ahndung von Kriegsverbrechen im ehemaligen Jugoslawien
Prosecutor v Dusko Tadić a/k/a „Dúle" (Appeal on Jurisdiction), Entscheidung v 2.10.1995, ILM 35 (1996) 35 *[Tadić]* —— 39, 48, 125

Internationaler Strafgerichtshof
Prosecutor v Lubanga, Urteil der Trial Chamber v 14.3.2012, ICC-01/04-01/06, <www.icc-cpi.int/en_menus/icc/situations%20> *[Prosecutor v Lubanga]* —— 83

Special Tribunal for Lebanon
The Prosecutor v Ayyash, Urteil v 24.10.2012, STL-11-01/PT/AC/AR90.1 —— 48

Interamerikanische Menschenrechtkommission
Aisalla (Ecuador v Columbia), Entscheidung v 21.10.2010, Report No 112/10 —— 60, 103

Israelische Gerichte
Adalah v Central Command IDF, Urteil v 6.10.2005, ILM 45 (2006) 491 —— 82
Public Committee against Torture in Israel et al v Government of Israel et al, Urteil v 11.12.2005, ILM 46 (2007), 375 <http://elyon1.court.gov.il/Files_ENG/02/690/007/a34/02007690.a34.pdf> *[Targeted Killing]* —— 11, 66

US-amerikanische Gerichte
Hamdan v Rumsfeld, Urteil v 29.6.2006, 126 S.Ct. 2749 (2006); ILM 45 (2006) 1130 —— 127

Vorbemerkung

1   Es ist eine Funktion jeder Rechtsordnung, das friedliche Zusammenleben der Rechtsgenossen zu ermöglichen. Entwickelte staatliche Rechtsordnungen sehen deswegen ein Gewaltmonopol des Staats vor. Ihm gegenüber ist dem einzelnen Rechtsgenossen eigenmächtiges gewaltsames Handeln nur in eng begrenzten, rechtlich genau umschriebenen Ausnahmen erlaubt.[1] Auch das moderne Völkerrecht sucht ein *friedliches Zusammenleben der Staaten* zu *sichern* und die Gewaltanwendung zwischen Staaten einzuschränken. Angesichts des dezentralisierten Charakters der internationalen Ordnung kann es dies aber jedenfalls faktisch nicht in gleicher Weise tun wie die staatliche Rechtsordnung. Es gibt *kein* dem staatlichen Gewaltmonopol vergleichbares *Gewaltmonopol der internationalen Gemeinschaft*. Dezentrale Gewaltausübung und ihre Rechtfertigung spielen deshalb in den internationalen Beziehungen eine ganz andere, ungleich größere Rolle als das individuelle Notwehrrecht im innerstaatlichen Recht.

2   Rechtliche Einschränkung von Gewalt erfolgt im Völkerrecht auf zwei unterschiedlichen Ebenen. Zum Ersten gibt es Normen, die militärische Gewalt überhaupt verbieten bzw nur in bestimmten Ausnahmefällen erlauben. Traditionell wird hier von *ius ad bellum* gesprochen, richtiger ist *ius contra bellum*.[2] Denn der wesentliche Zweck dieses Rechtsgebiets ist nicht, ein Recht zum Krieg zu gewähren, sondern den Krieg zu verhindern. Wenn und soweit aber die einschlägigen Regeln bewaffnete Konflikte nicht verhindern können, ist es die Funktion einer zweiten Ebene der rechtlichen Regelung, des *ius in bello*,[3] diese militärische Gewalt in einem gewissen rechtlichen Rahmen zu halten, um noch schlimmere Gewaltausübung zu verhindern. Wenn dann die Waffen wieder schweigen, wird es heute auch als Aufgabe der internationalen Ordnung angesehen, den Weg zurück in die friedliche Normalität rechtlich zu steuern. Dafür haben sich in den letzten Jahrzehnten gewisse Übungen entwickelt, die unter dem Begriff des *ius post bellum* zusammengefasst werden.[4]

I. Völkerrechtliche Verhinderung von Gewalt *(ius contra bellum)*

1. Das rechtliche Verbot von Gewalt
a) Entwicklung

3   Zu Beginn der Entwicklung des modernen Völkerrechts galt die aus der mittelalterlichen Theologie entwickelte und insbes von *Grotius* vertretene Lehre vom *bellum iustum*.[5] Ein Krieg mit gerech-

---

1   *Isensee*, Staat und Verfassung, in Isensee/Kirchhof (Hrsg), HdbStR II, 3. Aufl 2004, 3 ff.
2   Dieser hier seit der 1. Aufl gebrauchte Ausdruck setzt sich in der internationalen Debatte immer mehr durch, vgl *Kolb*, Ius contra bellum, 2003.
3   *Schindler*, Abgrenzungsfragen zwischen *ius ad bellum* und *ius in bello*, FS Haug, 1986, 251 ff; zum Verhältnis beider Rechtsbereiche *Rosas*, Construing International Law and Order, Essays Koskenniemi, 2003, 89 ff; *Frostad*, Jus in bello after September 11, 2001, 2005, 107 ff; *Giladi*, The Jus ad Bellum/Jus in Bello Distinction and the Law of Occupation, Is LR 41 (2008) 246 ff.
4   *Stahn*, Jus Post Bellum: Mapping the Discipline(s), AMUILR 23 (2007/08) 311 ff; *Epping*, Ius post bellum, FS Bothe, 2008, 65 ff; *Fleck*, Jus post bellum: Eine neue Disziplin des Völkerrechts?, HVI 25 (2012) 176; s u Rn 129 f mwN.
5   Vgl *Beestermöller*, Thomas von Aquin, in Bruha/Heselhaus/Marauhn (Hrsg), Legalität, Legitimität und Moral, 2008, 25 ff; *Christopher*, Just War Theory, 1990; *Mantovani*, Bellum iustum, 1990; *Kunz*, Bellum iustum et bellum legale, AJIL 45 (1951) 528 ff; *Kolb* (Fn 2) 15 ff; *Shearer*, A Revival of the Just War Theory?, FS Dinstein, 2007, 1 ff; Starck (Hrsg), Kann es heute noch „gerechte Kriege" geben?, 2008; *Regan*, Just War, 1996; *Ziolkowski*, Gerechtigkeitspostulate als Rechtfertigung von Kriegen, 2007; *P. Schmidt*, Bellum iustum, 2009; zur Anwendung auf den Kosovo-Konflikt *Mayer*, War der Krieg der Nato gegen Jugoslawien moralisch gerechtfertigt?, ZIB 6 (1999) 287 ff; *Gruber*, Die Lehre vom gerechten Krieg, 2008. Die Diskussion um gerechte Kriege in der westlichen Welt hat auch zu einer anders ausgerichteten Diskussion um gerechte Kriege aus islamischer Sicht geführt: vgl *Kelsay*, Arguing the Just War in Islam, 2007, 198 ff; vgl auch *Ziolkowski*, aaO, 107 ff.

tem Grund, für eine gerechte Sache und mit gerechten Mitteln war rechtmäßig. Dabei waren sich die Theoretiker dieser Lehre durchaus der Tatsache bewusst, dass es schwer ist zu entscheiden, wessen Sache denn gerecht sei. Der Ausgang des Kriegs wirkte von daher wie ein Gottesurteil. Für das Völkerrecht der Epoche der Aufklärung war diese Lösung unakzeptabel. Deshalb entwickelte sich immer mehr die *Lehre von der Indifferenz des Völkerrechts hinsichtlich des Rechts zum Kriege*.[6] Man nahm zwar kein Recht zum Kriege an, der Krieg war aber auch nicht verboten. Dies führte zu einer merkwürdigen Inkonsistenz von Unrechtsfolgen. Während die Verletzung staatlicher Rechtspositionen im Übrigen einer besonderen Rechtfertigung bedurfte – nur gerechtfertigt war die Reaktion auf vorangegangenes Unrecht (Repressalie) –, galt dies für die stärkste Beeinträchtigung eines anderen Staats, den Krieg, nicht mehr. So war (und ist) ein Zugriff auf das Vermögen ausländischer Staatsbürger nur zulässig, wenn zuvor deren Heimatstaat ein entsprechend schwerwiegendes Unrecht begangen hatte (bzw hat). Ein Krieg bedurfte eines solchen rechtlichen Begründungsaufwands nicht. An die Stelle einer Hegung militärischer Gewalt durch eine wie auch immer geartete rechtliche Beschränkung der Freiheit der Staaten, den Krieg als Mittel der Politik[7] einzusetzen, traten zwei andere Regelungsansätze: das Recht der Kriegführung *(ius in bello)*[8] und das Recht der friedlichen Streitbeilegung.[9] Beide Bereiche entwickelten sich während des 19. Jh erheblich weiter. Dagegen war die Lehre von der Indifferenz des Völkerrechts hinsichtlich des Rechts zum Kriege bis zum Ersten Weltkrieg zweifelsohne positives Recht.

Die *Haager Friedenskonferenzen* v 1899 und 1907[10] stellen den Abschluss dieser Entwicklung dar. Die auf ihnen erzielten Fortschritte betrafen einmal das *ius in bello*, zum anderen die Entwicklung von Verfahren der friedlichen Streitbeilegung. In einem ganz kleinen Bereich nur wurde ein Fortschritt in Richtung auf ein völkerrechtliches Gewaltverbot erzielt, nämlich mit dem Verbot, Vertragsschulden mit militärischer Gewalt einzutreiben (Drago-Porter-Konvention).[11] Erst die Skandalisierung, die Erschütterung über die durch den Ersten Weltkrieg verursachten menschlichen Leiden führte zu einer moralischen und gesellschaftlichen Umbewertung des Phänomens des Kriegs, die auch den Anstoß zu neuen Rechtsentwicklungen gab. **4**

Eine solche neue Entwicklung ist der Versuch, Krieg durch das Schaffen ständiger Institutionen zu verhindern. Dies ist der Gedanke des *Systems der kollektiven Sicherheit*,[12] wie es im Völkerbund[13] geschaffen wurde. Der Krieg zwischen irgendwelchen Mitgliedern der Organisation wird als eine Angelegenheit aller Mitglieder angesehen. Friedenssicherung ist die Aufgabe der Organisation (Art 11 der Völkerbundsatzung [VBS]). Allerdings sieht die VBS noch kein allgemeines Kriegsverbot vor. Rechtlich gesehen wird die bisherige Indifferenz des Völkerrechts hinsichtlich des Rechts zum Kriege nur *verfahrensmäßig* eingeschränkt. Es ist verboten, „zum Krieg zu schreiten", während noch Verfahren der friedlichen Streitbeilegung laufen. Ebenso ist es ver- **5**

---

6 *Bilfinger*, Vollendete Tatsache und Völkerrecht, ZaöRV 15 (1953/54) 453 (463 ff); *Fassbender*, Die Gegenwartskrise des völkerrechtlichen Gewaltverbots vor dem Hintergrund der geschichtlichen Entwicklung, EuGRZ 31 (2004) 241 ff; *Kolb* (Fn 2) 19 ff.
7 *Clausewitz*, Vom Kriege, 1823, Neudruck 4. Aufl 2003, 44.
8 Dazu u Rn 56 ff; vgl *Neff*, War and the Law of Nations, 2005, 186 ff.
9 Vgl *Schröder*, 7. Abschn Rn 60 ff.
10 *Baker*, Hague Peace Conferences (1899 and 1907), MPEPIL IV, 689 ff.
11 *Benedek*, Drago-Porter Convention (1907), MPEPIL III, 234 ff.
12 *De Wet/Wood*, Collective Security, MPEPIL II, 316 ff. Die Definition des Begriffs „System gegenseitiger kollektiver Sicherheit" in Art 24 GG, die das BVerfG in BVerfGE 90, 347 ff gibt, geht über die im Völkerrecht gebräuchliche Bergrifflichkeit hinaus, indem sie (unter bestimmten Bedingungen?) auch Verteidigungsbündnisse wie die NATO umfasst; idS etwa *Tomuschat*, in Dolzer/Vogel (Hrsg), Bonner Kommentar, Loseblattslg, Art 24 Rn 132 ff u 177 ff; *Randelzhofer*, in Maunz/Dürig (Hrsg), Kommentar zum Grundgesetz, Loseblattslg, Art 24 Rn 11 f; krit und ausführlich dazu *Deiseroth*, in Umbach/Clemens (Hrsg), Grundgesetz, 2002, Art 24 Rn 176 ff; vgl auch *Frank*, in Wassermann (Hrsg), Alternativ-Kommentar zum GG, 3. Aufl 2001, Art 24 Abs 2 Rn 7; *Rojahn*, in v Münch/Kunig (Hrsg) Grundgesetz-Kommentar, 5. Aufl 2001, Art 24 Rn 88 ff.
13 *Tams*, League of Nations, MPEPIL VI, 760 ff; *Neff* (Fn 8) 290 ff.

boten, gegen einen Staat zum Krieg zu schreiten, der sich dem Ergebnis eines Verfahrens der friedlichen Streitbeilegung unterwirft (Art 13 u 15 VBS). Gegen einen Staat, der unter Verletzung dieser Pflichten der Satzung einen Krieg beginnt, sind Zwangsmaßnahmen des Völkerbundes vorgesehen (Art 16 VBS).

6   Eine Fortentwicklung des völkerrechtlichen Gewaltverbots brachte der *Briand-Kellogg-Pakt* v 1928,[14] dem alsbald die meisten Staaten der Welt beitraten. Darin verurteilen die Vertragsparteien den Krieg als Mittel der Lösung internationaler Konflikte und verzichten auf ihn als ein Mittel der Politik. Damit war rechtlich gesehen ein weltweit geltendes *Kriegsverbot* erreicht.[15] Der Vertrag hatte jedoch zwei entscheidende *Schwächen*. Zum einen war diese Fortentwicklung des materiellen Gewaltverbots nicht begleitet von einer Entwicklung des Rechts bzgl der Folgen der Rechtsverletzung, mit anderen Worten des Rechts der Sanktionen. Zum anderen bezog sich das Verbot lediglich auf den „Krieg", was dazu führte, dass militärische Aktionen, die eigentlich eine Verletzung des Pakts darstellten, einfach nicht mehr als Kriege deklariert wurden. So geschah es vor allem bei den japanischen Übergriffen gegen China in den 1930er Jahren.[16] Dass im Übrigen der Krieg zur Selbstverteidigung zulässig blieb, war nicht bezweifelt.[17] Die Angriffshandlungen zu Beginn des Zweiten Weltkriegs stellten eine klare Verletzung des Briand-Kellogg-Pakts dar.

7   Nachdem das durch Völkerbund und Briand-Kellogg-Pakt errichtete System der kollektiven Sicherheit versagt hatte, wurde mit der Gründung der UNO nach dem Zweiten Weltkrieg ein neuer Anfang versucht, der die Fehler des alten Systems vermeiden sollte. Die UN-Charta ist von dem Bestreben geprägt, Kriege zu verhindern, „künftige Geschlechter vor der Geißel des Krieges" zu bewahren. Zu diesem Zweck errichtet sie ein System der kollektiven Sicherheit, dessen materieller Bestandteil ein *allgemeines Gewaltverbot* ist.[18] Viele völkerrechtliche Verträge und internationale Erklärungen nach dem Zweiten Weltkrieg bestätigen dieses allgemeine Gewaltverbot und bekräftigen es in Bezug auf bestimmte internationale Beziehungen. Dies gilt für die BR Deutschland etwa für die sog Ost-Verträge zu Beginn der 1970er Jahre, für die KSZE-Schlussakte v 1975,[19] für ihre Folgedokumente, insbes die Charta von Paris v 1990,[20] sowie für den sog Zwei-plus-vier-Vertrag.[21]

8   Das allgemeine Gewaltverbot[22] gilt nicht nur aufgrund der dargestellten Entwicklungen des völkerrechtlichen Vertragsrechts, es ist auch *Bestandteil des völkerrechtlichen Gewohnheitsrechts*.[23] Dies wurde bereits für den Briand-Kellogg-Pakt angenommen und wurde für das Gewaltverbot der UN-Charta insbes bestätigt durch die Entscheidung des IGH im *Nicaragua*-Fall.[24] Dies ist keineswegs selbstverständlich, sondern eher überraschend, betrachtet man die Regeln über die Entstehung völkerrechtlichen Gewohnheitsrechts. Diese setzen für die Entstehung einer Norm neben der Rechtsüberzeugung eine der Regel entsprechende allgemeine Praxis der Staaten voraus. Eine ständige und allgemeine Praxis der Einhaltung des Gewaltverbots gibt es je-

---

14 *Lesaffer*, Kellogg-Briand Pact (1928), MPEPIL VI, 579 ff; *Fassbender* (Fn 6) 245 f.
15 *Dörr*, Use of Force, Prohibition of, MPEPIL X, 607 ff.
16 *Dörr* (Fn 15) Rn 7; *Koskenniemi*, History of International Law, World War I to World War II, MPEPIL IV 925 (Rn 23).
17 *Lesaffer* (Fn 14) Rn 11.
18 *Dörr* (Fn 15) Rn 8; *Fassbender* (Fn 6) 246 ff; *Blix*, Legal Restraints on the Use of Armed Force, FS Bring, 2008, 21 (24 ff).
19 Abgedr in Fastenrath (Hrsg), KSZE-Dokumente der Konferenz über die Sicherheit und Zusammenarbeit in Europa, 1994, A. 1.
20 Abgedr in Fastenrath (Fn 19) A. 2.
21 Vertrag über die abschließende Regelung in Bezug auf Deutschland (BGBl 1990 II, 1318).
22 Dazu *Dörr* (Fn 15); *Randelzhofer/Dörr*, in Simma/Khan/Paulus/Tams (Hrsg), The Charter of the United Nations, 3. Aufl 2012, Article 2(4) mwN.
23 *Kadelbach*, Zwingendes Völkerrecht, 1992, 228 f; *Dörr* (Fn 15) Rn 9 f. Zum Gewohnheitsrecht als Rechtsquelle vgl *Graf Vitzthum*, 1. Abschn Rn 131 ff.
24 *Nicaragua*-Fall, ICJ Rep 1986, 14, 98 ff.

doch nicht. Militärische Gewalt wurde während der vergangenen Jahrzehnte immer wieder in den internationalen Beziehungen angewandt. Deshalb ist das Gewaltverbot in akademischen Debatten auch immer wieder für tot erklärt worden.[25] Die Entwicklung des gewohnheitsrechtlichen Gewaltverbots ist einer der ganz seltenen Fälle, in denen sich Völkerrecht im Wesentlichen durch die Änderung der Rechtsüberzeugung fortentwickelt hat. Es ist, betrachtet man die Praxis der Staaten, einfach nicht zu bestreiten, dass eine allgemeine Rechtsüberzeugung iSd Geltung des völkerrechtlichen Gewaltverbots besteht. Kein Staat, der in den letzten Jahrzehnten Gewalt angewandt hat, hat die Geltung dieses Verbots in Zweifel gezogen. Es wurde vielmehr regelmäßig versucht, die Anwendung der Gewalt durch rechtliche oder tatsächliche Argumente zu rechtfertigen, die die tatsächlich angewandte Gewalt als einen Fall zulässiger Ausnahmen von der nicht angezweifelten allgemeinen Verbotsregel darstellten.[26] Der Streit um die Zulässigkeit von Gewalt in den internationalen Beziehungen war in den letzten Jahrzehnten und ist noch heute stets ein *Streit um die Tragweite des völkerrechtlichen Gewaltverbots* und um mögliche *Gründe der Rechtfertigung von Gewalt*. In der Praxis behaupten Staaten, die militärische Gewalt anwenden, nicht etwa, dass das Gewaltverbot nicht gelte, sie berufen sich vielmehr auf Ausnahmen vom Gewaltverbot.[27] In diesen Diskursen zeigt sich die Geltung des Gewaltverbots.[28] Daran hat sich auch durch die in den letzten Jahren gesteigerte Bereitschaft einiger Staaten, Gewalt zu legitimieren, nichts geändert. Einzelne Stimmen in der Literatur, die die Geltung des Gewaltverbots leugnen,[29] tragen dieser Realität nicht hinreichend Rechnung.

b) Verbotene Gewalt
Durch Art 2 Nr 4 UN-Charta wird jegliche Art von Gewalt in den internationalen Beziehungen verboten,[30] nicht nur der „Krieg im Rechtssinn". Dies ist deswegen ein wesentlicher Fortschritt, weil sich um den Kriegsbegriff erhebliche definitorische Unsicherheiten ranken.[31] Vielfach wird das Vorliegen bewaffneter Kämpfe zwischen Staaten nicht als ausreichend angesehen. Zum Krieg gehöre auch ein subjektives Element, der sog Kriegsführungswille. Ferner fragt sich, ob denn bewaffnete Kämpfe eines gewissen Ausmaßes erforderlich sind, damit der Kriegsbe-

9

---

25 *Franck*, Who Killed Article 2 (4)?, AJIL 64 (1970) 809 ff; *ders*, The United Nations After Iraq, AJIL 97 (2003) 607 (620); *Combacau*, The Exception of Self-Defense in U.N. Practice, in Cassese (Hrsg), The Current Legal Regulation of the Use of Force, 1986, 9 ff; *Glennon*, How War Left the Law Behind, NY Times v 21.11.2002, A33; *ders*, How International Rules Die, Geo LJ 93 (2005) 939 ff; dagegen schon *Henkin*, The Reports of the Death of Article 2(4) are Greatly Exaggerated, AJIL 65 (1971) 544 ff; *Wippman*, The Nine Lives of Article 2(4), Minnesota JIL 16 (2007) 387 ff; vgl auch *Delbrück*, Effektivität des Gewaltverbots, Friedens-Warte 74 (1999) 139 ff. *Franck* selbst hat das später anders gesehen, indem er die Anpassung der Rechtsordnung der UN-Charta an veränderte Verhältnisse betont, vgl *ders*, Recourse to Force, 2002, 4 ("meet the threat of obsolescence by adaption") u 175. Die Ergebnisse dieses Sinneswandels sind mitunter problematisch.
26 Hauptrechtfertigungsstrategien sind Selbstverteidigung, meist mit der rechtlichen und tatsächlichen Konstruktion eines vorherigen Angriffs der anderen Seite, u Rn 19, „Einladung" einer Regierung, u Rn 23, Schutz eigener Staatsangehöriger, u Rn 21, die sog humanitäre Intervention, u Rn 22, sowie die Ermächtigung durch den Sicherheitsrat, u Rn 24. Zweifel an der Fortgeltung des Gewaltverbots blieben akademische Einzelmeinungen.
27 *Wippman* (Fn 25).
28 Das hat der IGH im *Nicaragua-Urteil* klassisch formuliert (§ 186).
29 Vgl die Nachw in Fn 25.
30 *Dörr* (Fn 15) Rn 11 ff. Vgl zum Gewaltverbot: *Berstermann*, Das Einmischungsverbot im Völkerrecht, 1991; *Bruha*, Gewaltverbot und humanitäres Völkerrecht nach dem 11. September 2001, AVR 40 (2002) 383 ff; *Delbrück* (Fn 25) 139 ff; *Erickson*, Legitimate Use of Military Force Against State-Sponsored International Terrorism, 1989; *Franck* (Fn 25); *Kreß*, Gewaltverbot und Selbstverteidigungsrecht nach der Satzung der Vereinten Nationen bei staatlicher Verwicklung in Gewaltakte Privater, 1995.
31 Vgl schon o Text zu Fn 15. Es ist bezeichnend, dass die 2012 erschienene MPEPIL kein Stichwort wie „Krieg" oder „Kriegsbegriff" enthält; vgl *Epping*, Der Kriegsbegriff des Grundgesetzes, Der Staat 31 (1992) 39 ff; *ders*, Die Entwicklung und Bedeutung des Kriegsbegriffes für das Völkerrecht, HV-I 1991, 99 ff; *Bothe*, Krieg im Völkerrecht, in Beyrau/Hochgeschwender/Langewiesche (Hrsg), Formen des Krieges, 2007, 469 ff.

griff erfüllt ist (objektives Kriterium). Alle diese Fragen sind durch die *Entwicklung vom Kriegsverbot zum allgemeinen Gewaltverbot* für das Problem der verbotenen Gewalt irrelevant geworden.

10   Mit dieser Entwicklung sind aber noch nicht alle Schwierigkeiten der Bestimmung des Inhalts des Gewaltverbots beseitigt. Vielmehr stellt diese Bestimmung Völkerrechtswissenschaft und -praxis immer wieder vor erhebliche Probleme.[32] Die UN-Generalversammlung hat sich in zwei Erklärungen um eine *nähere Bestimmung des Inhalts des Gewaltverbots* bemüht, nämlich in der Erklärung über die Grundsätze des Völkerrechts betreffend freundschaftliche Beziehungen und Zusammenarbeit zwischen den Staaten (Res 2625 [XXV] v 24.10.1970)[33] und in der Erklärung über die Definition der Aggression (Res 3314 [XXIX] v 14.12.1974).[34] Einmal abgesehen von der Frage der Rechtswirkung dieser Resolutionen[35] ist in ihnen auch mancher Streitpunkt offen geblieben und durch Formelkompromisse überdeckt.[36] Immerhin war die Aggressionserklärung die Grundlage für die neue Definition im Statut des IStGH.[37] Die Bemühungen um die Bestimmung des Inhalts des Gewaltverbots haben zunächst anzusetzen am Begriff der militärischen Gewalt. Diese kann offen und verdeckt erfolgen. Nicht nur der militärische Einmarsch, sondern auch die von einem Nachbarstaat betriebene Subversion, der verdeckte Kampf stellen eine Verletzung des Gewaltverbots dar.[38] Fraglich ist jedoch, ob eine *gewisse Gewaltintensität* erforderlich ist, ob es also eine Schwelle gibt, die überschritten werden muss, damit man von relevanter militärischer Gewalt sprechen kann. Ist also schon eine einfache Grenzverletzung eine Verletzung des völkerrechtlichen Gewaltverbots? Es gibt wohl einen Bereich minimaler Grenzverletzungen, der noch nicht unter das Gewaltverbot fällt. Die Schwelle ist aber niedrig anzusetzen. Im Übrigen ist nicht schon jede Verletzung des Gewaltverbots ein bewaffneter Angriff.[39] Der unstreitige Inhalt des Gewaltverbots ist auf *militärische* Gewalt beschränkt. Einwirkungen auf einen anderen Staat, mögen sie auch sehr empfindlich sein, die nicht als militärische Aktionen zu kennzeichnen sind, fallen nicht darunter. Versuche, die Zufügung anderer Übel als Verletzungen des Gewaltverbots zu qualifizieren, etwa massiven wirtschaftlichen Druck durch Unterbrechung lebenswichtiger Lieferungen oder massive grenzüberschreitende Umweltverschmutzungen, haben sich nicht durchgesetzt.[40] Auf der anderen Seite ist das Gewaltverbot nicht auf die Schadensstiftung durch Einsatz klassischer Waffengewalt, dh die Verwendung von Mitteln, die Schaden durch Freisetzung von kinetischer, Wärme- oder Strahlenenergie verursachen, beschränkt. Es kommt viel-

---

32 *Schindler*, in ders/Hailbronner, Grenzen, 13 ff.
33 Deklaration abgedr in Sartorius II, Nr 4 bzw Tomuschat (Hrsg), Völkerrecht, Nr 6; s hierzu *Arangio-Ruiz*, The UN Declaration on Friendly Relations and the System of Sources of International Law, 1979; *Rosenstock*, The Declaration of Principles of International Law Concerning Friendly Relations, AJIL 65 (1971) 713 ff; *Neuhold*, Die Prinzipien des „KSZE-Dekalogs" und der „Friendly Relations Declaration" der UN-Generalversammlung, in Simma/Blenk-Knocke (Hrsg), Zwischen Intervention und Zusammenarbeit, 1979, 441 ff; *Scheuner*, Zur Auslegung der Charta durch die Generalversammlung, VN 1978, 111 ff; *Graf zu Dohna*, Die Grundprinzipien des Völkerrechts über die freundschaftlichen Beziehungen und die Zusammenarbeit der Staaten, 1973.
34 Definition abgedr in VN 1975, 120 bzw Tomuschat (Hrsg), Völkerrecht, Nr 7; s hierzu *Arntz*, Der Begriff der Friedensbedrohung in Satzung und Praxis der Vereinten Nationen, 1975; *Broms*, The Definition of Aggression, RdC 154 (1977) 299 ff; *Ferencz*, Defining International Aggression, 2 Bde, 1975; *Bruha*, Die Definition der Aggression, 1980; *Stone*, Hopes and Loopholes in the 1974 Definition of Aggression, AJIL 71 (1977) 224 ff; *Dinstein*, Aggression, MPEPIL I, 201 ff. Eine Definition findet sich nunmehr im Statut des IStGH, s u Rn 28.
35 Vgl dazu auch *Graf Vitzthum*, 1. Abschn Rn 146 u 150.
36 *Bothe*, Die Erklärung der Generalversammlung der Vereinten Nationen über die Definition der Aggression, JIR 18 (1975) 127 ff.
37 S u Rn 28.
38 *Schindler*, in ders/Hailbronner, Grenzen, 32 ff.
39 Zum Schwellenproblem beim Vorliegen eines bewaffneten Angriffs vgl u Rn 19.
40 *Schindler*, in ders/Hailbronner, Grenzen, 20; *Derpa*, Das Gewaltverbot der Satzung der Vereinten Nationen und die Anwendung nicht militärischer Gewalt, 1970; *Dicke*, Die Intervention mit wirtschaftlichen Mitteln im Völkerrecht, 1978.

mehr darauf an, dass diese Schadensverursachung in ihrer „Tragweite und Wirkung" (scale and effect) einem Einsatz militärischer Gewalt gleichzuachten ist.[41] Diese Abgrenzung ist wesentlich für Schadensstiftung im „Cyber Warfare". Dabei geht es darum, dass durch Computer-Operationen andere Computer-Systeme schädlich beeinflusst werden, wodurch weiterer Schaden entsteht, etwa dadurch, dass kritische Infrastruktur nicht mehr funktionsfähig ist. In ihren Wirkungen kann solche Schadensstiftung dem Einsatz von Waffengewalt vergleichbar sein und insoweit unter das Gewaltverbot fallen.[42]

Ein weiteres wesentliches Element der Bestimmung des Inhalts des Gewaltverbots besteht darin, dass es sich um Gewalt in den *internationalen* Beziehungen,[43] dh zwischen Staaten handeln muss. Verbotene Gewalt ist nur die *von einem Staat* zu verantwortende Gewalt, die *gegen einen anderen Staat* gerichtet ist. *Private*, dh nicht einem Staat zurechenbare Gewalt ist vom Gewaltverbot nicht erfasst. Zwar gibt es durchaus völkerrechtliche Regeln über bestimmte international relevante Formen privater Gewalt (Piraterie, Luftpiraterie, Straftaten gegen völkerrechtlich geschützte Personen, bestimmte Formen des Terrorismus);[44] hier geht es um Regeln über die Ahndung und Bekämpfung international unerwünschter Gewalttaten. Mit dem eigentlichen völkerrechtlichen Gewaltverbot haben diese Regeln aber grundsätzlich nichts zu tun. Unter dem Gesichtspunkt des Gewaltverbots wird private Gewalt erst dann relevant, wenn ein Staat aus irgendeinem Grund diese Gewalt zu verantworten hat. Daran ist trotz der Debatte um einen „Krieg gegen den Terrorismus" festzuhalten. Es ist denkbar, dass ein Staat, der Gewalthandlungen von Privatpersonen oder auch von Organen eines anderen Staats unterstützt, dadurch soweit in private oder fremde Gewalt involviert ist, dass diese einer eigenen staatlichen Gewalt gleichzusetzen ist. Dies ist zB dann der Fall, wenn der Staat den gewaltausübenden Personen erhebliche Ressourcen zur Verfügung stellt, etwa in Form von sicheren Operationsbasen oder erheblichen Waffenlieferungen.[45] Die Duldung oder *Förderung terroristischer Aktivitäten* ist aber nicht ohne weiteres der eigenen Gewaltausübung des Staats gleichzuachten. Deshalb war die von den USA zur Rechtfertigung der Bombardierung von Tripolis 1986 aufgestellte Behauptung, Libyen habe terroristische Aktivitäten gegen die USA unterstützt,[46] nicht ohne weiteres geeignet, das Verhalten Libyens als Verletzung des Gewaltverbots zu charakterisieren, das dann, und darauf kam es an, Gegengewalt als Selbstverteidigung gerechtfertigt hätte. In Bezug auf Libyen, den Irak und die Taliban in Afghanistan[47] hat der Sicherheitsrat eine Unterstützung des Terrorismus als Bedro-

---

41 Vgl IGH im *Nicaragua*-Fall, ICJ Rep, 1986, 14 (§ 195).
42 Grundlegend nunmehr Tallinn Manual, Rule 11, 45 ff. Vgl *Stein/Maruahn*, Völkerrechtliche Aspekte von Informationsoperationen, ZaöRV 60 (2000) 1 ff; Greenberg (Hrsg), Information Warfare and International Law, 1997; *Jacobson*, War in the Information Age, J Strat Stud 21/3 (1998) 1 ff; *Schmitt*, Computer Network Attack and the Use of Force in International Law, Colum J Transnat'l L 37 (1999) 885 ff; *Busuttil*, A Taste of Armageddon, in Goodwin-Gill/Talmon (Hrsg), The Reality of International Law, 1999, 37 ff; *Stelter*, Gewaltanwendung unter und neben der UN-Charta, 2007, 26 ff, 60 ff; *Plate*, Völkerrechtliche Fragen bei Gefahrenabwehrmaßnahmen gegen Cyber-Angriffe, ZRP 44 (2011) 200 ff; *Buchan*, Cyber Attacks, JCSL 17 (2012) 211 ff; *Tsagourias*, Cyber Attacks, Self-defence and the Problem of Attribution, JCSL 17 (2012) 229 ff; *Roscini*, World Wide Warfare, Max Planck YbUNL 14 (2010) 85 ff. Zur parallelen Problematik des ius in bello s u Rn 68.
43 *Dörr* (Fn 15) Rn 21 ff.
44 Vgl Art 14–21 Übereinkommen v 29.4.1958 über die Hohe See (BGBl 1972 II, 1091); Art 100–107 SRÜ (BGBl 1994 II, 1799); Übereinkommen v 14.12.1973 über die Verhütung, Verfolgung und Bestrafung von Straftaten gegen völkerrechtlich geschützte Personen einschließlich Diplomaten (Diplomatenschutzkonvention – BGBl 1976 II, 1745); Übereinkommen v 23.9.1971 zur Bekämpfung widerrechtlicher Handlungen gegen die Sicherheit der Zivilluftfahrt (BGBl 1977 II, 1230) mit Prot v 24.2.1988 zur Bekämpfung widerrechtlicher, gewalttätiger Handlungen auf Flughäfen, die der internationalen Zivilluftfahrt dienen (BGBl 1993 II, 867).
45 Vgl Art 3 der Aggressionsdefinition.
46 *Bialos/Kenneth*, The Libyan Sanctions, VJIL 26 (1986) 799 ff; *Greenwood*, International Law and the United States' Air Operation against Libya, West Virginia LR 89 (1987) 933 ff; *McCradie*, The April 14, 1986 Bombing of Libya, CWRJIL 19 (1987) 215 ff; *Reisman*, International Legal Responses to Terrorism, Houston JIL 22 (1999) 3 (32).
47 Res 1333 v 19.12.2000 unter Bezugnahme auf Res 1214 v 8.12.1998 u Res 1267 v 15.10.1999.

hung des Friedens iSv Art 39 UN-Charta[48] aufgefasst.[49] Seit den Angriffen des 11. September 2001 stellt der Sicherheitsrat allgemein fest, dass Akte des *Terrorismus* eine *Friedensbedrohung* darstellen.[50] Das bedeutet aber nicht, dass diese Akte als solche bereits eine Verletzung des Gewaltverbots oder gar einen „bewaffneten Angriff" darstellen. Nichtstaatliche Gewalt wird erst dadurch zu einer Verletzung des Gewaltverbots, dass sie einem Staat oder jedenfalls einem staatsähnlichen Gebilde wie einem de facto-Regime zuzurechnen ist.[51] In seinem *Nicaragua*-Urteil hat der IGH gefordert, der betreffende Staat müsse in erheblichem Maße in die nichtstaatliche Gewalt involviert sein.[52] Nach den Angriffen des 11. September 2001 wurde es offenbar so gesehen, dass die Taliban als effektive Regierung Afghanistans in solcher Weise in die Terrortätigkeit der Al Qaida verstrickt waren.[53] Auch beim Libanon-Konflikt 2006 und beim Georgien-Konflikt 2008 stellte sich die Frage, ob bewaffnete Handlungen des jeweiligen nicht-staatlichen Akteurs einem Staat zuzurechnen waren, dh Handlungen der Hizbollah gegen Israel dem Libanon[54] oder Handlungen Süd-Ossetiens

---

48 Dazu u Rn 42.
49 Libyen: S/RES/748 v 31.3.1992, abgedr in VN 1992, 68; Irak: S/RES/687 v 3.4.1991, abgedr in VN 1991, 74 ff.
50 S/RES/1368 (2001) u 1373 (2001), nunmehr zusammenfassend S/RES/2249 (2015); *Klein*, Le droit international à l'épreuve du terrorisme, RdC 321 (2006) 209 (328 ff).
51 Grundlegend *Kreß*, Major Post-Westphalian Shifts and Some Important Neo-Westphalian Hesitations in the State Practice on the Use of Force, JUFIL 1 (2014) 41 (41 f). Er argumentiert für eine vorsichtige Öffnung des Begriffs „bewaffneter Angriff" dahin, dass er auch Angriffe durch nicht-staatliche Akteure einschließen könnte. Im *Mauer*-Gutachten (§ 139) u *Congo/Uganda*-Fall (§§ 141 ff) hat der IGH betont, dass nur staatliche Gewalt ein Selbstverteidigungsrechts auslöse; Analyse bei *Kammerhofer*, The Armed Activities Case and Non-state Actors in Self-Defence Law, Leiden JIL 20 (2007) 89 ff. In Stellungnahmen wissenschaftlicher Institutionen (Res des Institut de droit international [IDI] v 2007, AnnIDI 72 [2007] 233 ff; The Chatham House Principles of International Law on the Use of Force in Self-defence, ICLQ 55 [2006] 963 ff) und in der Literatur (vgl etwa *Weber*, Die israelischen Militäraktionen im Libanon und in den besetzten palästinensischen Gebieten, AVR 44 [2006] 460 ff; *Talmon*, Grenzen der „grenzenlosen Gerechtigkeit", in März [Hrsg], An den Grenzen des Rechts, 2003, 101 [143]; *Rostow*, ASIL Proc 102 [2008] 218; *Schmitt*, „Change Direction" 2006: Israeli Operations in Lebanon and the International Law of Self-defense, Michigan JIL 29 [2007/08] 127 [145 ff]; *Oellers-Frahm*, The International Court of Justice and Article 51 of the Charter, FS Delbrück, 2005, 503 ff; *dies*, Der IGH und die „Lücke" zwischen Gewaltverbot und Selbstverteidigungsrecht, ZEuS 10 [2007], 71 ff), die sich teilweise zu Unrecht auf Formulierungen des Sicherheitsrats berufen (*Weber*, aaO, 462, *Schmitt*, aaO, 147), wird das zT anders gesehen. Diese Literaturmeinung scheitert vor allem daran, dass ein nicht-staatlicher Angriff nicht Selbstverteidigung gegen einen Staat rechtfertigen kann (das sehen auch *Bruha/Tams*, Self-Defence against Terrorist Acts, FS Delbrück, 2005, 85 [99]). Wie hier *Delbrück*, The Fight against Global Terrorism, GYIL 44 (2001) 9 (15); *Hofmeister*, „To harbour or not to harbour"?, ZÖR 62 (2007) 475 (487 f); *Mouellé Kombi*, La guerre préventive et le droit international, 2006, 100 ff; *Sandoz*, Lutte contre le terrorisme et droit international: risques et opportunités, SZIER 12 (2002) 319 (336); iE auch *Schmitz-Elvenich*, Targeted Killing, 2008, 50 ff; *Kranz*, Die völkerrechtliche Verantwortlichkeit für die Anwendung militärischer Gewalt, AVR 48 (2010) 281 ff, insbes 289 ff; differenzierend *Zimmermann*, The Second Lebanon War, MPYUNL 11 (2007) 99 (115 ff); unentschieden *Gray*, Use of Force, 164 ff; de lege lata wie hier *Wettberg*, The International Legality of Self-Defense against Non-State Actors, 2007, 208 f, der aber einen Trend zur Anerkennung der Selbstverteidigung gegen nicht-staatliche Akteure sieht. S auch u Rn 19.
52 Unter Berufung auf Art 3 lit g der Aggressionsdefinition. Vgl ICJ Rep 1986, 103 f. Das ist immer wieder in einzelnen Fällen str, vgl die folgenden Fn; zu den Aktionen der Türkei auf irakischem Gebiet *Ruys*, Quo vadit jus ad bellum?, Melb JIL 9 (2008) 334 ff; zu denen Kolumbiens auf ecuadorianischem Gebiet *Walsh*, Rethinking the Legality of Colombia's Attack on the FARC in Ecuador, Pace ILR 21 (2009) 137 ff. In letzterem Fall hat die Interamerikanische Menschenrechtskommission eine Beschwerde Ecuadors gegen Kolumbien für zulässig erklärt (Report No 112/10 v 21.10.2010). Die Sachentscheidung steht, soweit ersichtlich, noch aus.
53 *Delbrück* (Fn 51) 15; *Frowein*, Der Terrorismus als Herausforderung für das Völkerrecht, ZaöRV 62 (2002) 879 (885 ff); *Dinstein*, Humanitarian Law on the Conflict in Afghanistan, ASIL Proc 96 (2002) 23; *Gazzini*, Pre-emptive Self-Defence Against Non-State Actors, JCSL 13 (2008) 25 (26 f); *Klein* (Fn 50) 399; *Stahn*, „Nicaragua is dead, long live Nicaragua", in Walter u a (Hrsg), Terrorism as a Challenge for National and International Law, 2004, 827 (864); eher zweifelnd *ders*, International Law at a Crossroads?, ZaöRV 62 (2002) 183 (216 ff); krit auch *Kohen*, The Use of Force by the United States after the End of the Cold War, and its Impact on International Law, in Byers/Nolte (Hrsg), United States Hegemony and the Foundations of International Law, 2003, 197 (209); *Sandoz* (Fn 51) 338 f; ablehnend *Williamson*, Terrorism, Law and International Law, 2009, 204 ff.
54 Dazu *Weber* (Fn 51) 466 ff; *Tomuschat*, Der Sommerkrieg des Jahres 2006 im Nahen Osten, Friedens-Warte 81 (2006) 179 (181 ff); *Ronen*, Israel, Hizbollah and the Second Lebanon War, YIHL 9 (2006) 362 ff; *Ronzitti*, The 2006

der RF[55] zuzurechnen waren. Besondere Probleme bereitet die Zurechnung bei Phänomenen des Cyber Warfare. Dabei geht es einmal um die meist schwierige Tatsachenfrage, woher eigentlich ein Computerangriff kommt. Lässt sich ein Computer-Angriff auf eine Computer-Infrastruktur, die auf fremdem Staatsgebiet gelegen ist, zurückverfolgen, so heißt das nicht notwendig, dass der Angriff eben diesem Staat zuzurechnen ist.[56] Zum anderen ist zu fragen, welche Sorgfaltspflicht ein Staat aufzuwenden hat, um zu verhindern, dass von oder über Computer-Infrastruktur, die sich auf seinem Territorium befindet, ein Schaden an Computer-Systemen in anderen Staaten verursacht wird. Die Verletzung einer solchen Pflicht ist ein völkerrechtliches Delikt, aber nicht notwendigerweise eine Verletzung des Gewaltverbots oder ein bewaffneter Angriff.

Die *Gewalt* muss auch *gegen einen anderen Staat* gerichtet sein. Dies ist nicht zweifelhaft in all den Fällen, in denen fremdes Staatsgebiet verletzt wird, etwa durch einen Einmarsch.[57] Fraglich ist jedoch, ob auch Aktionen gegen Außenpositionen eines Staats als Gewalt gegen diesen Staat bezeichnet werden können. Dies ist bei Angriffen auf militärische Außenpositionen (Kriegsschiffe, militärische Luftfahrzeuge) gegeben,[58] bei Militärstützpunkten im Ausland mag es schon zweifelhaft sein. Diplomatische Vertretungen im Ausland sind nicht dem Territorium des Entsendestaats gleichzuachten. Gewalt gegen solche Außenvertretungen ist zwar eine Verletzung der Regeln über den Schutz diplomatischer Missionen, jedoch keine des Gewaltverbots. Bei Angriffen auf Schiffe oder auf Luftfahrzeuge über Hoher See ist str, wann von einer Verletzung des Gewaltverbots gesprochen werden kann. Dies ist sicher der Fall, wenn besondere Umstände hinzutreten, etwa wenn es sich um eine besonders gebildete Gruppierung von Fahrzeugen handelt, eine Fischereiflotte oder einen Konvoi von Handelsschiffen. Die überwiegende Staatenpraxis geht aber wohl dahin, dass schon ein Angriff auf ein einzelnes Handelsschiff eine Verletzung des Gewaltverbots darstellt.[59] 12

Das staatliche Territorium ist durch das Gewaltverbot auch dann noch geschützt, wenn dieser Staat keine funktionsfähige Regierung mehr hat. Eine „teleologische Reduktion"[60] des Gewaltverbots dahin, dass der sog *failed state*[61] seinen Schutz nicht genießt, lässt sich als Gewohnheitsrecht in der Staatenpraxis nicht nachweisen und ist auch rechtspolitisch fragwürdig, da eine solche Argumentation dem Missbrauch Tür und Tor öffnen würde.[62] Allerdings ist dann, wenn ein Staat zum Opfer bewaffneter Gewalt wird, die von einem *failed state* ausgeht, doch zu fragen, ob sich dieser Staat noch auf den Schutz des Gewaltverbots berufen kann, da er seinerseits Schutzpflichten gegenüber seinen Nachbarstaaten gröblich verletzt. 13

Eine schwierige Frage ist in diesem Zusammenhang auch, ob und wann man von einer Verletzung des Staatsgebiets eines fremden Staats sprechen kann, wenn der Verlauf der Grenze streitig ist. Wenn das Gewaltverbot seine befriedende Funktion erfüllen soll, dann darf es nicht 14

Conflict in Lebanon and International Law, ItYIL 16 (2006) 3 (7); dagegen *Zimmermann* (Fn 51) 109 ff; *Mahmoudi*, The Second Lebanon War, FS Bring, 2008, 175 (180); *Seidel*, Der Libanon-Konflikt 2006 und das Völkerrecht, VRÜ 40 (2007) 352 (356 f); *Hoppe*, Who Was Calling Whose Shots?, ebd 21 (31), der dann folgerichtig ein Selbstverteidigungsrecht gegen Hisbollah als non-State actor anerkennt.
55 Dazu *Luchterhandt*, Völkerrechtliche Aspekte des Georgien-Krieges, AVR 46 (2008) 435 (452 ff).
56 Tallinn Manual (Fn 42) Rule 7.
57 Vgl Art 3: differenzierend *Stahn* (Fn 53 [Nicaragua]) 852.
58 Vgl Art 3 lit d der Aggressionsdefinition.
59 Insoweit ablehnend *Bothe*, Neutrality at Sea, in Dekker/Post (Hrsg), The Gulf War, 1991, 205 (209 f); vgl aber die gegenteilige Auffassung von *Greenwood*, Comment, ebd 213 f.
60 *Herdegen*, Der Wegfall effektiver Staatsgewalt, BDGVR 34 (1996) 49 (61).
61 Zum „failed state" *Tetzlaff*, Der Wegfall effektiver Staatsgewalt in den Staaten Afrikas, Friedens-Warte 74 (1999) 307 ff; *Thürer*, Der „zerfallene Staat" und das Völkerrecht, ebd 275 ff; *H. Schröder*, Die völkerrechtliche Verantwortlichkeit im Zusammenhang mit failed und failing States, 2007.
62 Im gleichen Sinne *von Lersner*, Der Einsatz von Bundeswehrsoldaten in Albanien zur Rettung deutscher Staatsangehöriger, HV-I 19 (1999) 156 (161); *Thürer*, Der Wegfall effektiver Staatsgewalt: „The Failed State", BDGVR 34 (1996) 9 (17); *Geiß*, Failed States, 2005. Differenzierter *C. Richter*, Collapsed States, 2011, 226 ff.

möglich sein, dass es durch einen *Streit über Grenzverläufe* in Frage gestellt werden kann. Wenn einmal an einer Grenze eine befriedete Situation eingetreten ist, muss diese dem Schutz des Gewaltverbots unterliegen.[63] Deswegen konnte sich Argentinien in dem Streit mit Großbritannien um die Falkland-Inseln/Malwinen nicht darauf berufen, dass Großbritannien – so die argentinische Rechtsbehauptung – diese Inseln einmal rechtswidrig besetzt hatte.[64] Ähnliche Erwägungen spielen eine Rolle, wenn es um die rechtliche Bewertung von Abspaltungsprozessen innerhalb eines Staats geht. Wenn solche Abspaltungsprozesse so weit fortgeschritten sind, dass eine Regierung über einen Teil des Staatsgebiets keine effektive Gewalt mehr ausübt und insofern auch eine gewisse befriedete Situation eingetreten ist, dann ist ein sog *befriedetes de facto-Regime*[65] entstanden, das dem Schutz des völkerrechtlichen Gewaltverbots untersteht, andererseits an dasselbe gebunden ist.[66] Eine solche Erwägung begründet heute zB die Geltung des Gewaltverbots zwischen der Volksrepublik China und Taiwan.[67] Etwas anders ist eine rechtliche Konstruktion zu beurteilen, die für die Geltung des Gewaltverbots in Bezug auf abhängige Kolonialgebiete eine Rolle gespielt hat. Hier ist es der Kampf um das *Selbstbestimmungsrecht,* der, so jedenfalls eine verbreitete These, dem Volk des abhängigen Gebiets eine rechtliche Position verleiht, die durch das Gewaltverbot zu schützen ist.[68] Deswegen bezeichnet die UN-Erklärung über freundschaftliche Beziehungen v 1970 die gewaltsame Unterdrückung des Selbstbestimmungsrechts von Kolonien als eine Verletzung des Gewaltverbots.[69]

15 *Schwere Verletzungen von Menschenrechten* sind jedoch *nicht* einer *Verletzung des Gewaltverbots* gleichzuachten. Zwar ist der Sicherheitsrat in den letzten Jahren dazu übergegangen, solche Verletzungen als eine Friedensbedrohung iSd Art 39 UN-Charta zu beurteilen.[70] Daraus ist jedoch noch nicht zu schließen, dass eine Verletzung des Gewaltverbots vorliegt. Die Situation, die die Befugnis des Sicherheitsrats zur Verhängung von Zwangsmaßnahmen auslöst, geht über die Verletzung des Gewaltverbots hinaus.

16 Verboten ist nicht nur die Ausübung von Gewalt, sondern auch deren *Androhung.*[71] Wie im innerstaatlichen Bereich ist die Abgrenzung von Gewalt und Drohung mit Gewalt nicht immer einfach. Gewisse Drohungen können so unmittelbar als Zwang empfunden werden, dass sie der Gewalt gleichzuachten sind.

17 Schwierig zu beantworten ist auch die Frage, welche Arten von Drohung als rechtswidrige Drohung mit Gewalt anzusehen sind. Drohung mit rechtmäßiger Gewalt, zB mit gemäß Art 51 UN-Charta zulässiger Selbstverteidigung, kann nicht rechtswidrig sein. Insofern liegt auch in einem System der Abschreckung keine *rechtswidrige* Drohung, solange die angedrohten Maßnahmen zweifelsfrei als solche der Selbstverteidigung zu charakterisieren sind. Ob umgekehrt jede Drohung, deren Verwirklichung eine rechtswidrige Maßnahme darstellt, rechtswidrig ist, ist zweifelhaft. Rechtliche Logik gebietet es eigentlich, aber die Praxis der Staaten zeigt eine gewisse Toleranz in der rechtlichen Bewertung von Drohverhalten. Jedenfalls ist die *Drohung mit einem Angriffskrieg rechtswidrig.* Auf der anderen Seite ist das völkerrechtliche Gewaltverbot kein Rüstungsverbot. Da Selbstverteidigung zulässig ist, muss auch die Vorbereitung einer Selbstver-

---

63 *Schindler,* in ders/Hailbronner, Grenzen, 29 ff.
64 *Waibel,* Falkland Islands/Islas Malvinas, MPEPIL III, 1113 ff.
65 *Frowein,* Das de facto-Regime im Völkerrecht, 1968, 51 ff; *ders,* De Facto Regime, MPEPIL II, 1052 ff.
66 Zu Südossetien so Fn 55.
67 *Heuser,* Taiwan und Selbstbestimmungsrecht, ZaöRV 40 (1980) 31 (69); *Frowein* (Fn 65) 35 ff.
68 *Schindler,* in ders/Hailbronner, Grenzen, 24 ff.
69 *Friendly Relations*-Erklärung (Fn 33): „[...] Jeder Staat hat die Pflicht, jede Gewaltmaßnahme zu unterlassen, die den in der Erläuterung des Grundsatzes der Gleichberechtigung und Selbstbestimmung erwähnten Völkern ihr Recht auf Selbstbestimmung und Freiheit und Unabhängigkeit entzieht."
70 Vgl u Rn 44.
71 *Sadurska,* Threats of Force, AJIL 82 (1988) 239 ff; *Stürchler,* The Threat of Force in International Law, 2007 mit dem Versuch differenzierter Abgrenzungen (252 ff); *Wood,* Use of Force, Prohibition of Threat, MPEPIL X, 621 ff.

teidigung durch Rüstungsmaßnahmen zulässig sein.⁷² Allerdings ist es nicht ausgeschlossen, dass in einem besonderen Kontext Rüstungsmaßnahmen doch eine rechtswidrige Drohung mit Gewalt darstellen.⁷³ Entwicklung und Erwerb von Massenvernichtungswaffen unter Verletzung von Verträgen der Rüstungskontrolle⁷⁴ können uU als rechtwidrige Drohung eingeordnet werden. Die Unterscheidung zwischen Rüstung zur Verteidigung und Rüstung zum Angriff ist allerdings kaum möglich. Vergleichbare Fragen stellen sich bei militärischen Demonstrationen, die ja auch Drohcharakter besitzen. Fraglich ist auch, ob eine rechtmäßige Drohung dann vorliegt, wenn zwar eine Situation der Selbstverteidigung gegeben wäre, jedoch die im Einzelnen angedrohten militärischen Maßnahmen gegen das geltende Kriegsrecht verstoßen würden. Dies ist das rechtliche Dilemma der nuklearen Abschreckung.⁷⁵ Die Drohung mit anderen empfindlichen Übeln als militärische Maßnahmen, dh *wirtschaftlicher* oder sonstiger *politischer Druck*, ist *keine Androhung von Gewalt*. Das Gewaltverbot würde jegliche Konturen verlieren, wollte man es auf unterschiedliche Arten der Druckausübung ausdehnen.⁷⁶ Das bedeutet nicht, dass jede andere Art von Druck zulässig ist. Dies ist aber keine Frage des Gewaltverbots, sondern eine solche des völkerrechtlichen Interventionsverbots,⁷⁷ das vom Gewaltverbot zu unterscheiden ist.

c) Rechtfertigungsgründe für Gewalt

Militärische Gewaltausübung wird in der internationalen Praxis regelmäßig mit der Rechtsbehauptung legitimiert, es liege eine Ausnahme vom Gewaltverbot, ein Fall *gerechtfertigter Gewalt* vor. Darum gehören diese Rechtfertigungsgründe zu den umstrittensten Problemen des Völkerrechts. Drei Kategorien von Rechtfertigungsgründen werden vor allem diskutiert: erlaubte Gegengewalt (dh Selbstverteidigung), Zustimmung des betroffenen Staats und Entscheidung einer zuständigen I.O. Die rechtlichen Rechtfertigungsgründe für militärische Gewalt sind ein regelmäßig in Bezug genommenes Mittel geworden, solche Gewalt auch politisch zu rechtfertigen. Deshalb sind solche Rechtfertigungen in einem krit Licht zu sehen.⁷⁸

18

Selbstverteidigung

Art 51 UN-Charta anerkennt ausdrücklich das „naturgegebene Recht zur Selbstverteidigung".⁷⁹ Wehrt sich allein der angegriffene Staat, spricht man von *individueller* Selbstvertei-

19

---

72 Vgl die Ausführungen des IGH im *Nicaragua*-Fall, ICJ Rep 1986, 14, 135.
73 *Däubler*, Stationierung und Grundgesetz, 1982, 59 ff.
74 Vgl u Rn 53 ff.
75 *Däubler* (Fn 73) 49 ff; *Rostow*, Is There a Legal Basis for Nuclear Deterrence Theory and Policy?, in Cohen/Gouin (Hrsg), Lawyers and the Nuclear Debate, 1988, 175 ff; *El-Banhawy*, ebd 181 ff; *Wang*, ebd 186 ff. Im *GV-Nuklearwaffen*-Gutachten des IGH v 8.7.1996 (ICJ Rep 1996, 226) waren die Richter gespalten in der rechtlichen Bewertung. Die von sieben Richtern getragene Mehrheitsmeinung beschränkt sich darauf, die von einer Reihe von Staaten verfolgte Politik der nuklearen Abschreckung zu referieren, ohne zur rechtlichen Bewertung klar Stellung zu nehmen (§§ 66 f, 73). Für eine Zulässigkeit dieser Abschreckung sprechen sich klar die Richter der überstimmten Minderheit aus (*Schwebel, Guillaume, Higgins*), während Richter der Mehrheit sich sowohl positiv (*Fleischhauer*) als auch negativ (*Shi*, wohl auch *Ferrari Bravo*) aussprechen.
76 *Randelzhofer/Dörr* (Fn 22) Rn 17 ff.
77 *Kunig*, Intervention, Prohibition of, MPEPIL VI, 289 (Rn 6).
78 *Corten*, The Controversy over the Customary Prohibition on the Use of Force, EJIL 16 (2005) 803 ff.
79 Um das Recht auf Selbstverteidigung hat in den letzten Jahren ein eingehender politischer Diskurs stattgefunden, insbes im Rahmen der Debatte um die sog neuen Bedrohungen, vgl UN Doc A/59/565 v 2.12.2004, 8 ff (Report of the High Level Panel on Threats, Challenges and Change; UN Doc A/59/2005 v 21.3.2005, In Larger Freedom). Wissenschaftliche Institutionen haben sich gleichfalls in den letzten Jahren grundlegend mit dem Problem der Selbstverteidigung befasst, vgl IDI-Res (Fn 51) ebd 77, Kommissionsbericht von *Roucounas*; Chatham House Principles (Fn 51); aus der umfangreichen Lit: *Alexandrov*, Self-Defense Against the Use of Force in International Law, 1996; *Beres*, After the Gulf War, Houston JIL 14 (1991) 259 ff; *Bowett*, Repraisals Involving Recourse of Armed Force,

digung. Es ist aber auch erlaubt, einem angegriffenen Staat zur Hilfe zu kommen (sog *kollektive Selbstverteidigung*). Erlaubt ist die *Gegengewalt*, die notwendig ist, um einen bewaffneten Angriff abzuwehren. Damit hängt das Vorliegen der Selbstverteidigung von der Charakterisierung der sie auslösenden Maßnahmen als *bewaffneter Angriff* ab. Ein wesentlicher Teil der Rechtfertigungsstrategien für militärische Gewalt setzt bei der Definition des bewaffneten Angriffs an, indem versucht wird, gewisse Rechtsverletzungen als einem bewaffneten Angriff gleichwertig anzusehen, was dann die Gegengewalt als Selbstverteidigung rechtfertigt.[80] Deshalb vertreten Staaten, deren Politik auch auf militärische Interessendurchsetzung gerichtet ist, in der rechtspolitischen Debatte häufig einen weiten Begriff des bewaffneten Angriffs. Zunächst das Schwellenproblem: Nach der wohl hM, die auch vom IGH geteilt wird,[81] ist ein bewaffneter Angriff nur gegeben, wenn *militärische Gewalt einer gewissen Intensität* vorliegt. Nicht jede Verletzung des Gewaltverbots erfüllt diese Voraussetzung. Eine Gewaltmaßnahme unterhalb dieser Schwelle löst ein Recht auf sofortige und verhältnismäßige Abwehrmaßnahmen aus, nicht jedoch ein umfassendes Selbstverteidigungsrecht, schon gar nicht ein Recht auf kollektive Selbstverteidigung. Durch diese Annahme einer gewissen Schwelle für den bewaffneten Angriff wird die Möglichkeit, militärische Gewalt als Selbstverteidigung zu rechtfertigen, eingeschränkt.[82] Ein weiterer Versuch der Ausdehnung des Selbstverteidigungsrechts ist eine neuere Lehre, die schwere und systematische Verletzungen von Menschenrechten als Äquivalent zu einem bewaffneten Angriff qualifiziert.[83] Diese Argumentation führt zu der bedenklichen Konsequenz, dass das Gewaltverbot, eine wesentliche Errungenschaft moderner internationaler Rechtskultur, nahezu jegliche Kontur verliert und dadurch in seiner Geltung nachhaltig beeinträchtigt wird. Wenn sich Vertreter dieser Auffassung darauf berufen, dass der Sicherheitsrat die Verletzung von Menschenrechten in jüngster Zeit als Friedensbedrohung qualifiziert hat, dann wird ein wesentlicher Unterschied übersehen. Die Ausweitung des Begriffs der Friedensbedrohung führt zu einer erwünschten Ausweitung der Eingriffsmöglichkeiten der organisierten Staatengemeinschaft, die Ausweitung des Begriffs des bewaffneten Angriffs hingegen zu einer Erweiterung unerwünschter einseitiger staatlicher Gewalt. Das Selbstverteidigungsrecht wird erst durch einen wirklich vorliegenden, nicht bereits durch einen nur drohenden Angriff ausgelöst. *Präventive Selbstverteidigung ist unzulässig*.[84] Diese Regel ist freilich immer wieder kritisiert worden, da

---

AJIL 66 (1972) 1 ff; *Corten*, Les résolutions de l'Institut de droit international sur la légitime défense et sur les actions humanitaires, RBDI 40 (2007) 598 ff; *Gardam*, Proportionality, Necessity and the Use of Force by States, 2004; *Genoni*, Die Notwehr im Völkerrecht, 1987; *Greig*, Self-Defence and the Security Council, ICLQ 40 (1991) 366 ff; *Kunz*, Individual and Collective Self-Defence in Article 51 of the Charter of the United Nations, AJIL 41 (1947) 872 ff; *Malanczuk*, Countermeasures and Self-Defence as Circumstances Precluding Wrongfulness in the ILC's Draft Articles on State Responsibility, ZaöRV 43 (1983) 705 ff; *McDougal*, The Soviet-Cuban Quarantine and Self-Defence, AJIL 57 (1963) 597 ff; *Schachter*, Self-Defence and the Rule of Law, AJIL 83 (1989) 259 ff; *Stahn* (Fn 53 [Nicaragua]) 827 ff; *Wedgwood*, The Use of Armed Force in International Affairs, Colum J Transnat'l L 29 (1991) 609 ff.
80 Vgl dazu *Weller*, The Changing Environment for Forcible Responses to Nontraditional Threats, ASIL Proc 92 (1998) 177 ff.
81 *Nicaragua*, §§ 191 ff, 211, 249; *Oil Platforms*, §§ 51, 64, 72; zu letzteren Ausführungen des IGH vgl auch das Sondervotum *Simma*, §§ 12 ff. Vgl IDI-Res (Fn 51) Ziff 5; anders Chatham House Principles (Fn 51) 966; *Ruys*, The Meaning of "Force" and the Boundaries of the *jus ad bellum:* Are "Minimal" Uses of Force Excluded from U(N Charter Article 2(4)?, AJIL 108 (2014) 159 ff.
82 Deshalb krit zu dieser Konstruktion *Rostow* (Fn 51) 217; *Murphy*, Protean Jus ad Bellum, BJIL 27 (2009) 22 (29 f); *Sofaer*, International Law and the Use of Force by States, ASIL Proc 1988, 420, 422. Die Frage spielt eine große Rolle in der Diskussion um sog Computer Network Attacks, vgl Tallinn Manual (Fn 42) Rule 13 (Kommentar ebd 53 ff) sowie Rule 11 (Kommentar ebd 49).
83 *Delbrück* (Fn 25) 152 f; ihm folgend *Senghaas*, Der Grenzfall, Sicherheit und Frieden 17 (1999) 134 (136 f); auch *Ipsen*, Der Kosovo-Einsatz, Friedens-Warte 74 (1999) 19 (22 f); *Kreß*, Staat und Individuum in Krieg und Bürgerkrieg, NJW 1999, 3077 (3081 f); noch weitergehend *Doehring*, Völkerrecht, 2. Aufl 2004, Rn 1010 ff; gegen diese Konstruktion *Bothe/Martenczuk*, Die NATO und die Vereinten Nationen nach dem Kosovo-Konflikt, VN 47 (1999) 125 (130).
84 *Blix*, Legal Restraints on the Use of Armed Force, FS Bring, 2008, 21 (32); *O'Connell*, Defending the Law against Pre-emptive Force, FS Bothe, 2008, 237 ff; IDI-Res (Fn 51) Ziff 6; Chatham House Principles (Fn 51) 967; umfassende Bestandsaufnahme der Lit: *Schwehm*, Präventive Selbstverteidigung, AVR 46 (2008) 368 ff; instruktive Analyse

sie dem Aggressor die Wahl des militärisch günstigsten Zeitpunkts überlässt und dem Opfer die Schutzmöglichkeit nimmt.[85] So nimmt die heute wohl überwiegende Meinung an, dass Selbstverteidigung jedenfalls gegen einen unmittelbar drohenden Angriff zulässig sei.[86] In der Debatte um die sog „neuen Bedrohungen" (Existenz von sog Schurkenstaaten, Verbreitung von Massenvernichtungswaffen, Terrorismus etc) gehen allerdings manche Stimmen noch weiter und postulieren die Zulässigkeit von sog *pre-emptive strikes*,[87] etwa gegen Staaten, die Massenvernichtungswaffen besitzen oder besitzen könnten. Eine solche Ausweitung des Selbstverteidigungsrechts ließe die Konturen des Gewaltverbots bis zur Unkenntlichkeit verschwimmen und würde seine Geltung letztlich untergraben.[88] Bestandteil des geltenden Rechts ist diese geforderte Ausweitung nicht geworden.[89] Das Selbstverteidigungsrecht setzt nicht nur einen schon bestehenden, sondern auch einen

---

der neueren Staatenpraxis bei *Reisman/Armstrong*, Claims to Pre-emptive Uses of Force, FS Dinstein, 2007, 79 ff; *Randelzhofer/Nolte*, in Simma u a (Fn 22) Art 51 Rn 49 ff.
85 *Schindler*, in ders/Hailbronner, Grenzen, 80 ff.
86 In diesem Zusammenhang wird die sog *Caroline*-Formel zitiert: „a necessity of self-defence, instant, overwhelming, leaving no choice of means, and no moment for deliberation", vgl *Randelzhofer/Nolte* (Fn 84); *Kunde*, Der Präventivkrieg, 2007, 156 ff; *Greenwood*, Caroline, The, MPEPIL I, 1141 ff; *Reisman* (Fn 46) 43 ff; *Alder*, The Inherent Right of Self-Defence in International Law, 2013; *M. W. Doyle*, Striking First: Preemption and Prevention in International Conflict, 2008; Chatham House Principles (Fn 51) 967. Das IDI präzisiert, es müsse sich um einen "manifestly imminent attack" handeln, vgl IDI-Res (Fn 51) Ziff 6. Die Berufung auf die Formel kann allerdings nicht die genauere Untersuchung der neueren staatlichen Praxis ersetzen, für die die Formel allenfalls einen Orientierungsrahmen abgibt, vgl *Green*, Docking the Caroline, Cardozo JICL 14 (2006) 429 (446 ff); *Gill*, The Temporal Dimension of Self-Defense, FS Dinstein, 2007, 113 (125 ff). Zum Problem der „Unmittelbarkeit" auch *Fletcher/Ohlin*, Defending Humanity, 2008, 156 ff. Vielfach wird der sog Sechs Tage-Krieg als Fall einer nach der Caroline-Formel zulässigen Selbstverteidigung durch Israel angesehen; vgl *Gill*, aaO, 134 ff; *Kunde*, aaO, 151 ff; krit *Kurtulus*, The Notion of a „Pre-emptive War", Middle East J 61 (2007) 220 ff, krit zu dieser Rechtfertigung *Quigley*, The Six-Day War and Israeli Self-Defense: Questioning Legal Basis for Preventive War, 2013.
87 So insbes die National Security Strategy v 17.9.2002 (<http://www.whitehouse.gov/nsc/nss.pdf>). Die neue Strategy v 2010 gibt diese These nicht wirklich auf, vgl *Henderson*, The 2010 United States National Security Strategy and the Obama Doctrine of Necessary Force, JCSL 15 (2010) 403 ff; generell: *Falk*, Global Shock Waves, 2003; *Gareau*, State Terrorism and the United States, 2004; O'Day (Hrsg), War on Terrorism, 2004; *Charney*, The Use of Force Against Terrorism and International Law, AJIL 95 (2001) 835 ff; *Litwak*, The New Calculus of Pre-emption, Survival 44 (2002) 53; *Kreutzer*, Preemptive Self-Defense, 2005, 146 ff; *Murphy*, Terrorism and the Concept of „Armed Attack" in Article 51 of the U.N. Charter, Harvard ILJ 43 (2002) 41 ff; *Murswiek*, Die amerikanische Präventivkriegsstrategie und das Völkerrecht, NJW 56 (2003) 1014 ff; *Totten*, Using Force First, Stanford JIL 43 (2007) 95 ff. Zu möglichen Maßnahmen auf Hoher See *Fitzgerald*, Seizing Weapons of Mass Destruction from Foreign-Flagged Ships on the High Seas Under Article 51 of the Charter, VJIL 49 (2008/09) 473 ff. Krit zur Zulässigkeit eines präventiven Atomschlags gegen Iran wegen einer angenommenen Bedrohung durch sein Atomprogramm *Eichensehr*, Targeting Tehran, UCLA JILFA 39 (2006) 59 ff; *Vatanparast*, International Law Versus the Preemptive Use of Force, Hastings ICLR 31 (2008) 783 ff; vgl auch *Krell/Müller*, Noch ein Krieg im Nahen Osten?, HSFK Report 2/2012. Die Zulässigkeit präventiver Gewaltanwendung wird auch damit begründet, dass die Staatenpraxis das Gewaltverbot weniger strikt behandele, dass es eine dynamische ("protean") Norm und deshalb wandelbar sei; vgl *Murphy* (Fn 82) 51 f; *Tams*, The Use of Force against Terrorists, EJIL 20 (2009) 359 ff. Diese Auffassung ist nicht nur rechtspolitisch bedenklich, sie vernachlässigt auch, dass die angeführte Staatenpraxis ja gerade rechtlich str ist; so zutr *Antonopoulos*, Force by Armed Groups as Armed Attack and the Broadening of Self-Defence, NILR 55 (2008) 159 ff u *Klein* (Fn 50) 401 ff.
88 IDI-Res (Fn 51) Ziff 6; Chatham House Principles (Fn 51) 968; *Bothe*, Terrorism and the Legality of Pre-emptive Force, ESIL Proc 14 (2003) 227 (237 ff); *Fassbender* (Fn 6) 249 f; *Gardner*, Neither Bush nor the „Jurisprudes", AJIL 97 (2003) 585 (589 f); *Falk*, What Future for the UN Charter System of War Prevention, AJIL 97 (2003) 590 (597 f); *Franck*, What Happens Now?, AJIL 97 (2003) 607 (619); *Schaller*, Massenvernichtungswaffen und Präventivkrieg, ZaöRV 62 (2002) 641 (657 ff); aA *Wedgwood*, The Fall of Saddam Hussein, AJIL 97 (2002) 576 (584).
89 UN Doc A/59/565 (Fn 79) § 125; UN Doc A/59/2005 (Fn 79) §§ 188 ff; *O'Connell*, The Myth of Pre-emptive Self-defence, 2002; dies, Pre-Emption and Exception, Sicherheit und Frieden 20 (2002) 136 ff; *Franck* (Fn 88); *Kunde* (Fn 86) 200 f; *Stahn* (Fn 53 [International Law]) 232 ff; mit leichten Zweifeln hinsichtlich möglicher Rechtsentwicklung *Byers*, Terrorism, the Use of Force and International Law after 11 September, ICLQ 51 (2002) 401 (410 f); für eine Anerkennung de lege ferenda *Reisman*, Comments, in Walter u a (Fn 53) 912. Zur Rechtfertigung der Intervention im Irak (2003) haben sich die USA und Großbritannien nicht auf ein Recht zur vorbeugenden Selbstverteidigung berufen, *Frowein*, Is Public International Law Dead?, GYIL 46 (2003) 9 (11); s u Rn 24.

noch bestehenden Angriff voraus. Gewaltausübung als Antwort auf einen früheren, aber nicht mehr bestehenden bewaffneten Angriff ist als bewaffnete Repressalie unzulässig. Wann in einer Spannungssituation wirklich davon gesprochen werden kann, dass ein Angriff abgeschlossen ist, wenn gerade keine aktiven Kampfhandlungen stattfinden, ist eine schwierige Frage des einzelnen Falls.[90] Die Selbstverteidigung darf sich nur gegen den Staat richten, dem ein bewaffneter Angriff, ggf auch nicht-staatliche, etwa „terroristische" Gewalt, in irgendeiner Weise zuzurechnen ist.[91] Daran scheitert die Konstruktion einer Selbstverteidigung gegen nicht-staatliche Gewalt.[92] Allerdings sind die Kriterien der Zurechnung umstritten,[93] und es wird erwogen, ob diese Zurechnung nicht auch durch eine Duldung der Terroristen auf dem Territorium eines Staats ausgelöst werden kann.[94] Ist ein Staat nicht mehr in der Lage, auf einem Teil des Staatsgebiets effektive Herrschaftsgewalt auszuüben, weil sich dort ein de facto-Regime etabliert hat, und geht von diesem ein bewaffneter Angriff aus, so ist wohl Selbstverteidigung, die auf das von diesem Regime beherrschte Gebiet beschränkt ist, zulässig, selbst wenn der aus diesem Gebiet verdrängte Staat nicht zustimmt.[95] Der Umfang der Maßnahmen der Selbstverteidigung muss in einem angemessenen Verhältnis zur Schwere des sie rechtfertigenden Angriffs stehen (Grundsatz der *Verhältnismäßigkeit*).[96] Überschreitet die Selbstverteidigung diesen Rahmen, wird sie selbst verbotene Gewalt.[97] Das Recht zur Selbstverteidigung endet, sobald der Sicherheitsrat die notwendigen Maßnahmen zur Erhaltung des Weltfriedens ergreift.[98] In der Praxis hat der Sicherheitsrat Staaten allerdings von dieser aus der Satzung eigentlich folgenden Einschränkung des Selbstverteidigungsrechts dispensiert.[99]

Ausübung des Selbstbestimmungsrechts

20 In der Zeit der Dekolonisierung spielte die Frage eine große Rolle, ob die gewaltsame Durchsetzung des Selbstbestimmungsrechts eine besondere, der Selbstverteidigung gleichzuachtende

---

90 Diese Frage ist vor allem in Bezug auf die Aktion der USA in Afghanistan im November 2001 diskutiert worden, vgl *Preiser*, „Operation Enduring Freedom" and the UN Charter, Int Peacekeeping 8 (2002) 213 (228 ff). Das Verbot der bewaffneten Repressalie ist formuliert in der sog *Friendly Relations*-Erklärung (Fn 33); dazu *Green*, Self-Defence, NILR 55 (2008) 181 ff.
91 Zur entsprechenden Frage bzgl des Gewaltverbots im Allgemeinen so Rn 11, Nachw Fn 51. Zweifelnd *Bruha/ Bortfeld*, Terrorismus und Selbstverteidigung, VN 49 (2001) 161 (165). Im Falle der israelischen Intervention im Libanon 2006 sind zwei mögliche Konstruktionen zu unterscheiden: Die vorangegangen Angriffe der Hisbollah könnten entweder dem Libanon zuzurechnen sein, da diese auch in der libanesischen Regierung vertreten war. Will man sie nicht dem Libanon zurechnen, so kann man die Hisbollah als eine Art Staat im Staat ansehen, der möglicher Täter eines bewaffneten Angriffs iSv Art 51 SVN sein kann, vgl *Aurescu*, Le conflit libanais de 2006, AFDI 52 (2006) 137 (152); *Ronen* (Fn 54). Vergleichbar stellte sich die Frage für das Verhältnis zwischen Südossetien und der Russischen Föderation, so Fn 55.
92 Das IDI (vgl IDI-Res [Fn 51] Ziff 10) will im Fall eines Angriffs durch nicht-staatliche Akteure denn auch nur Selbstverteidigung gegen dieselben außerhalb eines staatlichen Hoheitsbereichs zulassen. Ähnlich *Schmitz-Elvenich* (Fn 51) 83 ff.
93 Vgl dazu *Zimmermann* (Fn 51) 109 ff; *Kranz* (Fn 51) 289 ff.
94 Auch diese Frage wäre nach der Aggressionserklärung der GV restriktiv zu beantworten. Stimmen in der Literatur befürworten diese Konstruktion jedoch unter gewissen Bedingungen, vgl *Hofmeister*, When is it Right to Attack So-Called Host-States?, Singapore YBIL 11 (2007) 75 ff; *ders* (Fn 51). Zur Problematik der Zulässigkeit des kolumbianischen Übergriffs auf ecuadorianisches Gebiet 2008 wegen möglicher Verbindungen der FARC zur Regierung Ecuadors *Walsh* (Fn 52) 137 ff; vgl auch *Reisman*, International Legal Repsonses to Terrorism, Houston JIL 22 (1999).
95 Mit dieser Konstruktion werden Angriffe gegen den sog IS auf einem Gebiet, das rechtlich immer noch syrisches Staatsgebiet darstellt, als individuelle bzw kollektive Selbstverteidigung gerechtfertigt. Vgl Antrag der BReg auf Zustimmung des BT zum Bundeswehreinsatz in Syrien, BT Drs 18/6866 v 1.12.2015.
96 *Randelzhofer/Nolte* (Fn 84) Rn 57 ff; *Gardam*, Proportionality and Force in International Law, AJIL 87 (1993) 391 ff. Das ist ein entscheidender Punkt der Kritik am israelischen Angriff gegen den Libanon 2006; vgl *Weber* (Fn 51); *Aurescu* (Fn 91) 154 ff.
97 So die st Rechtsprechung des IGH, *GV-Nuklearwaffen*-Gutachten, § 41; *Nicaragua*, § 176; *Oil Platforms*, § 76 f.
98 Vgl u Rn 32 ff.
99 S/RES/661 v 6.8.1990, abgedr in VN 38 (1990) 146 betr die Besetzung Kuwaits durch den Irak.

Form erlaubter Gewalt sei. Die dahin gehende Rechtsbehauptung hat sich in der Statenpraxis nicht gewohnheitsrechtlich verdichten können.[100]

Schutz eigener Staatsangehöriger

Es kommt immer wieder vor, dass Staaten mit militärischer Gewalt eigene Staatsangehörige, deren Leben im Ausland massiv bedroht sind, zu schützen suchen.[101] Solche Aktionen werden unter Berufung auf angebliches gewohnheitsrechtliches allgemeines Selbstverteidigungsrecht gerechtfertigt, das über das Selbstverteidigungsrecht der UN-Charta hinausgehe. Staatsbürger im Ausland sind jedoch keine durch das Gewaltverbot geschützten Außenpositionen des Staats. Der Schutz eigener Staatsangehöriger ist als Rechtfertigungsgrund auch nicht so allgemein akzeptiert, dass man von einer gewohnheitsrechtlichen Einschränkung des Gewaltverbots sprechen könnte. Häufig wurde dieser Grund für die *Rechtfertigung politischer Interventionen* ge- oder missbraucht (Bsp: US-Interventionen in Grenada[102] und Panama).[103] Es gibt kaum „reine" Fälle des Schutzes eigener Staatsangehöriger (Bsp für solche: die israelische Befreiungsaktion in Entebbe 1976 sowie die Rettungsaktion der Bundeswehr in Albanien 1997). Solche Aktionen sind ohne die *Zustimmung des betroffenen Staats* völkerrechtlich nicht zulässig.[104]

21

---

100 Ausführlich dazu noch die 5. Aufl; vgl auch *E. Klein*, Nationale Befreiungskämpfe und Dekolonisierungspolitik der Vereinten Nationen, ZaöRV 36 (1976) 618 ff; *Randelzhofer/Dörr* (Fn 22) Rn 62 ff. Daran hat sich auch durch den unter Berufung auf das Selbstbestimmungsrecht erfolgte Anschluss der Krim an die Russische Föderation nichts geändert, *Bílková*, The Use of Force by the Russian Federation in Crimea, ZaöRV 75 (2016) 27 (43 ff).
101 Vgl hierzu: *Ader*, Gewaltsame Rettungsaktionen zum Schutz eigener Staatsangehöriger im Ausland, 1988; *Akehurst*, The Use of Force to Protect Nationals Abroad, Int Rel 1977, 3 ff; *Beyerlin*, Die israelische Befreiungsaktion von Entebbe in völkerrechtlicher Sicht, ZaöRV 37 (1977) 213 ff; *Bowett*, The Use of Force for the Protection of Nationals Abroad, in Cassese (Hrsg), Current Regulation, 39 ff; *D'Angelo*, Resort to Force by States to Protect Nationals, VJIL 21 (1981) 485 ff; *Kreß*, Die Rettungsoperation der Bundeswehr in Albanien am 14.3.1997 aus völker- und verfassungsrechtlicher Sicht, ZaöRV 57 (1997) 329 (346 ff); *von Lersner* (Fn 62) 165 f; *Lillich*, Forcible Protection of Nationals Abroad, GYIL 35 (1992) 202 ff; *Nolte*, Kosovo und Konstitutionalisierung, ZaöRV 59 (1999) 941 (950 f); *Ronzitti*, Rescuing Nationals Abroad Through Military Coercion and Intervention on Grounds of Humanity, 1985; *Salter*, Commando Coup at Entebbe, International Lawyer 11 (1977) 331 ff; *Schweisfurth*, Operation to Rescue Nationals in Third States Involving the Use of Force in Relation to the Protection of Human Rights, GYIL 23 (1980) 159 ff; *Umozurike*, The Israelis in Entebbe, VRÜ 12 (1979) 383 ff; *Westerdiek*, Humanitäre Intervention und Maßnahmen zum Schutz eigener Staatsangehöriger im Ausland, AVR 21 (1983) 383 ff; *Grimal/Melling*, The Protection of Nationals Abroad, JCSL 16 (2011) 541 ff; *Lambertz*, Der gewaltsame Schutz eigener Statsangehöriger im Ausland, HV-I 25 (2012) 27 ff.
102 Hierzu *Doswald-Beck*, The Legality of United States Intervention in Grenada, NILR 31 (1984) 355 ff; *Hilaire*, International Law and the United States Military Intervention in the Western Hemisphere, 1997, 73 ff; *Green*, The Rule of Law and the Use of Force – The Falklands and Grenada, AVR 24 (1986) 173 ff; *Weber*, Die „erbetene" Intervention, VN 31 (1983) 169 ff.
103 *Nanda*, The Validity of the United States Intervention in Panama under International Law, AJIL 84 (1990) 494 ff; *Farer*, Panama, AJIL 84 (1990) 503 ff; *D'Amato*, The Invasion of Panama Was a Lawful Response to Tyranny, AJIL 84 (1990) 516 ff; *Henkin*, The Invasion of Panama under International Law, Colum J Transnat'l L 29 (1991) 293 ff; *Miller*, International Intervention, Harvard ILJ 31 (1990) 633 ff.
104 Sehr str, wie hier: *Schindler*, in ders/Hailbronner, Grenzen, 21; *Beyerlin* (Fn 101) 213 ff; *Lowe/Tzanakopoulos*, Humanitarian Intervention, MPEPIL V, 47 (Rn 14 u 35); *Schweisfurth* (Fn 101) 159 ff; ebenso wohl auch *Epping*, Die Evakuierung deutscher Staatsangehöriger im Ausland als neues Kapitel der Bundeswehrgeschichte ohne rechtliche Grundlage?, AöR 124 (1999) 423 ff; *Kreß* (Fn 101) 333; aA, wenn auch mit starken Zweifeln, *Hailbronner*, in Schindler/Hailbronner, Grenzen, 100 ff; für die Zulässigkeit solcher Rettungsaktionen spricht sich vor allem die US-amerikanische Doktrin aus: *Lillich*, Forcible Self-Help by States to Protect Human Rights, Iowa LR 53 (1967/68) 325 ff; *D'Angelo* (Fn 101) 485 ff; *Eichensehr*, Defending Nationals Abroad, VJIL 48 (2007/08) 451 (466); aus der dtsprachigen Literatur idS *Schröder*, Die Geiselbefreiung von Entebbe, JZ 1977, 420 ff; *Franzke*, Die militärische Abwehr von Angriffen auf Staatsangehörige im Ausland, ÖZöRV 16 (1966) 128 ff; *Kreß* (Fn 51) 19 ff; vorsichtig eingrenzend *Randelzhofer/Nolte* (Fn 84) Rn 60 f. Im Falle des Einsatzes der Bundeswehr in Albanien lag eine Zustimmung vor.

Humanitäre Intervention

22 Als politische und rechtliche Rechtfertigung des Einsatzes militärischer Gewalt wird seit langem das Argument benutzt, eine solche Maßnahme erfolge, um bestimmte Bevölkerungsgruppen vor blutiger Unterdrückung, vor einer rücksichtslosen Verletzung ihrer Menschenrechte zu schützen.[105] Unter der Geltung der UN-Charta ist nicht zu bezweifeln, dass eine solche humanitäre Intervention *grenzüberschreitende bewaffnete Gewalt* darstellt, die unter Art 2 Nr 4 der Charta fällt. Sie bedürfte also eines besonderen Rechtfertigungsgrunds. Die Konstruktion, schwere Menschenrechtsverletzungen einem bewaffneten Angriff gleichzuachten, der ein Recht auf Gegengewalt, dh auf Selbstverteidigung auslöst, lässt sich nicht halten.[106] Die andere Möglichkeit, diese Form der Gewaltanwendung als gerechtfertigt anzusehen, besteht darin, einen besonderen gewohnheitsrechtlichen Rechtfertigungsgrund zu konstruieren. Auch hier kommt es wieder auf staatliche Praxis und Rechtsüberzeugung an. Als staatliche Praxis kommen eine Reihe militärischer Aktionen auch nach Inkrafttreten der UN-Charta in Betracht, so etwa das indische Eingreifen im damaligen Ostpakistan 1971,[107] das Eingreifen Vietnams in Kambodscha[108] und das Tansanias in Uganda 1979[109] sowie gewisse Maßnahmen zum Schutz der Kurden im Irak 1991.[110] Wenn man allerdings die staatliche Praxis in all diesen Fällen näher betrachtet, fällt auf, dass die intervenierenden Staaten sich nicht entscheidend auf ein Recht zur humanitären Intervention berufen haben. Vielmehr wurden in unterschiedlicher Weise andere rechtliche Konstruktionen zur Rechtfertigung gebraucht. Es ist also *nicht möglich, von einer durch Rechtsüberzeugung getragenen Praxis der humanitären Intervention als Ausnahme zum völkerrechtlichen Gewaltverbot zu sprechen.*[111] Das hat sich auch bei der Intervention der NATO-Staaten im Kosovo 1999

---

105 Hierzu *Beyerlin*, Die humanitäre Aktion zur Gewährleistung des Mindeststandards in nicht-internationalen Konflikten, 1975; *Randelzhofer/Dörr* (Fn 22) Rn 52 ff; *Brock*, Von der „humanitären Intervention" zur „Responsibility to Protect", FS Bothe, 2008, 19 ff; *Charney*, Anticipatory Humanitarian Intervention in Kosovo, AJIL 93 (1999) 834 ff; *Chesterman*, Just War or Just Peace, 2001; *Chinkin*, Kosovo, AJIL 93 (1999) 841 ff; *Deiseroth*, „Humanitäre Intervention" und Völkerrecht, NJW 1999, 3084 ff; *Delbrück*, Menschenrechte im Schnittpunkt zwischen universalem Schutzanspruch und staatlicher Souveränität, GYIL 22 (1979) 384 ff; *Franck*, Recourse to Force, 135 ff; *Henkin*, Kosovo and the Law of „Humanitarian Intervention", AJIL 93 (1999) 824 ff; *Malanczuk*, The Kurdish Crisis and Allied Intervention in the Aftermath of the Second Gulf War, EJIL 2 (1991) 114 ff; *Nolte* (Fn 101); *Ronzitti*, Lessons of International Law from NATO's Armed Intervention Against the Federal Republic of Yugoslavia, Int Spectator 34/3 (1999) 45 (51); *Schachter*, The Legality of Pro-Democratic Invasions, AJIL 78 (1984) 645 ff; *Simma*, Souveränität und Menschenrechtsschutz nach westlichem Völkerrechtsverständnis, EuGRZ 1977, 235 ff; *Tesón*, Humanitarian Intervention, 2. Aufl 1996; *Torelli*, From Humanitarian Assistance to „Intervention on Humanitarian Grounds"?, IRRC 32 (1992) 228 ff; *Verwey*, Humanitarian Intervention, in Cassese (Hrsg), Current Regulation, 57 ff; IDI, Present Problems of the Use of Force in International Law, Subgroup on Humanitarian Intervention, IDI Ann 72 (2007) 239 (263); die Res des IDI (Fn 51) lässt die Frage offen, vgl ebd 366.
106 *Bothe*, Die NATO nach dem Kosovo-Konflikt und das Völkerrecht, SZIER 10 (2000) 177 (184 f); anders *Delbrück* (Fn 25) 152; *Kress*, Staat und Individuum in Krieg und Bürgerkrieg, NJW 1999, 3077 (3081 f).
107 *Nanda*, Self-Determination in International Law, AJIL 66 (1972) 321 ff.
108 *Warbrick*, Kampuchea: Representation and Recognition, ICLQ 30 (1981) 234 ff.
109 *Umozurike*, Tanzania's Intervention in Uganda, AVR 20 (1982) 302 ff.
110 *Malanczuk* (Fn 105) 114 ff.
111 So auch die hL, vgl vor allem die umfassende Analyse von *Chestermann* (Fn 105) 226 f, *Kreß* (Fn 51) 24; ebenso *Lowe/Tzanakopoulos* (Fn 104); *Randelzhofer/Dörr* (Fn 22) Rn 55 f; *Bothe*, The Use of Force to Protect Peoples and Minorities, in Brölmann/Lefeber/Zieck (Hrsg), Peoples and Minorities in International Law, 1993, 289 ff; *Hailbronner*, in Schindler/Hailbronner, Grenzen, 99; *O'Connell*, Regulating the Use of Force in the 21st Century, Colum J Transnat'l L 36 (1997) 473 (477); *Neuhold*, Collective Security after „Operation Allied Force", MPYUNL 4 (2000) 73 (101 f); *Uerpmann*, La primauté des droits de l'homme, in Tomuschat (Hrsg), Kosovo and the International Community, 2002, 65; *Flauss*, La primarité des droits de la personne, ebd 87; *Aghayev*, Humanitäre Intervention und Völkerrecht, 2007; *Corten*, Human Rights and Collective Security, in Alston/MacDonald (Hrsg), Human Rights, Intervention, and the Use of Force, 2008, 87 ff; *Rigaux*, Aspects historiques de l'intervention "humanitaire", FS Degan, 2005, 207 ff; *Ziolkowski* (Fn 5) 266; aA *Greenwood*, Gibt es ein Recht auf humanitäre Intervention?, EA 1993, 93 (105); *Fletcher/Ohlin* (Fn 86) 151 ff; *Verhoeven*, L'intervention d'humanité, FS Degan, 2005, 221 ff; s auch *Lillich*, Humanitarian Intervention through the United Nations, ZaöRV 53 (1993) 557 (560 ff); unklar *Murphy* (Fn 82) 33 f. Vgl ferner

gezeigt, da wesentliche Staaten mit Nachdruck die Auffassung vertreten haben, diese Aktion sei völkerrechtswidrig gewesen.[112] In dem sog neuen Strategischen Konzept der NATO, zeitgleich mit dem Kosovo-Konflikt verabschiedet, ist denn auch von humanitärer Intervention als einem Rechtfertigungsgrund für die Ausübung militärischer Gewalt nicht die Rede.[113] An dieser Lage hat sich auch in der internationalen Praxis nach der Kosovo-Intervention nichts geändert.[114] Auch der sich entwickelnde Grundsatz einer „Schutzverantwortung" (Responsibility to Protect [R2P])[115] führt nicht zu einer Zulässigkeit der einseitigen militärischen humanitären Intervention. Er ist zu verstehen als eine Verpflichtung jeden Staats, seine eigene Bevölkerung vor systematischen Menschenrechtsverletzungen zu schützen (Souveränität als Verantwortung). Erfüllt er diese Verpflichtung nicht, ist die internationale Gemeinschaft gehalten, Maßnahmen zu ergreifen. Sollen zu diesem Zweck militärischer Gewaltmaßbahmen ergriffen werden, so gelten die allgemeinen Regeln des Gewaltverbots und seiner Ausnahmen. Zum Schutz der Menschenrechte einer Bevölkerung militärische Maßnahmen zu beschließen, bleibt danach dem Sicherheitsrat vorbehalten. Staaten bedürfen zu solchen Schutzmaßnahmen *einer besonderen Genehmigung des Sicherheitsrats* (Bsp: Somalia,[116] Ruanda,[117] Haiti,[118] ehemaliges Jugoslawien,[119] Libyen).[120] Die Rechtfertigung solcher Maßnahmen beruht dann eben nicht auf einem Rechtstitel der humanitären Intervention oder einer Schutzverantwortung, sondern auf der Entscheidung des Sicherheitsrats, wobei im Einzelnen zu prüfen bleibt, inwieweit dieser wirklich rechtfertigende Wirkung zukommt.[121] In diesem Zusammenhang ist allerdings auch zu fragen, ob und inwieweit sich aus einem Grundsatz der R2P eine Rechtspflicht von Staaten ergibt, mit anderen als miliärischen Mitteln die Menschenrechte in anderen Staaten zu schützen und ggf auch eine Pflicht des Si-

---

Torelli (Fn 105) 243 f. Krit gegenüber der humanitären Rhetorik auch *Weiss*, The Sunset of Humanitarian Intervention?, Security Dialogue 35 (2004) 135; auch der weitgehend mangelnde Erfolg sog humanitärer Interventionen (*Seybold*, Humanitarian Military Intervention, 2007, 272) sollte im rechtlichen Diskurs nicht unbeachtet bleiben.
112 So vor allem Russland, China und Indien, vgl die Debatte im Sicherheitsrat am 26.3.1999, UN Press Release SC/6659; ausführliche Nachw bei *Nolte* (Fn 101) 945 ff.
113 NATO Press Release NAC S(99)65 v 24.4.1999, <www.nato.int/docu/pr/1999/p99-065e.htm>.
114 *Hedir*, Humanitarian Intervention after Kosovo, 2008, 94 ff, 152 ff; *Corten* (Fn 111) 123 ff; *Kunde* (Fn 86) 125 ff; *Randelzhofer/Dörr* (Fn 22) Rn 55; *Lowe/Tzanakopoulos* (Fn 104) Rn 32; iE ähnlich *Bilder*, The Implications of Kosovo for International Human Rights Law, in Alston/MacDonald (Fn 111) 139 (153 ff).
115 Grundlegend International Commission on Intervention and State Sovereignty (Hrsg), The Responsibility to Protect, 2001, Ziff 6.36 f. Umfassende Analysen in SFDI (Hrsg), La responsabilité de protéger, 2008; vgl *von Arnauld*, Souveränität und Responsibility to Protect, Friedenswarte 84 (2009) 11 ff; *Boisson de Chazournes*, De la responsabilité de protéger, RGDIP 110 (2006) 11 ff; *Brock* (Fn 105); *Müller-Wolf/Schneider*, Die Responsibility to Protect, Sicherheit und Frieden 27 (2009) 54 ff; *Stahn*, Responsibility to Protect, AJIL 101 (2007) 99 ff; *Verlage*, Responsibility to Protect, 2009; *Orford*, International Authority and the Responsibility to Protect, 2011; *Hilpold*, Die Schutzverantwortung im Recht der Vereinten Nationen, SZIER 21 (2011) 231 ff; *Dembinski/Reinold*, Libya and the Future of the Responsibility to Protect, PRIF Report 107, 2011; *Dembinski/Mumford*, Die Schutzverantwortung nach Libyen, HSFK Standpunkte 4/2012; *Hoffmann*, Im Streit gestärkt oder umstrittener als behauptet? Zehn Jahre diplomatische Kontroversen über die Schutzverantwortung, HSFK Report 9/2014. Eine neue umfassende Bestandsaufnahme und Analyse ist Hilpold (Hrsg), Die Schutzverantwortung (R2P), 2013; ders (Hrsg), Responsibility to Protect (R2P), 2015. Die Sinnhaftigkeit militärischer Interventionen bei humanitären Krisen ist freilich zu bezweifeln und jedenfalls differenziert zu betrachten (*Janssen*, Menschenrechtsschutz in Krisengebieten, 2008, 35 ff), was als rechtspolitisches Argument auch im rechtlichen Diskurs bedacht werden muss. Vgl auch *Sauer/Wagner*, Der Tschetschenien-Konflikt und das Völkerrecht, AVR 45 (2007) 53 (72 ff).
116 S/RES/794 v 3.12.1992, abgedr in UNYB 46 (1992) 209.
117 S/RES/929 v 22.6.1994, abgedr in Int Peacekeeping 1 (1994) 103 f.
118 S/RES/940 v 31.7.1994, abgedr in Int Peacekeeping 1 (1994) 104 f; vgl *Glennon*, Sovereignty and Community after Haiti, AJIL 89 (1995) 70 ff; *Falk*, The Haiti Intervention, Harvard ILJ 36 (1995) 341 ff; *Koskenniemi*, The Police in the Temple, EJIL 6 (1995) 325 ff.
119 S/RES/836 v 10.6.1993, abgedr in VN 41 (1993) 156.
120 S/RES/1973 v 17.3.2011.
121 Dazu u Rn 24.

cherheitsrats, militärische Maßnahmen zu ergreifen. Insofern überschneidet sich die R2P mit dem Konzept der „Human Security".[122]

Intervention auf Einladung

23 Ob die *Zustimmung* eines Staats zu militärischen Maßnahmen, die ein anderer Staat auf dem Gebiet des ersteren Staats durchführt, rechtfertigend wirkt, ist umstritten.[123] Die rechtfertigende Wirkung kann nicht ohne weiteres angenommen werden, da das Gewaltverbot nach überwiegender Meinung Bestandteil des zwingenden Rechts ist, der betroffene Staat hierüber also nicht ohne weiteres disponieren kann.[124] Begrifflich kann man aber nicht mehr von militärischer Gewalt gegenüber einem anderen Staat sprechen, wenn die Regierung dieses Staats dem anderen Staat gestattet oder ihn darum bittet, gegenüber Dritten (Aufständischen, Terroristen) gewaltsam vorzugehen. Diese Rechtfertigung wird jedoch dann zweifelhaft, wenn die Befugnis der ersuchenden oder gestattenden Regierung, für den jeweiligen Staat zu sprechen, zweifelhaft geworden ist. Deshalb wird zT die *Intervention im Bürgerkrieg* auf Seiten einer Bürgerkriegspartei (und sei dies auch die bisherige Regierung) als *unzulässig* angesehen (*strict-abstentionist*-Theorie).[125] Die neuere Praxis neigt aber eher dazu, die Intervention auf Ersuchen einer allgemein anerkannten Regierung, wenn auch mit gewissen Vorbehalten, als rechtmäßig anzusehen.[126]

Entscheidungen Internationaler Organisationen

24 Militärische Zwangsmaßnahmen gemäß Art 42 UN-Charta sind zulässige Gewalt. Im Einzelfall kann streitig sein, was alles unter diesen Begriff fällt. Eine Gesamtsicht der Vorschriften der Art 42 ff UN-Charta ergibt, dass es sich um Maßnahmen handelt, die der Sicherheitsrat durchführt, dh für die er gewisse Führungs- und Leitungsfunktionen besitzt. Dies entspricht auch allein dem Grundgedanken des Kap VII und des Art 24 UN-Charta, die einseitige, dezentralisierte Gewaltanwendung in internationalen Beziehungen ersetzen wollen durch eine solche der Gemeinschaft selbst. Zu solchen Zwangsmaßnahmen unter der Leitung des Sicherheitsrats ist es aber bislang nicht gekommen. Stattdessen wurde der Weg gewählt, dass der *Sicherheitsrat die Gewaltanwendung durch Staaten autorisierte*. Im Golfkonflikt[127] genehmigte er alle zur Durchfüh-

---

122 Commission on Human Security (Hrsg), Human Security Now, 2003, 24 ff, 58 ff; *Stein-Kämpfe*, Human Security, 2008, 203 ff; *von Tigerstrom*, Human Security and International Law, 2007, 126 f, 206.
123 *Corten*, La licéité douteuse de l'action militaire de l'Ethiopie en Somalie et ses implications sur l'argument de "l'intervention consentie", RGDIP 111 (2007) 513 ff; *Doswald-Beck*, The Legal Validity of Military Intervention by Invitation of the Government, BYBIL 56 (1985) 189 ff; *Tanca*, Foreign Armed Intervention in International Conflicts, 1993, 7 f; *Nolte*, Eingreifen auf Einladung, 1999.
124 *Kadelbach* (Fn 23) 226 ff.
125 Vgl hierzu die Res des Institut de Droit International (AIDI 56 [1975] 544 ff) u den dazugehörigen Bericht in AIDI 55 (1973) 416 ff sowie AIDI 56 (1975) 119 ff; *Moore*, The Control of Foreign Intervention in Internal Conflicts, VJIL 9 (1969) 205 ff; *Farer*, Intervention in Civil War, Colum LR 67 (1967) 266 ff.
126 Das spielt eine Rolle für die rechtliche Bewertung der ausländischen Militärintervention in Afghanistan (so Rn 19). Das Eingreifen begann zunächst mit der „Operation Enduring Freedom (OEF)" als eine Maßnahme der Selbstverteidigung. Nach der Einsetzung einer neuen, von der Staatengemeinschaft anerkannten Regierung entfiel dieser Rechtfertigungsgrund, die Aktion wird jedoch als Intervention auf Einladung dieser Regierung als weiterhin zulässig angesehen. Neben die OEF tritt die vom Sicherheitsrat mandatierte ISAF, dazu u Fn 135. Vgl die grundlegende Analyse der neueren Praxis bei *Kreß* (Fn 51) 25 f.
127 Hierzu *Bothe*, Die Golfkrise und die Vereinten Nationen, Demokratie und Recht 1991, 2 ff; *Fink*, Der Konflikt zwischen dem Irak und Kuwait und die internationale Friedensordnung, AVR 29 (1991) 452 ff; *Graefrath/Mohr*, Legal Consequences of an Act of Aggression, ÖZöRV 43 (1992) 109 ff; *Green*, The Gulf „War", the UN and the Law of Armed Conflict, AVR 28 (1990) 369 ff; *Greenwood*, Iraq's Invasion of Kuwait, World Today 1991, 39 ff; *Johnson/Weigel*, Just War and the Gulf War, 1991; *Pyrich*, United Nations: Authorizations of the Use of Force, Harvard ILJ 32 (1991) 265 ff; *Reisman*, Some Lessons from Iraq, Yale ILJ 16 (1991) 203 ff.

rung seiner bis dahin gefassten Resolutionen „notwendigen Maßnahmen" der Staaten, die mit der Regierung von Kuwait zusammenarbeiten.[128] Eine positive Entscheidung darüber, dass Gewalt wirklich eingesetzt werden sollte, fällte der Sicherheitsrat aber nicht. Diese überließ er den genannten Staaten. Ein solches Delegieren der Entscheidung über Gewaltanwendung auf einzelne Staaten oder Staatengruppen ist in der UN-Charta nicht vorgesehen.[129] Man konnte diese Entscheidung aber qualifizieren als die verbindliche Bestätigung und zugleich Begrenzung eines Rechts, das diesen Staaten ohnehin zusteht, nämlich des Rechts auf kollektive Selbstverteidigung.[130] Dieses wird durch die Resolution verbindlich festgestellt und zugleich dadurch begrenzt, dass es auf die Staaten, die mit der Regierung von Kuwait zusammenarbeiten, beschränkt ist. Eine so weitgehende Autorisierung staatlicher militärischer Gewalt, wie sie im Kuwait-Konflikt erfolgte, ist ein Einzelfall geblieben. In der Folge sind solche Autorisierungen (ehemaliges Jugoslawien,[131] Somalia,[132] Ruanda,[133] Haiti,[134] Afghanistan,[135] Kongo,[136] Irak seit Oktober 2003,[137] Libyen,[138] französische Truppen in Mali[139]) enger begrenzt und zT auch an eine Abstimmung mit den UN geknüpft worden. Diese Verfahrensweise ist nunmehr durch die ständige UN-Praxis rechtlich außer Frage gestellt. Es ist eine *wegen der Genehmigung durch den Sicherheitsrat ausnahmsweise zulässige Form der Intervention.*[140] Bei der Mandatierung muss man allerdings eine hinreichend eindeutige Ermächtigung verlangen. Die Verurteilung eines Staats durch den Sicherheitsrat bedeutet noch keine Ermächtigung an einzelne Staaten, den verurteilten Staat mit militärischer Gewalt zur Beachtung seiner Pflichten aus der UN-Charta anzuhalten.[141] Die von den USA und Großbritannien im Irak-Konflikt im Jahr 2003 zur Rechtfertigung

---

128 S/RES/678 v 29.11.1990, abgedr in VN 38 (1990) 218.
129 *Weston,* Security Council Resolution 678 and Persian Gulf Decision-Making, AJIL 85 (1991) 516 (522).
130 Str; wie hier *Schachter,* United Nations Law in the Gulf Conflict, AJIL 85 (1991) 452 (457 ff); *Rostow,* Until What?, AJIL 85 (1991) 506 ff; *Bothe* (Fn 127) 10; Art 51 als Rechtsgrundlage andeutend *Fischer,* Die Resolution des Sicherheitsrates der Vereinten Nationen zum Golfkrieg, HV-I 3 (1990) 121 f; dagegen *Partsch,* Von der Souveränität zur Solidarität, EuGRZ 1991, 469 ff; *Franck/Patel,* UN Police Action in Lieu of War, AJIL 85 (1991) 63 f; *Heinz/Philipp/ Wolfrum,* Zweiter Golfkrieg, VN 39 (1991) 121 (126); eine gleiche Deutung wäre für die S/RES 2249 v 20.11.2015 bzgl Militärmaßnahmen gegen IS möglich.
131 Embargo: S/RES/713 v 25.9.1991 u S/RES/787 v 30.5.1992, abgedr in VN 39 (1991) 175 bzw VN 40 (1992) 110; Flugverbotszonen: S/RES/816 v 31.3.1993, abgedr in VN 41 (1993) 73; Sicherheitszonen: S/RES/836 v 10.6.1993; IFOR/SFOR: S/RES/1031 v 15.12.1995, abgedr in Int Peacekeeping 2 (1995) 167 f; INTERFET: S/RES/1264 v 15.9.1999 abgedr in Int Peacekeeping 4–5 (1999) 147 f; KFOR: S/RES/1244 v 10.6.1999; Military Technical Agreement between the International Security Force (KFOR) and the Governments of the Federal Republic of Yugoslavia and the Republic of Serbia, abgedr in Int Peacekeeping 5 (1999) 97 ff. Bei letzterer Ermächtigung ist die Lage insofern besonders, als sie in Zusammenhang mit der treuhänderischen Verwaltung des Kosovo durch die UN steht, vgl dazu *Bothe,* Kosovo – Anlässe zum völkerrechtlichen Nachdenken, FS Dau, 1999, 13 (26 ff).
132 S/RES/794 v 3.12.1992.
133 S/RES/929 v 22.6.1994.
134 S/RES/940 v 31.7.1994; erneut: S/RES/1529 v 29.2.2004.
135 S/RES/1386 v 20.12.2001, mehrfach verlängert, vgl auch oben Fn 126.
136 S/RES/1484 v 30.5.2003.
137 S/RES/1511 v 16.10.2003, § 13.
138 S/RES/1973 v 17.3.2011.
139 S/RES/2227 v 29.6.2015.
140 Vgl A/RES/60/1 v 16.9.20015, § 79: "the authority of the Security Council to mandate coercive action". Ob S/RES/2249 bzgl des IS eine solche Mandatierung darstellt, ist fraglich; dazu *Hilpold,* The Security Council and the Fight against Terrorism, abrufbar unter <http://ssrn.com/abstract=2704464>.
141 *Krisch,* Unilateral Enforcement of the Collective Will, MPYUNL 3 (1999) 59 ff; *Weller,* Enforced Negotiations, Int Peacekeeping 5 (1999) 4 ff; zu den SR-Res bzgl Irak *Frowein,* Unilateral Interpretation of Security Council Resolutions, FS Jaenicke, 1998, 97 ff; *Kohen* (Fn 53) 214; *Leurdijk/Siekman,* The Legal Basis for Military Action against Iraq, Int Peacekeeping 4 (1998) 71 ff; *Lobel/Ratner,* Bypassing the Security Council, AJIL 93 (1999) 124 ff; *Weller,* The Threat or Use of Force in a Unipolar World, Int Peacekeeping 4 (1998) 63 ff; *White,* The Legality of the Threat of Force against Iraq, Security Dialogue 30 (1999) 75 ff; *Zedalis,* Dealing with Weapon Inspections Crisis in Iraq, ZaöRV 59 (1999) 37 ff.

ihres Angriffs verwandte Argumentation, die über 10 Jahre alten Resolutionen des Sicherheitsrats seien wegen der Verletzung der Waffenstillstandsresolution durch den Irak immer noch eine ausreichende Ermächtigung,[142] ist nicht haltbar.[143] Wird eine vom Sicherheitsrat erteilte Ermächtigung überschritten, so wird die Gewaltanwendung unzulässig.[144] Die Satzung sieht einen Fall der Delegation von Zwangsmaßnahmen vor, nämlich die *Inanspruchnahme von Regionalorganisationen* gemäß Art 53 Abs 1 UN-Charta. Welche Organisationen dazu zu zählen sind, und unter welchen Voraussetzungen deren Entscheidungen militärische Maßnahmen zu rechtfertigen vermögen, ist im Einzelnen umstritten.[145] Bei der Mandatierung wird man jedenfalls eine hinreichend eindeutige, grundsätzlich vorgängige Ermächtigung verlangen müssen.[146]

d) Rechtliche Konsequenzen einer Verletzung und Durchsetzung des Gewaltverbots

25 Die *Durchsetzung der Beachtung des Gewaltverbots* ist eine der schwierigsten Fragen in den heutigen internationalen Beziehungen. Die vielen bewaffneten Konflikte, die es trotz des Gewaltverbots gibt, beweisen es schmerzlich. Deshalb muss die Frage gestellt werden, welche Konsequenzen eine Verletzung des Gewaltverbots gemäß dem Völkerrecht nach sich zieht. Erstens kann diese Verletzung eine der unten[147] dargestellten Maßnahmen der kollektiven Sicherheit zur Folge haben. Zweitens löst die Verletzung das Recht anderer Staaten zur Selbstverteidigung aus.[148] Zum dritten gibt es weitere Konsequenzen, deren Grundgedanke es ist, die Verletzung des Gewaltverbots durch Nachteile zu sanktionieren. Dabei geht es vor allem um die Anwendung des Prinzips *ex iniuria ius non oritur*.

26 In Anwendung dieses Grundsatzes sind *Verträge*, deren Abschluss durch rechtswidrige Androhung oder Anwendung von Gewalt herbeigeführt wurde, *nichtig* (Art 52 WVK).[149] Auf dem gleichen Gedanken beruht die Regel, dass unter Verletzung des Gewaltverbots herbeigeführter *Gebietserwerb nicht anerkannt* werden darf (sog *Stimson*-Doktrin), heute allgemeiner formuliert als Verbot des Gebietserwerbs durch Drohung mit oder Anwendung von Gewalt.[150]

---

142 Schreiben der Vertreter der Vereinigten Staaten und Großbritanniens an den Präsidenten des Sicherheitsrats, UN Doc S/2003/350 u 351; *Greenwood*, The Legality of the Use of Force, in Bothe et al (Hrsg), Redefining Sovereignty, 387 ff; *Taft*, Preemption, Irak and International Law, AJIL 97 (2003) 557 ff; *Wedgwood* (Fn 88); *dies*, The Military Action in Iraq and International Law, FS Dinstein, 2007, 229 (234).
143 Ausführlich *Weller*, Iraq and the Use of Force in International Law, 2010; *Bothe*, Der Irak-Krieg und das völkerrechtliche Gewaltverbot, AVR 41 (2003) 255 (262 ff); *ders*, Has Article 2 (4) Survived the Iraq War?, in Bothe et al (Hrsg), Redefining Sovereignty, 417 ff; *Falk* (Fn 87); *Franck* (Fn 88); *Corten*, Opération *Iraqi Freedom*, RBDI 36 (2003) 206 ff; *Schaller* (Fn 88) 649 ff.
144 Zum diesbezüglichen Streit um die Intervention einiger NATO-Staaten in Libyen 2011 vgl *Bothe*, Tatsachenfeststellung (Fact-finding) als Mittel der Durchsetzung von Menschenrechten und humanitärem Völkerrecht, FS Klein, 2013, 1007 (1030 ff).
145 Vgl dazu u Rn 51.
146 Die Praxis gibt allerdings zu manchen Zweifeln Anlass. In Liberia und Sierra Leone hat der Sicherheitsrat erst Maßnahmen ergriffen, nachdem ECOWAS mit Truppen (ECOMOG – ECOWAS Military Observer Group) bereits eingegriffen hatte. Dieses Eingreifen wurde vom Sicherheitsrat ausdrücklich gelobt; vgl für Liberia S/RES/866 v 22.9.1993, für Sierra Leone S/RES/1181 v 13.7.1998; zu diesen und weiteren Unklarheiten *Czaplinsky*, FS Degan, 2005, 39 (44 ff); *Lowe/Tzanakopoulos* (Fn 104) Rn 20.
147 Vgl u Rn 32 ff.
148 Vgl o Rn 19.
149 *Bothe*, Consequences of the Prohibition of the Use of Force, ZaöRV 27 (1967) 507 ff; *Schröder*, Treaties, Validity, MPEPIL X, 51 ff.
150 So der SR in seiner Res 242 v 1967 in Bezug auf das Palästina-Problem, die Generalversammlung in der *Friendly Relations*-Erklärung (Res 2625 [XXV] v 24.10.1970) sowie in Bezug auf die Annexion der Krim durch Russland (A/RES/68/262 v 1.4.2014), ferner der IGH im *Mauer*-Gutachten (§ 87); zur früheren Rechtslage *Grant*, Doctrines (Monroe, Hallstein, Brezhnev, Stimson), MPEPIL III, 181 (Rn 8), zur Krim *Marxsen*, The Crimea Crisis, ZaöRV 74 (2014), 367 (390); *Bothe*, The Current Status of Crimea, MLWR 53 (2014) 99 ff; *Grant*, Annexation of Crimea, AJIL 109 (2015) 68 ff. Dem steht nicht entgegen, dass der SR bei einer faktischen Situation, die unter Verletzung des Gewalt-

Nicht durchgesetzt hat sich jedoch der Gedanke, dass Verletzungen des Gewaltverbots 27 durchschlagen auf die zweite Ebene der rechtlichen Regeln zur Hegung von Gewalt, nämlich auf das *ius in bello*. Die Tatsache, dass im Falle eines bewaffneten Konflikts die eine Partei, die das Gewaltverbot verletzt, eine Aggression begangen hat, führt nicht dazu, dass diese Partei bei der Anwendung des Rechts bewaffneter Konflikte diskriminiert wird. Andernfalls könnte das völkerrechtliche Kriegsrecht seine konflikteindämmende Wirkung nicht entfalten.[151] Dies ändert aber nichts daran, dass der Staat, der das Gewaltverbot verletzt, ein *völkerrechtliches Delikt* begeht und deshalb *für jeden Schaden ersatzpflichtig* ist, der durch diese Verletzung entstanden ist, auch für Schäden, die durch Kriegshandlungen entstanden sind, die nach den Maßstäben des *ius in bello* rechtmäßig sind.[152] Dieser Grundsatz, dass der Aggressor für den gesamten durch seine Aggression verursachten Schaden einzustehen hat, ist durch den Sicherheitsrat im Falle des Golfkonflikts bestätigt worden. Der Irak ist für alle durch seinen Einmarsch in Kuwait entstandenen Schäden ersatzpflichtig. Zum ersten Mal hat der Sicherheitsrat in diesem Fall auch ein Verfahren zur Anwendung dieses Grundsatzes beschlossen, nämlich die Einsetzung der United Nations Compensation Commission.[153] Die Geltendmachung von Schadenersatzansprüchen wegen Verletzungen des Gewaltverbots in zwischenstaatlichen Streitregelungsverfahren, sowohl vor dem IGH[154] als auch in Schiedsverfahren,[155] ist heute ein wichtiger Aspekt der Durchsetzung des Gewaltverbots. Es zeigt sich hier, dass der hochpolitische Charakter einer Streitigkeit deren Justiziabilität nicht ausschließt,[156] wenngleich nicht zu verkennen ist, dass es erhebliche politische Hinderungsgründe dafür gibt, solche Streitigkeiten gerichtlich auszutragen.[157]

Eine weitere Konsequenz der Verletzung des Gewaltverbots ist die *persönliche strafrechtliche* 28 *Verantwortlichkeit* derer, die eine solche Verletzung vorbereiten oder entscheiden. Der Gedanke einer persönlichen strafrechtlichen Verantwortlichkeit nach Völkerrecht für Vorbereitung und

---

verbots entstanden ist, zur Friedenserhaltung zunächst vom geschaffenen *fait accompli* ausgeht. Dies war der Fall bei den Res des SR nach der Kosovo-Kampagne der NATO (Res 1244 [1999]) und nach der Besetzung des Irak durch die Koalitionsstreitkräfte (Res 1483 u 1511 [2003]). In diesen Fällen wurde eine UN-Verwaltung bzw eine Militärpräsenz mit UN-Mandat etabliert, die auf den durch die ausländische Intervention geschaffenen Gegebenheiten aufbaut. Dies stellt aber keine nachträgliche Genehmigung der jeweiligen Interventionen dar. Vgl dazu *Lagerwall*, L'administration du territoire irakien, RBDI 39 (2001) 249 (267 ff).
151 Vgl u Rn 56 ff; vgl die Präambel des ZP I.
152 *Kadelbach*, Staatenverantwortlichkeit für Angriffskriege und Verbrechen gegen die Menschlichkeit, BDGVR 40 (2001) 63 (75).
153 S/RES/687 v 3.4.1991, §§ 16 ff; *d'Argent*, Les réparations de guerre en droit international public, 2002, 352 ff.
154 Vgl die Urteile des IGH in den Fällen *Nicaragua, Oil Platforms* u *Congo/Uganda*. Nur das letztere Verfahren ist allerding bis zum Ende erfolgreich durchgeführt worden. Zur Rolle des IGH *Bothe*, Rechtliche Hegung von Gewalt zwischen Theorie und Praxis, FS Hafner, 2008, 141 (147 ff); *Green*, The International Court of Justice and Self-Defence in International Law, 2009; *McKeever*, The Contribution of the International Court of Justice to the Law on the Use of Force, NordJIL 78 (2009) 361 ff; *Pinto*, L'emploi de la force dans la jurisprudence des tribunaux internationaux, RdC 331 (2007) 9 ff; *Torres Bernárdez*, The Use of Force in the Jurisprudence of the International Court of Justice, FS Degan, 2005, 3 ff.
155 Vgl zB die zwischen Eritrea und Äthiopien im Rahmen des Ständigen Schiedshofs eingerichtete Claims Commission; *Ponti*, The Eritrea-Ethiopia Claims Commission on the Threat or Use of Force, in De Guttry/Post/Venturini (Hrsg), The 1998–2000 War between Eritrea and Ethiopia, 2009, 267 ff; krit *Gray*, The Eritrea/Ethiopia Claims Commission Oversteps Its Boundaries, EJIL 17 (2006) 699 ff. De facto eine Variante eines Schieds- oder Vermittlungsverfahrens war die von der EU eingesetzte Ermittlungskommission zum Konflikt zwischen der Russischen Föderation und Georgien 2008/09, die offenbar nicht vereinbart, aber von den Parteien, auch Süd-Ossetien und Abchasien, kooperativ geduldet wurde. Die Kommission traf Feststellungen sowohl zum *ius contra bellum* als auch zum *ius in bello*. Die Einsetzung erfolgte durch Beschluss 2009/901/GASP des Rates v 2.12.2008, Bericht veröffentlicht unter <www.ceiig.ch>.
156 So die ständige Rechtsprechung des IGH, vgl etwa das *GV-Nuklearwaffen-Gutachten*, § 13.
157 Das ist wohl der immer noch bedenkenswerte Kern der Thesen von *Morgenthau*, La notion du „politique" et la théorie des différends internationaux, 1933, 87.

Führen eines Angriffskriegs wurde zuerst im Statut des Nürnberger Internationalen Militärgerichtshofs und in dem des Internationalen Militärgerichtshofs für den Fernen Osten verwirklicht.[158] Eine Kodifizierung dieses Prinzips durch völkerrechtlichen Vertrag war lange Zeit nicht möglich. Die Arbeiten an einem *Code of Offences Against the Peace and Security of Mankind*, die von den UN durchgeführt wurden, sind 1957 suspendiert und 1978 wieder aufgenommen worden. 1996 haben sie zur Annahme eines Konventionsentwurfs durch die ILC geführt.[159] In den Bestimmungen über die Strafgewalt der Internationalen Strafgerichtshöfe zur Bestrafung der Rechtsverletzungen im ehemaligen Jugoslawien und in Ruanda ist die Verletzung des Gewaltverbots nicht enthalten.[160] Dagegen sieht das Statut des Internationalen Strafgerichtshofs (IStGH) das völkerstrafrechtliche Delikt der Aggression vor.[161] Allerdings muss, um diese Bestimmung wirksam werden zu lassen, noch eine Definition im Wege des Vertragsänderungsverfahrens angenommen werden. Dies ist auf der Revisionskonferenz des Statuts 2010 geschehen, jedoch bedarf es zum Inkrafttreten eines weiteren Beschlusses, der nicht vor 2017 erfolgen kann.[162] Im Hinblick auf die bislang fehlende Praxis kann man bezweifeln, ob das Prinzip der persönlichen strafrechtlichen Haftung für das Führen eines Angriffskriegs bereits Bestandteil des völkerrechtlichen Gewohnheitsrechts geworden ist. Allerdings haben die Strafgesetze vieler Staaten im nationalen Recht solche Taten unter Strafe gestellt (für Deutschland vgl den auf der Grundlage des Verfassungsgebots des Art 26 GG entstandenen § 80 StGB). Letzteres weist allgemein auf die mögliche Bedeutung des innerstaatlichen Rechts für die Durchsetzung des Gewaltverbots hin, die allerdings nicht überschätzt werden darf.[163]

e) Funktion und Bedeutung des Gewaltverbots

29 Dem völkerrechtlichen Gewaltverbot liegt das Konzept zugrunde, dass Recht einen Beitrag zur Gewaltverhinderung leisten kann und muss. An dieser Stelle setzen freilich kritische Fragen an.

---

158 Charta des Internationalen Militärgerichtshof von Nürnberg, abgedr in AJIL 33 (1945), Suppl, 259 ff; die des Internationalen Militärgerichtshofs für den Fernen Osten ist abgedr in Dinstein/Tabory (Hrsg), War Crimes in International Law, 1996, 399 ff.
159 Zu den neueren Entwicklungen *Allain/Jones*, A Patchwork of Norms, EJIL 8 (1997) 100 ff; Report der ILC (A/48/10) mit Kommentierung (YBILC 1996-II, 2); Draft Code of Crimes against the Peace and Security of Mankind, ILM 30 (1991) 1584 ff; *Thiam*, Eleventh Report of the Special Rapporteur, YBILC 1993-I, 5 ff. Zum Ganzen *Schröder*, 7. Abschn Rn 43 ff.
160 Statute of the International Tribunal for the Prosecution of Persons Responsible for Serious Violations of International Humanitarian Law Committed in the Territory of the Former Yugoslavia since 1991, ILM 32 (1993) 1192 ff; Statute for the Criminal Tribunal for the Prosecution of Persons Responsible for Genocide and Other Serious Violations on the Territory of Rwanda and Rwandan Citizens Responsible for Genocide and Other Such Violations Committed in the Territory of Neighbouring States between 1.1.1994 and 31.12.1994, ILM 33 (1994) 1602 ff.
161 Art 5 Abs 1 lit d des Statuts, ILM 37 (1998) 999; vgl schon Art 27 Draft Articles of the International Law Commission for an International Criminal Tribunal, ILM 33 (1994) 258 (270); hierzu *Crawford*, The ILC Adopts a Statute for an International Criminal Tribunal, AJIL 89 (1995) 404 ff; vgl die Beiträge in ASIL Proc 96 (2002) 181; *Gaja*, The Long Journey towards Defining Aggression, in Cassese/Gaeta/Jones (Hrsg), The Rome Statute of the International Criminal Court, Bd I, 2002, 427; *Sayapin*, The Definition of the Crime of Aggression for the Purpose of the International Criminal Court, JCSL 13 (2008) 333 ff.
162 Res RC/Res.6 v 11.6.2010; Entwurf des dt Zustimmungsgesetzes BT-Drs 17/10975 v 15.10.2012. Grundlegende Dokumentation: Barriga/Kreß (Hrsg), The Travaux Préparatoires of the Crime of Aggression, 2011. Vgl *Kreß/von Holtzendorff*, The Kamapal Compromise on the Crime of Aggression, JICJ 9 (2010) 1179 ff; *Heinsch*, The Crime of Aggression after Kampala, GoJIL 2 (2010) 713 ff; *Kaul*, Kampala June 2010, ebd 649 ff; *O'Connell/Niyazmatov*, What is Aggression?: Comparing the *Jus ad Bellum* and the ICC Statute, JICJ 10 (2012) 189 ff; *Zimmermann*, Amending the Amendment Provisions of the Rome Statute: The Kampala Compromise on the Crime of Aggression and the Law of Treaties, ebd 409 ff.
163 *Bothe/Fischer-Lescano*, The Dimensions of Domestic Constitutional and Statutory Limits on the Use of Military Force, in Bothe/O'Connell/Ronzitti (Hrsg), Redefining Sovereignty, 2005, 195 ff; für Deutschland *Bothe*, in Dolzer/Vogel (Fn 12) Art 26.

Die geschichtliche Erfahrung lehrt, dass trotz Bestehens des Gewaltverbots weiter bewaffnete Konflikte stattgefunden haben. Allein die Tatsache, dass eine Norm verletzt wurde, beweist freilich noch nicht ihre mangelnde Geltung. Man könnte auch fragen, ob durch das Gewaltverbot überhaupt ein bewaffneter Konflikt verhindert wurde. Die Tatsache, dass daran zu zweifeln ist, beweist auch nicht die mangelnde Geltung. Es gilt vielmehr, sich an die Entstehung des Gewaltverbots aus einer Skandalisierung der öffentlichen Meinung zu erinnern.[164] Das Gewaltverbot entstand nicht, weil es einer schon bestehenden Praxis entsprach, sondern weil es eine bestehende Praxis zu ändern galt. Es formuliert eine kontrafaktische Erwartung. Es lebt aus dem Rechtsbewusstsein. Das betrifft seine Geltung[165] und praktische Wirksamkeit. Die rechtlichen Diskurse, die praktisch jede Anwendung militärischer Gewalt begleiten, und an denen sehr unterschiedliche Akteure,[166] auch internationale Gerichte,[167] beteiligt sind, sind ein Kampf um Auslegungen und um praktische Wirksamkeit der Normen. Ein sehr komplexes Geflecht von Einflüssen und Erwägungen trägt staatliche Entscheidungen, einen Konflikt mit Gewalt auszutragen oder nicht. Es lassen sich Fälle nachweisen, in denen das Recht in diesem Geflecht von Einflüssen und Erwägungen jedenfalls ein Element war.[168] *Das Gewaltverbot delegitimiert Gewalt* und *erhöht* damit die *politischen Kosten von Gewaltanwendung*. Verfahren der formellen Feststellung von Rechtsverletzungen oder von Fehlen einer solchen Verletzung verstärken diese legitimierende oder delegitimierende Kraft des Rechts.

Die Entwicklung des völkerrechtlichen Gewaltverbots beruht auf dem Gedanken, dass fundamentale gesellschaftliche Unwerturteile sich auch in rechtlichen Verboten niederschlagen sollen. Es geht um eine *Kongruenz von Recht und Moral*. Aus dieser Sicht ist das Gewaltverbot aber auch gerade in letzter Zeit Zweifeln ausgesetzt. Im Zusammenhang mit dem Kosovo wurde die These aufgestellt, das militärische Eingreifen der NATO-Staaten sei wenn nicht rechtlich, so doch moralisch gerechtfertigt.[169] Mit einem ähnlichen Anspruch kommt auch die politische Legitimation von Gewaltmaßnahmen durch Sicherheitsbedürfnisse einher, die zu einer missbräuchlichen Überziehung des Selbstverteidigungsrechts führt.[170] Eine solche moralische oder politische Delegitimierung einer grundlegenden Norm des Völkerrechts kann auf Dauer nicht ohne Konsequenzen für das positive Recht bleiben. Deswegen ist daran zu erinnern, dass die negative gesellschaftliche Bewertung des Phänomens der militärischen Gewalt, die zu der rechtlichen Entwicklung des Gewaltverbots geführt hat, in dem unerträglichen Leiden begründet ist, das durch die Kriege des letzten Jh verursacht wurde. Diese *letztlich menschenrechtliche Begründung des Gewaltverbots* gilt noch immer. Die Reaktion auf Schwächen der internationalen Ordnung bei der Durchsetzung grundlegender Werte dieser Ordnung kann darum nicht in einer Reduktion des Gewaltverbots durch Legitimierung einseitiger Gewalt von Militärmächten

---

164 So Rn 4.
165 So Rn 9.
166 *Bothe* (Fn 154) 145 ff; *Heintze*, „Neue Kriege" und ihre völkerrechtlichen Rechtfertigungen, in Heintze/Fath-Lihic (Hrsg), Kriegsbegründungen, 2008, 59 ff; zum Irakkrieg vgl *Liste*, Völkerrecht-Sprechen, 2012, insbes 171 ff; ebenso zahlreiche Beiträge in Ambos/Arnold (Hrsg), Der Irak-Krieg und das Völkerrecht, 2004.
167 *Pinto* (Fn 154) 145.
168 Instruktiv *Westra*, International Law and the Use of Armed Force, 2007, 81 ff zu verschiedenen US-amerikanischen Interventionen im karibischen Raum sowie 126 ff, 146 ff zum amerikanisch-britischen Vorgehen gegen den Irak. Das Rechtsargument wird hier vor allem als ein Mittel erkannt, den möglichen Widerstand dritter Staaten gegen das militärische Vorgehen zu schwächen.
169 Vgl von den US-amerikanischen Stimmen *Reisman*, Kosovo's Antinomies, AJIL 93 (1999) 860 ff; zur moralischen Frage *Habermas*, Bestialität und Humanität, Die Zeit Nr 18/1999. Die Kritik an der moralischen Rechtfertigung stellt zT darauf ab, dass die eingesetzten Mittel unangemessen waren; Diskussion bei *Mayer* (Fn 5) 299; grundsätzlicher krit *Hoeres*, Krieg und Pazifismus, in Heintze/Fath-Lihic (Fn 166) 41 (52 ff); vgl auch *Ipsen*, Legitime Gewaltanwendung neben dem Völkerrecht?, FS Delbrück, 2005, 371 ff.
170 Eine andere Art der moralischen Rechtfertigung von Gewalt sind gewisse Theorien des „Jihad", die aber keineswegs akzeptierte Lehren des Islam sind; vgl *Bassiouni*, Evolving Approaches to Jihad, CJIL 8 (2007/08) 119 ff.

liegen, sondern nur in einer Stärkung der Organisation dieser Ordnung, insbes in einer rechtzeitigen Besinnung auf nicht-gewaltsame Verfahren des Interessenausgleichs und der Rechtsdurchsetzung.[171]

2. Rahmenbedingungen des Gewaltverbots
a) Friedliche Streitbeilegung und friedlicher Wandel

31 Verzicht auf Gewalt ist letztlich nur akzeptabel, wenn die Durchsetzung von Rechten und Interessen auf friedlichem Wege möglich ist. Deshalb ist eine notwendige Vorbedingung für das Funktionieren des Gewaltverbots ein funktionierendes *System friedlicher Streitbeilegung*[172] und die Möglichkeit des *peaceful change*. Diese Vorbedingung ist *nur unvollkommen* gegeben. Das System friedlicher Streitbeilegung hat sich in den letzten zwei Jahrzehnten dynamisch entwickelt, weist aber immer noch Lücken auf. Die Möglichkeiten des rechtlichen Wandels, die neuen Problemen und Interessenlagen Rechnung tragen, sind trotz der erheblichen Fortschritte der Rechtstechniken vertraglicher Regelungen durch die Langsamkeit der Entwicklung des Konsensrechts im Völkerrecht eingeschränkt.[173] Ferner setzt ein Verzicht auf gewaltsame Selbsthilfe auch voraus, dass die Gemeinschaft gegen Rechtsbrecher vorgeht und die Opfer eines Rechtsbruchs in Schutz nimmt. Dies ist der Grundgedanke der sog kollektiven Sicherheit. Auch diese Vorbedingung des Gewaltverbots ist in der Praxis nur unvollkommen verwirklicht. Denn der Sicherheitsrat als wesentlicher Entscheidungsträger dieses Systems ist auch nach dem Ende des Ost-West-Konflikts zu oft blockiert und in der Wahrnehmung seiner Verantwortung immer wieder unangemessen selektiv. Diese Mängel bei den wichtigen Rahmenbedingungen des Gewaltverbots haben dessen Geltung freilich bislang nicht zu erschüttern vermocht.[174] Die Satzungen zur Gründung der Organisationen, deren Aufgabe die Erhaltung des Friedens war und ist, haben die genannten Rahmenbedingungen des Gewaltverbots durchaus zu verwirklichen versucht. Die *Satzung des Völkerbunds* sah eine *Verpflichtung zur friedlichen Streitbeilegung* vor, die primär durch Schiedsgerichtsbarkeit oder ein gerichtliches Verfahren erfolgte (Art 12–14). Konnte eine Streitigkeit anders nicht geregelt werden, so war der Rat des Völkerbunds das zuständige Organ. In ihm hatten die Großmächte der Zeit nach dem Ersten Weltkrieg einen ständigen Sitz. Wir finden also auch hier schon das Prinzip der Großmachtregie. Der Rat konnte einstimmig (ohne die Stimmen der Konfliktparteien) eine Lösung vorschlagen. Ein Kriegsverbot bestand während des Verfahrens der friedlichen Streitbeilegung und zugunsten der Partei, die sich einem Schiedsspruch, einem gerichtlichen Verfahren oder einem einstimmig gefassten Ratsbeschluss unterwarf. Obwohl das System friedlicher Streitbeilegung sich in der Völkerbundzeit stark entwickelte, ist es letztlich an den gleichen Gründen gescheitert wie das sogleich zu behandelnde System der kollektiven Sicherheit. Auch die *UN-Charta* bekennt sich zum *Prinzip der friedlichen Streitbeilegung* (Art 2 Nr 2). Das *Prinzip des friedlichen Wandels* wird ebenfalls sowohl in der Satzung des Völkerbunds (Art 19) als auch in der UN-Charta (vor allem Art 14) angesprochen. Die Verwirklichung in der Praxis bleibt trotz aller Fortschritte der letzten Jahre unvollkommen.[175]

---

171 *Chinkin* (Fn 105) 841ff; *Falk*, Kosovo, World Order, and the Future of International Law, AJIL 93 (1999) 847ff; *Fassbender* (Fn 6) 256.
172 Vgl *Schröder*, 7. Abschn Rn 60ff.
173 Vgl *Graf Vitzthum*, 1. Abschn Rn 150.
174 *Schindler*, in ders/Hailbronner, Grenzen, 18f, 40f.
175 *Owada*, Peaceful Change, MPEPIL VIII, 175ff; *Graf Vitzthum*, Friedlicher Wandel durch völkerrechtliche Rechtsetzung, in Delbrück (Hrsg), Völkerrecht und Kriegsverhütung, 1979, 123ff.

b) Das System der kollektiven Sicherheit
Entwicklung

Zum System der kollektiven Sicherheit[176] gehört zweierlei: einmal ein multilaterales „Krisenmanagement", zum anderen die Möglichkeit, jedenfalls als letztes Mittel, den Rechtsbrecher mit Gewalt auf die Einhaltung der Regeln der Gemeinschaft zu verpflichten. Es muss also sowohl die militärische Fähigkeit als auch die politische Entschlossenheit und Solidarität vorhanden sein, um einen möglichen Aggressor abzuschrecken oder ihn ggf zu besiegen. Der Gedanke der kollektiven Sicherheit hat an sich eine *längere Tradition* in der Staatstheorie und Philosophie.[177] In der Praxis des vorletzten Jh wurde davon aber nur der Gedanke eines jeweils aus Anlass konkreter Konflikte durchgeführten *multilateralen crisis management* im sog Europäischen Konzert verwirklicht. Nachdem ein solches vor dem Ersten Weltkrieg nicht zustande kam, war es Ziel des Völkerbunds, hierfür ein ständiges Forum zu bilden. Dies war die Hauptzuständigkeit des Völkerbundsrats, in dem die damaligen Großmächte einen ständigen Sitz hatten. Dazu war unter gewissen Bedingungen die Möglichkeit vorgesehen, wenn dieses System nicht zum Erfolg führte, gegen den Rechtsbrecher mittels nicht-militärischer (Art 16 Abs 1 SVB) und militärischer Zwangsmaßnahmen (Art 16 Abs 2 SVB) vorzugehen.

32

Obwohl sich dieses System in den 1930er Jahren als erfolglos erwies, wurde es in seinen Grundzügen in die UN-Charta übernommen.[178] Geblieben ist insbes das Grundprinzip der Zuständigkeit eines Rats mit beschränkter Mitgliederzahl (Sicherheitsrat), in dem die Großmächte der Gründungszeit einen ständigen Sitz haben. Nach dem Wortlaut der UN-Charta bedarf jede Sachentscheidung der Zustimmung der ständigen Ratsmitglieder, was jedoch in der Praxis dahin modifiziert wurde, dass sie nur mit einer Neinstimme eine Entscheidung verhindern (sog Vetorecht, Art 27), jedoch nicht durch Enthaltung oder Fernbleiben von einer Abstimmung. Das politische Konzept dieses Systems kollektiver Sicherheit war im Grunde die Fortführung der Situation des Zweiten Weltkriegs. Es beruhte darauf, dass die vier (später fünf) Großmächte gemeinsam bereit und in der Lage wären, jeden Aggressor zur Raison zu bringen. Dieses System war insoweit realistisch, als eine entsprechende Militäraktion ohne oder gegen den Willen einer Großmacht nicht möglich war. Unrealistisch war hingegen die Annahme, dass die kriegsbedingte Einigkeit der Großmächte sich fortsetzen könnte. Als nach dem Zweiten Weltkrieg der Ost-West-Gegensatz etabliert und der Kalte Krieg ausgebrochen war, war der Sicherheitsrat nicht mehr entscheidungsfähig. Die politische Reaktion hierauf war zunächst der Versuch, die Zuständigkeit zur Friedenserhaltung in die Generalversammlung zu verlagern. Dies war der Sinn der *Uniting for Peace*-Resolution.[179] Dieser Weg erwies sich aber politisch nicht als gangbar. So zeigte sich schließlich das Konzept einer *Friedenserhaltung durch Zwang* in der UN-Realität als *nicht durchführbar*. Es musste also die Lösung in einer *Friedenserhaltung durch Konsens und Kooperation* gesucht werden. Auch hier konnten sich aber die traditionellen formalisierten Verfahren (Gerichtsbarkeit, Schiedsgerichte) zunächst nicht durchsetzen. Das wesentliche Mittel der Streitbeilegung wurde die diplomatische Verhandlung unterstützt durch Vermittlungsaktionen.[180]

33

Im Rahmen solcher Verhandlungslösungen entwickelten sich auch neue Konzepte des Einsatzes von Streitkräften, nämlich das Konzept der *Konflikteindämmung durch den Einsatz militärischer Einheiten*, sog Peacekeeping Operations.[181] Daraus hat sich seit Ende der 1980er Jahre ein

34

---

176 *De Wet/Wood* (Fn 12); vgl auch *Haas*, The Collective Management of International Conflict, 1945–1984, in UNITAR (Hrsg), The United Nations and the Maintenance of International Peace and Security, 1987, 3 ff.
177 Vor allem *Kant*, Zum ewigen Frieden, 1795. Vgl *Sohn*, Peace, Proposals for the Preservation of, EPIL III (1997) 926 ff.
178 *Bothe*, in Simma u a (Fn 22), Peacekeeping, Rn 2 ff.
179 A/RES/377 (V) v 3.11.1950, abgedr in VN 28 (1980) 29; hierzu auch *Schaefer*, Die Funktionsfähigkeit des Sicherheitsmechanismus der Vereinten Nationen, 1981, 45 ff.
180 Eine Bestandsaufnahme des modernen Instrumentariums des „crisis management" bietet S/RES/2171 v 21.8.2014.
181 Aus der UN-Dokumentation vgl u a UN Doc A/47/277 (Agenda for Peace, Report of the Secretary General), §§ 46 ff; UN Doc A/50/60 (Supplement to an Agenda for Peace), §§ 8 ff. Aus der kaum mehr überschaubaren Litera-

umfassenderes Konzept des differenzierten Krisenmanagements unter Einbezug militärischer Maßnahmen entwickelt, das Konfliktprävention, Konfliktregelung und Konfliktnachsorge *(post conflict peace building)* umfasst. Zu unterscheiden ist zwischen Beobachtermissionen und den eigentlichen Friedensstreitkräften.[182] Die Funktion dieser militärischen Elemente besteht nicht darin, eine Konfliktlösung mit Gewalt durchzusetzen. Sie sollen vielmehr durch *Beobachtung* und/oder durch *Bildung eines Puffers* zwischen den Konfliktparteien dafür sorgen, dass der Konflikt nicht wieder in heiße Phasen gerät.[183] Ersteres ist insbes die Funktion von Beobachtermissionen: Bsp sind nach Vorläufern im Balkankonflikt und in Indonesien die 1949 gebildete, heute noch bestehende UN Truce Supervision Organisation in Palästina (UNTSO), die UN Iran-Iraq Military Observer Group zur Überwachung des Waffenstillstands zwischen Iran und Irak nach 1988 sowie die UN-Operation in Syrien (UNSMIS).[184] Die sog Friedensstreitkräfte verbinden zunächst Beobachtungs- und Pufferfunktion (Bsp: UNEF I 1956–1967, UNEF II 1973–1979, jeweils zwischen Israel und Ägypten; UNFICYP seit 1964 zwischen dem griechischen und dem türkischen Bevölkerungsteil auf Zypern; UN Disengagement Observer Force zwischen Israel und Syrien [UNDOF] seit 1974; UN Interim Force in Lebanon [UNIFIL] zwischen Israel und südlibanesischen Palästinensergruppen seit 1978;[185] UNMEE zwischen Eritrea und Äthiopien 2000–2008).[186] Komplex sind die Aufgaben der Friedensstreitkräfte dort, wo innere Konflikte ein Element der Friedensbedrohung sind, so zuerst bei der UN-Friedensstreitmacht im Kongo 1960–1964.[187] In diesem Zusammenhang wurde das Pufferkonzept dadurch erweitert, dass die Friedensstreitkräfte Schutzzonen für die Zivilbevölkerung bilden (so vor allem in bestimmten Phasen des Jugoslawienkonflikts)[188] oder Maßnahmen für die Konfliktopfer militärisch schützen (Jugoslawien, Somalia). Aufgaben der *Erhaltung der inneren Ordnung* hatten UN-Organe dann, wenn militärische Elemente Bestandteile einer UN-Aktion der Konfliktnachsorge (UN-Aktion in Kambodscha [UNTAC]; Unterstützungsgruppe für den Sonderbeauftragten für die Westsahara nach dem Friedensplan des Sicherheitsrats [MINURSO]; Konfliktnachsorge in Haiti [MINUSTAH], Konfliktnachsorge im Zusammenhang mit der Unabhängigkeit des Südsudan [UNISFA, UNMISS]) sind[189] oder einer UN-Verwaltung zugeordnet werden (UN Security Force in West-Iran 1962 bis 1963; UN Transition Assistance Group in Namibia von 1989–1990; UN Transitional Administration in East Timor [UNTAET]).[190]

---

tur: *Bothe,* Streitkräfte internationaler Organisationen, 1968; *ders* (Fn 178); *ders,* Peacekeeping Forces, MPEPIL VIII, 225 ff; *Fabian,* Soldiers Without Enemies, 1971; *Higgins,* United Nations Peace-Keeping 1946–1967, Bd I: The Middle East, 1969, Bd II: Asia, 1970, Bd III: Africa, 1980, Bd IV: Europe, 1981; *Kelly,* Restoring and Maintaining Order in Complex Peace Operations, 1999; *McCourbrey/White,* The Blue Helmets, 1996; *Kühne* (Hrsg), Blauhelme in einer turbulenten Welt, 1993; Netherlands Institute of International Relations (Hrsg), Case Studies in Second Generation UN Peace-Keeping, 1994; *Oloniskan,* Reinventing Peacekeeping in Africa, Conceptual and Legal Issues in ECOMOG Operations, 2000; *Murphy,* UN Peacekeeping in Lebanon, Somalia and Kosovo, 2007; *Risse,* Der Einsatz militärischer Kräfte durch die VN und das Kriegsvölkerrecht, 1988; *Tull,* Die Peacekeeping-Krise der Vereinten Nationen, SWP-Studie S1, 2010; *Williams/Bellamy,* Contemporary Peace Operations, Int Peacekeeping 11 (2007) 1 ff. Für den jeweils neuesten Stand ist die Information über die Website der UN (<www.un.org>) unerlässlich. Vielfältige aktuelle Informationen bietet das Berliner Center for International Peace Operations (<www.zif.berlin.org>) mit wöchentlichen Updates.
182 *Bothe* (Fn 178) Rn 7, 15.
183 Vgl zu den einzelnen Peace-Keeping-Maßnahmen der Vereinten Nationen *Bothe* (Fn 178) Rn 7; *Rudolph,* Peace-Keeping Forces, in Wolfrum/Philipp (Hrsg), United Nations: Law, Policies and Practice, Bd 1, 1995, 957 ff.
184 S/RES/2043 v 21.4.2012.
185 S/RES/425 v 19.3.1978. Nach dem Libanon-Konflikt im Sommer 2006 wurden die Befugnisse dieser Streitmacht erweitert, S/RES/1710 v 11.8.2006. Einzelheiten des Mandats sind str.
186 S/RES/1312 v 30.6.2000 u 1827 v 31.7.2008.
187 S/RES/143 v 14.7.1960, 145 v 22.7.1960, 146 v 17.9.1960, 161 v 21.2.1961 bzw 24.11.1961.
188 Rn 36.
189 Rn 37.
190 S/RES/1272 v 25.10.1999.

Das Ende des Kalten Kriegs hat dazu geführt, dass die lange bestehenden Gründe für die 35 Handlungsunfähigkeit des Sicherheitsrats entfallen sind. Die beinahe automatische Blockierung jeder Entscheidung durch ein Veto ist nicht mehr gegeben. Die militärische Antwort auf die Aggression des Irak gegen Kuwait schien die Möglichkeit zu zeigen, zum ursprünglichen Konzept einer Friedenssicherung durch Zwang unter der Regie der Großmächte zurückzukehren. Allerdings entsprach die militärische Aktion gegen den Irak, die zur *Befreiung Kuwaits* führte, nicht völlig dem Konzept von Zwangsmaßnahmen iSv Art 42 der UN-Charta.[191] Die Entscheidung über den Einsatz von Gewalt lag in Wahrheit nicht bei den UN, sondern bei der Gruppe der zur Gewaltausübung ermächtigten Staaten. Eine so weitgehende Ermächtigung zum einseitigen, von den UN nicht mitgesteuerten Einsatz von Gewalt hat es seitdem nicht wieder gegeben. Allerdings sind enger begrenzte Ermächtigungen durch den Sicherheitsrat, die zu militärischer Gewalt ermächtigen, ständige Praxis geworden.

In den Konflikten im Zusammenhang mit dem *Zerfall Jugoslawiens*[192] wurden, wie schon im 36 Irak-Kuwait-Fall, nicht-militärische Zwangsmaßnahmen eingesetzt. Die militärischen Elemente der Lösung der Krise setzten jedoch zunächst auf traditionelle Konzepte der Friedensstreitkräfte mit ihren Funktionen der Beobachtung und Pufferbildung. Dazu trat dann allerdings die militärische Sicherung der Versorgung der Not leidenden Bevölkerung in Teilen von *Bosnien-Herzegowina*. Doch als es sich als notwendig erwies, zusätzlich militärischen Zwang gegen die Konfliktparteien einzusetzen (Kontrolle des Embargos in der Adria; Durchsetzung des Flugverbots über Bosnien-Herzegowina; Verteidigung von Schutzzonen), wurde eine Parallelstrategie eingesetzt. Teilweise erhielten die Friedenstruppen der UN den Auftrag zu aktivem Waffengebrauch zur Durchsetzung ihres Auftrags (sog *robust peacekeeping*), dh zu begrenzten Zwangsmaßnahmen, teilweise wurde das im Golf-Krieg verwandte Konzept bemüht, dass die UN eine Gruppe von Staaten ermächtigte, militärische Gewalt einzusetzen, diesmal freilich in enger Koordination mit den UN. Die Funktionen von Peace-Keeping und Peace-Enforcement waren damit teilweise vermengt, teilweise unterschiedlichen Einheiten zugeordnet, aber doch miteinander verschränkt. Der Versuch, diese beiden unterschiedlichen Methoden des militärischen Krisenmanagements parallel und miteinander verschränkt anzuwenden, hat sich auf Dauer als nicht sonderlich erfolgreich erwiesen. Die Friedensregelung im Dayton-Abkommen v Dezember 1995 hat das Prinzip des *Krisenmanagements durch Konsens* gegenüber dem *durch Ausübung von Zwang* deutlicher *getrennt*. Es sah als militärisches Element eine NATO-Streitmacht mit Beteiligung dritter Staaten vor, die erhebliche Zwangsbefugnisse besaß und vom Sicherheitsrat genehmigt wurde,[193] während die verbleibende UN-Präsenz im Wesentlichen auf Unterstützungsfunktionen im Bereich der Polizei beschränkt war. Noch anders ist die Aufgabenteilung bei der Konfliktregelung im *Kosovo*: Diese Provinz des ehemaligen Jugoslawiens wird von den UN treuhänderisch verwaltet (UNMIK), während die zweite, die Sicherheitskomponenente der Regelung (KFOR), in einer internationalen Streitmacht unter wesentlicher Beteiligung der NATO-Staaten mit Mandat des Sicherheitsrats besteht.[194] Das Konzept, dass die UN sich auf

---

191 Vgl o Rn 24.
192 Nachw in Fn 131. Vgl auch *Stahn*, International Territorial Administration in the Former Yugoslavia, ZaöRV 61 (2001) 107 ff.
193 S/RES/1031 v 15.12.1995; s auch Dayton Peace Agreement, abgedr in Int Peacekeeping 2 (1995) 141 ff. Zur Bewertung *Graf Vitzthum/Winkelmann*, Nachwort, in dies (Hrsg), Bosnien-Herzegowina im Horizont Europas, 2003, 227 ff. Die erste Streitmacht (Implementation Force – IFOR) wurde 1997 ersetzt durch die etwas anders strukturierte Stabilisation Force (SFOR). Beide waren „NATO plus"-Aktionen. Ende 2004 wurden die Funktionen von SFOR durch eine Streitmacht der EU (EUFOR/Operation Althea) übernommen, vgl S/RES/1575 v 22.11.2004; S/RES/1845 v 21.11.2008.
194 S/RES/1244 v 10.6.1999. Vgl dazu *Bothe/Marauhn*, UN Administration of Kosovo and East Timor, in Tomuschat (Hrsg), Kosovo and the International Community, 2002, 217; *Guillaume*, Le cadre juridique de l'action de la KFOR au Kosovo, ebd 243; *Ruffert*, The Administration of Kosovo and East-Timor by the International Community, ICLQ 50 (2002) 613 ff; *Stahn*, Lawmaking by International Adminstrations, Int Peacekeeping 11 (2007) 81 ff; *Tomuschat*, Yu-

Peace-Keeping-Maßnahmen beschränkt, während die Streitkräfte einzelner Staaten oder Staatengruppen mit Genehmigung (Mandat) des Sicherheitsrats Maßnahmen der gewaltsamen Durchsetzung bestimmter Ziele durchführen, ist in den 1990er Jahren eine regelmäßige Praxis geworden, so in Somalia (UNITAF = United Task Force als militärische Zwangsmaßnahme;[195] UNOSOM I und II als „traditionelles" Peace-Keeping),[196] Ruanda,[197] Haiti[198] und Elfenbeinküste (MINUCI;[199] Truppen der ECOWAS und Frankreichs mit Mandat des Sicherheitsrats).[200] Das *robust peacekeeping* mit einer Ermächtigung der UN-Streitkräfte selbst zur militärischen Durchsetzung ihrer Ziele wurde jedoch wieder belebt. In diese Kategotrie fallen die neueren Operationen in Afrika: MONUC in der Demokratischen Republik Kongo (neben der es allerdings zeitweise eine Streitmacht der EU [Unternehmen Artemis] mit erweitertem Mandat zum Einsatz militärischer Gewalt gab[201]),[202] später umgewandelt in MONUSCO,[203] UNOCI,[204] UNAMID,[205] UNMISS,[206] ABISFA,[207] MINUSMA,[208] und MINUSCA.[209] In Ost-Timor wurde eine mandatierte Zwangsmaßnahme (INTERFET) durch UNTAET abgelöst, einer UN-Verwaltung mit eigenen Zwangsbefugnissen,[210] der dann nach der Unabhängigkeit von Timor Leste eine neue UN-Aktion zur Unterstützung der neuen Regierung folgte (UNMISET).[211] In Afghanistan gab es eine Koalitionsstreitmacht im Rahmen der Operation *enduring freedom*, staatliche Streitkräfte ohne Mandat des Sicherheitsrats, zunächst nach wohl hM als Selbstverteidigung, nach Einsetzung einer allgemein anerkannten Regierung als Intervention mit Zustimmung gerechtfertigt, daneben mit Mandat des Sicherheitsrats die multilaterale Streitmacht ISAF[212] und eine zivile

---

goslavia's Damaged Sovereignty over the Province of Kosovo, in Kreijen (Hrsg), State, Sovereignty and International Governance, 2002, 323 ff; *Wills*, Occupation Law and Multinational Operations, BYBIL 77 (2006) 256 (301 ff). Die Erklärung der Unabhängigkeit durch das Kosovo hat zwar Einfluss auf die Struktur der Operationen gehabt, die besagte Aufteilung aber nicht wirklich angetastet.
195 S/RES/794 v 3.12.1992.
196 S/RES/751 v 24.4.1992, abgedr in VN 1993, 63 (UNOSOM I); S/RES/814 v 26.3.1993, abgedr in UNYB 1993, 290 (UNOSOM II). Die Besonderheit von UNOSOM II bestand allerdings darin, dass diese Streitmacht auch das Mandat zu Zwangsmaßnahmen besaß, vgl dazu *Bothe* (Fn 178) Rn 49; *Dörmann*, Schutz von UN-Peace-Keeping-Truppen vor Landminen, Forschungshefte zur Friedenssicherung und zum Humanitären Völkerrecht, Bd VIII, 1995, 27.
197 S/RES/929 v 22.6.1994.
198 S/RES/940 v 31.7.1994; nach dem erneuten Konflikt 2004 wurde eine neue „Mulitinational Interim Force" ermächtigt (S/RES/1529 v 29.2.2004), der dann wiederum eine UN-Aktion der Konfliktnachsorge (MINUSTAH) folgte, S/RES/1542 v 30.4.2004, zuletzt verlängert S/RES/1892 v 13.10.2009. Die Operation wurde durch S/RES/1908 v 19.1. 2010 aufgestockt zur Durchführung von Ordnungsaufgaben nach dem Erdbeben v 12.1.2010. Zum Ganzen *Leininger*, Democracy and UN Peace-Keeping, MPYUNL 10 (2006) 465 ff.
199 Mission des Nations Unies en Côte d'Ivoire, S/RES/1479 v 13.5.2003, dieser folgte eine volle UN-Aktion der Konfliktnachsorge, UNOCI, S/RES/1528 v 27.2.2004.
200 S/RES/1464 v 4.2.2003.
201 Interim Emergency Multinational Force in Bunia, S/RES/1484 v 30.5.2003.
202 S/RES/1493 v 28.7.2003; 1906 v 23.12.2009.
203 UN Stabilization Mission in the DRC, S/RES/1925 v 28.8.2010.
204 United Nations Operation in Côte d'Ivoire, S/RES/1528 v 27.2.2004.
205 Darfur, S/RES/1769 v 31.7.2007.
206 United Nations Mission in South Sudan, S/RES/1996 v 8.7.2011 u 2223 v 28.5.2015.
207 United Nation Interim Security Force for Abyei, S/RES/ 1990 v 27.6.2011 u 2205 v 28.2.2015.
208 United Nations Multidimensional Integrated Stabilization Mission in Mali, S/RES/2100 v 25.4.2013 u 2164 v 25.6.2014.
209 United Nation Multidimensional Integrated Stabilization Mission in the CAR, S/RES/2149 v 10.4.2014 u 2217 v 28.4.2015.
210 S/RES/1264 v 15.9.1999 (INTERFET) sowie S/RES/1272 v 25.10.1999 (UNTAET).
211 S/RES/1410 v 17.5.2002; diese wurde abgelöst durch eine rein zivile Operation (ONOTIL, S/RES/1599 v 28.4. 2005), diese wiederum durch eine Operation mit militärischen und polizeilichen Elementen (UNMIT, S/RES/1704 v 25.8.2006, 1867 v 26.2.2009). Daneben gibt es internationale Sicherheitskräfte aufgrund bilateraler Abkommen ohne Mandat, aber mit ausdrücklicher Billigung des Sicherheitsrats.
212 S/RES/1386 v 20.12.2001; beendet am 31.12.2014 und ersetzt durch eine Unterstützungsaktion ohne Kampfauftrag "Operation Resolute Support", vom SR begrüßt in S/RES/2189 v 12.12.2014.

UN-Mission.²¹³ Im Irak wurden die Koalitions-Streitkräfte, die ohne eine Ermächtigung des Sicherheitsrats das Land besetzt hatten,²¹⁴ mit Zustimmung der neuen irakischen Regierung mit einem Mandat des Sicherheitsrats versehen.²¹⁵ Das Bild des militärischen *conflict management* ist also sehr vielgestaltig geworden.²¹⁶

In den letzten Jahren verbinden sich immer mehr traditionelle Elemente des Peace-Keeping 37 (Pufferfunktion, Sicherung militärischer Trennungslinien) mit *Beobachtungsfunktionen neuer Art*, insbes hinsichtlich der *Beachtung von Menschenrechten* und der *Durchführung ordnungsgemäßer Wahlen* (Zentralamerika,²¹⁷ Kambodscha,²¹⁸ Mozambique,²¹⁹ Angola,²²⁰ West-Sahara,²²¹ Elfenbeinküste,²²² Sudan,²²³ Kongo,²²⁴ mitunter auch als „politische" Missionen ohne militärische Komponente)²²⁵ sowie Hilfeleistung für die Zivilbevölkerung (Somalia, ehemaliges Jugoslawien,²²⁶ Tchad/Zentralafrikanische Republik,²²⁷ Darfur, Südsudan, Elfenbeinküste, Mali,²²⁸ für Flüchtlinge (Tchad/Zentralafrikanische Republik) und andere Akteure (Südsudan).²²⁹ In besonderen Fällen gehen die Funktionen bis zum Wiederherstellen der staatlichen Ordnung eines zusammengebrochenen Staats (Kambodscha, Haiti, Afghanistan).²³⁰ Dazu gehört auch die lokale Abrüstung (Demobilisierung; Einsammeln von Waffenbeständen; Reintegration von Kämpfern in die Gesellschaft)²³¹ sowie Minenräumen oder jedenfalls Hilfeleistung hierzu. Dies kann bis zur vollständigen Übernahme der Verwaltung eines Gebiets durch die Vereinten Nationen gehen (kurzfristig Ost-Slawonien,²³² Kosovo, Ost-Timor). In diesen vielfältigen Funktionen *(multifunctional peace-keeping)* sind Peace-Keeping-Maßnahmen ein wesentliches Element des *post conflict peace-building*.²³³

213 UNAMA, S/RES/1401 v 28.3.2002; zuletzt S/RES/2210 v 16.3.2015.
214 Nachw in Fn 142f.
215 S/RES/1511 v 16.10.2003 (§ 13) u 1546 v 8.6.2004 (§ 9f).
216 Zum Versuch einer systematischen Ordnung vgl *Bothe*, Militärische Gewalt als Instrument von Konfliktregelung, in von Schorlemer (Hrsg), Praxishandbuch UNO, 2003, 13; vgl auch *Sloan*, The Militarization of Peacekeeping in the Twenty-first Century, 2011; zur Entwicklung eines *ius post bellum* s unten Rn 129f.
217 UN Observer Mission to Verify the Electoral Process in Nicaragua (ONUVEN), vgl UN Doc A/44/642 v 17.10.1989; UN Observer Group in Central America (ONUCA), S/RES/644 v 7.11.1989, abgedr in VN 38 (1990) 195; UN Observer Mission in EL Salvador (ONUSAL), S/RES/693 v 20.5.1991, abgedr in VN 40 (1992) 175 u S/RES/729 v 14.1.1992, abgedr in VN 40 (1992) 176. Allgemein zur Wahlbeobachtung *Garber*, A New Era of Peacemaking, in Kühne (Fn 181) 217ff.
218 UN Transitional Authority in Cambodia (UNTAC), S/RES/745 v 28.2.1992, abgedr in VN 40 (1992) 78.
219 ONUMOZ, S/RES/797 v 16.12.1992, abgedr in VN 41 (1993) 118.
220 UN Angola Verification Mission (UNAVEM), zur Wahlbeobachtung insbes die S/RES/747 v 24.3.1992, abgedr in VN 41 (1993) 113.
221 S/RES/690 v 29.4.1991 (MINURSO).
222 UNOCI, vgl Fn 204.
223 S/RES/1590 v 24.3.2005, deren Funktionen auf den Darfur-Konflikt ausgedehnt wurden (vgl S/RES/1706 v 31.8.2006); dazu *Bothe*, International Legal Aspects of the Darfur Conflict, FS Neuhold, 2006, 1ff.
224 MONUC, S/RES/1291 v 24.2.2000; zuletzt verlängert S/RES/1906 v 23.12.2009.
225 In Nepal UNMIN, S/RES/1740 v 23.1.2007, dazu *von Einsiedel*, Die Rolle der UN im Friedensprozess in Nepal, VN 57 (2009) 262ff.
226 Zur humanitären Hilfe im ehemaligen Jugoslawien vgl insbes S/RES/761 v 29.6.1992, abgedr in VN 40 (1992) 213; S/RES/764 v 13.7.1992, abgedr in VN 40 (1992) 214; S/RES/770 v 13.8.1992, abgedr in VN 40 (1992) 216.
227 S/RES/1778 v 25.9.2007.
228 So Fn 204–208.
229 United Nations Interim Security Force for Abyei (UNISFA), S/RES/1990 v 27.6.2011, UNMISS, S/RES/1996 v 8.7.2011.
230 S bereits o Fn 194, 202, 207; vgl *O'Neill*, UN Peacekeeping Operations and Rule of Law Programs, in Hurwitz (Hrsg), Civil War and the Rule of Law, 2008, 91ff.
231 Bsp UNOCI.
232 United Nations Transitional Administration for Eastern Slavonia, Baranja and Western Sirmium, S/RES/1037 v 15.1.1996.
233 Agenda for Peace (Fn 181) §§ 46ff; Supplement to an Agenda for Peace (ebd) §§ 8ff; *Schaller*, Peacebuilding und „ius post bellum", 2006; *Shraga*, Military Occupation and UN Transitional Administrations, FS Caflisch, 2007, 479 (484ff); *Wills* (Fn 194) 301ff.

Daneben hat sich eine Praxis entwickelt, dass UN-Operationen mit solchen von Regionalorganisationen mit unterschiedlicher Arbeitsteilung und differenzierten Kontrollfunktionen zusammenwirken.²³⁴

38   Für die allgemeine Rechtsstellung von Friedensstreitkräften ist ausschlaggebend, dass sie UN-Organe sind. Relevante völkerrechtliche Regeln binden bzw berechtigen also die UN als Völkerrechtssubjekt. Es hat sich im Laufe der Jahre eine ständige Praxis herausgebildet, die in einem *Model Status of Forces Agreement* vom UN-Generalsekretär ausformuliert sind.²³⁵ Dieser Status gleicht in vielem dem der sog *visiting forces*, dh dem staatlicher Streitkräfte, die in Friedenszeiten aus unterschiedlichen Gründen, zB im Rahmen eines Bündnisses, auf dem Gebiet eines anderen Staats mit dessen Zustimmung stationiert sind.²³⁶ Die besonderen Befugnisse der Streitkräfte ergeben sich im Übrigen aus dem jeweiligen Mandat des Sicherheitsrats, das idR von dem betroffenen Staat angenommen wurde. Da dieses Mandat verschiedene Maßnahmen gegenüber der Bevölkerung des Aufenthaltsstaats ermöglicht oder erfordert, stellt sich die Frage des dabei anwendbaren Rechts, zB bei Freiheitsentziehung im Rahmen des Mandats sowie bei schadensstiftenden Handlungen.²³⁷ Bei solchen Maßnahmen sind die UN an die Menschenrechte gebunden, soweit sie Gewohnheitsrecht darstellen. Da und soweit das Personal von Friedensmissionen keinen oder nur einen begrenzten Auftrag zur militärischen Gewaltausübung hat, stellt sich auch das Problem seines Schutzes vor gewaltsamen Übergriffen im Stationierungsstaat. Diese Frage ist nunmehr in dem *Übereinkommen zum Schutz von UN-Personal*²³⁸ geregelt. Es verpflichtet die Vertragsparteien insbes, Übergriffe gegen das UN-Personal unter Strafe zu stellen und strafrechtlich zu verfolgen. Dieses Übereinkommen gilt natürlich nicht für Situationen, in denen UN-Streitkräfte einen Kampfauftrag haben oder in Kampfhandlungen verwickelt werden (Art 2 des Übereinkommens). Dann ist auf sie das Recht bewaffneter Konflikte anwendbar.²³⁹ Die Abgrenzung zwischen der einen und der anderen Situation bereitet Schwierigkeiten.

39   Angesichts der Tatsache, dass Friedensstreitkräfte immer wieder in Krisensituationen von den UN eingesetzt werden, besteht ein Bedürfnis, die Verfügbarkeit entsprechend ausgebildeter Einheiten auch völkerrechtlich zu gewährleisten. Der Generalsekretär hat mit einer Reihe von

---

234 UN und AU: Darfur (UNAMID, S/RES/1769 v 31.7.2007, Verlängerung S/RES/2063 v 31.7.2012), Côte d'Ivoire (UNOCI, S/RES/1609 v 24.6.2005, 1633 v 21.10.2005, 1721 v 1.11.2006, 2062 v 26.7.2012); UN und EU: Zentralafrikanische Republik und Tchad (MINURCAT, S/RES/1778 v 25.9.2007); UN und ECOWAS: Liberia (UNOMIL, UNMIL, Sierra Leone (UNOMSIL, UNAMSIL), Côte d'Ivoire (UNOCI); UN und GUS: Georgien, Abchasien (UNOMIG, S/RES/858 v 24.8.1993, v 27.7.1994, zuletzt verlängert S/RES/1866 v 13.2.2009); Tadschikistan (UNMOT, S/RES/986 v 16.12.1994, zuletzt verlängert S/RES/1274 v 12.11.1999). Zur Kooperation zwischen UN und AU *Barthel*, Die neue Sicherheits- und Verteidigungsarchitektur der Afrikanischen Union, 2011, 347 ff.
235 UN Doc A/45/594, abgedr in Bothe/Dörschel (Hrsg), UN Peacekeeping, 1999, 59 ff, dazu *Murphy* (Fn 181) 107 ff; zu Fragen der Zuordnung *Zimmermann*, Die Wirksamkeit rechtlicher Hegung militärischer Gewalt, in *Zimmermann u a*, Konfliktformen, 7 (21 ff).
236 Dazu *Bothe* (Fn 178) Rn 25 ff mwN.
237 Instruktiv zu diesem Problemkreis die Beiträge in Arnold (Hrsg), Law Enforcement within the Framework of Peace Support Operations, 2008; vgl ferner *Daillier*, Les opérations multinationales consécutives à des conflits armés en vue du rétablissement de la paix, RdC 314 (2005) 237 (367 ff); *Fleck*, Schutz der Menschenrechte bei Auslandseinsätzen, NZWehrR 50 (2008) 164 ff; *Rotmann*, Erste Schritte zu einer Polizeidoktrin für UN-Friedenseinsätze, Sicherheit und Frieden 26 (2008) 164 ff; *Zwanenburg*, UN Peace Operations between Independence and Accountability, IOLR 5 (2008) 23 ff.
238 Convention on the Safety of United Nations and Associated Personnel, abgedr in Bothe/Dörschel (Fn 235) 87 ff; *Fisher*, At Risk in No-man's Land, Minnesota LRev 85 (2000) 663 ff.
239 Vgl u Rn 62; eingehend *Kolb*, Droit humanitaire et opérations de paix internationales, 2. Aufl 2006, 29 ff; *Knoops*, The Transposition of Inter-State Self-Defense and Use of Force onto Operational Mandates for Peace Support Operations, in Arnold (Fn 237) 3 (6 ff); *Mendis*, Application of International Humanitarian Law to United Nations Forces, 2007; *Murphy* (Fn 181) 241 ff; *Schwendimann*, Rechtsfragen des humanitären Völkerrechts bei Friedensmissionen der Vereinten Nationen, 2007; *Marauhn*, Streitkräfte zur Friedenssicherung im Ausland, in *Zimmermann u a*, Konfliktformen, 249 (263 ff).

Staaten diesbezügliche Absprachen (idR in Form eines *Memorandum of Understanding*) getroffen.[240] ZT halten auch Gruppen von Staaten gemischtnationale Einheiten bereit.[241] Insgesamt hat sich das Konzept der Friedenserhaltung durch Konsens und Kooperation bewährt und entwickelt. Auf der anderen Seite wurde das Konzept einer Friedenserhaltung durch Zwang in der von der UN-Charta vorgesehenen Weise vor allem in der Form nicht-militärischer Zwangsmaßnahmen eingesetzt. *Militärische Zwangsmaßnahmen* einer neuen Form entwickelten sich unter den gewandelten Bedingungen der Zeit nach dem Kalten Krieg mit dem Wegfall des „automatischen Veto". Es entstand zunächst eine neue Art einseitiger Großmachtregie durch die USA, die freilich nicht von allen UN-Mitgliedern ohne Bedenken hingenommen wurde. Heute trägt das System eher die Züge einer oligarchischen Regie durch die fünf ständigen Mitglieder des Sicherheitsrats („P5"). Gegenüber der reaktiven Friedenssicherung durch Zwang wird die Notwendigkeit einer *präventiven Friedenssicherung* durch Konfliktvorbeugung[242] und präventive Diplomatie[243] betont.

Die Kompetenzen des Sicherheitsrats

Nach Art 24 UN-Charta ist dem Sicherheitsrat die „Hauptverantwortung für die Wahrung des Friedens und der internationalen Sicherheit" übertragen. Zu ihrer Wahrnehmung hat er die spezifischen, in den Kap VI, VII, VIII u XII der Charta aufgeführten Befugnisse. Darüber hinaus hat der IGH angenommen, dass neben diesen besonderen Befugnissen unmittelbar aus Art 24 fließende allgemeine Befugnisse bestehen.[244] In der Literatur wird diese Auffassung dahin eingeschränkt, dass solche allgemeinen Befugnisse sich als „implied powers" aus spezifischen Aufgabenzuweisungen ergeben müssen.[245] In seiner neueren Praxis pflegt der Sicherheitsrat ausdrücklich zu spezifizieren, nach welchem Kapitel der Satzung er jeweils handelt.[246] 40

Kap VI UN-Charta (Art 33 ff) betrifft Situationen, bei denen lediglich eine mittelbare Friedensbedrohung vorliegt. In einer solchen Situation kann der Sicherheitsrat eine Untersuchung durchführen (Art 34), den Parteien geeignete Verfahren oder Methoden der friedlichen Streitbeilegung empfehlen (Art 36) oder selbst eine Lösung empfehlen (Art 37 Abs 2, Art 38). Verbindliche Beschlüsse sind also nicht vorgesehen. Die Befugnisse des Sicherheitsrats nach Kap VI gleichen demnach eher der klassischen Streitbeilegung unter Einschaltung Dritter und stellen *noch keine Zwangsmaßnahmen* dar.[247] 41

Kompetenzen zu solchen ergeben sich erst aus *Kap VII* UN-Charta. Danach besitzt der Sicherheitsrat folgende Kompetenzen zur Sicherung des Weltfriedens:[248] (1) Feststellung einer Si- 42

---

240 Der entsprechende Modell-Vertrag ist veröffentlicht in Bothe/Dörschel (Fn 235) 83.
241 Im Jahre 1995 haben einige (überwiegend europäische) Staaten eine „Multi-National Stand-by High Readiness Brigade for United Nations Operations" (SHIRBRIG) geschaffen, die allerdings 2009 wieder aufgelöst wurde. Vgl zum Ganzen *Roberts*, Proposals for UN Standing Force, in Lowe/Roberts/Welsh/Zaum (Hrsg), The United Nations Security Council and War: The Evolution of Thought and Practice since 1945, 2008, 99 ff.
242 Auch in diesem Zusammenhang können Friedensstreitkräfte eine Rolle spielen, so insbes in Mazedonien (UNPREDEP), S/RES/983 v 31.3.1995, vgl *Ostrowski*, Preventive Deployment of Troops as Preventive Measures, NYJILP 30 (1998) 793 ff.
243 *Israelian*, Vorbeugende Diplomatie mittels der VN, VN 37 (1989) 1 ff; *Peck*, Improving the UN System of Preventive Diplomacy and Conflict Resolution, in Kühne (Fn 181) 401 ff; *Picco*, Preventive Diplomacy and Conflict Resolution, ebd 423 ff; *Hill*, Preventive Diplomacy, Peace-Making and Peace-Keeping, SIPRI Yb 1993, 45 ff.
244 So der IGH im *Namibia*-Gutachten, ICJ Rep 1971, 16, 51 f; anders jedoch das ICTY, *Prosecutor v Tadić*, IT-94-AR72, 2.10.1995, § 28.
245 *Peters*, in Simma u a (Fn 75) Art 24 Rn 58 ff.
246 *Bothe*, Les limites des pouvoirs du Conseil de Securité, in Dupuy (Hrsg), Le développement du rôle du Conseil de Securité, 1993, 67 (71).
247 *Tomuschat*, in Simma u a (Fn 75) Art 33 Rn 2.
248 Die Entwicklung der Praxis des SR nach Ende des Kalten Kriegs hat eine Fülle von wissenschaftlichen Analysen hervorgebracht, einschließlich einer Vielzahl juristischer Kontroversen. Vgl *Bruha*, Security Council, in Wol-

tuation der unmittelbaren Friedensbedrohung, des Friedensbruchs oder einer Aggression, die die besonderen Kompetenzen des Sicherheitsrats auslöst (Art 39); (2) Aussprechen von Empfehlungen (Art 39); (3) Erlass vorläufiger Maßnahmen (etwa Anordnung eines Waffenstillstands oder des Rückzugs von Streitkräften, Art 40); (4) nicht-militärische Zwangsmaßnahmen (insbes durch Abbruch aller wirtschaftlichen und sonstigen Beziehungen, Embargo, Art 41); (5) Durchführung militärischer Zwangsmaßnahmen (Art 42). Nach *Art 39 UN-Charta* stellt der Sicherheitsrat fest, ob „eine *Bedrohung* oder ein *Bruch des Friedens* oder eine *Angriffshandlung* vorliegt". Dass eine solche Situation vorliegt und der Sicherheitsrat dies auch feststellt, ist die Voraussetzung für die ganz erheblichen Eingriffsbefugnisse, die die folgenden Bestimmungen dem Rat einräumen. Demgemäß ist die nähere rechtliche Bestimmung dieser Schwelle, die die Kompetenzen des Sicherheitsrats aktiviert, von ausschlaggebender Bedeutung für das gesamte System der kollektiven Sicherheit.

43   Jede nach Art 2 Nr 4 UN-Charta verbotene Gewalt und insbes jeder bewaffnete Angriff iSv Art 51 stellt eine Situation iSd *Art 39* dar. Jedoch ist die Kompetenz des Sicherheitsrats nicht auf die Situation des bewaffneten Angriffs beschränkt. Bruch und Bedrohung des Friedens sind mehr als bewaffneter Angriff. Die Kompetenz des Sicherheitsrats, Zwangmaßnahmen zu beschließen, reicht also weiter als die Befugnis der Staaten zur dezentralen Gewaltausübung in Form der individuellen oder kollektiven Selbstverteidigung. Zentral für die Auslegung ist der *Begriff des Friedens*.[249] Wird Frieden lediglich als Abwesenheit organisierter Gewaltanwendung zwischen Staaten verstanden (*negativer* Friedensbegriff), dann ist Friedensbruch jede Situation der Kampfhandlung zwischen bewaffneten Einheiten verschiedener Staaten und Friedensbedrohung jede Situation, in der der Ausbruch solcher Kampfhandlungen unmittelbar droht, wobei diese Situation im Einzelfall von einer mittelbaren Bedrohung oder Friedensgefährdung iSv Kap VI schwer abzugrenzen ist. *Rüstungsmaßnahmen* von Staaten stellen nicht ohne weiteres eine Verletzung des Verbots der Drohung mit Gewalt dar[250] und insoweit auch keine Friedensbedrohung. Es kommt auf den Kontext an. So hat der Sicherheitsrat im Zuge der Beendigung der Kuwait-Krise dem Irak umfangreiche Abrüstungspflichten auferlegt, was jedenfalls dann rechtlich nicht zu beanstanden war, wenn man in der fortgesetzten Rüstung gerade im Irak eine Friedensbedrohung sah.[251] Rüstungsmaßnahmen, aus denen aggressive Absichten zu erkennen sind, müssen wohl als Friedensbedrohung iSv Art 39 UN-Charta qualifiziert werden. Die Praxis des Sicherheitsrats sieht auch die *Förderung des internationalen Terrorismus* durch einen Staat[252] und *schwere Akte des Terrorismus selbst* als *Friedensbedrohung* an.[253] Dies war die Grundlage der vom Sicherheitsrat gegen Libyen im Zusammenhang mit der Nichtauslieferung der mutmaßlichen Attentäter von Lockerbie[254] sowie der gegen die Taliban[255] verhängten nicht-militärischen

---

frum/Philipp (Fn 183) 1147 ff; Dupuy (Fn 246); Société française pour le droit international (Hrsg), Le chapitre VII de la Charte des Nations Unies, 1995; *Dominicé*, Le Conseil de Securité et l'accès aux pouvoirs qu'il reçoit du Chapitre VII de la Charte des Nations Unies, SZIER 5 (1995) 417 ff.
249 *Randelzhofer*, Der normative Gehalt des Friedensbegriffs im Völkerrecht der Gegenwart, in Delbrück (Fn 175) 13 ff; *Czempiel*, Frieden und Sicherheit als außen- und innenpolitische Konzepte aus politologischer Sicht, ebd 77 ff; *Krisch*, in Simma u a (Fn 75) Art 39 Rn 7 ff; *Sorel*, L'élargissement de la notion de menace contre la paix, in Société française (Fn 248) 3 ff.
250 Vgl Rn 17.
251 *Marauhn*, The Implementation of Disarmament and Arms Control Obligations Imposed upon Iraq by the Security Council, ZaöRV 52 (1992) 781 ff.
252 Vgl S/RES/1214 v 8.12.1998, 1267 v 15.10.1999, 1333 v 19.12.2000.
253 S/RES/1368 v 12.9.2001, 1373 v 28.9.2001, 1377 v 12.11.2001, 1438 v 14.10.2002, 1452 v 20.12. 2002, 1455 v 17.1.2003, 1516 v 20.11.2003, 1526 v 30.1.2004, 1530 v 11.3.2004, 2083 v 17.12.2012, 2195 v 19.12.2014, 2249 v 20.11.2015 (ISIS u Al Nusrah). Auch bei der Feststellung einer Friedensbedrohung im Yemen war der wesentliche Gesichtspunkt die Rolle von terroristischen Organisationen wie Al Qaeda im Konflikt.
254 S/RES/748 v 31.3.1992.
255 S/RES/1267 v 15.10.1999, 1333 v 19.12.2000.

Zwangsmaßnahmen.[256] Ebenso wird die Verbreitung von Massenvernichtungswaffen als Friedensbedrohung angesehen, was gleichfalls die Grundlage für weitreichende Maßnahmen des Sicherheitsrats bietet.[257]

Definiert man Frieden nicht nur als Abwesenheit militärischer Gewaltausübung zwischen 44 Staaten, sondern verlangt man auch gewisse positive Elemente als Bestandteile des Friedensbegriffs (etwa die Achtung fundamentaler Menschenrechte, *positiver* Friedensbegriff), so wird der *Begriff der Friedensbedrohung* und des Friedensbruchs automatisch *erweitert*. Auf dieser Grundlage kann man zB zu dem Schluss kommen, dass gewisse Völkerrechtsverletzungen, auch wenn sie nicht unmittelbar bewaffnete Reaktionen anderer Staaten nach sich zu ziehen drohen, eine Friedensbedrohung darstellen. Das gilt insbes für massive und ständige Menschenrechtsverletzungen durch einen Staat. Allerdings hat es der Sicherheitsrat lange vermieden, in Fällen, in denen massive Menschenrechtsverletzungen und die Unterdrückung bestimmter Bevölkerungsgruppen der Anlass zu Maßnahmen des Sicherheitsrats waren, diese Verletzungen unmittelbar als Friedensbedrohung zu bezeichnen (Maßnahmen gegen Südrhodesien,[258] Südafrika[259] und den Irak[260] in Bezug auf die Unterdrückung der Kurden und anderer Bevölkerungsgruppen; Situation in Somalia,[261] Ruanda[262]).[263] Vielmehr hat der Sicherheitsrat sich eher bemüht, Elemente einer Friedensbedrohung in dem bereits dargestellten traditionellen Sinn zu finden und diese als Auslöser seiner Kompetenzen zu bezeichnen. In neuerer Zeit hat der Sicherheitsrat jedoch diese Zurückhaltung aufgegeben, ohne freilich seinen Entscheidungen den positiven Friedensbegriff in vollem Umfang zugrunde zu legen (Haiti,[264] Ost-Timor,[265] besonders deutlich im Darfur-Konflikt,[266] ebenso in Bezug auf Libyen[267]), wobei allerdings die vorsichtigen Formulierungen der Feststellung einer Friedensbedrohung im Kosovo vor dem Eingreifen der NATO-Staaten[268] auch iSd früheren Praxis verstanden werden können. Bei der Feststellung einer Friedensbedrohung in Syrien hat der Sicherheitsrat lange gezögert. Grundlage der Festellung einer Bedrohung des Friedens „in der Region" war nicht nur die Verletzung von Menschenrechten und humanitärem Völkerrecht durch alle Seiten, sondern die Flüchtlingssituation in den Nachbarländern und die Verhinderung von außen kommender humanitärer Hilfe,[269] wiederum iS der früheren Praxis. Eine neue Form von Menschenrechtsverletzungen, die der Sicherheitsrat als Friedensbedrohung charakterisiert, ist der Menschenschmuggel.[270]

---

256 *König*, Terrorism, in Wolfrum/Philipp (Fn 183) 1220 (Rn 13); zur neueren Entwicklung bzgl der Taliban S/RES/2082 v 17.12.2012.
257 S/RES/1540 v 28.4.2004 u 2141 v 5.3.2014 allgemein zur Verbreitung von Massenvernichtungswaffen; zu Nord-Korea S/RES/1718 v 14.10.2006. Letzterer Res liegt offenbar die Auffassung zugrunde, dass der Erwerb von Atomwaffen und Trägerraketen jedenfalls in diesem Fall eine Friedensbedrohung darstellt, obwohl Nord-Korea nicht mehr Vertragspartner des NVV war.
258 S/RES/217 v 20.11.1965, abgedr in VN 13 (1965) 214; S/RES/221 v 9.4.1966, abgedr in VN 14 (1966) 68 f.
259 S/RES/418 v 4.11.1977, abgedr in VN 25 (1977) 198.
260 S/RES/688 v 5.4.1991, abgedr in VN 39 (1991) 77.
261 S/RES/794 v 3.12.1992.
262 S/RES/929 v 22.6.1994.
263 *Krisch* (Fn 249) Rn 19 ff.
264 S/RES/940 v 31.7.1994.
265 S/RES/1264 v 15.9.1999.
266 S/RES/1556 (2004); vgl *Bothe* (Fn 223) 8 ff.
267 S/RES/ 1970 v 26.2.2011 u 1973 v 17.3.2011.
268 S/RES/1199 v 23.9.1998.
269 S/RES/2043 v 21.4.2012 (Verurteilung von Menschenrechtsverletzungen, aber keine Feststellung von Friedensbedrohung) u 2118 v 27.9.2013 (Verurteilung der Anwendung und Verbot des Besitzes chemischer Waffen, keine Feststellung einer Friedensbedrohung, jedoch Berufung auf Art 25 UN-Charta); Qualifikation der humanitären Lage als Friedensbedrohung in S/RES/2165 v 14.7.2014, 2191 v 17.12.2014 u 2258 v 22.12.2015.
270 S/RES/2240 v 9.10.2015 bzgl des Transports von Flüchtlingen aus Libyen.

45 Die genannten Resolutionen werfen die Frage auf, welche rechtlichen *Grenzen* der *Feststellungskompetenz des Sicherheitsrats* gesetzt sind.[271] Es ist daran festzuhalten, dass die in Art 39 UN-Charta verwandten Begriffe Rechtsbegriffe sind. Art 39 gewährt dem Sicherheitsrat kein rechtlich unbegrenztes Ermessen, das Vorliegen von Situationen festzustellen, in denen seine Zuständigkeit eingreift. Es handelt sich vielmehr um eine rechtlich gebundene Feststellungskompetenz. Hierbei muss man allerdings dem Sicherheitsrat einen Beurteilungsspielraum gewähren. Die dargestellten Unsicherheiten bei der Bestimmung der Situationen, die die Kompetenzen des Sicherheitsrats nach Kap VII aktivieren, lassen die Frage nach der *Kontrolle einer Einhaltung rechtlicher Maßstäbe* besonders schwierig erscheinen. In vielen Fällen waren Maßnahmen, die im Sicherheitsrat vorgeschlagen oder von ihm beschlossen wurden, rechtlich umstritten.[272] Der IGH besitzt keine Kompetenz, die Einhaltung der Satzung durch andere UN-Organe zu kontrollieren.[273] Er kann lediglich um Rechtsgutachten[274] gebeten werden, und zwar nur von den Organen selbst, nicht von den betroffenen Staaten. Ob er in besonders gelagerten Fällen im Rahmen zwischenstaatlicher Streitigkeiten, für die er zuständig ist, als Inzidentfrage die Rechtmäßigkeit von Maßnahmen des Sicherheitsrats überprüfen kann, ist umstritten. Aus diesem Grunde ist es nicht zu vermeiden, dass die Praxis des Sicherheitsrats str bleibt, und dass sich erst im Laufe der Zeit Konsens entwickelt, der dann bestimmte Auslegungen des Art 39 oder anderer Charta-Vorschriften außer Streit stellt.

46 Beschränkt sich der Sicherheitsrat nach einer Feststellung gemäß Art 39 UN-Charta auf *Empfehlungen*, so ergeben sich aus ihr keine weiteren Beschränkungen. Ein sehr wichtiger einschlägiger Fall war der Beschluss des Sicherheitsrats, der zu der Militäraktion der USA und ihrer Verbündeten gegen den nordkoreanischen Angriff auf Südkorea führte.[275] Die Befugnis, Empfehlungen abzugeben, ist an sich eine Selbstverständlichkeit. Auch sie ist aber im Zusammenhang mit seinen Organisationskompetenzen (Art 29, 100 UN-Charta) zu sehen, wodurch wiederum der *Einsatz von Friedensstreitkräften* auf der Grundlage von Empfehlungen ermöglicht wird.[276] Diese Friedensstreitkräfte – dies ist (oder war jedenfalls bis zur Somalia-Krise) gerade ein wesentliches Kriterium – werden nur mit Zustimmung aller unmittelbar betroffenen Parteien eingesetzt. Der Sicherheitsrat kann also den Gebrauch solcher Streitkräfte oder Beobachtermissionen empfehlen, und die Parteien können diese Empfehlung annehmen, womit eine hinreichende Grundlage für den Einsatz dieser Einheiten gegeben ist.

47 Art 40 UN-Charta gibt dem Sicherheitsrat zunächst die Befugnis, *Eilmaßnahmen* zu ergreifen.[277] Hierzu gehört üblicherweise der Beschluss, dass die Feindseligkeiten einzustellen seien, in vielen Fällen auch die Aufforderung an die Konfliktparteien, ihre Streitkräfte auf eine bestimmte Linie zurückzunehmen.[278] Verbindet man Art 40 mit den Organisationskompetenzen des Sicherheitsrats, können auch auf dieser Grundlage Friedensstreitkräfte aufgestellt werden, um die Einhaltung des Waffenstillstands zu kontrollieren.

48 Art 41 UN-Charta ermöglicht den Einsatz aller denkbaren *nicht-militärischen Mittel*, um auf einen Staat, der die Friedenspflichten nicht beachtet, *Druck auszuüben*.[279] Die Aufzählung be-

---

271 Diese Frage ist höchst str, vgl aus der umfangreichen Lit *Pellet*, Peut-on et doit-on contrôler les actions du Conseil de Securité?, in Société française (Fn 248) 221 ff; *Bedjaoui*, Un contrôle de légalité des actes du Conseil de Securité est-il possible?, ebd 255 ff; *Martenczuk*, Rechtsbindung und Rechtskontrolle des Weltsicherheitsrats, 1996; *ders*, The Security Council, International Court of Justice and Judicial Review, EJIL 10 (1999) 517 ff; zum Irak *Bruha*, Irak-Krieg und Vereinte Nationen, AVR 41 (2003) 295 (300 ff).
272 Vgl dazu *Bruha* (Fn 248) Rn 26 ff.
273 *Rosenne*, International Court of Justice (ICJ), MPEPIL V, 459 (Rn 61); *Gowlland-Debbas*, in Zimmermann/Tomuschat/Oellers-Frahm (Hrsg), The Statute of the International Court of Justice, 2. Aufl 2012, Art 7 UN-Charter Rn 42 ff.
274 *Bedjaoui* (Fn 271) 286 f.
275 S/RES/83 v 27.6.1950.
276 *Bothe* (Fn 149), insbes Rn 66 ff.
277 *Krisch*, in Simma u a (Fn 75) Art 40 Rn 1 zum historischen Hintergrund.
278 *Krisch* (Fn 249) Rn 8 f.
279 *Krisch*, in Simma u a (Fn 75) Art 41 Rn 3, 12 ff.

stimmter Maßnahmen in Art 41 Satz 2 ist nicht abschließend. Die dort ausdrücklich genannten Maßnahmen gehen darauf hinaus, dass der gesamte internationale Verkehr, insbes der Wirtschaftsverkehr, mit dem friedensverletzenden Staat unterbrochen wird. Solche Zwangsmaßnahmen sind über lange Jahrzehnte kaum angewandt worden, mit der Ausnahme von Maßnahmen gegen Rhodesien[280] und Südafrika.[281] Erst in neuerer Zeit wurden sie gegen den Irak,[282] in Bezug auf das zerfallende Jugoslawien,[283] Libyen,[284] Somalia[285] sowie Afghanistan eingesetzt. Von erheblicher Reichweite sind die Maßnahmen gegen den Terrorismus, insbes diejenigen, die dazu bestimmt sind, die finanzielle Basis zu zerstören.[286] Die Wirksamkeit von Embargo-Maßnahmen ist str. Einmal stellt sich die Frage nach der Effektivität; zum anderen ist aber zu berücksichtigen, dass sich solche Maßnahmen nicht nur auf die Entscheidungsträger, die zu einem satzungskonformen Verhalten gebracht werden sollen, auswirken, sondern idR auf die gesamte Bevölkerung des betroffenen Landes. Dann haben die Maßnahmen uU Konsequenzen, die unter dem Gesichtspunkt der Achtung der Menschenrechte der Bevölkerung nicht problemfrei sind. Dies ist der Grund dafür, dass in der neueren Praxis bestimmte *Güter humanitärer Hilfeleistung von Embargomaßnahmen ausgenommen* werden.[287] Es entwickelte sich die Praxis gezielter *(targeted)* oder *smart sanctions*, die unmittelbar auf Personen oder Unternehmen zugreifen, deren Tätigkeit für eine Friedensbedrohung oder einen Friedensbruch relevant ist, in aller Regel Reisebeschränkungen und Zugriff auf Vermögen.[288] Von diesen Sanktionen können auch Dritte betroffen sein, zB Banken, die Guthaben von Zielpersonen einfrieren müssen.[289] Art 41 ermöglicht auch eine Fülle weiterer Maßnahmen, so die Errichtung der Kriegsverbrecher-Tribunale für das ehemalige Jugoslawien und Ruanda sowie des Sondergerichts für den Libanon,[290] institutionelle und finanzielle Regelungen für den Ersatz von Kriegsschäden (Irak) sowie ein Überwachungssystem zur Rüstungskontrolle (Irak).[291] Grundlage und Grenze der Maßnahmen des Si-

---

280 S/RES/253 v 29.5.1968, abgedr in VN 16 (1968) 130 ff.
281 S/RES/418 v 4.11.1977.
282 S/RES/661 v 6.8.1990.
283 S/RES/713 v 25.9.1991.
284 S/RES/748 v 31.3.1992.
285 S/RES/733 v 23.1.1992, abgedr in VN 41 (1993) 61; weitere Bsp sind Liberia (S/RES/788 v 19.11.1992, abgedr in VN 41 [1993] 117), Haiti (S/RES/841 v 16.6.1993, abgedr in UNYB 47 [1993] 342) u Angola (S/RES/864 v 15.9.1993, abgedr in UNYB 47 [1993] 256). Allg vgl Office of the Spokesman for the Secretary General, Use of Sanctions under Chapter VII of the UN Charter, <http://www.un.org/News/ossg/sanction.htm>.
286 Res 1267 v 15.10.1999, 1333 v 19.12.2000, 1373 v 28.9.2001; dazu *Aston*, Die Bekämpfung abstrakter Gefahren für den Weltfrieden durch legislative Maßnahmen des Sicherheitsrates, ZaöRV 62 (2002) 257 ff; *Krisch*, The Rise and Fall of Collective Security, in Walter u a (Fn 53) 879; *Wagner*, Die wirtschaftlichen Maßnahmen des Sicherheitsrates nach dem 11. September 2001 im völkerrechtlichen Kontext, ZaöRV 63 (2003) 879 ff.
287 So insbes im Falle des Irak, vgl S/RES/661 v 6.8.1990; dazu auch Res 4 (F) der 26. Internationalen Rotkreuz-Konferenz 1995, abgedr in IRRC 78 (1996) 72 (77). Vgl *Conlon*, Die fragwürdige Sanktionspraxis der UNO, Außenpolitik 1995, 327, 334 f; *Cordesman*, Iraq and the War of Sanctions, 1999; *Gasser*, Collective Economic Sanctions and International Humanitarian Law, ZaöRV 56 (1996) 880 ff; van Genugten/de Groot (Hrsg), United Nations Sanctions, 1999; *Kulessa/Stark*, Peace Through Sanctions?, Int Peacekeeping 4 (1998) 143 ff; *Segal*, Economic Sanctions, IRRC 81 (1999) 763 ff.
288 S/RES/1757 v 30.5.2007.
289 Zu menschenrechtlichen Problemen dieser Sanktionen o Klein/Schmahl, 4. Abschn Rn 199.
290 S/RES/827 v 25.5.1993, 955 v 8.11.1994, 1757 v 30.5.2007; dazu *Graefrath*, Jugoslawientribunal, NJ 47 (1993) 433 ff; *Heintschel von Heinegg*, Die Errichtung des Jugoslawien-Strafgerichtshofes durch Resolution 827, 1993, in Fischer/Lüders (Hrsg), Völkerrechtliche Verbrechen vor dem Jugoslawien Tribunal, nationalen Gerichten und dem internationalen Strafgerichtshof, 1999, 63 ff; Entscheidung des Jugoslawientribunals im *Tadić*-Fall, ILM 35 (1996) 35; Entscheidung des Sondergerichts für den Libanon in *Prosecutor v Ayyash u a*, STL-11-01/PT/AC/AR90.1.
291 *Böckstiegel*, Ein Aggressor wird haftbar gemacht, VN 45 (1997) 89 ff; *Graefrath*, Iraqi Reparations and the Security Council, ZaöRV 55 (1995) 1 ff; *Lillich*, The United Nations Compensation Commission, 1995; *Marauhn*, The Implementation of Disarmament and Arms Control Obligations Imposed upon Iraq by the Security Council, ZaöRV 52 (1992) 781 ff; *Sur*, Security Council Resolution 687 of 3 April 1991 in the Gulf Affair, 1992; Tanner (Hrsg), From Versailles to Baghdad, 1992; United Nations Department of Public Information (Hrsg), The United Nations and the Iraq-

cherheitsrats ist, dass Maßnahmen der Erhaltung oder Wiederherstellung des Friedens in einer bestimmten Situation iSv Art 39 UN-Charta dienen. Dies war bei den genannten Maßnahmen der Fall. Der Sicherheitsrat ist allerdings weiter gegangen und hat für allgemeine Friedensbedrohungen (Terrorismus, Verbreitung von Massenvernichtungswaffen) allgemeine Maßnahmen quasi-legislatorischer Art getroffen. Die Zulässigkeit dieser Maßnahmen ist str.[292] Wenn man annimmt, dass auch allgemeinere Bedrohungen wie die beiden genannten unter den Begriff der Friedensbedrohung iSd Art 39 UN-Charta fallen, dann muss der Sicherheitsrat auch solche allgemeinen Maßnahmen beschließen können.[293]

49 Art 42 UN-Charta sieht für den Fall, dass die nicht-militärischen Maßnahmen nicht ausreichen, *militärische Maßnahmen* vor. Diese Maßnahmen führt der Sicherheitsrat durch; ihm stellen Mitgliedstaaten Streitkräfte zur Verfügung (Art 42 Satz 1, Art 43 Abs 1). Dies ist dahin zu verstehen, dass die Streitkräfte unter der Leitung des Sicherheitsrats eingesetzt werden. Die Satzung geht davon aus, dass eine militärische Führungsstruktur beim Sicherheitsrat eingesetzt wird, wozu auch ein Generalstabsausschuss gebildet wird (Art 47 iVm Art 45 u 46). Verzichtet der Sicherheitsrat darauf, diese Leitungsfunktion wahrzunehmen, und ermächtigt er stattdessen einzelne Staaten, militärische Maßnahmen durchzuführen, so ist dies jedenfalls keine Maßnahme, wie sie durch Art 42 ausdrücklich vorgesehen ist.[294] Allerdings bestehen die Streitkräfte, die nach Art 42 eingesetzt werden, aus Einheiten, die die Mitgliedstaaten zur Verfügung stellen. Eine Verpflichtung dazu ergibt sich noch nicht unmittelbar aus der Satzung; die genaue Festlegung der militärischen Verpflichtung erfolgt erst durch *Zusatzabkommen* gemäß Art 43 UN-Charta. Solche Abkommen gibt es bislang nicht. Das bedeutet freilich nicht, dass Art 42 deswegen gegenwärtig noch nicht anwendbar ist. Es steht den Staaten frei, soweit sie dies politisch wollen und gemäß ihrem eigenen Verfassungsrecht können, den UN Streitkräfte auch ohne vorherigen Abschluss von Abkommen gemäß Art 43 zur Durchführung von Zwangsmaßnahmen nach Art 42 zur Verfügung zu stellen.[295]

50 Daneben entwickelt sich eine Auslegung der Satzung, nach der der Sicherheitsrat zur Durchsetzung bestimmter Elemente einer Konfliktlösung auch *einzelne Staaten oder Gruppen von Staaten ermächtigen* kann, militärische Gewalt einzusetzen (in den Fällen Irak/Kuwait, ehemaliges Jugoslawien, Somalia, Ruanda, Haiti und Ost-Timor, Irak seit Oktober 2003,[296] Libyen[297]). Dieses Konzept ist politisch und rechtlich zweifelhaft, da es einseitiger Großmachtregie Tür und Tor öffnet und die *Konzentration* der Entscheidungsbefugnisse über Gewaltanwendung, die Sinn und Zweck der UN-Satzung darstellen, in Frage stellt.[298] Diese Praxis hat sich nach dem Kuwait-Konflikt verstetigt und modifiziert. Eine so weitgehende und so unkontrollierte Ermächtigung zum Einsatz von Gewalt wie im Kuwait-Konflikt ist danach nicht wieder erteilt worden.[299] Rechtlich ist es vertretbar, eine solche Ermächtigungskompetenz aus der Summe der Befugnisse des Sicherheitsrats nach Art 39, 40, 42 u 48 UN-Charta als eine mitgeschriebene Kompetenz *(implied power)*[300] abzuleiten. Dies ist eine ständige und damit gewohnheitsrechtsbildende Praxis geworden, die jedenfalls für Aktionen im Falle des

Kuwait Conflict 1990–1996, 1996; *Zedalis*, An Analysis of Some of the Principal Leading Question Relating to UN Weapons Inspections in Iraq, NordJIL 67 (1998) 249 ff.
292 *Wagner*, Die wirtschaftlichen Maßnahmen des Sicherheitsrates nach dem 11. September 2001 im völkerrechtlichen Kontext, ZaöRV 63 (2003) 879 (909ff).
293 Zu den Grenzen der *post-conflict*-Befugnisse des Sicherheitsrats *Wheatley*, The Security Council, Democratic Legitimacy and Regime Change in Iraq, EJIL 17 (2006) 531ff.
294 So u a der GS der VN in An Agenda for Peace (Fn 181) § 42.
295 *Krisch*, in Simma u a (Fn 75) Art 43 Rn 10.
296 Vgl bereits o Rn 24.
297 S/RES/1973 v 17.3.2011.
298 *Bothe*, Peace-Keeping and the Use of Force, Int Peacekeeping 1 (1994) 2 (4).
299 Vgl bereits o Rn 24.
300 *Blokker*, International Organizations or Institutions, Implied Powers, MPEPIL VI, 18 (Rn 6); *Köck*, Die ‚implied powers' der Europäischen Gemeinschaften als Anwendungsfall der ‚implied powers' Internationaler Organisationen

xis geworden, die jedenfalls für Aktionen im Falle des Zusammenbruchs der staatlichen Ordnung zum Schutz der dort lebenden Menschen und für *post conflict peace-building* gilt,[301] deren Grenzen im Übrigen schwer abzuschätzen sind.

Kap VIII sieht Maßnahmen *regionaler Abmachungen* zur Wahrung von Frieden und Sicherheit vor.[302] Solche Regionalorganisationen dienen der Wahrung von Frieden und Sicherheit innerhalb des Bereichs der Organisation. Eine lange Tradition regionaler Friedenssicherung hat die Organisation Amerikanischer Staaten (OAS).[303] Auch die Organisation der Afrikanischen Einheit (OAU), gegründet 1963, nunmehr neu gegründet als African Union (AU),[304] hat wesentliche Beiträge zur Konfliktbewältigung in Afrika geleistet.[305] Eher marginal war hingegen die Rolle der Arabischen Liga[306] im innerarabischen Verhältnis. In Europa hat sich die KSZE (jetzt OSZE) im Jahr 1992[307] zu einer regionalen Abmachung iSv Kap VIII UN-Charta erklärt. Der Begriff der regionalen Abmachung wird in den letzten Jahren sehr flexibel gehandhabt.[308] Verteidigungsbündnisse wie *NATO* und die ehemalige *WEU gehören* jedoch *nicht dazu*.[309] Die regionalen Abmachungen werden nach Maßgabe ihrer eigenen rechtlichen (oder im Falle der OSZE: politischen) Regeln tätig. Zusätzlich haben sie die UN-Charta zu beachten. Das bedeutet, dass sie keine militärischen[310] Zwangsmaßnahmen ohne Genehmigung des Sicherheitsrats, die nur konkret für den einzelnen Fall erteilt werden darf, durchführen können.[311] Von den Aufgaben der Friedenssicherung innerhalb des Kreises der Mitglieder ist die Frage zu unterscheiden, ob eine Organisation *militärische Maßnahmen mit einem Mandat des Sicherheitsrats* übernehmen kann. Dies haben NATO und WEU getan und sich aufgrund eines Wandels ihrer Gründungsverträge dazu berechtigt gesehen.[312] Gleiches hat die EU im Rahmen der sich entwickelnden ESVP, seit

51

überhaupt, FS Seidl-Hohenveldern, 1988, 279 ff; *Rama-Montaldo*, International Legal Personality and Implied Powers of International Organisations, BYBIL 44 (1970) 111 ff; s auch *Bernadotte*-Gutachten des IGH, ICJ Rep 1949, 180 ff.
301 Vgl o Rn 24.
302 *Coleman*, International Organisations and Peace Enforcement, 2007; *Körbs*, Die Friedenssicherung durch die VN und Regionalorganisationen nach Kapitel VIII der Satzung der VN, 1997; *Walter*, Regional Arrangements and the UN Charter, MPEPIL VIII, 746 ff; *ders*, in Simma u a (Fn 75) Art 53 Rn 3 ff; *Perrin de Brichambaut*, Les relations entre les Nations Unies et les systèmes régionaux, in Société française (Fn 248) 97 ff; *Walter*, Vereinte Nationen und Regionalorganisationen, 1996.
303 *Garcia-Corrochano Moyano*, Regional Co-operation and Organisation: American States, MPEPIL VIII, 782 ff; *Thomas/Thomas*, Non Intervention, 1956.
304 Vertrag v 11.7.2000 (<www.africa-union.org>).
305 *Killander*, Regional Cooperation and Organization: African States, MPEPIL VIII, 768 ff; *van As*, African Peacekeeping, RDIMDG 45 (2006) 329 ff; *Allain*, The True Challenge to the United Nations System of the Use of Force, MPYUNL 8 (2004) 237 (264 ff).
306 *Rishmawi/Comndulli*, League of Arab States (LAS), MPEPIL VI, 747 ff; *Schmolinsky*, Der Beitrag regionaler Abmachungen und Einrichtungen im Sinne von Kapitel VIII SVN zur Regelung von Konflikten zwischen und innerhalb ihrer Mitgliedstaaten, HV-I 12 (1999) 177 ff.
307 Helsinki-Resolution der KSZE v 10.7.1992, abgedr in ILM 31 (1992) 1390 ff.
308 *Walter*, in Simma u a (Fn 75) Art 52 Rn 42 ff.
309 Bothe/Martenczuk (Fn 83) 127 f; unentschieden *Walter* (Fn 302 [MPEPIL]) Rn 39; *ders* (Fn 302 [UN Charter]) Rn 48; *Wolfrum*, Der Beitrag regionaler Abmachungen zur Friedenssicherung, ZaöRV 53 (1993) 576 (591 ff) verlangt für eine Übernahme von Aufgaben nach Kap VIII durch NATO und WEU eine Änderung ihrer Gründungsverträge. Die Übernahme sei „auf der Basis ihrer derzeit geltenden Satzungen nicht unproblematisch" (593); auch *Walter* sieht die Möglichkeit einer Anerkennung von NATO und WEU nur insoweit, als sie nicht im Rahmen ihrer traditionellen Funktion als Verteidigungsbündnis tätig werden.
310 Ob auch nicht-militärische Zwangsmaßnahmen dem Genehmigungsvorbehalt des Sicherheitsrats unterliegen, ist str; vgl hierzu *Walter* (Fn 302 [UN Charter]) Rn 53.
311 *Walter* (Fn 302 [MPEPIL]) Rn 16 ff; zu den Problemen nachträglicher Genehmigungen und Generalermächtigungen vgl ebd; gegen die Notwendigkeit vorheriger Genehmigung *Frowein*, Konstitutionalisierung des Völkerrechts, BDGVR 37 (1997) 427 (432 ff); differenzierend *Hakimi*, To Condone or Condemn?, Vanderbilt J Transnat'l L 40 (2007) 643 ff.
312 NATO und WEU haben unterschiedliche Mandate des Sicherheitsrats im Rahmen der Konflikte im ehemaligen Jugoslawien übernommen. Vgl die Sicherheitsrats-Res 816 v 31.3.1993 (Flugverbotszonen), 836 v 4.6.1993, 844 v

2009 GSVP unter Übernahme der Funktionen der WEU, getan.[313] Eine vergleichbare Rolle spielt in Westafrika ECOWAS mit der militärischen Komponente ECOMOG[314] sowie in Zentralafrika die ECCAS mit der Komponernte eines Friedens- und Sicherheitsrats (COPAX).[315] Eine andere, hiervon zu unterscheidende Variante ist die Übernahme von Funktionen des traditionellen Peacekeeping durch solche Organisationen.[316]

c) Rüstungskontrolle und Abrüstung
Entwicklung

52 Der Gedanke, dass Beschränkung der Rüstung[317] die Angriffsfähigkeit eines Staats mindert und damit die Chance für Frieden erhöht, ist sehr alt. In der Vergangenheit fand er allerdings meist in der Form der Rüstungsbeschränkungen für besiegte Staaten Eingang in die staatliche Praxis. Der Gedanke einer *Friedenssicherung durch gleichberechtigte Rüstungsbeschränkung* lag den Haager Friedenskonferenzen (1899 u 1907), den Abrüstungsbemühungen des Völkerbunds und denen der Vereinten Nationen zugrunde.

Rüstungskontrolle und Abrüstung im System gegenseitiger Abschreckung

53 Die Entwicklung von Rüstungskontrolle, Abrüstung und Friedenssicherung war nach dem Zweiten Weltkrieg durch den Antagonismus der Supermächte gekennzeichnet, in dem die *gegenseitige Abschreckung*[318] eine wichtige Rolle als Instrument der Friedenssicherung spielte. Aufgabe von Maßnahmen der Rüstungskontrolle und Abrüstung in diesem System war es vor allem, die Stabilität durch Wahrung und Entwicklung eines *Gleichgewichts* zu sichern, aber auch durch Kooperation Destabilisierung zu verhindern. Die Stabilisierung erfolgte einmal durch eine Beschränkung und teilweise *Reduktion der Waffenarsenale* (SALT I[319] u II,[320] START,[321] Vertrag über die Vernichtung von Mittelstreckenraketen [INF][322] sowie das amerikanisch-sowjetische Abkommen über chemische Abrüstung).[323] Der Vertrag über das Verbot von Atomversuchen in der

---

18.6.1993, 958 v 19.11.1994 (Luftangriffe zur Unterstützung der UNPROFOR), 1031 v 15.12.1995 (IFOR/SFOR), 1244 v 10.6.1999 (KFOR).
313 Übersicht bei *Kuhn*, The System of EU Crisis Management, MPYUNL 13 (2009) 247 ff; zu den Operationen der EU in der Demokratischen Republik Kongo und in Bosnien-Herzegowina vgl schon o Rn 36. Grundlage ist nunmehr Art 42 EUV.
314 *Bothe* (Fn 178) Rn 31; in bezug auf ECOWAS hat der Sicherheitsrat allerdings keine vorherigen Ermächtigungen erteilt, sondern im Nachhinein die Aktionen in Liberia, Sierra Leone und der Elfenbeinküste gebilligt; vgl Res 788 v 19.11.1992 (Liberia), 1162 v 17.4.1998 (Sierra Leone); *Allain* (Fn 305) 260 ff.
315 Protocol relatif au Conseil de Paix et de Sécurité de l'Afrique Central v 24.2.2002, abrufbar unter <www.labceeac.com>.
316 *Bothe* (Fn 178) Rn 31; *van As* (Fn 305).
317 Zu Entwicklung und gegenwärtigen Problemen *Becker/Müller/Rosert*, Rüstungskontrolle im 21. Jahrhundert, Friedens-Warte 83 (2008) 13 ff; *Keefer*, Building the Palace of Peace, JHIL 9 (2007) 25 ff.
318 *Verdirame*, The ‚Sinews of Peace': International Law, Strategy, and the Prevention of War, BYBIL 77 (2006) 83 ff; ebd 91 ff zu den völkerrechtlichen Problemen der Abschreckung.
319 Interim Agreement between the United States of America and the Union of Soviet Socialist Republics on Certain Measures with Respect to Limitation of Strategic Offensive Arms (SALT I-Vertrag), ILM 11 (1972) 791.
320 Wiener Abkommen über die Begrenzung strategisch offensiver Waffen (SALT II-Vertrag), ILM 18 (1979) 1138.
321 Treaty between the United States of America and the Union of Soviet Socialist Republics on the Reduction and Limitation of Strategic Offensive Arms v 31.7.1991 (START I-Vertrag), DSD 2 (1991), Suppl (5.11.1991).
322 Treaty between the United States of America and the Union of Soviet Socialist Republics on the Elimination of their Intermediate-Range and Shorter-Range Missiles (INF-Vertrag), ILM 27 (1988) 84 (dt Übersetzung EA 1988, D 18).
323 Abkommen v 1.6.1990, ILM 29 (1990) 932.

Atmosphäre, unter Wasser und im Weltraum v 1963[324] war gleichfalls das Ergebnis des Ausgleichs zwischen den Supermächten. Der Einschränkung des Kriegsrisikos mittels Kooperation dienen Abkommen über die *Kommunikation* zwischen den Supermächten[325] (Heißer Draht-Abkommen) sowie über die Verhinderung von Zwischenfällen.[326] Auch der Vertrag über die Nichtverbreitung von Atomwaffen v 1968 galt der Stabilisierung des Gleichgewichts zwischen den Supermächten, da er dessen Destabilisierung durch Erwerb von Atomwaffen seitens Drittstaaten vermeiden sollte. Das *Verbot der Stationierung von Massenvernichtungswaffen* in bestimmten Räumen (Himmelskörper,[327] Meeresboden)[328] ist ebenso hier einzuordnen. Die Verhandlungen über konventionelle Abrüstung in Europa begannen ebenfalls unter dem Vorzeichen einer gleichgewichtigen Abrüstung zwischen NATO und Warschauer Pakt. Auch der Vertrag über die Beschränkung konventioneller Streitkräfte in Europa,[329] abgeschlossen am Ende des Ost-West-Konflikts 1990, war in seinen Regelungen noch von dem Ziel des Gleichgewichts zwischen den Blöcken geprägt.[330] Das Vertragsregime hat mit seinen Maßnahmen zur Herstellung von Transparenz ganz erheblich zum Abbau von Spannungen in Europa beigetragen. Der *bilateral* geprägte Charakter des Rüstungskontrollrechts zeigte sich auch in den Verhandlungsforen. Die UN spielten eine eher untergeordnete Rolle.[331] Wesentliche Verhandlungen wurden zwischen den Supermächten allein geführt (SALT, START, INF).[332] Ein besonderes Verhandlungsgremium war und ist der Genfer *Abrüstungsausschuss* (seit 1961 mit unterschiedlichen Bezeichnungen, seit 1984 Conference on Disarmament [CD]),[333] in dem zunächst die Supermächte tonangebend waren, was sich formell in dem gemeinsamen sowjetisch-amerikanischen Vorsitz zeigte (bis 1978). In diesem Kontext waren auch Verhandlungen über multilaterale Maßnahmen von Rüstungskontrolle und Abrüstung wie zB über die Verträge über das Verbot des Besitzes von biologischen Waffen (abgeschlossen 1972)[334] und von chemischen Waffen (abgeschlossen 1993)[335] bilateral geprägt. Auch die für Verträge über Rüstungskontrolle und Abrüstung ent-

---

324 BGBl 1963 II, 907. Es handelt sich dabei um einen auf universale Teilnahme angelegten Vertrag (126 Vertragsparteien), der aber allein von den USA, Großbritannien und der Sowjetunion ausgehandelt wurde. Frankreich und China haben ihn nicht ratifiziert, ebensowenig Nordkorea und Pakistan.
325 Fahl (Hrsg), Rüstungsbeschränkung, Bd III, Nr 9.
326 Fahl (Fn 325) Nr 10.
327 Art IV des Vertrags über die Grundsätze zur Regelung der Tätigkeiten von Staaten bei der Erforschung und Nutzung des Weltraums einschließlich des Mondes und anderer Himmelskörper v 27.1.1967, BGBl 1969 II, 1968; vgl auch Mondvertrag v 5.12.1979, 1363 UNTS 3.
328 Art I des Vertrags über das Verbot der Anbringung von Kernwaffen und anderen Massenvernichtungswaffen auf dem Meeresboden und im Meeresgrund v 11.2.1971, BGBl 1972 II, 326.
329 Vertrag über die konventionellen Streitkräfte in Europa (KSE-Vertrag), BGBl 1991 II, 1155; *Koulik*, Verification of the CFE Treaty, 1991.
330 Zur weiteren Entwicklung s u Rn 55.
331 *Citron*, Die Sondergeneralversammlung der Vereinten Nationen für Abrüstung, EA 1978, 630 ff; *Wegener*, Die zweite Sonderkonferenz der Vereinten Nationen über Abrüstung, EA 1982, 575 ff; *Bougrov*, Conceptual and Practical Aspects of United Nations Activities in the Field of Disarmament, in UNITAR (Fn 176) 337 ff; *Goldblat*, The Role of the United Nations in Arms Control, ebd 369 ff; *Akashi*, The Role of the UN in Disarmament, Disarmament 1991, 33 ff.
332 *Bothe*, in *Bothe/Graf Vitzthum*, Rechtsfragen, 40 f mwN.
333 Zu den verschiedenen Arbeiten der CD *Bernauer*, Nuclear Issues on the Agenda of the Conference of Disarmament, UNIDIR-Publication 91/68 (1991); *Schmalberger*, In Pursuit of the Nuclear Test Ban Treaty, UNIDIR-Publication 91/16 (1991).
334 Übereinkommen v 10.4.1972 über das Verbot der Entwicklung, Herstellung und Lagerung bakteriologischer (biologischer) Waffen und von Toxinwaffen sowie der Vernichtung solcher Waffen, BGBl 1983 II, 133 (165 Vertragsparteien); *Geissler*, Strengthening the Biological Weapons Convention, Disarmament 1991, 104 ff; *Meselson*, Implementing the Biological Weapons Convention of 1972, UNIDIR Newsletter 1991, 10 ff; *Millett*, The Biological Weapons Convention, JCSL 15 (2010) 25 ff.
335 Übereinkommen v 13.1.1993 über das Verbot der Entwicklung, Herstellung, Lagerung und des Einsatzes chemischer Waffen und über die Vernichtung solcher Waffen, BGBl 1994 II, 807 (188 Vertragsparteien); s hierzu Bardonnet (Hrsg), The Convention on the Prohibition of Chemical Weapons, 1995; *Krutzsch/Trapp*, Commentary on the Chemical Weapons Convention, 1994; *Bernauer*, Globales Chemiewaffen-Verbot, Friedens-Warte 71 (1996) 9 ff;

scheidend wichtige *Kontrolle der Einhaltung* bediente sich bilateraler Techniken:[336] gegenseitige Satellitenbeobachtung[337] und gegenseitige Inspektionen.[338]

Rüstungskontrolle und Abrüstung nach dem Ende des Kalten Kriegs

54 Mit dem Ende des Kalten Kriegs hat sich die Struktur des Rechts der Rüstungskontrolle und Abrüstung grundlegend verändert. Zwar blieb in der Frage der Atomwaffen und strategischen Waffensysteme das Verhältnis zwischen den USA und der Russischen Föderation ausschlaggebend und Gegenstand weiterer bilateraler Vertragsentwicklung.[339] Generell wurde das Recht aber *stärker multilateral geprägt*.[340] Die Frage der Sicherheit der Nichtnuklearstaaten vor den Nuklearstaaten,[341] auch vor möglichen neuen Nuklearstaaten, wird stärker aufgeworfen. Diesem Ziel dienen die politischen Begleitdokumente der Verlängerung des NV-Vertrags im Jahre 1995[342] und die durch diese Dokumente geforderten Verhandlungen über einen allgemeinen Teststop *(Comprehensive Test Ban Treaty)*[343] sowie die Einstellung der Produktion kernwaffenfähigen Materials (sog *Cut-Off-Treaty*).[344] Ein wichtiger Schritt zu einem echten multilateralen Abrüstungsrecht ist das *C-Waffen-Übereinkommen* v 1993,[345] in dem ein umfassendes Verbot des Besitzes und des Erwerbs chemischer Waffen nach langen Verhandlungen schließlich erreicht wurde. Der Vertrag schreibt eine Vernichtung bestehender Vorräte chemischer Waffen, die Zerstörung (uU Umwandlung) der Produktionsstätten solcher Waffen sowie ein Verbot ihres Besitzes, Erwerbs, ihrer Produktion und ihrer Neuentwicklung vor. Hier zeigen sich die *Strukturen eines neuen Abrüstungsrechts*. Dieses kann nicht auf ein bestimmtes Konfliktszenario, sondern muss wahrhaft multilateral angelegt sein. Es bedarf einer effektiven Kontrolle. Diese kann nicht allein durch nationale Verifikationsmittel erfolgen, sondern muss durch eine *international organisierte Verifikation* geleistet werden.[346] Die Kontrollmechanismen des NV-Vertrags bildeten wichtige

---

Kirstein/Meissner, Auf des Messers Schneide, Vierteljahresschrift für Sicherheit und Frieden 1990, 210 ff; *Ronzitti*, Le désarmement chimique et le protocole de Genève de 1925, AFDI 35 (1989) 149 ff; *Fry*, Sovereign Equality under the Chemical Weapons Convention, JCSL 15 (2010) 45 ff.
336 *Ifft/Graham*, Practical Problems with Bilateral Arms Control Treaties, in Dahlitz/Dicke (Hrsg), The International Law of Arms Control and Disarmament, 1991, 59 ff. Allgemein zu Problemen der Verifikation von Abrüstungsverträgen *Högel*, Rüstungskontrolle und Völkerrecht 1990.
337 Diese Technik wird in den START-Verträgen euphemistisch umschrieben mit Verifikation durch „national technical means" (Art IV Abs 9 des Start II-Vertrags); zur völkerrechtlichen Zulässigkeit *von Kries*, National Technical Means of Verification in the Light of INF Treaty, ZWL 37 (1988) 326 ff; zur Verifikation *Högel* (Fn 336) 201 ff.
338 So insbes beim INF-Vertrag; vgl hierzu *Högel* (Fn 336) 188 ff.
339 Der START II-Vertrag v 1993 trat nicht in Kraft. START I wurde unwesentlich ergänzt durch den Strategic Offensive Reduction Treaty (SORT) v 2002. START I lief 2009 aus, wurde aber zunächst faktisch weiter angewendet. Er wurde ersetzt durch den Vertrag über „Measures for the Further Reduction and Limitation of Strategic Offensive Arms" (Prager Vertrag) v 8.4.2010.
340 *Becker/Müller/Seidler-Diekmann*, Die Regime zur Kontrolle nuklearer, biologischer und chemischer Waffen, Friedens-Warte 83 (2008) 57 ff.
341 In diesem Zusammenhang ist auch zu sehen, dass zunächst die WHO-Versammlung, sodann die GV der UN den IGH um ein Rechtsgutachten zur Zulässigkeit von Atomwaffen ersucht hat, vgl dazu ICJ Rep 1996, 66 (*WHO-Nuklearwaffen*-Gutachten), ebd 226 (*GV-Nuklearwaffen*-Gutachten); s auch *Nagendra/McWhinney*, Nuclear Weapons and Contemporary International Law, 2. Aufl 1989.
342 Principles and Objectives for Nuclear Non-Proliferation and Disarmament v 11.5.1995, ILM 34 (1995) 969; Goldblat/Cox (Hrsg), Nuclear Weapon Tests, 1988.
343 Vgl hierzu *Arnett*, Implementing the Comprehensive Test Ban, SIPRI-Research Report Nr 8 (1994); Negotiations in the Conference of Disarmament, 1994, Disarmament 18 (1995) 55 ff; *Ferm*, Multilateral and Bilateral Efforts Towards Nuclear Test Limitations, SIPRI Yb 1991, 541 ff.
344 Vgl hierzu *Delpech/Dunn/Fischer/Sood*, Halting the Production of Fissile Materials for Nuclear Weapons, UNIDIR-Publication 94/45 (1994); *Schaper*, A Treaty on Fissile Material, PRIF Report 109, 2011.
345 Vgl o Fn 335.
346 Zur Verifikation *Bothe*, Verification of Facts, MPEPIL X, 643 (Rn 18 ff); Altmann/Stock/Stroot (Hrsg), Verification After the Cold War, 1994; *Bild/Jones*, Multilateral Verification, Disarmament 1991, 69 ff; Bothe/Ronzitti/Rosas

Vorbilder. Die Verifikationsmaßnahmen des C-Waffen-Übereinkommens setzen hierzu neue Maßstäbe. Eine neu geschaffene I.O. (OPCW) kontrolliert, ua durch Vor-Ort-Inspektionen, die Lagerung vorhandener Bestände, ihre Vernichtung sowie die Zerstörung oder Umwandlung von Produktionsstätten. Sie überwacht, in genau bestimmtem Umfang, auch Anlagen, in denen mit Chemikalien umgegangen wird, die auch für Waffenzwecke in Betracht kommen, um einer Verwendung solcher Chemikalien zu Rüstungszwecken zuvorzukommen und allen Vertragsparteien eine entsprechende Sicherheit zu gewährleisten. Neben diesen routinemäßig durchzuführenden Kontrollen hat jeder Mitgliedstaat die Möglichkeit, die Durchführung von Verdachtskontrollen *(challenge inspection)* durch die Organisation zu verlangen, wenn aus seiner Sicht Unklarheiten über die Vertragserfüllung in einem anderen Staat bestehen. Die Verhandlungen mit dem Ziel, auch das *B-Waffen-Übereinkommen* um ein ähnliches Überwachungsregime zu ergänzen, sind bislang *gescheitert*. Hingegen sieht der (gleichfalls zunächst einmal gescheiterte) Comprehensive Test Ban Treaty ein institutionalisiertes Verifikationssystem vor.[347] Eine neue Form internationaler Kontrolle stellte die Überwachung der Abrüstungspflichten des Irak durch die UN dar, die diesem Staat vom Sicherheitsrat nach dem Kuwait-Konflikt auferlegt worden waren.[348]

Angesichts der Tatsache, dass Rüstungskontrolle und Abrüstung durch Verträge immer 55 noch unvollständig geregelt sind, ist wichtig, dass der IGH in seinem Rechtsgutachten zur Zulässigkeit von Atomwaffen v 8.7.1996[349] eine *rechtliche* Verpflichtung festgestellt hat, dass die Staaten Verhandlungen zum Zwecke der nuklearen Abrüstung nach Treu und Glauben führen und zu einem Abschluss bringen müssen. Diese ist von den Atommächten auf der Überprüfungskonferenz des NV-Vertrags 2000 an sich anerkannt worden,[350] ihre Erfüllung in der Praxis jedoch nicht abzusehen.[351] Deshalb haben die Marshall-Inseln vor dem IGH Klage gegen die offiziellen und inoffiziellen Atommächte erhoben.[352] Das Problem der destabilisierenden Wirkung von *Massenvernichtungswaffen* wird gegenwärtig vor allem in der Gefahr gesehen, dass diese in die Hände von Terroristen oder sog Schurkenstaaten gelangen. Im Rahmen der Debatte über die sog neuen Bedrohungen[353] dient dies als Rechtfertigung zum Einsatz einseitiger Gewalt. Das hat zu umfassenden Maßnahmen zur Verhinderung der Proliferation von Massenvernichtungswaffen geführt, in denen die dargestellten Verträge (NVV, BWÜ, CWÜ) ein Teilaspekt sind.[354] Neben

---

(Hrsg), The New Chemical Weapon Convention, 1999; *Findlay*, Verification of the Ottawa Convention, Disarmament Forum 4 (1999) 45 ff; Hanski/Rosas/Stendahl (Hrsg), Verification of Arms Control Agreements, 1991; *Haubrock*, Das Verifikationsproblem der Rüstungskontrollvereinbarungen, 1992; *Gmelch*, Verifikation von multi- und internationalen Rüstungskontrollabkommen, 1992; *Myjer*, The Law of Arms Control and International Supervision, Leiden JIL 3 (1990) 99 ff; *Graf Vitzthum*, in *Bothe/Graf Vitzthum*, Rechtsfragen; zur Verifikation im Bereich der IAEO *Lohmann*, Die rechtliche Struktur der Sicherungsmaßnahmen der Internationalen Atomenergie-Organisation, 1993; *Schaper*, Verifikation der Abrüstung von Kernmaterial, HSFK Report 3/2009.
347 Angenommen durch A/RES/50/245 v 17.9.1996, ILM 35 (1996) 1439. Der US-Senat hat die Ratifikation abgelehnt. Zum Stand der Test-Verbote *Tabassi*, The Nuclear Test Ban, JCSL 14 (2009) 309 ff; zum B-Waffen-Regime vgl *Pearson/Chevrier*, An Effective Prohibition of Biological Weapons, in Lederberg (Hrsg), Biological Weapons, 1999, 113. Auch die diesbezüglichen Verhandlungen sind am Widerstand der USA gescheitert.
348 S/RES/687 v 3.4.1991, §§ 7 ff; vgl bereits o Rn 34–44.
349 §§ 98 ff des Gutachtens; zu den diesbezüglichen unterschiedlichen Verhandlungskonzepten *Müller*, Nukleare Abrüstung, HSFK Report 7/2011.
350 2000 Review Conference of the Parties to the Treaty on the Non-Proliferation of Nuclear Weapons, 24.4.–19.5.2000, New York, <http://www.un.org/Depts/dda/WMD/nptrevdoc.html>.
351 Die Erklärung von Präsident Obama über eine von Atomwaffen freie Welt als Politikziel der USA v 5.4.2009 (AJIL 103 [2009] 600 ff) enthält keine konkreten Schritte; vgl dazu *Fey/Franceschini/Müller/Schmidt*, Auf dem Weg zu Global Zero?, HSFK Report 4/2010.
352 *Roscini*, The Cases against the Nuclear Weapons States, ASIL Insights 19/10 v 12.5.2015. Anhängig geblieben sind die Verfahren, in denen der IGH nach der Fakultativklausel des Art 36 Abs 2 IGH-Statut zuständig ist, dh gegen Großbritannien, Indien und Pakistan.
353 Vgl o Rn 11, 19.
354 *Bothe*, Weapons of Mass Destruction, Counter-Proliferation, MPEPIL X, 829 ff; *ders*, Proliferation of Weapons of Mass Destruction, in Handl/Zekoll/Zumbansen (Hrsg), Beyond Territoriality, 2012, 489 ff; *Mathews*, WMD Arms

diesen spielen Maßnahmen des Sicherheitsrats (insbes die Resolution 1540 zur Bekämpfung der Proliferation von Massenvernichtungswaffen) und konzertierte Aktionen (Exportkontrollen,[355] Eingriffe in den Waffentransport)[356] eine Rolle. Trotz dieser Fortschritte befindet sich dieses System in einer Krise, vor allem da der NV-Vertrag die ihm zugedachte Funktion der Stabilisierung nicht mehr zu erfüllen vermag. Die Exklusivposition von drei, später fünf Atommächten ist nicht mehr akzeptiert, die allgemeine nukleare Abrüstung hat nicht stattgefunden, und es hat sich eine unakzeptable Diskriminierung zwischen offenen und heimlichen Atommächten und (noch?) Nicht-Atommächten entwickelt, die politisch und rechtlich kaum mehr zu lösen ist.[357] Die 9. Überprüfungskonferenz des NVV 2015 ist gescheitert. Dagegen wird Abrüstung und eine Beschränkung der nuklearen Optionen der Kriegführung immer mehr aus humanitären Gründen gefordert (Humanitäre Initiative).[358]

Stellen Massenvernichtungswaffen eine (noch?) nicht realisierte Bedrohung dar, so hat die *Verfügbarkeit einfacher Waffen* aktuell eine konfliktfördernde Wirkung. Diese Waffen verschärfen die Leiden, die durch Kriege auf vielen Schauplätzen verursacht werden. Deshalb werden sie zum Gegenstand von Bemühungen der Rüstungskontrolle gemacht, etwa das Minenproblem. Das Zusatzprotokoll zur UN-Waffenkonvention über Minen enthält freilich nur ein Einsatzverbot.[359] Das sog Ottawa-Abkommen v 1997 hat es durch ein Besitz- und Weitergabeverbot teilweise abgelöst.[360] Jedoch sind wichtige Staaten (USA, Russland, China) nicht Vertragsparteien dieses Abkommens. Hinsichtlich der sog *Kleinwaffen* (*small arms and light weapons* [SALW]) gibt es einen UN-Aktionsplan,[361] der 2012 erneuert wurde.[362] Der Waffenhandelsvertrag v 2013 erfasst allgemein konventionelle Waffen und sieht Transferverbote in wesentlichen Problemsituationen vor.[363] Regional existieren rechtlich nicht verbindliche, aber dennoch politisch offenbar wirksame Abmachungen über Im- oder Exportbeschränkungen.[364]

Control Agreements in the Post-September 11 Security Environment, Melb JIL 8 (2007) 292 ff; *Millet-Devalle*, Nonprolifération nucléaire, RGDIP 111 (2007) 435 ff, *Ronzitti*, The Proliferation Security Initiative and International Law, FS Bothe, 2008, 269 ff; *König*, Der Einsatz von Seestreitkräften, in *Zimmermann u a*, Konfliktformen, 203 (214).

355 Nuclear Suppliers Group, Australia Group.
356 Sog Proliferation Security Initiative (PSI), str, vgl *Fitzgerald* (Fn 87); *Guilfoyle*, Maritime Interdiction of Weapons of Mass Destruction, JCSL 12 (2007) 1 ff; *Jimenez Kwast*, Maritime Interdiction of Weapons of Mass Destruction in an International Legal Perspective, NYIL 38 (2007) 163 ff; *Shulman*, The Proliferation Security Initiative and the Evolution of the Law on the Use of Force, Houston JIL 28 (2006) 771 ff; *Sharp*, Proliferation Security Initiative, TLCP 16 (2006/07) 991 ff; *Yann-Huei Song*, The U.S.-Led Proliferation Security Initiative and UNCLOS, ODIL 38 (2007) 101 ff; *Ronzitti* (Fn 354) 269 ff.
357 *Müller*, Zukunft der nuklearen Nichtverbreitung, FS Mutz, 2008, 105 ff; *ders*, Nichtverbreitungsvertrag, IP 61 (2006) Nr 2, 16 ff; *ders*, Die Stabilität des nuklearen Nichtverbreitungsregimes, HSFK Report 11/2009; *ders*, Der nukleare Nichtverbreitungsvertrag nach der Überprüfung, HSFK Report 3/2010.
358 *Müller*, Die gespaltene Gemeinschaft. Zur gescheiterten Überprüfung des Nuklearen Nichtverbreitungsvertrages, HSFK-Report 1/2015; *ders*, Stillstand der nuklearen Abrüstung. Warum die 9. Überprüfungskonferenz des Nichtverbreitungsvertrages scheiterte, VN 63 (2015) 152 ff.
359 Dazu u Rn 73. Auch andere Vorschriften des *ius in bello* können zur Rüstungskontrolle verpflichten, so vor allem Art 36 ZP I, der die Überprüfung neuer Waffen auf ihre Vereinbarkeit mit humanitärem Völkerrecht gebietet, vgl dazu *Wisotzki*, Between Morality and Military Interests, PRIF Report 92,
360 Vertrag v 18.9./3.12.1997, ILM 36 (1997) 1507 bzw BGBl 1998 II, 778. Umsetzung in Deutschland durch § 18 a KriegswaffenkontrollG.
361 Angenommen durch die UN Conference on the Illicit Trade in Small Arms and Light Weapons, 9.–20.7.2001, UN Doc A/CONF.192/15; zum Scheitern der Überprüfungskonferenz 2006 *Wisotzki*, Aktionsprogramm zu Leicht- und Kleinwaffen, VN 54 (2006) 164 f.
362 United Nations Conference to Review Progress Made in the Implementation of the Program of Action to Prevent, Combat and Eradicate the Illicit Trade in Small Arms and Light Weapons in All Its Aspects, Abschlussbericht UN Doc A/CONF.192/2012/RC/4. Vgl dazu *Haumer*, ATT – Die Verhandlungen zu einem neuen Waffenhandelsvertrag, HVI 25 (2012) 180 ff.
363 Art 6 ATT. Zu diesem Vertrag *Schöberl*, Neuere Entwicklungen des humanitären Völkerrechts, HVI 28 (2015) 67 (69 f).
364 OSZE-Doc über Kleinwaffen und leichte Waffen v 24.11.2000, abgedr bei Fastenrath (Hrsg), KSZE/OSZE, F14.

Versuche, einen weltweiten Vertrag auszuarbeiten,[365] sind am Widerstand wichtiger Militärmächte gescheitert. Die Frage *regionaler* Abrüstungsabkommen stellt sich nach dem Ende des Kalten Kriegs gleichfalls neu. *Atomwaffenfreie Zonen* gewinnen Bedeutung als ein Mittel der Sicherung von Nicht-Nuklearstaaten. Solche Zonen sind bislang Lateinamerika,[366] der Südpazifik,[367] Südostasien,[368] Afrika[369] und Zentral-Asien,[370] wobei die einschlägigen Verträge allerdings von den Atommächten erst spät und zT noch gar nicht akzeptiert wurden. Die Einrichtung einer kernwaffenfreien Zone im Nahen Osten ist Gegenstand konkreter, jedoch schwieriger Verhandlungen.[371] In Europa ist mit der *OSZE* ein neues Forum der Verhandlung von Sicherheitsfragen einschließlich Rüstungskontrolle und Abrüstung entstanden.[372] In diesem Rahmen wurde 1999 der KSE-Vertrag[373] an die veränderte geopolitische Lage angepasst. Ua wurde das einst den militärischen Blöcken jeweils insgesamt zugestandene Rüstungsniveau national aufgeteilt.[374] Der Änderungsvertrag wurde freilich nicht ratifiziert, Russland suspendierte 2007 die Anwendung des KSE-Vertrags als Reaktion auf die US-amerikanischen Pläne zur Errichtung eines Raketenabwehrschirms in Europa. Daraufhin setzten 2011 die meisten Vertragsparteien, 2015 auch die Ukraine, die Implementierung gegenüber Russland aus. Im Verhältnis zwischen allen anderen Vertragsparteien ist der alte Vertrag in Geltung geblieben.

II. Völkerrechtliche Eingrenzung von Gewalt – Das Recht bewaffneter Konflikte *(ius in bello)*

1. Grundlage und Entwicklung

Wenn und soweit das Völkerrecht die militärische Austragung von Konflikten nicht verhindern kann, sollen diese doch durch rechtliche Regeln in Grenzen gehalten werden. Historisch hängen *ius contra bellum* und *ius in bello* durchaus zusammen.[375] Für Grotius ist der gerechte Krieg nur der mit gerechten Mitteln geführte, wobei für ihn allerdings die Definition der gerechten Mittel für unser heutiges Verständnis zu weitgehende Konzessionen an die militärische Notwendigkeit enthält.[376] In der Folge ist *die Entwicklung des ius in bello* der des *ius contra bellum* vorausgeeilt. Nach vereinzelten vertraglichen Regelungen im 18. und frühen 19. Jh setzt in der zweiten Hälfte

56

---

365 A/RES/61/88; vgl auch A/RES/61/66 v 3.1.2007 zum UN-Aktionsplan.
366 Treaty for the Prohibition of Nuclear Weapons in Latin America (Vertrag von Tlatelolco) v 14.2.1967, abgedr in Fahl (Fn 325) Bd I, Nr 4.
367 South Pacific Nuclear Free Zone Treaty (Vertrag von Rarotonga) v 6.8.1985, ILM 24 (1985) 1442.
368 Treaty on the Southeast Asia Nuclear Weapon-free Zone (Treaty of Bangkok) v 15.12.1995, in Kraft 28.3.1997.
369 African Nuclear-Weapon-Free Zone Treaty (Treaty of Pelindaba) v 11.4.1996 (UN Doc A/50/426), in Kraft 15.7.2009.
370 Vertrag von Semipalatinsk v 8.9.2006, in Kraft 21.3.2009.
371 UN GA/RES/67/28 v 11.12.2012; vgl auch UN Doc A/68/124 v 8.7.2013, Report of the Secretary-General, Establishment of a Nuclear-Weapon-Free Zone in the Region of the Middle East; *Müller*, Eine massenvernichtungswaffenfreie Zone im Nahen und Mittleren Osten, HSFK Report 5/2011. Eine Regionalkonferenz zum Thema wurde mehrfach verschoben.
372 Hierzu *Lutz*, Die OSZE im Übergang der Sicherheitsarchitektur des zwanzigsten Jahrhunderts zum Sicherheitsmodell des einundzwanzigsten Jahrhunderts, OSZE-Jb 1 (1995) 63 ff; *Gießmann*, OSZE und die Zukunft von Rüstungskontrolle und Abrüstung in Europa, Vierteljahresschrift für Sicherheit und Frieden 13 (1995) 239 ff.
373 So Fn 329.
374 Agreement on Adaptation of the Treaty on Conventional Armed Forces in Europe mit Protocol on National Ceilings (<www.osce.org/library/14108>); zu Stand und Entwicklung vgl *Hartmann/Schmitt*, Konventionelle Rüstungskontrolle in Europa, HSFK Report 6/2011.
375 Vgl *Graf Vitzthum*, 1. Abschn Rn 104.
376 *E. Crawford*, Armed Conflict, International, MPEPIL I, 612 ff; *Bothe*, Die Entwicklung des Humanitären Völkerrechts, Handbuch des Deutschen Roten Kreuzes zum IV. Genfer Abkommen und zu den Zusatzprotokollen, 1984, 16.

des 19. Jh eine *fortschreitende Kodifikation kriegsrechtlicher Regeln* ein.[377] Eine Entwicklungslinie, bei der es schwerpunktmäßig um zulässige Mittel der Schädigung des Gegners geht, führt von der St. Petersburger Erklärung über das Verbot bestimmter Geschosse 1868[378] und die Brüsseler Erklärung v 1874 über die Gesetze und Gebräuche des Krieges[379] (freilich nie ratifiziert) zu den Verträgen der beiden Haager Friedenskonferenzen (1899 u 1907), unter denen die sog *Haager Landkriegsordnung*[380] (Anlage zum IV. Haager Abkommen) hervorzuheben ist. Eine andere Entwicklungslinie, bei der es schwerpunktmäßig um den Schutz von Konfliktopfern geht (sog Genfer Recht), führt von der ersten Genfer Konvention v 1864[381] über den Schutz der Verwundeten im Felde zu ihrer Neufassung v 1906,[382] den beiden Genfer Konventionen v 1929,[383] den vier *Genfer Konventionen v 1949*,[384] ihren *beiden Zusatzprotokollen v 1977*[385] sowie dem *Dritten Zusatzprotokoll v 2005*.[386] Besondere Entwicklungen finden wir im Seekriegsrecht, beginnend mit der Pariser Erklärung v 1856,[387] beim Verbot bestimmter Waffen (wichtig insbes das Genfer Protokoll über chemische und bakteriologische Waffen v 1925, bestätigt und abgesichert durch das Einsatz- bzw Besitzverbot des BWÜ und CWÜ,[388] sowie die UN-Rahmenkonvention über das Verbot bestimmter konventioneller Waffen mit Zusatzprotokollen, u a zur Beschränkung des Einsatzes von Landminen),[389] für den Kulturgüterschutz (Haager Konvention v 1954,[390] mit dem 2. Zusatzprotokoll v 17.5.1999)[391] und den Luftkrieg (Haager Luftkriegsregeln v 1923,[392] die nur eine nie zum Vertrag gewordene Expertenarbeit darstellen, aber weitgehend als Ausdruck des Gewohnheitsrechts angesehen werden).

---

377 Vgl *Crawford* (Fn 376); *Bothe* (Fn 376) 14 ff; *Best*, Law and War, 1994, 39 ff; *Schindler*, International Humanitarian Law, JHIL 5 (2003) 165 ff; *Meron*, War Crimes Law Comes of Age, 1999; *Kolb*, Ius in bello, 39 ff; diese internationale Entwicklung wird auch inspiriert durch eine wesentliche innerstaatliche Kodifikation, nämlich die (von dem deutschstämmigen Juristen *Francis Lieber* verfasste) *Instructions for the Government of Armies of the United States*, von Präsident Lincoln erlassen als General Orders No 100 (abgedr in Schindler/Toman, Armed Conflicts, 3); dazu *Vöneky*, Der Lieber's Code und die Wurzeln des modernen Kriegsvölkerrechts, ZaöRV 62 (2002) 424 ff; *Schmidt-Radefeld*, Die Wurzeln des modernen Kriegsvölkerrechts als transatlantisches Erbe, HV-I 22 (2009) 44 ff.
378 Schindler/Toman, Armed Conflicts, 91 f.
379 Schindler/Toman, Armed Conflicts, 21.
380 DokHVR 31.
381 DokHVR 13.
382 Schindler/Toman, Armed Conflicts, 383.
383 Schindler/Toman, Armed Conflicts, 404, 421.
384 DokHVR 169, 199, 223, 303.
385 DokHVR 503, 591. Zur Geschichte und Bedeutung dieser Verträge *Bothe*, in *Bothe/Partsch/Solf*, New Rules, 1 ff.
386 DokHVR 1069.
387 DokHVR 3; *Ronzitti*, 1856 Paris Declaration Respecting Maritime Law, in ders (Hrsg), The Law of Naval Warfare, 1988, 61 (64); zur neueren Entwicklung *Heintschel von Heinegg*, Seekriegsrecht und Neutralität im Seekrieg, 1995; ders, Friedliche Nutzung, Seekriegs- und Neutralitätsrecht, Friedenssicherung, in Graf Vitzthum (Hrsg), Handbuch des Seerechts, 2006, 499 (542 ff).
388 DokHVR 475 u 723. Dazu *Bothe*, Das völkerrechtliche Verbot des Einsatzes chemischer und bakteriologischer Waffen, 1973, 21 ff, 110 ff, zum BWÜ Fn 334, zum CWÜ Fn 335.
389 Convention on Prohibitions or Restrictions on the Use of Certain Conventional Weapons Which May Be Deemed to Be Excessively Injurious or to Have Indiscriminate Effects v 10.10.1980, ILM 19 (1980) 1524; Protocol on Non-Detectable Fragments, ILM 19 (1980) 1529; Protocol on Prohibitions or Restrictions on the Use of Mines, Booby-Traps and Other Devices, ILM 19 (1980) 1529, mit Änderungen v 3.5.1996, Doc CCW/CONF.I/16 (Part I), Annex B; Protocol on Prohibitions or Restrictions on the Use of Incendiary Weapons, ILM 19 (1980) 1534; Resolution on Small-Calibre Weapons Systems, ILM 19 (1980) 1536; IV. Protocol on Blinding Laser Weapons, 1995, Doc CCW/CONF.I/16, Annex A, 13 ff, V. Protocol on Explosive Remnants of War, Doc CCW/MSP/2003/2, BGBl 2005 II, 122.
390 DokHVR 377.
391 DokHVR 409; dazu *Eick*, Verstärkter Schutz von Kulturgut in bewaffneten Konflikten, HV-I 12 (1999) 143; *Henckaerts*, New Rules for the Protection of Cultural Property in Armed Conflict, ebd 147; vgl *Dolzer/Kreuter-Kirchhof*, 6. Abschn Rn 145 ff.
392 DokHVR 95.

II. Völkerrechtliche Eingrenzung von Gewalt – Das Recht bewaffneter Konflikte (ius in bello)

In wesentlichen Bereichen des *Vertragsrechts* ist eine weitgehende *Universalität* erreicht. **57** Dies gilt insbes für die dem Schutz der Konfliktopfer gewidmeten Genfer Konventionen v 1949.[393] Es gilt im Bereich der Waffenverbote auch für das Genfer Protokoll über chemische und bakteriologische Waffen v 1925.[394] Die Zusatzprotokolle zu den Genfer Konventionen, 1977 abgeschlossen, sind auch bereits von einer großen Zahl von Staaten ratifiziert, jedoch fehlen hier die USA,[395] aber auch einige Staaten in konfliktanfälligen Regionen (zB Iran, Irak, Israel, Türkei; Indien, Pakistan; Indonesien, Malaysia, Thailand). Hinzu kommt, dass die Anwendung des ZP I für eine fundamentale Frage, nämlich den Einsatz von nicht-konventionellen Waffen, str ist.[396] Lückenhaft ist die vertragsrechtliche Entwicklung besonders für den Bereich des See- und den des Luftkriegsrechts.[397] Aus allen diesen Gründen spielt das völkerrechtliche *Gewohnheitsrecht* für die Regelung bewaffneter Konflikte immer noch eine große Rolle.[398] Dem ist darum in den letzten Jahren eine verstärkte Aufmerksamkeit gewidmet worden.[399] Die Arbeit privater Expertengruppen spielt hierbei eine erhebliche Rolle.[400]

Die Entwicklung des völkerrechtlichen Kriegsrechts ist sowohl durch den Gedanken der **58** Menschlichkeit und der Vermeidung und Minderung menschlichen Leids geprägt als auch durch das wohlverstandene Eigeninteresse der Staaten an einer Begrenzung der Schäden durch bewaffnete Konflikte. Die Beschränkung der Mittel gegenseitiger Schädigung kann und soll auch eine Rückkehr zum Frieden erleichtern. IdS hat das *Kriegsrecht* auch eine *friedensfördernde Funktion*.

Eine wichtige Garantie der Einhaltung des völkerrechtlichen Kriegsrechts ist grundsätzlich **59** die *Gegenseitigkeit*.[401] Darum muss es in gleicher Weise für und gegen einen Angreifer und das Opfer des Angriffs gelten. Es ist hinsichtlich des *ius contra bellum* indifferent (Grundsatz der

---

393 Bis 31.12.2015 sind die Genfer Konventionen von 196 (dh allen) Staaten ratifiziert worden, das ZP I von 174 und das ZP II von 168 Staaten; Nachw unter <http://www.icrc.org/web/eng>.
394 Bis 31.12.2015 hatten 138 Staaten das Prot v 17.6.1925 über das Verbot der Verwendung von erstickenden, giftigen oder ähnlichen Gasen sowie von bakteriologischen Mitteln im Kriege (RGBl 1929 II, 173) ratifiziert, das CWÜ 192 Staaten.
395 *Meron*, The Time Has Come for the United States to Ratify Geneva Protocol I, AJIL 88 (1994) 678 ff; *Prugh*, American Issues and Friendly Reservation Regarding Protocol I, Additional to the Geneva Conventions, RDIMDG 31 (1992) 223 ff; *Aldrich*, Prospects for the United States Ratification of Additional Protocol I to the 1949 Geneva Convention, AJIL 85 (1991) 1 ff; vgl auch den Leserbrief von *Rubin*, AJIL 85 (1991) 662 f.
396 *Solf*, in Bothe/Partsch/Solf, New Rules, 218 ff; *Meyrowitz*, Les armes nucléaires et le droit de la guerre, FS Kalshoven, 1991, 297 (311 ff); *Fischer*, Der Einsatz von Nuklearwaffen nach Art 51 des I. Zusatzprotokolls zu den Genfer Konventionen von 1949, 1985, 132 ff; *Empell*, Nuklearwaffeneinsätze und humanitäres Völkerrecht, 1993; dazu näher u Rn 75.
397 Zum Seekriegsrecht *Ronzitti*, Introduction, in ders (Fn 387) 1 ff. Einzelheiten u Rn 114 ff; zum Luftkriegsrecht u Rn 119 ff.
398 *Gasser/Melzer*, Humanitäres Völkerrecht, 57 f; *Kadelbach*, Zwingende Normen des humanitären Völkerrechts, HV-I 1992, 118 ff; *Paust*, The Importance of Customary International Law During Armed Conflict, ILSA JICL 12 (2005/6) 601 ff.
399 *Henckaerts/Doswald-Beck*, Customary International Humanitarian Law, 2005; dazu Tavernier/Henckaerts (Hrsg), Droit international humanitaire coutumier, 2008.
400 *Bothe*, Private Normunternehmer im Völkerrecht, FS Wolfrum, Bd 2, 2012, 1300 ff.
401 Das wirft besondere Probleme bei sog asymmetrischen Konflikten auf; vgl *Ipsen*, Humanitäres Völkerrecht und asymmetrische Konfliktparteien, FS Bothe, 2008, 445 ff; *Schmitt*, War, Technology and Armed Conflict, in Helm (Hrsg), The Law of War in the 21st Century, 2007, 137 ff, 150 f; ders, Asymmetrical Warfare and International Humanitarian Law, in Heintschel von Heinegg/Epping (Hrsg), International Humanitarian Law, 2007, 11 ff; *Kramer*, Rechtliche Regelung asymmetrischer Konflikte, Friedenswarte 81 (2006) 96 ff; *Münkler*, Der Wandel des Krieges, 2006, 69 f, 203; *Rogers*, Unequal Combat and the Law of War, YIHL 7 (2004) 3 ff; vgl auch *Osiel*, The End of Reciprocity, 2009; *Watts*, Reciprocity and the Law of War, Harvard ILJ 50 (2009) 365 ff; *L. Schmidt*, Das humanitäre Völkerrecht in modernen asymmetrischen Konflikten, 2012, 106 ff; *Hobe*, Das humanitäre Völkerrecht in asymmetrischen Konflikten, in *Zimmermann u a*, Konfliktformen, 41 ff; *Paulus/Vashakmadze*, Asymmetrical War as the Notion of Armed Conflict – A Tentative Conceptualization, IRRC 91/873 (2009) 95 ff; *Gross*, Moral Dilemmas of Modern War, 2010; *John-Hopkins*, Regulating the Conduct of Urban Warfare: Lessons from Contemporary Asymmetric Armed Conflicts, IRRC 82/878 (2010) 469 ff.

Nichtdiskriminierung oder der *Gleichheit der Konfliktparteien*.[402] Das bedeutet, dass im Falle einer Aggression der Aggressor in gleicher Weise durch das *ius in bello* berechtigt und verpflichtet wird wie sein Opfer.

60 Auf der anderen Seite ist der Grundsatz der Gegenseitigkeit insoweit eingeschränkt, als im Interesse des Schutzes der Opfer Verletzungen des völkerrechtlichen Kriegsrechts durch eine Partei die andere nicht ohne weiteres berechtigt, in gleicher Weise zu verfahren. Vielmehr gilt eine Reihe kriegsrechtlicher *Repressalienverbote* (insbes das Verbot von Repressalien gegen Kriegsgefangene, Verwundete und Kranke).[403] In den Repressalienverboten zugunsten bestimmter Konfliktopfer und Sachwerte zeigt sich eine der wesentlichen Zielsetzungen des völkerrechtlichen Kriegsrechts, nämlich der Schutz der menschlichen Person. Diese Zielsetzung teilt das Kriegsrecht mit den Regeln über den Schutz der *Menschenrechte*.[404] Beide Regelungsbereiche überschneiden sich teilweise und sind insoweit parallel anwendbar,[405] nämlich immer dann, wenn ein bewaffneter Konflikt vorliegt und sich die zu schützenden Personen unter der Hoheitsgewalt einer Konfliktpartei befinden (insbes Gefangene, Staatsangehörige einer Konfliktpartei auf dem Gebiet der Gegenpartei, Bevölkerung eines besetzten Gebiets, nicht-internationaler bewaffneter Konflikt). In diesen Situationen sind die Anforderungen beider Rechtsbereiche zu einem Ausgleich zu bringen.[406] Jedoch ist der weite Bereich des Rechts bewaffneter Konflikte, der wegen dieses menschenschützenden Grundanliegens *humanitäres Völkerrecht* genannt wird, keineswegs allein als „menschenrechtliches" Regelungsinstrument zu verstehen. Hinzu tritt in einem modernen Verständnis der Schutz zukünftiger Generationen sowie der Schutz der Umwelt auch in bewaffneten Konflikten.

61 Kritiker wenden ein, das völkerrechtliche Kriegsrecht diene mehr der *Legitimierung von Gewalt*, als dass es sie begrenze.[407] An dieser Kritik ist richtig, dass sowohl die gewohnheitsrechtsbildende Praxis der Militärmächte als auch die in den erwähnten Verträgen durchgesetzte Verhandlungsposition dieser Staaten stets darauf bedacht waren, als militärisch notwendig an-

---

402 So Rn 27. ZP I, Präambel, dazu *Partsch*, in *Bothe/Partsch/Solf*, New Rules, 31; vgl auch *Bothe*, Le droit de la guerre et les Nations Unies, Etudes et travaux de l'Institut universitaire de hautes études internationales 5 (1967) 137 (163 ff).
403 Art 46 I. GK, Art 47 II. GK, Art 13 Abs 3 III. GK, Art 33 Abs 3 IV. GK; Art 20, Art 51 Abs 6, Art 53 lit c, Art 54 Abs 4, Art 54 Abs 4, Art 55 Abs 2, Art 56 Abs 4 ZP I. Vgl Europäische Kommission für Demokratie und Recht (Hrsg), Gutachten zum möglichen Bedürfnis, die Genfer Konventionen fortzuentwickeln, EuGRZ 31 (2004) 343 (345).
404 Vgl *Graf Vitzthum*, 1. Abschn Rn 107; zu Einzelheiten u Rn 122.
405 IGH, *Mauer*-Gutachten, § 106; die Interamerikanische Menschenrechtskommission hat ihre reichhaltige einschlägige Rechtsprechung aufgearbeitet in der Sache *Aisalla*, Ecuador v Kolumbien, Report 112/10 v 21.10.2012, §§ 78 ff. Zum Verhältnis beider Rechtsbereiche *Heintze*, Theorien zum Verhältnis von Menschenrechten und humanitärem Völkerrecht, HV-I 24 (2011) 4 ff; *Rowe*, The Impact of Human Rights Law on Armed Forces, 2005; *Bothe*, Humanitäres Völkerrecht und Schutz der Menschenrechte, FS Tomuschat, 2005, 63 ff; *Doswald-Beck/Vité*, International Humanitarian Law and Human Rights Law, IRRC 293 (1993) 94 ff; *Frowein*, The Relationship between Human Rights Regimes and Regimes of Belligerent Occupation, IYHR 28 (1999) 1 ff; *Schotten*, Das Verhältnis von humanitärem Völkerrecht und Menschenrechten aus historischer Sicht, HuVI 26 (2013) 112 ff; *Oberleithner*, Human Rights in Armed Conflict, 2014; *Meron*, The Humanization of Humanitarian Law, AJIL 94 (2000) 239 ff; *Orakhelashvili*, The Interaction between Human Rights and Humanitarian Law, EJIL 19 (2008) 161 ff; *Perrakis*, Le droit international humanitaire et ses relations avec les droits de l'homme, in Tavernier/Henckaerts (Hrsg), Droit international humanitaire coutumier, 2008, 115 ff; *Provost*, International Human Rights and Humanitarian Law, 2002; *Roberts*, Human Rights Obligations of External Military Forces, in The Rule of Law in Peace Operations, Recueils de la société internationale de droit militaire et de la guerre 17 (2006) 429 ff; *Stahn* (Fn 53 [International Law]) 205 ff; *Meron* (Fn 377); vgl die Beiträge „Bombing for Peace", ASIL Proc 96 (2002) 95 ff.
406 Die in diesem Zusammenhang häufig vertretene These, dann sei das humanitäre Völkerrecht *lex specialis* (so der IGH im *GV-Nuklearwaffen*-Gutachten, § 25, und im *Mauer*-Gutachten, § 106) ist zumindest missverständlich und trifft das Problem nicht; krit dazu *Guellali*, Lex specialis, droit international humanitaire et droit de l'homme, RGDIP 111 (2007) 539 ff; *Bothe* (Fn 405) 89; *Mottershaw*, Economic, Social and Cultural Rights in Armed Conflict, IJHR 12 (2008) 449 (456); vgl auch die Entscheidung der Interamerikanischen Menschenrechtskommission in der Sache *Aisalla* (Fn 405) § 122.
407 *af Jochnik/Normand*, The Legitimation of Violence, Harvard ILJ 35 (1994) 49 ff; *dies*, The Legitimation of Violence, ebd 387 ff; ihnen folgend *Rosert*, HSFK Standpunkt Nr 7/2010.

gesehene Kampfmittel und -methoden nicht rechtlich auszuschließen. Auch sind von Staaten, die an bewaffneten Konflikten beteiligt waren, immer wieder Auslegungen der einschlägigen Vorschriften vertreten worden, die bestimmte militärische Vorgehensweisen (vielleicht zu Unrecht) als rechtmäßig erscheinen ließen. Dies alles ermöglicht es Konfliktparteien, Rechtstreue als Argument zur Verbesserung der eigenen politischen Position zu benutzen. Dies mag im Einzelfall bedauerlich, ja moralisch und teilweise auch rechtlich inakzeptabel sein. Es ist aber nur die halbe Wahrheit. Wenn das Recht eine Grenze zwischen zulässigen und unzulässigen Kampfmitteln und -methoden zieht, dann hat es eben sowohl eine legitimierende als auch eine delegitimierende Funktion. Berufung auf die legitimierende Funktion kann von Vertretern anderer Auffassungen mit rechtlichen und politischen Argumenten stets in Frage gestellt werden – und wird es auch. Im heutigen internationalen Konsensbildungsprozess, der streitige Rechtsfragen durch Vertrag oder Entwicklung von Gewohnheitsrecht außer Streit stellt, sind militärische Interessen zwar sehr durchsetzungsfähig, aber nicht allein dominierend. Deshalb kommt dem Kriegsvölkerrecht letztlich doch eine wichtige *gewaltbegrenzende Wirkung* zu.

2. Die Beziehungen zwischen den Konfliktparteien
a) Der Anwendungsbereich des völkerrechtlichen Kriegsrechts – der internationale bewaffnete Konflikt

Kriegsvölkerrechtliche Verträge, die seit dem Zweiten Weltkrieg abgeschlossen wurden, angefangen von den Genfer Konventionen v 1949, gebrauchen zur Bestimmung ihres Anwendungsbereichs den Begriff des Kriegs nicht mehr, sondern den des *bewaffneten Konflikts*. Es entwickelte sich eine neue Theorie zur Bestimmung des Anwendungsbereichs der Regeln über internationale bewaffnete Konflikte,[408] die Feindseligkeiten einer bestimmten Intensität als Voraussetzung des „bewaffneten Konflikts" ansehen. Gewisse Regeln des Kriegsrechts passen nur auf Konflikte einer gewissen Intensität. Auf der anderen Seite muss es Regeln, zB über zulässigen Waffengebrauch und menschliche Behandlung von Gefangenen, auch für Kleinstkonflikte, sog *Zwischenfälle*, geben. Für solche Regeln ist die Schwelle dessen, was als bewaffneter Konflikt anzusehen ist, dementsprechend niedrig anzusetzen.[409] Die Ersetzung des früheren, eher formalen Kriegsbegriffs durch den materiellen oder objektiven Begriff des bewaffneten Konflikts, der abstellt auf das objektive Vorliegen von Feindseligkeiten, erleichtert die rechtliche Erfassung von Konflikten, die nicht zwischen Staaten, sondern innerhalb derselben, oder zwischen Staaten und nicht-statlichen Akteuren stattfinden.[410]

Das *ius in bello* ist auch auf bewaffnete Konflikte anwendbar, an denen *UN-Streitkräfte* beteiligt sind,[411] sei es bei militärischen Zwangsmaßnahmen, sei es bei Peacekeeping-Operationen, wenn in diesem Rahmen Situationen entstehen, die als bewaffnete Konflikte betrachtet werden können. Soweit es sich um Streitkräfte handelt, die Organe der UN und nicht solche der etwa Kontingente stellenden Staaten sind, sind die UN die Adressaten der auf das Verhalten der Streitkräfte

---

408 Grundlegend *Grob*, The Relativity of War and Peace, 1949; *Kotzsch*, The Concept of War in Contemporary History and International Law, 1956; *Post*, Some Curiosities in the Sources of the Law of Armed Conflict Conceived in a General International Legal Perspective, NYIL 25 (1994) 83 ff; *Ipsen*, Zum Begriff des „internationalen Konflikts", FS Menzel, 1975, 405 ff; *Mancini*, Stato di guerra e conflitto armato nel diritto internazionale, 2009, 308 f; ILA Committee on the Use of Force, Initial Report, in ILA, Report on the 73rd Conference 2008, 814 (817 ff).
409 *Bothe* (Fn 402) 149 ff; zur Schwelle der Intensität vgl ILA Committee (Fn 408) 841 ff.
410 Dazu unten Rn 121 ff.
411 Secretary General's Bulletin Observance by UN Forces of International Humanitarian Law (ST/SGB/1999/13 v 6.8.1999), abgedr in Int Peacekeeping 5 (1999) 161 ff; *Bothe*, Peacekeeping and International Humanitarian Law, Int Peacekeeping 3 (1996) 91 ff; *Shraga*, UN Peacekeeping Operations, AJIL 94 (2000) 406 ff; *Zwanenburg*, The Secretary-General's Bulletin on Observance by United Nations Forces of International Humanitarian Law, Int Peacekeeping 5 (1999) 133 ff.

anwendbaren völkerrechtlichen Normen. Zwar sind sie nicht Vertragpartner einschlägiger völkerrechtlicher Verträge. Die UN sind jedoch an das anwendbare Gewohnheitsrecht gebunden. Sie stehen nicht über dem Völkerrecht. Wenn sie sich mit Streitkräften in einem bewaffneten Konflikt engagieren, dann sind diese durch die Regeln des Völkerrechts gebunden und geschützt, die das Gewohnheitsrecht eben für solche Situationen entwickelt hat.

b) Allgemeine Grundsätze und Landkriegsrecht
Die Grundregel

64 Ausgangspunkt der gesamten modernen kriegsrechtlichen Regelung ist der Gedanke, dass der bewaffnete Konflikt eine *Auseinandersetzung zwischen Staaten* und nicht zwischen Völkern ist.[412] Darauf beruht der Grundsatz der Unterscheidung zwischen Personen, die als befugte Organe einer Konfliktpartei kriegerische Schädigungshandlungen vornehmen dürfen (Kombattanten), und solchen, die es nicht dürfen, sowie zwischen Personen und Sachgütern, die angegriffen werden dürfen (Kombattanten und Personen, die unmittelbar an Kampfhandlungen teilnehmen; militärische Ziele), und solchen, die es nicht dürfen (Zivilpersonen, Zivilbevölkerung, zivile Objekte). Das einzige legitime Ziel der bewaffneten Auseinandersetzung ist, den jeweils anderen Staat in seiner militärischen Widerstandskraft zu schwächen. Gewaltausübung, die zur Erreichung dieses einzig legitimen Ziels nicht erforderlich und damit idS überflüssig ist, ist darum verboten. Von daher wirkt die oft zur Rechtfertigung militärischer Gewaltmaßnahmen angeführte *militärische Notwendigkeit* nicht als Legitimation militärischer Gewaltausübung, sondern als deren Schranke.[413] Legitime militärische Ziele dürfen nur mit erlaubten Mitteln angegriffen werden. Die spezifischen Regeln des Kriegsführungsrechts können nicht durch Berufung auf militärische Notwendigkeit ausgehebelt werden. Sie werden ergänzt durch das *allgemeine Humanitätsgebot*, wie es in der sog *Martens'schen Klausel*[414] formuliert ist. In nicht von spezifischen Regeln erfassten Fällen „verbleiben Zivilpersonen und Kombattanten unter dem Schutz und der Herrschaft der Grundsätze des Völkerrechts, wie sie sich aus feststehenden Gebräuchen, aus den Grundsätzen der Menschlichkeit und aus den Forderungen des öffentlichen Gewissens ergeben".[415] Gerade diesem Humanitätsgebot dient auch die Anwendung der völkerrechtlichen Menschenrechte in bewaffneten Konflikten.

Zulässige Mittel der Schädigung des Gegners: Verbot „überflüssiger" Leiden

65 Das *Verbot* der Verursachung *überflüssiger Leiden* ist in allgemeiner Form in der HLKO[416] und im ZP I[417] formuliert.[418] Darüber hinaus ist diese Regel in einer ganzen Reihe von spezifischen Normen über zulässige Arten und Mittel der Schädigung des Gegners konkretisiert. Sie hat ihren Niederschlag etwa in konkreten Waffenverboten gefunden.[419]

---

412 *O'Connell*, in Fleck (Hrsg), Handbook, 1 (19 f).
413 *O'Connell*, in Fleck (Hrsg), Handbook, 37 f.
414 So genannt nach *Friedrich v. Martens*, Delegierter Russlands auf den Haager Friedenskonferenzen, der diese Klausel für die Präambel der Haager Konvention über die Gesetze und Gebräuche des Landkriegs entwarf, vgl *Cassese*, The Martens Clause, EJIL 11 (2000) 187 ff; *von Bernstorff*, Martens Clause, MPEPIL VI, 1143 ff; *Schirks*, Die Martens'sche Klausel, 2001; *Empell*, Die Martens'sche Klausel, HV-I 22 (2009) 145 ff; *Salter*, Reinterpreting Competing Interpretations of the Scope and Potential of the Martens Clause, JCSL 17 (2012) 403 ff.
415 Art 1 Abs 1 ZP I; vgl auch Präambel Abs 4 ZP II.
416 Art 23 lit e ZP I.
417 Art 35 Abs 2 ZP I. Zu Problemen der Formulierung *Solf*, in *Bothe/Partsch/Solf*, New Rules, 225 f.
418 Die Bestimmung dessen, was im konkreten Fall als „überflüssige Leiden" anzusehen ist, bereitet erhebliche Schwierigkeiten. Zur Erarbeitung von Kriterien hat das IKRK mit einigen Partnern das sog SIrUS-Projekt entwickelt. Dazu *Coupland*, The SIrUS Project, in Durham/McCormack (Hrsg), The Changing Face of Conflict and the Efficacy of International Humanitarian Law, 1999, 99 ff.
419 Näheres dazu u Rn 72 ff.

Schutz der Zivilbevölkerung
Eine weitere Konsequenz der dargestellten Grundregel ist das Prinzip der *Immunität der Zivilbevölkerung*.[420] Angriffe, dh Aktionen, die Verletzung oder Tod von Personen oder Schaden an Sachgütern zur Folge haben oder haben können,[421] dürfen *nur gegen militärische Ziele* gerichtet werden, nicht gegen die Zivilbevölkerung oder zivile Objekte.[422] Bei Angriffen gegen militärische Ziele darf die Zivilbevölkerung nicht unterschiedslos in Mitleidenschaft gezogen werden (Verbot unterschiedsloser, blinder Angriffe). Angriffe gegen militärische Ziele sind unzulässig, wenn der zivile Schaden außer Verhältnis zu dem zu erwartenden unmittelbaren militärischen Nutzen stehen würde (Verhältnismäßigkeitsprinzip). Diese Regeln über den Schutz der Zivilbevölkerung sind Bestandteil des völkerrechtlichen Gewohnheitsrechts und auch trotz vielfältiger Verletzungen vom Zweiten Weltkrieg bis zu Konflikten der jüngsten Zeit nicht obsolet geworden.[423] Sie sind im ZP I (Art 48ff) kodifiziert und in Einzelheiten weiterentwickelt worden. Ihre Geltung ist also unbestritten, jedoch bereitet ihre Auslegung im konkreten Fall häufig ganz erhebliche Schwierigkeiten. Insofern ist zwischen Personen und Sachgütern zu unterscheiden. Angriffe gegen *Zivilpersonen* und gegen die *Zivilbevölkerung* als solche sind unzulässig (Art 51 Abs ZP I). Wer dazu gehört, wird negativ definiert, nämlich alle Personen, die nicht Angehörige der Streitkräfte oder gewisser gleichgestellter Verbände, etwa bestimmten Polizeieinheiten *(Kombattanten)*,[424] sind. Denn die Beschränkung der Schädigungsziele entspricht einer solchen der legitimen Schädigungsakteure. Die Schonung der Zivilbevölkerung kann nur erwartet werden, soweit von ihr keine Schädigungshandlungen ausgehen. Das Recht zu Schädigungshandlungen im Kriege ist auf Kombattanten beschränkt, auf der anderen Seite dürfen nur sie gezielt angegriffen werden. Sie müssen zu einer Konfliktpartei gehören,[425] die freilich nicht von der anderen Konfliktpartei anerkannt sein muss.[426]

66

---

420 *Ronzitti*, Civilian Population in Armed Conflict, MPEPIL II, 197 (Rn 7 ff).
421 Diese auf die Wirkung abstellende Definition bedeutet, dass ein „Angriff" nicht nur durch traditionelle militärische Schädigungsmittel, die Wärme oder kinetische Energie freisetzen, sondern auch durch moderne technologische Mittel wie den Einsatz von Computerviren erfolgen kann, vgl Tallinn Manual (Fn 42) Regel 30 (91 ff); ferner *Busuttil* (Fn 42) 37 ff; *Schmitt*, Wired Warfare, IRRC 84 (2002) 365 ff.
422 Für sog cyber attacks vgl Tallinn Manual (Fn 42) Regel 31; dazu *Dinstein*, The Principle of Distinction and Cyber War in International Armed Conflicts, JCSL 17 (2012) 261 ff.
423 *Oeter*, in Fleck (Hrsg), Handbook, 115 (119 ff, 187 f); *Solf*, in Bothe/Partsch/Solf, New Rules, 358; *Aaronson*, Protection of Civilians in the Modern Law of Armed Conflicts, Int Rel 1992, 219 ff; zum Grundsätzlichen *Maier*, Targeting the City, IRRC 87 (2005) 429 ff.
424 Art 43 Abs 2 ZP I; s schon o Rn 64 sowie u Rn 78, 81; *Sassòli*, Combatants, MPEPIL II, 350 (Rn 14); *Watkin*, Warriors without Rights?, 2005; zum besonderen Problem der Söldner *David*, Mercenaires et volontaires internationaux en droit des gens, 1978; *Maaß*, Der Söldner und seine kriegsvölkerrechtliche Rechtsstellung als Kombattant und Kriegsgefangener, 1990; *Cassese*, Mercenaries, ZaöRV 40 (1980) 1 ff; *Gómez del Prado*, Private Military and Security Companies and the UN Working Group on the Use of Mercenaries, JCSL 13 (2009) 429 ff; Chesterman/Lehnardt (Hrsg), From Mercenaries to Market, 2009.
425 Art 43 ZP I.
426 Deswegen waren die Taliban-Kämpfer, die sich den ausländischen Interventionsstreitkräften im Kampf entgegenstellten, als Kombattanten zu behandeln. Denn das Taliban-Regime war jedenfalls faktisch die Regierung von Afghanistan. Daher gehen auch die USA von der Anwendbarkeit der Genfer Konventionen in dem Konflikt mit den Taliban aus; dazu *Aldrich*, The Taliban, Al Qaeda and the Determination of Illegal Combatants, AJIL 96 (2002) 891 ff; *Naqvi*, Doubtful Prisoner of War Status, IRRC 84 (2002) 571 ff; *Goldman/Tittemore*, Unprivileged Combatants and the Hostilities in Afghanistan, 2002; *Kolb* (Fn 377) 324; *Wolfrum/Philipp*, The Status of the Taliban, MPYUNL 6 (2002) 559 ff; *Wolfrum*, The Attack of September 11, 2001, the Wars Against the Taliban and Iraq, MPYUNL 7 (2003) 1 ff. Schwieriger ist die Beurteilung für die Zeit nach dem Sturz des Taliban-Regimes und der Bildung einer international anerkannten Regierung, mit deren Zustimmung die Interventionstruppen weiter agierten; vgl *Wieczorek*, Unrechtmäßige Kombattanten und Humanitäres Völkerrecht, 2005, 185 ff. Übersicht *Trauttmansdorff*, Maßnahmen gegen den Al Kaida-Terrorismus, Menschenrechte und humanitäres Recht, in Schmalenbach/Benedek (Hrsg), Von Terrorismusbekämpfung bis Klimaschutz, 2008, 3 ff, 16 ff. Grundlegend *Parks*, Combatants, in Schmitt (Hrsg), The War in Afghanistan, Naval War College International Law Studies 85 (2009) 247 (261 ff). Zur neueren amerikanischen Praxis *Danner*, Defining Unlawful Enemy Combatants, Texas ILJ 43 (2007/08) 1 ff. Generell *Frowein* (Fn 53) 894 f; *Stahn*

Private Gewalt ist Straftat,[427] keine im Krieg erlaubte Schädigungshandlung. Der Schutz der Zivilpersonen vor gezielten Angriffen geht verloren, sofern und solange ein Zivilist unmittelbar an Kampfhandlungen teilnimmt (Art 51 Abs 3 ZP I). Hört er jedoch auf, unmittelbar an den Kampfhandlungen teilzunehmen, so ist er wieder geschützte Zivilperson, die nicht zum Gegenstand gezielter Tötung gemacht werden darf.[428] Die Konsequenz dieser Regel ist allerdings, dass der geschützte Status einer Person einer ständigen Änderung unterworfen sein kann (*farmer by day, fighter by night*, sog Drehtüreffekt). Das führt zu schwierigen Abgrenzungsproblemen bei der Frage, was *unmittelbare Beteiligung an Kampfhandlungen* bedeutet.[429] Dennoch ist die Regel eindeutig Bestandteil des Vertragsrechts und auch Gewohnheitsrecht.[430] Es geht auch nicht an, diese klare Regel dadurch zu umgehen, dass der Status eines *unlawful combatant* konstruiert wird, der zwar selbst nicht töten, aber jederzeit getötet werden darf.[431]

67   Kombattanten dürfen für die Teilnahme an Kampfhandlungen, soweit sie sich im Rahmen des Rechts bewaffneter Konflikte hält, vom Gegner nicht bestraft werden (sog *combatant privilege*).[432] Personen, die, ohne Kombattanten zu sein, an Kampfhandlungen teilnehmen, können auch vom Gegner dafür bestraft werden, jedoch nur unter Beachtung gewisser Verfahrensgarantien. Sie sind nicht rechtlos, sie genießen jedenfalls menschenrechtliche Mindestgarantien (Art 75 ZP I). Kombattanten müssen als solche *erkennbar* sein.[433] Allerdings haben die Gegebenheiten moderner Kriegsführung dieses Unterscheidungsgebot fraglich werden lassen. Die neueste Rechtsentwicklung hat zwar die im Einzelnen an die Unterscheidung zu stellenden Anforderungen gemildert, das Gebot der Sichtbarkeit der Unterscheidung aber nicht aufgegeben (Problem der Guerilla, Art 44 ZP I).[434] Dieses Unterscheidungsgebot ist so wesentlich, dass Kombattanten, die es verlet-

---

(Fn 53 [International Law]) 196 ff; *Roberts*, Counter-terrorism, Armed Force and the Laws of War, Survival 44 (2002) 7 (20 ff); *ders* (Fn 405).
427 Ob die in Afghanistan kämpfenden Angehörigen der Al Qaida Kombattanten oder einfach Straftäter waren, hängt davon ab, ob sie der Taliban-Regierung zugerechnet werden können. Ob das der Fall ist, wäre nach der Gefangennahme solcher Personen nach Art 5 III. GK von einem Richter zu entscheiden. Bis zu einer solchen Entscheidung hätten sie als Kriegsgefangene behandelt werden müssen, vgl die Lit in Fn 426.
428 Grundlegend *Melzer*, Targeted Killing in International Law, 2008; *Otto*, Targeted Killings and International Law, 2012; *Guiora*, Legitimate Target – A Criteria-Based Approach to Targeted Killing, 2013; *Goppel*, Killing Terrorists – A Moral and Legal Analysis, 2013; Übersicht bei *Rudolf/Schaller*, Targeted Killing, SWP-Studie 1/2012. Aus der Rspr der sog *Targeted Killing*-Fall des Israelischen Supreme Court; vgl dazu *Dinstein*, Distinction and Loss of Civilian Protection in International Armed Conflicts, IsYHR 38 (2008) 1 (9 ff); *Eichensehr*, On Target?, Yale LJ 116 (2006/07) 1873 ff; *Fenrick*, The Targeted Killing Judgment and the Scope of Direct Participation in Hostilities, JICJ 5 (2007) 322 ff; *Keller/Forowicz*, A Tightrope Walk between Legality and Legitimacy, Leiden JIL 21 (2009) 185 ff; *Lesh*, The Public Committee against Torture in Israel v The Government of Israel, Melbourne JIL 8 (2007) 373 ff; *Schmitz-Elvenich* (Fn 51) 212 ff; zur amerikanischen Praxis vgl *Fisher*, Targeted Killings, Norms and International Law, Columbia J'l Transnational Law 45 (2006/7) 711 ff.
429 Dazu eingehend die Studie des IKRK (Hrsg), Interpretive Guidance on the Notion of Direct Participation in Hostilities under International Humanitarian Law, abgedr in IRRC 90 (2008) 991 ff; dt-engl Ausg Melzer/DRK (Hrsg), Unmittelbare Teilnahme an Feindseligkeiten, 2012; *Kleffner*, From 'Belligerents' to 'Fighters' and Civilians Directly Participating in Hostilities, NILR 54 (2007) 315 (323 ff); *Momtaz*, La participation directe des personnes civiles aux hostilités, FS Bothe, 2008, 493 ff; *v. Devivere*, Unmittelbare Teilnahme an Feindseligkeiten, KJ 41 (2008) 24 ff; *E. Crawford*, Identifying the Enemy: Civilian Participation in Armed Conflict, 2015; zu den besonderen Problemen des Cyber Warfare *Turns*, Cybwer Warfare and the Notion of Direct Participaion in Hostilities, JSCL 17 (2012) 279 ff.
430 *Henckaerts/Doswald-Beck* (Fn 399) Rule 6, 19 ff.
431 Umfassend *Dörmann*, Combatants, Unlawful, MPEPIL II, 360 ff; *Wieczorek* (Fn 426) 107 (kein eigener Status), 143 (zeitliche Beschränkung zulässiger Angriffe auf Zivilpersonen); *Finaud*, L'abus de la notion de "combattant illégal", RGDIP 110 (2006) 861 ff; *Hobe* (Fn 401) 58 f; differenzierend *Kretzmer*, Targeted Killing of Suspected Terrorists, EJIL 16 (2005) 171 ff; unklar *Garraway*, „Combatants", FS Dinstein, 2007, 317 ff; *Pejic*, „Unlawful/Enemy Combatants", ebd, 335 ff; *Solis*, Law of War Issues in Ground Hostilities in Afghanistan, in Schmitt (Fn 426) 219 (227 f).
432 Das ist ein wesentliches gewohnheitsrechtliches Element des Kriegsgefangenen-Status; s u Rn 80.
433 Vgl *Pfanner*, Military Uniforms and the Law of War, IRRC 86 (2004) 93 ff.
434 Diese Bestimmung gehört zu den umstrittensten der ZP v 1977, vgl *Solf*, in *Bothe/Partsch/Solf*, New Rules, 277 ff; *Sassòli* (Fn 424) Rn 15. Zur Geschichte des Problems grundlegend *Nabulsi*, Traditions of War, 1999. Das Unterschei-

zen, des *combatant privilege* verlustig gehen. Problematisch wird das Unterscheidungsgebot auch durch die Praxis, im Zusammenhang mit bewaffneten Konflikten Funktionen, die Kampfhandlungen nahe sind, an Privatunternehmen oder -personen zu übertragen.[435]

Schwierig ist auch die Bestimmung dessen, was als *militärisches Ziel* anzusehen ist.[436] Dies sind nicht nur die Militäreinrichtungen und Streitkräfte des Gegners, sondern es sind alle Objekte, die „aufgrund ihrer Beschaffenheit, ihres Standorts, ihrer Zweckbestimmung oder ihrer Verwendung wirksam zu militärischen Handlungen beitragen und deren gänzliche oder teilweise Zerstörung, deren Inbesitznahme oder Neutralisierung unter den in dem betreffenden Zeitpunkt gegebenen Umständen einen eindeutigen militärischen Vorteil darstellt" (Art 52 Abs 2 ZP I). Dazu zählen selbstverständlich Rüstungsbetriebe. Wegen ihrer Bedeutung für die militärischen Anstrengungen werden traditionell auch die Infrastruktur der Kommunikation (Straßen, Eisenbahnen, Brücken, Fernmeldeeinrichtungen), Einrichtungen der Energieerzeugung und Computer-Netzwerke,[437] die solche Einrichtungen steuern und häufig den militärischen Anstrengungen zugute kommen können, werden als militärische Ziele angesehen, auch wenn sie zugleich zivilen Zwecken dienen *(dual use objects)*. Dies hat erhebliche Konsequenzen für die Zivilbevölkerung, vor allem in Großstädten. Die traditionelle Charakterisierung von Infrastruktur als militärisches Ziel darf nicht zu einer schematischen Gleichsetzung führen. In Konflikten wie der Kosovo-Intervention der NATO, bei der die Logistik für den Nachschub am Boden gegenüber dem reinen Luftkrieg der NATO ersichtlich keine Rolle spielte, kann nicht jede Brücke oder Eisenbahnlinie als militärisches Ziel angesehen werden.[438] Aus dieser Definition ergibt sich, dass militärische Ziele und *zivile Objekte,* gegen die ein Angriff nicht gerichtet werden darf, sich häufig nahe beieinander und in einer Gemengelage befinden. Für diese Situation ist das *Verbot des unterschiedslosen Angriffs* wichtig (Art 51 Abs 4 u 5 ZP I).[439] Es bedeutet, dass Angriffe verboten sind, die nicht gegen bestimmte militärische Ziele gerichtet sind oder, mangels Zielgenauigkeit der Waffe, gar nicht gegen solche Ziele gerichtet werden können. Es bedeutet auch, dass in Situationen, in denen sich einzelne militärische Ziele, die voneinander klar getrennt sind, in bewohnten Gebieten befinden, diese Gebiete nicht einfach flächendeckend angegriffen werden dürfen *(Verbot des Flächenbombardements).*[440] Vielmehr muss der Angriff immer gegen die einzelnen getrennten Ziele militärischer Art gerichtet werden. Aus dem Prinzip des Schutzes der

68

---

dungsgebot ist allerdings auch für die Angehörigen regulärer Streitkräfte von Bedeutung, vgl *Parks,* Special Forces' Wear of Non-Standard Uniforms, CJIL 4 (2003) 493 ff.
435 *McDonald,* The Legal Status of Military and Security Subcontractors, in Arnold/Hildbrand (Hrsg), IHL, 215 ff; *Cockayne,* Regulating Private Military and Security Companies, JCSL 13 (2009) 401 ff; *Epiney/Egbuna-Joss,* Zur völkerrechtlichen Verantwortlichkeit im Zusammenhang mit dem Verhalten privater Sicherheitsfirmen, SZIER 17 (2007) 215 ff; *Gómez del Prado* (Fn 424); *Stephens/Lewis,* The Targeting of Civilian Contractors in Armed Conflict, YIHL 9 (2006) 25 ff. Dazu hat eine Gruppe von 17 Staaten auf Initiative der Schweiz und des IKRK ein Dokument erarbeitet, in dem aufgezeichnet ist, was diese Staaten als diesbezügliche Rechtslage ansehen (UN Doc A/63/467-S/2008/636, Montreux Document on Pertinent International Legal Obligations and Good Practices for States Related to Operations of Private Military and Security Companies During Armed Conflict). In den Debatten der Generalversammlung hat das Dokument keine ungeteilte Zustimmung gefunden.
436 Art 52 ZP I, vgl dazu *Oeter,* in Fleck (Hrsg), Handbook, 175 ff; *Solf,* in *Bothe/Partsch/Solf,* New Rules, 361 ff.
437 Tallinn Manual (Fn 42) Regel 37 ff (ebd 106 ff).
438 *Aldrich* (Fn 426) 149 ff; *Bothe,* Targeting, in Wall (Hrsg), Legal and Ethical Lessons of NATO's Kosovo Campaign, U.S. Naval War College International Law Studies 78 (2002) 173 ff; *Burger,* International Humanitarian Law and the Kosovo Crisis, IRRC 837 (2000) 129 ff; *Egorov,* The Kosovo Crisis and the Law or Armed Conflicts, IRRC 837 (2000) 183 ff; *Kröning,* Kosovo and International Humanitarian Law, HV-I 1 (2000) 44 ff; *Rowe,* Kosovo 1999: The Air Campaign, IRRC 837 (2000) 147 ff.
439 *Solf,* in *Bothe/Partsch/Solf,* New Rules, 345 ff; *Oeter,* in Fleck (Hrsg), Handbook, 190 ff.
440 *Solf,* in *Bothe/Partsch/Solf,* New Rules, 350; *Oeter,* in Fleck (Hrsg), Handbook, 203 f. Hier liegt das rechtliche Problem sog Cluster-Bomben, die bei der Explosion weitere Sprengkörper freisetzen und so eine weite Streuwirkung erzielen; dazu Human Rights Watch, Off Target: The Conduct of War and Civilian Casualties in Iraq, 2003, abrufbar unter <www.hrw.org/reports/2003/usa1203>.

Zivilbevölkerung folgt also das Gebot möglichster Zielgenauigkeit von Angriffen. Realistischerweise kann das Kriegsvölkerrecht aber nicht ausschließen, dass auch bei Angriffen, die gegen militärische Ziele gerichtet sind, die Zivilbevölkerung in Mitleidenschaft gezogen wird. Dann gilt das *Verhältnismäßigkeitsprinzip*,[441] das einen besonders schwierigen Kompromiss zwischen dem Gebot des Schutzes der Zivilbevölkerung und militärischen Notwendigkeiten darstellt. Es besagt (Art 51 Abs 5 lit b ZP I), dass ein Angriff verboten ist, „bei dem damit zu rechnen ist, dass er auch Verluste an Menschenleben unter der Zivilbevölkerung, die Verwundung von Zivilpersonen, die Beschädigung ziviler Objekte oder mehrere derartige Folgen zusammen verursacht, die in keinem Verhältnis zum erwarteten konkreten und unmittelbaren militärischen Vorteil stehen". So dürfen etwa militärische Einheiten in freiem Gelände auch mit Waffen von hoher Sprengkraft angegriffen werden, wenn sich einzelne Zivilisten in der Nähe derselben befinden und mit Sicherheit durch den Angriff auch getötet werden. Auf der anderen Seite wäre ein Angriff auf einzelne Soldaten unzulässig, wenn diese sich in einer großen Menge von Zivilpersonen befinden. Die Bsp machen deutlich, dass als notwendiges Gegenstück zu diesen Regeln gehört, dass die Zivilbevölkerung nicht von einer Konfliktpartei dazu missbraucht werden darf, militärische Ziele abzuschirmen (Art 51 Abs 7 ZP I).[442] Hervorzuheben ist, dass der *militärische Vorteil, der zivilen Begleitschaden rechtfertigt, konkret und unmittelbar* sein muss. Dies schließt es zB aus, den Einsatz von Atomwaffen mit dem Argument zu rechtfertigen, dadurch werde der Krieg insgesamt verkürzt. Welche zivile Begleitschäden im Einzelfall als noch verhältnismäßig oder als schon unverhältnismäßig anzusehen sind, entzieht sich einer genaueren allgemeinen Bestimmung. Hier kommt alles auf den Einzelfall an, über den es immer Streit geben kann. Allerdings gibt es durchaus typische Situationen, für die sich konkretere Regeln herausbilden können. Ein besonderes Problem ist der *Angriff auf die Infrastruktur von Großstädten*. Wie sich gerade im zweiten und dritten Golfkrieg und wohl auch im Kosovo-Konflikt gezeigt hat,[443] hat auch der gezielte und genaue Angriff auf solche Infrastruktur, selbst soweit sie an sich ein militärisches Ziel darstellt, ganz erhebliche Folgen für die Zivilbevölkerung, deren Versorgung mit Nahrungsmitteln, aber auch mit notwendigen Dienstleistungen, wie solchen des Gesundheitswesens, von dieser Infrastruktur abhängt. Nach diesen Erfahrungen werden solche Begleitschäden in Zukunft verstärkt in das Urteil über die Verhältnismäßigkeit eingehen müssen. Der Einsatz von Explosivwaffen in dicht besielten Gebieten wird deshalb kritisch diskutiert.[444]

Besonders geschützte Objekte
69 Der Schutz der Zivilbevölkerung und ziviler Objekte ist kein absoluter. Selbst wenn die Regeln eingehalten werden, kommt es zu Zerstörungen. Deshalb stellt sich die Frage, ob für bestimmte

---

441 *Solf*, in Bothe/Partsch/Solf, New Rules, 350 f; *Oeter*, in Fleck (Hrsg), Handbook, 196 f; *Holland*, Military Objective and Collateral Damage, YIHL 7 (2004) 35 (55); *Beard*, Law and War in the Virtual Era, AJIL 103 (2009) 409 (427); *Stein*, Collateral Damage, Proportionality and Individual Criminal Responsibility, in Heintschel von Heinegg/Epping (Fn 401) 157 ff; *Barber*, The Proportionality Equation: Balancing Militry Objectives with Civilian Lives in the Armed Conflict in Afghanistan, JCSL 15 (2010), 467 ff; Gillner/Stümke (Hrsg), Kollateralopfer? Zivile Opfer und humanitäres Völkerrecht, 2015.
442 Dazu *Haas*, Voluntary Human Shields, in Arnold/Hildbrand (Hrsg), IHL, 191 ff; *Lyall*, Voluntary Human Shields, Direct Participation in Hostilities and the International Humanitarian Law Obligations of States, Melbourne JIL 9 (2008) 313 ff; *Sassòli*, Human Shields and International Humanitarian Law, FS Bothe, 2008, 567 ff; *Schmitt*, Human Shields in International Humanitarian Law, IsYHR 38 (2008) 17 ff.
443 Sehr krit zu der in offiziellen Kreisen weitgehend unwidersprochenen US-amerikanischen These, die Luftangriffe im 2. Golfkrieg seien unter strikter Beachtung der Regeln zum Schutz der Zivilbevölkerung durchgeführt worden, *af Jochnik/Normand* (Fn 407) 387, insbes 399 ff. Für die amerikanisch-britische Intervention im Irak 2003 ist diese Frage gründlich und differenziert untersucht in Human Rights Watch (Fn 440).
444 *Haumer/Schöberl*, Anwendung militärischer Gewalt in dicht besiedelten Gebieten, HuVI 28 (2015) 100 ff; *John-Hopkins* (Fn 401); ICRC Challenges Report 15, 47 ff.

zivile Objekte ein verstärkter Schutz vorzusehen ist. Es gibt sogar Objekte, die zwar als militärische Ziele angesehen werden können, deren Zerstörungen aber so erhebliche Konsequenzen für die Zivilbevölkerung haben können, dass ihre Zerstörung ohne Rücksicht auf das Proportionalitätsurteil im Einzelfall verboten werden muss.

Zu den Objekten, die an sich als zivile Objekte geschützt wären, die aber eines besonderen zusätzlichen Schutzes bedürfen, gehören die *Kulturgüter*. Für sie gilt gemäß der Haager Konvention v 1954 und Art 53 ZP I ein Sonderschutz mit Verwendung eines speziellen Schutzzeichens.[445] Besondere Regeln gelten auch für *Dämme* und *Deiche* sowie für *Kernkraftwerke*. Diese Objekte dürfen grundsätzlich selbst dann nicht angegriffen werden, wenn sie wegen ihrer militärischen Bedeutung an sich militärische Ziele darstellen, die Freisetzung der in ihnen enthaltenen Zerstörungskräfte aber zu erheblichen Verlusten unter der Zivilbevölkerung führen würde (Art 56 ZP I). Die Ausdehnung dieser Regel auf andere Arten von Anlagen (zB solche zur Gewinnung von Erdöl und Erdölprodukten) war bislang nicht möglich.[446] Das letztgenannte Bsp wirft die allgemeine Frage des *Schutzes der Umwelt in bewaffneten Konflikten*[447] auf. Grundsätzlich sind die Bestandteile der „Umwelt" als ziviles Objekt anzusehen und damit nach den dargestellten Regeln geschützt. Jedoch kann ein Bestandteil der Umwelt auch militärisches Ziel werden, etwa wenn ein Naturschutzgebiet als Aufmarschgelände benutzt wird. Im Vietnam-Krieg wurden umfangreiche Entlaubungsaktionen durchgeführt, um den Gegner seiner Deckung zu berauben.[448] Nach Art 55 ZP I gilt in solchen Fällen, dass die natürliche Umwelt jedenfalls vor „ausgedehnten, lang anhaltenden und schweren Schäden" zu schützen ist. Die Auslegung dieser Begriffe bereitet große Schwierigkeiten. Ob diese Regelung auch bei Anerkennung militärischer Notwendigkeiten noch einem modernen umweltrechtlichen Verständnis gerecht wird, kann man bezweifeln.[449] Deshalb gibt es Bestrebungen, den Schutz der Umwelt in bewaffneten Konflikten durch neue Regelungen zu verbessern oder jedenfalls konkreter zu gestalten.[450] Die Frage wird von der ILC behandelt.[451]

---

445 Toman, La protection des biens culturels en cas de conflit armé, 1994; Hönes, Zur Ratifizierung des Zweiten Protokolls von 1999 zur Haager Konvention zum Schutz von Kulturgut 1954, DÖV 2008, 911 ff; Wolfrum, Protection of Cultural Property in Armed Conflict, IsYHR 32 (2003) 305 ff; vgl Dolzer/Kreuter-Kirchhof, 6. Abschn Rn 147 ff; Odendahl, Der Schutz von Kulturgütern bei militärischen Konflikten, in Zimmermann u a, Konfliktformen, 113 ff.
446 Pilloud/Pictet, in Sandoz/Swinarski/Zimmermann (Hrsg), Additional Protocols, Protocol I, Art 56 Rn 2149.
447 Vöneky/Wolfrum, Environment, Protection in Armed Conflict, MPEPIL III, 509 ff; Bothe, Military Activities and the Protection of the Environment, EPL 37 (2007) 23 ff; Austin/Bruch (Hrsg), The Environmental Consequences of War, 2000; Goldblat, Protection of Natural Environment against the Effects of Military Activities, HV-I 1992, 133 ff; Linden/Rust, Oil Spill Damage to Coastal Ecosystems in Lebanon as a Result of Military Action in July 2006, Ocean Yearbook 22 (2008) 375 ff; Peterson, The Natural Environment in Times of Armed Conflict, Leiden JIL 22 (2009) 325 ff; Plant (Hrsg), Environmental Protection and the Law of War, 1992; Robinson, International Law and the Destruction of the Nature in the Gulf War, EPL 21 (1991) 216 ff; Spieker, Völkergewohnheitsrechtlicher Schutz der natürlichen Umwelt im internationalen bewaffneten Konflikt, 1992; dies, The Conduct of Hostilities and the Protection of the Environment, FS Bothe, 2008, 741 ff; Schmitt, Green War, Yale JIL 22 (1997) 1 ff; ders, War and the Environment, AVR 37 (1999) 25 ff; UNEP (Hrsg), Protecting the Environment During Armed Conflict, 2009; Verwey, Protection of the Environment in Times of Armed Conflict, Leiden JIL 8 (1995) 7 ff; Vöneky, Die Fortgeltung des Umweltvölkerrechts in bewaffneten Konflikten, 2001; Bothe/Bruch/Diamond/Jensen, International Law Protecting the Environment During Armed Conflict, IRRC 92 (2010) 569 ff; Das, Environmental Protection, Security and Armed Conflict. A Sustainable Development Perspective, 2013.
448 Vgl Weiler, Vietnam, 2. Aufl 1973, 240 ff.
449 Analyse der Lücken des geltenden Rechts bei Bothe/Bruch/Diamond/Jensen (Fn 447). Umfassend Austin/Bruch (Fn 447).
450 Vgl hierzu den Bericht des GS an die 47. GV, UN Doc A/47/328 (1992); A/RES/47/37 v 25.11. 1992; UN Doc A/48/269, Kap II (1993), Bericht des GS; A/RES/48/30 v 9.12.1993; UN Doc A/49/323 (1994) u A/RES/49/50 v 9.12. 1994. Hierzu auch ICRC, Meeting of Experts on the Protection of the Environment in Time of Armed Conflict, Report on the Work of the Meeting (September 1992); ICRC, Second Meeting of Experts on the Protection of the Environment in Time of Armed Conflict, Report on the Work of the Meeting (April 1993). Beide Berichte sind unveröffentlicht, jedoch sind ihre Schlussfolgerungen in den Berichten des GS enthalten. Vgl auch Bouvier, Recent Studies on the Protection of the Environment in Time of Armed Conflict, IRRC 32 (1992) 554 ff mwN.
451 Die Sonderberichterstatterin M. G. Jacobsson hat zwei Berichte vorgelegt, vgl UN Doc A/CN.4/674 u A/CN.4/685. Der Redaktionsausschuss hat einige Prinzipien vorläufig angenommen, UN Doc A/CN.4/L.870.

Das Perfidieverbot

71 Ein anderer allgemeiner Gesichtspunkt der Beschränkung der Mittel und Methoden, die zur Schädigung des Gegners erlaubt sind, ist das Verbot der Perfidie (Art 23 lit a HLKO).[452] Es beruht auf alten Gedanken der Ritterlichkeit, die zwar den offenen Kampf mit dem Gegner, nicht aber heimtückischen Mord als erlaubt ansehen. Im Einzelfall sind verbotene Perfidie und erlaubte Kriegslist schwer voneinander abzugrenzen (Art 37 ZP I). Perfidie ist insbes jede Schädigungshandlung, die durch das Vortäuschen einer besonderen Schutzsituation (zB Gebrauch des Rot-Kreuzzeichens) ermöglicht wird.[453] Mit dem Verbot meuchlerischer Kriegsführung hängt auch das *der Verwendung von Gift* als Kampfmittel zusammen (Art 23 lit a HLKO), was eine wichtige Grundlage für das Verbot chemischer Waffen[454] darstellt.

Waffenverbote und Verbote von Kampfmethoden

72 Die dargestellten Grundregeln bedeuten eine Beschränkung von Kampfzielen und Kampfmethoden, nicht jedoch bereits das Verbot bestimmter Waffen.[455] Bei allen sog „zweifelhaften" Waffen ist stets zu fragen, ob im konkreten Fall die Wirkung eines Angriffs gegen die dargestellten Regeln verstößt. Jedoch haben sich auf der Grundlage dieser allgemeinen Regeln über verbotene Kampfziele und -methoden konkrete und spezifische Waffenverbote im Vertrags- und zT im Gewohnheitsrecht entwickelt.

73 Das Verbot der Zufügung unnötiger Leiden ist die Grundlage der Sankt Petersburger Erklärung über das Verbot von Explosivgeschossen[456] unter 400 g Gewicht und der Haager Erklärung über das Verbot sog Dum-Dum-Geschosse.[457] Das Verbot der unterschiedslosen Kriegführung wurde insbes die Grundlage des Verbots chemischer Waffen. Beide Gesichtspunkte werden zusammengefasst in der *UN-Konvention über konventionelle Waffen, die überflüssige Leiden verursachen oder unterschiedslos wirken*.[458] Diese Rahmenkonvention wird ausgeführt durch Protokolle über nichterkennbare Splitter (die deswegen überflüssige Leiden verursachen, weil wegen der Nichterkennbarkeit auf dem Röntgenbild die Behandlung Verwundeter unnötig erschwert wird), über Minen (wegen ihrer besonderen Gefahr für die Zivilbevölkerung) und eine Einschränkung des Gebrauchs von Brandwaffen. Die Frage von kleinkalibrigen Hochgeschwindigkeits-Geschossen, von denen sich mit guten Gründen gleichfalls sagen lässt, dass sie überflüssige Leiden verursachen, wurde bislang nur in einer Resolution behandelt. *Landminen* stellen in zahlreichen bewaffneten Konflikten der jüngsten Zeit eine schreckliche Bedrohung der Zivilbevölkerung dar,

---

452 Hierzu *Gimmerthal*, Kriegslist und Perfidieverbot im Zusatzprotokoll vom 10.6.1977 zu den vier Genfer Rotkreuz-Abkommen von 1949 (Zusatzprotokoll I), 1990; *Rusinova*, Perfidy, MPEPIL VIII, 245 ff; *Fleck*, Kriegslisten und Perfidieverbot, in ders (Hrsg), Beiträge zur Weiterentwicklung des humanitären Völkerrechts für bewaffnete Konflikte, 1973, 105 ff; *Madden*, Of Wolves and Sheep, JCSL 17 (2012) 439 ff.
453 Vgl *Solf*, in Bothe/Partsch/Solf, New Rules, 235 f.
454 Dazu sogleich u Rn 74.
455 Vgl grundlegend *Boothby*, Weapons and the Law of Armed Conflict, 2009; *Fleck*, Völkerrechtliche Gesichtspunkte für ein Verbot der Anwendung bestimmter Kriegswaffen, in ders (Hrsg), Beiträge zur Weiterentwicklung des humanitären Völkerrechts, 1973, 1 ff; *Oeter*, in Fleck (Hrsg), Handbook, 137 ff; zu neueren Zweifelsfragen *Heintze*, Nichtletale Waffen und das humanitäre Völkerrecht, Sicherheit und Frieden 18 (2000) 2 ff; *Wisotzki*, Die „vergessenen" Waffen, Friedenswarte 75 (2000), 221 ff; IIHL (Hrsg), International Humanitarian Law and New Weapons Technologies, 2012.
456 St. Petersburger Erklärung v 11.12.1868 abgedr in Schindler/Toman, Armed Conflicts, 101.
457 Erklärung v 29.7.1899, betr das Verbot von Geschossen, die sich leicht im menschlichen Körper ausdehnen oder platt drücken, abgedr in RGBl 1901, 478 ff.
458 Vertrag v 10.10.1980, DokHVR 607; hierzu *Aubert*, Das Internationale Kommitee vom Roten Kreuz und die Problematik der Waffen, die übermäßiges Leiden verursachen oder unterschiedslos treffen, IRRC 30 (1990) 271 ff; *Bring*, The 1981 Inhuman Weapons Convention, Disarmament 1991, 33 ff.

weshalb das Minenprotokoll v 1980 als unbefriedigend empfunden wurde.[459] Jedoch hat sich der Versuch, ein umfassendes Verbot von Landminen einzuführen, als sehr schwierig erwiesen.[460] Das Minenprotokoll v 1996 brachte noch immer kein generelles Verbot von Anti-Personen-Minen, erzielte aber immerhin gewisse Fortschritte.[461] Einen Durchbruch erzielte erst das *Übereinkommen von Ottawa* mit einem umfassenden Verbot des Einsatzes und des Besitzes von Anti-Personen-Minen, dem allerdings bislang wesentliche Staaten fernblieben.[462] Unter dem Gesichtspunkt des Verbots unverhältnismäßiger Kollateralschäden ist auch ein vertragliches Verbot von sog Streubomben erreicht worden,[463] dem allerdings auch einige Militärmächte Widerstand leisten. Unter dem Gesichtspunkt des Verbots überflüssiger Leiden wird der Einsatz von Laser-Strahlen zum Zweck, die Erblindung gegnerischer Soldaten zu verursachen, durch ein ZP v 1995 verboten.[464] Umstritten ist die Forderung eines Verbots von *depleted uranium*.[465]

Der Einsatz *chemischer Waffen*[466] im Ersten Weltkrieg führte rasch zu ablehnenden Reaktionen gegenüber dieser Art von Waffen, die sowohl mit Gesichtspunkten des Schutzes der Zivilbevölkerung als auch mit denen der Verursachung überflüssiger Leiden und vor allem des Verbots heimtückischer Kriegführung begründet wurden. Dies führte zunächst zur Aufnahme chemischer Waffen in die Rüstungsbeschränkungen, die den Verlierern des Ersten Weltkriegs in den Pariser Vorortverträgen auferlegt wurden.[467] 1925 wurde dann auf der Genfer Waffenhandelskonferenz ein *Protokoll über das Verbot des Einsatzes chemischer und bakteriologischer Waffen* an-   74

---

459 Vgl die Stellungnahme des IKRK zur 48. GV der UN, IRRC 76 (1994) 59 ff sowie zum Delegiertenrat des Roten Kreuzes und Roten Halbmonds, ebd 64 ff. Zu weiteren Initiativen des IKRK vgl IRRC 77 (1995) 726 f.
460 Zu den Ergebnissen der Wiener Sitzung der Überprüfungskonferenz vgl IRRC 77 (1995) 731 ff sowie Res 2 (G) der 26. Internationalen Rotkreuzkonferenz, IRRC 78 (1996) 62 (69).
461 Die Fortschritte bestehen vor allem in der Ausdehnung des Anwendungsbereichs des Protokolls auf den nichtinternationalen Konflikt (s dazu auch u Rn 121 ff) sowie im Verbot von Minen ohne Selbstzerstörungsmechanismen bzw automatische Deaktivierung, allerdings mit einer zu langen Übergangsfrist. Zur Kritik vgl Entschließung des Europäischen Parlaments v 23.5.1996, abgedr in EuGRZ 1996, 331 f; vgl ferner *Küchenmeister*, Ächtung von Landminen wird eine Illusion bleiben, Friedens-Warte 71 (1996) 27 ff.
462 Vertrag v 18.9./3.12.1997, DokHVR 919, 162 Vertragsparteien (31.12.2015); es fehlen u a China, Indien, Iran, Israel, Pakistan, Russland, USA.
463 Vertrag v 30.5.2008, DokHVR 1107, 98 Vertagsparteien (31.12.2015). Dies sind Munitionen, die vor dem Aufprall in zahlreiche kleinere *submunitions* oder *bomblets* zersplittern, die aber meist nicht alle explodieren. Die nicht explodierten Munitionsteile *(duds)* liegen dann im Zielgebiet zerstreut und sind für die Bevölkerung mindestens so gefährlich wie Landminen. Die durch die *duds* verursachten Schäden sind Kollateralschäden des Einsatzes der Streubomben, deren Verhältnismäßigkeit häufig zu verneinen ist. Wegen des Widerstands wichtiger Militärmächte gegen den Vertrag von Dublin/Oslo finden weiter Verhandlungen im Rahmen der UN-Waffenkonvention statt. Die USA verfolgen eine „Politik der Minimierung negativer humanitärer Folgewirkungen" dieser Munition, US Manual 6.13.3. Zum Problem der Cluster-Bomben vgl auch *Heintschel von Heinegg*, Irak-Krieg und ius in bello, AVR 41 (2003) 272 (279).
464 CCW/CONF.I/16 (Part I), Annex A, 13 ff.
465 Entschließung des Europäischen Parlaments v 13.2.2003, ABl EU 2004, Nr C 43/361. *Depleted Uranium* besteht im Wesentlichen aus Uran 238 und hat nur noch einen geringen Anteil des hoch radioaktiven Uran 235. Seine Verwendung in Waffen dient der Härtung von Projektilen, um insbes die Durchschlagskraft panzerbrechender Waffen zu erhöhen. Das Problem seiner Wirkung besteht darin, dass das Metall auf verschiedenen Belastungspfaden in den Körper gelangt, wo es Gesundheitsschäden weniger wegen der verbliebenen Radioaktivität als wegen der Giftwirkung als Schwermetall verursacht. Welche Folgen dies für die rechtliche Zulässigkeit hat, ist str, vgl McDonald/Kleffner/Toebes (Hrsg), Depleted Uranium Weapons and International Law, 2008; *Black-Branch*, The Legal Status of Cluster Munitions under International Humanitarian Law, HuVI 22 (2009) 186 ff; *Di Ruzza*, The Convention on Cluster Munitions, RDMDG 47 (2008) 405 ff; *Justen*, Der Vertrag von Oslo über das umfassende Verbot von Streumunition, Sicherheit und Frieden 27 (2009) 102 ff; *Gibbons*, Uses and Effects of Depleted Uranium Munitions, YIHL 7 (2004) 191 ff.
466 *Bothe* (Fn 388) 1 ff; *Marauhn*, Chemical Weapons and Warfare, MPEPIL II, 108 ff.
467 Art 171 des Versailler Vertrags; vgl dazu *Marauhn*, Der deutsche Chemiewaffenverzicht, 1994, 59 ff; *Bothe* (Fn 388) 89 ff.

genommen, dem im Laufe der Zeit eine große Zahl von Staaten beitrat.[468] Sein wesentlicher Inhalt gilt heute als Gewohnheitsrecht. Chemische Waffen sind solche, bei denen die Schädigung durch die toxische Wirkung der eingesetzten Stoffe auf lebende Organismen erfolgt. Dabei ist str geworden, ob von einer chemischen Waffe bereits dann gesprochen werden kann, wenn die Wirkung auf den Organismus nicht zum Tod oder zu erheblichen Verletzungen führt, sondern wenn nur eine Lähmung oder eine andere zeitweilige Beeinträchtigung die Folge ist. Deshalb ist die Verwendung von Tränengasen als Kampfmittel lange eine Streitfrage gewesen.[469] Richtiger Auffassung nach fällt Tränengas unter das Verbot, was auch durch das *C-Waffen-Übereinkommen v 1993*[470] bestätigt wird. Im Hinblick auf den umfangreichen Einsatz von Entlaubungsmitteln im Vietnam-Krieg[471] ist auch str, ob von einer verbotenen chemischen Waffe auch dann gesprochen werden kann, wenn die toxische Wirkung nur bei Pflanzen erhebliche Schäden hervorruft. Richtiger Auffassung nach ist dies der Fall.[472]

75   Die Bemühungen, auch ein vertragliches Verbot des Einsatzes von *Atomwaffen*[473] zu erreichen, waren bislang nicht von Erfolg gekrönt. Aber die dargestellten Regeln über den Schutz der Zivilbevölkerung vor den Folgen von Kampfhandlungen gelten auch für den Einsatz von Nuklearwaffen. Dies ist hinsichtlich des *gewohnheitsrechtlichen* Verbots unbestritten, was auch der IGH in seinem *Gutachten über die Rechtmäßigkeit von Atomwaffen* v 8.7.1996 einmütig festgestellt hat.[474] Hinsichtlich der vertraglichen Regeln des ZP I stehen verschiedene Regierungen von NATO-Staaten auf dem Standpunkt, dass dieser Vertrag deswegen nicht auf den Einsatz von Atomwaffen Anwendung finden könne, weil bereits während der Verhandlungen von den USA, Großbritannien und Frankreich Erklärungen idS abgegeben worden seien.[475] Man kann jedoch Erklärungen einzelner (auch wichtiger) Staaten während der Vertragsverhandlungen nicht ohne weiteres die Wirkung beimessen, dass dadurch der klare Vertragswortlaut in seiner Tragweite eingeschränkt wird. Die meisten NATO-Staaten haben jedoch bei der Ratifizierung des ZP I entsprechende Erklärungen abgegeben, denen man eine rechtliche Wirksamkeit als Vorbehalt nicht absprechen kann. Da diese Erklärungen unwidersprochen geblieben sind, kann jedenfalls im Verhältnis zwischen den NATO-Staaten, die eine solche Erklärung abgegeben haben, und anderen Staaten *nicht* von einer *Geltung des ZP I für den Einsatz von Atomwaffen* ausgegangen werden. Dies beeinträchtigt nicht die gewohnheitsrechtliche Geltung der im ZP I kodifizierten Regeln, weswegen der IGH den vertragsrechtlichen Streit als irrelevant betrachtet hat.

76   Bei der Anwendung der dargestellten Regeln auf Atomwaffen ist str, ob angesichts der verheerenden Wirkung dieser Waffen überhaupt Fälle denkbar sind, in denen der Einsatz zulässig wäre. In dem Rechtsgutachten des IGH[476] haben drei Richter diese Frage klar verneint, zwei Richter *(Schwebel, Guillaume)* haben sie bejaht, ohne die möglichen Ausnahmen vom Verbot näher zu präzisieren, während die sieben Richter der Mehrheit sie für eine eng begrenzte Ausnahmesituation offen gelassen,[477] die Tragweite der als möglich angesehenen Ausnahmen aber eng defi-

---

468 Bis zum November 2012 traten 137 Staaten dem Protokoll bei.
469 *Bothe* (Fn 388) 31 u 49 f; *Verwey*, Riot Control Agents and Herbicides in War, 1977, 69 ff, 205 ff.
470 Art I Abs 5 Chemiewaffen-Übereinkommen.
471 SIPRI, Ecological Consequences of the Second Indochine War, 1976, 24 ff, 46 ff.
472 *Verwey* (Fn 469) 155, 239, 281 ff; *Bothe* (Fn 388) 31.
473 *Oeter*, in Fleck (Hrsg), Handbook, 153 ff mwN.
474 Nr 2 D des Tenors, insbes § 85 der Gründe (s Fn 74).
475 Die Wirkung der Erklärungen ist höchst str, vgl *Solf*, in Bothe/Partsch/Solf, New Rules, 218 ff; *Fischer* (Fn 396) 100 ff; *Meyrowitz* (Fn 396) 311 ff; *ders*, Kriegsrecht und Kernwaffen, EA 1981, 689 ff; *Empell* (Fn 396) 189 ff.
476 Vgl o Fn 74. Krit *Schmitt* (Fn 401) 156 f; ICRC Challenges Report 15, 59; aus der Literatur *Anastassov*, Are Nuclear Weapons Illegal?, JCSL 15 (2010) 89 ff; eine umfassende neuere Analyse ist Nystuen/Casey-Maslen/Bersagel (Hrsg), Nuclear Weapons under International Law, 2014.
477 Was sie nach Auffassung der Richterin *Higgins* nicht hätten tun dürfen, vgl ICJ Rep 1996, 226, 583 ff.

niert haben. Angesichts der auch nach dem Gutachten verbleibenden Unsicherheit bleibt es sinnvoll zu fragen, wie im Einzelnen die rechtliche Bewertung bei Anwendung der oben dargestellten Regeln erfolgen könnte. Dabei müsste *nach Einsatzarten und Waffenwirkung differenziert werden.* Der Einsatz von Waffen mit hoher Sprengkraft gegen Bevölkerungszentren – strategische Atomwaffen – ist als Angriff gegen die Zivilbevölkerung unzulässig, selbst wenn sich in solchen Bevölkerungszentren einzelne militärische Ziele befinden.[478] Fraglich könnte nur die Rechtfertigung als *Zweiteinsatz* sein. Die Rechtfertigung als Repressalie wäre nach Art 51 Abs 6 ZP I verboten, wobei allerdings str ist, ob dieses Repressalienverbot bereits gewohnheitsrechtliche Geltung besitzt. Es lässt sich auch vertreten, dass nach dem Grundsatz des *Tu quoque* die Regel jedenfalls gegenüber dem die Waffen zuerst einsetzenden Staat nicht mehr gilt. Der IGH ist in seinem Gutachten auf die Frage des Zweiteinsatzes nicht eingegangen. Werden *taktische Nuklearwaffen* oder sog Gefechtsfeldwaffen gegen militärische Ziele eingesetzt, ist hinsichtlich der Zerstörungswirkungen über das eigentliche militärische Ziel hinaus, dh auf den sog zivilen Begleitschaden, der Verhältnismäßigkeitsgrundsatz anzuwenden. Dabei fallen neben den unabsehbaren Folgen für Leben und Gesundheit der Bevölkerung auch die schwerwiegenden Umweltkonsequenzen[479] des Einsatzes von Atomwaffen gegen den militärischen Nutzen ins Gewicht. Ob dennoch ausnahmsweise Fälle denkbar sind, in denen der Einsatz zulässig wäre, kann hier schon mangels Kenntnis möglicher militärischer Szenarien nicht abschließend gesagt werden. Insofern muss es aber zu denken geben, dass in dem erwähnten Gutachtenverfahren vor dem IGH Staaten, die den zulässigen Einsatz von Atomwaffen noch für möglich hielten, kein Szenario eines solchen Einsatzes darstellen konnten.[480] Besteht die wesentliche Wirkung einer Nuklearwaffe nicht in ihrer Sprengwirkung, sondern in der *Strahlenwirkung,* so fällt diese Waffe unter das Genfer Protokoll v 1925.[481] Dieses enthält nicht nur ein Verbot von chemischen Waffen ieS, sondern auch das Verbot von allen „ähnlichen Flüssigkeiten, Stoffen oder Verfahrensarten", eine Klausel, die man als eine Art Auffangtatbestand für alle Fälle nicht konventioneller Kriegführung verstehen muss, bei denen die Waffenwirkung eben nicht durch Hitze oder Druck erfolgt. Deshalb ist der Einsatz solcher Waffen völkerrechtswidrig. Ein weiterer Gesichtspunkt für das Verbot von Atomwaffen ist, dass die Begleitschäden sich auf das Gebiet neutraler Staaten erstrecken würden, wofür es nach geltendem Neutralitätsrecht keine Rechtfertigung gibt.[482] Schließlich erörtert der IGH das Selbsterhaltungsrecht des Staats *(fundamental right of every state to survival)* iVm dem Selbstverteidigungsrecht als mögliche Rechtfertigung des Einsatzes von Atomwaffen.[483] Wie dabei das Kriterium des *ius contra bellum* mit dem des *ius in bello* verknüpft werden könnte,[484] bleibt unklar. Der IGH trifft denn auch letztlich keine positive Aussage dahin, dass in einer bestimmten oder bestimmbaren Situation der Einsatz von Nuklearwaffen zulässig sein könnte, sondern kommt bei Betonung der generellen Unzulässigkeit zu einem *non liquet* hinsichtlich einer *sehr eng begrenzten Ausnahme.* Es ist somit in Zukunft kaum noch möglich, die Planung des Einsatzes von Nuklearwaffen mit dem Argument zu rechtfertigen, Szenarien eines

---

[478] *Meyrowitz,* Le bombardement stratégique d'après le Protocole additionnel I aux Conventions de Genève, ZaöRV 41 (1981) 1 ff.
[479] *Koppe,* The Use of Nuclear Weapons and the Protection of the Environment During International Armed Conflict, 2006.
[480] Das betont nicht nur die Mehrheitsmeinung des Gerichts (§ 94), sondern auch die dissentierende Richterin *Higgins,* ICJ Rep 1996, 226, 583 ff.
[481] Sehr str; s hierzu *Ney,* Der Einsatz von Atomwaffen im Lichte des Völkerrechts, 1985, 177 ff mwN; *Menzel,* Atomwaffen und völkerrechtliches Kriegsrecht, in Kewenig (Hrsg), Abschreckung und Entspannung, 1977, 148 (167 ff). Dieses Argument wurde in dem Rechtsgutachten des IGH v 8.7.1996 nicht akzeptiert, vgl ICJ Rep 1996, 226 (§ 55 f).
[482] ICJ Rep 1996, 226 (§§ 88, 94); s auch u Rn 110.
[483] ICJ Rep 1996, 226 (§ 96 f).
[484] Dazu s o Einl Rn 1 f u Rn 56 ff.

rechtmäßigen Einsatzes seien denkbar. – Die dargestellten Probleme des Einsatzes bestimmter Kampfmethoden und Waffen sind Teilaspekte einer allgemeineren Rechtsfrage, ob und welche rechtlichen Konsequenzen sich aus der Bedeutung moderner Technologie für die Kriegführung ergeben. Gerade die Diskussion um das Verbot von Atomwaffen zeigt, dass die technische Entwicklung nicht zu einer Aufhebung der gewohnheits- und vertragsrechtlichen Verbote geführt hat. Das geltende Recht der Kampfführung ist also auf neuere technische Entwicklungen anzuwenden.[485] Daraus folgen konkrete rechtliche Konsequenzen,[486] etwa der besondere militärische Nutzen technischer Infrastruktur bei der Bewertung des militärischen Vorteils ihrer Zerstörung. Eine str Frage ist, ob ein Staat, der Präzisionswaffen besitzt, diese auch einsetzen muss, um das Gebot der Minimierung von Kollateralschäden zu befolgen.[487] Technische Überlegenheit ist ein wichtiges Element asymmetrischer Konflikte. Die Anwendung des geltenden Rechts bereitet besondere Probleme bei neuen Formen hochtechnisierter Kriegführung, insbes „Cyber Warfare" und autonomen Waffensystemen. Wie bei der Bewertung einer Schädigungshandlung gemäß dem ius contra bellum[488] ist auch für die Bewertung der Rechtmäßigkeit eines „Angriffs" nach ius in bello die Gleichwertigkeit von „Tragweite und Wirkung" ausschlaggebend. Das gilt für den zulässigen Schädigungsgegenstand (militärisches Ziel) als auch für die Bewertung des zulässigen zivilen Begleitschadens. Bei letzterer ist insbes die hohe Abhängigkeit gerade städtischer Lebensräume von Computerinfrastruktur in Rechnung zu stellen. Solche Schädigungshandlungen dürfen nur von Kombattanten vorgenommen werden. Damit ist das allgemeinere und grundsätzliche Problem der schwierigen Feststellbarkeit des Urhebers eines Computer-Angriffs angesprochen. Die Lösung diese Frage kann wohl nur in der Entwicklung von staatlichen Kontrollpflichten liegen, die staatliche Verantwortung für Computer-Angriffe praktisch möglich machen.[489] Die dargestellten Regeln gelten auch für sog autonome Waffensysteme, die Angriffsentscheidungen selbständig nach Maßgabe ihrer Programmierung treffen (Autonomie in den kritischen Funktionen).[490] Die Programmierung muss die Einhaltung der Regeln sicherstellen. Ob das wirklich möglich ist, ist str.[491] Soweit es nicht möglich ist, muss der Einsatz solcher Waffensysteme unterbleiben (Art 51 Abs. 4 lit. c ZP I).

Geschützte Personen

77 Eine weitere Folge der Beschränkung der Gewalt auf die militärische Schwächung des Gegners ist der *Schutz des Wehrlosen,* der dem Gegner nicht mehr schaden kann. Deshalb ist es verboten, einen sich ergebenden oder zur Gegenwehr nicht mehr fähigen Gegner zu töten. Die Regel ist auch die Grundlage der besonderen Regelungen für den Schutz bestimmter Gruppen von Personen (Verwundete und Kranke, Sanitäts- und Seelsorge-Personal, Kriegsgefangene sowie die Zivilbevölkerung im besetzten Gebiet). In diesen Regeln zeigt sich die *menschenrechtliche Komponente des ius in bello* besonders deutlich. Allerdings wirft die Entwicklung eines Schutzes für ganz spezifische Gruppen das Definitionsproblem der Zugehörigkeit zu dieser Gruppe auf. Es fragt sich in der Tat, ob die Gruppen so definiert sind, dass alle aus dem Grundprinzip des Schutzes des Wehrlosen sich ergebenden Schutzbedürfnisse befriedigt werden. Die insofern bestehenden Lücken zu schließen, ist der Sinn der Auffangvorschrift des Art 75 ZP I (Rn 83). Nicht mit dem geltenden Recht vereinbar sind auf der anderen Seite Bestrebungen, angeblich dem

---

485 ICRC Challenges Report 15, 38.
486 *Schmitt* (Fn 401) 153 ff; *Boothby* (Fn 455) 332 ff; *Beard* (Fn 441).
487 *Schmitt* (Fn 401) 163 f.
488 S o Rn 10 mit Fn 42.
489 Eingehend *Schulze,* Cyber „War" – Testfall der Staatenverantwortlichkeit, 2015.
490 ICRC Challenges Report 15, 44 ff.
491 *Schöberl* (Fn 363) 70 f mwN.

Terrorismus zuzuordnende Personen als *unlawful combatants* zu bezeichnen und damit aus dem Kreis der geschützten Personengruppen hinauszudefinieren.[492]

Jede Person, die *wehrlos* ist *oder sich ergibt*, darf nicht mehr angegriffen werden. Darum ist **78** das „Verbot, Gefangene zu machen", dh der Befehl, wehrlose oder sich ergebende Angehörige des Gegner zu erschießen oder in schutzloser Lage zu lassen, rechtwidrig (Art 23 lit c und d HLKO; Art 40, 41 ZP I). Wehrlos sind auch Soldaten, die sich am Fallschirm aus einem abgeschossenen Flugzeug retten, jedoch nicht Fallschirmtruppen, bei denen der Absprung eben ein Mittel der Schädigung des Gegners ist (Art 42 ZP I).[493]

Verwundete und Kranke, jedenfalls wenn sie nicht mehr an Kampfhandlungen teilnehmen, **79** dürfen gleichfalls nicht angegriffen werden. Jede Konfliktpartei muss sie medizinisch versorgen. Das erfordert auch, dass das Sanitätspersonal geschützt und geachtet werden muss, dh es darf ebenfalls nicht angegriffen werden; vielmehr muss ihm Gelegenheit gegeben werden, seine Funktionen für die Verwundeten und Kranken auszuüben.[494] Zur Kennzeichnung von Sanitätspersonal, -einheiten und -transportmitteln sind das rote Kreuz, der rote Halbmond[495] oder neuerdings der rote Kristall[496] auf weißem Grund zu verwenden.[497] Diese Schutzzeichen sind zu unterscheiden von dem Erkennungszeichen, das die nationalen Rot-Kreuz/Rot-Halbmond-Gesellschaften oder die Vertreter des Internationalen Roten Kreuzes führen.[498] Diese Regeln galten zunächst, seit der ersten Genfer Konvention v 1864, für verwundete und kranke Militärpersonen sowie für militärisches Sanitätspersonal. Durch das ZP I sind sie in vollem Umfang auf den zivilen Bereich ausgedehnt worden.[499] Dies wirft freilich besondere Probleme der Kontrolle und des Gebrauchs als Schutzzeichen auf.[500]

Kombattanten (Rn 66f) sowie bestimmte Personen, die den Streitkräften angehören, ohne **80** einen Kampfauftrag zu besitzen (Richter, zivile Bedienstete), ferner Angehörige des Gefolges der Streitkräfte (Kriegsberichterstatter, Truppenbetreuung, Wartungspersonal),[501] die in die Hand des Gegners geraten, haben als *Kriegsgefangene* bestimmte Rechte und Pflichten.[502] Oberster Grundsatz ist, dass sie mit Menschlichkeit zu behandeln sind und *Anspruch auf Achtung ihrer Person und Ehre* besitzen. Dies bedeutet auch, dass sie nicht diskriminiert werden und ihre persönlichen Sachen und Gebrauchsgegenstände behalten dürfen, die sie bei der Gefangenennahme mit sich führen. Sie sind in Lagern unterzubringen, die hinreichend vom Ort der Kampfhandlungen entfernt sind. Ihnen ist ausreichende Versorgung zu gewähren. Ebenso ist eine religiöse, geistige und körperliche Betätigung und die Kommunikation mit der Außenwelt zu ermöglichen, freilich unter gewissen Kontrollen. Nach Beendigung der Feindseligkeiten sind Kriegsgefangene freizulassen und heimzuschaffen, wenn sie dem nicht wider-

---

492 Vgl schon o Rn 66 mwN. Vgl auch *Rodley*, The Treatment of Prisoners under International Law, 3. Aufl 2009.
493 Zur Vorgeschichte *Hailbronner*, Die Notsituation im Luftkriegsrecht, in Fleck (Hrsg), Handbook, 106 ff; vgl im Übrigen *Solf*, in *Bothe/Partsch/Solf*, New Rules, 259 ff.
494 I. GK 1949, insbes Art 12, 19, 24; Art 10, 11, 12, 15, 16 ZP I.
495 Nach der Genfer Konvention v 1864 galt allein das rote Kreuz als Schutzzeichen. Zunächst aufgrund von Vorbehalten zur Konvention v 1906, dann durch ausdrückliche Vertragsbestimmung v 1929 wurde das Recht anerkannt, anstelle des roten Kreuzes den roten Halbmond zu verwenden. Israel verwendet den roten Davidstern als Schutzzeichen, was aber zunächst rechtlich nicht anerkannt war. Nach dem ZP III kann nunmehr der rote Davidstern in Kombination mit dem roten Kristall verwandt werden.
496 ZP III v 2005, vgl *Magnuson*, The Emblem, IRRC 83 (2001) 1156 ff.
497 I. GK 1949, Art 38 ff.
498 I. GK 1949, Art 44.
499 Vgl dazu *Bothe*, in *Bothe/Partsch/Solf*, New Rules, 93 ff; *Kleffner*, Protection of the Wounded, Sick, and Shipwrecked, in Fleck (Hrsg), Handbook, 321 ff.
500 Vgl dazu die unterschiedlichen Beiträge in Bothe/Kurzidem/Macalister-Smith (Hrsg), National Implementation of International Humanitarian Law, 1990, 151 ff.
501 *Ipsen*, Combatants and Non-Combatants, in Fleck (Hrsg), Handbook, 79 (97 f); *E. Crawford*, The Treatment of Combatants under the Law of Armed Conflict, 2010.
502 III. GK 1949; vgl *Rosas*, The Legal Status of Prisoners of War, 1976.

sprechen.⁵⁰³ Kriegsgefangene unterstehen der Disziplinar- und Strafgewalt des Gewahrsamsstaats, genießen jedoch bei der Durchsetzung dieser Gewalt bestimmte Verfahrensgarantien.⁵⁰⁴ Für die Teilnahme an Kampfhandlungen dürfen sie nicht bestraft werden, wenn diese Beteiligung sich im Rahmen des *ius in bello* hält. Dieser besondere völkerrechtliche Schutz kommt grundsätzlich nur Kombattanten zu (sog *combatant privilege*).⁵⁰⁵ Deshalb ist die Bestimmung dieses Status eine entscheidende Frage. Sie ist in Zweifelsfällen einem Gericht vorbehalten.⁵⁰⁶ Wer sich an Kampfhandlungen beteiligt, ohne Kombattant zu sein, hat kein Recht auf den Kriegsgefangenen-Status, ist also auch nicht vor Bestrafung wegen dieser Teilnahme an den Kampfhandlungen geschützt (Rn 67, 78); jedoch finden auf solche Personen die menschenrechtlichen Garantien des Art 75 ZP I (Rn 77, 83) und die allgemeinen Regeln des Menschenrechtsschutzes Anwendung.

81   Die *Zivilbevölkerung* ist Hauptleidtragende moderner Konflikte.⁵⁰⁷ Der Schutz der Zivilbevölkerung vor Kampfhandlungen⁵⁰⁸ reicht nicht aus, um die Leiden der Zivilbevölkerung hinreichend einzuschränken. Zwei Problembereiche sind zusätzlich von Bedeutung: die menschenwürdige Behandlung von Zivilpersonen, die sich in der Gewalt des Feindes befinden, und die Durchführung von Hilfsaktionen zugunsten der Zivilbevölkerung. Hinsichtlich des Schutzes von Zivilpersonen ist zu unterscheiden zwischen Zivilpersonen in Feindesland und solchen in besetzten Gebieten. Befindet sich der Staatsangehörige einer Konfliktpartei auf dem Gebiet der anderen Partei, so ist er jedenfalls menschlich zu behandeln.⁵⁰⁹ Grundsätzlich hat er Gelegenheit, das Land zu verlassen. Jedoch kann er unter bestimmten Bedingungen auch interniert werden,⁵¹⁰ wobei seine Rechte und Pflichten heute denen eines Kriegsgefangenen weitgehend angenähert sind. Die Notwendigkeit von *Hilfsaktionen zugunsten der Zivilbevölkerung* kann einmal in besetzten Gebieten, zum anderen dann bestehen, wenn ein Staat kriegsbedingt die eigene Bevölkerung nicht mehr versorgen kann, zB im Falle einer Belagerung oder Blockade. Es gilt der Grundsatz, dass solche Hilfsaktionen ermöglicht werden müssen. Sie bedürfen jedoch der Zustimmung des jeweils betroffenen Staats (Transitstaat, Empfangsstaat), die jedoch nur aus wichtigen Gründen, dh nicht willkürlich verweigert werden darf. Die Tatsache, dass die Hilfsaktion für die Bevölkerung des Gegners bestimmt ist, reicht als Grund für die Verweigerung einer Transitgenehmigung nicht aus.⁵¹¹

82   Wenn im Laufe eines Konflikts das Gebiet einer Partei in die Gewalt der anderen Partei gerät, spricht man von *kriegerischer Besetzung*.⁵¹² Die dadurch entstandene de facto-Gewalt der

---

503 Zum schwierigen Problem der Repatriierung von Kriegsgefangenen vgl *Chesney*, Prisoners of War, MPEPIL VIII, 436 (Rn 47 ff).
504 III. GK 1949, Art 82–88.
505 Dazu bereits Rn 67; vgl auch *Sommer*, Das Recht der Kriegsgefangenen in modernen bewaffneten Konflikten, 2013.
506 III. GK 1949, Art 5. Zu Statusfragen und Haftbedingungen vgl *Debuf*, Captured in War: Lawful Internment in Armed Conflict, 2013; *R. Goodman*, The Detention of Civilians in Armed Conflict, AJIL 1003 (2009) 48 ff.
507 Das Problem steht deshalb ständig auf der Tagesordnung des SR, der sich vom Generalsekretär berichten lässt (Res 1894 v 11.11.2009); vgl die neuesten Berichte UN Doc S/2009/277 u S/2010/579. *Weller/Willmot/Mamiya*, The Protection of Civilians in International Law, 2015.
508 Vgl o Rn 66 f.
509 IV. GK 1949, Art 27.
510 IV. GK 1949, Art 35, 42.
511 Vgl Art 23 IV. GK 1949, Art 70 ZP I; vgl *Bothe*, in *Bothe/Partsch/Solf*, New Rules, 483 f; *Macalister-Smith*, Protection de la population civile et interdiction d'utiliser la famine comme méthode de guerre, IRRC 31 (1991) 464 ff. Eingehend zu den Restriktionen des Zugangs zu Konfliktopfern die Berichte des GS (Fn 507), jeweils in Anhängen, sowie IRRC 93 (2011) No 884.
512 *Benvenisti*, The International Law of Occupation, 2. Aufl 2012; *ders*, Occupation, Belligerent, MPEPIL VII, 920 ff; *Kolb/Vité*, Le droit de l'occupation militaire, 2009; *Harris*, The Era of Multilateral Occupation, BJIL 24 (2006) 1 ff; *Koskenniemi*, Occupation and Sovereignty, FS Bring, 2008, 163 ff; *Parameswaran*, Besatzungsrecht im Wandel, 2008; IRRC 94 (2012) No 885. Das Recht der kriegerischen Besetzung spielt heute vor allem bei der Beurteilung von

Besatzungsmacht wird durch eine Reihe von völkerrechtlichen Regeln begrenzt. Dieses Rechtsregime ist auf den Ausgleich von drei zu schützenden Interessen gerichtet: den Schutz der Bevölkerung des besetzten Gebiets, die fortbestehende Souveränitätsinteressen des besetzten Staats (weswegen der Besatzungsmacht endgültig wirkende Veränderungen des status quo grundsätzlich versagt sind) sowie die Sicherheitsinteressen der Besatzungsmacht.[513] Eine rechtliche Gehorsamspflicht der Bevölkerung des besetzten Gebiets gegenüber der Besatzungsmacht besteht zwar nicht. Es ist jedoch der Besatzungsmacht nicht verwehrt, faktisch Gehorsam durchzusetzen.[514] Während des Konflikts darf die Schutzwirkung der völkerrechtlichen Regelung der Besetzung für die Bevölkerung *nicht* dadurch zunichte gemacht werden, dass das Gebiet *annektiert* wird. Durch die Begründung der *de facto*-Gewalt wird die *Besatzungsmacht für die Wohlfahrt der Einwohner des besetzten Gebiets verantwortlich*.[515] Sie hat für geordnete Lebensbedingungen zu sorgen. Dazu gehört die Sicherheit der Bevölkerung und der Schutz vor Plünderungen,[516] ferner ihre Versorgung mit Nahrungsmitteln und medizinischen Dienstleistungen[517] ebenso wie eine Verantwortung für die lebenswichtige Infrastruktur im besetzten Gebiet.[518] Je länger eine Besetzung dauert, desto wichtiger ist diese Verpflichtung. Aus diesem Grundsatz folgt auch, dass die Besatzungsmacht grundsätzlich die Rechtsordnung des besetzten Gebiets intakt lassen muss.[519] Ausnahmen sind zulässig, die für die Sicherheit der Besatzungsmacht oder zur Sicherung der Lebensbedingungen der Bevölkerung erforderlich sind. Daneben können Ausnahmen vom besagten Grundsatz zulässig und geboten sein, wenn der rechtliche *status quo* menschenrechtswidrig ist. Ein solcher Zustand darf, ja muss beseitigt werden. Die Grundrechte der Einwohner des besetzten Gebiets sind zu achten. Sie ergeben sich einmal aus den speziellen Vorschriften des Besatzungsrechts, zum anderen aus den allgemeinen Menschenrechten, die kumulativ zu den Regeln des humanitären Völkerrechts anzuwenden sind.[520] Transfers und Deporta-

---

Maßnahmen in den besetzten palästinensischen Gebieten eine Rolle; vgl *Gasser*, From Military Intervention to Occupation of Territory, FS Fleck, 2004, 139 ff.
513 *Bothe*, The Administration of Occupied Territory, in Clapham/Gaeta/Sassòli (Hrsg), The 1949 Geneva Conventions, 2015, 1455 (Rn 8 ff).
514 *Baxter*, The Duty of Obedience to the Belligerent Occupant, BYBIL 27 (1950) 235 ff. In diesem Zusammenhang hat der israelische Supreme Court festgestellt, dass die Besatzungsmacht von Bewohnern des besetzten Gebiets keine Kooperation verlangen darf, die diese selbst möglicherweise in Gefahr bringt, *Adalah v Central Command IDF*.
515 Art 42–56 HLKO; Art 47–78 IV. GK 1949; Art 14 ZP I; *Sassòli*, Legislation and Maintenance of Public Order and Civil Life by Occupying Powers, EJIL 16 (2005) 661 ff; *Sandoz*, Les situations de conflit armé ou d'occupation, in SFDI (Hrsg), L'État de droit en droit international, 2009, 361 (370 ff).
516 Zum Irak vgl S/RES/1483 v 22.5.2003, Ziff 5; *Wolfrum*, The Adequacy of International Humanitarian Law Rules on Belligerent Occupation, FS Dinstein, 2007, 497 (500 ff).
517 Wegen der nachteiligen Folgen für die Lebensbedingungen der Palästinenser in den von Israel besetzten Gebieten ist deshalb der Bau einer Mauer durch Israel als Verletzung seiner Pflichten als Besatzungsmacht zu qualifizieren, vgl *Mauer*-Gutachten, besonders § 134; vgl schon den Bericht des Sonderberichterstatters der Menschenrechtskommission *Ziegler* zum Recht auf Nahrung, UN Doc E/CN.4/2004/10/Add.2, §§ 21 ff. Dies wird im Grundsatz auch anerkannt vom Supreme Court Israels, der Teile des Bauwerks für rechtswidrig erklärt hat, im Wesentlichen als Verstoß gegen den Grundsatz der Verhältnismäßigkeit. Zum Irak vgl *Heintschel von Heinegg* (Fn 463).
518 Zur Pflicht, Hilfsaktionen zugunsten der Zivilbevölkerung zuzulassen, Art 59–62 IV. GK 1949; Art 69 ZP I. Zur den natürlichen Ressourcen des besetzten Gebiets *Koskenniemi* (Fn 512) 167; *Langenkamp/Zedalis*, An Analysis of Claims Regarding Transferable „Legal Title" to Iraqi Oil in the Immediate Aftermath of Gulf War II, ZaöRV 63 (2003) 605 ff.
519 Art 43 HLKO; auch Art 64 IV. GK 1949.
520 So Rn 60; *Gasser*, Recht der kriegerischen Besetzung und Menschenrechte, FS Bothe, 2008, 417 ff; *Arai-Takahashi*, The Law of Occupation, 2009; *Roberts*, Transformative Military Occupation, FS Dinstein, 2007, 439 ff; zur Anwendung des IpwskR in besetzten Gebieten *Mottershaw* (Fn 406) 449 ff. Grundsätzlich setzt die Besatzungsmacht zur Durchsetzung von Sicherheit und Ordnung die Mittel und Methoden ein, die einem Staat zur Durchführung dieser Aufgabe auf eigenem Gebiet zur Verfügung stehen. Jedoch kann eine Situation entstehen, die einem nicht internationalen bewaffneten Konflikt gleichkommt. Dann ist dementsprechend humanitäres Völkerrecht anzuwenden; vgl *Oeter*, Das militärische Vorgehen gegenüber bewaffneten Widerstandskämpfern in besetzten Gebieten und internen Konflikten, FS Bothe, 2008, 503 ff; s auch u Rn 122, 125.

tionen der Bevölkerung sind verboten.[521] Sie darf nicht zur Übernahme von Loyalitätspflichten gegenüber der Besatzungsmacht gezwungen werden. Sogar die Propaganda für den freiwilligen Eintritt in die Streitkräfte der Besatzungsmacht ist verboten.[522] *Privateigentum* ist zu respektieren und *darf nicht konfisziert werden,* vorbehaltlich der Möglichkeit von Requisition für die Zwecke der Besatzungsarmee, für die dann Entschädigung zu leisten ist.[523] Bodenschätze sind nachhaltig zu bewirtschaften.[524] Der Transfer von Teilen der eigenen Zivilbevölkerung in das besetzte Gebiet ist der Besatzungsmacht gleichfalls verboten.[525] Wegen der Pflichten und Verantwortlichkeiten der Besatzungsmacht ist die Bestimmung des Zeitpunkts, zu dem eine Besetzung beginnt und zu dem sie endet, von erheblicher Bedeutung. Der Übergang von einer Phase der Kampfhandlungen zu einer Besetzung erfolgt, wenn eine vorrückende Streitmacht *de facto* eine gewisse Kontrolle über ein Gebiet erlangt hat (Art 43 HLKO).[526] Die Besetzung endet, wenn diese Kontrolle aufhört[527] oder die Besetzung durch einen entsprechenden Rechtsakt wirksam beendet wird.[528]

83 Die vorstehenden Erläuterungen stellten jeweils Regeln über den Schutz bestimmter Personengruppen dar. Im Rahmen eines bewaffneten Konflikts kommt es aber immer wieder vor, dass nicht zu diesen genauer definierten Gruppen gehörende Personen in die Hand einer Konfliktpartei geraten, die diesen Personen aus irgendeinem Grunde feindlich gesonnen ist. Dies ist etwa bei Bevölkerungsgruppen der Fall, die zwar die Staatsangehörigkeit einer Konfliktpartei besitzen und sich auf deren Staatsgebiet aufhalten, aber in Wahrheit ihrem eigenen Staat gegenüber feindlich gesonnen sind. Sog Kollaborateure können hierher gehören, auf der anderen Seite auch Personen, die, ohne Kombattanten zu sein, sich an Kampfhandlungen beteiligen. Für alle diese Fälle, in denen *Personen in Zusammenhang mit einem bewaffneten Konflikt des Schutzes vor einer Konfliktpartei bedürfen,* ist mit Art 75 ZP I ein Auffangtatbestand geschaffen worden, der für diese Personen ein Minimum an menschlicher Behandlung garantiert. Diese Bestimmung entfaltet Schutzfunktionen, die die allgemeinen Regeln über den *Schutz der Menschenrechte* ergänzen oder auch an ihre Stelle treten, zB wo die Geltung von Menschenrechtsverträgen in zulässiger Weise suspendiert ist.[529] Ein wesentliches Problemfeld ist in heu-

---

521 Art 49 IV. GK 1949.
522 Art 45 HLKO.
523 Art 52 HLKO.
524 Zu Einzelheiten des Streitstandes *Bothe* (Fn 513) Rn 85.
525 Art 49 Abs 6 IV. GK 1949. Hier liegt das rechtliche Problem der israelischen Siedlungspolitik in den besetzten palästinensischen Gebieten, die mehrfach sowohl vom SR (Res 446 v 22.3.1979) als auch von der GV (zuletzt Res ES-10/13 v 27.10.2003) und auch vom IGH (*Mauer*-Gutachten, § 120) als rechtswidrig angesehen wurde. Allerdings haben die USA mehrfach eine einhellige Verurteilung dieser Politik durch ihr Veto verhindert, zuletzt im Dezember 2012.
526 Vgl *Sassòli,* The Concept and the Beginning of Occupation, in Clapham/Gaeta/Sassòli (Fn 513) 1389 ff mwN; *Koutroulis,* Le début et la fin de l'application du droit de l'occupation, 2010; zur amerikanisch-britischen Intervention im Irak 2003 vgl die Nachweise in Fn 489; zum Kongo 1998–2003 vgl IGH-Urteil *Kongo/Uganda,* §§ 167 ff; dazu krit *Koutroulis,* L'affaire des activités armées sur le territoire du Congo (Congo c. Ouganda), RBDI 39 (2006) 703 ff.
527 *Grignon,* The Geneva Conventions and the End of Occupation, in Claham/Gaeta/Sassòli (Fn 513) 1575 ff. Nach dem Rückzug Israels aus dem Gaza-Streifen 2005 ist die offizielle Auffassung Israels, dass die Besetzung beendet ist. Diese Auffassung wird in der internationalen Gemeinschaft nicht geteilt, da Israel faktisch immer noch das Gebiet kontrolliert; idS ausdrücklich der Sicherheitsrat in S/RES/1869 v 8.1.2009 und der Menschenrechtsrat in Res S-9/1 v 12.1.2009. Vgl *Darcy/Reynolds,* An Enduring Occupation, JCSL 15 (2010) 211 ff; *Rubin,* Disengagement from the Gaza Strip and Post-Occupation Duties, IsraelLR 42 (2009) 527 ff; *Dinstein,* The International Law of Beligerent Occupation, 2009, 276 ff.
528 Im Falle des Irak wurde das nach der amerikanisch-britischen Intervention entstandene Regime der Besetzung durch ein Abkommen zwischen der dann anerkannten irakischen Regierung und den Interventionsmächten mit Zustimmung des Sicherheitsrats (S/RES/1546 v 8.6.2004) mit Wirkung v 30.6.2004 in ein neues Rechtsregime umgewandelt. Dazu *Thürer/Mclaren,* "Ius post bellum" in Iraq, FS Delbrück, 753 (769 ff); *Buchan,* International Community and the Occupation of Iraq, JCSL 12 (2007) 37 ff; *Giansanti,* Transizione in Iraq, Comunità internazionale 63 (2008) 105 ff; *Wills* (Fn 194) 292 ff; *Wolfrum* (Fn 516) 505 ff.
529 Grundlage einer Suspendierung im Notstandsfall sind zB Art 4 IPBPR oder Art 15 EMRK.

tigen bewaffneten Konflikten der Schutz von besonders verletzlichen Gruppen von Personen: Frauen, Kinder, Alte, Behinderte. Dem Schutz von Frauen und Kindern dienen zwei Sondervorschriften des ZP I, dem Schutz von Kindern außerdem das Zusatzprotokoll zur Kinderrechtskonvention.[530] Ein besonderes Übel ist die Rekrutierung von Kindersoldaten, desöfteren vom Sicherheitsrat verurteilt[531] und Gegenstand der ersten vom IStGH ausgesprochenen Verurteilung wegen Kriegsverbrechen.[532]

c) Seekrieg

Das Völkerrecht bewaffneter Konflikte enthält besondere Regeln für die Kriegsschauplätze See und Luft. Zwar gelten die oben dargestellten Regeln über die Beschränkung der Mittel zur Schädigung des Feindes, den Schutz wehrloser Personen und die zur Teilnahme an Kampfhandlungen Berechtigten grundsätzlich auch im Seekrieg,[533] jedoch mit einigen Besonderheiten. Diese beruhen einmal auf den besonderen Gegebenheiten und Traditionen des Austragens bewaffneter Konflikte auf See,[534] zum anderen auf der Tatsache, dass die *Schwächung der Wirtschaftskraft* des Gegners *legitimes Seekriegsziel* ist.[535] Anders als das Landkriegsrecht hat das Seekriegsrecht seit Jahrzehnten keine wesentliche vertragsrechtliche Anpassung erfahren. Dadurch entsteht eine nicht geringe Rechtsunsicherheit. In jüngster Zeit haben allerdings private Bemühungen um eine (rechtlich unverbindliche) Formulierung des geltenden Seekriegsrechts deutliche Erfolge gehabt.[536] 84

Militärisches Ziel im Seekrieg ist vor allem das feindliche *Kriegsschiff*.[537] Dieses darf auch ohne Warnung angegriffen und versenkt werden. Das feindliche *Handelsschiff* besitzt nicht den gleichen Schutz vor Kampfhandlungen wie die Zivilbevölkerung im Landkrieg.[538] Es darf aufgebracht und in einem prisengerichtlichen Verfahren eingezogen werden. Das gleiche gilt für seine Ladung, soweit der Eigentümer Staatsangehöriger der anderen Konfliktpartei ist. Feindliche Handelsschiffe können auch versenkt werden, wenn sie sich einer Aufforderung zum Anhalten oder einer Durchsuchung und Aufbringung widersetzen.[539] Handelsschiffe dürfen unter besonderen Voraussetzungen *in Kriegsschiffe umgewandelt* werden und haben dann denselben Status wie diese, dh sie können an Kampfhandlungen teilnehmen und sind andererseits militärische Ziele. Auch im Seekrieg gilt das Verbot unterschiedsloser Kriegführung. Die Besonderheiten des *U-Boot-Kriegs* rechtfertigen es nicht, Angriffe ohne Unterschied auf militärische Ziele und zivile Objekte oder Kriegs- und Handelsschiffe zu führen.[540] 85

---

530 Fakultativprotokoll v 25.5.2000 zum Übereinkommen über die Rechte des Kindes betr die Beteiligung von Kindern an bewaffneten Konflikten, BGBl 2004 II, 1354.
531 Zuletzt Res 2068 v 19.9.2012. Vgl *Washefort*, Child Soldiers and International Law, 2013; *Palomo Suarez*, Kindersoldaten und Völkerstrafrecht, 2009.
532 Art 8 Abs 2 lit e (vii) IStGH-Statut, *Prosecutor v Lubanga*; dazu *Schröder*, 7. Abschn Rn 52, 59.
533 Eine wesentliche Ausnahme ist Art 49 Abs 3 ZP I, der für die neuen Vorschriften des ZP I über den allgemeinen Schutz der Zivilbevölkerung bestimmt, dass sie nur insoweit gelten, als die Wirkung von Angriff zu Lande beginnt. Im Übrigen vgl *Heintschel von Heinegg*, in Fleck (Hrsg), Handbook, 463 (478).
534 Bsp für besondere Traditionen: anders als im Landkrieg ist im Seekrieg das Zeigen einer falschen Flagge grundsätzlich zulässige Kriegslist, nicht verbotene Perfidie, vgl *Heintschel von Heinegg*, in Fleck (Hrsg), Handbook, 463 (482); *ders* (Fn 387 [Handbuch Seerecht]) 589 ff.
535 *Heintschel von Heinegg*, in Fleck (Hrsg), Handbook, 463.
536 Wichtig ist vor allem das sog *San Remo Manual*, die Zusammenstellung eines Regelwerks über das Seekriegsrecht durch eine Arbeitsgruppe des International Institute of Humanitarian Law, vgl Doswald-Beck (Hrsg), San Remo Manual on International Law Applicable to Armed Conflicts at Sea, 1995; das Manual ist ebenfalls veröffentlicht in IRRC 35 (1995) 595 ff sowie in DokHVR 829.
537 *Heintschel von Heinegg*, in Fleck (Hrsg), Handbook, 463 (485); *ders* (Fn 387 [Handbuch Seerecht]) 576 f.
538 *Heintschel von Heinegg*, in Fleck (Hrsg), Handbook, 463 (486 ff); *ders* (Fn 387 [Handbuch Seerecht]) 577 f.
539 *Heintschel von Heinegg*, in Fleck (Hrsg), Handbook, 463 (490 f); *ders* (Fn 387 [Handbuch Seerecht]) 577 f.
540 *Heintschel von Heinegg*, in Fleck (Hrsg), Handbook, 463 (517 ff).

86 Unter dem Gesichtspunkt des Verbots unterschiedsloser Kriegführung spielt im Seekrieg das *Minenlegen* eine besondere Rolle.[541] Dabei sind die Grundsätze der wirksamen Überwachung, der Gefahrenbeherrschung und der Warnung zu beachten. Insbes sind die für die Sicherheit der friedlichen Schifffahrt notwendigen Vorsichtsmaßnahmen zu treffen. So ist zB das Aussetzen von Treibminen verboten. Verankerte Minen müssen automatisch deaktiviert werden, wenn sie sich losreißen oder sonst die Kontrolle über sie verloren geht. Ein besonderes Mittel des Seekriegsrechts ist die *Blockade*.[542] Dies ist die Sperre gegnerischer Häfen oder Küsten, so dass jegliches Ein- und Auslaufen von Seefahrzeugen verhindert wird. Eine Blockade muss von der blockierenden Konfliktpartei ausdrücklich erklärt und bekannt gemacht werden. Sie ist nur verbindlich, wenn sie auch effektiv ist, dh ihre Einhaltung kontrolliert werden kann. Eine solche Blockade berechtigt auch zu Maßnahmen gegenüber zivilen Schiffen des Gegners und neutraler Staaten. Das Blockaderecht findet allerdings seine Grenze an den Versorgungsbedürfnissen der betroffenen Zivilbevölkerung.[543] Nicht zulässig ist die Erklärung von sog *Ausschlusszonen* mit der Folge, dass in ihnen auf jegliches dort befindliche Schiff geschossen werden könnte.[544] Nicht zu beanstanden ist aber die Erklärung bestimmter Seegebiete zu *besonderen* oder *Sicherheitszonen*, in denen Kampfhandlungen stattfinden und infolgedessen die friedliche Schifffahrt besonders gefährdet ist und darum eingeschränkt werden kann.

87 Im Seekrieg spielen als geschützte wehrlose Personen die *Schiffbrüchigen*[545] eine besondere Rolle. Ihr Schutz ist dem der Verwundeten und Kranken im Landkrieg weitgehend angeglichen. Die Kriegsschiffe aller Konfliktparteien müssen alle möglichen Anstrengungen unternehmen, um Schiffbrüchige zu bergen. Besondere Regeln gelten für den Status von *Hospitalschiffen*.[546] Hinsichtlich des Kriegsgefangenenstatus gilt als Besonderheit, dass die *Besatzung aufgebrachter gegnerischer Handelsschiffe*,[547] soweit sie die gegnerische Staatsangehörigkeit besitzt, zu Kriegsgefangenen wird, obwohl es sich eigentlich um Zivilpersonen handelt. Dies gilt jedoch nicht für die Passagiere gegnerischer Handelsschiffe.

88 Berechtigt, an Seekriegshandlungen teilzunehmen, sind die Kriegsschiffe einer Konfliktpartei. Das Kriegsschiff muss als solches äußerlich gekennzeichnet sein, zB durch eine von der normalen Staatsflagge unterschiedene *Kriegsflagge*.[548]

d) Luftkrieg
89 Der Einsatz von Luftfahrzeugen im Krieg hat die Kriegführung grundlegend verändert. Dennoch haben sich besondere vertragliche Regeln für das Luftkriegsrecht kaum entwickelt.[549] Lösungen

---

541 *Heintschel von Heinegg*, in Fleck (Hrsg), Handbook, 4463 (500 ff); *ders* (Fn 387 [Handbuch Seerecht]) 586 ff.
542 *Heintschel von Heinegg*, in Fleck (Hrsg), Handbook, 463 (532 ff); *ders* (Fn 387 [Handbuch Seerecht]) 567 ff.
543 San Remo Manual (Fn 536) Art 102–104. Hier liegt u a das Problem der Zulässigkeit der israelischen Blockade des Gaza-Streifens. Die verschiedenen Untersuchungskommissionen, die dies zu beurteilen suchten, kamen zu unterschiedlichen Ergebnissen. Als rechtswidrig sieht die Blockade an die Kommission des Menschenrechtsrats, UN Doc A/HRC/15/21 v 27.9.2010, § 53, als rechtmäßig die israelische Kommission (sog Turkel Committee), <www.turkel-committee.com>, 82 ff sowie die Untersuchungskommission des GS, <www.un.org/News/dh/infocus/middle_east/Gaza_Flotilla_Panel_Report.pdf>, 32 ff.
544 *Heintschel von Heinegg*, in Fleck (Hrsg), Handbook, 463 (522 ff); *ders* (Fn 387 [Handbuch Seerecht]) 570 f. Der von *Heintschel von Heinegg* verwendete Begriff der Ausschlusszone *(maritime exclusion zone)* entspricht dem hier verwendeten der Sicherheitszone. Das San Remo Manual (Fn 536) spricht von *special zone*.
545 Insbes Art 12, 22, 36, 37 II. GK 1949; Art 10, 22, 23 ZP I.
546 Art 22 ff II. GK 1949.
547 *Heintschel von Heinegg*, in Fleck (Hrsg), Handbook, 463 (493 f).
548 *Heintschel von Heinegg*, in Fleck (Hrsg), Handbook, 463 (465).
549 *Dinstein*, Air Warfare, MPEPIL I, 251 ff; die sog *Haager Luftkriegsregeln* (DokHVR 85) sind eine Expertenarbeit, die nie zu einem Vertragsabschluss geführt hat. Wenn sie dennoch weitgehend als Ausdruck des geltenden Gewohnheitsrechts angesehen werden, so beruht das nicht zuletzt darauf, dass sie eine Adaptation der geltenden allgemeinen Regeln des Land- und Kriegsrechts sowie des Neutralitätsrechts für die besondere Situation von Feind-

für die Probleme des Luftkriegs sind aus den dargestellten Regeln des Land- und Seekriegsrechts zu entwickeln. Bei Angriffen aus der Luft gelten die Regeln über zulässige Ziele zu Land und zur See. Das gilt insbes für die Verwendung von unbemannten Flugkörpern, sog Drohnen, für gezielte Tötungen.[550] Militärische Luftfahrzeuge, die als solche gekennzeichnet sein müssen, sind militärische Ziele. Sie sind befugt, Kampfhandlungen gegen Ziele auf dem Lande, zur See und in der Luft vorzunehmen. Besondere Regeln gelten für Sanitätslufttransporte.[551] Auch ergeben sich aus den Besonderheiten des Luftkriegs spezifische Sorgfaltspflichten, um Angriffe auf zivile Objekte oder unverhältnismäßigen zivilen Begleitschaden zu vermeiden, zB für die Sicherheit von zivilen Linienflugzeugen. Die häufig gegebene räumliche Entfernung zwischen dem Entscheider des Waffeneinsatzes und dem Ziel erfordert besondere Sorgfalt bei der Qualifizierung und Bestimmung eines Ziels und der Beurteilung der Verhältnismäßigkeit.

e) Wirtschaftskrieg

Unter Wirtschaftskrieg werden alle diejenigen Maßnahmen einer Konfliktpartei zusammengefasst, deren Ziel es ist, die *Wirtschaftskraft des Gegners zu schwächen* und insbes seine Versorgung mit lebenswichtigen Gütern zu unterbinden. Dies umfasst sowohl legislative und administrative Maßnahmen als auch militärische Aktionen.[552] Zu den Ersteren gehört vor allem die Unterbindung des Wirtschaftsverkehrs zwischen den eigenen Staatsangehörigen einer Konfliktpartei und dem Feind, wobei die Bestimmung der Feindeigenschaft und die Kontrolle von Transaktionen, die über neutrale Staaten abgewickelt werden, rechtlich nicht immer unproblematisch ist. Die Blockierung von Feindguthaben und die Konfiszierung von feindlichem Eigentum gehören auch zu solchen Maßnahmen. Sie sind grundsätzlich zulässig, soweit sich solche Vermögensgegenstände im Hoheitsbereich der anderen Konfliktpartei befinden. Zu den militärischen Maßnahmen gehören solche gegen die feindliche Handelsschifffahrt[553] und die Kontrolle des neutralen Seehandels.[554]

90

f) Durchsetzung des *ius in bello*

Der bewaffnete Konflikt ist für den Staat eine Situation extremer Belastung, in der es nahe liegt, kurzfristige Interessen an der Sicherung eines militärischen Vorteils höher zu bewerten als die Einhaltung von Rechtsnormen und deswegen diese Normen zu verletzen.[555] Die Geschichte der

91

---

seligkeiten durch und gegen Luftfahrzeuge darstellen; vgl *Hanke*, Die Haager Luftkriegsregeln von 1923, IRRC 31 (1991) 139 ff; *Parks*, Air War and the Law of War, Air Force LR 1990, 1 ff; *Spieker*, Haager Regeln des Luftkriegs von 1923, HV-I 1990, 134 ff. In der Tradition der Haager Luftkriegsregeln und nach dem Vorbild des San Remo Manual (Fn 536) hat eine vom Harvard Program on Humanitarian Policy and Conflict Research einberufene Expertengruppe eine neue Formulierung der gegenwärtigen Regeln des Luftkriegs erarbeitet, vgl Manual on International Law Applicable to Air and Missile Warfare, 2009 (HPCR Manual).

550 Diese verbreitete Praxis bietet wenig spezifische Probleme, soweit sie im Rahmen eines bewaffneten Konflikts angewandt wird (was allerdings häufig nicht der Fall ist). Es gelten die allgemeinen Regeln über zulässige Ziele und das Verhältnismäßigkeitsprinzip (Rn 68, vgl Art 39 HPCR Manual). Eine andere Frage ist, ob häufiger Einsatz von Drohnen konstitutiv für das Bestehen eines bewaffneten Konflikts ist. Vgl zum Ganzen mit ausführlichen Nachweisen *Heinsch*, Unmanned Aerial Vehicles and the Scope of the ‚Combat Zone', HVI 25 (2012) 184 ff; Bergen/Rothenberg (Hrsg), Drone Wars. Transforming Conflict, Law and Policy, 2014.
551 Art 36 I. GK 1949; Art 24–31 ZP I.
552 *Lowe/Tzanakopoulos*, Economic Warfare, MPEPIL III, 330 ff.
553 Vgl o Rn 85.
554 Vgl u Rn 115 f.
555 Übersichten: *Bothe* (Fn 154) 156 ff; *Kussbach*, Mittel und Wege zur Durchsetzung des Humanitären Völkerrechts, in Wittich/Reinisch/Gattini (Hrsg), Kosovo – Staatsschulden – Notstand – EU-Reformvertrag – Humanitätsrecht, 2009, 195 ff; *Pfanner*, Various Mechanisms and Approaches for Implementing International Humanitarian Law and Protecting and Assisting War Victims, IRRC 91 (2009) 279 ff; *Vöneky*, Implementation and Enforcement of

bewaffneten Konflikte über die Jh bis in die neueste Zeit ist denn auch voll von erschütternden Bsp von Rechtsverletzungen.[556] Es lässt sich aber auch zeigen, dass doch häufig Kampfhandlungen gemäß den anwendbaren völkerrechtlichen Regeln geführt werden, dass in der Tat Rechtsnormen auf die Art und Weise der Kriegführung einwirken, dass zB Befehlshaber die Ziele von Angriffen auch unter Berücksichtigung rechtlicher Gesichtspunkte auswählen.[557] Die Mechanismen, die zu einer solchen *Einhaltung des Rechts* führen, sind vielfältig, subtil und komplex.[558] Systematisch sind folgende Aspekte zu unterscheiden: Internalisierung von Normen, Wirken von „Anwälten des öffentlichen Interesses", zwischenstaatliche Streitregelungsmechanismen, strafrechtliche Sanktionen, individuelle Schutzansprüche und Rechtsbehelfe.

92   Wesentlich ist die *Motivation der Entscheidungsträger,* Recht in einem konkreten Fall zu beachten oder nicht. Diese Motivation kann rational oder irrational bestimmt sein. Bei einer rationalen Motivation geht es vor allem um Interessenbewertung. Es gibt Interessen, die für, und solche, die gegen Rechtsgehorsam im konkreten Fall sprechen. Wichtig ist in diesem Zusammenhang das *Interesse* einer Konfliktpartei *an Schadensminimierung.* Ein wichtiges Element der Schadensminimierung ist der Gedanke der *Gegenseitigkeit.* Recht wird eingehalten, weil und damit die andere Seite dies auch tut und damit der eigene Schaden so gering wie möglich gehalten wird. Dieser einfache Mechanismus wirkt, obwohl er in einzelnen Fällen sogar rechtlich verboten ist, nämlich dort, wo Repressalien zu Lasten bestimmter Konfliktopfer, insbes zu Lasten von Gefangenen, verboten sind.[559] Er wirkt jedoch nicht oder ist jedenfalls problematisch in sog asymmetrischen Konflikten, in denen die Art und Weise der gegenseitigen Schadenszufügung und auch die Verwundbarkeit der beiden Seiten eines Konflikts ganz unterschiedlich sind.[560] Sicherheit der gegenseitigen Verhaltenserwartungen ist ein Element der Schadensminimierung; darum sind Maßnahmen der Vertrauensbildung durch Kommunikation auch in einer Situation bewaffneter Konflikte wichtig. Bsp sind die Zulassung von Kontrollen bei der Verteilung von Hilfsgütern[561] oder von Beobachtern bei Prozessen gegen Gefangene.[562] Ein wesentliches Element von Schadensminimierung sind auch die möglichen *politischen Kosten der Rechtsverletzung.* Staaten legen meistens Wert auf ein sauberes Erscheinungsbild nach außen. Deshalb sind Möglichkeiten der Offenlegung von Rechtsverletzungen ein wesentlicher Mechanismus zur Sicherung der Rechtsbeachtung. Rechtsdiskurse, die bewaffnete Konflikte begleiten, sind ein wesentliches Element der Sicherung der Beachtung des Rechts.[563]

93   Ein nicht geringer Teil der Motivation von Entscheidungsträgern besteht in *kulturellen Faktoren.* Die Idee der Humanität hat hier durchaus praktische Wirksamkeit. Militärische Traditionen einer Kriegführung nach professionellen Regeln („Ritterlichkeit") spielen auch eine Rolle,

---

International Humanitarian Law, in Fleck (Hrsg), Handbook, 647 ff; *Clarke,* Securing Compliance with International Humanitarian Law, IHLS 1 (2010) 213 ff.
556   Vgl *Graf Vitzthum,* 1. Abschn Rn 103 ff.
557   *Carnahan,* „Linebacker II" and Protocol I, AULR 31 (1982) 861 ff; *ders,* Protecting Nuclear Facilities from Military Attack, AJIL 86 (1992) 524 (528 ff). Zu Kosovo vgl *Montgomery,* Legal Perspective from the EUCOM Targeting Cell, in Wall (Hrsg), Legal and Ethical Lessons of NATO's Kosovo-Campaign, U. S. Naval War College ILS 78 (2002) 189 ff.
558   *Blenk-Knocke,* Zu den soziologischen Bedingungen völkerrechtlicher Normenbefolgung, 1979; *Bothe,* Compliance, MPEPIL II, 530 ff mwN; *Padmanabhan,* Norm Internalization through Trials for Violations of International Law, UPennJIL 31 (2009) 427 ff; zur Entwicklung in USA *Gutierrez/DeCristofaro/Woods,* What Americans Think of International Humanitarian Law, IRRC 93 (2011) 1009 ff. Zu den neuesten Entwicklungen *Bothe,* Warum wird humanitäres Völkerrecht eingehalten oder verletzt? Perspektiven der Durchsetzung des humanitären Völkerrechts – neue Entwicklungen und kritische Bilanz, HVI 28 (2015) 55 ff. Der dort geschilderte „compliance mechanism" wurde jedoch auf der Internationalen Rotkreuz- bzw Rothalbmond-Konferenz im Dezember 2015 nicht angenommen.
559   Art 46 I. GK 1949; Art 47 II. GK 1949; Art 13 III. GK 1949; Art 33 IV. GK 1949; Art 20, Art 51 Abs 6, Art 54 Abs 4, Art 55 Abs 3 ZP I.
560   So Rn 59.
561   Art 23 IV. GK 1949; Art 70 Abs 3 ZP I.
562   Art 105 Abs 5 III. GK 1949.
563   Zu dem entsprechenden Phänomen bei der Beachtung des *ius contra bellum* s o Rn 29 f.

ebenso die rechtstreue Gesinnung der Entscheidungsträger *(Internalisierung von Normen)*. Dies führt zu der weiteren Frage der Fähigkeit zur Rechtsbeachtung. Internalisierung von Normen setzt organisatorische und intellektuelle Ressourcen voraus. Soweit das Recht bestimmte Standards der Behandlung von Personen (zB Unterbringung und Versorgung von Kriegsgefangenen) vorschreibt, ist dies auch eine Frage wirtschaftlicher Ressourcen. In diesen subtilen Mechanismen spielt der Zwang gegenüber Staaten oder gegenüber individuellen Entscheidungsträgern eine eher untergeordnete Rolle. Von daher ist vor einer Überbewertung des Strafrechts als Mittel zur Sicherung der Beachtung des Rechts bewaffneter Konflikte zu warnen.[564] Das zentrale Element der Internalisierung von Normen ist, dass relevante Akteure im Zeitpunkt der Entscheidung sich der Norm überhaupt bewusst sind. Deshalb sehen die Genfer Konventionen und ihre Zusatzprotokolle eine Pflicht vor, deren Inhalt zu verbreiten.[565] Die Rolle der *Verbreitungsarbeit* für die Sicherung der Beachtung des *ius in bello* ist sehr groß.[566] Dazu gehört nicht nur das Strafrecht. Wichtig ist die Aufnahme der Genfer Konventionen und der ZP in das militärische Ausbildungsprogramm (Art 83 ZP I). Eine Reihe weiterer innerstaatlicher Regelungen in sonstigen Rechtsbereichen ist notwendig, um den Genfer Konventionen zur praktischen Entfaltung zu verhelfen. Hierzu gehören insbes Regelungen über das Sanitätswesen, so die Berechtigung zum Führen des *Rot-Kreuzzeichens* und zum Schutz desselben vor Missbrauch.[567] Ferner ist es wichtig, dass die Regeln des humanitären Völkerrechts in interne Dienstanweisungen und ähnliches *(military manuals)*[568] umgesetzt werden, die für das Verhalten von Soldaten oder Militärverwaltungen unmittelbar eine größere Wirkung haben als der Text des völkerrechtlichen Vertrags selbst. Die Gesamtheit der nationalen Ausführungsmaßnahmen stellt die notwendige rechtliche und praktische Infrastruktur für die Beachtung des humanitären Völkerrechts dar. Ihre Bedeutung wurde in den letzten Jahren besser erkannt. Deshalb hat das IKRK einen Beratungsdienst eingerichtet, der Staaten bei der Gestaltung dieser Infrastruktur unterstützen soll.[569] Um sie weiter zu verbessern, wird an einem internationalen System des Informationsaustauschs hierzu gearbeitet.[570]

Wesentlich sind ferner Sicherungen dafür, dass rechtliche Gesichtspunkte in konkrete Entscheidungen einfließen. Dazu sind besondere *Rechtsberater in den Streitkräften* vorzusehen (Art 82 ZP I).[571] Das Verhalten der Streitkräfte bei konkreten Operationen pflegt von den Befehlshabern durch *Rules of Engagement* festgelegt zu werden, die auf der unteren Ebene einfache Formen wie Taschenkarten annehmen können. Für die Beachtung des humanitären Völker-

---

564 *Bothe*, Prevention and Repression of Breaches of International Humanitarian Law, IIHLY 1986–87, 115 (124); *Vinuesa*, Comment, in Bothe/Kurzidem/Macalister-Smith (Fn 500) 81 ff; vorsichtig *Kaul*, Abstrafung der Täter – ein Instrument der Prävention?, in Heintze/Ipsen (Hrsg), Heutige bewaffnete Konflikte als Herausforderungen an das humanitäre Völkerrecht, 2010, 153 ff.
565 Art 47, 48, 127, 144 GK; Art 83 ZP I; Art 20 ZP II.
566 Hierzu die Beiträge in Bothe/Kurzidem/Macalister-Smith (Fn 500); *Meriboute*, Mesures nationales de mise en œuvre du droit international humanitaire dans les temps de paix, IIHLY 1986–87, 103 ff.
567 *Herczegh/Forsythe/Hannikainen*, Introductory Reports, in Bothe/Kurzidem/Macalister-Smith (Fn 500) 151 ff.
568 *Obradovic/Fleck/Greenwood*, Military Manuals and Other Administrative Rules Relating to Armed Conflicts, Introductory Reports, in Bothe/Kurzidem/Macalister-Smith (Fn 500) 179 ff. Eine Liste solcher Vorschriften mit Anspruch auf Vollständigkeit wird vom IKRK auf dem neuesten Stand gehalten: <www.icrc.org/customary-ihl/eng/docs/sr>.
569 *Berman*, The ICRC' Advisory Service on International Humanitarian Law, IRRC 312 (1996) 338 ff.
570 *Bothe*, The Role of National Law in the Implementation of International Humanitarian Law, in Études et essais sur le droit international humanitaire et sur les principes de la Croix-Rouge, 1984, 301 (312); *Kornblum*, A Comparison of Self-evaluating State Reporting Systems, IRRC 304 (1995) 39 ff u 305 (1995) 137 ff; *Mohr*, Zum Berichtsverfahren im humanitären Völkerrecht, HV-I 1991, 81 ff; International Law Committee of the Danish Red Cross (Hrsg), Voluntary Review Procedure on National Implementation of International Humanitarian Law, 1998. Ein Berichtsverfahren sollte auch Bestandteil des neuen, jedoch zunächst gescheiterten „compliance mechanism" (Fn 558) sein.
571 *O'Connell*, in Fleck (Hrsg), Handbook, 41 mwN; *Dickinson*, Military Lawyers on the Battlefield, AJIL 104 (2010) 1 ff.

rechts ist ausschlaggebend, dass rechtliche Gesichtspunkte in die Formulierung der *Rules* Eingang finden.[572] Für die Beachtung des Rechts im modernen Luftkrieg ist von Bedeutung, dass es gerade bei großen Militärmächten formalisierte Verfahren der Zielfindung gibt, in die auch Rechtsrat einfließt.[573]

95 Die hier gewählte Bezeichnung „Anwälte des öffentlichen Interesses" soll der Tatsache Rechnung tragen, dass bei Verletzungen des *ius in bello* nicht nur rechtlich geschützte Interessen eines Opferstaats betroffen sind, sondern dass auch ein Gemeinschaftsinteresse verletzt wird, dass es sich also um Verpflichtungen mit Wirkung *erga omnes* handelt.[574] Deshalb sind Institutionen, die dieses Gemeinschaftsinteresse vertreten, in die Durchsetzung des *ius in bello* involviert. Dies sind vor allem die UN, insbes der Sicherheitsrat, und das IKRK. Der Sicherheitsrat hat mehrfach festgestellt, dass *massive Verletzungen des humanitären Völkerrechts* eine *Friedensbedrohung* iSd Art 39 UN-Charta sind, und hat Maßnahmen ergriffen, zB die Errichtung der Strafgerichtshöfe für das ehemalige Jugoslawien und für Ruanda. Dies macht den Sicherheitsrat zu einem wesentlichen Akteur der Durchsetzung des humanitären Völkerrechts.[575] Neben dem Sicherheitsrat bemüht sich der Menschenrechtsrat[576] um die Einhaltung des humanitären Völkerrechts, u a durch Untersuchungskommissionen, und dies mit deutlich anderen politischen Präferenzen als der Sicherheitsrat. Die Beschlüsse des Sicherheitsrats werden geprägt durch die Notwendigkeit der Einigung zwischen den fünf ständigen Ratsmitgliedern, die des Menschenrechtsrats durch die Mehrheit der Dritten Welt. Die dadurch begründete unterschiedliche politische Selektivität der beiden UN-Organe ist unter dem Gesichtspunkt der *rule of law*, die eine am Gleichheitssatz orientierte Praxis der Rechtsdurchsetzung verlangen würde, problematisch.[577]

96 Gegen solche Bedenken gefeit und von großer praktischer Bedeutung ist die Funktion des *IKRK* als *Hüter der Beachtung des humanitären Völkerrechts*. Diese Funktion wird in den Genfer Konventionen und den ZP zwar allenfalls indirekt als Funktion zum Schutz der Opfer formuliert; sie ist aber jedenfalls *gewohnheitsrechtlich anerkannt*, auch als Initiativrecht des IKRK bezeichnet. Dies führt dazu, dass das IKRK beim Ausbruch bewaffneter Konflikte und aus gegebener weiterer Veranlassung regelmäßig Appelle an die Konfliktparteien richtet, die anwendbaren Regeln des humanitären Völkerrechts zu beachten. Für die Durchsetzung im Einzelnen setzt das

---

572 Vgl Mandsager (Hrsg), Rules of Engagement Handbook, 2009.
573 S die Nachw bei Rn 89.
574 Dazu oben *Graf Vitzthum*, 1. Abschn Rn 120.
575 Ausführliche Nachw bei *Nolte*, The Different Functions of the Security Council with respect to Humanitarian Law, in Lowe/Roberts/Welsh/Zaum (Fn 241) 519 ff. Zu einzelnen Maßnahmen des Sicherheitsrats so Rn 48, insbes Fn 280 ff; ferner die Überweisung der in Darfur mutmaßlich begangenen Rechtsverletzungen an den IStGH, S/RES/1593 v 31.3.2005.
576 So *Klein/Schmahl*, 4. Abschn Rn 206.
577 Signifikant ist die unterschiedliche Behandlung des Libanon- und des Gaza-Konflikts (2006 bzw 2009) sowie des *Mavi Marmara*-Zwischenfalls (2010, so Fn 543) in beiden Organen. Der SR hat nicht zu den in beiden Fällen behaupteten Verletzungen des *ius in bello* Stellung genommen, sondern auf eine politische Lösung des Konflikts gedrungen (S/RES/1701 v 11.8.2006 bzw 1860 v 8.1.2009). Der Menschenrechtsrat hat in Resolutionen, die praktisch eine Vorverurteilung Israels enthielten, für diese behaupteten Rechtsverletzungen Untersuchungskommissionen eingesetzt (Res S-2/1 v 11.8.2006 u S-9/1 v 12.1.2009, angenommen jeweils gegen die Stimmen bzw bei Enthaltungen der meisten westlichen Staaten). Die Berichte (A/HRC/3/2 v 3.11.2006 u A/HRC/12/48 v 15.9.2009), nach dem Vorsitzenden bekannt als *Goldstone*-Report, kamen zur Feststellung erheblicher Rechtsverletzungen. Im Falle Gaza machte sich der Menschenrechtsrat (Res S-12/1 v 16.10.2009, Abstimmung 25/6/11) die Ergebnisse und Forderungen des Berichts zu eigen. Der SR diskutierte, ohne eine Entscheidung zu versuchen (S/PV.6201 v 14.10.2009). Die Generalversammlung stellte sich hinter den Menschenrechtsrat (A/RES/64/10 v 5.11.2009, Abstimmung 144/18/44). Vgl auch *Binder*, Humanitarian Crises and the International Politics of Selectivity, HRR 10 (2009) 327 ff; eingehend *Bothe*, Tatsachenfeststellung (Fact-finding) als Mittel der Durchsetzung von Menschenrechten und humanitärem Völkerrecht, FS Klein, 2013, 1007 ff. Die neuere Praxis des Menschenrechtsrats bzgl Ermittlungen betrifft Syrien (HRC Resolution S-17/1 v 22.8.2011; 10. Bericht v 13.8.2015, UN Doc A/HRC/3048) und wiederum Gaza (Operation Protective Edge 2014, HRC Resolution S-21/1; Bericht v 24.6.2015, UN Doc A/HRC/29/52).

IKRK eher auf die Mittel der diplomatischen Überredung. Jedoch kommt es auch vor, dass es bestimmte Verletzungen des humanitären Völkerrechts durch einzelne Staaten öffentlich benennt und auf diese Weise die politischen Kosten des Konflikts für diese Staaten erhöht. Wichtig ist vor allem die Kontrollfunktion des IKRK bzgl der Behandlung von Kriegsgefangenen. Gemäß Art 126 der III. GK 1949 ist das IKRK ermächtigt, sich an alle Orte zu begeben, wo sich Kriegsgefangene aufhalten. Vertreter des IKRK können sich insbes ohne Zeugen mit den Gefangenen unterhalten. Bei der Frage der Behandlung der Kriegsgefangenen besitzt das IKRK also automatisch die gleichen Funktionen wie eine Schutzmacht,[578] die allerdings durch sein Initiativrecht verstärkt werden. Die Tatsache, dass es sich um *erga omnes*-Verpflichtungen handelt, bedeutet im Übrigen auch, dass dritte Staaten neben dem Opferstaat Schritte zur Durchsetzung des *ius in bello* ergreifen dürfen. Nach Art 1 I der Genfer Konventionen (Verpflichtung, die „Einhaltung durchsetzen") sind sie sogar dazu verpflichtet.[579]

Traditionelle Mittel der Rechtsdurchsetzung finden auch im humanitären Völkerrecht Anwendung. Ein Instrument der einseitigen Rechtsdurchsetzung ist die *Repressalie*,[580] die auch im Kriegsrecht lange Zeit erhebliche Bedeutung hatte. Sie knüpft an den Gedanken der Gegenseitigkeit und der Schadensminimierung an. Durch die Repressalie oder die Drohung mit ihr soll das Interesse der anderen Partei an Schadensminimierung angesprochen werden, um sie zu veranlassen, eine Rechtsverletzung zu beenden. Gerade im Kriegsrecht zeigt sich aber das Problem dieser *Form der einseitigen Rechtsdurchsetzung*. Da es regelmäßig an einer verbindlichen Feststellung der Verletzung einer Rechtsnorm fehlt, wird der Adressat der Repressalie diese als nicht gerechtfertigt, sondern als erste Rechtsverletzung ansehen, die er seinerseits mit einer Repressalie beantworten kann. Die Folge eines solchen Vorgehens ist die Eskalation von Repressalien. Deshalb geht die Bedeutung der Kriegsrepressalie in der Praxis deutlich zurück.[581] Allerdings ist es bei den Verhandlungen zum ZP I nicht gelungen, ihre gänzliche Abschaffung durchzusetzen. Es gelten aber einige *spezifische Repressalienverbote zugunsten besonders geschützter Personen* (Kriegsgefangene, Verwundete und Kranke, Zivilbevölkerung) und *Objekte* (zivile Objekte, Umwelt).[582] 97

Rechtsdurchsetzung ist auch im Rahmen klassischer Streitbeilegung durch Dritte denkbar. Dies ist ein Element der im humanitären Völkerrecht vorgesehenen Hilfe einer dritten Partei zur Sicherung der Rechtsanwendung: das Institut der *Schutzmacht*.[583] Diese hat eine nicht ganz präzise umschriebene Funktion. Ihre Aufgabe ist die „Mitwirkung und Aufsicht" (Art 8 I. GK 1949) bei der Durchführung der Genfer Konventionen. Sie hat also beobachtende Funktionen, ist Bestandteil eines Verfahrens der Rechtssicherung durch Offenlegung, aber auch der Vertrauensbildung durch Kommunikation. Sie hat dabei gleichzeitig die Funktion eines Vermittlers zwischen den Konfliktparteien (Art 11 I. GK 1949). Die Einrichtung der Schutzmacht ist ein *Element konsensualer Rechtsdurchsetzung*, da für die Bestimmung der Schutzmacht das Einverständnis beider Konfliktparteien erforderlich ist. Nach dem Zweiten Weltkrieg ist es freilich nur in ganz seltenen Fällen zur Bestimmung von Schutzmächten gekommen. Ihre Funktionen können auch von einer unparteiischen Organisation als Substitut wahrgenommen werden, insbes vom IKRK (Art 10 I. GK 1949). Von dieser Möglichkeit der Vereinbarung eines Schutzmachtssubstituten ist bislang jedoch nicht Gebrauch gemacht worden. Dies alles zeigt die Schwierigkeiten, denen im 98

---

[578] Art 126 Abs 4 III. GK 1949.
[579] *Frutig*, Die Pflicht von Drittstaaten zur Durchsetzung des humanitären Völkerrechts nach Art 1 der Genfer Konventionen von 1949, 2009.
[580] Vgl *Schröder*, 7. Abschn Rn 108 ff. Zur kriegsrechtlichen Repressalie *Kalshoven*, Belligerent Reprisals, 1971; *ders*, Belligerent Reprisals Revisited, NYIL 21 (1990) 43 ff; *Nahlik*, From Reprisals to Individual Penal Responsibility, FS Kalshoven, 1991, 165 ff.
[581] *Kalshoven* (Fn 580) 376 f; vgl aber *Sutter*, The Continuing Role for Belligerent Reprisals, JCSL 13 (2008) 93 ff.
[582] Vgl bereits o Rn 60.
[583] *Abi-Saab*, Les mécanismes de mise en œuvre du droit humanitaire, RGDIP 82 (1978) 103 (109 ff, 118 ff); *Vöneky*, in Fleck (Hrsg), Handbook, 685 ff.

Rahmen von bewaffneten Konflikten auch konsensuale Verfahren mit Drittbeteiligung begegnen.[584] Was die Schutzmacht angeht, so hat das IKRK faktisch bedeutende Teile ihrer traditionellen Funktion übernommen.

99 Klassische internationale Streitbeilegung durch gerichtliche und schiedsgerichtliche Verfahren spielt im humanitären Völkerrecht eine zunehmende Rolle. Der IGH hat mehrfach über Fragen des humanitären Völkerrechts entschieden, insbes im Fall *DRC v Uganda*,[585] ferner über die Beachtung der Völkermord-Konvention in einem bewaffneten Konflikt.[586] Gegenstand dieser Verfahren ist sowohl die Feststellung der Rechtsverletzung als auch die Gewährung von Schadenersatz.[587] Ein speziell zu Fragen des Rechts bewaffneter Konflikte eingesetztes Schiedsgericht ist die Eritrea/Ethiopia Claims Commission.[588] Wie auch bei der Durchsetzung des *ius contra bellum* sind die Möglichkeiten des IGH dadurch begrenzt, dass das Netz der Zuständigkeiten nach Maßgabe der Fakultativklausel des Art 36 Abs 2 IGH-Statut immer noch zu weitmaschig ist.[589] Die parallele Anwendung von Menschenrechten und humanitärem Völkerrecht eröffnet auch die Möglichkeit, die Staatenbeschwerdeverfahren der Menschenrechtsverträge zur Durchsetzung des humanitären Völkerrechts einzusetzen.[590]

100 Zur Zeit der Verabschiedung des ZP I 1977 war allerdings an die vertragliche Verankerung gerichtlicher Streitbeilegung nicht zu denken. Stattdessen greift das ZP I ein traditionelles Verfahren auf, das der Rechtsdurchsetzung durch Offenlegung dient, nämlich die Untersuchung, die in Gestalt der *Internationalen Ermittlungskommission* (International Humanitarian Fact Finding Commission, Art 90 ZP I) vervollkommnet wird.[591] Sie soll in Fällen, in denen die Verletzung des humanitären Völkerrechts geltend gemacht wird, die Tatsachen ermitteln und feststellen, ohne aber einen Ausspruch über das Vorliegen einer Rechtsverletzung zu tun. Ihre Zuständigkeit ist nicht für alle Vertragsparteien des Protokolls gegeben, sondern nur für diejenigen, die diese durch eine besondere Erklärung anerkennen. Eine solche Erklärung haben 76 Staaten abgegeben, darunter 38 europäische Staaten.[592] Ferner kann ein Fall der Kommission auch ad hoc unterbreitet werden. Sie kann auch selbst ihre guten Dienste anbieten. Bislang ist dieses Verfahren allerdings noch nicht angewandt worden.

101 Ein wesentliches Element der Sicherung der Beachtung des humanitären Völkerrechts ist das *Strafrecht*, dem eine verbreitete Meinung eine abschreckende Wirkung beimisst, was die individuelle Motivation zur Rechtstreue beeinflussen soll. Ob dies tatsächlich der Fall ist, kann man bezweifeln. Jedenfalls sind alle Vertragsparteien der Genfer Konventionen verpflichtet, schwere Verstöße gegen dieselben unter Strafe zu stellen. Der Kreis dieser strafwürdigen Verstöße ist durch das ZP I noch erweitert worden.[593] Freilich hat es lange Zeit wenig Praxis der Straf-

---

584 *Abi-Saab* (Fn 583) 128.
585 ICJ Rep 2005, 169.
586 Vgl die IGH-Urteile in den Fällen *Genocide Convention 1 u 2*.
587 Zu Schadenersatzansprüchen wegen Verletzungen des *ius in bello* allgemein *d'Argent* (Fn 153) 505 ff.
588 Die Kommission wurde eingesetzt durch das Abkommen von Algier v 12.12.2004. Die Entscheidungen sind veröffentlicht auf der Website des Ständigen Schiedshofs in Den Haag, <http://www.pca-cpa.org/>. Vgl den Bericht des UN-Generalsekretärs S/2003/858, § 15.
589 *Bothe* (Fn 154) 150.
590 Davon hat bis jetzt nur Georgien gegen die Russische Föderation Gebrauch gemacht; vgl die Informationen in EuGRZ 2008, 556.
591 *Partsch*, in *Bothe/Partsch/Solf*, New Rules, 610 ff; *Bothe*, Fact-finding as a Means of Ensuring Respect for International Humanitarian Law, in Heintschel von Heinegg/Epping (Fn 401) 249 ff; *Mikos-Skuza*, The International Humanitarian Fact-finding Commission, FS Bothe, 2008, 481 ff; *Roach/Krill*, The International Fact-Finding Commission, IRRC 73 (1991) 167 ff. Vgl auch *Roach*, The International Fact-Finding Commission, IIHLY 1989–90, 69 ff; *Condorelli*, La Commission internationale humanitaire d'établissement des faits, IRRC 83 (2001) 393 ff.
592 Stand 5.5.2014. Aktuelle Informationen unter <www.ihffc.org>.
593 *Partsch*, in *Bothe/Partsch/Solf*, New Rules, 577 ff; *Bothe* (Fn 564) 115 ff; dazu auch *Cameron*, Individual Responsibility under National and International Law for the Conduct of Armed Conflict, FS Bring, 2008, 39 ff.

verfolgung und eine große Zahl von Fällen ungeahndeter Kriegsverbrechen gegeben. Die Gründe hierfür sind vielschichtig. Häufig *fehlt* Staaten *der politische Wille*, für eine Bestrafung eigener Soldaten zu sorgen, während sie bei gefangenen Soldaten der Gegenseite, wenn diese an sich wegen Kriegsverbrechen belangt werden könnten, mit einer Strafverfolgung aus Rücksicht auf das Schicksal der Gefangenen, die sich in der Hand des Gegners befinden, zögern.[594] Dennoch kann man nicht sagen, dass die strafrechtliche Ahndung von Verletzungen des Kriegsrechts praktisch bedeutungslos ist. Strafbarkeit gehört sicherlich auch zu der Dokumentation des Unrechtsgehalts solcher Verletzungen und ist damit ein wichtiges Element der Internalisierung von Normen. Mit der Aburteilung von Kriegsverbrechen wird dem gesellschaftlichen Bedürfnis Rechnung getragen, solche Taten nicht ungesühnt zu lassen, und damit auch ein Beitrag zur Wiederherstellung des Friedens geleistet. Dies ist die Funktion des vielfach angemahnten Kampfes gegen Straflosigkeit *(impunity)*.[595] Neben die strafrechtliche Verfolgung von Verletzungen des humanitären Völkerrechts durch den Staat des Täters tritt die Bestrafung durch die Gerichte anderer Staaten als der des Heimatstaats des Täters nach dem Grundsatz der *universal jurisdiction*, heute ein wesentlicher Aspekt der Durchsetzung des humanitären Völkerrechts und Ausdruck der Tatsache, dass es sich um *erga omnes*-Pflichten handelt.[596] Für schwere Verletzungen der Genfer Konventionen besteht sogar eine Pflicht zur Verfolgung nach Maßgabe der *universal jurisdiction* oder zur Auslieferung an einen verfolgungswilligen Staat.[597]

Mit der Einrichtung der *UN-Gerichtshöfe zur Aburteilung von Kriegsverbrechen* im ehemaligen Jugoslawien[598] und in Ruanda[599] hat eine neue Entwicklung der strafrechtlichen Ahndung von Verstößen gegen das humanitäre Völkerrecht durch internationale Organe begonnen. Durch die Rechtsprechung der beiden Gerichtshöfe wurde ein wichtiger Beitrag zur Klärung und damit auch zur Entwicklung des humanitären Völkerrechts geleistet. Schließlich hat ihr Wirken auch politisch den Boden für die Errichtung eines ständigen internationalen Strafgerichtshofs bereitet. Auf der Grundlage von Vorarbeiten der ILC wurde 1998 in Rom das Statut des Internationalen Strafgerichtshofs (IStGH) angenommen, das 2002 in Kraft trat.[600] Parallel dazu sind weitere ad hoc-Strafgerichtshöfe errichtet worden, allerdings nicht als rein internationale, sondern als

---

594 *Bothe* (Fn 564) 125.
595 Vgl idS die Res des SR zum Darfur-Konflikt, S/RES/1593 v 31.3.2005; vgl *Bothe* (Fn 223) 14.
596 Die Grenzen dieser Möglichkeit sind im Einzelnen str; vgl dazu *Bantekas*, Criminal Jurisdiction of States under International Law, MPEPIL II, 861 (Rn 22 ff); *Werle*, Völkerstrafrecht, 3. Aufl 2012, Rn 189; Macedo (Hrsg), Universal Jurisdiction, 2004. Für die gewohnheitsrechtliche Geltung des Prinzips vgl die IKRK-Studie, Bd 1, 604 ff; zur Praxis in europäischen Staaten *Kaleck*, From Pinochet to Rumsfeld, Michigan JIL 30 (2009) 927 ff; zur Lage in Deutschland *Bothe*, La juridiction universelle en matière de crimes de guerre, FS Salmon, 2007, 833 ff; *Ryngaert*, Universal Jurisdiction over Violations of International Humanitarian Law in Germany, RDMDG 47 (2008) 377 ff.
597 Vgl Art 49, 50, 129 u 146 GK.
598 Statute of the International Tribunal, S/RES/827 v 25.5.1993; vgl auch Draft of the International Law Commission for an International Criminal Tribunal (with Commentary), ILM 33 (1994) 258 ff; Fischer/Lüders (Hrsg), Völkerrechtliche Verbrechen vor dem Jugoslawien Tribunal, nationalen Gerichten und dem internationalen Strafgerichtshof, 1999; *Heinsch*, Die Weiterentwicklung des humanitären Völkerrechts durch die Strafgerichtshöfe für das ehemalige Jugoslawien und Ruanda, 2007; McCormack/Simpson (Hrsg), The Law of War Crimes, 1997; *Nowlan*, Die Regelung des Statuts des Strafgerichtshofs nach Resolution 827 des Sicherheitsrates der Vereinten Nationen, HV-I 1993, 160 ff; *Roggemann*, Die internationalen Strafgerichtshöfe der Vereinten Nationen, 2. Aufl 1997; *O'Brien*, The International Tribunal for Violations of International Humanitarian Law in the Former Yugoslavia, AJIL 87 (1993) 639 ff; *Castillo*, La compétence du Tribunal pénal pour la Yougoslavie, RGDIP 98 (1994) 61 ff; *Oellers-Frahm*, Das Statut des Internationalen Strafgerichtshof zur Verfolgung von Kriegsverbrechen im ehemaligen Yugoslawien, ZaöRV 54 (1994) 416 ff; *Crawford* (Fn 161) 404. Zum Verhältnis von nationaler und internationaler Gerichtsbarkeit *Wolfrum*, Prosecution of International Crimes by International and National Criminal Courts, FS Arangio-Ruiz, 2007, 2199 ff.
599 Statute for the Criminal Tribunal, S/RES/955 v 8.11.1994.
600 Vgl *Schröder*, 7. Abschn Rn 44, 46, 49 f, 51 f mwN; *Ambos*, Der neue IStGH, NJW 1998, 3743 ff; *Arsanjani*, The Rome Statute of the International Criminal Court, AJIL 93 (1999) 22 ff; zum Verhältnis zur nationalen Gerichtsbarkeit *Bothe*, Complementarity, Friedens-Warte 83 (2008) 59 ff.

gemischte („hybride") Gerichte, so für Sierra Leone und für Kambodscha.⁶⁰¹ Der IStGH hat seine Arbeit aufgenommen.⁶⁰²

103 Infolge der Parallelität von humanitärem Völkerrecht und Menschenrechtsschutz werden immer mehr auch die Rechtsschutzinstanzen des internationalen Menschenrechtsschutzes zu Akteuren der Durchsetzung des humanitären Völkerrechts,⁶⁰³ und zwar aufgrund der Möglichkeit individueller Rechtsbehelfe,⁶⁰⁴ im Rahmen der Amerikanischen Menschenrechtskonvention aufgrund von Entscheidungen der Kommission.⁶⁰⁵ Daneben besteht die Forderung, dass den Opfern von Verletzungen des humanitären Völkerrechts auch innerstaatliche Rechtsbehelfe zur Verfügung stehen müssen. Die Durchsetzung von Ansprüchen geschädigter Personen vor innerstaatlichen Gerichten, und zwar sowohl vor den Gerichten des Schädiger-Staats als auch vor den Gerichten anderer Staaten, ist im Vordringen.⁶⁰⁶

3. Konfliktparteien und dritte Staaten (Neutralitätsrecht)
a) Grundlagen

104 Mit *Neutralität* wird der durch das Völkerrecht definierte Status des an einem bewaffneten Konflikt nicht beteiligten Staates umschrieben.⁶⁰⁷ Dieser Status hat bestimmte Rechte und Pflichten im Verhältnis zwischen den neutralen und den kriegführenden Staaten zur Folge. Auf der einen Seite steht das *Recht* des neutralen Staats, durch den Konflikt unbehelligt zu bleiben, also nicht

---

601 Dickinson, The Promise of Hybrid Courts, AJIL 97 (2003) 295 ff; *Linton*, New Approaches to International Justice in Cambodia and East Timor, IRRC 84 (2002) 93 ff; *McDonald*, Sierra Leone's Shoestring Special Court, ebd 121 ff.
602 *Stein*, Der Internationale Strafgerichtshof – Start über Stolpersteine, FS Fleck, 2004, 559 ff.
603 *Bothe* (Fn 154) mwN; *Zimmermann*, Responsibility for Violations of International Humanitarian Law, International Criminal Law and Human Rights Law, in Heintschel von Heinegg/Epping (Fn 381) 215 ff.
604 Zur einschlägigen Rechtsprechung des EGMR vgl *Bothe*, Humanitäres Völkerrecht und Schutz der Menschenrechte, FS Tomuschat, 2006, 63 (70 f); zu den Tschetschenien-Entscheidungen *Irmscher*, Menschenrechtsverletzungen und bewaffneter Konflikt, EuGRZ 33 (2006) 11 ff; *Sauer/Wagner* (Fn 115) 68 ff.
605 Vgl die Aufarbeitung der Rechtsprechung der Kommission in ihrem Bericht in der Sache *Aisalla*, Ecuador v Kolumbien, Rep No 112/10 v 21.10.2010, §§ 78 ff.
606 IdS nunmehr unter Aufarbeitung der Praxis: ILA, 76th Conference 2014, Res 1/2014: Declaration "Procedural Principles for Reparation Mechanisms"; Grundlage: International Committee on Compensation for Victims of War, Washington Conference 2014, Report; The Hague Conference 2010: 74th Conference 2010, Resolution 2/2010: Declaration of International Law Principles on Reparation for Victims of Armed Conflicts (Substantive Issues). Zu Schadensersatzfragen *Heintschel von Heinegg*, Entschädigung für Verletzungen des humanitären Völkerrechts, BDGVR 40 (2001) 1 ff; zu den Ansprüchen vor innerstaatlichen Gerichten *Heß*, Kriegsentschädigung aus kollisionsrechtlicher und rechtsvergleichender Sicht, ebd 107 ff. Wegen möglicherweise völkerrechtswidriger Bombardierungen während der Kosovo-Aktion der NATO ist es in mehreren Staaten zu Schadensersatzklagen gekommen. In der BR Deutschland wurde eine solche vom BGH abgewiesen (Urt v 2.11.2006, Az III ZR 190/05), die Verfassungsbeschwerde wurde vom BVerfG nicht zur Entscheidung angenommen (Beschluss v 13.8.2013, 2 BvR 2660/06); vgl *Jaksic*, Direktklagen von Konfliktopfern gegen Staaten, HV-I 22 (2009) 154 ff. Eine Res der Human Right Commission verlangt, dass den Opfern von Verletzungen des humanitären Völkerrechts ein effektiver innerstaatlicher Rechtsweg zur Durchsetzung diesbezüglicher Schadenersatzansprüche zur Verfügung stehen muss (Res 2005/35 v 19.4.2005). Dazu *Tomuschat*, Reparation in Favour of Individual Victims of Gross Violations of Human Rights and International Humanitarian Law, FS Caflisch, 2007, 569 ff; *Fischer-Lescano*, Subjektivierung völkerrechtlicher Sekundärregeln, AVR 45 (2007) 299 ff; *Hofmann*, Victims of Violations of International Humanitarian Law, FS Tomuschat, 2006, 341 ff; *Perrakis*, De la réparations des victimes du violations du droit international humanitaire et l'affaire des «Réparations de guerre allemandes» en Grèce, FS Bothe, 2008, 523 ff; *Schwager*, Ius bello durante et bello confecto, 2008; *Stammler*, Der Anspruch von Kriegsopfern auf Schadenersatz, 2009; *Bong*, Compensation for Victims of Wartime Atrocities, JICJ 3 (2005) 187 ff. Zur Rolle innerstaatlicher Gerichte bei der Durchsetzung des humanitären Völkerrechts in verschiedenen Staaten vgl auch die Beiträge in Jinks/Maogoto/Solomon (Hrsg), Applying International Humanitarian Law in Judicial and Quasi-Judicial Bodies, 2014, 317 ff.
607 *Bothe*, Neutrality, Concept and General Rules, MPEPIL VII, 617 ff; *Schindler*, Transformations in the Law of Neutrality since 1945, FS Kalshoven, 1991, 367 ff; *Bothe*, The Law of Neutrality, in Fleck (Hrsg), Handbook, 549 ff; *Upcher*, Neutrality in Contemporary International Law, 2015.

beeinträchtigt zu werden. Auf der anderen steht die *Pflicht zur Nichtteilnahme* und *Unparteilichkeit*. Das Recht, nicht beeinträchtigt zu werden, bedeutet, dass die Beziehungen zwischen den neutralen und den kriegführenden Staaten solche des Friedensrechts sind, die nur in bestimmten Punkten durch das Neutralitätsrecht modifiziert werden.[608] Insbes hat der Neutrale gewisse Kontrollen im Bereich des Seehandels zu dulden.[609] Die Pflicht zur Nichtteilnahme und Unparteilichkeit ist das notwendige Gegengewicht zum Recht, nicht beeinträchtigt zu werden.

Pflicht zur Nichtteilnahme bedeutet vor allem *Unterlassen von Unterstützungshandlungen* zugunsten einer Konfliktpartei. Pflicht zur Unparteilichkeit bedeutet keine Pflicht einer schematischen Gleichbehandlung. Sie ist ein *Diskriminierungsverbot*, dh sie verbietet eine differenzierende Behandlung der Kriegführenden, die angesichts der besonderen Problemlage des bewaffneten Konflikts nicht gerechtfertigt ist.[610] Da Neutralität nicht zur schematischen Gleichbehandlung verpflichtet, sind bestehende Unterschiede in den Handelsbeziehungen zwischen den neutralen und den jeweiligen Konfliktparteien bei Ausbruch des bewaffneten Konflikts nicht etwa einzuebnen. Vielmehr ist der Neutrale berechtigt, die bestehenden Handelsbeziehungen fortzuführen (Prinzip des *courant normal*);[611] eine Veränderung der Handelsbeziehungen zugunsten eines Kriegführenden wäre freilich eine mit dem Neutralitätsstatus unvereinbare Parteinahme. Das Verbot von Unterstützungshandlungen bedeutet auch, dass der neutrale Staat nicht dulden darf, wenn sich eine Konfliktpartei gegen seinen Willen seiner Ressourcen bedient. Deshalb gehört auch die *Verteidigung der Neutralität* zu den *Pflichten* der Nichtbeteiligung. Das Regime von Rechten und Pflichten der Neutralen insgesamt ist ein wichtiges *Instrument der Konfliktbegrenzung*. Durch die Unterscheidung zwischen neutralen und konfliktbeteiligten Staaten verhindert das Völkerrecht, dass immer mehr Staaten in einen Konflikt hineingezogen werden. Die Neutralen können den Konfliktparteien helfen, Beziehungen aufrechtzuerhalten oder herzustellen, die zu einer Linderung des Leidens der Konfliktopfer (etwa durch Hilfsaktionen oder Austausch von Nachrichten) führen und schließlich den Weg zum Frieden ebnen (zB durch Vermittlung von Waffenstillständen).[612]

Bereits unter dem Briand-Kellogg-Pakt, noch mehr jedoch nach Inkrafttreten der UN-Charta ist bezweifelt worden, ob das aus dem überkommenen Neutralitätsrecht folgende Gebot der *Unparteilichkeit*, dh der Nichtdiskriminierung der Konfliktparteien, *mit der Ächtung des Angreifers noch vereinbar* ist. Es wurde vielfach für obsolet gehalten.[613] Demgegenüber ist daran festzuhalten, dass die Unparteilichkeit des Neutralen eine wichtige Funktion jedenfalls solange behält, als die Möglichkeit einer verbindlichen Entscheidung darüber, wer in einem bestimmten Konflikt der Angreifer ist und wer das Opfer, faktisch nicht gegeben ist.[614] Wenngleich die UN-Charta die Möglichkeit einer *verbindlichen Entscheidung des Sicherheitsrats* darüber vorsieht, ob ein bewaffneter Angriff vorliegt und welcher Staat der Angreifer ist, waren solche Entscheidungen angesichts der Polarisierung zwischen den beiden Supermächten lange politisch nicht möglich. Die Entwicklung nach dem Ende des Kalten Kriegs hat die Entscheidungsfähigkeit des Sicherheitsrats zwar erheblich verstärkt, doch sind Blockaden auch für die Zukunft nicht auszuschließen. Zudem vermeidet der Sicherheitsrat auch immer wieder klare Aussagen über die Frage, wer Angreifer ist und wer nicht.[615] Darüber hinaus ist zu betonen, dass die UN-Charta zwar ein Recht auf kollektive Selbst-

---

608 *Bothe*, in Fleck (Hrsg), Handbuch, 549 ff.
609 Dazu u Rn 115 f.
610 Vgl Art 9 Haager Abkommen Nr V 1907.
611 *Castrén*, The Present Law of War and Neutrality, 1954, 454 ff.
612 *Castrén* (Fn 611) 443; *Bindschedler*, Die Neutralität im modernen Völkerrecht, ZaöRV 17 (1956/57) 1 (13 f).
613 *Bindschedler* (Fn 612) 9, 13; *Castrén* (Fn 611) 433 ff.
614 *Heintschel von Heinegg*, Wider die Mär vom Tode des Neutralitätsrechts, FS Fleck, 2004, 221 (232 ff).
615 Res wie S/RES/660, abgedr in VN 38 (1990) 146, wo die Invasion des Irak in Kuwait als „Bruch" des Friedens erklärt wurde (freilich nicht als Angriffshandlung), sind nach wie vor die Ausnahme. Bei den Res zur Lage in zerfallenden Staaten wird auf eine „Situation" abgestellt, die eine „Bedrohung" des internationalen Friedens darstelle.

verteidigung, dh ein Recht aller Staaten, einem angegriffenen Staat zu helfen, vorsieht, jedoch keine Pflicht zu einer solchen Hilfeleistung.[616] Somit ist es nicht rechtswidrig, wenn ein Staat von der Unterstützung des Opfers einer Aggression absieht, dh unparteilich, neutral bleibt.[617] Dies ist nur dann und insoweit anders, als der Sicherheitsrat von der Möglichkeit Gebrauch macht, nach Kap VII der UN-Charta Staaten zur Hilfeleistung für das Opfer einer Aggression und zur Unterstützung ggf beschlossener Zwangsmaßmaßnahmen der UN zu verpflichten (Art 42, 43, 48 UN-Charta).[618] Dies bedeutet, dass die überkommene Neutralitärspflicht der Nichtbeteiligung und Unparteilichkeit durch die UN-Charta nicht etwa abgeschafft wurde,[619] sondern dass sie nur im Einzelfall durch eine verbindliche Entscheidung des Sicherheitsrats außer Kraft gesetzt werden kann. Dabei kann der Sicherheitsrat hinsichtlich der Unterstützungspflichten einzelner Staaten auch Unterschiede machen.[620] Das bedeutet, dass selbst dann, wenn er von seinen Befugnissen nach Kap VII UN-Charta Gebrauch macht, Neutralität möglich bleibt. Dies ist letztlich durch eine Auslegung der einschlägigen Res des Sicherheitsrats zu ermitteln.[621]

107   Nicht-militärische Zwangsmaßnahmen sehen häufig den Abbruch der Handelsbeziehungen und die Blockierung des Zahlungsverkehrs vor, die allen UN-Mitgliedstaaten zur Pflicht gemacht werden.[622] In einem solchen Fall muss vom erwähnten Grundsatz des *courant normal* abgewichen werden; es liegt eine klare Modifikation der Neutralitätsregeln vor.

108   Der völkerrechtlich definierte Status der Neutralität wird wirksam mit dem Ausbruch eines internationalen bewaffneten Konflikts zwischen anderen Staaten. Damit stellt sich die Frage, was als *bewaffneter Konflikt* iSd Neutralitätsrechts anzusehen ist, wo mit anderen Worten die *Anwendungsschwelle für das Neutralitätsrecht* liegt.[623] Das Neutralitätsrecht bedeutet nicht unerhebliche Veränderungen der Beziehungen zwischen den neutralen und den kriegführenden Staaten, zB bei der Frage der Zulässigkeit von Rüstungsexporten, des Aufenthalts von Kriegsschiffen der Konfliktparteien in neutralen Gewässern und der Kontrolle des neutralen Handels. Diese grundlegenden Veränderungen können nicht bereits bei jedem bewaffneten Zwischenfall eintreten, sondern setzen eine bewaffnete Auseinandersetzung einer gewissen Dauer und Intensität voraus. Damit ist die Anwendungsschwelle für das Neutralitätsrecht wohl höher als diejenige für kriegsrechtliche Regelungen über die Kampfführung und die Behandlung von Gefangenen, die auch bei Konflikten geringerer Intensität anwendbar sind. Eine überkommene und in der Lit,[624] aber auch in

---

Vgl zB S/RES/941 u 942 v 23.9.1994 (Bosnien-Herzegowina), abgedr in VN 42 (1994) 225; S/RES/859 v 24.8.1993 (Bosnien-Herzegowina), abgedr in VN 42 (1994) 26; vgl o Rn 44 zur Friedensbedrohung. Bei zahlreichen Militäraktionen Israels, vom SR als Verletzung der UN-Charta bezeichnet, wurde auch nicht ausdrücklich gesagt, dass eine Verletzung des Gewaltverbots vorliege. Es wird vielmehr auf eine Feststellung, dass eine Situation iSd Art 39 UN-Charta vorliege, ja sogar auf eine Paraphrasierung des Texts des Art 39 („Friedensbruch" o ä) verzichtet, vgl zB S/RES/262 (Angriff auf Flughafen in Beirut), abgedr in VN 17 (1969) 31; S/RES/265 (Angriffe auf jordanische Dörfer), abgedr in VN 17 (1969) 64; S/RES/487 (Angriff auf irakischen Atomreaktor in Bagdad), abgedr in VN 29 (1981) 136.
616 Vgl *Randelzhofer/Nolte* (Fn 84) Rn 47 f. Eine Verpflichtung kann allerdings in Verträgen über militärischen Beistand enthalten sein.
617 *Schindler* (Fn 607) 373.
618 *Schindler*, in ders/Hailbronner, Grenzen, 3 ff.
619 Davon geht auch der IGH in seinem Gutachten zur Unrechtmäßigkeit des Einsatzes von Atomwaffen aus, vgl ICJ Rep 1996, 66 ff bzw 226 ff (§ 88f).
620 Art 48 Abs 1 UN-Charta.
621 Diese kann schwierige Fragen aufwerfen. Bei der amerikanisch-britischen Intervention im Irak 2003 beriefen sich die Staaten auf eine Ermächtigung durch den SR (so Rn 24). Das hätte dann möglicherweise die Folge, dass keine neutralitätsrechtlichen Pflichten dritter Staaten bestanden.
622 S/RES/664 v 6.8.1990, abgedr in VN 38 (1990) 146.
623 Dazu *Bothe*, in Fleck (Hrsg), Handbook, 555 ff mwN; *ders* (Fn 59) 205 f; eingehend dazu auch *Oeter*, Neutralität und Waffenhandel, 1992, 77 ff.
624 *Castrén* (Fn 611) 423; *Bindschedler* (Fn 612) 9 f; *Greenwood*, Comments, in Dekker/Post (Fn 59) 212 f; vgl auch *Schindler* (Fn 607) 374 ff.

Äußerungen staatlicher Organe[625] immer noch vertretene These geht dahin, dass die Anwendung des Neutralitätsrechts einen „Krieg im Rechtssinne" voraussetze. Ob und inwieweit diese Aussage für den gegenwärtigen Stand des Gewohnheitsrechts zutrifft, hängt letztlich davon ab, was man eigentlich unter einem Krieg im Rechtssinne versteht. Nach der bereits oben[626] abgelehnten Meinung, dass ein subjektives Element zu dem Vorliegen einer bewaffneten Auseinandersetzung hinzukommen müsse, könnte ein Staat einfach durch die Erklärung, keinen Krieg führen zu wollen, alle Beschränkungen vermeiden, die das Neutralitätsrecht Konfliktparteien auferlegt. Für nicht am Konflikt beteiligte Staaten bietet diese Konstruktion eine gute Ausrede, sich nicht an das Verbot von Unterstützungsleistungen halten zu müssen. IdS ist sie auch immer wieder genutzt worden.[627] Dies ist inakzeptabel. Die Anwendungsschwelle des Neutralitätsrechts ist darum von seinem Sinn und Zweck her zu bestimmen. Dies bedeutet, dass Neutralitätsrecht immer dann angewandt werden muss, wenn ein Konflikt vorliegt, der ein Ausmaß erreicht hat, dass seine rechtliche Eingrenzung durch die Anwendung von Neutralitätsrecht sinnvoll und notwendig ist. Hierfür können keine ganz eindeutigen generellen Festlegungen getroffen werden. Allgemein kann nur gesagt werden, dass es sich um einen Konflikt einer „gewissen" Dauer und Intensität handeln muss.

Staaten, die an einem Konflikt unterhalb der Anwendungsschwelle des Neutralitätsrechts nicht beteiligt sind, sind nicht neutral, dh unterliegen nicht den neutralitätsrechtlichen Pflichten.[628] Im Zusammenhang mit dieser rechtlichen Situation wird die Frage erörtert, ob es einen *besonderen Status der Nichtkriegführung* gebe, der zwischen Konfliktbeteiligung und Neutralität stehe.[629] Hier müssen zwei Fragen auseinander gehalten werden. Einmal geht es um die Stellung unbeteiligter Staaten in Konflikten, auf die das Neutralitätsrecht nicht anwendbar ist. Zum anderen geht es um die Frage, ob auch bei Konflikten, auf die an sich dieses Recht anwendbar ist, ein solcher Zwischenstatus der Nichtkriegführung möglich ist. So haben sich insbes die USA vor ihrem Eintritt in den Zweiten Weltkrieg als „nichtkriegführend", jedoch nicht als neutral angesehen, da sie Großbritannien in einer Weise unterstützten, die mit den neutralitätsrechtlichen Nichtbeteiligungspflichten nicht vereinbar war.[630] Wenngleich es eine ganze Reihe von Fällen unerklärter oder stillschweigender „Nichtkriegführung" gibt, kann von einer hinreichend einheitlichen und allgemeinen Praxis, die es möglich machen würde, die Nichtkriegführung als ein neues Institut des völkerrechtlichen Gewohnheitsrechts anzusehen, nicht gesprochen werden. Die Fälle der sog Nichtkriegführung waren entweder solche, in denen ein Konflikt, der das Neutralitätsrecht anwendbar machte, nicht vorlag (oder der jedenfalls in dieser Weise eingeschätzt werden konnte),[631] oder es handelte sich um Verletzungen der anwendbaren Regeln des Neutralitätsrechts.[632]

---

625 Vgl die eingehenden Nachw bei *Greenwood* (Fn 624) 212 f.
626 Vgl o Rn 62.
627 *Bindschedler* (Fn 612) 9, 13.
628 Deshalb formuliert das ZP I korrekt, wenn Rechte und Pflichten für nicht am Konflikt beteiligte Staaten auch in den Fällen geschaffen werden sollen, in denen das Neutralitätsrecht nicht anwendbar ist: „neutrale und andere nicht am Konflikt beteiligte Staaten", vgl Art 9 Abs 2, Art 19, Art 31, Art 37 Abs 1, Art 39 Abs 1, Art 64 Abs 1 ZP I.
629 *Bindschedler* (Fn 612) 9, 13 f.
630 *Bindschedler* (Fn 612) 9, 12 f.
631 *Heintschel von Heinegg*, „Benevolent" Third States in International Armed Conflicts, FS Dinstein, 2007, 543 ff.
632 *Bindschedler* (Fn 612) 9, 13 f. Ein solcher Fall war die Unterstützung des Irak durch einige arabische Staaten und die USA während des ersten Golfkriegs. Vgl *Momtaz*, Iran, Commentary, in DeGuttry/Ronzitti (Hrsg), The Iran-Iraq War and the Law of Naval Warfare, 1993, 19 (28 ff); *Mehr*, Neutrality in the Gulf War, ODIL 20 (1989) 105 f. Während des Irak-Konflikts 2003 hat die BR Deutschland zugunsten der USA Neutralitätsrecht, so es denn anwendbar war, insbes dadurch verletzt, dass sie gestattete, dass die USA ihre Kampfhandlungen gegen den Irak von deutschem Gebiet aus starteten, *Heintschel von Heinegg* (Fn 614) 224 ff. Wenn allerdings die in Rn 24 dargestellte amerikanische These doch zutraf, dass es sich um eine vom SR autorisierte Aktion handelte, war Neutralitätsrecht nicht anwendbar und die Haltung der BR Deutschland völkerrechtlich nicht zu beanstanden. Eine klare Aussage Deutsch-

b) Unverletzlichkeit des neutralen Gebiets

110 Das grundlegende Recht des neutralen Staats, durch den bewaffneten Konflikt nicht beeinträchtigt zu werden, zeigt sich insbes am Grundsatz der Unverletzlichkeit des neutralen Staatsgebiets. Dies bedeutet vor allem, dass die *Konfliktparteien* sich mit ihren Truppen *vom Gebiet des neutralen Staats fernzuhalten* haben. Sie dürfen dieses in keiner Weise für ihre kriegerischen Aktionen nutzen, auch nicht zum Durchzug oder zu ähnlichen Zwecken.[633] Dabei ist wiederum zu betonen, dass diese Regel ohne Rücksicht darauf gilt, ob eine Konfliktpartei Angreifer oder Opfer eines Angriffs ist. Das dem Opfer zustehende Selbstverteidigungsrecht rechtfertigt nicht den Einsatz kriegerischer Mittel, die nach den Regeln des Kriegsvölkerrechts verboten sind. Es rechtfertigt auch nicht militärische Maßnahmen gegen Staaten, die nicht selbst einen Angriff verübt haben, selbst wenn eine Inanspruchnahme des Territoriums eines solchen Staats zu einer militärisch sinnvollen Ausübung des Selbstverteidigungsrechts nützlich oder gar erforderlich ist. Das *Selbstverteidigungsrecht* ist *kein umfassendes Selbsthilferecht gegenüber unbeteiligten Staaten*.[634] Die Regel der Unverletzlichkeit des neutralen Gebiets gilt nicht nur für das Landgebiet, sondern auch für die Hoheitsgewässer und für den darüber liegenden Luftraum.[635] Unverletzlichkeit des Gebiets des neutralen Staats bedeutet auch, dass dieser von etwaigen Nebenwirkungen der Kampfhandlungen verschont bleiben muss. Die Konfliktparteien besitzen kein Recht, durch Kampfhandlungen, die zwischen ihnen stattfinden, das Gebiet neutraler Staaten zu beschädigen.[636] Hier liegt eine wichtige neutralitätsrechtliche *Schranke für den Einsatz von Waffen,* die weiträumige Schäden, insbes Umweltschäden verursachen.[637]

c) Neutralitätspflichten der Nichtteilnehmer

111 Das Gegenstück zum Recht des Neutralen, nicht durch den Konflikt beeinträchtigt zu werden, ist seine Pflicht zu verhindern, dass sein Territorium von einer Konfliktpartei zum Ausgangspunkt militärischer Maßnahmen gemacht wird. Deshalb muss er jeden Versuch einer Konfliktpartei, sein Territorium für kriegerische Maßnahmen in Anspruch zu nehmen, etwa durch einen Einmarsch, Durchmarsch, Durchfahrt oder Überflug,[638] mit allen zur Verfügung stehenden Mitteln verhindern. Allerdings ist diese Verpflichtung auf die dem Neutralen nach Lage der Dinge zumutbare Gegenwehr beschränkt. Sie verpflichtet ihn nicht zum „Selbstmord". Im Zusammenhang mit dieser *Verpflichtung zur Verteidigung der Neutralität* wird diskutiert, ob und inwieweit Neutralität zu militärischen Anstrengungen verpflichtet. Das österreichische und schweizerische Konzept ist das einer *bewaffneten Neutralität*.[639] Es wird von einer Verpflichtung ausgegangen, militärische Anstrengungen zu unternehmen, um Beeinträchtigungen der Neutralität mit Waffengewalt zurückweisen zu können. Es gibt aber auch Bsp für eine Neutralitätspolitik, die von einer *unbewaffneten Neutralität* ausgeht. Dies ist sicherlich unschädlich, solange keine Konfliktpartei versucht, Territorium des unbewaffneten Neutralen auch wirklich in Anspruch zu nehmen. Unternimmt dieser jedoch im

---

lands zu dieser Frage existiert, soweit ersichtlich, nicht. Italien hat sich dagegen offiziell als „nicht-kriegführend" angesehen, *Ronzitti*, Italy's Non-Belligerency during the Iraq War, in Ragazzi (Hrsg), International Responsibility Today, 2005, 197 ff.
633 Art 1f Haager Abkommen Nr V v 1907.
634 *Bindschedler* (Fn 612) 9, 13.
635 *Bothe*, in Fleck (Hrsg) Handbook, 559.
636 Zur Praxis *Jaccard*, Über Neutralitätsverletzungsschäden in der Schweiz während des Zweiten Weltkrieges, Zeitschrift des Bernschen Justizvereins 87 (1951) 225 ff.
637 *Bothe/Bruch/Diamond/Jensen* (Fn 447) 585 f; vgl auch das Gutachten des IGH zur Unrechtmäßigkeit des Einsatzes von Atomwaffen (Fn 75).
638 Während der amerik-brit Intervention im Irak 2003 lag hier ein wesentliches neutralitätsrechtliches Problem der Haltung von NATO-Staaten, die nicht am Konflikt beteiligt waren, aber den USA und Großbritannien Überflugrechte gewährten, vgl o Fn 632.
639 *Castrén* (Fn 611) 457.

Falle der Verletzung überhaupt keinen Versuch, dem zu begegnen, setzt er sich dem Risiko aus, von der benachteiligten Konfliktpartei nicht mehr als neutral angesehen zu werden.

Ein neutraler Staat darf keine der Konfliktparteien unterstützen. Verboten ist vor allem die Lieferung von Kriegsschiffen, Munition und sonstigem Kriegsmaterial.[640] Auch die massive finanzielle Unterstützung ist als neutralitätswidrige Hilfeleistung anzusehen.[641] *Humanitäre Hilfeleistung* zugunsten der Konfliktopfer ist keine Verletzung der Neutralität, auch wenn sie nur zugunsten der Opfer einer Seite erfolgt.[642] Die Staatspraxis hat die frühere vertragliche Regel, dass ein neutraler Staat die *Aus- und Durchfuhr von Kriegsmaterial durch Private* zugunsten einer Konfliktpartei nicht zu verbieten braucht, modifiziert.[643] Jene Trennung zwischen Staat und privater Rüstungswirtschaft ist aus heutiger Sicht in der Tat künstlich und entspricht keinesfalls den tatsächlichen politischen Gegebenheiten. Rüstungsproduktion und -handel sind in vielfältiger Weise staatlich geprägt, gefördert, kontrolliert. Von daher wäre es unrealistisch, wollte man dem Staat nicht die Exporte seiner „offiziellen" Rüstungsindustrie zurechnen. Dem entspricht die moderne Staatspraxis. Soweit Staaten überhaupt davon ausgingen, dass eine Situation vorlag, in der sie Neutralitätsrecht anzuwenden hatten, haben sie Waffenexporte auch von Privatunternehmen nicht zugelassen und sich nicht auf die künstliche Trennung von Staat und Privatunternehmen berufen. Nach heutigem Stand des Gewohnheitsrechts muss man davon ausgehen, dass die *staatliche Zulassung der Lieferung von Kriegsmaterial* eine *neutralitätswidrige Unterstützung* darstellt. Aus der Tatsache, dass Rüstungsexporte eine konfliktfördernde Wirkung haben, hat Art 26 GG die Konsequenz gezogen, dass die BR Deutschland verfassungsrechtlich verpflichtet ist, den Export von Kriegswaffen rechtlich zu beschränken. Dies ist durch das Kriegswaffenkontrollgesetz geschehen. Weitere Beschränkungsmöglichkeiten ergeben sich aus dem Außenwirtschaftsrecht. Beide Gesetze geben der Bundesregierung die Möglichkeit, neutralitätsrechtlich verbotene Rüstungsexporte zu verhindern.[644]

112

d) Landkrieg

Truppen- und Versorgungstransporte dürfen auf neutralem Staatsgebiet nicht stattfinden. Der neutrale Staat kann aber den *Transit* von Verwundeten und Hilfsgütern erlauben.[645] Es ist auch eine Form der Unterstützung einer Konfliktpartei, wenn Mitglieder ihrer Streitkräfte zeitweilig auf neutralem Gebiet Zuflucht finden und dann wieder an den Kampfhandlungen teilnehmen. Deswegen sind *Truppen einer Konfliktpartei*, die, auf welchem Wege auch immer, auf neutrales Staatsgebiet gelangen, *zu internieren* und dadurch an der weiteren Teilnahme an Kampfhandlungen zu hindern.[646]

113

e) Seekrieg
Kriegsschiffe in neutralen Gewässern

Die Hoheitsgewässer eines neutralen Staats sind zu achten. *Kriegshandlungen in neutralen Hoheitsgewässern* sind ebenso wie auf neutralem Hoheitsgebiet *verboten*.[647] Die *friedliche Durch-*

114

---

640 Art 6 Haager Abkommen Nr XIII v 1907.
641 *Bothe*, in Fleck (Hrsg), Handbook, 561.
642 Art 14 Haager Abkommen Nr V v 1907. Hier lag ein neutralitätsrechtliches Problem der Haltung der BR Deutschland während der amerik-brit Intervention im Irak 2003.
643 *Oeter* (Fn 623) 216 ff.
644 Vgl *Oeter* (Fn 623) 193 ff, speziell 198. Vgl auch *Kunig*, 2. Abschn Rn 13.
645 Art 14 Haager Abkommen Nr V v 1907.
646 Art 11 f Haager Abkommen Nr V v 1907.
647 Art 2 Haager Abkommen Nr XIII v 1907. Zu den Hoheitsgewässern vgl *Proelß*, 5. Abschn Rn 38 ff; *Graf Vitzthum*, Maritimes Aquitorium und Anschlusszone, in ders (Fn 387) 63 ff.

fahrt durch neutrales Küstenmeer ist den Kriegsschiffen der Konfliktparteien *gestattet*.[648] Das Prinzip der friedlichen Durchfahrt ist einerseits eine Ausnahme von dem im Übrigen für den Landkrieg geltenden Grundsatz, dass ein Neutraler die Anwesenheit von Streitkräften der Konfliktparteien in seinem Hoheitsgebiet weder dulden darf noch muss. Auf der anderen Seite bedeutet es eine Bestätigung der Regel, dass die Beziehungen zwischen Neutralen und Konfliktparteien im Wesentlichen durch das Friedensrecht geprägt sind, das solche Durchfahrtsrechte auch vorsieht. Kriegsschiffe der Konfliktparteien dürfen sich in Häfen, auf Reeden oder im Küstenmeer von Neutralen aber grundsätzlich *nicht länger als 24 Stunden* aufhalten.[649]

Die Kontrolle des neutralen Seehandels

115 Kriegsschiffe einer Konfliktpartei haben auf Hoher See gegenüber *Handelsschiffen*, die die Flagge eines neutralen Staats führen, gewisse *Kontrollrechte*, die bis zur Einziehung von kriegswichtiger Ladung (Konterbande) und eines eine solche Ladung führenden Schiffs gehen.[650] Die Kontrolle der neutralen Handelsschifffahrt durch die Konfliktparteien ist von alters her eine bedeutsame Frage, die bis in die jüngste Zeit wichtig geblieben ist. Hinsichtlich der Ausdehnung dieser Kontrollrechte ist der Stand des völkerrechtlichen Gewohnheitsrechts in vielen Einzelheiten str. Die Londoner Seerechtserklärung v 1909, die diese Kontrollrechte kodifiziert, wurde niemals ratifiziert, gilt jedoch weitgehend als Ausdruck des Gewohnheitsrechts.[651] Die Kontrollmöglichkeiten der Konfliktparteien über die neutrale Schifffahrt bilden eine wesentliche Ausnahme von dem Grundsatz, dass der neutrale Staat durch das Vorliegen eines bewaffneten Konflikts nicht beeinträchtigt werden darf. Diese Kontrollrechte sind jedoch begrenzt, wobei sich im Zweiten Weltkrieg eine deutliche Tendenz zu ihrer Ausdehnung gezeigt hat.[652]

116 Sinn der Kontrollrechte ist es, die *Versorgung* der jeweils anderen Konfliktpartei *mit kriegswichtigen Gütern zu verhindern*. Zu diesem Zweck besitzen Kriegsschiffe einer Konfliktpartei das Recht, neutrale Handelsschiffe anzuhalten und zu kontrollieren, um festzustellen, ob sie solche Güter an Bord haben. Gegenüber solchen Handelsschiffen dürfen Kriegsschiffe einer Konfliktpartei nur diejenige Gewalt anwenden, die erforderlich ist, um die genannten Kontrollrechte durchzusetzen. Insbes dürfen neutrale Handelsschiffe, die der Kontrolle durch eine Konfliktpartei unterliegen und sich dieser Kontrolle widersetzen, nur beschädigt oder zerstört werden, soweit sie nicht auf andere Weise an der Weiterfahrt gehindert werden können. Der Kapitän des neutralen Schiffs ist vorher zu warnen. Für die Rettung von Schiffbrüchigen ist Sorge zu tragen.[653] Bei der Kontrolle stellt sich zunächst die Frage, welche Arten von *Gütern* als *kriegswichtig* anzusehen sind und deshalb der Befugnis zur Verhinderung weiterer Beförderung unterliegen (sog *Konterbande* oder Bannware). Hinsichtlich der Bestimmung der Kriegswichtigkeit besitzen die Konfliktparteien eine gewisse Einschätzungsprärogative. Was kriegswichtig ist, ist im Hinblick auf die besonderen Umstände des jeweiligen Konflikts zu entscheiden. Wenn die Konfliktparteien ihre Einschätzungen in Listen niederlegen und diese notifizieren, dient dies sicherlich der Rechtsklarheit. Auf der anderen Seite haben im Zweiten Weltkrieg die Listen eine Tendenz zur übermäßigen Ausweitung gezeigt, die nicht hinnehmbar ist.[654] Zur Vereinfachung der Kontrolle kann eine Konfliktpartei mit Zustimmung des Neutralen dessen Schiff bereits im Verlade-

---

648 Art 10 Haager Abkommen Nr XIII v 1907; hierzu und zum Folgenden *Heintschel von Heinegg* (Fn 387 [Handbuch Seerecht]) 549 ff, 552 ff.
649 Art 13 Haager Abkommen Nr XIII v 1907.
650 *Heintschel von Heinegg* (Fn 387 [Seekriegsrecht]) 566 ff; *ders* (Fn 387 [Handbuch Seerecht]) 559 ff.
651 Krit insofern *Kalshoven*, 1909 London Declaration Concerning the Laws of Naval War, in Ronzitti (Fn 387) 269 ff, Text: ebd 223 ff.
652 *Heintschel von Heinegg* (Fn 387 [Seekriegsrecht]) 570 ff.
653 Londoner Protokoll über Unterseebootkrieg v 1936 (DokHVR 115).
654 *Steinicke*, Das Navicertsystem, 1966, 160 ff.

hafen ein Kontrolldokument (Navicert) ausstellen. Dieses in der Praxis vielfach verwandte *Navicertsystem* ermöglicht einem neutralen Schiff im Falle der Kontrolle durch das Kriegsschiff einer Konfliktpartei, durch ein bereits im Ausgangshafen von der Konfliktpartei ausgestelltes Dokument nachzuweisen, dass es keine Konterbande mit sich führt. Akzeptiert wird ein solches Navicert allerdings immer nur von der Seite, die es ausgestellt hat.[655] Hat eine Kontrolle ergeben, dass sich in der Tat kriegswichtige Güter mit gegnerischem Bestimmungsort an Bord des Schiffs befinden, so kann die Weiterbeförderung dieser kriegswichtigen Güter unter Beachtung gewisser Verfahrensvorschriften verhindert werden. Konterbande und das Bannware führende Schiff sind zunächst von dem kontrollierenden Kriegsschiff zu *beschlagnahmen*. Das beschlagnahmte Schiff (Prise) ist zu einem Hafen der Konfliktpartei oder eines mit ihr verbündeten Staats zu bringen. Dort ist die Zulässigkeit der Beschlagnahme von Schiff und Ladung in einem prisengerichtlichen Verfahren zu überprüfen. Durch *prisengerichtliches Urteil* können Schiff und Ladung *eingezogen* werden.[656]

Schutz der neutralen Handelsschifffahrt

Die Freiheit der neutralen Schifffahrt und ihr militärischer Schutz haben in den Konflikten der jüngeren Vergangenheit erhebliche Probleme aufgeworfen.[657] Denn diese Freiheit, eingeschränkt allein durch die dargestellten Kontrollrechte, ist, das haben etwa Erfahrungen im Konflikt zwischen Iran und Irak gezeigt, noch immer keineswegs unangefochten. Politisch lag in diesem Konflikt eine Behinderung der neutralen Schifffahrt, insbes der neutralen Tankerschifffahrt, nahe, weil die jeweils andere Konfliktpartei uU ganz erheblich von dieser Schifffahrt profitierte, ohne dass nach den dargestellten Regeln die Schiffe der Beschlagnahme und Einziehung unterlegen hätten. Treibstoffe sind wie jede andere Ware nur dann Konterbande, wenn sie für eine Konfliktpartei bestimmt sind, nicht jedoch, wenn sie von einer Konfliktpartei stammen, die mit dem Erlös des Treibstoffs ihre Kriegsanstrengungen finanziert.[658] Dennoch ist in einer solchen Lage die Versuchung groß, die Schiffe zu behindern, die die Ölproduktion der jeweils anderen Seite transportieren. In diesen und ähnlichen Situationen stellt sich dann die Frage, wie die neutrale Schifffahrt notfalls auch mit militärischer Gewalt geschützt werden kann. Kriegsschiffe neutraler Staaten dürfen Handelsschiffe, die die eigene oder die Flagge eines anderen neutralen Staats führen, begleiten. Neutrale besitzen insbes das Recht, aus neutralen Handelsschiffen Konvois zu bilden und diese durch Kriegsschiffe zu begleiten. Schiffe eines *Konvois* dürfen nicht angehalten und durchsucht werden.[659] Greift eine Konfliktpartei einen Konvoi an, so wird dadurch ein Selbstverteidigungsrecht des neutralen Staats ausgelöst.

---

655 *Steinicke* (Fn 654) 154; *Bothe*, in Fleck (Hrsg), Handbook, 572.
656 Institut de Droit International (Hrsg), Oxford Manual of Naval War, 1913, Art 109 ff; *Sico*, „Toute prise doit être jugée", 1971. Zur neueren Praxis, die weiterhin das prisengerichtliche Verfahren für notwendig erachtet, *Heintschel von Heinegg* (Fn 387 [Seekriegsrecht]) 58 f; vgl auch *ders*, Visit, Search, Diversion, and Capture in Naval Warefare, Part I (The Traditional Law), CYIL 29 (1991) 283 ff u Part II (Developments since 1945), CYIL 30 (1992) 83 ff; *ders* (Fn 387 [Handbuch Seerecht]) 563 ff.
657 Vgl *Donner*, Die neutrale Handelsschifffahrt im begrenzt militärischen Konflikt, 1993; *Lagoni*, Gewaltverbot, Seekriegsrecht und Schiffahrtsfreiheit im Golfkrieg, FS Zeidler, 1987, 1833 ff; *Bothe*, in Fleck (Hrsg), Handbook, 574 ff.
658 Im ersten Golfkrieg wurde darüber hinaus sogar die Auffassung vertreten, dass Tanker, die iranisches Öl transportierten, vom Irak angegriffen werden könnten, da dieser Transport einen neutralitätswidrige Unterstützung der iranischen Kriegsanstrengungen darstelle, vgl *Roach*, Missiles on Target, VJIL 31 (1991) 593 (605 ff); *Fenrick*, The Exclusion Zone Device in the Law of Naval Warfare, CYIL 24 (1986) 91 (120). Von der hM wird das zu Recht abgelehnt: *Donner* (Fn 657) 193 ff, *Heintschel von Heinegg* (Fn 387 [Seekriegsrecht]) 587; *ders* (Fn 387 [Handbuch Seerecht]) 570 f.
659 *Ronzitti* (Fn 397) 9; *Bothe*, in Dekker/Post (Fn 59) 210.

118 Kriegsschiffe neutraler Staaten dürfen auf internationalen Seestraßen und auf Hoher See *Minen räumen,* soweit dies erforderlich ist, um die neutrale Schifffahrt zu schützen und aufrecht zu erhalten.[660] Solche Minenräumaktionen stellen keine neutralitätswidrige Unterstützung des Gegners der Konfliktpartei dar, die die Minen gelegt hat. Das Minenräumen auf Hoher See und in Seegebieten, für die Transitrechte bestehen, ist eine Selbstschutzmaßnahme Neutraler, die etwa im Konflikt zwischen Iran und Irak eine erhebliche praktische Bedeutung erlangt hat. In Hoheitsgewässern einer Konfliktpartei, für die keine besonderen Transitrechte bestehen, ist Minenräumen dagegen unzulässig.[661]

f) Luftkrieg

119 Der Luftraum eines neutralen Staats ist unverletzlich. Dies folgt aus der allgemeinen Regel der Unverletzlichkeit des neutralen Staatsgebiets. Gerade für den Luftraum ist diese Regel besonders wichtig, da insofern Verletzungen im Zeitalter des modernen Luftkriegs und der Raketentechnik besonders nahe liegen und leicht möglich sind. Die Territorialhoheit des neutralen Staats reicht nach oben soweit wie die Atmosphäre.[662] Der Weltraum über dem Neutralen unterliegt nicht seiner Hoheit.[663] Das Überfliegen mit Satelliten oder Raketen, die sich im Weltraum bewegen, ist darum keine Neutralitätsverletzung.[664] Aus der *Unverletzlichkeit des Luftraums* folgt, dass die Konfliktparteien mit militärischen Luftfahrzeugen oder Flugkörpern nicht in den Luftraum neutraler Staaten eindringen dürfen.[665] Dies kann Flugzeuge, die ein weit entferntes Ziel angreifen sollen, uU zu erheblichen Umwegen zwingen.[666] Auch Angriffe, bei denen eine Rakete neutralen Luftraum durchquert, sind unzulässig. Diese Gefährdungen des neutralen Luftraums führen zu der entscheidenden Frage, was der neutrale Staat tun muss, um solche *Verletzungen seines Luftraums zu verhindern.* Dabei ist unbestritten, dass er sich bemühen muss, solche Verletzungen zu verhindern. Das Maß der diesbezüglichen Anstrengungen ist jedoch schwierig zu bestimmen.[667] Man wird vom Neutralen ein wirtschaftlich vertretbares Maß an Luftabwehrkapazität verlangen können. Dazu gehört jedenfalls eine einfache Radarbeobachtung des Luftraums. Auf der anderen Seite kann nicht verlangt werden, dass jeder Staat zum Schutz seiner Neutralität über die neueste Raketenabwehrtechnik verfügt. Das Recht neutraler Luftfahrzeuge zum Überfliegen des Territoriums der Konfliktparteien richtet sich nach den allgemeinen Regeln des Völkerrechts über den Schutz des staatlichen Luftraums und den Bestimmungen des internationalen Luftverkehrsrechts.[668] Für den Luftraum über Gewässern, die der Jurisdiktion einer Konfliktpartei unterstehen, gelten die Regeln über die neutrale Schifffahrt in diesen Gewässern entsprechend.[669]

120 Mit dem Aufkommen des Luftverkehrs stellte sich zunächst eher theoretisch die Frage der *Kontrolle des neutralen Handels,* soweit er *durch Luftfahrzeuge erfolgte.* Die Analogie zur neutralen Schifffahrt liegt nahe. Bei der Ausarbeitung der Haager Luftkriegsregeln wurden denn auch

---

660 Eingehend dazu *Heintschel von Heinegg* (Fn 387 [Seekriegsrecht]) 403 ff. Das gilt jedenfalls für rechtswidrig verlegte Minen (vgl o Rn 85 ff).
661 So der IGH in *Korfu Kanal-*Fall, ICJ Rep 1949, 4, 35.
662 *Hobe,* Airspace, MPEPIL I, 263 (Rn 9 ff).
663 *Vereshchetin,* Outer Space, MPEPIL VII, 1103 (Rn 5).
664 Vgl o Rn 110.
665 *Hostettler/Danai,* Neutrality in Air Warfare, MPEPIL VII, 634 (Rn 8 ff); zur amerik-brit Intervention im Irak 2003 vgl bereits o Rn 24.
666 So im April 1986, als amerik und brit Flugzeuge von Großbritannien aus einen Bombenangriff auf Tripolis und Bengasi flogen und Frankreich ihnen den Überflug verweigerte, *Charpentier,* Pratique française du droit international, AFDI 32 (1986) 1026 f. Frankreich hat sich dabei allerdings, soweit ersichtlich, nicht formell auf das Neutralitätsrecht berufen.
667 Vgl bereits o Rn 111 f.
668 *Torelli,* La neutralité, ADIM 35 (1991) 25 (44 f); *Millet,* La neutralité aérienne, ADIM 35 (1991) 63 (69).
669 HPCR Manual (Fn 549) Art 1 (a), Art 172 (a) (ii).

die Regeln über die Kontrolle des neutralen Seehandels global übernommen. Jedoch gibt es relativ wenig Staatspraxis in dieser Frage. Es kann sich nur um eine analoge Anwendung handeln, so dass nicht jedes Detail der Regeln anwendbar ist. Den Besonderheiten des Luftverkehrs ist Rechnung zu tragen.[670] Bei der Behandlung des *Luftverkehrs über der Hohen See* ist auch zu berücksichtigen, dass von Flugzeugen eine erhebliche Bedrohung der Kriegsschiffe der Konfliktparteien ausgeht. Sie werden immer geneigt sein, auf eine Bedrohung zu reagieren, auch wenn die Identität eines Luftfahrzeugs noch nicht völlig feststeht.[671] Welche tragischen Irrtümer hierbei entstehen können, hat der Abschuss eines iranischen zivilen Airbus durch ein US-Kriegsschiff während des Konflikts zwischen Iran und Irak gezeigt.[672] Als Grundsatz bleibt festzuhalten, dass die Kriegführenden (und auch neutrale Kriegsschiffe wie im eben genannten Falle) sich bemühen müssen, Zugehörigkeit und Kategorie eines Luftfahrzeugs festzustellen, bevor es angegriffen wird. Dies setzt allerdings voraus, dass neutrale Luftfahrzeuge und auch zivile Luftfahrzeuge der Konfliktparteien das jeweils Mögliche tun, um eine Identifizierung zu ermöglichen.

4. Der nichtinternationale bewaffnete Konflikt

Das Völkerrecht regelt die Beziehungen zwischen Staaten, das völkerrechtliche Kriegsrecht *(ius in bello)* gilt folglich primär für bewaffnete Konflikte zwischen Staaten (internationale bewaffnete Konflikte).[673] Insoweit ist die Anwendung der oben dargestellten Regeln davon abhängig, dass sich auf beiden Seiten eines Konflikts Staaten oder ihnen gleichzuachtende Völkerrechtssubjekte gegenüberstehen. Das ist aber bei bewaffneten *Auseinandersetzungen*, die sich *im Inneren eines Staats* abspielen, nicht der Fall. Dennoch kann man an solche internen bewaffneten Auseinandersetzungen, deren es eine große Zahl gab und gibt, nicht oder nicht ohne weiteres immer diejenigen rechtlichen Maßstäbe anlegen, die generell für die Durchsetzung der Rechtsordnung des Staats im Inneren gelten. Das Verhältnis zwischen einer Regierung und aufständischen Gruppen in einem Staat ist nicht ohne weiteres mit dem Verhältnis zwischen Polizei und Verbrecher vergleichbar, auch wenn das von vielen Staaten, die sich in einer solchen Situation befinden, gerne so dargestellt wird. Solche bewaffneten Auseinandersetzungen sind vielmehr häufig internationalen Konflikten durchaus vergleichbar. Es besteht eine gewisse Reziprozität der Interessen, insbes bei der Behandlung von Gefangenen. Wenn und soweit man allerdings aus diesem Grund auf nichtinternationale bewaffnete Konflikte, auf *Bürgerkriege* also, die gleichen Regeln anwenden will wie für internationale Konflikte, wird dies als eine ganz erhebliche Einschränkung der souveränen Freiheit der Staaten angesehen, ihre Rechtsordnung durchzusetzen, für Ordnung im eigenen Hause zu sorgen. Die *Anwendung kriegsrechtlicher Regeln* auf bewaffnete Auseinandersetzungen im Inneren von Staaten hat sich darum im Völkerrecht nur sehr langsam durchgesetzt.[674] Allerdings ist die Tatsache, dass es interne Konflikte gibt, die von ihrem Erscheinungsbild her die Anwendung des Kriegsrechts erfordern, in der Völkerrechtsordnung schon früh zur Geltung gekommen. Eine erste Grundlage war das Institut der *Anerkennung als kriegführende Partei*.[675] Wenn und soweit Aufständische als kriegführende Partei anerkannt werden, gelten für die Beziehungen zwischen ihnen und der bisherigen Regierung die Regeln des

---

670 Vgl Art 53 Haager Luftkriegsregeln v 1923.
671 Vgl die Erklärung des US Assistant Secretary of State for International Organization Affairs vor dem ICAO-Rat v 13.7.1988, abgedr in DeGuttry/Ronzitti (Fn 632) 230 ff.
672 Vgl dazu die Stellungnahme des iranischen Außenministers vor dem SR v 14.7.1988, S/PV 2818, abgedr in DeGuttry/Ronzitti (Fn 632) 49 ff. Die USA haben für den entstandenen Schaden Ersatz geleistet, ILM 35 (1996) 550.
673 So Rn 62. Grundlegend *Kreß*, Der Bürgerkrieg und das Völkerrecht, JZ 2014, 365 ff.
674 *Abi-Saab*, Non-International Armed Conflicts, in UNESCO (Hrsg), International Dimensions of Humanitarian Law, 1988, 217 ff; *Bothe*, Conflits armés internes et droit international humanitaire, RGDIP 82 (1978) 82 ff.
675 *Neff* (Fn 8) 258 ff; *Azarov/Blum*, Belligerency, MPEPIL I, 878 (Rn 11 ff).

völkerrechtlichen Kriegsrechts. Für die Zwecke der Anwendung des vollen völkerrechtlichen Kriegsrechts, einschließlich des Neutralitätsrechts, wird die kriegführende Partei praktisch wie ein Staat behandelt. Dies ist eine „alles oder nichts"-Lösung, die große Nachteile hat. Es gibt in der Geschichte überhaupt nur sehr wenige Fälle, bei denen man sich weitgehend darüber einig ist, dass eine solche Anerkennung als kriegführende Partei stattgefunden hat.[676] In blutigen Konflikten wie zB dem spanischen Bürgerkrieg war das nicht der Fall. Wenn es nicht zu einer solchen Anerkennung kommt, kann das Kriegsrecht seine die Gewalt eindämmende Funktion nicht mehr entfalten, und es kommt zu einer Eskalation von Gewalt und Gegengewalt, die Kriegführung wird immer grausamer und regelloser. Deshalb hat es gerade im Hinblick auf den Schutz der Opfer dieser Konflikte schon seit Beginn des 20. Jh im Rahmen der Rot-Kreuz-Konferenzen Bemühungen gegeben, für den nicht-internationalen Konflikt zusätzliche Völkerrechtsregeln zu schaffen, die von der Anerkennung als kriegführende Partei unabhängig sind. Einen Durchbruch haben diese Bemühungen erst 1948/49 gehabt. Allerdings war dies nur ein Teilerfolg. Die Rot-Kreuz-Konferenz 1948 forderte eine integrale Anwendung des humanitären Völkerrechts auch auf nichtinternationale Konflikte. Davon blieb in der Diplomatischen Konferenz 1949, die die vier neuen Genfer Konventionen annahm, nur eine besondere Minikonvention für den nichtinternationalen Konflikt übrig, nämlich der *gemeinsame Art 3 dieser Konventionen*. Diese Vorschrift enthält einige Grundregeln zum Schutz der Opfer nichtinternationaler Konflikte, aber eben nur ein Minimum. Deshalb wurde sie von vornherein als unbefriedigend empfunden. Zudem bereitete sie in der praktischen Anwendung Schwierigkeiten, da sich Staaten, auf deren Gebiet bewaffnete Auseinandersetzungen stattfanden, häufig weigerten, zuzugeben, dass diese Auseinandersetzungen einen bewaffneten Konflikt darstellten, auf den der Art 3 anzuwenden war. Auf der anderen Seite konnte in Konflikten, bei denen ein entsprechendes gegenseitiges Interesse bestand, erreicht werden, dass die angewandten Regeln weit über das Minimum des Art 3 hinausgingen, so etwa im Biafra-Konflikt.[677]

122   In den weiteren Bemühungen um die Reform gab es unterschiedliche Interessenrichtungen, die auch inhaltlich die jetzt bestehende Regelung geprägt haben.[678] Auf der einen Seite waren die Staaten der Dritten Welt daran interessiert, den Status *kolonialer Befreiungskämpfe*[679] aufzuwerten. Diese wurden von Vertretern der traditionellen Völkerrechtslehre und Staatspraxis als nichtinternationale Konflikte angesehen. Auf der anderen Seite standen viele Staaten, nicht nur solche der Dritten Welt, einer völkerrechtlichen Regelung, die zu einer stärkeren rechtlichen Gleichstellung von etablierter Regierung und Aufständischen führte, sehr reserviert gegenüber. Als es auf der Genfer Konferenz, die zur Annahme der ZP 1977 führte, gelang, eine Bestimmung durchzusetzen, die koloniale Befreiungskämpfe als internationale Konflikte charakterisierte, gewannen letztlich die politischen Widerstände gegen eine weitreichende Regelung für andere nichtinternationale Konflikte, die ein hohes Niveau an Schutz für die Opfer gebracht hätte, die Oberhand. *Das ZP II über den Schutz der Opfer nichtinternationaler Konflikte* wurde in der letzten Phase der Konferenz deutlich reduziert. Sein Anwendungsbereich ist deutlich enger als derjenige des gemeinsamen Art 3 der Konventionen.[680] Das ZP bringt zwar gegenüber der älteren Vorschrift gewisse Fortschritte, jedoch bleiben problematische Lücken, die nur teilweise durch die spätere

---

676 Bsp sind: der griechische Aufstand gegen das Ottomanische Reich 1821–1829; der amerikanische Bürgerkrieg (1861–1865); der chilenische Aufstand 1891 (Anerkennung der Aufständischen durch Bolivien 1891).
677 *Bothe*, Article 3 and Protocol II, AULR 31 (1982) 899, insbes 902f.
678 *Bothe* (Fn 674) 86ff; *Abi-Saab* (Fn 674) 225ff; zu den bestehenden Regelungen *Baloro*, International Humanitarian Law and Situations of Internal Armed Conflicts in Africa, Afr J Int'l & Comp L 1992, 449ff; Falk (Hrsg), The International Law of Civil War, 1971; *Meron*, Human Rights in Internal Strife, 1987; *Myren*, Applying International Laws of War to Non-International Armed Conflicts, NILR 37 (1990) 347ff; *Rajower*, Das Recht des nicht internationalen Konflikts seit 1949, 1990.
679 Vgl bereits o Rn 14 u Rn 21.
680 *Abi-Saab* (Fn 674) 227f.

Ausdehnung des Anwendungsbereichs von Verträgen des humanitären Völkerrechts auf nichtinternationale Konflikte geschlossen wurden.[681] Für den Schutz der Opfer nichtinternationaler Konflikte sind auch die *Regeln des völkerrechtlichen Menschenrechtsschutzes* von Bedeutung.[682] Jedoch reichen sie unter zwei Gesichtspunkten nicht aus. Zum einen binden die Menschenrechtsverträge nur die Staaten, was bedeutet, dass nur die Organe des Staats, dh praktisch die von der etablierten Regierung abhängenden Behörden, gebunden sind, nicht aber die Aufständischen, ein Befund, der allerdings gegenwärtig immer mehr hinterfragt wird.[683] Zum anderen kann ein Teil der Garantien der Menschenrechtsverträge im Notstandsfall suspendiert werden. Dies ist insbes der Fall für die Garantien bei Freiheitsentzug, im gerichtlichen Verfahren und zum Schutz von Kindern (Art 10, 14 u 24 des Pakts über bürgerliche und politische Rechte).

Eine nicht abschließend geklärte Frage ist die *Grundlage der Verbindlichkeit* sowohl des gemeinsamen Art 3 der Genfer Konventionen als auch des ZP II im Verhältnis zwischen den Konfliktparteien, von den zumindest eine nicht der Staat ist, der die GK bzw ZP II ratifiziert hat.[684] Die eine Erklärung geht dahin, dass völkervertragliche Regeln auch für alle Personen verbindlich seien, die sich auf dem Gebiet eines Staates befinden.[685] Dies ist keine überzeugende Erklärung. Theoretisch schlüssig sind andere Konstruktionen, die von der Tatsache ausgehen, dass sowohl der gemeinsame Art 3 der Genfer Konventionen als auch das ZP II für die aufständische Partei Verträge zu Lasten Dritter sind. Dann ist die Bindung der Aufständischen einmal dadurch zu erklären, dass man hier eine Ausnahme von der gewohnheitsrechtlichen Regel anerkennt, dass Verträge Dritte nicht binden können. Zum anderen ist es möglich, eine Bindung mit der *Zustimmung der Aufständischen* zu erklären. Damit entfällt zwar die automatische Bindung jeder aufständischen Partei, dieser Nachteil wiegt jedoch nicht schwer, da eine praktische Anwendung, die regelmäßig eher im Interesse der Aufständischen als in demjenigen der etablierten Regierung liegt, ohne eine Bejahung der Bindung durch die Aufständischen kaum denkbar ist, eine solche praktische Anwendung aber auch schon bereits eine implizierte Zustimmung, die eine Bindung erzeugt, darstellen kann, und zwar auch für die nicht-staatlichen Parteien. Darum sind politische Initiativen, die auf eine ausdrückliche Anerkennung bestimmter Bindungen durch nicht-staatliche Akteure hinwirken, für die praktische Anwendung des humanitären Völkerrechts in nichtinternationalen Konflikten wesentlich. Neben diesen vertraglichen Regelungen gilt auch im nichtinternationalen Konflikt völkerrechtliches Gewohnheitsrecht, das sich in den letzten Jahren erheblich, teilweise über das Vertragsrecht hinaus, entwickelt hat.[686]

Das Verhalten der Parteien nichtinternationaler Konflikte ist also durch zwei unterschiedliche vertragliche Regelwerke bestimmt, nämlich einmal den gemeinsamen Art 3, zum anderen

---

681 Ausdrücklich auf den nichtinternationalen Konflikt ausgedehnt wurden die UN-Waffenkonvention durch eine Änderung v 2001 sowie das 2. Protokoll zur Haager Kulturgüter-Konvention v 1999. Auch das ZP III gilt für beide Konflikttypen. Das ist der Sache nach auch der Fall bei Verträgen, die bestimmtes Verhalten unter allen Umständen („never in any circumstance") verbieten: C-Waffen-Übereinkommen, Ottawa-Abkommen, Streumunition-Abkommen, auch das Fakultativprotokoll zur Kinderrechtekonvention zum Schutz von Kindern in bewaffneten Konflikten v 25.5. 2000 (BGBl 2004 II, 1354).
682 *Eide*, Internal Disturbances and Tensions, in UNESCO (Fn 674) 241 (243 ff); zu Tschetschenien *Sauer/Wagner* (Fn 114) 66 ff.
683 *Zegfeld*, Accountability of Armed Opposition Groups in International Law, 2002; *Clapham*, Human Rights Obligations of Non-State Actors, 2006.
684 Vgl dazu *Bothe*, War Crimes in Non-International Armed Conflicts, in Dinstein/Tabory (Fn 158) 293 ff; eine neuere Übersicht über die verschiedenen diskutierten Erklärungen ist *Haumer*, Non-state Armed Actors and International Humanitarian Law – A Demanding Relationship? HVI 28 (2015) 120 ff; zu praktischen Gesichtspunkten *Herr*, Vom Regelbruch zu politischer Verantwortung, HSFK Report 5/2010.
685 So wohl immer noch die vom IKRK vertretene These, vgl *Junod*, in Sandoz/Swinarski/Zimmermann (Hrsg), Additional Protocols, 1369; differenzierter *Sandoz* (Fn 515) 377 ff.
686 *Henckaerts/Doswald-Beck* (Fn 399) xxix.

das ZP II. Eine entsprechende Aufteilung gilt für das Gewohnheitsrecht.[687] Dies führt zu einer mehrfachen Problematik von Anwendungsschwellen: gewaltsame Auseinandersetzungen unterhalb der Schwelle des bewaffneten Konflikts *(low level violence)*,[688] zwischen Konflikten nach Art 3 und solchen nach ZP II,[689] und schließlich zwischen nichtinternationalen und internationalen Konflikten. Für die Schwelle zwischen *low level violence* und bewaffneten Konflikten kommt es auf die Definition des letzteren an.[690] Für sie sind zwei Elemente ausschlaggebend: Intensität der Kampfhandlungen und Organisation der nicht-staatlichen Konfliktpartei.[691] Der Anwendungsbereich des ZP II ist enger, er erfordert höhere Intensität und einen höheren Organisationsgrad. Er ist beschränkt auf solche Konflikte, die zwischen den Streitkräften eines Vertragsstaats und aufständischen Streitkräften oder anderen organisierten bewaffneten Gruppen stattfinden, die unter einer für sie verantwortlichen Führung eine solche Kontrolle über einen Teil des Hoheitsgebiets der Vertragspartei ausüben, dass sie anhaltende koordinierte Kampfhandlungen durchführen und das ZP anwenden können. Damit sind zum einen Kämpfe zwischen unterschiedlichen aufständischen Gruppen (wie etwa im libanesischen Bürgerkrieg), zum anderen aber auch die nicht untypische Situation, dass die Aufständischen keine erheblichen Territorien kontrollieren, aus dem Anwendungsbereich des ZP II ausgeschlossen. Nach dem heute geltenden Gewohnheitsrecht, wie es sich in Art 8 IStGH-Statut spiegelt, stellt allerdings auch ein Konflikt zwischen nichtstaatlichen Gruppen, der eine entsprechende Intensität erreicht, einen bewaffneten Konflikt der höheren Kategorie dar.

125   Art 3 enthält im Wesentlichen *rudimentäre Regeln zum Schutz von Wehrlosen*. Daneben anerkennt er das Initiativrecht von unparteiischen humanitären Organisationen, insbes des IKRK.[692] Das *ZP II* enthält darüber hinaus *ausführlichere menschenrechtliche Garantien*,[693] insbes solche für alle Personen, die sich nicht unmittelbar oder nicht mehr an Feindseligkeiten beteiligen, vor allem Kinder (Art 4), für Freiheitsbeschränkungen und Strafverfolgungen im Zusammenhang mit dem bewaffneten Konflikt (Art 5 u 6) sowie für den Schutz der Verwundeten und Kranken (Art 7–12). Wichtig ist auch ein allgemeines Diskriminierungsverbot bei der Behandlung der vom Konflikt betroffenen Personen (Art 2). Wichtig ist ferner das Verbot der Zwangsverlegung der Zivilbevölkerung (Art 17). In Bezug auf die *Regelung der Kampfhandlungen* enthält das Protokoll sehr *wenig*, nämlich einmal eine sehr allgemeine Bestimmung über den Schutz der Zivilbevölkerung, ferner ein Verbot des Aushungerns der Zivilbevölkerung als Mittel der Kriegführung, aus dem ein Verbot des Angriffs auf für die Zivilbevölkerung lebensnotwendige Objekte folgt (Art 14), ein Verbot von Angriffen auf Anlagen oder Einrichtungen, die gefährliche Kräfte enthalten (Staudämme, Deiche und Kernkraftwerke, vgl Art 15), sowie auf Kulturgut und Kultstätten. Auch das ZP II anerkennt das Recht der nationalen Hilfsgesellschaften, *humanitäre Dienste* anzubieten.[694] Das Initiativrecht des IKRK ist nicht ausdrücklich

---

687 Das wird u a dadurch deutlich, dass es eine entsprechende Unterscheidung in der Definition des Kriegsverbrechens nach Art 8 IStGH-Statut gibt (Abs 2 lit c und lit d auf der einen, lit e und lit f auf der anderen Seite). Die Unterscheidung stellt nicht nur auf die vertraglichen Regeln ab. Vgl *Fleck*, Towards a Code of Conduct for Internal Armed Conflicts, ASIL Proc 96 (2002) 25.
688 Eingehend *Partsch*, in *Bothe/Partsch/Solf*, New Rules, 713 ff. Das im einen oder anderen Fall anwendbare Recht differiert erheblich. Ist für *low level violence* innerstaatliches Gefahrenabwehrrecht unter Beachtung der Menschenrechte anwendbar, ist es im anderen Fall das völkerrechtliche Kriegsrecht mit einer viel weiter gehenden Rechtmäßigkeit des Einsatzes tödlich wirkender Waffengewalt, vgl *Fleck*, Law Enforcement and the Conduct of Hostilities, FS Bothe, 2008, 391 ff; *Waechter*, Polizeirecht und Kriegsrecht, JZ 2007, 61 ff.
689 *Frostad* (Fn 3) 41 ff.
690 Die Negativbeispiele des Art 1 Abs 2 ZP II bieten dazu kaum Anhaltspunkte. Sie wurden allerdings in das UN-Waffenabkommen und das Prot zur Haager Kulturgüter-Konvention (Fn 681) übernommen.
691 ILA Committee on the Use of Force (Fn 408) 840 f.
692 Vgl dazu *Sandoz*, Le droit d'initiative du Comité international de la Croix-Rouge, GYIL 22 (1979) 352 f.
693 *Abi-Saab* (Fn 674) 234 ff; *Partsch*, in *Bothe/Partsch/Solf*, New Rules, 734 ff.
694 Art 18 ZP II; vgl dazu *Bothe*, in *Bothe/Partsch/Solf*, New Rules, 798 ff.

erwähnt, ergibt sich aber bereits aus dem gemeinsamen Art 3 der Konventionen.[695] Schließlich besteht auch eine in ihrer Bedeutung etwas str Verpflichtung zur Durchführung und Zulassung von humanitären Hilfsaktionen zugunsten der leidenden Zivilbevölkerung.[696] Im Gegensatz zu der Lage bei internationalen Konflikten wird den Kämpfern des nichtinternationalen Konflikts kein Kombattantenstatus und damit im Falle der Gefangennahme auch *kein Kriegsgefangenenstatus* mit dem damit einher gehenden *combatant privilege* zugeordnet.[697] Das bedeutet u a, dass es nicht verboten ist, Kämpfer für ihre Beteiligung an den Kampfhandlungen zu bestrafen, selbst wenn sie sich gemäß den Regeln des Kriegsrechts verhalten haben. Sie genießen jedoch Garantien einer menschlichen Behandlung sowohl nach humanitärem Völkerrecht als auch nach Maßgabe der anwendbaren menschenrechtlichen Bestimmungen.[698] Eine wesentliche Weiterentwicklung des Rechts des nichtinternationalen Konflikts besteht darin, dass das Prinzip der strafrechtlichen Ahndung schwerer Rechtsverletzungen auch durch internationale Gerichte ebenso für diesen Konflikt anerkannt wird, zuerst durch die Rechtsprechung des Jugoslawien-Tribunals,[699] dann im Statut des Ruanda-Tribunals und in dem des IStGH. Es ist ein wesentliches Element der Entwicklung der jüngsten Zeit, dass der Unterschied zwischen den Regeln, die für den nichtinternationalen Konflikt gelten, und denen, die den internationalen Konflikt regeln, kraft Gewohnheitsrechts, dh unter Überwindung der vertragsrechtlichen Unterschiede, geringer geworden ist.[700] Das Fehlen des Kombattantenstatus bleibt aber eine wesentliche Unterscheidung, die allenfalls *de facto* in innerstaatlichen Konflikten hoher Intensität überwunden wird.[701]

Das *Neutralitätsrecht* ist im nichtinternationalen Konflikt *unanwendbar*. Die wesentliche 126 Bestimmung hinsichtlich des Verhaltens dritter Staaten besteht im Interventionsverbot. Auf der anderen Seite gibt es keine Kontrollrechte hinsichtlich der Schifffahrt unbeteiligter Staaten, wie sie den Kriegführenden im Falle eines internationalen bewaffneten Konflikts zustehen.

5. Die Internationalisierung nichtinternationaler Konflikte

Trotz einer Konvergenz gibt es noch immer zwei unterschiedliche rechtliche Regime für bewaffnete Konflikte, nämlich zum einen das für den internationalen, zum anderen das für den nichtinternationalen Konflikt.[702] Damit ist in einem konkreten Fall die Frage, ob ein Konflikt zur einen oder anderen Kategorie gehört, von ausschlaggebender Bedeutung für die Auswahl des anwendbaren Rechtsregimes. Das Problem vieler Konflikte der letzten Jahrzehnte besteht aber darin, dass entweder der *Status von Konfliktparteien* umstritten ist, etwa wenn bei einer Sezession die Regierung des sich abtrennenden Teils behauptet, bereits ein Staat zu sein, oder sich *nationale und internationale Konfliktkomponenten mischen,* wenn ein ausländischer Staat auf der Seite der Aufständischen oder auch auf der Seite der etablierten Regierung in den Konflikt (in zulässiger oder unzulässiger Weise) interveniert. Eine vertragliche Regelung dieser Situationen war 127

---

695 *Bothe,* ebd 800.
696 *Bothe,* ebd 801 f.
697 So Rn 67; vgl auch *Eide* (Fn 682) 248 f; *Kleffner* (Fn 429) 321 ff.
698 Art 3 GK; Art 5 ZP II; vgl *Goodman,* Detention of Civilians in Armed Conflict, AJIL 103 (2009) 48 ff.
699 Vgl das *Tadić*-Urteil des Jugoslawien-Tribunals, ILM 35 (1996) 35 (§ 94).
700 So jedenfalls die Schlussfolgerung in der IKRK-Studie, vgl *Henckaerts/Doswald-Beck* (Fn 399) Das deutsche VStGB zieht daraus die Konsequenz, dass die Tatbesände des Kriegsverbrechens (§§ 8–12) idR für beide Konfliktarten Anwendung finden. Zur vertragsrechtlichen Entwicklung Fn 681. Vgl zu diesem Problemkreis *Bartels,* Timelines, Borderlines and Conflicts. The Historical Evolution of the Legal Divide between International and Non-international Armed Conflicts, IRRC 91/873 (2009) 35 ff.
701 *Bothe,* Töten und getötet werden, FS Delbrück, 2005, 67 (83).
702 *Frostad* (Fn 3) 53 ff.

bislang nicht möglich.⁷⁰³ Weitgehend anerkannt ist, dass Kampfhandlungen, an denen ausländische Truppen beteiligt sind, nach den Regeln des internationalen Konflikts zu beurteilen sind, wenn im Zusammenhang mit einem internen Konflikt die ausländischen Truppen die Regierungstruppen bekämpfen, obwohl der gleiche Konflikt rein interne Komponenten besitzt.⁷⁰⁴ Für den umgekehrten Fall, nämlich der ausländischen Intervention gegen die aufständische Partei, hat der US Supreme Court allein den gemeinsamen Art 3 der Genfer Konventionen als den verbindlichen Minimum-Standard angesehen, der bei der amerikanischen Intervention in Afghanistan zu beachten war.⁷⁰⁵ Dem entspricht es, dass die deutsche Bundesregierung die Kampfhandlungen in Afghanistan zwischen Bundeswehr und Taliban als nichtinternationalen Konflikt angesehen hat.⁷⁰⁶ Dass die ausländische Intervention den gesamten Konflikt, dh auch das Verhältnis zwischen etablierter Regierung und Aufständischen, internationalisiert, kann nicht als geltendes Recht bezeichnet werden.⁷⁰⁷

128   In diesem Zusammenhang ist auch die Frage zu beantworten, ob in dem sog „Krieg gegen den Terror" das *ius in bello* anwendbar ist.⁷⁰⁸ Dieses Recht ist nur in bewaffneten Konflikten anwendbar. Ein bewaffneter Konflikt setzt konfliktfähige Parteien voraus (Staaten, bewaffnete Gruppen). Der „Terror" ist dies nicht, ebensowenig Al Qaida. Das Schagwort vom Krieg gegen den Terror soll rechtlich gesehen nur die rechtlich nicht akzeptable Konstruktion erlauben, „Terroristen", auch wenn sie keine Kombattanten sind, überall gezielt zu töten.⁷⁰⁹ Hinter dieser vordergründigen Erwägung steht allerdings das Problem, das sich in den letzten Jahren immer wieder in neuen Varianten gestellt hat, wie denn die Tatsache einer Vervielfältigung der Gewaltakteure⁷¹⁰ in die Dichotomie „bewaffneter Konflikt/andere Formen organisierter Gewalt" einzuordnen ist.⁷¹¹

---

703 Vgl *Hess*, Die Anwendbarkeit des humanitären Völkerrechts, insbes in gemischten Konflikten, 1985, 153 ff; *Schindler*, The Different Types of Armed Conflicts According to the Geneva Conventions and Protocols, RdC 163 (1979-II) 125 ff; *Gasser*, International Non-International Armed Conflicts, AULR 31 (1982) 911 ff. Zu einzelnen Konflikten auch *Frowein*, Völkerrechtliche Aspekte des Vietnam-Konflikts, ZaöRV 27 (1967) 15 ff; *Bothe*, Völkerrechtliche Aspekte des Angola-Konflikts, ZaöRV 37 (1977) 572 ff; *Sassòli*, Der Konflikt im ehemaligen Jugoslawien, in Voit (Hrsg), Humanitäres Völkerrecht im Jugoslawien-Konflikt, 1993, 5, insbes 9 ff u 17 ff.
704 *Hess* (Fn 703) 162, 165. Für Afghanistan vgl die Nachw bei *Aldrich* (Fn 426) 891 f; *Roberts* (Fn 426) 16.
705 *Hamdan v Rumsfeld*, ILM 45 (2006) 1130; vgl dazu *Schöberl*, Kopnfliktpartei und Kriegsgebiet in bewaffneten Auseinandersetzungen, HVI 25 (2012) 128 ff; *Arend*, Who's Afraid of the Geneva Conventions?, AUILR 22 (2006/7) 709 ff; *Fitzpatrick*, Hamdan v Rumsfeld, Harvard HRJ 20 (2007) 339 ff; *Shamir-Borer*, Revisiting Hamdan v. Rumsfeld's Analysis of the Laws of Armed Conflict, Emory ILR 21 (2007) 601 ff; *Corn/Jensen*, Transnational Armed Conflict: A "Principled" Approach to the Regulation of Counter-Terror Combat Operations, IsLR 42 (2009) 1 ff; *Kreß*, Some Reflections on the International Legal Framework Governing Transnational Armed Conflicts, JCSL 15 (2010) 245 ff.
706 Erkärung des Bundesaußenministers vor dem Bundestag am 10.2.2010, abrufbar unter <www.auswaertiges-amt.de/diplo/de/Infoservice/Presse/Reden/2010/100210-BM>. Überblick bei *Schaller*, Rechtssicherheit im Auslandseinsatz, SWP-Aktuell 67 (2009).
707 Nachw bei *Bothe* (Fn 703) 591; *Hess* (Fn 703) 285; krit dazu *Stewart*, Towards a Single Definition of Armed Conflict in International Humanitarian Law, IRRC 85 (2003) 313 ff.
708 *O'Connell*, What is War? An Investigation in the Wake of 9/11, 2012.
709 S o Fn 431; *McDonald*, Declarations of War and Belligerent Parties, NILR 54 (2007) 279 (296 ff); vgl dazu die Stellungnahme des IKRK v 21.7.2005 („The relevance of IHL in the context of terrorism"), abrufbar unter <http://www.icrc.org/web/eng/siteeng0.nsf/htmlall/terrorism-ihl-210705?opendocument>; *Marouda*, Application of International Humanitarian Law in Contemporary Armed Conflict, in Perrakis/Marouda (Hrsg), Armed Conflicts and International Humanitarian Law, 2009, 202 (209 ff); *Nanda*, Terrorism as an "Internal Conflict" under the 1977 Geneva Protocol, JIL 14 (2006) 27 ff.
710 *Chojnacki*, Wandel der Gewaltformen im internationalen System 1946–2006, Forschung DSF No 14, 2008.
711 *Geiß*, Armed Violence in Fragile States: Low-intensity Conflicts Spillover Conflicts, and Sporadic Law Enforcement Operations by Third States, IRRC 91/873 (2009) 127 ff. Zum Status der Hisbollah im Israel-Libanon-Konflikt vgl schon o die Nachw in Fn 54; krit *Münkler*, Asymmetrie und Kriegsvölkerrecht, Friedens-Warte 81 (2006) 59 (62).

III. Rechtliche Steuerung des Wegs vom bewaffneten Konflikt zur friedlichen Normalität (ius post bellum)

Das traditionelle Völkerrecht enthielt keine Regeln darüber, wie nach dem Ende eines Kriegs auch in der Realität friedliche Verhältnisse wieder herzustellen seien. Teilweise wurde dies in Friedensverträgen geregelt. Gerade die Friedensverträge nach dem Ersten Weltkrieg haben aber gezeigt, dass nach dem Krieg vor dem Krieg sein kann. Von daher liegt der Gedanke nahe, dass die internationale Gemeinschaft im Interesse der Friedenssicherung auch eine Verantwortung für diesen Übergang vom bewaffneten Konflikt zur friedlichen Normalität haben sollte. In den letzten Jahrzehnten hat sich eine Praxis dahin entwickelt, dass sie diese Verantwortung in der Tat übernimmt, insbes nach nichtinternationalen Konflikten. Es haben sich Praktiken entwickelt, die eine gewisse Regelmäßigkeit aufweisen und unter dem Begriff *ius post bellum* diskutiert werden.[712] Ein wesentlicher Anstoß für diese Entwicklung findet sich in dem Grundsatzpapier des UNSG „An Agenda for Peace", in dem Grundsätze des *post conflict peace-building* entwickelt werden.[713] Dazu gehört ein Bündel sehr unterschiedlicher Maßnahmen: Wiederherstellung physischer Normalität (etwa durch Minenräumen, Wiederherstellung wesentlicher Infrastruktur, Beseitigung von Umweltschäden, Wiederaufbau), Wiederherstellung institutioneller Normalität (etwa durch Wieder-Errichtung demokratischer Einrichtungen, kontrollierte Wahlen, Herstellung rechtsstaatlicher Verhältnisse,[714] wozu uU Verfahren der geordneten Bewältigung vergangenen Unrechts *[transitional justice]*[715] gehören können) sowie ggf auch das Schadenersatzrecht.[716]

Diese Maßnahmen werden weitgehend durch dritte Staaten oder I.O. getroffen.[717] Ihre Rechtsgrundlage findet sich häufig in einem Abkommen zwischen den Konfliktparteien, zwischen diesen und den intervenierenden Drittstaaten und/oder der Entscheidung einer I.O., insbes einer Entscheidung des Sicherheitsrats. Danach bestimmen sich Rechte und Pflichten der Beteiligten.[718] Ob und inwieweit in dieser Phase des Übergangs Regeln des *ius in bello* anwend-

---

712 *Stahn* (Fn 4); *Epping* (Fn 4); *Fleck* (Fn 4); Bowden/Charlesworth/Farrall (Hrsg), The Role of International Law in Rebuilding Societies after Conflict, 2009; *Österdahl/van Zadel*, What will jus post bellum mean?, JCSL 14 (2009) 175 ff. Die sog *transformative occupation* besitzt Bezüge zum *ius post bellum*, vgl *Schmalenbach*, Die Wiederherstellung von Staatlichkeit nach militärischen Konflikten, in *Zimmermann u a*, Konfliktformen, 341 ff. Dabei muss jedoch der vorläufige Charakter jedes Regimes der kriegerischen Besetzung (so Rn 82) beachtet werden.
713 S bereits o Rn 37; vgl auch *Brzoska*, Bedingungen erfolgreicher Friedenskonsolidierung, APZ 46/2009, 15 ff; Epping/Heintze (Hrsg), Wiederherstellung staatlicher Strukturen in Nach-Konflikt-Situationen, 2007. Zum Wiederaufbau in Gaza nach der israelischen „Operation Protective Edge" 2014 finden sich wesentliche Informationen auf der Webseite des Office of the Special Coordinator for the Middle East Peace Process der VN, insbes zum Gaza Reconstruction Mechanism, unter <www.unsco.org>.
714 Dazu Beiträge in *Niyungeko*, Accords de paix, SFDI (Fn 515) 403 ff; *Vig*, The Conflictual Promises of the United Nationss Rule of Law Agenda, Int Peacekeeping 13 (2009) 131 ff; *Wolfrum*, International Administration in Post-Conflict Situations by the United Nations and Other International Actors, MPYUNL 9 (2005) 649 ff.
715 UN Doc S/2004/616, Report of the Secretary-General ("The Rule of Law and Transitional Justice in Conflict and Post-conflict Societies").
716 So Rn 27 u 99; vgl *Rosenfeld*, Die Humanitäre Besatzung, 2009, 218; *Krajewski*, Schadenersatz wegen Verletzungen des Gewaltverbots als ius post bellum am Beispiel der Eritrea-Ethiopia Claims Commission, ZaöRV 72 (2012) 147 ff. GV und SR haben gemeinsam (RES/60/180 u S/RES/1645, beide v 20.12.2005) eine Peacebuilding Commission geschaffen; dazu *Schweisfurth*, The United Nation's Peacebuilding Commission's First Year, FS Bothe, 2008, 297 ff; *Schaller*, Peacebuilding und „ius post bellum", 2006.
717 So Rn 37. Zu den VN vgl *Daillier* (Fn 237) 300 ff; *Schaller/Schneckener*, Das Peacebuilding-System der Vereinten Nationen, 2009.
718 *Stahn* (Fn 4) 334; *Wolfrum* (Fn 714) 667; zur rechtlichen Bindung des Sicherheitsrats *Weiß*, Security Council Powers and the Exigencies of Justice after War, MPYUNL 12 (2008) 45 (94 ff); zu Problemen eines *ius post bellum* im Kosovo vgl auch *Schaller*, Die Sezession des Kosovo und der völkerrechtliche Status der internationalen Präsenz, AVR 46 (2008) 131 ff; *von Carlowitz*, Crossing the Boundary from the International to the Domestic Legal Realm, Global Governance 10 (2004) 307 ff; zu Liberia *Sannerholm*, Legal, Judicial and Administrative Reforms Beyond

bar bleiben, insbes das Recht der kriegerischen Besetzung, kann im Einzelfall zweifelhaft sein.[719] Ob Staaten oder I. O. verpflichtet sind, solche Maßnahmen zu treffen oder zu unterstützen, hängt eng mit dem Grundsatz der Responsibility to Protect zusammen,[720] zu dem auch eine *responsibility to rebuild* gehört.[721]

---

the Rule of Law Template, JCSL 12 (2007) 65ff; zu Afghanistan *Heitmann-Kroning*, Der Peacebuilding-Prozess in Afghanistan im Lichte des ius post bellum, HVI 23 (2010) 86ff; *Schmidt-Radefeldt*, Enduring Freedom, HVI 18 (2005) 245ff.
719 Zur Situation im Irak vgl *Thürer/McLaren*, "Ius Post Bellum" in Iraq, FS Delbrück, 753ff; *Weiß* (Fn 718) 84ff.
720 So Fn 115.
721 International Commission on Intervention and State Sovereignty (Fn 115), Ziff 5.

Sachverzeichnis

römische Zahlen = Abschnitte, arabische Zahlen = Randnummern*

Abfallentsorgung V 166
Abkommen, gemischte → Europäische Union
Abrüstung → Rüstungskontrolle und Abrüstung
Abschreckung, nukleare → Gewaltverbot, allgemeines
Abtretung → Staatsgebiet: Erwerb und Verlust
access and benefit sharing V 161
Acquiescence → Völkergewohnheitsrecht
acquis communautaire IV 74
acta iure imperii/gestionis → Immunität (der Staaten)
Act of State-Doktrin III 89; VI 47
ad hoc-Gesandter → Sonderbotschafter
ad hoc-Richter → Internationaler Gerichtshof: Organisation
Adaptation → Klimaschutz
Adjudikation → Staatsgebiet: Erwerb und Verlust
Afghanistan VIII 11, 19, 23, 36 f, 66 ff, 127
– s a → Bundeswehr
Afrikanische Union IV 9, 63, 67, 77, 83, 85, 89, 181, 239; VI 96
Agenda 21 V 98, 100, 134
Aggression IV 76; VII 52; VIII 10, 27 f, 35, 42, 59, 106
Agrarsektor VI 76, 77, 82, 113
Agrément → diplomatische Beziehungen/Diplomatenrecht
Aichi Targets → Flora und Fauna, Schutz
AKP VI 39, 118
Aktionsprogramm Rhein V 130
Allgemeine Erklärung der Menschenrechte III 21, 234 f; IV 206
– Bindungswirkung III 235
– Inhalt III 234
allgemeine Rechtsgrundsätze des Völkerrechts → Völkerrechtsquellen
allgemeine Regeln des Völkerrechts II 135 ff
– Begriff II 137 ff
– Rang II 148 ff
– und allgemeine Rechtsgrundsätze II 139
– s a → Völkergewohnheitsrecht
alliierte Verwaltung → Bundesrepublik Deutschland
Amerikanische Deklaration über die Rechte und Pflichten der Menschen → Menschenrechte/Menschenrechtsschutz
Amsterdam → Europäische Union; Gründungsvertrag; Weiterentwicklung
Andenpakt → Zollunionen

Anerkennung
– von Internationalen Organisationen IV 96, 104
– von Regierungen III 81, 180
– von Staaten II 78; III 178 ff
– – Anerkennungsrichtlinien III 178 f
– – deklaratorische Theorie III 178
– – konstitutive Theorie III 178
– – de iure III 180
– – de facto III 180
– – der DDR III 178
– – im ehemaligen Jugoslawien III 184
– von Staatsoberhäuptern III 44
Anfechtung → Verträge, völkerrechtliche
Angriff, bewaffneter VIII 10, 43, 106
– Definition VIII 19
– Verbot des unterschiedlosen → Krieg, Kriegsrecht: Schutz und Immunität der Zivilbevölkerung
Angriffskrieg, Verbot → Gewaltverbot
Annexion → Staatsgebiet: Erwerb und Verlust
Anschlusszone III 151; V 50, 51
– als küstenstaatlicher Funktionshoheitsraum V 49
Anschwemmung → Staatsgebiet: Erwerb und Verlust
Antarktis V 9, 61, 83 ff
– als „Weltpark" bzw. globaler Staatengemeinschaftsraum V 83, 85 ff
– Antarktisches System V 86
– Bergbauverbot V 83
– Konsultativstaaten V 84, 85
– Normsetzung durch Bifokalismus V 83
– Nutzungen V 84
– Souveränitätsfrage V 83
– Umweltschutz V 85 f
– s a → Nichtstaatsgebiet: Staatengemeinschaftsräume, globale
Anti-Dumping VI 72 ff
Anwendungsvorrang → Europäisches Unionsrecht
AREC → Freihandelszonen
Apostolischer Stuhl → Heiliger Stuhl
Äquidistanzlinie bzw -prinzip III 153
– s a → Festlandsockel
Aquitorium → Staatsgebiet
Archäologie → Kulturgüter
Archipelgewässer V 41 f
– Archipelstaaten V 41 f
– Durchfahrt- und Überflugrecht V 42
Architektur → Kulturgüter
Archivgut → Kulturgüter

---

* Völkerrechtliche Verträge und Rechtsprechung werden nicht im Sachverzeichnis, sondern in den Verzeichnissen aufgeführt, die den einzelnen Lehrbuchabschnitten vorangestellt sind.

Arktis V 19, 36, 47, 51, 58
- Arktischer Ozean V 58
- Grönland V 19, 58
- Jan Mayen V 19
- Spitzbergen V 19
Artenschutz V 92f, 97, 124, 159f
Asbest VI 24, 84
ASEAN → Freihandelszonen
assoziierte Mitgliedschaft (in I. O.) → Internationale Organisationen: Mitgliedschaft
asteroid mining → Weltraum
Asyl III 74f, 297ff
- diplomatisches III 74f
- Erklärung über das territoriale Asyl III 307
- Non-Refoulement (Verbot der Rückschiebung) III 74, 302, 304ff
- sichere Drittstaaten III 305
- und EU III 309ff
- und Europarat III 307f
- Verweigerung III 300
asymmetrische Konflikte → Krieg, Kriegsrecht
Ätherraum V 33f
- Ätherfreiheit V 33
- Fernmeldeverkehr, internationaler V 33f
- Internationale Fernmeldeunion V 34
- jamming V 33; VI 123
Atmosphäre → Luft und Atmosphäre
Atomwaffen VIII 52ff, 75f
- atomwaffenfreie Zonen VIII 55
- Atomwaffentests VIII 54
- Begleitschäden VIII 76
- NATO VIII 75
- und Beeinträchtigung neutraler Staaten VIII 76
- s a → Weltraum
Aufständische I 5; III 37; VIII 23, 121ff, 127
Augustinus I 92
Ausländer → Fremdenrecht
Auslandseinsätze der Bundeswehr → Bundeswehr
Auslegung → Verträge, völkerrechtliche
Auslieferung II 1; III 318ff; VII 58
- Änderung des Grundgesetzes III 322
- aut dedere aut iudicare III 323
- Grundsatz der Spezialität III 324
- male captus, bene detentus III 327
- political offence exception III 325
- vereinfachte innerhalb der Europäischen Union III 319
Ausschließliche Wirtschaftszone III 151; V 9, 51, 53ff
- als küstenstaatliche Fischereimonopolzone V 52
- als küstenstaatlicher Funktionshoheitsraum V 9, 49
- künstliche Inseln V 60
- Meeresboden und -untergrund V 56
- Rechte des Küstenstaates V 52, 55ff
Ausschlusszonen → Seekrieg
auswärtige Gewalt II 76, 80ff, 178f

Ausweisung → Fremdenrecht, völkerrechtliches
aut dedere aut iudicare → Auslieferung

baltische Staaten III 173, 186; IV 76; V 23
Bananenmarktordnung VI 17
Basislinien V 39f
- gerade V 40
Beendigung → Verträge, völkerrechtliche
Befreiungsbewegungen III 38
- und Beobachterstatus in I. O. IV 89
befriedetes de facto-Regime VIII 14
Beitritt → Verträge, völkerrechtliche
bellum iustum → Krieg, Kriegsrecht
Beobachter → Internationale Organisationen: Mitgliedschaft
Beobachtermissionen → Vereinte Nationen
Bermuda-Abkommen → Luftfreiheiten
Besatzungsmacht, de facto-Gewalt VIII 82
Besetzung, kriegerische VIII 82
bewegliche Vertragsgrenzen, Grundsatz III 192, 225
Bifokalismus → Antarktis
Billigflaggen V 66
Billigkeit (equity) I 142; V 62, 111, 121; VI 29
Binnengewässer V 17f, 125ff
- grenzübergreifende Binnengewässer V 127ff
- grenzüberschreitende Grundwasserschichten V 128
- Nutzung V 127f
- Schutz V 125ff
- - Drainage Basin-Konzept V 134
- - Entwicklung V 126
- - Wasserrahmenrichtlinie V 135
Biodiversität/biologische Vielfalt → Flora und Fauna, Schutz
biologische Waffen → Rüstungskontrolle und Abrüstung
Blockade → Seekrieg
Bodensee III 148; V 17, 131f
- Gewässerschutzkommissionen V 132
- Schutzübereinkommen V 133
Bosnien-Herzegowina → Jugoslawien
Boykott → Wirtschaftssanktionen
Bretton Woods VI 8, 14, 65, 109, 112
Briand-Kellogg-Pakt (Kellogg-Briand-Pakt) → Gewaltverbot, allgemeines
Brundtland-Kommission V 98, 115; VI 35
Buchten V 40
- s a → innere Gewässer
Bufferstocks → Rohstoffabkommen
Bundespräsident II 76ff
- Befugnis zur Delegation II 78
- Gegenzeichnung II 79
- völkerrechtliche Vertretungsbefugnis II 76ff
Bundesrepublik Deutschland III 207ff
- alliierte Verwaltung III 208
- Bundesstaat/Gliedstaaten III 160ff
- Grenzen V 23

- Grundlagenvertrag III 210
- Gründung III 209
- Lindauer Abkommen (Absprache) II 68; III 164
- Ostgrenzen III 219 f; V 21
- und Deutsches Reich III 212 ff
- und Polen III 220; V 21, 133
- und Tschechische Republik V 21
- Wiedervereinigung III 216 ff; IV 73; V 21, 24
- - Einigungsvertrag III 207, 210, 217 ff
- - Sukzessionen/Nachfolgeregelungen III 223 ff
- - Wiedervereinigungsgebot II 27
- - s a → Selbstbestimmungsrecht der Völker
- s a → Küstenmeer

Bundesstaat III 161
- und völkerrechtliche Verantwortlichkeit VII 22
- s a → Bundesrepublik Deutschland

Bundestreue II 68 f

Bundesverfassungsgericht II 159 ff
- Kompetenzen II 84 f
- Normverifikationsverfahren II 159 ff
- Rechtssprechungskonkurrenzen II 185 f
- und Europäischer Gerichtshof II 129, 185 f
- und Europäischer Gerichtshof für Menschenrechte II 185 f

Bundeswehr
- Afghanistaneinsatz VIII 127
- Auslandseinsätze II 81, 83 f
- Rettungsaktion in Albanien VIII 21

Bürgerkrieg → Krieg, Kriegsrecht

Calvo-Doktrin → internationales Enteignungsrecht; Enteignung
Calvo-Klauseln → diplomatischer Schutz
cap and trade-Verfahren → Klimaschutz
Carbon Capture and Storage → Klimaschutz
Caroline-Formel VIII 19
Charta von Paris → OSZE/KSZE
Charta über die wirtschaftlichen Rechte und Pflichten der Staaten I 68; VI 30, 107
chemische Waffen → Krieg, Kriegsrecht: Waffenverbote; Rüstungskontrolle und Abrüstung
China II 57
civilized nations → Kulturvölker
clausula rebus sic stantibus → Verträge, völkerrechtliche
clean development mechanism → Klimaschutz
clean slate → Staatensukzession: in völkerrechtliche Verträge
Climate Engineering → Klimaschutz
Club of Rome V 88
code of conduct → multinationale Unternehmen
Commission on Sustainable Development V 98; VI 35
Committee on the Peaceful Uses of Outer Space → Weltraum

common but differentiated responsibilities V 99, 105, 153 f; VI 34, 108
common concern of mankind V 105
common heritage of mankind (gemeinsames Erbe der Menschheit) IV 210; V 35, 68 ff, 105
- s a → Kulturgüter
Connally-Vorbehalt → Internationaler Gerichtshof: Zuständigkeit
Courtoisie (Sitte) I 45, 66, 69, 131
creeping jurisdiction V 13, 50
ČSFR III 183, 193, 201; IV 71, 76
- Nachfolgestaaten, Mitgliedschaft in I. O. IV 71
- Rechtsnachfolge III 201
- Teilung/Auflösung III 183
Cyberspace V 35
Cyber Warfare VIII 10, 11, 19, 66

Dayton-Abkommen → Jugoslawien
De facto-Regime I 5; VIII 14
Dekolonisierung IV 8, 69, 207; V 30
- Deklaration über die Gewährung der Unabhängigkeit an koloniale Länder und Völker IV 207
- Dekolonisierungs-Ausschuss der UN IV 131, 207
- und Gewaltverbot VIII 20
Delikte, völkerrechtliche → Staatenverantwortlichkeit, völkerrechtliche Verantwortlichkeit
Demokratie II 5
déni de justice (denial of justice) → Zurechnung: Staatenverantwortlichkeit
depleted uranium → Krieg, Kriegsrecht: Waffenverbote
Dereliktion → Staatsgebiet: Erwerb und Verlust
Deutsche Demokratische Republik (DDR) III 211 ff; V 23, 26
- s a → Anerkennung: von Staaten
Deutscher Orden I 97
Deutsches Reich → Bundesrepublik Deutschland; Österreich
Deutschland → Bundesrepublik Deutschland
Dienstleistungsverkehr, internationaler VI 88, 98
differential and more favourable treatment → Entwicklung, Recht auf
diplomatische Beziehungen/Diplomatenrecht II 4; III 51 ff
- Agrément III 52
- Aufgaben III 55
- Einteilung der Diplomaten III 51
- freier Verkehr III 57
- Kuriergepäck III 57, 67
- Missionen III 51 ff
- Mitglieder, Personal III 52 f
- persona non grata III 53, 60
- Sonderbotschafter III 70 ff
- Unverletzlichkeit III 56
- Vertretung bei Internationalen Organisationen III 73

– s a → *Asyl; Europäische Union; Immunität, diplomatische*
diplomatischer Schutz III 15, 117 ff
– Anspruchs-/Rechtsträger III 117
– bei Doppel-/Mehrstaatlern III 120
– für Unternehmen III 123; VI 54
– genuine link III 119
– local remedies rule III 118
– für Unionsbürger III 122
– Verzicht/Calvo-Klauseln III 15, 118
– s a → *Staatsangehörigkeit*
Diskriminierungsverbot
– allgemeines I 74
– Rassendiskriminierung VI 16, 142
– s a → *Menschenrechte/Menschenrechtsschutz: in Europa; Neutralität; Welthandelsprinzipien*
Dismembration → *Staatsgebiet: Erwerb und Verlust*
Doha-Runde VI 30, 64, 118
domaine réservé I 30; IV 27, 128, 195 f; V 33
Doppelbesteuerungsabkommen → *Internationales Steuerrecht*
Drainage-Basin-Konzept → *Binnengewässer: Schutz*
Drohnen, Einsatz von → *Krieg, Kriegsrecht*
Dualismus II 28 ff, 35 f, 38, 40, 46 ff, 116, 136
dual use-Objekte → *Krieg, Kriegsrecht*
due diligence VII 12, 25
Dum-Dum-Geschosse → *Krieg, Kriegsrecht: Waffenverbote*
Dumping VI 66, 69, 72 ff
Dumping (Einbringen) → *Meeresschutz: Verschmutzung*
Durchsetzung → *Krieg, Kriegsrecht; Menschenrechtsverträge*
Durchsetzungsschwäche des Völkerrechts → *Völkerrecht*

EAC → *Zollunionen*
ECOWAS → *Zollunionen*
Effektivitätsprinzip III 80 f
– s a → *Europäisches Unionsrecht; Staatsgebiet: Erwerb und Verlust; Staatsgewalt*
effet utile → *Europäisches Unionsrecht; Internationale Organisationen; Verträge, völkerrechtliche: Auslegung*
EFTA → *Freihandelszonen*
Eigengewässer → *Staatsgebiet*
Eigentum, Schutz III 258; VI 42 ff
Einbringen (Dumping) → *Meeresschutz: Verschmutzung*
Einheit der Völkerrechtsordnung → *Völkerrecht*
Einigungsvertrag → *Bundesrepublik Deutschland: Wiedervereinigung*
einseitige Akte (unilateral acts) → *Völkerrechtsquellen*
Einzelperson/der Einzelne II 149 ff; III 14 ff, 229 ff
– Mediatisierung I 60; III 15
– völkerrechtliche Pflichten III 22

Embargo VII 119 f; VIII 24, 36, 42, 48
– s a → *Sicherheitsrat der Vereinten Nationen*
Emissionshandel → *Klimaschutz*
Enklaven/Exklaven → *Staatsgebiet*
Enteignung → *internationales Enteignungsrecht*
Entwicklung, Recht auf VI 30 ff
– differential and more favourable treatment VI 30
Entwicklungshilfe VI 4, 31, 106 ff
Entwicklungsvölkerrecht VI 30 ff, 106 ff
– Charta über die wirtschaftlichen Rechte und Pflichten der Staaten s dort
– Entwicklungsdekaden VI 30
– neue Weltwirtschaftsordnung VI 8, 107
– Technologietransfer (Code of Conduct) VI 31, 91, 107 f
– UNCTAD VI 30, 106, 114, 117
equitable utilization V 111
equity → *Billigkeit*
erga omnes-Verpflichtungen I 21, 48, 72, 120, 126; IV 92; V 53, 73, 136, 140; VII 16 ff, 28, 36, 43, 47, 118; VIII 95 f, 101
– s a → *Staatenverantwortlichkeit, völkerrechtliche Verantwortlichkeit*
Erklärung von Bogotá → *Weltraum*
Ermittlungskommission, internationale VIII 100
Ersitzung → *Staatsgebiet: Erwerb und Verlust*
estoppel → *Völkergewohnheitsrecht*
Estrada-Doktrin → *Staatsgewalt*
Europäische Gemeinschaft(en) → *Zollunionen; Europäische Union*
europäische Integration II 5, 10, 21 ff, 75, 120 ff, 131, 186
Europäische Kernenergie-Agentur II 132
Europäische Sozialcharta III 267 ff
Europäische Union
– Änderung der Gründungsverträge IV 44, 47 f
– Assoziierung IV 88
– Aufgaben und Befugnisse IV 188
– Auflösung, Beendigung IV 53
– Aufnahme in die IV 64 f, 67, 70
– Ausschluss von Mitgliedstaaten IV 81, 83
– Außenbeziehungen I 44
– Austritt von Mitgliedstaaten IV 78, 80
– diplomatische Beziehungen mit Nichtmitgliedern IV 100
– Europäischer Rat IV 122
– fehlender Staatscharakter I 43; II 26
– Finanzierung IV 215 f, 218 f
– Gemeinsame Außen- und Sicherheitspolitik (GASP) IV 188, 252
– gemischte Abkommen II 120, 130; IV 99
– Gründungsvertrag (Maastricht-Vertrag)
– – Kompetenz-Kompetenz IV 15
– – Weiterentwicklung II 24, 26 f, 125; IV 50, 182, 256 ff
– Hauptorgane IV 124 f
– implied powers I 44; IV 98, 191

- „institutionelles Gleichgewicht" IV 183
- Integrationsgrenze II 24ff
- Konventsmethode IV 50
- Polizeilich-justizielle Zusammenarbeit in Strafsachen (PJZ) I 43; IV 188, 252f
- Rechnungshof IV 124, 223
- Rechtsfolgen eines ultra vires-Handelns IV 194
- Rechtsetzung IV 201, 250
- Reformdiskussion, Entwicklungsperspektiven III 170; IV 182, 256ff
- als „Staatenverbund" IV 252f
- Subsidiaritätsprinzip II 25; IV 253f
- Supranationalität II 24, 121; IV 250, 254
- Suspension von Mitgliedschaftsrechten IV 85
- Übertragung von Hoheitsrechten auf die II 26, 129
- Unionsbürgerschaft I 43; III 122
- – s a → diplomatischer Schutz
- Verhältnis zu den Europäischen Gemeinschaften IV 252f
- Vertragsschlusskompetenz II 120; IV 98
- Völkerrechtssubjektivität I 18; II 24; IV 253
- s a → Asyl; Auslieferung; Europäischer Gerichtshof
Europäischer Entwicklungsfonds VI 118
Europäischer Gerichtshof II 61, 124; IV 40, 80, 98, 124, 181, 194, 198, 203, 250, 254 f
- Auslegung der Gründungsverträge IV 40
- Gericht erster Instanz IV 203, 254
- Grundrechtsschutz in der Europäischen Union IV 254
- s a → Bundesverfassungsgericht
Europäischer Gerichtshof für Menschenrechte II 61, 186; III 250, 250ff; IV 203, 246
- Verfahren III 262ff
- – Individualbeschwerde III 17, 262
- – Staatenbeschwerde III 262
- s a → Bundesverfassungsgericht
Europäischer Verfassungsvertrag → Europäische Union: Gründungsvertrag (Maastricht-Vertrag): Weiterentwicklung
Europäischer Wirtschaftsraum (EWR) → Freihandelszonen
Europäisches Unionsrecht I 40ff; IV 249ff
- Anwendungsvorrang I 43; II 129f, 173, 176; IV 250
- effet utile/Effektivitätsgrundsatz I 42; IV 40, 190
- primäres I 40; II 120, 122ff, 126ff
- Prinzip der begrenzten (Einzel-)Ermächtigung IV 189f, 254, 257
- Rolle im deutschen Recht II 120ff, 173f
- sekundäres I 42; II 120, 122, 173f
- – als eigenständige Rechtsordnung I 40, 43; IV 117
- – Typen verbindlicher Rechtsakte I 42; II 173f
- s a → Völkerrecht
Europarat II 23f, 186; III 248ff; IV 31, 67, 70, 124, 238ff
- Abschluss von Abkommen IV 248
- Aufgaben III 249ff; IV 241ff
- Entstehungsgeschichte IV 238f

- Gästestatus IV 239
- Konventionen IV 245
- Mitglieder, Bedingungen IV 70, 239
- Organe IV 124f, 240ff
- – Kongress der Gemeinden und Regionen Europas IV 242
- – Ministerkomitee IV 240
- – Parlamentarische Versammlung IV 241f
- – Sekretariat IV 243
- Satzung III 248
- s a → Asyl
European Space Agency (ESA) IV 51; V 81
Evidenztheorie I 118
Ewigkeitsgarantie II 26f, 156
EWR → Freihandelszonen
Exklaven → Staatsgebiet

failed state III 85f; VII 9, 49; VIII 13
fair trade VI 66, 69
faires Gerichtsverfahren (fair trial) III 257
Fairness, Prinzip der → internationales Wirtschaftsrecht: Standards
Falkland-Inseln (Malvinas) VIII 14
FCKW V 151
Fernerkundung (remote sensing) → Weltraum
Fernmeldeverkehr, internationaler → Ätherraum
Festlandsockel III 152ff; V 10, 12, 55ff
- Abgrenzung V 57
- als küstenstaatlicher Funktionshoheitsraum V 10, 49, 55
- Äquidistanzlinie V 57
- Breite III 153; V 56
- darüber liegende Gewässer und Luftraum V 59
- Entstehungsgeschichte V 55
- künstliche Inseln, Anlagen und Bauwerke V 60
- Truman-Proklamation V 10, 55
Financial Stability Forum/Board VI 111
Fischerei V 13, 52f, 65, 67, 103, 137
- Fischbestände, gebietsübergreifende (Straddling Stocks) V 52f, 67
- Fischereiabkommen V 69, 94, 103, 137
- Fischereirechte, historische V 12
- Gemeinsame Fischereipolitik (GFP) V 52ff
- real interest-Kriterium V 67
- surplus V 52
- total allowable catch V 52
- s a → Ausschließliche Wirtschaftszone; Hohe See
Flaggenhoheit V 8, 12, 66
Flaggenstaaten → Billigflaggen; Hohe See: Durchsetzung; Meeresschutz: Durchsetzung
Flächenbombardement → Krieg, Kriegsrecht: Schutz und Immunität der Zivilbevölkerung
Flora und Fauna, Schutz V 95f, 159f
- Aichi Targets V 163
- biologische Vielfalt V 90, 112, 160

– wandernde Tierarten V 13, 53, 67, 95, 159
– Weltbiodiversitätsrat/IPBES V 164
Flüchtlinge III 18, 297 ff
– de facto/Gewaltflüchtlinge III 299
– politische III 298
– temporary protection III 300
– s a → *Klimawandel*
Flüchtlingsrecht III 18, 297 ff
– europäisches III 307 ff
– Hoher Flüchtlingskommissar (UNHCR) III 18, 299 f
– Internationale Flüchtlingsorganisation III 18
Flüsse, „internationalisierte" V 18, 127 ff
Folterverbot III 242 f, 254
Fragmentierung des Völkerrechts → *Völkerrecht*
Frankreich II 50
Freihandelszonen VI 67, 93 ff
– als Ausnahme vom Meistbegünstigungsprinzip VI 67, 93 f
– APEC VI 97
– ASEAN VI 42, 97
– EFTA VI 97
– Europäischer Wirtschaftsraum (EWR) VI 97
– NAFTA VI 2, 42, 97
Fremdenrecht, völkerrechtliches III 280 ff; VI 16, 19, 23, 26, 42; VII 19, 32
– Ausweisung III 291 ff
– Einreise von Ausländern III 284 f
– Familiennachzug III 286, 295
– Staatenlose → *Staatenlosigkeit*
– völkerrechtlicher Mindeststandard III 289 f
Friedensbegriff VIII 43 f
– Ausweitung des VIII 19
– des Grundgesetzes II 15
– negativer VIII 43
– positiver VIII 44
Friedenssicherung VIII 5, 35 f, 39, 51 ff, 129
friedliche Durchfahrt, Recht der → *innere Gewässer; Küstenmeer*
friedliche Streitbeilegung → *Völkerrecht: Grundregeln*
Friendly Relations Declaration I 72; III 125; IV 210; VIII 10, 14
Frustrationsverbot → *Verträge, völkerrechtliche: Verfahren des Vertragsschlusses*
fundamentaler Relativismus → *Völkerrecht: Begriff, Besonderheit*
Funktionshoheitsräume, küstenstaatliche → *Nichtstaatsgebiet*

„Gebiet" → *Meeresboden*
Gebietshoheit III 131 ff; V 2 f, 5, 14 f
gebietsübergreifende Fischbestände → *Fischerei*
Gegenmaßnahmen → *Staatenverantwortlichkeit, völkerrechtliche Verantwortlichkeit*
Gegenseitigkeit, Grundsatz der (Reziprozität) I 26, 51, 72, 128

– s a → *Internationales Wirtschaftsrecht: Standards; Welthandelsprinzipien*
Gegenzeichnung → *Bundespräsident*
Gemeinsame Außen- und Sicherheitspolitik (GASP) → *Europäische Union*
Gemeinsame Fischereipolitik (GFP) → *Fischerei*
Gemeinsamer Markt VI 95
gemeinsames Erbe der Menschheit → *common heritage of mankind; Mond*
gemischte Abkommen → *Europäische Union*
gemischter Konflikt → *Krieg, Kriegsrecht*
Generalsekretär der Vereinten Nationen → *Sekretariat der Vereinten Nationen*
Generalversammlung der Vereinten Nationen IV 127 ff
– Abstimmungsmodus IV 132 ff
– – Annahme ohne Abstimmung IV 136
– – Consensus-Verfahren IV 135
– – Stimmenwägung (weighted voting) IV 137
– allgemeine Diskussions- und Empfehlungsbefugnis IV 128 ff
– Ausschüsse IV 131, 209, 221
– – Rechtsausschuss IV 209
– – Meeresbodenausschuss IV 209
– – Weltraumausschuss IV 209
– Geschäftsordnung IV 131
– Jahrestagung IV 131
– Notstandssondertagungen IV 131
– Resolutionen (Entschließungen), Deklarationen bzw Beschlüsse I 14 f, 149 f; IV 138 f
– – als Rechtsquelle des Völkerrechts I 150
– – Bindungswirkung („soft law") I 14, 68, 152; II 170 ff; IV 129, 138; V 90, 117
– – s a → *Völkerrechtsquellen: allgemeine Rechtsgrundsätze*
genetische Ressourcen → *Ressourcen, genetische*
gentlemen's agreement I 67
Genugtuung → *Staatenverantwortlichkeit, völkerrechtliche Verantwortlichkeit: Rechtsfolgen*
genuine link → *diplomatischer Schutz; Staatsangehörigkeit; Staatszugehörigkeit: Schiffe*
Geoengineering → *Klimaschutz*
geostationärer Orbit → *Weltraum*
Gericht erster Instanz → *Europäischer Gerichtshof*
Gewässerschutz → *Binnengewässer: Schutz; Bodensee: Gewässerschutzkommission*
Gewaltmonopol, staatliches VIII 1
Gewaltverbot, allgemeines I 52 ff, 75; II 12; IV 22, 92, 205; VII 3, 8, 21, 64 f, 66 f, 121; VIII 7 ff
– Androhung von Gewalt VIII 16 f, 26
– Angriffe auf Hoher See VIII 12
– Angriffe auf militärische Außenpositionen VIII 12
– bei streitigem Grenzverlauf VIII 14
– Briand-Kellogg-Pakt I 52; VII 63; VIII 6 ff, 106
– Funktion und Bedeutung VIII 29 f
– Gewaltverzicht II 96

– nukleare Abschreckung VIII 17, 53
– Peace Keeping Forces IV 205
– Rechtfertigungsgründe VIII 18 ff
– Selbstverteidigung, individuelle und kollektive I 54 ff; IV 205; VIII 17, 19 f, 25, 43
– – präventive VIII 19
– – regionale Bündnisse I 18
– – Verhältnismäßigkeit VIII 19
– – s a → *Neutralität*
– Rechtsfolgen der Verletzung VIII 25 ff
– Systeme kollektiver Sicherheit *s dort*
– und private Gewalt VIII 11
– und Unterstützung terroristischer Aktivitäten VIII 11, 43
– und Völkergewohnheitsrecht VIII 8
– Verbot des Angriffskrieges II 12; VIII 9 ff
– Verbot militärischer Gewalt I 75; IV 22
– Verhältnis zum Kriegsverbot VIII 9
– Zwangsmaßnahmen, Empfehlungen der UN-Generalversammlung IV 128 ff
– – Uniting for Peace-Resolution IV 130 f
– s a → *Internationale Organisationen; Interventionsverbot; Menschenrechte/Menschenrechtsschutz; Selbstbestimmungsrecht der Völker*
Gewohnheitsrecht → *Völkergewohnheitsrecht*
Gleichheit der Staaten → *Souveränität: Verhältnis zum Gleichheitssatz; Staat*
Gliedstaaten → *Bundesrepublik Deutschland*
global commons V 11, 61 ff
good governance I 20; VI 33, 39 ff
Governance V 90
Grundlagenvertrag → *Bundesrepublik Deutschland*
Greenpeace V 90
Grenzen → *Staatsgebiet*
grenznachbarschaftliche Einrichtungen II 74
Grenzkontrollen → *Staatsgebiet: Grenzen*
Griechenland II 52
Grönland → *Arktis*
Grotius, Hugo I 63, 100; V 64; VI 121
Grundgesetz → *Auslieferung; Friedensbegriff; Menschenrechte/Menschenrechtsschutz; Präambel des Grundgesetzes; Völkerrechtsfreundlichkeit des Grundgesetzes*
Grundlagenvertrag → *Bundesrepublik Deutschland*
Grundregeln des Völkerrechts → *Völkerrecht*
Grundwasserschichten → *Binnengewässer*
Guerilla VIII 67
GUS-Staaten III 187; IV 17, 71
Gutachten → *Internationaler Gerichtshof: Zuständigkeit*
„gute Dienste" → *Streitbeilegung: Mittel der Streitbeilegung*

Haager Friedenskonferenzen → *Krieg, Kriegsrecht*
habit of obedience I 51

Haftung → *Internationale Organisationen; Staatenverantwortlichkeit, völkerrechtliche Verantwortlichkeit; Vereinte Nationen, UNO; Weltraum*
Haiti VIII 22, 24, 34, 36 f, 48, 50
Halone V 149, 154
Hallstein-Doktrin I 76
Handel mit Treibhausgasemissionszertifikaten → *Klimaschutz*
Hanse I 97
Harmon-Doktrin → *Souveränität*
Havanna-Charta VI 12, 63
Headquarters Agreement → *Vereinte Nationen*
Heiliger Stuhl I 5; III 39; IV 1, 89
Hermes-Versicherungen VI 52
historische Rechte → *Fischerei; innere Gewässer*
Hobbes, Thomas I 62
Hohe See V 64 ff
– als Staatengemeinschaftsraum V 9, 11, 64
– Durchsetzung
– – durch Flaggenstaaten V 66
– – durch Hafen- und Küstenstaaten V 140
– Freiheiten V 13, 63, 66 ff
– – der Fischerei V 13, 63, 67
– mare liberum/clausum V 64
– Ressourcennutzung und -erhaltung V 8, 67
– s a → *Gewaltverbot, allgemeines*
Hoher Flüchtlingskommissar (UNHCR) → *Flüchtlingsrecht*
höhere Gewalt → *Staatenverantwortlichkeit, völkerrechtliche Verantwortlichkeit*
Hull-Formel → *internationales Enteignungsrecht*
humanitäre Intervention I 54; III 230; IV 22, 205; VIII 8, 22
humanitäres Völkerrecht
– Begriff VIII 60
– s a → *Krieg, Kriegsrecht*

Ilulissat-Erklärung V 58
Immunität (der Staaten) III 89 ff
– absolute III 90
– acta iure imperii/gestionis I 32, 73; III 90
– des Staatsoberhauptes III 44 ff
– restriktive Theorie III 90
– Stellung fremder Staatsunternehmen III 95
– in der Zwangsvollstreckung III 93
– s a → *Sekretariat der Vereinten Nationen: Bedienstete*
Immunität, diplomatische III 59 f
Immunität, konsularische III 68
Immunität der Zivilbevölkerung bei Kampfhandlungen VIII 66
implied powers → *Europäische Union; Internationale Organisationen; Sicherheitsrat der Vereinten Nationen; Vereinte Nationen*
indigene Völker I 11

Individualbeschwerde → *Europäischer Gerichtshof für Menschenrechte: Verfahren*
inégalité compensatrice VI 21
Informationsfreiheit → *Kultur*
Informationspflichten → *Küstenmeer: Recht der friedlichen Durchfahrt*
Inkorporation von Staaten III 175
Inländergleichbehandlung → *Welthandelsprinzipien*
INMARSAT V 81
Innere Gewässer III 149; V 38 ff
– Abgrenzung V 39
– historische Buchten V 40
– Nothafenrecht V 38
– Recht der friedlichen Durchfahrt V 38
– Rechtsstatus V 38
Inseln V 19
Inseln, künstliche → *Ausschließliche Wirtschaftszone; Festlandsockel*
instant customary law → *Völkergewohnheitsrecht: Entstehungsvoraussetzungen*
Institut de droit international I 147
Integrationsprinzip → *Umweltvölkerrecht: Prinzipien des Umweltvölkerrechts*
Integrität, territoriale → *Souveränität: territoriale*
INTELSAT V 81
Interamerikanische Kommission für Menschenrechte → *Menschenrechte/Menschenrechtsschutz*
Interamerikanischer Gerichtshof für Menschenrechte → *Menschenrechte/Menschenrechtsschutz*
International Air Transport Association (IATA) → *Luftfreiheiten*
International Civil Aviation Organization → *Luftfreiheiten*
International Law Association I 147
International Law Commission IV 209; VII 6 f, 9, 17, 20, 26, 31, 35 f, 46
Internationale Entwicklungsorganisation (IDA) → *Weltbank, Weltbankgruppe*
Internationale Fernmeldeunion (ITU) → *Ätherraum*
Internationale Finanz-Corporation (IFC) → *Weltbank, Weltbankgruppe*
Internationale Gemeinschaft I 21, 72, 120
Internationale Meeresbodenbehörde → *Meeresboden (das „Gebiet")*
Internationale Organisationen
– Aufgaben und Befugnisse IV 188 ff
– – keine Kompetenz-Kompetenz IV 189
– – Prinzip der begrenzten Ermächtigung IV 189, 254
– – Vertrauensschutz gegenüber Drittstaaten und anderen I. O. IV 193
– Begriff, Wurzeln III 12; IV 3 ff, 12
– Deliktsfähigkeit IV 101 ff
– effet utile III 12; IV 39 f, 116, 190
– Empfehlungen II 171 f, 184

– s a → *Generalversammlung der Vereinten Nationen: Entschließungen*
– Entscheidungen II 169, 180, 184
– – und Gewaltverbot VIII 24
– Entstehung IV 32 ff
– Entwicklung IV 2 ff
– Finanzierung IV 212 ff
– – Ausgaben IV 220 ff
– – Budgetierung IV 220 ff
– – eigene Einkünfte (Eigenmittel) IV 218
– – Einnahmen IV 213 ff
– – Friedensmission auf Zypern IV 217
– – Geldaufnahme am Kapitalmarkt IV 219
– – obligatorische Beiträge IV 214 ff
– – Spenden, freiwillige Beiträge IV 217
– – Zurückhaltung von Beiträgen IV 216
– Funktionalismus IV 9
– Gründungsverträge, Primärrecht I 40, 124, 158; IV 32 ff, 61, 114, 188
– – Änderung II 82, 167 f; IV 43 ff, 52
– – Auslegung IV 39 ff, 190
– – inhaltliche Grenzen der Vertragsänderung IV 48
– – Ratifikation, Urkunden IV 34
– – Revisionskonferenzen IV 49
– – Satzung als „Verfassung" IV 37
– Handlungsfähigkeit, völkerrechtliche IV 97 ff
– – Gesandtschaftsrecht IV 100
– – Innen- und Außenkompetenzen IV 98
– – ultra vires-Handeln IV 98, 101, 192 ff, 216
– – und Vertragsabschlussfähigkeit IV 98
– Handlungsinstrumentarium IV 200 ff
– – judizielle Akte IV 203
– – Rechtsetzungsbefugnis IV 201
– – Vertragsabschlussbefugnis IV 202
– Immunität, Privilegien IV 106 ff, 112
– implied powers III 12; IV 39, 98, 191, 219
– internes Organisationsrecht I 39; IV 114 ff
– Primär- und Sekundärrecht IV 114
– Rechtscharakter I 39; IV 114 ff
– Legitimation, demokratische I 18
– Mitgliedstaaten II 74, 89, 98; IV 13, 61 ff, 195 f
– – abgestufte Formen der Mitgliedschaft IV 88 ff
– – Assoziierung IV 88
– – Ausschluss von Mitgliedstaaten IV 81 ff
– – Austritt von Mitgliedstaaten IV 46, 77 ff
– – Austrittsklausel IV 77 f
– – Beendigung der Mitgliedschaft IV 76 ff
– – Beitritt, Aufnahme II 74, 89, 98; IV 63 ff
– – Beobachter IV 89 f
– – Gründungsmitglieder IV 62
– – „Herren der Verträge", Kompetenz-Kompetenz IV 15, 29, 189
– – Internationale Organisationen als Mitglieder IV 65
– – opting out (contracting out) IV 201
– – Souveränität III 167; IV 195 f

- Mitgliedschaftsrechte und -pflichten IV 74ff
- - Beeinträchtigungen der Mitgliedschaftsrechte IV 84ff
- - Beitragspflichten IV 75
- - Gleichheit IV 75
- - Loyalität der I. O. IV 74
- - „one state, one vote" IV 75
- Nichtmitglieder, Drittstaaten IV 89, 91f, 96, 100, 104, 113
- Notstandsrecht IV 170
- Organe III 12; IV 41, 118ff
- - Hauptorgane IV 121, 124ff
- - Interpretationskompetenz IV 41
- - Kompetenzverteilung IV 183ff
- - Organtreue IV 186f
- - Verfahren bei Kompetenzüberschneidungen IV 184
- Rechnungskontrolle IV 223f
- Rechts- und Geschäftsfähigkeit, innerstaatliche IV 112f
- regionale IV 9, 70, 107, 225, 239
- Sanktionen bei Verletzung von Zahlungsverpflichtungen IV 224
- Sitzstaat, Sitz(staaten)abkommen I 39; IV 110f
- Streitbeilegung IV 111; VII 64, 66, 77
- Sukzession VI 57ff
- - Kontinuität der Rechtspersönlichkeit IV 58
- - Völkerbund und UN IV 59
- Suspension von Mitgliedsrechten IV 85f
- und Durchsetzung völkerrechtlicher Verpflichtungen IV 24
- und Kodifizierung des Völkerrechts I 18; IV 25
- und Umweltschutz IV 208; V 91
- Untergang, Auflösung IV 51ff
- - Beispiele IV 52
- - finanzieller Zusammenbruch IV 55
- - vertragliche Regelung IV 51ff
- - Wegfall des Mitgliederbestandes IV 54
- Verantwortlichkeit, Haftung IV 101ff; VII 34ff
- - der Internationalen Organisation IV 101f; VII 34
- - der Mitgliedstaaten IV 103; VII 37
- - gegenüber Dritten, die die I. O. nicht anerkennen IV 104
- - gegenüber der I. O. IV 105
- Vertretung bei I. O. III 73
- Völkerrechtsfähigkeit, -persönlichkeit, subjektivität I 5f; III 12; IV 4, 13, 16, 93ff
- - objektive IV 96
- - Verleihung der Rechtsfähigkeit IV 95
- Vorläufer I 104; IV 3ff
- Zahl IV 11
- s a → Anerkennung; Befreiungsbewegungen; ČSFR; diplomatische Beziehungen/Diplomatenrecht; Jugoslawien; Menschenrechte/Menschenrechtsschutz; OSZE/KSZE; Selbstbestimmungsrecht der

Völker; Staatensukzession; UdSSR: Nachfolge; Verträge, völkerrechtliche; Weltraum

internationale Regime V 13f, 19, 31f, 51, 69, 72f, 87, 124, 129, 132, 150, 161f

Internationale Seeschifffahrtsorganisation (IMO) V 47, 51, 66, 139

internationale Strafgerichtsbarkeit III 22ff; VII 38ff; VIII 101ff
- Interalliierter Militärgerichtshof III 22; VII 44, 52
- Internationaler Strafgerichtshof I 36; II 61; III 25ff; IV 21; VII 44, 46f, 49f, 53, 54ff
- - anwendbares Recht III 27
- - Grundsatz der Komplementarität VII 49
- - Jurisdiktion III 25
- - Verfahren III 28; VII 56f
- - Vorgeschichte VII 44, 46
- - Zuständigkeit VII 49f, 55ff
- - Zusammenarbeitspflicht III 29; VII 58
- Jugoslawien-Strafgerichtshof II 61; III 23ff; IV 21; VII 44, 47, 49f, 52ff, 57; VIII 28, 48, 95, 102, 125
- Nürnberger Kriegsverbrecherprozesse II 11; III 22; VII 44, 46, 52
- Ruanda (Rwanda) III 23; IV 21; VII 44, 47, 49; VIII 28, 48, 95, 102, 125
- Tokioter Prozesse II 11; III 22; VII 44, 52

internationale Verantwortlichkeit → Staatenverantwortlichkeit

Internationaler Gerichtshof I 110f, 147; II 61, 66; IV 177ff, 210; VII 79, 86, 87ff
- Entscheidungsmaßstab VII 96
- Organisation VII 97ff
- - ad hoc-Richter VII 98
- - Kammern VII 100
- Streitverfahren VII 101
- - Durchführung der Entscheidungen VII 106
- - mündliche Verhandlung VII 103
- - schriftliches Verfahren VII 102
- - Urteile VII 104
- - vorsorgliche Maßnahmen VII 105
- und Fortbildung des Völkerrechts IV 177
- Zuständigkeit IV 41, 179; VII 90ff
- - einseitige Staatenerklärung VII 92
- - Fakultativklausel VII 88, 91
- - Gutachten IV 152, 179f; VII 89, 93; VIII 45
- - keine Kompetenz bei Auseinandersetzungen zwischen UN-Organen IV 180
- - Schiedskompromiss (Compromis) VII 91
- - Überprüfung von Maßnahmen anderer UN-Organe IV 179; VIII 45
- - Unterwerfung VII 91
- - Vorbehalte (Connally, Vandenberg) VII 92

Internationaler Seegerichtshof V 39, 55; VII 60
- Kammer für Meeresbodenstreitigkeiten V 70
- Schiffsfreigabeverfahren V 37, 53

Internationaler Strafgerichtshof → *internationale Strafgerichtsbarkeit*
Internationaler Währungsfonds VI 9, 12 f, 33, 39, 42, 109 ff
– Funktionsweise VI 109
– Kreditvergabe VI 110
– Stabilitätsforum VI 111
internationales Enteignungsrecht VI 42 ff
– Enteignung VI 42 ff
– – Calvo-Doktrin VI 23, 43
– – Entschädigungsanspruch, Rechtsnatur VI 45
– – exterritoriale Wirkung VI 46
– – Globalentschädigungsabkommen VI 44
– – Hull-Doktrin VI 44, 49
– – Mindeststandards VI 44
– – ordre public VI 47
– Konfiskation VI 43
– lump sum agreements VI 44
– Nationalisierung VI 43
internationales Gewohnheitsrecht → *Völkergewohnheitsrecht*
Internationales Komitee vom Roten Kreuz → *Rotes Kreuz*
internationales öffentliches Recht → *Völkerrecht: Begriffsgeschichte*
Internationales Privatrecht I 34; II 1
Internationales Steuerrecht I 37; VI 100 ff
– Besteuerungsprinzipien VI 101
– Doppelbesteuerungsabkommen VI 100, 103 f
– Vollstreckung VI 105
Internationales Strafrecht I 36; III 155; VII 39
Internationales Verwaltungsrecht I 37
internationales Wirtschaftsrecht
– Begriff I 38; II 5; VI 10 f
– Rolle II 5
– Standards VI 15 ff
– – Fairness VI 28 f, 40
– – good governance *s dort*
– – Nachhaltigkeit VI 35 f
– – Rationalität VI 37
– – Reziprozität (Gegenseitigkeit) VI 26 ff, 68
– – Transparenz VI 38
Internationales Zivilverfahrensrecht I 35
Internationalisierung → *Nichtstaatsgebiet*
Internet Corporation for the Assigned Numbers and Names (ICANN) V 35
Interpretationserklärungen → *Verträge, völkerrechtliche*
Intervention, humanitäre → *humanitäre Intervention*
Intervention, politische VIII 21
Intervention auf Einladung → *Interventionsverbot*
Interventionsverbot I 76; II 10, 171; III 83; VII 121; VIII 17, 126
– Abgrenzung vom Gewaltverbot VIII 17
– Intervention auf Einladung VIII 23
Investitionsmaßnahmen, handelsbezogene VI 90 ff

Investitionsschutz VI 18, 42 ff
– bilaterale Investitionsschutzabkommen VI 6, 22, 25, 48
– – Schirmklausel VI 48
– Multilaterale Investitions-Garantie-Agentur (MIGA) VI 50
– Multilaterale Investitionsschutzabkommen VI 18, 28 f, 49
– staatliche Investitionssicherungsprogramme VI 52
– Streitbeilegung VI 51
IPBES → *Flora und Fauna, Schutz*
IPCC → *Klimawandel*
Irak I 107; II 12; III 140; IV 27, 76, 85, 145, 205; V 22; VI 149; VIII 11, 19, 22, 24, 27, 29, 34 f, 43 f, 48, 50, 54, 57, 68, 73, 82, 107 ff, 117 ff
– s a → *Rüstungskontrolle und Abrüstung*
Islam und Völkerrecht I 83 ff, 94
ius ad bellum → *Krieg, Kriegsrecht*
ius cogens I 13, 48, 126, 132, 154; II 138, 157 f; III 49; IV 26; VI 158; VII 3, 17, 28, 34, 116; VIII 23
– s a → *Streitbeilegung: Pflicht zur friedlichen Streitbeilegung*
ius contra bellum → *Krieg, Kriegsrecht*
ius gentium/inter gentes I 9, 90
ius in bello → *Krieg, Kriegsrecht*
ius soli/sanguinis → *Staatsangehörigkeit*
ius standi I 120
Italien II 51

Jalta, Konferenz von IV 142
Jamming → *Ätherraum*
Jan Mayen → *Arktis*
Japan II 54
Johannesburg-Gipfel V 103; VI 35
Johanniterorden I 97
Jugoslawien III 182 ff; IV 21, 207; VIII 3, 22 ff, 28, 34, 36 f, 48, 50, 95, 102, 125
– Auflösungsprozess III 184
– Dayton-Abkommen VIII 36
– Haager Jugoslawienkonferenz/Anerkennung der Neustaaten III 182
– Nachfolgestaaten, Mitgliedschaft in Internationalen Organisationen IV 71
– NATO-Einsatz gegen II 12; IV 145, 205
– s a → *Anerkennung: von Staaten; internationale Strafgerichtsbarkeit*

Kabotagerecht → *Luftfreiheiten*
Kaliningrad V 20
Kanäle V 18
Kaspisches Meer III 148; V 3, 13, 17
Kinderschutz III 245 ff
Klimaschutz V 153 ff
– Adaptation V 158
– cap and trade-Verfahren V 155 f

Sachregister

- carbon capture and storage (CCS) V 141, 154, 158
- clean development mechanism V 155
- climate engineering/geoengineering V 79, 158
- Emissionshandel V 155 f
- Marrakesh Accords V 153
- Mitigation V 158
- national determined contributions (NDCs) V 157
- pledge and review-Verfahren V 156
- Senken und Speicher V 154
- solar radiation management V 79, 158
- Zukunft des Klimaschutzrechts V 156 ff

Klimawandel I 20; V 1, 88, 112, 121, 145 ff
- IPCC/Weltklimarat V 90, 145
- Klimaflüchtlinge V 121
- Meeresspiegelanstieg V 27, 39

Kodifikation → *Völkergewohnheitsrecht*
Kohlenwasserstoffe V 149 ff
Koimperium III 135; V 5 f
kollektive Sicherheit → *Systeme kollektiver Sicherheit*
Kollisionsrecht I 33 ff; II 1
Kombattanten → *Krieg, Kriegsrecht*
Kondominium III 135; V 2, 4, 6, 8, 17
Konferenz für Sicherheit und Zusammenarbeit in Europa (KSZE) → *OSZE/KSZE*
Konflikte, bewaffnete → *Krieg, Kriegsrecht*
Kongress der Gemeinden und Regionen Europas → *Europarat: Organe*
Königsberg → *Kaliningrad*
Konsensus (Consensus, Konsens) I 113; IV 135
- s a → *Verträge, völkerrechtliche*
Konstitutionalisierung des Völkerrechts → *Völkerrecht*
konsularischer Verkehr/Konsulate III 65 ff
- Aufgaben III 66
- Einteilung III 67
- Kuriergepäck III 67
- persona non grata III 67
- Unverletzlichkeit III 67
- Wahlkonsuln III 69
- s a → *Immunität, konsularische*
Komplementarität → *internationale Strafgerichtsbarkeit: Internationaler Strafgerichtshof*
Kontiguität V 36, 55, 60
Kontinuität vertraglicher Pflichten III 191, 193
Kontrabande (Konterbande) → *Seekrieg*
Kontrolltheorie VI 54
Kosovo II 12; III 80, 125, 127, 179, 181; IV 145, 204
- NATO-Einsatz IV 145, 205; VIII 22, 30, 44, 68
- UN Treuhandverwaltung VIII 36
Krieg, Kriegsrecht VIII 56 ff
- asymmetrische Konflikte VIII 59, 92, 127 f
- Bedeutung des Völkergewohnheitsrechts VIII 57
- bellum iustum I 92; VIII 3
- besonders geschützte Objekte VIII 69 ff
- Bürgerkrieg VIII 121 ff
- Drohnen, Einsatz von VIII 89

- dual use-Objekte V 81; VIII 68
- Durchsetzung VIII 91 ff
- - internationale Ermittlungskommission VIII 100
- - Repressalie *s dort*
- - Rotes Kreuz *s dort*
- - Schadensminimierung VIII 92, 97
- - Schutzmacht VIII 96
- - Strafverfolgung VIII 101
- Entwicklung I 103 ff; VIII 56 ff
- gemischte Konflikte VIII 127 ff
- Gleichheit der Konfliktparteien (Nichtdiskriminierung, Unparteilichkeit) VIII 59, 106
- Haager Friedenskonferenzen VIII 4, 52, 56
- ius ad bellum VIII 2
- ius contra bellum VIII 2 ff, 56
- ius in bello VIII 2 ff, 56 ff
- Kombattanten VIII 64, 66 f, 80, 83, 125, 128
- kriegerische Besetzung VIII 82
- Kriegsbegriff VIII 9, 62
- Kriegsgefangene VIII 77, 80 f, 87, 96 f, 125
- Kulturgüter VI 145 ff; VIII 56, 70
- Luftkrieg VIII 89, 119 f
- Martens'sche Klausel VIII 64
- meuchlerische Kriegsführung, Verbot VIII 71
- Perfidieverbot VIII 71
- Schutz und Immunität der Zivilbevölkerung VIII 66 ff, 70, 75, 81 f, 125
- - Flächenbombardement VIII 68
- - Hilfsaktionen VIII 81
- - im nichtinternationalen Konflikt VIII 125
- - Verbot des unterschiedslosen Angriffs (Verbot der unterschiedslosen Kriegsführung) VIII 66, 68, 85 f
- - Verhältnismäßigkeitsprinzip VIII 66 ff
- - zivile Begleitschäden VIII 68, 76
- Seekrieg *s dort*
- targeted killing VIII 68, 89
- Umweltschutz VIII 70
- und Völkerbund VIII 5, 7, 31 f
- Universalität VIII 57
- unlawful combatants VIII 66, 77
- Verwundete und Kranke VIII 60, 77, 79, 87, 97
- Waffenverbote VIII 72 ff
- - Atomwaffen *s dort*
- - chemische Waffen VIII 74
- - depleted uranium VIII 73
- - Dum Dum Geschosse VIII 73
- - konventionelle Waffen VIII 73
- - Landminen VIII 73
- - Laserstrahlen VIII 73
- Wirtschaftskrieg VIII 90
- s a → *Gewaltverbot, allgemeines; Menschenrechte/Menschenrechtsschutz; Neutralität; Rotes Kreuz; Seekrieg*

Kriegsgefangene → *Krieg, Kriegsrecht*
Kriegsverbot VIII 6, 9, 31

Kriegsverbrechen VII 52; VIII 101 f
Kriegswaffenkontrollgesetz → *Neutralität*
KSZE → *OSZE/KSZE*
Kündigung → *Verträge, völkerrechtliche*
Kultur VI 119 ff
– als Schranke der Waren- und Dienstleistungsfreiheiten VI 127
– Begriff VI 120
– und Informationsfreiheit VI 122 f
Kulturgüter VI 130 ff
– als common heritage of mankind VI 135, 144
– Archivgut, Archäologie, Architektur VI 162 ff
– Definition VI 136 ff
– maritime VI 160 f
– Raub VI 146
– Recht auf Kultur VI 143
– – und Selbstbestimmungsrecht der Völker VI 142, 158
– Rechtsträger VI 140 ff
– Rückführung VI 121, 131, 157 ff
– Schutz VI 8, 130 ff
– – in bewaffneten Konflikten VI 145 ff
– – Friedenszeiten VI 150 ff
– Sonderrecht für VI 133
– und staatliche Souveränität VI 152
– und UNESCO V 15; VI 123, 126, 143 f, 149, 151, 153, 161
– s a → *Krieg, Kriegsrecht*
Kulturvölker (civilized nations) I 10 f, 142 f
Kuriergepäck → *diplomatische Beziehungen/Diplomatenrecht; konsularischer Verkehr/Konsulate*
Küstenmeer III 150; V 43 ff
– Abgrenzung V 43
– aquitoriale Souveränität V 27, 46, 51 f
– Breite III 150; V 39, 44
– Bundesrepublik Deutschland V 26
– Recht der friedlichen Durchfahrt II 152, 154; V 38, 42, 45 f
– – Eingriffsrechte des Küstenstaats V 46
– – Informationspflichten V 45
– – Nutzungsentgelte (lighthouse dues) V 46
– – Schifffahrtswege V 46
– – U-Boote V 45
– – Verkehrstrennungsgebiete V 46
– Schutz der Meeresumwelt V 70, 140, 144
– vertikale Rechtseinheit V 43
Kuwait-Krise IV 76; VIII 24, 35 f, 43, 50, 54

Landgrabbing I 11
Landminen → *Krieg, Kriegsrecht: Waffenverbote*
Legalitätsprinzip (nulla poena sine lege) → *Völkerstrafrecht*
Legitimation, demokratische → *Internationale Organisationen*
lighthouse dues → *Küstenmeer: Recht der friedlichen Durchfahrt*

Lindauer Abkommen (Absprache) → *Bundesrepublik Deutschland*
local remedies rule → *diplomatischer Schutz*
localized debts → *Staatensukzession: in Staatsschulden*
Lockerbie VII 49; VIII 43
Luft und Atmosphäre, Schutz V 145 ff
– Durchsetzung V 149
– funktionsbezogener Ansatz V 166
Luftfreiheiten V 28 ff
– International Air Transport Association (IATA) V 32
– International Civil Aviation Organization (ICAO) V 32
– Luftverkehrsabkommen V 31
– Kabotagerecht V 32
– Open Skies V 31
Luftkrieg → *Krieg, Kriegsrecht*
Luftraum → *Staatsgebiet*
Luftverkehrsabkommen → *Luftfreiheiten*
lump sum agreements → *internationales Enteignungsrecht*

Maastricht → *Europäische Union: Gründungsvertrag (Maastricht-Vertrag)*
male captus, bene detentus → *Auslieferung*
Malteserritterorden, Souveräner I 5, 97; III 40; IV 1
Manila-Erklärung → *Streitbeilegung: Pflicht zur friedlichen Streitbeilegung*
mare liberum/clausum → *Hohe See*
Marrakesh Accords → *Klimaschutz*
Martens'sche Klausel → *Krieg, Kriegsrecht*
Mediatisierung des Einzelnen → *Einzelperson/ der Einzelne*
Meerengen V 47
– Recht der Transitdurchfahrt V 47
Meeresboden (das „Gebiet") V 11 ff, 68 ff
– als globaler Staatengemeinschaftsraum V 11, 87
– Internationale Meeresbodenbehörde V 6, 69 f
– nationale Gesetzgebung V 72
– Unternehmen (Enterprise) V 69
– s a → *Internationaler Seegerichtshof*
Meeresboden und -untergrund → *Ausschließliche Wirtschaftszone*
Meeresschutz V 136 ff
– Begriff V 136
– Durchsetzung V 38, 136 ff, 138 ff
– – durch Flaggenstaaten V 137, 140
– globale Vereinbarungen V 134 ff
– Meeresschutzgebiete V 13, 140
– regionale Vereinbarungen V 143 f
– Verschmutzung V 135 ff
– – Begriff V 112
– – Dumping (Einbringen) V 141
– – durch Schiffe V 137 ff
– – vom Lande aus V 138
Meeresschutzgebiete → *Meeresschutz*
Meeresspiegelanstieg → *Klimawandel*

Meeresverschmutzung → *Meeresschutz*
Mehrstaatigkeit III 113, 120 ff
Meistbegünstigung → *Freihandelszonen; Welthandelsprinzipien; Zollunionen*
Menschenrechte/Menschenrechtsschutz II 4, 15, 36, 43, 98, 101, 151; III 17, 229 ff; VIII 37 f, 44, 48, 60, 80, 82 f, 103, 122, 125
– Allgemeine Erklärung der Menschenrechte *s dort*
– Amerikanische Deklaration über die Rechte und Pflichten der Menschen III 20, 273
– Generationen III 233
– im Kriegsrecht VIII 60
– im nichtinternationalen bewaffneten Konflikt VIII 122, 125
– in Europa II 119, 186; III 17, 248 ff; IV 246 f
– – Diskriminierungsverbot III 259
– – Eigentum, Recht auf III 258
– – faires Gerichtsverfahren III 257
– – Folterverbot III 255 f
– – Ministerkomitee III 261
– – nulla poena sine lege III 257
– – Unschuldsvermutung III 257
– Interamerikanische Kommission für Menschenrechte III 273
– Interamerikanischer Gerichtshof für Menschenrechte III 276
– Menschenrechtsbekenntnis des Grundgesetzes II 15
– Menschenrechtsbindung der UN IV 197 ff
– und domaine réservé *s dort*
– und Gewaltverbot VIII 15, 19
– und Internationale Organisationen IV 21
– – Förderung durch Unterorgane des Wirtschafts- und Sozialrats der UN IV 161, 206
– – Schutz durch die Vereinten Nationen III 234 ff; IV 206
– und Völkerstrafrecht VII 43 ff
Menschenrechtsverträge III 232 ff
– Durchsetzung und Überwachung III 233, 239 ff
– regionale III 19, 233, 248 ff, 273 f; VI 143
– universelle III 21, 233 ff; VI 144
– Verletzung I 129
Mercosur → *Zollunionen*
Mikrostaaten IV 69, 88
Milleniums-Deklaration der UN V 104
Minderheitenschutz III 34 ff, 328 ff
– auf regionaler Ebene III 333 ff
– auf universeller Ebene III 332
– Begriff der Minderheit III 35, 330 f
– Hoher Kommissar für nationale Minderheiten → *OSZE/KSZE*
– Schutzumfang III 331
– s a → *Selbstbestimmungsrecht der Völker*
Minenlegen und -räumen → *Krieg/Kriegsrecht: Waffenverbote; Seekrieg*

Ministerkomitee → *Europarat*
Missionen → *diplomatische Beziehungen/Diplomatenrecht*
Mitigation → *Klimaschutz*
Mohammed I 94
Mond V 77, 79, 82
– gemeinsames Menschheitserbe V 75
– Schutz V 80
– s a → *Weltraum*
Monismus II 28 ff, 37 ff, 116, 136
Monroe-Doktrin I 103
Moral, internationale I 67, 69
Multilaterale Investitions-Garantie-Agentur (MIGA) → *Investitionsschutz*
multinationale Unternehmen I 19; III 42; VI 53 ff
– „internationalisierte" („quasi-völkerrechtliche") Verträge I 19, 151; VI 55 ff
– Neuverhandlungsklauseln VI 61
– Stabilisierungsklauseln VI 59
– Verhaltenskodex (Code of Conduct) III 42; VI 62, 107
– Völkerrechtssubjektivität III 42; VI 58
– s a → *Staatszugehörigkeit*

Nachbarrecht → *Umweltvölkerrecht*
nachhaltige Entwicklung, Konzept/Nachhaltigkeit → *internationales Wirtschaftsrecht: Standards; Umweltvölkerrecht*
NAFTA → *Freihandelszonen*
Napoléon Bonaparte I 102 f; VII 44
national determined contributions → *Klimaschutz*
Nationen → *Völker*
NATO II 83, 134; IV 9, 73, 244; VIII 30, 36, 51, 53, 68, 75
– Partnerschaft für den Frieden IV 88
– s a → *Atomwaffen; Jugoslawien; Kosovo*
Navicert → *Seekrieg*
ne bis in idem → *Völkerstrafrecht*
NePAD → *Zollunionen*
Neutralität III 156 ff; IV 22; VIII 104 ff
– bei UN-Zwangsmaßnahmen VIII 106
– bewaffnete VIII 111
– Diskriminierungsverbot VIII 105
– Formen III 156; VIII 104 ff
– Hilfsleistung VIII 112
– im Landkrieg VIII 113
– im Luftkrieg VIII 119 f
– im nichtinternationalen Konflikt VIII 121, 126
– im Seekrieg VIII 114 ff
– Kriegswaffenkontrollgesetz II 13; VIII 112
– Pflichten des Neutralen III 158; VIII 111 f
– Schutz der neutralen Handelsschifffahrt VIII 117
– unbewaffnete VIII 111
– und Pflicht zur Hilfsleistung VIII 106
– und Selbstverteidigungsrecht VIII 110
– Unparteilichkeit VIII 104 ff
– Unverletzlichkeit des neutralen Staatsgebiets VIII 110

– Waffenexporte II 13, 97; VIII 112
– s a → *Österreich*
nichtinternationaler bewaffneter Konflikt VIII 121 ff
– s a → *Rotes Kreuz*
Nichtstaatsgebiet V 7 ff, 61 ff
– Funktionshoheitsräume, küstenstaatliche V 10, 49 ff
– – Finalität der Befugnisse V 10, 49
– – s a → *Anschlusszone; Ausschließliche Wirtschaftszone; Festlandsockel*
– Internationalisierung V 6, 11, 53, 61, 63 ff, 83
– Staatengemeinschaftsräume, globale V 11, 61 ff
– – s a → *Antarktis; Hohe See; Meeresboden (das „Gebiet"); Weltraum*
– Wesen und Grenzen V 61
Nizza → *Europäische Union: Gründungsvertrag: Weiterentwicklung*
Non-Governmental Organizations I 19; II 132; IV 18, 160
– Mitwirkungsrechte im Wirtschafts- und Sozialrat der UN IV 160
– und Umweltschutz V 90, 122 f
– und Zusammenarbeit mit I. O. IV 18
Non-Refoulement → *Asyl*
Nordsee III 152; V 56 f, 143
Nord-Süd-Dialog/Gefälle V 96, 98; VI 107
Normverifikationsverfahren → *Bundesverfassungsgericht*
Nothafenrecht → *innere Gewässer*
Nuklearwaffen → *Atomwaffen*
nulla poena sine lege → *Völkerstrafrecht*
Nürnberger Kriegsverbrecherprozesse → *internationale Strafgerichtsbarkeit*
Nutzungsentgelte → *Küstenmeer: Recht der friedlichen Durchfahrt*
Oder-Neiße-Linie III 145, 220; V 23
odious debts → *Staatensukzession: in Staatsschulden*
Offshore-Windenergiegewinnung V 21, 52
Okkupation → *Staatsgebiet: Erwerb und Verlust*
OPEC IV 188, 214; VI 56, 115
open door policy VI 2
Open Skies → *Luftfreiheiten*
opting out (contracting out) → *Internationale Organisationen: Mitgliedstaaten*
ordre public → *internationales Enteignungsrecht: Enteignung*
Österreich
– Anschluss an das Deutsche Reich III 173; IV 76
– Neutralität III 156; VIII 111
Ostpakistan (bzw Bangladesh) V 21, 28; VIII 22
Ost-Timor V 59; VIII 36 f, 44, 50
Ostverträge → *Bundesrepublik Deutschland*
OSZE/KSZE III 168, 270 ff
– Charta von Paris III 270; VIII 7
– Hoher Kommissar für nationale Minderheiten III 339
– Schlussakte von Helsinki I 67; III 181, 270; VIII 7

– Überführung der KSZE in eine Internationale Organisation IV 16
Ozonschicht, Schutz V 149 ff

pacta sunt servanda → *Verträge, völkerrechtliche*
pacta tertiis nec nocent nec prosunt → *Verträge, völkerrechtliche*
Palästinensische Befreiungsbewegung (PLO)
– Schließung der UN-Mission IV 111
Paraphierung → *Verträge, völkerrechtliche: Verfahren des Vertragsschlusses*
Parlamentarische Versammlung → *Europarat*
Parlamentsvorbehalt → *Europäische Union*
Partnerschaft für den Frieden → *NATO*
Peace Keeping Forces → *Gewaltverbot, allgemeines*
peaceful change VIII 31
Perfidieverbot → *Krieg, Kriegsrecht*
persistent objector → *Völkergewohnheitsrecht*
persona non grata → *diplomatische Beziehungen/Diplomatenrecht; konsularischer Verkehr/Konsulate*
Pflicht zur friedlichen Streitbeilegung → *Streitbeilegung*
Piraterie I 8; III 31; V 66; VII 44; VIII 11
pledge and review-Verfahren → *Klimaschutz*
Polen → *Bundesrepublik Deutschland*
political offence exception → *Auslieferung*
Polizeilich-justizielle Zusammenarbeit in Strafsachen (PJZ) → *Europäische Union*
Präambel des Grundgesetzes II 14 ff, 22
pre-emptive strikes → *Terrorismus, internationaler*
Prinzip der begrenzten (Einzel-)Ermächtigung → *Europäisches Unionsrecht*
Prinzipiendeklaration von 1970 I 77
Prisen → *Seekrieg*
Privatrecht, internationales → *Internationales Privatrecht*
Pufendorf, Samuel I 100

Rassendiskriminierung → *Diskriminierungsverbot*
Ratifikation → *Verträge, völkerrechtliche: Verfahren des Vertragsschlusses*
Rationalität → *Welthandelsprinzipien*
real interest-Kriterium → *Fischerei*
Rechtsgrundsätze, allgemeine → *Völkerrechtsquellen*
Rechtsquellen des Völkerrechts → *Völkerrechtsquellen*
Rechtsträger im Völkerrecht → *Völkerrechtssubjekte*
Regierungs- und Ressortabkommen II 111 ff
Registrierung → *Verträge, völkerrechtliche*
remote sensing → *Weltraum*
Repressalie II 154; IV 24, 84, 196; VII 113, 116 ff; VIII 3, 19, 60, 76, 92, 97
– Anwendungsregeln VII 119
– Friedensrepressalie VII 116 ff
– Kriegsrepressalie VII 116
– Repressalienverbote VII 117; VIII 60, 76
res inter alios acta → *Verträge, völkerrechtliche*

res iudicata VII 84
Resolutionen → *Generalversammlung der Vereinten Nationen*
Responsibility to Protect IV 22, 27; VIII 22
Ressortabkommen → *Regierungs- und Ressortabkommen*
Ressourcen, genetische V 65, 160 ff
Ressourcennutzung und -erhaltung → *Hohe See*
Retorsion VII 112
Reziprozität → *Gegenseitigkeit; internationales Wirtschaftsrecht*
Rhein V 18, 127, 130 ff
Rio Deklaration V 99, 102, 108 f, 112 f, 115
Rohstoffabkommen VI 98, 114 ff
– Bufferstocks VI 117
– Gemeinsamer Fonds für Rohstoffe VI 117
– Integriertes Rohstoffprogramm VI 117
– Rohstoffkartelle VI 115
Rotes Kreuz III 41; VIII 79, 96, 121
– Einsatz im nichtinternationalen Konflikt VIII 121
– Internationale Konferenz vom Roten Kreuz III 41
– Internationales Komitee vom Roten Kreuz I 5; III 41; VIII 96
– Liga der Rotkreuzverbände III 41
– Rotkreuzzeichen VIII 71, 93
– Schutz Verwundeter und Kranker im Krieg VIII 79
Rousseau, Jean-Jacques I 102
Ruanda (Rwanda) → *internationale Strafgerichtsbarkeit*
Rücktritt → *Verträge, völkerrechtliche*
Russland (Russische Föderation) II 56; III 185, 187
– als Rechtsnachfolger der UdSSR III 185, 187
– Verfassung und Völkerrecht II 56
– s a → *UdSSR*
Rüstungskontrolle und Abrüstung VIII 52 ff
– Atomwaffen s dort
– Conference on Disarmament (Abrüstungsausschuss) VIII 53
– Rüstungsbeschränkung VIII 52
– Verbot der Stationierung von Massenvernichtungswaffen VIII 53
– Vereinbarungen VIII 53 ff
– Verifikation VIII 54

Sachwalterschaft V 53
Saint-Pierre, Abbé de I 102
Sanktionen VII 3, 34, 108 f, 111 ff
– Begriff VII 108 f
– Erscheinungsformen VII 111 ff
– – psychologischer Zwang VII 115
– – Repressalie s dort
– – Retorsion s dort
– – targeted sanctions IV 27, 152, 197
– – Wirtschaftssanktionen s dort
    s a → *Internationale Organisationen; Völkerstrafrecht*

Saragossa, Vertrag von I 99
Schädigungsverbot (sic utere tuo ut alienum non laedas) V 96, 106
Schengen-Acquis V 15
Schiedsgerichtsbarkeit, internationale II 66; IV 7; VII 77 ff
– obligatorische Schiedsgerichtsbarkeit VII 81
– Schiedsklauseln VII 81
– Schiedsvergleich (compromis) VII 80
– ständige Schiedsgerichte VII 81
– und Entwicklung des Völkerrechts VII 86
Schiffbrüchige → *Seekrieg*
Schifffahrtswege → *Küstenmeer: Recht der friedlichen Durchfahrt*
Schiffsemissionen V 139
Schiffsfreigabeverfahren → *Internationaler Seegerichtshof*
Schirmklausel → *Investitionsschutz: bilaterale Investitionsschutzabkommen*
Schlussakte von Helsinki → *OSZE/KSZE*
Schutzmacht → *Krieg, Kriegsrecht*
Schutzmaßnahmen → *Welthandelsorganisation (WTO)*
Schweiz, Entstehung I 100
Seekrieg VIII 84 ff, 114 ff
– Ausschlusszonen VIII 86
– Blockade VIII 86
– Handelsschiffe VIII 85, 87, 115 ff
– Kontrabande (Konterbande) VIII 115 f
– Kriegsschiffe VIII 87 f
– Minenlegen und -räumen VIII 86, 118
– Navicert VIII 116
– Prisen, Prisengericht VIII 116
– Schiffbrüchige VIII 87
– s a → *Neutralität*
Seeminen → *Seekrieg*
Seerecht V 36 ff, 49 ff, 72, 136 ff
– s a → *Völkergewohnheitsrecht*
Seerechtskonferenzen V 37, 44 f, 49
Sekretariat der Vereinten Nationen IV 165 ff
– Administrative Committee on Co-ordination IV 166, 236
– Aufgaben IV 166
– Bedienstete IV 172 ff
– – Immunität IV 176
– – Rechtsschutz IV 174
– – staff rules/regulations IV 174 f
– Chief Executives Board for Coordination IV 166, 236
– Generalsekretär IV 165 ff
– – Amtsinhaber IV 168
– – Amtszeit IV 170
– – Bestellung IV 169
– – Kongo-Krise IV 171
– – politische Funktionen IV 167
– Stellvertretender Generalsekretär IV 166

Selbstbestimmungsrecht der Völker I 17, 78, 120; II 3; III 33, 125 ff; IV 207; VIII 14, 20
- äußeres III 127, 129 f
- im Dekolonisierungsprozess III 127; VIII 20
- inneres III 126
- und Gewaltverbot VIII 20
- und Internationale Organisationen IV 21
- und territoriale Integrität III 129
- und Wiedervereinigung Deutschlands IV 207
- s a → *Kulturgüter: Recht auf Kultur*
Selbstverteidigung, individuelle und kollektive → *Gewaltverbot, allgemeines*
self-contained regimes III 61; IV 117; VII 34, 117
Senken/Speicher → *Klimaschutz*
Servituten → *Staatsgebiet*
Sezession → *Staatsgebiet: Erwerb und Verlust*
sic utere tuo ut alienum non laedas → *Nachbarrecht; Schädigungsverbot*
Sicherheitsrat der Vereinten Nationen I 75; IV 140 ff; VIII 40 ff
- Ausschüsse IV 149
- Beschlüsse IV 150 ff
- - Entschließungen ohne förmliche Abstimmung IV 147
- - gerichtliche Kontrolle IV 152; VIII 45
- - nichtbindende (Empfehlungen) II 170 ff, 184; IV 150; VIII 46
- - verbindliche (Entscheidungen) II 170 ff, 184, 179; IV 150 f
- Eilmaßnahmen VIII 47
- Embargo-Maßnahmen VIII 48
- Feststellungskompetenz VIII 45
- friedenssichernde Operationen, Militäraktionen II 81; IV 205, 228; VIII 49
- Geschäftsordnung, vorläufige IV 148
- Handlungsunfähigkeit IV 205
- implied powers VIII 50
- Kompetenzgrenzen VIII 45
- Mitglieder IV 141 f
- - nichtständige IV 141 f
- - ständige IV 34, 141 f
- nichtmilitärische Maßnahmen VIII 48
- Nichtmitglieder IV 148, 154
- Präsidentschaft IV 149
- Reformdiskussion IV 153
- Sitzungen IV 148
- Umsetzung der Beschlüsse II 169
- Veto(recht) IV 130, 142 ff, 152
- Zwangsmaßnahmen IV 27
Sitzstaat, Sitz(staaten)abkommen → *Internationale Organisationen*
Sitztheorie → *Staatszugehörigkeit: multinationale Unternehmen*
Sitte → *Courtoisie*
Slowenien III 182

„soft law" I 14, 68, 152; II 170; IV 129, 138; V 89, 117
- s a → *Generalversammlung der Vereinten Nationen: Resolutionen (Entschließungen), Deklarationen*
solar radiation management → *Klimaschutz*
Somalia VIII 22, 24, 34, 36 f, 44, 46, 48, 50
Sonderbotschafter → *diplomatische Beziehungen/ Diplomatenrecht*
Souveränität I 45 f, 73; II 9; III 83 ff; V 2 f, 17, 92; VI 2
- äußere I 46, 73; V 2
- Entstehung der Souveränitätsidee I 100
- failed/failing states *s dort*
- funktionelle V 10
- Harmon-Doktrin V 92
- innere II 9; V 2
- Interventionsverbot III 83
- Kompetenztheorie III 131
- Relativierung V 15, 92 ff
- territoriale III 132 ff; V 2 ff, 92
- und Handlungsfreiheit I 50
- Verhältnis zum Gleichheitssatz I 45 f, 143
- s a → *Antarktis; Internationale Organisationen: Mitgliedstaaten; Kulturgüter; Küstenmeer*
Souveräner Malteserritterorden → *Malteserritterorden*
Sowjetunion → *UdSSR*
sozialistisches Völkerrecht I 80 ff, 144
space debris (Weltraumschrott) → *Weltraum*
Speicher/Senken → *Klimaschutz*
Spionage II 154
Spitzbergen → *Arktis*
Sprache, Recht auf VI 128 f
Staat III 76 ff; V 22 ff
- als Völkerrechtsadressat I 27
- als (originäres) Völkerrechtssubjekt I 5 f, 17 f; III 8; IV 93
- Drei-Elemente-Lehre III 76
- Entstehung III 171 ff; V 23 ff
- Fusion III 175
- Gleichheit der Staaten I 45 f, 74; III 87 ff; IV 27, 75, 210; VIII 59
- Immunität *s dort*
- Staaten als Herren der Völkerrechtsordnung I 6, 18, 21, 47, 56
- Untergang III 171 ff; V 24
- wiederhergestellter III 173
- s a → *Staatsgebiet: Erwerb und Verlust*
Staatenbeschwerde → *Europäischer Gerichtshof für Menschenrechte: Verfahren*
Staatengemeinschaftsräume, globale → *Nichtstaatsgebiet*
Staatenlosigkeit III 114 f, 283
Staatennachfolge → *Staatensukzession*
Staatenpraxis → *Völkergewohnheitsrecht: Entstehungsvoraussetzungen*
Staatensukzession III 188 ff
- in Haftungsansprüche III 203

– in Mitgliedschaften bei Internationalen Organisationen III 195; IV 71 ff
– in Staatsarchive III 196, 199
– in Staatsschulden III 196, 200, 202
– – odious debts (dettes odieuses) III 202
– in Vermögen III 196 ff
– in völkerrechtliche Verträge III 191 ff
– – clean slate III 191
– – free choice doctrine III 191
– und Staatsangehörigkeit III 204 ff
– s a → *Bundesrepublik Deutschland: Wiedervereinigung; ČSFR; Internationale Organisationen*
Staatenverantwortlichkeit, völkerrechtliche Verantwortlichkeit VII 4 ff; VIII 27
– act of state VII 13, 22 ff
– Ausschluss VII 28 ff
– „Beihilfe" VII 27
– besondere Rechtsbeziehung, Beteiligte VII 8 f, 32
– Delikte, völkerrechtliche III 22, 24 f; VII 5, 17 f
– Deliktsfähigkeit VII 9
– Erfolgshaftung VII 12
– – Haftung von Internationalen Organisationen IV 102
– erga omnes-Pflichten VII 3, 16 f, 28, 36
– Gegenmaßnahmen VII 30 ff
– Grundlagen und Konzept VII 6 ff
– Haftung für risikobehaftete Tätigkeiten VII 19 ff
– Haftung für schuldhaft begangene Pflichtverletzungen VII 12
– höhere Gewalt VII 28
– internationale „Verbrechen" VII 17 f
– Kodifikation VII 6 ff
– Rechtsfolgen VII 32 ff; VIII 27
– – Genugtuung VII 8, 32
– – Wiedergutmachung VII 8, 32
– Schaden VII 14
– Sekundärnormen VII 4
– Staatsnotstand VII 28; VIII 122
– verletzte Pflicht VII 11
– Zurechnung VII 13, 22 ff
– – déni de justice (denial of justice) VII 22
– – Handlungen Privater VII 25
– – ultra vires-Handeln VII 24
– s a → *Bundesstaat; Internationale Organisationen*
Staatenverbindung, Staatenverbund II 26, 122; III 160 f; IV 17, 250
Staatsangehörigkeit III 100 ff, 204 ff
– Begriff III 100
– deutsches Staatsangehörigkeitsgesetz III 100
– effektive III 119
– genuine link (connection) III 107, 119
– ius soli/sanguinis III 108
– nachträglicher Erwerb III 109
– originärer Erwerb III 108
– Recht des Einzelnen auf Staatsangehörigkeit III 112, 115, 205, 260

– und diplomatischer Schutz III 102, 118
– Unionsbürgerschaft III 103 ff
– Verlust III 110
– Zwangsausbürgerung III 111
– s a → *Staatensukzession*
Staatsarchive → *Staatensukzession*
staatsfreier Raum → *Nichtstaatsgebiet*
Staatsgebiet III 76, 78, 131 ff; V 7 ff
– als Staatsmerkmal V 15
– Aquitorium, maritimes (Wassergebiet) V 14, 36 ff
– Eigengewässer V 38
– Enklaven, Exklaven V 20
– Erwerb und Verlust III 136 ff; V 22 ff
– – Abtragung V 27
– – Abtretung V 26
– – Adjudikation III 143
– – Annexion III 140, 173; IV 76; V 22
– – Anschwemmung III 141; V 27
– – Dekolonisation V 25
– – Dereliktion III 144
– – Dismembration III 176; IV 71; V 23
– – Effektivitätsgrundsatz III 137
– – Ersitzung (Preskription) III 141
– – Landgewinnung V 27
– – Okkupation III 139; V 9, 27
– – originärer Erwerb V 27
– – Sezession III 127 ff, 173 f; V 26; VIII 127
– – Stimson-Doktrin IV 76; VIII 26
– – Vereinigung V 24
– – Zession III 142
– Grenzen III 79, 146 ff; V 16 ff
– – Festlegung V 16, 21
– – Grenzkontrollen V 15
– – maritime Begrenzungen V 19
– – s a → *Bundesrepublik Deutschland*
– Grenzflüsse und -seen III 147 ff; V 17
– Kompetenztheorie III 131
– Luftraum V 13, 28 ff
– – Lufthoheit V 13, 29, 31
– – Überflug V 30
– – weltraumwärtige Begrenzung V 28 f, 74
– Servituten III 133
– Territorium (Landgebiet) V 14 ff
– Umfang III 146 ff; V 14 ff, 36 ff
– Verwaltungszession III 133
Staatsgewalt III 80, 154 f
– Effektivität III 80 f
– Legitimität (Estrada- und Tobar-Doktrin) III 81
Staatsnotstand → *Staatenverantwortlichkeit, völkerrechtliche Verantwortlichkeit*
Staatsoberhaupt II 76; III 46 f
– s a → *Immunität (der Staaten)*
Staatsschulden → *Staatensukzession*
Staatsschuldenkrise IV 258
Staatsvolk III 76 f, 100 ff

Staatszugehörigkeit
- juristische Personen III 116
- multinationale Unternehmen VI 53
- – Sitztheorie VI 54
- – Stabilisierungsklauseln VI 59
- Schiffe V 66 f
- – Billigflaggen s dort
- – genuine link V 66
Stabilisierungsklauseln → Staatszugehörigkeit: multinationale Unternehmen
Ständiger Internationaler Gerichtshof IV 7; VII 86, 87 f
Standards → Völkerrechtsquellen
Steuerrecht, internationales → Internationales Steuerrecht
Stimson-Doktrin → Staatsgebiet: Erwerb und Verlust
Stockholmer Erklärung V 96, 148
Straddling Stocks → Fischerei
Strafgerichtsbarkeit, internationale → internationale Strafgerichtsbarkeit
Strafrecht, internationales → Internationales Strafrecht
Streitbeilegung VII 60 ff
- Begriff der Streitigkeit VII 65
- Internationalität des Streits VII 66
- Konkurrenzen VI 85; VII 60
- Mittel der Streitbeilegung IV 167; VII 68 ff
- – „gute Dienste" IV 167; VII 68 ff, 73 f
- – Internationaler Gerichtshof s dort
- – Schiedsgerichtsbarkeit s dort
- – Untersuchung VII 68 f, 73, 75
- – Vergleich VII 68 f, 73, 76
- – Verhandlungen VII 71 f
- – Vermittlung VII 68 f, 73
- – zwischenstaatliche Konsultationen VII 72
- Pflicht zur friedlichen Streitbeilegung VII 60 ff; VIII 31
- – Manila-Erklärung VII 60, 71
- – und ius cogens VII 62
- Streitbeilegung im Rahmen von Internationalen Organisationen VII 69
- Verfahren mit Drittbeteiligung VII 73 ff
- s a → Internationale Organisationen; Investitionsschutz; World Trade Organization
Suárez, Francisco I 92
subsequent objector → Völkergewohnheitsrecht
Subsidiaritätsprinzip → Europäische Union
Subventionen VI 66, 69, 75 ff, 92
Südafrika IV 86, 179
Sukzession → Staatensukzession
Supranationale Organisationen III 169 f; IV 10, 14, 27, 249 ff
- Kompetenzen III 169
- Mehrheitsbeschlüsse IV 14
- Mitgliedstaaten als „Herren der Verträge" IV 29
- Organe III 169
- Rechtsakte IV 14
- als Völkerrechtssubjekte I 5

- s a → Europäische Union; Europäisches Unionsrecht; Europäische Union
surplus → Fischerei
sustainable development → Umweltvölkerrecht
sustainable development goals (SDGs) → Umweltvölkerrecht
Systeme kollektiver Sicherheit I 52, 75; II 65, 83; VIII 5, 32 ff
- crisis management VIII 32, 36
- nichtmilitärische Zwangsmaßnahmen VIII 48
- peace keeping, Elemente VIII 37
- präventive Friedenssicherung VIII 39
- Uniting for Peace-Resolution VIII 33
  s a → Völkerbund

Taiwan II 58
Tanger V 5
targeted killing VIII → Krieg, Kriegsrecht
targeted sanctions → Sanktionen: Erscheinungsformen
Tariffs only-Maxime → Welthandelsprinzipien
Technologietransfer → Entwicklungsvölkerrecht
Technology Facilitation Mechanism V 104
Terraneisierung der Meere V 60, 136 f
territoriale Souveränität → Souveränität: territoriale
Territorium (Landgebiet) → Staatsgebiet
Terrorismus, internationaler IV 27; VIII 11, 19, 43, 48
- als neue Bedrohung VIII 19
- Förderung terroristischer Aktivitäten VIII 11
- pre-emptive strikes VIII 19
- Terroristen als „unlawful combatants" VIII 77
- s a → Gewaltverbot, allgemeines
Tobar-Doktrin → Staatsgewalt
Todesstrafe II 1
Tokio → internationale Strafgerichtsbarkeit
Toleranzedikt von Mailand I 91
Tordesillas, Vertrag von I 99
total allowable catch → Fischerei
Trail Smelter-Fall → Schädigungsverbot
Transformationslehre II 38, 115, 118, 136
transnationale Unternehmen → multinationale Unternehmen
transnationales Recht I 23
Transparenz → internationales Wirtschaftsrecht: Standards
travaux préparatoires → Verträge, völkerrechtliche: Auslegung
Treu und Glauben I 59, 117, 123, 126, 142, 149; II 139
Treuhandsystem der Vereinten Nationen IV 163 f
- Treuhandabkommen IV 163
- Treuhandrat IV 163 f
Truman-Proklamation → Festlandsockel
Tschechische Republik → Bundesrepublik Deutschland
Tschechoslowakei → ČSFR
Türkei II 53

U-Boote → *Küstenmeer: Recht der friedlichen Durchfahrt*
UdSSR III 185 ff, 194 f; IV 71
– Auflösung/Zerfall III 185, 194 f; IV 71
– Nachfolge III 194 f
– – Mitgliedschaften in Internationalen Organisationen III 195; IV 71
– – völkerrechtliche Verträge III 194
ultra vires-Handeln → *Europäische Union; Internationale Organisationen: Handlungsfähigkeit, völkerrechtliche; Staatenverantwortlichkeit, völkerrechtliche Verantwortlichkeit*
Umwelt V 88
– Begriff V 88
– Recht auf saubere Umwelt V 89, 118 ff
Umwelthaftung V 80, 85, 89, 131
Umweltschutz V 88 ff
– funktionale Ansätze V 165
– holistische/ganzheitliche Ansätze V 103, 112, 134 f, 142
– raum- und objektbezogene Ansätze V 165
– s a → *Antarktis; Krieg/Kriegsrecht; Internationale Organisationen; Non-Governmental Organizations; Welthandelsprinzipien; Weltraum*
Umweltverschmutzung (Begriff) V 106
Umweltverträglichkeitsprüfung V 109
Umweltvölkerrecht V 88 ff
– Definition V 89
– Entwicklung V 91 ff
– Implementierungsschwäche V 90
– Nachbarrecht V 92 ff
– nachhaltige Entwicklung, Konzept I 20; V 98 ff, 114 ff
– – Entstehung V 98 ff
– – Gehalt V 114 ff
– – Prinzipien des Umweltvölkerrechts V 90 ff, 105 ff
– – Grundsatz der ausgewogenen Mitbenutzung grenzübergreifender Naturressourcen V 93 f, 111 f
– – Integrationsprinzip V 116
– – Verbot erheblicher grenzüberschreitender Belastungen V 91 ff
– – Verursacherprinzip V 112
– – Vorsorgeprinzip V 112
– Quellen V 89
– Querschnittscharakter V 89
– sektoraler Ansatz V 97
– sustainable development goals V 104
– und Internationale Organisationen V 90
– s a → *Völkergewohnheitsrecht*
UNCTAD → *Entwicklungsvölkerrecht*
UNESCO → *Kulturgüter*
UN-Familie IV 9, 30, 31, 158, 225
– s a → *Vereinte Nationen*
UN-Generalversammlung → *Generalversammlung der Vereinten Nationen*
unilateral acts → *Völkerrechtsquellen*

Unionsbürgerschaft → *Europäische Union; Staatsangehörigkeit*
United Nations Conference on Environment and Development (UNCED) V 98
United Nations Environment Programme (UNEP) V 96
United Nations Treaty Series (UNTS) I 119; IV 211
Uniting for Peace-Resolution → *Gewaltverbot: Zwangsmaßnahmen, Empfehlungen der UN-Generalversammlung; Systeme kollektiver Sicherheit*
unlawful combatants → *Krieg, Kriegsrecht; Terrorismus, internationaler*
UNO → *Vereinte Nationen, UNO*
UN-Sicherheitsrat → *Sicherheitsrat der Vereinten Nationen*
Unternehmen (Enterprise) → *Meeresboden (das „Gebiet")*
Unternehmensübernahmen VI 99
Untersuchung → *Streitbeilegung: Mittel der Streitbeilegung*
Unterzeichnung → *Verträge, völkerrechtliche: Verfahren des Vertragsschlusses*
Uruguay-Runde VI 14, 64, 65, 74, 77, 83, 85, 124

Vandenberg-Vorbehalt → *Internationaler Gerichtshof: Zuständigkeit*
Vásquez, Fernando I 63
Verantwortlichkeit, völkerrechtliche → *Staatenverantwortlichkeit, völkerrechtliche Verantwortlichkeit*
Verbot erheblicher grenzüberschreitender Umweltbelastungen → *Umweltvölkerrecht: Prinzipien*
Vergleich → *Streitbeilegung: Mittel der Streitbeilegung*
Vereinigungsfreiheit II 17
Vereinte Nationen, UNO
– Aufgabenfelder IV 204 ff
– Auflösung, Beendigung IV 52
– Aufnahme in die II 89; IV 27, 64, 68
– Ausschluss von Mitgliedstaaten IV 82
– Austritt von Mitgliedstaaten IV 78 f
– Bedienstete IV 105, 174
– Beobachtermissionen VIII 34
– Budgetierung IV 220 f
– – Doppelhaushalt IV 221
– Charta IV 8, 44, 92, 142
– exklusive Haftung IV 102
– Friedensstreitkräfte VIII 34, 38 f, 46 f
– Hauptorgane IV 124 ff
– – Generalversammlung s dort
– – Internationaler Gerichtshof s dort
– – Sekretariat s dort
– – Sicherheitsrat s dort
– – Treuhandrat → *Treuhandsystem der Vereinten Nationen*
– – Wirtschafts- und Sozialrat s dort
– Headquarters Agreement III 13; IV 110

- historischer Hintergrund I 106 f; IV 3 ff
- implied powers IV 191; VIII 50
- Mitgliedsbeiträge, Festsetzung und Zurückbehaltung IV 212 f
- als Nachfolgeorganisation des Völkerbundes IV 59
- Nebenorgane IV 131, 227 ff
- Organe IV 124 ff
- Rechnungsprüfung (joint inspection unit) IV 223
- Reformdiskussion IV 131, 153, 157, 166, 182
- ruhende Mitgliedschaft IV 79
- Sonderorganisationen IV 9, 30, 158, 229 ff
- – Beziehungsabkommen IV 231 f, 237
- – Entpolitisierung IV 237
- – Gründungsvertrag IV 231
- Spezialorgane IV 224
- Übergangsverwaltung in Osttimor VIII 36
- Universalität IV 9, 30, 67, 225
- s a → *Menschenrechte/Menschenrechtsschutz: Internationale Organisationen*

Verhältnismäßigkeit → *Gewaltverbot, allgemeines: Selbstverteidigung, individuelle und kollektive*

Verhandlungen → *Streitbeilegung: Mittel der Streitbeilegung*

Verkehrstrennungsgebiete → *Küstenmeer: Recht der friedlichen Durchfahrt*

Vermittlung → *Streitbeilegung: Mittel der Streitbeilegung*

Versailler Vertrag I 105

Verschmutzung → *Meeresschutz*

Verträge, völkerrechtliche I 113 ff; II 62 ff
- Abgrenzung zum Konsens I 113
- Änderung I 125; II 91
- Anhörungsrecht der Länder II 67, 72, 100
- Aufhebung und Suspendierung I 127 ff
- – bei „material breach" I 128
- Auslegung I 123 f; II 108, 119
- – Auslegungsregeln I 124; IV 39 ff, 116
- – bei Textfassungen in verschiedenen Sprachen I 123
- – effet utile I 123
- – travaux préparatoires I 123; IV 40
- – Treu und Glauben s dort
- außenpolitisches „Ermessen" II 90, 105
- Beendigung, Rücktritt, Kündigung I 127 f; II 90, 116 f
- Beitritt I 117; II 89
- bewegliche Vertragsgrenzen III 192
- bilaterale/multilaterale I 115
- clausula rebus sic stantibus I 130
- einseitige Pflichtenübernahme II 90
- Evidenztheorie I 118
- Fähigkeit zum Vertragsschluss I 116
- Friedensverträge II 96
- Frustrationsverbot I 117
- Gegenstände der Bundesgesetzgebung II 99 ff, 107
- Gegenstände der Landesgesetzgebung II 100
- Grenzverträge II 96; III 147

- Gründungsverträge Internationaler Organisationen IV 32 ff
- – Änderung IV 43 ff
- – Auslegung IV 39 ff
- In-Kraft-Treten I 118; II 87, 109, 115 ff
- innerstaatliche Anwendbarkeit II 41 f, 181 f
- innerstaatliche Geltung II 115 ff
- innerstaatlicher Rang II 115 ff, 176
- Interpretationserklärungen I 121
- kommunale Angelegenheiten II 68
- Kündigung → *Beendigung*
- Kulturabkommen II 68
- militärische II 96
- Nichtigkeit und Anfechtbarkeit I 126
- pacta sunt servanda I 90, 118, 128
- pacta tertiis nec nocent nec prosunt I 120; IV 91; V 87
- parlamentarische Mitwirkung II 86 ff, 103 ff
- politische II 68, 81, 95 ff, 107
- radizierte III 192
- res inter alios acta I 120
- Registrierung I 119
- Reichweite der Bindung I 120 ff
- relative Rechtsverhältnisse I 122, 125
- Verfahren des Vertragsschlusses I 117
- – Frustrationsverbot I 117
- – Paraphierung I 117; II 111
- – Ratifikation I 117 f; II 72, 87, 89, 109, 111, 115
- – Unterzeichnung I 117
- – Urkunde I 117
- Verhältnis zum staatlichen Recht II 46 ff
- Vertragsabschlussfähigkeit der Länder II 67 ff
- Vollmacht I 116
- Vorbehalte I 121 f; II 90, 109
- – Einspruch I 122
- – s a → *Internationaler Gerichtshof*
- – s a → *multinationale Unternehmen; Staatensukzession; UdSSR: Nachfolge*

Vertragsgesetz II 87, 91, 104, 111, 115, 176, 180
- Form II 104 ff
- Rechtsverordnung II 110, 112
- Zweck II 104

Verursacherprinzip → *Umweltvölkerrecht: Prinzipien des Umweltvölkerrechts*

Verwaltungsabkommen II 94, 112 ff

Verwaltungsgericht der Vereinten Nationen IV 175

Verwaltungsrecht, internationales → *Internationales Verwaltungsrecht*

Verwaltungsunionen IV 3 f, 231

Verwundete und Kranke → *Krieg, Kriegsrecht*

Vier Mächte-Verwaltung III 208; V 5

Vitoria, Francisco de I 9, 92

Völker (Nationen) I 4, 17, 29; II 3; III 32 f

Völkerbund IV 6 f
- Austritt/Ausschluss von Staaten I 105

- Mandatsgebiete IV 163
- Satzung IV 6
- System kollektiver Sicherheit VIII 5
- Zwangsmaßnahmen VIII 32
- s a → *Krieg, Kriegsrecht*

Völkergewohnheitsrecht I 25, 131 ff; II 7, 135 ff
- acquiescence I 133 f, 141
- als eigenständige Rechtsquelle I 135
- bilaterales II 144, 147
- Entstehungsvoraussetzungen I 131 ff, 137; VIII 8
- - Rechtsüberzeugung I 131
- - Übung, Staatenpraxis I 132 f
- - Dauerhaftigkeit der Übung I 139
- - Einheitlichkeit und Allgemeinheit der Übung I 140
- - instant customary law I 139
- estoppel I 134, 149
- (Europäisches) Gemeinschaftsgewohnheitsrecht II 141
- Feststellung II 142
- innerstaatliche Anwendbarkeit II 145 f, 175 f
- innerstaatliche Geltung II 142 ff
- innerstaatlicher Rang II 148 ff, 156, 176
- Kodifikation I 136 f; IV 209
- pactum tacitum I 141
- partikulares I 140 f, 143
- persistent objector I 126, 133; II 142
- regionales II 141, 147, 180
- im Seerecht V 37 ff, 47, 55 f, 58, 71 ff
- im Umweltvölkerrecht V 91 ff, 112 ff, 121
- Verhältnis zum staatlichen Recht II 46 ff, 142
- Vorrangfragen II 137 f
- im Weltraumrecht (Weltraumgewohnheitsrecht) I 137 ff; V 28, 78
- und „allgemeine Regeln des Völkerrechts" II 137, 140
- s a → *Gewaltverbot, allgemeines; Krieg, Kriegsrecht; Völkerrechtsquellen: allgemeine Rechtsgrundsätze*

Völkermord III 25, 31; VII 52

Völkerrecht
- Abgrenzung zu anderen Rechtsgebieten I 33 ff
- Abgrenzung zum europäischen Unionsrecht I 40 ff; IV 115
- allgemeines I 13
- als Raumordnung V 2 ff
- Begriff, Besonderheit I 2 ff
- - Ausgleich staatlicher Interessen I 8
- - fundamentaler Relativismus I 48, 133
- - Konsensualstruktur I 26, 55
- - Kooperationsordnung I 20, 55, 79, 87
- - Organisationsschwäche I 47
- - Wertorientierung I 8, 72
- - Zwischen-Staaten-Recht I 4 ff, 21, 48
- Begriffsgeschichte I 9 ff
- Definition I 2 ff

- Durchsetzungsschwäche I 51, 53, 61 f, 65, 108; II 4; IV 24
- Einheit der Völkerrechtsordnung I 12, 80 ff
- Fragmentierung I 12, 20, 80, 154 ff
- Funktionen I 71
- Geltungsfrage I 61 ff
- Gerechtigkeit I 87
- Grundregeln I 72 ff
- - Diskriminierungsverbot s dort
- - Gewaltverbot s dort
- - Gleichheit → *Staat: Gleichheit der Staaten*
- - Interventionsverbot s dort
- - Pflicht zur friedlichen Regelung von Streitigkeiten I 77
- - Pflicht zur Zusammenarbeit I 79
- - Selbstbestimmungsrecht der Völker s dort
- - Souveränität s dort
- ius publicum Europaeum/außereuropäischer Anteil I 10 f, 103
- Konstitutionalisierung I 20, 72
- Lücken im Völkerrecht I 50
- als Maßstab der deutschen Staatsgewalt II 175 ff
- - Gesetzgebung II 176
- - Regierung und Verwaltung II 177 ff
- - Gerichte II 185 f
- partikuläres I 13
- Quellen → *Völkerrechtsquellen*
- regionales I 13
- staatsgerichtetes II 150 ff
- Strukturwandel I 20; V 13
- Verhältnis zum staatlichen Recht II 28 ff
- Wirklichkeitsnähe I 57

völkerrechtliche Verträge → *Verträge, völkerrechtliche*

Völkerrechtsfreundlichkeit des Grundgesetzes II 10, 18 ff, 153, 186

Völkerrechtsgemeinschaft I 29

Völkerrechtsgeschichte I 88 ff
- Ära der Vereinten Nationen I 106 ff
- Altertum I 88 ff
- byzantinisch-orthodoxe Christenheit I 96
- Entdeckungszeitalter I 98 ff
- französisches Zeitalter I 102 f
- früher Islam I 94
- Heiliges Römisches Reich deutscher Nationen I 95
- 19. Jahrhundert I 104
- Spätmittelalter I 97 f
- Völkerbundsära I 105
- Westfälischer Frieden I 101 f
- Wiener Kongress I 103

Völkerrechtsquellen I 24 ff, 113 ff; II 137 ff
- allgemeine Rechtsgrundsätze I 25, 142 ff; II 163 ff
- - Abgrenzung zum Völkergewohnheitsrecht I 145
- - und Resolutionen Internationaler Organisationen I 146
- - s a → *allgemeine Regeln des Völkerrechts*

– Ausweitung des Kreises der Quellen I 14, 148 ff
– einseitige Akte (unilateral acts) I 149; II 89
– Erkenntnisquellen I 147
– Rangverhältnis I 154 ff; II 137 f
– – lex posterior derogat legi priori I 125, 154
– – lex specialis derogat legi generali I 125, 154
– – Vorrang des ius cogens I 154
– – zwischen primären und sekundären Quellen I 158
– richterliche Entscheidungen I 25, 110, 147
– Standards I 153
– Verträge, völkerrechtliche s dort
– Völkergewohnheitsrecht s dort
– Völkerrechtslehre I 25, 109 ff, 147
Völkerrechtssubjekte III 1 ff; IV 1
– Begriff und Kennzeichen III 2 f
– Entwicklung III 4 ff
– Erweiterung des Kreises der Völkerrechtssubjekte I 16 ff; III 6
– Handlungsfähigkeit, rechtliche III 10 f
– – nach innerstaatlichem Recht III 11
– – nach Völkerrecht III 11
– kein numerus clausus I 29
– Organe III 43 ff
– – dezentrale III 44, 51 ff
– – zentrale III 44 ff
– Rechtsfähigkeit III 10 f; IV 93 ff
– Typologie III 7 ff
– – beschränkte III 9
– – unbeschränkte III 8
– – derivative/abgeleitete I 18 f; III 9
– – originäre/geborene I 16 f; III 8
– – „non-state actors" I 6, 18
– s a → Europäische Union; multinationale Unternehmen; Supranationale Unternehmen; Staat
Völkerrechtswissenschaft I 109 ff
Völkerstrafrecht VII 38 ff
– Ausgestaltung der Tatbestände VII 52
– Entstehungsgeschichte VII 44
– internationale Strafgerichtsbarkeit s dort
– Kodifikation VII 46
– konkurrierende staatliche Strafansprüche VII 50
– Legalitätsprinzip (nulla poena sine lege) III 25; VII 51
– ne bis in idem VII 50
– Strafsanktionen VII 53
– Terminologie VII 39 ff
– Verfahren VII 57 ff
– wesentliche Kriterien VII 42
– s a → Menschenrechte/Menschenrechtsschutz
Vollmacht → Verträge, völkerrechtliche
Vollzugslehre II 40, 116, 117 f, 136
Vorbehalte → Internationaler Gerichtshof: Zuständigkeit; Verträge, völkerrechtliche
Vorsorgeprinzip → Umweltvölkerrecht: Prinzipien des Umweltvölkerrechts

Waffenexporte → Neutralität
Waffenverbote → Krieg, Kriegsrecht
waiver clause → Welthandelsprinzipien
Walfang V 94
Wasserrahmenrichtlinie → Binnengewässer
Weimarer Reichsverfassung II 59
Weltbank, Weltbankgruppe VI 12, 13, 33, 36, 38 ff, 50, 112 f
– Internationale Entwicklungsorganisation (IDA) VI 113
– Internationale Finanz-Corporation (IFC) VI 113
Weltbiodiversitätsrat → Flora und Fauna, Schutz
Weltfinanzkrise IV 256; V 104; VI 111
Welthandelsordnung VI 63 ff
Welthandelsorganisation (WTO) VI 5, 64 ff
– Freihandel als Ziel VI 5, 12
– als Internationale Organisation VI 70
– Schutzmaßnahmen VI 69, 78 f
– Streitschlichtung (panel) VI 71, 83 f
– Vertragskomplex VI 65, 70
Welthandelsprinzipien VI 65 ff
– allgemeine Ausnahmen VI 78 ff
– Diskriminierungsverbot VI 16 ff, 66 f
– Gegenseitigkeit VI 68
– Inländergleichbehandlung VI 16 ff, 23 ff, 68, 92, 124
– kulturelle Belange als Schranke VI 126 f
– Meistbegünstigung VI 19 ff, 67 f
– Menschenrechte VI 86 ff
– Rationalität VI 37 f
– Schutzklausel VI 79
– Tariffs only-Maxime VI 69
– und Umweltschutz VI 83 ff
– waiver clause VI 21, 78
– warenbezogene Sonderregelungen VI 82
Weltklimarat → Klimawandel
Weltraum I 137 ff; V 9, 28 f, 74 ff
– als globaler Staatengemeinschaftsraum V 9, 74 ff
– asteroid mining V 75
– Committee on the Peaceful Uses of Outer Space (COPUOS) V 81
– Erklärung von Bogotá V 76
– Fernerkundung (remote sensing) I 138; V 77; VIII 53
– geostationärer Orbit V 76
– Haftung für Schäden IV 102; V 80
– innocent passage I 138
– Internationale Organisationen V 81
– Kommunklausel V 75
– lunarer Bergbau V 75
– Nichtappropriierbarkeit V 75
– Stationierungsverbot für Atomwaffen V 77
– Umweltschutz V 78
– – Schutzpflicht V 78
– – space debris (Weltraumschrott) V 78, 80
– Verbot militärischer Nutzung V 79

– von-Kármán-Linie V 28
– Weltraumfreiheit V 77
– Weltraumgleichheit V 77
– s a → *Völkergewohnheitsrecht; Staatsgebiet: Luftraum*
Weltwirtschaft, Begriff VI 2, 7
Weltwirtschaftsordnung VI 12 ff
– Grundlagen VI 13
– neue VI 44, 107
Westfälischer Frieden I 101 f
Wiedergutmachung → *Staatenverantwortlichkeit, völkerrechtliche Verantwortlichkeit: Rechtsfolgen*
Wiedervereinigung → *Bundesrepublik Deutschland*
Wiener Kongress → *Völkerrechtsgeschichte*
Wirtschaftskrieg → *Krieg, Kriegsrecht*
Wirtschaftsrecht, internationales → *Internationales Wirtschaftsrecht*
Wirtschaftssanktionen VII 110, 120 f
– Boykott VII 119
– wirtschaftliche Diskriminierung VII 121
Wirtschafts- und Sozialrat der Vereinten Nationen IV 155 ff
– Arbeitsweise IV 159
– Aufgaben und Befugnisse IV 157 f, 234
– Mitglieder IV 156
– Nichtmitglieder IV 160
– Präsidentschaft IV 159
– Sitzungen, Mitwirkungsrechte anderer Organisationen IV 160
– Unterorgane IV 161

Wirtschafts- und Währungsunion IV 258; VI 95
Wirtschaftsvölkerrecht VI 1 ff
World Conservation Union (IUCN) V 90, 97
World Summit on Sustainable Development → *Johannesburg-Gipfel*
World Trade Organization → *Welthandelsorganisation (WTO)*
World Wide Fund for Nature (WWF) V 90, 97

Zession → *Staatsgebiet: Erwerb und Verlust*
Zivilbevölkerung → *Immunität der Zivilbevölkerung bei Kampfhandlungen; Krieg, Kriegsrecht*
Zollunionen VI 67, 93, 95 ff
– Andenpakt VI 96
– als Ausnahme vom Meistbegünstigungsprinzip VI 67, 93
– EAC VI 96
– ECOWAS VI 96
– Europäische Union VI 95 f
– Mercosur VI 96
– NePAD VI 96
Zurechnung → *Staatenverantwortlichkeit, völkerrechtliche Verantwortlichkeit*
Zwangsausbürgerung → *Staatsangehörigkeit*
Zwangsvollstreckung → *Immunität (der Staaten); internationales Steuerrecht*
zwingendes Recht → *ius cogens*
zwischenstaatliche Einrichtungen, Übertragung von Hoheitsrechten II 25 f, 64, 131 ff